元明清诗鉴赏辞典

新一版

辽·金·元·明

上海辞书出版社文学鉴赏辞典编纂中心 编

钱仲联 章培恒 陈祥耀 潘啸龙 等撰写

上海辞书出版社

《元明清诗鉴赏辞典》

撰稿人（以姓氏笔画为序）：

丁仪　于洁　之江　马卫中　马开吉　马亚中　马祖熙
王平　王昕　王琳　王小舒　王兴康　王杏根　王步高
王英志　王学太　王祖献　王景琳　王镇远　文华　尹芳林
邓小军　邓红梅　邓韶玉　左鹏军　卢永璘　卢苇青　叶志衡
田庐　史良昭　白坚　白云奇　吕美生　朱永年　朱则杰
乔丽华　刘明今　刘益国　刘毅强　羊春秋　关爱和　孙小力
孙之梅　孙文光　孙绿怡　孙琴安　杜道明　李时人　李国章
李佩伦　李保民　李梦生　吴小平　邱鸣皋　何庆善　汪松涛
汪涌豪　沈价　沈时蓉　沈金浩　沈维藩　初旭　张巍
张文勋　张永芳　张厚余　张修龄　张莉莉　张铁明　张善庆
陈铭　陈翔　陈广宏　陈少松　陈书录　陈正宏　陈永正
陈邦炎　陈麦青　陈志明　陈伯海　陈祥耀　陈葛满　陈新璋
范民声　林笛　林薇　罗立纲　罗忠族　金性尧　周中民
周振甫　周啸天　冼心福　庞坚　宛新彬　赵山林　赵建军
胡红斌　钟培贤　俞议方　俞灏敏　洪珏　洪柏昭　宫晓卫
祝道　祝振玉　姚晓雷　姚静波　骆玉明　袁世硕　聂世美
晋爱荣　钱仲联　钱学增　倬小燕　徐炼　徐旭文　徐定祥
徐培均　高原　高章采　郭豫适　陶文鹏　黄洽　黄燃
黄刚　黄天骥　黄幼珍　黄国声　黄宝华　黄祖良　黄准新
黄锦章　曹旭　曹明纲　常文昌　章培恒　彭牧　彭国忠
蒋方　蒋寅　程相占　谢丹月　谢楚发　赖汉屏　詹杭伦
蔡厚示　管林　熊盛元　潘啸龙　魏中林　魏同贤

1994 年版
责任编辑：汤高才
特约编辑：沈维藩

2018 年新一版
修 订 者：祝振玉

目 录

出版说明

凡 例

序 ································ 1—9

篇 目 表 ·························· 1—13

正 文

 辽·金·元·明 ················ 1—854

出版说明

本书是我社中国文学鉴赏辞典系列之一。

中国诗歌自唐宋以后,如百川东归,浩浩汤汤,各有风骚:辽金承唐宋余绪;元明清发扬光大;至近代,更以时代的风云激荡,翻开新篇章。作为该时期优秀诗歌精中选粹的推广之作,本书初版于上世纪的九十年代,迄今已二十四载了。承蒙广大读者垂青,本书已多次重印。随着当今社会提倡文化自信,弘扬优秀传统文化、普及传统诗词之风渐长,对本书进行修订改版、推陈出新也是题中应有之义。为此,我们首先在汲取读者意见的基础上,由有关专家对书中的一些内容作了适当修订,改正了个别谬误,增加了《元明清诗书目举要》;另外,还调整了版面和字号,增大开本,更新装帧,希望得到读者的认可与喜爱。不当之处,尚祈不吝指正。

上海辞书出版社

2017 年 12 月

凡　例

一、本书选收辽、金、元、明、清、近代430位诗人的诗作共1322首。

二、本书正文中作家作品的排列,大体以时间先后为序,并分为"辽·金·元诗歌"、"明代诗歌"、"清代诗歌"、"近代诗歌"四个部分。

三、本书原则上采用一首诗一篇赏析文章,也有少数作品几首合在一起分析。

四、本书使用简化字。在可能产生歧义时,酌用繁体字或异体字。

五、诗中疑难词句,一般在赏析文章中略作解释,有的在文末酌加注释。

六、本书涉及古代史部分的历史纪年,一般用旧纪年,夹注公元纪年。括注内的公元纪年,一般省略"年"字。

序

章培恒

在有些人看来，元明清诗歌在成就上不仅远逊于唐诗，而且也大大不如宋诗。但在实际上，元明清文学正是从宋代文学发展到五四新文学的必不可少的桥梁。自然，五四文学还吸取了异域的营养，但我国文学如不曾经历过元明清时期的虽则是缓慢的发展，而仍然停留在宋代文学的阶段，也就根本不存在吸取异域营养的前提。倘若有人认为五四文学只是我国文学史上的怪胎，远没有宋代文学之纯正可爱，那自然无话可说，否则也就不能不承认元明清文学所具有的历史地位。

元明清文学的上述桥梁作用不但体现在戏曲、小说方面，也体现在诗歌方面。对当时的知识人来说，戏曲、小说仅仅是小道，并不能代表知识人的文学创作和观念的主流。如果只是在戏曲、小说创作中出现了新的倾向，而在诗歌创作中一仍旧贯，文学的基本面貌就不能算是发生了变化，从而也就不能在总体上为五四文学准备必要的条件。就这一点来说，元明清诗歌的新变实较戏曲、小说的演进更为重要。

这种新变，是从对于宋诗的反动开始的。

宋诗的主要特点是重理智而轻感情。若就一个人的社会活动而言，这种态度当然无可厚非。但诗歌却必须具有激情。只有诗人自己被强烈感动时，读者也才能受到感动。另一方面，随着社会的向前发展、物质生活的日益丰富，原先被极其艰苦的物质条件所压抑的人的自我意识逐渐苏醒，个人与社会、个体与群体的矛盾也就逐渐突现出来。作为单个的人的感情不能不时时与社会及其信奉的道德相矛盾。而在相当长的时间里，社会的力量总是远远超过个人的力量。倘从现实的利益出发，一个人势必要压制自我而使自己屈从于社会。一般说来，理智的考虑却正偏重于现实的利益（尽管有时似乎偏重于道德，但道德同样体现着某种现实利益）。所以，重理智的结果，就常常只能把强烈感动自己的东西掩盖起来，或加以歪曲，使之变形，却把那些被社会所肯定、并不能引起自己的真正共鸣、甚至还对之抱有某种反感的东西作为讴歌的对象。这样的诗歌又怎能打动读者的感情？也许可以说，这是一种压抑自我甚或丧失了自我的诗歌。宋人的有些诗篇——例如黄山谷的作品——在形式上特别追求奇崛和超脱凡俗，恐怕正是苦于严酷克制的自我企图在另一方向找到宣泄以求得平衡的表现。

因此，要使文学的发展能与五四新文学接轨，首先就要给诗作——当时文学的主要方面——中被压抑的自我减轻乃至解除负担，把丧失了的自我寻找回来。元代诗歌就是沿着这样的路线行进的。

元代王恽在《西岩赵君文集序》中说："金自南渡后，诗学为盛。其格律精严，辞语清壮，度越前宋，直乃唐人为指归。"所谓"南渡"，是指金宣宗于贞祐二年（1214）在蒙古军队的压力下自中都（今北京）迁都南京（今河南开封）的事件；自"南渡"至金为蒙古所灭仅二十年。换言之，中原地区在蒙古灭金前不久，在诗歌创作上已出现了弃宋宗唐的风气。这种风气在金亡后仍然继续下去。著名诗人元好问（1190—1257）在《自题〈中州集〉后》中说："北人不拾江西唾，未要曾郎借齿牙。"鲜明地表现了他对南宋时期执诗坛牛耳的江西诗派的轻视；而他的那首诗也正是金亡后所作。另一方面，几乎与此同时，在南宋统治地区也出现了要求诗歌创作回归到唐代的呼声，虽然在当时未能成为诗坛的主流。其中最著名的就是严羽的《沧浪诗话》。严羽之后，由宋入元的戴表元（1244—1310）、仇远（1247—1326）等人都主张诗歌回到唐代乃至汉魏六朝。至南宋为元所灭，全国统一，南、北的这两种潮流合而为一，经过一段时期的演进，对宋诗的反动也就成为元诗的主流。它一直延续到元代的灭亡。假如说这种情况在元代前后有所变化的话，那就是越往后发展，宗尚唐代乃至汉魏六朝的风气在诗坛上的覆盖面也就越大，欧阳玄《罗舜美诗序》的"我元延祐以来，弥文日盛，京师诸名公，咸宗魏晋唐"，说的就正是元代中、后期的情况。——延祐元年为一三一四年，下距元亡（1368）五十四年。

虽说是"咸宗魏晋唐"，但重点却在于宗唐。所以明代李东阳《怀麓堂诗话》说："宋诗深，却去唐远；元诗浅，去唐却近。"其所以如此，主要是元代人的生活状况与心态离魏、晋已经太远，如果不是刻板地模拟魏、晋诗歌，而是要通过艺术上的借鉴来抒发自己的感情，写出来的必然跟魏、晋诗有很大的距离，因而也就很难看到其"宗魏晋"的迹象。同时，尽管元诗"去唐却近"，但貌似唐诗的也并不多见。宋荦给《元诗选》所写的《序》说："宋诗多沉僿，近少陵；元诗多清扬，近太白。以晚唐论，则宋人学韩、白为多，元人学温、李为多，……"其实，杜甫诗歌的沉郁，是诗人力图抑制自己的感情,以免与现实相冲突,而被关押在自设的囹圄里的强烈感情却又猛烈地冲激、奔突,力图冲决牢笼而形成的,宋诗却从根本上缺乏这样的强烈感情,因而说"宋诗多沉僿,近少陵",未免为皮相之论。但说"元诗多清扬",却大致符合实际。所谓"清扬",一面是称心而发,不强自压抑自己,故而"扬";另一面是不萦于俗虑,更不装出一副忧国忧民、忠臣义士的样子,故而"清"。就这一点来说,与李白的创作态度确有相通之处;但就风格与气势论,元诗与李白诗实有很大的距离。至于所谓"学温、李为多",也主要是学温庭筠、李商隐那种对自己感情的执着和向纵深的开掘,在风格和具体手法上则颇相违异。所以,更确切地说,元诗之弃宋宗唐,主要是学习、继承存在于唐诗中的重视自己感情的传统,而不是模仿、因袭;它在文学史上的重要地位,就在于把诗歌从重理智而轻感情的道路上拉了回来。

不过,诗歌虽然必须有真实而强烈的感情,却并非只要有了真实而强烈的感情就是好诗。因此,在把诗歌从重理智的道路上拉回来以后,还有一个逐步提高艺术成就的过程。关于这一点,顾嗣立在《元诗选》中曾说:"元兴,承金宋之季,遗山元裕之(好问)以鸿朗高华之作振起于中州,而郝伯常(经)、刘梦吉(因)之徒继之。故北方之学,至中统(1260—1264)、至元(1264—1294)而大盛。赵子昂(孟頫)以宋王孙入仕,风流儒雅,冠绝一时,邓善之(文原)、袁伯长(桷)辈从而和之,而诗学又为之一变。于是虞(集)、杨(载)、范(梈)、揭(傒斯)一时并起,至治(1321—1323)、天历(1328—1330)之盛,实开于大德(1297—1307)、延祐(1314—1320)之间。"(《元诗选初集》丙集《袁学士桷》)又说:"有元之诗,每变递进,迨至正(1341—1368)之末,而奇材益出焉。"(《元诗选·凡例》)在他看来,元诗的发展是一个艺术成就不断提高的过程,其初期(灭金以后)是追求"鸿朗高华",及至南、北统一,以赵孟頫出仕元廷为契机,又逐渐转为"风流儒雅",这种风气至至治、天历而趋于极盛,到了元代末期,诗歌又跨上了一个新的台阶,进入了"奇材益出"的时代。这是一个相当符合实际的概括。当然,对"鸿朗高华"和"风流儒雅"还须略作诠释。

顾嗣立评价元诗人周权(字衡之)说:"(袁伯长)谓其诗意度简远,……陈众仲(旅)复为选其最佳者,题曰《周此山诗集》。……(欧阳)原功(玄)尝为之序曰:'宋、金之季诗人,宋之习近龈龊,金之习尚号呼,南北混一之初,犹或守其故习,今则皆自刮靡而不为矣。世道其日趋于盛矣乎!'有元之诗,每变而上,伯长、原功、众仲皆文章钜公,善于持论,特借此山诗发之耳。……衡之句法,实多可观,如《荷亭》云:'风细晨气润,月澄夜香寒。'《村溪即事》云:'鹤行松经雨,僧倚石阑云。'《倦游》云:'断猿明月曙,疏雨碧梧秋。'……即众仲所谓简淡和平,而语多奇隽者也。"(《元诗选初集》已集《周征士权》)此段文字虽然引述了欧阳玄、陈旅诸人之说,但赞之为"善于持论",显见顾嗣立是赞同他们意见的,所以我们实不妨认为这整段文字都代表了顾嗣立自己的看法。此处值得注意的是:第一,"骫骳"一词出于《汉书·枚乘传》附《枚皋传》:"其文骫骳,曲随其事,皆得其意,……"意谓叙述委曲周至,善状物态。作诗而近于骫骳之文,也即意味着其所重不在诗人的感情(白居易《长恨歌》、吴伟业《圆圆曲》等名篇,实均以诗人的激情驾驭、取舍材料,而非"曲随其事"之作)。因此,宋末的这类"近骫骳"之诗,乃是重理智、轻感情的传统的继续。第二,"尚号呼"与"鸿朗高华"在艺术成就上虽有高低之别,但却都具有直抒胸臆、感情强烈、不受羁勒的特点,在此基础上再加以艺术的锤炼,就成为"鸿朗高华",否则便流于"号呼"。由于研究者一般把元好问视为金代诗人,在早期的元代诗歌史上实在并无"鸿朗高华"的大家,郝经、刘因之流虽有其志,而无其才,他们只不过是追求"鸿朗高华"而已。第三,周权的时代,"风流儒雅"已成诗坛主流,周权也正是这主流中的一分子。作为其诗歌特色的"简淡平和,而语多奇隽",实也可视为"风流儒雅"的另一种说法。若非"语多奇隽",就算不上"风流";而悲愤沉痛之类的感情,虽能写出感人的诗句,却与"奇隽"无缘,是以孟浩然、王维都可称"风流",沉郁的杜少陵却不能算"风流"。但若不"简淡平和",而像李白似地放浪形骸,那就虽"风流"而不"儒雅"了;因为"儒雅"所首先要求的,乃是对儒家规范(包括道德、素养等等)的认同乃至实践,所以不能有越轨的东西。——当然,只要不越轨,在"简淡平和"方面稍差一些也不要紧,但"乐而不淫,哀而不伤"的原则却是万万不能违背的。总之,如同顾嗣立引用的周权诗句所表明的,这类作品具有真情实感,在艺术上经过精细的锤炼,达到了优美的境界,但一般不反映个人与社会的矛盾、自我与群体的冲突,在感情上没有剧烈的震荡;它们可以给人艺术享受,但却不能给人很强烈的感动。不过,无论如何,它们比起"近骫骳"、"尚号呼"的诗来是一种进步,也确实显示了元诗的向上的发展——从不重感情或只重感情进到了在重感情的前提下追求艺术上的提高。

在这基础上,元诗迎来了最后的、也是其发展史上成就最高的一个阶段——顾嗣立所谓"奇材益出"的"至正之末"。"奇材"的最杰出的代表,则为萨都剌与杨维桢。这阶段的诗歌的新变,首先在于初步冲破了"儒雅"的框子,承认并追求官感的享乐,以此为实际内容的炽烈的生活,同情并讴歌由此生发的七情六欲,作品的基调往往是乐而淫、哀而伤,强烈的感情多伴以炽热、艳丽的色彩,而以丰富、瑰奇的想象来增强感情的激荡。这种丰富、瑰奇的想象虽然常受李贺的影响，但李贺以冷色调为主，这阶段的代表诗人则频繁使用暖色调。可以说，这时期的诗歌在我国诗史上为进入新天地打开了一扇虽则是很狭窄的门，也许只是推开了一条缝，但仅仅这一点就值得大书特书。现引萨都剌的《杨妃病齿图》为例：

> 沈香亭北春昼长，海棠睡起扶残妆。清歌妙舞一时静，燕语莺啼愁断肠。朱唇半启榴房破，胭脂红注珍珠颗。一点春寒入瓠犀，雪色鲛绡湿香唾。九华帐里熏兰烟，玉肱曲枕珊瑚偏。金钗半脱翠蛾敛，龙髯天子空垂涎。妾身日侍君王侧，别有闲愁许谁测！断肠塞上锦棚儿，万恨千愁言不得。成都遥进新荔枝，金盘紫凤甘如饴。红尘一骑不成笑，病中风味心自知。君不闻延秋门，一齿作楚藏病根。又不闻马嵬坡，一身溅血未足多。渔阳指日鼙鼓动，始觉开元天下痛。云台不见汉功臣，三十六牙何足用！明眸皓齿今已矣，风流何处三郎李？

此诗自"君不闻"以上，不但写得美丽而大胆，尤其难得的是，竟然对杨贵妃与安禄山的爱情表示同情（"塞上锦棚儿"指安禄山），细腻地体味和抒发其爱情不能实现的痛苦，这种敢于直接与传统的伦理纲常相冲突的精神，是宋人所不敢梦见的，与五四运动开始的文学新思潮则显然有相通之处。"君不闻"以下虽不免落入陈词滥调，但最后两句仍对"明眸皓齿"的杨贵妃的逝去不胜叹息，对风流李三郎——唐明皇也按抑不了怀念之情。

萨都剌此类诗歌在当时出现，并不是偶然的现象。大致说来，重视个体的人，即一面肯定个人有寻求幸福和享乐的权利，一面尊重自我，在当时诗歌中并不是罕见的现象。萨都剌的《芙蓉曲》，杨维桢的《城西美人歌》、《花游曲》，乃至稍后高启的《香水溪》等均属于前者，杨维桢把自我作为宇宙主的《大人词》、把自己想象成为"道人谪世三千秋，手把一杖青玉虬"的《五湖游》，高启的沉溺于"冥茫八极游心兵，坐令无象作有声"的《青丘子歌》及其为数不少的生怕自我丧失或为自我受束缚而悲叹的诗篇，则都属于后者。正是有了这样的重视个人权利的思想和感情，才会产生同情杨贵妃、安禄山爱情的作品。与杨维桢基本同时的王彝在其所著《文妖篇》中指斥杨维桢"以淫词谲语裂仁义，反名实，浊乱先圣之道"，因而斥为"文妖"，从封建道德来看，这种责骂当然是对的；但在当时可以受到这种责骂的，又何止杨维桢一人？所以，元末明初乃是我国诗歌史上相当繁荣的一个时代。

可惜的是，这种势头并未保持多久，在明太祖朱元璋统一全国以后，形势就逆转了。推究原因,大致有三点:其一,诗歌中的上述新倾向,实可视为市民意识,是跟工商业一定程度的发展相联系的。朱元璋即位后,极力压制工商业,对工商业最发达的苏州等地更进行残酷打击,这导致了工商业的急剧衰落,其必然的结果就是市民意识的衰退。其二,朱元璋即位后,加强了思想统制,用政治力量大力推广儒家思想,并大量迫害、杀戮知识人,他的儿子永乐皇帝又积极贯彻这种政策,猛烈地摧残意识形态领域内的生机,导致意识形态的倒退。第三,元末的文学新潮本就集中在少数工商业发达的地区,而在全国范围内仍处于相对劣势,打击起来非常容易。所以,文学的发展一下子就进入低潮,倒退了很多年;不但诗歌,其他的文学样式同样如此。直到弘治(1488—1505)、正德(1506—1521)间,随着工商业经济的复苏,文学也才开始复苏。

作为倒退的主要标志,是诗歌重又走上了重理智而轻感情的道路。其主要代表,就是以杨士奇、杨荣、杨溥为首的台阁体。台阁体诗歌不仅缺乏真情实感,而且也缺乏宋人的气节(经过明太祖和明成祖两位真命天子的统治,有气节的士大夫杀的杀了,充军的充军了,有的在朝廷上被按倒了打屁股,像方孝孺那样的倔强人干脆被灭了十族,谁还敢有气节呢),对皇帝的阿谀奉承和道德的说教成了诗歌的两大特色。所以,到弘治、正德间李梦阳等人在文学上高举复古的旗帜,表面上是反对宋代的诗歌(以及散文),实际上却是反对重理轻情,而要求以真情作为诗歌的根本(拙作《李梦阳与晚明文学新思潮》对此已有论述,此不赘及;该文原载日本东方书店发行《古田教授退官纪念中国语学文学论集》,后转载于《安徽师大学报》1986年第2期)。

李梦阳等人的这个复古运动声势很大,台阁体诗歌的影响被廓清了。在这运动中,确实出现了不少好诗,如徐祯卿、边贡、高叔嗣等都是颇为优秀的诗人。所以,这个运动对明代诗歌的发展实是有重大的作用,把诗歌从歧路上拉了回来。胡应麟在《诗薮续编》卷一《国朝》(上)中说:"观察(李梦阳)开创草昧,舍人(何景明)继之。……一时云合景从,名家不下数十,故明诗首称弘、正。"这话确有其合理性。

不过,这运动也有其流弊:在复古和模拟之间往往难以划清界线。越往后发展,模拟的倾向也就越突出。同时,真情本是一个比较抽象的概念,例如,义仆对主子的爱戴,不惜为之作牛作马甚至卖命的感情,很难说不是真的,但从肯定个人权利的观点来看,这样的真情显然就不应鼓吹。所以,随着工商业复兴而来的个人意识的滋长,也需要对真情给予更具体、确切的内涵。在这样的形势下,袁宏道于万历年间提出了"性灵说"。"性灵说"一面反对模拟,另一面又主张诗歌从人的真实本性或原始本性出发。——在"性灵说"提出之前,晚明新思潮的旗手李贽(1527—1602)已在倡导"童心说",以"绝假纯真、最初一念之本心"作为为人为文的根本,而把从耳目而入的"闻见道理"作为湮灭"童心"——"真心"的渊源(李贽:《童心说》)。袁宏道一面说"以出自性灵者为真诗"(袁宏道《敝箧集》江盈科《叙》引袁宏道语),一面又说:"故吾谓今之诗文不传矣;其万一传者,或今闾阎妇人孺子所唱《擘破玉》、《打草竿》之类,犹是无闻无识真人所作,故多真声,……任性而发,尚能通于人之喜怒哀乐嗜好情欲,是可喜也。"(《叙小修诗》)"真诗"也即"真声"。然则"无闻无识真人所作"也即"出自性灵"之诗。换言之,"发"自"无闻无识真人"的"性",也就是"出自性灵"。但他为什么要如此强调"无闻无识"呢？他在《叙陈正甫会心集》中说:"世人所难得者唯趣。……夫趣得之自然者深,得之学问者浅。当其为童子也,不知有趣,然无往而非趣也。……(此)趣之正等正觉最上乘也。……迨夫年渐长,官渐高,品渐大,有身如梏,有心如棘,毛孔骨节俱为闻见知识所缚,入理愈深,然其去趣愈远矣。"在他看来,"闻见知识"是与"自然"相冲突的,因而"闻见知识"越多,"得之自然"的趣也就越少甚或完全丧失。同时,既然背离了自然,也就违弃了人性,当然更谈不上性灵。所以,"性灵"在根本上是与"闻见知识"相对立,而与"童子"之心相一致的。它实际上也就是李贽所谓的"童心"。这样,诗歌就从抒发真情,进行了表现人的自然本性。于是,诗中的自我意识进一步加强,与封建道德不很合拍的"喜怒哀乐嗜好情欲"大量地涌入了诗歌。这是我国诗史上的一次解放。可惜的是,诗歌所要求的不仅仅是思想的解放,还要求高度的艺术魅力;而袁宏道等人还没有在后一方面取得多少成绩,这一运动就渐渐地落潮了。通常与公安并称的竟陵派,就思想解放的角度来说,实已是尸居余气。当然,这并不意味着袁宏道等人在创作上没有建树;这一阶段仍然出现了若干优秀的诗篇。

　　落潮的原因说来话长,这里不可能触及;落潮的过程则颇为漫长,在清初仍有其绪余。而且,落潮的过程也很值得玩味:这是一个思想上的锋芒逐渐消退,艺术上的魅力逐渐加强的过程。最有代表性的是明末清初的吴伟业和清初的王士禛。

　　吴伟业的传诵最广的诗,恐怕是《圆圆曲》。这首诗最动人的所在,并不在于批判了吴三桂的罔顾君亲大义(其实,诗里是否存在着这样的批判也还是问题),而在于讴歌了陈圆圆的美丽,她那可怜的身世和在爱情上的悲欢;也在于讴歌了吴三桂对爱情的坚贞、捍卫爱情的勇敢(至少在诗中是这样),并倾诉了个人在群体缠缚下的悲哀与痛苦。试看:"痛哭六军俱缟素,冲冠一怒为红颜!"倘若我们不是存着封建道德的先入之见，认为一个人只该为皇帝复仇，而不应为解救和夺回自己的爱人而战斗，那就不免将这诗句看作对一种为爱情而不顾一切的英雄气概的歌颂，从而受到感动。实际上，诗人自己恐也具有同样的感受。"妻子岂应关大计，英雄无奈是多情！"这与其说是对"英雄"的讽刺，还不如说是对"英雄"的同情甚或赞叹。自然，吴三桂为此而付出了惨重的代价：他为了夺回陈圆圆而反对李自成，他的全家——包括他的父亲——因此被害。如从封建道德来说，这无疑是枭獍之行；即使抛开道德，只要还有丝毫亲子之情，也必然会永远受到良心的责备。然而，坐视妻子遭到蹂躏，而自己还要向蹂躏者屈膝称臣，这难道就不会受良心的责备，不会因这种巨大的屈辱而使自己的心流血？他已必须承受悲剧的命运，无论他采取什么行动。个人不能离开群体而自由，而在群体的错综复杂的相互关系的缠绕下，也就不能不常常发生大大小小的个人的悲剧。吴伟业不回避这种悲剧，不对悲剧的主人公滥施谴责，"全家白骨成灰土，一代红妆照汗青！"这绝不是批判，而是悲慨，是深沉的叹息。总之，此诗所显示的，是对于个体的人——无论其为卑微的妓女抑或逆子叛臣——的命运的深切关心，而这也就是此诗能够深切打动读者的根本原因。如从思想渊源说，具有上述特点的《圆圆曲》自是晚明那场增强个人意识的思想运动的产物；如从文学发展的角度看，那么，这种内容上承萨都剌的《杨妃病齿图》，下与五四文学具有若干相通之处。

出生比吴伟业晚二十余年的王士禛，其最动人的诗篇是对于已经失去了美好时光的悲叹或对即将失去美好时光的怅惘。尽管这在表面上看来与唐代李商隐诗歌的内容有某些相似，但他并未如李商隐似地经受过深重的创伤，而是出于对自我的极端珍视，因而小有所失，便悲忧不置。

> 旅病萧条绣佛前，云山浓淡欲寒天。
> 梦回却忆湖南寺，暮梵晨钟已十年。

这首《慈仁寺秋夜怀旧》写于顺治十五年，当时他二十五岁，因赴京参加廷试，寓居北京慈仁寺。其所回忆的，是十年前他一次寓居"湖南"佛寺时的情况（"湖南"当是指大明湖南，有人认为指杭州西湖之南，恐非），那一次他大概是应童子试而到济南去（他于顺治五年、十五岁时开始参加科举考试），距离此次的应廷试整整十年。诗里的这种莫名的怅惘，实是为十年流光的消逝、也即自己的生命已减少了十年而痛惜。这在一般青年大抵漠然置之，至多稍有感慨，在他却已有难以经受之感。这实是由于他比一般青年远为珍爱自我。从这首诗也可看出，尽管他的时代本就弥漫着失落感，但他的这种对自我失落的担心与悲哀却并非只是此种时代氛围的产物，因为这里所写的纯粹是自然现象——时间的流失——所导致的个人的悲感，时代的影响即使不无作用，却显然并未占据重要的位置。也许可以说，王士禛诗歌那种特殊的、令读者回肠荡气的哀伤，乃是晚明以来逐步觉醒的自我意识在胸中急速膨胀、但在现实中却又深感自我的无力和被压抑而引起的近乎病态的过敏。从文学发展的过程来考察，它上承高启诗歌的对自我失落的恐惧，尽管具体内容有所不同，下则与五四文学中的自我失落感存在着某种程度的相通。

所以，从元代到清初，诗歌其实是在缓慢地向着五四文学的方向移动。清初以后，文学的发展虽又曾一度停顿和倒退，但经过提倡"性灵"的袁枚、昌言"众人之宰，非道非极，自名曰我"(《壬癸之际胎观第一》)的龚自珍等人的努力，诗歌终于又逐步走上了前进的路。在中国古代诗歌的最后一位重要诗人、一直活到五四以后的陈三立的作品里，这种因素又有了长足的进展，以致他的诗虽然采取了传统的形式，但稍稍夸张一些说，却是"与从来的诗异质"的。就其写及自然的作品言，自然景物往往是作为震撼他的神经的、包围着他，甚至向他穿刺的东西出现的，因而给人以一种现代诗的感觉。关于此点，日本吉川幸次郎氏的《清末的诗——读〈散原精舍诗〉》有颇精辟的分析，译文已收入安徽文艺出版社出版的《中国诗史》中，此不赘述。在这里我想稍作补充的是：这种在面对自然景物时的敏感，同样是自我意识膨胀的产物，并且不妨视为王士禛的传统的发展。

通过以上的粗略勾勒，我想说的是：从元代到清末的诗歌，确是在缓慢地朝着与五四文学接轨的方向前进。虽然由于外来的影响而导致了新文学的提前出现，接轨并未接好，但如没有这样的前进过程，外来影响也未必能起如此的作用。在这前进的过程中，诗歌无论在思想或艺术上都具有不少新的特色和成绩，但目前似乎并未受到足够的注意。因此，编一部《元明清诗鉴赏辞典》，对此加以阐扬，既可供一般读者的欣赏，对文学史研究者也将很有助益；这实是一件很有意义的工作。我衷心祝愿这部《辞典》能为广大读者和研究者所喜爱，并对元明清文学的研究发生推动作用。

篇目表

辽·金·元诗歌

赵延寿
　失题 …………………………… 3
耶律弘基
　题李俨黄菊赋 ………………… 4
萧观音
　怀古 …………………………… 6
宇文虚中
　中秋觅酒 ……………………… 7
吴激
　题宗之家初序潇湘图 ………… 9
蔡松年
　渡混同江 ……………………… 11
　小饮邢嵒夫家因次其韵 ……… 13
高士谈
　晚登辽海亭 …………………… 14
刘著
　月夜泛舟 ……………………… 16
滕茂实
　临终诗 ………………………… 18
蔡珪
　医巫闾 ………………………… 21

完颜亮
　题画屏 ………………………… 23
任询
　浙江亭观潮 …………………… 24
刘迎
　出八达岭 ……………………… 26
边元鼎
　八月十四日对酒 ……………… 27
刘汲
　题西岩(其一) ………………… 29
王寂
　日暮倚杖水边 ………………… 30
赵沨
　黄山道中 ……………………… 32
党怀英
　奉使行高邮道中(之一) ……… 33
　渔村诗话图 …………………… 35
王庭筠
　绝句 …………………………… 36
　狱中赋萱 ……………………… 37

周昂
　晚望 … 38
　翠屏口七首(之二) … 39
师拓
　游同乐园 … 40
路铎
　襄城道中 … 42
赵秉文
　游华山寄元裕之 … 43
　寄王学士子端 … 45
李纯甫
　送李经 … 48
史肃
　春雪 … 49
完颜璹
　思归 … 51
麻九畴
　题雨中行人扇图 … 52
田锡
　牧牛图 … 53
辛愿
　乱后 … 54
李汾
　雪中过虎牢 … 56
术虎邃
　睢阳道中 … 57
元好问
　岐阳三首(其二) … 58
　颍亭留别 … 60
　游黄华山 … 63
　论诗三十首(其四) … 65
　论诗三十首(其七) … 68

　论诗三十首(其十二) … 70
　论诗 … 72
　同儿辈赋未开海棠(其一) … 73
　癸巳四月二十九日出京 … 75
　壬辰十二月车驾东狩后即事
　　(其二) … 78
　壬辰十二月车驾东狩后即事
　　(其三) … 80
　壬辰十二月车驾东狩后即事
　　(其四) … 81
　外家南寺 … 83
　杨柳 … 85
段克己
　乙巳清明游青阳峡 … 87
段成己
　和答木庵英粹中 … 92
李俊民
　闻蔡州破 … 93
郝经
　落花 … 95
陈孚
　博浪沙 … 97
　江天暮雪 … 98
　金山寺 … 99
　居庸叠翠 … 101
　铜雀台 … 102
戴表元
　秋尽 … 104
　感旧歌者 … 106
黄镇成
　东阳道中 … 108

刘 因
　　白雁行 …………………… 109
　　山家 ……………………… 110
　　幼安濯足图 ……………… 112
　　书事 ……………………… 114
　　观梅有感 ………………… 115
　　山中月夕 ………………… 116
赵孟頫
　　岳鄂王墓 ………………… 118
　　罪出 ……………………… 119
　　和姚子敬秋怀(其三) …… 121
　　绝句 ……………………… 123
　　溪上 ……………………… 124
　　闻捣衣 …………………… 125
何 中
　　知非堂夜坐 ……………… 128
杨 载
　　宗阳宫望月 ……………… 129
　　宿浚仪公湖亭(其二) …… 131
　　宿浚仪公湖亭(其三) …… 132
　　古墙行 …………………… 133
　　到京师 …………………… 136
　　梅梁歌酬郑集之 ………… 137
　　次韵虞彦高游阳明洞 …… 138
　　暮春游西湖北山 ………… 141
范 梈
　　王氏能远楼 ……………… 143
　　掘冢歌 …………………… 144
谢宗可
　　睡燕 ……………………… 146
　　卖花声 …………………… 147

虞 集
　　白翎雀歌 ………………… 149
　　院中独坐 ………………… 150
　　题渔村图 ………………… 152
　　挽文丞相 ………………… 153
　　题衮尘骦图 ……………… 155
　　金人出塞图 ……………… 156
　　至正改元辛巳寒食日示弟及
　　　诸子侄 ………………… 159
　　赤城馆 …………………… 160
　　送袁伯长扈从上京 ……… 161
　　听雨 ……………………… 162
揭傒斯
　　夏五月武昌舟中触目 …… 164
　　和欧阳南阳月夜思 ……… 166
　　别武昌 …………………… 167
　　寒夜 ……………………… 168
　　送张天师归龙虎山 ……… 169
　　重钱李九时毅赋得南楼月 … 170
　　梦武昌 …………………… 171
　　归舟 ……………………… 173
张 雨
　　湖州竹枝词 ……………… 174
马祖常
　　驾发上京 ………………… 176
　　龙虎台应制 ……………… 177
贯云石
　　芦花被 …………………… 178
王 冕
　　墨梅 ……………………… 180
　　秋夜雨 …………………… 182
　　应教题梅 ………………… 185

张　昱
过歌风台 …………………… 187
感事 ………………………… 189

杨维桢
鸿门会 ……………………… 190
龙王嫁女辞 ………………… 193
花游曲 ……………………… 196
漫成（其二） ……………… 198
漫成（其三） ……………… 200
相思 ………………………… 201
秋千 ………………………… 202
题春江渔父图 ……………… 203
题芭蕉美人图 ……………… 204
庐山瀑布谣 ………………… 206
西湖竹枝歌（其一） ……… 207
西湖竹枝歌（其四） ……… 209
西湖竹枝歌（其八） ……… 210
的信 ………………………… 211
习舞 ………………………… 212
老客妇谣 …………………… 213

吴　莱
风雨渡扬子江 ……………… 215

倪　瓒
北里 ………………………… 217
对酒 ………………………… 218

绝句 ………………………… 219
荒村 ………………………… 220
烟雨中过石湖三绝 ………… 221
题郑所南兰 ………………… 223

傅若金
登岳 ………………………… 224
悼亡四首 …………………… 225

萨都剌
燕姬曲 ……………………… 229
芙蓉曲 ……………………… 230
送诉上人笑隐住龙翔寺 …… 232
过嘉兴 ……………………… 233
上京即事五首 ……………… 235
雨伞 ………………………… 237
宫词 ………………………… 239
石夫人 ……………………… 240

张　宪
岳鄂王歌 …………………… 242

杨允孚
滦京杂咏（录三） ………… 245

周　权
溪村即事 …………………… 247

王　逢
银瓶娘子辞 ………………… 248

明代诗歌

张以宁
题米元晖山水 ……………… 253
题李白问月图 ……………… 254

严陵钓台 …………………… 257
峨眉亭 ……………………… 258

宋 濂
- 晓行 …………………………… 260
- 蕗珠岩 …………………………… 261

刘 基
- 蜀国弦 …………………………… 262
- 旅兴 …………………………… 265
- 春蚕 …………………………… 266
- 梁甫吟 …………………………… 267
- 五月十九日大雨 ………………… 269
- 美人烧香图 ……………………… 270
- 薤露歌 …………………………… 271

陶 安
- 泊江州 …………………………… 273

贝 琼
- 孤松 …………………………… 275
- 寒夜 …………………………… 277
- 经故内 …………………………… 279

李 晔
- 湖堤晓行 ………………………… 280

张 简
- 醉樵歌 …………………………… 281

钱 宰
- 梧桐树 …………………………… 284
- 题长江霁雪图 …………………… 285

王 旬
- 宫词 …………………………… 288

袁 凯
- 客中除夕 ………………………… 289
- 白燕 …………………………… 290
- 客中夜坐 ………………………… 292
- 扬州逢李十二衍 ………………… 293
- 淮西独坐 ………………………… 294
- 题苏李泣别图 …………………… 295
- 京师得家书 ……………………… 296
- 江上早秋 ………………………… 297

刘 崧
- 玉华山 …………………………… 299
- 步月 …………………………… 300

杨 基
- 长江万里图 ……………………… 302
- 天平山中 ………………………… 303
- 登岳阳楼望君山 ………………… 304
- 梦游西湖 ………………………… 305
- 铁笛歌为铁崖先生赋 …………… 306
- 感秋 …………………………… 309
- 岳阳楼 …………………………… 310
- 浦口逢春忆禁苑旧游 …………… 312
- 春草 …………………………… 313
- 寓江宁村居病起写怀
  （其十） …………………… 314

汪广洋
- 过高邮有感 ……………………… 316

张 羽
- 燕山春暮 ………………………… 318
- 唐叔良溪居 ……………………… 319

徐 贲
- 雨后慰池上芙蓉 ………………… 321

孙 蕡
- 湖州乐 …………………………… 322

高 启
- 水上盥手 ………………………… 324
- 卖花词 …………………………… 325
- 青丘子歌 ………………………… 327
- 登金陵雨花台望大江 …………… 330

孤雁 ………………………… 333
明皇秉烛夜游图 …………… 334
梅花九首(其一) …………… 336
陈氏秋容轩 ………………… 338
春暮西园 …………………… 339
寻胡隐君 …………………… 340
秋望 ………………………… 341
送沈左司从汪参政分省陕西
　汪由御史中丞出 ………… 342
宫女图 ……………………… 344
题孟浩然骑驴吟雪图 ……… 345
田舍夜春 …………………… 346
清明呈馆中诸公 …………… 347
秋柳 ………………………… 348
题倪云林《竹木图》 ……… 350
瞿　佑
　师师檀板 ………………… 352
凌云翰
　关山雪霁图 ……………… 353
蓝　仁
　暮归山中 ………………… 356
　题古木苍藤图 …………… 358
浦　源
　送人之荆门 ……………… 359
许　继
　夜坐 ……………………… 361
顾文昱
　白雁 ……………………… 362
解　缙
　赴广西别甥彭云路 ……… 364
林　鸿
　夕阳 ……………………… 365

秋日登石壁精舍 …………… 367
枇杷山鸟 …………………… 368
挽红桥 ……………………… 369
高　棅
　峤屿春潮 ………………… 372
　得郑二宣海南手札 ……… 373
　夏谷云泉 ………………… 374
王　恭
　去妇词 …………………… 376
　春雁 ……………………… 377
　经友人故宅 ……………… 378
方孝孺
　应召赴京道上有作 ……… 380
杨士奇
　刘伯川席上作 …………… 381
　发淮安 …………………… 382
李昌祺
　乡人至夜话 ……………… 383
　归自南阳 ………………… 384
刘　球
　山居 ……………………… 386
钱　晔
　赠周岐凤 ………………… 387
　过江 ……………………… 389
于　谦
　北风吹 …………………… 391
　石灰吟 …………………… 392
　上太行 …………………… 393
　除夜宿太原寒甚 ………… 394
徐有贞
　鹧鸪图 …………………… 395

丘濬
花径二首(其二) …………… 397

王越
与李布政彦硕冯金宪景阳
　对饮 …………………… 398

郭登
保定途中偶成 ……………… 400

张弼
渡江 ………………………… 402

沈周
栀子花诗 …………………… 403
溪亭小景 …………………… 404
题画 ………………………… 406
雨晴月下庆云庵观杏花 …… 407
折花仕女 …………………… 409
送允晖 ……………………… 410
题柯博士敬仲竹枝 ………… 410

陈宪章
赠钓伴 ……………………… 412
访客舟中 …………………… 414

吴宽
新月 ………………………… 414

庄㫤
题画 ………………………… 416
忆舍弟 ……………………… 417

文森
九日 ………………………… 418

戴冠
题姚少师画竹 ……………… 420

马中锡
元世祖庙 …………………… 421

范澄
送别 ………………………… 422

李东阳
游岳麓寺 …………………… 424
夜过邵伯湖 ………………… 425
寄彭民望 …………………… 427
九日渡江 …………………… 428
柯敬仲墨竹 ………………… 430
灵寿杖歌 …………………… 431

祝允明
太行歌 ……………………… 434
述行言情(其二十七) ……… 437
春日醉卧戏效太白 ………… 439
短长行 ……………………… 441
口号三首 …………………… 442
歌风台 ……………………… 444
首夏山中行吟 ……………… 447
哭子畏二首(其二) ………… 448
甲寅端午拟白 ……………… 449
新春日 ……………………… 450

周在
闺怨 ………………………… 452

唐寅
阊门即事 …………………… 453
怅怅词 ……………………… 455
风雨浃旬,厨烟不继,涤砚吮笔,
　萧条若僧,因题绝句八首,
　奉寄孙思和(其五) ……… 457
桃花庵歌 …………………… 458
感怀 ………………………… 460
一年歌 ……………………… 462
春江花月夜二首 …………… 463

言怀	465
无题	467
绝笔	469

文徵明

秋日早朝待漏有感	471
石湖	473
暮春斋居即事(其一)	476
钱氏西斋粉红桃花	477
感怀	479
月夜登阊门西虹桥	481

李梦阳

秋望	482
圣泽泉	484
林良画两角鹰歌	485
江行杂诗(其五)	488
船板床	488
石将军战场歌	489
经行塞上	493
郑生至自泰山	494
朱仙镇	496
晓莺	497
汴京元夕(选一)	498

王守仁

泛海	500
龙潭夜坐	502
月下吟三首(其二)	503

宸濠翠妃

梅花	504

王廷相

古陵	506

康海

闻筝	507

边贡

留别张西盘大参	509
重赠吴国宾	510
人日有怀乔白岩侍郎	511
嫦娥	513

杜庠

赤壁	514

顾璘

度枫木岭	516
石公山	517

徐祯卿

送士选侍御	519
在武昌作	520
送萧若愚	522
偶见	523
题扇	524
西宫怨	525
凤鸣亭	527

孟洋

烟	529

王韦

阁试春阴诗	530

严嵩

赠相命颜生	532
登岳	534
喜友人至	534

何景明

秋江词	536
雨夜	539
别相饯诸友	540
怀寄边子	541
得献吉江西书	542

送卫进士推武昌 …………… 544
竹枝词 ………………………… 546
长安 …………………………… 547
送韩汝度还关中 …………… 548
鲥鱼 …………………………… 549
小景四首（其二）…………… 550
侠客行 ………………………… 551
易水行 ………………………… 552
捣衣 …………………………… 554
明月篇 ………………………… 555

傅汝舟
从军行 ………………………… 561

骆用卿
题韩信庙 ……………………… 564

杨　慎
出郊 …………………………… 567
柳 ……………………………… 567
三岔驿 ………………………… 569
宿金沙江 ……………………… 570
竹枝词 ………………………… 572
无题 …………………………… 573
病中秋怀（八首选一）……… 575
于役江乡归经板桥 ………… 577
送余学官归罗江 …………… 577

黄　峨
又寄升庵 ……………………… 579

薛　蕙
泛舟 …………………………… 580
皇帝行幸南京歌 …………… 581
宫词 …………………………… 583

敖　英
塞上曲 ………………………… 584

辋川谒王右丞祠 …………… 585

谢　榛
秋闺曲 ………………………… 588
秋日怀弟 ……………………… 589
塞上曲 ………………………… 590
漠北词 ………………………… 591
大梁冬夜 ……………………… 593
秋兴（四首选二）…………… 594
远别曲 ………………………… 596
榆河晓发 ……………………… 597
居庸关（二首选一）………… 599
古意 …………………………… 600
送谢武选少安犒师固原因还蜀
　　会兄葬 …………………… 601

王　问
赠吴之山 ……………………… 603

皇甫汸
舟中对月书情 ……………… 604
九日寄子约 ………………… 606
对月答子浚怀诸兄弟作 …… 607

高叔嗣
送别袁永之 ………………… 609

吴承恩
对月感秋（其二）…………… 610
嘉靖丙寅余寓杭之玄妙观梦一
　　道士长身美髯时已被酒牵余
　　衣曰为我作醉仙词因信口十
　　章觉而记其四 …………… 612

苏　祐
塞下曲 ………………………… 615

华　察
惠山寺与施子羽话别 ……… 617

黄省曾

　虎丘咏 …………………… 618

　江南曲 …………………… 619

尹　耕

　紫荆关 …………………… 620

蔡　楠

　晚晴 ……………………… 622

茅　坤

　夜泊钱塘 ………………… 623

李攀龙

　于郡城送明卿之江西 …… 625

　和聂仪部明妃曲 ………… 627

　送皇甫别驾往开州 ……… 629

　塞上曲送元美 …………… 630

　杪秋登太华绝顶（其二）… 631

　初春元美席上赠谢茂秦得

　　关字 …………………… 633

　和许殿卿春日梁园即事 … 634

　岁杪放歌 ………………… 636

　郡斋 ……………………… 637

　白雪楼 …………………… 639

　平凉 ……………………… 640

杨继盛

　登泰山 …………………… 642

　送徐子与谳狱江南 ……… 643

　就义诗 …………………… 645

吴国伦

　高州杂咏 ………………… 646

　过七盘岭 ………………… 647

徐　渭

　海上曲 …………………… 649

　夜宿丘园 ………………… 651

　白鹇 ……………………… 652

　题葡萄图 ………………… 654

　严先生祠 ………………… 657

　廿八日雪 ………………… 659

　恭谒孝陵 ………………… 662

　题风鸢图（选四首）……… 664

　边词二十六首（其八、其十三）… 665

　节妇 ……………………… 667

　又图卉应史甥之索 ……… 669

　杨妃春睡图 ……………… 670

梁辰鱼

　屈原庙 …………………… 673

宗　臣

　登云门诸山 ……………… 674

王世贞

　登太白楼 ………………… 676

　乱后初入吴舍弟小酌 …… 678

　陪段侍御登灵岩绝顶 …… 680

　酹孙太初墓 ……………… 681

　钦鵼行 …………………… 683

　戚将军赠宝剑歌（其一）… 684

　戚将军赠宝剑歌（其二）… 685

　塞上曲 …………………… 687

　西城宫词 ………………… 689

　暮秋村居即事 …………… 690

李　贽

　石潭即事（其四）………… 692

　独坐 ……………………… 694

　系中八绝 ………………… 696

戚继光

　马上作 …………………… 697

　盘山绝顶 ………………… 698

晓征 ························ 700
张元凯
　枫桥与送者别 ············ 701
陈　鹤
　夜坐寄朱仲开张鸥江 ······ 702
王穉登
　塘栖道中 ················ 703
　新春感事 ················ 704
　湖上梅花歌四首 ·········· 706
马湘兰
　奉和诸社长小园看牡丹杜赠之
　　作（选一） ············ 709
汤显祖
　七夕醉答君东二首（其二） ····· 710
　石门泉 ·················· 712
　送刘大甫谒赵玄冲胶西 ······ 713
　秋发庾岭 ················ 715
　冯头滩 ·················· 716
　江宿 ···················· 718
　天竺中秋 ················ 719
　黄金台 ·················· 720
　闻都城渴雨时苦摊税 ······ 721
徐　熥
　邮亭残花 ················ 722
　寄弟 ···················· 723
　丹阳遇陈十八 ············ 724
　春日闲居 ················ 725
　酒店逢李大 ·············· 726
徐　𤊹
　宫人斜 ·················· 727
姚少娥
　竹枝词（二首） ·········· 729

高攀龙
　枕石 ···················· 731
归子慕
　对客 ···················· 732
　北地晓征 ················ 734
孙承宗
　渔家 ···················· 735
　二月闻雁 ················ 736
程嘉燧
　题长蘅次醉阁 ············ 737
　忆金陵六首杂题画扇（选
　　三首） ················ 739
沈明臣
　凯歌 ···················· 740
　渔村夕照（二首） ········ 742
　萧皋别业竹枝词 ·········· 743
谢肇淛
　送徐兴公还家 ············ 744
　渡汶河 ·················· 745
　钱塘逢康元龙 ············ 746
袁宏道
　东阿道中晚望 ············ 748
　戏题斋壁 ················ 749
　湖上别同方子公赋（其二） ····· 751
　严陵 ···················· 754
　山阴道 ·················· 756
　游虎跑泉 ················ 758
　戏题飞来峰 ·············· 760
　显灵宫集诸公以城市山林为韵
　　（其二） ·············· 762
　答李子髯（其二） ········ 765

袁中道
　　夜泉 …………………………… 767
俞安期
　　漓江舟行 ………………………… 768
盛鸣世
　　题岳阳酒家壁 …………………… 770
沈　木
　　夜起 ……………………………… 771
孙友篪
　　过古墓 …………………………… 772
钟　惺
　　夜归 ……………………………… 773
　　丘长孺将赴辽阳留诗别友意欲
　　　勿生壮惋之余和以送之 …… 775
　　宿浦口周茂才池馆 ……………… 776
　　无字碑 …………………………… 778
　　答彦先雨夜见束（二首选一）…… 779
　　前懊曲（三首选一） …………… 781
王次回
　　寒词 ……………………………… 782
　　无题 ……………………………… 783
曹学佺
　　留别金陵 ………………………… 785
李流芳
　　白门七夕 ………………………… 786
　　过皋亭龙居湾宿永庆禅院同一
　　　濂澄心恒可诸上人步月 …… 788
王象春
　　书项王庙壁 ……………………… 790
　　大明湖 …………………………… 792
徐安生
　　题风雨竹 ………………………… 793

冯小青
　　读《牡丹亭》绝句 ……………… 794
　　春水照影 ………………………… 796
谭元春
　　刘季龙简讨庭上看舞刀歌 …… 798
　　瓶梅 ……………………………… 799
　　丁卯仲冬夜拜伯敬墓讫过其五
　　　弟居易家（四首选一）…… 800
阮大铖
　　郊居杂兴 ………………………… 802
薄少君
　　悼亡 ……………………………… 804
沈宜修
　　仲韶往苕上，别时风雨凄人，天
　　　将暝矣。自归，寄绝句五首，
　　　依韵次答，当时临歧之泪耳
　　　（五首选二） ………………… 805
　　春别 ……………………………… 807
张　溥
　　惜行 ……………………………… 808
谭贞良
　　题河梁泣别图 …………………… 811
邝　露
　　洞庭酒楼 ………………………… 812
陈子龙
　　小车行 …………………………… 814
　　渡易水 …………………………… 816
　　秋日杂感 ………………………… 817
　　九日登一览楼 …………………… 818
　　易水歌 …………………………… 821
　　重游弇园 ………………………… 822
　　春日早起（二首选一）………… 824

西湖漫兴(十首选一) …… 825
去岁孟秋十三夜,予从京师归,
　遇天如于鹿城,谈至四鼓而
　别,孰知遂成永诀也。今秋是
　夜泊舟禾郡,月明如昨,不胜
　怆然(二首选一) …………… 826

陈 瑚
　李映碧廷尉遗地图 ………… 828

叶小鸾
　雨夜闻箫 …………………… 829

韩 洽
　闻雁 ………………………… 831

沈自然
　江南乐 ……………………… 832

吴 骐
　书李舒章诗后 ……………… 833

张煌言
　甲辰八月辞故里 …………… 834

戴 冠
　钓台怀古 …………………… 836

陆 娟
　代父送人之新安 …………… 838

夏完淳
　别云间 ……………………… 839
　细林夜哭 …………………… 841
　宝带桥(其一) ……………… 843
　长歌 ………………………… 845

释梵琦
　晓过西湖 …………………… 848

读 彻
　送朗瘗入匡山 ……………… 850

偰 逊
　山雨 ………………………… 851

申从濩
　伤春 ………………………… 852

郑之升
　留别 ………………………… 853

辽·金·元诗歌

诗人小传

赵延寿

（？—948） 五代时常山（治今河北正定）人。本姓刘,为赵德钧养子。曾任后唐枢密使。后与德钧降契丹,为幽州节度使,封燕王,诱契丹南下,企图代晋称帝。契丹灭晋后,以他为中京留守,自称权知南朝军国事,不久为契丹永康王耶律阮所执,死于契丹。

失　　题　　　　　　赵延寿

黄沙风卷半空抛,云重阴山雪满郊。
探水人回移帐就,射雕箭落著弓抄。
鸟逢霜果饥还啄,马渡冰河渴自跑。
占得高原肥草地,夜深生火折林梢。

这首七言律诗描绘的是我国北方大漠中游牧牧民的生活图景。前人论诗,认为诗应当具备"三真":言情宜真,写景宜真,记事宜真,唯真才能传神。这首诗笔墨所至,绘声绘色,无不真切质直,是具备这"三真"的。

诗的首联(一、二句)写大漠中黄沙蔽空、雪满郊原的景象。"黄沙风卷"即"风卷黄沙"。"半空抛"的"抛"字用得极有力,既显示了沙之重(如用"飘",则无此沉重感),更表现了风力之强劲:把无边的黄沙卷起,一下子"抛"向"半空"。"云重(读 zhòng)阴山"即"阴山云重"。阴山在今内蒙古自治区中部,而古诗中的阴山,往往意指我国北边高寒地区。"云重"即云浓而且厚,给人以"压顶"之感,故曰"重"。"阴山"本来就带给人们以阴冷的心理感觉,再加上上有重云密布,下有积雪遍野,其冷而荒的景象便毕现眼前。首联破题,来势突兀峭拔,景象博大、辽阔,颇得雄浑意象,通篇气力,由此"定格"。颔联(三、四句)与颈联(五、六句),以两组对句分别写出大漠中常见的四种景象,从而使一幅雄奇的大漠生活图臻于完善。这四种景象是:其一,寻水。沙漠缺水,且由于流沙的不断移动,水源不能定位,往往今为涓涓细流而明日即沙丘鳞次。所以,牧民不得不常常四处"探水",探得水源,便"移帐"(帐篷,犹今之"蒙古包")就之。此句可见牧民游牧生活的特点。其二,射雕。"射雕箭落"即"箭射雕落"。"著弓抄",用弓(把射落的雕)收拾起来。这种意义上的"抄"字,本是个方言词儿,《辞海》解释为"以匙取物曰抄",这当是个很形象的动作,牧民多在马背上生活,其射雕往往在马背上开弓,射落之后亦不必下马拾取,只需用弓一"抄"便可拾取,由此可见射雕者的矫捷。其三,饥鸟啄果。鸟在冬天的大漠中,饥无所食,即使遇到"霜果"(被冰霜冻结的果实)也不放过,因果实冻结,故须"啄"而食之,"啄"字下得逼真、贴切,荒漠冷落,由此句可见。其四,渴马奔河。河水冻结,马渴而不得饮,为了寻找水源而不得不奋力奔跑,不策而奔,故曰"自跑"。这也是沙漠中常见景象,动物(不独是马)为了饮水,往往长途奔跑,直至找到水源为止。以上四景,由人而及鸟兽,从不同的方面,不同的角度,描绘了大漠中的生活图景。尾联(七、八句)仍是写景,写牧民找到水草肥美之地,支起帐篷,夜间从树林里折得树枝,燃起篝火,取暖或烧烤猎物以供食用。这也是习见的游牧生活场景,如《辽史·营卫志》所说:"随水草就畋猎,岁以为常。"

　　这首诗的长处是真实地反映了游牧生活的状况,情真景真,略无藻饰,写景之中兼含记事,笔墨中时见贞刚雄杰之气。这种风格的诗篇,在南方文学中是罕见的。但从"诗艺"的角度看,似有不足之处。诗的真谛,要求景尽情不尽,语尽意不尽,趣尽味不尽。而这首诗却没给读者留下多少回味之处,失之于"尽"。再说律诗的中间两联,或写景,或叙事,或述意,其要旨皆须有虚有实,如此,才能生动灵秀。而此诗皆动态之景,填得过实,尤其是第三联,应当变换笔法,别开境界,而此诗却仍用第二联的笔法,"一以贯之",如此,则使全诗伤于板滞。这些虽是小瑕,读诗时亦不可不察。

(邱鸣皋)

耶律弘基

[诗人小传]

(1031—1101)　契丹第八帝,即辽道宗。在位四十六年,终年七十岁。他即位后,颇以风雅好学自命,领五经传疏,置博士助教,开科取士,积极推行汉族文化。但不久即沉湎酒色,游猎无度,以致逸巧竞进,内部矛盾日剧,国势由此倾颓而趋向衰亡。

题李俨黄菊赋　　耶律弘基

　　昨日得卿黄菊赋,碎剪金英填作句。
　　袖中犹觉有余香,冷落西风吹不去。

　　这是辽道宗耶律弘基写给李俨的一首诗。李俨字若思,析津(治今北京西南)人,辽相,赐姓耶律,故《辽史》作耶律俨。关于这首诗,陆游《老学庵笔记》卷四称:"辽相李俨作《黄菊赋》献其主耶律弘基,弘基作诗题其后以赐之。"对这首诗的来路交代得很清楚。此诗既是赞《黄菊赋》,也是赞黄菊,作者通过对菊的品格的赞颂,表现了自己的审美情趣。

诗的前二句是针对《黄菊赋》着笔。首句破题,点出《黄菊赋》;次句即缘《黄菊赋》意脉拓展,对《黄菊赋》进行品评。"金英"即黄菊,南朝梁王筠《摘园菊赠谢仆射举诗》"菊花偏可喜,碧叶媚金英",唐陈叔达《咏菊》"霜间开紫蒂,露下发金英",其中的"金英"皆指黄菊花而言。"碎剪",犹言"细细地剪裁"。剪裁金英,斟酌词句,而组成一篇《黄菊赋》,由此可见李俨写作态度的认真和此赋辞藻的华美。不过,这还只是对《黄菊赋》表面辞藻形式的品评,三、四两句便进入神髓的品评:诗作者从读过此赋之后的感觉入笔,突出地表现了黄菊亦即《黄菊赋》品格中固有的清香与贞傲。这首诗的脉络是这样:其第一句无疑是写《赋》,第二句用"金英"由《赋》切入到菊,到了三、四两句,更深一层着笔,从形到神,专写留在袖中的"余香",而且是"冷落西风吹不去"的"余香"。这是写菊,也是写《赋》,是借《赋》而写菊,更是为写《赋》而写菊,两者兼写,相得益彰。

这首诗的一、二两句,是用"赋"的笔法,即直陈其辞,未见其长,能见其诗家三昧者全在三、四两句,第四句尤为神来之笔。诗家作诗,要求留好字以助警策,留好韵以助精神。这首诗的好字好韵皆在结句,因而警策、精神亦在结句,短短七个字,毫不见刀斧痕,却把全诗的精神升华到一个新的境界。从诗的结构看,结句的"冷落西风"不仅以节候特征呼应和回扣首句点出的黄菊——这正是菊花开放的季节,如《礼记》所云:"季秋之月,菊有黄华",更重要的是为黄菊渲染了环境气氛,并借以深刻地表现了黄菊的品格:"涉变节而不伤,凌九秋以愈馥。"这是诗作者对黄菊的赞颂,也包含着对李俨的勉励,同时,从中也可以看到作者的志趣取向和审美理想。这种志趣、理想的萌动,自然应是受了李俨《黄菊赋》的启迪(李俨作《黄菊赋》"献其主",也可能有此讽谏目的),至于作为一朝君主的耶律弘基是否付诸实践,那就是另外一个问题了。

(邱鸣皋)

【诗人小传】

萧观音

(1040—1075)　辽道宗(耶律弘基)后。枢密使萧惠之女。清宁初立为懿德皇后,后为人诬陷,被迫自尽。工诗,善谈论,能自制歌曲,尤擅琵琶。其诗词今存《回心院》等十四首。

怀 古

萧观音

宫中只数赵家妆,败雨残云误汉王。
惟有知情一片月,曾窥飞燕入昭阳。

如诗题所示,这是一首怀古诗,从其字面上看,怀的是汉成帝的皇后赵飞燕。赵飞燕善歌舞,以体轻,号曰"飞燕",被召入宫,先为婕妤,不久立为皇后。其妹赵合德亦为昭仪,姊妹专宠十余年。后因成帝倾心合德,飞燕渐被疏远。

全诗四句,字面意思分两层。一、二句为一层,写汉家宫中对赵飞燕的指责。"数",指责,责备。这个"数"字,为两句的关键性动词,"赵家妆"和"败雨残云误汉王"都是"数"的"宾语",即赵氏被指责的瑕疵。"赵家妆",据《汉书》、《飞燕别传》等记载,赵氏在宫,妆饰奢华,"自后宫未尝有焉",飞燕"喜踽步行,若人手执花枝颤颤然,他人莫可学也",李白《清平调》"借问汉宫谁得似,可怜飞燕倚新妆",亦谓赵氏装束之新奇。而赵合德则喜绾"欣愁髻"(见《髻鬟品》)。"败雨"句盖指赵氏姊妹与轻薄子弟私通事。又,相传合德向成帝进媚药,搞得成帝"精出如泉溢",因而暴卒。这大概就是"误汉王"的内涵了。总之,赵氏在宫,当时就有人骂为"祸水",诗中用"只数"云云,已可见指责者之多。三、四两句是第二层意思,在笔势和立意上都是个大转折,转而为赵氏申诉:在宫中舆论"一边倒"的指责声中,只有那"知情"的"一片月",是亲眼看到赵家的飞燕是怎么样被汉成帝搞到昭阳宫的见证!飞燕出身甚微,本是阳阿主家的婢女。汉成帝到阳阿主家寻欢作乐,"见飞燕而说(悦)之",硬是凭着皇帝的权威把飞燕弄到宫中,占为私有。后来,插进一个赵合德,迷住了成帝。飞燕为了固宠,为了在倾轧无常的宫中立住脚跟,才与人私通,希望生个"太子"作靠山。在当时的宫中,能够体谅飞燕这番良苦用心的,看来只有那"一片月"了。凡此,皆应是三、四两句的内涵。诗作者萧观音在这里翻了一个历史大案,大胆地对赵飞燕表示了由衷的同情。这种同情,在诗的开头"只数"二字里已露端倪,"只数"云云,正是指出宫中舆论(指责)的偏颇,到了三、四两句,才正式转笔,一反历史的成见,缠绵而含蓄地袒露了自己深沉的思索。这样,单从字面意义上看,这首诗心存忠厚,思绪缠绵,用语含蓄,立义分明,气度和雅,确已显示了一定的思想和艺术的高度。

但这首诗并非单纯"怀古",而是糅进了作者的自我身世之感,借古人的酒杯,浇自己的块垒,所谓托意而作也。据辽王鼎《焚椒录》,此诗作于辽道宗大康元年(1075),身为皇后的萧观音因谏阻道宗单骑驰猎,已久被疏远,心情孤寂而苦闷(详见其《回心院词》)。因而,对赵飞燕的遭遇很容易引起共鸣,其心情亦有某些相通之处。这应是萧观音写作《怀古》诗的心理、感情基础,诗中对赵飞燕的某些同情,也正是作者的自我伤悼。

不幸的是,正是这首诗要了萧观音的命。据《焚椒录》记载,乐官赵惟一因演奏《回心院词》与萧观音有所接触,萧的仇家耶律乙辛(时为枢密使)便设计圈套伪作《十香词》骗取萧观音抄写。萧在抄写之后,又题了这首《怀古》诗。耶律乙辛取得这份抄件之后,即利用辽道宗"性忌"的弱点,编造情节,上奏道宗,把《十香词》作为萧后赠给赵惟一的"淫词",而《怀古》诗中又有"赵"、"惟"、"一"三字,遂诬萧后与赵惟一"淫通"。道宗在暴怒之下,"族诛"赵惟一,并逼萧后自尽。一代才女萧观音就这样结束了她的一生,年仅三十六岁。古人对于诗有"诗谶"、"诗祸"之说,这应当说是萧观音的"诗祸"了。

(邱鸣皋)

【诗人小传】

宇文虚中

(1079—1146) 字叔通,成都华阳(今属四川)人。宋大观进士,仕宋官至资政殿大学士。建炎二年充祈请使,遂降金,官礼部尚书、翰林学士承旨。为金制定官制礼仪,参与机要,被称为"国师"。后金廷疑其谋反,被杀。能诗。原有集,已散佚。《中州集》录其诗五十首。

中 秋 觅 酒

宇文虚中

今夜家家月,临筵照绮楼。
那知孤馆客,独抱故乡愁。
感激时难遇,讴吟意未休。
应分千斛酒,来洗百年忧。

在松花江南的金都会宁(今黑龙江阿城南),中秋之夜的明月,也未必不如杭州的清澄、妩媚。但在刚被授为翰林学士的宇文虚中眼间,这异国的月夜,却显得分外凄凉。

这还是北宋王朝覆亡后的第二年。震惊天下的"靖康之变"的悲愤,还充溢在无数抗金志士的心头;刚刚建立的南宋朝廷,正面临着金人南下的莫测前途。而以资政殿大学士身份出使金国的宇文虚中,在被扣留上京不久,却一反其"人生一死等闲事,裂背穿胸不汝忘"(《在金日作》)之素志,突然接受了仕金为官的贵衔,实在令人惊诧——他究竟是真心仕敌呢,还是像后来密谋挟持宋钦宗南归而被杀那样,不过是怀有异图的权宜之计?

不管怎样,他现在已在孤清的异国馆舍,把盏独对这关外中秋的清满夜月。起句"今夜家家月,临筵照绮楼",不嫌以浓笔重彩描摹金都的节庆,展出的是一种处处灯火笙歌、盛筵大张的景象;句中更以皎洁的圆月,临照这画梁雕栋的"绮楼",朦胧中愈多了几分骄奢豪华之气。看来,俘了宋之二主、占据了半壁江山的金人,是立定主意要尽情歌呼酣乐一番了。诗人那色彩浓丽的起笔,正适合渲染这班豪贵的得意沉醉之境。

而成为鲜明对照的,则是"觅酒"独饮的诗人:"那知孤馆客,独抱故乡愁"。一位奉使北来的南国使者,终于不得不沦为屈仕异朝的贰臣,纵然地位显赫,也还是为人鄙视的降虏而已。带着这样的耻辱,独对异国之夜的明月,那滋味究竟是苦、是酸?诗中对自身的处境着一"客"字,表明诗人显然还没有混同与金人的关系——这里只是他的耻居之寓,他的故国是在关内,是在月色凄迷的遥远南土。句中的"故乡"正宜读作"故国",因为诗人此刻所悬念的,不只是沱江畔的成都故家;作为一位肩负重任的昔日宋使,他无疑更怀想钱塘江潮如雪夜涌的宋都杭州。"江南忆,最忆是杭州。山寺月中寻桂子,郡亭枕上看潮头。何日更重游?"在此刻诗人的脑际,是否正有白居易歌咏过的、故国江南的如梦美景容容涌现。而当他终于清醒,自身早已隔在万里之外的异国孤馆时,那浓浓的故国之思中,岂不更交织着冷涩的哀愁和悔恨?

在这样的境界中,诗人的心绪又安能静息!于是"感激时难遇,讴吟意未休",便成了这位哀慨激荡的降臣形象的逼真写照。倘若不是因为金人大举南侵,堂堂大宋王朝怎会内外交困,偏安于江南一隅?倘若不是南宋朝廷处在抱残守缺的危机之中,诗人又怎会万里迢迢来此异国,成为被扣屈仕的他乡囚臣?家国沦落,盛世难遇,诗人一念及更无回返故国之望,便不免忧愤激荡。在欲诉无人之中,只能狂讴独酌、啸吟月下:正如一头槛中之兽,聊借几声低沉的吼鸣一泄心头之恨。"讴吟意未休"一句,正画下了诗人这种意有不甘,而又无可奈何的孤馆醉吟意态;至今读来,犹可想见诗人当年,曾处在怎样的郁闷痛苦之中。

痛苦到了极度,想象力便往往能发挥到匪夷所思的极致。此诗结句"应分千斛酒,来洗百年忧",就是诗人在难以摆脱的忧苦中生发的奇思。古之一斛可容十斗,你就是"会须一饮三百杯"的谪仙人李白,也决难以打发这聚积"千斛"的巨量之酒。但宇文虚中却在狂醉中频频高呼,要分列出"千斛"之酒,来供他一夕之饮,以洗涤那蕴积"百年"的胸间忧愁——匪夷所思的奇想,借助于数量上的极度夸张,无非是要令你得到一个鲜明无误的印象:在此刻诗人的心中,正积压着怎样巨量的忧思!那是眼看着故国在苦难中沉沦而无法挽助的哀慨,和失足千古再难自拔的悲楚,交汇着独处异域、永难回返故土的乡愁,在万里关外中秋夜狂猛汹涌的最凄怆一刻。这忧思经了诗人痛苦中陡发的奇想,便潮水般冲过结句,冲破八百余年的历史烟云,久久跌宕在读诵此诗的人们心上了。 (潘啸龙)

【诗人小传】

吴　激

(？—1142)　字彦高,号东山,建州(今福建建瓯)人。米芾婿。奉宋命使金被留,任翰林待制。能诗文及书画。并能词,与蔡松年齐名,时号"吴蔡体",风格清婉。《人月圆》一首,寄寓天涯沦落之思,为时所称。著有《东山集》。

题宗之家初序潇湘图　　　　　　　　吴　激

江南春水碧如酒,客子往来船是家。
忽见画图疑是梦,而今鞍马老风沙!

与宇文虚中一样,这位背手而立于友人宗之厢壁前、久久凝视着壁间所挂《潇湘图》的吴激,也是出使金朝、被留异国的南方诗人。

从柳暗花明的江南,来此风雪纷扬的北庭,无疑如进入一个陌生世界那样令人震愕;何况又是远离故土、屈仕于敌国之翰林院,便更有一种"故国不堪回首月明中"的悲凉。然而,诗人毕竟不能按抑对故国故乡的思念。于是在"万里长风夜怒号"的秋夕,他忆念钱塘江上"松窗竹阁"间澎湃的"秋涛"(《秋兴》);在"山中桃李浑疑晚"的春日,他却成了踯躅天涯、泪洒"残花"的"断肠"之客(《山中见桃花李花》)。"年去年来还似梦,江南江北若为情"——那身在异国的生涯,对吴激来说,实在是被纷纭如烟的故土之梦牵萦环绕着的呵(《秋夜》)!

所以当他猛一见到友人家画有故国潇湘山水的图画时,又惊喜而呼,如醉如痴了。"江南春水碧如酒",画面上大笔抹染的,是一派多么绿意盎然的南国之春:淡青的山影辉映着清曙,迤逦于远空;幽幽的湘江,浩浩荡荡地从画面深处奔来。它是那样碧澄,那样多情,带着春来的脉脉欣喜和摇漾不尽的波光笑影,浮横在诗人眼前！吴激是著名书画家米芾的儿婿，自己也擅长书画，也许因此对色彩、光影更其敏感。此句正是抓住春来江水"碧"如蓝的特点，又出人意外地用浓醇的"酒"色作比，便赋予了画中的潇湘春水以格外迷人的魅力——它简直就如"绿螘新醅酒"一样令你沉醉了！

　　画面之美还远不止于此。碧绿的清江上，远远近近，更有悠悠的船影点染其间。有的顺流而"来"，如云的白帆升浮在黛青的山崖前，远远看去，真不知是船在行进，还是山影在飘移？有的溯波而"往"，欸乃的船橹摇过水中蓝天，那青峰连绵的倒影，便晃漾在碎波飞沫间，久久才回复靓妆凝神之态……在这江山如画的南国行旅，完全不像在关外的春日还得踏冰披雪；那远行在潇湘之间的"客子"，正是最乐于以船为家的呵！"客子往来船是家"句，正这样在诗人眼际，展开了一幅画笔也描摹不出的美妙动境；它因此也可以从相对的角度，读作为凝神观画的诗人情不自禁的兴叹——当《潇湘图》上的船儿恍然间移动起来，我们的诗人能不如同回到了往日的岁月，重又领略着春江赏景的客行之趣，而激荡起这种认船为"家"的亲切、温馨之情？

　　正如诗人在北庭所常常做过的梦境一样，他此刻置身在友人家的画幅前，竟也怀疑起眼中所见的究竟是画、还是"梦"了。那画面上的潇湘山水，明明是在万里故国的江南；那船行于青山绿水间的景象，更决非能在这风沙满天的塞外一遇。也许是因为这《潇湘图》，画得实在太过传神；也许是因为那故国的山水，暌违得实在太久。所以令诗人猛一见到这丹青绘染之境，也不免有一种梦中神游般的惊喜了。"忽见画图疑是梦"所表现的，就是诗人在见画如见故国山水中，如幻如梦、热泪涌注的动情一幕。诗人无疑希望，这温馨的梦境，能再持续得长久些的罢？

　　然而它竟没再持续：随着结句"而今鞍马老风沙"的闪现，这令诗人欷歔动情的梦境，就很快惊散，破碎成再难续属的翩翩碎影了！作为一位兼善书画的诗人，吴激完全了解精妙的绘画所具有的迷人魅力，也因此最易从梦寐般的画境中返回现实。于是画中的南国山水，便又与诗人葱茏的忆念分离，回复了它那由色彩和线条组成的虚影；而恍在故国南土山水间游赏的诗人，又面对了身栖关外的凄苦生涯：夜晚听冷雨敲打孤清的纸窗，晴昼看风沙挟裹疲惫的鞍马。这便是他已经度过、并且还将继续度着的异国岁月，他恐怕只能在这样的岁月中终老天涯了！

　　清美邈远的江南画境，与纷乱黯淡的关外实境的急剧变换，造成了这首题画诗所表现情感的巨大逆转。当缥缈如烟的故国山水随画面一齐隐去，站立在读者眼前的,就只剩下了一位北庭"风沙"中忧郁南望的苍老诗人——就这结句所展示的境界说,它便似乎不再是一首题画之作,而是借《潇湘图》作反衬的一幅黯然神伤的自画像了。吴激曾被金代诗豪元好问推为"国朝第一作手"(见《中州集》),读这首诗,正可窥见他高妙诗艺之一斑。

(潘啸龙)

【诗人小传】

蔡松年

(1107—1159) 字伯坚,号萧闲老人,真定(今河北正定)人。以宋人而随父降金,官至右丞相,加仪同三司,封卫国公。工诗,风格清俊,部分作品流露出对仕金的悔恨,表达了归隐的心情。也能词,与吴激齐名,时号"吴蔡体"。著有词集《明秀集》,有魏道明注。

渡混同江①

蔡松年

十年八唤清江渡,江水江花笑我劳。
老境归心质孤月,倦游陈迹付惊涛。
两都络绎波神肃,六合清明斗极高。
湖海小臣尸厚禄,梦寻烟雨一渔舠。

〔注〕① 混同江:一般指松花江会合黑龙江的一段江流;但又可指称松花江,五代时契丹耶律德光破灭后晋,改名混同江。此诗中所指当为松花江。

"我家恒山阳,山光碧无赖。月窟荫风篁,十里泻澎湃"(《庚申闰月从师还自颍上,对新月独酌》)——作为宋之降臣而官至金右丞相的蔡松年,在他的内心,多年来就时时为仕宦、还是归隐矛盾着。想到"故国兴亡树如此"的苦难,仕途"方寸风涛惊"的险恶,他就忍不住高唱:"誓收此身去,田园事春耕"(《漫成》);而想到金主的宠恩之厚,抽身归隐就有愧知遇之恩,他便又犹豫踌躇,只能幽幽长叹"落身世网痴仍绝,挂眼山光计未成"(《师还求归镇阳》)。不过,愈近老年,这内心矛盾就愈加困扰着诗人,那浓浓的归隐之思,也就更撩拂难去了。《渡混同江》之作,便是对这种晚年心境的悠悠写照。

"混同江"即松花江,它的支流正是迁徙后的金都大兴(今北京西南),前往上京会宁(黑龙江阿城南)的必经之处。而从诗人的家乡镇阳(今河北正定)入京,更避不开它。这些年来,风晨月夕、来往此江,诗人曾多少次在这里招唤过江上渡船。连江间的浩荡流波，江畔的荻花芦丛，恐怕都已熟稔了这位劳瘁渡客了吧？"十年八唤清江渡，江水江花笑我劳"的起句，正吐露了诗人重临旧渡时的惆怅之情。诗面上写得似乎颇为轻松，运用的全是自嘲自笑的揶揄笔墨。但在那一片"江水江花"的细语浅笑声中，读者却恍惚还能看到，那许多个举手招渡、徙倚江岸的孤清叠影：这其中究竟有几多狼狈，几多苦涩，恐怕就不是诗中奇想的江花"笑"谑之语，所能化解的了。

　　正是带着这样一种揶揄自嘲的苦涩，诗人还久久徘徊在江渡畔的夜月下。放眼江上，波涛汹涌，那浪波翻卷着撞击江岸的音响，在幽寂的夜晚听去，格外使诗人心惊。而多少年来在渡口留下的陈迹，似乎也早已随浩荡江水而去，再难以在月光中寻回。它们不正如诗人的壮岁年华，都消失在劳瘁仕途的过往岁月中了么？回顾这一切无疑是沉重的，但诗人的归隐之心，却因此分外强烈而不可按抑了。"老境归心质孤月，倦游陈迹付惊涛"二句，便正吟成于这月光下耳闻涛音、归思沸涌之际。那一个"质"字下得颇为着力，它传达着诗人一种无可更改的决心：这一次的思隐之心是非得实行的了，幽清的月儿呵，我要在这江渡之畔与你订下誓约！

　　当诗人终于确定了这个决心以后，心境也似乎平静了许多。所以在他被一叶渡船载着驶向远岸的时候，更有了俯仰江天的闲悦逸情。"两都络绎波神肃，六合清明斗极高"——船行在月色迷漾的混同江上，展开在诗人眼间的，已是一个何其安谧、清朗的空阔世界：从上京会宁，到东京辽阳的"二都"之间，络绎奔腾着松花江、饮马河、辽河等几多江河。它们原本滚动着数千里涛声浪音，而今仿佛都奉了"波神"之令，全消歇了浪波，安眠在明净的月光下了！上下四方（"六合"）的辽阔空间，也似乎全被明明星月朗照了似的，变得格外的清莹、明洁。仰望夜天，繁星璀璨，更有北斗七星横指幽幽闪烁的极星，愈见得邈远无际！前句从南北纵向上，展出波"肃"千里的沉沉江流；后句从上下空间中，表现月明"六合"的高远夜天。这似乎只是"景语"，但其实又是"情语"：那是展开在这位诗人心上的美好画境，表现着摆脱矛盾困扰的诗人，此刻的心境已怎样明净无翳、万忧皆去！

　　倘若就这样趁着月色归隐还家，那该多美！虽然诗人也曾感到，那在中都的金主，未必就肯轻易放他回乡。但"湖海小臣尸厚禄"，我不过是个湖海飘泊的小臣而已，又何必让我空居官位享受厚禄？这样一想，诗人又不禁自宽自慰起来。迷迷蒙蒙中，便似乎见到自己，已如往日诗中所叙的"我本山泽人，孤烟一轻蓑"（《庚申闰月从师还自颍上，对新月独酌》）那样，正荡着一叶小舟，垂钓于烟雨苍茫的故乡江流间了——这正是诗之收结所展示的梦寐般的虚境。它虽然与诗人在《癸丑岁秋郊》展示的"此生愈觉田园乐,梦里晓山三四峰"一样,也只是个醒来难"寻"的悠缈清梦;但此刻他毕竟是带着安恬的笑意,沉睡在这美好的梦境中了:耳边还响着欸乃的橹声,头顶还照着清莹的月色,在远离故乡的关外混同江上……

(徐旭文)

小饮邢嵓夫家因次其韵　　　　蔡松年

东风初度野梅黄,醉我东山云雾窗。
只今相逢暮春月,夜床风雨翻寒江。
人生离合几春事,霜雪行侵青鬓双。
大梁一官且归去,酒肠云梦吞千缸。

这首七古是诗人在友人家小饮,为次友人之诗韵而作的一首唱和之诗。诗中抒发了与友人相逢的欣喜之情,以及辞官归隐的愿望。

暮春时分,东风骀荡,野梅已经转黄,此时竟能与老友相逢,酣饮叙旧,真是人生一大快事!"东山云雾窗"点出了聚饮之处。韩愈《华山女》诗云:"云窗雾阁事恍惚。"诗语本此。夜晚,他们对床话旧,室外风雨骤起,好像江水在翻滚。此处诗语也渊源有自。韦应物《示全真元常》诗云:"宁知风雪夜,复此对床眠。"白居易又将"风雪"改为"听雨",其《招张司业宿》诗云:"能来同宿否?听雨对床眠。"这一意境经苏轼兄弟在诗中互用,遂成为表现兄弟朋友之情的熟典。如苏轼《初秋寄子由》云:"雪堂风雨夜,已作对床声";《东府雨中别子由》云:"对床定悠悠,夜雨空萧瑟";苏辙《舟次磁湖以风浪留二日……》云:"夜深魂梦先飞去,风雨对床闻晓钟。"蔡氏诗中虽未明言"对床",只说"夜床",其实正是化用此典:风雨夜宿,老友晤对一室之内,温馨慰藉之意,自可从中体味。接着感叹契阔离合,别易会难,岁月流逝,两鬓染霜,更见出这次相逢的珍贵。诗人最后表示:大梁一官,无需恋栈,趁早归去,得遂夙愿,正可豪饮,以了余生。诗人形容自己的海量,若云梦之泽,可容酒千缸。司马相如《子虚赋》有"吞若云梦者八九于其胸中,曾不蒂芥"之句,为此诗之末句所本。据《金史》本传载:"齐国废,置行台尚书省于汴,松年为行台刑部郎中,都元帅宗弼领行台事。"金废刘豫,取消伪齐政权,是金天会十五年(1137)之事;天眷三年(1140),松年随宗弼(兀术)伐宋。所谓"大梁一官"即指松年任职汴梁,诗当作于这一阶段。蔡松年此时虽当方面之任,颇得信赖倚重,但他时露归隐之思,且常形诸篇咏,说明他事于异姓外族,心中有难言之隐,故只能以酒浇胸中之块垒。诗的末二句实是向老友吐露真情,见出他们情谊之深笃。

此诗感情真挚,语短情长,语言自然流畅。值得指出的是,此诗明显有模拟黄山谷诗的痕迹。山谷有《子瞻诗句妙一世,乃云效庭坚体,盖退之戏效孟郊、樊宗师之比,以文滑稽耳,恐后生不解,故次韵道之》一诗,蔡氏此诗即用山谷诗之韵,所用乃为险韵,因难见巧,造成一种夭矫奇健之气。黄诗又是效韩愈《病中赠张十八》一诗,力盘硬语,笔势排奡。山谷诗中有"赤壁风月笛,玉堂云雾窗"的句子,即为本诗所化用。又山谷有《六月十七日昼寝》一诗:"红尘席帽乌靴里,想见沧洲白鸟双。马龁枯萁喧午枕,梦成风雨浪翻江。"首二句写奔走仕途而向往江湖,故后二句写午睡时听到马嚼草料的声音,竟化作了梦中的风雨浪翻之景,缴合前面的江湖之思。松年此诗采用黄诗字面,虽非明写梦境,但与诗末抒发的归隐之愿也暗脉相通。尽管蔡诗夺黄诗之胎,但并无黄诗的奇崛拗硬,而有其自身的特色,但从中也可看出北国诗人颇受苏、黄影响的文学倾向。

(黄宝华)

诗人小传

高士谈

(? —1146) 字子文,一字季默。先世燕人。宋宣和末任忻州(治今山西忻县)户曹参军,入金官至翰林直学士。后因宇文虚中案被拘,同遭杀害。《中州集》选录其诗。

晚登辽海亭

高士谈

登临洒面洒清风,竟日凭栏兴未穷。
残雪楼台山向背,夕阳城郭水西东。
客情到处身如寄,别恨他时梦可通?
自叹不如华表鹤,故乡常在白云中。

家在湖南潇湘,身栖关外异国;对于官居翰林直学士的宋之降臣高士谈来说,这"离乱惊昨梦,漂泊念平生。泪眼依南斗,难忘故国情"(《不眠》)的生涯,也实在是痛苦难捱的。所以,在他参与宇文虚中密谋南归而被杀前,不是悲叹于"可怜风雨胼胝苦,后世山河属外人"(《题禹庙》)的故国沦丧,便是沉醉于"功业本非吾辈事,此身聊复斗樽前"(《次韵饮嵓夫家醉中作》)的借酒浇愁。即使在登临赏景之际,也常常喝得醉眼惺忪——用他的话说,就是"急景只教人貌改,沧溟不放酒杯深"(《次伯坚韵》)。

现在他正这样,带着酡红的醉颜,站在高高的辽海亭间。白雪覆盖的千山山脉逶迤在东南,西南则隐约可见黑山、松山横亘天边,脚下是浩瀚的辽河,推荡着正在融化的冰流,遥接茫茫的辽东湾。因为站在高处,那春日的风也格外清新,吹在酣热的脸上,恰似阵阵洒落的新雨,带给诗人一种快意的清凉——在这样的晴日凭栏望远,连愁苦的诗人也不免开襟放怀,生出了无穷的意兴。"登临酒面洒清风,竟日凭栏兴无穷"这二句所描绘的,就是这样一幅凭高览远的诗人近景。"酒面"二字点染着他的微醺醉颜;"清风"而形容以"洒"字,又从诗人的主观感觉上,描摹出了它那飘忽如雨的清畅;"凭栏"徙倚至于"竟日",也正为诗人意兴之"无穷",作了很好的脚注。还有那画不尽的醉眼乜斜、衣衫飘洒意态,你也全可从字行间想见。

然后随着诗人的醉眼,眄向亭栏之外。"残雪楼台山向背",是一幅放眼四顾中的远景:时令虽已是春暮,这关外的气温却还刚从冬寒中挣脱;那远远近近的山峦间,还披盖着耀眼的白雪。而在或向或背的山腰,却可望见层层楼阁榭台,带着未尽的残雪,闪耀在一派晴光中。"夕阳城郭水西东",则是诗人凭栏"竟日"后俯瞰的暮景:一抹如火的斜阳,辉映着眼底的城郭,那街巷市肆似也在刹那间沉静了下来,笼盖在浓浓的暮霭中。唯有交叉的江流,或东或西地曲折而去,带着一派霞晖,显得明丽而庄肃。这两句写景,从空间上的俯、仰转换,化出时间上的昼、暮交替,并借助于雪光的映衬和夕阳的投射,便使纵横"向背"的山间楼台,"西东"交流的城郭江河,带有了明丽的色泽和动感。这样的登临之景,当然能激扬诗人的"无穷"意兴了!

可叹的是,关外的奇景可以聊解诗人的愁肠于一时,却不能令他忘却漂泊异国的长痛。当眼底的楼台、城郭,渐次消隐在愈来愈重的暮色之中,诗人那寄身万里的伤痛,便又如烟如云地涌生在心头。"客情到处身如寄"——故国的大半江山已沦于金人之手,诗人登临所到的清美风物,便只能处处勾起他身世如寄的凄惋伤情。正如他在《次伯坚韵》诗中所悲吟的,那清畅的"东风",纵然能"吹散"多年的别"恨";但蓬勃的"春色",又把他乡国万里的思心"惊回"了!想到"他时"所恨别的故国、故乡,此生再不得回返,诗人甚至怀疑,自己还是否能如《风雨宿江上》那样,期盼着"涛声午夜喧孤枕,梦入潇湘落木湾"?——这便是"别恨他时梦可通"所表现的情思。古人叙思念之切,犹有"枕上片时春梦中,行尽江南数千里"(岑参《春梦》)之望;此句却一反其意,对梦"通"乡国的寄望也怀疑起来。情思之哀切,读来真可令人泫然!

于是从高高的辽海亭上,传来了诗人一声苍凉的嗟叹:"自叹不如华表鹤,故乡常在白云中!"华表乃宫殿、城垣前的石柱,此当指亭上的鹤形装饰。当诗人仰见那饰有飞鹤的华表时,再抑制不住心头的哀慨——飞鹤的家就在高渺的白云,它只要振翮而起,随时即可飞返云烟飘拂的故乡。而我的故乡,却隔在关山堵塞的万里之外,纵然想要归去,也没有飞鹤那样的健劲六翮。这样看来,我的命运竟比那华表之鹤都不如了!诗之结句正于嗟叹中的蓬勃伤情,幻出了举翮云中的飞鹤之影,自由自在地翩翩于霞彩辉映的高天;而在这高天之下、辽海亭中,还久久伫立着翘首乡关、肠断天涯的孤苦诗人!

以景语起,以景语收,诗人的登临赏景之兴,终于化作吟叹不尽的故乡之思,交融在鹤飞暮天的茫茫烟云之中,给人以篇终接混茫的无限思蕴。此诗之兴象无疑是高妙的,唯其如此,那哀慨和伤情也格外令你叹惋。 (潘啸龙)

【诗人小传】

刘 著

(约公元1140年前后在世) 字鹏,舒州皖城(治今安徽潜山县北)人。宣政末进士。入金,居州县甚久。年六十余,始入翰林,充修撰。后出守武遂,终于忻州刺史。既老,怀念故土,因皖有玉照乡,号玉照老人。善诗,与吴激常相酬答。

月 夜 泛 舟　　　　　　刘 著

浮世浑如出岫云,南朝词客北朝臣。
传邮扰扰无虚日,吏俗区区老却人。
入眼青山看不厌,傍船白鹭自相亲。
举杯更欲邀明月,暂向尧封作逸民。

这或许是在刘著怀着悲喜的"快意",驱车驰过昔日的宋、辽分界"白沟"以后?或许是在他来到故都汴梁,凭吊过"洛水嵩山满夕阳"的荒废御城之夜?诗人终于披一肩月光,泛舟在帝尧表封过的这中原州土之上了!

在欸乃的橹声中,诗人回首如梦飘逝的岁月,心境无疑充满了苍凉:那在山河沦丧中,像"楚累(囚)"一样被驱出榆关的"壮岁"(《出榆关》),还历历如在眼前；那在许多个冬至之日，为自身"雉蓄樊中政可怜"的遭际不平，而发出"安得绝云行九万，却骑鲸背上青天"（《至日》）的浩叹，似还响在耳边；那在关外的寒云朔风之中，寄语归雁"烦君为报江南客，憔悴辽东更向东"（《闻雁》）的咽泣，至今似还未停歇——所有这些，在十多年后回忆起来，便凝注成此诗饱沾怆楚的起句："浮世浑如出岫云，南朝词客北朝臣。"须知这决非只是一般的身世漂泊之悲，而是与北宋王朝覆灭的"奇祸"，交织在一起的亡国之痛呵！从此诗人便如当年的"南朝词客"庾信一样，沦落为以泪洗面的孤悲降臣。正如一片出岫的孤云，飘浮在异国的山野，何处更有它的曳倚之所？

诗人也不得不接受了金廷的授职，当起了州县的卑微之官。倘若是在故国，他也未必就鄙夷这样的待遇，因为那毕竟是在济彼苍生、为国分忧呵。但在"一朝汉魏成今古，百口燕秦隔死生"（《枕上言怀》）的伤痛之中，又怎堪忍受这异国之政的"扰攘"？"传邮（传递朝廷文书的驿站）扰扰无虚日，吏俗区区老却人"二句，描述的即是这样一种异国为官的烦扰之境——终日处置不完纷至沓来的文策书牍，朝夕面对的尽是俗不可耐的僚吏弁卒。这样的岁月，实在是会把诗人的有限生涯催老、耗尽的！诗中连用"扰扰"、"区区"两个叠词，正强烈地传达着，诗人置身异国州衙的难捱难耐之情；而"传邮"、"吏俗"的可厌可憎情状，也简直可从字行间呼之欲出。

现在却不同了——一叶小舟载着他驶向月光洒满的江流，这里虽还在异族的统治之下，却已是故国当年的富饶繁庶之土。两岸有熟悉的碧峰青山，流转在宁谧的夜空下，显得那样的幽雅、清美。耳边再没有异族政务的烦嚣，便更有一种摆脱尘俗郁闷的庆幸和愉悦。汩汩的水声如故人深情的絮语，令诗人忆及往昔月下诗酒竞豪的欢聚；连那江上的白鹭，似还认识相别多年的诗人，忽高忽低地傍船而飞，显得分外亲热！真是"入眼青山看不厌，傍船白鹭自相亲"。两句工整的对仗，不仅画出了月光照耀的秀美山影，傍船飞掠的白鹭清姿；更在"不厌"、"相亲"的主观感受上，给画面染上了一重浓浓的情感色彩——在青山拱围、白鹭伴飞之中，你分明还看到了，一位在赏景中应接不暇、喜色浮动的诗人那动情的泪光。

于是便有了"举杯更欲邀明月"的忘形一幕。看来诗人是携酒来游月下清景的。当他郁郁回首往事的时候，恐怕已以酒敌愁，喝得颇有了几分醉意。而在"入眼青山看不厌"的畅神流观，或在悠然"相亲"来窥白鹭的惊喜忘情之际，又不知自斟自浮了几多"大白"（酒杯）？天地悠悠的月下，江声潺潺的船上，衣衫飘洒的诗人，在他悲苦的异国羁系之往岁，曾得几次进入如此开襟放怀的境界？这自斟自酌是否孤清了些呢？不。较之于"传邮扰扰"的烦嚣，这孤清倒反觉得可爱些哩！君不见还有江上的明月相亲相伴，我就难道不能像诗仙李白一样，举杯相邀它共饮共醉？人生难得有此摆脱烦恼的时日，姑且让我在这尧封的故土上，作一位故国王朝的隐逸之民吧！

结句的"尧封"二字下得分外庄重。正如不久前南宋词人陈亮大声慨叹的，"尧之都，舜之壤，禹之封，于中应有，一个半个耻臣戎"（《水调歌头》）——刘著泛舟之处是在早已沦陷的中原，特标以"尧封"之称，正表现着这种不忘故国、耻臣金人的悲慨之思。这思绪吐自故土重游的幽幽月夜，萦绕在青山凝神、白鹭恋亲的孤舟之上，正与首联"南朝词客北朝臣"的哀诉回应，使诗境带有了迥然不同于一般写景之作的深沉意蕴。

（潘啸龙）

诗人小传

滕茂实

字秀颖，初名裸，宋徽宗改赐今名。姑苏（今江苏苏州）人，一作杭州人。政和间登第。靖康初，以太学正兼明堂司令出使金国，因故被迫留金，忧愤而卒。临终，嘱友人以奉使黄幡裹尸而葬，且大书九字云："宋使者东阳滕茂实墓。"士大夫哀其忠，为之起坟于雁门，岁时致祭。著有《秀颖诗》，已佚。元好问《中州集》卷十收存其诗八首。周密《齐东野语》卷十一、《宋史》卷四四九有传。

临 终 诗①   滕茂实

茂实奉使无状，不复返父母之邦，所当从其主以全臣节。或怒而与之死，幸以所杖幡裹其尸②，及以所篆九字刊之石，埋之台山寺下，不必封树③。盖昔年病中，曾梦游清凉境界，觉而病愈，恐亦前缘。今预作哀词，几于不达④，方之渊明则不可，若苏属国牧羊海上，而五言之作始，敢援此例云⑤。

鳌盐老书生⑥，缪列王都官。索米了无补⑦，从事敢辞难？殊怜复盟好，仗节来榆关⑧。城守久不下，川途望漫漫。侪辈果不惜⑨，一往何当还？牧羊困苏武，假道拘张骞⑩。流离念窘束，坐阅四序迁⑪。同来悉已归，我独留塞垣。形影自相吊，国破家亦残。呼天竟不闻,痛甚伤肺肝。相逢老兄弟,悼叹安得欢?波澜卷大厦,一木难求安。就不违我心,渠不汗我颜?昔燕破齐王,群臣望风奔。王蠋犹守节,燕人有甘言。经首自绝脰,感慨今昔闻[12]。未尝食齐禄,徒以老为民。况我禄数世,一死何足论。远或没江海,近或死朝昏。敛我不须衣,裹尸以黄旛。题作宋臣墓,篆字当深刊。我室年尚幼,儿女皆童顽。四海无置锥,飘流倍悲酸。谁当给衣食,使不厄饥寒?岁时一酹我[13],犹足慰我魂。我魂亦悠悠,异乡寄沉冤。他时风雨夜,草木号空山。

〔注〕 ① 此诗选自《中州集》卷十,序文及诗中个别文字据《齐东野语》卷十一"滕茂实条"。 ② 旛:同"幡",长幅下垂的旗。 ③ 封树:聚土为坟叫封,植树为标记叫树,是古代士以上的葬礼。 ④ 几:接近。此句意思是:所作哀词远远未能表达出自己的意思。 ⑤ 渊明:东晋诗人陶渊明,生前曾著有自挽之词《挽歌诗》三首及《自祭文》。苏属国:西汉人苏武,曾出使匈奴被留,持汉节在北海上牧羊十九年,至汉昭帝与匈奴和亲得归,拜为典属国。《文选》卷二九录有苏武五言诗四首,属后人伪作。 ⑥ 藋(jī)盐:素食。指清苦的生活。 ⑦ 此句说:除了领取俸禄外,对国家没有补益。 ⑧ 节:符节。古时使臣执以示信之物,以竹为之,柄长八尺。榆关:又作"渝关",故址即今河北秦皇岛市东山海关。 ⑨ 俭:谦逊貌。俭辈:自谦之词,犹言卑微无能之辈。 ⑩ 假道:借路。张骞:西汉人。汉武帝建元二年出使月支,经匈奴,被拘留十多年,后逃回。又从大将军卫青击匈奴,因知沙漠中水草所在,使军队不致困乏,有功封博望侯。 ⑪ 四序:四季。 ⑫ 王蠋(zhú):战国时齐国画邑人。燕破齐时,燕乐毅闻蠋贤,令军环画邑三十里不入,备礼请蠋,蠋谢不往。燕人劫之,遂自经死。齐亡大夫闻之曰:"蠋,布衣也,义不北面于燕,况在位食禄者乎?"乃求湣王子立之。经:系。脰(dòu):颈。 ⑬ 酹(lèi):以酒祭奠。

据《宋史·忠义传》载,滕茂实,字秀颖,宋钦宗靖康元年,与路允迪等人,为割让三镇事,奉使金国,后来又奉宋主密诏,据守太原不下,因之触怒了金人,将其拘囚。宋钦宗被金人所掳,茂实闻其将至,整装迎谒,拜伏号泣,请传旧主俱行。他知道此举必将触怒金人,自己必死无疑,于是事先叮嘱其友人董铣,用奉使黄旛裹尸而葬,在墓碑上大刻九个篆字:"宋工部侍郎滕茂实墓",并写了这首诗以明己志。

作者首先说明自己的身世和肩负的任务。作为一介书生,既不能垦荒戍边,又不能挥戈上阵。当民族危亡之际,能够用自己的才学,辗转致意于交战双方,从而使兵戎偃息、和平重现,这当然是义不容辞的光荣任务。因此,为了"复盟好",他不辞千难万险,"仗节来榆关",置个人生死于度外。可是,"城守久不下",

本来同意割让的城镇没有兑现,于是使者被拘被困,充当了人质。

　　肩负使命而被囚异域,思君思乡而不得回归,作者的内心痛苦不可名状。从"流离念窘束",到"一木难求安"共十二句,作者尽情抒愤泄怒。他那"独留塞垣"、"形影相吊"的流离生活,他那"痛伤肺肝"、"悼叹"不息的痛苦心情,是那样无奈,那样凄惨。尽管作者深明"波澜卷大厦,一木难求安"的道理,但终难排遣内心使命未果、滞留他乡的苦闷。支撑着他在困境中苦苦挣扎的精神支柱,一是古贤者的高风亮节,一是自己视死如归的决心。在中华民族历史上,忠君报国、不辱使命者不乏其人,其中流传最广、影响最大的是"苏武牧羊"和"张骞出使"的故事。苏武杖节持旄、坚贞不屈的形象,张骞路过匈奴被拘、逃回又从军立功的事迹,无疑是作者自激自励的精神源泉。特别是战国齐人王蠋以布衣之身义不仕燕的高风亮节,更使作者感慨万端。为了"不违我心"、"不汗我颜",作者决心像王蠋那样,以死来报答君主的知遇之恩,以死来表明自己心向宋廷,仍为宋臣的清白之身,以死来表达自己不作贰臣、决不仕金的决心。"敛我不须衣,裹尸以黄旛。题作宋臣墓,篆字当深刊",这不同寻常的葬事安排,集中体现了作者的铮铮铁骨、朗朗气节,可与山河同在,与日月争辉!

　　死不足惜,只要死得其所;生却艰辛,还需承受饥寒。生离死别之际,面对妻室儿女,作者豪气万丈的笔端却又涌出柔情万种:从今往后,弱妻幼子将飘零流落,四海虽大,却无他们的立锥之地,等待他们的,将是更加饥寒交迫的悲酸生活。虽然种种思绪萦绕于怀,万般情愫难以割舍,但作者以死报国的决心仍未曾动摇。既留外域异邦,返乡无望,他情愿作忠贞清白的冤魂,也不愿作苟且偷生的贰臣;他情愿以不散的魂魄永寄悠悠思乡情,也不愿作徒具的躯体空活茫茫人世间。结尾两句"他时风雨夜,草木号空山",言语简洁,寓意深刻,以寄托的手法,表达了作者即使已化作异乡冤魂,仍然心系风雨飘摇中的故国故乡,他那不死的精魂,将像"春风吹又生"的青草,像枝繁叶又茂的大树,伴着巍峨的高山,生生不息,绿满人间。

　　作者高尚的节操、坚贞的品格、浩荡的正气,不独在他为之效忠的宋王朝广为流传,交战的对方金人亦欣赏钦佩,肃然起敬。据史载,茂实请从主行,金人不许,后来因为忧愤成疾而终,"北人哀其忠,为之起墓雁门山,岁时致祭焉"(《齐东野语》卷十一)。金末的元好问赞许他:"先生名节凛然,不愧古人。"称自己"儿时,先大夫教诵秀颖(茂实字)《临终诗》"(《中州集》卷十)。可见此诗在金代流传非常广泛,成为士大夫传授忠贞气节的教材之一。作者若地下有知,亦当含笑九泉了。

(沈时蓉)

蔡珪

【诗人小传】

(？—1174)　字正甫,真定(今河北正定)人。天德进士,官礼部郎中。现存诗多描绘行旅途中风物,或抒写其闲适的心情。也能文。元好问引萧贡说云:金初文士如宇文虚中、蔡松年、吴激等皆由宋入金,真正可作为金文学家的,自蔡珪始,党怀英次之,赵秉文又次之。见《中州集》中蔡珪小传。

医巫闾[①]

蔡珪

幽州北镇高且雄,倚天万仞蟠天东;祖龙力驱不肯去,至今鞭血余殷红[②]。崩崖岸谷森云树,萧寺门横入山路[③];谁道营丘笔有神[④]?只得峰峦两三处。我方万里来天涯,坡陀缭绕昏风沙[⑤];直教眼界增明秀,好在岚光日夕佳。封龙山边生处乐[⑥],此山之间亦不恶;他年南北两生涯,不妨世有扬州鹤[⑦]。

〔注〕①医巫闾:又名广宁山,在今辽宁省西部北镇市西,为北方名山之一。②"祖龙"二句:用秦始皇时神人鞭石的传说故事。《太平御览》卷四引《三齐略记》:"秦始皇作石桥于海上,欲过海看日出处,有神人驱石,去不速,神人鞭之,皆流血,今石桥犹赤色。"祖龙,指秦始皇。③萧寺:佛寺。　④营丘:指北宋著名山水画家李成,因其随父避乱迁居山东益都营丘,故世称李营丘。　⑤坡陀:崎岖不平的山路。　⑥封龙山:在今河北元氏县西北,金时属诗人家乡河北西路真定府(今河北正定)辖境。　⑦扬州鹤:据《说郛》载《商芸小说》:"有客相从,各言所志:或愿为扬州刺史,或愿多资财,或愿骑鹤上升。其一人曰:'腰缠十万贯,骑鹤上扬州。'欲兼三者。"此比喻仕宦与游山两全其美。

金世宗大定年间,出现了代表金本朝文学特色的"中州文派"。蔡珪便是这一文派的杰出代表,他的诗显示出昂扬奋发的时代精神和雄健豪迈的气势风格,《医巫闾》便是具有这种特色的代表性作品。

这首十六句的歌行体山水诗,若从大处着眼,可分成前八句写景,后八句抒情两大部分。进一步考察,根据其四句一转韵的特点,全诗可分为四个层次:

首四句破空而来,描写医巫闾雄健的气势和神奇的来历。它坐落在古幽州的北部,像一位封疆大吏,率部镇守着金国的北疆;座座山峰像成千上万枚锐利的兵刃,直刺天穹,蜿蜒盘曲在太阳升起的地方。在霞光的映射下,山崖呈现出殷红的血色,这使诗人想起了关于此山来历的神奇传说:莫非这就是秦始皇当年令神人鞭石留下的血迹吧?这起首四句既写出了山势之高雄,又写出了历史之悠久,足以笼罩全篇,并将读者带进一个空旷、邈远的神奇时空之中。

"崩崖岸谷森云树"四句,诗人带领我们由远而近,缓缓步入游山之途。这山之独特景观,一在山势之峭拔,崩崖裂石,刀劈斧凿;二在树木之丰茂,郁郁森森,高耸入云。佛寺庙宇坐落在绿村掩映的山间,寺门横占着山路一方,更令人感到山中处处有奇。然而山景应接不暇,佳趣纷至沓来,写不完也道不尽,于是诗人笔头一转,引出一位北宋山水画家李营丘来。营丘是被誉为"古今第一"(《宣和画谱》)的北方山水画家,传世之作有《茂林远岫图》、《晴峦萧寺图》等,有"咫尺之间夺千里之趣"(《圣朝名画评》)之妙。可是诗人认为,营丘的山水画,只不过表现了两三处峰峦,像医巫闾这样气势磅礴的全景,他还未能画到。这样写来,便有力地收束住对山景的描绘,为读者留下一片广阔的想象空间,使医巫闾的雄奇景观,尽在不言之中,实为以少胜多之妙法。

"我方万里来天涯"四句,诗人开始抒发游宦北地的感慨。据《金史》本传记载,蔡珪于天德三年登进士第后,不求调,久乃除澄州军事判官。澄州在金属东京路,今地在辽宁海城。初入宦途即远征北疆,当然会引起诗人心态极大的波动。最初的感受是道路崎岖,盘旋缭绕,风沙漫天,生理上、心理上都很不习惯。直到来到医巫闾山间,明秀的山色令诗人的心境豁然开朗,旅途的风尘烦恼也一扫而光。"好在岚光日夕佳"一句,既是借用陶诗的成句"山气日夕佳",也是实写实情,表明诗人从早到晚留连山色岚光,乐而忘返。

最后四句直抒胸臆。诗人的家乡有封龙山,而仕宦之地有医巫闾。诗人认为,只要有明秀的山水相伴,那么,无论在南在北,无论居家从政,都能享受到人生的乐趣,都能实现人生的价值。诗人用"不妨世有扬州鹤"的典故来表明,他相信自己在功名事业的追求与山水审美的追求两方面,能够做到高度统一,两全其美。这其中所蕴含的昂扬奋发的精神,直面人生的积极态度,读者自然是可以强烈感受到的了。

(詹杭伦)

【诗人小传】

完颜亮

(1122—1161) 即金废帝。1149—1161年在位。本名迭古乃,被废后降为海陵庶人。金太祖孙,熙宗时任丞相。皇统九年(1149)杀熙宗自立,年号天德。贞元元年(1153)迁都燕京,改名中都。正隆六年(1161)强征各族人民,大举攻宋。完颜雍(世宗)乘机在辽阳自立。他在采石为宋军所败,东至瓜洲被部将完颜元宜等杀死。

题　画　屏　　　　　　　　　　　完颜亮

万里车书一混同,江南岂有别疆封?
提兵百万西湖上,立马吴山①第一峰。

〔注〕① 吴山:杭州西湖边山名。

　　大凡历史上励精图治、有所作为的君主,都把拓展疆域、扩大版图、臣服四夷、统一天下作为自己梦寐以求的目标,从而毕终生精力、倾全部心血去为之奋斗,流汗流血,在所不惜,海陵王完颜亮即如此。他继承了金太祖、太宗"欲中外一统"(《金史·太祖纪》)、"正统天下"(《大金吊伐录》卷一)的大一统思想,认为:"自古帝王混一天下,然后可为正统。"(《金史·耨碗温敦思忠传》)他与张仲轲讨论《汉书》说:"汉之封疆不过七、八千里,今吾国幅员万里,可谓大矣。"张仲轲道:"本朝疆域虽大,而天下有四主:南有宋,东有高丽,西有夏。若能一之,乃为大耳。"(《金史·张仲轲传》)正是在这种封建专制主义一统天下的思想影响下,当翰林学士施宜生出使南宋归朝,将其所画的临安图献呈时,他在画屏上题下了这首表现了处于上升阶段的金统治阶级的雄心壮志的诗。

　　正如在《书壁述怀》一诗中尚未登极的作者毫不掩饰对皇位的迫切向往一样,在这首诗中,作为一国之君,他同样毫不掩饰对富庶美丽的邻国疆土的垂涎之态。开创统一大业、建立丰功伟绩的秦始皇,是他衷心仰慕并希图效法的英雄,他期冀着像秦始皇那样,"书同文"、"车同轨",万里江山大一统,锦绣江南皆属我;他想象着倚仗武力吞并江南、主宰天下后的情景:统帅千军万马,横刀立马于江南的湖光山色之中,傲视臣服于脚下的降兵败将,好一位威风凛凛而又踌躇满志的得胜将军!撇开他发动的侵宋战争是否具有正义性、他统一天下的主观愿望是否符合当时历史发展的客观条件不论,诗中所体现的一统江山的雄心壮志、征服天下的勃勃生气,是具有一定的历史认识价值的。末尾两句塑造出的将军形象,鲜明而又生动,既刻画了人物的外部形象,又暗示了人物的心理活动,是包括作者在内的尚武而又志在必得的女真族军事统帅的真实写照。

　　完颜亮曾与亲信谈论自己的志向说:"吾志有三:国家大事皆自我出,一也;师师伐国,执其君长问罪于前,二也;得天下绝色而妻之,三也。"(《金史·高怀贞传》)这首诗可以说正概括了他的前两个志向:像秦始皇制订"书同文"、"车同轨"的政策那样,不允许江南存在偏安一隅的小朝廷,不仅国家大事,而且天下之号令"皆自我出";"提兵百万"、"立马吴山",踏平江南,南宋的君臣岂能不乖乖伏罪于前？志向可谓远大矣！不过，历史是否会按照个人的意愿发展，客观现实与主观想象是否会相吻合，那又另当别论了。

(沈时蓉)

【诗人小传】

任询

（约公元1175年前后在世）　字君谟，号南麓贵子。易州军市人，生于虔州。正隆二年(1157)进士，历益都都勾判官、北京盐使。致仕，优游乡里。为人慷慨多大节，书为当时第一，画亦入妙品。能诗文，颇为王庭筠称赏。

浙江亭观潮　　　　　任　询

　　海门东向沧溟阔，潮来怒卷千寻雪。浙江亭下击飞霆，蛟鼍争驰奋鬐鬣。巨鹿之战百万集①，呼声响震坤轴立。昆阳夜出雨悬河，剑戟奔冲溃寻、邑②。吴侬稚时学弄潮③，形色沮懦心胆豪。青旗出没波涛里，一掷性命轻鸿毛。须臾风送潮头急，乱山稠叠伤心碧。西兴浦口又斜辉④，相望会稽云半赤⑤。诗家谁有坡仙笔？称与江山作劲敌。援毫三叫句不成⑥，但觉云涛满胸臆。

〔注〕①巨鹿之战：项羽引兵渡河，破釜沉舟，大破秦兵，解巨鹿之围的一场战事，其地在今河北平乡。②昆阳：今河北叶县。汉光武帝刘秀曾以兵三千大破王莽军数十万于此。寻、邑：指王莽军统帅大司徒王寻、大司空王邑。③吴侬：犹言吴人。吴地称己或称人皆曰侬。弄潮：宋人吴自牧《梦梁录》卷四云，临安风俗，八月观潮，少年百十为群，执旗泅水上，称弄潮之戏。④西兴浦口：在浙江萧山县西二十里西兴镇。⑤会稽：此指会稽山，在浙江绍兴县东南十三里。⑥援毫三叫：李白《赠黄山胡公求白鹇》诗序："闻黄山胡公有双白鹇。……予平生酷好，竟莫能致。而胡公辍赠于我，唯求一诗。闻之欣然，适会宿案。因援笔三叫，文不加点以赠之。"

　　浙江流经杭州城东南的一段，名钱塘江。江之两岸，有龛、赭二山，南北对峙如门。旧时江水由此入海，潮汐因二山之束缚，其来汹涌湍急，势如万马奔腾。八月望日，午潮尤甚。故八月浙江亭观潮，古来相传以为胜迹。任询少时曾从父游江浙间，这首诗是其观潮的实见实感，体现出一种爆发式的抒情方式和雄豪奔放的艺术特色。

　　全诗共二十句，四句一转韵，从结构上可以分成八、八、四几个部分，呈现出一种大起大落的态势。

　　前八句用轮番博喻的手法来尽情渲染潮水的气势。钱塘江水浩浩东流奔向广阔无垠的大海,潮水怒卷回来激起千寻雪白的浪花。一个"怒"字为后继的描写定下了激烈对抗的感情基调。江水与海潮的对抗像阴电和阳电的碰撞,在浙江亭下炸响了震天霹雳,浪花卷处,似有千蛟万鼍狂奔怒驰、奋髯张鬣。接着,诗人再用历史上两场重大的战役——项羽的巨鹿之战和刘秀的昆阳之战——来加以譬况,潮水呼声使乾坤轴立,气势如黄河倒悬,既见出其震天彻地的声响,又见出其冲决突奔的力量。

　　中八句陡然变换角度写弄潮的吴儿。如果说前八句写潮势尽见其汹涌澎湃、气势雄壮,那么中八句写弄潮儿则惟见其紧张惊险、扣人心弦。"形色沮懦心胆豪"一句是传神之笔,虽然这些弄潮儿都是自幼与江水为伴的高手,但是见到这般汹涌的潮势也不免"形色沮懦"。西方一位文论家说过:描状出勇士之胆怯,方见出他战胜强敌之伟大。我们的诗人是深谙这一创作奥秘的,他写出了手持一枚青旗,在钱塘江涛里弄潮的勇士们,必须靠精神的力量战胜生理的软弱,必须靠置性命于不顾的勇气,用"心胆豪"来战胜"形色沮懦"。"须臾风送潮头急"四句,则展现出一片激战过后的宁静景色。在海风的吹送下,潮头又急速奔向远方,随着如乱山稠叠的潮水远去,水色变成了一带伤心碧,不复有前时的威猛。再顺着潮去的方向而望,西兴浦口已洒下一片斜辉,此用东坡《八声甘州》词"西兴浦口,几度斜晖"句。对面的会稽山上,则见晚霞映红了半边天空,此用苏轼《游金山寺》"微风万顷靴文细,断霞半空鱼尾赤"句意。文武之道,一张一弛。这一片宁静的境界与上面激烈对抗的场景恰好形成了鲜明的对照。

　　任询是学李学苏的诗人。一结四句,他引用了李白"援毫三叫"的名言,又希望有东坡之笔来为钱塘江潮写照,表明他写诗采用的是太白、东坡式的爆发式的抒情方式。他把自己对钱塘江潮的观感,一下子倾倒给读者,让读者一下子就感奋起来,随着他笔势的起伏,或紧张地注视汹涌潮势,或轻松地远眺会稽山色,享受到高度的审美愉悦。

(詹杭伦)

【诗人小传】

刘　迎

(?—1180)　字无党,号无诤居士,东莱(今山东掖县)人。初以荫试部掾,金世宗大定十三年(1178)以荐书对策为第一,次年登进士第,除豳王府记室,改太子司经,颇受世宗次子显宗完颜允功的推重。大定二十年(1180)从驾凉陉,以疾卒。其诗高古雄健,七古尤为擅长。著有《山林长语》,已佚。元好问《中州集》卷三录存其诗七十六首。

出八达岭

刘迎

山险略已出,弥望尽荒坡。风土日已殊,气象微沙陀①。我老倦行役,驱车此经过。时节春已夏,土寒地无禾。行路不肯留,奈此居人何!作诗无佳语,以代劳者歌。

〔注〕 ① 沙陀:我国古代部族名,为西突厥别部,居金婆山(今尼赤金山)之阳,蒲类海(今新疆巴里坤湖)之东,其地有大沙碛长五百里,广三百里,名为沙陀,因以为部族名。这句意思是:风情景物渐似沙陀之地。

八达岭,又名军都山,在今北京市延庆区南居庸关外,层峦叠嶂,奇险天设。诗人暮年途经此地,山险路难行,加之年老体力衰,其疲惫劳倦可想而知。可是诗人在险未竟、体未安的困顿之中,却援笔"代劳者歌",对地处荒僻、身陷苦寒的当地"居人"倾注了自己的满腔同情和关切之心,其情其意,可嘉可佩!

从字面上看,这首诗通达流畅,平实易解。前四句,概括描写八达岭以北的荒凉景象,虽然无具体的细节描摹,但从一个"尽"字中,读者可以想象出,八达岭外是那样的凄风惨惨,草木皆无,一片空白,荒如沙漠。正是在这样荒芜凄凉的背景衬托之下,既"老"且"倦"的主人公缓缓登场。刚刚经历了要塞险关,"山险"仅仅"略已出",惊魂尚未定,喘息尚未平;又目睹与繁华热闹的城市风情形成鲜明对比的死寂僻静的野山荒坡,此时此刻,诗人该是多么地心情沉重。"时节春已夏,土寒地无禾"两句,是作者从远景的大笔勾勒转为近景的着力描摹。这片荒芜的土地,似乎大自然也把它遗忘了,正当花繁草茂的春夏之际,这里却依然寒气逼人,毫无生机。"地无禾",一年的生计自然也就没有着落。面对如此的贫瘠穷困,路过此地的人"不肯留",这是可以理解的,但那些生于斯、长于斯的当地"居人"靠什么维持生活呢?诗人由此推及彼,由己想到人,禁不住长吁短叹,不能自已。如果说,刚刚经历的雄关险山还能激起诗人的一点激情的话,那么,目睹这荒芜的景象,想到人民的悲惨命运,诗人的诗兴早已烟消云散,"佳语"不翼而飞,剩下的只是想用手中的笔"代劳者"鼓与呼了。

作者生活在素有北方"小尧舜"之称的金世宗大定年间,由于当时南北对峙的宋、金互相妥协,各自偏安,金朝出现了社会相对安定、经济一度繁荣的局面。作者能透过表面现象,看到繁荣背后掩盖着的社会矛盾和民间疾苦,已属不易;而能对普通劳动人民的痛苦生活表示出同情和关切,更为难能可贵!面对燕京八景之一的"居庸叠翠",作者不写雄伟的关隘、峭拔的山峰等壮丽的自然风光,而是将目光投向"荒坡"、"寒土"以及在这荒僻之地上苦苦挣扎的劳动人民,这就使此诗与那些或歌颂太平盛世,或纯粹状物写景的作品,在思想上有了高下之分。

(沈时蓉)

【诗人小传】

边元鼎

字德举,丰州(今呼和浩特市白塔镇)人。金天德三年(1151)登进士第。大定年间,得太师张浩表荐供奉翰林,出为邢州幕官。晚年因受诬累,不复仕进。其诗风凄壮顿挫,以七律见长,后期作品则叹老嗟穷,颇见衰讽之气。其兄元勋、元恕亦有时名,与元鼎合称"三边"。元好问《中州集》卷二选存其诗四十二首。

八月十四日对酒

边元鼎

梧桐叶凋辘轳井①,万籁不动秋宵永。金杯泻酒滟十分,酒里华星寒炯炯。须臾蟾蜍弄清影,恍然不是人间景。金波淡荡桂树横,孤在玻璃千万顷。玻璃无限月光冷,颒洞一色无纤颖②。清风飒飒四坐来,吹入羲皇醉中境③。醉中起歌歌月光,月光不语空自凉。月光无情本无恨,何事对我空茫茫?我醉只知今夜月,不是人间世人月。一杯美酒蘸清光,常与边生旧交结。亦不知天地宽与窄,人事乐与哀。仰看孤月一片白,玉露泥泥④从空来。直须卧此待鸡唱,身外万事徒悠哉!

〔注〕 ① 辘轳井:备有起重装置的汲水井。贾思勰《齐民要术》卷三《种葵》注:"井深用辘轳,井浅用桔槔。" ② 颒洞:相连不断之貌。 ③ 羲皇:本指伏羲氏,此用陶潜《与子俨等疏》"自谓是羲皇上人"语意,借指太古之人。 ④ 泥泥:柔和、光泽之貌。

自古以来的文人学士多有对月饮酒的爱好,尤其当临近中秋的月圆之夜,更是不畅饮大醉不足以尽其兴致。当兴会酣畅之时,他们挥笔留下了不少优美的诗篇。其中著名的如李太白"举杯邀明月,对影成三人",苏东坡"明月几时有,把酒问青天",等等,皆脍炙人口,传诵不绝。边元鼎这首诗是在中秋前夕步李、苏后尘而写的华章。

诗人先从对月饮酒的情景写起:在八月十四日的月明之夜,诗人当庭独坐饮酒,梧桐叶无声无息地飘落在辘轳井四周,自然界没有一丝声响,只有金杯引人注目,星光洒在酒杯里透出一片寒光。好一个寂静、清冷的境界!

但不久,"月明星稀",中秋月升上来了,星光黯然失色了。诗人独自赏月,恍然进入了天上月宫,蟾蜍弄影,桂树横陈;在那一张像玻璃一样浩瀚无垠的天幕上,只有一轮孤月把空间照得浑然一片白,了无纤尘。初唐诗人张若虚曾写过这样的情景:"江天一色无纤尘,皎皎空中孤月轮。"数百年后的今夕,诗人见到了同样的景观,产生了同样的感受。

诗人继续饮酒赏月,渐至沉醉,于是进入醉景的描写:月夜清风四面袭来,诗人飘飘然仿佛成了羲皇上人。他轻轻地离座唱起月光之歌,希望月亮同他应合。但这月并不像迎合诗仙李白那样"我歌月徘徊,我舞影零乱",而是"月光不语空自凉"。于是诗人忍不住质问月亮:你本无情之物,当然也"不应有恨",为什么要茫然相对,不理睬我呢?这一质问是无理的,正因其无理,才惟妙惟肖地表现了诗人的醉态,产生了"无理而妙"的审美效果。

诗人与月亮之间的这一矛盾如何解决呢?在醉意蒙眬之中,诗人的审美感觉产生了一种质的飞跃和升华,他感到"我醉只知今夜月,不是人间世上月",今夜自己所拥有的这一轮明月,与人间世上的完全不同;换言之,要使月亮亲近自己,首先要求自己具有超越世俗的情怀,然后才能进入与大自然合一的境界。这样想着,诗人便觉自己的美酒中,也溶入了明月的清光,这清光将与美酒一样,常与自己结伴为友。诗人由此更进一步推想,有酒有月,自己便恍然在天地间浮游、莫知涯际,天地的宽窄,当然不必去分心计算,人间的哀乐,更不必去挂怀了。这月光,真能使他超脱了一切。

夜深了,诗人也擎不住酒杯了,他醉倒在月下,仰面看着一轮孤月。那月光犹如柔和而润泽的玉露,从空而来,整个地包裹了他的身心。他再也不想动弹了,就这样仰卧着,因为他知道,从这时到鸡唱月落,这段时间里,他的身心将得到洗沐、得到陶冶,身外种种俗事俗念,都将悠然远离。这不就是他在月下所要企求的效果吗?他还有什么理由起身离开明月的怀抱呢?

边元鼎是一位仕宦不达的诗人,元好问说他"资禀疏俊,诗文有高意"(《中州集》卷二)。所谓"高意",是指一种愤世嫉俗之余的超脱达观之情。本诗抒发作者在超人间的境界中与月亮为友的心愿,正是这种具有"高意"的作品。

(詹杭伦)

【诗人小传】

刘汲

字伯深,号西岩,浑源(今属山西)人。金初名士南山翁刘扑之长子。汲幼承家学,颖悟绝人,登天德三年(1151)进士第,释褐庆州军事判官,后入翰林为供奉。晚年倦于宦游,放浪山水,优游以终。金代文学家李纯甫评其诗"质而不野,清而不寒,简而有理,淡而有味,盖学乐天而酷似之"。著有《西岩集》,已佚。元好问《中州集》卷二选存其诗十一首。

题 西 岩(其一)　　　　刘 汲

人爱名与利,我爱水与山。人乐纷而竞,我乐静而闲。所以西岩地,千古无人看。虽看亦不爱,虽赏亦不欢。欣然会予心,卜筑于其间①。有石极峭屼②,有泉极清寒。流觞与祓禊③,终日堪盘桓。此乐为我设,信哉居之安。

〔注〕 ①卜筑:择地构筑房屋。 ②峭屼(wù):高而陡直貌。 ③流觞(shāng)、祓禊(fú xì):皆古代民俗。三月三日,将盛酒之器皿投于水之上游,任其顺流而下,止则取而饮之,谓之"流觞";到水滨洗濯,洗去宿垢,清除不祥,谓之"祓禊"。

作者刘汲是金世宗大定年间有代表性的诗人之一。这一时期,"南北讲好,与民休息"(《金史·世宗纪》),金代社会由动乱走向安定,出现了繁荣昌盛的治世局面。安定的客观环境,使一批作家产生了寻求自适、向往隐逸的创作倾向。他们或倦游官场,或宦途失意,或功名受挫,故转而到山水田园中修身养性,寻找人生乐趣,获得身心愉悦,此诗可看作是这一创作倾向的代表作品之一。

作者一下笔,便开宗明义地明确宣告自己与一般世俗之人在人生价值观念上的不同:"人爱名与利,我爱水与山。人乐纷而竞,我乐静而闲。"二者泾渭分明,不啻天壤之别! 正因为各自志趣迥异,因此,对客观事物的审美感受也就完全不同。追名逐利者所"爱"所"乐",无非是纷争的官场、疯狂的商场等场所,而对依山傍水、幽静闲适的"西岩地"却不屑一顾。"虽看亦不爱,虽赏亦不欢",作者对那些热衷于名利而无从感受自然美的人充满鄙视,"欣然会予心"以下八句,则淋漓尽致地抒发自己在大自然的怀抱中自得自乐的心情。结庐于山清水秀之中,那"峭屼"的山石,"清寒"的泉水,无不与诗人的志操相合,因而显得赏心悦目;那民间风俗,各种游戏,无不天趣盎然,了无官场、商场的纷嚣,无怪乎作者欣欣然,怡怡然,终日流连"盘桓"于山水之间,安哉乐哉,别无所求了。

金代后期的文学家李纯甫曾为作者的《西岩集》作序,认为其诗"质而不野,清而不寒,简而有理,淡而有味"。此诗写出了不同心态之人对客观事物不同的好恶心理,表示了作者对名利场中之人的鄙弃和自己甘于淡泊、追求自适、超凡脱俗的人生态度等。这样多的内涵,这样深的道理,作者却能用质朴简练的语言、清纯淡雅的风格来表达,毫无雕琢之痕、矫揉之态,可谓正当此评。

(沈时蓉)

诗人小传

王 寂

(1128—1194)　字元老,蓟州玉田(今属河北)人,谥文肃。登金天德三年(1151)进士第。历仕太原祁县令、真定少尹兼河北西路兵马副都总管。大定二十六年,曾因救灾之事蒙受冤屈,被贬蔡州防御使。后以中都路转运使致仕。《四库提要》认为"寂诗境清刻镂露,有戛戛独造之风,古文亦博大疏畅,在大定、明昌间卓然不愧为作者"。著有《拙轩集》。

日暮倚杖水边

王　寂

水国西风小摇落,撩人羁绪乱如丝。大夫泽畔行吟处①,司马江头送别时②。尔辈何伤吾道在,此心惟有彼苍知。苍颜华发今如许,便挂衣冠已是迟。

〔注〕①"大夫"句:谓屈原。屈原名平,战国楚人,曾为三闾大夫,以谗言而遭放逐。《楚辞·渔父》有"屈原既放,游于江南,行吟泽畔,颜色憔悴,形容枯槁"之句。 ②"司马"句:谓唐代诗人白居易。白居易元和十年(815)贬为九江郡司马,所作《琵琶行》有"浔阳江头夜送客"和"江州司马青衫湿"之句。

据《金史·河渠志》载:"(大定)二十六年八月,河决卫州堤,坏其城。上命户部侍郎王寂、都水少监王汝嘉驰传措画备御,而寂视被灾之民不为拯救,乃专集众以网鱼取官物为事,民甚怨嫉。上闻而恶之,既而,……黜寂为蔡州防御使。"救灾不力,获罪黜官,本属应当,但从作者这首作于贬官蔡州时的诗作中透露出的信息看,其中或有不白之冤,以致诗人如此耿耿于怀,愤愤不平。

首联点明地点、时令和心绪。蔡州辖境大致相当于今河南淮河以北、洪河上游以南的地区,当汴、洛、淮、泗交通孔道,故作者用"水国"代称之。秋风飒飒,万物萧瑟,被秋风轻轻"摇落"的自然是片片黄叶。望着在秋风中回旋、挣扎、最终还是落地化作尘泥的黄叶,联想到自己如同黄叶般枯萎飘零的身世和命运,"日暮依杖水边"的诗人,怎能不思潮如涌、心乱如丝呢?这一联,出句是因,对句是果;前句写景,后句抒情,写景具体,抒情概括,使人迫不及待地想了解被秋风拂动的、郁结在诗人心底的"羁绪"究竟是什么。

以下六句,是作者蓄积心底已久的愁思怨意的总爆发,每一联又单独表达一层意思。颔联引伟大的爱国诗人屈原和唐代著名诗人白居易以自况,作者的用意是显而易见的:正直爱国如屈原,忧民忧时如白居易,皆不免被贬逐黜放的命运,何况自己?不过,自己虽然不像屈原、白居易那样含冤至深,但他们所具有的高尚品德、博大胸怀、坚贞节操,自己也同样仿佛一二。因此,颈联就直接怒斥那帮专门罗织罪名、陷己于不义之地的奸佞小人,尽管他们费尽心机,陷害贤良,并且得逞于一时,然而天理自在,道义犹存,鬼神可鉴,苍天有知。如果说,"大夫泽畔行吟处,司马江头送别时"是作者借古人写出了自己遭受冤屈、谪官异乡这一事实的话,那么,"尔辈何伤吾道在,此心惟有彼苍知"两句,则是作者对这一既成事实的不满、愤恨情绪的直接流露,其中既包含了对陷人于罪的小人的轻蔑,也表达了对自己人格品德的自信。但现实终归是严酷的,尾联即明白无遗地坦露了作者在奸佞当道、君主寡恩、伸冤无望、前途渺茫的事实面前暗悔当初的低沉心绪。自古官场皆为是非纷争之地,有人飞黄腾达,有人含冤受屈,若要解除这些烦恼,辞官归隐、寄情山水不失为一条出路。然而如今的作者宦海沉浮,几经折磨,"苍颜华发",垂垂老矣。经历了这样身心俱悴的痛苦后,即使是辞官归隐,作者也嫌太晚太迟,何况获罪之人,羁绊在身,并无辞官之自由呢?作者更深一层地写出了自己贬官失意后的懊悔心情,同颔联、颈联相比,虽然显得压抑沉闷,令人有迟暮之感,但同时也能激起人们对身陷不幸且又衰老憔悴如此的作者更多的同情。

从诗题来看,西下的夕阳映照着波光粼粼的水面,作者倚杖伫立水边,映入眼帘的景色当远远不止"水国西风小摇落"这一句所能概括。然而作者却无心观景,除了这一句外,全诗几乎没有接触到任何其实就在他眼前的具体景物,由此可知,充塞在他心底的"羁绪"该有多么复杂,多么深沉,以致稍微被外物触动,便同决堤的江河般一泄而出,滔滔不绝。

(沈时蓉)

赵 沨

诗人小传

（？—约1196） 字文孺，号黄山。东平（今属山东）人。金天定二十二年（1182）进士，官裹城令。明昌年间，入为应奉翰林文字，仕至礼部郎中。其诗"真而不朴，华而不绮"。金章宗对他的诗才极为赏识，曾手酌金钟以赐，士林引以为荣。又工书法，与当时主盟文坛的篆籀大家党怀英并称"党赵"。著有《黄山集》，已佚。元好问《中州集》卷四选存其诗三十首。

黄山道中[①]

赵 沨

小毂城荒路屈盘[②]，石根寒碧涨秋湾。
千章秀木黄公庙[③]，一点飞雪白塔山。
好景落谁诗句里？蹇驴驮我画图间[④]。
膏肓泉石真吾事，莫厌乘兴数往还。

〔注〕① 黄山：一名毂城山。据《金史·地理志》，山东西路东平府东阿县（今属山东）有毂城山，即此。 ② 小毂城：金东阿县铜城镇，在今山东东阿。 ③ 章：大材曰章，《史记·货殖列传》："水居千石鱼陂，山居千章之材。"黄公庙：奉祠黄石公的庙。据《史记·留侯世家》，张良遇褐衣老父授《太公兵法》，且被告之曰："后十三年孺子遇我济北谷城山下，黄石即我。"十三年后，良过济北，果在毂城山得黄石。后立庙祠之。 ④ 蹇驴：跛驴。《楚辞·七谏》："驾蹇驴而无策兮，又何路之能极。"

刘祁《归潜志》卷八称赵沨"尝于黄山道中作诗，有云'好景落谁诗句里，蹇驴驮我画图间'，世号'赵蹇驴'"。在中国诗史上，因好诗好句而得到别号，是件很风光的事情。如北宋"张三影"、"贺梅子"、"红杏尚书"之类，皆令人称羡。赵沨这首诗好在哪里呢？让我们来试作分析：

起联写去黄山的道路，点足题意，写黄山位于一边远荒鄙的小镇之外，石板路屈折盘旋，道旁伴随着一湾寒冷的秋水。道路是如此之艰难，而诗人却执意前去造访，暗示出黄山之名胜风光确实很吸引人。

次联即紧承首联，写黄山的名胜风光。黄石公的庙宇掩映在高大挺拔的树丛之中，古朴森严，而远处的白塔山顶点缀着一抹银亮的雪痕。这一联景句乃诗人精心选景精心结撰之笔，不仅对仗工稳，而且在设色上颇具匠心。黄公庙古树掩映，色调浓暗；白塔山飞雪点缀，色调明亮，形成鲜明的对比。

三联由描写转向议论，"好景落谁诗句里，蹇驴驮我画图间"是诗人的名句。

这联的好处不仅在于构思奇妙,不说景在诗中,而说诗人自在景中,便觉新警动人,而骑着蹇驴缓缓前行,更显出山水画卷之长,美不胜收;而且在于道出了即目写景、触物兴感是诗歌创作的一条重要美学规律。当然,不是任何人皆具有此等审美敏感的,赵秉文说得好:"浮光林杪水参差,竟想先生得句时。千古黄山山下路,蹇驴不是少人骑。"(《题李平夫画黄山蹇驴诗图》)黄山景色人人皆见,只有诗人具有审美的眼光、才能和情怀,方能写出此情此景。

尾联写自己对山林泉石自然美的爱好程度很深,已经深入膏肓,不可更改,今后有机会一定要经常来游黄山,为诗篇留下袅袅不尽的余意。

全诗前两联写景,后两联议论,而以第三联绾合前两联景句,尾联则补足第三联之余意,结构匀称谨严,颇具匠心。全篇浑然一体,通体皆称,绝非仅以名句著称于世者。

(詹杭伦)

【诗人小传】

党怀英

(1134—1211) 字世杰,号竹溪,原籍冯翊(今陕西大荔),其父宦于泰安军,遂为奉符(今山东泰安)人。举大定进士,官至翰林学士承旨。能诗文,兼工书法。其现存诗篇中,颇杂有老庄思想。

奉使行高邮道中(之一) 党怀英

野云来无际,风樯岸转迷。
潮吞淮泽小,云抱楚天低。
蹭蹬船鸣浪,联翩路牵[①]泥。
林鸟亦惊起,夜半傍人啼。

〔注〕① 牵:通"纤",读去声。同题第二首有"牵闲时掠水"句,是其证。

高邮,今属江苏,南宋时为淮南东路高邮军治所,隔楚州与金朝的山东东路、山东西路相望。诗人奉使南宋一事,《金史》本传、《大金国志》"文学翰苑下"、赵秉文《中大夫翰林学士承旨党公神道碑》、元好问《中州集》小传均失载,所谓"诗能补史之阙",此之谓也!

诗人为金代明昌年间文坛盟主,他的这首诗以描写奉使出行高邮道中的景物为主,显示出诗人杰出的描写才能。首联写天空飘浮着来去自如、了无边际的云彩;河风鼓动着征帆,船行甚速,岸上的景物也渐渐转而迷离难辨。云,用"野"字来形容,便见出其活泼放肆、无拘无束。联系诗人的生活线索,这句诗恐怕还不是单纯的写景。诗人长期在朝廷翰林院供职,成天缠身于公文书牍之中,一旦奉使出访,那心情自然格外快适。这"野云"的意象,实在可以看成是诗人快适心境的象征。元好问评党诗"寄兴高妙",于此正可见出端倪。"风樯岸转迷"一句,不仅写出了风鼓动着征帆,船行甚速的情形,同时也暗示出时间已经向晚,故岸上的景物渐转凄迷。这不仅表明诗人挺立船头观赏岸景的时间之长,而且为末句的"夜半"埋下了伏笔。这一联虽然信息载荷颇大,读来却流走自如,疏宕有致,可谓疏而不漏,足以涵盖全篇。

领联"潮吞淮泽小,云抱楚天低",是金诗中写景的名句。这联的好处:一在切合地理。淮泽,这里指淮水和高邮湖。据《读史方舆纪要·河南·淮水》记载,宋绍熙五年(金明昌五年,1194),淮河潮水自洪泽湖以下主流合于运河,经高邮湖进入长江。"潮吞淮泽小"五字,是说高邮湖容纳不下淮河潮水,显得湖很小。这便简明精当地概括了这段地理变迁的史实,再现了淮河潮水吞没高邮湖的壮观场景。二是写出了由北入南的诗人对南方的第一印象。"楚天"在这里是泛指南方的天空,云合天低,这正是南方天空的常见景观。三是气魄宏大,骨力坚挺。诗人以淮泽为"小",以楚天为"低",显示了身为大金国重臣的诗人雄视江南的豪迈气度。形成诗歌境界阔大的内在原因,在于诗人的胸襟阔大。这两句诗所展示的气魄和力度,我们曾经在唐诗中领略过,但在宋诗中已鲜见其迹,这正是金诗有别于宋诗的特色所在。

如果说领联尚在虚写诗人初入南国之印象的话,那么颈联"蹚蹬船鸣浪,联翩路牵泥"则是实写使船在高邮水道中破浪前行的情形。"蹚蹬"是浪击船头发出的声音;"联翩"描写纤夫拉船的阵形。诗人在同题第二首诗中写道:"细雪吹仍急,凝云冻未开。"可见此时天空正飘洒着细雪,这是造成"路牵泥"(拖在路上的纤绳带起泥泞)的原因。纤夫们冒着细雪戮力拉船,使船乘风破浪,奋勇前行。以这幅画面为背景,我们仿佛看到作为使节的诗人,正顶风冒雪,挺立船头,率船前进。

前六句已将"奉使行高邮道中"的题面写足、写尽,尾联本难着笔,但诗人却收煞得异常巧妙。"林鸟亦惊起,夜半傍人啼",诗人以使船惊动林鸟,点明使船在昼夜兼程,并以林鸟夜啼来映衬诗人奉使出行、身入异国时的警悚心情。"夜半"又与首联的天色"转迷"遥相呼应,形成首尾圆合的严谨格局,体现出诗人在结构上的独运匠心。

据《归潜志》卷八记载,党怀英曾向赵秉文传授诗法说:"律诗最难工,须要工巧周圆。五十六字皆如圣贤,中有一字不经炉锤,便若一屠沽子厕其间也。"这首五言律诗便可看作是其"工巧周圆"理论的实践了。

(沈时蓉)

渔村诗话图 党怀英

江村清景皆画本,画里更传诗语工。
渔父自醒还自醉,不知身在画图中。

  这是一首题画诗。我国向来有以画配诗的传统,让两种艺术合而为一,相得益彰。诗因画而具体可感,形象生动;画因诗而意境拓宽,耐人寻味。本诗作者是一位题画的高手。他首先指出"江村清景"都是绘画取材的依据。这个"清"字,不可匆匆放过,很值得玩味,在这里不仅指江村景色清新可喜,而且还暗示画家与诗人有其独特的审美眼光,他们摄入画面的,是符合自己审美情趣的清新景色,而与一般世俗之人的爱好迥然不同。北宋诗人黄庭坚曾指出:"天下清景,初不择贤愚而与之遇,然吾特疑端为我辈设。"(宋释惠洪《冷斋夜话》卷三)正是说的这个道理。

  诗人所题的这幅画,显然是一幅诗意画。画家择取描写渔村的诗句,并与现实的"江村清景"结合起来,加以创造性的想象发挥,从而构成形象的画面。这种诗意画,诗人称之为"诗话图"。占据这幅画面重心地位的,是一位"自醒还自醉"的悠然自得的渔父形象,暗示出原诗所描写的渔村景观,非常自然贴切;而这画所传达出的诗篇意境,也非常完美协调;所以诗人称许道:"画里更传诗语工。"用一点两面的简练笔触,对原诗与图画都作了由衷的赞美。

  画家创作诗意画,不仅需要潜心体悟诗句的意境,而且需要贴近生活,以"江村清景"作为构图的素材。而诗人题画,也需要将画面与现实的"江村清景"作参照比较。诗人将画面中"自醒还自醉"的渔父形象突现出来,让他还原于生活,称他"不知身在画图中"。这结尾的一句,分明是诗人看画的感受,却说成是画中渔父之不自知。这就造成了一种真真假假、虚虚实实、惝恍迷离的艺术效果,因而产生出无穷的韵味。清人许印芳曾总结题画诗创作的规律说:"凡写画景,以真景伴说乃佳。"(《律髓辑要》卷一)这首题画诗是符合这一创作规律的,诗中的渔父既有似醒似醉、呼之欲出的真切情态,又指明他是身在画图中,与读者相隔有一段审美距离。让读者感到正面对着一件精美生动的艺术品,而不是面对着一个真人,从而获得似真非真、似画非画的审美体验。

  这首题诗意画的小诗,运笔曲折有致,深刻地揭示了实境、诗境、画境三者之间的关系,不言理而理自在其中。读者细思之,可悟题画之法。

(詹杭伦)

诗人小传

王庭筠

(1151,一作1156—1202) 字子端,熊岳(今属辽宁)人。大定进士,官至翰林修撰。居黄华山,自号黄华山主、黄华老人。精书法,学米芾;又善画枯木竹石,存世有《幽竹古槎图》等。亦工诗,七言长篇以造语奇险见称。著有《黄华集》。

绝　句

王庭筠

竹影和诗瘦,梅花入梦香。
可怜今夜月,不肯下西厢。

金代产生了董解元《西厢记诸宫调》那样的皇皇大篇,说明崔、张故事流传得十分广泛。本诗显然受到《西厢记》中"待月西厢下"一语的启示,但它并非题《西厢记》之作,而且远远超越了崔、张故事的局限,诗人用它来表达置身月夜的一处境界,一种感受,一缕情思。

"竹影和诗瘦,梅花入梦香。"这前两句一从视觉、一从嗅觉的角度来描写诗人居处的清幽境界。竹与梅,在中国士大夫的心目中是高洁品格的象征,在诗人的庭院里必然遍植竹、梅,当月夜时分,诗人信步庭院,看到稀稀疏疏的竹影,嗅到梅花的阵阵清香,诗情画意不觉涌上心头,自然而然地吟出"和诗瘦"、"入梦香"这样新警动人的诗句来。"竹"和"诗",一为自然之物,一为社会之物,二者本无从比较;但诗人用一个"瘦"字把二者紧密地联系在一起,竹具有清瘦的形象,诗具有清瘦的风格。这个"瘦"字用得生新,为全诗定下了清瘦的意境氛围。而"入梦香"则将现实与梦境联系起来,梅花夜间在月光的朗照下也喷出清香,已不同凡响,而这香气还伴随着诗人进入梦乡,则香气之浓郁、之悠长,可以想见。将竹与梅这样的自然物象与诗与梦这样的人为之物炼在一句之中,这就构成了情在景中、景在情中,情景混融莫分的高妙意境。

在前两句中,写竹、写梅、写诗、写梦,字面上完全没有"月",但透过竹影和梅香,我们可以感受到"月"自在其中。因为没有月光,便没有竹影;没有月光朗照,也不会有梅花放苞喷香。在后两句中,诗人便将"月"和盘托出:"可怜今夜月,不肯下西厢。"可怜者,可爱也。诗人说,今夜的月亮多么可爱啊!但可惜的是,它不肯照到我的西厢房。从"西厢"一语,我们自然容易联想到崔、张故事中的《明月三五夜》一诗:"待月西厢下,迎风户半开;拂墙花影动,疑是玉人来。"由这诗我们可以知道诗人正在待月,但诗人为什么要待月?而月又为什么不肯下西厢呢?由前两句我们知道,没有月光便没有竹影,没有月光便没有梅香,原来诗人是盼望着月光来织就一个竹影、梅香交汇的清幽温馨的梦境。但这月光却不能随人意而迁移,当诗人信步庭院时,月光与竹影、梅香是那样的和谐;而当诗人回到西厢房时,这月光却不能"转朱阁,低绮户,照无眠",这多么地令人遗憾!月之不肯下西厢,是有浮云的阻隔还是有其他的原因,诗人没有说,我们也不便妄加猜测。不过,诗中透露出一股月与人不能互通情愫的遗憾或幽怨的情绪,则是显而易见的。诗人遗憾或幽怨的是什么?也许是有情人天各一方,不能互通情怀;也许是君臣阻隔,上下无从沟通;也许什么都不是,只是诗人置身此时此景之中的一种朦朦胧胧的感受而已。

  这首诗大概是金诗中境界和情思净化得最美的一首绝句了,竹影、梅香、月色,皆笼罩在若有若无的梦境之中,只有一缕遗憾而幽怨的情思随着月光轻轻地飘荡,意境的深邃决定了它是一首耐人寻味的好诗。(詹杭伦)

狱中赋萱 王庭筠

  沙麓百战场①,舄卤不敏树②。况复幽圄中③,万古结愁雾。寸根不择地,于此生意具。婆娑绿云杪,金凤掣未去。晚雨沾濡之,向我泣如诉。忘忧定漫说,相对清泪雨。

〔注〕 ①沙麓:沙丘。 ②舄卤(xì lǔ):盐碱地。 ③幽圄(yǔ):指监狱。

  据《金史·王庭筠传》和《赵秉文传》,王庭筠曾受赵秉文上书事牵连而下狱。事在承安元年(1196)正月,本诗当作于此时。

  诗中所赋之萱,是一种枝叶绿色、花冠黄红色的草本植物,俗名忘忧草,相传有使人忘忧之功能。诗人说,可爱的萱草不知怎么选择了比沙丘、战场、盐碱地更为恶劣的、愁雾郁结的监狱来扎下它小小的草根。它绿衣婆娑,亭亭玉立,橙红色的花冠像一只凤凰展翅欲飞,似乎给牢房带来了生气;但到了傍晚,它披着一身雨滴,又似在向诗人哭诉辗转来到监狱的坎坷身世,它毕竟是不该来这儿的呀!诗人动情地望着萱草,以为萱草虽名忘忧,而长于此难以释忧之地,虽生意婆娑,亦若愁思郁结,不仅未能让诗人忘去忧愁,且复倍添愁思。想到这里,诗人脸上只有两行清泪无声无息地流淌下来,同如泣如诉的萱草默默应和,对冤曲不平的遭遇作出无声的控诉。此情此景中,诗人同萱草移情共鸣,难以分别,在萱草坎坷而顽强的经历中,我们看到了诗人坎坷而顽强的性格。

元好问曾将这首诗连同柳宗元的《戏题阶前芍药》、苏轼的《长春如稚女》、《赋王伯飏所藏赵昌画梅花》、《黄葵》、《芙蓉》、《山茶》、党怀英的《西湖芙蓉》、《晚菊》等一共九首咏物诗编在一起，请赵秉文写成一幅长轴，并自题其后云："柳州怨之愈深，其辞欲缓，得古诗之正，其清新婉丽，六朝辞人少有及者。东坡爱而学之，极形似之工，其怨则不能自掩也。党承旨出于二家，辞不足而意有余。王内翰（即庭筠）无意追配古人，而偶与之合，遂为集中第一。大都柳出于《雅》，坡以下皆有骚人之余韵，所谓生不并世，俱名家者也。"（《中州集》卷三）元好问这一分析很值得注意，他实际是说，柳出于《雅》，苏出于《骚》，而王出于《骚》、《雅》之间，得古人怨而不怒之旨。这一分析对于我们准确地把握本诗的抒情特质，无疑是大有帮助的。

(詹杭伦)

周昂

【诗人小传】

（？—1211）字德卿，真定（今河北正定）人。年二十一（一说二十四）进士及第。金章宗时，任南和县主簿、良乡令，有政绩，迁监察御史。因作诗得罪，谪东海上十数年。后来起用为龙州都军，以功召入翰林。又因言事遭忌，出佐三司。卫绍王大安三年（1211），权行六部员外郎，从完颜承裕军戍边，兵败城陷而遇害。周昂"文笔高雅，以杜子美、韩退之为法，诸儒皆师尊之"（李纯甫《故人外传》）。其诗擅长描写边塞风情，沉郁苍凉，在金诗中独具特色。著有《常山集》，已佚。元好问《中州集》卷四选存其诗100首。《金史》卷一二五有传。

晚望　　　周昂

烟抹平林水退沙，碧山西畔夕阳家。
无人解得诗人意，只有云边数点鸦。

这诗像一幅晚景画，画面上有轻烟淡抹的树林，河水初退的沙滩，碧绿苍翠的山峦，夕阳斜照的小屋；占据画面重心位置的是诗人自己，他久久地、专注地眺望着天边云旁的几只乌鸦，不知道他想什么，不知道他为什么……

显然，这首诗的妙处并不仅仅在于所写风景明丽如画，还在于三、四两句的无理申明："无人解得诗人意，只有云边数点鸦。"为什么没有人懂得诗人之意，反而不通人性的乌鸦却能理解？实在是无理之甚！

然而，诗之美妙正产生在这"无理"之中。某些不便明言的意旨、不便传达的情感，在诗中可以通过非理性、非逻辑的表达方式惟妙惟肖地传达出来，使读者可以意会，难以言传。在诗史上这样的例子比比皆是，北宋诗人王禹偁曾申言："唯有鹭鹚知我意，时时翘足对船窗。"（《泛吴松江》）黄庭坚曾表示："我自只如常日醉，满川风月替人愁。"（《夜发分宁寄杜涧叟》）张先词云："不如桃李，犹解嫁东风。"（《一丛花》）对这些文学现象，清人贺裳总结为："无理而妙。"（《皱水轩词荃》）是足以发人深省的。

当然，诗人之"意"也并非全然无从捉摸，如果我们知道诗篇之作时作地，结合诗人的生平遭际加以考察，也往往能够"以意逆志"，揭示出诗人某些难言之隐。据元好问介绍，周昂曾"坐诗得罪，谪东海上十数年"（《中州集》卷四）。准此，我们将此诗中之"意"，理解为一种贬谪期间的孤寂情怀、报国无门的幽怨心境，或者理解成一种"夕阳无限好，只是近黄昏"的意绪，恐怕不会是毫无根据的吧？

（詹杭伦）

翠屏口七首(之二)[①] 周 昂

地拥河山壮，营关剑甲重。
马牛来细路，灯火出寒松。
刁斗方严夜[②]，羔裘欲御冬。
可怜天设险[③]，不入汉提封[④]。

〔注〕① 翠屏口：在今河北万全县西之翠屏山，其地两峡高耸，望之如屏，东北方靠近山势险峻的野狐岭。 ② 刁斗：古时军用之器，白天用以烧饭，夜则敲击以巡更。 ③ 可怜：这里是"可惜"之意。 ④ 提封：指管辖的封疆。汉提封，代指金朝的疆域。

金大安三年(1211)二月，蒙古成吉思汗率军侵金，八月抵达野狐岭。此前金廷任命完颜承裕为参知政事，率军四十万镇守翠屏口，与蒙军形成了两军对垒的态势。周昂随从承裕军队戍守西北边陲，这组诗即作于此战之后，同题诗共七首，这是第二首。

由于处在激战的前夜，全诗笼罩在一重严峻紧张的气氛之中。首联即突出翠屏口地势险要，关塞雄壮，武备森严，具有严阵以待的巍然气势。次联写山上山下的羊肠小道上，驮载武器粮草的马队牛群来往繁忙；入夜之后，满山寒松下皆是部队宿营的灯火，足见戍边的兵士之多。这二句是全诗的警句，用"细"、

"寒"二字,以鸟瞰的视角写出无数小道上的无数马牛、无数寒松间的无数灯火,可谓鬼斧神工。三联写戍边生活之艰苦,深夜严寒,刁斗声声,兵士裹在羔裘羊羔皮衣之中,打算抵御如冬天般的寒气。翠屏山地处西北高寒地区,气候恶劣,正如这组诗的第四首所说:"羽檄千山静,羔裘六月寒。"无怪乎诗人说:"羔裘欲御冬"了。这二句,一听到刁斗"方"响起,将士们就"欲"穿上羔裘了,可见夜晚寒气来得之早,诗人的措辞,也是非常精工的。结尾一联,诗人发出深沉的慨叹,由于金军主帅的无能,尽管有翠屏口这样的天险,尽管有号称四十万的军队,仍不能抵御蒙军的进攻,在野狐岭的通道獾儿嘴处惨遭大败,翠屏口沦陷蒙军之手,从此再不属金朝版图了。

据这组诗的第一首所说"去岁翠屏下,东流看涌波",知这组诗是翠屏口之战的次年,诗人回忆这次战事而作。本诗前半部分极写关塞之险、武备之强,与结尾的惨遭大败形成了鲜明的对比,在金代边塞诗中是一首值得称道的佳作。

(詹杭伦)

师 拓

【诗人小传】

字无忌,又名尹无忌,平凉(今属甘肃)人。举进士不中,明昌中,有司荐其才,以嗜酒不果,布衣终生。刘祁称"其诗一以李、杜为法,五言犹工"(《归潜志》卷八)。元好问亦称其"作诗有气象而工于炼句"(《中州集》卷四)。赵秉文于前辈中,"文则推党世杰怀英、蔡正甫珪,诗则最称赵文孺沨、尹无忌拓"(《归潜志》卷十)。赵秉文曾将师拓等七人诗刻木以传,名曰《明昌诗人雅制》。

游同乐园[①] 师 拓

晴日明华构[②],繁阴荡绿波。
蓬丘沧海远[③],春色上林多[④]。
流水时虽逝,迁莺暖自歌。
可怜欢乐极,钲鼓散云和[⑤]。

〔注〕①同乐园:《大金国志》卷三三"燕京制度":"西出玉华门曰同乐园,若瑶池、蓬瀛、柳庄、吉村,尽在于是。" ②华构:华美的建筑物。 ③蓬丘:蓬莱山,此泛指隐居之地。 ④上林:上林苑,此泛指京都园林。 ⑤钲鼓:军乐,行军时钲以静之,鼓以动之,此借指战事

将起。云和：本山名，以产琴瑟著称，后因以为琴瑟琵琶等乐器的通称。李白《寄远》诗："遥知玉窗里，纤手弄云和。"

师拓又名尹无忌，是金代明昌年间的一位布衣诗人。他的这首诗既见于《中州集》卷四，又载于《归潜志》卷八，曾得到赵秉文的称誉，认为其"甚似少陵"，有像杜甫一样的忧国忧民思想感情。

诗人游园时值春天，明媚的阳光照耀下，同乐园华美的建筑显得格外绚丽壮观；园内的小溪两旁花木繁茂，浓荫蔽日，溪水绿波荡漾。面对这一派雍容华贵的皇家园林气象，身为布衣的诗人禁不住发出慨叹：相比之下，沧海蓬莱山未免太边远荒僻，人间春色都被皇家园林占尽了！不过，读者且勿误会诗人是在羡慕皇家的富贵，因为接下来诗人触景生情，进入了一重哲理性的思考：自然界流水一去不返，四季更替，每逢春暖花开，黄莺便唱起清脆婉转的歌；人世间的富贵荣华、政权国体，是不是也会像自然界一样，经历盛衰更替的变化呢？诗人的眼光是敏锐的，他具有超乎常人的洞察力和预见性。在明昌社会的种种繁华现象背后，他感受到了种种潜伏的社会危机，内不振必然外患加，金朝败亡的主要危险来自敌国的入侵，国家和人民将经历战争的苦难。本着高度的社会责任感，他发出急切热切地呼吁：人们啊！不要再沉溺于醉生梦死的欢乐之中了，物极必反，乐极生悲，战争的钲鼓将要震响，轻歌曼舞的生活将不复存在，是该振作起来的时候了！

不料想，事实竟被诗人不幸而言中。在蒙古军队铁骑的压迫下，金王朝迅速由衰落走向灭亡。如同安史乱前的杜甫预见到大祸将临一样，诗人也准确地预见到了战事将起。虽然杜甫和师拓皆因人微言轻，其意见当时未能得到统治者的重视；但后世之人，在总结前朝兴亡的经验和教训的时候，是不会忘记他们深邃和敏锐的见识的。

（詹杭伦）

【诗人小传】

路铎

（？—1213） 字宣叔，冀州（今河北衡水市冀州区）人。明昌三年（1192）为左三部司正，累官右拾遗、右补阙、翰林修撰、侍御史、景州刺史。泰和六年（1206）召为翰林待制兼知登闻鼓院，除孟州防御史。贞祐初，蒙古军陷孟州，投沁水死。史称路铎"为人刚正，历官台谏，有古直臣之风。为文尚奇，尤长于诗，诗风温润精致"。著有《虚舟居士集》，已佚。元好问《中州集》卷四选存其诗二十六首。《金史》卷一〇〇有传。

襄城道中[①]

路 铎

禾黍低风汝水长[②]，迟迟驿骑困秋阳[③]。
病躯官事交相碍，梦雨行云肯借凉？
尽说秋虫不伤稼，却愁苛政苦于蝗。
诗成应被西山笑[④]，已炙眉头尚否臧[⑤]。

〔注〕①襄城：金原属南京路汝州，泰和七年改隶许州，今属河南。 ②汝水：今河南北汝河，流经襄城。 ③驿骑(jì)：驿站传递公文的信使。 ④西山：首阳山，此代指隐居首阳山的伯夷、叔齐一类隐士。 ⑤否臧：批评和褒奖，此偏指批评。

金中叶以后，国势由盛转衰，兵连祸接，战乱频仍，加之自然灾害频繁，官吏乘机侵暴，人民生活痛苦不堪。有识之士面对这样的社会现实，忧患填膺，写下了一些反映民生疾苦的优秀诗篇。路铎的这首诗便是反映地方长官横征暴敛的作品。

史称路铎为人"刚正，历官台谏，有直臣之风"（《金史》卷一〇〇本传）。本诗题下诗人自注云："有言长官暴横者。"表明这是一首谏书式的作品。身为监察御史的诗人在一个久旱不雨气候闷热的秋天出访民情，首联写汝水两旁的庄稼由于久旱而长势不佳，禾黍在秋风中可怜地低着头；而自己一行也由于驿站信使传送公文缓慢而被困于襄城道中。颔联写由于气候闷热身体不适加之心理压力大，诗人生病了，但公事又是如此地繁忙，令诗人恼恨不已；他希望老天下一场透雨使气候凉爽，更希望皇帝颁布一道恩旨，以救生民于疾苦之中。腹联"尽说秋虫不伤稼，却愁苛政苦于蝗"，是金诗的名句。诗人经过脚踏实地地深入考察，将百姓的意见集中起来，敏锐地指出一个关键问题：苛政之害甚于蝗虫之害，百姓的疾苦主要来自人祸而不仅仅是天灾。昔年孔子率徒过泰山，曾深有感触地说："苛政猛于虎也！"（见《礼记·檀弓》下）今日诗人的感慨同孔子又何其相似乃尔，足见"苛政"是数千年中国封建社会的老大难问题。诗人也深知靠自己的微薄之力要想解决"苛政"问题谈何容易，所以尾联便以自责自嘲的语气作结。自己的诗固然写成了，但它是否能上达天听，产生良好的效果？对此，诗人并无把握。反之，自己却可能会被隐士们取笑：已经火烧眉毛了，百姓的痛苦已经到了忍无可忍的极限，你还在那里写诗批评，难道会起什么作用吗？只不过空忙、白忙、瞎忙一阵子罢了！

我们今天当然不会同意"西山"隐士们的看法，我们认为，诗人敢于替百姓大声疾呼，勇于为百姓的痛苦自责自嘲，正是其诗具有高度人民性的生动体现，也是其诗社会认识价值之所在。据《金史·章宗纪》载,承安二年,"比以军须,随路赋调,司县不度缓急,促期征敛,使民费及数倍,胥吏又乘以侵暴"。本诗为此提供了一个形象化的佐证。

(沈时蓉)

【诗人小传】

赵秉文

(1159—1232) 字周臣,号闲闲老人,磁州滏阳(今河北磁县)人。大定进士,官至礼部尚书。能诗文。其散文所表现的思想,以周程理学为主。诗歌多写自然景物。又工草书。著有《闲闲老人滏水文集》。

游华山寄元裕之

赵秉文

　　我从秦川来,遍历终南游。暮行华阴道,清快明双眸。东风一夜横作恶,尘埃咫尺迷嵓幽。山神戏人亦薄相,一杯未尽阴霾收。但见两崖巨壁插剑戟,流泉夹道鸣琳璆。希夷石室绿萝合,金仙鹤驾空悠悠。石门划断一峰出,婆娑石上为迟留。上方可望不可到,崖崩路绝令人愁。十盘九折羊角上,青柯平上得少休。三峰壁立五千仞,其下无址傍无俦。巨灵仙掌在霄汉,银河飞下青云头。或云奇胜在高顶,脚力未易供冥搜。苍龙岭瘦苔藓滑,嵌空石磴谁雕镂?每怜风自四山而下不见底,惟闻松声万壑寒飕飕。扪参历井到绝顶,下视尘世区中囚。酒酣苍茫瞰无际,块视五岳芥九州。南望汉中山,碧玉簪乱抽。况复秦宫与汉阙,飘然聚散风中沤。上有明星玉女之洞天,二十八宿环且周。又有千岁之玉莲,花开十丈藕如舟。五鬣不朽之长松,流膏入地盘蛟虬。采根食实可羽化,方瞳绿发三千秋。时闻笙箫明月夜,芝軿羽盖来瀛洲。乾坤不老青山色,日月万古无停辀。君且为我挽回六龙辔,我亦为君倒却黄河流。终期汗漫游八极,乘风更觅元丹丘。

　　"华岳灵峻,削成四方。爰有神女,是挹玉浆。其谁游之,龙驾云裳?"这是晋人郭璞写下的著名《华山赞》。悠悠的问叹,表达着他对游此名岳的多少神往。

但历代的许多文人墨客都游过华山,而且留下了足与此山共俯百世的佳作。狂放飘逸的"谪仙"李白,更以浪漫主义的奇思,交织着黄河的涛声浪影和纷纭多彩的上古神话,描摹过它的妩媚和壮奇(见《西岳云台歌送丹丘子》)。

而今又有一位神采飘逸的诗人,踏过大散关与岐雍之间的千里"秦川",翻越"白云回望合,青霭入看无"的终南山;在暮色沉沉的"华阴道"上,领略过"清快明双眸"的爽利东风,又披着翌晨那"咫尺迷嵓(岩)幽"的尘埃,兴致勃勃地出现在华山峰下。他便是官至礼部尚书兼侍读的金代诗人赵秉文。诗之开篇描述自己风尘仆仆来到华山,运笔简洁,而且飘洒悠闲,连"东风一夜横作恶,尘埃咫尺迷嵓幽"的气候突变,也未能消减他的盎然游兴。他只在山村酒座间细酌慢饮,权当是看一幕"山神戏人"的喜剧。而一杯尚未饮完,山间的"阴霾"即已消散。诗人不禁莞尔而笑:原来这山神之倖薄也不过如此而已,其实它倒是颇通人情的呵!幽默的戏谑之语,透露着诗人游山的多浓意趣。

接着展开的,便是诗人登山访幽的奇妙景观。当"迷岩"的阴霾一经散去,诗人已置身在峻奇、雄丽的华山石径中。仰视两边的山崖,竟如插天的"剑戟";当你惊悸喘息的时候,却又有夹道的"流泉",送来玉石相击般清越的鸣响,令你不胜畅悦。更使诗人留连的,是传说为陈抟(号"希夷先生")修仙的"石室",可惜的是"绿萝"掩洞,已无处更寻这位骑鹤仙去的奇隐。"金仙鹤驾空悠悠"句,正幻出了一个鹤影渺杳的青冥虚境,传达着诗人的不尽怅惘。好在他穿过如被巨刃"划断"的石门,又面对了一柱凌空拔出的巨峰。仰望着那"可望不可到"的"崖崩路绝"之境,诗人的惆怅又为惊骇和愁思所取代。当诗人终于战战兢兢,升登在"十盘九折"的山坂上时,竟生发了如在峥嵘"羊角"上立足的奇妙联想——这初登华山的景象,正是如此惊险而又充满了新奇的乐趣呵!

现在他终于找到了一处"青柯"挺拔的平坡,可以稍事休息了。而华山高处峰、岭耸峙的全景,又带着传说中特有的神奇色彩,展开在了诗人的喜悦眺望之中。"三峰壁立五千仞"、"巨灵仙掌在霄汉",就是引发诗人悠邈思致的最奇异之景:那"落雁"、"朝阳"、"莲花"三峰,仿佛刚被传说中的巨灵神倚空擘开,还在五千仞碧天震荡悠悠宏音。那突现于霄汉的"仙人掌"峰,在翠崖丹谷间,当然还留着这位巨神盛怒而发的凌厉掌印。一道飞瀑从"青云头"喷薄而下,不禁令诗人怀疑,那究竟是不是九天"银河"的决空倒泻?面对如此神奇的景象,就是没有人告诉诗人更有"奇胜在高顶",他也非欲升登华岳绝顶不可了——纵然那里是怎样"脚力未易供冥搜",纵然"苍龙岭"的"嵌空石磴",又怎样瘦狭陡滑。请听听"四山而下不见底"的天风有多浩烈,震荡万壑的"松声"有多寒壮,诗人已可预期:一旦登临华山绝顶,将进入何其高缈的境界!

　　这正是诗人移步换景中铺垫笔墨的巧妙运用。绝顶未到,那逐层展出的途中奇境,已交汇着传说、神话,令你心痒痒、难以自禁;那么,"或云奇胜在高顶"的悬念,岂不更让你增生登临绝顶的无限神往?

　　全诗最后一节,即笔饱墨酣地抒写了华山绝顶上的奇观。"扪参历井到绝顶,下视尘世区中囚"——诗人仿佛是在梦寐之中,摸着天上的参星、井星来到峰巅。世界的突然变得无限空阔,竟使下界的尘世,渺小得如同囚人的牢落而已!高高的"五岳"、茫茫的"九州",望去也只如土块、草芥。那一片苍碧的汉中山脉,简直就是发髻上抽动的"玉簪";至于"秦宫"、"汉阙",更如在风中"沤"过似的,飘散得难觅影踪!高度的夸张,伴和着诗人"酒酣"中的朦胧奇思,把眼底的景象表现得何其空旷、幽渺!也因此反衬出,诗人伫立的华山绝顶,正耸峙在怎样云烟缥缈的高处。

　　按照神话传说,华山顶上还是一个濒临天界的仙境:有仙子明星在这里驻鸾,有卜师呼子先乘龙升天,更有海上三山的众仙常来聚会。当诗人仰望头顶的幽渺苍穹时,这些传说便与诗人飘飘欲仙的忘形之思纷纭交融,诗中由此幻出了天花乱坠般的绚烂奇景:绮丽的"玉女洞天",忽然降临了神光熠耀的"二十八宿";幽幽的莲花峰,刹那间开出了璀璨的千岁"玉莲";那五株苍劲的"长松",化作了夭矫腾挪的蛟龙;而当月夜降临的时候,便可闻袅袅"笙箫"和鸣于烟云之中,那是"芝軿(軿音瓶,有遮屏的轻车)羽盖"的海上众仙飘然飞至了……诗人心醉神迷,惊喜中不禁向远方的友人(即此诗所寄元好问)忘情而呼:"君且为我挽回六龙辔(驾日之龙),我亦为君倒却黄河流"——那是时光之回转,那是青春之常驻!诗人正可与友人一起,采食神奇的松实,化为"方瞳(眼瞳)绿发"的仙伴,去追随元丹丘(仙人)乘风而飞,"漫游八极"!

　　一次意兴盎然的华山之游,在赵秉文笔下,竟化作了一首如此奇境迭出的七古长诗!它的奇妙,不仅在于写景状物的层次井然,引导你在峰回路转之中,对华山的翠崖奇峰、流泉飞瀑惊叹不暇;更在于思致葱茏、想落天外,带给你如入缥缈仙境的不尽遐想。元好问称诗人"七言长诗,笔势纵放,不拘一律"。读这首诗,正有如读李太白那"有舒云流水之妙"的《云台歌》一样,令人清旷飘逸、神思遄飞。

(潘啸龙)

寄王学士子端　　　　　　　　　　赵秉文

寄语雪溪王处士,年来多病复何如?

> 浮云世态纷纷变,秋草人情日日疏。
> 李白一杯人影月,郑虔三绝画诗书。
> 情知不得文章力,乞与黄华作隐居。

一首以诗相寄的书笺,在金代著名书画家赵秉文笔下,便如一幅以写意笔法勾勒的人物画,把友人的神情意态全画活了。

这位友人,就是被元好问赞为"文采风流,照映一时"的翰林学士王庭筠(字子端,号雪溪)。当赵秉文寄诗给他的时候,大约正是王庭筠亦官亦隐,居于平生所爱黄华山(在今河南林县西北)期间。诗之起笔是一语关切的询问:"寄语雪溪王处士,年来多病复何如?"吐语真率,一无拿腔作势之态,正是契阔经年的友人间相存相嘘的口吻。若从画境来说,则十四字一气相连,勾勒了这位昔日"眉目如画,美谈笑,俯仰可观"(元好问《中州集》)的友人,正扶病山溪间的羸弱体态。

然后在山间添几笔似聚似散的淡淡"浮云",在溪岸边点缀几丛疏疏落落的"秋草",便是友人此刻所处的孤清幽境了。当然,诗毕竟不是画,诗人在这里乃在慨叹社会上、仕途中的人情世态,而并不只是为画中人物添加几笔映衬的景物而已。赵秉文曾经因上书言事触犯权贵,"坐讥讪免官";王庭筠也在此同期,"为言事者所累"而下狱。对于仕途的风云多变,世态人情的炎凉亲疏,都有切身的感受。所以诗中由友人的"多病",联想到各自的遭际,发出"浮云世态纷纷变,秋草人情日日疏"的慨叹,就不仅是对友人的吊慰,也是诗人酸辛的自吊了。于是画中的浮云似也翻飞不定起来,那一荣一枯的秋草,更如在哀叹世情之反复无常。处在这样境遇中的友人,该又怎样打发那秋日的凄凉?

好在王庭筠是一位狂放不羁的豪爽之士。他生性旷达,渴望的是"十亩苍烟秋放鹤,一帘凉月夜横琴"的自由自在;他亦好畅饮,当着"岩花覆我酒,酒面照幽妍"的尽兴之际,更常有"怀人成独醉,日暮山苍然"的物我两忘。所以诗人接着描摹的,正是王庭筠醉饮月下的那一副狂态:"李白一杯人影月"。那该是当年李白那样"花间一壶酒,独酌无相亲"的夜半?友人在"举杯邀明月,对影成三人"的兴酣之中,竟也进入了"我歌月徘徊,我舞影零乱"(李白《月下独酌》)的境界?王庭筠与诗人一样,还是金代著名书画家。其"山水画"师任询,"枯木竹石"与"书法",则师其舅父米芾。今藏日本京都有邻馆之《幽竹枯槎图》卷,曾被元人叹为"上逼古人,胸次不在元章(米芾)之下也!"而其七言长诗如《舍利塔》等,更以造语奇险见称。这样一位风流蕴藉的才士,倘在唐代,恐怕正如郑虔一样,要被玄宗推为诗画书"三绝"了。而今,他是否正乘着酒兴,在溪石间解衣磅礴,笔沾那一溪风云,欲将满胸块垒尽情挥洒呢?

全诗描摹至此,一位才气横溢、狂放磊落的友人形象,已恍然生动地挺立于字行之间。但王庭筠既自号"黄华山主",则画中一定不可少了这座奇山。"情知不得文章力,乞与黄华作隐居"的尾联,便正如泼墨一般,在友人背景上化出了黄华山那雄奇的峰影。黄华山又名"隆虑山",耸立于莽莽太行山脉的南端。元好问当年游览此山,就曾以苏东坡那样的奇恣笔力,铺写过它那"雷公怒击散飞雹,日脚倒射垂长虹"的丹峰翠壁、千丈水帘。能作这样一座奇山壮崖的主人,荡涤着如此天地造化的灵气,王庭筠的书画、文章,自能光焰腾耀、天机独拔,而秉"骊珠百斛供一泻,海藏翻倒愁龙公"之力了!全诗在"情知不得文章力"处一顿,似为抑;而后翻转笔锋,展开"乞与黄华作隐居"的奇境。友人王庭筠的身影,便连同他"画诗书"三绝挥洒的飘逸、"人杯月"歌呼共醉的狂放,一起映印在黄华山翠壁、飞瀑的壮奇烟气之间,令读者心仪千古、再难忘怀了。

作为一首以诗相寄的书笺,这首诗无非是要表达对友人的慰问、赞赏之情,也隐隐包含着作者对压抑才士的世态人情的不平。但它既出于书画大家赵秉文之手笔,而且诗中颇带传写友人风貌之画意,笔者因此将它认作诗画来品赏,也许更多些意趣。读者当不会见责此文写法之唐突罢?

(徐旭文)

李纯甫

【诗人小传】

(1176—1222) 字之纯,号屏山,弘州襄阴(今河北阳原)人。承安二年(1197)登经义进士第。泰和六年(1206)宋、金交战,李纯甫两次上疏策其胜负,章宗奇之,给送军中,后战情多如所料。宰相爱其文,荐入翰林。卫绍王大安三年(1211)金、蒙交战,他又上疏论时事,不报,弃官。宣宗迁汴,再入翰林,时术虎高琪擅权,擢纯甫为左司都事,纯甫观高琪必败,以母老辞去。既而高琪事败被诛,纯甫复入翰林,连知贡举。兴定末,以取人逾新格,出为坊州倅,未赴,改京兆府判官,以疾卒。刘祁称其"初为词赋学,后读《左氏春秋》,大爱之,遂更为经义学。始冠,擢高第,名声烨然。为文法庄周、左氏,故其词雄奇简古。后进宗之,文风由此一变"(《归潜志》卷一)。著有《屏山内外稿》,已佚。元好问《中州集》卷四选存其诗二十九首。

送 李 经

李纯甫

髯张元是人中雄①,喜如俊鹘盘秋空,怒如怪兽拔枯松,老我不敢撄其锋②。更着短周时缓颊③,智囊无底眼如月,斫头不屈面如铁,一说未穷复一说。劲敌相扼已铮铮④,二豪同军又连横,屏山直欲把降旌。不意人间有阿经⑤,阿经瑰奇天下士,笔头风雨三千字,醉倒谪仙元不死⑥,时借奇兵攻二子。纵饮高歌燕市中,相视一笑生春风,人憎鬼妒愁天公,径夺吾弟还辽东⑦。短周醉倒默无语,髯张亦作冲冠怒,阿经老眼泪如雨,只有屏山拔剑舞。拔剑舞,击剑歌,人非麋鹿将如何⑧?秋天万里一明月,西风吹梦飞关河。此心耿耿轩辕镜⑨,底用儿女肩相摩⑩?有智无智三十里⑪,眉睫之间见吾弟⑫。

〔注〕①髯张:诗末原注:"张谓伯玉。"《归潜志》卷二:"张毂伯玉,许州人,伯英运使弟也。少有俊才,美丰姿,髯齐于腹。为人豪迈不羁,奇士也。" ②撄:触犯、遭遇。 ③短周:诗末原注:"周谓晦之。"《归潜志》卷二:"周嗣明晦之,真定人……为人有学,长于议论,自号放翁。" ④劲敌:强敌。相扼:相持。 ⑤阿经:指李经。 ⑥谪仙:李白,此以李经为李白再生。《归潜志》卷二:"屏山(纯甫)见其(李经)诗曰:真今世太白也。" ⑦还辽东:李经为锦州人,此指下第还乡。 ⑧"人非麋鹿"句:《五代史·一行传序》:"处乎山林而群麋鹿,虽不足以为中道,然与其食人之禄,俛首而包羞,孰若无愧于心?"此反其意而用之,言人非麋鹿,需要求生存、求发展,不走科举仕之路又怎么办呢? ⑨轩辕镜:黄帝之镜。详《稗史类编》引《黄帝内传》。 ⑩肩相摩:告别时依恋难舍的情态。 ⑪"有智无智"句:用曹操与杨修解"绝妙好辞"事,曹、杨二人解曹娥碑背面之字,杨修先解出,曹操则行三十里后方悟,故曹谓杨曰:"我才不及卿,乃觉三十里。"见《世说新语·捷悟》。 ⑫"眉睫之间"句:《庄子·庚桑楚》:"向吾见若眉睫之间,吾因以得汝矣。"成玄英疏:"吾昔观汝形貌,已得汝心。"此谓从形貌上早已见出李经必非凡庸之辈。

金后期的诗坛,出现了一股"尚奇"的风气。李经,字天英,是这股风气中的一位代表作家。刘祁称其"为诗刻苦,喜出奇语,不蹈袭前人,妙处人莫能及"(《归潜志》卷二)。然而这位天才横溢的诗人两次参加科举考试,皆因不能遵守有司之法度而落第,一气之下,遂拂衣归乡。京城名流皆为其送行,赵秉文、周昂、李纯甫都有送行之诗。李纯甫这首诗是在践行酒宴上写的,同席的有张毂和周嗣明,故诗人先从张、周二人写起:

诗人用"俊鹘盘秋空"、"怪兽拔枯松"两个比喻来写髯张之雄豪,用"智囊无底"、"斫头不屈"来形容短周之辩博,显示出二人既各有特色,又势均力敌,不相上下。不过,写周、张只是为下文写李经先作陪衬;待开场锣鼓震响之后,方引出主角李经来。

　　这李经的特点与张之豪、周之辩又显然不同,一是笔下很快,"笔头风雨三千字";二是善于出奇,"时出奇兵攻二子";故诗人称其为天下奇士,太白再生。

　　这四位朋友才能相埒,脾气相投,平时便经常结伴饮酒高歌,有张毂之诗为证:"日日饮燕市,人人识张胡。西山晚来好,饮酒不下驴。"然而,今天这顿酒喝了之后,李经便要启程,与朋友天各一方,这怎能不叫朋友们揪心难过呢?

　　接下来诗人便写告别时的情态:平时口若悬河的短周沉默不语,雄豪的髯张则怒发冲冠,李经自己则老泪纵横。诗人为了打破这告别时的窘态,他拔剑起舞,引吭高歌,慷慨议论:人非麋鹿,孰能无情?秋天的一轮明月,将为我们传递友情;冬天的一夜西风,将使我们在梦中相会;彼此的心地、彼此的友情,像轩辕镜一样明亮久长,何必在告别时显得悲悲切切、儿女情长呢?

　　最后,诗人用曹操赞杨修之语劝慰李经:你的聪明才智在我之上,我过去从你的形貌上已看出你必然不会是凡庸之辈,天生我才,必有大用,你应该自己相信自己!

　　送别诗很少有写得如此气势雄豪、悲壮奇伟的,观此,可见金末诗坛尚奇诗风之一斑。

　　　　　　　　　　　　　　　　　　　　　　　　　　(詹杭伦)

【诗人小传】

字舜元,京兆人,侨居和众县(今辽宁凌源)。承安进士,历赤县及幕官,入为监察御史,迁治书,出为通州刺史。泰和八年(1208),坐与蒲阴令大中私议朝政,受杖刑,谪靖难军节度副使。大安初,召为中都路转运副使,超户部正郎,复坐镌降同知汾州,卒官。元好问称其"作诗精致有理,尤善用事,古赋亦奇峭"。著有《澹轩遗稿》,已佚。《中州集》卷五选存其诗三十首。

　　　　　　　　春　　雪　　　　　　　　史　肃

　　　　丰年不救两河饥①,腊尽才看小雪飞。
　　　　谩说春来膏泽好,其如垄上麦苗稀。
　　　　空花只解惊愁眼,湿絮宁堪补败衣。
　　　　颇笑西台瘖御史②,日斜骑马踏泥归。

〔注〕①两河:指黄河流域之河北、河东(今山东)地区。②西台:御史台。瘖(yín):哑巴。

黄河流域的百姓历来靠天吃饭，丰年一般能勉强得到温饱；但金末战乱年间，徭役赋税沉重，丰年也难免饥寒，故诗人劈头落下沉重的一句："丰年不救两河饥！"试想，如果丰年尚不能救饥，那么灾年民何以堪？这首诗便是写的一个即将来临的灾荒年。

　　北方土地干旱，冬天播下的麦种需要下雪覆盖，才能保暖抗旱、杀死病虫，保证来年发芽出土。可是这年前的整个冬天，老天一直没有下雪，直到腊月的尽头，才纷纷扬扬地下起一场小雪。身为御史的诗人踏雪出巡，他全然没有赏雪的兴致，却为庄稼的长势忧心如焚。农谚常说："春雨贵如油。"春天下雪可以滋润土壤，促进麦苗生长，本来是件好事。但是由于年前没有下雪，大部分种子在地里旱死、冻死了，冒出土的只有稀稀落落的零星麦苗，春雪显然无济于事。诗人的忧虑凝结成一联惊心动魄的诗句："空花只解惊愁眼，湿絮宁堪补败衣？"意思是说：你这空空洞洞的雪花，只会使百姓的愁眼更加惊恐；你这貌似棉絮的雪花，怎能为百姓缝补破衣！责怪不通人性的雪花，当然无理之极。但诗人在愁极、怨极、恨极之际，常常推愁于物、怨天恨地；读者只要深入体察此情此景，往往能够感受到这种无理的表达法反而可以传达出某些难以言传的理性内涵。我们在阅读这两句诗时，难道不也体悟出了诗人关心民生疾苦的一片苦心、痴心吗？其实，诗人本人也知道怨雪之无益，最后，他只能自责自嘲虽然身为御史，却如同聋子哑巴，无力救民于水火之中，只能耷拉着脑袋、无可奈何地骑马踏泥回家。这里说"踏泥"而不说"踏雪"，也是有深意的——可见这场"小雪"，并未能铺盖大地，早就融入泥水了。看来，"空花"、"湿絮"，虽是画饼充饥，但不久，连画饼也要没了！

　　元好问说史肃是学佛的诗人，"尝欲弃官学道"（《中州集》卷五），这恐怕是他对现实无望之后而产生的逃避心态的反映。

（沈时蓉）

诗人小传

完颜璹

（1172—1232）　本名寿孙，金世宗赐名仲实，一字子瑜，自号樗轩居士。为世宗之孙，越王永功之子。能诗工书，曾学诗于朱巨观，学书于任君谟，有出蓝之誉。大定二十七年（1188）授奉国上将军，累封胙国公、密国公。金廷贞祐南渡后，防忌同宗，璹不得大用，遂日以读书吟咏为事，曾读《资治通鉴》达三十余过，一时名流皆与之交善。元好问称其为"百年以来宗室中第一流人"。诗笔圆美，含蓄蕴藉。著有《如庵小稿》，已佚。《中州集》卷五选存其诗四十一首。《金史》卷八十五有传。

思　归

完颜璹

四时唯觉漏声长,几度吟残蜡烬釭①。
惊梦故人风动竹,催春羯鼓雨敲窗②。
新诗淡似鹅黄酒③,归思浓如鸭绿江。
遥想翠云亭④下水,满陂青草鹭鸶双。

〔注〕① 釭(gāng):灯盏。　② 羯(jié)鼓:古羯族乐器。形如漆桶,承以牙床,以二杖击之,音声急促如骤雨。　③ 鹅黄酒:杜诗《舟前小鹅儿》有"鹅儿黄似酒"之句,仇兆鳌注:"鹅黄乃汉州酒名,蜀中无能及者。"　④ 翠云亭:燕京同乐园中的一处亭子。

金宣宗贞祐二年(1214),金廷在蒙古侵略的威胁下,由中都(今北京)南迁南京(今河南开封),史称"贞祐南渡"。由北南迁的士人们常常怀念北方的家乡,身为完颜贵族的诗人,思家的心情自然更加急迫。这首《思归》诗便是表露其思家心态的代表作。

首联展示诗人深夜不寐,独坐吟讽的形象。他之所以夜深而不能入睡,自然是因为心头有事。他所思所想的内容暂时没有明说,但这联所描绘的情景已为下文直抒胸臆蓄足了势头。

颔联写诗人在一种惊悸怔忡的状态中勉强入睡,但风动竹、雨敲窗的响动又使诗人突然惊醒。他在短促的睡梦中梦见了儿时的朋友。我们知道,诗人是金世宗之孙、越王允功之子,他的少年时代生活在大定承平年间,一定是无忧无虑、幸福欢乐的。而"宣宗南渡,防忌同宗,亲王皆有门禁"(《归潜志》卷一),不得擅自与外人交通。明白了这一背景,也就会理解诗人为什么要梦中与故人相会,而他所写之情景又是如此之孤寂难耐了。"催春羯鼓雨敲窗"一句,是形容敲窗的雨点宛如催春的羯鼓。其《枕上听雨》诗也有"卧听羯鼓打凉州,元是芭蕉细雨秋"之句。说明这"羯鼓"必定是诗人儿时喜欢的一种乐器,否则他便不会因雨敲窗而产生如此巧妙的联想了。

颈联便紧承颔联而直抒胸臆,用"鹅黄酒"来喻"新诗"、用"鸭绿江"来喻"归思",可谓善于取材,而且对仗工整、取譬新奇,自然贴切。有人认为此联"表现了诗人对女真故地的怀恋之情",其实不必如此坐实。女真故地在上京会宁府(今黑龙江省阿城市南郊白城子村),金世宗的子孙已非生于斯长于斯,他们对此不会有多深的印象和感情,故不如笼统说思返北地故乡来得稳当。

诗人对故乡的思念中包含着对承平社会的向往,故诗人在尾联中描绘了一幅青少年时代所见到的宁静欢乐的承平景象:翠云亭下碧波荡漾,满坡青草郁郁葱葱,双双鹭鸶安详徜徉。这里没有外敌的野蛮侵略,也没有朝廷的剧烈纷争,只有诗情画意弥漫人间。它,是诗人心中的理想境界,也是其思归的真实原因。

(詹杭伦)

诗人小传

麻九畴

(1183—1232) 字知几,初名文纯,莫州(今河北任丘)人,一说易州(今河北易县)人。兴定末府试经义第一,词赋第二,省试亦然,帘试则因脱误下第。正大三年(1226)赐进士及第,应奉翰林文字,以天资野逸,未几谢病而去。天兴元年卒于战乱。其为文雄丽巧健,诗则精深峭刻,力追唐人。赵秉文在后进诗人中"颇许麻知几、元裕之"(《归潜志》卷八)。元好问《中州集》卷六选存其诗三十一首。

题雨中行人扇图　　　　麻九畴

　　幸自山东无赋税①,何须雨里太仓黄②。
　　寻思此个人间世,画出人来也着忙。

〔注〕①幸自:本自、本来。山东:指金山东东路、山东西路,含今山东省大部及江苏省之一部。②仓黄:亦作"仓皇",匆忙、慌张。

　　诗人有时正话反说,把极严肃、极庄重的事情用开玩笑似的风趣笔调抖落出来,使读者在忍俊不禁之余,受到强烈的震撼。此诗便是一例。

　　刘祁曾介绍此诗的本事说:"麻征君知几在南州,见时事扰攘,其催科督赋如毛,百姓不安,尝题雨中行人扇图诗云云。虽一时戏语,也有味。"(《归潜志》卷九)此诗的高明之处就在于正话反说,本来山东赋税很重,诗人有意反说成"幸自山东无赋税";本来雨中行人正需要赶路,诗人有意反说成"何须雨里太仓黄";明明是诗人在这个人世上有满肚皮牢骚需要发泄,却故作镇静,反而责怪这个世上太忙乱了,故画家"画出人来也着忙"。

　　诗人借题发挥,写作的这类讽刺小诗不少,《归潜志》所载《戏题太公钓鱼图》、《道人》等皆是同一路数,在冷嘲热讽中对时弊给予了尖锐的针砭。林纾曾总结文学史上这类文字的特点说:"凡文之有风趣者,不专主滑稽言也。风趣者,见文字之天真,于极庄重之中,有时风趣间出。然亦由见地高、精神完,于文字境界中绰然有余,故能在不经意中涉笔成趣。"(《春觉斋论文》)准此而言,本诗正是这样一首饶有风趣的佳作。

(沈时蓉)

【诗人小传】

田锡 字永锡,义州(今辽宁义县)人。少日有声场屋,登兴定五年(1221)进士第。调新蔡主簿,闲居南阳骥立山下,以诗名世。金末遭乱南奔,在江淮间病卒。《中州集》卷八选存其诗二首。

牧 牛 图　　　　田 锡

干戈扰扰遍中州①,挽粟车行似水流②。
何日承平如画里,短蓑长笛一川秋。

〔注〕 ① 扰扰:纷乱貌。中州:狭义指古豫州,其地在九州中间,相当于今河南一带,广义指黄河流域或金朝所辖地区。　② 挽粟车:送军粮之牛车。

这是一首题画诗。但诗人一反题画之常法,不从画中景物谈起,反倒落笔直指金末战乱的社会现实。中州大地无处不被战乱之祸,金廷为了催运军需,强征了无数民间车辆。次句,作者选取了一个具有典型意义的情节:"挽粟车行似水流。"这似水流一般的运粮车,需要搜刮多少民脂民膏?需要征调多少劳动力?诗人虽然没有明说,但我们可以通过其他诗人的描写来加以印证。元好问写道:"大城满豺虎,小城空雀鼠,可怜河朔州,人掘草根官煮弩。"(《寄赵宜之》)宋九嘉写道:"幼稚抉轮妇挽辕,连颠翁媪抱诸孙。饥民羸卒如流水,掘尽原头野菜根。"(《途中书事》)百姓的生活是如此的困苦,但官府并不管百姓的死活,他们"调度星火急,逋负但搒楚",简直是"食禾有百螣,择肉非一虎"(元好问《雁门道中书所见》)。这些诗人所描写的惨景,比史书上记载的"群盗纵横,干戈充斥,括马敷粮,公私并竭"(《大金国志·义宗纪》),更要生动具体百倍。

在这样的社会环境中,诗人偶然看到一幅《牧牛图》,当然会产生对战乱现实的厌恶、对承平社会的向往。那"似水流"一般的"挽粟车",需要征调多少头耕牛?耕牛被强征去挽车,田地荒芜,民何以为生?在"干戈扰扰遍中州"的战乱社会中,有多少伤心不平之事? 而诗人仅撷取"挽粟车行似水流"这样一个典型事例,这就够了,足以窥此一斑而知战乱社会之全豹。而《牧牛图》中所描绘的承平社会场景与此战乱现实又是多么地不协调! 你看那画中,一位牧童披着短蓑衣,横吹一管长笛,倒骑在牛背上,牛儿安详地吃着青草,画的背景是秋天的原野,既展现出秋高气爽的境界,又弥漫着秋粮丰收的气息。图画中的情景,是多么的闲适,多么的潇洒,多么令人羡慕不已啊!

此诗的妙处就在于用题目中的"牛"字来结构全篇,让前两句所写现实的惨景与后两句所写理想的乐景形成鲜明的对照,这就在读者的心灵上产生了巨大的强烈的反差,而震撼人心的艺术魅力也就从这反差强烈的对比中自然而然地产生出来,令千载下人读之犹感慨不已。

(詹杭伦)

【诗人小传】

辛 愿

(? —1231) 字敬之,自号女几野人,又号溪南诗老,嵩州福昌(今河南洛宁)人。年二十五始知读书,乃嗜学苦读,坐环堵数年,由是六经百家无不通贯。平生不为科举计,得荐为河南府治中,受诬下狱免官。喜作诗,其顿踏憔悴之状,往往见之于所作;善鉴赏,以有公鉴而无姑息见称于世。元好问引为"三知己"之一。《中州集》卷十选存其诗二十首。

乱 后　　　　　辛 愿

兵去人归日,花开雪霁天①。
川原宿荒草②,墟落动新烟③。
困鼠鸣虚壁,饥乌啄废田。
似闻人语乱,县吏已催钱。

〔注〕① 雪霁:雪后初晴。　② 宿荒草:隔年的荒草。　③ 墟落:村落。

辛愿是元好问引为"三知己"之一的诗人,他平生不事科举,为人质直,其枯槁憔悴,流离顿踏之状,往往见之于诗。这是一首金末战乱之后诗人回到家园时所写的诗。

首联"兵去人归日,花开雪霁天",交待作诗的时间和心情。敌兵离开了,逃难的人回到日思夜想的家园；时值大雪初晴，不知名的野花争相开放。此情此景，暗示出诗人乱后得以生还家园，那心情是带着一丝快慰的。

但是，返家后所看到的景象却是："川原宿荒草，墟落动新烟。"上句有两层双关的含意，一是田园荒芜，年久失耕，只剩下一片荒草；二是到处都看见在战乱中丧生的朋友的坟墓。《礼记·檀弓上》说："朋友之墓，有宿草而不哭焉。"下句写村落里刚刚有人点火生起一缕青烟，用"动新烟"三字，足见这村落荒废已久，一片死寂，不见人烟。这二句将首联所写的一丝快慰心情一扫而光，诗人不禁为今后的生计担忧起来。

颈联紧承颔联，极写生计无着之状："困鼠鸣虚壁，饥乌啄废田。"家中的老鼠被饿得吱吱直叫，它们狂啮着空荡荡的四壁，则家中无粒米充饥自不待言；饥饿的乌鸦在荒废的田野拼命地乱啄，想掘出些什么果腹，则田野里野菜、树皮都被挖光、剥光也自不待言。物犹如此，人何以堪？读到这两句诗，我们惊叹诗人的确是写生活困苦之状的高手，食尽粮绝的惨况，被他写得深入骨髓，与"郊寒岛瘦"的笔力相较，似亦毫无逊色。

结尾两句："似闻人语乱，县吏已催钱。"更是点睛之笔。刚刚返回家园的村民，正在生计无着、饥寒交迫之际，催交苛税的官吏已接踵而至，这来者无异是催命的阎罗、勾魂的判官了。"似闻"二字尤为传神，因为是在荒田上，所以远处的"人语"是模模糊糊的，但诗人单凭这模糊的语声，就辨出是县吏，可见那横暴的声音，对他来说是何等的熟悉！这种加进一层的写法，比唐末杜荀鹤的名句"纵是深山更深处，也应无计避征徭"，更为高妙自然。

清代诗评家陶玉禾认为辛愿"诗骨苍古，风格最老，已经乱离贫困，穷乃益工"(《金诗选》卷三)确实，诗人苍老劲健的诗笔既得自他对文学反映现实传统的自觉继承，更得自于金末丧乱社会现实的赐予。

（沈时蓉）

李　汾

【诗人小传】
(1192—1232)　字长源，先名让，字敬之，太原平晋(今属山西)人。曾举进士不中，元光末，以荐书得从事史馆。因自负其才，颇为翰林诸公所忌，至被逐出史院。北兵犯境，入恒山公武仙幕府，署行尚书省讲议官，劝仙归宋不果，为仙所害。平生以诗为专门之学，七言犹为所长，清壮磊落，有幽并豪侠悲歌慷慨之气。元好问引为"三知己"之一。《中州集》卷十选存其诗二十五首。

雪中过虎牢 李 汾

萧萧行李戛弓刀,踏雪行人过虎牢①。
广武山川哀阮籍②,黄河襟带控成皋③。
身经戎马心逾壮,天入风霜气更豪。
横槊赋诗男子事④,征西谁为谢诸曹⑤?

〔注〕①虎牢:古地名,在今河南荥阳市汜水镇西北。②广武山:在今河南荥阳市黄河南岸,东接荥泽,西接汜水。③成皋:即虎牢。④横槊赋诗:行军中在马上横戈吟诗。一般指曹操之事,《旧唐书·杜甫传》:"曹氏父子鞍马间为文,往往横槊赋诗。"⑤"征西"句:《三国志·武帝纪》注:"欲为国家讨贼立功,欲望封侯作征西将军,然后题墓道言:'汉故征西将军曹侯之墓',此其志也。"

李汾字长源,元好问曾引为"三知己"之一,平生以诗为专门之学,七言犹为所长,清壮磊落,有幽并豪侠悲歌慷慨之气。这首诗是他在大雪中路过虎牢城时所作。

虎牢又名成皋,是一座历史名城。本为古东虢国,春秋起即为兵家重地,后来项羽与汉高祖亦相持于此。诗人身经战乱之后来到此地,自然心潮起伏,激情难平。

诗篇一起首就刻画出一位独行少年侠客的形象。你看他虽然行李很少,却背着弓刀,踏雪独行,那弓刀在行李中嘎嘎作响,预示了他有英武的气概和不凡的抱负。

次联写虎牢的地形、水势。据《后汉书》刘昭注引《西征记》说,广武山有两座山峰,东曰东广武、西曰西广武,相去二百余步,其间隔着一道深涧,那就是当年刘邦与项羽对垒的地方。而虎牢城背靠广武山而扼控黄河,确实是一处战略要地。需要注意的是,诗人在这里用了一个"哀阮籍"的典故。阮籍(魏人)曾登广武山,叹息时无英雄,使孺子(指项、刘)成名。诗人既哀阮籍,则也深有同感,满怀着建功立业的抱负。这一心态,凝结成一联壮美的诗句:

"身经戎马心逾壮,天入风霜气更豪。"我们看到在金末丧乱中,大多数诗人所写的都是颠沛流离的苦状,而诗人却一反常情,写身经战乱、气候恶劣,反而促使自己心胸更壮、胆气更豪。这一联由杜甫诗"落日心犹壮,秋风病欲苏"的句式和意境脱化而来,却一扫原句的老态龙钟之气,显示出年轻气盛的壮美英姿。

尾联便直抒自己的志向。他希望像横槊赋诗的曹操一样,封一个征西大将军,为国家建立非凡的军功。但诗人又清醒地知道,要实现这一理想,需要朝中有力之人的推挽,而这样的"伯乐"又在何方呢?

事实上,诗人未能实现自己的理想便赍志而没。元好问《过李长源故居》有"千丈气豪天也妒,七言诗好世空传"之句,为他这位好朋友唱了一曲同情的悲歌。

(詹杭伦)

【诗人小传】

术虎邃

(?—约1232) 字士玄,先名玹,字温伯,为女真纳邻猛安。曾受学于诗人辛愿,并与汉族文士王郁、侯策、刘祁等交善。虽出身贵家,刻苦为学一如寒士。筑室商水一带大野中,恶衣粝事,不以介怀,日以吟咏为事。刘祁《归潜志》卷六指出,"南渡后,诸女直猛安谋克,往往好文学,与士大夫游","作诗多有可称",术虎邃即其中之一。

睢 阳 道 中①

术虎邃

又渡溵江二月时②,淮阳东下思依依③。
丘园寂寞生春草,城阙荒凉对落晖。
去国十年初避乱④,投荒万里正思归⑤。
临歧却羡春来雁,乱逐东风向北飞。

〔注〕 ① 睢阳:原名宋城,金承安五年改名睢阳,隶南京路归德府,故址在今河南商丘市南。 ② 溵(yīn)江:即溵水,亦称滍水,出河南登封少室山,东流入颖水。 ③ 淮阳:即金南京路陈州,治所在宛丘,今属河南。 ④ 去国十年:指金贞祐二年(1214)放弃中都,南迁汴京十年,当金哀宗正大元年(1224)。 ⑤ 投荒:本指被迫或流放至荒远之地,此指奉命提调边邑。

　　刘祁《归潜志》卷六指出:"南渡后,诸女真世袭猛安、谋克(金朝军民合一的基层组织头领名称。谋克管百人,猛安管千人)往往好文学,喜与士大夫游,如完颜斜烈兄弟、移剌廷玉温甫总领、夹谷德固、术虎士玄、乌林答肃孺辈,作诗多有可称。"术虎邃即这里提到的术虎士玄,他是女真纳邻猛安,曾受学于辛愿,又与刘祁在淮阳相从讲学。这首诗是他寄给刘祁的作品之一。

　　首联交待出发的时间和路线。诗人是在二月初春时节,渡过溵水,由淮阳东下,向睢阳进发。"思依依"三字,表明作者此行一直心事重重。从律诗的格律要求来看,此诗起句入韵,对句应是"平平仄仄仄平平",第五字必须用仄声字,否则便犯了三平调煞尾的大忌。当然,为了表情达意的需要,有时诗家宁愿破律用字。诗人在这里破格选用了平声的"思"字,说明此字在结构全篇意境中的作用非常重要,移换不得。确实,"思"字在这里的含意是多方面的,既可以理解为思念朋友,又可以理解为思念故乡。这个字为全诗罩上了一重思绪濛濛的气氛,奠定了这首抒情诗的感情基调。

次联写其在路途中看到的景象。一路上所见到的山村田园,寂寞无人,只有春草遍长;经过战火洗劫的城市,荒凉破败,在夕阳反照下,死气沉沉。这一联对仗非常工整,概括力极强,显示出诗人的观察能力和艺术功底。

三联写自己的身世。"去国十年"指跟从金廷南渡,离开故乡已有十年左右光景。本来,离乡就是避乱,但如今新居也不得安宁,他又要开始"避乱"了。这里着一个"初"字,看似平平,其实语极沉痛;勉强安定了十年还是避不开劫难!"投荒万里"指奉命戍守边陲,刘祁说,术虎邃在"北兵入河南"时,曾被命提兵戍亳州(《归潜志》卷三)。亳州在淮阳之东面,本来一心北归,却被迫继续南下,诗人心情自然不好受,故在行之时,即是他"正"在思归之日。

尾联便写他来到一个南来北往的歧路口,眺望春天迁徙的大雁紧追东风向北飞去,而自己却只能背道而驰,一种人不如物的酸楚之感油然而生。

刘祁评术虎邃的诗"甚有唐人风致"(《归潜志》卷三),读此诗,信然。

(沈时蓉)

【诗人小传】

元好问

(1190—1257) 字裕之,号遗山,太原秀容(今山西忻县)人。祖系出自北魏拓跋氏,幼年随叔父宦游,贞祐初,南渡流寓嵩山登封。兴定进士,正大元年中宏词科。历任儒林郎、国史院编修官、镇平、内乡、南阳县令,官至行尚书省左司员外郎。金亡不仕。工诗文,在金元之际颇负重望。诗词风格沉挚苍劲,多伤时感事之作。《诗论绝句》三十首崇尚天然,反对柔靡、雕琢,在文学批评史上颇有地位。有《遗山先生文集》四十卷、《续夷坚志》四卷、《新乐府》四卷等,并编辑整理了金代诗歌总集《中州集》十一卷。

岐 阳 三 首(其二)

元好问

百二关河草不横,十年戎马暗秦京。

岐阳三首(其二)

　　岐阳西望无来信,陇水东流闻哭声。
　　野蔓有情萦战骨,残阳何意照空城!
　　从谁细向苍苍问,争遣蚩尤作五兵。

　　元好问生活在女真、蒙古两少数民族政权沧桑变革之际,备经国破家亡的苦痛,亲睹人民颠沛、满眼疮痍的社会现实,他感时而作的许多作品,感情激越,风格苍凉,继承杜甫、陆游这类诗篇的传统艺术特色,而又自创面目,不同于后代明七子的摹拟。作者是历史的见证人,作品是一代的诗史。

　　《岐阳三首》写于汴京沦陷前夕。这里选录的是第二首。前半首写岐阳战事,后半首写由战争造成的惨绝人寰的景象,具有高度的艺术概括力。岐阳如此,其他侵略铁蹄所蹂躏的地方也是如此。因此,作者禁不住发出呵壁问天的悲愤,对人类社会长期以来统治阶级所发动的非正义战争导致社会的破坏、生灵的涂炭进行控诉。

　　岐阳,当时属凤翔府。诗中所反映的战役,是金哀宗正大八年,即蒙古窝阔台汗三年(1231)四月,蒙古破金凤翔的一役并及其前后的事。这时,作者在金汴京城中任左司都事之职。

　　开头两句,总写十年多来,蒙古统治者侵犯陕西的战事。百二关河指陕西;百二,一百的二倍,一说是以二敌百,典故出于《史记·高祖本纪》:"秦,形胜之国,带河山之险,县(悬)隔千里,持戟百万,秦得百二焉。"关河,指陕西的潼关、大散关、黄河、渭河等。横草,原指军行所至,野草被践踏而横倒,语出《汉书·终军传》,这里借指杂草,"草不横"即野无青草之意。秦京,陕西的首府长安,为周、秦、汉、唐京都所在,这里泛指陕西全省及其邻近之地。十年戎马,可自金宣宗元光元年即蒙古成吉思汗十七年(1222)算起,这年,蒙古攻金河东(属山西,靠近陕西,辖地中一部分属陕西)、陕西,次年,蒙古攻金凤翔不克。金哀宗正大四年即成吉思汗二十二年(1227),蒙古破金洮河、西宁。十二月,蒙古兵入京兆(即长安),金收兵保潼关。正大六年即蒙古窝阔台汗元年(1229),六月,蒙古议南伐,十月,蒙古兵入金庆阳界。金请缓师被拒。正大八年四月,蒙古破金凤翔,九月,蒙古破金河中。开兴元年即蒙古窝阔台汗四年,二月,金潼关降于蒙古。两句中包括了这许多战事,诗句用一"暗"字,集中地渲染了战地天日无光的阴暗场面。三、四两句,"岐阳西望"是倒装语,即西望岐阳,作者身在汴京,秦地在西,故云"西望"。"无来信",则因开兴元年二月金潼关降敌后,陕西与汴京之间,信息已断。陇水一句,包括洮河、西宁、庆阳等战役在内。"闻哭声",写得如闻其声。贴定秦地实写,到此已足。五、六两句便把战地画面展开,野蔓萦绕的是战骨,极无情事,却说是"有情",正言若反,极意形容战地无一生人,野蔓只得与战骨为缘,好像是"有情"了。这是把野蔓拟人化的表现法。残阳也是无感情的,随处可以照到,可是现在照的是空城,残阳是无意的,而且那些陷落的城池,哪一座不被侵略者屠杀一空,残阳虽要避免而不照,也不可能。这样,对侵略者的残杀罪行,暴露得更加深刻,而作者在诗句的声泪俱下中所含蕴的悲愤,也更能激起读者的共鸣。全诗也正在这里显示了艺术性与思想性的高度统一。最后,作者在呼天申诉中,把一切归罪于蚩尤。争遣即怎遣,五兵,矛、戟、弓、剑、戈。蚩尤,是神话传说中"九黎"的君长,有蚩尤受金作兵伐黄帝的说法。作者在这里,是借以指人类最初从事战争的罪魁。这一问,问得无可奈何,言外之意,是要消弭战争。然而在元好问的时代,作者是无法作出正确答案的。

女真、蒙古的战争,是我国内部民族矛盾的问题,归根到底,是阶级矛盾的问题。制造两个民族战争的,是该民族当时的统治阶级(当然,即在当时,他们也有推动历史发展的一面),而各民族的战士、人民,都是被迫上战场的,被迫害。经过战争,各个民族又经历融化合作的过程,而形成中华民族。然而,这不是当时的统治者自觉意识到的。我们今天读这类诗歌,只是为了增强我们对旧时代罪恶的统治阶级罪行的憎恨,决不是把这种罪行加给这个或那个民族的人民,这又是我们欣赏元好问这一诗篇时应该认识到的。

(钱仲联)

颖亭留别 元好问

同李冶仁卿、张肃子敬、王元亮子正,分韵得画字。

故人重分携,临流驻归驾。乾坤展清眺,万景若相借。北风三日雪,太素秉元化。九山郁峥嵘,了不受陵跨。寒波淡淡起,白鸟悠悠下。怀归人自急,物态本闲暇。壶觞负吟啸,尘土足悲咤。回首亭中人,平林澹如画。

元好问在正大元年(1224)五月应词科合格,权国史院编修,时年三十五岁。次年夏辞官归登封。这首五古即是写于正大二年在颖亭与友人作别之时。颖亭在河南登封,地当颖水上游。登封是元氏流寓河南时的第二故乡,前后共住九年,他曾长期在这一带盘桓漫游。诗中小序所提到的三人都是来为元氏送行的友人。李冶字仁卿,真定(治所在今河北正定)人,金正大末登进士第,曾为元好问文集作序。张肃字子敬,曾任提刑之职。王元亮字子正,后改名粹,平州(治所在今河北卢龙)人。临别之际诗人与友人分韵赋诗,遂有此作。

首二句交代行前依依惜别的情景。"故人"犹言老友,"分携"即分手。临别在即,老友留恋不舍,他们来到了颍水之滨,诗人停下了将要归去的车驾,与友人互道珍重。

接下去诗人却并未循此而抒发依恋惜别之情,却是宕开笔墨,展现出寥廓旷远的山川景物。"乾坤"与"万景"对举,境界殊为阔大;"展"字与"借"字下得巧妙。"展"用如使动词,"清眺"指人的视野。高天远地一下子令人眼界大为开阔,眼前展现出无限清景。"借"乃"假借"之意,即对人宽容或友好,诗人在此用拟人手法,将大自然写得富有生命与灵性,那天地万象似乎对人特别有情意,纷纷呈现出自己的千姿百态。接写北风雪飘使人感受到大自然的运行不息。"太素"乃是古代对构成宇宙之物质的称谓,即形成天地万物的素质。班固《白虎通·天地》云:"始起之天,始起先有太初,后有太始,形兆既成,名曰太素。""秉"即操持、掌握。"元化"谓大自然的发展变化,犹言"造化"。这里是说物质的元素主宰着大自然的演化,秋去冬来,风霜雨雪,莫不如此。放眼眺望,连绵的群山嵯峨高峻,压根儿就翻不过去似的。"了"作为副词,作"根本"、"完全"讲,多用于否定句式中,用以加强否定语气;"陵跨"即跨越。此处下一"了"字,将高山巨嶂那种突兀峥嵘的气势表现得极为充分。"九山"指的是辍辕、颍谷、告成、少室、大箕、大陉、大熊、大茂、具茨九座山岭。"九山"二句写山势,"寒波"二句则写水态。此处的水当指颍水。诗人在此有意渲染水上景色的闲静悠远,以与上面山势之震慑人心的气势形成对比,收到对比映衬的艺术效果。为了突出这种悠静的格调,诗人特为选用了曼声长语的叠词,以造成一种悠远不尽之致。值得一提的是"淡淡"一词,它用色彩的效果来写微波涟漪的动荡不定,更能传其轻盈渺远之神,较之用表现动态的词语来形容更具神韵。潘岳的《金谷集作诗》就有句云:"绿池泛淡淡,青柳何依依。"又"白鸟"是指那种白色的鸥鹭之类的鸟,如杜甫《寄刘峡州伯华使君四十韵》:"江湖多白鸟。"《雨》:"白鸟去边明。"诗人们喜欢写其意态悠闲,如杜甫《涪城县香积寺官阁》:"浴凫飞鹭晚悠悠。"元氏的这一联诗不施藻绘,纯用白描,用素朴的语言、谐婉的音节、工整的对偶写出了一种淡雅的意境,传达了一种悠然远韵,不仅流利可诵,而且令人神往,难怪受人激赏而被目为全诗之警策。不仅如此,它还妙在写出了诗人与大自然晤对时无意间触目兴怀,会心感悟的那种意态心境,王国维称此联为"无我之境",他在《人间词话》中指出:"'采菊东篱下,悠然见南山','寒波淡淡起,白鸟悠悠下',无我之境也。有我之境,以我观物,故物皆著我之色彩;无我之境,以物观物,故不知何者为我,何者为物。

古人为词,写有我之境者为多,然未始不能写无我之境,此在豪杰之士能自树立耳。"他将元氏此联诗标为"无我之境"的代表之一,评价是很高的。所谓"无我之境"实际上就是主体在较平静的心境中以直觉去观照外物,达到与客体的交融无间,因而是"不知何者为我,何者为物",这时主体因客体的触发而怦然心动,悠然会心,因而周振甫称"无我之境","实际上就是触景生情"(《诗词例话》)。那么诗人在此究竟触动了什么感情呢?这就是诗的最后一部分所要传达的。

如果说人在"无我之境"中暂时达到了物我交融的心理平衡,那么一旦平衡消失,则心底的波澜又会涌动翻卷。诗人面对此景不禁道出了"怀归人自急,物态本闲暇"的感慨。至此诗人点明了这段写景的用意,他是用大自然的终古如斯与生生不息来反衬自身的躁急心态。读书仕进本是封建知识分子执着的人生目标,而元氏此次为官一年即辞职离京,想来定有未惬心意的遭遇;强敌压境,国势日蹙的时世也使他无心为官,故而匆匆怀归。自我与客体的两相对照,隐然流露出自愧不如之意,故而下面发出了深沉的感慨:在俗世尘土中汲汲奔走,孜孜以求所谓"功名",不仅辜负了饮酒赋诗,而且徒足令人悲叹。"壶觞"一句之解颇费斟酌,但结合诗人同时期的作品来看,毋宁作如是解,即此句为"负壶觞吟啸"之倒文。元氏对陶渊明十分景慕,亦嗜饮酒,且模拟陶诗作有《饮酒》(与本诗同年所作),诗云:"去古日已远,百伪无一真。独余醉乡地,中有羲皇淳。圣教难为功,乃见酒力神。谁能酿沧海,尽醉区中民?"可见他之嗜酒乃是对现实失望之后的逃遁之举;而要奔走尘世就难做醉乡中人了。同时所作之《颍亭》云:"胜概消沉几今昔?中原登览足悲哀。远游拟续骚人赋,所惜匆匆无酒杯。"也可为此解作佐证。如此,则返观前面的写景,不难发现其赋而兼比的象征意义,实际上正是诗人向往的一种人格的、精神的境界。如果说峥嵘的山势表现了诗人对一种崇高人格的追求的话,那么悠闲的水、鸟则象征着冲淡闲远的襟抱气度。大自然是永恒的,像屹立的巍巍群山;它又是永远在运动的,就像流水和飞鸟。借用哲学的语言,它就是"自在之物";它的生息变化,都是"自化"(庄子语),不为人的意志所转移。而牵于物欲的人就难免自叹勿如而心向往之了。诗的最后写他回望送别的友人,但见平林漠漠,溟濛一片,淡远如画。这里与其说是写惜别留恋,还不如说表现了消解离情、冥合物我的一种精神境界,一切的伤离恨别都消融于这淡远的景物之中,实际上就是对前面的"无我之境"的一种回归。

分析至此,我们确实可以看出,这真是一首与众不同的留别诗。它没有将笔墨化在写离情别绪上,恰恰相反,它表现的是对这种情绪的超脱,通过大段的写景它表现出一种人生的解脱,对心灵超脱境界的向往,否则我们就难以理解这首诗,特别是诗中的景物描写的深意。全诗由交代离别折向眺望之景,又回到抒发感慨,最后复归为"无我之境"的超然,跌宕有致,而"怀归"二句实乃点题之笔,不可放过。作为五古,这首诗也体现出元氏的诗风。翁方纲《石洲诗话》称:"遗山以五言为雅正,盖其体气较放翁淳静。然其郁勃之气,终不可掩。"吟咏此诗,颇觉其古茂浑雅,有魏晋气度,尤近陶诗。全诗流贯着的那股冲淡闲远,渊然淳蓄的气度,真有陶诗之神,难怪王国维要将它与"采菊东篱下,悠然见南山"并举。但此诗又非陶诗翻版,正如翁氏所言,"淳静"之外尚具"郁勃之气",我们从那寥廓莽苍、雄峻博大的天地山川中不正可感受到这种元气磅礴吗? 这和北方的地理人文、元氏的资质秉性都是密切相关的,这也就是他所说的"中州万古英雄气"(《论诗绝句》)陶冶的结果。

(黄宝华)

游 黄 华 山　　　　　元好问

黄华水帘天下绝①,我初闻之雪溪翁②,丹霞翠壁高欢宫③,银河下濯青芙蓉④。昨朝一游亦偶尔,更觉摹写难为功。是时气节已三月,山木赤立无春容。湍声汹汹转绝壑,雪气凛凛随阴风。悬流千丈忽当眼,芥蒂一洗平生胸,雷公怒击散飞雹,日脚倒射垂长虹。骊珠百斛供一泻⑤,海藏翻倒愁龙公。轻明圆转不相碍,变见融结谁为雄? 归来心魄为动荡,晓梦月落春山空。手中仙人九节杖⑥,每恨胜景不得穷,携壶重来岩下宿,道人已约山樱红。

〔注〕 ① 黄华山:即隆虑山,也称林虑山,在河南林县西北二十五里。山的北岩有瀑布。② 雪溪翁:即王庭筠,字子端,号雪溪。大定十六年甲科,官奉翰林。曾卜居彭德,买田隆虑,读书黄华山下。《金史》本传　③ 高欢:北齐神武帝。曾在黄华山插天峰下筑避暑宫。④ 青芙蓉:这里指美丽的山石。　⑤ 骊:骊龙。骊珠是形容水的喷流如龙吐珠子一样。⑥ 九节杖:古神话说,王烈授赤城老人九节苍藤杖,拄杖行地上,跑马都赶不上。

浮耸于河南林县境内的黄华山(又名"林虑山"),无论是在诗人登临时的元初,还是在七百余年后的今天,都未入"名山"之列。然而,在热爱自然、好以山林为友的元遗山心中,它的一峰一壑、一草一木,却都跃动着生命的独特气韵,表现着令他惊异的清奇魅力。

对于诗人来说,黄华山的奇境,其实只是在一次"偶尔"游观中的意外发现。"黄华水帘天下绝,我初闻之雪溪翁"——卜居此山的友人王庭筠,一再向元好问称叹美丽的黄华山,它有着怎样奇绝的水瀑飞洒,在它的插天峰下,还留有怎样古老的"高欢宫",辉映在霞彩之中;当一条白练界破苍苍青峰,如"银河"般飞流直下时,那满壑的山石,又怎样像刚被洗濯过的清艳芙蓉,千朵万朵嫣然绽放……

雪溪翁毕竟了解元好问!他知道山水清美之景,对这位心境苍凉的晚年诗人,该是怎样一种诱惑。"昨朝一游亦偶尔"——元好问果然动心了。于是在那个幽静的早晨,诗人终于持着"九节竹杖",来到了黄华山下。他自然全未料到,当他踏入黄华山中的时候,竟就同时踏入了纷纭的诗思也难以"摹写"的造化奇境。这就是《游黄华山》的开篇:它只是借着友人的称叹,如褰开一角遮掩黄华山的帷幔,让你对它的丹霞古宫、翠壁奇瀑,先只窥见一个朦胧、美好的虚境。你的全部好奇和欲往一游的意兴,由此与诗人一样,被浓浓地激发了。

现在,随着诗人探山寻水的轻快脚步,你似也走上了曲曲的黄华山径。"气节"是北地三月的早春,料峭的寒风里,天地无声、山木赤立(指树木还未发新叶),一切都恍如仍沉睡于漫长的冬季,哪里有春的气象呢?然而,耐不住性子的瀑布,先就以它的躁急巨响,泄露了山林的秘密。听!"湍声汹汹转绝壑",那咆哮汹涌的水声,自绝壑处传出,奔湍而来、呼啸而去,仿佛还挟着"凛凛"的"阴风"。此时虽未见瀑布,然而单是那撼天震地的巨响,就足以令你心动而神往了。

一过绝壁,飞泉的世界便倏地向诗人扑来。一瞬间,千丈的悬流,恍如银河倾倒、从天而泻。盈寸的眼眸中尽是这奔流着的银白水色。一向豪气干云的诗人溶入了神奇的大化,灵魂仿佛就是那瀑布脚下的青色芙蓉石,被濯洗得纤尘不染、"芥蒂"全无。一瞬间,那个国破家亡、栖迟零落、"动辄得谤讪"(《别李周卿》)的沉郁诗人不见了。天上地下,存在着的,只是一颗眷恋着自然、与自然对答的自由心灵——这种"悬流千丈忽当眼,芥蒂一洗平生胸"的痛快,这种毫无保留的灵魂的赤裸,与谪仙人李白"望庐山瀑布"时的"遥看"所感,当是别有不同的吧。

罗丹曾说过:伟大的风景画家,"不仅在动物身上看见宇宙灵魂的反映,而且在树木、荆丛、原野、山丘中也看见。""只是由于性情不同,给予'自然'的灵魂也有所不同。"(《罗丹艺术论》)元遗山无疑是一位襟怀坦荡、轩昂豪迈的诗人,所以当他恣情于山水之间,"心凝神释,与万化冥合"(柳宗元语)之际,手中的那支笔便格外雄奇,而他笔下的黄华水帘也因此而不凡了:"雷公怒击散飞雹,日脚倒射垂长虹。"——此刻瀑布飞洒在眼前、震响在耳边,也激荡在诗人的心底。它自高处落下,从一块岩石击向另一块岩石。鸣声轰然、飞花乱溅,宛如雷公霹雹;偶尔"日脚"(指穿过云层的阳光)反射到它身上,因为水珠和阳光结合,还会有缤纷的彩虹幻现。在这里,瀑布永远是主宰。听它的浩歌,势壮声宏,气魄之大,简直到了"骊珠百斛供一泻"的地步。可怜的只是海底凶悍的龙公,日日要愁苦于宝藏的大量流失了。伫立于瀑布边,水声之大、水势之猛,令诗人心惊,而水珠晶莹剔透、时分时合,却又互不相碍,更显得变幻莫测、惝恍迷离。诗人那"轻明圆转不相碍,变见融结谁为雄"的神奇一问,不禁要令人击节而赞,这该是天地间何其壮伟的景观啊!

黄华水帘的美,摄人心魄,诗人一别之后,仍是日思夜念、魂牵梦萦。"月落春山空"一句,恰正为我们描绘出了一幅恬静、空灵的图画(王维有"夜静春山空"句)。那已是诗人依依不舍离开黄华山的夜晚。他睡在山下的客舍之中,似还在重温白天游山所见的一切,句中的"晓梦"二字,使整个画面充满了一种追忆的感觉,我们仿佛看见诗人惆怅地披衣起坐,而他窗外那个春月悄落、夜幕笼罩着的山谷里,竟似又响起了瀑布豪壮的歌声。追忆总是美丽而又遗憾的,好在春去春来,那山樱烂漫的时光很快又会到来。那时候,他会记住今日山中道人的殷殷期约,他还会携壶重游、再高卧在这令人忆恋的、黄华飞帘的岩下的。

这首诗大约作于蒙古太宗九年(1237)是元遗山晚年的代表作之一。景色雄奇壮大,措语亦雄健豪迈,然而比起少年时那种"唤取骑鲸客,挝鼓过银山"(《水调歌头·赋三门津》)的气魄,毕竟已是稍有不如。这大抵是元遗山中年遭遇国难,处境困顿难堪而造成的吧。《蕙风词话》在评价这位"金之坡公"时曾说:"遗山之词,亦泽雅,亦博大。有骨干,有气象。以比坡公,得其厚矣,而雄不逮焉者。豪而后能雄。遗山所处不能豪,尤不忍豪。牟端明《金缕曲》云:'扑面胡尘浑未扫,强欢讴,还肯轩昂否!'知此,可与论遗山矣。"知此,我们也就会明白,诗人的黄华山一游,为何不是出于"特意",而是"偶尔";也就会明白,此诗中所说的胸中"芥蒂",带有国破家亡的多重忧郁,因而必须借雄奇的黄华飞瀑始能冲洗了。

(张 巍)

论 诗 三 十 首(其四)   元好问

  一语天然万古新,豪华落尽见真淳。
  南窗白日羲皇上,未害渊明是晋人。

元好问早年(28岁)创作了一组很有影响的论诗绝句,共三十首,内容是纵论自汉魏以迄赵宋的许多代表性诗人、作品和流派,其中贯彻、体现着作者的诗学主张与鉴赏情趣。这是第四首,专论晋代诗人陶渊明。

陶诗,是一座博大精深的艺术宝库。评论陶诗究竟从何处着墨落笔?这要看作者的立论宗旨、总体构想,也要受所用文体的制约。元好问写这三十首诗的总目的,在第一首中已开宗明义作了交代:"汉谣魏什久纷纭,正体无人与细论。谁是诗中疏凿手?暂教泾渭各清浑。"十分清楚,他是有感于自汉魏以来诗作多如山积,但孰为"正体"即正确的创作思想、优秀的诗歌传统?可惜尚无人进行详细评说。而他自己则正要当仁不让,廓清诗史上的迷雾,疏通出一条"正体"航道来,以指导当代创作。诚如清人查慎行所说,元氏"分明自任疏凿手"。正是从这一主旨出发,同时又鉴于所用文体为诗歌特别是绝句这一高度凝练的形式,因此作者在对历代诗人进行评论时,都采取了鸟瞰的姿态,从大的方面把握其主要特征,并依据自己的观点和趣味予以粗线条的褒贬论列。

　　在上述这首评陶诗中,作者正是这样,一起笔就从总体风貌上抓住了陶诗的特点:"一语天然万古新"。认为陶诗句句天然浑成,无斧凿痕迹,直如天造地设一样,历久而弥新。这确是陶诗语言的主要特征,可谓不易之论。虽然这不是元氏的新发现,前人亦曾有论到者,但他用诗的语言将其归纳得更加精练警策,并且于客观的评论中蕴含着褒扬赞美之情,因此给人留下了更深刻、更强烈的印象。

　　诗的语言是同其内容相表里的。在内容上,陶诗表现的都是真诚淳朴的情愫志意,所以它们只需用简净自然的语言,而无需堆砌华美的辞藻,正像一位端庄淑美的姑娘不需要奢侈的粉黛衣着一样。相反,雍容冶艳的涂饰只能掩盖甚至破坏天生的丽质。剥落豪奢的外饰,方能显出纯洁无瑕的内美本色。元诗第二句"豪华落尽见真淳"的主要意蕴就在这里。它既是对陶诗特点作进一步的概括,同时也体现着作者本人的诗学理想。元氏论诗,力倡"以诚为本"说,即主张创作必须真诚地抒发胸臆,"由心而诚,由诚而言,由言而诗"。他鄙薄那些"排比铺张"、"斗靡夸多"的玩弄文字技巧的作风,在他看来,语言对于创作当然必不可少,但它充其量只是一种传情达意的工具,"心声只要传心了",优秀诗人进行创作都是辞为情设,"性情之外不知有文字"。而在这类优秀的诗人中,元氏最为推崇的就是陶渊明,因此在这里予以豪华落尽、真淳自见的崇高评价。他在另一首诗中也曾激赏陶氏说:"此翁岂作诗?直写胸中天",可以看作是此句的注脚。

　　那么,陶渊明"真淳"的"胸中天"又复如何呢?诗的第三句"南窗白日羲皇上"即化用陶氏自况之语,形象地进行了描绘。由于天性的"任真自得",以及对世俗的嫉恶厌弃,陶渊明常以上古人自居,例如在《与子俨等书》中说:"五六月中,北窗下卧,遇凉风暂至,自谓羲皇上人。"此话当为元诗所本。但他何以竟将

"北窗"改作"南窗"？很可能是为使音调响亮清脆，避免低沉滞涩。不过也许是误记陶语所致，那也只是牝牡骊黄之差，无伤大雅。这句诗用典的妙处远胜于此，试想全诗一、二两句都是评论陶诗本身，先从外在语言风貌写起，进而深入到诗的内涵，底下当然要顺理成章地谈及诗人。但如何谈去？假如抽象概括、直白说出诗人人品如何高尚，情操如何高洁，那么以有限的文字既很难说得准确深刻，又会使诗味荡然。作者很懂得这一点，于是顺手引来现成典故，活脱勾画出了一位旷达天真、尘氛难染的隐士形象：白日当空，清风拂榻，或躬耕荷锄乍归，倚枕斜卧，闭目小憩；或手中随便翻着一本什么书，不求甚解，惟以心会。可见，诗中用典也不能一概否定，典故用得恰到好处，可以起事半功倍甚至无法取代的作用。

然而这七个字是否就能全面准确地概括陶渊明的情志性格呢？换言之，陶氏果真纯然是一位遗世而独立的隐者吗？作者又不以为然，所以接下来笔锋一转，再添一句："未害渊明是晋人"，以收束全诗。这一句补得很重要，也很漂亮。先从诗意上说，它补足了陶渊明形象的全貌——既向往上古，欲超脱现实，而又终不能完全忘怀世事的似乎矛盾的双重性格。关于陶氏情志的这两方面，古代论者往往有偏。唐以前，人们多注目他隐居弃世一面，如颜延之称其为"南岳之幽居者也"；钟嵘也尊之为"隐逸诗人之宗"；白居易则说陶诗"篇篇劝我饮，此外无所云"。这种倾向到宋代还时有出现，如辛弃疾在一首论陶词中说："晚岁躬耕不厌贫，只鸡斗酒聚比邻。都无晋宋之间事，自是羲皇以上人。"但自宋代后，论者总的说多着眼于陶氏忠于晋室、愤世有为一面。如真德秀说他"眷眷王室"，朱熹谓之"欲有为而不能者也"。即如辛弃疾，也更看重这后一方面，在另两首词中说："向北窗高卧，东篱自醉，应别有归来意"；"看渊明，风流酷似，卧龙诸葛。"在这个问题上，元好问的总态度是倾向于后者，细玩其"未害渊明是晋人"句语气，我甚至怀疑他就是具体针对辛词"都无晋宋之间事，自是羲皇以上人"二句而发。但他的观点显然不像上述人那样偏激、绝对，他首先肯定了陶氏有上古人真淳质朴的一面，同时又指出他毕竟还是晋代人，没有、也不可能超脱现实。的确，陶氏虽常以上古人自许，但他确有关心现实、匡时济世的志向，"并非浑身是静穆"（鲁迅语）；同时，他虽有这一面，但毕竟又有别于高卧隆中、择主用世、鞠躬尽瘁的诸葛；更不同于竭诚谏主、悲歌泣血、愤怼沉江的灵均。他的归隐，不是守命待时，不是沽名钓誉，也不是精忠报晋，而实由其情志中确有喜爱"任性自适"的基因。比较起来，应该说元氏的看法是辩证、全面的。如果他确实含有批驳辛词之意，那么这批驳也恰到火候，在观点上没有矫枉过正之嫌；在态度上也温婉和平，只用了"未害"二字对辛词之偏微加匡正,不伤敦厚高雅之旨。

从艺术上看,这最后一句的转笔,也使全诗大为增色。试读前三句,一路写来,层层深入,固然很有气势,但都是直线挺进,有如滚滚长河。添上最后一句,则如淮流一转,立使全诗跌宕生姿,变化有致。最后的"是晋人"三字也下得含蓄,只从大处落墨,至于是什么样的晋人,譬如究竟是竭忠晋室,"耻事二姓"的晋人? 抑或是愤世嫉俗,连晋王朝也不屑折腰以仕的晋人? 是以诗反映晋代社会现实的晋人? 抑或是诗风毕竟属晋,"质而实绮、癯而实腴"的晋人?……言不尽意,诗无达诂,人们自可以发挥联想能力,去塑造自己心中的陶渊明形象。假如写得太实,反而限制了读者再创造的审美情趣。

一段时间以来,社会上曾流行一种说法:理论自理论,文艺自文艺,一用逻辑思维,一用形象思维。二者形同泾渭,两不搭界;甚至势如冰炭,互不相容。但是,成功的论诗诗却证明此话不宜说绝,理论和艺术原也可以联姻而孕育出一种优秀作品,既是很好的理论,又是地道的艺术。以上所析元好问这首绝句即是一个范例,它既能给读者以理性的启迪,又能给人们以审美的享受。因此,它寓于古代诗歌佳品之林,是当之无愧的。

(卢永璘)

论 诗 三 十 首(其七)   元好问

慷慨歌谣绝不传,穹庐一曲本天然。
中州万古英雄气,也到阴山敕勒川。

据此诗题下作者的自注,诗作于金宣宗兴定元年丁丑,时年二十八岁。贞祐三年蒙古兵陷金中都。诗人家乡遭蒙古兵侵扰,他遂辗转流亡于河南一带,作此诗时正寓居于河南福昌县三乡镇(在今河南宜阳县)。这组诗尽管作年尚早,但其末首云:"老来留得诗千首",则其晚年可能有所改定,由此我们也可推知,这组诗不只反映了他早年的论诗主张,也代表了他一生在诗歌理论与创作上的祈尚。这组诗纵论古今诗人与流派,提出了不少真知灼见,对后世产生了巨大的影响,堪称论诗诗中的代表作之一。

这首诗借对北朝民歌《敕勒歌》的评价发表了自己的诗歌主张。诗人感慨自古以来有不少慷慨豪迈的民间歌谣,当时曾流传众口,后来随着时光的流逝却湮没不闻了。这真是一桩令人深感遗憾的事,所幸还留下了一曲脍炙人口的《敕勒歌》,让人能仿佛其一二,体味这种刚健豪壮的英气雄风。诗中的"穹庐一曲"即指此。史载北齐神武帝高欢攻周玉璧,死伤惨重,神武在军中使斛律金唱此歌,自己从旁和之。其歌本为鲜卑语,翻译成汉文后遂成长短不齐之语,歌云:"敕勒川,阴山下。天似穹庐,笼盖四野。天苍苍,野茫茫,风吹草低见牛羊。"整首歌曲以其舒展的语言节奏,阔大的意象境界,抒发出一种莽苍豪迈之气,展现出游牧民族辽阔的气度胸襟。高欢令人歌此曲正是要借此歌以壮军威,鼓舞士气。元氏拈出此诗正好表达出他的诗歌美学的趣尚。

元氏将这首民歌的特点归结为两个方面:一是"天然"本色,一是"英雄"之气,这和整个组诗的观点是一致的。元氏诗论的基石是所谓"真","眼处心生句自神,暗中摸索意非真"(其十一),"心画心声总失真,文章宁复见为人"(其六),总是突出一个"真"字,意即诗歌当为真情实感的流露,而非虚假的为文造情,或徒具形式的卖弄才情。由此出发,元氏主张作诗要自然天成,反对模拟雕琢,也是顺理成章之事。例如他肯定陶渊明"一语天然万古新,豪华落尽见真淳"(其四),赞扬谢灵运"池塘春草谢家春,万古千秋五字新",批评陈师道的苦吟是"可怜无补费精神"(其二十四)等,都是同一指归。而元氏在倡导自然论时标举出这首民歌中的典范之作,确是很有见地的。民歌是民众心声的自然流露,所谓"感于哀乐,缘事而发","饥者歌其食,劳者歌其事",这些歌曲都是歌者心有所感、肆口而发的产物,用不到像文人那样矫情雕琢。而《敕勒歌》的自然天成更是为人称道。不难想象创作者面对着寥廓的苍穹,无垠的草原,成群的牛羊,不禁心有所动,情不自禁地吟唱出这一首歌,真是一片天籁,无所矫饰。它达到了"心声只要传心了"(其九)的创作要求,诚如元氏所说的:"由心而诚,由诚而言,由言而诗,三者相为一,情动于中而形于言。"(《杨叔能小亨集引》)

如果说"天然"本色是其创作论的话,那么"英雄"之气则是其风格论。在众多的诗歌风格中,元氏特为标举刚健豪壮一类,这在组诗中是一个贯串始终的观点。他对汉魏以来的诗歌传统与流派逐一作了评估别裁,推崇"汉魏风骨",鄙弃齐梁的柔靡之风,因而他在第二首中写道:"曹刘坐啸虎生风,四海无人角两雄。可惜并州刘越石,不教横槊建安中。"刘琨虽为晋人,而其诗悲壮激越,置之建安诸子中可无愧色。元氏以此标准评骘了历代的诗人与流派,如称颂复古鼎革的陈子昂、雄博恣肆的韩昌黎,而对儿女情长、风云气短的张华、温庭筠、李商隐、秦观等的诗作了贬抑,第二十首可为代表,诗云:"有情芍药含春泪,无力蔷薇卧晚枝。拈出退之山石句,始知渠是女郎诗。"

元氏的诗论崇尚阳刚之美,有其地域文化与历史背景等方面的原因。北方山河雄峻,地域辽阔,孕育出北方人民的独特生活和品格以及与之相联系的地域文化特色,其刚健质朴向与南方的纤秀华丽相区别。而金源代宋,以游牧民族入主中原,更带来了粗犷豪迈之气。文人士大夫虽然保持了汉族主流文化的传统,也不能不受其影响,而在对传统的继承上,他们则更倾向于接受苏轼的豪迈放旷,所谓"程学盛于南,苏学盛于北"(翁方纲《石洲诗话》)即是缘于此。就元氏个人来说,他身处金元易代之际,国破家亡之痛与丧乱流离之苦,都使他倾向于慷慨悲壮的风格,以排奡激荡的凌云健笔描绘时代的风云,抒写激越的情怀。这种英雄气概诗人将它归为"中州万古"之气,一直延伸到阴山之麓,敕勒之川,正是突出了其地域文化的特色。中州本指河南地,古为豫州,地处九州之中,从广义上说则是指与南方相对的北方。元氏之标举"中州",细加揣摩,还隐然有以金源为正统的意味在。清人翁方纲在分析此诗时指出:"遗山录金源一代之诗,题曰《中州集》。'中州'云者,盖斥南宋为偏安矣。"此论颇有见地。在他看来,无论是政治上还是文学上,北方的金朝才是自古迄今的正统,作为北魏拓跋氏的后裔,金代的忠实臣民,元氏持有此论是不足为怪的。

(黄宝华)

论 诗 三 十 首(其十二)   元好问

> 望帝春心托杜鹃,佳人锦瑟怨华年。
> 诗家总爱西昆好,独恨无人作郑笺。

  在唐诗发展史上,李商隐堪称晚唐诗家之巨擘。唐诗发展到杜甫达到了一个前所未有的高峰,在这种盛极难继的局面下,李商隐另辟蹊径,以华丽精工,托旨幽微的风格独树一帜,让唐诗放出了最后的异彩。他的诗影响后世十分深远,同时也成为聚讼纷纭的一个焦点,后人见仁见智,各执一端。

  元好问的这组论诗绝句中,涉及李商隐者不止一处,而这一首是专论李商隐诗的。首联化用李商隐的诗句,概括出他的风格特点。这两句诗均出自李商隐的《锦瑟》诗,首句直接移用李诗的原句,次句则经过元氏的裁剪组织。李诗虽以《锦瑟》为题,其实他是采撷诗的首二字为题,与《诗经》中某些篇目的做法相同,实与李氏的不少《无题》诗用意相似。这类诗组合若干的意象,其内在的意图则扑朔迷离,它们通过意象的象征、暗示启人以联想、类比,因而留下了一个个疑案,同时也留给人无穷的咀嚼的余味。即以《锦瑟》一诗而言,历来也是众说纷纭,有谓悼亡者,有称咏物者,也有解为怀人或自伤者,不一而足。尽管各家解说不一,但有一点是明显的,即此诗是对逝水般的年华的追忆。正是在这一点上,元氏拈出此二句作为对李商隐诗歌的概括。诗歌是人生和情感的历程的记录,李氏的诗也是如此,他像古代蜀国的望帝一样,将一片春心托付给杜鹃鸟,他的诗就是他灵魂的寄托,那诗行就是杜鹃的哀鸣;待到韶华已逝,诗就像佳人手下的锦瑟,倾诉出无尽的追忆与哀怨。元氏采用这两句诗指代李商隐的诗,十分贴切。钱钟书先生在论此诗时引清人何焯之说:宋本《义山集》旧次,以《锦瑟》冠首,故此诗为义山自题其诗以开集首者;进而引申此说,以中四句为发挥锦瑟的"适、怨、清、和"四种曲调,概括诗人一生的际遇情感,最后两句发为感喟(见周振甫《诗词例话》转引钱氏未刊稿)。这样的解释不能不说与元氏的理解有慧心相通之处。翁方纲解此二句云:"拈此二句,非第趁其韵也。正以先提唱'杜鹃'句于上,却押'华年'于下,乃是此篇回复幽咽之旨也。遗山当日必有神会,惜未见其所述耳。"(《石洲诗话》)说不定这种"神会"正是上面所引的那种见解。

如前所述,《锦瑟》一诗概括了李氏的人生际遇与诗歌创作,不仅如此,这首诗也最典型地代表了李诗风格的两个方面:既华艳工巧,又曲折隐晦。故而元氏发出了后两句的感叹:历来的诗人都爱好李商隐的诗,却因其诗意晦涩而怨恨无人为之诠释。元氏在这里用了"西昆"来指代李诗,论者多指出其用词之不当。案西昆即西方的昆仑山,因其为道家仙人的藏书之所,故用以称宫中的秘阁。宋初的一批馆阁之臣如杨亿、刘筠、钱惟演等,作诗效法李商隐,以组织典故、华丽精巧为特色,被称为西昆体。所以用"西昆"指称李诗是犯了时代上的错误,其实宋代以来即有这样的习惯性称呼,如惠洪《冷斋夜话》谓:"诗到义山,谓之文章一厄,以其用事僻涩,时称西昆体。"元氏只是因袭旧称。不过,我们在这里也不必拘泥,可以将"西昆"所指扩展为那些模拟李商隐的诗体,正如严羽在《沧浪诗话》中所指出的:"西昆体,即李商隐体,然兼温庭筠及本朝杨、刘诸公而名之也。"这样,这两句诗也可理解为对这种诗体所发表的评价了。所谓"郑笺",是指东汉经学家郑玄为儒家经典所作的笺注,元氏借用此语实是揭出了李商隐诗的瑕疵,进而也是对效尤者的中肯批评。

元遗山对李商隐的评价是比较全面的。他在第二十三首中批评江西诗派说:"古雅难将子美亲,精纯全失义山真。"可见他对李诗的推崇。而在第三首中又称:"风云若恨张华少,温李新声奈尔何!"则有贬抑之意。翁方纲对此这样解释:"遗山论诗既知义山之'精'、'真',而又薄温、李为'新声'者,盖义山之精微,自能上追杜法,而其以绮丽为体者,则斥为新声,但以其声言之,此亦所谓言各有当尔。"李商隐诗影响宋诗至巨,即以标举反对西昆体的江西诗派而言,他们实际上也是继承了李义山的某些衣钵的。他们反对的是西昆体的缛丽柔靡,而以生硬健笔矫之,而暗中实学习李诗组织典故、锤炼字句的学问技巧,所以朱弁《风月堂诗话》中指出黄庭坚乃"用昆体工夫而造老杜浑成之地"。李商隐有继承杜甫的一面，故王安石认为终唐之世而能窥杜甫藩篱的只有李商隐一人（《蔡宽夫诗话》），又认为"学诗者未可遽学老杜，当先学商隐。未有不能为商隐，而能为老杜者"（《石林诗话》）。黄庭坚开创的江西诗派打出的是学杜的旗号，而其实他们也是经由李商隐而上法杜甫的。元遗山也看到了这种继承关系，但他又深刻指出他们的学李是舍本逐末，丢弃了李诗的精纯，而拾起的是李氏的獭祭雕镂工夫。所以第十二首中对李诗晦涩的批评实包含了对宋诗，特别是江西诗派，好掉书袋的陋习的指摘。由此可见，理解元氏的论诗绝句不能孤立地看，而必须前后照应，方能得到全面的认识。

（黄宝华）

论　诗　　元好问

晕碧裁红点缀匀，一回拈出一回新。
鸳鸯绣了从教看，莫把金针度与人。

元好问不仅是金元间最著名的诗人，也是杰出的诗歌理论家。他的《论诗绝句三十首》，主张天然淳朴，提倡豪放刚健，对后世产生了深远的影响。他的另一组论诗作品《论诗三首》，亦不乏真知灼见，这里选的即其中第二首。

在这首诗中，元好问用绘画、绣花作比喻来论诗。作画要晕染、剪裁，点缀均匀，布置妥帖；写诗也要在谋篇立意、用字用句上反复斟酌，推敲琢磨，才能够光景常新，达到情景交融、不落窠臼的地步。有意思的是，这首二句其实已经形象化地讲解了作诗的诀窍，但元好问却将笔锋陡转，说好的作品犹如绝妙的刺绣，可以任人欣赏，却不能把"金针"——写诗的诀窍、秘要传授给人。这就有些令人不解了。怪不得明末清初评点家金圣叹在评《西厢记》中说："仆幼年最恨'鸳鸯绣出从君看，不把金针度与君'之二句，谓此必是贫汉自称王夷甫口不道阿堵物计耳。若果知得金针，何妨与我略度？"

金圣叹此语，献疑送难，入情合理。究竟是元好问不欲直截示人以"金针"，还是无法说出抑无"金针"可说？清恒仁《月山诗话》似乎从一个侧面回答了这个问题。诗话云："元遗山诗喜用古人成语，陶、杜句尤多。《论诗绝句》'鸳鸯'云云，亦是古句。朱子云：'子静说话，常是两头明中间暗，其所以不说破，便是禅。'所谓'鸳鸯绣出从君看，莫把金针度与人'，他禅家自爱如此。"原来元好问是引用朱熹的话，以禅论诗，不欲直言无遗，而所要点明的就在上文所写的形象之中。中国诗家论诗，本有含蓄一派。唐司空图《诗品》论含蓄云："不着一字，尽得风流。语不涉己，若不堪忧。是有真宰，与之沉浮。如渌满酒，花时反秋。悠悠空尘,忽忽海沤。浅深聚散,万取一收。"元好问这首诗,正用司空图所用的禅机隐语式的"含蓄"手法,不说金针,而已把金针度出,就如唐人宫怨诸篇,本是自己失宠而怨,偏就旁人得幸而欢者说,皆得含蓄妙旨。这种风气,也是宋人严羽等人以禅论诗的延替与发展。

再进一步说,元好问即使想把金针直截度与人恐怕也办不到。作诗的诀窍,要靠作者自己凭学识修养,凭实践去领悟。陆游说"纸上得来终觉浅,绝知此事要躬行"(《冬夜读书示子聿》)、"六十余年妄学诗,工夫深处独心知"(《夜吟》),深得学诗、作诗三昧,元好问只能够用形象化的比拟来说明作诗的道理。《庄子·天道篇》中轮扁的话也同样给人这样的启示:轮扁以自己斫轮的经验来证明凡书上写的都是古人的糟粕,他说:"斫轮徐则甘而不固,疾则苦而不入;不徐不疾,得之于手而应于心,口不能言,有数存焉于其间。臣不能以喻臣之子,臣之子亦不能受之于臣。……古之人与其不可传也,死矣,然则君之所读者,古人之糟粕已夫!"这段话很明白地告诉大家,诀窍是不能通过言传的,说得出的绝不是诀窍。同样,鸳鸯绣出,只能任你赏玩借鉴,至于绣鸳鸯的方法,还是不要说出来的好,因为说了,自己无法表达其中真正要领,别人也无法领悟其中神髓。

金圣叹虽然对元好问的诗提出驳难,实际上他深深明白其中道理,只不过是有意责难而已。他在《西厢记》第五本中就大大发挥了"不把金针度与人"的妙谛,他说:

尝有狂生题《半身美人图》,其末句云:"妙处不传。"此不直无赖恶薄语,彼殆亦不解此语为云何也。夫所谓"妙处不传"云者,正是独传妙处之言也。停目良久睇之,睇此妙处;振笔迅疾取之,取此妙处;累千百万言曲曲写之,曲曲写而至于妙处;只用一二言斗然直逼之,便逼此妙处。然而又必云"不传"者,盖言费却无数笔墨,止为妙处。乃既至妙处,即笔墨都停。夫笔墨都停处,此正是我得意处。

金圣叹这段话,可以说为元好问这首诗做了个注脚:不说正是说,不把金针度与人,金针实际上已经度出,这金针就是"晕碧裁红点缀匀,一回拈出一回新",只是需要你自己反覆实践、体会而已。

(李梦生)

同儿辈赋未开海棠(其一)   元好问

枝间新绿一重重,小蕾深藏数点红。
爱惜芳心莫轻吐,且教桃李闹春风。

萧瑟的冬天刚过，在料峭的春寒里，就有嫩绿的小草、热情的红杏出现了。这时桃花微涨着粉脸，梨花轻吐着芬芳，杨柳则悠闲地梳理着柔风。那一派明媚而又烂漫的春光，真是叫人又喜欢，又惋惜。于是多情的诗人，有感叹"林花谢了太匆匆"的；有长恨"水流花谢两无情"的；也有"客散酒醒深夜后"，手把"红烛赏残花"的——这些都总是在花开、花落时，才会激发的诗兴吧。但元好问的这首咏花小诗，却将他流连的目光，落在了"深藏"于"重重""新绿"、尚未绽放的海棠蓓蕾上，可谓颇出人意外。

　　你当然曾留意过春天，留意过那些姹紫嫣红的花树，并且知道：许多花在开放时，都是冲动而又缺少耐性的。它们往往在绿叶还没有发出、春姑娘刚一闪现的时候，就急忙地冲了出来，用色彩和芳香喧闹着、玩耍着、争竞着。只是这热闹毕竟是短暂的：一场宵雨、几阵寒风过后，它们就纷纷坠落、凋零了。

　　海棠则似乎不是这样。这首诗的落笔就告诉了你："枝间新绿一重重，小蕾深藏数点红。"——此时的海棠树早已是枝繁叶茂了，那浓密而翠嫩的新绿，仿佛还掐得出水似的。然而却没有花。而且如果你只是匆匆走过，甚至也不会发现，那层层绿叶笼盖下的几点蓓蕾的微红。可是年迈的诗人却分外有心，而且驻足沉思了——为这小小的、可爱的花蕾。他说它们全都悄悄地"藏"了起来，并且是藏在枝叶"深"处的——这让人觉得，在他笔下展示的，不只是花蕾，竟是些萌动着的胎儿，是即将破茧而出的蚕蛹，是刚刚跨进青春期的少女，好奇而又害怕地窥探着世界，向往着成熟。

　　诗人的绮思或许还不止于此吧。或许他身旁刚好有几株桃树和李树，那红花、白花，在春光里正开得轰轰烈烈。晓风过处，地上就添了一层缤纷而绚烂的落英。或许这凄迷的景象，深深地打动了诗人，让他联想到了眼前的海棠。这几抹胭脂也似的轻红，当然也会很快绽放：绽放娇美的微笑，开得丰盈而动人，然后，它不也将一样渐渐地凋谢，消陨在万紫千红的春天里吗？——这是怎样令人心痛的命运啊！诗人不禁为桃李太早的冲动感到悲哀，又为海棠的沉稳而感到庆幸了。面对着将开的海棠花蕾，诗人深情地叮咛着，殷殷地嘱咐着："爱惜芳心莫轻吐，且教桃李闹春风。"

　　诗人无疑是深爱这些春天的花朵的。也正是由于深爱，他才会更珍惜它的开放，更希冀它开得久长——既然美丽是这样的短暂和难以保持；那么，如果花儿不轻易吐艳，不听任风雨将它吹落，它所带给人们的，也许不会有那么多感伤和惆怅了！

　　当然，对这首小诗也可以有其他的理解，我不由得想起席慕蓉的散文《荷

叶》了:

"我有一个发现,在这些荷叶间,要出水面到某一个高度才肯打开的叶子才能多吸收阳光,才是好叶子。

那些在很小的时候就打开了的叶子,实在令人心疼。颜色原来是嫩绿的,但是在低矮的角落得不到阳光的命运之下,终于逐渐变得苍黄。细细弱弱的根株和叶片,与另外那些长得高大健壮粗厚肥润的叶子比较,像是侏儒又像浮萍,甚至还不如浮萍的青翠。"

"在人生的境界里,恐怕也会有这种相差吧。

太早的炫耀,太急切地追求,虽然可以在眼前给我们一种陶醉的幻境,但是没有根柢的陶醉,毕竟也只能是短促的幻境而已。"

那么,热爱阳光,热爱鲜花,热爱生活的你啊,也请"爱惜芳心",多多蓄积,不要那么慌张地绽开你的花瓣吧。

(张 巍)

癸巳四月二十九日出京　　　元好问

塞外初捐宴赐金,当时南牧已骎骎。
只知灞上真儿戏,谁谓神州遂陆沉!
华表鹤来应有语,铜盘人去亦何心?
兴亡谁识天公意,留着青城阅古今。

(自注:国初取宋,于青城受降。)

这首诗写于金哀宗天兴二年(1233),旧历癸巳年。

这一年四月,记载着金朝历史上的奇耻大辱,揭开了金朝百年史的亡国篇章:无赖出身的金汴京(今河南开封)守将、西面大元帅崔立发动兵变,打开汴京城门,投降蒙古。四月二十日,他以宫车三十七辆,将金室皇太后、中宫、妃嫔、宗族男女五百余口,起运北行,送往蒙古(《金史·崔立传》),至青城(在汴京城南五里),被下寨在那里的蒙古军杀戮(元刘祁《归潜志》卷七)。四月二十九日,金留守官员被蒙古军羁管出京,暂住青城。诗人当时任左右司员外郎,也在被羁管出京之列。亲身经历改朝换代的沧桑巨变,亲眼目睹家亡国破的惨剧,诗人以一个历史见证人的身份,深刻反思了金王朝走向覆灭的历史演变。

前二联追溯金廷覆亡的原因。

"塞外初捐宴赐金,当时南牧已骎骎。"首联以讽喻的笔致,揭示亡国的根源在于金廷最高层在决策思想上对蒙古南侵野心缺乏足够的警戒和清醒的认识。

骎骎(qīnqīn)，马疾速奔驰貌。蒙古贵族以牧马为名，频频南犯，觊觎金国疆土。金朝统治者对此却视而不见，麻木不仁。自正隆年间(1156—1160)起，经常举行宴赐，赐给北方边陲各部族宴用金钱，换取与蒙古和好，求得边境太平。明昌二年起，规定每五年宴赐一次，并派遣朝廷官员专程前往主持宴赐事宜(《金史·李愈传》)。一"初"一"已"，呼应紧凑，提示了问题的紧迫和严峻。而金廷满脑子求和思想，对蒙古入侵毫无准备，这是它必然走向灭亡的内在根源。

"只知灞上真儿戏，谁谓神州遂陆沉！"颔联以追悔的语调，指出亡国的原因还在于金朝军队在军事上丧失战斗力，无力抵御蒙古军队的侵入。灞上，即霸上，在今陕西西安市东，因地处霸水以西高原上而得名，为古代军事要地。陆沉，比喻国土不是由于洪水而是由于祸乱而沉沦。《晋书·桓温传》："与诸僚属登平乘楼，眺瞩中原，慨然曰：'遂使神州陆沉，百年丘墟，王夷甫诸人不得不任其责！'""灞上真儿戏"，典出《史记·绛侯周勃世家》："上(汉文帝刘恒)自劳军。至霸上及棘门军，直驰入，将以下骑送迎。已而之细柳军，军士吏披甲，锐兵刃，彀弓弩，持满。天子先驱至，不得入。先驱曰：'天子且至！'军门都尉曰：'将军(周亚夫)令曰："军中闻将军令，不闻天子之诏。"'居无何，上至，又不得入。于是上乃使使持节诏将军：'吾欲入劳军。'亚夫乃传言开壁门。壁门士吏谓从属车骑曰：'将军约，军中不得驱驰。'于是天子乃按辔徐行。至营，将军亚夫持兵揖曰：'介胄之士不拜，请以军礼见。'天子为动，改容轼车。使人称谢：'皇帝敬劳将军。'成礼而去。既出军门，群臣皆惊。文帝曰：'嗟乎，此真将军矣！曩者霸上、棘门军，若儿戏耳，其将固可袭而虏也。至于亚夫，可得而犯邪！'称善者久之。"这里用"真儿戏"喻指金朝军队毫无战斗力。诗人以追悔的心情剖析自己只知道金军如汉代霸上驻军一样真把军事守备当作儿戏，谁料到竟导致神州沉沦，江山易姓呢！"只知"、"谁谓"，流水而对，以意外的惊愕，表达出诗人内心极度的震撼和后悔。

后二联发抒国亡家破的情愫。

"华表鹤来应有语，铜盘人去亦何心？"颈联借用历史故实，抒写被羁管出京的凄凉心境。上句用丁公化鹤的典故。晋陶潜《搜神后记》云："丁令威，本辽东人，学道于灵虚山。后化鹤归辽，集城门华表柱。时有少年举弓欲射之，鹤乃飞，徘徊空中而言曰：'有鸟有鸟丁令威，去家千年今始归，城郭如故人民非，何不学仙冢垒垒？'遂高上冲天。"倘若汉代丁令威化作白鹤飞到青城城门的华表柱上，看到金朝国土沉沦，生灵涂炭，看到金廷上层官员被羁管出京来到青城，他会怎么样呢？他当然"应有语"，慨叹"城郭如故人民非"了吧！这正是金亡后人民惨遭蹂躏的真实写照和高度概括。下句用金铜仙人辞汉的典故。汉武帝刘彻晚年笃信仙术，为求长生不老，在长安建章宫造神明台，铸铜人一尊，以铜作承露盘，承接天上的甘露。唐李贺《金铜仙人辞汉歌序》云："魏明帝青龙元年（按当为五年）八月。诏宫官牵车，西取汉孝帝捧露盘仙人，欲立置前殿。宫官既拆盘，仙人临载，乃潸然泪下。"王朝易姓，汉代铜人被魏官拆迁，他们"临载乃潸然泪下"，依恋故土、缅怀旧主的情思不言而喻。铜铸的仙人尚且如此，而作为有着血肉之躯的人，诗人与其他金廷留守官员遭遇这亡国之变，被羁管出京，押往蒙古，他们的心情又会怎样呢？这更是不言自喻的了。这两句，一"去"一"来"，正切合"出京"和"来"青城"暂居"，用典精切工巧，含蕴深广，可谓"于极工炼中，别有肝肠迸裂之痛"（清沈德潜语）。

"兴亡谁识天公意，留着青城阅古今。"尾联揭橥历史巧合，哀叹亡国悲剧的重演出于天意安排。诗人自注云："国初取宋，于青城受降。"《归潜志》卷七载："大梁（汴京）城南五里，号青城，乃金国初粘罕驻军受宋二帝降处。当时后妃、皇族皆诣焉，因尽俘而北。后天兴末，崔立以城降，北兵亦于青城下寨，而后妃、内族复诣此地，多僇死。"同一青城，靖康元年（1127）十一月，金在此接受北宋徽宗、钦宗二帝的降表，灭亡北宋，宋廷后妃、皇族都被俘虏北去；一百年后，亡国后的金廷皇太后、两宫嫔妃及诸宗族在此被杀戮，诗人和金廷其他上层留守官员作为蒙古军队的俘虏也暂居于此。有金一朝，兴在青城，亡在青城，历史的巧合怎不叫诗人感慨系之呢！在他看来，这一"兴"一"亡"，恰恰昭示了天公的意旨。出于宿命论的影响，他对"天公意"又感到困惑不解，因而无可奈何地发出"兴亡谁识天公意"的悲鸣。金廷之"兴"已成"古"，金廷之"亡"正是"今"，这一"古"一"今"，终将被历史潮汐汰洗，唯有记载着金廷兴亡荣辱的青城继续存在，给后世留下一面明镜，让人们观览和记取国家兴衰存亡的历史经验。也许正是这个原因，促使诗人援笔写下了这首立意深刻精警的诗篇。

清沈德潜在《宋金三家诗选》的眉批中指出："遗山诗佳者极多，大要笔力苍劲，声情激越。至故国故都之作，尤沉郁苍凉，令读者声泪俱下。"这首诗纵览金代百年兴亡史，寓意高远，议论卓绝，情感苍凉，是元好问诗中大气包举的佳制。诗人身为异族阶下囚，不以一己生死为念，唯以故国兴亡为重，表现出"诗人伤周，骚人哀郢"的高尚情操。他为金廷只顾"捐宴赐金"而无视蒙古"南牧骎骎"的失策而追悔惋叹，为金廷不重军事防备导致"神州陆沉"的"真儿戏"而痛心疾首。家破国亡，他捧出心怀家国的慷慨悲怆"语"；被羁管出京，他献上依恋故土的凄凉赤诚"心"。他并不停留在亡国的悲恸之中，更在悲恸之余清醒地观兴亡，察天意,阅古今。这就使本诗具有史家的深邃和睿智。元氏后来回故乡太原秀容(今山西忻县)读书山下过起遗民生活,在家建野史亭,立志要完成全部金史的著述,终以近二十年的辛勤编撰,写成以诗存史的《中州集》和《壬辰杂编》。究其晚年立志撰史的动机,当源于亲身经历的亡国之恸。这首诗中显示的史识,可能就是他这种心志的最初萌动。

(林　笛)

壬辰十二月车驾东狩后即事(其二)　　　元好问

惨淡龙蛇日斗争,干戈直欲尽生灵。
高原水出山河改,战地风来草木腥。
精卫有冤填瀚海,包胥无泪哭秦庭。
并州豪杰今谁在,莫拟分军下井陉!

　　元好问在金哀宗正大八年(1231)的八月入汴京,任尚书都尚椽,翌年改元天兴,岁次壬辰,蒙古军围攻汴京。哀宗将曹王讹可送往蒙古军营作人质,旋又派户部侍郎杨居仁奉珍宝乞和。七月,蒙古使臣唐庆到汴京,令哀宗去帝号称臣,将士激愤,杀使者及随从,和议遂败。十二月城中粮尽,哀宗只得率兵出京,将往河朔,是所谓"车驾东狩"。天兴二年正月,金兵与蒙古军在黄河北岸接战,金兵大败,元帅完颜猪儿贺都喜战死,哀宗与副帅合里合等退走归德。当时元好问任左司都事,留守汴京,目睹了国破兵败的惨剧,遂饱蘸血泪写下了这组律诗。
　　首联概括敌我双方斗争的酷烈以及战争造成的深重灾难。"惨淡"正写出战争的阴惨恐怖的气氛,李商隐《韩碑》诗云:"阴风惨淡天王旗。"元氏用意相类。"龙蛇"喻双方的军队,又古人认为岁在龙蛇(即辰年和巳年),贤人有厄(见《后汉书·郑玄传》),其时岁次壬辰,故用此语。诗人感慨这场大战直杀得天昏地暗,连老百姓都死无葬身之地。颔联承上,进一步渲染战争的惨烈,山河改色,血雨腥风,满目凄然。"高原"云云暗用《诗经·小雅·十月之交》的诗意:"百川沸腾,山冢崒崩。高岸为谷,深谷为陵。"诗人以山河陵谷的变迁极言宗庙社稷所遭厄运的惨烈。"战地"一句也是夸张笔墨,而得杜诗之神韵。试检老杜作于安史乱中的诗作,不难发现类似的境界,如"白水暮东流,青山犹哭声"(《新安吏》),"哀哉桃林战,百万化为鱼"(《潼关吏》),"孟冬十郡良家子,血作陈陶泽中水"(《悲陈陶》),"山雪河冰野萧瑟,青是烽烟白人骨"(《悲青坂》)等比比皆是,而其"万国尽征戍,烽火被冈峦。积尸草木腥,流血川原丹"(《垂老别》);"三年笛里关山月,万国兵前草木风"(《洗兵马》)等更为元氏所直接取法。这不仅仅是语言修辞的师承点化，更主要是类似的国破家亡的际遇所形成的情感共鸣。

颈联以下转为抒发感慨怀抱。面对着山河破碎、生灵涂炭的局面，诗人忧心如焚，只恨报国无门，力难回天。精卫乃《山海经》中所载炎帝之女，因溺于东海，化而为鸟，立志衔西山之木石以填东海。此诗人以自喻。"瀚海"一词非泛泛而下，而是语兼双关，既切神话中的浩瀚大海，又关合沙漠瀚海，实是将矛头指向蒙古，披露了克敌复仇的之死靡它之志。申包胥乃春秋时楚国大夫，其时郢都为吴国等诸侯军所破，他到秦国痛哭，一连七日七夜，终于感动秦王，发兵救楚。至于"包胥"所指为谁，则说法不一。或以为指在朝大臣无救国之策，然从文气的贯通而言，毋宁以诗人自比为好。上句写壮志不磨，而下句则感慨自己无力回天，泪尽继之以血，也无法去秦廷痛哭，顿挫跌宕，不禁令人扼腕，故颈联为极沉痛之语，至尾联始转入对他人之慨。并州治所在太原，广义上即指山西之地，自古民风矫健尚武，多豪杰之士。元氏在诗中一再以此相标榜，如《并州少年行》高唱："并州少年夜枕戈，破屋耿耿天垂河，欲眠不眠泪滂沱。著鞭忽记刘越石，拔剑起舞鸡鸣歌。"激昂慷慨，催人奋发。在这故国沦亡之秋，诗人寄希望于"并州豪杰"，也是对爱国将士的呼唤，但狂澜既倒，兵败如山，故只能发出"今谁在"的浩叹，末句即承此而发感慨：如今竟无人准备派出大军直下井陉！各家对此句的解释颇为分歧，关键都在对"莫"字的理解不同，或以为"不要"，或以为"莫不是准备要"，均欠妥帖。其实"莫"字的本义是"无人"，作否定代词用，它和上句的"今谁在"是贯通一致的，末句正表现出诗人的痛心疾首，具有撼人心魄之力。至于"分军下井陉"则是一种战略部署，历史记载上最早是韩信用此奇策，他在公元前204年率兵东下井陉（今河北井陉西北）击赵军，背水为阵，又出奇兵袭赵营，大破赵军。有的注家以为用郭子仪事，《资治通鉴》载："至德元载，选良将一人分兵先出井陉，定河北，郭子仪荐李光弼，以光弼为河东节度，分朔方兵万人与之。"（说见高步瀛《唐宋诗举要》）也有的释为用刘知远事，据《资治通鉴》，刘知远"闻晋主（少帝）北迁（被契丹所虏），声言欲出兵井陉，迎归晋阳"（说见朱东润主编《中国历代文学作品选》）。其实各说都揭示了一个共同的战略原则：井陉山势险阻，乃兵家必争之地，欲克敌制胜，当先取井陉。从军事家的眼光来看，要经略河朔，必先据井陉。而当时金哀宗在群臣的倡议下正欲以经略河朔为重振之计，《金史·白撒传》载："群臣议以河朔诸将前导，鼓行入开州，取大名、东平，豪杰当有响应者，破竹之势成矣……因而经略河朔，上以为然。"诗人在此正是根据历史的经验提出了自己的主张，但是豪杰何在，大计难成，只有沉痛的感喟。全诗留给人的是一种深沉的遗憾与亡国的惨痛。

（黄宝华）

壬辰十二月车驾东狩后即事(其三) 元好问

郁郁围城度两年,愁肠饥火日相煎。
焦头无客知移突,曳足何人与共船?
白骨又多兵死鬼,青山元有地行仙。
西南三月音书绝,落日孤云望眼穿。

金天兴元年(1232)三月,蒙古军进围汴京,攻城十六昼夜,城内外死者以百万计,旋许和解围,五月汴京大疫,凡五十日,诸门出柩九十余万,贫而死无葬身之地者更不计其数。十二月蒙古军再围汴京,翌年,金将崔立发动政变,以汴京降蒙古,四月蒙古军入汴。前后跨越两个年度,故此诗首句即概括了这段围城痛史,"郁郁"正写其抑郁忧伤之情。除了亡国之痛搅起百结愁肠外,还有饥饿的煎熬,首联的次句即写这种惨状。身为朝廷命官的诗人尚且饥愁交加,一般百姓所受的痛苦更是可想而知了。刘祁《归潜志》载:"百姓食尽,无以自生,米升直银二两,贫民往往食人胾,死者相望,官日载数车出城,一夕皆剐食其肉净尽。"此段记载正可作首联诗的注脚。

目睹如此悲惨的情景,诗人忧心如焚,感慨万千,诗的中间二联正是倾吐其内心的忧思焦虑的。"焦头"一句用"曲突徙薪"的典故。据《汉书·霍光传》载,徐福曾上疏,以此故事为自己未受奖赏而鸣冤叫屈,故事说有一客人见主人家"其灶直突(直的烟囱),傍有积薪",就向主人建议"更为曲突,远徙其薪",否则将有火灾。主人不听,果然失火,邻里救火者受到酒席款待,而那位客人却不在论功受赏之列,于是有人对主人说:"曲突徙薪亡(无)恩泽,焦头烂额为上客。"诗人藉此感慨岌岌可危的金朝就像那被烧得焦头烂额的主人,但是连那样一个预先提出忠告的"客人"也没有,终不能防患于未然,而导致了今天的惨剧。接下去"曳足"一句用东汉马援事。据《后汉书·马援传》载,马援率军南征五溪,"三月进营壶头(山名,在今湖南沅陵东),贼乘高守隘,水疾,船不得上。会暑甚,士卒多疫死,援亦中病遂困,乃穿岸为室,以避炎气。贼每升险鼓噪,援辄曳足以观之,左右哀其壮意,莫不为之流涕。"所谓"曳足"即拖着脚步,形容马援以病羸之躯身先士卒的壮举。在此诗人进一步感叹:如今又有谁能像忠心耿耿的马援那样与国家同舟共济呢?下一联以士卒的死伤惨重与朝臣的醉生梦死作尖锐的对比,将痛心疾首之情推向高潮。"地行仙"者,亦称"地仙",是指那种住于人间的仙人。葛洪《抱朴子·内篇》称:"上士举形升虚,谓之'天仙';中士游于名山,谓之'地仙'。"后亦以喻闲散享乐之人,如白居易《池上即事》诗云:"身闲当贵真天爵,官散无忧即地仙。"又苏轼《乐全先生生日以铁拄杖为寿》诗云:"先生真是地行仙,住世因循五百年。"元氏此诗中的"地行仙"则是指那些置国家命运于不顾,只图闲适逸乐的苟且偷生者。战场上的累累白骨更衬托出这辈人物的卑劣,诗人以讥讽的口吻表达了对他们的鄙夷。

在对国事的悲慨和失望之余,诗人将思绪转向了自己的家乡。诗人在贞祐四年(1216)为避战乱举家离开山西老家,流亡至河南福昌三乡镇(今河南宜阳县西);兴定二年(1218)又移居登封,往来于嵩山一带,寓居登封前后达九年,那里正处于汴京的西南面,可称是诗人的第二故乡。后在正大三年(1226)又出任镇平县令,正大四年改官内乡令,翌年丁母忧罢官,即居该县白鹿原服丧,直至正大八年服满,春天出任南阳县令,八月被征入朝。这三处地方也都在豫西南。故而"西南三月音书绝"的感叹实包含了深广的内涵,身陷围城的诗人深深怀念着桑梓庐墓、父老乡亲、朋辈同僚,记挂着他们的处境,忧虑着他们的命运。一个"绝"字突现出他的悲慨失望,末句将这种悲情化作了具体的意象:诗人的望中只有落日与孤云,期待与渴望化作了望眼欲穿的凝视。诗的结尾尤得杜甫诗的神韵。诗人和老杜都生逢战乱之世,都经历过颠沛流离,围城困顿,一样的有着深沉的忧国之心、思家之情,二人真可谓"萧条异代不同时"(杜甫《咏怀古迹五首》之二)。所以元氏之诗不仅在风神格调上规模杜诗,而且造语修辞也多所取法,如《春望》之"烽火连三月,家书抵万金";《咏怀古迹》之"漂泊西南天地间";《宿府》之"风尘荏苒音书绝";《秋兴》之"夔府孤城落日斜,每依北斗望京华"等等,均是元氏冶炼陶铸的矿石原料,然后才锻炼出他那慷慨顿挫的诗行。　　　(黄宝华)

壬辰十二月车驾东狩后即事(其四)　　　　元好问

万里荆襄入战尘,汴州门外即荆榛。
蛟龙岂是池中物?虮虱空悲地上臣。
乔木他年怀故国,野烟何处望行人?
秋风不用吹华发,沧海横流要此身。

此诗从汴京以南的战事入手写起。万里荆襄指湖北之地,此处亦包括河南南部一带,是当时蒙古攻金的南战场。蒙古军南侵的西路一线由凤翔入大散关,经四川而入湖北、河南。金正大八年(1231),蒙古军渡汉水,与金战于禹山(河南邓州西),金兵败退入邓州。翌年(天兴元年)复战于三峰山(河南禹州境),再败而蒙古军进破均州。这年蒙古遣王楫至襄阳,约宋会攻蔡州(河南汝南)。天兴二年金哀宗已从归德至蔡州,时宋军取金唐州(河南唐河),与蒙古合兵攻蔡,次年宋蒙军攻破蔡州,哀宗自杀,金代告亡。此诗的首联即概括了这数年来烽火连天、战尘遍野的局势。诗人大笔挥洒,将万里战场的全景及都门之外的近景都笼括于他的笔下,烽烟和榛莽交织为一幅惨酷凄凉的图景。

在这危急存亡之秋,诗人的态度又是如何呢?中间二联倾吐了自己的感慨怀抱。此处"蛟龙"喻君,比金哀宗;"虮虱"指臣,乃自谓。《三国志·吴书·周瑜传》载:(周瑜)奏曰:"刘备以枭雄之姿,必非久屈为人用者,恐蛟龙得云雨,终非池中物也。"诗人借此语表达了对金哀宗的希望,期待他能如蛟龙般重振威雄,挽救国运。这和同时代人李俊民的《和王季文襄阳变后》诗中的意思不谋而合,其诗云:"蛟龙不是池中物,燕雀休嗤陇上人。""虮虱"形容位卑职微的臣子,语出卢仝《月蚀诗》:"地上虮虱臣仝告愬帝天皇。"这句用倒装句法,错落成文,意谓:像我这样的卑微如虮虱的小臣,面对颓亡的国势无力回天,只有空自悲切。此联的上下句由希望而跌入失望,转折顿挫,具有强烈的震撼力,表现出身陷围城的诗人内心的惨痛和哀伤。下一联也由今昔盛衰构成强烈的对比。《孟子·梁惠王》云:"所谓故国者,非谓有乔木之谓也,有世臣之谓也。""故国"即旧都,昔日的都城;古人常于都门外种树木,故孟子有此语。诗意谓:见到高大的树木,就想起了当年都城的繁盛景况。如今又是如何呢?"野烟"一句则写出了今日京城的荒凉。"野烟"是一种能撩起人的悲怀愁绪的意象,诗人用之,不禁使人想起王维陷于安史叛军时写的诗句:"万户伤心生野烟,百官何日再朝天!"(《菩提寺禁裴迪来相看说逆贼等凝碧池上作音乐供奉人等举声便一时泪下私成口号诵示裴迪》)此处字面上是写野烟缭绕,阒无人迹,其实还有深意存焉。诗人在此化用了唐昭宗一首词的意思,唐末昭宗受朱全忠的胁迫钳制,终日郁郁不乐,在兴元赋《菩萨蛮》词,云:"野烟生碧树,陌上行人去。何处有英雄,迎侬归故宫?"原来诗人在这一句中暗寓着对拯救君国之难的英雄豪杰的期待,但现实又使他灰心失望,故只能以问句出之,流露出深沉的忧思怅惘。

尽管如此,诗人并未在绝望中消沉下去,尾联就是他从忧伤中振起的明证。他借对秋风的一席话表明了自己的心迹:西风呵,你用不着老是吹动我这花白的头发,在这翻天覆地的动乱时代,正需要我这衰朽之身呢。大有曹孟德"老骥伏枥,志在千里"的气概。"沧海横流"喻时势的动荡混乱,范甯《穀梁传序》曰:"孔子观沧海之横流,乃喟然而叹曰:'文王既没,文不在兹乎!'"又袁宏《三国名臣序赞》曰:"沧海横流,玉石俱碎。"《晋书·王尼传》曰:"(尼)常叹曰:'沧海横流,处不安也。'"面对危如累卵的国势,诗人自知一介书生无力挽狂澜于既倒,所以他的"要此身"恐怕主要还是以至圣先师孔子为榜样,以保留一代文献而自任。金朝之亡已迫在眉睫,他惟有以整理国史来表明对故朝的忠忱;金亡之后,他确实身体力行,实践了自己的志向。他不仕新朝,回到故乡忻州,结庐秀容读书山下,筑野史亭,潜心撰述,所著丰富。如《中州集》辑录金源一代的诗作,以诗存史,用心良苦。又悉心采录君臣遗言往行,撰为《壬辰杂编》,其书虽佚,但元人纂修《金史》多本所著,其功实不可没。由以上事实可见,此诗的结尾非泛泛之词,而是经过深思熟虑后发出的报国誓言,一旦立下这个志向,就全力以赴,至死靡它。

综观这几首诗,确能体会到元好问诗的慷慨沉郁、苍凉遒劲的风格。是幽并中原的山河大地,是时代风云的砥砺激荡,形成了他那大气磅礴而深沉悲壮的诗。清人赵翼《题遗山诗》曰:"国家不幸诗家幸,赋到沧桑句便工。"又在《瓯北诗话》中称:"(元氏)生长云、朔,其天禀本多豪健英杰之气;又值金源亡国,以宗社丘墟之感,发为慷慨悲歌,有不求而自工者,此固地为之也,时为之也。"是颇有见地之论。这几首诗堪称元氏诗歌的代表。沈德潜评此组诗云:"遗山诗佳者极多,大要笔力苍劲,声情激越,至故国故都之作,尤沉郁苍凉,令读者声泪俱下。……于极工炼之中,别有肝肠迸裂之痛,此作者所独绝也。"(《宋金三家诗选》)作为七律,这组诗尤得杜甫诗之神髓,因为他们同样遭国难,历经战乱,目睹生民涂炭、国运零替,所以元氏尤觉杜诗为亲切,追踵老杜的忧生念乱之什,七律则尤多师法老杜的晚年之作,如《秋兴八首》、《咏怀古迹五首》,深具杜诗的慷慨顿挫之调。赵翼评元氏七律"更沉挚悲凉,自成声调。唐以来律诗之可歌可泣者,少陵十数联外,绝无嗣响,遗山则往往有之"(《瓯北诗话》),可谓切中肯綮、推崇备至之论。

(黄宝华)

外家南寺　　　　　元好问

郁郁秋梧动晚烟,一庭风露觉秋偏。
眼中高岸移深谷,愁里残阳更乱蝉。
去国衣冠有今日,外家梨栗记当年。
白头来往人间遍,依旧僧窗借榻眠。

金哀宗天兴二年(1232)春,汴京守将西面元帅崔立发动兵变,开城投降蒙古。这一改朝换代的变乱,致使元好问与其他留守官员沦为亡国奴,于同年四月被羁管聊城(今属山东),又于蒙古太宗七年(1235)由聊城移居冠氏(今山东冠县),直到十一年(1239),他才返回阔别二十余年的故乡秀容(今山西忻州),开始了长达二十年的遗民生活。这首七律当作于回故里不久。

诗人出生七月,就过继给叔父元格,外家当指叔母张氏的娘家。诗题"外家南寺"下,诗人自注云:"在至孝社,予儿时读书处也。"清施国祁《遗山诗注》据《旧唐书·张道源传》"张道源,并州祁县人,以孝闻,县令改其居为复礼乡至孝里"的记载,推测"先生(指元好问)母张夫人,或即其裔耶?"又,清道光刊《阳曲县志》卷二载:"阳曲县,东北六十里有至孝都中社村。"则其外家南寺可能在祁县(今属山西)或阳曲(今属山西)。诗人童年在那里读书,留下了难忘的记忆。但是,"并州一别三千里,沧海横流二十年"(《初挈家还读书山杂诗四首》),当他经历人世沧桑和家国破亡之后重访故地,追忆儿时情景时,不禁"独惟我辈人,兴怀念今昔"(《九日读书山用陶诗"露凄暄风息,气清天旷明"为韵赋十诗》),援笔写下了这首感慨悲凉的诗篇。

前二联状写外家南寺的深秋暮景,景中寓情。

"郁郁秋梧动晚烟,一庭风露觉秋偏。"首联抑扬有致,渲染悲秋氛围。时值秋日傍晚,高大挺拔的梧桐树,伸展繁枝茂叶,不停地摇晃,舞动着一缕缕袅袅上升的炊烟。庭院内,秋风瑟瑟,秋露滴滴,诗人这才感觉到深秋已悄然来临。梧桐在古人眼中是一种嘉美的奇树。晋郭璞《梧桐赞》曰:"桐实嘉木,凤凰所栖。爰伐琴瑟,八音克谐。"齐谢朓《游东堂咏桐诗》说它"高枝百丈余,枝生既婀娜,叶落更扶疏"。一个"动"字,给梧桐树注入了生机,仿佛是它在傍晚时分当空舞动着轻袅的炊烟。秋日梧桐的繁盛丰茂,在视觉上给人一种错觉,使诗人未能强烈意识到秋色的浸染;只是满院的风露,才从触觉上使诗人真切感受到浓重的秋意。前扬后抑,顿挫有致。这两句不避重复,连用两个"秋"字,浓浓地酿造了"悲哉秋之为气也"的气氛。

"眼中高岸移深谷,愁里残阳更乱蝉。"颔联虚实相参,传写故国哀思。"高岸移深谷"化用《诗经·小雅·十月之交》"高岸为谷,深谷为陵"句意。眼中看到的是高岸崩陷,变成洼地,深谷填塞,反成山陵。诗人用自然界地理上高下易位的变化,比喻世事发生巨大变化,这里指国破家亡。沧桑之感与悲怆之情,使诗人久久陷在深重的忧愁里。而西坠的残阳,乱噪的寒蝉,又添愁助恨,使诗人更加心烦意乱。这里,"高岸"、"深谷"并非"眼中"所见的实有之景,而是诗人拈来比喻的虚拟之物;"残阳"、"乱蝉"是"眼中"具象的实有之景,诗人却将它们置于抽象的"愁里"。笔姿虚实互生,更增沉郁之情和顿挫之致。

后二联抒发国破家亡的感慨,议论警醒。

"去国衣冠有今日,外家梨栗忆当年。"颈联今昔对比,喟叹沧桑巨变。去国,故国,指已覆灭的金朝。衣冠,士大夫、官绅。梨栗,出自晋陶渊明《责子》诗:"通子垂九龄,但觅梨与栗。"后用以概括童年生活。元氏家族几代为官。曾祖做过北宋的隰州团练使,祖父为金朝的柔服丞,父隐居不仕,叔父格屡任县令,诗人官至尚书省左司员外郎,可谓"世代衣冠"。然而,金亡后,"家亡国破此身留"(《送仲希兼简大方》),他沦为阶下囚、亡国奴,自此,他抱定"今是中原一布衣"(《为邓人作诗》)、"衰年那与世相关"(《乙卯端阳日感怀》)的生活宗旨,成为金朝遗民。从昔日的"世代衣冠"到今日的"中原一布衣",他有多少故国盛衰兴亡的感叹啊!他回到儿时读书的外家南寺时,人已垂垂老矣,物是人非,怎不追忆当年那寻梨觅栗的生活情景呢!从"衣冠"到"布衣",地位悬殊,从少年到白头,岁月漫长,时空的强烈对比呈示诗人内心巨大的怆痛。

"白头来往人间遍,依旧僧窗借榻眠。"尾联抚事兴叹,回首人生历程。诗人从外家南寺"僧窗借榻眠",开始读书生涯,辗转二十多年后,又回到外家南寺,"依旧僧窗借榻眠"。人生仿佛画了一个圆圈,一切重又回复原样。只是诗人作为历史长河中的一位匆匆过客,经历了人世间各种变迁,参透了人生真谛,如今已成了白发苍苍的老翁。平平的叙述,却蕴含着深沉的身世感叹和深邃的历史内涵。"依旧"二字看似等闲,万不可轻轻放过:以前是金廷臣民,现在金廷虽亡,自己"依旧"不改忠于金廷的初衷。这二字正体现了他矢志不仕的民族气节。

这首诗善于运用富有内蕴的物象呈露内心情感世界的震颤。秋梧、晚烟、风露、残阳、乱蝉,这些肃杀、萧瑟、凄凉、衰微的意象,一经诗人驱使,即准确而有力地渲染了环境氛围,成为诗人宣泄哀伤悲痛心绪的媒介。这首诗又善于在平和冲淡的叙述中寓含深刻强烈的议论。"今日"、"当年"的兴亡感喟,"白头""依旧"的忠贞信念,不着一字,却让人受到深深的感染,其内含的精神力量胜过长篇泛泛而谈的大论。清赵翼《瓯北诗话》说元好问诗"七律则沉挚悲凉,自成声调"。此诗亦然。

(林　笛)

杨　柳　　　　　　　　　元好问

杨柳青青沟水流,莺儿调舌弄娇柔。
桃花记得题诗客,斜倚春风笑不休。

唐代孟启《本诗诗》中有一段记载:崔护举进士下第,清明日,独游都城南,得居人庄,一亩之宫,而花木丛萃,寂若无人。扣门久之,有女子自门隙窥之,问曰:"谁耶?"以姓氏对,曰:"寻春独行,酒渴求饮。"女子以杯水至,开门,设床命坐,独倚小桃柯伫立,而意属殊厚,妖姿媚态,绰有余妍。崔以言挑之,不对,目注者久之。崔辞去,送至门,如不胜情而入,崔亦睠盼而归。嗣后绝不复至。及来岁清明日,忽思之,情不可抑,径往寻之,门墙如故,而已锁扃之,因题诗于左扉曰:

去年今日此门中,人面桃花相映红。

人面不知何处去?桃花依旧笑春风。

显然,元好问上面这首《杨柳》隐括着崔护《题都城南庄》诗中故事。"杨柳青青沟水流",沟边杨柳青青,沟中流水汨汨,时令在桃红柳绿的春天。杨柳傍野外沟渠而生,自是郊野之景。"莺儿调舌弄娇柔",这里绿柳成行,柳丛中黄莺呖呖啼啭,这莺儿与诗人似曾相识,好像有意调转着它那如簧巧舌,逗弄美妙娇柔的歌喉呢。

在这郊野春天的大自然里,与诗人似曾相识的何止莺儿,作为当年事情见证人的桃花,对旧地重游的昔日题诗客可记得清清楚楚呢!"桃花记得题诗客","记得"二字是这首《杨柳》诗的诗眼,它把时间的日历牌又翻回去许多页,把人们带到往昔一个令人难忘的一幕:一个极偶然的机会,与一位面如桃花的女子相遇,却又失之交臂。那女子当时默默含情地"独倚小桃柯伫立"。可是,时不我待,机不再来,人面不知何处去?门上题诗又何用!

在人生旅途中,人们有时会在偶然的、不经意的情况下遇到某种美好事物,好像昙花一现,稍纵即逝,而当自己清醒过来,去有意追求时,却再也不可复得了!世上有多少崔护式的题诗客呀?所以通晓世情的桃花感到这些人太可笑了,每当他们年复一年前来寻找自己那失落的青春美梦时,不由得"斜倚春风笑不休"了!"斜倚春风笑不休",是直接从崔护诗"桃花依旧笑春风"句脱化出来,而情绪、意蕴更显得深沉了。自怨自艾的题诗客们总是在人生舞台上重复演着一幕又一幕相同的戏剧,一代又一代,什么时候才能超越社会、时代的局限,找寻到真正的自我呢?

元好问这首诗的意蕴与崔护《题都城南庄》完全一样,只是诗中描写的主角换了,崔诗突现在读者眼前的是一位"人面桃花相映红"的女子,而在元诗中出现人前的却是男主角"题诗客"。这样的变换显然表明今日的题诗客已不同于唐代崔护,他已更多地思考人生,已有更多的觉醒和自责,因而在心灵深处也就有了一种更深沉的终生遗恨。

这首诗题为《杨柳》，是取诗的起首二字，实际上是一首无题诗。古代诗人抒写心中不愿为人知的隐曲，往往无题。不妨说元好问是借崔护故事说自身隐情。我们从这首诗似可发现这位金元时代的大诗人青年时代爱情生活的一些蛛丝马迹。

（铁　明）

【诗人小传】

段克己

(1196—1254)　字复之，绛州稷山（今属山西）人。金末以进士贡。与弟成己避地龙门山，人称遯庵先生。兄弟均以文章擅名，赵秉文谓之"二妙"。后人汇集其兄弟诗词为《二妙集》。

乙巳清明游青阳峡①　　段克己

　　东山气象太猛悍，万马骎骎来楚甸②。中分不肯割鸿沟③，锻砺戈矛期一战。西山折北如西汉，独余绛灌奔而殿④。谁为刘项决雌雄？赖有韩彭力相援⑤。卢沟直下两水合⑥，泯泯暗流通一线⑦。突为瀑布出山口，流沫成轮浪成漩。前逾百步落石瓮⑧，黛蓄膏渟哪敢晛⑨。沉沉南去若白虹⑩，为屿为坻互隐现⑪。凿开浑沌几千秋，世俗虽见如不见。今人虽有笔如椽⑫，为写佳名传宇县⑬。人间佳节重清明，呼儿折简招诸彦。一生能著几量屐⑭，佳处每欲经行遍。山灵着意劝游人，吞吐烟霞生万变。山阿玉女跪焚香，岩畔仙人一笑倩。居者俨若帝王尊，剑佩雍容侍闲宴。植者磊落如巨人，聚立广庭议封禅。拱者矫矫如勇夫，执戈夹陛著鍪弁⑯。平滩浅濑乍可揭⑰，溪路曲随峰势转。葛屦偏宜苔藓滑⑱，行襟时被蔷薇罥⑲。当面烟岚舞翠蛟，出岫闲云飘素练。群行不复事拘检，眼正明时脚还倦。班荆共坐溪上石⑳，粔籹浊醪具时馔㉑。良辰无奈夕阳催，羽觞正要清歌荐㉒。醒心况复有寒泉㉓，玉池遍返成三咽㉔。三分春色二分休，风外飞花时一片㉕。古人行乐欲及时，半百之年犹掣电。惟有爱山缘未断，梦寐屡颜添健羡㉕。一穷到骨不自治,虚负胸中书万卷。谩向山村老却人,生来不识荆州面㉗。肝胆槎牙须酒浇㉘,顾我非狂亦非狷。纷纷世无真是非,弃置从渠如秋扇。归来新月偃林梢,寂寞衡门掩深院㉙。

〔注〕 ① 乙巳:当公元1245年。青阳峡:诗人隐居地龙门山(在山西河津市与陕西韩城市之间)中的一处峡谷。 ② 駸駸:马疾行的样子。楚甸:楚国之郊外,此借指青阳峡所在地。 ③ 鸿沟:在河南荥阳市,楚汉分界之处。《史记·项羽本纪》:"项王乃与汉约,中分天下,割鸿沟以西者为汉,鸿沟而东者为楚。" ④ 绛、灌:汉将周勃、灌婴。殿,殿后。 ⑤ 韩、彭:汉将韩信、彭越。 ⑥ 卢沟:青阳峡中之沟谷。 ⑦ 泯泯:纷乱的样子。 ⑧ 石瓮:石潭。 ⑨ 黛蓄膏渟:黛为青黑色的颜料,膏为液态的油脂,蓄、渟皆汇聚之意,此用以比喻形容石瓮蓄水既多且深。睨:斜视。 ⑩ 沉沉:水盛的样子。 ⑪ 坻(chí):水中高地。 ⑫ 虽:仅仅,只有。《管子·君臣下》:"决之则行,塞之则止,虽有明君能决之又能塞之。" ⑬ 宇县:犹言天下。《史记·秦始皇纪》:"宇县之中,顺承圣意。"《集解》:"宇,宇宙;县,赤县。" ⑭ "一生"句:典出《世说新语·雅量》阮孚(遥集)故事。此借用其语,谓人之一生穿不破多少鞋子,却想游遍名山。 ⑮ 闲宴:清净。《国语·齐语》:"昔圣王之处士也,使就闲宴。"注:"闲宴,犹清净也。" ⑯ "执戈"句:语出《尚书·顾命》:"四人綦弁,执戈上刃夹两阶氾。"氾(shì):堂前阶石之两端。綦弁:古代皮冠。 ⑰ 揭:提起下裳涉水。《诗经·邶风·匏有苦叶》:"深则厉,浅则揭。" ⑱ 葛屦:以葛制成的鞋,一般夏季穿用。《诗经·魏风·葛屦》:"纠纠葛屦,可以履霜。" ⑲ 罥(juān):缠绕。 ⑳ 班荆:铺荆于地而坐。 ㉑ 粔籹:食品,今之麻花或馓子。 ㉒ 羽觞:酒器。荐:进献。 ㉓ 醒心:醒酒,亦青阳峡附近的一眼泉名。 ㉔ 三嚥:即三咽。《孟子·滕文公下》:"三咽,然后耳有闻,目有见。" ㉕ "风外"句:杜甫《曲江二首》:"一片花飞减却春,风飘万点正愁人。"此用其句意。 ㉖ 屑颜:同"嵃岩",山峰高峻的样子。李华《含元殿赋》:"峥嵘屑颜,下视南山。" ㉗ 荆州:唐荆州长史韩朝宗喜识拔后进,为时人所重。李白《与韩荆州书》云:"生不用封万户侯,但愿一识韩荆州。"此用作识拔人才者的代称。 ㉘ 槎牙:错杂不齐的样子,此指气愤填膺,郁戾不平。 ㉙ 衡门:横木为门,比喻房屋简陋。后常指隐者居处,陶潜《与从弟敬远诗》:"寝迹衡门下,邈与世相违。"

金朝灭亡之后,遗民诗人段克己隐居龙门山中,终身不仕,以诗自娱,成为"河汾诸老诗派"的杰出代表。由于诗人生活在金、元易代的征伐战乱之世,深切体验了"念昔始读书,志本期王佐。时哉不我与,触事多坎坷"(《赠答封仲坚》)的苦况,于是在"藉草便成席,酌泉聊代壶"(《野步仍用韵赠封张二子》)的隐居生活中,"几若淡然与世相忘者"(吴澄《二妙集序》);但是"四海干戈战血腥"(《排遣》)的严峻现实使他难以超然物外,于是其作品便形成了"陶之达、杜之忧盖兼而有之"(《二妙集序》)的特点。这首乙巳清明节诗人五十岁时所写的《游青阳峡》诗,就是其达、忧双兼风格的代表作。

这是一首七言古诗,全诗凡66句,共462字,在金诗中,属少见的长诗。前42

句着重描写青阳峡雄奇瑰丽的自然景观,后 24 句写小憩宴饮并抒发平生感慨。

章法的错综变换,是这首长诗的首要特色。诗篇的 22 句至 24 句"人间佳节重清明,呼儿折简招诸彦;一生能著几量屐,佳处每欲经行遍。"是交待游山的时节,出门前写信约友的准备,及其游山的兴致决心。按照时间的自然顺序,这一段本应置诸篇首;但诗人却打破常规,独出心裁,开篇即描写青阳峡的山形水势,以造成先声夺人的宏伟气势。在诗人丰富的想象中,青阳峡的山峰之间,仿佛摆开了楚汉相争的战场,你看:

东山气象太猛悍,万马骎骎来楚甸;
中分不肯割鸿沟,锻砺戈矛期一战。

东山就像威震天下的西楚霸王项羽,它率领着群山就像霸王率领着来自楚地的千军万马,它不肯与西山分而治之,一味地摩拳擦掌、锻戈砺矛,势必与西山大战一场,以分高低。再看西山:

西山折北如西汉,独余绛灌奔而殿;
谁为刘项决雌雄? 赖有韩彭力相援。

西山折头向北,就像狡诈的汉王刘邦;它留下了两座小山峰,就像刘邦一面奔逃,一面留下两员大将绛、灌(周勃与灌婴)断后一般。谁为东山、西山一决雌雄呢? 还有两座山峰,就像刘邦麾下智勇双全的大将韩信、彭越,作为西山的坚强后盾,为西山的后来居上,奠定了坚实的基础。在东山、西山夹击下的是险要狭窄的卢沟:

卢沟直下两水合,泯泯暗流通一线;
突为瀑布出山口,流沫成轮浪成漩。

卢沟之水由两条溪流汇合而成,它悄悄地通过号称"一线天"的峡谷,暗暗积聚着力量,一旦突出山口,便迸发为百丈瀑布倾泄而下,它激起的水沫如车轮翻转,它溅起的浪花如漩涡回旋,这气势多么惊心动魄,令人神悚! 然而,激动人心的热闹场面过后,往往出现驰人心神的宁静平和;果然,瀑布的下方百步处,是一方深邃清澈的石潭:

前逾百步落石瓮,黛蓄膏渟哪敢眄;
沉沉南去若白虹,为屿为坻互隐现。

这方石瓮,很容易令人联想起柳宗元《永州八记》中所描写的那方小石潭,只是更为清幽深邃了。"黛蓄"见出水之深,"膏渟"见出水之洁,令人不敢迫视。由潭中溢出的溪流沉沉南去,组成青阳峡的溪流景观,同时也预示了诗人一行继续游览的历程。

以上所写的东山、西山、峡谷、瀑布、石瓮、溪流,构成一幅立体的、活泼生动

的天然图画。在这幅绝妙的天然图画面前,诗人不禁萌发出天地"久怀此宝,不遇识者"的感叹:

> 凿开浑沌几千秋,世俗虽见如不见;
> 今人虽有笔如椽,为写佳名传宇县。

开天辟地以来,青阳峡早就存在了,但世俗之人却从未发现她的美妙所在。这层意思,唐人柳宗元早就说过:"美不自美,因人而彰。"诗人再次发出这种感叹,可谓"古今同慨"!"今人虽有笔如椽"的"虽有"二字作"只有"解,诗人感叹自己已经"一穷到骨",什么都没有了,只有手中这支如椽之笔,可以用来表彰青阳峡,让她的嘉名传遍天下。

笔调的虚实交替,是这首长诗的又一特色。如果说以上虽然引用了历史故事,仍然在着力实写青阳峡的雄伟的话,那么,诗人在插入游山前的准备之后,笔调即陡然一转,进而着力虚写青阳峡的神奇:

> 山灵著意劝游人,吞吐烟霞生万变;
> 山阿玉女跪焚香,岩畔仙人一笑倩;
> 居者俨若帝王尊,剑佩雍容侍闲宴;
> 植者磊落如巨人,聚立广庭议封禅;
> 拱者矫矫如勇夫,执戈夹邠著綦弁。

清刘熙载《艺概》云:"山之精神写不出,以烟霞写之。"诗人也深谙绘画之法,为了表现青阳峡的神奇秀美,诗人采用游仙的笔调描绘烟霞幻成的奇观:山神似乎有意劝勉游人,他吞吐的烟霞幻化成一幅众仙聚会的神奇场面。玉女跪地焚香,仙人捋须微笑。居中坐者若帝王般尊严,两旁侍者佩戴宝剑,雍容大度,威风凛凛。站在庭中的,如巨人般磊落不凡,他们聚在一起,似乎正在议论封禅祭祀之事。环立两阶堂下者,手持明晃晃的戈戟,身着青黑色的皮冠,正如一群矫健勇猛的卫士。

在描绘神奇的烟霞之后,诗人又换用移步换形的手法,描写沿溪前行的景色及其游人行进间的感受:

> 平滩浅濑乍可揭,溪路曲随峰势转;
> 葛屦偏宜苔藓滑,行襟时被蔷薇罥。
> 当面烟岚舞翠蛟,出岫闲云飘素练;
> 群行不复事拘检,眼正明时脚还倦。

与前两段写山势的雄伟、烟霞的神奇不同,这一段的笔调,一变为轻快流畅,清新活泼。诗人一行沿着弯弯曲曲的溪路前行,穿着葛制成的鞋,特别适宜在苔藓铺满的山路上行走;路上蔷薇的刺藤就像顽皮的小孩儿,时时牵挂着行人的衣襟。

扑面而来的烟岚仿佛翠色的蛟龙在飞舞,出岫的闲云仿佛素洁的白绸在飘荡。年及半百的诗人置身人群中只顾观山景,顾不得脚下跌跌绊绊,不提防正在大饱眼福之时,脚力却已感到疲倦。于是诗人招呼同伴坐下歇息,诗意也就由写景转入下半部的小憩和抒怀。

　　　　班荆共坐溪上石,粝籹浊醪具时馔;
　　　　良辰无奈夕阳催,羽觞正要清歌荐。
　　　　醒心况复有寒泉,玉池遍返成三嚥;
　　　　三分春色二分休,风外飞花时一片。

游伴们一齐坐在溪边的大石上,摆开携带的酒食,开怀饮食。良辰美酒,清歌劝觞,此乐何极!酒醉口燥之时,诗人一行便到附近的醒心泉畅饮泉水,何其快哉!无奈夕阳西下,晚风袭来,飞花一片,春色顿减。青阳峡的景色渐转凄迷,诗人心中也顿生凄凉之感,平生心事感慨一齐涌上心头,不由得生发出一段议论:

　　　　古人行乐欲及时,半百之年犹掣电;
　　　　惟有爱山缘未断,梦寐屡颜添健羡。
　　　　一穷到骨不自治,虚负胸中书万卷;
　　　　谩向山村老却人,生来不识荆州面。
　　　　肝胆槎牙须酒浇,顾我非狂亦非狷;
　　　　纷纷世无真是非,弃置从渠如秋扇。

诗人自幼饱读诗书,素有"期王佐"的宏图大志,性格又既非狂人,亦非狷客,在升平治世里,按照正常渠道,早应该历试登庸,显亲扬名了;然而现实情况却是,年已半百,万事蹉跎,一穷到骨,虚负平生所学,此情何堪?昔日李太白有云:"生不用封万户侯,但愿一识韩荆州!"如今韩荆州之流,其人安在?诗人抱负难伸,亦犹青阳峡空怀绝世之姿,而不遇识者。然而,当时即使有赏识援引之人,诗人又能否出仕?答案也只能是否定的。"纷纷世无真是非",道出了诗人不得已而隐居终老的真正原因所在。诗人的悲剧是时代的悲剧,在金、元易代之际的复杂政治环境中,诗人为了保持清白操守,必须克制功名之心,除了"爱山缘未断"之外,其他的一切,统统"弃置从渠如秋扇"了!这一段酣畅淋漓的议论,不仅剖白了诗人忧患而达观的生活态度,而且表明了金代遗民作家的共同心态,可谓掷地有声!议论的独到深刻,是为本诗的第三个特色。

　　末句"归来新月偃林梢,寂寞衡门掩深院",以景结情,推出一幅静止寂寥的山居远景画面,与前写畅游青阳峡的壮观、神奇、热烈场面形成鲜明的对照。这显然不仅是写游山归来时的情形,而且暗示出金代遗民隐居者平素寂寞冷落的生涯。诗人平常的生活、心境是这般寂寞冷清,无怪乎其游青阳峡时,是那般地兴致高涨,乐以忘忧了。

　　这首山水长诗以其章法的错综变换,笔调的虚实交替和议论的独到深刻而著称于世,成为金末元初山水诗作的杰出代表。　　　　　　　　(詹杭伦)

【诗人小传】

段成己

(1199—1279)　字诚之,号菊轩,绛州稷山(今属山西)人。克己弟。金正大进士,官宜阳主簿。入元不仕,与兄避地龙门山。能诗词。后人汇集其兄弟诗词为《二妙集》。

和答木庵英粹中

段成己

四海疲攻战,余生寄寂寥。
花残从雨打,蓬转任风飘。
有兴歌长野,无言立短桥。
敝庐犹在眼①,殊觉路途遥。

〔注〕① 敝庐:故乡居室的谦称。《左传·襄公二十三年》:"若免于罪,犹有先人之敝庐在。"

　　英粹中,号木庵,为金末一位著名的诗僧。元好问曾盛称其"诗僧第一代,无愧百年间"(《寄英禅师》),并为其诗集作序。段成己壬辰北渡以后,避地龙门山中;而英粹中亦"住龙门崧少二十年"(元好问《木庵诗集序》),此诗即段成己与英粹中在龙门和答之作,诗篇抒写了自己身逢乱世,淹留山中的寂寥旷达情怀。

　　段成己与其兄克己一样,少时本有"志本期王佐"的宏愿,可惜生不逢辰,遭遇到"人间蛮触日干戈"的动乱时代,金亡以后以遗民自居,抗节林泉,"凛然清风,视古无愧"(段辅《二妙集跋》)。面对着"四海疲攻战"的社会现实,诗人与僧为伍,采取了"余生寄寂寥"的具体行动。"寄寂寥"即寄身于隐居生涯,也就是他在其他诗词中所说的"投身田野间"、"遁迹月萝深处"。

　　诗人既然选择了隐逸的人生道路,那就自然采取一种旷达超然的态度应世,就像残花,不怕暴雨的击打;也如转蓬,任凭狂风的吹送。当兴致高涨之时,可以置身旷野大川,高歌啸傲;当沉默无言之时,可以面对小桥流水,驻足沉思。诗人的隐逸生涯似乎是非常旷达、非常超脱了。

这样无拘无束,放任自在的隐逸生活,果真称心如意?答案只能是否定的,因为诗人在篇末透露出了一丝内心深处的隐忧:虽然先人留下的房屋犹在眼前,但要回家又觉得路途十分遥远。这里表达的意思十分复杂深沉:也许是诗人虽然想回家,但迫于某种考虑又不能回家;也许是回家便意味着投入世俗生活,甚至意味着出仕(元世祖曾降诏起其为平阳路儒学提举),而诗人为了保持名节的清白,而宁愿老死山中,种种难言之隐忧从笔端暗暗透露出来。

元代文学家吴澄为段氏兄弟的《二妙集》作序时曾说二人诗作:"陶之达、杜之忧,盖兼而有之。其达也,天固无如人何;其忧也,人亦无如天何。是以达之辞著而忧之意微,后之善观者犹可于此而察其衷焉。"我们细味成己此诗,便能体悟出这种忧患与达观交织,而达之辞著、忧之意微的创作特色。　　　　(詹杭伦)

【诗人小传】

李俊民

(1176—1260)　字用章,号鹤鸣老人。泽州晋城(今属山西)人。少习二程理学。承安间以经义举进士第一,弃官教授乡里,后隐居嵩山。金亡后,忽必烈召之不出。卒,赐谥庄靖。能诗文。其诗感伤时世动乱,颇多幽愤之音。有《庄靖集》。

闻　蔡　州　破　　　　　　　李俊民

不周力摧天柱折①,阴山怨彻青冢骨②。方将一掷赌乾坤,谁谓四面无日月?石马汗滴昭陵血③,铜人泪泣秋风客④。君不见,周家美化八百年⑤,遗恨《黍离》诗一篇⑥!

〔注〕　① 不周力摧天柱折:典出《淮南子·天文篇》:"昔者共工与颛顼争帝,怒而触不周之山,天柱折,地维绝。"此以共工指代蒙古,以颛顼指代金朝。　② 阴山:昆仑山之北支,自古为中原之屏蔽,是通往匈奴等北方少数民族区域的必经之路。青冢:指王昭君墓,在今内蒙古呼和浩特市南郊,相传坟上草色常青,故名青冢。　③ 昭陵:唐太宗李世民墓,在今陕西礼泉县东北,墓前有六骏石刻。　④ 铜人泪泣秋风客:汉武帝刘彻曾作《秋风辞》,唐代诗人李贺作《金铜仙人辞汉歌》,有"茂陵刘郎秋风客"之句,"秋风客"指汉武帝刘彻。汉武帝曾铸捧露盘铜人于汉宫,魏明帝曹睿欲西迁,临上车之际,铜人潸然泪下,典出《三国志·魏书·明帝纪》注引《汉晋春秋》。　⑤ 周家:指周王朝。美化:淳美的教化。　⑥《黍离》诗:见《诗经·王风》。《毛诗序》云:"《黍离》,闵宗周也。周大夫行役至于宗周,过故宗庙宫室,尽为禾黍,闵周室之颠

覆,徬徨不忍去,而作是诗也。"

这是一首为金朝灭亡而唱的哀歌。蔡州属金南京路,地处淮水支流汝水上,南与宋接壤。金天兴二年(1233)六月,在蒙古大军的压迫下,金哀宗仓皇出奔蔡州,进行最后的抵抗。同年八月,蒙古与南宋联军攻蔡,金军抵抗三月,城破,哀宗在幽兰轩中自缢而死,金朝自此灭亡。诗人此时正隐居于嵩山,听到蔡州城破的消息,无比悲伤叹惋,写下了这首催人泪下的诗歌。

诗的起句用共工与颛顼争帝的典故,意在说明蒙古大军攻金,使金王朝迅速土崩瓦解,其气势正同共工怒触不周之山一样凶悍,并暗喻蒙古统治者企图称霸天下的野心。第二句用昭君和番的典故,实际上是借忍辱负重,含冤而逝的公主形象,表达了金朝人民共同的怨愤之情。金宣宗贞祐二年三月,当蒙军围困中都之时,宣宗曾将岐国公主献给成吉思汗,从而换得金、蒙讲和。然而,用公主和亲只能换取暂时的安定,并不能从根本上解决民族争端。尽管公主们的尸骨已抛荒异域,但金、蒙间的战事仍然不断,以至于金朝全面覆亡。面对如此悲惨的结局,不仅那埋在青冢下的公主们怨愤交加,那千千万万为国捐躯的英灵亦不得瞑目,"怨彻"二字集中概括了亡国后人民的悲愤心情。

三、四两句"方将一掷赌乾坤,谁谓四面无日月",写金哀宗仓皇出奔蔡州的狼狈处境。哀宗出奔前,曾召白华问计,白华说:"以今日事势,博徒所谓孤注者也。孤注云者,止有背城之战。为今之计当直赴汝州,与之一决,有楚则无汉,有汉则无楚。"(《金史·白华传》)这坚定了哀宗孤注一掷、寻机与蒙军决战的决心。哀宗从汴京出奔后,先往归德,又听说蔡州城坚池深,兵多粮广,于是又迁蔡。哀宗到蔡州后,即派使赴宋借粮,希望与南宋联合抗蒙。他认为:"大元灭国四十,以及西夏;夏亡及于我;我亡必及于宋。唇亡齿寒,自然之理。若与我连和,所以为我者亦为彼也。"(《金史·哀宗纪》)但宋理宗与多数朝臣们认为:"国家之于金虏,盖万世必报之仇。"(《宋史·真德秀传》)于是宋与蒙古达成联合灭金的协议。天兴二年八月,蒙军由塔察儿率领,宋军由孟珙率领,联军攻蔡,蔡州城被围如铁桶,围城中的金哀宗就如日暮途穷的西楚霸王项羽一样,陷入四面楚歌的窘况之中了。

五、六句"石马汗滴昭陵血,铜人泪泣秋风客",亦是借汉、唐典故写蔡州城破时的惨状。蔡州粮尽时,金哀宗下令杀厩马五十匹、官马一百五十匹给将士食用,金廷的军马,像唐太宗的"六骏"一样,为金廷洒尽了热血。蒙军入主,将金朝宫室掳掠一空,并强令宫人播迁,这情景如同"铜人辞汉"一般,令人悲伤欲绝。将士们的血,宫人们的泪,和历史上已经覆亡的王朝一样,既悲壮慷慨,又哀苦凄切。

结句"君不见,周家美化八百年,遗恨《黍离》诗一篇",是作者对金朝灭亡发出的叹惜和哀惋。昔者周王朝推行仁义教化,轰轰烈烈八百年,一朝覆亡,只有一篇《黍离》诗为其哀叹不已;如今阿骨打建立的金王朝,惨淡经营了一百二十年,已臻于汉化,却不幸沦亡作为金朝遗民的诗人,也只有像周朝亡国的大夫一样,为逝去的王朝唱起一曲无尽的挽歌了!

从上述的剖析中我们可以看出这首诗有一个明显的艺术特色,那就是全篇皆运用古代的典故来叙写当今的现实。这种写法深挚而沉重,具有厚实而深远的历史意识,用来反映重大社会变故的历史题材,是十分恰当和有效的。

(詹杭伦)

【诗人小传】

郝经

字伯常,泽州陵川人。宪宗五年,元世祖在潜邸召见,留王府。官至翰林学士。谥文忠。有《陵川集》。

落花　　　　郝经

彩云红雨暗长门,翡翠枝余萼绿痕。
桃李东风蝴蝶梦,关山明月杜鹃魂。
玉阑烟冷空千树,金谷香销谩一尊。
狼藉满庭君莫扫,且留春色到黄昏。

春花很美,然而,它总要凋落。落花也很美,但它带给人们的,总不免是几份惋惜,几份惆怅。郝经是一位很有操守和豪情的诗人,他奉使入宋,被拘16年而不屈其志,元人曾将他比为杖节牧羊的汉代苏武。即使在衰飒的秋日,他也曾高吟过"风振长天秋气豪,幽人兴与雪山高"的超旷之句(《秋兴五首》)。然而,面对着三春的"落花",他心中那最温柔和悲凉的部分,终于也被触动了。

这位气宇轩昂的北廷使节,此刻大抵还被拘留在江北真州(今江苏仪征)的馆舍之中吧?暗淡索莫的冬日过去,春来满庭的花树如燃,想必也曾给他的幽居生涯,增添过许多朗丽和热烈?可惜这时光太短,转眼又是纷纷扬扬的落花时节了。此诗之起句,正落笔在这一令人伤怀的时刻:"彩云红雨暗长门,翡翠枝余萼绿痕"——前句先以"彩云"作比,在诗人心上唤回了一个怎样花色璀璨、明丽照眼的春日世界!而紧接着的"红雨",又将这春日,笼盖在了飘洒不尽的落花之中。于是便出现了充满憾意的后句:那绿如"翡翠"的花树枝头,而今只留剩一片空萼,再找不到如火、如锦的繁花之微笑了!句中一个"余"字,读来如闻轻轻的叹息,久久萦绕在绿枝空萼之间。

诗人的伫立之处,大约也正在这片翠绿的花树下。透过缤纷的落花,他想到了些什么?是在回想这株株桃李,正当春风骀荡之际,所绽放过的嫣然含笑的容姿?还是那翩翩起舞于花间,编织着五彩之梦的春蝶之倩影?这一切都随着纷扬的落花,如烟飘散了——也正如诗人当年,怀着"星麾何日平康了,两国长令似一王"的美梦,迢递千里、"使宋通好";而今却被拘止、滞留,终于梦破影消一样。在此孤清的异乡,最令诗人系念的,无疑是巍巍耸峙的北方"关山",和澄辉千里的故国"明月"了——那在绿树影里啼鸣的"杜鹃",不都在声声呼唤着"子规(归)!子规(归)"么?诗之颔联正于"桃李东风蝴蝶梦"在落花中的飘散,展出了"关山明月杜鹃魂"的清阔之境,抒写了诗人对故国的依恋和凄凄思归之情。

在这样撩拂不去的情思萦绕中,再美好的异乡之景,也会变得黯淡无光。建安作家王粲登当阳古城,目接那"华实蔽野,黍稷盈畴"的江南秀景,不就曾发出过"虽信美而非吾土兮,曾何足以少留"的幽幽叹息?郝经栖身的宋之真州,与江南的镇江、南京相去不远,当也是明媚秀丽之地。而今只不过仰对一片暮春之落花,但在他心头泛起的,却已是秋冬般的萧淡和寒瑟:"玉阑烟冷空千树,金谷香销谩一尊"——那曾经为千里莺啼、繁花照眼的春色所辉映的楼台玉栏,现在该已花空千树,只留下冷烟般凝止的孤清一碧;即使在令西晋石崇引为自豪的洛阳"金谷园",现在大抵也客散人去,唯有虚筵空樽,陪伴着消殒的群芳了罢?这两句从眼前实景,转向思致绵邈的虚境,在极为广大的空间转换中,展出了一个花歇春去的寥落世界。读者于涵咏之际,当可真切地感受到,此刻的诗人已为怎样黯然的寂寞所浸染!

顺着这样的思绪进入收结,恐怕谁都会发出无可奈何的喟叹的。但此诗结句却是出人意表的奇想:"狼藉满地君莫扫,且留春色到黄昏!""彩云"般的春日世界,已在飘洒的"红雨"中化为缤纷一梦,但诗人却还要把它留住;春色早已在翡翠般的花树枝头消歇,诗人竟还想从散乱满庭的落花瓣中将它寻回!斑斓的落花当然很美,但它们毕竟都已失去赖以辉照世界的生机。诗人难道不懂得这个道理?但倘若就这样急着"扫"去,则那斑斓的余彩也将从此隐没,又还有什么,可以慰藉诗人身处异国的孤寂黄昏?

全诗正是这样,在一片红雨般的落花影中,辉照着诗人从花树间走来;又在铺满庭园的斑斓花瓣丛中,映托着诗人步向幽幽黄昏。它所抒写的惜花留春之意,虽在前人的诗词中也被反复歌咏过,但由于交织着诗人身拘异乡的故国之思,转换在极广大的空间意象中,境界便更为悠远,意蕴也愈加凄惋动人。读至诗之结句,恐怕谁都会酸涩地呼唤——

缤纷的落花哟,请莫消逝,再留给诗人以落寞的慰藉! (潘啸龙)

【诗人小传】

陈孚

(1240—1303) 字刚中,号笏斋,台州临海(今浙江临海)人。至元年间,上《大一统赋》,后讲学于河南上蔡书院,为山长,曾任国史院编修、礼部郎中,官至天台路总管府治中。诗文不事雕琢,纪行诗多描摹风土人情,七言古体诗最出色。有《观光集》、《交州集》、《玉堂集》。

博 浪 沙　　　　陈 孚

一击车中胆气豪,祖龙社稷已惊摇。
如何十二金人外,犹有民间铁未销?

这是个著名的故事:秦始皇二十九年(公元前218年),亦即始皇统一中国后的第三年,"五世相韩"的韩国名门后代张良,为报国破家亡之仇,招募力士,在博浪沙(在今河南原阳)用百二十斤的大铁椎,狙击东巡中的始皇的乘舆,此即诗中的"一击车中"。虽其事未成,仅误中副车,但"张良椎"(文天祥《正气歌》语)的勇敢、大胆、壮烈,却始终被千古志士引为快谈,为之慷慨浩歌、神往不已。

本诗即咏这段历史,起句并不惊人,以亡国之余的一介"草民",敢于袭击其势正当日在中天的一代雄主,对此赞一句"胆气豪",自不算奇。但下句"祖龙社稷已惊摇",却不能不令人称奇、发人深思(祖龙指秦始皇)。博浪一击,固然给暴君以极大震恐,始皇为此下令遍索国中捉刺客,当然结果并无所获;但是,始皇并未给击中,他和他的皇朝都还威风了好几年。因此,断定这一击已经震惊、摇撼了秦的社稷江山,若非夸大其词,便是别有卓见。究竟是何者?请看下二句——

"如何十二金人外,犹有民间铁未销?"秦始皇统一天下的当年,即下令将天下兵器聚集到咸阳销毁,铸为乐器和十二个"重各千石"的金人(金属铸的人像)。这个事件,本与博浪之击无关,但诗人的妙想,却使二者联系起来:既然兵器都变了金人,为何民间还有余铁未销? 还居然造出了百二十斤铁椎? 这问题的弦外之音,读者自不难辨出:到底"民间"还不全是乖乖拱手上缴兵器的顺民,仍有敢于藏铁,敢于铸铁,敢于反抗的人在! 这博浪之椎,只是反抗之"风"的"青萍之末",由此一击,将激起无数人的进击! 如果说,无数人进击之日,便是秦朝覆灭之时;那么,这具有预言性的博浪一击,岂不是已经"惊摇"了这行将崩溃的朝代? 再反过来说,统治者的销锋镝、铸金人,忙则忙矣,到头来岂不还是徒费精神、可怜无益? 民间的铁、民间的反抗心,他们靠暴力能"销"得完吗?

据史传记载,陈孚为诗文"任意即成,不事雕斫",本诗也是如此,全凭识见取胜,并不斤斤于措辞。一首咏史诗,能从最常见的史事中窥见、翻出新意(金人十二,昔人常用以例证始皇之暴,陈孚却道出其徒劳可笑),能由偶然之举推想到必然之势,称之为具有卓见,是绝不夸大的。再者,本诗也不是纯然的咏史之作,在元代,蒙古统治者对"汉人"、"南人"的兵器之禁,比秦朝有过之而无不及,非但不准铸造、持有兵器,甚至铁尺、弹弓、零碎铁甲片,也在禁造、禁藏之列,至于陈孚本人,在朝当官不久,"廷臣以其南人,且尚气,颇嫉忌之"(《元史》本传),结果被排挤回南方,以地方属官终其身;他对"南人"所受的压迫、所蕴的反抗心,想必有深刻的体会。因此,这首诗与其说在咏史,不如说在借古喻今,它不仅揭示了蒙古贵族的压迫汉族,不啻始皇之压迫六国遗民,而且还警告了统治者,你们的下场,也不会与秦皇朝两样——最终将被你们所压迫的人民及其手中的未销之铁所"惊摇"、所推翻!

(沈维藩)

江天暮雪 陈 孚

长空卷玉花,汀洲白浩浩。
雁影不复见,千崖暮如晓。
渔翁寒欲归,不记巴陵道。
坐睡船自流,云深一蓑小。

北宋画家宋迪的平远山水组画《潇湘八景》问世后素负盛名,南宋时长沙曾为之专建八景亭。"江天暮雪"即为八景之一。湖南地区的秀丽山水与四时景物本身就充满着诗情画意,身临其境的诗人,无不能在各个画题的启迪下,结合着自身的游历与感受,去一一结撰出新的构图:这正是宋元以来"潇湘八景"的题咏竞相涌现的原因。所以对这类诗作的鉴赏标准,不妨借用一句常语,即看其是否"诗中有画"。

本诗的前半四句,就传神地绘出了一幅潇湘江上的雪景图。"玉花"化用梁昭明太子《黄钟十一月启》"玉雪开六出之花"意,形容绝妙,"卷"字见出了雪花纷纷扬扬的飞舞之态。"长空"切"天","汀洲"切"江";"卷玉花"是细部的、动态的观照,"白浩浩"是总体的、静景的印象;语简而意象丰富。"雁影"句表明已届隆冬的时令,又隐用雁度潇湘的本地风光来暗示"江天"所属的地域。最妙的是"千崖暮如晓"的第四句。它不仅补明了题面中的"暮"字,而且写出了暮雪雪景所特有的那种瞳瞳眬眬、半幽半明的色调与风韵,与另一位元诗人黄庚的咏雪名句"江山不夜月千里"(《雪》),可谓异曲同工。

成功的写景之作离不开人物的活动。诗人在画面中安排了一名生活在巴陵地区(今湖南岳阳一带)的渔翁。与唐诗中"独钓寒江雪"的江上渔者不同,这位渔翁已登返棹,"寒欲归"三字,隐透出"暮雪"的影响。"不记巴陵道"从唐贾至"日暮忘却巴陵道"(《君山》)诗句翻出,在这里既含有大雪弥漫迷蔽江路的意味,又见出渔翁对"江天暮雪"处境的顺适。宋田为(田不伐)《黑漆弩》小令(或谓元白贲作)中写"不识字渔父","浪花中一叶扁舟,睡煞江南烟雨",这一潇洒的形象为元时众多文人所心仪,诗中让渔翁"坐睡船自流",或即受此启迪。"船自流"的结果,是在视野中留下一抹渐行渐杳的痕影;这一余韵袅袅的结尾,增添了画面的动感与纵深感,传现出"江天暮雪"全景清逸超妙的风韵。

全诗首尾映照,动静相间,意境高旷。造语不见斧凿用力之痕,却无一笔松懈。近人王文濡评此诗:"描写暮雪情景,传神阿堵。"(《历代诗评注读本》)对作者写景的功力表示了高度的赞赏。

(史良昭)

金　山　寺　　　　陈　孚

万顷天光俯可吞,壶中别有小乾坤。①
云侵塔影横江口,潮送钟声过海门。
僧榻夜随鲛室涌,佛灯秋隔蜃楼昏。
年年只有中泠水,不受人间一点尘。

〔注〕① 壶中句:《云笈七签》二八:"(施存)学大丹之道,……后遇张申为云台治官,常悬一壶如五升器大,变化为天地,中有日月,如世间。"此借喻为仙境。

金山寺在今江苏镇江,屹立江心,为东南奇观之一。宋苏轼曾有《游金山寺》的名篇咏之。现在,声名未著的诗人陈孚,在北上大都选官途中,经游金山寺,当他写作此诗时,胸中大约有与前贤一争高下的勃勃雄心吧? 不然,这首诗为何写得如此的笔力强健、文气饱满呢？

请看这诗劈头第一句，就写得何等的气势不凡，"万顷天光俯可吞"！天光，指倒映着天光的江水；万顷，极言江水的浩淼。但是，无论有多么浩淼，金山寺只要一低头，便可将江水一口平吞；可见，这万顷天光，实在只占了山顶视野的小部分，若是它涨满了视野，就算欲"吞"也无从下口。既然如此，这山顶的视野该有多么广阔，这金山寺该有多么高巍，而诗人为了形容这广阔和高巍，又在笔间投注了多么巨大的力量！这才是石破天惊之语，相形之下，东坡先生的"微风万顷靴文细"，既满足于"万顷"，笔力也就"微"而"细"了，论气势尚不能及得此句。

另外，诗人精心选用了"天光"二字，也别有深意。一则，可以造成江天一色的壮观；二则，这金山寺既能"吞"下"天光"，则喻之为"乾坤"又有何惭？这样，次句"壶中别有小乾坤"便如水到渠成，自然接上了。而"壶中乾坤"，是仙境的别名，于是，还只到了诗的首联，一个巍然耸立、具有仙风道骨的金山寺就已出现了。

首联既是豪气干云，颔联当然也该承接得劲气贯注。果然，"云侵塔影横江口，潮送钟声过海门"，气势之雄壮、想象之超卓不减首联。这金山寺既然如此高巍，那么佛塔的巨影投下来，自然也能直横到江口，满天的白云，也最多只能侵占巨影的一部分，终不能将它全部掩盖；位于如此高巍的寺巅的洪钟，其声自然也有了海风天雨之势，在潮水的催送之下，定能传过大江的出海门户！唯有这样的塔影、钟声，才能符合这金山寺的身份，就算江口、海门，本不是金山寺望中所及，但首联既将寺的视野开拓到无穷，此处自然也能将它们置于寺的指点之中！除了那气势，那想象，这二句还更有其他好处：塔影是不动的，故被"侵"能"横"，钟声是飘动的，故被"送"能"过"，这是措辞之工；"影"、"声"相对，皆属无形之物，这是对仗之工；海门本是地名（在今江苏南通），诗人却取其字面意思，与"江口"构成巧对，同时又不失其地理上的意义（海门正在长江口），这是借用之妙。合而观之，这二句真可算是篇中警句了。

颈联转向寺内。鲛室，是传说中在水底织绡的怪人"鲛人"的居室；蜃楼，是海上出现的虚幻城楼，相传是由蜃（大的蛤蜊）吐光而形成的。说金山寺的僧榻会随着鲛室的涌动而起伏，佛灯在秋日会因蜃楼的阻隔而昏暗，这当然是想象之词。不过，僧榻、佛灯，已不可能有多大气势，涂上一层神话的虚缈色彩，大概也算是对前四句的广阔高巍感的一种呼应吧？

尾联中出现的中泠泉，是游金山寺者都不可不一提的。此泉在金山寺北，扬子江中，今已湮没，据古书记载，其泉最宜汲水烹茶，故号称"天下第一泉"。这样有身份的泉水,称其为年年常清,永无尘埃,当不算虚誉。相形之下,东坡先生说它"古来出没随涛波",虽是事实,却也太实录了,诗味不够。另外,首联既称金山寺为仙境,那么中泠泉不受点尘,也是情理中事。这一点,明人胡应麟也注意到了,故于《诗薮》中评曰:"首尾匀和"。

关于此诗的全体,《诗薮》也有评曰:"全篇整丽。"其实,客观地说,本诗的颈联,已有凑句之嫌,斧凿之痕太露。所以,此诗大概只能算以句秀,而不是以篇秀。但是,即使只是拥有秀句,此诗也足以与前贤争胜了;由此一斑,似乎也可说明,元诗之所以受人轻视,并非是因为元代诗人们不努力,其责任倒多半在于论者的眼光本身。

(沈维藩)

居庸叠翠　　　　　　　　　陈孚

断崖万仞如削铁,鸟飞不度苔石裂。
嵯岈老树无碧柯,六月太阴飞急雪。
寒沙茫茫出关道,骆驼夜吼黄云老。
征鸿一声起长空,风吹草低山月小。

此为作者《咏神京八景》八首之一,"神京八景"即"燕台八景",始定名于金章宗时,嗣后文人咏歌不绝。居庸山名,又关名,在今北京市昌平区西北。居庸山即军都山傍临关沟的一部,连嶂峻峭,下临深谷,绵延四十里,居庸关踞峙山半,地势雄要。每至春夏季节,满山遍谷草木葱翠,蜿蜒天地间,望若堆锦,故有"居庸叠翠"之称。本诗同前选《江天暮雪》一样,都是用诗笔描绘的山水画;但前者容许有想象、发挥的成分,而"居庸叠翠"却是实有其境,两者便有"命题画"与"写生画"的区别。换句话说,诗人必须在亲历现场的前提下,抓住"燕台八景"实景的特征,表达出自己最为强烈深刻的感受;其每一首既要体现组诗风格的多样性与谐和性,又要自出机杼,避免与前人作品的雷同。尽管存在着这诸多的条件限制,本诗仍然脱颖而出,成为同名题咏之作中的上选。

全诗两句一层意境,各有侧重,彼此照应,层层展开。起首两句先写景区山势的高峻。"断崖万仞"本身就气势逼人,加上"如削铁"的修饰语,便觉更加形象。"鸟飞不度"是对"万仞"的添写,而"苔石裂"则是举目仰观中于"断崖"细部的发现,这三字很使人联想起国画技法中在斧劈山岩上添加的披麻皴点。唐高適《使青夷军入居庸关》有句云"岩峦鸟不过",金宇文虚中《过居庸关》有句云"崖裂与藤争",作者在此将这两种意象排列在一起,着意描摹崖形的峻峭与巉刻,于此着手,益见山高。

三、四句极言山顶的严寒:槎枒的老树(一本作"枯木")不见绿枝,六月的夏季仍是一派"冬为太阴"(蔡邕《独断》)的气候,甚而还骤然下起了大雪。后句从李白的"五月天山雪"(《塞下曲》)及岑参"胡天八月即飞雪"(《白雪歌送武判官》)得到启发,虽不无夸张的意味,但却与上文的侈写山高在气势上承接相通,令人震慑难忘。

五、六句转写居庸关塞的苍凉。关外但见茫茫砂碛,古道上黄尘厚重。骆驼是唯一的交通工具,沉沉夜色中传来了它们重浊的嘶鸣。这就洗炼地勾勒出一幅塞外风光图。值得一提的是,尽管这两句中未直接出现人物的身影,但作品自此起却与人事隐然发生了联系,这两句甚而使人联想起居庸关作为"天下九塞"之一在人类活动中的漫漫历史。山水作品如果仅是单纯写景,只能成为饾饤堆垛。只有与人的生活沟通,作品才注入了生命。

七、八句表现景所的幽旷。"征鸿一声"起自"长空",声源与前句并不犯复,又增加了空间的广度。"征鸿"暗映闻声的征人,后句即自征人眼中所出。"风吹草低"、"山高月小"均为现成的状景隽语,合用在一处,上下远近、月下风前的清幽旷邈之状,历历如在目前。

诗人在本作中善于选取富于感性形象的典型景物,加以组织安排,层次分明。全诗八句四层,互相映带:从视觉中的"高",转出感觉上的"寒";从气候上的严寒,转出心理上的荒寒;从"苍凉"所含的幽寂,又转出空间意义的"幽旷",章法井然。诗的上半用"铁"、"裂"、"雪"这些促迫的入声韵,配现景物的高危峭寒,下半转押语音沉实的上声字,映合苍凉郁壮的气氛,在音韵上也颇见用心。作者并未拘泥于"居庸叠翠"的题面,甚至在诗中排除了"翠"色,却表现了居庸关山苍莽雄郁的本色。这也许正是"居庸叠翠"一景真正的魅力所在。

(史良昭)

铜 雀 台　　　　陈　孚

古台百尺生野蒿,昔谁筑此当涂高[①]?上有三千金步摇,满陵寒柏围凤绡。西飞燕子东伯劳,尘间泉下路迢迢。龙帐银筝紫檀槽,怨入漳河翻夜涛。人生过眼草上露,白骨何由见歌舞?独不念汉家长陵一抔土[②],玉柙珠襦[③]锁秋雨!

〔注〕 ① 当涂高:正当着路途(涂通"途")的高物,暗指"魏(巍)",东汉末的谶纬云:"代汉者当涂高。"后以此作为曹魏的代称。　② 长陵一抔(póu)土:语出《史记·张释之列传》。长陵,汉高帝的陵墓。一抔土,即一捧土,后以代指坟墓。　③ 玉柙珠襦:汉代帝王的葬服。玉

裀着下半身,以金线连缀玉片制成;珠襦穿上半身,以珠串缀而成。

　　洒脱了一世的曹操,临死前却也有想不开的地方,有这么一项荒唐的内容,载在他的遗命之中:说要在他生前观舞听乐的铜雀台上,死后照旧设置他的坐床和帏帐;叫生前侍从的诸妾歌伎,死后照旧留在台上;逢到每个月的朔望,叫她们对着空帐故技重操,好让他在离台不远的陵墓里,还能继续享受着人世间未享尽的奢华。于是乎,黄泉底下的陈尸,却禁锢了生人的自由;无数的天生丽质,却注定要在高台之上终老:奸雄的横暴、佳人的薄命,自六朝以来,惹动了多少文人的义愤、多少骚客的哀悯,《铜雀台》《铜雀伎》的连篇累牍,合起来竟成了一组"乐府";直到千载之后的元朝,还有这位途经台下的诗人陈孚,也翻出古题谱新曲,再作一篇哀惋文章。不过,若意思重合了前人,便不显诗人的手段,你辨辨在数落奸雄的不变主题之下,可否有别的什么变调的地方——

　　古老的一座高台,正当着道途的中央。往昔是谁把它筑到百尺之高?他可曾想到壮丽台观千年后会长满野草,徒然变成难以铲却的巨大话柄,给后人去尽意地讽嘲?一世的奸雄曹瞒呀,你开创了魏朝也算得上好汉,可造台时却怎么这般短见?愚蠢啊愚蠢!

　　如今这荒台当然是寂寂无人,可那随风摇曳的遍地蒿莱,可不是往昔那翩翩三千歌伎的精魂所化?遥想她们的当年:头上是赤金的步摇冠,冠上的垂珠总在一步一摇;身上是绣着凤鸾的轻纱裙,薄得宛如鲛人海底织就的泪鲛绡。可舞袂齐举纱绢如壁,围住的却是你那陵上的青青柏;你禁锢了她们在高台上,自身不也禁锢在厚土下?纵然你自称还流连在歌舞场,可步摇下的娇颜,风绡中的娇躯,又怎能救得你尸骨出黄土九泉?可怜啊可怜!东飞的伯劳西飞的燕,人生总不免劳燕分飞;告别了富贵温柔的尘世间,谁不将黄泉路上奔波迢迢?哪还有千娇百媚随你旁?立下道遗命又管什么用?近在眼前的佳人你终究无从再亲近!可悲啊可悲!

　　还说什么要挂描龙的帐?还定要什么紫檀的弦柱配银筝?强颜欢笑还弹得了好曲?死魂的耳朵可真迟钝,只听出银筝依旧,听不出怨声一片。生前欺霸了三千佳丽,死后却日夜被琴声欺,可哀啊可哀!可你的瞑目无知倒也算幸运,若要辨出铜雀台边漳河水,日夜咆哮的竟是怨涛恨浪,你那死魂岂能得安宁?

　　你做过《短歌行》,怎忘了自家悟出的"人生几何,譬如朝露?"到真的成了草上露水随日晞、过眼烟云随风散,却怎的想不开,偏去巴望你一堆白骨无从看见的歌舞地?可叹啊可叹!你也算个聪明人,一生也转过了多少聪明念头,却怎么就忘了看看刚被你葬送的四百年汉室:峨峨高陵只落下浅浅一抔土,当年的赫赫威仪今安在?纵然有金缕玉衣裹朽骨,到头来还不是秋雨鬼哭伴帝魂?你推汉家上末路,却怎不推算自家的末路又如何?短见啊短见!

——一首铜雀台的挽歌,就在这启人深思的余音中唱完了;可歌中挽的是何人,读者诸君想必已辨出了吧?古诗中不变的被谴责者,到本诗变成了被哀怜者;挑破了一世奸雄的横暴外衣,还原他内心的可笑可怜:有这份超越古人的高卓见解,这首崭新的《铜雀台》,也堪称是咏史的精品、铜雀的绝唱了。(沈维藩)

【诗人小传】

戴表元

(1244—1310) 字帅初,又字曾伯,自号剡源先生。奉化(今属浙江)人。七岁能文,多出奇语。宋咸淳年间进士,任建康府教授。因兵乱归剡。入元后长期不仕,至大德八年(1304)始被荐,授信州路教授,再调婺州,以疾辞,隐居终身。学博宏远,文章清深雅洁,名重一时。多伤时悯乱之辞。有《剡源集》。

秋　尽　　　　戴表元

秋尽空山无处寻,西风吹入鬓华深。
十年世事同纨扇,一夜交情到楮衾。
骨警如医知冷热,诗多当历记晴阴。
无聊最苦梧桐树,搅动江湖万里心。

这首诗,选自戴表元的《剡源集》,从诗集的排列顺序看,它正好作于元至元十六年,亦即南宋祥兴二年,时诗人居住在嵊县(今浙江嵊州,古称剡县)。这一年,距离南宋的临安小朝廷降元,已经有四年了,但是,南宋的流亡政权,却是直到本年二月,才在海南岛的厓山被元军消灭的。戴表元的诗,前人称其有故国之思,因此,虽然已做了四年的元朝臣民,但对于故国的最终覆灭,他是不该无动于衷的。此诗选择了秋尽为题,其中是否含有对故国终于走到尽头了的悲叹,这是个很值得留意的问题。

不过,这首诗的表面,还只是咏秋,因此,我们也且不去理会什么政治背景,先来看看诗的本身。首联"秋尽空山无处寻,西风吹入鬓华深",看上去简明易晓,其实并不易得。秋尽了,连最能体现秋意的群山中,也找不到秋的踪影了;好了,秋意已一扫而尽,下面,该如何承接,才能又不离题、又不显勉强呢? 在这难落笔之处,诗人显示了他的才华:两鬓的花白,当然是秋风(西风)吹拂了一季的结果;既是秋的最终结果,当然也未脱离"秋尽"二字,而诗的内容,又轻巧地从大自然转到人(诗人自己)身上,并且,这"一季的结果"的含义,还直接启引了下联。这里一个"深"字,看似无理,因为鬓发有限,西风本无所谓深深地吹入;但细想则有味,有此一字,便可想象,他是多少回地在秋中伫立、出神,使西风得以尽情地在他鬓间深深用力,进而又可知,他这一季的秋愁,是深到了何等地步!

次联"十年世事同纨扇,一夜交情到楮衾",是在秋尽之际,回说他的"鬓"之所以在这一季变"华"的原故。纨扇,即细绢做的团扇,这个词,当然是出于人们熟知的班婕妤《怨歌行》中"秋扇见弃"的典故,不过用在这里,也有些新意:十年,当然未必是实指,总之是一段漫长的岁月,这期间发生的种种"世事",如今都永远地过去了,就像一把秋天的扇子,被深深地藏入箱底一样。这里,"纨扇"不是象征着美好的人或物的"见弃",而是暗示了诗人久久挂念的某人某事再也无法重现。史言戴表元能"化陈腐为神奇"(《元史》本传),"纨扇"大概可算一个好例吧。楮,是纸的代称,楮衾,就是纸帐,唐宋以来,人们常用藤纸织成纸帐,而剡地的藤纸尤为名贵;之所以称为"衾(大被子)",大约是因为纸帐暖和,用了它就不必用大被,只需薄被,等于是代替了衾的作用,苏轼《次韵柳子玉二首·纸帐》云:"洁似僧巾白氎布,暖于蛮帐紫茸毡。锦衾速卷持还客,破屋那愁仰见天。"可证。在故国覆灭后的第一个秋天的某夜,诗人睡在温暖的纸帐里,忽然做起梦来了。此际,他到底梦见了哪位和他有"交情"(情谊)的故人;那人到底是真实的人,还是某一类人的象征;还有他的梦到底是只有"一夜",还是夜夜如此:这些问题,就和诗人为何在一个秋天里竟想到"十年世事"一样,大约只有起诗人于地下,才能有明白的解说。不过,无论如何,纨扇和纸帐,都切合了"秋",日间遐想,夜晚梦思,都证明了他的"鬓"不能不"华":从诗的"起承转合"上看,这两句"承"得还是相当道地的。

他的心在秋天是如此的动荡,那么同时他的身又如何呢? 这就是颈联"转"的内容了。"骨警如医知冷热,诗多当历记晴阴。"这两句对仗很精巧,造语也很奇特,但意思倒不费解:看来,他的秋悲已深入骨髓、变成顽疾了,骨头会随着气候的冷热而乍暖还寒,它能像一个善诊的良医一样,时时警告诗人以病情的变化;于是,他只能在病体的压迫下无所事事,靠写诗打发日子,直到实在没得可写,通篇只记天晴天阴,简直可以代替历书了。多么无味的日子,而他写下这些来,又显得是多么的无可奈何呀!

最后，秋尽的悲哀和一秋的经历"合"到了一起。"无聊最苦梧桐树，搅动江湖万里心。"梧桐树秋来叶落、无可挽回了，可那些落叶还要不自主地在西风里乱飞乱转，这，在诗人看来是最无聊、最痛苦的了。但梧桐是无知无识的，而那旁观的诗人，明明已经因身体多病，不得不隐居起来（江湖万里心，指隐遁之志），却偏偏又不自主地要想"世事"，偏偏又只能想想而已，难有作为：这一份无聊和痛苦，大概更甚于梧桐吧？这两句，看看也是很简明的，可仔细想想，"无聊最苦"的，到底是谁？诗人的"江湖万里心"，是被梧桐搅乱了的，还是本来就没有不乱过？这些，仍是难解的问题。

这首诗中，有如此的忧思和内心矛盾，有这许多难解之处，那么，即使它所写的情景是如此的贴切于秋，你还能当它是一首单纯的感秋之作么？你还能只顾给诗加上清峻、深婉、简洁等评语，而不想想其中究竟含有什么深意么？诗人用了如此曲折的笔法，来表达自己的难言之情，这本身，已是够痛苦的事了，若不将他的苦心昭示出来，使人理解，岂不是令他地下有知，将倍感痛苦么？因此，我们完全应该、也有责任指出，诗人如此执着地强调秋尽时的深悲，如此详细地述说秋天的思虑，目的不为别的，只为了表达他的"故国之思"。而且，只有这么想，诗意才会显豁，难解才会变得易解，我们也才能最大程度地领悟诗的布局、措辞之妙。

（沈维藩）

感旧歌者　　　　戴表元

牡丹红豆艳春天，檀板朱丝锦色笺。
头白江南一尊酒，无人知是李龟年。

读这首诗，你仿佛遇见了一位高超的丹青手，他手挥彩毫，三笔两抹，就为你留下了一幅色泽鲜明、线条凝练的人物画。

画笺铺展，开笔未传写人物，先描画背景。它应该是在风光旖旎的杭州西湖，一抹浅浅的青绿，染出了满湖的轻风细波；在遥远天际，点几处碧峰淡影。然后再在湖岸近处，以浓彩画一丛绿叶映衬中如火绽放的牡丹；几枝结满果荚的绿条，从画面之右上角横斜而下——那正是唐代诗人王维，曾以"愿君多采撷，此物最相思"之句歌咏过的南国"红豆树"。这便是开篇"牡丹红豆艳春天"之画意，花色浓艳的牡丹和出荚鲜丽的红豆，辉映着一个多么秀美的湖上之春！

接着为你勾勒的，大抵是一艘游船。船在岸边，正可眺望湖上秀色，船之另一半当隐在画面之外。空荡的舱中，画一张长桌，桌上添一副拍板，那是用精致的檀木所制成。然后彩笔轻描,一架朱红丝弦的桐琴,便横置在了你的眼前。琴之一侧,则是锦缎般璀璨的五彩之笺——那该是让听众点选的歌笺吧?

这一切一经画成,你不免怦然心动了——那都是妙韵天成的歌者之行当呵!坐船上听几阕清歌,在湖光潋滟、山色空濛间回荡,岂不妙极?现在该把这位歌者呼唤出来了:她当然不是浔阳江头夜月下的伤心商妇,而是杜牧在滕王阁上喜遇过的妙龄歌女了!(见《张好好诗》)然而,丹青手以简峭的线条勾画出来的,却是一位面容憔悴的白发老翁——既然没有听众,当然也不再调琴,只是默默地凝望着湖上沉思,甚至也忘了品味那斟满已久的杯酒……

在如此明艳的春日湖景前,画出的竟是一位如此潦倒的垂暮老人!这景象不仅令人哀怅,简直还带几分残酷。他究竟是谁?"头白江南一尊酒,无人知是李龟年"——直到诗之结句,作者才在掷笔而叹中,透露了这位老人的身份:原来,他当年竟是李龟年那样名震天下的歌唱家!

读过杜甫《江南逢李龟年》诗的都知道,李龟年是唐玄宗开元、天宝年间的著名歌者。但在"安史之乱"中,终于落魄江南,再无出入"岐王宅里"、"崔九堂上"的幸运和荣耀了。史载他在江南,"每逢良辰胜景",便"为人歌数阕",闻之者"莫不掩泣罢酒"。此诗既以李龟年拟比主人公,则这位白发歌者,当年一定也是宋都临安(今杭州)的名角无疑,而今却竟已无人识他了!如果说,前人"掩泣"于李龟年之晚年歌唱,是因为他象征着繁华美好的开元盛世之一去不返;那么,此诗之伤叹前朝歌者的"头白江南",其哀慨就更要深沉得多:他简直就是诗人美好故国一朝覆灭的缩影呵!《西湖志余》称戴表元"湖上赠歌者一绝,有故国之思焉"。此诗正以昔日歌者在湖上春日中的潦倒晚境,抒写了对故国沦亡的无限悲怀。

现在再看"画"上的白发歌者,你恐怕也要为之堕泪了:艳丽的牡丹如火绽放,不使歌者的如雪白发更加怵目惊心?"一尊"苦酒,只能令他的哀愁更增苦涩,又哪有心思去喝!周遭空无一人,谁也不知道他此刻有多孤寂。也许只有红豆树上的相思子,才能理解他默默无语中涌起在心头的,对于故国往昔的绵绵思情吧?

(徐旭文)

黄镇成

字元镇,邵武(今属福建)人。以圣贤之学自励,荐授江南儒学提举,未上任卒。有《尚书通考》、《秋声集》。

东阳道中

黄镇成

出谷苍烟薄,穿林白日斜。
岸崩迂客路,木落见人家。
野碓喧春水,山桥枕浅沙。
前村乌桕熟,疑是早梅花。

黄镇成是昭武(今甘肃临泽)人,生平尝历览楚汉名山,周流燕赵齐晋之墟,并浮海登补陀(今浙江普陀)。这首诗大约是他东阳(今浙江金华一带)之行,作于旅途的纪景抒怀之作。

诗的开头由所见景物写出旅程之辛劳。"出谷"、"穿林",概括了诗人一路行迹匆匆、穿山入林的情形。"苍烟薄",是穿越峡谷后的感受,山中雾气浓重,走出谷口方觉烟雾轻薄;"白日斜",是穿过树林后的感受,林中枝叶茂密,遮光蔽日,走出丛林才发现太阳已经偏西。这里也间接点出诗中所写景色的大致时间。"岸崩"两句的大意为:由于堤岸崩坏,诗人不得不曲折绕路而行,在前方林木疏落之处他终于欣喜地看到了住家的屋舍。诗的后四句转写这路边小山村的秀丽景色。"碓",水碓,是利用水力捣米的器具。野碓春水,山桥浅沙,通过一个"喧"字、一个"枕",一动一静,表现出这个村落既静谧又充满生气的景象。这一景象是这位来自大西北的远客所从未见过的,处处都令他感到新奇。在暮色中他远看村前,竟将乌桕认作了迎寒早放的梅花。这误认,表现出诗人对此新地既生疏又好奇的心情。

全诗淡笔素描如画,入诗的景物一派轻淡、闲适的气象,自然中隐含着朴素的村野生活的愉悦气氛。景物的先后出现,依行程所见为序;动静景观,皆依感受为是。诗中的诸多景物,皆因诗人愉快、新奇的心情连接在一起,在轻快的笔调中,形象地表现出旅人目不暇接、耳不暇听、心不暇思的情形。

(孙绿怡)

【诗人小传】

刘 因

(1249—1293) 字梦吉,号静修,雄州容城(今河北徐水)人。元世祖至元十九年(1282)被征召入朝,授承德郎右赞善大夫。不久以母病辞官回家。至元二十八年(1291)又召他为集贤学士,辞而未赴,有"不召之臣"之称号。因爱诸葛亮"静以修身"语,题其居名"静修"。其诗深沉诚挚,婉转含蓄,风格高远。有《静修集》、《丁亥集》。

白 雁 行

刘 因

北风初起易水①寒,北风再起吹江干。
北风三吹白雁来,寒气直薄朱崖山②。
乾坤噫气③三百年,一风扫地无留残。
万里江湖想潇洒,伫看春水雁来还。

〔注〕 ① 易水:河流名,在河北易县西南。 ② 朱崖山:即崖山,位于今广东江门市新会区南海中。南宋末年,张世杰、陆秀夫等以此为天险,奉帝赵昺移驻此地。元将张弘范来攻,宋军溃,陆秀夫负帝昺投海而死,宋亡。 ③ 噫气:本指人呃逆出气,庄子用来形容天地的吐气。《庄子·齐物论》:"夫大块噫气,其名为风。"

  这首七言古诗采用象征比喻的艺术手法,表现了对赵宋王朝惨遭覆灭的哀悼。

  诗中"北风",皆喻强悍的蒙元势力。起句所谓"北风初起",应当是指蒙古势力对于中原的最初入侵,"易水"则喻指整个河北地区。金宣宗即位的第三年,也就是金都南迁开封后的第二年(1215),燕京被蒙古军队攻占,河北大地从此饱受蹂躏。刘因作为一个河北人,家乡的被占对于他是刻骨铭心的耻辱,虽然他本人并未经历过亡国变故,他的一生都是在蒙古人的统治下度过的,但是对异族人残酷的统治他始终不满。第二句"北风再起",是指1234年初,金王朝在蒙古和南宋的夹击下终于灭亡,蒙古势力从此侵入江淮地区。三、四两句,喻指1279年南宋政权的最后失败,使得大漠吹来的寒气席卷了整个中华,犹如数九寒冬,朔风冰雪铺天盖地而来,世间的所有生灵,都难以避免灾难。五、六两句承上而来,对赵宋王朝如此的不堪一击,如此迅速的消灭,表现出莫名的惊诧。宋朝的政权曾经持续生存了三百年之久,如今居然被寒风扫落叶一般,对于这样的结局,诗人实在难以接受。不过,诗人并未就此消沉,他伫立于奔腾的江河之滨,遥视一望无际的滔滔河水,浮想联翩:人事沧桑,江山依旧,无需悲伤,放眼未来,春天终将回还。

  本诗事实上是一首挽歌,寄寓着对亡宋的至深怀念,然而全诗毫无凄婉愁闷的悲切,相反却给人以荡气回肠的豪迈。这种感觉之所以会产生,首先是因为比兴手法的巧妙运用。诗人用萧瑟凄厉的北风比喻蒙古势力,以江河高山比拟消亡的金国和宋朝的疆界,使人很自然地联想到风卷江浪的壮观、摧枯拉朽的悲凉,慷慨激昂的情绪油然兴起,却没有对于残酷的恐惧畏缩。《四库总目提要》说刘因的诗"风格高迈,比兴深微",确实不是谬加称许,本诗就是绝好的例证。

清人王士禛编《古诗选》，品录颇严，而在七言诗中，独录其歌行为一家，对他的推崇程度可想而知。古人历来认为刘因的歌行律诗气势磅礴，有盛唐名家气概，这种恢宏的气势，也是本诗的一个鲜明特征。比如诗中列举了"三吹"之后，意犹未尽，"乾坤噫气三百年，一风扫地无留残"，将那种强悍骁勇、迅猛疯狂的气势描摹得淋漓尽致，读来铿锵有力，气壮山河。此外，本篇采用古诗形式，无须讲究律诗那种过于严谨的平仄对仗等等，遣词造句上有较多的自由，可以充分喷吐胸中的感慨，这无疑也是构成本诗那种非凡气势的一个原因。

不过，本诗并未一味求"气"求"刚"，而是刚中有柔，这是尤为可贵的。本诗前面六句层层递进，一浪高过一浪，大有一泻千里、不可遏制之势，结尾二句却突然顿挫，趋于平缓，将慷慨的激烈转向深沉的思索，极好地表现了痛定思痛之人大彻大悟以后的宁静淡泊的心境。其实，并非是诗人故作潇洒，这深沉的感悟其实是诗人想要表现的真正主旨。无论是一朝的兴亡，还是一地的得失，置于历史长河之中，都是微不足道的，无所谓兴，无所谓亡，无所谓得，无所谓失，日月照样升沉，江河仍然奔流，四季照常轮回，大雁仍旧去来。究其实质，得就是失，失就是得，斤斤于一时的得失实在可笑，揪心于一朝的消亡也大可不必，诗人终于将悲怆的情绪驱逐一空，全诗在平静明快的气氛中结束。

(孙小力)

山　家　　　　　　刘　因

马蹄踏水乱明霞，醉袖迎风受落花。
怪见溪童出门望，鹊声先我到山家。

这首绝句写山行我见，语言清新，笔意流畅。读来确有人在画中游，画趣入心底的感受。

前两句写近景。以马蹄切入展开画面，起笔可谓突兀。马蹄入诗，多写其声，这里却写其动——"踏"。本无美可言的马蹄，却给我们"踏"出了一个美的境界。蹄下是山间潺潺的溪水，这是作者直接感知的实景。明霞在天，但不是诗人仰视所得。是在清清溪水倒映中间接所见。虽说投影清晰，这缤纷的霞光已是实景化虚。一经马蹄踏水，水波激荡，明霞散乱，天光水色，闪烁迷离，在虚实变幻中，自然生发出了光的万千景象。这俯摄的特写镜头，既包含了由静而动的时间过程，更把天上地下的空间距离遥远的两种事物聚拢于马蹄之下，造成了镜头中含有镜头的意趣。

接着,以醉袖打开了画面。上句以马蹄代马,马蹄下的一番景象,是来自人的主观感受。这句则写醉袖,以袖代人。两句合成,一个醺醺然信马而行的诗人形象,自在读者的意会之中。林花因风而落,落而沾袖,花树葱茏的美景,可以使人想见。这风和落花,具有化静为动的妙用,使花树具有动感。

这幅山行图上,林木葱郁,繁花点点,明霞一抹在天,清溪一派脚下,在习习风动、淡淡花香中,客子乘马而来。诗人没有正面表现自我,但这笔下的一切都涂染着诗人的主观色彩,从中透露出诗人恬适的心境。

这幅画面,情景相生,动静相宜,有声有色,包孕丰富,虽说尽在十四个字里,却也不失完整。可是,诗人在第三句里,突然摇出了山路前头溪童张望的镜头,开拓出了新的意境,"令观者不能预拟其局面"(孔尚任语)。

这远处山家景色是横取摄入的,增加了画面景深,造成了层次感。画境因此而更深邃。童子出门望来者,包含着顺接的两个动作。"出门"和"望",一快一慢,节奏不一。前者偏于形态,后者偏于神态。"出门望"这白描的一笔,虽是瞬间的行动,却活泼泼地表现了久居山间、少见外人的孩童特有的好奇、好客的心理。

"怪见"这是诗人自写,却折光地映照出了溪童的神情。这"怪"在诗人心里,是"奇怪"。这"怪"在溪童的目光里,是"惊怪"。这"怪"也布进欣赏者的怀抱中:踽踽山行,少有声息,怎么会惊动了远处山家呢?这近于悬念手法的运用,使诗意出现了曲折,更能引人入胜。

张而后弛,第四句作了释疑,原来是"鹊声先我到山家"。前三句里,对山鹊没有任何交代和暗示,鹊声多么近于画外音。鹊声给幽静的画面平添了许多生气。山里少不了百鸟鸣啭,而鹊声最使人敏感。山村人家因鹊声而作出的反应,尽在情理之中。这鹊声是溪童行为的直接动因,也是诗人由"怪"而"悟"这一心理过程变化的根据。鹊声使得诗中人物一思一动有了合理性。

诗人山行惊鹊,鹊声远闻山家,在"怪见溪童出门望"之前,似乎听而不闻。这表明诗人以全副精神入于山中秀色之中,使听觉近于迟钝了。目之所接,使诗人如此心驰神往,连鹊声都已充耳不闻,足见景色多么动人。最后这一笔,使画面更充实,更生动。并调动了读者的想象力,用自己从生活获得美的意象,补充着这令人心醉的山景。

这首绝句,笔墨清淡,风韵隽逸。几个镜头的突转突接,构成了一幅清丽喜人的画面。作者在描摹景物的同时,并着意于景物内在情韵的探求,从而在画面中流动着诗人感情的波涛,美景中蕴含着盎然的生活情趣。

(李佩伦)

幼安濯足图

刘　因

汉家无复云台功,平生不识大耳公。眼中天意镜中语,此身只有扁舟东。关东诸公亦英雄,百年能辨山阳封①。归来老柏号秋风,世事悠悠七十翁。乾坤故物两足在,霜海浮云空复空。无刀可断华太尉,有死不为丕太中。丹青白帽凛冰雪,高山目送冥飞鸿。为问苏家好兄弟,万古北海谁真龙②?

〔注〕① 辨:变也。"山阳封":指汉献帝让位以后,被曹丕封为"山阳公"。　② 北海:"建安七子"之一孔融,曾任北海(今山东昌乐县东南)相,被称为"孔北海";管宁则出生于北海朱虚。苏家兄弟,指苏轼、苏辙。前者推崇孔融,后者推崇管宁。

提到"幼安",读者也许会猜思:他该就是那位"壮岁旌旗拥万夫,锦襜突骑渡江初"的抗金奇男兼词坛雄杰辛弃疾(字"幼安")吧?但你错了——本诗所歌咏的,则是先于稼轩一千多年而生的汉魏名士管宁(也字"幼安")。

管宁在文学上虽藉藉无名,但在汉末,却以清风峻节播声四海。《世说新语》曾有如下一段文字记述他的品性——

> 管宁、华歆共园中锄菜,见地有片金,管挥锄与瓦石不异,华捉而掷去之。又尝同席读书,有轩冕过门者,宁读如故,歆废书出看。宁割席分坐曰:"子非吾友!"

视贵金如瓦石、弃高官如敝屣,这就是青年时代管宁的本色。汉末大乱,管宁避居辽东30余年。曹丕称帝,征以为"太中大夫",管宁"固辞";明帝继位,诏拜为"光禄卿",他又上书婉绝。史载管宁晚年"常著皂(黑)帽",衣"襦袴布裙",时在宅边溪流中"澡洒手足"。直至行年八十,虽"偃息穷巷",仍"吟咏诗书,不改其乐"。刘因题诗的《幼安濯足图》,传写的正是管宁这潇洒自得的晚年风神。

诗、画相辅以出胜境妙韵,当是中国古代艺术之一绝。如果说,《幼安濯足图》是从横向空间上着墨,将管宁平生的风神操节,凝聚在了那萧淡线条勾勒中的话;刘因的题诗,则适应于诗歌所具有的时间艺术特点,偏从纵向展开,落笔即把这位溪边"濯足"的高士,推回到了汉末动乱的烟云之中——"汉家无复云台功,平生不识大耳公"。曾经在洛阳南宫云台上图画"中兴功臣"的赫赫东汉王朝,竟然在董卓之乱中崩颓;四方军阀一个个打着"勤王"的旗号,开始了逐鹿中原的争战!在这场争战中崭露头角的"大耳公"刘备,虽也曾被曹操论定为天下"英雄",但在管宁看来,与嚣嚣群凶又有多大不同?句中的"不识"二字下得颇妙，其冷峻的辞色，展示的正是这位高蹈之士，视群雄如无物的超俗情怀。"天意"既然只不过为"大耳公"之流，提供了乘势而起之机，淡于势利的管宁，便只有驾着扁舟，远远地驶向辽水之东了。此诗开篇四句，正这样悠悠叙来，在汉末动乱的阔大背景上，推出了汹涌涛浪中之一叶"扁舟"，和飘飘卓立于舟头的孤高主人公。

接着便是时空上的巨大跨越："关东诸公亦英雄，百年能辨山阳封"——画面转换之际，群雄逐鹿的鼙鼓之音随之消歇；旗旌翻飞，已是魏、蜀、吴三国鼎立的世界。曹丕登基洛阳，刘备称帝蜀中，"碧髯儿"孙权也在东南当起了堂堂吴皇。那位曾为曹操挟持以号令天下的汉献帝，凄凄惶惶"让"出皇位以后，却只能被"封"在"山阳"（今河南修武县西北），度那二流公侯的辛酸晚年了。这就是"关东诸公"所成就的业绩！诗中以"亦英雄"之语明赞暗讽，表达了管宁对这类乱世枭雄的几多鄙夷之情。避居辽东30余年的他，也正是在这河山易主之际，回返久别的家园的——多少青春的梦想，已随悠悠岁月而去。当他以"七十"老翁之苍苍白发，仰对秋风萧萧的屋前"老柏"，那心境究竟是喜是悲、是热是凉？管宁纵然不慕势利，但以清介俶傥之性，处此苍黄翻覆之世，就是再旷达超脱，也终竟不能无动于衷呵！刘因正是真切地把握了主人公此刻的复杂情感，不仅以凄清之笔，渲染了"归来老柏号秋风"之景，更以"乾坤故物两足在"的苍凉之叹，传写了主人公放目四野、无复"故物"的欷歔之情。海白如霜，云浮无语，空寂的天底下，就这样久久伫立着一位凝思中的肃穆老人。

但管宁的傲岸超俗之节，并没有因此摧折。正如这故园的"老柏"，唯其经历了数十载寒暑的劫磨，在"秋风"号怒之中，才更见得孤挺苍劲！"无刀可断华太尉，有死不为丕太中"二句，即以铮铮如金石掷地之语，抒写了管宁晚年誓志不移的劲节。华太尉，即管宁与之割席断交的华歆。他虽亦为汉末名士，却一心贪慕势位，曾先后奔走于袁术、孙权幕下。后又投靠曹操，不仅参与军国大计，还曾亲率士卒，闯入内宫，扮演过收系伏皇后的角色。因此被曹丕擢为相国，明帝时更封为"博平侯"，官拜"太尉"。昔日的同锄共读之友，竟由此沦为权门势利之徒，管宁岂能不为之义愤？然而他竟还"羞于庖人之独割"，复欲引荐管宁以自代，当然更激发了管宁"有死不为丕（指曹丕）太中（大夫）"的孤傲之气。这两句高亢变徵之音，一下将前文的欷歔苍凉之情振起；那穿过历史烟云、向着读者缓缓走近的主人公，也因此增添了一派清刚凛冽之色。

只是到了这时，诗人才调转笔锋，着力勾画管宁"濯足"时的风神：那是在高峦远峰之前，主人公头戴"白帽"，正悠然濯洒于清冽的秋溪。溪流如雪，似乎全由主人公之清烈操节所映染。而神清气傲的他,正仰对着高山白云,"目送"一行淡淡的雁影,飞向辽远的天际——这就是《幼安濯足图》所描摹的情景,也是诗人的题图歌行所戛然收结之境:"丹青白帽凛冰雪,高山目送冥飞鸿。"萧淡的画意终于与悠悠的诗情交汇;从千年历史追叙中凸显的诗中形象,与丹青手图画的管宁身影,由此叠印在了一起——他是如此气度安闲,如此潇洒自得,在高高的峰影下,在幽幽的清溪边!所以,当诗人情不自禁,向平生偏爱孔融、管宁的苏轼兄弟发问"万古北海谁真龙"时,读者恐怕都会忍不住高喊:"是管宁!" (潘啸龙)

书　　事　　　　　　刘　因

当年一线魏瓠①穿,直到横流②破国年。
草满金陵谁种下? 天津桥③畔听啼鹃。

〔注〕 ①魏瓠:魏王瓠,瓠即葫芦。《庄子·逍遥游》所载寓言,谓魏王赠给惠子一个大葫芦,大而不坚,毫无用处。 ②横流:水不按原道流淌而泛滥乱流,喻指世事动乱。 ③天津桥:在河南洛阳西南二十里。

这首七绝的主题是咏史,当时作者一共写了五首,都是出于对宋朝衰亡原因的思考和感慨追索而作的,本篇是其中的第一首。

首句用"魏瓠"比喻貌似强大的北宋王朝不堪一击,用"一线"比喻导致宋亡的起因本来是极其不足道的。刘因认为,国家兴亡的关键不在国外,而在于国内执政者,所有的灾难往往都是从很小的事情引起的。北宋的灭亡,一个很重要的祸因就是王安石的变法,是变法逐渐削弱了国力,引起了混乱,酿成了大祸,直到外寇入侵,举世动荡,国破家亡。第三句是个设问句,直接追究指斥亡国的罪魁祸首,质问是谁制造了这么一个悲惨的结局。"草满金陵"喻指南京城的沦陷,饱含着游子叹黍离的悲愤之情。因为王安石罢相后寓居在南京,随着宋朝的灭亡,王安石的坟茔当然也只能是荒草丛生。言外之意,王安石在害国害民的同时,也使得自己死无葬身之地。末句则对宋朝的灭亡、对王安石的得宠用权表示深深的痛心和追悔,指出这些灾祸本来是可以避免的,因为早在王安石入相之前,就有人发出过警告,只可惜无人清醒地认识到。据《邵氏闻见录》记载,邵雍居住在洛阳天津桥畔,听到杜鹃的鸣叫,郁郁不乐,说过了几年,就会有南方人士入朝为相,天下从此就不得太平了。有人问他是什么缘故,邵雍说:"天下将治,地气自北而南;将乱,自南而北。今南方地气至矣,禽鸟得气之先者也。"不久,果然江西的王安石和福建的吕惠卿先后拜相,而在他们之前,宰相韩琦和富弼都是北方人。由于后来的发展果真证实了邵雍的预言,数百年之后,作为一个可资借鉴的史实,刘因郑重其事地将它纳入了自己的咏史诗。

对于北宋衰败的原因,早在北宋就有人归咎于王安石,南宋初年,又曾由朝廷发动,对王安石变法进行过全面声讨,因此,从南宋直至明朝,普遍认为是王安石变法导致了宋代的衰亡。清人赵翼在《廿二史札记》中就说:"王安石以新法害天下,引用奸邪,更张法令,驯至靖康之难,人皆咎安石为祸首。"刘因此诗,正是用高度概括形象的诗歌语言,将这社会的认识作了艺术的精确表述。

在表现手法上,为了在这有限的二十八个字里容纳尽可能多的内容,本诗十分注重用典,因此凝炼和含蓄是本诗的显著特色。与此同时,对于词语和句子的组合排列,也十分强调修辞上的效果。比如首句将"一线"和"魏瓠"并列,前者微小,后者极大,形成强烈的矛盾对比,富有刺激地告诉读者:小的不可轻视,大的未必强固。又如第三和第四句,将结果置前,把预言置后,使人们对王安石的结局感到痛心之后,紧接着又对邵雍的预言感到震惊和惋惜,事实上,诗人强调的正是后者。那么,宋亡的终极原因,恐怕就不能局限于王安石身上了,统治者的用人和纳言的正确与否,才是关键的关键。作为一首咏史诗,它正是这样含蓄而又恰到好处地显示出积极的现实意义。

(孙小力)

观梅有感　　　　刘　因

东风吹落战尘沙,梦想西湖处士家①。
只恐江南春意减,此心元不为梅花。

〔注〕 ① 西湖处士:宋初林逋(967—1028),字君复,钱塘(浙江杭州)人。隐居杭州西湖孤山,二十年未曾涉足城市。终生不仕,亦不婚娶,在宅旁植梅养鹤,人称"梅妻鹤子"。工诗善书,多奇句。宋仁宗赐谥和靖先生。

本诗哀怨伤感,含蓄深沉,是一首哀悼南宋消亡的挽诗,大约作于蒙元消灭南宋政权、统一中华以后不久,当时作者三十岁左右。

本诗的起因是观赏梅花后有感而发,因此通篇紧紧围绕梅花展开,但真实的意念却完全贯注在梅花之外。

东风骀荡,摇枝拂叶,吹去了蒙在梅花上面的尘沙,花蕊花瓣,一概显露出清新的面庞。如此雅洁怡人的氛围,本该令游人陶醉,而诗人却偏要将这沙尘,想象为战火中的尘埃,因为,他从眼前的梅花联想到另外一个梅花的世界。那里刚刚经受了战火的摧残,那里曾经是西湖处士的圣地,那里曾是他的希望,那里是他醒里梦里都不曾忘却过的宋国京城。本诗作者虽然从未做过宋朝的臣民,但是,出于对异族统治者的不满,汉族人的宋都对于他始终是富于诱惑力的,这里的一个"梦"字,足以表白他那种朝思暮想的痴情。

想起江南之后,诗人的感情立刻变得细腻,语气也委婉起来。他担心,江南的梅花大概不会如此鲜艳,江南的春景必然失去了昔日的光彩。对于蒙元初入中原的残酷洗劫,诗人耳闻目睹,记忆犹新,他担心,那"大乱凡二十余年,数千里间,人民杀戮几尽"(《武强尉孙君墓铭》)的惨状是否会在江南重现,所以,他在末句中直率地说出,他的《观梅有感》其实并非为梅花着想。他也许曾经憧憬过林逋所处的时代及其环境,同样身为隐士,一个伴梅饲鹤,受到皇帝的褒奖;一个却生活在异族统治者的铁蹄之下,而如今,那样一块圣地也许永久地消失了,他不能不为自己,也为所有的汉人痛心疾首。

本诗短小精悍,音节铿锵,读来朗朗上口。全篇未用任何典故,照样发人深省,意味深长。它之所以具有如此深沉的意蕴,完全得益于象征的手法。不过,象征毕竟太含蓄,太沉闷,难以容纳诗人全部的思想和愤恨,因此,诗的结尾处又否定了象征手法。"元不为梅花"一句,实打实地透露出作者的真实感慨,犹如阴云郁积很久之后的一声闷雷,虽然沉闷了些,总算给人以希望,为全诗抹上了一道亮光。

(孙小力)

山中月夕   刘 因

满怀幽思自萧萧,况对空山夜正遥。
四壁晴秋霜著色,一天明水月生潮。
歌传岩谷声豪宕,酒泛星河影动摇。
醉里似闻猿鹤语,百年人境有今朝。

被元世祖称为"不召之臣"的刘因,虽以"雷溪真隐"自号,对世事却从未真的忘情;刘因又好豪饮,曾作诗戏称"太行一千年一青,才遇先生醉眼醒",其实也从未真的沉醉不醒。所以,天下的"兴亡"、"分合",也总是牵动着他的情怀。

这样一位性情中人,一旦置身在夜色凄迷的山间,又该感到怎样的萧索和寂寞!此诗起句,正从披襟独酌的诗人眼中,展开了一个风声萧萧的夜之"空山",使远近的溪谷、峰影,全弥漫了一重幽幽无语的静默之思。人们自然难以猜测,诗人此刻的"满怀幽思"是什么。但刘因自己就曾供认:"叹老自非缘白发,爱闲元不为青山。"可见他的幽思,远比人们想象的要悠远和深沉。他是在思索赫赫大宋的灭亡教训(见《白沟》诗)?还是在忧叹天下"分合"中的百姓之苦(见《南楼》诗)?抑或是在惋惜竹林名士刘伶的狂傲,而不知自身"亦螟蛉"(见《饮山亭雨后》)?

　　这幽思原可随杯杯清醪而悠悠不尽了。但灿然升现的夜月,终竟还是惊动了微醺的诗人:在临溪而饮之初,诗人本没有注意到夜已深沉;但在傲然四顾间,却突然发现,四近的岩壁上,竟都清莹一白,结上了美丽的霜花!然后举首仰观,便刹那间目睹了一幕璀璨奇景——只见满天的纤云,恰似碧蓝如水的海潮,在无边无际的空间,涌托着一轮素月升腾而起。远远近近的峰影,由此沐浴在一派澄辉之中;满壁的霜花也全都熠熠放光了——"四壁晴秋霜著色,一天明水月生潮"二句,正以水涌、潮生的妙喻,将诗境从清美的溪谷,引向高高的夜空,展出了一个霜花与皓月上下辉映的奇妙世界。由于月之升现被烘托以如水之云,更带有了一种浮漾流动之美,境界也愈加显得清阔而空明。

　　美好的夜景,本就最能引发骚人的逸兴。而况刘因又是那样一位睥睨公卿、笑傲侯王的高士,胸间自当更多一股狂豪之气。此刻地阔天空,竟无一人为伴;山高水远,恰可邀月同饮。诗人在《五月二十三日登城楼诗》中,不是曾放言高唱过"远游未尽平生兴,几欲狂歌续楚骚"?而今何不借几分醉意,向着高旷的山谷狂歌一番,听一听那荡壑震谷的歌韵有多豪壮!当年苏东坡于"欢饮达旦,大醉"之际,不也曾把酒问天,体味过"起舞弄清影,何似在人间"的飘逸之趣?当此明月照耀的夜山,诗人又何妨酹酒溪流,在步履跟跄之中,欣赏一番黝黝峰影摇荡于灿灿星河的幻景!——"歌传岩谷声豪宕"一句描述醉中放歌,妙在全从诗人自歌自赏的感觉中写来,顿使那回荡夜谷的歌韵,似也带有了诗人狂放自得的浓浓醉意;"酒泛星河影动摇"一句表现溪光月影,又着以"酒泛"二字,便不仅令读者领略了溪流所倒映的星月闪烁、山影流漾之美,还恍可见到,诗人那酹酒溪月的趑趄、摇晃情态。客观的夜景,由此染上了诗人的主观色彩,而变得更加如痴、如幻起来。

　　秋山寂寂,夜月如华。酣醉的诗人,似乎就要在这清美的奇境中沉沉睡去——世间的繁嚣纷争,历代的兴存衰亡,往日曾带给诗人以几多哀慨和烦恼。而今,全在这山中月明之夕、酣畅狂歌之余,云烟般飘散、忘却。这大概就是刘因曾经向往着的"不管兴亡天自闲"的超旷境界吧?倘在平日,因为常有"公卿使者"过访,诗人避之唯恐不及,清兴便总被搅扰了。此刻却是"春与猿吟兮秋鹤与飞"(韩愈语)的独醉世界,诗人大可以枕藉霜岩而高卧溪月了。诗之结句,正以"醉里似闻猿鹤语"的恍惚迷离之辞,将诗境推入了更其美妙的虚境之中——那遥夜的风声、叮咚的溪音,在朦胧中听去,不都幻作了山猿之沉吟、野鹤之絮语,显得有多神秘和亲切!这野鹤想必已寿及千年,山猿也早已活过百岁?它们似乎正在惊喜相语:近百年来,还从未遇见过如此美好的人间清境呢!苍茫的山色越来越淡,峰影渐隐。现在画面上留下的,便只有在溪畔含笑酣睡的醉卧诗人,和溪流中一轮又近又圆的明月了……

(潘啸龙)

【诗人小传】

赵孟頫

(1254—1322) 字子昂,号松雪道人、水精宫道人,湖州吴兴(今属浙江)人。赵宋宗室,宋末以父荫任真州司户参军。宋亡后隐居家乡,元世祖至元二十三年(1286)被程钜夫荐举入朝,官至集贤直学士。元仁宗延祐时,官至翰林院学士承旨。以书画名世,其行书和小楷圆转遒丽,有"赵体"之称。又善画山水、人马、花卉。亦工诗,所作古体近六朝,近体学杜,沉郁苍莽,善用典故,句格整饬。少数诗篇,痛惜宋室覆亡,流露出身世之感。著有《松雪斋文集》等。

岳鄂王墓

赵孟頫

鄂王坟上草离离①,秋日荒凉石兽危。
南渡君臣轻社稷,中原父老望旌旗②。
英雄已死嗟何及,天下中分遂不支。
莫向西湖歌此曲,水光山色不胜悲。

〔注〕 ① 鄂王:宋宁宗时追封岳飞为鄂王。离离:繁盛貌。 ② 望旌旗:指盼望以"岳"字为旗号的大军早日来到。岳飞军队于绍兴十年打到朱仙镇,河南河北人民打起"岳"字旗纷纷响应。

赵孟頫是有元一代书法大师,他的圆转遒丽的"赵体"很有名。他又善画能诗,《四库全书总目提要》评论他说:"论其才艺,则风流文采,冠绝当时,不但翰墨为元代第一,即其文章,亦揖让于虞、杨、范、揭之间,不甚出其后也。"赵诗以七言最工,技巧纯熟,流转自如。上面这首七律《岳鄂王墓》是其代表作之一。

作为宋朝皇室子孙,赵孟頫亲身经历亡国之痛,后来又入元朝做官。当他来到西子湖畔岳飞墓前凭吊时,心中是什么滋味?"鄂王坟上草离离,秋日荒凉石兽危。"只见岳坟上长满荒草,墓前石马石狮在萧瑟秋风中依然高踞屹立。一种肃穆、凄凉、冷峻的气氛,使他感到很不好受。

"南渡君臣轻社稷,中原父老望旌旗。"历史的教训实在令人痛心,一方面,"南渡君臣"苟安享乐,荒淫嬉戏,不以国事为重;一方面爱国将领高举战旗,坚持抗金。绍兴十年,岳飞进兵河南,一直打到开封西南的朱仙镇,河南河北人民纷纷响应,也都打起了"岳"字旗。这是多好的军事形势,如果再接再厉,继续打下去,收复云燕,直捣黄龙,并非遥远之事。可是,值此关键时刻,赵构、秦桧以"莫须有"罪名将岳飞杀害,造成千古奇冤。从此,收复中原无望,偏安局面形成,国势日衰一日,苟延残喘而已。待到比金更强悍的蒙古政权崛起,南宋小朝廷的灭亡已经注定了。往事不堪回首,诗人不由发出一声深沉叹息:"英雄已死嗟何及,天下中分遂不支。"一腔幽怨,大有百世难解之恨!

　　赵孟頫作为宋朝宗室后裔而仕元,从封建正统观念看,是变节行为。他内心充满矛盾痛苦,对江山易主更有切肤之痛。可以看出,上面两联诗句,饱含血泪的追悔,充满对自己祖先的批评。他把"南渡君臣"与"中原父老"相对,实际上是严厉批判南宋朝廷违背人民意愿的投降路线。"轻社稷"与"望旌旗"对照,一面斥责赵构、秦桧之流是造成后来亡国的罪魁;一面高度评价了岳飞奋勇抗金的伟大功绩。千秋功罪,而今由宋朝皇帝赵氏子孙自己来评说,这是意味深长的。

　　当然,历史已经翻过了一页,现在才来追悔这一切,为时太晚了。"英雄已死嗟何及",只有徒唤奈何罢了?然而,吞噬着这一历史苦果的诗人,满怀愁苦向谁诉说,而且也不便诉说。于是,诗人最后写道:"莫向西湖歌此曲,水光山色不胜悲。"如今……只能将无限哀愁埋进心底,别向西湖唱这支曲子吧,看那湖光山色也够叫人无限悲伤。似乎西湖的山山水水也充满感情,抚今伤昔,流露出无尽的泪光愁色呢。

(铁　明)

罪　　出　　　　　　　　赵孟頫

　　在山为远志,出山为小草。古语已云然,见事苦不早。平生独往愿,丘壑寄怀抱。图书时自娱,野性期自保。谁令堕尘网,宛转受缠绕。昔为水上鸥,今如笼中鸟。哀鸣谁复顾,毛羽日摧槁。向非亲友赠,蔬食常不饱。病妻抱弱子,远去万里道。骨肉生别离,丘陇谁为扫?愁深无一语,日断南云杳。恸哭悲风来,如何诉穹昊?

　　在重视出处操守的中国,"身仕异朝"已被视为清流之耻,倘是在汉王朝覆灭之后,再出仕入主中原的"异族"政权,就更罪莫大焉,为世人所不齿了。

赵孟頫在宋亡之际尚还年轻。他后来的出仕元朝,本与诗坛名家虞集等辈一样,虽不是值得荣耀的事,但也未必就算得是失节。所不同的是,他恰恰又是宋太祖之十一世孙。自家江山亡了,不能蹈于东海、隐身山林,反而拜倒在元人脚下,从"兵部郎中"做到"翰林学士承旨荣禄大夫";在论及宋亡得失时,竟还屈从元世祖,赋诗称"往事已非那可说,且将忠直报皇元"——这就大有丧失操守之耻了。所以尽管他"篆籀分隶真行草书无不冠绝古今,其画山水木石花竹人马尤精致",也还是常遭世人唾骂,连他的"从兄子"亦耻之,"闭门不肯与见"。后人题及他的山水龙马之画,仍还连讥带嘲,斥之为"江上正好看明月,却抱琵琶过别船"(见李东阳《麓堂诗话》)。

不过,赵孟頫在出仕以后,似也颇有悔过之意,而且心中十分痛苦。《罪出》,正是这位失足千古者的哀痛恸泣之作。据《世说新语》载,东晋谢安原有隐于东山之志,后来出任桓温司马,有人即借药"远志"又名"小草"为讥:"处则为远志,出则为小草。"此诗开篇大约正有感于此,借典故入笔,痛诉其"见事苦不早"的悔恨。吐语幽切,读之如闻不尽欷歔起于笔端。诗人之入仕元朝,当然不能与谢安石之出仕风雨飘摇的东晋王朝相提并论——谢安石以"济彼苍生"之志匡辅晋室,后来指挥三军大败前秦苻坚于淝水之上,其功业光焰自是摇曳千古而不灭,又岂是赵孟頫之事敌佐元所可同日而语?只是连罪大恶极之人,尚可"放下屠刀,立地成佛",则诗人能有此悔过之情,读者也就不必深究其举典之不当了。

实在说来,诗人早年之屈身仕元,也确非出之本意。他"宋亡家居,益自力于学",只是由于"行台侍御史程钜夫奉诏搜访遗逸于江南",才被拉入朝廷、陷身"尘网"的。此刻忆及当年所怀抱的天地"独往"之愿,寄情"丘壑"之乐,诗人能不愧惭在心!而那在"图书时自娱"中笔走龙蛇、解衣磅礴的情景,恐怕也全都恍若隔世,只有如烟飘散的梦之碎片,还残留在眼际了。据说诗人晚年,曾笔墨淋漓书成陶渊明《归去来兮辞》全文;则其中的"尝从人事,皆口腹自役;于是怅然慷慨,深愧平生之志"数语,读来该令他怎样惊心动魄、涕泪纵横!人们从此诗"谁令堕尘罔(网),宛转受缠绕"二句中,不可以感受到类似于陶渊明"误入尘网中,一去三十年"那样的凄凄伤叹么?

赵孟頫在朝中地位显赫,书画诗文也名动遐迩。倘是毫无肝肠之辈,是定会踌躇满志、"乐不思蜀"了。但他毕竟还有点廉耻,所以痛苦便时时如噬在心。"昔为水上鸥,今如笼中鸟。哀鸣谁复顾,毛羽日摧槁"四句,即以形象的比喻,倾诉着他身陷樊笼、不得自由的怆然情思。如果只是因为在朝做官而羁绊,这痛苦便还能为往日之友人所理解、所慰问;但他却是靦颜事敌,连亲戚都不肯原宥,又有谁会垂怜于他？句中的"哀鸣谁复顾"辞情惨怛，所包含的正有一种四顾无侣的苦涩感。当其落笔之时，想来定是伴和着潸然而落之泪水的罢？

人在痛苦之中，总不免抚今追昔、感慨啸叹。宋亡以后，赵孟頫曾一度处于贫寒难捱之境："病妻"、"弱子"，三餐不继，倘不是有亲友周济，连身家性命恐也难以维持。而今虽已高迁，再不用担心"蔬食常不饱"的贫困煎熬，却又故乡天涯、骨肉分隔，又有谁能慰藉他的生生"别离"之痛，又有谁去祭扫父母、先祖之坟？"愁深无一语，日断南云杳"——在愁思笼盖、撩拂不去之中，他只能日日无语凝噎，远眺着故乡天际，希冀能有几片南来之云，带给他家乡亲人的些微音讯。但就连这愿望也实现不了，海天茫茫，又哪有一朵故乡的云飘来？诗之结句由此在绝望的静寂中，突然发为声声"恸哭"——这哭声带着悔恨和绝望，在萧萧"悲风"中飘散。此刻留在读者眼前的，再不是那位"才气英迈，神采焕发，如神仙中人"（《元史》本传）的江南奇士，而只是一位误入"尘网"痛悔莫及的憔悴之客，正向着渺渺"穹昊"（苍天）号嗟了！

《罪出》是赵孟頫内心痛苦的凄伤自白。因为不是有意为诗，吐露的便都是痛悔交集的真情，自有一种凄楚动人的韵致。这首诗在艺术上虽未必有多少成就，但至少可以昭告人们：操守、气节对于人之生命多么重要，谁若不慎失足，那精神上的痛苦，是任何权位、势利也弥补不了的呵！

（潘啸龙）

和姚子敬秋怀(其三)   赵孟頫

搔首风尘双短鬓，侧身天地一儒冠。
中原人物思王猛，江左功名愧谢安。
首蓿秋高戎马健，江湖日短白鸥寒。
金樽绿酒无钱共，安得愁中却暂欢。

《和姚子敬秋怀》是赵孟頫在南宋灭亡之后、自身未出仕元朝之前，为哀悼亡宋而作的一组七律，共五首，大约前三首写宋亡前的种种危象和自身的忧患，后二首写宋亡后的种种惨凉和自身的伤悼，这里所选的为第三首，以其颔联得盛名而冠全诗。题中的"秋怀"，是仿杜甫《秋兴八首》的命题；秋者，悲凉之气也；老杜时唐未亡，故犹能感"兴"，而孟頫时故国已丧，故但有"怀"思而已。姚子敬，名式，为孟頫同乡好友，善小楷行草，孟頫曾有《赠子敬》诗云："吾爱子姚子，风流如晋人，白眼视四海，清淡无一尘。"足见推崇之情。

孟頫七律，最学杜甫，即这一组诗里，就有不少句子承袭杜诗。若其一之"烟花楼阁西风里,锦绣湖山落照中",出自杜甫《清明》之"秦城楼阁烟花里,汉主山河锦绣中";其二之"隐几无言有所思",出自杜甫《秋兴》的"故国平居有所思";其四之"宋玉平生最萧索",则出自杜甫《咏怀古迹》之"庾信平生最萧瑟";其五之"水清沙白鸟相呼",则出自杜甫《登高》之"渚清沙白鸟飞回"。本诗亦复如此,首联上句"搔首风尘双短鬓",可联想到老杜《春望》的"白头搔更短",下句"侧身天地一儒冠",可联想到《秋兴》的"江湖满地一渔翁"和《江汉》的"乾坤一腐儒",而句中"儒冠"之含义,又分明取自《奉赠韦左丞丈二十二韵》的"纨袴不饿死,儒冠多误身"。以孟𫖯之才,当不难别造新句,而本组诗中每首均承袭杜句,想是他别有用意,或许正是藉此强调这组诗与杜诗尤其是《秋兴八首》的继承关系吧!不过,字句虽是承袭,但首联中那位搔首踌躇、不堪其忧、侧身局促、靡知所骋的诗人形象,却仍然是孟𫖯自己,盖其句承而意不尽承也。首联是对仗的,所可注目的是二句中措辞的顺序,均是动作在前、背景在次、人则在最末。如此处理,佳处大约有二:起笔即有动荡徘徊之感,先声夺人,"搔首"、"侧身"是也;继而使此动荡感推而广之,乃在滚滚风尘、浩浩天地的背景下生成,益感令人震惊;最后以风尘、天地之广,衬出"搔首"直至双鬓为之短,"侧身"之原因只为是区区一无用书生的诗人,更可见其忧思之广,亦可叹其身形渺小,虽忧而无补于事。此其一。不循正常顺序(先背景、后人、后动作),亦可令读者先惊异、次思索、复咀嚼,较之平铺而下为优。此其二。人论杜甫笔法多"顿挫",本联即此类,但并非学步,实是诗情需要之故,亦可谓善学矣,非止学其法,更学得其法之用。

次联"中原人物思王猛,江左功名愧谢安",王猛为汉人,十六国时为前秦主苻坚之相,辅坚定中原,临殁告诫苻坚,东晋虽僻在江左,然为华夏正统所系,不可伐也。苻坚不听,举兵南犯,卒为东晋谢安遣师大败于淝水。蒙古灭金,奄有北中国,北方汉族豪强,均赞助蒙古伐宋,更无一人有华夷之辨,故诗人环顾北方中原人物,益思如王猛其人者。至于南宋,时由佞相贾似道当政,对外屈辱求和,在内歌舞荒淫,不知兵备,终被元师一击而溃,故诗人历数江左(即江东、江南)与中原相抗衡的功名勋业,益觉亡宋当道之臣,较之谢安,直可愧死。这二句卓有史识,知彼知我,直道出南宋灭亡的根源,一在南北汉族之不一心,一在南方中朝无主。二句用典亦贴切,秦晋与元宋,都是异族之争,都是南北对峙,又是南弱北强,多有可比,以彼喻此,读来浑成无隔,亦可谓善于用典。但东晋终却强敌,南宋不免沦亡,诗人作此比较之时,极含沉痛之意,此又读者不可不察者。

孟𫖯此诗,各联之间,字面上均不相干,而意绪则一脉相连,有横云断岭之妙,其相连之关窍,在措辞之暗逗。如首联与次联之关系:既在"天地"之间,则思绪自可由南而北，由今而古，首联已腾出充分地步，次联便可纵横驰骋其思。颈联"苜蓿（马草）秋高戎马健，江湖日短白鸥寒"，与次联之关系，便更明显是分承：中原既无王猛其人，南侵不可避免，蒙古战马，正饱食苜蓿、乘秋高气爽，将骎骎南下矣；江左中朝既无谢安其人，则被侵亦不可避免，身处江湖之忧世者，但觉日光短薄，惨凉如水；白鸥本是隐逸的象征，所谓寻鸥盟是也，但国将有大故，皮之不存，毛将焉附，纵在隐居之伦，亦不得不忧隐居能得几久，故白鸥亦觉生寒矣。此二句以敌之劲健腾饱，对比我之无奈气短，读来真有不堪其忧之叹。按后句亦是孟𫖯自己写照，孟𫖯当时有官无职，方在家乡，是处江湖而侣白鸥者。或谓次联之王猛、谢安，是孟𫖯自述其志，则失之矣；他明言自己乃"多误身"之"儒冠"，又怎能自信具回天之力？

颈联既已不堪其忧，尾联遂不得不转写"何以解忧"。"金樽绿酒无钱共"，"共"若释为"供"（通假），则不过言无钱可供自己樽酒，其意尚浅。故此句当是谓金樽无钱共绿酒，不过用笔又"顿挫"了一下。我出金樽，则欲饮之意甚殷勤；但因无钱，金樽终不能与绿酒共处，又可深悲：如此，诗意乃有委曲。下句"安得愁中却暂欢"，意凡三转："愁"，一也；欲觅酒图醉，暂偷一欢，二也；但无钱沽酒，此欢亦不可得，三也。悲惨之情，愈转愈深，其作法直追老杜"潦倒新停浊酒杯"（《登高》）。

此诗用笔命意，仿杜甫《秋兴八首》，得其绵密浑厚、沉郁苍凉之致，但其中又有一段老杜所无的苍茫无路之感，故又能自具面目，非优孟衣冠之类，盖本诗乃痛定思痛之言，与《秋兴八首》的写作背景有异故也。

《元诗选》记孟𫖯之论曰："作诗用虚字殊不佳，中两联填满方好。"并举《秋怀》为此说之典型例子。就本诗言，中两联填满，令人有劲力饱张之感，是成功之笔。但用"虚字"不佳，则是孟𫖯一家之言，其用意是力矫宋末诗风浅滑的流弊，乃矫枉过正的提法，今人正不必大加标举也。

（沈维藩）

绝　　句　　　　赵孟𫖯

春寒恻恻掩重门，金鸭香残火尚温。
燕子不来花又落，一庭风雨自黄昏。

这首七绝犹如一幅凄凉哀怨、意味蕴藉的《伤春图》。

凄风苦雨，料峭春寒，夜不能寐，独自徘徊，诗人似乎是抵挡不住这透入心扉的冰冷，于是关上重重门窗，企图保留一个属于自己的温馨环境，屋里那黄金制造的鸭形香炉中的香火虽然即将燃尽,但残存的香灰大概总还能使可怜的余温延续一段时间。这就是本诗一、二两句给我们描绘的场面,诗中虽然没有明说确切的时辰,但"金鸭香残"四个字已经含蓄地告诉人们了。按照古人的习惯,总是在黄昏时开始焚香,唐人李商隐《促漏诗》说:"舞鸾镜匣收残黛,睡鸭香炉换夕熏。"元人虞集也说:"黄金铸为鸭,焚兰夕殿中。"(《同阁学士赋金鸭烧香》)可知"香残"必然在夜深人静或将要拂晓的时刻。那么,诗人如此伴着孤灯,长夜不眠,其伤春的烦恼苦闷由此可见一斑。其实,本诗开头两句是从唐代诗人戴叔伦的《春怨》演化而成的,戴诗说:"金鸭香消欲断魂,梨花春雨掩重门。"将哀怨缠绵的伤春情绪毫无保留地诉诸文字。而本诗则要委婉含蓄得多,只是客观地陈述诗人的所见所闻和所做,至于诗人的感受究竟如何,则要请读者自己从诗的字里行间去领会了。

也许诗人不愿把自己的烦恼突然全部地抛将出来,因此他连个诗题都不愿意起;也许诗人的不如意来自太多的方面,所以他要一样一样地陈列出来。诗的三、四两句,他抱怨燕子不来寻春,春花却又早谢,那没完没了的风雨,从黄昏起就搅得人心和天地一样不得安宁。诗人不禁要问:春天就是这样的吗?春天本该充满阳光,而如今却阴冷异常;春天本来有百花吐艳,而今天却只见残叶败花;春天应该去郊野踏春,现在却是淫雨狂风;春天通常有怡人的魅力,为什么会使人黯然神伤?

当然,仅仅因为气候景致的不如意,恐怕不会令人如此失魂落魄,究竟为了什么,也许不便明说,也许作者自己也弄不清楚,他只想将那种难言的压抑一吐为快,而"伤春"则是借以发挥的最佳题目。

本诗用语清丽,音韵和谐,风格典雅自然,较好地表达了贵族公子的那么一种雍容的哀怨和多愁的敏感。

(孙小力)

溪　　上

赵孟𫖯

溪上东风吹柳花,溪头春水净无沙。
白鸥自信无机事,玄鸟犹知有岁华。
锦缆牙樯非昨梦,凤笙龙管是谁家?
令人苦忆东陵子,拟问田园学种瓜。

诗中的"溪",指诗人家乡吴兴(今浙江湖州)的苕溪。元世祖至元二十八年(1291),出仕五年的诗人由集贤学士出知济南,在家乡自秋徂春逗留了半年左右,此诗或为是时所作。

赵孟頫在《吴兴山水清远图记》中有云:"昔人有言吴兴山水清远,非夫悠然独往、有会于心者不以为知言。"本诗的前二句,正体现了诗人对家乡山水景物"清远"的感受。春风吹拂,柳花扑面,溪水空碧,澄澈见底,景色的湛明固然能同步引起心境的湛明,却也为思绪的翻翻腾腾出了地步。诗人这时见到了溪上自由自在的飞禽——白鸥与燕子。《列子》载海上有人与鸥鸟亲近,海鸥并不回避,可他一旦存有了捕捉的机心,鸥鸟就从此盘旋不下了。又《礼记·月令》说仲春之月,"玄鸟(燕子)至"。年年飞来的燕子成了报春的象征。诗人所见的白鸥安安详详、玄燕忙忙碌碌,本身无不带着春天温馨的亲切感和感召力,但在诗人心中却化为了惆怅,因为无论在"自信无机事"或"犹知有岁华"上,自己都无法同它们相比。

鸥燕既然把人领出了陶然于山水的化境,诗人便联想到了人事的盛衰,即繁华易逝的定理。杜甫《城西陂泛舟》:"春风自信牙樯动,迟日徐看锦缆牵。"又《秋兴》:"珠帘绣柱围黄鹄,锦缆牙樯起白鸥。"李白《襄阳歌》:"车傍侧挂一壶酒,凤笙龙管行相催。""锦缆牙樯"、"凤笙龙管"无疑都是古人眼中赏心乐事的象征。然而,"非昨梦"、"是谁家",这一切无论在时间抑或空间上都是虚幻和难以凭恃的。溪上的清景唤起了回归自然的愿望,人事的反省更使诗人复活了对自己仕官选择的固有的怀疑,于是他不禁想起秦亡后隐居不仕的东陵侯召平,渴望着效法他的榜样,"拟问田园学种瓜"了。

这首诗以往常被人解释为体现"故国黍离之悲"的作品,其实恐怕应作具体分析。赵孟頫的仕元不是被迫的,出仕后一直受到元世祖特殊的优渥待遇。作为亡宋宗室,他有内心的责备,写过《罪出》诗,但这是在他名声越来越大,地位越来越高之后。所谓"政为疏慵无补报,非干高尚慕丘园"(《书怀二首》),他高蹈田园的愿望实同民族感情无关。本诗固然是兴思感怀,却带有学杜的明显影响。杜诗多以鸥燕对仗,如"远鸥浮水静,轻燕受风斜"(《春归》)、"细动迎风燕,轻摇逐浪鸥"(《江涨》)、"自去自来梁上燕,相亲相近水中鸥"(《江村》)等,对次联的构思或有启发。而因苕溪并不存在"锦缆牙樯"的故实,故亦不能排除其因为"白鸥"(见前引杜甫《秋兴》句)而引发的联想。杜诗在明洁的咏景之后,往往能接续无痕地渡入深沉的感慨,本诗也表现出了这样的特点。

(史良昭)

闻 捣 衣 赵孟頫

露下碧梧秋满天,砧声不断思绵绵。
北来风俗犹存古,南渡衣冠不及前。

苜蓿总肥宛要褭，琵琶曾泣汉婵娟。
人间俯仰成今古，何待他年始悯然！

似乎无须细加品味，读者即可感受到，在这首诗中正有一股浓重的哀伤，透过诗行向你扑来。

作为宋室之王孙，赵孟頫曾亲身经历了家国的沦亡、山河之易色，心间能不蓄满哀痛？尽管他后来屈身仕元，这哀痛毕竟总撩拂不去，时时涌上他的笔端，化作诗中的长声恸叹之音。人们从他《岳鄂王墓》"莫向西湖歌此曲，水光山色不胜悲"之句中，即可听到它的幽幽激荡。

但这回激荡诗人心魂的，不是岳王坟上的离离荒草，而是遥夜捣衣的阵阵"砧声"。诗之起句从"露下碧梧秋满天"入笔，在你眼前展开了一个清幽空阔的秋夜：碧绿的梧桐树影，大抵还摇曳在缥缈的月光下；寒气渐浓，阶沿上似还可听到露坠桐叶的疏落清韵。那阵阵"砧声"，正传响在如此幽寂的夜晚。诗人此刻是在桐影满阶的庭中，还是在月色洒窗的灯下？均不得而知。但他正凝神倾听远远近近的捣衣之声，却是诗中明白告诉了读者的——夜色沉沉，"砧声不断"，它在诗人心上振起的，究竟是些什么样的"绵绵"思情呢？

倘若是一位久盼征夫归来的思妇，这遥夜的捣衣之声，该会激得她泪花满眶的吧——"长安一片月，万户捣衣声。秋风吹不尽，总是玉关情"！李白的《子夜吴歌》，正把思妇对"良人"的浓浓思情，纷扬在这一派月色、风影和捣衣声中了。但阵阵砧声在赵孟頫心上激起的，却是又喜又悲的别一种思情："北来风俗犹存古，南渡衣冠不及前。""捣衣"之俗不知起于何时？从魏曹毗已有《夜听捣衣诗》看，大约早在汉魏时代即已流行。自南朝至北宋，文人诗词中咏捣衣者，更屡见不鲜。想不到这种古老风俗，在诗人"北来"大都时，又在这秋夜月光中得以重"闻"。北方久在异族统治之下，竟还保留着汉人的这一淳朴"古"风，诗人难免要为之惊喜了。相比之下，在宋室南渡的江南，这风俗却已日见衰微而大"不及前"了，诗人能不为之喟然悲叹？

从诗面上看，诗人的喟叹似乎仅止于此。但"北来"、"南渡"的鲜明对照，显然还含有某种政治上的意蕴：诗人从北方遗民历尽劫难，犹还世代相传、苦苦保留着古汉之风中，是否还感受到了他们久盼"王师"恢复中原的矢志不变之心呢？可痛的是，那些仓皇"南渡"的大宋君臣，却只知偏安一隅、歌舞作乐，不仅毫无恢复雄图，连世代相传的汉之古风，也被看轻而逐渐消淡了！这才是最令诗人感到痛心的。读者从"北来风俗犹存古，南渡衣冠不及前"的喟叹中，不正听到了类似于《岳鄂王墓》那"南渡君臣轻社稷,中原父老望旌旗"的悲愤和伤痛之泣么?

　　这悲愤和伤痛如秋夜的露气,愈来愈浓重地笼盖了诗人。声声不断的砧音,又如急骤的马蹄、苍凉的琵琶,在诗人眼前化出了一幕幕历史往事:他想起了气象壮大的西汉,卫青、霍去病曾几度挥师出塞,奋击匈奴于瀚漠;大探险家张骞勇赴西域,开通大宛、月支、乌孙等数十余国。那时的京师长安曾多么繁盛!塞外的葡萄、苜蓿、西域的琵琶、胡曲,纷纷传入中原,形成了中外交流的荦荦壮观。然而这景象又维持了多久?苜蓿被移植到汉苑,只不过滋长了人们的侈大之心;而在塞外,却喂肥了大宛的多少铁骑!当胡人又猖獗于边境之时,在外患内乱中迅速衰弱的汉王朝,却只能送去一批批宫妃美女"和亲"!

　　诗人一回想到这些古事,便不禁怫然伤叹:"苜蓿总肥宛要裹(niǎo,要裹:日行万里的骏马),琵琶曾泣汉婵娟!"这两句所咏叹的,难道只是历史古事?不,它其实是在为活生生的宋亡现实而悲哭:腐朽的南宋王朝,不正是以一次次屈辱的"讲和",葬送了军民抗金的大好局面?而当元人大举灭宋时,那在幽幽琵琶曲中掩泣的,又岂止是孤清出塞的王昭君?透过急骤的蹄音、哀伤的琵琶之声,诗人听到的是无数百姓的亡国之泣呵!两句诗正这样引古喻今,抒写了诗人难以言传的哀痛。所以当诗人从悲思中惊醒,再听那阵阵砧声之振响时,便愈加百感交集、泪水纵横了——风雨飘摇的南宋朝廷一朝覆灭,朗照这世界的,就再不是昔日故国的可爱明月。人间沧桑,俯仰之际便已变今成古;这一切难道只有到了"他年",才令人忆来悯然伤神?

　　这便是赵孟頫的"闻捣衣"之作。历来的"捣衣诗",大多限于抒写男女相思之情、山河远隔之悲。李白将它与"何日平胡虏,良人罢远征"联系起来,便思致深沉,博得了诗论家的赞叹。此诗则更进一层,完全撇开男女思情,来抒写故国不堪回首月明中的哀伤,就愈加深切感人。全诗从秋夜的一片砧声,引出"北来"、"南渡"的悲愤对照,化入历史兴衰的欷歔喻境,而后在俯仰古今的唷伤叹息中收结。读者吟罢掩卷,只觉得那传自秋夜的砧声,似也如泣如叹,久久诉说着令诗人无限伤怀的亡国之悲……

(徐旭文)

【诗人小传】

何　中

　　(1265—1332)　字太虚,一字养正,乐安(今属江西)人。宋末举进士,博通经史,为吴澄、揭傒斯所推赏。元至顺二年(1331)为龙兴学师。著有《易象类》、《书传补遗》、《通鉴纲目测海》、《知非堂集》等。

知非堂夜坐

何　中

前池荷叶深，微凉坐来爽。
人归一犬吠，月上百虫响。
余非洽隐沦，隙地成偃仰。
林端斗柄斜，抚心独凄怆。

何中是元朝后期的一个学者兼隐者，知非堂是他的居处，在他的家乡江西乐安，他大约一生多住在此，所以后来他的文集，就题名为《知非堂稿》。

夏天的夜晚，在堂前闲坐乘凉，这对诗人来说，大约是一生中重复过无数遍的事情。不过，就是这最普通的事，由隐者的笔写来，也就带上了他人未有的隐者气息。请看，"前池荷叶深，微凉坐来爽"，堂前的荷池里，荷叶已长得很深茂了，夏炎略退，池上就浮起了微微的凉意，令人在池边坐坐，心神皆爽；这情景，似乎是很惬意的；这般落笔，似乎也很不费力；但细想又不然。荷叶既深，则夏亦随之臻盛；但有微凉，可见无风；在一个无风的盛夏夜，常人不免怨天呼热，焉能心平气和，于一派残暑中，领略到些许凉意，而又为之怡然自乐？唯有素具修养的隐者，胸中本无烦躁，始能在其所经意之处，自然地令炎热告退，唯存与其素修相合拍的凉爽在。故此二句，是真隐者语，常人实不易造到。

"人归一犬吠，月上百虫响。"写到这二句，诗人已坐了不小一会了，天也黑了。夏天的狗最怕热，好容易熬过了白天，一个个都无精打采的，看见人回来，只有一条狗当代表叫几声，聊尽为狗的责任，其他狗都偷懒了；夏天的虫子在白天是看不到多少的，直到月亮升上天空，它们才从所躲避的阴影里营营地飞出来，嗡嗡地响成一片。这二句，真是夏夜的逼真之景，又全由声响得之，非久坐谛听者，不能道得。另外，犬虽仅一，其独吠声总能盖过百虫；虫虽有百，其交响声却终不能掩住犬声：这"一犬吠"与"百虫响"的对比中，或许还含有诗人如此的匠心，读者也切莫疏忽了。总之，能造出这二句，诗人这夜坐，也算心有独会了。

何中在《元史》里，是列入《隐逸传》的，但本诗说"余非洽隐沦，隙地成偃仰"，也未必是自谦。洽，相合，隐沦，即隐居。偃仰，语出《诗·小雅·北山》："或栖迟偃仰。"有俯仰自得之意。坐在荷花池前的隙地（空地）上，听听犬吠，辨辨虫响，这日子过得已经很悠然了，所以，何必去刻意追求什么隐居之趣呢？其实，不刻意求"隐"，才是真"隐"，这一点，诗人大约没想到，不过，他正是这样做了。

但是，"偃仰"也有随众俯仰、不出常规之意。"林端斗柄斜，抚心独凄怆"，待到北斗七星的斗柄在林梢上开始倾斜的夜半时分,诗人在深夜的寒气之下,淡却了悠闲感,不免又抚心深思:这日子,或许还有些平淡吧?人总不能就此满足吧?又一个夜晚即将过去,时光不待人,超越常俗、立言不朽之类的目标究竟能否实现、何时才能实现呢?念之不免使人仰望夜空,凄然怆恻。

何中毕竟是学者,因此在启人深思的清夜,他不能像纯然的隐者那么依旧心如止水,这也是很自然的事。不过,这种情感和悲哀,是古代士人常有的,诗人既然只道出一种"凄怆"的笼统感觉,我们也不须深究其中内容了。说到底,诗人在本诗中贡献给我们的有价值的东西,是在前四句,这才是他的独到感受,宜于我们反复回味的。

(沈维藩)

【诗人小传】

杨 载

(1271—1323) 字仲弘,浦城(今属福建)人。后徙家杭州。有文名。年四十,以布衣召为翰林国史编修官,预修《武宗实录》。延祐初,登进士第,授饶州路同知浮梁州事,迁宁国路总管府推官。与虞集、范梈、揭傒斯并称元诗四大家。其诗雄浑流丽,五律尤佳。其文以气为主,深受赵孟頫推崇。《元史》称"自其诗出,一洗宋季之陋"。有《翰林杨仲弘诗集》。

宗阳宫望月　　　　　　杨　载

老君堂上凉如水①,坐看冰轮转二更。
大地山河微有影,九天风露寂无声。
蛟龙并起承金榜,鸾凤双飞载玉笙。
不信弱流三万里,此身今夕到蓬瀛。

〔注〕① 据《西湖游览志》,"宗阳宫"本宋德寿宫后圃,内有"老君台"、"得月楼"。此次登老君台玩月,乃当涂杜道坚发起,"中秋集儒彦",分韵赋诗,杨载得"声"字首唱。陶玉禾称杨诗"高华宏亮,即在唐音中亦是高调"。

以苍悍"如百战健儿"饮誉诗坛的杨载,其实也常有越世升仙的飘逸之思。这首被后人叹为"绝唱"的《宗阳宫望月》,正表现了他"夜阑每作游仙梦"的奇妙思致。

不过这"夜",并非是潇潇洒洒的春雨之夜,也不是在云气濛濛的城邑之中。"窗间夜雨消银烛,城上春云压彩旗"——那样的夜,是富于色彩和声韵的;它所带给诗人的思绪,也透着万家灯火的暖意和笑语融融的淋漓。此刻,则是皓月千里的中秋之夜,而且是在耸入半空的"老君台"上。所以,浮现于诗人笔端的夜境,也异样的清空和幽渺:"老君堂上凉如水,坐看冰轮转二更"——前句未见人影,先让你领略那洒满"老君堂"栏槛阶砌的月色:它明漾清纯、轻盈如水,然而也与这秋夜相似,带着特有的清凉感。后句才把镜头推近,从缥缈月光中显现一位孤清的诗人,他正默然无语,久久仰望着高挂"老君台"巅的圆月。月而状之以"冰轮",见得分外明莹,而且圆转如轮、清澄可爱。因为又是"坐看",诗人的举首凝望,便显得格外安闲,甚至也忘却了时光之流驶:转眼间已是沉沉"二更"。

开笔两句已将深夜望月的清幽之境造足。但毕竟还少了些空间感——这样的境界固然美妙,倘在假山玲珑的池畔月下,或是歌吹暂歇的繁华街市,也一样可以领略到。诗人所置身的,却是远离尘俗的高处、"老君台"上的楼观,那境界又岂是凡俗世界所可涉想!颔联"大地山河微有影,九天风露寂无声"的跳出,正于刹那间将高度提升,使读者带有了身临半空的缥缈感。当你透过朦胧月色俯看大地,它竟显得那般幽渺。远处的山峦,近处的河港,而今全隐在了月光深处,只约略可辨其轮廓模糊的"微影";环顾四周,则仿佛已身浮于九天之上,连清风、坠露,也似乎全从此处飘洒向人间!宇宙茫茫,空寂无边,此刻与诗人相伴者(指境中,而非实境中),唯有这孤然浮耸的老君一"堂",静静运转的月魄一"轮"而已!

在如此幽渺的境界之中,谁能不飘飘欲仙?颈联"蛟龙并起承金榜,鸾凤双飞载玉笙",便是诗人飘飘欲仙中化生的幻境。"蛟龙"、"鸾凤",都不是凡俗之物——那是逍遥自在的神仙,才有幸乘坐的灵虫异羽。庄子《逍遥游》所状貌的"藐姑射之神",不正是"乘云气,驭飞龙",而"游于四海之外"的么?刘向《列仙传》中的萧史、弄玉,更是在"凤皇来止其屋"以后,才"一旦皆随凤皇飞去",成为令千古企羡的仙侣的呵!这一切美丽的神仙传说,而今全都悠悠不尽地从诗人脑海浮起;在意绪葱茏之中,诗人的眼前也忽然涌生出海市蜃楼般奇景:只见老君堂的金字匾额("金榜")下,分明有两条飞龙蜿蜿而舞——那不是《神异记》所叙的"西方有宫","五色黄门,有金榜而银镂"的神人居住之境?云气缭绕的空中,忽又响起悠扬清越的乐音。抬眼而望,原来是彩翼熠耀的双鸾,正载着仙子吹笙而降!

这当然只是诗人在"九天风露寂无声"中凝想的虚境。然而,它又是怎样缤纷绚烂和辉煌照眼!这虚境的涌现,顿使前文的高寂、清幽气息为之一扫;那孤清耸立的"老君堂",那明莹如"冰轮"的素月,便全沐浴在这一派奇光异彩之中。迷离恍惚的诗人,似乎也已飘越千里,置身于《山海经》所述的昆仑神薮,置身于《史记》所记道家方术之士无限向往的"蓬莱、方丈、瀛洲"三神山——那里有直达天庭的"九重增城",有"黄金白银"的巍峨宫阙!而按照神话传说,这些神仙居处之地,四周均有"弱水三千丈"环绕,渡船难越,"鸿毛不浮"。凡俗之人,又哪有身临一窥之幸?我们的诗人,却在这幽峭的老君台上,领略了那神山、仙岛般的奇境!诗人沉醉了,在如幻如梦之际,禁不住脱口而呼:"不信弱流三万里,此身今夕到蓬瀛!"全诗在这悠然自得的欣喜一呼中收止,而读者的眼间,似还能见到宗阳宫的月光,正辉映着诗人,在梦幻中冉冉驭龙飞升……

杨载的诗在元代四大家中,特以"沉雄典实"擅场。如"落日波涛壮,晴天岛屿孤"、"挟书万里朝明主,仗剑三年别故乡"等,皆苍健雄悍,为明人所称道。但正如胡应麟《诗薮》所指明的,杨载所独创的"绝妙境"却不是这些,恰恰是"夜阑每作游仙梦,月满琼田万鹤飞"那样的空灵缥缈之作。《宗阳宫望月》亦正如此,诗人在这里似乎完全换了一副笔墨:落笔潇洒,吐韵高妙,实中出虚,以成清奇瑰幻之境。其逸兴遄飞处,大有谪仙李白之风。这或许正是它所以被叹为"绝唱"之故吧?

(徐旭文)

宿浚仪公湖亭(其二)   杨 载

两两三三白鸟飞,背人斜去落渔矶。
雨余不遣浓云散,犹向山前拥翠微。

杨载诗歌中除了送赠、怀古和题画诗外,写景之作占有很大比例。一些写景诗运用细密清淡的笔法,写得颇有情致。

《宿浚仪公湖亭》原诗共三首,本首是第二首。第一首诗中提到"夜宿湖亭",并描述了"四更风露"、"屋角斜月"。第二首应是第二天所见。

诗题所称"浚仪公"即赵孟頫。赵孟頫系故宋宗室,入新朝后,文人(特别是后学晚生)不便相称,乃以郡望代之。浚仪是古地名,治今河南开封,即宋都汴梁。又作者比赵孟頫小十七岁,他的成名颇得赵之推许。《元史》本传说"初,吴兴赵孟頫在翰林,得载所为文,极推重之。由是载之文名,隐然动京师"。故"宿浚仪公湖亭"云云,想系杨载游幕之作。浚仪公湖亭未详何处,但它的地理环境却是可以想见的。连绵不断的青山,碧波荡漾的湖水。就在这青山脚下、湖水旁边,坐落着这座湖亭。诗中所写之景,就是诗人在湖亭中极目眺望时所见。

"两两三三白鸟飞"从飞鸟着笔。"两两三三"不仅是为了说明飞鸟的数目,这里叠用数词,是为了刻画飞鸟那种不慌不忙、优悠闲散的飞翔情态。湖中的鸟儿可能不止一种,诗中专写白鸟,是为了造成鲜明的颜色对比,突出画面的生动感。试想那雪白的飞鸟下,荡漾着碧蓝的水波;白鸟碧波交相映照,显得空明澄澈,令人心旷神怡。

"背人斜去落渔矶"进一步描写飞鸟。"背人"指避人。白鸟似乎发现了有人在凝望它们,所以便想离去。但这些调皮的家伙,又想在观赏者面前卖弄一下轻盈的身姿,于是在空中做着漂亮的翻飞动作,向远处的渔矶落去。"斜去"二字准确地刻画出了白鸟那轻盈优美的飞翔姿态。

前两句描写了湖鸟之后,后两句转入描写云山。按照通常的情况,一场大雨过后,便会烟消云散。但本诗描写的却是"雨余不遣浓云散",说明只是微雨。这团浓云好像非常依恋这里的湖光山色,"犹向山前拥翠微"一句把云团写成了具有灵性的活物。它从湖水上空慢慢扩展开去,拥向连绵的青山,使青山显得更加葱茏。一个"犹"字写得温柔多情,颇有些缠绵的意味。这团多情的云块恐怕正象征着诗人留恋这番风光的心情意绪吧。

短短的四句诗,描写到湖光山色,飞鸟闲云,所有这些融汇在一起,构成了一幅清雅素淡的水墨画。飞鸟和闲云在诗人的笔下,都成了具有灵性的东西。作者有极其敏锐的感受能力,善于捕捉自然界中细微的变化,捕捉自己内心世界细微的律动,用流畅的语言表达出来,造就了优美的艺术境界。 (程相占)

宿浚仪公湖亭(其三) 杨 载

几年乡梦隔江湖,此日登临兴不孤。
小艇欲行无远近,不愁归醉要人扶。

这是原诗的第三首,写诗人留宿浚仪公(赵孟頫)湖亭之后,驾一叶小船,泛舟畅饮的兴致。

杨载本是建宁浦城(今属福建)人,后迁居杭州。四十多岁以布衣召为国史院编修官,延祐二年登进士第。在北方滞留的那段时间,纯粹是出于功名仕途的考虑。但他的官宦生涯并不十分得意。人在失意困顿的时候,往往产生思乡之情。"几年乡梦隔江湖"一语,正说明了杨载对自己家乡山水的怀恋。一梦就是几年,几年都做着同样的梦。"隔江湖"意为被江湖隔绝,乡梦难以成真。愈是难以成真,便愈是渴求。这开头一句充分表现出来的思乡之情,为下文蓄足了势。

"此日登临兴不孤"是第一句中思乡之情的发展,但感情波澜却有了回旋。诗人对家乡的山水如此向往,如此怀念,但今天虽然未回到家乡,但在浚仪公湖亭小住,蒙其爱赏眷顾,也有宾至如归之感。不免逸兴遄飞,心情一定非常激动而不平静,一定想到了很多很多。"兴不孤"正说明诗人思绪万端,有欣喜,有惊异,或许还有感慨。斗转星移,物是人非,不管是事业上的成功者或是失败者,心情都会相当复杂,何况诗人身在客中,心怀思乡之情。

"小艇欲行无远近,不愁归醉要人扶。"诗人索性走下湖亭,登上了一叶扁舟,任性泛游。"小艇"即小船。与其说是"小艇欲行",倒不如说是表现了诗人在解脱了诸多压抑之后的一种轻松感。"无远近"不是说真的没有了空间距离,而是随处皆可,无处不可,湖水中的一切都显得新奇,显得亲切,无一处不值得留恋,不管漂荡到哪里,都没有任何妨害。可谓乘兴而往,兴尽而返。诗人放纵小船在湖面上漂流,可能是他在试图追寻往日的旧梦。因为梦境总是飘忽不定的,只有随着感觉走,任性纵情,才可能会更贴近梦境。"不愁归醉要人扶"更强化了这种情绪。诗人开怀畅饮,一面还安慰自己,不用担心醉酒之后无人搀扶,因为这随意漂荡的小船便是归宿,无论漂到哪里、醉乡何处,又会有什么要紧呢?

本篇抒写游兴,用素墨淡笔,从乡梦入而从逸兴出,曲折宛转,但又含蓄无垠。何谓"兴不孤",作者没有明说,只从小艇荡桨,随意所之,透露出闲适澹远的意趣。

(程相占)

古　墙　行　　　　杨　载

建炎白马南渡时,循王以身佩安危。疏恩治第壮舆卫,缩板栽榦由偏裨。下锸江城但沙卤,往夷赤山取焦土。帐前亲兵力如虎,一日连云兴百堵。引锥试之铁石坚,长城在此势屹然。上功幕府分金钱,欢声如雷动地传。尔来瞬息逾百年,高崖为谷惊推迁。华堂寂寞散文础,乔木惨淡栖寒烟。我入荒园访遗古,所见惟存丈寻许。废坏终嗟麋鹿游,飘零不记商羊舞。王孙欲言泪如雨,为言王孙毋自苦。子孙再世骧门户,英公尚及观房杜。如君百不一二数,人生富贵当自取,况有长才文甚武。公侯之后必复初,好把家声继其祖。

沧海桑田,荣枯兴衰,往往成为诗人吟咏的话题。面对今日的破败荒凉,追忆往昔的繁华兴盛,大都会情不自禁,感慨万端。杨载的《古墙行》便是这样的一首诗。

全诗按内容可以分为两部分。第一部分描述循王府第的固若金汤,进行了大量的渲染;后半部分描绘府第今日的破败荒凉,借安慰王孙之苦,抒发了诗人自己内心深处的感慨。

"建炎白马南渡时,循王以身佩安危"交待昔时修筑府第的背景。一一二七年一月,金兵攻破北宋京城开封,俘虏徽宗、钦宗。金军退出开封后,宋徽宗的第九子康王赵构于同年五月即位于南京(今河南商丘),是为宋高宗,年号"建炎",后来赵构迁都临安(今浙江杭州),传说中有"泥马渡康王"的故事,故此诗中称为"建炎白马南渡时"。"循王"指南宋初年抗金名将张俊。张俊曾劝赵构南渡,据江为险;南渡后,张俊平定苗傅、刘正彦等反叛,又屡破金人进犯,屡建战功,最为高宗所器重,死后追赠循王,故诗中称为"以身佩安危"。

因为张俊功重一时,绍兴十三年(1144),"敕修甲第,遣中使就第赐宴,侑以教坊乐部"(《宋史》本传)。"疏恩治第壮舆卫"以下十句即指此事。高宗下达恩命,为张俊修治府第,以壮其车马护卫。"缩板栽榦由偏裨。"可见工程重要,全由将士动手,不用民伕。板榦,都是筑城工具,偏、裨,指将佐卫士。"下锸江城但沙卤,往夷赤山取焦土",说明了建造循王府第工程的浩大。修建府第必须使用大量的土石,筑第的将士在杭州这座滨江城市下锸(锹),但疏松的沙土和碱土又不适宜,所以必须搬运土石。"夷"指削平;"赤山"本是传说中的山名,此指大山。因其名"赤山",故想象其土为"焦土"。"帐前亲兵力如虎,一日连云兴百堵。"张俊手下兵将个个力壮如虎,一天之间,百堵高墙便拔地而起,耸入云端。这里接连用了两个夸张手法:削平大山用于筑墙,说明府第工程浩大;府墙高入云端,拔地而起,说明它气势宏伟。那么府墙的坚固程度如何呢?"引锥试之铁石坚,长城在此势屹然。"相传十六国夏王赫连勃勃筑统万城,每块土方皆用锥刺之,刺入则杀筑者,不入则杀刺者,以故城坚固无比。"引锥"句暗用此典。拿大铁锥来刺击试验,府墙就像铁石一样坚固;又如同稳固无比的万里长城一样,高高屹立在天地之间。紧接上文的两个夸张,这两句又连用两个比喻,更进一步渲染府墙的坚固和气势。这样,两个夸张,两个比喻,把府墙的不凡声势和无比坚固描绘得淋漓尽致。"上功幕府分金钱,欢声如雷动地传",描述府第建成之后,论功行赏,上下欢声雷动,可见颁赏之多,从而侧面烘托出了筑第费用之大。总之,这一部分调动了诸多艺术手法,选择了修建府第时筑墙这个重点,从不同侧面加以烘托,造成了一种强烈的印象:如此宏伟坚固的府第,一定能永久地屹立在天地之间,经受得住万古的风吹雨打。然而,诗的下半部却陡然一转,描绘了一幅极其荒凉破败的景象。

"尔来瞬息逾百年,高崖为谷惊推迁。"历史的长河日夜奔腾,瞬息之间百年已逝。高崖为谷,沧海桑田,那宏伟坚固的循王府第于今又在哪里?"华堂寂寞散文础,乔木惨淡栖寒烟。"昔日繁华的殿堂已死气沉沉,雕饰的墙基散漫朽烂;堂前的故国乔木,唯有寒烟阴雾缭绕其间。"我入荒园访遗古,所见惟存丈寻许"进一步描绘府第的巨大变化:府墙本来高入云端,势如长城,而今却只剩下丈把来高;本来是坚如铁石,威如大山,而今只留下败堵残垣;本来是亲兵如虎,欢声雷动,而今却人迹罕至,一片飘零。这种反差太大了,不能不使人感慨万端。"废坏终嗟麋鹿游,飘零不记商羊舞"两句意蕴相当深刻。"麋鹿游"用吴王夫差亡国、姑苏台上见麋鹿游之典。"商羊"是传说中的鸟名,大雨前,此鸟常屈一足起舞。汉代刘向《说苑·辨物》篇载:"齐有飞鸟,一足,来下止于殿前,舒翅而跳。齐侯大怪之,又使聘问孔子。孔子曰:'此名商羊,急告民趣治沟渠,天将大雨。'于是如之,天果大雨。"诗中运用此典,加深了感慨之情。商羊是能够预知风云变幻的灵物,但处于繁盛时期的人们却忘记了它,因此对世事的盛衰不能预知。一旦盛极衰来,只能面对荒园野鹿、破败凋零,发出无可奈何的慨叹。诗人在这里流露出的居荣思辱的感慨,也是对世事变幻的无奈:即使能够预知,又该能如何呢?世事毕竟是要变迁的啊!

出于这种无奈和感慨,诗人对"王孙"即张俊的后人进行了劝慰和开导。"王孙"株守在废第里,偶见诗人经过问询,自不免欲言未言、已泪下如雨。对此,诗人劝慰道:你不要太感痛苦了,想大唐贞观的名相房玄龄、杜如晦,生前相业何等隆赫,其子房遗爱、杜荷都娶了公主,但两位贤相一死,不久其子便或被杀,或流放,家声大跌。无怪目睹其事的另一位唐初功臣李勣(封英国公),在临终前感叹道:"我见房玄龄、杜如晦、高季辅辛苦作得门户,亦望垂裕后昆,并遭痴儿,破家荡尽。"(《旧唐书·李勣传》)可见,名臣之后,再世而隳毁其家,实是常事;像王孙您这样尚能留居旧第,已是百不存一二、非常可贵难得的了。人生要自取富贵,不能依赖先人余荫,您有文武长才,又是公侯名门之后,定能重振门户、绳武乃祖的。这一段话,在全诗占了三分之一篇幅,可见诗人感慨良深。另外,这一段其实也是诗人对于富贵显达的态度的流露。杨载中年以后才以布衣召为国史院编修官,最终也未能显达,他的诗歌中经常流露出对飞黄腾达的渴求。因此,他在本诗的结尾处才不厌其烦地鼓吹富贵荣华、光宗耀祖。这从一个侧面,亦可展示元代知识分子的深层心态。

怀古是中国古代诗歌中一种常见的题材,但像本诗这样采用歌行体的形式却为数不多。较之常见的以含蓄蕴藉取胜的短篇怀古之作,本诗所采用的大肆渲染、淋漓铺排的手法,就显得新鲜而独特,不失为一篇风格独具的怀古作品,尽管其末段的思想有些失之平庸。

(程相占)

到 京 师　　　　杨 载

城雪初消荠菜生,角门深巷少人行。
柳梢听得黄鹂语,此是春来第一声。

"诗家清景在新春。"北方的冬天,寒冷而漫长。在严冬方尽,余寒犹厉的时候,突然感觉到春天来临的信息,哪怕只是一点新绿,一声鸟啼,那种惊喜之情是自不待言的。杨载的这首绝句,正是久久逢春之时欣喜心情的表露。

"城雪初消荠菜生"点出地点和时令。"城"这里指元代京城大都,是当时的政治中心。在中国古代封建士子们的眼里,京城往往负载着他们的政治希望,仕途的沉浮荣辱往往决定于停驻京师或是离开京师。因此这个地点的深层意蕴决不能轻易忽略。"初消"指雪刚刚消完,或许还有一些残留。但严寒再也不能笼罩大地了。不是吗?几处丛生的荠菜已经冲破开始酥松的冻土,崭露出勃勃的生机。可能它还很微弱,但在满目萧瑟的初春之际,任何一点新绿都是生命勃发的象征,都蕴含着无尽的希望。所以这个细节也不能忽略。

"角门深巷少人行"以环境的寂静落寞,说明诗人境况的冷落。"角门"指偏门,是诗人到达京师后的寓所之门。"深巷"指偏僻的小巷。有元一代,儒士的地位、出路和境遇始终是一个尖锐的社会问题。在起用儒士为官的问题上存在着民族歧视,以及与此有关的权力分配的不平等;元代的科举又时行时废,科举制度本身又有诸多不利于汉族士子的规定。因此,汉族士子进仕的机会非常有限。杨载自幼博览群书,期待"应有声名达帝前",但直到四十多岁才以布衣召为国史院编修官。故而初到京师,门前冷落,大有"贫在闹市无人问"之慨。

然而,就在这寂寞寥落的偏僻小巷里,突然"柳梢听得黄鹂语",一声清脆的鸟鸣,从柳梢枝头传了下来,打破了所有的沉寂。黄鹂本无情,此时却有语。这与其说是黄鹂的鸣叫,倒不如说是诗人发自内心深处的一声欢呼:尽管自己仕途艰难,但现在不是已经奉诏进京了吗?希望就在眼前!"此是春来第一声"把诗人心中那种惊喜之情淋漓尽致地表达了出来。"到处莺歌燕舞"固然更为繁华热闹,但已经没有"春来第一声"的新鲜感了。唐代诗人韩愈《春雪》诗中"新年都未有芳华,二月初惊见草芽"两句,形象地刻画了刚刚感觉到春天来临之时的心理状态。些微淡淡的绿芽,就使人又惊又喜,何况第一声鸟鸣呢!更何况是善解人意的黄鹂,唱出了自己内心深处的一声欢呼呢!

　　杨载所著《诗法家数》一书,曾提到写景要"景中含意"。本诗所设之景,无一不是诗人内心情感的流露,的确达到了"景中含意"。"景中含意"也就是情景交融。这首绝句淡淡写来,似乎毫不经意,但兴象自然,意境优美,深得唐人三昧,称得上是元代"宗唐"风气中成功的作品。

(程相占)

梅梁[①]歌酬郑集之　　　　杨　载

　　大禹之功及天地,庙有梅梁何足异?奈何过用铁索缠?太祝为之欲徼利。每言变化失其所,去作老龙治风雨,一声霹雳震岩扉,千尺蜿蜒辞殿户。七月槁苗沾块土,忧杀村中老农父,买羊沽酒祭梅梁,祭罢祠官传好语。吁嗟老农无尔愚,大禹有神焉可诬!汝曹淫祀欲求福,此物为妖当伏诛。

〔注〕　① 梅梁:梅树树干制成的房梁,用于禹庙。明人刘绩《霏雪录》曰:"(会稽)禹庙梅梁,乃大梅山所产梅树也,山在鄞县东南七十里。……唐张僧繇图龙其上。夜大风雨,尝飞入镜湖与龙斗。人见梁上水淋漓湿,萍藻满焉,始骇异之,乃以铁索锁于柱。"颜真卿《谒禹庙诗》:"梅梁今不坏,松祏古仍留。"可知南北朝以前就已盛行筑禹庙用梅梁。

　　这首七言古诗是作者与友人郑集之的酬唱之作,郑集之生平不详。诗中围绕禹庙梅梁的传说和祭祀展开,表达了诗人不信怪异、反对淫祀的观点。

　　诗一开头就开门见山,摆出了自己的看法,在肯定大禹治水的辉煌功德之后,指出禹庙梅梁不足为怪。至于用铁索缠绕梅梁,以及有关梅梁的种种神奇传说,都是那些掌管祭祀的神职人员故弄玄虚,是他们用以诈取钱财的卑鄙手段。他们时常危言耸听,声称梅梁会变成老龙兴风作雨,当它升天入湖之时,会搅得天地不宁,霹雳炸响,声震岩山,龙身蜿蜒,垂天千尺。这些可笑的神话在民间有着相当的市场,因此梅梁也成了祭祀的对象。

　　作者关于梅梁的这番议论并非泛泛而谈,而是具有强烈的时代感和明显针对性的,诗的后半部分,就是对当时农夫求雨的方式提出了自己的看法。七月禾稼将熟,正是极需水分的时候,偏偏久旱无雨,庄稼枯槁,老农为之心急如焚,于是买羊打酒,虔诚祭祀梅梁,希望老龙显灵,呼风唤雨,解救旱情。而那些掌管祭祀的祠官在收足了供物以后,总是用那套虚妄的好言好语来安慰农夫。诗人不禁感叹老农太愚蠢,因为祭祀梅梁就意味着对大禹的不敬,而且这样不辨对象地滥行祭礼,是不可能求到什么福分的。最后诗人直截了当地指出,梅梁果真有什么灵异的话,也只能是妖异,不该是供奉的对象,而应斩杀。

明初人瞿佑的《归田诗话》里说,杨载这首《梅梁歌》当时受到广泛的注意和称赞,我想本诗之所以能获得如此热烈的反响,艺术性还在其次,重要的是它直接干预了生活,旗帜鲜明地指斥和反对当时泛滥成灾的淫祀。元代统治者大力崇佛,每年各类佛事所供,花费不计其数,在这样一种迷信气氛的笼罩下,各种方士、术数应运而生,因此五花八门的祭祀供奉、道士作法不胜枚举,百姓虽身受其害,却往往浑然不觉,甚至倾心好之,而杨载一针见血地指出术士们"徼利"的险恶用心,无疑具有振聋发聩的现实作用。

本诗语言晓畅,情真意切,节奏明快,读来感觉气势颇为雄壮。元代中期四大家虞集、杨载、范梈和揭傒斯的诗均享有盛名,各有所长,世人大多认为虞集首屈一指,杨载却颇不以为然。相传虞集和杨载曾在京口相会,杨载屡屡讥刺虞集不会作诗,虞集于是携酒登门,讨教作诗之法,杨载并不直言相告,只顾喝酒,酒酣之后,信口吟出,举座倾倒。(见元季陶宗仪《辍耕录》)可见杨载素以酣畅淋漓的诗风自负,并且认为好诗的首要条件就是气势。唐、宋以后,文人作诗存在着两个倾向,一类重视写,追求阅读的美感,因此讲究词藻典故,比较强调表面形式,强调深远含蓄的效果;另一类则重视吟,强调听觉和朗读时的快意。元人较多偏向于后者,杨载则是其中的佼佼者。正因为杨载重"吟",因此他作诗一挥而就,然而在不断重复的吟诵中,又不时发现问题,补充修正,所以他的诗稿总是改了又改,经常是定稿与初稿相比,已经面目全非。不过,不论如何修改,杨载的诗总是保持着音节的流畅,或者恢宏的气势,这就是"吟"的效果。

虞集曾评论杨载的诗风说:"杨仲弘诗如百战健儿。"(参见揭傒斯《范先生诗序》)可见虞集也认识到杨诗以雄浑有力的诗格见长。杨载的诗多不注重字词的雕凿,而尤其重视谋篇立意,重视语气变换的效果。如本诗先连续采用一个反问句,一个设问句,较委婉地指出奇异神话掩盖着的卑劣用心;最后又以感叹句、反问句直截了当地摆出自己的观点,一唱三叹,反复强调,充分显示出诗人强劲的内心力量和虎虎生气。

(孙小力)

次韵虞彦高[①]游阳明洞[②]　　杨　载

忆昔神禹奠九州,兹山会计[③]功始休。诸侯玉帛渺何许,但见万水从东流。衣冠永闭阳明洞,夜闻鬼哭岩之幽。珠宫贝阙号龙瑞,天造地设非人谋。槎牙怪树冻不死,化作千丈苍玉虬。丹洞呀然仙掌裂,翠峰巧矣蛾眉修。梅梁飞去铁锁断,

次韵虞彦高游阳明洞　　　　　　　　　　　　杨　载

往往雷雨生灵湫。轩辕④缑神⑤极秘怪,海上笙鹤时相投。平生闭门读史讴,子乃探穴先吾游。明当挟子骑汗漫,题诗更在最上头。不妨山水乐吾乐,岂有饥溺忧民忧？故家乔木尚可求,有子有孙百世留。卧横玉箫泛归舟,吹散万斛江南愁。

〔注〕①虞彦高：名志道,彦高为其字,江苏无锡人,任湖州路学教授。　②阳明洞：位于浙江绍兴东南的会稽山中,道家的第十一洞天。　③会计：相传大禹在会稽山大会诸侯计功。　④轩辕：轩辕丘,山名,传说中黄帝居住之地。《山海经·西次三经》："(玉山)又西四百八十里,曰轩辕之丘,无草木。"郭璞注："黄帝居此丘,娶西陵氏女。"　⑤缑神：缑氏山上的神仙。山在河南偃师市南。《列仙传》载,周灵王太子王子乔好吹笙作凤鸣,游于伊洛之间,上嵩高山学道三十余年。后见桓良,说："可告我家,七月七日候我于缑氏山巅。"至期,果然乘白鹤停留在山头,数日后才离开。

　　这篇七言古诗是首和诗,友人虞彦高的诗现在已看不到了。虞彦高游了会稽阳明洞后,写诗记此游程,并赠予杨载,而杨载在从未目睹过阳明洞风采的情况下,凭借他丰富的想象和绮丽的才华,写下了这篇出神入化的长诗。

　　由于阳明洞坐落在会稽山中,所以本诗就从会稽山的神奇历史开始述说。想当初,大禹奉命治理洪水,乃开九州,通九道,天下大治,在此山大会诸侯计功,因此将此山命名为"会稽"。历史上多少帝王诸侯都曾享有过荣华富贵,都曾拥有过珍宝万千,但如今都渺无踪影,无声无息,唯有这无数江河滚滚东流,永无休止,向人们述说着大禹治水的赫赫伟业。相传大禹登上帝位后的第十个年头,到东方各地巡视,当来到会稽山时撒手人寰,他的衣帽就被藏在阳明洞中,从此这里的夜晚经常有幽幽的鬼哭声,从洞的深处传出。

　　阳明洞有着如此神奇悠久的历史,因此洞中的景致也就不同凡响,从"珠宫贝阙号龙瑞"一句开始,诗人转而描写现实的阳明洞的奇幻景象。也许洞中的绮丽不胜枚举,诗人一言以蔽之,形象地比喻成水晶宫。龙宫的变幻莫测不是人类所能想象,也非人力所能造就的,单单是那高耸的石柱,就是如此婀娜奇怪,好似参天古木,又如苍龙昂首,呼啸向天一般。"丹洞"二句,是诗人描写出了阳明洞以后,回首远眺的印象：灵洞仿佛仙人巨掌裂开的口子,而翠绿的山峰又像美女修长妩媚的蛾眉,苍郁妖娆,凝为一体,令人叫绝。

　　其实,会稽山令人叫绝的奇迹并不只是阳明洞,"梅梁"以后四句,描写的是禹庙飞龙以及其他神奇的仙人传说。相传会稽禹庙的房梁是大梅山的梅树干制成,唐代著名师张僧繇曾在此梅梁上画了一条龙,后来在一个狂风暴雨的夜晚,这梅龙飞入湖中,大战湖龙,天明之前又不动声色地返归原处,人们有所察觉后,用铁索将梅梁缠连在立柱上。但是,这梅梁仍然不受束缚,时常挣断铁索,飞入灵池,兴雷作雨。总之,这是一座神奇的山,能与轩辕丘和緱氏山媲美,王子乔之类的神仙经常从东海仙岛上归来,骑鹤吹笙,在此玩乐。

诗的最后十句,是抒发感想。作者终日在屋闭门读书,虽然家居杭州,却让无锡的虞彦高捷足先登,先去游览了会稽阳明洞,这不免使作者感到羞愧,也更激起了他踏山访水、万里遨游的豪情。他希望偕同挚友骑马漫游,探索那些未经发现的奇妙景点。他想从此纵情山水,再也不求读书拯世、做官救民;他要让欢乐充斥心胸,不再为救民于水火的理想劳神忧心。他只希望当浪游天下的行程结束以后,回到故里,子孙满堂,生生不穷,安享天伦之乐。他只想一叶小舟,飘浮于湖上,手中一管玉箫,奏响悠扬的小曲,让乐声飞入天空,散进湖水,化解那绵绵不断、无穷无尽的哀愁。

据此诗意,本篇当是作者为官后、即他晚年的作品。杨仲弘诗集里,另有一首长篇五言古诗《赠虞彦高》,叙述了杨、虞二人情投意合、切磋文艺的友谊,并且抒发了以文学扬名当世的远大抱负。结合本诗来看,结尾"明当挟子骑汗漫"以后的八句,并非作者言不由衷地故作隐逸之语,他确实是希望步虞彦高后尘,让广泛的游历来充实生活,丰富思想,激励自己写出传世之作。这种想法,和他平时对于诗歌创作的严谨态度也是完全吻合的。

据明初瞿佑《归田诗话》记载,瞿佑曾亲眼见到杨载的诗稿,字画一丝不苟,而"前后点窜几尽",可见他在锻词炼句上极下功夫,颇有"新诗改罢自长吟,语不惊人誓不休"的豪情和坚毅。本篇比喻形象贴切,气势宏伟壮观,足以体现作者的语言功力。例如诗中描摹阳明洞形状的怪诞,仅以"仙掌裂"三字略微概括,留无限的想象余地任凭读者去发挥。又如表现山峰的秀逸,他用修长的蛾眉来作比喻,别出心裁,却又清新动人,给人似曾相识却又难得一见的感觉。不过,这样的比喻手法在诗中出现得并不多,诗人毕竟没有亲眼见过会稽山和阳明洞,因此他没有在具体的写景上花费太多的笔墨,而是托"游"写情,生发开去,表达自己由此兴起的不慕富贵、寄情山水的愿望和感慨。诗人正是这样通过托物连类、比兴互陈的修辞手法,借助于瑰丽奇怪的神话传说,驰骋开自己丰富奇特的想象,不仅写出了阳明洞之类的风景胜地的无穷魅力,同时也充分抒发了自身复杂的心情,假如细细玩味,不难觉察诗人深藏于淡泊心境深处的忧愤。例如,从起首大禹的"奠九州",到中间诗人的"读史讴",一直到结尾"泛归舟",表现了作者从倾慕古圣贤为国立功、为民分忧的激情志向,转而为不问世事的逍遥遐想,其中蕴藏着的痛苦抉择和真实原委,诗人不愿明说,但终了一个"愁"字,已经透露了几分真情。

然而总的来看,本诗并无阴郁的气氛,这一韵到底的流畅,光怪陆离的夸张,沉静淡泊的遐想,都体现了杨载诗歌的一贯风格:酣畅淋漓,气势不凡。 (孙小力)

暮春游西湖北山　　　　杨　载

愁耳偏工著雨声,好怀常恐负山行。
未辞花事骎骎盛,正喜湖光淡淡晴。
倦憩客犹勤访寺,幽栖吾欲厌归城。
绿畴桑麦盘樱笋,因忆离家恰岁更。

杭州西湖外的葛岭、宝石山,统称北山,是杭州一大景区。杨载在四十岁以前,常居于杭,留下了不少诗篇,本诗就是其中被选家注目的一篇。

杨载作诗,锻字炼句,是很下功夫的;这首七律,在格局上并无特异之处,可观的全在于措辞的刻意求新、不肯从俗从熟。首联第一句"愁耳偏工著雨声",把老是听闻忧愁之声的双耳称为"愁耳",已经很精炼了;把爱听称为"偏工",更觉生动,显得这"愁耳"很有性格,于听雨这事格外精工,超乎其他功能(偏,出乎寻常之意)。但是,这二者还都不及一个"著"字更见诗人的功夫——既然"愁耳""偏工"于听雨,那么它听起来也不同往常,是紧紧地附(著,附着)在雨声边;这雨声,也仿佛不是落在窗前户外,而是擦耳而过!这是贯注了多少劲力才炼出的一字哪!没这一字,便不足以匹配前四字;而诗人写下四字在前,就势必要求有一更奇之字紧随在后:看来,诗人是处处在为自己出难题,而时时为解出难题而自得。

"好怀",指对美好事物的怀思、眷恋。诗人素爱美景,时常惦记着不要误了游览的时机、辜负了大好山色空自寂寞;现在想到雨中北山定别有情趣,自然更不能不一往了。于是,首联虽然只写到"常恐负山行",但诗人的闻雨上山,已包含在内,诗的颔联,也就能直接写山景了。"未辞花事骎骎盛,正喜湖光淡淡晴。""未辞花事"就是"花事未辞",因对仗的关系作了倒装。暮春三月,正是杭州最艳丽的时节,因此,虽然有蒙蒙细雨,也不能令千树桃花万枝柳起推辞为春天作妆点的念头,花枝们仍然在迅速地走向繁盛(骎骎,原意是马的疾行,引申为迅速)。有这许多护春使者在争奇吐艳,西湖上自然是晴光灿烂,即使是在雨中,从北山上鸟瞰下去,这晴光也不过淡了一点而已。这二句里无一"雨"字,却句句都与雨有关,写出的是恰切不过的雨中北山之景,笔法真可算"空灵"了。"未辞"和"正喜",看似闲笔,其实正起着活跃诗句的作用:前者使百花也具有像"愁耳偏工"

一样的、不肯推辞走向繁盛的独特性格;后者则道出了诗人的性格。既是具有"愁耳"的人,过分的艳丽自然不谐他的心情,淡淡的晴光才正合他的口味。总起来看,这二句可算本诗中可摘的佳句了。

　　颈联中的"幽栖吾欲",也是"吾欲幽栖",因对仗的原因而作了倒装。游程过半,诗人疲倦了,但在山寺中休憩,也不肯放过访僧问道的机会;幽静的丛林令人爽心愉快,他也起了栖居之念,不肯回归喧闹的城市。这二句,字眼倒没什么突出,但排列得相当紧凑。另外,每句都有一个转折,对仗时非但字面工整,且把转折的意思也两两相对住了;"客"、"吾"二字尤可注目,其实只是一人(诗人自己),读来却不觉重复;"勤访"是表面动作,旁观者尽可见到,故用"客"字;"欲厌"是心理活动,非"吾"不能道之。这些小巧之处,也体现着诗人的功力和苦心。

　　尾联中,一个"盘"字又很耀眼。此时诗人大概走到了北山的另一侧,田野的庄稼果树给雨洗得葱绿,预示着一个收获季节又来到了,也令诗人想起去年离家时,家乡也正是这个情景,一年过去了,自己的收获季节在何时呢?这些,都是常见的景象,常有的感慨,就像湖上的晴光一样是"淡淡"的。但有了一个"盘"字,诗句就顿时活跃,夹在大片桑林麦田中的樱桃树和春笋,从北山上望下去,它们婉若游龙、盘错迂曲,非但显出自身的生动,也消除了桑麦大块的单调。这句仍是俯看之景,因此,全诗都牢牢地罩在"游西湖北山"的题目里。

　　西湖是天下奇观,但这首诗里,我们感到的"奇",不在奇景,却在奇笔。写奇景恐怕不免与前人撞车,这是后起的诗人最抱憾的事;但若能振起奇笔,还是能证明自己无愧于"诗人"称号的。看来,杨载非但是用功的诗人,也是有志气的诗人,就算是在蠹满着名家之笔的西湖上,他也有胆量插上自己的独特的一笔。

(沈维藩)

范梈

【诗人小传】

(1272—1330)　字亨父,一字德机,人称文白先生,清江(今江西樟树市)人。少孤贫,天资颖异,耽诗工文,用力精深。三十六岁辞家北游,卖卜燕市,被荐为左卫教授。迁翰林院编修官,官至福建闽海道知事,后移疾归。其诗多为描写个人日常生活及应酬之作,风格多样,而以冲淡闲远者为时所称。故虞集谓梈诗"如唐临晋帖"。也能文。有《范德机诗》。又有诗话《木天禁语》,论诗讲究篇法、句法、字法、气象、家数、音节,谓之六关。他与虞集、杨载、揭傒斯合称元代四大家。

王氏能远楼 范梈

　　游莫羡天池鹏,归莫问辽东鹤。人生万事须自为,跬步江山即寥廓。请君得酒勿少留,为我痛酌王家能远之高楼。醉捧勾吴匣中剑,斫断千秋万古愁。沧溟朝旭射燕甸,桑枝正搭虚窗面。昆仑池上碧桃花,舞尽东风千万片。千万片,落谁家?愿倾海水溢流霞。寄谢尊前望乡客,底须惆怅惜天涯。

　　范梈诗学李白、杜甫,其所擅长的歌行古体,尤得李白歌行的神韵。这首《王氏能远楼》即其著名代表作品之一。此诗立意高远,气势酣畅,表达了诗人看破红尘、睥睨人寰的高情逸志,写得潇洒通脱,颇具特色。

　　此诗本事已不可考,从诗意上看,大约是诗人与友人高楼畅饮,酒后创作的。写意而不写事,是本诗重要特点。把诗人平生豪情,人间乐趣,一气挥写出来。结构营造上颇见匠心:全诗十六句,每四句为一意,一意一韵,平仄交错,蝉联而下,一气呵成,总体上给人以精心构思、精于安排的整体感和寓巧于拙、错落有致的和谐感。开篇第一意,落笔恍从天外来。天池鹏,乃南海大鹏鸟,语出《庄子·逍遥游》,据说它能击水三千里,"抟扶摇而上者九万里";辽东鹤,指辽东人丁令威,传说他学仙得道,千年始归。二鸟所为,皆神仙举动,非常人所能为。所以诗人说,不必羡慕它们,人生万事都须自作自为,那么每往前迈出哪怕只有半步,即可见出江山寥廓,风光无限。"跬步江山即寥廓",强调的是胸怀和志趣,是精神的自为,而并不是实际生活中的所获所得。反过来,如果汲汲于功名利禄,拘泥于琐碎小事,即便是跨步江山,漫游江海,也终将感到拘谨和局促。"游"、"归"云云,互文见意。以六言句起篇,兔起鹘落,不同凡响,给人以突兀、雄奇之感,一下子揭起全诗。第二层乃收笔眼前,写痛饮王氏能远楼。勾吴匣中剑,指吴地制造的利剑。古以吴剑最为著名,李贺有"男儿何不带吴钩,收取关山五十州"(《南园(其五)》)著名诗句。这里的"勾"置"吴"前,是发声词,无实际意义,这在歌行体中经常见到。以有形之剑断无形之愁,出语新奇,使诗人消愁的强烈愿望、动作具象化、形象化,鲜明突现出来;"醉捧"二字尤妙,既点出诗人"得酒勿少留"、能远楼"痛酌"的形象,又惟妙惟肖刻画出诗人捐弃世俗、孤高傲世的品格。此二句实从李白"抽刀断水水更流,举杯消愁愁更愁"(《宣州谢朓楼饯别校书叔云》)句意脱化而来。不过,李诗"抽刀"与"消愁"之间,只有暗示、暗喻关系,从人们的联想功能当中获得象征意义,而且其结果是"消愁愁更愁",徒有无可奈何之叹;范诗则将二意糅为一体，直截了当，语气上斩钉截铁，要"斫断千秋万古愁"，立意较为积极。所以，这里用语用意上均有创新，见出诗人擅长点化古诗的功夫。第三层与第四层意思紧密相联，先将诗意荡漾开去，转而写景，最后结入抒情。"沧溟"句，谓大海上朝阳升起，光照大地；"桑枝"句写阳光普照，窗棂为之生辉，此句还暗用日出扶桑的神话传说，写实景，已藏虚笔。"昆仑"二句，则直写虚幻、悬想之景，景象由实转虚。昆仑池传说是西王母的居所，池上种有碧桃，三千年开花，三千年结果，吃了可以长生不老。诗人这里的意思是：昆仑池上的碧桃，花开花落，舞尽东风，千年来万年去，可是那千千万万片桃花，究竟有哪一片落到了人间寻常百姓之家？有谁可以沾其仙气长生不老呢？此意乃与开篇"游莫羡天池鹏，归莫问辽东鹤"二句相呼应，仍归为"人生万事须自为"上来。所以诗人大呼"愿倾海水溢流霞"！流霞是神话传说中的仙酒，这里代指美酒。什么天池鹏、辽东鹤，什么西王母、碧桃花，一切都是那么虚无缥缈不可指望，只求樽前常有酒，但愿长醉不愿醒。惟其如此，诗人才希望把那滔滔海水都化作美酒，才能痛饮痛醉，喝个尽兴。结句即以此意寄语思乡的朋友，何必乡愁百结、惆怅无涯呢？

全诗境界开阔，意象纷呈。时间线上，出古入今，上溯千年，下迄当今，纵横捭阖，稍纵即逝；空间线上，上天入地，从仙界虚景到人间凡境，奇景异象，招之即来，挥之即去。——一句话，时空上，各类意象精彩迭出，变幻大，迭换多，速度快，形成了全诗气脉贯注、流光溢彩的景象，给人以雄浑华美的艺术感受。且其句法参差，间以换韵，极尽腾挪变化之能事，造成大起大落、大开大阖的气魄，把一腔豪情逸志豪言壮语，挥洒得淋漓尽致，大有一吐块垒的痛快。范梈颇以诗名，当时与虞集、杨载、揭傒斯齐名，称元诗四大家。揭傒斯评其诗："如秋空行云，晴雷卷雨，纵横变化，出入无朕。又如空山道者，辟谷学仙，瘦骨棱嶒，神气自若。又如豪鹰掠马，独鹤叫群，四顾无人，一碧万里。"（《范先生诗序》）今观此诗，所言良然。

（吴小平）

掘冢歌　　范　梈

昨日旧冢掘，今日新冢成。冢前两翁仲，送前还迎新。旧魂未出新魂入，旧魂还对新魂泣。旧魂丁宁语新魂，好地不用多子孙。子孙绵绵如不绝，曾孙不掘玄孙掘。我今掘矣良可悲，不知君掘又何时？

这是一首很通俗的诗。诗中须作解释的只有一处，"翁仲"，即墓前的石像。

至于语言的浅显，措辞的不避重复，更是一目了然的事。所以，题中的"歌"，在范梈的原意，当然是"歌行"，而在我们今天看来，几乎可解释为"歌谣"了。

全诗可分成两部分，前六句是背景，后六句是一段鬼话。前六句很好懂：一座旧坟被掘掉了，次日，在其原址上，又建成了一座新坟。坟前两个石头人，守墓已有不知多少个年头了，这种送旧迎新的事，他们大约也不是头一回经历了吧？可是，今天这两位神情冷漠的石头人，心里恐怕也有点奇怪了——新魂已附着躯壳进了墓道，旧魂还赶不上和尸骨一块离开，它们狭路相逢，旧魂对于把自己逐出旧宿地的新魂，并不恶语相加，却是朝它哭泣，而它哭泣的原因，又不是自己的将成游魂，如下文所知，却是新魂的获得归宿！

奇矣怪哉，这样的哭泣。可更奇怪的，还是石头人听到的旧魂对新魂的反复叮嘱："有一块好的墓地安身，可千万别指望子孙太多了！"当然，若葬下去后，立即断子绝孙，野坟无人照看，被掘开刨平，也是很可哀的事。但那是例外的情况，姑且可以不论。"眼下的情景却是，当儿子、孙子们安葬自己时，是诚心祈望自己灵魂安息，并且保佑他们子孙绵延、世泽不斩，传之无穷。可是，如今子孙倒确实蕃衍到了第四代、第五代……不料，或许是因为他们生齿日繁、生计日蹙，连祖上的坟地也只得卖了来糊口；或许是因为世风浇薄，人心不古，祖上的坟墓也不祭不扫，任其被人发掘。谁知道他们呢？总之，自己阴魂庇护下的曾孙、玄孙们，却眼睁睁地看着他们所托庇的祖先被掘了坟不管，这不是很可悲的事吗？不过，我虽然可悲地被掘了，但这悲哀总算也过去了。眼下更可悲的是，我又眼睁睁地看着你走上了我的老路。想到你不知哪一天也要被掘，我能不为你哭泣吗？所以啊，想得透点吧，老兄，什么子孙绵延啦，入土为安啦，还是不费神的好。"——一段如此普通易晓的话里，细想却有如此曲折的含义，即使是墓前的石头人听了也要大为称奇吧？

身后能得入土安葬，大概是死者对子孙的最大指望，所以，"若敖之鬼馁"，是极恐怖的事情；营造"先人庐墓"，是为子孙者天经地义的责任，所以，男儿毁家、女子卖身以葬亲，是极可赞许的行为；至于子孙死后谁来管自己的朽骨，至于坟墓造好后将来是否会陵夷，这就不去考虑了：反正，这一切的指望和责任，都关系着人伦孝道，在"重教化"的年代里，是没什么含糊的。由此说来，范梈此诗，把这一切却想得那么透、看得那么轻、形容得那么不足道，不可不谓是惊世骇俗之语了。其背离礼教的程墨之远，空道理不必说了，举个例子就可知道。明人郎瑛在《七修类稿》中，给本诗作了一个评价，为"缪理太甚"，理由是"据歌，则人决不用子孙，亦不用坟墓矣"——象征着传统的"坟墓"和遵循着传统的"子孙"，在正统派看来,如何可以少得!真是道不同不相为谋,在范梈看得很穿、想得很开、说得轻描淡写的地方,正统派却是无论如何也看不清、想不通、辩驳得面孔铁板。

范梈的同时代诗人揭傒斯评其诗风云:"如豪鹰掠野,独鹤叫群,四顾无人,一碧万里。"本诗虽然据郎瑛说,是"为风俗所兴",但其中体现出来的识见超群、不拘俗情,亦可足证诗人真有点"豪鹰"、"独鹤"的风姿。相形之下,郎瑛温柔敦厚地把本诗修正为"好地还用好子孙,子孙绵绵多顽劣,曾孙不掘玄孙掘",却适足以证明他以及他这类人只是"凡鸟"而已。

(沈维藩)

【诗人小传】
谢宗可
(约1330年前后在世) 元诗人。金陵(今江苏南京)人。约元文宗至顺初前后在世。有《咏物诗》百首传世。

睡　燕　　　　　谢宗可

补巢衔罢落花泥,困顿东风倦翼低。
金屋昼长随蝶化,雕梁春尽怕莺啼。
魂飞汉殿人应老,梦入乌衣路转迷。
却怪卷帘人唤醒,小桥深巷夕阳西。

在元朝,写诗想要推陈出新可不容易,多少条羊肠小路,都被前人走成了阳关大道,要避免轻车熟路,就须得煞费苦心——可不,在咏燕的"旧瓶"里,装进"睡燕"的新酒,如此别开蹊径,又要冒弄巧成拙的风险,容易么?

可诗人到底还是惨淡经营出了一首好诗,这燕子的睡态,还真被他描绘得错落有致呢!先是睡前:"补巢衔罢落花泥,困顿东风倦翼低。"把落花酿成的春泥,衔来衔去补罢温暖的小巢,直劳累得连东风也鼓不动它的双翼,这轻俏的燕子,可一点也不慵懒;不过,在它困顿乏力地低垂下翅膀时,倒也露出了几份可爱的娇慵。

然后,它就入睡了。"金屋昼长随蝶化,雕梁春尽怕莺啼。"飞落到富家藏娇的金屋,结巢在雕梁画栋的顶端,敛起双翼入睡时,它最爱哪般?自然是,白昼正长,正好春睡,趁此机会学上一会庄周化蝶,落得个梦魂轻飏最快意。它最怕哪般?不免是,暮春三月,江南草长,正撞上杂花树间群莺乱飞,啼散了翩翩好梦真无趣。

　　幸好,莺声还算知趣,没碍它悄然进入睡梦乡。"魂飞汉殿人应老,梦入乌衣路转迷。"梦魂果真像蝴蝶一般飞离了它的躯体了,可是,该去哪里飞一遭呢?到西汉的未央宫前,去探望那位与它同名的赵飞燕吗?但毕竟是光阴荏苒已隔千载,若看见娇媚的皇后已是玉颜老,那倒还是不看的好,好留个倩影永存记忆里。那么,到往昔王、谢子弟盘游的乌衣巷,再去回味那赫赫名门的尊荣高贵么?可它毕竟已多年流落在寻常百姓家,要飞进去迷失了当年熟识的来回路,盘旋在凋零衰败的陈迹间,那倒不如省了这番伤心的凭吊好。

　　就这么踌躇徘徊,就到了梦醒时分。"却怪卷帘人唤醒,小桥深巷夕阳西。"虽说是傍晚了,可梦魂还飞来飞去无定所,无端被佳人唤出了梦魂,就算她正在手卷真珠上玉钩,能忍住来几句轻嗔薄怒?不过,抬起迷离的睡眼看,那静静的小桥、深深的巷子、淡淡的夕阳,还模模糊糊是刘禹锡笔下的"乌衣巷口夕阳斜",虽说是已被唤醒,却还在似梦非梦之中。

　　"燕"的"睡"态,文章总算做足了吧?诗题是旧瓶新酒,诗意也是旧瓶新酒,金星、化蝶、汉殿、乌衣,哪般不是随手可掇的典故?可绾合到睡燕身上,哪般又多少不生出点新意?至于对全诗的评价,笔法轻灵啦、刻画细致啦、联想丰富啦,也未免是旧瓶了,还是用上一个"纤"字吧——虽然这对谢宗可来说,还是旧瓶,但若赋予"纤丽"、"纤秀"的含义,其中不也有点新酒的滋味吗?　　　　(沈维藩)

卖　花　声　　　　谢宗可

　　春光叫遍费千金,紫韵红腔细细吟。
　　几处又惊游冶梦?谁家不动惜芳心?
　　响穿红雾楼台晓,清逐香风巷陌深。
　　妆镜美人听未了,绣帘低揭画檐阴。

　　本诗是元代金陵人谢宗可的《咏物诗百首》之一;"元诗纤",这是明清讲究"格调"的诗家给元诗的定论,至于谢氏之作,又被视为"纤"之尤者。不过,"纤"究竟算不算恶谥呢?还是让诗自己来证明吧。

　　"春光叫遍费千金",这卖花声,不是什么乞卖之声,而是一旦遍布街衢、就会给城市带来蔚然春光的报春之声;而这声响,虽然巨大、富有笼罩感,却并非出自粗喉大叫,"紫韵红腔细细吟",它是各种美妙的歌曲,有时卖花人唱的是紫芝曲、紫云曲之类的民歌,有时则像歌女们手执红牙板在尊前花下细细吟唱出来的声腔。请注意"费千金"三字,粗看,这三字似是从"春宵一刻值千金"的古语中套出来的,无足称奇,但从后一句回过头来看,其中妙味就来了:原来,这叫遍全城的宏大声响,却是由无数浅吟低唱汇成的,恰如一幅山水壮阔的苏绣,却是用无数缕丝绒织成的一般;然则这春光的汇成,当然是花费了卖花人的极大工夫,这工夫,真是价值千金、千金难求!"细细吟",纤矣,但由此交织而成的"春光",又何纤之有?

"几处又惊游冶梦?谁家不动惜芳心?"报春之声是如此宏亮地回荡着,当然惊醒了正在做着游冶好梦的人们;不过,他们也不须愠恼,现实中的春意,当然比梦中的春游更美好。细吟之声是如此的入微动听,自能催起人们的爱花惜花之心;随之,桃李芬芳也将遍布到千家万户。这两句,既分承上二句,又与上二句构成因果效应关系;而"几处"、"谁家",既以问句增添了诗的摇曳之态,又紧承上文的"叫遍",使一种笼罩感绵延而下:针脚真可谓是细密——不,"纤细"——了。

照律诗的规矩,颈联该"转"了。于是,卖花声由浑沌一片,转为有形。"响穿红雾楼台晓",卖花声的"响亮",似有轻捷的身子,它穿透百花竞发蒸成的红雾,给高楼崇台报道了春晓;"清逐香风巷陌深",卖花声的"清越",也似有轻灵的双翅,它追逐着桃李吐艳酿成的香风,直飞到大街小巷的深深处。这两句,字斟句酌,穷工极巧,说是"纤",自然不枉;不过,卖花声在楼台巷陌间飞动游走,身影轻快,腰肢纤美,不也是很可观的么?

"花面交相映",自古以来,花与美人总有不解之缘,《卖花声》沾了点花边,也就不能免俗,仍然请出一位纤弱美人来收拢全诗。"妆镜美人听未了,绣帘低揭画檐阴",一个正在对镜理妆的深闺美人,偶感春情,低低地揭起绣帘,在画檐的阴影里出神,这是古诗中很常见的场面,不必多说了。不过,这初出茅庐的卖花声,竟能像老资格的姹紫嫣红、良辰美景一样,也撩得起美人的春心,叫她"听未了"——伫立倾耳,听之不足,它应该是大可自豪了。

咏花常见,咏卖花也多见,虽然常见多见的内容不足以决定诗的高下,但至少此类诗借鉴多,容易写。本诗不重"花",不重"卖"者,偏看中了那无形的"声",既鲜借鉴,又不易写,如此立意,真是够"纤"、够险,也够大胆的了。然而,本诗毕竟还是将那难捉难摸的卖花声捉住了,让它显出了活灵活现的本相。看来,用笔"纤"一点有时也非坏事,且也不是所有人都能"纤"到这地步的,至于"格调派"称之为"纤弱",那只是因为他们眼里有点儿"纤翳"罢了。(纤翳,微尘,见《世说新语·言语》:"于时天月明净,都无纤翳。")

(沈维藩)

虞集

【诗人小传】

(1272—1348) 字伯生,号道园,人称邵庵先生。祖籍仁寿(今属四川),迁崇仁(今属江西)。成宗大德初,任国子助教。仁宗时,任集贤修撰,主张精选学官,甚为仁宗所重。泰定帝时,升任翰林直学士兼国子祭酒。文宗时官至奎章阁侍书学士,与赵世延等编纂《经世大典》,凡八百帙。晚年告病回江西,卒谥文靖。所作散文以儒家思想为根底,并要求进一步倡导理学。诗文在当时号为大家。清姚鼐评论说:"歌行以才气纵横为奇。六一(欧阳修)、道园(虞集),皆短于才气,而两公各具风韵,使人爱不释手。六一有精湛之思,道园具闲逸之致。"著有《道园学古录》等。

白翎雀歌　　　　　　虞　集

乌桓城下白翎雀,雌雄相呼以为乐。
平沙无树托营巢,八月雪深黄草薄。
君不见旧时飞燕在昭阳,沉沉宫殿锁鸳鸯。
芙蓉露冷秋宵永,芍药风暄春昼长。

　　蒙古大军南下,统一了全国,中国的疆域空前广阔,一些绝域边鄙中素不为人所知的事物风俗呈现于南方士子的面前,使他们大开眼界,即使是一只小小的鸟儿——白翎雀,由于它的独特的个性,也费去了诗人不少笔墨,一时名家虞集、张宪、杨维桢、张昱等人的集中都有吟咏,以虞集这首最为人称道。

　　白翎雀是百灵鸟的一种,又名蒙古百灵,生活在极北之地,雌雄和鸣,严冻大寒,也不搬迁。虞集这首诗即从白翎雀的习性入笔,说远在乌桓城(在今内蒙古阿鲁科尔沁旗)下,白翎雀栖息着。伴随它们的是浩瀚无垠的沙漠,没有树木可以构巢筑穴;北方八月便飞雪,草枯雪深,生计维艰。然而白翎雀在这恶劣环境中,双飞双宿,其乐融融。这数句对白翎雀作了概括性的描述,使人对白翎雀雌雄不离,勇于与大自然作顽强搏斗的精神,油然而生敬佩。

　　白翎雀的雌雄相逐、至死不离,很容易使人想到南方的鸳鸯。鸳鸯在我国文学作品乃至民间意识中通常是被比作恋人、夫妇,是作为爱情的象征。因此,由白翎雀,同样也很自然地联想到男女恋情。白翎雀所处的是自然环境上的恶劣,虞集便别出心裁地拾取身处人生境遇上恶劣地位的人来做对比,以达到称颂白翎雀的目的。诗便利用转韵,进入议论,说汉代的赵飞燕,居住在昭阳宫内,专宠一房，蛾眉善妒，以至于多少妃嫔佳丽，禁闭于深沉的后宫。她们失去了自由，没有爱情，耿耿秋夜，倾听着露滴芙蓉，长宵难寐；漫漫春昼，眼见是花红蝶舞，而自己却孤寂无聊。她们虽然享受着荣华富贵，然而难以排遣那无尽的凄苦与幽怨。诗在环境上，上半段极力写荒凉，下半段极力写豪华；在感情上，上半段突出双飞，下半段点染独处：这样两两相照，诗便显得很有感染力。

诗将白翎雀与失意宫女相比，反映的仍然是传统的“只羡鸳鸯不羡仙”的主题。然而对于长期居住在漠北的蒙古族来说，白翎雀却有另外的文化含意。《元史·世祖纪》载札木合对汪罕说：“我于君是白翎雀，他人是鸿雁耳。白翎雀寒暑在北方，鸿雁遇寒则南飞取暖耳。”可见元蒙统治者歌颂白翎雀的是它热爱北方故土，不以寒暑易心的高尚操守。另外，白翎雀不畏艰苦，勇于搏斗的精神也是蒙古人所赞赏的。元世祖曾命伶人硕德闾把它谱入教坊歌曲，《辍耕录》说该曲“始甚雍容和缓，终则急躁繁促，殊无有余不尽之意”。可见其主旋律是歌颂它在荒漠风雪中不懈搏斗的顽强勇敢，而身为汉族人的虞集，却拿它来和幽闭宫中的美女作对比，突出它虽身处苦寒却相偶和乐的幸福，可见不同的民族，对同一事物，往往因文化背景的不同而大异其趣。

虞集这首诗，咏物与抒怀平均用力，在结构上放弃了历来咏物着意于细节的刻绘、只在末尾点出物外之意的惯套，受到人们普遍地欢迎。元代另一著名诗人萨都剌也作有一首《白翎雀歌》，诗云：“凄凄幽雀双白翎，飞飞只傍乌桓城。平沙无树巢弗营，雌雄为乐相和鸣。君不见旧日轻盈舞紫燕，鸳鸯锁老昭阳殿。风暄芍药春可怜，露冷芙蓉秋莫怨。”这首诗几乎是虞集诗的翻版，从遣词造语到结构比兴完全相同，不知是有意模仿虞作还是偶然相同。（李梦生）

院中独坐　　虞集

何处它年寄此生，山中江上总关情。
无端绕屋长松树，尽把风声作雨声。

提起江南，总让人想起白居易的词：“江南好，风景旧曾谙。日出江花红胜火，春来江水绿如蓝。能不忆江南”——一位外放过江南的京官，就已有此低回不已的情怀，而对于那些生于斯、长于斯，后来却又如飘蓬般辗转、不得归于斯的客中人，那乡愁又该是怎样浓重呢？

虞集正是这样一位生长于江南的诗人。此刻他虽已官至翰林院学士、国子祭酒，在仕途上十分得意，然而那思乡念远、叶落归根的情愫，却也愈来愈频繁地萦绕在他的心际,终于随着那"汉廷老吏"般苍劲的笔触,化为《院中独坐》这首思致绵邈的诗作。此诗的题目,先就带给读者一种凄清苍凉之感,在"独坐"二字中浮现的,不正是这位鬓发斑白、陷入乡思中诗人的落寞面影?由此涵咏那"何处它年寄此生"的起句,在突发的问叹中,你仿佛可以感受到一股苍莽的愁思,向你涌来:我正如横过秋空的大雁,在茫茫云空中飘荡、飘荡……要到哪里,才是这飘荡之身的安歇地呢?

大雁南飞,终有回归故乡的时候;久羁京师的诗人,却只有望远兴叹而已。"离愁渐远渐无穷",距离越是遥远,时间越是久长,思归的心也就越是急切。难怪诗人在回答首句的"何处"时,断然无疑地指明了"山中江上总关情。"——诗人乡心的落处,正是在"山中",在"江上",——江南的"山中"有群莺乱飞,江南的"江上"有杂花遍岸。那里是哺育诗人成长的故土呵,那里的青山绿水,掩映着的是亲切的家园!就是那一草一木,又怎能不让诗人"关情"呢?

然而"关情"处虽在江南,寄身处却只能是在这繁华而又寂寞的大都(今北京)。虞集写此诗时,已经年近花甲,正在屡次请求南归而又屡不获允之后。乡关路远,归梦难圆,还会不会有机会让他终老于魂牵梦萦的故土,在"总关情"的"山中"、"江上"寄此余生呢?——谁也不知道。一句"山中江上总关情",非但没有消解前句的思乡之情,相反,却将这种身世茫茫的情感,渲染得更加浓烈、凝重,以至透出一缕凄苦与悲凉来了。

不过,也只有在读了"无端绕屋长松树,尽把风声作雨声"的诗句后,你才会最终明白,诗人的乡愁,究竟有多么沉重,诗人内心的情感,又是怎样的惨恻与飞扬:松树四季常青,诗人以它"绕屋",是不是想取一点江南的绿意呢?"绕屋"并且"长",说明诗人种植它们也已经很多年了。那"无端"二字,正真切地传达了他那种愁情拂去还来、想要排遣而又无能为力的心情——诗人或许只是想忘却那切入肌肤的乡愁,才收住心神,不经意地打量一下院中的吧?然而触目所见的,偏就是这"长松树",偏是风又来了。松风如雨,如江南雨——欲拂去的乡愁,复又在这如雨的松风里回来了,而且是带着他整个童年的梦境回来的:那是多少年以前了,他曾经写过"杏花春雨在江南"的诗句;又是多少年以前了,在江南,在霏霏的细雨中,在红云尽染的杏花下,有一个少年,花满身、雨满身,意气正风发。空气中弥漫着各种花草的香味,那是只有江南才有的芬芳啊……读到此处,读者的心中不由得袭过一阵悲哀:当年的那个风流少年如今已是鬓染白霜了,在他心里珍藏着的,又岂止是对这江南雨的记忆,也许还有那遥想中横刀跃马、平定中原的祖父,有王朝覆灭之际,辗转千里,赎回族人的父亲,有"随意且衔杯,莫惜春衣坐绿苔"的自己,……怕是整个美丽的令人心碎的江南,都在这含愁"独坐"的时候,在满院呜咽的松风里,在落笔成诗的刹那,一齐涌上心头,化作一句看似普普通通,实则饱含了激情的结语:"尽把风声作雨声。"

这首《院中独坐》,与其说是写给读者的,倒不如说是写给诗人自己的,是诗人内心世界的真实坦露。也正是因为如此,诗人在院中独坐的具体时间也就没有交待,那包含在最后两句中的情意,也只有了解背景的人才可以体会得到。但诗中的真情,却并不因为背景的模糊而减弱。这就正如席慕容在一篇文章中写到的:"'万里长城万里长,长城外面是故乡……'尽管很多人的故乡不在长城之外,但整个国家民族的命运,使得歌曲里的乡愁变成了众人的乡愁。于是歌声就成了一种象征,歌声一起时,那梦里的故乡就让每个人都热泪盈眶了。"——这首诗的妙处,也许就在于此吧。

(张 巍)

题 渔 村 图 虞 集

黄叶江南何处村,渔翁三两坐槐根。隔溪相就一烟桴[①],老妪具炊双瓦盆。霜前渔官未竭泽,蟹中抱黄鲤肪白。已烹甘瓠当晨餐,更撷寒蔬共荐席。垂竿何人无意来,晚风落叶何毰毸[②]!了无得失动微念,况有兴亡生远哀?忆昔采芝有园绮[③],犹被留侯迫之起[④]。莫将名姓落人间,随此横图卷秋水。

〔注〕①桴:桨,此代指小船。 ②毰毸(péi sāi):此指纷纷飘扬的样子。 ③园绮:东园公、绮里季。与夏黄公、甪里先生于秦末隐商山,称"商山四皓",后被张良请出山辅佐太子。 ④留侯:汉初张良,佐高祖建汉,封留侯。

这首题画诗用六朝古体,分前后两层。前半咏江南渔村的风光与渔翁生活的自在逍遥,后半感慨名利对人的危害。

诗采取传统题画诗的写法,从画面入手:秋天来到,江南渔村,一派静穆,树叶已经泛黄凋谢;正是闲散的日子,渔翁们三三两两,坐在老槐树下聊天。首句用苏轼《书李世南所画秋景》"家在江南黄叶村"句,点明画的地点、时序,使下文的风景、物产都有了着落。接着,诗写画面的一角。一条溪流,从画面斜亘而过,一叶扁舟停泊在溪中,想来是来往时所用的交通工具。一个老妇人正收拾着瓦盆炊具,准备做饭。这两句,有水有船,有乡村特有的生活用具,补充说明了画面所画的是渔村,更增添了闲适之感。

以下,诗便放笔写渔民朴素和睦的生活。秋天到来,但寒霜未降,还不到大规模捕鱼的时候,河湖中的螃蟹与鲤鱼都已肥壮鲜美。渔民们烹鱼煮蟹,采撷瓠瓜蔬菜佐餐,充满了萧闲自得的乐趣。"甘瓠"、"寒蔬"是画面所有,"已烹"、"更撷"为想象之词,作者把它们糅合在一起,使整个画面的内涵得到了纵深扩大。

至此,诗已经把大部分画面交代清楚,所以下面便逮住一个局部进行发挥。在溪流边,一个渔翁正在垂钓,晚风中,落叶阵阵,在他身边随风盘旋。诗人想到,渔翁垂钓只是在打发时间,他们无忧无虑,自在逍遥,心情恬适淡泊,没有得失之感,更没有名利、兴亡的悲喜愁苦。诗人由此而感叹,即使是商山四皓那样的隐士,由于名气太大,最终被张良请出去辅佐太子,失去了容与自由的生活,无法与这渔翁相比,还是隐姓埋名,如同把这幅横卷收拢起来,一切都不为世人所知为上。末句结煞为神来之笔,既表达了自己的心情,又切合了"题画"本身。同时,诗中流露出对渔翁自在逍遥的羡慕,感叹垂钓者毫无机心、浑蒙直朴,他自己对高蹈遁世的向慕也就和盘托出了。

山水画及题山水画的诗讲究诗情与画意相结合。宋代的山水画及题山水画的诗,强调气韵,通过时序节令和布局,把真情实感以客观描写表达出来。到了元代,转而强调文学趣味与整个社会人性、个性的解放相结合,又强调个人的、主观的心绪,把宋人以客观为中心变为以主观为中心,所以山水画及题画诗也就突出人物,让人物直接出现,不像宋人往往把人物躲在山水的帷幔之后。同时,元代山水画开始把题款也作为整个画面的布置,使它成为整个画的重要组成部分,书法、款式成为表现画的意趣的主要手段之一,而题画诗的内容,也就与山水画相互掩映补充。如虞集这首诗中所写,就是画中所画,但他却把主观思想硬锲入诗中,以秦末隐士被聘出山为例,表示自己出仕的不得已及对隐逸生活的追求。这样,画也就带有强烈的个性了。每一时代有每一时代的文学特点,我们在欣赏元代的山水画与题画诗时,必须了解上述特点,才能进入角色,品味出它的真髓。

(李梦生)

挽文丞相　　　　　　　　虞　集

徒把金戈挽落晖①,南冠②无奈北风吹。
子房本为韩仇出,诸葛安知汉祚移。
云暗鼎湖③龙去远,月明华表鹤归④迟。
何须更上新亭⑤饮,大不如前洒泪时。

〔注〕①"挽落晖"句:《淮南子·览冥》:"鲁阳公与韩构难,战酣日暮,援戈而㧑之,日为之反三舍。"这里指文天祥力撑南宋危局,犹如鲁阳公援戈而挽落日。 ②南冠:南方人戴的

帽子,借指囚犯。《左传·成公九年》:"晋侯观于军府,见钟仪,问之曰:'南冠而絷者,谁也?'有司对曰:'郑人所献楚囚也。'" ③鼎湖:传说中黄帝乘龙升天之处,借指帝王之死。《史记·封禅书》:"黄帝采首山铜,铸鼎于荆山下,鼎既成,有龙垂胡髯下迎黄帝,黄帝上骑,群臣后宫从上者七十余人,龙乃上去。……故后世因名其处曰鼎湖。" ④"鹤归"句:传说汉辽东人丁令威在灵虚山学道成仙,后化鹤归来,落城门华表柱上。有少年欲射之,鹤乃飞鸣作人言:"有鸟有鸟丁令威,去家千年今始归,城郭如故人民非,何不学仙冢累累。" ⑤新亭:地名,故址在今南京市南。《晋书·王导传》载,东晋偏安江南,王导等人在新亭宴饮,席间,周顗叹道:"风景不殊,举目有河山之异。"在座者相视流泪。

　　缅怀前朝忠烈是元代诗歌中反复出现的主题。对于异族统治,知识分子最为敏感,也最为痛苦。可是,"学而优则仕"的古老的信条又注定了他们不可能真的高蹈远遁,不得不出仕新朝,为异族统治者效忠。虞集的这首诗,就十分典型地反映了元初整整一代知识分子的这种既留恋旧朝,又万般无奈的彷徨心态。

　　诗一开始,作者就奏出了一对矛盾的主题——英雄的礼赞和宿命的悲哀。"徒把金戈挽落晖"写文天祥不顾形势凶险,奋力抵抗,想要挽救行将覆灭的宋王朝。这里,诗人把文天祥比作神话中的英雄鲁阳公,手持金戈,力挽残阳,显得十分悲壮。"南冠无奈北风吹"是描绘文天祥兵败被俘,拘囚于大都(今北京市)时的情景。"南冠"指囚徒,这里又可视作宋末南部抵抗力量的象征。"北风"则暗指来自北方的蒙古族的强大的军事力量。"南冠"与"北风"句内成对,句末一个"吹"字,更使整个画面平添无限悲凉气息,突出了命运的无奈。

　　宋王朝气数已尽,文天祥组织的抵抗运动是注定要失败的,这是否意味着他不够明智呢?对此,诗人在颔联中,借用两个历史故事,明确地表明了自己的态度,"子房本为韩仇出,诸葛安知汉祚移。"张良字子房,韩国贵族后裔,秦灭六国,张良为报家国之仇,雇勇士在博浪沙狙击秦始皇,尽管在当时秦的统治如日中天,行刺未能成功,但张良的这次行动仍不失为一大壮举,朝野震惊,历来为人传颂。诸葛武侯为报知遇之恩,六出祁山,最后病殁于军中,又哪里顾得上考虑汉室是否气数已尽这一类问题呢?可见,历史并不总是以成败论英雄的。从军事上看,文天祥确实失败了,但从人格上看,他知其不可为而为之,是永远值得尊敬的。

　　诗人把文天祥的失败归结于命运,这一悲剧性的主题在诗的后半段中进一步得到强化。颈联"云暗鼎湖龙去远,月明华表鹤归迟"充满故国之思,"鼎湖"本是传说中黄帝乘龙上天之处,这里暗指宋君蒙难;"鹤归"一句用丁令威化鹤的故事,在诗人的想象中,文天祥的忠魂亦已化鹤成仙,然而,为何迟迟不见归来呢?在这一联中,"远"字和"迟"字很值得玩味,虞集的时代距宋室覆亡已相隔数十年,在此之前,虽说也曾有过异族入侵之事,如南北朝期间,但一般都是局部的占领,统治时间不长,唯独元人南下,一举占领了整个中国,而且绵延数十年,盛而不衰,与之同时,民间抵抗力量则渐渐瓦解,像文天祥这样的人物已无处可觅。鼎湖龙已去远,忠魂何时能归? 字里行间,隐隐流露出对前朝君臣的强烈的思念之情。

尾联两句尤为沉痛,"何须更上新亭饮,大不如前洒泪时。""新亭洒泪"事见《晋书·王导传》,晋室南渡,尚有半壁江山,王谢诸公还可以隔江远眺,怀念故土;宋室覆亡,片瓦无存,连个洒泪之处都找不到。念及于此,诗人不由得悲从中来,发出"大不如前"的绝望的哀叹,如果说在前三联中,诗人对异族统治的不满还常常为命运的主题所掩盖,表现得较为含蓄,那么,在这一联里,由于用了"新亭对泣"的故事,作者内心深处所隐藏着的亡国之痛,就完全表露无遗了。尽管元代在思想方面的禁锢不如满清统治时那么严厉,但在当时的形势下,作者敢在诗歌中如此直率地表露真情,不能不说是十分大胆的。据《辍耕录》记载:"读此诗而不泣下者几希。"(见《元诗纪事》)可见,此诗在当时汉人知识分子中所引起的反响是较为强烈的。

虞集在这首诗中用了不少典故,几乎无一句无来历,但又自然贴切,无堆砌之感。据说,他曾以"汉廷老吏"自诩(见胡应麟《诗薮》引杨文贞序《杜律虞注》),虽不免自负,但他的诗作笔力雄健,寓意深刻,确有可观之处。 (黄锦章)

题衮尘骝图　　　　　　　虞　集

骅骝①食粟石每既,立仗②归来汗如洗。
脱羁展转聊自恣,落花尘土随身起。
君不见春雷起蛰龙欠伸,雾拥云蒸九河水?

〔注〕① 骅骝:古代的一种良马,赤色,又名枣骝。 ② 立仗:分立在皇宫诸门和殿廷两侧的帝王仪仗。

本篇七言古诗名为"题画",其实并非单纯的画面说明文字,作者通过骏马的生动形象,抒发了自身内心的感慨。

"衮尘"即滚尘,是指马儿卧地打滚以活动筋骨。自从画马成为绘画的一个专科以后,马的各种姿态动作都有人细心描绘,尤其是"衮尘图",还曾出现过奇异的传说。据《异人录》记载,唐代的宁王擅长画马,他画在花萼楼壁上的《六马衮尘图》非常出色,唐明皇尤其喜爱其中的玉面花骢马,后来,此马居然不翼而飞,墙上的六马图成了五马图。本诗所描绘的这匹滚尘骏马,同样具有类似的不同凡响的表现。

诗人起首就用夸张的笔调告诉人们,这匹赤色骏马食量惊人,一顿经常能吃光一石粟,它本应驰骋疆场,或者纵横于草原,但是如今被拘束在宫中,只能充当仪仗队中的角色。也许是沉闷的气氛和谨严的束缚所导致的,这并非繁重的工作却使骏马汗如雨下,疲惫不堪。于是,一旦脱去了羁绊,骏马立刻恢复了天性,弹蹄踢腿,辗转盘旋,纵情欢乐。极乐极畅之时,它又转而与泥土亲热,腾身打滚,翻身跃起,如此周而复始,躁动喧闹。当它纵身跳起来的时候,片片尘土犹如飞花般飘洒,造就了一种梦幻般迷蒙的氛围,使人不禁想起了传说中天马行空的情景。诗的最后两句,作者采用了设问的方式,将骏马的表现与天龙联系起来。不是吗?这骏马好像被春雷惊醒了冬梦的天龙,只要稍稍活动一下筋骨,就会引来云雾翻腾,天河四溢。诗人用这奔腾的气势和宏伟的场景,渲染出这么一个并不存在的环境,含蓄地告诉人们,骏马要挣脱皇宫的束缚,渴望一个自由自在的环境,只有在那里,才能随心所欲,大展宏图。

虞集之所以通过一匹滚尘的马,生发出如此感慨,并非偶然。值得一提的是,他有意将马的滚尘说成是"立仗归来"以后的事,说明他对于宫廷中的束缚十分敏感和厌恶。虽然他当了三十年的京官,并且享有如此高位,获得如此盛誉,这在元代的南人里是很少见的,但依然盼望能过上自适自乐的无拘无束的生活,即使因此而放弃优裕的待遇也在所不惜。这样的情绪,在他的作品中或明或暗地时有流露,如在《后续咏贫士四首》中,他既感叹为官不易,说"为政贵察色",又盼望回归田园,说"苟遂牛马性,归放春草丰",而本诗只不过将平素的这种思想作了更加含蓄隐晦的表述罢了。

这种含蓄表现在诗人将所有的感慨完全寓于骏马形象的刻画之中,因此表面看来,这是一首纯客观的咏马诗。这种含而不露、愤而不怨的表达方式,正是本诗的特色所在。不过,表达的含蓄并不影响本诗淋漓飞动的气势和变幻离奇的夸张,尤其结尾二句将千里马比喻成天龙,寥寥几笔,勾勒出云蒸雾拥的神幻,渲染出天河倒泻的伟观,很好地突出了虞集写诗重修辞、重意境的特点。

(孙小力)

金人出塞图　　　　虞　集

海风吹沙如卷涛,高为陀碛深为壕。筑垒其上严周遭,名王专居气振豪。肉食湩饮田为遨,八月草白风飕飕。马食草实轻骨毛,加弦试弓复置橐。今日不乐心怪怪,什什伍伍呼其曹。银黄兔鹘明绣袍,鹧鸪小管随鸣鼗①。背孤向虚出北杲②,海东之鹜王不骄。锦韝金镞红绒绦,按习久蓄思一超③。是时皛清天翳绝④,驾鹅东来云帖帖⑤。去地万仞天一瞥,离娄属望目力竭⑥。微如闻音鹜一掣,束身直上不回折。遂使孤飞一片雪,顷刻平芜洒毛血。争夸得隽⑦顿足悦,旌旗先归向城阙。落日悲风起萧屑,烟尘满城鼓微咽。大酋要王具甘歠⑧,王亦欣然沃焦热⑨。阏支出迎骑小铁⑩,琵琶两姬红颧颊。舞歌迭进醉烛灭,穹庐斜转氍毹⑪月。

〔注〕① 鼗(táo):摇鼓。 ② 背孤向虚:占卜事情吉凶。 ③ 本句谓田猎积习久遏,不禁要大显一番身手。 ④ 皛(xiǎo):皎洁。翳绝:没有障碍,晴朗明亮。 ⑤ 驾鹅:一种野鹅。云帖帖:野鹅叫声。 ⑥ 离娄:典出《孟子》,指视力最佳者。 ⑦ 隽:鸟肉肥美。 ⑧ 大酋:古酒官之长。歠(chuò):原指羹汤,此指美酒。 ⑨ 沃焦:此指不停饮酒。 ⑩ 阏(yān)支:匈奴君主的正妻。小铁:铁色小马。 ⑪ 氍(qú)毹(shū):毛织的地毯。末句指歌舞通宵不歇。

唐代有不少诗篇描绘到边塞风光,以及少数民族风俗人情,但大都是作为主要内容的陪衬,以片断的形式出现的。金元时期是原来聚居于北方的少数民族统治者相互更替、统治中原地区的时代,又是各民族文化相互交融的年代。汉族士子们有机会和其他少数民族进行深入的接触,对少数民族的生活习俗也有着更为深入细致地观察体会。虞集的这首长篇歌行,通过对一幅图画的歌咏,描写了金人出塞游猎的场面,集中而形象地反映出女真民族特有的风土人情和英武豪爽的民族性格。

全诗按内容发展可以分为三层。

第一层从"海风吹沙如卷涛"到"加弦试弓复置橐",总体上介绍金人居住地区的气候特征,以及他们的衣食住行和装备。"海风"指沙漠之风,古人称沙漠为"瀚海",故称之为"海风",于是自然地联想到大海的波涛;然后用"卷涛"来形容风卷沙浪,自然而又生动。"陀碛"指沙丘,因为风急浪猛,风沙随地势起伏而形成沙丘或壕沟,"高为陀碛深为壕"一句语气急促,和风急浪猛的气势很相适宜。这种写法未及人而先传风声,大有"笔所未到气已吞"之势。就在这样的环境中,居住着一位金王。"严周遭"指堡垒修筑得极其坚固,任你风沙再大也毫无办法。"名王"本指匈奴王中特别显贵的王,此指金王。"名王专居气振豪"一语,突出了金王豪气冲天,大有压摄海风之势。

"肉食湩饮田为邀,八月草白风飕飕。"在上文以环境描写作了出色的开端之后,诗笔转入金人日常生活的描写。湩是乳汁,"肉食湩饮"即"食肉饮湩"的倒装;"田为邀"即"为田邀",指进行畋猎游牧。诗人在这里运用倒装的手法,旨在强调"肉"、"湩"、"田"等词,突出这些金人特有的生活习俗。每到八月,正是草白马肥之时,金人往往在这个时候发动战争或进行游猎,"风飕飕"不仅仅指自然界的风声,更多地指金人风扫一切的那种威势。"马食草实轻骨毛,加弦试弓复置櫜"紧承上句。"轻骨毛"指"骨毛轻"。一个"轻"字突出了马匹膘肥体健,迅疾如飞;"加"、"试"、"置"一连三个动词,语气急促,形象地描绘出金人准备弓箭的迅捷动作。可谓马壮人强,相得益彰。

就像舞台上跑龙套的圆场几周之后主将出场一样,诗的第二层开始了对金王的描写。"今日不乐心愊愊,什什伍伍呼其曹",说明了游猎的原因。"愊愊"即忧闷。为了消遣心中的忧闷,金王一声令下外出游猎,侍从便三五成群,呼兄唤弟,紧紧相随。金王身着用金丝银线绣成的有游隼图案的衣袍,乐队吹奏着鹧鸪管乐,伴着摇鼓,占卜之后,便携着打猎用的海东青(雕类),出了北皋。金王今天收拾得格外利索,双臂束着锦制臂套,腰佩金箭,还系着红绒丝带。好久都没有外出畋猎了,今天乘兴而出,不禁要大显身手一番。

行笔至此,按照通常的逻辑,下文应该着重描绘金王挽弓搭箭,纵马驰骋;但诗笔却陡然一转,描述了一场海东青捕捉野鹅的过程。在皎洁的天宇里,从东方飞来一只嘎嘎鸣叫的野鹅。那野鹅飞得太高了,在万仞青天之上,既是眼力最好的人也难以看清。"微如闻音鸷一掣,束身直上不回折。"机敏的海东青(即"鸷",原意是猛禽)听到了野鹅的鸣叫,忽然起飞,直上九霄。"微如闻音"补充说明了野鹅所飞之高,衬托出海东青的机敏异常;"一掣"、"束身直上"接连两个动作,把海东青那种迅猛的特性刻画了出来。或许人们都还在瞩目眺望,追踪海东青的身影呢,但顷刻之间,天上便像下雪一样,纷纷扬扬飘落下野鹅的羽毛来,野鹅的血也洒落在广袤的原野上。"遂使孤飞一片雪,顷刻平芜洒毛血"中的"遂使"、"顷刻"两词,把海东青那种迅雷不及掩耳之势的凌利攻击淋漓地表现了出来。这个过程太突然、太短暂了,地上的人群"争夺得隽顿足悦",不禁欢声四起,都为捕捉到肥美的猎物而欢呼。圆满地结束了游猎,"旌旗先归向城阙",金人于是开始打道回城。"文似看山不喜平",为了避免平铺呆板,诗人采取了侧面烘托的手法:不正面描写金王的勇武,而去描写他的猎鹰海东青的勇猛以衬托之;又不正面描写海东青的勇猛,而只描写其捕捉野鹅的迅捷和地面上人群的欢呼以衬托之。一场激烈壮观的游猎过程,只选取了一件典型事件来描述,简洁而又生动。

"落日悲风起萧屑"到结尾是全诗的第三层。夕阳西下,悲风萧瑟,烟尘满城,鼓声低咽,司膳官早已准备好了美酒,邀请金王入席。金王兴致勃勃,举杯狂饮。这时金王的妻子带着侍从乐队,前来助兴,于是歌舞四起,直到人醉烛熄。

全诗气势雄豪,笔力劲健,音节铿锵,把东北女真人剽悍粗犷的性格特征刻划得栩栩如生,不失为元代歌行体中的佳作。胡应麟《诗薮》称此诗"雄浑流丽",陶玉禾《元诗选》也评此诗"笔力骏健,有风雨驰骤之势",都指出了此诗雄健的特色。

(程相占)

至正改元辛巳寒食日示弟及诸子侄　　　　虞　集

江山信美非吾土,飘泊栖迟近百年。
山舍墓田同水曲,不堪梦觉听啼鹃。

诗作于元顺帝至正元年(1341),时虞集告老回乡,侨居江西崇仁。在寒食日祭祀祖墓以后,心情十分沉重,写下了这首诗。

时当春天,万象熙熙,而崇仁又是山明水秀的好地方,诗人赋闲在家,自当陶醉在青山绿水之中,但他想到自己是四川人,祖辈迁居到这里已近百年,眼前的山水虽然可爱,毕竟不是自己的故乡。如今,自己的居所及父辈的墓田都在这临水之处,望归不得归,也不可能再归,每逢梦醒,听到那催人泪下的杜鹃哀啼,怎么能令人忍受呢?这是从字面上来理解这首诗,写的是栖居他乡的无可奈何的悲哀情感与对故土的眷念。

文学作品的内在涵义往往没有准确的解释,中国历来的读书人都喜欢从作品的片言只字中去寻绎所谓的微言大义,"诗无达诂"便成了不少钻牛角尖、出奇谈怪论者为自己辩解的堂皇理由。这固然不足为训,然而通过知人论世,也能发现一首诗的旨意,往往不是字面所能包容的,这就需要我们以意逆志,阐幽发微了。比方虞集这首诗,如结合他的身世来探讨,所述的也就不仅仅是字面上所表达的那些。

诗首句用王粲《登楼赋》中的句子。王粲当汉末天下大乱时,避居湖北,在登当阳城楼时写下了《登楼赋》,对沧海横流、国家动荡不安、群雄割据表示深切的忧虑与愤慨。虞集是宋抗金英雄虞允文的后代,眼见祖上为之浴血奋战的祖国已经沦陷,宋王朝已解体,不由得感伤不已。他引用《登楼赋》中的句子,大有深意。"非吾土"正是说国家已经不是大宋朝的天下,不是汉人的天下。末句用啼鹃典也是如此。相传古代蜀主望帝失国后,其魂魄化为杜鹃,一名子规,鸣声悲哀,常啼至口角流血。唐宋人常用杜鹃啼血来寄托国破家亡之感。杜鹃在暮春时鸣,虞集写这首诗时正当寒食三月初,杜鹃还未到啼时,而诗云"不堪梦觉听杜鹃",细心的人曾指出,这是虞集有意造成时间上的矛盾,其目的是有意露出破绽,去提醒人们注意体会这儿是借啼鹃来表达亡国之恨。而杜鹃的叫声犹如"不如归去",诗人的"不堪听",不啻告诉人们:现在我的山居及祖墓都在崇仁,我归到哪里去呢?整个江山都被元蒙统治者统治着,何处是我可归之地呢?这与他的《挽文丞相》诗尾联"不须更上新亭望,大不如前洒泪时",所倾泻的哀思是一致的。当然,以上也只是一种解释,虞集毕竟做过元朝的大官,到晚年时,宋亡已久,也许他的兴亡之感早已淡泊了,诗只不过是诗人常见的感叹而已。

然而不管怎样,这首诗的用典用句,妙在含蓄不露,不见凑合之迹,诗中用的两个典句,都为人常用熟见,但能用来与眼前情景吻合入辙,又使人因此而产生联想,诱导你去体会言外之意,揣摩作者的复杂心态,可以说是在驱使典故上达到了出神入化的境界。

(李梦生)

赤 城 馆 虞 集

雷起龙门山,雨洒赤城观。

萧骚山木高,浩荡尘路断。

鱼龙喜新波,燕雀集虚幔。

开户微风兴,倚杖众云散。

由"舒迟而淡泊"的审美观所决定,虞集在诗风上,律诗诸作显得清雅恬淡,声律圆熟,本诗即为一例。

"雷起龙门山,雨洒赤城观。"开头一句就讲究对仗。龙门山在河北赤城县北,云州堡东北。其山石壁对峙,望之若门,故称龙门山。巨雷从龙门山而起,使人想到雷雨由龙兴作的神话传说,造成一种不凡的声势。"赤城观"即题目中的赤城馆。雷声刚从龙门山传过,雨水便洒落下来,可见雨来得极为迅猛。本诗从雷、雨写起,渲染出宏大的声势。

"萧骚山木高,浩荡尘路断"紧接上联的雷雨之声,进一步渲染宏大的声势。"萧骚"是象声词,前人有用来指树木声的,如李中《送图上人归庐山》诗有"萧骚红树当门老,斑驳苍苔锁径闲"的句子;又有指雨声的:罗隐《经来阳杜工部墓》诗说"紫菊馨香覆楚醑,奠君江畔雨萧骚"。本诗指雨打树木声。雷声隆隆,大雨滂沱,山上的大树在雷雨之中发出阵阵啸鸣。山下那条大路,平日里车水马龙,尘土飞扬;远远望去,极为醒目。大雨来过,尘土被雨水荡涤得无影无踪,大路也似乎一下子消失了,故诗中称之为"断"。这从侧面衬托出雷雨之大。

这场大雷雨,使水塘湖泊的水量顿时大增。"鱼龙喜新波",水中的鱼儿欣喜异常,为自己的活动天地更广阔而嬉逐水波。"新波"既说明了水量的大增,又刻画出了鱼儿的欣喜之情。"虚幌"如同杜甫《月夜》诗中"何时倚虚幌"句的"虚幌",指轻薄的帷幔。燕雀被雷雨震慑了,不敢再到外面,只得集拢在赤城馆内的帷幔上。这个细节进一步衬托出了雷雨的声势。

雷雨之后,诗人的心境又是怎样的呢?"开户微风兴,倚杖众云散"。风雨来时,诗人把门窗都紧紧地关上了。现在打开门窗,清新的空气扑面而来;步出门外,在高高的山顶之上,拄一竿竹杖,缕缕轻云从身旁飞过,向天际散去,诗人的心境显得开阔而清闲。

从总体上看,本诗属于一首山水诗。但本诗先从声势恢宏的鸣雷骤雨写起,并作了诸多烘托,突破了山水田园诗那种惯常的平淡闲适;诗的最后又落脚到平淡闲适,和前文的声势恢宏巧妙地统一了起来,给人一种耳目一新的感觉。从艺术技巧上看,全诗八句四联,全都讲究对仗,亦为律诗中稀见之格。　　　　(程相占)

送袁伯长扈从上京　　　　　　虞　集

　　　　日色苍茫映赭袍,时巡无乃圣躬劳。
　　　　天连阁道晨留辇,星散周庐夜属橐。
　　　　白马锦鞯来窈窕,紫驼银瓮出葡萄。
　　　　从官车骑多如雨,只有扬雄赋最高。

　　中国古代诗歌中的送别诗,大都表现一种"黯然消魂"的情感。虞集的这首送赠之作,却一洗穷愁之态,境界阔大而音调俊爽。

　　首两句说明送赠的因由。"赭袍"即红袍,此指帝王之衣。自忽必烈始,元代皇帝大抵每年都要"巡幸"上京。上京即上都开平,是元世祖忽必烈即位之地,故址在今内蒙古正蓝旗东闪电河北岸,因是皇上出巡,所以诗中说是"圣躬劳"。袁伯长即袁桷,庆元鄞县(今浙江宁波市鄞州区)人,曾任国史院编修官、翰林侍讲学士,当时曾随从皇帝出行。诗句没有直接从送赠对象着笔,而是描绘了袁桷参加的护驾队伍的场景:阳光苍茫,照射着大地上的一切。在金色的阳光下,皇帝的那件红袍显得格外引人注目。通过颜色渲染,既突出了巡行队伍的中心,又造就了阔大的境界,为全诗定下了基调。

"天连阁道晨留辇,星散周庐夜属櫜"紧承首联,是广为传颂的名句。"阁道"即栈道,此处用来喻指山中险道。早晨应该是出行的时刻,诗中却说"晨留辇",进一步烘托出了道路的艰险难行。"周庐"即帐篷,"夜属櫜"指护卫士兵在夜间佩带弓箭,进行戒备,说明帝王的威势。这两句诗原作"山连阁道晨留辇,野散周庐夜属櫜"。著名诗人赵孟𫖯看后称赞其意境优美,并建议将"山"改为"天",将"野"改为"星"。这样改后,诗作的境界显得更加阔大而雄壮。试想那条栈道盘绕于群山之间,一直通向远方,消失在云天之际,比"山连"二字的视野更加开阔;巡行队伍宿营的帐篷遍布山野,像满天繁星那样众多,比"野散"二字更能烘托出帝王声势的显赫。这个论诗佳话传到清代,王士禛又把它作为炼字的范例来称道。这样讲究工炼的诗句在虞集诗中甚少,所以此诗尤为人所重。

如果说颔联像长镜头作远距离的整体描绘的话,那么"白马锦鞯来窈窕,紫驼银瓮出葡萄"一联则是短距离的特写。这里写到不是乘车而是骑马的歌伎舞女,写到中原地区不太常见的骆驼等物,颇有民族风味。两句诗构思精工,综合运用了多种对仗方式。从内容上来说,有属于鸟兽虫鱼对的"马"对"驼",有属于颜色对的"白"对"紫",有属于器物对的"锦鞯"(马鞍垫)对"银瓮";就形式而言,有属于联绵字对的"窈窕"对"葡萄"。细致的描写与精工的技巧结合得很完满。

作为一首送赠诗,直到最后才提到了送赠对象:"从官车骑多如雨,只有扬雄赋最高。"诗人没有劝勉,没有慨叹,只是把他比作西汉末年的著名作家扬雄,赞美其超群的文才。在元代中期大都诗坛上,袁桷是一位活跃人物,著有《清容居士集》。至此我们才恍然大悟:前面六句所渲染的显赫声势,众多随从,都是为了给这两句作铺垫,都是为了衬托袁桷的超众之才。

虞集诗文均负盛名,其诗与杨载、范梈、揭傒斯并称"四大家"。胡应麟《诗薮》谓"七言律,虞伯生为冠"。本诗声律圆熟,属对精工,是虞集律诗中的代表作,在古代送别诗中别具一格。

(程相占)

听　雨　　虞　集

屏风围坐鬓䰐䰐[①],绛蜡摇光照暮酣。[②]
京国多年情尽改,忽听春雨忆江南。

〔注〕①䰐(sān)䰐:形容毛发细长。如白居易"鬓毛不觉白䰐䰐"。②绛蜡:红烛。酣:饮酒尽兴。暮酣:既可指夜色之浓,亦可指暮饮尽兴。

读过《院中独坐》的都知道,"杏花春雨"中的故乡"江南",是虞集最为牵怀的。而此诗在雨声沙沙中所追忆的,也正是它。这幽寂孤凄的情感,不禁使人想起《红楼梦》中的诗句:"已觉秋窗秋不尽,哪堪风雨助凄凉。"倘把"秋"字改为"春"字,或许正符合诗人此刻的心境。

诗之起承两句所描述的,是一幕颇动人的情景:大都(今北京)的春夜,窗外正飘着绵密的细雨,窗内绛红色的蜡烛点得明晃晃的(酣,正盛之意),把房内的暮色都驱赶了出来。年迈的诗人在一排屏风边独坐着,不知有多久了。摇曳的烛光映着他斑白的鬓发,显得格外触目。此时烛泪无语,暮雨潇潇,与诗人羁滞异乡的愁情交织在一起,弥漫在幽幽的夜色中。诗行里,也不知是愁思先起,还是苦雨先落。只觉得烛泪尚有形,雨泪尚有声,唯有诗人心中流淌着的,是无形而又无声的思乡热泪。于是一位满腹乡愁的诗人形象,就在这情景交融的描写中鲜明地显现出来了。

元人杨载在《诗法家数》中说:"大抵起承二句固难,然不过平直叙述为佳,从容承之为是。至于宛转变化工夫,全在第三句,若于此转变得好,则第四句如顺流之舟矣。"此诗的第三句,就正有这宛转变化、另开新境之妙。——"京国多年情尽改",初读似乎无理,其实却很值得玩味。在京师的二十多年中,虞集由默默无闻的青年人,很快被擢居高位,显赫一时。身份既然已经不同,情怀自然也改变了许多。然而他对山清水秀的江南的思念,是否就因此淡薄了呢?显然不是。虞集在此期间所作的许多诗词,回答恰正相反:"报道先生归去也,杏花春雨江南。"(《风入松》词)"江山信美非吾土。"(《至正改元辛巳寒食日,示弟及诸子侄》)"杏花春雨在江南。"(《腊日偶题》)——这些词句分明都诉说着诗人对故乡那"不思量,自难忘"的浓重情感,为什么此处偏又感慨起"京国多年"的"情尽改"呢?其实这正是诗人引出结句"忽听春雨忆江南"的宛曲之笔。虞集在外多年,这期间积累起来的乡愁,无疑是沉重而痛苦的。如果说诗人在许多方面已一改青年时代的情怀,那么唯有一点,是诗人地老天荒也改变不了的:那就是对故土朝思暮想、魂牵梦萦的眷念情怀。这眷恋的情怀,何曾因"几回晚直金銮殿,东风软花里停骖"的欢愉而淡忘过,何曾因"书诏许传宫烛,轻罗初试朝衫"的荣宠而改变过?在淅沥的细雨中,在满院的松风里,在一次又一次的归梦后,故乡江南不是每每带着它的杏花,它的绿意,它的全部温馨,回到诗人的忆念中了么?

全诗到这里就结束了。一位白发苍苍的老者,在"润如酥"的细雨中,孑然独坐,久久地静听着淅淅沥沥的春夜雨声。这无疑是一个"有包孕的片刻"。是诗人牵怀故乡的千言万语和无数感触一齐涌上心头的片刻。诗人只用一个"忆"字

点出,它们便伴和着千丝万缕的春雨,浓浓地纷扬,飘洒在了诗中。 （张 巍）

揭傒斯

（1274—1344） 字曼硕,龙兴富州(今江西丰城)人。少有文名,成宗大德初,经程钜夫、卢挚荐举入朝。仁宗延祐初,被荐由布衣授翰林国史院编修,历官翰林待制,翰林侍讲学士,任辽、金、宋三史总裁。谥文安。与虞集、范梈、杨载齐名,号称元代四大家。其文叙事严整,用语简练精当。诗亦清丽婉转,别饶风韵。著有《揭文安公全集》。

夏五月武昌舟中触目　　　　揭傒斯

两髯背立鸣双橹,短蓑开合沧江雨。
青山如龙入云去,白发何人䇲沙语?
船头放歌船尾和,篷上雨鸣篷下坐。
推篷不省是何乡,但见双双白鸥过。

　　在空蒙的烟水中、浮漾的小舟上,领略潇潇洒洒的江南雨景,恐怕是谁都向往的美事。唐人张志和那首清灵空森的《渔父词》,就正是在这样的江南雨中吟成的。五百年后,元代诗人揭傒斯,也在悠闲的舟上,聆听着夏雨的清韵,触发了灵妙的意兴,写下了这首风俗画般的名诗。

　　所不同的是,张志和是在烟波苍茫的湖上独钓,那"西塞山前"的飞鹭,"桃花流水"中的游鱼,映漾着一位"斜风细雨不须归"的渔父。其妙处全在动中写静,表现着一种清美幽缈的自得。揭傒斯则是在客旅江上的行船之中,船头有橹声欸乃,远岸有山影青濛,那境界自当别具一番情趣。

　　首先映入诗人眼中的,是一幅近景:雨气濛濛的船舯,现出了两位悠然把橹的船家。诗人描摹他们的状貌,奇在只从侧面落笔:你所见到的只是相背而立的两个身影,和一式飘拂的颔间须髯,便可约略猜到,那该是两位颇有年纪的老翁。身披的蓑衣,忽开忽合,既表现了船翁摇橹时的俯仰之态,又暗示了劲爽之风在江上的吹拂。而作为背景的,便是雨丝交织中的空阔清江。这就是诗之开笔展示的景象——江雨,鸣橹,蓑髯飘飘的船家侧影,构成了一种多么清美和情韵悠悠的水上境界!

　　然后将视线投向江岸,境界顿又一变:远方的青山,起伏连绵,因为是在船行之中,那云烟缭绕中的山影,便觉有一种缓缓飞动之势。诗人用"如龙入云"描摹,其意态形神就全都活了。再看近岸之处,则有两位白发苍苍的老人,正并立沙岸、絮絮而语,那谈兴看来还真浓呢!似乎全忘了,空中正飘飘忽忽,洒落着雨滴。夏日的新雨正有这样的妙处:将那炎闷的世界,下得一派清凉。难怪连皤发之翁妪,也动了来江边聊天的闲兴,只不知竟是谁家的长者?"白发何人竝沙语",即从诗人眼中,展示了江岸村野的真淳风情。"何人"二字似问非问,更生一段景与兴会的韵致。

正在这时,响起了清朗的歌声,一下中断了诗人顾盼江景的悠悠之思。这歌声传自"船头",而且唱得那样放情。大约是位年轻的篙手,在向着远山抒怀?歌声回荡在江上,感染了摇橹"船尾"的老翁。他们竟也不甘寂寞起来,接着船头的歌韵,一齐棹歌相和。与此相应的,还有那江上的雨,骤然密集多了,叮叮铮铮,一阵又一阵扫过舱篷。如众器齐奏,伴和着船家的放歌;又如绿原上的马群,蹄音杂沓地御风而奔——"船头放歌船尾和,篷上雨鸣篷下坐",这一切均从置身篷舱中的诗人听觉中写来,歌声和雨鸣交汇一片,刹那间打破前文所创造的安谧清宁之境,给全诗带来了一种欢悦、亲切的声情。读这两句诗,还须放在船行江上的全景中涵咏——歌声在雨中船上,船在清波迭荡的江中,江在青峰入云的山岸间。而在这一切之上,更有飘洒无际的漫天绿雨……如果说音声也能传景的话,这两句诗,正是传写出了绝妙的"声中景"。

听着富于南国情调的棹歌,和驰过篷顶的淙淙雨声,诗人该颇醉心了吧?在这样的篷舱中独坐,能不沉入心境澄朗的忘我之境?诗人的眼前,是否幻出了《那呵滩》"闻欢下扬州,相送江津湾。愿得篙橹折,交郎到头还"的江上男女清歌互答之景?幻出了《西洲曲》所描摹的"单衫杏子红,双鬓鸦鶵色"的村野少女,在"风吹乌臼树"下开门望郎的翩翩身影?或者是"江南可采莲,莲叶何田田,鱼戏莲叶间"那样无穷碧叶中采莲女的欢声笑语?歌声悠悠,橹声悠悠,敲打舱篷的雨声悠悠。诗人于凝思冥想之间,自然全不觉江船之行,岸山之移,白发"竝沙语"的人影村景之杳渺远去。当歌声顿歇,诗人在幻境中回过神来,推篷一看,客船早已又驶行了几多里程,进入了全然陌生的何处乡野!只有那似曾相识的双双白鸥,还时时掠过船帆,消隐在雨气深处。诗之结句,正以诗人凝思中的物换景移,将诗境推向了一个亲切而陌生的新天地;而翩翩远去的白鸥,更牵着你不尽的悠叹之情,掠过诗行,飞向很远很远!

元人虞集评揭傒斯的诗,曾有一个奇妙的比喻:"曼硕诗如三日新妇。"明人胡应麟解释说:"'三日新妇',鲜而丽也。"据说揭氏对此很不满意,大约以为有人于艳弱之嫌吧？其实，"丽"固不必为佳，"鲜"则一定动人。那是一股表现着生命搏动的清鲜活跃之气，好诗又岂可少它？这首《舟中触目》，正有这样一种清新之气——那船家的欢悦棹歌，岸山的如龙入云，和江上白发人的亲切"竝沙"之语，展出了诗人行舟江南雨中的多少迷人风情！它正如夏日之新雨，飘过诗行，给读者带来的是一片透心的清凉。

（徐旭文）

和欧阳南阳月夜思　　　　　　　　　　揭傒斯

月出照中园，邻家犹未眠。
不嫌风露冷，看到树阴圆。
天清照逾近，夜久月将远。
墙东双白杨，秋声隔窗满。

诗作于皇庆二年(1313)，时揭傒斯在大都。揭傒斯赴京是为了谋取官职，但朝中名臣如卢挚、李孟等虽交章荐举，始终未见用。人到中年，前途茫茫，他感到无限怅惘，在凄清的秋月秋声中，写下了这组令人震颤的诗。全诗共五首，这里选的是第一、第二首。欧阳南阳，生平不详。

诗以月初升至西斜为序，以看月为中心展开。第一首诗写月亮升起来了，照在园庭里，如水似雾般地透进了夜的帐幕。邻居人家犹未入睡，传来阵阵笑语。秋风萧飒，寒露悄降，诗人独自一人，静静地站着，看着那一轮冷月，渐渐地升高，挂在那浓郁的大树树梢。诗中"邻家犹未眠"看似闲句，不经意而出，实际上蕴涵无限。写邻家未眠，自己未眠便不言而喻。邻家未眠是全家欢聚，其乐融融；诗人未眠是独自一人羁留京师，愁肠百结，无法入眠。这就自然逗起了下文的看月。强烈的对比，便奠定了全诗凄婉的格调。

第二首诗是第一首的继续与补充，仍写看月。诗人久久地凝立着，月仍在升高，已至中天，皎洁明澈，又逐渐西偏。午夜漏断，万籁俱寂，邻人笑语已歇，剩下的只是那隔墙的高大的白杨树，在秋风中飒飒作响。回到房中，只觉满耳秋声。宋欧阳修《秋声赋》说秋声"初淅沥以萧飒，忽奔腾而砰湃，如波涛夜惊，风雨骤至。其触于物也，鏦鏦铮铮，金铁皆鸣；又如赴敌之兵，衔枚疾走，不闻号令，但闻人马之行声"。揭傒斯诗中所云隔窗满的"秋声"，正是这"凄凄切切，呼号愤发"的肃杀之声；而古诗有"白杨多悲风，萧萧愁煞人"句，诗人把悲愁与白杨悲风、秋声秋气交织成一体，度过了这不眠的长夜。

诗题是"月夜思"，但诗中不见思而只有看月。诗人果真喜欢那奶黄色的月亮,以至于不畏风霜,独立半宵,独自看月?他能有那么悠长的兴致吗?显然不是。诗人不是在看月,或者是眼中看月,心中无月;或者是由月而想到月下亲人,凄凉身世。这样,以事寄情,不言思而思自现。

月光能使人移情,所以诗人们常寄情于望月,而主要还是突出一个"望"字,长久的望,不知不觉、不由自主地望。不管是望月,还是望流水、望落日、望星空,都能寄托这种孤寂绵邈的感情。唐元稹有一首《智度师》诗云:"三陷思明三突围,铁衣抛尽衲僧衣。天津桥头无人识,闲凭栏干望落晖。"写一个勇士年老无依,只得出家为僧,站在天津桥上,默默凭栏,目断斜晖。宋欧阳修《蝶恋花》词下半阕云:"河畔青芜堤上柳,为问新愁,何事年年有?独立小桥风满袖,平林新月人归后。"写一个满腹牢愁的人,对春色感叹不尽,独自一人站在小桥上,不知不觉地从日落望到了月出。揭傒斯这首诗也是如此:他独立沉思,时间飞逝,风露不觉。这样,把时间与景物完全与情感糅合在一起,使诗极富感染力。

揭傒斯的小诗往往如此,他用不加雕饰的清词丽句,寓情于景,具有六朝山水诗的风韵。由于这首诗与他其他咏月诗的成功,使他的诗名大著。另外值得一提的是,清黄景仁有一组《癸巳除夕偶成》诗,一时脍炙,其一云:"千家笑语漏迟迟,忧患潜从物外知。悄立市桥人不识,一星如月看多时。"诗也用别人的欢乐衬托自己的忧愁;因除夕无月,故改用看星如看月,与揭傒斯这组诗第一首机杼全同,黄景仁作诗时是否从揭诗中得到启发呢?

(李梦生)

别　武　昌　　　　　揭傒斯

> 欲归常恨迟,将行反愁遽。
> 残年念骨肉,久客多亲故。
> 伫立望江波,江波正东注。

揭傒斯年轻未仕时,曾出游汉、湘一带,本诗是他在这程游历的终点所作。从武昌顺流而东,就可以回他的家乡富州(治今江西丰城)了。往日的漫长旅程中,日夜怀念的只是故乡亲人,而异乡的风物人情,触处可见,时时可逢,倒也不觉如何珍贵。然而,当回家已成轻易之举,而客居生涯倒要成为难以复现的美好回忆、他乡新识的朋友倒要劳他梦寐以思——这样的一瞬间,这样一个新旧之思交替的特定时刻,旅行者又该如何说出此际自己的特殊心理呢?

"欲归常恨迟,将行反愁遽。残年念骨肉,久客多亲故。"这,就是旅行者精确的交待、出色的形容。上二句,是复杂的心理:思归时,总是为那踏上归途的日子来得太迟而怨恨;临到即将出发了,却又为这一天来得太快而发愁。为什么呢? 后二句,是复杂心理的解释,分承上二句:岁暮了,想到骨肉至亲在家乡盼着团聚,自身还滞留异土,能不恨么? 客居久了,异土的新知已成为难舍难分的故交,眼看分手在即,重逢无期,能不愁么? 那么,到底归与不归,何去何从呢? 作者陷于两难的境地。

但情终究要解开,去留总要定夺。"伫立望江波,江波正东注。"出色的解答! 这二句,读者切莫因其字面的浅显和表面上一无所答而轻视之。因为,全是说理还不成诗,诗要依靠形象来完成其境界。看看这二句的境界吧。江波正滔滔地向东流注、归途已经通畅无阻了;旅行者遥望着江波,对故乡已经心驰神往了——然而,他却为何只是伫立着,而不走下江岸呢? 现在,你不会小看这二句了吧? 其中的蕴涵,深似被诗人用顶真法重复了两遍的"江波"! 可以想象,犹豫不决的诗人,大约只有"伫立"才是他的选择;至于他最终的起程,也决不会是主动地欣然登舟轻飏,而只能是不自觉地茫然随波飘荡的吧? 他的"身"解答了难题,他的"心"却不能简单解答这道家乡"骨肉"与客乡"亲故"孰亲孰疏的难题吧?

本诗的境界,或许,只有《苏李诗》中的"风波一失所,各在天一隅。长当从此别,且复立斯须",可以与之相仿佛吧? 但单凭一个是淡淡的哀伤、一个是强烈的悲怆这方面上说,二者已不能混为一谈,更不必说其他背景的不同了。所以,完全可以说,在"别"这个诗题的大家族里,本诗是一个决非先辈之翻版的新生儿。时代总是在不断进步,诗的技巧总是在不断丰富;唐宋人限死元人作诗的手法,元人只能在唐宋人划下的圈子里讨生活,这都是决无之理。如此看来,人们评论揭傒斯的诗"伟然有盛唐风"(元欧阳玄《豫章揭公墓志铭》),其实也算不上是对他过分的褒扬。

(沈维藩)

寒　　夜　　　　　　揭傒斯

疏星冻霜空,流月湿林薄。
虚馆人不眠,时闻一叶落。

本诗作于元英宗至治元年(1321),时作者四十八岁,去乡从宦已经七年。小诗以寥寥二十字的白描,传神地绘出一幅清夜客旅图。一、二两句状写户外的景色,以凝冻在布满霜气的夜空中的疏星、沾湿了草木的月的流光(林薄,谓草木丛生),制造出一种清旷冷寂的氛围;三句转入客舍,在"虚馆"的典型环境中,"人不眠"的主体便格外突出。最精彩的是末句的五字。"一叶落"的声音是够细微的了,馆中人却能清晰地辨闻,足见夜间的阒静;而一个"时"(时时、时而之意)字,更将漫漫长夜中不眠人的警醒,表现得淋漓尽致。这一句不仅沟通了虚馆内外的联系,而且传达出了诗人在长捱客宵中愁苦的心绪,可谓是神来之笔。

这首诗还有两处地方颇值得玩味。一是题中的"寒"字。从"霜空"、"叶落"来看,作诗的时令实在凉秋而非寒冬。所以"寒夜"之"寒",与其说是身体上的感觉,毋宁说是因冷寂环境和凄凉心绪而引起的精神上的感受,是荒寒、孤寒之寒而非寻常冷热之寒。二是首句"疏星冻霜空","冻"字的斧凿颇惹人注目。我们设想用"映"、"点"、"著"一类的字取代,则起二句便带上了一种《选》体诗的平叙风味。这样做,尽管较符合绝句所谓"一篇全在尾句"(宋姜夔《白石道人诗说》)、"多以第三句为主,而第四句发之"(元杨载《诗法家数》)的常法,但将使全篇的旨意由言愁转化为言幽。所以,作者在首句就着以"冻"字的巉刻,这本身就映现了作者无意掩遮(甚至可说是有意强调)自己冷峭的心情。

诗人在此后不久还写过一首《秋夜长》,中有句云:"秋夜长,秋夜长,夜未曙。投我以百忧,煎我以百虑。夜长夜长谁与度。"同样写"愁人知夜长",这首《寒夜》的含蓄不露,就使人觉得风韵摇曳,回味隽永得多。　　　　　(史良昭)

送张天师归龙虎山　　　　揭傒斯

闭户京城昼懒开,初闻北觐却南回。
冯夷击鼓乘龙出,王子吹笙跨鹤来。
袖里天书明日月,匣中神剑网风雷。
回瞻魏阙红尘里,应在山中看早梅。

诗作于至治元年(1321),时揭傒斯在翰林院任职。龙虎山在江西贵溪市,是道教圣地,汉张道陵后人历承衣钵,代代相传,掌教于此地。元代崇尚道教,对历代天师都有封号,当时天师张嗣成,嗣父张与材位,为三十九代天师,领江南道教,主三山符箓。

诗首联即替张天师占尽身份。写他闭户京城,不接俗客,显得他道行高深,自尊自重,而用"北觐"二字,说他进京是为见皇帝而来,将上句更推进一层。颔联是名句,以对仗工整、用典贴切著称。水神冯夷击鼓乘龙以迎天师法驾,仙人王子乔跨鹤吹笙同气相求,以夸张的手法写张天师驭神驱鬼,参鬼神不测之机,掌造物无尽之化。以下归到张天师自己,袖藏天书,腰匣神剑,显示他的崇高地位与深奥法术。最后言天师归到龙虎山,在庄严的道宫里逍遥自得,赏梅清修,回视帝京繁华,红尘扰攘,别有一番天地。

送行诗贵在切合作者身份,有真情实感,否则便易堆砌常词,几同馈问送礼,流入俗套。杜甫《送翰林张司马南海勒碑》诗,句句切题,密合张司马身份、使命,末又用"不知沧海上,天遣几时回"暗藏张骞浮槎典点张姓,置问造语,深切入微,为后人所称道。揭傒斯于律诗刻意学杜,这首诗的写法无疑是从杜诗脱胎出来。

(李梦生)

重饯李九时毅赋得南楼月[①]   揭傒斯

娟娟临古戍,晃晃辞烟树。寒通云梦深[②],白映苍梧暮[③]。胡床看逾近,楚酒愁难驻。雁背欲成霜,林梢初泫露。故人明夜泊,相望定何处?且照东湖归[④],行送归州去。

〔注〕①李时毅:南昌人,曾任职武昌,后选官归州(今湖北秭归县)。南楼:在武昌城南。《世说新语·容止》载,庾亮镇武昌时,曾于秋夜坐胡床(一种可折叠的椅子)与部下殷浩、王胡之等人赏月赋诗。 ②云梦:古泽名,在今洞庭湖北岸一带。 ③苍梧:山名,在湖南,为舜葬处。 ④东湖:武昌及南昌均有东湖,此关合两地。

这首咏月诗作于大德七年(1303),时揭傒斯客居武昌。他同时还作有《远归曲戏赠李九时毅还江西》诗,又与李时毅夜宴南楼饯别而作此诗,所以诗题云"重饯"。

月夜是最能引起人们浮想联翩的时候。月色的奇妙,仿佛改易了整个世界,给一切披上了一层朦胧的面纱。惟有朦胧的东西才具有不可推测的底蕴,惟有在朦胧中人们才能依照自己的想象去理解世界。主观在这里得到了最大的发挥,月光便随着诗人的心情同步变化,无声的姿态可以有声,视觉中可以获得听觉的感受。在因人因地、因时因情的不同,月在诗人的吟咏中显现出不同的色相,幻化出不同的美。"举头望明月,低头思故乡",李白由月而勾动故乡之思;"落月满屋梁,犹疑照颜色",杜甫由月而引起对朋友的怀念;苏轼一曲"明月几时有",更寄托了无限遐思,留下千古绝唱。揭傒斯这首诗,则通过咏月寄托自己诚挚的友情与依依惜别的惆怅,以及自己久客他乡孤子自吊的凄情。

诗一开始便紧紧捕捉住月亮以切题,用"娟娟"、"晃晃"两个词,一以形容月亮的明媚娟秀,一以形容月亮的光明闪烁,把月亮的形态包涵殆尽。然后,诗扣紧观月的场地,依时序先后、即目所见而展开。月亮升起来了,照耀着武昌城外的古代战场堡垒,在成片如烟似雾般的树林上空缓缓而上,一派清澄透亮。这两句写近景,以下便把视野竭力放开,加入想象。月光如水,寒气逼人,仿佛与广阔无垠的云梦泽水相连,又与南方苍梧等名山巨岭相接。在这样的境地中,诗人与朋友坐在南楼上,眼见月亮越升越高,仿佛正向南楼逼近,但因心中充满了离愁别绪,对此大好河山却无心观赏,饮着酒却无法销愁。时间悄悄逝去,不知不觉,已经是夜深了。露宿野外的大雁,已入睡乡,一动也不动,寒霜凝结在它们的背上,泛出一层银色。树梢的水气在慢慢聚合,从枝叶上一滴滴往下掉着,显得格外凄清幽静。诗人由此而想到,如此良夜,留人不住,没过多久,好朋友就要离开了,明晚的月色中,他又不知泊舟何处,默默地对着月亮想念我。那时候,月亮虽然还是同一个,但人已经不在一起了。想到这些,怎么能不令人悲伤呢？末两句与题饯别呼应,说李时毅是回南昌去,不久又要赴归州任所,不知何时才能再见。诗仍用"照"字贯联,使全诗无处无月,将月与情、与景密切关合糅杂在一起,并把归程的"归"与地名归州之"归"参差句中,相映成趣。李时毅是回南昌去,揭傒斯的家乡丰城离南昌不远,他久居他乡的客愁乡思由李时毅之归而被激起,所以诗写得格外地深沉。

揭傒斯的五言古诗在元代独树一帜,他善于摹景抒情,尤以咏月著名,能随着境地心情的不同,把自己的感情渗入到月夜景色的深处,达到了一个高超的意境。清彭蕴章《题元人诗十二首》论揭傒斯诗云:"诗名藉甚揭文安,五字长城天历间。赋月南楼有佳句,参军俊逸可追攀。"因这首诗善于刻绘自然景物的变化而大加赞赏,以为可以上追诗风俊逸著称的南朝诗人鲍照。鲍照以咏月出名,他的《玩月城西门廨》被推为绝唱,诗中"未映东北墀,娟娟似蛾眉"句,首次以蛾眉比月亮,成为咏月诗一大故事。

(李梦生)

梦　武　昌　　　　揭傒斯

> 黄鹤楼前鹦鹉洲,梦中浑似昔时游。
> 苍山斜入三湘路,落日平铺七泽流。
> 鼓角沉雄遥动地,帆樯高下乱维舟。
> 故人虽在多分散,独向南池看白鸥。

在揭傒斯早年的汉、湘之游中,武昌是他居留最久、印象最深的城市。现在,当他回到家乡时,武昌已形诸梦寐了,他该如何不辜负这座曾给他以欢悦的城市,为它传神生色呢？

"黄鹤楼前鹦鹉洲,梦中浑似昔时游。"武昌的标志黄鹤楼,以及楼前的鹦鹉洲,皆因唐代崔颢的《黄鹤楼》诗而名闻遐迩,这是不消多说的。诗的首联,只交待了梦中来到这二处昔日游历之地,连用二地名,毫不修饰,看似过简,其实不然。用浑厚的笔法,把景物浑然推出(还有意无意地带了一个"浑"字),这正是诗人的高明处,他深知此际绝不容精雕细刻,不然下二句便不能自然引出了。

正是站在浑朴无饰的黄鹤楼头、鹦鹉洲前,才能放眼望去,全是雄浑之景。请看,"苍山斜入三湘路,落日平铺七泽流。"巍然的苍山,鲜红的落日,武昌具有多么浑成的气象!三湘,指洞庭湖南北、湘江流域;七泽,指楚地诸湖、云梦古泽(语本《子虚赋》"楚有七泽"):这是武昌多么开阔的视野!苍山深入到三湘的大路间,落日铺满了七泽的水面上:这是武昌多么壮观的形势!苍山有连绵的走势,故是斜斜地蜿蜒深入;落日已贴到了地平,故是平平地四面铺展:这又是多么生动的措辞!更重要的是,这二句一前一后,用力铢两悉称(对仗亦工力悉敌),富有均衡感;叙法全用赋体,比起诗人另一首《夏五月武昌舟中触目》中"青山如龙入云去"的比喻,泯去了小巧手段,平添了凝重感。因此,此二句若用庄重、宏丽来形容其给人的总体感觉,是绝不过分,明人胡应麟的评论不亦云乎:"句格庄严,词藻瑰丽!"(《诗薮》)

武昌的山川之胜既已写足,颈联便转向武昌的风土之奇。"鼓角沉雄遥动地,帆樯高下乱维舟。"武昌是上游重镇,城墙高厚,当傍晚的城头鼓角声齐响之际,那深沉、雄健的余音,真能遥传四方、撼动大地;武昌又是九省通衢、商贾云集,当傍晚人们系舟(维,系)江滨之时,那千帆万樯排列得高下参差,真能令人目不暇接、眼前一片迷乱!这二句,前句的森远、后句的繁闹,在气象上都堪与山川的雄伟相副;而"遥"、"乱"二字,对于鼓声的绵绵不绝、帆樯的如林如织,都是画龙点睛之笔,足使全句跃动生辉,也丝毫不逊于上联"斜"、"平"二字的用力。因此,说本诗中四句都是塑立武昌丰厚形象的功臣,大概也是不夸张的吧?

诗的尾联,已是梦醒时分了:"故人虽在多分散,独向南池看白鸥。"武昌又是诗人交游广多的城市,梦到武昌而不提故人,未免对不住昔日的朋友;因此,在梦后才为故人的分散难聚发一句感叹,是很恰当、很道地的布局。白鸥在古诗中,通常是陪伴诗人隐栖故园的盟友,所以在南池上独看白鸥,也暗中点到了自己的处境。梦醒后的气象是很萧索的了,不过,这份萧索,不也正足以反衬出上文的宏大与昔日的壮游么?

在上首《别武昌》中,诗的要点是"别";而在这首《梦武昌》中,"武昌"的形象成了诗的中心,是否在梦中倒并不重要、也不明显。看来,这座令诗人魂牵梦萦的城市,早已深印在诗人胸中,就算在梦中出现,也如身历其境般不减当年风采。

(沈维藩)

归　舟

揭傒斯

汀洲春草遍,风雨独归时。
大舸中流下,青山两岸移。
鸦啼木郎庙,人祭水神祠。
波浪争掀舞,艰难久自知。

这首诗作于延祐七年(1320),当时揭傒斯官应奉翰林文字同知制诰,谒告在家。这年春,他赴吉安访友毕,乘舟顺赣江而下,返家乡丰城,诗即记途中所见所感。

诗先点题"归舟"二字。诗人在春天回家,大地复苏,春草遍野,水中的小洲已是一片浓绿。他独自一人,在春风春雨中赶路。眼中所见是汀洲春草,所以诗虽然没有说是乘舟,而人在舟中便不言而喻。颔联放笔写船行,也是写归。他乘坐的大船,在中流乘风破浪而下。春雨普降,江水上涨,船又是顺水,所以走得飞快,两岸青山不断地掠过船舷。这一联写得明快畅达,流露了回家的喜悦,在动态中包藏着自然的、静穆的美,给人一种"人在画中行"般的感受。虽然不及李白"两岸猿声啼不住,轻舟已过万重山"那样的速度与气势,也不及杜甫"即从巴峡穿巫峡,便下襄阳向洛阳"那样的飘逸与惊喜,但足以打动人心,令你神往。

在快速行驶的舟中,诗人所见所闻当然不可能是细微的局部,如"鸟鸣嘤嘤,伐木丁丁"(《诗·小雅·伐木》)、"雨里鸡鸣一两家,竹溪村路板桥斜"(王建《雨过山村》)那样的细景微声,所以诗接写了岸上具有象征性的、在群山中显得格外醒目的两个建筑物。在那古老的木郎庙上空,成群的乌鸦盘旋聒噪,争夺着祭品;水神祠中,香烟缭绕,祭祀的人们川流不息。这一切,给山水增添了几分春色和活气,使他想到了家乡的春色,激发了对大自然的热爱,对淳朴的民风及山村生活的神往。然而这一切,又勾起他对身世的感慨。由布衣步入官场已经有七年之久了,满腔致君尧舜、兼善天下的抱负没有得到实施,而由于生性鲠直、疾恶如仇,使得仕途中充满艰难险阻;这生活的道路也正像眼前波浪起伏的水道一样,沉浸在其中久了,自然能体会出其中的险恶来,诚如辛弃疾《鹧鸪天》词中所说:"江头未是风波恶,别有人间行路难。"随着这样的情感,回家的快乐,山水的秀丽,速度带给人的奋发,都黯然失去了它的魅力。全诗原本轻快的笔调一下子被收束住,给人以顿然沉闷的感觉,作者的思想也就深深锲入了人们心中。

律诗一般以首联点题,以下一联写景,一联写情,末以议论收,这样一开一合,收束容易。这首诗前六句一泻而下,句句是景,且浑和冲沛,流韵天然,气势开阔;尾联出句仍以景语作过渡,对句从"波浪"二字上发议论,含语双关,使诗戛然而止,明快截决,没有力挽千钧的笔力难以办到。元诗讲究对偶炼句,常常有句无篇、通体不称的弊病。这首诗不染时病,全篇浑成,整饬端严,是元律中名作,明胡应麟《诗薮》对诗中颔颈两联非常赞赏。《辍耕录》等书载,虞集评揭傒斯诗如"三日新妇",也就是说他诗风秾丽新艳,揭傒斯听后大为不满。由这首诗的劲节雄浑来看,揭傒斯的不满是完全有道理的。

（李梦生）

【诗人小传】

张 雨

（1277—1348） 字伯雨,一字天雨,号贞居子,钱塘(今浙江杭州)人。二十余岁弃家为道士,往来华阳、云石间,自称句曲外史。能诗词,工书翰。为虞集、杨维桢等称道。雨著有《句曲外史集》、《元品录》等。

湖州竹枝词　　　　张　雨

临湖门外吴侬家,郎若闲时来吃茶。
黄土筑墙茅盖屋,门前一树紫荆花。

这是一曲吴声竹枝词;是一首充满青春活力的爱情诗;是一部来自爱河的姑娘的心声曲;是一支劳动人民寻求幸福生活的恋歌;是一纸反对封建婚姻的宣言书;是一封发自姑娘肺腑的电报;是一页真挚诚恳的约会书;是一张富有民间气息的特殊请帖。

这首竹枝词按定格为七言四句,只二十八个字,言虽短却意深长,话虽淡却味酷浓,姑娘对爱情的追求的激情充满了字里行间。首句为姑娘的自我介绍:"临湖门外吴侬家"。吴地称人多称"侬",如我侬、渠侬、他侬等,"吴侬"即吴人。家住在邻近太湖的城郊。次句"郎若闲时来吃茶"为请帖的主要部分,说明被邀对象为"郎",约郎来"吃茶"。吃茶是双关语,除一般喝茶的意思外,还特指女子受聘,据说是取种茶下子,不可移植,移植则不复生的意义。因此,尚有表示爱情坚定的涵义。这里巧用"吃茶"二字正表现了姑娘的聪明机灵。约郎吃茶的时间并未说定,而是"郎若闲时",这里包藏了几层意思:一来说明这位郎非游手好闲之人,而是工作很忙的劳动者;二来说明姑娘爱的正是这个热爱劳动的人,不愿打扰他的工作,请他闲时来;三来表现了姑娘的性格温柔体贴,彬彬有礼,尊重对方的安排；四来不咬死某时某刻反而显出姑娘对爱情的信念，真正的爱情是双方的，不能强求，郎若有心会立即来的，给对方留有余地，再一次表现了姑娘的乖巧伶俐。

以上二句主要是绘声。"吴侬""吃茶"都带有湖州地区浓厚的乡土气息。吴人说话语音轻清柔美，有"吴侬娇语"之称。因此，读后仿佛听到姑娘楚楚动人的声音。接下去三、四两句则是绘色。从环境的描写烘托姑娘的美貌与性格，进一步揭示她的内心世界。"黄土筑墙茅盖屋"说明她生在平民百姓家，过的是雅淡自然、勤俭朴实的生活。末句"门前一树紫荆花"为传神之句，明里系补充前句向郎说明她家的标志，更重要的是暗里在向郎表白自己蕴藏在心底的对爱情的炽热追求。紫荆木似黄荆，叶圆心形，春天开红紫色花，植于庭院除观赏外，还有象征家庭和睦的意义。传说有兄弟三人分家时商议把堂前的一株紫荆树破为三，紫荆树忽然枯死了，三兄弟为树所感动遂不分家了，于是树亦复荣。（见南朝梁吴均《续齐谐记·紫荆树》）诗里不提其他标志单提"一树紫荆花"显然是在告诉郎她是生在一个和睦的大家庭里，受到良好教育。同时暗示郎将来她也会处好郎家的人际关系，表现出她贤惠善良的品德。紫荆树叶呈圆心形，它象征着姑娘的炽热的爱心与对"心连心"的追求。那片片嫩叶是紫荆树叶又不是紫荆树叶，仿佛是无数颗赤诚的心展现在门前欢迎郎的到来。紫荆树春天开花，"花"字既补充前二句点明约郎来吃茶的季节正是新茶采撷时，也用以比喻姑娘自己正值青春年华，提醒郎"有花堪折直须折，莫待无花空折枝"（唐无名氏《金缕衣》）。这是那黄土、绿树、红紫花旁脉脉含情地凝望远方的姑娘的心灵的呼唤声。

竹枝词为乐府《近代曲》之一，本为巴渝（今四川东部重庆市一带）民歌，唐刘禹锡据以改作新词，歌咏三峡风光和男女恋情，盛行于世，后又有具有各地区特色的竹枝词，但无论是《杭州竹枝词》、《湖州竹枝词》在风格上都具有清新活泼、通俗朴实的本色，而且擅长巧用比兴手法捕捉意象，宛转细腻地表达感情。这首湖州竹枝词正充分展示了这些优点，成功地塑造了一个聪明美丽的少女渴望朴实的爱情的形象。

（宛新彬）

【诗人小传】

马祖常

（1279—1338）　字伯庸，世为雍古部，居净州天山（今属内蒙古四子王旗），其高祖在金末为凤翔兵马判官，遂以马为姓。元统中任御史中丞等职，后辞官居光州。其诗清壮，虞集称其诗"用意深刻，思致高远，亦自成一家"。散文多碑志之作。有《石田集》。

驾 发 上 京　　马祖常

　　苍龙对阙夹天阊,秋驾凌晨出国门。
　　十里貔貅骑腰裹,一双日月绣旗旛。
　　讲蒐猎较黄羊圈,赐宴恩沾白兽尊。
　　赫奕汉家人物盛,马卿有赋在文园。

　　上京即上都,又称滦京,本元开平府(今内蒙古东南正蓝旗)府治,自成宗朝起成为元代实际上的陪都。每年君王巡幸上京后,于七、八月间返回京城大都,本诗所咏的就是帝驾回銮的情形。

　　全诗一开头,就点出了"驾发上京"的题面。旧时的宫殿,依天上的星象对应布局。"苍龙"是东方的星座,常用以代表着天门,所以皇宫的苍龙阙位于东方,最接近禁城的入口(阊,门)。首联两句言皇家的队伍,从宫中启跸,经过左右是高阙夹峙的宫门,在凌晨时分行行出了上都的城关。这是对出发的时、地的交代,字里行间透现出一种庄严肃穆的气氛。

　　次联承接"出国门",描述了回銮队伍的排场。雄赳赳的武士们骑着骏马,首尾行列达十里之长;作为前导的皇家仪仗中,日旗和月旗高高招展,引人注目。"貔貅"是虎豹一类的猛兽,古人多用以代指勇猛的军士;"腰裹"是传说中日行万里的神马,诗人在此极力绘写帝王扈卫的威风凛凛。天子的仪旗古称太常,《周礼·春官》:"日月为常。"绣着日月的旗旛自然是帝王威严最典型的象征。这两句进一步铺陈了"驾发"的声势。

　　颈联扣合"上京",回顾了未发前的宫廷盛举。"讲蒐"是帝王讲武形式的一种,在上都时具体表现为"猎较黄羊圈",猎较是围狩以取祭物,并在狩猎后互相比较收获的意思。黄羊为蒙古草原上一种奔跑极快的野羊,"黄羊圈"指圈养黄羊的皇家猎场。这一句着重于元朝天子的"修武"。"赐宴"也是上都常见的节目,诗人特意强调了"恩沾白兽尊"。原来白兽尊是盖上饰有白兽形象的酒器,据《晋书·礼志》:"若有能献直言者,则发此尊饮酒。"这是说君臣的融洽相得,表现了君王"文治"的一面。旧时论颔联与颈联的关系,用"操纵"二字:操指颔联在首联的已有基础上团拢,纵指颈联于颔联的内容境界外放开。这一联由帝驾的已发折回未发之前,也属于"纵",既是章法上的宕开一步,同时又起到了渲染君王气象、誉美君王功德的作用。

　　末联以汉代宫廷俊彦集萃的情形来比拟扈从的文学群臣,以司马相如("文园"指汉文帝陵园,司马相如曾任陵园令)献赋来说明臣子受到的鼓舞,从而委婉地显示自己作诗的动机是为了陈献仰德颂圣的微忱。这是对"驾发上京"在美奂美轮意义上的又一补充。元朝君主中元文宗喜爱附庸风雅,宠渥词臣,因此本诗当是文宗至顺元年或二年(1330或1331,文宗天历年间因争夺帝位自顾不暇,至顺三年则病卒于上都)的作品。

马祖常集中另有一首题为"驾发"的诗作,却远不及此首的气象闳大与词语华赡,因此胡应麟《诗薮》谓"马伯庸《驾发》……全篇整丽,首尾匀和",应是就本诗而言。又清人顾嗣立《题元百家诗集后二十首》之一云:"白兽黄羊扈从宜,玉堂连直唱新词。上京杂咏流传遍,馆阁才华总一时。"也是视本诗为诗人的代表作而推崇备至。

(史良昭)

龙 虎 台 应 制　　　马祖常

龙虎台高秋意多,翠华来日似鸾坡。
天将山海为城堑,人倚云霞作绮罗。
周穆故惭《黄竹》赋,汉高空奏《大风歌》。
两京巡省非行幸,要使苍生乐至和。

龙虎台在昌平(今属北京市)境北军都山中,距居庸关二十五里,以群山拱卫如龙虎得名。元世祖忽必烈于即位建元中统的前一年曾在此驻扎,故此地被视为大元帝业的发祥地之一。自世祖定京大都(今北京市)起,元朝君主每年于四至八月间巡幸上都(今内蒙古正蓝旗境内),一为避暑,二为祭祖,龙虎台是往返途中主要的"纳钵"(蒙语帝王驻跸顿宿之意)处所。尤其是回銮之时,帝王要在此设宴款待出京迎驾的群臣,接受四方行省的章奏报告,以符"省方巡狩"的大义。词臣近侍,常应帝王的出题或要求赋诗,以纪盛典。本诗就是在这种情形下的应制之作,作于元文宗至顺元年(1330)七、八月间。

首联擒题,叙出龙虎台本身的高峻与帝辇来幸后的华丽。"秋意多"三字不仅关合时令,也是对高台的雄旷在气势上的补充。元代的"纳钵"所一般不建有固定的行宫建筑,帝王和扈从的宿帐都用随队驮运的蒙古包,临时安设遍地,场面十分壮观,所以次句有"翠华来日似鸾坡"的感想。"翠华"是天子仪仗的标志,而"鸾坡"即銮坡(金銮坡),本为长安金銮殿旁的坡名。"坡"字与前句的"高"字影合,比拟十分切当。

颔联从首联生发,继续将自然的景观与人事的气象绾合在一起。出句着重于表现龙虎台形势的雄奇,而"城堙"的比喻又隐含着君王驻跸的内容,所谓"山河壮帝居";对句则侧重于绘写台上君臣帐幕衣装的灿烂,而"人倚云霞"的联想又回应了首联起句"龙虎台高"的"高"字。这一联构思新警,气象高华,是全诗的华彩乐段。

对"龙虎台"本身的咏写告一段落,颈联起转入了对元文宗巡幸之举的颂美。西周时周穆王西征东讨,后人因演化出他巡游天下的传说。汉高祖刘邦衣锦还乡视察,也被历来视为显示天子尊隆的盛事。但《穆天子传》载穆王行至黄台莘泽时,见到大白天有人在道路间冻死,感愧地作了三首《黄竹诗》;而汉高祖《大风歌》咏叹"安得猛士守四方",却不时演出杀戮功臣的惨剧,也不免为后人所齿冷。"故惭"、"空奏",在应制诗中本是忌讳的字面,而诗人在此用上,恰起了抑古扬今的作用。尾联二句将此意正面结出,言文宗在大都、上都两京间往返的巡幸,不是一般的出游作乐,而是为了察视民情,使老百姓安居乐业。应制诗是百分之百的颂圣诗,本篇当然不能例外。

昔人有"宋人务离唐人以为高,而元人求合唐人以为法"的说法,其实最能体现元人摹唐痕迹的,正是这类以歌颂升平为内容的宫廷应制诗,它们恰恰反映出元代的那种自知先天不足而力为掩饰的社会心理。本诗的末两句,就明显地模仿了王维"为乘阳气行时令,不是宸游玩物华"(《奉和圣制从蓬莱向兴庆阁道中留春雨中春望之作应制》)的结尾。不过本诗在规橅帝王气象的初衷之下,典切地绘现了巡幸龙虎台的本地风光,体现了"圆密清丽"(《元史·马祖常传》语)的个人风格,不失为元代诗坛上的一首杰作。《元史》本传载:"文宗尝驻跸龙虎台,祖常应制赋诗,尤被叹赏,谓'中原硕儒唯祖常'云。"可见本诗的影响。 (史良昭)

【诗人小传】

贯云石

(1286—1324) 原名小云石海涯,号酸斋,一号芦花道人。江西平章贯只哥子。以父名为姓。维吾尔族人。袭父职为两淮万户达鲁花赤。后从姚燧习文。仁宗时任翰林侍读学士、知制诰同修国史等职。称疾辞职,还居钱塘。善草隶书,工诗文,以散曲著称。有《贯酸斋诗集》、《酸甜乐府》等。

芦　花　被　　　　　贯云石

采得芦花不浣尘,翠蓑聊复藉为茵。

西风刮梦秋无际,夜月生香雪满身。
毛骨已随天地老,声名不让古今贫。
青绫莫为鸳鸯妒,欸乃声中别有春。

元代是统治全国时间较短的一个朝代,但由于多种民族文化的糅合混杂,使得个人在自己的选择上出现了极大的余地。中国不再是由孔、孟一家之说垄断,儒家自然还有它的市场,释家作为国教受到提倡,老、庄也受到尊崇,三教互斥的现象消除了。同时,政令宽松,人们可以自由自在地抒发己见,缅怀先朝,甚至可以讽刺皇帝。如抗元英雄文天祥被普遍颂扬悼挽,官居翰林学士的徐世隆在《哭文丞相》诗中公然说"当今不杀文丞相,君义臣忠两得之",并说元帝还不如汉高祖不念旧仇,封雍齿为侯,说文天祥忠肝义胆如乾坤日月,光芒万丈。对此,统治者均不以为忤。在这样的社会环境里,传统的封建礼教枷锁被打开,人们在精神上获得了空前的解放,可以毫无顾忌地释放自己的个性。一批知识分子因而傲然自得,任性不羁,放浪形骸。在他们身上,我们似乎看到了魏晋名士的种种再现。在这种思潮的引导下,诗人常常表现出兴寄无端、坦荡淳至、率真恢廓的诗风。这种时代精神,在贯云石身上体现得尤为突出。

贯云石的一生充满传奇性,他文武双全,视高官厚禄如敝屣,寄情自然,追求闲旷,惟适意是从。他的这首《芦花被》的创作过程,也是元代诗坛一大嘉话。据载,贯云石辞官后,经过梁山泊,见一渔翁在织芦花被。这正适合他的口味:体清质洁,朴野无华,近乎隐士"扈江离与辟芷兮,纫秋兰以为佩"、"制芰荷以为衣兮,集芙蓉以为裳"(《离骚》)。他像发现新大陆一样,马上去抱来自己的绸被要与渔翁交换。渔翁觉得贯云石此举太不可思议,看他像个文人,便请他作一首诗来换。贯云石援笔立成此诗。

诗首联出齐题面"芦花被"三字。说把洁白干净的芦花收集起来,如编织青翠的蓑衣一样,织成了这芦花被。接着,诗由盖被联想生发,捕捉住芦花的轻与白的特点,说盖上它,梦魂也仿佛轻飘无依,随风游荡;在夜月中,宛如被上一层厚雪,散发宜人的清香。下半段转入议论,说自己飘泊江湖,双鬓斑白,过着清贫的生活;盖上这芦花被,不羡那绣着鸳鸯的青绫被,伴随欸乃渔歌,别有一番风味。后四句虽写人,但仍句句不脱"芦花被",那"毛骨"也是芦花的写照,言贫又自然使人想到贫士絮芦花为衣,这样连环回护,诗人安贫乐隐、孤标傲岸的品格也深深埋藏进了诗中。

贯云石题诗换被的事曾使很多人钦佩艳羡,当时就有人以此题材绘了《芦花被图》,后来贡泰甫、吴子立、吴敬夫等人都有题诗。贯云石此举固然有点文人猎奇的味道,但他敢于向百姓索换被褥,人家要他写诗他也一口答应,毫无世阀高官的臭架子,这和一些七品芝麻官把百姓视如粪土,会吟几首歪诗就自高身份相比,不啻天壤。没有超然的美与超然的道德,是做不出这样的雅事来的。贯云石的豪迈直爽,不矫揉造作,淡泊名利,坦荡率真,正是元代社会的必然产物,犹如魏晋时产生了嵇康、阮籍那样的清谈名士一样。

(李梦生)

【诗人小传】

王冕

(1287—1359) 字元章,号煮石山农、九里先生、饭牛翁、会稽外史、梅花屋主等。诸暨(今属浙江)人。出身农家,白天放牛,晚至佛寺长明灯下读书,后从理学家韩性学,遂成通儒。应科举不第,游览天下。入京,泰不花荐以词馆职,不就。归隐九里山,卖画为生。朱元璋攻下婺州(治今浙江金华),授以谘议参军,旋卒。能诗善画,尤工墨梅,别具清新风格;又善写竹石。兼能刻印,相传以花乳石做印材,自他创始。其诗多写隐逸生活,部分作品也能反映人民疾苦。诗风遒劲纵逸,自然质朴,不拘常格。有《竹斋集》。

墨　梅　　　　　王　冕

我家洗砚池头树,朵朵花开淡墨痕。
不要人夸颜色好,只留清气满乾坤。

　　王冕从一个替人家放牛的牧童,在牛背上勤奋学习,成为一位领一代风骚的诗人和著名画家。特别是他画的墨梅,神韵秀逸,世称神品。明代刘伯温有诗赞之曰:"能画梅花称奇绝。"画中题诗,相得益彰。上面这首《墨梅》诗,是脍炙人口的名篇。

　　这首题于他为良佐所画《梅花图》上的七言绝句,是王冕画梅生涯和自我性情的写照。这位一生热爱梅花的诗人、画家,青年时代曾专心研究孙吴兵法,学习击剑,有澄清天下之志,但屡试进士不第,使他看清了元朝的腐朽统治,遂放旷江海,绝意仕途。他隐居在山明水秀的诸暨九里山,躬耕读书,并植梅花千树,自号梅花屋主。"梅花解作忘机友,雪天月夜长相逢。"他生活在梅花中间,爱梅,画梅,"豪来写遍罗浮雪千树,脱巾大呼成花颠"(元末蒲庵禅师复见心《梅花歌》)。他一生最爱画不着色的淡墨梅花,画出来的梅花,朵朵朴素淡雅。

"我家洗砚池头树,朵朵花开淡墨痕。"读着这样的诗句,恍惚使人进入一种淡墨溢香的境界,这是画境,也是诗人的实际生活。相传会稽山下有王羲之的洗砚池,由于日日洗涤笔砚,把池水都染黑了。王冕颇以有这样一位同姓的前贤自豪,今天自己不也是过着"洗砚池头"的翰墨生涯么!"我家"二字,亲切之中自有一种洒脱自豪的韵味。"朵朵花开淡墨痕",说自己与王羲之各有擅长,王羲之日日"洗砚池头",为了练就一手好字,而自己"洗砚池头",却是为了用墨笔描画梅花。自己苦苦练画,池水因洗砚而变黑,池边的梅树吸吮了池中的墨水,竟然"朵朵花开淡墨痕"了。这一句同时又是点题之笔,紧扣"题画",说明这是一幅墨梅图。

画梅花,为什么不用丹青彩笔涂抹,偏要用淡墨点染呢?诗人回答道:"不要人夸颜色好,只留清气满乾坤。"王冕为良佐画的这幅《梅花图》今天还可看到,这是一幅横幅,只见一枝梅花横斜在画幅的中间,枝干一笔拉到几尺长,挺秀有劲。枝的梢头,露出了笔的尖锋,突出了梅的清拔气质,看去风神绰约,奕奕有致。再看那枝头十数朵洁白的花朵,含苞欲放,仿佛正在吐出阵阵清雅的芳馨。而那疏枝缀玉,冷蕊幽香,又显示出寒梅不同于春花的冰容霜姿。画梅须同梅性情,画梅须具梅气骨,这枝生在山野清绝之地的野梅,疏旷放逸,梅干劲直,尽自然之本性,绝无一点"官梅"、"园梅"矫揉造作的媚态,而有似竹之清,似松之秀,似空谷幽兰之散发清芬。她把人引向一种清幽的意境,使人感受到一种冰清玉洁的品格,一种不与世俗同流合污的天地间的清气。的确,正如题画诗所说,画家并不以艳丽的颜色争姿斗妍,而只求给人间留下梅花那极其可贵的清气。

这首诗将咏梅花同抒发诗人自己的情怀不着痕迹地结合在一起,梅花同人的情操、理想互为表里,融为一体,抒写了王冕高尚的情趣,表示了他不向世俗献媚的坚贞、纯洁的操守。墨梅诗,一幅有声画;墨梅画,一首无声诗,它们所表现的诗情画意是完全相同的。

王冕毕生精力都倾注在诗画之中,他的画和诗都是元代第一流的。他深谙写诗作画的个中三昧,他说:"写梅作诗,其来一也。名之虽异,意趣实同。"又说:"凡欲作画,须寄心物外,意在笔先,正所谓有诸内必形于外矣。"(《梅谱》)正因为王冕长期与梅花为友,对梅花的形态、习性有极深的体验,并体悟到梅花有一种内在的精神之美,即一种不同凡俗的清新高雅的气质。他又把这种高尚的梅格和自己的身世、人格结合起来了,自己孤芳自赏的一生不正像那高洁幽芳的梅花吗！梅花即我,我即梅花,对王冕来说,人与梅合二为一了。因此,他把自己的生命和感情全部献给了梅花,画梅花,实质上也就是自我写照。因此,他笔下的梅花都显示着一种人的精神和品格。"不要人夸颜色好,只留清气满乾坤",多么美好的诗句,它显示了一个冰清玉洁的人生,它是诗之魂,是画之魂,是梅之魂,是作者灵魂闪光啊!

(高　原)

秋　夜　雨　　　　　王　冕

秋夜雨,秋夜雨!马悲草死桑乾路,雁啼木落潇湘浦。声声唤起故乡情,历历似与幽人语。初来未信鬼啾唧,坐久忽觉神凄楚。一时感慨壮心轻,百斛蒲萄为谁举?山林岂无豪放士?江湖亦有饥寒旅。凝愁拥鼻不成眠,灯孤焰短寒花吐。秋夜雨,秋夜雨!今来古往愁无数!谪仙倦作夜郎行,杜陵苦为茅屋赋。只今村落屋已无,岂但屋漏无干处!凋余老稚匍匐走,哭声不出泪如注,谁人知有此情苦?秋夜雨,秋夜雨!赤县神州皆斥卤。长蛇封豕恣纵横,麟凤龟龙失其所。耕夫钓叟意何如?梦入江南毛发竖。余生听惯本无事,今乃云何惨情绪?排门四望云墨黑,纵有空言亦何补?秋夜雨,秋夜雨,何时住!我愿扫开万里云,日月光明天尺五!

秋夜愁雨,这是最常见的诗材了。不过,若要在万物衰落的深秋中,感受到时代的衰朽;在漆黑无光的夜晚里,联想到时代的黑暗;在撩乱心神的雨声下,听出时代混乱的节奏:这,就像杜甫在秋风破屋之夜念及天下寒士一样,在古诗中并不多见,因为一则要适逢这样的时代,二则要具有入世的精神,三则还要胸襟博大、心忧天下。王冕,在通常人们的心目中,是绍兴鉴湖上的隐士,是素以梅花的清高远俗来自许、自励的画师;然而,这位生逢元末的诗人,在这首显然是为这个末世而作的《秋夜雨》中,却令人惊奇地向人们显示了他忧世愤俗的另一面。

这首诗劈头上来,就是情绪强烈、急切,哪像是隐士的手笔。"秋夜雨,秋夜雨!"短促的节拍、连声的疾呼,直揪紧了人的心,诗人自己,当然也是心潮荡漾。他给人们展示的画面,是光秃秃的秋,是惨瑟瑟的雨,是黑沉沉的夜,哪有什么清高、什么超俗,纯然是活生生的污浊世相。这是怎样的秋天呀:它摧死了百草、摧落了木叶,从北方的桑乾河、到南方的潇湘水,到处是饥马在悲鸣、到处是飞雁在哀啼,可怕的、肃杀的秋。这是怎样的雨声呀:汲汲奔走求索的游子征夫,闻

墨梅图 [元]王冕

声都顿生了乡思,淫雨分明已困滞了他们的路途,不归又更何待？再细辨这雨声,乍一听是如此的历历清晰,再一听是如此的恐怖——似乎是不落在地上,而在与地下的幽人在悄语,初闻时真不信是鬼的交谈,过久了才醒悟是鬼声的啾唧(细碎声),于是乎猛然之间,心神凄惶、鼻中酸楚,感慨万千！还提什么少年壮志、遨游天地,原来多年来全是在与鬼为邻！还饮什么葡萄美酒、百斛千斗,原来多年来一直是沉醉在鬼乡！如今猛省过来,真不知这杯酒该为谁举？该自己饮下苦酒？还是奠给鬼叫它远离？游子征夫正动起了乡情,那些还散落在山林的豪杰、还飘流在江湖的旅人,或是还未走上旅途,或是饥寒交迫、行走不得,他们闻说游子征夫的失望和省悟,还能有什么进取之心？于是乎,只能满怀凝愁,胸闷鼻塞,夜不成眠。可这又是怎样的夜呀:孤零的残灯、飘忽的残焰,连灯花也只吐出寒气,不带半丝暖意。进取吧,势必与鬼为伴;不进取,可又怎么熬过这可诅咒的秋夜雨！

秋夜雨中的游士、豪士、寒士,说的就是元末那些正直而无前程的士人;秋夜雨中的历历鬼声,正发自元末那些嫉贤害能的鬼蜮之喉：这,大概是很明显的比喻了吧？况且,王冕自己也曾北游大都、险遭迫害、失望而归,所以这番感慨中,大约也有他的切身体会在。不过,"坎廪兮贫士失职而志不平,廓落兮羁旅而无友生"(宋玉《九辩》),这还是传统的秋愁,诗人也无意将此作为《秋夜雨》的重头,他把更激越、更猛烈的呼声,传达在再一遍的"秋夜雨,秋夜雨"之中;这已不是揪紧人心的呼声,这是震撼人心的鼓点,敲得更密、传得更广；绵绵不绝的秋夜雨,古往今来已酿成了无数愁;可往古凝起的无数愁,也敌不过这于今为烈的秋夜雨！杜诗圣大呼"床头屋漏无干处",也不过只是茅屋被秋风破,可如今万村万落连漏雨的破屋也无处存,叫百姓去何处躲避这秋夜雨！李谪仙流放去夜郎,未走到尽头已是倦不堪,可如今这流离失所的百姓,还不知要在秋夜雨下行走到何时！丁壮早已征发尽,只苦了剩下的老弱幼稚：无力赶路,只有在地匍匐挣扎;无力哭泣,只有任凭泪下如注。谁来怜悯？谁来拯救？谁管此情？谁知此苦？哪里有"圣明"的天子？哪里有"贤良"的官府？他们全与这昏黑湿重的秋夜雨作一气。他们就是这害尽苍生的秋夜雨！

贫士的失职,还不是人间的至苦,更苦的还是黎民百姓的生死煎熬；践踏了人类,还不是秋夜雨罪恶的全部,它更可恶的是糟蹋了神州大地。诗人第三次疾呼"秋夜雨,秋夜雨",更把目光投注到往日的锦绣山河——呀,如今全被恶雨浇注为寸草不生的盐碱地,全成了粗莽的长蛇、硕大的野猪的乐土！它们横冲直撞,恣意作恶；而那些瑞麟、鸣凤,却无处驻留,神龟、蛟龙,却无处藏身。"梦入江南烟水路",往日曾是何等的令人神往,如今要问起那里的农夫渔翁梦着什么,他们提起来会叫你毛发倒竖、说起来会叫你惨不忍听!富饶的江南尚如此,他处的悲惨更不必言。秋夜雨,这无所不害、无处不灾的秋夜雨!

　　这是最疯狂的秋夜雨了,这已不是诗人平生听惯的小灾害,而是一个预兆,一个黑暗的时代达到黑暗的顶点,即将引起巨变的预兆了。敏感的诗人,虽然还说不清自己今天为何这么情绪激动、不同寻常,虽然也知道自己书生空谈,未必有补世情,但他毕竟感受到了这个预兆,他在房中徘徊不安,终于忍不住奋力推开房门,仰首四望。虽然天上是乌云密布、墨黑一片,这狞恶的秋夜雨似乎还远远没下到尽头,但毕竟是敏感的诗人,有时代责任感的诗人,他已经能透过秋夜雨的无穷无尽的假象,看到它终将完结的本相,而发出大声的疑问:"秋夜雨,秋夜雨,何时住?"随之,他也已经能喊出一个愿望、一个被事实证明在不远的将来就要实现的愿望,从而用这个光明的未来,取代那黑暗的现实,用这个他精心布置的尾声的灿烂光芒,彻底驱除他极尽形容的前大半幅篇章的丑恶阴影——万里乌云一扫而光,日月高照朗朗乾坤,光明的晴天近在咫尺!

　　凭着如此胸怀广及天下、目光远及未来的诗篇,你还能说王冕只是一个无意入世的隐士么?凭着诗中回荡着的深沉而又激越、低回而又昂扬的旋律,你还能说他清高淡泊么?看到这诗的前大半幅和结尾的结构,这诗的语调,都酷肖《茅屋为秋风所破歌》,你大概不能不说,王冕可还真悟到了点老杜的精神呢!再推而想之,对旧时代如此绝望、对新时代如此热望的王冕,在朱元璋头角初露时,便决然出山投到这位未来"扫开万里云"的英主的幕府下,这也决不是偶然的了。他真是可惜当年身便死了,不然,若天假以年,谁知他在入世途中,会造出多少成就?

(沈维藩)

应 教 题 梅　　　　　　王　冕

　　剌剌北风吹倒人,乾坤无处不沙尘。
　　胡儿冻死长城下,谁信江南别有春?

　　这首诗,据明代朗瑛《七修类稿》和叶盛《水东日记》记载,是王冕晚年被朱元璋请去时所作的。"应教"一词,出于六朝时,因太子、诸王的命令称"教",故奉其命所作的诗称为"应教诗"。朱元璋当时尚未即位,而自封吴国公,所以王冕借用了这个词。画梅是王冕最擅长的本事,因此,这首诗当是他应朱元璋之命,题在自己的画上的。据说,朱元璋对此诗极为"眷赏",授王冕为谘议参军,可惜他不久就暴卒了,未能在朱的幕府一展抱负。

这首诗虽是"题梅",却不用一个"梅"字,且统共四句,却三句与梅无关,手法极为超妙。"刺刺北风吹倒人,乾坤无处不沙尘。""刺刺",即"猎猎",风疾吹声。北风狂呼猛吹,其势竟能将人像草似地任意吹倒卷走,乾坤之内,到处飞沙走石,不见天日,这是何等昏暗、压抑的世界呀!可是,一首题梅之作,何以要有这样的背景?读者在惊骇于这二句的巨大气势之余,势必又将生起如此的疑问。

那么,是为了反衬梅的孤傲么?不,这种最常见的套路,若欲在"主公"面前大显身手,是决不能采用的。那么,下面立即造一个明媚、舒畅的世界来作对比么?也不,结构太平稳了,不成能"奇格",不成"奇格",就配不上"奇句"。"胡儿冻死长城下",奇句而又成奇格。诗至第三句犹不转,还将上文的酷冷世界再推进一步:北风之大,非但吹得倒人,还冻得死人;非但冻得死普通人,还要冻死最耐寒的"胡儿"。不转之下,又含有转机:冻死人的,是在"长城下",是在北方。而南方呢?于是,"谁信江南别有春",虽是急转直下,却也是水到渠成;谁能相信,就在这样可怖的大气候下,江南竟别有天地?但是,你不相信也罢,这个春的小天地,就是明明白白地存在着。不仅如此,这小天地虽然眼下还只是一隅,还不能动摇冬天的统治地位;但是,春之代替冬,是必然之势,那么,这春的小天地的出现,难道不是沙尘世界中最可引人注目的事么?就像经过了前三句的极尽形容后,这最末一句的别开生面,难道不是最可令人眼睛发亮的么?

当然,朱元璋对本诗"眷赏"的,主要应该是其政治含义:北风沙尘,是元朝昏暗横暴的象征;江南春天,是对自己"义师"的褒扬。而这种对比中夹入"胡儿"一句,则暗示了异族统治必在长城之内的华夏大地灭亡。"谁信"二字,又暗合了朱元璋的自负——虽然当时他羽毛未丰、声望未隆,天下人也不知道未来削平群雄、一统天下的能是他,但天下人不信,他却深有自信。在朱元璋的原意,命王冕作诗恐怕只是欲观其文采之美,不料此诗却不事雕琢、大笔挥洒、力能抗鼎,又有如此深意,他能不喜出望外、爱赏不已么?但是,虽然本诗有着明显的政治色彩,但它的技巧依然可观,非但对政治形势的比喻巧妙贴切,不露痕迹,而且全诗连用"乾坤"、"长城"、"江南"等语,显得气势开阔,远非普通的以精致刻写为特征的题画诗可比。最后,回到诗的题目,本诗中的"梅",也富有气势,不是"一枝两枝三四蕊"(宋洪皓《江梅引》句)而已,它已融为春光,浩浩一片,也就拥有了消融冰雪的力量;这不比一般地写写梅的傲风霜、耐严寒更具新意么?

钱谦益《列朝诗集》云:"余家有元章(王冕字)真迹,(此诗)下二句云:'清高只有老梅树,照水开花个个真。'""真迹"今已不可复睹,钱说亦无从核实,录此以备读者参考。

(沈维藩)

张昱

(1289—1371) 字光弼,号一笑居士。庐陵人(今江西吉安)人。少从虞集学诗。左丞杨完者镇江浙,他参谋军府事,迁左右司员外郎,行枢密院判官,后弃官。张士诚礼致之,不屈。入明后,太祖悯其老,曰:"可闲矣!"厚赐以归。因自号可闲老人。从此徜徉于西湖山水间以终。诗以古风最擅场,风格苍莽雄肆。杨士奇序其诗曰:"气宇闳壮,节制老成。"有《可闲老人集》、《光弼集》。

过歌风台[①]   张昱

世间快意那有此?亭长[②]还乡作天子。沛宫不乐复何为,诸母父兄知旧事。酒酣起舞和儿歌,眼中尽是汉山河。韩彭受诛黥布戮,且喜壮士今无多。纵酒极欢留十日,感慨伤怀涕沾臆。万乘旌旗不自尊,魂魄犹为故乡惜。从来乐极自生哀,泗水东流不再回。万岁千秋谁不念?古之帝王安在哉!莓苔石刻今如许,几度秋风灞陵[③]雨。汉家社稷四百年,荒台犹是开基处。

〔注〕 ① 歌风台:台名,相传汉高祖刘邦还乡时作《大风歌》,歌词为:"大风起兮云飞扬,威加海内兮归故乡,安得猛士兮守四方!"后人为此筑台,称歌风台,故址在今江苏沛县泗水西岸。 ② 亭长:秦汉时每十里为一亭,设亭长一人,掌治安诉讼等事,相当于后世的里长。 ③ 灞陵:本作"霸陵",汉文帝陵墓,在陕西西安长安区东。

楚汉相争,刘邦击败项羽,一统天下,史称一代雄主。然而,在后人心目中,刘邦的形象始终不怎么好,元人睢景臣在《高祖还乡》中就把刘邦写得十分无赖,令人捧腹。但在这首诗中,诗人又是另一种写法,在他的笔下,汉高祖刘邦既不像正史中所粉饰的那样圣明,也不像元曲中所描绘的那样无赖,而是一个有血有肉,既充满贪欲,又富于乡土之情的活生生的凡人。全诗每四句一韵,共分五段。

"世间快意那有此?亭长还乡作天子。"破题两句突兀而有奇趣,刘邦出身微寒，少时颇为无赖，"及壮，试为吏，为泗水亭长，廷中吏无所不狎侮"（《史记·高祖本纪》）。如今，却以天子的身份回来，君临故里，人生在世难道还有比这更为痛快的事情吗？"快意"一词暗藏揶揄，活生生地勾勒出了刘邦骤然而贵的暴发户心态，颇有点沐猴而冠的味道。

刘邦回乡，置酒沛宫，召集父老乡亲豪饮叙旧，"酒酣起舞和儿歌"一段写宴饮时的情景，同时，也道出了刘邦还乡的第二件得意事。当初辅助他开国的三位军事巨头韩信、彭越、英布都先后以谋反罪薨除，放眼天下，能对刘氏统治构成威胁的人已所剩无几，这就难怪刘邦要开怀畅饮酒酣起舞了。大凡封建帝王，打天下时，需要有人卖命，登坛拜将，礼贤下士，唯恐有才干的人不来；得天下后，又怕帝位被人夺走，于是，狡兔死，走狗烹，飞鸟尽，良弓藏，开国元勋，大都不得善终。如果与《大风歌》的歌辞结合起来看，这一段的讽刺意味尤为强烈，一方面"且喜壮士今无多"，另一方面，又感叹"安得猛士兮守四方"。两相对照，把封建统治者慕才而又忌才的矛盾心理刻画得淋漓尽致。

第三段写惜别，刘邦对家乡确实很有感情，酒酣耳热之际，他曾对亲友透露隐衷："吾虽都关中，万岁后吾魂魄犹乐思沛"（《史记·高祖本纪》）。可见他对家乡眷念之深。眷念家乡是人之常情，但作为一国之主，如果处处为自己家族打小算盘，那就不见得高明了。因此，"万乘旌旗不自尊，魂魄犹为故乡惜"两句似褒实贬，形象地揭露了刘邦家天下的丑态。

诗的前三段紧扣"快意"两字做文章，从多情处写出刘邦的无情与贪婪，凡与刘氏集团有瓜葛的，加之唯恐不厚，凡对刘氏统治构成威胁的，不管有多大功劳，必欲置之死地而后快。诗人亲身经历过元末的战乱，对群雄角逐的本质了解得十分透彻，表面上看，似乎是为了除暴安良，骨子里却与强盗抢地盘没什么两样，都是为了一人一姓的利益而争夺天下。其实，真的打下了天下又如何呢？第四段起，诗人笔锋一转，对所谓的功名富贵进行了高层次的哲学审视。"从来乐极自生哀，泗水东流不再回"，就个人而言，"纵有千年铁门槛，终需一个土馒头"，生前再荣华富贵，死后依然是两手空空。从王朝来看，古往今来，又有哪个朝代能够盛极不衰的呢？汉高祖刘邦当年酒酣起舞高唱《大风歌》之处，如今只剩断碑残碣，就连刘邦的儿子汉文帝的陵墓也早已是凄风苦雨一片荒凉。"汉家社稷四百年，荒台犹是开基处"，结尾两句写尽四百年汉王朝的繁华梦，令人回味无穷。

全诗从衣锦还乡入笔，到古台荒丘煞尾，立意警策，发人深思，隐隐然使人想起佛家所说的一个"空"字，这对滚滚红尘中醉心于功名的人来说，不失为一帖清凉散，很可以清醒一番的。明代著名评论家瞿佑对这首诗评价很高，称这首诗

"豪迈跌宕,与题相称"(《归田诗话》)。据《元诗纪事》记载,作者为人十分洒脱,自称"一笑居士",尽管屡经变乱,生活贫困,居室多次被毁,始终以一笑了之,晚年闲居西湖,曾对瞿佑说:"吾死埋骨西湖,题曰'诗人张员外墓'足矣。"正因为人洒脱,所以诗也洒脱,确实是诗如其人。

(黄锦章)

感 事　　　　张 昱

雨过湖楼作晚寒,此心时暂酒边宽。
杞人唯恐青天坠,精卫难期碧海干。
鸿雁信从天上过,山河影在月中看。
洛阳桥上闻鹃处,谁识当时独倚阑?

元顺帝至正十六年(1356),江浙行省左丞相杨完者从张士诚手中夺得杭州,聘张昱入幕,官右司员外郎。十八年(1358),张士诚重陷杭州,杨完者被杀,张昱从此不仕,流寓城中。这首诗就是他蒿目时艰,有感而发的作品之一。

西湖上一阵黄昏雨留下了轻寒,这无疑映合了诗人悲凉的心情;然而次句却偏从"此心"的"宽"处说起,只不过它是有条件的,受着种种限制:一是"酒边",唯酒才能销愁;二是"暂",麻醉的功效既不完全,又不持久。正语反说,倍觉沉郁苍凉。

颔联承接首联而来,运用了"杞人忧天"和"精卫填海"两个为人熟知的典故。上句以杞人自比,言忧念国事的多余,是意含偏激的自我解嘲;下句借精卫作例,言改变现实的徒劳,为自己退出官场的高蹈寻求解释。这种对元社将屋、时事日非的无可奈何的惆怅,是"此心"的实际写照;而诗人唯有通过自嘲自解才能求得酒后心情的暂时释然,这就更增添了作品的悲凉色彩。

颈联是脍炙人口的名句。鸿雁传书,人所尽知,不必多加解释。月影山河,据何薳《春渚纪闻》:"王荆公言月中仿佛有物,乃山河影也。"其实,王安石的说法本于《淮南子》:"月中有物者,山河影也。其空处海影。"张昱的前辈诗人杨载咏月,就有"大地山河微有影,九天风露寂无声"(《宗阳宫望月》)的名联。作者家乡庐陵(今江西吉水),兵戈阻绝,音书不通;元季群雄并起,天下中分,朝廷的统治政权岌岌可危。这一联上句言无家可归,下句言有国难投;而鸿雁信但从天上过,山河影唯有月中看,言之益见感慨万千。

尾联的"闻鹃",用了北宋理学家邵雍的一则掌故。邵雍于嘉祐末在洛阳天津桥上听到杜鹃鸣叫,对这一南方的禽鸟飞来北国感到异常,推断"不及十年,其有江南人以文字乱天下者乎？"果真后来发生了王安石的变法，导致了宋朝国势的动荡。(事见邵伯温《邵氏闻见后录》)诗人在这里悲感自己对于时势凶危的先几将不可避免地兑现为事实，流露了"杞人"句自嘲背后的真实心态。"独倚阑"三字，以邵雍自况喟叹世人的麻木昏聩，也体现了诗人的众醉独醒的形象，使起首"此心时暂酒边宽"句的内涵更为彰明。

本诗感慨深沉，气格苍凉，在用典的圆熟和抒怀的壮郁上，带有摹唐习杜的一定影响。清潘德舆自谓"独爱"此诗，"寻讽不厌"(《养一斋诗话》卷六)。明杨士奇在《张光弼诗集序》中，谓"先生之诗，气宇闳壮，节制老成"，本诗可谓是体现这八字评语的代表作。

(史良昭)

诗人小传

杨维桢

(1296—1370) 字廉夫，别号有"铁崖"、"铁笛道人"、"东维子"等，诸暨(今属浙江)人。泰定四年(1327)进士，官至建德路总管府推官。晚年居松江。张士诚据浙西，屡召不赴。明太祖召他纂修礼、乐书，作《老客妇谣》一首，以明不复出仕之意；所修书叙例略定，即请归，抵家卒。其诗在当时负有盛名，诗风奇诡，称为"铁崖体"，宋濂称之为"文章巨公"；但也有人讥为"文妖"。其乐府或以史实和神话传说为题材，或取材元末时事，揭露一些社会黑暗。竹枝词很有民歌风味。善行草书。著有《东维子文集》、《铁崖先生古乐府》等。

鸿 门 会　　　　　杨维桢

　　天迷关，地迷户，东龙白日西龙雨。撞钟饮酒愁海翻，碧火吹巢双狻猊①。照天万古无二乌，残星破月开天余。座中有客天子气，左股七十二子连明珠。军声十万振屋瓦，拔剑当人面如赭。将军下马力排山，气卷黄河酒中泻。剑光上天寒彗残，明朝画地分河山。将军呼龙将客走②，石破青天撞玉斗。

〔注〕①碧火：王充《论衡·论死》："人之兵死也，世言其血为磷。"磷火色碧，故言碧火。狻猊(yà yǔ)：食人怪兽，似狸而善走。　②"将军"句：承上文，句中"将军"当指项羽。鸿门会后，项羽自立为西楚霸王，故曰"呼龙"。"客"指刘邦，在鸿门宴中刘邦为客。

鸿门会　　　　　　　　　　　　　　　　　　　　　　　　　　　　　杨维桢

秦末农民起义后期，刘邦、项羽分军伐关中，当时的盟主楚怀王约定：谁先入关中谁为王。刘邦由武关入关中，先得咸阳；项羽不愿刘邦称王关中，以四十万大军攻入函谷关，驻军新丰鸿门。时项羽的谋士范增言刘邦必反，项羽便召刘邦赴宴以察其志；刘邦兵力处于劣势，只得向项羽谢罪，让出关中。在这场宴会中，范增要项庄在舞剑时刺杀刘邦，刘邦的谋士张良让勇士樊哙去闯宴席，被刘邦收买的项伯又与项庄对舞以保护刘邦，一时席间刀光剑影、钩心斗角，这就是历史上著名的鸿门宴。这一历史事件在司马迁的《史记·项羽本纪》有一段十分精彩的描绘，脍炙人口。历代诗人对这一题材也十分感兴趣，唐李贺、宋谢翱以及与杨维桢同时的张宪均有诗歌咏其事。

杨维桢这首诗的所长是想象丰富，运笔兼有空灵和奇崛两个不容易统一在一起的特点。鸿门宴中刘邦、项羽以及范增、项庄、樊哙、张良等都有许多生动的性格鲜明的言语行动，这些经过司马迁的刻画，人们早已耳熟能详，若再重复描写，便无新意。如张宪《鸿门会》写道："披帷壮士发指冠，侧盾当筵请公舞。白发老臣心独苦，玉玦三看君不语。"读这样的诗不如读《史记》更具体、更生动。杨维桢此《鸿门会》则不然，他完全撇开刘、项等人在宴会中具体的言语行动，而驰骋其缥缈不羁的灵思，从当时群雄角逐的大形势着眼，刻画其风云变幻、惊心动魄的时代氛围。因此读它的时候便能获得一种读《史记》时所没有的审美感受。

全诗前六句为一段，纯作时代氛围的刻画。"天迷关，地迷户"，传说中天有门、地有户，这里迭用两个"迷"字来形容它们，极言天地混沌莫辨之状，暗喻秦末天下无主，一切都动荡不定的情势。其时秦王子婴已降，秦军已摧垮了，然各起义将领拥军自重，或为"东龙"，或为"西龙"，行云布雨，阴晴不定。一场更为复杂、难以逆料的战争在酝酿着。人们在疯狂地撞钟击鼓，以发泄内心的愤懑，或疯狂地饮酒，以借酒浇愁；然而他们的内心，却仍然愁深如海涛翻滚，不知和平何日。战争如荧荧的鬼火，煎熬着大地；又如猰貐似的食人怪兽，残酷地吞噬着人们的生命。然而这又是难以避免的，因为"照天万古无二乌"。传说"日中有踆乌"（《淮南子·精神训》），故诗中以乌指日。俗话说天无二日，秦朝一亡，揭竿起义的诸将领终究是要决一雌雄的。鸿门会可以说正是这一矛盾激化与公开化的标志。

"座中有客天子气"以下六句为第二段，从大形势的渲染顿然跳到宴会上，分别描写刘、项双方：刘邦的志向、实力，项羽的气概、军威。"座中客"指在鸿门宴上为客方的刘邦，当时起义群雄中军力最强的是项羽，有精兵四十万，刘邦才十万，然考虑到其他因素，当时唯一可能与项羽争天下的便是刘邦。对此项羽的谋臣范增看得很清楚。据《史记·项羽本纪》记载,鸿门会前范增曾劝项羽道:"沛公居山东时,贪于财货,好美姬。今入关,财物无所取,妇女无所幸,此其志不在小。吾令人望其气,皆为龙虎,成五采,此天子气也。急击勿失。"刘邦入关后一改过去贪财好色的流氓习气,与民约法三章,这充分说明了他的雄才大略,懂得收揽民心。看来他还很会制造舆论,当时人们迷信思想很重,陈胜、吴广为了鼓动百姓一起造反,便搞了鱼书、狐鸣。秦汉之际,关于刘邦的传说也特别多,如其母生育刘邦之际曾"梦与神遇",有"蛟龙于其上",而刘邦生下来"左股有七十二黑子",象征"赤帝七十二日之数"等等(见《史记·高祖本纪》)。这些传说对当时人们思想的影响不可低估,何况刘邦还有"声震屋瓦"的十万精兵,有像樊哙那样敢于在鸿门会中"带剑拥盾",撞入军门,"瞋目视项王,头发上指,目眦尽裂"的壮士。对此范增有充分的认识,项羽却没有。诗中接下来描写项羽,称他"将军下马力排山",项羽素以勇猛称,所率士卒亦无不一以当十,其后兵困垓下,悲歌慷慨,有"力拔山兮气盖世"之句。此时他刚刚大破秦军,坑秦降卒二十余万,正是趾高气扬、踌躇满志之时,故设鸿门宴把刘邦召来,虽然恼恨刘邦捷足先登,然也并没有把刘邦当作一回事,大有一踩足便可使山河颤抖之气概,故诗中以"气卷黄河酒中泻"句形容之。李贺《梦天》诗有"一泓海水杯中泻"句,描写在天上望下来大海之小似乎只能注满一杯;此则写项羽气概之大,似乎可以把黄河注入酒杯中,一饮而尽。显然,项羽对潜在的敌手刘邦是掉以轻心了。

以上两段以浓墨重笔铺写了时代的动乱气氛、刘项双方的对峙,鸿门会惊险的局面已是呼之欲出了。接下四句则以极精练、极富韵致的笔调,概括了鸿门会的结局。"剑光上天寒彗残",鸿门会中双方剑拔弩张,最惊心动魄者莫过于项庄舞剑了。项庄奉范增意,以舞剑祝寿为名,意在沛公。项伯因先前接受了张良的通融,"亦拔剑起舞,常以身翼蔽沛公"。一派刀光剑影,直如天上飞划而过的彗星,真是险到了极点。历史的发展,从长远来说,自有其必然的发展规律,但就具体的某一历史事件而言,则偶然因素往往会起决定性的作用。项伯为报张良救命之恩而通敌,项羽因自傲而手软,其结果是刘邦得以逃席逸去,鸿门会不了了之,这便是诗中所写的"将军呼龙将客走"的局面。项羽坐失了消灭潜在对手刘邦的最佳时机,对此范增愤愤不已,在刘邦脱身后,张良入谢,以白璧一双赠项羽,玉斗一双赠范增。项羽受璧,范增则恼恨已极,置玉斗于地,拔剑撞而破之。杨维桢高度评价范增的识见,故把他撞玉斗的行动喻为"石破青天"。

杨维桢这首《鸿门会》造语奇崛,意境幽诡,颇有些接近李贺的风格,个别地方如"碧火吹巢",分明袭自李贺的《神弦曲》:"百年老鸮成木魅,笑声碧火巢中起。"如"东龙白日西龙雨"、"残星破月开天余"、"碧火吹巢"、"石破青天"等词句,均难以通常的语法或逻辑去理解。他没有正面去实写刘、项对峙的军事形势,而是用了一连串似乎无关的奇特的比喻加以烘托。在这首诗中"东龙"、"西龙"何指?"残星破月"比喻什么?为什么说"照天万古无二乌"?均很难确切地加以说明,然它们组合在一起,却又十分形象地勾画了秦末动乱的社会状态以及波谲云诡的政治、军事的形势。这样一种以许多奇丽古怪的物象来烘托诗歌意旨的手法正是李贺诗歌的特征,显然杨维桢此诗颇多借鉴李贺之处,特别是同一题材的《公莫舞歌》。然比较而言,李贺的《公莫舞歌》稍嫌堆砌,格局不大,此诗则纵横驰骋,元气淋漓,故其门人吴复评云:"此诗本用贺体,而气则过之。"

此外据吴复云,杨维桢本人对这首诗亦非常欣赏,平日酒酣时常吟唱之。究其原因,除了这首诗在艺术上比较成功外,还应看到其内在的精神因素,杨维桢是有感而作的。确实杨维桢所处的时代与秦末颇有相似之处:尖锐的社会矛盾,遍及全国的农民起义和地方割据,长期的战乱纷争,这些也都是元末社会的特点。朱元璋、张士诚、陈友谅等先后起兵抗元,后来又相互杀伐,角逐帝王的宝座,这与秦末刘、项之争如出一辙。正因为此,朱元璋胜利后便每以刘邦自比,在祭祀历代帝王时,特别要多敬刘邦一杯酒。杨维桢在元末因避兵乱,曾隐居富春山,又徙钱塘,再徙松江,他曾先后拒绝张士诚、朱元璋的礼聘,对时事的风云变幻,感受一定很深,故这首《鸿门会》才写得如此兴会淋漓,情思勃郁,以致每逢酒酣耳热,便不禁引吭而歌了。

(刘明今)

龙王嫁女辞　　　　杨维桢

海滨有大、小龙,拔水而飞,雷车挟之以行者,海老谓之"龙王嫁女",故赋此辞。率匡山人[①]同赋。

小龙啼春大龙恼,海田雨落成沙炮。天吴[②]擘山成海道,鳞车鱼马纷来到。鸣鞘[③]声隐佩锵琅,琼姬玉女桃花妆。贝宫美人笄十八,新嫁南山白石郎[④]。西来熊盈[⑤]庆春婿,结子蟠桃不论岁。秋深寄字湖龙姑,兰香[⑥]庙下一双鱼。

〔注〕①匡山人:指道士于立,字彦成,号虚白子,南康庐山人。庐山又名匡庐,故时人称之为"匡山人"。于立早年学遣会稽山中,元季放浪吴中,与杨维桢、顾瑛等诗酒往来,颇为友善。　②天吴:水神名。《山海经·海外东经》:"朝阳之谷,神曰天吴,是为水伯,在蚕蚕北两水间。其为兽也,八首人面,八足八尾,皆青黄。"　③鸣鞘:即鸣鞭,皇帝仪仗有此,挥鞭作响,令人肃静。　④白石郎:据《乐府诗集·白石郎曲》:"白石郎,临江居,前导江伯后从鱼。"白石

郎似应为水神。然《神仙传》卷二曰："白石先生者，中黄丈人弟子也，至彭祖时已二千余岁矣。不肯修升仙之道，但取不死而已。……常煮白石为粮，因就白石山居，时人故号曰白石先生。彭祖问之曰：'何不服升天之药？'答曰：'天上复能乐比人间乎？但莫使老死耳。天上多至尊，相奉事更苦于人间。'故时人呼白石先生为隐遁仙人，以其不汲汲升天为仙官，亦犹不求闻达者也。"后世诗人多将白石郎和白石先生混同一人。　⑤熊盈：女仙西王母之女。《事文类聚》载，橘中叟曰："阿母女熊盈娘子。"阿母即西王母。　⑥兰香：仙女名，即杜兰香。《墉城集仙录》载，有渔父于湘江洞庭之岸闻女婴啼哭，怜而育之。至十余岁，天姿奇丽，忽有青童灵人自空而降，携之而去。临升天，此女谓渔父："我仙女杜兰香也。有过谪人间，今去矣。"后降于洞庭包山张硕家，授硕以举形飞化之道，硕亦升天成仙。

　　本诗作于元顺帝至正七、八年间(1347—1348)。当时诗人周游于苏州、昆山和太仓一带，当地文人尊之为文坛领袖，声名鹊起。此二年是铁崖诗文创作的黄金时期，不仅表现在诗文数量的急剧增多，而且通过与张雨、于立、顾瑛等诗友的相互切磋激励，更使其诗歌风格趋于独特新奇。张雨称他"上法汉、魏，而出入于少陵、二李之间，故其所作古乐府辞，隐然有旷世金石声，人之望而畏者。又时出龙鬼蛇神，以眩荡一世之耳目，斯亦奇矣"(见《铁崖先生古乐府叙》)。非常精辟地道出了铁崖古乐府的特色，即追袭汉魏乐府诗，以及唐代诗人杜甫、李白、李贺等人的质朴奇崛、孤傲变幻的诗风。本诗可以说相当完整地体现了这种特色。

　　此诗是在民间传闻的基础上创作的。诗序首先阐明撰写此诗的缘由，告诉读者海滨发生的奇观和海边老人的有关议论，但极其简略。诗人不愿在序言中花费过多的笔墨，而将其所有丰富的想象和绮丽的才华全部倾注于诗篇之中。

　　诗的起首二句说明事件的缘起，对序言中简述的奇观作了大胆形象的铺叙。诗人将二龙拔水而飞溅起的漫天浪花和引发的震天霹雳，想象为龙女怀春和龙父震怒的结果。也许龙女的热情最终感动了父王，或许两情相吸的热烈根本就是无法遏制的，总之，龙王恼怒的结果，只是海边沙田里被愤怒的水珠击出的无数沙窝而已。无须更多的补充说明，正如俗语所说的："铁心要嫁，死也不怕"，那么，龙女的出嫁是不可避免的。紧接着，诗人开始对龙女的出嫁作正面描写。

　　诗的第三至第十句，是描绘婚礼场面。作者采用的是以绿叶衬托红花的笔法，对先导、对仪仗、对伴娘不厌其烦地苦心铺垫和夸饰，对主角新娘新郎则一笔带过。

　　首先登场的是水神天吴，用他力大无比的巨手掰开高山，形成海道，各类大小鱼龙，驾车骑马，纷纷前来，欲一睹盛况。熙熙攘攘之时，隐约传来鸣鞭的声音，告诉在场的所有人士，龙宫仪仗队即将到来。鞭声一到，鸦雀无声，清晰可闻的，只有首饰佩件撞击晃动的叮咚声响。随着这悦耳动听的声音飘然而至的，是一群妆饰别致的美丽仙女,那是龙女的众位伴娘。至此,所有的铺垫宣告结束,新娘龙女正式出场。

对新娘的美貌和盛妆,诗人没有描绘,只是告诉读者,她是龙宫中的美人,是一个年方十八的少女。其实,已经足够了,那盛妆的伴娘和气势恢宏的出嫁场面,足以显示她地位的尊贵和她在龙王心中的重要位置。那么,如此显贵的女子,她所倾心爱慕的究竟又是怎样一个人物呢?关于新郎的介绍,本诗只有五个字,我们只知道白石郎是一个隐居南山的仙人,不食人间烟火,却又热衷于尘世的隐逸逍遥;不企求声名闻达,唯求长生不死而已。

在前来给龙女伉俪贺喜的佳宾之中,西王母之女熊盈是最为著名和最受欢迎的人物,诗中尤其突出了她的贺礼——三千年才结一次果、能使人长生不老的蟠桃。熊盈祝愿龙女和白石郎的后代能永远年轻,这无疑是人间婚礼上最动听的贺辞,诗人认为仙界也不能例外。而且,这样的贺礼和新郎的宿愿不谋而合,使得貌似分别叙述描绘的人物和事实获得了一致和连贯。

如果单单就龙王嫁女这个故事而言,诗歌描述至此,可以说是已经结束了。不过,诗人意犹未尽,他要告诉读者:龙女出嫁以后的情形;其实,他也正是以此献上,自己由衷的祝福。诗的末尾两句,借用了杜兰香谪凡又升仙的典故,暗示读者:龙女和兰香一样,携带着心上人升天走了,临去之际,龙女给亲人湖龙姑留下了一封书信。至于信中内容,以及升天以后的状况,诗人没有说,留待读者去随意想象了。但不管怎么说,天堂仙界比起世俗人间,总要高尚神圣得多,因此龙女伉俪必然会幸福。

本诗幻想绮丽、典故迭用,其实隐寓着一个主题:游仙。不过杨维桢的所谓"游仙",并非炼丹学道以求虚无缥缈的长生不老,而是追求无拘无束、逍遥自在的神仙境界,不管是诗中写龙女嫁白石郎,还是诗尾写龙女学杜兰香,都是环绕着这一个中心。正如作者在《奔月厄歌》中所说的:"铁崖仙客气如虹,金桥银桥游月宫……但觅大魁饮天酒,不用白兔长生方。"这种挣脱世俗束缚的强烈愿望,渗透于当时他的许多诗文之中。

和豪气如虹的精神气概相一致的,是诗歌格律、色彩等风格形式上的奇崛。本诗采用四句一换韵的七言古风形式,有意在形式上力避工整,讲究变化;而且押韵很宽,如末尾四句以鱼、霁、虞三韵通押,还打破了不同声调一般不相押的惯例,将属于去声韵的"岁"字和平声韵相押。凡此种种,正是企图实践自己的诗歌创作主张:以古乐府诗的拙硬,对抗齐梁以来直至宋代的日趋萎靡滑软的诗风;希望能以有悖于常格的诗法来"眩荡一世之耳目"。因此,铁崖古乐府在元季引起了世人的广泛注目。

虽然在内容、措辞、格律等诸方面,铁崖诗作素以奇崛著称,表现了诗人逞才炫奇的诗风,但在章法上却还是颇守常例的。如本诗先述缘起,其次铺垫,其次主角登场,最后作者祝愿,有条不紊,层层推进。这样细腻的叙事描述,恰恰是以抒情见长的中国历代诗歌所缺乏的。那么,表现故事的奇特和叙事的完整,正是以杨铁崖古乐府为代表的元末长诗的特征,我们不难从中发现元曲的影响。换句话说,本诗题材的选择和叙事手法的运用,并非偶然,是有其深刻的时代原因的。

(孙小力)

花 游 曲　　　　杨维桢

至正戊子(1348)三月十日,偕茅山贞居老仙[①]、玉山才子[②]烟雨中游石湖[③]诸山,老仙为妓者璃英赋《点绛唇》词。已而午霁,登湖上山,歇宝积寺行禅师西轩,老仙题名轩之壁,璃英折碧桃花下山。予为璃英赋《花游曲》,而玉山和之。

三月十日春濛濛,满江花雨湿东风。美人盈盈烟雨里,唱彻湖烟与湖水。水天虹女忽当门,午光穿漏海霞裙。美人凌空蹴飞步,步上山头小真[④]墓。华阳老仙海上来,五湖吐纳掌中杯。宝山枯禅开茗碗,木鲸吼罢催花板。老仙醉笔石栏西,一片飞花落粉题。蓬莱宫中花报使,花信[⑤]明朝二十四。老仙更试蜀麻笺,写尽春愁子夜篇。

〔注〕①贞居老仙:张雨(1284—1350),一名天雨,字伯雨。早年名泽之。号贞居子,又号句曲外史,钱塘人。弱冠为道士,法名嗣真。曾入茅山学道,茅山有洞名华阳,颇著名,故诗中又称"华阳老仙"。晚年告归钱塘,周游吴中诸地,与杨维桢、顾瑛、李孝光等交好。工诗,尤以书法著称。　②玉山才子:顾瑛(1310—1369),一名德辉,又名阿瑛,字仲瑛,号金粟道人,昆山人。家富,中年始折节读书。筑私园名"玉山草堂",日招宾客,饮酒赋诗为乐。元亡,随子徙濠州,卒。撰有《玉山璞稿》、《玉山名胜集》等。　③石湖:位于江苏苏州西南郊。　④小真:据顾瑛和诗,知小真即唐代名妓真娘。然据史载,真娘墓在虎丘剑池之西,与此不合。　⑤花信:古人有"二十四番花信风"之说,以为风应花期而来,其来固有信息,简称"花信"。由小寒至谷雨共一百二十日,五日一候,每候应一种花信。始于梅花,终至楝花,凡二十四种。

元顺帝至正八年(1348),杨维桢客游姑苏一带,结交诸多江湖文士、豪门贵人。其时失官已近十年,仕宦无望,故啸傲风月,肆意诗酒,自娱浇愁。此年三月,张雨应昆山顾瑛邀请,专程至顾氏玉山草堂,与杨维桢等众多文人儒士聚会多日，又同返姑苏，遂有此石湖之游。

石湖水光山色，风景绝胜，诸峰兀立，倒映湖中，杨维桢倾心慕之，游玩非止一二。尤其此地曾是春秋范蠡、宋代范成大隐居地，使之更具诱惑力。至正七年三月，杨维桢偕同吴中诸友游此，撰有《游石湖记》，自谓效法唐代大诗人白居易，优游于此；而不受尘世礼法所拘，又无官府冗务纠缠，更胜白居易一筹。相当自豪畅快。时隔一年，复偕张、顾等挚友至此，可谓旧地重游，于是乘兴而作《花游曲》，且遍邀朋友门生唱和，仅《铁崖先生古乐府》一书所录和诗就有七家。

本篇重在叙事，大致依照游湖行踪和诸人行事之先后，顺序道来。但又并非纯粹如实描述，不时要蒙上一层神秘色彩，给人虚幻缥缈、美不胜收之感。

据作者诗序中自述，本诗是为同游妓女璚英撰写的，其实，所谓"花游"，是"携花而游"之意，"花"即妓女，在此仅仅是作点缀，是个陪衬，借以引出诗人们蔑视礼法、游戏人间的生活态度，表现作者浪迹江湖、欢欣逍遥的感慨，才是深意所在。

诗的起首二句，点明时间和环境：暮春时节，东风拂面，濛濛细雨，如烟似雾。和风挟着雨丝、裹起落花，洒向湖面。舟行湖上，只觉天水一色，湖山一体。花的芬芳，水的晶莹，连同静谧的气氛令人陶醉。三、四两句，则不失时机地推出伴游者璚英，告诉读者，具有盈盈身姿的她更有着甜美的歌喉，那回荡飞旋的曲调，给这烟雨笼罩的浑沌世界带来了无穷生机，所谓"唱彻湖烟与湖水"，含蓄地表现了歌声的魅力，以及诗人们为之陶醉的心情。

第五句开始，描写中午以后的游程。不知不觉之中，午时已到，彩虹犹如盛妆的少女，猛然间降临天际；阳光穿透云层，将金色镀遍湖面山峦。天气转晴，使众人游兴倍增，于是舍舟登山。璚英细步如飞，一马当先冲上山头，众人尾随其后，一同来到唐代名妓真娘墓前。史载真娘美艳非常，历代文人多有至其墓前瞻拜颂美者，白居易就曾亲抵其墓，感叹未睹真容，惟见墓草，并赋诗追悼。然真娘墓在姑苏西北虎丘剑池之西，不应在城西南石湖诸山之中，或许是杨维桢等人即兴浮想，以他人之坟权充真娘之墓，以此迎合璚英的身份和意愿，亦未可知。随后诗人笔锋一转，始写好友张雨。张雨是道士，故诗中称"老仙"，且极力神化其来历和法术，说他是从海外仙岛归来，法力惊人，能将五湖之水尽收入掌中之杯。"宝山枯禅"以下，当指序中所云"歇宝积寺行禅师西轩"之中的活动。"枯禅"意为僧徒静坐参禅，此借指行禅师。禅师见数人来游，殷勤献茶敬客。据顾瑛和诗，杨维桢诸人曾于山上奏乐起舞，"木鲸"一句应是写此乐舞场面。句中"花板"指音乐演奏时击拍用的器具，"木鲸"当指木鱼。僧徒们击出的清厉的木鱼声才告结束,立刻就有红妆女子的妖娆舞姿、狂夫醉客的笑语喧哗,这一静一动、一庄一俗衔接得如此别致而且紧密,于不伦不类之中,可以窥见诗人们的好恶。尤其一个"催"字,表现了作者及其同伴耐不得寂寞、急于寻欢作乐的迫切。"老仙"一句,写张雨醉酒之后,将诸位游客的姓名题于粉壁。张雨素以善书著称,因此作者在此有意强调他落笔之捷、书法之妙,犹如飞花一片,顷刻之间,缀于壁上。结尾四句,写春将逝,人更愁,寓有良辰美景易逝难返的哀怨和感慨。杨维桢诸人此番出游已是暮春时节,第二十四候隔夜即至,难怪像张雨这样豁达洒脱的人,也止不住要大抒特写春之愁了。

此诗夸饰绮丽,和通常叙事诗循规蹈矩的写实风格迥然不同。如写璚英行动迅捷,誉为"凌空蹴飞步";赞张雨的不同寻常,诡称"五湖吐纳掌中杯";称颂书法的美妙,又以"一片飞花"来比喻。这样耸人听闻的夸张笔法,是为表现诗人超凡脱俗的思想情趣服务的。因此,尽管全诗是严格按照时间先后来描写的,仍然给人一种恍惚美妙的感觉。反过来说,诗中所涉及的人物身份各异:儒、道、佛、俗都有,他们能相安无事,甚至感情融洽,情投意合,本来就是一种奇观,当然必须用非同寻常的笔墨来表现。

不过,奇观仅仅是现象,是结果,其根源则是诗人洒脱自由的心性。为了表现其洒脱的生活,诗人用此炫丽的长句向世人展示他随心所欲的欢欣;为了不使自由的心性受到束缚,他不喜欢写格律诗,而用此几乎是二句一换韵的古乐府形式,淋漓尽致地表白自己的所见所闻。因此,此诗受到人们的重视,并不在于它描写了携妓出游的浪漫或艳遇,而是它含蓄地表现了封建时代一个摆脱世俗羁绊的自由人的快乐意识。

此诗作成以后,不仅当时和者甚众,后世亦颇为人称道,尤其是一些超然物外、愤世嫉俗之人。明代中叶,有个姓莫的修《石湖志》,认为《花游曲》是淫秽之作而删去,吴中才子文徵明深感惋惜,特以蝇头细书录之,并且为之补图,还和诗一首。清代康熙年间,宝应人陶季不愿接受朝廷"博学鸿儒"之荐举,为表明不慕显贵、隐逸超脱的心迹,亦曾和诗一首。文、陶二人皆透过此曲美词艳情的外表,窥见了铁崖豪放不羁的真性情。

(孙小力)

漫　　成(其二)　　杨维桢

西邻昨夜哭暴卒,东家今日悲免官。
今日不知来日事,人生可放酒杯干?

漫　成（其二）　　　　　　　　　　　　　　　　　　　　　　　杨维桢

　　所谓"漫成"，简言之，就是随感而发，信笔而成。据杨维桢自述，除了古乐府长诗，他尤其热衷于七言或五言的四句小诗，认为自己的此类作品以表现真性情见长，饶有唐代大诗人杜甫《漫兴》诗的风韵。

　　大体上看，本篇分为两个部分：前二句叙事，后二句抒情，属于常见的前景后情、前实后虚和前抑后扬的格式。其特点在于语言和风格上的不假矫饰，直率坦荡地吐露出当时他肆意追求的逍遥惬意的生活态度，虽然这种观念有违先儒遗训。

　　杨维桢四十四岁时，父亲去世，他从钱清盐场司令一职离任返家。服丧期满，杨维桢携妻儿来到杭州，试图补官，不料执政者借故不允，求告无门，他只能浪迹江湖。从元顺帝至正元年（1341）他四十六岁开始，十年间周游于杭州、湖州、苏州和松江等地，授学为生，广泛交友，提携后进，并且以擅长铁笛而闻名一时，时号铁笛道人。《漫成》五首，就是他五十来岁客居湖州时的诗作。

　　本诗前半部分，营造了一个压抑凄凉的氛围，力图给人以强烈刺激。大凡人皆贪生怕死，官多恋禄惧黜，因此死亡和免官，虽然是人生必然面临的或难以回避的现实，但却是不受欢迎的话题。杨维桢却故意将这样两个极为敏感的事件汇聚于同时同地：这边"西邻"，那厢"东家"；一个猝死，一个罢官……置身于如此凄凄惨惨戚戚的场景之中，不由人不产生"朝不保夕、人生短促"的感慨，何况作者本人早已身临其境。那么，采用何种方式从无奈和压抑中解脱出来呢？诗的后半部分，像在询问他人，实是告诫自己：人生无常，世事莫测，若想不枉度人生，就应纵情饮酒。正如他在《漫成》之一中所说的："劝君有酒须秉烛，七十光阴能几回？"当然，所谓"饮酒"，就是享乐的别称。

　　及时行乐，在元代是一种社会思潮，尤其在东南城镇更为流行。失意的汉族知识分子大量流向新兴富裕的城市，商人市民的生活方式和思想情趣必然影响他们，于是，不合传统道德的思想就不断在作品中有所表现。尤其像杨维桢这样一个饱读经书的进士，未受朝廷贵官的重视，却在民间受到众多富商大户、市民后生的吹捧青睐，促使他自觉或不自觉地怀疑并抵制"穷则独善其身"的儒家信条，转而自谓"五十狂夫心尚孩"，醉心于"湖州野客似元真，水晶宫中乌角巾"的逍遥，甚至沉溺于狎妓游赏、觥筹交错的应酬和交际。他无意仕进，说"铁笛道人已倦游，暮年懒上玉墀头"（《漫成》之四），究其原因，是不愿再让官爵束缚身心。尽管这类思想意识相当脆弱或不能持久，毕竟真实反映了人的某些长期被压抑了的欲望，表现出时代和社会的进步意识。

　　与通常小诗讲究含蓄典雅截然不同，本诗语言质朴无华，不用任何典故，通俗易懂,尤其第三句,从俗语中随意拈来,却又镶嵌得恰到好处,犹如熟人间叙谈家常,娓娓道来,颇感亲切。此外,诗的前半部分着意于渲染,故对仗工整;而后半部分抒发感想,为了表达一吐为快的心绪,形式上也就不作任何讲究,给人以放情真诚的印象。凡此种种,足以使我们在平淡的风格中窥见作者的良苦用心。

其实,本诗这种明白质朴的语言特色,也是这段时期的游历生活造就的。正如当时他倡导《西湖竹枝词》时所说的,山光水色使其作品脱弃了故时的书卷脂粉气息,形成了清新爽朗的崭新诗风。这也是铁崖诗作在元末东南地区广受欢迎的重要原因。

(孙小力)

漫　　成(其三)　　杨维桢

徐家园里野莺啼,张家楼头客燕栖。
千金买宅作邮传[①],何处高桓大字题[②]?

〔注〕① 邮传:驿传,即传递文书的驿站。　② 桓:此指门柱。

和《漫成》之二的主题一样,本篇也是宣扬"祸福无常"、"及时行乐",只是表达方式有所不同。前者明白晓畅,直抒己见;此则旁敲侧击,略显含蓄。

诗的起首两句,采用暗示的笔法,以似乎纯客观的景物描写来引起人们的深思。这里不说人去楼空,也没有描摹花木凋零、墙倒屋圮的衰败空旷,但读者从野莺的凄厉啼鸣和屋梁上燕子的悠然高栖,一样能够明白,这满目凄凉的场地曾是多么的繁华绮丽;读者也同样能感受到,诗人对于世事的沧桑巨变,流露出怎样强烈的困惑和不安。诗人描写这一切,并非为了传播一件耸动视听的社会新闻,所谓徐、张,也许是随便拈取的两个姓氏符号罢了,作者只是藉此想要唤醒世人购房置产的美梦,他要告诉人们:富贵犹如过眼烟云,即使是显赫一时的帝王宫殿,最终也只能落得个荒城老树的结局,正如他在《陈帝宅》诗中所说的:"荒城陈帝宅,故殿吴王居……未知万代后,兴废又何如?"帝王尚且如此,那么徐家、张家等各式权贵豪富,更难逃脱厄运。因此,第三句可以说是作者对此类事件的总结:耗费巨资购置的宅第无论多么坚固,也不可能使某位主人永久占有,宅第犹如驿站或旅馆,它的每一位主人永远只能是一个来去匆匆的不幸过客。只可惜,世人大多执迷不悟,不能开窍,所以作者最终又发出慨叹说:不是正有人在改写宅名,为自己能取代前任宅主而洋洋自得吗?只是他决没意识到,他正在重复着前人的老路。这里,作者大有众人皆醉我独醒的骄傲,作为一个清醒的旁观者,他表现出莫名的悲伤和无奈。

购宅建房,历来被中国人看作赖以生存的基础,同时又被当作标榜财富地位的机会,因此,他们大多竭心尽力、倾其所有去谋取这些。如果说,在农村相对平稳恒久的经济社会形势下,这样的做法还是可行的话,那么,城镇经济生活中的竞争倾轧,官场宦途的风云莫测,就使富贵失去了可以信赖的基础,朝不保夕的社会现实,更加深了人们的危机感。杨维桢反对求富求贵求仙,主张任其自然,正是建立于这样的社会现实之上。

本诗的写作不加雕琢,夹叙夹议,信笔写来,颇有以文为诗的特点,恰如杨维桢自己曾主张的那样:先情性而后语言。因此本篇首叙事实,中抒感慨,结尾却又直揭现实,心之所感,笔之所至,似无章法可言,其实正是所谓随心所欲。无法之法,乃为大法。

(孙小力)

相　　思　　　　杨维桢

深情长是暗相随,月白风清苦苦思。
不似东姑痴醉酒,幕天席地了无知。

本诗是作者自编诗集《续奁集》中的一篇。奁,是古代妇女梳妆打扮用的镜匣,唐代诗人韩偓撰有诗集取名《香奁》,专门描写宫苑闺阁中妇女的胭脂娇美之态,人称"香奁体"。杨维桢曾仿效韩偓,亦撰有《香奁集》,为七言八句八题,然后又写了这二十篇七言四句的"续奁诗",以示对韩偓《香奁集》以及自己旧作的继续。

《续奁集》里,除了描绘女子"学琴"、"学书"、"习舞"和"出浴"等日常闺阁生活以外,还有"相见"、"的信"、"私会"等题,也许作者认为,要完整地摹写女子闺阁之态,情爱是不可缺少的内容。

本篇采用女子自述的口吻,抒写相思的苦闷。从来明月清风之夜,最是撩人思绪,因此,李太白长叹"举头望明月,低头思故乡",苏东坡浩歌"明月几时有,把酒问青天",不约而同地感伤于良辰美景,激发起眷恋之情。不过,同样是抒写思恋,风格却各有不同,李白稍显质朴,苏轼热情豪放,而本篇则别有一种哀怨和狡狯。

首句一个"暗"字,表明女主人思恋的隐蔽性质,于是,很自然地引出这种相思之情的必然结果——"苦苦思"。但是,作者没有继续描摹她的思恋情状,也没有让她继续吐露相思之愁,而是笔锋一转,旁敲侧击,别出心裁地描写她的妒忌:自己辗转反侧,苦不能寐,而东邻村姑何以睡得如此踏实香甜,犹如完全与人世隔绝,昏天黑地也将浑然不觉?她实在弄不明白:自己的聪明和痴情只换得无穷烦恼,东姑的无知和痴醉却能长享甜美之梦。这种虚晃一枪的表现手法,将一个纯情少女的娇憨和略有嗔意的思想状态描摹得惟妙惟肖,恰到好处地表现出少女坠入情网的焦灼无奈和不由自主的苦闷。也许她已意识到这种苦思只是自寻烦恼、不会有任何结果,也许她也尝试过努力断绝这种思念,但人的思绪有时恰如脱缰的野马,纵横驰骋,不愿屈从于理智的束缚。于是,在烦恼、怨恨和自责等种种念头的夹击下,不由转向于对邻家姑娘的羡慕和妒忌。确切地说,是羡慕多于妒忌。应该承认,这样的四句小诗,不用任何典故却具有如此丰富的内涵,的确显示了作者对于女子生活的深入观察思考和驾驭语言的功力、构思的独特巧妙。

香奁体诗是专以描绘妇女的窈窕胭脂之态而闻名于世的,然常被看作过于轻浮,因此曾有人否定或怀疑唐代韩偓撰有《香奁集》,认为香奁体诗和韩偓刚直不阿的品格、平素慷慨激昂的诗风不相符合,认为是当时同名人所作。而杨维桢别有所见,他在《续奁集序》中历举了陶渊明、韩偓和黄庭坚等前辈名人创作艳歌小曲的事实,又借用他们之口,声明此类歌诗只不过是遣兴解闷,偶尔为之的,并不妨碍大节。不过,据此看来,杨维桢在效仿前辈的同时,似乎也认为此类诗不能登大雅之堂,那么,他何以又要一而再地写"香奁诗"呢?

事实上,香奁体和宫体诗,是元季昆山、松江一带文人热衷的诗体,还在元顺帝至正初年杨维桢周游吴中各地之时,他就多次与昆、松的弟子们唱和此类诗,香奁体还成为"云间诗社"的传统竞赛诗体。杨维桢晚年重返松江,当地仍纷纷传诵他十几年前的此类旧作。作为元季吴中一带的文人领袖,他必然也必须顺应潮流。另外,杨维桢晚年在松江曾经组建家乐班子,往来于贵官大户之门,歌舞吟唱,获得广泛的名声,他的香奁诗,自然极有可能成为他的戏班演员的唱词。那么,作为谋生手段,他的作品能赢得万口传播,无疑也是他勉力为之的动力。至于他醉心于写作此类诗的同时,又要标榜自己的铁石心不至于被粉黛小辞所改变,用心良苦,其实是为了表白自己的清高和不俗,只不过是一番言不由衷、冠冕堂皇的门面语罢了。

(孙小力)

秋　千　　　　　　　　　　　　　　　杨维桢

齐云楼外红络索[①],是谁飞下云中仙?
刚风吹起望不极[②],一对金莲倒插天。

〔注〕　①齐云楼:在今江苏苏州市。　②刚风:高空的强劲之风。

本诗亦是《续奁集》中的一篇,作于元顺帝至正初年杨维桢游居平江(今江苏苏州)之时。

荡秋千,是我国一项传统的游乐活动,在旧时城市的私家园林中犹为普遍。贵族大户的青年女子平日轻易不能出门游玩,宅园就是她们的自在天地,高打秋千、飘摇空中的兴奋和美感,是其他游艺活动难以比拟的,难怪唐玄宗曾将荡秋千戏称为"半仙戏"。不过,本诗没有请"半仙"自己来吐露感受,也没有查究秋千女子的身份,更没有细致描绘其相貌装束,作者完全用一个旁观者初睹荡秋千的眼光,来描绘他瞬间的感受。

作者得以领略秋千女子风采之时,正置身于齐云楼内。楼名"齐云",可以想见它的高耸,但是,楼外的人比它更高。似乎是不经意的那么一瞥,作者窥见了窗外一闪而过的红色绳索,随之欣赏到楼外那惊心动魄的一幕。虽然最初的感受未必精确,但总是最新鲜、最富有感染力的,于是,作者自始至终抓住了第一印象,粗线条地勾勒出极富韵律的动态、一个处于最佳状态的瞬间。

本篇仅仅描写了秋千女子的一个连贯性动作。前二句写秋千荡下,秋千女子赛似天仙,自天而降,扑面而来,又一闪而过。这里作者使用了一个设问句,表示最初的惊诧,误认是天仙下凡。后二句写秋千荡起,秋千女子轻飏直上,犹如借助于高空的劲风,飘然欲仙,自下望上,几乎要飞出视野。秋千女子飞升高空之时,是最为畅美的,飘至极点之际,头部朝向地面,双脚则如利剑一般,直刺青天。这样,作者只对她一下一上的秋千表演作了极其简略概括的描绘,就已将一个矫健的身姿描摹得淋漓尽致了。此外,作为常识中必须服从"天"的意志的深闺绣户女子(或是少女、或是少妇),作者却形容她们的两足"插天",表现出对"天"的轻视和戏弄,这也是大胆的用笔,其中包含着对闺中人荡秋千时心理的深层理解:或许只有在这个游戏中,她们才能尽情地展露自己的活泼、渴望自由自在的内心,才能尽情地宣泄对礼教森严的家规戒律的反抗之情。这种以少少许胜多多许的笔法,以及选择诗歌语言时审慎的思考,值得后学效仿。

不过,诗人毕竟生活于那样的时代,对于女子的观察、描绘和欣赏,不免留有一些显然不健康的情调。本篇中诗人对秋千女子的相貌、身材和妆束等未作任何描写,单单突出她的小脚金莲,这与当时社会的审美观,以及他本人的"金莲癖"是分不开的。今天我们读他的诗,不能不注意到这些。

(孙小力)

题春江渔父图　　　　　　杨维桢

一片青天白鹭前,桃花水①泛住家船。

呼儿去换城中酒,新得槎头缩项鳊②。

〔注〕 ① 桃花水:桃花汛。指春天桃花盛开之时,川谷冰融,河流涨满。 ② 槎头缩项鳊:"槎"指置于水中的木栅栏。《襄阳耆旧传》云,汉水中,出鳊鱼肥美,常禁人采捕,遂以槎断水,因谓之槎头缩项鳊。此处借指上等鲜美之鱼。

  历代墨客骚人赋诗作画,喜欢以"渔父"为题,其实他们笔下的孤舟蓑笠老翁,常常并非是真正的打渔人。自西周姜太公垂钓渭滨、东周孔老夫子鼓吹"智者乐水"之后,所谓渔父,就与隐士高人结下了不解之缘。文人士大夫笔下的渔父们,有的垂纶长啸,企图招来世人瞩目;有的独钓寒江,以示归隐避俗。文人画师如此钟情于渔父,显然是借以表现自身的清高不俗和傲然嫉世。因此,以往的渔父形象,大多孤独冷漠,不近人情。而杨维桢的这首题画诗显然有所不同,描绘了一个真正以打渔为生的渔父形象,歌颂的是渔家人自得其乐的世俗生活。

  本诗前两句画景,后两句叙事,景物的和美与人事的温馨交融掺杂,使整篇诗歌洋溢着其乐融融的纯朴甜美气息。

  首句写远景。青天一片,白鹭徐来,作者首先用淡雅的色彩为全篇染上一层明快的底色,一个"前"字,又给静止无垠的蓝天平添无数生机。第二句写近景,桃花绽开,寓示着正是阳春三月的时令;春水猛涨,江波浩渺,渔船忽上忽下,在岸边拍击着浪花。诗人还特意指出,这是一条"住家船"。那么,江水是渔父赖以谋生的土壤,渔船是渔父借以栖身的宅房,如今泊船岸边,显然是有需要到岸上解决的事务,于是,自然引出了下面的诗句。三、四两句写渔父唤儿进城打酒,酒资则是刚刚捕捞到的鲜美鳊鱼。这是极其普通的场面,打渔人大多嗜酒,以捕捞所得与人换酒喝也是常事,而诗人正是希望通过这些日常普通事物的描绘,显示以物易物的质朴、父呼子应的天伦之乐,以及渔父自给自足、自得其乐的畅快。

  诗的字里行间,处处透露出对渔父生活的歆羡和对自然风光的赞美,其实正说明作者对那种宁静安详、无拘无束的境界的渴望和追求,当然免不了对渔父生活有所美化。

  本诗构思较为精细,远景、近景、人物,由远及近,层次分明。作为一首题画诗,显然是侧重在对于画面的解释,这样的诗歌语言体现了清新、明白、流畅的风格,取得了与画面、与主题的一致。

(孙小力)

题芭蕉美人图　　　　杨维桢

鬓云浅露月牙弯,独立西风意自闲。
书破绿蕉①双凤尾②,不随红叶到人间。

〔注〕 ①书绿蕉：指以芭蕉绿叶代纸，供书写。《清异录》云，唐代僧人怀素以草书闻名于世，早年居零陵时，家贫乏纸，遂植芭蕉逾万株，取叶代纸而书。宋·陆游有诗云："芭蕉绿润偏宜墨，戏就明窗学草书。"可见芭蕉绿叶适宜写草字。 ②凤尾：即凤尾蕉。《南村辍耕录》云，凤尾蕉树高五六十丈，围三四寻，直如矢，顶上才生枝叶，若棕榈状。皮如龙鳞，叶如凤尾，实如枣而大。

本篇是为一幅仕女图所作的题画诗，原作无缘得见，从诗题和诗意来看，画面是描绘一位美女用芭蕉绿叶练习书法时的情状。

首句对美人的妆饰作了简明扼要的描绘，是从三国曹植《洛神赋》中"云髻峨峨，修眉联娟"二句演化而来的。发式和眉样，始终是古代贵族妇女精心修饰和花样百出之重点，因此曹植在描写洛神的相貌时也不能免俗，强调洛神具有高耸欲堕的美髻和弯曲修长的新眉，以示洛神的美貌。不过，曹植对洛神的描绘不止于此，从她的形体姿态一直到面貌语言，都作了细腻缠绵的描写，而本篇对美女具体的妆饰和长相不再作进一步的摹写，髻鬟如云高一尺，淡扫柳眉添妩媚，有这些就足以表现她的时髦和姣美，诗人所要强调的并不在此。第二句写美人的姿态和神情，晚风拂面而来，美女若有所思，傲然独立，娴静典雅。也许诗人之所以对美女长相不作具体描写，就是担心喧宾夺主，因为他更加重视或更想突出那么一种高贵孤独的气质。第三句写美女用绿色蕉叶练习草书，所谓写破蕉叶，是标榜她的勤勉和洒脱，而绿蕉、凤尾，同指一物，表面上是交代美女习书所用材料，其实暗示了她不同凡俗的秉性。如果说，绿润如玉的蕉叶，可以表明她冰清玉洁的情操，那么，这位美女以绿蕉代纸习书的目的和蕉书的创始者——唐代僧人怀素显然有所不同，并非是缺乏纸张，由于贫穷而以蕉代纸，而是不屑于采用俗人所用的东西。最后一句，诗人用蕉叶的特性概括了美人的清高。古人云：菊不落花，蕉不落叶。一叶生，一叶蕉，故谓之芭蕉。（见《群芳谱》）可知芭蕉树叶虽然会随着节令的变化由绿转红，但决不会像一般的秋叶随风坠落，那么，绝不沾染尘土的蕉叶足以与美人超凡脱俗的性情相媲美，难怪她爱不释手。其实，这最后一句也隐寓着本诗的主旨：即赞美清高超脱的人格。

题画诗的作用，在于阐发和拓宽画面的意境，绘画的直观效果如果有了诗歌的补充，将更具魅力。本诗充分运用比喻、象征、描摹等艺术手法，将画面中不便明说或无法说明的境界揭示出来，给读者以深刻启示。诗人遵循画详诗略、画无诗补的原则，重在挖掘人物的内心世界，并避免重复的描写，如对美人的相貌姿态尽量取其简括，而末尾"不随红叶到人间"一句，用的是唐人"红叶题诗"的典故，显然是画面无法表现的。诗人的想象、诗人的隐情借助于诗的象征和创造性阐释，得到充分展示。

(孙小力)

庐山瀑布谣

杨维桢

　　银河忽如瓠子决①,泻诸五老之峰前。我疑天仙织素练,素练脱轴垂青天。便欲手把并州剪,剪取一幅玻璃烟。相逢云石子,有似捉月仙。

　　酒喉无耐夜渴甚,骑鲸吸海枯桑田。居然化作千万丈,玉虹倒挂清冷渊。

〔注〕① 瓠子:古地名,在今河南濮阳南。黄河曾在此决堤。汉武帝曾亲临巡察治水,作《瓠子歌》二首。

　　唐代诗人李白、杜甫、李贺,分别被人称为诗仙、诗圣、诗鬼,元代末年,又出了一位"文妖",这就是以"铁崖体"风靡一时的杨维桢。钱谦益《列朝诗集》云:"古乐府其所自负,以为前无古人,徵诸句曲,良非夸大。"杨维桢生平最爱作乐府诗,现在就让我们来读他这首《庐山瀑布谣》。

　　提起庐山瀑布,人们往往想到李白"飞流直下三千尺,疑是银河落九天"的名句。像李白这样的浪漫诗人也只是说庐山瀑布"疑是银河",而当杨维桢看到庐山瀑布时,立即狂呼大叫起来:天上银河忽然像黄河决口啦,看那悬流飞瀑倾泻下来了,直泻到庐山五老峰前了! 杨维桢一开头便以突兀之笔,表现庐山瀑布的雄伟、险峻,使你仿佛看到它那奔腾咆哮之势,仿佛听到它那飞流溅沫之声,使你感受到一种惊心动魄的狂飚!

　　在这样的描写之后,诗人转而发以美丽的遐想:这洁白透明的瀑布啊,大概是天上织女星织成的白色丝绸吧?谁不当心,把它弄脱了机轴,垂挂在天空中了! 让我拿起锋利的并州剪刀,剪取它那迷人的烟笼雾锁的画图来……

　　这首诗前面有一小序云:"甲申秋,八月十八夜,予梦与酸斋仙客游庐山,各赋诗。酸斋赋《彭郎词》,予赋《庐山瀑布谣》。"原来这是记梦之作,酸斋是当时著名散曲家贯云石。此人风流倜傥,才调绝伦,其《彭郎词》云:

相逢渔子问二姑,大姑不如小姑好。
小姑昨夜巧装束,新月半痕玉梳小。
彭郎欲娶无良媒,飞向庐山寻五老。
五老颓然不肯起,彭郎怒踢香炉倒。

　　这首诗写彭郎要娶小姑,五老不肯做媒的故事,实际上也是游山玩水的游戏之作。原来诗中大姑、小姑,是巍然独立于江水中的大小孤山,彭郎乃江侧一石矶、五老、香炉皆庐山高峰。贯云石巧于构思,把它们通统拟人化了。大概杨维桢很欣赏这首诗,梦中还记着,并为此作《庐山瀑布谣》。杨维桢在《庐山瀑布谣》中接下来就写他这位朋友贯云石了:"相逢云石子,有似捉月仙。酒喉无耐夜渴甚,骑鲸吸海枯桑田。"这位云石子呀,其脱略形骸,不拘流俗,大有李白之风呢!他醉饮狂歌,夜来渴甚,便骑着鲸鱼去吸东海之水,一下子就把海水喝干了,沧海变成桑田。哎呀呀,云石子喝了那么多的水,肚皮怎装得下呀?谁料他满肚皮酒水"居然化作千万丈",竟然都化为千万丈飞流直下的瀑布,像一道白色长虹高高地挂在清凉的深渊之上。

上面读贯云石《彭郎词》已感到其滑稽谑浪,构思新颖;现在再读杨维桢《庐山瀑布谣》,更感到奇思妙想,出人意表,其想象之荒诞奇诡,为古今诗人所罕见。诗中更有一种奇崛之气,纵横排奡,雄豪瑰丽,气势酣畅,这大概就是杨维桢所特有的"铁崖体"风采吧?

自南宋严羽《沧浪诗话》批评宋诗议论化,提倡"诗有别趣"以来,宋末"四灵"已有摆脱窠臼、力求清新的趋向,但他们宗祧贾岛姚合一派,沉溺五律,"争工于句字间",因而境界局狭,诗思窘枯。当时刘克庄即发出"欲息唐律,专造古体"的要求。元代虞、揭等人诗风萎疲,也与形式上因袭有关。杨维桢乘弊而起,倡"古乐府",创"铁崖体",应顺了时代需要,为诗歌带来了新的生机。

当然,所谓"铁崖体"不仅是形式问题,更有内容上新的突破。研究明清诗歌的章培恒教授说:"在元末明初的文学作品里,对自我的肯定,或者说对束缚个性的反拨,达到了一个前所未有的高度。当时最有成就的诗人是杨维桢和高启。"(《明代的文学与哲学》)就以杨维桢这首《庐山瀑布谣》来说,杨维桢把自己和贯云石都描绘成宇宙间无所不能的巨人,可以"骑鲸吸海枯桑田",可以"手把并州剪",剪下天仙所织"脱轴垂青天"的素练,这种超现实的自我形象不是太虚妄了吗?但透过这层虚幻的雾,不难看出一个企图挣脱一切锁枷的灵魂。时人已发现杨维桢的"异端"色彩,如王彝就骂他是"以淫辞怪语,裂仁义,反名实,浊乱先圣之道"的"文妖"。于此可见"文妖"含义不单指铁崖体"奇诡"的诗风了。

(高　原)

西 湖 竹 枝 歌(其一)　　　杨维桢

苏小门前花满株,苏公堤上女当垆。
南官北使须到此,江南西湖天下无。

西湖竹枝歌(其一)

杨维桢在元末，特以"才情缥缈"的七绝和乐府小诗"独步当代"。这组《西湖竹枝歌》，即是他采用民歌体创制的"俊逸浓爽，如有神助"之作（胡应麟《诗薮》）。明人杨慎《升庵诗话》称，此歌之出，"一时和者五十余人，诗百十余首"，可见其影响之广。

西湖之于江南，正如倩丽少女之笑靥、明眸，曾引得多少词人墨客为之目注神移！那"烟柳画桥"、"十里荷花"的春情秋韵，"水光潋滟"、"山色空濛"的晴风雨姿，不都曾化作如幻如梦之思，摇曳在柳永、苏轼的笔底？这样说来，杨维桢之再咏西湖，恐怕连开篇都很难下笔了。

此诗却自有妙绪。起句不咏湖光山色，偏从钱塘名妓苏小小的"门前"之景写来，正可把你引入西湖传说中最凄丽动人的去处。南齐苏小小的身世是哀伤的，所以李贺描摹她的墓境，也是"幽兰露，如啼眼"、"冷翠烛，劳光彩"，充满了幽夜缥缈的凄凉。此诗则一反其意，从春光明媚中，展现那灿若云霞的满株繁花。你便恍若见到，连苏小小竟也一展愁眉，正凝眸含笑飘立于花树之间，迎接你的到来——这正是西湖所展示给你的第一眼印象，那交织着美丽传说而令人魂牵魄动的地方！

然后再沿着绿柳成荫的"苏公堤"走去。它就是苏轼当年再知杭州，发动民众疏浚"水浅葑横，如云蔽空"的西湖时，用湖中淤泥筑成的。而今漫步在堤上，眺望湖中的波光峰影，你的心中难道不会像苏轼一样，悠然生出"欲把西湖比西子，淡妆浓抹总相宜"的奇妙思致？在叹赏之际，也许最适合去堤边的酒家，啜上三盏两杯？你还会意外发现，那"当垆"迎客的主人，竟也是水灵水秀的女儿家！明丽的堤景，秀美的当垆女，这西湖独具的旖旎风情，又将带给你几多惊喜和醉意！

所以当"南官北使须至此，江南西湖天下无"二句跳上眼际时，你便感到，这恰是你此刻所欲脱口而发的由衷赞语。倘若你还知道，杨维桢亦正生于浙江，你当会体味到，这两句诗中，其实还包蕴着诗人对故乡之湖的深切自豪和浓浓的爱。不过就全诗说，与其将它视为诗人的赞叹之语，不如读作堤上"当垆女"的夸耀之词，似更符合竹枝词的体格，也更有情韵——那是风姿秀美的女儿家，正带着七分喜色、三分羞涩，向客官夸赞着自家的美丽西湖哩！"南官"、"北使"的称谓，正透着酒家女指南点北的飞扬神采；一个"须"字，又带着如许不容置疑的辞气。令你不得不承认，唯有这"江南西湖"，才是天下无与伦比的一泓秀水！

不以对景物的描绘见长，只在你眼前勾勒几笔湖畔、堤上的风情人物，这正是"西湖竹枝歌"之一的特色——那爽朗明快的民歌风味，虽只短短四句，便已如

酒家女的佳酿,足以让你心醉情迷的了。 (潘啸龙)

西 湖 竹 枝 歌(其四) 杨维桢

劝郎莫上南高峰,劝侬莫上北高峰。
南高峰云北高雨,云雨相催愁杀侬!

民间竹枝词多情歌,江南情歌之缠绵婉丽,带有诉说不尽的意态和声情,更为历代诗人所心折。"诗豪"刘禹锡,听了夔州的民间情歌,就曾激发过与之一较短长的意兴,写下了"东边日出西边雨,道是无晴还有晴"等名作。杨维桢歌咏西湖风情,当然也不甘放过这种机会。"竹枝歌"之七,便是令刘禹锡也婉丽"靡加"的奇妙情歌。

情歌好以歌咏地方风物起头。西湖风物可歌者甚多,此歌中的西湖少女,却偏偏对那高插入云的南、北高峰动了感情——"劝郎莫上南高峰"。起句"劝郎"二字悠悠而吐,一听便知这少女心中,正有无限情话向心上人倾诉。但紧接而来的"莫上南高峰"五字,却顿如奇峰突现,令人莫名惊诧了。"南高峰"矗立于西湖南岸,苍翠秀郁,俯临着繁丽的杭城,正是男女相携登临的好去处。这少女为何却不愿让恋人上那高处呢? 一段疑云随突兀而发的起句,由此冉冉飘浮在读者心头。

再看二句"劝侬莫上北高峰"。这回是少女对自己的幽幽劝慰了。但这劝慰也一样不可思议——北高峰位于灵隐寺后,秀郁苍翠,正好与南高峰隔湖相望,还可远眺茫茫钱塘江,如一派银流闪烁在天际。她却为何又怕上此峰呢? 少女的心思就是这样微妙莫测,你若不是一样心窍玲珑剔透的女儿家,别想把其中奥秘猜着! 一段疑云未去,又一段疑云缠绕在了读者心头。

对于女儿家的心思,别去苦苦追问。因为你愈追问得紧,她便愈是慌促躲避;最好的办法是什么也别问,待到她憋不住了,自己会告诉你。此歌中的少女就正如此——"南高峰云北高雨,云雨相催愁杀侬。"这就是她终于忍耐不住,吐露给心上人(当然也包括听者、读者)的心思。不过这心思的吐露,依然带着女儿家特有的婉曲不尽之意,你要领悟它也实在不容易。南峰有"云"、北峰有"雨",那就应该是"无晴"。按照刘梦得《竹枝词》以"晴"关"情"之例,这女子是否在怪嗔心上人的用情不浓呢? 以寡情之郎,上那"无晴"之峰,又是隔峰相望,难怪她要大声呼喊"云雨相催愁杀侬(我)"了。

这理解是否就猜中了西湖少女的心事? 那也难说。因为有"云"有"雨",固然可解为"无晴(情)";但"云雨"合称,却还有另一层意思。宋玉《高唐赋》记楚怀王之梦遇神女,那巫山神女辞行时就提到过它:"妾在巫山之阳,高丘之阻。旦为朝云,暮为行雨。朝朝暮暮,阳台之下。"这一绮丽故事的流传,使"云雨"也带有了新的意义,那就是男女欢爱的象征。此诗中的少女,为高峰云雨之相催发愁,是否萌动了与心上人的欢爱之思,故而正语反说,以掩饰羞涩之情呢?

吐语新奇,情思婉曲。明爽中带几分羞怯,设喻中蕴难猜之意。这大约正是本诗的一大特色,也恰可表现江南情歌的微妙风韵。难怪明代诗论家一提到此歌,都要叹为"若有神助"了。

(潘啸龙)

西湖竹枝歌(其八) 杨维桢

石新妇下水连空,飞来峰前山万重。
妾死甘为石新妇,望郎或似飞来峰。

诗到南宋末年,流入纤薄弱巧,元代诗人便转而学唐、学六朝。至元末,杨维桢领袖东南诗坛,倡"铁崖体",振臂一呼,天下翕然响应。铁崖体诗,称赞的说是上法汉魏,出入少陵,时出牛鬼蛇神,眩荡人耳目;贬斥的说他秾丽妖冶,汉魏风轨,未睹藩篱。作为元代唯一开宗立派的诗人,杨维桢的诗也并非均为"铁崖体"风格。他在杭州时,闲居西湖,水光山色,浸淫胸次,倡《西湖竹枝歌》,尽洗尊俎粉黛之习,通俗清新,婉转多姿,与"铁崖体"迥异,这里选的是其中杰出的一首。

这首诗和大多数民歌一样,用比兴的手法抒情。先信手描摹西湖边的景色。濒临西湖的新妇矶巍然屹立,俯视着西湖空阔浩荡的湖水;北山灵隐寺前的飞来峰,玲珑瑰奇,坐落在冈峦起伏的群山中。诗把这两个既不相连也不相对的景点排比在一起,为下作铺垫。接着,诗用女子口吻,在"石新妇"、"飞来峰"上作文章:心中的情郎,离别已久,我天天在盼望你早日归来,我死了心甘情愿化成那矗立的石新妇,凝望着你的归途,留下这爱情的象征;但在心中时刻希望奇迹会出现:你像那飞来峰一样,忽然从天边飞到我的眼前。诗即景设譬,清丽意隽,音调条畅,大胆而又形象地表达了一个痴心女子对爱情的忠贞不渝。

宋郭茂倩《乐府诗集》说,《竹枝词》本出于四川,唐贞元中,刘禹锡在沅湘,以俚歌鄙陋,乃依《九歌》作《竹枝》新词九章,教里中小儿歌之,由是盛于贞元、元和间。唐人的《竹枝词》大多数写旅人的离愁别绪或儿女亲情。到了杨维桢时,《竹枝词》的内容大大扩展,直接模仿刘禹锡的《竹枝词》,同时又借鉴南朝乐府吴声歌曲和西曲歌,如《子夜歌》、《读曲歌》等,具有热情洋溢的民歌色彩;又不再单单表现羁旅哀愁及爱情,更多地吟咏湖山之胜、人物之美,新人耳目。这首诗是以地名风景起兴,其他诗如"苏小门前花满株"等,便全写西湖风光。因杨维桢享有盛名,门下弟子有百余人,所以他的《西湖竹枝歌》一出,一时传遍大江南北,四方名人韵士,争相属合,不下百家。最后杨维桢把诗编辑成集,加以月旦,遂成为地方一大文献。受他的影响,以《竹枝词》吟咏地方上的风俗名胜成为定格,出现了许多《燕京竹枝词》这样的总集。

(李梦生)

的　信　　　　杨维桢

平时诡语难为信,醉后微言却近真。
昨夜寄将双豆蔻,始知的的为东邻①。

〔注〕① 的的:明白,明确。东邻:宋玉《登徒子好色赋》序云:"天下之佳人,莫若楚国;楚国之丽者,莫若臣里;臣里之美者,莫若臣东家之子。东家之子,增之一分则太长,减之一分则太短,著粉则太白,施朱则太赤……"后遂以东邻女称绝美之女子。

此为杨维桢《续奁集二十咏》中的一首。"续奁"即是续《香奁集》之意。晚唐韩偓有《香奁集》,所收大都是一些描写女色和男女偷期密约的艳情诗。这些诗颇为后世正统的文人所诟病,如高秀实云:"元氏艳词,丽而有骨;韩偓《香奁集》,丽而无骨。"(《彦周诗话》引)由此以后,香奁体竟成了淫艳诗体的代名词,为一般诗人所深讳,严羽《沧浪诗话》即一言以蔽之称"皆裾裙脂粉之语"。这风气到了元代开始有了变化。当时文士们大多沉沦下僚,抑郁不得志,写诗便不多忌讳,颇有一些人以香奁为诗题,杨维桢是写得最好的。他不但写,而且公然为之辩护。在此《续奁集二十咏》小序中更明确说:"陶元亮赋《闲情》,出蛰御之辞,不害其为处士节也。予赋韩偓《续奁》,亦作娟丽语,又何损吾铁石心哉!"他不以陶渊明作《闲情赋》是"白璧微玷",认为并不损害他的高尚情操,同样他自己诗作中的"娟丽语"和"铁石心"也不妨两存。这是一种比较全面的、宽泛的文学创作观念,也可以说是一种新的人生态度。他既提倡写"伤今思古险阻艰难之作",提倡老杜诗歌的"春秋之法",同时也喜欢以秾辞丽语写些艳情诗,并公然地加以标榜。他曾作有《冶春口号》一首,写道:"南朝宫体袁才子,更说《西昆》郭孝廉。自是《玉台》新句好,风流无后数《香奁》。"

《的信》歌咏了一个活泼、真挚的少女的恋情。情之为物,最可贵、最丰富,然亦最多变化,最教人捉摸不定。尤其是少男少女间的恋情,将吐未吐,欲说还羞,正话反说,似喜若嗔,不知引得多少坠入情网的人为之彻夜无眠,辗转反侧,一遍遍地把对方的感情加以猜测、思索。这首诗中所描写的女子还算是幸运的,尽管她的恋人平时喜欢说些奇怪的话,使人难以揣测,但是她在一个偶然的机会中,却听到了他喝醉后的呓语。酒后吐真言,这下他的心事完全明白了,原来他昨天送来的两朵豆蔻花是有明确含义的,自己的的确确是他的意中人啊!

杨维桢此诗写得非常活泼、生动。抓住此少女一霎那的心态,用特写的手法,加以放大、定格,使其为爱情所膨胀、所陶醉的心灵活泼泼地呈现在读者面前。值得注意的是在她身上我们看不到有什么受礼教束缚的痕迹,她平日就和此男子有来往,交谈馈赠,并没有什么顾忌,显然这是一个平民身份的市井少女。这与韩偓《香奁集》中大量描绘的贵家女子有明显的区别。后者是"懒卸凤皇钗,羞入鸳鸯被"(《懒卸头》),"敲折玉钗歌转咽,一声声入两眉愁"(《闺情》),感情凄怨,诗风靡丽;此诗则充满了民歌气息,虽然同为丽情诗,但风格却丽而不靡,健爽活泼。

(刘明今)

习　　舞　　　　　杨维桢

《十六天魔》教已成,背反莲掌苦嫌生。
夜深不管排场歇,尚向灯前踏影行。

此为杨维桢《续奁集二十咏》中的一首。元代杂剧繁荣,士大夫家的歌舞伎乐亦颇兴盛,杨维桢家尤其著称于时。明初瞿佑《归田诗话》云:"杨维桢晚年居松江,有四妾:竹枝、柳枝、桃花、杏花,皆能声乐。乘大画舫,恣意所之,豪门巨室,争相迎致。"据此记载,似乎杨维桢家的歌舞班子不仅用以取悦主人,还到各处去演出,虽与后世剧团不同,不以赢利为目的,但至少是一种艺术交游。而杨维桢自己也常参与其中,酒酣耳热,往往"自倚凤琶和之"。这首诗正描写了舞伎们刻苦的艺术追求。

《十六天魔舞》原为元代宫廷中赞佛时的舞蹈,表演时以珠缨盛饰美女十六人为佛菩萨相,其中有宫女三圣奴、妙乐奴、文殊奴等,她们戴象牙佛冠,披缨络,著大红绡金长短裙,金杂袄,云肩,合袖天衣,各执巴剌般之器(法器),内一人执铃杵奏乐。显然这是一规模相当宏大的舞蹈,难度亦相当高,特别是把手掌翻转,以手指向上作莲花状的动作,尤不易掌握,故舞伎们在初步学成后还要反覆练习。直至夜深更阑,其他伴唱演奏执事人员都已歇息,她们还在灯光之下翩跹作舞。"踏影行"三字十分传神,因为在正式排演时,四处灯火通明,台上一般是不会出现明显的身影的。而此时排场已歇,大部分的灯烛都已灭了,演员们的身影投射在地上,一举手,一投足,影亦随之晃动,诗人以"踏影"状之,非常贴切,使人读之产生亲临其境的感觉。杨维桢这首《习舞》写成后,人们争相传诵,"万口播传"。试问读了这首诗后,谁不想亲眼看一看杨家舞伎们演出的《十六天魔舞》呢?元代是戏曲繁荣的黄金时期,这首诗反映了伶人舞女躬践排场的梨园生活,也因此具有鲜明的时代特色。

(刘明今)

老 客 妇 谣　　　　杨维桢

　　老客妇,老客妇,行年七十又一九。少年嫁夫甚分明,夫死犹存旧箕帚①。南山阿妹北山姨,劝我再嫁我力辞。涉江采莲,上山采薇,采莲采薇,可以疗饥。夜来道过娼门首,娼门萧然惊老丑。老丑自有能养身,万两黄金在纤手。上天织得云锦章,绣成愿补舜衣裳②。舜衣裳,为妾佩,古意扬清光,辨妾不是邯郸娼。

〔注〕 ① 箕帚:畚箕与扫帚。古妇女司洒扫之事,后因以箕帚代指妻。这句意为守旧不嫁。　② 补舜衣裳:典出《诗·大雅·烝民》,谓补救规谏帝王的过失。

　　杨维桢辞官后,纵情山水,对仕宦名利淡不经意。张士诚割据吴越时,曾盛情款待,但杨维桢不为名利所动。朱元璋统一全国后,网罗英贤,开史馆修《元史》,闻杨维桢名,命近臣敦促入朝,杨维桢作诗名志,有"天子来征老秀才,秀才懒下读书台。商山肯为秦婴出?黄石终期孺子来。……袖中一卷春秋笔,不为旁人取次裁"句,言词决截凛然,明白表示不愿出仕新朝。所以《七修类稿》说他作诗后即自缢而死。其实,杨维桢虽然未以身殉元,最终被催逼入朝,但宁死不肯做官。明朱存理《珊瑚木难》载,他对皇帝的使臣说:"岂有八十岁老妇,去木不远,而再理嫁者耶?"并作了这首《老客妇谣》以明志。

　　诗中写了一个老客妇的遭遇。诗说,老妇人年近八十,行将入土,但往事历历在目。记得当年与丈夫成亲时,两情相投,丈夫死后,侍奉丈夫的心理没有一毫改变。虽然阿妹与小姨都很同情她,力劝她改嫁,都被她毅然抵制,靠着采莲、采薇疗饥度日,生活艰难。接着,诗推进一层,用不守节而沦落为娼的女人作对比。诗写道,夜来偶然经过娼妇的门前,娼妇们却嘲笑她老丑不堪。对此,她愤慨地说,我虽然老丑,但靠自己养活自己,有艺在胸,犹如家藏万两黄金,足以安度晚年。自己胸藏锦绣,能像天上的织女一样织成五彩斐然的布匹,可以用来补舜那样贤明的君王的衣裳;贤明的君王也会赐我衣佩,褒奖我的贞洁,表彰我不是邯郸娼妇那样下贱的人。

杨维桢以古乐府名家,号"铁崖体",以秾丽妖冶、奇特险怪著称,一般来说,没有很深的思想内涵。但这首诗却以乐府比兴手法以达到"诗言志"的目的,平实明快,质朴无华,可以算他乐府中最纯真正统的一篇。诗写的是老客妇,实际上是说自己年龄老迈,年青时曾出仕元朝,自当对元朝存以忠心,所以多次拒绝张士诚的招徕,宁愿过清苦的生活。诗把那些动摇出仕的人比做朝秦暮楚、追欢卖笑的娼妇,加以指斥。末了,又借老客妇的口,说自己入京修《元史》,正是愿天下太平、百姓安业,对国家有所帮助,但不出仕的决心已定,希望皇帝明鉴,自己绝不是变节的娼妓一类人物。传杨维桢赋诗时曾说:"如果皇帝强迫我,我就像义不帝秦的鲁仲连一样,宁可跳入东海去死!"这句话也正是《老客妇谣》的中心思想。朱元璋是位以兴文字狱出名的和尚皇帝,当时也许因为草创未久,为收人心,居然同意了"老客妇"不再嫁人的请求,赐安车还山。杨维桢在京待了一百二十天,告辞回家,一时名士祖帐西门外,行路之人望如神仙。被称为明代开国文臣之首的宋濂作诗送行,有"不受君王五色诏,白衣宣至白衣还"之句,褒誉不已。

杨维桢全节而终,照理应该受到人们的崇敬,然而他晚年颇纵情声色,出入歌场舞榭,这样的作为,与元末大动荡的局势格格不入,因此人多非议之。如贝琼《铁崖先生传》说他"特溺于音乐,出必从以歌童舞女,为礼法士所疾"。中国人的传统是提倡节俭,洁身自好,对喜声色之娱、口食之奉的人采取鄙薄态度,就事论人,往往偏颇。文天祥生平以声色犬马为好,最后慷慨赴义,元末守志不仕的恰恰是杨维桢这样风流狎邪的人。这些历史上著名的事例,看来是当引起评论家的深思。

(李梦生)

吴 莱

(1297—1340) 字立夫,本名来凤。门人私谥渊颖先生,浦阳(今浙江浦江)人。与黄溍、柳贯同为宋末金华地区儒者方凤门人,以学术名。延祐间举进士不第,在礼部谋职。未几,与礼官不合,退而归里,隐居松山,深研经史,为宋濂师。以诗文名,尤工歌行,瑰玮有奇气,文采缛丽,雄深卓绝,颇有太白、昌谷遗风,对元末"铁崖体"诗歌有一定影响。所作散文,于当时的社会危机有所触及,要求"德化"与"刑辟"并举。有《渊颖吴先生集》。

风雨渡扬子江

吴 莱

　　大江西来自巴蜀,直下万里浇吴楚。我从扬子指蒜山①,旧读《水经》今始睹。平生壮志此最奇,一叶轻舟傲烟雨。怒风鼓浪屹于城,沧海输潮开水府。凄迷澦涨恍如见,潆洄扶桑杳何所。须臾草树皆动摇,稍稍鼍鼋欲掀舞。黑云鲸涨颇心掉,明月贝宫终色侮。吟倚金山有暮钟,望穷采石无朝橹。谁欤敲齿②咒能神,或有伛身③言莫吐。向来天堑如有限,日夜军书费传羽。三楚畸民类鱼鳖,两淮大将犹熊虎。锦帆十里徒映空,铁锁千寻竟燃炬。桑麻夹岸收战尘,芦苇成林出渔户。宁知造物总儿戏,且揽长川入尊俎。悲哉险阻惟白波,往矣英雄几黄土!独思万载疏凿功,吾欲持觞酹神禹。

〔注〕 ① 蒜山:在今江苏镇江市西长江江岸。 ② 敲齿:道家念咒行法前,先须叩击上下牙齿数通,见《云笈七签・秘要诀法》。 ③ 伛身:指神巫,古时神巫多为残疾人。《荀子・王制》:"知其吉凶妖祥,伛巫跛击(覡)之事也。"

　　吴莱自延祐七年(1320)试礼部落第后,曾壮游京师、河、淮一带,本诗是他从扬州经江都渡江回乡时所作。

　　扬子江本是长江下游今江苏省内一段水域的专称,作品却远自万里外的大江源头落笔,用一个"直下"、一个"浇"字,写出了滔天的浪势。郦道元的《水经注》记述长江,仅至鄱阳湖以西的区段,诗人在此却说"旧读《水经》今始睹",也是通过联想的激发,而显示了眼前江景的雄奇。"平生"两句更是酣畅地表达了此番渡江的感受。作者曾自诩"悬知平生奇,历览天下半"(《夕乘月渡荆门闸》),可谓曾经沧海难为水,大江也非第一次横渡,为什么会有"此最奇"的结论呢?原因就在于"一叶轻舟傲烟雨"上。这里有着雄视大江的快意,更有着睥睨风雨的自豪。这六句如同开场白,明点出"渡扬子江"的题面,而从诗人渡江伊始不寻常的心态中,已隐然可见"风雨"的影响。

　　以下十二句具体转入风雨渡江的绘写。"怒风"二句侧重写狂风大作,卷起高浪,挟来海潮,如在排办水神的府居。"凄迷"二句侧重写暴雨迷乱视界,使人恍惚如置身于三峡滟滪堆中,而茫然莫辨东海的方向。"须臾"四句写风雨交加下的波面,光怪陆离,时而如草树摇曳,时而如鼍鼋掀舞,云沉处如巨鲸噀浪,波闪时如龙宫漾月,而莫不使人心惊色变。"吟倚"四句写风波中对外界的种种想象:此时诗人或会在金山暮钟中感慨吟诗?上游采石早发的舟船踪影何在?风雨肆虐莫非是符咒招致?神巫至此不也会噤若寒蝉?……这一段层层加写,浓墨淋漓地绘染出一幅撼人心旌的长江风雨图。云诡波谲,鲸呿鳌掷,使人读后有天风海雨逼人之感。

"向来"以下六句,是因壮奇的江景而激起诗人对历史特别是南宋前朝盛衰的遐思。长江天堑作为兵家必争之地,南宋时战事不绝。江边三楚残存的百姓无异于苟生的鱼鳖,而两淮的将领仍在江北戎马倥偬,余勇可贾。这一切终究无补于事。"锦帆"句用隋炀帝南巡扬州的故实,暗喻繁华事散。"铁锁"句用西晋王濬率师烧断拦江铁链、一举灭吴的往事,影指元军攻陷襄阳后,沿江直下,终于宣告了南宋的覆灭。"徒"、"竟"二字,显示出历史的严酷,言下有无限感慨。

就在诗人怀古的不知不觉间,船已渡过了江面,"桑麻夹岸收战尘,芦苇成林出渔户",正是对岸所见的景色。连江风雨,历史风云,都在这一联中轻轻带住。盛衰的无常使诗人感到人事的无谓,而风雨渡江激起的豪情壮怀却依然不能平静。他要举起酒杯,向疏凿长江的大禹顶礼。这一结笔与作品起首遥遥呼应,可谓劲起雄收。

吴莱诗学韩愈,不但炼字,也重视炼意、炼格,故王士禛有"渊颖歌行格最奇"的评价。本诗即为他歌行体的代表作。气格雄壮,行文恣肆,情随象生,于空间和时间中出入开合,腾挪自如。清蔡琳《读元人诗》绝句咏吴莱:"中流击楫谁相问?风雨连江吼白鼍。"道出了此诗所具的巨大艺术感染力。 (史良昭)

倪瓒

【诗人小传】

(1301—1374) 字元镇,尝变姓名曰奚玄朗,字玄暎,号云林子、幻霞子、荆蛮民等。其先西夏人,五世祖始徙家无锡(今属江苏)。其先颇富,然瓒无意富家事。性格孤傲,绝意仕进。好赋诗作画,藏书数千卷,亲自勘定。中年尽鬻田产,得钱皆与知旧。晚年飘流东吴诸地,吟诗写画不辍,明洪武七年(1374)始还乡里,是年病卒。他擅画山水,写疏林坡岸,浅水遥岑等平远风景,以"天真幽淡"为宗;画墨竹自谓"聊写胸中逸气"。与黄公望、吴镇、王蒙合称"元四家"。他善诗文,诗风古淡,不假雕琢,信口成章,有唐人风。有《清闷阁集》传世。

北　里　　　　　　　　　　　　倪　瓒

舍北舍南来往少，自无人觅野夫家。
鸠鸣桑上还催种，人语烟中始焙茶。
池水云笼芳草气，井床露净碧桐花。
练衣挂石生幽梦，睡起行吟到日斜。

"诗人"、"画家"的头衔，那是后世给的，至于自号"懒瓒"的倪瓒本人，只知道自己有一个身份："野夫"。现在，他懒懒散散地住在北里村，心安理得地照自己的身份打发着日子。

他的内心是宁静的，与世无涉的。就算是舍南舍北的近邻，他也懒得往来；至于再远一点的那些人，自然更不会来寻他，因为他早就不跟他们通声气了，宁愿被他们遗忘，他们大概也真的遗忘他了。既然是心甘情愿地与世相违，他的耳目所经意，也就是那些平淡无奇的农家常景了：桑树结了果，贪嘴的斑鸠鸣叫着，在树丛里飞来飞去寻觅桑椹吃；大概是晚春了，农人还在催着下田，抢种最后一轮庄稼；春茶大约也收起来了，远处的烟气缭绕之中，传出了人的交谈声，这大概是村人在烘烤茶叶吧。这一切，看来是很平常的，不过，今年的粗茶淡饭，大概也就不愁了，这里面，也有自己的一份；自己虽说是"野夫"，到底是个不事生产的人，想到这北里村能供给他吃喝安居，这份平常，对他可就是不平常了吧？

因此，这鸠鸣声、催种声、人语声交织在一起，对他来说，不啻是一种莫大的安慰感和满足感。饮食不用担心了，于是，闲情逸致便随之而来，虽说是"野夫"，他到底不比有了今岁担忧明岁的农人。闲步到了野外，慢慢地看，细细地悟：这小池上，今天怎么笼罩了一层云雾不散？哦，原来是遍地春草的芳香气息，在空中凝聚住了；那每天坠落到井栏上的梧桐叶，今天怎么像一片片花瓣了？哦，原来是露水洗净了它们，显得鲜碧水灵了。无忧无虑，又处在了无尘滓的芬芳、清新环境里，那么，就脱下白绢制成的衣衫，随手挂在石上，然后随地安然而卧吧。这一觉睡下去，定会有一个幽美的梦境生起。等好梦做过，欠身而起，一边舒舒展展地行走，一边随口即景地吟哦，直走到夕阳西斜，直吟到口角噙香，这才心身轻快，悠然而返——虽然这只是"野夫"最平常的一天，但在北里村度过这样的一天，不胜似在滚滚红尘中为宦为贾半世、求名求利终身么？

自然，在这北里村中，倪瓒只是一个假野夫，他只会"行吟"，不会"催种"、"焙茶"，对此，现今不免有人会皱起眉，说道他的"情调"不是真野夫的。不过，假若那时代没有这类人"行吟",我们对于那时代,也就不会知晓得那样亲切了。因此,恐怕天地间也应该有这么一类人生存着并且吟哦着,即使白吃白喝也罢。那时代的真野夫,若茶饭有余,恐怕也不吝于供给这些假野夫,因为他们毕竟比他们所逃脱的"士大夫"队中人值得供给得多。那么,今人也不必太不宽容,硬要让这类人容于古而不容于今,还是平静一下胸臆,到北里村神游一番——去体味假野夫的独到意趣也罢,去考察真野夫的日常劳作也罢。

(沈维藩)

对　酒　　　　倪　瓒

题诗石壁上,把酒长松间。
远水白云度,晴天孤鹤还。
虚亭映苔竹,聊此息跻攀。
坐久日已夕,春鸟声关关。

倪瓒的诗,论者评之曰:"一洗元人之秾丽,得陶、柳之恬淡。"(《元诗选》)后一句倒还罢了,前一句则恐怕有点不确。一则,"纤秾""绮丽"都在二十四诗品之列,似不在必洗之列;二则,倪瓒虽有洁癖,勤于洗涤,但他只是洗洗身边的衣巾及树木之类而已,决不会去洗那洗之不尽的元人之风,因为,他既是个与世无争的人,也是个悠闲懒散惯了的人,做不动这种费煞精神、伤筋动骨的事。

看看这首《对酒》吧,他是何等的悠闲、何等的懒散。"题诗石壁上,把酒长松间。"携着分量重不到哪去的笔砚、酒壶,踱到一个大约也高不到哪去的小丘冈的半腰,停下来,在石壁上题几句诗纪行,算是作了交待,对得起这次出游了。然后,大半是因为走得累了,小半是因为受不住春日阳光的热烈,便赶紧躲到长松下,在树荫里歇着,自饮自酌起来了。"远水白云度,晴天孤鹤还。"几杯下去,乏也消了,精力也恢复了,于是走出松荫,要放开眼量望望、松散一下心神了。朝远处看,是静静的一带江水;朝高处看,是青青的万里晴空。感受到了大自然的空阔,也就发觉了自身的渺微。看了一会儿,等到望见白云徐徐地渡过水面、孤鹤悠悠地还翔于空中,在这一时刻,他大概也有点翩翩翱翔的想往了吧?

不过,光走走也觉得疲乏的他,当然也懒得当真去翱翔了;何况,自己的志操,假如能及得白云的高洁、孤鹤的清介,那么,自己的心神,也就已经寄托在云鹤身上飞升了。"虚亭映苔竹,聊此息跻攀。"至于无足轻重、又实在疏懒无力的皮囊呢,就让它聊且留在山间的空亭上,与亭中被日光映照着的青苔和竹子为伴吧;还费什么力去登攀呢?息了这个念头吧。反正这是一程小小的游历,既已收到净化心灵的效果,更复何求?"坐久日已夕,春鸟声关关。"于是,他就放纵心神去遨游太虚了,被遗忘的躯壳只能一直兀坐亭中,直到夕阳西下,暮归春鸟的关关嘤嘤之声遍满了松间……

看来,本文开头一段,也是不确的。诗人常"洗"勤"洗"的,不仅是衣巾、树木,更有自己的心灵,勤勉得可真是"时时勤拂拭,莫使有尘埃"。至于"洗秾丽",则是没有的事,因为秾丽于他是"明镜亦无台",又"何处有尘埃"? (沈维藩)

绝　　句　　　　　　　　倪瓒

> 松陵第四桥前水,风急犹须贮一瓢。
> 敲火煮茶歌《白苎》,怒涛翻雪小停桡。

《清河书画舫》著录倪瓒手迹,该绝句前有小序:"正月十四,舟过吴江第四桥,大风浪中贮水一瓢而去,乃赋小诗云。"可知小诗的缘起。松陵,吴江(今属江苏)的古称。第四桥,即甘泉桥,在吴江城外吴淞江水道上。《乾隆苏州府志》:"甘泉桥一名第四桥,以泉品居第四也。"吴淞江水品在唐人《煎茶水记》中排名第六,于陆羽《品水》中更是屈居第十六位。但姜夔《点绛唇》词即有"第四桥边,拟共天随(陆龟蒙)住"之句,可见第四桥得名颇早。尤其是桥边的水域人称"甘泉",相传河底有甘泉涌出,甘冽醇美,为吴淞水之精华。这正是诗人"风急犹须贮一瓢"的原故。

三、四句从语序上说,本当是"怒涛翻雪小停桡,敲火煮茶歌《白苎》"。这里将后句置前,显示了贮得一瓢后急不可待的兴奋心情。诗人当场敲石取火煮茶品饮,一边放歌江南家乡小曲的风流情态,宛然在目。而将"怒涛"句后置于补充说明的地位,又隐含着诗人豪兴酣放,置风波于度外的意味。这一联的倒装,更使全诗的文气开合变化,疾徐有致。从"桥前水",到"风急",到"怒涛翻雪",一步步渲染出"舟过吴江第四桥"的惊心动魄的背景;同舟中人的从容自得,恰成为鲜明的对映。

汲江煮茶,历来为文人视作韵事。苏轼《汲江水煎茶》有句云:"活水还须活火烹,自临钓石汲深清。大瓢贮月归春瓮,小杓分江入夜铛。"杨万里《舟泊吴江》云:"江湖便是老生涯,佳处何妨且泊家。自汲淞江桥下水,垂虹亭上试新茶。"倪瓒在第四桥前的雅举与诗兴,多少受之影响。不同之处,一是临处"风急"、"怒涛翻雪"的特定环境,自汲的条件更为惊险;二是史载倪氏于至正初战乱发生前即散弃资产,浮家泛宅,"往来湖、泖间",可知此诗实为放浪江湖之作,其逸情高致如斯,更属难得。也正因为这样的缘故,这首小诗从肺腑间流出,顾盼自雄,洋溢着豪俊旷放之气,既秉诗情画意,又可兼见作者的人品。

(史良昭)

荒　村　　　　　　倪　瓒

> 踽踽荒村客,悠悠远道情。
> 竹梧秋雨碧,荷芰晚波明。
> 穴鼠能人拱,池鹅类鹤鸣。
> 萧条阮遥集,几屐了余生。

秋雨绵绵的愁人季节,暮色将临的无奈时分,荒凉无人的偏僻村子——这三者一齐聚到诗人笔下,通常,总是要被调出一股灰色来的。不过,若换了诗人兼画家的笔,那结果又该如何呢?

"踽踽荒村客,悠悠远道情。"踽踽,是独自行走、举步迟疑的样子,这正是诗作者、诗人兼画家倪云林的此刻形象。孤零零一个人,走得又艰难,前途又悠悠不知何极,经过这荒村野店,就算有一肚子不快,也不算稀奇吧?

更何况是雨中行,更何况是近黄昏,发牢骚了吧?可是,奇怪!"竹梧秋雨碧,荷芰晚波明。"他在"荒村"里注意到的却是:青青翠竹,绿叶梧桐,在雨中一碧如洗,晶莹闪亮;小池上荷花艳红,菱叶鲜嫩,在傍晚水波的粼粼光耀下,都明丽异常。"荒村"的色调,在他笔下是耀眼的"碧"与"明"!

是画家对色彩的敏感,使他偶尔间忘却了雨水的滞重、日暮途远的怅惘么?可也不像。"穴鼠能人拱,池鹅类鹤鸣。"看他观察、谛听得有多仔细:那土穴里的老鼠们窜来窜去腻了,也会翻个花样,直立起来学人打拱作揖;池里的鹅叫得有些异样,认真想一想明白了,因为"荒村"太空旷了,所以鹅声也像是"鹤鸣于九皋,声闻在天"(《诗经·小雅·鹤鸣》句)。看,他可不觉得"荒村"荒什么,非但色调明快,还有憨态可掬的鼠、引颈高歌的鹅,足可以与人同乐呢!

想不通?搞不懂他是什么心情,这样来妆点这"荒村"?他这就回答你。"萧条阮遥集,几屐了余生?"阮遥集就是东晋人阮孚,《世说新语》上讲他平生最爱修制木屐,一面还叹息着:"不知道这一生要穿掉多少双木屐。"叹息时,"神气闲畅",见者敬服。借这个不算陌生的故事,倪云林告诉我们:他就是阮遥集转世,生平只爱履屐漫游,虽然踽踽独行,不免"萧条",但这却无害于他的"闲畅"——心境明畅,犹如竹梧之碧、荷芰之明;满怀闲情,故能察及鼠趣、辨别鹅声。

看来,诗人而兼画家者,到底有些不寻常,一座"荒村"经了他的点染,也换了精神。不过，这与其归功于他的笔，还不如归功于他的襟怀，那与简淡画风一脉相通的恬淡襟怀。

（沈维藩）

烟雨中过石湖三绝　　　　　　　　倪　瓒

烟雨山前度石湖，一奁秋影玉平铺。
何须更剪松江水，好染空青画作图。

姑苏城外短长桥，烟雨空濛又晚潮。
载酒曾经此行乐，醉乘江月卧吹箫。

愁不能醒已白头，沧江波上狎轻鸥。
鸥情与老初无染，一叶轻驱总是愁。

　　这是倪瓒晚年所赋的一组写景抒情小诗。石湖位于姑苏城外，山水映带，风景绝胜，当时一些墨客骚人颇好于此诗酒酬唱，流连光景。但倪瓒晚年正逢元季战乱，四处飘泊，无以为家，虽不免于对石湖大好河山的赞美，更有诸多怀旧和感伤之情。

　　倪瓒此行正逢秋日，烟雨迷濛，笼罩四野，山啊、水啊、天啊，一派浑沌。这种含蓄、虚幻的境界，恰是水墨画最适宜的表现对象，故作者首先陶醉于此，第一首就写他初临此境时的感受。舟行湖上，波澜不起，水面平静如玉，透过濛濛雨雾，岸上的秋景在水中若隐若现。诗人将石湖比作妇女的梳妆盒，眼前的一切均是盒中之物，足见他对美景的珍惜之情。继而作者又萌生了将这一切搬上画幅的念头，他要用那湖水所呈现的、天空般透明可爱的青色，去尽情描绘眼前之景和胸中之图。结尾二句，化用杜甫《戏题山水图歌》"焉得并州快剪刀，剪取吴松半江水"句，言眼前这绝妙景色，正可直接入画。

　　第二首绝句的前半部分写眼前之景，后两句追忆往事。姑苏城外的江面上，晚潮初涌，烟雨依旧。穿行于大小桥洞之间，目睹岸上物换景移，诗人突然产生了深深的失落感。回首当年，与一批意气相投的朋友结伴舟游，载酒觞咏，兴来之时，坦腹吹箫，……转眼青首已成白头，这一切早已悄悄逝去，但是，它们又总是不由自主地要跃入脑海之中。如果说，在第一首诗中，作者曾有意忘情于湖中之景，而在第二首诗中，诗人已无心陶醉于昔日之欢的追忆。重温旧事只能平添几多新愁。于是，作者又有了第三首赋"愁"之诗。

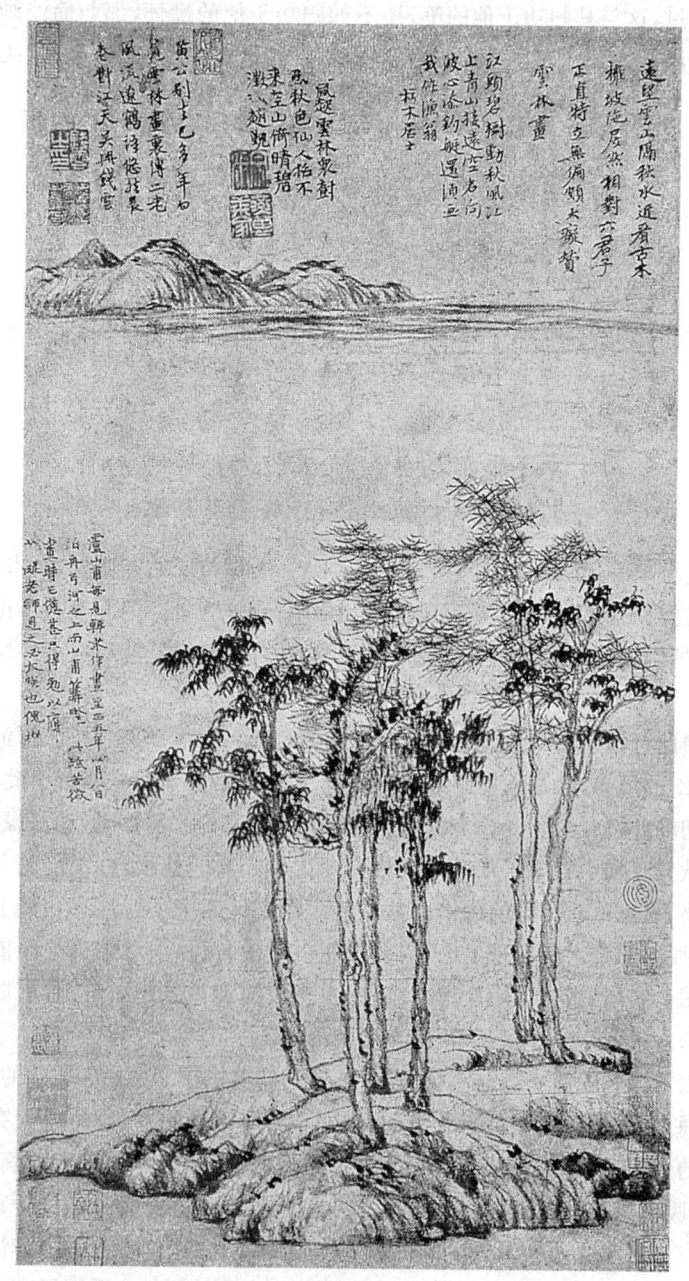

六君子图　　［元］倪　瓒

"愁不能醒"二句,概括总结了诗人近年的心绪和经历。元至正十四年(1354),其妻蒋氏皈依佛门。次年,诗人于飘泊中赋有"旅泊无成还自笑,吾生如寄欲何归?美人竟与春鸿远,短发忽如霜草稀"这样凄怆的诗句,慨叹学无所成,妻离家散,欲归不能,无可奈何。其年诗人五十岁。此后张士诚兵进姑苏,诗人四处飘零避乱,备尝艰辛,始有今日白首愁肠,沧江狎鸥之叹。栖居小舟,寂寞难耐,只能与江鸥为盟。然而,鸥鸟翻飞自在,似乎并不能为白头老人解脱愁情,于是,诗人只好轻舟一叶,满怀愁绪,飘行在茫茫江面之上。本诗用字较为精巧,起首二句尤其出色。全诗首尾联结于两个"愁"字,突出主题;中间两个"鸥"字承上启下,用以贯通,读来颇为上口。

三绝各写一景,各述一事,若纵向统而观之,又脉络清晰,连成一体。第一首写诗人的直觉,沉醉于湖光山色,作者暂时忘却了自己沦落异乡的境遇。次首转而怀旧,有风光依然秀美,人事已然全非之叹。第三首进而伤今,给人"只恐双溪舴艋舟,载不动许多愁"(李清照《武陵春》)的伤感。三诗如此层层递进,生动表现了作者身处乱世的思想感情。

(孙小力)

题郑所南兰 倪瓒

秋风兰蕙化为茅,南国凄凉气已消。
只有所南心不改,泪泉和墨写《离骚》。

郑所南即郑思肖,是宋末著名的爱国志士,工于画兰。《宋遗民录》:"所南字忆翁,初名某,宋亡乃改名思肖,即思赵。'忆翁'与'所南'皆寓意也。""画兰不画土,人询之,则曰:'地为番人夺去,汝不知耶?'"他曾在一幅兰画上题道:"纯是君子,绝无小人。空山之中,以天为春。"画兰寄托了他的精神和情操。面对所南珍贵的遗墨,我们可以想见倪瓒不平静的心绪。

首句中的"兰蕙化为茅",取《楚辞·离骚》"兰芷变而不芳兮,荃蕙化而为茅"意,这里喻指南宋末季一班士大夫的变节。"秋风"肃杀,不言而明是借喻新朝统治者的摧残。次句加写,"南国"关合南宋,气是气运、王气,全句是说宋社已屋,只留下满目凄凉。"南国"本身又是兰草的托根之地,皮之不存,毛将焉附,所以本句也是郑所南"地为番人夺去"愤语的写照。天地间的兰蕙,或在秋风的淫威下失节而为贱草,不甘堕落的又失去了生存的故土,这就是一、二两句所展示的沉重的现实。

在这种沉抑的铺垫下,三、四句的振笔就特别震撼心扉。"只有所南心不改",一个"只"字,吐出了诗人心头的郁塞,也集中了他对画家的崇敬。诗人将眼前的画兰视作所南的心迹,这个"只"字又含有吉光片羽、天地独存的赞赏意味。下句中,"泪泉"、"和墨",令人生发画面上水墨溦染的联想,而精华则在"写《离骚》"三字上。它借爱国主义诗人屈原忧念故国、不甘同流合污的不朽诗篇来指代所南的画作,将"郑所南兰"的内容、精神、画品以至画家的人品悉数包容,无须更用赘墨而已可——尽见风采。全诗所用的象征手法及结句的神来之笔,令人击节;而倪瓒能从画面上看出"泪泉",看出"心不改",也可见出他与前贤在精神上的交通,足称郑所南画作的千古知音。

(史良昭)

【诗人小传】

傅若金

(1304—1343) 初字汝砺,后改与砺,新喻(今江西新余)人。家贫力学,以布衣至京师,词章传诵,诗名大振。为虞集、揭傒斯称赏,以异才荐,佐使安南,归除广州文学教授。其诗古、近体皆长,歌行格调苍莽、律诗激昂慷慨,胡应麟《诗薮》云其五律雄浑悲壮,有"老杜遗风"。著有《傅与砺诗文集》。

登 岳

傅若金

万壑千峰次第开,祝融最上气崔嵬。
九江水尽荆扬去,百粤山连翼轸来。
入树恐侵玄帝宅,牵萝思上赤灵台。
明年更拟寻春兴,应及潇湘雁北回。

元顺帝元统二年(1343)七月,傅若金出京佐使安南(今广西东南一带),本诗为途经湘中登览南岳衡山时所作。

诗人登上的是南岳主峰之一的祝融峰。《名胜志》:"衡山七十二峰,祝融最高。"《树萱录》:"南岳诸峰,皆朝于祝融。"首联二句,正展示了这样的情景。"万壑千峰次第开",既衬出了祝融峰的迥拔卓异,又隐然表现了此行登岳的历程。

颔联写登高后的远眺。"九江"指湖南境内的沅、渐、元、辰、溆、酉、澧、资、湘九水,它们流入洞庭后汇于长江,奔腾于古代九州的荆、扬地面,这里是说南岳横空出世,从山上可一直望见九江的尽头。"百粤"本为两粤、湘南、闽、浙南等南方越族聚居地区的统称,后常特指五岭。南岳位于古荆州的南缘,正临翼星、轸星分野的界中,所谓"宿当翼轸,度应玑衡,故曰衡山"(《寰宇记》),这里是说它上耸星汉,以至于同南方五岭遥遥连成一片。两句极力铺扬了祝融峰的"气崔嵬"。这种张大形势的写法,是元人摹唐的常用手段。而联中的"去"、"来"二字,恰与作者使行的方向相反,又隐隐可见诗人在顾后瞻前时的苍茫心绪。

颈联由远及近,由大局转入细部。"玄帝"指玄天上帝,为道家的神祇,衡山上颇多道教的遗迹。"赤灵台",是岳顶祭祀炎帝神农及赤帝祝融的所在。"入树"显示山上林木的茂密,"牵萝"极言岭间行径的险僻,于景物的奇丽深邃中,又表现出了南岳浓重的宗教色彩与特有的神秘魅力。

衡山有回雁峰,相传北雁至此不再向南;明年阳春,群雁又结伴飞回。然而作者却将继续南行,次年春天,能不能回到此处赶上回雁的脚步呢?——诗人集中另有一首《回雁峰》:"江上青峰宿雨开,江头归使日南来。登高欲访平安字,二月衡阳雁已回。"由此看来,他"应及潇湘雁北回"的设想是落了空的。本诗的尾联,前句以明春的再约总结了"登岳"的情兴,后句却以"雁北回"的一笔隐点出前途的疑虑和深藏的乡思,融景入情。明人胡应麟极为推崇本诗,许为元人七律"全篇整丽,首尾匀和"的代表作,可见他对这一蕴藉的结尾也是十分欣赏的。

(史良昭)

悼 亡 四 首　　　　傅若金

惊飙吹罗幕,明月照阶陀。春草忽不芳,秋兰亦同死。斯人蕴淑德,夙昔明诗礼。灵质奄独化,孤魂将安止。迢迢湘西山,湛湛江中水。水深有时极,山高有时已。忧思何能齐,日月从此始。

皇天平四时,白日一何遽。勤俭毕婚姻,新人忽复故。衾裳敛遗袭,棺椁无完具。送葬出北门,徘徊怛归路。玉颜不可恃,况乃纨与素。累累花下坟,郁郁茔西树。他人亮同此,胡为独哀慕。

新婚誓偕老,恩义永且深。旦暮为夫妇,哀戚奄相寻。凉月烛西楼,悲风鸣北林。空帏奠巾栉,中房虚织纴。辞章余婉姿，琴瑟有余音。睠言瞻故物，恻怆内不任。岂无新人好，焉知谐我心。掩穴抚长慕，涕下霑衣襟。

人生贵有别，室家各有宜。贫贱远结婚，中心两不移。前日良宴会，今为死别离。亲戚各在前，临诀不成辞。傍人拭我泪，令我要裁悲。共尽固人理，谁能心勿思。

这一组诗，是傅若金为悼念亡妻孙蕙兰而作的。若金二十五岁丧妻，其时蕙兰年龄多少虽不可知，但她是二十三岁嫁给若金的，因此，假定二人同年，他们的婚姻生活也只持续了两年；而且，这还只是假设而已，从本诗和若金《百日》诗的"新婚未及几，杳杳遽何之"二句看，他们婚后的日子其实更短，大约是才尝新婚之乐，便生长诀之悲。所幸的是，若金是时还正年轻，前途也颇有希望，所以这次不幸打击，毕竟不像"中年丧妻"那样给他的精神以致命的摧折，后来他又娶了一位也是姓孙的夫人，并奉使安南，立名异邦，最后归授广州文学教授。总之，青年丧妻，无动于衷固不可能，感到天崩地坼、因而呼天抢地、痛不欲生，这也只能是极少数情痴之所为；普通的人，通常在震惊痛定之余，总还要想想将来，一面抚着内心的创伤之痕，一面又追求内心的新的平衡，以便在生活道路上继续稳实地走下去。这是人之常情，而非人之薄情，若金这一组诗，其价值便在于真实地、朴实地、了无虚饰地记载了自己的丧妻所感，写出了虽无大波大澜却滋味醇厚的人之常情。

诗的开头，情绪便是不甚激烈的，那已经不是爱妻初逝时的摧伤，而是亡者已然落葬后的追思了。如果说，惊风吹动着空荡荡的帘幕，还给人带来一点激荡感的话，那么，惨淡如水的月光照射在阶甋（音 shì，堂前阶石的两端）上，这无疑道出了诗人的此刻心境，也像这月色一样迷茫。站在飘动的罗幕前、冰冷的阶石上，飙风吹得他身上发冷，月光渗到他心里变得冰凉，他那哀伤的思绪，怎么还会转动得飞快呢？只能努力不使头脑木然，慢慢地、依次地写下内心的所感。第一个感受，就是她去得那么快，叫我今后怎么办？就像春草刚刚失去芬芳，秋兰已经随之萎死一样，那位品德贤淑、自幼明诗达礼的人儿，刚还过门不久，她那灵慧的姿质，就奄然（忽然）抛下我独自化为异物了，这叫人如何能相信是事实呢？况且，她那孤零的魂魄这么快就飞离了躯壳，一时只怕找不到止宿之处，她将飘去哪儿呢？也令人担忧不已。孙蕙兰的灵柩，一开始是权厝在湖南的，从若金以后的诗文看，他大概不曾迁移过她的灵柩。所以，蕙兰将长眠在湘江之滨，她的灵魂,大约也在迢迢的湘西群山和深湛的湘江之水上徘徊吧?要是这样,她的灵魂该徘徊多久呢?我对她的忧思何时才能平息呢?不知道,我也说不出。反正,水深山高都还有个极点,我的思念却不知伊于胡底,只有一点是可以确定的:从她逝去这一刻起,我就开始进入了忧伤的岁月。"日月从此始",这一句与其他各句一样,都写得非常平朴,但其中却蕴着其他各句所没有的深沉巨痛——一个亲人的死,对于生者来说,就是一生中真正悲哀的始端,这种悲哀是只知"始"而不知其"终"的。

有时候,人把巨大的痛苦说出,便似乎卸却了痛苦,心神可以暂获轻松了。这组诗分为四首,每首之间都有这样的关系。经过了第一首的宣泄,沉重的打击似乎承受了、也挺过去了,诗人开始走出迷茫的状态,不再沉浸在那种浑沌的氛围中,他的头脑开始明晰起来,又回到了现实。首先映入脑海的,便是那最令人悲摧肝肠的大敛和落葬了。诗人不能不长叹,老天本来是非常讲规矩的,他平分了四时,让众生有条不紊地生活;可是,对我来说,这日子却过得太快了:刚刚辛辛苦苦、克勤克俭办完了婚事,那崭新的人儿忽而就作了故人。他既不曾做任何身后事的准备,也因为"勤俭"之故,不能为她在仓促中举办体面的葬礼。将就着用现成的衾被衣服、用不甚完整的棺椁(外棺),盛殓了她的遗体(袭,给死者加穿衣服),然后,就这样匆匆地把她送出了北门,安葬进了墓道。走在归路上,想着她去得又快、丧事办得又不能体现自己的情意,诗人怎能不徘徊留连,内心怛伤呢?算了吧,还是不去多想这些琐节了吧:人死了,连生前的玉颜,都保不住要化为陈朽,何况那些身上的纨素(白色细绢),更不会存留得长久,装殓丰一些也罢,简一些也罢,结局总归一样。反正,那累累不绝的坟墓,还是坐落在花下,总能令自己想起她的青春花容;那坟西郁郁苍苍、永不变色的松柏,总能代替自己永远守着她:这,毕竟还是聊可安慰的。他人想必也是这样的心思,我也不是超凡入圣的人,又何必独自苦苦哀伤、恋慕不已呢?回过头去吧,回家去吧。

第三首已是到了家中。上首宣泄了墓地上最惨痛一刻的所感,诗人又挺过来了,又好像轻松了一点,现在,他不再怕目睹那些触目惊心的遗物了,他知道自己可以承受这心灵的重压了——而且,只有先承受,然后才能慢慢卸脱。当然,回家之初,他还不免重复感慨,新婚之时,他俩相誓白头偕老、恩义深长,谁知刚为夫妇,哀戚就忽然来临了;不过,这一番感慨,已经不像前面那么浓烈了。凉月还是烛照着,不过他已经不再站在阶阤前茫然而望,而是在西楼上细看遗物了;悲风仍在鸣叫着,但已经不再直吹罗幕,而是吹到了林子里,风大了,也把悲哀吹化了。遗物自然还是不能不令他感伤的:空荡荡的帷帐内,还放着(奠,安置)作为妻子的象征的手巾和木梳;正中的房间里,她常用的织机如今空虚其位了;蕙兰是能诗的,她写下的辞章手迹,还余留着缠绵的深致;她又是能琴的,如今这壁上挂着的琴瑟,仿佛还能传出不久前他们"琴瑟友之"的余音。他又不忍多看了,虽说知道自己承受得住,毕竟还是慢慢来的好。可走出去,又不禁要回头(睠,反顾)看看这些"故物",虽然它们必定会使他内心恻怆(悲伤)、不胜其哀(不任,即不胜)。千载以前,西晋的潘岳在他的《悼亡诗》里,曾留下"望庐思其人,入室想所历。帏屏无髣髴,翰墨有余迹。流芳未及歇,遗挂犹在壁"的千古名句,第三首中的"空帷"以下各句,意境仿佛似之,可谓千古同慨。不过,潘岳只希望自己的哀伤"庶几有时衰,庄缶犹可击";诗人呢,想得更透彻了,在为旧人伤尽了心后,已经想到再娶新人了,当然,只是一闪念而已,他想的不过是:再娶一个姣好的新人,当非难事;但新人能否像旧人那么知心,他可不能保证了。于是,在不可知的新人来到之前,他的心仍然系在旧人处;他又来到了妻子的墓前,抚着坟头,直守到天暮,他那前一阵因为震惊而不曾畅流的眼泪,如今终于汩汩而出,霑遍了衣襟。

　　泪水痛快地流过了,内心的痛苦又宣泄了不少,自己为亡妻已经尽到了心了,在第四首里,他终于要想到"裁悲"了——而且,与前三首相比,篇幅也"裁"短了四分之一。当然,一开头他仍要念叨一遍:人生本该是"宜其室家"的,我和她初为贫贱夫妇时,两人也发誓要不移初心,始终共守;可谁知前天还在言笑晏晏,转眼就成了生离死别。他又想到落葬那天,他和她诀别之际,泣不成辞;旁边的亲戚们,为他拭去了泪水,劝他要节哀"裁悲",珍重自己。他们都是过来之人了,说的都是为自己好,当然该听,诗人也准备接受了——"裁悲"才是出路,舍此别无他途。可是,"共尽固人理,谁能心勿思"——做夫妇的道理,自然要一夜夫妻百年恩,生则同衾,死则同穴,是谓"共尽"之理;如今她先我而去,"悲"固然要"裁","思"却谁能遏止呢? 诗人自然还要再娶、还要生活、还要与新人"谐心",但无论如何,对旧人的怀思,是决不会为此而中衰的。

　　四首诗,就像四段次序井然的乐章,从总体的悲哀起,经过临诀的追述、睹物的追忆,到想及未来,缓缓地奏过去了。诗的语调,始终是平稳的、节制的,正如元人陶宗仪所谓的"哀而不伤,得性情之正"(《辍耕录》),这是最符合儒家传统的、作为普通受传统教育的士人最典型的悼亡态度。这与其说是一种缠绵悱恻的哀伤,不如说是一种投注了感情、却不失理智的悼念。诗人放任自己去悲哀,因为他清楚自己的修养终会控制住自己不致哀伤灭性;诗人也清楚自己还要再娶,不可能永远厮守坟头,所以他不能不预为尽哀——为亡妻尽到责任,然后才能无憾地走上新的生活道路。他如实地写下了自己的心迹,不痴情,也不矫情,真切、平和,自然可信,也自然动人。

这首诗的措辞,不少袭自汉魏古诗,如"况乃纨与素"、"贫贱远结婚"、"前日良宴会",就取自《古诗十九首》的"被服纨与素"、"千里远结婚"、"今日良宴会",如"湛湛江中水",就取自阮籍《咏怀》的"湛湛长江水"。不论诗人是否有意如此,这些古质斑斓的措辞,都可以令人联想到汉魏古诗咏叹人生时的感伤情调,也给本诗增添了淳古的气息。

(沈维藩)

【诗人小传】

萨都剌

(约1300—?) 字天锡,号直斋,先世为西域回回族(答失蛮氏)人,因祖父留镇云、代,遂居雁门(今山西代县),故为雁门人。元泰定四年(1327)进士,官至燕南河北道肃政廉访司经历。晚年寓武林,常游历山水,后入方国珍幕府,卒。其诗多写自然景物,风格雄浑清雅,兼阴柔和阳刚之美。《元诗选》编者顾嗣立誉其诗为"于虞、杨、范、揭(元四大诗人)之外,别开生面"者。亦工词。《念奴娇·登石头城》、《满江红·金陵怀古》等皆有名。有《雁门集》。

燕 姬 曲

萨都剌

燕京女儿十六七,颜如花红眼如漆。兰香满路马尘飞,翠袖短鞭娇欲滴。春风澹荡摇春心,银筝华烛高堂深。绣衾不暖锦鸳梦,紫帘垂雾天沉沉。芳年谁惜去如水,春困着人倦梳洗。夜来小雨润天街,满院杨花飞不起。

"燕赵多佳人,美者颜如玉。"这首七言乐府,就是对燕京(今北京市)地方一名年青女子的精心写照。

全诗分为三层。前四句为一层,先从女主人公的一次出游中,绘出了她外貌的姣美。这位燕京女儿正当二八芳华,颜若春花,目如点漆,装束鲜明地骑在马上,虽是驰逐而过,却一路留下了芬芳的气息和娇柔的风韵。寥寥数笔,动静相间,使读者同路上行人一样,对她的艳丽留下了难以磨灭的印象,收到了先声夺人的效果。"春风"以下四句为第二层。"春风澹荡",是实景的赋写,又兼有"兴"

的意味:从春风的晃漾,领起了女主人公春心的摇荡,引导着读者去继续追踪她生活的深层的轨迹。诗人笔锋一转,由白日转入黑夜,由女主人公在公开场合下的露面,转入了她高堂深居之内的一人世界。"银筝华烛",同唐诗"银筝夜久殷勤弄,心怯空房不忍归"(王涯《清夜曲》)的意境同出一辙;而"绣衾"二句,更是显豁地透露出这位燕京女子在爱情生活上的失意,她形单影只,只能寂寞地垂着衾帐捱守长宵。"紫帘垂雾天沉沉",造出了漫漫长夜的一种冷寂、朦胧的氛围,映合着女主人公悲凉惝恍的心境,又为下文的进一步展开宕出了地步。末四句为第三层,描写的是次日晨起的情景。芳年难驻,青春不永,可谁是怜香惜玉的知音?女主人公在无尽的怨哀中终于捱来了新的一天,然而春困着人,依然是慵懒病恹,无心梳洗。门外,"天街小雨润如酥"(韩愈《早春呈水部张十八员外》句),仍是春日风光,但夜来的春雨却使院内的杨花狼藉困顿,委地不起。这"飞不起"的杨花,象征着女主人公绝望的心绪,所谓"春心已作沾泥絮",与上文"摇春心"形成了强烈的反差;它同时又象征着燕京女儿未来的命运。与"芳年谁惜去如水"句对读,使人不能不感到一种深沉的怅惘与悲哀。

这首作品蕴藉婉丽,融情入景。它运用富于色彩和表现力的语言,以及暗示、象征的手法,由燕京女儿的外部肖像,不露痕迹地渡入了人物的内部生活与内心世界,一直深入到封建女子命运悲剧的核心。诗中女主人公的身份,昔人或有妓女的说法;但萨都剌在《鬻女谣》中,曾有"平生睥睨纨袴习,不入歌舞春风乡"的自白,对狎妓素无兴趣,从本篇的意象来考察,描写的对象也显非青楼中人。诗人另有《京城春日》:"燕姬白马青丝缰,短鞭窄袖银镫光。御沟饮马重回首,贪看杨花飞过墙。"又《京城春暮》:"三月京城飞柳花,燕姬白马小红车。"与《燕姬曲》的部分描写有近似之处。从诗人对游春燕姬的特殊印象推断,本篇极有可能作于泰定四年(1327)萨氏中举初次入京之时。诗中虽未明言燕京女儿究竟是待字思嫁抑或是独守空房,但诗人凭着丰富的社会阅历,生动形象地绘现了元代妇女个人生活情状的某种侧面,表现了她们失去自行驾驭爱情命运权利的苦闷,因而使作品带上了较高的典型性和艺术感染性。

(史良昭)

芙 蓉 曲 萨都剌

秋江渺渺芙蓉芳,秋江女儿将断肠。绛袍春浅护云暖,翠袖日暮迎风凉。鲤鱼吹浪江波白,霜落洞庭飞木叶。荡舟何处采莲人,爱惜芙蓉好颜色。

元代诗人虞集曾说萨都剌的诗"最长于情,流丽清婉",这首七言古诗恰恰体现了他的这种典型风格。

诗开始即以明快的乐府民歌格调,描画出一幅秋江芙蓉图:那渺渺茫茫的水波中,艳丽的荷花正展姿舒香,袅袅婷婷;而秋江中的少女却因此心事重重,愁绪难解。诗人在此以秋江为媒介,将盛放的芙蓉与"将断肠"的女儿对举,给人以一种意象的重叠和诗情的悬念:扬芬吐芳的芙蓉正如女儿绚烂的年华,可她为什么要忧心忡忡、寸肠欲断呢?接下去二句并不就此直接说出其中的原因,而是拓开一笔,写秋江女儿与秋江芙蓉从春至秋、由日而暮的朝夕相伴,形影不离。绛袍、翠袖当指女儿的装束;"护云暖"与"迎风凉"互对,然前句虚拟,"云"似指春季覆盖于江面的荷叶(如晋郭璞《芙蓉赞》"泛叶云布"),与后句中"风"字的实指有别。一虚一实,很好地烘托出女儿对芙蓉的关心和照料。后句似化用杜甫《佳人》诗意而用之。正因为如此,铺锦于秋江上的艳荷才使她情思无限,放心不下。

五、六两句折回写眼前秋江上见到的情景。鱼戏荷叶,波光粼粼,原是屡见于自然与诗作的情形,然而时当秋深风起,鱼肥浪大,霜落洞庭,木叶凋零,这就更使秋江女儿为亭亭玉立于江波中的芙蓉担心。因为前人已有"鱼惊畏莲折"(梁朱超《咏同心芙蓉》)的咏叹,而现在则是"鲤鱼吹浪"、江波翻白、"袅袅兮秋风,洞庭波兮木叶下"(屈原《九歌·湘夫人》),这又怎么不使娇艳的芙蓉面临摧折的威胁呢!这二句表面写景,实际却蕴含着秋江女儿对秋江芙蓉的深深情意。末二句借采莲人面对云锦般的荷花不知从何荡舟,再次结出秋江女儿爱花惜花的一片苦心。李白《渌水曲》云:"荷花娇欲语,愁杀荡舟人",即为此所本。芙蓉颜色正好,使采莲的荡舟人也觉得无法行动,因为"棹动芙蓉落"(梁简文帝《采莲曲》),那将是多么可悲可叹的事啊!诗至此,已将入篇所设悬念的答案娓娓道出,原来芙蓉的盛开之时,正是她的凋落之始,难怪秋江女儿要为之"断肠"了。

全诗以景语写情,语言流丽,风格清婉,善于借鉴化用前人的名句,组成优美的意境。诗人不正面描写荷花的色香,也不直接抒写女儿的断肠之情,但荷花的可爱可惜、女儿之情的可哀可叹,却如绕梁余韵,曲终不散。

由于诗中的秋江芙蓉与秋江女儿有一种意象的重叠,芙蓉又有出污泥而不染的高洁,前人因有诗人以秋江女儿绝世艳丽而未逢知音自况和状写某人某种境遇等说法。然而对于今天的大多数读者来说,更重要的也许是欣赏它所直接呈现的意境和体现的艺术技巧。

(祝 道)

送䜣上人笑隐住龙翔寺　　萨都剌

江南隐者人不识，一日声名动九重。
地湿厌看天竺雨，月明来听景阳钟。
衲衣香暖留春麝，石钵云寒卧夜龙。
何日相从陪杖屦，秋风江上采芙蓉。

本诗的题目，一作"寄贺天竺长老䜣笑隐召住大龙翔集庆寺"。䜣（xīn）上人，即僧大䜣，南昌人，俗姓陈氏，自号笑隐。他出家在杭州，住中天竺寺，元文宗即位后，改其在集庆（今江苏南京）的"潜邸"（即位前的住邸）为龙翔集庆寺，大䜣因素受文宗知遇，故被命主持寺事，并授太中大夫衔。是时，萨都剌在江南做官，因作本诗贺之。

这是一首普通的应酬之作，并无深意，但尽管如此，诗中立意的巧妙和措辞的得体，还是值得把玩的。首联中，不称䜣上人为"高僧"之类，而称为"隐者"，固然是因其有"笑隐"之号，但更重要的是，由此可见䜣上人乃襟怀恬淡、志在隐栖的僧人，然则他所以能从"人不识"到一朝之间"声名动九重"（九重，原指宫廷之深，此指君主），完全是因为他行有素修，而决非来自求名干誉。若是常人作贺诗，恐怕都会着眼于䜣上人的邀天宠、获美职，而诗人却看准了这位"隐者"既然不为"人不识"而愠，也就必不为"动九重"而喜。这么写，非但体现了诗人的识见超群，也显出了上人的身份。如此，诗的后六句，才有了一个坚实的基础。

"地湿厌看天竺雨"，中天竺在杭州西湖外的山中，其地湿润雨多，足可令这位"隐者"静静地细看。看雨，这本身就是非清心寡欲、土木形骸者不能为之的事；至于看厌了雨，则更可知"隐者"的明镜心台，已经被拂拭得何等干净了。那么，现在他离开了僻静深寂的天竺，来到金陵城中的龙翔寺，他的素修，是否将移于外物呢？否也，"月明来听景阳钟"，此寺是以王邸为前身，繁荣未易消歇，但寺中为他耳目所需的，仍不过是不费一钱的明月、发人深省的钟声，种种富丽，于他何有？听钟与看雨，其形二而其神一，他的素心，是断不会易地而异的。这两句，以两寺之差异对比出一人之故我，又顺便扣合了诗题，笔法颇为轻妙，气息也颇清新雅洁。景阳钟，是南朝齐武帝在国都金陵的宫廷中所造的大钟，因置于景阳楼而得名，借它来指出龙翔寺所在的城市和原先的身份，用典也极贴切。

颈联仍是说䜣上人的素心不改，但不似上联运用对比，手法又变。"衲衣香暖留春麝"，太中大夫在元朝是从三品大员了，但上人并不因此而绯紫其身，仍然是一领天竺时的旧衲衣,襟袖之间,还留有他与鹿麋为友时染上的麝香。"石钵云寒卧夜龙",龙翔寺尽有王邸旧物,可上人却不求钟鸣鼎食的排场,饮食仍是天竺带来的石钵,那钵中凝聚的天竺云气,足可在夜间容下一条卧龙!麝香的暖意,可能是实感;云气的寒意,则终属虚缈。所以,这二句运足想象,着力形容,其用意虽同,但表现出来,却又有虚实相映之妙。诗人才渊之深,固不可测。

因为是一首赠行诗,所以结句还要关结到诗人自己,"何日相从陪杖屦",杖屦,是对长者的敬称。诗人既如此称许上人,自不免说出来日打算追陪左右的倾慕之词,但他看重的既然是"隐士"而非"龙翔寺主持",那么,他"相从"的目的,也就决不会是叨光分禄了。"秋风江上采芙蓉",在秋风悄起的长江上,荡着扁舟,采着芙蓉;使莲花的清香,踵武于衲衣的麝香;使秋气的凉意,融汇于云气的寒意;这才是诗人的想往。他深知,上人能与他共做的事情唯此,他与上人共往的地方亦唯此。

本诗中的"厌看",本写作"厌闻",萨都剌的朋友虞集以为"闻"、"听"意义相重,故改"看"字,并举出唐人"林下老僧来看雨"之句为出处,据说,萨都剌为之"叹服"。其实,"听"、"闻"相重固然不妥,"厌看"与"厌闻"却也并非像"推""敲"那么高下易判。这些都是末节而已。把一个荣任高位的人,写成一个隐者,把一首送人前往繁华乡的诗,写得了无脂粉气;而如此写,又能使世人看来荣幸荣耀之至的被送者,将谓深得我心;这,才真是值得我们叹服的。

(沈维藩)

过　嘉　兴　　　　　萨都剌

三山^①云海几千里,十幅蒲帆挂烟水。吴中过客莫思家,江南画船如屋里。芦芽短短穿碧沙,船头鲤鱼吹浪花。吴姬荡桨入城去,细雨小寒生绿纱。我歌《水调》无人续,江上月凉吹紫竹。春风一曲鹧鸪词,花落莺啼满城绿。

〔注〕　① 三山:为福州市古称,以城中有于山、乌石山、越王山三山得名。

故宫博物院珍藏着元人萨都剌画的《严陵钓台图》和《梅雀》两幅画卷,他是诗人而兼丹青。读他的山水诗,也宛然在欣赏一幅幅传神的水墨画,如他的《过嘉兴》就是这样的佳作。

这首诗开头二句就用大笔濡染,勾勒一幅千岩万壑、云蒸霞蔚的三山云海图。在这个纵目千里的阔大画境里,一帆高悬在迷茫烟雨之中。"挂烟水"三字把行船乘风破浪之势生动地描绘出来。妙在写景而兼叙事,"三山"又代指福州城，指示船的航向，联系诗题，可知此诗是作者于元顺帝至元二年三月经嘉兴去福建任职时写的。这年年初，萨都剌离开京城大都，赴福建闽海道肃政廉访司知事任，出京后，乘坐大船，沿运河扬帆南下。头二句就是写这段客程。这两句虽然写得气象高浑，而从其"云海"、"烟水"的用语中，又不免隐隐流露出一种路遥遥莫知其涯的苍茫之感。

而当船进入嘉兴水程时，风景如画的江南水乡的非凡魅力把他征服了，原来他那淡淡的离愁，至此为兴奋的情绪所代替。北方文人对绮丽的江南风光早已心向往之，今日路过嘉兴，真是三生有幸。"吴中过客莫思家，江南画船如屋里"，写得洒脱而抒情。诗人自称"吴中过客"，还隐含着匆匆路过而不能畅游的憾恨。李白诗云："但使主人能醉客，不知何处是他乡。"萨都剌此诗云"江南画船如屋里"，表现了同样的感情。

下面四句，作者用诗人兼画家的笔触，对江南水乡风景进行细致的刻画。"芦芽短短穿碧沙"，使人想起东坡"蒌蒿满地芦芽短，正是河豚欲上时"的诗句，芦芽，春江特有之景也。"碧沙"，意味着"春风又绿江南岸"了，而芦芽穿出碧沙，使人感到春天给大自然带来的蓬蓬勃勃的生机。

"船头鲤鱼吹浪花"，也是春江特有之景。戴叔伦《兰溪棹歌》云："兰溪三日桃花雨，半夜鲤鱼来上滩。"诗人站在船头，看春水盎盎，鱼泛新水，拨鳍摆尾，啪啪蹦跳，这情景叫人多么高兴！一幅画如果只有山水草木，未免单调而少意趣，所以聪明的作者更添几笔，画出"吴姬荡桨入城去"的风情来。这既是诗人画家江行素描，又切合江南水乡特有的情境。在嘉兴这一带水网地区，出门几步就要撑船。这一句写得颇有生活气息，为全诗平添了许多诗情画意。"杏花春雨江南"，写江南春景，总离不开写雨。萨都剌这样写道："细雨小寒生绿纱"。雨是细的，寒是小的（轻寒），迷濛江面像是铺上了一层绿色的柔情脉脉的轻纱。这种景色构成了江南水乡特有的一种柔和、温馨的情调。这四句诗句句切江南，切江行，切春天，以细微的笔触展示出一幅风情旖丽的水乡春行图，富有浓厚的地方风采和抒情韵味。

夜幕降临，四周景色渐渐隐去，江上明月独照孤舟，此时诗人或许感到一点寂寞吧。"我歌《水调》"而"无人续"者，叹知音稀也。江上何处又传来洞箫之声……这使人想起东坡泛舟赤壁，"客有吹洞箫者"，"其声呜呜然，如怨如慕，如泣如诉，余音袅袅，不绝如缕，舞幽壑之潜蛟，泣孤舟之嫠妇。"洞箫声曾引起东坡多少人生感慨，此时萨都剌也有同感吧？"江上月凉吹紫竹"，更深月凉，恐怕也是箫声给人的感受。结尾"春风一曲鹧鸪词，花落莺啼满城绿"二句，在写法上类似李白"黄鹤楼上吹玉笛,江城五月落梅花"的诗句,都是写乐曲引起诗人心灵上的感受。身系孤舟的诗人,在鹧鸪词的乐曲声中,想象此时嘉兴城已是花落莺啼、满城绿荫的暮春景色。在这种联想里,似乎带有诗人对春光老去,华年流逝的伤感。而那鹧鸪词的乐曲,又仿佛使诗人感到耳边充满着鹧鸪鸟的啼叫,它那"行不得也哥哥"的叫声,仿佛在苦苦挽留行人呢!在这里,诗人不着痕迹地透露出自己对吴中水乡无限依恋之情。

这首五言古诗通篇紧扣着诗题的"过"字来写,开头写过嘉兴的背景——乘船去福州,路过嘉兴,中间写过嘉兴的见闻,诗人陶醉在南国风光中;结尾写在嘉兴的短暂停留旋即离去的依依别情。写景中流露出无限深情。萨都剌一生热爱祖国秀丽山川,写下大量的山水记游之作,他的山水诗擅长表现各地特有的风采。他生长于燕地,熟习北国风物;后半生旅居江南,也善于描写南国胜景。如这首《过嘉兴》句句抓住南方水乡的自然特色来写,碧沙、绿水、细雨、画船,还有那荡桨入城去的吴姬,寥寥几笔就勾画出南方水乡特有的旖旎风情,真不愧为写景之佳构。清蔡琳《谈元人诗·萨天锡》七绝有句云:"十幅蒲帆江上路,横吹紫竹太珑玲",特别拈出这首《过嘉兴》诗来写,可见其多么赞赏和推崇了!

(铁　明)

上京即事五首　　　　　　　　萨都剌

大野连山沙作堆,白沙平处见楼台。
行人禁地避芳草,尽向曲栏斜路来。

祭天马酒洒平野,沙际风来草亦香。
白马如云向西北,紫驼银瓮赐诸王。

牛羊散漫落日下,野草生香乳酪甜。
卷地朔风沙似雪,家家行帐下毡帘。

紫塞风高弓力强,王孙走马猎沙场。
呼鹰腰箭归来晚,马上倒悬双白狼。

五更寒袭紫毛衫,睡起东窗酒尚酣。

门外日高晴不得,满城湿露似江南。

　　元朝统一全国后,定今北京市为大都,以在今内蒙古正蓝旗的开平府为上都,每年夏天移驾上都。萨都剌在元顺帝元统元年赴上都公干,即目所见,写下了这组优美清新的诗篇。

　　萨都剌的这组诗是道地的边塞诗。提起边塞诗,人们总会想到唐代,想到边塞诗派的代表高適和岑参。唐代的边塞诗,主要写战争,抒发战死沙场、保家卫国的壮志,或批判穷兵黩武、"一将功成万骨枯"的悲惨与不合理;描写边塞奇特的风光与少数民族的风俗习惯。然而,"世事如棋局局新",到了元代,边塞的涵义起了巨大的变化。昔日的边塞,今日已成了接近首都的畿辅腹地;昔日边塞诗中与之浴血争战的敌人,今日已经成了全中国人民的主宰。于是,边塞诗的主旋律已经不是写战争、离别哀怨,而转向写和平,写沙漠风光、草原春色,写这片辽阔的土地上奇特美丽的自然与人民的习俗。这一切,与历来写江南秀丽风光的诗篇在主题上等同起来,使得以擅长写情、诗笔以流丽清婉著称的萨都剌写出了不少浑和秀美、令人流连陶醉的边塞诗来,这里选的是最著名的一组组诗。

　　第一首诗写的是上都的外景。广阔的沙漠,与远远的山峰相衔,一座雄伟的城堡巍然矗立。在宫殿里,楼台曲栏相连,宫殿前那一片绿草,欣欣向荣,令人分外瞩目。据《草木子》载,元世祖思创业艰难,移沙漠莎草于丹墀,示子孙不要忘记祖宗发祥之地,称为誓俭草。诗后二句即指此。这首诗把上都城堡与宫殿置放在一个绝大的背景中,取镜独特;在大镜头中又摄取誓俭草作局部的特写,这样,全景与局部相结合,一座沙漠都城便形象地凸显出来。

　　第二首写祭天典礼结束了,成袋的马奶子酒洒在无边的平野上,一阵阵风从沙漠上吹来,拂过草原,带来一股浓郁的酒香。祭天后的赛会开始,赛马场上,成群的白马,犹如一片白云,向西北方移去。活动结束,皇帝颁下赏赐,一匹匹紫色骆驼,负着盛满酒的银色酒瓮,走向各部落王公贵族的帐篷。全诗由一个个画面组成,从祭天写到赛会,又写到活动结束。每个过程都抓住最精彩的部分,祭天则写风带酒香,赛会则写赛马,比赛结束则写颁赐,余下情景,都让读者自己去想象。诗又充分注意着色:黄沙、青草、白马、蓝天、紫驼、银瓮,和谐地搭配在一起;而节日的五彩旌旗,绚丽服饰,豪华帐篷等又隐在诗外,使人自然能感受到。短短四句,包蕴着十分丰富的诱惑力,一下子把读者吸引到那新奇热闹的场景中去,深深地陶醉在诗境中。

　　第三首写草原的暮色与瞬息多变的气候。黄昏降临,一轮红日缓缓地向地平线坠落。东一群西一群散乱无序的牛羊,回向帐篷附近的畜栏里。无边的野草,散发着沁人肺腑的芳香,牧民们吃着奶酪,打发走了这劳动的一天。忽然,劲冽的北风从沙漠吹来,夹带着漫天沙子,一片白茫茫地,犹如下雪一般。家家帐篷都放下了厚实的毡帘,抵挡着风沙。这首诗组织了两个草原特有的景色,合成了一通黄昏交响曲。前半安定静穆、祥和多趣,后半萧瑟凄迷,震耳撼心。这样鲜明的比照,使人对边塞多变的气候、景色留下了难以磨灭的印象。

第四首写狩猎的情况。秋风劲吹,牧草枯黄,逐围打猎的季节到了。王孙贵族带着劲弓,骑着骏马,驰骋在浩瀚无垠的草原上。晚上,吆喝着鹰儿归来,马上悬挂着猎获的野兽。狩猎是边塞诗的主题之一,这首诗采取了平铺直叙的手法,不写打猎所注重的斩获、追逐等热点,只是淡淡说去,令人自然感受到那刀响弓鸣、马蹄飞扬的热闹场面。

第五首诗写上都晨景。五更醒来,尚留着昨夜的余醉;晨风料峭,毛衣不暖,太阳早早地升起,外面雾气蒸腾,霜露满地,犹如江南。这首诗捕捉的仍是塞外草原沙漠中城市特有的景象,在那儿,气候温差大,日照长,所以太阳出的早,水气弥漫。这样的状况,非身临其境者难以体会。

这五首诗,呈现在我们面前的虽然还是唐人诗下的边塞景色,沙漠依旧,朔风仍然;但唐人于景色外所表现的凄怆哀惋的胡笳军乐,剑拔弩张的战争气氛,豪气干云的英勇斗志,缠绵不尽的乡思别愁,在这里换成了平静的、亲切的,而又使人神往的世界。在这里处处跳跃着一种欢快的音符,没有忧愁,没有杀戮,更没有离思别绪,沙漠和草原的主人在自己的土地上依自己所喜爱的、祖辈遗传相袭的生活方式生活着。读了这组诗,自己的胸怀似乎也宽阔起来。整个诗是积极的、向上的、充满真情实感的。

边塞诗中和平代替了战争,欢乐代替了哀怨,这是大一统的、强大的国家中才能出现的现象。萨都剌歌颂赞美这样的生活,为之感到欣喜和骄傲;他在内心又深深地祝愿这样和平的生活能永远持续下去。在《过居庸关》中,他希望"男耕女织天下平,千古万古无战争";在《题画马图》中,他向往"要令四海无战争,千古万古歌太平"。遗憾的是,愿望与现实差距太大,元代的和平只维持了短短几十年,天下又大乱,战争频仍;明代自建立以来,边塞的烽火始终没有熄灭过。于是,边塞诗又回到唐宋人的老路上去了。

(李梦生)

雨　伞　　　　　　　　　　萨都剌

开如轮,合如束,剪纸调膏护秋竹。日中荷叶影亭亭,雨里芭蕉声簌簌。晴天却阴雨却晴,二天之说诚分明。但操大柄掌在手,覆尽东西南北行。

这是一首咏物诗。诗的上半段写伞的形态：打开如同车轮,合拢如同束帛,以竹为骨,上覆油纸；太阳当头时撑着,犹如一叶叶荷叶；雨中撑着,簌簌雨声,犹如打在芭蕉叶上,声声悦耳。下半段紧接上所写晴、雨二句生发开去,转入议论。诗说,有了雨伞,晴天不见日,雨天不沾湿,在伞底与伞上仿佛是两个天；只要你牢擎伞柄,便不怕气候变化,可以行尽天下。

中国古代的咏物诗讲究比兴,就是既要栩栩如生地反映所咏物体形貌,还要求情寄物外,有所寄托,以小见大。萨都剌这首诗就是如此,既写得细致入微、传神点睛,但也不以描绘雨伞为足,而是借咏雨伞来抒发对时事的感慨。

人们对雨伞的印象当然也不乏美好的一面,笔者年青时曾读戴望舒的《雨巷》"撑着油纸伞,独自彷徨在悠长、悠长又寂寥的雨巷",就曾深深地着迷,几乎按捺不住冲动,也去买那么一把油纸伞；然而历代咏伞诗却是讽刺的多一些。大概是由于雨伞能收能合,善于变形,它撑起来又遮住了头上的天,而天又是至高无上的权势的象征,所以被咏伞诗所讽刺的对象大致上都是气焰熏天权柄在握的佞臣贼子。记得宋朝有个神童作了一首刺权贵的诗,中有"真个有天无日头"句,好像也是借咏伞发端的。萨都剌这首诗,也可算借咏伞讽刺时局、权贵中出类拔萃的作品。

萨都剌的诗作于元顺帝至正十五年(1355)。当时天下群雄鼎立,割据一方,元朝气数已尽,苟延残喘。在金陵的朱元璋,在东南的张士诚、方国珍,是群雄中较强大的。张士诚、方国珍虽然据有富甲天下的吴越之地,但偏安逸豫、胸无大志,对元朝廷也时叛时顺,阳奉阴违,反复无常。他们还有个共同的特点,就是都网罗了一大批文人在其麾下帮忙帮闲。明初瞿佑《归田诗话》说:"张士诚据有浙西富饶地,而好养士,凡不得志于前元者,争趋附之。美官丰禄,富贵赫然。"清钱谦益《列朝诗集小传》说:"方国珍盛时,招延士大夫,折节好文,与中吴争胜。文人遗老,咸往依焉。"而这些文人,大多是庸俗干禄之辈,他们依傍权势,招摇过市,沉溺于歌舞升平中,毫不将民生疾苦挂在心上。萨都剌这首诗就是针对张士诚、方国珍辈大权在握招延谄媚无能之文人,专横跋扈,不奉元朝政令而发的。

元人的咏物诗,受宋诗风的影响较大,尤其是元诗人中学宋纤细婉丽的一派,更通过咏物发挥清丽婉转的风格,留下了不少具有惟妙惟肖的刻绘与出人意外的议论的诗篇。萨都剌诗以绮丽清新著称,他的一些咏物诗,随物赋形,巧妙神似。元人孔齐《至正直记》卷一云萨都剌"善咏物赋诗,如《镜中灯》云'夜半金星犯太阴',《混堂》云'一笑相过裸形国',《鹤骨笛》云'西风吹下九皋音'之类,颇多工巧"。他的后辈诗人谢宗可,专门模仿他的风格,作了一百首咏物诗,传诵极广,如《走马灯》、《卖花声》等,都是脍炙人口的名篇。然而值得注意的是,萨都剌这首咏雨伞的诗,上半巧夺天工,类其一贯风格;后半却未免愤疾刻露,殊少蕴藉,也与传统的咏物诗体制相违。萨都剌晚年也曾一度出入方国珍府中,未被重视,也许是讽谕诗一加入了个人的私怨,便按捺不住偏急,不再遵守诗家"温柔敦厚"的主旨了。

(李梦生)

宫　　词　　萨都剌

深夜宫车出建章①,紫衣小队两三行。
石栏干畔银镫过,照见芙蓉叶上霜。

〔注〕① 建章:汉宫名,此代指宫殿。

普通人都有好奇心理,越是被摭掩住的、神秘的东西,越是激起人们的好奇心,驱使人们去探索,去捕捉其中的一丝半缕,津津乐道。在封建社会,千门万户、富甲天下的皇宫内苑,高高在上、喜怒不测的皇帝,美貌多才、隔绝人世的妃嫔,对一般人来说,可以算最神秘莫测的了。因此,宫廷秘史成了不少文人探索的领域;而真正能反映宫廷现实的,也许要首推宫词。

元代宫词的作者,最著名的是萨都剌。萨都剌诗以清丽婉约著称,尤长于言情,他的宫词也明显带有这种特色。如《宫词》("深宫尽日垂朱箔")写得悠闲爽利;《四时宫词四首》,描写宫女生活,旖旎生香而又凄凉惨淡。而这些宫词佳作中最出名的则是这里所选的一首。

这首诗写宫车夜出的场面。后妃宫嫔出宫,照例应是轰轰烈烈,警跸满道,看过《红楼梦》的人,都对元妃省亲那一段大场面留下难忘的印象。但萨都剌在这儿却偏偏选了一个夜深人静的时间进行想象描绘,令人神往。夜深了,万物归于寂阒,也许只有那风吹着树叶的刷刷声与风檐下铁马的叮当声,给夜添上一些声响。但就在这静寂中,一辆宫车从宫中悄悄地推了出来,伴从着宫车的是两三行宫女,穿着紫色宫装,高雅而又肃穆。宫车缓缓而行,经过了大内的池沼石桥,宫女手中的银灯闪烁着,那水中的荷花已凝上了一层薄薄的寒霜,在灯光中泛出一片银白色。诗写得清淡简捷,通过出宫、灯火两个细节,呈现了一幅宫廷生活的画图。全诗还注重色彩的对比。夜是漆黑的,宫衣是深紫色;而灯是银色的,霜是洁白的,两者闲闲相对。诗成功地摹写了夜色,两三行宫女,银灯,芙蓉叶上霜,均从各个侧面表现了深夜的冷寂。同时,宫廷生活是何等富丽,但诗中毫无金玉珠玑之类的描写,却自然给人以富贵华丽的印象。宫车夜出,万物不惊,皇宫警卫的训练有素,读者自能想到;然而宫车为什么夜出,却给人们留下了一个很大的想象空间。

中国的古代宫词,最初只是咏怀一类的诗,大致上写的是宫怨,借古代宫廷女子的遭遇以抒发自己的怀抱。如唐王昌龄著名的《长信秋词》,即是对宫廷女子的可悲生活表示同情。一直到了唐王建,作《宫词》一百首,在广阔的范围内描写宫廷内幕,从此这种以七言绝句组诗的形式,全面吟咏帝王后妃富贵淫逸生活的宫词成为定格,为后世模仿,王建也被奉为最有成就的宫词作家。元杨维桢的《竹枝词序》,说萨都剌诗风流俊爽,修本朝家范,宫词及《芙蓉曲》虽王建、张籍无以过之。杨维桢自己的诗也写得风流俊爽,同好相引,不免抬高了一些。王建《宫词》中所写是闻之于当时权势很大的宦官王守澄,宋计有功《唐诗纪事》载王建因《宫词》暴露了宫廷中不欲人知的细事,几乎被问罪;而萨都剌没有宫廷生活经验与消息来源,与王建相比,首先在真实性上差了一截。萨都剌的宫词常常是宫怨的成分多一些,且往往以己意出之,因此遭人责难。杨瑀《山居新语》就说萨都剌这首诗失实,因为北方没有芙蓉;宫中没有石栏杆;宫人所穿紫衣只有大朝贺才到侍仪司法物库领用,平时不可穿;而宫车夜出,也没有这个道理。杨瑀的责难虽不完全对,如皇宫大内太液池多芙蓉,屡见《辍耕录》、《元掖庭记》等书;但其他所驳,大致言之有理。清《四库全书总目题要》也据此以为萨都剌不谙国制。因此,严格地说,萨都剌的宫词只能算拟宫词罢了。

宫词以写实为主,提供了鲜为人知的宫廷生活的秘闻,具有很高的史料价值;拟宫词以宫廷生活为背景,驰骋想象,更像一首首抒情写景的小诗,两者都有其不可代替的长处,然而从诗学的概念上来说,人们毋宁喜欢后者。元代标准的宫词不少,如柯九思的《宫诗十五首》等,但没有一首能与萨都剌诗并驾齐驱,也从侧面说明了这一点。

(李梦生)

石 夫 人 萨都剌

危危独立向江滨,四伴无人水作邻。
绿鬓懒梳千载髻,朱颜不改万年春。
雪为腻粉凭风傅,露作胭脂仗日匀。
莫道脸前无宝镜,一轮明月照夫人。

在中国辽阔的土地上，一块巨石、一座山峰，同名的很多，最频繁出现的，也许要算"望夫"这个悲剧性的名字。南朝刘义庆《幽明录》载，武昌北山有望夫石，状如人立，传说有妇人，丈夫当兵打仗去，她带着小孩子送至北山，望夫而化为石。安徽当涂有望夫山，县志说有人到楚国去，好几年没有回来，他妻子日日登山远眺，盼望丈夫归来，久而久之，乃化为石。辽宁兴城有望夫山、望夫石，传为孟姜女望丈夫处。这些是最出名的。其他如江西德安、浙江萧山、广东清远等地都有望夫山、望夫石，得名都是由妻望夫而化石。望夫石凝结着古代妇女不幸的眼泪。由于社会原因，丈夫外出了，妻子只能深居家中，望穿秋水，苦心煎熬，度日如年。因此，富有同情心的人们便给一些矗立的孤零零的山石起了"望夫"这个名字，并通过吟咏以寄托对她们的哀惋感叹。

　　咏望夫石的著名作品，唐代有刘禹锡的《望夫石》："终日望夫夫不归，化为孤石苦相思。望来已是几千载，只似当时初望时。"王建的《望夫石》："望夫处，江悠悠，化为石，不回头。山头日日风复雨，行人归来石应语。"被宋陈师道《后山诗话》称为咏望夫石的压卷之作。

　　以上二诗，都是以意取胜，正面咏叹，富有内涵。到萨都剌这首《石夫人》诗，始另行一格，句句著题，细致地刻绘望夫石的形象，来达到歌颂望夫女子爱情坚贞的目的。诗咏的是浙江萧山凤凰山的望夫石。不知道是因为美貌的女子化成石头更能引起人们的同情，还是这"石夫人"是绍兴府萧山县人，靠近美女西施的故乡的缘故，萨都剌笔下的望夫石成了美女的化身，是一具活生生的美女石雕。诗先写石夫人屹然独立江滨，只有江水作陪，以清净的环境衬托她的冰清玉洁。下接写石夫人的妆束容貌，用"绿鬓"、"朱颜"、"腻粉"、"胭脂"写她的绝世芳姿，而分别与"千载鬐"、"万年春"、"雪"、"风"、"露"、"日"结合，把活生生的人与石头融成一体。最后，诗又进一步发挥想象，把明月拟作宝镜，补足前面梳妆的形象。诗刻意翻新，词句流丽清婉，情意真切感人，正是萨都剌诗风的具体展现。《绍兴府志》收此诗题作白居易作，又作杨维桢作，均不可靠。

　　或许有人会诘难，妇人望夫，自当憔悴不堪、无心梳洗才是，怎么能写她浓妆艳抹呢？其实这正是此诗的高明处。唐温庭筠有一首《梦江南》小词："梳洗罢，独倚望江楼。过尽千帆皆不是，斜晖脉脉水悠悠，肠断白蘋洲。"写思妇盼望丈夫归来，夕阳脉脉含情，绿水悠悠无意，只有芳草蘋洲，伴人愁思。特别是"梳洗罢"三字，含蕴无限。丈夫出外太久，应该回来了，她想到丈夫时时刻刻可能出现，势必梳洗妆束，以备迎接。这一梳洗，增加了盼的深度，又点出了女子爱美的天性，又间接告诉了人们这妇人必是青春妙龄，增加人们的同情。萨都剌的诗写妇人梳洗后望夫，与温词用意相同。

我们在生活中都能体会到，等人的时候，时间显得特别的慢。《西厢记》中红娘说张生等着和莺莺相见，"自从那日初时想月华，捱一刻似一夏；见柳梢斜日迟迟下，早道好教圣贤打"。真是形象地道出了等人心焦的状况。但这还是盼得到的会晤，倘若是相思无了期，相见无时刻，那激切盼望中又夹杂着失望与忧愁，两般儿夹攻过来，也就怪不得古人要想出等人等得变成石头的神话来了。然而以往对于这个神话，文人墨客多写出石女望夫的悲，而萨都剌的这首诗，还写出了石女的美，他以丰富多彩的想象之笔，把矗立在水边山崖上的顽石变成一个楚楚动人，明艳光彩的绝代佳人雕像，并通过悠沉深婉的格调，使这个流传久远的动人传说得到了美的升华。

（李梦生）

张 宪

【诗人小传】

（约公元1341年前后在世） 字思廉，山阴（今浙江绍兴）人。家于玉笥山，因号玉笥生。少时，负才不羁。晚为张士诚所招，署太尉府参谋；稍迁枢密院都事。元亡，变姓名，寄食僧寺以终。诗风磊落，豪气坌涌。著有《玉笥集》。

岳鄂王歌　　　　　　　　张 宪

君不见，南熏门①，铁炉步②，神矛丈八舞长蛇，双练银光如雨注！又不见，铁浮屠③，拐子马④，斫胫钢刀飞白霜，贯阵背嵬⑤纷解瓦！义旗所指人不惊，王师到处壶浆迎。两河忠义望风附，襄邓荆湖唾手宁。朱仙镇上马如虎，百战经营心独苦。赐环⑥竟坏回天功，卷旆归来卧枢府。钱塘宫殿春风轻，娇儿安晏醉未醒。徒令功臣三十六，舞女歌儿乐太平。虎头将军面如铁，义胆忠肝向谁说！只将和议两封书，往拭先皇目中血。将军将军通军术，君命不受未为失；大夫出疆事从权，铁马长驱功可必；功成解甲面丹墀，拜表谢罪死不迟。惜哉忠义重山岳，智不及此良可悲。呜呼！肆逸言，加毒手，申王⑦心，循王⑧口，蕲王⑨湖上乘驴走。五国城⑩头帝鬼啼，胡儿相酹平安酒。

〔注〕 ① 南熏门：宋代汴京城门之一，建炎三年，贼将王善、曹成、孔彦舟等合众五十万，逼近南熏门，岳飞率部属八百人出击，大破贼。　② 铁炉步：地名，又作铁路步。建炎三年，岳飞随杜充率军还建康，途经铁炉步遇贼将张用，至六合又遇贼将李成，与战，皆败之。　③ 铁浮屠：重甲骑兵，金兀术的精锐部队之一。　④ 拐子马：重甲骑兵，《宋史·岳飞传》："兀术有劲军，皆重铠，贯以韦索，三人为联，号'拐子马'，官军不能当。"一说，拐子马即铁浮屠，指精锐的骑兵部队。　⑤ 背嵬：即背嵬军，南宋大将亲军的称号。宋赵彦卫《云麓漫钞》："四帅之中，韩（世忠）岳（飞）兵尤精……凡有坚敌，遣背嵬军，无有不破者。"　⑥ 赐环：古礼，大臣放逐在外，君王赐以玉环则表召还之意。这里指高宗连发十二道金字牌急召岳飞班师回京一事。　⑦ 申王：指秦桧，死于绍兴二十五年冬，死后追封为申王。　⑧ 循王：指张俊，南宋初期四大帅之一，死于绍兴二十四年六月，死后追封为循王。秦桧陷害岳飞，张俊亦参与其事。　⑨ 蕲王：指韩世忠，死于绍兴二十一年秋，进拜太师，追封通义郡王，孝宗朝，追封蕲王。《宋史·韩世忠传》："（晚年与秦桧合不合）自此杜门谢客，绝口不言兵，时跨驴携酒，从一二奚童，纵游西湖以自乐，平时将佐罕得见其面。"　⑩ 五国城：地名，今黑龙江依兰县一带（一说为宁安县），宋徽宗为金兵所俘，死于此地。

岳飞之死，不仅是个人的冤狱，更是民族的悲剧，因此，宋元以来，出现了不少悼念岳飞的诗歌。在众乡的悼念诗中，张宪这首最具特色。正如刘钤在《玉笥集·序》中所说："其词气抑扬感激，所以为王自处而表其忠烈者，曲尽无遗。"

诗的开头是一组排比句，气势磅礴，铿锵有力，用示现的手法，直写激烈的战斗场面，读来如见其人，如闻其声，令人激动不已。"南熏门"、"铁炉步"指岳飞早年所参与的两大战役，在这两次战役中，年轻的岳飞初露锋芒，以少胜多，杀得敌人望风丧胆，显示了非凡的胆识与谋略。"铁浮屠"和"拐子马"都指披重甲的骑兵，金兀术的王牌。绍兴十年，岳飞挥师北伐，与金兵主力对峙于郾城，金兵出动拐子马一万五千余骑，岳飞针对拐子马的弱点，遣步卒以麻札刀入阵，专砍马足，一举歼灭了金兵的精锐。郾城大捷后，岳飞料定金兀术将转攻颖昌，又派岳云率领背嵬军迎头痛击，再次大败金兵。"斫胫钢刀飞白霜，贯阵背嵬纷解瓦"，正是对这两次大战的形象的描写。

"义旗所指人不惊"以下四句在时间上承接郾城、颖昌两大战役，着重描绘岳飞北伐连连获胜，中原百姓一片欢欣鼓舞的热烈景象。据《宋史》记载，听到岳家军要来的消息时，"父老百姓争挽车牵牛，载糗粮以馈义军，顶盆焚香迎候者，充满道路"。各路地下抵抗力量，如太行地区的忠义社等，也闻风而动，纷纷起兵响应，"自燕以南，金号令不行，兀术欲签军以抗飞，河北无一人从者"（《宋史·岳飞传》）。

岳飞北伐，一直打到朱仙镇，距宋室旧都汴京（今河南开封）仅四十五里。朱仙镇之战是南宋抗金史上最为辉煌的一页，岳飞以五百骑兵破金兵十万，彻底打掉了侵略者的威风,"金人锐气沮丧,尽弃辎重,疾走渡河"(《宋史·岳飞传》),就连狂妄不可一世的金兵统帅兀术,此时也斗志丧失殆尽,打算弃汴京北遁。然而,就在这关键时刻,战场上的常胜将军,却在政治上受到了自己营垒里射来的暗箭。权相秦桧主张对金妥协,他担心前方的胜利以及日益高涨的抗金情绪会影响他的政治地位。宋高宗赵构也有类似的顾虑,尽管,他并不甘心向金国称臣,可是,一旦抗金胜利,徽、钦二帝回京,他又何以自处呢?两人各怀鬼胎,一拍即合,串演了一幕古今罕见的卖国大丑剧。他们先撤走位于岳飞左右两翼的张俊、杨沂中部,然后,以"孤军不可久留"为名,连发十二道金字牌,严令岳飞回京。"飞既归,所得州县,旋复失之"(《宋史·岳飞传》),"赐环竟坏回天功,卷旆归来卧枢府",行文至此为一转折,昂扬的进行曲中响起了不祥的旋律。

"钱塘宫殿春风轻"起为第二层次,诗人的笔触由前方转向后方。前方将士浴血苦战,中原百姓颠沛流离,而在临安城里,南宋小朝廷的情况又是如何呢?春风轻拂,娇儿安晏,一片歌舞升平。反差实在是太强烈了。最具讽刺意味的是被金兵掳去的徽、钦二帝,他们受尽凌辱,日夜盼望宋军北伐,等来的却是一次又一次的和议消息。父子之情,手足之谊,在权位的诱惑之下,早已化为乌有,中原地区的百姓,更成了他们肮脏的政治交易的牺牲品。然而,悲剧还刚刚开始,更大的阴谋还在酝酿之中。绍兴十一年冬,为了与金兵议和,南宋统治集团竟不惜自毁长城,以"莫须有"的罪名杀害了民族英雄岳飞。

诗人震怒了,在结尾一段里,满腔激情如火山般爆发出来,讨伐的笔锋直指上层统治集团。他们所残害的岂止是岳飞一人,他们扼杀了整个民族的生机。岳飞死后不久,韩世忠亦归隐西湖,终日不言国事,主战派力量从此一蹶不振。恢复中原早已成了画饼,幽因于五国城中的徽、钦二帝最终未能回京,成了徘徊于异国城头的望乡的游魂。只有侵略者为此兴奋不已,举杯欢庆,互祝平安。诗人用这样一组对比句结尾,立意警策,发人深省。统治者一念之私,竟使整个民族沦于漫漫黑暗之中,历尽磨难,岂不令人感慨万分!

值得注意的是,尽管诗人对岳飞推崇备至,但也不是无原则的溢美,一般的悼念诗,大抵哀惋岳飞未遇明主,以至于功败垂成,含冤而死。作者则进一步指出,岳飞本人的愚忠也是导致这一悲剧的原因之一。这番议论十分精彩,充分显示了诗人"民贵君轻"的民本主义思想,就诗人所处的时代来看,是很有一点离经叛道的色彩的。全诗涉及史实颇多,却自然流出,一气呵成,而且诗意雄放,节奏有力,一扫元诗的秾纤之气。因此,无论是思想上还是艺术上,这首诗都达到了一定的高度,与一般的悼念诗有很大的不同。

(黄锦章)

【诗人小传】

杨允孚

（约公元1354年前后在世） 字和吉,吉水(今属江西)人。以布衣襆被,岁走万里,穷西北之胜。凡山川物产,典章风俗,莫不以诗歌记之。惠宗时,曾为尝食供奉之官。允孚著有《滦京杂咏》,所记多史所未详。

滦 京 杂 咏(录三)　　　　杨允孚

汲井佳人意若何,辘轳浑似挽天河。
我来濯足分余滴,不及新丰酒较多。

出塞书生瘦马骑,野云片片故相随。
冻生耳鼻雪堪理,冷入肝肠酒强支。

买得香梨铁不如,玻璃碗里冻潜苏。
书生半醉思南土,一曲灯前唱鹧鸪。

　　滦京即元代的上都。本蒙古汗国之开平府,中统五年加号上都,治所在今内蒙古正蓝旗兆乃曼苏默。因为接近滦河,又称滦京。据罗大已跋云:"杨君以布衣从当世贤大夫游,襆被出门,岁走万里。耳目所及,穷西北之胜,具江山人物之形状,殊产异俗之瑰怪,朝廷礼乐之伟丽,尤喜以咏歌记之。"可知《滦京杂咏》五十四首,是杨允孚北游纪行之作。诗多纪途中景物及风土人情,为诗坛增添了一股清冷新鲜的空气。原作每首下有注。"汲井佳人"一首注云:"此地悭水故也";"出塞书生"一首注云:"凡冻耳鼻,即以雪揉之方回,近火则脱";"买得香梨"一首注云:"梨子受冻,其坚如铁,以井水浸之,则味回可食。"对于理解原诗大有帮助。

　　这组诗首先以异域风情动人。诗中所写的都是前人诗中未曾写过的西北蒙族人民的生活情事,这就为读者打开了一扇新的窗子,开辟了前所未有的题材领域,展开了一幅新的生活画卷。沙漠缺水,所以打井很深。辘轳取水也相当费力费时,在南方人看来简直就和引水于天河差不多——难于上青天。行人要讨水喝也属不易;而还想洗脚,更属奢望了。女房东给水,简直就像斟酒一样,恐怕只够擦擦脚了。(须知当地人是终年难得一洗头面的。)漠北天气很冷,暴露在外的耳鼻是最容易冻伤的。耳鼻冻木时，可千万不能急近火烤，谨防烤掉。只能用雪轻轻揉搽，使之慢慢恢复知觉。这些经验之谈，必是请教当地人得到的。生来乍到极远的北国，应该"每事问"呢。这里虽然没有江南的繁花，但梨子还是有的。只不过受冻后其坚如铁，下不得口。这也不要火烤，只须用井水浸泡在玻璃碗内，自然温度回升，生脆可口。诗人就这样津津有味地，一桩一桩，将他亲历亲见的新奇事儿讲给读者听。不需要作任何夸张，也不需要添枝加叶，读者就被这些生活情事本身给吸引住了。真是大开眼界，大长见识。仅此实录，就是对绝句创作的贡献。

其次就是说到诗句的风趣逗人，表现出浓厚的好奇心和人情味，这也是组诗成功的要素。本来漠北风沙很大，蒙族妇女皮肤也较江南仕女粗糙，穿戴也较臃肿，加之经常劳动，体格健壮。这形象一般与传统诗歌中的"佳人"不搭界。可诗人偏偏称之为"汲井佳人"。这不完全是嘲戏，而是带有一种友善的口吻，其间也表现出诗人对蒙族妇女健美的欣赏。诗人不直接说不习惯不洗脚，也不直接说对方给的水太少。而说"我来濯足分余滴，不及新丰酒较多"。"新丰美酒斗十千"（李白），得之非易。这就形象而有趣地写出了当地水源的缺乏和用水的甘贵。在写到滦京的苦寒，"冻生耳鼻"、"冷入肝肠"，似乎不堪。但诗人紧接又缀以"雪堪揩"，"酒强支"，也还有一点对付的办法。颇有聊胜于无的慰藉。同样，说到"买得香梨铁不如"，是很遗憾的语气。然而"玻璃碗里冻潜苏"，又找到了解决的办法。凡此都有山重水复，柳暗花明的意趣。总之，诗人在北方虽有很多不习惯，很多苦处，但他还是对这里的生活发生了浓厚的兴趣，爱上了它。这从他那不无幽默的笔调里，得到了充分的反映。这种乐观的生活态度也感染了读者。

最后就是出现在这些诗里的抒情主人公形象，是丰满的、可亲的。他每到一处都随和地接人待物，向牧妇讨水便是一例。他是一个书生，却不喜索居幽栖，骑了一匹瘦马在这北方的原野上和野云相追随。然而和一切游子一样，他也深怀乡土之思。在酒后，"书生半醉思南土，一曲灯前唱鹧鸪"。《鹧鸪曲》是唐时流行的南方思乡曲，据说鹧鸪这种鸟儿"飞必南翥"，其鸣声像是"行不得也哥哥"。《鹧鸪曲》就是效鹧鸪之声的，音情凄婉。郑谷《席上贻歌者》就有"座中亦有江南客，莫向春风唱鹧鸪"。那还是在内地。而杨允孚本人也是南方人，又处在漠北，当他"一曲灯前唱鹧鸪"时，思乡之情有多强烈，就不待言了。充满乡土之爱，是这组绝句的又一感人之处。总之，《滦京杂咏》在元诗中是一组不可多得的佳作。

（周啸天）

周权

[诗人小传] （约1295年前后在世） 字衡之，号此山，处州（治今浙江丽水）人。约元成宗元贞初前后在世，尝游京师，以诗见袁桷，桷深重之，诗名日盛。诗风简淡和平。有《此山集》四卷。

溪村即事

周权

寒翠飞崖壁，尘嚣此地分。
鹤行松径雨，僧倚石阑云。
竹色溪阴见，梅香岸曲闻。
山翁邀客饮，闲话总成文。

初读此诗，我们会怀疑这是唐代山水田园诗派某位诗人的作品，而实际上它却是元人周权所写。周权在元代诗人中名气不是很大，但深得袁桷、赵孟頫、揭傒斯、欧阳玄等文坛领袖的器重。陈旅序其《此山集》，谓其诗"简淡和平，无郁愤放傲之色"，欧阳玄序也称道其诗"无险劲之词，而有深长之味；无轻靡之习，而有春容之风"，今观其诗，大致与此二人评语相合。

诗首联二句，写出山村与世隔绝，不染红尘的清雅幽深。"翠"而曰"寒"，可见是松柏一类岁寒不凋、象征高洁之士的树木。一个"飞"字，化静为动，续以"崖壁"，极显松柏夭矫如龙，身处悬崖峭壁而更傲岸挺拔的风姿。这"寒翠"之木，自然也是诗人耿介人格的自我写照。在山崖之外，便是尘嚣鄙伪之地，"少无适俗韵，性本爱丘山"，今日脱彼入此，真有"久在樊笼里，复得返自然"的欣悦。

颔联续写山村中所见之景，表现一种悠然自得的萧散情趣。鹤缓行曲径而不飞，动中有静；僧倚石栏目注流云，静中亦有动。"松径雨"之"雨"，未必是实写，极可能是用王维《山中》"山路元无雨，空翠湿人衣"意，状山林之苍翠欲滴。"僧倚云"则令人想到杜牧《将赴吴兴登乐游原一绝》"闲爱孤云静爱僧"一语。而"石阑"亦可以推断是天然形成的栏杆状山岩。

"竹色溪阴见，梅香岸曲闻"一联，清丽优美，活色生香，王、孟"泉声咽危石，日色冷青松"、"荷风送香气，竹露滴清响"之佳句，可谓嗣响有人。所以顾嗣立《元诗选·周权小传》说"衡之（周权字）句法，实多可观"，并举此联及其他一些句子为证。清溪南修竹曳疏影，曲岸后梅花传暗香，加之鹤行其下之松林，岁寒三友全都萃集诗中,真令人生出"此中有真意,欲辨已忘言"之感。

最后二句,从景物转到山村中的主人与客人。"山翁"可能是隐居岩林的高士奇人,也可能是躬耕山村的淳朴老农,不管是哪种人,不管他们僻居深山是有意还是无意,在诗人心目中,他们都是归真返朴的体道者。他们邀请偶入此中、赋性与之相近的诗人饮酒,不须谈什么修身、齐家、治国、平天下,也不须谈什么立德、立功、立言三不朽,"相见无杂言,但道桑麻长",这平凡闲话,便是世间至文,斐然成章。一个"总"字是全诗惟一的虚字,却最实在地表达了诗人企羡与大自然融为一体、返朴归真的情愫。可以想象,诗人会像陶渊明那样与山翁一醉方休,吟出"悠悠迷所留,酒中有深味"。

元诗多以唐人为宗,是对宋诗的反拨,所以颇有风神秀朗之作,此诗便是学唐而深有所得者。

(庞 坚)

【诗人小传】

王 逢

(1319—1388) 字原吉,自号席帽山人、梧溪子、最闲园丁。江阴(今属江苏)人。至正中,尝作《河清颂》,行台及宪司交荐之,皆以疾辞。其诗得虞集之传,才力富健,尤工古歌行,抑扬顿挫,迈爽绝尘。有《梧溪集》。

银瓶娘子辞　　　　　　王 逢

娘子,宋岳鄂王女,闻王被收,负银瓶投井死。祠今在浙西宪司之左。逢感其孝,敬为之辞。

碧梧月落乌号霜,寒泉幽凝金井床。绮疏①光流大星白,梦惊万里②长城亡。女郎报父收图圕,匍匐将身赎无所。官家明圣如汉主③,妾心愧死缇萦女④。井临交衢下通海,海枯衢迁井不改。银瓶同沈意有在,万岁千春露神采。魂兮归来风泠然,思陵无树容啼鸦⑤,先王墓木西湖边。

〔注〕①绮疏:雕饰花纹的窗户。 ②万里长城:喻岳飞,南北朝时,刘宋杀大将檀道济,道济下狱时愤然说:"乃复坏汝万里之长城。"(事见《宋书·檀道济传》)后人遂用"万里长城"喻身负卫国重任的大将。 ③官家:古时对皇帝的尊称。 ④缇萦:汉太仓令淳于意少

女,汉文帝四年,淳于意获罪被捕,缇萦随父入长安,上书请入身为官婢,以赎父刑,使得自新。帝悲其意,为除肉刑,意得免。(事见《史记·仓公传》) ⑤思陵:即永思陵,宋高宗赵构墓,在浙江绍兴市柯桥区。

杭州忠佑庙(岳飞故宅)后有银瓶娘子井,据说,岳飞被秦桧陷害,囚入天牢,岳飞的女儿哭诉无门,背负银瓶投井自尽,后人遂称她为银瓶娘子,这口井也因此而得名。诗人深感于银瓶娘子的节烈,便写了这首诗来纪念她。

诗的前半部分以叙事为主,在开头四句里,诗人拟想了银瓶娘子初闻噩耗时的情景。时值深秋,明月西沉,碧梧如烟,幽深的井水仿佛凝住了似的,井边的栏干,在月光下,染上了一层淡淡的金黄色。夜是这样的宁静,只有偶而传出的一两声乌鸦的凄啼,似乎在暗示着悲剧的即将来临。突然,窗外掠过一道白光,大星陨落了,岳飞的女儿从梦中惊醒,不祥的预感袭上心头:莫非是父亲遭到了不测?

"女郎报父收图圄"以下四句写岳飞的女儿得到父亲被捕的消息后,不屈服于统治集团的淫威,叩阙上书,为父亲辩诬,但为卫兵所阻,未能上殿。"官家明圣如汉主,妾心愧死缇萦女",这两句诗借用银瓶娘子的语气幽幽道来,辞意十分辛辣。汉文帝纳谏如流,能因缇萦之请而赦免其父淳于意;宋高宗赵构却连倾听一弱女子上诉的勇气都没有,真正应该"愧死"的究竟是谁呢?

面对沉重的政治迫害,岳飞的女儿最终只能以一死相抗争,背负银瓶投井自尽。写到这里,诗人的情绪渐渐激昂起来。"井临交衢下通海,海枯衢迁井不改。银瓶同沈意有在,万岁千春露神采。"这一段是全文的高潮,作者用铿锵有力的语句抒发了杭城百姓对岳飞父女的永恒的爱戴之情。"海枯"指浙江入海口的变迁,浙江流经杭州东注入海,据《西湖游览志》记载,入海口原来在城外皋亭山一带,但到了元末,由于河泥淤塞,入海口的位置已往东南方向延伸了许多。"衢迁"是指从宋到元二百多年间,杭州城内的道路布局也有了很大的变化。海已枯,衢已迁,但银瓶娘子自沉的那口井却依然完好地保存着,这说明什么呢? 不正显示了百姓的鲜明的爱憎么? 从句子的结构上看,"海"、"衢"、"井"三个意象首尾相接,形成回环,更给人以思念之情绵绵不绝的感觉。不仅如此,在诗人看来,负银瓶以自沉,这一行为本身就是含有深意的,银是纯洁的象征,坚贞的象征,岳飞父女为百姓而死,虽死犹生,恰如这同沉井底的银瓶,任凭岁月冲刷,美质不变,永放异彩。

诗人遥想前朝烈女的风采,止不住心驰神往,浮想联翩。在最后一段里,情与景,古与今,已融为一体。诗人似乎已跨越了时空的界限,向银瓶娘子的芳魂发出了一声声情真意切的呼唤。"魂兮归来风泠然"吟咏时宜分两句读,"魂兮归来"是招魂用语,源出《楚辞·招魂》("魂兮归来,哀江南")。"风泠然"是诗人拟想银瓶娘子御风而归时的飘逸的情态。这一呼唤语在诗中如异峰突起,使全诗的结构在严整中显示出变化,语气也由激昂而转为舒婉。历史毕竟是公正的,宋高宗赵构贵为天子,陵墓却早已荒芜,连供啼鸦栖息的墓木都荡然无存;岳飞含冤而死,但百姓缅怀他的忠烈,为他在西子湖畔树立了丰碑,世世代代受人瞻仰。倘若银瓶娘子芳魂归来,看到这一情景,也可以含笑九泉了吧!

在这首诗里,作者用生动的语言和丰富的想象力为我们塑造了一位节孝忠贞敢作敢为的古代烈女的辉煌形象,文笔细腻,情真意切。在歌颂银瓶娘子的同时,作者将讨伐的锋芒直指最高统治者宋高宗赵构,这与通常所见的那种把罪责主要归结于秦桧的写法有很大不同。由此可见,诗人的眼光确有其高于同时代人之处。这首诗在结构上也很有特点,尤其是结尾两句,把永思陵与岳王墓作比较,构思奇特,给人以无尽的回味余地。因此,在众多的悼念诗中,王逢的这首诗亦可算是上乘之作。

(黄锦章)

明代诗歌

张以宁

（1301—1370） 字志道，号翠屏山人，古田（今属福建）人。元泰定（1324—1325）年间进士，官翰林学士承旨。入明，为侍讲学士。洪武二年秋，奉命出使安南（今越南）。次年，卒于归国途中。诗风遒健，才气充沛。有《翠屏稿》《淮南稿》等。

题米元晖山水　　　　　　　　　张以宁

高堂晓起山水入，古色惨淡神灵集①。
望中冥冥云气深，只恐春衣坐来湿。
江风吹雨百花飞，早晚持竿吾得归。
身在江南图画里，令人却忆米元晖②。

〔注〕① 惨淡：这里指画面颜色浅淡迷离。　② 米元晖：即米友仁（1086—1165），元晖其字，米芾长子，善书画。世号"小米"。官至兵部侍郎，敷文阁直学士。

　　这是一首题画诗。张以宁于诗主"清虚趣胜"，所谓"白云瑶草红尘外，终胜黄莺绿柳多"（《论诗》），这当然与当时讲求沉涵心性的理学风气有关，但是，他的这一诗歌趣味的追求，根本内涵是"适兴"与"悟"。

　　我们知道，米家父子的绘画旨趣是以"平淡天真"的"适兴"之作来反对当时风行的那种"金碧辉煌，格法谨严"的院体画，他们认为，"山水心匠，自得处高也"，故作画时，"每静室僧跌，忘怀万虑，与碧虚寥廓同其流荡"（米芾《跋自画云山图》）。也就是说，他们的绘画主要是自然流露出他们在观赏山水风景时所获得的悟性和兴致。

　　张以宁在这首诗中重新体验了一下米友仁所欲表现的某种感悟，他的题咏或许仍是使用老的格套，但感受不能不说是清新飘逸。作者采用顺述的形式，由晨起步入厅堂、迎面一幅山水挂轴映入眼帘写起，古色古香的画面上烟山云水朦胧迷离，若有若无，却显得神意飞动，如历真境。很快这种神意飞动使得接下来对画面的描述融入想象的空间，似乎此画的鉴赏者和作画者（也即山水风景的鉴赏者）的视角和经验合而为一，感受到丛山深处或雾锁大江时的浩淼云气扑面而来，重重叠叠，卷舒自如；于是作者通过将视觉感受转化为其他感官的感受，显示出他们全身心地舒张来享受这一份大自然赐予的宁静、柔美的生命力以及自由自在。在中国古典文学中，山中白云一直是一个付之无心、随处流荡、超凡拔俗、与道共存的意象，因而作者在诗中所表现的意蕴远远超出了对自然现象或画面本身的描述。"春衣"点明了季节，这是一个万物生长、最显示出生命力的美好季节；"湿"是用皮肤来感受深重云气的丰润流动；"坐"则是表现鉴赏者以静体动的状态，表现出他恬淡安详、诚笃专一的心境，而"只恐"恰恰是用来加重表现这一种状态和心境的语气。"江风吹雨百花飞"一句，是对上面两句作者所想象的画境和季节的补充，依然能够使人感受到浓烈的温润、飞动之感及其背后的生命力，而这一切描述最终由"早晚持竿吾得归"这样一句说白点出主旨：面对如此永恒无碍、充满生机的自然世界，现实生活中所有的羁绊、挂牵还有什么不可以释怀的呢？还有什么比归隐垂钓的恬然自乐更能用来安身立命呢？

问题归结到传统的中国文人士大夫固有的入世与出世的矛盾及其平衡这种心理冲突的探索，张以宁和"小米"一样，把清虚恬漠的自然真性作为一条出路，个体心智悠游于云意缥缈之中。这是他由米友仁的山水画中悟得的，也是他对米友仁心境的一种理解，所以他感慨，置身于如画的江南风景之中，我终于感觉到了米元晖的心脉，他的心境实在令人向往啊！ （陈广宏）

题李白问月图 张以宁

谁提明月天上悬？九州荡荡清无烟。天东天西走不驻，姮娥鬓霜垂两肩。中有桂树万里长，吴刚玉斧声阗阗。顾兔杵药宵不眠，天翁下视为尔怜。颇闻昔时锦袍客[①]，乃是月中之谪仙[②]。帝命和予《羽衣曲》，虹桥一断心茫然[③]。竹王祠前雾如雨[④]，踯躅花开啼杜鹃[⑤]。月在天上缺复圆，人间尘土多莫贤。举杯问月月不言，风吹海水秋无边。沧波尽卷金尊里，清影长随舞袖前。相期迢迢在云汉，呜呼此意谁能传？骑鲸寥廓忽千年[⑥]，金薤青荧垂万篇[⑦]。浮云起灭焉足异？终古明月悬青天！

〔注〕① 指李白，他被"赐金放还"出京后，自采石达金陵，穿宫锦袍，顾瞻笑傲，旁若无人。② 贺知章见李白，曾称他为"谪仙人"。③ 虹桥：此喻指帝京。④ 竹王：传说汉代夜郎国王生大竹中，故名。⑤ 踯躅花：即杜鹃花。杜鹃：鸟名。⑥ 骑鲸：指李白的逝世。⑦ 金薤（xiè）：指李白作品。韩愈《调张籍》："平生千万篇，金薤垂琳琅。"青荧：喻光彩。

一千二百年前，飘逸如神仙谪世的李白，曾带着醉中奇情，作过一首脍炙人口的《把酒问月》诗。后来的丹青家受了此诗的激发，又画成了"李白问月"之奇图。这奇图,而今就挂在六百年前明初诗人张以宁的面前,引发了他以诗题画的磅礴意兴。

人们当然已无法窥见,那丹青家是怎样将原作之诗境,化为画面空阔而又形象鲜明的视觉意象的。但画面中心定有位傲岸的诗人,正仰对"皎如飞镜临丹阙,绿烟灭尽清辉发"的高天圆月而"停杯一问"(李白原诗之句),则是无可怀疑的。此诗的起笔,正抓住了这一画境之神,以"谁提明月天上悬"的突兀问句,表现了李白醉立天底、仰首"问月"的飘洒气度和孤傲狂态。那劈空而问之音犹未消歇,作者即又挥洒巨毫,铺染那"九州荡荡清无烟"的寥廓夜景。于是在孤傲屹立的李白身后,刹那间展出了一个朗月照耀下的无限广阔的世界——它又显得何其清奇和空灵!

这或许就是李白当年置身过的奇妙月夜?那"但见宵从海上来,宁知晓向云间没"的清朗圆月,自然还交织着纷纭多彩的神话烟云,激发过这位诗仙的缥缈思致,发出了"白兔捣药秋复春,嫦娥孤栖与谁邻"的奇问。这奇问穿透六百余年的时光,再次引发了张以宁题画诗的意兴。诗中由此从"天东天西走不驻"的月升月落之中,化出了奔月的"姮娥",砍桂的"吴刚",和宵夜不眠的捣药玉兔等纷至沓来的缥缈意象。诗人甚至想象:经过了如许时光的流逝,那嫦娥或许正如李白奇想中的"麻姑"一样,也早已鬓发苍苍,无复传说的青丝妙曼了吧?她年年岁岁空闻吴刚砍树的"閧閧"斧声,和玉兔捣药的终宵杵音,又怎能不玉颜凋零、凄凄衰老!倘若"天翁"(天帝)下临月宫巡视,恐怕也会为她的孤寂晚境哀怜、叹息的罢?这一节描述,显然均从李白原诗问月之意中化出;但想象之葱茏、神奇,却又有过之而无不及,显示了张以宁自身的创造才华。

但《李白问月图》的画意,毕竟并非只在天上之月。一位在月下独酌的壮士,竟至于将满腹的疑端,去向云汉邈邈中的冷月发问,则他的胸际,定是蓄满了无可告语的苍凉和悲慨无疑。此诗中间一节,即于仰首望月的奇思中翻转笔锋,折入了对"问月"主人公李白情思的怫郁抒写。月中嫦娥的命运是凄苦的,那被传为天上"谪仙"的李白,又何尝不是如此!当年他"仰天大笑出门去"、"谒帝称觞登御筵"的时候,曾满怀"使寰区大定,海县清一"的多少壮志。但在唐玄宗眼中,却只将他视为专供娱乐的文学弄臣,时时命他为《霓裳羽衣曲》之类填写新词而已!在通向理想的"虹桥"忽然断裂,他终于披着"锦袍",被朝中权臣排挤出京后,心间又该是怎样悲凉和"茫然"!"竹王祠前雾如雨,踯躅花开啼杜鹃"二句,则又展出了李白晚年流放夜郎的凄惨一幕:当杜鹃花开得一片火红,林间的杜鹃鸟也悲啼着"子归!子归!"的时候,这位诗仙却正踯躅在夜郎王祠庙的雾烟之中，回首天涯何时方有归期？

画中出现的诗人李白，就是这样一个经历了人生浮沉和飞来横祸的悲愤狂士。难怪他仰对天上明月的圆而忽缺，不禁要慨然啸叹"人间尘土多莫贤"了！张以宁对画中李白形象的再现，正因联系着他那壮志难伸的坎坷身世，这伤怀和啸叹，便仿佛不是发自作者笔底，而是直接传自数百年前的李白胸际，造成了画中人物如欲长啸而下的独特效果。于是那"举杯问月月不言"的醉狂诗人，便带着当年"月下独酌"时那种"我歌月徘徊，我舞影零乱"的无限凄楚，仿佛真在作者眼前醉舞放歌起来：作者分明见到了，那无边秋夜中长风"吹海"的涛涌涛灭；听到了李白手中，那"沧波"翻卷般的酒激"金尊"之声。这是"无言"之中如海怒涌的哀愤之激荡，这是孤傲壮士折翮九天的悲慨之啸鸣！此刻万籁俱歇、夜月高悬，更有谁能再倾听诗人"阊阖九门不可通，以额叩关阍者怒"（《梁甫吟》）的失望，慰藉他"大道如青天，我独不得出"（《行路难》）的苍凉？所以，当作者的题画诗写到"相期邈邈在云汉，呜呼此意谁能传"时，连他自己也不禁为画中李白的"问月"不言之痛，而同悲共哭了！

当年李白"把酒问月"的时候，曾极不甘心地发出过"古人今人若流水"的喟然叹息。但他在临终之时，则又以"余风激兮万世"之句，表达了对自身的才气和豪情，将永垂后世的信心和寄望。到了张以宁以诗题画的时候，他固然为李白的不幸遭际激得感慨呜咽，但面对着李白逝世千年以来所赢得的莫大诗名，又感到不胜敬仰和骄傲。"骑鲸寥廓忽千年，金薤青荧垂万篇"二句，就正于放情抒写诗人"把酒问月"之悲中一顿，忽以雄迈的笔力，展出了李白身后光耀千古的奇境。他那"金薤"般璀璨的诗篇，不仅没有付诸流水，而是历久弥新，给了无数同调者以追求光明、走向人生自由不羁的勇气和力量！当年李白在痛苦之中，曾愤懑地指斥过那如"浮云"遮蔽了白日的奸邪朝臣（见《登金陵凤凰台》）。现在，作者却深情地告慰诗人说，那飘浮一时的"浮云"又算得了什么？因为你所留下的诗名，已使你自身化成了高悬青天的明月，它清满澄明、朗照"终古"，是再也没有谁可以将你遮蔽的了！

全诗以画中那高悬天上的明月起笔，至此又以"终古"高悬的明月收结。但这一轮"明月"，已不再是李白当年把酒而"问"之月，而是为千万诗章如众星般拱卫的诗仙自己之化身。于是读者的眼前，那丹青家所画的《李白问月图》，便与作者的题诗渐渐交融成一片；并因了题诗结语的朗丽奇喻，使画上举觞的孤寂诗人，也刹那间升立空阔无限的时空，而与那轮高悬在天的明月叠印交汇，终于分不清哪是悠邈的月华，哪是诗人放射的熠熠光华了。以诗题画，又使画境在题画诗中得到升华,这正是张以宁《题李白问月图》所超越于原画之处;而诗中所激荡着的对李白遭际的感慨呜咽、怫郁奔泻之情,更给了原画以赏叹不尽的奇蕴。

(潘啸龙)

严陵① 钓台②

张以宁

故人已乘赤龙去,君独羊裘钓月明。
鲁国高名悬宇宙,汉家小吏待公卿。
天回御榻星辰动,人去空台山水清。
我欲长竿数千尺,坐来东海看潮生。

〔注〕 ① 严陵:东汉严光,本姓庄,避明帝讳改,又名遵,字子陵。浙江余姚人。年少时与刘秀同游学,及刘秀登帝位,乃变姓名,隐避不见,披羊裘钓于泽中。刘秀遣使屡聘,授以谏议大夫,不受。耕于富春山,年八十余卒。 ② 钓台:即严子陵钓台。位于浙江桐庐西面富春山中,相传为严子陵垂钓处。有东西二台,各高数百丈,下瞰富春江。

这是一首纪游诗,写诗人游览富春山中严子陵钓台的感受。作者当时是朝廷的命官,而他赞赏的却是一心退隐的处士,其中深意,颇有回味的价值。

作为东汉光武帝的旧友,严光的不愿趋炎附势、极力回避退让、宁愿躬耕终身的高尚人格,从来就是人们津津乐道的话题。因此,张以宁睹台思人,首先就用两个对比鲜明的句子,强调并赞美严光的所作所为。句中"故人"指严光的故友、汉光武帝刘秀。汉时盛行"五德"说,认为五行相生相克,而汉代则属于火德,其祥瑞的征兆就是赤龙的出现,所谓"乘赤龙",即指刘秀登上了汉代君主的宝座。但他的朋友严子陵,却突然离群索居,身披羊皮袄,垂钓于月明山秀的富春江畔。那么,严光为何不愿出仕呢?颔联二句,是诗人的答复。诗人认为:鲁国的孔子并不以仕宦的业绩传名千古,但他的英名仍然光照千秋,比官位富贵更重要的,是人的尊严。或许严光之所以不愿为官,就因为汉代君王贱视公卿,将士大夫当作小吏使唤。而严光是从不受制于清规戒律的,当初刘秀即位后,多次遣人招严光进京,并亲赴严光下榻处,欲与故友作彻夜长谈。严光与刘秀共卧一床,竟将腿搁在了皇上的肚子上面,惹得观天象的官员大惊失色,说夜里观星象,发现客星侵犯了皇帝的星座。"天回"一句,就是对此传说的概括。本诗作者在此拈取这段传说,显然是有意宣扬严子陵不畏权势、不拘形迹的豪放脱俗。只可惜,如今这位高士再也不可能坐在这高高的钓台之上,只留下青山绿水,和一片空寂。作者惘然之余,亦想追踪严子陵的足迹,愿扬千尺长竿,垂钓于东海之上,永远脱离这喧嚣污秽的尘世。

当然，张以宁并未真正辞官退隐，但他决非故作姿态或假意妄言。为官受制，宁愿逍遥，实在是元末众多文人的共识。梅花道人吴镇曾感慨道："轩车韫斧钺，粱肉隐耻辱。"(《梅花庵稿·题画》)云林子倪瓒也说："富贵诎于人，曷若贫肆志。"(《富贵咏》)可见本诗反映的是当时的社会思潮。何况张以宁为官数十年，其中的酸甜苦辣，自然体会更深，一旦面对高士遗迹，遥想其清雅脱俗的一生，不免自惭形秽，当然也激发起他追求隐逸闲适生活的遐想。

清人沈德潜认为，在明人所有咏严陵钓台的诗篇中，以本篇为最出色，并且特别指出诗中"汉家小吏待公卿"一句得风雅之道，(见《明诗别裁集》)显然十分赞赏本诗作者敏锐的思想和犀利的笔锋。其实，张以宁之所以能够发此前人未尝说或不敢说的议论，恰恰在于他的一生基本上是不属于明代的。如前所述，元代的文化思想土壤滋养了他，东南地区文人孤高自赏、追求独立自尊的人格影响了他，从而使他以当时人的眼光，窥见了汉人严光无意出仕的真正隐情，也因此使得本诗洋溢着潇洒飘逸的精神。

(孙小力)

峨　眉　亭[①]

张以宁

白酒双银瓶，独酌峨眉亭。
不见谪仙人，但见三山[②]青。
秋色淮上来，苍然满云汀。
欲将五十弦，弹与蛟龙听。

〔注〕① 峨眉亭：亭名。一作蛾眉亭，又称捉月亭，位于采石矶(今属安徽马鞍山市)。世传唐代诗人李白游至采石，在水中捉月，故以名亭。月牙弯弯，形似美女蛾眉，故又名蛾眉亭。② 三山：山名。位于江苏江宁西南，其山积石，滨于长江。山有三峰，南北相接，故名。

本篇是作者游访采石峨眉亭，缅怀大诗人李白所作。

先圣孔子曾说："仁者乐山，智者乐水。"可见临山傍水之际，最撩文人情思。何况本诗作者登临长江之滨此所亭阁的时候，正值木叶飘零，满目秋色。于是，诗人茕茕独立，把酒临风，既怀古昔才哲，对前人的踪迹追索寻觅；又抒万种愁肠，为自己的现实感慨不已。终于，他将胸中蕴积着的所有热情和不平，都凝成了浩歌一曲，送给了青春不老的山峦，抛向这奔腾不息的江涛。

诗的起首二句，说明诗人所处地点及其所为，含蓄地点出了他此行的目的。酒液澄澈，泛着银光，诗人独饮双瓶，显然是特意携带佳酿到此凭吊古人、畅饮尽性的。也许他感觉十分寂寞，欲与诗仙会晤长谈，然而，李白是终究见不到了,三、四两句,诗人转写他的失望:江山依旧,人事已非,那从天界谪往凡间的诗仙李太白早已骑鲸逝去,唯有这青山永远耸立,默默地注视着面前的每一位游人。山岭苍翠,亘古不变,可人生却太为短暂,即使是李白那样的天才诗人也无法长留人间,诗人念及于此,不禁悲从中来,绚丽的秋景在他的眼里也刹时丧失了光彩。五、六两句,写秋意自北而南地渗透弥漫开来,空中水面,一片萧瑟。正如诗人在另一首吟咏峨眉亭的七律中所描述的:"淮云白白鸟飞尽,山日苍苍猿啸哀。"此情此景,不胜凄楚。苦于找不到倾诉的对象,诗人最终打算将自己的无限哀思,化作悲歌一曲,撒入江水之中。相传上古伏羲氏曾命素女弹奏五十弦瑟,琴声悲切万分,伏羲喝令罢奏,素女却情不自禁,无法住手,伏羲只好把琴弦减去一半。(见《汉书·郊祀志》)可知五十弦瑟的琴声过于凄苦。而本诗作者的心思非得要五十弦来传递,足以表明他当时的心情。

张以宁专程到峨眉亭瞻仰凭吊并非偶然,因为他尤其仰慕李太白的为人,尤其青睐李太白的诗歌。他曾说:"晓读谪仙诗,夜梦谪仙人。"又说:"予亦浩荡云林客,乞与飞淙洗心魄。"(见《题李太白观瀑图》)他渴望能像诗仙一样,纵横啸傲,留不朽杰作于千秋万代之后。因此,当他追索李白的足迹来到这山水之间时,禁不住感叹说:"异代登临悲赋客,百年沦落忆雄才。"(《题采石峨眉亭》)因此,他诗歌的风格经常酷似李白。

清人沈德潜选评《明诗别裁集》时对本诗后半部分特别欣赏,称赞说:"'秋色淮上来'二十字,何减太白?"其实,李白那种一气呵成的坦荡,以及"天然去雕饰"的朴实,自始至终贯串于全篇,所以本诗读来琅琅上口,而且颇具亲切感,使人明显感受得到诗人缅怀李白的热情,以及壮志难酬的苦痛。 (孙小力)

宋 濂

【诗人小传】

(1310—1381) 字景濂,其先金华潜溪人,至濂迁浦江(今属浙江)。元至正中,荐授翰林编修,以亲老辞。后与刘基等人同被朱元璋征至南京,以文学受知,用为左右。洪武二年充《元史》总裁官,官至侍讲学士。为"开国文臣之首"。洪武十三年,长孙慎坐胡惟庸党,明太祖欲置濂死,皇后太子力救,乃安置茂州。次年卒。正德中追谥文宪。有《宋学士集》。濂为明初著名学者和文学家。散文直接继承唐宋诸大家,诗亦以韩柳为宗。

晓 行

宋 濂

荒鸡一再号,驱车事晨征。寥寥秋风肃,况此华月明。万顷琉璃中,著吾一身行。肝胆尽冰雪,毛发亦含清。超然鸿蒙初,顿觉百虑冥。安得王子乔,为言此时情。

宋濂是明初文坛领袖,以散文擅名于世。诗歌虽非其所长,但也不乏妙句佳篇。王世贞就肯定他的诗"严整妥切",与其散文的成就相差不远(《明诗评》)。他的古体诗,气韵雄长浑厚,篇制宏巨,颇具个性。但这里选的《晓行》,却别具一格,它短小清新,以恬淡旷远见长。我国古代诗人,为了寻求一种精神慰藉,使自己的思想拉开同现实处境的距离,往往借助某种景物、事象,创造出一种适合主体情思的意境,借以表现自己的情志。宋濂这首诗的创作,就属这种情况,是即景抒怀之作。它借晓色中的秋风明月之胜,幻化出一个澄澈淡远的鸿蒙世界,以寄托自己清超恬淡、物我同归的情怀。

所谓意境,就是创作主体的"意"与客观存在的"境"融合一体所形成的一种艺术境界。宋濂这首诗,"晓行"借"肝胆冰雪"、"毛发含清"的外形描写,表现自己被造物净化以后表里澄澈,以寄超尘脱俗、似入鸿蒙之趣;这是幻化而成,饱含着创作主体的"意",是诗人深层审美的反映,具有寻绎不尽的韵味。

此诗浑茫淡远的意境,对人有极强感染力。其中的"自然"特点与"幻化手法"尤其值得重视。就"自然"特点看,《晓行》的内容安排就如天然生成。诗的一、二句写荒鸡半夜报时,"我"备车上路;三、四句写"我"在路上行进时,空阔的原野吹来清冷的秋风,无边的天宇洒满如水的月光,自然界一片萧索虚静、空寂浑茫;"万顷琉璃中,著吾一身行"写"我"对这一环境的最初感受,他感到这是一个如琉璃般明洁纯净的世界,在这个世界中万品俱寂,唯他一人在活动,在感知;"肝胆尽冰雪,毛发亦含清,超然鸿蒙初,顿觉百虑冥",写"我"被境所化,似乎纷繁的世务、无穷的尘思都已忘失寂灭,心灵已洁如冰雪,甚至连毛发也"含清"了,身子像回到了宇宙的混沌状态,飘飘然恍若成了脱离人世的仙人;最后写希望见到传说中的古仙人王子乔,验证自己在此时此地所体验到的"仙人"的况味。本诗的题旨在于告诉读者,诗人在一次晓行中曾体验到超凡脱俗的境界,享受到"物我两忘"的瞬间欢乐。全诗从夜起上路到路上所见所感,再到被境所化,似成仙人,自始至末如平川流水,清平婉顺,极其自然。作者信手取词,随意运笔,意来境出,如云出岫岩,都能给人以"本来如此"之感。

此诗在意境创造上的另一特点是运用幻化手法。古代诗人运用幻化手法，往往是受了玄学与禅宗"顿悟"的影响。宋濂曾潜心佛、道之学，谙熟"悟"理。这诗的幻境，正是由"悟"而来。"肝胆尽冰雪，毛发亦含清"之境，就是他那超然遗世的主体情思与风清月白、万品俱寂的客观之境突然相撞以后，通过顿悟幻化而成。离开"悟"，这种带有虚幻迷离色彩而又极富艺术魅力的意境是无由产生的。但要真正"悟"出一个艺术高境，还必须有思想、生活为基础。古人认为，只有"悟入深，体裁正"，才能创造出具有艺术魅力的意象。宋濂表现于诗中的对虚净浩茫的鸿蒙世界的成功勾勒与虔诚崇拜，也正与他的思想、生活有关。他的哲学观认为心与天地同大，可以涵濡万物。所以"肝胆尽冰雪"，不光是外在的"万顷琉璃"濡染的结果，更重要的是超然世外、物我同归的内心外化所造成，有着强烈的主观色彩。这一句似乎是化用张孝祥《念奴娇·过洞庭》词中的"肝胆皆冰雪"句，但张的意思是说自己为官，心中清廉纯洁。一在物外，一在物内，两者截然不同。宋濂一生积极用世，但他所处的元末社会，"彩凤无华，山狸有文"，极其黑暗。他愤叹自己"学道三十年，不能见其一割之用"，所以向往一个超脱现实的理想境界以为精神的慰藉。这也就是他崇拜虚净浩茫境界的一个重要原因。

全诗既无丽词警语，也不使事用典，疏朗自然，宽松舒徐，与主人公虚净恬淡、超然物外的情趣完全一致，可谓形式与内容高度统一。宋濂是忠诚的入世主义者，有为国家社会建功立业的强烈愿望，但同时他又以淡泊自然为美，向往返朴归真，可见一个人的思想志尚是多侧面的。

（陈葛满）

蕊珠岩① 宋 濂

吟上蕊珠岩，诗成不敢写。
疑有绿毛仙②，洗髓梅花下。

〔注〕① 蕊，同蕊。道家传说天上上清宫内有蕊珠宫，为神仙所居。蕊珠岩在何地不详。② 绿毛仙：据道教传说，道士在深山修炼，不食人间烟火，岁月久了，身上会长出绿毛。曹松《赠道人诗》云："阆苑驾将雕羽去，洞天赢得绿毛生。"

宋濂为明初开国文臣之首，乃一代儒宗，以文章理学名于世，曾作自题画像《白牛生传》云："生好著文，或以文人称之，则又艴然怒曰：吾文人乎哉？天地之理，欲穷而未尽也，圣贤之道，欲凝之而未成也，吾文人乎哉！"从这篇文章看来他鄙薄文人，以继承道统自命，真是迂腐得很。然这仅是他为人的一个方面。他生于元武宗至大间，在元代度过了他的大半辈子，元代自由疏放的文化氛围不可能不对他产生影响。他好佛，自称"濂自幼至壮，饱阅三藏诸文，粗识大雄氏所以见性明心之旨"(《佛性圆辩禅师塔碑铭》);又好道,元至正中还曾"入仙华山为道士"(陈继儒《太平清话》)。因此他的学问,包括诗文的风格,相当驳杂,并非一味地淳正典雅,"游心于沂泗之滨"。其诗留存下来的不多,然诗为心声,不多的诗篇亦往往逗漏出他的有异于道学家的闲情别趣。此《蕊珠岩》正是这样一首小诗。

这首诗刻画了诗人在深山幽岩中的情思,清灵绝俗,充满了仙气,当是宋濂在仙华山当道士时所作,蕊珠岩或许就是仙华山上的一处胜景吧!某一天,诗人在道观中做完功课,心中充满了飘飘欲仙的灵气,掩卷步出山门,径往葱秾幽峭的山岭间行去。层峦叠嶂,群峰合抱,隔绝了人世间的尘氛。他灵感来了,边走边吟诗,登上了蕊珠岩。蕊珠宫是仙人的居住,蕊珠岩也一定有仙人的遗迹吧!或许正有得道的高士在潜心修炼,在梅花树下洗髓伐骨,脱去凡胎。想到此,生怕惊动了仙人,作者诗成也不敢写了。

作五言绝句最讲究要有韵味,全诗才二十字,要在短短的二十字中刻画出作者的一种情致,非有深含的意蕴不可。譬如撞钟,木槌不过一撞,然余音却可盘旋于周际,久而不绝,这便是韵。这首诗便十分富于韵味,它前二句落在"不敢写"上,为什么不敢写?因为环境太幽深寂静。为了突出这样的感受,诗人在末二句写了想象中的岩上景象:"疑有绿毛仙,洗髓梅花下。"短短十个字,戛然而止,然一种超尘绝俗,不类人世间的气氛已跃然纸上,充满了古怪、离奇、神秘,甚而有些恐怖的色彩,给人以强烈的艺术感受。

(刘明今)

刘基

【诗人小传】

(1311—1375) 字伯温,青田(今属浙江)人。元至顺进士,曾任江西高安县丞、江浙儒学副提举等职。因受排挤而弃官归隐青田山中。著《郁离子》以寓志。后应朱元璋召请,筹策立命,参与机要。明初任御史中丞兼太史令,封诚意伯。洪武四年(1371)辞官。后为宰相胡惟庸所谮,忧愤而死。一说被胡惟庸毒死。刘基在元末即以诗文称,其诗沉郁雄浑,尤长于古体,为明初一大家。许学夷论明初诗坛称:"才情之美,无过季迪;声气之雄,次及伯温。"(《诗源辨体》)有《诚意伯文集》。

蜀 国 弦[①]

刘 基

胡笳拍断玄冰结[②],湘灵曲终斑竹裂,为君更奏蜀国弦,一弹一声飞上天。蜀国周遭五千里③,峨眉岿岿连玉垒④,岷蟠出水作大江,地砉天浮戒南纪⑤。舒为五色朝霞晖,惨为虎豹噪阴霏,龠为千嶂云雨入⑥,嘘为百里雷霆飞。白盐雪消春水满,谷鸟相呼锦城暖,巴姬倚歌汉女和,杨柳压桥花纂纂⑦。铜梁翠气通青蛉⑧,碧鸡啼落天上星⑨,山都号风寡狐泣⑩,杜鹃呜咽愁幽冥⑪。商悲羽怒听未了⑫,穷猿三声巫峡晓⑬,瞿塘喷浪翻九渊⑭,倒泻流泉喧木杪。楼头仲宣羁旅客⑮,故乡渺渺皆尘隔,含凄更听蜀国音,不待天明头尽白。

〔注〕 ①蜀国弦:乐府古题。李贺有《蜀国弦》诗,王琦注引《乐府古题要解》云:"《蜀道难》备言铜梁玉壶之险,又有《蜀国弦》,与此颇同。" ②玄冰:黑色的冰。 ③周遭:周围。 ④峨眉:峨眉山。玉垒:山名,在四川都江堰市西北。杜甫《登楼》诗云:"锦江春色来天地,玉垒浮云变古今。" ⑤砉(xū):物相杂声。南纪:《诗·小雅·四月》:"滔滔江汉,南国之纪。"意谓江汉之水可经纪南国之众川,使不壅滞。后遂称南方为南纪。"纪"兼有治理、准则之意。 ⑥龠:统一协调之状。 ⑦纂纂:聚集貌,通攒攒。 ⑧铜梁:山名,在重庆市合川区南,连亘二十余里,以秀丽称。山上有石梁,色如铜,故以之名山。青蛉:汉县名,属越巂郡,以境内有青蛉水得名。治所在今云南大姚县。 ⑨碧鸡:山名,在四川西昌市。另成都有碧鸡坊,云南昆明市西有碧鸡山。《汉书·郊祀志》:"益州有金马、碧鸡之神,可醮祭而致。"注:"金,形似马,碧,形似鸡。"汉晋间置益州郡,其地及于今之云南省。 ⑩山都:兽名,即狒狒。《尔雅》郭璞注:"其状如人,面长,唇黑,身有毛,反踵,见人则笑。" ⑪杜鹃:鸟名,传为蜀古帝杜宇之魂所化。 ⑫商、羽:分别为"宫、商、角、徵、羽"五音之一。商声凄怆,羽声则忧慨(见《战国策·燕》)。 ⑬"穷猿"句:《水经注·三峡》引渔者歌曰:"巴东三峡巫峡长,猿鸣三声泪沾裳。" ⑭"瞿塘"句:三峡中有瞿塘峡,最险。两崖峻立,一江中贯,滟滪堆正当其口,于江心突兀而出。于是江水击石,白浪滔天。 ⑮仲宣:汉末王粲字。

刘基诗截然地可分为两部分:元季之作悲愤激越,词多感慨,使人读之踯躅思奋,情不能已;入明之后则一变而趋平正,优游闲雅,托兴微婉,感人的力量亦大大减弱。此诗通过对蜀国奇谲幽诡的山川景物的描写,抒发了自己盘郁难解的忧思,就其内容与风格而言,均应属于前期的作品,另诗末提到汉末的王粲,似以粲自喻。王粲,山阳高平人,建安初避难荆州,依刘表,未获重用,心怀沉郁,乃作《登楼赋》。刘基在元至正二十年(1360)依附朱元璋之前曾三次出仕元廷,任江西高安县县丞、浙东元帅府都事等职,均因得罪上司而辞去,情事颇与王粲相近。当时他曾有《水龙吟》词写道:"鸡鸣风雨潇潇,侧身天地无刘表,……问登楼王粲,镜中白发,今宵又添多少?"与此诗末四句"楼头仲宣羁旅客,故乡渺渺皆尘隔。含凄更听蜀国音,不待天明头尽白"如出一辙,因此这首诗很可能也是仕元时期的作品了。

西蜀为天府之国,风物绮丽,为世所称,然山川险阻,古有五丁开道的神话,这样便在外人的心目中增添了许多神秘的色彩。六朝乐府瑟调曲即有以"蜀道难"为题者。其后以此题材写乐府诗的颇多,最著名的是李白的《蜀道难》及李贺的《蜀国弦》。刘基此作显然受了二李的影响,其丽辞诞语似李贺,诗之立意与气势则似李白。

全诗二十八句可分为三部分:首四句即物起兴,点出"蜀国弦"之篇题,为全诗之"兴";中间二十句铺陈刻画,极言蜀国山川险峻,风物堪悲,为全诗之"赋";末四句借王粲登楼的典故,抒写自己的衷曲,则有些近于"比"了。

"胡笳"句以蔡琰事起兴。蔡琰,伯喈女,汉末遭逢兵乱,为胡骑所获,在匈奴右贤王部伍中十二年,生二子,后为曹操赎归。《别传》记载她曾"春日登胡殿,感笳之音,作诗言志"。乐府《琴曲》歌辞有《胡笳十八拍》,咏其事云:"笳一会兮琴一拍,心愤怨兮无人知。"此谓胡笳声悲,十八拍奏毕已是天地惨冽,万物愁凝,全无生气了。"湘灵":虞舜的二妃娥皇、女英。舜南巡,死于苍梧之野,二妃追之不及,相思恸哭,眼泪洒在竹子上,染成斑竹。《楚辞·远游》云:"使湘灵鼓瑟兮,令海若舞冯夷。"此谓湘灵曲调悲怨,一曲终了,斑竹亦为之爆裂。以上所写胡笳之声或湘灵之曲都是摄人心魄的音乐,作者由之想到了"蜀国弦",其声哀怨,感地动天,丝毫也不亚于前二者。所谓"蜀国弦"并不是真有这样一曲描写蜀国的弦乐,而是指西蜀山川景物风土人情所蕴结的一种激越悲凉之气。

"蜀国"以下四句写西蜀的山川地理:周围五千里,其间矗立着岧峣的峨眉山、玉垒峰,岷山则蟠踞在川北,岷江自此流出,衍为浩浩荡荡的长江。天为之开,地为之坼,南方江河湖渎因此而疏畅,各安其流。"舒为"以下四句写西蜀变幻无定的风云:或舒展为五色的朝霞,或聚集为阴霾可怖的雾气,或凝为云雨,洒遍千山万岭,或化为雷电,震荡百里的长空。西蜀的自然景物有突兀奇幻的一面,亦有浓丽娇媚的一面。春天来临,似白盐一般的山雪融化了,春水涨满了溪涧,啼鸟此呼彼应。有"锦城"之称的成都更是春意洋溢,巴姬歌,汉女和,桥边杨柳笼烟,繁花簇簇,一派旖旎的景象。此外蜀国还有许多凄切动人的传说:据说合川县铜梁山十分秀美,有翠气与云南青蛉水相通;古益州有山,为碧鸡之神所化,引吭而啼,声彻寰宇,星辰亦为之摇落;还有通灵似人的狒狒,迎风而号;新寡的野狐,伤心而泣。杜鹃鸟的啼声就更凄惨了,它是蜀古帝杜宇之魂所化,悲其失国,日夜鸣咽。这些声音,使人闻之兴叹。诗人形容它如商声之悲,如羽声之怒。更何况还有巫峡的猿啼,瞿塘峡喧豗的惊涛、飞瀑,这一切共同构成了一曲凄恻激愤的交响乐,这便是"蜀国弦"的主调。正如李白所咏写的:"蜀道之难,难于上青天,使人听此凋朱颜!"于是作者的思绪很自然地由自然景观转向人生,引出末四句王粲式的感叹。

汉王粲《登楼》一赋对后世文人影响极大,其赋以主要篇幅写了自己的乡关之思,如云:"遭纷浊而迁逝兮,漫逾纪以迄今。情眷眷而怀归兮,孰忧思之可任?"然他之所以思乡,乃在其怀才不仕,这才是作者真正感到伤心之处,所谓"惧匏瓜之徒悬兮,畏井渫之莫食"。刘基引王粲为同调,为之伤心而头白者也正在这点上,故他所咏写的"蜀国弦"的主调也是悲中有愤,哀中有慷慨之志。

刘基诗在元明之际独树一帜,以风格奇崛,思想意蕴深沉见称。他诸体兼长,但最能体现他诗歌创作特点的乃是乐府。这首诗以铺陈蜀国奇异的风物为主干,以咏写自己的情怀为结穴。然全诗处处饱蕴着一股磊落不平之气,铺陈景物与咏写情怀是密切交融的,蜀国奇伟多姿、奔腾喧豗的山川也正是作者慷慨激越的情怀的写照。

(刘明今)

旅 兴　　　　刘 基

倦鸟冀安巢①,风林无静柯。路长羽翼短,日暮当如何?登高望四方,但见山与河。宁知天上雨,去为沧海波。慷慨对长风,坐感玄发皤②。弱水不可航③,曾城岌嵯峨④,凄凉华表鹤⑤,太息成悲歌。

〔注〕　① 冀:希望。　② 皤(pó):素白色。　③ 弱水:古人称水浅不通舟楫为弱水,意为水弱不能胜舟。　④ 曾城:即层城。古代神话谓昆仑山有层城九重。　⑤ 华表鹤:据《搜神后记》记载:丁令威本辽东人,学道于虚灵山,后化鹤归辽,集城门华表柱,言曰:"有鸟有鸟丁令威,去家千年今始归。城郭如故人民非,何不学仙冢垒垒?"

刘基共写有《旅兴》五十首,此是其中第二十三首。他另有《感怀》三十一首,《杂诗》四十一首,都是与此题材风格相近的组诗。像这样以一系列五古来抒发个人的情感,最早是阮籍的《咏怀》八十二首,以后有庾信的《拟咏怀》、陈子昂的《感遇》、李白的《古风》等,它们都是风格浑古,情思勃郁,充满了对世事的忧患与人生的感叹。比较而言,刘基所写的《旅兴》、《感怀》情绪尤为深沉激烈,与阮籍相近。这是因为他们都处身王朝更替之际,饱经忧患,其时代与身世都相仿佛的缘故。此《旅兴》五十首当作于元末刘基投奔朱元璋之前。

刘基于元至顺四年(1333)中进士,至元二十年(1360)依附朱元璋,中间二十余年间曾三次出仕,三次去官。第一次为江西高安县丞,"以廉节著名,发奸摘伏,不避强御",因而被豪右勾结蒙古贵族所陷害。第二次任浙东元帅府都事,时方国珍起义,刘基以剿抚事与上司意见不合,被斥为"自擅威福",羁管绍兴。其后又一度在枢密院判石抹宜孙部下任总管府判,亦以所陈不用受压制,不得已弃官归隐青田山中。当时他心情甚为矛盾,仕途险巇,动辄得咎,仕不能仕;干戈四起,战火延烧,隐亦不能隐,而且长期退隐也与他济世之志不合。正如《旅兴》其四十一所点明:"美人隔千里,山河杳漫漫","愿以绿绮琴,写作行路难",情怀郁结,不得不藉诗歌一泄愤懑了。

全诗前四句正是这一矛盾境遇的写照。刘基在一而再、再而三的打击下,对仕途已感到厌倦了,希望有一安乐窝可以托身。但是树欲静而风不止,天下大乱,哪里去找清静而与世无争的隐居之处呢?譬如一只铩羽的鸟,面对着漫漫的长途,西沉的落日,即使它还想飞翔,又怎能再继续飞翔呢?"登高"以下四句写望中所见,暗喻元末的局势:山河千里,蜿蜒不绝,"宁知天上雨,去为沧海波",中间最变幻不定使人莫测的莫过于苍茫的云水了,一会儿是天上的雨,一会儿又化为沧海的波涛,这正如当时动荡不已的战局,或作者浮沉坎坷的仕途。对此诗人不禁感慨系之:"慷慨对长风,坐感玄发皤。"徒怀壮志,一事无成,岁月消磨,头上的黑发渐渐地变成了白发。前途如何呢?诗中譬之为一汪不可通舟楫的浅水,一脉高耸难越的昆仑山。可见诗人十分悲观,仍看不到希望,甚至预见到元室的倾覆,那时候天崩地裂,山河改色,一切都变了样。当然作者写此诗时还是忠于元室的,故用丁令威化鹤的典故来表示他对世事沧桑的忧念,日后他辅佐朱元璋成帝业时便不会有这样的感情了。

(刘明今)

春　蚕　　　　刘　基

可笑春蚕独苦辛,为谁成茧却焚身①。
不如无用蜘蛛网,网尽蜚虫不畏人②。

〔注〕① 焚身:指缫丝时先把茧投入沸水中烧煮。 ② 蜚:通飞。

历代咏蚕诗不少,大都着眼于蚕事。较著者如唐杜荀鹤的《蚕妇》:"年年道我蚕辛苦,底是浑身著苎麻?"哀叹蚕妇贫穷,反不得衣帛。宋范成大《春日田园杂兴》:"坐睡觉来无一事,满窗晴日看蚕生。"此是写诗人自己的情趣。这些严格说来不是咏蚕诗,因为它没有认真地赋物。真正咏蚕诗不多,一般均着眼于蚕牺牲自己,衣被生民的特点。如唐于濆《野蚕》诗云:"野蚕食青桑,吐丝亦成茧。无功及生人,何异偷饱暖?"

刘基这首诗题为"春蚕",由此读者很自然地想到李商隐"春蚕到死丝方尽的名句,然刘诗的立意全然不同。刘基没有赞赏春蚕的牺牲精神,却就此提出"为谁"成茧、焚身的问题,进而他还把蚕与蜘蛛相比较。就常识而言,蚕与蜘蛛都吐丝,一成茧,一织网,一有益生民,一只顾自己口腹,二者优劣十分明显,但作者却标新立异地提出蚕不如蜘蛛。为什么呢?因为蚕之牺牲带有盲目性,蜘蛛则捕捉飞虫,所捕大都是蚊蚋之类害虫,而且还有一个鲜明的特点:"不畏人"。蜘蛛怎么会不畏人呢?想来是因为蜘蛛不择地而结网,不管什么雕梁画栋、绮阁朱门,只要人迹不常去,它就不嫌难看地大着胆张网捕虫。故所谓不畏人,乃是不畏人嫌之意。

元初郝经有一首《蚕》与刘基这首很相近,写道:"作茧方成便弃捐,可怜辛苦为谁寒?不如蛛腹长丝满,连结朱檐与画栏。"刘基此诗明显地受郝经的影响,但二者的优劣也是判然的。郝经也就蚕为谁辛苦提出疑问,然对蜘蛛的肯定仅在其悠然自乐,能在朱檐画栏间张网。但因为蜘蛛的享乐态度其实并不值得肯定,所以前面对蚕的为谁辛苦的疑问也站不住脚了。刘基此诗则不然,他以蜘蛛的不畏人言、敢于诛除丑恶的精神来反衬春蚕的盲目献身,因而所提的疑问是有力的,并能引起人们的思考。献身精神,一般说来总是得到人们赞扬的,如文天祥的《正气歌》,于谦的《石灰吟》,均歌颂了这一精神,且鼓舞了后世无数的志士仁人为国家、为百姓英勇牺牲。但是当一社会处于某种特殊的时刻,传统的价值观念被扬弃,新的价值观念未确立,人们失却了精神支柱,惶惶然不知所从,这时候人们便会提出为什么献身的问题。刘基这首诗表现了在他那个特定时代的知识士人的一种典型心理。

(刘明今)

梁 甫 吟[①]　　　　刘 基

谁谓秋月明?蔽之不必一尺翳[②]。谁谓江水清?淆之不必一斗泥。人情旦暮有翻覆,平地倏忽成山溪。君不见桓公相仲父,竖刁终乱齐。秦穆信逢孙,遂违百里奚。赤符天子明见万里外[③],乃以薏苡为文犀。停婚仆碑何震怒,青天白日生虹蜺。明良际会有如此,而况童角不辨粟与稊[④]。外间皇父中艳妻,马角突兀连牝鸡,以聪为聋狂作圣,颠倒衣裳行蒺藜。屈原怀沙子胥弃,魑魅叫啸风凄凄。梁甫吟,悲以凄。岐山竹实日稀少,凤皇憔悴将安栖?

〔注〕①梁甫吟:乐府古题。　②翳(yì):掩蔽物。　③赤符天子:汉光武帝。　④童

角：童子。幼童束发如角，故称。

古乐府《梁甫吟》咏齐晏子二桃杀三士事，立意在伤悼忠不见用，反遭构陷。刘基此《梁甫吟》仍沿袭古题本义，铺陈为之，然情思勃郁，意气激荡，比原作有过之而无不及。

全诗可分三段，前六句为第一段，先以自然现象起兴：极小的云气可以遮却皓洁的月光，微末的泥沙可以使澄明的江水变得混浊，人情世故翻覆多变，又何尝不是如此呢？接下由"君不见"至"魑魅叫啸风凄凄"为第二段，以"君不见"起头，历数几千年历史上小人进谗，忠良见嫉，贤愚不辨，黑白颠倒的史实：春秋时期齐桓公以管仲之谋，"九合诸侯，一匡天下"，遂成霸业。然他又宠信侍从竖刁、易牙、开方等奸人，身未死而国已乱，以致停丧六十日，尸虫出于户。（见《史记·管晏列传》）秦穆公以五羖皮赎百里奚于楚，用之，七年而秦霸。但后来听信大夫逢孙之谗，疏远百里奚，出师袭郑，结果惨败于殽。（见《史记·秦本纪》）东汉马援南征交趾，为祛瘴气，常食薏苡，至大军凯旋时，还特地装了一车带回。后来马援卒后，就有人上书谮之，诬告马援所载一车皆为明珠文犀等宝物，光武帝因此震怒。（见《后汉书》）魏征以直谏著名，唐太宗曾许以公主许配其长子，但魏征死后，太宗不但断了婚约，还推倒了魏征的墓碑。这就如像荆轲慕义舍生，"白虹贯日"，燕太子丹却反而猜疑他一样。刘基写至此，不禁感慨系之。如齐桓、秦穆、汉光武、唐太宗，都算是历史上少的贤君，管仲、百里奚、马援、魏征也是难得的良臣，可是他们之间犹无端地生出这些冤屈不平之事，更何况遇到那些年幼登基，连粟米和稊草也分辨不清的皇帝呢！唐肃宗朝，飞龙厩供役使者李辅国擅权，与肃宗所宠的张良娣内外勾结，狼狈为奸，祸乱朝纲。张良娣以女子干预朝政，故称"牝鸡"，李辅国以宦官作威作福，当时讥之为"马长角"。至代宗朝，李辅国更被"尊为尚父，政无巨细，皆委参决"（见《旧唐书》）。此所谓小人当道，以聪为聋、以狂作圣的时代。其后果是广德六年（763）吐蕃攻陷长安，代宗仓皇地"出幸陕州"，故刘基此诗称为"颠倒衣裳行蒺藜"。此外吴国的伍子胥、楚国的屈原则更是沉冤难白，含愤以终了。这真是一个鬼魅横行，风雨凄切，令志士仁人伤心坠泪的岁月啊！末一段四句，作者由历史的回顾转入现实中来。作者为什么还要写这首《梁甫吟》，再一次唱起这千年来"悲士不遇"的古调呢？那是因为相传的凤凰故乡的岐山上，竹实日渐稀少，凤凰再也难觅栖身之处了。刘基另有一篇《述志赋》写道："乌鸢号以成群兮，凤孤栖而无所；楚屈原之独醒兮，众皆以之为咎。"与此诗主旨相近，同是一种沉郁之气、坎壈之况的抒发。

刘基此诗感情充溢，当是有激而发，非一般拟古之作可比，其寓意是相当明显的。刘基是元至顺四年(1333)的进士,对元王朝曾寄有殷切的期望,以故在至正间虽然三次被迫去官,但仍三次出仕。这真有些像屈原之于楚国,"虽九死其犹未悔了"。但他毕竟不同于屈原,没有走上殉忠元室的道路。在这首诗中他对千百年来君臣之际遇作了反思,"明良("明君良君"的省略说法)际会有如此,而况童角不辨粟与稊!"他悲愤愈甚,疑问愈增,离去之心也就渐萌了。"岐山竹实日稀少,凤皇憔悴将安栖",为什么凤凰定要饿死在岐山呢？他要为凤凰寻找生路,为自己治国平天下的抱负觅得实施的机会。这便是他写这首诗时的心理状态,日后他终于彻底醒悟,抛弃了对元王朝的一切幻想,追随朱元璋造反了。

沈德潜《明诗别裁集》评这首诗说:"拉杂成文,极烦冤瞶乱之致,此《离骚》遗音也。"确实是这样,本诗在结构上事先并无严密的安排,纯然是由奔放的激情所驱策,一气呵成。以上分三段,主要是赏析的需要,其实不分段,一口气朗读而下,更能体会其中妙处。刘基论诗主情、主气,称:"凡气有所不平,皆于诗乎平之。是故饮食非诗不甘,坐卧非诗不宁。"(《郭子明诗集序》)这首诗是刘基在极其"烦冤瞶乱"的情绪下写的,正是所谓"不平之鸣"。其句式、格调均与古乐府原著迥异,完全突破了前人的框架,一任胸臆为之。故诗中虽然用了许多典故,然元气淋漓,毫无滞涩之感。诗人烦冤郁积于心,一吐为快;读者则受其感染,诵而不能止,虽偶有不解之处,亦不免为其强烈的情感所慑服。

(刘明今)

五月十九日大雨　　　　刘　基

风驱急雨洒高城,云压轻雷殷地声①。
雨过不知龙去处,一池草色万蛙鸣。

〔注〕① 殷:震动。

绝句由于篇幅短小,所蕴含量又要求很大,所以往往采用开门见山的写法。这首诗是写大雨,一开始就展现大雨奇观。诗人站在高高的城楼上,眼见疾风驱使着大雨,倾倒下来,乌云密布,雷声隆隆,震撼大地。诗注重炼字,雨是"急雨",且被大风驱赶,洒向城楼,"急"、"驱"、"洒"三字,形象地表现出夏雨的骤猛。陪伴风雨的云是"压"向城;雷是"殷"地,又说明了黑云、雷电的迅疾、气势。杜甫《白帝》诗写雨景:"白帝城头云若屯,白帝城下雨翻盆。高江急峡雷霆斗,翠木苍藤日月昏。"李贺《雁门太守行》写云:"黑云压城城欲摧,甲光向日金鳞开。"刘基这两句诗摹写风云雷电,明显脱胎于杜甫、李贺,但更为集中。

前两句已把大雨写得十分畅满,所以后两句转写雨后。夏天的阵雨来得快,去得疾。一会儿,那兴云作雨的龙挟着雷电乌云,远远离去,眼前是万物清新,池塘水溢,青草滴翠,只有嘈杂的蛙鸣,不绝于耳。诗匠心独运,在震耳欲聋的雷声雨声后,仍写蛙鸣声,而两种声音,收到的是一闹一静的不同效果。雨后恬静平和的景象,与前两句磅礴威猛的雨景形成鲜明的对照,给人以回味。

前人论诗,以为唐人绝句初读不知其美,再读而觉其味无穷,以其多蕴藉浑和;宋人绝句初读令人口齿生香,再读则索然无味,以其工巧尖新。这只是一般情况。刘基这首诗在造词遣句上虽模仿唐人,但在立意框架上与宋人咏景诗相近,却写得闳阔浩漫,前后辉映,很耐咀嚼。刘基是诗人,更主要是政治家。政治家的胸怀往往与大自然的景况相融合,喜欢通过自然景观抒发人生的哲理,使天籁中赋有理趣。刘基这首诗虽然写的是雨,无疑又给人这样的启示:大风大雨虽然猛烈,但维持的时间决不会长久;一个人在生活中遇到挫折时,应当勇敢顽强,难关终将过去。

(李梦生)

美人烧香图　　　　　　　　刘　基

翡翠钗梁云作叶,腻红深晕桃花颊。玉奴纤手卷虾须,绣罗袜小不胜扶。低头背人整裙带,神前独自深深拜。翠袖轻回香雾分,细语悠悠听不闻。门外游人空驻马,冥冥白日西山下。

这是一首题画诗。但诗人题画,大多只借个因头,以画面上的局部形象,抒发他无穷遐想,读者鉴赏的也只是诗情而非画面,所以,我们仍然作为一首独立的诗歌看待,如同读杜甫的题画诗。

人总是有愿望的,可是现实的力量极为有限,就只有向冥冥之中的神灵祈求满足。一缕清香,便成为沟通神人之间的无声信息。有些愿望是隐蔽的,不希望别人知道,但对神灵,却可以坦率表白。

诗里的主角是女子,从第一句她的首饰看,显然是一位大家闺秀,物质生活上没有什么缺陷。又是一位美人,对自己的丽质也必很得意。第二句写双颊绯红,酒窝深晕,也即《诗经》"桃之夭夭,灼灼其华"之意,象征青春的活力。家境富裕,旁有侍婢,姿色娇艳,体质健朗,这样的女子,还有什么未偿的愿望,需要向神灵祈求呢?她不可能在为虚渺的来生求福,而是近在眼前的如水流年。

从三、四两句看,似乎正日午睡醒来,日色西移,所以侍婢忙将帘子卷起。虾须指帘子,唐陆畅《咏帘》:"将劳素手卷虾须,琼室流光更缀珠。"绣罗句暗喻体态娇小轻盈,接下来写拜神前的虔诚严肃态度:先把裙带结得端端整整,然后在神前深深下拜,下拜要合掌,所以要将衣袖略略撩起,鬓发也随着动作而斜分(古人常以雾鬓风鬟形容女子鬓发之美)。因为烧香的是美人,所以还要将她烧香时的动作,也给人以审美上的快感。

烧香为了求愿,因而还得将求愿的内容在嘴里说出。神不需要高声大语,只需低声细语。诗写到这里,应该可以结束了,却忽然添上两句;仅此两句,又开拓了一个唤之欲出的蹊径。

门外的游人是谁?未必是泛指,一般的游人怎么如此好整以暇,驻马而听,一直等到白日西下,还没听清楚。他也许失望,也许满意,只要是美人的声音,即使没听清楚,在他也是愉快的。诗人于此故弄狡狯,正见题画之旨,因为画是无声的,然作者并不道破,只是从美人的神韵着眼,真是触处生春,深妙不露。

刘基即刘伯温,研究《周易》,深通天文,又是明朝的开国功臣,朱元璋为天子前,已称他为"伯温老先生",在民间传说中,更是神化的人物,但他又是明初的杰出诗人。作为诗人,他有他独特的审美敏感。年轻的女子烧香,在当时是极普通的事情,他却赋予她以美学上的效应,虽着墨不多,而衣香鬓影,整带回袖,恰如远山一抹,已氤氲于我们眼前。

达官勋臣,原没有例定的做诗义务,但既然做了,就必须无官气而有诗味。

(金性尧)

薤露歌^①　　　　　刘 基

蜀琴且勿弹,齐竽且莫吹,四筵并寂听,听我薤露诗。昨日七尺躯,今日为死尸,亲戚空满堂,魂气安所之。金玉素所爱,弃捐箧笥中,佩服素所爱,凄凉挂悲风。妻妾素所爱,洒泪空房栊^②,宾客素所爱,分散各西东。仇者自相快,亲者自相悲,有耳不复闻,有目不复窥。譬彼烛上火,一灭无光辉,譬彼空中云,散去绝余姿。人生无百岁,百岁复如何?谁能将两手,挽彼东逝波?古来英雄士,俱已归山阿。有酒且尽欢,听我薤露歌。

〔注〕　① 薤露歌:挽歌名。据晋人崔豹的《古今注》记载,秦末汉初,齐王田横自杀,门人悲歌,言人命犹如薤草上的露珠,极易挥发消失;又说人死后,魂魄就到了蒿里,因此分为薤露、蒿里两章。汉武帝时,李延年分为二曲,使送葬人歌唱,其中《薤露》送王公贵人,《蒿里》则送士大夫庶人。　② 房栊:"栊"本指窗上棂木,此借指房屋。

此诗是以挽歌的名义,写给活在世上的人们的,当作于至正二十年(1360)作者追随朱元璋以前,即是他五十岁以前的作品。

诗的起首四句颇似民间说唱的开场白,一开始就寓庄于谐,洋溢着诙谐调笑的气氛。"蜀琴"、"齐竽"皆是古代精良的乐器,琴以蜀地出产较佳,竽以齐国制造的最负盛名,此处以个别喻一般,借指所有的乐器,是说请一切不合时宜的声音暂时消歇,希望众人专心致志地倾听作者的歌唱。

从第五句开始,直至二十四句,这二十句里,诗人列举了各个方面的事实,为了阐明一个不容置疑的观点:人生犹如薤露,转眼即逝,而且一旦死去,万事皆空。

堂堂七尺人身,转瞬就成死尸,空有满屋前来吊唁的亲属朋友,主人的魂气却早已消失得无影无踪。主人生前尽管喜爱金银珠宝、精致服饰和精美服装,今后将再也无福享用。主人生前宠爱的妻妾,如今寂寞空房,抛洒苦泪。主人生前结交豢养的宾朋门客,即将另攀高枝,各自东西。那些生前的仇人或朋友,无论闻知死讯后表现出怎样的态度,主人都已浑然不觉,无法知晓。生命犹如烛火,犹如白云,一旦消失,无影无踪。

诗末八句,作者对生命的意义作了更进一步的阐述:人生不可能持续百年,何况即使活到百岁又能怎么样呢?人不可能永葆青春,人不会返老还童,死亡是永不消失的阴影,总是执着逐渐地向着活人逼近。古往今来,多少英雄豪杰,都有过非凡的业绩,都有过盖世的豪气,如今又有哪一个能逃脱死亡?不是都已命归黄泉,和众多普通人的归宿完全一致的吗?诗人最终坦诚表白说,人生不应虚度,更无须忙忙碌碌,而应该今朝有酒今朝醉,主张及时行乐,这就是《薤露歌》的真意所在。

及时行乐,适时逍遥,这在元代是社会的文化思潮,不论在元杂剧中,还是在和刘基同时的文人的诗文里面,反映这个主题的作品俯拾皆是。这种思潮,和历代正统思想家提倡的"修身齐家平天下"、"忧国忧民"等主张明显格格不入,尤其本诗中"谁能将两手,挽彼东逝波?古来英雄士,俱已归山阿"诸句,显然是针对先圣孔子的语录而抒发的感想。据《论语·子罕》记载,孔子在河边看到奔流的河水,不禁感叹道:"逝者如斯夫!不舍昼夜。"感慨光阴流逝,犹如河水,去而不返。后世的注释者和评论家都认为这是孔子在教育学生努力进取,不要虚掷年华,而本篇在此却大唱反调,主张尽情玩乐。其实刘基的"有酒且尽欢"并非追求声色犬马的刺激,他只是主张不必为了身外的功名富贵而束缚身心,一心追求无拘无束的生活,正如他在《游仙诗》中所说的:"何不学神仙,缥缈凌虚游?雷霆以为舆,虹霓以为舟。"也正是在这种思想的支配下,他选择了弃官归隐青田山的生活道路。

本诗具有极强的说服力,不过,它并非求助于深奥的理论,也不追求表面的气势,它只是利用了一些尽人皆知的事实,加以组合,娓娓道来,却有着撼人心魄的力量。除了开头四句之外,本诗四句一组,分别陈述,有机串连,层层深入,使读者不得不接受他"死去万事皆休"的观点。在艺术语言的处理上,作者也颇具匠心,先是客观的事实陈述,然后采用形象的比喻,加深人们的理解,然后又是连续的两个设问句,强调生命的有限和时光的不可逆转,最后又转回到事实的陈述,不过是比现实更深刻的陈述,是对历史的总结性回顾。如此缜密的逻辑结构,鲜明地显示出诗人同时又是一个理论家的写作特色。

关于诗歌创作的意义,刘基素来反对吟咏风月、玩弄花鸟的无聊之作,而极力推崇讽谕现实、服务社会的文艺主张,本诗足以体现他在这方面的努力。本诗语言通俗易懂,比喻形象明白,音律自然流畅,犹如一首民间的通俗歌谣。这样的诗歌表现形式虽然和他通常"沉郁顿挫"的诗风不相一致,但这种滑稽调笑的风格正是顺应了当时的社会风尚,在元季诸家的长诗创作中经常可以看到。

采用诙谐的语调、利用挽歌的形式来抒怀,并非刘基首创,陶渊明也曾写过《挽歌辞》,也曾有过"千秋万岁后,谁知荣与辱?但恨在世时,饮酒不得足"的感慨。事实上刘基此诗正是在陶诗基础上所作的扩充和演绎,主旨和风格相当一致,表现了同样力求超脱淡泊的心境。

(孙小力)

【诗人小传】

陶 安

(1312—1368) 字主敬,当涂(今属安徽)人。元至正(1341—1368)初举人,为明道安节书院山长。明太祖朱元璋时为幕府。洪武初年,任知制诰,兼修国史。后任江西行省参知政事,死于任所。有《陶学士集》。

泊 江 州　　　　陶 安

江云绀绿夕阳边,江水空明海气连。
一点远帆如白鸟,数声急鼓隔苍烟。
浔阳九派疑无地,庐阜千峰直造天。

> 清夜开樽酹司马,琵琶亭下月当船。

　　这是陶安在江州泊船时写的一首诗。明代的江州,治所在今江西省九江市,处江路交通要冲。浩荡的长江,秀伟的庐山,曾经吸引了无数骚人墨客,到此流连。但陶安却不是来游览,而是路过这里的;他泊舟时,是一个夕阳西下的傍晚。

　　诗就从晚景写起。开头两句,一写"江云",一写"江水"。"江云"是"绀绿"色(即一种红中带绿的颜色)的,围绕在夕阳的旁边;"江水"则空阔而明亮,与江面上的"海气"(即因光线作用形成的雾气)相连。这是诗人极目远望的所见,水天交会,江云、夕阳和江水似乎都在一个平面上,写出了长江落日时水天苍茫的寥廓瑰丽景象。

　　接着,诗人的视线接触到江面上的一只帆船。因为距离太远,又因为水天相连的原故,感觉到它好像一只"白鸟"在移动。这里的量词用了个"点"字,形容"远帆"的细小,真是再贴切不过;而这又进一步烘托出江面的寥廓苍茫。这时候,诗人听到一阵急促的鼓声,隔着淡淡的青烟暮霭传过来,这是报时的更鼓。古代夜间击鼓报更,从黄昏起到黎明前一共要打五次。这"数声急鼓",是初更的信号,它告诉人们,黄昏已经到来了。旅人在这样的时刻,是最易伤神的,因此这句又带着淡淡哀愁的信息。

　　然后,作者又从听觉转回视觉,继续写景。"浔阳九派"一句,是对茫茫江水描写的总括和收束,说它汇集了众多支流,好像充盈了乾坤,世界已无陆地似的,这真是把长江的浩茫写透了。江州古代又称浔阳,"派"是水的支流的意思。以"九派"写浔阳江水,由来已久。南朝的谢灵运就有"三江事多往,九派理空存"之句(《入彭蠡湖口》);唐代的权德舆也说:"九派浔阳郡,分明似画图。"(《送孔江州》)"九派"究竟指哪几条水,现在已不可考,反正这一带流入长江的水很多,"九江"这一名字,也是这样得来的。"庐阜千峰"一句,则把审美对象进一步扩大到不远处的庐山。这座耸峙大江南岸、鄱阳湖西畔的名山,共有九十多座山峰,峭壁千仞,直插云天;到处丹崖翠壑,葱茏秀丽,瀑布飞湍,气象万千。李白的《庐山谣》说:"香炉瀑布遥相望,回崖沓嶂凌苍苍。翠影红霞映朝日,鸟飞不到吴天长。"欧阳修的《庐山高》说:"庐山高哉,几千仞兮,根盘几百里,截然屹立乎长江。……上摩青苍以晻霭,下压后土之鸿庞。"这些都可以作为"庐阜千峰直造天"的注脚和演绎。由于诗人这时置身江上,庐山只能远见其身影,不能写得很具体,不过表示对它的向往之意罢了。

　　最后两句的描写,在时间上已经有了推移,从黄昏转入清夜,月亮也已经高照在船头上了。这时候,诗人忽然联想到五百多年前这里发生过的一件悲剧性往事:白居易送客邂逅长安倡女,在"泪湿青衫"的情况下写了千古传诵的《琵琶行》。于是,诗人酾酒祭奠,以表示对这位无罪被贬的"江州司马"的凭吊和同情。这种联想是极为自然的,因为陶安泊舟的地方,就在当年白居易送客的琵琶亭下;而江心的秋月,又像当年一样的皎洁;这怎能不引起怀古的幽思!琵琶亭是江州百姓为了纪念白居易、根据《琵琶行》诗意建造的,唐代一位无名氏为它写过一首诗:"夜泊浔阳宿酒楼,琵琶亭畔荻花秋。云沉鸟没事已往,月白风清江自流。"这座亭子,如今早已不存在了。

这首诗,紧扣夜泊江州的所见、所闻、所感来写,有景有情,长江的寥廓苍茫景象,写得尤为出色。中间两联对仗工稳,数目字和颜色字的相对、相映成趣。全诗声韵谐协悠扬。在艺术上是较为成功的。

（洪柏昭）

【诗人小传】

贝 琼

(1314—1378) 字廷琚,一名阙,字廷臣,浙江崇德(今桐乡)人。元末客游江浙间,张士诚据吴,累征不就。明初召修《元史》,官国子助教,改中都国子助教。少从杨维桢学。但诗风平易,与杨诗奇诡风格不同;写景记事之作,时流露隐逸思想。也能文。有《清江贝先生文集、诗集》。

孤 松

贝 琼

青松类贫士,落落惟霜皮。已羞三春艳,幸存千岁姿。蝼蚁穴其根,乌鹊巢其枝。时蒙过客赏,但感愚夫嗤。回飙振空至,百卉落无遗。苍然上参天,乃见青松奇。苟非厄冰雪,贞脆安可知?

松柏之为先哲称叹,不独见于孔子《论语》。就连庄子这位常以"不材"自命的愤世者,也曾充满敬意地赞叹说:"天寒既至,霜雪既降,吾是知松柏之茂!"

只是不同人们心目中的青松,自有其不同的身份和价值。秦始皇上封泰山,"逢疾风暴雨",赖得松树庇护,因封松为"大夫"。张勃《吴录》称"松字十八公",预兆着世人将位居三公之尊。《梦书》更推"松为人君,梦见松者,见人君也"——将苍劲直立之松,与权势联系在一起,恐怕是颇出乎孔夫子之意料的罢?与此相反的，则更多取意其不畏冰霜之气节，而为志士仁人所自励。刘桢、陶渊明之咏青松，就正是如此。南朝诗人谢朓，更以"岂雕贞于寒暮，不受令于霜威"的傲兀之句（《高松赋》），宣泄了对权势者压迫的抗争之气。

贝琼身处元明易代之际，不慕荣利、淡泊仕进，所以出现在他笔底的"青松"，也与上述不同，而变成了一位"落落"寡合的"贫士"。它身无长物，不修边幅，从未有绮丽之花可开，上下唯溜雨"霜皮"蔽体。它根本羞于以艳媚花枝招摇"三春"，因为它深知：唯能以孤特的清姿仰对千秋万岁，才真是值得庆幸的无愧人生！这就是诗之开篇以寥寥数笔，所勾勒的孤松形象。其墨色也正与所咏青松一样，苍然萧淡、洗尽铅华。在"三春"与"千岁"的时空对照中，下以富于情感色彩的"羞"、"幸"之词，来传达青松对不同人生境界的取舍。令你于涵咏之际，只觉其清贫和兀傲。

乍看起来，青松的境遇也实在不值得羡慕："蝼蚁穴其根，乌鹊巢其枝"——唯其清寒素朴，很少能像奇花异卉那般，可得到培植者的照料、护理。于是连蝼蛄、蚂蚁，都能掘穴其下；聒噪的乌鹊，更怡然筑巢其上。它那挺拔的身影，虽也时或能为过往的客旅所赏叹；但更多受到的，却是愚昧无知的世俗之人的奚落和嗤笑。因为人们历来企仰的，无非是荣利显达。那是只有牡丹那样的富丽娇贵，海棠那样的绮辉照眼，或者兰、蕙之类的雅致幽韵，才具备的气象。它们因此被视为奇葩、珍为异品，得到了人们的青睐。至于这列身山野、拔出草莽的孤松，就未免太粗莽、寒素了，又有什么值得人们称扬叹奇的呢？诗人在这一节用了欲扬故抑的笔法，极写青松的清寒寡合、遭世冷漠，简直毫无是处。那一声"但感愚夫嗤"的叹息，不禁令读者感受到，诗人对青松所遭受的冷落境遇，已是怎样地怫郁不平！

正是在这样的诗情跌落中，诗人忽又振笔而起，展出了一个令愚夫俗子目瞪口呆的奇境：艳美的"三春"刹那间消逝；无边的秋气，突然化作"振空"的烈风澎湃奔腾而至。那荣耀了多少时日的百花，现在全惊悸变色了：它们竟无一株还能挺挺自立，全都在枝摧花落中凋零殆尽！而只有这时，青松那卓然迥异的高格，却得到了最动人的显示：你看它巍巍挺峙的身躯，何曾在烈风雪影中动摇；那壮迈劲健的高枝，更将一片苍然绿影，铺展在寥廓的云空——它仿佛在敞笑，又仿佛在向天地众生，展示一种遗世拔俗的生命之雄奇和崇高。这一节描述，从立意看并不新奇，因为它已为不少前代诗人所表现过。但其运笔之势，却格外雄放劲捷。在"回飙振空至"的烈烈天风中，挟扶着青松的"苍然"之影"参天"直上：气象之壮磊、奇矫，足令大多咏松之作惶然退避！

有了这一节对照鲜明的描绘作铺垫,诗人笔下的青松之"奇",已不容有任何怀疑。然后诗人陡然收笔,在结语中发出悠悠问叹:"苟非厄冰雪,贞脆安可知?"这问叹便显得既沉着、又自豪。是呵,倘若这世界只有鸟语和花香,而没有雪地和冰天;这孤特的松树,恐怕就被遮掩在华贵艳丽的众芳之中,再无人能了解它的奇襟壮怀了。然而,天地毕竟是公正的,它终于还要用风吼雪厉的磨劫,来检验草树花卉,让它们显示生命的软弱或坚强、雄奇或平凡。

清寒而郁郁寡合的青松,恰正是在这样的磨劫和考验中,显示了大多生命所难以企及的价值。读者由此明白:诗人在这里所为之讴歌的,当然并不止于青松——他实际上是在向整个企慕荣华的世界,表明包括自己在内的无数高洁"贫士"的兀傲和自信呵!

(徐旭文)

寒　　夜　　　　　　贝　琼

月落江天黑,长风正怒号。
灵鸡寒失次,别雁暝呼曹。
击柝征人起,鸣机织妇劳。
所思千里隔,十二碧峰高[①]。

〔注〕① 十二碧峰:原指四川巫山的十二碧峰,此处恐非实指,而是泛指旅途所见山峦。

这是一个客旅江村的凄凉寒夜。

不知是由于怀思太重,还是因为寒气太浓,诗人似乎未能在纷纭的好梦中蹒跚多久,就过早地惊醒了。他还清晰地记得,在辗转反侧之间模糊入睡时,已是月冷中天的沉沉夜半。惨淡的月色,令他感到羁旅他乡的孤寂;幽幽的梦思,牵着他深情回首往日的温馨。而今猛然醒来,一时竟不知身在何处?诗人透过客舍远望江上,月儿已经落了,而远天却还如被墨染,这正是黎明前最黑暗的时刻。梦中曾经静歇的风,此刻却又鸣鸣地卷空而来,似乎要将荒古以来蓄积的怒气,向人间尽情宣泄。这便是此诗开篇描摹的客旅夜景——它仿佛只是展现了诗人眼际的片刻之景,但读者却可从月儿已"落"的动态变化中,依稀想见诗人在寒夜独宿中,那风歇风"号"、月升月"落"的整个过程。

这被月儿曾经照耀过的夜天,因了它的沉落而愈见黑暗;那本已凛冽难耐的寒意,又因了"长风"的凄怒号呼,愈加显得凝重。这时,一切都沉没在漆黑之中,视觉让位了,听觉便变得格外灵敏。从远远近近的村落中,终于传来了公鸡报晓的啼鸣。但诗人知道:这啼鸣本该还要早些的,难道是因为天寒夜长,连通灵的鸡儿也瑟缩贪睡,而误了啼鸣的时辰?烈烈的风声中,隐约可辨有雁儿在呼叫。那一声声凄哀的鸣声,分明传自孤单之雁——或许是因为天色太暗,它竟在不意间离失了雁群?"灵鸡寒失次,别雁瞑呼曹(伴侣)"二句,均从凌晨独醒的诗人听觉中写来,使月黑风号的客旅孤寒,更觉多了几分冷冽和悲凉。

按说在身羁他乡的客旅之中,"征人"们大多急于赶路,起身都不会太晚。但诗人这一次,却是直到击柝(tuò 敲更)之声敲过五更之后,才怏怏起身的。或许诗人此次的行程,并不是朝向故乡,而是在背离家土的漫长之路上愈行愈远了罢?所以能在稍近些的江村多捱一刻,似乎也是情有可原的了。偏生从近处的织房里,又不断传来织机"札札"之声——那勤勉的织妇,又何曾因为夜寒风号,就推迟了晨起之织作?诗人惭愧了,心中油然升起对织妇的一片敬意和恤悯之情:那孤苦的织妇,就这样春去秋来,从无休止地织作于沉沉夜中、幽寂晨分,该又何其辛劳!

全诗抒写至此,始终只在描述客中独宿之境。而且十分巧妙的是,他适应着"月落天黑"的特定情境,除了第一句运用视觉意象描摹外,对寒夜、晨分的感受,几乎全从听觉中展示。一时间"风"号、"鸡"啼,"雁"呼、"机"鸣,逐一振响诗人耳边,交织在他那思绪悠悠的笔底。从"有声"中写"无声",诗人的客中凄寒和拥衾而听异乡夜声的哀情,正被这鸡、雁的啼鸣,不断激发涌生;经由织机"札札"之音的往复推宕,终于在怒号的"长风"中愈扯愈长,纷扬在了无边的夜天了!

不过,诗人心头的哀情究竟因何而起?诗中前文却无一语涉及。它只是让你感受到,这凄寒的哀情,已伴随鸡声、雁声、柝声、机声愈蓄愈浓,简直已弥漫了字字行行。只是到了这时候,诗人才突然转笔,在尾联中以"所思千里隔"之句点破,你也由此恍然而悟:诗人之哀情,原来均由对"千里"相隔之人的思念化生。这"所思"者是谁?恐怕读者也已可悠然神会——诗之前文不是相继写到过"别雁"、"征人"么?这无疑都是诗人自身之写照。那么他所思念之人,岂不正如"别雁"之伴侣、"征人"之室妇,而在辛劳织作的"织妇"身影中,呼之欲出了么?

现在天已大亮,诗人也已又跋涉在漫漫的旅途之上。但经历了寒夜独宿的凄寒和悲凉,诗人对千里外亲人的思情,不仅没有因晨光的升腾而消淡;相反,它倒是因了身前、身后逐渐显现的连绵"碧峰",而更加郁郁难遣了。"所思千里隔,十二碧峰高"——这高高的碧峰,愈来愈多地横耸在诗人眼中,也横耸在诗人心上,岂不令他的念亲思归之望,更觉阻隔重重而无从翻越了么?结句以景语展出无数高耸的碧峰,造出的正是这样一种由寒夜羁旅激发的、浓浓思情的跌折和失望。

(徐旭文)

经 故 内　　　　　　　　　贝　琼

山中玉殿尽苍苔,天子蒙尘岂复回①。
地脉不从沧海断,潮声犹上浙东来。
百年禁树知谁惜,三月宫花尚自开。
此日登临解题赋,白头庾信不胜哀。

〔注〕　① 蒙尘:蒙被尘土,多喻帝王流亡或失位,遭受垢辱。

　　故内即是故国前朝的内宫。贝琼此诗作于元末,当是经过南宋朝廷的故宫遗址所作。《诗经·王风》有《黍离》篇,小序云:"《黍离》,闵宗周也。周大夫行役至于宗周,过故宗庙宫室,尽为禾黍。闵周室之颠覆,彷徨不忍去而作是诗。"贝琼生于元中朝,是元至顺四年(1333)的进士,并非宋室旧臣,故对故国的感情当然与《黍离》的作者不同。诗中没有强烈的"行迈靡靡,中心摇摇"的悲痛,而是一种淡淡的怅惘之情,既有对故国的思念,更多的却是一种沧桑之感,一种对人生的思索。

　　南宋故宫在今杭州市东南凤凰山上,方圆九里,有殿堂八九十座,亭台阁榭更是不计其数。还有人工仿造的小西湖、六桥、飞来峰等景观。宋亡后为元僧杨琏真伽所占据,改为报国、兴元等五座寺院。不久毁于火。至元代末年贝琼过此,已是断壁残垣,一派荒芜景了。作者由此想起了当日元军攻破临安时宋宗室的遭遇:宋恭帝与诸宫眷屈辱地向伯颜献传国玺、递降表,随即被押解赴大都(今北京),废为瀛国公,以至入寺庙当和尚,再也没有能回到南方的故国。此即为"天子蒙尘岂复回"。真是往事不堪回首,杭州依然是杭州,灵隐寺、湖心亭,风景依旧,可是凤凰山上的宋宫却陡然地衰败了、圮颓了,作者深深地感到人事之倏忽、江山之永恒。"地脉不从沧海断,潮声犹上浙东来。"凤凰山北接万松岭,东靠南屏山,两边的山麓左达西子湖边,右接钱塘江岸,像一只飞翔在江湖间的凤凰,地脉贯通,风水绝佳。可是这并不能保佑把宫殿建筑在山上的小朝廷长治久安。从沧海下连接而来的地脉并未断裂,钱塘江的潮声仍然不息地拍打着浙东的堤岸,可南宋王朝已成为历史了。宋亡还没有一百年,当日视为神圣的深宫禁苑中的树木已不复有人顾惜。每到阳春三月,百花仍依照自然的规律争妍吐艳,可是以前的赏花人已一去不归。作者此刻登高凭眺,面对前朝急剧衰败的陈迹,耳边却似乎隐约地听到了象征永恒的大自然的江潮澎湃之声。两相对照,能不感慨系之!以上中间二联,一为远景,一为近观;一为依稀想象之词,一为实况实景的描绘,二者结合在一起,既富现实感,又有空灵之趣,因而便能启发读者缥缈的灵思,驰骋于无限的空间与时间之中,以体会作者深沉而怅惘的意绪。

诗的末了作者又想起了作《哀江南赋》的庾信。庾信仕南朝梁,奉命出使西魏,被留不归。其后西魏灭梁,庾信不胜乡关之恋、家国之痛,乃作《哀江南赋》。贝琼与庾信的身世并不相似,但对人世的沧桑之感则是相通的。庾信于《哀江南赋》中称道:"日暮途远,人间何世?""呜呼山岳崩颓,已履危亡之运;春秋迭代,必有去故之悲。天意人事,可以凄怆伤心者矣!"其主旨正与此诗相仿佛。

贝琼是元末明初的著名诗人,他曾学诗于杨维桢,但诗风却很不一样。杨维桢诗多古体,跌宕险怪,眩人耳目;贝琼的诗则以平衍丰腴为尚,富于韵致,所长亦在近体。陈田评其诗的风格是"温厚之中,自然高秀",此诗庶几近之。

(刘明今)

【诗人小传】

李晔

(1314—1381) 字宗表,号草阁先生。钱塘(今浙江杭州)人。元末官常山教谕。明初官国子监助教。有《李草阁诗集》。

湖堤晓行

李 晔

宿云如墨绕湖堤,黄柳青蒲咫尺迷。
行到画桥天忽醒,谁家茅屋一声鸡。

这首诗写的是黎明时分杭州西湖的景色。诗从"晓"开始。拂晓,东方微明,诗人漫步在西湖的长堤上。天空凝滞的云彩,还没有受到阳光的透照,黑沉沉的,仿佛萦绕压积在堤上。"宿云"两字,极写天色之早;而在晴朗的日子里,东方的云朵只有在太阳将出的那一小段时间中显得乌黑如墨。由此可见作者观察之细。第二句从天上拉到地上,六桥烟柳,湖中蒲草,在迷濛的微光中,隐隐约约,几步外便已无法分辨。

下半段转入"行"。诗人在湖堤上默默地走着,也许是沉浸在往事的思索中,也许是陶醉在不能目见而能感受到的大自然静穆的美中,不知不觉,时光悄逝。他步上画桥,忽然发现一缕晨光射来,天空,不,整个世界仿佛从夜的帷幕中苏醒过来,充满了黎明的活泼泼的生机。"醒"字下得极为形象,道人所未道。末句是

"天忽醒"的补充。一声高亢的鸡鸣不知从哪家茅舍中透出,打破了清晨的寂静。也许就是它唤醒了沉睡的天,打断了诗人的思索,上文的"忽"字也由此得到了落实。

"谁家茅屋一声鸡",是说鸡鸣声打破了黎明的寂静,但同时也正衬托出黎明的宁谧。这种以动写静、以闹衬寂的写法,是我国古代诗歌的创作手法之一。成功的例子如南朝王籍的《入若耶溪》云:"蝉噪林逾静,鸟鸣山更幽。"又如唐杜甫《题张氏隐居》云:"春山无伴独相求,伐木丁丁山更幽。"都是由声响显示静寂,把对立的东西统一在一起,收到单方面的、正面的描写所不能达到的效果。李晔的这首诗也是如此。

诗写早行。历来写早行的诗,都喜欢在"早"字上作文章,又往往把黎明的象征物——鸡声收进诗内,如唐温庭筠的《商山早行》,就以"鸡声茅店月,人迹板桥霜"成为千古绝唱。后来宋僧宇昭的《晓发山居》亦云"鸡鸣窗半晓,路暗月西斜",晁君成《早行》亦云"马上鸡初唱,天涯星未稀"。李晔这首诗显然也借鉴了前人,但在"鸡声"前加了个"一"字,却增加了很多内涵。联系上三句的写静,不难使人体会到这"一声鸡"即第一声鸡叫,更突出了早行之早。

元末诗人有不少人学晚唐及宋,追求清、新、巧、丽,喜欢炼字。李晔这首诗虽然作在明初,体现的仍是元末气象,但诗写得寄情于景,静中有动,寂中有声,构造出一幅宁静而富有生气的西湖晨曦图,置之晚唐人集中不复可辨。

(李梦生)

【诗人小传】

张 简

(生卒年不详) 字仲简,吴(今江苏苏州)人。初为道士,元季兵乱,以母老归养。洪武初召修元史。饶介分守吴中,自号醉樵,延诸文士作歌,仲简诗擅场,居首坐,高启次之,杨基又次之。

醉 樵① 歌 　　张 简

东吴市中逢醉樵,铁冠欹侧发飘萧。两肩矻矻何所负,青松一枝悬酒瓢。自言华盖②峰头住,足迹踏遍人间路。学剑学书总不成,惟有饮酒得真趣。管乐③本是王霸才,松乔自有烟霞具。手持昆冈白玉斧,曾向月里斫桂树。月里仙人不我嗔,特令下饮洞庭春。兴来一吸海水尽,却把珊瑚樵作薪。醒时邂逅逢王质[④],石上看棋黄鹄立。斧柯烂尽不成仙,不如一醉三千日。于今老去名空在,处处题诗偿酒债。淋漓醉墨落人间,夜夜风雷起光怪。

〔注〕①醉樵:指饶介。饶介,字介之,自号华盖山樵,又号醉翁,临川人。工诗,善草书。元季官至淮南行省参政。张士诚据吴,慕名强起之,仍官参政。士诚败,饶介亦被俘至金陵,诛。 ②华盖:山名,位于浙江永嘉县东,遥望似伞盖,故名。下有容城洞。道家称为第十八洞天。 ③管乐:指春秋时齐国丞相管仲和战国时燕国的昌国君乐毅。 ④王质:《述异记》载,晋人王质入石室山伐木,见童子数人边弈边歌,就在旁观棋。童子将一个枣核般的东西给他吃,就再不感到饥渴。不久,童子问他何不还家,王质发现斧柄已烂尽。回家才知已过了数百年,亲人都故去了。又入山,也得道成仙。

本诗是奉饶介之命撰写的。饶介在平江(今江苏苏州)任江浙行省参政官时,酷好作诗,喜与众文士聚酒酬唱。一日,他邀集众文士以他的别号"醉樵"为题赋诗,并以黄金作为赏赐,被邀的包括当时平江著名的诗人高启、杨基等等,而张简此诗名列第一,还获得了最高赏金:黄金一块。

本诗的妙处在于不受真人真事的局限,仅仅抓住了饶介身上几个颇具魅力的特征生发开去,塑造了一个作者理想中的、却又极富个性的隐士形象。

起首四句是给这位醉酒的樵夫画像,一副落拓不羁的模样:冠斜发露,不事修饰;终日矻矻扛负,不愿须臾离身的,是他心爱的饮酒器具。从第五句直到结尾,则是采用樵夫自诉的口吻,描述他的来历以及才能和心愿。

醉樵曾是华盖山中人,领略过道家名山的风采,接受过道教思想的熏陶,也曾周游各地,也曾学剑舞文,但只有饮酒才使他感受到生活的真正乐趣,以致乐此不疲。不过,醉樵并非一个只会喝酒的平庸之人,其实是管仲、乐毅一般的人才,具有辅佐君王称霸天下的才干,就像那高耸挺拔的青松,自然会幻生出神入化的缭绕烟云和绚丽彩霞。他也曾蟾宫折桂,中第登科。("手持昆冈白玉斧"二句,借用了晋人郄诜的典故。郄诜举贤良,对策评为最优,于是自称"犹桂林之一枝,昆山之片玉"。故后人将科举中第称为"折桂"。)他又从京官出任为江浙廉访司金事,来到洞庭湖(此指江苏太湖,因洞庭山而得名)滨的平江。他不愿像晋人王质那样,追求虚无缥缈、毫无希望的仙人境界,他只希望"一醉三千日",尽情享受实实在在的人间愉快。如今醉樵虽然年老体衰,但声名犹在,诗章墨迹,尤属瑰宝,于是,这一切都成了他换酒的资本。更为奇妙的是,酒亦是才情的催化剂,就像唐人怀素一样,得酒发兴,字字飞动,宛若有神相助,无怪乎在留有他墨迹的地方,夜夜风雷大作,光怪屡现。

　　本诗作者张简曾经从师于著名道士张雨,难怪他笔下的醉樵具有一种飘逸绝伦的风采。但是,和离群索居、鼓吹超凡脱俗的道士又并非一致,这是一个市俗化了的隐者形象,这是一个醉心于享受生活的高人。元代末年的东南城镇,文人们鼓吹"大隐在关市,不在壑与林"(见杨维桢《金处士歌》),他们摒弃传统的隐士观,认为"心隐"才是最关键的,而不必拘泥于所处的环境或本人的身份职务,张简描绘的这样一个东吴市中的醉樵形象,显然和当时的思潮是一致的。诗中"学剑学书总不成,惟有饮酒得真趣"二句,尤其鲜明地表现了他们不愿过问政事,只想安享生活的思想。所谓学书不成,学剑又不成,本指楚霸王项羽年轻时不愿学琐碎的技艺,但愿学得兵法,指挥千军,称雄天下,而醉樵无心学书学剑,更无意从军从政,只想从酒中寻找快活。当然,这里的"饮酒",只是"逍遥"的代名词罢了。那么,力求逍遥,从喧嚣的城市生活里、从变幻莫测的宦场中觅取隐趣,恰恰符合饶介当时的心态。

　　不过,本诗并非是为真实的饶介造像,亦虚亦实,实事虚写,是本诗极其突出的艺术手法。例如,饶介从京城的翰林应奉一职,出为江浙廉访司佥事,来到太湖之滨的这段经历,诗中说成并非是月仙有所责怪,只不过"特令下饮洞庭春",将地名洞庭巧妙地和酒名"洞庭春"联系起来,自然而然地引向饮酒,于是又有了把珊瑚当作柴火煮酒、将东海一吸而尽的夸张,醉樵嗜饮的习性和豪放的性情因而得到了充分的表现。再如,饶介的诗歌和书法当时颇负盛名,其友人僧道衍曾高度评价说:"书似怀素,诗似李白,气焰光芒,烨烨逼人。"(清·钱谦益《列朝诗集小传》引)因此,本诗结尾处也特地强调了醉樵诗歌和书法的神奇魅力。不过,按饶介当时的身份和地位,显然并非潦倒到以诗书换酒的地步,诗人之所以如此描写,显然有意表现醉樵的豁达和狂放。而且,诗人认为通常的形容夸饰不足以显现醉樵书法和诗词的奇特,故有意遣出神鬼,借以眩荡世人的耳目,给人以超凡绝伦的深刻印象,同时也正好与前面所述醉樵神奇的经历相吻合。

　　本诗一反作者平素温丽清深、雅洁简淡的诗风,想象奇特,感情浓烈,奇思幻采,出人意表,具有强烈的浪漫色彩。语言上绘声绘色,词采鲜明;章法上酣畅淋漓,承转自如,从中分明可以窥见大诗人李白长篇歌行体诗对于张简的影响。当然,李白的诗风也是饶介特别欣赏和着意摹仿的,张简改变平素诗风来作此诗,显然也是为了迎合饶介。不过,偶尔为之亦能如此出色,足见张简诗歌的功力确实不凡。

(孙小力)

[诗人小传]

钱宰

(1299—1394) 字子予,一字伯均,会稽(今浙江绍兴)人。至正中,中甲科,以亲老不赴,公车教授于乡。洪武初,征修礼乐书,寻以病去。洪武六年(1373)授国子助教,以赋《早朝》诗忤旨,遣归。二十七年,又召修《书传会选》;书成,优赉加博士,致仕,其诗吐辞清拔,寓意高远。著有《临安集》六卷。

梧 桐 树 钱 宰

梧桐树,一叶堕秋风,一叶委秋霜。明年二月新叶生,还在今年叶飞处。汉宫飞燕近承恩,零落班姬不如故。君不见,梧桐树?

这是一首讽谕体的乐府诗,其精神风貌远绍汉魏而近承张(籍)、王(建)、元(稹)、白(居易),托兴深微而耐人寻味。

诗题为《梧桐树》,这是仿照唐代新乐府诗"即事名篇"的做法。因为"梧桐树"这一象征意象,乃是笼盖全篇的核心意象,最富启示性,最有资格作为诗题。诗的首句,即以"梧桐树"三字起兴,这也就是白居易在《新乐府序》中所说的"首句标其目"的意思,它唤起了人们的注意,期待着对它的进一步描写。紧随着而来的两句,乃是"一叶堕秋风,一叶委秋霜"——展现出衰飒的景象。梧桐树为身高叶大的落叶乔木,夏季树阴浓密,开淡黄绿色的小花,为人们遮阴乘凉所喜爱;然而作者并不着意于此,却捕捉了它叶落时的惨淡景象,予以刻画,这就显示了作者的艺术匠心,是要为梧桐树的悲剧命运,留下点令人难忘的记忆与启示。这两句诗写得很朴素,但却有深沉的内涵。"秋风"、"秋霜"象征扼杀自然界生命的势力,《礼记·月令》说:"季秋之月,律中无射,霜始降,草木黄落。"《诗·小雅·四月》说:"秋日凄凄,百卉具腓。"《汉书·礼乐志》说:"西灏沉砀,秋气肃杀。"曹丕《燕歌行》说:"秋风萧瑟天气凉,草木摇落露为霜。"类似的诗词不知还有多少!梧桐树的叶,一堕于秋风,一委于秋霜,这个"一"当然不是一片的意思,而是指一部分或一半;两"一"相加,就是整体,这是多么可悲的现实!诗人对梧桐树悲剧命运的同情,是显然的。

然而诗作并没有到这里为止,诗人接下去又写道:"明年二月新叶生,还在今年叶飞处。"冬去春来,梧桐树又要长出新叶了,还是在今年落叶的这棵树上。这不是又有了生机吗？这不是写出了新陈代谢的自然规律吗？有的读者也许会这样发问。是的，乍看起来，这两句的确有点令人困惑，甚至会误认这是歌颂万物生生不息的主题。但是如果我们再看下去，就明白不是那么回事了。诗句意蕴或意象信息的多元性，是我们阅读诗词时需要注意的问题。现代系统论告诉我们：要素在系统中的作用，依结构关系而转移；意象信息的多元性在一定的结构关系中，往往只剩下其中的一元。紧接着"明年"两句的是："汉宫飞燕近承恩，零落班姬不如故。"这是我们理解这首诗相当关键的句子，是诗人把命意由隐向显稍为透露的一笔。让我们先来诠释一下这两句诗的涵义，再来领会全诗的主旨。

这是西汉成帝时期的悲剧故事。《乐府诗集》卷43相和歌辞《班婕妤》解题引《汉书》和《乐府解题》说：班婕妤（"婕妤"是妃嫔的称号）美而能文，初入宫为少使，不久得到成帝的宠爱，封为婕妤；后来赵飞燕姊妹入宫，她骤然失宠，就要求到长信宫去供养太后，据说还写了一首《纨扇诗》（就是以"新裂齐纨素"开头的《怨歌行》），寄秋扇见捐之意以自伤。"汉宫飞燕"两句，说的就是这件事情。在这里，作者同情班婕妤的不幸；这件事就像梧桐树的"明年二月新叶生"一样，让新的取代了旧的位置。但是，这"新叶"就能永葆青春吗？诗中写的，它还是"生"在"今年叶飞处"，这是否意味着它也会同旧的一样，最终不免飞堕？联系到《赵飞燕别传》中记载的赵飞燕后来比班婕妤更加悲惨的下场，就不难得出这一结论。这样，把全诗互相联系、制约的内容弄清楚后，刚才我们对"明年二月"两句诗的多义性的困惑，就获得了解除。在全诗的意象系统中，它只能作上述的理解，而不能理解为歌颂万物的生生不息。

这首诗的写法，是以梧桐树和飞燕、班姬的事互为比较，互相印证，循环咏叹，以见主题。故先以梧桐树起兴，再实以飞燕、班姬事，而最后又回到梧桐树作结："君不见，梧桐树？！"似问似叹，亦问亦叹，"卒章显其志"，足以发人深思。作者感叹的是什么？是色衰见弃，旧叶飘零；新的叶子不断生长，又有谁来关注那旧的被摧残委堕的叶子呢？但新叶由于所生的地方还是原来的梧桐树，所以它最后也免不了委堕的命运。后之视今，亦犹今之视昔，梧桐树不断重复的悲剧是值得叹息的：这就是全诗的寓意。当然，如果要进一步破译，那就是以树喻人——封建社会中的人。文艺从来是以人为中心的，咏物诗是这样，托物起兴的诗更是这样。

（洪柏昭）

题长江霁雪图　　　　钱　宰

昔年壮游下江汉，霁雪千峰排两岸。今年看画忆旧游，万里江山如昔玩。岷峨冈脊来蜿蜒,青城一峰高插天。东驰衡山走千里,匡庐五老下与石城北固遥相连。冰峦雪壑互起伏,照见日华破初旭。神光混茫元气浮,奋如巨鳌簸坤轴①。烂如秋空云,浩如沧海涛。又如瑶台银阙天上头,皎皎白月空秋毫。回光下照中流水,风吹河汉银云起。中流空阔不胜寒,一洗丹碧秋漫漫。山川历历真伟观,来往十年游未半。不如云瀛楼上来倚栏,一日看遍江南山。

〔注〕① 巨鳌簸坤轴:《列子·汤问》说天帝用十五只神鳌顶着五座大山,这里借用这个神话,说巨鳌在簸动大地。坤轴,地轴,指大地。

明代前期的诗人中,钱宰是题画诗写得比较多的一个。在他现存总数二百五十多首的诗作中,题画诗就占了六十多首,这是个颇为引人注目的特色。这些题画诗所涉及的画种相当多样,山水、人物、花鸟、鞍马、风俗、仕女等都有,内中不乏精彩之作。这首《题长江霁雪图》,就是结构恢宏、气势豪纵的一首。

从诗题来看,这首诗所题的画,是一幅取景范围广阔的画。画系何人所绘,已不可考。以万里长江为绘画素材,在唐代已经开始,李思训的《长江绝岛图》,是著名的一幅。宋元时代山水画发达,王诜的《烟江叠嶂图》,李唐的《长江雨霁图》,夏圭的《长江万里图》,赵孟頫的《重江叠嶂图》,都是备受世人称赞的瑰宝。钱宰所题咏的这一幅,看来也是山重水叠、气势磅礴的,所以才能触发他产生那么多联想,融铸出那么多雄奇的意象。

诗从见画而引起回忆入手,把画面所提供的形象与脑际所浮现的印象、想象融成一片,使人不辨何者为画,何者为诗人联翩的浮想——这是全诗意象构成的总体特点。下面就让我们来领略一下由这些意象组成的艺术世界。

"昔年壮游下江汉"四句,交代诗人因看画而忆起昔年江上"壮游"的一次经历:一个雪晴之后的冬日,看到长江两岸高低起伏的群峰,一派银装素裹,感到异样的美。现在对着这幅《长江霁雪图》,当日的景象,仿佛又出现在眼前。这样,诗人一开始就找到了诗和画、过去和现在的契合点,为下文滔滔汨汨的铺叙、描写拉开了序幕。

"岷峨冈脊来蜿蜒"四句,写长江沿岸著名的山峰。"岷峨"和"青城"都在四川境内。岷山在四川北部,长江的支流岷江于此发源。峨山即峨眉山,是岷山的一个支脉。这两座山都很高,人们往往将它们并称,例如苏轼的《南乡子》词说:"认得岷峨春雪浪,初来,万顷葡萄涨绿醅。"《满江红》词说:"江汉西来,高楼下,葡萄深碧;犹自带,岷峨雪浪,锦江春色。"但苏轼的词是说岷峨两山的雪化为碧绿的江水,而这里则是描写岷峨两山的本身:它的峰峦冈阜蜿蜒曲折,迤逦向东南而来,形势壮观。青城山在四川灌县城西南,北接岷山,下俯岷江,山峰高峻,故诗里说它"高插天"。四川风景,有"峨眉天下秀"、"青城天下幽"之说,故这里将它们并举。

"东驰衡山走千里"的"衡山"两字,恐怕不是指湖南省境内的南岳衡山,因为它不在长江边上,不属于诗题涵盖的范围。据字书,"衡"字通"横",那么"衡山"应该是指横向而走的山脉。全句连下句意思是说:向东奔驰的横山绵亘了千里之遥,与江西的庐山、南京的钟山和镇江的北固山等相连接了。"匡庐"即庐山,在江西九江市南长江边,五老峰是它的一座著名山峰;"石城"即石头城(今江苏南京),诗意所指是该城的钟山;"北固"即北固山,在江苏镇江。四句诗分举长江东西两端的几座山,显然是运用外延周遍概括的方法,说明长江两岸有着无数雄伟、秀丽的名山;中间略去的许多环节,读者是可以通过想象补充的。

接着,作者就对江山展开形象描写。"冰峦雪壑互起伏"四句,是说这些满布白雪的山谷,高低起伏,在旭日照映下,由于光线反射作用,好像笼罩着一层朦胧飘浮的雾气,山峦因此也好像在簸动似的。"烂如秋空云"四句,进一步写这些山峰明亮如秋空的白云,浩瀚如沧海的波涛;仰视山上的亭台殿宇,都像用白玉和白银装成的一样,被皎洁的月光照得毫细分明。这是多么素净的银色世界!

写过了山之后,"回光下照中流水"四句,就接着写水:山上的白色光线反照到江水上,微风吹来,江面就好像泛起了片片银云。当此隆冬雪霁之日,置身江上,真令人有点"空阔不胜寒"之感,秋日山间花树杂开时的一片丹碧色彩都一洗净尽了。从"冰峦雪壑互起伏"句至此,作者用了洋洋洒洒十二句诗来描写雪晴后的江山,那种上下一白、灏渺混茫的情状,真是透彻淋漓,形容尽致。

最后四句是诗的收束,又归结到题画,把看画与壮游绾拢起来,用隽爽的语言赞美这幅画画得好:因为如果要亲自去游览这些山山水水,恐怕"十年"还游不到一半;而登楼看画,则只消"一日"就可"看遍江南山"了,这反差是多么大啊!这样,题画的本旨——画中游胜过亲身游——也出来了。全诗首尾互相呼应,结构完整。

也许,《长江霁雪图》这幅画,就是钱宰请人替他画的,目的是为"昔年"的那次"壮游"留下一个永久的记忆;而这首题画诗,就是他以文字符号为当年的审美经验留下的痕迹吧。这一诗一画原是相互配合的。因看画而勾起的长江雪霁景观的深刻印象,调动了他表达的激情,他于是运用了描写、比喻、夸张、抒情等各种文学手段,来融铸出一个个瑰奇的意象,使人进入一个富于浪漫色彩的艺术世界。《四库总目提要》引徐泰《诗谈》的话,说钱宰的诗如"霜晓鲸音,自然洪亮",从这首诗来看,确是这样。

(洪柏昭)

【诗人小传】

王旬

明初诗人。字子宣,里居未详。

宫　词
王　旬

南风吹断《采菱歌》,夜雨新添太液波。
水殿云房三十六,不知何处月明多。

《宫词》专写宫女生活,例用七绝,前代名作甚多,后人不易措笔。此诗作者王旬,在明代默默无闻,这一首《宫词》,却是不减唐人的出色之作。

起笔便不同凡响。"南风吹断《采菱歌》",写一个宫中女子,倾耳细听从宫外传来的《采菱歌》声,直至南风愈吹愈急,歌声不再传入。《采菱歌》是咏唱江南采菱少女的美丽和她们的爱情的歌曲。这位宫女的举止,透露了她对人间爱情生活的向往。一般的《宫词》,通常表现宫女得不到君王恩宠的怨恨,而本篇中宫女的怨恨,首先是被幽闭深宫,得不到人间的爱情,立意不能不说高出一筹。"吹断",实际也是宫女"听断",从侧面写出宫女的神态,似乎可以看到她深深的忧伤。

二句承"南风"写"夜雨",衔接自然。一场夜雨,宫中太液池又添波澜。听断《采菱歌》的宫女,长夜无眠,又听得淅淅沥沥雨点入池的声音,响个不停。不只是夜雨给太液池增添了波澜,《采菱歌》也在宫女的心中增添了波澜吧? 一、二句的绾连,何其巧妙!

写了池,写了雨,再写宫殿时,便用"水殿"(水边宫殿)、"云房"(云雾缭绕的房室)为称呼。不但字面与前二句扣得紧,感觉也漂亮。"三十六"是说殿房众多,遍布宫内。而每一殿每一房,都有她这样的女子!

雨止了,月亮在云层中出没穿行,宫内各处,或明或暗。在这个晚上,哪一座殿房承受了最明亮的月光照耀? 换句话说,是哪一个女子,承受了皇帝的宠爱?

但总是与她无缘了。

  这诗笔法很婉转。四句中,根本没有出现那位宫女的身影,但每一笔,都是从她的听觉、视线、感受出发,描绘外在的事物,反过来,让读者从这些描绘中,体会到宫女的形象和心理。她的怨恨,又埋藏在她的举止之中,隐而不露。再加语言清丽,写景幽美,连接巧妙,读来余味无穷。

(骆玉明)

【诗人小传】

袁 凯

(1316—?)　字景文,号海叟,华亭(今上海松江)人。元末曾为府吏,博学有才辩,以《白燕》诗知名于时,人呼"袁白燕"。明洪武三年(1370)任监察御史。后因事为明太祖不满,伪作疯癫,以病免归。归田后常背戴方巾,倒骑黑牛,往来峰泖间,卒于永乐初。其诗重在摹拟,歌行、近体法杜甫,古诗法汉魏,已开弘正间七子的先河。在明初诗人中较为突出。著有《海叟集》。

客中除夕

袁 凯

> 今夕为何夕,他乡说故乡。
> 看人儿女大,为客岁年长。
> 戎马无休歇,关山正渺茫。
> 一杯柏叶酒,未敌泪千行。

  《红楼梦》第四十八回里,有一段评王维"大漠孤烟直,长河落日圆"的议论道:"这'直'字似无理,'圆'字似太俗。合上书一想,倒像是见了这景。若说再找两个字换这两个,竟再找不出两个字来。"袁凯这首《客中除夕》,虽不是写景诗,但其中佳处,与王维这两句诗也有同样的妙味。

  这首诗说的是袁凯旅居在外的一个除夕夜的思乡念家之情。首句"今夕为何夕",是化用了《诗经·唐风·绸缪》"今夕何夕"句。次句"他乡说故乡",点题"客中",用了两个"乡"字,自是为了与上句相对,不过微觉有些纤巧。其颈联"戎马无休歇,关山正渺茫",是说元末战乱频仍,道路梗阻,诗人客居在外,归计渺茫。尾联"一杯柏叶酒,未敌泪千行",柏叶酒是古代一种用柏树叶浸成的酒,取"松柏后凋"之意,专在过年祝寿时饮用。这一联点题"除夕",又道出诗人的满腹苦泪之深,决非一杯苦酒所能浇却的。以上各句,下语不可谓不准确,表达不可谓不明晰,诗意的起、转、合也很恰当,不过,这样的诗句出现在元末,虽有一些反映社会的现实意义,其技巧却算不得新鲜有趣了。今笔者所深赏的,唯在颔联"看人儿女大,为客岁年长"二句,这才是诗人的感受独到之处,道出了一个旅居者的真正伤心处,大可深味。过年了,旅居者谁不思念妻儿、盼望团圆?但诗人此刻,只能眼睁睁看着别人的儿女长大了、又增了一岁,却无从知晓自己骨肉的景况,真是眼前跳荡着别家的欢,心里翻腾着自家的悲,不是滋味。非但如此,他再进而一想,人家儿女长大之时,不就是自己客乡羁留之日吗?这,自己早该想到了,如何这般麻木,直待到了除夕,猛然见到人家儿女长大如许,才惕然惊悟到客居岁月的漫长?!这两句,言浅,意深,表面上不动声色,纯然以客观的态度在说,其实包含了许多辛酸、许多叹息。一个"看"字,似乎用得冷静,是冷眼旁观,其实是充满了压抑感。但两句中最可称道的,则无疑应是"大"、"长"二字。乍一看,这二字有些"无理",更不免"太俗"、太常见了,似是不假思索就落笔的,无足赏玩。但读者如果肯像欣赏王维诗一般,"合上书一想",就会感受到,这二字貌似钝重,其中却有极大的包涵,力量异常浑厚,它无心作细碎的具体说明、形容,只给人一个最笼统、最直接、却是最易于感觉的印象,如此遣词,最能显现诗人此刻满腹悲哀的所具特征——厚重、深沉、闷塞、难以名状、也不暇名状。这两字,用得其实是再恰当不过,也是"竟再找不出两个字来"。若换上纤巧字眼,则诗意将随之变得纤轻,读者将只留意佳词佳句而忽略了诗的主旨,又岂能符合诗人创作的本意?所以,诗人不肯在此瞎卖气力,而是大巧若拙,自然感人,这正是他功夫老到的地方!一句诗,若能达到其语虽浅而无得易之,始是炉火纯青的境界。看来,袁凯对于诗的以本色动人,也是深有领悟的,一首新巧的《白燕》诗,并不足以显示他的所有才能。

词家有"重、拙、大"之说,虽是讲作词要领,但诗、词也尽有相通之处,若本诗,真可当得起此三字——力重、语拙、所言者大。

(沈维藩)

白　燕　　　　　　　　袁　凯

故国飘零事已非,旧时王谢见应稀。
月明汉水初无影,雪满梁园尚未归。
柳絮池塘香入梦,梨花庭院冷侵衣。
赵家姐妹多相忌,莫向昭阳殿里飞。

唐代诗人郑谷由于写了一首鹧鸪诗，名噪一时，被人称为郑鹧鸪。无独有偶，明代诗人袁凯作了一首《白燕》诗，被人称作"袁白燕"。相传袁凯写此诗还有一个故事，据都穆《南濠诗话》说，时袁凯尚未出仕，一天与友人去拜会当时诗坛领袖杨维桢，见茶几上有时太初的一首《白燕》诗，诗曰：

    春社年年带雪归，海棠庭院月争辉。
    珠帘十二中间卷，玉剪一双高下飞。
    天下公侯夸紫领，国中俦侣尚乌衣。
    江湖多少闲鸥鹭，宜与同盟伴钓矶。

  袁凯读后说："此诗写白燕尚未尽体物之妙。"杨维桢不以为然。袁凯回家后，连夜步其韵亦作《白燕》诗，次日呈杨维桢，杨见诗叹赏不已，连书数纸，尽散坐客。袁凯一举成名，一时呼为"袁白燕"。袁凯《白燕》比时太初《白燕》好在哪里呢？

  袁凯一开始就用了一个著名的"燕"的典故。"故国飘零事已非，旧时王谢见应稀"，化用刘禹锡《乌衣巷》"旧时王谢堂前燕，飞入寻常百姓家"诗句，说江山如故，人物已非，秋去春来的燕子又飞回到当年王谢居住的繁华地来了。借王谢旧事点明所咏为燕，同时诗人又作一个补充说明：这次飞回来的燕子已不是旧时王谢堂前常见的乌燕，而是另一种较少见的全白色的。再用"见应稀"三字进一步点出"白燕"这个题目。

  接着，诗人展开想象，极写白燕之白。"明月汉水初无影，雪满梁园尚未归。"看，那高高飞翔的白燕啊，在三五之夜飞越汉水的时候，月光如水银般洒向江面，千里一白。它那星星点点闪光的白色羽翼也溶入这片广袤的银色世界里去了，连影子都见不着了！还有在那严冬季节"雪满梁园"之时，如果白燕飞入这银装素裹的北国大地，它那雪白的身影也是难以辨认出来的，不过此时白燕不会飞来，它正滞留在南方呢。诗人用汉代梁孝王与文士梁园赋雪故事，但不是写雪，而是以雪比燕之白，故云"未归"。

  人们写燕子，总离不了写它"度帘幕中间""还相雕梁藻井"，袁凯避开了这类俗套，别出心裁地专为白燕设计了活动的新天地——"柳絮池塘香入梦，梨花院落冷侵衣。"白燕飞集遨游在一幅幅诗情画意的境界里，春水池塘，柳絮飘飞满地，在月光下，白燕似是飞花，飞花似是白燕，恍如进入美丽的梦境。白燕又活跃在重门深掩的梨花院落，春风料峭，梨花从树上纷纷飘下，白燕在花丛上下翻飞，白燕与落英齐飞，白羽同梨花一色。生机勃勃的白燕啊，你难道不怕春寒的侵袭么？诗人以柳絮、梨花等洁白的景色造成典型意境，衬托白燕，唤起人们的联想，字面上无一"燕"字,而白燕自然从景中浮现。"柳絮池塘""梨花庭院"二句,化用晏殊《寓意》"梨花院落溶溶月,柳絮池塘淡淡风"诗句,展现在人们面前的似乎是两幅画屏,而且您似感觉到画面一角有玉剪飞舞的燕影呢。

袁凯用空灵蕴藉的笔法,为白燕传神写照,写出了白燕特有的精神气质,诗人把白燕想象成无比的纯洁、灵巧、美丽,在他的笔下,简直就像是冰清玉洁的姑射仙子的化身了。所以诗人于诗的末尾倾注了无限珍爱、怜惜的感情,叮咛白燕说:"赵家姐妹多相妒,莫向昭阳殿里飞。"说汉成帝宫中的赵飞燕姐妹生性多妒,你千万不要飞进帝王家呀! 最后用赵飞燕这位汉宫美人的名字,关合题面的"燕"字,也颇有妙趣。

回过头来读时太初的《白燕》诗,就感到作者没有把白燕的体态风神写足,"珠帘十二中间卷",是燕子共有的习性,非特白燕。又如"玉剪一双高下飞",以"玉剪"比喻白燕也太实了,而没有传白燕之神。袁凯就聪明了,全篇都紧扣白燕来写,驰骋想象,避实就虚,用类似国画家写意的手法,构造意境来烘托白燕特有的风采,脱略形骸,传其神韵,确要比时太初高出一筹了。

相传袁凯白燕诗一出,一时学习此种诗体者不少,著名诗人高启作《梅花》诗,就用袁诗格调,诗云:"琼姿只合在瑶台,谁向江南处处栽?雪满山中高士卧,月明林下美人来。寒依疏影萧萧竹,春掩残香漠漠苔。自去何郎无好咏,东风愁寂几回开!"从其风流绮丽的风调是不难看到袁诗的影响的。 (铁 明)

客中夜坐　　　　　袁凯

落叶萧萧江水长,故园归路更茫茫。
一声新雁三更雨,何处行人不断肠!

客里悲秋,游子思乡,这已是古诗中最常见的题目了;秋雨叶落,北雁南飞,这也是古人最常用的素材了。以因循的素材,用习见的题目,是绝难翻出新鲜的诗意的——除非,这位诗人在具有敢与古人争高下的胆气之外,更具有方驾古人的足够才气。

"落叶萧萧江水长",乍一看,分明是"无边落木萧萧下,不尽长江滚滚来"(杜甫《登高》)的浓缩;然而,略去了"无边"、"滚滚",只剩下落叶萧萧、江水悠悠,同样是"悲秋",这诗的基调,便不是老杜的"悲壮",而只是一派"悲切"了——字句虽似古人,意绪却不袭古人。

"故园归路更茫茫","更"字看似无理,其实甚妙。叶落方寒,江水为阻,故园难归,足矣,何必曰"更"?然推想行人之归路,因迷目乱心的无边落叶而更加茫茫难寻;行人之归路,比滔滔不绝的千里江水还更加漫漫难尽:着一"更"字,岂不甚妙?

绝句往往以前二句作铺引,而警策处在后,本诗亦不例外,虽然前二句亦有可观。"一声新雁三更雨,何处行人不断肠!"半夜三更,举目漆黑,行人摸索着前行;秋雨霖霖,路滑衣湿,行人艰难地举步;一颗滚热的归心,被黑夜压抑得沉闷,被寒雨浇淋得冰凉。偏在这万般凄切的时候,夜空中又传来"一声新雁"!何谓"新雁"?这是第一拨南飞、行人在南行长途中第一次听到其叫声的雁!这雁声虽然清越,在行人听来,却更悲似三更之雨:雁南飞了,秋意重了,一悲也;雁儿凌空高飞,落叶不能迷,江水不能阻,行人则惟有地上紧走,艰难跋涉,二悲也;雁儿不难飞抵衡阳,行人则不知能支撑到乡否,三悲也;夜雨不能妨碍雁儿轻快的鸣叫,却令行人寒颤难言,四悲也;行人日夜兼程,不过才赶了这些许路途,雁儿发自更远的塞上,却一展翅便赶上了他们,五悲也;这第一拨雁过后,将有更多的雁群飞越行人的头顶,令他们叹羡不置,撩乱他们的心境,嘲弄他们的踽踽艰步,六悲也——一声新雁,行人听来竟有如许悲怀,更兼着夜寒云雨,怎能令他们"不断肠?"若进而思之,以上六悲,前四者还着落在"雁"上,算不得奇,后二者则非"新雁"连读不能有:诗人拈出这二字,岂不是大有新趣?

不过,行人之悲,还不是最悲,请注意诗题是《客中夜坐》:行人虽艰难、虽迷茫,但他们毕竟在行,还有希望;而客居他乡的诗人,连这点微弱的希望也无法拥有,夜半惊寒,悄然起坐,他只能徒然地浮想联翩而已——这份悲,只怕"断肠"二字,也形容不尽。当然,这于诗人是大悲,而于读者则是大幸——不然,若他悲之不甚,也就思之不深了,又如何能有这"新雁"的妙笔,供读者赏玩呢?

(沈维藩)

扬州逢李十二衍　　　　　　袁　凯

与子相逢俱少年,东吴城郭酒如川。
如今白发知多少,风雨扬州共被眠。

朋友之情,向来为人们所珍视,何况是一别数十年,黑头相交,白头重逢!又何况这一别,经历了改朝换代的历史巨变,其间城郭改观,人物凋零,可歌可泣、可惊可惧之事不一而足,而彼此幸存!这首诗就是写了如此一场重逢。

前二句忆旧。诗人与李衍(排行十二)初识,正当少年,血气方刚。二人一见如旧,在苏州("东吴城郭")酒楼上放怀痛饮,目无旁人。当日情景,着墨无多,只"酒如川"三字,便写足少年人豪爽狂放的情态。所谓"酒逢知己千杯少",如饮长川的欢会,也见出彼此结交之深。

诗中标出"东吴城郭",既是交代事实,也包含历史内容。苏州在元末是一工商业发达的繁华都会,江南文人聚集的中心。后成为张士诚争天下的根据地,明立国以后,遭到朱元璋残酷的清算和压制。既经战火,复遭搜刮,在明初数十年间,破败冷落,不复有旧日光彩。回首往事,岂不恍如隔世!

后二句述重逢。苏州一别,各自东西,不知经历了多少变故,更兼白云苍狗,人间变幻,真非纸墨能尽。一切不说,只道彼此白头,无数感慨,包含其中。"风雨扬州共被眠",与"东吴城郭酒如川"遥相呼应。此夜一对老人,旧情依依,同床共眠,细说生平,不同少年时代的豪放,却另是一番动人景象。

这诗以短小篇章包容极其复杂的内涵,只能从虚处下笔。但所谓"虚",又不是空洞抽象的概括,而是描绘两幅具体生动的画面,从这二幅画面的比照以及相互联系中,引发读者的想象,抒发一种人世沧桑之感,表现力极强。　　(骆玉明)

淮西独坐　　　　　　　　　　袁　凯

萧萧风雨满关河,酒尽西楼听雁过。
莫怪行人头尽白,异乡秋色不胜多。

袁凯是一个十分不幸的诗人,元末曾为小官(府吏),因战乱去职,等到天下太平,明帝国建立,他已近五十岁了。洪武三年被荐为御史,但这不是他的幸运,而是新的厄运的开始。由于朱元璋的猜忌,不久他便被逼装疯,食狗彘之食,才幸免于死。这便是他的一生,因此在他存世不多的诗作中大都充满了悲苦之音。这首《淮西独坐》是很典型的一首,内容很一般,也没有用什么愁、苦、哀、泣之类的词语,但读来却令人"悲惋欲涕"(明人吴国伦评语)。

第一句"萧萧风雨满关河"点明客观环境,风雨之时最易使人产生一种飘忽不定的情绪,充分感受到自然威力的巨大以及人生的孤弱、渺茫。第二句写作者个人的活动:独坐西楼,酒已饮尽,酒兴阑珊,正感到百无聊赖,这时天边一声雁唳,由远而近,复由近而远,渐渐地过去了,消逝了,一切又归于岑寂。以上二句所写都是平淡而一般的日常生活,既没有惊风暴雨的震荡,也没有生离死别的摧伤,那么离乡的行人为什么头都白了呢?"异乡秋色不胜多"啊!这是一句十分精辟的生活格言,正如"贫疑陋巷春偏少,贵想豪家月最明",自然景物本无差异,然贫富不同,感受便不同。客中与家乡的光景也是如此,喜者见喜,忧者见忧,在离人的眼光中遂不免处处皆秋,事事可愁了。这是一种普遍的心理特征,几乎人人都有类似的体验,所谓人人心中所有,口中所无,然袁凯却能准确地、生动而形象地将它表达出来,这大概便是这首小诗脍炙人口的原因吧! (刘明今)

题苏李泣别图　　　　　袁凯

上林木落雁南飞,万里萧条使节归。
犹有交情两行泪,西风吹上汉臣衣。

　　苏武、李陵的故事,其实已很为人熟知了,但是,为了解说本诗的方便,还是以略作引证为好。据《汉书》载,苏武出使匈奴,被羁留二十年不降,至汉与匈奴和好,终得返国。临行时,归降匈奴已经有年的李陵为苏武置酒送别,席间吐露了多年隐衷:他初降时,诚有反正之志,而汉廷不察,反族灭其家,"收族陵家,为世大戮,陵尚复何顾乎?已矣,令子卿(苏武的字)知吾心耳!"并起舞作歌,有"士众灭兮名已隤(堕),老母已死,虽[欲]报恩将安归"之词。最后"陵泣下数行,因与武决(诀别)。"袁凯所题的这幅《苏李泣别图》,画的大概就是这一刻的情景。

　　从本诗看,这幅画的内容其实并不复杂:画的背景是塞北万里大漠,秋来叶落、北雁南飞,一派萧条气象;画中央是两个主人公,汉朝的"使节"苏武即将上道归国,汉朝的贰臣李陵正在挥泪送别。当然,诗中的"上林",是诗人越过画面的联想了,因为上林苑在汉都长安,是皇家御苑。诗人用这个地名,或许是为了点出苏武归国的方向;另外,因"上林"是与"雁"并列,所以诗人说不定是因雁而联想到了汉使编造的汉帝在上林苑射雁,雁足系有苏武帛书的故事,因而灵机一动,顿生奇想。这里有多种可能,但都不重要,本诗的精彩处,只在后二句。

　　但后二句虽然精彩,其实也并非"字字珠玑",有味可玩的只是"犹有"、"汉臣"二处。当此"壹别长绝"之际,永为"异域之人"的李陵,总该托苏武捎点什么话带回故国吧?但是,捎话给何人呢?家人,被杀尽了;朝廷,彻底绝情了;故乡呢?"陇西士大夫以李氏为愧"、"耻其不能死节"(以上引《汉书·李广苏建传》,末句为颜师古注语),也不必指望了——除了还有苏子卿"知吾心"外,李陵真是到了"国无人莫我知兮,又何怀乎故都"的地步!"犹有"者,尚有、还有之义也;细琐一点说,此语有"虽然其他都没有了,但还有……"之意;细心一点想,此语必有一个对比物,始能成立。对比物为何?家人、朝廷、故乡是也。这一切都不知吾心,"犹有"子卿知己,欣慰乎?惨凉乎?读者不难辨之。故诗人说到"犹有",已联想到了李陵失去的一切,此"犹有"者,实乃"惟有"也。

明乎"犹有"之意,"汉臣"的含义也就不难明了了,二者是一抑一扬的关系。唯一的知己就也要离去了,固然是不能不令人悲泣的;但苏武所去的乃是汉土,所以,诗人便不让李陵的"两行泪"落到匈奴的土地,而是使其被西风吹起、飞上苏武的衣袍,让这泪痕随苏武返回故国。这仅仅是为了他俩的私交殷厚吗?非也?因为诗人不用"故人"、"知己"之类字眼,而用了郑重其事的"汉臣"——若不是汉臣,而是胡羌之人,诗人会令李陵的泪水随之而去?然则在诗人心目中,虽然李陵永远不能返回故国,故国也永远拒绝了他,但他的心深处却依然向往着故国,而这种向往又是在惟有一人知的条件下始终保持不变的,这就更不能不令人感慨系之。

诗的后二句之所以精彩,其实还因为它有一个参照物。若没有这个参照物,我们对本诗大约只能指出三个好处,且都是显而易见的,不说读者亦可知:一是诗人体察人心之深,二是措辞的含蓄有味,三是诗人想象力甚为神奇——"西风吹上汉臣衣",这已不是图画所能;画所不到,却被他的笔勾出画的灵魂,令人叫绝。但现在参照物来了——编《明诗别裁集》的沈德潜老先生评本诗云:"词婉意严,李陵之罪自见。'汉臣'二字,《春秋》之笔。"在这么一首被明朝大诗人王世贞评为"颇见风雅"的诗中,居然找得到"春秋笔法",实在是难为了这位老先生。但此老不曾想一下,他既以肯定的态度引了王世贞的评语,又认定本诗意在讨"罪",本身就有点矛盾,除非他误以为"风雅"是《诗大序》里的定义,所以对王世贞亲热起来;他也忘了闻一闻诗中的感伤气息,此时诗人哪还有心思去皮里阳秋?他更忘了,袁凯既不曾当大元的遗老,也不算大明的纯臣,白燕才子兴发起来卖弄聪明时,才不会像"我大清"的宠臣"归愚侍郎"那么斤斤计较于"臣节"呢!这样的评诗,只能算此老谈"格调"谈得走火入魔了。但是,有了这样迂气十足的评语作对比、参照,本诗便又添了一个好处:灵气十足。

(沈维藩)

京师得家书　　　　袁　凯

江水三千里,家书十五行。
行行无别语,只道早还乡。

独居京师,百无聊赖,思乡之感犹如钻入花心的小虫,不时地蠢动着,使你欲释不能,欲理还乱。而维系亲情,寄托乡思则只能靠那薄薄的一纸书信。唐人诗句中写作客在外寄信回家的很多,如孟郊《归信吟》:"书去魂亦去,兀然空一身。"

岑参《逢入京使》："马上相逢无纸笔,凭君传语报平安。"都写得蕴藉感人。同样,收到家人好友的片言只字,也被当作重要的安慰剂,使人欣喜若狂,这一点,杜甫《春望》中"家书抵万金"一句,已足以涵盖了。

袁凯这首诗写的也是收信的欣喜。首二句相对,写收到信。"三千里"与"十五行"都是约数。三千里是言家乡路远,十五行是说家书内容多。利用数字造声势,更增加了自己游宦的孤寂及家乡亲人对自己的怀念之情。这种心情为客居他乡的人所共有,一经道出,使人倍感亲切。

家书十五行,写的是什么呢？自然应该有平安之报,家庭琐事,劝在外的亲人珍重自摄、努力加餐……但诗却一下把这些应有的话全部扫去,只说在字字行行之间,所讲的只是亲人希望他早日赋归,全家团聚。这样,整诗表达的就不仅仅是收到家书的喜悦,而是融和了家人与自己共同的心情,把家人对自己的深情与自己盼望早日还乡的迫切心理自然地综合在一起。

古诗有一种对面写法,如自己思亲,却不直接写自己,而写对方思念自己,这样转过一层,使意思加深,平添波折。如王昌龄《九月九日忆山东兄弟》："遥知兄弟登高处,遍插茱萸少一人。"又如白居易《邯郸至除夜思家》："想得家中夜深坐,还应说着远行人。"罗邺《雁》："想得故园今夜月,几人相忆在江楼。"袁凯这首诗显然也是借鉴了这种写法,明明客愁无限,归心似箭,却写家书中亲人想念自己回家的热烈心情,寥寥数语,天然淳朴,所凝聚的情感却浓郁得令人心驰神醉。

(李梦生)

江上早秋　　　　　袁　凯

靡靡菰蒲已满陂,菱花菱叶共参差。
即从景物看身世,却怪飘零枉岁时。
得食野凫争去远,避风江鹳独归迟。
干戈此日连秋色,头白犹多宋玉悲。

元末明初的诗人学杜甫的很多,袁凯是其中比较著名的一位。他的诗,特别是几首七言律诗,显然受到杜诗的深刻影响。《列朝诗集小传》引程嘉燧的话说："海叟诗,气骨高妙,天然去雕饰,天容道貌,即之冷然。……七言律诗,自宋元来,学杜未有如叟之自然者。野逸玄澹,疏荡傲兀,往往得老杜兴会。"这评价非常之高。但在今天看来,袁凯七律中真正"天然去雕饰"、"得老杜兴会"的并不是像《白燕诗》那类颇负盛名的作品,倒是《江上早秋》这类作品,风格清新自然,寄慨深远而又蕴藉含蓄，确实得到了杜诗的几分精髓。

首联从眼前景物着手，菰俗称茭白，蒲就是蒲草，菱在早秋开花结实，它们都是在浅水中生长的植物，故在江边触目皆是。诗人用平平淡淡的语气写了这些平常的景物，用意在于点明诗题。菰、蒲、菱等水生植物与诗题中的"江上"相呼应；菰蒲靡靡满陂，菱花、菱叶参差说明这正是早秋季节。这一开头看似平淡无奇，其实却相当精警有力，它以非常简练的笔墨渲染了江上的早秋氛围，从而很自然地引出下文的抒情言志。

颔联两句从眼前景物折入诗人的内心世界，即从写景转为抒情。季节已过了盛夏，进入早秋，诗人由此而联想到自己身世飘零，岁月虚度，不免有感于中。据作者自注，此诗作于丙申年。丙申年也就是元顺帝至正十六年（1356），此时作者正好四十岁，人到中年，却仍功业无就，身世飘零，光阴蹉跎，怎能不使他为之感慨万分。

颈联两句又是一个转折，从抒情转而写景。野凫、江鹳都生活在水边，所以诗中的野凫得食、江鹳避风都是即目所见。单从写景的角度来看，群凫争飞，一鹳徘徊，在这幅萧疏淡远的秋江图上增添了活泼的生机，使画面不至于过分单调。但从全诗来看，作者写这两句显然并不仅仅为了设色构图的需要，而是意有所指，借凫、鹳来抒写胸中的不平。野凫当指一般争名逐利之徒而言，他们你争我夺，熙熙攘攘，令人讨厌；江鹳当是作者自喻，他把自己比作"避风江鹳"，似是企图表明自己所以飘泊天涯，形单影只，是因为有所躲避，他像那头孤独的江鹳一样，为了躲避风险，才迟迟不能回家。这两句采取的表现手法，是传统的比兴手法，即所谓引譬连类，言在于此而意在于彼。采用这种手法，可以把诗人自己的思想感情表现得更加蕴藉、含蓄，引起读者丰富的联想。至于诗中江鹳要躲避的是什么风，这里没有交代，不过我们读完了尾联两句，自然也就明白了。

尾联上句"干戈此日连秋色"，紧紧承接"避风江鹳独归迟"句，显然是在告诉读者：江鹳（即诗人自己）所避之"风"，是那战争造成的险恶环境。作者写此诗之日，正是元末农民起义风起云涌、席卷全国之时，公元1351年，韩山童等首先发动河工起义；1353年，张士诚率盐丁起兵，攻下高邮等地；1355年，刘福通率领的红巾军崛起于亳州；1356年，朱元璋的军队攻下了金陵。真可说是烽火连天，干戈遍地。特别是长江中下游一带，更出现了多支武装力量互相混战的局面。秋天草黄马肥，最易发生战争，所以诗人从眼前的秋景，马上联想到无情的战火正在到处蔓延，社会的动乱，个人生活的不安定，都使诗人深深为之忧虑，在这句看似平淡的诗句中，可以隐隐听到诗人的叹息之声。

最后一句又回到自己的身世之悲上来。由秋色而想到"宋玉悲秋",又由"宋玉悲秋"而想到自己目前的穷途落魄。战国时诗人宋玉曾因悲秋而作《九辩》,其中有"贫士失职而志不平"等语,很能引起贫苦知识分子思想感情上的共鸣。这里的"宋玉悲"就是运用这一典故。"头白"自然是夸张的说法,但四十岁的人早生华发也并非绝无可能。头上已渐渐出现了白发,却还要像宋玉一样在萧瑟秋风之中怨嗟叹息,这就不仅是在那里抒写胸中的不平之气,而简直就是对自己的老大无成作一种无可奈何的自我嘲弄了。

全诗除语言不事雕绘,以朴素自然见长外,在结构上也颇见功力,有平叙,有转折,开阖变化,擒纵自如,而又处处合乎章法。这一点,也是我们在阅读此诗时应该注意的。

(范民声)

刘崧

【诗人小传】

(1321—1381) 字子高,初名楚,泰和(今属江西)人。七岁能诗。洪武初(1368)举经明行修,改今名。召为兵部郎中,迁北平按察司副使,有异政。拜礼部侍郎,擢吏部尚书,寻致仕归。逾年,再征为国子司业。崧博学有志行,微时,兄弟三人,共居一茅屋,有田五十亩;及贵,无所增益。居官未尝以家累自随,闲即赋诗。豫章人宗其诗为"江西派"。卒,谥恭介。著有《槎翁诗文集》。

玉 华 山

刘 崧

翠巘千峰合,丹崖一径通。
楼台上云气,草木动天风。
野旷行人外,江平落雁中。
伤心俯城郭,烟雨正冥蒙。

玉华山是江西省樟树市境内的一座山,距离刘崧的家乡泰和有数百里之远,这首诗是他一次游山时所写的。

长满了各种树木花草的山峰,一片丹红翠绿,重叠交错,千峰矗立,令人目不暇给;一条小路,在山崖间迤逦曲折而上——这就是"翠巘"两句的意境,诗人登山时的所见。登山,从山脚到山顶,一路要经过多少悬崖峭壁,洞壑溪涧,还有庙宇亭台,奇花异草等等,如果是一篇游记,就可以详尽无遗地摄入笔底,给人们留下全景式的记录,但是诗歌的篇幅很短,只能抓住富有特征性的景物,用精练的语言表现出来,让读者通过想象去补充那画面上没有写出来的东西。这两句,就取得了这样的效果。作者采用对仗句来写(律诗首联本来可以不用对仗),使"翠巘"和"丹崖"互文见义,峰上崖边,千红万绿,色彩缤纷;"千峰"和"一径"对比鲜明,表现出峰峦的众多和山路的隘险。登山途中的多少见闻经历,奇观异景,便由此可以想见。

由"楼台上云气"至"江平落雁中"四句,写的是作者登上了山顶之后所见到的景物。因为这里地势已经相当的高,所以楼台上面仿佛有了"云气";风也相当的大,花草树木也就在"天风"中动摇;真有点身在云中、飘飘欲仙之感了。"野旷"两句,是远眺的所见,如果按照科学含义,它不过告诉人们:郊野外有行人,江面上有飞雁,如此而已。但是文学作品是如此的奇妙,它通过字词的艺术组合,可以产生出字面意义以外的韵味。郊野是空"旷"的,江水是"平"静的;这样,就给人一种空阔岑寂的感觉("江"指赣江,玉华山在赣江边)。在这样的郊野和江面上加上一个行人,一只飞雁,就衬托得郊野和江面更加空阔岑寂("落雁"的"落"字不是掉下来的意思,而是指进入某一范围,这里指江面上),因而产生一种"荒荒油云,寥寥长风"的韵味。孟浩然《宿建德江》云:"野旷天低树,江清月近人。"李白《渡荆门送别》云:"山随平野尽,江入大荒流。"此联意境近之。

最后两句,作者笔锋一转,从描写景物转到感叹人事上来。俯视城郭,烟雨迷蒙,这是实景吗?也许是,也许不是,这都不要紧。从"风雨如晦,鸡鸣不已"开始,烟雨之类就是个乱世的象征。刘崧生活于元末明初,元末政治腐败,农民起义蜂起,江西地区也战乱频仍,所以他俯瞰城郭,忧心忡忡,"伤心"两字,把"烟雨冥蒙"的象征意蕴,明白地揭示了出来。

这首诗,由登山到山顶所见所感,一路写来,严谨有序;写景抒情,都鲜明而不隔。诗中的三联对仗,都工整谐协,颈联尤写得有意境,有韵味。末联宕开一笔,扩大诗的内涵,很有意义。《四库总目提要》称崧诗"正平典雅",看来是有道理的。

(洪柏昭)

步　月　　　　　　　　　　　　刘　崧

乘凉步月过西邻,草露霏微湿葛巾。
一径竹阴无犬吠,飞萤来往暗随人。

古往今来对月抒怀的人真是成千上万。人们喜欢这一轮皓魄,原因是各式各样的,但共同的一条,恐怕是它可为绮思遐想提供抒发的机会。白天,人们要接触各种人物,进行各种社会活动;经过一天扰攘的生活以后,"日入群动息",可以宁静下来了,获得了"绝对单独的机会"(徐志摩语)。这时候,湛蓝的天幕上,"升清质之悠悠,降澄晖之霭霭"(谢庄《月赋》),人们不是可以用各种自由的心态去进行感应,去引发遐想吗?正如朱自清所说的那样:"一个人在这苍茫的月下,什么都可以想,什么都可以不想。"(《荷塘月色》)于是乎,游子可以望月思乡:"床前明月光,疑是地上霜,举头望明月,低头思故乡。"(李白《静夜思》)思妇可以对月怀人:"可怜楼上月徘徊,应照离人妆镜台。玉户帘中卷不去,捣衣砧上拂还来。此时相望不相闻,愿逐月华流照君,鸿雁长飞光不度,鱼龙潜跃水成文。……"(张若虚《春江花月夜》)还有智者的因此悟出哲理,仁者的因此忧悯黎民等等,可谓不胜枚举。当然,在林林总总的主题中,还有从审美的角度,"想攀附月色,化一阵清风"(徐志摩《山中》),去捕捉那大自然的美的韵律;刘崧的《步月》,就是其中的一首。

这是一首即景小诗,如果从思想性的角度来要求,是很难找出什么深刻的内容来的;但这正如盆景之不能要求它作建材,牙雕之不能要求它有实用一样,只能从审美的角度去观察。诗写的是月夜乘凉,被露水打湿了葛巾;周围很静,连一声犬吠都没有;竹阴覆盖的小路上,只有几只飞萤随人来去。这是一个静谧的画境,没有一点声音,没有观景主体以外的人,连自然界的生物也只是流萤这样的小虫。静极了!在这样的环境中,任何躁动的灵魂,都可以得到甜蜜的安息!

从主观感情与客观景物的关系来说,这首诗几乎只有客观景物的描写,而无主观感情的表露;用王国维的话说,就是表现出"无我之境"。"无我之境,人惟于静中得之。"(《人间词话》)作家在进行审美观照时,以一种"疏瀹五脏,澡雪精神"的"虚静"(《文心雕龙·神思》)心态去感应外物,外物于是以直觉的方式进入作家的审美感知,在"物我两忘"的状态下,经过作家的"窥意匠而运斤",物的形象遂出现于作品。这首诗的创作过程,大致就是这样的。当然,这不意味着取消主观情感的作用。因为无论什么事物被写到作品中,都要经过作家思想感情的筛选;否则时间相连而空间广袤的客观事物,将混沌一团而无法进入创作过程。诗的"有我"与"无我",主观与客观,其实是相对的。朱光潜先生说得好:"没有诗能完全是主观的,因为情感的直率流露仅为啼笑嗟叹,如表现为诗必外射为观照的对象。也没有诗完全是客观的,因为艺术对于自然必有取舍剪裁,就必受作者的情趣影响。"(《诗说》)那么,刘崧在这首诗中选取了这样一个宁静的画面来描写,而且心如止水，不动丝毫涟漪，正是表现了他的一种静穆的审美趣味，一种平和的生活心境。

像《步月》这类主体尽量隐蔽的诗，我们很容易在王维的作品中找到。"空山不见人，但闻人语响。反景入深林，复照青苔上。"（《鹿柴》）"独坐幽篁里，弹琴复长啸。深林人不知，明月来相照。"（《竹里馆》）韦应物的《滁州西涧》也很好："独怜幽草涧边生，上有黄鹂深树鸣。春潮带雨晚来急，野渡无人舟自横。"这一类诗，提供了美的画面，给人以休息和抚慰，是艺术的精品。

（洪柏昭）

【诗人小传】

杨 基

（1326—1378） 字孟载，号眉庵，原籍嘉州（今四川乐山），其父在江南做官，他生长在吴县（今江苏苏州），家居天平山赤城。少年聪颖，及长著《论鉴》十余万言。元末入张士诚幕。明太祖洪武二年（1369）起为荥阳知县，谪居钟离；复被荐江西行省幕官，坐省臣得罪，又落职。洪武六年（1373）奉使湖广，迁山西按察使，终被谗夺官，谪为输作，卒于工所。以《铁笛》诗为杨维桢所赏识，与高启、张羽、徐贲并称"吴中四杰"。其诗颇有悲慨时事之作，以清逸流丽著称。有《眉庵集》。

长江万里图　　　　杨　基

我家岷山①更西住，正见岷江发源处。
三巴②春霁雪初消，百折千回向东去。
江水东流万里长，人今漂泊尚他乡。
烟波草色时牵恨，风雨③猿声欲断肠。

〔注〕①岷山：在四川省西北部。岷江、嘉陵江的发源地，长江、黄河的分水岭。 ②三巴：古地域名，在今四川省嘉陵江、綦江流域以东。《华阳国志》："建安六年，璋乃改永宁为巴郡，以固陵为巴东，徙庞羲为巴西太守，是为三巴。" ③"风雨"句：郦道元《水经注》："渔者歌曰：'巴东三峡巫峡长，猿啼三声泪沾裳'。"

这是一首题画诗，于讴歌浩荡奔腾的大江中，表达了漂泊他乡的诗人对故乡的无限怀念之情。

"我家岷山更西住，正见岷江发源处"，起首两句点明故乡的地理位置，诗人原籍蜀中嘉州（今四川省乐山市），祖仕江左，遂定居吴中。看到画卷上的万里长江,诗人联想起了位于长江上游的岷山和岷江,不由得倍感亲切,思乡之情油然而生。这两句诗自然流出,看似平淡,却有丰富的内涵,很禁得起咀嚼。两个"岷"字在同一位置上重复出现,构成特殊的音响效果,宛如一位疲惫的游子正喋喋不休地向人诉说故乡的琐事,为主题的发展起了烘托气氛的作用。

"三巴春霁雪初消,百折千回向东去",三、四两句诗人紧扣画面内容,展开了丰富的联想,江南三月,莺飞草长,但位于岷山脚下的故乡,开春时,该是另有一番景象吧?冬天过去了,皑皑白雪在阳光下开始融化,因严寒而变得沉默的长江也顿时恢复了活力,水势猛涨,滚滚东流,景色何等壮观!

"江水东流万里长,人今漂泊尚他乡",第三联起换韵,渐渐切入正题。如果说在前四句里,诗人还陶醉在故乡的融融春光之中,那么,在这一联里,却似乎从梦中突然惊醒,回到了痛苦的现实。诗人由江水东流而联想起自身的飘零,衔接得好,也转换得好。江水奔流万里,人亦飘泊万里,故乡的梦从反面衬出游子的悲哀,东去的江水,又从正面映出游子的无奈,一反一正,说尽了诗人对故乡的无限思念。

"烟波草色时牵恨,风雨猿声欲断肠",到结尾两句,诗人的乡愁愈益浓烈了,浩浩烟波,青青草色,给诗人带来的只是满腔愁思;画本无声,诗人却从中听出了三峡的风声、雨声、猿啼声,正可谓"触目皆断肠"。发人深思的是,事实上,诗人生于吴县(今江苏省苏州市),长于吴县,即使中途回过四川,也不可能有太深的印象,那么,为什么在这首诗中他对四川会流露出如此强烈的思念之情呢?无疑,这是一种移情现象。杨基少负诗名,本人也自视甚高,但一生经历却颇为坎坷,官场的黑暗,仕途的波折,给他带来很大压力,他精神上需要有所寄托。同时,杨基的家族之所以离开蜀中移居江南,是由于大父出仕为官。因此,远在万里之外的蜀中,对杨基来说,便有了特殊的符号意义,与仕途生涯相对立,成了不受官场约束的理想的世外桃源。从这个意义上看,诗人的乡愁,实质上是他对仕途感到厌倦的曲折反映,他追求宁静的田园生活,却又无法挣脱名利的束缚,宦海飘泊,欲罢不能,最终只能通过对故乡的思念来宣泄内心的痛苦,从而获得心理上的平衡。也许,这才是这首思乡曲的真正诠释。

(黄锦章)

天平山①中 　　　　　杨 基

细雨茸茸湿楝②花,南风树树熟枇杷。
徐行不记山深浅,一路莺啼送到家。

〔注〕① 天平山：在江苏省苏州市西，山顶正平，称望湖台，山上有白云泉、白云寺、万笏林等名胜，杨基家在赤山，离天平山很近。　② 楝：江南一带常见的落叶乔木，春天开淡紫色花。

天平山是吴中名胜之一，林木秀润，奇石纵横，诗人自幼生活在这里，山中的一木一石，对他来说，都十分熟悉，十分亲切。这首诗剪取了他闲居时的一个生活片断，写得自然典雅，情深意重。

诗的前半段宛如一幅工笔画，在绵绵春雨中，楝树开出了淡紫色的花朵，由于沾上了雨珠，显得格外娇艳和滋润。南风轻轻吹拂，在郁郁葱葱的草木丛里，不时露出一树树金黄色的枇杷。这两句对得很工，"细雨"对"南风"，"楝花"对"枇杷"，从气候与植物两方面刻画出了江南三月所特有的景观，而句中的修饰语"茸茸"和"树树"以及"湿"和"熟"则进一步描摹出了春色的旖旎。诗人的着眼点在景，但同时也衬出了情，从他蘸满色彩的笔触中，我们可以清楚地感受到洋溢在他心中的盎然春意。

下半段由景及人，画面也渐渐活动起来，"徐行不记山深浅，一路莺啼送到家"，诗人沿着山路徐徐而行，不知道自己走了多远，只听得满耳莺啼，不知不觉中却已回到了家门口。这里，诗人有意识地虚化了距离感和时间感，形成一种物我两忘的意境。于是，在前半段里所隐隐流露出来的那种悠然自得的闲适心情，在这一段里便跃然纸上了。这两句着眼于人的感受，但并没有离开景色描写这一主线，"一路莺啼"与上文中的"茸茸"、"树树"相辉映，不仅有色，而且有声，把天平山的春天写得充满野趣，十分热闹。同时，诗人在漫游时忘了路程，忘了时间，这又从另一个侧面衬托出了景色之美。

杨基的作品以写景状物见长，在这首诗中，他牢牢地把握住了情与景两条线索，由景生情，情中寓景，情与景，人与物，紧紧地交织在一起，读来亲切自然，充满了清新芬芳的田园气息，令人神往。

（黄锦章）

登岳阳楼望君山① 　　杨 基

洞庭无烟晚风定，春水平铺如练②净。
君山一点望中青，湘女③梳头对明镜。
镜里芙蓉④夜不收，水光山色两悠悠。
直教流下春江去，消得巴陵⑤万古愁。

〔注〕① 岳阳楼：今湖南省岳阳市城西门楼，下瞰洞庭湖。君山：一名洞庭山，又名湘山，实则是屹立于洞庭湖口的小岛。相传舜妃湘君游此，故名。　② 练：白色的绢。　③ 湘女：

指娥皇、女英,相传为尧之女,舜之妻,闻舜死于南巡途中,悲伤欲绝,投湘水自尽,死后为湘水之神,俗称湘妃,又称湘君或湘夫人(一说湘君为舜,二妃为湘夫人)。 ④ 芙蓉:荷花的别称。
⑤ 巴陵:古郡名,即岳阳。

岳阳古称巴陵郡,是南北交通要道,南极潇湘,北通巫峡,南来北往的文人墨客往往在此驻足休息,登上岳阳楼,俯瞰洞庭湖,留下许许多多名篇佳作。杨基的这首诗以君山为聚焦点,写出了暮色笼罩下的洞庭湖的独特景观,取材颇有新意,在所有的题咏诗中别具一格。

"洞庭无烟晚风定,春水平铺如练净",破题两句写诗人登上岳阳楼时所获得的第一眼印象,这是一个晴朗的夜晚,没有风,也没有沉沉暮霭,清澈的湖水犹如白色的绸缎,平平铺开,不起丝毫皱褶。

"君山一点望中青,湘女梳头对明镜",诗人游目四望,看到了位于洞庭湖口的小岛——君山,由于是春天,君山上的树木花草长得十分茂盛,但在暮色中却有点朦胧,仿佛一团青黑色的影子,在闪亮的湖水的映衬下,显得格外神秘。诗人被这景观深深地吸引住了,不由得想起了有关湘妃的古老传说,这兀立的孤峰,莫不是美丽的湘妃,正以湖水为镜,梳理着她那长长的秀发?

"镜里芙蓉夜不收,水光山色两悠悠",第三联起换韵,"芙蓉"即荷花,借喻美丽的湘妃。若说是湘女对明镜,为何这么晚了还不把镜子收起来呢?再仔细看看,却不是湘女,也不是明镜,而是青山对绿水。诗人从遐想中醒来,只觉得山也悠悠,水也悠悠,闲适极了。

"直教流下春江去,消得巴陵万古愁",结尾两句,诗人笔锋一转,目光不再局限于眼前的君山,而是扩展到了整个洞庭湖。湖水在楼下缓缓流动,为下游送去了一江春水。古往今来,这悠悠湖水带走了多少迁客骚人的愁怆啊!读到这里,不禁想起唐代大诗人李白的名句:"巴陵无限酒,醉煞洞庭秋",李白嗜酒如命,因湖水而思美酒,无疑是要借酒浇愁。杨基并不嗜酒,却也同样觉得这清澈的湖水能荡涤胸中尘埃,消除千古愁绪。

杨基的这首《望君山》在构思上很有特色,在前六句中,他把视线凝于一点,紧扣君山做文章,而到了结尾两句,视线突然从君山移开,转向缓缓流动的湖水以及整个巴陵郡,眼前豁然开朗,全诗便充满了活力。同时,静与动的关系也得到了平衡,前六句的基调是宁静的,结尾两句则充满动势,稍纵即收,给人以无尽的回味余地,真可谓"结句如撞钟,清音有余"(谢榛《四溟诗话》)。 (黄锦章)

梦 游 西 湖 杨 基

采莲女郎莲花腮,藕丝衣轻难剪裁。

蓦然一见唱歌去,荷叶满湖风雨来。

"上有天堂,下有苏杭",苏杭之美,首推西湖,诗人梦中游览西湖,娓娓道来,当然就更是另有一番情致了。

诗的前两句写诗人梦中所见到的湖上采莲女,写法颇有新意。采莲女的容貌之美,美如湖中盛开的莲花;采莲女的衣衫之轻,轻似风中飘浮的藕丝。诗人连用两个极度夸张的比喻,却又不落俗套,因为莲花和藕丝都是湖中之物,信手拈来,浑然天成,不带丝毫脂粉气。

第三句为转笔,转得十分圆熟。如果说前两句所展示的美,仅仅是静态美,那么,到了第三句,诗人轻轻一托,人物形象就翩翩然活动起来了。"蓦然一见唱歌去",同样写女性的目光,但与"回眸一笑百媚生"中的"回眸"迥异其趣。含羞一蓦,踏歌归去,既有女性的娇怯,又处处透出农家女的纯情与活泼。再从结构上看,这句诗起了承上启下的作用,前两句中所精心塑造的采莲女的形象,在惊鸿一蓦中悄然隐去,接踵而至的却是满湖风雨,整幅画面由静态变为动态,过渡得十分自然。

结尾一句是全诗的高潮,满湖荷叶在风中急剧地摇曳,密密的雨点由远而近迅速推来,气象奇谲,变化万千。这时,我们才突然发现,诗人的着眼点其实在湖而不在人。前面之所以要花费大量笔墨来渲染采莲女郎的美貌,只是为了与雨中的西湖构成对比,以突出西湖的多姿多彩。由于在三、四两句中诗人恰到好处地运用了动词"去"和"来",前后两幅截然不同的画面衔接得天衣无缝,静态的美和动态的美,婉约的美和奇谲的美,在诗人笔下奇妙地融为一体,织成了一个色彩斑斓的西湖梦。

徐泰在《诗谈》中称杨基的诗"天机云锦,自然美丽",这两句评语若用来评价《梦游西湖》,实在是毫不为过的。

(黄锦章)

铁笛歌为铁崖先生赋 杨 基

铁崖道人吹铁笛[①],宫徵含嚼太古音[②]。一声吹破混沌窍[③],一声吹破天地心。一声吹开虎豹闼,彤庭跪献丹扆箴[④]。

问君何以得此曲,妙谐律吕,可以召阳而呼阴?都将春秋二百四十二年笔削手,谱成透天之窍,价重双南金[⑤]!掉头王署不肯入[⑥],直上弁峰绝顶俯看东溟深[⑦]。王纲《正统》著高论,唾彼传癖兼书淫。时人不识我不厌,会有使者征球琳[⑧]。

具区下浸三万六千顷之白银浪⑨,洞庭上立七十二朵之青瑶岑⑩。莫邪老铁作龙吼,丹山凤舞江蛟泠。勖哉宗彦吾所钦,赤泉之盟犹可寻⑪。更吹一声振我清白祖,大鸣盛世,载赓阜财解愠南风琴⑫。

〔注〕①铁崖道人:杨维桢别号。杨山阴人,少曾读书铁崖山中,因以自号。 ②宫徵:宫、商、角、徵、羽、变宫、变徵为乐律之七声。此以宫、徵二声概指其吹奏的曲调。含嚼:含蕴,可以细细地品味出。 ③混沌:天地未开辟以前元气混蒙的状态。窍:孔、洞。彤庭:汉皇宫以朱色漆中庭,称彤庭,后泛指皇宫。 ④扆(yǐ):户牖间画有斧形的屏风。以丹漆涂之称丹扆,为古代君王的器物。箴:箴言。 ⑤透天之窍:赞其笛音玄妙,可以上达天听。南金:古代南方出产优质的铜,称为金,所谓"荆、扬之州,贡金三品",故曰南金。 ⑥玉署:翰林院的别称。杨维桢于元泰定四年(1327)中进士,出任天台县尹,后改钱清盐场司令,因忤直忤物,十年不调。 ⑦弁峰:即弁山,在今浙江湖州市吴兴区西北。东溟:指太湖。由弁山东望即太湖。 ⑧球琳:美玉,喻杨维桢俊美博雅之人才。 ⑨具区:即今太湖。 ⑩洞庭:太湖之别名。湖中多岛屿,有七十二峰之称。 ⑪"勖哉"二句:勖,勉。宗彦,同宗者中的彦杰之士,指杨维桢;杨基与维桢同姓,故称。赤泉:传说海外员丘山上有赤泉,饮之不老(见《山海经·海外南经》)。"赤泉之盟"一般指寻仙访道之约。然在此诗中,作者接着抒发了用世济民之志,故此"赤泉之盟"似另有特定的内涵。当时杨基住在苏州天平山南赤城之下,或许赤城之地另有一赤泉。 ⑫"载赓"句:载,发语词。赓,继续、承续。据《家语》记载,舜曾弹五弦之琴,造南风之诗。其诗曰:"南风之薰兮,可以解吾民之愠兮;南风之时兮,可以阜吾民之财兮。"愠:怨恨。阜:使之丰富、充盈。

杨基此诗作于元季,据明成化间张习志《眉庵集后志》记载,当时杨维桢主盟诗坛,少所称许。一日由松江到苏州,酒席间问杨基道:能否写首诗歌咏铁笛?杨基说:"不惟为作铁笛歌,尤且切效老铁体。"第二日便作成此诗以示,杨维桢惊叹曰:"吾意诗径已芜,今复得子,老铁当退步,还尔出一头地也。"这句话是仿照欧阳修读苏轼的文章之后的一番话而说的,足见他对杨基评价之高。其后,他邀请杨基一同到松江,又对旁人说:"吾在吴又得一铁来矣,若等就之学,优于老铁学也。"于是当时人便以"老杨"称杨维桢,"少杨"称杨基。

杨基自称效老铁体作此诗,老铁体即铁崖体。《四库全书总目提要》云:"维桢才力横轶,所作诗歌以奇谲兀奡,凌跞一时,效之者号为铁崖体。"杨基此诗名为咏铁笛,其实乃是歌颂杨维桢。全诗纵横排奡,藻饰奇丽,正体现了典型的铁崖体的风格。

全诗分三段,前六句为一段,描写铁笛之声,以为它不同凡响,合于上古的钧天广乐,可以动天地、泣人神。这里作者选用了三句"一声吹破(吹开)",以排比的句式展开了对笛声功用的描绘:可以使宇宙澄彻、人们耳目清明;可以使听者懂得天地的奥秘；可以使天门洞开，使盘踞在天门旁的虎豹不再啄害下界百姓，因而人神沟通，君王与臣民间的隔阂消除，使百姓可以向皇帝进献箴言。这样玄妙的笛声，其作用显然不仅在于悦耳动听，而另有一种特殊的教化的功能。这是儒家传统的乐教的观点，正如《荀子·乐论》所说："君子以钟鼓道志，以琴瑟乐心。……故其清明像天，其广大像地，其俯仰周旋有似四时。故乐行而志清，礼修而乐成，耳目聪明，血气和平，天下皆宁，美善皆乐。"这样的极其神圣、价值万金的音乐效果，杨维桢是如何达到的呢？原来杨维桢这支铁笛并不是一般凡铁所作，而是用上古名剑"莫邪"熔化后制成的。杨《自传》云："洞庭湖中冶人猴氏子，尝掘地得古莫邪，熔为铁叶（笛），筒之长二尺有九寸，窍其九，进于道人（杨维桢自谓），道人吹之，皆应律，奇声绝人世。"然杨基认为这还不是主要原因，主要还在于杨维桢有君子之志，有傲岸之才，敢于不就俗言、不循俗套，深思博识。"问君何以得此曲"以下十句为全诗第二段，提出并回答了这一问题。

杨维桢不但是元后期著名的诗人，还是一关心现实，极具胆识的史学家，曾著有《三史统论》、《太平纲目》、《历代史钺》等史学著作。当时元朝廷曾组织编修宋、辽、金三史，"或欲以宋为世纪，辽、金为载记；或以辽立国在宋先，欲以辽、金为北史，宋太祖至靖康为宋史，建炎以后为南宋史。各持论不决。至顺帝时诏宋、辽、金各为一史"（《元史·托克托传》）。这其实是一折中的比较妥善的处置方法，然从传统的封建儒学观念看来，却不免丧失原则。至正五年（1345）三史修成，杨维桢便写了一千余言的《正统辩》力辩之。这牵涉到对元皇朝统治地位的态度，在当时是一十分敏感的政治问题，非有胆识者不能言，亦不敢言。故杨基在此诗中特称"王纲《正统》著高论"，认为这样的文章比之一般徒知考据传注、耽迷旧籍者不知要高明多少倍，甚至还拿孔子笔削鲁史《春秋》来加以比拟，指出像杨维桢这样的人才，虽然一时不为世人赏识，但美玉的光辉终不可掩，刮垢磨光，总有一日朝廷会派遣使臣前来征访。这首诗以"铁笛歌"为题，为什么忽然扯到史学上来，并不嫌词费，花了如此多的笔墨来咏写呢？这正是上文所提到的"君子以钟鼓道志"的思想的体现。因为杨维桢有君子之志，所以其吹奏的笛声才能有如此大的艺术魅力，"可以召阳而呼阴"。

"具区下浸"以下末八句为第三段，作者笔锋调转，又回到当日欢宴听笛的境况。其时杨维桢由松江到苏州来，苏州的诗人设宴款待。席间吟赏风月，指点湖山。面对着烟波浩淼的太湖，遥岑叠翠，水天一色，宾主都深深为之陶醉。此时杨维桢横笛一曲，笛声似龙吟一般，引得天凤下舞，潜蛟起听。作者在一旁也不禁击节叹赏，逸兴遄飞，思有所作为。于是作者写到了自己和杨维桢共同的祖先。他希望维桢的铁笛"再吹一声",发扬他们祖先的遗德,大鸣盛世,做出一番利国利民的事业。

杨维桢以铁崖体诗名于世,当时"声光殷殷,摩戛霄汉,吴越诸生多归之"(宋濂《元故奉训大夫江西等处儒学提举杨君墓志铭》),杨基也是其中之一。至明初王彝作《文妖》斥之曰:"余观杨氏之文(概指其诗文),以淫词怪语裂仁义,反名实,浊乱先圣之道,顾乃柔曼倾衍,黛绿朱白,而狡狯幻化,奄焉以自媚,则宜乎世之男子者惑之也。"于是铁崖体在人们的心目中似乎便是"沉沦绮藻"(胡应麟《诗薮》)、"风雅扫地"(王世贞《艺苑卮言》)了。其实王彝的正统观点并无可取之处,杨维桢身处乱世,志不得申,才不得售,不得已才纵意声色,诞情傲世。如《明史》本传所载,"或戴华阳巾、披羽衣坐船屋上,吹铁笛,作《梅花弄》;或呼侍儿歌《白雪》之辞,自倚凤琶和之,宾客皆蹁跹起舞,以为神仙中人",做出许多狂态。然他内心实是充满了矛盾,以至痛苦,他作诗也并非忘却了儒家传统的风雅之义,只是为了矫俗,才故作夸诞之辞、秾丽之藻。杨基此诗赞扬了杨维桢的人品、学识,与他所提倡的"评诗之品无异人品也"(《赵氏诗录序》)之旨相合。或许正因为此,杨维桢才高度评价杨基此诗,认为它得了"铁崖体"的真髓。　　(刘明今)

感　　秋　　　　　　　　　　杨　基

袅袅西风吹逝波,冥冥灏气逼星河。
宣王石鼓青苔涩,武帝金盘白露多。
八阵云开屯虎豹,大江潮落见鼋鼍。
沅湘一带皆秋草,欲采芙蓉奈晚何!

本诗因秋兴怀,但所感甚大,非一般悲秋之作可比。

首联写西风袅袅,逝水移川,灏气冥冥,直逼星河,不但渲染出秋天的萧瑟苍凉气氛,而且包含着斗换星移、时光流逝的感伤。"袅袅"二句,自屈原《九歌·湘夫人》"袅袅兮秋风,洞庭波兮木叶下"化出,反复吟咏,使人于风声波影之外,仿佛还能看到那纷纷扬扬的漫天落叶,因而置身于无边无涯的秋色之中。

颔联、颈联吊古伤今,一方面是承续着时光如流的思绪,一方面又处处紧扣秋天的景物特征。石鼓文是我国现存最早的刻石文字,相传于周宣王时,年深日久,上面已经长满斑驳的青苔,秋季阴雨连绵,浸润更甚;仙人承露盘是汉武帝为企求长生而造,可如今武帝长眠的茂陵早已是年年秋风,金盘上贮满白露,又有何益!诸葛亮在鱼复县(今四川奉节东)江边布八阵图,内屯虎豹之师,壁垒森严,玄妙莫测,但出师未捷,英雄先死,如今秋冬之际,大江潮落,所见者唯有鼋鼍出没。这两联上下数千年,纵横几万里,对周秦两汉以来,圣君贤相文治武功的遗迹,表示深沉的凭吊,其中的历史蕴含十分丰厚。不仅如此,因为石鼓、金盘、八阵图这些意象在唐人笔下曾经出现过,因此人们吟咏这些诗句,便会自然地联想起韩愈的《石鼓歌》、李贺的《金铜仙人辞汉歌》、杜甫的《八阵图》等脍炙人口的名篇。曾几何时,这些大唐诗坛英豪也像本篇作者一样,独立苍茫,感秋吊古,而今他们自己也成了被人凭吊的古人!悠悠岁月,无情若此,怎不令作者所感弥深!总之这两联意蕴深厚,造语精警,气象突兀而又森远,是全诗精神所聚。

尾联将笔折回沅湘,与篇首呼应。昔日屈子行吟的沅湘一带,如今已是秋草萋萋。诗人想采撷芙蓉,馈赠远方的友人,可是时光已晚,哪里还能采撷得到呢?古诗云:"涉江采芙蓉,兰泽多芳草。采之欲遗谁?所思在远道。"杨诗末二句正从此化出,而且除了忆远怀人之外,更强烈地表现出一种众芳芜秽、美人迟暮的感慨。杨基是一位经历坎坷、情感丰富的诗人,他由元入明,对于世事沧桑有着更深一层的体味,这种感情经常通过他的诗笔流泻出来,本诗就是典型的代表。明顾起纶《国雅品》称杨基"才长逸荡,兴多隽永",读此诗可见一斑。 (赵山林)

岳 阳 楼 杨 基

春色醉巴陵,阑干落洞庭。
水吞三楚白,山接九疑青。
空阔鱼龙舞,娉婷帝子灵。
何人夜吹笛,风急雨冥冥。

历来咏岳阳楼诗,以孟、杜二诗为压卷之作,孟浩然"气蒸云梦泽,波撼岳阳城",老杜"吴楚东南坼,乾坤日夜浮",则为咏岳阳楼绝唱。后代诗人无敢相与撷抗者。据方回《瀛奎律髓》记载:"予登岳阳楼,此诗(指孟浩然《临洞庭赠张丞相》)大书左序毯门壁间,右书杜诗(杜甫《登岳阳楼》),后人不敢复题也。"然而明代诗人杨基却有这个气魄,写下了一首五言律诗《岳阳楼》。

我们知道,岳阳楼为湖南岳阳城西门城楼,下临洞庭湖。唐张悦谪岳州时筑,宋时重修,范仲淹写了一篇《岳阳楼记》。这篇著名散文中有这样一段话:"予观夫巴陵胜状,在洞庭一湖。衔远山,吞长江,浩浩汤汤,横无际涯;朝晖夕阴,气象万千。"范仲淹这段话实际上成了杨基上面这首诗的写作提纲。杨基写岳阳楼胜景,笔墨就集中"在洞庭一湖"。首联"春色醉巴陵,阑干落洞庭",说我站在岳阳楼上,凭栏俯视脚下的洞庭湖水,啊,这无边的巴陵春色如酒般的浓,多么使人心醉!巍峨的楼景倒影湖面,华美的阑干仿佛直落湖中,自己仿佛也置身于湖心了。"阑干落洞庭"一句写出了楼上人与湖中景互相契合的意趣。

接下来便写洞庭湖"衔远山,吞长江,浩浩汤汤,横无际涯"的气势。"水吞三楚白",汪洋浩瀚的大水吞没了三楚之地,远远望去,三楚不过是白茫茫的一片,就像被洞庭吞入江中一样。战国楚地秦汉时分东、西、南三楚,后亦泛指湖鄂一带。"水吞三楚白"之"吞",与杜甫"吴楚东南坼"之"坼",孟浩然"波撼岳阳城"之"撼",堪称异曲同工。"山接九疑青",再看那"白银盘里一青螺"的君山,若隐若现,一直伸向那辽远的远方,遥接湖南宁远境内的九嶷山。一个"接"字,写出洞庭湖的深远幽缈,横无际涯。颈联这两句诗,与前面提及的孟、杜名句相比,同样都是写洞庭湖水的壮阔气势,可以说是各有千秋;而杨基诗能将洞庭湖及其周围地理环境真实地勾画出来,更富有地方色彩。

杨基《岳阳楼》的妙处更在后面。我们知道:君山相传舜妃湘君曾游此,九嶷山即苍梧山,相传舜死后葬于此。这就自然使人想起舜帝南巡和二妃没于湘水的古老传说,这给洞庭的山山水水笼上了一层迷人的神话般的色彩。杨基抓住了这一特点,以空灵之笔写出颈联二句:"空阔鱼龙舞,娉婷帝子灵。"那空阔浩渺的湖水啊,仿佛可见鱼龙混杂其中,潜跃起舞。那娟秀的远峰啊,恍若情意缠绵,具有帝子的风采。屈原《楚辞·湘夫人》:"帝子降兮北渚,目眇眇兮愁予。"那娉婷如美人的君山,苍梧,难道不是娥皇、女英的化身么?五句的"空阔"接"水吞",六句的"娉婷"应"九嶷"。紧承上联,又直起结句:"何人夜吹笛,风急雨冥冥。"入夜,诗人凭栏观赏月光下的洞庭波光,仿佛她更加显得神秘了。不由浮想联翩,恍惚听到不知是何人吹起了长笛,那笛声划破夜空,一时间洞庭湖上烟雨迷茫,水波翻腾,大概是"娉婷帝子"伴随一阵仙乐回来了吧?这结尾两句纯系想象之词,似实而幻,隐约中又辟一灵境。范仲淹说的"朝晖夕阴,气象万千",在杨基的诗中,则用浪漫的诗情和富有神韵的笔调把它表现出来了。

试比较杨诗与孟、杜二公诗,孟诗前半首写洞庭湖水很有气魄,而后半首则是向张丞相求援荐,所以就全篇而言,诗家不无批评。老杜名句"吴楚东南坼,乾坤日夜浮",于写洞庭胜景中寄寓自己的人生沧桑之感。在杜甫看来,洞庭湖好似一个巨大的缺口,把当年吴楚两国的地面一东一南撕裂开来了,描绘的是一种大地裂变的悲境。"乾坤日夜浮"实际是写人类生存的广袤空间竟然处在飘泊不定之中。显然,他是有意写安史乱后自己的一种时代感受。所以杜诗后半首便直抒自己戎马关山、老病孤舟的感慨了。而只有杨基的《岳阳楼》通篇笔墨都是为洞庭湖的"气象万千"图形传神,堪称是一首真正的山水诗。特别他写景虚实结合,实景摹其形态,虚景传其神韵,而且好像有意与前贤比试似的,也用五言律诗来写,所以清代诗评家沈德潜称赞杨基此篇"应推五言射雕手,起结尤为入神"(《明诗别裁集》)。

(铁 明)

浦口逢春忆禁苑[①]旧游　　杨 基

春冰消尽草生齐[②],细雨香融紫陌泥。
花里小楼双燕入,柳边深巷一莺啼。
坐临南浦[③]弹《流水》[④],步逐东风唱《大堤》[⑤]。
还忆当年看花伴,锦衣骢马玉门[⑥]西。

〔注〕①禁苑:帝王园囿。　②齐:形容草势茂盛。　③南浦:泛指水滨。　④流水:即古琴曲《高山流水》,《列子·汤问》:"伯牙善鼓琴,钟子期善听。伯牙鼓琴,志在高山。钟子期曰:'善哉,峨峨兮若泰山。'志在流水,钟子期曰:'善哉,洋洋兮若江河。'"后多用以喻知音难得,或喻乐曲高妙。　⑤大堤:即《大堤曲》,古乐府名,与《雍州曲》皆出自《襄阳乐》。　⑥玉门:即官阙。

这是一首游春诗,色彩明丽,旋律轻快,很能体现杨基诗作的特有风格。

"春冰消尽草生齐,细雨香融紫陌泥",首联两句紧扣"春"字入笔,冰雪已经消尽,春草长得十分茂盛,在绵绵细雨中,花瓣儿纷纷坠落,田埂的黄泥也染成了紫色,空气中充满了春之芳馨。

"花里小楼双燕入,柳边深巷一莺啼",颔联进一步刻画春色,繁花丛中隐隐露出一幢小楼,营巢的双燕一掠而过,斜斜飞入;柳树边上是一条深深的小巷,一只黄莺正在树上轻快地歌唱。

以上四句着重写景,笔法十分细腻。无论是春草还是细雨,或者是陌上的泥土,都赋予了浓浓的色彩,写小楼用繁花烘托,写深巷用柳色映衬,燕子呈动态,在细雨中双双飞过,黄莺呈静态,隐身于柳荫之中,只听得一声声娇啼。春色如此,诗人内心的愉悦之情当然就不言自明了。

"坐临南浦弹《流水》,步逐东风唱《大堤》",颈联两句由景及人,诗人时而怀抱古琴端坐水滨,奏一曲《高山流水》,时而迎着东风,在路上漫步,唱一段《大堤》古曲。此情此景,充满浪漫色彩,极有诗意。如果说前四句是景中有情,这两句便是情中有景,主体与客体的界限已经泯灭,人与物都消解在一片融融春光之中。"流水"一句用伯牙和钟子期故事,在放浪形骸中又暗含知音难求的感慨,为下文的忆旧预作铺垫。

"还忆当年看花伴,锦衣骢马玉门西",杨基作品的一个很大的特点,就是往往能在结尾处掀起波澜。面对醉人的春色,诗人突然想起当年在京城里一起踏青赏花的游伴。游伴为谁?诗人没有明言,只是提供了一幅极有韵味的人物写生——背景是巍巍宫阙,此人身穿华贵的锦衣,骑着青白色的骏马,气宇轩昂,倜傥风流。如果说美是生活的折射,那么,从诗人所塑造的这个高雅华贵的人物形象中,我们不难想象出他们当年在京时的种种浪漫,而"还忆"两句所隐含的情趣也就尽在不言中了。

杨基的这首游春诗,宛如一曲美丽的春之舞,层次丰富,色彩斑斓,即使是怀旧,也充满了甜甜的温馨,不带丝毫愁怆味,读来真令人心摇神迷,情不自禁地想要与作者一起投入这节奏欢快的舞蹈中去。有人认为杨基的作品过于绮丽,不及高启冲雅,此说不无道理。然而,在这热情奔放绚丽夺目的旋律中,我们分明感觉到了一颗蓬勃向上,永不衰老的心灵,却也同样觉得可亲可爱。 (黄锦章)

春 草　　　　　　　杨 基

嫩碧柔香远更浓,春来无处不茸茸①。
六朝②旧恨斜阳里,南浦③新愁细雨中。
近水欲迷歌扇④绿,隔花偏衬舞裙红。
平川十里人归晚,无数牛羊一笛风。

〔注〕① 茸茸:茂盛貌。 ② 六朝:历史上吴、东晋、宋、齐、梁、陈皆建都于南京,因称六朝。 ③ 南浦:泛指水滨。屈原《九歌·河伯》:"子交手兮东行,送美人兮南浦。"后多用以指送别之处。 ④ 歌扇:歌舞时用的扇子,梁代何逊《拟轻薄篇》:"倡女歌扇绿,小妇开帘纤。"

《春草》是杨基的代表作,写于南京。融融春辉,激起了诗人对生命意义的沉思,却又寓情于景,自然流出,不着痕迹。

"嫩碧柔香远更浓,春来无处不茸茸",首联以写实领起,春天来了,到处是一片葱茏的绿色。柔嫩的芳草,散发出阵阵清香,沁人肺腑。极目眺望,只见越往远处,草色越是浓密,仿佛整个宇宙都浸透了浓浓的春意。此时此地,游子的心情又是如何呢?

"六朝旧恨斜阳里,南浦新愁细雨中",颔联翻空,写出两种不同的愁滋味。上句由芳草斜阳联想起六朝旧恨,与唐代诗人韦庄的名句"江雨霏霏江草齐,六朝如梦鸟空啼"(《台城》)出于同一机杼。南京是吴、东晋以及宋、齐、梁、陈六朝首都,有过一段辉煌的历史,"台城六代竞豪华",如今却早已烟消云散,只剩下一片莽莽草色,不由不令人发出"富贵功名转眼空"的叹息。下句由细雨春草联想起南浦伤别,白居易有诗:"远芳侵古道,晴翠接荒城,又送王孙去,萋萋满别情。"(《赋得古原草送别》)春草与离别仿佛有不解之缘,每年春天,莺飞草长,游子便要挂帆远行,富贵功名既不足恃,人生苦短,为何又偏要离乡背井,四处奔波?这两句一句吊古,一句伤别,情景不同,却都是因春草惹起的愁思,隐含了诗人对人生的感慨,立意恰与李白《忆秦娥》同。

"近水欲迷歌扇绿,隔花偏衬舞裙红",颈联回到眼前景物,在迷离的草色中,我们仍可看出六朝烟花歌舞的痕迹。在诗人眼里,水边的春草和野花似乎变成了当年的歌扇和舞裙,当年的歌扇和舞裙又化作了今日的春草和野花。历史与现实奇妙地交织在一起,构成一幅梦幻般的图画,是追念往昔的繁华?还是感叹人生的无常?也许,两种心情兼而有之。这两句诗对得很工,但略嫌纤巧和浓艳,不如上两句来得典雅。

"平川十里人归晚,无数牛羊一笛风",结尾两句翻出新意,平川十里,牧人暮归,在茫茫草色中,只见无数牛羊在慢慢蠕动,晚风习习,传来一阵阵悠扬的笛声。六朝旧梦已完全隐去,代之而起的是一幅充满了田园气息的牧人晚归图。读到这里,不觉令人想起贝多芬的《田园交响曲》,在经历了情感上的失落与骚动之后,一声牧笛,吹散满腹愁绪,把作者,也把读者,引入了一个清逸淡远的新境界,前两联中所出现的种种矛盾冲突,最终在恬静优雅的田园旋律中被淡化,被遗忘。

李东阳在《麓堂诗话》中曾论及此诗:"杨孟载《春草》诗最传,其曰'六朝旧恨斜阳里,南浦新愁细雨中',曰'平川十里人归晚,无数牛羊一笛风',诚佳,然绿迷歌扇,红衬舞裙,已不能脱元诗气习。"此说不为无见。不过,从整体上看,这首诗以春草为题申发开去,写出了诗人对生命意义的哲理性审视,以及他对理想生活方式的朦胧的追求,同时,又笔笔紧扣主题,几乎每一句中都有春草的风情在摇曳,意境隽永,余韵不绝,仍不失为写景咏物诗中的珍品。

(黄锦章)

寓江宁村居病起写怀(其十) 杨 基

门外春泥一尺深,窗间云气十分阴。
寒毡溜雨衾如铁,湿灶凝烟火似金。
酒解驱愁时强饮,诗多感旧懒长吟。
贫家不愿千金粟,但得阳乌①照晚林。

〔注〕 ① 阳乌——指太阳,传说日中有三足乌,故名。

杨基的一生经历十分坎坷,青年时代是在元末战乱中渡过的。迫于生计,曾依附官僚饶介,入明,因此而受牵连,"以饶氏客安置临濠,旋徙河南"(钱谦益《列朝诗集小传》)。洪武二年放归,并起用为荥阳县令,但不久又遭贬,"再谪钟离,闲居江宁句曲"(江朝宗《眉庵集原序》)。组诗《村居病起写怀》即作于此时。由于历尽艰难,又是大病初愈,所以诗人的心情十分压抑。

"门外春泥一尺深,窗间云气十分阴",破题两句写户外的萧索情象:阴雨黄昏,地上是一尺来深的泥泞,窗外是满天的乌云。诗人病体初愈,困居陋室,其内心之痛苦,可想而知。

"寒毡溜雨衾如铁,湿灶凝烟火似金",颔联写居室的简陋,由于屋顶漏水,衣被都湿漉漉的,披在身上又重又冷,简直像披了一身铁甲。炉灶也受了潮,煮饭时冒出滚滚浓烟,弥漫在室内,久久不散。这一句中,"火似金"三字读来十分沉痛,正因为光线昏暗,炉火才显得格外醒目,正因为坐困愁城,诗人才会对着炉火发呆,因此,火光越亮,所映衬出来的诗人的形象便越孤独,越凄凉。

"酒解驱愁时强饮,诗多感旧懒长吟",诗人贫病交加,又为阴雨所困,只能借酒浇愁,吟诗遣怀。然而,在这样一种特殊的环境里,酒与诗也似乎异化了,酒是善解人意,懂得为人驱愁,因此,不是诗人真的喜欢喝酒,而是酒为驱愁劝诗人强饮。诗也似乎失去了控制,诗人怕感旧伤怀,但不期而至的诗篇却偏偏都是感旧之作,以至于诗人不敢放声长吟。一个"强"字,一个"懒"字,真浸透了诗人的斑斑血泪。写到这里,诗人内心的矛盾冲突已达到了极点,如何才能获得解脱呢?

"贫家不愿千金粟,但得阳乌照晚林",结尾两句,诗人向命运之神提出了一个十分卑微的要求:富贵既已无缘,就给我一缕阳光吧,让我能伴着夕阳的余辉,在森林里孤独地漫步。阳光是日常生活中最容易得到的东西,但此时此地,对诗人来说,却成了不可企及的奢望,宛如跋涉于瀚海之中的旅人,所渴求的只是一泓清泉,沉溺在痛苦的深渊里的诗人,所向往的仅仅是一个晴朗的黄昏。全诗以如此卑微的愿望作结,充满悲剧色彩,从中我们不难品味出诗人晚年贫病交加坐困愁城的苦涩心情。

杨基的诗以清新俊美见长,但这首诗却写得极为沉痛,读来不由得令人想起杜甫晚年的诗作。当然,从思想境界来看,杨诗和杜诗不可同日而语,但诗中所反映的知识分子怀才不遇穷困潦倒的痛苦心情,却有某种程度的相通之处。这类作品在杨基的集子中不多见,从中亦可看出他的诗歌创作的另一个侧面,对全面把握作者的思想脉络是不无帮助的。

(黄锦章)

【诗人小传】

汪广洋

(？—1379) 字朝宗,高邮人,流寓太平。元末举进士。太祖渡江,召为元帅府令史。历江西陕西参政,封忠勤伯,拜右丞相。后左迁广东参政。未几,复拜右丞相。他初与杨宪同为中书左右丞,又与胡惟庸同为左右丞相,俱隐忍依违,不能发其奸。洪武十二年(1379),坐贬广南,于中途赐死。少师余阙,淹通经史,善篆隶,工为诗歌,作风多清刚典重,一洗元人纤巧之气。著有《凤池吟槀》。

过高邮有感　　　　汪广洋

去乡已隔十六载,访旧惟存四五人。
万事惊心浑是梦,一时触目总伤神!
行过毁宅寻遗址,泣向东风吊故亲。
惆怅甓湖烟水上,野花汀草为谁新?

一个孤独的身影,踯躅在高邮(今属江苏)西北的甓社湖畔。春日的湖风吹拂着他单薄的衣衫,和渐见斑白的鬓发。

不熟悉他身世的路人,也许以为这不过是位遭遇离乱的乡绅。其实,他却是参加过朱元璋起兵,并担任过元帅府令史的著名文士汪广洋,可惜他现在已被削职还乡了。"去乡已隔十六载,访旧惟存四五人"——当他在洪武三年(1370)的朔风雪影中归来的时候,已是在动乱中离乡的十六年之后。经历了追随朱元璋逐鹿中原的艰辛岁月,现在纵然被"放还"故乡,毕竟也是值得庆幸的。可叹的是,当他再想过访昔日的友朋时,却大多已在战乱中流散、亡故!诗之开笔看似只是这样平平叙来,但在苍楚的叹息之中,读者难道感受不到,那类似于杜甫所说的"访旧半为鬼,惊呼热中肠"式的惊悸和伤痛?

汪广洋的故乡,曾经是张士诚铁骑践踏之地。熊熊的战火、白刃交击的厮杀,就这样将它化成了一片废墟!当诗人重又踏上这一块故土时,似乎还可想见当年的村树屋舍、人语牛鸣,怎样交织在朝霞暮霭之中,显得那般亲切和牵人情思。然而,这景象全都像春梦一般消散、飘逝了。而今展开在诗人眼底的,却只有残破的墙垣、焦枯的断树,和在战乱中幸存的那些相逢不相识的憔悴乡民!对这令人黯然神伤的故乡之景,诗人似乎不忍心细加描摹;而只用了"万事惊心浑是梦,一时触目总伤神"的虚笔,着重抒写踯躅在这片疮痍满目故土上的惊心动魄之感。也正因为如此,字行间便留有了较大的空白,任读者在"惊心"和"伤神"的感觉撞击中,自己去补充和想象。这在本诗中虽然未必是精妙之笔,因为首联、二联均作情语,总觉少了些玲珑的兴象;但从作者来说,他当时无疑曾有过这种梦破神伤的"惊心"之感的吧?

　　特别是在诗人归乡之际,不仅他祖辈所居的故宅,早已毁于战火,而且白发苍苍的慈母,竟也已长眠地下!这景况对诗人来说,当然在京城为官时已经知悉,但当踏上故乡之土以后,它所勾起的伤痛,恐怕远过于在京时的惊骇。当阴郁的冬日过去,不解人间哀愁的春风,再度吹拂江南江北的时候,诗人正幽幽地踏向被毁故宅之径。在成片的废墟中,"寻"找故宅的"遗址",正如在消逝的岁月中,拼凑破碎的往日之梦一样,该是怎样的怅惘和苦涩!他纵然能将瓦砾翻开,纵然能将当日的庭阶、堂楹认遍,但毁去的终究都毁去了,徒然令他增添一段拂不去的哀慨罢了!接着出现的,便是诗人伫立母亲坟头的一幕。在骀荡的东风里,本该有如花欢笑的儿女们,环绕慈母膝前的怡乐才是;而今,诗人的慈母却已被一抔黄土,永远隔断了回眸喜看儿子归来的目光!坟头的青草,想必已蓬蓬勃勃,充满了向春而长的生机;伤心的诗人,却只能呜咽吞泣,任东风吹落满襟的清泪——这便是"行过毁宅寻遗址,泣向东风吊故亲"二句,所化出的欷歔伤怀之境。与诗之前半部分的纯以情语造境不同,这一联因为注重了具体景象的自我勾勒,便将诗人在故宅寻寻觅觅,和洒泪吊念亲人的哀惋之情,表现得宛然如画、分外感人。

　　故宅已难在废墟中寻回,慈母已不复陪伴爱儿!往日的种种欢乐、种种希冀,均在这故乡的东风里失落;踽踽而行的诗人,还能有什么话可向人前诉说?他终于默默走出坟地,默默走向清波微漾的甓社湖岸。甓社湖呵,故乡的湖!你虽然依旧那样清澄,那样空阔,一如诗人青年时代眼中的明丽和秀美。还有那生长湖畔、汀头的野树春草,经过了年年岁岁的苦难磨劫,你们竟还是那样顽强,铺展着清新的绿意,绽放着艳媚的新花。但此刻的诗人,却已不复当年的气宇轩昂——他的双鬓已现霜白,他在仕途也遭遇了挫折。他本想在家乡故土得到稍许慰藉,现在却丧亲失友,心田已变得一片荒凉!在这样的心境中,就连那湖岸的汀草野树,也只觉得格外冷漠和无情:你们既然只能带给我踯躅故土的不尽惆怅,又何须生发得如许艳媚清新?

"惆怅甓湖烟水上,野花汀草为谁新?"这结语的怆然问叹,刹那间在读者眼前,展现了甓社湖边蓬勃争春的花树草影。因了它们的印染和映衬,那怅然独立于湖岸,不断有如烟轻雾掠过身前的诗人,望去便愈加见得索漠和孤清了。凄婉的情思,溶于幽清的景语中收结,咏来只觉余韵悠悠,令你哀从中来,不禁与诗人一起,坠入茫然无际的悲凉之中。

(徐旭文)

诗人小传

张 羽

(1333—1385) 字来仪,浔阳(今江西九江)人,后移居吴兴(今浙江湖州)。元末,任安定书院山长。明初,任太常寺丞,因事谪广东,半路被召还,自知不能免,投龙江死。乐府歌行笔力雄放,才力驰骋。律诗亦颇俊逸,但有时失于平熟。有《静居集》。

燕 山 春 暮　　　　　张 羽

金水桥边蜀鸟啼①,玉泉山下柳花飞②。
江南江北三千里,愁绝春归客未归。

〔注〕① 金水桥:金水河上之桥。金水河在北京市。金代引玉泉水东注三海,元代重修,名之金水河,明代城西故道废,而南一支贯入宫内者,仍沿旧名。蜀鸟:即杜鹃,另有子规、杜宇、鹈(鶗)鴃等别名。张华《禽经注》:"望帝(按:蜀之古君,名杜宇)修道,处西山而隐,化为杜鹃鸟,……至春则啼,闻者凄恻。" ② 玉泉山:在北京市西北,山下有玉泉,故名。"玉泉垂虹"为燕京八景之一。

诗题《燕山春暮》,燕山在此代指京师,盖北京宋时地属燕山府。诗人触景生情,引出羁旅怀乡之思,一种凄婉意调令人深受感动。

首二句出以对偶,金、玉、鸟、花,属对颇为工致。金水桥、玉泉山都是非常华丽的名词,但在诗中,却是作为一种映衬之物,从反面道出诗人的抑郁心情。古人云:"梁园虽好,不是久留之地",张羽本是浔阳(今九江)人,后又卜居吴兴(今湖州),游宦京师,乃受征强起,所以上都春景,每触乡心。自屈原《离骚》有"恐鹈鴃之先鸣兮,使夫百草为之不芳"之语以来,杜鹃之啼,便一直象征着悲苦恻怆之情,诗人们每有"杜宇声声不忍闻"之叹;何况据说杜鹃的叫声又极似"不如归去",更令离乡背井的诗人油然而生羁愁旅恨。柳絮纷飞,景致凄迷,在折柳赠别已成惯例,柳的意象与离别密切相关的古时,也常常被用来渲染离情别绪。仔细品味,我们还会发现这儿用苏轼《水龙吟·次韵章质夫杨花韵》词"细看来,不是杨花,点点是离人泪"语意的蛛丝马迹。因此,"蜀鸟啼"、"柳花飞"的意象与"金水桥"、"玉泉山"各在同一句中,形成强烈的反差,为下二句诗人直接倾诉未能回归故乡的惆怅,作了极好的铺垫。

"江南"二句,各有重复的字:二"江",二"归",似双拟对而非,结构上颇有特点。而"江南江北"、"愁绝春归"又令人联想到黄庭坚《次元明韵寄子由》"春风春雨花经眼,江北江南水拍天"一联,黄诗结语是:"脊令各有思归恨,日月相催雪满颠",张羽此诗主旨亦与之如出一辙。离乡三千里,春尽人难归,"茕茕孑立,形影相吊",真令人愁肠百结。晋代张翰见秋风起,思吴中故乡莼羹脍鲈之美味,可以辞官归去,说:"人生贵得适志,何能羁宦数千里以要名爵乎?"而张羽却不能这样做。明太祖征著名诗人高启入修元史,复擢为户部侍郎,高启固辞,乃赐金放还,然太祖实阴嫉之,终借故杀害。张羽若果挂冠而去,也不免遭此结局。知明初之史,当对这"愁绝"二字别有会心。

全诗整体结构盖仿李白《宣城见杜鹃花》:"蜀国曾闻子规鸟,宣城还见杜鹃花。一叫一回肠一断,三春三月忆三巴",诗意也有联系。程嘉燧说:"静居……七言律诗,清圆浑脱,不事雕缋,全是唐音"(见《历朝诗集小传》),这评语对其七言绝句,同样适合。

(庞 坚)

唐叔良溪居　　张 羽

高斋每到思无穷,门巷玲珑野望通。
片雨隔村犹夕照,疏林映水已秋风。
药囊诗卷闲行后,香炷灯光静坐中。
为问只今江海上,如君无事几人同?

元季江南士人,身处乱世,多怀洁身自好、不合流俗之心,每于荒村野居、疏林微雨之类吟咏之中,寄寓其人格精神,其著名者若高启、徐贲等"吴中四杰"、"北郭十友",莫不如此。张羽名列四杰、十友之中,其元末之作,亦同此嗅味,读其诗,每觉仿佛亦高、徐诸君子之笔。此亦一时风气使然,非关才力。本诗虽作年不明,然辨其气息,殆亦元末之作欤?

诗为题唐叔良氏溪上野居之作,唐氏未详何许人,或即唐肃,绍兴人,卜居苏州,为北郭诸友之一。此诗脉络明晰,首联写溪居,次联为居中望见之景,颈联为居中主人,尾联绾合宾主。首联"高斋",为他人书斋之敬称,谓此中乃高人所住。

"每到"，可知诗人乃唐氏好友，常来常往，过从甚密；亦可见本诗非一时之作，而是长期观察、品味、留意溪居所得，故下文写景，亦是经过了严密筛选。常到之斋，当已谙熟，久后无所经意了，然诗人却谓"思无穷"，何以每到而思犹无穷？为"门巷玲珑野望通"。此居虽有门、有巷道，却玲珑剔透、精致小巧，即在门巷之内，亦可望见四野风情，故每到瞩望之际，总能启人遐思。

颔联即由"野望通"而下，写望中所见。"片雨隔村犹夕照"，溪居上，滞留片雨，霏霏不去，但遥看邻村，则犹带夕阳余晖，真所谓"东边日出西边雨"，一望之中，而阴晴不同。"疏林映水已秋风"，由溪居望去，林在前，溪在后，在疏枝的空隙间，可窥溪水在掩映着，而溪上风起，由空隙间吹来，亦可令人顿悟秋节已至。若在夏日，树荫繁密，当无此景此悟。这二句措辞疏淡，微含薄凉，亦未尝无暖色调，但终可望不可即，此正是元季江南士夫之心境，其身也疏懒，其心也淡泊，于世事也无望、于将来也漠然，唯微雨、远村、夕阳、疏林、秋水，最合其心境，故最堪为伴。上联既言"每到而思无穷"，则此联之景，必非溪居所望全景，诗人但摄取与我会心者而已。

颈联由景及人。"药囊诗卷闲行后"，在此疏淡背景上，所见之人（唐氏），亦复萧散自放。不能为良相，则求为良医，不能以文章用世，则求以诗自遣：故唐氏每背负药囊、漫持诗卷，踽踽而行，此亦闲散中无聊之举。"香炝灯光静坐中"，闲行至于趣尽，乃返归斋中，焚香燃灯，兀兀而坐，直至香灰落尽（炝（xiè），灯烛灰，此指香灰），犹自出神。此时"静坐"，有所思乎？无所思乎？前之"闲行"，有所欲乎？无所欲乎？

尾联即答此疑问，曰"无事"是也。闲行，以无事故也；静坐，以终无事故也。此唐氏为人之大节，亦诗人所深企慕者。故尾联乃问，"只今"乱世，江海之上，如唐君能高栖无事、心无波澜者，犹有几人？"几人同"，可见其人不多，然亦未尝没有，诗人其中之一人乎？故尾联一问，既赞主人，又隐然自道，为绾合宾主之笔。其实，有此一笔，则可见诗人与主人实为同志者，而中四句之景之人，亦诗人胸中所有之景，心中向慕之人。

诗中四句甚佳，其情趣自不待言，措辞亦多可味，若颔联之"犹"、"已"，颈联之"后"字，均见功力。一"犹"字，可见前村、后村皆有夕照，前村有之，后村犹有之，唯溪居上不见，然则"片雨"之"片"字，亦得照应。"已"字含有惊悟之意，见疏林间掩映秋水，乃悟秋日已到、树木凋零。"后"字，将前之"闲行"，又归结到"行"后之溪居中，不失题意。这些措辞写来又声色不露，从容不迫，不作有意强调，殆亦作者个性之萧散使之然乎？综之，全诗写景、写人、遣词，皆是出于一种风神，读此诗,可想见彼人之神情,可推知彼时之士风。诗虽无惊人之笔,然确是典型的元季士人之笔。

(沈维藩)

【诗人小传】

徐　贲

（？—1379）　字幼文,号北郭生,其先为蜀人,徙常州,再徙平江。张士诚开阃,辟为属官,后与张羽俱避居湖州之蜀山。洪武七年(1374)被荐至京,尝奉使晋、冀,及还,橐中惟纪行诗数首。太祖重之,授给事中。历官河南左布政使,会征洮岷兵过其境,坐犒劳不时,下狱死。贲工诗。善书画。著有《北郭集》十卷。

雨后慰池上芙蓉　　　　　徐　贲

池上新晴偶得过,芙蓉寂寞照寒波。
相看莫厌秋情薄,若在春风怨更多。

　　徐贲在明初是"吴中四杰"之一,与高启、杨基、张羽并称。他的诗法度谨严,字句熨帖,这首《雨后慰池上芙蓉》,虽是短章,也写得情致摇曳,颇有深意。

　　诗写抒情主人公在一个雨后新晴的秋日,偶然经过池边,看到"芙蓉"在"寒波"中寂寞地开着,引起了一番感慨,并对"芙蓉"进行慰藉。

　　"芙蓉"在古代有两种,宋叶梦得《石林燕语》说:"芙蓉有二种,出于水者谓之草芙蓉,出于陆者谓之木芙蓉。"前者即荷花,诗中写的,也就是这一种。荷是夏日开花的,到了秋天,它就逐渐花残叶落,憔悴干枯。李璟《浣溪沙》词说:"菡萏香销翠叶残,西风愁起绿波间,还与容光共憔悴,不堪看。"对此作了精细的描写。这首诗中的"芙蓉寂寞照寒波"一句,写的也是这种意境。由于它那鲜艳的花凋谢了,再没有人来观赏,所以就"寂寞"地待在池上。背景由"绿波"换成了"寒波",秋的气象就显得更深、更肃杀。

　　诗人对着这寂寞的芙蓉,感叹和劝慰什么呢?"相看莫厌秋情薄,若在春风怨更多。"一番秋雨,一番秋意,一番零落,自然界的规律就是这样。说它无情吧?也是,所以说"秋情薄"。它把荷花那"绿房翠蒂,紫饰红敷"(晋夏侯湛《芙蕖赋》)的盛妆剥掉了,"断无蜂蝶慕幽香,红衣脱尽芳心苦。"(贺铸《踏莎行》)给荷花带来了被人遗弃的凄苦况味。但是,在经过了一阵"相看"之后,诗人却劝荷花"莫厌秋情薄"——不要埋怨秋天的无情;为什么呢?"若在春风怨更多。"因为,秋天虽然摧折了你,但你毕竟已经到了该凋谢的时节了,要是在春天,你那红艳的花朵崭露于绿波之上,摇曳于春风之中,却无人观赏、无人采摘,你那哀怨难道不会更多吗?这果真是对荷花说的话吗?当然不是,人们一看就知道是象征性的。诗人在使用比兴的手法,曲折地表达自己一种深微的感情;它的背后又蕴藏着一段重大的生活内容。什么内容呢?由于这首诗的写作背景已难考查,我们只能就诗人的生平概况去进行下面的推测。

徐贲家居平江(今江苏苏州),元末张士诚占据平江称王,曾征聘徐贲为幕僚,徐贲不从,避走吴兴蜀山中,后来张士诚为朱元璋所破。明朝建立后,许多文士都得到起用,徐贲却一直到洪武七年(1374)才被荐至京,授予官爵。这首诗大概是他明初出山前所写的,诗人对于自己的不遇,感到苦闷,有一种被人遗忘的感觉,"芙蓉寂寞"和"秋情薄"云云,当是这种感情的隐喻(我们还可以大胆地推测一句,"池上新晴",是象征元朝的灭亡和明朝的建立)。但是他转念一想,如果当了官,情况可能更为不好,"若在春风怨更多",大概就是指此而言;这与王安石《明妃曲》中"君不见咫尺长门闭阿娇,人生失意无南北"的感情,有点类似。当然,也可以理解为庆幸当日没有应张士诚之聘做官,避免了一场不堪设想的灾难。象征意象的内涵是多元的,离开了具体背景,很难确指。不过,即使猜不出寓意,光看字面,本诗也仍不失为一首好诗。

这首诗,从题目到内容都很有情致。秋日雨后芙蕖寂寞孤寒,因见而怜,因怜而愁,因愁而慰,层次井然。后二句尤有新意,翻出前人之所不到,隽永可味,体现了诗人不凡的才思——若是凡人,谁又能在春风得意中提防到一个"怨"呢?

(洪柏昭)

【诗人小传】

孙蕡

(1334—1389) 字仲衍,南海(今广东广州)人。洪武三年(1370)进士。曾为平原县(今属山东)主簿,因事被捕,罢归。洪武十五年(1382)出任苏州府经历,后因蓝玉案牵连被杀。诗风清圆流丽,有《西庵集》。

湖 州 乐

孙 蕡

湖州溪水穿城郭,傍水人家起楼阁。春风垂柳绿轩窗,细

湖州乐

孙 蕡

雨飞花湿帘幕。四月五月南风来,当门处处芰荷开。吴姬画舫小于斛①,荡桨出城沿月回。菰蒲浪深迷白纻②,有时隔花闻笑语。鲤鱼风起燕飞斜③,菱歌声入鸳鸯渚。

〔注〕 ① 斛(hú):量器,十斗为一斛。 ② 菰蒲:茭白和芦苇。白纻(zhù):以纻麻为原料制成的织品,此借指身着白衣的采莲女子。 ③ 鲤鱼风:春夏之交的风。李贺《江楼曲》:"楼前流水江陵道,鲤鱼风起芙蓉老。"

这是一首描写江南女子采莲的诗。江南山水秀美,风光旖旎;而江南的春天,垂柳笼烟,繁花似锦,更使人留连忘返;特别是四五月间,荷花开了,清丽绝俗的江南姑娘一个个驾着小舟,隐现于翠盖绿水之间,那真是一幅人间天上的图画。历代作家以这一题材写诗的甚多,如汉乐府《江南》篇:"江南可采莲,莲叶何田田!"梁元帝萧绎《采莲赋》末的小歌:"莲花乱脸色,荷叶杂衣香。"这些诗句绘声绘色,刻画入微,久已脍炙人口。然孙蕡此诗却也写得毫不逊色,有其独自的特点。其一是写得清丽绝俗,没有用什么艳词丽藻,也没有摹仿什么高古的格调,平平写来,似不经意,却又委宛入画。就像江南水乡的风景一样,没有高山巨川,奇峰异石,却也山明水媚,秀绝人寰。其二,作者把采莲置于江南水乡城镇的特定环境中来描写,街市楼阁与河汊相依相傍,河汊中长满了荷花,且与城外的湖泊相通。这样采莲的过程就延长了,从姑娘们清早架舟出门,到傍晚迎着月亮荡桨入城,采莲成了城镇生活的一个部分。这便是湖州城特有的景象,作者敏感地捕捉到此加以刻画,紧扣"湖州乐"的主题,也写出了这首咏采莲诗的特色。

全诗十二句,四句一换韵,平仄交替,自然地分为三个段落。第一段四句写湖州作为水乡城镇的特点,"溪水穿城","人家傍水"。其三四句写得很生动、很美,人家傍河,故春天一到河岸边的垂柳便映绿了轩窗,被春雨滋润的落花也竟飘入帘幕。接下中间四句为第二段,既然人家傍水,一到四五月间,自然地"当门处处芰荷开"了。而姑娘们也可别致而饶有风味地驾着如盆子一般大小的船,荡出家门,沿河采莲了。末四句直接咏写采莲,"菰蒲浪深迷白纻",姑娘们穿着白衣,小船摇入长满开着白花的芦苇丛中,一时竟难以分辨了。有时她们又隐入荷花丛中,不见人影,而只是断续地"隔花闻笑语"。上一句写色,这一句写声,作者没有从正面描写吴姬采莲,而只是侧面烘托,与萧绎《采莲赋》"恐沾裳而浅笑,畏倾船而敛裾"相比,别有一种神龙见首不见尾的妙处。末二句更是如此,"鲤鱼风起燕飞斜,菱歌声入鸳鸯浦","鲤鱼风"与"燕子"虚点节候,"菱歌"句则是动态的描写,采莲女子荡桨远去,其歌声也随之消逝,隐没于远远的鸳鸯出没的水边。描写极富意境,可谓神韵天然,空灵已极。

孙蕡是"南园五子"之一,是广东地区由元入明的重要诗人,其诗不拘一格,有古拙效汉魏者,亦有繁艳似中晚唐者,这首诗清新宛丽,又是一格,足见其创作风格之多变。

(刘明今)

诗人小传

高　启

(1336—1374)　字季迪,号槎轩,长洲(今江苏苏州)人。元末隐居吴淞青丘,自号青丘子。洪武初,召修《元史》,授翰林院国史编修。迁户部右侍郎,托辞年少,未受职,被赐金放归,退居青丘,以教书为生。后因代苏州知府魏观撰《郡治上梁文》诗,触怒太祖朱元璋,被腰斩于南京,年仅三十九岁。高启博学工诗,尤长于歌行体。其诗兼师众长,各体俱擅,变化开合不拘于一体,诗风清新超拔,为明代成就最高的诗人之一。与杨基、张羽、徐贲齐名,并称"吴中四杰"。著有诗集《高太史大全集》,文集《凫藻集》附《扣舷集》词。

水上盥手　　　　　高　启

盥手爱春水,水香手应绿。
沄沄细浪起,杳杳惊鱼伏。
怊怅坐沙边,流花去难掬。

　　古代的诗人很善于吟咏水,但往往并不置身(或身之一部分)于水中——在他们的诗里。临川而叹逝水、扁舟而泛清波,是他们笔下的拿手好戏,但那是在悟理、在摆诗人风度,且那毕竟是在水外而非水中。至于盥手、濯足,这些琐琐的具体动作,以往诗人们大概看不出有何诗意,恐怕是无心也不屑去描绘的。当然,韩退之曾经破俗为雅地"当流赤足踏涧石"(《山石》)过,但他马上就悟起了"人生如此自可乐"之至理,压根不打算细写其尊足在水中如何活动。临水而不善入水,不知能否算得上一病,若可算,则唐宋诸贤,大略概莫能免乎此病。

　　而如今我们这位在元末还非常年轻的诗人青丘子,却好像还未受这些传统的影响,一条活泼泼的小河吸引了他,他就自然而然地坐到了它的身边,从沙滩上伸出了双手浸到水里,全不讲究诗人的风范。这时,春天熏陶得小河的流水碧玉一般鲜嫩,连那飞落到水面上的桃李花瓣也受了感染,显得生气勃勃,继续散发出馥郁芬芳,让河水也飘逸出一派浓香。年轻的诗人双手并无污浊,这春水却让他爱不释手,他兴味盎然地看着自己这双在水中变得鲜绿的手,这双染上了香气的手,仿佛为这双手在水里发生的神奇变化而入了迷。非但如此,他更想去捧掬那水上的花朵——他不称它们为落花,而称之为"流花",因为在他想来,它们未曾凋落,水使它们获得了新生,获得了流动的活力,在水中,花朵与他的双手一样,都是一种神奇的再生物!也正因如此,当春风悄至,河上泛起了细浪(沄(yún)沄,水流汹涌之貌),受惊的鱼儿深潜水下(杳杳,幽远不见踪影),花朵也随浪远去之际,失去了新奇感的诗人,就不免怅然而叹了!

  惜春爱春之情,前辈咏之备矣,生年惜晚的高启自然难出其右;另外,本诗气息之清新、情味之隽永固然可观,但单凭这一点也不可谓能与前辈争胜。唯有这掬手诗人的形象,才是大可令我们玩味的。诗人兴致勃勃地写他自己掬手春水这一事实,若用"热爱生活"、"热爱自然"之类套话形容之,虽无不可,但终觉浮泛。因为我们看到,他不是站得高高地临水而叹,不是借水为题在发挥什么,他是专心一意在寻觅水中之趣,他只是在玩一个不起眼的小花样;但他的态度,却并无小看实实在在的水之意,依然充满着一种诗人在创作时的严肃,一种追求生活之美时的认真。在这一点上,本诗与前人的咏水之作,有着极其细微却又不容混同的区别,它标志着诗人与自然景物之间,有了一种新的关系。高启在其名篇《青丘子歌》中自称:"不问龙虎苦战斗,不管乌兔忙奔倾。向水际独坐,林中独行,斫元气,搜元精。造化万物难隐情,冥茫八极游心兵,坐令无象作有声。"本诗虽小,却也可算是他这种创作态度下的产物,正因他摆脱了人世一切烦扰,只顾在水际、林中寻找"造化"(大自然)的"隐情"(未被前人发掘的新趣),他的诗作,始能有异于前人、前人所不到之处。如果一滴水真能见太阳,那么说这首小诗也可以显示高启这位诗人的创作追求,怕也不算过甚其辞吧?

(沈维藩)

卖 花 词   高 启

> 绿盆小树枝枝好,花比人家别开早。
> 陌头担得春风行,美人出帘闻叫声。
> 移去莫愁花不活,卖与还传种花诀。
> 余香满路日暮归,犹有蜂蝶相随飞。
> 买花朱门几回改,不如担上花长在。

  高启有一组专写农村日常劳作的诗歌,在那里,捕鱼牧牛、孵鸭养蚕、打麦伐木、采茶卖花，都被他写得词浅意浓、新趣盎然，充满着吴地的农家风味。至于这首《卖花词》，不仅有上述特点，且篇末又翻出深意，更可算个中翘楚。这组诗，历来都划归"乐府"一类，其实，非但古乐府里并无这些诗题，而且它们都是诗人长年往来城郊乡野、着意观察积累所得，比之他大量的乐府古题拟作，要新奇得多、现实气息充足得多；因此，那种划分，是很不确切的，至少，该称这组诗为诗人独创的"新乐府。"

本诗咏的是卖花，先由养花提起。"绿盆小树枝枝好，花比人家别开早"。这不是个市侩，只顾把花枝粗鲁地剪下了朝水桶里一浸，便提来市上换钱；他是位爱花使者，要把花儿栽在绿泥小盆里，培养成一树树的，给她一个鲜活的生命，一个完整的形体。他又是个能工巧匠，他呵护下的花树，枝枝美观自不必言；且他的精诚还能与花儿的精魂相通，让她们开得比寻常花匠的手中物要更早，回报给他以春意的先尝。这样的养花人，才真堪作卖花人！

诗的中四句，始是卖花的正题。"陌头担得春风行，美人出帘闻叫声"。请看这卖花人走在田间的步伐是多么欢快，因为他担子上不是沉沉的瓦盆，而是轻盈流动的春风；他不是在沿路乞求买主的赏光，而是自豪地在传播此刻还唯他独有的春意！再听他的卖花声，那是多么响亮、饱含着多少不可抗拒的诱惑；这叫声穿透深宅大院的重重门户，令寂寂深闺中盼春已久的青春少女，不由得一个个掀帘而出，伫立凝听，芳心大动！"移去莫愁花不活，卖与还传种花诀。"花树移出了绿盆，将要栽向别家庭院，卖花人先是自信地担保，我的花愁什么不能养活，她们的青春也正在盛时呢！然后，他又担忧美人们缺他那份精心、少他那份手艺；花已脱手成交，他还殷勤地传授着种养的秘诀，只怕她们离开身边后遭了意外，急切里没有良医良方。这哪里是卖花人在兜售货品，这分明是养花人在送别他亲手养育的爱女远嫁——怀着一颗希望与担忧交织的心！

"余香满路日暮归，犹有蜂蝶相随飞。"这两句，是花卖出后的余韵。夕阳西下时分，卖花人挑着空担，轻松愉快地走在归途上。他一手酿就的春意，已如愿以偿，散落到了千门万户，他怎么会不轻松呢？花树虽已不复相伴，可她们的余香却已沁入担头，侵透襟袖，招惹得蜂蝶紧随卖花人飞绕不去，仿佛认定他是芳馨的化身，他又怎么会不愉快呢？他卖了花，却并不就此与花绝缘，他可是个与花心气相通的养花人哪！

一个勤于花、精于花、痴于花、以花为生命的坦荡、热诚、轻快的卖花人，经诗人的多方设色传神，已活脱脱地立在读者眼前，诗若就此打住，怕也无人敢小看诗人的才情吧！然而，诗人还有一段奇情要发露呢！"买花朱门几回改，不如担上花长在。"买花人多富贵,卖花人多贫贱,这事实,自是人人皆知;然富贵终有盈亏之日,贫贱始能知足长乐,这道理,又有几人悟得？但是,这位不同凡俗的卖花人,已看惯了他往来的朱门主人频换,远不及他担上的花儿能年年常新,然则朱门于他又何羡之有？他的养花卖花生涯,又如何不是最足自珍的？诗人正面说尽了卖花人,再由买花人处背面傅粉,益见得卖花人的襟怀恬淡、高不可及,真是篇末奇笔！其实,这卖花人的篇末自白,不也正是高卧不起、萧散自得的青丘子的夫子自道？

这首诗,虽形容备至,却语若至浅;而其语虽浅,品之却又大有深味。"碧水芙蕖,不假雕饰"(高启同时代人王祎评启诗语),虽是一句老话,用来评此诗仍不失新味。看来,青丘子对诗味的深、浅、厚、薄,自有他独到的理解,他才高,诗自然随之亦意深味足,本不须借助于典故僻词。相比之下,后世那些只能靠字面上的古色陈香来装点门户的短才"诗人",真只可为青丘子磨墨脱靴。　　(沈维藩)

青 丘 子 歌　　　　　　　　高　启

江上有青丘,予徙家其南,因自号青丘子。闲居无事,终日苦吟,间作《青丘子歌》言其意,以解诗淫之嘲。

青丘子,臞①而清,本是五云阁下之仙卿。何年降谪在世间,向人不道姓与名。蹑屩②厌远游,荷锄懒躬耕。有剑任锈涩,有书任纵横。不肯折腰为五斗米,不肯掉舌下七十城。但好觅诗句,自吟自酬赓③。田间④曳杖复带索,旁人不识笑且轻。谓是鲁迂儒,楚狂生。青丘子,闻之不介意,吟声出吻不绝咿咿鸣。朝吟忘其饥,暮吟散不平。当其苦吟时,兀兀⑤如被酲。头发不暇栉,家事不及营。儿啼不知怜,客至不果迎。不忧回也空,不慕猗氏盈⑥。不惭被宽褐,不羡垂华缨。不问龙虎苦战斗⑦,不管乌兔忙奔倾⑧。向水际独坐,林中独行。斫元气,搜元精。造化万物难隐情,冥茫八极游心兵,坐令无象作有声。微如破悬虱⑨,壮若屠长鲸,清同吸沆瀣⑩,险比排峥嵘。霭霭晴云披,轧轧冻草萌。高攀天根⑪探月窟,犀照牛渚⑫万怪呈。妙意俄同鬼神会,佳景每与江山争。星虹助光气,烟露滋华英,听音谐韶⑬乐,咀味得大羹⑭。世间无物为我娱,自出金石⑮相轰铿。江边茅屋风雨晴,闭门睡足诗初成。叩壶自高歌⑯,不顾俗耳惊。欲呼君山老父携诸仙所弄之长笛,和我此歌吹月明。但愁欻忽波浪起,鸟兽骇叫山摇崩。天帝闻之怒,下遣白鹤迎。不容在世作狡狯,复结飞珮还瑶京⑰。

〔注〕 ① 臞(gú):消瘦。 ② 蹑屩(nié juē):脚穿草鞋。 ③ 酬赓(gēng):作诗唱和。 ④ "田间"句:在田间拄着拐杖,飘着索带,边歌边舞。苏轼《和陶九日闲居》诗:"长歌振履商,起舞带索荣。" ⑤ 兀兀:昏沉之状。醒:酒醉。 ⑥ 猗氏盈:猗顿的豪富。《孔丛子》载,猗顿,鲁之穷士也,大畜牛羊于猗氏之南,十年之间,成为豪富。 ⑦ 龙虎苦战斗:喻元末的频繁战争。 ⑧ 乌兔忙奔倾:喻时光的流驶。乌,金乌,太阳。兔,玉兔,月亮。 ⑨ 破悬虱:《列子·汤问》:"纪昌学射于飞卫,飞卫曰:'学视而后可。'昌以牦悬虱于牖,南面望之,三年之后如车轮,射之,贯虱之心而悬不绝。" ⑩ 沆瀣:海气或露气。 ⑪ 天根:星宿名,即氐宿。月窟:月宫。 ⑫ 犀照牛渚:《晋书·温峤传》:"温峤至牛渚矶,水深不可测,世云其下多怪物,峤遂燃犀角照之,须臾见水族覆火,奇形怪状。" ⑬ 韶:相传为虞舜时的乐名。 ⑭ 大羹:古代祭祀时所用不加调料的肉汁。 ⑮ 金石:《世说新语·文学》载:晋孙绰写成《天台山赋》,对友人说:"卿试掷地,要作金石声。" ⑯ 叩壶自高歌:《晋书·王敦传》:"(王敦)每酒后辄吟魏武帝乐府歌曰:'老骥伏枥,志在千里。烈士暮年,壮心不已。'以如意叩唾壶为节。" ⑰ 瑶京:神话传说中天帝的京城。

高启二十三岁时,移居吴淞江畔,江上有青丘,因自号青丘子。他闲居无事,终日苦吟,受到一些人的讽刺,被称为诗迷。做一个诗迷,有什么不好,于是高启作《青丘子歌》以解嘲。

诗歌一开头就以神奇的笔法自我介绍不凡的来历:"青丘子,臞而清,本是五云阁下之仙卿。何年降谪在世间,向人不道姓与名。"你们说我是诗迷么?我可是从天上谪贬人间的诗仙呢!唐代大诗人李白刚到长安时,贺知章惊异其诗才,称他为"谪仙人"。现在高启把这项桂冠戴到自己头上来了,我青丘子就是谪仙人呢,你们还记得白居易诗么?"楼阁玲珑五云起,其中绰约多仙子,"我正是从五云阁下来的呢!

接着,他就为诗迷进行辩解。我"厌远游","懒躬耕",书剑弃置不用,不为五斗米折腰,也不肯像郦食其那样,为博取功名去卖弄口才,我只爱吟诗觅句,这是我的志趣呀,有什么值得非议的?要笑就让你们笑吧,说我"鲁迂儒"也罢,"楚狂生"也罢,我都不在乎,我只管咿咿呀呀吟我的诗。我知道,你们大概瞧不惯我这副疯疯癫癫的样子吧,告诉你,这是诗歌创作的特点。做诗就得朝也吟,暮也吟,一心专注,如醉如痴。"头发不暇栉,家事不及营。儿啼不知怜,客至不果迎。"一切事情都不管,一切杂念都屏除,不忧贫,不慕富,任凭他人去争权夺利,任凭时间飞逝,全身心都倾注于吟诗之中,你们说我是诗迷,我承认不讳,做诗如果不到着迷的程度,哪会做出好诗呀!其实,你们看到的还只是诗迷的表面现象,你可知道诗迷的脑子又是在怎样运动?他做诗时是怎样进行思维?告诉你,这是人类真正的奇迹。

"向水际独坐,林中独行,斫元气,搜元精,造化万物难隐情。冥茫八极游心兵,坐令无象作有声"。就在"水际独坐,林中独行"之时,诗人心灵的深处爆发着灵感的火花。在诗歌创作过程中,诗人之心君临于宇宙之上,元气元精,造化万物乃至世间最隐秘的精微真情,都能为诗人的心灵所烛照、探取。他神驰宇宙,感物而动,精心构思,能把无形抽象的事物,用有声有韵的诗歌表达出来。这是多么神奇的形象思维啊!

再看这个神奇脑袋的杰作——一篇篇美丽的诗,都具有极高的艺术境界,它的精微处,就像高明的射手一箭射中"悬虱"那样准确无误;而诗章气势之雄壮,又如入大海,搏长鲸。有时那清新的诗意使人如吸朝霞;有时那奇险的诗境,又如置身于高峻山峰之间;有时诗旨之发人深思,有拨开云雾见青天之妙;有时诗情则如大地解冻,春草萌生,春意盎然。诗人的心灵高攀天穹,下探水底,探索社会人生,令各种奇形怪物毕现纸上。诗人的杰作有似鬼斧神工,它得天地山川之助,星、虹、烟、雾,都为之增彩生辉。多美的音韵啊,犹如聆听世上最优美的韶乐,多美的韵味啊,就像品尝世上最甘醇的"大羹"!

青丘子将诗歌创作的形象思维活动作了最为生动形象的描述,这的确是人类最富有创造性的精神活动,在这个活动中,诗人的心处于最无拘束的状态,"精骛八极,心游万仞",极其活跃,表现出无限的认识能力,简直成了宇宙的主宰。处于压抑个性的封建社会的文人,一旦体验到这种巨大精神自由的愉快,自然为此着迷了。显然,青丘子发现了此中乐趣,所以他最后这样写道:"世间无物为我娱,自出金石相轰铿。"青丘子感到人世间太污浊了,无可娱乐,他只有以诗自娱。对他来说,不管是那晴光艳艳的好天气,还是风雨如晦的日子,他把自己关在吴淞江畔的茅屋里——那是他自己的天地,他闭门觅句,自管独个儿吟诗,外面世界完全忘却了。而当一诗初成的时候,你看他那得意忘形的模样:叩壶高歌自己的新作,旁若无人地尽情歌唱。世俗的人们听了他的歌都惊呆住了,他却若其事,不屑一顾!不仅如此,他感到一人歌之不足以尽兴,忽发奇想:"欲呼君山父老,携诸仙所弄之长笛,和我此歌吹月明"。他想起《博异志》中有一段发生在洞庭湖上的故事:"贾客吕卿筠善吹笛,月夜泊君山侧,命酒吹笛。忽有老父挈舟而来,袖出笛三管,……吹三声,湖上风动,波涛沆瀁,鱼鳖跳喷;五声六声,君山上鸟兽叫噪,月色昏暗,舟人大恐,老父遂止。饮酒数杯,掉舟而去,隐隐没入波间。"傲世独立,狂放不羁,苦恨人间没有知音的青丘子,此时多么希望那位善吹长笛的君山老父挐舟前来,相互酬唱赓和自己的新诗啊!但转念一想,那样一来,不就引起四海翻腾,"鸟兽骇叫山摇崩"的大震动么?这就要惊动天帝了,他一发怒,要派白鹤把我接回天宫去,不让我再吟诗作歌了。罢,罢,罢,还是打消这个主意吧,我宁愿蹲在这江边茅屋里写我的诗,我这人宁做诗人不羡仙呀!

青丘子歌唱完了,原来高启如此着迷于写诗,实际上是追求个性自由放任,渴望一种在现实社会得不到的精神上的自由,于是向往诗的象牙塔。这反映出一种时代的苦闷。我们知道,明代晚期曾掀起一股声势很大的晚明文学新潮流,其基本内容就是肯定人的个性与欲望。风起于青蘋之末,它的酝酿期似乎可以上溯到元末明初,高启在《青丘子歌》中反映的情绪便是很值得注意的。高启这首歌行体长诗作于元末战乱年代,反映了他追求自由自在的隐居生活,不愿卷入群雄纷争的政治旋涡的思想,也许正因为他个性中有这么一点对精神自由的追求,才最终不为朱元璋所容而遭惨祸的吧?这首诗充满天马行空的浪漫主义奇思幻想,狂放恣肆,笔墨酣畅,形象生动,大有李白诗风。诗中多用排比句,增强了诗的气势和节奏感,一韵到底,音节铿锵,富有韵味,是高启长篇歌行的代表作。

(高 原)

登金陵雨花台望大江 高 启

大江来从万山中,山势尽与江流东。钟山如龙独西上,欲破巨浪乘长风。江山相雄不相让,形胜争夸天下壮。秦皇空此瘗黄金,佳气葱葱至今王。我怀郁郁何由开,酒酣走上城南台。坐觉苍茫万古意,远自荒烟落日之中来。石头城下涛声怒,武骑千群谁敢渡?黄旗入洛竟何祥?铁锁横江未为固。前三国,后六朝,草生宫阙何萧萧!英雄来时务割据,几度战血流寒潮。我今幸逢圣人起南国,祸乱初平事休息。从今四海永为家,不用长江限南北。

清赵翼说:将高启的七古,"置之青莲(李白)集中,虽明眼者亦难别择。""盖二人实皆有出尘之才,故相契在神识间耳。"(《瓯北诗话》卷八)这首以七言为主的杂言古诗,无论在风骨、情采、声色、熔裁诸方面,都与太白的七古有着十分神似的地方。难怪明代的大诗人、大诗评家如李东阳、杨升庵、王世贞、王世懋、顾起纶、俞弁等,无不对他推崇备至,誉为开国诗人的"冠冕"。李之言曰:"国初称高、杨(基)、张(羽)、徐(贲)。高季迪(启)才力声调,过三人远甚,百余年来,亦未见卓然有以过之者。"(《麓堂诗话》)杨之言曰:"洪武初,高季迪、袁可潜一变元风,首开大雅,卓乎冠矣。"(《升庵诗话》卷七)王之言曰:"迨于明兴,……大约立赤帜者二家而已。才情之美,无过季迪;声气之雄,次及伯温(刘基)。"(《艺苑卮言》卷五)即此可见一斑,其他未及备述。此诗才气超迈,音节响亮,一种高逸之致,见于楮墨之外,胎息青莲,而又能自出新意,论者推为开国诗人第一,绝不是溢美之辞。

《登金陵雨花台望大江》作于洪武二年(1369),这时诗人应征参加《元史》的修撰工作。明代开国未久,一切呈现着蓬勃的朝气;诗人年华正茂,心中憧憬着无限美好的未来。所以落笔便有一种博大昌明的气象,从心底、腕底、笔底自然流露出来,给读者一种阳刚、崇高、雄健、横逸的美感享受。篇中每四句一换韵,字响韵响,句圆意圆。在整齐的七言句中,杂以三言、九言,更加显得气宇轩昂,错落有致。巨刃摩天,金鸡擘海,气象固自不同。"大江来从万山中"四句,写目之所见。浩浩的长江,从万山千壑中奔流而东,绵亘两岸的山势,也随之而宛转东向,只有那龙盘虎踞的钟山,挺然屹立在西边,好像要乘长风,破巨浪,挽大江而西向似的。大江要东流,钟山要西上,这就赋予了它们以人格的力量,赋予了它们以浩然的正气,一个要冲向大海作波涛,一个要屹立西天作砥柱;一个能惊涛拍岸,卷起千堆雪,一个不随波逐流,独立千仞表。于是在诗人的笔下,大江和钟山都成了自己的化身,气势之雄伟,器宇之轩昂,是江山的传神,也是诗人的写照,真是物我一体,密合无垠,非大手笔莫办。"江山相雄不相让"四句,分承"大江"与"钟山"两联。"相雄不相让",正是对以上四句的高度概括;"形胜争夸",则是对下文的有力开拓。诗人的眼光从眼前的现实,一下转向深邃的历史。金陵的形胜,虽然依山带河,固若金汤;金陵的王气,虽然郁郁葱葱,至今不衰。然而守天下在德不在险,在于得人心而不在于什么"压之"之术。据说"秦并天下,望气者言,江东有天子气","秦皇因埋金玉杂宝以压之",可是秦只二世而亡,而这个"江南佳丽地,金陵帝王州"(谢朓《鼓吹曲》),却依旧"佳气葱葱",这就为"我怀郁塞何由开"以下四句作了很好的铺垫。汉方全盛,而贾谊以为天下事可为痛哭者多;明方开国,而高启便有"我怀郁塞"之感,这是远谋深虑者能够居安以思危、见患于未形的表现。诗人在酒酣耳热之际,登上雨花台,蓦然在"荒烟落日之中",萌发了"念天地之悠悠,独怆然而涕下"的感情,重现了"金陵昔时何壮哉?席卷英雄天下来"的景象,不禁陷入了对现实和历史的沉思:那建都在这里的六代帝王,演出一幕一幕的悲剧,都在他的脑海里翻腾。"石头城下涛声怒"四句,就是艺术地概括了在他脑海里重演的历史悲剧。南朝陈后主和三国吴孙皓的悲惨结局,正是诗人"我怀郁塞何由开"的导线。当贺若弼、韩擒虎率领数十万雄师准备渡江的时候,佞臣孔范却对陈后主说:"长江天堑,古来限隔,虏军岂能飞渡?"陈后主笑以为然,遂不设防,结果陈的君主做了隋军的俘虏,事见《南史·孔范传》。这就是"武骑千群谁敢渡"的艺术概括。吴主孙皓听信"黄旗紫盖见于东南,终有天下者,荆、扬之君乎"的谣传,便以为天命攸归,于是率母妻儿女及后宫数千人乘青盖入洛阳,以顺天命,途遇大雪,兵士"寒冻殆死",扬言"若遇敌,便当倒戈耳",孙皓只得丧气而返,事见《三国志·吴志·三嗣主传》引《江表传》。这就是"黄旗入洛竟何祥"的历史笑柄。孙皓又"于江险碛要害之处,并以铁锁横截之,又作铁锥长丈余,暗置江东,以逆距船"。王濬乃"作大筏数十,缚草为人,被甲持杖,令善水者以筏先行,筏遇铁锥,锥即着筏去。又作火炬,长十余丈,大数十围,灌以麻油,在船前,遇锁,燃炬烧之,须臾,融液断绝,于是船无所碍"。孙皓只得在王濬军前"肉袒面缚,衔璧牵羊","奉所佩玺绶,委质请命"。事见《晋书·王濬传》。这就是"铁锁横江未为固"的具体史实。"前三国,后六朝"四句,是诗人进一步对六代历史的探索和反思。如果说前四句是"点",那么后四句就是"面";前四句是典型的悲剧,后四句便是历史的普遍规律;前四句是铺陈史实,后四句便是深化主题。诗人认为不管是"前三国"也好,"后六朝"也好,它们"俱往矣",成了历史的匆匆过客,当时那些"飞碧流丹"的豪华宫阙,如今也已埋没在荒烟蔓草之中。那些务于"割据"的"英雄"们,曾经是"争城以战,杀人盈城;争地以战,杀人盈野"。他们所建立起来的王朝,是无数老百姓的白骨垒起来的。"几度战血流寒潮",不就是"兴,百姓苦;亡,百姓苦"的深沉感叹么?这就是三国、六朝的历史,这就是供诗人凭吊、供渔樵闲话的千秋历史。新建起来的明代,能不能改变历史的规律呢?诗人不敢想,也不敢说,然而这正是诗人"我怀郁塞何由开"的真正原因。诗人狡狯地把笔锋一转,从历史的深沉反思中跳到对现实的赞美歌颂,而把那一段潜台词轻轻地抹掉,让读者去思索,去补充。"我今幸逢圣人起南国"四句,与其说是诗人对现实的歌颂,毋宁说是诗人对国家的期望:他希望从此铸甲兵,为农器,卖宝刀,买耕牛,真正与民休息,让老百姓在和平的环境中愉快地生活着;他希望从此四海一家,再不要凭险割据,南北对峙,教老百姓在战火中流离失所。声调是欢快的,但欢快中带有一丝沉郁的感情;心境是爽朗的,但爽朗中蒙上了一层历史的阴影。既有豪放伟岸之气,又有沉郁顿挫之致,真可谓"发感慨于性情之正,存忧患于忠厚之言"。清赵翼说:"李青莲诗,从未有能学之者,惟青丘(高启)与之相上下,不惟形似,而且神似。"(《瓯北诗话》卷八)从这首诗的气势豪放,音韵铿锵,舒卷自如,纵横随意来看,确实与太白的七古是有些神似的。李调元说:"明诗一洗宋、元纤腐之习,逼近唐人。高、杨、张、徐四杰始开其风,而季迪究为有明冠冕。"(《雨村诗话》卷下)从高诗那磅礴的气势,壮阔的局面,大起大落的笔力来看,说它神似太白,逼近唐人,是恰切的,公允的。

(羊春秋)

孤　雁　　　　　　高　启

衡阳初失伴,旧路远飞单。
度陇将书怯,排空作阵难。
呼群云外急,吊影月中残。
不共凫鹭宿,蒹葭夜夜寒。

　　高启是位才气横溢、不能自已的诗人,他的诗中,有不少是只为驰骋、发露其才力而作的,纯出想象,非有实事;不过,虽是游戏笔墨、并无寄托的"纯文学",也非无可赏玩之处,若本诗里这头孤雁便是。

　　诗一上来就重重地突出了"孤"字,"衡阳初失伴,旧路远飞单"。湖南衡阳有回雁峰,相传是雁南飞的尽头。这头雁,刚飞出起点,就与大群失散了,不得不单独北回;这漫漫的万里归途上,它的处境该是何等的孤独凄凉!"度陇将书怯,排空作阵难。"据《汉书》记载:汉使向匈奴索取被扣押在漠北的苏武,匈奴谎称武死。武之属吏常惠教使者言道,汉天子在上林苑射落大雁,得武帛书于雁足。匈奴人闻言失色,只得释出苏武。如今,诗人运用这一典故,又要这孤雁带着书信(将,携带),飞度荒凉的陇上,前往冰寒的漠北:任重,道远,身单力弱,前途未测,叫它如何不中情畏怯?它高高地飞上天空(排空,升空),可凭它一个,又怎能组成人字雁阵?"呼群云外急,吊影月中残。"它飞到云层之外,俯看着翅下的茫茫云海,想召唤它的同群,可从早到晚,它急切的呼声却得不到半点回应。日落月出,这头失望的孤雁,只能指望在惨白的月光中,顾影自怜,聊以自慰。不料,那月亮竟也怀着阴暗心理,自己残缺了,便不许孤雁有个全影。于是,孤雁连形影相吊也吊不完整,只看得个残影——如果说,以上六句是句句凄凉,这第六句,真是凉入骨髓了!

　　诗至此,"单"、"怯"、"难"、"急"、"残"诸语层层压下,形容备至,那么,诗的结语,来个一惨到底也无不可吧?然而不,我们这位高才卓绝的诗人,可不肯就此直通通地收笔。"不共凫鹥宿,蒹葭夜夜寒。"凫是野鸭,鹥是水鸥,它们之于大雁,犹如蓬间雀之与鹍鹏,岂能同日而语?纵然是孤单、畏怯、为难、焦急、凄凉,百病交侵,但大雁毕竟还是大雁,它岂肯放下身份,与凫鹥辈为伍?纵然是独宿苇丛(蒹葭,芦苇),夜夜惊寒,它也宁愿收紧了双翅,作坚韧的忍耐,决不为了取暖而与此辈挤成一团!这二句,将诗意于篇末忽作一振,也点醒了诗的题目:"孤雁"之"孤",不是什么孤零、孤弱,而是孤高、孤傲——如此收笔,才真可称有柳暗花明之致!

全诗结构紧凑,首联"远飞"引出次联的"度陇",次联的"作阵"连接颈联的"呼群",颈联的"月中"又勾起末联的"夜寒":环环相扣,语意连绵。另外,"凫鹥"、"蒹葭",是《诗经》中《大雅》与《秦风》的两个篇名,被诗人信手拈来用在诗中,丝毫不着痕迹——诗人游戏笔墨的功夫,真是到家了。　　　　(沈维藩)

明皇秉烛夜游图　　　高　启

花萼楼头日初堕,紫衣催上宫门锁。大家今夕燕西园,高爇银盘百枝火。海棠欲睡不得成,红妆照见殊分明。满庭紫焰作春雾,不知有月空中行。新谱《霓裳》试初按,内使频呼烧烛换。知更宫女报铜签,歌舞休催夜方半。共言醉饮终此宵,明日且免群臣朝。只忧风露渐欲冷,妃子衣薄愁成娇。琵琶羯鼓相追续,白日君心欢不足。此时何暇化光明,去照逃亡小家屋!姑苏台上长夜歌,江都宫里飞萤多。一般行乐未知极,烽火忽至将如何?可怜蜀道归来客,南内凄凉头尽白。孤灯不照返魂人,梧桐夜雨秋萧瑟。

题画诗,顾名思义,是为绘画作品题、鉴赏的,故一般多着眼于画的形象、意境和画家情趣、功力的表白。本诗意不在此,别有寄托,写法上便也独辟蹊径,另具一格。

开首四句引入画题,就采用化静为动的手法。"花萼楼",全名"花萼相辉之楼",是唐明皇(玄宗)即位后在兴庆宫西部新置的楼观,常用于游宴作乐;点出楼名,等于将画图的主人公明皇推上了前台。"日初堕",记时分,照应画题中的"夜"字,但用的是叙事笔法;与下句的"催"相衔接,更表明天刚傍晚,便锁上宫门,准备宴乐的迫切心情。第三句正面交代明皇夜游,"大家"是宫中近侍对天子的称呼。由此引出"高爇银盘百枝火"的铺排描写,既渲染夜宴的气氛,又紧扣题中"秉烛"二字。四句诗缴足题面,天衣无缝,却是闲闲叙入,不着一丝痕迹。

图意点明,即应转入图像,但作者不忙于作全景式的勾勒,而要先就上文的烛火来一点生发。"海棠"二句写红烛照耀下的美人形象。宋释惠洪《冷斋夜话》引《杨妃外传》:"明皇登沉香亭,诏妃子,妃子时卯酒未醒,命力士从侍儿扶掖而至。妃子醉韵残妆,钗鬟乱,不能再拜。明皇笑曰:'是岂妃子醉耶?海棠睡未足耳。'"这是拿海棠花的红艳比美人醉态。苏轼《海棠》诗:"只愁夜深花睡去,故烧高烛照红妆。"这是借美人红妆以形容海棠花的娇姿。本诗文句脱胎自苏诗,句意则从《杨妃外传》化出,将名花与美女糅为一体,于明烛高烧的背景下显示出来,分外撩人眼目。"满庭紫焰"二句进而写烛光,却借月华作铺垫。灯烛煌煌,月色黯然,乃事物之常理,妙在用一"雾"字作关锁。雾者,阻隔光线之物也,哪堪比拟发光之烛!但设身处地,此情此景,恰恰是明亮的烛光筑起一层光的屏障,起到掩抑月色之作用,则拟之于雾,岂非的当!诗人体物之精细、构想之巧妙,于此可见。四句诗皆紧承上文"高爇银盘百枝火"而来,有此四句烘托,上一句的气势、情景方得以充分突现,而明皇秉烛夜游的意兴也才能淋漓尽致地发露,这在画家称之为"皴染法"。

于是可以进入宴会盛况的写照。作者抓住无休止的歌舞这一特征性的景象,把整个场面组织起来了,这也应该是画图本身的布局。《霓裳》即唐大曲《霓裳羽衣曲》的简称,相传为明皇登三乡驿望女几山所作,包括散序、中序、入破、终曲共十二遍乐舞,演奏起来热闹非凡。此时,新制的《霓裳曲》正搬上宴席,磬、箫、笛、筝各种器乐铿然和鸣,饰以虹裳霞帔的舞女按节拍曼步回翔,观者目眩心迷,击节叹赏,更无暇顾及时间的流逝。从频呼换烛和铜签报更这两个细节上,当可反映出宴游持续之久,而作乐者却以半夜方过、无须催迫为答,足见兴会之高。

夜游场面到此跻于高潮,但作者不肯罢休,还要接着"歌舞休催夜方半"所表露游兴,重加一笔皴染,从而带出下面四句。这一小节又有几层分解:先说尽欢今宵,毋恤来朝,是对游兴的正面落笔;再说别的不值得顾虑,"只忧"夜深风寒、难以尽兴,用的反补笔调;末言连这点愁虑也转化成妃子的娇情媚态,动人爱怜,更是加一倍写法。经过这样层转层深,把明皇耽溺于淫荒佚乐的心态展现无遗,可谓用笔酣畅之至!

如果说,以上题咏尚未脱离画图,那么,从"琵琶羯鼓"以下则渐形拓开了范围。琵琶羯鼓,繁声促节,指明皇醉心于乐舞;白日易尽,良宵可续,乃是秉烛欢会的来由。这两句承前作一收束,正是为了下文的启后。晚唐诗人聂夷中《咏田家》有云:"我愿君王心,化作光明烛。不照绮罗筵,只照逃亡屋。"或许是这里的烛光比喻,勾起作者联想,促使他反用其意,提炼出"此时何暇"一联,紧缀于秉烛夜游之下,形成巨大的反差,而诗篇谴责明皇佚游误国的主旨便也昭然若揭了。这是全诗画龙点睛之处,也是上下篇转折、过渡的筋脉所在。

由此,诗人的笔锋便急转直下。"姑苏台",用吴王夫差荒淫灭国的传说。"江都宫",用隋炀帝佚游亡身的故事。行乐无极,烽火忽至,唐明皇也逃脱不了这一普遍规律。此处显然说的是安史之乱,而由于这段历史人所熟知,不必详加记录,作者只是借用两个古人略作陪衬,再通过"将如何"这一设问句轻点一句,句意自明,且倍觉唱叹有情。诗家避实就虚的诀窍,可资领悟。

末一节诗则又跳跃到主人公的结局。安史乱后,明皇从蜀地流亡归来,皇位已被儿子肃宗占据,只能退居南内(即兴庆宫),郁郁以终。后二句写其孤独凄凉的晚境,化用了白居易《长恨歌》里"春风桃李花开日,秋雨梧桐叶落时"、"夕殿萤飞思悄然,孤灯挑尽未成眠"等句子。"返魂人",指杨妃,亦出自《长恨歌》,说的是杨妃在军乱中缢死马嵬坡,后明皇回京,思念不已,请方士用法术致其魂魄。不过本诗并没有像《长恨歌》那样虚构出一个"天上人间会相见"的光明尾巴,却是强调返魂无术、孤灯空照,而且"孤灯"的形象与篇首的"百枝火"、"不照"与前文"照见""分明"、"梧桐夜雨秋萧瑟"与"满庭紫焰作春雾"的意境,一一构成强烈对比,可见作者并非漫然袭用前人诗意,而是经过选择、加工,融入自己统一的构思的。

总的说来,作为一首题画诗,本篇在艺术上确有特色。它不胶着于静态画面的摹绘,而能够放开笔触,驱遣想象,从夜宴的热烈场景,一直伸展到烽火战乱与凄凉晚境,并在这乐极生悲的变化过程中,寄寓着讽喻垂戒的用心。可以说,这实际上是将咏史感事的笔意引进了题画领域。还要看到,诗篇所叙内容跨度虽大,章法却很严密,不仅前后比照鲜明,且通首用烛火作引线,转折过渡,贯串首尾,颇见匠心。至于语言明丽,铺叙生动,音声和美,情思宛转,以及逐章转韵、平仄相间的格式,承受自元、白"长庆体",当亦增添了诗的魅力。

(陈伯海)

梅 花 九 首(其一)　　　　高 启

琼姿只合在瑶台,谁向江南处处栽?
雪满山中高士卧,月明林下美人来。
寒依疏影萧萧竹,春掩残香漠漠苔。
自去何郎无好咏,东风愁寂几回开?

梅花九首（其一） 高启

高启一生之中，为梅花写过不少诗篇，或许，这是因为他的个性，与梅花的品质之间，多有相仿佛之处吧？如今，他大概不再满足于描绘一时一地、有所局限的梅，而要去梅之形骸、取梅之精神，写一组纯粹的梅花诗，以寄托他多年对梅的爱慕，也总结他多年对梅的认识：这也许就是他刻意经营写成的《梅花九首》的创作缘由。本文所选是其中的第一首。

"琼姿只合在瑶台，谁向江南处处栽？"琼姿，这是古诗词中的常用语了，谓瑰丽的姿容，通常只用于梅花。不过，诗的首联，却一点也不因这措辞的常见而显得平凡：神话中的昆仑山，上有瑶台十二座，皆以五色彩玉筑成；梅花既有瑰丽的风姿，那么就本该（合，应该）充任瑶台上的琼玉，至于它们为何不留居在缥缈的仙山，却被不知哪位仙家之手，栽向了江南的处处山林，这，可真是个令人大惑不解的疑问！这二句，给凡间的梅花，赋予了谪仙的身份，使它们纵然已降生到地上，却终究是超凡出尘、气质异于俗中众花。若不是诗人对梅的品行理解至深，安能作此奇想、出此奇语、发此奇问？至于为何只说栽于江南，而不说栽于天下，这，也可算得个疑问：大概，诗人一生足迹不出江南，在他的心目中，只有这片山川钟秀、人杰地灵的广土，才最适宜迎接梅的降临？

"雪满山中高士卧"，梅花到底还是来到了人间，不过，它们既然是夙具仙骨，当然也就不屑在尘埃之中生长；远离人迹的烦嚣，栖住到大雪铺满的深山，这，才是这位孤高拔俗的隐士的愿望。常人说到梅花，总不免提什么"傲霜斗雪"，其实，梅花又何尝逞勇好斗？雪满山中，它们却稳稳地酣卧，何尝把大雪放在心上？大雪又怎配做它们的对头？"月明林下美人来"，梅花到底是花的一种，是世人愿意亲近的美人，不过，这美人既然是仙子下凡，俗人当然不能轻易窥到，若去闹市中寻觅，无异于水中捞月。你须得摒弃一切俗念，退身到清风明月的林泉之下，那时，你才能见到她款款而来，神情是那么超朗闲雅，容貌是那么清秀动人，一如《世说新语》中的咏絮才女谢道蕴，"神情散朗"，有"林下风气"。

"雪满山中高士卧，月明林下美人来。"请反复吟诵这千古名句，请反复体味其中的深义：独立而无惊、无憾的高士，秀雅而不艳、不俗的美人，梅花的高洁精神，不正化身于这二者而得到了最生动的显现了吗？

"寒依疏影萧萧竹，春掩残香漠漠苔。"这二句是分承上二句，再作进一步的申说，其原来的含义，应该是如下：山间的苍苍秀竹，自不会放过与高士交结的机会，它们把自己萧萧竹声中的清寒，奉献给梅花的身影，好让那疏朗的梅影得了清寒的依附，更显得仪态高峻；山间最不起眼的漠漠青苔（漠漠，密布之貌），也知道爱怜美人，当她完成了报春的使命，零落的花瓣半蚀于春泥之时，它们也会把自己身携的微微春意，轻轻遮掩在她残留的清香之上，好让无意争春的美人，也多少领受点春的回报。这二句的正常顺序，本来也该是"萧萧寒竹依疏影，漠漠春苔掩残香"，殊不料，诗人却把"寒"与"春"提炼到醒目的句首，显得这二者才是依托于"疏影"、"残香"的梅之魂魄，而遗于句尾的"竹"、"苔"，倒成了这二者蜕下的躯壳。次序一变，诗的境界顿异，诗人的笔法，真是老到。

"自去何郎无好咏，东风愁寂几回开？"何郎，指南朝的诗人何逊，作有《扬州法曹梅花盛开》等诗，虽然他不是第一个咏梅者，但诗人大概认为梅花的"好咏"（佳作）自他而始。在何逊之后，诗坛上当然也不乏"好咏"，但诗人在这里说梅花自从何逊去了便不逢知己，使自己不禁要问它们在漫漫的岁月里，寂寞愁苦地在东风中开落了多少回，似乎近千年来只生出自己一个梅的知音——这，说他目无古人、过于自负，也未尝不是；但若没这份空前的自信，又如何有胆量抛开古人的陈轨所限，别创出这千古佳作？况且，佳作既已咏成，就算他真的笑傲古人，古人到底也指摘他不得！

具体的梅易写，抽象的梅难说；梅之形态易赋，梅之精魂难摄。何也？诗人若不先禀有梅的灵性，又安能窥到梅的灵魂深处？因此，由此意义上说，读者最该佩服的，倒不在诗人手笔的高妙，而应是诗人襟怀的高洁；读者在梅的"疏影"之上，也更该细看是否有诗人自己的身影在"依"着。

临末还有一点说明。注家谓"雪满山中"句，出自东汉袁安卧雪之典；"月明林下"句，出自隋朝赵师雄在月夜林中逢美人饮酒、醒来在大梅树下之典。（见清人金坛《高青丘诗集注》）其实，袁安卧雪在城中，而不在山上；赵师雄所遇的美人，与赵在酒肆中狎饮，岂可算梅花的化身？清人寻出的典故，多有胶柱鼓瑟之病，今悉不取。

（沈维藩）

陈氏秋容轩　　　　高启

西郊莽迢递，川树凝烟景。
雨过落红蕖，斜阳半江冷。
蝉鸣山欲暗，雁去天逾永。
孤客对萧条，应嗟镜中影。

本诗未详作于何时何地，从诗的"山欲暗"、"孤客"等语看，似乎是高启二十四五岁客游越地时所作。诗题中的陈氏秋容轩，现难以确考，或是作者旅次居停之处。

从诗第三联的"蝉鸣"、"雁去"的对语看,此诗当写于夏、秋之间,全诗所渲染的,也正是这么一个季节变换时期的傍晚萧瑟景象。首联是诗的大背景。站在这秋容轩上向西望去,是郊野上的密密丛生、由近而远、铺向天边的野草,很有些"更行更远还生"的扰乱人心之味。至于那从清早起就一直浮荡不定的茫茫烟水之气,此刻也感染了黄昏的懒淡情绪,沉沉地凝结在平川尽头的树巅,纹丝不动,更令人心情沉重,凄然不乐。这真是个消沉、黯然、不见生气的傍晚,这个大背景,也奠定了全诗的基调,是灰冷而又凝重的。

就在这么一个苍茫的背景下,诗人推出了次联的写景警句:"雨过落红蕖,斜阳半江冷。"鲜红的莲花(已开的莲曰"芙蕖"),本该给人以夏天的热烈之感,可现在毕竟是夏末了,所以诗人虽然让它们仍旧"红"着,却又不能不叫它们在微雨飘过后无声无息地"落"下——显不出几许精神,却只见得不忍多看的惨红色在无可奈何地增多,令人起夏意阑珊之感。至于夏天的残阳,本该是灼灼地令人生畏的,然而如今是夏末了,诗人敏锐地注意在"斜"字上,而不是"阳"字——他不去管那仍被残阳照射着的半江暖水,只紧紧盯住因日光西斜而冷却下去的另一半,因为那才是夏末的特征,才是夏天逝去的大趋势的象征!这两句,诗人准确、大胆地投下了"落""冷"二字,使夏末的余炎不得不黯然退去,使秋意的清冷悄然生起,其情调虽不免有些灰暗(不过也符合诗的总体氛围),其眼力、笔力、胆力,却真可令人敬服!

诗的第三联,既点明季节,而且那在蝉声催眠下昏昏欲睡的山色、那因为雁群飞去而显得更为空阔的天空,一沉重、一苍茫,也与上四句的意绪一脉相承;最末二句,以"萧条"总结上文,以孤客的对镜自嗟点明作者身份,交待诗中的情绪所由何来——这么写,全诗也显得完整无缺了。不过,这些只是做诗的基本技法,已无足深赏。

此诗不是"篇秀"而是"句秀",以第二联最佳,尤其是"斜阳半江冷"一句,真能摄出夏末残阳的灵魂,道出其虽余威仍在、却盛时已过、力不从心的特质。此句与"枫落吴江冷"的千古名句,说的均是季节变换时的感受,二者都景象阔大、出语浑朴,有大气包举之势。细细品味,"枫"比"斜阳"更有景物特征,而"半江"也比"吴江"更能抓住瞬间的感受:二者各有擅场,未易较高下;只是至今无人并提二者,这却不能不说是一大憾事。

(沈维藩)

春　暮　西　园　　　　　　　　　　高　启

绿池芳草满晴波,春色都从雨里过。

知是人家花落尽,菜畦今日蝶来多。

池塘里满漾着的粼粼春波,池面上倒映着的晴朗天空,池周围缭绕着的嫩绿芳草——这一切,你或许会想起谢灵运笔下"池塘生春草"(《登池上楼》)的初春美景。然而,你可不必为晴空的一碧如洗而欢欣,那是潇潇春雨过后的景象,这雨洗净了天空,可也带走了春色!至于那池畔的芳草,若你读过谢灵运的另两句诗"首夏犹清和,芳草亦未歇"(《游赤石进帆海》),怕也不能把它们只看成是春天正盛的象征吧?

本诗的前两句,诗人为你写了春景,但却提醒你:现在是暮春了。

暮春了,你该首先想到春花的凋谢,想赶快来几句惋叹之词,去作一番凭吊,然而,这千年的陈规旧习,高明的诗人是无心再去追逐的。他的心思,当然也在惋念残红狼藉的花圃;而他的目光,却投向了平常无奇、司空见惯、毫不足珍的菜畦。菜畦?你会说,那可是农人野夫的躬耕之处,有何风雅气息能从其间飘逸出来?你会举出无数例子证明,文人骚客向来只留连于月下花前,何尝为油菜黄瓜而徘徊不舍?可是,就是这最俗、最不起眼的所在,诗人的慧眼,却偏要使它放出光彩、生出诗意:你没见那畦上纷纷扰扰的粉蝶儿么?它们为何今日来得如许之多?不就是邻家的花朵给春雨摧折得零落满地,才使这儿的菜花大增了招蜂引蝶的魅力?你要直待面见了落花才知春尽,难道不自惭反应迟钝缺乏生活的灵性?就凭这畦上的蝶阵,不也能升起同样的悟念?你若见了落花便忙着伤春,岂不是太嫌俗套?请看看这蝶舞蜂狂、飞得正欢,这暮春时节,不也别有一番盎然情趣,可供你赏玩,令你欣悦?你要想做一个诗人,怎能没点自己的眼光?

此诗又题作《西园即事》。西园,大约在高启所住娄江(今江苏太仓)寓馆边上,高启诗中经常提及。在眼前蝶飞的瞬间,即悟到花的落尽、春的逝去,随之便是一首立意新奇的小诗出手:这份敏捷,真令人叹服。

(沈维藩)

寻胡隐君　　　　　　　　　　高启

渡水复渡水,看花还看花。
春风江上路,不觉到君家。

这首诗写作者去访问友人,一位姓胡的隐士。但诗中并没有写这位隐士的生活情况,而饶有兴致地写一路上领略到的春光,一道道水、一簇簇花、一阵阵春风……,仿佛他是全心全意在春游似的,令人不知他意在寻春还是"寻胡隐士"。这是诗趣所在。

从"渡水复渡水,看花还看花"两句,可知到胡隐君家路途不近,然而一路风光却非常幽美。"渡水"、"看花",实在是太简略的叙写,然而通过叠句法,却能给人以山重水复、柳暗花明的繁富与变化之感;"复"、"还"字的勾勒,又给人"总想看个够,总也看不够"的感觉,而不是厌倦其多。第三句展现了一条路,即到胡家的路。"春风江上"的定语,概括地点出了时间和环境。即要不断地渡水过桥,可见那江是曲曲弯弯的,路也是曲曲弯弯的,并不直致。行人一点也不必为行程发愁,一路的春光已足以消除他的疲劳。

只有这三句,这首诗还算不得好诗,最妙的还在三句之后,"不觉到君家"这一句。它不仅是说,因为看花看水,不知不觉来到胡家,一点儿也不感觉路远;而且意味着诗人到了胡家才回过神来,仿佛直到这时他还没有看够似的,几乎已经忘了此行的目的是什么。《世说新语·任诞》记载了晋代名士王子猷居山阳,雪夜思念友人戴逵,遂连夜乘船往,经一夜到达,到不见戴而返,说什么"吾本乘兴而行,兴尽而返,何必见戴?"其实,八成是因剡中雪月并明,转移了王子猷的兴趣,才造成了这一任诞之举。而此诗的抒情主人公,虽然没有中止访友行动,但兴趣转移,却与那个故事同致,故同样耐人寻味。"不觉到君家",突然换了第二人称语气,似乎是和胡隐君见面后寒暄的话。他一面说着"今天不知怎地一下子就到你家了",一面还在为沿途的风光兴奋不已。这情景就活现在读者面前似的。

(周啸天)

秋　　望　　　　　　高　启

霜后芙蓉落远洲,雁行初过客登楼。
荒烟平楚苍茫处,极目江南总是秋。

诗前两句从题"秋"展开。秋天到了,严霜摧逼,芙蓉凋谢,远处的小洲一派荒凉。一句话,道出了秋天萧条肃杀的景象,而把"芙蓉洲"这个为人常用的熟词拆开,嵌入动词"落",既点出景色的败杀,又显得错落有致。第二句写登楼,为下"望"作一衬垫。诗人登上高楼,一行大雁掠过。写雁既切时序即题"秋"字,而雁是远离家乡南徙,自然地引出了远离家乡的游子登楼时的怀乡之情来,为全诗定格。

后两句切题"望",写登楼所见。眼前大地弥漫着一片烟尘,荒凉凄迷,远处浑濛苍茫,树林已卸下了它的浓绿,失去了生机;尽力远眺,整个江南笼罩在一派凄凉的秋色之中。绝句的结语贵在有情,有情才能够锁住一篇之意,引导人去体会篇外意、句外情。这首诗以"总是秋"三字把自己的感情浑融囵囫地囊括起来,而秋是什么,诗人没有讲,只让大家去体会揣摩,诗的内容便变得厚实丰富起来。再仔细推敲,"秋"是什么,诗人已经用景物给了人一定的启示:他极目之处是江南,那荒烟平楚之外,那嘹唳雁飞之处,就是诗人的家乡,他秋望时所思所想是什么,"秋"对诗人意味着什么,读者又不难寻绎体会出来。

诗题是"秋望","佳人伤春,吉士悲秋"一直是骚人永恒的主题。秋之为气,肃杀悲凉,很容易引起人的伤感思乡,所以写秋的诗一般都以抒发怀念亲人、自伤身世为主。秋思诗又常常通过写登楼远望以达怀,写雁行秋景以达悲,如唐赵嘏的《长安晚秋》"残星几点雁横塞,长笛一声人倚楼"一联,便成功地以雁飞、登楼表达自己的秋思,成为千古传颂的名句。高启这首诗也把二者组织入诗,达到强烈的艺术效果。

明初的诗风讲究神、意,追求质朴。高启这首诗就直接摄取眼前景色,平平铺展,浑成一气,含吐不露,不加议论而有弦外音、意外味,步武唐王维绝句风格。到明中叶后,诗家转而追崇气、势。同样是《秋望》诗,李梦阳这样表达:"黄河水绕汉宫墙,河上秋风雁几行。客子过壕追野马,将军韬箭射天狼。黄尘古渡迷飞挽,白月横空冷战场。闻道朔方多勇略,只今谁是郭汾阳!"虽然诗人所处地域不同,但中心思想已从个人转至忧国,诗风也力求雄壮劲节,与高启诗格调截然不同。每个特定的时代都有其特定的音符,诗家的好尚随国运而流转,研究文学史的人必须注意到这一点。

(李梦生)

送沈左司从汪参政分省陕西汪由御史中丞出[①] 高 启

重臣分陕去台端,宾从威仪尽汉官。
四塞河山归版籍,百年父老见衣冠。
函关月落听鸡度[②],华岳云开立马看[③]。
知尔西行定回首,如今江左是长安。

〔注〕① 汪广洋:字朝宗,高邮人。官至中书省右丞相。 ② 函关:函谷关,为入陕西要塞。《史记·孟尝君列传》说,孟尝君逃离秦都,至函谷关。时为晚上,关门要天亮才开。他的一个门客学鸡叫,关吏以为天快亮了,就开门放他们出关。 ③ 华岳:西岳华山,在陕西华阴市南。云开立马看:《旧唐书·狄仁杰传》云:狄仁杰官并州都督府法曹,其父母在河阳。狄登太行山,南望白云孤飞,对左右说:"吾亲所居,在此云下。"瞻望伫立良久。此借云思亲。

诗作于明太祖洪武二年(1369),时高启在南京与修《元史》。这年,御史中丞汪广洋出任陕西参政,高启的朋友左司郎中沈某从行,高启因作此诗志别。

因为沈左司是以汪广洋幕府身份随行，所以全诗要写送沈左司而先从汪广洋写起。这种作法如同送人扈跸必从帝王写起一样，是不变的成规，如元代虞集的名作《送袁伯长扈从上京》，其首联即云："日色苍凉映赭袍，时巡毋乃圣躬劳。"先写皇帝的出巡。诗说，汪广洋身膺重任，离开御史台出管陕西，随从的人都是一时俊髦。赞了汪广洋，也兼及沈左司，出齐题面。对句用"汉官威仪"典。据《后汉书》，更始帝将北都洛阳，以光武为司隶校尉，三辅吏士见更始部下莫不笑之，及见光武僚属，皆欢喜不自胜，老吏或垂涕说："不图今日复见汉官威仪！"这里用此典，既称颂汪广洋一行，又切合乱后易代的局势。

下两联放开，既颂人，也称扬刚刚建立的明王朝，且紧紧吻合汪、沈二人所去的陕西。陕西因其四面都是关隘，自古称四塞之地，易守难攻。诗写这千古重镇，如今已经恢复，纳入了大明的版图；在元蒙统治下达百年之久的人民，如今又见到了自己汉人官员的服饰。诗想象，汪广洋与沈左司此行必将从容度过函谷关，得到普遍的欢迎，不必如当年孟尝君逃离秦国，靠鸡鸣狗盗之辈骗开关门；而他们驻马华山，遥望云天，必然会思及家乡与亲人。诗虽借行程发挥，写别离而无离别的惆怅惋惜，从字里行间透出的是对全国统一及和平安定的喜悦。

尾联在地名上作文章。长安是沈左司此行的目的地。长安作为汉唐故都，一直是古代士子向往的地方，诗人们吟出了多少"长安不见使人愁"一类的诗句。现在时代变了，明朝建都南京，所以诗写沈左司定一反古人，在长安回望江左，委婉地称赞了他仕宦在外而始终"心恋魏阙"——把君王挂在心上。

沈左司生平不详，从高启集中没有其他和他交往的诗来看，似乎与高启关系不深，这首送别诗当是官场应酬之作。写送别的应酬诗一般都在起首交代事件，中间两联或用典、或写景，尾联写惜别或颂扬对方，贵在面面俱到。这类诗在唐代已形成规范，典型的如严维《送崔峒使往睦州兼寄薛司户》云："如今相府重英髦，独往南州肯告劳。冰水近开渔浦出，雪云初卷定山高。木奴花映桐庐县，青崖舟随白露涛。使者应须访廉吏，府中惟有范功曹。"首联赞崔兼及相府，中二联泛叙景物，尾联誉薛而及于崔，一处不漏。高启这首诗与严维体格相仿，但因为在应酬中注入了对江山一统的欣喜，有了真实情感，中二联用典又不空洞，所以读来仍有很强的感染力，是应酬诗中难得的佳作。

清沈德潜《明诗别裁集》评论高启此诗"音节气味、格律词华无不入妙，《青丘集》中金和玉节"，并云与谢榛《送谢武选少安犒师固原还蜀会兄葬》诗为"三百年（即明代）中不易多见者也"。沈德潜论诗持"格调说"，以为诗当摒除绮语、温柔敦厚,提倡唐诗的蕴蓄正大。高启被誉为有明一代诗人之冠,各体皆长,四库馆臣说他拟汉魏似汉魏,拟唐似唐,这首诗是他学唐的代表作。诗剔除了元末杨维桢等人险怪纤丽之习,归于雅正。诗虽是送友,却处处颂扬明朝,写得气势宏大,堂皇整饬,用典用事,妥帖入化。这些都与沈德潜的论诗标准相符,所以得到沈德潜的赏识。

(李梦生)

宫 女 图　　　　　　　　高 启

女奴扶醉踏苍苔,明月西园侍宴回。
小犬隔花空吠影,夜深宫禁有谁来?

本篇是一首题在仕女图上的七绝。诗意似乎很简单,完全是对画面的阐释:一个皓月当空的夜晚,宫女到西园宫筵上陪酒归来,也许饮酒过量,醉态渐露,婢女扶着她行走在后园小径上。突然有只小狗向着花径那边不停地叫唤,引得宫女停下脚步,探头寻找,却原来并无什么动静,宫女不由嗔怪道:"如此夜深之时,又是宫廷禁地,又有谁会来呢?"

然而细细思量,此诗别有深意所在,它表现的是宫女的寂寞,含蓄地表露出宫女对于爱情和自由的渴望。

自古以来,后宫佳丽有三千,三千宠爱,集于一身。人们常常只注意到宫女艳丽的服饰,娇美的姿容和悠闲的生活,对于她们的情感生活却极少关注。也许是因为元代思想文化领域有一个相对比较宽松的环境,人们对于宫中一些司空见惯的现象敢于大胆提出自己的看法,对于嫔妃宫娥寂寞深宫的哀怨也有所觉察和披露,例如虞集《白翎雀歌》说:"君不见旧时飞燕在昭阳,沈沈宫殿锁鸳鸯。芙蓉露冷秋宵永,芍药风暄春昼长。"对宫女难捱的凄凉表达了深深的同情。而本篇则通过一个宫女生活的瞬间描写,进一步引发出这些被禁锢在樊笼中的青春女子久遭压抑的情欲,含蓄朦胧地从这个很少有人涉及的角度,表现这些特殊女子对于生活的热爱。

由于本诗主题表现得较为暧昧,而本诗作者的死又是那样仓促和莫名其妙,因此有人曾将此诗的写作和高启的死因联系在一起。清初的钱谦益在其编撰的《列朝诗集》诗注中,已明确指出将此诗和高启身后才出现的朝廷纷争纠缠在一起,纯属后人附会。此外,清初朱彝尊的《静志居诗话》认为,本诗也许是讽刺元代最后一个皇帝——顺帝而作。

其实,将本诗说成是针对某一个具体人物的讥刺,并无可以信赖的依据,而寂寞凄惨的宫女生活,是每个朝代都确实存在着的。本诗的出现,事实上反映了当时吴中地区知识分子进步的爱情和婚姻观念。例如,元季的苏州才女郑允端就认为,寻常百姓大多将女儿嫁给达官贵人,虽夸耀于一时,但终究不能白头偕老,因此她主张:"种花莫种官路旁,嫁女莫嫁诸侯王……不如嫁与田舍郎,白首相看不下堂。"(见《吴人嫁女辞》)而本诗只不过是从侧面形象地阐明郑氏等人有关爱情婚姻的主张而已。

作为一首题画诗,本篇是相当成功的,它不仅阐释了画面,而且又表现出作者独特的视角和他不同于常人的感受。单纯就画面而言,从本诗所述情状来看,并无惊人之笔,而高启正是从这貌似平庸的仕女图里,窥见了一个深刻的主题,以其精练的语言结合画面作了成功的再创作,可谓点铁成金也。　　(孙小力)

题孟浩然骑驴吟雪图　　　　　高　启

西风驴背倚吟魂,只到庞公[①]旧隐村。
何事能诗杜陵老[②],也频骑叩富儿门?

〔注〕①庞公:庞德公,东汉隐士,襄阳人。东汉末年隐居岘山南,不入城市。建安年间(196—220),携妻子儿女隐居襄阳府城东南三十里的鹿门山,后来孟浩然也在此地隐居。②杜陵老:唐代大诗人杜甫,家居杜陵,自称杜陵布衣。

这是一首题画诗,根据诗意推断,画面上应该是一派白雪皑皑的严冬景色,而孟浩然则正不畏酷寒,骑驴对雪吟诗。

唐代诗人孟浩然是一个苦吟诗人,他为了锻词炼句而眉毛全数脱落的故事历代流传,也不断有人用绘画表现他四处跋涉、寻诗觅句的情状,孟浩然的同时代人、诗友王维就曾画过《襄阳孟公马上吟诗图》,精心刻画了一个"颀而长,峭而瘦,衣白袍,靴帽重戴",身后书童背琴提书跟从的诗人形象。(参见宋·葛立方《韵语阳秋》卷十四)和孟浩然避居鹿门山相似,王维隐居辋川,并且有过吟诗忘情、误入醋瓮的经历,因此对苦吟的滋味体会颇深,他显然想要借此画面告诉人们:诗非苦吟不工。

自从唐代韩愈明确提出"诗必穷而后工"的观点以后,人们普遍认为:一切有成就的诗人都是殚精竭虑、日夜沉溺于诗中的,否则出不了好诗。更有甚者,将"穷"与隐居联系起来,认为优裕的生活会销磨意志,削弱才华。那么,杰出的诗人果真都是像孟浩然一样离群索居、苦苦沉思的吗?高启显然有着不同的看法。

本诗前两句描写孟浩然,显然是根据画面阐发的。西风瑟瑟,毛驴踯躅,驴背上的诗人正遭受着诗的折磨,歪歪斜斜,一副不胜负担的模样。"吟魂"喻指孟浩然,意为诗人的整个灵魂已完全被诗所占有,无暇他顾。其实也无须为毛驴指路辨向,这条道它已熟透,"只到庞公旧隐村",诗人哪儿也不愿去,他已将自己为之献身的事业和那个隐居地牢牢结合在一起了。

三、四两句转写杜甫,作者用了一个疑问句,将自己的怀疑和看法委婉地摆了出来:杜甫是一个擅长写诗的、多产的作家,这是不容置疑的,更没人会说老杜的诗写得不工,那么,为什么他要骑着肥马,频频拜访富户贵人?换句话说,与富人的频繁交往,为什么就没有影响杜甫的创作?为什么就没有妨碍他成为一个伟大的诗人呢?

作者并非有意贬低"苦吟",他将这样两种截然相反的事实同时陈列出来,只是为了纠正"诗必穷而后工"的偏见。作者认为,诗只能是性情的自然流露,而生活环境和创作态度上的差异,并不是起决定作用的因素。他认为古人本来并非刻意为诗,而是由于感情不可遏制,不吐不快,那么,有感而发,感情的真实流露才是好诗的必要条件。(参见高启的《缶鸣集序》)元末的高启,生活在富庶的江南名城苏州,又是参政官饶介的座上客,加之他本人才气俊逸,文思敏捷,产生如上的想法是很自然的事。

本篇以诗歌的形式,对历史上几乎已成定论的名家观点大胆提出怀疑,表现出作者非凡的胆识和才气。在艺术形式上,作者将诗歌一分为二,分别描写两个似乎截然相反的事实。前者以肯定的语气,阐释画面,其实他内心有所保留;后者采用疑问的语气,引进一个画面上并不存在的人物,实则有所肯定,可谓用心良苦,同时也体现了诗人洒脱的创作手法和不拘常格的艺术构思。 (孙小力)

田舍夜春 高启

新妇春粮独睡迟,夜寒茅屋雨来时。
灯前每嘱儿休哭,明日行人要早炊。

这首诗用最朴素的笔墨,绘出一幅田舍夜春的生活图画:一位村妇在寒夜雨声中春米,年幼的孩子在卧具里不断啼哭要妈妈,于是这少妇就不得不一遍又一遍哄劝幼小的孩子,"乖乖儿别哭吧,妈妈春米呢,明日行人要早炊呢。"从这幅图画里流露出的是人性美!

诗中少妇兼有为母与当家者的双重身份。在这两个方面她都出乎本性地尽心尽责。对于孩子,她称得上是慈爱的母亲。孩子哭,她心疼,根本忘记了深夜的疲劳,风雨的寒意,而在"灯前每嘱儿休哭",慈母心肠见于那温柔甜蜜的口吻:对于自己不能丢开工作去抱儿拍儿,她似乎还有一点歉疚,所以丝毫没有怨怪儿哭的意思。对于"行人",她称得上是一个能干的当家人。这"行人",可以理解为大家庭中的男性成员,他们明儿一清早就要出门上路,或作工,或远游,需要早炊;也可以理解为田舍歇脚的客人,他们明儿一早还要赶路,也需要早炊。对这些各有所事的男人们,少妇有一种自觉的责任感,想要尽心为他们作点贡献。"明日行人要早炊",也没有一点儿怨苦,反而甘之若饴。尽心尽力,任劳任怨,这就是我国劳动妇女的写照。谁说"唯女子与小人难养也"。

《田舍夜春》是古代劳动女性的一曲赞歌。从中汩汩流出深厚的人情味,读者可以感到那位在"夜寒茅屋雨来时""春粮独睡迟"的新妇的庄重感,及其所具的博爱情怀。

(周啸天)

清明呈馆中诸公　　　　　　　　　　高　启

新烟着柳禁垣斜,杏酪分香俗共夸。
白下有山皆绕郭,清明无客不思家。
卞侯墓上迷芳草,卢女门前映落花。
喜得故人同待诏,拟沽春酒醉京华。

这首诗当作于诗人与修《元史》的时候,即洪武二年(1369)至三年。"馆中诸公",即史馆中一同修史的宋濂、王祎、朱右等十七人。这时的诗人,青云直上,春风得意,对于自己的前途充满了信心,因而心情是美好的,笔调是欢快的。诗一开端,就把读者带进了一种生气蓬勃、吉祥如意的氛围中。御柳笼烟,禁垣垂杨,被那软软的春风,吹得柳枝横斜,拂水依人。这时正是清明时节,官人们都捣了杏仁,做了醴酪;宫女们都分得名香,佩上香囊,在祥和的气氛中迎接这个传统的节日。生活在宫里的人,哪一个不为之夸耀呢?第二联"白下有山皆绕郭,清明无客不思家"是脍炙人口的名句。"白下"是金陵的别称。绕郭皆山,是写实,使人很容易联想起李白"青山横北郭,白水绕东城"(《送友人》)的名句来。"清明"是传统的节日,"无客不思家"是虚拟。"清"借为"青",以与上句之"白"相对。虚实相生,青白相间,更显得错落有致,色彩明丽。上句写景,下句言情,亦显得景因情布、情随景生,情景交融,动静相衬,给人以无限的美感享受。清赵翼在《瓯北诗话》卷八中就摘了这两句,并加以评论说:"此等诗气调才力,不减于唐,而典丽细切更过之,前后七子所未梦见也。"说它"典丽细切",不但明代的前后七子所未梦见,而且超过了唐人,虽不免溢美,但也说明赵翼的鉴赏力是超人的。第三联的"卞侯墓上迷芳草,卢女门前映落花。"是随手拈来的"眼前景",是就地取材的"白下"典故,而又紧紧扣住题目上的"清明"二字。因"清明"而想到芳草迷离的卞侯墓,而想到落花映门的"卢家少妇",脉络贯通,接得又自然,又典丽,又充满了今昔之感,真是言在尺幅之内,情系千秋之上。卞侯墓,当是指东晋明帝时做过尚书令、右将军、领右卫将军,与王导同受顾命、辅佐幼主的卞壸。壸立朝忠恪,勤于国事,在与叛军苏峻作战中英勇捐躯,葬在白下。见《晋书·卞壸传》。卢女,指古代著名的歌女莫愁。《旧唐书·音乐志》二:"石城有女子名莫愁,善歌谣。……故歌云:'莫愁在何处?莫愁石城西。艇子打两桨,催送莫愁来。'"石城即今湖北之钟祥市。《乐府诗集》卷八五梁武帝《河中之水歌》:"河中之水向东流,洛阳女儿名莫愁。……十五嫁为卢家妇,十六生儿字阿侯。"后来吟咏莫愁的人,便将湖北钟祥的莫愁和洛阳的莫愁合而为一了,而且相传南京的莫愁湖,就是她的旧居。诗人随手拈来这两个当地的典故,言即使忠如卞壸,美如莫愁,也只墓上留下一堆芳草,门前网住几片落花,在"清明"时节,供人凭吊而已!大有"牛山堕泪"之感。"喜得故人同待诏,拟沽春酒醉京华。"结句宕开一笔,以情结景,悠然神远。在无限今昔之感中,在无限"人生如薤露"的慨叹中,让自己那种"待诏"禁垣的喜悦,"酒醉京华"的豪情,很自然地流露了出来。以喜衬悲,以醉解愁,而诗人刹那间的感情变化,内心活动,曲折尽致地表现了出来,其笔力之锐入快出,脉络之明接暗转,兴酣落墨,舒卷自如,不愧为"首开大雅"的"一代诗宗"。清朱庭珍《筱园诗话》卷二说:"青丘(高启)才力、天分、工候,皆极其至,所为诗,自汉、魏、六朝及李、杜、高、岑、王、孟、元、白、温、李、张、王、昌黎、东坡,无所不学,无所不似,妙笔仙心,几于超凡入圣矣。"《四库全书总目提要》也说他的诗"拟汉魏似汉魏,拟六朝似六朝,拟唐似唐,拟宋似宋,凡古人之所长,无不兼之。"这些评论是极有见地的。如果拿这首七律,置之温、李集中,"典丽细切",是绝无逊色的;置之元、白集中,才情声调,亦可与相视而笑。这绝不是说诗人在学习温、李,模拟元、白,而是说他的韵致风神,在某些方面,确实与温、李、元、白,有着形似神合的地方。

(羊春秋)

秋　　柳　　　　　　　　　　　高　启

欲挽长条已不堪,都门无复旧毿毿。
此时愁杀桓司马,暮雨秋风满汉南。

从《诗经·小雅·采薇》的"昔我往矣,杨柳依依"起,历代诗人"咏柳"之作,真是连篇累牍,积案盈箱;戛金敲玉,美不胜收。然而无论是唐之贺知章、李商隐、罗隐、唐彦谦,还是宋之王十朋、杨万里,都是咏的"春柳"。他们或借生意盎然的柳色,来状明媚的春光。如"碧玉妆成一树高,万条垂下绿丝绦。"把杨柳的婀娜多姿,化成美人的亭亭玉立,而"绿丝绦"也就成了她碧绿的"罗裙带"了;或借"折柳赠行"的习俗,来抒缠绵的别情。如"灞岸晴来送别频,相偎相倚不胜春。"亦以柳条的相拂相绊,比喻情人的相偎相倚,别情依依,离恨绵绵,不禁使人蓦地产生"黯然魂销"之感;或借柳枝的轻盈纤细,来寄托自己的讽谕之情。如"楚王江畔无端种,饿损纤腰学不成。"由柳枝的娇柔轻盈,而联想到"楚王爱细腰,而宫中多饿死"的悲惨故事,这绝不是发思古之幽情,而是借物兴感,寄托遥深;或者借柳叶如眉的形容,来写自己亲身的感受和青春的喜悦。如"向我无言眉自展,与人非故眼犹青。"其实"与人"也就是"与我",这是诗人把主观的感情,完全融入客观的事物之中了。总之,他们写柳的美,就是写春的美,写人的美,写人的心灵的愉悦和愁思。李商隐更是明白地宣称:"如何肯到清秋日,已带斜阳又带蝉。"烟笼秋柳,蝉噪斜阳,把秋的寂寥跟春的繁荣加以对照,形成强烈的对比,使读者在巨大的反差中,受到极大的震撼。而写"秋柳"的诗歌,虽然也更仆难数,但我以为真能在"秋柳社中,应推高唱"的,则是明的高启,清的曹溶和王士禛。他们都是托物寓兴,曲折地流露了自己无穷的哀怨和感慨,绝非一般的"咏物诗"所能望其项背的。"攀折竟随宾客尽,萧疏转觉道途寒","他日差池春燕影,祗今憔悴晚烟痕",这是咏柳,更是伤怀;是写物,更是写人。清陈仅《竹林答问》说得好:"咏物诗寓兴为上,传神次之。寓兴者,取照在流连感慨之中,《三百篇》之比兴也。传神者,相赏在牝牡骊黄之外,《三百篇》之赋也。"他们的"秋柳"诗之所以能够脍炙人口,正因为他们的诗中有寓兴,诗中有我在,能够移我入物,因物见我,所以有真胸襟、真境界,成为感人肺腑的真诗。请看高启的《秋柳》吧:

"欲挽长条已不堪",是诗人留春不住的惆怅,是"移我入物";"都门无复旧毵毵",是说当时的京师已经笼罩在一片"秋"的肃杀气氛之中,是"因物见我"。诗一发端,就从"长条"已枯、"毵毵"已无的深秋景色中,突出"柳"的凋萎,"秋"的萧瑟,把自己的感情色彩,移注于客观景物之中。"都门"是指明太祖建都的南京,可见此诗当作于诗人与修《元史》,擢升户部侍郎的前后。据说因为他曾在《题宫女图》中写道:"小犬隔花空吠影,夜深宫禁有谁来?"在《题画犬》诗中又云:"莫向瑶阶吠人影,羊车夜半出深宫",泄露了明洪武宫闱中的丑闻,因而引起了洪武的极端不满。明王世贞在《艺苑卮言》卷六中说:"高太史(启)辞迁命归,教授诸生,以草魏守观《上梁文》腰斩。……呜呼!士生于斯,亦不幸哉!"清赵翼《瓯北诗话》卷八亦云:"及洪武初,召修《元史》,史成,令授诸王经,旋擢户部侍郎,青丘(高启)畏祸,力辞而归,可谓明哲保身矣。乃又以诗文招祸,何其不自检耶?"从王世贞和赵翼的话来看,高启早已觉察到洪武对他深致不满,暗伏杀机,所以才"畏祸""辞官",回家"教授诸生"。"履霜坚冰至",此诗人所以有临深履薄的预感。这种危险的预感,移注在客观景物上,便涂抹而成了惨淡的秋色,肃杀的秋意。这便是王夫之所说的"情景名为二,而实不可离。神于诗者,妙合无垠"的道理。可见高启的被腰斩,起草《上梁文》不过是一个"欲加之罪"的藉口;而泄露和讽刺宫中的丑闻,才是招祸的实质。"此时愁杀桓司马,暮雨秋风满汉南",是第一、二句的继续深化,是诗人危险预感的进一步写照。桓司马,指晋桓温。《世说新语·言语》:"桓公北征,经金城,见前为琅邪时种柳,皆已十围,慨然曰:'木犹如此,人何以堪!'攀枝执条,泫然流涕。"但桓温是"美人迟暮",年华易老的感慨,而此则是"暮雨秋风",环境凄苦的感受。"满汉南"又用了北朝庾信《枯树赋》中的"昔年种柳,依依汉南"的话,从而使诗人所寓的兴,所抒的情,更富有暗示性。这分明是借古人的酒杯,浇自己的块磊。在"暮雨秋风"中"愁杀"的,表面上是晋代的桓司马,实际上却是生活在明洪武时代的高侍郎。委婉曲折,含而不露,极其真切地表达了诗人内心深处的感受。明顾起纶《国雅品》云:"高侍郎季迪,始变元诗之体,首倡明初之音,发端沉郁,入趣幽远,得风人激刺微旨。"从这首的感情沉郁,寄托深远,而又隐藏着讽谕之意来看,顾起纶的评论,是十分恰切的。

(羊春秋)

题倪云林《竹木图》　　　　高　启

主人原非段干木,一瓢倒泻潇湘绿。
逾垣为惜酒在尊,饮余自鼓无弦曲。

元代末年,群雄纷起。张士诚长期割据苏州一带。由于他崇扬文治,仰慕风雅,当时江南才人都投其帷幕任职。独有高启携家依外舅周仲达,居于吴淞江上的青丘,歌咏终日以自适,自号青丘子。当时张士诚部下淮南行省参知政事饶介分守吴中,闻高启诗名,几次派人来请他。高启因不愿出仕,有意与他们保持一定的距离,一再推却、回避。后在友人的劝说下,不得已才去赴会。这天,饶介的客厅里高朋满座,都是有名望的高官大儒,高启一介书生,才十六岁(一说二十一岁)。饶介有意要试试他的才能,便拿出一幅元代大画家倪云林画的《竹木图》,请他题诗,并指定要用画上原诗的木、绿、曲韵。这是古代文人宴集常用的一种作诗的方式,限定某几个字的韵脚,要依其字作诗。这就好像戴着枷锁跳舞,要做出好诗来是很不容易的。高启略一思索,当场挥笔写下了上面这首诗。

"主人原非段干木",第一个韵脚指定要用"木"字,他就想到战国时代贤人段干木的故事。据《战国策》记载,段干木是卜子夏的弟子,与田子方、吴起等居于魏,俱有贤名,后田、吴诸人都在魏国做了官,唯独段干木隐居不仕。魏文侯慕其名,亲自登门拜访,段干木避而不见,从后门翻越墙头跑出去了。高启想:在隐居不仕这一点上,自己与这位战国时代的贤人不是极其相像吗?当然,心里这样想,诗中可不能这样写,直接说出来,难免自我标榜之嫌。于是,他巧妙地来了一个"此地无银三百两"式的声明:我这人本不是段干木一类的人物。那么,我是什么样的人呢?"一瓢倒泻潇湘绿",我只是一个酒徒。当那如潇湘水般碧绿晶莹的瓢中美酒倒泻出来的时候,真使我为之目迷神摇啊!第二句从对酒的色泽描写中,使人想象一个酒徒的嗜酒若狂的神态。白居易《问刘十九》诗:"绿蚁新醅酒",新酿的酒,色微绿。这里高启以"潇湘绿"形容之,正好押"绿"字韵脚。

"逾垣为惜酒在尊",回过头来再联系段干木"逾垣"故事。我高启虽非段干木,可过去也一再发生过"逾垣"的事情。但我回避贵人的召见,可不像段干木那样守道不出,而是为珍惜杯中的酒,只是为了让自己有时间逍遥自在地喝酒呀!言下之意,我今日来赴会,也不是为了别的,正是为了您席上的美酒。"饮余自鼓无弦曲",盛筵难再,今日可要喝个痛快,喝罢酒,我还要拿起无弦琴奏上一曲呢!这最后一句诗,显然是为了押"曲"字韵,但高启偏要"自鼓无弦曲"就大有韵味了。梁萧统《陶靖节传》说:"渊明不解音律,而蓄无弦琴一张,每酒适,辄抚弄以寄其意。"琴无弦是不会出声的,然而,对陶渊明来说,弹琴不是为了娱人,求得别人的赏识,而纯粹是自我感情的抒发,只要自己心中有曲便行,琴上有弦无弦是无关紧要的。陶渊明是"每酒适""辄抚弄"无弦琴,这里高启也是"酒余自鼓无弦曲",与诗中前两句写自己如何爱酒连得很紧,又极自然,毫无为押韵而凑句的痕迹。同时又传出弦外之音,委婉而又明确地向饶介表明自己的态度:自己追慕的是陶渊明式的高人隐士的生活,对做官是不感兴趣的。

高启即兴赋韵,能在片刻时间,用短短二十八字,准确而含蓄地把许多难以说明的意思都写了出来,足见其构思的精妙与驾驭文字的高超技巧。饶介看了这首诗称赞说:含蓄深远,非童稚可及。在座衮衮诸公都为高启的才华横溢大为惊异,赞叹不已。

(铁 明)

诗人小传

瞿 佑

(1341—1427) "佑"一作"祐"。字宗吉,钱塘(今浙江杭州)人。洪武初,自训导、国子助教官至周王府长史。永乐间,以作诗获罪,谪戍保安十年,遇赦放归。幼有诗名,为杨维桢所推赏。作品绮艳。有《香台集》、《咏物诗》、《存斋遗稿》、《乐府遗音》、《归田诗话》等二十余种。并作有传奇小说《剪灯新话》。

师师檀板

瞿 佑

千金一曲擅歌场,曾把新腔动帝王。
老大可怜人事改,缕衣檀板过湖湘①。

〔注〕 ① 缕衣:即金缕衣,饰以金缕的舞衣。

本诗凭吊的是北宋汴京名妓李师师。师师风华绝代,当年曾深得徽宗皇帝的宠爱,多次微服出行,往来其家。靖康之乱,金兵攻陷汴京,徽、钦二帝被金人掳掠而去,中原沦陷,北宋朝也就此消亡。当此家国离乱之际,帝王自身尚且难保,一个风尘女子,其颠沛流离的命运几乎是注定了的。据《青泥莲花记》记载:"靖康之乱,师师南徙,有人遇之湖湘间,衰老憔悴,无复向时风态。"对此,宋时已有刘子翚作诗寄慨:"辇毂繁华事可伤,师师垂老过湖湘。缕衣檀板无颜色,一曲当年动帝王。"(《汴京纪事》)其中含蓄着深沉的今昔之感,是后来包括瞿佑在内其他诗人相关作品的先导。不过,本诗虽是翻作,却非一般的因循之作可比。在作者对于历史往事的歌吟中,我们分明能体会到这表面平实的语言后,蕴含着怎样的内心高潮。

诗歌起首,作者以追忆的口吻,极言这位名妓当年声噪京师的场面,"千金一曲"足使读者想象其得盛宠时,玉喉轻啭,倾吐出的时新曲辞,曾令君王怎样的为之心动;其姣好的形象,又是何等的光彩照人! 然而,欢娱荣宠是不足久恃的,终究将归于消逝。何况师师的荣衰经历,与王朝命运结合得至为紧密,从她的动荡生涯中,人们可以窥见朝代的更迭,上至帝王、下至百姓命运的剧变,因而她这具有传奇色彩的一生,很能体现这种盛极而衰、荣辱无常的规律。作者一开首写盛景,正是为了以盛景衬衰景,写出人生乃至历史的这种转折。下面的诗句意在嗟叹人事之难以逆料,将师师前半生与后半生境遇的迁改,凝聚在南徙途中,由此来加深时过境迁、盛时不再的感叹。天下大乱,师师身著可能以前曾藉以一笑动君王的金缕衣,手持旧日一曲千金时所用的檀板,仓促南下湖湘,诗中虽未详言此时师师的感怀,也未详言其当时当地的具体情景,因为她见过世面,阅人多矣,或许可以尽力抑制住内心的震悚,然而其慌乱狼狈却是可想而知的。这种慌乱狼狈及离乱之情,足以引起诗人连同后世读者的同情和感慨。由此,对于作者翻作的新诗,也会投注其深切的情思。

纵览全诗,情绪的跌宕多姿与沉痛凝重交相浸润,旺盛的情感内核隐隐燃烧于平易沉着的字句下,很能体现传统诗歌的中和之美。特别是末句中,读者恍然目睹一位苍老得一无余态可言的歌妓,正奔波于茫茫路途,偶尔驻足流连,回首前尘,觉往事似烟如云,正堪伤心!如此节制的文字,产生的效果却如此强烈,人物形象又是这般感人,此等佳处,需细细揣摩方能会尽。 (汪涌豪 乔丽华)

【诗人小传】

凌云翰

(1323—1388) 字彦翀,钱塘(今浙江杭州)人。至正十九年(1359)举浙江乡试,除平江路学正,不赴。洪武十四年(1381)以荐授成都府学教授。坐贡举乏人,谪南荒以卒。云翰工诗,著有《柘轩集》四卷。

关 山 雪 霁 图

凌云翰

前峰后峰雪模糊,东村西村春有无。快雪时晴入佳想,况复见此关山图。关山迢递相联属,玉洁珠光眩人目。扶桑飞上金毕逋,暗水流渐度空谷。野桥行过路三叉,青旗插檐沽酒家。驱驴倦客得少憩,怅望远道还咨嗟。诗翁好事常起早,天寒只恐梅花老。柴门时有故人来,阶下白云须用扫。此图一日落尘寰,笔法依希荆与关。人生远游固云乐,何似在家长看山。我本识字耕夫耳,占祥便作丰年喜。田园归隐会有时,麦饭饱餐茅屋底。

这是一首题画诗,诗人借《关山雪霁图》这幅画阐发画意,寄托情志。

全诗可分三层意思。

前四句为第一层,描写眼前的雪景,点明题目。一二句用"前峰后峰""东村西村"交待了空间,"春有无"又点明时间,"雪模糊"描绘了背景。考察作者的行踪似没有去过塞外边关,大多数时间隐居于浙江的石湖。江南大雪不多,且下雪的情景与塞北大不相同。"雪模糊"就是江南雪的特点,雪花迷离、轻柔,看上去模糊,感觉起来也模糊,落在地上也模糊。"模糊"二字形象准确,写出了江南春雪的湿润温柔。这两句诗对仗整齐、节奏明快,十四个字全用平声,造成一种轻松喜悦的调子,很自然地引出第三句的"入佳想"。"快雪"是阵雪,来得急,去得也快。"入"字神妙,活画出一个心地纯净、富于幻想,容易沉醉者的神情。那么诗人有什么"佳想"呢?暂不回答,设一悬念,埋一伏笔,笔锋宕开写"见此关山图",点明题目,承上启下。

中间的十六句为第二层,描绘《关山雪霁图》。前四句总写。关山,泛指边塞上形势险要的山脉。迢递,高峻绵远。关山蜿蜒连绵,层叠相属,雪晴之后,阳光照射,洁白无瑕,犹如珠玉,雪光反射,眩人眼目。诗人用"玉洁珠光"形容关山雪霁后的景象,抓住了关山雪的特点。关山天气苦寒,雪落下后就冻结成块,似雪似冰;边塞日光充足,天空朗净,雪光日光交映,熠熠生辉。"眩人目"一下子让读者越过诗、画而亲临雪霁实景之中。第三句写关山雪景中的植物、生物。"扶桑"作为植物有两解,一为木槿的一种,一为传说中的神木。金毕逋,毕逋是乌鸦的别名,但宋代杨万里的《羲娥谣》:"羲和梦破欲启行,紫金毕逋啼一声,"显然金毕逋是一种神鸟。这样看来,扶桑也应是神木。那么关山上的树木和飞鸟究竟是什么,我们不必追究,诗人看到这"玉洁珠光"的景观,想象这一定是仙境,便觉得那木定是神木,那鸟定是金毕逋。"飞上"二字,把木和鸟联系在一起,使画面有了动感。第四句写关山的水声。关山的水先声夺人却不见其形,但这声决非排空激谷之声,而是悠扬汩汩而来的"流澌"声。既是题画,何来水声?不见水声,怎知有水?下文有"野桥"作了暗示。这四句描写关山的形势、色彩、动态、声响,诗人完全进入画境之中,不是在写画,而是描写画中之景。

"野桥"四句描写《关山雪霁图》中的"倦客"。诗人描述了这样一幅景象:空旷的山野里有一小桥,走过小桥是三岔路口,三条山径蜿蜒而去,该向哪儿去呢?不远处有一酒家,酒望子迎客招摇。酒家的门口拴着一头驴子,它的主人饮酒用餐,略解旅途劳顿后翘首张望前程,不由得犯愁叹息。这幅画面自然纯朴,宁静单纯,前两句是静态的物象,后两句"倦客"的出现给这画面加入了不少情节。毛驴是古代文人游山玩水常用的交通工具,它个小健步,善行山路,几乎成了爱好山水的文人雅士们的伴旅。画面中的"驱驴倦客"亦属此类,此人远游而来,过桥——少憩——怅望——咨嗟,这幅静态的画生动起来,活动起来了。

"诗翁"四句写《关山雪霁图》中的另一个人物"诗翁"。四句一句一事,"诗翁"的高情雅趣跃然纸上。第一句写诗翁的生活习性,领带以下三句。第二句写诗翁寻访梅花,诗人不直写,从诗翁的心理"只恐"写,诗翁的活动已在不言中。第三句写诗翁不只出访梅花,还不时有故人来。既是故人,当然是情投意合,常和诗翁切磋诗艺,饮酒唱和。第四句是神来之笔。诗翁居于深山,夜里下雪,早晨自然要清扫门径,而阶下门前白云缭绕,云雪混一,诗翁是在扫雪,也是在扫云,在诗翁看来是在扫雪,而在观者看来则是在扫云,诗翁扫云,真是绝妙的构思,绝妙的诗句。如果说访梅花,有故人是诗翁的常趣,而"阶下白云须用扫"则是高趣。

"此图"四句,诗人从图画的情景中跳出来,评论画技,抒写自己感悟到的道理,总结第二层。"此图一日落尘寰,笔法依稀荆与关",尘寰,尘世。荆与关,指五代时两个著名的山水画家,荆浩、关仝。前一句用一"落"字,可见诗人认为这幅图是上上之作。它时间上经历了两宋、元朝数百年,从笔法上依稀可辨认出荆浩、关仝一流的作品,真堪称作仙物、奇宝。后两句诗人从画中的"倦客""诗翁"生发议论:"人生远游固云乐,何似在家长看山。""远游"与上文的"远道"呼应,点明"倦客"是一个远道而来还将远道而去的旅游者。"在家"与诗翁的"柴门"相呼应,点明诗翁是一隐居深山的高人,两者比较,后者自然高出前者。诗人认为远游者固然乐,但不过浮光掠影,只得山之皮毛,而不得山之神髓。不能像诗翁那样"长看山"。诗人用"长"而不用"常",表现出一种对自然的陶醉、和自然的物我合一。

最后四句是第三层,写自己的志趣。诗人称自己是"识字耕夫",可见是陶渊明一流的人物。占祥,本意是指卜了好卦,诗中是说兆头不错。什么好兆头呢?正是第一层中描写的春雪。瑞雪兆丰年,诗人感到丰年有望,为此而"入佳想",而"喜",与陶渊明"不言春作苦,常恐负所怀","相见无杂言,但道桑麻长"异代同声,是真正"识字耕夫"的心理愿望。最后两句"田园归隐会有时,麦饭饱餐茅屋低"终于千回百转,点明"佳想"、归隐田居正当时也。

这首诗在结构上层次清楚。首先,全诗三层,显而易见,首尾圆合。其次中间十六句写画,从上到下,从整体写到局部,从表面写到山内,画面的层次井然,而且诗人的笔法也腾挪多变,行文活泼流畅。再次,全诗每四句写一意,而且每四句换韵、每一韵犹如一首七绝,格律工整,语言清隽,自成佳境;韵韵相连,以意贯注,成一大观。

(孙之梅)

蓝　仁

明初诗人。一作蓝山。字静之,崇安(今属福建)人。元末杜本隐武夷山,仁与弟蓝智同往师之。得"四明任松乡"诗法,遂谢科举,一意为诗。后辟武夷书院山长。明初随例徙临濠(今安徽凤阳),不久放归。洪武七年(1374)一度出仕。其诗规摹唐人,词意融怡。与其弟智,俱名于时。著有《蓝山集》六卷。

暮归山中

蓝　仁

暮归山已昏,濯足月在涧。
衡门栖鹊定,暗树流萤乱。
妻孥候我至,明灯共蔬饭。
伫立松桂凉,疏星隔河汉。

　　白天出门,晚上回家,吃过晚饭,散步闲看,这是很平常的一天、一生中可能无数次重复的一天,这里面,可会有诗意?不过,本诗的作者蓝仁,也是位很平常的人,他没做过官,是个"布衣",一生除了很短一段日子外,一直隐居在家乡福建崇安的山中,平常度日。平常人写平常事,或许,会有点不平常写出来吧?

　　这首诗的题目很平常,不须解释。起句"暮归山已昏",大约是重复了诗题,也很平常。诗人白天出门,到晚上山色昏暗的时候回来,因为走了许多路,在进家门之前,他到山涧边洗足,顺便看到了倒映在水里的月亮。"濯足月在涧",也很平常吧?是的,诗人在写下本诗时,大约并没感到有什么不平常,此句亦不例外;但从我们的眼光看来,情况就不同了,即以此句开个头:"濯足",一可见他并不端"斯文"的架子,举止随意,二可见他无轿无马,只能靠两脚走回来,然则他的性格、地位、家境,都可由此推知。再者,他虽然朴野、贫穷,却又不是无性情的粗人,一边消除疲劳,一边还留意到月的倒影,大约还赏玩了一小会儿。于是乎,区区五个字,就勾勒出一个疏野的贫士的形象,平常乎?

　　这是首五言古诗,但三、四句也对仗得很工整。"衡门"是本诗唯一的用典,《诗经·陈风·衡门》云:"衡门之下,可以栖迟。"衡通"横",横门就是用一根横木代替门,通常,这是贫士之家的代称。"衡门栖鹊定",现在,诗人回家了,这个连喜鹊也来筑巢的寒舍,自然是年久失修、破旧不堪的;不过,此刻喜鹊们能安安定定地睡着,丝毫不受惊扰,则这家主人平居时的安详、与物无争,也可以推知了。

"暗树流萤乱",是本诗唯一有动感的句子,但这动感,只是一种反衬:在夜色下褪去了青色、只留下黑暗身影的树周围,有无数点萤火在乱舞,看上去倒很热闹,但仔细一想,若这寒舍不是独处旷野、远离村落,群萤会这么大胆踊跃地聚来?于是乎,诗人的贫士兼隐士的身份,便由鹊和萤作了说明,不须他着痕迹地自报家门了。这两句中有如此深的含义,按王国维的定义,可算是"有境界"了,而这境界竟是从最常见的鹊栖萤飞之景中体现出来的,平常乎?

"妻孥候我至,明灯共蔬饭。"这两句,既无用典,又无对仗,也无景物,字面上是再平常不过了,其实,这却是全诗的最不平常之处。前一句,天也昏了,连鹊也睡了,可妻儿们还在眷眷地等候着诗人,他们不抱怨他晚归,也绝不打算自己先吃饱了把残菜剩饭留给他,这是个多么和睦融洽的贫士之家!后一句,"明灯"二字更可大加玩味,本来,吃饭总得有个灯照着,不会黑洞里摸索,但这里的"明灯",却决不是多余之笔:贫家自然只有蔬菜淡饭,但他们却把灯挑得亮堂堂的,心平气和、高高兴兴地吃着。这又是个多么安道乐贫的隐士之家!请注意,前面四句,山是昏的,树是暗的,月倒映在水里当然亮不到哪里去,萤火之光更是微不足道。可是,诗人一进家门,画面就顿时明亮了!这"明灯",正是他的家庭的象征,这是诗人无意中流露出的对家庭的依赖感,在它的光芒所到之处,尘世一切烦恼和诱惑,都像黑暗一样无法侵入。所以,这表面上的多余之笔,正是照亮全诗的点睛之笔!

明白了"明灯"的寓意,最后两句"伫立松桂凉,疏星隔河汉"的意境,也就不难体会了。有这样理解自己的妻儿,有这样可依赖的家庭,诗人的内心,当然是非常安宁的。饭毕,他闲步而出,伫立户外,这时,松树似在告诉他这样的生活可以长此以往,桂树似在告诉他这样的生活充满温馨美好。诗人遐想着,一种沁人心脾的凉快浸透全身,使他不禁引领深吸,举目高望。长空中,几颗孤星疏疏朗朗地天各一方,很有些岑寂,但它们却不肯挤到银河里去与众星混同,宁可独自闪烁着微弱的光芒⋯⋯

隐士生涯在旁人眼里是不平常,但在隐士心中,又该是极平常。若自命是隐士,处处想显示自己"高隐"的"清趣",结果诗纵然佳,终不免或多或少有做戏给人看之感。如果这也算是种病,则即使是唐宋诸贤,也难免此病。本诗的难得,正在于这位布衣诗人,只是怀着一颗平常心,只想写平常事,就像他平生不曾想到做官一样,做诗也不曾求什么深致高韵。结果,内容虽平淡,用笔虽随意,倒反而露出了真趣。用句俗话,这叫"无心插柳柳成荫",用句行话,可谓之"自然高妙。"

(沈维藩)

题古木苍藤图 　　蓝　仁

风云气质雪霜踪,独立空山惨淡中。
惭愧藤萝争附托,年年春色换青红。

　　这首题画诗,题的是一幅画有"古木苍藤"的花卉图。"古木",从诗的描写来看,就是松树。松树是一种常绿乔木,经冬不凋,而且寿命较长,可达千年以上,在古代与竹、梅一起被称为"岁寒三友"。"苍藤"则是一种藤本植物,它的干茎细长,不能直立,靠攀附他物而生长。这幅图所画的,就是苍藤攀附一棵古松而生长的形象。诗人对着这幅图画,从画面形象触发了联想,于是写下了这首诗。

　　诗的开头两句是描写古松:它经历了风霜雨雪,仍然屹立于气象惨淡的空山之中。这是歌颂它的经得起环境的严酷考验而屹立不移。严冬季节的风霜雨雪是自然界的杀手,多少植物在它的淫威下被摧残了,凋萎了,但是松树却一点不受影响,这就显得非常难能可贵,所以古人对此多有赞美。孔子说:"岁寒,然后知松柏之后凋也。"庄子说:"天寒既至,霜雪既降,吾是以知松柏之茂也。"三国时的刘桢有一首咏松诗是这样写的:"亭亭山上松,瑟瑟谷中风。风声一何盛,松枝一何劲!风霜已惨凄,终岁恒端正。岂不罹霜雪,松柏有本性。"梁代的范云《咏寒松》诗说:"修条拂层汉,密叶障天浔。凌风知劲节,负雪见贞心。"蓝仁就是继承这一传统文化心理积淀而写出这首诗的头两句的。而"空山惨淡"四字,又有着杜甫诗的影响。杜甫《四松》诗的结句写道:"勿矜千载后,惨淡蟠苍穹。""惨淡"是凄惨暗淡的意思,这是秋冬特有的自然景象;正像欧阳修在《秋声赋》中所写的:"其色惨淡,烟霏云敛。"这株古松独立于惨淡的空山之中,不是有一点众芳芜秽、翳我独存的味道吗? 这情况,是要令人肃然起敬的。

　　但是"藤萝"则不然。三、四两句,写它"附托"在古松上,却缺乏古松那种勇抗霜雪的能力,每到冬来,总是凋谢了,等到第二年春天,才又换上一身"青红"的颜色,炫耀一番。"年年春色换青红",是能处顺境而不能处逆境的委婉说法,是对藤萝的揶揄、讽刺,所以前面用了"惭愧"两字,以示否定。对藤萝的这种描写,是有其植物学的根据的。《南方草木状》载:"藤生缘树木,正二月花,四五月熟。"所以,"争附托",是因它"生缘树木";"春色换青红",是因它"正二月花"。而对藤的须靠攀附他物才能生长,前人亦由此联想到人的一种消极品质而予以讽刺。例如唐代费冠卿的《挂树藤》诗:"本为独立难,寄彼高树枝。蔓衍数条远,溟濛千朵垂。"说藤是靠了他人才阔起来的。而白居易的《有木诗八首》中的《凌霄》,则致讽尤深：

> 有木名凌霄，擢秀非孤标。偶依一株树，迢抽百尺条。托根附树身，开花寄树梢，自谓得其势，无因有动摇。一旦树摧倒，独立暂飘摇。疾风从东起，吹折不终朝。朝为拂云花，暮为委地樵。寄言立身者，勿学柔弱苗。

"凌霄"是藤本植物的一种。这株凌霄因依托别的树而开花抽条，可是当那棵树被大风吹倒后，它也就成为"委地樵"了。蓝仁的这首诗，当然没有树倒藤死的意思，但是对于"藤萝"的"争附托"，是不是也有与白居易诗意相通的鄙弃之意呢？看来也是有的。再退一步说，"作者未必然，读者何必不然。"（谭献《复堂词话》）从接受美学的角度看，读者尽可以驰骋自己的联想，以丰富诗的意蕴。

综上所述，我们可以看出：这首诗的大旨，是歌颂一种岿然独立的精神，而鄙薄那种攀附依托的品质。联系作者蓝仁一生清高不仕的行径，不是可以看到一点诗品与人品相似的消息吗？

（洪柏昭）

【诗人小传】

浦源

（生卒年不详）　字长源，江苏无锡人。洪武年间曾为晋王府引礼舍人。慕名入闽访林鸿，被邀入诗社，日相唱酬。明顾起纶《国雅品》中论其诗"词采秀润"。有《浦舍人集》。

送人之荆门

浦　源

> 长江风飐布帆轻，西入荆门感客情。
> 三国已亡遗旧垒，几家犹在住荒城。
> 云边路绕巴山色，树里河流汉水声。
> 此去郢中应有赋，千秋《白雪》待君赓。

明初以林鸿为首的闽中十子"诗主唐音"，对后来诗坛产生过重大影响。相传林鸿当年曾在家乡组织诗社，浦源慕名前去拜访。林鸿让他当着众人的面诵读自己的诗作，开始一连读了几首，都未得到大家的赞赏。于是就念了这首作品，当读到"云边路绕巴山色，树里河流汉水声"一联时，林鸿不禁击节叹赏，称之为"吾家诗"，并热情地邀请浦源加入诗社，可见此诗非同凡响。

古代送人诗常以行人所去之地的景物寓写慰情,此诗也不例外。其首联开宗明义,点出行人沿长江西行,去荆门客居。荆门当时是今湖北省的一个属县,但古人也常把三峡东面的南津关称作荆门,从诗的内容来看,这里的荆门当就两地浑而言之。此联以纪事为主,同时又隐寓祝颂、劝慰之意。"布帆"用晋顾恺之典。当年荆州刺史顾恺之因事请假东还,参军殷仲堪以布帆借之,不料途遇大风。顾恺之后来在给殷仲堪的信中,不无诙谐地说:"行人安稳,布帆无恙。"后人于是常用"布帆无恙"来表示旅途顺利,如李白《秋下荆门》诗云:"霜落荆门江树空,布帆无恙挂秋风。"诗人以"布帆"和"荆门"同出,用典贴切自然,关心体贴亦全在不言之中。

二、三两联拟想沿途所见景物。三国时代,四川、湖北一带曾是蜀国东拒孙吴、北防曹魏的边塞要地,数百年之后,这里还留有不少断垣残壁;城池虽已荒芜,却也住着几户人家。颔联着墨不多,但紧切地理特点,给人以一种深沉的历史感,足以引发人们的思古幽情。颈联写山水,有舟行换景、耳目两得之妙:眼前是云雾笼罩、小径蜿蜒、巴山颠连的苍翠之色;耳边是林木耸聚、河流湍急、汉水奔腾的潺潺之声。二句意象迭出,互为补充,浑然流转,读来使人恍若身临其境,确是写景妙笔。林鸿当年之所以激赏此联,并引以为同调,想来也是从中体会到了以少总多、以静寓动、状景如画的神韵了吧?其实诗人善于写景的特色原非仅此一联,它如"细雨疏灯闻落叶,断云高树见明河"、"衣上暮寒吴苑雨,马头秋色晋陵山"、"雨中黄叶孤村路,湖上青山远寺钟"、"杏花寒食春江店,榕叶熏风瘴海船"等,均为人称(沈德潜《明诗别裁集》引)。

诗的尾联回应上文,以索诗挽合景物,归结于"感客情"。郢是战国时楚国的首都,在今湖北荆州境。《白雪》指《阳春白雪》,是一种高雅的楚国歌曲。据宋玉《对楚王问》,当时郢中能唱和这种歌曲的不过数十人。从表面上看,诗人在此表示希望能得到友人去郢后的新作,因为那里既有古迹遗址可资凭吊,又有青山丽水可供游览,这些都足以使有才华的人写出继阳春白雪之后的好诗来。可实际上他还有另一层意思,这就是友人孤身作客荆门,生活不免寂寞,而凭吊、游览和作诗正可缓释和消除这种寂寞,所以末句与其说是自己在盼望友人的佳作,倒不如看成是诗人"感客情"的劝勉与安慰。这层意思虽未说透,却一以贯之,似隐而显,亲切感人。

因此,这首诗的可称之处,又不仅仅在于第三联的状景写物如在眼前,而且还更在于通篇气脉的贯通和立意的委婉含蓄,难怪闽中十子之冠的林鸿对此也要青眼有加了。

(曹明纲)

【诗人小传】

许继

明初诗人。 字士修,宁海人。洪武中台州训导。

夜　坐　　　　　　　　　　许　继

雨歇宵影澄,天清月华素。
空山秋欲来,凉意先在户。
萧萧林樾风,泫泫幽篁露。
草虫亦何知,含凄感迟暮。
深思无与言,美人隔云路。

　　同样是个秋夜,同样是在山中,同样到了雨过月出之时,不同的是,此刻在悄坐、感受、遐思、酝酿着诗情的,不是唐人,不是宋贤,而是生年惜晚的诗人许继。《山居秋暝》这类名作,他早已烂熟于胸,定下《夜坐》的题目,自不免有一番踌躇:步趋古人乎?心有不甘;与古人争胜乎?谈何容易。但无论如何,山居既久,自信不无独到之见;积爝火之光,未尝不能与日月争明;何况人生之树常青,旧瓶亦可装新酒也。

　　"雨歇宵影澄",拈出一个"澄"字,差可自慰:通常,水之清澈、静止,始谓之澄,但此处清晰不动的,却是那一带丘山的身影;不过,虽是山影,又并非与水无涉——那雨帘遮掩之下的幢幢山影,朦胧莫辨,若不是中宵雨歇,焉能获得澄清?下句"天清月华素",说天空清朗,月光素洁,自是雨后的应有之文,算不得奇;不过,一个空阔、明净如洗的秋夜,以及同样空阔、明净如洗的"空山",大约已在这二句里造就了吧?

　　湿重的秋雨收歇后,原来被它排挤到空山之外的清爽秋气,自然又向空山回流了。然而,在"空山新雨后"立即接上"天气晚来秋",又有何新意?要能超得古人一肩,还须再想想,再分辨分辨——如此空阔的"空山",那秋气总不能一下就填满它,就像秋水上涨黄河,也不会一下就两岸莫辨牛马吧?那填补总该有个由弱而强、由微而显的过程,即使这过程是十分短促、不易感觉的吧?好了,神来之笔!"空山秋欲来,凉意先在户。"先说明一下,"秋"这里指秋意,不是秋季,不然,本诗成了夏末之作,便不合下文的"迟暮"了。接下来,请品尝这二句中的妙味:若是秋气填满空山、空山秋意盎然之时,随他什么人都能说秋道秋;然而,在秋意欲来未来之际,却只有静静地、久久地"夜坐"的人,才能从庭户间悄然生起的微凉中,率先感到秋意的触角的试探——那是秋气在开始"填"了!如此,在看似紧紧衔接的"空山新雨后"和"天气晚来秋"之间,居然分出了一个虽然很薄、却到底是可以独立的层次——"凉意先在户"。只有随着"凉意"的慢慢增长,"秋"才能渐渐变浓。

"萧萧林樾风",樾是树荫。秋气浩浩而至了,林荫中发出了萧萧风声;"泫泫幽篁露",篁是竹林,秋气漫天而降了,幽深的竹林里酿出了泫然流动的露珠。于是"草虫亦何知,含凄感迟暮",露湿草丛、草中百虫似也感到了岁月的迟暮,凄然哀鸣。"深思无与言,美人隔云路",无知的草虫尚有所感,敏感的夜坐人岂无所动?但"美人"——理想中的知音如隔云端,渺焉难求,既然无人可谈,还是坐着吧,把深深的人生悲哀,溶入浓浓的秋意里去吧。这后六句,虽无"澄"字之类的精炼之笔,亦无"空山"二句的独到感受,但毕竟将秋意、秋思一贯到底,使全诗神完气足,也算是尽职的"绿叶"了吧?

沈德潜老夫子评诗,向来有点迂气,但他看过"空山"二句后所评的"'空山'十字,前人写690未到此"(见《明诗别裁集》卷二),虽然将前人统统抹倒,很不"温柔敦厚",但这个说法,却实在是经得起证明的。当然,找例子作比较,是没有必要的,因为这是一首清雅简淡的古诗,不该让琐琐碎碎的例证,来损伤这诗所造就的氛围。

(沈维藩)

诗人小传

顾文昱
明初诗人。字光远,嘉定人。官吴王副相。

白　雁

顾文昱

万里西风吹羽仪[①],独传霜翰[②]向南飞。
芦花映月迷清影,江水含秋点素辉。
锦瑟夜调冰作柱,玉关[③]晨度雪沾衣。
天涯兄弟离群久,皓首江湖犹未归。

〔注〕① 羽仪:仪仗队列中用羽毛装饰的旌旗类。　② 霜翰:翰,本指鸟羽,此指白雁。相传白雁每逢秋深则南飞,白雁至则霜降,故谓之霜信,亦称霜翰。　③ 玉关:即玉门关,位于甘肃敦煌西北,是通往西域的要道。

本诗作者随军北征途中,偶见白雁南飞,感触良多,遂以咏白雁为名,抒写思乡之情。

　　诗一开头,就为我们描绘了一幅慷慨悲凉的行军图:西风劲扫,旌旗猎猎,鼓角阵阵往北,白雁声声南向。作为队列中的一员,诗人显然并不为雄壮的军威所激动,反倒十分羡慕那孤独南飞的大雁。或许他立刻驻足不前,举首眺望,眺望高天白云,寻觅远逝的白雁……不过,诗人没有直言吐露白雁捎给他的心灵震动,也没绘形绘影地摹写他当时的举措,他巧妙地采用写景的手法,含蓄地表达了自己对于家乡和亲人的深深眷恋。

　　颔联二句,是写诗人记忆中的家乡秋色:明月皎皎,高悬空中,那是天上的月亮;风儿轻拂,芦花摇曳,吹皱了江水,摇碎了玉兔,那是水中的月亮。放眼望去,皎洁的月光在幽静的江面上留下了无数斑驳的光点,跳跃闪动,忽隐忽现,扑朔迷离,令人心醉。而颈联二句,则笔锋陡转,直写眼前景象:这是一个寒气弥漫、风霜刺骨的地方,无论多么精致的琴瑟,夜里也不能弹奏,因为琴柱总是被冻住,无法调弦;更令人诧异的是,尚未进入冬季,清晨越过玉门关时,居然飘起了纷纷扬扬的雪花,给战士的征衣披上了银装。同是秋景,这一南一北,差异是如此巨大。无须多作说明或解释,两相对照,作者的好恶就已鲜明地表现出来了。身处这萧瑟荒凉的不毛之地,就更怀念江南水乡,想念家乡的父老兄弟。最后,诗人终于坦露了心中的感慨:他们兄弟浪迹天涯,天各一方,已经太久太久,如今自己二毛已现,日见苍老,但是仍然不知何时才能像白雁一样,自由地南飞,与家人、与兄弟共叙思念之情。

　　古人曾有"日日乡心白雁诗"的说法,以白雁作为引子,引出浓郁的思乡情感,是古代诗人常用的艺术手法。不过,各人的怀乡情由各不相同,具体的写作方法也不可能趋于一致,本篇妙用比兴、对比、烘托和夸张等艺术手法,使思乡的主题表现得相当含蓄浑厚。

　　首联起兴,交代作者的处境,以及引起感慨的缘由。颔联和颈联却忽然宕开,跳跃式地转写家乡和北地的秋景,以强烈的反差映衬江南的美好,隐写对家乡的依恋。尾联则承上而来,直写有家难回、亲人分离的愁怆。诗中语言典雅,用词巧妙,尤其颔联中的"迷"字和"点"字,颇值得玩味。一个"迷"字,传神地描绘出芦花倒映水中,摇曳不定,和水中的圆月交溶幻化的动态;一个"点"字,又巧妙地展示了斑驳陆离的江上夜景。其他诸如"冰作柱"的夸张,西风万里的烘托等等,使得全诗充满慷慨悲凉的气氛,营造出深沉开阔的意境,愤而不怨,哀而不伤,十足感人。

(孙小力)

解缙

(1369—1415) 字大绅,一字缙绅。江西吉水人。洪武进士,授中书庶吉士,上万言书,批评太祖政令屡改,杀戮太多等事。后罢官八年,建文时再出仕。永乐初,任翰林学士,主持纂修《永乐大典》,很受成祖重视。永乐五年(1407)以"泄禁中语"、"廷试读卷不公",谪广西;八年入京奏事,适成祖不在京师,谒太子而还,乃以"无人臣礼"罪,下狱,后在狱中被杀。著有《文毅集》、《春雨杂述》等。

赴广西别甥彭云路

解 缙

多情为我谢彭郎,采石①江深似渭阳②。
相聚六年如梦过,不如昨夜一更长。

〔注〕 ① 采石:指长江流经安徽省马鞍山市的一段,因采石矶在此地得名。由南京赴广西当过此。 ② 渭阳:《诗·秦风·渭阳》:"我送舅氏,曰至渭阳。"据说这首诗是秦穆公太子康公送他的舅舅晋公子重耳回国时所作,后因以"渭阳"表示舅甥的情谊。

这首诗作于永乐五年(1407)。这年解缙以"泄禁中语"(一说系因廷试阅卷不公)贬官广西布政司参议。离京赴任前,外甥彭云路前来话别,促膝倾谈至深夜。作者心头感触激荡难平,于第二天写下了这首感情浓烈、情意深挚的赠别之作。

诗写得平易晓畅,率直爽气,一自胸中流出,表现出主人公快人快语的鲜明的个性特征。然而平易率直不等于浅显刻露,细细体味,诗中字里行间深寓着诗人的抑郁不平之气和怨愤伤感之情,只不过意在言外,不露痕迹,让人"思而得之"罢了。

诗人的此番遭贬谪实乃受谗被放性质。作为名倾海内的大才子,解缙自有他恃才傲物的一面,"好直言,为众忌"(李曰刚《中国诗歌流变史》,下引文同),因此,早在很年轻的时候就有过因上万言书论政令屡改、刑罚过重而被罢官的经历(时年不过二十)。大约十年后,又因奔太祖丧而"有司劾非诏旨",谪河州卫吏。这次谪广西则"为汉王高煦所谗",既行,又"为李至刚构,改交阯"。三年后回京奏事,终被高煦诬告下狱,再过五年,瘐死。或云"命狱吏沃以烧酒,埋雪中死"。生活在这般压抑的时代环境里,敏感善怀的诗人对于社会的不平、对于人才总是无法逃脱遭受排挤打击厄运的现实,该有多少忧思和激愤!正因如此,他才格外感到人间真情的宝贵与难得。"多情为我谢彭郎,采石江深似渭阳",作者把舅甥之间的深厚情意比作采石江深。本来人的内心感情用语言表达易流于概念化，通过这样的比喻，就造成了具体可感的印象，使那种诚笃的骨肉深情，洋溢纸上。

接下去的二句运用夸张："相聚六年如梦过，不如昨夜一更长。"作者回想起舅甥相处六年，只不过是一闪即逝的记忆，如在梦中过得一般快。这就写出了他们之间非同一般的亲情。另外，此时诗人正当落魄失意之际，处境险恶，瞻望前程，吉凶难卜，想到人生无常，世事多变，年华易逝，自此别后，水阔天长，山川阻隔，相会无期，那么，昨夜以肺腑相倾的长谈更是弥足珍贵的了。句中沉淀着诗人对六年来他们舅甥间相濡以沫、亲切往还生活情景的回忆和眷念不尽的感情，也渗透着对自己未来命运感到怅惘、茫然的意绪。

严羽在《沧浪诗话》中说，"……征戍、迁谪、行旅、别离之作，往往能感动激发人意"。这首诗既明叙"别离"之意，又暗寓"迁谪"之情，通俗而有深致，具有较强的感染力。

(尹芳林)

【诗人小传】

林　鸿

字子羽，福清（今属福建）人。洪武初，被荐举，授将乐县（今属福建）儒学训导，官至礼部精膳司员外郎。论诗主唐音，作诗宗法盛唐，五言律尤精。他是闽中诗派代表作家，与高棅、王偁、陈亮、王恭、唐泰、郑定、王褒、周玄、黄玄合称"闽中十子"，鸿为首。明太祖曾召试《龙池春晓》、《孤雁》二诗，颇得嘉许。有《鸣盛集》。

夕　阳

林　鸿

抹野衔山影欲收，光浮鸦背去悠悠。
高城半落催鸣角，远浦初沉促系舟。
几处闺中关绣户，何人江上倚朱楼？
凄凉独有咸阳陌，芳草相连万古愁。

这首诗题名《夕阳》，描写的却是夕阳西下时的人事风光和感情活动。诗中句句有夕阳，但并非写景之作而是一首抒情诗。

首句"抹野"见夕阳之色，"衔山"绘夕阳之形，"影欲收"言夕阳将落未落。这是全诗中唯一的正面描绘夕阳的句子。次句"光浮鸦背"转笔写夕阳下的物态风情。这一句从温庭筠"鸦背夕阳多"化出,说乌鸦背负着夕照余光,缓缓归巢,暮色安详宁静。循此一意推衍,中间两联,展开黄昏时节种种人事活动的描写,诗境大开。三句"高城"指边地城楼。唯其地居险隘,兵家所争,因此深沟高垒。当夕阳还只"半落",高城上已吹响了关闭城门的号角,大有"长烟落日孤城闭"的森严气象。四句"远浦"写的时序略晚——夕阳从"半落"到了"初沉",水手们忙着系舟夜泊,画面暮色苍茫。"闺中""江上"一联说:此时暝色已入高楼,不知有多少望断天际归舟的少妇无可奈何地关上了绣户,也不知有多少流浪他乡的扁舟游子在倚栏思家,归心如水。这一联很可能受了张若虚《春江花月夜》"谁家今夜扁舟子,何处相思明月楼"的影响。"倚朱楼"的"楼"即"楼船"之"楼"。"朱楼"本建于高宅深院;这里借指沐浴在夕阳余霞散绮中通体绯红的船楼,用来与"绣户"属对,锻炼精巧。

以上三联,所写不过是夕阳西下时习见的人事风情,淡墨点染,唯见莽莽苍苍,略示惆怅而已。最后一联,诗人才以浓墨重彩,抒发他个人独有的强烈感情——

"凄凉独有咸阳陌,芳草相连万古愁。"

"咸阳"泛指京城,不必坐实地望。林鸿是福清人,《明史》本传说他"洪武初,以才人荐,授将乐县训导",可知他出生、成长于元末。这里的"咸阳",即指元代京城大都(今北京)。"陌"是郊野小路;"芳草相连"谓芳草与夕阳余光相连不尽;"万古愁"者,言对此夕阳芳草,沉思历史巨变,低回不已;内心的愁苦,也一如芳草天涯,绵绵不绝。读诗至此,我们不禁有问:上三联描绘的夕阳西下时的物象人事,都没有引起诗人的"凄凉"之感,"万古"之愁,何以独有这京郊小路上的芳草夕阳,引起他如此强烈的感情震动?而且,说芳草夕阳相连,看上去便感到凄凉,这种感情已经不大好理解;说帝都郊外的芳草夕阳显示出"独有"的凄凉情味,能引起人无限兴亡之感,更出于常理之外。看来,伤心人别有怀抱。绎其诗心,皆缘国祚已移,河山变色,故而见黍离麦秀,怆然兴悲,这是诗人异乎寻常的独特感受。知识分子并不曾因为元代是异族入主中华便淡化他们的故国之思。如果说,这结联仅仅是一般的发思古之幽情,寄寓泛泛的兴亡感慨,而非抒作者个人独有的家国之恸,则不但"独有"二字失去重量,没有着落;而且全诗筋骨风力尽失,变成了一首拼凑七巧板的平庸之作,林鸿何至如此?

根据以上理解,作进一步的艺术分析,这首诗可分为前后两个大层。前六句为一层,泛写物态人情,诗人以夕阳为背景,勾勒出六幅不同的画面,纯用客观叙写,他自己不动声色。后两句突然用"凄凉"二字发端,"独有"二字一振,作一大转折。这时,诗人站出来了,长言永叹,抒发家国之哀;不仅景中有情,而且一往而深,浩茫无际。诗到这里才露出主旨,才让读者触及诗人的感情脉搏。这种前面平静叙述,结尾才突然转出正意,让急管繁弦并发,掀起巨大波澜的作法,诗艺称之为"衬跌",有激荡诗情、突出主旋律的作用;能使全诗在宁静中突然振起,在平缓中突然倾泻,结在最强音上。

以上是从整体艺术构思来说的。另外,在炼字炼意上,此诗也极见工力。首句"影欲收",次句"光浮鸦背","欲""浮"二字用得既准确,又有动态感,下字不可移易。"去悠悠"的"悠悠",描绘出乌鸦展开大翅、不急不忙地飞翔的神态,尤具情韵。"催鸣角""促系舟",催、促二字将夕阳拟人化,无情转似多情。六句的"倚朱楼",结句的"芳草相连",字面不见夕阳而夕阳之光色灿然在目:这些都是锤炼琢磨的范例。

从结构看,中间两联四幅风情画,乍看似平铺并列,互不连属;其实,并列中自有勾连,分散中自有贯串,只是针线细密,令人难以觉察。比如:颔联写了"远浦系舟",颈联上句便接写天际识归舟的思妇念远之情,下句又承以江上倚楼、游子思归的形象,使诗意似分仍合,似断实连。起云"抹野",夕阳给四野抹上了一层金色;结处"芳草相连",仍是遍地黄金,萋萋不尽;首尾照应,是夕阳的余光把分散的风情画连成一个整体,使全诗分之既有不同的画面美,合之又具整体美,凡此都是诗人的用心处,不可草草读过。

(赖汉屏)

秋日登石壁精舍① 　　　　林　鸿

携琴向何处,因访梵王宫②。
潭影漾秋白,枫林鸣晚红。
涧空啼鸟寂,地僻野泉通。
欲辨来时路,苍茫翠霭中。

〔注〕① 精舍:隐士居处,或僧道居住和讲学之地,石壁精舍,相传建于公元四世纪,在今浙江绍兴市上虞区境内。 ② 梵王宫:佛教庙宇,此指石壁精舍。

这是一首优美的山水诗,诗人用清秀的笔墨写下了造访石壁精舍时所见到的自然风光,而诗中迭现的一系列意象又宛如构成了一轴写意的山水画卷。

首联"携琴向何处,因访梵王宫",以自问自答的口吻交待出游的缘由。接下来的颔、颈两联,作为全诗的中心内容部分,则从四个角度,选取和捕捉四个意象渲染石壁精舍四周的自然环境之美:"潭影漾秋白"——山下的一潭清水,被徐徐吹来的秋风弄皱了,涟漪一圈接着一圈;"枫林鸣晚红"——山腰上,一片枫林,火红火红的,时而还传出鸟鸣声;"涧空啼鸟寂"——但是登山愈高,山峰愈陡,所见空间愈大,鸟鸣声反而静寂下来了;"地僻野泉通"——这时候,脚下远僻的山径已经可以连通不远处的山泉了。很显然,在这两联中,不仅点出了作者出游登山的季节特点,而且又自然巧妙地揭示了此时此地特有的景观,从而与他人所写的在其他季节中游览其他地方的山水诗相比,显示了未有雷同的特色。再看尾联——"欲辨来时路,苍茫翠霭中",作为全诗的总结,又是意味隽永的。它展现一个泯绝形踪的混茫的新境界,而其意义,就非游历所能包容了。宋代黄庭坚《渔家傲》词记禅宗达摩祖师"只履提归葱岭去,君知否?分明望却来时路"可资参考。

顺便说,林鸿虽然推崇唐诗而从整体上鄙薄六朝诗作,但却对南朝刘宋的诗风有所肯定,认为"汉魏气骨虽雄,而菁华不足。晋祖元虚,宋尚条畅,齐梁以下,但务春花,少秋实。""条畅",条达通畅之意。这反映在林鸿的创作中,也就偶尔留下了学习刘宋(主要是谢灵运)诗风的痕迹,当然其中糅合了自己的某种创造性,这首《秋日登石壁精舍》即是明显的一例。

刘宋著名诗人谢灵运有五言古诗《石壁精舍还湖中作》和《石壁立招提精舍》等篇,尤以前一篇受历代好评。相隔千年之后,当林鸿慕名来访这一古迹的时候,自然会想起谢灵运的诗篇。不过,正因为林鸿不肯完全师承谢氏,所以他的这首诗与谢诗的差异,不仅表现在艺术样式上——谢诗五古,林诗五律,也不仅表现在艺术视角上——谢诗以写石壁精舍下的水路为主,林诗则以写山路为主,更重要的是,两诗所流露的思想色彩也不同:谢诗染上老庄意识,而林诗却透出一丝禅宗的机锋。例如林诗的尾联("欲辨来时路,苍茫翠霭中"),乍看字面浅显,但全诗的意境却尽在其中,所谓禅宗的机锋,同样也体现在这两句诗里。

(文 华)

枇杷山鸟 　　　　林 鸿

沉香烟暖碧窗纱,绿柳阴分夏日斜。
梦觉只闻铃索响,不知山鸟啄枇杷。

看诗题,似乎是题画之作。从内容看,诗写的是一位青年女性夏日的生活情怀。她的居室里,用沉香木熏着香,香气透出碧纱窗外,充满了温馨情调("烟暖"是一种温馨的感受,而不是实写气温升高)。次句转笔写居室外景色:她的房子处在绿柳阴中(阴分犹言阴中),纵然酷暑也不会太热。夏天日长人困,催人入梦;此时日已西斜,正是炎威已退、好梦初回的时候。

她当然有自己的好梦。只是,那梦的内容究竟如何,诗里没有写。诗人只用前两句诗,描写了一个温馨、幽静的环境,展示她的夏日生涯,作为"梦"的铺垫。即使后两句诗,也没有直接描写梦中情事,诗人仅仅说:"梦觉只闻铃索响,不知山鸟啄枇杷。"

"梦觉只闻"并不是梦觉而后闻铃索之声,而是说那依稀的铃索之声使她闻而梦觉,"只闻"即"只因为听了"的意思。梦中听到依稀断续的声音,她仿佛觉得有人拉响了门铃,惊遽梦回,揽衣推枕而起。仔细谛听,却原来是啄木鸟在枇杷树上啄食虫子发出的叮咚声。她的好梦破灭了,希望落空了,剩下的只是无边的惆怅。啄木鸟啄树的声音与索拉门铃之声本不相似,正说明这是人在梦中的一种幻觉。

这首诗的情趣全在"梦觉"二字。"梦觉"说明她今天午睡时做了一个梦。为什么梦中她会把山鸟啄食之声误认为有客临门,拉响铃索,霍然而起呢?这一偶然的误会巧妙地透露出她的梦乃是一个绮梦。只缘心有所思,才致形诸梦寐;因为梦里伊人忽至,她才把山鸟啄树的声音误认为门铃在响,那人真正到了家门。睡前的相思期待,梦中闻铃的一瞬欢愉,这一系列丰富、复杂的心理过程,诗人全未涉笔,却使我们读而会心,思而毕见。诗写出的很少,蕴涵的很多。

另一个艺术特点是:这首小诗有一种幽深静谧的意境。那沉香燃烧时的袅袅轻烟,缓缓飘散的氤氲之气,绿柳阴中的静寂,在"日长如小年"的夏天万物悄然的气氛,构成了幽静的环境。此时,山鸟啄木,断续叮咚,更具"鸟鸣山更幽"的映衬效果。这样安谧幽静的环境,衬托着她"每日家情思睡昏昏"的幽情,衬托着她"枕上片时春梦中,行尽江南数千里"(岑参《春梦》)的绿窗幽梦,衬托着她偷偷起伏的心底微澜、深情密意,和谐无间,融合一体,形成了幽深静谧的意境。刘子高序林鸿《鸣盛集》说:"子羽(林鸿字)诗皆殷璠所论'神来气来情来'者,莫不兼备。天姿卓绝,心会神融"(《明诗纪事》引)。这首诗便算得是心会神融之作。胡应麟《诗薮》评林鸿诗"气色高华,风骨遒爽"。这首小诗写闺情,传幽意,词旨净朗,气色高华。诗有风有骨,称得上一个"遒"字;不腻不粘,够得上一个"爽"字。作为明代闽中十才子的领袖,林鸿是当之无愧的。

(赖汉屏)

挽 红 桥[①]　　　　林　鸿

柔肠百结泪悬河,瘗玉埋香可奈何[②]!

明月也知留佩玦③,晓峰常想画青蛾。
仙魂已逐梨云梦④,人世空传《薤露》歌⑤。
自是忘情非上知⑥,此生长抱怨情多。

〔注〕 ①红桥:明代闽县(今福州)良家女子,居红桥之西,因自号张红桥。见《明诗综》。②瘗玉埋香:谓美人之埋葬。李商隐《与同年李定言曲水闲话戏作》:"莫惊五胜埋香骨,地下伤春亦白头。" ③佩玦:古代挂件。《说文》段注:"玦,如环而缺。" ④梨云梦:谓梦境如缥缈的白云。高启《题美人对镜图》诗:"晓院鹿卢鸣露井,玉人梦断梨云冷。" ⑤《薤露》歌:古代的挽歌。崔豹《古今注·音乐》:"《薤露》《蒿里》,并丧歌也。……(薤露)言人命如薤上之露易晞灭(晒干)也。" ⑥上知:犹上智。《论语·阳货》:"唯上知与下愚不移。"

在中国文学史上,自从晋代潘岳《悼亡》诗之后,便出现了无数悼念亡妻的作品。此中多有真感情、真性灵,读之每令人声泪俱下,历久难忘。比较著名的有唐人元稹的《遣悲怀》、宋人苏轼的《江城子·乙卯正月二十日记梦》、清人纳兰性德的《金缕曲·亡妇忌日有感》。在明代,大概就要首推此诗了。它们似百琲明珠,组成了一个闪闪发光的悼亡诗的系列。

本篇的作者林鸿是明初"闽中十子"中的首领,他与才女张红桥由真情相爱到终成眷属,在诗坛上留下了佳话。红桥貌美多情,工诗能文,一时豪右争欲聘之,自称必得才如李白者始嫁。林鸿托邻媪投以七绝,中云:"含情欲说心中事,羞见牵牛织女星。"深深打动了她,遂引为知音,相互酬唱。林诗末句必以"红桥"作结,张诗结韵则必落在"鸿"字。定情之夕,林鸿作诗云:"谁道蓬莱天样远,画栏咫尺是红桥。"他如"归梦不知江路远,夜深和月到红桥";"几度踏青归去晚,却从灯火认红桥"……皆在当时读书人中广为流传,被称为"红桥诗"。婚后林鸿宦游金陵,红桥独处小楼,思念成疾,抑郁以终。林鸿从金陵归来,并不知道红桥已死,一路上还兴匆匆写诗述怀:"只恐凤楼人待久,玉鞭催马上红桥。"可是到家一看,人去楼空,灵旛飘拂,他火热的感情仿佛被浇上一盆冷水,于是和泪蘸墨,写下了这首挽诗。

本篇首联如哀弦乍拨,直抒心声。在诗人毫无思想准备的情况下,突然听到所爱之人噩耗,不啻晴天霹雳。此处前句写生者之痛,后句写死者之哀。死者"瘗玉埋香",如一棵玉树,一枝香花,长埋地下。用事有据,丽而能雅。生者柔肠百结,泪若悬河,用语夸张而情真可信。这样的开头,不禁使人想起越剧《红楼梦》中的"哭灵",呼天抢地,声嘶力竭,感人肺腑,催人泪下。诗人经极度哀伤之后,感情渐渐转为深沉。到了颔联则分别从夜间和清晨写诗人的悼念。触景生情,低回掩抑,令人一唱三叹。据《情史》记载,红桥临终填《蝶恋花》一阕悬于玉玦下,遗赠林鸿。此刻诗人仰视天空,一钩新月高挂中天;俯视室内,一弯玉玦系着词笺。玦者,决也。《荀子·大略》云:"绝人以玦,反绝以环。"红桥死了,是为永诀。永诀之际,留下玉玦,寄寓深情。这弯弯的玉玦,不正像天空弯弯的月亮吗?明月有知,给人寰留下永久的纪念;红桥多情,也给诗人留下难以磨灭的赠品。以新月象征玉玦,形象鲜明。以明月象征红桥,尤为莹洁,从而映现了红桥高洁的品格和诗人一颗爱心。细玩此句,似受到了晋人郭璞《江赋》"感交甫之丧珮"的影响。相传郑交甫南游汉皋,巧遇二女。临别,二女解佩相赠,须臾超然而去。(见《韩诗内传》)现在张红桥留词赠玦,溘然而逝,不正像汉皋仙女一样吗?这里诗人化用前人传说,融情于景,寄托遥深,不得不令人叹赏艺术手法之高超。此联从"明月"、"晓峰"二词来看,足证诗人彻夜未眠。清晨起来,诗人拭目远望,只见远处的峰峦如一抹修眉,露在地平线上。于是他又想到红桥若在,正是揽镜画眉的时候。唐人朱庆余《闺意献张水部》诗云:"妆罢低声问夫婿,画眉深浅入时无?"宋人欧阳修以之入《南歌子》词。作为诗人的林鸿不能不想到这些动人的诗词,也不能不想到往昔与红桥共同度过的温馨的时刻。然而此时环顾闺中,奁镜生尘,一片凄凉,他怎能不感到一阵揪心的痛楚,凝望晓峰而陷入沉思。

颈联紧承前句意脉而稍一宕开。"仙魂"句是从张红桥绝笔词《蝶恋花》"漠漠梨云和梦度"来。诗人手捧词笺,缅想爱妻的魂灵已随天空的白云,飘然远逝。句中以"仙"字饰"魂",以"梨云"饰"梦",可谓工于修辞。似乎他不用美好的字眼来形容他的爱妻便不足以表达他对妻子之爱。"梨云梦"尤为佳妙,三字两层意思:一谓其梦如云之缥缈;二谓其云如梨花之洁白。张红桥驾着这样的云雾飘飘升天,仙矣神矣!如此优美的境界,真令人神往。下句是说斯人已逝,我写此挽歌又有何用。语似否定,实际上却含有无限深情。"空传"二字与上句"已逐"相应,意谓挽歌纵然流播人世,也不能起死回生,言外有不尽的怅恨,也隐约透露了人命危浅有如朝露的悲哀。

尾联以婉曲之笔表现了欲罢不能的哀思。《晋书·王衍传》有"圣人忘情"之说。"上知",这里是圣人,也就是绝顶明智的人。绝顶明智的人为了避免感情的困扰,常常心如古井,一切淡然处之,此所谓"忘情"。诗人这里说自古以来忘情者绝不是高明的圣人,实质是说他不是圣人,所以他不能做到"忘情",换言之,他对张红桥的思念将是无穷无尽、绵绵不绝的。"此生长抱怨情多",看来,他的生命将与怀念红桥的一腔怨情相终始了。

此诗为一首标准的七律,在和谐的音韵中糅进悲哀的声调,读之如行云流水,凄婉缠绵,入人至深。中间二联,对仗工稳又很自然,毫无做作之态,盖字字皆出于诗人肺腑。明初闽中十子极重唐人之作,处处以唐调为圭臬,若将此诗与

元稹的《遣悲怀》三首对读,便觉中有唐音的浸润了。　　　　　　　　(徐培均)

【诗人小传】

高　棅

(1350—1423)　一名廷礼,字彦恢,号漫士,长乐(今属福建)人。永乐初以布衣征为翰林待诏,迁典籍。论诗主唐音,与林鸿、王偁、陈亮、王恭、唐泰、郑定、王褒、周玄、黄玄号称"闽中十子"。作品多写个人日常生活,也有不少应酬之作。选编唐人诗为《唐诗品汇》,引申宋严羽之说,分唐诗为初、盛、中、晚四期,明人多以此为借鉴,对诗歌创作起了很大作用。又能书画。有《啸台集》。

峤屿① 春潮　　　　　　　　高　棅

瀛洲见海色,潮来如风雨。
初日照寒涛,春声在孤屿。
飞帆落镜中,望入桃花去。

〔注〕　① 峤,山岭;屿,有山的小岛。

　　高棅是福建长乐人,家距海隅很近,他自幼生长在海滨,对海非常熟悉,非常热爱。这首《峤屿春潮》从四面八方写海潮,证明他对潮汐有长期、细致的观察,流露出这位海滨诗人对海的特殊感情。

　　起句"瀛洲见海色"是说他在仙山瀛洲,忽见远处海水变了颜色。"峤屿"四面环海,随时可以看到海;且海水本来无色,诗却说"见海色",可知是见海水异色。这是潮水将来的征兆,即苏轼诗"海上涛头一线来"(《望海楼晚景》)的景象。诗从潮来前一瞬间着笔,为后文正面写海潮蓄势。次句"潮来如风雨"紧承"见海色",点明"潮"字,写海潮之势,其来如风雨骤至,天地变色。三句"初日照寒涛"写海潮之色。唐代诗人或者说"惊涛来似雪"(孟浩然),或者说"潮来天地青"(王维),那色彩总是单调的,威严的。高棅写海潮之色与他们不同。他把镜头对准晨光照临下的潮头,阳光照在潮头上,光线经过水的折射而呈现瑰丽的七彩,缤纷耀眼。四句写潮声。"春声在孤屿"点明"春"字,全句意思是:春潮的声音回荡于孤岛的周围。潮头一个接一个涌来,拍打着孤岛,澎湃之声不绝于耳。此时高潮已过。结尾两句"飞帆落镜中,望入桃花去"写潮平情景,宕开诗境,借船帆的飞驶以写海潮之余力。那被潮水推送得疾驰的船,帆影落在一平如镜的海面上,望着远处海岸边的桃花林,箭一般飞驶而去。"桃花"二字再次点明所写确系春潮,结到题目上。

我在前面说过:由于诗人对海有长期、细致的观察,故能从四面八方着笔写春潮,这是此诗最大的特色。诗很短,总共才六句,三十个字,却写出了春潮之势,春潮之色,春潮之声,春潮之力。这样写便有立体感,便显出春潮的多姿多彩。单调不能算作美,丰富才是人们的审美追求。

其次,这首诗写海潮,富于变化,写出了任性的海潮时而粗犷、时而温柔的性格,显示出它时而愤怒、时而微笑的形象。自枚乘《七发》以"波涌云乱""横奔雷行"写海潮,观潮之作类多突出潮水的威猛横暴。刘禹锡云:"八月涛声吼地来,头高数丈触山回"(《浪淘沙词》),那气象就令人望而生畏。这是海潮在诗词中已经定型的形象,后之作者很少能跳出窠臼。高棅此作则不然。他笔下的海潮,有时确实可畏,有时却感到可亲。诗中固然有潮来风雨如晦、天昏地暗的景象,随之又转出初日照耀下的潮头,变为五光十色,瑰丽多姿,与"潮来如风雨"情境迥然有异。结尾再一变,写海平如镜,舟入桃花,境界开阔,景色优美,与前面的风雨如晦、瑰丽七彩又截然不同。高棅笔下的春潮,可谓声容多变,仪态万方。姚合有"鹤声高下听无尽,潮色晨昏望不同"之句(《赴苏州》),高棅这首观潮诗,妙处之一就在于"望不同"。故历来观潮之作,风格以雄放为宗;高棅这首诗,独以清拔见胜。

(赖汉屏)

得郑二宣^①海南^②手札　　　　高　棅

番禺^③天外古交州^④,念子南行恋旧游。
故国又经花落后,远书翻^⑤寄雁来秋。
梅边野饭逢人少,海上青山对客愁。
为报罗浮^⑥云影道,早随明月引归舟。

〔注〕① 郑二宣:即郑定,字孟宣,闽县人。明洪武末征授延平训导,历齐府纪善、国子助教。　② 海南:即今之海南省。　③ 番禺:县名,治所即今广州市,民国后移治今番禺县。　④ 交州:汉置,治所在龙编县(今属越南),唐废。海南古属交州。　⑤ 翻:反。　⑥ 罗浮:山名,在今广州市增城区东,道教称"第七洞天"。

本诗是诗人高棅收到故友郑定从海南托人带至的信札后写下的一首七律应答诗,表达了思念友人,欲招彼远归,共叙友情的拳拳之忱。全诗属对工稳,技法娴熟,格调之清雅近于钱刘,颇有大历唐韵之遗风。

在诗的首联,诗人说:在番禺以外更南处古属交州的海南,有我的故友栖居;我可以想象你虽已南行却仍在怀念往昔我们吟啸烟霞、诗酒风流的交游;而我自然对此也是念念不忘,非常留恋。首句中"天外"二字,见出空间距离的遥远;次句中"恋"字,见出彼此对友谊的珍惜。而次句既可理解为:我念子南行,我念子恋旧游;也可理解为:我念子南行,我恋旧游。这种在同一层次上出现的意义的多元——复义,使诗味更浓。

接着颔联中,诗人感叹、疑惑:光阴荏苒,家乡故园又是春去花落,而我徒怀期待,却不见你自远方返回,与我一起把盏吟诗,共赏春景;在群雁都已南归的深秋,你反倒不能归来,只能遥遥北寄一纸书信叙叙离愁别绪,你究竟有什么不得已的隐情?起、对句一我一彼,互相照应,法度严谨,"又"、"翻"二虚字更是下得妙极。宋晏殊《浣溪沙》词云:"满目山河空念远,落花风雨更伤春,不如怜取眼前人",而高棅却是空念远行友,眼前无故人,更多些怅惘之情。隋薛道衡《人日思归》诗云:"人归落雁后,思发在花前",而郑定乃是雁归人犹不得归,欲写归思书已迟,却寄深秋花尽时,暗示了羁縻之无奈。

颈联接颔联的对句,转入对郑定处境的悬想,诗人眼中出现这样的一幕:幽寂的林中人迹稀少,一株老梅树旁,郑定燃起篝火准备野餐,盘中不过是几棵山蔬,锅中不过是两把糙米,瓶中千珍万惜,倒还留着三五口劣酒;连海边的青山都在为他这远方游子发愁,他这种艰苦的生活怎能忍受?"梅边"见出郑定的清高,惟其清高,才弄到自炊"野饭";而"青山"的形象,多少蕴涵着诗人自己的影子,表现出诗人对朋友的担忧。

最后,在尾联中,诗人说:我将我的一番心意报知罗浮山的白云,让它帮忙劝说你早日在皎洁的月光下驾船渡海归来。"云影"、"明月"的意象表现出感情的真挚纯洁。后者更是与思乡有不解之缘,李白、杜甫的诗句:"举头望明月,低头思故乡"、"露从今夜白,月是故乡明"便是绝好证明。

据钱谦益《历朝诗集小传》说,郑定元末曾被福建割据者陈友定辟为记室,友定被朱元璋击败后,郑定亡走交、广间,高诗当作于此时。

(庞　坚)

夏谷云泉　　　　　高　棅

云影荡山翠,泉声乱溪湍。
长林无六月,萝薜生秋寒。

无论审诗题,揣诗意,这是一首地道的写景诗。但这首诗景中含情,景中有人。诗人着意表现的,又不在字面上的景而在字底下的情与人。而且,这首诗意境幽深高远,不能粗粗一过即能得其旨趣,必须细玩深思。

先说诗题。四个名词加在一起,释为今语,约略相当于《夏日山居风光》。"云影荡山翠"是说:云影浮荡在山谷里的绿树梢头。既是"山翠",就不是一棵棵一片片的绿树,而是整个山谷长满了绿树,因此"云影"只能浮荡于"山翠"之上,不能直接映射到地面上来。这一句"荡"字下得精警。夏天烈日当空,很少云彩,偶然有几片云,由于没有风,老是在原地徘徊,缓缓飘荡。用一"荡"字,就写出了那云影既不飘走又不固定的情景,"荡"字非常传神。"泉声乱溪湍","乱"字同样见出锤炼功夫。"溪湍"指溪水中的急流。凡遇急流,水就激起叮咚之声;溪流中湍急之处多,泉声就随处可闻,合起来音量比较大,因此说"泉声乱溪湍"的"乱"字可见出诗人锤炼功夫。"长林无六月":"长林"意为密林。密林之中,不感炎热,不觉六月盛暑之已至。"萝薜生秋寒"又进了一层,夏天这山谷里不仅不热,而且令人感到秋天的寒意。因为,密林中的树干上,爬满了女萝和薜荔;它们垂挂树梢,那饱含水气的绿色藤子临风飘萧,散发着凉气,因此使人觉得季节似乎到了微有寒意的秋天。

居"夏谷"而感到"秋寒",诗着意渲染的便是这种异乎寻常的心理感受。四句诗,句句生寒。"山翠"有阴凉,泉水有冷气,密林挡住了六月的炎威,萝、薜摇曳,散发出丝丝寒意。随诗意进入这"夏谷"之中,我们的心也凉了。可见这诗在造境设色上是非常成功的,它引起了读者视觉与触觉的通感。但是这毕竟是感性的认识。要探究的是:诗人着意渲染这份"寒意"有什么意义?前面说的"景中有情"、"景中有人",表现在哪些地方?诗里写的究竟是什么情、什么人?

有人打比方说:某些中国诗里有一种密码;通过对密码的破译,才能找到诗的真意。若按这种说法,这首诗的"密码"就在"长林"和"萝薜"两个词上。

"长林"始见于嵇康《与山巨源绝交书》。嵇在信中告诉山涛(字巨源),他读了《老》《庄》之书以后,越发放任难羁,不堪礼法约束。即使给他官做,给他最好的生活享受,他会像禽兽那样,向往山林,"愈思长林而志在丰草"。于此可见,"长林"是隐逸放诞之士追求的逍遥乐土。至于"萝薜",始见于屈原《九歌·山鬼》:"被(披)薜荔兮带女萝",那是高士仙人的装束,后世常用以喻高隐者流。破译了这两个密码,我们终于懂得了:这诗的主旨是歌颂高人隐士的林下生涯。高棅五十多岁才以布衣被明成祖召入翰林;在此以前,他以书画歌诗优游林泉,他向往的是"思长林而志在丰草"的自由自在、抱璞全真的隐士生涯,他追求的是人格的独立和完美,个性的尊严与自由。诗中极力赞美夏谷云泉,并非因为这地方是一个六月生寒的避暑胜地,而是由于这儿是可以避人、避世的幽居,可容他偃仰啸歌,不致为世俗所累。他住在这里,人与自然融合一体,他感到非常满足,乃发而为诗,对"夏谷云泉"作出了热情的赞颂。诗里赞美夏谷云泉的景色,其实都是抒其翛然自适的雅怀。这就是我说的景中有情,景中有人。他为什么要突出夏谷的寒意加以着力渲染?也无非借这份寒意,表明他对世俗名利毫无热衷的追求。

于是我们进一步发现,这首诗以辞旨深隐借景抒情为其显著的特色。诗中寄意遥深,隐然有一个高洁的灵魂在幽谷中自由地长吟永啸。即以写景而论,虽然用密码以蕴深意,但读起来语言非常流畅自然,丝毫不见用事的痕迹。而且,二十个字把"寒意"写得青翠欲滴,一座生寒,情与景如此乳水交融,构成了幽深高远的意境,足见这首小诗在艺术上有很高的成就。读这首诗,使人联想起唐代寒山和王维、刘长卿等人的五言绝句。看来,高棅学盛唐,已涉藩篱。 (赖汉屏)

【诗人小传】

王恭

(生卒年不详) 字安中,自号皆山樵者,闽县(今福建福州)人。永乐四年(1406)被荐待诏翰林,参与修《永乐大典》,书成后,授翰林典籍,不久,弃职归家。有《白云樵唱和集》。

去 妇 词

王 恭

刺促何刺促①,东家迎鸾西家哭②。哭声休使东家闻,东家新妇嫁郎君。满堂笑语看珠翠,夹道风传兰麝薰③。浮云上天花落树,君心一失无回悟。明知遣妾何所归,饮泪行寻出门路。青铜镜面无光采,苦心尚在容华改。东家新妇倾城姿,似妾从前初嫁时。

〔注〕 ① 刺促:忙迫,劳碌不休。晋潘岳《阁道谣》:"和峤刺促不得休。" ② 迎鸾:迎娶新妇。 ③ 兰麝:兰花与麝香制成的香料。

本诗是一首弃妇题材的七言歌行。弃妇题材的诗作源远流长,《诗经》中便有《氓》、《谷风》等名篇。王恭此作虽是传统题材,但在艺术手法上却颇有其特色。诗是用第一人称叙述法写的,其中的叙述主体便是那位不幸的弃妇。

起首二句,写了东家的迎亲和西家的悲泣。东西家究系何人,诗人埋下伏笔留待下文揭示,于是这里就有了一个小小的悬念。但思维敏捷者一眼便可辨出:

东家便是弃妇原来的婆家,西家便是弃妇现居的娘家。这样,诗一开头,故夫的喜气洋洋与弃妇的悲心恻恻就形成了鲜明的对比,而"刺促何刺促"其特殊的叠词句式对此也起了一种意义上的强化作用:故夫迫不及待地另结新欢,薄幸绝情,更衬出弃妇的孤苦悲凄。

接着的四句,换用平韵,而以顶针修辞格与上绾合。"哭声"二句,用笔细微,情辞惋怆,女主人公意谓:眼前之事,既是"东家迎鸾",也是"东家新妇嫁郎君",我即使怨故夫薄情,伤心落泪,也不应让哭声破坏了无辜新妇初嫁的幸福感。表面上看,第四句与第二句均写东家办喜事,是同义反复,实际上前者却由于主宾语易位而被赋予了特殊意义,而不仅仅强调了东家婚礼是无可奈何的事实。这种假性重复可以说手法新颖,较深刻地刻画出弃妇的善良与不幸。"满堂"二句,从人的三种主要感觉——听觉、视觉、嗅觉入手,以精练的语言非常传神地写下了婚礼上热热闹闹的一幕:大堂上但闻宾朋笑语喧哗,但见新妇珠翠满身,大道上清风吹拂,送来阵阵兰麝浓芳。此喜当然加深了彼悲,下面四句,转入弃妇触景生情的辛酸回忆。"浮云"二句,写出那永无愧悔的负心汉正像一股狂暴的恶风,将象征着爱之缠绵的"云"与象征着情之娇柔的"花"彻底摧残。由风传兰麝之香(直说)换韵过渡到风灭云花之美(暗示),颇可见衔接上的匠心。而"明知"云云,见出弃妇的别无选择,"饮泪"云云,回应上文的"哭";且这二句中弃妇孤身寻边门离去之茕独凄凉复与五、六二句中热闹喜庆的气氛形成第二层强烈对比。

最后四句,两次换韵,女主人公哀叹:我的青铜镜久未擦拭一照,已黯然无光,但不用照镜我也知道尽管爱的苦心仍在,而容颜已因忧伤而憔悴失色,东家新妇真美丽啊,就像我初嫁时那样光艳照人。诗至此戛然而止,然余味可玩,弃妇没说的意思大家完全可以猜出:喜新厌旧、薄幸寡情是故夫的本性,新妇的宠遇恐怕也难长久。诗的最后,有新妇貌美与故妇色衰的对比,也有弃妇故姿与今容的对比,暗示出悲剧的普遍性、必然性,从而在章法上与篇首的对比手法遥相呼应,产生较好的艺术效果。

全诗中女主人公怨而不怒,是符合"温柔敦厚"的传统诗教的,而确实古代妇女一旦成为弃妇,也只能逆来顺受,无他,心灵多为旧礼教麻醉故也。本诗的价值就在于作者栩栩如生地写出了男尊女卑社会中妇女的典型遭遇。 (庞 坚)

春　雁　　　　　　　　　王　恭

春风一夜到衡阳,楚水燕山万里长。
莫怪春来便归去,江南虽好是他乡!

大雁在中国古诗中经常出现。通常,人们总是借秋雁南飞的形象,抒发滞留北地的客子对南方家乡的怀念,以及对北方艰苦环境的厌倦。本诗则反其道而行之,写出一番新意。

"衡阳"指衡山之北。衡山有回雁峰,相传雁飞至此,便不再往南去。首句"春风一夜至衡阳",语气中充满欢欣,显得雁儿正久久地等待着春天的到来,因而对此特别敏感,暖风初至,便喜不自胜。为什么如此兴奋?诗中不明说,直接"楚水燕山万里长"。好像雁儿正盘算着路程,准备立刻从楚水之畔(衡山旧属楚地),飞回燕山之旁(今河北北部,代指北方)。这一层跳跃,写出大雁归心的急切,可说是"闻风而动",绝无犹豫。同时,这句还隐含着春风初至衡阳,吹拂至燕北尚待时日的意思,同样表现了大雁的迫不及待之情。

江南春色佳丽,正好流连,为何急于离开?这便是可"怪"之处。雁儿答道:江南虽好,却是异乡;寒北虽苦,却是故土!可见它们飞到南方来,实在是不得已,一旦能够回到家乡,对于江南即毫无留恋。前面说了,一般通过写秋雁南飞寄托乡土之思的诗,大都还包含着关于生活环境方面的考虑。这首《春雁》剔除了环境优劣的因素,表现乡土之情的主题因而显得更单纯、更强烈。四句的结构,从弃优就劣这一违背常情的举动,引出疑问,而后归结到全诗的中心,也有助于将主题表现得更鲜明。

写雁当然是为了写人。作者王恭是福建人,可见诗中的"江南"、"燕山",也只是比喻。他在永乐初年,被召入翰林,与修《永乐大典》,事毕,即弃职还乡,隐居不出。很可能,这诗便是那时所写,而以"江南虽好是他乡"之句,表达自己不愿享受官场之富贵,宁肯在家啸吟自乐的心情。如果确是这样,诗中着意翻新,又有一番深意在。

(骆玉明)

经友人故宅　　王　恭

策马孤城下,经过泪满襟。开门维蟏蛸,井灶莓苔深。念彼泉下人,凄然杳难寻。萧条故篱菊,识我平生心。揽辔向前路,徘徊出寒林。谁知山阳笛,恻怆犹至今!

诗题中的"故宅",是友人生前所居。他死后,房舍荒芜。诗人路过这里,入室凭吊,但见门悬蛛网(维,悬。蟏蛸:蜘蛛),井灶苔深,物在人亡,只有那故篱黄菊,依然寂寞地开放着,瑟缩于秋风之中。诗人想起死去的朋友,内心凄然,出门勒马,将欲上路,又徘徊寒林之下,不忍遽离。他想,晋人向秀经过亡友嵇康的山阳旧居,怀念嵇康,闻邻人吹笛,愈感凄惶,归而作《思旧赋》。今天,我同历此境,同样恻怆,真所谓千载同心,古今一例。

王恭这首诗抒抚事悼友之情,诗艺上有两个特点:其一是着力于环境气氛的渲染;另一是抒情主人公形象的塑造。由于这两方面都很成功,因此这首诗有很大的感发力量。

先看第一点。这故人旧宅,此刻虽斯人长逝,想来那屋子不会完全空着,连看房人也没有。但诗人写来,仿佛那是一座空房,一座死宅,阒无一人,森森然似有鬼气,那景况与汉乐府《十五从军征》描绘的征夫之家逼似。这种印象的获得,是由于诗里用了"故宅"、"孤城"、"蟏蛸"、"井灶莓苔"、"萧条"、"寒林"等词语来描写室内室外环境。这些事物都是灰色的、没有光泽的、毫无生意的、充满了阴森之气的;凑在一块便形成了一种荒凉死寂的气氛,读其诗便恍如亲临其境,感到凄寒满目,难以为怀。这就是前面说的:这首诗具有相当大的感发力量。

再说第二点——抒情主人公的形象塑造。诗人写自己,用了"策马"、"经过"、"开门"、"难寻"、"揽辔"、"徘徊"种种行动的描写和细节描绘。来时"策马""经过",表明急切一顾的心情;临去"揽辔""徘徊",表明不忍遽离的心态。"开门"以后,行动似乎特别缓慢,特别仔细,从室外寻到室内,又从室内寻到室外,四顾凄然,步履沉重,和《诗·王风·黍离》的抒情主人公形象一样:"行迈靡靡,中心摇摇",仿佛处处摩挲旧迹,点点往事追寻。那饱满的伤悼之情,不是用语言陈述出来的,而是在这种行动中流露出来的。这就显出感情的深度,具有感发力量。

这位抒情主人公的形象还有一个特点,那就是沉默。沉默是无声的语言,最足以表现内心的沉哀茹痛。一个人有痛心事,如果能向他人陈诉,即使一哭一醉,也能减轻心理上的压力;最难堪的是此痛无人能喻,无处可说。诗人进入这亡友故宅,面对的是死一般的沉寂,他纵有万千心事,有谁堪诉,有谁为听?后来他在故篱之下找到了一丛萧条黄菊。"萧条故篱菊,识我平生心":既然只此故篱菊能识我平生之心,就说明再无他人能识。这话非常沉痛,既痛逝者,亦以自哀。因为,死者是我可以互诉平生的好友。斯人云逝,更何处可说平生?在整首诗里,诗人仅仅找到了这唯一的还有些许生气的故物,也仅仅说了这么一句话,此外唯有泪盈襟袖,默默无言地寻寻觅觅。这种沉默的情态,给抒情主人公的形象增添了内在的魅力。

古人说:一生一死,乃见交情。悼伤之情,贵在真挚朴素。这首诗感情沉重内敛,语言朴实无华,可以窥见王恭这位闽中诗人的为人,也可推知其人的诗艺。

(赖汉屏)

方孝孺

（1357—1402）字希直，一字希古，宁海人。从宋濂学。洪武间，除汉中府教授。蜀献王聘为世子师。名学舍曰"正学"。建文时，为侍讲学士。燕师入，召使草诏。孝孺衰绖至，号哭彻殿陛。成祖降榻劳之，顾左右授笔札曰："诏非先生草不可。"孝孺掷笔于地曰："死即死耳，诏不可草。"遂磔于市，宗族亲友坐诛者数百人。福王时，追谥文正。学者称正学先生。孝孺文章纵横豪放，出入于东坡龙川之间。著有《逊志斋集》二十四卷。

应召赴京道上有作

方孝孺

摇落秋冬际，苍茫鄞越间。
青山欹枕过，白鸟背人还。
问俗乡音异，消愁酒价悭。
虚名果何物，不使病夫闲。

方孝孺在洪武十五年（1382）、二十五年（1392）曾两次被荐召赴京师。第一次二十五岁，"太祖喜其举止端整"，然嫌他太年轻，遣还。第二次三十五岁，太祖认为还不到重用方孝孺的时候，只安排他去汉中当教授。在这中间，他还曾因仇家牵连，逮至京师。总之在这段时间方孝孺是不很得意的。这首诗正是他第二次应召赴京的路上所作。

方孝孺由家乡浙江宁海出发，向北赴金陵，首先经过宁波、绍兴一带，故诗中称"鄞越间"。诗的开头二句点明了写作的时间、环境，草木零落的秋冬季节，野色苍茫的秋冬风物，整个格调相当低沉。宋玉《九辩》云："悲哉秋之为气也，萧瑟兮草木摇落而变衰，憭栗兮若在远行。"此句袭用"摇落"二字，很自然地使人联想起《九辩》，联想起"憭栗兮若在远行"，或许这正是诗人当时的心境吧！方孝孺为人比较迂阔，在思想上、政治上高标复古，颇不与时人相合，当时他还作有《闲居感怀》二首，写道："贤豪志大业，举措流俗惊。""救弊岂无术，得君方难言。"他自许甚高，但能否得到君主的信用，却毫无把握，故这次虽然又被征召，心情并不舒畅，仍有些"憭栗"不安。接下二联便展开对旅途景况的描写："青山欹枕过，白鸟背人还。"诗人是坐船上路的，故能欹枕舟中，欣赏两岸青山慢慢地在船窗外向后移动；还有天边的白鸟，也渐去渐远。出门在外，自必有许多新的感受，"问俗乡音异，消愁酒价悭"，从路人讲话口音的不同，知道离家愈来愈远了。离家愈远，乡愁愈甚,饮酒可以消愁,但没想到外地的酒价也与家乡不同,要贵一些。以上二联,三、四句为景联,五、六句为情联,正合乎一般律诗中二联的结构。然景中有情,"青山"、"白鸟"中隐含了怅惘之感;抒情又不离景,"问俗"与"沽酒"正是旅途中最典型的细节。作者感情细腻,观察又深入,乃能富于表现力地将之写出来。而且这细节虽然典型,却是最一般的,出门人几乎都经历过,这里正体现作者善于发掘平常中的不平常之功力。末二句作者遂回到题目,紧扣这次"应召赴京"写。因为是被人推荐的,故称"虚名",同时也表露了作者对此行结果的忧念。如果方孝孺对这次被召见满怀信心,可指日以待地施展自己的抱负,那他是不会用"虚名"二字的。正因为他担心这次仍会像以前那般被"遣还",以致白白地让这有病之躯奔波劳累,那才是"虚名"误人呢!

方孝孺以文章学术见称于世,诗亦颇工。此诗风格淳雅,结构严谨,正体现了他深厚的诗学造诣。

(刘明今)

【诗人小传】

杨士奇

(1365—1444) 名寓,以字行,号东里,江西泰和人。早年孤苦好学,在各地做塾师多年。建文初被荐入翰林院,充编纂官。后官至礼部侍郎、兼华盖殿大学士。居官廉能,多有德政。但长期位居贵,养尊处优,诗文脱离生活,所作多歌讴太平,形式上又平正温稳,缺少风骨,因被称为"台阁体"。有《东里文集》。

刘伯川席上作　　　　　杨士奇

飞雪初停酒未消,溪山深处踏琼瑶。
不嫌寒气侵入骨,贪看梅花过野桥。

杨士奇是明代大臣,早年孤苦好学。他十四五岁时,一次,与朋友陈孟洁一起去拜访父亲的好友刘伯川。刘伯川招待两人吃饭,饭后又带他们到外面走走。此时正值严冬,一场大雪过后,村庄田野银装素裹,别是一番风光。三人酒酣耳热,兴致很高。刘伯川请二位青年赋诗言志。陈孟洁寻思片刻,腹稿先成,吟道:"十年勤苦事鸡窗,有志青云白玉堂。会待香风杨柳陌,红楼争看绿衣郎。"刘伯川打趣说:"你下了十年苦功夫,难道就是为了博得红楼女子一笑么?好一个风流进士呀!"杨士奇则写了上面这首诗。

　　杨士奇这首诗似乎只是一首踏雪寻梅的纪游诗。诗人带着几分酒意,在雪后初晴的山野漫步。在通往溪山深处的小路上,残雪未消,一汪汪积水都冰冻着,脚踏在上面,发出冰块的爆裂声,好像在踏碎一块块琼瑶美玉似的。苏东坡《西江月》词云:"可惜一溪风月,莫教踏碎琼瑶。"东坡是用琼瑶美玉比喻月光照耀下的溪水;杨士奇则用来比喻路边积水凝成的薄冰,也很形象。"不嫌寒气侵入骨,贪看梅花过野桥。"第三句关合着首句"酒未消"三字,起初仗着点酒力,还不感到什么,到底身上衣服单薄,逐渐地越来越感到寒气逼人了。忽然,不知从哪里飘来一阵梅花的清香,立即把诗人吸引住了,此时身上寒冷也顾不得,他凝神辨别着香味的方向,沿着曲曲弯弯的山溪向前寻去,走过了一座又一座野桥⋯⋯。

　　这首诗看起来只是写踏雪寻梅的情景,却很富有暗示性。青年诗人杨士奇冒着严寒的天气,不恋家中的温暖,却到冰天雪地里去寻梅,这不正象征着他在人生道路上有一种对美好理想的执着追求吗?并有一种不畏艰辛、勇于探索、为之奋斗的精神吗?刘伯川细细咀嚼出了这首诗的味外之味,鼓励杨士奇说:"你的诗不失寒士本色,目前虽然如梅花处境贫寒,但将来必成大器,好好努力吧!"

　　回过头来再对比陈孟洁诗,他是直截了当地说出自己的志向:自己十年寒窗,刻苦读书,就是为了将来青云直上,金榜题名,等到新科进士骑马游街那一天,让满城富贵人家的小姐都要用爱慕的眼光争睹自己的风采。当然,他说的是大实话,反映了大多数封建社会青年士子的真实心态。相形之下杨士奇则能弃绝凡庸,虚写一种对高洁理想的追求,诗的格调也自有高下之分了。　　(铁　明)

发　淮　安　　　　杨士奇

岸蓼疏红水荇青,茨菰花白小如萍。
双鬟短袖惭人见,背立船头自采菱。

　　杨士奇在明朝是个从建文至正统的四朝元老,这一时期政局比较稳定安宁,他的诗歌也多歌讴太平,风格简淡和易,平正安闲,钱谦益《列朝诗集小传》谓其颇见"太平宰相的风度",时人目之为"台阁体"。这首小诗即是杨诗的代表作之一。

　　淮安,今江苏淮安市,明朝时为淮安府治,地濒运河东岸,也可说是江北水乡。水边长着稀疏的蓼草,其开花多为淡红色。水中植着荇菜,其根茎长青下白;又有茨菰即慈姑,秋季开出小白花,露在水面如缩小的浮萍。淮安草木多矣,而作者选择水生植物作为描写对象,意在突出水乡风貌。淮安水生植物也不止此三种,作者特拈出蓼草花的淡红,荇菜根的碧青,茨菰花的嫩白,意在点缀出多彩的水乡。众多的景物中摄取这三者,亦可见诗人选材的眼力。

底下两句由景及人,自静而动,为水乡图增添了生气。水上驶来采菱船,船上的采菱女头上梳着两个环形的发髻,身穿短袖的衣衫,背对着诗人在船头采菱。这是诗人见到的实情,但一经摄入了艺术的镜头,便具有了诗情画意。诗人看到船上女子倩倩的背影,突发联想,说姑娘害羞,不好意思让人见到自己的脸,故背转身子,借以掩饰羞涩之态。"惭"字、"自"字,皆从"背"字生发,既刻画出水乡女子惹人羡爱的神态,又很富有情味,把观景的诗人与采菱女这两个不相干之人写成一个欲见而招呼,一个因羞而自避,从而使人物立于纸上。我们虽未看到那姑娘的容貌,但从她的神态中完全可以想见其像水乡一样清秀美丽。一个"背"字节省了多少笔墨,给读者留下充分想象的余地,再多的正面描写恐也无法达到这一效果。诗人选取这一角度来写,实具匠心。

全诗表现水乡的宁静和平,风格也一如水乡之水,闲雅清淡,又因选择得当,写来颇见情韵,无怪乎《艺苑卮言》评其诗如流水平桥,粗成小致。　　（俞灏敏）

李昌祺

（1376—1453）　名祯,以字行,庐陵（今江西吉安）人。永乐二年（1404）进士,选翰林院庶吉士,曾参预选撰《永乐大典》。洪熙元年（1425）,迁广西布政使,后又任河南布政使。昌祺一生,刚直清廉。致仕后,家居二十余年,屏迹不入官府,故居仅蔽风雨。其《江上作》云:"闲身到处贫无物,只有唐人几卷诗。"可见其人之风度。诗集有《运甓漫稿》,又仿瞿佑《剪灯新话》作《剪灯余话》。

【诗人小传】

乡 人 至 夜 话

李昌祺

形容不识识乡音,挑尽寒灯到夜深。
故旧凭君休更说,老怀容易便沾襟。

李昌祺是庐陵（今江西吉安）人。他二十九岁成进士,入仕途,居官北京和广西、河南,到六十多岁才告老归家,一生游宦三十多年。古人重乡土。在外地的日子越长,越是怀念故乡,一旦能晤对乡人,即使彼此素不相识,也觉得特别亲热,有说不完的话。李昌祺活了七十多岁。当他老年居官异地时,故乡的许多亲朋已经谢世;由于当时交通不便,音书梗阻,这些人的消息他无法一一知道;一旦听故乡来人说起,老人便不禁伤心泪落,不忍卒听。这首小诗写的就是这种心情。诗中"故旧凭君休更说"的"凭"是请求的意思,"凭君"犹言"请你",唐宋诗词中常用此义。

不忍心听故旧死亡的消息,是老年人共同的心态。一来,人到老年,心多慈软,不能承受这种刺激;二来,故旧飘零,往往勾起老人许多辛酸往事,陷入复杂痛苦的回忆中,容易引起感伤;再则,亲朋一个个死了,他这位幸存者能不想到自己的来日无多吗?对此,年龄越大的人,越发敏感。因此,这首诗抒发的是人之常情,具有广泛的典型意义。

但是,有趣的是:故旧死亡的消息老人不忍闻,故乡的近事老人却特别想听,哪怕只是一丘一壑的变迁,一时一事的兴革。诗把这两种心情写得非常生动突出。"形容不识识乡音,挑尽寒灯到夜深":来的这位乡人,尽管老人从不认识,但他那满口乡土语音,老人听来却格外熟悉,有一种特殊的感情。他长期在广西、河南游宦,几曾听到过江西吉安人的口音?贺知章说:"乡音无改鬓毛衰",乡音是一种特殊的乡土文化的印记;在天涯异域,听到乡音便倍感亲切,彼此的心自然靠近了,而且有了共同的话题。今晚,这话题是那样富于吸引力,把老人带入了色彩斑斓的世界。天尽管寒冷,夜尽管深沉,老人却听得津津有味,挑尽寒灯,毫无倦容。诗句对此只作了平静的叙述,我们却借着那"寒灯"的微光,看见了这位老人兴奋的脸色,激动的童心。

于是我们看到:这首小诗揭示了一种有趣的矛盾心态——又是爱听,又是怕听。"爱听"的心情,通过"挑尽寒灯"四字写得盎然欲滴,老人仿佛小孩瞪着大眼、托着腮帮子听人讲故事一样,形象十分鲜明。"怕听"的心情,通过"凭君"二字,也显得深沉迫切,老人的形象又变得皱纹满脸,灯光下老泪纵横。正是这种有趣的矛盾,这种前后截然不同的形象,使这首小诗充满了喜剧情调。你读着它,将止不住发出微笑;再一想,又不禁感到凄然。

更值得一提的是:诗写得如此自然浑成,你找不到什么"诗眼",也找不到什么"警句",诗人只是叙写了这次夜话的过程,他只是顺着生活的本来面目来写一己之哀乐,却无意之中表现出了老年人普遍的心态,勾画出从童心盎然到老怀凄怆的形象变化。诗,真有不可思议的魅力!

(赖汉屏)

归自南阳

李昌祺

去日犹秋暑,归时已冷霜。

江山非故里,人物是他乡。
老态随年出,离愁共路长。
埃尘如见恋,到处扑衣裳。

南阳在明代是河南承宣布政使司的辖府。李昌祺四十九岁出任河南左布政使,驻节开封。这首诗即作于自南阳返开封途中。从内容看,当是晚年之作。

他这次到南阳公干,去时初秋,回来已是冬天。诗的头两句交代来去季节,表明此行离家日久,为后文"离愁"张本。颔联"江山"、"人物",进一步说明这次到南阳,人地生疏;"非故里"、"是他乡",一语反复,足见这次出门非常寂寞,心情不快,又为"离愁"加重了分量。其实,他从青年时代起,远离老家庐陵(今江西吉安),游宦北京、广西再转河南,所至之处都非故里,尽是他乡,何以那时并无人地生疏的感觉,现在却感触如此强烈,在诗里反复咏叹呢?诗的颈联有答案:"老态随年出,离愁共路长。"人到老年,心力俱敝,思念故乡的感情就特别突出。这一联中"离愁共路长"出语新颖。"离愁"不能量化,本无所谓长短大小;诗人之意,不过是说客路愈远,离愁愈甚,因此离愁与客路共长。这一句不仅新颖,而且合情理。当时交通那样困难,离家愈远,与家人见面愈益不易,音问愈益难通,所见之"江山"、"人物",越发生疏,那离愁自然与客路一同增长。结尾一联,更是想落天外。不说人在道途,仆仆于风尘之中;反而说风尘恋客,扑向旅人征衣,用自我解嘲、似谐实庄的语言,以凄然一笑结束全诗,让我们在这一笑中看到了诗人内心的惆怅,取得了强烈的艺术效果。这是本诗最精警的地方。

理解这首诗,有一个难点。诗里的"离愁"之"离"究竟何所指?是说这次南阳之行远离开封使诗人生愁吗?那颔联便不应有"江山非故里,人物是他乡"的慨叹。开封同样不是他的"故里",那里的人物同样是"他乡"的人物。进而细味颈联"老态随年出,离愁共路长","老态""离愁"也不是这次离开封到南阳几个月中的产物。这"离愁"究竟是"离"何处而生"愁"?解开这个疙瘩,得读一读贾岛名诗《渡桑乾》:"客舍并州已十霜,归心日日忆咸阳。无端更渡桑乾水,却望并州是故乡。"贾岛长期生活在长安,以此为家。客寓并州十年,天天想念故乡长安("咸阳"即指长安)。结果此愿未偿,反渡桑乾河走向更远的异地;此时回望并州,竟然把它当作故乡了。李昌祺这首诗立意与贾岛相同,既不得已以客地权作故乡,又融进了一生天涯游宦,处处人地生疏,今年事已高,离愁愈炽,亟思致仕、归老家园一层意思。这是诗中的一大曲折。由于这一曲折,加大了诗的容量,加深了诗的感情。

这首诗是老年官吏的倦游之歌。全诗语言朴素,流畅自然,在一路质朴无华中,又间出胜语新意。尽管调子低沉,却不一味枯瘦,惆怅而不流于感伤。李昌祺是明代卓著政声的大官,立身刚廉方直,诗风也敦厚质朴,有大家风范。　　(赖汉屏)

【诗人小传】

刘　球

(1392—1443)　字求乐,更字廷振,安福(今属江西)人。永乐十九年(1421)进士,授礼部主事,改翰林侍讲。正统八年,应诏力规时政,忤太监王振,被矫旨系狱中,死。景泰初,谥忠愍。球文多和平温雅,撰有《两溪文集》、《隶韵》。

山　居　　　　　　　　　　　刘　球

水抱孤村远,山通一径斜。
不知深树里,还住几人家。

观赏山水是一回事,把自己看到的、感受到的告诉读者,流传后人则又是一回事,关键的环节是诗人的艺术手法。这首诗描写的内容是有古老传统的冲淡清远的山水景致,但诗人在选景、构图、用语上颇用匠心,仍让人感到景色常新、意韵别具。

首先诗人的视角选择得好。这样一幅水软山秀的景色,是置身其中还是立脚于外?是鸟瞰取景还是仰观摄像?视点的选择不仅与所描写的景色有关,与诗歌的意韵也有直接的关系。诗人选择了山下隔水正面远望的视点,景象一下子完整、丰富起来,犹如一幅山水画屏立在面前。由水而村,由山而人,已具轮廓,又由"径斜"到"深树",信手点染细部,画面由下而上,层次清楚,疏密相间,自然成趣。同时由于这个视点的确定,避免了近观景色过实,视野不宽和俯看景色芜杂的短处,小诗顿生无限幽深静远的情韵:小小的村落点缀在水上山下,显得古朴、淳美,幽幽的小径蜿蜒屈伸,格外地清晰而又遥远,覆盖山体的茂树也让人觉得静穆深邃。有了这个视点,孤村因之而远,山径因之而斜,山树因之而深,"还住几人家"的奇思妙想因之而生。

其次,这首诗的作者极注意布景构图。诗人采取了中国写意画的手法,看似不经意地点染水、孤村、山径、深树、人家的景致,而内具层次、顺序,诗人在拈起放下之间,有的明写,如水、孤村、山径、深树;有的则暗示,如山居的人家;有的则一石三鸟,明暗兼具,如"一径斜",明为写径,写山,实则写人,山径之细、山径之曲折,说明山居人之少,山居人出山次数之稀。第四句"还住几人家"的疑惑正与"一径"一脉相承,势之必然。那么题目的"山居"是指第一句的"孤村"之居,还是指深树小径所指引的山居,或二者兼而有之?我们认为这首诗四句绕了一个大圈子,题目的"山居"是指山里之居,前三句以烘云托月之法,第四句才"卒章显其志",触到本题,诗却戛然而止,启人联想,情韵悠悠。

再次,诗人描摹景色用语准确、形象,富有表现力。第一句"水抱孤村远",中心景物应是"孤村",这是一个三面环水一面靠山的小村落,用一"抱"字,把这种地貌特点一下就点明了,而且"抱"字,又是一拟人化了的词,写出了孤村与山水相依相恋的情态。第二句"山通一径斜",描写山径,用一"斜"字描写山径的幽长弯曲,"斜"字又写了山势之嶙峋,树林之茂盛,一个"斜"字,其妙无穷、语少意丰。第三句"不知深树里",写山林用一"深"字,写出了山林颜色,郁郁葱葱,远远望去,非深难绘;"深"字也写出了树密,山林稠密,覆盖山体;"深"字还暗示了山林的广袤,漫山遍野,不见边际,有深不可测之感。正因为此,诗人才有"不知"的感慨,水到渠成地引起了第四句的疑问"还住几人家"?"几"字极有情致,它不是"几多"之几,也不纯是疑问词之几,而是在疑惑中兼有描写:山居的人家疏疏落落点洒山里。由"不知"到发问,两句诗议论中有描写,同时把诗人也拉入画面之中,诗人在画幅的下部似喜悦,似沉醉,似疑惑,似向往,让这幅无人的画有了人,画中人与诗中的山居之人神交意会。

这首小诗正如王安石所言"看似寻常最奇崛",平平淡淡的五言四句,匠心独运,情韵诗法出神入化。

(孙之梅)

诗人小传

钱 晔

明诗人。字允辉,常熟(今属江苏)人。入赘为浙江都司经历。能诗,多吊古伤今之作。晚自号避庵,有《避庵集》。

赠周岐凤 钱 晔

琴剑飘零西复东,旧游清兴几时同?

一身作客如张俭,四海何人是孔融。
　　野寺莺花春对酒,河桥风雨夜推篷。
　　机心已共沙鸥静,惟有家山①在梦中。

〔注〕　① 家山:家乡。

　　这是一首感情深挚的投赠之作。李东阳在其《怀麓堂诗话》中曾谈及钱晔此诗的写作原委:"江阴周岐凤坐事亡命,扁舟夜泊,晔投以诗,岐凤得之大恸,江南人至今传之。"然而,周岐凤何许人,所"坐"何事,今已湮没无闻,我们只能从诗中考见一点大略的情况:他是一位文士,有才学;亦有官职,但职位不高,而为人正直;所犯之事令人同情;与钱晔有交谊。

　　"琴剑飘零西复东",诗的发端既不写景,亦不叙别,而是陡起壁立,从对友人东奔西走、飘转无定的生活情景的悬想着笔,生动地状写出一个怀才不遇、落魄江湖、飘泊无着、孤独恓惶的文士形象,字里行间渗透着无限的郁悒感伤之情。这一起句突兀横绝,苍劲凝重,气象格调不俗。接下去则转为一饱含深情的问语:"旧游清兴几时同?"这句问语实乃一声低沉的感喟。此番故地重来,时过境迁,景物依旧,而人事全非,哪里还会有旧时的那种逸情清兴呢? 所有的怕只是缕缕怀旧的酸楚和怅惘在无声地啮噬着飘泊者孤寂的心魂,抚今追昔,能不感慨系之!

　　领联二句用典。张俭是汉末山阳高平(今山东邹县西南)人。桓帝时,因弹劾宦官被迫逃亡。一路上,望门投止,人们敬重他的声望品德,都冒危险收留他,即使破家灭族也在所不顾。"一身作客如张俭",是设想周岐凤在患难中定会受到人们的救护。孔融是汉末大名士,孔子的二十世孙。他宽容好士,历官期间,"荐达贤士,多所奖进",做太中大夫时,每日宾客盈门。"四海何人是孔融",是说以岐凤才学之高超,倘若孔融再世,定能受到其爱护援济。实则从侧面表达了诗人对现实愤懑不平的慨叹。此联的思想感情颇为复杂,一方面寄托了对友人的深情抚慰和精神上的支持,另一方面也流露出对世道不平、人心不古的殷忧。

　　颈联的出句是对远行人亡命生涯所作的充满情意的推想。莺啼花开,本来是令人向往的江南美景,而对于沦落他乡的潦倒失意之人,荒村野寺,独对尊酒,却只能倍感神伤。"野寺莺花春对酒",借春色寂寂以映衬流离之悲,句中着一"野"字,点染了环境的荒凉。对句"河桥风雨夜推篷",又由想象回到眼前的现实中来。"河桥"乃送别之地。"篷"是船篷,这里代指船。夜色茫茫,春雨飘萧,挚友远走天涯。"黯然销魂者,唯别而已矣"(江淹《别赋》),"念去去千里烟波"(柳永《雨霖铃》),后会何期? 句中"风雨"和"夜"的场景,给人以无限阴冷和重压的感觉,对依依惜别的凄切心境起到了有力的烘托作用。

至尾联,诗人陡然荡开笔锋,别翻新意,描绘出一种旷达清远的境界。"机心已共沙鸥静",是对友人的宽解劝慰之词,意谓从此去机心,绝俗念,随缘任遇,庶几乎可以免除尘世烦恼,悠悠然耽于江湖山林之乐了,又何必以失意为念呢?据《列子·黄帝篇》载:海边一位喜欢海鸥的人,每天同海鸥一起玩耍,两无嫌猜,飞来的海鸥常不止上百只。后来他父亲要他捉几只回家,但当他再去海上时,海鸥却高高飞起,没有一只肯接近他了。心术不正破坏了他与海鸥的亲密关系。诗中"沙鸥"即海鸥。泯除机心,意味着隐居遗世,消极无为,求得一种澹泊宁静的心境。这里,诗人既有劝慰友人放开眼量的意思,同时也表达了自己寄形于大自然的人生理想,其中显然蕴含了对社会现实的愤激情绪。

然而,"欲洁何曾洁,云空未必空"(《红楼梦》第五回)。现实毕竟是严酷的。想到自己已经被抛出世外,不知何年才能结束这种生涯,此情此恨,绵绵无期,人何以堪!结句"惟有家山在梦中",是作者对友人的"代为之思",情辞哀婉,催人泪下。

这首诗起句破空而来,结句有茫茫无尽之感,曲折起伏,跌宕有致。诗中将惜别和感世、伤怀融合在一起,感情深沉,情调忧伤。选词用字不事藻绘,而韵味醇厚悠长,耐人涵咏。具有沉郁顿挫、幽婉悲凉的风格。

(尹芳林)

过 江 钱 晔

江渚风高酒乍醒,川途渺渺正扬舲。
浪花作雨汀烟湿,沙鸟迎人水气腥。
三国旧愁春草碧,六朝遗恨晚山青。
不须倚棹吹长笛,恐有蛟龙潜出听。

"纵一苇之所如,凌万顷之茫然。"雄旷浩渺的长江,激发了多少文人的灵感诗情。这首过江诗,就是一篇得江山之助的佳作。

首联以直叙入题,展示的是一幅江行的画面:江风阵阵,吹送着渡船从渚边出发,向着遥远的对岸驶去。然而字里行间,又隐现出了船上诗人的心态。一方面,"酒乍醒",精神一振,于乘风破浪中自然生出浩气和快意;另一方面,"风高"必然水急,当是舟行甚速,而诗人却有"川途渺渺"之感,是一种苍凉迷惘的心情。这种既壮又悲的旅感,便为全诗定下了基调。

颔联写目击的江景。陆地渐远,茫茫蒙蒙如笼烟雾,所谓"汀烟",说明渡船已到江心。此时江浪扑面而来,撞击船身而碎成沫雨,更加濡湿了视界;劈波而行,搅动了水中的腥气,引来了俯冲而至的水鸟。这一联于视觉之外,尚有"湿"的触觉和"腥"的味觉,使人如身临其境;写的虽是"浪花"、"沙鸟"之类的船外之物,却现出了船行的动感;风高浪急而唯有"沙鸟迎人",又进一步印证了"川途渺渺"的孤茫的旅况。从而将"过江"的题面,更加生动、淋漓地表现了出来。

由近瞻转入远眺;更由广袤的空间而及于纵深的时间:这就产生了颈联的神来之笔。长江不仅是时代的见证,而且以其天堑的地位直接影响着人类的历史。江山年年如旧,人事几许盛衰,浩荡不息的大江最善于向人们提醒这种时空的错位。在诗歌的语言中,春草与"愁"、青山与"恨"本有着频繁的联系,而"三国旧愁"、"六朝遗恨"与"春草碧"、"晚山青"恰又无一不是本地风光,达到了"情"与"景"的完美结合。三国、六朝历史的旧愁遗恨集中反映在长江南岸地区,由此也可推断出诗人的"过江"是由北向南,此时江南已遥遥在望。

尾联借倚棹吹笛的欲望,抒寄诗人的余情。《博异志》:"笛吹三声,水上风动,波涛汹漾,鱼龙跳喷。"苏轼《前赤壁赋》记江夜泛舟,"客有吹洞箫者,……舞幽壑之潜蛟,泣孤舟之嫠妇。"这里的"不须倚棹吹长笛,恐有蛟龙潜出听",从大江的一面说,益见出江上的波谲云诡,与"浪花作雨"呼应;从诗人的一面说,则是雄豪与悲凉两兼的心情的自然发露,与首联"扬舲"之初的情调遥映。

这首七律依过江的行程步步展开,而又一气呵成,气局严整而遒劲。尤其是颈联将怀古与即景有机地结合在一起,感慨深沉,意味无尽,足称警策。这首诗曾误入同时人张弼集中,使他意外受惠,以"六朝遗恨晚山青"扬名于世。钱谦益在《列朝诗集小传》中为之辨误,断为钱晔所作。钱晔为牧斋的族祖,《列朝诗集》的说法当属可信。

(史良昭)

于 谦

【诗人小传】

(1398—1457) 字廷益,号节庵,钱塘(今浙江杭州)人。少有大志,二十三岁中进士,历任山西河南巡抚,为官清正。正统十四年(1449)土木堡之变,英宗被俘,于谦临危受命,升任兵部尚书,拥立景帝,反对南迁,调集军队,守卫北京,击退了瓦剌军的侵扰,功绩卓著。天顺元年(1457)英宗复辟,被诬以"谋逆罪"被害。弘治初赠太傅,谥肃愍;万历间改谥忠肃。于谦诗现存六百十四首,有广阔社会内容。诗风朴实刚劲,真切感人。有《于忠肃集》。

北 风 吹

于 谦

　　北风吹,吹我庭前柏树枝。树坚不怕风吹动,节操棱棱还自持。冰霜历尽心不移,况复阳和景渐宜。闲花野草尚葳蕤,风吹柏树将何为?北风吹,能几时!

　　作为一个"志存开济"的英雄豪杰,于谦写咏物诗,大都借歌颂所咏之物的性质与品德,抒发其抱负,表现其操守,如咏石灰"粉身碎骨全不怕,要留清白在人间",正写照了他的献身精神,清白品格。同样,这首题名《北风吹》的咏物诗借北风中不屈不挠的柏树自喻,展示自己坚贞的情操与乐观的精神。

　　寒冬的北风,咆哮狂奔,凛冽肃杀,滥施淫威于天地之间,万物为之凋颜,万木遭其摧残,而柏树却坚贞不屈,任凭北风吹打而不动摇。风愈劲,愈见柏树威严方正的节操,临危不变其常青本色,挺拔贞立,不畏摧杀。这里柏树的物性与作者的人格已融为一体,史称于谦秉性故刚,面对瓦刺军长驱进犯、大兵压境的严峻形势,始终不主和议,"土木之变"后,在举朝一片恐慌中挺身而出,组织抗战,成为支撑大明国厦的栋梁。这栋梁之材不正是"节操棱棱还自持"的人间坚柏么!虽坚冰侵根,严霜压顶,这坚柏犹如遭千锤万击、烈火焚烧的石灰一样,历尽磨难而矢志不移。这等考验都经受过来了,寒冬还有什么能使坚柏屈服的呢?况且春天的和暖之气已经复苏,春光渐渐宜人,就连最弱不禁风的闲花野草差不多又茂盛起来了,还能逞凶几时的北风更无可奈何坚柏了。末句"北风吹,能几时",令人想到作者的另一首名诗《除夜宿太原寒甚》的最后两句"春风来不远,只在屋东头",充满了一种蔑视困难的乐观精神,给人以希望,给人以力量。

　　北风中的坚柏就是作者的自画像,全诗咏柏而作者的性格人品毕现于其中,读其诗,想见其为人。《四库全书总目》谓于谦"遭逢厄运,独抱孤忠",厄运未能动摇其报国爱民的耿耿忠心,他大义凛然,独挽狂澜,民族英雄的丰功伟绩彪炳史册,虽枉死于厄运,犹长生于人间,英名常青。正因为此诗注入了作者伟大的人格,故赢得百世传诵,至今仍在精神上深深启发、激励着读者。

　　这首诗写得质朴刚劲,很具骨力。而且结构上以两句"北风吹"开结,不仅仅是应题,更给人一种风中柏树的视觉形象。诗正中"况"字的转笔,又使首尾的北风之吹具有始劲终弱的时间变化过程,从而避免了单纯追求空间感的语义重复。这样的结构,完整而巧妙地突出了柏树挺立风中、经久耐寒而终不凋谢的那种坚而韧的形象与品格,形式也就成了内容的有机部分。写诗臻此,则不求吟咏之工而自工矣。

(俞灏敏)

石灰吟　　　　　　　　　　于　谦

千锤万击出深山,烈火焚烧若等闲。
粉骨碎身全不怕,要留清白在人间。

"日月双悬于氏墓,乾坤半壁岳家祠"(张煌言诗),于谦是一位与岳飞齐名的民族英雄,又是一位廉洁、正直的清官,可与包拯、海瑞同垂青史。他十七岁时写了一首石灰的赞歌:《石灰吟》,通过对石灰制作过程的拟人化的描绘,表达了他不怕艰险、勇于牺牲的大无畏精神和为人清白正直的崇高志向。

"千锤万击出深山,烈火焚烧若等闲"。石灰是由石灰岩烧制而成。第一句写石灰岩的开采,要经过石工们"千锤万击",将整块整块的岩石凿开击碎,然后将它们运出云封雾锁、险峻陡峭的深山。石灰岩之"出深山",要经受"千锤万击",说明这种山石具有何等坚硬的质地!当然,"出深山"还仅仅是开始,一个主要制作过程是:石灰岩要投入石灰窑中煅烧,而且要用高达九百多度的"烈火"才能煅烧成坚硬的生石灰。如果石灰岩有知,遭受如此折磨,又将作何感想?"只等闲"三字则是以拟人化的笔法,写出其面临一切严酷考验时镇定自若的神态,无论"千锤万击"也好,"烈火焚烧"也好,它都感到根本算不得什么,可见其何等顽强、坚贞!

石灰岩经过了火的洗礼,还得经过水的考验。生石灰被投入水中,坚硬的生石灰块经过一阵爆烈,逐渐解体,最终溶化成粉末状的熟石灰,供人们粉刷墙壁,于是在人间出现了一座粉妆玉琢的白色宫殿。"粉骨碎身全不怕,要留清白在人间。"仿佛听到石灰在说话了:"将我粉身碎骨,最后化成石灰浆水,我也全然不怕,我的心愿就是要把清白的本色长留人间呀!"诗人是借石灰之口,表示自己不怕牺牲的精神和执着热烈的追求。

这首诗通篇运用借喻的手法,借物喻人,咏物言志。表面上是写石灰,实际上是写人,写自己,表达自己要以石灰为榜样,能经得起任何严酷的考验,不怕千难万苦,做一个无比坚强的人,清白正直的人。诗人把石灰拟人化,并注入自己的感情,达到了物我合二为一的境界。

于谦青年时代写的这首充满豪气的诗,果然成了他一生的座右铭。其《小像自赞》云:"所宝者名节,所重者君亲,居弗求安逸,衣弗择故新。"一生廉洁奉公,正直不阿。明英宗时,宦官当政,政治黑暗,贪赃枉法,贿赂公行。英宗手下有个大太监王振,飞扬跋扈,权倾朝野。朝中大臣要想见他,要缴纳白银百两,如巴望他留住款待,就得纳银千两。招权纳贿而至于公开议价,在历史上还是不多见的。就在这种极其污浊的空气中,有一次,于谦要入京奏事,有人当面向他提出了送礼的建议,说即使拿不出金子银两去巴结上官,送点合芎(线香)、干菌(蘑菇)之类的土产品也是好的。于谦笑笑,举起两袖说:"吾唯有清风而已。"并赋诗曰:"手帕蘑菇与线香,本资民用反为殃。清风两袖朝天去,免得闾阎话短长。"于谦后来官至兵部尚书,他身先士卒,挥军抗击瓦剌军入侵,保卫明朝江山立下不朽功勋。但他终不见容于昏君奸臣,被以莫须有罪名杀害了。被害抄家时,查抄者发现他"家无余资,萧然仅书籍耳"。独有一间正室封锁严密,查抄者认为一定藏着金银珠宝,结果打开一看,珍藏的原来是景帝赐与的"蟒衣剑器"等。"粉骨碎身全不怕,要留清白在人间",这不正是这位一代伟人的自我写照吗?

(铁　明)

上　太　行　　　　　　　　　　于　谦

西风落日草斑斑,云薄秋空鸟独还。
两鬓霜华千里客,马蹄又上太行山。

　　这是一首行旅诗,太行山位于山西高原和河北平原之间,此诗当作于作者巡抚山西、视察太行山时。

　　前两句描绘出一幅太行山中暮色苍茫的秋景图。最先扑入读者眼帘的是"西风"两字,既点明上太行的季节,又突出身凌高山得到的第一感受。劲扫落叶的秋风拂面吹来,最易使人想起天地的肃杀而惆怅思归。诗人登临眺望,只见夕阳西坠,或枯黄或残绿的杂草在落晖中明暗参差,显得色彩错杂斑驳。平视惟有满山遍野的衰草,夹着残光惨淡的落日,一片萧索;仰望呢,暮云逐渐密布了高远的秋空,笼罩了连绵的群山,朦朦胧胧、寂寂寥寥,只有一只回山归巢的鸟儿在孤飞,够凄清的。萧索凄清,构成了诗人即景抒情的环境氛围。在这里,归鸟的描写颇有画龙点睛的妙用,它不仅仅以其飞动点活了静态的画面,也不仅仅以其渺小衬托出秋空的寥廓,而更在于以其独还故巢寄寓了作者浓厚的思乡之情,与前面令人思归的西风正相呼应。这两句寓情于景,为后两句的抒情作了铺垫。

　　"两鬓霜华千里客",是诗人自谓。诗人自二十五岁步入宦途起,先后出使湖广,招抚川贵,巡按江西,三十三岁始巡抚河南、山西至半百之年,故云自己已经鬓发花白;长年累月地远旅他乡、奔波道路,写此诗时在山西巡抚任上,与家乡钱塘遥隔千里,故云自己是千里为客。这一句准确而生动地写照了诗人的自身形象。客居他乡岁月之久,距离之远,卒使诗人看到飞鸟归巢,且又在秋风之中,不免深深感慨之。读到此处,不禁使人想起元人马致远的一首著名散曲《天净沙·秋思》:"古道西风瘦马,夕阳西下,断肠人在天涯。"前三句从语言到意境,与这首曲子的后三句是何等的相似。然而,"忧国忘家、计安宗社"的政治家于谦毕竟不同于消极遁世的文人马致远,最后一句陡然振起,"马蹄又上太行山"。闻马蹄之声,如见骑马之人,他策马奔行、风尘仆仆地巡视太行,虽年事渐高,仍不倦地为国事到处奔忙。"又上"两字颇写出诗人的壮心,老骥伏枥,自强不息,一洗断肠的哀怨,为全诗增添了一种爽朗豪健的情调。作者崇高的品格形象也随着结句而完整地跃然于纸上。

全诗意境如太行秋空辽远开阔,笔调如上山马蹄矫健有力。《四库全书总目》评于谦诗歌"风格遒上,兴象深远",此诗很能体现出这一特点。它在写法上也颇具一格,看似景与情分写,其实一体连贯,承转自然,形成先抑后扬的感情波澜,读来别有一番顿挫之致。

(俞灏敏)

除夜宿太原寒甚　　　　　　　　于　谦

寄语天涯客,轻寒底用愁?
春风来不远,只在屋东头。

"四时冬日最凋年"(白居易《岁晚旅望》),前人咏冬,或发岁暮之感,或抒归家之思,大都吟叹出一种悲音哀调。然而这首小诗,却洋溢着一股积极乐观的激情。

太原位于我国北方,冬季比南方更加寒冷;诗人在除夕夜宿,特别寒冷,故题云"寒甚",其时寒气之重是可想而知的。但诗人却下"轻寒"二字来点题,"底用",犹言何用,说这一点点寒冷哪里用得上为它犯愁呢,诗人不畏严寒,傲霜斗雪的情怀,亦由此体现了出来。值得注意的是,作者并非仅仅是自抒情怀,更是在宽慰漂泊天涯、万里为客的游子。按中国传统风俗,除夕该是合家团圆吃年夜饭的时候,游子在外特别怀乡思归,身外的冰冷,心中的凄凉,交织成片片浓愁。于谦本是江南人,自中进士以来长期辗转南北,作此诗时正巡抚山西,也可谓是天涯客,但这首除夜诗却扫除了思家之悲、苦寒之愁,从他对天下所有游子的宽慰中，我们更可以感受到他兼济世人的博大胸襟。

那么，"寒甚"的除夜，究竟为何是"轻寒"呢，诗的后二句告诉人们，原来，"春风来不远，只在屋东头"。除夕过后，便是孟春正月，诗人由此展开联想：冬天即将过去，春天就要来临，那和煦温暖的春风已经启程，渐渐从东面吹来，驱逐严寒为期不远。这两句话实实在在，切合事理，给岁暮仍在他乡漂泊，忍受寒风侵袭、孤愁煎熬的天涯客带来了春天的希望，遂使"轻寒底用愁"的宽慰倍觉真切，毫无故作豪语、遂蹈空言之迹。尤其是以"屋东头"代替"近"，更让人感觉我与"春"之间只是一墙之隔，因而这为"隔"的寒冬也真是"轻寒"了。前人写岁暮，将岁之聿暮与人之迟暮，时之阴沉与心之阴郁联系起来，多抒发悲时哀生的情感，读之使人消沉。而此诗却能在最寒冷、最悲愁的时候透过冬幕的笼罩，放眼春天，看到春天盎然的生机，读之真能令人鼓舞。英国著名诗人雪莱曾写下过这样的诗句："冬天来了，春天还会远吗？"本诗的寓意，亦与此近同。

于谦是一位杰出的政治家，本非专以吟咏求工为能事，作诗多有为而发，论诗也强调要"尽乎人情物变"，"深于理而适于趣"。此诗用质朴无华、明白流畅的语言写出一种深刻而又富于生气的理趣，启人心扉，耐人品味，同时也充满着春天般的诗情。这种诗的品位，无疑要高出于当时垄断诗坛的"台阁体"诗。

（俞灏敏）

诗人小传

徐有贞

（1407—1472） 初名珵，字元玉，吴县（今江苏苏州）人。明宣德八年（1433）进士。授翰林编修。英宗复位后，官至兵部尚书，华盖殿大学士，封武功伯。后因事下狱，谪戍金齿（今云南保山），遇赦归。有《武功集》。

鹧鸪图　　　　　　　　　　徐有贞

烟雨萧萧苦竹秋，感人常自叫钩辀。
披图无限江南思，不必闻声也自愁。

这是一首题画诗。诗人托画寄意，抒发了深深的思乡浓情和绵绵的怀归愁思。诗的前二句点明画面，使人如见其画；后二句画外见意，托物以兴，由画中之景生出心中之情。全诗既再现并拓展了画境，又蕴蓄并酿足了诗境，深衷浅貌，短语长情,具有高度的艺术表现力和摇人心魂的抒情效果。

鹧鸪和苦竹是经常出现在古人诗画中的两个意象。鹧鸪分布于我国南部,栖息于生有灌丛和疏树的山地,鸣声响亮,"鹧鸪"之名即因其鸣声而得。晋崔豹《古今注》云:"南山有鸟,名鹧鸪,自呼其名。""钩辀"是古人认为鹧鸪的叫声,如唐韩愈《杏花》诗"鹧鸪钩辀猿叫歇",但据鸟类工作者考察,其鸣声略似"xi—xi—xi—ga—ga"(《中国动物志》)。而古人则以为鹧鸪的鸣声凄婉动人,似在呼唤"行不得也哥哥",一说好像在叫"不如归去"。苦竹是竹的一种,四、五月间开绿色或淡紫色花,其笋味苦。以是古人便常用鹧鸪与苦竹的意象来表现游子乡思之愁和羁旅之苦。像"游子乍闻征袖湿,……苦竹丛深春日西"(郑谷《鹧鸪》),"楚客天南行渐远,山山村里鹧鸪啼"(张籍《玉山馆》),"画中曾见曲中闻,不是伤情即断魂"(张咏《闻鹧鸪》),"愁凝苦竹淡烟横"(宋无《题郑所南推篷竹卷》),"日暮西风吹苦竹,……万恨千愁啼未足"(李东阳《鹧鸪图》)……此类诗句不胜枚举。徐有贞题诗的《鹧鸪图》画卷人们早已看不到了,但画中景物和意境却可以借这首诗而大致想见。"烟雨萧萧苦竹秋,感人常自叫钩辀",诗笔不仅状写展现了画面所绘之形——茫茫的烟雨,萧瑟的竹丛,飞啼的鹧鸪,乃至清凉的秋意,而且摹拟传达出"萧萧"的雨声和"钩辀"的鸟鸣,从而着意渲染出一种凄清寂寥的色调氛围与哀怨凄切的情韵。

眷念故土,怀乡思亲,是过去时代羁宦的知识分子之共通的情怀。鸟恋旧林,鱼思故渊,胡马依北风,狐死必首丘。人一旦离开乡土,就会有一种乡土之梦永远地追随着他。无论辽阔的空间,悠邈的时间,都不会使这种桑梓之情褪色,相反,离得愈远愈久,愈令人魂牵梦萦,愁肠百结。封建社会官场黑暗,仕途艰危,祸机四伏,那些失意的甚或暂时得意的士大夫,对此中情味体会尤深。尽管徐有贞生当盛明,且一度仕途通达,官至兵部尚书、华盖殿大学士,封武功伯,但作为一位正直的知识分子,细腻而敏感的诗人,他对现实应该有比较清醒的认识。"披图无限江南思,不必闻声也自愁",作者是江南人,面对描绘故乡景物的《鹧鸪图》卷,一股无尽的思乡愁怀和莫名的身世之感油然生出。道是"不必闻声",实则在诗人耳畔早已响彻了"行不得也哥哥"、"不如归去"那一声声令人肠断的悲啼。我们可以想见当时诗人披图伤怀,百脉沸涌,两眼发酸,低回歔欷不已的情形,感受到诗中沉郁苍凉、缠绵凄楚的情致。诗人晚年境遇坎坷,"下狱,编成金齿,三年赦还","晚遭屏废,放情弦管泉石之间,好作长短句,以抒写其抑塞激昂感慨"(钱谦益《列朝诗集小传·乙集》)。莫非徐公于《鹧鸪图》题诗之时,已然对平生遭际有了某种预感不成?

(尹芳林)

丘 濬

(1421—1495) 字仲深。广东琼山(今海南海口)人。景泰进士,官至礼部尚书、文渊阁大学士。学问渊博,熟悉当代掌故。著《大学衍义补》。又作传奇《五伦全备》、《投笔记》、《举鼎记》、《罗囊记》等。有《丘文庄集》。

花径二首(其二)   丘 濬

闲来无事学栽花,每日朝回玩物华。
不是偷闲作时态,要分春意到贫家。

丘濬是明代著名的理学家、政治家,又以诗文剧作见称于世。其诗不务雕琢,或者雄浑壮丽,以气势胜,或者明白如话,以立意胜,均有独到之处。此诗显然属于后一类,立意在末一句"要分春色到贫家"。

丘濬出身寒微,素性俭朴,故对京城官僚们的奢侈钻营很看不惯,而每每念及贫寒的百姓。当时他还有《暮春不见花偶成》写道:"三月京华景物佳,独怜无地可移花。纷纷红白兼桃李,尽属朱门富贵家。"可与本诗参看。这首诗除"物华"(自然景物之精华)稍需解释外,其余字面都易晓,但是,这并不是等于其含义亦浅。试看——首句诗人说自己"闲来无事学栽花",看似平平,但仔细一说,诗人是在朝为官之人,他不去拜客访友、飞短流长、党同伐异、营谋升迁,而却在这名利场中悠然自得,"栽花"而已,容易么?次句又申足上意,他的"玩物华",可不是随心所欲、悦之则"玩"、不悦则弃,而是"每日"如此,乐此不疲,且又除上朝办正经事以外,一天的时间全扑在这上面,心无旁骛。单凭这二句,我们便可知诗人是位洁身自好、淡忘荣利的君子了。

但"独善"决不是诗人可以自满的,尤其是谈理学者,"兼济"更断然不可斯须忘之。于是,诗的后二句一抑一扬,道出了诗人的雄心宏愿。第三句一转,随手带出诗人的对立面,那些人,也做官、也栽花,但他们一是忙里"偷闲",既不全心全意、更不视栽花为首务,至于他们整日里"忙"些什么,那偷得的"闲"功夫还能几许,就不言而喻了;二是"作时态",他们只是求时髦,一窝蜂地上,全不知该如何"玩"出花的真精神。对这种人,诗人郑重言道:自己决"不是"其同道,他的栽花,只是为了"要分春意到贫家"!末句是诗意的高扬,昭示出诗人的崇高人格:他要把花的春意,传播到万门千户的贫家陋室——不,毋宁说,他是立志要以自己的积学、积修,做一番大事业,兼济天下,大拯苍生——那些被"偷闲"者们遗忘的苍生。花、春,在本诗中虽因"花径"之题,是实有者,但它们更重要的,乃是其被诗人赋予的象征意义。回过头再看诗人的"栽花"、"玩物华",读者将恍然大悟:这哪里是洁身自好、明哲保身,这分明是诗人在陶冶情操、砥砺名节,以求有朝一日大展抱负!这,大概也正是诗人写作的命意所在吧?由此而言,本诗比之前引《暮春不见花偶成》,立意要更上了一层。

　　这首诗的风格也与邵雍的击壤派诗有些相近,与稍后流行的庄㫤、陈献章的性气诗可算同调。然他立意较高,念及民胞物与,"要分春色到贫家",故显得有些不同凡响了。

(刘明今　沈　价)

【诗人小传】

王　越

(1423—1498)　字世昌,浚县人。景泰二年(1451)进士。天顺中官右副都御史,巡抚大同,进兵部尚书,总制大同及延绥甘宁军务。以功封威宁伯。寻加少保,赠太傅,谥襄敏。越尝三次出塞,收河套地,身经十余战,出奇取胜,有战功。越诗性情流露,不须雕饰,悲歌感慨,有河朔激壮之音。著有《王襄敏集》二卷。

与李布政彦硕冯佥宪景阳对饮　　王　越

相逢无奈还伤别,尊酒休辞饮几巡。
自笑年来常送客,不知身是未归人。
马嘶落日青山暮,雁度西风白草新。
离恨十分留一半,三分黄叶二分尘。

　　明成化、弘治年间,王越经年镇守西北边陲,写下一些边塞征战和边塞风光的诗,以"发以胡笳吹作雪,心因烽火炼成丹"而斐声诗坛。这首诗就是诗人在边塞为布政(官名)李彦硕、佥宪(官名)冯景阳设酒饯行而写的离别诗。

　　离愁别恨,是古典诗歌中常见的描写情景,"送君南浦,伤如之何","黯然销魂者,唯别而已"。久客边塞,以客为主,送别故人,伤神之情当更难言说。离恨伤别,眷念故园正是这首诗所表达的情怀和气氛。

　　诗的第一句就把"逢"与"别"放在一起,写诗人乐聚恨别,无可奈何的感情。

古人有"相见时难别亦难"之叹,诗人居于荒烟绝塞,关山万里,黄烟沙海,相逢更见其难。然而聚日苦短,又要离别,诗人的感情唯"伤"而已;诗人想挽留故人而不能,想随故人一同回京但王命在身也不能,诗人的难处唯"无奈"而已。开篇一句就写尽了相逢的喜悦和相别的难堪。此时此刻,诗人不知话从何说起,事从何做起,只说:喝吧,喝几巡酒吧,别推辞了,过一会,这样的聚饮也没有了。"休辞"二字,看出主客都心情悲抑,无心多饮,而王越作为主人,虽然不能不劝,其情绪亦是黯淡的。头两句诗,就语言巧妙多姿,感情抑扬起伏,平平的叙述中有几多波澜,几多曲折。

诗写到这里,伤别之情本应喷薄而出,但诗人用"自笑"二字将笔锋轻轻一提,山回路转,别一番情景。他自笑年来年往,常常设宴送客,由于反客为主,有时竟自以为东道,尽地主之谊,殊不知自己也是早该还乡回京的客子。"年来"说明时间之久。"自笑""不知"反其意而道之。人喜而笑、悲而哭,但有时又不得不以笑为哭,以哭为笑。岑参远赴西域,路遇故人,即感动得"双袖龙钟泪不干",该笑而反哭了。同样,诗人这里的笑,亦非乐而笑,而是一种苦笑,无可奈何的笑,凄然的笑,勉强做作的笑,较之哭,更有一番苦况。"不知"亦非真不知,人生的痛苦莫过忘却为幸,可悲的是人们对自己的处境、苦恼难以忘却。诗人这里的"不知"只是说自己常作东,有时产生一种错觉,但错觉是霎那间的事,清醒后便会生出无限的惆怅。"自笑""不知"的后面包含了诗人多少对故园的眷念。这两句写思乡,无一字说思乡,说东道西,欲说还休,款款道来,却蕴藉深情。

五、六句把情境向前推去,写诗人与故人别后的情景。故人已消失在沉沉的暮色中,诗人仍伫立路口深深地目送,正是"青山朝别暮还见,嘶马出门思旧乡"。(李欣《送陈章甫》)第六句又交待时令,"雁度"、"西门"、"白草"都是边塞风物。大雁南徙,秋风逼人,白草枯败,诗人此时大概也不无昭君"愿假飞鸿翼,弃之以遐征"的愿望和"飞鸿不我顾,伫立以屏营"的伤悲。两句全是景语,又语语言情,有悠悠不尽之意。

最后两句"离恨十分留一半,三分黄叶二分尘"。"离恨"二字总括一二句的"伤别"、三四句的怀乡,还笼罩全诗的无可奈何,身不由己。前面曰"无奈"曰"伤",故人别后,诗人曰"恨",看出情感的递进。"十分"的说法非常新奇,诗人的乡愁别恨如是十分,故人带走了一半,而诗人留下的一半,三分化作黄叶,二分化作尘土。秋季的塞外,黄叶萧萧,掠空飞舞;秋季的边尘,随风卷地而来,就是这五分的"离恨"也充天蔽地,让诗人眼前的景物无一不伤,无一不能引起他念旧怀乡的感情。

沈德潜说王越写诗全从"性情中流出,不须雕饰"。(《明诗别裁》)这首诗正是如此,前四首全似口语,而情真意深;后四句略加琢磨,不掩性情。沈氏还认为这首诗应"裁上半为绝句更佳",这话有一定的道理。从诗意上看,前四句伤别怀乡之情已达;从诗的格律看,三四句用一流水对与律体不合,却正是绝句写法,五六句对仗工整、平仄协调,又与古体相悖,因此裁上半亦成佳什;再从用语看,诗的最后两句显然是化用了苏轼《水龙吟·次韵章质夫杨花词》中"春色三分,二分尘土,一分流水"的句法,虽勉强入诗,总有以词入诗的感觉。但是如裁掉后四句,却不见了诗人送别后的惆怅失落、思乡念故一段,最后两句化抽象为具体,诗人的"离恨"触目可视,又以形象强化了诗人的感情,渲染了"离恨""伤别"的气氛,由此看来,后四句也非赘疣,它是诗人送客过程中的一个段落,也是诗人感情的扩展、深化。

(孙之梅)

【诗人小传】

郭登

(？—1472) 字元登,临濠(今安徽凤阳县)人。景泰初年,官右都督,以破瓦剌功,封定襄伯。英宗复辟,因事谪戍甘肃。成化初复爵,充任甘肃总兵官。卒赠侯,谥忠武。郭登诗才力恣肆,或沉雄浑厚,或委婉生动,语言平易而含义隽永,大都琅琅可诵。李东阳云:"国朝武臣能诗者,莫过定襄伯郭元登。"(《怀麓堂诗话》)有《联珠集》,包括其父钰、兄武之作,行于世。

保定途中偶成

郭 登

白璧何从摘旧瑕,才开罗网向天涯。
寒窗儿女灯前泪,客路风霜梦里家。
岂有酖人羊叔子,可怜忧国贾长沙。
独醒空和骚人咏,满耳斜阳噪晚鸦。

保定故治在今甘肃泾川县,郭登在英宗复辟初曾被谪甘肃,此诗即途中所作。

郭登是明初武定侯郭英之孙,是明代著名的武将。明正统十四年英宗北征瓦剌,被瓦剌统帅也先所俘。也先军威逼大同,以英宗相要挟。时郭登以都督佥事守之,修城堞,缮兵械,誓死不下。帝遣人谓登曰:"朕与登有姻,何拒朕若是?"登回奏道:"臣奉命守城,不知其他。"(见《明史》本传)也先阴谋不得逞,乃掳英宗北去,英宗亦以此对郭登怀恨在心。其后景泰帝即位,郭登守大同,屡破也先军,也先俘虏英宗已失去了要挟的作用，遂将英宗归还，当了太上皇。景泰八年，英宗复辟，乃借故将郭登贬谪至甘肃。此诗首二句"白璧何从摘旧瑕，才开罗网向天涯"，所写即是这件事。白璧系白色的美玉，郭登自以为尽忠国事，白璧无瑕，可当事者偏偏要吹毛求疵地罗织他，加以罪名，把他贬谪到僻远的甘肃。当时郭登只身一人去甘肃，妻孥都留在京城，境况甚是艰难，史称其妻"缝纫自给，几殆"。这自然地增添了郭登贬谪途中的忧思。诗中第三、四句非常准确而形象地把这表达了出来，"寒灯儿女"、"客路风霜"，人间的离愁别恨，莫过于此了。为什么诗人偏偏要遭此厄运呢？难道当日扼守孤城，不受也先要挟有罪吗？难道后来力抗强敌，迫使敌人送还上皇错了吗？想至此，他的心情由忧思转入愤切，诗句也激昂起来。"岂有酖人羊叔子？可怜忧国贾长沙！"羊叔子即羊祜，晋大将，曾率军在江陵与吴陆抗军对峙，讲信修德，不为谲诈之谋。"抗尝病，祜馈之药，抗服之无疑心。人多谏抗，抗曰：'羊祜岂酖人者！'"（《晋书·羊祜传》）酖（zhen）为毒酒，此引申为暗害。贾长沙即贾谊，汉长沙王太傅，尝上书文帝，历陈政事，以为"事势可为痛哭者一，可为流涕者二，可为长太息者六"（见《汉书·贾谊传》）。这二句，郭登以羊祜、贾谊自喻：心怀坦荡，可比羊祜；尽忠国事，可比贾谊。当时英宗复辟，宠信宦官曹吉祥、佞臣石亨等，并以私愤杀害了于谦及于谦所举荐重用的一些将领、官员，一时志士吞声，群魔乱舞，郭登侥幸地以先人之功免于一死，远谪边荒之地，这时他还能怎么样呢？"独醒空和骚人咏，满耳斜阳噪晚鸦。"只能如屈原那样独自吟唱自己的悲哀，无可奈何地在斜阳下任凭晚鸦在耳边聒噪。末一句是写景，当正是诗人在保定途中吟此诗时的景况，然亦不无象征意味，把在朝的宵小比作晚鸦聒噪吧，这般佞臣嚣张的日子是不会太长的！

明代士子都重文轻武，武将而能诗者不多，因此郭登便显得很突出。《明史》本传称他"能诗，明世武臣无及者"。尤其难得的是，当时台阁体风靡天下，内容空洞，陈陈相因，格力也愈来愈萎弱柔靡，而郭登独能不受束缚，一任胸臆为之，豪迈如其为人。这首诗内容充实，句句都是他此境此情的写照，同时格律精严，亦足见锻炼的工力。陈田评其诗"才力雄博"，可谓非常恰当。

(刘明今)

张弼

(1425—1487) 字汝弼，号东海，华亭(今上海松江)人。明宪宗成化二年(1466)进士，官至南安(今江西大余)知府。长于诗文，草书甚佳，有名于时。有《东海集》。

渡江

张弼

扬子江头几问津,风波如旧客愁新。
西飞白日忙于我,南去青山冷笑人。
孤枕不胜乡国梦,敝裘犹带帝京尘。
交游落落俱星散,吟对沙鸥一怆神。

这首诗是作者在镇江金山的题作,全篇即景抒怀,表达在奔波愁劳之后,孤寂一人,无所托寄的怅惘心情。

想来,作者的怅惘心情是郁结很久且十分深重的,所以诗歌一开首,"客愁"两字已赫然在目。扬子江渡头,几回回经由,江上风波依旧,而旅人已添了新愁。底下两句,铺衍旅人奔波愁劳之状。太阳天天东升,天天西落,自是无止无息,且不知起讫,然作者竟有"忙于我"之想,显是极无理之语,不过,由此无理语,其感叹自己天涯奔走、东西飘泊的情致,由浅转深。与此出句相对应,对句言向南蜿蜒伸展的青山显得格外清冷,不近人情,一点也不理解旅人客愁之深,反而像在冷冷地嘲笑人,实借青山的整暇和凝重,来反衬人因有所求而离乡背井、抛妻别子是多么的无谓。想到这一层,作者不免有一种怅然和失落无所依的感觉,由此虽然刚从京师来,衣衫上还沾染着那里的灰尘,但故国之思已频频入梦,搅得人无法安睡了。这里,"敝裘犹带帝京尘"一句,是用晋诗人陆机《为顾彦先赠妇》"京洛多风尘,素衣化为缁"典,读者想及陆诗,当会对作者在京师的那番劳苦,有更深入的了解的。尾联承此意,由己及人,作者想到自己那些志同道合的朋友,如今也正和自己一样,天涯作客,四方糊口,山长水阔,欲再携手欢会、谈古论今而不可得,不由得神情悄怆,黯然至于悲怀难抑。"吟对沙鸥"可能是实景实写,即作者午夜梦回,辗转床铺,再难入睡,所以披衣出户,江头散步,见鸥鸟而起意;也可能是虚景虚写,作者既不得安睡,于是重捻灯火,调弄笔墨,赋诗寄慨,也许他想到了杜甫"飘飘何所似,天地一沙鸥"的吟唱,借来入诗。人生本是尘世寄迹,居无定所也属当然,正像这高翔天地间的沙鸥,东止西栖,所以,"沙鸥"在此成了一种孤单飘泊、无所着落的象征。一经吟出,全诗的愁情愁绪,得以上升到一个新的、具有普遍意义的境界,读者的思绪,也由此脱开去,浮想联翩,去体会诗人的孤苦,寻觅自己的感怀。

反映羁旅行役之愁,是中国古典诗歌的一个常见主题,自《诗经》开始,不绝于史籍。旅途的劳顿,寄居他乡的陌生感,以及无所归依的空寂无聊,很容易被诗人捕捉,并且,他们常将这种羁旅之孤单,上升为对整个人生孤独感的体验,由此,诗的内涵得到充实,诗的境界也变得阔大。作者的这首《渡江》,用素朴清老的语言,表达的正是这样一种体验。而对仗之工稳,措辞之精警,更使此诗获得普遍的好评。据董其昌《画禅室随笔》记载:"张弼题诗金山'西飞白日忙于我,南去青山冷笑人',有一名公见而物色之曰:'此当为海内名士。'"可谓善于窥一斑而想全豹。

(汪涌豪 彭 牧)

【诗人小传】

沈 周

(1427—1509) 字启南,号石田,一号白石翁,长洲(今江苏苏州)人。少从陈孟贤学经学。景泰间,郡守以贤良荐举之,隐遁乡里,居有竹庄,奉母耕读,终身不仕。其画闻名当代,与唐寅、文徵明、仇英并称"明四家"。又擅诗,缘情随事,因物赋形,风格不主一家。钱谦益评曰:"石田之诗,才情风发,天真烂漫,抒写性情,牢笼物态。"有《石田先生集》等。

栀子花诗

沈 周

雪魄冰花凉气清,曲栏深处艳精神。
一钩新月风牵影,暗送娇香入画庭。

沈周的为人所知,很大程度上是由他的绘画。"吴门画派"为明代最著名,也是最有代表性的画派,而沈周则堪称"吴门画派"的领袖。然而,书画之外,沈周的诗文在明代也颇出众。他七岁学诗,自幼即有诗名,工于画则在三十岁以后,故其诗实在亦可观,本诗即是一例。

这首《栀子花诗》为七绝。栀子花为常绿灌木,夏季开花,故沈周此诗应作于夏日。起首二句,先说栀子花的形质,因其夏季开花,且花呈白色,所以喻其魂为雪铸,喻其花为冰质,其吐气为清凉之气。此花生在庭院曲栏深处,精神俊爽,引人注目。

诗的后二句尤为奇妙,因栀子花冰雪形质,故当一钩新月初上之际,这花魂便展开了轻盈的双翅,飞离了曲栏,要把自己的娇香,附在自己的俏影上,传向诗人所坐的如画的华庭。此时,夜风也知情识趣了,它眼见花魂欲飞不能的娇态,便悄悄伸出无形的手,把那新月下淡淡的花影轻轻牵住,送向它想去的地方,让它的香气、凉气,弥漫于曲栏、庭院,弥漫于整个夏夜。这二句意境极幽美,措辞亦清新优雅,一"牵"一"送",夏月微风的情态可掬;言"影"言"香",栀子花的精魂大有飞动之态。不过,"画庭"二字,还觉可再斟酌,盖与全诗的氛围不协。

全诗前二句已有实有虚,后二句全从虚处入笔,真有遗貌取神之能。这首诗,只可意会,不可入画;但虽入不得画,也足称佳构。或许,诗人深知作画法门,故作诗时,便要力避作画的熟路吧?于此亦足见诗人力渊之深,非仅以画得名者。

(陈 翔 沈 价)

溪亭小景　　　　　沈　周

幽亭临水称冥栖①,蓼渚莎坪②只尺迷。
山雨乍来茢淄③细,溪云欲堕竹梢低。
檐头故垒雌雄燕,篱脚秋虫子母鸡。
此段风光小韦杜④,可能无我一青藜⑤?

〔注〕①冥栖:冥,远离,幽深。指远离尘世的栖留之所。　②蓼渚莎坪:蓼,一种生于水边的植物,有紫蓼、赤蓼等七个种类,古人种蓼为蔬菜,收其子做药;莎,草名,又称水莎,抽茎后开青花成穗;渚、坪分别是水中的小块陆地和水畔平滩。　③茢淄:茢,同"茅";淄,通"菑"(zī),本义为插入、树立,引申指直立的草木。故茢淄即直立的茅草。　④韦杜:唐代有韦、杜两家大姓,世居长安城南,所居分别有韦曲、杜曲之名,时称韦杜;又因韦曲前临潏水,杜曲面向终南山,二处均景色佳丽,后人又常用"韦杜"借指风景秀丽之处。　⑤青藜:指拐杖,典出《拾遗记》。

作为一位山水画家,沈周对自然风光无疑特别敏感。与他在小册页中善于描绘细小而有意趣的风景一样,他的写景诗也长于描摹自然界的空灵与生机。上面这首《溪亭小景》,便体现了他诗作的那份独特韵味。

诗是从作者身处的溪边小亭落笔,逐渐展开其画面的。一座幽幽的小亭,临一湾清清的溪流,翘然独立,这不堪称远离尘俗最佳栖息处么?站在这座小亭里,俯身一看,近在咫尺的溪边滩地长满了五颜六色的蓼草,其间还夹杂着开了青花的水莎,这真要让人目迷五色了。那么,就抬起眼来,望望周围的景色吧。"山雨乍来茢淄细,溪云欲堕竹梢低。"这一联说的是山间忽然飘来一阵风雨,打在直挺挺的茅草上,那沾着雨水的草丛枝杆分明,让人瞧了仿佛是草变细了;而溪里缭绕不去的云雾,又似乎想要掉下来,使山间翠竹的梢头,也像是被越压越低。这里作者的观察是极为细致的,"山雨乍来"的"乍"字,与"溪云欲堕"的"欲"字,都具有很强的动感,赋予了自然的云雨以一种活泼的生命;而"细"的"茢淄"

落花诗意图　　［明］沈　周

与"低"的"竹梢",又完全是一幅画景,使读者由文字可以很快联想到植物的清丽姿态。

就像山水画中不仅要有秀美的山川,也常要有富于情趣的小动物一样,在对周围环境加以细致的描摹之后,作者的目光也停留在了农家田舍间的那些小生命上。这是从溪亭望去的又一番活泼景象:茅舍檐头那旧日的垒巢里,停居着恩爱的雌雄燕子;竹篱脚边纡回的秋虫后,尾随着啄食它们的母鸡与小鸡。作者在两句诗中只字未提茅舍竹篱内的农人,但因为用了一种极富情趣的笔调去展现农家环境,所以作者对于世外桃源式的农家生活的欣赏与羡慕之情亦隐然可知了。如此,诗的最后一联便顺理成章:"此段风光小韦杜,可能无我一青藜?"这里我们仿佛听到作者为眼前美景所激动而发出的自言自语,这么优美的景色,活脱是当年韦杜二曲秀丽佳处的重现,我怎么可以不去亲自拄杖走一回?去去去,快快前去。于是,作者放下诗笔,走进美景,而这首诗作,也便划上了一个圆满的句号。

(陈 翔)

题 画　　　　沈 周

嫩黄杨柳未藏鸦,隔岸红桃半著花。
开眼阑干接平楚①,夹洲亭馆跂②长沙。
悠悠鱼泳知人乐,故故③鸥飞照鬓华。
如此风光真入画,自然吾亦爱吾家。

〔注〕① 平楚:楚,树丛。登高远望,见树梢齐平,故称平楚。　② 跂(qǐ):垂足而立,脚跟不着地。　③ 故故:象声词,形容沙鸥的叫声。

一流画家常具有超越常人的艺术感觉,这不仅表现在他们本行内的对色彩、构图等的敏锐反应上,也表现在他们时而因"通感"突发奇想,由色彩、画面联想到声音、思想等等非画面所直接表现的内容。沈周,就是这样的一位一流画家。

沈周写过许多题画诗,这些诗形象地展示了他那超越常人的"通感"。例如上面这一首,我们虽然不知道它题于一帧怎样的画上,但凭借作者生机盎然的诗句,却能很容易地在脑海里重现那自然的美妙景色。

杨柳嫩黄,桃花浅红,诗的开首便凸显给读者一份明朗的彩色。这明朗的彩色又不是静止的,它给人联想,杨柳嫩得还没有鸦雀来树上筑巢;它使人看到鲜活的生命,桃树上的花朵正在将开未开之际。面对如此丰富的色彩,作者的心绪自是十分畅快,于是凭栏放眼,望见的是与栏杆平行相接的一带平林;再瞧一瞧河洲之间,亭台馆阁像一位悠闲的隐者,垂足坐在长长的水边沙地上。这里一个"跂"字十分传神,它将亭馆拟人化,由此使第二联跟第一联气息相接,都富于生趣。

因为写到了河水、沙洲,于是诗里自然也出现了鱼鸟的身影。但作者的写法很不俗,他没有从自身的角度去描绘鱼鸟,而是以鱼鸟为基点来反观人生。"悠悠鱼泳知人乐,故故鸥飞照鬓华。"前一句用为人熟知的《庄子》典故,去表现与水中悠悠游动的鱼儿有同样欢乐意趣的人的心情;后一句则借沙鸥白色与人鬓边白发相映照的景象,写出了阅历丰富的智者面对自然的闲静意绪。其间还夹有几声鸥鸣,更使人的闲适与鸟的悠闲相映成趣。

尾联是抒发作者的感慨,平白似口语。奇的是题在画上的诗,诗人还特意要强调"如此风光真入画",仿佛有些多余;可紧接着他说"自然吾亦爱吾家",才使我们恍然大悟,原来这真堪入画的美景,在诗人看来就像是自己可爱的家,或者说,作者已将这自然的胜境当作了自己魂牵梦萦的家。循着这诘语我们再回溯上去,由作者"通感"而来的每一联活生生的诗句,便都有了一层崭新的含义。这正如王国维先生所云,一切景语都是情语。唯其如此,这首《题画》诗才那么引人遐想,给人以美感。

(陈 翔)

雨晴月下庆云庵观杏花 沈 周

杏花初开红满城,我眠僧房闻雨声。侵朝①急起看红艳,对房两株令眼明。还宜夜坐了余兴,静免蜂蝶来纷争。嫣然红粉本富贵,更借月露添妍清。青苹流水未足拟,金莲②影度双娉婷。庭空月悄花不语,但觉风过微香生。老僧看惯不为意,却爱小纸燕脂③萦。高斋素壁可长有,不由零落愁人情。

〔注〕 ① 侵朝:清早。 ② 金莲:莲花之一种。 ③ 燕脂:即胭脂。

明成化三年丁亥,当时沈周41岁。这年二月十六日,沈周去庆云庵观杏花,因雨不得返,留宿庵中。第二天的傍晚,雨晴月出,杏花显得格外娇艳。沈周诗兴大发,绕着杏树吟诵起来,到了半夜,写成了这一首《雨晴月下庆云庵观杏花》的七言古诗。

诗的开头写出时节与地点,当时正是杏花初开之时,满城红艳,沈周留宿僧房,静听窗外雨声淅沥,由此引出第二联的"侵朝急起看红艳",诗人清早起来,急忙要去看经过一夜风雨之后的杏花,一个"急"字,将诗人的逸兴雅情和率真的天性很好地刻画了出来。他看到的是"对房两株令眼明",这里,沈周没有细写杏花,而只是用"令眼明"三字轻轻带过,显然,他的诗的重心并不在"侵朝"的杏花上。

第三联写白昼赏杏花并未尽兴,所以"还宜夜坐了余兴",他还是那样兴致盎然,即使天色已晚。而正是由于在夜晚,更具有澄怀静心的审美环境,这就是诗中所说的"静免蜂蝶来纷争"。

接下来,诗人正式开始写杏花,当然,这时的杏花是月下的杏花,它全然不同于白天那"令眼明"的"红艳",虽然"嫣然红粉本富贵",但"更借月露添妍清",看来,诗人所迷恋的,也正是这"富贵""红粉"之余的"妍清","红粉"固然艳目,但"妍清"却更显高洁,这里,诗人显然已经不完全是在描写杏花的形质,而是借"杏花"来抒发自己的情怀,"富贵"固然可羡,但"妍清"不正是士大夫清风高节的象征吗? 与此相比,"富贵"自可视作浮云。

第五联仍然是写杏花,不过,它不是对杏花的直观,而是从一个侧面去烘托。杏花虽然高洁,但却不能孤芳自赏,诗人于是忽发奇想,用什么样的植物来与它相提并论呢? "青苹流水未足拟,金莲影度双娉婷,"浮萍随波逐流,自然不可与杏花同日而语,想来想去,似乎只有金莲的雅洁才能与杏花的妍清比肩。这里,诗人对青苹、金莲的评论,看似与杏花无关,其实这正是对杏花的侧面烘托,有此一笔,更突出其品质的高贵。

"庭空月悄花不语,但觉风过微香生",杏花在月下庭中,悄然无语,一阵风吹过,送来阵阵花香,而这花香不也是花的一种特殊语言吗! 它仿佛正是借花香与诗人进行内心的交流,当然,它的香决不刺鼻、浓郁,而是文静、清淡,正可见其内质的文秀。这种气质,正合于诗人的趣味,所以他便能在不语之中,与杏花心神相契。

最后二联是诗人的感慨,"老僧看惯不为意,却爱小纸燕脂萦,"写僧人因长住此庵,见此美景,并不稀奇,倒是见沈周来,反要请这位诗人兼画家画一幅《杏花图》给自己。于是,诗人不由得发出感叹: 眼前活生生的真实佳景并不珍惜,却偏爱片纸尺素上虚幻的杏花,这些胭脂画成的杏花怎能和真实的杏花相比呢! 而人们正是这样偏爱虚幻的东西,反而忽略自己生活中的闪光点,这怎不叫沈周怅然呢? 于是他写道:"高斋素壁可长有,不由零落愁人情。"这样的良辰美景并不常有,这就更使诗人愁绪满怀了。

这首诗主要是写杏花,但其含义决不仅限于杏花,它是一种托物自况,显示了沈周高雅脱俗的情怀。从描写的层次来看,先点明时间、地点,并描绘杏花的形质和精神,层层深入,渐入佳境,最后由杏花写到老僧和自己的不同情怀,生发出由衷的感喟。整首诗无论是对景物的描绘还是情感的揭示,都层次井然,由表及里,由浅入深,和他的文字一样,平稳而不奇拗,清新而不聱牙,如山间小溪,于潺湲间汇入大河,虽然终于不见了踪影,但自有其清新的余韵在。 (陈 翔)

折 花 仕 女　　　　　　　　　沈　周

去年人别花正开,今日花开人未回。
紫恨红愁千万种,春风吹入手中来。

"仕女",例称画家所绘之美人。图中之美人,低眉含颦,手攀花枝,欲折未折,春风掠过她青青的双鬓,吹入她正待折花的素手,吹动她脉脉的柔情,她不由地触景怀人,凝思驰想。诗为题图之作,所题者正是点破彼美缕缕丝丝的心事,为图传画中之神,故诗为画中之诗。绘画是一种形象的艺术,其中所含的情愫、意象、思维得诗而益彰,故诗意可以入画,画意更可以从诗的语言中再现。请看本诗:

首句回忆去年,"去年人别花正开",花开之时,正当芳春,本应欢欣,本当相聚,而竟于此时,伊人别去,则是去年之花开,正是人愁之开始。次句由今日之花开,忆及去年之人。"今日花开人未回",今日花开,人本该回来,而人却竟未回来,则是今岁之花开,不仅未能给人以重逢的欢乐,更增添了人的新愁。"花开堪折应须折",人既未归来,纵使有花堪折,徒增伤离伤别之情。当时已负花期,今日何堪再负,彼美之低眉含颦,实为新愁旧恨在容颜上之流露。花开有时,人归无日,花尚有恋旧之情,人岂无怀归之意? 这两句诗可见女主人公内心之愁思,如丝如缕,袅袅萦怀。但诗的精妙入微、感人深至之处更在于后面两句:"紫恨红愁千万种,春风吹入手中来。"这两句写女主人公内心本已凄伤,她在花间无言悄立,感到眼前这千红万紫,并非红娇紫姹,而是紫恨红愁,撩人意绪。花本无愁,因人之愁而愁;花本无恨,因人之有恨而恨,人之感情一一移注于花,故有"紫恨红愁"之绮叹。于是千红万紫,皆成愁因恨绪,她不能不凝想万千,无限怅惘,她徘徊花前,手拈花枝,正当要折取花枝的时候,多事的春风,却把那些红愁紫恨一起吹入她的手中,于是花与人俱含凄怨,风还是微微地吹着,她惘然地停止了攀折。诗写至此,画中之情意已全盘托出,诗意也入微入化,欲折未折,恰到好处。真是"春风不解人愁恨,欲折花枝不自由,无语惜花花解语,慰花无计为花愁"啊!

全诗只有四句,层次曲折,摇曳多姿,画是俊品,诗是好诗,结句点睛,更见境界之美。

　　　　　　　　　　　　　　　　　　　　　　　　　(马祖熙)

送允晖 沈周

陆郎几宿春山去,山鸟山花尽有情。
白李红桃塞行路,黄鹂留客两三声。

此诗为春日送友而作,诗中所称之陆郎,即作者所送之允晖。汉魏以后,"郎"为少年之美称。允晖之年岁当小于作者,为作者之后辈,故作者以"陆郎"称之。作者酷爱书画,兼工诗文,陆郎殆有同好,所以在送别之际,表现出极为深挚的友情。

首二句云:"陆郎几宿春山去,山鸟山花尽有情。"前句叙事,后句写情。陆郎之来,正当风光明媚的盛春,留住几宿之后,就离开作者所居的春山走了。一般说来,友人居留几宿,除了白天清吟俊赏之外,还又剪烛春宵,论诗品画,这时间不能算很短,但作者却不尽留恋之情,很想挽留,而又难以启口。因而在次句借"山鸟山花"皆对陆郎"有情"不忍其离去,以表达自己有心相留的情意。山花山鸟,本为自然界之生物,当春之时,山鸟曼声歌唱,山花吐艳含芳,年年岁岁,都是如此,似乎有情也未必有情,但作者此时以自家的情感,移注于山花山鸟之中,于是山花山鸟,尽为有情之物。山花山鸟尚且如此多情,相留佳客,那么作者之重于情谊,自可不言而喻。作者托物寄情,愈见此情之深厚。然而陆郎毕竟还是走了,"留他不住由他去",诗的后两句承前,并进一步再示相挽之情。"白李红桃塞行路,黄鹂留客两三声。""白李红桃",即指山花。芳馨洁白的李花,嫣红浅笑的桃花,牵挽行客,堵塞着客人行进的山路,可谓有情。"黄鹂",是山鸟的代表,黄鹂在花树间好语留客,呖呖清音,三声两声,倍觉有情。她在为作者代致殷殷惜别之意。诗写至此,不仅情趣盎然,而且也点出了"送"字,加深了送行的诗情画意。

一般写朋友相别或饯行之诗,最易流于伤感,作者这首诗,却是充满隽永清雅的意绪,给人以青春绮丽风流之感。盖以时际承平,作者平时又以"为人耿介独立,风神萧散"见称,不汲汲于功名利禄,故能于送别诗中,别饶清趣,独具特色,就诗论诗,也不失为风华俊逸之佳作。

(马祖熙)

题柯博士敬仲竹枝 沈周

楚烟吹湿碧琅玕,识得奎章墨未残。
莫问先生归去事,江南春雨杏花寒。

诗题中之柯博士,指柯九思。九思(1312—1365)字敬仲,号丹丘生,台州仙居（今浙江仙居县）人，元代著名画家，曾任奎章阁鉴书博士，与虞集为友，工诗善画墨竹。作者此诗，是题柯氏竹枝图之作。

首句"楚烟吹湿碧琅玕"，点题。"碧琅玕"，比喻绿竹美如玉石。唐欧阳詹诗："杨柳摇门青翡翠，修篁浮径碧琅玕，"（《题华十二判官汝州宅内亭》）李绅咏《南庭竹》亦有"烟惹翠捎含玉露，粉开青箨耸琅玕"之句。金人庞铸咏墨竹云："无限琅玕淡墨中。"作者化用前人诗句，表明此图所绘之竹枝，乃是"碧琅玕"上着有吹湿之楚烟，楚地产湘竹，烟浮竹上，故而成为墨竹。句中着一"吹"字，示所绘为受风吹动的竹枝，是动态不是静态，"吹湿"两字，状物入微，极为神妙。次句"认得奎章墨未残"，"奎章"，指奎章阁，柯氏官奎章阁时，尝在阁内用淡墨写竹，时间已经过了约一百年，今见此图，认得当年之墨痕犹在人间。此句因图而思绘图之人，图是出于名手，所以不必多加评品，只以墨痕未残，深示珍惜，"识得"二字，用来也显得亲切。

后两句"莫问先生归去事，江南春雨杏花寒"，因忆及敬仲其人，另转一意。柯氏生平除工诗善画之外，精于鉴别钟鼎器物，当时宫廷中所藏法书名画，多由其鉴定。然而柯氏居官，每常忆及故乡风物，时有南归之思。他和虞集为友，虞集晚年官翰林学士兼国子祭酒、奎章阁侍书学士时，曾作《风入松》词，自道厌倦仕宦生涯，思返江南故里，其词有"为报先生归也，杏花春雨江南"之句，传诵一时。柯氏年辈晚于虞集，辞官不得。作者化用虞集词句，感念柯氏虽有南归之志，但并未达成此愿，故以"莫问"一句，表示叹惋。又在"江南春雨"之后，著"杏花寒"三字以"寒"字传神，示其所遭与虞集不同。（按：虞集原籍四川仁寿，后长期寓居抚州崇仁，柯氏家在浙江仙居，其地皆在大江之南。）虞词之"杏花春雨江南"，本为最美好之境界，江南二月，风光怡人，在雨丝风片中，杏花感得春意，红沁枝头，千枝万蕊，冒雨争放，在春雨滋润之下，倍觉姿容之鲜艳。今作者诗云："江南春雨杏花寒"，在绮丽风光之中，添上了清凄的色彩，则是另一种境界，表明柯氏之未得南归，不仅柯氏本人之心境有冷寞之感，便是江南春雨中之杏花，也感受到清冷的寒意。

综观此诗，显然分两个层次。前二句为一层，因面对柯氏所绘之墨竹，感叹前代名画家出手不凡，乃使奎章阁之遗墨，至今犹以其风流韵致，为人珍惜。后二句为第二层次，由曾在奎章阁任职的两位工诗善画的大师——虞集、柯九思，其晚年之遭际，有所不同，巧妙地运用"杏花春雨江南"这个名句，点染出两种不同的境界，移情于诗句之中，引人深思。其用词之精当，尤令人折服。在题画诗中，亦独具一格。

（马祖熙）

【诗人小传】

陈宪章

(1428—1500) 字公甫,新会(今属广东)人。明英宗正统十二年(1447)举人。屡荐不起,隐居白沙(今江西南昌东北),学者称白沙先生。他是著名理学家,曾就学于著名学者吴与弼。作诗主张抒写性情,不拘一体。著有《白沙集》。

赠 钓 伴

陈宪章

短短蒌蒿浅浅湾,夕阳倒影对南山。

大船鼓枻唱歌去,小艇得鱼吹笛还。

作者陈宪章,明末隐士,作诗主张抒写性情。这首《赠钓伴》,是他垂钓晚归途中的即兴小唱。

诗的首句"短短蒌蒿浅浅湾",点出垂钓地点是在那长着蒌蒿的大河湾。蒌蒿,水生野菜,春天芽叶香嫩,乃佐酒佳味。苏轼咏春有名句云:"蒌蒿满地芦芽短,正是河豚欲上时。"(《惠崇春江小景》)蒌蒿,是春的象征。诗以"短短蒌蒿"起笔,暗示垂钓者是沐浴在和煦的春光中,这就更为惬意。

次句写长河落日的晚景:"夕阳倒影对南山。"这里"南山"是指南山倒影(承前省略)。作者的观察点是水上投影。大河像一面清澈的镜子,这时候,夕阳在山,那又大又圆的落日,拖着长长的光柱,倒映在河面上,与那苍翠妖娆的南山倒影,还有那渔舟的倒影,"对"了起来,相映相衬,构成了一幅多么有趣的天然水墨图画啊!诗人徜徉于这幅兴象玲珑、水墨淋漓的天然图画之中,一定是忘怀一切吧?此句白描见神;动词"对"字将诸多景物纽结到一块,构成了一幅统一和谐的画面。

下二句"大船鼓枻唱歌去,小艇得鱼吹笛还",写晚归。其中"鼓枻"、"得鱼"互文,是说,那大船、小艇上的钓伴们,携着钓得的鱼,划着桨返航;一路上,有的唱歌,有的吹笛。这里分作上下对句,错综反复地说出来,将钓伴们轻松愉快的心情和欢乐的气氛,格外渲染得淋漓尽致,那长长的河道上,仿佛留下了悦耳的歌声和笛声。

这首诗,抓住垂钓生活中有趣的镜头,信笔勾勒,略加渲染,意趣盎然。笔墨朴素自然,随口曲子自来腔,颇有韵味。

(何庆善)

万玉图　　　［明］陈宪章

访客舟中

陈宪章

船中酒多少,船尾搁春沙。
恰到溪穷处,山山枳壳花。

这首小诗写得很特别,题名"访客舟中",但无一字直接写"客",也未写怎样"访";但诗中又句句扣题,以场景暗示。起句"船中酒多少",暗示那船上的客人正以美酒接待来访的诗人;"酒多少"则又暗示,他们喝了一壶又一壶,举杯话旧,兴致甚浓。次句"船尾搁春沙"暗示,小舟是顺着山溪的春水在行驶,船上人因为畅饮欢叙,忘怀一切,以致船尾撞到沙滩上搁浅停住。这时船上人自然会受惊探望,猛抬头,蓦然惊喜,因为发现眼前是一片罕见的美妙境地:"恰到溪穷处,山山枳壳花"——不觉意中小舟已行驶到人迹罕至的深山间溪水的尽头;这里众山环抱,山山盛开枳壳花。枳(zhǐ)壳,亦称枸桔,灌木或小乔木,春开幽香的小白花,唐诗有"处处春风枳壳花"的描写。试想,在这静僻的深山里,船上人突然发现这耀眼如雪、幽香阵阵的"山山枳壳花",他们一定是拍手叫绝、陶然心醉吧?这是访友的余兴,也是访友的意外收获。

这首小诗清新别致,巧妙地以场景描写烘托、暗示人物的神情动态,意藏景中,余味曲包。结构上斩绝利索,突然而起,戛然而止,中间却有起伏变化,虽然只有短短二十个字,"离首即尾",却做到"愈小而大,愈促而缓"(见明王世贞《艺苑卮言》卷一)。是五言绝句的佳作。

(何庆善)

吴 宽

(1435—1504) 字原博,自号匏庵,长洲(今江苏苏州)人。成化八年(1472),一甲一名进士,授修撰。后擢吏部右侍郎,入东阁,专典诰敕。弘治十六年(1503),进礼部尚书,卒于官。赠太子太保,谥文定,有《匏翁家藏集》。他以文章领袖馆阁,其诗工稳恬雅,规模于苏轼。又擅书法,亦学苏。又是藏书家,并手抄卷帙。

新 月

吴 宽

新月如少女,静娟凝晚妆。亭亭朱楼上,隐隐银汉旁。桂树未全长,玉兔在何方? 自然多思致,何必满容光? 黄昏延我坐,檐下施胡床。遂尔成良会,清风复吹裳。愿言①长不负,莫学参与商②。

〔注〕①"愿言"的"言"字无义。 ②参与商均星名,参在西而商在东,出没永不相见。

这首咏新月的古风,可分为两个层次。前八句一层,描绘新月形象;后六句第二层,"我"向新月抒情。在第一层中,诗一上来就把新月比作少女,突出形象的基本特征。次句说这少女的美好形象集中表现在晚妆初匀的时候,它面貌明媚,风度恬静。第三句用比喻手法,写新月照高楼,说这位少女亭亭玉立于朱楼之上,这是虚写。四句写新月悬空,隐隐约约出现在银河旁边,这是实写。两句虚实相间,错落有致。五六句集中写新月外形的残缺不全,故作一问:月中的桂树何以还没有长大? 玉兔为什么看不见了? 诗情至此陡然一跌,作下文反衬。七八句忽地翻起,用高亢激越的音调高唱,盛赞新月——

自然多思致,何必满容光?

虽然形体还不完整,但一弯缺月,不正像少女脸上天然秀美、不必描画的修眉吗(自然)? 当蛾眉紧蹙时,就如她心怀万千思绪,一颦一顾,别有风情(多思致)。即使她外形缺而不全,缺陷不正是人间至美么? 又何必盈满浑圆,容光浩浩,才算得美(何必满容光)? 诗到这里,引发了一场美学论辩,赞美新月,情辞已达顶峰,下一层六句,乃另出机杼,由描写转而对月抒情,主人公"我"登场:

"黄昏延我坐,檐下施胡床。"

"黄昏"句十分奇隽。本是我爱黄昏新月,因此铺设胡床(一种坐具),坐对欣赏,却说黄昏多情,延我小坐。这样写,不仅新月多情,连新月的朋友黄昏也妙解人意了。于是,诗人坐在廊檐下胡床上,与天边少女新月情愫遥通,成此良会。这时候,清风徐来,飘飘吹衣,使"我"身心畅适,逸兴如飞。诗人乃对月祝祷:但愿年年此夜,与伊心魂相守,彼此誓心不负;决不像参、商二星那样,东西异处,永不相伴。结尾坚留后约,情意绵绵。

这首古风有不少值得称道的佳胜,首先表现在立意。诗人写新月,是把它作为圣洁的审美对象来描摹的。在第一层中,把新月写得可亲而不可接,可远观而不可亵玩。第二层对月抒怀,诉倾慕之忱,又复情深语淡,风仪有度,使整诗格调高雅,意境清幽。尤为可贵的是,诗人提出了全新的缺陷之美的审美观点,使人耳目为之一新,审美情操也受到了洗涤。

其次,在艺术形象的塑造上,把新月拟之为少女,堪称妙喻。少女天天长大,新月夜夜变圆。新月如钩,使人联想到少女的蛾眉;少女娴雅,又使人联想到新月的情韵;由于两者逼似,便取得了亦人亦月、人月难分的艺术效果。

再其次,这首诗在炼字、炼句、炼意上,均见作者工力。例如:"亭亭朱楼上,隐隐银汉旁",用"隐隐"与"亭亭"属对,就非常精警。秋夜银河丽天,新月之光甚微,用"隐隐"二字,就格外准确传神。又如:"自然多思致""黄昏延我坐""清风复吹裳"都是诗中隽语。以此描绘新月,描写夜色,有助于形成意境。

吴宽是吴中诗人,廷试进士第一,后入侍东宫,以文章领袖馆阁。诗亦如其人:雍然恬雅,秀健深静。这首《新月》,正体现了他的典型风格。　　(赖汉屏)

【诗人小传】

庄㫤

明诗人。字孔旸,江浦(今江苏南京市浦口区)人。成化丙戌进士,官翰林,授检讨。以谏谪官,后迁南京吏部郎中。天启初追谥文节。

题　画　　　　　　　　　　　庄　㫤

老眼江山处处新,雪中天地更精神。
傍人岂识尧夫意,未有深冬未有春。

庄㫤为明中期性气诗派的代表作家,作诗效宋代邵雍(字尧夫)的击壤体(邵雍有《伊川击壤集》),喜欢在诗中讲道,如"周子一圈天地易,尧夫几句牡丹诗"。(《和爱晖员外定山观紫薇花之作》)"赠我一杯陶靖节,答君几首邵尧夫"。(《与王汝昌魏仲瞻雨夜小酌》)这些句子以道学打诨,了无诗意,实在算不上诗,历来为后人讥评。但他也倡言"光风霁月,鱼跃鸢飞,道之妙形矣"(《送潘应昌提学山东序》),认为道无所不在,故诗也无不可作,见解不无可取之处;且他作诗还相当认真,重视音声句律的锤炼。因此,他虽以诗言道,但也颇有一些耐人品味的好诗。这首《题画》便是其中之一。

这一首诗的首二字"老眼",是统摄全诗者,说明本诗是一个有阅历的沧桑老人之言。在老人看来,繁花似锦、令人爱恋的春天也罢,冰雪茫茫、令人生畏的冬天也罢,"江山处处新",其中各有新趣,因为从道学的眼光看来,万物适性生长莫不有新义,即"群籁虽参差,适我无非新"(王羲之)之谓也。"雪中天地更精神",冬天是一岁之末,老年是人生之末,但对于节操凛然、老当益壮的老人而言,"雪

"中天地"的冰霜之姿,正可与他们的晚节相映照,故在老人眼中,冬天便更觉"精神"。

宋代理学家邵雍有《岁寒吟》诗云:"松柏入冬青,方能见岁寒。声须风里听,色更雪中看。"此即本诗第三句之"尧夫意"。邵雍之诗,本自孔子的名言"岁寒然后知松柏之后凋也",为激励人保全晚节之作,与"雪中天地更精神"有相类之意,但也不尽相同。作者一句"傍人岂识",便道出了其中的不尽相同之处——毋宁说,是道出了他对"尧夫意"的独特领会,因为"傍人"不识,自然"识者"只是他自己。尧夫的诗中,不是说冬天也有"声"和"色"么?作者便进而联想到,常人只知春天莺啼燕语的"声"、桃红柳绿的"色",却不知此声此色,早包孕在冬天的茫茫白雪、无"声"无"色"中。若没有深冬的孕育,又何来阳春烟景的繁盛?于是,他便在"尧夫意"上推出了新的结论——"未有深冬未有春"。

这其实是一首思索人生的诗。老年人虽然终将"已矣",但他们积累的人生经验,总会对新一代的成长起到重大作用,犹如冬天虽将过去,但春天却非经冬天的磨砺不能到来一样。因此,老年人不该哀衰叹老,晚年中应自觉"更精神",应视晚年与少壮为同样的"新"趣盎然的人生良辰佳时,应充分认识到老年的独特之价值。不过,本诗虽是思索人生,却巧以"春"、"冬"取譬,读来不觉枯索,反更有味,这是作者集中不可多得的好诗。

读本诗,又可令人联想到英国诗人雪莱的名言:"冬天已经来了,春天还会远吗?"不过,二者是不相同的。在雪莱笔下,冬天是黑暗的、可憎恶的;而在本诗中,冬天是精神抖擞、前程光明的。可以说,本诗是一篇出色的黄昏颂。

(刘明今 沈 价)

忆舍弟　　　　　　　　　庄 㫤

天边闻一雁,杳杳向南徂。
今夜西风冷,他乡小弟孤。
五人千里去,九月一书无。
欲寄千行泪,凭谁达客途?

明代成化年间(1465—1487),本诗作者在京城任检讨官。某年元宵,皇帝命史馆文臣赋诗庆贺放灯,庄㫤以为过于奢侈,抗疏谏止,遭到贬斥,从此,宦场上他始终困顿不顺。可是,也正因为这个原因,他得以将毕生精力都奉献给了文学创作。庄㫤尤其喜欢作诗,酷拟唐人,当时的著名学者陈宪章对他的诗相当推崇，有"百炼不如庄定山"之誉，可见他的诗注重语词的锤炼，大多较为雅致蕴藉，难免雕琢。而本诗却和他通常的诗风不同，相当自然坦诚，素朴无华。也许他有满腹心事，不吐不快，一旦喷泻，就无暇修饰了。

大概受过伤的心最为敏感，任何极为寻常的事物或声响，都会使他由此及彼，百感交集，因此睹花溅泪，见鸟惊心；大概受过伤的人最怕寂寞，长夜漫漫，辗转反侧，思念常常就在此时长上翅膀，四处翱翔。本诗就是在那样一个难捱的夜晚，由大雁的一声啼鸣引发的。

万籁俱寂，寒夜萧索，诗人难以入睡，忽听遥远的天边传来一声凄厉的雁叫，顿时使诗人百感千愁，倍觉凄凉：那一定是一只掉队的大雁，执着却又孤独地往南迁徙。哦，深秋已至，严冬将临，难怪如此彻心彻骨地寒冷。那么，远在异地他乡的小弟，是否如同这只孤雁？他是否经受得住今夜西风的冰冷？他是否也陷入孤立无援的境地？这样的挂牵已经持续了漫长的九个月，揪心的思念实在令人无法忍受。自己的小弟一行五人，背井离乡远赴千里之外，至今杳无音信，生死未卜。诗人一心想要将自己的满腔思念和千行热泪捎给小弟，捎去问候，索来慰藉，但是，旅途漫漫，居无定址，哪里有人愿意帮助自己寻找小弟，又有谁能为自己送去这无法投递的家书。诗人苦思冥想，终于还是没能找到摆脱愁闷的出路，这悠长的痛苦思念，谁知还要延续多久。

本篇完全按照诗人的思路，按照他当时的所闻、所感和所思顺序写来，从雁鸣到天寒，又由天寒想到异地他乡的小弟，进而抒写骨肉分离、音讯不通的苦痛，环环紧扣，一气呵成。本诗用语相当自然通俗，犹如孤独寂寞之人出自肺腑的喃喃私语，情真意切，不假雕饰，然而生动感人。

（孙小力）

【诗人小传】

文森

明诗人，字宗严，长洲（今江苏苏州）人。成化丁未进士，历官右佥都御史，江西巡抚。

九　日

文　森

三载重阳菊，开时不在家。
何期今日酒，忽对故园花。

野旷云连树,天寒雁聚沙。
登临无限意,何处望京华!

每年的九月九日重阳节,赏菊聚饮,登高赋诗,是中华文人的传统风尚,以"重阳"为题的诗篇,难以计数。但是,唐代诗人王维的那首绝唱《九月九日忆山东兄弟》诞生之后,似乎就此杜绝了后代诗人凭借此类诗题扬名的机会,历代文人固然每逢重阳仍是饮酒赏菊,吟哦不止,但很少引起世人的重视。清人沈德潜在《明诗别裁集》里却选录了这首描写重阳的抒情小诗,并借用沈子山的评语说:"语不必深,自然蕴藉。"显然窥见了本诗某些不一般的长处。

本诗主题并不特殊,仍是抒写"每逢佳节倍思亲"的思亲怀乡情绪,这和王维的诗并无差异。而其特点在于保持自然素朴和毫不矫饰风格的同时,却又不失含蓄。全诗并无一词一语直写怀亲思家,而眷恋的情感和深沉的思念从字里行间渗透出来,相当动人。

首联以委婉的方式告诉读者,自己离家业已三年;游子思乡,不言自明。颔联则称:作为一个独在异乡的异客,无意中看到了那早已熟悉、却久未谋面的家乡的花,不免睹物思人。离愁别绪显然又推进了一层。那么,饮酒浇愁人更愁,诗人意欲寻求另外一种方式争取安慰和解脱,颈联自然转写诗人登高观景的情形。可是,诗人奋力登上山巅以后,所目睹的情景却使他更添惆怅。那广袤的原野一望无垠,天际的白云和远方的树林都溶为一色,融入了苍苍莽莽的空旷萧索;大雁正聚集在河滩上小憩,它们已感觉到寒意,它们仍将不断地南飞,飞到那充满温暖的地方。天高任鸟飞,雁雀自翱翔,可是人却没有那份自由,诗人由大雁的南飞联想到自己的处境和遭遇,想到自己不能径往京城,不能与家人团聚,不禁感慨万端。诗人在尾联里满含悲愤地说:天苍苍,野茫茫,无处望京华,亲人离自己实在太遥远了。尽管他将那无限柔情和无穷思念,都汇聚于这延颈企踵的凝眸一望,终究毫无所获。天地茫然,诗人的心也茫然……

此诗咏叹思家之情,委婉深沉。作者满腹抑郁惆怅,蓄积已久,如今一旦触发,却并不像峡谷之水,奔泻汹涌,一气贯注。也许创伤太深,尽情发泄,于伤无补,反增伤痛。于是诗中描写半含半露,犹如山涧之水,其势迂回,忽而抒发诗人内心的感受,忽而描写诗人眼中的景致;忽而说三个重阳没能在家赏菊,忽而又说在外乡看到了故乡的花,甚至最后近于悲愤的抱怨,仍然要以"京华"指代家乡,不愿直言吐露思家的悲切。而如此含蓄深沉的感情却又采用自然质朴的语言抒发,使作品的境界显得更为悠长深远。

(孙小力)

诗人小传

戴 冠

字章甫,长洲(今江苏苏州)人。以贡授绍兴府训导。《明诗别裁集》收其《题姚少师画竹》一诗。

题姚少师[①]画竹　　　　　　　　戴 冠

北地风高卷塞云,惊沙吹起雁成群。
客边偶写龙孙[②]谱,忘却江南有此君。

〔注〕①姚少师:姚广孝(1335—1418),幼名天禧,长洲(今江苏苏州)人。年十四为僧,法名道衍,字志道,号逃虚老人、懒阁翁等。通阴阳术数之学,工诗善书画,尤精墨竹。明洪武中,从燕王朱棣至北平,助王起兵。朱棣称帝,录其功第一。永乐初,复其姓,赐名广孝,改字斯道,授太子少师。卒后,加赠少师。　②龙孙:竹名,生山谷间,高不盈尺,细如针。

这是一首别致的题画诗,作者不致力于阐释画面,却若隐若现地给作画之人以讥刺,既庄又谑,辛辣风趣。

姚广孝追随永乐皇帝久居北方,随着年事的增高,日益思念江南的家乡。在他七十四岁的时候,曾自跋所画竹云:"永乐六年(1408)夏六月,因病不出,独坐寿椿堂。忽想长洲旧家之竹,归心油然而生,故作短梢,并诗以纪其事。"诗中有"翠叶襹襹拂水云,凌霜劲节不同群"之句,可见他惯画翠竹,并且和通常文人画竹一样,含有以竹喻志的用意。但是,本诗作者认为姚广孝并不具备竹的节操,也不配与江南竹乡的君子为伍,因此,在作者眼里,姚广孝笔下的竹也黯然失色、毫不起眼。

本诗前二句描摹画面景象,不过并未以画的主题作为对象,却将笔触指向了画面上的背景部分——一派肃杀粗犷的北国风光,以此渲染大自然的严酷。那么,处于风卷残云飞、惊沙扑雁起的如此恶劣的自然环境之中,画师笔下的竹子又呈现出怎样一种姿态呢?诗人并不作正面描写,反而将犀利的笔尖瞄准了画师本人。诗的后二句说,姚广孝充当永乐帝幕僚之暇,偶然兴起,援笔染翰。既然写竹,本应描绘耸立挺拔的青青翠竹,他却涂抹了这么一些细细袅袅、弱不禁风的龙孙竹,大概他早已淡忘了江南翠竹的伟岸挺直,忘却了竹子刚直不阿的君子性格。

作为姚广孝的同乡,本诗作者对这位声名显赫的少师大人显然并无好感,这种鄙视的情绪或许是当时的长洲人所共有的。据《明史》记载,姚广孝当年功成名就,还乡省亲,其姐不予接纳,甚至直言痛骂;姚广孝拜谒旧友王宾,王宾也不愿与他会晤,只管遥遥相对,沉痛万分地说:"和尚误矣!和尚误矣!"原来,朱棣起兵取代侄子建文帝,并且大肆杀戮以方孝孺为首的文臣,引起江南文士的普遍反感。姚广孝是促成朱棣起兵的主谋之一,当然同样遭到敌视。这种思潮的影响是相当深刻、强烈和持久的,因而一百年之后,戴冠仍然要耻笑姚少师,说他犹如龙孙竹一般毫无气节,说他愧对清高脱俗、正直傲岸的江南君子。

  一般来说,题画诗只是对于画面的阐释,致力于发掘画面的意境,表达画家无法用画面表现的意蕴,即以诗歌语言弥补绘画语言的局限,充分展示绘画的思想深度和艺术魅力,因此相映成趣。而本诗独辟蹊径,借题发挥,着眼于抒写诗人自我的感慨,嬉笑怒骂,酣畅淋漓。本诗充分利用了中国诗画共同的象征特色,既紧扣画面主题——竹,而又不拘泥于画面形象,巧妙地将画面表现的对象与人联系起来,将对象的形象特征与人的性格特征联系起来,诙谐辛辣,却又不失含蓄。尤其值得称道的是,诗人将画外的竹引入诗内,形成两种竹的对比,以此衬托江南竹的人格力量,从而曲折然而又是强烈地显示了江南士人的自尊自傲,这种精神,正是本诗作者意欲颂扬并至死坚持的。

(孙小力)

诗人小传

马中锡

(1446—1512)　字天禄,号东田,故城(今属河北)人。成化进士,官至右都御史。曾统兵镇压刘六、刘七起义。以诸将怯弱,改用诱降手段,图谋瓦解起义军。所计不成,为朝廷论罪,下狱死。能诗文,有《东田集》。小说《中山狼传》一说为他所作(一说为唐姚合或宋谢良作,中锡只是修改)。

元世祖① 庙

马中锡

世祖祠堂带夕曛,碧苔年久暗碑文。
蓟门② 此日瞻遗像,起辇③ 何人识故坟。
棹楔半存蒙古字,阴廊尚绘伯颜④ 军。
可怜老树无花发,白昼鸦鸣到夜分。

〔注〕　① 元世祖:名忽必烈,元睿宗第四子。宋景定初年,即位于开平。定都燕京,改国号曰元。在位时一统中国,东征日本,南征缅甸,疆域之广,自古未有。执政三十五年崩,庙号世祖。　② 蓟门:即蓟丘,位于河北宛平之北。　③ 起辇:地名,即起辇谷,位于内蒙古境内,黄河西北阿尔坦山的北面。元太祖铁木真及其子孙的葬地。　④ 伯颜(1236—1294),蒙古八邻部人,忽必烈时任中书左丞相,曾率军南下灭宋。

本篇描写作者游访蓟门元世祖祠堂的所见，以及当时的感想，现实事物的真切摹写与深沉的历史思考凝聚交叉，使本诗具有一种撼人的魅力。

首联是作者最初走近元世祖庙时，这座祠堂给予他的印象：残阳似血，给陈旧的祠堂抹上了数道余光；碧苔丛生，使斑驳的碑文更难辨认。也许诗人想象中的忽必烈从来就是历史上的里程碑似的伟大人物，或许是史书上那样一个叱咤风云、威震四方的一代天骄，因此眼前的景象不免使他大失所望，感慨良多。诗人由此进一步联想到，蓟门的祠堂尽管破旧衰败，毕竟还能在此瞻仰元世祖的遗像，而在他们的家乡，这些昔日帝王的坟茔恐怕早已荒草丛生、堙没无存了。颈联二句，是作者进入祠堂以后目睹的景象。从屋内残存的设施上面，似乎还能窥见忽必烈时代的兴盛和淫威。那桌子和门柱上，留着不少的蒙古文字；北边走廊的墙上，早先绘制的蒙古军队出征图居然还是清晰可见。但是，正像这昔日辉煌的庙宇如今变得如此破败不堪一样，逝去的毕竟无法挽回，二百年的世事沧桑，使忽必烈等昔日举世皆知的人物，也已逐渐被众人遗弃了。诗人步出门来，唯见老树枯萎，一只猫头鹰栖息其上，凄厉的啼声从白天一直持续到半夜，更添无穷凄凉愁怆之感。

当然，诗人并非在此纪念元世祖，他只是从世祖庙衰败这样一个事实，悟出了某些平时从史书中学不到的道理：相对漫漫的历史长河来说，任何人都只是匆匆的过客，无论他生前如何不可一世，终究只不过是沧海一粟，转眼之间，天翻地覆……诗人念及于此，自然感到莫名的悲哀和深深的茫然。因此，全诗自始至终都笼罩于凄婉的氛围之中，而且这种压抑的感觉是伴随着事实的陈述步步加深的。恰如清人沈德潜借助于他人之口所给予的评价："用事典实，铸词凄婉，可称绝唱。"（见《明诗别裁集》）这绝唱，来源于诗人力求透过现象的、深沉凝重的学者型思考。

（孙小力）

诗人小传

范澄
明诗人。字国清，宝应（今属江苏）人。景泰庚午举人。

送　别　范　澄

酒尽津鼓喧[①]，风生浦帆乱。

送别　　　　　　　　　　　　　　　　　　　　　　范　澄

山回君不见,夕阳在河岸。

〔注〕① 津鼓:古时渡口客船启行,例鸣鼓催客。

　　送别好朋友,常令人恍然若失,觉得生活中从此少掉了一大块,留下一个空洞洞的缺陷。为了表现这种失落感,本篇使用了前后对照的写法。

　　送别的场面看起来很热闹:酒喝尽了,各人都有些醉态。在一片喧闹的鼓声中,行人上了船。在江岸同时开发的船不止一条,船家乘风张起帆的时候,船身摇晃,帆影乱成一片。二句各以"喧"和"乱"二动词押尾,突出了动态。其实,"喧"和"乱"并不是愉快的感觉,但这种忙忙碌碌、喧闹紧张的景象,能够暂时牵扯住人的注意力,使人无暇多思。

　　不久,帆影被回曲的山岗所遮没,送行的人也差不多散尽,只有一道夕阳的余晖铺在江边的沙滩上。一切忽然变得如此安静,好像什么也未曾发生过,天老地荒,这江边从来就是如此。刚刚的"喧"、"乱"景象,好像也是很虚无的,像是幻觉。短时间中一闹一静的对比,使人产生一种空洞感,觉得心中突然失落了很多东西。

　　李白《送孟浩然之广陵》云:"孤帆远影碧空尽,唯见长江天际流。"这是写久久地注视,体现别情之深长。本篇"山回君不见"一句,表面看来很像李诗中的"孤帆"一句,其实效果不一样。至少,它并不表示悠长的间隔。在读者的心理上,"喧"和"乱"的景象以及航船本身,都是很快就消失的。因而动态和静态,接得很急。这样,两者的对比就更显得强烈。这诗写成五绝而不是七绝,可能也有所考虑。七言句节奏比较宛转,不如五言句短截明快,效果可能要差许多。

(骆玉明)

李东阳

(1447—1516)　字宾之,号西涯,茶陵(今属湖南)人。明英宗天顺七年(1464)进士,在翰林院供职三十年,官至侍讲学士。宦官刘瑾专权时,依附周旋,颇为时人所不满。卒谥文正。他是明代成化、弘治年间诗坛首领。其诗多应酬题赠之作,古乐府多咏述历代史事。形式上追求典雅工丽。《明史·文苑传序》说其诗"出入宋元,溯流唐代"。以他为首的茶陵派,是在明初台阁体与明中叶前后七子之间起了过渡作用的一个诗文流派。有《怀麓堂集》。

【诗人小传】

游岳麓寺

李东阳

危峰高瞰楚江①干,路在羊肠第几盘?
万树松杉双径合,四山风雨一僧寒。
平沙浅草连天远,落日孤城隔水看。
蓟北②湘南俱入眼,鹧鸪声里独凭栏。

〔注〕 ① 楚江:这里指湘江,距岳麓山六华里。 ② 蓟北:古地名,在今北京市大兴区一带,以后泛指河北省北部,这里泛指北方。

写诗如绘画,特别山水诗与山水画,在艺术方法上颇有相似之处。如画山水很讲究远景与近景的安排,使一幅画有"景深",有层次,显得立体化。写山水诗何尝不是如此呢?读李东阳《游岳麓寺》颇能体会此中艺术三昧。岳麓寺位于今湖南长沙市湘江西岸的岳麓山上。寺庙建于晋泰始四年(268)。杜甫晚年曾到此一游,留下了"寺门高开洞庭野,殿脚插入赤沙湖"的诗句。明成化八年,二十六岁的翰林院编修李东阳陪同父亲返故乡茶陵(长沙附近)省亲,游岳麓山,写下上面这首诗。

"危峰高瞰楚江干",岳麓山拔地而起,山势巍峨。岳麓寺在半山腰。诗人盘旋攀登,终于走上寺来。他兴奋地喊出声来:我现在站在"危峰"上向下看,啊,湘江岸边的景色尽收眼底了!"危峰",已见山峰之高,又用居高临下的"高瞰"二字,更显出视野的广远,突现出岳麓山巉岩挺拔的气势。第一句就有近景和远景,人在"危峰",是近景,距岳麓山六华里的"楚江"(即湘江)自是远景物了。

接着诗人收回视线,转向自己所在的岳麓山。自己身在"危峰",却顾所来路径,不禁发出一声惊叹:"路在羊肠第几盘?"那山间曲曲折折的羊肠小道啊,不知拐了多少弯儿,才进得这座古刹呢!

诗的头两句,写登高、望远和回顾来路三个过程,都是写登上高峰的最初的兴奋的心情。等到这种狂喜的情绪稍稍平静,便开始细细打量四周的风景了:"万树松杉双径合,四山风雨一僧寒。"诗人发现岳麓山有一个特点,满山都为稠密的松树和杉木所环抱和覆盖,显得极其幽深和清寂。密树荫蔽的丛林中隐约有两条小路,在接近山寺处并为一条了。李东阳游岳麓山时,已是"长沙地湿天将暑",而在此山中,却感到置身清凉世界中。诗人不由驰骋想象:当风雨如晦之日,这层峦叠翠中的山寺该是多么萧飒、清寒啊!这两句都是写山中所见,都是近在眼前的景色。接着,诗人又转移视线、游目山外了:"平沙浅草连天远,落日孤城隔水看。"诗人放眼远眺,入望尽是平沙浅草,草木的绿色一直延伸到天际;隔着湘水而望,只见孤零零的长沙城沐浴在夕阳的余晖中。这两句诗写出了"长沙千里平"(韩愈诗句)的地理特点,湘江沿岸、长沙周围是广阔的平原,从岳麓山上望去,崛起在地平线上的长沙城极其显眼,看去有似"孤城"了。

李东阳自小生长在北京,以后又一直在北京做官,此次是他第一次回故乡,第一次看到湘江和岳麓山的风光,故乡的山山水水多美啊!而自己马上要告别此地,回北方古城北京了。他不由极目遥望天边,仿佛看到了祖国南北辽阔的大地,仿佛北京、长沙都在自己视线之下了。一种对故乡的依恋之情牵动着独自凭栏的诗人的心弦,偏偏此时多情的鹧鸪又叫起来,好像是在殷勤地挽留行人。此情此景真够令人销魂啊!

李东阳年轻时,"台阁体"诗风还相当盛行,这是一种以平正典雅、歌咏升平为宗而不重视发抒个人情思的创作倾向。李东阳步上诗坛,开始有意识地加以突破。从这首《游岳麓寺》也可看到这种迹象。虽然这首诗句句都是写景,作者满腹离情始终没有明说,最后却被"鹧鸪声声"把它点破了。李东阳游岳麓山,是生平第一次,也是最后一次,然而他深深爱它,永远不能忘记它。他逝世前,特地把自己的文集命名为《怀麓堂集》,就是怀念长沙岳麓山的意思。可见其一片深情了。

《游岳麓寺》作为一首山水诗,诗人好像在绘一幅山水画,在"位置经营"上很有讲究。我们从结尾"鹧鸪声里独凭栏"句,可知诗人的视点所在,他是在岳麓寺一个山亭上凭栏观赏风景,视线逐渐地由近及远,再由远及近,有时近景与远景相交错,呈现多层次的复杂画面。记得宋元以来画家们探讨山水画技法,有"高远""深远""迷远""幽远"诸多分别,多角度地进行画面空间的艺术设计,李东阳这首诗不也是这样吗!

(铁　明)

夜过邵伯湖　　　　　　　　　　　李东阳

苍苍雾连空,冉冉月堕水。飘飘双鬓风,恍惚无定止。轻帆不用楫,惊浪长在耳。江湖日浩荡,行役方未已。羁栖正愁绝,况乃中夜起。

李东阳成化八年任翰林院编修,时年26岁,这年,他由京告假回湖南,沿运河南下,途经邵伯湖。邵伯湖位于江苏中部,扬州北面。本诗是诗人这次旅途所作诗文集《南行稿》中的一篇。

"苍苍雾连空,冉冉月堕水。"此写湖上夜景。邵伯湖北接广阔的高邮湖,两个湖到了晚上,水气蒸腾、扩散,形成茫茫大雾,像是与天相接一般,辽阔无垠,一片灰白。开篇第一句就把湖上夜晚的特有景观勾勒了出来,它宛然"帘幕无重数"的大舞台布景,宏阔气派,又飘忽朦胧、如梦如幻。紧接着出台的便是洞府仙子月姑娘,她皎洁如玉、脉脉含情,仿佛被这洁净浩渺的湖水所招引,"冉冉"而下,不偏不倚,像要"堕"入这湖水的怀中,尽情地沐浴一番。

开头两句看似寻常,实则静中有动,动中有静,蕴含丰富,耐人寻味。诗人一是选用了"连"字写雾,使人感到雾在弥漫,已与高空融为一体;一是选用了"堕"字写月,月本是静物,由于船行很快,船上人看月却疑惑月在直"堕",这是因为视觉造成的心理错觉起了作用,也反映了船行月移相对运动的感觉。诗利用这种错觉化静为动,显得别有趣味。同时"堕"有沉重感,是诗人心情的自然流露。眼前景致虽美,但不与诗人内心情感吻合,此谓乐景不为哀情所欣赏。因此"堕"字下得有分量,与结句"愁"字遥相呼应,使得诗情前后浑然不可分割。

以上二句,还只是邵伯湖的大背景,再下四句,则是"夜过"邵伯湖的正题了。这四句都着力在一个"风"字上。"飘飘双鬓风,恍惚无定止",这风吹来,恍恍惚惚,不知所起、不知所迄、不知何时方休,这正是湖上风的特色;但休说它"恍惚",它还真有力量呢,吹乱了船头诗人的双鬓,这还是其小者也。"轻帆不用楫,惊浪长在耳。"这才是湖上风八面威风的时候。"不用楫",是说风太大了,鼓足了船帆,船再也不必靠划桨助行了。既轻快,又惊险。风使船飞驶,船一任风播弄,只听惊涛骇浪拍击着船板,何等惊心动魄!捱过了这样的时刻,诗人怎能不马上提起笔来,记下这夜过邵伯湖的难忘之景?可以说,促使诗人写作本诗的,不是雾、不是月,而是这湖上的风。从全诗的情绪看,诗人对这风似乎并无好感,但这四句(尤其"轻帆")实在是非亲身经历不能道得的妙句,不管诗人主观感情如何,它们都为邵伯湖生色不少。

最后四句抒发诗人内心情感。"江湖日浩荡,行役方未已。"(行役,这里指行旅。)诗人由运河至高邮湖、邵伯湖,水面日益宽阔,水势日益盛大,而行程正处中途,远远没有结束。按理景象越来越开阔,心情也应越来越畅快,可"方未已"三字所表露的却是对长久栖身他乡水上的无限厌倦,含有赶快终止这种动荡不安的羁旅生活的企盼。所以,末了他不禁感慨道:"羁栖正愁绝,况乃中夜起。"这两句一方面紧扣"夜",一方面点明"愁",题意遂获得了突出:本来这种忧愁已到极点,更何况是半夜时分?

　　以浩大开阔的自然境界衬托诗人忧愁郁闷的情怀,这也是以乐景写哀的一种方式。这种愈来愈盛的乡愁,一时占据了他的内心世界。由于这种主观内心情绪在起作用,在整个审美过程中,客观物象也就难免不染上诗人的主观感情色彩。所以我们把握住了诗人的这种感情的主旋律来读这首诗,对前面所写的雾、月、风、浪和烟波浩渺的江湖,就都可以理解为是诗人"愁"的感情载体,都不免附有"愁"的情绪。

(朱永年)

寄彭民望　　　　李东阳

　　斫地哀歌兴未阑,归来长铗尚须弹[①]。
　　秋风布褐衣犹短,夜雨江湖梦亦寒。
　　木叶下时惊岁晚,人情阅尽见交难。
　　长安旅食淹留地,惭愧先生苜蓿盘[②]。

〔注〕①"归来"句:铗为剑把。《战国策》载,冯谖为孟尝君食客,左右贱之,他倚柱弹剑而歌:"长铗归来乎,食无鱼。"后又歌"出无车"、"无以为家",孟尝君均满足了他,奉为上宾。后冯谖多次为孟尝君解危度难。　②苜蓿(mù xù)盘:苜蓿是一种野菜。唐薛令之为东宫侍读,清贫,因作诗自嘲:"朝日上团团,照见先生盘。盘中何所有?苜蓿长阑干。"后因以"苜蓿盘"指小官清苦的生活。

　　彭民望名泽,湖南攸县人,以举人官应天通判,落魄归。他是当时著名诗人,尤以七律擅场,失志归家后,生计艰难,李东阳闻知,作此诗相寄,表达同情与不平。

　　诗起句如急雨飙风,拔地而起,气势磅礴,化用杜甫《短歌行赠王郎司直》起句"王郎酒酣拔剑斫地歌莫哀",表达彭民望英雄失路、托足无门的悲哀,及其胸中万丈勃然不可磨灭之气,睥睨天下的豪兴,一下子提起了全篇。严羽《沧浪诗话·诗法》说:"对句好可得,结句好难得,发句好尤难得。"诗发端气魄宏大,即能笼罩全诗,使通篇灵活而有生气。李东阳这首诗起句直劈而下,震撼人心,把彭民望的才力、气魄点染殆尽。对句承出句而来。说彭民望有如此才识,自当回翔公卿,出将入相,现在却失意而归,难遇识家。诗用冯谖典,一是说他有冯谖那样的高才;一是说他目前穷愁潦倒,仍需求助于人,但世无孟尝君那样识才大度的人,使他仍然屈居底层,无人简拔。这样,用一个典,既为彭民望占身份,又写出彭民望的处境,又贯注了自己深深的同情。

　　颔联承上句。彭民望失意而归,如今已是秋风萧飒之际,他定然无力裁衣,身着粗布短服,生计艰难;而僻处一隅,落落无偶,在瑟瑟夜雨中,无比凄凉,梦中犹有寒意。这两句对偶极工,把所怀对象放入特定的环境中,把气候之寒冷与人之孤寒融合在一起,又用"犹"、"亦"两个虚字加重语气,使全联融入深沉的情中。而"秋风"、"夜雨"正是诗人们常用以写湖南的掌故,李东阳信手拈来以怀在湖南的彭民望,使诗工中见巧,大中见细,自然而见圆熟。李东阳学唐诗的宏大与宋诗的精巧,这联是他成功地运用。

颈联在景语中渗入情语,设身处地,从彭民望出发,写他所见所思。诗说,在秋风中,落叶纷飞,他定然由此而生悲,叹年华流逝,回思已往,看尽了世情冷暖,知心朋友,寥寥无几。一句景,一句情,但景中有情,情中见景,语调低沉,是写彭民望,也是诗人在抒发自己的喟叹。

尾联归到自己,说彭民望已失意而归,但自己为了衣食计,仍然淹滞京城,虚糜岁禄,无法与彭民望相对共慰寂寥。诗用"苜蓿盘"典,一是说自己清贫,无法资助他;一是说自己位卑,无法援引他,透出无可奈何的怅惘来。同时,李东阳何尝不是在自叹,自己满腹经纶,未被赏识简拔,也许彭民望的现在正是自己的将来。

李东阳在所著《麓堂诗话》中说:彭民望与他初交时,对他的诗未深许。及失志归,李东阳写了这首诗寄给他,彭民望读后潸然泪下,为之悲歌数十遍不休,对儿子说:"西涯(李东阳号)所造,一至此乎!恨不得尊酒重论文耳!"李东阳作诗话时已居高官、执诗坛牛耳多年,所以在这儿举此事标榜自己在诗歌上的造诣。其实,这首诗最成功的不是艺术技巧,而是恰如其分地把彭民望的处境、抱负形诸于诗,自然、诚挚地流露了自己的情感。古人说诗能移情夺志,彭民望之所以读后流泪,是因为在诗中看见了真实的自己,一股知己之感油然而生,在这种情况下,诗的工拙已经是第二位的了。

(李梦生)

九 日 渡 江　　　　李东阳

秋风江口听鸣榔,远客归心正渺茫。
万里乾坤此江水,百年风日几重阳。
烟中树色浮瓜步,城上山形绕建康。
直过真州更东下,夜深灯火宿维扬。

成化十六年(1480),李东阳被派为应天(今江苏南京)乡试考官。放榜后,由南京渡江往扬州北上,时逢重阳,思亲之感油然而生,遂赋此诗。

九日渡江

诗依渡江顺序展开。九日重阳,天高气清,诗人在飒爽的秋风中来到了渡口。船将开了,艄公敲起了船帮,催动着旅人。一句点出了时间、地点、行为,开局严密。鸣榔是船民敲击船帮,有人以为是以声音吸引鱼以便捞捕,实际上旧时渡船常击船帮以表示将开船,犹如现在鸣笛,如解释为捕鱼而鸣榔,与全诗便无关涉了。对句承上,船儿催促行人,而行人想到自己做客在外,全家都在京城,归途遥远,思绪翩翩,行动更为迟缓。

首联已由景入情,次联便即景抒情。江水滔滔,使人感到世界的宽广,而人生百年,又有几个重阳节呢。句中"此"字与"几"字是关键。"此江水",用"此"限位,便自然由江水的磅礴气势、连天巨浪,联想到乾坤的浩渺,自己飘泊其中,是何等渺小不足道,功名富贵,何必孜孜追求呢?"几重阳"一个"几"字,则更突出佳节难遇,别易会难,增添了无限愁思。这样一作波折,照足了首联的"归心",诗人急于归家的心情便坦陈而出了。

以上是将渡未渡或初上渡船的所见所思,主要是写"九日",下半首开始入"渡江"。船在江中行驶,离开了南京。近处,江面弥漫着烟雾,那江边六合县的瓜步镇犹如漂浮在水面,隐隐可见村落人家;远处,那重重叠叠的山峰冈峦,缭绕着雄伟的南京城。这两句气象开阔宏朗,把长江两岸的形势尽收诗中,并为下联预设地步:船就在这样的江景中,飞快航行,过了仪征,夜里在繁灯辉映中,便可到达目的地扬州了。这四句通过一连串地名:瓜步、建康、真州、维扬,流转飞动,细微地表现出船在沿江东下,造语犹如杜甫《闻官军收河南河北》"即从巴峡穿巫峡,便下襄阳向洛阳"句。但杜甫表现的是喜悦之情,李东阳表现的是离愁乡思。船再快,虽然是离家越来越近,但毕竟还是孤独地度过这重阳佳节。

这首诗的颔联是名句,以虚字运用灵妙而脍炙人口。律诗中的虚字很难设置得当,稍乏笔力,便成文语,粘滞空泛,所以诗家素来以为厉禁。至杜甫的一些拗体诗,始时嵌虚字,以作斡旋,如《愁》"盘涡鹭浴底心性,独树花发自分明",为后人称道。宋江西诗派学杜,为求盘空生硬,有意模仿,如汪彦章《次韵向君受感秋》:"何时盛之青琐闼,妙语付以乌丝阑。"又如吕居仁《张祎秀才乞诗》:"风尘表物自无意,神仙中人聊与游。"皆烹化浑融。李东阳论诗主张兼唐并宋,学杜而不废江西,于虚字的运用特别注意。谢榛《诗家直说》卷一说李东阳认为诗用实字易,用虚字难;虚字用得好,诗便能开合呼唤,悠扬委曲,否则柔弱缓散,不复不振。谢榛说李东阳最善用虚字,并引夏正夫语,盛赞此诗颔联。

(李梦生)

柯敬仲墨竹

李东阳

莫将画竹论难易,刚道繁难简更难。
君看萧萧只数叶,满堂风雨不胜寒。

柯敬仲是元代著名的书画家,名九思,号丹丘生,他兼擅山水、人物、花鸟、尤以墨竹见称。柯氏画竹祖述文同,师法李衎,并著有《竹谱》一书。元代绘画的一大趋向是文人画的勃兴,如果说文人画的创作与理论在宋代还只是草创与发轫,那末至元代则已蔚为大观了。一大批书画家标榜士气逸趣,脱略形似,力追写意。竹的清劲秀拔正可表现文人的清高脱俗,而以墨写竹尤能摆落俗艳,直涉清雅,所谓"江山莫妆点,水墨写清新"即是,因而墨竹最能体现元代文人画的美学趣尚。此诗为题柯氏墨竹而作,其实也是抽绎了文人画的神髓。

首联以议论出之,论画竹之难易繁简。画竹一科,由来已久;墨竹之始,据说可追溯至五代。宋代的苏轼、黄庭坚等则开了论画竹的风气;至元代关于竹的画法、理论的著述更是层出不穷。诗人在此拈出繁和简一对美学范畴,突出了简之难能可贵,这可以说是抓住了文人画美学趣尚的核心。苏轼在论文同之画竹时指出:"今画者乃节节而为之,叶叶而累之,岂复有竹乎?"主张"先得成竹于胸中",然后一挥而就(《文与可画筼筜谷偃竹记》)。苏氏之说实已开启崇简论之端倪,这和欧阳修、苏轼等的写意论交相沟通,都是通过笔意简率、脱去形似的画风表现清高的"士气"。这种风气至元代尤盛,它和一代文人的退隐思想有很大关系。元四家之一的倪云林所标榜的理论堪称代表。他宣称:"仆之所谓画者,不过逸笔草草,不求形似,聊以自娱耳。"(《答张仲藻书》)他在《云林画谱》中论画松云:"松最易工致,最难士气,必须率略而成……虽极省笔而天真自得,逸趣自多。"他论画竹云:"余之竹聊以写胸中逸气耳,岂复较其似与非,叶之繁与疏,枝之斜与直哉!"(《题自画墨竹》)元代的另一大家赵孟頫亦称:"作画贵有古意,若无古意,虽工无益。今人但知用笔纤细,傅色浓艳,便自谓能手。殊不知古意既亏,百病横生,岂可观也!吾所作画,似乎简率,然识者知其近古,故以为佳。"(《清河书画舫》)要之,笔简联系着的是气逸、格高,是文人画所努力追求的美学境界。诗人在此称颂柯氏墨竹之"简",实是对他画品的最高礼赞。

次联承上之"难"字而来,通过具体的画境与观画的感受,生动展现出这一难以达到而画家却已创造出来的境界。诗人以风雨飒然、寒气袭人的感受来突出形象的逼真,使之如身临其境;而且烘染出萧疏凄冷的氛围,进一步表现出形象的气韵生动。以形象的逼真来赞画几乎成了题画诗的固定模式。钱钟书先生曾指出:"绘画不特似真逼真,抑且乱真夺真,更仆难终……词人赋咏,已成印板。"(《管锥编》二论《太平广记》八六)如杜甫《画鹘行》:"高堂见生鹘,飒爽动秋骨,初惊无拘挛,何得立突兀?"高适《同鲜于洛阳于毕员外宅观画马歌》:"半壁趁趣势不住,满堂风飘飒然度,家僮愕视欲先鞭,枥马惊嘶还屡顾。"黄庭坚《题郑防画夹》:"惠崇烟雨归雁,坐我潇湘洞庭。欲唤扁舟归去,故人言是丹青。"诗人在此用的也是这一传统手法,藉夸张之笔极言画面之真。

但是诗人运用这一手法又自有其匠心。他将这一联的上下句构成了一个鲜明的对比,以数叶之竹子对满堂之风雨,虚实多寡之间,突出了画艺之神妙。如果说上联是通过抽象论艺的方式来赞柯氏的画艺,那末下联则是藉着具体的意象对"简更难"作进一步的申述,让人在想象中领悟这一难得的境界。不仅如此,下联对上联的理论还是必要的补充。何以如此说呢?因为上联突出一个"简"字,但如果误以为"简"就是草草为之,轻率粗疏,也就无艺术可言,所以须用形神兼备的道理加以补足,下一联实担当此一职能。苏轼曾说:"论画以形似,见与儿童邻。"(《书鄢陵王主簿所画折枝》)王若虚评此曰:"论妙于形似之外,而非遗其形似。"(《滹南诗话》)杨升庵引晁以道和苏轼之诗云:"画写物外形,要物形不改。"指出:"盖欲以补坡公之未备也。"这里诗人通过具体的意象告诉我们:画之疏简并不等同于抛开物象的率意涂抹,而是"意匠惨淡经营中"在形似基础上的升华,它不离形似,却达到了形简而意远的境界。你看,虽只萧萧数叶,而神态气度是那样栩栩如生,这就绝非是脱离形似的画所能奏效的。诗人就这样将画理寓于意象之中,颇能耐人寻味。上下两联写法各异,互为调剂,又相得益彰,全诗四句不啻是一篇高度浓缩了的画论。

(黄宝华)

灵寿杖歌　　　　李东阳

吾闻武当之山四万二千丈,半在云根半天上。不知三十六宫何处称绝奇,产出灵株非一状。蛟螭盘拏露头角,熊经树颠虎山脚。根蟠节错相纠缠,含风饱雪经炎寒。九年洪水①之水浸不杀,十日②之日暴烈何时干。梯悬磴接跂步不可上,谁采青壁红琅玕?见之羡者不容口,锡以嘉名曰灵寿。爪之不入行有声，金可同坚石同久。吾家此物旧所有，神与相扶鬼为守。自从病足跛曳不得前，已觉山林落吾手。一病经旬不出门，手中此杖嗟犹存。下床欹足立不定，此时托子以为命。不顾四体无微疴，但愿谢病归山阿。左扶右策夹以二童子，下可涉园径，上可凌陂陀。愿栽万本截万杖，穷崖阴谷生森罗。灵兮寿兮此物倘可致，直遣四海赤子头俱皤。

〔注〕①九年洪水：《汉书·食货志》："尧、禹有九年之水。"相传上古蛮荒，洪水连年泛滥，故有大禹治水之举。此"九"非确指，泛指"多"。 ②十日：《山海经·海外东经》："汤谷上有扶桑，十日所浴，在黑齿北，居水中。有大木，九日居下枝，一日居上枝。"又，《楚辞·天问》王逸注："《淮南》言尧时十日并出，草木焦枯。"

　　本诗作者晚年在朝廷内阁充任大学士，声名显赫，贵极一时，但仍时有归隐之心。他腿脚染病，行走不便，常需借助于手杖。一日，忽有感触，于是援笔染翰，洋洋洒洒，铺写出这样一首咏物诗。

　　不过，虽属咏物，亦有寄托，借物咏情，托物写心，是古人惯用的笔法，本篇也不例外。

　　从内容着眼，本诗大致可分为三个层次，首先是写灵寿杖奇特而悠久的历史，其次是杖的现实功用，最后抒发由此而生的感慨。

　　从开头到"金可同坚石同久"，是本诗的第一部分，作者以变幻离奇的假想，用光怪陆离的色彩和奇语迭出的诗句，为我们描绘了灵寿杖那神奇的产地，以及手杖本身所具有的特异性质。灵寿杖的娘家，是久负盛名的武当。武当山是道教名山之一，位于今天的湖北省西北部，高耸入云，秀美奇绝。相传真武大仙曾在武当栖息修炼，因此朝谒者不绝于途，成为道教徒聚集之地，尤其明朝永乐年间，尊真武为帝，称此山为太岳，武当名声，风靡一时。因此，李东阳将手杖与武当联系起来绝非偶然，而且他还要以"四万二千丈"极写其高，着意渲染它非同寻常的气势，一开头就给人以神秘瑰奇的感觉。"三十六宫"指武当山上的三十六岩。武当素有仙室之称，山形特秀，异于众岳，山中景点繁多，素常为人所津津乐道的，就有三十六岩、二十七峰、二十四涧、五台五井、三泉三潭、三天门、三洞天和一福地，这里诗人是以三十六岩概括山的绝妙秀美。当然，在如此绝奇的环境里，自然会产生出千姿百态的奇树异木。那么，这环境究竟是如何的奇异呢？诗人说，这奇树是从蛟龙盘旋舞动之处探头露角地拱出地面，巨熊曾在这树巅上行走，猛虎曾在那山脚下出没，毋须赘言，非凡绝伦的异材，只能在如此古老原始的山林里才能孕育出来。它盘根错节,饱经风霜,历经多少残酷的劫难,依然特立旺盛,犹如那古老神话中的扶桑大木,旱涝难摧。接着,诗人有了疑问:这红宝石般美丽的树木,生长在从未有人登攀、也无法登攀的青翠峭崖之上,又是谁采伐下来的呢?诗人未作回答。他有意设此悬念,供读者自由想象发挥,以此赋予灵寿杖更多妙不可言的经历。不过,神奇的经历终究无法再现,诗人只能告诉所有未曾谋面的读者朋友,出现在他手中的灵寿杖到底是什么模样。诗人首先借用别人的夸赞,以"羡者不容口"突出手杖的美妙,强调人见人爱,然后又着意描绘了手杖的坚硬质地,用金石的比喻和猛兽兽爪也难使之受损的夸张,歌颂了手杖坚强的性质。也许诗人认为,这无与伦比的坚硬,才是"灵寿"这一雅号最为本质的体现。

从"吾家此物旧所有"至"此时托子以为命"是本诗的第二部分。这手杖是作者家中旧物,究竟何时何人留传下来,已不得而知,也许有神鬼在冥冥中相助守护,才使这杖完好无损地保存至今。不过,诗人以前对手杖并未留心注意,只因为近来腿脚有病,才使他对手杖有所依赖,并且由此滋生出一种对于山林田园生活的依恋情感。诗人因病而十来天缠绵病榻,不出家门,偶尔下床,难免立脚不定,东倒西歪,完全凭借着这灵寿杖才得以免灾避祸,诗人因此对于手杖怀有深深的感激之情,他将手杖拟人化地称作"子",显然是用此昵称表达他与手杖之间相依为命的亲情关系。

其实,诗人之所以对手杖怀有如此强烈的亲切情感,并不完全因为手杖能使他平稳行走,能助他渡过难关,更因为手杖使他油然生起一种强烈的退休愿望,使他迫切地希望回归田园,过那么一种优哉游哉的安逸平静的生活。从"不顾四体无微疴"起,直至结尾,是本诗的第三部分,诗人抒发了自己携杖归乡的期望,以及由此而联想到的"兼济天下"的愿望。诗人并不奢望身体毫无疾病,他只希望能借口有病,致仕还家,回到那与尘世隔绝的深山僻地,然后由一二小童搀扶着,策杖出游,游遍小园曲径、高山大岭,以此弥补自己与自然风光长久未能亲近的缺憾。如果说,扶杖优游还只是作者理想中的初级阶段,那么,作者更高的理想则是希望天下的老人能够人人携此一杖,安享晚年,他愿意为此付出艰辛的劳动,让山崖幽谷间长遍这样的灵寿木。

本诗无论在写作手法,还是思想内容上,显然对盛唐诗,尤其是杜甫的古体诗有所借鉴。本诗作者在《怀麓堂诗话》中说:"唐诗类有委曲可喜之处,惟杜子美顿挫起伏,变化莫测,可骇可愕,盖其音响与格律正相称。"又说:"诗用实字易,用虚字难,盛唐人善用虚,其开合呼唤,悠扬委曲,皆在于此。"因此,为了形成悠扬委曲的韵律,为了营造变幻莫测的氛围,为了给人以可惊可骇的深刻印象,本诗采用了长短不一的古乐府形式,虚字屡用,而且一反唐代以后诗韵不喜多变的习惯,居然六次转韵。凡此种种,都是为了新人耳目,试图以奇崛的诗风引起世人的注意和重视。

除了纵横跌宕的诗格以外,本诗结尾四句的构想更是直接源于杜甫的《茅屋为秋风所破歌》,老杜由于自己的茅屋破漏、无法安寝而联想到"安得广厦千万间,大庇天下寒士俱欢颜",由自身的困穷转而希望困穷者免遭困穷;而本诗说:"灵兮寿兮此物倘可致,直遣四海赤子头俱幡。"则是从自身的得益转而期望世上的同类人皆得利。他们的出发点显然是完全一致的,都表现了博爱仁德的至诚爱心,都能由此及彼,推己至人,推广自己的仁爱之心。不过,平心而论,本篇出现这样积极的济世爱人的结尾,与前面灵寿杖来历的神奇渲染,与作者力求归隐逍遥的热望似乎不够和谐一致,给人突兀生硬的感觉,缺乏杜甫那种一气呵成、自然而然的妥帖。

本篇的精彩之处在于第一部分,李东阳奇特的构思、绚丽多彩的辞语、不拘一格的行文格式,汇集一处,确实动人心魄,令人称奇。其实古代的评论家早已认识到李东阳古体诗的奇特之处,比如明代后七子的代表人物王世贞,虽然早年对李东阳的古体诗多所指谪贬抑,晚年却幡然悔悟,由衷赞叹说:"今观之,奇旨创造,名语迭出;纵未可被之管弦,自是天地间一种文字。"(见《书西涯古乐府后》)本篇正是这样拥有诸多奇旨名语的"天地间一种文字"。 (孙小力)

【诗人小传】

祝允明

(1460—1526) 字希哲,号枝山,长洲(今江苏苏州)人。明孝宗弘治举人,曾官广东兴宁知县,应天府通判。后自免归。与唐寅、文徵明、徐祯卿并称"吴中四才子"。能诗文,工书法,小楷学钟繇、王羲之;狂草学怀素、黄庭坚,笔势劲健,又能出入变化,自成面目。文章潇洒自如,诗词清丽可诵。著有《祝氏集略》等。

太　行　歌

祝允明

上客坐高堂,听仆歌太行①。六岁从先公,骑马出晋阳②。

遥循厚土足③,忽上天中央。但闻风雷声,不见日月光。狐兔绕马蹄,虎豹嗥树旁。衡跨数十州,四面殊封疆④。童心多惊壮,慄气已飞扬。自来江南郡,佳丽称吾乡⑤。邈哉雄豪观,寤寐不可忘。人生非太行,耳目空茫茫!

〔注〕① 上客:贵客。太行:太行山。 ② 晋阳:太原的古称。 ③ 这句说:沿着高大的太行山的山脚遥遥上攀。 ④ 这二句说:太行山横跨数十州之地,四面分属不同的地区。 ⑤ 这句说:吾乡江南自古有"佳丽"之称。

　　太行山绵延于山西、河北、河南三省交界处,范围广大,山势雄峻,是以艰险著称的一座名山。《尸子》说:"龙门,鱼之难也;太行,牛之难也。"曹操《苦寒行》一开头就惊叹:"北上太行山,艰哉何巍巍!"相比之下,江南却是沃野千里,山媚水软,遍地花树,可称人间温柔乡。明代中叶的苏州,更是全国最为富庶的城市,青楼朱阁,光彩耀目,丝竹歌舞,终日不绝。论环境的舒适宜人,两者不啻天壤之别。

　　祝允明是苏州人。但因其祖父祝颢曾任山西布政使参政,他出生于山西。六岁时,他随父亲穿越太行山,回到家乡苏州,住了几十年。在这首《太行歌》中,诗人将太行山与江南作对照,其结果却是向往于前者的雄峻阔大,对后者的佳丽风光,没有任何好评,似乎有些奇怪。

　　先从诗本身说起。这诗语言浅易,好像写得随便,其实颇为讲究。开头四句交代清楚,然后以十句集中描叙太行山,作为全篇的主体部分。"遥循厚土足,忽上天中央",注重于山之高;"但闻风雷声,不见日月光",注重于山中气候的恶劣;"狐兔绕马蹄,虎豹嗥树旁",注重于山中荒凉恐怖的气氛;"衡(横)跨数十州,四面殊封疆",注重于山域的广大。然后,归结到"童心多惊壮,慄气已飞扬"。——如此景观,对幼年的祝允明来说,当然是相当可怕的。但稍微想一下,就会意识到:穿越太行山,须有几十天时间,岂能无一时风和日丽,无一处旖旎光景?诗只写太行的险恶,显然是有意选择和构造的结果了。

　　从表面上看,前十四句并无只字赞美太行山。转入"自来江南郡,佳丽称吾乡",前后形成对照。江南既称"佳丽",又是"吾乡",以常情而论,自当为离太行而归江南额手称庆。出人意料,诗的下两句,却是对太行山寤寐难忘的思念。这一不合常情的转折,必须有一个合理的解释。于是有末两句的收结:"人生非太行,耳目空茫茫!"这才是全诗的主旨所在:如太行之行那样充满艰险困厄、不测风云的人生,才是有意义的人生;平庸安乐的境遇,却令人感到空洞无聊，白白浪费了生命！最后六句三层，层层跳跃翻进，节奏急迫，使结句格外高亢惊人。

从诗歌的传统习惯来说，如果强调高山的险峻艰危，则诗人所表达的情绪以畏惧退却居多。曹操《苦寒行》作于汉献帝建安十一年（206）出征高幹时，作为三军主帅，一代豪杰，本不会面对太行山而产生畏怯心理，但诗中却一再说："我心何怫郁，思欲一东归"，"悲彼东山诗，悠悠使我哀。"李白的名篇《蜀道难》，多奇幻之思，惊诡之句，但也是一再感叹："蜀道之难，难于上青天！""嗟尔远道之人，胡为乎来哉！""锦城虽云乐，不如早还家。"像祝允明这样，既有意写山势的险恶，又特别表示对此险恶雄大之境日夜难忘的诗，属于例外。是什么因素引起此种变化呢？

在诗人笔下，险恶的山岭从来不仅是自然的存在，而且常常是压迫人生的外在力量的象征。李白《行路难》也写到太行山："欲渡黄河冰寒川，将登太行雪满山。"表达了难以找到出路的悲哀。《苦寒行》、《蜀道难》多少也有这样的意味。确实，人总是难以与命运相抗，发出这样的哀叹原是自然的感情流露。但在明代出现了新的情况，那就是一部分文人对自我的重视和期待要远超过前人。不管实际的地位与成就如何，在人生哲学中，他们绝不承认有任何高于自我的存在。祝允明的狂傲自负更是人所皆知。他的《大游赋》，劈头一句，就是："宇宙之道，于我而止矣！"这是把"我"视为所面对的世界的主宰者。狂者进取，个性自然向外拓张。尽管在现实世界里，他们仍可能被外在力量所压倒，但在精神世界，以及反映自我精神的文学世界，他们是不肯向任何力量退却的。这跟前人有很大区别。

再回到《太行歌》。从美学意义上说，西洋人把各种景观分成两大类：粗犷、雄壮、巨大的一类，称为"崇高"；秀丽、温柔、细洁的一类，称为"美"（又译为"优美"）。祝允明将太行山的雄峻可怖与江南风光的佳丽可人相对比，很接近于西洋人关于"崇高"与"优美"的区分。他是舍弃"优美"，向往"崇高"的。这是诗人个性扩张、冲动，追求刺激而不甘于平静的表现。从象征的意义上说，他是一个渴求有所作为的人，在环境不允许的情况下，此种渴求更其强烈。虽说祝家世代官宦，他的生活绝不会太差，但由于仕途困顿，又无其他可以发挥的余地，便觉得内在的创造力受到压抑，而更为厌恶平庸的生活。所以，回想起幼年穿越太行山的经历，尽管惊悸恐怖，却令人兴奋激动，便以此为象征，表现内心中对壮丽人生的向往。

其实，对现代人来说，这种情绪是容易理解的。许多环境安逸、生活富足的人,偏偏喜欢冒险去攀登杳无人烟的奇峰绝顶,不正是为了克服人生的平庸吗?开首引《尸子》:"龙门,鱼之难也。"但跃过龙门,鱼即化龙,非复庸常任人宰割之物。这传说的真正意味,恐怕也正在于此。

(骆玉明)

述行言情(其二十七) 祝允明

大仪靡停运,百生岂淹息。
丽天星汉度,附地虫鸟疾。
把策诣有司,五往五见黜。
岩栖岂无尚,廛托病多役。
钱刀坏心气,霜露损毛质。
憔悴勿复言,流尘蒙白璧!

祝允明的《述行言情》组诗,共有五十首,作于三十岁。当时他已五次应乡试,都没有考上举人(三年后中举,但再也没考上进士),心情郁闷,便作了这一组诗自抒怀抱。这里所录的是第二十七首。

"大仪"即太极,在中国古代哲学中,指产生并支配天地宇宙的一种不可见的内在之物。"百生"即世间一切运动之物。开首四句写宇宙运转不止,万物生生不息,群星和银河在天穹上时刻移动("丽"是附着的意思),虫儿、鸟儿在地面上迅急地飞舞。诗人从至大和至微两方面写出整个天地宇宙的运动,浑浑灏灏,景象极其壮观。然后,在此背景上,写出自己的活动:

把策诣有司,五往五见黜。

"把策",握着马鞭。这两句,不过是说他五次应试,五次失败,怎么也不能算是惊天动地的事情吧?作者却把它放置在无比壮丽的宇宙背景上,实在是很不寻常的写法。

但是,如果知道祝允明对个人生命的看法,就不会对此感到奇怪了。《述行言情》是组诗,彼此之间可以相互参照。第一首头二句就是:"昔受皇灵命,结此轩九姿。"意思说自己禀受了天地之灵气,生就不凡之材质。还有《大游赋》的头二句是:"允明以为宇宙之道,于我而止矣!"《和陶渊明饮酒》:"遐览天地间,何物如我贵?"都是把自我视为天地宇宙间最高贵最伟大的存在。

在中古代哲学中,本来有天、地、人为"三才"的说法(《周易·说卦》),并且认为人是"天地之心"(《礼记·礼运》),这比西洋古代哲学要重视人的地位。但是,在过去的历史上,"人"是被作为一个整体看待的,人的高贵与伟大,表现在"人伦"即人类的文明准则上。至于具体的个人,只是依附于"人伦"而存在,反而是渺小不足道的。到了明代,哲学观念发生重大的变化。所谓"人为天地之心",被理解为每一个具体的个人都禀有宇宙间最高贵的品质,具有无限可能性。这就是祝允明所说的宇宙之道,于我而止;天地之间,以我为贵。

但是,"我"的高贵与伟大,毕竟只是一种内在品质或可能性,至于这种品质或可能性是否得到实现,却受到环境的约制。回顾"把策"二句,就是包含了双重意义:自我既是天地宇宙之灵,又是那么卑琐可笑,一次一次地考什么可怜的举人,还总是失败而归!

以下就此加以发挥:

> 岩栖岂无尚,廛托病多役。
> 钱刀坏心气,霜露损毛质。
> 憔悴勿复言,流尘蒙白璧!

虽然也有隐居的念头,但托生于市廛,有多种需求,有家室之累,怎么就能够隐居呢?没有钱,使人心情变坏,各种各样的烦恼,把人折磨得衰老了("损毛质"谓头发变白)。这样来看,人是多么卑琐可笑!

但一切的一切,归根结底,"流尘蒙白璧"才是最大的悲哀。流尘指岁月的痕迹,白璧譬喻人的内在品质。一个人所具有的高贵禀赋,不能在现实中得到实现,最终将化为乌有。特别是祝允明,自视甚高,确实也有出众的才华,他是无法忍受这一点的。

通常,中国文人在仕途不利时,常表现出对世俗荣名鄙弃的高姿态。如西晋的左思,久在京都,无由闻达,就宣称要"振衣千仞岗,濯足万里流"(《咏史诗》)。本是为世所弃,偏说有意弃世,气魄果然很大,却难免有些矫情。这种自我安慰的办法,对祝允明就没什么用。他不是没有自己的人格理想以及自我认定的道德追求,却不肯以此否定世俗生活,否定对物质与荣名的向往。因为他知道这是自己内心中真实的欲望,饰以虚辞,陷于可厌的"恶伪",还不如承认自己的卑琐。

再说下去,人的内在品质之实现,在具体的社会中,就有具体的形态。在祝允明的时代,名利官位,都是一个文人自我肯定的条件。所以,这首诗中,他虽然空泛地承认了"岩栖"即隐居是一种可取的生活方式,实际上是不愿如此的。《和陶渊明饮酒》诗说得更清楚:"士生三代后,于名本其情。"如果不做官,不能闻达于世,又怎么能够显示自己超群出众的"白璧"之质呢?这又是一个矛盾:追求名利使人显得卑琐,不追求名利人又无法实现他的内在品质与可能性。这样来读，此诗又显得颇为有趣。

（骆玉明）

春日醉卧戏效太白　　　　祝允明

> 春日入芳壶，吹出椒兰香。
> 累酌无劝酬，颓然倚东床。
> 仙人满瑶京，处处相迎将。
> 携手观大鸿，高揖辞虞唐。
> 人生若无梦，终世无鸿荒。

梦，除了指生理上的睡梦以外，一般还指各种各样的幻境，以及一切超越现实限制的向往。人生若无梦，将是怎样的呢？那大概就不是人生了。深山里的穷汉，会梦想造几栋大楼房，娶个漂亮老婆，结果只造起三间草屋，娶了个粗手大脚的女人；他儿子会梦想当省长、总统，结果只当了乡长。梦，说起来很可笑，但倘若没有梦，他们什么也不会有。

人类群体又有共同的梦。天堂，桃源，乌托邦，无不是梦。以往凡是关于理想社会的预言，终了都被人发觉是不真实的梦，但那时它已经引导人们走了很长的路。

按照当代最著名的哲学家恩斯特·卡西尔的说法，人之所以区别于其他动物，就在于人能够超越"现实性"的规定，不断地向着"可能性"即理想世界前进。换句话说，人之为人，就因为人有梦。

但梦又是造成冲突的根源。皇帝只有一个，做皇帝梦的人，何止有一万个呢？所以，在人类的社会文化里，又专门有些道理，教人安分守己、规矩老实，少做梦或者不做梦。这种道理好像在中国最发达。

现在再回过头来读祝允明的《春日醉卧戏效太白》诗。这是写独自饮酒的乐趣：在这个春日里，和暖的风吹进了酒壶，把酒香散布在四周的空间，造成迷人的氛围。一杯一杯地喝，虽没有朋友共饮，却也很有兴致。直到酩酊大醉，斜倒在床上。于是眼前出现幻景：仿佛身在仙界，有无数仙人环列四周。便拉着仙人的手，逍遥自得，从天界俯视人间（"大鸿"犹言大荒、大野），感受到超脱之乐。唐尧、虞舜是以禅让天下出名的古代贤君，这时若将帝位让给自己，一定高揖不受。比起梦境中的逍遥，帝位有什么味道？最后两句已经是醒来的话了：人生倘若没有梦，永远也不会感受到"鸿荒"的境界！"鸿荒"本来是指世界浑沌未开的状态，用在这里，是指纯然放任、彻底自由、绝无规范的境界。这当然是现实世界里所不可能有的。

这首诗又怎么跟开首提出的问题联系起来呢？

首先，从诗的最后两句可以体味到一种自我辩护、向可能的批评者提出反驳的味道：为什么不能沉湎于酒醉的幻境？不在梦里，哪里找得到自己所向往的"鸿荒"之境？同时，可以注意到这诗是标明效仿李白的，末两句其实也是反驳向来对李白的批评。

这首诗的意境在李白笔下经常可以看到。他爱喝酒："一年三百六十日，一日须倾三百杯"；有酒就豪气倍增："当筵意气凌九霄"；他也常常沉醉在虚幻的梦境里："霓为衣兮风为马，云之君兮纷纷而来下。虎鼓瑟兮鸾回车，仙之人兮列如麻"。这样的例子可以举出很多。

跟李白同时、在诗史上同样有名的诗人是杜甫。李杜优劣的问题，历来争论得很厉害。这样的争论，就像一位茶客与一位酒鬼争论茶与酒的味道哪一样更好，永远不会有结果。有意义的问题应该是：李杜的根本区别在哪里？尊李或尊杜的原因是什么？这样，事情就清楚多了：李白是把个人的自由、尊严看得很高的，在现实的世界中有许多不如意，所以他的诗常以疏放的语言表现狂放的情绪与奇幻的想象；杜甫则注意个人对国家对君主的道德义务，他所想的大都是实际问题，诗歌虽不乏激情，但很注意节制。本来在唐代，李白的地位明显高于杜甫，但到了宋代，杜甫被抬到"诗圣"的地位，又远远高于李白了。李白在宋代受到的批评也特别多。王安石说他十首诗有九首说酒和女人，罗大经说他只是任侠使气，沉醉于花月间，哪里比得上老杜满腔忠愤？这还不算是最大的问题，整整一代宋诗在尊杜的旗帜下，越来越崇尚知性与冷静的表现，甚至以"平淡"为诗的至境（梅尧臣诗句："作诗无古今，唯造平淡难"），那才是对李白诗歌的幻想与热情特质的根本否定。

作为一种文化现象来看，宋代抑李扬杜，并不是一个评判两人诗歌优劣的问题，而是中国文化的一次大变。宋代的诗人真是不大做梦的。苏轼（东坡）算是有几分仙气，偶尔也会向着月亮说"我欲乘风归去"。但看他那么善于自我排解，逆来顺受，实在是跟唐人大不相同了。

祝允明是一位思致深湛的哲人，但他很重视感情的价值，厌恶因过于理性化而变为僵死。在明代，他是最早明确提出反拨宋代文化、反对扬杜抑李的人物之一。《祝子罪知录》明白宣称："称诗不可以杜甫为冠。""李白应为唐诗之首。"同时还攻击宋人自以为独尊杜甫，其实也达不到杜甫的境界，弄得毛病百出，诗不成诗。

所以,这首《春日醉卧戏效李白》并不是简单地描述一场李白式的醉后梦境。诗人是在呼唤社会的热情,呼唤李白式的神奇的幻想,以及这幻想中所蕴藏的创造力。因为没有梦的社会、没有梦的人生,实在是太平板,令人难以忍受。

(骆玉明)

短 长 行　　　　　祝允明

　　昨日之日短,今日之日长。昨日虽短霁而暄,今日虽永阴复凉。胡不雨雪为岁祥?胡不稍暖开初阳?徒为蔽天氛瞖日黝黮,人物惨懔无精光!物情望有常,造化诚巨量。淑美气候少,君子道难昌。阴阳长短不可问,古来万事都茫茫!独怜穷海客卧者,魂绕江南烟水航。

　　祝允明五十多岁到广东兴宁做知县,寂寞枯索,心绪恶劣。在一个阴沉的天气中,他写下了这首《短长行》。

　　首先是从天气说起。接连的两天,本无日长日短之分。只是晴日风光宜人,情绪开张愉快,便觉其短;阴日寒湿渗肤,举目无娱,苦苦捱延,遂觉其长。这是就眼前光景发端,却已经有了象征意义。接着便顺势展开。干脆就下一场大雪("雨"作动词用),要不就云开日出,为什么这么阴沉昏暗,人也好,物也好,都在这阴森之气的笼罩下,显得灰暗失色,无法放出自身的鲜丽光彩!字面上还是写天气,而且写得很真实,但一个象征的主题,已经被巧妙地表达出来了,这就是沉闷的社会环境对人性的压抑。

　　对于个人来说,最可怕的事情不是生命的短暂,也不是追求的失败。项羽叱咤风云,横行天下,三十岁时自刎于乌江之畔,谁敢说他不是一个令人追慕的英雄?人以其自由创造的能力区别于一切生灵,而且每个人就其本性而言都具有这一种宇宙间最宝贵的品质。成功也好,失败也好,许多机缘并不是人能够把握的,但总要发扬个性,努力创造自我,放出独有的光彩,这才是人生。

　　同样,一个社会最令人感到厌恶和可怕的,不是贫困,甚至不是暴虐,而是对人性的压抑。汉唐盛世,常牵惹后人的怀古之情,这不仅是因为国力强盛,疆域拓张,而且因为许多英雄才士得以骋其智能,各著风流。自宋代以后,却是用压迫人性的手段求得社会的稳定。在理学的教条中,世界的一切都已经安排妥当,个人的义务,只是崇仰圣人,忠诚于国家和君主,消除自我的欲望,便完成了一生。于是,人渐渐变得萎靡,像受了阉割似的;变得虚伪,失去了真实的自我;变得猥琐可笑，看不到一点飞扬跋扈的豪气。当历史发生变化，个性精神开始复苏时，先觉之士最直觉的感受，便是那一种难以忍受的沉闷。

因此，这一首短诗的前半部分，实际是一声新时代的呼喊：宁可要短暂而美好的生命，也不要漫长而阴沉的岁月；要求打破社会的沉闷，使各人所具有的一段"精光"闪耀光彩。这一思想渐渐成为新的社会思潮，最有代表性的，就是晚明的李贽。李贽是福建泉州人，有人讥讽地问他是否认识福建的一个海盗头目，他回答说：那位海盗头目，横行海上几十年，攻城略地，朝廷也奈何不得，如果没有过人的才智，岂能如此？一班"大头巾"（明代人对酸腐儒生、假道学的蔑称）只会打躬作揖，跟在人屁股后面转，怎么敢同他相比！所以，清代《四库总目提要》站在正统立场上指责说，祝允明实际是李贽的前导。

即使到新思潮最为盛行的晚明，旧势力仍很强大，李贽就是被陷害至死的。何况祝允明比李贽还早近半个世纪，更是孤单无助。他不得不提出一个深刻的怀疑：历史是有理性、有规则的吗？为什么尽管人们希望事物的运行能够遵循常道，而事实上支配万物的"造化"却不可探测？为什么在生活中美好的时光总是很少，君子之道总是难以昌明？顾望千古，真是茫茫不可知！在兴宁时期，祝允明常常为这样的迷惑所困扰。如《悲秋三首》之一："日似宝珠容易掷，道如沧海等闲求。爱憎衮衮风千变，今古茫茫貉一丘。"《秋宵不能寐》："官街彻夜鼓声悲，万古浑无至静期！"这也是明代文人的普遍苦闷。他们不满于现实，却总是找不到出路，不知道怎样才能令社会发生根本的改变。

结末两句，百索无解，无可奈何，只能回到眼前的实际，转为对家乡的怀念。作为结尾显然是弱了一些。

从明中叶到晚期，要求舒张个性、发扬个人创造精神的思想潮流，曾经对社会的统治思想形成冲击，但最终仍告失败。清人入关后，更将专制统治发展到极点，所以以后来的先进思想家仍旧重复着祝允明所感受到的沉闷。龚自珍的《己亥杂诗》所说"万马齐喑究可哀"，等于《短长行》的"人物惨懔无精光"。而且，晚清的沉闷，比明代更甚。用龚自珍的尖刻批评，是朝廷无才宦，军队无才将，甚至市井无才匠，山林无才盗，一切人才，都被摧毁干净。直至到鲁迅的时代，仍然感叹社会像是一间密封的铁屋子，人人还是沉睡不醒。

（骆玉明）

口 号 三 首　　　　祝允明

枝山老子鬓苍浪，万事遗来剩得狂。
从此日和先友对，十年汉晋十年唐。

不裳不袂不梳头,百遍回廊独步游。
步到中庭仰头卧,便如鱼子转瀛洲。

蓬头赤脚勘书忙,顶不笼巾腿不裳。
日日饮醇聊弄妇,登床步入大槐乡。

祝允明以放浪不羁著称于世。他竭力要打破扭曲人性的理学桎梏,追求真实的自我,在精神上达到自由无碍、光明纯洁的境界。因此,同他的放浪外貌相为表里的,是好学深思的习惯。陆粲在为他写的墓志铭中说:"在众若无能者,然默而好深湛之思。时独居著书,解衣槃礴,游心玄间,宾客来者,叩户呼之,若弗闻也。"(《陆子余集》卷三)《口号三首》集中表现了他这种外放内潜的个性,描绘出他所追求的精神境界。"口号"是随口吟成的诗,虽然不很精细,却有直达本心、毫无假饰的特点,从中可以看到活生生的诗人自我形象。

先说第一首。"枝山"是祝允明的号。他因右手多生一指(俗称"六指"),取此号戏谑自嘲。开头两句:"枝山老子鬓苍浪,万事遗来剩得狂",一种兀傲不可一世的神态跃然纸上。鬓发苍苍,阅事已多,但人间的所谓毁誉宠辱,成败得失,都不放在心上,都可以扔在一旁,只剩一个"狂"字不可改。这就是说,外在世界的任何东西都不能诱惑他、改变他。但反过来说,一个狂傲的人,在现实中也难免处处碰壁,往往只能反躬自求,从内在的精神生活中寻求满足。"从此日和先友对",指出其途径之一,是博览群籍,与古人为友。读书,不可狭隘地理解为仅是一种求知行为。个人的生命活动,在时间和空间上都极其有限,而凭藉书籍,却可以使人的精神在广大的时空上开展,探求历史与人生真理,而不为产生于一时一地的规范所限制。祝允明把读书说成与"先友"相对,就是采取积极参与、体验、砥砺的态度,而不是被动接受。末句"十年汉晋十年唐",也不是随意说的。在他看来,汉、晋、唐是中国历史上富有生气的时代,自宋代理学兴起,民族的生气遭到了扼杀。他激烈地指斥:"学坏于宋","诗死于宋",这种极端的态度,不能说是对宋代文化的正确评价。但它的意义,在于通过追踪汉、晋、唐,恢复中国文化在宋代失去的生机。这种意识,与西洋文艺复兴运动追寻古希腊文明,有相似之处。

第二首渗透着禅学气息。禅宗认为,人们在世界的幻象中迷失了本性,而通过内向自省、摒虑静思式的修炼,可以发现真性,解脱烦恼,达到人与宇宙本质的同一。"禅"的境界,信徒们说是可以意会不可言传的。祝允明通过形象的描绘,至少能够引起别人的某种感受。首句写自己衣衫随便,头发散乱,这是同外界疏离的表现。衣饰的严整,反映出拘谨、严肃的态度,所以人们越是在重要的礼节场合,越是注意衣饰。"不裳不袂不梳头",便显出萧散无拘,忘怀人世。这样,在自家庭院的回廊中一遍又一遍地独自漫步,渐渐排除一切有意识的思维活动,进入无意识的沉冥状态,最后达到清静之境,这就是入禅。据说,进入禅定的人,能摆脱一切尘世欲望与烦苦,只留下未经人世污染的生命所具有的内在的、纯净的、自然的乐趣。这种带有神秘性的内省经验,很难用文字传达。本诗后二句,"步到中庭仰头卧,便如鱼子转瀛洲",祝允明用了一个比喻,就是仰卧中庭、物我俱忘之际,只有自由之心活泼泼充满生机,如鱼儿在水洲间回转自如,毫无阻碍。不过,这究竟是什么样的精神境界呢?只能由各人去体会了。

　　第三首写了作者在求知和情欲两方面的沉溺。在一般人的认识中,这两者是对立的:前者是理性的活动,是冷静的思考,后者是感官的满足,是迷狂的状态。而且,如韩愈《进学解》所说"业精于勤,荒于嬉",沉湎酒色总是被看作是学术事业的大敌。祝允明偏偏将两者合在一起来写,而且都写得兴致勃勃,显然是与前人作对。这种诗,不能理解为对享乐生活的描摹,内中同样包涵了对人生的深思。首先,"勘书"(这里是比照推究的意思,不是一般的文字校勘)被写成充满热情、非常快乐的活动,而不是正襟危坐、枯索无味。也就是说,求知、研究学术完全是出于自我的需要,决不是为了外在的目的(如获得声誉、受人赞赏)来折磨自己。其次,求知与情欲,都是人的自然本性所要求的东西,并没有高下之分,善恶之别。由此揭示:理学家以求知否定情欲,也是"恶伪"的表现,承认人的生活具有多方面内容,在多方面都合理,这才是"真善"。从而,亦可以看到明代人对学术事业不同前人的理解。

　　祝允明生活的年代,正是社会的变化刚刚显露兆头,而思想界总的还相当沉闷的时期。他的兀傲,其实不仅是自适自放,而且带有与社会势力对抗的意味。因而,他无疑也是孤独的。在这三首诗中,无论写日对先友,独步回廊,还是写纵情酒色,都是孤独无侣的形象。所以,他只好尽量向内心沉潜,在个人的精神世界中遨游。但是,这样的自由能够使人得到真正的满足吗?读者不妨细细品味,在兀傲的情绪中,可有交杂着不易察觉的悲凉?

(骆玉明)

歌　风　台　　　　　　　　　　祝允明

掉臂长安市,遥从日边来。因过芒砀下,步上歌风台。沛公善任使,猛士亡其骸。帝业袖手成,慷慨襟抱开。大风飞云亦壮哉！韩彭英卢相继死，寄命寺人髀股间，未央志气拉飒摧。相望千余年，安能为之哀？明朝放舟淮浦去，项王韩侯祠下亦徘徊。

"大风起兮云飞扬，威加海内兮归故乡，安得猛士兮守四方！"这是汉高祖刘邦所写的《大风歌》。公元前196年，刘邦平定了淮南王英布的叛乱，还师途中，经过家乡沛（今江苏沛县），召集家乡父老饮酒作乐，醉中取筑（一种乐器）自击，信口唱出这首豪壮的歌。他唱歌的这个地方，便成为有名的古迹，叫作"歌风台"。

刘邦实在是个富有传奇色彩的人物。按照《史记》的记载，他原只是个乡村无赖，平时好吃懒做，爱说大话，贪酒好色，常借钱不还。但当秦末大乱之际，刘邦奋起草莽，提三尺剑取天下，成为中国历史上第一个起于社会下层的皇帝。骁勇无敌的西楚霸王项羽最终败在他的手里，韩信、彭越、英布等一代英杰，先是为其驱使，效命战场，功成之后，兔死狗烹，又一一丧命于其刀下。这一段历史令人产生许多感慨，祝允明也在近二千年后写下这首《歌风台》。

　　　　掉臂长安市，遥从日边来。
　　　　因过芒砀下，步上歌风台。

长安是西汉的都城；芒山、砀山在河南与安徽交界处，距沛县约有一百公里，刘邦起兵前曾躲藏在芒砀之间。长安、芒砀、歌风台三个地点，实际是刘邦一生经历的概括。这四句同时也写出了诗人自身的形象：他挥着手臂离开长安，顺便经过芒砀，随意地登上歌风台。这样广阔的空间，他似乎很轻松就跨过了，显得非常豪爽潇洒，不大把那位汉高祖放在眼里。当然，若不是很豪爽很潇洒，怎么能任意议论刘邦呢？要批评一个大人物，必须自居甚高。

　　　　沛公善任使，猛士亡其骸。
　　　　帝业袖手成，慷慨襟抱开。
　　　　大风飞云亦壮哉！
　　　　韩彭英卢相继死，寄命寺人髀股间，
　　　　未央志气拉飒摧。

刘邦是以善于用人著称于史的。他初登帝座，对群臣自述得天下的原因，说自己论计谋不及张良，论管理国家不及萧何，论用兵不及韩信，但对这三个当世豪杰能悉心任用，所以就获得成功。但刘邦用人的奥妙，不仅是善于发挥一个人的长处，而且是善于利用一个人的短处来控制他；当一个人对自己不再有用，反而形成威胁时，还要抓住适当机会把他除掉。为他立下绝大功劳的韩信、彭越被诬为造反，英布被逼得造反，结果有的砍了头，有的剁成肉酱，连家族都杀个干净。《大风歌》的末句是"安得猛士兮守四方"，那么"猛士"都到哪里去了呢？"猛士亡其骸"，全给杀了！这句顶着"沛公善任使"一句，显得极其尖锐。然后是两幅对照的画面：一边是刘邦凭藉手下良将谋士的努力，成就帝业，慷慨高歌；一面是曾为刘邦效命沙场的韩信、彭越、英布、卢绾相继而死，特别是韩信，被吕后骗入未央宫，英雄豪气，摧为灰土。

祝允明说这些干什么呢？为古人悲悼吗？不是。

相望千余年，安能为之哀？

但是他又说：

明朝放身淮浦去，项王韩侯祠下亦徘徊。

尽管那些已经死去一千八百年的豪杰无法引起诗人的悲哀，但那一段历史却是令人感伤、发人深思的。诗人想象，在离开歌风台，经过项羽的都城徐州和韩信的家乡淮阴时，自己仍会在他们的祠庙前久久徘徊。

早在司马迁的《史记》中，就用了挖苦的语调描述汉王朝这位开国皇帝的种种无赖行径，而用充满同情的笔墨刻画了失败者项羽直率勇悍、富于感情气质的形象。鸿门宴、霸王别姬、乌江自刎，一系列戏剧性的、诗意的场面，至今还感动着千千万万的读者。还有那位韩信，刘邦的天下差不多有一半是他打下来的，在完全可以脱离刘邦自立的时候，他因为顾念刘邦对自己的重用，拒绝了谋士蒯彻提出与刘、项鼎足而三的建议。对韩信最终无辜而死，司马迁也是充满同情的。

那么，历史的结果，还能说总是合于正义的吗？事实是，在历史上获得成功的，往往是那些坚忍狡诈、蔑视一切道德法则的人，他们更能捕捉住机会。至于那些信奉固定的行为规范、多少有些浪漫情调的人，却是失败居多。这绝不是个别的现象，用祝允明的另一首诗中的句子来说，是"万古茫茫貉一丘"。甚至，在日常生活里，也经常看到善良正直的人走投无路，不顾信义、惯于取巧的人左右逢源。难怪会有这样的谚语："善良是无能的别名。"也难怪有诗人会这样写："卑鄙是卑鄙者的通行证，高尚是高尚者的墓志铭。"

但是，若拿这样的话去指责刘邦，只会引起一阵耻笑。成功就是合理的证明，其余都是废话。何况，杀戮功臣，确确实实是汉初稳定政权的必要措施；既然是必要的，当然也就是合理的。历史难以用日常的道义原则加以解释。

祝允明是一个自负而渴望获得社会成功的人，也是一个追求真诚的道德生活的人——行为上的任诞放纵，只是表示对伪道德的排拒。他登临的歌风台，他徘徊流连的项羽和韩信祠庙，提供了成功与失败的重大范例。他不能不思考，在历史的深处，到底隐藏着什么样的奇怪法则？在追求成功和追求道德完善之间显然存在冲突的情况下，人应当作什么样的选择？这些在诗中虽然没有明白说出，却是可以体会的。"相望千余年，安能为之哀"说明自己并不是为前人悲哀，也是为了指引别人对诗歌作正确理解。

还有一个隐映本诗后面的问题：在中国历代帝王中，明太祖朱元璋与刘邦最为相像。他也是出身于社会底层，在元末的大动乱中力克群雄，建立帝业，并在开国后以残酷的手段杀戮了一大批功臣。祝允明这首诗，是否有影射当代史实的意思？这固然无法证实，但他至少曾经想起这一种历史的重复。

（骆玉明）

首夏山中行吟　　　　祝允明

梅子青，梅子黄，菜肥麦熟养蚕忙。
山僧过岭看茶老，村女当垆煮酒香。

祝允明是一个活得焦虑而紧张的人。倒不是有多少繁重的事务要他操劳，而是他常常在那里探究天地宇宙的精微、人生的本原和归宿，并且总是感受到自我舒张与社会约束的冲突，导致情绪的不平衡。因此他所写作的诗歌，也大多显得敏锐而深邃，具有内在的紧张感。本书选入的《短长行》、《太行歌》、《歌风台》诸篇，均有上述特点。不过，一张一弛，有时候，他的诗又写得特别散淡，如这首《首夏山中行吟》就是。

诗中所写，当是苏州西郊一带的景象。此地濒临太湖，大大小小的湖泊、河道交错密布，青翠的山岭或断或续，丰饶的田野便舒展于山水之间。得天之利，农、蚕、茶、渔诸业兴旺，农人的生活，自然地较别地富裕些。他们固然勤劳辛苦，却也不乏自足的快乐。这种环境，使诗人感受到特别的情趣。他好像是毫不经意地随口吟出这一首短诗，让人读起来像一支小曲，轻快而闲淡。语言似乎未经任何修饰，景物也没有任何特别的地方。

诗歌所描写的景物愈是特殊，语言的书面程度愈高，读者与诗境的距离愈远，从而造成诗学理论上所说的"陌生化"效果，使人完全把诗境作为一种艺术化了的审美对象来审视。相反，平易的语言，寻常的景物，使人觉得这只是生活的原貌，司空见惯，无足为奇。在这样的诗里没有所谓"迫力"，令人感觉得诗中的一切，是如此轻松闲逸，而忘记生活的紧张，得到情绪上的舒缓。尤其是末句，令人想象在村头简朴的小酒店中，从村女手里接过一碗米酒，是何等惬意。

然则这诗真的仅仅是写出一种生活场景吗？却也未必。中国的田园诗，从陶渊明开始，就是把上层社会的文明以及整个城市文明，其中人与人之间的复杂的关系，看作是社会堕落的表现，认为农村的淳朴生活更符合理想的人性，更美好、自由。只是，无论如何，隐士们仍然是同上层社会的文明联系在一起的。当他们在歌咏自己的解脱、或者说表现对这种解脱的向往的时候，如陶渊明写下"久在樊笼里，复得返自然"，王维写下"即此羡闲逸，怅然吟《式微》"的时候，心理的冲突依然存在，所以诗歌中依然存在紧张的情绪。祝允明是否想到这一点，我们不能够证明。但仅从这首诗来看，他是把一切可能引向冲突和紧张的因素都排除掉了。他没有说农村的生活如何闲逸，没有说自己怎样向往从这里得到解脱，但在这一刻，在这首诗里，他是解脱的。而且，正因为祝允明的日常生活总是焦虑而紧张，在他感受到舒缓的一刻，那舒缓尤其显得充分。

其实，农人何尝没有他们的苦恼？他们对城市生活的向往，恐怕更强烈。说到底，诗总是一种构造，一种在特定心理需要上的构造。　　　　　　　（骆玉明）

哭子畏二首(其二)　　祝允明

万妄安能灭一真？六如今日已无身。
周山既不容神凤，鲁野何须哭死麟？
颜氏道存非谓夭，子云玄在岂称贫。
高才剩买红尘妒，身后犹闻乐祸人！

明代中叶，苏州地区的祝枝山、唐伯虎、文徵明、徐祯卿四位文人，皆极具才学，而且互相友善，因此，被人们称作"吴中四才子"。而他们中间，又以祝、唐两人的关系为密，这是因为他俩除了才华超众之外，又都以狂放不羁、蔑视礼教，傲立于世。唐伯虎去世之时，祝枝山以莫逆之情，奋笔直书，为他撰写了《墓志铭》，将好友的人格才华，一一表白于世，并怀着满腔的悲愤痛惜，一再作诗恸哭悼念，此诗便是其中之一。

要理解这首诗，还须先稍稍了解唐伯虎的大致生活经历。

少年时代的唐伯虎，聪颖过人，才气奔放，且极具性情，风流倜傥，无视礼法，和祝枝山一样，是有名的"狂士"。因此，至今民间还流传着许多关于他们的传奇故事。唐伯虎二十九岁那年，在乡试中一举夺魁，成了众士企羡的解元公。次年，即春风得意地北上京师，参加会试。正当他风华正茂、于功名踌躇满志之时，却遭到了飞来横祸的打击——被指控为科场中舞弊，因此而锒铛下狱。后虽因查无实据,终获开释,但却要被贬往浙江,充作小吏。他不甘受此侮辱,便绝意仕进,在漫游名山大川之后,回到吴中,以卖画为生,过着更加放浪名教之外、却又十分潦倒的狂傲生活,把封建社会中被缙绅阶级们普遍尊奉的科举功名、权势荣耀,蔑视得如同粪土,一钱不值,统统加以冷嘲热讽。甚至到了狂诞放废而不顾惜风雅体面的地步,表示:"但愿老死花酒间,不愿鞠躬车马前"、"老后思量应不悔,衲衣乞食院门前",即要率性到底,不向权贵低头,就是沦为乞丐,也毫不后悔。面对这样的"狂士",当时的礼法社会、缙绅阶级,是绝对容忍不了他的。从此,唐伯虎常常只能过着那种"亲知散去绨袍冷,风雪欺贫瓦罐冰"的窘困生活。直到最终,一代才学出众之士,就在贫病交加的极度潦倒中,无声无息地离去。

作为挚友的祝枝山,是深深了解并理解唐伯虎的品格和才学的,因此,他痛恨社会对这位才士的极端不公,愤愤地喊出了"万妄安能灭一真"的不平之鸣。接着,又借用历史上周公因得凤而国兴、孔子悲世而哭麟的典故,把唐伯虎视作"凤毛麟角"的奇才,又以向为历世称道的颜回的高尚人格、扬雄的渊博才学,来歌颂唐伯虎的人品和才气,并愤怒地表示:像这样品学兼备的才士,竟不为社会所容,真是世道的不幸! 是人间的不公! 真是唯有目无礼法、注重情义的祝枝山,才能如此毫无顾忌地举笔愤书! 而诗的最末两句,更是直对当时的社会缙绅阶级及其他们所提倡的价值规范,发出了沉痛而又强烈的抗议之声。祝枝山在为唐伯虎写的墓志铭中,有这样几句:"有过人之才,人不歆而更毁;有高世之才,世不用而更摈,此其冤何如已!"寥寥数语,正可用来作为本诗的一个注脚。

我每读祝枝山此诗,总是从心底里钦佩他那对知己朋友生死不渝的赤诚真挚,对人间不公敢怒敢骂的血性气魄;也很欣赏诗中那种直言不讳、一吐为快的风格,不知读者朋友们的感觉如何? (陈麦青)

甲寅端午拟白　　　　　　　祝允明

少小喜时节,而今一掷梭。
真欢妻举案,宜耳子工歌。
天地清明少,人生辛苦多。
问他痴祝老,不醉待如何?

这是诗人三十五岁那年端午节写下的模仿白居易的诗作。

农历五月初五的端午,和中秋、春节一样,是我国传统的重要节日。热热闹闹要过节了,诗人在想些什么呢? 很自然地,他首先回想起了儿提时代过节的欢乐。俗话说,逢年过节,最高兴的,莫过小孩,因为他们尚未涉世,本来就无忧无虑,一到节日那不同平常的气氛,有吃有玩,更是格外地欢天喜地,诗人的童年,当然也不例外。

然而,人终究是要长大的。一旦开始踏上那漫长而又沉重的社会人生之道,那种盼望最好天天过节的童趣,便开始日渐逝去。面对种种艰辛烦恼,往往会感叹光阴如驶、生命短暂。不是吗?这位五岁就能作径尺大字、九岁能诗,年未及三十,索书求文者即履满户外的名士,虽然才气过人,名动一时,但屡赴乡试,却每每名落孙山,直到第五次时,才中得一名举人,自己却已经是三十三岁的人了,难怪要发出"而今一掷梭"的感叹之声了。

那么,三十几岁是否有三十几岁的乐趣呢?还是有的。诗人借用东汉梁鸿夫妻举案齐眉、相敬相爱的典故,写出了屋有贤妻的家庭欢乐。而儿子那动听的诗歌朗诵声,更在这种欢乐之上,增添了一层情趣。诗人的感觉是,这种人世间最平凡、最普通的家庭生活,才给他带来一种真正的愉快。但是,他又马上回到社会的现实之中,面对那充满黑暗不公的人间世道和艰难遥远的人生之途,巧妙地借用也是属于传统节日的清明一词,非常自然贴切地一语双关,概括成"天地清明少,人生辛苦多"这样出色的对句,来引发读者的共鸣共叹之情。

在清楚地知道了这一切之后,诗人也许深感自己的苦闷之多,力量之微,因此,只能借酒浇愁,一醉了事。后世每称祝枝山其人放浪不拘礼法,嗜饮至入不敷出、典衣卖字,岂不知他胸中原有着难言之痛苦,直藉此求得暂时解脱耳!

全诗以几乎接近口说的浅显之语,精心构成易懂上口而又含意深刻、耐人回味的句子,写出了成年人那种由儿时喜欢过节,长大又怕过节的心态变化。这不仅仅是诗人当时自己心绪的写照,恐怕直到如今,三十多岁的人们,也常常在逢年过节之际会有诗人一样的同感共叹吧?当然,这怕过节的具体缘故,也许会有些不一样。但是,节日里酒菜一般总略比平日丰盛些,心中倘有苦闷,多喝几杯,甚至醉他一场,就是在而今现在,也还是被认为是情理中的事。

本诗的欣赏价值、诗人的艺术魅力,大概也就在于此。

(陈麦青)

新　春　日[①]　　　　祝允明

拂旦梅花发一枝,融融春气到茅茨。
有花有酒有吟咏,便是书生富贵时。

〔注〕　① 此题下有原注:"腊月二十一。"

人生得意何必蟾宫折桂，金榜题名；诗酒风流，占尽春色亦是赏心乐事，神情洒脱，内心充实，比功名利禄更可贵，这就是明朝才子祝枝山在屡试不第后的大彻大悟。

作者在癸丑(1493)腊月二十一日立春日写下这首诗是意味深长的。这一年他参加了进士考试，结果名落孙山，而物换星移，又到了四季之始。清早起来，但见晨光熹微，腊梅花发，而诗人只云"一枝"，既包含对它孤标傲世的赞美，也暗寓"动人春色无须多"之意。这芬芳的使者，带来了融融的无边春意，充溢于竹篱茅舍，令作者沐浴于一派春光之中。

这时候，诗人赏花品酒吟诗作赋，满怀面对万物复苏、生机蓬勃的喜悦，在第三句中，作者连用了三个有："有花有酒有吟咏"，不惮词费，为的是表达自己在新春伊始喜悦欢庆的心情，那份满足，那份陶醉，都通过这并列复沓的词语充分地表露出来了，而昔日人生坎壈的苦恼、功名不就的烦闷，都在这一派春光、诗酒风流前暂时地烟消云散了。作者与唐寅、文徵明，徐祯卿合称"吴中四才子"，据说他五岁能书，九岁作诗，三十三岁才中举人，然就此为止，尔后屡试进士不第，始终功名无望。于是，人生的荣辱升降、进退沉浮一直是个横亘在他面前的大问题，作为一个书生，是否只有读书做官才是人生在世的无上目标、唯一归宿？诗人常为之彷徨苦恼。然而，面对梅花的高标，融融的春意，作者杯酒骋怀，诗言志，歌咏言，不禁神情飞扬、荡涤心胸，思想精神得到了升华，他顿时觉得，人生的富贵并非只有功名利禄，个性的自由发展，回归自然的真趣才更可贵，所以，生命的充实满足就在目前，岂劳向外驰求，真可谓"踏破铁鞋无觅处，得来全不费工夫"。这其中虽然亦包含着些许的自嘲与牢骚，有点"狐狸吃不到葡萄就说葡萄是酸的"味道。但他毕竟在诗酒风流、梅花春色中重新发现了自我，找到了真正的人生归宿。也从此奠定了他作为一个恃才傲物、放浪不羁的风流才子的形象。

"一年之计在于春"，新春对于作者来说，不仅是岁时之始，更是一个新的生活起点，而这首质朴无华的小诗，即以其新的人生境界显露出作者的风流本色。当他摆脱以往名利缰索的羁绊、实现人性的自由复归时，我们今天的读者真应该为之庆幸，否则明代文士们的风流异彩将要黯淡失色许多。

(祝振玉)

【诗人小传】

周　在

(1463—1519)　字善卿，太仓(今属江苏)人。明武宗正德九年(1514)进士，官至浙江右参政。

闺　　怨　　　　　　　　周　在

江南二月试罗衣，春尽燕山雪尚飞。
应是子规啼不到，故乡虽好不思归。

历来写少妇思念远出的丈夫的闺怨诗，一般用女子口吻来诉说，往往又以春天为背景。如王昌龄《闺怨》："忽见陌头杨柳色，悔教夫婿觅封侯。"张窈窕《春思》："门前桃柳烂春晖，闭妾深闺绣舞衣。"杨凝《春怨》："花满帘栊欲度春，此时夫婿在咸秦。"周在这首诗采用的也是传统的手法。

春天到了，暖风融融，住在江南的少妇，已经拿出了春装，准备换上。罗衣而曰"试"，不是说做了新衣服，试穿一下，而是说丈夫远离，她日夜盼望，衣带渐宽，人渐憔悴，现在已经是二月了，丈夫该回来了，不知去年的衣服是否合身，拿出来试一下。一个"试"字，便包涵了以往无数的思念，所以接句便由试衣而遥想到远在北国燕山的丈夫。江南二月，春色如此，但燕山寒冷，"雪花大如席"，即使到暮春还常飞雪，不知道丈夫是否过得惯？他是否会冻着？由春色、罗衣，使少妇的思念之心，远隔千山万水，飞到了丈夫身边。以上二句，大开大阖，未写怨而先写思，为下文预留了斡旋的余地。

春天是远客还乡的日子，故乡春色盎然，与那燕山飞雪相比，不知强了多少倍，但"正是归时不见归"（葛鸦儿《怀良人》），少妇心中自然由爱生恨，充满了悲伤与怨愁。这种心情，在唐人诗中一般采用直叙，但周在这首诗中却故作波折。少妇对丈夫明明是满腹牢愁，却借物达志，反说不是丈夫不知回家，而是那暮春悲啼着"不如归去"的子规鸟，只知道在江南无休止地鸣叫，却不飞到那燕山飞雪中去；丈夫听不到子规催归声，不知道春天将尽，所以故乡虽好，还想不到已经到了回家的时候了。诗把怨恨移到子规身上，把少妇对丈夫又爱又怨的心情委婉细腻地表现出来。

周在这首诗，把怨愁丈夫不归的心情发泄在子规身上，体现了诗家"温柔敦厚"的诗教。同样构思的诗，唐人金昌绪有一首《春怨》诗云："打起黄莺儿，莫教枝上啼。啼时惊妾梦，不得到辽西。"怀念远方的丈夫，迁怒于饶舌的雀儿，词句大胆泼辣，清新直露。敦煌曲子词中还有一首《鹊踏枝》词，也很值得一读，词云："叵耐灵鹊多谩语，送喜何曾有凭据？几度飞来活捉取，锁上金笼休共语。比拟好心来送喜，谁知锁我在金笼里。欲他征夫早归来，腾身放我向青云里。"词采用少妇与鸟的对话形式，把金昌绪的诗意更扩大化。同样的比拟手法，写法不同，

艺术效果也不同,合在一起看,饶有趣味。 （李梦生）

唐寅

（1470—1524） 字伯虎,一字子畏,自号六如居士、桃花庵主、逃禅仙吏等。吴县（今江苏苏州）人。弘治十一年举南京乡试解元,次年进京参加会试,因牵涉科场舞弊案而被革黜。自此遂无意功名,致力于绘画,自称江南第一风流才子。后宁王朱宸濠闻其名,以优礼聘之。唐寅察其有谋反之志,佯作颠狂,辞去。晚年居苏州桃花坞,信奉佛教。唐寅在画坛上与沈周、文徵明、仇英合称"明四家",诗文亦有名,与祝允明、文徵明、徐祯卿齐名,称"吴中四才子"。其诗能抒写真性灵,不避俚俗,不计工拙,多不经意之作,对晚明诗风有较大影响。著有《六如居士全集》。今有《唐伯虎三种》（浙江古籍出版社1987年版）等新版本。

阊门即事　　　　唐　寅

世间乐土是吴中,中有阊门更擅雄。
翠袖三千楼上下,黄金百万水西东。
五更市买何曾绝? 四远方言总不同。
若使画师描作画,画师应道画难工。

　　一般认为,当明代中叶,在以苏州为代表的江南城市中,随着工商业的高度繁荣,出现了资本主义萌芽。阊门是苏州的商业中心,可以说,它在上述历史演进过程中具有某种象征意义。明代著名文士唐寅便生长于阊门。他的父亲在阊门开了一家商店,养活全家老小。唐寅是这个商人家庭中第一个走读书应科举道路的子弟;科举失败后,唐寅以卖画为生,仍不脱商业氛围。因此,他所写的这首《阊门即事》诗,对商业社会表现出以前诗歌中很少见的态度。以历史的眼光来看,这首诗很值得我们注意。

　　中国自古有重农抑商的传统。所谓"四民"——士、农、工、商,商在最后,甚至常常被看作是贱民。汉代发生战争时,"良家子"是军官的来源,罪徒和商人子弟则是士兵的来源。宋代陆游在《家训》中告诫子弟:"仕宦不可常。不仕则农,无可憾也。但不可迫于衣食,为市井小人之事耳。戒之戒之!"似乎一入市井,便堕落下流。明代朱元璋建国后，打击商人更不遗余力。禁止民间从事海上贸易，把城市富民迁往荒瘠地区，藉故杀死巨商（如沈万三）并抄没家产，甚至规定商人只准穿布衣等等，致使明初商业经济急剧萎缩。商人不过做买卖赚钱，为什么竟被视为洪水猛兽一般？关键在于稳定统治秩序的需要。帝王要使读书做官成为获得社会地位与财富的唯一途径，把大多数人束缚在土地上，和简单朴素的生活方式中。商人的财富和他们的享乐生活，在上层削弱了官府的权威，在下层引起人民的非分之想，最容易破坏专制政治和传统道德。

这一种传统影响于文学，特别是主要出于士大夫之手的诗歌，一般对商人也多取鄙视的态度。以白居易的《琵琶行》来说，那一位长安名妓"老大嫁作商人妇"，在作者看来是一种"天涯沦落"的结局。至于专门写商人生活的诗，像元稹、张籍的《贾客乐》、刘禹锡的《贾客词》、白居易的《盐商妇》等等，都是用讥刺的口吻描摹商人的富足与享乐，并且常常拿农民的辛劳来陪衬。好像凡是不做官而有钱，就是荒谬，就是发不义之财。与此相联系，中国古诗词中写城市商业社会的作品也非常少。偶尔涉及，难免谩骂一通。如皮日休《吴中苦雨·因书一百韵寄鲁望》诗："吴中铜臭户，七万沸如膻。啬止甘蟹鳝，侈唯僭车服。"

但不管怎么样，商业总是人类社会中不可缺少的行业；经商致富，是一条具有吸引力的生活道路。虽然受到政府的抑制，商业仍旧时起时伏地发展着。以苏州的情况来说，本来在元代已经相当繁华，明初受到沉重打击，萧条近百年，到明中叶再度复兴，成为全国经济最发达的城市。祝允明的朋友王琦著《寓圃杂记》，有《吴中近年之盛》一条，说苏州"间檐辐辏，万瓦甃鳞，城隅濠股，亭馆布列，略无隙地。舆马从盖，壶觞罍盒，交驰于通衢。水巷中，光彩耀目，游山之舫，载妓之舟，鱼贯于绿波朱阁之间，丝竹讴舞与市声相杂。"而苏州商业最集中的地段，就在阊门。

文学同样不能永远漠视商人的存在。首先在面向市民的通俗文学如戏曲、小说中，歌颂商人的作品，从元代开始明显增多。在明代小说里，可以看到《卖油郎独占花魁》，写一个卖油的小贩获得了绝色女子的欢心；可以看到《转运汉巧遇洞庭红》，写一个落魄书生随商人出海，无意之中发了一笔大财。而一些居住城市的诗人，也开始用同情的或是艳羡的笔调写商人生活。

唐寅的《阊门即事》就在这样的背景下产生。从诗的语言艺术来看，并不是很讲究。它的最大特点，是作者以商人子弟的身份，兴高采烈地描绘阊门一带繁荣的商业经济。这里既没有传统士大夫对商人的蔑视，也没有狭隘地把金钱视为罪恶，更不带一点自卑的心理。诗人把吴中即苏州城赞美为"天下乐土"，又将阊门夸为乐土中的宝地。这里有大量的金钱运转不息,有许多美貌女子为商人献歌献舞,各种交易彻夜进行,各地方言喧喧嚷嚷,组成了一幅难以描绘的市井图画。从唐寅的笔下,可以感受到异常热烈的商业生活气氛,和一个年轻的商人子弟的快乐而自信的心情。这样的诗,拿来与前面所提及的那些仇视、辱骂商人生活、商业社会的作品相比,区别是多么明显!

人类的生活本是无比丰富,但有各种教条对生活加以否定,使文字能够表现的内容变得单调。当文学中出现新的生活场景,或是以新的态度看待以往被否定的生活时,只要诗人之心是真诚的,就应该承认这是文学的进步。　(骆玉明)

怅怅词　　　　唐　寅

怅怅莫怪少年时,百丈游丝易惹牵。
何岁逢春不惆怅,何处逢情不可怜?
杜曲梨花杯上雪,灞陵芳草梦中烟。
前程两袖黄金泪,公案三生白骨禅。
老后思量应不悔,衲衣持钵院门前。

唐寅这位商人子弟,带着家族的期望走上科举道路。十六岁以第一名中秀才,二十九岁以第一名中举人,他的声名很快传遍四方。在《夜读》诗里,唐寅以"人言死后还三跳,我要生前做一场"这样赤裸裸的语言,说出内心不可按捺的欲望。

苦读以求富贵是唐寅年轻时生活的一个方面。另一方面,在考上秀才和中举之间的十余年中,他也曾一度放下八股文章,把兴趣转入文学艺术的天地,同时纵情嬉游,过着放浪的生活。

到他三十岁那年,赴北京参加会试,因牵涉科场舞弊案,彻底失去了在政治上进取的希望。人到中年,经历严重挫折,难免要回顾往事,计较一生得失。《怅怅词》就是他三十多岁时回顾少年生活的诗(有人说作于诸生时,不确)。

先从七、八两句说起。"前程两袖黄金泪",是因富贵的理想成为空幻而生的悲哀。唐寅本来对前程充满信心,别人也都觉得他是天下奇才,非连中三元不可,突然意外地遭到当头一棒,当然很伤心。但这并不是不可排解的,如果把三生(前生、今生、来生)当作一个禅家的公案来参悟,悟透了,到头来,不都是一堆白骨吗?既然人生根本上是一场虚无的梦,人生的富贵也算不得什么了。

再回到诗的开首。既然求名求利,并无真正价值,什么才值得珍贵呢?那就是少年时代才有的一种真诚、美丽而又迷惘的情感。唐寅十六岁入府学,正是年少英俊,才气奔放,在家中受到宠爱,在外也容易得到异性的青睐,再加上文艺的熏陶,感情好像生长在营养特别丰富的土壤上,旺盛而又纤柔。他爱欢闹享乐,爱美丽的女子,爱风花雪月,爱晨露夕阳……一切美好的东西他都喜爱和迷恋。同时,因为他的感情是纤柔的,他也很容易伤感。"百丈游丝易惹牵",就是此种"怅怅"少年情的极好比喻。空中的游丝,柔细曼长,随处飘拂,随处挂牵,数说不清,欲理还乱。也许,每个人的一生中,多少有过这样的心态。

种种牵挂之中,最令人动情的,是短暂的春光和邂逅的爱情。它们都是那般美丽,却又不能持久。少年的生命中,洋溢着青春的热力,常漫无目的地流向四方,渴望在异性的抚慰中得到升华、获得平静。这是一种幻想的情感,会借助各种对象,开放成不能结果的、却美丽异常的花朵。唐寅是一个特别多情的人,在他那个时代,能够自由追逐的女子,又大多是妓女,终究不可能结成婚姻关系,因而这种邂逅的、令人伤感的爱情遭遇就特别多。"何岁逢春不惆怅,何处逢情不可怜",写出了诗人多情而多烦恼的人生。下面两句,又借"杜曲"、"灞陵"这两个唐诗中写宴饮、离别时经常用到的古地名(都在长安),描绘出"逢春惆怅"、"逢情可怜"两者合为一体的优美图景:在庭院,春尽时梨花如雪,落入手中的酒杯;在郊外,离别处芳草如烟,似在幽幽梦里。这是忧伤的场面,却是美丽而动人。

唐寅是位众所周知的风流人物。"三笑"的故事,早在他死后不久就已广为流传了,晚明时冯梦龙改写成话本小说《唐解元一笑姻缘》,收入著名的《警世通言》。后世又有戏曲、评弹乃至电影表演这个故事。这故事是否靠得住,也许有些问题,但对唐寅不算怎么冤枉。在他的《抱枕》诗里,可以看到他有时在梦中也会发生艳遇:

抱枕无端梦踏春,觉来疑假又疑真;
分明红杏花梢上,墙上人看马上人。

只是,人们似乎很少体会唐寅的内心世界,对于他同女性交往中一份纤柔而诗意的情感,实在注意太少,以至那些小说、戏曲、电影,都把他写得过于油滑。所以要真正知道唐伯虎,这首《怅怅词》是不可不读的。

这里,说了唐寅的少年生活,有两个重要方面。读书求富贵,最后成了一场幻梦,而那些邂逅的爱情,也早已往事如烟。但在感情上,后者毕竟是珍贵的、真实的。所以诗最后写到:往日身穿破衣,扮乞丐乞食于妓院门前,这种事即使到老也不会后悔!这句虽有出典,应该也是纪实之笔。据蒋一葵《尧山堂外纪》记载,唐寅曾和同学张灵及祝允明一起,扮作乞丐,唱着《莲花落》讨钱,而后买了酒在荒郊野寺中豪饮,同本诗可以互证。但诗中这样写,还带有象征意义。前接"前程两袖黄金泪,公案三生白骨禅",这里是表示:社会既然抛弃了自己,一切道德规范、风雅体面,都已显得无聊,只有任由真情的生活,才值得珍视。唐寅科举失败以后的生活,更加放任不羁,所以一班正统士大夫极感恼火,直到他死后还喋喋不休地骂个没完。

(骆玉明)

风雨浃旬,厨烟不继,涤砚吮笔,萧条若僧,因题绝句八首,奉寄孙思和(其五)   唐 寅

  领解皇都第一名,猖披归卧旧茅衡。
  立锥莫笑贫无地,万里江山笔下生。

  本篇是一组绝句中的一首。诗的题目很长,已经将写作背景说明白了。八首诗大多说因字画的销路不佳,又逢连日风雨,生计发生困难,只好苦中作乐。但其中第五首即本篇,却特别有气派,显示诗人在哀苦之中,仍不失他的骄傲。

  明代考举人的乡试也称"解试",乡试第一名俗称"解元"。唐寅所参加的应天府乡试在明朝的陪都南京举行。南京及其周围地区文化发达,才人辈出,而唐寅以二十九岁的年纪,考得第一名,声闻天下,这是他始终感到非常得意的事情。在遭遇艰困、生计萧条之际,重提"领解皇都第一名"的往事,既是自我安慰,也包含怀才不遇的感慨。乡试之后,唐寅在北京的会试中无辜牵连进一场舞弊案,不但受牢狱之屈辱,而且黜去功名,失却在仕途上发展的可能。因此回到家乡,在旧茅屋中过着"猖披"即放狂的生活。"茅衡"指简陋的茅屋,语出《诗经·陈风·衡门》。

  此时唐寅的身份,既非缙绅,也非地主,又非商人,他是一个没有产业、没有社会地位的城市居民。就毫无私产的意义来说,可称是"贫无立锥之地"。但他有一支画笔,"万里江山笔下生",他仍是富有的。这一句的涵意,绝不仅仅是说自己能够画出无限壮阔的江山。从"万里江山"一语,人们很容易联想起《诗经》中那几句经常被引用的话:"溥(普)天之下,莫非王土;率土之滨,莫非王臣。"帝王拥有整个国家和所有的臣民,无疑是最富有的了;但唐寅却偏要说:我也拥有一个世界,一个艺术的世界。

  在这里,不妨读一下《庄子·田子方》篇中的一则故事:宋元君要挑选一个人为他作画,众多画师齐来宫中,恭立阶下。独有一位画师悠闲走来,拜揖之后,看也不看周围的人,自顾回到居所。国君派人查看,只见他"解衣般礴"——脱去

衣衫,裸露身体,交叉着腿坐着(这在古代是一种放任随便的姿态)。国君听人报告后,说道:"行了,这一个是真正的画师!"

关于艺术,许多学者指出,在本质上,它是自由的象征,是对自由的确认。黑格尔《美学》中说得更明白:人是一种被限制的、有限性的存在,人是被安放在缺乏、不安、痛苦的状态,而常陷于矛盾之中。艺术的重要作用,就是它作为主体的自由的希求,从压迫、危机中,回复人的生命力。而庄子所说"解衣般礴"的故事,也正是指示给人们:当艺术家神游于艺术天地之中时,他是至高至尊的。

而后再来读唐寅的这首诗,我们很容易明白:他在人生道路上遭受巨大的挫折,蒙受巨大的耻辱,此时又陷于贫困,乃至"厨烟不继",难免感到沮丧。然而,一旦进入艺术创造,笔下群山耸立,江流奔涌,风云幻变,木叶飘飞,他便再一次体悟到生命的自由本质,而自信地宣称:即使是贫贱者,仍然有他高扬的人格。

(骆玉明)

桃 花 庵 歌　　　　　　唐　寅

　　桃花坞里桃花庵,桃花庵里桃花仙;桃花仙人种桃树,又摘桃花换酒钱。酒醒只在花前坐,酒醉还来花下眠;半醉半醒日复日,花落花开年复年。但愿老死花酒间,不愿鞠躬车马前;车尘马足富者趣,酒盏花枝贫者缘。若将富贵比贫者,一在平地一在天;若将贫贱比车马,他得驱驰我得闲。别人笑我忒风颠,我笑他人看不穿;不见五陵豪杰墓,无花无酒锄作田!

唐寅在科举失败以后,与家人失和,迁居于桃花坞。他的《姑苏八咏》中《桃花坞》一篇,是这样写的:"花开烂漫满村坞,风烟酷似桃源古;千林映日莺乱啼,万树围春双燕舞……"桃花本自鲜丽,一枝二枝,掩映于山石林莽,已有一种媚趣;千树万树地开作一片,更是灿若云霞,令人如痴如狂,欲歌欲舞了。

但是,正因为桃花是如此鲜丽娇艳,容易逗引情绪跃动,所以它并不是高人雅士喜欢的花。他们讲究清高素洁,不同凡俗,而桃花却是太热闹、太俗气了。在中国古诗里,写桃花虽然不算少,但很少同作者的人生追求联系起来。花儿中,兰、菊、梅、莲等,都常常用来象征某种品行,桃花却不行,虽然它是南方最常见的漂亮的花。

唐寅却特别喜欢桃花,甚至拿桃花作为自己的人生象征。他住在桃花坞,在这里所建的一所别业,叫作"桃花庵",又自称"桃花仙人"。他常在这里召请朋友,开怀痛饮,醉后各自歪歪斜斜,颓然花树下。《桃花庵歌》便是这种生活的写照。

诗的后半部分所说的意思,在古诗里也见得多了。所谓"不愿鞠躬车马前",无非是陶渊明"不愿为五斗米折腰"的另一种说法;结束两句,也就是李贺诗所说"酒不到刘伶墓上土"的意思。但这里仍然有些不同的。中国士大夫文化,历来把甘于贫贱、不慕荣华当作一种美德。因而论及贫贱之士,不管是真是假,大都首先从德行上加以肯定,认为这是一种高尚的表现,是为了追求更高的人生精神,才不肯混同于浊流。唐寅却并没有以高尚其志的隐者自居,他认为"贫贱"与"富贵",只是各得其所;与其富贵而奔忙不暇,不如贫贱而悠闲,得赏花饮酒之趣。这是很实际的利益计较,是重视人生真正的快乐。在《把酒对月歌》中,这意思说得更明白:

  我也不登天子船,我也不上长安眠,
  姑苏城外一茅屋,万树桃花月满天。

杜甫《饮中八仙歌》夸李白"长安市上酒家眠,天子呼来不上船",唐寅在这里表示:桃花庵的生活美好无比,比做官还舒服,所以不用像李白那样,既要到长安去求官,又要做出一副傲世的派头。他也是傲视富贵,但跟前人以高洁之德为骄傲不同,他以平凡的生活、自由的乐趣傲对官僚阶级。

再看前半部分,日复一日,年复一年,流连醉酒于开开落落的桃树之下,其实也不全是写实,主要是借此表示对人间美好生活的占有。就像《默坐自省歌》所说的:"头插花枝手把杯,听罢歌童看舞女。食色性也古人言,今人乃以之为耻。""食色,性也",语出《孟子》。孟子又说过:"饮食男女,人之大欲存焉。"在唐寅看来,爱好享受,爱好女色,本来是人的本性,用不着像假惺惺的伪道学那样,引以为耻。只要大节不亏,不要存"害人谋"、说"欺心语",尽可快快乐乐地过日子。所以,他说的"贫贱"也只是相对于做官的"富贵"而言,并不是穷得清清光光。要不然,怎么个"听罢歌童看舞女"? 至于钱的来处,诗中也说了:"又摘桃花换酒钱。"意思是画桃花卖钱。

由此可知,唐寅是个什么样的"桃花仙人"。他既不羡慕富贵,也不自命清高,他要的是自由自在、尽情享乐,饮食男女无所忌讳。这是个世俗的神仙,兰的幽雅、竹的清拔、莲的出俗、梅的高格,都配不上的,正好配个热热闹闹、红红艳艳的桃花,做个"桃花仙人"。

这诗在当时是一种新格。它语言浅显,差不多完全是白话,音节流畅,首节更有衔连不绝、一气流注的效果,读起来非常爽快。它正好表现诗人真诚坦率的感情和诗中歌颂现世快乐的情调。

唐寅的诗文散失很多。据王世贞《跋伯虎画》说,他曾藏有唐寅手书《桃花庵歌》八首,并评价说:"语肤(浅)而意隽,似怨似适,令人情醉,而书笔亦自流畅可喜。"又说,他从李士牧处见到唐伯虎的一幅图,"深红浅红与浓绿相间,渔舟茅屋,天趣满即,宛然桃花庵景物"。可惜另外七首《桃花庵歌》与桃花庵图都不能见到了。

(骆玉明)

感　怀　　　　　　　　唐　寅

不炼金丹不坐禅,饥来吃饭倦来眠。
生涯画笔兼诗笔,踪迹花边与柳边。
镜里形骸春共老,灯前夫妇月同圆。
万场快乐千场醉,世上闲人地上仙。

唐寅在孝宗弘治十二年(1499)赴北京会试时,与江阴豪富举子徐经(著名旅行家徐霞客的高祖)同行。考试前,徐经收买主考官程敏政的家人,得到试题,唐寅也知道了这件事。他生性坦诚,不谙世故,竟与朋友闲谈时说起,因此被出卖,同徐经一起下狱,饱受皮肉之苦。事后放归,但已经失去了政治前途。这一波折,等于是青云直上之际突然跌入深渊,苦不堪言。

此后一段时间中,唐寅的诗歌多悲愤之语。这原是难以避免。在那个时候,文人若要得到成功,通常只有掌握政治权力这一条道路。一旦被排挤在权力组织和缙绅社会之外,往往就怨天尤人,无法解脱。但奇怪的是,渐渐地,唐寅又变得自信而轻快了。如《五十言怀》说:"笑舞狂歌五十年,花中行乐月中眠。漫劳海内传名字,谁论腰间缺酒钱?"如此风流洒脱,有名还有钱,难怪接下去要说:"众人多道我神仙!"

凭什么他活得如此快活?读这一首《感怀》诗就一目了然了。所谓"生涯画笔兼诗笔",他原来是以卖画(也卖字,代写文章)为生,可以免除其他一切烦劳,才那么轻松自在。另据蒋一葵《尧山堂外纪》、顾元庆《夷白斋诗话》,唐寅还有一首类似的绝句:"不炼金丹不坐禅,不为商贾不种田。闲来画幅青山卖,不使人间造孽钱。"这里更进一步道明卖画为生的好处:既免除体力的劳苦,又问心无愧,不像做官等行当,使的是"造孽钱"。卖画不一定总是生意很好,在其他诗中,他也提到因字画销路不好弄得吃饭成问题。但随着名声日隆,生活也就有了保障。祝允明在为唐寅写的墓志中提到:"四方慕之,无贵贱贫富,日请门征索文辞诗画。"这大概是指较晚的时候,也许还不无夸张。但不管怎么说,唐寅虽不能由此而大富,日子是可以过得不错了。

文人的经济来源,或者说文人的社会身份,同他们的文艺创作面貌有直接关系。大略地说,中国自汉代起才有主要从事文艺活动的"文人",他们依附于宫廷,为帝王所蓄养,因而他们的创作,也是为了取悦于帝王,很少能够表现个人的感情。魏晋至唐前期,出现了一个具有相对独立性的贵族阶级,即门阀士族,他们成为文人的主体,其创作个性意识很强,同时也显示明显的贵族趣味,以超脱为高尚,甚少涉及世俗生活。唐宋时期,官僚成为文人的主体,他们的创作多受社会政治与道德观念的束缚。到了元、明,除了官僚文人,又出现一种立身于市民社会的文人。特别是明代,城市经济发展很快,比较富裕的市民、商人,除了物质的追求,也对文学艺术发生兴趣。风气一旦形成,又有很多人附庸风雅,这就出现了对文学艺术作品的市场需求。即使是官僚,一般也只能参与这个市场,而不能凭权力支配别人。因而,一部分文人(特别是唐寅这样在政治上失足的),就可以把文艺作品当作商品来出售。有了这样一条谋生途径,他们就不须依附于包括官方在内的任何人,获得类似近代自由职业者的身份。而且,这不仅是一种经济来源,也带来相当的社会声誉,意味着一种新的社会成就。那些文人在生活上、精神上不再受社会规范、政治权力、传统道德的严重束缚,其创作也更具有个性和某种自由倾向。可以说,他们正在从旧时代的文人向近代意义上的"知识分子"转化。

回过来再看唐寅的《感怀》诗。它是对自由自在而平平常常的生活的歌颂。在旧的价值标准破灭以后,唐寅并不寻求某种虚幻的超脱——炼丹或坐禅,而是沉浸于个人的情趣,个人的艺术爱好。"生涯画笔兼诗笔",可以从两方面来理解。一则如前文所说,这是生活的经济来源;一则如唐寅在《六如居士画谱序》所说:"予弃经生业,乃托之丹青自娱。"艺术本身是人的创造能力的满足,是人的自我完善和提高。当个人爱好与经济来源结合在一起的时候,生活确实有可以满足之处。再者,唐寅不像祝允明,喜欢沉思,老是探究天地宇宙的至理,他觉得人生是实实在在的,只要有了自由,吃饭睡觉,绘画作诗,寻花问柳,夫妻闲谈,就这么老去,就这么到死,便是神仙的生活。这里描绘了个人与社会组织呈游离状态的乐趣,表现了新的人生观念,所以是值得重视的。

当然,靠绘画、文字为生,有时也很辛苦。据李翊《戒庵老人漫笔》说,有人见到唐寅一本记录作品的大册子,上书"利市"二字。又说,某次有人来求文字,唐寅正在病中,勉强起床应付。别人请他休息,他说:"若不如此,则无人来求文字矣。"李诩记载这些事,有讽刺唐寅等一群才士俗气贪财的意思。其实,这里正透露出近代商业社会的气息。要自由生活,总是须付出代价的。靠自己的才能、气力谋生,难道比凭仗权力盘剥老百姓"俗气"吗?

(骆玉明)

一 年 歌　　　　唐　寅

　　一年三百六十日,春夏秋冬各九十。冬寒夏热最难当,寒则如刀热如炙。春三秋九号温和,天气温和风雨多。一年细算良辰少,况又难逢美景何?美景良辰倘相遇,又有赏心并乐事。不烧高烛对芳尊,也是虚生在人世。古人有言亦达哉,劝人秉烛夜游来。春宵一刻千金价,我道千金买不回。

　　稍晚于唐寅、嘉靖时执诗坛牛耳的王世贞,曾批评唐寅的诗"如乞儿唱《莲花落》"。这主要指唐寅诗中一部分语言浅近,如俚词俗调的作品。这一类诗作,多以"××歌"为题,现存共十余篇。上面的《一年歌》便是具有代表性的一篇。

　　首先一个有趣的问题,是唐寅会不会唱《莲花落》?

　　《莲花落》是一种民间俗曲,以竹板或鼓打节拍。旧时乞儿行乞,常唱此曲,明清时也有民间艺人用来演出,内容大抵以劝人行善积德为主,兼及描述世俗情态。

　　有各种记载,说唐寅常扮作乞儿,在外嬉游。有一则记载说,唐寅某日扮乞儿出游,正遇一群文士登山赋诗,便上前开玩笑,要求唱和。文士们纷纷嘲笑他,但等到唐寅的诗写出来,都大吃一惊。在唐寅本人的诗里,也屡次提到自己"衲衣乞食"的行径,还引以为荣。蒋一葵《尧山堂外纪》,说到唐寅扮乞儿讨钱,还唱着《莲花落》。

　　由此看来,唐寅会唱《莲花落》,该是没有什么问题的。他的那些俚俗化的诗歌,受到《莲花落》的某种影响,也并非不可能。无论如何,唐寅是江南一带的名士,曾经中过举人,居然"自甘堕落"到如此地步,岂不是惊世骇俗的事情?在中国文人诗歌的历史上,像这种带"乞儿"味的作品,也是相当奇特的了,所以是值得一读的。

　　《一年歌》与另一首《一世歌》,是相互配合的两篇。为了节省篇幅,我们只选录了《一年歌》。但对《一世歌》,也在此作简单的介绍。它的开首是:"人生七十古来少,前除幼年后除老,中间光景不多时,又有炎霜与烦恼。"中间发以嘲谑:"世人钱多赚不尽,朝里官多做不了。"最后归结到:"草里高低多少坟,一年一半无人扫。"说了"一世",更进一步说"一年"。两首诗好像在做减法运算:一生中,除去年幼、年老、睡梦、烦苦、冬寒、夏热、风雨、无美景、无情趣,还剩下多少时光可供享受呢?难道值得为任何东西牺牲人生的快乐吗?一句句大白话,竟说得惊心动魄。

人生短促,世变无常,当及时行乐,这是从东汉年间的《古诗十九首》就开始唱起的古老的调子,在后来的诗歌中,又见了无数次。但是,对个人来说,生命是茫茫的过去与未来之间仅有的一段存在,如何度过它,永远是新鲜的问题。文学总是不断地以具体的个人体验和新的语言形式来表现这一永恒的主题。

唐寅自科举失败以后,曾反复考虑人生出路的问题。他在《与文徵明书》中,表示要从事著述,说:"若不托笔札以自见,将何成哉!"这仍是士大夫建树自我的传统途径。但他很快就自我否定了。袁褧幼时与唐寅有过交往,他在《唐伯虎集序》中转述了唐氏的想法:自己已经蒙受耻辱,为伪善的缙绅阶级所不齿,想要立功立言,谋图不朽,只是"徒增垢辱"罢了。"且人生贵适志,何用刿心镂骨,以空言自苦乎!"因此,这两首歌,不能简单地从宣扬及时行乐一面看,还要看到作者对缙绅阶级的叛离态度,对他们的价值观的唾弃。既然自己不再同这个统治阶级站在一起,又何必为不能"马革裹尸"、"立言不朽"而苦恼!由此转向讴歌生命本身的可贵,通过宣扬及时行乐,抗拒社会共认价值对个人生命的强迫。

在等级社会中,不同的等级群体在语言上也各有区别。至于典雅的诗歌,更是中国士大夫的文化标志。唐寅出身于商人家庭,但当他成为"解元"(乡试第一名)时,已经步入缙绅阶级的优秀者行列。对那种典雅的语言形式,他当然熟悉得很。然而,一旦从缙绅的行列中走出来,并且自觉地在思想方法、生活态度上与之相排拒,在艺术趣味上有时也干脆来个大叛离,用自己同样熟悉的俚俗歌调从事创作,唱一曲自由自在、犹如《莲花落》的歌。

从诗歌本身来评价,这两首歌自然有缺陷,譬如不够精致、内涵太浅。但作为平民文化对士大夫文化的冲击,仍然有重要的意义。况且它也不是毫无长处。因为用了俚俗的语言,显得自由活泼,对人生的可贵,说得远比前人透彻、清楚。

王世贞是贵胄子弟,本人又是官僚,所以尽管他佩服唐伯虎的才气,却讨厌这样的诗歌。

(骆玉明)

春江花月夜二首　　唐　寅

嘉树郁婆娑,灯花月色和。
春江流粉气,夜色湿裙罗。

> 夜雾沉花树，春江溢月轮。
> 欢来意不持，乐极词难陈。

在前一首诗中，首先看到一株株花枝浓密的嘉树优美地摇曳着，灯光、月光与花的色彩融和成一片，荡漾如波，这真是动人心魄的景象！接着写嗅觉：随着江水的流动，传来脂粉的香气。这香气从何而来？原来是一群姑娘在江上夜游，从她们身上散发出的气息，令这春江花月之夜，变得格外秾艳。露水虽已打湿姑娘们的罗裙，他们仍然恋恋不去，好像舍不下这个美丽的夜晚。夜景本来容易写得虚淡，唐寅却借助于夜色朦胧的特点，隐隐约约写出各种带有刺激意味的事物，使诗中的景象富于诱惑性。"粉气"在中国古典诗歌中是很犯忌的，"脂粉气"本身是对诗歌的一种严厉的批评用语，唐寅却照写不误，看来是有意的。

后一首写一对情人在春江之畔、花前月下的幽会。前二句写景，为夜雾所笼罩的花树是幽暗的，在滟滟江波上涌起的月轮是明丽的，两者相互映衬，渲染了美丽而又神秘的情调。后二句用女子口吻，自叙见到情郎（"欢"是情郎的代语）后心旌摇荡，喜不自胜，难以言说。到此为止，留下许多余意。一对年轻生命缱绻无已的爱情，同样令这夜景富于诱惑和感动。

《春江花月夜》是南朝陈后主制作的一种乐府歌曲。他写的歌词已经失传，现存最早的二首短篇歌词为隋炀帝所作。唐寅的二首在体制上仿照隋炀帝，其风格却更接近南朝宫体诗。

《春江花月夜》只是一个例子。在唐寅的诗集中，色泽秾艳、偏近南朝风格的作品几乎占了近半数；也不仅是唐寅，明中叶以后，南朝诗风出现了相当普遍的重兴现象。祝允明、徐渭写过不少类似的诗，晚明公安派的领袖袁宏道曾经说：坐在高山绿水之间，读《玉台新咏》，是人间一大快事。——《玉台新咏》就是南朝徐陵编纂的一部以宫体诗为中心的诗集。还可以提到大名鼎鼎的汤显祖，他不但写诗好学南朝风调，就是戏曲曲词，也是那一种轻艳流丽的味道。

但是，众所周知，南朝诗风在历史上一直受到十分严厉的批判，宫体诗更被视为"淫邪"的东西，它何以在明代又再度隆兴呢？

文学实在是很复杂的现象。抽象地说，似乎很简单：文学是人类情感的审美表现。但是，一切情感都能够随意地、充分地表现吗？显然不能。那么，对情感的节制在何种程度上才是合理的？这又没有一个固定的标准。不过确实有一个大致的规律：经济越是发达，对个人越是重视，文学中对情感的约制也相应地越是宽松。一种似乎是"罪恶"的情感，换一个时代，换一个地域，很可能就是美好的了。比如一个女孩挽着情郎在大街上走,今人看来是天经地义的事,百多年前,却是惊世骇俗,要被骂作"淫浪无耻"的。中国历史上的南北朝时期,南方的经济相当繁荣,对个人情感的认可也比较宽泛,因而在文学表现方面,就比较自由一些。不仅是产生于上层的宫体诗,南朝民歌也是绮靡流丽的。

但是,按照严格的儒家文化观念,文学首先是政治和道德教化的工具,在情感表现上,也要求有严格的约制。以此标准衡量,尽管宫体诗除了极个别作品有些出格,大多只是描摹女子体态之美和不强调道德意义的男女之情,但写女人,无论如何是不能允许的。而且,南朝诗歌那种艳丽流荡的语言风格,也不能被接受。因为这不仅是音律和色泽的问题,同时也表现了情感的活跃和诱惑性。所以到了儒学重兴的时代,南朝文学便受到极苛刻的批评。

由此而言,就很容易明白南朝诗风在明代重兴的原因。那就是:随着江南城市经济的发展,反对个性抑制的要求再一次抬头,文学中的情感表现也变得活跃起来。于是许多文人对南朝诗风重新发生强烈的兴趣。这一文学潮流的带头人,便是唐寅。

(骆玉明)

言　怀　　　　唐　寅

笑舞狂歌五十年,花中行乐月中眠。
漫劳海内传名字,谁论腰间缺酒钱?
诗赋自惭称作者,众人多道我神仙。
些须做得工夫处,莫损心头一寸天。

说起唐伯虎,人们便会想起"唐伯虎点秋香"的故事,虽然未必真有其事,却又符合其人风流跌宕的个性。他五十岁时写的这首《言怀》诗,正是总结了自己的一生。

唐伯虎本来也像古代一般士子走读书做官的道路,十六岁以第一名考入苏州府学,二十九岁在应天府乡试中又以第一名中举,人们把他视为天下奇才,非连中三元不可。不料三十岁去北京参加会试,却被牵进科场舞弊案,吃了官司,彻底断送了政治前程。"前程两袖黄金泪,公案三生白骨禅",他失意地回到苏州故乡,从此"弃绝生业,乃托之丹青自娱"。他参悟人生不过是一场虚无的梦,荣华富贵不过是过眼烟云,从此玩世自放。他在《默坐自省歌》中写道:"头插花枝手把杯,听罢歌童看舞女。食色性也古人言,今人乃以之为耻。"他振振有词地说,大圣人孟轲也说"饮食男女,人之大欲存焉",这是人之本性呀,根本用不着像今天那些道学先生那样,引以为耻。言下之意,不管世人怎么议论,我唐某是要尽情享受人生的欢乐的。他也的确是这样做的。他活了五十四岁,"笑舞狂歌五十年",正是他这一生的真实写照。

在这五十年中,他是"花中行乐月中眠"。唐伯虎特别喜爱桃花,在苏州桃花坞建了一所"桃花庵",自称"桃花仙人",并作《桃花庵歌》曰:"……酒醒只在花前坐,酒醉还来花下眠;半醉半醒日复日,花落花开年复年。但愿老死花酒间,不愿鞠躬车马前;车尘马足富者趣,酒盏花枝贫者缘。若将富贵比贫者,一在平地一在天;若将贫贱比车马,他得驱驰我得闲。……"他把"贫贱"与"富贵"作了很实际的利益计较,认为与其富贵而奔忙不暇,不如贫贱而悠闲自在。他觉得人生是实实在在的,要重视人生真正的快乐。在桃花庵赏花醉酒的生活,比做官还舒服。不做官,就有更多的自由,就更可自由地享受人生。"花中行乐月中眠",好一个风流洒脱的"桃花仙人"呀!

尽管如此沉醉于"花中行乐",这位"江南第一风流才子"还是名传天下。"漫劳海内传名字,谁论腰间缺酒钱?"这口气何等的狂,何等的傲,又何等的有恃无恐!然而发人深思的是:一个肩不能挑、手不能提的文弱书生凭什么能活得如此轻松快活?他的"酒钱"从何而来?且听他自己叙说:"不炼金丹不坐禅,不为商贾不耕田。闲来就写青山卖,不使人间造孽钱。"原来他是靠卖画为生。据其墓志铭记载:"四方慕之,无贵贱富贫,日请门征索文辞诗画。"这段文字表明:明代中叶城市经济发展,已出现对文学艺术品的市场需求,给这位立身于市民社会的文人有条谋生途径了。在这以前,文人不得官职,只能依附某官僚门下当清客,而唐伯虎俨然近代自由职业者了。也许正由于时代的变化,他才敢于如此向人炫耀自己腰间的钱包吧?

也由于他如今别有活路可走,他对封建社会、政治的依附关系减弱了,在生活上精神上可以不再受社会规范、政治权力、传统道德的严重束缚,相对旧时文人与社会组织的关系,有某种自由倾向。所以唐伯虎尽可沉浸于"花中行乐月中眠"的放浪生活中,沉浸于"生涯画笔兼诗笔"的艺术天地中。而当个人爱好与经济来源结合在一起的时候,生活确实有可以满足之处,可以自得其乐。所以他在过五十岁生日时,十分得意地说:"众人多道我神仙!"当然,他有似那吃荤腥的和尚,是个追求声色、饮食男女无所忌讳的世俗神仙,所以,他用热热闹闹、红红艳艳的桃花作为自己的人生象征而自称"桃花仙人"!

但是,他的这种享乐生活毕竟不同于一般俗物的醉生梦死、吃喝玩乐主义。"些须做得工夫处,莫损心头一寸天。"别看他表面上"笑舞狂歌",放浪形骸,内心里却有一片不为人知的自我世界。自他被永远革出仕途成为一个混迹市井的平民后，他开始探求新的人生价值，抗拒社会共认价值（做官的荣华富贵）对个人生命的强迫。他要按照自己的意愿生活，要求生活得自由自在，实际上是一种朦胧的民主意识的萌发，一种个性精神的复苏。

唐伯虎在文学史上与祝允明、文徵明、徐祯卿并称"江南四才子"。明代中叶，江南城市在全国来说，经济最发达，思想最活跃，文学艺术也最早表现出新的趋势。商人家庭出身的唐伯虎，一生以一介布衣在市井中讨生活，除了绘画上的卓绝成就外，他还是一个杰出的诗人。

从其诗歌内容看，对都市商业性的繁荣及声色犬马的世俗生活颇多反映，并加以热情赞美，表现出对人生本能的充分肯定，对生之欢乐的大胆追求，具有较浓的市民色彩，给明初以来消沉的诗坛带来一股清新活泼的诗风。诗的形式也表现不同于前人的风貌，其最重要特征便是通俗化。如他的《姑苏杂吟》之三这样写道："江南人尽似神仙，四季看花过一年。赶早市都清早起，游山船直到山边。贫逢节令皆沽酒，富买时鲜不论钱……"这样明白如话的作品，充满着浓郁的生活气息，为前此的诗歌中所未见。

近年来致力研究明诗的章培恒教授将唐伯虎与前七子首领李梦阳相提并论，认为二人同是明代中叶文学开始复苏的代表人物。他在《明代的文学与哲学》一文中说："从客观上来看，唐寅的诗歌创作与李梦阳的文学理论是密切配合的：李梦阳要求诗歌具有真情——在某种程度上摆脱'存天理，去人欲'的戒律束缚的真情，而唐寅的诗歌也正做到了这一点。这样的理论与实践，显然是晚明文学新思潮的先声。换言之，以李梦阳等人的理论和唐寅等人的创作为代表的明代中期的这一股文学潮流，终于战胜了文坛上多年来的死气沉沉的局面，文学又朝着历史所指示的前进方向发展了。"过去一提起唐伯虎，往往为其风流故事所掩，而不屑一顾，现在应该用历史的眼光刮目相看了！

（高　原）

无　题　　　唐　寅

红粉啼妆对镜台，春心一片转悠哉。
若为坐看花枝尽，便是伤多酒莫推。
无药可医莺舌老，有香难返梦魂来。
江南多少闲庭馆，依旧朱门锁绿苔。

自晚唐诗人李商隐开创《无题》诗式以来，历来诗人沿用此题者，大抵以隐衷不便直述，故权以"无题"标目。

唐寅此首《无题》诗就其字面意义似应做这样的诠释：

首联首句："红粉啼妆对镜台。""红粉"是诗中主人公。唐寅现存六十多首表现幽期闺怨的诗词，确有实指的极少。比较有名的有《绮疏遗恨》十首，那是悼念他的"红粉知己"、官妓沈九娘之作。唐寅这首《无题》诗写作年代不明，难以妄猜硬套。再说，既以《无题》为题，诗中人物也难以实指。总之，诗中的主人公是位女性，联系后文推测，很可能是位出自"朱门"、"庭馆"的歌妓。"啼妆"，是一种以粉施于眼下如啼痕的妆饰方法。《后汉书·梁冀传》"冀妻孙寿色美，而善为妖态，作愁眉、啼妆。"李贤注引《风俗通》："啼妆者，薄拭眉下若啼处。"看来这位歌妓面对镜台，做"啼妆"之饰是故作妖冶之状。

首联次句："春心一片转悠哉"，正当她春心激荡难以自抑之时，却突然忧伤起来。"悠哉"一词，语出《诗经·周南·关雎》"悠哉悠哉，辗转反侧。""悠哉，忧思也。"句中"转"字表明了诗中女主人公的情感突变。其实写诗中主人公情感突变的名诗词就不乏其例，如盛唐时期"诗家天子王江宁"《闺怨》诗"忽见陌头杨柳色，悔教夫婿觅封侯"的"忽"字……王诗中的那位少妇由"不知愁"到"悔"的情感突变的触媒是由于看到了"陌头杨柳"飘拂，而这首《无题》诗中情感突变的触媒似乎是由于这位歌妓面对镜台作"啼妆"之饰时发现了什么。

颔联"若为坐看花枝尽，便是伤多酒莫推"，就是她转而生忧的内容之一；若为，如何。她正在梳着"啼妆"，却不知如何，窗外的花枝已凋落一尽；坐看落花，更令她伤心无限，此时身边纵有千钟美酒，她也不想推辞了。她只愿一杯杯喝下去，浇却春尽花落之愁。"若为"、"便是"，两个虚词，一推一挽，表现出女主人公由惊愕到无望的心理过程，将上二句的"忧"深化了；同时，"伤多"一语，又暗示女主人公的伤心虽在春尽而起，却非仅此于此乃自然引出后二句。

颈联："无药可医莺舌老，有香难返梦魂来。"黄莺鸣声婉转动听，而今"莺舌老"无药可医，似乎比喻一种美妙歌声的衰歇。"返魂香"，香料名。传说汉武帝时西域月支所贡，大如燕卵，黑如桑葚，燃之病者闻之即起，死者未三日熏之可活。东坡诗集注引谓汉武帝所幸李夫人死，欲见不能，燃返魂香，李夫人即降，这里的"梦魂"可喻为失去之青春。"梦魂"有香难返，似乎是指诗中主人公容颜衰老、青春难再。这，大概才是她"悠哉"的更深处吧。

尾联："江南多少闲庭馆，依旧朱门锁绿苔。"这是女主人公的深沉叹息，是本诗重心之所在，情感之所归。昔日多少繁华的江南庭馆，如今都闲置无主、朱门深锁、绿苔满地，一派冷漠萧索的景象。大概，这位女主人公，就曾在那"多少闲庭馆"中的一个生活过,或许是哪家"朱门"的歌伎舞女,而今朱门败落、繁华消歇,她也流落人间,不觉中已莺舌老矣。"多少"、"依旧",可见江南名门豪族的衰落,其数实不可胜数,其势将万劫不复;而与这位"红粉"有着同样经历命运的无数佳丽,也都随着这衰落之势而红颜凋残、青春不再了。这,恐怕乃是她的"悠哉"之忧的最深处吧!

这首诗,全借女主人公的口吻道出,忧思层层加重,越说越哀,终于推向无限;诗以强打精神妆点的"红粉"始,以色彩斑剥的"朱门"终,首尾呼应,亦见诗人布局之用心。此诗既曰"无题",自不能知其确指,但从诗的末二句看,此诗当不是为一个人而作,而是为一类人而作,为江南佳丽的凋谢而作。诗的笔法,固然是李商隐一流的,但诗的内容,却又不为李氏《无题》所限了:这,也可算是诗人对传统的一点小突破吧?至于今之读者,由本诗窥到了明朝中叶江南豪门的衰败,从而给本诗增添了社会认识意义:这固然是此诗的应有价值,但也未尝不是唐寅蓄意安排的弦外之音,读者切不可因诗字面的秾丽而误谓诗人用心只在红粉飘零的感慨而已,须知这位狂放而不得意的才子,胸中实有许多牢骚。但若进一步夸大其意义,谓由此可窥大明王朝走向衰落的趋势,则不免过分了,因为在唐寅生活的成、弘年代,明朝还远远不曾显示出衰亡之象呢。 (张善庆 沈 价)

绝 笔 唐 寅

一日兼他两日狂,已过三万六千场。
他年新识如相问,只当漂流在异乡。

有生必有死。当一个人即将走入"死"这个深不可测的黑暗疆域时,必然要对"生"的世界做出最后的回顾;而各人的感受,所想到的问题,多少有些不同。诗人常在临终之际写下绝笔诗,从中不仅可以看到作者的品格和人生观,而且透露出特定的时代气氛。

在谈论唐寅的《绝笔》之前,我们不妨先举几个前代的例子,作为比较的材料。现存这一类作品,要算项羽的《垓下歌》为最早。他一生所向披靡,一度拥有四海,最终却被刘邦围困于垓下。灭亡在即,夜饮军帐,项羽慷慨悲歌:"力拔山兮气盖世,时不利兮骓不逝。骓不逝兮可奈何,虞兮虞兮奈若何!"项羽作为叱咤风云的一代英雄,不相信任何世间的力量能够击败自己,只能把失败归诸天时、命运。面对死亡,他并无畏惧,只是悲哀自己再没有力量保护心爱的女人,因而发出"虞兮虞兮奈若何"的长叹。这个有名的"霸王别姬"的故事,主要的意义并不在爱情,而是以失去虞姬为象征,显示英雄彻底地失去了一切。如果我们想到秦末是一个英雄辈出的时代,陈涉、刘邦、韩信、陈平……,无不在寒微时就有了驰骋天下的雄心,我们就能够从《垓下歌》的背后,看到如此的骄傲和自信:如果不是无法理解的命运,他是能够拥有一切的。

生活于富于哲学思辨精神的时代的陶渊明,在临终前为自己写下了三首挽歌辞(送葬所唱的歌)。其中第三首,前半部分想象别人给自己送葬的场面,后半部分继续描述葬礼结束后生者与死者各自的情形:"千年不复朝,贤达无奈何。向来相送人,各自还其家。亲戚或余悲,他人亦已歌。死去何所道,托体同山阿。"在陶渊明看来,人与世界、人与他人,本质上是疏隔的,而死亡彻底地显示了这一点,证明:人从来没有,也不可能拥有任何东西。在葬礼上,人们莫不痛哭流涕,事后也就照旧度日。亲戚(古时专指近亲)也许还有一点余哀,他人回到家便唱起了快乐的歌,而死者从此与大地浑同一体,永归寂寞。

宋代陆游的绝笔《示儿》是很有名的:

死去元知万事空,但悲不见九州同。

王师北定中原日,家祭无忘告乃翁。

不要以为陆游总是在忧国忧民。实际上,他的绝大多数诗篇,都是以闲逸散淡的笔调描绘他在乡村的安适生活,同他慷慨激昂的爱国诗歌构成鲜明的对照。但是,在前一种生活中,他不能确认自己生命的价值,他必须把人生最终的意义同国家、民族联系在一起,因此这也成为临终时想到的最大的问题。宋代士大夫的两重性格,也由此可见一斑。

至于唐寅,他只是一个以自己的艺术才能谋生的文人。按照旧的价值观,他是失败的。但由于这种"失败",他也获得一种自由放浪、无拘无束的生活。在临终之际,唐寅怎样看待自己的人生呢?

存世的唐寅绝笔诗,有两种不同的版本。一种是收入《唐伯虎全集》的:"生在阳间有散场,死归地府也何妨? 阳间地府俱相似,只当漂流在他乡。"我们所选用的是另一种,收录在附于全集的《燕中记》,文中说,这才是唐寅最后的定本。也许唐寅先写了前一首,后来加以修改,成为《燕中记》所记载的这一首。

比较起来,后一首更有意思。唐寅常把七十岁作为人寿的基数,但他只活了五十四岁。然而换一种算法,因为自己一日兼他人两日之"狂",那么差不多也等于别人的一百岁了("三万六千场"),不算短寿。就像人们常把一个人完成的事业作为衡其生命价值的尺度,唐寅在这里用"狂"衡量人生。由此而论,一个人倘从未"狂"过,那简直是不曾活过,即使他有一百年的自然寿命。

那么"狂"真是大可计较。"狂"到底意味着什么？在历史上，"狂"常被用作肆意直言的掩饰。当一个大臣想对皇帝作激切的批评时，便会自称"狂愚"，如魏徵对唐太宗说："狂夫之言，圣人择焉。"同样，任情而发、不遵规度的生活态度，也被称或自称为"狂"。李白说："我本楚狂人，狂歌笑孔丘。"两者结合，再考察唐寅的一生，可以明白地说：他所自诩的"狂"，便是真诚的、自由的生活，是对社会传统规范和公认价值观的蔑视。具有狂放精神的文人，历代都有。但是，当唐寅把"狂"视为人生价值的尺度时，那就包涵着新异的时代意识在内了，它多少意味着：个性解放的满足，开始被视为人生最高的要求。

（骆玉明）

【诗人小传】

文徵明

（1470—1559）　初名璧，字徵明，以字行，更字徵仲，别号衡山，长洲（今江苏苏州）人。正德七年(1512)南昌宁王朱宸濠以重金聘之，以病辞不赴。嘉靖二年(1523)以岁贡生荐试吏部，授翰林院待诏。世宗立，预修《武宗实录》，侍经筵，嘉靖五年(1526)谢病归。徵明诗文书画皆工。画在"明四家"之列；诗文则与唐寅、祝允明、徐祯卿称"吴中四才子"，四人中其寿最长，主吴中风雅之盟者三十余年。其诗"雅饬之中，时饶逸韵"，"兼法唐宋，而以温厚和平为主"。著有《甫田集》等。今有校点本《文徵明集》（浙江古籍出版社1987年版）。

秋日早朝待漏有感

文徵明

钟鼓殷殷曙色分，紫云楼阁尚氤氲。
常年待漏承明署，何日挂冠神武门？
林壑秋清猿鹤怨，田园岁晚菊松存。
若为久索长安米，白发青衫忝圣恩。

中国自隋代开始实行科举制度，宋代以后，才真正完全以考试成绩选拔人才，给普通平民进入社会权力机构提供了机会。但科举也存在很多弊病，特别是明代，以程式固定、内容不出《四书》范围的八股文为专门的考试文体，许多读书人实在并不读书，只是成年累月地揣摩一篇几百字文章的作法，"代圣贤立言"的语气，弄得空疏无比。《儒林外史》所写那一位有名的范进，中了举再中进士，又当了一省的学政,却不知道苏轼是什么人。并不是小说家的夸张,明末思想家顾炎武就曾记载,有的举人连司马迁是谁都不知道。

至于一些真正有学识有才华的人,当然有可能在科举上获得成功,但也说不清为什么,同样可能永远不会成功。譬如明中叶江南几位人们公认的饱学多才之士,其中只有唐寅在场屋中少年得志(后来的失足,又是另一回事);祝允明三十三岁中举,再也没有中进士;文徵明、徐渭是一生未曾考中举人。

文徵明十九岁进入县学为诸生(即"秀才"),一直考到五十三岁,九次参加乡试,未能中举。这事在他诗里经常提到。一方面他感觉到科举的无聊,另一方面他也承认功名是难以忘记的东西。"功名无据频占梦"、"满头尘土说功名"、"业缘仍在利名间",都是很真实又很辛酸的心理写照。只不过他说起这些事,语气总是很平静,不失温雅的儒者风度。

然而,当"功名"来到的时候,它对于文徵明却又成了令人尴尬的东西。明代制度,举人是做官的最低资格,但前途已不及进士。如祝允明以举人身份出任广东兴宁知县,就是一个僻远而贫穷的县分。个别年资深而又有文才的秀才,也可以经官员推荐给朝廷,称为"贡生",而后由朝廷授给一定的官职。但这已是抚慰的性质,地位是很卑微的。文徵明在嘉靖二年(1523)五十四岁时经工部尚书李充嗣推荐,被任为翰林院待诏,官秩为从九品,即官员品等中最低的一级。京城中"蔼蔼皆王侯",翰林院尤其是一个进士考试的优秀者修习朝廷制度、准备出任国家高级官职的地方。一个不起眼的"待诏",在这里真是寒酸无比。文徵明不仅年岁老大,并且已经是江南文坛的领袖人物。他的社会声誉、实际才能同他在官场中的地位,形成奇怪的比照。所以文徵明尽管在翰林院受到杨慎(他是一个状元)等官员的敬重,却一开始就未存久留之意。在京三年,便再三上疏求归。这一段时间所写的诗,大多围绕着自己在官场中的尴尬处境和思归的心情。

这里选了一首写早朝的诗。参与早朝,面谒君王,从来是文人引为荣耀的事情。唐代贾至写过一首《早朝大明宫》,同时在朝的杜甫、王维、岑参都曾作诗相和,无不着意渲染宫廷中庄严华贵的气氛和侍奉皇帝的得意。虽然早朝也很辛苦,天不亮就要在朝房中等候,而且那些诗人对自己的地位不一定都很满意,但早朝作为身沐"天恩"的机会,在心理和习惯上是不允许轻视的。可是,文徵明在这首诗中,却是用委婉的语气发牢骚。因为在这种百官齐集、按品级排列的场合,他更强烈地感受到了屈辱和不平,而不是荣耀。

头两句写晨曦笼罩下的宫殿。"紫云"既是指早晨的云霞,也是指所谓"帝王之气"。这两句同一般的早朝诗没有多少异样。然而,紧接着颔联两句,却转为企望弃官而去的心情。"待漏承明署",指在朝房中等待早朝时刻的到来;"挂冠神武门",借用南朝梁代陶弘景辞官的典故。然后颈联两句,表达对家乡的怀念。"猿鹤"、"菊松"都是隐居生活的象征物。由早朝而引起归隐之心,是一种违乎常情的心理,其原因就在最后两句的自责之辞中揭示出来,"久索长安米",是借用唐代白居易的典故。他初到长安,谒见顾况,顾况拿他的名字开玩笑:"长安米贵,居大不易!"在这里是说自己在北京的生活相当清寒。关键是结尾的一句。"青衫",明朝人专用来指秀才身份的。文徵明是从九品官,按规定应该穿绿色的袍子,这里的"青衫"不是指身穿的衣服,而是说:自己头发都白了,还只是个秀才,蒙受皇家格外的恩惠,忝列朝官的末列,参与早朝盛典。两句诗的意思很简单,不过是说没有必要为了这么一个卑微的官职在北京久居,但"白发青衫忝圣恩"的表达却很微妙。表面上看来,好像是自惭无能,并对"圣恩"表示感激,但引出的问题是:为什么像文徵明这样的著名文士,会是"白发青衫",蒙受了格外的恩惠,才得以从九品的官秩,尾随在百官之后?这到底是滑稽还是庄严?是屈辱还是荣耀?

这样的表达在文徵明其他诗中也可以看到。他第七次参加乡试失败以后所写的《失解东归口占》说:

七试无成只自怜,东归还逐下江船。

向来罪业无人识,虚占时名二十年。

这里把两桩事实并举,一是二十年的声誉,一是"七试无成"的下场。但诗人不说,"七试无成"是不合理的结果,却说二十年的声誉是"虚占",是"罪业"。然而,言外之意,是人人都看得懂的,跟前一首诗一样,在委婉温雅的词句背后,隐藏着深深的不平。

从早朝感到屈辱,是不太多见的写法。当然可以说这是因为文徵明的官实在太可怜。但同时必须注意到,诗人是用自己的社会声誉作为参照,才特别感受到身为从九品芝麻官的可笑与尴尬。这里包含着一个重要的历史背景:在明代的市民社会中,一种不同于以官职高低为衡量标准的价值观正在形成。虽然这种价值观还不能打破官位等级的权威,却已经跟它形成了冲突。从发展趋势来说,平民社会中的价值,如财富、文学艺术的成就等等,最终是要打破等级制权威的。这样来看文徵明的尴尬的功名,就有了更深的意味。

(骆玉明)

石　　湖　　　　　文徵明

石湖烟水望中迷,湖上花深鸟乱啼。

芳草自生茶磨岭,画桥横注越来溪。
凉风裛裛青萍末,往事悠悠白日西。
依旧江波秋月坠,伤心莫唱《夜乌栖》。

石湖是苏州一带最有味道的风景区,它的水面不很开阔,却也不觉狭小,透过渺渺的波光可以看见湖岸的婉曲变化。湖水较浅,种植着大片的菱、藕、莼菜,把湖水映得同碧玉一色。湖的一面是平野,平野中青翠的树木环抱着一座座白墙红瓦的房舍,另一面则是连绵起伏的山峰。石湖没有什么奇特的地方,它的美在于色彩丰富而统一于绿色的基调,线条多变而统一于委婉的韵律,很漂亮,又很娴静,有一种天然清丽之质。

翻开文徵明的集子,可以看到他对石湖有着特殊的偏爱。他写石湖景色的诗,有三四十首,春夏秋冬,晴雨雾雪,日光月色,无所不有,可见他常在石湖流连忘返。五十四岁时,文徵明在久试不第之后,被工部尚书李充嗣推荐给朝廷,授翰林院待诏(最低级的事务官),所作思乡怀归的诗,也不断地提到石湖,以前南宋诗人范成大在石湖旁建造了别墅,并自号"石湖居士",但他对石湖的迷恋,也不及文徵明之深。

对某种自然景色的偏爱,以及这种偏爱在诗歌中的表现,与诗人的个性有显著关系。譬如,南朝刘宋时代的鲍照,是一个欲望强烈,以才华自负的人,却因为士族垄断政治权力而难以上达,内心激荡不平,因而他笔下展现的自然景物,常常是不稳定、不平衡的,甚至连静景都带有尖锐的刺激感。像"高柯危且竦,锋石横复仄","攒楼贯白日","悬崖栖归月"等,都反映出他的特殊心态。读"黄河之水天上来,奔流到海不复回"、"飞流直下三千尺,疑是银河落九天",也很容易感受到李白狂放而天真的性格。从本书选入的唐寅的《桃花庵歌》,也可以看出唐寅喜欢灿若云霞的桃花,同他浪漫性格的关系。

那么文徵明为什么特别偏爱石湖风光呢?其中也有个性的因素。在明中叶江南才士中,文徵明最为温文尔雅。他虽然同祝允明、唐寅关系极密切,却不像他们那样狂诞纵放、不拘礼法,而是举止谨重。但文徵明并不是一个坚守陈旧道德教条的人,他的感情同样是丰富而活跃的,他的思想也同祝、唐相一致。只是他善于控制和调节自己的感情,避免与社会规范发生直接的冲突,性格也不是很强烈,所以在行为上表现出来,就显得温恭谦和。就像石湖的风光,既丰富多彩,鲜丽娟人,又和谐清淡,娴静温柔,不带明显的刺激感。这种微妙的相似,大约就是文徵明迷恋石湖的原因。

诗中的"茶磨岭"是石湖之旁的一座山峰,"越来溪"是流入石湖的一条河流,河上有桥。这是一个春天。远望湖水深处,雾气与水波融成迷茫的一片,湖边各色花儿开得正盛,花丛中群鸟竞啼;近处的山坡上,无人管问的野草欣欣然地生长着;越来桥下,河水同样流得自在活泼。春天的世界充满生机,令诗人迷恋,直到晚风轻轻地从湖面飘起,带来凉意,直到白日西下,明月又在水面沉落。这夜的月亮却是跟去秋的月亮一样,令人产生许多感慨。

在这首诗里,没有浓重的色彩,鲜明有力的线条,强烈的动势。虽是写春天生机勃勃的景色,却是笼罩在一片柔曼的气氛中,如同一支优美而和缓的曲子,尽管流动不停,却有安静的感觉。只有"湖上花深鸟乱啼"一句稍显得热闹一些,但并未具体描摹其色彩与声音,不至打破全诗的和谐。这就是所谓"清丽"的景色。

然后再体味诗中的情。"白日西"意味着一天时光的流失,从眼前之月联想到去秋之月,意味着一年时光的流失。《夜乌栖》即《乌夜栖》,因平仄的规定而颠倒一字。这是一支古老的乐府歌曲,但诗中只是用其字面意思,以乌鹊夜栖反衬人生无所着落之感。

文徵明写这诗时大约四十多岁。他年轻时气盛志锐,思以文学自立,不爱科举文章。后秉父命习举业,却不肯专心一志,仍想在文史方面追踪古人,有所成就,因而被同辈讥为"狂"。由于精力两分,结果是"彼此皆无所成",匆匆将老。(《上守溪先生书》)这就是他面对时光流逝而想起的悠悠往事,是他怕听《乌夜栖》之曲,恐怕一生无所着落的原因。

人既是自由的存在,又是被环境决定的存在,说得更准确一点,是自由意志与环境限制相互冲突的存在。陷落在这一冲突中不能自拔,是极其痛苦的。就内在的"狂",即高自期许的人生态度来说,其实文徵明与祝允明、唐寅并无不同。不同之处在于:当感觉到失败的阴影时,文徵明不愿纠缠在毫无出路的矛盾中,不愿听任感情的波涛冲荡不息,而希望寻得一种稳定。美是人生的安慰,尤其是石湖那种清丽温和的景色,更有治疗焦虑、澄清心志的作用,于是他就爱上了石湖,反复地描摹它,将清丽之景,再造为清丽之诗。虽然,石湖的景色并不能令他全然忘却人生的悲哀,但正像这首诗所呈现的,那种悲哀已经转变为渺渺悠长的伤感,而不是激烈的痛苦。

如果有机会去苏州,不妨一游石湖。尤其是细雨靡靡的时节,坐在茶磨岭的茶楼上,泡一杯洞庭碧螺春,遥望烟水迷茫、连天碧色之中,点缀着红白交杂的花朵,真是可以洗去许多人生的烦恼。

(骆玉明)

暮春斋居即事(其一)　　　　文徵明

　　经旬寡人事，踪迹小窗前。
　　暝色连残雨，春寒宿野烟。
　　茗杯眠起味，书卷静中缘。
　　零落梅枝瘦，风吹更可怜。

　　《暮春斋居即事》共三首，是写因病在家闲居的生活，这里选了第一首。诗的笔调清淡，没有什么特别的内容。开头说长久没有人事上的交往，闲得无聊，不过在小窗前踱来踱去。随意向外眺望，在暮春的傍晚，看到天色暝暝，细雨迷濛，郊外烟气流漾，蕴涵寒意。病中久睡方起，呷几口茶，别有味道；有意无意地翻翻书，心情格外宁静。只是已经凋零的梅枝摇曳于风中，显得凄凉可怜。

　　在这首诗中，明显有几分寂寞孤独。这也不仅是养病的关系。在日常生活中，文徵明是一个温和儒雅而重视礼节的人，以这种性格，通常会与他人保持一定的距离，因此寂寞是难免的。孤独寂寞，有时令人难受，有时又带来平静的愉悦，所以诗人并不急于摆脱寂寞。毋宁说，诗人是在玩味它，玩味那一份无所事事、与人相隔的闲散。诗的结尾，有几分刺激的成分：花残，意味着时光的流失，也就是生命的流失。伤花惜春，是古典诗歌中最常见的主题，常常表现为强烈的情绪。而在文徵明，或许觉得执着于这些问题，为此而悲哀，归根结底是没有出路的。所以，他虽然敏感地注意到风雨中愈加零落的梅花，心中却不曾为此发生激烈的动荡，好像只是泛起几轮浅浅的涟漪。

　　以理智约束并调节感情，以平静的态度对待人生中的难题，是文徵明诗歌的一种特点。当感情处于约制的状态而呈现平静时，便容易转化为淡淡的、持续的忧伤。这种情绪，与迷濛的暮色和绵绵细雨最为切合。或者反过来说，迷濛的暮色和绵绵细雨，最适宜作为这种情绪的象征和载体。所以这首诗虽然没有直接表现内心中的感想，它的景物描写，它的叙述笔调，足以传达一种情绪的氛围。

　　日本已故著名汉学家吉川幸次郎比较唐宋诗之区别，说过一些很有意思的话。他说：唐诗是激情发扬的，宋诗则显得冷静，对激情加以抑制。因此缘故，唐诗中最典型的自然景物是夕阳，在宋诗中则是雨；唐诗中涉及酒的多，宋诗中涉及茶的多。唐、宋诗的不同风格，对后代诗歌各自留下深刻的影响。因时代风气的关系，和个人气质的关系，宗唐或宗宋，成为两大分野。就明代诗坛来说，宗唐是压倒性的主流。祝允明甚至激烈地说："诗死于宋。"但文徵明诗歌的风格，却偏向于宋诗。他自己说:"我少年学诗,从陆放翁入门,故格调卑弱,不及诸君皆唐声也。"(何良俊《四友斋丛说》)又王世贞《明诗评》也说,文徵明的诗"如素衣女子,洁白掩映,情致亲人,第亡(只是没有)丈夫气格。"这是说他的诗一般不具有豪放昂扬的情调。而特别让人觉得有趣的是:文徵明的诗写到雨的极多,将他的全集翻一遍,几乎每十首中必有一二首。至于本篇,则即涉及雨,又涉及茶。这不能说是有意模仿宋人。诗最能够显示诗人的人格,喜爱描写什么样的景物,这也是性之所近。

(骆玉明)

钱氏西斋粉红桃花　　　　　　　　文徵明

温情腻质可怜生,浥浥轻韶入粉匀。
新暖透肌红沁玉,晚风吹酒淡生春。
窥墙有态如含笑,对面无言故恼人。
莫作寻常轻薄看,杨家姊妹是前身。

　　诗人最早是用花来比喻美人的。尽管有这样的西谚:第一个以花比美人的是天才,第二个是庸才,第三个便是蠢才了。事实上,由第四个到第无数个,人们仍将不断地比下去。那句谚语的意思,只能理解为重视创新,反对因袭,不必死抠字面。试想,人间最动人的是美女,自然界最动人的是鲜花,欲写美人,怎能不借用花的娇艳呢?问题只在比得新奇巧妙,不落俗套。

　　反过来,诗人发现了以花比美人以后,又发现可以用美人比花。中国南朝盛行咏物诗,许多咏花的作品,其中就有一些零星的句子。譬如梁简文帝《咏初桃》:"若映窗前柳,悬疑红粉妆。"便是说,那窗前柳树下初开的桃花,隐隐约约好像是一位盛妆少女。唐玄宗陪杨贵妃赏牡丹,召来李白写新词,其《清平调》三首,第一首以花比杨贵妃,第二首以汉成帝之妃赵飞燕比牡丹,第三首将花与美人合写,那是很有名的风流佳作。

　　到了宋代,这种写法就更多,也写得更细致。苏轼贬官黄州时,有一首咏海棠花的诗,其中两联十分漂亮。一联是"朱唇得酒晕生脸,翠袖卷纱红映肉",一联是"雨中有泪亦凄怆,月下无人更清淑。"前者以美人喝酒后红晕生脸的微醉之色,比喻海棠花的娇艳,以美人之翠衣与肤色相衬的情状,比喻海棠红花与绿叶交映之美;后者则把雨中、月下的独株海棠,比作哀伤清绝的美女,写出某种特殊的情调。很明显的,这已经不是像李白那样作笼统的比喻,而是使用了奇巧联想细致描摹的比喻。宋末词人王沂孙以善于咏物著称,以美人写花,也非常精美。

如《庆春宫》咏水仙："明玉擎金,纤罗飘带,为君起舞回雪。柔影参差,幽芳零乱,翠围腰瘦一捻。"他紧切水仙的特点,句句写舞女的轻柔灵巧,绰约身姿,几乎不知是花是人。

比喻是一种联想,诗人以花比美人时,也就是把花所具有的鲜艳、娇丽,以及它所引起的活跃情绪,赋予了美人。那么,以美人比花,也是为了让读者对花的欣赏,可以更加丰富吗？这方面的作用当然是有的,但另外还有些更复杂、更微妙的因素。

描写女性的美,特别是用切近的眼光、细致的笔触,描摹女性体态形貌的美,常常存在两方面的障碍。一是社会道德方面的。在大多数历史条件下,这种描摹容易被看成是不道德的事情。譬如南朝的宫体诗,尽管在今天看来,并没有什么严重的问题,却一直被指责为荒荡无耻之作。又如前引苏轼咏海棠诗句："朱唇得酒晕生脸,翠袖卷纱红映肉",如果真是写人,恐怕也要引起非议。另一方面,这种描摹,如果处理得不好是会引起某种刺激感的,从而失去审美观照所需要的心理距离,破坏诗歌鉴赏的效果。

这样就容易明白了,许多诗以美人比花,特别是在喻体形象呈现得相当活跃,感染力甚强的情况下,尽管主题是花,实际的审美对象却是美人。但这一对象,因为有花的主题作为间隔,在写法上也要切合花的特点,总是若即若离,好像一个幻影,因而在道德上、心理上,都能保持一定距离,不致引起"罪"感和"欲"的刺激。

有趣的是,感情丰富而又注意自我节制的诗人,往往喜欢写花,喜欢用娇艳美丽的女性形象比喻花。就以苏轼来说,就是相当突出的例子。文徵明的情况也是如此,他的《钱氏西斋粉红桃花》诗,也是一个相当突出的例子。在这首诗里,一株桃花被当作一位娇艳、温柔而又清雅的女子来描写。它的特点,是始终切合咏桃花的主题,同时完整地写出一个女性形象,而不是片断的比拟。首二句写"她"的气质与风采："她"温情、细腻,令人怜爱,滋润而又轻柔的春光均匀地融入"她"的脂粉,散发出迷人的光彩（这里关合桃花的质感）。三、四句写"她"的肌肤与面容（关合桃花的红艳）,是从苏轼咏海棠的名句脱化而来,但写得更细致：因为天气晴暖,从"她"的肌体内有一种鲜丽的红色渗透到玉一般的皮肤表层；脸上的红,则是因为喝了点酒,又被晚风吹拂的缘故。五、六句从动作、情态着笔,最能传神："她"从墙头上探出身来,微微摇曳,似笑非笑（关合桃花临风的形状）；但若走到"她"的面前,"她"却故意不言不语,教人苦恼。由于一向有"轻薄桃花"的说法,末二句又特地声明："她"可不是轻薄女子,高贵的杨贵妃姊妹是"她"的前身。

这诗当然可以作为单纯咏桃花的诗来看,但实际引动读者感情的,却是用作比喻的女性形象。这样的女性,也许是文徵明心底里很喜欢的,不过他是个温文尔雅的君子,在他现存的一千四百多首诗词,甚至包括属于俗体的、拘忌较少的散曲中,都看不到直接地用细致笔触描摹美女的作品。这种写法只是大量地出现在咏花之作中,像"娇姿带笑情千种,弱质含羞意十分","风前袅娜腰枝软,雨后斜倚体态轻","云归巫女妆犹湿,浴罢杨妃醉未醒",可以抄出很多来。终究,爱美之心,人皆有之,不宜写人,便移嫁于花了。

(骆玉明)

感 怀 文徵明

五十[①]年来麋鹿踪,若为[②]老去入樊笼!
五湖春梦扁舟雨,万里秋风两鬓蓬。
远志[③]出山成小草,神鱼失水困沙虫。
白头漫赴[④]公车[⑤]召,不满东方一笑中。

〔注〕①五十:有些版本作"三十"。 ②若为:如何,怎样。 ③远志:一种药用植物。 ④漫赴:有些版本作"博得"、"漫说"。漫:枉,徒然。 ⑤公车:汉代官署名。臣民上书和被征召,均由公车接待。

文徵明能诗擅词,工文善画,才艺双绝,是明代中叶吴中画坛并文坛上璀璨的群星中一颗煌煌夺目的星座。然而就是这样一位"颖异挺发"、绝顶聪明的才子,却于举业屡试不中,冀博一第而终不能如愿。直到嘉靖二年(1523)五十四岁时,始得"以诸生岁贡入京,用尚书李充嗣荐,授翰林院待诏"(钱谦益《列朝诗集小传·丙集》)。这首《感怀》诗即作者任翰林院待诏时有感而作。

"五十年来麋鹿踪,若为老去入樊笼",大意是说,五十年来我像麋鹿游于山林一样自在,如今年老却似关入牢笼般受拘束。虽然出仕做官本是封建社会知识分子的"正途",文徵明也曾热心于举业,但同时他又是一个酷爱自然的人,认为违背自然本性去迎合时尚是莫大的痛苦("……然使吾匍匐求合时好,吾不能也。"见文嘉《先君行略》)。士大夫们的奔竞浮华、追逐荣利,与他高洁的情怀格格不入;黑暗险恶、繁文缛节的官场,更与他任真自得的个性相左。所以,到翰林院任职后不久,即萌生归志,不断地吟出这类诗句:"终日思归不得归,强驱羸马着朝衣"(《思归》);"一行作吏违心事,千载《移文》愧草堂"(《次韵师陈怀归二首》);"丘园耕读平生计,一念差池万事非"(《次韵陆子端祠部怀归二首》)……总之,入仕后经过对人生价值的重新思考,用现时流行的话说,诗人强烈地感到"丧失自我"!因而,对自己的"老去入樊笼"极其苦闷,表达了断然否定的态度。

"五湖春梦扁舟雨,万里秋风两鬓蓬"二句用典。出句意为梦想如范蠡功成身退后泛舟五湖一样潇洒飘逸。对句暗用张翰思乡的故事。张翰是晋代吴人,据说他好好地当着官儿,"见秋风起,因思吴中菰菜羹鲈鱼脍",不禁食指大动,一心想回去大快朵颐,便丢下两句很堂皇的话"人生贵得适意耳,何能羁宦数千里以要名爵"(《世说新语·识鉴》),立刻回家去了。这在古人心中成了一个高雅脱俗的故事,致使那些吴地的诗人们一遇秋风便思绪万千,想到莼鲈就怀念家乡。作者在另外的诗作中也抒发过类似的情思,如"北土岂堪张翰住,东山常系谢公情"(《潦倒》)、"兴飞笠泽羹菰米,梦落横塘听《竹枝》"(《次韵师陈怀归二首》)等。这一联抒写了诗人浓重的乡情和归思,流露出隐息林泉、恬然无争的自然意趣。张翰说:"人生贵得适意耳。"但诗人想到自己却未能适意,只落得个两鬓斑蓬尚离乡背井,奔波于数千里之外,家人离散不能团聚,字里行间隐隐有一种难言的怅惘和悲凉油然弥散。

颈联二句通过比喻抒发感慨。"远志出山成小草,神鱼失水困沙虫",令人自然地联想到贾谊《吊屈原赋》中的名句"彼寻常之污渎兮,岂能容夫吞舟之巨鱼?横江湖之鳣鲸兮,固将制于蝼蚁"。作为一个内心世界十分丰富、感情层次极其细腻的正直的知识分子,绝不会甘心令他那颗自尊自傲的灵魂拘囚于仕途的污浊泥潭。那位个性刚烈、神经敏锐的嵇康大喊"必不堪者七,甚不可者二"(《与山巨源绝交书》);陶渊明太息"我岂能为五斗米折腰向乡里小儿!"(《晋书·陶潜传》);鲍照慨叹"丈夫生世会几时,安能蹀躞垂羽翼!"(《拟行路难》);李白悲呼"安能摧眉折腰事权贵,使我不得开心颜!"(《梦游天姥吟留别》)……这都表现了中国古代知识分子所特有的传统精神、气质和心理。"已矣乎,寓形宇内复几时,曷不委心任去留!"(陶渊明《归去来兮辞》)后来,文徵明果然"逾迫欲归,至三上疏,得致仕(即辞官)",归乡后"杜门不复与世事,以翰墨自娱"(王世贞《文先生传》),终于如"龙吟方泽,虎啸山丘"(张衡《归田赋》)般,实现了平生夙愿。

最后则以一种自嘲的语气收束全诗:"白头漫赴公车召,不满东方一笑中。"东方朔是西汉文学家,善辞赋。据《史记·滑稽列传》载,东方朔初入长安时,至公车上书自荐,"待诏金马门",时年二十二岁。可实际上他不过充当了武帝的弄臣,其待遇一如侏儒、俳优,随时听候皇帝的召幸。而到了明代,翰林院中的所谓待诏,无非是低级事务官罢了,秩从九品,地位又远逊于汉时。何况诗人任职时已年过五旬,岂不徒然惹人笑话!细味此联,其间深蕴着一种怀才莫展的牢骚不平之气,应是容易体会出来的。与上联的深刻感叹有一意连绵之妙。

综观全诗,八句紧紧抓住失意和思乡的情绪层层渲染,一首一尾彼此呼应,颔、颈两联拓开又收回,意脉连贯流畅,浑然无罅。笔致细润灵动,韵律舒展和谐,境界清疏潇洒,笼一抹淡淡的哀愁,怨而不怒。不假雕琢却自有一种天然真色之美,令人感到纯朴可亲。细细涵咏玩味此诗,对文徵明的人品诗风都会有所领略。

(尹芳林)

月夜登阊门西虹桥　　　　文徵明

　　白雾浮空去渺然,西虹桥上月初圆。
　　带城灯火千家市,极目帆樯万里船。
　　人语不分尘似海,夜寒初重水生烟。
　　平生无限登临兴,都落风栏露楯前。

　　明代中叶,吴中文坛,群星璀璨,涌现出一批才华横溢、独树一帜的文人名士。如沈周、唐寅、祝允明、徐祯卿等,他们才艺双绝,能诗擅词,工文善画。其诗作不拘成法,不事雕饰,疏朗开阔,空灵旷逸,自写天真,意境深远,感情朴素真挚,笔调淡雅秀丽。文徵明的这首《月夜登阊门西虹桥》幽怨绵渺、低回留连,很具韵味,便是其中不可多得的佳作。

　　"白雾浮空去渺然,西虹桥上月初圆",全诗开首,寥寥几笔便生动地勾勒出一幅皎月初上、一扫濛濛烟雾的画面,充满清寂幽远的气氛,超绝市尘的喧嚣纷争,这与诗人淡雅恬静的心境交融和谐。对自然景色的感受和体验,使诗人自身也仿佛要消融于迷濛的烟水中。

　　对烟水迷濛的景致,古代的诗人墨客似乎有一种偏爱。究其原因,一是这种朦胧景象与他们复杂的心态有某种对应;二是这种景象特别适宜表现一种轻微的失落感、飘泊感。在这样一个轻风和煦、清光如水、交相辉映的夜晚,诗人文徵明伫足西虹桥,登高揽胜,怎能不心旷神怡、思绪万千呢?

　　"带城灯火千家市,极目帆樯万里船"。极目远眺,诗人面前是吴郡水城的万家灯火,过往商船,络绎不绝,其繁盛景象可窥一斑。早在宋代,苏州西城的阊门就已是水陆交通的总汇;而到明代,商贾客船,骈肩辐辏。文徵明就西虹桥上所见,高度巧妙地描绘了当时苏州的秀美繁华。此句与范成大笔下"人语嘲喧晚凉,万窗灯火转河塘"的生动景象异曲同工,相得益彰。句中"带城"二字下得尤为传神,使人感到入夜姑苏的灯火如带,宛然一串串明珠缭绕着城郭。

　　面对如此流光溢彩的晚景,诗人的思绪却转而变作深沉、凝重,一种凄清、迷离、孤寂的混和感觉油然升起。"人语不分尘似海",感喟甚深,人多到出语莫能辨听,则这"千家市"、"万里船",则带来多少俗尘,怕不是一个"尘海"吧?世俗的繁华,却只令诗人更超脱地看待人生的富贵烟云。"夜寒初重水生烟",夜色笼罩,霜寒袭人,诗人眼中的景色愈发迷离飘忽,水上刚离去了白雾,一会儿又生起了轻烟,这种苍茫的情调,更衬出诗人心头的惆怅失落。

但无论如何,寒夜带来的水上轻烟,已不是月亮初上时的纷浊雾气,它是带着寒色,沁人心脾的,它毕竟会慢慢地浸透寒夜,驱除尘埃的。循着这样的思路,诗人以"平生无限登临兴,都落风栏露楯前"二句收住全诗。楯,亦栏杆之意。时光易逝,美好的事物不可多得,登临桥头,对月抒怀,诗人平生无限的登山临水之兴会,如今都凝结起来,似乎要化为风露,永远停落在栏杆之上。这二句下笔清绝,清"风"清"露",涤除了"尘海"的一切,洗沐了诗人的身心,也使全诗脱出尘埃之中,转而显得清新可人。当然,对风露的神往,隐隐中也流露出诗人隐息林泉,恬然无争的自然意趣。

综观全诗,有景有物,有感有怀,诗由实境中出,但空灵旷逸,不落俗套,抒写真切感受,情致亲人,情景交融,洁白掩映,有余不尽,意在言外,其艺术作品的审美意境令人回味。读一读《月夜登阊门西虹桥》,对文徵明的人品诗风都会有所领略,得益匪浅。

(黄 燃)

李梦阳

【诗人小传】(1473—1530) 字天赐,又字献吉,号空同子,又号空同山人,庆阳(今属甘肃)人。后徙河南扶沟。弘治进士,曾任户部郎中,因上疏弹劾寿宁侯张鹤龄,谋除宦官刘瑾,先后两次下狱,刘瑾伏诛后,起为江西提学副使。又因生性耿直,为权臣所忌,被夺职归家闲住。天启中追谥景文。其文学主张,强调真情,倡言复古,主张"文必秦汉,诗必盛唐",反对虚浮的"台阁体",肯定民歌在文学上的价值。和何景明、边贡、康海、王九思、王廷相、徐祯卿并称"前七子",对当时的文坛影响很大。所作古诗雄壮富健,近代雅壮轻捷。有《空同集》。

秋 望

李梦阳

黄河水绕汉宫墙,河上秋风雁几行。

秋望

李梦阳

客子过壕追野马,将军弢箭射天狼。
黄尘古渡迷飞挽,白月横空冷战场。
闻道朔方多勇略,只今谁是郭汾阳。

这首诗的题目,钱谦益《列朝诗集》作《出使云中》,汪端《明三十家诗选》作《出塞》,此据邓云霄、潘之恒搜校本《空同集》。诗人在宋孝宗弘治十三年(公元1500年)为户部主事时,曾奉命犒榆林军,七律《榆林城》与此诗即作于此次出塞犒军时。《秋望》诗描写战云密布下的塞上风光,抒发对于扶危定倾、安边卫国的良将的向往,风力遒劲,慷慨悲凉,是李梦阳边塞诗的杰出代表。

全诗紧扣诗题"秋望"二字落笔。诗中之景,无非"望"中所见,无不透出凄清肃杀的秋的气息。首句中的"汉宫墙",一作"汉边墙",指明代为防鞑靼入侵修筑的九边长城。榆林为九边之一,所筑边墙即今陕西边外之长城,东北起府谷县的黄甫川堡,西至定边县的盐场堡。从首联两句都写到黄河来判断,诗人登临眺望的地点,很可能是在黄甫川堡。这里,边墙在侧,地近黄河,故水绕边墙之景首先映入诗人的视野。次句写秋雁南飞,既点明了节令,也使诗的境界愈见空阔、苍凉。

颔联写备战中的士卒与将军。"客子"指远离家乡戍守边地的士卒。"追野马"与"射天狼"对举,不必作如实的理解。大意只是说,战士过壕越沟,纵马驰骋,其快若风,如追野马。将军则全副戎装,弯弓搭箭,满引待发。"弢"(tāo),弓袋。诗中以"弢箭"表示将军戎服带箭。"天狼",星名,旧说以为天狼星出现必有外来侵略,故在古诗文中常以"射天狼"喻指出兵讨伐,以战争制止战争。这一联写出了训练场上将士们的活动,表现了他们情绪饱满、意气风发的精神风貌,还揭示出他们行为的思想基础——"射天狼"以保国安民的崇高理想。

颈联上句所写,是诗人视线从训练场移开后在黄河渡口见到的景象。这里,尘土飞扬,运输粮草的车队、船队一派繁忙。"飞挽"是飞刍(草)挽粟(粮)的省说。"迷飞挽",意谓在滚滚黄尘中难以看清忙碌中的车队、船队。颈联下句所写,时、地都已转换。其时月亮升起来了,诗人的目光从熙来攘往的黄河渡口移到了洒满月光的阒无人声的清冷的古战场上。这是战争爆发前的沉寂,练兵场上的紧张与黄河渡口的繁忙预示着战争即将来临,诗人的心不觉收紧了。一个"冷"字虽是专用以描写古战场的清冷与寒冷,但也隐隐透出诗人心上的那份寒意。

尾联抒情,从前三联见到的望中景象中自然转出。诗人深知,战斗的成败,主帅起着决定性的作用。他想起经常听人说起的北方多有英勇善战而又富于谋略的将军,在唐代平定安史之乱、大破吐蕃的朔方节度使、封为汾阳郡王的郭子仪便是其中最为杰出的一个。诗人感慨当时统兵的将军中再也没有郭子仪那样的人物,不禁为战争的前途充满了忧虑和担心。明代边患严重,瓦剌、鞑靼先后构成明王朝西北和北方的主要威胁,榆林等明朝重要的军镇要地,经常受到袭扰。就在诗人这次犒军期间,所到之处也无不显出大战即将降临的景象。他在《榆林城》诗中说:"旌干袅袅动城隅,十万连营只为胡。"又说:"昨夜照天传炮火,过河新驻五单于。"李梦阳不希望见到劳师动众、师老兵疲、战火连绵的情况长此下去,对于朝廷用人不当、指挥失宜又多所不满,故而在《秋望》等诗中一再呼唤郭子仪式的人物再世。从《秋望》诗中,我们不仅看到了明代边地动乱的影子,而且还具体感受到了诗人忧国伤时的忠贞情怀。

(陈志明)

圣 泽 泉　　　　李梦阳

嘈嘈鸣山泉,日日喷悲壑。
日照一匹练,空中万珠落。

  李梦阳在明武宗正德六年(1511)、七年(1512)以江西提学副使身份两次巡视南康府学政并上庐山,其间,他为庐山名胜古迹的维修与建设花费了大量心血,还写成了《白鹿书院新志》以及为数众多的碑文、游记与诗歌。小诗《圣泽泉》即是其中的一篇。
  圣泽泉是白鹿书院附近的一个景点。白鹿书院在今江西省星子县北庐山五老峰下,为宋代四大书院之一。圣泽泉在书院东北的山崖下,距书院约二里。在这首小诗中,他将发现的圣泽泉的自然美记录了下来,也情不自禁地流露出自己在欣赏到这种美色时的愉悦和激动。
  "嘈嘈鸣山泉,日日喷悲壑",诗人向圣泽泉走去,听到泉水流淌发出的愈来愈响的"嘈嘈"声。"嘈嘈",并非嘈杂难听的噪音,而是低沉有力的乐音,故白居易在《琵琶行》中用它来拟写琵琶的大弦声,并说它有如急雨骤降("大弦嘈嘈如急雨")。写出富于力感的"嘈嘈"声,同时也就隐写了泉涧的陡峭与泉流的湍急,从而自然过渡到写泉流喷涌的下句"日日喷悲壑"。"悲壑"字,用《淮南子·天文训》:"(日)至于悲谷,是谓铺时。"注:"悲谷,西南方之大壑。言其深峻,临其上令人悲思,故曰悲谷。"看来悲壑的特点在于"深峻",换一种说法也就是陡峭。涧陡,故而泉流若"喷"。其实,诗中所说的"喷悲壑",并非指泉眼喷水——圣泽泉之源尚远在凌霄峰——而只是指泉水的流淌。但用"喷"字,愈可见泉水之富于力感,仿佛泉水不是在流动,而是喷射出来的,由此而自然引出下两个警句。

由于涧陡流急势若喷涌，诗人放眼圣泽泉上下，忽然发现了"日照一匹练，空中万珠落"的奇观。圣泽泉所在之地，"鸟道崎岖，攀萝可入"（《白鹿书院志》卷一"形胜"），自非晴天正午，是难以见到阳光的。诗人这次来游，刚好"日照"圣泽泉，映得泉水上下如同一匹展开的白练，水石相激飞溅起的水珠也在阳光辉映下颗颗晶莹如珍珠。"日照一匹练"的描写并不新鲜，当是脱胎于"澄江静如练"（谢朓《晚登三山还望京邑》）、"日照香炉生紫烟，遥看瀑布挂前川"（李白《望庐山瀑布水》）以及"天机织罢玉梭闲，石壁高悬雪练寒"（乔吉《〔双调〕水仙子·重观瀑布》）等诗句；以珍珠比喻水珠，更是屡见不鲜。但将这二者结合起来，出现在圣泽泉这一特定的场合，却显得很不一般："一匹练"巨伟而纯白，"万珠落"小而多又七彩相映，这二者竟是一物，已属罕见；且这些又只是在"日照"下才昙花一现，一旦日光过去，美色也就随之消失，这就更加令人觉得珍稀难得。

全诗主要采用动态描绘的写法，从声音、形状、光亮、色彩等方面全面地展现圣泽泉的流动之美。与动态描绘相适应，诗中多用动词，"鸣"、"喷"、"照"、"落"，各司其职，将不同方面的描写内容带起；"喷"字、"照"字更是画龙点睛式的字眼，生气郁勃，映带左右，照耀全篇。诗人还善用比喻，"一匹练"与"万珠落"，将一与多、阔大与纤巧、壮丽与优美、"练"的白色与日照下水珠的多彩，和谐地统一到了一起，完成了圣泽泉独具特色的诗境的创造。

（陈志明）

林良画两角鹰歌　　　　李梦阳

　　百余年来画禽鸟，后有吕纪前边昭。二子工似不工意，吮笔决眦分毫毛。林良写鸟只用墨，开缣半扫风云黑。水禽陆禽各臻妙，挂出满堂皆动色。空山古林江怒涛，两鹰突出霜崖高。整骨刷羽意势动，四壁六月生秋飔。一鹰下视睛不转，已知两眼无秋毫。一鹰掉颈复欲下，渐觉飒飒开风毛。匹绡虽惨淡，杀气不可灭。戴角森森爪拳铁，迥如愁胡眦欲裂。朔风吹沙秋草黄，安得臂尔骑四骥[①]。草间妖鸟尽击死，万里晴空洒毛血。我闻宋徽宗，亦善貌此鹰。后来失天子，饿死五国城。乃知图写小人艺，工意工似皆虚名。校猎驰骋亦末事，外作禽荒古有经。今皇恭默罢游燕，讲经日御文华殿。南海西湖驰道荒，猎师虞长俱贫贱。吕纪白首金炉边，日暮还家无酒钱。从来上智不贵物，淫巧岂敢陈王前。良乎良乎，宁使尔画不直钱，无令后世好画兼好畋！

〔注〕 ① 驖(tiě)：赤黑色的马。

李梦阳对绘画有很深的爱好，仅就题画诗而言，在现存作品中即有二十多首。《林良画两角鹰歌》是其中较为杰出的一篇，汪端誉此诗为"空同七古压卷"（《明三十家诗选》）。

起笔八句借叙画史，将明代百余年来禽鸟画的历史先以简笔概述一番，对吕纪、边昭二画师，化用杜甫《丹青引》"幹惟画肉不画骨"之句，言"二子工似不工意"，从而对比出林良的善于写意，并点出其着色简练、尤其擅长放笔水墨禽鸟的特色。接着，诗由"水禽陆禽各臻妙，挂出满堂皆动色"二句过渡，从题前之意渐入本题，由全面的概述转入画幅本身的描写。诗人的笔力集中于画面上的两只角鹰。"空山古林江怒涛，两鹰突出霜崖高"，先以奇妙的一笔描绘了苍鹰出现的特定场景，以空旷的山野、古老的树林、江河的怒涛作背景来烘托雄立在高高的山崖上的两只鹰，显示了它们的不凡气概。然后，诗从远眺鹰的全貌转入对鹰动态的细致描摹。先从鹰的整骨刷羽等细微动作来刻画两鹰的姿势神态，再以夸张手法写出这挂在墙上的虽然是画中之鹰，却能使满屋骤生狂风之感，诗笔从人们的观画感受中反写画之逼真传神。紧接着，诗人目光重又落到画面，摄取了两个特写镜头："一鹰下视睛不转，已知两眼无秋毫。一鹰掉头复欲下，渐觉飒飒开风毛。"一鹰目不转睛俯视下界，从它的眼神就知道明察秋毫，没有一点点尘芥之物逃得过它那锐利的目光。画"龙"点睛的这一笔，使全鹰神采焕发，栩栩如生。画中的另一雄鹰作掉头欲下之状，似可隐隐听到它毛羽蓬松迎风飞动发出的飒飒声。在此，作者又巧用通感手法，将视觉、听觉打通，使画中之鹰更加逼近真实，更加生动传神。分写两鹰以后，又用"匹绡虽惨淡"等四句总说。林良在孝宗弘治（1488—1505）时拜工部营缮所丞，活动时间略早于李梦阳。李梦阳见到的双鹰图，是林良的一幅旧画，故以"惨淡"形容匹绡，并以"虽"字转折，以"惨淡"反跌出"不可灭"的"杀气"。意思是画绡虽然陈旧了，画中双鹰的锐气却丝毫未减。"戴角森森爪拳铁，迥如愁胡眦欲裂"，即是对"杀气"的形象展示。角鹰是鹜的一种，头部后面的羽毛长而有白缘，看起来好像戴了一顶帽子，加上它那如铁的尖爪，样子十分阴森可怕。"愁胡"句化用了杜甫《画鹰》诗的"侧目似愁胡"。仇兆鳌注引孙楚《鹰赋》："深目蛾眉，状如愁胡。"以拟人手法将角鹰喻作碧眼胡人，目光迥远，目眦欲裂，真是神气毕现，十分精妙。

以上是写画中之鹰，以下展开丰富联想，写鹰猎的场面和雄姿。"朔风吹沙秋草黄,安得臂尔骑四骊!草间妖鸟尽击死,万里晴空洒毛血。"四骊",即驷骊。《诗经·秦风·驷骊》传:"骊,骊。""四骊"是说一车四马皆黑色。前二句想象自己有朝一日手臂上托着雄鹰,骑着骏马奔驰秋猎。后两句着力描绘角鹰捕杀猎物的英姿锐气。此处化用了杜甫《画鹰》诗的"何当击凡鸟,毛血洒平芜"。诗人希望画鹰化作真鹰,随作者出猎,振飞天宇,搏击凡鸟,将那些人世间的妖鸟一举歼灭,使它们的毛血洒落在广阔的原野上。诗人托物言志,借鹰之搏击寄寓自己锄奸除恶之雄心。

　　诗人在驰骋想象,"从画说到猎"(沈德潜《明诗别裁集》)以后,突然将笔一纵,又"从猎开出议论"(同上):"我闻宋徽宗,亦善貌此鹰。后来失天子,饿死五国城。"这几句状似离题,其实笔意较前又深了一层。写徽宗善画鹰而不写其画工技巧,却联想他的耽于逸乐,不恤国事,因而惨遭靖康之变,社稷不保,身死异国,对其可悲下场表示深深的感叹。"乃知图写小人艺,工意工似皆虚名。校猎驰骋亦末事,外作禽荒古有经。"诗笔愈转愈妙,寓意越议越深。借徽宗的遭遇,由暗讽到明说,提出了统治者不能沉溺于淫巧而玩物丧志。"禽荒",沉迷于田猎;"古有经",指《尚书》中的有关记载。《尚书·五子之歌》:"训有之:内作色荒,外作禽荒,甘酒嗜音,峻宇雕墙,有一于此,未或不亡。"诗人引经据典,目的是为了使自己的讽谏之意得以成立,且显得立论坚实,无可挑剔,从而进一步转出对"今皇"的讽谏:"今皇恭默罢游燕,讲经日御文华殿。南海西湖驰道荒,猎师虞长俱贫贱。""今皇",指明武宗或明世宗。"驰道",古代专供帝王行驰车马的道路。"虞长",掌管山泽、苑囿等的官员。"猎师虞长俱贫贱",说明皇帝罢游燕(宴),这些与游乐有关的官吏不再受到重用。这一段诗文写得很奥妙,由感叹古代帝王的荒淫误国转到对"今皇"罢游宴、息畋猎的极力赞颂,表面是颂扬语言,骨子里是讥讽有名的逸游无度的浪子皇帝明武宗,也可能是借武宗的往事对新即位的明世宗进行讽谏。总之是明赞暗贬,正话反说,弦外有音,耐人寻味。诗的最后抒写自己的希望,由另一画家吕纪晚年的嗜酒("金炉边",指常在酒垆边饮酒)与穷困潦倒作过渡,说到林良。诗人表示宁肯林良的画不受人重视,也不要再出现像宋徽宗那样"好画又好畋"的玩物丧志、遭到国破身亡悲惨下场的君王。最后这几句"画猎双收"(沈德潜语),由议论仍回到林良的画上,与开头照应,浑然一体。

　　这首题画诗不仅以诗赞画,而且联想丰富,寄慨遥深。全诗融描写、抒情和议论于一炉,意到笔随,转折自然,气势奔放,议论纵横,很能体现李梦阳七言歌行豪宕的本色。诗中多处化用杜甫的诗句,这在李梦阳诗中并不少见;这虽不足为本诗的大疵,且古人论沿袭亦有偷语、偷意、偷势之分(《诗人玉屑》卷五),但无论如何,过多的因袭总是不值得赞许的。

(陈志明　谢丹月)

江 行 杂 诗(其五)　　　　李梦阳

锡州潭古怪,攸镇驿幽绝。
四围青山映,鹭栖满林雪。

　　攸镇驿位于江西万安县与赣县之间的赣江边上,锡州潭当是离攸镇驿不远的一处景色。诗人在路过这两地时,被它们富于特色的自然风光深深打动了,便作此小诗记下令他难以忘怀的印象。
　　一二句是诗人动情的赞叹。不难想象,当锡州潭与攸镇驿各以自身的特异风光倏然呈现在诗人眼前,他在捕捉到这两处景色的"古怪"与"幽绝"的特色时,内心有何等的激动,表情有何等的惊喜。是怎样的"古怪",又是如何的"幽绝"呢? 三四句分别作了回答。锡州潭的"古怪",在于"四围青山映"。这与一般有山有水的景色的不同,首先是四面都有山,从潭边的任何一个角度望过去,都能既见到山,又见到水;其次,"映"字表明,潭水清澄,波平如镜,处处都有山的倒影。山形与山影交辉,景色一定更妩媚了;青山与碧水相染,色泽必然更深浓了。这样的景色,为诗人从未经见,一旦闯入视野,自不免要惊呼为"古怪"了。至于攸镇驿呢,其"幽绝"的特色在于"鹭栖满林雪"。赣江之上多白鹭,《江行杂诗》第三首有"鹭飞如导鹢"(鹢,指代船只)之句。第七首也说:"落日没沙滩,云移鸟欲还。"攸镇驿地多林木,自然成了鹭鸟的一处重要的归栖之地。诗人来到攸镇驿时,鹭鸟已经栖宿。鹭鸟羽毛纯白,有"雪客"的美称,这时正一对对栖宿在茂密的树林中,犹如满林积雪,颇有冷艳之美。此时,连飞翔的鹭鸟都安然入梦了,夜显得格外静谧。故诗人以"幽"称之,又以"绝"字表示其幽已极。
　　全诗的写法,虚实结合,一二句用虚笔轻轻一点,造成悬念,三四句隔句相承,展现具体形象。后二句极富画意,色彩调制尤其令人称绝。但这是诗人在生活中的偶然发现,而非冥思苦索之所得。孙豸人称李梦阳的绝句"信手拈来,调绝古今",正有见于此。

(陈志明)

船　板　床　　　　李梦阳

船板胡在兹,而我寝其上。
情知非江湖,梦寐亦风浪。

李梦阳因代户部尚书韩文起草弹劾刘瑾的疏文,于正德三年夏五月十七日至秋八月八日被拘捕入锦衣卫狱,在狱中作有组诗《咏狱杂物》,共八首,分别写炭篓盆架、砂锅盆、船板床、砖枕、芦席几、坏墩、麻绳椸、葛衫帐等八物。这组诗对于了解明代监狱情况与李梦阳在狱期间的心态具有一定价值。《船板床》是其中写得较好的一首。

此诗题材小,开掘深,构思巧妙,匪夷所思。诗人捕捉到的是刚从睡梦中醒来那一刻的疑虑、惊异的感受。他突然发现自己已置身于一个陌生的环境之中,一种异样的感受不觉涌上心头,情不自禁地发出一声疑问:"船板为什么会在这里呢?"转而又发现自己竟然还睡在它的上面,这到底又是为什么呢? 诗意就在这双重疑虑中推进。但诗人的发问,并不是为了寻求具体的答案,而是以无疑设问的语气,表明自己被捕下狱这一事实,并以"船板床"作过渡,进一步写出自己危殆的处境和惶恐不安的心情。故第三句"情知非江湖",虽然与首句隔句相承,但似答非答,只是强调了这里确是监狱之地,而非江湖之上。在行文上这是回应,也是顿挫。经这一回应与顿挫,船板不在江湖之上而是在无风浪可言的监狱之中这一事实,得到了进一步的确认。从而,末句"梦寐亦风浪"就越发显得奇警峭拔、耸动视听了。末句多言外之意,弦外之音。"亦"字让人想起现实多风浪的另一面,而"风浪"二字直接与"船板"相关,又语带双关。"梦寐亦风浪"是诗人入狱睡在船板床上引出的感触,更是他在官场之中受尽磕碰之后的生活体验。诗人在孝宗弘治十四年奉命监三关招箍时,因持法严峻,首次受诬下狱;弘治十八年,又因上疏触恼寿宁侯张鹤龄,再次被谗下狱;至这一次被刘瑾投入监狱,已是第三次了。可知他对于生活中、主要是政治斗争中的狂"风"恶"浪",是有很深的体会的。正是这种深切的体验与狱中罕见的"船板床"这一"杂物"的偶合,使他生出巧思,把诗写得又新颖又深刻。

(陈志明)

石将军战场歌　　　　　李梦阳

清风店南逢父老,告我己巳年间事。店北犹存古战场,遗镞尚带勤王字。忆昔蒙尘实惨怛,反覆势如风雨至。紫荆关头昼吹角,杀气军声满幽朔。胡儿饮马彰义门,烽火夜照燕山云。内有于尚书,外有石将军。石家官军若雷电,天清野旷来酣战。朝廷既失紫荆关,吾民岂保清风店。牵爷负子无处逃,哭声震天风怒号。儿女床头伏鼓角,野人屋上看旌旄。将军此时挺戈出,杀敌不异草与蒿。追北归来血洗刀,白日不动苍天高。万里烟尘一剑扫,父子英雄古来少。天生李晟为社稷,周之方叔今元老。单于痛哭倒马关,羯奴半死飞狐道。处处欢声噪鼓旗,家家牛酒犒王师。休夸汉室嫖姚将,岂说唐朝郭子仪。沉吟此事六十春,此地经过泪满巾。黄云落日古骨白,砂砾惨淡愁行人。行人来折战场柳,下马坐望居庸口。却忆千官迎驾初,千乘万骑下皇都。乾坤得见中兴主,日月重开再造图。枭雄不数云台士,杨石齐名天下无。呜呼杨石今已无,安得再生此辈西备胡!

《石将军战场歌》是李梦阳七言歌行的主要代表作。此诗歌颂明代英勇抗击瓦剌族入侵的将军石亨,是一首洋溢着热烈的爱国主义的诗篇。瓦剌是西部蒙古各族的总称。明英宗时,瓦剌首领也先曾短期统一各部,兵力强盛,于英宗正统十四年(1449),即己巳年,进犯大同,分兵骚扰辽东、宣府、甘肃。英宗亲征,8月15日在土木堡(今河北怀来东)被俘。10月,也先挟持英宗,攻陷紫荆关,直逼京城。石亨等九将于京城九门外屯兵抗敌,相持五日,敌兵退去。石亨率兵追击,在清风店(在今河北易县境内)北大败伯颜帖木儿(也先弟)。此次京城保卫战,首功应归之于决策性人物于谦,若论战功,则以石亨为第一。战后,石亨晋爵封侯,并总率京师团营。此诗即歌颂石亨的这一段战迹,诗人的用心则在于借怀念石亨以呼唤现实生活中抗敌卫国的英雄。

开篇四句是全诗的一个引子,诗人自述,当他来到清风店南时,当地父老向他讲述了在上一个己巳年发生在店北的那一场战事。"店北犹存古战场,遗镞尚带勤王字"二句,不仅在空间上展开,指明古战场的方位,以及上次战争的遗迹(遗镞),而且在时间上打通历史与现实,自然而然地令人从心底涌出一种深沉的历史的感情,诗作从第五句起也就顺势折入对己巳年间战争的回忆。

自"忆昔蒙尘实惨怛"至"岂说唐朝郭子仪"共30句,是全诗的主干部分。这部分用笔的特点在于,不作泛泛的叙述,而是采用绘形绘色的再现。"忆昔"句点出8月间英宗被俘一事,"蒙尘",谓天子被俘。"反覆"句写再次进攻,时间已到10月。"反覆"是一再的意思,10月间的进攻已非首次,所以这样说。"势如风雨至",脱胎于高适《燕歌行》的"胡骑凭陵杂风雨",铁骑来袭,犹如风雨骤至,极言其迅猛。继而写敌兵一路过关夺隘,直逼京师城下:"紫荆关头昼吹角,杀气军声满幽朔。胡儿饮马彰义门,烽火夜照燕山云。"紫荆关在河北易县西北约40公里处,"关头昼吹角"表明此关已落入敌手,幽州和朔方(泛指今河北山西一带)因之笼罩在浓重的战争气氛之中。"彰义门"是北京城九门之一,门前胡儿饮马,烽火烛天,意味着京城已危在旦夕。在写足敌方以后,转写石亨一面。"石家官军若雷电,天清野旷来酣战",以"若雷电"形象地写出石亨的军队奔进之速与气势之壮,由此不难想见士气之高昂。"天清野旷"四字,本于杜甫《悲陈陶》"野旷天清无战声"句。"天清"言天时,"野旷"说地利。这两句从主客观两方面表明决战的天时、地利与人和的条件都已具备,似乎只待短兵相接了。出乎意料的是,用笔上忽然荡开,插入对战区百姓情况的描写。据历史记载,在清风店保卫战中,百姓们同仇敌忾,投石助战。诗中写"野人屋上看旌旄",可见对战事的关心;"吾民岂保清风店",更有毁家纾难的慷慨气概。但描写的侧重点,则在于战事带给百姓的恐惧与灾难,"牵爷负子无处逃,哭声震天风怒号"便是这方面的典型诗句。写百姓的苦难,从另一角度加强了对战争氛围的渲染,更为进一步写石亨作好铺垫,见出石亨抗击入侵之敌既是保卫明王朝的需要,也是救民于水火的义举。对石亨的直接描写,着墨不多,但很有层次感,而且写得相当精彩。"挺戈出",是石亨刚一露面时的英姿;"杀敌不异草与蒿",写他有我无敌,猛勇冲杀;"追北归来血洗刀",写他杀伤甚多,胜利返回。"白日不动苍天高"一句,相当深入而细致地表现了石亨等人在鏖战之后突然抬头时的特定感受,也是拟人化了的"白日"、"苍天"在见到人间的厮杀场面时感到吃惊以至变得出神的表现。杨升庵在《空同诗选》中于此七字旁加圈,见出他对这一神来之笔的句子是颇为欣赏的。沈德潜在《明诗别裁》中则谓"'追北归来'二语,扪之字字俱起洼棱",更是直接的击节称赏。"单于痛哭倒马关,羯奴半死飞狐道",从敌人一面说石亨的战功;"处处欢声噪鼓旗,家家牛酒犒王师",从百姓一面写克敌制胜引起的广泛而又热烈的反响。主干部分开始时写敌人,表现的是敌人的嚣张;写百姓,侧重于写出战争环境中百姓的痛苦。至这一部分行将结束、再次写到敌人与百姓时,敌人已是溃败之师,百姓已沉浸于欢乐的气氛之中,从而与中间正面描写石亨的主要笔墨互相呼应,在相当广阔的背景上展示并歌颂了石亨的战功。"休夸汉室嫖姚将,岂说唐朝郭子仪",是在前面叙述描写基础上的议论、抒情。西汉时霍去病(嫖姚校尉,后拜将封侯)六击匈奴,战功卓著;唐朝郭子仪,大破安禄山,有再造唐室之功。引霍、郭作比,且以"休夸"、"岂说"加以比较评价,意谓石亨决不在霍、郭之下,可见诗人对己巳年间进行保卫战的石亨评价之高。

从"沉吟此事六十春"至诗末共14句,是全诗的结尾部分。全诗的语气由开篇的第一人称,至中腹改用第三人称,至此重又改为第一人称。写法上,由倒叙历史重又拉回到现实。诗人途经古战场,时间已是六十年后的另一个己巳年,其时正当日暮,"黄云落日"下,"古骨"暴露于野,砂飞石走,景象惨淡。诗人下马折柳,席地而坐,向东北方向的居庸关的所在地遥望,在想象中出现了景泰元年(1450)八月千官迎驾的热烈场面。也先在己巳年战败后,挟英宗诱和不成,不得已于下一年将英宗送还北京。诗中称英宗为"中兴主",虽不免夸大,但从歌颂石亨战功的角度写到英宗的回归,还是符合历史的真实的。"枭雄"二句,由前之写英宗,仍复转回到石亨身上。"枭雄",此用褒义,英雄豪杰之意;"云台",汉代洛阳南宫中的高台,明帝图画中兴功臣32人于其上;"杨",指杨弘,亦明代卫国功臣。此以杨石并提,重点在石亨,杨弘为连类而及。此二句意在以汉明帝时的中兴功臣作比,突出石亨力挽狂澜的砥柱作用。诗的结尾落到"安得再生此辈西备胡",诗人抚今忆昔,回顾历史,目的正是为了呼唤现实中的英雄。此诗作于明武宗的己巳年,即正德四年(1509),武宗时年19岁,耽于游乐,荒淫无度,朝政大权集于宦官刘瑾之手。瓦剌在也先时短期强盛后即告衰落,代之而起的鞑靼成了明代中后期北方和西北的主要边患。李梦阳家乡庆阳附近的花马池、环县等地不断受到鞑靼的侵扰。李梦阳一生曾多次回庆阳居住,还曾奉命到宁夏饷军,至榆林犒军,对于边患的严重性是深有体会的。在京师为官期间,对于边地的军情,又会常有所闻。因而,反映军情紧急、希望有良将出世的诗句,常见于他的笔下,如"可怜回首鼙鼓急,几时重起郭将军"(七律《秋怀》八首,其二),"大同宣府羽书急,莫道居庸设险功。安得昔时白马将,横行早破黑山戎"(同上,其六),"黄尘古渡迷飞挽,白月横空冷战场。闻道朔方多勇略,只今谁是郭汾阳"(七律《秋望》)。李梦阳写己巳事变的诗,还有一首题为《忆昔》的七言绝句:"己巳蒙尘数郭登,驰驱国难有杨弘。如今岂乏熊罴辈,比较元非搏击能。"其中后两句更可作为"安得再生此辈西备胡"的直接注解。从诗人对同一主题的反复吟唱中,从《石将军战场歌》对石亨式的英雄的向往与呼唤声中,我们不难感受到诗人对国事的强烈关心与对国家前途的深沉忧虑。

前人称李梦阳"最工起手",又赞他"七言古雄浑悲壮,纵横变化"(沈德潜《明诗别裁》卷四),这首《石将军战场歌》是颇能体现这些艺术特色的。起句"清风店南逢父老",采用第一人称的叙述,显得平易亲切,入题自然。中腹部分以描写为主,写敌人、百姓、官军三个方面,大开大合,跳荡变化,极富于声势。此诗所写,时间跨度长,空间距离大,人物众多,既要纵横变化,又要描写动人,熔裁之功极为重要。诗人成功的熔裁主要表现在两个方面。一是以少总多,如写敌人的进攻,只举出"紫荆关"与"彰义门"两地,只写到一"昼"、一"夜",但其他昼夜间的战斗,别的关隘的陷落,北京城的全面吃紧,即可由此想见。一是略去不必要的过程描写,而着重写出结果,如敌人占领紫荆关,兵临彰义门,以及石家官军的"杀敌"、"追北",都将过程略去而仅展示结果。由于熔裁得当,诗人才得以腾出笔墨,在大幅度的转折腾挪的同时,又能优游不迫地进行刻画描写。如将紫荆关的陷落形象地表现为"昼吹角",又以"杀气军声满幽朔"一句进一步加以渲染;将"追北"的胜利,具体而夸张地说成"血洗刀",又以忙里偷闲之笔传神地写出"白日不动苍天高";在两军对垒的紧急关头,以从容之笔插入"儿女床头伏鼓角,野人屋上看旌旄"的生动的细节描写。

最后,还要附带提一下关于《石将军战场歌》原诗字句的改动问题。当代选本,一般都取沈德潜《明诗别裁》中的删改本。沈德潜所作的删改,有的要优于原作,如删去"天生李晟为社稷"等二句;有的则反不如原作,如改"杨石今已无"为"战功今已无"。更有甚者,是将诗意改反了的,如将"岂说唐朝郭子仪"改为"还忆唐家郭子仪";沈德潜在擅改此句后竟评论说:"中云'还忆唐家郭子仪',以不失臣节愧之也。此作者微意。"其实,这一"微意"(微妙的用意)纯属沈德潜本人,与李梦阳毫不相干。从严肃的文学评论的立场上说,评论者是有充分的评论自由的,但若擅自改动原作,甚至将改过的字句冒充原作再加评点发挥,这就容易造成欣赏与评论的混乱,是不可取的。

(陈志明)

经 行 塞 上　　　　　李梦阳

天设居庸百二关,祁连更隔万重山。
不知谁放呼延入,昨夜杨河大战还。

首句以居庸关的高峻险要领起。居庸关在今北京市昌平西北,长城的重要关口,古称九塞之一。《史记·高祖本纪》:"秦形胜之国,带河山之险,县隔千里,持戟百万,秦得百二焉。"各家对"百二"的解释很纷歧,有以为秦以二万人足抵诸侯百万人者,恐不确。《史记会注考证》引顾炎武说:"古人谓'倍'为'二',秦得百二,言百倍;齐得十二,言十倍也。"王启原又据《论语》"二,吾犹不足"为例,此"二"字亦"倍"之意。顾、王二说较胜。

次句的祁连本是山名,在今甘肃南部,这里泛指西北边远地区。两句的意思是,京师既有雄关为屏障,关外又有一大片塞地。

第三句的呼延即呼衍,汉时匈奴贵族有呼衍氏,这里借喻鞑靼。
末句的杨河指明代的阳和卫,今山西阳高县。

从字面看，这首诗是在写官军和关外的番兵作战，战况很激烈，诗似寓尚武之意，实际却是具有高度艺术技巧的政治讽刺诗，讽刺的对象是临朝的皇帝。

明武宗朱厚照是帝王中的一个花花公子，经常往外游幸作乐。大臣屡谏，常受责打。正德十二年(1517)八月，又微服出德胜门，至昌平，传报出关甚急。巡关御史张钦不但拒不让武宗过关，还令指挥孙玺关闭南门，将门钥藏下，自己坐镇于门下说："敢言开关者斩！"武宗只好从昌平回来。

后来张钦出巡别地，武宗钻了空子，疾驰出关，游阳和、大同等地。

这时鞑靼小王子部队便乘间入寇，武宗亲自率太监等抵御，激战二日，鞑靼军才退却。这一战役，官军死伤多人，武宗本人差一点被俘虏。第三句"不知谁放呼延入"是故作问语。鞑靼军不曾入关，祸却出于武宗的出关。意思是，如果武宗不出关，鞑靼就不至深入而犯乘舆，也没有杨河之战。

这诗共二首，第一首末云："桑乾化作银河水，北极光芒夜夜垂。"北极星本应照天子所在之朝廷，杜甫诗所谓"北极朝廷终不改"，如今却远照塞上，桑乾河因而也化为银河了。题目的"经行塞上"也是有来历的：佛教徒因养身散除郁闷，旋回往返于一定地区叫"经行"。天子应当深居九重，现在却以塞上为经行之地了。

历代的政治讽刺诗很多，这一首婉约而大胆，不但表现了诗人的艺术手腕，也反映了他的性格风骨。

（金性尧）

郑生至自泰山　　　　　李梦阳

昨汝登东岳，何峰是绝峰？
有无丈人石？几许大夫松？
海日低波鸟，岩雷起窟龙。
谁言天下小，化外亦王封。

"郑生"指郑作。作，字宜述，歙（今安徽歙县）人。读书于方山之上，因自号方山子。后弃文从商，不废吟咏。李梦阳招致门下，过从甚密。嘉靖五年（公元1526年）卒。李梦阳曾有多篇诗文相赠，并为编定诗歌选集《方山子集》，作《方山子集序》。从年龄说，李梦阳比郑作大八岁，故以"郑生"相称。

首句紧扣题意，落笔自然。"登东岳（泰山）"三字是一篇之纲，以下所写，无非登泰山的有关情事。诗人善于抓住特点进行多角度的展示："何峰是绝峰"，是在众峰的背景上突出最高峰。言下之意是问郑生上泰山有否登顶，这确是应向登山人提出的一个首要问题。三四句专写两处景点：丈人石与大夫松。"丈人石"，即丈人峰，在泰山最高峰西侧，因状如老人偃偻而得名。"大夫松"，《史记·秦始皇本纪》记载，秦始皇在泰山封禅后下山，遇大风雨，避雨于松树下，因封松树为"五大夫"。后人遂以五大夫作为松树的别名。如果说"何峰"句展现的是全景的远景，那么，这两句映出的已是近景或特写了。且"何峰"句纯粹着眼于空间，而这两句中的景点，与传说或历史有关，兼及时空两面。文人游泰山，怎能不带着好奇心与历史的感情去寻访充满神奇色彩的历史的陈迹呢？五六句写不同天时情况下泰山的独特景观。第五句写在泰山上看日出：当朝阳在海天相接处刚刚露面时，戏波的海鸟似在太阳的上方飞翔。"低波鸟"，这里作低于波鸟讲，"低"字不作使动用法。第六句写泰山打雷天的情景：响雷在山岩间滚动，它是那样惊心动魄，足以使山洞里的蛰龙惊起腾飞。"海日"句由所见之远映衬泰山之高，"岩雷"句由山中响雷见出泰山之大与气魄之宏伟。以上写泰山的几句都是诗人的拟想之辞，从中不难看出他对泰山的情况颇为熟悉，而且是深有感情的。他写这首诗的本意并不是为了弄清郑生上泰山的具体行踪，如登顶，访丈人石，寻大夫松，看日出，遇雷雨，等等，而只是借"郑生至自泰山"这件事，抒发对泰山这一座天下名山的由衷向往罢了。

　　在抓住特点多角度地展现泰山风貌，尤其是"海日"一联形象地写出泰山的高耸、巍峨之后，诗人自然地联想起《孟子·尽心章句上》中"（孔子）登泰山而小天下"的说法。"小天下"，即以天下为小，原是用来反衬泰山之高的。诗人却以所见之远大认为《孟子》中的说法不妥。末句似宕开说明朝的疆域广大，即使是王化未及之处也在明王朝的版图之内，实际上则仍是收结到对泰山巍峨高耸的歌颂上。沈德潜在《明诗别裁集》中评此诗结尾两句为"陈语须此翻用法"，是有见于诗人化旧为新的匠心做出的高度评价。

　　我国古代诗体中有问答体。其中一种具体形式为通篇提问，不妨名之曰"诘问体"。于前人诗作中时而可见。魏庆之《诗人玉屑》卷十九说："唐皇甫冉《问李二司直》云：'门外流水何处？天边树绕谁家？山绝东西多少？朝朝几度云遮？'此盖用屈原《天问》体也。荆公《勘会贺兰山主》云：'贺兰山上几株松？南北东西共几峰？买得住来今几日？寻常谁与坐从容？'全用其意。此体甚新。"梦阳此诗虽不每句都问，但以问话的语气贯穿全诗，故亦可归入"诘问体"。诘问体的好处是提问的诗人与被问的对方同时介入诗中，诗境从眼前推开去，即使所写玄远，也不致有落笔茫然、凌虚蹈空之感。梦阳此诗首句中出一"汝"字，被问人郑生被明确地引入诗境之中，更增强了语气的平易感与亲切感。其次，所谓"诘问"，并非都是真有疑问;主要还是诗人出于抒情的需要,驰骋想象,无疑而设问。这种似问非问,虚虚实实,想象自由的写法,使诗中意境带有模糊性,处于似与不似之间,显得别有一番情韵。我们读"有无丈人石?几许大夫松",比之于具体描绘丈人石,明确指出有几株松树,感到更有情味,岂不正是得力于这种"诘问"式的写法吗?

(陈志明)

朱 仙 镇 　　　　李梦阳

水庙飞沙白日阴,古墩残树浊河深。
金牌痛哭班师地,铁马驱驰报主心。
入夜松杉双鹭宿,有时风雨一龙吟。
经行墨客还词赋,南北凄凉自古今。

《朱仙镇》是李梦阳传世名篇之一。明代诗论家杨慎称此诗为"空同七言律第一首"(《空同诗选》),钟惺谓此篇"不减杜工部'丞相祠堂'之作。"(《明诗归》)朱仙镇在河南开封西南,相传为战国时朱亥的故里,故名。宋高宗绍兴十年(1140),岳飞大败金兵于郾城,进军于此后,曾大宴三军,慷慨陈词:"直抵黄龙府,与诸君痛饮尔!"不意投降派秦桧与高宗合谋,强行召回岳飞,并于下一年将岳飞杀害于临安(今杭州)小车桥畔的风波亭。朱仙镇既关系到岳飞的奇功殊勋,又是一处演出历史悲剧的所在。本篇虽以"朱仙镇"为题,具体的描写对象却是朱仙镇上的岳王庙,原因也正在这里。

首联写眼前所见实景,"水庙"指岳庙,因庙旁有河,故以"水庙"称之。诗人在一个晴日去瞻仰岳庙,谁知忽然间阴云四合,风沙飞扬。庙前的景色也是一派荒凉,令人感伤:"古墩——残树——浊河深。"上句用了"水庙飞沙——白日阴"的"4、3"节奏,句中只一顿,却有两个与天时相关的动词"飞"与"阴"(意为变阴),显得节奏急促,适合于表现诗人初来乍到时感情上的激荡变化;下句改用"2、2、3"节奏,且主要以词组组成,我们似见诗人的目光缓慢地在墩(土堆)、树、河上移动,他是看得那样仔细,辨认出墩古、树残、河水又浊又深。他的思绪也随着眼前景物的变化延伸到了历史的深处。

颔联即是触景生情引出的对历史的追忆。史书记载,秦桧为召回岳飞,于一日内连下十二道金字牌,岳飞愤惋泣下,东向再拜曰:"十年之力,废于一旦!"班师之日,当地父老倾城出动,夹道相送,有的还拦住马头,痛哭流涕。上句即是这一段史事的概括。下句说岳飞的功勋及其思想基础,既是从正面表彰岳飞,也是从对面强化了"金牌痛哭班师地"一句中所蕴含的悲剧性。

在颔联宕开笔墨说历史之后,颈联重又把笔收回,写眼前的岳庙,所写的时间则已从篇首的白天转到了夜晚。想来诗人在岳庙前浮想联翩,感慨莫名,已徙倚久之了。"入夜松杉双鹭宿"与"有时风雨一龙吟",写见、闻两面,上句实写,由双鹭来宿,见出香火冷落,古庙凄凉。下句用虚笔,世上本无龙,又何来"龙吟"呢?诗人有感于岳飞含冤屈死,故不妨以自己的独特感受化情为景,设想在风雨天里,不甘于功败垂成的冤魂,有时会发出龙吟。"一龙吟"在形式上与"双鹭宿"对仗,但不指"一龙"发出吟声,而是说龙偶尔吟叫一声,"一"作状语,修饰"吟"字。这一句是神来之笔,诗人将情作景,无中生有,化虚为实,完成了诗境的创造,赋予了诗作深沉的内涵,丰富的意蕴。

尾联说古道今,抒情写怀。前一句映衬,重点落在结句上。意思是:尽管过往文人还在写诗作文凭吊岳飞的英灵,但并不能改变南坟(岳坟在杭州)、北庙被世人冷落的凄凉景象。"经行墨客"是泛说,其中也包括了诗人自己。李梦阳凭吊岳飞,除了这首七言律诗外,还写有五言律诗《朱仙镇》和《朱仙镇庙》。他为人耿介忠贞,不满政治的黑暗,但又无力改变现实,因而一腔忠愤之气常常通过诗文发泄。其中一种重要形式,便是表彰历史上的忠臣直士,呼唤能够力挽狂澜的英雄再世。"几时重起郭将军"(《秋怀》)、"只今谁是郭汾阳"(《秋望》),"杨、石今已无,安得再生此辈西备胡"(《石将军战场歌》),等等,都是发自他肺腑的深情呼唤。但他也深知,文人弄笔,无补于世,故在上句中用了一个"还"字以自嘲、自责、自叹,并在下句中借叹惋南坟北庙的凄凉,传达出内心深处对于岳飞精忠报国的精神久已被世人冷落以至遗忘这一事实的大悲恸与大感慨。钟惺称赞此诗不减杜甫的《蜀相》(丞相祠堂何处寻),想来正是有见于在这两首诗中深蕴着的是同样的精忠之气与抑塞难平的悲愤之情吧?

此诗首联写今,次联说古,第三联回到眼前,最后一联古今参半,彼此绾合。古与今的相互关联,交替出现,反复摩荡,使诗境开阔,诗情宏壮,思想深沉,意蕴丰富。诗人以意运笔,不拘形迹的挥写,更使全篇生气充盈,自然,灵动。钟惺说"此诗绝不填塞事实,只淡淡写意,而武穆精爽之气隐隐往来其间"(《明诗归》),说的也正是这一特色。而杨慎盛赞此诗为"空同七言律第一首",当是综合此诗的思想艺术成就做出的一个总体评价。

(陈志明)

晓　　莺　　　　　　　　　　李梦阳

睍睆①梦中迷,流莺碧树西。

起来红日照，已度别枝啼。

〔注〕① 睍睆(xiàn huǎn)：《诗经·邶风·凯风》："睍睆黄鸟，载其好音。"睍睆，美好的样子。这里指声音的美好、动听。

这首诗写生活中的一个小插曲，无论从题材或篇幅来说，都可称之为诗中的一篇小品。诗题作"晓莺"，全诗即紧扣"晓"、"莺"二字落笔。写"晓"，时间并不停留在一点上，而是写出一个过程：首句尚在"梦中"，次句是在梦醒以后，第三句"起来"，末句已是起床之后。写"莺"，"莺"却并不露面，而只写其声："梦中迷"，说莺声的效果；"碧树西"写莺声的所在；从"碧树西"到"别枝"，写出了莺声的流动变化。诗人的笔法灵活多变，经过这样多角度的动态的描写，那莺声似乎不再属于李梦阳个人，而且也已动听地诱人地响在每一个读者的耳畔了。

如果我们细加品味，还会发现，这首诗不是一般地写"晓莺"，写早晨时分响起的莺声；准确地说，这首诗写的是"听莺"，写听莺时流过心头的那种美妙、愉悦的感情。因此，欣赏这首诗，注意的重点应是"听莺者"——出现在诗中的诗人形象。这位听莺者，开始时还在床上熟睡，而莺声飘忽，悄然入梦。莺声是那样动人，真耶？幻耶？他在梦中感到了迷乱。不久，诗人醒了，他在床上听良久，继续享受这一支美妙的晨曲，并揣度出莺声是从西边树林中传来的。然后，诗人起床了，窗外阳光明媚，"碧树西"寂静无声，而从别处的树枝上却又响起了历乱的莺语。全诗就在莺声扑朔迷离的流动变化中，在诗人一卧一起、一静一动的听声与寻声的交替中，完成了引人入胜的优美诗境的创造。

这首小诗感情细腻柔媚，风格清新婉丽。这对于一向以生性强悍、诗风雄豪的李梦阳说来似乎显得格格不入，但这截然不同的两面却又是真实地统一在李梦阳的身上的。所以欣赏此诗，我们不仅获得了诗美的享受，联想起美的生活，也想像李梦阳那样带着一颗童心，美滋滋地去品尝生活，而且也增进了对李梦阳的思想性格、生活情趣以及艺术风格的全面认识。

(陈志明)

汴京元夕(选一)[①] 李梦阳

中山孺子倚新妆[②]，郑女燕姬独擅场[③]。
齐唱宪王春乐府[④]，金梁桥外月如霜[⑤]。

〔注〕① 汴京：即今河南开封，五代梁、晋、汉、周及北宋的都城。 ② 中山：本为春秋战国时国名，汉以后为郡、府，治所在今河北定县。 ③ 郑、燕：春秋战国时国名，郑国境在今河

南,燕国境在今河北、辽宁。 ④宪王:指周宪王朱有燉(1379—1439),明太祖朱元璋之孙,精通音律,是著名的戏曲家。 ⑤金梁桥:汴梁桥名。

　　李梦阳是明代首倡诗文复古运动的盟主,在前七子中,与何景明并称"李何",一时诗家坛坫,多为"诗必盛唐"之风气所笼罩。他的诗强调格调、法式,在复古中未能求创新,后来颇为钱谦益等人訾病,但他毕竟是明代有影响、有成就的诗人,更何况他刚直不阿的人格力量时常融入作品,为作品生色。沈德潜《明诗别裁集》谓其"七言近体开合动荡,不拘故方",虽主要就七律而言,但应当也兼指七绝。这首《汴京元夕》,便颇有唐人竹枝词风致。

　　前二句,写来自各地的伶人粉墨登场,表演周宪王朱有燉写的杂剧。中山少男、郑燕少女都善演戏曲,说明当时杂剧传布的盛况。诗中"倚新妆"、"独擅场"应是互文见义。朱有燉的杂剧在体制上基本打破了元杂剧四折一本加一人主唱的成法,经常出现合唱、轮唱,甚至旦唱南曲、末唱北曲或二人对唱等形式,并且他的剧作曲词流畅,音律和谐,着重歌舞,便于演出,所以尽管他的戏内容上无甚可取,却能广为传唱。少年男女争扮周宪王剧中人物,使我们对当时剧界的风气颇能有所领会。而汴京作为古时都会,在历受金元劫难之后,经明初的休养生息而恢复生机,重现繁华,其民俗风情,也通过这两句表露出来。

　　第三句是前二句的拓展。实际上本文前面说到的表演朱有燉的杂剧,至此才正式点出。春乐府,是指朱氏杂剧中点缀太平盛世的"庆贺剧"或宣扬女子守贞的"节义剧"。自宋元以来,乐府常作为词曲的别名,朱有燉的杂剧、散曲集便称《诚斋乐府》。"齐唱"二字,刻意渲染出元宵欢庆,万民同乐的情景,给人的感觉是舞台上伶人的演唱与舞台下观众的和唱一起进行,场面肯定是热闹之极。最后一句笔锋一宕,写起了戏曲表演场地旁金梁桥外的夜景。"月如霜"之清冷幽静,与前面所描绘的欢庆热闹情景似乎不相吻合,然而这一句实际上却是诗人的神来之笔,以淡墨衬浓彩,余韵宛转,余味曲包,深得唐人竹枝词之妙。"月如霜"令人忆起苏东坡《蝶恋花·密州上元》词"灯火钱塘三五夜,明月如霜,照见人如画"数语,二者都写元宵,李诗、苏词中"明月如霜"的意象实有相通处。我们不妨认为:正月十五的团圞明月是喜庆的象征,"明月如霜"的意象,正体现了"但愿人长久,千里共婵娟",期望人世美好事物永存的普遍心理。

　　李梦阳晚年在其《诗集自序》中说:"今真诗乃在民间(引王叔武语),……予之诗非真也,王子所谓文人学子韵言耳,出之情寡而工之词多者也。"表示了对以前拟古的自我批判。这首有唐竹枝民歌风味的七绝,大约可算他达到这种认识的一座小小的桥梁吧。

(庞　坚)

王守仁

(1472—1528) 字伯安，浙江余姚人。弘治十二年进士。以论救言官戴铣等忤刘瑾，杖阙下，贬谪贵州龙场驿丞。瑾诛，移庐陵知县，累擢右佥都御史，巡抚南赣，平大帽山诸贼，以擒获叛王朱宸濠功拜南京兵部尚书，世宗时，封新建伯，总督两广，又破断藤峡贼。卒，谥文成。尝筑室故乡阳明洞中，学者称"阳明先生"。著有《王文成全书》。

泛　海

王守仁

险夷原不滞胸中，何异浮云过太空？
夜静海涛三万里，月明飞锡下天风。

记得郭沫若早年写过一篇关于王阳明的文章，记述王阳明如何越过一道道死亡线，逃脱了刘瑾追踪暗杀的事。明武宗利用宦官刘瑾等八虎，实行特务集权统治，朝政腐败不堪。大臣戴铣、薄彦徽等上疏要求惩办刘瑾，反被逮捕下狱。群臣慑于宦官淫威，噤若寒蝉。独有王阳明挺身而出，仗义执言。结果，被杖责四十板，谪贬贵州龙场驿。他贬去贵阳途中，回故乡余姚辞别亲人。刘瑾派两个爪牙尾随，伺机加害。过钱塘江时，王阳明突然不见，爪牙四处搜寻，在江边发现一双鞋子，一首绝命诗，一顶斗笠飘浮在江上。两个爪牙以为他投江自杀了，才怏怏而去。原来，这是一出金蝉脱壳计，王阳明早已纵身跳上一艘商船出海了。不料船在海上遇到风暴，大海疯狂咆哮，船在劈天巨浪中漂流，生命在危殆中。王阳明却镇静自若，端坐舟中吟出了上面这首诗。

王阳明青年时期有"五溺"，溺于任侠、骑射、辞章、神仙、佛氏，上面这首诗就颇有一点佛家的禅意。"险夷原不滞胸中，何异浮云过太空？"在狂风卷地，巨浪劈天的大海上，一叶扁舟和汹涌的死神游戏，而舟中人对于眼前的险状却视如浮云之过太空，这是何等坚毅、沉着的大勇啊！王阳明这种非凡的意志力和大无畏精神从何而来？显然，是来自他那哲学家的"心"，凭藉他的"良知"。他认为宇宙间唯一的真实存在，只有他的心，"心外无物"，因此，尽管外界风吹、浪打、船翻，都与我心无关，"险夷原不滞胸中"啊！

信佛的人遇到类似海上翻船的生死关头，往往嘴里念佛不止，祈求菩萨保佑。但是，唐代高僧惠能却倡导"自心即佛"、"悟者自净其心"便可成佛，主张一种"自性自度"的解脱，把仰仗菩萨超度变为依靠自力，其最根本之点，就是极为重视"心"的力量。有一天,惠能在广州法性寺听二僧论辩风幡,一个说风动,一个说幡动,互不折服。在一旁的惠能慢条斯理地说:"不是风动,不是幡动,人心自动。"有趣的是,王阳明也有一段富有玄学意味的对答。有一次,有人问王阳明,花树在深山中自开自落,于自心有何相关?王阳明道:"你未看此花时,此花与汝心同归于寂。你来看此花时,则此花颜色,一时明白起来,便知此花不在你心外。"显然,王阳明与惠能一样,认为一切都关系到一个"心"字,万物之于我心,只有被自心感知时才是存在的。以王阳明海上遇险一事来说,尽管船在惊涛骇浪中翻腾,面临生死不测之灾,而此时王阳明端坐静心,只要自己的心不为所动,似乎外界什么事情都不存在了。"险夷原不滞胸中",这个"原"字意味深长,说明"险夷"本是心外之物,于我心何戚戚焉!

正因为王阳明此时有一颗充满禅理的心,此时尽管大海茫茫,风波险恶,而在他的内心却是另一个光风霁月的世界:"夜静海涛三万里,月明飞锡下天风。"诗人说,在明静的月夜中,他像一位道行高超的游方僧侣,执锡杖,乘天风,飞越三万里海涛。飞锡,佛家语。《文选》孙绰《游天台山赋》云:"王乔控鹤以冲天,应真飞锡以蹑虚。"唐李周翰注:"王乔,仙人。应真,得真,得道之人。执锡杖而行于虚空,故云飞也。"王阳明用这个典故关合"险夷原不滞胸中"句,说明自己在狂风巨浪中即物悟道,才能面对死亡而如此平静;因此他更体验到"心"的伟大,仿佛自己成了得真道之人了。"夜静""月明"显然是诗人心中幻化之境,海上遇大风暴袭击,天昏地暗,大海疯狂咆哮,是不可能"夜静""月明"的。

这首气势奔放豪迈的诗,记录了王阳明泛海悟道的深刻感受,也许在他创立"心学"的道路上是一个重要的起点。他此次脱险抵达贵州龙场驿后,便潜心著述研究,完成了他的心学体系,其核心就是"自尊其心",极其强调主观精神。虽然它属于唯心主义哲学范畴,但它催发了人们在行为思想上的主体意识,它将自心良知作为评判是非的准则,导致人们否定传统教条,推倒偶像,转化为尊重自我,合乎人性的自由解放精神。正如郭沫若所说:"王阳明在思想史上的地位无疑是以一个革命者的姿态出现的。一反程、朱之徒的琐碎,想脱去一切学枷智锁,而恢复精神的独立自主性。"章太炎则把王学归结为四个字:"自尊无畏"。就从上面这首小诗来看,也使我们从一个侧面看到了王阳明的思想和人格,看到了他对世界和人生哲理的思考,看到了他洒脱的心胸,豪迈的情怀,沉毅的个性,横溢的才华,他是一位哲人、诗人,生活的强者。

(高　原)

龙潭夜坐

王守仁

何处花香入夜清,石林茅屋隔溪声。
幽人月出每孤往,栖鸟山空时一鸣。
草露不辞芒屦湿,松风偏与葛衣轻。
临流欲写猗兰意,江北江南无限情。

明正德五年,王守仁由贬所龙场驿起任南京太仆寺少卿,次年,游览了滁州,《龙潭夜坐》就是这次滁州之行所作。

古代文人常常把自然作为自己人格情志的寄托物、避难所、安居地,只有在自然中,才能排解对社会人生的怨愤牢骚,获得情感上的安宁、心灵的自由和认识上的超越。王守仁"天姿异敏"(《明史》本传),青年时就游历关塞要隘,谈兵语战,慨然有经略四方之志,但初入仕途,就因反对刘瑾,远谪龙场驿,后虽起用,仍为闲曹,诗人无用武之地的苦闷便唯有企求借助自然来排解了,于是乃生"龙潭夜坐"的情景。"夜坐"二字耐人寻味。王守仁思维缜密,性爱枯坐勤思,这之前就曾"日端坐"以求格物大旨,龙场驿穷荒无书,他正是靠终日深思,才悟得"致良知"的一家之言。龙潭坐思谛诀,正表现了王守仁"默坐澄心",治学求解的个性特点。我们联系后面的诗句诗人表现出来的对隐逸的追慕,与自然的亲情,以及生不逢时的感慨,正与题目"夜坐"互相表里,暗示了诗人"夜坐"前难以成寐的苦闷。

诗的前四句描写夜里山中的澄澈寂静。诗人夜间独坐,万籁俱寂,花气格外清幽淡雅,远处的潺潺的溪水声隔着石林茅屋,一路传响过来,也十分清脆。头两句以花香、溪声描写山中的静寂、深邃。后两句"幽人月出每孤往,栖鸟山空时一鸣",幽人谓隐士,也指高人雅士。幽人月出,鸟鸣山空,是对王维"月出惊山鸟,时鸣空涧中"意境的再创造,以声音衬托山静,万物俱静,"时一鸣"的鸟声才能听得见;以人往的动态描写山空,山空无物,孤往之人才显眼。可是反过来鸟声人往愈显得山静山空,与"鸟鸣山更幽"的艺术效果是一致的。"月出"二字使人、山都有了可视形象,静寂的空山在月光下澄澈如水,山空山静都在可视之中。

后四句描写独坐龙潭的心境。"草露不辞芒屦湿,松风偏与葛衣轻","芒屦",草鞋。葛衣,一种粗布衣服。草露打湿芒鞋,说明诗人在龙潭坐了很久,以致于草露浸湿了草鞋。山风吹来,衣服张扬,好像要随风翩翩而起。"草露"、"松风"本无情感,而诗人觉得"草露不辞"、"松风偏与",它们主动与诗人亲近。诗人体会到了自然的生命与亲情,感受到与自然默契合一的快意。这两句的"草露"、"松风"、

"芒屦"、"葛衣"与第三句的"幽人"相互生发,写出了一派隐逸风度,与陶渊明的"道狭草木长,夕露沾我裳"、"舟摇摇以轻飏,风飘飘而吹衣"异曲同工,两位诗人对自然的体悟达到了极高的层次。这两句写对自然的感受,后两句转而写从自然中悟到的道理。"临流欲写猗兰意,江北江南无限情","猗兰",指《猗兰操》,琴曲名,相传为孔子所作,说孔子自卫返鲁,见到隐谷之中,香兰独茂,喟然叹曰:"兰为王者香,今乃独茂,与众草为伍",乃援琴鼓之,托辞香兰,感伤自己的生不逢时。"流"与题目的"潭",第二句的"溪声"相照映。诗人静坐龙潭,醉情自然,得味闻声,溪水清悠,只在山中作响,兰花芬芳,入夜清幽,大自然与人有"不辞""偏与"之情,本有一肚皮生不逢时,才不获展的压抑愤懑,龙潭夜坐之后,悟到了大自然的无限亲情,诗人苦闷的心情豁然开朗,超然平静,因此诗的结尾表现出昂扬豁达的心境。

  这首诗从表面上看是一首写景诗,其实是一首体悟玄理的诗,诗中写了五个层次:夜坐前纷杂的思绪——夜坐——得自然之表——得自然之亲情——获自然之理,表现了诗人五个递进层次的体会。从人对自然的感觉、体悟来把握人生,是禅宗的思维特点,而禅宗与王守仁的心学有着同体并生的情缘。

(孙之梅)

月 下 吟 三 首(其二)   王守仁

  江天月色自清秋,不管人间底许愁。
  谩拟翠华旋北极[①],正怜白发倚南楼。
  狼烟绝塞寒初入[②],鹤怨空山夜未休。
  莫重三公轻一日,虚名真觉是浮沤[③]。

〔注〕 ① 翠华:用翠羽装饰旗杆的旗帜。一般用指帝王或神灵的仪仗。 ② 狼烟:烧狼粪的烟,古代边塞地区用作军事上的报警信号。 ③ 浮沤:水面的泡沫。

  王守仁是明代著名的心学家,亦以诗文名于世。其诗初受七子派复古的影响,规摹唐人格调,后来则一任胸臆,不复措意工拙,所作乃流畅自然,秀逸有致。钱谦益称其"俊爽之气,往往涌出于行墨之间"(《列朝诗集小传》)。此诗风格高华,俨然唐音,然抒情咏物,意气自足,非摹拟古调者可比。

  全诗八句,可分为前后两部分,前四句写月色,由月色引发愁怀,后四句则实实在在吟出自己在月下的感触。"江天月色自清秋",秋季的月亮最圆最明,也最清,何况又是江边之月,上下辉映,更是皎洁异常。明月以北极为枢纽,在澄明的夜空中静静地旋转着。犹如旗帜鲜明的御驾在从容不迫地奔驰。这是一幅多么透明，多么令人心旷神怡的图画，可是偏偏是这清秋的月色最易引起人们的伤感，也许是对照或反衬的作用，夜空的澄明恰恰映出了人心的不平静，白发的诗人正倚楼凝望，摆脱不了人生的许多烦恼。"狼烟绝塞寒初入，鹤怨空山夜未休。"此二句"寒初入"、"夜未休"是切景之语。秋天北风初起，寒夜料峭，故称"寒初入"。月夜银辉泻地，光华正盛，故称夜未休。同时这二句又有强烈的忧伤色彩，"寒初入"、"夜未休"，则以后的漫漫长夜、彻骨奇寒都是意料中的事，更何况"寒"来自"狼烟绝塞"，"夜"则免不了"鹤怨空山"。明弘、正间北方边境瓦剌部已衰，鞑靼部逐渐强盛，控制了河套地区，并不断地侵犯大同、宣府等地。此时明朝国力已弱，只能勉强地守卫疆界，边境战事连绵不绝，故诗中以"狼烟绝塞"形容之。"鹤怨空山"用了南朝齐周颙的典故。周颙先曾隐居北山，后听说朝廷征召，便迫不及待地入朝做官了。孔稚圭乃作《北山移文》，假托山灵来谴责周颙，称周颙之去使"高霞孤映，明月独举"，"蕙帐空兮夜鹄（古代鹄、鹤往往可通用）怨，山人去兮晓猿惊"。此诗用"鹤怨空山"一词显露了作者的归隐之志，不愿追逐名利，浮沉于宦海之中，故末二句称"莫重三公"，又把尘世的虚名比作"浮沤"。话虽然这样说，王守仁却并不是真正要摆脱红尘，做一个不问世事的隐者，从诗中"狼烟绝塞"一句即可看出他对国事的关心。人们往往片面地理解心学，认为心学讲究内养功夫，只求明心见性而不问外事，其实不然，至少王守仁不是这样。他一生反抗宦官刘瑾，平定宸濠叛乱，事功显赫。从这首诗也可看出归隐山林，或者立功边塞，都是他所牵挂的、向往的，他所鄙薄的只是三公的虚名。用一句时髦的话说，归隐山林或立功边塞都是实现自我，唯独追求利禄虚名才会使自我沦丧。故他诗中说："莫重三公轻一日"，"一日"意即谓真正的人生。王守仁提倡"知行合一"，"即知即行"，可见他是以积极的态度来对待现实的人生的。（刘明今）

【诗人小传】

宸濠翠妃
宁王朱宸濠妃。

梅　　花　　　　　　宸濠翠妃

绣针刺破纸糊窗，引透寒梅一线香。
蝼蚁也知春色好，倒拖花片上东墙。

与历来的咏梅诗相比,这首诗,以新颖的角度,细腻的笔法,表现了独特的意趣。

首句用"绣针刺破纸糊窗",既点明主人的女子身份,又暗示赏梅地点系在室内。前人咏梅诗句,如陆凯的"折梅逢驿使,寄与陇头人"(《赠范晔》)。陆游的"驿外断桥边,寂寞开无主"(《卜算子·咏梅》)。何应龙的"云绕前冈水绕村,忽惊空谷有佳人"(《见梅》)。作者都是身处户外,直接观物而得,而此诗别出心裁,主人捅破窗纸,隔室从孔缝窥看,所见者如何呢?这个问题,诗人并不忙于回答,而是先折一笔:"引透寒梅一线香",使人未见其形,先闻其香。香味因从缝隙透入,所以缕缕如线,而由一孔即能得其香味,可见梅香之浓郁了。若从纸洞向外看,自可见寒梅盛开,一派生机勃勃的早春景象,但主人公对这样常见的套路已不感兴趣,她将视点集中在东墙一隅:原来一只小小的蝼蚁正拖着一片梅花往墙上爬着。这一"倒拖花片上东墙"的情形,本属无情无意的自然现象,但经诗人"蝼蚁也知春色好"的妙笔点染,顿成一幅充满诗意生趣的精彩画面。梅花不仅有傲霜斗雪的品格,而且以自己开放,报道着春天的信息,因此人们咏梅,往往寄托着对春天的欣喜,所谓"试向林梢亲手折,早知春意逼人来"(冯山《山路梅花》)是也。这里,诗人借蝼蚁拖花之举,曲曲传出对梅花的喜爱,既清新生动,又含蓄有味,试想,自然界虫蚁尚知春天之美好,梅花之可贵,那么,作为万物之灵的人们不更应珍视这早春的信使吗?

这首诗构思巧妙,主人公歌咏梅花,始终不从正面描写,无论是捅破窗洞,引透寒香,还是隔纸看梅、蝼蚁拖花,都在侧面点染,形成一句一折,句句间隔之势,然毫无"隔靴搔痒"之感,反觉疏而不淡,兴味盎然。此诗从小处入笔,观察细微,情思宛转,意态悠闲,这种审美情趣和作者的宫廷贵妇身份是颇为契合的。

(丁 仪)

【诗人小传】

王廷相

(1474—1544) 字子衡,号俊川,仪封(今河南兰考)人。弘治十五年(1502)进士,历官监察御史、陕西巡抚、四川按察使、副都御史、兵部尚书等职,卒于嘉靖二十三年,谥肃敏。著有《王氏家藏书》六十八卷。王廷相是思想家,他的论理学的文章很雄辩,既不赞同朱熹的"理先于气"的观点,又反对王守仁的"致良知"学说。为诗不出李梦阳、何景明门户,具体而微。

古　陵

王廷相

古陵在蒿下，啼乌在蒿上。
陵中人不闻，行客自惆怅。

　　王廷相主要作为具有唯物主义倾向的哲学家著称于世。但是，他的《与郭价夫学士论诗书》，乃是明代诗文批评中如同晨星一现的审美意象的专论。他在这篇文章中指出："夫诗贵意象透莹，不喜事实粘著，古谓水中之月、镜中之影，可以目睹，难以实求是也。……言征实则寡余味，情直致而难动物也。故示以意象，使人思而咀之，感而契之，邈哉深矣！此诗之大致也。"将化"直"为"曲"，虚实相同、透莹圆融、远神余味等，视为审美意象的重要特征，可谓深得诗家三昧。然而，他的诗歌创作与他的意象理论相互矛盾，如钱谦益指出："子衡（王廷相）五七言古诗，才情可观，而摹拟失真，与其论诗颇相反。今体诗殊无解会，七言尤为笨浊，于以骖乘何（景明）、李（梦阳），为之后劲，斯无愧矣。"（《列朝诗集小传》丙集《王宫保廷相》）钱氏的批评，未免过分苛刻。其实，王廷相的诗歌中，即使在被人称为多粗漫之作的七言古诗中，也可以披沙见金，间有意象和谐的篇章，令人有"如游五都市中，动获奇宝"（陈田《明诗纪事》丁签卷三）之感。尤其是他的"五言绝句颇有摩诘（王维）风致，下亦不失为裴十秀才（裴迪）、崔五员外（崔宗之）"（朱彝尊《明诗综》卷三十一引宋辕文语）。《古陵》就是其中颇有特色的一首。

　　《古陵》诗中的抒情主人公是那位独自惆怅的"行客"。行客的抒情并非是直说，而是以古今交错、虚实相间的手法曲曲道出。前两句以"蒿"为中心视点，上下流动，俯视古陵，仰视啼乌，这就构成了两个意象：蒿下之古陵，蒿上之啼乌。且说中心视点中的"蒿"。蒿，野草。古代歌辞中言人死魂魄归于蒿里。"蒿"同于"槁"，人死则枯槁，所以说死人的居里名蒿里。相传齐国东部（今山东东部）流传《薤露》、《蒿里》谣讴。两曲都是挽歌，为出殡时挽柩人所唱。汉代以《薤露曲》送王公贵族出殡，以《蒿里行》送士大夫、平民出殡。显然，王廷相的"蒿下之古陵"中融入了《蒿里行》中某些传统的意象，哀悼的对象是"蒿下古陵"中的士大夫或平民。因为古陵深埋在蒿里，可望而不可即，所以诗人只以"古陵在蒿下"作粗线条的勾勒。如果说"古陵在蒿下"是俯视，是视觉形象，那么，"啼乌在蒿上"则是仰视，是视觉形象与听觉形象兼而有之。由"啼乌"，很自然地使人联想起唐代诗人张继《枫桥夜泊》中的名句："月落乌啼霜满天"，在所见（"月落"、"霜满天"）所闻（"乌啼"）中呈现出一片幽寂清冷的景象。由"乌啼"，又很自然地使人联想到李白《乌夜啼》中的诗句:"黄云城边乌欲栖,归飞哑哑枝上啼。"感物应心,由乌鸦回巢引发起行客思归的愁绪。然而,诗中没有由"啼乌欲栖"直接引出行客思归,而是突然插入一句"陵中人不闻",由古陵之中的"人"(实际上指魂魄)"不闻",反弹出行客闻声而动情。"不闻",固然是由于"陵中人"丧失了"闻"的功能,也是诗人故作旷达之语,是用欲扬先抑的手法反衬出体察人生、饱尝辛酸的"行客"感物应心的敏感。对于诗人王廷相来说,"啼乌"不再是简单的物象,而是融注着古今人生之感的丰富的意象。所以,他闻乌啼之声而惊心动魄,而独自惆怅。而行客独自惆怅,固然有思归愁绪的侵袭,又融注了《古诗十九首·青青陵上柏》中的某些意蕴:"人生天地间,忽如远行客",感叹人生短促,犹如远行作客,匆匆走过。作者怀古伤今,感叹人生,凄婉之情油然而生。此种引发,往往可以举一反三。也就是说,这首五言绝句以"行客自惆怅"作结,言已尽而意无穷。由此可见,这首诗故作旷达而情倍凄婉,纯用白描而虚实相间,短小精悍而跌宕起伏,意象透莹而远神余味,是王廷相将自己的有关意象理论付诸诗歌创作实践的一次成功的尝试。

(陈书录)

【诗人小传】

康海

(1475—1540)字德涵,号对山,沜东渔夫,陕西武功(今陕西兴平)人。弘治十五年(1502)状元,任翰林院修撰。武宗时宦官刘瑾被杀后,他名列瑾党而免官。为"前七子"之一。作有杂剧《中山狼》、散曲集《沜东乐府》、诗文集《对山集》等。

闻　筝　　　　康　海

宝靥西邻女,鸣筝傍玉台。
秋风孤鹤唳,落日百泉洄。
座客皆惊引,行云欲下来。
不知弦上曲,清切为谁哀。

"筝"是一种拨弦古乐器,相传为秦人蒙恬所制,故有"秦筝"之称。"抽弦促柱听秦筝,无限秦人悲怨声"(柳中庸《听筝》),曹植《箜篌引》又有"秦筝何慷慨,齐瑟温且柔"的描述,慷慨急切、哀怨凄苦往往是这类传统听筝诗的情感基调。

康海，字德涵，号对山，状元出身，才华横溢，为明弘治间"七子"（即"前七子"）之一。他本抱负宏大，"狂来颇欲吞江海，志定何须论浊清"（《漫兴》）。不幸因刘瑾案得罪，坐党落职，还乡后狂荡不羁，郁愤终生。

"宝靥西邻女，鸣筝傍玉台"，诗人首联起笔不凡，写了一个面容俊秀有着两个令人珍爱酒窝的西邻少女，正依傍玉台拨弦弹筝。光艳照人的形象，玉洁冰清的氛围，为全诗情节的展开做了一个很好的铺垫。

筝声响起："秋风孤鹤唳"，就像一只白鹤在金风送爽的季节里，排空而上，引颈长鸣，徐夤诗"一声归唳楚天风"正再现了这样的画面。接着是太阳落山，天色转暗，百泉汇集，急流回旋，"落日百泉洄"了。

本诗颔联虽短短两句，含蕴却极其丰富：天上白鹤长鸣，地下水流回旋，充塞其间的又是落日的余辉、习习的秋风。这就不仅从视觉、听觉，而且再深一层从触觉形象上，描绘了西邻少女筝声弹奏所蕴成的那种孤高凄清的音乐境界。

文学史上的听乐诗俯拾即是，名篇也多，单就描绘乐声而言，手法也各臻其妙。韩愈《听颖师弹琴》用各种新颖的、富于独创、有着鲜明形象特征的比喻去描摹琴声低昂刚柔的起落变化，那是绝妙的。白居易的《琵琶行》写琵琶女的演奏技艺，特别是中间的二十二句（"转轴拨弦三两声"至"四弦一声如裂帛"）写出了琴声演奏的情节：序幕、开端、发展、高潮、第二次高潮、尾声。那是一出曲折变化的诗剧，有着扣人心弦的魅力。而康海这首《闻筝》诗的突出特点却是写出了筝声弹奏所形成的一种立体的、和谐统一的音乐"境界"。这境界给人以和谐自然美的陶冶和心理上的极大满足。这正是诗人以少胜多的匠心独运。

这"境界"引起了强烈的反响：座客们引避谛听，天上的行云也要来看个究竟，"座客皆惊引，行云欲下来"了。诗的颈联不是只写个人听乐的感受和反应，没有繁多的渲染和夸张，只是简洁明快地从"人"与"物"的结合上，写出了筝声弹奏所造成的音乐效果，这就更从侧面烘托了筝声的神妙。

诗的尾联："不知弦上曲，清切为谁哀。""清切"是对上述音乐境界格调的概括表述，从"清"到"哀"是诗人听筝时的音乐感受，是"乐人合一"的共鸣。当然这个"哀"，不仅是诗人对自身坎坷经历的喟然长叹，似乎更蕴含着诗人对那个"盗贼蜂起"、"方土罔靖"明中叶以后社会的隐忧。

诗人在《太微山人张孟独诗集序》中说："夫因情命思缘感而生者，诗之实也；比物陈兴不期而与会者，诗之道也。"诗人的"比物陈兴"讽托之妙正是"因情命思""缘感而有生"心声流露的需要。今赏《闻筝》诗，可见一斑。

（张善庆）

边贡

(1476—1532) 字廷实,号华泉,历城(今山东济南)人。弘治九年(1496)进士。授兵科给事中。嘉靖间官至南京户部尚书。都御史劾其纵酒废职,罢归。边贡参与李梦阳文学复古运动,为"前七子"之一。顾起纶《国雅品》引袁献实曰:"李(梦阳)雄健,何(景明)秀逸,徐(祯卿)精融,边(贡)朴质。"陈子龙《明诗选》称其诗"才情甚富,能于沉稳处见其流丽,声价在昌毂(徐祯卿)之下,君采(薛蕙)之上"。有《华泉集》十四卷。

留别张西盘大参[①]

边贡

满酌岂辞醉,未行先忆君。
山城稀见菊,关树不开云。
地入河源渺[②],天连塞日曛。
那看北来雁,偏向别时闻。

〔注〕① 张西盘:张禴,号西盘,顺天府平谷县人。弘治十二年(1499)进士。由户部主事历升至佥都御史,曾任山东左参政。大参:参政的别称。明代在布政使下设左右参政,以分领各道。 ② 河源:河流补给的源头。

边贡诗以朴实著称。首联是这种诗风的具体体现,开门见山,直抒胸臆:"满酌岂辞醉,未行先忆君。"真是酒逢知己千杯少,诗人在送别友人之际,满酌爽饮,吐语真率、平实,故然不失为一种风格。然而,诗若一览无余,便不能使人回味。从这个意义上来说,诗"忌直贵曲"(施补华《岘佣说诗》)。这首诗的后三联变平直为委曲,呈现出委婉含蓄的风格。中间二联分别组成四种意象,而且逐渐地由明转暗,随物赋形,幽曲深远。"山城见菊",可以携带亲朋好友游玩赏菊,或许"菊花须插满头归"(杜牧《九日齐山登高》)呢!然而,句中的一个"稀"字,则冲淡了赏菊的兴致。"关树开云",是写云开雾散,树枝婆娑,白云绿叶,历历在目,会给边关带来旺盛的生命力。但句中一个"不"字,驱走了明朗的景色,也给人们原为开朗的心胸抹上了一片暗色。至于"地入河源"、"天连塞日",本来是无比壮观的景象,然而一个"渺"字和一个"曛"字,又给这壮观的景象涂上了渺茫、昏暗的色彩。显然,中间两联中的四组意象,如同太行山万绿丛中的羊肠小道那样曲曲折折,如同幽曲的泉流那样隐现明灭。尾联将视觉形象与听觉形象交叉:"那看北来雁,偏向别时闻。"飞雁成行,侧重于视觉形象;雁声入耳,侧重于听觉形象。飞雁成行的意象,往往是相埒如兄弟的象征。唐代诗人钱起《李四劝为尉氏尉李七勉为开封尉》诗中有云:"采兰花萼聚,就日雁行联。"然而,当诗人听到那成行如兄弟的"北来雁"的鸣叫声,正是他与友人张襘分别之时。可见,诗人与友人张襘分别时的伤感,正是在飞雁成行、雁声入耳等的反衬之中曲曲传出。总之,这首诗的后三联,在几组意象的铺叙中有顿挫波折,对自己与友人离别时的伤感写得欲露还藏,回环吞吐,波澜起伏,曲折动人,显示出蕴蓄之美。不仅与本诗的首联形成了鲜明的对比,也与他自己诗歌朴实的主导风格迥然有异。

这是一首留别诗。诗中抒情主人公是诗人边贡,抒情对象是张襘。以知人论世的方法分析抒情主人公与抒情对象,是评价这首诗思想意义的一个重要方面。关于抒情主人公边贡,据《明史·边贡传》说,他曾上疏弹劾宦官,屡遭贬谪。又"久官留都,优闲无事,游览江山,挥毫浮白,夜以继日。都御史劾其纵酒废职,遂罢归"。显然,边贡沉浮官场,他乡滞留的经历,往往会促使他在与友人分别时满酌爽饮,触景伤情。至于张襘,则有"大节不谨"的一面,他"专事苛察,助(刘)瑾为虐,交结阿附,纳贿骤迁,士论鄙之"(《明武宗实录》卷一九一)。边贡在《留别张西盘大参》诗中与这种人话别论友情,未免失察,所抒之友情也未免掺进某些杂质。

(陈书录)

重赠吴国宾 边贡

汉江明月照归人,万里秋风一叶身。
休把客衣轻洗濯,此中犹有帝京尘。

这是一首友人间的赠言之诗。古来赠言诗中,有出之真情的佳作,但更多的是纯然应景凑趣的趁韵之作。边贡此诗,当属前一类。

全诗四句一意,写自己与久别归来的故人的友情,其思念之意、关切之情,充溢于字里行间。诗的前二句想象吴国宾回乡时的情景,汉江明月拂洒在归人身上,这经过千里孤身漂泊和千般万种思乡之苦的旅人,终于在秋夜里归来了。诗的一开头,作者将依正常顺序本该是第二句的"汉江明月照归人",放在首句,是有其用意的。这种安排既符合古人作诗先以气氛渲染作起,再继以细写详状的惯例,同时,也将游子对故土风月的渴念,写了出来。此外,汉江明月如人之有情,故似急于把自己清和的柔光洒遍行囊未卸、尘衣未脱的游子这层意思,也在其间隐隐露出。所以开首两句,用语虽极平稳,其蕴情却是极尽委曲之能事。后两句是诗人对故友的叮嘱之辞,写得尤为出色。它不写因长途跋涉、风餐露宿,友人素衣为缁的旅途艰辛,而是说:不要随意把这一身客衣洗掉,那上面还沾染着京都带来的风尘呢。按理,一路风尘,返回故乡,该劝其卸去行装,沐浴更衣,可作者却不如此,他似乎更关切那客衣所沾染的帝京风尘,因为,这帝京之尘,能够令归者想起京中许多朋友(自然包括诗人自己)。在这二句中,诗人不是明说要吴出宾回乡后勿忘故友,而是将此意寄托在"帝京尘"中,语言令人看上去无理,细想之有味,而由此一细想,益觉诗人与友人之间的情谊深长。其送人的立意着想,是很高妙的。

边贡是明代"前七子"之一,其诗风格婉约,不少作品颇涉矫情,此诗却能以真情贯穿全篇,再辅之以一贯的婉约风格,从而使作品显得别有风致。清人沈德潜编《明诗别裁集》,称此诗"婉而挚",正是道出了此诗的特点。　　　　(汪涌豪)

人日有怀乔白岩侍郎　　　　边　贡

去年人日题诗处,郑氏茅堂春可怜。
出谷早莺啼恰恰,映风寒竹倚娟娟。
随銮并入青云上,解珮同归素雪前。
此日寂寥惊旅食,坐看庭月怃流年。

　　边贡这首诗中所写的"人日",又称"人胜节"。时间在农历正月初七。据《北齐书·魏收传》引董勋《答问礼俗》云:"正月初一是鸡,初二是狗,初三是猪,初四为羊,初五为牛,初六为马,七日为人。"每逢人日,人们为了祈福、避邪、祛病,常以七种菜作羹,用彩布剪成人形,或镂刻金箔为人形,贴在屏风上,戴在头上,象征吉祥。并隆重举行庆祝活动,诗人则感时抒怀,多有题诗。边贡于人日所写的这首怀人诗,所怀念的是"乔白岩"。"乔白岩",即乔宇(1457—1524),字希大,号白岩。成化二十年(1484)进士,官至吏部尚书。他敢于与权奸和佞幸作斗争,每遇朝廷大事,往往仗义执言。后被罢官,"家居澹泊,服御若寒士"(《明史·乔宇传》)。

　　全诗以"去年"领起,前六句紧扣题旨"怀"字。此处中的"怀"字,兼有怀友与怀旧之意。

　　首联单刀直入,直叙其事:"去年人日题诗处,郑氏茅堂春可怜。"古人多以为人日晴则吉祥,阴则有灾。杜甫《人日》诗:"元日到人日,未有不阴时。"老杜因气象阴惨而触景生忧。而边贡所怀念的"去年人日",则有吉祥的气象:"春可怜"。

"可怜"者,可爱也。杜牧《睦州四韵》:"州在钓台边,溪山实可怜。"边诗与小杜诗中的"可怜"二字,用意大致相同。郑氏茅堂,是作者去年题诗处,曰茅堂,则郑氏或非富贵之家。颔联是"春可怜"二字的具体描绘:"出谷早莺啼恰恰,映风寒竹倚娟娟。""恰恰",形容鸟声的和谐。杜甫《江畔独步寻花七绝》:"自在娇莺恰恰啼。""出谷"句是说早春时节,出谷娇莺犹如大自然的歌手一样送来了和谐悦耳的声音。出句侧重从听觉形象上表现音乐美,对句侧重于视觉形象上展示图画美,由此构成了一幅有声有色的早春胜景图。"娟娟":美好的样子。杜甫《狂夫》诗:"风含翠篠娟娟静。"边诗借鉴杜诗而有变化,二者有异曲同工之妙。人们常称松、竹、梅为"岁寒三友",边贡则在《四友亭诗序》中称松、竹、梅、柏为"四友":"松友伯焉,竹友仲焉,梅友叔焉,柏友季焉。是盖齐坚并贞,异体一情者焉。"可见,"娟娟寒竹"的形象,既是边、乔二人友情的象征,也是他们"齐坚并贞"的人格的象征。颈联进一步写他们仕途进退,齐坚并贞:"随銮并入青云上,解珮同归素雪前。""銮":銮驾,皇帝的车驾,用作帝王的代称。"随銮",是指边、乔二人随从皇帝,身为朝官。"青云":一语双关,既指高官显爵,又比喻人品清高。前者用意如《史记·范雎蔡泽列传》:"不意君能自致于青云之上";后者用意如李白《送韩准裴政孔巢父还山》诗:"所以青云人,高歌在岩户。"边、乔二人曾在朝廷身居要职,但能坚持气节,品行高洁,与刘瑾等宦官或江彬等幸臣作斗争。"解珮":珮是古代文官朝服上的饰物,因而说脱去朝服辞官为"解珮"。"素雪":白雪。既是写实,又是象征,象征其高洁的人格。"随銮"句为在朝,"解珮"句为在野,一个"并"字,一个"同"字,将边、乔二人的遭遇与品格都联结在一起。虽然"同是天涯沦落人",但都是"一片冰心在玉壶",都具有冰清玉洁、坚持操守的信念。尾联一跌,顿起波澜,以"此日"作收,结出无限凄凉:"此日寂寥惊旅食,坐看庭月怃流年。""寂寥":寂静。"旅食":寄食他乡。杜甫《奉赠韦左丞丈》诗:"骑驴三十载,旅食京华春。""流年":年华,是说年华如流水一样容易消逝。诗人与乔宇天各一方,寄食他乡,望月长叹,催人泪下。其情其景,颇似隋代薛道衡的《人日思归》:"入春才七日,离家已二年。人归落雁后,思发在花前。"边诗的结句中说"坐看庭月",似乎颇有闲情逸致,其实言外之意则是"闲来愤世心如火"(边贡《自述》),愤世嫉俗之情在寂静凄凉之中曲曲传出。

诚然,七子派倡言"诗必盛唐"。然而,他们的诗歌创作与理论批评并非完全如此。边贡这首诗便突破了"诗必盛唐"的樊篱,在章法上借鉴晚唐韦庄的《忆昔》诗:

昔年曾向五陵游,子夜歌清月满楼。

银烛树前长似昼,露桃花里不知秋。
西园公子名无忌,南国佳人号莫愁。
今日乱离俱是梦,夕阳唯见水东流。

韦诗以华绮侧艳之辞,寄托感慨遥深之志;而边诗则兴象飘逸,意境清远,愤世嫉俗、坚守高洁之意尽在不言之中。这是韦、边二人诗的比较,我们不妨再将边与李(梦阳)、何(景明)作比较:"空同(李梦阳)关中人,气稍过劲,未免失之怒张。大复(何景明)之亮节俊语出于天性,亦自难到,但工于文句而乏意外之趣。独边华泉(边贡)兴象飘逸,而语尤清圆……"(《四库总目提要》卷一七一)《人日有怀乔白岩侍郎》便是边诗中兴象飘逸、格调清圆的一例。

(陈书录)

嫦　娥　　　　边　贡

月宫秋冷桂团团,岁岁花开只自攀。
共在人间说天上,不知天上忆人间。

　　嫦娥奔月是一则美丽的神话传说。说的是远古时代的部落首领从西王母那里要来了长生不老之药,后被年轻美貌的妻子姮娥偷食,于是就飞升月宫,从此年复一年地长久居住在那儿。对于这一传说,人们开始只是津津乐道于嫦娥的美貌和升空的奇特经历,而并没有注意这位月中美人是如何孤独地捱过漫长的岁月的。直到唐代诗人李商隐写出了"嫦娥应悔偷灵药,碧海青天夜夜心"的佳句之后,这一问题才凸现在人们面前,引起了无数心灵的强烈震撼。

　　从诗的立意来看,边贡这首诗与李商隐并没有什么不同,它表现的也是久处月宫的嫦娥的孤独、寂寞和冷清。但手法却有明显的变化。首先,李诗把嫦娥安排在一个屏风烛影、河落星沉的环境里,这里看不出时令特点和月宫中的其他景物。边诗则不然,它一开始就明确点出"秋冷"和"桂团团"。秋季天高气清,明月当空,这时既有为人艳称的七七牛女之会,又有被认为是团圆之日的中秋佳节,因此最容易引起人们的情思。桂树则是传说中月宫内的主要景物,它凝聚着人们对月中阴影和自然界嘉木的丰富联想。诗人正是在这种幽静清新的氛围中,把"岁岁花开只自攀"的嫦娥的孤寂呈现在读者的面前。"桂团团"化用李白《古朗月行》诗中的"桂树何团团"之句,不但切合秋夜月朗、月中阴影清晰婆娑如桂的景象,而且又以树形饱满和花开隐示团圆的美好难得,从而与"只自攀"的嫦娥形成鲜明的对比。

　　其次,李诗写嫦娥,仅从拟想中的天上着笔,而边诗则一笔映带人间与天上两面。诗人先说"共在人间说天上",表现出凡俗对仙界的揣想与向往,其中不乏羡慕之情,而这种情况多见于月明星稀的中秋之夜。诗人再说"不知天上忆人间",通过反相对比,突出了嫦娥寂寞守空阁的凄清和对美好人间的渴望。在这里,人间和天上既是相通的——嫦娥和凡人一样都盼望团圆;同时又是相隔的——人间仰慕天上,天上却又常忆人间。人间和天上的这种相通和相隔,赋予此诗以热爱人生的无穷魅力。

此诗作者自注:"时外舅胡观察谢政家居,寄此通慰",看来是另有一番寄托的。不过单就吟咏嫦娥来看,也不失为一首难得的佳作。

(曹明纲)

诗人小传

杜庠

明诗人。字公序,长洲(今江苏苏州)人。景泰五年(1454)进士。出任攸县(今属湖南省)知县,不久罢归。其诗粗豪奔放。有《楚游江浙歌风集》。

赤 壁

杜 庠

水军①东下本雄图,千里长江舳舻②。
诸葛心中空有汉,曹瞒③眼里已无吴。
兵销炬影东风猛,梦断箫声夜月孤。
过此不堪回首处,荒矶④鸥鸟满烟芜⑤。

〔注〕①水军:这里指曹操的军队。 ②舳舻(zhú lú):船只首尾相接非常多的样子。舳,船尾;舻,船头。 ③曹瞒:曹操小字阿瞒。 ④矶:水边突出的岩石。 ⑤芜:丛生的草。

这是作者经过赤壁时,回忆起一千二百年前发生在这里的一场大战而写出的一首怀古诗。赤壁古战场在今湖北赤壁市西北三十六千米处,长江南岸。而杜庠所咏的赤壁大约是另一处,即黄州(今湖北黄冈县)的赤壁。黄州赤壁一名赤鼻矶,断崖临江,截然如壁,而呈赤色,故名。因苏轼游此作有前、后《赤壁赋》和《赤壁怀古·念奴娇》词,后人亦称"东坡赤壁"。其实,不管诗人所咏是蒲圻赤壁也好,还是黄州赤壁也罢,都不过是借题发挥,抒写自己的"思古之幽情"。诚如清代诗人朱日濬所说:"赤壁何必问出处,东坡本是借山川。"(《赤壁怀古》)诗人登山临江,思接千载,纵览古今,遂有此传诵一时之佳作。

诗的前五句,作者以巨匠之手,举重若轻地把一场历史的风雷任意驱遣于笔底,并从一定角度对当年叱咤风云的英雄人物给予评价。赤壁之战发生在汉献帝建安十三年(208)十月,是对三国鼎立的历史形势起着决定作用的一次重大战役。其结果,处于劣势的孙、刘联军一举破曹,因此也就成为历史上著名的以少胜多的战例。这自然留下了很多启发人思考、令人感慨的东西。

首联"水军东下本雄图,千里长江隘舳舻",诗人以惊人的艺术腕力写出了曹军以泰山压卵之势顺长江东下、睥睨一切的气焰和威势。当时,曹操大军破荆州,下江陵,战船接连千里,旌旗蔽空,投鞭断流,其志在必欲一举击碎东吴,席卷天下,并吞八荒,成就帝王之业。然而,句中着一"本"字,则明白地暗示了其骄兵必败、"雄图"终将化为泡影的历史结局。

颔联"诸葛心中空有汉,曹瞒眼里已无吴",分述诸葛亮和曹操两个历史人物。诸葛亮是刘备的主要谋士,具有远见卓识,善于审时度势、决策行动。原来,面对汹涌南下的曹军,孙权大为震惊,或战或降,犹豫不决。在此关键时刻,诸葛亮请命前往孙权的驻地柴桑(今江西九江),才达成了结盟破曹的协议。赤壁之战后,又占据荆、益,夺取汉中,并说刘备于221年称帝,建立蜀汉政权。刘备自称是汉景帝子中山靖王之后,为汉朝的正统;"心中空有汉"是说,汉朝国祚将亡,诸葛亮纵然逞其才智,终究也是枉费心机。对句写曹操的狂妄轻敌。当时曹军二十余万,孙、刘联军总数仅五万,力量对比强弱悬殊。曹操根本不把孙权放在眼里,下的战表中全是恐吓与嘲笑之辞,故云"眼里已无吴"。

颈联出句"兵销炬影东风猛",写曹军的失败。吴将黄盖献计火攻并诈降,使船只得以靠近曹军水寨,船上火种引燃,乘东南风势,将曹军船只及岸上营地焚毁。孙权大将周瑜和刘备水陆并进,遂大破曹兵。孙、刘联军既已占尽人和与地利,复得天时,终获大胜。曾几何时,那骄纵不可一世的曹军只落得个"樯橹灰飞烟灭"的可悲下场。至此,诗人将当年曹、孙、刘三方在赤壁交战时的情景描写得有声有色,使人感到英气逼人,用笔锋利。

接下去的对句"梦断箫声夜月孤",则出现一个大跨度的跳跃、转折,作者移宫换羽,诗笔一挥越过八九百年,联想到大苏泛赤壁的遗事,一种虚空怅惘的情绪随之升腾起来,诗境也由粗放转为凄清。句中"梦断"、"箫声"、"夜月"的意象,全由苏轼《前赤壁赋》一文化出。苏文借凭吊赤壁古迹以抒发其政治失意的感慨,并表露出人生如梦的虚无思想,这与杜庠的心态十分合拍。杜庠是代宗景泰五年(1454)进士,"除攸县知县,顷之罢归……仕不得志,放情诗酒,往来湖浙间,自称西湖醉老"(钱谦益《列朝诗集小传·乙集》)。相似的遭际自然使诗人引苏子为同调,联想到文中客子那一番"一世之雄而今安在"的浩叹和"吾生须臾"、"长江无穷"的对比,隐伏在心灵深处的深浓的人生忧患意识不禁油然而生。这一联的两句诗对比强烈,出句尚是千帆争渡、烟焰张天的战争场景,对句却绘出一幅清幽的长江月夜听箫图,读者如闻那"如怨,如慕,如泣,如诉,余音嫋嫋,不绝如缕"的洞箫声在耳畔萦回飘荡,令人黯然销魂。

俱往矣! 尾联诗人从幽思冥想中重又回到使他兴感的眼前风物上来:"过此不堪回首处,荒矶鸥鸟满烟芜。"不堪回首是伤感于历史的变迁和现实的荒凉。那些三国时代的英雄人物——一世之雄的曹操、足智多谋的诸葛亮、雄姿英发的周郎,"而今安在哉"! 就连那月夜泛舟、临风弄箫、放言宏论的苏轼和客子,也早已杳如黄鹤。面对荒矶鸥鸟、衰草寒烟,多情善感的诗人抚今追昔,念往思来,能不感慨万端! 更兼那仕途的失意,生活的坎坷,命运的乖舛,……一腔忧思愁绪向谁倾? 末句以景结情,作者的百般感触尽在不言中,也给全诗笼上了一层由历史的沧桑感、宇宙的苍凉感和人生短暂渺小的感喟相交织而成的凄怆意绪。

这首诗写得纵横逸宕,气势雄豪,而蕴涵着沉郁的情感,读来如闻铁板铜琶,忽而转为悠悠清钟。据说在当年曾广为流传,作者亦因之被呼为"杜赤壁"。

(尹芳林)

诗人小传

顾璘

(1476—1545) 字华玉,号东桥,先世吴县(今江苏苏州)人,徙南京。少负才名,与同里陈沂、王韦号"金陵三俊"。后宝应朱应登继起,称为四大家。弘治九年(1496)进士,授广平知县,仕至南京刑部尚书。历官有能名。晚罢归,构息园,大治亭舍,宾客常满。璘工文,诗学唐人而不泥古,以风调胜。著有《浮湘集》、《山中集》、《凭几集》、《息园存稿》、《缓恸集》、《国宝新编》、《近言》等。

度枫木岭

顾璘

初指山拂天,飞鸟不可度。艰苦蹑危蹬,即是我行路。百折频攀援,十步九回顾。崚嶒忽在下,衣襟带云雾。倒影犹照人,平地黯将暮。东北望故乡,江流奔倾注。长风万里来,独立难久伫。

这是一首纪行诗。枫木岭,在广西怀远(今广西宜山)西北。

诗歌一上来,劈面即道山之高险,其高险如人的手指上拂云天,以至飞鸟不得通过,而艰苦的行旅,正须度此才能完成。作者将"即是我行路"倒置于后,突现了行旅的艰难,由此一下子激起了读者的紧张心理。底下紧承前四句,道说"艰苦蹑危蹬"的过程。这里,作者用了"百折"、"十步"、"九回顾"等虚拟数字,概括一路坎坷颠簸之状,又以"崚嶒忽在下"二句作为收结,涵盖前此经历的种种惊险。"忽在下"三字,使前此紧张气氛陡然消失,原先那种小心翼翼的戒惧和谨慎不见了,铺展在人眼前的是一幅阔大的画面:岭头的云雾在作者两腋缭绕,衣襟当风,似沾带了飘浮的白云和山岚。在岭上,阳光还非常强烈,它在山石间的倒影,犹能照人如鉴;而在远处的平川上,则望之其色黯黯,已近黄昏。岭上和岭下,光照的悬殊,竟至如此!这二句非登岭顶者不能道得,是全诗的警句。如果说,前面数句,作者是由下往上仰观枫木岭,至此,他变换了视角,由上往下俯视。由此俯视,从一侧面,间接地伸言了山的高险,从而使平白的叙说,增加了变化,诗歌也因与单调无涉。最后四句,描写角度继续转换,由览观而专注于某一个方向。作者属意东北,是因为那儿有他的故乡,富庶繁华的苏州,他的目光,追随着奔注的江流,尽力望向更远,而浩荡长风,挟高天空寥之势,迎面吹来,又使人肌骨生寒。壮景可开人心胸,令人振起,亦可让人倍觉无助、孤单和渺小。当此地此景,作为天涯旅人的作者,感到了无助,感到了孤单和渺小,他需要回归到他熟悉的故土,有故人和旧情可以温煦地抚慰身心,而这却又不可能。思虑至此,他再不能久立山巅,逍遥自在地尽观景物,娱目悦性,几乎是必然的。本诗几乎通篇状景,最后有此一句垫起,那悠悠不尽之意,便滔滔汩汩,不能容于墨楮了。

作者少有才名,弘治年间,与李梦阳、何景明、徐祯卿等著名诗人相交游,论诗作诗,也宗盛唐。唯其不专以摹拟为事,追求高声大腔以壮格调,而于朴实平白中寓俊逸风调,故自有独到的成就。《度枫木岭》一诗,恰恰很可以说明这一点,所以为后世选明诗者激赏,并被推为作者诗歌的代表。

(汪涌豪)

石 公 山　　　　顾　璘

茫茫三万顷,日夜浴青葱。

骨立风云外，孤撑涛浪中。

若令当路出，应作一关雄。

朱勔真多事，荆榛满故宫。

《中国地名大辞典》中，"石公山"失载。按《越绝书》云："苏阊门西高颈山东，有巨石人，古名石公。去县二十里。"可知石公山即高颈山，在苏州吴县西部的太湖边上。

"三万顷"指太湖，《越绝书》："太湖周三万六千顷。""茫茫"写出空间的气势，"日夜"又显示了时间的亘古和漫长。首联从大处落笔，将石公山置于时间、空间的浑浩恢宏的背景之中，是蓄势待发的写法。

次联细加刻画，就让它崭露了头角。前句仰视，后句俯观。前句借风云为布景，写石公嶙峋奇拔的外表。后句以涛浪为衬托，见石公劲崛顽强的气质。合在一起，不正是活脱脱一位饱经风霜，而又顶天立地的斗士形象么？"风云"、"涛浪"，让读者于自然界实景的意义外，联想到社会人生的动荡变迁，仍是空间与时间的凝聚综合。因而"骨立"、"孤撑"的刻绘，便使它带上了一种动感、一股奇气，实可谓形神兼备。

从"骨立"、"孤撑"的描写出发，颈联转出了作者的感想。在这里，诗人是将"石公"彻底拟人化了。他不禁想到：像这样一位表然兀立于天地间的英雄，如果遭逢于时，定能成其大用。言下之意，天下不得其所、不遂其志而惨遭埋没的奇才，是太多了！这一联想从所包含的"一夫当关，万夫莫开"、"何不策高足，先据要路津"等相关意义中，再度充实了"石公"本身的形象。而借景撼怀、托物抒慨，又扩大了诗作的内涵。

尾联宕开，笔锋转向历史上的"花石纲"。北宋崇宁、政和间，徽宗为满足一己的淫佚享乐，在汴京都城大兴土木，建造艮岳。"异花奇石，来自东南，不可名状。"（王明清《挥麈录》）时任置办使的朱勔，就是"花石纲"的始作俑者。大量的太湖石被强运到京城，用作艮岳的点缀。民怨沸腾，国力枯竭，不数年便导致了北宋的灭亡。而今安在？不过"荆棘满故宫"而已。"真多事"三字，诉出了作者的一腔愤慨，同时也冷峭地揭出了造成"石公"不得为时用的命运的历史原因。

这首五律通过正面与侧面的描写，运用拟人化的手法，将写景咏物与议论感怀有机地结合起来，首尾照应，挥洒自如。作者的感情一层层释放，作品的意旨一步步深入，很使人回味无穷。

（史良昭）

徐祯卿

(1479—1511) 字昌榖,一字昌国,原籍常熟(今属江苏),迁吴县(今江苏苏州)。弘治进士,官国子监博士,后卒于京师。少与唐寅、祝允明、文徵明齐名,称"吴中四才子"。后与李梦阳等并称"前七子"。论诗主情致,与后来王士禛所倡导的神韵说有相通之处。其诗风格清朗,古诗熔炼精警,小诗也神韵超逸,富有情味。有《迪功集》和《谈艺录》等。

送士选侍御①

徐祯卿

壮士乐长征,门前边马鸣。春风三月柳,吹暗大同城②。芦沟桥下东流水③,故人一尊情未已。胡天飞尽陇头云④,惟见居庸暮山紫⑤。羡君鞍马速流星,予亦孤帆下洞庭⑥。塞北荆南心万里,佩刀长揖向都亭⑦。

〔注〕① 士选侍御:熊卓字士选,弘治进士,为监察御史,屡疏陈时事。后刘瑾诬以奸党,勒令致仕。他是徐祯卿的诗友。侍御是明清监察御史的别称。 ② 大同城:即今山西大同市,明代为军事重镇,为九边之一。 ③ 芦沟桥:亦作卢沟桥,在今北京市西南,跨永定河(金代称卢沟河)上。"卢沟晓月"为燕京八景之一。 ④ 陇头:即陇山,在今陕西陇县至甘肃平凉一带。为陕甘要隘。 ⑤ 居庸:山名,即今军都山,在北京昌平区西北,上有居庸关,地势险要。"居庸叠翠"为燕京八景之一。 ⑥ 洞庭:即洞庭湖,在今湖南省北部,长江南岸。 ⑦ 都亭:亦谓长亭,为行人休憩及饯别之处。

这是一首送别友人的七古。自来送别之作,多为江淹《别赋》"黯然销魂者,惟别而已矣"一语所笼罩,似此诗之既有豪迈之气,又有深挚之情,实不多见。

首二句便起势超卓不凡。京城门前,熊卓(字士选)牵马即将出发,赴九边生死之地而以为乐,其英爽刚健之性格已跃然纸上。"门前边马鸣"显与李白《送友人》"挥手自兹去,萧萧班马鸣"深有渊源。

"春风"二句,顺势以想象之笔,描绘熊卓离京出行的目的地大同城的景致。诗人之心与熊卓相通,不为友人西去边地而叹惋,却以暮春三月柳昏花暝之景作为鼓励,写了象征离别的柳而别无凄楚之感,也显出诗人高朗开阔的胸襟。在写景上,以"暗"字状柳絮漫天如烟似雾,意极新颖,可与王安石《题西太一宫壁》"柳叶鸣蜩绿暗"所用"暗"字媲美。

"芦沟"二句,诗笔又自大同转回京城。语句从李白《金陵酒肆留别》变化而来,以流不尽的水喻别离之情,至此方点出送别友人的主题。金元以来,芦沟桥便是交通要道,明清更成约定俗成的送别之地,有如唐长安的灞桥,它本身便与离情别绪有不解之缘。"一尊"云云,更暗用王维《送元二使安西》"劝君更尽一杯酒,西出阳关无故人",揭出诗人与友人超旷为表、热忱为里的心性。

"胡天"二句,拟景融情,以虚为实,再作想象,进一步渲染气氛。陇山虽西距大同尚远,但都属九边,"陇头云"当可理解为塞上云,这一景象同前面"春风"二句一样均非实景,意在暗示今日一别,诗人之心会像流云般伴随友人。而居庸关在京城之北,诗人既由京城之南的芦沟桥送别友人,便不会再绕到那儿去,故"暮山紫"也是诗人的悬想之辞。因居庸关通过绵亘的长城与大同相连,诗人遂假想别后不得相见,惟能望远山暮色而寄思的情景。而二句中飞云、暮色的意象,亦令人很自然地想起李白《送友人》"浮云游子意,落日故人情"的名句。

"羡君"二句又折回送别的当时当地。诗人说:送走你之后,我也将扬帆南下,去洞庭湖畔荆南之地。一个"羡"字,与首句"乐"字相绾合,羡"鞍马速",实际上就是羡"乐长征",羡熊卓有机会亲历边关体验军旅生活。"速流星"既明写马匹之神骏,也暗表骑者之英武。"孤帆"点出他日将无人与共,更显今日告别前把酒一叙的郑重。

最后二句,诗人慨道:你往大同,我趋洞庭,但只要心意相通,纵有万里之隔,又怎能阻断深情厚谊? 让我们佩着宝刀在长亭一揖而别吧!"塞北"句与王勃《送杜少府之任蜀州》"海内存知己,天涯若比邻"有异曲同工之妙。"佩刀"句显然与"壮士"句首尾呼应,一结扫尽"谁人不言离别苦"之习气,豁达乐观,极为难得。

宋长白《柳亭诗话》说:"金观察尝云:'唐人诗中,用地理者多气象',余谓明人深得此法,……于风云气象中,具磊落英多之致。"本诗连用芦沟、大同、陇头、居庸、洞庭、荆南等地名,但错落有致,不嫌堆垛,为全篇生色不少。　　(庞　坚)

在武昌作　　徐祯卿

洞庭叶未下,潇湘秋欲生。
高斋今夜雨,独卧武昌城。
重以桑梓念,凄其江汉情。
不知天外雁,何事乐长征。

徐祯卿少与唐寅、祝允明、文徵明齐名,称吴中四才子。后与李梦阳并称"前七子"。读他上面这首五言律诗,使人联想起唐代诗人韦应物一首五言绝句

《闻雁》：
>　　故园眇何处？归思方悠哉。
>　　淮南秋雨夜，高斋闻雁来。

二诗都写到高斋、夜雨、雁声及悲秋、思归之情，意境很相似，都有一种高古澹远的韵味。这种韵味哪里来？从韦诗看，作者有意识地运用了古体诗的句格、语言与表现方法，诗句之间意脉贯穿，语言朴质自然，一、二两句还杂以散文化的句式。徐诗又是怎样做的呢？首联"洞庭叶未下，潇湘秋欲生"，化用《楚辞·湘夫人》："嫋嫋兮秋风，洞庭波兮木叶下"句意，说洞庭湖边木叶虽然尚未凋零飘落，而秋意似乎已先来到了诗人的心上，已感觉到凉秋的逼进了。用深一层写法，反映一个飘泊者对节候变化特有的敏感和一种极端寂寞的心态。妙在"洞庭""潇湘"这两个地名充满了远古神话色彩，易使人产生幽思遐想，有一种令人悠然神往的境界和一种悠远、凄清、缥缈迷茫的韵味。

颔联"高斋今夜雨，独卧武昌城"是紧承首联"秋欲生"而来，季节变化的信号自然是风雨。在风雨催秋声中，诗人无奈，只好一个人在武昌城书斋中闷头睡大觉。律诗中间两联必须对仗，而"高斋""独卧"两句不对。徐祯卿为了造成一种高古的格调，特意改用了古体诗的句式，打破了律诗起承转合的成法。这比韦应物用散文句式写绝句，难度更大，需要更大的勇气和魄力。这两句写得很成功，以高韵胜，有蝉蜕轩举之风。

颈联"重以桑梓念，凄其江汉情"，又承颔联"独卧"而来。高斋独卧，冷雨敲窗，该是何等寂寞无聊，想自己独在江汉地区（武昌在长江和汉水汇合处）作客，不由产生凄凉之感，格外思念起故乡来了，而此时又天外传来雁声……全诗感情脉络的发展极其自然，"秋欲生"，自然表现为"今夜雨"，因雨而"独卧"，由"独卧"而思家。联联相承，句句牵引，丝丝入扣。《明诗别裁》引李舒章云："八句竟不可断。"如此全篇一气连贯，浑成自然，回环变化，大有李太白古体诗的韵味。无怪乎王士祯拍案叫绝，说此诗"非太白不能作！"（《池北偶谈》）

从这首五言律的写作，可以看到徐祯卿的艺术追求，极为重视诗的风神韵味。为了学习韦应物古澹的风调，除了在意境、造语、句式等方面下功夫外，还利用律诗较绝句有回旋余地的特点，在篇章结构上造成古体诗飘逸自然而又浑然一气的韵味，用语也较朴质。明中叶诗人学唐人律诗颇用功夫，但大多只是在格律、气势上模仿，而徐祯卿却能以一种富有创造性的学习，熔炼前人优长，学而能化，不拘一格，一任性情，形成他的诗熔炼精警、以格韵胜的特点。清汪端说："昌榖诗尽洗芜词，故澹远清微，而色韵自古。"

更为难能可贵的是,生于吴中地区的徐祯卿,早年为诗沉酣六朝,风格华艳,登第后北上,与李梦阳、何景明游,同倡复古,改而趋汉魏盛唐,诗风一变。这很能说明他的成功是善于学习的成功。他还著有探讨诗歌理论的《谈艺录》一卷,论诗主情致,颇为后来的神韵派大师王士禛所推崇,赞叹他:"天马行空脱羁鞅,更怜谈艺是吾师。"(《论诗绝句》)王士禛特别称赏徐祯卿天马行空的创造精神,这对我们正确认识明代"七子"的"拟古主义"是有启发的。　　　　　　(高　原)

送萧若愚　　　　徐祯卿

送君南下巴渝深,予亦迢迢湘水心。
前路不知何地别,千山万壑暮猿吟。

徐祯卿是明代诗坛前七子中的佼佼者。他是吴县(今苏州)人,以进士授官,先任大理左寺副(大理寺是最高执法机构),因犯人越狱逃跑,被贬为国子博士,依旧供职京师。《明史·本传》说他仅仅活了二十三岁,也有人考证他活了三十二岁:反正年寿很短,居官后一直在北京。从诗中称去巴渝为"南下"看,这首诗当是在北京写的。朋友萧若愚即将离京去川东("送君南下巴渝深",巴渝即今川东),徐祯卿自己也将有湖湘之行("予亦迢迢湘水心")。诗题《送萧若愚》,其实两人并非立刻分手;他们先要同行一段,然后分道扬镳。究竟到何处分手,此刻也说不准,得视水陆交通情况而定,因此说"前路不知何地别"。萧若愚将要去的"巴渝"是西南瘴疠之地;陆行则蜀道艰难,溯江则三峡险阻,那旅途也是令人担忧的。"巴渝"已经够远了,"巴渝深"即巴渝最深远偏僻的处所,更令行者生畏,送者寒心。至于诗人自己要去的湖湘,有富饶美丽的平原,也有"五溪"那样的蛮乡瘴地。诗中说"予亦迢迢湘水心","迢迢"意为遥远,他去的也必定是湖南极偏僻遥远的山地。以即将远行者的身份送友人远赴巴渝,以愁人送愁人上路,那感情自然格外复杂,格外黯然销魂。

诗人怎样表达这种复杂销魂的感情?他的手法是:用炼字炼句以加强感情的力度,用渲染烘托使感情步步进层。

第一句先写对方,诗人锻炼出一个"巴渝深"的"深"字,显得友人将去之地荒凉僻远,幽深阴暗,望而生愁。第二句转笔写自己,又锻炼出一个"湘水心"的"心"字。所谓"予亦迢迢湘水心",是说我的心也正想着那即将前往的、遥远偏僻的湖湘之地。湘水心,意味着湖湘之行这件事时时压在他心上,一刻也不能去怀。这第二句比第一句,从人及己,离愁就复杂化了,进了一层,增加了浓度。第三句"前路不知何地别",关合双方。自古别离,总有一个日期,一个地点。他们别离,连分手的日期、地点也不能确定,谁知道旅途中还会有多少风险、多少折腾?既无法预定自己的路线、行程,自然更不能确保旅途的安泰。想到这里,更加黯然,正如《诗·小雅·小弁》中云"我心忧伤,惄焉如捣",那离愁又进了一层。这个第三句半似疑问,半似陈述,声情摇曳,曲曲传出诗人满心的疑虑和不安,情韵动人。最后一句更是全诗最警策的诗句。诗人先推出"千山万壑"艰难险巇的大背景、远镜头,然后刷上阴沉的暮色,配上阵阵清猿哀鸣的声音,以景结情,以声传情,恍惚哀弦并发,百忧俱来,把离情渲染烘托得十分饱满,言已尽而情不绝。

沈德潜《明诗别裁》选收了这首诗,并下了评语:"与何大复'太华终南'之篇可云双美。""太华终南"出自何景明(号大复山人)《别相饯诸友》一诗:

> 双井山边送客时,满林风雪倍相思。
> 西行万里遥回首,太华终南落日迟。

何景明这首诗也是写别情,结句与徐诗一样,也是以景结情,景中见情。沈德潜很欣赏何景明这个结句,评论说:"只写景而离情自见,得唐贤三昧矣。"徐祯卿的《送萧若愚》之所以与何景明此诗为"双美",也就在于结句"千山万壑暮猿吟""只写景而离情自见"。这评语下得很好,道出了两首诗的佳胜。只是,这种以景结情的手法不一定是从唐贤那儿学来的诀窍(三昧),以景结情并不自唐人始。沈德潜未免太迷信"唐贤"了。

(赖汉屏)

偶　　见　　　　徐祯卿

深山曲路见桃花,马上匆匆日欲斜。
可奈玉鞭留不住,又衔春恨到天涯。

正如诗题所示,这是诗人在风尘仆仆的旅途中赶路时,由眼前景所触发的一时之感兴。诗人行进在深山中,山道弯弯,迤逦而前。这时他一眼瞥见了灼灼的桃花,不禁喜出望外,单调寂寞的旅程顿时增添了不少情趣。按理说他应当驻足留连,或至少要揽辔缓行,以观览这艳丽的桃花。事实却不是这样。面对这大好春光,他却要策马而行,匆匆赶路,原来是太阳快要西斜,他要赶在天晚之前找到临时的归宿。诗人感慨自己手中的马鞭无奈落日,不能如鲁阳戈之挥日倒行,所以只能衔恨趱行,奔向遥远的天涯。所谓"春恨"实际就是春天的景色所引起的怨恨之情,春色是那样美好,却是步履匆匆,倏忽即逝,因而古来的诗人多会触发惜春伤怀之意,本质上这是一种不可名状的人生感慨,是对人生缺憾的宣泄。回观前面的"留不住",就可见不仅是指落日,也兼容前面的桃花,乃至广义的春色,象征着对美好人生的留恋,对韶华易逝的悲慨。

  作为绝句,诗人选用的是一种散起散结体,不用对偶,这就便于在起承转合之间抒发内心的曲折情致。首句写山间桃花触发了他的春兴,接着却是写日暮赶路,难赏美景,由欣喜而怅然,形成正反衬跌。第三句进一层发挥怅恨之情,末句以"又"字直贯而下,将春恨申足。这种写法突破了一般绝句的陈套,即以第三句为转折的套路。清人潘德舆批评拘泥这种格套的观点为"臆说","岂首二句便成无用耶?此徒爱晚唐小巧议论,止在末二句动人,而于盛唐大家元气浑沦之作,未曾究心,始有此等曲说"(《养一斋诗话》)。此诗首联即形成转跌,揭示了内心的波澜,三四句循此而将情思写足,无穷感喟,溢于言表。虽如此,其第三句也非泛泛之笔,它以否定句式、感叹语气出之,则日欲斜而人欲留之意自在言外,故顺接之中又有暗转,流露出诗人内心深层的企盼。前人称:"绝句四句内自有起承转合,大抵以第三句开宕气势,第四句发挥情思。"(清·马鲁《南苑一知集》)移评此诗,甚为切当。此诗境界清幽俊妍,细玩有晚唐绝句的风味。即以末二句言,就令人想起韦庄《古别离》的"更把玉鞭云外指,断肠春色在江南"。徐氏虽列名前七子,而其诗之濡染晚唐处仍与李梦阳有别。

(黄宝华)

题　扇　　　　　　　　徐祯卿

渺渺太湖秋水阔,扁舟摇动碧琉璃。
松陵不隔东南望,枫落寒塘露酒旗。

  这首诗为题扇之作,据诗的内容,可知扇上所绘为《太湖秋泛图》,图为何人所绘,作者并未标明,作者亦工书画,估计当为自作。大凡题画之诗,旨在传画之神,画中之色相、情采,得诗而益彰,故画中有诗。诗以词藻、音节,使画中之旨趣、境界,在诗中再现,故诗中有画,画意可于诗中得之。诗中之品,即画中之品,诗以言传,画以色著,诗中之音节,有高下抑扬,画中之色泽,有浓淡近远,故题画之诗,一以画中之意境为主,否则,诗自是诗,画自是画,不足以云题咏矣。扇上之画,一般都是小品,但可以有大境界、大意境,《太湖秋泛》之图是大境界,所含之画意,亦当是大意境。境界以景绘情,意境以情融景,诗人题画,亦须有此心眼。作者在前七子中,其诗以"风神秀朗,情韵动人"见称。七言绝句,尤为工妙。沈德潜在《明诗别裁》集中,评其诗云:"迪功(作者之字)大不及李(梦阳),高不及何(景明),而丰骨超然,故应鼎足。"他的这首"题扇"诗,也是"丰骨超然"之作。

首句"渺渺太湖秋水阔",点出太湖秋水波光浩渺、一碧无际的风貌,这是画中的主体情态。"太湖",古称震泽,《周礼·夏官·职方志》称为具区,又有笠泽、五湖等称,周围五百里,在江苏苏州之南,在号称三万六千顷烟波渺渺的湖面,还浮着不少岛屿,历史上许多高人文士游居其间,其名胜古迹,历来有诗人题咏。作者这句,以"渺渺"显其宽广,以"秋水阔"表明图中所绘是"秋水长天"之胜概,这是笼罩全体写静态的笔墨。

次句"扁舟摇动碧琉璃",点明秋泛,湖中着一叶扁舟,舟在湖中呈漾荡的动态,湖光澄碧,扁舟双桨,摇动着琉璃似的碧波,这是静中之动。舟上自然是有人的,除了打桨的舟师以外,舟中还载有几个游客,舟是由北向东南前进的,这些人也在向东南凝望,所以诗的第三句云:"松陵不隔东南望。""望"是动态也是心态。"松陵",本为苏州之乡镇,现称吴江。那里是唐代诗人陆龟蒙经常来往的所在,陆氏每载扁舟游于湖上,尝以笔床茶灶自随。他居(松江)甫里,自号为甫里先生,又有"天随子"之称号。张志和也尝游处其间,自号"烟波钓徒",但是图中秋泛之客,意旨不在垂钓,也没有咏诗品茶,他们遥望着这座古镇,倒想停泊在那里,登岸沽酒小酌,以解清寂。因而诗在第四句云:"枫落寒塘露酒旗","枫落吴江冷"显然是深秋了。枫树在经霜之后,染成红叶。现在枫树的叶子都快飘落完了,所以望中的视线,不被遮隔。画的东南端,是枫林、寒塘、古镇以及镇上酒家的酒帘,一一可辨。但都是透过枫林见到的,既明显又隐隐约约,这是画中之画,作者捕捉到这一情景,著之于诗,也就是诗中之画了。题扇至此,悠然而止,境界天然,画意与诗情,也于此并现,着笔无多,耐人寻味。

读了此诗,我们会有这样的感觉:如果不是作者标题为"题扇",我们定以为这是作者与二三友人"秋泛太湖"之作,自然也不失为好诗。有了这一标题,更显得诗情画意,并在其中,诗乃传画中之神,虚中有实。展现在我们面前的,分明是扇上之图景,画家并未标明其作意,但其超然淡远的意境,倒是被作者摄取在诗中了。因此这首诗是富于神韵之诗,难怪清初"神韵派"诗人王士禛"极喜诵"此诗(汪端《明三十家诗选初集》卷五引),更在他的《论诗绝句》中赞美作者之诗云:"天马行空脱羁靮,更怜谈艺是吾师"了。徐祯卿著有《谈艺录》,论诗多精当语。惜乎逝世过早(徐祯卿 1479—1511,得年仅三十三岁),未能尽其创作的才能。

(马祖熙)

西 宫 怨 徐祯卿

兴庆池头漏未阑,梨园子弟曲将残。

花前更奏凉州伎，无那西宫月色寒。

徐祯卿诗风神秀朗，早岁即著诗名。这首《西宫怨》，作于明武宗朱厚照正德初，诗题本为旧题，所咏皆为幽居西宫的妃嫔或宫女的幽怨之情，着重写其内心深沉的哀怨。西宫者，别宫也。明武宗本是耽于淫乐的君主，妃嫔内宠极多，失宠者自然更众。作者所咏，虽非实指，但从历代宫廷生活来看，是有客观现实的依据的。

唐代著名诗人王昌龄有《西宫春怨》、《西宫秋怨》诗，又有《长信秋词》三首，李白亦有《长门怨》二首，"长信"、"长门"皆宫殿名，所以都是写宫怨之作，为了便于和作者这首《西宫怨》诗对比，不妨先列王、李两家之作，以供读者吟赏比较：

> 西宫夜静百花香，欲卷珠帘春恨长。斜抱云和深见月，朦胧树色隐昭阳。（王昌龄《西宫春怨》）

> 芙蓉不及美人妆，水殿风来珠翠香，却恨含情掩秋扇，空悬明月待君王。（王昌龄《西宫秋怨》）

前一首写的是春夜之景，故有"西宫夜静"及"斜抱云和"二句，后一首写清秋傍晚之景，"空悬明月待君王"句中之明月，指团扇之形如明月。

《长信秋词》其二云："奉帚平明金殿开，暂携团扇共徘徊，玉颜不及寒鸦色，犹带昭阳日影来。"写宫中秋天下午之景，故有"玉颜不及寒鸦色"等两句。李白《长门怨》其一云："月光欲到长门殿，别作深宫一段愁。"其二云："夜悬明镜青天上，犹照长门宫里人。"二首皆写长门宫的月夜。

以上作品，有一共同之特点，即皆从失宠而幽居深宫的妃嫔这一方面落笔，以显其寂寞哀怨之情。

再看作者之《西宫怨》，首二句云："兴庆池头漏未阑，梨园子弟曲将残。"诗中之"兴庆池"，在兴庆宫中，为唐玄宗时后宫教习歌舞之地。兴庆宫在陕西咸宁东南，本为玄宗为太子时的住宅，玄宗即位后，开元二年改称为兴庆坊，建兴庆宫，"沉香亭"、"花萼楼"、"长庆楼"皆在其内，故又称南内。"梨园子弟"，本指乐工和歌者，唐玄宗时曾选乐工三百人，宫女数百人，教授乐曲于梨园，玄宗亲自订正声误，号称"皇帝梨园子弟"。这二句写在春天一个夜晚的兴庆池畔，一片急管繁弦，轻歌曼舞，花前月下，直到夜深漏水将阑，歌舞尚未停止，梨园艺人演唱之乐曲将终，犹未尽兴，显然这是皇帝在这里举行宴乐，陪奉皇帝的，自然是新承恩宠的妃嫔。后两句云："花前更奏凉州伎，无那西宫月色寒。"第三句承前，示前二句所写的歌舞游乐尚未尽兴之后,又在花前招来凉州女乐献伎。在更漏将阑之时,更奏新曲,可见欢乐场景之盛。此句及前二句,皆从君王这边的欢乐着笔,直至第四句之"无那西宫月色寒",始转写失宠的西宫女子之哀怨。"无那",意谓无奈。这句是说:可是谁曾想到在那冷寂的西宫里,有人正凝望着清凄的月光,禁受着凄人的寒意呢。一边是花明月艳,尽情欢娱;一边是月冷西宫,无穷哀怨。一样的深宫,一边是欢欣,一边是痛苦;一样的明月,那边是明丽温馨,这边是清凉冷落。两相对比,是何等的惊人心魄啊!不言"怨"字,却是写足了哀怨。由于作者所用的手法不同于前人,就前面所引的前人诸作来看,亦各有其独到之处,但多是从失意者这方面着意写其幽怨,如"玉颜不及寒鸦色,犹带昭阳日影来。""斜抱云和深见月,朦胧树色隐昭阳。""却恨含情掩秋扇,空悬明月待君王,"乃至"月光欲到长门殿,别作深宫一段愁,"何尝不缠绵凄婉,哀艳动人,但用对照的手法来写,显然更会产生感人的艺术效果。朱彝尊谓"昌穀绝句尤胜诸体,'兴庆池头'等作,虽龙标(王昌龄)、供奉(李白)复生,何多让焉"(《明三十家诗选初集》卷五引)。朱氏所评,并非溢美,作者《迪功集》,佳篇极多,确有不让唐人之处。倘使天假之年,当有更高的成就。

(马祖熙)

凤　鸣　亭　　　　　　　　　　徐祯卿

> 凤鸣期不来,瑶华几销歇。
> 唯有山中人,吹箫弄明月。

　　诗乃题亭之作,亭曰"凤鸣",故首句入手擒题,感慨凤鸣声断,企盼不至。凤鸣之说,由来已久。《诗·大雅·卷阿》云:"凤皇鸣矣,于彼高冈。梧桐生矣,于彼朝阳。"故后世常以"凤鸣朝阳"比喻清明盛世或贤才遇时。如《世说新语·赏誉》载张华谓陆机语:"君兄弟龙跃云津,顾彦先(荣)凤鸣朝阳。"凤鸣也是一种祥瑞,最有名的就是所谓"凤鸣岐山"。《国语·周语》称:"周之兴也,鸑鷟鸣于岐山。"鸑鷟即凤凰之别名。凤鸟之鸣昭示着清平之世的来临,而今诗人却感叹它迟迟不来,其忧念世事、自伤怀抱之意可以想见。

　　接着写瑶华凋零,申足首句的意思。瑶华语出《楚辞·九歌·大司命》:"折疏麻兮瑶华,将以遗兮离居。"瑶华即玉花,据说服食可致长寿。其实瑶华在这里代表着一切美丽的花朵,诗人继承了《楚辞》中香草美人的象征传统,以冰清玉洁般的花来喻指世间的美好事物。"销歇"之叹实即屈原《离骚》中"惟草木之零落兮,恐美人之迟暮"的同义语。屈原曾感叹:"余既滋兰之九畹兮,又树蕙之百亩;

畦留夷与揭车兮,杂杜衡与芳芷。冀枝叶之峻茂兮,愿俟时乎吾将刈。虽萎绝其亦何伤兮,哀群芳之芜秽。"诗人在千载之下实与屈原同作一叹。首联都在说明美好事物的消失,理想抱负的落空,让人体会到诗人感事伤时的忧怀。

对现实的失望使他转向隐遁。自从春秋时代楚国的隐士接舆嘲笑孔子"凤兮凤兮,何德之衰"以来,无数文人都从不满现实走向退隐避世,"凤"既不可求,就转而去做"山中人"。这称谓不禁使人想起唐代王维从蓝田山中给友人裴迪所写的书信,信中叙山间景物、隐逸之趣,末署"山中人王维"。末句以吹箫弄月来概括其隐逸生涯。细玩诗意,"吹箫"亦非泛泛而下之语。相传春秋时萧史善吹箫,娶秦穆公之女弄玉,教弄玉吹箫作凤鸣,凤凰来止其屋,后夫妇二人随凤飞去。此处"吹箫"呼应开头的"凤鸣",但诗人此时已无凤可伴,只能寄情于明月了。以"弄"字状玩月,诗人也有所祖述。吴曾《能改斋漫录》谓出徐鼎臣《搜神记》所载鄱阳山中木客之诗:"城市多嚣尘,还山弄明月。""弄月"遂成诗人习用之词藻,如李白有"夫君弄明月"(《寄弄月溪吴山人》);刘长卿有"不如波上棹,还弄山中月"(《龙门八咏》);黄庭坚有"鹦鹉洲前弄明月"(《次韵子瞻武昌西山》),等等。"弄"字另有演奏之意,用在这里关合吹箫,更增情趣。唐代丘丹《和韦使君秋夜见寄》诗云:"中有学仙侣,吹箫弄山月。"诗人此句或祖袭,或暗合,都说明与凤鸣相关。

徐氏生当明中叶的成化、弘治、正德年间,政治黑暗、特务横行、宦官专权。弘治年间宦官刘瑾等八人号称"八虎",诱导武宗游乐,把持朝政,残害忠良。将此诗放在这样的历史背景下,就能更深入地理解其归隐的意蕴。此诗看似平淡,实则细针密线,以凤鸣关合全诗,表现其清操高节。王世贞称其诗"如白云自流,山泉冷然,残雪在地,掩映新月;又如飞天仙人,偶游下界,不染尘俗"(《艺苑卮言》),此诗之格高韵胜,足以当之。但诗中间有藻饰点缀,如"凤鸣"、"瑶华"之见出其濡染晚唐之处。这或许就是李梦阳所讥为"守而未化"者,但也正体现出徐诗的清妍,不像李梦阳拘泥于高古一路。

(黄宝华)

孟洋

【诗人小传】明诗人。字望之,信阳(今属河南)人。明弘治十八年(1505)进士。官至南京大理寺卿。诗风高雅绮丽。与李梦阳、何景明等人相唱酬。有《有涯集》。

烟

孟洋

湘流落日外,沙迥暮生烟。
杳杳千峰失,霏霏万壑连。
鹊翻知浦树,人语辨江船。
暗里猿声起,愁深夜不眠。

  这是一首写景诗,所咏景物是缥缈虚无的云烟,然作者仍能传其神韵,而不仅得其形相,不愧作手。

  依诗歌首句交代,知此时作者正驻足湘水岸边,对着向晚的景致,那远伸到夕阳之外的江流,那四下弥散到沙际的暮烟,心中有一种感会。但如前所说,云烟缥缈至于虚无,欲传其形相,得其神韵,殊为不易。因此,作者在这里运用了侧写的手法,用实在的、可明确感知的自然景观的种种变化,来烘托烟的情状。群峰错落耸峙,此时竟淹没在一片深暗幽远中,不见了踪迹;山间的坑谷、深沟也在迷蒙阴郁中连成一体,难分彼此,那是因为有云烟的堆聚和掩映。水滨的树木看不清了,偶见鹊鸟上下翻飞停栖,人们才知道这儿长着树;江上本来舟楫错杂,此时一例消尽,唯闻人语嘈嘈,才使船只的位置依稀可辨,那也是因为有云烟的弥散和遮蔽。这种侧写,既避免了直写实录可能带来的困难,譬如易单调重复、缺乏美感等,同时也拓展了诗的容量,密集了诗的意象,使云烟这一吟咏主题有了丰富生动的陪衬物或依托物。试想,倘是一团烟雾罩定沼泽或泥潭,这云烟又有何美感可言?又试想,倘只写一团烟雾罩定一处自然景物,又何能见出其团聚舒卷,彻天彻地的阵势与气象?在形象地描摹了云烟的情状之后,作者方始用情语收结。正当为周遭云烟之浩大惊诧时,不知在什么地方传来猿啼声。猿啼声在中国古典诗歌中,代表着一种清冷、萧瑟的意象。作者于此触景生情,闻声感悲,以至于放一腔愁绪在心中弥散,辗转反侧,一夜不眠。

  本诗以颈联最佳,景物逼真,出语精巧,对仗亦工,有此状烟的佳句,作者的眼光,才大可令人敬佩。

(汪涌豪)

诗人小传

王韦

字钦佩,上元(今江苏南京)人。弘治乙丑进士,官至太仆少卿。

阁试春阴诗

王 韦

　　皇都三月春正深,东风酿暖淑气侵。曙光溟蒙露华满,轻云阁日天沉沉。野色垂垂十余里,草色柔茵低迤逦。半空落絮湿未扬,百丈游丝寒不起。鹁鸠枝上相踏鸣,若与此景偏多情。空庭帘卷昼亦暝,隔墙惟见桃花明。小院门闲莺自语,画栋泥香燕初乳。苔花苍润上帘栊,蒙蒙经雨还未雨。含情伫立凭阑干,远峰漠漠登楼看。碧窗窈窕银屏冷,金帐促回翠袖单。檐影频移暝云动,曲枕悠然醒午梦。起来小立傍闲阶,花雾袭衣寒气重。

　　王韦,字钦佩,号南原。弘治十八年(1505)进士,选庶吉士,授南京吏部主事,官至太仆少卿。其诗婉而多致,有《南园集》。"阁试":内阁选拔庶吉士的考试。据《明史·选举志》说,弘治四年(1491),明孝宗朱祐樘准许给事中涂旦的奏请,命内阁会同吏部、礼部考选庶吉士,是为常制。这种考试,往往是"礼部糊名试卷,偕阁臣出题考试于东阁"(《明史·选举志》)。又据谈迁《国榷》卷四十四记载:弘治十八年,王韦等中进士后又考选为翰林院庶吉士。

　　诗题为"春阴",但在开头二句却故作跌宕,不写"阴"反而写"阳",写阳光明媚、东风酿暖:"皇都三月春正深,东风酿暖淑气侵。""淑气":春天温暖的气候。杜审言《和晋陵陆丞早春游望》:"淑气催黄鸟,晴光转绿蘋。""侵":逐渐地靠近。这二句对于诗题来说是反笔,而就其本身来说则是顺笔。"淑气侵"顺应着"东风酿暖",而"东风酿暖"又顺应着"春正深",由此形成了一个渐变的过程。其中的"酿"字、"侵"字极有分寸地写出"春正深"的物候,可见诗人体察之细、状写之妙。三、四句一是承诗题"春阴"之意,一是承开头两句"酿暖"之意,写阴阳交替:"曙光溟蒙露华满,轻云阁日天沉沉。""溟蒙":模糊不清的样子。"阁":通"搁",停止。淡淡的云彩遮住了太阳,天色阴沉,曙光若隐若现,露珠如洁白的花朵一样洒满了大地。在这阴阳交替之中颇有"阴盛阳衰"之势。按下去六句是这种"阴盛阳衰"之势的顺延与推广。"野色"等二句侧重于视角形象上的外延:"野色垂垂十余里,草色柔茵低迤逦。""茵":垫子、褥子、毯子的通称。"迤逦":曲折连绵的样子。十里原野,阴色低垂,绿草如茵,曲折连绵,呈现出一种阴柔之美。"半空"等二句侧重于触觉形象上的外延:"半空落絮湿未扬,百丈游丝寒不起。""游丝":蜘蛛等所吐的丝,因其飘荡于空中,故称游丝。庾信《春赋》:"一丛香草足碍人,数尺游丝即横路。""半空落絮"之所以"未扬","百丈游丝"之所以"不起",乃是因为天阴气"湿"、天阴气"寒"。"湿"者,"寒"者,偏重于触觉。以触觉上的"湿"与"寒",串联起"半空落絮未扬"、"百丈游丝不起"等形象,又使人感受到一种阴柔之美。"鹁鸠"等二句侧重于听觉形象上的外延:"鹁鸠枝上相踏鸣,若与此景偏多情。""鹁鸠":鸟名。亦作"鹁鸪"、"鹁姑"。天将雨,其鸣甚急,故俗称水鹁鸠。写鹁鸠踏鸣,其用意有二:一是暗示天将有雨,一是以其"偏多情"象征诗人也偏偏多情于这阴柔之美的春景。"空庭"等二句略加变化,故作顿挫,写庭暗花明:"空庭帘卷昼亦瞑,隔墙惟见桃花明。""瞑":昏暗。"惟":只。在这昏暗的庭院景色中,只有见到桃花鲜艳,在阴暗之中吐露出束束亮色。这一"暗"一"明",在视觉上形成了反差。"小院"等二句从听觉上、视觉上、嗅觉上增大了这种反差:"小院门闲莺自语,画栋泥香燕初乳。"这与上二句中的庭空昼瞑成其反比,而与上二句中的"桃花明"成其顺接,正因为"桃花明",才有鸟语泥香,莺歌燕舞。"苔花"等二句呼应上面的"鹁鸠"等二句,"鹁鸠"等二句以鹁鸠鸣叫暗示天将有雨,这两句直接写经雨未雨:"苔花苍润上帘栊,蒙蒙经雨还未雨。""苔":青苔。"帘栊":挂竹帘的窗户。"蒙蒙":阴暗。《释名·释天》:"蒙,日光不明,蒙蒙然也。""经":筹划。天色阴暗,苔花青润,爬上窗帘,种种迹象都仿佛在筹划着降雨,然而却是将雨未雨之时。诗人如此反复铺叙,不断衬垫,构成了阴阳交替、将雨未雨时的系列形象。

　　以上十六句多为景语,诗人即景绘状,刻画逼真。下面八句多为情语,即景生情,情思摇曳。"含情伫立凭阑干,远峰漠漠登楼看",标志着抒情主人公由暗而明地呈现出来了,也标志着诗歌由景语向情语的转变。"伫立":久立等待。"阑干":即栏杆。"漠漠":阴气密布的样子。这位"含情伫立"者凭栏远望,若有所待。那么,他期待着什么呢!这值得深思。"远峰"句是写远景,"碧窗"等二句则是写近景:"碧窗窈窕银屏冷,金帐促回翠袖单。""窈窕":美好的样子。"金帐促回",是指纹帐幕被寒风吹得摇晃。曰"碧"、曰"银"、曰"金"、曰"翠",色彩多样,色调暖和。这不仅与曰"冷"曰"单"的感觉形成鲜明的对比,其清晰度也与上句"远峰漠漠"的模糊感形成反比。显然,诗人不仅借景抒情,而且还借色(色彩)写情。"檐影"等二句从动态入手。"檐影频移"、"瞑云动",都是紧扣诗题"春阴"写动态之景,"曲枕悠然醒午梦"则是紧扣诗题"春阴"写神态变化之人,从悠然入梦到突然醒悟,亦梦亦醒,恍恍惚惚,给人一种扑朔迷离之感。为什么由梦而醒呢? 结尾两句道出了个中原委:"起来小立傍闲阶,花雾袭衣寒气重。"入梦者突然被惊醒,是物候,还是神灵(花仙子之类)的作用呢? 是也非也,捉摸不定。诗的最后以花雾袭衣、寒气重重收结,既照应诗题,以"春阴"压轴,又神思翩翩,耐人寻绎。所以,当时内阁大学士李东阳十分赏识《阁试春阴诗》的结尾二句,批曰:"如有神助"。

全诗紧扣"春阴",层层展示阴阳交替、庭暗花明、经雨未雨等阴柔之景,巧妙地揭示了抒情主人公含情期待的心态。历代诗歌多咏"春阳",但王韦在阁试时应制咏"春阴",要在众多的考生中脱颖而出,颇有难度。阁试诗有种种限制,往往束缚士人的思想,但王韦在诗中驰骋想象,神与物游,使得诗歌景中有人,景中有情。其景为"阴",其情也蕴藏在"阴"之中。"阴",通"荫",庇护也。《魏书·沮梁蒙逊传》:"远托大荫"。荫庇,借称受人庇护的恩德。王韦在考选庶吉士的阁试诗中,以"春阴"诗言志抒情,期待着内阁大臣庇护的恩德,期待着朝廷的恩泽如同雨露一样洒向他这样渴求释褐授官的士子。诗中写将阴未阴、将雨未雨、亦梦亦醒等等,正是他在应试中不安与期待心态的真实写照,这也是封建时代应试士子一种特殊心态的真实写照。从这个意义上来说,王韦的《阁试春阴诗》有一种特殊的认识价值。而且诗人善于捕捉客观景物,善于捕捉心灵的感受,又善于在诗中将二者水乳交融般地结合在一起,婉丽多姿,意兴萧远,成为明代百里挑一的、具有一定审美价值的应试诗。

(陈书录)

【诗人小传】

严　嵩

(1480—1567)　字惟中,一字介溪。江西分宜人。弘治进士。嘉靖二十一年(1542)任武英殿大学士,入阁,专国政二十年,官至太子太师。以子世蕃和赵文华等为爪牙,操纵国事,吞没军饷,战备废弛。东南倭寇和北方鞑靼贵族侵扰因此更加严重。凡与他不合的文武官吏,均遭杀害。晚年渐为世宗疏远。御史邹应龙、林润相继弹劾世蕃。世蕃被杀,他也被革职,家产藉没,不久病死。著有《钤山堂集》。

赠相命颜生　　　　严　嵩

扫榻云林白昼眠,行藏于我固悠然。
元无蔡泽轻肥念,不向唐生更问年。

在明代文坛上,有两个人名声很臭,但又被公认为颇有文学才华,这便是明末的阮大铖和中期的严嵩。如果撇开他们政治上的所作所为不论,单论他们的文学创作,那应该承认,阮大铖确是一名相当不错的戏曲作家,而严嵩也不失为一个有成就的诗人。

严嵩因善写青词而受到明世宗的宠信,担任内阁首辅达二十余年之久。在这期间他恃宠揽权,作威作福,结党营私,杀戮忠良,为明代一大权奸。但在此以前,他却是以文才著称于时的。他的诗集《钤山堂集》至今尚存,钱谦益《列朝诗集》称其"清丽婉弱,不乏风人之旨。"不过,《钤山堂集》中较好的作品大都作于早年,那时他还没有飞黄腾达。等他后来做了宰相,就再也写不出好诗了。王世贞说他"强仕之始,诗颇清淡,既涉贵显,虽篇什日繁,而恶道垒出"(《艺苑卮言》)。钱谦益也说他那些"直庐应制之作,篇章庸猥,都无可称"(《列朝诗集》)。这在文学史上也是一般的公论。

这首《赠相命颜生》是他早年所作,在当时颇为人所称道,虽然诗中反映的那种知足、达观的人生态度,不见得全是他真实的思想,但它在一些政治上不得志而又企图作自我安慰的知识分子中,还是能引起某种共鸣的。

前两句说他正过着闲适自在的隐居山林的生活,对于仕途上的进退淡然处之,并不在意。"行藏"一语出于《论语·述而》:"用之则行,舍之则藏。""行藏于我固悠然"这句是说:如果使用我,我就出来做官;如果不要我,我就隐居不出;这个问题对我来说是无所谓的,原可听其自然。

后面两句用蔡泽的典故来表明自己的态度。蔡泽原是战国时期燕国的一个策士,曾周游列国,游说过大大小小许多诸侯,却都没有得到信用。于是他请一个名叫唐举的相士给他相面。唐举见他面相不好,不便直说,只好用别的话来敷衍。蔡泽心中明白,便对他说:"富贵吾所自有,吾所不知者寿也。愿闻之。"唐举于是告诉他,自此以后还可以活四十三年。蔡泽听了很高兴,对为他驾车的人说:"吾持粱齧肥,跃马疾驱,怀黄金之印,结紫绶于要(腰),揖让人主之前,食肉富贵,四十三年足矣。"后来他到了秦国,受到秦昭王的重用,甚至一度担任秦国的首相。蔡泽的故事见《史记·范雎蔡泽列传》。作者这里提出这一故事,是想说明自己不像蔡泽那样,念念不忘于追求轻裘肥马的富贵生活,也不打算去向相士们打听自己的年寿,进一步显示自己的通达。

从严嵩后来贪婪横暴、聚敛无度的行径来看,他当然不可能对功名富贵看得那样轻,所以诗中云云,并不全是他的由衷之言。但话又得说回来,早年的严嵩虽然说不上生性淡泊,可是也不能说他生来就是坏人。在穷困不得志的时候,用这样的话来作一些自我安慰,是古代知识分子常有的事。正因为这样,所以这首

诗尽管艺术上并无明显特点，却仍能给人们留下较深的印象。　　　　（范民声）

登　岳　　　　　　严　嵩

仙家鸟道迥莫到，石壁猿声清忽闻。
幽泉树杪飞残滴，瑶草岩中吐异芬。

清代王士禛曾评论过严嵩的诗，说他"早年诗有王、韦之风，贵后皆应制腐恶之作耳"（《戏仿元遗山论诗绝句》第十二首注）。"王韦"即唐朝诗人王维和韦应物，诗风都以冲淡自然为主。严嵩这首《登岳》是早年所作，其风格、情致确与王、韦有几分相似。

诗以《登岳》为题，却没有正面写出登临之意，全诗四句都被用来描写此山的清幽险绝。虽然没有明写，作者对此山的深情还是时时流露出来，此即所谓"不着一字，尽得风流"，王士禛所赏识的，大概就是这些地方。

自古以来，名山胜境常被称作仙家所居，故此诗首句即从寻找"仙家"着手。"鸟道"指山间道路险峻狭窄，只有鸟类才得以飞渡。鸟道难通，"仙家"也就好像隔得很远，无法到达了。此句主要形容山的幽深险峻，下面三句则分别从听觉、视觉、感觉和嗅觉等方面把这种幽深险峻进一步形象化。"石壁猿声"、"幽泉树杪"更显示出山深林密。凄厉的猿声用"清"字来加以形容，是由于作者此时正在流连光景、赏心悦目之时，纵然猿鸣声哀，他也只觉得清越动听。而"幽泉树杪"则使人想起王维的名句"山中一夜雨，树杪百重泉"（《送梓州李使君》）。这时虽不是雨后，但树杪的"幽泉"仍不时有"残滴"飞溅，如果不是山深林密，就不会出现这种景象。最后一句"瑶草岩中吐异芬"句从绘画的角度来说，是必不可少的点缀，古代画家所谓"山以林木为衣，以草木为毛发"（韩拙《山水纯全集》），岩间小草，虽只寥寥数笔，却能为画面增添不少气韵。

此诗四句全用对仗，是截取了七律中间二联而成的绝句。这种形式一般来说比较容易流入呆板。但由于作者运用得好，四句分咏四种景物而能构成一幅完整的图画，所以仍能给人以某种美的享受，比作者年代略后的评论家顾起纶评此诗云："真境与秀句竞胜，杂之《极玄》（唐代姚合所选的唐诗选集），亦足矜赏。"（《国雅品》）说它可与唐代高手之作比美，自然是溢美之辞，但诗中境界之真切与文字之秀美，却是事实，不必加以否认。　　　　　　　　　　　（范民声）

喜　友　人　至　　　　　　严　嵩

下马柴门日已曛，灯前悲喜话同群。

喜友人至

空江岁晚无来客,远道情深独见君。
瓦瓮细倾山郭酒,藜床闲卧石堂云。
莫言古调只自爱,且诵新篇慰我闻。

严嵩在飞黄腾达之前,曾在故乡(今江西分宜)的钤山过了七年的读书屏居的生活。这期间他为了造就名声,倾心折节,广泛结交文坛上的名流。所以在他的早期诗作中,还保存着一些歌咏友情的作品。这首《喜友人至》是其中写得较好的一首。

全诗的结构安排很有章法,起承转结,有条不紊。首联用极简洁的手法交代友人刚来到时的情景。"下马柴门日已曛"句说明友人来此下马已是黄昏时分。"灯前悲喜话同群"句写出与友人灯下初聚时的心情。他们久别相逢,自然会谈论到一些共同认识的人,这些人不同的遭际在他们的感情上引起了不同的反映,真是悲喜参半,百感交集。颔联紧紧承接首联,特别强调出见到友人时喜出望外的心情。"空江"指袁江,钤山在袁江南岸,在袁江乘船可抵钤山。此时已是岁暮,江中来往船只稀少,所以说是"空江"。江是空的,自然也就没有什么来客,而面前这位朋友却不辞道路遥远,前来看望他,足见友情之深,"远道情深独见君"这句包含着对友人的一片深情的感激之意。颈联转入与友人把酒话旧的场景。"瓦瓮细倾山郭酒"中的"细倾"二字,既表明饮酒很多,又显示出时间很长。两人细斟慢酌,娓娓而谈;酒后,又设榻石堂,两人在白云飘忽中躺着闲聊。前面六句都采用叙述体的形式,而在尾联的两句却改用了对话的形式,作者要友人把新创作的诗朗诵给他听,"莫言古调只自爱,且诵新篇慰我闻。"这种口吻语气,非常生动地再现了两位诗人在论文谈诗时的具体情景,作为尾联,这是一个留有余韵的收束。

昔人论诗,常以有"山林气"者为贵,认为那些写官场生活即带有"台阁气"的作品极易入俗。此诗作者大概也持有这种观念,所以他在遣词造句时很注意突出山林生活的环境气氛,如写住处用"柴门",写饮酒用"瓦瓮"和"山郭酒",写闲卧则有"藜床"和"石堂云"。简陋的生活条件,衬托着朋友之间淳厚朴素的情谊,确能使人感受到一种山林隐居生活特有的情趣和气氛。这也就是说,这首诗是很有一点"山林气"的,不仅比起作者后来那些向皇帝阿谀献媚的作品来要清新可读得多,就是在他的早期作品中,它也是不可多得的。

(范民声)

【诗人小传】

何景明

(1483—1521) 字仲默,号白坡,又号大复山人,信阳(今属河南)人。弘治十五年(1502)进士,授中书舍人。正德初,上书吏部尚书许进指控宦官刘瑾而被免官。刘瑾伏诛,得李东阳荐举而再起,官至陕西提学副使。居四年,劳累呕血,引疾归,抵家六日而卒。为人志操耿介,尚节义,鄙荣利,为"前七子"之一,与李梦阳齐称文坛领袖,倡导复古,其旨在以复古求革新,所论往往比李梦阳更蔑视传统,对永乐、成化间台阁体平庸诗风的终结,晚明文学要求个性解放意向的开启起了重要作用。创作上对政治现实较为敏感,追求"风人之旨"。诗风秀逸。有《大复集》。

秋 江 词

何景明

烟渺渺,碧波远。白露晞,翠莎晚。泛绿漪,蒹葭浅。浦风吹帽寒发短。美人立,江中流。

暮雨帆樯江上舟,夕阳帘栊江上楼。舟中采莲红藕香,楼前踏翠芳草愁。芳草愁,西风起。芙蓉花,落秋水。江白如练月如洗,醉下烟波千万里。

诗紧扣题意写秋江景色。诗中的图景在时空的流动中移步换形,诗人的情感在秋江晨景、乍雨乍晴的晚景、秋江月夜之景等变换中起伏跌宕,真所谓景色如绘,入画三昧;情韵顿挫,寄托遥深。

开头六句写秋江晨景。"烟渺渺,碧波远",是为远景。旭日初升,江面上还飘浮着一层轻纱似的薄雾,远远望去,只见一江碧水波光粼粼地向前流去。诗人以提空之笔,从远处写来,疏朗清远,颇有动感。"白露晞,翠莎晚。泛绿漪,蒹葭浅",是为近景。"晞":干。"漪":微波。"蒹葭":没有长穗或初生的芦苇。江岸近处,那草木上晶莹的露珠被阳光渐渐地晒干了,翠绿色的莎草也已经到了成熟期。江边的浅滩上,那成片的芦苇随风飘摆,泛起绿色的微波。诗人从微观着眼,从细处刻画,笔姿灵活,亦动亦静,白绿相间,清丽而秀逸。以上六句纯为景语,而情却蕴含在其中。为什么这样说呢?此中"白露"、"蒹葭"等虽为秋江边常见的景物,但也是古典诗歌中传统的意象。"白露"、"蒹葭",语见《诗经·秦风·蒹葭》。其中写道:"蒹葭苍苍,白露为霜,所谓伊人,在水一方";"蒹葭凄凄,白露未晞,所谓伊人,在水之湄。"《蒹葭》一诗写企盼"伊人"的痴情与苦恋。何景明在

"白露晞"等四句中化用《诗经·秦风·蒹葭》,对"情"字不著一笔,尽得风流,巧妙地将企盼"伊人"的苦恋与痴情寓于景中。至于诗人笔下的秋江晨景由远而近,由渺茫而清晰,也是伴随着那企盼"伊人"的痴情不断强化而渐次展开的。正当秋江晨景的镜头在远近摇动,企盼"伊人"的痴情在暗中酝酿之际,诗中塑造的自我形象突然在"浦风"一句中亮相:"浦风吹帽寒发短"。"浦风":江滨的风。一位被江风吹掉了帽子的短发少年郎含情伫立。乍一看来,"吹帽"二字是描写一个简单的动作,其实,此中颇值得深究:"吹帽",化用孟嘉落帽的故事,见于《晋书·孟嘉传》:"(孟嘉)后为征西桓温参军,(桓)温甚重之。九月九日,温宴龙山,僚佐毕集。时佐吏并着戎服。有风至,吹嘉帽堕地,嘉不觉之。温使左右勿言,欲观其举止。嘉良久如厕,温令取还之。命孙盛作文嘲嘉,著嘉坐处。嘉还见,即答之,其文甚美,四座嗟叹。"此处借用"吹帽"典故的用意有二:一如黄庭坚《木兰花令·窜易前词》从人品与气度上讲风流:"翰林本是神仙谪,落帽风流倾座席。"这可以移作何景明人品与风度的真实写照。清代王士禛在《戏仿元遗山论诗绝句》中写道:"藐姑神人何大复",以《庄子·逍遥游》中的"藐姑神人"(神话传说中的仙子)推许何景明,可见何氏不乏孟嘉吹帽式的"超旷之趣"(何景明《述归赋序》)和"藐姑神人"的高洁。诗中借用"吹帽"典故的用意又一如刘辰翁《声声慢·九日泛湖游寿乐园赏菊……》从男女恋情上讲风流:"落帽人来,花艳乍惊郎目"。明乎此意,由"吹帽寒发短"引出"美人立,江中流",便是顺理成章了。

如果说"浦风"句从侧面展示诗中的自我形象,那么,"美人立"等两句则是从正面描写江流中的美人形象:含情伫立在江边的"我",眼前突然一亮,只见那年轻貌美的女子直立在船头,随江水漂流而来。美人形象的突然出现,又激发了"我"在男女恋情上的风流。正是这男女恋情上的风流与"我"人格上的高洁交互作用,引出了以下情感与理智上的冲突,而这种冲突又往往寓于景物的描写之中。

诗情起伏流转,诗中的图景也随着时空流转,"暮雨"等两句写乍雨乍晴的晚景:"暮雨帆樯江上舟,夕阳帘栊江上楼。""帘栊":挂着竹帘的窗户。时间流转,由"晨"而"暮"。黄昏时刻,突然一阵秋雨笼罩在江面上,帆船任凭风吹雨打;突然又雨过天晴,一抹落日的余晖斜照着江上楼船挂着竹帘的窗户上。这是以景衬情,曲折地表现了诗中的"我"与"美人"不期而遇时亦喜亦愁的矛盾心态。接着两句写艳遇后的情事:"舟中采莲红藕香,楼前踏翠芳草愁。""红藕",指红色的荷花。古代有赠花表示恩爱的风俗。舟中采莲的女子赠送荷花,香气扑鼻,令

"我"惊喜。然而,这是诗人巧作反衬,以闻香而喜反迭出下句所写的"愁":"楼前踏翠芳草愁。""翠":当指上文中的"翠莎"之类。"踏翠":踩踏翠莎,此处意为"我"在楼前徘徊,进退两难。这是为什么呢?"芳草愁"三字,透露了个中原委。"芳草":香草。常比喻忠贞的美德。屈原的《离骚》等以"芳草"配忠贞。刘攽《泰州玩芳亭记》:"自诗人比兴,皆以芳草嘉卉为君子美德。"何诗中的"芳草"也是比喻"我"的忠贞,以示"我"不会见异(江边新遇到的"美人")思迁。所以,当新遇到的"美人"赠花传情时,"我"反而大为发愁。显然,此处中的"芳草愁"与上文中的"风吹帽",都是隐喻"我"人格的高洁、忠贞,二者有遥控暗合的关系。虽然一是写"超旷"风流,一是写愁肠百结,但在隐喻人品上却有异曲同工之妙。

最后六句以"顶针格"与上句衔接,在时空流转中思绪绵绵,但诗人将绵绵思绪多寄寓在秋江月夜之景中:"芳草愁,西风起。芙蓉花,落秋水。江白如练月如洗,醉下烟波千万里。""芙蓉花"与上文中的"红藕"是同物异名。"芙蓉花,落秋水",借景写情,暗指"我"拒绝赠花传情的"美人",让其恋情如落花流水,飘然而去。当然,这对"我"来说,是痛苦的选择,所以大有"芳草愁,秋风起"的凄婉。不过,"我"并没有沉醉在江边艳遇、儿女情深之中,而是借景消愁,转而沉醉在秋江夜景之中:"江白如练月如洗,醉下烟波千万里。""江白"句化用谢朓《晚登三山还望京邑》诗中的"澄江静如练",虽然曰"白"又曰"练"(白绢),略嫌重复,写景的功力略输小谢,但其中也有象征意义,即暗喻"我"的人格如月夜秋江那样纯洁。《明史·何景明传》说:"景明志操耿介,尚节义,鄙荣利,与(李)梦阳并有国士风。"当时,有人与宦官刘瑾或权奸同流合污,而何景明"独超然远举"(樊朋《何大复先生行状》),堪称耿介之士,人格高洁。可见,《秋江词》是明写秋江艳遇中不见异思迁,但暗中还是写"我"坚贞不二的人格、超旷高洁的情趣。"烟波千万里",化用柳永《雨霖铃》("寒蝉凄切")词中的"念去去、千里烟波,暮霭沉沉楚天阔。"何诗中曰"千"又曰"万",空间可谓广阔。这象征意义有二:一是借鉴柳词而承袭其意,象征"我"怀念远方的"伊人"(这不是"我"在江边偶然遇到的那位"美人",而是"我"长期所钟情者。),离愁深广;二是借鉴柳词而别出新意,象征"我"胸襟开阔,情趣超旷。显然,结语清辞丽句,情思摇曳,委婉而远神。

这首诗词采秀丽,格调清新。虽然借用了《诗经》、《楚辞》、谢诗、柳词等中的成句,给人以"似曾相识"之嫌。但多为脱胎换骨,而非"句拟字摹,食古不化"。论其艺术特色,主要有三:一是在画面的布局上,全诗既以"秋"为背景,以"江"为中心,又有时空的流动,通过晨——夕——夜三个不同的时间,从远、近、上、下不同的空间,再现秋江绚丽多姿的景色,给人以丰富多彩的自然美的享受。二是在节奏的变换上,全诗长句短句,参差变化,然其中三言、七言句的更替,又服从于情感传达的需要。开头写"我"急切地等待"伊人",多用三字句,音节短促;中间写"我"在江边艳遇、"美人"赠花面前痛苦地抉择,多用七言句,音节舒缓;接着写"我"与"美人"诀绝,便连用四个三字句,短促有力,以示决心,以示忠贞;最后当"我"摆脱感情上的纠缠而心胸坦荡之时,以两个七言句收拢,舒缓平和。三是在意境的创造上,全诗大体是景物的转换与情感的起伏同步,将秋江之景与耿介之志巧妙地结合一起,景中有人,情景交融,巧于寄托,意境深远。　　(陈书录)

雨　　夜　　　　　　　　何景明

院静闻疏雨,林高纳远风。
秋声连蟋蟀,寒色上梧桐。
短榻孤灯里,清笳万井中。
天涯未归客,此夜忆江东。

　　在明代前七子中,何景明与李梦阳齐名,然二人诗歌的风格却很不同,人们往往将他们对比地来品评。如薛蕙诗云:"俊逸终怜何大复,粗豪不解李空同。"赵彦复《梁园风雅》云:"大复诗以清远为趣,俊逸为宗,务在舍筏自见神情,与献吉分镳异轸。"要之,何景明诗是以清新俊逸著称的,这首诗正体现了他的独特的风格。

　　题为"雨夜",全诗写雨夜中自己的心境与感受。中国诗重视感发,即重视在外物感召下的诗人心灵的描写。故写物与写心是密不可分的,物中有诗人之心在,诗人之心情亦藉物的描写得到体现,如此内外交融,遂臻于一完美的诗歌境界。这首诗正是这样,全诗共八句,前六句都是写周遭的境物。"院静闻疏雨,林高纳远风",因为深夜院静,才能听到疏落的轻微的雨声,也听到了远风振柯的沙沙声。这正是欧阳修在《秋声赋》中所描写的"声在树间"的秋声。此外四周还有什么引起诗人注意的呢?有秋虫蟋蟀的鸣声,有梧桐枝上的"寒色"。"寒色"是什么?大概是秋夜的霜露在梧桐树上染抹的带着寒气的色吧。还有"短榻"、"孤灯",以及传遍万户千家上空的凄清胡笳声。这些都是典型的秋景,或是易于引起人们伤感的事物。作者四周的景物当然不止这些,但只有这些能与诗人当时的心境沟通,因而被诗人捕捉到,加以渲染,加以突出,于是一幅雨夜秋思图便跃然纸上了。图画的主题是什么?"天涯未归客,此夜忆江东","江东"用项羽的典故,泛指家乡。原来,正是诗人浓郁的乡思,才给这幅雨夜图染上了如此凄清的色彩。

　　本诗的悲秋主题并不新鲜，因此，诗的佳处也并不在此，而在中四句的炼字锻句上。颔联一"连"一"上"，都是锤炼而得的诗眼。秋声与蟋蟀之声相"连"，可见蟋蟀声之大，足以与秋声比肩了。"蟋蟀在堂，岁聿其莫（暮），今我不乐，日月其除。"（《诗·唐风·蟋蟀》）这蟋蟀声，不是与秋声一样，能唤起人的迟暮感、令人惨然不乐么？然则二者相"连"，不也是很自然的么？"寒色"（这二字本身也有通感之妙）"上"到梧桐树，又可见这寒色是慢慢侵润上来的，原来隐伏地上，到了这微雨之夜，经过了夜的催化，才爬上了枝杆。可以想见，当诗人感觉到"寒色"上来之时，他的内心，也完全被寒气浸透了。颈联的"短榻"和"孤灯"、"清笳"和"万井"，字面上是并列；其实，卧榻已短、令人难以安眠，又笼罩在孤灯的惨光中，和笳声已凄清、令人不忍卒听，又偏偏其响遍及万千井巷；这二句，都有一倍添哀之感，意义上前后并不并列，而有递进感。当然"里"、"中"二字重复，微觉美中不足，但这只是小疵，瑕不掩瑜，中四句的锤炼之工仍是可咏可味的。

（刘明今　沈　价）

别相饯诸友　　　　何景明

　　　双井山边送客时，满林风雪倍相思。
　　　西行万里遥回首，太华终南落日迟。

　　明武宗正德十三年（1518），作者被任为陕西提学副使。临行，在京诸友置酒祖饯于北京城外之双井山边。（双井山：待考）作者当惜别之时，感到友情真挚，难以忘怀，作有此诗，对诸友示不尽留恋之情。

　　前二句是当时送别的情况。首句点明送行饯别的地点，次句写送别之日，正当严冬，风雪满林，行者送者都沉浸在别离的气氛中，素雪飘落在衣襟之上，北风震动着寒林冷寞的枝条，此情此景，令人倍感相离之苦。诗中着一"倍"字，更见友情之深切。这两句于景中寓情，写友人也写自己，并为后两句展示难忘的心境。

　　后二句是悬拟之笔，因为从诗题可知，此诗是在京饯别时所作，而非作于西行途中。"西行万里遥回首，太华终南落日迟。"作者想象自己西行已经万里，太华、终南，已经在望，（"太华"，即西岳华山。位于陕西东部华阴县南。"终南"，即终南山，在长安城东南），此刻若蓦然回首，别时情况当历历在目，而太华、终南山头的落日，也当似解人意，迟回留恋，竟至不肯下山。"浮云游子意，落日故人情",料想天外的故人,那时也正对着这刚要西下的夕阳,而惦念着西行万里的行客呢!结句"迟"字一韵,折射出诗人沉厚深挚的恋友之情,语尽而意不尽,真是情境交融,耐人吟味,具有强烈的感染力量。周邦彦写别情的《夜飞鹊》词有句云:"华骢会意,纵扬鞭、亦自行迟。"这里要是调换一下,也竟是"残阳会意,照征鞍西下迟迟"了。诗和词虽然体制不同,但在情韵和意境上,倒是有相通之处的。

沈德潜谓"此诗只写景而离情自见"(《清诗别裁集》),其实此诗第二第四两句,都是以重笔写情,说他是"景为情设,景中寓情,情中见景",似乎更适合些。

(马祖熙)

怀 寄 边 子① 何景明

汝从元岁侍君王,谁念先朝老奉常②。
一出云霄空怅望,十年歧路各苍茫。
春光缥渺金茎露,昼日氤氲紫殿香。
独有扬雄③尚陪从,白头抽笔赋《长杨》。

〔注〕 ① 边子:边贡,字廷实,历城人。弘治九年进士,官至南京户部尚书。与何景明同为"前七子"之一。 ② 奉常:秦官名,汉改太常。边贡在弘治年间官太常博士。 ③ 扬雄:字子云,汉文学家,作有《甘泉》、《羽猎》、《长杨》等赋。

诗作于正德十年(1515)至十二年(1517)于北京,当时何景明官中书舍人。

诗是怀寄边贡,所以从边贡写起。诗突破历来寄怀诗以景起兴或直抒胸臆的写法,而以边贡的履历发端。诗说边贡在弘治朝已官太常,正德元年已位列侍从之臣。写边贡的履历,为下联写他外放飘泊、官品低下作衬托。只拈出两个官职,以"谁念"二字领句,一股不平勃郁之气便从句中腾出,为全诗定调。这种起句,直从所怀入笔,突兀而来,出人意表,很受后人称赞。叶矫然《龙性堂诗话》以为"最似李义山《上令狐相公》诗"。"后七子"的领袖王世贞也很喜欢这样的句格,经常仿作,如《送史金事》云:"汝过崆峒剑色开,轻裘千骑拥登台。"《送汝康》云:"汝游桂岭疑天尽,更入滇方觉地宽。"

领联是首联的延伸。这位老资格的臣子,现在怎么样呢?原来他已经离开了京城,每每遥望云天,怅惘不已,十年来,朋友们各分南北,相见艰难。边贡由于屡次弹劾宦官,由兵科给事中改官太常丞,又外放卫辉知府。诗为边贡抱不平,也是为诗人其他朋友写照,这时候,诗人的朋友们大多遭贬,分居天南海北,极不得意,所以借写边贡,暗中感慨宦海风波、世情险恶,充满了深厚的感情。

上四句是"怀",后四句重心转移到自己,是"寄"。诗写自己在京城做官,在春天,遥望着承露盘在缥缈的雾气中高耸,那庄严肃穆的宫殿香烟缭绕。同列们都志得意满,只有自己毫无进展,仍然作个文学侍从的小官,最多只能像扬雄一样,作赋明志,略进忠言而已。颈联写得堂正典则,正是为尾联作引,以极能令人满意的境地安设一个极不满意的人,诗人强烈的失落感便流露无遗了。"尚陪从"三字针对上"各苍茫"而来,又呼应首句,因为何景明自己也是"元年侍君王"的人,如今仍压抑下寮,怎么能不令人颓丧不满呢? 这样,诗人把自己的处境与边贡的处境作了呼应,全篇两层意思就合成一片,浑然无痕了。同时,何景明不以诗人自任。他自年青时便有很强的政治抱负,自入仕途,便以澄清天下为己任,所以奋不顾身地投入反对刘瑾的政治漩涡中去,遭到罢斥。刘瑾事败后,他回到朝中,官未一迁,报国无门,只备员文学侍从之列,因此心中充满愁思与失望,在这里便借诗作了全面的倾泻。然而在写作手法上,又借鉴了孟浩然吟咏"不才明主弃,多病故人疏",把一切归咎于自己,在诗的表面不流露怨恨之戾气,得含蓄不露之风人之旨。

(李梦生)

得献吉江西书　　　　　　　　　　　何景明

> 近得浔阳江上书,遥思李白更愁予。
> 天边魑魅窥人过,日暮鼋鼍傍客居。
> 鼓枻沅江应未得,买田阳羡定何如?
> 他年淮水能相访,桐柏山中共结庐。

李梦阳、何景明同是明代前七子复古运动的领袖人物,他们高举"文必秦汉,诗必盛唐"的旗帜,时人翕然响应,"天下语诗文必称李何"(《明史·何景明传》)。李梦阳与何景明不仅文学上同调,还是意气相投的好友。李为人刚直不阿,弹劾宦官刘瑾等三次入狱。何景明"志操耿介,尚节义,鄙荣利,与李梦阳并有国士风"(《明史》)。正德五年,刘瑾事败被诛,李梦阳被派到江西当提学副使。赴任后,又因不事诡媚,忤恶上司,郁郁不得志。便寄书何景明,倾诉胸中苦闷,何报以上面这首七律诗。

这首诗一开头就直说其事,最近我收到你从浔阳江上写来的信,遥想你的处境,使我十分担忧。这哪里是写诗,简直像写信。语言朴质无华,开门见山,不兜圈子。也正因为如此,更传达出作者急于诉说自己接信后的焦灼心情,因而显得感情真切。"愁予"二字最早见于屈原《九歌·湘夫人》:"帝子降兮北渚,目眇眇兮愁予",此时何景明也正在用关切的目光远远注视着浔阳江上呢! 诗中用李白代指李梦阳,不仅示意李梦阳在当时诗坛地位与李白之于唐代诗坛有相似之处,而且他们还有相类似的坎坷经历,李白不也曾因永王璘事入浔阳狱么?而自己与李梦阳文坛"双子星座"的地位与二人的友情,读者自会联想到唐代的李白与杜甫。

所以颔联紧承"遥思李白",顺势化用杜甫《天末怀李白》中"魑魅喜人过"的诗句,写道:"天边魑魅窥人过,日暮鼋鼍傍客居",何景明只改动杜句一个字,把"喜"字换成"窥"字,这就突出了李梦阳此时处境的危险,魑魅们正在窥测方向,明枪好挡,暗箭难防啊!更何况"鼋鼍傍客居",那些奸佞小人就在你身边时刻窥视呢!鼋鼍,是江海中吃人的大鳖和鳄鱼,因为友人正在浔阳江上,故巧用水中怪物来暗示险情。"遥思李白更愁予",为什么"更愁予",至此,诗人把自己真正的担心说出来了。

处境如此险恶,又该怎么办呢?于是诗人不得不认真思考好友的前途了:"鼓柁襄江应未得,买田阳羡定何如?"既然江中有那可怕的鳄鱼,你要想在这一带江面乘风破浪,把柁领航,干一番事业,看来不大可能了。这条路既然走不通,那么,你是否打算像苏东坡那样,买田阳羡,过辞官归隐的田园生活呢?颈联这两句写得极委婉,好像两位好友促膝谈心,有对现实的思考,有对未来的设想,商量的口气,亲切的探询,真诚的愿望,表现出对远方友人无限关切之情。

结尾一联又紧承上联的思绪说,如果你有买田归隐的打算的话,我真希望"他年淮水能相访,桐柏山中共结庐",希望我们将来在我的家乡——河南信阳附近的淮水边上相见,让我们二人就在桐柏山结庐共居,那将是何等惬意的事!

这首诗很像以诗代柬,通篇用与老朋友谈心的口吻娓娓道来,充满人情味。一层接一层意思的表达,承前启后,环环相扣,极有层次。而在诗的整个思想感情脉络的发展中,融汇着一种真挚深厚的友谊,而这种感情是一种极其自然的流露,可从诗人的语气神情中感触到,就更觉蕴藉醇厚。所以清代诗论家沈德潜称赞此诗说:"神来之作,不以工拙论,所谓章法之妙不见句法者。"

同时,沈德潜也看到了一个很有意思的问题。李梦阳、何景明倡言"诗必盛唐","诗自中唐而下,一切吐弃"。可是,上面这首诗中"买田阳羡"一句却是化用东坡词"买田阳羡吾将老,从来只为溪山好"句意。所以沈德潜说:"信阳(指何景明)谓不读唐以后诗,然买田阳羡,自属唐以后事,可知只是议论之高。"从这个例子可看出何景明文艺思想较灵活的一面,他对宋诗并非完全排斥。实际上,在如何学习古人这一具体方法上,李、何存在着较大的分歧。特别是李梦阳主张作文像写字,学古人学得越像越好。而何景明则认为不要拘于古人的某一句法,某一体格，而要有自己的特色。上面这首诗的写作就是典型一例，他是根据内容需要安排篇章结构，不着意追求形式，不堆砌典故词藻，能够写进自己的感情，语言韵长旨远，秀逸潇洒，形成自己俊逸清丽的风格。而李梦阳作诗重视气魄，追求雄浑沉厚的风格，并以此作为古人不易之则，来强求别人，乃至责怪何景明清俊响亮的风格为不守古人成法，未免显得无理。故后来诗家于李何之争，往往倾向赞同何景明。薛蕙《漫兴》诗云："俊逸终怜何大复（景明），粗豪不解李空同（梦阳）。"当然，李何论战是后来的事，对《得献吉江西书》这首友谊篇章来说，是属题外语了。

（高　原）

送卫进士推武昌　　　　何景明

少年佐郡楚城居，十郡风流尽不如。
此去且随彭蠡雁，何须不食武昌鱼。
仙人楼阁春云里，估客帆樯晚照余。
大别山前汉江水，画帘终日对清虚。

这是一首送别诗。送别的对象是"卫进士"。"卫进士"：指卫道，叶县人，正德九年（1514）进士，任推官，有治绩。累官至南京刑部右侍郎。"推"：指推官。明代各府设推官，职掌为"理刑名，赞计典"。这首诗当是卫道将赴任武昌府推官时所作。

明代在进士中选任官吏，一甲第一名（状元）授翰林院修撰，第二名（榜眼）、第三名（探花）授翰林院编修，并在其他进士中考选庶吉士。这乃是当时进士及第者梦寐以求的清职，也是他们通向地位尊贵、职司重要官职的捷径。据《明史·选举志》说："自天顺二年（1458），李贤奏定纂修专选进士。由是，非进士不入翰林，非翰林不入内阁，南、北礼部尚书、侍郎及吏部右侍郎，非翰林不任。而庶吉士始进之时，已群目为储相。"然而，卫道进士及第后授职为武昌推官。在当时进士们的眼中，推官"理刑名，赞计典"，多为俗事，不够清高，而且是远离京都的地方官。也就是说，宁为清职，不理俗事；宁为京官，不放外任，考选为庶吉士以成为"储相"（内阁学士的候选人），是当时进士及第者常有的一种心态。《送卫进士推武昌》，便是对此有感而发。

首联照应诗题，先说风流："少年佐郡楚城居，十郡风流尽不如。""佐"：佐贰。明代府推官是知府的辅佐官。这二句中的前一个"郡"字指郡太守，地方长官。这是以"汉"代"明"，汉代郡太守称为府君，而明代实行省、府、县三级地方行政制度,没有郡一级地方行政,这里以汉代的郡守代指明代的知府。后一个"郡"字,指地方行政区,即汉代实行郡、县地方制中的郡,这里借指明代的府。"楚城":指武昌府治所。"风流":风光、荣宠。唐代李颀《寄綦毋三》诗:"顾眄一过丞相府,风流三接令公香。"少年进士,雄居楚城,辅佐知府,勘问刑狱,好不荣宠,好不风光!如此说"风流",为的是扫除卫道因放外任而产生的自卑感。颔联再扣诗题,又说旷达:"此去且随彭蠡雁,何须不食武昌鱼。""彭蠡":古泽薮名。今江西鄱阳湖。与何景明同为明代前七子成员的徐祯卿《彭蠡》诗中有云:"茫茫彭蠡口,隐隐鄱阳岑";"扬舲武昌客,兴发《豫章吟》"。又《在武昌作》诗中云:"不知天外雁,何事乐长征。"可作何诗中"彭蠡雁"的注解。卫道由京城(北京)往武昌任推官,须由长江逆流而上,途经彭蠡口,扬帆往武昌。远别京城,直奔武昌,千里迢迢,旅途劳顿,但应如天外飞雁,乐于长征。"不食武昌鱼":隐括了三国时代东吴流行的一首民谣:"宁饮建业水,不食武昌鱼;宁还建业死,不止武昌居。""建业",即明代留都南京。明代实行两京制,京都(北京)、留都(南京)都设六部、置官吏。京官固然清要,留都官员也是清职。"不食武昌鱼",乃有象征意义,即宁愿任留都清职,也不愿出任武昌推官。对此,诗人劝之以旷达,"且随"、"何须"云云,即有随遇而安的意思。可见,这二句诗是以通达乐观之理说服卫道,劝他自我排遣苦闷,开阔胸襟。如果说颔联议论风生,晓之以理,那么,颈联则是景中寓情,动之以情。诗人神与物游,遥想武昌美景:"仙人楼阁春云里,估客帆樯晚照余。""仙人楼":指武昌黄鹤楼。唐代崔颢《黄鹤楼》诗中有云:"昔人已乘黄鹤去,此地空余黄鹤楼。""昔人",指传说中的仙人。传说古代仙人子安乘黄鹤过此(见《齐谐志》);又说费文伟登仙驾鹤于此(见《太平寰宇记》引《图经》)。"估客":商贩。黄鹤楼阁,高耸入云,欲与天上的仙境相连;夕阳的余晖洒照大地,帆樯片片,估客如云,风景如画,风俗亦如画。真乃是天上人间,仙风俗客,良辰美景,赏心乐事,令人流连忘返。尾联将人世间的山水美景进一步展开:"大别山前汉江水,画帘终日对清虚。""大别山":在当时河南、湖广省和南直隶的交界处,与武昌遥遥相对。武昌是长江与汉江的汇合处。"清虚":太空,天空。出句写青山绿水,侧重于意象空间的展开;对句写画帘清空,以"终日"二字推延意象的时间。无论是空间的开拓,还是时间的推延,都是极写山水如画,清明秀丽,都意在说明如此清明秀丽的武昌山水,足以洗涤为俗官(推官)俗事的俗气,足以陶冶情操,永葆人格的清纯。

诗如其人。何景明俊逸神秀,"性沉敏有度"(孟洋《中顺大夫陕西按察司提学副使何君墓志铭》)。清代诗论家称他为"藐姑神人何大复"(王士禛《戏仿元遗山论诗绝句》)。藐姑神人,神话传说中的仙子。《庄子·逍遥游》:"藐姑射之山,神人居焉。肌肤若冰雪,绰约若处子。"正因为何景明认同于《庄子》中"虚静恬淡,寂寞无为"(《庄子·天道》)的自然之道,具有"藐姑神人"的风韵,所以他才能以旷达乐观的态度为人处世,也才能以旷达乐观的态度劝说卫道。在《送卫进士推武昌》一诗中创造了一种清纯的境界。诗歌的艺术风格也如其人。何诗风格秀逸俊朗,以神韵见长。这首《送卫进士推武昌》诗是何诗主导风格的具体体现,俊语亮节,清丽明秀,空灵飘逸,神韵翩翩,具有较高的审美价值。　　(陈书录)

竹　枝　词　　何景明

十二峰头秋草荒,冷烟寒月过瞿塘。
青枫江上孤舟客,不听猿啼亦断肠。

竹枝词本为民歌体,大抵唐人所写多为儿女柔情,或离人旅思;后世所作,除上述主题外,多歌咏风俗人情。这首竹枝词为作者舟过瞿塘峡抒写旅思之作,借瞿塘峡深秋凄冷的景象,表达了此时特有的感情。

诗的前二句:"十二峰头秋草荒,冷烟寒月过瞿塘。"写景,景中寓有凄清的旅情。"十二峰",指巫山十二峰。在四川巫山县东巫峡两岸。这里自巫山以上,群峰连绵,其尤著者有十二。元代刘壎《隐居通议》曾据"蜀江图"列举其名为独秀、笔峰、集仙、起云、登龙、望霞、聚鹤、栖凤、翠屏、盘龙、松峦、仙人。瞿塘,即瞿塘峡,为三峡之首。这二句是说:巫山十二峰头,草色已经枯黄,显得十分冷寞。时序已是深秋,在舟过瞿塘峡的时候,江面上笼罩着冷雾。天上的寒月透过冷雾映照在湍急的水面上,印在旅人的心境上,构成一派清冷幽森的意象。这眼前所见之景,使人倍觉凄凉。后二句紧承前文,写情,写旅人此时特有的感受。"青枫江上孤舟客,不听猿啼亦断肠。""青枫江",指两岸长有枫树的长江,阮籍诗云:"湛湛长江水,上有枫树林。"(《咏怀》其十一)张若虚《春江花月夜》也有"青枫浦上不胜愁"之句。"孤舟客",作者自谓。三峡两岸多有猿啼之声,"巴东三峡巫峡长,猿鸣三声泪沾裳"(《水经注》)。盖谓猿声凄异,每当林寒涧肃之际,多于空谷传响,哀转动人,经久不绝故也。作者此时孤舟经过这里,眼见巫峰萧索,秋草荒芜,寒月当头,冷烟四幂,纵使听不到猿鸣之声,已有凄然肠断之感。现在再加上这凄厉的猿声,在心情上自然更加难以生受了。

此诗前三句虽有铺垫之功,但令人叫绝的是末一句,翻出前人所不到,跳出前人之窠臼。本来,舟行三峡,闻猿肠断,是历代诗人常咏及的,久之已成老套;

而诗人却敢大胆翻案,说不听到猿声也令人肠断,已是奇笔,而这奇笔又得到前三句的映衬,虽奇而不怪,自然合理,更是难得。如此善翻古意,确实称得上是一首"绝唱"(汪端《明三十家诗选初集》卷四评语)。

(马祖熙)

长　安　　何景明

白云望不尽,高楼空倚阑。
中宵鸿雁过,来处是长安。

我国历史上自秦至唐多建都长安,后世遂以"长安"代称京都,诗词上更为习用。此诗题中的"长安",即是指代北京。

明武宗正德(1506—1521)初,宦官刘瑾擅权专横,结党营私,刻削百姓,逸害正人,作者当时官中书舍人,正当英年,因反对刘瑾,被迫罢官回乡。在乡居期间,心怀国事,感愤交加。一次登楼远眺,不胜去国之思,因而作有此诗。诗中表达了对京都系念之情,体现诗人"身居江湖,心存魏阙"的爱国情操。

诗的前两句:"白云望不尽,高楼空倚阑。"前句突出"望"字,白云重深,不见京华,故以"望不尽"显示"望"之殷切。次句以"空"字展示倚阑凝望的惆怅心情,且示此刻身在高楼,而此心则系念朝廷,系念国家之安危。自己是一介书生,有心报国,而无力挽回国家之厄运,故而忧心忡忡,情难自已。"白云"一句,命意深长。既含有"浮云蔽紫闼,白日难回光","白日掩徂辉,浮云无定端"之义。(并见李白《古风》诗)更含有"白云在天,丘陵自出,道里悠远,山川间之(古歌《白云谣》)","白云在青天,丘陵远崔嵬(李白《天马歌》)。"即"白云遮望眼,望不到京华"之义。唐时狄仁杰授官并州法曹参军,亲在河阳,仁杰登太行山反顾见白云孤飞,谓左右曰:"吾亲舍其下。"瞻怅久之。仁杰怅望白云为思亲而发,作者之望白云而不尽依恋,盖以白云深处,正是朝廷所在、"长安"所在。故以"白云望不尽",示"无可诉说"而又"忧来无端"的悱恻之情。沈德潜评此诗为体现"忠爱"之旨,(《明诗别裁集》)可说是直指"诗心"。

后两句:"中宵鸿雁过,来处是长安。"进一步托出诗人的心事。诗人倚阑凝望,不见长安,是因重叠之白云,间阻了他的视线,此刻时至中宵,忽闻高天鸿雁之声,雁自北方来,或许能捎来长安之信息,"来处是长安"一句,和盘托出诗人思念长安之情。然而大雁毕竟向南飞去了,并未能给作者带来京城的任何消息。作者虽然见到鸿雁,恍如见到长安,而心灵寄托的愿望,仍然无从实现,甚至更加深了诗人怅触之情,则诗人之怨抑可知。

此诗虽然只有四句,但内涵深婉,可谓极怨而不怒之情,极一唱三叹之致。故穆敬甫评诗人所作为"真得风人温柔敦厚之旨"(《明三十家诗选初集》卷四)。在前七子中,是对当时诗坛影响很大的一家。

(马祖熙)

送韩汝度还关中

何景明

华岳云台万里情,高秋落日眺秦城。
黄河一线通沧海,身在仙人掌上行。

这首送别诗,是送朋友韩汝度回家乡关中去的。韩汝度,名邦靖,陕西朝邑(今属大荔)人,正德三年(1508)与兄邦奇同举进士,时称"关中二韩"。拜工部员外郎。正德九年,因乾清宫火灾,上疏指斥时政,被系锦衣狱,夺官为民,还乡家居。作者大概就是此时写诗给他送行的。"关中"古代多指陕西一带,就是韩汝度的家乡所在。

诗从想象汝度归去后的情况做文章,主要是抓住华山和黄河来写。"华岳云台万里情"句是说:汝度回到了在华岳、云台之间的家乡,两人相隔万里,但感情还是相连的。这是依依惜别之意。"华岳"即华山,古称西岳,在陕西省华阴市南,海拔二千多米,北瞰黄河,南临秦岭。《水经注》说它"远而望之若花状",故名华(古通花)山,以"奇拔峻秀"著称。"云台"即云台峰,是华山的北峰,悬崖陡峭,险要异常。

"高秋落日眺秦城。"这句应与前句连读。就是说,汝度登上了华山,在秋天落日的傍晚,俯眺关中一带的城郭。那景象,自然是寥廓苍茫的。陕西古为秦地,故泛指汝度所见之地为"秦城"。

"黄河"两句,仍写汝度在华山上所见。"仙人掌"在华山朝阳峰(即东峰),据说,古代黄河泛滥,百姓遭殃,有一位巨大的河神,左手托起华山,右足蹬走中条山,劈出一条通路,排出洪水,救了人民。仙人掌就是那位巨灵神推山时留下的手印。因为这里海拔很高,所以在它的北面像一条线一样向东流向大海的黄河,都可以看得清清楚楚。

这首诗有什么深意没有呢? 好像没有。但是洋溢在诗中的登高望远的快意,却充满了"久在樊笼里,复得返自然"(陶潜《归园田居》)的解脱味,这未始不是对朋友罢官的安慰吧? 韩汝度的家乡朝邑,就在华山北面不远,写他归去后畅游华山,甚至就在华山上居住,是合情合理的想象,也是送别诗常有的构思模式。

这首诗有居高临下的气势,视野开阔;特别是后面两句,给人以一种壮美感。陆游有"三万里河东入海,五千仞岳上摩天"之句,是囊括中原的河山而写的,气魄极其宏大。何景明这两句气象虽有所不及,但同写黄河与华岳,亦有相似之处;而且变陆诗的平视、仰视角度为俯视角度,还是有其特点的。 （洪柏昭）

鲥　鱼　　　　　　　　　　　　　　　何景明

五月鲥鱼已至燕,荔支卢橘未能先。
赐鲜遍及中珰第①,荐熟谁开寝庙筵②?
白日风尘驰驿骑③,炎天冰雪护江船。
银鳞细骨堪怜汝,玉箸金盘敢望传?

〔注〕 ① 中珰:指宦官。汉代宦者称中人、中官,以貂珰为其冠饰,故称。 ② 荐熟:以新鲜谷物或果品祭献祖宗神灵。寝庙:即宗庙。《礼记·月令》注:"凡庙,前曰庙,后曰寝。"疏:"庙是接神之处,其处尊,故在前。寝,衣冠所藏之处,对庙为卑,故在后。" ③ 驿骑:古时驿站供应的马,供执行公务的人或来往官员使用。

鲥鱼是一种味道鲜美的名贵鱼类,生活于我国沿海地带,春夏之交,进入南方的江河中产卵,初入江时体内脂肪肥厚,肉味最为鲜美,因此也就成为致养帝王口体的珍品。地方官吏在进贡这种珍品的过程中,不知做了多少扰民害民的事。而皇帝得到这种珍品以后,把它赏赐给什么人去分享,却可以观察到朝政的动向、得失。何景明的这首诗,就是反映以上情况而对之进行针砭的。

诗从鲥鱼以第一时间运至京师（北京）写起。"五月鲥鱼已至燕,荔支卢橘未能先。""五月"是鲥鱼刚上市的季节,已经运到燕地（指北京）,比荔支、卢橘还快,这说明了它的重要性在当时是无与伦比的。我们知道,荔支、卢橘也是南方食物的珍品,地方向皇帝进贡荔支、卢橘,或者皇帝向属国赠送这两种果品的事,史不绝书。例如:《西京杂记》载:"南越王尉佗献高祖鲛鱼、荔支,高祖报以蒲萄、锦四匹。"《东观汉记》载:"单于来朝,赐橙、橘、龙眼、荔支。"《异物志》载汉时在交趾设"橘官长"一人,"主岁贡御橘。"《梁书》载王僧辩献"嘉橘"给湘东王。如此等等。这里要说明一下,有的书把"卢橘"解释为枇杷而不是橘子,理由是橘子不应产于五月;这是不确实的。《广州记》说:"卢橘,皮厚大如柑,酢多,至夏熟。"又说:"罗浮山橘夏熟,实大如柿。"《格物论》说:"橘有数种,枝多生刺,叶两头尖,三月著花结实。"因此,还是把"卢橘"解释为柑橘为妥。比较是突出对象的一个有效办法,诗人用荔支和卢橘这两种贡品来与鲥鱼比较,就收到了突出鲥鱼的重要性这一效果。

"赐鲜"两句,讽刺皇帝对鲥鱼处理的不当。他把这些时鲜的食品分赐给每一个宦官,却没有向祖宗的庙寝荐祭,这在古代来说,是违反礼制的,因而作者深致愤慨。宦官专政是明代政治一大祸害,英宗时期已开始突出。武宗正德初年,太监刘瑾、马永成、谷大用等"八党"用事,炙手可热,诗中所写,大概就是当时情况。这时作者在朝为中书舍人,后来他就是因为得罪刘瑾去职的;这种敢于与宦官作斗争的立场,值得肯定。

　　"白日"两句,作者回笔写鲥鱼运送的艰辛:运送者水陆兼程,有时骑马,有时乘船,飞速递送。因为天气炎热,为防鲥鱼变质,还要用冰雪来加以冷藏。这种劳民伤财的做法,作者也是深为反感的,在不动声色的淡淡两句描写中,寄寓着谴责的深意。这里我们很自然地会联想到杜牧的《过华清宫》和苏轼的《荔支叹》:"一骑红尘妃子笑,无人知是荔支来。"(《过华清宫》)"宫中美人一破颜,惊尘溅血流千载。"(《荔支叹》)同是对帝王贪图口腹而扰害人民进行批判,东坡的谴责是严厉的,牧之出以反讽,仲默则以平实见长,尽管不是那么剑拔弩张,态度还是很鲜明的。

　　最后两句,表面上好像因自己吃不到"银鳞细骨"的美味鲥鱼而生怨望,其实并非这样。要正确理解这两句诗的意思,必须与第三句对看。何景明中书舍人的官职虽小(从七品),毕竟是一位朝廷官员,与宦官之作为宫廷侍从者不能同日而语;如今朝廷官员得不到"玉箸金盘"(以食用鲥鱼的餐具代指鲥鱼)的恩赐,而宦官却得到了,这是一种不正常的现象。作者的用意不在于计较口腹的享受,而在于讽责皇帝作事的颠倒。沈德潜评这首诗说:"赐及中珰而寝庙未荐,则波及臣家,益无望矣。中含讽谕,不同寻常赋物。"(见《明诗别裁》)说得很对。

　　这首诗,通过"五月鲥鱼已至燕"这件事情生发出严肃的主题,可谓以小见大。诗的形象鲜明,对仗、平仄也很工稳。两处委婉的发问,给人启迪,发人深思,对突出主题起了很好作用。

(洪柏昭)

小 景 四 首(其二)　　　　何景明

草阁散晴烟,柴门竹树边。
门前有江水,常过打鱼船。

　　这首诗写的是乡村的风物小景。画面确乎很"小",从展示的形象来看,只草阁一间,竹树一丛,江水一湾,鱼船一只而已;但经过作者的构图、描写,却散发出浓郁的诗意。

"草阁散晴烟。""晴烟"是天气晴朗时特有的景象:空中的雾气,在日光照射下,遥望似烟。这种景象,山间水边,所在多有;也叫"晴岚"。现在,它散布在草阁的上空,使这座小阁显得一片明亮。

"柴门竹树边。"小小柴门,开在竹树旁边,显出了主人的幽雅。竹在古代被视为具有"本固"、"性直"、"心空"、"节贞"等多种美德,"故君子人多树之为庭实焉。"(白居易《养竹记》)晋代的王子猷认为"不可一日无此君",宋代的苏东坡认为"无竹令人俗"。因此,这句诗的含义远超出于字面之外,使人生发许多美好的联想。以上两句,把一位村居者——身份可能是隐士——的居处平实地描写出来了。诗如果到这里为止,无论是画面还是意境,都是局促狭小的。但随着而来的两句,却把读者的视野引向了开阔的远方,开拓了一个新的意境。

"门前有江水,常过打鱼船。"所谓"门前",当然不是离门咫尺,而是越过了广阔的空间,进入远方。那里有一道江水,江面上时有鱼船经过。这里,诗的描写超出了画的静态,而具有语言艺术所特有的动态功能:打鱼船出现的频率虽不太大,却是经久不息的,相隔若干时间就要经过一次;这样,画面就有了动的生意,每过一船,读者都会随着它的移动,把视线投向水天相接的远方。这意境,是令人心胸开阔的。

北宋名画家李成有一篇《山水诀》,认为画面景物"不可太繁,繁则堆塞不舒"。诗画同理,这首乡村小景诗,正是按照这样的原则构图的,因而显得开阔、舒展。水上有船,也是画面构图的一个原则。大诗人兼画家的王维的《山水论》说:"水阔处则征帆。"这首诗结句的"时过打鱼船",也正是依此构图的。

王安石《书湖阴先生壁》诗云:"茅檐常扫静无苔,花木成畦手自栽。一水护田将绿绕,两山排闼送青来。"何景明这首诗的构思,与其颇为相似:都是先近后远,把读者的视线从住处引向远方。王安石的那一首是脍炙人口的,以把山水人格化而显得灵动取胜;何景明的这一首虽略有不及,亦有神韵远致,还是颇足品味的。

(洪柏昭)

侠 客 行　　　　何景明

朝入主人门,暮入主人门,思杀主仇谢主恩。主人张灯夜开宴,千金为寿①百金饯②。秋堂露下月出高,起视厩中有骏马,匣中有宝刀。拔刀跃马门前路,投主黄金去不顾。

〔注〕① 寿:祝人长寿。《史记·高帝纪》:"高祖奉玉卮,起为太上皇寿。" ② 饯:饯别,设酒食送行。

本诗是一首乐府诗,成功地塑造了一个慷慨任侠、重义轻利而有独立人格的人物形象。

诗的开头三句,说早上去主人家,晚上又去主人家,是为了杀主人的仇敌而报主人的恩遇。"朝入主人门,暮入主人门"语言不避重复,颇有古拙之味。"朝"、"暮"一字之差,却暗写出早上"思杀主仇"的请命与晚上已"报主恩"提仇头而归的复命,显出侠客仗义报恩的雷厉风行。"思杀主仇"承"朝入"一句,"报主恩"承"暮入"一句,脉络清晰。下面二句,写主人连夜张灯挂彩,设宴庆贺,以千金为礼祝侠客长寿,以百金作钱别之赍。其不惜财帛笼络人心,隐证上文之"恩",而极写酬赠之丰厚,复为下文侠客求义不取利、弃金而辞张目。接着二句笔锋又转到写侠客上。他在觥筹交错中豪饮不醉,对于堆在眼前的金银珠玉视若未见,念念不忘的只是象征自己侠义人格的骏马与宝刀。终于他忍不住离席而出,足踏秋露,头顶明月,到马厩中去省视自己那物化的灵魂——马和刀。"秋堂"一句,虽作景语,但别含深意。露月的意象,既暗示侠客意识的清醒,又暗示侠客对骏马宝刀的眷恋。于是最后二句,作者便让那位觉得恩已报,义已尽,理不可复留的侠客拔刀跃马,弃金不顾,绝尘而去。那一种慷慨豪迈的气概,潇洒不羁的风神,令人叹赏不已。李白《侠客行》中写侠客"事了拂衣去,深藏身与名",行迹与此相近。

全诗贯穿了"侠义"二字。诗中将这种侠义从三个层面揭示出来:一是重然诺,轻死生,有恩必报;二是"所为贵于天下之士者,为人排患、释难、解纷乱而无所取也";(《史记》中鲁仲连语)三是进退自主,行藏由我,不作人身依附,追求精神自由和人格独立。这后一点尤其重要。需要指出的是,诗中的"主人",乃主客之主,不是主奴之主,因此侠客的行为完全是己意而非听命。作者何景明性耿介,不阿权贵,尚节义鄙荣利,诗中的人物形象,多少有他的一点影子。何诗风格,沈德潜认为"以秀朗胜",但对此篇,却说是"生气坌涌",(《明诗别裁集》)可见其风格上的多样性。

(庞 坚)

易 水 行[①]   何景明

寒风夕吹易水波,渐离[②]击筑[③]荆卿[④]歌。白衣洒泪当祖[⑤]路,日落登车去不顾。秦王殿上开地图,舞阳[⑥]色沮那敢呼。手持匕首掷铜柱,事已不成空骂倨[⑦]。吁嗟乎!燕丹[⑧]寡谋当灭身,光[⑨]也自刎何足云,惜哉柱杀樊将军[⑩]!

〔注〕 ①易水：水名。《战国策·燕策》："燕南有呼沱、易水。"其水有三，皆发源河北易县。 ②渐离：高渐离，战国燕人，善击筑，与荆轲为友。轲刺秦王未遂身死，渐离变姓名为佣，秦王得之，矐其目，使击筑。渐离乘隙以筑击秦王，被杀。 ③筑：古乐器名。形如琴，十三弦，演奏时以左手扼之，右手以竹尺击之。 ④荆卿：即荆轲，战国卫人，燕人谓之荆卿。 ⑤祖：古代出行前祭祀路神，称祖。 ⑥舞阳：秦舞阳，战国燕人，年十三杀人，人不敢忤视。 ⑦倨：傲。 ⑧燕丹：战国燕王喜太子，名丹，质于秦，亡归，阴养壮士谋刺秦王。荆轲事败，秦攻燕，燕王喜乃斩丹以献秦。 ⑨光：田光，战国燕人，太子丹闻其贤，与谋刺秦王事，光辞衰老，荐荆轲，丹曰："愿先生勿泄也。"光出曰："夫为行而使人疑之，非节侠也。"遂自刎死。 ⑩樊将军：樊於期，战国秦人，为秦将，避罪亡燕，太子丹纳之。秦王悬赏索之急，荆轲乃见於期，请其首级献秦王，伺机行刺，於期遂自杀。

　　本诗是一首咏史之作。以荆轲事迹为题材的诗歌为数颇多，仅魏晋时代，就有阮瑀的《咏史诗》之二、左思的《咏史诗》之六和陶渊明的《咏荆轲》等名篇。而何景明此诗却以其新意而继武先贤，实属不易。

　　诗的开头，便直写这样的一幕：傍晚时分，残阳如血，寒风狂吹，易水激起了阵阵波澜。蓦地，空中响起了高渐离的击筑声，伴着乐曲，荆轲引吭高歌，音调先是悲凉掩抑，继而慷慨激昂，"风萧萧兮易水寒，壮士一去兮不复还"的歌声顿时压倒了风呼啸、水鸣咽。饯行的路上，一身缟衣素服的燕太子丹和他的宾客们，听着听着，个个泪流满面，想到荆轲此去不管能否成功，必将捐躯不归，不觉悲愤交集。渐渐地落日只留下最后一抹余晖，荆轲从容地向诸人一一告别，与副手登上马车，更不回头，驰骋而去。此情此景，何其生动，令读者感受到浓重的悲剧气氛。

　　接着诗人写了悲壮的另一幕：行刺秦王。秦宫中荆轲面见秦王，将燕国诡称割让的督亢地图缓缓打开，此时副手秦舞阳竟失色震恐，手足无措。图穷匕见，荆轲直刺秦王，不幸未中，反为秦王抽剑伤腿；勉力投出匕首，仅中铜柱。他知道行刺不成，便倚柱箕踞，傲然笑骂秦王。这一场面，《史记》中有详细叙述，而诗人仅摄取了最惊心动魄的几个镜头，便令读者如身临其境。"舞阳色沮"本在"开地图"前，根据作者的需要而移后，并与荆轲的"骂倨"形成极强烈的对比。一个"空"字，极见嗟叹惋惜之情，意同陶渊明"惜哉剑术疏，奇功遂不成"，并暗含"其人虽已没，千载有余情"的评价。以上两个场景，虽无一语直接赞美荆轲，但字里行间实充溢着誉扬之意。诗人笔下，荆轲的行为已超越具体的时空，而具有一种广义的、抽象的对理想目标义无反顾的成道献身精神。

　　最后三句，见出新意所在。诗人议论说：燕太子丹先是妇人之仁，不肯劝秦将樊於期献首；继又因荆轲等待得力助手，疑其有悔而促之行，张弛失当，实为寡谋，宜其事不成而身死；田光荐荆轲而自刎不必说，可惜樊於期也因此白白牺牲。

这番议论,暗中告诉人们一个哲理:主谋者有误,执行者虽尽忠竭力,也必遭败局。三句从语气上说是末句最强,但从语义上说,则应是首句最强。议论之所以不涉及荆轲,一是因为前面部分既已对荆轲潜致叹惋之情,此处便也不必秉笔另书;二是因为诗的主旨在于启发读者重新认识荆轲故事的悲剧性,诱导人们思考"士为知己者死"是否具有无条件的意义:田光之死为无谓、樊於期之死为"枉杀",那么荆轲之死呢?壮烈乎?可悲乎?反观前面几句,犹有壮气乎?已含悲凉乎?

全诗前八句平韵、仄韵两两交替互换,以叙事作铺垫;后三句同叶一韵,以"断案"(沈德潜语)作结,声律结构上也很有特色。 (庞 坚)

捣 衣　　　　何景明

凉飙吹闺闼,夕露凄锦衾。言念无衣客,岁暮方寒侵。皓腕约长袖,雅步饰鸣金。寒机裂霜素,繁杵叩清砧。哀音缘云发,断响随风沉。顾影惜流月,仰盼愁横参。路长魂屡徂,夜久力不任。君子万里身,贱妾万里心。灯前挥妙匹,运思一何深!裁以金剪刀,缝以素丝针。愿为合欢带,得傍君衣襟。

这首诗是作者听到捣衣的砧声而代思妇言情。开头四句写物候的变化,道出思妇捣衣的原因。一、二两句着眼身旁,即景状物:"凉飙吹闺闼,夕露凄锦衾。""凉飙":秋风。"闺闼":思妇卧室的门内。"锦衾":锦被。唐代边塞诗人岑参《白雪歌送武判官归京》:"狐裘不暖锦衾薄。"秋风吹,晚露降,物候的变化造成了一个凄冷的氛围。两句中不言思妇,而思妇隐然在"闺闼"、"锦衾"之中。诗中曰"凉",曰"凄",既是物候的变化,又是暗示思妇内心凄凉的感受。三、四句将这种感受由近而远,由己及人地推延:"言念无衣客,岁暮方寒侵。""无衣":《诗经·秦风》中有《无衣》诗,是以兵士的口吻唱出的一首军中的歌谣。"无衣客":指出征的兵士。可见,秋风霜露,凄凉寒侵,是思妇捣衣的外因;征夫思妇,两地相思,是思妇捣衣的内因。从"皓腕"句起,由远而近,笔锋收拢,再写思妇。五、六句写思妇之容为征夫而饰:"皓腕约长袖,雅步饰鸣金"。"皓腕":洁白的手腕。"约":缠束。曹植《美女篇》:"皓腕约金环。""雅步":行步闲雅。《文选·陆云〈为顾彦先赠妇二首〉》:"雅步擢纤腰,巧笑发皓齿。"可知"雅步"乃是古代女子所崇尚的一种典雅之美。"鸣金":指行步时发出声响的金首饰。俗话说:女为悦己者容。这位思妇正是为知己者——自己日夜思念的征夫而精心修饰。七、八句写思妇之力为征夫而出:"寒机裂霜素,繁杵叩清砧。""裂":割裂,此处指裁剪。"霜素"：白素。此处指洁白的布匹(元代黄道婆已将纺织技术传入内地，明中叶棉纺织业已相当发展。思妇嫌"锦衾薄"难以御寒，当裁制布衣远寄征夫。)"杵"：捣衣的木槌。"清砧"：捣衣石。杜甫《捣衣》诗："秋至拭清砧。"何诗中的一个"繁"字，可见思妇为征夫捣衣时用力之勤。然而，思妇如此为征夫修饰，如此为征夫用力，终因天各一方，而面不得见，力不可及。九、十句就是写面不得见、力不可及的悲哀："哀音缘云发，断响随风沉。"其意颇似王湾《捣衣》诗中的"风响传闻不到君"。可见，思妇发为哀音，本想借云彩传递给远方的征夫，但风吹云散，徒劳无益。"沉"者，沉没也，指哀音在不远处便销声匿迹。哀音可悲，而哀音"传闻不到君"，不能使征夫体察到思妇的一片爱心与深情，则是雪上加霜、悲中加悲。因而，思妇顾影自怜，仰天长叹："顾影惜流月，仰盼愁横参。""流月"：流水般的月光。张若虚《春江花月夜》中有云："愿逐月华流照君"。何诗中的"惜流月"反用其意：叹惜流动的月光不能伴随着思妇来到远方征夫的身边。"横参"：参星。这里兼指参、商二星。参、商二星此出则彼没，两不相见。因而古典诗歌中常用此比喻人分离不得相见，如杜甫《赠卫八处士》诗："人生不相见，动如参与商。"接着四句是反复强调"远别"与"久别"，从时间与空间的流动上突出思妇的悲哀："路长魂屡徂，夜久力不任。君子万里身，贱妾万里心。""徂"：往。山高路远，人不能往，唯有夜长梦多，魂魄屡往。然而天长日久，精力耗尽，依然是万里相隔，万里相思。李梦阳在《再与何氏书》中曾经讽刺何景明说："'百年'、'万里'，何其层见而迭出也？"其实，"百年"、"万里"等高腔大调的字眼在诗中层见迭出，乃是李、何俩人的通病。不过，这首诗中迭见"万里"，乃是"辞主乎达，不主乎简"，更能够表情达意，加倍地说明征夫思妇远别的凄惨。最后六句注情于物，借物传情："灯前挥妙匹，运思一何深！裁以金剪刀，缝以素丝针。愿为合欢带，得傍君衣襟。""合欢"：欢聚。指男女相结合。"合欢带"，为思妇与征夫相结合的信物。尾六句纯用白描，质朴自然，并且将思妇纯美的情感化为具体形象，贴切生动，感人肺腑。显然，诗人借砧声传情，借景物写人，将"蕙心兰质，绮罗如在"(沈德潜《明诗别裁集》评语)即内心纯美、外表闲雅的思妇形象塑造得栩栩如生，颇有神韵。

(陈书录)

明 月 篇 何景明

什始读杜子七言诗，爱其陈事切实，布词沉著，鄙心窃效之，以为长篇圣于子美矣。既而读汉、魏以来歌诗，及唐初四子者之所为而反复之，则知汉、魏固承三百篇之后，流风犹可征焉。而四子者，虽工富丽，去古远甚,至其音节,往往可歌。乃知子美词固沉著,而调失流转,虽成一家语,实则歌诗之变体也。夫诗本性情而发者也,其切而易见者,莫如夫妇之间,是以三百篇首乎《关雎》,六义始乎风。而汉、魏作者,义关君臣朋友,辞必托诸夫妇,以宣郁而达情焉,其旨远矣。由是言之,子美之诗,博涉世故,而出于夫妇者常少;致兼雅颂,而风人之义或缺,此其调或反在四子下与!暇日为此篇,意调若仿佛四子,而才质猥弱,思致庸陋,故摛词芜紊,无复统饬,姑录之以俟审音者裁割焉。

　　长安月,离离出海峤①。遥见层城隐半轮,渐看阿阁衔初照②。潋滟黄金波③,团栾白玉盘。青天流影披红蕊,白露含辉泛紫兰。紫兰红蕊西风起,九衢夹道秋如水④。锦幌高褰香雾浓⑤,琐闱斜映轻霞举⑥。雾沉霞落天宇开,万户千门月明里。月明皎皎陌东西,柏寝岧峣望不迷⑦。侯家台榭光先满,戚里笙歌影乍低⑧。濯濯芙蓉生玉沼,娟娟杨柳覆金堤。凤凰楼上吹箫女⑨,蟋蟀堂前织锦妻⑩。别有深宫闭深院,年年岁岁愁相见。金屋萤流长信阶,绮栊燕入昭阳殿。赵女通宵侍御床⑪,班姬此夕悲团扇⑫。秋来明月照金微⑬,榆黄沙白路逶迤。征夫塞上行怜影,少妇窗前想画眉⑭。上林鸿雁书中恨⑮,北地关山笛里悲⑯。书中笛里空相忆,几见盈亏泪沾臆。红闺貌减落春华,玉门肠断逢秋色。春华秋色递如流,东家怨女上妆楼。流苏帐卷初安镜,翡翠帘开自上钩。河边织女期七夕,天上嫦娥奈九秋。七夕风涛还可渡,九秋霜露迥生愁。九秋七夕须臾易,盛年一去真堪惜。可怜扬彩入罗帏,可怜流素凝瑶席⑰。未作当垆卖酒人⑱,难邀入座援琴客。客心对此叹蹉跎,乌鹊南飞可奈何!江头商妇移船待,湖上佳人挟瑟歌。此时凭栏垂玉箸⑲,此时灭烛敛青蛾⑳。玉箸青蛾苦缄怨,缄怨含情不能吐。丽色春妍桃李蹊㉑,迟辉晚媚菖蒲浦㉒。与君相思在二八㉓,与君相期在三五。空持夜被贴鸳鸯,空持暖玉擎鹦鹉。青衫泣掩琵琶弦,银屏忍对箜篌语㉔。箜篌再弹月已微,穿廊入闼霭斜辉。归心日远大刀折㉕,极目天涯破镜飞。

〔注〕①离离：历历分明的状态。峤（jiào）：尖而高的山。 ②阿阁：四面有檐的高阁。 ③激滟：波光流动貌。 ④九衢：四通八达的道路。 ⑤幌：幔帐。褰（qiān）：揭起。 ⑥琐闼：雕绘的门户。 ⑦柏寝：春秋齐国有柏寝台，此借指长安城中的高台。 ⑧戚里：汉代长安城中外戚聚居之处。 ⑨吹箫女：秦穆公女弄玉，好吹箫，嫁萧史。公为筑凤凰台，夫妇止其上。一夕，升仙而去。事见刘向《列女传》。 ⑩织锦妻：窦滔妻苏蕙。滔获罪被徙沙漠，蕙思之不置，乃织锦作回文诗寄之。事见《晋书·列女传》。 ⑪赵女：赵飞燕。 ⑫班姬：汉班况女，成帝时被选入宫为倢伃，后为赵飞燕所谮，退求供养太后于长信宫。《文选》载其《怨歌行》云："新裂齐纨素，皎洁如霜雪。裁为合欢扇，团团似明月。出入君怀袖，动摇微风发。常恐秋节至，凉风夺炎热。弃捐箧笥中，恩情中道绝。" ⑬金微：即我国新疆与蒙古接境处的阿尔泰山，秦汉时名金微山。 ⑭画眉：汉京兆尹张敞多情，常亲自为其妻画眉。事见《汉书·张敞传》。 ⑮上林鸿雁：汉武帝时苏武以中郎将出使匈奴，被扣不屈，在北海持汉节牧羊十余年。其后"匈奴与汉和亲，汉求武等，匈奴诡言武死。后汉使复至匈奴，常惠诣其守者与俱，得夜见汉使，具自陈道，教使者谓单于，言天子射上林中得雁，足有系帛书，言武等在某泽中。"（《汉书·苏武传》） ⑯北地：古郡名，在今甘肃东南部和宁夏南部一带，此泛指边塞地区。 ⑰流素：月亮洁白而流动的辉光。 ⑱当垆卖酒人：据《汉书·司马相如传》，司马相如在临邛日曾以琴挑新寡的卓文君，文君乘夜私奔相如。后二人贫，乃尽卖车骑，置一酒舍酤酒，文君当炉（垆），相如杂作，涤器于市中。 ⑲玉箸：玉制的筷子，常用以喻美人流下的眼泪。 ⑳青蛾：女子黛色的蛾眉。 ㉑桃李蹊：古谚云："桃李不言，下自成蹊。"谓桃李之果甘美，吸引人们前来，以至树下走出了一条小路。此喻妇人之美色诱人。 ㉒菖蒲：草名，生于水边。此以菖蒲浦描写冷僻的浔阳江头。 ㉓二八：十六月圆之夜。 ㉔箜篌语：汉相和歌辞有《箜篌引》。崔豹《古今注》云："箜篌引，朝鲜津卒霍里子高妻丽玉所作也。子高晨起，刺船而棹，有一白首狂夫，披发提壶，乱流而渡，其妻随呼止之，不及。遂坠河死，于是援箜篌而鼓之，作《公无渡河》之歌，声甚凄怆，自投河而死。" ㉕大刀折：《玉台新咏》卷十载古诗云："藁砧今何在，山上又有山。何当大刀头，破镜飞上天。"藁砧之歇后语为夫，山上有山为出，刀头即刀身，其上有刀环，谐音还，破镜为半月。全诗大意谓夫出，月半当还。此言"大刀折"，则归无期也。

　　这是何景明的一篇著名的长篇歌行，清代王士禛曾作诗咏道："接迹风人明月篇，何郎妙悟本从天。王杨卢骆当时体，莫逐刀圭误后贤。"（《戏仿元遗山论诗绝句》）王士禛所咏突出了两点：一肯定何景明《明月篇》有"接迹风人"的优点，即继承了《诗经》风诗的精神。二则袭用杜甫论诗绝句语，既肯定初唐王、杨、卢、骆四子诗为"当时体"，自足流传万古，亦指出以之为刀圭（古时量取药物的用具）准绳，刻意拟效之，也是不必的。王士禛这两点议论都是针对《明月篇》诗的序而发的，故要了解这首诗，必先细读它的序。

　　何景明在这篇序中提出了诗歌创作的两点原则。其一：风人之义。他认为诗歌是本诸性情而发的，而人类最基本的情感是男女夫妇之情，这是"切而易见"，最为人们理解，最能打动人心的。因此创作时尽管内心之意在于君臣朋友，而"辞必托诸夫妇"。这其实即是王逸《离骚经序》所说的"依诗取兴，引类譬喻。

故善鸟香草，以配忠贞，恶禽臭物，以比谗佞，灵修美人，以媲于君，宓妃佚女，以譬贤臣。"也即古来谈诗者所高倡的言微意婉的比兴之旨。这一特点在三百篇中的风诗以及汉魏的乐府歌谣中最显著（当然有许多描写男女之情的诗歌并无微言大旨，其所谓君臣大义乃是后来说诗者硬加上去的）。当时何景明与李梦阳、康海、徐祯卿等人同倡复古，提倡写古诗要学习汉魏，何景明认为汉魏古诗的精神正在于此，即所谓"风人之义"。据此他便批评杜甫，杜甫的歌行名篇，如《洗兵马》、《哀江头》等，都是以直陈铺叙的手法刻画时事，以赋体为主，而比兴次之，故均不合何景明的标准，乃被讥为"出于夫妇者常少"，"而风人之义或缺"。其二：音节可歌。何景明重视七言歌行可歌可咏的特点。七言歌行盛于唐代，其渊源在汉魏以及齐梁的乐府。由于各家所继承的不同，其特点也不同。要而言之，初、盛唐时期歌行有两派："李杜歌行，扩汉魏而大之，而古质不及；卢骆歌行，衍齐梁而畅之，而富丽有余。"（胡应麟《诗薮》）何景明作歌行初学杜甫，其名篇如《岁晏行》、《玄明宫行》，"陈事切实，布词沉著"，正是典型的杜甫的风格。后来他艺术趣味发生了变化，读初唐四子，特别是卢照邻、骆宾王的长篇歌行，爱其词调流转，音节可歌，乃改而效之，写了《明月篇》、《流萤篇》、《昔游篇》等诗，风格全然地变了。卢照邻、骆宾王的歌行受齐梁乐府的影响较大，其特点是意旨婉转，词采妍丽，尤其是声律十分讲究，"韵则平仄互换，句则三五错综，而又加以开合，传以神情，宏以风藻，七言之体，至是大备"（《诗薮》）。严格说来七言歌行体诗正是到了初唐四子手中才正式完成，以后岑、王、李、杜，乃至元、白、张、王，都是在此基础上加以变化，发扬光大。当时前七子都提倡复古，溯源探本，师法务取乎上，因此何景明由学杜甫的歌行转而学初唐四子的歌行也是自然的。何景明对自己这一认识的转变相当重视，故不但付诸创作实践，还特意在这首诗前写了这样一篇罕见的长序。

何景明此诗作于正德六年（1511）复官中书舍人之前后。先是正德初年宦官刘瑾擅权，朝政紊乱，何景明曾上书切责之，以是得罪，第二年被罢官。至正德五年刘瑾伏诛后，始因李东阳荐复职，然其时武宗宠信佞臣江彬、钱宁，朝政依旧没有什么起色，何景明在京城仍不能有所作为。正如《昔游篇》所描写的："金门上书久不报"，"我在长安嗟系匏"，"可怜旧宾友，逝者复谁还"，于是只得"日与李薛辈，诗酒纵欢歌"，借酒消愁，写诗抒愤了。

全诗共七十二句，凡十二换韵，故从音律分可得十二个自然小节。然从文意分，则可分为五段，前三节，末三节各为一段，中间每二节为一段。

第一段从"长安月"至"万户千门月明里"，描写长安中秋的月色。长安的月亮,清晰而明彻,在作者的想象中它该是从东海中的小山尖上升起,然后在巍峨的长安城头先露出半面,接着照到了城中高耸的楼阁。它光彩流动,圆满已极,如一面晶莹的白玉盘高高地挂在天空。在它的辉映下,周遭的一切都发生了神秘而奇异的变化:青天似披红蕊,白露若含紫兰,长安城中数不尽的绮窗绣户都似沉浸在一派澄明而又绚丽的光波之中。这段描写想象丰富,词采妍丽,特别是用了如"黄金"、"红蕊"、"紫兰"之类的鲜艳的色彩来描写皎洁透明的月光,颇有些匪夷所思,读者在吟诵时自不免要费力地去理解它,尽管不可能有明晰的解释,只能似解非解,但在这理解的过程中,想象力却不知不觉地被激发了起来,在一种缥缈空灵的境界中,随着作者神驰万里,研精于无形。

以上第一段写长安月夜的自然景观,接下自"月明皎皎陌东西"至"班姬此夕悲团扇"为第二段,写月色笼罩下的长安人。月光皎洁,照得长安城中大小街坊如同在白昼一般地清晰。古人诗云:"贫疑陋巷春偏少,贵想豪家月最明",可不是吗?"侯家台榭光先满",公侯贵戚家的杨柳芙蓉、莺歌燕舞,恰与平常人家的蟋蟀悲吟、思妇愁绪,以及深宫偏殿的寂寞凄清,形成鲜明的对照。她们或如求得佳偶的吹箫女,或如伤离恨别的征人妻,或如昭阳殿中得宠的赵飞燕,或如幽居长信宫的班婕妤。人们的荣辱际遇如此地悬殊,又如此地变幻莫测,这便是人生么?作者面对皎洁而有些虚幻的月光、真切而不免令人迷茫的人生,情致越来越深沉,文思却越来越活泼了。正如《文心雕龙·神思》篇所称:"故寂然凝虑,思接千载,悄焉动容,视通万里。"接下第三、四段作者便分别从空间与时间的角度抒写自己在月光下的沉思。

第三段从"秋来明月照金微"至"玉门肠断逢秋色",突出广袤无垠的空间给人们带来的愁思。月光普照大地,它辉映京城,同时也把光芒洒向黄沙莽莽的边塞。千里万里,月光于瞬息间便可到达,而对于人们却是难以逾越的间阻。多少征夫思妇、行人墨客,对月伤怀,把笔零涕,只能藉鱼雁来传书,奏玉笛以抒恨。空间与时间是事物存在的不同表现形式,空间的阻隔必然地加强人们对时间流逝的感叹。深闺少妇在离愁别恨中春容迅急地消逝了,远在边塞的征夫也是年复一年地为秋色而肠断。以下遂很自然地转入第四段,"春华秋色递如流,东家怨女上妆楼",这段共十四句,集中地以"东家怨女"为对象,抒写她对岁华流逝的怅惘。尽管"流苏帐卷"、"翡翠帘开",因为没有如司马相如那样"援琴客"的陪伴,一切都显得寂寞而空虚。九秋七夕,时节如流,盛年一去,永不再回复了。

自"客心对此叹蹉跎"以下为最后一段。作者写至此,心情已十分激动,既为古往今来千千万万的征夫怨女一掬伤心之泪，也不禁为自己的身世际遇而感叹。"客心对此叹蹉跎，乌鹊南飞可奈何！""乌鹊南飞"是曹操《短歌行》中的诗句，"月明星稀，乌鹊南飞，绕树三匝，何枝可依？"作者引此是写"客心"的彷徨无依。此"客心"之客，指的是谁呢？或泛指伤离恨别之客，或启下文，为浔阳江头夜送客之白居易，或者竟是作者自谓。通观全诗，作者都是采取第三者的口吻对月光下的众生百象作客观的描绘，至此似乎情有所不能抑，乃在此"客心"一词中稍稍逗露出诗人自己的形象。故以下借用白居易《琵琶行》的故事写浔阳江头商人妇的幽愁暗恨，其声凄怨，似已把客观的描绘与主观的抒发融合在一起了。诗人先以"垂玉箸"、"敛青蛾"四句极言商妇的愁态，然后以"丽色"以下六句作今昔对比。当日姿容美丽，如春日之桃李，引得王孙公子追逐不已，如今则似西斜的夕阳，只能在冷僻的浔阳江边展示它那行将消逝的余辉。当日也曾在月圆之夜"相思""相期"，充分享受过爱情的熨帖，如今则往事如烟，空自在琵琶弦上诉说相思之苦了。人间的离情别绪是如此浓烈，欢娱之日常少，而离别之日苦多，真如辛弃疾《贺新郎·别茂嘉十二弟》所咏："啼鸟还知如许恨，料不啼清泪长啼血。"长安秋色的月光再圆美再清彻，能不为人间如许的情愁而伤心吗？在诗人的想象中，随着琵琶与箜篌的泣诉，月色渐渐黯淡，月轮也渐渐残缺。"君问归期未有期"，极目天涯，团圆之日正未可期待呢！

何景明这首诗有意识地在意调上"仿佛四子"，其艺术风格与卢照邻的《行路难》、《长安古意》，骆宾王的《帝京篇》、《畴昔篇》确实很相像。其一，意象妍丽，词藻华艳。譬如卢照邻《行路难》通过"娼家"与"公子"的悲欢离合来写"人生贵贱无终始"，何景明这首诗则通过赵飞燕、班姬、东邻女、商人妇来写人生的离愁别恨。他们又都重视并追求词汇的音声色调，如这首诗中的"黄金波"、"白玉盘"、"红蕊"、"紫兰"、"流苏帐"、"翡翠帘"、"扬彩"、"流素"、"玉箸"、"青蛾"、"贴鸳鸯"、"擎鹦鹉"等，这样便使全诗呈现出一种婉柔繁缛之美。其二，音节婉转、流畅。诗中不但运用了许多双声、叠韵的语词，以及六朝民歌中常用的连珠顶真之格，还大量地叠字叠词，如"濯濯"、"娟娟"、"年年岁岁"，如"紫兰红蕊西风起"、"春华秋色递如流"、"书中笛里空相忆"等句均与前句之语词重复，在诗意上前后呼应。还有一种发语词相同的叠句，如"可怜扬彩入罗帏，可怜流素凝瑶席"，"此时凭栏垂玉箸，此时灭烛敛青蛾"等。以上这些词式、句式，既加强了语气，突出了诗人的感情焦点，又使读者在反复咏叹中感受到一种流转往复之美，使人回肠荡气，为之陶醉。此外全诗很长，但句式有参差，尤其是注意用韵的变化，每隔数句必换韵，平仄互间，使整齐中寓变化，诗虽长而不显得单调。

当然,何景明写这首诗并不以音节可歌,仿佛四子意调为满足,他还追求"风人之义",要求在夫妇男女之词外,见出君臣朋友之义。故这首诗的字面义是歌咏男女离别之恨,其深层的意蕴实指向时事与朝政。结合前面关于这首诗创作背景的介绍,作者感叹世事多变及自己不能为朝廷所用的意旨是十分明显的。

何景明这首诗的写作总的说来是相当成功的,继承了初唐体歌行的风格,完成了自己在诗序中提出的两点创作意图。正因为此,王士禛称赞他"接迹风人明月篇,何郎妙悟本从天"。但是他在序中过分地贬抑另一类以杜甫为代表的"陈事切实,布词沉著"的歌行体诗,则是不妥的,诗歌的道路应当是宽广的,各体有各体的优点,必以为"义关君臣朋友,辞必托诸夫妇",显然是片面而狭隘的观点。当时李梦阳便批评他一味"清俊响亮",而没有"柔澹沉著含蓄典厚之义"。总之《明月篇》词采繁缛,意旨隐约,这既是优点,也是缺点。何景明写完这首诗后,想必也有所感觉,故在序的末了又自称:"摘词芜茭,无复统饬"。确实是这样,诗中大量相类似的词采、意象交替递进,或反复出现,自然易于使人产生"芜茭"而无"统饬"之感,同时讽谕之义也易于被美丽的藻饰、繁复的意象所淹没,然这正是初唐体歌行易于犯的一种通病。正因为此王士禛在赞美了《明月篇》之后,还要谆谆地再加上一句:"王杨卢骆当时体,莫逐刀圭误后贤。"

(刘明今)

【诗人小传】

傅汝舟

(约1544年前后在世)本名舟,字虚木,号丁戊山人,一号磊老,侯官人。善养生。晚慕仙家服食之术,舍乡井遨游山水。为十才子之一。汝舟好为诗,刻意学郑善夫,善为荒诞诡谲之语。著有《傅山人集》三卷。

从 军 行

傅汝舟

沙场说是男儿事,梦里常闻有杀字。不读竖儒祸世书,宝剑亲磨光有刺。古人惟喜班定远①,掷笔封侯兴不浅。更爱雄豪郭子仪②,百万丑夷一剑卷。即今岂少貂蝉冠③,多少伤心不挂眼。时厌太平不厌乱,旃裘④酪乳寻常惯。醉枕髑髅向月歌,弓刀不许文章换。忽闻塞上腥风起,倒卷长须向天喜。昨夜匣中似虎鸣,丈夫杀人正在此。筑坛黄榜招从军,天子股栗⑤将军死。兜鍪⑥铁马容无变,只身出门何所恋。回头但语帐下儿,不知此去还相见。黑山墨雨一夜驰,叱时千里如飞电。当途猛虎战毒龙,劈脑穿鳞毙一箭。朔风吹结眉上冰,胡笳⑦泣月声难听。无头老鬼作汉语,弓梢扑刺弹兵魂。阴云漏日天雨血,白昼迷迷五尺雪。忽然刁斗⑧迸火光,烧成壮士心头铁。铁心吼入红旗队,十战妖兵犹不退。喝声斩下单于⑨头,百万胡儿都下泪。屠人磔磔⑩如屠羊,震野哭声堪一醉。斩人又酷如斩草,十千首级犹嫌少。捶牛痛饮发凯歌,鼍鼓⑪逢逢⑫十夜晓。珍珠玛瑙给战儿,独爱胡姬不爱宝。正点回兵又赐剑,四边敕命巡来遍。旌旗乱卷梨花云,士卒衔枚如一线。匈奴拂剑拟自杀,况是闻名未见面。男儿舍心还舍头,舍头未得还封侯。功名竖立在边塞,岂肯兀坐如枯囚。归来醉卧锦堂月,始知出门由好杀。君不见古来大将霍嫖姚⑬,白骨如麻麟阁⑭高。

〔注〕 ① 班定远:即班超(33—103),字仲升。东汉扶风安陵(今陕西咸阳东北)人。曾投笔叹曰:"大丈夫无它志略,当效傅介子、张骞立功异域以封侯,安能久事笔砚间乎!"后立功于西域,封定远侯。 ② 郭子仪:唐华州郑(今陕西渭南市华州区)人(697—781)。玄宗时为朔方节度使,平安史之乱,功第一,累官至太尉、中令书,封汾阳郡王。 ③ 貂蝉冠:饰以貂尾和蝉羽的冠帽。始用于汉代武官。 ④ 旄裘:用毛(多为羊毛)制成的衣服。 ⑤ 股栗:腿打颤。 ⑥ 兜鍪:头盔。 ⑦ 胡笳:古代北方少数民族管乐器。其音悲凉。 ⑧ 刁斗:古代行军用具,铜制,可容一斗,昼作炊具,夜则击之巡更。 ⑨ 单于:汉时匈奴称其君长为单于,单于本义为广大之貌。此借指少数民族首领。 ⑩ 磔磔:象声词,此指骨裂声。 ⑪ 鼍鼓:鼍皮制成的鼓,鼍即今之扬子鳄。 ⑫ 逢逢:鼓声。《诗经·大雅·灵台》:"鼍鼓逢逢,矇瞍奏功。" ⑬ 霍嫖姚:即霍去病(前140—前117),西汉河东平阳(今山西临汾西南)人。曾任嫖姚校尉,嫖姚,劲疾貌。 ⑭ 麟阁:即麒麟阁,汉宣帝时图绘功臣之所。按所绘人物有霍光而无霍去病,但后世文人每有混淆。如李白《塞下曲》之三:"功成画麟阁,独有霍嫖姚。"

  本诗是一首七古长篇,以淋漓酣畅的笔墨记录了古代壮士从军塞上,在腥风血雨中奋勇杀敌、立功封侯的过程。作品风格粗豪恣肆,描写细致生动,特别是在渲染战斗的残酷性上刻意用功,充溢着一种铁血英雄的尚武精神。此诗在用韵上多以仄韵上、去声互换,全诗六十二句中,入声韵仅六句,平声韵仅十句,且常常打破一般转韵七古二韵脚一换韵的惯例,多以三韵脚一换韵,故在音节上尤显奇崛险厌。诗基本上可分为四大段,第一段十四句,第二段十四句,第三段二十句,第四段十四句。

先看第一段。起四句,主人公说:沙场征战乃男子汉大丈夫之所为,我做梦也只做杀敌之梦,不愿读书,只爱磨剑。其斥儒者为祸世,贬读书为无用,狂态可掬。"光有刺"兼及剑光之耀与剑锋之锐,并寓跃跃欲试之意。东汉马援的名言:"男儿要当死于边野,以马革裹尸还葬耳",为此数句之本。下六句转韵,赞赏班超、郭子仪的武功,说武将应当受到重视,征战中的死伤不足挂眼。"时厌"二句又转韵,进一步强调文不如武,甚至说因渴望上阵厮杀,竟对太平之世感到厌烦,而唯恐天下不乱。"醉枕髑髅"一语,颇见隐伏的一股杀气,"弓刀"一句则回应上文"不读"一句。这一段中,语气颇足惊人,表现出极端强烈的尚武精神,前人的从军诗中,不敢作此数语。

第二段,"忽闻"以下六句,写壮士一听说边塞有战事便仰天大笑:原来昨夜匣中剑鸣,正是催我去那儿杀敌立功;可笑因边帅战死,天子竟胆战心惊,慌慌忙忙筑坛张榜来选将招兵,哪知道我正是荡寇扫房的奇才,早就在等着这一天。"倒卷长须"一语,刻画人物神态颇为生动。继而八句一转韵,写壮士甲胄在身,无所顾恋地驰马出门,从军出征。"容无变"正与"天子股栗"形成鲜明对比,从容果敢的气度跃然纸上。但壮士毕竟有家有口,终于忍不住转声向帐中的儿女们说:"不知这一去还能不能再见面?"全诗中仅有这"回头"二句写壮士的常人之情,使读者感到壮士毕竟不是冷血杀手。再看军情火急的行军途中,王师昼夜兼程,马不停蹄,披星戴月,一夕千里,遇有毒蛇猛兽阻路,便一击而毙,略无迟滞。此处笔势颇为急捷。"黑山墨雨"状夜景极妙,"毙一箭"不但写出壮士身手不凡,也暗示时间紧迫,不暇宽缓。

第三段前四句,写深夜到达战地宿营。朔风凛冽,须眉凝冰,胡笳凄恻,声传荒漠。恍惚中,失去头颅的沙场野鬼哽咽而吐汉语;无聊时,拨动弓梢的"扑刺"之声竟似弹倒了阵亡士兵的一缕幽魂。续四句,写天终于破晓,但惨淡的阴云仅裂开一缝,漏出几道凄艳的阳光,像是天上垂下的几丝血雨,一眼望去,迷迷茫茫,四外都是皑皑白雪。忽然间,金柝一击,迸出火光,这星星之火,顿把壮士猛厉之心烧炼得坚强如铁。数句中,"鬼作汉语"、"弓弹兵魂"和"刁斗迸火烧心铁"的意象奇诡之极,凡笔莫办。后十二句写壮士秉着铁心虎胆怒吼上阵,连战不退而勇斩敌酋,令胡虏大恸。杀敌如屠羊,如割草,敌人震野的哭声竟令他陶醉。终于打了胜仗,宰牛狂饮,欢庆的歌声、鼓声似乎将黑夜变成了白昼。论功行赏,壮士不爱所缴珠玉,独爱所俘美人。这一段实为全诗主干,沙场的阴惨,战斗的残酷,壮士铁血英雄的粗豪狂烈气概,历历如在目前。

第四段,写主人公(壮士)正在收兵点名,京城帝使已飞骑传旨宣示:天子赐尔尚方宝剑,命尔巡视四方边塞。但见旌旗如云,兵列一线,胡虏闻名丧胆,几欲自杀。"旌旗"二句,善写军容之肃,遂显军威之盛,旗乱与队整对比衬托,曲尽其妙。最后,主人公慨道:男儿既有驰骋沙场之心,便须不惜一掷头颅,若未战死,终得封侯,功名富贵当在边塞一刀一枪地搏取,哪肯坐等而错失良机。现在功成荣归,更知从军即由好杀,古来名将的纪功楼阁,岂不正因为建筑在层层白骨的基础上才显得高峻?这与曹松"一将功成万骨枯"语近而意不同,认为战争杀人无法避免,以血取荣理所当然,而不是予以否定。此种思想虽然过于露骨而颇显残忍,与"圣人号兵为凶器,不得已而用之"(见《六韬》)的古训相背,实际上却不过是"壮志饥餐胡虏肉,笑谈渴饮匈奴血"的延伸而已。或以为此即精神分析学说所谓"死的本能"之里比多的宣泄,将嗜血的原始欲望的潜意识表面化了,也可备一说。(李白虽写过多首反战诗,不也有过"十步杀一人,千里不留行"、"杀人如剪草,剧孟同遨游"之类的句子吗?)但如果我们将明代边患频仍,前有鞑靼、瓦剌,后有建州女真入寇的史实与本诗相联系,似乎更能说明诗人尚武好杀的用意。

(庞 坚)

诗人小传

骆用卿

明诗人。字原忠,余姚(今属浙江)人。正德戊辰进士,官兵部员外郎。

题 韩 信 庙

骆用卿

逐鹿中原汉力微,登坛频蹙楚军威。
足当蹑后犹分土,心已猜时尚解衣。
毕竟封侯符蒯彻,几曾握手到陈豨?
英魂漫洒荒山泪,秋草长陵久落晖。

这首咏史诗意在为韩信翻案鸣冤。所谓"翻案",是说这首诗一反正史上对韩信死因的评说。司马迁在《史记·淮阴侯列传》中是这样评说韩信之死的:"假令韩信学道谦谦,不伐己功,不矜其能,则庶几哉,于汉家勋可比周、召、太公之徒，后世血食矣。不务出此，而天下已集，乃谋畔逆，夷灭宗族，不亦宜乎！"对于韩信被斩，并被"夷灭宗族"，骆用卿的看法与《史记》作者司马迁截然不同。他在《题韩信庙》中为其鸣冤叫屈。这主要采用了摆事实、作比较等手法。

首联侧重于汉方力量前衰与后盛的对比："逐鹿中原汉力微，登坛频蹙楚军威。""逐鹿中原"：比喻群雄并起，争夺天下。《汉书·蒯通传》："秦失其鹿，天下共逐之。"颜师古注引张晏曰："以鹿喻帝位。"初唐魏徵《述怀》诗："中原还逐鹿，投笔事戎轩。"可见，"逐鹿中原汉力微"句在"一"（"汉力"）与"多"（群雄）的对比中，说明在群雄纷争的初期汉王刘邦的力量处于弱势。接着，以"登坛频蹙楚军威"与"汉力微"在时间的前后上形成强烈的对比，说明汉王刘邦在后期（楚汉相争时期）由弱转强。这是什么原因呢？诗中以"登坛"二字作了简括的回答。"登坛"：指刘邦接受萧何的意见，"择良日，斋戒，设坛具礼"（《史记·淮阴侯列传》），拜韩信为大将。频：屡次。蹙：迫，挫败。"登坛"是写汉方力量由弱而强的"前因"，"频蹙楚军威"是其"后果"。由此可见，登坛拜将后的韩信在楚汉相争中举足轻重的作用。显然，"逐鹿"句作一与多的对比是欲扬先抑，为首联前后两句的对比蓄足声势，从而加倍地宣扬韩信登坛拜将后的历史功绩。

颔联将刘邦猜忌的心态与作假的言行作对比："足当蹑后犹分土，心已猜时尚解衣。""足当蹑"句，是指汉四年（公元前203年），韩信领兵平定齐地，派人报告刘邦，并请为"假（暂摄）王"，刘邦大怒。这时，谋士张良、陈平暗中踹刘邦的脚，示意他顾全大局，暂时立韩信为齐王。刘邦醒悟，慌忙改口说："大丈夫定诸侯，即为真王耳，何以假为！"便派张良前去立韩信为齐王。"蹑"：踹。"分土"：指分地以立诸侯王。"心已猜"句：是指楚霸王项羽曾派武涉去游说韩信，劝他反汉而与楚连和，以形成楚、汉、齐三分天下的局势，但韩信以为"汉王授我上将军印，予我数万众，解衣衣我，推食食我，言听计用，故吾得以至于此"，不忍心背弃汉王刘邦（见《史记·淮阴侯列传》）。其实，当时刘邦对韩信已有猜忌，只不过巧借伪善的言行加以掩饰罢了。"解衣"：即"解衣衣我"，将好衣服分给我穿。这二句是当句对比，以"足当蹑后"与"犹分土"形成反比；又以"心已猜时"与"尚解衣"形成反比。在这将刘邦猜忌的心态与作假的言行作强烈的对比中，极力刻画刘邦诡诈的性格。正是在这种诡诈性格的支配下，刘邦猜忌功臣，制造冤案，使曾经"登坛频蹙楚军威"的韩信成为一个屈死的冤鬼。

颈联将韩信一生中的"幸"与"不幸"作对比："毕竟封侯符蒯彻，几曾握手到陈豨？""蒯彻"：范阳（今河北省定兴县）人，《史记》、《汉书》为避汉武帝刘彻讳，均作蒯通。他曾经对韩信说："相君之面，不过封侯，又危又安。相君之背，贵乃不可言(说韩信的背相贵至不可限量)。"(《史记·淮阴侯列传》)"毕竟"句言韩信之"幸"是故作旷达之语,相形之下,"几曾"句言韩信之"不幸"倍感凄惋。"几曾":何曾,即不致如此。"握手到陈狶":据《史记·淮阴侯列传》说:"陈狶(宛朐人。宛朐,汉所置县,故城在今山东省菏泽县西南)拜为钜鹿守,辞于淮阴侯(韩信),淮阴侯挈(拉着)其手,辟左右与之步于庭"。后来陈狶谋反,吕后认为韩信与陈狶勾结,便斩韩信于长乐宫中的悬钟之室。对此,诗人以"几曾"句大声反问,对于制造韩信冤案者的怨愤之情溢于言表。

尾联侧重于韩信庙、刘邦墓氛围的对比:"英魂漫洒荒山泪,秋草长陵久落晖。"出句写韩信庙的氛围,对句写刘邦墓的氛围。"长陵":汉高祖刘邦的陵墓,在今陕西省咸阳市东北。而韩信庙在山西省灵石县南韩侯岭上。两地远隔,遥相对比:韩信庙英魂不屈,其时时刻刻鸣冤叫屈的泪水,和络绎不绝的拜庙悼念者同情的泪水漫洒在荒山之上;而刘邦墓却被后人冷落,久久地沉没在荒草之中,隐藏在夕阳的余晖之下。一为人们关注的热点,一为人们久久冷落。在这一冷一热氛围的对比之中,可见出韩信与刘邦在人们心中的历史地位。前三联均为叙事或议论,唯有尾联纯为写景,将爱憎之情化为具体的景象,贴切生动,意味更长。

这首咏史诗不仅为韩信翻案鸣冤,而且以形象说理。这个理,借用韩信自己的话来说,就是"狡兔死,良狗亨(烹);高鸟尽,良弓藏;敌国破,谋臣亡。"(见《史记·淮阴侯列传》)值得注意的是,《题韩信庙》这支鸣冤曲出现在明代中叶,联系到当时不少帝王雄猜、迭兴冤案的历史事实,更发人深思。

(陈书录)

杨 慎

【诗人小传】

(1488—1559) 字用修,号升庵,四川新都(今属四川)人。正德六年(1511)试进士第一,授翰林修撰。世宗时充经筵讲官,因议礼事获罪,谪戍云南永昌卫(今云南保山),投荒三十余年,卒于贬所。天启中追谥文宪。慎学问博洽,著述繁富,居一时之首。他与何景明等为友,却能冲出七子格局,提出"人人有诗,代代有诗"口号。其诗歌创作上溯汉魏六朝,出入三唐,不废宋诗,以绮藻丽词、宏肆渊博自成一格。但也有错采镂金之弊。贬谪以后诗风有所转变,特多感愤。其七绝尤为流丽蕴藉。又能文、词及散曲。其论古考证之作,范围颇广,但也时有疏失。有《升庵集》、《陶情乐府》。

出　郊　　　　　　　　　　杨　慎

　　高田如楼梯，平田如棋局。
　　白鹭忽飞来，点破秧针绿。

　　我国西南地区的农业经济自两宋以来得到了较大的开发，到了明代中叶，愈见发展。如果说吟咏中原农田春光的诗篇早就涌现在诗人们的笔下，刻画江南一带水乡春色的诗作自魏晋以来也迭有佳句的话，那么，广大西南丘陵地区的田园春景，大致是在明代以来才开始为诗人们描摹的。在同类作品中，杨慎（四川新都人）这首《出郊》诗，堪称为代表作。

　　全诗用极其浅显而流畅的语言，捕捉了西南山乡水田的典型的春色意象：在一坡坡修整得非常精致的梯田旁，有一片片棋盘般的平整的水田，犹如一望无际的绿色地毯。偶尔有白鹭飞来止息，点破如针芒般的绿色秧田，留下洁白的身影。从艺术表现手法来看，此诗看似信手写来，其实独具匠心。全诗以郊外踏青者的目光为描写的触角，先由仰视和俯视描绘了从远处到近处的郁郁葱葱的秧苗所染出来的浓浓的春色，从而凸现了南方山乡水田的静态的春光。紧接着，目光随突然掠来的白鹭而转移，在被"点破"的"秧针绿"的特写镜头上定格，由静而动，再配之以色彩的强烈对比（鹭之白与秧之绿），这就使得戛然而止的诗篇更富有自然的情趣。显然，这样的情趣又是与全诗所赞美的南方山乡水田的生机盎然的气息浑为一体的。这令人想起宋代杨万里的"诚斋体"。杨万里以描写自然风光取景新颖生动见长，特别强调"活法"，善于速写自然景物的美妙瞬间，这首诗的后二句，颇得此中三昧，可谓与杨万里不谋而合。
　　　　　　　　　　　　　　　　　　　　　　　　　　　　（文　华）

柳　　　　　　　　　　杨　慎

　　垂杨垂柳管芳年，飞絮飞花媚远天。
　　金距斗鸡寒食后，玉蛾翻雪暖风前。
　　别离江上还河上，抛掷桥边与路边。
　　游子魂销青塞月，美人肠断翠楼烟。

　　从《诗经》开始，在中国历代诗歌中，吟咏杨柳的诗篇不胜枚举，但直至明代杨慎咏《柳》之作出，清代评论家沈德潜才认为他把柳写活了。兹将这首被称为"是一株活柳"（王夫之《明诗评选》）的诗录之于上，以供欣赏。

　　低垂的袅娜的柳丝，在春风中轻轻摆摇，似乎多情地绾系着人类美好的春天。飞飞扬扬的柳絮,似花非花,漫天飘舞。首联两句写杨柳在整个春天何其得意。每年冬尽春来,柳树最先抽芽,"何处生春早,春生柳眼中"(元稹诗),好像是她迎来了春天。杨柳在春天的大地上又是无处不在,那春风杨柳千万条的景象,可谓占尽春色。直到春尽的时候,柳絮如花似雪,把春天点缀得更加妩媚了。垂杨垂柳,你是春天的宠儿,似乎整个春天都是属于你的。在这两句中垂杨即垂柳,飞花即飞絮,而一经重叠使用,眼前仿佛出现处处垂柳成行,满天柳絮飘飞的开阔景象,而又使诗句富有委婉抒情、一唱三叹的韵致。

颔联"金距斗鸡寒食后,玉蛾翻雪暖风前"是紧承首联,进一步渲染杨柳的"管芳年"和"媚远天"。在清明节快要来到的早春时节(寒食节在清明前二三天),柳树开始冒出嫩黄色新芽,就像人们在斗鸡时套在鸡脚上的金属套。而暮春时节的柳絮,则像白色玉蛾在漫天飞雪中翻飞。诗人用"金距斗鸡"形容淡黄色柳芽,兼备柳芽的色、形、神,堪称精妙。而用"玉蛾"形容一团一团的柳絮,极形象,而在漫天大雪中飞舞,又写出了柳絮"媚远天"的气势。你看,柳丝摇金,是春天的序幕,那柳花飞雪,则是春天的尾声了。它不是管领着整个鸟语花香的春天么!

以上二联写尽杨柳的绮丽风光,春风得意,可是,它在世人的眼里,总是扮演着悲剧的角色,总是作为人生别离的象征而存在的。自从《诗经》"昔我往矣,杨柳依依"的诗句一出,从此,杨柳和人间离别之事结下不解的情缘。正如唐代诗人说的"长安道上无穷树,只有杨柳管别离"。汉唐以来,又有了折柳赠别的风俗。

你看那"别离江上还河上,抛掷桥边与路边",年年柳色,灞桥伤别,那"江上河上"的依依杨柳啊,多么使人黯然伤神!那桥边路边抛掷的折断的柳枝啊,意味着人生多少伤心泪!在这一联里,"江上还河上"、"桥边与路边",又用字句重叠的手法,造成了一种咏叹抒情的风调,自古多情伤离别,这是一种多么深广的人生痛苦啊!

尾联紧承上联并进行引申,由写柳的悲剧色彩,转而正面写人的悲剧命运:"游子魂销青塞月,美人肠断翠楼烟。"在那"江上河上""桥边路边"折柳分别以后,关山远隔的心爱的人过着怎样凄苦的岁月啊!远客边关的游子有多少夜晚望月伤心,思念亲人。而空闺思妇啊,年年陌头柳色唤起她多少愁情。青楼远望,而那拂郁的柳丝又如轻烟遮断了她的视线。此情此景,令人伤心断肠。结尾虽写人事,又紧密联系着杨柳来写,揭出咏柳题旨,堪称点睛之笔。

这首诗摹物工巧,思致悱恻,声韵流转而不伤靡弱,语词绮缛而不失清新。全诗八句皆对,工整自然,不愧是杨状元大手笔也!杨慎,号升庵,四川新都人,出身书香门第,从小饱读诗书,二十四岁高中状元,是当时翰林院大才子。他写诗醉心六朝,一时艳情丽曲,流布天下。最难得的,他还找到了一位情投意合的红粉知己,他的夫人黄峨是一位工诗文,擅词曲而又温柔多情的女诗人。这位状元郎走着如花似锦的人生道路。这位历史上罕见的幸运儿,该为多少人羡慕。但谁也没想到的事发生了,朝廷大臣在皇统继承"大礼"的问题上意见分歧,这位书生气十足的杨状元卷进这场斗争,结果激怒了嘉靖皇帝,两次廷杖,把他打得死去活来,然后撵出朝廷,发配充军云南。从此,杨慎和他的夫人唱起了悲苦的人生的离歌。这支离歌他整整唱了三十四年,最后死于贬所。杨慎悲欢的一生不也很像他笔下的柳树么?"游子魂销青塞月,美人肠断翠楼烟。"不就是这对长期分离的文学鸳侣的写照么?沈德潜称赞杨慎这首《柳》诗"是一株活柳",我想也许其中还隐约可见一个"活人"呢!

(铁 明)

三 岔 驿　　　　杨 慎

　　三岔驿,十字路,北去南来几朝暮。朝见扬扬拥盖来,暮看寂寂回车去。今古销沉名利中,短亭流水长亭树!

　　驿站是封建时代官员来往休息、信使饲马换乘的站点。"三岔驿"实有其地,但杨慎并未到过,诗中所写,当是泛指,不必坐实。"北去南来"的"北去",指升官北上京师;"南来"谓谪迁南返;"几朝暮"极言时间短暂,形容宦海升沉,变生瞬息。"朝见""暮看"两句说:当那些官员升官内调时,车盖如云,前呼后拥,意气扬扬,不可一世;不料很快又贬官南归,坐着车无声无息地回去。他们北去南来,都要经过驿站;这驿站便成了此辈宦海浮沉的见证人。于是诗人无限感慨地说:"今古销沉名利中,短亭流水长亭树。"意思是:古往今来,无数追名逐利之徒,升沉出没,荣辱变化,往往一梦醒来,黄粱未熟。但是这个驿站,这送别行人的短亭长亭,却仍然是旧时流水萦绕,当年绿柳依依。面对这变幻的人事与不变的景物,能不令人深刻思考人生的出处行藏吗?

　　杨慎的父亲杨廷和,曾身居宰辅,位极人臣;杨慎自己二十三岁以殿试第一名大魁天下,授官翰林院修撰,青年时代就位居清要,真可谓春风得意。不料三十六岁时因抗疏言事,耻与桂萼、张璁之流为伍,辞不就翰林学士任,惹怒了明世宗,下狱廷杖,远戍云南边陲,直到72岁老死。因此,这首小诗,既写出了官场的悲喜剧,具有典型意义;也包含了诗人个人政治生涯的亲身体验。他被放逐投荒之后,多暇日,于书无所不览,写成诗文杂著二百余卷,其著作之宏富,记诵之博洽,明代推为第一人。这也可以说是失之东隅,收之桑榆。驿站兴感,本是老调。但前人诗词,写的多是个人的飘零蓬梗,失路天涯;杨慎却站得高,冷眼阅世,悟名利之误人,倒不如"寂寂寥寥扬子居,年年岁岁一床书。独有南山桂花发,飞来飞去袭人裾"(卢照邻《长安古意》)。从诗的立意看,其识见已经高人一等。

在复古主义笼罩文坛的明代中叶,杨慎是前后七子之外的著名诗人。他的诗"含吐六朝,于明代独立门户"(《四库全书总目提要·升庵集》评)"随物赋形,一空依傍;于李何诸子外,拔戟自成一队"(《明诗别裁》评)。从上述权威性的评语看,杨慎在诗艺上是很有成就的。即以这首小诗而论,其选材构思之新颖,结构勾连之紧密,声情的契合无间,都达到了很高的境界。

先看选材构思。诗题《三岔驿》,诗用"三岔驿,十字路"发端,立刻使人联想到人生的三岔路口,十字街头,使读之者从一个小小的驿站推想到辽阔的人生旅途,具有深广的象征意义。再看结构。落笔写"三岔驿",眼前自然出现"十字路";因为是"十字路",便看得见"北去南来"的宦游者;这些宦游者浮沉变幻,朝升暮逐,下面便紧承"朝见""暮看"两句,诗句似顶真续麻,一气贯串,勾连紧密。又由于一气贯串,勾连紧密,形成了一种快节奏,越发显得转瞬升沉,变生倏忽,加快了宦海浮沉的速度感。再看声情契合。"扬扬拥盖来""寂寂回车去",形象鲜明,写出了"北去"时的得意与"南来"时的寂寞;而且,"扬扬"二字开口呼,发音响亮;"寂寂"二字齐齿呼,其声哀切,这就在词语意义之外,加了一层随采赋声的音乐效果,使声情配合,相得益彰。

这诗最成功的还在于最后一结:"今古销沉名利中",从眼前的变化推及"今古",宕开诗境;再用"短亭流水长亭树"作结,韵味无穷。这最后一句,除了前文说的以不变的流水绿树反衬瞬息变化的人事升沉一层意蕴外,又关合"今古",显示出逝者如斯、悲剧不断一层意蕴。

从整首诗看,入笔两个三字句,平平而起,不露锋芒;接下去一句比一句精警,读到最后一句,更感余音缭绕,江上峰青,令人回味,引人深思。这些地方都可见出诗人的艺术功力。

(赖汉屏)

宿 金 沙 江   杨 慎

往年曾向嘉陵宿,驿楼东畔阑干曲。
江声彻夜搅离愁,月色中天照幽独。
岂意飘零瘴海头,嘉陵回首转悠悠。
江声月色那堪说,肠断金沙万里楼。

这首诗,写得缠绵哀怨,凄婉动人,但不应只把它当作是抒写一般的离情别恨。必须联系作者的不幸遭遇及其坎坷经历,才能更深地体会此诗的意境。

杨慎于正德六年(1511)殿试第一,授翰林院修撰,当时他才廿三岁。嘉靖三年(1524)因议大礼,触怒了皇帝,受廷杖,被发配到云南永昌卫。当时他才卅六岁,在云南卅多年,直至老死。这是我们鉴赏此诗所必须知道的背景。

《宿金沙江》以对比的手法,突出了诗人流离颠沛的生活和久别难逢的内心痛苦。杨慎长年被流放在滇,其间,曾因病要求回川,不料行途中又被追回,成为终身遗恨。所以他对离别之苦感受至深,发而为诗,自然也就感人肺腑。这首诗是他在往返川滇途中,夜宿金沙江时有感而作。他回忆起"往年曾向嘉陵宿"时的情景,往年他在什么时候曾过嘉陵江,现已不能查考,也许是他出蜀赴京应试之时,也许是被流放的途中,总之,这是诗人所经历的一次难以忍受的离别之苦。诗人在嘉陵江畔的驿楼上,怀念亲人,拍遍阑干,不能入睡;此时,只有明月作伴,影单形只,斯情斯景已是够难堪的了,怎奈江涛之声又彻夜不停,更搅乱了诗人的离愁别绪;月亮又高高地挂在中天,洞幽烛微,把他的孤独之影照得无处可匿。作者在前四句中,竭力描写往年离别的情景,实际上是为后四句作铺垫,往年只不过是到嘉陵江而已,那江声月色已给他带来如许的愁苦。谁能料到,"刘郎已恨蓬山远,更隔蓬山一万重",如今他却飘零到瘴疠的南方海角天涯,回首嘉陵,更觉道路悠长。嘉陵尚不可及,故乡便更不得归了。"岂意飘零瘴海头",语意陡然一转,读者会感受到一种强烈的意外的痛苦情绪的冲击!诗中主人公的命运,不是日渐好转,而是一天天更糟糕,他被流放到"瘴海头"。今夜又孤独地寄宿于金沙江畔,无限愁思涌注心头;金沙江和嘉陵江都汇入长江,同是长江之源,滇蜀山水相连,诗人很自然地回忆起在嘉陵江驿楼离别之情,再看看眼前的景物,怎能不令人肠断!往年已曾被江声搅愁,月色照幽独,已是不堪回首了;而今夜江声月色依旧,人立楼头也依旧,旧怨新愁,更是不堪诉说。这今昔的对比,表现了离愁别恨的与日俱增,突出了生离可能成为死别的伤痛,所以,诗的最后一句才发出"肠断金沙万里楼"这样沉痛而绝望的声音。

由于作者感情之真切深沉,艺术才华之超诣独拔,故全诗意境表现得婉转凄切,情景交融,形象鲜明。全诗有两个组成部分,前四句写的是过去,后四句写的是现在,从过去到现在,表现出诗人不幸命运的连续和感情层次的递进。往年分离于嘉陵江畔,驿楼东畔依阑干,中天月色照孤独,阑干月色和相思情绪,交融一体;再加上彻夜江声的搅扰,主人公内心深处的烦愁已不言而喻了。然而,这一次的离愁,还只停留在孤独寂寞的程度,及至"飘零瘴海头"之后,在"金沙万里楼"上，对亲人的思念之情更加深沉了。这时所见到的月色，所听到的江声，所勾起的离愁，已经到了令人肠断的地步了。这首诗的用韵和格调，也不同于一般的近体诗，前四句押入声韵，后四句转平声韵，音调抑扬高下，缓急变化，颇有乐府韵味。读起来感到心潮起伏，感情跌宕，意绪曲折，有如江水扬波，急湍漩流，高低纡曲。这种语言文字本身的音乐感，更能表现出诗人伤痛的内在感情。

（张文勋）

竹 枝 词　　　杨　慎

神女峰前江水深，襄王此地几沉吟。
晔花温玉朝朝态，翠壁丹枫夜夜心。

这首《竹枝词》，以咏巫山神女峰为内容，联系到巫山神女的故事，词甚典丽，表现出作者诗歌于高华宏博之外，别有幽倩之风。

巫山在四川巫山县东，巫山十二峰之名，起于唐代之后。李端诗云："巫山十二峰，皆在碧虚中"，十二峰中，以神女峰最为峭丽秀美，其峰面临江水，望之如天外美人，雾鬓风鬟，宛然可辨。峰下有神女庙。关于"巫山神女"的故事，本属渺茫，因宋玉有《高唐》、《神女》两赋，叙述楚襄王于梦中遇神女之事，于是巫山云雨的艳说，竟尔流传。宋玉《高唐赋》序云："昔者楚襄王与宋玉游于云梦之台，望高唐之观，其上独有云气……王问玉曰：'此何气也？'玉对曰：'所谓朝云者也，……昔者先王尝游高唐，怠而昼寝，梦见一妇人，曰：妾巫山之女也，为高唐之客，闻君游高唐，愿荐枕席，王因幸之。去而辞曰，妾在巫山之阳，高丘之阻，且为朝云，暮为行雨。朝朝暮暮，阳台之下。'"又宋玉《神女赋》序云："楚襄王与宋玉游于云梦之浦，使玉赋高唐之事，其夜王寝，果梦与神女遇，晔兮如华（花），温兮如莹，须臾之间，美貌横生。"宋玉之两赋，本属假设其事，以寓风谏。然实为后世咏巫山神女者所本。作者所咏，亦以缥缈空灵之笔写神女峰之美。并联系到如今的神女，是庙貌依然；而当年的楚襄王来游之事，则已烟消云散，如江水之逝，江风江云之一去无踪；只有付与后来游者以"镜花水月"之感而已。惟是作者之诗本属典丽，又加上一些美丽的传说，于是更使人产生一种"仙乎尚在人间"的观感。

首句写神女峰依山傍江，江水激荡，江流深长，两相映衬，愈显江山之灵秀俊美。次句回思往事，略谓如此美丽之山峰，诚不愧为神女暮暮朝朝依恋之地，此峰仿佛竟为神女之化身，宜乎往昔楚襄王及其词臣宋玉两游此地，在宋玉写成《高唐》、《神女》两赋之后，襄王抚事沉吟，而不觉其身在梦中，竟能与神女邂逅相遇也。作者以"几沉吟"三字,表明襄王本来也是将信将疑,其在梦中所见,也很惝恍迷离,似有似无,似真似幻,即使襄王与神女高唐之梦,及其在梦中之相亲相别,居然似实,但在醒来之后,也未必信其为真的。因宋玉两赋之作,本旨在于讽谏襄王之"淫惑",虽然两赋中都曾提到夜梦神女,襄王未必不明其意,所以作者于其"沉吟"之前,著一"几"字,以见诗意之深沉微婉,引人思索。在襄王已自沉吟,难怪杜甫在《咏怀古迹》其二中,咏宋玉故事云:"江山故宅空文藻,云雨荒台岂梦思?最是楚宫俱泯灭,舟人指点到今疑"了。

　　诗的后两句云:"晔花温玉朝朝态,翠壁丹枫夜夜心。""晔花温玉",本是《神女赋》中状神女美貌之词语,原文已见前引。"晔花",形容明丽如花(华、花同义)。"温玉",谓其温馨如玉,简言之,即"如花似玉"。"朝朝态",意谓神女之姣美乃至神女峰之秀丽,乃是朝朝如此,直到如今,还是秀美动人。(按《高唐赋》序,本有"朝朝暮暮,阳台之下"之语,表明神女之长期居住巫山,这里所谓"朝朝态",显然是从《高唐赋》序中化用来的。)然而下句则云:"翠壁丹枫夜夜心。"作者于此处,另转一意,"翠壁丹枫",本为巫峰中所有之景象,杜甫诗云:"含风翠壁孤云细,背日丹枫万木稠"(《涪城县香积寺官阁》)。神女既然长住此间,那么面对着含风的翠壁,背日的丹枫,未必没有触绪怀人的惆怅,"神女生涯原是梦,小姑居处本无郎",(用李商隐《无题》诗句)就像嫦娥一样有"碧海青天夜夜心"的寂寞之感呢!这两句诗,空灵蕴藉,意象横生,前句运用《神女赋》序中的"晔兮如花,温兮如玉"之语,以显神女之美;后句化用唐人诗意,达到天衣无缝的程度,表明神女原也依恋人间,可惜宋玉之后,无人更为之作赋罢了。

　　全诗藻采纷呈,极绮丽风华之致。后两句于秾丽中见幽倩,对仗工稳,结笔更有未经他人道过的新意。

(马祖熙)

无　题　　　杨　慎

石头城畔莫愁家,十五纤腰学浣纱。
堂下石榴堪系马,门前杨柳可藏鸦。
景阳妆罢金星出,子夜歌残璧月斜。
肯信紫台玄朔夜,玉颜珠泪泣琵琶!

　　这是一首无题诗,它像其他无题诗一样,诗中有所寄托而不明白说出,需读者自己去体味和理解。但这首诗后面有一条原注,却为我们理解这首诗的内容提供了一条重要线索。注文云:"丁丑岁同何仲默、张愈光、陶良伯作,追录于此。"这就告诉我们,它作于丁丑岁,即明武帝正德十二年(1517);作者除杨慎外,还有当时著名诗人何仲默(景明)、张愈光(含)等。在正德十二年究竟发生了什么大事,使这些诗人在一起写了这首无题诗?这就必须去查对一下当时的历史记载。

在正史和野史上都记载着:这一年的八月,明武帝朱厚照突然"急装微服,出幸昌平。"朝中一班大臣们急坏了,随后追去,请他回宫,他不听。幸好把守居庸关的巡按御史张钦坚持原则,紧闭关门,硬是不放他出去,他方才悻悻而还。但他并没有死心,隔了几天,换了一个太监代替张钦守关,然后在夜间溜出关去,来到宣府(今河北张家口市宣化区,明代边防重镇之一)。他到宣府干什么呢?原来,这位"正德天子"一向喜欢寻花问柳,在京城时就常常私出宫门,在外嫖妓宿娼,后来京城玩腻了,同时又顾忌大臣们"谏劝",便由佞臣江彬为他在宣府建造了名为"镇国将军府第"的行宫,以便在此更加肆无忌惮地玩乐。到宣府以后,他经常带了江彬等人,夜入民家索取妇女,大乐忘归,于是便把宣府称作"家里"。嫖妓宿娼,更是家常便饭。晚明沈德符的《野获编》:"今宣府镇城,为武宗临幸地……至今二三妓家,尚朱其户,虽枢已脱,尚可辨认,盖微行所历也。"堂堂"大明天子",做出如此荒唐可恶之事,自然要使朝野震惊,引出轩然大波。杨慎与何景明等诗中所咏,当即此事。

诗中的"石头城畔莫愁家"用来隐喻妓院。莫愁,古代乐府诗中善歌的女子,一说石城(今湖北钟祥)人,一说洛阳人,也有人误石城为石头城,称其为金陵人。这里采用后面一说是因为石头城(金陵)是明朝初期的京城,后来的南京,可以用来影射北京。"学浣纱"暗用"西施浣纱"典故,把武宗比作古代荒淫失政的吴王夫差。颔联"系马"、"藏鸦"二句均从六朝古诗中化出。梁简文帝有"宜城醖酒今行熟,停鞍系马暂栖宿"之句,故"系马"一词有留宿娼家之意。简文帝《乌栖曲》又云:"青牛丹毂七香车,可怜今夜宿倡家。倡家高树乌欲栖,罗帏翠帐向君低。"同时乐府《杨叛儿》也有"暂出白门前,杨柳可藏乌"之句。本诗"门前杨柳可藏鸦"句糅合以上诗意,含蓄地写出了妓院中的旖旎风光。

如果说前面四句还只是一般地描写妓院、妓女的话,那么颈联两句就明白地写出了皇帝与妓女之间的关系。"景阳",楼名,南朝齐武帝建。《南史·裴皇后传》记载:"宫内深隐,不闻端门鼓漏声。置钟于景阳楼上,应五鼓及三鼓,宫人闻钟声,早起妆饰。"这里把"景阳妆罢"的典故用在妓女身上,作者的用意自不难想见。"子夜歌"为六朝民间艳曲,常用于歌楼舞榭。"璧月"一词出于陈后主宫中艳曲"璧月夜夜满,琼树朝朝新。""子夜歌残璧月斜"句形象地描绘了明武宗征歌逐舞,以至通宵达旦的荒淫生活,并把他与亡国之君陈后主相比,显然是有意进行讽刺。

尾联两句一改前面那种隐晦含蓄的写法,变成直截了当的批评。"肯信"即哪儿会相信。"紫台"指皇帝住所,"玄朔"指极北之处;"玉颜"句用西汉乌孙公主和王昭君远嫁"和亲"的典故。《古今乐录》云:"初(汉)武帝以江都王建女细君为公主,嫁乌孙王昆莫,令琵琶马上作乐,以慰其道路之思;送明君(昭君)亦然也。"这两句的意思是说:这位荒唐的皇帝哪里会相信,他这样胡作非为下去,必然会引起政治腐败,国势危殆,以致出现不得不向外邦乞求"和亲",造成像汉代乌孙公主、王昭君那样的悲剧。这两句虽然还是采用借喻的手法,但明眼人不难看出,这是直接针对明武宗的十分严厉的批评。

自然,在封建专制君王的淫威下,杨慎他们在当时不可能公开此诗。但杨慎对明武宗荒淫无耻生活的愤恨,却通过此诗充分表现出来。正是出于这种愤恨,他在这一年上了一道谏疏,进行恳切的规劝,规劝无效,他索性"养疾乞归",实际上是以此表示抗议。

(范民声)

病中秋怀(八首选一) 杨 慎

迢递城西百尺楼,登兹销暑亦销忧。
江山平远难为画,云物高寒易得秋。
吉甫清风来玉麈,涪翁妙墨换银钩。
余甘渡口斜阳外,霭迺渔歌杂棹讴。

杨慎的《病中秋怀》作于四川泸州,共有八首,内容为杂写各种生活感受和咏怀时事。这里所选,是其中的第一首。

作者自谪戍云南以后,曾多次回到四川,泸州是他归川途中的必经之地。到了晚年,他甚至长期侨寓泸州,达十余年之久。所以他对泸州的山川形势、风物人情十分熟悉,并怀有很深的感情。在这首诗中抒写的,便是他对泸州风物的眷爱之情。

首句"迢递城西百尺楼"中的"百尺楼"指的是泸州的南定楼,"迢递"和"百尺"都是形容城楼之高。泸州的南定楼向来有名,宋朝诗人范成大曾在《吴船录》中写道:南定楼"为一郡佳处,前帅晁公武子止所作。下临内江,此水自资、简州来合大江。城上有来风亭,瞰二江合处,于纳凉最宜。"泸州在夏秋之际的气候十分炎热,俗语有"天下三伏,泸州六伏"之说,登上南定楼不仅能眺望四周景色,而且还能纳凉销暑,自是生活中的一大快事,所以次句接着就说:"登兹销暑亦销忧。"这两句的造语,都化用了前人作品中的名句。唐代王昌龄有"烽火城西百尺楼"之句(见《从军行》),李商隐有"迢递高城百尺楼"之句(见《安定城楼》),杨慎为它们分别更易二字,就成了此诗的首句。次句则从王粲的《登楼赋》中的"登兹楼以四望兮,聊暇日以销忧"中化出。这种化用前人句子,不能简单地看作为语言上的因袭模仿,这两句诗比起前人的句子来,不仅语言相似,而且在思想感情上也有某种相通之处,我们只要把这些句子放在一起细加比较,当不难体会其中的意味。

　　颔联"江山平远"两句是曾被王渔洋誉为"古人亦不多见"、"神到不可凑泊"的名句。宋代著名画家郭熙在论及山水画作法时,把山的远景分成三种:高远,深远,平远。"自近山而望远山,谓之平远。""平远之意冲融,而缥缥缈缈。""江山平远难为画"句写作者登楼远眺,但见远处山川缥缈,气象万千,虽图画也难尽其妙。又,南宋时在泸州宝山上筑有一所江山平远堂,杨慎把这一堂名采入诗中,不但切合眼前景象,而且显得十分自然熨帖。"云物"即景物,高处气候凉爽,因此周围景物也比他处先蒙上一层秋意,"云物高寒易得秋"句从周围景物写出了自己的凉爽之感。这一联既写出了景,又体现了情,情与景融合无间,浑然一体。这便是人们常说的有意境,或者如王渔洋所说的"神韵天然"。

　　颈联两句写泸州的文物古迹。西周时期的尹吉甫是《诗经》作者之一,相传《大雅》中有几篇出自他手。有记载说他是江阳(即泸州)人,泸州至今尚有与他的传说有关的遗迹。《大雅·烝民》中有"吉甫作诵,穆如清风"之句,意思是说尹吉甫的作品和美得犹如化育万物的清风。"玉麈"为晋代文人清谈时手中拿的拂子,后来常被作为清谈的代名词。"吉甫清风来玉麈"句从泸州有关尹吉甫的遗迹想到他那和美的言辞,想到他当年手执玉麈,娓娓而谈,使人犹如沐浴在清风之中一般。"涪翁"即北宋诗人黄庭坚,涪翁是他的号,他曾被贬谪涪州,相传泸州宝山留有他的手迹,"涪翁妙墨"即指此而言。"换银钩"形容黄庭坚的书法刚劲有力,可与金距银钩相埒。这一联与颔联两句不同,颔联两句主要写登楼后纵目所见和亲身感受,这一联则写出对泸州古代文明的敬仰和向往,属于此时此地的联翩浮想。不过,不论是身受实感还是浮想联翩,这两联都表达了诗人对泸州山川风物的眷爱之情。

　　尾联两句又从浮想回到了现实。"余甘渡"在泸州东北,以渡口有余甘(牛甘果)树而得名。余甘渡与城西的南定楼之间距离较远,在南定楼上眺望,便有在"斜阳外"的感觉。"霭迺"即唐诗中常见的"欸乃",杨慎在他的《古音骈字》中解释其为"棹船相应之声"。渔歌与棹讴此伏彼起,相互唱和,为平静的江面增添了无限生意。这两句对景物的描写比起颔联来,显然具体得多,而且有音响,有动态,可感性也就更强。但由于毕竟是远眺所得,所以景象仍在缥缈悠忽之间,仍给读者留出充分想象的余地。

全诗基本上都作景语,但此种景语,又无一不是情语。作者以情选景,以景体情,不着一语而其情自见,这是本诗艺术上主要的成功之处。 （范民声）

于役江乡归经板桥　　　　　杨　慎

千里长征不惮遥,解鞍明日问归桡。
真如谢朓宣城路,南浦新林过板桥。

这首诗大概作于明世宗五、六年间。古时称服军役或劳役为"于役"。"江乡"即滨江之乡。此时作者已谪戍云南永明,奉命于役江乡,返回谪所时途经板桥(在云南嵩明县境内),在板桥驿馆的墙壁上写下了这首诗。据清人笔记记载,直到清初,还有人在板桥驿馆见到过这首题壁诗。

前面两句正面描写行役之劳苦。千里征程,长途跋涉,才得解鞍,却又要安排好明日归去的船只,一路上的劳顿困苦可想而知。但他身为"戍卒",奉命差遣,概不由己,又怎敢畏惧路途遥远！所谓"不惮遥"的真正的意思,却是不敢惮遥。

后面两句换了一个角度,从现在自己经过的"板桥"联想到当年谢朓去宣城路经"板桥"时风尘仆仆的情景。谢朓是南齐时著名诗人,曾任宣城郡太守,世称谢宣城。他从建康赴宣城上任,同杨慎以"戍卒"身份千里行役相比起来,自然不可同日而语。但杨慎作为一个诗人,可以不管这些,他只是从谢朓的诗中得到某种感受和共鸣。谢朓《之宣城郡出新林浦向板桥》一诗是六朝名篇之一,其中有"天际识归舟,云中辨江树。旅思倦摇摇,孤游昔已屡"等句,描写行旅之苦,十分形象。杨慎所谓"谢朓宣城路",所谓"南浦新林过板桥",指的就是这种景象,长期为行役之苦所困的诗人,很自然地从这类景象的描写中引起了共鸣。

此诗语言流美,格调清新,设意造境颇有新意,可算别具一格,在明代的七绝中不失为佳品之一。它对后世也有一定影响,清初曹学佺《板桥》诗:"两岸人家映柳条,元晖(谢朓字)遗迹草萧萧。曾为一夜青山客,未得无情过板桥。"显然是杨慎作品的仿效之作。 （范民声）

送余学官归罗江　　　　　杨　慎

"豆子山,打瓦鼓;阳坪山,撒白雨。白雨下,娶龙女,织得绢,二丈五。一半属罗江,一半属玄武。"我诵绵州歌,思乡心独苦。送君归，罗江浦。

这是作者在谪戍云南时所作的一首送别诗。他所送的那位姓余的学官这时正要回四川罗江去。由于作者自己也是四川人，所以当看到别人将回四川时，不免更增添了对故乡的思念之情。在这首送别诗中，他采用一种独特的方式，把这种思乡心情表达了出来。

说他采用一种独特的方式，是因为这首诗与一般的送别诗明显不同，一开始便引用了一首长达十句的民间歌谣，只在最后才写上四句自己的话。这首民间歌谣名《绵州巴歌》，大概产生在北宋时期。罗江在绵州境内，所以作者用《绵州巴歌》来给即将回到罗江的余学官送行，同时也借此表达自己的思乡之情。

《绵州巴歌》的歌词内容主要是歌咏罗江的水利。罗江发源于四川安县，流经罗江县（现已并入安县、德阳两县）和中江县，东至三台县，注入涪江。北宋英宗治平年间，曾发动民工三万人修堤五道，使罗江、中江两县农田都得到灌溉之利。《绵州巴歌》所咏，可能就是这一次大规模的水利建设。

豆子山在罗江县与中江县交界处；阳坪关即阳平山，在中江县境内。"打瓦鼓"是唐、宋时期的一种文艺表演形式，类似后世的打花鼓。"撒白雨"为川西土语，原指晴空骤然下雨，这里形容水流湍急，白浪四溅，好像晴天下雨一般。这四句描写水利建设竣工后人们喜气洋洋、载歌载舞地进行庆祝的热闹场面。

罗江由两水汇合而成，"两水相蹙成罗纹"（见《方舆胜览》），因此在歌词中被想象成绢匹。罗江旁有龙洞，传说为龙神所居，所以又设想这绢匹系龙女所织。"白雨下，娶龙女"以下六句，把这些想象编织成了一个美丽的神话：龙女出嫁了，她自己动手准备嫁奁，罗江便是她亲手织成的绢匹；她把它分成两半，一半送给罗江县，一半送给中江县（中江县在隋唐时名玄武县）。这个美丽的神话故事表现了古代劳动人民丰富的艺术想象力，同时也反映出他们对哺育了自己的家乡山川是何等地亲密无间！对改造自然所取得的伟大成果是何等地欢欣鼓舞！

在明代诗人中，杨慎是较能重视民间文学的一个，他的创作接受民间歌谣的影响。这首送别诗把《绵州巴歌》整首采入，正是他喜爱民间歌谣的一种表现。

《绵州巴歌》有着浓重的地方色彩，它把江流两岸的地理环境及风土民俗融合在一起，形成一种独特的风格。据《五灯会元》一书记载，宋代有个名叫法演的和尚曾当众演唱此歌，演唱时操绵州土音，并"以手作打仗鼓（即花鼓）势"。在这一记载中我们更可以想象出，这首歌在演唱时有着多么浓厚的泥土气息。

诗的最后四句才是作者自己的话。话的内容没有什么奇特处，使人为之赞叹不已的是,这四句话同民间歌谣连在一起,色调竟然完全一致,通俗质朴的语言,长短错落的音节,都和《绵州巴歌》极为相配,看不出有丝毫拼凑的痕迹。这不仅反映出作者在诗歌语言方面有很高的艺术修养,而且也充分表明,他在学习民歌方面确实曾下过一番功夫。

(范民声)

【诗人小传】

黄　峨

(1498—1569)　字秀眉,四川遂宁人。文学家杨慎之妻,称黄安人。能诗词,散曲尤有名。有《杨夫人乐府》。但其中多与杨慎《陶情乐府》所收者相混,近人将两人之作合编为《杨升庵夫妇散曲》。又有《杨状元妻诗集》。

又寄升庵

黄　峨

懒把音书寄日边①,别离经岁又经年。
郎君自是无归计②,何处青山不杜鹃③。

〔注〕　① 日边:天边极远之地。此指作者丈夫杨升庵远谪的滇南之处。　② 自是:自然是,应当是。　③ 杜鹃:即子规鸟,别称杜宇、望帝,啼声悲切,似唤"不如归去"之语。

明代女诗人黄峨,人称黄夫人或黄安人,和其丈夫杨慎(号升庵)可称为一对著名的文学伉俪。杨慎在朝为官,因直言进谏,被遣戍云南永昌县,达三十一年之久。在两地分居期间,黄峨经常写诗作词吟曲,抒发离情,寄慰丈夫,《又寄升庵》便是其中有名的一首。

"懒把音书寄日边",开头一个"懒"字,似乎有悖常理,诗题"又寄升庵",信是自己写的,又说"懒"得发出,不是前后矛盾吗?然而诗歌本是语言的艺术,作法讲究曲折,用意贵在含蓄,而忌浅显直露,次句"别离经岁又经年"便作了一点注脚。盖因别时太久,年年岁岁,了无归期,其间,虽鸿雁频频传书,但佳讯久盼不至,这种情况下,思妇的灰心情绪、矛盾状态是自然而然的:不写信不放心,写了信又得不到好回音,反过来,或许又添些新的伤感。诗人在这首姊妹篇——前一首《寄升庵》中写道:"曰归曰归愁岁暮,其雨其雨怨朝阳",化用《诗经》中句子,表达了怨愁和失望的心情。因此,当头着一"懒"字,既刻画了寄信人慵懒不爽的精神状态,又反映了长期思夫望夫的痛楚,并奠定了全诗缠绵悲恻的基调,可谓一石三鸟,足见诗人择词炼字的功夫。前人论述七绝作法,多指出第三句是关键,被叫做"转捩"或"转舵"的第三句,起着承上启下,活络全篇的作用,此诗便注意了这一特点,第三句"郎君自是无归计",承上而转以轻松的口吻,似乎在说:对方不能回来既成事实,"自是"无法可想,就索兴听任自然吧。然表面的豁达毕竟掩盖不了内心的真情,第三句一笔宕开后,末句"何处青山不杜鹃"又合乎逻辑地收起,归结到诗人的思念上,并将这种深情推向了极致:自己和丈夫"日边"睽隔,无由诉说心曲,所以特请杜鹃转告致意,此鸟无处不在,发声凄苦,又最通人情,那阵阵"不如归去,不如归去"的啼鸣,正暗示着女诗人对远方亲人的声声呼唤。

这首诗,语言明白晓畅,思致曲折宛转,读竟尚觉余韵袅袅,音响不绝,无怪明代王世贞对它评价甚高,认为:"用修(升庵)有诗答妇,又别和三词,皆不及也。"

(丁 仪)

诗人小传

薛 蕙

(1489—1541) 字君采,号西原,亳州(今属安徽)人。明武宗正德九年(1514)进士。授刑部主事。因谏武宗南巡,受廷杖夺俸,不久托病归里。后起复,累官至考功郎中。又因被诬解任,乃南归。后屡荐不起。他于书无所不读,学者称西原先生。论诗反对因袭前人,主张抒写性情。绝句常以婉约见胜。著有《薛考功集》。

泛 舟

薛 蕙

水口移舟入,烟中载酒行。
诸花藏笑语,沙鸟乱歌声。
晚棹沿流急,春衣逐吹轻。
江南采菱曲①,回首重含情。

〔注〕 ① 采菱曲:南朝梁武帝所制乐府《江南弄》七曲之一。

本诗以轻松、舒缓的调子,记述了春日泛舟的愉快经历。

诗歌一开头,作者就交待了这是一次放情怡性的"载酒行"。在岸边轻轻把船划入水中,在烟云朦胧中徐徐前行。一个"烟"字,为此次泛舟渲染了一个迷蒙的背景,正如"载酒"两字,为全诗定下一个轻松、欢快的调子。紧接着两句,具体描述了这欢快的场景。水中的小洲布满野花,其间有欢声笑语摇曳;沙渚上飞鸟振翅鸣叫,搅乱了飘荡于水上的歌声。这里"藏"与"乱"两字,用得可谓警精。它或使本来静止的自然之物,具有一种顽皮的动感,或使人与自然的交融,成为一种不待言说的彼此因应,以至我们无法知道,是歌声"乱"了本来憩息着的沙鸟,还是鸟声搅乱了人声。颈联言此次泛舟已整整一天,归返途中,一任水送轻舟,风吹春衫。说流急,是因春天多雨,水势上涨;说衣轻,也正道出春天节令的特点,且穿着质地轻薄、色彩光鲜的春衫欢游,其情志怡悦,神态飞扬,不正可以想见了么?读到这里,一种闲适安恬的感觉已几乎溢满心头。此时,一阵《采菱曲》的悠扬歌声响起,更增人怡悦之心,流连之意。"回首重含情"一句,既可理解为作者及其友人听曲起情,流连忘返,也可以为是其归返途中,遇船女轻奏小曲,顾盼生情的情态。至其格调,都是一样的安雅、祥和,闲适至于脱尽尘嚣。

钱谦益《列朝诗集小传》说:"君采(作者字)为诗,温雅丽密,有王孟之风",并说他"貌癯气清,行己峻洁,屏居西原,陂鱼养花,著书乐道"。读罢此诗,我们于此当有更深切的了解。

(彭 牧)

皇帝行幸南京歌　　　　　　　薛 蕙

燕姬玉袖抱箜篌,马上长随翠辇游。
春来照影秦淮水,爱杀江南云母舟。

《皇帝行幸南京歌》是一组诗的总题。这组诗共十首绝句,上面选的是第六首。"皇帝"指武宗朱厚照,是明代最荒淫无耻的统治者。所谓"行幸南京",即坊间小说艳称的"正德皇帝游江南";戏曲《游龙戏凤》(《梅龙镇》)便是此行中一幕皇帝调戏民女的典型丑剧。对这次南巡,《明史·佞幸传·江彬》有如下一节记载:"(武宗正德十四年)八月,(帝)发京师。……十二月至扬州,即民居为都督府,(彬)遍刷(选取)处女、寡妇,导帝渔猎。……至南京,又欲导帝幸苏州,下浙江,抵湖湘;诸臣极谏,乃止。……十五年六月,幸牛首山。……闰八月,发南京。……十月至通州,彬尚欲劝帝幸宣府,会帝体惫甚,左右力请,乃还京。"

从上引史乘可知,武宗这次"行幸"历时长达一年。江南胜景,醇酒妇人,使他乐不思蜀,流连忘返。南巡回京的第二年三月,这位昏君就一病不起,死时才三十一岁。他无疑是死于沉迷酒色的。

武宗南巡之前,诗人薛蕙以进士官刑部主事,曾上书力谏,为此遭到过"廷杖夺俸"的处分。武宗南巡途中,秽行丑事,层出不穷,薛蕙对此当然痛惜,他写这组诗以为歌谣,主旨自然在于讽刺。组诗之十云:"三月江南莺乱啼,江边桃叶映春堤。不是行宫淹北上,金陵花月使人迷。"白居易论乐府,谓"卒章显其志"。这首"三月江南",是组诗的"卒章",讽意尤为明显。"淹"是留的意思。诗人说:留住武宗经年不肯北还京师的,不是南京的行宫,而是金陵的花月。"花月"暗喻女色。但是,在古代,诗人写诗讽刺本朝皇帝,非常危险。即使武宗已死,江彬已败,也极易贾祸。因此,写这种诗必须微言深隐,曲折见意,甚而以扬为抑,寓贬于褒。而诗艺的高低,也就表现在是否深婉得体上。

诗题分明《皇帝行幸南京歌》,内容却着力写了一个得宠的女子,构局出人意外。诗的前两句说,这女人陆行则抱着乐器、骑着马经常随行于皇帝的翠辇边;后两句说,水行时她依然坐在皇帝乘坐的宝舟里,卖弄风姿。"燕姬",字面上泛指北地美女,骨子里确有其人,即武宗巡幸太原时所纳晋王府乐工杨腾的妻子刘氏。武宗偕之南巡。他以堂堂天子之尊,在佛寺旛幢上,居然将自己与那来路不明的女人刘氏并列书名,这位昏君不顾大体,不知羞耻,可以想见。此诗即讽武宗宠刘事。但诗人把这位"燕姬"作为主人公,着力描摹,反将讽刺的主要对象武宗皇帝列于幕后,放在焦点外,只用"翠辇"轻轻一点,提醒读者,此妇之所以轻狂骄纵,皆因有"翠辇"中人为之撑腰。这样,讽刺的对象既明,却又藏而不露。这就是前面说的"微婉得体"。

这是一首用华丽的色泽伪装着的讽刺诗。首句"玉袖",次句"翠辇",三句"秦淮水",四句"云母舟":笔触所及,无不色泽鲜明,灵光闪烁。这种写法,正如李白《清平调》以"群玉山头、瑶台月下"美杨妃一样,似颂而实讽之。这就是前面说的"以扬为抑,寓贬于褒"的讽刺艺术。

这是一首用美好形象写恶德秽行的讽刺诗。试看:金陵春满,秦淮水碧,可鉴人影;那"燕姬"坐在闪耀着五色霞光的云母舟上,弄影清流,那形象多美!写"燕姬",诗中用了朦胧手法来丰富她的形象。说"玉袖抱箜篌"而不说"玉手抱箜篌",入笔便给她笼上了薄雾轻纱,不露正面。说"马上长随翠辇",那背后又该有多少难堪的光景!诗人仅以"长随"隐隐出之,因朦胧而引人联想。不直接描写她的姿容体态,只写她"照影秦淮",更具"宛在水中央"的朦胧之美。说她"爱杀云母舟",这舟上还坐着当今天子。她的骄纵卖弄,笑貌音容,也就影影绰绰,给人以许多暗示。这都是前面说的"深永微婉"的地方,是诗艺超妙的体现。

"云母舟"究竟是怎样的"舟"?想来无非是镶嵌着薄薄的云母片作为装饰的极为华贵的游艇,是帝王巡游乘坐之物。但据《西京杂记》载:汉赵飞燕为皇后,其女弟合德昭仪有宠,居昭阳殿,(上)遗五明扇云母屏风(汉成帝赐给她云母屏风)。赵飞燕、合德姊妹以淫乱后宫著秽名于汉史。这诗里的"云母舟",是不是隐括其事而稍加改易以曲折见意呢?不敢说一定如此,但也不一定必不如此。

(赖汉屏)

宫　　词　　　　　　薛　蕙

白雪霏霏拂玉阑,银釭耿耿夜漫漫。
熏笼火冷青绫薄①,不管娉婷不耐寒。

〔注〕 ①"青绫"指青绫步障,古代女人见外客,常用以自蔽。典出《晋书·列女传·王凝之妻谢氏传》。此处所指疑是室中帷幕。

皇帝生活起居的后宫里,居住着许多年轻美丽的宫女。她们被征选到宫里来是为了伺候皇帝后妃,却很少有人能得到皇帝的眷顾,成天被锁在那阴森森的宫院,无声无息地消磨自己的青春。宫词是描写后宫生活的诗歌,其意旨大多同情这些少女的苦恼和不幸。宫帏生活不是普通士人所能知道的;诗中所言,无非设身处地,代抒暗恨幽情。这类诗以婉约幽微、曲折见意者为上乘。

薛蕙这首宫词,写宫女之怨,着力渲染一个"寒"字,把"怨"字藏得很深。皇帝不去眷顾的后宫俗称"寒宫",又叫"冷宫"。当然,那地方并非一年四季寒风刺骨。这"寒"既指气温的寒冷,又可引伸为心理上的凄凉。两种寒不同,一仅及人肌肤,一则透人心骨。但两者又是相通的。只缘心头凄凉,便觉周遭充满了寒气;正因为气候的凛冽,愈益加深了心头的凄寒。薛蕙这首诗,就是通过外在环境的寒冷以传宫女内心的凄凉。妙在一味渲染烘托,言在此而意在彼,不犯正面。

时令已到严冬,北风吹着霏霏扬扬的雪花,飘拂到她居住的宫院的白玉阑干上,那天气自然非常寒冷。银灯(银釭)通宵达旦长明,发出惨白的光。显然,女主人公深夜不寐,她在期待,在思量。冬夜本来漫长,长夜自然寒冷,她在痴想苦盼之中,更觉得更长漏永,寒意袭人。古代没有香水,女性把香料熟在微火中熏衣以取香;火上加竹罩,因此称之为"笼"。人可以斜倚熏笼,一边熏香,一边取暖。现在,熏笼里的火也冷了。那用青色绢绫制成的帐子又如此单薄,寒意越发难禁。诗的结局说:"不管娉婷不耐寒",意思是:美人(娉婷)难以禁受这样的严寒,但又有谁知,有谁管? 按诗意,"不耐寒"的"寒",指气温寒冷。但是,给我们的感受,除了气温寒冷之外,还有冷到心坎上的心理上的凄寒。这就值得思索了。为什么诗里只写了气候的严寒而给读者的却还有心理上凄寒的感受,甚至后者比前者更为强烈？为什么诗人能取得言在此而意在彼的艺术效果？

应该仔细品味"不管娉婷不耐寒"这个句子。开口说"不管"，便有一腔幽怨。怨谁？是谁"不管"？探究语意，"不管"的主语包括前三句中的许多事物——那雪，不管娉婷不耐寒，老是霏霏地下；那夜，不管娉婷不耐寒，无尽头地漫长；那熏笼里的火，不管娉婷不耐寒，竟然忍心熄灭；那青绫，不管娉婷不耐寒，今夜似乎变得格外单薄：风刀霜剑，全都横加于她年轻的躯体上，全不管她能否禁受。周围一切如此冷酷无情，都在肆意摧残她，她能不心寒吗？"熏笼火冷青绫薄"。熏笼里的火冷了，她的心也冷了，生命之火也快熄灭了。于是，我们在气候的寒冷中感受到了女主人公心理上的更为凄寒的情意。

前面说这首诗把"怨"字藏得很深，那"怨"是从"不管"二字中微微透出的。但她只怨气候不管她能不能禁受，没有怨人。可我们分明看到，她怨的其实是上上一人而不是气候。试想，假如此刻她正与家人聚首夜话，与心爱的男子依偎，即使天再冷，夜再长，她心里不也是热乎乎的吗？造成她从皮肤冷到内心的人，她心里真正怨恨的、不管她的痛苦的人，诗人不说，女主人公也好像全然不曾想到，读者却清楚地知道了。"但见泪痕湿，不知心恨谁"，妙在不说是谁。这便是诗的含蓄深永处，这便是宫体诗要求的婉约幽微之美。

（赖汉屏）

[诗人小传]

敖英

明诗人，字子发，清江（今江西樟树）人。明武宗正德辛巳进士，官至四川布政使。

塞　上　曲　　　　　　敖　英

无定河边水[①]，寒声走白沙。
受降城上月[②]，暮色隐悲笳。
玉帐旄头落[③]，金微雁阵斜[④]。
几时征战息，壮士尽还家。

〔注〕①无定河：黄河中游支流，在今陕西北部。　②受降城：有汉筑唐筑之分，故址均在今内蒙古自治区境内。　③旄（máo）头：亦作髦头，星名，为西方白虎七宿，主兵。古人认为旄头特别亮的时候，将有战事。　④金微：山名，在我国新疆北部及蒙古人民共和国境内。

说起无定河,我们就会想起唐人陈陶的著名绝句《陇西行》:"誓扫匈奴不顾身,五千貂锦丧胡尘。可怜无定河边骨,犹是春闺梦里人。"这惊心动魄的悲吟在中国历史上长久地震撼人心。数百年过去了,无定河边的征战仍未平息,波浪滔滔,寒风声声,白沙滚滚,这就是诗的首联描写的景色,虽然是换了人间,但是,古战场的风光,依旧是那么凄凉肃杀。颔联二句在时空上作了较大的转换。受降城故址在今内蒙古自治区境内,作者突出了受降城上的月亮,因为它是古今征战历史存亡的见证,而暮色悲笳则是渲染气氛,当凄清的号角在边关的荒野群山中隐隐飘荡,谁又能说这前四句写景,不是表达一种凭吊边关古战场的历史悲慨呢?

颈联二句,作者描写了边塞特有的战争气氛,进一步说明了和平的前景远没有到来。在这里,作者通过古人认同的特有景物征兆,含蓄地写出了兵家气象。旄头属二十八宿中的西方白虎七宿之一,主兵象。旄头落在戍边将军的玉帐前,预示着战争将要发生,金微亦是古战场遗址,据《后汉书·耿弇传》附,耿夔"将精骑八百出居延塞,直奔北单于廷,于金微山斩阏氏名王以下五千余级"。这里的金微雁阵,只是泛言战场秋天来临,暗示草肥马壮,正好用兵。这二句写战争气象,构思新颖,意境开阔,疏淡中有兵战杀伐之气、钟鼓金石之声,可谓是明诗中的佳句。

这首诗的前三联,作者将不同地点的景物联缀成一幅辽阔苍茫的边塞风光图,它超越了具体的年代,不受空间的限制,因而具有凝固的历史文化意义。因为在这个特定的战争空间,凝聚着古往今来无数人的事业功名、理想感情,所以,这首诗对边塞风光的描绘,就不同于表现一般文人流连光景的游乐,而是寄托着人们对战争事业的情绪,所以这首诗的尾联以衷心的渴望,表达了千百年来人们对结束战争恢复和平的真诚心愿:"几时征战息,壮士尽还家。"它和唐诗名句"不知何处吹芦管,一夜征人尽望乡"(李益《夜上受降城闻笛》)遥相呼应。通过前面河水白沙,明月悲笳的铺垫,深刻地揭示了古代战争的悲剧本质和人们渴望和平的共同心态。所以,这首诗无论就风神还是就格调、意境而言,都颇得唐代边塞诗之遗韵。

(祝振玉)

辋川谒王右丞祠   敖 英

蜀栈青骡不可攀,孤臣无计出秦关。
华清风雨萧萧夜,愁绝江南庾子山。

盛唐诗人王维,官终尚书右丞,故世称"王右丞"。王维晚年在蓝田山辋口购得初唐诗人宋之问的别墅,精心修筑,使之成为具有二十余处美景的园林别业。

晚年的王维就长期止憩于此，礼佛修禅，伴山水而乐，遂有许多精美的山水诗传世。诗人敖英来这里的王右丞祠拜谒，睹其居，观其景，自然思绪联翩。于是，诗人把刹那间心底荡起的种种难言意绪，连同对王维其人的复杂的情感，一起写入了这首短小精致、情韵深远的诗中。

全诗共四句。前两句以议论带出史事的忆述，侧重于由史事引发的评说态度。后两句，赋比连用，使客体氛围的描摹，与主体的拟想、猜测切合一致，婉转地表达了对所叙、所议之人、事的主观情感态度。

首句径直点明所议事题。唐玄宗天宝十四年（755）冬，安禄山起兵叛唐，唐玄宗仓皇出逃。当时除了一部分朝廷大臣随行，有不少官员被留在长安。此诗即从王维在动乱中留居沦陷区说起，分析其何以不能出逃的原因。"蜀栈"，通往川蜀之路。大约安史之乱爆发前，李白曾有《蜀道难》诗，描写蜀栈的奇险难通。"青骡不可攀"，大意与李白相似，也是极状蜀道的崎岖艰险，难以攀越。"孤臣"，无君之臣，实为离君之臣。"无计出秦关"，指王维被叛军俘虏后身不由己接受伪职事。《唐书》云："天宝末，维官给事中，为贼所得，服药取痢，诈称瘖病。禄山遣人迎至洛阳，拘于普施寺，迫以伪署。"这两句似乎从客观和主观方面，为王维的降敌仕伪寻找开脱的理由。因为蜀栈既然不可攀，自然要留下来了。秦关逃不出去，装病躲不过去，迫受伪署似乎也是无可奈何的事。诗人大概也很珍爱王维的才情和诗作，所以才用了这样的口吻来评议王维，使其受迫的客观情由充分展示，又不失本意地把自己的真实态度隐在诗句之后，因为人所共晓的史实，将使这两点开脱的理由站不住脚。当时不是不少官员随玄宗越过"蜀栈"逃往成都了么？怎能说蜀栈不可攀呢？即使蜀栈真正为青骡不可攀，然人非青骡，岂能为山路所阻？这就说明是由于王维畏惧道途的艰难和深惮动乱期间祸福的难测，才有意伫留了下来。此其一。再就是秦关真无计可出吗？为何他人能出，独王维不能？诗人杜甫也曾被叛军俘虏，不是历尽艰辛，终于脱身了吗？可见这也不是理由，故王维的诈病蜗居，乃至受官降敌，实由于其主观上怕死的卑弱品性。不过作者并没有正面指责这些，而是通过看似辩护的诗句，让读者自然而然想到这些，这就既充分地陈示了对王维在特殊情境下所作所为的体谅和同情，又分量恰当地把自己对其降敌的责备也表达了出来。

接下来的两句进一步从王维降敌后的痛苦心境和怀恋故国的真实心迹，来写王维并未丧失对唐朝忠贞之心的品操。同前边两句一样，诗人也仍然是力图为王维辩冤，以说明其身虽降，心犹未降，这样的品性还是难能可贵的。但诗人同时也清醒地认识到，即使如此，其心的怀恋故国并不能抹掉节操上的污点，因此，在表达时作者采用了氛围渲染和古事类比的方法，让读者去思索追问，以自然得出正确的结论。

具体说来，第三句"华清风雨萧萧夜"，渲染了王维受伪职后所处的凄楚氛围及其自身的痛苦心境。"华清"，即玄宗旧日所幸的华清池。往昔逢冬季或初春，玄宗携贵妃来此歌舞游玩，十分热闹。而今华清池内温泉依旧，故君却远避于蜀了，惟有风雨相伴，寂寞长夜，其情何以堪？作者深入地开掘了在沦陷区的王维所感受到的情势与氛围，以及在那种凄楚难言的体味中，王维力求保全贞洁之心的痛苦经验。但透过字面，诗人亦表明了这样的意思：虽然华清无人亲幸，寂寞风雨，然也只是华清寂寞而已，故主犹未死，故国犹未亡，其时王维却已降敌，所受之冷落、凄清，不是完全由自身造成的吗？

在这样的基础上，诗人引出了庾子山之比。庾子山，即庾信，南北朝时梁人，受命出使西魏，被扣留不得还国。就在这期间，梁国灭亡，庾信便降了西魏，官位做到很高。庾信在西魏任职期间，心忧故国，写下了哀恸感人的《哀江南赋》。作者把王维与庾子山相比，肯定了王维之降敌后仍然心系故国，故穷愁欲绝，苦闷不堪。但也仅此而已，若从和庾信降敌的具体情形相比，王维的降敌又不应该了，王维的心忧故国也显得差一个品位了。因为庾信降敌，其故国已亡，而王维呢，非但国未亡，而且故主仍在，这就把王维心性深处的卑弱、可怜给充分揭示出来了。

总的说，这首诗诗人持论比较中正，既能以宽容之心体谅王维，称许其心的自守其洁；又能隐隐指摘王维的降敌行为，从而使人阅后颇多感触，对类似情形形成更为明确的看法。在写法上，此诗以议论起句，欲辩非辩，辩中有责，责中有怜，诗意正反相合，逐层加深，并辅之以意象性的氛围描摹，使意旨的显现曲折而不干瘪，深致而不隐晦，言外之意、意外之旨的传达具有了很独特的美学韵味。

(赵建军)

【诗人小传】

谢榛

(1495—1575) 字茂秦，号四溟山人，山东临清人。嘉靖年间游京师，与李攀龙、王世贞等结诗社，被称为"后七子"。倡导为诗摹拟盛唐，主张选李、杜十四家之最者，熟读之以夺神气，歌咏之以求声调，玩味之以裒精华，而不必塑谪仙(李白)而画少陵(杜甫)。后为李攀龙排斥，乃遗书绝交。遍游秦、晋、燕、赵诸藩王之间，以布衣终其身。其近体诗句烹字炼，气逸调高。有《四溟集》、《四溟诗话》。

秋闺曲

谢榛

目极江天远,秋霜下白蘋。
可怜南去雁,不为倚楼人。

古往今来,抒写闺情的诗词成千上万,作者们各展机杼,各显才情,写的人多了,也就增加了创作的难度,容易显得平庸而泯没在同类创作的海洋中。谢榛的这首《秋闺曲》,却以其凝炼含蓄而给人留下较深的印象。

闺情,因良人(或所欢)离去而引起的深切思念的感情,照理一年四季都可能发生;但闺情诗却大多喜欢以春或秋为背景,这大概是春荣秋悴的自然景物,更加容易引发、烘托出凄凉的况味吧?在闺情诗中,似乎春闺多以白昼为背景,秋闺多以夜晚为背景,这不知是否又同"春花秋月"易于惹恨牵愁有关?例如梁简文帝萧纲的《秋闺夜思》中就有这样几句:"迥月临阶度,吟虫绕砌鸣。初霜陨细叶,秋风吹乱萤。"唐张仲素《秋闺怨》说:"碧窗斜月霭深晖,愁听寒螿泪湿衣。梦里分明见关塞,不知何路向金徽。"明孙蕡《秋闺》说:"凉夜萧萧处处过,玉楼高起逼天河。西风瘦尽梧桐叶,添得西窗月影多。"冷清的秋月,分明是触起思妇愁怀的媒介,但也有以白昼为背景的,谢榛的《秋闺曲》,便是其中的一首。

从诗所显示出来的画面看,《秋闺曲》描写的是:一位妇女伫立在楼头,凭栏凝眺,愁思郁结;她目光所注的远处,江天辽阔;岸边白蘋覆上了一层秋霜;空中大雁南翔。画面是疏朗淡荡的,与那些堆砌景物、浓得化不开的闺情诗相比,便有清疏与滞密的区别,境界自然属于上乘。

除了构图的清疏以外,意蕴的深长、含蓄更是使这首诗获得成功的重要之点。例如:"江天远"加上了"目极",就有伤心良人离去之渺远的意味。"白蘋"这一意象,则有传统惹愁意识的积淀。《楚辞·九歌·湘夫人》说:"登白蘋兮骋望,与佳期兮夕张。"(据王逸本)说的是湘君登上长满白蘋(王逸注:"蘋草秋生,今南方湖泽皆有之。"《尔雅》和《说文》都解释为一种大的浮萍)的地方等候湘夫人。唐赵征明《思归》诗:"惟见分手处,白蘋满芳洲。"宋柳永《玉蝴蝶》词:"水风轻,蘋花渐老;月露冷,梧叶飘零。""白蘋"在这些作品中出现,都有惹愁的作用。故此诗的"秋霜下白蘋"句,也是蕴含着愁情的。而作者在描写空中过雁时,更是充满了"情语":一曰"可怜",二曰"不为倚楼人",实是暗用了"雁足传书"的典故,而喟叹此"南去雁"之不能为捎书信,以倾诉自己的思忆之情。这样经过情景的相互渗透作用,诗虽不着一"怨"字,而思妇的愁怨心曲,连同其发露于外的动作举止,却都含蓄地表现出来了。

谢榛是"后七子"的代表人物,他作诗以模仿盛唐为鹄的,这首诗确也格高调远,音节响亮,有点似李白的《玉阶怨》:"玉阶生白露,夜久侵罗袜。却下水晶帘,玲珑望秋月。"甚至还可上溯到曹植的《七哀》诗:"明月照高楼,流光正徘徊。上有愁思妇,怨叹有余哀。"但不管作者愿意不愿意,我以为它更像两首唐宋人的词。其一是温庭筠的《梦江南》:"梳洗罢,独倚望江楼。过尽千帆皆不是,斜晖脉脉水悠悠。肠断白蘋洲。"闺中人登楼所见的水天悠悠与"白蘋"引起的"肠断"之感,谢诗与其全无二致,只不过易归帆为去雁而已。其二是张耒的《风流子》:"楚天晚,白蘋烟尽处,红蓼水边头。芳草有情,夕阳无语,雁横南浦,人倚西楼。"除抒情主体一为女性、一为男性的不同外,谢诗、张词的意境亦基本相似。这大概是作者始料所不及的吧?文学上的现象有时就是这样不可思议的。　(洪柏昭)

秋 日 怀 弟　　　　　谢　榛

生涯怜汝自樵苏,时序惊心尚道途。
别后几年儿女大,望中千里弟兄孤。
秋天落木愁多少,夜雨残灯梦有无。
遥想故园挥涕泪,况闻寒雁下江湖。

谢榛中年后漫游北方,长期不在家,他有一个弟弟在家乡务农,分别数年之后,谢榛写了这首诗寄给他,抒发怀念之情。

诗写得质朴感人。首句从对方写起。"樵苏"按字面意义,为打柴割草之意。我们当然不应该机械地理解,以为谢榛的弟弟就是个打柴割草的农夫。封建时代能够有机会读书应举的家庭,起码略有恒产,家里也可以有童仆使唤,不必事事躬亲劳作;只是毕竟住在乡下,为了日常生计,所以也必须时常参加一些农业劳动,"樵苏"的含义,大约也是即此而已。不过,对这种"生涯",诗中用了一个"怜"字,是符合作者怜念弟弟的心态的,因为相对在外游历而言,"樵苏"总是较为辛苦的,而作为兄长,不能助弟弟摆脱劳苦,当然也不免大生"怜"意。

然而,谢榛的生活也并不如意。他始终是个布衣,奔走四方,依人作客,岁月一天天地过去,年华也就逐渐地老去了。"时序惊心尚道途",说的就是这种情况,充分反映出作者岁月蹉跎、一事无成的失意之感。一个"尚"字,大大地加重了"惊心"的程度,因为它具有递进的作用;虽然他已深感这条路走下去已没什么指望,可他还在半途上身不由主地奔波着,如此,他的失意感也加倍地显露了。

另外,"尚道途"三字,还揭示了不能与弟弟聚首的原因——离家在外,从而紧扣了"怀弟"的主题。

颔联就眼前事发感慨。"别后几年儿女大",一别数年,膝下的儿女都长大了,相应的一面就是自己的老去,与"时序惊心"互相呼应。"望中千里弟兄孤",相隔千里,弟兄两人都各自孤零地生活着,这又与"尚道途"三字扣得很紧。

颈联则从眼前景出发,抒发对弟弟的怀念。"秋天落木愁多少,夜雨残灯梦有无。"秋天,草木凋零,"无边落木萧萧下"的时候,是很容易触动人的愁怀的。而秋雨淅沥,残灯明灭,更是叫人不能成寐的环境。"愁多少?""梦有无?"不从正面说破而出以疑问的口吻,更显婉转含蓄,更加摇曳多姿。

末联又总述思乡、怀弟作结。"遥想故园挥涕泪",思乡已经使得他涕泪满襟;"况闻寒雁下江湖","况"字更进一层,说因听到雁声而更增悲感。陆游《夜泊水村》诗说:"记取江湖泊船处,卧闻新雁落寒汀。"是此诗末句之本。作者这里是否实写?很难说。雁声哀怨,可以用来加强悲愁气氛,故虚设此景以托情,也有可能:这是就诗的情景关系说的。此外,这里似乎还有两层寓意:一是以"寒雁"自况,隐喻江湖作客之悲;二是根据传统意识,以雁行喻兄弟,故闻雁而想起兄弟,益增悲感。如此看来,这个结句实在有袅袅余音的妙趣。

这首诗,紧紧围绕着"怀弟"这个中心来写,从眼前事、眼前景出发,反复点燃感情的火花,确实是"至性至情流露之语",深挚感人,与杜甫《月夜忆舍弟》等诗有相似之处。中间夹杂着道途流落的悲凉感,亦引人同情。全诗内容互相呼应,写景切合秋之特征,对仗工稳,音节谐协。钱谦益说:"茂秦今体,工力深厚,句响而字稳。"(《列朝诗集小传》)用在这首诗上,也很合适。朱彝尊对谢榛少所赞许,但《静志居诗话》也称引了这首诗。

(洪柏昭)

塞 上 曲　　　谢 榛

旌旗荡野塞云开,金鼓连天朔雁回。
落日半山追黠虏,弯弓直过李陵台。

《塞上曲》属乐府《横吹曲》之"新乐府辞"(《乐府诗集》),在唐人特多名作,宋以后无继之者。而明代边防力量较强,边塞诗有所振兴,谢榛此诗便是佳作。

"旌旗荡野塞云开,金鼓连天朔雁回。"二句烘托战场气氛。每句都包含两种意象。"旌旗荡野"、"金鼓连天"是战场景象,分属视觉和听觉。军队作战,"旌旗"有号令指挥三军的作用,而"金(錞镯)鼓"则是节制进退的信号。"旌旗荡野"

则见战阵摆开,"金鼓连天"偏义于击鼓进军,虽不具体写两军厮杀搏斗,但字里行间已充分暗示了这样的场面。"塞云开"、"朔雁回"是自然景象,云开则日出,雁回见春至。本来它们与战争无关。诗人将它们与战场景象两两并列组合起来,就有了新的意味。仿佛是战阵拉开,杀声震天,使得塞云惊退;鼓鼙连天,响震林木,使得雁群惊回。这就烘托出战斗激烈的气氛。绝句体小,正面描写往往不如侧面烘托,如这里的写法,就事半功倍。

"落日半山追黠虏,弯弓直过李陵台。"二句写战斗的结果。"李陵台"在燕然山(《唐书·地理志》"云中都护府燕然山有李陵台")。这里的"半山",即指燕然山而言。战斗进行了多久不知道,只见落日时分敌军败北,而大明官军则乘胜追击。这是一幅令人振奋的胜利图面。李陵为西汉败降匈奴的将军,后人用李陵事或"李陵台"入诗,多为反衬忠贞不屈或忠勇无畏的民族气节。此诗也不例外。"落日半山追黠虏,弯弓直过李陵台",就有以彼败反形此胜,彼懦反形此勇的作用,使读者觉得诗中的将军不但英勇善战,而且在任何情况下决不降敌。"弯弓直过"的形象描述,又生动地展示了人物的雄姿。而"弯""直"二字无意映带,又富有唱叹韵味。"黠虏"即狡猾的敌人,这一措辞,则突出了将军料敌如神,即所谓"狐狸再狡猾,也斗不过猎手"!

诗中写的不一定是某次具体的战役,倒很可能是作者对当时边塞战争生活的一种概括。"弯弓直过李陵台"便可能出于艺术虚构。正由于有这样的概括和虚构,它才比生活本身更集中,更典型,更理想,因此也更带普遍性,总之,无论就此诗的造境,炼字炼句而言,都有值得称道之处。

(周啸天)

漠 北 词　　　　　　谢 榛

> 石头敲火炙黄羊,胡女低歌劝酪浆。
> 醉杀群胡不知夜,鹞儿岭下月如霜。

谢榛的《四溟集》中,描写边塞地区生活的诗不下二、三十首,这首《漠北词》,也是其中之一,是写鹞儿岭蒙古人军中生活的。"漠北",原指蒙古高原大戈壁以北,即今日的外蒙古地区,与"漠南"的内蒙古地区相对;但这里是泛指北方的蒙古地区。

"石头敲火炙黄羊。"这是游牧民族的生活。击石取火是距今约十万年前的旧石器时代就已经掌握的人工取火方法,在我国蒙古族、鄂伦春族和苗族、瑶族的历史传说里,保留了不少关于用铁矿石同燧石相击而取火的故事。鄂温克人

（旧称通古斯，居今黑龙江省呼伦贝尔盟）说，他们的祖先就是"用两块石头击打出火星，用桦皮纤维引火"的，至鄂温克、鄂伦春族还有人用这种方法引火。明代大漠南北的少数民族，用这种方法取火的更为普遍。大漠南北又是草原地区，这里的人很早就过着以畜牧业为主的游牧生活，牛羊是他们主要的肉食。在明代，他们的生活方式基本上还是这样的。这句写的，是一个比较盛大的用火烤羊场面，联系下文，便知道是军中的夜宴。

"胡女低歌劝酪浆。"蒙古人爱好歌舞，蒙古族的女性又能歌善舞，故军中必有女乐跟随。南宋孟珙《蒙鞑备录》说："国王出师，亦以女乐随行，率十七八美女，极慧黠，多以十四弦等弹大官乐等曲，拍手为节，甚低，其舞甚异。"国王如此，一般将领也是这样。"酪浆"即乳汁，有牛、羊、马等多种，为蒙古人所喜欢饮用。歌女们一面低唱，一面"劝酪浆"（等于劝酒），深具蒙古人的特色。

"醉杀群胡不知夜"两句，写蒙古士兵的欢醉，其背景是鹞儿岭下的月夜。鹞儿岭是河北涿鹿县境内的一座山岭，这里发生过一段悲惨而又耻辱的历史：明英宗正统十四年（1449），蒙古族瓦剌部的首领也先率军侵明，英宗听信太监王振的话，于七月间亲率五十万大军出征，到山西的大同时，听说前线惨败，就仓皇退军。八月初十日，退到宣府，"瓦剌兵大至，恭顺侯吴克忠、都督吴克勤战没；成国公朱勇、永顺伯薛绶救之，至鹞儿岭遇伏，全军尽覆。"（《明史·英宗本纪》）英宗本人也在土木堡被俘虏。史称"土木之败"。这次战役，是明朝由初期转入中期的转折点。谢榛写这首诗时，距离"土木之败"已经一百多年，诗中说："醉杀群胡不知夜，鹞儿岭下月如霜。"蒙古人就在这个一百多年前他们的祖先曾经取胜的战场，在月明如霜的鹞儿岭下，喝酒吃肉，尽醉狂欢，多么的骄矜得意！他们全喝醉了，躺在如霜的月色下，丝毫不用戒备，因为他们明白没敌人来偷袭。这是客观的描写吗？非也。明朝立国以来，北方的蒙古族始终是个很大的威胁。前期是瓦剌部的进攻，宪宗以后，则是鞑靼部的侵扰。谢榛生活的嘉靖年间，鞑靼的俺答汗经常侵入山西、陕西直到京畿等地，大肆杀掠，而明朝却并无反击能力，谢榛对此疾首痛心，故此诗中写敌军的目中无人，也正是慨叹明朝的朝中无人，画面虽属虚构，却是典型的概括。

《漠北词》原作共六首，除这首写京畿附近的鹞儿岭以外，其他也有写漠北地区生活的，但大都写得平直拙朴，而这首诗在短短的篇幅中，选取了敲火烤羊、胡女劝饮、群胡大醉、鹞岭月明几个镜头组成统一的画面，把蒙古将领和士兵的活动都写到了，形象鲜明，场面阔大，笔法粗犷，突现了蒙古军中生活的特色，而又暗含深意，艺术功力确是较深。

（洪柏昭）

大梁冬夜

谢榛

坐啸南楼夜,孤灯客思长。
人吹五更笛,月照万家霜。
归计身多病,生涯鬓易苍。
征鸿向何许,春意遍湖湘。

　　谢榛中年以后客游大河南北,曾在大梁(今河南开封)住过一段时间。这首诗是写他在一个冬夜,独对孤灯时的百感交集心情。全篇的构思沿着思绪发展的脉络写来。开头两句,交代诗人在一座小楼上,独对孤灯,不能成寐,于是坐而长啸,脑子里浮现出一连串的思绪。"啸"是撮口发出长而清越的声音,有似吼叫,有似叹息;但我们不一定刻板地去理解,也许他口里什么声音也没有发出,诗人不过用这个字眼来加强感情的力度罢了。于是读者看到了一个"客思"深长的抒情主体的外在姿态,为下面的抒情做好铺垫。

　　接下去,作者似乎并没有写"客思"的内容,而仍是描写环境,铺叙景物。"人吹五更笛,月照万家霜"。户外,月明如霜,远处传来阵阵笛声;可谓画境如见。但这纯粹是"景语"吗?当然不是!其中实在充满了感情的酵母。为什么这样说呢?笛的音色嘹亮清脆,夜间吹奏时,往往带有凄咽的感情色彩。隋刘孝孙《咏笛》诗云:"凉秋夜笛鸣,流风韵九成。调高时慷慨,曲变或凄清。征客怀离绪,邻人思旧情。幸以知音顾,千载有奇声。"指出了它曲调凄清,能够触起"征客""离绪"的特点。李白的《春夜洛城闻笛》说:"谁家玉笛暗飞声,散入春风满洛城。此夜曲中闻折柳,何人不起故园情。"更说人人听到都想起了家园。谢榛学诗宗奉盛唐,李白这首诗的感情意蕴,他当然是吸收到"人吹五更笛"这句诗中去的,而"五更"的笛声,又极清亮,吹奏人五更不眠,其愁长可知。这又是诗人的独特发挥。而月光,就更是触起离人思乡的景物媒介。杜甫的《月夜》,就是首见月思家的名作。李白的《静夜思》:"床前明月光,疑是地上霜。举头望明月,低头思故乡。"更是首见月思乡的脍炙人口的名篇。从字面到内蕴,"月照万家霜"一句都汲取了李诗的精髓,同样,"万家"也暗寓了笛声吹入万千人家之意,仿佛那霜华都是笛声所致。这两句诗在写景之中,其实融入了很强的感情因素,充分表现了作者的"客思",但诗人又将此感情凝而不放,只借他人之笛,他家之霜,来抒自家愁思,所以诗意更觉空阔清寒。如果说,"人吹"两句偏于景,那么"归计"两句就偏于情了。作者直抒胸臆:想要回去,身体却偏偏多病,不便于行;过着劳碌而不乐的生活,人就特别容易衰老。这就把他的"客思"直接地和盘托出。当然,这里也有"情中景":一个白发丛生、体弱疲惫的诗人形象之景,不是如在目前吗?清人李重华说:律诗"四句两联,必须情景互换,方不复沓;更要识景中情,情中景,二者循环互生,即变化不穷。"(《贞一斋诗话》)从律诗的写作技巧来说,这确是个比较常用的方法。这首诗也是这样处理的。

最后两句,又是"情中景"。这是作者的一个设问,而以揣测之辞作答。"征鸿"是虚的,充满"春意"的"湖湘"也是虚的,只不过利用"北雁南飞"的成象,抒发胸中郁结的感情而已。它的寓意是什么?很难确指;可能是离开"寒冷"(人事上的)的大梁到一个"温暖"(也是人事上的)的地方去的理想吧?作者曾说:"诗有可解、不可解、不必解,若镜花水月,勿泥其迹可也。"(《四溟诗话》)由于我们对谢榛在大梁的生活缺乏具体的了解,所以对这两句话也不可强作解人;不过他在大梁并不得意,却是可以由此窥知的。

如上所述,这首诗紧扣"客思"来写,充分表现了作者侘傺抑郁的感情波澜。艺术上采取情景相生、交融的手法,使"诗之媒"的景和"诗之胚"的情"孤不自成,两不相背"(谢榛《四溟诗话》中语),而收到豁人耳目、沁人心脾的效果。前人多称赞谢榛的近体诗,特别是五言律。沈德潜说:谢榛"五言律句烹字炼,气逸调高"。(《说诗晬语》)潘德舆说:"谢茂秦五律,坚整如城,宛然唐调。"(《养一斋诗话》)这首诗可以窥豹一斑。 (洪柏昭)

秋　兴(四首选二) 谢　榛

山昏云到地,江白雨连天。
鸿雁寒无赖,芙蓉秋可怜。
旅怀须痛饮,世事且高眠。
京国迷茫外,空歌《美女篇》。

地旷蘼芜老,庭空蟋蟀寒。
山河秋瑟瑟,风露夜漫漫。
白首谁同醉,黄花只自看。
吾生真浪迹,沧海一渔竿。

"秋兴",即秋的兴味,因秋景而感怀之意。这里选的是四首中的第二、第四首。这两首前四句均写景,后四句均抒怀。采用的是"众宾拱主"的手法。前四句描写的客观景物形象为"宾",后四句抒写的作者主观情意为"主"。

"山昏云到地,江白雨连天",这两句写云、雨的形象。漫天乌云与地相接,山峦被云雾笼罩,一片昏暗。霪雨霏霏从天而降,江水茫茫,白浪滔天。整个乾坤都是烟雾弥漫,昏昏沉沉。这两句状景,颇有杜甫《秋兴》第一首中"江间波浪兼天涌,塞上风云接地阴"之味。

三、四句写鸿雁、芙蓉形象。在这昏天黑地、风雨飘飘中的鸿雁,经不住四面寒气的侵袭,却又寻找不到温暖可靠的栖歇地。出水芙蓉已失去那妖娆水灵的美色,秋寒使她红消香断、花残叶败,令人怜惜。这四句景物描写,实际都是为下面抒怀服务的。云雨当是下文"世事"昏暗、"京国迷茫"的影射,是诗人迷惘心态和羁旅情怀的反映。鸿雁、芙蓉则是诗人自我处境和现状的写照。

面对这样的凄风苦雨和悲凉景象,诗人不禁愁上心来。"旅怀须痛饮,世事且高眠。京国迷茫外,空歌美女篇。"痛饮,显然是因愁多,想借酒销愁。愁认何来?"世事"不称人意,眼前一片迷茫,京国更在迷茫外,看不见摸不着,凭自己怎样高歌《美女篇》也是徒然。《美女篇》,曹植后期的一篇很有名的作品。由于曹丕父子对他胁迫,他报国无门,才华不为世所用,便借"佳人慕高义,求贤良独难"、"盛年处房室,中夜起长叹"之旨,来抒发自己怀才不遇、壮志难酬的苦闷。而谢榛与植有同感。他是明代文学家,与李攀龙、王世贞等结诗社,为"后七子"之一。曾游京师,并遍游秦、晋、燕、赵诸藩王之间,朝士、诸王很多同他交往,但却以布衣终其身。他对政事和朝廷内幕,可谓了如指掌、谙熟于心。诗云"空歌《美女篇》",自然也是为国尽忠不成、事奉明君不得之意的委婉表达。旅居他乡,已使人愁怀难遣;况且世事昏暗难为清,就更令人生悲了。如果"痛饮"为遣闷,那么"高眠"便是为忘忧的另一种麻醉术。诗人的天生我才不为用的郁闷,于此流露无遗。

后一首写一生浪迹的孤独感。"地旷藦芜老,庭空蟋蟀寒。山河秋瑟瑟,风露夜漫漫",这四句同样是写秋天的景象。藦芜,即川芎的苗,根茎可入药。空旷的野地里,只见川芎的枝叶萎黄老残;空荡的庭院里,只听畏寒的蟋蟀声声悲鸣。秋天的山河一片萧瑟,夜间的风露弥漫奔涌。这里渲染了一种秋天特有的悲凉气氛,为后面的人物出场和感情抒发提供了广阔背景。藦芜、蟋蟀有自比之意。藦芜老了,自己也成"白首"翁了。蟋蟀悲鸣,不见应和;自己已是满头白发,又谁曾与我是同饮共醉、志同道合者?诗人在《赴石门峡》中有道:"潦倒还词赋,徒惭两鬓星。"可见,他还很为自己终其一生只不过是一个写词作赋的潦倒文人而惭愧。黄花,指菊花。庭中金菊虽好,又有谁来共赏?"谁同醉"、"只自看"六字,流溢着没有知音、形只影单的孤寂悲叹之情。想自己一生浪迹江湖,四处飘泊,就像茫茫大海上垂钓的渔翁一样。渔竿,这里借代渔翁。以"沧海"映衬"一渔竿",更显见渔竿的细渺纤弱,有自我象征意蕴。他在《元夕道院同公实子与于麟元美子相五君得家字》中道:"乘闲来紫府,垂老问丹砂。"此中亦叹惜自己年老、无所事事,除求仙学道别无他途。联系起来看,同赋"元夕"的李攀龙等五人均"后七子"成员,他们都是风华正茂的进士,春风得意的官员,而自己只是浪游四方的一介布衣,一生未有仕进,相比之下,按他的观念不能不深深叹惋。诗的末两句,可说是他对自己一生的概括和鉴定,"真"字表达的语气十分肯定,毫不掩饰自己一生浮泛的过失,深感自己在茫茫人世间的微不足道,其愧悔之情流溢言表。

这两首诗以景寄情,感叹身世与国事。景宾情主,主影响着宾,宾从属于主,即情融于景,众景又对情加以拱护、烘托。如此,诗人悲寂的主观情感便表达得淋漓尽致,突出鲜明。

(吕美生　朱永平)

远 别 曲　　　谢　榛

郎君几载客三秦,好忆侬家汉水滨。
门前两株乌桕树,叮咛说向寄书人。

这是一对情侣,男方远去了秦地(今陕西北部,古称"三秦"),女方留在汉水边的家乡,相隔已有数年。天遥地远,交通不便,再说还不是正式的夫妇(由"侬家"可见),平日大概是一点音讯也没有的。恰好有人要去男方所在的地方,那女子便托他带一个口信。诗中说"寄书人",只是习惯的说法。从诗意来看,并没有正式的书信寄去。因为不是夫妇,写信去,措辞不方便,又不怎么合于礼数。

诗是以女子的口吻写的。前二句,起了双重作用:一方面,写出因为有人捎信这一启机,主人公的相思之情,离别之苦,在此刻变得更为深重;另一方面,它对这对情侣的情况,作出必要而简略的交代。"三秦"与"汉水滨"相对,特出相隔距离的遥远;"几载",点明别离时间的久长。两者相重,姑娘的苦恼,也就不言而喻。"好忆"犹谓"应该记得";"侬家",我家。姑娘揣测情郎的心理:他可是深深地记着我?像是肯定,又像是怀疑。毕竟隔得很久了呀。并没有说自己怀念郎君,却比直说出来还要令人明白、感动。

捎一个什么样的口信去?心里说自己想得好苦,愿郎君别在外沾花惹草,忘了自己,要早早归来,彼此欢聚。嘴上却不好说。女孩家,多害羞啊,教人笑话!只说自家门前的两株乌桕树,又长高了许多,枝叶更茂盛了。说这干嘛?乡间寻访人家,各户门前的树,是最显著的标志。从前情郎常来常往,对这两株乌桕,自然印象很深。也许,姑娘送他出门,常在树下流连一番,说几句悄悄话。再则,树都又长大了好多,人哪里禁得时光的催促?情郎若不早日回返,人就要老了!种种情思,都包藏在关于乌桕树的话语中。只是,恐怕传信人不懂得其中奥妙,当作等闲唠叨,忘了向情郎郑重传达,所以她要"叮咛"不住,说了又说,直到他明白为止。

这诗字面很浅,却能抓住一个未婚少女的心理特征,极真实、极委曲地表现出她的复杂情绪。"叮咛说向寄书人"一句,具有动作感,最能反映主人公的情态,放在全诗的结末,使人读完之后,眼前浮现出人物形象,效果极佳。

(骆玉明)

榆河晓发　　　　谢榛

> 朝晖开众山,遥见居庸关。
> 云出三边外,风生万马间。
> 征尘何日静,古戍几人闲?
> 忽忆弃繻者,空惭旅鬓斑。

常言道:"熟读唐诗三百首,不会写诗也会吟。"这的确不失为学习写诗的一种"门槛"。那末,有了这种"门槛"是否就能写出好诗呢?明代著名诗人、号称"后七子"的谢榛曾在《四溟诗话》中介绍他的创作方法说:"诗无神气,犹绘日月无光彩。学李杜者,勿执于字句之间,当率意熟读,久而得之,此提魂摄魄之法也。"上面他这首《榆河晓发》可说是"提魂摄魄法"的样板。

榆河在北京之北,河流北端耸立着著名要塞居庸关,地形险要,历来为兵家必争之地。当时是明朝京城的北方锁钥。谢榛沿榆河北上出关,置身于弥漫历史烽烟的雄关漫道中,感叹万千。想当年蒙古鞑靼铁骑曾经从这里长驱直入,两次直逼北京城,而今日边地仍然危机四伏,油然而生一种忧时愤世之情,口中念念有词地吟起杜甫的《晚行口号》诗来:

> 三川不可到,归路晚山稠。
> 落雁浮寒水,饥马集戍楼。
> 市朝今日异,丧乱几时休?
> 远愧梁江总,还家尚黑头。

这首诗老杜写自己流落"三川",欲归不得,安史丧乱,满目疮痍。试比较谢榛《榆河晓发》与老杜《晚行口号》，会发现二诗在起承转合与谋篇布局方面颇为相似。如首联同是述行踪；颔联同是写景句；颈联又同是抒情句，一个感慨"征尘何日静"，一个嗟叹"丧乱几时休"。二诗的尾联又都是以"空惭""远愧"前贤而作结。显然，谢榛写《榆河晓发》时是"率意熟读"并有意借鉴老杜《晚行口号》的。谢榛在明代诗坛负有盛名而终身布衣，晚年往来于秦、晋诸王之间，与当年流落"三川"的杜甫，在身世、处境、心态等方面，颇有某些相似之处。特别他此时行经雄关古戍，心中那种忧患国事、感叹余生的思想感情很接近老杜。读其诗，慕其人，魂追魄随，在写诗时也摹仿老杜的"神气"、"声调"，是很自然的。

当然，他不像明代有些人那样学习唐诗，一味字袭句模，搞假古董式的模仿，他认为"诗固有定体，人各有悟性"，在学习前人的同时，还要有自我的创造性。他的这首《榆河晓发》在这方面表现得很突出。这首诗中写得最为出色的是颔联二句："云出三边外，风生万马间。"虽然与上述杜诗颔联同是写景，但景色、气象不同，感情基调迥异。"云出三边外"，写纵目天边的极远的云，"风生万马间"，写眼前大草原马群，而都杂有诗人想象的成分，诗人用远近结合、虚实相生的手法，在想象与写实的交汇中，描绘出居庸关一带地形的辽远空阔。"云出""风生"，还象征着长期来明王朝与蒙古那种变幻不定的战争风云，蕴含着诗人对边患的隐忧。这两句诗气势雄浑，格调高远，被人誉为盛唐边塞诗的遗响。清代评论家沈德潜也推许说："'风生万马间'，纸上有声，若衍成二语，气味便薄。"（《明诗别裁》）

还有谢榛这首诗的起句"朝晖开众山"，也写得不错。着一"开"字，展现出大自然的瞬息间的变化，朝阳一露脸，顿时驱散拂晓前的迷雾，辉映出连绵起伏的远山，而居庸关的雄姿也望中可见了。让雄关在朝阳渲染的一派宏伟壮观的气象中登台亮相，突兀而气势磅礴，堪称妙笔。

再就全诗谋篇布局而言，虽有摹拟杜诗痕迹，但也还切合诗人的身世和为人。诗人见边地险象丛生，不由忧心忡忡，进而感叹自己一介书生，不能像汉代终军那样为国建功，最后只好"空惭旅鬓斑"了。思想感情的发展还比较自然，全诗由雄关漫道之景，而生忧时之情，而生白发之悲，一气呵成，自然成章。可说是达到了作者追求的"自然妙者为上"的标准。

由此可见谢榛高于同时代人处，在于他熟读唐诗，学老杜而又求其不同于老杜。他总结自己熟读唐代诸名家诗的经验说："熟读之以夺神气，歌咏之以求声调，玩味之以裒精华。得此三要，则造乎浑沦，不必塑谪仙而画少陵也。"（《四溟诗话》）

谢榛的艺术经验说明,从事文学艺术,先由摹拟入手,并不是坏事,但必须从摹拟入,又能从创造出,方能自有成就,《榆河晓发》的写作就是一个成功的例证。

(高 原)

居 庸 关(二首选一) 谢 榛

控海幽燕地,弯弓豪侠儿。
秋山牧马处,朔塞用兵时。
岭断云飞迥,关长鸟度迟。
当朝有魏尚,复此驻旌旗。

居庸关又名蓟门关、军都关,是万里长城最重要的关塞之一,在今北京市昌平区西北,历来有"北门锁钥"之称。谢榛《居庸关》共有二首,这里选的是第二首。

首二句大处落墨,从总体上描绘出居庸关所处的地理环境和人文环境。居庸关背倚苍莽的燕山山脉,控制着临近渤海的广大的幽燕地区,地理位置十分重要。幽燕之地,自古以来多豪侠之士,正如曹植《白马篇》所描述的:"白马饰金羁,连翩西北驰。借问谁家子?幽并游侠儿。"作者于众多的人事中拈出"弯弓豪侠儿"一端,正是突出了居庸关所在的幽燕地区的人文特点。而盘马弯弓、纵横驰骋的健儿形象,对于居山临海、气象巍峨的关城形象,也是一种最好的映衬。

在某种意义上说,幽燕地区民风尚武,也和北方部族的入侵有关。北方部族常在秋高马肥之际,南下用兵,秦汉时代既已如此,而明代瓦剌、鞑靼诸部的侵扰为祸尤烈。嘉靖四十年(1561),鞑靼俺答在攻扰宣府后,就曾进犯居庸关。因此"秋山"二句,既概括了秦汉以来悠悠千年的边疆征战史,具有深厚的历史感,又反映了明代北疆严重的边患,具有鲜明的现实针对性。这就在登临写景之作中融进了历史的、社会的内容,丰富了作品的内涵。

五、六两句进一步描绘居庸关的景色。悬崖峭壁,耸入云霄,浮云飞渡,显得格外高远;群山逶迤,关塞绵延,鸟儿的飞行也显得格外迟缓。这两句写景,从纵横两个方面延伸视线,融汇了视觉形象所引起的心理感受,并以活动的"云"、"鸟"作为静止的"岭"、"关"的衬托,愈加显示出"岭"、"关"的高峻、挺拔,坚不可摧,笔力劲健,气势宏伟。

雄关险隘,是阻止强敌入侵的有力保障。但最重要的还是要有精兵良将,为我长城。像汉文帝时曾任云中(今山西大同)太守的魏尚,爱惜士卒,治军有方,使得匈奴不敢贸然进犯,千秋以下还为人民所怀念。而现在,又有魏尚一样的将军率军驻守在居庸关上了,这怎么能使诗人不感到欣慰呢?

谢榛平生曾长期游历燕赵,此诗正表现出他对边塞风光的特殊感受以及对边防的关切。诗中"魏尚",可能是泛称,也可能有所指。隆庆年间戚继光曾任蓟镇总兵,居庸关即属于他的镇守范围。其时谢榛尚在世,诗中"魏尚"是否指戚继光,那就不得而知了。

(赵山林)

古　意　　　谢榛

南国动幽思,春洲搴绿芳。
九嶷云物夕,帝女怨潇湘。
华月照瑶瑟,灵风吹绮裳。
那知苦调罢,楚客立苍茫。

自屈原《九歌》中的名篇《湘君》、《湘夫人》问世以来,娥皇、女英的故事便屡屡形诸歌咏。李白的《远别离》、钱起的《省试湘灵鼓瑟》、刘禹锡的《潇湘神》等便是其中的名作。谢榛这首《古意》,所咏亦是此事。

南国之春,芳洲绿遍。娥皇、女英漫步江滨,采撷芳草。眼前的骀宕春光,牵动着她们的思绪。她们采撷芳草,是为了赠给夫君虞舜,以表达一片深情厚意。《湘君》中的"采芳洲兮杜若",即是此意。可是,待至黄昏,仍不见舜之来。遥望舜所居的九嶷山方向,只见碧云暮合,景物迷茫,全然不见舜之踪影。此情此景,怎不令娥皇、女英由企盼而失望,由失望而生怨!她们的呜咽,仿佛化成了潇湘流水的潺湲声。月亮冉冉升起,清朗的月华之下,娥皇、女英弹奏瑶瑟,寄托幽怨;轻灵的晚风,则吹拂着她们华丽的衣裳,似在安抚她们孤寂的心。这是融汇《湘君》"望夫君兮未来,吹参差兮谁思"和《远游》"使湘灵鼓瑟兮,令海若舞冯夷"诗句,创造而出的清幽淡雅的意境。一曲奏罢,娥皇、女英悄然而逝,她们哪里想到,这凄苦而又美妙的乐音,已打动了楚地的迁客骚人,使他们在苍茫夜色中久久伫立,陷于深深的遐思之中……

全诗主旨只在写一"怨"字。"幽思"为"怨"之来源,"苦调"为"怨"之表现。首二句通过春洲搴芳的动作,将绵绵幽思具体化。三、四两句以遥望九嶷写出企盼之殷,以潇湘呜咽烘托哀怨之深。五、六两句写弹瑟,却不从声音本身描摹,只渲染风月、琴瑟、衣裳之美,以画面来诱发读者对声音的联想。末二句写乐调之苦、乐声之美,不从弹奏时刻画,偏于弹奏后传神,以楚客之苍茫久立,烘托出乐曲深沉的哀怨和移人性情的艺术魅力。这是从美的效果来写美,更显得"此时无声胜有声",极为耐人寻味。当然,楚客之所以能与"苦调"产生共鸣,和他本人的处境及心境是颇有关系的。后四句的构思,受到刘禹锡《潇湘神》"楚客欲听瑶瑟怨,潇湘深夜月明时"和钱起《省试湘灵鼓瑟》"曲终人不见,江上数峰青"的启发,但刘诗从将来着想,谢诗从现在落笔;钱诗以景语作收,谢诗以情语作结。仿古而能出之以变化,便使得这首诗有了独立的艺术生命。

(赵山林)

送谢武选少安犒师固原因还蜀会兄葬　　谢　榛

天书早下促星轺,二月关河冻欲销。
白首应怜班定远,黄金先赐霍嫖姚。
秦云晓渡三川水,蜀道春通万里桥。
一对郫筒肠欲断,鹡鸰原上草萧萧。

　　题目开头一"送"字,鲜明地揭示了这是一首送别诗。"谢武选少安",交代送别的对象。武选,官名。职掌武官的选任、升迁、调动事。谢少安,即谢东山,字少安,自号高泉子。射洪(今四川射洪县)人。历贵州提学副使,累迁右副都御史。"犒师固原",点出谢少安此去何处、去干何事。明代固原州治所,在今宁夏回族自治区固原市。谢少安去固原县是为犒赏军队。"因还蜀",趁这个机会回老家一趟。"会兄葬",正遇亡兄安葬。此题甚详,把诗中内容几乎都概括了。从题中就清楚知道,谢少安这次出行肩负双重任务,一为犒师,二为探家。诗便围绕这两件事叙写。犒师是皇上交托,为重,先说。探家,为亲情,次之,后提。前四句写第一件事,后四句写第二件事,主次分明,过渡自然。《明诗别裁》对此诗评价很高,认为:"将题意逐层安放,一气转折,有神无迹,与高青丘《送沈左司》诗,三百年中不易多见者也。"这里不妨把《送沈左司从汪参政分省陕西汪由御史中丞出》一诗抄录于下,略作比较:"重臣分陕去台端,宾从威仪尽汉官。四塞河山归版籍,百年父老见衣冠。函关月落听鸡度,华岳云开立马看。知尔西行定回首,如今江左是长安。"

　　两首均是送别诗。先看谢榛的一首。"天书早下促星轺,二月关河冻欲销",交代时间、地点、天气、事由和人物身份。谢少安为完成朝廷使命,冒着严寒,乘坐着皇帝使者的车子出行,去犒赏、抚慰像班定远和霍嫖姚那样功勋卓著的边关将帅。班定远,即班超,东汉名将,扶风安陵(今陕西咸阳)人,明帝永平十六年,率三十六人出使西域,使西域五十余城国获得安宁,巩固了汉朝在西域的统治。

他在西域三十一年，官至西域都护，封定远侯。霍嫖姚，即霍去病，西汉名将，河东平阳（今山西临汾西南）人。是汉武帝皇后卫子夫之姊子，年十八为侍中，善骑射，曾六次出击匈奴，解除了汉朝初年以来匈奴对汉王朝的威胁，曾为嫖姚校尉、骠骑将军，封冠军侯。汉武帝赏赐他黄金，为之建造府第，他辞谢道："匈奴未灭，何以家为？"此二人均是有功的爱国将领，以古拟今，发人深思。"应怜"、"先赐"，表达了诗人的希望和嘱托，反映了他对保卫祖国的有功之臣的敬仰和爱戴。前四句通过不畏严寒去固原犒师一事，歌颂了谢少安忠君爱国的崇高行为。两处用典，寓意深刻。

下面用"秦云晓渡三川水，蜀道春通万里桥"两句，凝炼地概述了犒师后，谢少安由固原辗转至家乡的行程，笔触从国事转到己事，过渡自然有机。以"秦云晓渡"、"蜀道春通"，比拟人的行踪，含蓄蕴藉。友人从固原至秦地（今陕西），再渡三川（指陕西境内的泾水、渭水、汭水），最后抵蜀地的万里桥（在成都南面），可谓山遥路远、颇费周折。但因思乡心切，"难于上青天"的蜀道，在他的脚下也化为通途了。他归心似箭，不辞旅途劳顿，身如云轻、心似春芙。友人爱国亦爱家的举动历历在目。而下面却陡然一转，"一对郫筒肠欲断，鹡鸰原上草萧萧"。郫筒，酒名，四川郫县所产。鹡鸰，鸟名，又作"脊令"，比喻兄弟。《诗·小雅·常棣》："脊令在原，兄弟急难。"本来踏上故土当喜不自禁，但因为他事先已得知亡兄的噩耗，所以非但无一丝喜色，反而在品尝到家乡特产之时，念及不能和兄长对饮，不能一叙手足之亲情，不免肝欲裂肠欲断、悲痛已极。"鹡鸰原上草萧萧"一句，既点出"肠欲断"之因，又烘托了兄长安葬时的悲凉气氛。原上草的萧萧之声，莫不是友人面对荒原上兄长新坟的悲咽之声？这结句，力透纸背，意远情深，感人之至。这一层写谢少安归乡之行和兄弟亲情，悲喜交替，文笔宛曲。

诗由犒师写到探亲，由关河写到蜀地，人物涉及到皇上、古今边关将帅、谢少安与其兄，还有诗人自己，有爱有恨，有喜有悲，内容繁多却井井有条，一气贯通，不着雕凿痕迹，并且极富神韵，确实堪称难得的佳作。

再看看高青丘一诗。他是送友人随从汪御史中丞离京出任陕西参政，此时祖国版图收复、山河统一，中原父老摆脱了百年异族统治，重新见到汉官威仪无比喜悦，汉官也无需再受异族歧视监督，到处是一片喜庆景象。在西行途中，一行人回首东望，对家乡和京城无比留恋。两首诗都表达了爱国和思乡之情，也都用了典，第三联作为过渡句均很自然严密。只是两首诗的背景和情境不同，因而总的情调不一。一是异族侵略尚在，正逢兄亡墓葬，肃穆、悲凉；一是胜利后赴新任，国土收复，欢欣鼓舞。笔调一凝重，一轻快。总而言之，两诗大同小异，可以互相媲美,都是送别诗的典范。

(吕美生 朱永平)

王 问

(1497—1576) 字子裕,无锡(今属江苏)人。嘉靖十一年(1532)进士。历官车驾郎中,擢广东按察佥事,未赴任,弃官归家。他擅长书画,作诗也很有名气,钱谦益《列朝诗集》评其诗"萧闲疏放,冲然自得"。有《仲山诗选》、《崇文馆稿》等。

赠吴之山　　　王 问

城柝①声声夜未央,江云初散水风凉。
看君已作无家客,犹是逢人说故乡。

〔注〕 ① 城柝(tuò):古时城内巡夜所敲的木梆。

这是一首意在言外的小诗,诗作者是一位曾一度入仕而无心恋官的文士,而诗所赠的对象,则是一位虽未入仕却喜游公卿之门的布衣。

《明史》的《儒林传》里,有作者王问的传记,云王氏乃无锡人,字子裕,以学行称于时。在考取嘉靖十七年进士后,授官户部主事,改南京职方,接着又升任车驾郎中、广东佥事。但他对做官兴趣不大,父亲去世之后,便不再出仕。"筑室湖上,读书三十年,不履城市,数被荐不起。"

与王氏的行迹正好相反,本诗所赠对象吴之山却身为布衣,而常乐意与缙绅们交往。吴氏名扩,字子充,昆山人。之山是他的号。此人平生喜欢旅游,到过武夷、匡庐、雁荡、太行等名山大川,所至大多有诗歌纪行;回来后逢人便朗诵他的大作,人们听了,也仿佛名胜美景近在眼前。嘉靖年间的诗坛上,吴氏也算是个名人,而其之所以出名,是由于"本朝布衣以诗名者,多封己自好,不轻出游人间,其挟诗卷、携竽牍,遨游缙绅,如晚宋所谓山人者,嘉靖间自子充始"(《列朝诗集小传》语)。

我们不知道王问是在何时何地写了这首小诗赠给吴扩的。但一位淡泊名利的文士赋诗赠一位热衷官场的布衣,这事实本身便耐人寻味,并使人产生探究诗中有否其他含义的念头。

漫漫未尽的黑夜里,只有报时的木梆懒洋洋地振动着似已凝固的空气。城外江上的乌云,不知何时已悄然散去,却唤来一阵微风,给宁静的水面送去几份凉意。这起首两句唐人笔法的写景句子,似乎只是在向读者展示一个极易诱发客居者思乡之情的自然场景。但是且慢,作者笔锋一转,朝向了吴扩,您先生游历了那么多的名山大川,又时常邀游于公卿贵人之间,可见必是个无家的游子了,可怎么逢到熟人,还总是要喋喋不休地谈您的江南故乡,谈山谈水,谈人谈事呢?

从王、吴二人性格与行事的反差程度论,王问诗里的后两句在一定程度上是语含嘲讽的。对于因为热衷邀游权门而必然成为"无家客"的吴扩,作者大概是颇为瞧不起的;而这样一位自愿成为"无家客"的浪子还"逢人说故乡",其中的感情又不能不让人感到是虚伪的。

但王问又是一个心地超然的人,因而他的诗只是隐含着轻微的嘲讽,而并不尖刻直露。长夜里那悠远的木梆声与江面上的那阵凉风,造就的是一种悲天悯人的氛围。诗人以此为背景赋诗赠吴氏,除了嘲讽,似乎同时也在可怜对方。想想也是,一个顶着布衣的名分的人,爱做的事情又与这名分颇不相称;长期远离故乡,时不时地要表露自己对故乡的思念,但却又不愿意回去,这难道不是人生的一种困境么?陷于困境又不能或不愿自拔,这难道不可怜么? （陈正宏）

【诗人小传】

皇甫汸

(1498—1582) 字子循,长洲(今江苏苏州)人。嘉靖八年(1529)进士,官工部主事。因摘发武定侯郭勋弄权舞弊及忤太宰等事曾三次遭贬黜。后官至云南按察佥事。《四库全书总目提要》评其诗"在明中叶不失为第二流人"。汸有兄弟四人,皆能诗,以他最优。有《皇甫司勋集》。

舟中对月书情　　皇甫汸

不识别家久,但看明月辉。
关山一以鉴,驿路远相违。
影落吴云尽,凉生楚树微。①
天边有乌鹊,思与共南飞。

〔注〕① 吴、楚:古地名,诗中分别代指长江的下游、中游地区。

孤屿秋色图轴　　　［明］王　问

一个常年奔波仕途的人,当他在长江水路上伫立船头仰望中天明月的时候,会有怎样的思绪呢?皇甫汸的这首五言律诗,对此作了艺术性的回答。

首联"不识别家久,但看明月辉",点明了诗人的宦游者的身份:自己连离开家乡多久也似乎记不清了,只知道在外不止一次地看到过清朗的秋月。颔联"关山一以鉴,驿路远相违",接着从写舟行入手,强调自己再次远离了故乡:站在行舟上一路看尽了两岸连绵的关山不断地被行舟推开,可知距上船的驿站越来越远了。而颈联"影落吴云尽,凉生楚树微",则是通过描绘诗人在舟中所望见的大江两岸的风光,自然地抒发了作者奔波仕途的感受:月光下,下游一带的云影渐渐隐去,中游一带萧瑟的秋林也变得模糊不清了。再看尾联,"天边有乌鹊,思与共南飞",这里化用了曹操《短歌行》的诗句典故("月明星稀,乌鹊南飞,绕树三匝,无枝可依。")。由南飞的乌鹊联想到自己的宦游者身份,委婉地诉说了诗人有家难归而又书信难托的那种凄凉伤感的心境。

以上是就诗歌内容来说的,而所谓"艺术性的回答",即是说此诗不仅艺术构思巧妙,且艺术表现手法又独具匠心,这两者的结合,在最充分地表达思想内容的同时,也营造了深邃幽远的诗歌意境。诗题为"舟中对月书情",关键词无疑为"舟"、"月"、"情"三字,而全诗的叙事、写景、抒情,正是紧紧围绕这三个字,做到环环相扣,有机统一:写月,为的是点出"对月"的特殊场景(在舟中);写舟,又是为了揭示"对月书情"在舟行中的特殊感受;至于抒情,则择选了与"月"、"舟"有密切关系的触发物——天上的云影、江岸的树林和江面上的乌鹊等等。唯其如此,全诗的情景交融就显得格外的自然和谐。

从全诗来看,最值得玩味的,也最富有艺术魅力的是颈联两句——"影落吴云尽,凉生楚树微"。这两句作为全诗的"诗眼",不仅写出了秋月下的江面那种开阔的场景和奇异的景致,更通过这一组富有动感的意象的提炼,烘托了诗人此时此地面对此景此物的特殊情感。诗中言"吴云",着眼其"影落"而突出"尽",言"楚树"则渲染其"微"而诉诸"凉生"的感觉。很显然,这里在对自然景物作描绘时,有机地融入了诗人的感情色彩:惜"吴云"之"尽",正是对远离家乡的感慨;觉"楚树"之"凉",乃表明对于宦游之地缺乏亲近感,联系到诗的首联和尾联,这样一种情感表露方式,使全诗也更具艺术感染力了。

(文　华)

九 日 寄 子 约[①]

皇甫汸

漫有登高兴[②],兼当望远何?
对花惊白发,见雁忆黄河[③]。

乱后书来少,霜前木落多。
不堪羁宦日,同是阻干戈。

〔注〕 ①九日:农历九月初九,重阳节。子约,即皇甫濂,作者之弟。 ②漫:随意。 ③黄河:代指故乡。

农历九月初九是重阳节,按传统的习俗,人们在这一天都要登高远望,兼怀在外的亲人。唐诗中有王维《九月九日忆山东兄弟》的名篇,这是人们所熟知的。皇甫汸的这首诗,从题目来看,已经点出了作品的主旨。由于当时作者和他的兄弟都有类似的宦游身份,所以这首诗较之王维的诗篇反映了某些特殊的社会内容,也留下了另一种情感特色。

首联两句表明诗人只是随意登高的,而问题的提出("望远何"),便揭示出了作者的惆怅和伤感的心绪。这两句是全篇的感情基调,接下来的第二联和第三联,都紧扣此点而作形象具体的补充性反映。"对花惊白发,见雁忆黄河",写自己因俯视地上的野菊而惊想起自己年岁已增,又因抬头望雁而忆起家乡。"乱后书来少,霜前木落多",笔触转到了兄弟,兄弟因前一阶段的战乱而减少了来信,现在一定也在为霜打落叶的瑟瑟秋色而滋生类似自己的那种伤感情绪。最值得品味的自然还在尾联:"不堪羁宦日,同是阻干戈"。如果说第二联和第三联分别写出作者本人和兄弟产生伤感情绪的"然",那么这尾联就是进一步点明了"所以然"的问题:进入仕途本是不自由了,何况还在战乱的年代里。显然,在这两句中,作者对于宦游的厌倦之心,以及对于同胞手足的眷念之情,鲜明地表达出来了。所谓"特殊的社会内容"和"情感特色",正是集中地体现在这两句诗中。

还可指出的是,作为一首律诗,该诗的颔、颈两联,格律整齐,对仗工整,意象的择选与对照组合也颇有新意。例如,"对花惊白发,见雁忆黄河",如果说花、雁相对尚属一般,那么以白发对黄河却是颇有意境,至于两组动词(对—见、惊—忆)不仅组合自然,而且使情感获得了递进。同样,"乱后书来少,霜前木落多",以乱对霜,把人间的战乱与自然界的秋景相对,显然含有弦外之音。另外,以令人欣喜的来书之少与给人凄凉感的落木之多相对,则又是很好地渲染了诗人所表达的情感。所谓文学作品的表现手段和技巧要为思想内容服务,皇甫汸的这首诗显然是又提供了一个成功的实例。

(文　华)

对月答子浚怀诸兄弟作　　皇甫汸

南北何如汉二京?迢迢吴越两乡情。

谢家楼①上清秋月,分作关山几处明!

〔注〕 ①"谢家楼"所指究竟为何楼,不详。但从作者诗中有"清辉怜谢监,何事隔南楼"、"羁宦潘生省,怀人谢监楼"看,"谢家楼"似即"谢监楼",且在南京无疑。谢灵运曾任宋秘书监;南京乌衣巷更是历史上"王、谢"士族聚居之处。诗人所临或许就是这谢家之楼。

在明代嘉靖年间的诗坛上,崛起过四位"并好学工诗"的皇甫兄弟,被誉为"皇甫四杰"。

此刻在南京"谢家楼"上对月而吟的,便是这"四杰"中的老三皇甫汸。前不久,他接到鬓发斑白的大哥皇甫冲(字子浚),从故乡苏州寄来的感怀诸兄弟之诗,不禁热泪沾襟。念及远在浙江的二哥(皇甫涍),和在北方的四弟(皇甫濂),那一股浓浓的思亲之情,便如这秋夜的月光,洒满了身心,怎么也撩拂不去了。

皇甫兄弟间的感情极为深笃,但在仕途上的遭际又颇多坎坷。老大自30岁登"乡荐"举人,以后却屡试不第,从此在故乡的骑射、著述生涯中,忍看霜雪渐渐染白了青发。二哥在京为官多年,却又因"改官有私",被谪广平通判,现在大抵已迁任浙江佥事。四弟中进士最晚,而今仍谪在北方做着河南布政司理问。皇甫汸自己,则因摘发武定侯郭勋的弄权舞弊,而被贬为黄州推官,现在虽迁任南京稽勋郎中,其实也并无多大实权。

往日形影不离的四兄弟,就这样散居"南北",恰似汉代相距千里的东、西二京,被迢递关山,隔断了彼此间的携手共游、相嘘相存!诗之起句"南北何如汉二京",正从浮耸于历史烟云中的长安、洛阳之隔,悠悠推出现实中相失于南京(皇甫汸)、洛阳(皇甫濂)的兄弟作比,又着以"何如"的幽切问叹,强烈地透露着一种难以言传的憾意和伤怀。

接着的"迢迢吴越两乡情",则又回首南天,展出了月夜下的迷蒙故乡苏州(吴),和更南更远的浙江(越)。那正是兄长子浚和二哥子安置身的世界。这世界无疑只涌现在诗人的想象之中,而且因了如水月华的映漾,显得愈加缥缈、辽远。诗人仿佛还能想见,那被重叠的青山、长长的江流隔断的亲人,而今也正在仰望夜天,思念着远在北方的四弟和自己。可叹"迢迢"长路,正如横亘夜天的银河,无情地阻隔了兄弟间的相聚之望;那身处异乡、同怀共悲的情思,似也被千百峰峦和江流,割切得缕缕寸断而难能续接了。

"海上生明月,天涯共此时。"现在聊可慰藉诗人的,就只有那一轮清莹、澄明的夜月了。它此刻正高悬在他所登临的"谢公楼"上,带着秋夜的几分幽寂和清凉,默默临照着孤独的诗人。中秋的明月,从来被人们视为亲人团聚的象征:它辉耀夜空,普照天涯,再高再远的峰峦、关河,也无法将它遮障和阻隔。所以苏轼当年在醉中望月时,虽然也曾为它有"阴晴圆缺"叹息过,终又以"但愿人长久,千里共婵娟"的名句,表达了乐观而美好的人生祝愿。皇甫汸的心境却要怅惘得多了,当他念及分隔天涯的兄弟,便忽然觉得:就连这朗丽的月光,似也不再清莹一派,而竟被迢迢"关山"分成了几片,明亮却又疏落地照耀在不能团聚的兄弟头顶!

"谢公楼上清秋月,分作关山几处明",可说是全诗最出人意外的奇思!它一反历来诗人望月怀思之古意,而创造了一个兄弟分散、月亦不能普天同明的奇特幻境。以此收结,妙在对思亲之情不著一语,而兄弟间那种"共看明月应垂泪,一夜乡心五处同"(白居易《望月有感》)的忆念和伤怀,却全借着这破碎"几处"的月明之景,而相映相应、悠悠不尽了!清人汪端称皇甫汸诗"淡雅矜炼,自成一家"(见《明三十家诗选》),胡元瑞称"子循(皇甫汸之字)五言清空潇洒","虽格本中唐而神韵过之"。读者从这首对月怀亲之作中,也许正可窥其一斑。　　(徐旭文)

【诗人小传】

高叔嗣

(1501—1537)　字子业,祥符(今河南开封)人。嘉靖二年进士。官至湖广按察使。作诗反对模拟抄袭,诗风冲淡清新。王世贞评其诗:"如高山鼓琴,沉思忽往,木叶尽脱,石气自青。"有《苏门集》。

送别袁永之

高叔嗣

怜君方迁戍,况我婴愁疾①。一别若流云,相从竟何日?
平生重交游,弱冠弄篇帙,书愿藏名山,功期铭石室。安知事
不就,跌宕情如一。已矣复谁陈,今亦返蓬荜②。

〔注〕　①婴:缠绕、患。　②蓬荜:蓬,蓬蒿;荜,荜芰,均草名。蓬荜,蓬门荜户,贫者所居。

袁永之,名袠,嘉靖五年(1526)进士,选庶吉士,因得罪权臣张璁,出为刑部主事,改兵部。上任未久,兵部失火,下狱问罪,高叔嗣时为吏部员外郎,素与袁袠相善,曾作《简袁永之狱中》诗赠之,写道:"本同江海人,俱为轩冕误。子抱无妄忧,余有多言惧。"高叔嗣与袁袠生性都比较淡泊,好文艺,入宦后又遇上了嘉靖前期的议礼之争。当时张璁、桂萼等新贵得势,党同伐异,"日以报怨为事","廷臣莫不畏其凶威"(《明史》卷一九六),因此他们便萌生了退志。不久袁袠论

罪谪戍湖州,高叔嗣便写了这首诗送他。

全诗十二句,分三层写来。首四句写别情,袁袠谪戍湖州,前途难卜,作者自己又少年多病(高叔嗣三十七岁病卒),因此今日如流云一别,南北飘泊,日后能否再见就难以估计了。中间四句写二人平生志向,高叔嗣与袁袠俱少年有诗文名,早登高第,也都曾期望建功立业,以文章传后世。但是事与愿违,接下末四句遂转写今日之情怀,二人在备遭困厄后,空自忧思难抑,已没有什么再可申说。如今袁永之谪离京城,作者也无意于仕途,欲戢影乡园了。

高叔嗣以五古擅长,沈德潜评其诗"冲淡得韦苏州体"(《明诗别裁》),这首诗正体现了这一风格。全篇不假藻饰,吐言成章,句句出自胸臆,读来则饶有兴味。苏轼称韦应物诗"发纤秾于简古、寄至味于淡泊",用来评高叔嗣此诗亦十分恰当。高叔嗣少曾受知于李梦阳,然作诗风格却与李梦阳迥异。嘉靖初年诗坛上复古之风正盛,李梦阳等以汉魏盛唐之音倡,其弊流于肤廓叫嚣,因此高叔嗣的诗便显得十分突出,能于平淡中见情致。当时人对他的诗评价颇高,陈束称其诗"词质而腴,兴近而远"(《苏门集序》),王世懋评云:"诗有必不能废者,……我明其徐昌穀、高子业乎?二君诗大不同,而皆巧于用短。徐能以高韵胜,有蝉蜕轩举之风;高能以深情胜,有秋闺愁妇之态。更千百年,李、何尚有废兴,二君必无绝响。"(《艺圃撷余》)读这些评论,可助读者品赏本诗淡而有味的艺术风格。

(刘明今)

诗人小传

吴承恩

(约1500—约1582) 字汝忠,号射阳山人,山阳(今江苏淮安)人。自幼喜爱神话故事。在科举中屡遭挫折,嘉靖中补贡生。嘉靖末隆庆初任浙江长兴县丞。由于宦途困顿,晚年绝意仕进,专意著述。所作诗文表现出对当时社会现实的不满。有《射阳先生存稿》。一般研究者认为,他还在前人作品和民间传说基础上,进行再创作,写出了富有浪漫主义色彩的著名长篇小说《西游记》。又撰有《禹鼎志》,已散佚。

对 月 感 秋(其二)   吴承恩

人云天上月,中有嫦娥居。孤栖与谁共?顾兔并蟾蜍。冰轮不载土,桂树无根株。纷纷黄金粟,岁岁何由舒?一闭千万年,玉颜近何如?相违不咫尺,照我阑干隅。一杯劝尔酒,为我留须臾。

自从窃了"不死之药"而升登月宫的嫦娥,其命运也实在不能教人羡慕。《西游记》写她稍不经意,就遭了醉汹汹闯入广寒宫的"天蓬元帅"之调戏;《聊斋志异》更有她常被人间道士,从月中召来作《霓裳舞》以消寂寞的记载。

别看吴承恩在他的名作《西游记》中,调笑玉帝、戏谑众仙,放任一只猢狲,将天宫世界搅了个鸡飞狗跳。但他对月中嫦娥,倒与大诗人李白一样,也是颇表同情的。

现在,他正独饮于高楼的栏杆边,仰对着乌蓝夜空的一轮秋月,"感怀"起这位仙子来了。诗之开篇悠悠叙来,从眼前的秋月,引出"人云""中有嫦娥居"的传说。吐语舒缓,思绪深邈,表现着诗人此刻,已渐渐沉入神话传说的纷纭烟云之中。

于是清满的明月,也忽然流转、变幻起来。诗人的眼间仿佛有一片云帷塞开,终于见到了浮现月中的琼楼玉宇,以及那在桂花吐芬的阆苑间,翩然独行的嫦娥身影。诗人大多是好奇的,李白当年在《把酒问月》诗中,就曾带着孩童般的天真,发出过"嫦娥孤栖与谁邻"的奇问。不知底里的人们也许会猜想,能与这位美丽仙子为邻的,必定是同样俏好的玉女;或者是潇洒俊逸的文、武曲星之类,那就更妙——嫦娥只要从中择一佳婿,便可仙侣相偕、逍遥万古了!然而,在此诗中紧接"孤栖与谁共"跳出的,却是"顾兔与蟾蜍"的一声凄叹!在月中与嫦娥终日为伴的,竟只是捣药的玉兔和其形丑陋的虾蟆,这可教当时还年纪轻轻的嫦娥何以为情?诗情的抒写,借助于问答中的突然转折,就这样逗出了情感上的巨大逆转。一位孤独、凄清仙子的哀怨,正由这一声凄叹表露无遗。

月宫中当然也还有一位仙人,那就是被罚在这里砍树的吴刚。按照神话传说,被砍的桂树高五百尺,而且"随砍随合",永远也砍不倒。诗人由此又生出了痴痴的奇想:这滚转如"冰轮"的天上之月,本就载不到斗、升之土;那高耸月宫的桂树,当然只能是不生"根株"的无土之木了。但它年年岁岁开罢桂花,又纷纷扬扬,飘坠"黄金粟"般的一片桂子;这桂子究竟又凭借什么,而舒发、生长,化作郁郁苍苍的蠹天之树的呢?"冰轮不载土"四句,想象清奇、意绪葱茏,展出的正是缥缈月宫所特有的仙幻之境。在奇妙的幻境想象中,诗人又凭虚落笔,悠然发问,问得也格外隽永和富于韵致——真不愧是写过《西游记》的浪漫大家之手笔!

与月中嫦娥为伴的,就只是这样的玉兔、蟾蜍,以及吴刚所砍不完的耸天桂影。她无亲无邻、无友无侣,终宵看玉兔的举杵捣药,岁岁听吴刚的默默斧声:这该是怎样一种广大无边的寂寞和凄凉!天若有情天亦老,嫦娥纵然是飘扬天界的仙子,也难说不会被这禁闭月宫"千万年"的生涯,摧残了玉颜,染白了青发!但这一猜想,诗人偏不肯正面说破,而只以"玉颜近何如"的委婉问语暗示,读来尤觉意味深长。

纷纭的遐想,正如烟云一般容容升腾。当诗人终于回过神来,那在想象中飘现的嫦娥、玉兔和桂影,便又渐远渐灭,终于复原为高悬楼巅的那轮明月。只见它又大又圆,简直就与栏干下独酌的诗人相距"咫尺";正将一片银雾般清辉,洒满了楼台的角落。

这是一轮碾过无边秋夜的孤清之月!特别是经了上文对月中嫦娥寂寞、凄凉生涯的遐想,当它再现在诗人仰望之中时,便愈加显得徘徊无主、欲语无言了。一股深切的悯伤之情,由此充溢了诗人心头:月儿是孤清的,而他这位同样置身在无边秋夜中的独饮之客,难道就不感到孤清?他四顾无侣,相伴他的唯有这默默行驶的苍凉之月,又怎能让它就这样离去?诗人因此擎杯而起,向着明月凄凄呼唤起来:"一杯劝尔酒,为我留须臾"——这世界何处更有慰藉你孤寂生涯之地?倒不如在我这里暂留片刻,让我们在举杯共饮中,聊尝人、月相亲的苦涩欢乐……

如果说,此诗前文对月中嫦娥的瑰奇想象,主要表现着那位缥缈仙女的孤苦和凄凉的话;那么,这发自结语的凄凄呼唤,终于又隐隐透露:在此高楼秋夜,深深感到有排遣不了苦闷、凄怆的,其实恰正是诗人自己。将自身的苦闷,通过独酌望月生发的奇思,借着缥缈嫦娥的生涯抒写,这正是吴承恩此诗的独特之处。唯其如此,诗中所表现的寂寞和苍凉,也更觉广大无际、绵邈悠长。　　(徐旭文)

嘉靖丙寅余寓杭之玄妙观梦一道士长身美髯时已被酒牵余衣曰为我作醉仙词因信口十章觉而记其四　吴承恩

    一片红云贴水飞,醉横铁笛驾云归。
    龙宫献出珊瑚树,系向先生破衲衣。

    有客焚香拜我前,问师何道致神仙?
    神仙可学无它术,店里提壶陌上眠。

    一日村中醉百壶,黄金点化酒钱无。
    儿童拍手拦街笑,觅我腰间五岳图。

怪墨涂墙舞乱鸦，醉中一任字横斜。

新诗未寄西王母，先落宜城卖酒家。

中国道教的此岸与彼岸没有绝对的界限，又宣称无须旷世苦修，也无须经历"涅槃"之苦，即可白日飞升。而同是长生不灭，道教的神仙世界不废饮食男女之乐，比起佛的西方净土，一个人冷冷清清坐在八德池的莲花之上，无疑更为中国古人——不管是帝王还是士子——所接受。更何况道教与作为一种哲学宗派的道家有特别的关系，甚至奉张扬精神自由的道家人物如庄子为祖师，于是学道、游仙就成为文学，特别是诗歌极愿意表现的题材。古代诗歌中的这类作品，大多交织着对官能享受与精神自由的艳羡、向往。只不过有的沉湎于物欲享乐，有的突出对精神自由的追求。这后者的代表当首推唐代李白。后世的继者，虽然很少有人能唱出太白嘹亮入云的歌声，但那种追求适性自由的精神，在他们的诗歌中却也并未窒息。对中国16世纪诗人吴承恩的这组七绝诗，大概首先应该作如是观。

吴承恩字汝忠，号射阳山人。先世涟水人，徙居山阳（今江苏淮安）。约生于明孝宗弘治十七年（1505），卒于神宗万历十年（1582）。其曾祖、祖父做过儒学训导、教谕的小官，父亲则是一个经营绸布绒线的小商人。吴承恩很早就中了秀才，以后却一直困顿场屋，直至嘉靖二十三年（1544）挨到一名岁贡，又过了二十年，才以60岁老贡生的资格出任浙江长兴县丞。诗题中的"嘉靖丙寅"即嘉靖四十五年（1566），据有人考证，此诗即作者赴长兴任，途经杭州时所作（苏兴《吴承恩年谱》）。玄妙观在杭州吴山脚下石乌龟巷（即十五奎巷），始建于唐乾符二年（875），元明两代又重建，是当时有名的道观。

寓道观而思神仙，是很自然的事。诗题中的"道士"即指的是仙人。"长身美髯"说其骨格清奇，"被酒"则强调其行为特征。至于托之于梦，亦游仙一类诗的惯技。"我欲因之梦吴越，一夜飞渡镜湖月。"李白的名篇《梦游天姥吟留别》描写仙人、仙境，即假于梦幻。吴氏的这组七绝，虽是四首，实际是要连起来读的。第一首主要描写仙人的形象；从第二首后两句开始则为仙人代言，回答关于"何道致神仙"的问题，并借此进一步突出仙人的精神风貌。当然，按照中国古诗言志抒情的通则，这种意、象描写，实际上主要写的是作者的一种精神漫游，表现作者对对象的理解和某种意念。

第一首："一片红云贴水飞，醉横铁笛驾云归。龙宫献出珊瑚树，系在先生破衲衣。"先说这位仙人身驾红云贴水飞翔，赞其逍遥云汉，又用"醉横铁笛"渲染其飘摇意态。继说龙宫献给他的珍宝"珊瑚树",只是随便系在"破衲衣"之上,表现其超凡脱俗、不为物累。这样一位仙人当然容易引起人们的企慕,但第二首中他对"何道致神仙"的回答,却既不是锻炼丹铅——这在佞道的嘉靖朝是最为人们所津津乐道的,也非山林静修,而是"神仙可学无他术,店里提壶陌上眠。""店里提壶"是说其以酒为日常功课,或者说是修仙的手段;"陌上眠"则强调的是适性而为的境界。接下去的两首,一是:"一日村中醉百壶,黄金点化酒钱麤。儿童拍手拦街笑,觅我腰间五岳图。"("麤"是"粗"字的异体。)二是:"怪墨涂墙舞乱鸦,醉中一任字横斜。新诗未寄西王母,先落宜城卖酒家。"("宜城"即今湖北宜城,汉代即以产酒著名。)通过对仙人种种行为的生动描绘,突出其自由散诞的"醉仙"性格,并对其致仙之道作形象的说明。

"醉横铁笛","一日村中醉百壶","醉中一任字横斜",作者反复强调的是醉仙的"醉"字。本来,酒与中国文学就有不解之缘,尤其在古代诗歌中,其重要大概要超过被西方文艺理论称之为文学两大永恒主题的爱与死。因此,酒仙、醉仙在中国古诗中也就成为经常出现的形象。产生这种现象的原因实际可以从中国民族文化的深层中找到。在中国文化中起主要作用的儒、道、佛三家中,除佛家禁酒外,大抵儒家在酒上重礼(理),道家在酒上重性(情)。历史上经常出现的文人纵酒放浪风潮——如魏晋,以及文学上酒而仙的描写,实际上源于老庄学说的崇尚者主张的以酒适性。在这些情况下,醉就往往成为一种要求生命自由的、狂放的、艺术的象征,类似西方的"酒神精神"。"李白斗酒诗百篇,长安市上酒家眠。天子呼来不上船,自称臣是酒中仙。"李白被称为"酒仙"、"醉仙",真正为人们所倾慕的,并不在于对酒的沉迷,而在于其寄情于酒所表现出来的狂放不羁的个性精神。同样,这里吴氏诗中所写醉仙,醉也只是一个表征,其重点要表现的实际上是对一种随心所欲、自在往来的身心自由的渴求。黄金买醉,五岳寻仙,怪墨涂墙,是作者对身心自由的描绘。所谓"店里提壶陌上眠",则不仅是一种行为,更是一种行为方式,所强调的是一种不受任何外在约束、率性而为的精神。这无疑是作者思想、心理、情绪的外现。

吴承恩在科举路上很不顺利,诗文在当时却有些名气,被誉为"淮自张文潜(宋张耒)以后一人而已"(陈文烛《射阳先生存稿序》)。在其现存的《射阳先生存稿》四卷中,虽然没有多少论者喜欢强调的激昂愤慨、抗击现世的金刚怒目式的作品,但那种洞察世情、嘲谑人生,于委时顿命中透发出来的不屈服于现实的精神,却也历历可见。"狗有三分糠份,马有三升龙性,况丈夫哉!"(《送我入门来》)"平生不肯受人怜,喜笑悲歌气傲然。"(《赠沙星士》)表现了其性格傲岸的一面。

当时文坛上正刮着"前后七子"的复古风,能超然自拔的诗人不多。吴承恩虽与后七子之一的吴中行交好,却并不依傍七子门户,诗作"率自胸臆出之,而不染于色泽"(李维桢《射阳先生集序》)。这组短诗不假雕琢,独出机杼,自成风格,确是因为其中跃动着这位自称"淮海竖儒"、"蓬门浪士"的风尘小吏不肯安定的灵魂。吴承恩曾经到过济宁太白楼,并作了一首诗:"青莲居士登临地,有客来游兴不孤。山水每缘人得胜,贤豪多共酒为徒。云飞醉墨留朱拱,花拥宫袍想玉壶。独倚阑干倾一斗,知君应复识狂夫。"(《太白楼》)引数百年前的前辈为同调,自称"狂夫",可知这组诗中的酒与仙,确实寄寓了作者对人性自由的追求,并没有物欲和宗教之心。

这其实也是一种时代的精神。明自中叶以后,进入了中国历史上最有"近代气息"的时代。商品流通的发达,城市风貌的改观,习俗风尚、社会心理的变异,导致了思想文化异端的狂飚突起,出现了一个"近似"欧洲人文运动的思想解放的潮流。中晚明的很多文学作品都被染上这种新鲜的色泽。比如描写神魔之争的小说《西游记》,其文化底蕴实际上就是否定神而肯定人。近人鲁迅、胡适曾考证《西游记》也是吴承恩的作品,不管这一结论是否的确,人们在吴承恩的这组短诗中都会感受到同样的时代脉搏的跳动——对"率性而为"的向往也是一种人性觉醒的表现。即使今天我们读这组诗,也还会有一种摆脱束缚、精神飞扬的感觉,就是因为诗中流贯着的精神与我们的思想感情有相通之处——尽管吴氏诗所流露的人性觉醒很难说出自思想的自觉,其所假借的仙、酒也不是多么新鲜的东西。

(李时人)

【诗人小传】

苏 祐

(1540年前后在世) 字允吉,一字舜泽,濮州(今河南濮阳地区)人。嘉靖五年进士。历官广东道御史。迁兵部侍郎,总督宣大军务,屡败强寇,进兵部尚书,坐不请兵饷失事,削籍归。旋复职,终于官。祐文词骈丽,诗格爽琅。著有《穀原文草》、《穀原集》及《逌旃琐语》。

塞 下 曲

苏 祐

将军营外月轮高,猎猎西风吹战袍。

觱篥无声河汉转①,露华霜气满弓刀。

〔注〕 ① 觱篥(bì lì):一种流行于西北少数民族地区的簧管乐器。

这是一幅军营生活的特写。它没有表现羽檄往还,戎马倥偬的战争场面,而是描绘了西北守边将士特有的生活风光。

这首诗对于当时军旅生活,并不作具体的正面描写,而是抓住几个军营生活的片断,从边关的月亮,要塞的西风,满天的星斗,浓厚的霜露,通过某些自然场景的描绘,表现边塞军人的特有生活氛围,从而透露出将士们的心绪情感。

首句写军营之月,清辉素影,遍照人寰,非只装点河山,显示边陲天地之旷远,更透露出缕缕征人之乡情。次句写塞上西风,"猎猎"为风吹布帛之声,李白《永王东巡歌》有"雷鼓嘈嘈喧武昌,云旗猎猎过浔阳"。这里写风吹战袍,不仅说明气候条件之差劣,更突出军人餐风宿露,含辛茹苦的风貌。三句中的觱篥,是一种流行于西北少数民族地区的簧管乐器。因为边境形势紧张,早已不闻歌吹之声,在宁静而紧张的环境里,星移斗转,时光流逝。"将军白发征夫泪"(范仲淹《渔家傲》)固然是题外之意,但单调而紧张的戍边生活,消磨了人生多少宝贵光阴,恐怕就是这句诗的潜台词吧。但是,尽忠保国的将士仍在恪守他们的职责,这首诗的最后一句,通过"露华霜气满弓刀"的特写,向我们展示了这样一幅感人的图景,经过一夜站岗守卫,忠于职责的将士已满身繁露霜华,但仍然刀枪在手巍然挺立。这一形象具有一种雕塑的质感,因为它是静态的。虽然作者只写弓刀霜露,但不难想见守边将士的英姿雄风,它是边塞军人形象的缩影,令人钦佩和叹息。

这首诗通用白描,但在具体的场景中,却流露出作者对边塞将士的感情。他既写了边塞风光的壮阔,又写了军营生活的艰辛,更传达出作者对戍边生活的复杂心态。作者是个有过长期征战塞外军事经历的人,所以,他的这首诗同当时某些文人的拟古之作不同,而是自己真实感触的记录。所以,尽管这首诗有剥落唐代边塞诗的痕迹,如最后一句明显取法卢纶的《塞下曲》中的"欲将轻骑逐,大雪满弓刀";但作者由于其生活体验的深厚,故写景有高度概括性,也可以说是与唐人异代而神交,英雄所见略同了。

(祝振玉)

【诗人小传】

华　察

明诗人。字子潜,无锡(今属江苏)人。嘉靖丙戌进士,官至侍读学士,掌南院。诗冲淡有陶、韦风。

惠山寺与施子羽话别 　　华　察

看山不觉暝，月出禅林幽。
夜静见空色，身闲忘去留。
疏钟隔云度，残叶映泉流。
此地欲为别，诸天生暮愁。

这首话别诗，表现的是友人惜别之情。惠山，在今江苏无锡。

首二句情染景。分别的意识，萌生惜别之情；惜别，致使别前的谈话忘记了时间，因此不知不觉地天已黑下来，不知不觉地月亮升起来，禅林一片幽静。山暝、月出、林幽，这些景物，集中地突出了"晚"的特点，而"晚"又是在"不觉"中来到的，可见，这"晚"的色彩是由惜别之情染出的。此二句虽然只是写景，却极自然地显示着情的存在。

三、四两句景逼人。承一、二句晚景中的"幽"，接下来先点出"夜静"，然后写人在这种环境氛围之中的反应。可以这样说，静夜，让人失重了：静，是声音的消亡，这就形成了听觉的空白，由此，连锁反应出视觉的空白（"见空色"）、动作的空白（"身闲"）、思维的空白（"忘去留"）。这种空白，这种失重，是景之所逼，更是情之所致，因为这静景本身就是情所托出，另外，这空白和失态，难道不是情达到一定程度而要寻求解脱的表现？难道不是情的更大的投入、更强的凝聚？

五、六两句景唤情。远处几下钟声从云外传来，唤起离人对时间概念的意识，填补了空白，恢复了常态，唤起迫近分别、离别在即的实际感受。"度"来"疏钟"，同时也度来了更真切的惜别情。"泉流"，也是时间在流走，也是人将要离开，"残叶"的掩映，怎能遏止泉水的流动；怎能阻挡时间的飞逝？

最后两句人增情。面对离别的现实，在经受惜情的一番折磨之后，离人想到了别后的自己，将"诸天生暮愁"。"愁"，是此时的惜别之情经过时间过滤后的翻新，是此时的惜别之情于无法忍受、无法解脱时的升华，它是一种新的感情，是一种比惜别的痛苦更深的感情。

此诗借助人、景、物三者之间的相互比照、相互浸染、相互影响的错综复杂的关系，将惜情由萌生到加重，由淡薄到浓厚，经过有意识到无意识的往复转化，超越此时到彼时的间隔；形象、真切地传达出来，具有很强的感染力。　　（马开吉）

【诗人小传】

黄省曾

(1490—1540)　字勉之，号五岳。吴县（今江苏苏州）人。嘉靖十年(1531)举人。未仕。好学，多藏书。曾从王守仁、湛若水游，后倾心学诗于李梦阳。诗作以华艳胜。其诗赋杂文有《五岳山人集》，王世贞为之序。

虎丘咏

黄省曾

> 芙蓉近倚阖闾城，眺阁觞楼逐势城。
> 珠寺翻为歌舞池，青山尽是绮罗情。
> 岩花吐学红妆丽，谷鸟啼兼凤管声。
> 十里垂杨芳草岸，四时常映彩舟行。

这是一首题咏山水之作，以浓墨重彩写出了苏州虎丘山一带的迷人景致，读来有如入画图之感。

虎丘相传为春秋时吴王阖闾之墓，故有"阖闾城"的说法。首联从大处着眼，作全景式描绘，一上来就给人以鲜明印象。原来虎丘乃是一处佳丽繁华荟萃的所在，此时，芙蓉花正盛开着，那供人登眺的高阁、供人憩息的酒楼，都依着山势，呈现在读者面前。这样起笔，有如骤然打开了一幅金碧山水画卷，虽还未睹其详，而那种艳丽富足的气息已扑面而来，同时也为后文的尽情铺叙腾出了一个宽广的领域。接下来四句，渲染的是虎丘作为江南繁华地所特有的一派浓郁醉人的世俗气息。颔联是大处着墨：华美的寺院变作了歌舞场，青山呢，也都无一例外地蒙上了一层绮罗香泽之气，真是富丽美艳极了。看来，将登临之趣和世俗之乐密切融合于一处，不能不说是温柔富贵乡的特征了，由此亦可窥知明代中后期苏州一带商业繁荣的程度。颈联是细处着眼，对仗工稳，声色并具，将虎丘山的景致点染得十分热闹和抢眼，让人读之如闻其声，如临其境。这是一个引人遐思翩翩的世界：山岩似也加入繁华队中，吐出烂漫山花，争作靓妆；山谷也不甘寂寞，令百鸟一齐啼鸣，一路与笙歌相追逐。这二句，是对第四句的深化，其妙处，在于将山岩、山谷——乃至整个虎丘山，都人格化了，都来点缀繁华了。如果说颈联的好处是在于通过对具体细节的捕捉和刻画，带给人们强烈的视听感受的话，那么尾联则好比一个长镜头，运用动静相生的表现手法，达到了情味悠长的艺术效果。"十里垂杨"一句是写静景：岸边垂杨依依，芳草青葱，已是令人神往，"四时常映"一句则好比来了个"锦上添花"，原来，这迷人的芳草杨柳岸不是春天独有,而是四季长在,吸引了无数游人,轻舟来访!

至此,一幅粗看之下大有"山阴道上,应接不暇"之感的图画算是较为清晰地为我们所把握了。这幅画,色彩纷呈但并不杂乱,各景各物,都有其特定的秩序与层次。构思布局,可谓从容不迫。作者一支细致满畅的工笔,道出的是对虎丘山水的喜悦和赞美之情。那浓烈的、反复皴染的色彩,处处烘托出一种太平盛世的喜庆气象,却没有过分饱胀拥挤的感觉。整首诗,音律和畅圆美,措辞用句平稳中见出变化,是黄省曾诗作中较为优秀的作品之一。黄曾经倾心学诗于李梦阳,是深得李所谓"半阔者半必细,一实者一必虚,叠景者意必工"的作诗要旨的。若本诗,颔联与颈联便构成了"阔"与"细"的对比;第三句的"歌舞池"与第四句的"绮罗情",池则为"实",情则为"虚",二者正好相映成趣;尾联的"彩舟行",是垂杨芳草岸上的"叠景",其中也果然有启人遐思的"意"在。可见,只要诗人不带匠气,好的理论,有时也确实能引导出佳作来。

(黄淮新)

江 南 曲　　　　黄省曾

旖旎绿杨楼,侬傍秦淮住。
朝朝见潮生,暮暮见潮去。

江南民歌,多以短小的形式、多种修辞手法、含蓄巧妙地抒写纤弱娇柔的男女艳情。"自从别郎来,何日不咨嗟。黄檗郁成林,当奈苦心多。"以相关、隐喻等手法,描写了一女子和情郎分别后的相思之苦。"春林花多媚,春鸟意多哀。春风复多情,吹我罗裳开"。以比兴手法,刻画了青春女子春心萌动时的细腻情怀。

这首文人诗,形式简洁短小,言情含蓄,颇有江南民歌风味。含蓄,是此诗的最大的感情表达的特点,但它的含蓄,不是像江南民歌那样借助某些修辞手段来实现的,而是故意地"意不尽言",用足以启人联想的诗境,让读者于联想中去感受诗人要表现的感情。

此诗以一青楼女子的口吻,道出了这类女子独处时的失落感和怨恨之情。

金陵是六朝时的所谓"金粉"之地,秦淮河畔则又是这个金粉之地中豪富权贵、文人骚客们寻欢作乐的场所,声色歌舞,纸醉金迷,代代如此。诗没有直写青楼女子,仅点明"秦淮"之地,以"旖旎"、"绿杨"略作点缀,便概括了"秦淮"在历史上特有的脂香粉气,诱使读者去想象,去确定抒情主人公,去体味这一青楼女子此时此境的特有情怀。

更能让人产生联想的是后两句,诗意为从早到晚,她都在听着秦淮河水的潮生潮去。"朝朝"、"暮暮"是互文手法的运用,互文见义,表明这是充塞此女子一天的生活内容,突出了其生活的单调、无聊及忧伤、怨恨。诗人将这种生活稍微一点即搁笔,留给了读者丰富的联想内容和广阔的想象空间。实物之潮,有起有落,有恒有信,非常忠实地在她的楼下来去巡回;而她呢,却没有一个守时守信的情人,有的只是每日走马章台的匆匆过客、轻薄儿郎。才听到的甜言蜜语犹在耳,转瞬便杳如黄鹤不见踪迹。这些无信无义之徒,真不及有恒有信之潮,可她只能伴着那些人,以获生计。潮水,使她生起了深深的失落之感、幽怨之意;潮水,又一回回加剧了她的这番失落和幽怨。这就是"朝朝见潮生,暮暮见潮去"这看似简单重复的句中的深切含义,是对青楼女子生涯之苦的曲折体察。在这二句前后背景的衬托下,又能令人生发一种多方想象的诗境:青楼女子,达到了整日注目于潮生潮去的生活状态,该是一种怎样的心情?如此地打发日子,她能心甘情愿、忍受得了吗?她想不想改变、能有什么办法改变这种生活呢?……

短短的四句二十字,以风光柔美的环境、秦淮之地的住址、独处高楼的生活力基础,以听潮为引爆点,诗给读者插上了纵横驰骋联想的翅膀,让读者想象到这女子"衣带渐已缓"、"人比黄花瘦"的柔弱体态,处境难改、忧伤难奈的怨恨声。诗中虽未明言、尽言这一青楼女子的此种感情,但诗人用了启人联想的含蓄表现手法,便使诗具有了让人遐想不已、反复体味的艺术感染效果。 (马开吉)

诗人小传

尹耕

明诗人。字子莘,代州(今山西代县)人,嘉靖十一年(1532)进士,官至河南按察司兵备佥事。因被人弹劾,遣戍辽东,遂不复用。因他生长在边地,通晓疆事,深恨武备废弛。曾作《塞语》十一篇,申明虏害及边防的形势,以警告当政者。作诗沉雄有气魄。有《朔野集》。

紫 荆 关①　　　　　　　尹 耕

汉家锁钥惟玄塞②,隘地旌旗见紫荆。
斥堠直通沙碛外③,戍楼高并朔云平。
峰峦百转真无路,草木千盘尽作兵。
谁识庙堂柔远意④,戟门烟雨试春耕⑤。

紫荆关

尹 耕

〔注〕①紫荆关：在今河北易县紫荆岭上，明代时与居庸、倒马合称"内三关"。②玄塞：长城之别称。③斥堠：侦察之意，诗中指侦察兵。④庙堂：指朝廷。柔远：安抚边地少数民族。⑤戟门：原指权贵的官邸，诗中代指军营。

　　长城上的关隘，不仅是兵家瞩目之地，也是历代文人咏歌的对象，因为它是战争的象征、国防的标志，围绕着边塞雄关，人们写下了不少杰出的诗篇，其中最著名的要推王昌龄的《出塞》"秦时明月汉时关，万里征战人未还，但使龙城飞将在，不叫胡马度阴山"。它表达了千百年来人们抵御侵略，向往和平的深切心愿，被明代诗人李攀龙推奖为唐人七绝的压卷之作。尹耕的这首《紫荆关》，虽然不如王昌龄的《出塞》那样气势磅礴、涵盖古今，但也称得上是明代边塞诗中的佳作，它的特点是用笔曲折，立意深新。

　　这首诗的前三联，是写紫荆关地形的险要、军备的紧张、形势的严峻。第一联开头所说的汉家，未必是指明廷，只是泛言汉族政权，长城历来是汉族统治者抵御西北少数民族侵扰的屏障，这里将之称为"锁钥"，不仅喻其地位重要，亦暗合关隘之意，接下去写城头的军事气派，旌旗林立，刀戟密布，一派严阵以待的气氛，亦归入紫荆关之本题。开首二句互相呼应，工整严谨，自是明人气象。第二联写关内关外的备战情况：侦察兵（斥堠）刺探军情已深入漠北的敌人腹地，哨楼加高已耸入云霄，这些当然是夸大之词，但一外一内已形象地概括出关上守军紧张的备战局面。第三联描绘关山附近浓厚的战争氛围，层峦叠嶂，草木皆兵，在峰回路转之际，到处都埋伏着杀机。这三联作者历数紫荆关的军事地位、备战行动、战争气氛，写得章法井然，层次历落，已尽得紫荆关之题旨。

　　但作者运笔之曲，立意之新，在于以上三联，均为虚设之笔，原来这里所写的战争气象，并非是实境，而是历代前朝紫荆关画面之总揽，无非是说这里是个战事吃紧的前哨。何由见得以上之联是作者依据以往历史的想象之笔呢？关键在于最后一联："谁识庙堂柔远意，戟门烟雨试春耕。"这才是作者目前的实境。诗人一扫前朝关隘的兵战之气，向我们描绘了一幅烟雨春耕图。朝廷如今采取了安抚怀柔的政策，紫荆关附近已是一派和平景象。"谁识"二字，是以出乎意料的口气，流露出对朝廷英明战略的赞许，从"斥堠直通沙碛外"到"戟门烟雨试春耕"，这是一个历史性的转变。从此人们可辟战场为良田，化干戈为玉帛了。最后句中的"试"字，颇写出当地人民在春耕时疑惧而新奇的心情，因为这毕竟是破天荒的创举。

　　这首诗由历史写到现实，从战争写到和平，通过紫荆关的今昔对比，赞颂了朝廷的怀柔政策，也表达了作者渴望和平的心愿。作者花了很多笔墨描绘了紫荆关过去的军事地位、战争气氛，正是为了突出如今新战略的英明伟大。通过以往战争气象的强烈反衬,现实之和平环境更觉得来之不易,而作者之反战情绪即在其中了。

(祝振玉)

蔡楠

明诗人。字子木,德清(今属浙江)人。嘉靖壬辰进士,官至南京兵部侍郎。

晚　晴　　　　　蔡　楠

山晴欲暮天,山色转苍然。
泉落云中碓,①溪回树杪船。②
斜明沙际日,远遍绿芜烟。
还见凫鸥伴,③闲飞秋水前。

〔注〕①碓(duì):舂谷的设备,诗中指被泉水滴穿的石坑。　②杪(miǎo):树枝的末梢。　③凫鸥,水鸟。

蔡楠这首五言律诗所描摹的大概是我国东南山区的山水奇景。任何地区的自然景色,往往随季节的变化而呈现不同的特色。这首诗所写的是清秋时节、日暮时分的景致,这从诗的首联和尾联的字句中很容易看出来。

作为一首山水诗,重要的是揭示出此山此水与他山他水的不同之处,从而避免雷同或一般化。在这首诗中,尤其是第二联、第三联,正是充分调动了语言艺术的手段,着意刻画了诗人所面对的那个山水场面的奇异的景致,由此仿佛为读者展开了一轴精美的山水画卷。

首联点明此际是日暮时分,晴朗的天空变得灰暗了,也给山色笼上了一层苍茫。颔联"泉落云中碓,溪回树杪船"。前一句是说:从山上飞流直下的清泉,冲击着那些隐现在云雾中的石坑。这就意味着,倾泻出山泉的那座山峰必然是高耸入云的,而受水冲击的石坑,既然隐现在云中,也就表明石坑本是另一座较矮的山头。唯其如此,"泉落云中碓"一句,就把当地的山峰突兀林立、错落有致的特点,形象化地揭示出来了。而后一句"溪回树杪船",接着描绘山间溪水的特点,山溪在群山峰峦中千回百折般地盘行,小舟漂在溪水中,远远望去,竟然船身位于树梢之上。很显然,较之于其他地区,此地的山之险、水之奇、景之异的几个主要特色,已经被写得淋漓尽致了。

  如果说颔联还主要是以山泉倾泻和船行溪水为聚焦点来写当地的山水奇景,由此渲染山水景色的动态场面的话,那么在颈联中,则是由高到低、由远及近地转入了对山脚下的另一番静态的场景的描绘。"斜明沙际日,远遍绿芜烟",所展现的是这样的画面:落日的余辉洒在流向山谷的溪河的沙滩上,这静谧的沙滩正与远方的飘出炊烟的田野村落连成一片。在这一联中,尤可注意的是又突出了景致的色彩。虽然田野的绿色在诗中被明确地点出,其实,余辉的金色、沙滩的黄色以及炊烟的灰白色,读者也不难体会。这样,颈联不仅在色彩上与首联("山晴欲暮天,山色转苍然")相呼应相对照,而且由于点染的是一种明快的色调,所以也妥帖地反映了诗人欣赏山水时的轻松闲适的心情。

  而这一点,恰恰又自然地衔接了尾联似用漫不经心的手笔所补充描写的另一个意象:有几只水鸟飞来,正在悠闲地嬉水呢。由此可见,全诗以这富有情趣的自然场景收束,正是再一次流露了诗人面对秀色可餐的山水而产生的一种恬静的心绪。

  全诗不用典故,全凭诗人细致的观察、精巧的措辞,刻画出了一幅意境新奇的晚晴图,诗人的才力,是值得敬佩的。

(文　华)

【诗人小传】

茅　坤

(1512—1601)　字顺甫,号鹿门,浙江归安(今吴兴)人。嘉靖进士。官广西兵备佥事时,曾镇压广西瑶民的反抗斗争。不满当时流行的"文必秦汉"的论点,提倡学习唐宋古文;至于作品内容,则主张必须阐发"六经"之旨。编选《唐宋八大家文钞》,对韩愈、欧阳修和苏轼尤加推崇。与王慎中、唐顺之、归有光等,同被称为"唐宋派"。有《白华楼藏稿》,刻本罕见。行世者有《茅鹿门集》。

夜 泊 钱 塘　　　　　茅　坤

江行日已暮,何处可维舟?
树里孤灯雨,风前一雁秋。
离心迸落叶,乡梦入寒流。

酒市哪从问，微吟寄短愁。

　　羁旅之愁，思乡之感是我国古典诗歌的传统题材之一。在前人众多的成功佳作之后，能自具风貌，独步千古确属不易之事。茅坤的这首诗移情入景，情景相生，含蓄曲折，沉挚感人，可以和前朝的同类名篇共享高誉。

　　诗的首联"江行日已暮，何处可维舟？"交待了诗人的行踪、时间、地点。时间为"日已暮"，"已"字十分沉重，《诗·王风·君子于役》曰："鸡栖于埘，日之夕矣，羊牛下来。"日暮时分本应是回家休息的时候，而诗人还在旅途之中，心之哀矣可想而知，更为悲哀的是在风雨将来还没有找到泊舟之处。"何处可维舟"，补叙了第一句"江行"的地段，正处于前不着村后不见店的荒江僻野，这一句的疑问语气，非常形象地写出了诗人焦躁的神情和凄惶的心理，把"日已暮"带来的悲凉向前推进了一步。

　　第二联是一对句："树里孤灯雨，风前一雁秋"，用了六个名词性意象，描写情景，渲染气氛。"树里"与"风前"相对，"树里"是"江行"的发展，诗人不得不系舟岸边，在荒野的树林里度过这风雨之夜。风本为无形无定的自然现象，而诗人则曰"风前"，应该说写的是诗人的感觉，林中风与林外风自然不同，诗人觉得风有了前后；另外大雁振翅急飞，诗人也觉得它似乎要赶飞在风前。"孤灯"与"一雁"相对，前者显然是指诗人栖息地的灯火。沉沉树林，茫茫秋雨之中，我们似乎能看到那一点灯火在风雨中摇曳。大雁南迁是结队而行，而诗人却选择了"一雁"，显然这是只失群的孤雁。这两个意象明是写景，实则在述状抒情，写自己如一失群孤雁，孤独悲哀。这两个正对深刻地揭示了诗人的心境。"雨"与"秋"对。"雨"是前面日暮江行的情景变化，由雨我们可以料想，诗人急于寻找泊舟之处，还不仅仅因为天色已晚，还因为秋风乍起，密雨骤降。荒江岸边，栖身林中且避风雨的沐栉和船上的颠簸。"秋"承"一雁"而来，由雁而知秋，由"一雁"而悲秋。"秋"字承上启下。有了这个秋字，日暮为秋季的暮色，秋天开始夜长日短，是承上。第五句的树为晚秋的"无边落木"，充满了潇潇意；第六句的秋水自是"寒流"，冰凉彻骨：是启下。一个"秋"字给全诗弥漫上一层浓重的秋意。

　　第三联"离心迸落叶，乡梦入寒流"，是一主谓宾俱有的对句。"离心"，指诗人思乡的感情。"落叶"与第三句的"树里"第四句的"风"一脉贯通，互相呼应。明明是树叶凋落，诗人却曰"迸"，从结构上看，说自己的离心如此之重，以致迸落了树叶；从语义上看，说离别故乡犹如树叶离开了枝干，漂泊无定；从语音上看，"迸"字为爆破音，且去声，发音气促而低沉，让人觉得叶离母体有一种强力所致，不是自然落叶,而是断裂进下。有了这样的感觉,每一片落叶都让他惊心动魄,百感交集。"乡梦入寒流",句式与上一句同。"乡梦",即乡思、乡愁,但比这些意思更朦胧,更丰富,有更强的想象色彩。梦是一种思维状态,而诗人曰"入寒流",乡梦有了形,有了意识,诗人的乡愁与钱塘江水融为一体,如钱塘江水一样澎湃起伏,无休无止。这一句诗也包含了诗人如此的情感痛楚:钱塘江不管风雨、不论地段,滔滔前去,而自己却不得维舟岸上;身不由己,羁迟途中,而梦魂却随着江水早已回到了故乡。

最后两句"酒市哪从问,微吟寄短愁",诗人从乡愁的情绪中回到现实,常言借酒浇愁,诗人也想借酒来排解那理不清、放不下的愁苦也想借酒暖暖身体,可悲哀的别人有愁尚可借酒,而诗人在这荒凉的江岸上连人烟都没有,哪会有酒市?只有靠吟咏诗歌来寄托自己的乡愁。第七句与第二句"何处可维舟"遥应,第八句总括全诗。"短愁"准确形象。愁是一种抽象的感情,但它从常识上讲没有长短之别,而从感觉上确有长短之分。"短愁"应是那种萦绕心间,难以驱散、排解的愁情,是那种"剪不断、理还乱","却下眉头,又上心头"的愁情。"短愁"二字总括地形容了上文提到的"孤灯""一雁"之情,"离心""乡梦"之感,至此,这首五言律诗神完气足,血脉回转,似一弹丸,圆活可捎。

这首诗写景抒情相间而行,写景全为抒情选择那些和诗人感情发生共鸣的景物,并以诗人对景物的感觉来写景,分不出何为景语,何为情语,诗人的乡情亦如浓浓的秋气,渗透弥漫全诗。

(孙之梅)

【诗人小传】

李攀龙

(1514—1570) 字于鳞,号沧溟,历城(今山东济南)人。嘉靖二十三年(1544)进士,官至河南按察使。李攀龙与王世贞同为后七子领袖,家有白雪楼,延纳天下文士,饮酒赋诗,极一时之盛。论诗与前七子遥相呼应,倡导摹拟复古。古乐府模拟汉、魏,往往诘屈聱牙。近体学唐,尤工七律,得唐人气韵风味,但造语境界颇雷同。七言绝句高迈清远,语近情深,压倒同侪。有《沧溟集》。

于郡城送明卿之江西　　　　李攀龙

青枫飒飒雨凄凄,秋色遥看入楚迷。

谁向孤舟怜逐客,白云相送大江西。

谈起明代前后七子,人们往往指摘他们刻意拟古,一味摹拟唐诗,因而不屑一顾。其实,读读他们的作品,研究研究他们的创作方法,很有意思。试看上面这首小诗,就是后七子领袖李攀龙写的。

明代嘉靖三十四年(1555)兵部武选司杨继盛上疏弹劾严嵩"十大罪"、"五大奸",结果反被严嵩构陷,判处死刑问斩。兵部给事中吴国伦(字明卿),倡众为死者送葬,又得罪严嵩,被谪江西按察司知事。吴国伦在文坛上与李攀龙为志同道合的诗友,后七子之一。此时李正告归家乡郡城济南,吴谪赴江西,途经济南,李攀龙为他送行,写下了这首诗。

"青枫飒飒雨凄凄,秋色遥看入楚迷。"阵阵寒风,绵绵细雨,将江边青枫吹打得飒飒作响。遥看水天相接处的楚天,雨中秋色,一片迷蒙。首句从时节,送别地点及风声雨景,层层渲染一种愁情,烘托出一个特定的场景。秋天本来就是令人伤感的季节,"多情自古伤离别,更那堪冷落清秋节!"离别的地点,环境,也令人消魂。《楚辞·招魂》曰:"湛湛江水兮上有枫。"唐人张继《枫桥夜泊》也写道:"江枫渔火对愁眠。"张若虚《春江花月夜》有句云:"白云一片去悠悠,青枫浦上不胜愁。""青枫",除了暗示分别在江边外,还透露出一股飘泊的愁情,而此时之秋风秋雨更是愁煞人也。由此可见,第一句"青枫飒飒雨凄凄",只七个字,实融进了古人不少意境,有丰富含蕴,它自然而委婉地映衬出一对好友离别时低徊悱恻、依依不舍的感情。

第二句"秋色遥看入楚迷",写得更有味了。此句循着上句意脉,将那悠悠愁思形象化地向纵深推进一层,这里的"楚",指友人贬谪地江西。"迷"字用得极妙,既是当时现场景色的真实描写,点染出凄凄秋雨中特有的迷蒙景色,又暗示离人前途的渺茫,自然界的风雨常使人联想到政治风雨,诗人对好友今后的命运怎能不担忧呢。

"谁向孤舟怜逐客,白云相送大江西。"当然,作为一个"逐客",比一般浪迹天涯的游子有更多的寂寞感和孤独感。世态炎凉,人情冷暖,平日接近的亲友都疏远了。现在独自乘着西行的船,漂泊异地他乡,成了天地一孤舟了。诗人对此怎不感叹,于是发问道:如今有谁同情他,又有谁来送行呢? 诗人站在江边,望着友人的"孤舟"渐行渐远。忽然好像发现了什么,啊,原来那孤帆远影上空,飘浮着一朵白云! 多情的白云啊,您代我相送明卿兄一直到大江的西岸吧!"白云相送大江西"这句诗,堪称神来之笔,它是饱含着惜别之情的抒情笔法,又使人想象到当时诗人目送孤舟远去之景。笔意洒脱，与上句"孤舟逐客"联系起来，又传出一种凄凉之感。

如果从探寻李攀龙的创作方法着眼，在唐代大诗人李白诗中，不难找到类似的表现手法。如李白《闻王昌龄左迁龙标遥有此寄》云："我寄愁心与明月，随风直到夜郎西。"其《白云歌送刘十六归山》又这样写道："白云处处长随君，长随君，君入楚山里，云亦随君渡湘水。"在李白笔下，明月、清风、白云都成了传递友谊的有情之物了。显然，李攀龙借鉴了这种手法。而从诗的意境上来看，似更多地借鉴李白《黄鹤楼送孟浩然之广陵》。李攀龙与李白同是在江边送别友人，李白诗曰："孤帆远影碧空尽，惟见长江天际流。"李白写自己伫立江边，目送友人孤帆隐没碧空的情景，实际上李攀龙此诗写的也是此种情景，只是他不直接写自己眼巴巴看友人孤舟远去的情景，而是似乎看到友人孤舟上空的一片白云，从白云上做文章了。这里隐然有"临摹"李诗的痕迹，却不是依样画葫芦。

这种"师其意而不师其迹"的表现手法，很有创造性。前人批评李攀龙写诗"似临摹帖"，像这样的"临摹"有什么不好呢？

明代前后七子倡"诗必盛唐"之说，前七子领袖李梦阳曾主张要像书法上临摹古帖那样摹仿古人的作品，势必导致艺术上雷同的摹拟风气。但从诗歌发展史的眼光来看，"七子"的崛起，主要是力矫宋诗末流的以文为诗，以理为诗，并用以对抗当时的台阁体与道学诗，他们要求诗要有"真情"，要求尊重诗的艺术规律，在文学发展史上有一定积极作用。事情往往有利有弊，一味强调"法式"古人，又严重影响了他们的创作成就。清代诗评家沈德潜这样评论李攀龙："古乐府及五言古体临摹太过，痕迹宛然。七言律及七言绝句，高华矜贵，脱弃凡庸。去短取长，不存意见，历下(指李攀龙)之真面目出矣。七言律已臻高格，未极变态。七言绝句有神无迹，语近情深，故应跨越余子。"应该承认沈德潜这个评价是中肯的。像上面这首七绝《于郡城送明卿之江西》，高华开阔而情意深厚，慷慨豪健又缠绵低徊，格调既高，而神情韵味又足，在古今绝句中是十分难得的杰作。

（高　原）

和聂仪部明妃曲　　　　　　　李攀龙

天山雪后北风寒，抱得琵琶马上弹。
曲罢不知青海月，徘徊犹作汉宫看。

《明妃曲》为乐府《吟叹曲》名。《唐书·乐志》记载："《明君》，汉曲也，汉人怜嫱（昭君名王嫱）远嫁，为作此歌。"这里，作者沿用乐府旧题，咏昭君和亲事，设想其远嫁塞外后，对汉宫依然无限眷恋，以至产生空间上的错觉。称昭君为明妃，是因晋人避司马昭讳，改"昭"为"明"。聂仪部，即聂静，嘉靖进士，历仕至仪部郎中，与作者交好，曾有《明妃曲》见赠，作者有以酬答，这便是本诗之缘起。昭君本是汉元帝宫女，竟宁元年（公元前33年），匈奴呼韩邪单于入朝求亲，她自请远嫁，被封为宁胡阏氏。千百年来，后人对这一历史往事念念不忘，对昭君的形象，尤其是昭君远嫁后的心理状态，历代诗词多有动人的描摹，留下不少传神之作。但尽管如此，本诗以其独特的运笔，仍能卓然自立于这个诗题的系列中，而无惭色。

诗的开始，粗线条地展示了边地的风光。铺天盖地的雪淹没了塞外绵亘不尽的群山，继雪而起的北风呼啸着，将大地可能有的一切吹伏在地……"天山雪后"一句，用笔简洁，唤出的图景却是无限的。就在这漫无边际的背景深处，一个坐在马背上拨弹琵琶的女子形象出现了。我们知道，琵琶作为一种乐器，可以弹奏出缓急高低不同，如珠玉落盘、流水幽咽般的曲调，为此，它曾使唐代那位谪居江州的司马为之泪湿青衫。那么，在本诗中，通过这个"抱得琵琶马上弹"的形象，作者要让我们感觉些什么呢？杜甫曾有"千载琵琶作胡语，分明怨恨曲中论"的猜测，王安石则以"含情歌说独无处，传于琵琶心自知"作为交代。这些诗句，都是极高妙、极为人称颂的，自有其不可磨灭的价值；不过，它们毕竟还有一个说不上是弱点、但总觉有些遗憾的特征——作了议论，下了判断。"怨语"也罢，"含情"也罢，都明明白白地点出了昭君弹曲时的心事。而在本诗，诗人却不提昭君弹琵琶时作何想，重点落在"曲罢"——一曲传达心志的琵琶弹毕，停弦驻马，昭君举目遥看，此际，青海头上的一轮明月，在她眼中变得朦胧了，变得与她在汉宫时所望见的月相似了，她徘徊在这样的月光下，流连难去……读者，切莫以为诗人在着力写这"月"，须记得"曲罢"二字——昭君的错觉，不是时时皆有的，而是在弹罢琵琶后这一特定的短暂时间内所有的；换言之，她的错觉，乃是由弹曲而生。然则她弹曲时是何心事，这不正是诗人欲令我们去思考的吗？但诗人虽令我们去思考，却不忙下一结论，这是他的含蓄处；而诗人虽不下结论，但他说昭君曲罢乃误以胡月为汉月，又暗示了他的结论，这是他的高妙处。至于他的结论究为何者，我们就不必去捅破了，一则说了便落实处，诗味不见；二则读者聪明，不难悟得，又何须赘说？只有一点，是我们须点明的：这样的运笔，比之"怨语"、"含情"之说，虽缺乏下断语的胆力，却增长了"千古琵琶"的蕴含。

沈德潜论此诗云："不著议论，而一切著议论者皆在其下，此诗品也。"（《明诗别裁集》卷八)沈氏是讲究"温柔敦厚"的,所以他看不惯"著议论"也很自然;不过,虽然老杜等"著议论者"未必"在其下",但本诗是有"诗品"这一点,沈氏却道着了。至于是何诗品,虽然道破了不太含蓄,又不合沈氏的口味了,但为了便于读者理解,还是说上一句罢,其实也是一句老话而已:"不著一字,尽得风流。"

(汪涌豪 沈 价)

送皇甫别驾往开州　　　　李攀龙

衔杯昨日夏云过,愁向燕山送玉珂。
吴下诗名诸弟少,天涯宦迹左迁多。
人家夜雨黎阳树,客渡秋风瓠子河。
自有吕虔刀可赠,开州别驾岂蹉跎。

　　此诗约作于嘉靖二十四年(1545)至嘉靖三十一年(1552)之间,作者任京官时。在北京刑部任职期间,他与王世贞等志同道合的后起之秀结为诗社,即与"前七子"并称的"后七子",也与李先芳等文坛名将交往相契,是其事业上如日中天之时。故此送别诗,虽有友朋离别之惆怅,但无低沉哀惋之态,其意气风发,以"吕虔刀"激励朋友建功立业,精神向上,颇有盛唐之风。李攀龙诗作中最为人称道者即七言律,而七言律中最为精彩者即此类送别寄赠诗。

　　皇甫氏兄弟四人:冲、涍、汸、濂,长洲(今江苏省苏州市)人,并好学工诗,时称"皇甫四杰"。王世贞《皇甫百泉〈三州集〉序》称"吾郡以诗名天下,至嘉靖间最。嘉靖中诸公能诗者,独皇甫氏最。皇甫氏昆季四人,独子循先生最"(《弇州山人四部稿》卷之六十五)。故诗中曰"吴下诗名诸弟少"。这里的皇甫当指皇甫汸(1498—1583),即王世贞序中所称"子循先生"。子循是其字,号百泉。皇甫汸曾由吏部司勋郎中贬开州同知。同知,即诗中所称"别驾"。别驾,汉制州刺史的佐官,唐以后别驾之名已废。作者借别驾以称皇甫汸之任同知。开州,治所在今河南濮阳。由郎中(正五品)而州同知(从六品),皇甫汸骤然间连降几级,故使得原本伤感的别离又增添了几分的凄凄惨惨。但作者尽力掩去悲哀,而让诗行停滞在诗友宾朋分别的淡淡愁云间,以减轻友人心中的痛苦。此情不谓不深。

　　诗以"衔杯"起句,紧扣"送别"的题意,昨日之日刚为友人饯行,今日之日又到郊外送别,诗人与友人的亲密关系流露于字里行间,这无形中更增加了"愁"的内涵、分量。玉珂,原指马勒上的饰品,后也代马勒。此处再转代操勒远行之人皇甫汸。友人就要分别,何况归期渺茫,诗人不禁感慨万端!该说什么好呢?唯有宽慰开导一番：值得欣慰的是你们兄弟已经饮誉诗坛，今天虽然你被贬（左迁），但天下又有几人能够官运亨通呢！被贬是常有的事，故大可不必介意。诗人故作轻描淡写，希望以自己之旷达来影响友人，以减少心中的怨尤。寓情至深，婉曲至此可见。

友人未走，可诗人的心已经飞向友人即将踏上的征途，想象着友人跋山涉水、雨露风霜的凄凉景象。黎阳，在今河南浚县东；瓠子河故道在今河南濮阳，经山东郓城、阳谷，东注济水。皆为皇甫汸去开州的必经之地。夏日送别，预计初秋抵达贬所。这里借黎阳、瓠子河来泛指其旅途。颈联诗人借助想象，以景衬情，境界开阔。在这夏云刚过，秋风乍起的季节里，也就最容易使这场送别沾染了几多愁绪，几多悲伤。

但诗的尾联却以一种激昂铿锵之声令人振奋："自有吕虔刀可赠，开州别驾岂蹉跎。"吕虔刀，事见《晋书·王览传》，吕虔为三国魏刺史，有佩刀，相者谓佩此刀可登三公。虔以为"苟非其人，刀或为害"，乃授王祥，祥又授王览。后因用为称颂辅相之语。作者此处以"吕虔刀"来勉励友人，相信他以后自有贵人提携，定能东山再起，施展宏图，而不必担心长期失意，虚度光阴。因此，今日的开州别驾、颠沛流离算不了什么！于是，困顿失意之不快一扫而光，也就没有一般送别诗的缠绵悱恻，诗的结尾落在一个强音上。

此诗确能体现李攀龙"雄浑沉雄"（沈德潜、周准合编《明诗别裁集》）的诗风，一场感伤的别离却以豪迈出之，诗歌的基调是高吭的。仅此而言，李攀龙诗不亚于盛唐诗人。虽然就诗歌的章法、布局，甚至构词来看，李攀龙这首诗确能找到盛唐诗人如王维、李颀、高适等人的送别诗的影子，但仔细比较之后又确能感受到李攀龙送别诗的别具妙旨，如：高适是"圣代即今多雨露，暂时分手莫踌躇"（《送李少府贬峡中王少府贬长沙》）；王维是"我谋适不用，勿谓知音稀"（《送綦毋潜落第还乡》）；李颀是"莫见长安行乐处，空令岁月易蹉跎"（《送魏万之京》）等，而李攀龙是"自有吕虔刀可赠，开州别驾岂蹉跎"，则更为雄健劲。因此，李攀龙的送别诗虽学盛唐诗而能出神入化，并非一味地泥古不化。

（黄祖良　黄幼珍）

塞上曲送元美　　　　　李攀龙

白羽如霜出塞寒，胡烽不断接长安。
城头一片西山月，多少征人马上看。

《塞上曲》是古乐府诗题,以唐代李白、王昌龄诸作最为著名,此诗如隐去作者姓名,置于唐诗之中,亦可乱真。开篇"白羽"两字就点明边塞军情紧急,古时军事文书插上鸟羽,表示此书十万火急,须像飞鸟一样迅速传递,故称羽书或羽檄。"霜"字既形容鸟羽之白,又烘托塞外之寒,而且还暗含形势险峻的意味。读了首句,我们可以想见一位信使带着那份如含严霜的羽书,冒着塞外的寒风策马飞奔。他为何如此疾行呢,原来是"胡烽不断接长安"。烽,即古代边防报警的信号,也代指战争,"胡烽不断"形象地点明外族屡侵边境。长安是唐代国都,"接长安"应前句"出塞寒",表示边境频频告急,战报直入朝廷,军情之峻急尽在不言之中。前两句使人想起左思《咏史诗》中的"边城苦鸣镝,羽檄飞京都",两者的语义非常接近,而本诗读来更具急迫感。

　　后两句写军士出征应战。月,可以说是写边塞的诗作中最常见的意象之一,如王昌龄的"高高秋月照长城",李白的"明月出天山",高适的"明月羌笛戍楼间",岑参的"城头月出照凉州",等等。月照边关,使塞外景色壮阔而悲凉,朦胧而凄清,颇具边塞情调;而征人看月,则又交织着怀念家乡的愁情与立功边塞的雄心。"马上看"就含蓄着这种情感,战士们骑马奔赴塞外或巡逻边境中,抬头看望高悬空中的明月,既思念亲切的家乡,留恋美好的人生,又准备为保卫祖国的大好河山而誓死战斗。因此,后两句既带有唐代边塞诗中常见的那种雄豪悲壮的格调,又有一种缠绵的情致,实为不可多得的佳句。

　　这首诗其实是明人李攀龙写的一首送人诗,元美即王世贞,与李攀龙齐名,同为"后七子"领袖。王世贞此次出行,与防务有关,故诗人送诗为其壮行,诗中"征人"句即点送行之意。此诗虽貌似唐诗,但也透露出作者对现实的担忧。明代边事屡起,北方的鞑靼多次入侵,直接威胁国都北京。诗中以长安代喻北京,"胡烽不断"实非虚写。西山指北京西郊的群山,征人在马背上看西山之月,既是勉励王世贞勤劳边务,以分国忧,同时也期望守边将士不忘京城,御敌保国。

　　李攀龙诗刻意规模唐调,乐府诗尤多割剥古人字句,但此诗笔调凝炼,意境雄阔,风格劲健,颇得唐代边塞诗的神韵,做到了神与貌合。清沈德潜谓此诗"可使乐人歌之",可见其非徒袭字句的乐府诗所能比。作者学习古代文学遗产,并非一无所得,《四库全书总目》谓其"才力富健,凌轹一时,实有不可磨灭者,汰其肤廓,撷其英华,固亦豪杰之士",诚为公允之论。

(俞灏敏)

杪秋登太华绝顶(其二)　　　　　　李攀龙

缥缈真探白帝宫,三峰此日为谁雄?

杪秋登太华绝顶(其二)

苍龙半挂秦川雨,石马长嘶汉苑风。
地蔽中原秋色尽,天开万里夕阳空。
平生突兀看人意,容尔深知造化功。

明世宗嘉靖三十七年(1558)秋末,李攀龙即将从陕西辞官归里之际,游览西岳华山。他登高望远,遥望秦川汉苑,胸襟开阔,驰骋想象,欣然命笔,作《杪秋登太华绝顶》七言律诗四首,这里所选是其中第二首。诗中描绘了祖国西北山河阴晴风雨变幻、宏丽奇特的秋色,抒写了个人探究社会人生与大自然奥秘的情怀。

破题出句用"真探",表明登临华山绝顶,透露出久已仰望,如今终于探访名胜古迹,了却宿愿的愉悦。白帝是我国古代神话中五大帝之一,西方之神。供奉和祭祀主宰西方之神的白帝宫在华山顶上。"缥缈"形容其高,云雾缭绕,隐隐约约像是神秘的仙境。对句设问,显示居高临下的气派,并用拟人化手法,化静态为动态,使高耸入云、时隐时现的三峰(华山莲花峰、仙人峰、落雁峰三大主峰),如同今日为迎接诗人的到来在争雄斗胜。作者《太华山记》有一段具体描述:"南望三公山三峰,如食前之豆(古代盛食品的器皿),是白帝之所觞百神也。从上望壁下大溪,溪肆无景,即日中窈窈尔。久之,一山出,其末若镞矢,顷即失之矣,是为南峰(落雁峰)。南峰前出南壁上。东峰(朝阳峰)出东南隅壁上。西峰(莲花峰)出西北隅。从下望之,五千仞一壁矣。"参阅此文,可以帮助理解本诗。

诗人豪情注笔端,写景亦壮观。中二联大笔挥洒,一展华岳雄视关中平原的宏阔气势。"苍龙",华山有苍龙岭,高峻狭长,青翠苍郁,如龙横卧,半挂天际。"石马",华山玉女祠前洞穴中有石如马。诗人见而生发奇想,由龙主云雨的神话联想到关中平原的雨幕皆是苍龙所挂下,由洞穴生风的常识联想到关中平原的长风皆由石马所嘶出。关中平原是秦、汉帝国的发祥地,多皇家林苑,曰秦川,曰汉苑,与唐人"秦时明月汉时关"一样,沟通现实与历史。联接空间与时间,仿佛华岳不仅俯瞰千里沃野,而且阅尽万代沧桑。至此,登临之初的愉悦,转换为怀古伤今的感慨。诗人遥想历史风雨,极目关中天地,只见平原天高地迥,秋色无边,沐浴在夕阳的余晖中,更显得万里开敞,旷远空阔。诗人情系雄壮之景,思极邈远之古,其胸襟之宏宽,情感之昂扬,读之自可想见。

登高望远,览关中之寥廓,益觉华山之高峻,天地之广博,作者遂由留连景色转而思索人生。"突兀"本可形容山之高耸,此处移写人的兀傲,由山及人,正显露这一转折的轨迹。作者才思劲鸷,名高当时,故也意气凌盛,睥睨世人,史载其告归,"宾客造门,率谢不见,大吏至亦然,以是得简傲声"。可是登临华山看到华山之高能涵容关中广袤平原时,他也不能不爽然自失,不得不承认只好让华山独得天地造化的奥秘。他在《太华山记》结尾说得更明白一些:"余既达削成四方中,不复知天不可升矣。余夫善载腐肉朽骨者乎?及俯三峰,望中原,见黄河从塞外来,下窥大壑精气之所出入,又未尝不爽然自失也。"(《沧溟先生集》卷十九)尾联也是作者的自勉之词,因为出于自我自省,故颇能启人深思,也使诗意更加深沉。

《明诗别裁集》评"沧溟诗有虚响,有沉著",《杪秋登太华绝顶》确是李攀龙诗歌沉著雄浑风格的代表作。

(黄祖良　俞灏敏)

初春元美席上赠谢茂秦得关字①　　李攀龙

凤城杨柳又堪攀②,谢朓西园未拟还③。
客久高吟生白发,春来归梦满青山。
明时抱病风尘下,短褐论交天地间④。
闻道鹿门妻子在⑤,祇今词赋且燕关。

〔注〕①元美:王世贞的字。世贞为太仓人,嘉靖进士,官至南京刑部尚书。谢茂秦:谢榛,号四溟山人,临清人。②凤城:指帝京。③谢朓:字玄晖,南齐阳夏人。历官宣城太守。著名诗人,尤长山水景物诗。西园:在邺都,曹操建。曹植等文学之士常宴游赋诗于此。④褐:粗布衣。⑤鹿门:山名,在今湖北襄阳。汉末隐士庞德公携妻隐于此。

这首诗是李攀龙与谢榛聚会于王世贞家中即席所作,"关"是分韵所得字。

诗从反面切入。京城送走了严冬,又迎来了春天,路边的杨柳抽出了长长的嫩条,正好供行人攀折话别,而谢榛却游宴歌咏于京师,还没有回乡的意思。古人有折杨柳送别的风俗,《三辅黄图》云:"灞桥在长安东,跨水作桥,汉人送客至此桥,折柳赠别。"后诗词中多引为赠别语,如唐王之涣《送别》云:"杨柳东门树,青青夹御河。近来攀折苦,应为离别多。"这首诗写的是聚会,却偏从离别的象征物杨柳写起,构思奇特,非才力大于凡人者难以做到。对句以谢朓比谢榛,即切合其姓,又符合他诗人的身份。而西园又是达官贵人府第的代称,并以文人游宴赋诗而著名,谢榛在京城与当朝大佬过从甚密,诗用西园典,与他的行事密切吻合。李攀龙论诗与"前七子"遥相呼应,力主"诗必盛唐",特别心醉杜甫。杜甫的赠人诗以用典切合人的姓氏身份著称,如《送翰林张司马南海勒碑》"不知沧海上,天遣几时回",用张骞泛槎事切其姓。又如《敬简王明府》首联:"叶县郎官宰,周南太史公。"以汉叶县令王乔比王明府,切其姓与身份。李攀龙此句正是他学杜甫的经意之作。

　　古时提倡清高,对隐逸之士往往推许褒扬,对曳裾侯门者往往多微词。所以首联说了谢榛滞留京师不归,出入权贵之门后,颔联立即拉回弥补。诗说谢榛年事已长,由于苦吟和久居他乡,暗换了青青发,每逢春天到来,魂梦不由得萦绕着故乡的青山。这就把谢榛不归说成了不得归,他出入朱门也就非其所愿,而是由于权贵们仰慕他的诗名。这样对谢榛出入人海的行止作解释,便达到了颂扬的目的。

　　颈联在谢榛的身份上大作文章,说他生当清明盛世,正是可以出仕为帝室效力的时候,他却托病不起,甘以布衣终其身,虽然无官无禄,清寒贫苦,却结交遍天下,声名籍籍。尾联则进一步说谢榛虽然目前游走京师,最终仍然要像著名隐士庞德公一样,偕妻子高隐故乡。这两联仍然是一纵一收,处处为谢榛转圜,把他描绘成高人与诗客的结合体,为他占尽身份。虽是颂扬,而颂扬得非常得体,不露谀媚之态,无论是受者、旁观者都能坦然接受。

　　读古诗时总感觉到写赠答诗犹如送礼,措手颇费斟酌,且碍于情面,很难写得实事求是,恰如其分,更难表达真实感情。李攀龙这首诗巧妙地化用典故,收放自如,以精湛的技巧弥补了感情的不足。

　　这首诗是作于李攀龙与谢榛刚刚缔交时。当时七子初结诗社,以谢榛年最高、名最大,被推为盟主,所以诗竭力加以捧扬赞美。后来李攀龙论诗与谢榛发生龃龉,王世贞等人站在李攀龙一边,干脆把谢榛排斥在七子之外,自己做起领袖来。明代的世风,到了嘉靖年间已日现颓势,反映到诗人中,便同类相引,异己相斥,互相攻讦,忽离忽散。"后七子"后来一遭公安派的轰炸,马上溃不成军,未尝不是这种世风下的必然结果。

(李梦生)

和许殿卿春日梁园即事　　李攀龙

　　梁园高会花开起,直至落花犹未已,春花著酒酒自美。丈夫但饮醉即休,才到花前无白头,红颜相劝若为留。春风何处不花开,何处花开不看来,看花何处好空回。

　　此乃李攀龙步友人许殿卿《春日梁园即事》韵的唱和之作。许氏名邦才,字殿卿,为李攀龙历下同窗知交,亦为儿女姻亲(攀龙次子驯聘殿卿女)。嘉靖癸亥(1563)任周王府长史。周宪王封地在今河南开封,即"梁园"所在地。李攀龙于隆庆戊辰(1568)被提升为河南按察使,隆庆三年(1569)到任。这就促成了这对好友在梁园胜地的重逢相聚,同调唱和。这首诗当作于隆庆三年春。李攀龙《与余德甫书》告知他"二月抵河南,日夜与殿卿缅缕不能已。……与殿卿日夜缅缕者无常时"(《沧溟先生集》第二十九卷)。但见诗情飞逸,文采风流,这是一段对美好情怀的吟唱。

因此,诗以"梁园高会"呼起,心潮澎湃,往事历历在目。梁园,即梁苑、兔园,汉梁孝王(刘武)所筑之园囿,为游赏与延宾之所。当时名士司马相如、枚乘等皆为座上客。由此,梁园为历代骚人墨客所激赏、所吟咏。高会,即盛会。李攀龙和许殿卿等友人也在那春暖花开之日,呼朋唤友,优游于此。何况花香酒美,怎不令人醉陶陶乐而忘返。因此,诗人虽未具体铺陈盛会之景况,但盛会之气氛已足以摄人心魄,随着诗人一起陶醉于其中。不写花而花自香,不写酒而酒自醇。在这郁郁花香,浓浓酒气中,不饮自醉,乐而忘忧。诗人这不质实的笔触把这梁园盛会更加诗意化了,可令时光倒转,青春不老(此处的"红颜"不指美女),而诗人的酒兴诗情也挥洒得淋漓尽致。

末三句,诗人从春风写到春风中的春花,再写到看春花的人,层层推进,步步渲染,特别是连续三个"何处"句式的重迭,很显然是以问代答,语气更为强调,诗意更为浓郁,春意盎然,春情荡漾,使整首诗流动起来,且充满韵味,把这场风流倜傥的盛会写活了。

李攀龙这首七古,与一般的游宴诗有别,它对春景不作具体的描述,而是把景融于情,并加以渲染。故使得全诗感情激荡,诗意浓郁,极写诗人的诗酒忘怀、纵情畅游之乐。虽然就内容而言,纯属文人雅士的闲情逸兴,但在艺术上确有其独到生动之处:构思别致。全诗围绕"风、花、酒、诗"来写,但以"花"为主体,花以助酒,酒能斗诗,花多,酒多,诗多,方称盛会。况花容可人,花姿摇曳,最容易引人生情动容,最易于勾勒画面,因之,诗人以"花"贯穿全诗,堪称巧思妙构。另外,韵律上也别具一格。三句一韵,句句通押,实属罕见,独具匠心。前三句,"起"、"已"、"美"用上声纸韵,仄声韵。中三句,"休"、"头"、"留",用下平声尤韵。末三句,"开"、"来"、"回"用上平声灰韵。如此句句入韵,且平仄互押,三句一转,先是音步紧迫急促,后转平缓舒展,情韵灵活流宕,与全诗明朗欢快的风格相谐调。尤其是最后三句,除了"何处"的重沓吟咏之外,在语意上还有一种"顶真"之势,从春风到花开,从花开到看花,从看花到不空回,是以最奔放的笔调为盛会做了自始至终的速写,而且使音律回环反复,流畅婉转,让全诗在这优美而萦回的旋律中戛然而止,引人遐思,韵味无穷,李攀龙诗之"高华"(《明诗别裁集》)风格闪现于其中。虽然,如果详加推敲则约略见张若虚《春江花月夜》之痕迹,但我们仍不得不承认这首诗在技巧上的娴熟。其艺术效果是动人的。故《明诗别裁集》称赞此诗"三句一韵,末三句缠联而下,格调甚新"。

(黄祖良　黄幼珍)

岁杪放歌　　　　李攀龙

　　终年著书一字无,中岁学道仍狂夫。劝君高枕且自爱,劝君浊醪且自酤。何人不说宦游乐,如君弃官复不恶。何处不说有炎凉,如君杜门复不妨。纵然疏拙非时调,便是悠悠亦所长。

　　诗以言志,歌以咏怀,乃古今诗家之能事。然大抵人各有志,情怀不一,也就人面桃花,天上人间。观李攀龙《岁杪放歌》,其间洋溢着一股旷逸佻达、自爱自尊、甘于寂寞的豪放之气,而没有一般归隐之作的"仙气"、"鬼气"。他虽不如李白的"呼儿将出换美酒,与尔同销万古愁"的潇洒人生,而却有着更为严肃、更为执拗的人生追求。

　　岁杪,即岁末、年终。首联出句的"终年",是说整年,一年到头。此时,最容易引人回首往事,感慨万千。但作者此时却对自己选择的道路畅怀高歌,"放"字极具魅力,其胸襟、其气魄昭然若揭,是其"雄浑"风格的体现。此诗作于他隐居白雪楼之时,值嘉靖三十八年(1559)至穆宗隆庆元年(1567)之间,这时李攀龙四十六至五十四岁,这就是首联所言的"中岁"。而"中岁"却与"狂夫"成一鲜明对照,本是稳健老成之年却成了狂夫,究其原因则在于"学道",学道家之隐居。这看似极不和谐,而正是其个性之体现,反映了作者中年后对隐居生活的热衷、迷恋。"一字无"与"仍狂夫"也是一对强音,强调了作者归隐意志之执着、专致。显然,首联是对题目的最好破题,衔接得天衣无缝。此外,这里似乎还隐隐透露了作者心中出世与入世的矛盾:虽学道却仍狂夫,道之清静无为、远离红尘仍无法规束自己对政治、对国家的关心。因此,颔联之"劝君",既是对世人的劝戒,也不妨看成是作者的自勉。

　　于是,从颔联开始,作者加强了对"狂夫"的皴染,并通过"君"来把"狂夫"具体化。诗中多次出现的"君",即"狂夫",即诗人本人。但诗人用第二人称"君"而不用"我",表面上把感情推远了,而实际上是种欲扬还抑的手法,感染力、鼓动力更强。在对"君"的一再渲染中,特别在"何人不说宦游乐"、"何人不说有炎凉"的衬托下,作者的"谦谦君子之风"飘然而出,而洁身自好、激流勇退、甘当寂寞的高洁的诗人自我形象也在这反复重沓得到不断的重迭、丰满。"何人……如君……"、"何处……如君……"同样达到回环反复、一唱三叹的艺术效果。在"宦游乐""有炎凉"的尘俗面前,诗人却愈发的对"弃官"不恶,甚至"杜门"无妨,表现了诗人超凡绝俗的可贵品格。作为好友的王世贞有如下的一段记载,正可以为此诗作一注脚:"于鳞归,杜门。自两台监司以下,请见不得;去,亦无所报谢。以是,得简倨声。又尝为诗有云:'意气还从我辈生,功名且付儿曹立。'诸公闻之,有欲甘心者矣。"(《艺苑卮言》)其人如此,其情何如?无怪乎时人视为"孤介",于鳞自言"狂夫",甚至早年有人直呼其"狂生!狂生!"时,他每大言不惭对曰"我不发狂,谁当发狂!"坦荡无忌,恃才傲物,其《郡斋》便是自画像:"折腰差自强人意,白眼那堪无宦情。世路悠悠几知己,风尘落落一狂生。"李攀龙论诗说诗虽甚为后人讥弹,但其人格品质却是无可厚非的,尤其在明中叶政治腐败、严嵩父子结党营私、翻雨覆云、士风日下、士人无耻的日子里,其不以折腰事权贵确是难能可贵的。

诗的尾联是对全诗的总结、提炼,全诗的境界亦在此得到升华。疏拙,即迂疏笨拙之意,诗中所言"弃官""杜门"之事,而这有悖于世俗的"宦游乐""有炎凉"之论——非时调,即不通世事,不愿随俗,即狂夫也!因此,"疏拙"与"狂夫"前呼后应,使题旨更加鲜明,显示了诗人明知故犯、将弃世俗于不顾的坚定信念。而"悠悠"二字,却将诗人抱定的信念诗化了,也将诗人所景仰追求的隐居生活美化了。"悠悠"正是对"放歌"的承接,它使"放歌"有了更为具体、更有韵味的内涵,也使全诗笼罩在一片悠闲自得、放逸旷达的意境里。

《岁杪放歌》强烈地抒发了诗人志在林泉、不同流合污的人生追求与处世哲学,其性格、诗风也在此一览无余。全诗结构严密,章法讲究。多处用对仗、重沓,使全诗一气呵成,感情充沛,极具感染力。当然,不必讳言,李攀龙于隆庆改元时在母亲朋友的敦促下应征出山,改变他远离官场的人生理想,但这并不等于李攀龙就是改变自持的节操。洁身自好的处世哲学与忠君爱国的热情是他性格的内在统一。李攀龙作为封建知识分子中的一员,我们不应苛求,而应作如是观。

(黄祖良 黄幼珍)

郡　　斋　　　　　　　　　　李攀龙

金虎署^①中谁大名,我今出守邢州城。
折腰差自强人意,白眼那堪无宦情。
世路悠悠几知己,风尘落落一狂生。
春来病起少吏事,拟草玄经还未成。

〔注〕①金虎署：指刑部。金虎，西方之精，于时为秋。隋始有刑部。因刑部署治西，故人称秋官。

"郡斋"为李攀龙由刑部外调任直隶顺德府（今河北邢台市）知府时之官邸。以《郡斋》为题，正是诗人对这段官宦生涯的自我写照，其间虽没有悲风雾雨，却从而对人情世事感触良深，并萌生挂冠解脱之意，故其日后隐居白雪楼也就由来已久矣。诗人以狂生自诩，但透过其桀傲不驯的表面，我们仍可隐隐触及其孤独感伤的心灵。

全诗以反诘语气起句，来得突兀却颇见声势。后句避出浪头之后出乎意料地再造一浪，显示了心境的不平和情感的顿挫，由狂傲而略显失意：刑部中政绩卓著大名鼎鼎于公卿间的我，而今却出守在这弹丸之地的邢州城，诗人不禁使气骋词，慨叹这宦海的漂忽幽险。他《与王元美书》中告知好友"……一州如斗大，日出而视事，即不崇朝，闭阁卧也"，困顿牢骚之语时有流露。他由此而感事惜时，平日官场上所受的怨气苦气一古脑地喷发出来了："折腰差自强人意，白眼那堪无宦情"，"折腰"与"白眼"极写了官场之险恶，描摹了官场之丑态。奴颜婢膝，阿谀奉承，受人轻蔑，这哪里是一生孤傲耿介的李攀龙的性格所能够容纳的，其后他从陕西按察司提学副使任上拂袖而归正是他的秉性使然。事起因于陕西巡抚殷学久闻李攀龙文名，却倨傲无礼，但碰上个不阿不惧的李攀龙，先上《乞归公移》，后干脆擅自离任，解官回家，连他的朋友王世贞也拍手称奇："人间奇事竟何限，李生掉头西出关。金鱼紫衫掷中道，曳来长耕历下山。……君不见，古来豪杰多自量，屈宋焉敢兼巢由。"（《李于鳞罢官歌》《弇州山人正稿》卷十八）以李生比附豪杰不免溢美太高，但一"掉头"，一"掷"字确把李生之傲骨不媚、狂放任诞、唾弃功名的神态勾勒得栩栩如生。他使人想起了"我不能为五斗米折腰，拳拳事乡里小儿"而除绶归乡的彭泽令陶渊明，也使人想起了"摧眉折腰事权贵，使我不得开心颜"的豪放不羁的李太白。慷慨以任气，傲骨以凌霜，乃古往今来的高洁之士所仰慕和效仿的。此时的李攀龙对宦情已冷淡厌倦，也就没了登临之意。

也许正由于诗人的这种超凡脱俗的品质，使他不为官场困，但伤知音稀："世路悠悠几知己，风尘落落一狂生"。诗人从对官场的反思而转向了更大空间的对人生世事的思考，由愤懑而转入慨叹。世道维艰，人心叵测，若能得知己相慰则愿足矣。可是茫茫大地，知音难觅，一种孤独而寂寥的感伤油然而生，"几"字多忧伤，"一"字极兀傲，它们又都是双关语，既是诗人对世态人情的否定，也是诗人孤高标异、决绝流俗的表明。李攀龙毕竟不是盛唐时期的诗人，故难免不怀"哀知音者稀"的情结，他虽无"莫愁前路无知己，天下谁人不识君"（高适《别董大》）

和"长风破浪会有时,直挂云帆济沧海"(李白《行路难》)的壮怀浓烈的豪气,却也不乏不顾一切的大胆勇往的英气,"狂生"便是最生动的自画像,便是其襟抱与气概的写照。

经历了这样的宦事变动,特别是思想的风波之后,诗人已不复为宦情所累,情绪反而变得平静了:"春来病起少吏事,拟草玄经还未成。"淡淡的闲情,隐隐的玄味,是真病少吏事,还是托病少吏事,或者兼而有之? 已不可确考。但古来高士或告病拒征,或托病退仕皆大有人在。以李攀龙率性而为之秉性,"托病"之事非不可能,其从陕西任上自动挂印除绶便是例证,更何况诗中已流露"拟草玄经"之趣。玄经,乃道教之经书。其退出官场、皈依道教之心迹已明。可是诗人接着笔锋一转,"还未成"三字似乎透露了诗人仕宦之心已已,但还未能完全解脱的无可奈何,使诗尾落在一片的微波涟漪中。

《郡斋》诗是全从心而发的咏怀诗,故时而骄狂,时而低沉;时而愤慨,时而伤感;时而安闲,时而烦乱,全凭心曲的跳跃。而诗人的独立人格,对自由的渴望的自我形象也站立于其中。全诗率真质朴,自然流畅。但也显得"气过其文,雕饰恨少"(钟嵘《诗品》)。

(黄祖良 黄幼珍)

白　雪　楼　　　　李攀龙

伏枕空林积雨开,旋因起色一登台。
大清河抱孤城转,长白山①邀返照回。
无那嵇生②成懒慢,可知陶令③赋归来。
何人定解浮云意,片影飘摇落酒杯。

〔注〕 ①长白山:在山东邹平南,章丘和淄博市之间。因山中云气常白得名。 ②嵇生:嵇康,竹林七贤之一。美词气,有风仪,而土木形骸,不自藻饰,恬静寡欲,含垢匿瑕,长好老庄之学。后以事系狱、被杀。 ③陶令:陶潜,为彭泽令时,郡遣督邮至县,吏本应束带见之。潜叹曰:"吾安能为五斗米折腰,拳拳事乡里小人耶!"义熙二年解印去县,遂赋《归去来辞》,以明其志。

"白雪楼"乃李攀龙于嘉靖三十八年(1559)隐居时所筑之别业,"楼在济南郡东三十里许鲍城,前望太麓,西北眺华不注诸山,大河、清河交络其下,左瞰长白、平陵之野,海气所际,每一登临,郁为胜观"(李攀龙《酬李东昌写寄白雪楼图并序》)。攀龙取"阳春白雪"之意属楼名,以示其高洁雅正之趣尚。

于是诗人以楼命诗,以诗抒情,描绘了一幅醉卧林泉、洒脱自在的高士隐逸图。"伏枕空林积雨开,旋因起色一登台":雨丝帘幕,山色空濛,诗人独卧于丛林之下;从林间隙缝仰望天空,诗人忽然惊喜地发现,雨幕渐开,天露霁色,于是他一跃而起,疾步登上楼台,一览雨后复斜阳的景色。诗的首联极善造景,一开始就为全诗勾勒出一个空旷清新的画面。"开"、"旋"极具变幻感,由烟雨迷濛到初明霁色,由阴而晴。久雨初晴的欣喜,雨后大自然的洁净幽美都驱使着诗人登高远眺的浓厚兴致。只见鲍城在大河、清河的拥抱下越显得妩媚生动。"转"字是指河水之潺潺流动,还是指鲍城的漂浮旋转?使人们展开想象,整个画面富有生气。而左瞰长白山,一抹的余晖照耀其上,给沉浸在暮色苍茫中的山峰带来了一线的光亮,也使整个画面有了一丝的暖意。但毕竟"返照"只为长白山所邀,一线的光亮越发把周围的太麓、华不注诸山衬托得幽暗与寂静,整个境界也就蕴含了一种大自然的空廓宁谧之美。这里呼应了前面的"空林",诗中除诗人的醉卧其中之外,不闻人语,不见人影,白雪楼也就愈显得远离喧嚣,超脱尘世的美好宁静。此时诗人独处楼头,陶然于这大自然的怀抱中,越发感悟到回归自然的乐趣,也就越坚定了归隐之志,这就是颈联所谓的"无那嵇生成懒慢,可知陶令赋归来":尽管我不如嵇康的土木形骸、不自藻饰,可我却有陶潜那样的寄情山水、诗酒忘怀的兴味,更何况有这样的白雪楼一座,有这样的世外桃源一处,也就聊慰我心了。因此何必去穷究"穷通"之理,又有几人能解得!"浮云":即虚荣,指功名富贵是身外之物,如浮云一般,不也就是李白所说的"功名富贵若长在,汉水亦应西北流"(《江上吟》),故当"文章万古垂大业,富贵浮云非所求"(李攀龙《送子相》)。"片影飘摇落酒杯",这诗行的末句充满了"味外之旨",耐人寻味。"片影",既可做"浮云"解,承接前句,就是诗人要把功名富贵这些浮云埋葬在酒中,忘怀得失,诗酒自娱,这就如李白所言"钟鼓馔玉不足惜,但愿长醉不复醒"(《将进酒》)的境界了;"片影"也可做"月影"解,此时诗人超然物外,得到了无限的乐趣,不知不觉中已是月上树梢头了,诗人更是酒酣耳热,醉眼蒙眬,因此,摇摇晃晃,横斜溢出的月影就像是从空中飘入杯中,也来助兴,引得诗人越发沉醉痛饮,诗情勃发。全诗也就定格在这样一片朦胧空阔、清幽绝俗而又诗情氤氲的意境中,诗人的安恬澹泊、风流自赏的达人姿态也伫立于其中。如果说《郡斋》诗还只是诗人心迹的流露,那么到了《白雪楼》诗中,诗人的归隐之志已付诸行动,并表现出对隐居生活的流连忘返,富于情韵,不再是纯粹的说教言怀、枯燥乏味了。

(黄祖良 黄幼珍)

平　　凉　　　　李攀龙

春色萧条白日斜,平凉西北见天涯。

唯余青草王孙路，不属朱门帝子家。
宛马如云开汉苑，秦兵二月走胡沙。
欲投万里封侯笔，愧我谈经鬓有华。

　　明世宗嘉靖三十六年(1557)春,李攀龙在陕西按察司提学副使任上,曾经到过平凉府。平凉府治所在今甘肃省平凉市。站在古老的平凉城上,极目远眺风沙弥漫的西北边塞,俯览城内外自然界和社会变迁的景象,他内心深处激起沉郁已久的满怀忧愤,抚今追昔,抒写了这一首七言律诗。

　　破题出句用"萧条",显示诗人心目中所感受的平凉春色十分冷落、寂寥,毫无勃发的生机。"白日斜"不仅点明时间推移,日过中天,夕阳残照,而且渲染了凄迷、惘然的气氛,更使那荒芜的边城蒙上一抹灰暗、冷峻的色调。诗人写眼前景,却寄情于景,因此景中有情。对句用"天涯"拓展空间,开阔视野,抒发诗人放眼西北穷边极塞,关心国家社稷安危的情怀。平凉城在汉唐盛世时并不属于边塞地界,可是,明王朝自永乐年间弃大宁徙东胜,宣德年间又迁开平于独石,嘉靖时复弃哈密、河套,嘉峪关以外大片土地尽失,疆域日蹙,这怎能不使诗人在平凉城头遥望西北时,徘徊终日,黯然神伤,发出天涯路尽的感慨!

　　颔联对仗工整,用事自然,不露雕琢痕迹。从平凉城上俯视阡陌纵横,却只有青草萋萋,昔日横行霸道的帝子王孙,已不见踪迹,表明这里不再是属于他们的封疆领域了。诗句貌似平淡无奇,实则在特定的图景中,蕴含着诗人对人世沧桑的深沉回顾和感叹。《明史》卷一百十八记载,朱元璋第二十二子安惠王朱楹于永乐六年(1408)就藩平凉,十五年(1417)去世,无子,封除。朱元璋第二十子韩宪王朱松封国开原,永乐五年(1407)去世,时弃大宁三卫地,开原逼塞不可居,二十二年(1424)改封朱松子韩恭王朱冲𤊹于平凉,就安王邸。弘治间,"建宁王旭楠至,以所受金册质于宗室偕洊,事闻,废为庶人。诸贫宗往往凌劫有司,平凉知府吴世良、邝衍、任守德、王松先后被窘辱。嘉靖十三年(1534)昭王旭楷薨,子定王融燧嗣,惩宗室之横,颇绳以法。不逞者怨之。三十二年(1553),襄陵王融焚及诸宗二百余人讦奏王奸利事。勘无实,革融焚等禄……"亲王贵胄的衰微、败落,如同明王朝的边防日益削弱,使关注国事的李攀龙触景生情,借景抒情,感慨系之。

　　李攀龙的视线由远及近,从上到下,思绪随之起伏、推移。思绪翻腾之际,从历史与现实交迭之中闪耀新的更高、更美的雄奇境界。颈联转折得好,体现了诗人力求另辟蹊径的艺术构思。他由边防、时事到缅怀远古,心灵中映照出梦寐以求的美好理想。他抚今追昔,借助想象,用精炼的语言,描绘出期望明王朝能像秦汉强盛时扬威塞外的图景。"汉苑"原指汉朝的马苑,这里借写明代平凉府的大牧马场。平凉府西有群牧监。"宛马"原为汉代著名的大宛马,这里借指当地饲养的西北良种战马。"如云",形容其多,其奔跑迅猛似天上彤云翻滚,有强烈的震撼人心的动态感。"开"更具动作性,马苑开放,意味着骑兵部队的行动,一马当先,万马奔腾,战旗迎风招展。陕西为古秦地,"秦兵"指明王朝的军队。"走胡沙",形容部队在边关塞外广袤的沙漠中驰骋作战。全诗的情调,由低回宛转至此一变为昂扬振奋。沉郁的忧愤,得以暂时获得舒畅。明代西北边境几乎烽火不断,且多被动挨打,屡遭侵扰,很少出击获胜。因此,无怪乎李攀龙曾经怀着殷切的期望和深深的祝愿,在《送太医令周一之从大将军出塞》一诗中,吟诵出这样的诗句:"二百年来无一战,今日王师遂北征。便当灭虏始朝食,不系单于不解兵。"(《沧溟集》卷五)

结句又转为咏叹的低调。从遐想中回到薄暮的平凉城,面对现实,他引用班超投笔从戎的典故,表示愿意效法班超,在保卫祖国的征战中,建功立业。可是,自己感到惭愧的是,大半生空谈治国济民的经术,坐以论道,如今已经双鬓花白,心有余而力不足了。这一年,李攀龙四十四岁,人到中年,要投笔从戎,谈何容易。全诗展现的抒情主人公,是一个缅怀往昔,关注时事,立志报国,却又力不从心的封建士大夫形象。他的感叹是真诚的。

(黄祖良 黄幼珍)

诗人小传

杨继盛

(1516—1555) 字仲芳,号椒山,容城(今属河北)人。嘉靖丁未进士,官兵部员外郎。坐论马市,贬狄道典史。事白,入为户部员外,调兵部。疏劾严嵩,论死。赠太常少卿,谥忠愍。有《杨忠愍集》。

登 泰 山

杨继盛

志欲小天下,特来登泰山。
仰观绝顶上,犹有白云还。

泰山又称岱岳、岱宗,为五岳之首,历代文人学士,题咏者不知凡几,有才人之诗,有英雄志士之诗,有哲人之诗,登临赞颂,着眼不同,诗也各异其趣。作者这首《登泰山》诗,只有二十字,但内容独特,诗中无一字一句涉及泰山雄伟的形势与奇丽的景胜,纯从意理着笔,而意趣盎然发人遐思,可以说是志士之诗。

前二句表明作者之登泰山,是因有"欲小天下"之志,所以不辞登临绝顶,期以启迪心扉,开拓怀抱。《孟子·尽心上》载有"孔子登东山而小鲁,登泰山而小天下"之语,盖谓所登愈高,则所见愈广,所视之对象亦愈见其小。鲁国在春秋时代,是一个地方千里的大国,但登上东山再看鲁国,立足点高了,鲁国的四境历历在目,所以鲁国也就显得小了。泰山巍峨宏伟,登上泰山,胸襟顿觉宽广,于是人们便产生了包举八荒、吞吐万象的气概,天下虽大,此时也就不显其大。"遥望齐州九点烟,一泓海水杯中泻。"(李贺《梦天》诗)这天下也便显见其小了。"故观于海者难为水,游于圣人之门者难为言。"(《孟子·尽心上》)旧注谓圣人之道无所不包,涵泳于圣人之道,便觉大道如日月之无所不照,与天地万物共生,与宇宙相终始。"登泰山而小天下",道理正在于此。作者服膺儒家学说,作此诗时正当英年,他登泰山的目的,本在于励志,并非来此游览风物、留连光景。所以在诗句中说:"志欲小天下,特来登泰山。"前句写因,后句以"特来"一词显示有此因,乃有此主观行动之果。惟其如此,所以不须在登临之后,写上"日抱扶桑跃,天横碣石来","俯首无齐鲁,东瞻海似杯"(李梦阳《泰山》),"天门倒泻银河水,日观翻悬碧海流"、"中峰翠压徂徕色,绝顶青收碣石寒"(王世贞《登岱》)这样雄奇壮丽的诗句。

后二句另转一义,写登上泰山绝顶之后所产生的顿悟,使自己的心胸更加豁朗。"仰观绝顶上,犹有白云还。"作者此时不写纵观,不写俯视,只写仰观。只见泰山顶上,仍有悠然自在的白云,来往于太空浩气之间,因而意识到泰山虽然盘根齐鲁,耸峙苍穹,庄严伟大,但它的上面,却有飘浮的白云,岂非泰山之高也只是相对的。高峻的山岳之上,仍然有更高的东西,可见大道也并无止境,圣哲之人也从不以其所秉赋之道自满。山外更有高山,白云之上也还有日月星辰,此种理趣,本为人所周知,但无人道出,作者有感于此,可谓领悟独多。诗句虽极简朴,却能显示作者志在高远,不为物囿的执着追求精神;对于读者心智的启迪,也是无穷无尽的。

(马祖熙)

送徐子与谳狱江南 杨继盛

寥落白云司半虚,看君此去更何如?
西曹月满幽人榻,南国星随使者车。
塞雁不堪行断候,秋风况是叶飞初。
秣陵故旧如相问,为道疏狂病未除。

这首诗据沈德潜《明诗别裁集》所录。《杨忠愍公全集》题为《送徐龙湾审录江南》,诗中有数处文字有异。徐子与:即明代后七子之一徐中行,字子与,号龙湾,又号天目山人,长兴(今属浙江)人。嘉靖二十九年(1550)进士。时官为刑部员外郎,奉旨赴江南。"谳狱":审判定案。杨继盛(1516—1555),字仲芳,号椒山,容城(今河北省徐水县)人。嘉靖二十六年(1547)进士,授南京吏部主事,又改为兵部员外郎,后调刑部员外郎,复改兵部武选司。上疏弹劾权奸严嵩十大罪状,被捕入狱,备受酷刑。三年后送刑部论死。这首送别诗作于狱中,慷慨陈词,婉而多讽。

首联托物寓情,借写景而叙事,借问天、问云而问友人:"寥落白云司半虚,看君此去更何如?""寥落":寂寞,冷落。"白云",比喻远行者。唐代诗人张若虚《春江花月夜》中有云:"白云一片去悠悠,青枫浦上不胜愁。"白云飘去,象征徐中行奉命远行。"寥落白云"为写景状物,此中虽不言愁而离愁别绪却在其中。"司":《说文解字》:"臣司事于外者。""半虚":半边天空。"虚",天空。"司半虚",指徐中行奉命赴江南审判定案。此时此刻,诗人身陷囹圄,仰望星空,借"云"传语,探问友人:您这次去江南审判定案,该有什么样的结局呢? 设问中有疑惑,也有希望;有对国家大事的关心,也有对友人前途的考虑,既对江南案情的审判寄予着深深的关切,又对自己案情的发展存在着种种的困惑。显然,这一联二句沉厚含蓄,有义生文外之妙。

颔联巧妙地将直书其事与曲笔暗示结合在一起:"西曹月满幽人榻,南国星随使者车。""西曹":刑部的别称。此时,徐中行为刑部员外郎。"幽人":幽居之人。"西曹幽人"指徐中人。"西曹"句用的是虚实相间的手法,写月满榻中而实际上是说人去榻空,由皎洁的月光填满了榻中因人去而留下的空间。"南国"句借物写人:星随车移,以物象之动象征使者(徐中行)之动,徐中行动身南下审判定案之事便不言而喻。这一联二句虚实相间,化直为曲,沉著之中见空灵。

颈联触景生情,借物言情:"塞雁不堪行断候,秋风况是叶飞初。""行断":即"断行",意为隔断行列。庾信《奉和赵王喜雨诗》:"惊乌洒翼度,湿雁断行来。"秋风萧瑟,树叶初飞,木犹如此,人何以堪? 睹景伤情,惨然泪下。塞雁南飞,不堪忍受被隔断行列。雁犹如此,诗人何以忍受与好友南北分离、天各一方呢? 此中以"况是"二字,强调诗人最不堪离别的是由于这次离别处在一个特定的时间,这就是秋风起、叶初飞之时。须知"夫秋,刑官也"(欧阳修《秋声赋》)。古代以天地四时之名命官,掌管刑法的官"司寇"为秋官。秋官主审案与杀戮,而开刀问斩也往往多在秋天。身陷囹圄的杨继盛也很有可能在"秋风起、叶初飞"之时被严嵩之流杀害。在这生离死别之际,诗人以"况是"加倍地强调"不堪"忍受的离愁别绪。这一联二句用景物作衬垫,抒情委婉,曲尽其妙。

尾联坦露胸襟,大胆言志:"秣陵故旧如相问,为道疏狂病未除。""秣陵":古县名,治所曾在今南京市。这里指南京。杨继盛曾任南京吏部主事,因此有"秣陵故旧"。"疏狂",指狂放不羁的性格。"疏狂病未除",直露诗人不畏权奸,坚持斗争,至死不渝的信念。当严嵩、严世蕃父子肆意弄权、飞扬跋扈之时,杨继盛仗义执言,上疏弹劾严嵩"十罪"、"五奸"。严嵩恼羞成怒,蓄意报复,欲置死地而后快。先将杨继盛投入大牢,重刑拷打。据《明史·杨继盛传》说:"初,继盛之将杖也,或遗之蚺蛇(蟒蛇)胆。却之曰:'椒山自有胆,何蚺蛇为!'椒山,继盛别号也。及入狱,创甚。夜半而苏,碎瓷碗,手割腐肉。肉尽,筋挂膜,复手截去。狱卒执灯颤欲坠,继盛意气自如。"杨继盛在监狱中与严嵩之流斗争到生命的最后时刻,临刑时还赋诗曰:"浩气还太虚,丹心照千古。生平未报国,留作忠魂补。"这可与"疏狂病未除"相互映照,映出了诗人的一片丹心,也喷吐出诗人对权奸的一腔怨愤。尾联与唐代诗人王昌龄《芙蓉楼送辛渐》中的"洛阳亲人如相问,一片冰心在玉壶"一样,都是送别诗中对友人的叮咛之辞,也都是流水对,句法与口吻也大致相似。但杨诗是借鉴,而非剽窃,是"旧瓶装新酒",既是送别友人时的叮咛,更是声讨权奸严嵩之流的檄文,宛转之中更见遒劲,叙写朋友柔情之中更见阳刚之美。

(陈书录)

就 义 诗　　　　杨继盛

浩气还太虚,丹心照千古。
生平未报国,留作忠魂补。

本诗作者杨继盛,为明嘉靖进士,官兵部员外郎。其时严嵩擅权误国,谗害忠良,先后杀害了主张抗拒北敌鞑靼、收复河套的宰相夏言、大将军陕西总督曾铣。其子严世蕃,尤贪横不法,党羽赵文华、胡宗宪之流,又贪污纳贿,侵吞军饷,谎报战功,泄漏抗倭军情。继盛义愤填膺,于是毅然上疏劾严嵩十大罪,五奸。为此触怒权奸,下狱备受酷刑,在狱三年,竟弃西市。《就义诗》是他临刑时的口号,写得大义凛然,表现了作者忠公刚直的高尚心志、报国忘身的赤忱,感人至深,字字血泪。

前两句"浩气还太虚,丹心照千古","浩气",即浩然正气;"太虚",指广漠无垠的太空(《孟子·公孙丑》上:"我善养吾浩然之气,其为气也,至大至刚,直塞于天地之间。")。这两句是说:我本秉浩然正气而生,今为国事而死,有如浩气之还于太空,自己全无顾惜,我虽然死了,但丹心永在,虽千秋万世,这颗心还是照耀着人间的。

后两句:"生平未报国,留作忠魂补。"感慨生平有心报国,但此志未伸,奸人仍在,外患未平,这是此生的遗憾。但愿死后留得忠魂来补报国家。这两句具体的意思就是:"生不能为国家除害,死犹为厉鬼以杀贼。"一个人在生死关头,白刃当胸,青天变色,想到的不是自己生命安危,自己的功名富贵、妻子儿女;想到的只是国家的命运,天下的苍生;想到的是自己在世没有能报效国家,要留着忠魂再图补报,这是一种什么样的精神?这是一种伟大的爱国主义精神,无私无畏、至大至刚的精神。这是杀身成仁、舍生取义的精神的光辉体现。作者的死,在当时就感动了成千上万的人民;震慑了权奸,愈加暴露了权奸严嵩及其党羽的罪恶。他的《就义诗》更激励了同代直节之士邹应龙等揭发权奸的斗争,终于使严嵩一伙,受到国法的惩处。

作者服膺于儒家"成仁取义"的学说,故能慷慨殉义,无所顾惜。他的死虽然和张巡、许远,杀贼捐躯,固守睢阳,捍卫江淮,文天祥从容就义捍卫民族尊严,在史事上有所区别,但其素所操守,及其志在报国,临难不屈的精神则是一致的。"浩气"二句,可谓是足以追步"人生自古谁无死,留取丹心照汗青"的铁骨铮铮之辞。

(马祖熙)

【诗人小传】

吴国伦

明诗人。字明卿,兴国(今属江西)人。嘉靖二十九年(1550)进士,授兵部给事中。杨继盛被诬陷死,他倡众赗送,忤严嵩,谪江西按察司知事,移南康推官,又调归德。嵩败,起为建宁同知,迁河南左参政。初与王世贞、李攀龙唱和,后与李维桢、汪道昆等狎主诗盟,在"后七子"中最为老寿。人有节行,著述称富。诗较质实,才力奔放,而欠锤炼变化。著有《甔甀洞稿》、《续稿》,共八十一卷。

高 州 杂 咏　　　　　吴国伦

粤南天欲尽,风气迥难持。

一日更裘葛,三家杂汉夷。
　　鬼符书辟瘴,蛮鼓奏登陴①。
　　遥夜西归梦,惟应海月知。

〔注〕 ① 登陴(pí):登上城墙。陴,女墙,引申为守城。

　　这是一首风土诗。元方回《瀛奎律髓》辟有"风土类",序云:"广谷大川异制,民生其间异俗。……读此所选诗,亦不出户而知天下之意也。"也就是说,这类诗要求具有鲜明的地方特色。尤其是那些远离中土的边邑僻壤,诗人们更是着意去表现其"异制"、"异俗"。吴国伦于嘉靖末曾作过三年高州(治今广东茂名)知府,作于任上的这首诗,就为读者绘出了明代高州的蛮荒画面。

　　高州的辖境,在今广东南部雷州半岛附近的鉴江流域地区,是典型的"粤南",而诗人加上"天欲尽"三字,使人顿觉触目惊心。它既是"天涯"的同义语,极言高州的僻远;又显示出此间的一切,已非人间的常情常理所能揆度,带出了次句的"风气迥难持"。以下的两联即具体阐述了"迥难持"的种种情状:这里的气候无常,一日之内即经历冬夏寒暑的变化,不宜于正常的起居;五方杂处,汉族和少数民族混不可分,难于管理和教化。这些是从高州的风貌而言。这里瘴疠流行,而用以对付的只是书符驱鬼的落后的迷信手段;地境不宁,而每当守城时只有土兵蛮众,击着土著的战鼓,荒诞而狰狞。这些是就地方的风俗而言。"鬼符"一联,按照通常的词序当作"辟瘴书鬼符,登陴奏蛮鼓",这里倒装,强调了种种原始、落后的既成事实。末联的"西归梦",是因为明代官员赴任高州,取道广西一路的缘故。"西归"寄于一梦,且又只有"海月知",诗人僻处边隅的悲郁情怀可以想见。末句的"海月"与起句的"天欲尽"遥遥呼应,进一步渲染了作者处境的孤凉。

　　这首五律体局谨严,对仗整饬。作者选取了高州土风的典型情状,贯注入自己的感情,而其着墨与志感,无不暗合知府的身份与眼界。胡应麟《诗薮》评吴国伦律诗"整密沈雄",王世懋《艺圃撷余》则谓"稳处藏高",细读本诗,可得到进一步的体会。

(史良昭)

过 七 盘 岭　　　　吴国伦

　　驱马度层岭,马鸣知辘轳。
　　欲舒千里足,其奈七盘何?

　　吴国伦为"后七子"之一,"才气横放,好客轻财"(《明史》本传),嘉靖二十九年与宗臣、梁有誉等同登进士,开始踏上仕途。但这时昏庸的世宗正热衷于服药求仙,朝政由严嵩父子把持,奸佞当道,忠良被害,如沈錬上疏,即遭谪戍,杨继盛因弹劾严嵩,被杖下狱。嘉靖三十四年,杨继盛被杀害,在一般人噤若寒蝉之时,吴国伦大义凛然,出面号召为杨筹资丧葬,于是得罪了严嵩,无端遭贬,官职一降再降。仕途生涯对他来说真是坎坷无比,因而他在途经七盘岭时由山路的崎岖而悟到了人生的波折,遂写下了这首五绝。

七盘岭在今陕西省宁强县与四川省广元市的交界处,是由陕入川的门户,其地有七盘关,崇山峻岭,雄关险隘。首联即写驱马度岭,一个"层"字点出了层峦叠嶂的险峻山势,由马鸣而知山路的坎坷,则以马的不堪劳顿衬托出路途的曲折崎岖。次联则承前而发抒感慨。"千里足"指的是马,由千里马之称生发出来。骏马想撒开四蹄,奔腾疾驰,无奈七盘岭横亘于前,峰峦起伏,山路盘旋,只能艰难行进于危途之上。首联人马兼写,一个"驱"字点出骑者的存在,"度"则是人马共越山岭,"知"是人的感知,也未始不是马的感受。至次联则成人马双关,"欲舒"是从马的角度来写的,因而这里从字面上看是马的感慨,或是诗人所设想、模拟的马的心情,但同时也可理解为骑者的感叹,进而更成为对人生的象征。"欲舒"和"其奈"之间有一巨大的转跌,前者表现出诗人的远大抱负,后者则流露出他面对严酷黑暗的政治现实而无可奈何的迷茫心境。全诗在马和人的交互错综中揭示出深刻的人生感慨,语简而意赅。

前人多指出五言绝句起自古乐府,于古诗为近,而非截律诗而成,故多强调它的高古浑成。胡应麟《诗薮》指出:"五言绝尚真切,质多胜文;七言绝尚高华,文多胜质。五言绝昉于两汉,七言绝起自六朝,源流迥别,体制自殊。"作为"后七子"之一的吴氏与胡氏是同时代人,他们之重视格调是灵犀相通的。吴氏此诗与唐绝中那种风华流美、情韵摇曳的作品异调,而是脱去景语,直抒胸臆,造语质朴,不假藻饰,显然是追求一种质朴高古的格调。清人冒春荣的《葚原诗说》将五言绝分为两种,一种是"言止意不尽,深得味外之味,此从五言律来,故为正格";一种是"意尽言止,则突然而起,斩然而住,中间更无委曲,此乐府之遗音,故为变调"。他概括的特征是否正确、全面姑且勿论,这一分析却有助于我们把握此诗的风格。《诗薮》中对所谓汉魏高格曾赞扬备至,如"汉人直写胸臆,斲削无施";"质而不俚,浅而能深,近而能远,天下至文靡以过之"。虽然不能说这首小诗就已达到了这种高格,但无疑作者是在向这种格调靠拢的,这反映出他在诗歌创作上的美学追求,也是王世贞为代表的"格调说"在诗歌创作上的体现。

(黄宝华)

【诗人小传】

徐　渭

（1521—1593）　字文清，改字文长，号天池山人、青藤道士，或署田水月，山阴（今浙江绍兴）人。年二十为诸生，但乡试皆不得中。曾为浙闽总督胡宗宪幕客，于抗倭军事多所策划。胡宗宪获罪下狱，徐渭惧祸发狂，尝自杀未成，又杀继妻而下狱七年。万历元年获释后，浪迹京中、边塞，潦倒而终。诗、文、戏曲皆不拘一格，奇恣纵肆，戛戛独造，每有逸出礼法处，开公安派之先声。袁宏道甚至称之"有明一人"。花鸟画重神似写意，行草奔放而有力度。著有《徐文长三集》、《徐文长逸稿》、《徐文长佚草》、《四声猿》等。今有校点本《徐渭集》。

海　上　曲　　　　　徐　渭

　　暇日弃筹策，卒卒相束手。四疆险何限，但阻孤城守。旷野独非民？弃之如弃草！城市有一夫，谁不如木偶？长立睥睨间，尽日不得溲。朝餐雪没胫，夜卧风吹肘。彼亦何人斯，炙肉方进酒！

　　徐渭是在民间故事中被改造过的人物。浙江一带流传了很多"徐文长故事"，写他机智聪明，却又心肠促狭，专爱捉弄别人。这显然把徐渭歪曲得很厉害，但也不是毫无根据的。历史上的徐渭，既是多才多艺、豪放不羁，又是性格尖锐，对自己所讨厌的人，言语往往很刁刻。这种性格，在他的诗歌中也表现得很明显。他的同乡，明末散文家王思任在《徐文长先生佚稿序》中就说："渭之才更刁悍尖淵。……口无旧唾，不少讥呵；目不再览，每多盱放。"

　　《海上曲》大约作于世宗嘉靖三十五年（1555）。当时，倭寇（实是中国海盗与日本海盗纠集在一起的集团）大肆骚扰东南沿海。明朝廷军队腐败无能，听任其横行作恶。当倭寇进逼至绍兴附近时，知府刘锡只顾守城自保，对人数有限的敌寇不敢稍有行动，把乡村的人民弃而不顾。徐渭大概也参与了守城，对知府的行为深感气愤，便写了一组《海上曲》加以讥讽。原诗共有五首，这里选的是第三首。前两首主要说流窜至绍兴的倭寇人数并不多，武器也不精良，官员们却吓得魂飞胆颤，第三首主要说守城的情况。

　　前六句批评绍兴府官员平日毫无应敌准备（倭乱已经发生好几年了），事到危急，便束手无策。在绍兴周围，多山陵河流，有险可据。然而官员们却只知死守一座孤城。进而斥责道：乡野中居住的，难道不是国家的人民，可以像草芥一般弃而不顾？接着六句写守城民众的情况：城中市民，无不被征调来守城，如木偶般呆立着。在官吏的监视下，连上厕所都不得自由。风餐露宿，正逢雪天，受尽寒苦。最后两句用极鄙夷的口吻责问道：那是些什么人啊，烤着肉，喝着酒，美滋滋地好不快活！

仅从字面上看，这首诗批评官员的无能、腐败，已经很尖锐。把乡村民众被弃如草、城市民众冒寒守城与官员们享受作乐的情形对比来写，已经取得了很强的效果。但徐渭诗的那种刁悍，还不在这里。他将撒尿（"溲"）和喝酒两桩事连在一起写，像叠现的影像，虽不加说明，却已造成暗示和联想，才是真正的刻薄！前面所说的意思，还是冷静的批判；后一种手法，已渗透了内心的厌恶情绪。

言语刁刻，不留余地，情绪尖锐而激烈，对无能的权贵充满鄙视，是徐渭诗歌（特别是早期诗歌）中经常可以看到的现象。嘉靖二十九年（1550）秋，蒙古首领俺答率骑兵直逼北京城下，在京都郊区烧杀掳掠，饱足之后才飞扬而去。远在江南的徐渭闻此感慨激愤，写了一首《二马行》。诗的前半部分用铺排手法，写京城中权贵家奴耀武扬威，所骑的马高大肥壮，装饰华丽；后半部分写城郊将吏无心作战，士兵所骑的马毛长骨瘦，无力奔走，通过两相比较，揭示朝廷将相的腐败无能。这种写作方法，早在白居易的诗歌里已经用得很多了，但徐渭使用语言的刁刻，却是前人少有的。他写城中游玩之马，是"胸排两岳横难羁，尾撒圆毯骄欲死"；城外作战之马，是"天寒马毛腹无矢（腹中饿得连粪便都没有），饥肠霍霍鸣数里"，都是刻画至极点，显出泼辣味。如果想到徐渭的身份不过是个穷秀才，他骂的对象却是朝中宰相、当地知府，意义就更深了。

一般说来，中国的古典诗歌以温柔敦厚为正统的标准。即使批评，也讲究委婉含蓄。譬如李商隐的《贾生》诗，以"可怜夜半虚前席，不问苍生问鬼神"，讥帝王"求贤"的虚假，点破而不说尽，写意于言外，就很受诗家的赞赏。这当然是很好的写作手法，但一定要立为唯一的、排他的标准，就太嫌狭隘了。其实，各时代诗歌的特点，是相应于诗人精神生活的状态。温雅的语言，委婉的表现，除了艺术上的因素，也是社会上层的一种文化标志，是维持统治阶层内部和谐的需要。至于明代，情况已经不一样了。社会的中下层，开始有了一定势力，特别是市民阶层，在政治、文化各个方面都很活跃，他们会把自己的个性带到诗歌里。特别是徐渭这样的诗人，地位虽然很低，自视却很高，平等意识很强。愈是如此，在看到虚伪、腐败现象时，反感就愈强烈。温雅委婉的诗歌，已经不足以表现他们的感情了。

可以说,唐寅也好,徐渭也好,还有后来的"公安派"领袖袁宏道,都是对中国古典诗歌的传统起了某种破坏作用的人。但破坏就是解放,就是寻找新的方向。不管他们成功的程度如何,在一个古老的社会制度快要解体的时候,这种文化传统上的破坏是不可避免的。

(骆玉明)

夜宿丘园　　　　　徐　渭

老树挐空云,长藤网溪翠。
碧火冷枯根,前山友精祟。
或为道士服,月明对人语。
幸勿相猜嫌,夜来谈客旅。

唐代中期有一批诗人,包括韩愈、孟郊、卢仝、李贺等,作诗不循常规,好标新立异、惊世骇俗,追求力度和刺激,形成一个特殊的流派。其中尤其李贺,风格诡怪奇谲,又喜欢写阴森恐怖的景象,被古人称为诗中的"鬼才"。

徐渭中年时期,对这一派诗人产生很大的兴趣。当时诗坛上流行"诗必盛唐"的口号,特别推崇李白、杜甫、王维、孟浩然等几家,认为到中唐诗已经不行了。这等于说诗歌有一定的标准风格、语汇,是大家都要学习模拟的。徐渭则强调诗是个人性情的表现,关键是感情的真实性。他从自己的个性爱好来看,认为李白、杜甫、王维、孟浩然等人比较合于常规的诗,是"菽粟"(即日常的饭菜);韩愈、孟郊、卢仝、李贺等人的诗,别出心裁,才好比"龙肝凤髓",不可多得。徐渭中年所写的诗,也被人评为"字字鬼语,李长吉之流也"("长吉"是李贺的字)。

《夜宿丘园》是徐渭三十五岁时,从绍兴去福建顺昌的途中写的。此行以水路为主,沿富春江转入衢江、南浦溪。一路风景极美,却不免有些荒僻。尤其是两省交界地带,到处是连峰叠嶂、老树怪藤、巨石乱滩。白天已是惊心动魄,晚间更令人觉得孤独不安。诗便是写山中夜宿的情景和心境。

这是一个令人不安的氛围:黑魆魆的老树高高耸向天空,蔓生的长藤在山溪两壁织成翠网,碧幽幽的磷火(传说中的"鬼火")在形状怪异的枯树根周围浮动着,或明或暗,好像有一群精灵在前山相聚。忽然就从前山来了一个穿道士服的人,站在白晃晃的月光下向诗人说话:大家都是旅途之人,特来闲聊,可不要猜疑呀!

作为纪游诗,通常都有实事作材料。在那晚上,可信确实来了一位道士,那么徐渭写诗时,也一定知道他不是什么山精树怪。但诗的根本作用,不是纪实,而是构境,于诗境中表现诗人的心态。因而,有什么样的心态,便会构成什么样的诗境。就原来的材料来说,这诗完全可以写成另一种情调,譬如寂寞旅途中陌生人彼此相亲近的温暖,未必不是一首好诗。但诗人实际写成的诗境,是那样阴郁和不安,充满了"鬼气",连好意来闲谈的道士,都带来一份恐怖和威胁,这就是诗人心态的作用了。

在这一段时间中,徐渭的诗大多写得不安静,常常带有惊悸的感觉。有一首《观潮》,写他和师友一起观看龛山战地,然后观潮。在龛山发生过抗倭战事,但距他们此行为时已久,照理看不到多少战争的痕迹。然而徐渭却以构造的手段,写出一副阴森景象。先是"白日午末顷,野火烧青昊",借农民焚烧庄稼秸秆的弥漫烟雾,暗示往日战场上昏冥的气氛;而后是"蝇母识残腥,寒吻聚秋草",写巨蝇靠着敏锐的感觉,聚集在遗有残余血肉的草叶上舔食不休,很不引人注意的景象,被他特意摄取、放大,就显得很恐怖了。

话题拉得远了一些。不过,我是想借一首诗谈一个较大的问题:诗人的心境与其创作的诗境之间的关系。倘若追溯到中唐,可以看到:李贺虽有皇家远支宗室的虚名,却仕途蹉跎,穷困潦倒,体弱多病,所以他就专爱写荒芜衰败、冷落阴暗、恨深愁重的景象,喜欢用"泪"、"死"、"病"、"鬼"、"血"等等惊心触目的字眼;孟郊是个一心想出人头地的人,却老大无成,所以他专爱写人生的病态,如贫穷、饥饿、寒冷、衰老,甚至麻木迟钝之类的感觉。总之,他们都是人生不得志、心理不平衡,所以要在诗中追求刺激。

徐渭三十多岁时,也是历经坎坷:作为庶出的幼子,他曾受到嫡出兄长的压迫;他那衰落的官僚家庭的财富,遭到豪强的侵夺;他自幼有"神童"之名,在科举中却接连失败。再加爱妻早夭,生计无着,漂泊求食,他的内心正是紧张不安、容易激动、阴郁压抑的时候。所以他自然而然喜欢上了李贺一派的诗,并写出《夜宿丘园》等带有"鬼气"的作品。这里面,反映了他始终感受到的外部世界对自我心灵的压迫,并在自我心灵对外部世界的敏感与警觉中,表现出某种对抗意识。

(骆玉明)

白　鹇　　　　　徐　渭

片雪簇寒衣,玄丝绣一围。
都缘惜文采,长得侍光辉。
提赐朱笼窄,羁栖碧汉违。
短檐侧目处,天际看鸿飞。

白鹇

过去,"绍兴师爷"的名头是很响的。不知道从何时起,绍兴文人惯于操此业,但至少在明代就很普遍了。徐渭的许多朋友,都曾为人作幕僚,他自己一生最重要的事件,也就是加入东南抗倭军务总督胡宗宪的幕府。

胡宗宪因为交结权相严嵩,而且生活奢华,搜刮民财,在历史上的声誉不大好,但他也是一个豪爽敢于任事的人,东南倭乱主要是靠他平息下去的。这比起那些唯唯诺诺的正人君子,到底要高明些。他起先任浙江巡抚,就很看重徐渭的才智,后来升任抗倭军务总督,主持从山东到广东沿海的军事,权倾东南半壁江山,却对一介布衣的徐渭再三殷勤相招,徐渭无法拒绝,只好作了他的幕僚。关于徐渭在胡宗宪手下几年的活动,有很多传说。袁宏道、陶望龄的《徐文长传》,都说胡宗宪用阴谋诡计擒杀倭寇首领,是听了徐渭的筹划。又说当时文武官员谒见总督,无不战战兢兢,唯有徐渭身穿一袭破旧衣衫,直闯辕门,放言天下大事,旁若无人。总之,他在胡宗宪那里是很受信任的。

但官场终究是官场。像胡宗宪那样的大官,对徐渭一类的文士在礼节上可以很随便,那是"礼贤下士"的表现;一旦事关利害,就由不得他了。譬如胡宗宪写给严嵩的文书,便大都出于徐渭手笔。尽管徐渭对严嵩是很厌恶的,他也不能不想尽阿谀奉承的辞语。大概还有一些事情,让徐渭感觉得不自由之苦,所以总想离去。有一次,胡宗宪送了一只白鹇给徐渭,徐渭趁机以此为题写了一首诗,表示自己的心意。白鹇是一种很漂亮的观赏鸟,雄性上体和两翼为白色,并布满整齐的黑纹,又有纯白的长尾,腹部则为纯蓝黑色。

这一类托物言志的诗,最早可以追溯到屈原《九章》中的《橘颂》,那是拿橘树比拟自己的德行。以后这种诗成为中国古诗中一个独特的类型,作品非常之多。大体上有两种情况:一是仍如《橘颂》那样,单纯地托物言志,只要求切合物、我双方;另一种,是托物向他人言自我之志,就必须切合物、我、对方三者。多了一层人际关系,写作的难度更大。像徐渭这一首《白鹇》诗,是借了写白鹇,向胡宗宪表示希望脱离总督府的心愿,属于后一种情况。他既要考虑到双方的地位、身份,又要考虑到他与胡宗宪之间颇为特别的关系,很不容易写好。

诗开首两句直切题面,写出白鹇最显著的特征:它的白色羽毛,像是一片片雪花编结成的寒衣,又在上面绣了一圈圈细细的黑丝线。"寒衣"二字,已经有影射寒士的意思。而且据说徐渭是喜欢穿白衫的,这就更显得微妙了。但从字面上看,似乎只是写鸟。下面转为清楚的双关笔法。"文采",既可以指文章辞采,又可以指美丽的花纹。"都缘惜文采,长得侍光辉",借白鹇毛色美丽而为人所爱,写出自己因擅于文章而被收罗于幕中的意思,语气中又表示了对胡宗宪知遇之恩的感激。"提赐朱笼窄",好像回到了纪实的内容:胡宗宪将白鹇装在一只朱色竹笼内送给他;但"窄"带有明白的感情色彩,于是仍然透出显著的寄喻之意:总督府对徐渭来说,是个狭隘的、不自由的牢笼。鸟儿"羁栖"(被强迫栖留)在笼,隔绝了广阔的蓝天,虽然生活很优越,却是违逆本性的,徐渭在总督府的状况,也正是如此。最后两句,是点睛之笔,写得非常有力:鸟儿屈身在房屋状鸟笼的矮小的屋檐下,虽不敢抱多少奢望,却心有不甘,仍然斜望着那天边自由翱翔的大雁。"短檐"、"侧目"都是予人印象很深的辞汇,两句所描绘的形象,又保持在一个未结束的动态上,所以诗虽然到此为止,言外之意却通过这动态强烈地表现出来:他希望奋飞出去,回到自由的天地。

可以看出,这首诗对所涉及的三个方面,都照顾得相当周到。作为咏物诗,它的字面每一句都紧扣白鹇鸟,而且还清楚地交代了作诗的缘起——胡宗宪赠送白鹇;对胡宗宪,又保持了适当的恭敬和真诚的感激,并无指斥之辞。希望离去的理由,完全是从己方立论,即和鸟相同的自由本性;而最重要的是自我的意愿也得到充分的表达,丝毫不受其他因素影响。作为一首篇幅短小而语言简明的诗,做到这样当然是不容易的。中国文人常把诗作为社交的工具,这一传统培养了他们在语言表现上的严密和细致。

开首提过,徐渭在总督幕府受到相当宽容的待遇,他自己对此也是深为感激的,在《上督府公生日诗》中曾经说:"众人国士阶元别,知己蒙恩心所量。"但要是没有了基本的个人自由,他仍然会不顾一切地要求离去,由此对徐渭的性格可以有清晰的了解。

最后要作一些说明:那只白鹇,据徐渭在其他诗篇的附注中说,是死于虱害了。他自己则由于胡宗宪死于朝廷的权力斗争,并祸及总督府的幕僚,恐怕受到凌辱,以至发狂自杀。自杀不死,又在狂病中杀死了继室张氏,因此被逮下狱,坐了六、七年牢。要不是许多朋友救助,他几乎丧命。自由对于他,终究是"侧目"所望,却难以得到的东西。

(骆玉明)

题 葡 萄 图   徐 渭

半生落魄已成翁,独立书斋啸晚风。
笔底明珠无处卖,闲抛闲掷野藤中。

徐渭有一幅水墨《葡萄图》,是他绘画的代表作之一。那幅画水墨淋漓,主藤自距上端三分之一处起笔,枝枝叶叶,向下纷披垂荡,可以看出用笔如风雨之急

墨葡萄图轴　　[明]徐　渭

骤,显现狂放的韵律,使人感受到作者内心的激动、痛苦和傲然不可羁勒的精神。就在这幅画的上端空白处,用了狼藉恣野的字体,题有上面所录的一首诗。

　　这幅画和题画诗的创作年代,大约是万历初,徐渭的年纪,是五十三、四岁。在此之前,他走过了坎坷的人生道路:他虽自幼负有"神童"之名,长成以后,却勉强才成了秀才,屡次应乡试,始终没有中举;他那败落的官僚家庭的有限财产,在他年轻时被乡里豪绅所侵占;他因热心于抗倭战争,应邀参加了东南军务总督胡宗宪的幕府,而胡宗宪在朝廷的权力倾轧中失败被捕之后,幕府中人员无辜受到牵连,使他深感恐惧;他因精神病发作而自杀,虽未死却成重伤;同样因狂病缘故,他杀死了自己的继室,被捕下狱,坐了六、七年牢,这时刚刚释放出来。诗的首句"半生落魄已成翁",就是概括了数十年来灾难重重、九死一生的经历。而且,这里不仅包涵着已往生活的辛酸,因为"已成翁",也包涵了瞻望未来生活的辛酸。读书做官吧,不但年岁已老,而且连秀才的功名也在下狱时被革去,根本就谈不上了;隐居山林吧,他又没有尺寸土地,一贫如洗,又哪里高蹈得起来?

　　在常人,落到如此境地,也许早就颓唐萎靡。然而徐渭依旧很倔强,不肯向压迫他的社会低头。"独立书斋啸晚风",写出一派孤傲猖狂的气概。举两个实例,我们对这句诗会理解得更具体。在入狱之前,徐渭曾在礼部尚书李春芳那里做门客,帮助处理文书。李春芳自恃位尊官高,待门客如奴仆,又让徐渭代他写"青词"——皇帝用于道教斋醮仪式的颂文,徐渭一怒之下,不经李氏准许,便拂袖而去。出狱之后不久,徐渭又曾应翰林修撰张元忭之邀去北京,帮他处理文字事务。张家与徐家原是世交,张元忭在徐渭下狱时还曾出力救援。但是,当张元忭企图以封建礼教约束自由放浪的徐渭时,徐渭便怒不可遏,同张氏大骂一场,傲然而去。作为明中后期个性解放思潮的先驱,"独立书斋啸晚风",可以视为徐渭的一种具有象征意味的自我写照。

　　可以做的事情实在不多,画画是其中之一,既可自我排遣,也多少卖几文钱糊口。但这在旧时代,到底不是"正经"行当,不是一个读书人的理想的寄托。后两句,就把画中的葡萄喻为"明珠",这"明珠"又象征自己的超人才智,说是俗世庸众既用不着它,那就任由它随便抛掷了。简单地说,这也是向来就有的"怀才不遇"的牢骚。但是,这里丝毫没有可怜巴巴期待"恩遇"的情态,只有对那个荒唐的社会的傲视与嘲弄。

　　题画诗不太容易写。弄得不好,便成为对画面可有可无的说明,充其量多几分文雅意味而已。徐渭是绘画名家,他的诗,袁中郎赞为明代第一,所以画上题诗,不但两臻其妙,而且相得益彰。有了这首诗,画的内在情绪被揭示出来了;有了这幅画,诗不但可以从文字上感受它,还能从线条上感受它。两者的统一,则在作者的人格。清代王夫之颇喜爱徐渭的诗,对他的七绝尤为欣赏,认为它自然宏放,无滞累謇蹶之病(见《姜斋诗话》),在本篇中我们能够体味这一特点。

至于徐渭的"笔底明珠",乃是后人非常珍视的东西,终究不是"闲抛闲掷"了事。引郑板桥《贺新郎》词句,乃是"只有文章书画笔,无今无古独逞"。如果徐渭的才智用在了其他地方,比如说做官,他未必能在后人心目中占据像现在这样重要的地位。

(骆玉明)

严 先 生 祠　　　　　徐　渭

大泽高踪不可寻,古碑祠木自阴阴。
长江万里元无尽,白日千年此一临。
我已醉中巾屡岸,谁能梦里足长禁?
一加帝腹浑闲事,何用傍人说到今。

东汉初年有一位隐士名叫严光,原来与光武帝刘秀是同学。刘秀建立东汉王朝后,派人把严光从他所隐居的齐国(今山东北部)某处大泽中找来,请他做朝中的谏议大夫。严光不肯答应,又跑到浙江一带仍旧当他的隐士去了。至今在桐庐县南的富春江边,仍留有一座严子陵钓台(严光字子陵),据说是他当年钓鱼的地方;台下有专为纪念他的祠堂,也就是本诗所说的"严先生祠"了。

这首诗头两句仿杜甫《蜀相》的首联,意思加以翻新。"大泽高踪"指严光最初隐居于齐国的行迹,"古碑祠木"指严光再度隐居富春江畔和后人对他的尊崇与怀念。然后转到自己的登临凭吊。"长江"是说富春江。江水滔滔不绝,时光也流淌不尽,隔着千年的历史,自己又来到这里。前四句,以祠堂为中心,将严光一生主要事迹和千古以来对严氏高风亮节的怀想统括在内,笔力显得很雄健。但这还是常见的写法,其作用主要在交代背景和渲染气氛。后四句专论一事,才是重心所在。

严光有一桩著名的传闻:他入京时曾与刘秀共寝,把脚搁在皇帝的肚子上,次日,负责观察天文星象的太史奏告:"客星犯御坐(代表皇帝的星座)甚急。"这事正式载入《后汉书》,表明古人对此是很认真的。它告诉人们:天命所系的皇帝是何等神圣,凡人的脚搁在皇帝的肚子,就在天象上反映出来!但徐渭不仅不相信那个神话,还对人们津津乐道于此提出质疑:我现今喝醉了酒,就已经屡屡

"岸巾"(头巾戴不正,露出额头。这是一种率意放任的姿态),谁还能在梦中管住自己的脚?偶然把脚搁在皇帝肚子上,完全是一桩琐碎小事,哪里用得着当作一件大事,从古说到今?

这里,诗人论说古史,首先是从自己说起,等于是说:若换了我,也难免有此一搁。由此将一桩历史故事变成一个与现实相关的问题。末句的责问,更包涵了深刻的言外之意:千余年来,人们对这么一件小事说个没完,实在是一种荒谬的心理。这又把问题引伸得更远了。

徐渭的思想,有些是相当深刻而尖锐的。他在《论中》一文中说:所谓"圣人"并不是那么几个人,从君主到马医、铁匠,"凡利人者,皆圣人也"。这实际是否定了超于常人的"圣人"的存在。他又在《赠礼师序》一文中说:所谓"君君臣臣父父子子"的美德,只是儒家学说中粗浅的东西,这也是变相的否定。孔子所说"君君臣臣父父子子",即社会不同等级与不同身份的人,要各守本分、各尽其职的"名分"观念,原本是传统政治制度、伦理道德的基础,徐渭竟也投以蔑视,可以说是很大胆的了。《严先生祠》,正是借议论古史,批判"名分"观念,表述平等意识,所以这诗才写得如此豪放而英锐。

在徐渭所生存的环境中,公然对现实中的君臣名分问题提出怀疑是危险的,因而他只能用借古讽今的办法。不仅是这首《严先生祠》,在其他许多咏史诗中,都有类似情况。不妨再读一首凭吊伍子胥的《伍公祠》:

吴山东畔伍公祠,野史评多无定时。
举族何辜同刈草,后人却苦论鞭尸。
退耕始觉投吴早,雪恨终嫌入郢迟。
事到此公真不幸,镯镂依旧遇夫差。

伍子胥原是春秋时楚国人。他的父亲伍奢得罪于楚平王,遭灭族之祸,伍子胥只身投奔吴国。他帮阖闾夺得吴国王位,又发展了吴国的军事力量,受到重用。后率军队攻破楚国,开棺鞭笞楚平王尸骨以泄仇恨。最终却被吴王夫差疏远,以致被迫自杀。

徐渭此诗围绕伍子胥复仇和入吴后最终仍遭不幸两件事展开议论,辞锋十分犀利。伍子胥复仇一事,在早期似乎并未受到严厉的指责,至少在屈原的作品中还是把他当作正面人物看待的。但随着君主专制的强化,伍子胥的行为越来越受到非议。因为按照严格的"名分"观念,不管君主有什么过错,臣子都不可表示不敬,何况鞭尸?徐渭针对这种意见,把"举族何辜同刈草"与"后人却苦论鞭尸"两桩事实对举,以事实本身揭示后者的荒谬:难道伍氏一族的性命,竟不如楚王的尸骨重要吗？下面他更进一步代伍子胥着想："雪恨终嫌入郢迟。"意思是：要论报仇雪恨，本该生擒平王才能满足，开棺鞭尸，实在已经太迟了！这一句说得很"辣"。

至于伍子胥投吴，始受任于阖闾，末受害于夫差（"镯镂"即属镂，剑名，夫差以此剑赐伍子胥死），说明为臣不易，无论在楚在吴，终究都是一样，也深涵着历史的感叹。

还有好些例子可以作为旁证。譬如关于项羽的诗，徐渭强调他杀死反秦义军名义上的领袖义帝根本不足为过，以此指责项羽是一种酷吏判狱式的作法；关于韩信的诗，又说韩信早该背离刘邦自立等等，都表明徐渭在君臣名分问题上的特殊敏感和强烈的批判态度。

怀古、咏史一类诗篇，大多有些议论，做翻案文章也很常见。但是，只有当诗人站在新的高度上，以新的历史意识衡量古人古事时，这种议论、翻案才格外有生气，给人以启发。

（骆玉明）

廿八日雪　　　　　　徐　渭

生平见雪颇不歇，今来见雪愁欲绝。昨朝被失一池绵，连夜足拳三尺铁。杨柳未叶花已飞，造化弄水成冰丝。此物何人不快意，其奈无貂作客几。太学一生索我句，飞书置酒鸡鸣处。天寒地滑鞭者愁，宁知得去不得去？不如着屐向西头，过桥转柱一高楼。华亭有人住其上，我却十日九见投。昨见帙中大可诧，古人绝交宁不罢，谢榛既与为友朋，何事诗中显相骂？乃知朱毂华裾子，鱼肉布衣无顾忌！即令此辈忤谢榛，谢榛敢骂此辈未？回首世事发指冠，令我不酒亦不寒。须臾念歇无些事，日出冰消雪亦残。

徐渭晚年有一类诗，风格颇为特别：这种诗没有严密的结构，看不出着意的剪裁和文辞的修饰，甚至没有特定的中心，就像一个人随便谈天一样，话题毫无目标地转换着。例如有名的《廿八日雪》。

《廿八日雪》所以有名，倒不是因为上述缘故，而是由于牵涉了明中叶几位著名诗人之间的纠葛；徐渭写了这首诗，自己也就卷进去了。为了读懂这首诗，并了解徐渭的为人，有必要把诗的背景先说清楚：从嘉靖到万历年间，文坛上出现了一个声势最为浩大的文学集团，主要成员有李攀龙、王世贞、谢榛、徐中行、梁有誉、宗臣、吴国伦七人,时人称为"后七子"(区别于李梦阳、何景明等"前七子"),以李、王为正副盟主。后来谢榛与李、王在文学思想上发生冲突,又夹杂了个人意气之争,遂被他们逐出七子之盟,宣布绝交。在这前后,李攀龙、王世贞在诗文中对谢榛大肆辱骂,言语非常刻薄。比如王世贞这位以才华横溢著称于世的诗人,在他的著名的谈艺之作《艺苑卮言》中,说谢氏的诗"丑俗稚钝,一字不通",却偏要"高自称许",骂他"何不以溺自照",就是俗语中骂人的话:何不撒泡尿照照自己的嘴脸。明代许多文人很任性,涵养不太好,但这样骂法却和他们地位的差别有关:李、王官做得不小,谢榛始终是个布衣。徐渭的《廿八日雪》,作于万历四年(1576),当时他出狱才三年,在南京游玩。那时李攀龙已经死了好几年,王世贞成为文坛宗主,声势极为煊赫。徐渭对官吏欺辱平民的行为极为敏感,对借官势扩大文学影响的做法也十分讨厌,在南京读了李、王他们辱骂谢榛的诗以后,好像是位路见不平的侠客,怒火中烧,就写下了这首诗。

但正像开首所说,这诗并不是围绕一个明确的中心剪裁的,读起来好像是很随便。第一节:

> 生平见雪颠不歇,今来见雪愁欲绝。
> 昨朝被失一池绵,连夜足拳三尺铁。
> 杨柳未叶花已飞,造化弄水成冰丝。
> 此物何人不快意,其奈无貂作客几。

就像对人谈天,先说雪天寒冷,又被人偷去了绵被(诗题下原有小注:时绵被被盗),夜里冻得全身踡曲,僵硬如铁。又说雪景虽美,犹如杨花飘舞,无奈穷愁客居,也没心思观赏。继而转入第二节:

> 太学一生索我句,飞书置酒鸡鸣处。
> 天寒地滑鞭者愁,宁知得去不得去?
> 不如着屐向西头,过桥转柱一高楼。
> 华亭有人住其上,我却十日九见投。

这里说有位太学生(大约是南京国子监的学生)请自己作诗,在城中鸡鸣山上设下酒席,投书相招,只是天寒地滑,恐怕去不了,还不如就近去访一位朋友。这位朋友是华亭人(据考,此人系松江画家璩仲玉。华亭为松江古名),自己在南京和他交往最密,十日之中倒有九日相聚。

> 昨见怏中大可诧,古人绝交宁不罢,
> 谢榛既与为友朋,何事诗中显相骂?
> 乃知朱毂华裾子,鱼肉布衣无顾忌!

"帙"是书的布套,此处代指书。"朱毂",朱漆车轮;"华裾",华美的衣衫。"朱毂华裾子",指贵人。这一节从准备去璩仲玉处,突然想起昨天在他那里读到李攀龙、王世贞他们骂谢榛的诗,觉得大可惊诧:绝交的事情从古就有,但既然交过朋友,为什么要在诗中公然辱骂对方?由此可知,那些身为贵宦的人,把布衣之民视为可以任意宰割的鱼肉,肆无忌惮。这样就把几个著名文士之间的纠葛,引伸到一个普遍的社会不平等、平民无尊严的问题上了。于是他又为谢榛担心:

> 即令此辈忤谢榛,谢榛敢骂此辈未?
> 回首世事发指冠,令我不酒亦不寒。

因为把谢榛遭辱骂视为普遍的社会问题的具体表现,所以就像自己挨了骂一样,非要骂还不可。"谢榛敢骂此辈未"之一问,是把自己也卷到那一场纠葛中去了,显得很激动。由此联想到自己过去与官场中人打交道的经历,所受的欺凌,所见的世道不平,不禁怒发冲冠,怒火中烧。但过一会,想想这一切都很无聊,不过是过眼烟云,不足挂意,于是平淡地收束:

> 须臾念歇无些事,日出冰消雪亦残。

一般七言古诗多用铺排的笔法,不求凝炼。但按照通常的诗歌美学,铺排也必须围绕一个中心,从不同侧面,或事件的过程来描写。像这样一首诗,从失被、雪寒、赴宴不成直写到转访老友,倒有一半多的篇幅在说与后半部分无关的琐事,《廿八日雪》的标题也很含糊,这究竟是怎么一回事呢?

其实,仔细地读,可以发现这些内容并不是毫不相干。徐渭读到那些骂谢榛的诗,是"昨见"即廿七日之事。当天他也许已经有所感触,但尚未大动肝火。回家后发现绵被被偷,挨了一夜的冻,冻得他胸中块垒相积,有火无处发。廿八日再去璩仲玉家,途中突然想起"昨见帙中大可诧",联想到自己穷困潦倒,一腔怒火便发泄出来。但这些只是潜在心理上的联系,作者并不曾有意提炼出什么明确的主题来,根据这一主题再对生活的材料加以斟酌取舍。他只是直接地表现了自己的一次内在心理活动过程,甚至,连这过程中几个环节的相互关系都不加交代。事情是由雪而起,便简单地拿《廿八日雪》作了题目。

通过这一类诗,徐渭尝试了一种不同于前人的文学观念与写作方法。他是把心理、感情的活动作为最根本的真实,而追求直达的表现。这种方法更切近于作者心理和表现对象的复杂性,具有更强的真实感。当然,若要判断《廿八日雪》这种诗是否成功、是否值得给予很高的评价,各人的意见也许不同,但作为一种尝试,总是有意义的。

(骆玉明)

恭谒孝陵

徐 渭

二百年来一老生,白头落魄到西京。
疲驴狭路愁官长,破帽青衫拜孝陵。
亭长一抔终马上,桥山万岁始龙迎。
当时事业难身遇,凭仗中官说与听。

明代有一部历史小说叫《英烈传》,说的是朱元璋同他的谋臣猛将推翻元朝、扫平群雄、建立明王朝的经过。这书的作者不太清楚。早在书流传未久的时候,有人怀疑是武定侯郭勋命人写出来的,目的是为了夸耀其祖上郭英的功劳。还有一种本子,题名《云合奇踪》,作者标明是徐文长(即徐渭)。经学者考证,把这说法否定了。但为什么伪托徐文长呢?一方面,大概是因为到了晚明,徐文长的名气变得越来越大;另一方面,也许同他的一首诗有关,这就是《恭谒孝陵》。

有几个典故、辞语需解释一下。"西京"本义是长安,这里代指南京。汉朝起初建都长安,东汉时迁都洛阳,以长安为陪都,称西京。这情况与明太祖建都南京,成祖迁北京,而以南京为陪都相似,所以用来代指。"亭长"又是用汉高祖刘邦代指朱元璋。刘邦出身低贱,原来只是个亭长(最低级的小吏),朱元璋原来是穷和尚,两人后来都成了开国君主。"一抔"是说皇陵。"桥山"是传说中黄帝的葬地。又有传说讲黄帝死后,有龙迎他上天。这里是用黄帝故事代指朱元璋之死。"中官",是说守孝陵的太监。他们负责每天给死去的皇帝供膳,操办逢年过节的大祭。

这诗是神宗万历三年写的。当时徐渭出狱未久,去南京游览,走了不少名胜古迹,又特地拜谒了开国皇帝朱元璋的孝陵。徐渭最喜欢跟人闲聊,听稀奇古怪的事情,守陵的太监又是无聊之极,就对他大讲了一通朱元璋的"当时事业",大约是宫中流传的一些故事。因这诗写得炉火纯青,深藏不露,后来受到许多人称赞。另外,徐渭还画过一幅与这诗意相配的画。也许有人就误会了,把专说朱元璋开国故事的《英烈传》当作是他写的。

这诗读起来,好像只是说谒陵的经过,其实含蕴很丰富。分析起来,诗中有两方面的内容:一是诗人自身的现实境遇,一是朱元璋与他的开国事业。在后一方面,又有意借用典故,把刘邦的事情也一起带进来,增强某种历史感。两个方面的事情,经谒陵、听太监说故事联系起来,从中隐约表露出他自己的人生向往。

"白头落魄"、"破帽青衫",概括了自身的境况。在这后面,藏着一生的遭遇:少年意气,科场挫折,抗倭风云,下狱始末……。总之,是生不逢时,才士不能为世所用,无法建立辉煌功业。但尽管落魄至此,傲气却未消减。"疲驴狭路愁官长",意思说,去孝陵的路上常有官员,自己骑了头无精打采的驴儿,要是狭路相逢,真是没有味道。这其实是不愿给官儿们让道、怕受窝囊气的意思。

一个老人,天赋极高,抱负甚大,怀才不遇,却还是傲骨棱棱。他来到孝陵,听人说朱元璋与手下一帮英雄拔起于草莽、打下万里江山的事情,又由此联想到几千年前一个叫刘邦的无赖汉,也是趁着风云动荡,提三尺剑取天下,心里到底是在转什么念头?

中国有句民谚:宁为太平犬,不为乱世人,这是普通老百姓的想法。动乱时代,战火蔽天,白骨遮地,实是令人畏惧。但胸怀大志的才俊之士,则未必这么想。对他们来说,在太平年代,由于权力结构稳定,并且总是有一定的封闭性,很难充分发挥自己的能力。沉沦下僚,为无能的上司所欺辱,那是很平常;弄不好,就像徐渭,"白头落魄",一事无成,也算不得稀奇。相反,在风云动荡、天下大乱的时代,才能比家世等外在的凭藉更为重要,才俊之士在竞争中获得成功的机会更多。

只是这样的话不大好明说。唐代诗人杜牧有一首著名的《赤壁怀古》:"折戟沉沙铁未销,细将磨洗认前朝。东风不与周郎便,铜雀春深锁二乔。"字面是说:若不是一场东风帮了周瑜的忙,让他得以火烧曹军,他的夫人小乔同孙策的夫人大乔都要被曹操抓去,在铜雀宫里陪曹操喝酒。但实际到底说什么?批评或赞扬这诗的人不少,往往说不到要点上。杜牧也是英锐而自负的人,他其实是说:人生之成功与否,要有外在的机缘。周瑜若非生当风云变幻之世,焉能成一代英雄而垂名青史?言外之意,自己何尝不及周瑜,不过未得"东风"之便,只好"青楼薄幸"。

徐渭这诗也是差不多的意思。不过他写得比杜牧还要隐晦,没什么火气。他只管说自己距朱元璋二百年,身份很低,是个落魄的穷老头,听人说太祖皇帝"当年事业",真是津津有味。其实,一种自负和自哀相杂,不甘心又无可奈何的情绪全都渗透在里面了。说这诗写得"炉火纯青",就在笔调轻松自然,只叙事而不着一笔议论,读者已能够感觉到诗里深藏了许多东西。

当然,才俊之士不爱天下太平,也不是好脾气。弄不好,像李白跟了谋反的王爷,还自以为得意,结果倒大霉。最好是社会能够提供公平的竞争机会,让人才都有用武之地,才是上策。

(骆玉明)

题风鸢图(选四首)　　徐渭

春风语燕泼堤翻,晚笛归牛稳背眠。
此际不偷慈母线,明朝孤负放鸢天。

偷放风鸢不在家,先生差伴没处拿。
有人指点春郊外,雪下红衫就是他。

新生犊子鼻如油,有索难穿百自由。
才见春郊鸢事歇,又搓弹子打黄头。

我亦曾经放鹞嬉,今来不道老如斯。
哪能更驻游春马,闲看儿童断线时。

  徐渭晚年主要以卖画为生。大约在他七十岁前后,画过不少《风鸢图》——小孩放风筝的图画。现在保存下来的《题风鸢图》诗,尚有近三十首。这些诗都是率意之作,徐渭自称是"张打油叫街语"。但虽说是信口而成,却不乏火候老到之妙,更有许多天趣灿发、令人会心一笑的地方。我们在这里选出四首来读。

  第一首"春风语燕泼堤翻",画面其实是牧归。"语燕"即鸣燕。春风正紧,燕儿欢叫着在河堤上下迅急地翻飞,那放牛娃稳稳躺在牛背上,吹着笛子回家。这个场景悠然平静,在诗、画中是司空见惯的。而后从虚处再推出一层,小儿的顽皮活泼,立即跃然纸上:放牛娃一路归去,心中却算计着要偷母亲的线,明日好放风筝玩。如此大好春光,不放风筝,岂不是辜负了老天爷的美意? 此刻想来,慈母之重要,似乎就在有线可偷。诗写得虚实相映,活泼灵动。作为题画之作,它扩充了画面的内容。

  第二首"偷放风鸢不在家",写了一位放风筝的激进派。春雪未融,天气尚寒,他就迫不及待地逃学去玩了。从先生查问,派人四处捉拿,到有人指点郊外人影,构成短小的情节。四句诗一气贯通。最后是"有人指点"和"雪下红衫"两部分遥相呼应,组成一个画面,显得非常生动,色彩的衬托也分外鲜明。接下去会怎样呢? 当然是那红衫小儿被抓了回去,读那莫名其妙的"子曰诗云",冤哉!

  第三首"新生犊子鼻如油",画面也不是放风筝,是一个顽童风筝放够了,又去打鸟儿。"穿牛鼻子",是乡间比喻管束顽童的俗语。这一位百般淘气,无止无休,索子穿他不住。可惜总要长大,总有一天要被穿起牛鼻子,老老实实耕田,再不能自由自在。所以成年人看见小孩淘气,就难免触起自己的追忆和感想,不知在什么时候,开始丢失了童年的天真烂漫,无忧无虑。

第四首"我亦曾经放鹞嬉",画面应是一群儿童放风筝断了线,诗却牵连到自己。徐渭年幼时,有"神童"之名,也特别顽皮,什么捣蛋的事情都干过。老年人回忆早年事件特别清楚,几十年前放风筝("鹞"也是风筝的别名)嬉戏的情景,犹如昨日,想不到一转眼已是鬓发如霜,年逾古稀了! 前二句不胜人世沧桑之感。但是他依然童心未泯,叹息自己不能游马郊外,看人放风筝断了线。——这是他的童年记忆里最快活的事情罢? 看人放风筝断线,儿童的恶作剧天性得到了极大满足,所以是很开心的。如果不懂得这一点,那是真正地老朽了。

中国古诗中写儿童生活的不算很多。最早的,要数左思的《娇女诗》。他那两个女儿,贪吃、贪玩,好打扮,不肯读书,却爱卖弄,写得活灵活现。唐代李商隐套用《娇女诗》的格局,写有《骄儿诗》。不过,他太多夸耀自家儿子聪慧不凡、前途无量,又说了不少大道理,丧失了诗的味道。况且他那儿子也未见有甚出息。宋代诗词中,记述日常生活的成分显著增加,涉及儿童生活的作品也相应多起来,且趣味正在童心的可羡。如杨万里《闲居初夏午睡起》绝句:"日长睡起无情思,闲看儿童捉柳花";辛弃疾《清平乐·村居》词:"大儿锄豆溪东,中儿正织鸡笼;最喜小儿无赖,溪头卧剥莲蓬",都是人们熟悉和喜爱的。

只是,一口气作几十首诗,写小孩放风筝或玩其他的什么东西,例子就不好找了。自然,这跟徐渭画《风鸢图》卖钱直接相关,但也不完全出于此。要知"童心"二字,明朝人是用来做大文章的。李贽的《童心说》,就是把"童心"扩大为人的自然之性,真实之心,以此反对一切固陋的成见和虚假的道德,实际是借标榜"童心"鼓吹人性解放。徐渭也指责当代社会充满虚伪:"天下之事,其在今日,无不伪也!"他晚年讨厌同俗人打交道,有时不愿见来访者,竟顶着门大叫:"徐渭不在!"所以,画风鸢图,题诗,就像李贽评《水浒》,特别赞赏毫无机心的黑旋风李逵,也是作者人生意识的寄托。明乎此,再来读这几首诗,会觉得更有味道。

(骆玉明)

边词二十六首(其八、其十三) 徐 渭

其 八

八里庄儿一堡中,银环小杏坠腮红。
妆起自不撩人看,起牵黄刍喂铁骢。

其 十 三

汉军争看绣裲裆,十万弯弧一女郎。
唤起木兰亲与较,看他用箭是谁长?

我们现在看到的万里长城,实际是明朝人在近二百年中花费巨大人力物力重新修筑起来的,目的是抵御从内地退回到北方大草原的蒙古铁骑的侵掠。直到隆庆四年(1570),蒙古最强大的俺答部落与明政权的关系开始好转,自北京以西到甘肃的长城一线才出现和平局面,并大致维持到明末,这对促进汉蒙两族人民的友好感情,具有极其重要的历史意义。

徐渭有一位年青时代的朋友名叫吴兑,在隆庆、万历之际任宣府巡抚,为边防重臣。万历四年(1576),徐渭应吴兑之邀北上,逗留约半年。他写下了《边词二十六首》等不少诗篇,记述在边塞生活的所见所闻,突出反映了汉蒙两族经历长期的敌对战争之后,彼此和睦相处的生活景象。在中国古代边塞诗系列中,这是一种特殊的作品。

原诗第八首,描绘了一位普通蒙古族少女的形象。"八里庄"当是地名。诗人在这里所见的那个蒙古族少女,耳上戴着银环,环上又荡着一枚小小的杏状饰物,在她红红的耳边晃来晃去,煞是可爱。这少女却不似江南姑娘,喜欢引人注意,她只是自顾自打扮,完了自顾自喂她的大马。蒙古族号称"马背上的民族",马是他们的宠物。美丽的少女喂养着雄壮的"铁骢",既是边地特有的风情,又是一种奇妙的相互衬托:马因人而更显雄壮,人因马而更显娇艳。在敌对的状态中,人们习惯用丑化的语言描述对方,而在和平的时代,才会感觉得所谓"敌人",原来也同自己人一样,有许多可亲可爱之处。在这首诗中,我们看到诗人对蒙古人民的美好感情。

原诗十三至十八,写有关三娘子的事情,是珍贵的历史资料。三娘子是蒙古首领俺答晚年所娶的年轻夫人,以貌美而得宠。她渴慕内地文化,力主和平。在俺答死后,俺答之子辛爱、俺答之孙撦力克相继为王,按照蒙古族古老的风俗,先后娶三娘子为妻。数十年中,三娘子为维护双方和平友好的局面,起了关键的作用。据史书记载,三娘子经常到吴兑军营中来,吴兑待她如女儿一般,十分亲昵。我们这里选录的第十三首,就是记三娘子到吴兑军营时的情形。

首句中"绣裲裆"是绣花背心。裲裆原是骑马时所穿的紧身服装,穿上它自然显得英武。三娘子身份高贵,容貌美丽,所穿的裲裆,当然制作得格外精致。她跨骑骏马,前后簇拥,来到明军大营,该是异常热烈的场面。明军将士也纷纷围观,谁都想看看这位率领十万猛士的女郎。"十万弯弧一女郎",以虚写实,烘托了三娘子特殊的地位和英武不凡的气概。诗人面对这样的场面,不禁联想:传说中的木兰姑娘,跟她比武,结果会是如何?言下多有赞美的意味。

当徐渭写下"唤起木兰亲与较,看他用箭是谁长"的诗句时,所指的已经不是战场上的血肉相搏,而是纯粹的竞技,因此他不必偏袒哪一方。其实,现代许多体育项目,都是起源于战争,或是为战争作准备的训练活动。把战场上你死我活、充满仇恨的较量,转变为运动场上和平的竞技,正是人类文明发展的标志,也是人类的期望。如此来读徐渭这首诗,更觉得饶有情趣。

边塞诗是中国古典诗歌中一个源远流长的分支。在传统的边塞诗中,我们看惯了逐敌千里、立功塞外的豪情,久戍不归、马革裹尸的忧伤和酷烈,再来读徐渭的《边词》,顿时会有完全不同的感受。毫无疑问,这种边塞诗是有其特殊价值的。从艺术风格来说,描写和平景象,也许不像表现战争那样紧张有力,激动人心,但是徐渭这些诗作,用笔随意而老到,充满人情味,同样令人喜爱。

(骆玉明)

节　妇　　　　徐　渭

缟衣綦履誉乡邻,六十年来老此身。
庭畔霜枝徒有夜,镜中云鬓久无春。
每因顾影啼成雨,翻为旌门切作颦。
百岁双飞元所志,不求国难表忠臣。

从前在中国乡间行走,常常可以看到所谓"贞节牌坊"。那是用来表彰一些女子,或死了丈夫长年不改嫁,或自杀殉葬。由于"贞节"是通行的道德要求,能够立牌坊,必须有特异的事迹。所以说,每一处牌坊下,若不是埋葬了一个活泼泼的生命,至少也埋葬了一个女子数十年青春。

但是,道德是一股强大的社会力量,足以扭曲和改变正常的人性。在《儒林外史》中,可以看到腐儒王玉辉鼓励女儿殉节,在女儿死后,还"仰天大笑道:'死得好!死得好!'"真是令人惊心动魄。这毫无夸张,纯是写实。由于"节妇"或"烈女"死后,其家属引为自身的骄傲,便到处请人作诗文表彰,所以在明清文人的文集中,充斥了这类东西。非常奇怪的是,有些思想很激进的文人,譬如明代的祝允明、袁宏道等等,一旦写起这样的诗文,竟也是腐气熏天,真是"入鲍鱼之肆,久而不觉其臭"了。在此种背景下,读到徐渭与众不同的《节妇》诗,颇感难得。虽然,他本身也不能完全摆脱社会道德的约束,诗又是应人请求而作的,在今天看来未必尽如人意,但他立意在表达"节妇"之悲哀,在此类反人性的作品中,已经是极有人情味的了。

这位"节妇"已经守节六十年,大概不满二十岁就开始寡居了。很有可能,她才十五、六岁,许配过人家却并未成婚,就走上了这条黑暗、漫长的人生之路。六十年来,她身穿白色丧衣,脚上缚着表示丧居的鞋带,在乡邻中博得贞洁的美名,渐渐成为一个白发苍苍的老妪。"庭畔霜枝",是以经霜的树木比喻她的德行;但她的无数夜晚,却是白白地、苦苦地捱过。女子乌云一般的头发,是她们博得丈夫欢心的珍贵之物,也是古诗词中经常吟咏赞美的对象,但这位"节妇"却几十年不曾用心打扮它。她的鬓发与一切人生欢乐竟是毫无关系的。

前四句从作者的角度概括,已经写出守节之苦,以及"节妇"对正常生活的向往。后四句以"节妇"的口吻来写,便更多酸楚。她每常看到自己孤独的身影,不禁泪如雨下;抬头望见门楣上表彰自己的贞节匾额(也可指门前的牌坊),尤其愁眉长蹙,心怀痛切。就自己的心愿,原是希望夫妇白头偕老,并不希望像国难时表彰忠臣一样,被表彰做什么"节妇"! 至此为止,诗中确实没有反对守节的意思,但诗人也并没有把"贞节"作为一种抽象道德加以夸张渲染,而是以充满同情的笔调写出了"节妇"的痛苦,以及平常的夫妇生活的珍贵,从而引起人们对守节行为的怀疑。

末句的意思,在另一首《读某愍妇吊集》中也有重复:"尔辈借将扶世教,妾心元不愿忠臣。"这里隐藏着一层深意:表彰贞节,既不是"节妇"自身的要求,也不是社会对"节妇"的诚意尊敬,而只是推行教化的手段。也许徐渭没有再进一步考虑下去,但由此引伸,却仍旧可以得出如下的结果:"节妇"是被社会制造出来的,倘不是社会的压迫,便不会有如此多的"节妇";"贞节"的道德,是自身无须"贞节"的男性统治者在"节妇"的痛苦上建立起来的东西。

这些诗出于徐渭笔下,并不是偶然的现象。他的某些文章,曾明确指出,女子本来具有与男子同样的聪明才智,只是由于社会的压制,使她们的聪明才智无法发挥。他的戏剧集《四声猿》中,有两个剧本是歌颂女性的:《雌木兰》写木兰从军故事,《女状元》写黄崇嘏的文才。她们两人,身为女子,便只能枯守闺室;扮为男装,顿时石破天惊,轰轰烈烈。剧中宣称:"立地撑天,说什么男子汉!""世间好事属何人? 不在男儿在女子!"这正是体现着新的社会思潮对传统观念的冲击。所以,不少有文化的女性对徐渭的作品特别好感。明末一位女诗人顾若璞写过一首《沁园春·读四声猿》词,很有气派地说:

须眉汉,就石榴裙底,俯伏何妨?

但是,有一桩徐渭生平中的大事也应该在这里提出来,证明在女性问题上,阴暗的传统道德对他仍有深刻的影响。他在精神病发作时,杀死了继室张氏,原因就是因为怀疑妻子有外遇。这当然不是一种正常情况。一则徐渭与继室感情不谐,二则他精神病发作时,常有幻觉,会无中生有地看到一些人和物。但不管怎么说,妻子必须对丈夫忠贞不二的潜意识,在他心中还是埋藏得很深的。人终究是历史的产物,当历史处于变革状态时,人的品格往往会出现矛盾乃至分裂。

(骆玉明)

又图卉应史甥之索　　徐　渭

　　陈家豆酒名天下,朱家之酒亦其亚。史甥亲挈八升来,如椽大卷令吾画。小白连浮三十杯,指尖浩气响成雷。惊花蛰草开愁晚,何用三郎羯鼓催?羯鼓催,笔兔瘦,蟹螯百双,羊肉一肘,陈家之酒更二斗,吟伊吾,进厥口,为侬更作狮子吼!

这是徐渭自述其作画时情景的一首诗。题中"史甥"谓史槃,他是徐渭的晚辈亲戚,也是徐渭的门生和崇拜者。在晚明艺坛上,史槃的戏曲创作和绘画,均堪称一家。徐渭晚年倦于交游,平时来往的主要是一群门生、晚辈。他爱喝酒,又特别嗜好河蟹,只是不大买得起。他的门生便常送这些好东西来,骗他高兴,趁机讨他的字画。徐渭喝得兴起,便狂涂一气,掷笔而成。

在中国绘画史上,徐渭是大写意画派的主要开创者。他的许多画作,水墨淋漓,线条纵恣,有不可一世的气概,却又常出人意料地点染得恰到好处,令人称绝。清人彭绍升《二林居士集·徐文长画卷跋》说是像海市蜃楼,又像是仙人随手幻化,"不思议中天然涌现,初非人力能到。"在《又图卉应史甥之索》这首诗中,我们可以看到徐渭对绘画艺术的理解。同时,在描述作画的精神状态时,作者表现了对自我的艺术创造力的高度自信,和他那狂傲的、自由奔放的个性,从而描绘出一个天才艺术家的自我形象。

这首诗的语言,正像徐渭的泼墨大写意画,肆放无忌,自然天成。开头说陈家之酒如何,朱家之酒又如何,完全是毫不经意的笔法。说到酒有八升之多,画纸用"如椽大卷"。一种气势隐隐然涌起了。有时候,貌似粗率的语言,更利于造成诗歌中强劲的力度。

徐渭患有精神病,且从未彻底痊愈,他是一个内在冲动十分强烈的人。也许正像人们常常说的,天才往往离精神病不远吧?此时酒不断地喝下去,更是豪兴勃发,兴奋异常。"小白连浮三十杯,指尖浩气响成雷",生动地写出内在冲动不受意志力控制,奔涌而出,急待在艺术创造中得到宣泄、得到表现的情形。据说唐玄宗(排行第三,故又称"三郎")曾在宫中击羯鼓,花柳随之纷纷开放,这就是"羯鼓催花"的传说。徐渭说,自己酒兴正浓,指尖有如春雷轰鸣,将巧夺天工,使艺术的花朵在纸上连片舒放,呈现千姿百态,何用三郎羯鼓?徐渭把绘画视为抒发胸中之气的手段,故不重摹仿重性灵,不求形似求生韵。他的这一艺术见解,也充分地体现于本诗中。

佛家谓如来讲经,如狮子吼,声震世界。这不是说实际的音量如何大,而是指佛祖讲经的内在力量雄强无比。诗的最后一节便以此自喻,以急促的语言节奏,写一阵饕餮,一阵豪饮,于是以笔为口,迸发出惊天动地的佛家狮子吼声!诗至此戛然而止,大画家不可一世的气概,也就跃然纸上。

徐渭晚年的生活极为困苦。但是,潦倒落魄之中,他从来没有放弃自己的尊严,也从来没有丧失自信,这是他最值得人们钦佩的地方。 (骆玉明)

杨妃春睡图　　　　　　　　　　徐　渭

守宫夜落胭脂臂,玉阶草色蜻蜓醉。花气随风出御墙,无人知晓杨妃睡。皂纱帐底绛罗委,一团红玉沉秋水。画里犹能动世人,何怪当年走天子。欲呼与语不得起,走向屏西打鹦鹉。为向华清日影斜,梦里曾飞何处雨?

杨贵妃和唐明皇的故事,已经给无数文人墨客咏过、给无数画师意匠惨淡经营过了;不过,单取杨妃一人、单摄其春睡时的静景,如这幅《杨妃春睡图》,可谓是个别出心裁的巧妙构思。此画何人所作,已不可知,或许就是出于徐渭本人的手笔也未可知。不过,不管本诗是否为徐渭的自画自题,但徐渭已深得了此画之神,下笔乃画所不到之处,却是确定无误的。不信,便请看下文。

此画的构图,是以芳草、宫墙为背景,正面是春睡的杨妃,点缀以蜻蜓、鹦鹉,如此而已。题画诗的起笔最难:循着远景到近景的顺序,虽精确,却呆板;直点主脑,虽大胆,却突兀。此诗首二句,把握火候极准。"守宫夜落胭脂臂",不循常套,先从杨妃本人写起,此一奇;虽写杨妃,却只是虚笔悬测,非画中实境,此二奇。守宫砂,色红,点于处子手臂,失却童贞之日自动褪落。此句谓杨妃今日之春睡,乃是昨夜新承恩泽、守宫初落(当然,这不是事实,杨妃本为寿王妃,侍御明皇时当已非处子),她与君王初谐鱼水之欢、当有无限浓情蜜意,不得不托之睡梦中以驰骋其思。所谓"春睡",乃是"情思睡昏昏"也。此句虽是悬测,但"胭脂臂"三字,却将一条肤色润红的香臂(或许还有守宫砂的余痕呢),推到读者面前,宛然可捉可摸。更妙的是,"胭脂臂"亦非画中所有,只是诗人想象,观后文"一团红玉"可知。故此,首句真可谓是虚而实、实而虚的妙笔。

次句荡开一笔,始写到画的大背景。"玉阶草色蜻蜓醉",循那玉阶而进,大约就是那如玉可人的寝宫了吧? 阶前的满庭芳草,在春意正浓时,其色又何如呢? 诗人虽不言,读者自可揣知,那绿草仿佛有绿的酵母在发酵,色彩之浓稠,尽可与春意之浓相媲美(或许,春意之浓正是由草色之浓酿就的),不然,那草上低飞的蜻蜓,又怎会蹒跚双翅、如醉酒一般呢?"蜻蜓醉"三字,以小喻大,把春意之浓点得活灵活现,又是以虚见实的妙笔。

以上是分说二句,再合而观之,二句虽彼此无干,却有一"浓"字为其魂:胭脂,浓色也;蜻蜓醉,春浓也。故二句实包含在同一氛围中,皆能令人倍感此画色彩之浓重。

"浓尽必枯"(《诗品·绮丽》语),来一阵轻风,稍稍稀释一下浓彩,也是应有之理吧?"花气随风出御墙",安置在第三句,恰到好处。当然,那暖风携着百花的香气,也够浓重了,故只有缓缓步"出"宫墙,而不能泠然飞行;但风毕竟是风,多少还可以吹动一点浓彩的重幕吧?"气"和"风",都是图画所不能者,所以,此句子是出于诗人的悬测,当然也可能是画中有花树摇曳,启发了他。但无论如何,使画有了缓缓的动感、微微的花香,这些却都只能来自诗人对画的特殊感受。

下句"无人知晓杨妃睡",终于在安排好了浓绿、温风、花香的氛围之后,点到了杨妃本身。"无人",当然是指画中别无他人,只杨妃一个在酣睡着;不过,画外还是"有人"的,诗人是知晓杨妃在春睡的,所以,"无人"之语,已隐含了诗人在画外窥看的身影,为七、八句的议论突起伏了一笔。此外,本句还点出了环境之宁静,又为第十句"打鹦鹉"安排好了前提。

如果说,前三句都是着落在题中"春"字上,那么,经第四句的承上启下,五、六句就在"睡"字上下功夫了。这二句是一篇主脑,关系全诗成败,决不能轻易下笔——若不能写出画中绝世美人酣睡之姿的娇艳、动人,那么整幅画的神韵便不能显见。"皂纱帐底绛罗委",这一句是陪笔,尚未写到美人;但读者看到那直垂到底的黑色纱帐,看到帐子下端那一堆被美人委弃的绛红色罗缎(已分不清是衣是裙了),当然可以猜到,此时帐中的杨妃,已是褪尽了衣裳(她尽可如此大胆,因为四周"无人"),只有纱帐掩蔽着她的温香软玉,不致一览无余。然而,纱帐总是透光的,纵然画师选了"皂帐"也罢;况且,春光又是如许的浓,更自然会浸透帐子,让那美人的娇躯在帐后凸现出来。下一句就要触及美人的娇躯了,该如何落笔呢?可不能含蓄得令人扫兴,可不能香艳得流于轻薄,过犹不及,二者均不可取。"一团红玉沉秋水",把握分寸极恰切。"一团",可见那娇躯并不分明,在半透明的纱帐掩蔽下只是朦胧一团,逗人神往心驰,却终难窥之亲切。"红玉",这是对娇躯的正面形容,可见那肌肤润红、坚洁、光亮、明艳,令人动情、令人心荡。然而,她是绝不会属于观画者的,这一团本该放出灿烂光泽的红玉,却深深地沉在"秋水"之中,无法唤起。把皂帐比作"秋水",是破空飞来的巧喻,不知诗人如何得来。有此一语,皂帐便有了秋的清凉,也清醒了可能想入非非的观画者;同时,它又不乏水的清澈、透明,并未拒绝观画者作有限的探看。一个"沉"字,既写出了杨妃沉睡的美,又见得她的娇躯完全裹在帐中,令人可望不可及;前文说"胭脂臂"乃是悬拟,在此亦得到了证实。总之,这七个字,写出了《杨妃春睡图》的神韵、境界:既香艳、妖娆,又不轻薄、媚荡;既引人神往,又保持着距离感。当然,诗的身份、境界亦由此而出矣。这是字字珠玑的七个字,风流蕴藉、浑成雅致,可谓尽善尽美矣。

底下三联,均是诗人的感叹和联想。"画里犹能动世人,何怪当年走天子",这是诗章的应有之笔,不作此感叹,实在对不起这一团至美的红玉:她如今不过在画中,尚能令世人动心,当年天子亲接芳泽,又怎能不为之颠倒神魂、百般宠怜,乃至荒废了朝政、激起了叛乱,落得个奔走蒙尘的结局呢?"世人",当然也包括诗人自身,看来,他也完全为这团红玉迷醉了。"欲呼与语不得起,走向屏西打鹦鹉。"他真有些忘情了,因为叫不醒画中美人与晤言,他竟想走进画里,把屏风边笼架上同样沉睡的鹦鹉打起,好把她吵醒。然而,画毕竟是画,他再崇拜画中人到五体投地,也不能真与她亲近。结句"为向华清日影斜,梦里曾飞何处雨?"便是诗人终于省悟后的不胜惆怅:已是夕阳西下时分了,日影斜斜地落在华清池中,画中的美人还是好梦未醒。她梦到了什么呢? 是"春寒赐浴华清池"时的羞涩,还是守宫初落之夜那番云雨的甜美? 不得而知。但有一点是可以肯定的,在她如云如雨的梦境里,决不会有诗人的影子存在。

全诗的布局亦非常绵密,既脉络清晰,又回环相顾。首句的守宫初落,既是交待背景,又遥应了末句的梦中云雨,使诗首尾相顾。前面把春草的浓碧、春花的浓香色色道来,正应合了后文的浓睡不醒,使全诗人物景观都处在同样的情态中。后六句虽多议论,但最后仍然以梦境结束,绾合了"春睡"的题目。这实在是一首不可多得的题画佳作。

(沈维藩)

【诗人小传】

梁辰鱼

（1521？—1594？） 字伯龙，号少白，昆山（今属江苏）人。以例贡为太学生。喜游历，足迹遍吴楚。其代表作为传奇《浣纱记》。又有杂剧《红线女》、《红绡》、散曲集《江东白苎》等传世。诗作不多，名《远游稿》。

屈 原 庙

梁辰鱼

寒云掩映庙堂门，旅客秋来荐水蘩。
山鬼暗吹青殿火，灵儿昼舞白霓旛。
龙舆已逐峰头梦，鱼腹空埋水底魂。
斑竹丛丛杂芳杜，鹧鸪飞处欲黄昏。

屈原是历史上伟大的爱国诗人。他为拯救楚国，"竭忠尽智，以事其君"，结果却"信而见疑，忠而被谤"（见《史记·屈原列传》），贬放出朝，含愤投汨罗江而死。屈原的高风亮节，长留天地，代代受人景仰。这首诗就是作者瞻仰屈原庙时凭吊感怀之作。

屈原庙，又名屈子庙，始建于汉代，在今湖南省汨罗市玉笥山上。诗从步入庙堂写起："寒云掩映庙堂门，旅客秋来荐水蘩。"寒云掩映，不仅显示"秋来"，也显示和烘托出庙堂气氛的森肃，瞻仰者心绪的悲凉。水蘩，即白蒿，可食，古代用为祭品。荐，进献。这是写诗人走进庙堂后，在屈原的神像前，供上祭品拜祭，以表达深深的敬意。

颔联"山鬼暗吹青殿火，灵儿昼舞白霓旛"，写庙堂内所见：那幽暗的殿前，油灯、香火，青光闪烁；那古老的壁画，山鬼、灵儿，吹火舞旛。山鬼、灵儿，都是屈原作品中所描绘的民间传说中山神、仙灵的形象，她们或"被薜荔兮带女萝"、"既含睇兮又宜笑"，或"荷衣兮蕙带"、"乘回风兮载云旗"（见《九歌》的《山鬼》、《少司命》）。如今，这些可爱的精灵，在壁画中栩栩如生，有的仿佛暗地守护着殿前香火，有的高举着白霓似的旛旗，充当殿前卫士。她们日日夜夜陪伴着伟大的诗人，使他"聊逍遥兮容与"（《九歌·湘夫人》），灵魂得到慰藉。这两句通过场景描写，渲染突出了屈原的形象，显示出屈原在后人心目中的崇高地位。

诗人面对庙堂，浮想联翩，不胜感慨，写出颈联二句："龙舆已逐峰头梦，鱼腹空埋水底魂。"峰头梦，指楚怀王梦与巫山神女在阳台幽会之事（见宋玉《高唐赋》)。此句是说,君王的车驾(龙舆)已随巫山神女远逝不复返了。这是对荒淫无道以致身亡国灭的楚怀王的辛辣讽刺。下句慨叹屈原投水自尽。"鱼腹空埋",一个"空"字,包含着对屈原大业未竟、理想成空的深深惋惜;同时也揭示出,在昏庸黑暗的统治下,纵使志士仁人尽忠竭智,到头来也一切成空,落得可悲结局。这一联,一褒一贬,爱憎强烈,是全诗的主旨所在。诗人生活在君庸臣昏、阉党当政、正人遭难、国势岌岌可危的明末时代,他诅咒怀王,歌颂屈原,恐怕是与时事有关吧?这是很值得玩味的。

诗的尾联描写屈原庙周围的景色:那泪痕满面的丛丛斑竹,对着香草杜蘅低泣;那动人哀思的深山鹧鸪,对着黄昏落日悲啼……这一切,谱成了一曲幽怨无尽的哀歌,诗人吊古之深情,忧时的愤慨,都寄托于其中了。这样的结尾,给人留下无尽的情思和想象。

这首诗从进庙写到出庙,情随境转,步步深入,起承转合,井然有序,可见诗人用笔的娴熟。诗中景切意圆,言近旨远;最后以景结情,情蓄景中,意含墨外,格调尤高。

(何庆善)

【诗人小传】

宗臣

(1525—1560) 字子相,兴化(今属江苏)人。嘉靖进士,官至福建提学副使。在福建布政参议任内,曾率众击退倭寇。诗文主张复古,与李攀龙等齐名,为"后七子"之一。散文《报刘一丈书》,对当时官场丑态有所揭露。有《宗子相集》。

登云门诸山 宗 臣

山头月白云英英,千峰倒插千江明。
手把芙蓉步石壁,苍翠乱射猿鸟惊。
谁知云外吹紫笙,欲来不来空复情。
天风吹我佩萧飒,恍疑身在昆仑行。

云门山位于广东乳源县北,山势绵延,山色清秀,为岭南的游览胜地。这首游览云门山之作写于作者贬官福建时,一路攀登,顺序写来,很见情趣。

首句写山顶之景,一轮皎洁的明月挂在山头,周围缭绕着簇簇玄云,"英英"

形容云兴涌堆积之貌。攀月吻云的山峰之高耸,射云泻山的月光之清辉,遮山烘月的云雾之漂浮,三者融汇成一个幽静而朦胧的境界,同时也表明登山的时间是在夜晚。然而,登山初始,人在山中,又岂能见到山头景色?如此起笔,突兀得不免有点怪。若谓是写山外远望所见,下句接写山中近观,则又平常得很。观次句"千峰倒插千江明",可以想见诗人在山中蜿蜒登涉,江水曲绕,千回百转,每翻梁越冈,辄见一条江水,仿佛山中有千江之多,江水澄碧清澈,晶莹明亮,倒映出峰峰峦峦。"千峰"正扣题中"诸山",千峰插水,好似一个倒悬的天地盆景,极其秀丽,而且"插"字与纯属被动之态的映字相比,更使这一山水映辉显得富有生气活力。那傍依山峰的明月,簇拥山峰的云雾,原来也都是倒挂、倒浮于千江之明中,山、水、云、月,构成一幅完整而幽谐的水墨画。这样读来,才觉得平中有奇,奇而不怪,自然生趣,味之饶有情韵。

诗人江边观赏之后,接着攀高登险,故三、四句集中写题中的"登"字。"芙蓉",此处非指水中的荷花,而是长满山中的木本植物,其性耐寒,故有拒霜之名。"苍翠"写出它的本色,这里是以颜色代指事物本身,同时也描绘遍野芙蓉、满目苍翠的云门山色。拉紧芙蓉树枝才能在陡峭如壁的山石上步步攀登,可见山势的险峻。"乱射"两字传神地状出手一松开,被拉紧的树枝迅速反射弹回,左右颤动,乱打身旁的枝叶,激起林中一片嘈响的情景,故惊动了栖睡的猿鸟。鸟兽之惊正反衬出山中的幽静,颇有"鸟鸣山更幽"的韵致。

登山越险越有趣,越幽越生情,登上山顶,此情此趣又该是如何呢?五、六句并不直接描述,而是虚宕一笔,写云外笙乐。"云外"应首句,表明已至山顶,兼暗点山名"云门"。山为入云之门,登上山顶,即身在云中,忽又听到云外紫笙之音,更有飘飘欲仙之感。"紫笙"本指仙乐,此处实写山高风劲,风吹入岩穴石孔发出声响,那悦耳的天籁之音若断若续、欲来不来,真似云外仙乐缥缈恍惚。它不仅渲染出高山之巅幽静神秘的趣意,也表露了诗人身入云门,心想云外的情致。游览山水而入此境界,也是一大审美享受。

结尾两句即抒发了这种如游仙境的登山快感。"萧飒",即萧瑟,像秋风之声,宗臣登游云门诸山或在秋季。山顶秋风似从天外吹来,力大劲强,吹在衣佩上发出萧飒之声,诗人迎立受风,畅快淋漓到了竟恍惚以为身处昆仑仙境的地步。传说中昆仑山八面生风,故作者有此联想,且也顺前两句心想云外,飘飘欲仙的感受而来,将登山的情趣推至更高一峰。

本诗虽为登临游览之作,却不刻意摹山范水,而是借状形写景表现登山者一路观赏山水自然美而体验到的情趣,反过来也以主观情趣折射客体之美,故而与一般的融情入景,借景抒情又有不同。全诗扣题而不死于题下,笔法变化臻妙,前四句以实笔写山之实景,后四句以虚笔写风之虚致。实以虚染,山空灵,诗也空灵;虚有实垫,风真切,情也真切。因此读来,形不碎,景不繁,趣有味,情有韵,四者互融映辉而神全。宗臣为"后七子"之一,诗学李白,虽意境未深,但也不失俊逸婉秀,吐属风流,这首七古写得流转自如,气韵完足,可见其不愧作手。

(俞灏敏)

【诗人小传】

王世贞

(1526—1590) 字元美,号凤洲,弇州山人,太仓(今属江苏)人。嘉靖二十六年(1547)进士,历官主事、按察使、布政使等职,因得罪权相严嵩去职。严嵩败,起复,官至南京刑部尚书,后病归。与李攀龙同为"后七子"首领,李攀龙死后,独主文坛,名重海内。论诗主张"文必秦汉,诗必盛唐",倡导复古摹拟,作诗藻饰太甚。晚年主张稍有变化,心折宋人苏轼,诗风渐趋平淡自然。对戏曲也有研究,在所撰《艺苑卮言》中,论述南北曲产生原因及其优劣,时有创见。有《弇州山人四部稿》等。

登 太 白 楼　　　　　　　　王世贞

昔闻李供奉,长啸独登楼。
此地一垂顾,高名百代留。
白云海色曙,明月天门秋。
欲觅重来者,潺湲济水流。

长期以来,明代"后七子"领袖王世贞一直被文学史家们视为复古摹拟派的代表而予以抨击,然而,细读他的诗,辨析他的文学思想,却感到世人未必真正理解他,对他的评价未必公允。且让我们来读他的这首《登太白楼》。

这首诗大约作于明嘉靖三十二年(1553),此时王世贞在北京任刑部员外郎,借出差机会回太仓探亲,这年秋天,从运河乘船北上,途经济宁州(今山东济宁市),登太白酒楼,因有此作。济宁太白楼是唐代大诗人李白当年客游山东的遗址之一。李白于天宝元年应召入京,待诏翰林供奉,不为权贵所容,天宝三载"赐金放还",漫游山东、河南、河北一带,一度隐居任城(即济宁州)。他曾在济宁州南城上饮酒赋诗,这里遂被称为"太白酒楼",成为后代骚人墨客登临游览的胜地。

此时王世贞与李攀龙主盟文坛,名重天下。今日登太白楼,追寻前朝天才诗人的足迹,心中有多少感想。所以,诗的一开头就写当年李白登楼情景:"昔闻李供奉,长啸独登楼。"不称"李太白",而称"李供奉",称李白刚刚去职的官衔,这就巧妙地交代了李白登楼的时间和背景,李白到山东任城,是在任翰林供奉之后,并说明他虽然被"赐金放还",却满不在乎,照样地纵情诗酒,放浪山水之间。"长啸独登楼","长啸"是魏晋时代阮籍、嵇康的名士风度,撮口发出悠长清越的声音。这个细节描写,突出了李白的潇洒风神。一个"独"字,更写出其超逸不群和"眼高四海空无人"的气概。

"此地一垂顾,高名百代留。"山不在高,有仙则名,水不在深,有龙则灵。这座本来不为人注意的济宁南城小楼,一经大诗人"垂顾",从此百代留名了。这里流露了王世贞景慕、缅怀李白之情,在无限景慕中,也隐隐蕴蓄着作者追踪比附之意。《明史·王世贞传》说:"世贞始与李攀龙狎主文盟,攀龙殁,独操柄二十年。才最高,地望最显,声华意气,笼盖海内。一时士大夫及山人词客衲子羽流,莫不奔走门下,片言褒赏,声价骤起。"俨然一代文宗的王世贞此时想的是:当年李太白垂顾此地,百代留名,我王世贞如今也来步他的后尘了。明里是颂扬前贤,暗里寄寓着个人的抱负,细心的读者自然心领意会。

"白云海色曙,明月天门秋。"王世贞写自己登楼望断天涯的情景。可是诗人笔下之景,并非全是济宁城楼即目所见,而更多的是作者心中想象的一种海阔天高的境界。此时登上太白楼的王世贞思接千载,多么想与才华盖世的李太白精神上千古相接。于是,他也像李白那样,运用充满神奇幻想的浪漫主义笔法表现自己对这位天才诗人的神往。李白《登太白峰》云:"太白与我语,为我开天关。愿乘泠风去,直出浮云间。"王世贞在登临凭吊之际,也似乎进入李白写的那种幻觉境界:仰望海天,明月当空,曙光朦胧,仿佛自己也听到诗仙李白的召唤,即将凌虚乘风而去,进入天界之门,去与他"相期邈云汉"了。

当他猛然从幻境中清醒过来时,又从天上跌落尘寰,不禁产生一种失落感。"昔人已乘黄鹤去,此地空余黄鹤楼。黄鹤一去不复返,白云千载空悠悠!"他感叹像李白这样的天才多少年才出一个,酒楼啊酒楼,自李白光临之后,还会有像他这样的人再来登临,使酒楼重新蓬荜生辉么?"欲觅重来者,潺湲济水流。"他心潮澎湃,望着东流入海的济水出神:那滔滔江水啊,洪波涌起,后浪逐前浪,一浪高一浪。"逝者如斯夫,不舍昼夜",人类发展史,文学发展史,不也是这样么!

他那无限感喟的神情中,大有"江山代有才人出,各领风骚几百年"之慨!

这首《登太白楼》写作上一个显著的特色,把李白当年登楼和自己今日登楼捏合到一起写,明写太白,暗写自己,写得极有才情,极富个性,表现了王世贞敢于与李白攀比的雄心、气魄。李贽称王世贞"少年跌宕,……气笼百代,意不可一世"(《藏书》卷二十六)。王世贞这种个性,在这首诗中表现得很突出。这首诗写得也像李白,海阔天空,气豪调古,颇得李白诗歌的神韵。

由此可见,对一个人,听其言,观其行,不能简单地肯定或否定。应该说,前后七子在明代文学史上是有贡献的,特别是他们反对唐宋以来的道统文学观,反对将文学作为政治、教化的工具,重视文学作为艺术创造的独立价值,表现了明代文学的新精神。但他们又片面地将古代某一时期的文学作为标准的文学范本,要求从严格的摹拟中求脱化,又束缚了诗的个性表现。作为这一文学流派后期的主要理论家王世贞已经认识到这一点。所以他提倡学古而不泥古,求"真"而去"似"。他反对死板的摹拟。"全取古文,小加裁剪""割缀古语,用文已漏,痕迹宛然",乃至"名为闰继,实则盗魁,外堪皮相,中乃肤立"等种种方法,他都认为是诗之大病。在这些地方,他已突破了李梦阳、李攀龙的论点。后来他更提出诗情说,主张写诗要"有才情""见真情",提出"有真我而后有真诗"等等,而上面这首《登太白楼》正是最好地体现了"有真我而后有真诗"的主张,成为王世贞最得意之作。像这样的文学家能说他是复古摹拟派的代表吗?

(高　原)

乱后初入吴舍弟小酌　　　王世贞

与尔同兹难,重逢恐未真。
一身初属我,万事欲输人。
天意宁群盗,时艰更老亲。
不堪追往昔,醉语亦伤神。

明代前后七子,特别是其中的王世贞等人,在中国文学史上留下的形象并非以"拟古"二字所能囊括。王世贞在诗论上既有拟古主义的格调说,又有尊重艺术特征的性灵说:"至所结撰,必匠心缔而发性灵"(《封侍御若虚甘先生六十序》)。他的诗歌创作也是二者兼而有之。《乱后初入吴舍弟小酌》大致属于后者,是王世贞触景生情,抒写忧愤的"性灵"诗。

先解题。所谓"乱后初入吴",隐括着这样的历史事实:自嘉靖三十一年(1552)起,倭寇(十四至十六世纪劫掠我国沿海地区的日本强盗集团)侵犯江浙沿海一带，诚如王世贞所说："倭衅起自壬子（嘉靖三十一年），至壬戌（嘉靖四十一年，1562年）而稍息。此十年间，大者破城邑，小者蹂闾井，三吴之地，几无处不受其铦镞（刀与箭）之施。"（《江阴黄氏祠记》）在嘉靖三十一年冬天，王世贞利用出差南下、讯狱江北的机会，返回家乡太仓。正值家居期间，得倭寇侵犯的警报，他便将家眷搬到苏州城中暂时避难。这就是诗歌中所说的"乱后初入吴"。"舍弟"：谦称自己的弟弟，此指王世懋。王世懋（1536—1588），字敬美。嘉靖进士，官至太常少卿。由此可见，正是倭寇入侵、兵荒马乱、刀光剑影、生灵涂炭的社会现实形成的冲击力，加上与其弟王世懋"小酌"微醉的酒力，撞开了王世贞情感的大门，令他情不自禁地挥毫泼墨，直抒心中的一腔悲愤。

首联写似醉非醉，亦幻亦真："与尔同兹难，重逢恐未真。"倭寇入侵所带来的扰乱社会、摧残心灵的灾难，使诗人惊魂未定，恐惧难消。确确实实是兄弟重逢，却还唯恐是一场好梦。"恐未真"三字，将诗人在乱后与亲人重逢时若喜若惊、忧患余生的心态刻画得维妙维肖。颔联由首联刻画自我心态延伸到写双方眼神与心灵的交流："一身初属我，万事欲输人。""属"：属意，留意。"初属我"，既是指王世懋开始注视着诗人"我"，也是指诗人"我"开始注视着王世懋。这是写乱后刚刚重逢的瞬间兄弟之间眼神的交流。接着是双方心灵的交流："万事欲输人"。其中的"万事"不仅是与出句中的"一身"对仗，而且蕴含着极其丰富的内涵：有"闻道三关血，犹腥大海涛"（《时事有感》）的惨状，也有"对酒不能酹，未语泪珠溅"（《见边庭人谈壬子三月事有述》）的悲伤，还有"请缨还请剑，慷慨涕沾巾"（《庚戌秋有约吴峻伯不就赋此》）的杀敌报国之志，……。颈联收万于一，从"万事"中选取典型事件："天意宁群盗，时艰更老亲。""天意"：上天的意愿。杜甫《送从弟亚赴安西判官》诗："诏书引上殿，奋舌动天意。""宁"：使……安宁。当"群盗"（倭寇）侵扰东南沿海时，王世贞的父亲王忬指挥俞大猷等奋勇抗击，迫使"倭东遁，江南稍宁"（据谈迁《国榷》卷六十记载，时为嘉靖三十二年六月）。出句"天意宁群盗"写"万"忧之中有"一"喜，对句"时艰更老亲"则是一言穷理：患难之中更见亲情可贵。"时艰"，既使亲情倍增，又使诗中融入了时代意识、忧患意识，沟通了诗人的个体心灵与时代的群体心灵。既锲入到诗人心灵的深处，又向社会现实的广度流动，使诗歌中所抒写的情感，在时代性、群体性的广阔背景上，显示出鲜明的现实感，"气雄味厚"（沈德潜《明诗别裁集》中评语），深得杜诗沉郁顿挫、"诗史"风采的精髓。尾联"不堪追往昔，醉语亦伤神"，照应诗题，点明主旨：醉语吐真情，感时更伤神。五、六句正是追往昔，而尾联又说"不堪追往昔"，欲说还休，欲哭无声，更显得诗情跌宕，摇荡心灵。

应该说,王世贞之所以能突破拟古主义的樊篱,写出《乱后初入吴舍弟小酌》这样迫近现实、直抒性灵的诗歌,与他在"多历情变"(陈田《明诗纪事》己签卷一评王世贞语)中转换心态分不开。毋庸置疑,早年的王世贞是在格调上拟古的鼓吹者与实践者。但是,他举进士入京师后"所目睹乃大谬不然者"(《王氏金虎集序》),这主要是南倭北寇的不断侵扰,士大夫丧志辱国和严嵩父子擅宠害政、妒贤嫉能、迫害异己、欺君误国等。正是这种内忧外患的生活体验,促使王世贞从崇唐复古、祖格(格调)本法(法式)向迫近现实、抒写性灵的方面转化。当然,其间有进步,也有反复,使他的诗歌理论与诗歌创作徘徊于复古与尚今(现实)、格调与性灵之间,既有祖格本法、摹仿雷同的赝品,也有直面人生、锲入心灵的佳作。后者当然包括"气雄味厚,不愧杜陵(杜甫)"(沈德潜《明诗别裁集》评语)的《乱后初入吴舍弟小酌》。

(陈书录)

陪段侍御登灵岩绝顶　　　　王世贞

径折全疑尽,峰回陉自开。
苍然万山色,忽拥岱宗来。
碧涧传僧梵,青天落酒杯。
雄风别有赋,不羡楚兰台。

这首诗围绕着"登灵岩绝顶"而展开。"灵岩":即灵岩山,又名方山。在山东济南长清区东南九十里。首联写登攀中的所见所感:"径折全疑尽,峰回陉自开。"山径曲折,疑若无路,突然又峰回路转,豁然开朗。此二句诗在章法上颇似陆游的名句"山重水复疑无路,柳暗花明又一村"(《游山西村》)。却是目击成诗、即景会心之句。颔联写刚刚登上灵岩绝顶时所见到的景象:"苍然万山色,忽拥岱宗来。""岱宗":即泰山,古人以为诸山所宗,故称"岱宗"。这二句承接首联中的"开"字而来,眼界大开,气象开阔。从写景的布局来说,"苍然"句从"面"上着色,"忽拥"句在"点"上渲染,点面结合,主次分明。从景物所处的状态来说,"苍然"句偏于静态,"忽拥"句富有动感,动静结合,生气昂然。从景物的时空关系来看,诗人以瞬间的视觉(快镜头)"拍摄"广阔空间的景象,以少(时间之少,即瞬间)总多,以瞬间的直觉反映雄伟壮阔的自然美。颈联写站在灵岩绝顶上的所见所闻:"碧涧传僧梵,青天落酒杯。""梵":梵音。"僧梵":指灵岩山下寺庙中僧徒诵经的声音。"碧涧"句是俯视,也是实写,是说溪涧碧水流淌,仿佛传出僧徒诵赞之声。"青天"句是仰视,也是虚写,是说登上灵岩山绝顶,仿佛觉得青天落入酒杯之中。李白《把酒问月》诗中有云:"青天有月来几时?……月光长照金樽里。"李贺《梦天》诗中有云:"一泓海水杯中泻"。对此,王世贞有借鉴,也有融合与创造,不无浪漫色彩而境界焕然一新,实现了他自己追求"片语峥嵘意象新"(《孝丰吴稼璒故中丞峻伯子也……》)的愿望。诗中写涧之碧、天之青,还有梵音声声、流水潺潺,色彩美中交织着音乐美,野趣中交织着禅趣,令人流连忘返。尾联写登山游赏之感:"雄风别有赋,不羡楚兰台。""雄风":语见宋玉《风赋》。《风赋》对楚王享受"雄风"和百姓享受"雄风"的不同情景作了具体形象的描绘。其中写宋玉等人陪同楚襄王游兰台宫苑,忽然刮起风来,楚襄王敞开衣襟而迎受,说:"快哉此风!寡人所与庶人共者邪?"宋玉对曰:"此独大王之风耳,庶人安得共之?""兰台":楚国宫苑名。旧址在今湖北省钟祥市。"雄风"二句说明王世贞不赞成将风人为地分为雌雄,也不羡慕宋玉在《风赋》中所写的兰台宫苑的"雄风",而是"别有"所爱,那就是苏轼《水调歌头·黄州快哉亭赠张偓佺》词,其中有云:"堪笑兰台公子,未解庄生天籁,刚道有雌雄。一点浩然气,千里快哉风。"王诗隐括苏词,意在神往"天籁"——自然界的音响。因为领会山川自然之美,可以扩展胸襟,开畅情思,升华境界,充实人生。显然,"雄风别有赋,不羡楚兰台",寄寓着诗人不满当时朝政、追求精神自由的思想。应该说,尾联荡开一笔,由眼前之景上溯到宋代苏轼的词乃至先秦时楚国宋玉的赋,从而以宫苑之风反衬山野之景,既提高了前三联中所写的山水之景的审美价值,又深化了诗歌的思想内涵。

值得注意的是,在诗中借鉴陆游诗、隐括苏轼词的,乃是倡言"文必秦汉,诗必盛唐"的明代后七子中的执牛耳者王世贞。其实,无论在诗歌创作或理论批评上,王世贞既有恪守"诗必盛唐"、因袭模拟的一面,又有突破"诗必盛唐"的樊篱而师心独造的一面。当他在拟古中转向自赎与变异时,便比较清醒地认识到:"剽窃模拟,诗之大病。亦有神与境触,师心独造,偶合古语者。"(《艺苑卮言》)本诗中借鉴陆诗与隐括苏词,便是他跳出"诗必盛唐"的窠臼而在"师心独创"中"偶合古语"的例证。

(陈书录)

酹孙太初墓　　　　　　王世贞

死不必孙与子,生不必父与祖。
突作凭陵千古人,依然寂寞一抔土。
道场山阴五十秋,那能华表鹤来游。
君看太华莲花掌,应有笙歌在上头。

开头以议论入诗,如天外飞客突如其来:"死不必孙与子,生不必父与祖。"二句如雷贯耳,又使人如堕五里雾中。然而,这天外飞来的二句,并非是天马行空,独来独往,而是有缘相会。这个"缘",就是诗题。也就是说,开头二句是诗人对自己"酹孙太初墓"行为的一种说明。"酹":洒酒于地表示祭奠。孙太初,即明中叶的隐士孙一元(1484—1520),字太初,自称秦人,曾栖太白山巅,因而号太白山人。他善为诗,豪宕孤骞,前无古人,踪迹奇诡,携铁笛鹤瓢,遍游名胜,足迹半天下。明武宗武德年间(1506—1521),隐居乌程,与刘麟等结社唱和,为"苕溪五隐"之一。他与王世贞分别出于两姓,非亲非故,在孙氏去世五十年后,王世贞为什么还要在他墓前洒酒祭奠呢?子祭父,孙祭祖,乃为天经地义。但王世贞悖于常理而祭奠孙氏,恐怕是借杯中之酒浇胸中之块垒,个中用意真是一言难尽。突兀之语伴随着突兀的行为,第三句接着写道:"突作凭陵千古人"。"凭陵":侵扰。"千古":为哀挽死者之辞。这里以"千古人"指死者孙太初。诗人似乎觉得自己突如其来的祭奠未免太唐突了,侵扰着死者孙氏的那份宁静。然而生者有情,死者无知:"依然寂寞一抔土"。"一抔土",语见《史记·张释之冯唐列传》:"假令愚民取长陵(汉高祖刘邦陵墓)一抔土,陛下何以加其法乎?"后人因此而称坟墓为"一抔土"。这里以"一抔土"代指孙氏坟墓。"突作凭陵"之"因",却得出了"依然寂寞"之"果",大大出乎诗人之意料。但正是在这前因与后果的错位之中,诗人以瞬间的"凭陵",反衬出永久的"寂寞"。"寂寞"二字,正是"诗眼",也正是诗人借杯中祭酒浇胸中之块垒的用意所在。"寂寞"者,冷落、孤独也。王世贞为官正直,不附权贵,仕途坎坷,屡遭排挤与打击。其父王忬因滦河失事,被权奸严嵩构陷下狱。王世贞与其弟王世懋伏在严嵩门外求宽免,而王忬终于在嘉靖三十九年(1560)被处死。王世贞悲痛欲绝。他在《艺苑卮言》(卷三)中说:"余自庚申(嘉靖三十九年)以后,每读刘司空(刘琨)二语(指刘琨抒写幽愤的《重赠卢谌》诗中的结尾两句:何意百炼刚,化为绕指柔。),未尝不欷歔罢酒。至少陵'千秋万岁名,寂寞身后事',辄黯然低回久之。"隆庆四年(1570)十月间,王世贞闻母病危,辞官南归,后又扶服奔丧。《酹孙太初墓》诗大约作于丁母忧期间。官场失意与迭遭家难,"寂寞"之意笼罩在他的心头。这就是王世贞借祭奠孙氏之酒浇自己心中块垒的深刻的原因。五、六句是对"寂寞"氛围的具体描写:"道场山阴五十秋,那能华表鹤来游。""道场山":在今浙江省湖州市西南二十里,孙太初坟墓在此。"华表鹤":即丁令威故事。据《搜神后记》载:丁令威学道于灵虚山,后化为鹤归辽东,停止在城门华表上,有位少年举弓欲射,鹤就在空中盘旋而歌:"有鸟有鸟丁令威,去家千年今始归;城郭如旧人民非,何不学仙冢累累。"王诗中的这两句是说,处在道场山北面的孙氏坟墓,在寂寞中度过了五十个春秋,连华表鹤归、盘旋而歌的事一次也不曾有过。"五十秋",从时间落笔,在延伸"寂寞"中荡气回肠;以"那能"二字否定"华表鹤游",以有形有声反衬无形无声,一倍见其寂寞。如果说五、六句是以"有"衬"无",那么,结尾两句则是"无"中生"有",从"华表鹤游"的子虚乌有,转而为仙境毕现,笙歌飘扬:"君看太华莲花掌,应有笙歌在上头。""太华":指西岳华山,在陕西省东部,北临渭河平原。有莲花、落雁、朝阳、玉女、五云等峰。"莲花掌",当指莲花峰。"笙歌":据《后汉书·王乔传》李贤注引刘向《列仙传》说:"王子乔,周灵王太子晋也。好吹笙作凤鸣。游伊洛间,道士浮丘公接上嵩山,三十年后来于山上,告桓良曰:'告我家,七月七日待我缑氏山头。'果乘白鹤驻山巅,望之不得到,举手谢时人而去。"诗的结尾以"应有"二字作推测,希冀西岳华山的莲花峰上将有仙人仙乐的出现,说明诗人在寂寞中燃起希望,企图借仙境仙乐来摆脱人世间的寂寞(王世贞晚年学道求仙,这两句诗是他学道求仙、希企解脱精神状态的一个缩影)。显然,结尾无中生有,若幻若真,奇景真情,摇曳生姿。

  诚然,王世贞作为明代复古派的后七子中的领袖人物,具有崇唐复古、祖格(格调)本法(法式)的倾向。但这首《酹孙太初墓》却突破了拟古主义的樊篱,奇景真情,独抒性灵。究其原因,当然是多方面的。但其中主要的一条是王世贞较好地处理了学习古人与自己创作的关系。他在《艺苑卮言》中一方面强调崇唐复古、祖格本法,另一方面又强调:"一师心匠,气从意畅,神与境合,分途策驭,默受指挥。"在写作《酹孙太初墓》诗中,王世贞将古人(已死的人,即孙太初)化为我,我化为古人,既抒写自己的性灵,又完全符合孙太初的性格。本文的开头已介绍过孙太初,又据殷云霄《孙一元传》等说:孙太初生前曾爬上泰山日观峰,观夜半日出于沧海之中,发狂大叫,自以为奇伟。又曾赤脚散发走上太白山最高峰,持古松树的根扣巨奇之石为歌:"悲万役兮焉终,乘元气兮游无穷,聊归来兮山中。"显然,孙太初的主导性格是豪宕奇诡。王世贞在这首诗中也"默受指挥",将孙氏豪宕奇诡的性格融入诗中,形成了离奇突兀、奇景真情的特色。所以沈德潜在《明诗别裁集》中评论这首诗时说:"吊太白山人,自应尔尔。"可谓知音。

(陈书录)

钦䲹行   王世贞

  飞来五色鸟,自名为凤凰。千秋不一见,见者国祚昌。飨以钟鼓坐明堂。明堂饶梧竹,三日不鸣意何长!晨不见凤凰,凤凰乃在东门之阴啄腐鼠,啾啾唧唧不得哺。夕不见凤凰,凤凰乃在西门之阴媚苍鹰,愿尔肉攫分遗腥。梧桐长苦寒,竹实长苦饥。众鸟惊相顾,不知凤凰是钦䲹。

这是一首寓言诗。钦䲹是《山海经》中的恶鸟,状如鹛而黑纹,白首赤喙而虎爪。当时严嵩父子垄断朝政,深为在朝正人君子所痛恶,王世贞因作此诗,借钦䲹冒充凤凰以讥刺严嵩。

诗先破题。"飞来五色鸟,自名为凤凰","自名"二字已道出不是货真价实的凤凰,是自吹自擂。他自吹什么呢?是自诩为千古难见的神鸟,将使国运昌明久远。严嵩读书故里时,莘莘有大志,天下人比为唐名相姚崇、宋璟,以为他一旦出仕,定能富强国家,天下大治。这四句切合严嵩身世,把他未入官前欺世盗名的丑恶嘴脸暴露无遗。

这冒充凤凰的钦䲹,在窃居要职后怎么样呢?相传凤凰非梧桐不栖,非竹实不食,现在殿堂多梧桐、竹实,是凤凰栖息的好地方,这"凤凰"住了下来,不飞不鸣,丝毫没有给国家带来好处,难道它像当年楚王一样将有惊人之举吗?事实完全相反,它只是在东门与鸱鸮争夺腐鼠,在西门向苍鹰献媚,求分一点余腥;不是嫌梧桐寒冷,就是嫌竹实无法填饱肚皮。《庄子·秋水》载,鸱鸮得腐鼠,有鹓鶵(属于凤凰一类的鸟)飞过,鸱鸮以为鹓鶵要夺其食,仰而视之曰"吓"。这里即用此典讥刺假冒的凤凰。以上数句有意参差语句,以乐府赋体,化用典故,把凤凰决不会做的行为写作钦䲹最乐意干的事,充分刻画它的下流低贱、卑鄙无耻,逼出结句,告诉大家这不是凤凰,而是钦䲹。用"不知"来加重语句,且与诗首"自名"二字遥相呼应。

寓言诗一般要求写得平和稳重,由于王世贞与严嵩父子水火不容,其父即遭严嵩陷害被斩,所以这首诗写得语句尖利,表现了强烈的憎恶。王世贞擅古乐府,他才气横溢,善于融化词句,不像七子中有些人生吞硬剥、割裂仿造,这首诗有很强的思想性与娴熟的技巧,很能代表王世贞的成就。 (李梦生)

戚将军赠宝剑歌(其一) 　　王世贞

　　毋嫌身价抵千金,一寸纯钩一寸心。
　　欲识命轻恩重处,灞陵风雨夜来深。

戚将军,指作者同代著名爱国英雄、抗倭名将戚继光。作者为将军之至友,在一次酒宴之余,将军以宝剑为赠。作者作诗答谢,原诗共十首,从选录的这两首的结句来看,赠剑之事,当在戚将军出任蓟辽总督的后期万历七年(1579)左右。

这首诗前二句:"毋嫌身价抵千金,一寸纯钩一寸心。"是说,不要嫌弃宝剑的身价,只抵千金,这赠剑的情谊,远比千金为重。宝剑上凝聚着戚将军一片高情厚谊,将军转战海疆,驰驱南北,多年与此剑为伴,今乃解剑为赠,将军寄托的心意,真是分量超过千钧啊!("纯钩",宝剑名,据《博物志》载,纯钩为欧冶子所铸。)

后二句"欲识命轻恩重处,灞陵风雨夜来深",前句是说,将军受命以来,长期身先士卒,躬冒锋镝,出生入死,风吼剑鸣,把自己的生命置之度外,一心报效国恩,才取得海疆澄清的战果,他在《望阙台》这首诗中,曾写下过这样的诗句:"繁霜尽是心头血,洒向千峰秋叶丹",感激之忱,发自肺腑;然而,朝廷对将军的"恩重",却体现在何处呢?下句用西汉飞将军李广故事。李广一生数奇(运际不好),受到勋贵排挤。尝因敌众我寡,一次出征失利,被贬罢职。在闲居期间,有一天他深夜打猎回来,经过灞陵,受到灞陵尉的侮辱。(见《史记·李将军列传》)明代中后期,朝政为权臣把持,有功者往往遭受贬斥,作者引用李广灞陵故事,一方面是对朝廷权奸嫉害忠良表示不满,一方面又为戚将军表示愤慨,戚将军镇守蓟北边陲,在治兵防御方面,极多建树,只因残倭、北虏,惮于威名,不敢来犯,以致战功不显(不及另一名将李成梁),受到小人诽谤,比之李广的遭际,同样有不平之处,故而作者有"灞陵风雨夜来深"的感叹。从此句来看,上文"恩重"乃是反语,其实,朝廷的"恩",远不能酬将军的"轻命"之勋。

此诗前两句写戚将军为人慷慨,极重情谊,后两句着重表明戚将军忠于国家的一片赤诚,并未受到当权者的理解,真是"人间苦海波犹沸,天上春风只自偏"(戚将军后来赴粤途中《渡江》诗句),不能不使英雄志士为之扼腕。全诗以感激起兴,以感慨作结,命意悲壮深沉。

(马祖熙)

戚将军赠宝剑歌(其二) 　　　　王世贞

曾向沧流刳怒鲸,酒阑分手赠书生。
芙蓉涩尽鱼鳞老,总为人间事渐平。

此诗起句"曾向沧流刳怒鲸",写宝剑,也写戚将军。"沧流",指东南沿海海域。"怒鲸",指海上入侵的倭寇。戚将军挥动这把宝剑,转战东南,斩鲸沧海,肃清倭氛,使东南沿海诸省人民,从倭寇烧杀掠夺的苦难中得到解救,重建家园,使朝廷无海上之虞,十三年中宝剑伴随戚将军立下殊功,戚将军更成为捍卫海疆的擎天柱石,威名震动遐迩,这句七个字,生动凝炼地展现戚将军一生主要的功绩,也形象地刻画出宝剑在抗倭战争中所展示的雄威。次句写赠剑,"酒阑分手赠书生","书生",指作者自己。作者素行刚贞,久为戚将军所敬重,嘉靖二十六年(1547)进入仕途以后,因反对严嵩擅权误国,被迫罢职,父亲王忬,也因忤犯严嵩,遭受诬陷被杀,直至隆庆元年(1567),作者伏阙讼冤,父亲的冤案,才得平反昭雪。因此在戚将军总理蓟门军务之始,他们便成为莫逆之交。作者曾有《戚大将军入帅禁旅枉驾草堂赋诗赠别》的诗章,其诗后两联云:"南中旧部思驰义,塞上新城喜受降。倘写云台须第一,如论国士总无双。"称颂极为得体,可见他们相知之深。"宝剑赠知己",这是赠剑的原因之一。其次,作者是文臣,是书生,戚将军的赠剑,更含有激励的深意。他希望作者始终保持正直,反对权奸,像宝剑一样,寒光凛凛,不染尘滓。郭震《古剑篇》云:"正逢天下无风尘,幸得周防君子身。非直结交游侠子,亦曾亲近英雄人。"表明宝剑在平时也有"为君子佩带,助英雄行侠"的作用。作者是戚将军眼中的君子、正直的文士,所以在酒阑分手之际,毅然有赠剑之举。

后两句抒发受剑后感慨,并为前句之赠剑,揭示更深刻的原因。"芙蓉涩尽鱼鳞老,总为人间事渐平","芙蓉",指剑身上的雕饰,宝剑旧有莲花之名,《越绝书》清钱瑶注:"越王取纯钩,薛烛望之(薛烛,人名),其花捽如芙蓉。""涩",意谓生锈。(唐元稹《三叹》诗:"孤剑锋刃涩,犹能神彩生")"鱼鳞",指剑匣上鱼鳞状密集的纹彩。"老",指纹彩剥蚀。这句写剑,剑因长期未见使用,剑茎上的芙蓉光彩,剑匣上的鱼鳞状花纹,自然也因生锈而凋色,诗句写剑也兼有喻人之义,英雄长期受到冷遇,也难免产生宝刀易老龙剑宵鸣之叹。后句为前句指明原由,"总为人间事渐平",原来宝剑华彩之见涩,鳞纹之脱落,是因为人间不平之事,如今幸得渐归于平,所以闲却龙剑,任其受到剥蚀了。值得注意的是作者在诗句中下一"渐"字,表明"渐归于平",并未全平,这一"渐"字,用得很有分寸。当时情况是:海上寇氛虽靖,但潜伏的危机还在,还有卷土重来的可能。北边虽见宁靖,但外敌只是远窜大漠,并未消灭。辽东方面,李成梁虽说建有战功,但疆场并未巩固,满洲诸卫中,雄桀者仍能再起。可是英雄已渐为朝廷疏远,戚将军也蒙受逸口的诽谤。"元臣修芒刺,青蝇集瑶琼。"(陈子龙咏戚大将军诗句)更是使人心惊。戚将军虽然功在社稷,望重一时,他的镇边功勋,并没有受到朝廷应有的重视。这两句感念宝剑,也感念宝剑的主人,内蕴极深,用语极有分量,可见戚将军赠剑之事,并非出于偶然,诗句的字里行间,是充满书生的感激与悲愤之情的。

(马祖熙)

塞　上　曲　　　　　　　　　王世贞

　　旌旗春偃白龙堆，教客休停鹦鹉杯。
　　歌舞未残飞骑出，月中生缚左贤来。

　　诗题"塞上曲"，在唐代本为新乐府歌辞的一种，内容多写边塞风光、军中生活，借以鼓舞士气，因此这类诗是属于边词的范畴。其风格皆以高迈雄浑为主。盛唐诗人如贾至之《出塞》、王昌龄之《出塞》、《从军行》，王之涣之《出塞》、常建之《塞下》等诗，虽未标题为"塞上曲"、"塞下曲"，但其诗气魄雄伟，音调铿锵，所抒发的都是塞上从军的爱国激情，实即此类作品。大诗人李白有《塞下曲》六首、又有《塞上曲》，列入乐府，但其诗皆为五言，前者为五律，后者为五古。稍后常建有《塞下曲》，王涯亦有《塞下曲》、王烈有《塞上曲》，则皆为七言绝句，这些诗在唐代都能歌唱，所以有些被收入新乐府。

　　作者在明代诗人中为"后七子"之领袖，他和李攀龙齐名，并称"王李"，他们继承着"前七子"李梦阳、何景明等人对于诗文的主张，即"文必秦汉，诗必盛唐"。李攀龙、谢榛等人皆有《塞上曲》、《塞下曲》之作。作者于隆庆初官大名兵备副使时，李攀龙曾作《塞上曲·送元美》诗。（作者字元美）他们的诗有拟古之处？即在形式上刻意模拟盛唐格调。在内容上既有拟古的一面，也有些诗句具有写现实的成分。而以写边塞风光与战争生活为主题则一。作者这首《塞上曲》，虽亦模拟盛唐，但能不露痕迹，显得气势奔放，写边塞将士英勇善战的豪雄气概栩栩如生，并能突出主将能防能战指挥若定的精神，所以汪瑞在《明三十家诗选初集》中曾有"奇气勃勃"之评。

　　诗的前二句："旌旗春偃白龙堆，教客休停鹦鹉杯。"表明这首诗是作于塞北战事暂时停息的一个春天，但塞上防守甚严，军容甚盛，军中旌旗偃息，前方将士严阵以待。"白龙堆"，本指新疆东部的"白龙堆沙漠"，亦称"龙堆"或"龙沙"，这里用以比喻塞上砂碛之地。（按：李白《塞下曲》云："将军分虎竹，战士卧龙沙。"常建《塞下曲》其二云："北海阴风动地来，明君祠上望龙堆。"其"龙沙"、"龙堆"，皆用以喻塞外沙漠地带。）"白龙堆"，始见《汉书·西域传》："楼兰国最在东陲，近汉，当白龙堆，乏水草。常主发导，负水担粮，送迎汉使。"作者诗句中之白龙堆，实际上是指云中（即大同）以北的边塞。次句写镇边的将军，置酒饮客，并且招呼前来塞上巡边的客人不用停杯，只管开怀畅饮。"鹦鹉杯"，是用海螺壳琢磨而成的一种酒杯，其杯以金银为足，螺色如霞，杯形如鸟，头向其腹，状如鹦鹉，故名。

这句含有一段事实：此诗原题"饮欧阳镇朔即事有赠"，按作者于隆庆三年（1569）曾官山西按察使，次年（1570）到任，作者在任期间一次北巡，镇将欧阳将军，设宴款待作者，当时整个北边形势，渐趋平静。戚继光将军调镇蓟州，节制蓟州、昌平、辽东、保定四镇军事。曾修治长城居庸、古北、喜峰各口关隘，斥堠烽燧并兴，军令严明，北方鞑靼俺答所部，惮于威势，不敢东侵，纷纷远窜漠北。云中（大同）延绥两镇，布防亦甚周密。隆庆三年，明廷遣还俺答之孙巴噶奈济，河套一带实行互市，次年俺答进表，表示归顺，受封为顺义王，边境一时宁靖，所以镇守朔北的欧阳将军（此人名字待详），能够从容宴客，并在帐中设有轻歌曼舞。然而前沿的逻卒和北方鞑靼小部队的接触还是不断发生的。从"教客休停鹦鹉杯"这一诗句来看，一是表明欧阳将军胸有成竹，对前沿军务早有安排；一是劝客畅饮，也显示其人之豪爽，具有镇将的气度。因此这句诗，确以写实为主。

后两句"歌舞未残飞骑出，月中生缚左贤来"。这两句展示了一个极为动人的场面，不仅威武雄壮，而且有声有色。显示将军是一位极有谋断的人。他一边劝客痛饮，一边已命令预先安排的飞骑，乘着月色，搜索前沿部分企图前来掩袭的敌军。席上还未撤去歌舞，突骑就以迅雷不及掩耳之势，在前方生缚了敌部的首将归来。可见将士的英勇善战，将军的谋略惊人。"左贤"，原指匈奴单于手下的左贤王，左贤王在汉代是位次仅低于单于的主将，这里用以指代鞑靼的将领。（按：在明代中叶北方蒙古族最强的是瓦剌、鞑靼两个部族，其首领称号为"可汗"，并没有左右贤王的设置，所以"左贤"只指敌军的将领。）"月中生缚"这句，气势英迈。读了之后，令人兴奋鼓舞，并且感到欧阳将军，确实称得上是一位料敌如神的镇将。就全诗而论，也是神完气足，自然浑成，有不让古人之概。虽然诗中借用了"白龙堆"、"鹦鹉杯"、生缚"左贤"等词语，规仿盛唐诸公，但能自出新意，不袭其貌而备其神，因之不失为佳作。

作者博学多才，晚年颇以倡言复古自悔，诗文、戏曲，都有很高的造诣，对于当世文坛，曾产生极大的影响。其诗七律高华，七绝典丽，如《书庚戌秋事》（七律）、《戚将军赠宝剑歌》皆感慨深沉，气度雄浑，自铸伟词，确能领袖一代。这首《塞上曲》，虽未脱拟古之迹，但并非剽袭。高適《燕歌行》云："战士军前半死生，美人帐下犹歌舞。"作者则云："歌舞未残飞骑出……"同为帐前之歌舞而命意不同，一则写边将自耽逸乐，不顾前方浴血抗敌之战士，两相对比，可见边将之全无心肝。一则谓军中虽设歌舞，但将军对战事早有戒心，故能出奇制胜。王昌龄《从军行》其五云："前军夜战洮河北，已报生擒吐谷浑。"作者则云："歌舞未残飞骑出，月中生缚左贤来。"笔意虽然近似，但词意并不相袭。岑参《封大夫破播仙凯歌》云:"洗兵鱼海云迎阵,秣马龙堆月照营。"作者则云:"旌旗春偃白龙堆,教客休停鹦鹉杯。"常建《塞下曲》云:"左贤未遁旌竿折",作者则云:"月中生缚左贤来。"以上所举,可见作者在艺术造境上,多能化用前人诗意,以表达自己的才情,这是他的成功之处。若谓其一味模拟盛唐,是显然失之浅鄙的。

再则此诗虽然对云中(大同)将士有其褒扬的一面,但细玩此诗,仍有对镇将规诫之意,一是提醒他们,不能对北敌掉以轻心,在明英宗朱祁镇之世,瓦剌首领也先,也曾受封为顺宁王,但在正统十四年(1449)仍发生"土木之变"。俺答此时虽已归顺,但祇是迫于形势,何况此时前沿,仍有暗袭的可能。一是对帐前之歌舞,虽在明代边镇,习见不鲜,但并非相宜,因为纵酒作乐,也能导致兵骄将悍,故宜勤于谨饬。不过作者没有明言罢了。

(马祖熙)

西 城 宫 词 王世贞

新传牌子赐昭容,第一仙班雨露浓。
袋里相公书疏在,莫教香汗湿泥封。

诗题中之"西城",指明代北京的西苑。"宫词"是以宫廷生活为吟咏题材的诗歌。唐代大历间王建曾作有宫词百首,以后历代诗人继之而作的颇多。这些宫词类能揭示宫廷中某些鲜为外间所知的秘事,有助于对当时历史的研究。作者所写的《西城宫词》共有八首,这里所录的是其中的一篇。

明世宗(朱厚熜)嘉靖年间,皇帝耽于逸乐,迷信道教,炼丹追求长生,曾经有二十多年,深居宫中,不问朝政,不见朝臣,内有宠姬作祟,外有佞臣擅权。他们沉瀣一气,狼狈为奸,导致政治腐败,贪敛成风,国防废弛,倭寇鞑靼,交相侵扰,危机四起。这首宫词所揭露的正是从侧面展示了其中令人惊心动魄的一种现象,充分表明了时君昏庸无能,是政权败坏的一个内在的主要原因。

全诗在文词上相当典丽,而实质上则是锐如锋刃。首二句云:"新传牌子赐昭容,第一仙班雨露浓。""牌子",指旗牌。明代制度:用绣有令字的蓝旗和圆牌颁发给地方长官,作为他们行事特权的标志。"昭容",本为皇宫内的女官,这里指皇帝的宠妃。"旗牌"本应赐给地方抚督一类的长官,现在皇帝却赐给宠妃,可见政事的混乱。"仙班",本指官阶清贵的翰林学士之辈。(据《唐书·百官志》:开元初,置翰林待诏,掌四方表疏批答、应和文章之务。既而又以中书务剧,乃选文学之士号翰林供奉,与集贤院学士分掌制诰书敕,以后又改翰林供奉为翰林学士,专掌内命,选用益重,至号为内相,列为仙班。宋代设翰林学士院,在内廷起草诰旨,有"仙班近玉宸"之誉。可见其地位之重要。)现在却以宠妃宠姬为第一仙班,可见皇帝的诏书制诰,竟出妃嫔之手。翰林也等于虚设。"雨露",原喻皇家的恩泽。(高适《送李少府》诗云:"圣代即今多雨露,暂时分手莫踌躇。")现在皇家的雨露,多为"第一仙班"的妃嫔所沾有,她们代替了内廷专掌诰制的官员。这种内宠干预朝政的现象,已属不成体统。更有甚者,则是朝廷擅权的首辅,也和宫妃互相勾结,他们暗地里来往,广布羽翼,贿赂公行,以达其谗害忠贞不可告人的目的。诗的下面二句,正是揭示了这种事实。

下二句云:"袋里相公书疏在,莫教香汗湿泥封。""相公",指宰相,因汉魏以来拜相者必封公,所以称为相公。这里是指当时的权相严嵩。严嵩掌权廿余年,罪行多端,专排异己,主张收复河套的曾铣、夏言等将相,皆遭其谗害,弹劾他罪行的杨继盛等直臣,也遭其毒手。人们不禁要问:严嵩为什么能逞其私欲,植党营私,败坏国事?皇帝的昏庸,自然是一个主要原因,而他不惜奴颜媚膝勾结皇帝的内宠——即所谓"第一仙班",无疑,也是一个重要方面。严嵩为了把持政柄,竟将密疏由宠妃传递,可见其居心之叵测。相公的书疏,本应由朝廷掌书诏的命官呈递,现在这些书疏,却置于宠姬的袋里。而且要"莫教香汗湿泥封",不能不是极大的讽刺。"香汗"者,美人肌肤所沁之汗也。美人者,宠妃之谓也。旧制,官家文书,用紫色的胶泥封口称为"紫泥封"。用于皇家之诏书。书疏用普通胶泥封口,称为"泥封"。"莫教"这句,妙在"莫教"两字,语意含蓄多姿,词锋犀利而深刻,说是相公密纳此疏之叮嘱也可,说是美人袋中藏得此疏深恐香汗湿了泥封因而警示自己也亦可。

历来政权败坏,无不有其内在和外在的原因,观乎此诗,更令人产生"物必自腐而后虫生"的感叹。作者所揭示的这种史实,意义正在于此。　　(马祖熙)

暮秋村居即事　　王世贞

紫蟹黄鸡馋杀侬,醉来头脑任冬烘。
农家别有农家语,不在诗书礼乐中。

作者晚年辞官家居,除从事著述、享受园林清趣之外,还不时在农村里经行,和农家父老谈叙田间生活,体验农民纯朴的情操。在晤谈中他理解到农民朴素的愿望:是一种超出世俗所谓"功名荣禄"以外的对于自然美好生活的追求。这首《暮秋村居即事》诗,正是基于这种理解,表现了农村特有的风光,以及在"时平年丰"的情况下农民"仰足以事父母,俯足以畜妻子"那种怡然自得的感情。诗从眼前事物落笔，所用的语言也多有农家口语。首二句写农家盛情待客，作者所过的这家，特意留宾，餐桌上不仅设有村醪，而且菜品也是农家视为珍贵的食物。"紫蟹黄鸡"，都是本地风光，不待外求。暮秋时节，河蟹正肥，子鸡鲜美，口腹鲜腴，使作者不禁有"馋杀侬"之感。在江南农村鸡豚鹅鸭，家家皆有饲养，鱼簎蟹籪，当秋熟之时，也是村村皆有，每当深秋的夜晚，河边田头，笼灯捕蟹，更为农家习见之事。因此，好客的农家，以"紫蟹黄鸡"享客，使客人尝到田家的美味，也并不稀奇，但对客人来说，无疑是心满意足的了。陆游《游西山村》诗说："莫笑农家腊酒浑，丰年留客足鸡豚。"这里不仅有鸡，而且有鲜美的河蟹，可见主人待客情谊之浓了。"和露折黄花，带霜烹紫蟹，煮酒烧红叶"（马致远套曲《夜行船·秋思》），当年的文人学士，曾醉心于持螯赏菊，其乐趣也不过如此而已。次句"醉来头脑任冬烘"，是说：主人劝客饮酒，客人也无拘无束，满斟互酌，这时可以闲话桑麻，谈谈一年收成的情景，谈谈儿婚女嫁，乃至豆棚瓜架，鸡坍鸭舍，菜畦苗圃，不觉都成为谈话的资料。秋收已毕，冬作方兴，田赋已交，吏不到门，官不相扰，那些在功名富贵场中互相角逐、互相吹捧，以至尔诈我虞的事情，显然，在这里都成为尘埃、野马全不在话下了。此时酣然醉饱，怡然相得，说是头脑一任"冬烘"（冬烘：意谓迂腐俚俗、糊涂），其实并不冬烘，不过是在名缰利锁被挣脱之后，一任天真罢了。这头脑中过去属于文人学士的那些渣渣滓滓，此刻都不复存在，看起来倒像是被清洗了似的，使人产生归真返璞的乐趣，一切机心物虑化为乌有，因此"醉来头脑任冬烘"，确实是件好事。

　　后二句云："农家别有农家语，不在诗书礼乐中。"《诗》、《书》、《礼》、《乐》，在科举取士时代，都是文士晋身仕途的法宝，这里泛指儒家经典（包括《四书》、《五经》之类）。因为农家所祈求的，只是淳朴、美满、富裕的生活，他们所想的，全不是功名爵禄、夫荣妻贵、金榜题名这类事体。他们习惯于"日出而作，日入而息"的生活，他们讴歌自然，承受自然界的阳光雨露，繁荣五谷，滋生六畜，"冬暖而儿不号寒，年丰而妻不啼饥"，门无车马，户有粮粮，击壤而歌，临溪而渔，熙熙然乐守田园，辛勤劳动。因而他们有自家的语言，而这些农家语，多是"诗、书、礼、乐"之中所不经有的。作者这种体会，显然是来源于生活中的实际感受，也表明作者的思想感情和勤劳纯朴的农家已经贴近了。这两句诗的涵义极为宽广，它说明了数千年来，农民所一心祈求的，原在于小康生活，他们也不是断然没有追求更高更美生活的理想，在教育没有普及的当日，民智未开的农村，如果小康生活不能实现，其他的要求，自然是谈不上的。

　　总之，这首诗以歌颂农家淳朴生活为主题，即事抒怀，前半写实，旨在显示在明代万历前期,东南沿海一带诸省,农民生活经过十多年的休养生息渐趋富裕。后半抒感,显示作者在倦于功名利禄之后,在村居生活中,对农村和农民有了进一步的理解,在思想感情上有所创获,因而在当时是一个可喜的观感,因为作者在思想感情上有了贴近农民的成分,不能不说是一个飞跃。 (马祖熙)

【诗人小传】

李贽

(1527—1602) 号卓吾,又号宏甫,别号温陵居士,泉州晋江(今属福建)人。做过云南姚安知府。哲学观点没有摆脱王守仁和禅学的影响。但公开以"异端"自居,提出"穿衣吃饭即是人伦物理"的见解,主张重视功利。认为"天下万物皆生于两,不生于一"(《夫妇论》)。对封建传统教条和假道学进行了大胆的揭露。认定《六经》、《论语》、《孟子》等儒家经典只是当时弟子随笔记录,并非"万世之至论",反对"咸以孔子之是非为是非"。终被统治者以"敢倡乱道,惑世诬民"罪名迫害而死。在文学方面,反对复古摹拟,主张创作必须发抒己见,从"绝假纯真"的"童心"出发,反对"以多读书、识义理障其童心",在一定程度上要求对封建传统思想有所突破;并重视小说戏曲在文学上的地位,在当时颇有影响。曾评点《水浒传》,今传本有容与堂刊《李卓吾先生批评忠义水浒传》及杨定见、袁无涯刊《李卓吾评忠义水浒全传》两种,但都有人疑是后人伪托。著作有《李氏焚书》、《续焚书》、《藏书》、《李温陵集》等。

石潭即事(其四)　　　　李贽

若为追欢悦世人,空劳皮骨损精神。
年来寂寞从人谩,祇有疏狂一老身。

　　这是明代李贽晚年寓居湖北麻城龙潭湖芝佛上院时所作的一首七言绝句。《石潭即事》原有四首,这是第四首。
　　此诗从文字上看,其特点是朴素无华,自然流畅,读来琅琅上口,明白易懂。整首诗除个别的字如"谩"(通"慢",此处意谓鄙视、瞧不起)、"祇"(只有),今天的读者可能稍觉生疏外,其余文字都很好懂。诗人即事言情,直抒胸臆,既不借用典故、采取曲折表达的方式,也不使用艰涩深奥的字眼。四百多年前的一首古诗,今天读来并不感到困难,并且为全诗所流露出来的诗人那种拔出世俗、独立不屈的人格精神所感动。李贽主要是一位学者,他也写诗。一般说来其诗文句畅达无碍,感情真挚丰富,颇多感人之作。如他悼念弟子的《哭怀林》诗:"年少才情亦可夸,暂时不见即天涯。何当弃我先归去,化作楚云散作霞"(其二)。"年在桑榆身大同,吾今哭子非龙钟。交情生死天来大,丝竹安能写此中!"(其四)诗句从心中自然流出,哀痛无限,情深意挚,感人至深。在一些人眼里李贽似乎是一味狂悖、不近人情,其实他是一个很有血性、极富感情的人,这些诗就是明证。

"若为追欢悦世人,空劳皮骨损精神。"诗人认为,一个人如果阿谀逢迎,取媚世俗,那不仅徒劳身心,且也有失人格。李贽跟那些口谈道学、心存高官巨富者根本不同,他本不愿为官,但逼于家计等原因,曾当过辉县教谕、姚安知府等官职,但他为官清廉,同情人民。他到姚安后,在楹柱上写有两副对联。其一是:"从故乡而来,两地疮痍同满目;当兵事之后,万家疾苦总关心。"其二是:"听政有余闲,不妨觅运陶斋,花栽潘县;做官无别物,只此一庭明月,两袖清风。"(据《李贽研究参考资料》二辑)反映了李贽对社会现实的观察,显示了他居官以百姓为念、从政清廉简朴的可贵品性。他在任期间为百姓做了一些好事,任期一满即坚决辞职。当了三年知府,"俸禄之外,了无长物"(袁中道《李温陵传》),他离开姚安时,"士民攀卧道旁,车不得发"。(康熙《姚州志》卷四)

李贽结束仕宦生活之后,先在黄安,其后长期在麻城专心致志地研读、著述。他富有独立精神和叛逆思想,治学决不因循守旧,而能常出新见。他一反人们盲目崇孔的偏见,并且公开揭露当代封建卫道者的伪善本质。如当时的权威理学家耿定向认为,孔学是"贯通于天下万世"的"天则"、"心矩",是"自有生民以来千古不容改易的模样"。(《与李卓吾》)李贽巧妙有力地反驳说:"夫天生一人,自有一人之用,不待取给于孔子而后足也。若必待取给于孔子,则千古以前无孔子,终不得为人乎?"(《答耿中丞》)对儒学理学的深入钻研,对官场腐败现象和假道学家们言不顾行、行不顾言的观察和分析,使他发出了如此"大逆不道"的言论:"然则《六经》、《语》、《孟》,乃道学之口实,假人之渊薮也。"(《童心说》)他人认为应以孔子的是非为是非,他却说:"咸以孔子之是非为是非,故未尝有是非耳!"(《藏书·世纪列传总目前论》)他人同声斥骂秦始皇,他却称赞始皇"自是千古一帝"(同上卷二秦始皇题下评语)。他人责备寡妇卓文君再嫁司马相如为"失身",他却肯定此为"归凤求凰,安可诬也!"(《藏书·司马相如传》)他人鄙视妇女识见,他却说:"谓见有长短则可,谓男子之见尽长,女人之见尽短,又岂可乎?"(《答以女人学道为见短书》)他人责备司马迁"是非颇谬于圣人",他却说:"此足以彰迁之不朽","不是非谬于圣人,何足以为迁乎?"(《藏书·司马迁传》)如此等等。

正由于李贽此类言行不但未能迎合当权者和世俗之徒,而是震惊和触怒了他们,所以他一生中虽然得到一些好友的同情和帮助,但却未能见容于当时社会,而被目为"异端"。诗中"年来寂寞从人谩,衹有疏狂一老身",反映的就是他这种不愿迎合世俗而又被世俗所轻慢、鄙视的情况。但是任凭世人鄙视、嘲笑乃至造谣诽谤,诗人我行我素,虽处寂寞之境而不感到凄凉哀伤,依然疏狂自傲而决不妥协改悔。《易》《诗》《书》《礼》《乐》《春秋》《论语》《孟子》,自是我国很重要的文化遗产,不应对之全是全非,问题是历代统治者借此制造迷信,以巩固其封建统治秩序,谁敢怀疑反对,即被视为"名教罪人"。在宋明理学盛行之际,李贽敢于"背弃孔孟,非毁程朱"(冯奇奏文),却表现了令人钦佩的叛逆精神和理论勇气,应当历史地加以肯定。但李贽却也因此而屡遭反动官僚和道学家们的围攻和迫害,后来竟以钦定"敢倡乱道,惑世诬民"(《神宗实录》卷三六九)之罪被捕入狱,以七十六岁衰残之身不屈地惨死狱中。

通观李贽的一生,《石潭即事》这首绝句不仅是他刚强个性和处世态度的自白,也可说是他与封建卫道者们抗争到底的誓言,并且正是为此而献出了他的生命。所以,在李贽的诗中,这是一首值得重视的、很能体现其人格精神和个性特征的好诗。

(郭豫适)

独　坐　　　　　　　　李贽

有客开青眼,无人问落花。
暖风熏细草,凉月照晴沙。
客久翻疑梦,朋来不忆家。
琴书犹未整,独坐送晚霞。

思想家的欣悦,莫过于作为时代的伟大先驱,最先预见了新时代的曙光;思想家的痛楚,莫过于作为时代的少数先觉,最先承受着现实社会的孤独。明代杰出思想家李贽大胆怀疑封建社会的传统教条,执著追求自由思想。为了探索真理,他弃家流寓四方,尝尽世间孤寂。他曾慨叹:"斯文太寂寞,古道罕从人。悠悠天地间,念我终孤立。"这种人生况味和精神苦痛,常在他的诗中流溢。这首五律《独坐》,就是他长期客子生活的真实写照,集中表达了常人难以体味的深刻孤独。

"有客开青眼,无人问落花。"首二句以有客衬无人,托出独坐时的心境。有客时,诗人兴高采烈,眼神中闪烁出欢欣和喜悦;无客时,诗人愁闷无遣,只能与花为伴,向飘零的落英倾洒心头的孤苦。"开青眼",传出意外的惊喜,呈示热切的企盼;"问落花",透出沉挚的情愫,表现丰富的情感波涛。"无人问落花",意蕴丰厚。其中,有"落花人独立,微雨燕双飞"(五代·翁宏《春残》)时的孤独感,更有"夜来风雨声,花落知多少"(唐·孟浩然《春晓》)般的感伤情。落花暮春,象征美好时光的流逝,正与诗人风烛残年的境况相似。诗人向落花询问,这份痴情中积淀着多少人生凄楚,又有谁说得清、猜得透呢! 诗人惜花,实则是自悲自怜。

"暖风熏细草,凉月照晴沙。"三四两句拈出春风秋月,以季节转换展现终年独坐的情景。春风骀荡,温暖细弱的嫩草;秋月皎洁,朗照平旷的沙滩。这两句寓理于景,把独坐时凉暖自知的人生体验和细微深广的思想活动具象化,给人以清新的艺术感受。暖风细草,体察专注,恰能排遣孤寂无聊;凉月晴沙,视野廓大,正可驱使思想驰骋。诗人在与传统思想的斗争中孤军作战,势单力薄,就像柔弱的细草,幸有客人带来友情的暖风,温热孤独的心。诗人寻寻觅觅,上下求索,幸有明月洒下真理的光辉,照亮黑暗的路。

"客久翻疑梦,朋来不忆家。"五六两句点出"客久"引起的"忆家"是独坐的原因所在。"客久翻疑梦",客居他乡久了,反而疑心自己身在梦中。这一句化用南唐后主李煜《浪淘令》词中"梦里不知身是客"句,意谓"客里不知身在梦",是人生如梦的深长感喟。"朋来不忆家",这一句措语洒脱,却浸满人生酸辛。表面看,亲朋好友来了,就不思念家乡;实则是无时无刻不在思念家乡,只是在朋友来时,海阔天空,畅谈社会和人生,诗人才暂时中断无穷无尽的思家情。侧面着笔,把刻骨铭心的思情表现得酣畅淋漓。

"琴书犹未整,独坐送晚霞。"尾联摄取独坐黄昏的即景,表现烈士暮年、壮心未已的情志。琴以娱情,书以励志,琴书为伴,是诗人晚年客居生活的主要内容。"琴书犹未整",说明诗人刚抚过琴,刚读过书,只是被满天璀璨绚丽的晚霞吸引,他才抛开琴,丢下书,独坐观赏晚霞。"独坐"二字点醒题面,是全诗之眼,全诗之神,也是全诗之魂。诗人对晚霞是充满感情的,他等不及整理琴书,正是为了这红透天边的晚霞。"送"字别情依依,尤为诗人传神写照。在诗人的精神世界中,自然有"夕阳无限好,只是近黄昏"(唐李商隐《登乐游原》)的哀叹和感伤,但更多的则是"莫道桑榆晚,为霞尚满天"(唐刘禹锡《酬乐天咏老见示》)的乐观和豪情。

李贽不以诗擅胜场,但这首诗却写得沉郁顿挫、锤炼精致。他抓住客居他乡极平常的独坐情景,展示意象丰赡而富象征意味的"落花"、"晚霞"、"暖风"、"凉月"、"细草"、"晴沙",深刻地抒写了自己对来客的渴望,对朋友的思慕,对家乡的怀念,对生活的信心,是诗人晚年生活的真实记录。整首诗内涵丰富,诗情深至,是李贽诗中少有的佳制。

(林　笛)

系中八绝　　　　　李贽

老病始苏

名山大壑登临遍，独此垣中未入门。

病中始知身在系，几回白日几黄昏！

万历二十九年（1601）春，七十五高龄的李贽寓居于通州好友马经纶家，以多病之身继续从事著述。次年春，他自知病将不起，遂草就《遗言》，自谓："春来多病，急欲辞世。幸于此辞，落在好朋友之手，此最难事，此予最幸事。"此时，礼部给事中张问达以"惑乱人心"罪上疏劾奏李贽。神宗皇帝批示："李贽敢倡乱道，惑世诬民，便令厂卫五城严拿治罪。"李贽被捕系狱。

袁中道所撰《李温陵传》载有李贽被捕时和入狱后的详情："逮者至，邸舍匆匆，公（指李贽）以问马公（指马经纶）。马公曰：'卫士至。'公力疾起，行数步，大声曰：'是为我也。为我取门片来！'遂卧其上，疾呼曰：'速行！我罪人也，不宜留！'……明日，大金吾置讯，侍者掖而入，卧于阶上。金吾曰：'若何以妄著书？'公曰：'罪人著书甚多，具在，于圣教有益无损。'大金吾笑其倔强，狱竟，无所置词，大略止回籍耳。久之旨不下，公于狱中作诗读书自如。"《系中八绝》即是诗人在拘囚中所作的八首七言绝句。《老病始苏》是其中第一首，抒写诗人老病刚复苏时的感慨。

首句回首平生，气概凛然。诗人壮岁起宦游河南共城、江苏南京、北京、云南姚安等地，历时二十五年，有缘游历名山大壑。尤其是他在辞官离滇前，"遨游山水间"（顾冲老《送行序》），"得尽览滇中之胜"（《续焚书·与焦弱侯》），后"取道西蜀"、"穿三峡，览瞿塘、滟滪之胜"（顾冲老《送序行》），顺流而下，直奔湖北黄安，沿途饱览壮丽景色。辞官后，他又弃家，以流寓客子的身份，"飘流四外"，足迹涉及湖北、山西、山东、河南、河北、江苏数省，先后到过大同、北京、南京、济南、商城、通州等地。诗人曾表白："所以跋涉不止者，为求道也。"（《答代州刘户曹敬台》）对诗人来说，登名山，临大壑，并非游山玩水，消磨光景，而是访师问友，寻求真理。"名山大壑登临遍"，是诗人一生探索真理的写照，也是诗人饱经政治风雨的象征。次句承上，表露被系的态度，语含调侃和幽默。名山大壑都登临遍了，所憾只是这监狱的垣墙还未得入门，如今被系，总算弥补了生平一大缺憾。诗人镇定从容的斗争意志和幽默诙谐的生活态度，表现得鲜明突出，光彩照人。结二句抒发病中感受,沉郁深挚。诗人入狱后竟把狱舍当书房,"作诗读书自如",一心著述,难忍的拘囚苦居然化作无穷的读书乐。然而,日渐难支的病体,使他无法自如地作诗读书,这时诗人才强烈地意识到自己处于拘囚之中,不能动弹,甚至不能思想,备尝被系的滋味。多少个白昼,多少个黄昏,诗人被病魔苦苦折磨,心中痛楚异常。想到自己年迈病重,来日无多,又能有几个白日、黄昏呢!对一个思想家来说,肉体的拘囚并不可怕,最可怕的是不能思想。几度白日,几度黄昏,宝贵的生命在昏迷的病态中虚掷空度,这才是极端痛心疾首的事啊!

诗人论诗主性情自然。他曾说:"性格清澈者音调自然宣畅,性格舒徐者音调自然疏缓,旷达者自然浩荡,雄迈者自然壮烈,沉郁者自然悲酸,古怪者自然奇绝。"(《读律肤说》)诗中体现的不屈的斗争意志和乐天的生活哲学,正是诗人性情的自然流露。

(林 笛)

【诗人小传】

戚继光

(1528—1587) 字元敬,号南塘,晚号孟诸。登州(今山东蓬莱)人,祖籍东牟(今山东莱芜)。为明代将门之后,官至左都督加太子太保。著名的抗倭将领和军事家。威振南方,人号"戚家军"。张居正死后,受排挤,罢归。死后谥"武毅"。诗作描写军旅生活,抒写报国情怀,苍劲豪壮,慷慨激昂。诗文有《止止堂集》。

马 上 作

戚继光

南北驱驰报主情,江花边草笑平生。
一年三百六十日,都是横戈马上行。

戚继光是登州(今山东蓬莱)人,出身将门,世袭登州卫指挥佥事。后调浙江抵抗倭寇,在义乌建戚家军。屡次在台州、福建、广东等地击败倭寇,解除东南沿海边患。后又被调到北方,镇守蓟州(今北京一带)。他修筑墙堡,训练军队,使边防面貌为之一新。在蓟州驻守十六年,边寇不敢滋事侵扰。《马上作》一诗就真实地反映了作者转战南北,保卫国防的英姿雄风。

"南北驱驰报主情,江花边草笑平生。"从福建、广东到蓟州,可说一在天南,一在地北。"南北驱驰"四字,概尽戚继光一生大节。"报主情"与报效国家,在古代志士仁人,是同一回事。这三字表明作者并非不喜欢安定的生活,而是因为心怀天下,为了国家的安宁,不惜万里奔波。全句表现出一种崇高的襟怀。次句的"笑"字耐人回味,它有双重意义。一是自笑,虽说长年鞍马生活习已为常,不能栽花养草,只能以饱览"江花边草"来解嘲,这个"笑"字是很富于幽默感的。一是被"江花边草"所笑,这里的花草便有象征意味。志士的行动往往并不为世俗所理解,如马援的从弟马少游就对马援的慷慨多大志表示不理解,认为人生只要吃饱穿暖,无灾无病就好。所以"江花边草笑平生"一句意极浑含,而且点出"平生"二字,为后二句张目。

"一年三百六十日,都是横戈马上行。"这两句是"平生""南北驱驰"的更具体的说明。一个身不离鞍马的保家卫国的英雄形象跃然纸上。这个人物形象是紧紧和战马与横戈联在一起的,不能须臾分离,就像苍鹰不能没有翅膀一样。"一年三百六十日"初读似乎是一个凑句,其实很有妙用。它出现在"都是横戈马上行"的点睛之笔的前面,起到了必要的渲染作用,使读者感到,一日横戈马上英勇奋战并不难,难的是三百六十天如一日。虽然诗中只说"一年",联系"平生"一语,又可以推想到年年。同时,"一年三百六十日",像有掐指计算的意态,使读者猜想这首诗不仅是"马上作",而且可能是"新年作"。

更可玩味的是,诗中只从容道出"一年三百六十日,都是横戈马上行这样一个事实,却没有明确表示情感态度,沈德潜评王昌龄《从军行》"黄沙百战穿金甲,不破楼兰终不还"道:"作豪语看亦可;作归期无日看,倍有意味。"原因也在于诗中"终不还"三字只表事实不露态度。细味戚继光此作,确是以抒发豪情为主,末二句大有"三十功名尘与土,八千里路云和月"(岳飞)的豪迈意味。但也未尝没有"匈奴未灭,何以家为"那种不得已而为之的感慨。唯其如此,才更显示出这英雄是人,不是神。

(周啸天)

盘 山 绝 顶　　　　戚继光

霜角一声草木哀,云头对起石门开。
朔风虏酒不成醉,落叶归鸦无数来。
但使玄戈销杀气,未妨白发老边才。
勒名峰上吾谁与? 故李将军舞剑台。

戚继光是明朝一代名将,他领导东南沿海军民抗倭斗争,历时十余年,前后数十战,"飙发电举,屡摧大寇"(《明史》本传),建立了盖世奇功,戚家军名闻天下。戚继光在荡平东南沿海一带倭寇后,于隆庆二年(1568)五月调蓟门,总理蓟州、昌平、保定三镇军事,加强北边对蒙古鞑靼的防御。上面这首诗即作于蓟门总兵任上。

盘山,在今天津市蓟州区西北,平地拔起,四无依傍。有五峰、八石、七十二寺庙,山上有历代名人刻石题咏,亭台楼阁掩映其间。景点分上中下三盘,层峦叠嶂,气魄雄伟,古有"京东第一名胜"之誉。

戚继光不仅精于韬略,诗也写得很好。此诗前四句写登盘山所见景色,描绘了一幅典型的北方边塞风光。"霜角一声草木哀,云头对起石门开。"诗人登上盘山之巅,顿感高天空阔,远处军营中号角声清晰可闻。仿佛随着一声号角凄厉悲鸣,漫山草木纷纷枯黄凋落了。号角染霜,时已深秋,自然透出边地的萧瑟氛围。然而,在山顶上看那浓云会聚的奇观,颇为赏心悦目。从盘山绝顶往下看,下面是一片云海。众多陡削的石崖和山峰如春笋拔尖般耸起,云雾萦绕,开合变幻,隐约显现出对峙的山峰,犹如洞开的石门,逗人遐想。

经过好一阵攀山越岭,终于登上盘山绝顶,且让我将息一下,喝杯酒吧。"朔风虏酒不成醉,落叶归鸦无数来。"可是,在这绝顶处,风特别大,而且又是凛冽的北风。且不管它,举起酒杯,开怀畅饮。可是,这边地美酒(虏酒,少数民族地区所酿制的酒)总觉得不够味儿,叫我难以一醉尽兴。只见强劲的北风卷起满山落叶,飘舞不停。天边无数归巢的乌鸦飞集山顶,聒噪盘旋。北方深秋山川虽然壮美,然终不免使人感到一种边地的荒寒。

诗的后四句转入抒怀。诗人一边观赏风景,一边想到边地艰苦生活与自己长期从军生涯,感叹不已。但作为一个将领,保卫祖国江山是神圣职责。于是他说道:"但使玄戈销杀气,未妨白发老边才。"只要我手中玄戈(一作"雕戈",雕有花纹的兵器)能够有力地制止战祸的话,即使叫我终身守卫边疆又何妨呢!他不由想起古代名将的榜样,东汉时大将军窦宪为保卫西北疆土,大败匈奴,登燕然山(今蒙古国杭爱山),刻石记功。从此,后代将军们都以立功"勒名"山峰为无上光荣。就在此山中,前人刻石留名者不少呢。他观赏着这些刻石,不禁反躬自问:"勒名峰上吾谁与?"又自己立即作了回答:"故李将军舞剑台。"在历代前贤中最值得我敬佩的是谁呢?当然我最崇拜汉代飞将军李广了。而眼前在盘山遗迹中,就有一位值得我敬仰的李将军,他就是唐代开国名将李靖,唐太宗时,他先后率兵击败东突厥和吐谷浑的入侵,屡立战功,被封为卫国公。就是这位李将军,曾在这座盘山顶上舞剑,至今还留有他的舞剑台呢!

戚继光是文化素养很高的儒将,有着宽阔的胸襟和诗人的雅趣。他的志愿是平定四边,拱卫朝廷,为社稷百姓力尽绵薄,然后功成身退。他在自己的书斋里有自题诗云:"封侯非我意,但愿海波平"(《韬铃深处》),他在《宿阿育王寺》诗中又说:"不因国愤冲双鬓,便与支公老翠微。"他军务之暇,不忘山川名胜,所以才给后人留下这首登盘山诗。戚继光这首诗意境开阔,形象鲜明,豪放洒脱,格调高昂。山川风光与金戈铁马陶冶了他,诗中自然流露出一种不可控制的壮志豪情,颇见一位将军的气质,读来如见其人。清宋长白《柳亭诗话》称戚继光诗"超放自如",读此诗使人感到确有此种风调。

(铁　明)

晓　　征　　　　戚继光

霜溪曲曲转旌旗,几许沙鸥睡未知。
笳鼓声高寒吹起,深山惊杀老阇黎。

这是一首描写部队早行的诗。

"霜溪曲曲转旌旗,几许沙鸥睡未知。"行军的道路是沿着溪流向前的,所以充满曲折。这是一个秋天的霜晨,战士起了个大早,在暗夜或月色中行军。军事行动要求神不知鬼不觉,战士们也许都是衔枚疾走,所以只隐约可辨旌旗逶迤进行,而没有人马之声。"几许沙鸥睡未知"以闲中着色为妙,它起码有双重意味,一是由沙鸥的安眠反衬将士的辛劳;二是由沙鸥的未被惊醒,反衬行军的神出鬼没,了无声息。这两句显然是黎明前的情景,它突出的是晓征的诡秘气氛,一到破晓,行军就不再需要藏行和隐秘,那情景将大不相同。

"笳鼓声高寒吹起,深山惊杀老阇黎。"这便是天明时的情景。诗人抓住的是第一声笳鼓(皆军乐)来写,便给人平地一声雷的惊异之感。随着这一声的到来,队伍将如同从地底冒出来一样,突然出现在道路上。又仿佛飞将军自重霄而降。给人以堂堂之阵,正正之旗的威武感觉。句中又称"笳鼓"为"寒吹",言其"声高",便有"秋风鼓角声满天"(陆游)的意味,凛然不可抵挡似的。最末一句出自想象,笳鼓声如此嘹亮,恐怕要惊坏深山寺庙中的老和尚罢!"阇(shē)黎",梵语高僧的意思。

全诗的趣味在最后一句。说军声要把深山阇黎惊杀,似乎有点煞风景,破坏了山中和平的气氛。殊不知这是表面现象。事实上,正是这支军队——戚家军,和别的边防部队,保卫了沿海一带的和平。所以老阇黎大可不必惊慌也。诗趣就在语若有憾,实深喜之。戚继光作此诗,显然怀着十分得意的心情,字里行间全是风流自赏的意态。作为一个民族英雄,他也有权作这样的自赏。

(周啸天)

诗人小传

张元凯

明诗人。字左虞，吴县（今江苏苏州）人。苏州卫指挥。

枫桥与送者别　　　　张元凯

枫桥秋水绿无涯，枫叶满树红于花。
万里之行才十里，阖闾城头尚堪指。
游子尊前泪湿衣，离心已逐片帆飞。
酒酣忘却身为客，意欲元同送者归。

　　元凯字左虞，吴县（今苏州）人，曾任苏州卫指挥。这首诗写清秋时节，作者在姑苏城外的枫桥桥畔，与送行的友人把酒话别的情景。

　　水乡的秋季，盈盈秋水满溢于水塘河道中，放眼望去，碧绿的水色连天接地。在蓝天绿水之间是一片片枫林，红灿灿的枫叶宛如红英赤蕊那般鲜艳。在这风和日丽的秋光里，作者开始了他的万里远游。他和送别的朋友们乘着船儿来到了姑苏城外的枫桥桥边，舟行十里，那塔尖高耸的虎丘山（又称阖闾城，因春秋时吴王阖闾墓在此）犹自依稀可辨。或许那渐渐朦胧的乡井、人民的影子和这绚烂的秋色勾起了作者几许的感伤和惆怅，即将告别亲切、熟悉的人物风景，去万里之遥的异乡远游，怎不使游子泪洒樽前呢？而他的心儿却似那随风鼓荡的白帆，飞向那绿水云天之外。

　　离别的愁绪笼罩着诗人，使他不能不借酒浇愁，于是，到了酒酣之际，酒的奇妙作用便产生了：他甚至忘记了自己已是整装待发的游子，恍惚间，他似乎同往常一样正在和文朋诗友们在清秋美景中宴饮唱和，而且，现在也似乎已经到了酒阑兴尽、正要扶醉而归的时候了……

　　这首七律诗，虽然对仗不甚考究，缺乏锤炼，似是信口而成，但它在清浅流畅之中不失其质朴自然之美，写情感变化能够入细入微，诗的尾联尤其出色，这是一篇的神来之笔。"梦里不知身是客"（南唐李煜《浪淘沙》句），这是前人已造之境，"酒酣忘却身为客"亦不过与之相仿佛，但诗人能在后面再伸足一句"意欲元同送者归"，便将上句点活了，使人有恍若在醉梦中游的感觉。这句比起李煜词的承句"一晌贪欢"，大约要生动得许多了吧？清人沈德潜评本诗能使"英雄儿女一齐下泪"，恐怕就是为尾联而发的。

（王　昕）

【诗人小传】

陈　鹤

明诗人。号海樵生,山阴(今浙江绍兴)人。嘉靖四年(1525)举人。袭荫绍兴卫百户,非其素志,因弃官称山人。鹤筑室飞来山之麓,闭户优枕,手不释卷,足不下床者七年。又善画,最长于水墨花草。著有《海樵先生集》、《越海亭诗集》。工散曲,有《息柯余韵》。

夜坐寄朱仲开张鸥江　　　　陈　鹤

坐久北风起,江声带远沙。
客愁初到鬓,乡梦不离家。
林静无残叶,灯寒有落花。
怀君滞羁旅,云海各天涯。

　　陈鹤,字鸣野,号海樵生,山阴(今浙江绍兴)人。嘉靖年间举人,世袭百户,是位小有名气的诗人和画家。清代沈德潜《明诗别裁集》称其五言诗"颇近自然"。

　　这是一篇客中怀人之作。描写了诗人在客馆的寒夜中,内心的寂寥苦闷和对故乡、故人的眷眷怀想。"桃李春风一杯酒,江湖夜雨十年灯。"(黄庭坚《寄黄几复诗》)这样的心境和感叹正是所谓诗家"易工"的穷愁之境。

　　这首诗从诗人独对寒灯的情景、心境这种平淡无奇的常境写起,信口而出而又娓娓道来,从而生发出身世飘萍的无奈和对友情的珍重。那种细腻、深永的人生体验,平实、自然而又韵味深长。陆游曾说过:"君诗妙处吾能识,正在山程水驿中。"这也正是本篇的妙处所在。

　　"坐久北风起"强调感观的知觉。因坐得久了才能感到风起时的寒意,可见"北风"并不强劲,只是诗人坐得太久了,心灵也太静了,所以些微风动,也能令他感到静谧气氛的破坏。"江声带远沙"则是一种诉诸听觉和想象的诗境的延展,似是从杜甫《禹庙》中"云气生虚壁,江声走白沙"的诗句中化出。而放在寒夜的背景下,更有一种以动写静,烘托气氛的作用。

　　"客愁初到鬓,乡梦不离家。"诗人从身体的感受勾起了心中的惆怅;虽是离家未久,乡愁却已开始染白了双鬓,何况魂牵梦绕的总是那愈行愈远的家园,叫他怎能不忧思难寐呢?

　　"林静无残叶,灯寒有落花。"诗中虽未标明季节,但从诗中不难看出这是青荣落尽、林木萧索的冬夜。连诗人坐前的灯烛也怕冷似地凋谢了灯花。这样寒冷暗淡的夜晚,独在异乡为异客的作者,在想些什么呢?"怀君滞羁旅,云海各天涯"。偏偏令诗人惦念的两位好友,也滞留在迢迢旅途之中,同为天涯沦落人,怎不令人感伤呢?

诗题为夜坐寄友,前几句细致详尽地描写作者所处所感的情境,只在末一联以"云海各天涯"点出对友人的挂念。言少而情真,思念关切之情,丝丝缕缕现于行间,更于深切的悲凉和感叹中见出友情的珍贵。末一联虽不脱前人旧套,但却与前三联的情感铺垫丝丝入扣,因而读来倒也熨帖流畅,既不显生硬,亦不觉其平淡。此诗虽然是五律,中二联的对仗也颇见工力,但因为全诗贯通着作者的真情实感,所以韵味上倒更相似于那朴实浑厚的《古诗十九首》。 (王 昕)

【诗人小传】

王稚登

(1535—1612) 字伯穀,先世江阴(今属江苏)人。移居苏州。少有文名,善书法。嘉靖末入太学,万历时曾召修国史。其诗内容多写个人日常生活,风格接近公安派。有《王伯穀全集》。并辑有明代散套小令《吴骚集》。

塘栖道中

王稚登

水阔雨冥冥,帆飞去不停。
人声两涯断,鱼市一江腥。
云已辞吴白,山初到越青。
侯芭数行泪,千里吊《玄经》。

塘栖在今杭州市北。诗人从江苏到浙江凭吊师友,舟行水上,途经此地,写下了这首描写吴越江行的诗。

"水阔雨冥冥,帆飞去不停","冥冥",晦暗。诗的起首开门见山,紧切题目的"道中",落笔水上之行。"水阔"点出了塘栖这段水路的特点,"雨冥冥"指出在塘栖的天气特征。天气骤变,又在塘栖镇上,本应停船靠岸,以待雨过天晴,但诗人此行是去浙江吊唁亡故的师友,内心之急迫可想而知,因此诗人的船便冒雨满帆疾飞了。这两句描写中夹有叙事,词语平淡无奇,顺笔拈来,但落笔点很好,为下面的描写张目。

接着,诗人将镜头摇向两岸:"人声两涯断,鱼市一江腥。"涯,边,岸;鱼市,买卖水产品的集市。由于天气骤变,两岸集市上嘈杂的叫卖声、讨价还价声、呼三喝五声汇成的声浪顿然消失,鱼市上飘过来的腥味弥漫于江。"人声断"对第二句的"去不停"形成反衬。"一江腥",不仅写腥味之广,也有味浓的意思。诗人舟行水上,自然不能对鱼市作精细的描绘,但诗人别出心裁,从声息、气味上着笔;而声息气味又不从市肆繁忙时正面描写,却是从雨时歇市这一角度生发,骤断的人声,满江的腥味,不是更有江南水乡的风味么?鱼市的兴隆已尽在不言之中。

五、六句诗人又转换了视角,写天空的白云和远处的青山。"云已辞吴白,山初到越青",吴,指江苏苏南一带;越,指现在的浙江一带。雨过天晴,天空的白云特别洁净,远处的青山也更加清新滴翠,这种景象是常见之景,也是静态的景,诗人把"云白""山青"拆开对偶,中间以动词"辞""到"过渡,新颖奇巧,诗意别出。诗人舟中江行,仰望远观看到的仿佛不是自己的船在动,而是白云、青山在行走;再从"辞吴白""到越青"看,诗人观望时的姿势一定是站在或坐在船头,面向前时所得之景,这样才会有白云随船而行的舒卷之态,青山扑面而来的迎迓之状。姿势表现一定的心理。诗人的这种姿势正是第二句"帆飞去不停"的继续,见出诗人急切的神态。由此看来,这两句不仅是造句新奇,也写出了行程中的实情实景。

最后两句,"侯芭数行泪,千里吊《玄经》",侯芭,汉代人,曾跟扬雄学《太玄》和《法言》,扬雄死后,侯芭为他居丧三年,这里是诗人自比。《玄经》,指扬雄著的《太玄》,这里以《玄经》指代扬雄。这两句交待了诗人此行的目的是去凭吊师友。这位师友是谁,现已不可考知了。不过,死者必是诗人的至友无疑,不然,诗人决不会冒雨奔丧,千里奔波的。句中的"数行泪",也与第一句的"雨冥冥"造成意念上的相似,使晦暗的雨意和"千行泪"的悲情互为渲染,情境也更加醇浓。

在这首诗中,有时空的转换,天气的阴晴,色彩的变异,以及诗人情绪的起伏,读来异象纷呈,目不暇接,而且诗人手法多变,或正面叙写,或侧面勾勒;取景角度也流转灵活,或状其貌、或传其声味、或绘其色,移步换形,形各传神。此外,这首诗的起首两句看似开得平平,但开得有纲有目;结句也优游不迫,显出了身份。

(孙之梅)

新 春 感 事　　　　　　王穉登

信有清风不厌贫,吹帘入幌转相亲。
红颜薄命空流水,绿酒多情似故人。

服药难辞星入鬓,闭门长与竹为邻。

黄金散尽真堪惜,前日亲知是陌尘。

王穉登少年称名,长而擅吴门词翰之席三十余年,政治上虽没得什么高官,但大学士袁炜、申时行交相推重,常常是"轩车造门、宾从填咽。"(《列朝诗集小传》)诗人"奖引寒素,敦笃故旧",遇人危难,不惜倾身援救,但是人到晚年,热闹已逝,黄金散尽,甚至那些曾得过救助、受过恩惠的人也冷眼相待。诗人有感于亲故的冷落,写下这首咏叹世态炎凉的诗。

贪财好利,嫌贫爱富,代为世情,唐代白话诗人王梵志《吾富有钱时》早已描述过这种鄙陋的人情,"吾富有钱时,妇儿看我好;""邂逅暂贫时,看吾即貌哨。"诗人经历了由富到贫的人情世态,发之为诗,这种诗极易流于直露、议论化,缺乏形象、韵味,诗人避实就虚,避开正面触题、诗意全从旁出,紧切题目中的"感事"二字,写出了诗人的情感流程。

"信有清风不厌贫,吹帘入幌转相亲","信",的确。幌,屋内的帷帐。这两句写清风与人相亲。"信"字趣味全出。清风吹拂,帷帐飘动,很少有人光临的房子就像有了客人一般,冷清久了的主人甚至以为所有的事物都厌弃他的贫穷,他始而惊喜,继而疑惑,终于确信"清风不厌贫"。"不厌贫"是清风的神,"转相亲则是清风的貌,清风自与人亲。这两句以"信"字开篇,含切身体会,蕴万端感慨,以一"贫"字领带下文,以一"厌"字镂刻人情,自然引起了以下的人生感慨。

"红颜薄命空流水,绿酒多情似故人","红颜",指年轻人的红润面容。薄命,形容人生困顿。诗人"十岁为诗,早而骏发"(《列朝诗集小传》),本应连中高科,博得高官显位,但命薄福浅,仕途竟一无所成,大好年华流水般虚度,到如今,亲戚疏远,朋友冷淡,只有眼前樽酒依然醇浓。这两句"红颜""绿酒"(酒未过滤时,上面漂着一层绿色泡沫,所以叫绿酒)相对,色彩上有热闹感,诗人以"热"写"冷"。

"服药难辞星入鬓,闭门长与竹为邻","星",指白发。诗人回想往年,抚今追昔,不胜感慨。如能时光倒转,一定要大显身手,挣得功名金钱,看看人们届时将又是何种面目。但自然规律不可抗拒,即使服用延年益寿的药也难免鬓生华发,自己的命运已就,只好闭门独处、以竹为邻。这两句从三四句联翩而下,"红颜""服药"两句写出自己年龄的变化,"绿酒""闭门"两句写现实处境,并与一二句相呼应。

"黄金散尽真堪惜,前日亲知是陌尘。"前六句全用曲笔,蓄势以成,最后两句喷薄而出,正面触题。诗人也曾富有过,也曾周济过亲朋。"散尽",可见出手之大方,"真堪惜",诗人由衷之言,可惜黄金已尽,让势利者小看;可惜黄金使之非人,以前这些享用过他金钱的亲人知交都如同路上的尘土一样冷漠无关。最后一句,诗人再也不能含蓄,直截了当,点明对象,揭露这些所谓亲知的势利嘴脸。

这首诗前六句本要写自己被亲朋冷落、孤贫无助,却写清风"相亲",绿酒"似故人","竹为邻",以扬写抑,正意旁说,清风之不厌贫,见出人之厌贫爱富;绿酒似故人,见出旧人之寡情;"竹为邻"见出亲朋的疏远冷落,语不言人而意在写人。诗人并把这种人生感慨放在新春之时,正是亲戚走动、朋友聚会的时令,突出"穷在闹市无人问,富在深山有远亲"的浇薄人情。

(孙之梅)

湖上梅花歌四首

王穉登

家家山色对春湖,日日春风听鹧鸪。
门前杨柳藏鱼市,屋上梅花当地租。

山烟山雨白气氲,梅蕊梅花湿不分。
浑似高楼吹笛罢,半随流水半为云。

虎山桥外水如烟,雨暗湖昏不系船。
此地人家无王历,梅花开日是新年。

闻道湖中尽是梅,两山千种一时开。
估客片帆春雨里,载将香气过湖来。

嘉靖四十二年(1563)年初,诗人曾作太湖一游,写下了许多描写梅花的诗,《湖上梅花歌四首》就是其中的一题。

在我国诗歌史上,吟咏梅花的诗篇可谓车载斗量,佳什纷呈,名句叠出,要把梅花写出个性,自出新意确是不易之事。王穉登的梅花诗似乎并没有刻意求工,以与古人时人比并高低,只是把看到的感受到的抒写出来,但也正因为此,其诗显得自然流畅,如行云流水,我们在这些如春水般明快轻松的诗句中,读到了那铺天盖地、漫山遍野的梅景,和诗人那颗沉醉喜悦的心灵。

第一首写湖对岸的景色。这首诗采用了烘云托月之法,先写山上的人家,鸣叫的鹧鸪,杨柳林里的鱼市,一句一景,一景一垫,铺垫就绪,作者所要歌咏的梅花才款款而来,梅花一出场,境界全出,你看那疏疏落落点缀的人家,和旭的春风里飞梭鸣叫的鹧鸪,门前杨柳林中的鱼市,无不衬托出屋上梅花的风采。如果说梅是红花,前三句就是绿叶;梅是月亮,前三句就是浮云。四句诗在布局上有千呼万唤之致。这首诗写景也有特色,每一句看上去是一景,实际上每一句给人的又是一个立体的空间。第一句"家家山色",说明人家之少,人家坐落之稀疏,因此,每家才被淹没在山色之中家家才有山色。"家家山色"尚是一个画幅,而"对春湖",一下子就变成了二维空间。春湖平满清澈,犹如一面巨大明亮的镜子,"家家山色"映照其中,二维画而又合二为一,成了一幅层次分明、有立体感的画面,其景真有美不堪言之感。第一句写山色、写春湖都是静景,第二句写动景。鹧鸪性畏寒,春风带来了暖意,鹧鸪鸟欢快的叫声似乎是给春风唱的颂歌。春风拂动,鹧鸪飞舞,让画面充满了春天的生机和春天的气息。第三句承第一句的"家家"而来,"门前"自然是"家家"门前。家家门前绿杨成荫,绿杨荫下藏着一不大的鱼市,"藏"字有情趣,写出了杨柳之繁密,暗示了鱼市之微小。这个鱼市一定没有攒动的人头,奔竞的商贾,讨价还价的叫嚷声。也许只有三两个渔人、三两个买主,大家都是熟人,谈笑之间买卖便成。这样的鱼市才能"藏"住,才和第一句的"家家山色"一致。第四句视线从门前移到屋上,引出一种奇异的景观——梅花就生长在屋顶上。是主人把梅种在屋上还是梅子自然生成?应该是后者。那么梅子不像草粒一样可以随风飘游,是从何而来?原来诗人正是要以屋上梅花连带地写屋子周围的梅花,屋子的左右上下都是梅树,梅熟落种,自然落在屋顶上,积尘洒雨、发芽出苗,寒去春来,就出现了这种别致的梅景。绕了一个圈子,我们才明白第一句的"家家山色",原来就是这种漫山遍野的梅景。驻足湖上,抬头望山上,低头看湖中,景色太美了。

　　第二首从第一首的"山色""梅花"联翩而来,写出满山梅景的韵味。这是一个春雨迷濛的天气,山上云雾缭绕,细雨霏霏,烟气、雨气和那满山开放的梅花的颜色,形成了氤氲的白气,梅蕊梅花粘在一起,也分不出彼此。这样的梅景,朦胧虚渺,轻盈如烟,洁白如云,澄澈似水,如月色之下披纱独立的美人,又像乘云飞翔的仙子,但这些比喻都是蹩脚的,只有象与象的比照,没有传出雨雾中梅景的神。诗人曰"浑似高楼吹笛罢,半随流水半为云。"笛声悠扬悦耳,陶人肺腑,高楼吹笛,其声恍如天际传来,更能启发人的遐思远想。古人形容音乐的美妙,绕梁三日,余味不绝,而诗人却说,笛声半随流水半为云,笛声又转换为春水和白云。我们知道,古人描写音乐常用可视形象以增强音乐的形象感,而这首诗却反其意而用之,用音乐这种听觉形象,通过艺术的通感让读者不仅去想象景象,而且去感受景象。这样的梅景确像一支歌,清新悠远,耐人寻味,又像一首曲子,意境朦胧,情意蕴藉,只可感知,不可形容。如果要形容,就请看那碧波荡漾的流水和洁白如绵的白云。一个比喻转折了三次,用笛声比喻梅景,又用流水白云比喻笛声,曲折婉转,生新隽永。

第三首回应第一首的人家,写这里人们那清静迈俗的生活,明写人,暗写梅花的高洁。诗人张眼望去,虎山桥外云雨朦朦,湖水如烟,只见没有拴系的船只在水面上平和悠闲地摇摆着。"不系船"设下一个悬念,第三句笔锋一转,由写景到叙事,交待"不系船"的背景,这个地方的人民没有当朝皇帝颁发的年历,梅花开日就是新年。显然,在这"别有天地非人间"的地方,如同生活在陶渊明想象的桃花源,"虽无纪历志,四时自成岁。"(《桃花源诗》)唐代的一个道教徒太上隐者在《答人》一诗云"山中无历日,寒尽不知年",可以看出此人在空间上和时间上的独往独来,而太湖山上的人民住房屋,有鱼市,过着世俗的生活,他们的梅花源却和陶渊明笔下的桃花源一样自然古朴。以上是明写。这首诗实际上仍是写梅花,以山里的人民用梅花纪历突出梅花的高风亮节。陆游曰"花中气节最高坚",梅花"不知秦汉,无论魏晋",寒尽春来,梅花开放,多少朝代,多少王朝烟消云散,而梅花初衷不改,仍可纪历报时。唐人有诗"山僧不解数甲子,一叶落知天下秋",太湖山上的人民也厌倦了那遂颁遂废的王历,可谓"山民不解数甲子,梅花开知天下春"。

最后一首交待前因后果,重点描写梅花的味。诗人首先交待此游的原因,原来这里的梅花名气很大,早有人传说湖中到处是梅,来到这里一看,果然名不虚传,两边山上各种各样的梅花争相斗艳。三句"估客片帆春雨里,"估客,本指商人。明代的商人虽然较多,但多数是白居易笔下"重利轻离别"的商贾,把他们和这轻灵透脱,如诗如乐的梅景扯在一起实有些不伦。其实诗人在这里用了一个典故,《世说新语·文学篇》载:"袁虎(袁宏小字)少贫,尝为人佣载运租。谢镇西经船行,其夜清风朗月,闻江渚间估客船上有咏诗声,甚有情致。"《续晋阳春秋》曰:"虎少有逸才,文章绝丽……少孤而贫。"王稚登十岁能诗,英才俊发,名满吴会间,但功名无成,抑郁落拓。故诗中的"估客"并非商人,而是作者以袁宏自比。最后一句"载将香气过湖来",还由上一句的典故连贯而来,袁宏的船运载租粮,而诗人的船运的是梅花的香气。香气本无形,而诗人曰"载将",突出梅香的浓郁,我们似乎也感到诗人从太湖归来的船只上装着沉沉满满的香味,也表现了作者快活满足的心情。

四首诗或写梅山的奇情异景,或叹梅林之神韵风姿,或赞梅花之高风亮节,或形容湖上梅花的浓郁香气,无不自然,而又无不奇异。读完了四首诗,我们也随之领会了那湖上美不胜收的梅开盛景。

四首诗写法上也各有特点,第一首用衬托法,第二首用比喻,第三首明暗相生,第四首推陈出新,状貌言情,皆恰到好处。

(孙之梅)

【诗人小传】

马湘兰

(1548—1604) 名守真,小字玄儿,又字玉娇,以善画兰,故湘兰之名独著。为秦淮名妓,轻财帛,重然诺,貌不过人而才艺佳绝。殁后词客过其旧院,皆为诗吊之。有诗二卷。

奉和诸社长小园看牡丹枉赠之作(选一)　　马湘兰

春风帘幕赛花神,别后相思入梦频。
楼阁新成花欲语,梦中谁是画眉人?

马湘兰是晚明的名妓,钱谦益《历朝诗集小传》说:"(马)姿首如常人,而神情开涤,濯濯如春柳早莺,吐辞流盼,巧伺人意,见之者无不人人自失也。所居在秦淮胜处,池馆清疏,花石幽洁,曲廊便房,迷不可出。……性喜轻侠,时时挥金以赠少年,步摇条脱,每在子钱家,弗顾也。"可见其为人。她才艺出众,诗画俱精,我们这儿选的一首七绝,便是其集中佳作。

诗是和诗社社长看牡丹花相赠所作,虽是寻常题材,却寄托深意,身世之感充盈楮墨,读之令人良用慨然。诗的首句,写看牡丹花的场合。赛神,是古时对还愿酬神仪式的称呼,清郑珍认为"赛"字汉以前作"塞",六朝时才从贝作"赛"。唐白居易《春村》诗云:"黄昏林下路,鼓笛赛神归",可见赛神在古代早具有一定的娱乐性质。"赛花神"当然是指酬迎花神的活动,因牡丹花有花王之称(宋李格非《洛阳名园记》:"洛中花甚多种,而独名牡丹曰花王。"),所以这花神便似乎就是牡丹之神了。春暖花开,正是爱情萌动的佳时,所以第二句便要说到"相思"。"别后",自可有二种理解:明是牡丹谢后,暗是恋人去后。故而频频入梦的思念也具有双重含义:既是思念牡丹更是思念恋人,"春风"句不妨认为是一种"兴"。第三句又与第一句相绾合,"楼阁新成"见出赛花神的目的不光是应时,也有庆贺花神阁落成的意义。"花欲语"的"花"在此虽仍是牡丹,却已是诗人的自况,古代流落风尘的女子,常有烟花之目,所以"花"的意象在一定语境中总会使人联想到妓女。末句以问句作结,含意凄婉,与首句"春风帘幕赛花神"的明快适成对比,充分凸现出诗人自叹时乖命蹇,难得真情相待的苦涩心境。"画眉人"指汉代的名臣张敞,他在家为妻子画眉的故事向来是一大佳话。但女诗人连梦中都难以遇到这样识趣知心的"画眉人",只能托花寄语,聊抒一种爱的饥渴之情。联想到第二句的"别后相思",可以说与牡丹别后之相思是实写,而与恋人别后之相思似乎只是诗人的幻想,这岂不更令人悲慨。

清汪中《经旧苑吊马守真文》曾说:"夫托身乐籍,少长风尘,人生实难,……婉娈倚门之笑,绸缪鼓瑟之娱,谅非得已。在昔婕妤悼伤,文姬悲愤,矧兹薄命,抑又下焉。……嗟乎!天生此才,在于女子,百年千里,犹不可期,奈何钟美如斯而摧辱之至于斯极哉!"马湘兰的遭遇,钱氏文中所云,为其面;汪氏文中所云,为其里。知其面可以论其艺,知其里可以会其心,三百年后,读其诗者,又当怅触何如?马湘兰的身世,实际上不正是历朝历代有着同样命运的众多红颜薄命故事的缩影吗?

(庞 坚)

汤显祖

【诗人小传】

(1550—1616) 字义仍,号若士、海若,别署清远道人,晚年曾号茧翁,临川(今江西抚州)人。所居名玉茗堂。早年即有文名,曾拒绝首辅张居正招揽。隆庆四年(1570)中举人,后屡试不第,至万历十一年(1583)方以低名次中进士,任南京太常寺博士、礼部主事。万历十九年(1591)因上疏弹劾大学士申时行,降职为广东徐闻典史,后改任浙江遂昌知县。又以不附权贵而被议免官,未再出仕。他早年受王学左派思想影响,罢官后与李贽有交往,并和僧人达观相友善,晚年滋长了消极出世的佛道思想。在文学思想上,他反对明后七子拟古,而倡言灵气,抨击理学的禁欲主义,而倡导"情"。在戏曲方面,反对拟古和拘泥于格律。著有"临川四梦"(《紫钗记》、《牡丹亭》、《南柯记》、《邯郸记》),以《还魂记》(即《牡丹亭》)最著名。诗学白居易、苏轼。有《红泉逸草》、《问棘邮草》、《玉茗堂集》等。

七夕醉答君东二首(其二)   汤显祖

玉茗堂开春翠屏,新词传唱《牡丹亭》。

七夕醉答君东二首(其二) 汤显祖

> 伤心拍遍无人会,自捐檀痕教小伶。

宦海浮沉数十年,汤显祖终于认清了明王朝的腐朽本质,他再也不愿意为五斗米折腰,于是,在万历二十六年春,他挂冠而去,归隐故乡江西省临川县。关于他归隐后的生活,清人钱谦益在《列朝诗集小传》中作了生动的描述:"所居玉茗堂,文史狼藉,宾朋杂坐,鸡埘豕圈,接迹庭户,萧闲咏歌,俯仰自得。"可见他晚年虽然贫困,却仍然生活得十分潇洒。这首诗就是他在归隐后第一年的秋天,与好友刘浙(字君东)对饮时所作。

玉茗堂是汤显祖归隐后购置的新居,从钱谦益的描述看,玉茗堂的内外环境不怎么好,但诗人却对自己的居所情有独钟,在他看来,玉茗堂周遭绿树环绕,宛如一道道翡翠的屏风,尽管是在秋天,他仍觉得春意融融、景色宜人。也许,这是由于诗人摆脱了官场的束缚,心情特别舒畅的缘故吧。这一年里,另一件使诗人兴奋不已的事情是,他所创作的《牡丹亭》受到社会各界人士的热烈欢迎,盛况空前,据记载:"《牡丹亭梦》一出,家传户诵,几令《西厢》减价。"(沈德符《顾曲杂言》)因此,起首两句,一写玉茗堂,一写《牡丹亭》,是诗人引为得意的两件大事,尽管诗人晚年生活十分不如意,但此时此刻,却陶醉在成功的喜悦之中。

这首诗的后两句含义较复杂。第三句"伤心拍遍无人会"是感慨知音难求,诗人心事浩茫,用手一遍又一遍地拍打着栏杆,却没有人理解。第四句则写诗人在感叹之余,只好亲自手执檀板,敲打着节拍,教小演员们排戏。"自捐檀痕"是说由于反复排练,檀板握得久了,手掌心上都掐出了深深的痕迹。为什么诗人要感叹知音难求?为什么他要亲自参加《牡丹亭》的排练工作?其中有一个十分重要的原因,便是他与当时另一位著名戏曲家沈璟之间的意见分歧。汤显祖重视"曲意",为了求得佳句,往往突破曲律的束缚。沈璟则强调演唱效果,认为唱词必须"合律依腔"。沈璟有不少追随者,因此,《牡丹亭》在各地排练时,常常受到删改,结果使原作的神韵大受损害。汤显祖在《与宜伶罗章二书》中就曾谈到此事:"虽是增减一、二字以便俗唱,却与我原做的意趣大不同了。"可见,尽管《牡丹亭》问世后大受欢迎,但真正的知音却并不多,"人知其乐,不知其悲"(《玉茗堂尺牍之五·答李乃始》),这就难怪诗人要亲自上场指导演员排练了。

新居玉茗堂春意融融,新作《牡丹亭》脍炙人口,虽然有些小小的不如意,但手执檀板,轻歌曼舞,却也算得上风流潇洒了,这就是诗人为我们展示的一幅隐居安乐图。不过,如果我们对这首诗的后半段细加玩味的话,却会发现,在这洒脱的表象后面,隐藏着的却是一颗忧伤的心。"伤心拍遍无人会"语出辛弃疾《水龙吟》:"江南游子,把吴钩看了,栏杆拍遍,无人会,登临意。"辛弃疾是南宋著名爱国词人,空有一腔热血,始终不为朝廷所用,晚年闲居,只得寄情山水,以诗词自娱。汤显祖生活的年代与辛弃疾不同,但思想上却有不少相似点。在自述诗《三十七》中,他曾对自己青年时代的抱负作过如下描述:"历落在世事,慷慨趋王术。神州虽大局,数着亦可毕。"可见,他在政治上的参与感是十分强烈的,同时,也自视甚高,认为世事如棋,数着可了,结果却大碰其钉子,不得不选择归隐一途。因此,在酒酣耳热之际,诗人突然想起辛弃疾,并把他的词句融入自己的诗中,也就不足为怪了。钱谦益在《列朝诗集小传》中曾说,汤显祖"一发不中,穷老蹭蹬……胸中块垒,陶写未尽,则发而为词曲",确实是很有道理的。如果改从这个角度来看,那么,结句"自掐檀痕教小伶"看似洒脱,实质上,却又多少带有几分无奈和自嘲的意味了。

(黄锦章)

石　门　泉　　汤显祖

青　田

春虚寒雨石门泉,远似虹蜺近若烟。
独洗苍苔注云壑,悬飞白鹤绕青田。

石门在浙江省青田县,瓯江南岸,以瀑布著称。汤显祖因上书抨击时政而遭到贬谪,朝中也有不少正直之士为他鸣不平,因此,两年后,他又重新被启用,调任遂昌知县。遂昌县距温州不远,青田则恰好在遂昌与温州两地之间。万历二十五年秋,汤显祖游览温州时,顺路观赏了石门的瀑布,深深地为它的气势所吸引,于是,欣然命笔,留下了这首写景的佳作。

全诗从四个不同的角度对瀑布展开描写。首句"春虚寒雨石门泉"是写游人的肌肤感受。一近石门瀑布,便觉得气温骤降,细细的水珠扑面而来,仿佛置身于早春的濛濛烟雨之中,稍带几分寒意。写瀑布而从肌肤感受落笔,这一构思不能不说是十分别致的,飞泻的水流竟然能在它的周围形成一个"春虚寒雨"的小气候,那么,水势之大就可想而知了。因此,尽管这一句尚未直接触及瀑布本身,却已经是气势逼人,为进一步的展开作了铺垫。

第二句"远似虹蜺近若烟"是写视觉形象,取一远一近两个视角。从远处看,瀑布在阳光的照射下,色彩纷呈,恰似雨后的彩虹;到了近处,却又是水气升腾,扑朔迷离,宛如一片云烟。

第三、第四两句仍然写视觉形象,但观赏的角度变了。第三句"独洗苍苔注云壑",取俯瞰势,瀑布飞流直下,冲刷着岩石上青绿色的苔藓,然后,直向无底的深谷倾泻而去。这一句写得极有气势,"云壑"形容山谷之深,"注"形容水势之大,"独洗苍苔"则令人有寂寞千古之感,瀑布一泻千里,旁无依托,年复一年地独自冲击着大自然的千年污垢。这样的写景,也隐隐流露出了作者内心的孤傲和寂寞。

第四句"悬飞白鹤绕青田"是抬头仰视。瀑布的源头横悬天外,背衬蔚蓝色的天幕,在日光下闪闪发亮,宛如一匹姿态优雅的白鹤在青田县上空悬浮盘旋。作者不说在石门上空,而说在青田上空,是极言瀑布的源头之高,在整个县境境内都可以看见它那闪亮的躯体。

全诗总共不过四句,作者却先后变换了五个不同的视角,从肌肤感受到视觉形象,从远处到近处,从俯瞰到仰视,而且,几乎每变换一次视角,都要换一个比喻,新意迭出,姿态万千。这种写法,在绝句中实在是不多见的。因为绝句不同于散文,散文篇幅较长,不难从各个角度进行铺排渲染;绝句则短小精悍,要在短短的四句诗中不断变换视角,并保持诗意流畅一气呵成,其难度可想而知。

从内容上看,这首诗的基调恬淡平静,在某种程度上反映了作者后期思想上的一个重大转折。如果说在五年以前刚受到贬谪时,作者仍感到愤愤不平,希望有朝一日复出,为国家建功立业;那么,在创作这首诗的时候,作者的心情已完全平静下来了。多年的磨难,使得他对明王朝彻底绝望了。全诗以仰视白鹤结尾,是很值得深味的,在古代,白鹤是隐逸者的象征,也许,作者在创作这首诗篇时,他的意识深处已经萌生了归隐的念头了吧。

(黄锦章)

送刘大甫谒赵玄冲胶西　　　　汤显祖

欲别悲歌鸡又鸣,白头无计与刘生。
恩仇未尽心难死,独向田横岛上行。

这首送别诗是汤显祖晚年家居时所作。刘大甫是作者的学生,很有才华,也很有气节。在给赵玄冲的信中,汤显祖曾提到过他,说他"穷弥甚,气弥高"(《寄胶州赵玄冲》,见《玉茗堂尺牍之四》),可见,汤显祖对这位学生是十分器重的。赵玄冲是汤显祖的挚友,为人慷慨,文武兼修,有古英雄遗风,此时亦已归隐。汤显祖介绍刘大甫去拜谒赵玄冲,显然是希望他从这位正直而富有才华的前辈学者身上得到更多的教诲。

按照封建社会的传统,"学而优则仕",刘大甫这次出门,除了游学之外,另一个重要目的,当然不外乎是科举。汤显祖本人虽已归隐,但他仍希望自己的学生能有机会展露才华,为国效力。不过,作为一个过来人,汤显祖又深知朝政的黑暗,像刘大甫这样正直的青年是否能为世俗所容?此行又前途如何?对此,汤显祖感到忧虑重重。

诗的前两句实写分别时的情景,"欲别悲歌鸡又鸣"为我们展示了一幅悲壮的送别图:在行将分别的时候,白发苍苍的老诗人引吭悲歌,为学生送行,而报晓的雄鸡却一声声啼个不休,仿佛在催促他们分手。这里的"又"字很值得注意,说明在此之前,鸡已经啼过,是该启程了。但他们之间仍有许多话要说,一时又不知从何说起。论理,学生远行,作导师的应该为学生提一些忠告,然而,说什么好呢?苟且钻营,为志士所不取;特立独行,又为世俗所不容。汤显祖本人就是因为不肯依附权贵而屡遭迫害,穷老蹭蹬。如果让他重新生活一次的话,他又将如何选择自己的道路呢?答案虽然明确,但仍然是一种艰难的抉择。正因为如此,诗人才发出了"白头无计与刘生"的辛酸的感慨。在这两句诗中,"欲别悲歌"与"鸡鸣"构成一对矛盾,"临别赠言"与"无计"又构成一对矛盾,诗篇在重重矛盾中逐步展开,这就使得它充满了动荡感和焦虑感。

可是,诗人终究不甘心于沉沦,到了后半段,情绪便渐渐地激昂起来。"恩仇未尽心难死",此时的汤显祖虽然已经归隐,但忧国忧民之心并未冷却,看到朝政的黑暗,看到百姓的苦难,诗人的心在淌血。这里所说的"恩仇"偏重于一个"仇"字,而仇恨的锋芒则直接指向腐朽的上层统治集团。

结句"独向田横岛上行"写得极有气势,一个"独"字写出了诗人不随世,不媚俗,卓然不群,敢作敢为的浩然正气。"田横"是秦末汉初人,山东一带反秦义军的领袖之一。楚汉相争时,自立为齐王,项羽自刎乌江之后,他率领部下五百壮士避居海岛。汉高祖刘邦费尽心机要他归降,他始终不屈服,最终在赴长安途中自杀。他的部下闻讯之后,也都纷纷自杀,在秦末汉初战争史上写下了最为悲壮感人的一页。诗人因赵玄冲居住在胶西而联想起了壮士田横,这具有双重含义:一方面,是对学生刘大甫的勉励,要他学习前贤的高风亮节,勿为名利所动。另一方面,也是内心的独白,显示了他不向权贵低头,不与世俗合流,至死不渝的坚强决心。

汤显祖晚年的诗作一般都较为恬淡平静,以致于有人认为"此老胸中世情道理,万分透澈",已达到"忘宠辱、齐得丧、一死生、了梦觉"的境界(丘兆麟《诗集原序》)。但这首送别诗却写得慷慨激昂,隐隐有杀伐之气,正如沈际飞所评:"节义肝胆,笔有血腥。"这不由使我们想起陶渊明的名句:"刑天舞干戚,猛志固常在。"这也说明,中国的知识分子事实上是比较入世的,"兼济天下"是理想的极致,"独善其身"是无奈的归宿,表面的冷漠与内心深处对理想的执着的追求往往形成尖锐的矛盾,一旦有机会,这种痛苦便会像火山一样突然间喷发出来。由此,我们似乎可以悟出这样一个道理:岩石是冷的,但在冰冷的岩石下面流动着的岩浆却是炽热的。确实,从这首诗的内容来看,即使是在晚年,汤显祖仍有一颗炽热的赤子之心,尽管他的表面显得冷漠而又超脱。 (黄锦章)

秋 发 庾 岭　　　　汤显祖

枫叶沾秋影,凉蝉隐夕晖。
梧云初暗霭,花露欲霏微。
岭色随行棹,江光满客衣。
徘徊今夜月,孤鹊正南飞。

明万历十九年(1591)秋天的一个傍晚,在大庾岭侧的江面上,一艘破旧的官船正趁着晚潮拔锚启航,往南徐徐而去。一位中年儒士独自伫立在船头上——他就是著名戏剧家汤显祖,不久前,因上书抨击朝政,触怒权贵,被贬为徐闻典史,此行正是去徐闻赴任。徐闻县在广东沿海,在当时,可算得上是极为边远的蛮荒之地了。耿耿孤忠,竟落得如此下场,面对这苍茫的暮色,他不由得心潮起伏,写下了这首不朽的诗篇。

"枫叶沾秋影,凉蝉隐夕晖。"起首两句点出时令,南方农历九月,枫叶已略带秋色;时值黄昏,蝉声亦归于沉默。枫叶入秋,如火如荼,本来应该是极美的景致。作者却由此感受到了萧萧的秋意。蝉饮风餐露,在古人的心目中,是君子清贫自守的象征,如今,它也被阵阵寒意所包围,再也唱不出轻快的歌声。物犹如此,人何以堪? 起首两句便为全诗定下了悲怆的基调。不过,夕阳虽暮,犹有余光,这里,一个"晖"字用得很巧妙,给苍凉的画面抹上了一层淡淡的暖色,全诗就在这一寒一暖两种色彩的交织下逐步展开。

"梧云初暗霭,花露欲霏微。"这两句写两岸景色,远眺树影如云,暮霭徐徐升起;近看江花带露,在夕阳中渐渐趋于迷蒙。依旧是写秋色,写黄昏,但苍茫之中别有一番情趣。尽管此时的梧桐和江花,多少还沾染着几分观赏者黯淡的愁绪,但色彩已显得柔和多了。毕竟大自然是美的,它可以帮助诗人暂时忘却内心的创痛。句子中两个时间副词"初"和"欲"用得很好，令人隐隐感觉到时光的流动，从而使得整个画面在静态的布局中略微带上一丝动感。

"岭色随行棹，江光满客衣。"这两句是一个转折，整个画面由静而动。诗人伫立船头，观赏沿途景致，两岸山色，随小舟的行进而不断地变换着色彩；粼粼的波光，在夕阳的照耀下，似乎洒满了游子的衣襟。水光山色，相映成趣，此情此景，不禁令人想起宋代文学家范仲淹的名篇《岳阳楼记》："登斯楼也，则有心旷神怡，宠辱皆忘，把酒临风，其喜洋洋者矣。"同为迁客，不知作者此时是否也产生了同样的感受？这一联中的"江光"与第一联中的"夕晖"前后呼应，由一"晖"字而轻轻抹上的一缕暖色，至此便渐渐地浓烈起来了。可是，借景色以自娱，毕竟不能持久，贬谪的痛苦，很快又重新涌上心头。

"徘徊今夜月，孤鹊正南飞。"作者笔锋陡然一转：冷月徘徊，孤鹊南飞，斑斓的色彩一扫而空，画面复归于沉寂，而且更静更冷。在前三联中隐伏着的悲哀的心绪，此时，便如钱塘江潮，汹涌而来，不可遏制。从时间上看，这一联与前三联之间也有很大的跨度。前三联都是写黄昏，这一联却是拟想夜深人静之后的情景。孑然一身，漂泊万里，到晚上又如何排遣内心的愁闷呢？想必又是一个不眠之夜，只能在冷冷的月光下独自徘徊而已。末句"孤鹊正南飞"出自曹操的名篇《短歌行》："月明星稀，乌鹊南飞，绕树三匝，何枝可依？"曹操的原意是叹息乱世中的志士报国无门，甚至连一片安身立命之地都不容易找到。作者在这里引用了曹操的诗句，想必也有同样的感慨吧。他这次远谪徐闻，不正像这南飞的孤鹊么？国事糜烂，万马齐喑，不正像这茫茫的长夜么？因此，最后一句实为点睛之笔，作者以"孤鹊"自喻，说尽了内心的孤寂与不平，读来真令人伤神至极。

汤显祖的这首诗，看似笔笔都在写景，事实上却字字都在写情，寓情于景，情景交融。同时，他在诗中还多次运用了对比手法，从而使所写之景更富于变化，而所述之情也更加细腻、深沉，尤其结束一句，取譬高远，立意冷峭，使人不忍卒读。明人沈际飞在评论此诗时曾说："（这首诗）描一'发'字透彻"，这一评语确实是十分中肯的。

（黄锦章）

冯　头　滩　　　　汤显祖

南飞此孤影，箐峭行人稀。
乌口滩边立，前头弹子矶。

万历十九年(1591),汤显祖因上书弹劾大学士申时行,由南京礼部主事贬为广东徐闻典史。徐闻地处雷州半岛南端,在当时是一个极为偏僻落后的地方;典史的官职,亦低微到不能再低微。这对汤显祖是一个沉重的打击。南行途中,他写了一系列的纪行诗,抒发郁闷之情,本篇即其中之一。冯头滩以及诗中的鸟口滩、弹子矶,均为地名,大约在广东中部。

汤显祖的戏曲曲辞,以精巧工丽著称,遣词构句,往往出人意表。他的诗,也有类似特点。本篇就不像一般的五言绝句那样,以笔意蕴藉、诗外余韵为胜,而是刻意写尽人生道路的险恶,令人不寒而栗。

前二句写遭贬南下的孤独感。但这孤独并非仅仅是行途无侣、人地两疏的孤独,而是遭受意外打击后,因自己的心迹不能为世人所知,自己的行为不能为世人所容,而感觉到个人与社会的疏隔,那样一种生命的孤独。所以,"南飞此孤影",以鸟为喻,已经写出旅途中独此一身、形影相吊之情状,尚嫌不足,复以"箐峭行人稀"作为象征,加以深化。箐,竹子,南方常见。下用一个"峭"字来形容它,这常见的竹子在诗中便显得不平常,引起读者的注意。"峭"一般是形容山峰突兀陡立之状,移以写竹,使人觉得这竹别有一种冷峻、孤拔、不与世人同群的灵性。竹下不见行人,是竹亦为世人所弃,独立荒山野岭。这便是诗人自身的象征。当然,这一句同时也是写实,描述途中所见景象。

当时汤显祖是乘舟顺北江(珠江水系的一支)而下,故一路多滩多矶。这些滩和矶,常常是根据石头的形状来取名的。后二句"鸟口滩边立,前头弹子矶",从字面上说,只是罗列二个地名,作为纪行之笔,说明已经到达和将要前往的地方。但更深的一层,作者是巧妙地利用这二个地名,象征地表现出自己对人生的感受。首句"南飞此孤影",是以鸟自喻;第三句"鸟口滩边立",使鸟这一比喻的形象仍然存在。这"鸟"要飞到哪里去?"前头弹子矶"! 一个专打鸟的、埋伏着危险的地方。而且,虽然知道前面是"弹子矶",却不能不继续前去。所以"鸟口滩边立"的"立"字,包含着深深的恐惧感。这二句,把实有的地名、实际的旅程和象征的意义打成一片,虚虚实实,混融莫辨。当然,所谓象征,不仅是象征诗人这一次遭受贬谪,而且更广泛地象征了他的人生道路。他好像一只离群的孤鸟,在这危机四伏的世界上飘零翔舞,忧惧重重。

类似的写法,前人已有过。文天祥《过零丁洋》中,"惶恐滩头说惶恐,零丁洋里叹零丁",便是借地名抒写行途中的情绪。但文天祥的二句,是事后追述的口吻,二句之间,又只是并列的关系。汤显祖这二句,前后相承,而且是立于"鸟口滩",将至"弹子矶",在象征的意义上,就是危险存在而尚未发生,因而便造成非常强烈的恐惧感,表达了更为尖锐逼人的情绪。这大概是借鉴前人而加以翻新的结果。

(骆玉明)

江　宿

汤显祖

> 寂历秋江渔火稀,起看残月映林微。
> 波光水鸟惊犹宿,露冷流萤湿不飞。

这里有一首艺术上很有特色,感染力十分强烈的小诗,即使是在大热的伏天,一读它,也会令人立刻感到秋凉。

这是江上朦胧的深夜,一位行旅中的诗人,披衣走出船舱,在秋寒中瑟缩四顾。残月在天,渔火依稀,大江沿岸在月色中一片寂寞的灰白,已经凋零衰微的秋林更显得迷迷蒙蒙。此时此景,诗人有些什么心情?他一字未说,笔锋一转,读者看到几只宿在滩上的水鸟被波光惊醒,听得它们鸣了几声,见天色未明复又睡去。接着读者又看到一群流萤被冷露浸湿了翅膀,停止了飞翔。用笔灵巧工细到了极点!在这里,诗人先引读者进入秋之深夜的江上环境,接着带领我们去体验水鸟、流萤的感觉。在对鸟和虫的感觉中,写出了环境的气温和湿度,我们竟被诗人点化成了宿鸟和流萤,也感受着残秋的风露。

还不止此。鸟和虫只是起了烘托环境气氛的作用吗?不,它们已经和全诗的意境合成了一个有机的整体,开阔而深沉,浑厚而尖新,表现着作者的精神。

这首小诗的作者,就是创作《牡丹亭》的明代大戏曲家汤显祖。汤一世为人正直,42岁时因揭发贪官,上疏直接批评皇帝,被贬到浙江遂昌县当了"七品芝麻官"。49岁时弃官回江西临川隐居。"万里苍茫水,龙蛇只自深"!这首诗由写秋凉而使人感到苍凉,创造出了一种浩淼沉郁的格调,这里有作者一世为人的风格在。"行为偏僻性乖张,那管世人诽谤"!和曹雪芹一样,汤显祖也是封建末世中的一块"病神瑛"。林黛玉、贾宝玉醉心《牡丹亭》,"心有灵犀一点通",不是偶然的。

读着这首小诗,我们像听到作者灵魂的一声叹息。封建社会在诗人心灵中投下浓重的暗影,秋肃临天下的冷峻,像这深夜秋江那么森人!但诗人没有绝望和死寂。波光水影,飞鸟流萤……一切仍是那么充满活力!这正是汤显祖之所以在坎坷中能成为大戏曲家的不同凡响之处,也正是这首诗精神所在令人一唱三叹的地方。

写法纯用白描,妙在挥洒而工细,将明晰(后二句)和模糊(前二句)结合在了一起。形象上统一了月下秋江的大和水鸟流萤的小,也统一了鸟和虫的动和静、惊扰和安宁。通篇寓情于景,寓情于物,意境和形象,水乳交融,有如一颗洁白、晶莹、浑圆的珍珠。

（白云奇）

天竺① 中秋　　　　汤显祖

江楼无烛露凄清,风动琅玕②笑语明。
一夜桂花何处落？月中空有轴帘③声。

〔注〕① 天竺:指天竺山,在今杭州西湖西。　② 琅玕:原为神话中的宝树,《荀子·正论》注:"琅玕似珠,昆仑山有琅玕树。"后人遂常以琅玕比喻秀竹,如:"主家阴洞细烟雾,留客夏簟清琅玕"(杜甫)。　③ 轴帘:"轴",用作动词,卷。"轴帘",即卷帘。

赏月是个传统的主题,大凡赏月诗通常都以视觉形象为主,但在这首诗里,作者匠心独运,致力于刻画听觉印象,写出了他在天竺山上秋夜赏月的独特感受,立意新颖,构思巧妙,令人叹为观止。

诗的前半段写赏月之人,"江楼无烛露凄清,风动琅玕笑语明",诗人独倚江楼,因为要赏月,所以没有点灯;寒露悄悄降临,说明夜已经深了,然而,当晚风轻轻摇动楼边的翠竹时,仍不时传来一阵阵赏月人的欢声笑语。上句写秋夜的静谧,静到了极点;下句写佳节的欢乐,欢乐也达到了高潮。一静一动,既矛盾又统一,构成了中秋之夜所特有那种静中有动的节日氛围。周围的气氛是欢乐的,不过,这欢乐的气氛仅仅是一种听觉印象,是借助于夜风隔着竹林间接地传递过来的,这就使作者保持了一种超然的地位,与周围的一切相闻而不相亲,似乎在赏月的同时,也在观赏着滚滚红尘中的赏月之人,因此,在宁静祥和的节日氛围中,又隐隐透露出诗人内心的冷傲和孤独。

在下半段里,诗人展开了想象的翅膀,把观赏的目光由地下转到了天上。视线转移的触发点是满地落桂,据说天竺山的遍地桂花落自月宫,唐代诗人宋之问的名句"桂子月中落,天香云外飘"(《灵隐寺》)即咏此事。这一美丽的传说激发了诗人无限的遐想,"一夜桂花何处落？月中空有轴帘声",正当他凝视满地落桂,品味着这神话般的意境时,突然,他似乎听到空中隐隐传来卷帘之声。这里,诗人用想象中的月中之声来暗指神话里的月中之人,构思十分巧妙,使全诗更增添了一层扑朔迷离的梦幻色彩。同时,结句中的一个"空"字亦颇有深意,是写月中嫦娥难耐寂寞而感到无奈？还是写作者本人徒闻其声不见其人而觉得遗憾？抑或是写两颗寂寞的心灵在中秋之夜彼此吸引,却又"盈盈一水间,脉脉不得语",平添无限惆怅? 也许,这三层含义兼而有之,这就只能由读者自己去品味,去想象了。

(黄锦章)

黄　金　台[①]

汤显祖

昭王灵气久疏芜,今日登台吊望诸[②]。
一自蒯生流涕后,几人曾读报燕书[③]!

〔注〕 ①黄金台: 又称昭王台、燕台、金台,故址在今河北易县东南。相传燕昭王筑台于此,置千金于台上,延请天下士,故名。　②望诸: 即乐毅,燕昭王与齐有怨,乐毅为昭王谋画,策动赵、楚、韩、魏等国与燕国联盟,于是,燕王使乐毅为上将军,总领五国兵马伐齐,攻下齐都临淄等七十余城。昭王卒,惠王即位,齐行反间计,惠王便召回乐毅,使骑劫代将。毅惧,出奔赵,赵封毅于观津,号望诸君。　③报燕书: 指乐毅给燕惠王的信,乐毅亡赵后,齐将田单大破燕军,燕惠王深悔毅之出走,使人责备乐毅,并赔罪,想请乐毅重返燕国,乐毅因此回信给惠王,说明了出走的原因及不能回国的苦衷。

这是一首咏史诗,诗人有感于战国时著名军事家乐毅的坎坷经历而作。诗的前半段感慨明君难得。燕昭王是个很有才干的政治家,能礼贤下士,知人善任。据说他曾筑黄金台延请天下英雄,此事虽不可信,但在他执政期间,"乐毅自魏往,邹衍自齐往,剧辛自赵往"(见《史记·燕召公世家》),确实聚集了一大批有才能的人。正因为如此,乐毅才有可能一展抱负,建功立业。然而,在历史上,像燕昭王这样的明君毕竟太少了,乐毅所主持的伐齐大业,最终因惠王的猜忌而功败垂成。乐毅的悲剧是很有典型意义的,在专制政体下,知识分子想要施展自己的才华,只能寄希望于统治者的赏识,而历代统治者又偏偏是平庸的居多,重奴才而不重人才。于是,千余年来,同样的悲剧在同样的土地上便不断地重演着,黄钟毁弃,瓦釜雷鸣,逸人高张,贤士无名。诗人独自在荒台上漫步,由乐毅的悲剧,联想起自身的遭遇,怎么能不感慨万千! 这两句诗,一句写古,一句写今,给人以沉重的历史感,自战国到明代,已有一千多年,时间仿佛凝结了,空气之沉闷,简直令人窒息。

诗的后半段含意十分复杂,"蒯生流涕"事见《史记·乐毅列传》: "始齐之蒯通及主父偃读乐毅之报燕王书,未尝不废书而泣也。"为什么蒯通读了报燕王书之后要痛哭流涕? 为什么诗人对此会有特别深的感触? 原来,在报燕王书中,乐毅以伍子胥为例,对君臣关系作了十分透彻的剖析: "昔伍子胥说听于阖闾,而吴王远迹至郢;夫差弗是也,赐之鸱夷而浮之江。吴王不寤先论之可以立功,故沉子胥而不悔;子胥不早见主之不同量,是以至于入江而不化。"并由此进一步说明了自己出走的原因："夫免身立功，以明先王之迹，臣之上计也。罹毁辱之诽谤，堕先王之名，臣之所大恐也。临不测之罪，以幸为利，义之所不敢出也。"（《史记·乐毅列传》）显然，诗人是在借古人杯酒，浇自己胸中块垒，在他晚年弃官归隐时，也曾面临过同样的困境，一方面，他很有政治才干，也很想以此来报效君王，任遂昌知县期间，政绩斐然，"一时醇吏之声为两浙冠"（邹迪光《临川汤先生传》）；但另一方面，朝政日非，邪佞压正，诗人在京的挚友中，不少已被构陷入狱，作者本人也因为官清正而受到来自上层的种种压力，当时形势正如他在信中所说"上有疾雷，下有崩湍，即不此去，留能几余？"（《答郭明龙》）因此，诗人之弃官归隐与乐毅的出走，有某种程度上的相似性。空怀一腔报国热情，却不得不遁迹山林，与草木同朽，世俗之人不可能理解他，即使在朋友中，真正能理解他的又有几个呢？这真是诗人的悲哀所在。"一自蒯生流涕后，几人曾读报燕书！"全诗以反问句结尾，语气十分强烈，由此，我们可以清楚地感觉到诗人内心的愤懑与不平。

这首诗融古今为一体，不枝不蔓，文笔极其洗炼，笔笔似在写史，又笔笔都在述怀，是咏史诗中不可多得的佳作。　　　　　　　　　　　　　（黄锦章）

闻都城渴雨时苦摊税　　　汤显祖

五风十雨亦为褒，薄夜焚香沾御袍。
当知雨亦愁抽税，笑语江南申渐高。

明神宗万历二十六年（1598）初夏，京畿大旱，神宗皇帝依旧制在宫中焚香祈雨，这可忙坏了一批帮闲文人，他们到处宣扬天子的美德，于是，坏事变成了好事，百姓的痛苦不见了，所听到的只是一片颂扬神宗皇帝"为民宵旰"的阿谀声。其时，汤显祖刚弃官归隐，目睹这一闹剧，不由得啼笑皆非，愤而写下了这首传颂一时的讽刺诗。

"五风十雨亦为褒"讽刺专以吹捧为能事的儒生，汉代董仲舒创立"天人感应"说，俗儒便时常捏造种种"祥瑞"来为统治者粉饰太平，歌功颂德，"五风十雨"即其一种。其实，若说风调雨顺，还能令人相信；若说五日一风十日一雨，就不免弄巧成拙，徒增笑柄了，正如王充在《论衡》中所说，"风雨虽适，不能五日十日正如其数。……此皆有其事而褒增过其实也"。次句"薄夜焚香沾御袍"写神宗皇帝夜间焚香祈雨，以致龙袍上都沾满了露水。从字面上看，似乎是在恭维神宗皇帝，但与上句连起来读，揶揄之意便十分明显了。既然"五风十雨"是溢美之辞，那么，传闻中的"薄夜焚香"也就不怎么靠得住了。

在诗的下半段中,作者借用申渐高的故事进一步讥评时弊。申渐高是五代时江南吴国善谑的伶人,据《南唐书》记载,吴国关税沉重,商人苦不堪言,有一次,都城广陵大旱,中书令徐知诰(即后来的南唐开国皇帝李昪)问左右:"近郊颇得雨,都城不雨,何也?"申渐高戏答曰:"雨畏抽税,不敢入京耳!"明神宗时,税收亦十分沉重,对汤显祖触动较大的是矿税一事,万历二十四年,明神宗派遣太监到各地征收矿税,其时,汤显祖还在遂昌任上,对此事十分反感,曾在书信中抱怨:"搜山使者如何,地无一以宁,将恐裂。"(《寄吴汝则郡丞》)并写下《感事》诗一首:"中涓凿空山河尽,圣主求金日夜劳;赖是年来稀骏骨,黄金应与筑台高。"因此,两年之后,当他听到明神宗焚香祈雨的传闻时,就很自然地把这两件事联系起来了。一方面是惺惺作态地薄夜焚香,另一方面却又巧立名目,横征暴敛,搜刮民脂民膏,这不正说明了上层统治集团的虚伪和无耻吗?

　　在这首诗中,汤显祖连用两个典故,辞意犀利,语气诙谐,真可谓"嬉笑之怒,甚于裂眦"。尤其难得的是,他把讽刺的锋芒直指最高统治者——明神宗,由"祈雨"一事而引出"雨畏抽税"的笑谑,与明神宗开了个不大不小的玩笑,这在历代的讥评诗中是十分罕见的,诗人晚年的反叛精神由此亦可见一斑。　　(黄锦章)

【诗人小传】

徐熥

明诗人。字惟和,闽县(今福建福州)人。万历十六年(1688)举人。一生未仕,以诗自娱。才思婉丽,以唐人为师,不染时习。所作尤以七绝擅场,源本王昌龄,声调谐畅,能作情致之语。与弟徐𤊹皆有才名。有《幔亭集》。

邮亭残花

徐　熥

征途微雨动春寒,片片飞花马上残。
试问亭前来往客,几人花在故园看?

　　暮春时节,诗人骑马行进在漫漫长途。是赴考,还是谋职?并未说明,只知途中走了不止一二日,心情也多少有些无奈。一路飘洒着细细的雨,那雨如柔长的游丝,也如悠悠的愁绪,令人感觉得阵阵寒意,又令人体味到心底里莫名的凄凉。说是为了什么吧,却说不明白,只是有一种伤感,浮动着,弥漫着。

　　途中常见的,是各色的花儿,或一丛丛开在人家篱边,或一簇簇开在河旁的树端,也有孤零零同那野草生长在山坡上。多已憔悴,因了风吹雨打,花瓣散落,一片一片,轻轻地飞起,又轻轻地落下,沾着水,沾着泥,铺在了地上。那景致也美,却美得教人伤心。不免想起自家庭院中的花,行前正开得烂漫,如今该也是凋落待尽?月下曾对花独酌,黄昏曾引朋招友,赏花题诗,想起来,竟是迷惘如梦。便这么一路走,一路遐想。

于是来到驿站(邮亭),见了不少人,有的刚投宿,有的准备出发,也有的正休息着。彼此陌路,也没有多少话可说,只是各人忙各人的。真是,在人群间,寂寞得比独自一人时还甚。无聊赖地张望,见驿站旁也有凋残的花儿。再看那些人们,也都是忙忙碌碌于长途之中,隔绝了故园。进而想,人生在世,谁能免于奔波?悠闲自在的日子,总是难得……。

这诗不曾写出什么具体的事件,也没有特别的内涵,不过表现一点感受、一点情绪。但正如前人所说,词不必丽,意不必深,却别有一种至情,流于言意之外。

(骆玉明)

寄　弟　　　　　　徐　熥

春风送客翻愁客,客路逢春不当春。
寄语莺声休便老,天涯犹有未归人。

徐熥与其弟、藏书家"红雨楼"主人徐𤊹(字兴公),都是明朝后期闽中才子,徐𤊹声名尤大,诗为后进所推,号"兴公诗派";其交游也更广,一时名士如屠隆、曹学佺、钱谦益辈皆与之游。这首小诗,作年未详,玩诗意,当是徐熥寄给正在客游途中的兄弟、望其早日归来聚首的。

前二句里,重叠着"春"、"客"各三字,一时令人眼花撩乱,但细细读时,却只觉诗意层层迭变,全无重复之感。"春风送客",佳事也,身在客途,有春风一路相送、殷勤追随、慰我寂怀,如何不佳?如何却是"翻(反)愁客?"起句虽不设问,而疑问已在其中。次句答得更巧。"客路逢春",其实与"春风送客"只是一事;但虽是一事,两样说之,滋味便全然不同。有春一路"送"我,固然良慰;但春者,当是于安闲悠然中所赏所玩者也,今在"客路",正尔奔波,有何闲逸心思赏玩?故客路所逢之春,在客子眼中,自然是"不当春"——算不得春,彼虽欲慰我,却终不能慰我;彼既一路送来,却时时令我不得慰,又如何不愁?

上二句一问一答,已于重叠用字中曲尽变化之妙,但仅此而已,尚不过小巧手段,此诗之妙,更在后二句。然最妙处虽在后二句,其草蛇灰线,仍出于前二句。请再细想之:"不当春",客固可作如是观,但春毕竟是春,不论你说它"当"得不"当"得,春风依旧骀荡,春光依旧汩汩流逝——这,恐怕才是客愁的更深处吧?诗人唯因窥到了这客子在漫言"不当春"背后的深愁,故而于第三句才突发奇想;他把目光投到了象征春日的娇唛黄莺儿身上,他要那黄莺儿声音别变,还是嫩嫩的、娇娇的,千万别马上变得老腔老调,千万别把春天也啼老了,啼尽了——因为,此际天涯正有一位未归的客子,正被算不得春的春光紧紧包裹着,为无法享有真正的、安闲的、故乡的春光而愁上加愁。如果,黄莺儿声音真的老了、春光真的逝尽了,那客子天涯归来,他还能赏玩到什么呢?他岂不是要在"不当春"之外,更增一层"不见春"的悲哀?

  诗中的"客",当然是指徐熥,诗人寄诗给乃弟,而不称"弟"称"客",且一篇之中三致意焉,无非是为乃弟点醒客子身份,望他莫要久恋梁园,迷失故园。诗中言徐𤊎"逢春不当春",自是诗人的揣测;诗人要莺声不老、春光莫逝,自也是诗人的痴想。一篇之中,皆为揣测和痴想;一篇怀人盼归之文字,却皆为"愁客"、"未归"充满字面,诗旨并不显露;这般落笔,是诗的出人意表处,是诗的不落旧套处,更是诗的尤可收取招人归来之效处。试想:若徐𤊎看破了兄长的痴想,顿悟到莺声其实不得不老、春光其实不得不逝,他能不早作归计么?他能让企望于故园的兄长,在春尽之际长吁短叹、失望独归么?故本诗非但着想新奇,其念弟望归之情,也表现得十分巧妙而可味。

(沈维藩)

丹阳遇陈十八   徐　熥

> 丹阳渡口遇同乡,欲语匆匆怨夕阳。
> 君返江南我江北,云山千叠愁人肠。

  陈十八不知何人。"十八"是其在家族中的排行。在作者的友人中,有一位叫陈价夫的秀才,与作者同籍(闽县,今福州市),亦以诗著名。他是否本篇所说的"陈十八",尚难确定。

  徐熥于万历十六年中举后,多次应进士考试不第,长期漫游在外。这一天,他来到长江边的丹阳渡口,准备渡江北上,恰好遇到陈十八由江北来,要回福建家乡。诗首句点题,以平平的语调,交代了这一次邂逅相遇。但其中的意味却很是深长。"丹阳渡口",好像只是说明相遇的地点,其实还包含着彼此均在客途、都怀有思乡之情的意思;双方的关系是"同乡",也就表明他们所思念的故乡乃是同一块土地,彼此的感情当然更加接近了。中国人向来重视乡谊,这一对同乡友人在异地不期而遇,所谓"老乡看老乡,两眼泪汪汪",彼此格外亲切,而平日深藏在心、难以对他人言说的乡愁,突出被激发出来了。这时刻,二人不知有多少话要说,夕阳却在渐渐西沉,作者必须赶快渡过江去,容不得细述衷肠。第二句"欲语匆匆怨夕阳",写得生动而传神,好像可以看到二人执手相望,边匆匆寒暄边打量着天边落日,难分难舍却不能不马上分手的一种情态。

前二句同时从双方落笔,后二句偏向作者一方,把自己的怀乡之情更推过一层。这是因为:双方虽同在客途,却一是南返,离故乡日近;一是北上,离故乡日远。好像本来是二人同病相怜,此刻却是一方痊愈一方恶化,情绪又不一样了。恶化的一方由于另一方的对照,显得更加可哀。顺着友人将要归去的道路遥遥眺望,只见山峰连绵,与暮云相接,更显得层层叠叠。这"云山千叠",本来并不能阻挡游子归乡,陈十八就正要越过它而去。然而,对于作者来说,它又是一种象征,好像是迫使他不能不离乡远去的一切力量,使他与故乡阻隔。所以,望着这重重云山,不由得肝肠欲断,悲不自胜。

思乡的诗作,前人写得太多,不易见好。这一首却不乏新鲜感,读来颇能动人。这不但因为作者抓住了一个特殊的背景,所表现的情绪不同一般,而且在短短四句中,写得层层递进,将人们熟见的思乡题材,表现得格外鲜明强烈。

(骆玉明)

春 日 闲 居   徐 熥

草阁春方暮,柽阴日未斜。
蜗涎分断壁,莺语共邻家。
曲坞藏修竹,轻云覆落花。
卑栖有至性,长此卧烟霞。

这是一首闲适诗。诗以清新细腻的笔墨,着意刻画了一个个局部的春景断面,在纡徐从容的氛围中突出隐逸的惬意。

暮春三月,诗人悠闲自得,所住的草庐外,一株柽(chēng)柳,树阴浓郁,正是正午时分。首二句紧扣题目,"春日"二字直接出于字面,"闲居"二字隐于句中。"草阁"写闲居的环境,隐伏下二联之景。"春方暮"与"日未斜"虽然是两个时间概念,但一经并列,却告诉了人们,因空闲而觉得时光流逝缓慢,春天久久未过,太阳迟迟不坠,日长无事,百般慵懒。这样将主观通过对时光的感受作流露,诗人自己的隐逸身份也就隐现其中了。

因为清闲,无所营求,自然对周围的环境特别注目;而观察的时间长,次数多,便能领略其中的趣味,道出其中的细微之处。因此,诗接着描摹自然风光。颔联是近景。断垣残壁上,蜗牛爬过,银白色的蜗涎,仿佛把深黑的墙划分为二;院内院外,一片莺啼,增添了中午的宁静。这联着意静态与动态、无声与有声的结合,只抓住两个局部加以渲染,暮春景色与诗人恬适的心情都得到了充分的体现。颈联转笔写远景。弯弯曲曲的山坞,隐隐露出了葱绿的竹林,远处一片淡淡的云影,浮游在山腰,仿佛覆盖着满地缤纷的落花。这一联,又把萧散疏淡的景色与人的闲情逸志融合在一起,达到物我两忘的境地。写景诗一般来说可分为浑写(即大笔挥洒,讲究场面与气势庞大)与细雕二种,这首诗的中间两联即采取了后一种手法。杜甫的写景诗多雄浑之笔,但亦不乏细微的描绘,如"圆荷浮小叶,细麦落轻花","柱穿蜂溜蜜,栈缺燕添巢","细雨鱼儿出,微风燕子斜"等,均体物入微,精巧细致,晚唐人专学此种。徐熥这首诗即刻意学杜,并自觉地将景物与观察时的心理在趣味上趋于一致,可谓善学古人。

尾联是味道之言。在闲适中,诗人悟出自然界的变化,人生的哲理,他觉得过平民的生活,与世无争,与物同化是人的最高享受与寄托,因此愿意永远隐居,过自由自在的生活。这样一结,整诗的闲趣隐乐都有了归宿。

唐代大文学家韩愈《送李愿归盘谷序》云:"穷居而野处,升高而望远,坐茂树以终日,濯清泉以自洁。采于山,美可茹;钓于水,鲜可食。起居无时,惟适之安。"极其精炼地描述了隐逸闲适之乐。但不是淡泊名利、安居乐贫的人是无法体会到这种乐趣,更写不出充满这种乐趣的诗来。徐熥一生未仕,隐居乡村,受自然陶铸镕烁,渣滓俱融,矜躁皆化,他的闲适诗完全是心声的自然流泻,所以写得如此蕴藉感人。自然造就的诗人所作毕竟比那些生活在富贵场、温柔乡的达官贵人的歌功颂德、无病呻吟要强得多。

(李梦生)

酒店逢李大　　　　徐　熥

偶向新丰市里过,故人尊酒共悲歌。
十年别泪知多少,不道相逢泪更多。

别离是人生一大憾事,所谓"别方不定,别理千名,有别必怨,有怨必盈"(江淹《别赋》),而与之相对的相逢自然就使人欣喜,尤其是久别之后,忽然邂逅,更使人悲喜交加,不能自已。徐熥这首小诗表现的就是这种久别重逢的动人场面。

独自作客在外,踽踽凉凉,充满家山身世之感。一天偶然经过一个市镇,听见酒店里有人在饮酒放歌,音调悲壮激昂,一看,却是分别了多年的好朋友李大。这两句写相逢,直从诗题入手,开门见山;但从偶然性着笔,增加了相逢带给人的惊喜与快意。诗中"新丰市"在今陕西临潼县东北,汉高祖建,唐马周落魄时曾纵饮于此,这里用以代指酒市,与题面"酒店"相呼应,又暗衬李大性格与遭际和当年马周相仿。诗中写李大"尊酒共悲歌"是关键,一是说明李大独自一人,郁郁不得志,流落酒市,而慷慨壮志不泯,为李大传神;一是说悲歌吸引了自己,才使自己得以与李大相逢。

"他乡遇故知",两人喜悦心情自不必细说。会面后,照理该互相询问别后生活,共忆往事,但诗将一切应有的琐碎小事删除而尽,只说别离十年,时刻怀念,不知流了多少相思泪,没有想到,今天无意中碰到了,流的泪比十年加起来还多得多。末句虽然是夸张之词,但引人深思。相逢了,流下眼泪,自然可以理解为喜悦的泪,但流这么多泪,就不可能是单一地为相逢而流。读者由此可以想象,他们坐在一起,倾吐心中的至情,说到高兴处,流下了泪;说到别后的思念,流下了泪;谈到目前四海飘零、壮志未酬,又流下了泪;谈到十年中友人凋零,又流下了泪。一句话,把两人相同的情感与深厚的友谊写活写透了。

读这首诗,很容易使人想到唐人两首著名的相逢诗。一是李益《喜见外弟又言别》,诗云:"十年离乱后,长大一相逢。问姓惊初见,称名忆旧容。别来沧海事,语罢暮天钟。明日巴陵道,秋山又几重。"一是司空曙《云阳馆与韩绅宿别》,诗云:"故人江海别,几度隔山川。乍见翻疑梦,相悲各问年。孤灯寒照雨,深竹暗浮烟。更有明朝恨,离杯惜共传。"二诗皆用赋体,历历道来,表达了会面的惊喜与别离的惆怅。徐熥这首诗虽短,但完全从心底流露出来,所以与李益及司空曙的诗一样,具有很强的感染力。诗看似寻常,但道出了人人心中所有而笔下所无的人生体验,这是作者丰富的生活经验与娴熟的写作技巧的反映。(李梦生)

【诗人小传】

徐熥

明诗人。字兴公,闽县(今福建福州)人。徐熥之弟。

宫　人　斜　　　　　　　　　徐　熥

空山溟溟夜沉沉,多少芳魂不可寻。

莫怨埋香在黄土,长门深比墓门深。

宫人斜,也叫玉钩斜,地在扬州,《广陵志》云:"府治西北玉钩斜,隋炀帝葬宫人处。"后人遂以宫人斜名宫女墓。而凭吊宫人的墓地,感慨宫人的不幸,似从中晚唐开始,陆龟蒙、窦巩都有此题,此后,本题代有作者。徐燉的这首《宫人斜》与前人和明人的几首同题作品比较,主题深刻,感慨沉痛。

"空山溟溟夜沉沉"是全诗唯一写景的句子。前人描写宫人斜,着眼于衰草枯树,愁烟晚莺,如陆龟蒙"草树愁烟似不春,晚莺哀怨问行人",宋张侃"淡烟衰草为凄然",总是当面描写实景,景象明则明矣,但难以表观深远的历史感和沉重的现实感。这首诗的作者索性以虚写虚,描写沉沉的夜色和溟溟的空山,历史驻足,空间凝滞,眼前的景象仿佛是宫人们数千年不幸的历史凝聚而成。这一句描写以虚写虚,化虚为实,效果似比实写更好。

第二句紧承前一句而来:"多少芳魂不可寻","多少"感慨数量之多,"不可寻"与上文"夜沉沉"相应,又暗示宫女们死后的寂寞。皇帝后妃们有专陵营葬,又有专人照料,墓冢垒垒,豪华气魄无可比并,还有何不可寻?而宫女们的墓地衰草凄凄,愁烟缭绕,正是"蓬科栖烟窜狐鼠,萧飒酸风远楚雨。"(明·张灿《宫人斜》)那数不清的国色天香、美貌丽人都化为黄土,怎不令人悲叹感慨!

黄土埋香,触目惊心,令人感伤,陆龟蒙云"须知一种埋香骨",吴兆云:"埋骨埋香却怨谁,"徐燉却一反其意,把宫人生前与死后作一对比,把埋骨黄土与幽禁深宫作一对比:"莫怨埋香为黄土,长门深比墓门深。"长门,汉宫名,《汉书》记载汉武帝宠幸陈皇后十余年,后将她废居长门宫。《乐府解题》说陈皇后退居长门后,愁闷悲思,无以达情,以重金请司马相如写《长门赋》,此后,乐府诗有《长门怨》一题。诗中用长门指代历史上所有的皇宫。绝句"宛转变化,工夫全在第三句,若此转变得好,则第四句如顺流之舟矣。"(杨载《诗法家数》)如果诗人顺着第二句写下去,必然是发发黄土埋香的议论,诗意便落入常人窠臼。诗意贵新,第三句"莫怨"二字,诗意顿转,另辟新论,把长门之深与墓门之深作一比较。从词语的表面看,是比较长门和墓门的实地距离,当然诗人意不在此,但诗以形象来感知读者,引发读者的联想:从诗意看,则是在比较宫人居于长门和墓门与皇帝的距离。我们知道人进墓门便是最后的归宿,已谈不上得宠幸,获君恩,尽管如此,墓门之深还是不如长门之深,且看那"春苔暗阶除,秋草芜高殿,"(陆机《班婕妤》)"长门与长信,日暮九重空",(孔翁归诗)宫人们生时虽与皇帝居于同一宫殿,邈如河汉,皇帝不给她们恩幸,也不给她们享受天伦之乐的自由,"绿衣监使守宫门,一闭上阳多少春",有的宫女终身"未容君王得见面",她们生活在宫中犹如一座监狱,一座活坟墓。那孤寂的夜晚,悠悠的岁月靠宫人们"长夜缝罗衣"、"耿耿残灯背壁影,萧萧暗雨打窗声"来打发,她们虽然活着,但早已成了没有人生乐趣、人生自由、被世人忘却了的活僵尸。这样看来,宫女们的死倒是她们的一件幸事,长门确比墓门深。这一对比两种比物中间留下了极大的空白、丰富的历史内容,耐人寻味,语浅意丰。

这首诗虽写宫人墓,也应归入宫怨一类,但诗人把宫女们死后的不幸当作她们的幸事,来反衬她们生前的大不幸,较之同题作品的感君恩,思君宠的主题要深刻得多。

(孙之梅)

诗人小传

姚少娥

明女诗人。号青娥居士,樵李(今浙江嘉兴)范君和妻。自小勤读,学问渊博,去世时才二十六岁。有诗集《玉鸳阁草》,著名文人屠隆作序。

竹　枝　词(二首)　　　姚少娥

卖酒家临烟水滨,酒旗挂出树头春。
当垆十五半遮面,一勺清泉能醉人。

燕晴花暖春色饶,游情欲醉魂欲销。
红衣突展绿阴畔,接袖纷纷度小桥。

《竹枝词》是乐府《近代曲》的一种。原是巴渝(今四川东部)一带民歌,从唐代诗人刘禹锡开始改作新词,后人继作的很多。一般用以歌咏当地风俗和男女情爱。形式与七言绝句相同,语言通俗,音调轻快。明代女诗人姚少娥的这两首小诗,描写西湖风光,诗中有景色有人物,物态人情都写得很动人。

第一首展现的是一幅当垆沽酒图。人物是诗人注意的中心,描写的重点。但一二句故意绕开人物,从容运笔,先从环境写起。"卖酒家临烟水滨",首先确定酒家的大方位是坐落在烟水迷离的西湖之滨;"酒旗挂出树头春",接着指明酒家的特征,在绿树高处挑着一方酒招,那就是酒家的门口了。以上写景,距离自远而近,视野由大而小,一为全景,一为近景。对酒家女的环境描写,至此能事已尽，以下便转而描写人物。第三句中"当垆"的"当"是对着的意思，"垆"是放置酒坛的土墩子。"当垆"指卖酒。这句用大特写，镜头直对着酒坛边年方十五的卖酒少女。但这少女并不正面亮相，而是害羞地"半遮面"，侧着身子。西汉时，司马相如与卓文君在临邛卖酒，司马相如着犊鼻裤打杂，卓文君当垆卖酒（见《史记·司马相如列传》）。其时卓文君已是二婚，夫唱妇随，早已脱去少女的羞涩之态。如果说，卓文君已是一览无余，那么，这情窦未开的"十五"少女，这羞人答答的"半遮面"，"仿佛兮若轻云之蔽月"（曹植《洛神赋》），愈不真切就愈能引动人的遐想。本诗的作者姚少娥尽管也是一位女性，也不能不被少女的这份娇羞和含而不露的美色所感动，所倾倒，不由自主地唱出了满含感情的末一句"一勺清泉能醉人"。"一勺清泉"真"能醉人"么？其实并不。但因为是那位美色足以醉人的少女舀出，水不醉人而饮者也难免会自醉了。

　　此诗一二句平平而起，但很有章法，见出功力。第三句欲说还休，吞吐不尽。结句乘流而下，语意夸张，虽违背物理，却深合人情，且有反拨上句的作用——由清泉之能醉人，就愈见此当垆少女的美艳有何等动人的力量了。《玉镜阳秋》评三四句为"直是妙绝"，并非过誉之辞。

　　第二首展现的是一幅仕女游春图。上一幅明净可爱，这一幅则活泼可喜。

　　前两句写春天的景色与春游的感受，用笔简练。首句中的"燕晴花暖"分写空中与地上，晴空如洗，燕子呢喃，春阳温暖，百花争艳。"春色饶"的"饶"字是多、盛的意思。"春色饶"是对"燕晴花暖"之景的拓展，也是诗人由衷的赞叹。次句即从这三字翻出。"游情欲醉魂欲销"，用"醉"字与"销"字极写无边春色摇荡性灵的力量。

　　游人本已沉醉于春色难以自持了，谁知眼前忽然出现了更为动人的一幕："红衣突展绿阴畔，接袖纷纷度小桥。"绿树边上突然闪出一群红衣女郎，一个个手携着手，迤逦地正从小桥上经过。"突展"的"突"字说明眼前景象出现之迅速，因而给人的印象也就更为强烈，更富于刺激性。这两句的精彩在于巧用映衬的手法，以绿树衬出红衣，以红衣反映绿树，大红大绿，色彩鲜艳。与此同时，对人的描写，运用借代的手法，以"红衣"借指穿红衣的女郎，以"接袖"表示携手，只写部分不写全人，只写衣着不写形体，从而给读者留下了想象的广阔空间。富于动作性，也增强了这两句诗的动人力量，不仅"突展"使画面在转瞬之间充满红情绿意，而且"接袖"、"纷纷"、"度小桥"七字中也包含有许多有着诗情画意的动作，形成极为欢快活泼的气氛，在形象之外仿佛还能听到飘散着的欢声笑语。

以上两首小诗画面不同,风格各异,艺术上各有特色,但都洋溢着对自然对人生的爱悦之情,由此可以窥见姚少娥诗歌创作的成就,更可从中得到艺术美的享受。

(陈志明)

【诗人小传】

高攀龙

(1562—1626) 字存之,又字云从、景逸。无锡(今属江苏)人。万历进士。熹宗时官左都御史,因反对魏忠贤,被革职。与顾宪成在无锡东林书院讲学,时称"高顾",为东林党首领之一。后魏忠贤党羽崔呈秀派人往捕,他投水死。能诗文。有《高子遗书》。

枕　石

高攀龙

心同流水净,身与白云轻。
寂寂深山暮,微闻钟磬声。

　　这首小诗写傍晚时分作者在深山中头枕山石休憩的片刻所体会到的快感和宁静淡远的意趣。诗写得质朴自然,空灵剔透,含蕴无限,是十分耐人寻绎的。

　　高攀龙所生活的晚明时代政治上十分黑暗,对正直人士的迫害经常发生。作为思想品格耿介超拔的东林领袖人物,诗人政治上失意,仕途坎坷,又处在同权奸集团和阉党斗争的政治漩涡中,因此,当他来到清静的深山,自会获得许多新鲜的感受。潺潺流水,悠悠白云,多么清澄莹澈,令人心旷神怡。这里远离污浊的世俗,更与黑暗的官场隔绝,周围没有人事的烦扰,没有任何潜在的威胁,枕卧偃仰于山石之上,顿感安恬舒展,尘虑皆空。在这样一片安宁幽美的天地里,诗人完全为空明、寂静的大自然所陶醉,不仅把政治上所遇到的挫折、把名利得失忘却了,甚至连自身的存在也忘却了。"心同流水净,身与白云轻",这纯净的石上清泉,这轻飘的空中白云,不正是自己所追求的理想境界吗?水,泠泠淙淙,自由流淌,形迹毫无拘束;云,本来就给人以悠闲的感觉,也给人以无心的印象,因此陶潜才有"云无心以出岫"的话(《归去来兮辞》)。此时诗人怡悦而安详地观赏、领略着深山中闲适的风光,襟怀纤尘不染,似乎自己业已"物化"作那清净的流水、那纯洁的白云。质言之,诗中流水白云的意象,作为诗人理想境界的环境烘托,向我们展现了抒情主人公天性淡逸、超然物外的风采。同时,它也是心志高洁的象征,是诗人高尚情操的写照。

"寂寂深山暮,微闻钟磬声",进而渲染出一种幽深静谧的氛围。"寂寂"二字是形容词重叠,表示程度加深,这里强调对尘嚣的摆脱滤净。诗人的身心既已得到净化和解脱,而与自然化合同一,便于身外之境一无所知,耳中只有天籁,就连深山古寺那远扬的钟磬声也似闻无闻了。"暮"字点明闻钟磬的时刻,闻钟磬则愈显出了境界的空阔深远,令人想到空间的无垠,时间的永恒,与人世的龌龊渺小及不足道。"微闻"二字,其意绪实由心之"净"、身之"轻",亦即诗人断绝尘想、神往物外的心境自然逗出。总起来看,诗中所渗透的闲逸高远的出世之情,说到底还是反衬出了作者对黑暗现实的厌恶情绪。

这首诗以冲淡的风格抒写作者的逸兴幽怀,诗境宁静超脱,安闲悠远。诗的内容单纯而丰富,诗义容易理解却又令人体味不尽,诗人所没有说的比他已经说出来的要多得多。表面看来,四句诗的用字造语平平无奇,像是随意写出,行云流水,纯任天然,但合起来却妙谛自成,达到了司空图所谓"俯拾即是"、"着手成春"的化境。

(尹芳林)

【诗人小传】

归子慕

(1563—1606) 字季思,昆山(今属江苏)人。他是明代著名学者归有光的幼子。明万历十九年(1591)举人,再试不第,于是归家隐居。明崇祯初年追赠翰林待诏。作诗淡雅清真。有《陶庵集》等。

对　客　　　　　　　　归子慕

默然对客坐,竟坐无一语。
亦欲通殷勤①,寻思了无取。
好言不关情,谅非君所与②。
坦怀两相忘,何害我与汝。

〔注〕① 殷勤:亲切的情意。　② 与:赞赏。

不知是何时,也不知是何地,两位或是久别重逢或是天天照面的朋友相聚小叙。一位想说点什么,把那或是久别的思念,或是昨日的心得传递给对方;另一位也想听点什么,在故友知交的话语里获得一些愉悦、温馨与启迪。然而,言语的交流并未在这对朋友之间发生,他们只是那么默默地坐着,用各自的眼睛"对"着另一方,直到小叙的终了。

以如上场景展开描述的《对客》一诗,浓缩地刻画了人与人之间交流时常出现的奇异现象。歌楼酒肆里的满座宾朋,总是热热闹闹地猜令划拳,伴随着没完没了的嬉笑、狂言与高歌;但酒醒人散之后,人言也便随着酒意烟消云散了。而清风明月下相知相契的友人,却往往只用三言两语,便各自了悟于心;有时则甚而望月不语,以心会心,言辞于此成了多余之物。语言作为人际交流最通常的手段,在某些特定的场合以及有特殊关系的人之间,其功用竟如此地轻微,不是很耐人寻味么?

然而文学并不单是描述人类奇观异象的手段,也是深入地探测人心并展露人心复杂的工具。当《对客》一诗用白描的手法,将对坐无语的一双友人推到前台时,它同时也向读者生动地显现了两位中的一位——"我"的丰富的潜台词。

很想跟您说点亲切的话题,说我们各奔东西后我所逢历的人生苦乐,说我们昨天谈得颇为投机的"性命之学",可转眼一寻思,那似乎又都没有什么意义。那么,说您愿意听的好话罢,你喜欢什么来着?游山玩水,儿女情长,不不不,这些俗话更没意义,您肯定不会喜欢。那说什么好呢?就这么坐着?从您的眼睛里我发现您同意这一建议。好,那么就这么坐着,大家敞开胸怀,海阔天空,把小我都付与无限的天地,由相知相契而相忘,想来这于您于我也绝无妨碍,因为在我们以心相会的时刻,时间与距离,有声与无声,统统已经失去了意义。

这默默无语的对坐,也许称得上是真正的交流,而不单是文学中用做某种特定场景的潜台词。当我们翻开本诗作者归子慕的履历,可以惊奇地发现他的诗同时也是他个人生活的实录。这位明代散文大家归有光先生的三儿子曾经是位举人,可是考进士两次名落孙山,便打消了做官的念头,一意去做他的隐士了。江村的物质生活是贫乏的,茅舍竹篱,布衣蔬食,损之又损,简单得不能再简单;可归氏的内心世界却异常地丰富,他常常与一二好友讲谈理学,互访时还练习静坐之趣,"端坐不语,终日凝然"(《列朝诗集小传》语)。生活方式的独特造就了一种独特的带有诗意的境界,而当他闲来将自己的生活细细梳理,形诸于诗时,他的诗歌也便有了其生活所必备的那份平易、淡泊与独特。

我们不知道归子慕是否对跟宋明理学的发展有密切关系的佛教禅宗颇感兴趣,由于后期禅宗比较崇尚非言语表达的悟性,而这种把握事物本源的独特方式据说又与理学的兴起与发展颇有瓜葛,因此当我们读归氏这首《对客》诗时,隐约之中也感到了几许禅意。类似公案解说的白话诗语一方面体现了天然的平易,另一方面似乎也略显质直,不是么?

另外使我们略感遗憾的是,我们已经不能再知道归子慕当年所面"对"的"客"是哪一位,自然也不能了解那位客人在默坐时心里又在想些什么。否则,有两首同时同地的《对客》诗留存,展现在我们面前的那副明代文人默坐心理对联,将何其生动而有意味!

(陈正宏)

北地晓征　　　　　　　归子慕

夜半寒鸡不忍听,主人炊熟梦初醒。
出门不复知南北,马上持鞭数七星。

题目点明,诗写旅宿者早起赶路。首句写报晓的鸡鸣将客子惊醒。从鸡声,暗示出客子投宿之处,不是繁华的城市,而是僻静的村店。不说"鸡鸣",而说"寒鸡","寒"字突出了荒村静夜的凄凉气氛,也将听鸡者的心境显示出来,可见其跋涉异乡,形单影只,举目无亲,内心凄苦。正因为如此,所以夜半鸡声入耳,分外生寒"不忍听"。"不忍"二字,概括了客子的跋涉之苦,羁旅之愁。次句"主人炊熟梦初醒",更是意味深长。由句中描写,让人想见村店主人为旅客准备早餐的繁忙景况;把"炊"与"梦"联系起来,不禁又令人会联想起黄粱美梦的故事。故事中那位旅宿邯郸的穷书生卢生,当店主人炊黄粱饭时,他正做着荣华富贵的美梦;可黄粱尚未熟,他已从美梦中醒来。后因以黄粱美梦感叹富贵虚幻,人世无常。这位"北地"旅客也在"主人炊熟"时"梦初醒"。什么梦?诗中未点破,但读者自可想见。他梦醒后,一定也像邯郸卢生一样的懊恼和沮丧吧? 此句实中寓虚,暗中用典,进一步显示出客子的穷愁潦倒和内心的怅惘。

后二句写客子出门晓行。"鸡声茅店月,人迹板桥霜",这是古人写客子晓行的名句,后人写诗常常袭用。本诗的作者另辟蹊径:"出门不复知南北,马上持鞭数七星。"七星,指北斗星。北斗星仍可"数",可见此时尚在黎明前,夜色仍旧苍茫,因而出门晕头转向,只好凭着北斗星分辨方向。诗中通过"马上持鞭数七星"这一细微动作,将晓行者摸黑赶路的特有神情,写得活灵活现。至于"出门不复知南北",除了天色原因,恐怕也与这位孤征者投奔无门的迷惘心情有关,所以这里的眼前景,也显示出人物的心中情。

这首诗,以幽清淡雅的笔墨,真实生动地将旅人的道路辛苦、羁旅愁怀勾勒出来。写景新鲜,用典灵活,含蓄有味,称得上"意象具足"。

(何庆善)

孙承宗

（1563—1638）　字稚绳，号恺阳，高阳（今属河北）人。万历三十二年（1604）一甲二名进士，授编修。天启初官兵部尚书，兼东阁大学士，奉命督师山海关及蓟辽、天津、登莱诸处军务，以忤魏忠贤去职。崇祯二年（1626）金兵破关入犯京城，以原官兼兵部尚书守通州，金兵退，加太傅。后被劾告归。十一年，清兵深入畿南，守高阳，城陷，自缢死。有《高阳诗集》。

渔　家

孙承宗

呵冻提篙手未苏，满船凉月雪模糊。
画家不解渔家苦，好作寒江钓雪图。

自从柳宗元写出《江雪》"孤舟蓑笠翁，独钓寒江雪"之后，画家们常常以渔翁入画，而形象大都不出柳诗所写的范畴。如五代赵干有《江行初雪图卷》、宋代王诜有《渔村小雪图卷》、明代朱端有《钓雪图轴》等即著名的画例。因为柳宗元诗本身就是寓言身世之作，并不客观反映渔民一般的生活情况，所以"寒江钓雪图"也大都反映文人的审美情趣，而并不深入反映渔民苦乐。孙承宗这篇论画之作，便是有感而发，批评了文人画中脱离现实的倾向。

"呵冻提篙手未苏，满船凉月雪模糊。"两句首先就勾勒了一幅很现实的渔家冬景。因为地冻天寒，渔民为生计很早就起身撑船，手指僵直，提篙很费劲，不得不频频向手心呵气取暖。侵晓的残月，将余辉洒了一船，明晃晃的。仔细一看，原来船身已覆盖了一层雪，由于脚踏缘故，已经斑驳模糊了。这幅图景很典型，可以窥斑见豹，反映出渔民的辛苦。它本身也饶有画意。背景仍是"江雪"，人物仍是"渔翁"，但趣味完全不同。可以想象，如果某位画家照孙承宗的构思画一幅"江行初雪"什么的，准不会错。可偏偏没人这样作，其原因何在呢？

"画家不解渔家苦，好作寒江钓雪图。"这里的原因有两个，一个是作家的思想、生活与渔家隔膜。和古代田园诗人常犯的毛病一样，用自己的主观情趣取代对象实际具有的情感，就像鲁迅在《风波》中讽刺的，明明是很清苦乱碌的农村图景，"河里驶过文人的酒船，文豪见了，大发诗兴说：'无思无虑，这真是田家乐啊！'"另一个是作家在艺术上的因袭，完全照抄前人的构思，实际上成为一种偷懒取巧。柳宗元《江雪》以寓言为象征，写个人孤傲的品格，实在不坏。第一个想到要将他的诗意作成画卷的,也不坏;再来一个要重新构思布局另画一幅的,也还可以。但如果天长日久,你画我也画,最后必然陈陈相因,如同印版,导致艺术上的衰落。如此弊端拯之只有一法,深入生活,更新艺术——要"解渔家苦"。正如本诗作者一样,由于深入了解民生疾苦,所以对渔家寄予同情,而在创作上也有了新意。

(周啸天)

二 月 闻 雁　　　　孙承宗

几听孽鸟语关关,尽罢虚弦落照间。
却讶塞鸿偏有胆,又随春信到天山。

孙承宗天启初官兵部尚书,兼东阁大学士,奉命督师山海关及蓟辽、天津、登莱诸处军务。这首边塞诗应是这一期间的作品。诗中通过"二月闻雁"这一偶然的闻见,设为寓言,抒发了作者有我无敌的无畏气概,同时对一些在边防大计上怯懦无能之辈进行了讽刺。

"几听孽鸟语关关,尽罢虚弦落照间"这两句是根据"惊弓之鸟"的故事虚构的图景。《战国策》载:"更嬴与魏王处京台之下,仰见飞鸟。更嬴谓魏王曰:'臣为王引虚发而下鸟'。魏王曰:'然则射可至此乎?'更嬴曰:'可'。有闻雁从东方来,更嬴以虚发而下之。魏王曰:'然则射可至此乎!'更嬴曰:'此孽(病者)也。'王曰:'先生何以知之?'对曰:'其飞徐而鸣悲。飞徐者,故疮痛也;鸣悲者,久失群也。故疮未息而惊心未至也。闻弦音引而高飞,故疮陨也'。"可知"孽鸟"就是负了伤的病雁。因为久失其群,故鸣呼其曹。《诗经·周南·关雎》:"关关雎鸠,在河之洲","关关"是孤雌(或雄)求侣的叫声。故此处用形失群孽雁的悲声。"尽罢虚弦落照间",从"尽罢"二字可知这种惊弓之鸟并非一只,在夕阳惨淡的余辉中,纷纷闻空弦而坠落("罢")。这显然不是写实,而是一种象喻。"几听"云云,告诉读者,边塞向来有类似情况的。本来胜败乃兵家常事,但偏有一些败军之将一蹶不振,对强敌闻风丧胆,谈虎色变。诗人的讽刺不一定是专指某人某事,但这种人和事在现实中却不乏其例。

"却讶塞鸿偏有胆,又随春信到天山。"在前二句反衬的基础上,这两句写"二月闻雁"就很有意味了。在"孽鸟"丧胆惊弓的同时,作为候鸟的雁群并没有放弃它们既定的方针路线,又随春信的到来而回返北方,相比之下,这是何等从容、何等勇敢的行为。"又随"二字颇有前赴后继的意味。这也是一种象喻,它比喻的是所有忠勇的爱国将士,他们到边关来就有不惜牺牲的准备,在他们的字典里有

"死"字,却没有"怕"字。诗句"却讶塞鸿偏有胆",是用孽鸟惊讶的口气道出的,便特别有味。勇士的无畏,不是足以振懦起顽,叫一切胆小的人感到羞愧么!

这首诗采用比兴手法,使得它的内涵远远超过作者面对的具体事实,从而具有广泛的象征意义。它甚至可以使今日读者联想到鲁迅《非革命的急进革命者》一文所说的几句话:"在行进时,也时时有人退伍,有人落荒,有人颓唐,有人叛变,然而只要无碍于进行,则愈到后来,这队伍也就愈成为纯粹,精锐的队伍了。"此诗中"又随春信到天山"的"塞鸿",就让人感到,由于淘汰了几只"孽鸟",反而更加纯粹和精锐了。

(周啸天)

【诗人小传】

程嘉燧

(1565—1644) 字孟阳,号松圆、偈庵,休宁(今属安徽)人,寓居嘉定(今属上海)。少学制科不成,刻意为诗。论诗主张先立人格,然后有诗格,反对诗坛上的剽窃摹拟之风。善画山水,晓音律,不事奔竞。钱谦益罢官时与为交,时相唱和。与唐时升、娄坚、李流芳合称为"嘉定四先生"。有《偈庵集》、《松圆浪淘集》、《破山兴福寺志》等。

题长蘅次醉阁① 　　　程嘉燧

为爱檀园开北阁,两回三宿小房栊。
坐深曲洞香灯焰,睡美疏櫺晓日烘②。
白拂花飞方丈雨,素屏滩响一床风。
但名次醉犹嫌俗,合作禅栖住远公③。

〔注〕 ① 长蘅:李流芳字。李万历丙午(1606)举人,与程嘉燧、唐时升、娄坚等均有诗名,时称嘉定四先生。　② 櫺:窗格。　③ 远公:慧远,东晋高僧。

程嘉燧与李流芳为诗画友。李流芳以时局纷乱,中举后再上公车不第,遂绝意进取,返故里嘉定南翔筑檀园,"水木清华,市嚣不至","琴书萧闲,香茗郁烈,客过之者恍如身在图画中"。程嘉燧亦是淡于功名者,弃制义不学,刻意为歌诗,"缘情拟物",旷日而不倦,乃作此诗题檀园次醉阁。

程嘉燧诗以七言近体为最工,所作主要有两个特点:一是清丽温婉,娟秀少尘;二是词琢句炼,工于诗律。因此他虽然"精熟李、杜二家"(《列朝诗集小传》),

诗风却与李、杜不同,而接近于刘长卿。这首诗正体现了他的典型的风格。

首联点题,突出一"爱"字。李流芳在檀园的北面新筑了一间小阁,作者两次去檀园游赏,就有三夜是睡在这间小阁的,足见喜爱之深。以下颔、颈二联均描写阁中景物,作者没有纯客观地去铺陈,既然写"爱",那就要写出作者自己的感受,自己的强烈的主观印象。"坐深曲洞香灯焰,睡美疏櫺晓日烘。"小阁有曲廊相通,幽邃曲折,故称"曲洞"。夜间阁中点了香油灯,焰火幢幢,更显得格外幽深静寂,于是作者一坐下去,便深深地为之陶醉,长久地不舍得离开,此之谓"坐深"。次醉阁有幽寂之趣,亦有疏朗之美。那就是在早晨旭日高升之时,因为阁子的窗格稀疏,大而透光,太阳照来暖洋洋的,使人可以美美地高眠,故称"睡美"。"坐深"与"睡美"概括了作者在小阁三日的感受,不论白天还是黑夜,总使人留连忘返,不忍遽去。句中"深"字与"美"字为诗眼,为全句的精神所在,是作者刻意锻炼的结果。按通常诗中语词的顺序,此二句应是:"疏櫺晓日春睡美,曲洞香灯夜坐深。"然作者颠倒了词序,把"睡美"与"坐深"提到句首,加以强调,全联顿然地便活了起来。

接下颈联仍写自己对次醉阁的感受,但更加深入细腻。一般写楼台亭阁总习惯于把它们放在山川湖海、风花雪月等大自然的景观中去描写,如唐孙逖《宿云门寺阁》:"悬灯千嶂夕,卷幔五湖秋。"宋米芾《望海楼》:"三峡江声流笔底,六朝帆影落樽前。"均是如此。程嘉燧此句则别出心裁,他把眼光仍局限在小阁内,不假阁外景物,自有风雨之感。"白拂花飞方丈雨,素屏滩响一床风。"拂为拂尘,用芦花等物做成的清洁器具。拂尘花飞,竟似乎满室皆雨。阁内有素色屏风,其上画着河滩急湍,画得实在逼真,画中急流的气势竟使人感到河水击石的喧豗之声,由喧豗的水声又引起空气流动、满床风生的感觉。这一现象,现代美学谓之通感,程嘉燧并不理解这道理,他是从禅悟中得来的。他平日喜读内典,自称"晚遇禅老,皈心空寂"(《松寥诗引自序》),诗中这种灵明空妙的感觉大概便是他的禅机吧!故诗的末联他提出以"次醉"名阁还有些"俗",因为"次醉"无非是景色可以醉人之意,而神妙灵奇的通感便不是醉意可以仿佛,而是一种悟境,惟有谈禅者才可以领悟到。故末句说:"合作禅栖住远公。"(合,应当)惟有像慧远这样的高僧才最适宜住在这间阁子中。如此结尾,看似是有所不满,其实正是提高了次醉阁的身价,也把先前各句的景中所具精神升华到了新的高度:曲洞、疏灯、拂花、滩风,都具有禅机的灵光了。这是极高妙的结尾收束,有此二句,全诗亦变得曲折而深致了——对次醉阁,诗人的态度经历了赞美、不满、再深一层(升华性地)赞美三个过程。

程诗以七言近体为最工,本诗正体现了他清丽温婉、娟秀少尘和词琢句炼、工于诗律的典型风格。

(刘明今)

忆金陵六首杂题画扇(选三首) 程嘉燧

秋阴殢客思腾腾,木末荒台尽日登。
谁信到家翻忆远,雨斋含墨画金陵。

最忆西风长板桥,笛床禅阁雨潇潇。
只今画里犹知处,一抹寒烟似六朝。

腊下风光旅客颜,奇情孤绝未能还。
携钱日向旗亭醉,醉看长江雪后山。

金陵(今南京市)乃六朝古都,是风物佳丽、人文荟萃的名胜之区。明末诗人、画家程嘉燧,曾在这里客寓多年,后来回到故乡皖南休宁县,但仍对金陵恋恋难忘,一往情深。他曾以金陵游览为题材在扇上作画,并题咏这一组"忆金陵"诗。这组诗清疏凄艳,余韵缭绕,很受诗坛名流王士禛、沈德潜等人的赞许。

选的这三首,其一总叙,二、三两首分写两个不同的侧面。

因是题画,故诗一开头就从画下笔:"秋阴殢客思腾腾,木末荒台尽日登。"殢(tì)客,滞留他乡之客。木末荒台,指高山野外名胜古迹。这两句是写,在秋阴的日子里,客子为排遣愁闷,怀着难以抑制的兴致,登高山,访古迹,赏名胜,尽日盘桓。这是描写扇上画中的景境,也是诗人对昔日作客生涯的回忆;画中那位"殢客",当是诗人的自我写照。后两句即点明作画动机和所画何处。"谁信"句勾画出复杂微妙的心态:客居远地思家是常情;回家后反而思念远方客地,这似乎矛盾,难以置信,但又确实如此。因为人是有感情的,对自己曾经生活过的地方,总会结下情缘;尤其是深深喜爱过的地方,离开后更会思念不已。所以"到家翻忆远"看似无理,实则道出了人们所共有的生活体验。此句是引出全篇的关键。下句"雨斋含墨画金陵",紧承"忆远",点明所忆的是金陵,使题旨显豁。雨斋,雨天的书斋。雨声淅沥,更会勾引起斋中含毫濡墨作画人的离情别绪,"雨"字使此句更富有情韵。

第二首写"最忆"之处——长板桥。长板桥在秦淮河畔,乃金陵教坊、妓院聚居之处(详见清余怀《板桥杂记》)。明末士气以风流相尚,妓院与禅房是士人最爱留连的场所。金陵乃繁华之区,妓院与寺庙甚多,故尤为骚人墨客的理想乐土。诗人说他"最忆"的是长板桥的秋天,到清歌妙舞的欢场听笛赏乐,到花木幽深的禅阁对雨吟诗。"笛床禅阁雨潇潇"七个字,包含着当时多少奇情异趣!然而这一切已成昔日黄花。"只今画里犹知处,一抹寒烟似六朝"。诗人抚画凝思,引起联想和感慨:那一抹寒烟下,昔日曾有过六朝金粉似的繁华;而今事过境迁,昔日的繁华也像六朝金粉化为一抹寒烟。诗人的种种愁思和今昔感慨,都包含在那画上的一抹寒烟中了。

第三首回忆寒冬旅兴。首二句写对金陵的特殊感情:"腊下风光旅客颜,奇情孤绝未能还"——尽管岁末寒冬旅人思归,诗人却独怀奇情、恋恋难舍而未归。下二句写出了"孤绝"的"奇情":"携钱日向旗亭醉,醉看长江雪后山"。旗亭,酒楼。诗人爱独上江楼,举杯观赏雪后江上之景。万里长江,奔腾浩渺,两岸崇山叠岭,雪后银装素裹,与天上白云、江中浪花上下相映,动静交辉,格外扑朔迷离,气象万千。这壮观的奇景,都概括在"长江雪后山"五字之中了;而诗人孤高脱俗的情怀,也从这幅高远壮观的图景中显现出来。两个"醉"字,可见观景人为美景所陶醉的酣态,格外显出他"奇情孤绝"。诗的结尾给读者留下无尽的联想。

这组题画诗,诗中有画,意境幽邃。诗人抓住画中最动情之景,以大写意的笔法略加涂抹,稍示鳞爪,稍露端倪,引导读者从"一斑"窥"全豹",由景境而窥见观景人的高情奇趣。诗中造语奇峭含蓄,"娟秀少尘"(沈德潜评语),若"笛床禅阁雨潇潇",若"一抹寒烟似六朝",若"醉看长江雪后山",皆锦心绣口,达到"句中藏字,字中藏意"(杨载《诗家法数》语)、余味无穷的艺术效果,令人耳目一新。

(何庆善)

【诗人小传】

沈明臣

明诗人。字嘉则,鄞县(今浙江宁波)人。胡宗宪率师平倭,他与徐渭一起入幕府。后胡宗宪下狱死,他曾作诔文遍告士大夫,为胡宗宪伸冤。先后作诗七千余首,有《丰对楼集》。

凯　　歌　　　　　沈明臣

衔枚夜度五千兵,密领军符号令明。

狭巷短兵相接处,杀人如草不闻声。

明嘉靖中叶,倭寇大肆骚扰中国东南沿海地区,造成极大破坏。后胡宗宪任抗倭军务总督,苦战数年,兼用计谋,始将倭乱平息。胡氏喜招纳文士,许多诗人被引入总督幕府。沈明臣是其中之一。关于本篇,有一则记载说:在总督府于烂柯山举行的一次庆功宴上,酒酣乐作,沈氏当场作《凯歌》十首。至"狭巷短兵"二句,胡宗宪起座捋其须曰:"何物沈郎,雄快如此!"即命人将此诗刻石置山上,以为纪念。

诗描述了一场夜袭战斗,其特点便是胡宗宪所说的"雄快"。

首句便造成强大的气势。"衔枚",原是古代行军时,为防止士兵喧哗,令他们在口中衔一支如筷子状的木条,这里形容军队行动时悄然无声。"度"是一个没有形迹、没有声响感觉的动词,常用于鸟飞。"五千兵",作为一支偷袭的军队,规模是很大的。"衔枚夜度五千兵",如一股黑色的涌流,无声无息,却格外给人以力量感。第二句"密领军符号令明",对首句加以补充说明。因为这场战斗是一次绝密行动,因为军纪严明,所以才有首句所说的情状。从事件本身的次序上说,应是第二句在前,第一句在后。但如按这个次序来写诗,节奏就显得平缓,诗失去力度。倒过来说,不仅起笔便有强大的气势,而且因第二句的补足说明,形成一个停顿,如同洪流受阻,反而蓄势愈强。

三、四句直接转入战斗场面。"狭巷"是战斗发生的场所。这带有写实性,当时有好几场战斗是在城市中进行的。从诗的角度来说,"狭巷"毫无回旋余地,一支强大的军队投入到这样一个战场中,必然发生殊死的搏杀,更增强了阅读心理上的紧张。"短兵相接",说明这是一场近身肉搏战,点出夜袭的特点,气氛极为激烈。这个句子与一般七言诗句式不同。它不取通常的上四下三的节奏,而用上二下五的配合,在语意上,"短兵相接处"必须连读而不能停顿,因而显得更快。而且,这个句子不能单独成立,"短兵相接处"如何?留下了问题,使得它和末句的连接也更紧密,又进一步强化了"快"的感觉。"杀人如草不闻声",紧扣夜袭的特点,赞颂我方将士的主动、迅捷、勇敢,在敌人尚未来得及作出充分的反应时,已将他们全部歼灭。这真是一场快战。

七言绝句的形式是固定的。但是,如何调动各种手段,表达特定的内容,造成特殊的效果,则大有讲究。这首诗不仅通过事件的描述来表现我方在夜袭战斗中的快速与强有力,而且叙述的次序、语言的节奏也与之相配合,具有相当的感染力。誉为"雄快",当之无愧。

(骆玉明)

渔村夕照(二首)   沈明臣

洲前洲后尽垂杨,村尾村头满夕阳。
换酒醉眠高晒网,远山修竹正苍苍。

不知谁唱《白铜鞮》,杨柳村南即大堤。
欸乃一声风断续,打鱼人背夕阳迟。

　　这两首诗,以秀雅的笔墨,民歌的风调,唱出了渔村特有的风光和渔家独特的生活情味。

　　诗题"渔村夕照",诗中展现出夕阳下渔村一静一动两幅不同的画面。

　　渔家住在江湖洲渚之上,他们捕鱼劳作的时间一般都在清晨和傍晚。白天卖鱼、晒网,下午要充分休息,以便向晚再下湖劳作。第一首写的就是午休时渔村景象。通篇写景:垂杨笼罩,修竹苍苍,阳光静静地沐浴着村巷……通过对垂杨、夕照以及远山修竹的描写,将渔村清幽的环境和安宁、平静的气氛渲染出来,暗示渔民淳朴、善良。第三句"换酒醉眠高晒网"点出渔人活动,让人知道此时渔人正在酣眠,所以村巷静悄悄。而那高高悬晒的鱼网,则是渔村最显眼的"村徽"。渔人在"醉眠",网在"晒",都在休整,为迎接下一次战斗养精蓄锐。此句是"点睛"之笔。有了此句,其他三句的写景才有着落,才联成一气,满盘皆活。

　　第二首写渔人傍晚下湖捕鱼的情景。

　　"不知谁唱《白铜鞮》,杨柳村南即大堤"——一阵歌声划破了渔村的静寂,气氛顿时热闹起来。《白铜鞮》,即《白铜蹄》,南朝歌谣名,这里泛指民歌俗曲。这两句写渔人唱着歌,穿过村南柳荫大堤下湖。这快乐的歌声,反映出渔人对自己劳动的热爱;也说明他们"醉眠"醒来,精神分外焕发。下二句写捕鱼,是全诗描写的重点。"欸乃一声风断续",欸乃,摇橹声。这是写渔人将船划到湖心下网,随着风,断续传来呀呷哑哑的摇橹声。从这"欸乃"声,可以想见那湖上渔舟荡漾、银网抛撒的繁忙景象。"打鱼人背夕阳迟",写渔人弓着腰在收网捉鱼。此时远望渔人最突出的部分是脊背;加以夕阳反照,背部亮度增加,更显得突出。"背夕阳",构成了一幅黑白反差强烈的逆光摄影。这一具有特殊美感的镜头,分外引人注目,令人拍手叫绝,难以忘怀。"夕阳迟",这不仅显出渔人捕鱼的辛劳,也将夕阳写得富有情味,她仿佛是在殷勤地陪伴着渔人劳作,迟迟不肯下山。这句描写新鲜生动,含蕴丰富,可看出诗人观察景物准确,笔墨细腻,表现技巧颇为高明。

这两首诗,描绘和歌颂了渔民的平凡劳动和朴实生活,调子明朗、健康。用笔明快,朴中见秀。是一曲清新的牧歌,是一幅传神的风俗画。　　　　（何庆善）

萧皋别业竹枝词　　　　沈明臣

青黄梅气暖凉天,红白花开正种田。
燕子巢边泥带水,鹁鸠声里雨如烟。

《竹枝词》本出巴渝民歌,带有浓厚的乡土气息和地方风味。自唐代刘禹锡以来,仿作者极多。大都用写一方风土人情及城乡风光。形成七言绝句中一大专题。"萧皋别业"是作者友人李宾父的别墅名称,此诗就写江南梅雨季节当地农村景象。其韵味和宋人翁卷的《乡村四月》颇为接近:"绿遍山原白满川,子规声里雨如烟。乡村四月闲人少,才了蚕桑又插田"。然而对比玩味,沈明臣此诗自有新意。

"青黄梅气暖凉天,红白花开正种田。"开篇两句描绘萧皋别业所在的郊野春光,就有美不胜收之感。与翁诗的"绿满山原白满川"比较,更为色彩绚丽。显然沈诗所写的不是初夏四月的乡村,而是春二三月的乡村。这里不仅排开了四种色彩;"青"、"黄"、"红"、"白",较翁诗的"绿"、"白",色彩的冷暖变化更大。而且出现了三个结构相同的排比的片语:"青黄梅"、"红白花"、"暖凉天"。每个片语中的名词性主语前,都有两个不同,甚至对立的形容词("青"、"黄"是不同色,而"红"、"白"是对比色,"暖"、"凉"是对立感觉),它恰到好处地写出了乍暖还寒的早春天气及相应的景物特征:桃李刚刚开花;而梅子尚小,黄里带青。这里辨味之细,只有晚唐韩偓绝句差可仿佛。诗人下字也很精确,如果在别人笔下,首句也许是"青黄梅子"而不是"青黄梅气"。那个"气"字多么虚,感得到,摸不着。前两句之妙,就在于不仅写出了视觉色彩,比翁诗多写出了人的感觉(冷暖)。这时还不是农忙时节,没有"才了蚕桑又插田"那末紧,只说"正种田",恰到好处。

"燕子巢边泥带水,鹁鸠声里雨如烟。"这两句最惹人喜爱的是后一句,它在感觉、视觉形象外又添了听觉,雨声和鹁鸠声。然而,它毕竟是有意无意落到了翁卷那个得意之句的窠臼里。这里不过不是"子规声",因为子规是迎春的鸟儿。鹁鸠羽毛黑褐而胸部淡红,喜欢在春雨中鸣叫。在一片迷蒙的烟雨中,鹁鸠柔声呼侣,倍觉迷人。沈诗的独创性,尤见于上句"燕子巢边泥带水"。前人咏燕之作多矣,谁曾拈出"泥带水"三字? 那是来源于精细生活观察的一个发现。原来"芹泥雨润",水分特多,使得燕子窝边的泥土湿漉漉的。"泥带水"不是"拖泥带水",而是一个充满生气的形象。因为这是春雨,是好雨、喜雨。"晓看红湿处,花重锦官城"是杜甫的奇妙发现,"燕子窝边泥带水"则是沈明臣的奇妙发现。

翁卷的《乡村四月》在形式上是四句散行的,而沈明臣此诗则以骈句为主。它不仅下联对结;上联有三个排比片语,同时上下句也似对非对。这就使它在形式上更有锦绣成文之感,这正是春天给人的感觉,而不是初夏给人的感觉。和同一作者的《凯歌》(衔枚夜度五千兵)相比,诗的风格判若两人,使读者不禁要模仿胡宗宪大人的口气赞叹:"何物沈生,清绮乃尔!" (周啸天)

> **谢肇淛**
> (1556—1616) 字在杭,长乐(今属福建)人。万历二十年(1592)进士,历官工部郎中,广西右布政使。熟悉河工水利,史乘掌故,学识杂博。著有长溪琐语《滇略》、《方广岩志》、《五杂组》、《小草斋集》、《小草斋诗话》等。其诗诗律精细,气势雄健,是晚明闽中诗派的代表人物。

【诗人小传】

送徐兴公还家   谢肇淛

枫落空江生冻烟,西风羸马不胜鞭。
冰消浙水知家近,春到闽山在客先。
斜日雁边看故国,孤帆雪里过残年。
怜予久负寒鸥约,魂梦从君碧海天。

谢肇淛为明后期闽中的著名诗人。明代诗坛,闽中自成一派。其先在明初有以林鸿、高棅为首的"闽中十子"。钱谦益论云:"推闽之诗派,祢三唐而祧宋元,若西江之宗杜陵也。"(《列朝诗集小传·高典籍棅》)其宗旨在标举唐音,"摹其色象,按其音节",所作诗格调高远,清俊有余,而浑厚不足。稍后,明中期有傅汝舟、高㵾、林春泽等,沿其余波,流风不泯。至晚明,谢肇淛、曹学佺等人出,其风更张。谢肇淛论诗推宗闽人,称"明诗所以知宗夫唐者,高廷礼(棅)之功也"。他和高棅一样,提倡唐代王、孟、高、岑等清远的诗风,所作亦大致相近。徐兴公即徐𤊹,亦是当时闽中重要的诗家。钱谦益称他:"博学工文,善草隶书,万历间与曹能始狎主闽中词盟,后进皆称兴公诗派。"(《列朝诗集小传·徐布衣𤊹》)此诗格调清逸,句律娴熟,正是兴公诗派,也可以说是闽中诗派的典型风格。

谢肇淛是明万历二十年(1592)进士,长期在外做官,历任湖州推官、工部郎中等职。因此好友徐兴公回家过年,自然地牵动了他的乡思。这首诗提到"冰消浙水",很可能是他在湖州推官任上所作。

这是一首送行诗,按习惯的写法,它着重描写远行人这次的旅程、目的地,以及送行者的惜别之情。然因为徐𤊹和作者是同乡,故这首送行诗也就成了作者思乡的诗,二者融而为一了。徐𤊹是闽县人,在冬季从浙江北部到福建,气候由寒转暖,其差异是相当大的。全诗便由此展开。首二句"空江"、"冻烟"、"西风羸马",风物相当萧瑟,这既描写了浙江北部地区冬季严寒的景况,也可以说是作者异乡为客、送别故交时心境的写照。好友回家过年了,自己却一人孤零零地客居在外,怎不令人伤心呢?于是眼前的景物都抹上了凄冷的色彩。然而在作者想象中,随着徐兴公远去,离家乡越来越近,风光便不同了。"冰消浙水知家近,春到闽山在客先。"越向南走,气候越暖和,浙水中的冰块已渐渐消融,在福建的家乡,春天一定早已来到了吧!想到家乡,作者便不禁在字里行间流露出喜悦的心情。当然徐兴公回家的路上,"斜日雁边"、"孤帆雪里",旅途还是相当辛苦。但不管怎样,徐兴公是快要回到故国(故乡)、在那里度过残年、再和家乡人一起迎新年了。可是作者自己呢?接下笔锋一转,写道:"怜予久负寒鸥约",自己久已辜负了归隐田园的盟约,在宦海中奔忙,如今只能"魂梦从君碧海天"了。

闽中一派写诗重视"色"、"调",所谓"色"乃是遣词用字的色彩,"调"是诗歌的风调。他们不主张用艳词丽藻,也屏弃生僻奇涩之语,他们讲究用雅淡的词语,塑造出一种清远的风格,因此所写诗的感情也是淡淡的。这首诗便是这样,诗中表达了作者客居的忧思,然并没有化不开的执着,"怜予久负寒鸥约,魂梦从君碧海天。"诗句清雅已极,然似乎说过,哀愁也就消解了。

(刘明今)

渡 汶 河

谢肇淛

霜飞月落野鸡啼,雾锁长林水拍堤。
夹岸人家寒未起,孤舟已过汶河西。

这是诗人在游宦途中所作的一首纪行小诗。题中的汶河,今名大汶河,发源于山东莱芜市北,流向西南,经汶上县入运河。吟罢全诗,眼前仿佛展开了一幅水墨山水。这是一个寒冷的拂晓,月亮落下去了,太阳显然还未升起,凛冽的寒气凝成一片严霜,诗人设想它们是像雪一般飞落下来的,野外的鸡已早早地开始啼叫了。弥漫的雾气升腾在河边上,笼罩着荒寒的树林,仿佛将它们封锁住了,河水在单调地拍打着堤岸。这两句写景通过声色的渲染营造出一种凄清幽寂的氛围。在其笔下,一切妍丽的色彩均被摒弃,只是水墨的浓淡不等的晕染,诗人似乎有意在让这种黑白效果发挥至于极诣,以求画面透出荒寒枯寂的清气幽韵。荒野的鸡鸣和拍岸的水声则以声衬静,更突出了境界的幽寂。这样的境界不禁令人想起张继的"月落乌啼霜满天"(《枫桥夜泊》),但谢诗更具北方原野荒寂旷远的特色。如果说以上两句尚是为渡河作背景描绘的话,那末三四两句则是正面写其渡河。诗人以正反衬跌的手法来表现:汶河两岸的人家因天寒还未起身,而诗人的孤舟已渡过汶河向西而去了,第三句为渡河作了铺垫,全力托出这最后的一笔,境界的孤寂又较前进了一层,而羁旅行役的艰辛也自在不言之中了。这最后两句的手法无疑借鉴自宋人徐俯的《春日游湖上》:"双飞燕子几时回?夹岸桃花蘸水开。春雨断桥人不度,小舟撑出柳荫来。"二诗的末两句皆是以反衬正,以动显静。

  从这首不起眼的小诗中,我们也可窥见谢氏诗歌的美学趣尚。他对七子之拘泥盛唐气象,一味追求雄浑高华,颇致不满,而是走清淡空灵一路。他在《小草斋诗话》中提出:"诗境贵虚","诗情贵真","诗意贵寂","诗兴贵适"。这首小诗基本上体现了这些特点:它境界空寂,神清意远,刊落华藻,摒去色彩,纯用景语,而个中况味读者自可去寻味把玩,在想象中加以丰富补充。这正应了诗人自己所说的"无色无著"。他认为:"古今谈诗如林,然发皆破的,深得诗家三昧者,昔惟严沧浪,近有昌穀而已。"诗人服膺自己的同乡前辈(严羽为福建邵武人),而在诗歌的理论与创作中踵武其道,这首小诗也可作为其嗣响严氏的佐证。

(黄宝华)

钱塘逢康元龙   谢肇淛

黄梅细雨暗江关,我入西吴君欲还。
马上相逢须尽醉,明朝知隔几重山。

  谢肇淛为福州长乐人,万历壬辰(1592)进士,及第后除湖州推官。此诗是他在杭州遇见康元龙后的惜别之作。康氏名彦登,福州闽县诸生,为人慷慨负气,以诗名世,在万历间为"福州七才子"之一。而谢氏诗名尤著,堪称"闽派之眉目"(钱谦益《列朝诗集小传》)。诗人在宦游中得遇同乡兼诗友,自是百感交集,故形诸于诗。

春末夏初的江南,正是淫雨霏霏的黄梅时节,烟雨笼罩下的杭州越发显得暗淡凄迷。"江关"亦即江城,这里是指钱塘江畔的杭州城。诗以景语发端,不仅点明了物候、时地,而且渲染出一种低回迷茫的离别氛围,给全诗蒙上了一层依依惜别的感情色彩。接着交代行踪,离别之意自在其中。"西吴"乃湖州的别称,正是诗人所要去的地方。"君欲还"则是点明康元龙的去向。据《列朝诗集小传》所载,康氏"尝游历边塞,无所遇,有《朔方游稿》。年三十六,贫困以死"。然则所谓"还"当是指还故乡而言。一个是游宦客居,一个是羁旅飘泊,客中相遇,自是喜出望外,而离别在即,又顿生无限惆怅。更何况对方所去之处是自己梦魂萦绕的故乡,这就在一般的离情别绪之外又加添了特殊的感慨。这一句揭示了客中作别的主题,映照前面的景语,让画面中的意象浸润了丰富的情感;同时又开出下面一句,将情感推向高潮。在中国文学中,酒和离情别绪有着不解之缘,酒既是情感的催化剂,又是化解心理情结的必需品。"须尽醉"正是前面百感交集的必然结果,它所传达的心理讯息是复杂而丰富的,既有庆幸相逢的喜悦,又有借酒浇愁的颓放,复有对怀才不遇的友人的慰勉,对羁旅行役的情怀的排遣。结句遥想别后情景,一别之后,南北异途,又不知有几重关山阻隔。它是对上句"须尽醉"的原因作补充交代,先果后因,是为逆挽运笔,这就突出了深沉的感慨。它又与首句的景语遥相呼应,一实一虚,虚实相生。结句乃在感慨中开出虚拟之景,情蕴其中,因而悠然情深,余味无穷。

谢氏诗学,归趣盛唐,这是明代闽中诗派的传统,从明初林鸿、高棅起,论诗、创作都沿袭此道,因而谢氏与七子也声气相通。但他对七子之一味拟古,追求气大声洪也颇多批评,反对拘泥一种格调,因而其诗"风调谐合,不染叫嚣之习"(《列朝诗集小传》),走所谓"无色无著"的清淡空灵一路。从这首小诗我们也可体会出他的这种美学趣向。唐诗中不乏写客中作别的诗,有些还是名篇佳什,诗人自是耳熟能详,因而陶铸镕化在自己的诗中。"我入"一句不由使人想起郑谷的"数声风笛离亭晚,君向潇湘我向秦"(《淮上与友人别》);而"马上"一句则脱胎于岑参的"马上相逢无纸笔,凭君传语报平安"(《逢入京使》)。而诗人剪裁得体,使全诗一气流转,大有李白七绝的风神潇洒,俊逸流美。全诗以对友人倾诉心曲的口吻写出,刊落华藻,朴素真切,家常絮语中包含丰富的感情。沈德潜评李白七绝"语近情遥,含吐不露","只眼前景,口头语,而有弦外音,使人神远"(《唐诗别裁》),谢氏此诗,庶几近之。他论诗曾云:"诗情贵真","淡语胜浓"(《小草斋诗话》)。此诗可谓其诗论的实践。

(黄宝华)

诗人小传

袁宏道

(1568—1610) 字中郎,号石公,公安(今属湖北)人。万历进士,官至吏部稽勋郎中。与兄宗道、弟中道,并称三袁,为公安派的创始者。在三袁中宏道成就最大。其思想受李贽影响较深,重视小说、戏曲和民歌在文学上的地位。论诗文主张"独抒性灵,不拘格套",反对剽拟古人,拾人唾涕。作诗宗白居易、苏轼。其诗出自真情,任性而发,语言清新,不避俚俗。散文亦清隽流畅。有《袁中郎全集》。今有笺校本《袁宏道集笺校》。

东阿道中晚望

袁宏道

东风吹绽红亭树,独上高原愁日暮。
可怜骊马蹄下尘,吹作游人眼中雾。
青山渐高日渐低,荒园冻雀一声啼。
三归台畔古碑没,项羽坟头石马嘶。

这首诗是万历二十三年(1595)袁宏道虚龄二十八岁时,从京都至吴县任县令,道经东阿所作。虽然写的是路途景色,实际上却充分反映了他的兀傲与孤独。

诗的开头两句显然具有象征意义。东风吹得红亭的树上绽开了花朵,这本是一种美丽的景色;但暗夜却已经要来到了。没有人感觉到这繁华中潜伏着的危机,只有他一个人为此而忧愁。为什么,就因为他远远高出于众人之上:他站在山顶。

下面两句,进一步表现出对"游人"——众人的轻蔑,他们只不过是一些在贵人所骑的骊马边讨生活的可怜虫,他们为骊马所扬起的灰尘迷住了眼睛,什么都看不见。而那些骑在骊马上的贵人呢,当然也都处于这位"独上高原"的诗人的脚下。他可怜这些卑贱的人物,他是高踞于他们之上的智者。——不过,这同时也是写实,写出了他从高原往下望的感觉。

再往下的两句,"青山渐高日渐低"只是一般性的过渡,交代其在高原上时的时间流逝,"荒园冻雀一声啼"则是点睛之笔。这句不仅极写景色的萧杀、荒凉,同时也是诗人的自我写照。这个高出于众人的智者,在现实中却又是如此地遭到冷遇,如此凄凉,不过是荒园的一只冻雀,他的啼声虽然划过了垂暮的天空,引起闻者的战栗,但他的啼声又能传到多远,引起多少人的注意呢? 这里,诗人从极度的自尊转到了极度的自卑,但在自卑中仍然显现出兀傲不平。

最后二句,上句极写荒凉,是"青山渐高日渐低"的引申,下句进一步写至死不渝的兀傲、永不屈服的精神,是"荒园"句的引申。石马的嘶鸣固然出于想象,但在这想象中却正显示了诗人至死也不甘雌伏的斗志,不过这同时又是绝望的挣扎;因为这到底只是一种没有现实性的想象。

早在《庄子》或《楚辞》中就已第一次出现了高出于众人的独醒者的形象,但写出这样的自尊与自卑相混合的感情,反映出这样的绝望挣扎的心情,塑造出荒园冻雀、嘶鸣的坟间石马的尖锐形象,在我国诗歌史上却似尚属初见。因而它具有独特的魅力和开创的性质。

(章培恒)

戏 题 斋 壁 袁宏道

一作刀笔吏,通身埋故纸。鞭笞惨容颜,簿领枯心髓。奔走疲马牛,跪拜羞奴婢。复衣炎日中,赤面霜风里。心若捕鼠猫,身似近膻蚁。举眼尽无欢,垂头私自鄙。南山一顷豆,可以没余齿。千钟曲与糟,百城经若史。结庐甑䉛峰,系艇车台水。至理本无非,从心即为是。岂不爱热官,思之烂熟耳。

袁中郎清新隽永的散文小品,颇为世人倾倒,他的"独抒性灵"的公安体诗,更是开一代风气,这位流连山水的"天下名士",是极其洒脱而富有个性的人。他"少年读书求富贵","少时望官如望仙",可是,待到一朝真的做官了,他却又拼命地挣脱。万历二十年他高中进士,二十二年三月,被派到江苏吴县当县令,没多久,在衙署书斋雪白的墙壁上,便出现了这位县太爷亲笔"戏题"的这首诗。

在这首诗里,袁宏道大叹其做官的苦经,把一县父母官视作整天埋在公文堆里的刀笔吏。作为县令,审理案件要对百姓施用刑法,于心不忍。处理堆积如山的簿书卷宗,又使自己心力交瘁。更为苦不堪言的是那些官场送往迎来的应酬,东奔西走,疲如马牛,跪拜行礼,奴颜婢膝。盛夏严冬,烈日霜风,一年四季忙个不停。那兢兢业业,诚惶诚恐的心啊,有如捉老鼠的猫,而这个冗杂繁忙之身,又好似虫蚁围着一块腥肉打转转。这就是官宦生涯呀,抬眼看看,四周都是俗物,没有一点儿欢乐可言,低头想想,自己如此做人也实在太可鄙了!唉,还是学陶渊明掷却乌纱帽,去过那"种豆南山下"的田园生活吧。日子过得安闲些,饮饮酒,读读书,结庐青山之间,系舟绿水之上,人生至理不就是唯性所适吗?谁不爱声名显赫的官位呢,只是我如今尝到了做官的真正滋味,对它不感兴趣了。

今天我们来读这首诗，也许并不感到十分出色，可在当时却令人眼目一新。自前后七子祭起"文必秦汉，诗必盛唐"的旗帜，影响有明一代诗风，到晚明文坛，个个奉秦汉之文、盛唐之诗为文章极则，字字句句剿袭模拟古人。此时崛起于湖北公安县的袁中郎发出了振聋发聩的一声大喝："诗文至近代而卑极矣!"他认为一代有一代的文学，"代有升降""法不相沿"，为何偏要傍人门户、拾人牙慧呢？他提出作诗要"独抒性灵，不拘格套"。凡人谁无性情，做诗要抒发个人的性情，"任性而发""从自己胸臆中流出""至情之语"便是"真诗"。上面这首《戏题斋壁》就生动地体现了他的这种作诗主张。如此诗信口而言，信腕而书，写作态度自然率真，诗的形式可谓"不拘格套"了。再从内容上来考察，几千年来中国是"官本位"的国家，谁不知道做官的好处，这个袁中郎真的不要做官？他写这样的诗，莫不是矫揉造作，自命清高？或者是他一时发酒疯？而事实说明并非如此。袁中郎任吴县知县两年，上了七回辞呈，先求辞了官，不成；再求改个官，不允；谎报祖母病危，不信；夸称害疟几死，不理。上司先扮红脸谕他不得杜门，次扮白脸叫他请假调养，可就是不许他辞职。袁中郎走投无路，临了只得把官印封起来，往苏州府一投，掉起臂膀往无锡一走了之。如此缠磨，挣扎了十个月，才终于得解官归田。《戏题斋壁》就是在这段时间写的。由此可见，诗的思想感情是真实的，是写他独有的官宦生涯的感受，是他真实性情的坦率流露，是不折不扣的"独抒性灵"之作！

当然，今天的读者会认为袁中郎此人简直"憨"得出奇。不过袁中郎确有自己的想法，他坦白承认自己"岂不爱热官"，只是叫自己"身似近膻蚁"，又觉得不合算。他在给汤显祖的信中谈到这个问题："作吴令，备诸苦趣，……人生几日耳，长林丰草，何所不适，而自苦若是？每看陶潜，非不欲官者，非不丑贫者；但欲官之心，不胜其好适之心，丑贫之心，不胜其厌劳之心，故竟'归去来兮'，宁乞食而不悔耳。"他说陶渊明，实是夫子自道耳！

从这封信也可看到袁中郎追求的是一种无所羁勒的自在的人生，他要"作世间大自在人"，这种人"以为禅也，戒行不足；以为儒，口不道尧舜周孔之学，身不行羞恶辞让之事，于业不擅一能，于世不堪一务，最天下不紧要人，虽于世无所忤违，而贤人君子则斥之惟恐不远矣。弟最喜此一种人，以为自适之极，心窃慕之。"好一个"最天下不紧要人"，不由使人想起《红楼梦》中的贾宝玉，竟早在晚明时代就已经产生了。

有这样的人，才能写出这样的诗，这说明袁中郎和他的公安派诗歌是有其时代意义的。袁中郎"独抒性灵"说，实际上提出了文学的个性问题，是具有进步意义的文学新思潮。钱谦益说:"中郎之论出,王(世贞)、李(攀龙)之云雾一扫,天才之文人才士始知疏瀹性灵,搜剔慧性,以荡涤摹拟涂泽之病,其功伟矣!"(《列朝诗集小传》)

然从公安派诗歌实际创作成就来看,也有明显的不足处。袁中郎自己就承认:"余诗多刻露之病",这也是大实话。从上述《戏题斋壁》诗就可看出公安体诗艺术上的浅露率易,缺乏含蓄蕴藉之致。如果将袁中郎的诗与他的散文小品比较,是很有意思的。他有一封给友人聂化南的短札,写辞官后的心情,兹录之于后:

"败却铁网,打破铜枷,走出刀山剑树,跳入清凉佛土,快活不可言、不可言!投冠数日,愈觉无官之妙。弟已安排头戴青笠,手提牛尾,永作逍遥缠外人矣。朝夕焚香,唯愿兄长不日开府楚中,为弟刻袁先生三十集乙部,兄尔时毋作大贵人哭穷套子也。不诳语者,只牢记之。"

行文洒脱、幽默,极有韵味,胜其诗多多矣!似乎他这一套诗歌理论更适用于写抒情小品性散文,对于有特殊艺术要求的中国古典诗歌来说,"独抒性灵",当然完全正确,而一味"任性而发",完全"不拘格套",似乎还不行呢。(高 原)

湖上别同方子公赋(其二)　　袁宏道

望望鄂公坟,石龟与人齐。冢前方丈土,浇酒渥成泥。虽知生者乐,无益死者啼。如彼坟前马,张吻不能嘶。天地入晦劫,志士合鸾栖。曷为近汤火,为他羊与鸡?孤山梅处士,事业未曾低。西陵倡家女,松柏夹广蹊。红粉是活计,山花足品题。笑折苏公柳,策马度花堤。

这一回,袁中郎越发肆无忌惮了,他要冒天下之大不韪了。

从杭州到绍兴、到黄山、再返回杭州,在万历二十五年(1597)的春天,袁中郎游玩得好生快活,那管笔也连自己都管不住了,哗哗地只顾写去,直到临了要与西湖作别,他还能与旧日幕僚方子公一起,一口气写出七首《湖上别》,限韵以"舞低杨柳楼心月"(宋晏几道词)。这七首,当然依前是"秽杂"不堪的,那出语的轻率、浅俗,这里也不暇指摘了;然而,诗做得不雅点,毕竟还是小疵,袁中郎千不该、万不该,不该在这得"低"字韵的第二首里,又大放了一通空前荒谬的厥词,狠狠地得罪了千古以下为人崇仰的岳飞岳少保,让忠义之气满膺之士,恨不能饱饗他以老拳。

岳飞屈死后，遗骨葬在今杭州西湖北山，时至今日，"岳坟"仍是杭州一大名胜。岳飞在平反昭雪之后，追封鄂王，谥武穆，这是人人皆知的史实。然而，到了袁中郎手中，岳武穆平白降了一级，从王爵跌为"鄂公"了。这，或许还属于疏忽，但接下来几句，则有点不可恕了；那坟边高与人齐的石龟，该是象征着岳坟的高大巍峨、令人顶礼吧？那坟头前的一丈见方的土里，奠祭的人洒酒洒到酒都浓得和泥一样，这该说明对岳武穆景仰的人之多吧？然而，袁中郎却说这是"生者乐"——石龟是给游人赏玩的，浇酒是游人在名胜前循旧例作乐，游人中又有几个诚心诚意来谒灵的？多数人还不是来看个稀罕图个乐的？这些话，就算有几分对吧，可袁中郎揣测坟中人的心思（假如死者有知的话），就全然大谬了；他先假设，岳武穆肯定在坟里啼哭——连外面的游人在"乐"也不能诱他破涕为笑，因为，只有活人才能"乐"，人一死就得与"乐"永别，能不哭么？他又形容，此刻坟中的岳武穆，就像他坟前的石马张着嘴不能嘶鸣一样，也是一肚子泪水却哭不出声，只好眼睁睁看着可厌的游人"乐"个不休。

可是，谁都知道岳武穆是精忠报国才惹杀身之祸的，他死得堂堂正正、浩气凛然，感天地、动鬼神，他会效小儿女的"啼"么？他会为自己永别尘世而"啼"么？袁中郎，真是以己之腹度英雄肝肠！

然而他一点也不识自己的浅陋，还在那里数落岳武穆：要是世道晦气了、遭了大劫，那么，有志之士就该"鸾鸟凤皇，日以远兮"（屈原《涉江》语），对着人世摇摇手、摆摆袖，高栖起来、保全自己。什么叫"志士"？这才是志士；至于明明知道世道是沸汤、是炭火，还只管朝里跳，那可是顶顶不智了。什么"精忠"、"报国"啦，都是皇帝老儿为了保全他自个诌出来哄你的，你被那死脑筋箍住了，结果被他当羊和鸡一样，驱来驱去，最后不免一刀，不是太呆了么？你怎么不想想，你和他都是一条命，凭什么他为了保自己的命就要你的命？你又为什么不早躲他远点？什么，你说你毕竟大破金兵、解民倒悬、做了一番事业，虽死无憾？呀，你又傻了，陪了性命也算"事业"？看看你斜对面的两个墓吧。一个是孤山的林和靖处士，梅妻鹤子，不一样给人景仰？放鹤亭前的游人，不和岳坟上一样多？他那番"事业"也不低于你，且他又克享寿终，这一点比你强了。一个是西陵的苏小小，她虽说是倡家女，可世人悼慕她比林处士还甚，你不见她陵上松柏青青、夹着山路都是？那自然是后人一代代栽过来的。她的"事业"，又比你如何？总而言之，小小是把红粉当日常活计来拈弄，处士是满足于有山花可供他品题、做做"疏影"、"暗香"之类，他们都自自在在、快快活活、无病无灾，虽不像你轰轰烈烈，也不像你末路悲惨，你们三个，都留得身后名，可只有你留得最吃力、最苦。

胡言乱语了一通，中郎大概终于想起岳武穆是听不到的，方子公大约又在催他了，于是，他便扔下话头，说笑着，折了苏堤边的柳，打着马，走上了桃花正盛的堤岸，接着做他的"其三""一段青石堤，袅娜千垂杨"了。至于"鄂公坟"呢，已经被他甩在马屁股后了：他已经操了一会淡心了，该轻松轻松心神了，不然，也要做"鄂公"的"羊与鸡"了。

说岳武穆会为死而"啼"，已是热昏的胡话了；把岳武穆与林和靖作比，已是不伦不类了；再让岳武穆去比那娼女苏小小，更是玷辱先烈身份、可咒该打了。这样的歪诗，选他作甚？为岳武穆忿忿然的读者，怕要责问笔者了。

谨对曰：晚明人士，都以参透死生为平生大事（他们称之为"此一大事"）。心学大师王阳明谓"我心即是宇宙"，等于是说世界乃是每个人眼里的世界，不是某种固定观念支配下的世界，"我"死了，"宇宙"也就亡了，故"我"是最重要的，死是最可怕的。发展到叛逆思想家李贽，他则承认贪生怕死与好货好色一样，都是人的本能欲望，不但不可非，而且必须肯定。这些异端之说，对"存天理、灭人欲"的纲常伦理有着巨大的冲击力，是晚明这个资本主义萌芽时代的独特思想产物。袁中郎是李贽的信徒，明年，他曾在给好友陶望龄的信中谈自己参生死的心得云："若以不怕死为了（按："了"谓了然、参透），世间自有一等决烈男子，甘刃若饴者矣，可俱谓之了生死乎？且夫怕死者，为怕痛也；痛可怕，死独不可怕乎？又怕死后黑漫漫，无半个熟识也。今黑夜独坐尚可怕，何况不怕死后无半个熟识乎？弟于怕死、怕阎罗，虽不敢预期，然怕痛怕黑夜独坐，则已甚矣。"（《瓶花斋集》卷九）岳武穆正是中郎所说的"决烈男子"，然而中郎却不佩服他，因为他不"怕死"，不把自己的生命作"宇宙"看，却去"愚忠"，为某种"忠君爱国"的传统道德观献上性命，实在不算"了生死"，实在太看轻这至可宝贵的生命了。中郎可一点也不愿提倡岳武穆的牺牲精神，要人自愿去死，太不近人情，为伦理纲常、哪怕是冠冕堂皇的"君命"而死，是最不值得的！这是惊世骇俗之论，因此，我们须体谅中郎的不惮开罪于岳武穆，他就是要引起人们的震动：连岳武穆也不可佩服、其他还有谁的"忠"可佩服？连岳武穆那样的死还不值得，还有什么样的死是值得的？连岳武穆的抗金"事业"也算不得什么，谁还愿意为什么"事业"去送命？若人人都爱惜生命、不为伦理纲常去死，还有谁能支持伦理纲常不死？中郎的话，说得是过头了，但读者应当记得，这一阵，他持论一直是矫枉过正的，本诗亦无例外。从本诗亦可知，公安派绝不是什么只会写写"性灵"、吟风弄月、"脱离现实"，如现在有些略知皮毛的论者所言。公安派是晚明思想解放的产物，同时它又推动了这种解放的进程。"性灵"与"模拟"之争，只是其浅层表现而已，至于在公安派诗文的深层，则有一股激进的冲决传统的潮流在涌动，这，大概才是公安派所以能迅速风靡天下的真正根源，否则，徒有过激的形式，而无过激的思想内容，是不大可能有此效果的。

最后还需说一下，"西陵娼家女"以下四句，另一版本作"夜弦招鹤侣，晓咏托梅妻。竿水饶活计，云岚足品题"，说的都是林逋。若从此本，则中郎并未将岳武穆与苏小小作比，他的不恭之罪，也可以减折不少了。

（沈维藩）

严　　陵　　　　袁宏道

其　一
溪深六七寻，山高四五里。
纵有百尺钩，岂能到潭底？

其　二
文叔真有为，先生真无用。
试问宛洛都，谁似严滩重？

其　三
举世轻寒酸，穷骨谁相敬？
如何严州城，亦以严为姓？

其　四
或言严本庄，蒙庄之后者。
或言汉梅福，君之妻父也。

袁中郎逛了山阴道，又掉头西游天目、黄山，再取道新安、富春江返回杭州去，玩得畅快，诗也写得更快、更不假思索、不事点窜，在章法上也更不守规矩了。富春江上有座赫赫有名的严子陵钓台，相传是东汉初年严光隐居垂钓的所在，中郎既然路过，当然不免上台去看看，看了又不免诗以纪之。在前几首诗里已经领教过中郎扫帚笔威风的读者，自不会指望这一回他能忽然口吐象牙；但他到底放肆到何等地步，大概读者也不会想象到。

据中郎自己说："登钓台之日，天已昏黑，烧竹读壁间诗。馆人云山间有虎，余等兴发不可止。至半岭，导者云天黑草深，不辨径。踟蹰乃下，坐石上，与石篑（按即陶望龄，会稽人，中郎友人）论子陵人物。"（《解脱集》三《钓台记》）连给虎吃掉的危险也不顾,硬要上山,是出自对严光这位高人的仰慕么?不然。他下船前,先测了测溪水,大约有六七寻(一寻为八尺);上台后,又估了估台高,约摸有四五里。于是,一个古怪的念头就来了:严光坐在如许高台上,怎能垂钓到江潭呢?就算钩长百尺,也是够不到的呀?不仰慕也罢了,他还要给千古高士造一个千古疑案:这钓台,严光可真上去过?真钓过鱼?这话,虽也有几分道理,可到底对严先生是不恭了。好在中郎念头转得快,马上又忘了这个题目,随随便便就放弃了这个重大疑案的探究,严先生才免了一场无妄之灾,富春江上也不致少了一大胜景。

在第二首里,中郎算是假定这钓台果然为严先生所住,但他对严先生的态度,却由小小不恭,进而变为大大不敬了。严先生是汉光武帝刘秀(字文叔)的同学,刘秀得了天下,请老同学来京师会会,念着旧情,晚上同榻睡觉,严先生竟把腿架到皇上肚子上,以后也不肯做官,回去以钓鱼终其生。他连皇上都不放在眼里,就冲这一点,千古以下过往钓台的人,谁个敢不拜?只有这个肆无忌惮的袁中郎,却偏偏大放厥词:刘秀做了皇帝,有作有为,才是真好汉,他身居宛(南阳)洛(洛阳),号令天下,何等威风?你严先生又怎样,只占了个荒凉不堪的滩头,除了钓鱼外一事无成,真是个无用之物。两相比较,到底谁重谁轻、谁该受人仰慕?这层意思,《钓台记》里说得更明白,中郎认为,严先生其实只是个不会看时势、乘风云的无能之辈,刘秀也早看出他没本事,不然何必做了皇帝才叫他来?严先生不知道皇帝请他只是为了标榜自己好士、念旧,还大摆"高士"的架子,真是可笑。要说他有什么好处,就是还有点自知之明,晓得自个没本领,就避在山里不出来,如此而已——这番话,严先生地下有知是否会首肯,还不能测到,但千古以下在严陵前叩过头的人,将一个个暴跳起来,却是肯定无疑的。

不过,中郎显然没有看到冥冥中有许多影子朝他挥拳头,他把眼睛掉向远处的严州城,又转了第三个念头。这第三首,中郎还算做得规矩,他不知道严州原叫睦州,据说是因为北宋方腊在这儿造反,所以宋徽宗择了个(繁体字)有"反文"的严字,来作睦州的新名;他还以为是这一带百姓想沾严先生的亲、带严先生的故,才自称严州人的。由此,他又突发奇想,严先生只是一个穷酸,要活在现世,定没人相敬;严州人要攀附他,大概是……是什么呢?是要借他的名添些身份,还是借他的钓台招徕游客?都是吧。因为袁中郎没说,他又转别的念头去了。这袁中郎,要跟上他的思路可真累人。

他在想什么呢?他想起,有人说,姓"严"的本来姓"庄",因为汉明帝叫刘庄,大伙儿要避讳,才改了过来;这么算,严先生该是蒙人漆园吏庄周的后代。他又想起,据说西汉初的隐士、后来还成了仙的梅福,是严先生的老丈人,不知说的可确否……他还不曾想明白,已是到了滩头,朋友陶石篑他们,正在招呼他分韵赋诗;于是他匆匆念出了《严陵》第四首,也压根儿不想想这么两个"或言"并在一块儿,没头没脑不成章法,比前三首更粗糙,更不像话,便被朋友拉着,又做起《严子陵滩限韵,同陶石篑、方子公赋》了。

就是这么随便想想、随手写写、草稿不打、构思全无的诗,后世还有个无锡人叫华闻修的,选明诗时选了它进去,还对最随便的第四首"击赏叹绝"。这位华先生,想是悟到了公安派的真旨,看出了这种诗对正统观念的冲击力之猛,所以它越是浅俗简陋,越是要为之鼓吹。不料,华先生这一击节,却惹恼了一位大人物,他便是有清浙西派大师朱彝尊先生。"小长芦钓师"这一回可一点也不清正典雅了,竟然骂起了粗话。"结蜣之转",什么意思? 就是屎克螂推着转的粪团子;这样的脏字眼,载在哪里? 就在朱先生的《静志居诗话》里;害得朱先生丢了儒雅风范骂起粗话的是谁呢? 就是袁中郎,就是他的"人言汉梅福,君之妻父也"。朱先生有失身份的毒詈,于地下的袁中郎当然损害不到什么;不过,读者从这位正统诗词大师的失态中,大概可以想到,袁中郎这种真正符合"不拘格套"的公安派宗旨的诗作,与正统派奉为圭臬的东西,该是何等的格格不入、互不相容。而且这,恐怕还不是作诗标准的分歧,还有如何看待古代一切遗产的分歧,如何看待古与今的分歧;更重要的是,这中间体现了思想开放的明代晚期人与思想保守的清代人在精神面貌上的根本不同。

(沈维藩)

山　阴　道　　　　袁宏道

钱塘艳若花,山阴芊如草。
六朝以上人,不闻西湖好。
平生王献之,酷爱山阴道。
彼此俱清奇,输他得名早。

一个小巧的、有趣的、高明的念头,一个轻轻的闪念,也未尝不可敷衍成一首诗。不过,通常在谙熟诗的体制的文士笔下,这类诗,多是绝句、"口号"之类,含蕴隽永,语不求多,而足以使人回味无穷。若是,则大抵可谓"有神韵"。

来到被晋人王献之称美为"从山阴道上行,山川自相映发,使人应接不暇"(见《世说新语·言语》)的山阴(今浙江绍兴),不去写写山川之美、风物之盛,却由山阴回想到他刚刚离开的钱塘(杭州):袁中郎这个念头,虽不算有趣,亦可谓别致吧?他忽然想到,山阴、钱塘各占擅场,六朝诗人,却不曾提起西湖,连性耽山水的王献之,也只顾留连、酷爱山阴:这一念头,前人或许不曾闪过,可以算有点趣吧?可是,他却不去考究西湖在六朝时为何不著名、是否还未形成今日的规模,他懒得去费那闲心思,问题提得倒刁钻,答案却草率之至;他只是大概猜猜,那时的西湖(其实那时还不叫西湖,称"明圣湖"),还没有成名,所以输给了山阴。这样的念头,无论如何也划不进"高明"的圈子里的。

所以总起来看,这一串念头,是敷衍不出令人叫绝的佳作的,不过,因为其中多少还有点味道,故将其凑一首绝句,博人一笑,大概还是勉强办得到的:第一句,钱塘若花山阴草;第二句,六朝不闻西湖好;第三句,献之酷爱山阴道;第四句,只为山阴得名早。这般,大概还上得了台盘吧。

然而,袁中郎却写了一首"律诗"。

粗看看这首"律诗",好像毛病不大,只是因为它乃绝句的材料吹糖人一般吹大的,所以看上去有点毛糙、锤炼不足、浅近了些而已。

但再细细一辨,这哪是什么"律诗"。这分明是袁中郎在"律诗"这所老房子里狠狠放了一把野火:

"律诗"?对仗哪去了?一个也不见。起承转合哪去了?颔联(如果还算"联"的话)顶首句"钱塘",颈联顶次句"山阴",中二联竟是对首联的"分承"!意境又在哪里?他大概全没这上面的讲究。还有措辞:什么叫"芊"?古诗里说"芊芊"(浓绿色),何尝单拈一个字来?什么叫"清奇"?"神出古异、淡不可收"(司空图《诗品》)才是"清奇";钱塘既然"艳若花",只能算"绮丽",如何能与山阴"俱清奇"?至于"以上"、"彼此"、"输他",这类词眼,更是粗率俚质,不忍多言了。

好一把野火,烧得"律诗"只剩下"八句"的梁和"四韵"的柱,孤零零地立在"对仗"之类的断壁残垣之间。

然而袁中郎却不曾理会,放罢火,他就举着火把,走下山阴道,去别处再点火了。回头看看老房子烈焰冲天,他大概会乐不可支、拍手大笑吧:你们那些"诗必盛唐"的没出息家伙,就只管去盛唐的屁股后跟着爬吧;我这把火放了,盛唐还会有什么光彩?戒律还缚得住人?看天下还会有谁不愿照我的轻松路子走、各抒各的"性灵",倒宁肯费力不讨巧地再爬在你们屁股后,给人骂一声"模拟"、"赝品"?

这一把火,放得是有意的还是无意的呢?从袁中郎那信手涂抹的姿态看,似是无意的,其实不然。中郎自己也说了:"至于诗,则不肖聊戏笔耳,信心而出,信口而谈。世人喜唐,仆则曰唐无诗;世人喜秦汉,仆则曰秦汉无文。"(《解脱集》卷四《张幼于》)他的用心是很明白、很有针对性的吧?"信心"、"信口",只是故作惊人之举、引世人瞩目、改观,在佯狂的外表下,其实隐藏着深切的苦心。当然,这首诗的"信心而出",艺术上并不成功,但中郎正是要藉此不成功,来证实自己敢于与千年传统、百年风气对抗的胆力,"昔老子欲死圣人,庄生讥毁孔子,然至今其书不废;荀卿言性恶,亦得与孟子同传。何者? 见从己出,不曾依傍半个古人,所以他顶天立地!"(同上引)今日我们谈这首诗,正是要让读者看到这位公安派主将不肯"依傍"的顶天立地气概。

(沈维藩)

游 虎 跑 泉　　　　袁宏道

竹床松涧净无尘,僧老当知寺亦贫。
饥鸟共分香积米,落花常足道人薪。
碑头字识开山偈,炉里灰寒护法神。
汲取清泉三四盏,芽茶烹得与尝新。

虎跑泉,也是杭州一大名胜了,然而,浑忘了作诗绳墨规矩的袁中郎,走进虎跑泉所在的虎跑寺,一不谈"虎"的典故,二不忙着说"泉",自己倒前后乱"跑"了一气,随手抓住些东西写下来,也不管合不合章法、成不成方圆,写出的东西像不像虎跑应有之景、称不称虎跑的身份,反正,一管笔写到哪里是哪里。

也许是寺院的清冷、泉水的清洌,让中郎发热的头脑少许清醒了些,本诗的措辞,倒不似《戏题飞来峰》那么浅俗了,还像是文人之笔;不过,思路的七颠八倒,却还是依然如故。"竹床松涧净无尘",起笔先写寺外,松荫下、清涧边,僧人的竹床(大约是榻吧)干干净净地躺着,没一丝灰尘。那么,下文要说竹床主人的清高超尘了吧? "僧老当知寺亦贫。"他的眼光,却盯在和尚额上的皱纹上了——老和尚,穷寺庙,他这么揣摩着,为自己的联想之丰富、思路跳跃之快得意,也不曾想想,别人读了他的诗,将有何等的疑惑:"僧老"一定"寺贫"么?"僧老"和竹床又有什么关系? 或许,他的"老"应该改成"瘦"吧? 可他没功夫琢磨了,一脚就迈进了寺里。

"饥鸟共分香积米",什么不好看,偏去看寺里的香积厨? 什么不好留心,偏去留意那些野鸟? 殿上的庄严宝相为何不看? 虎跑的悠远传说为何不听? 他只顾证明他的"寺贫",便把饥鸟也拉来了,好像它们饿肚子也是寺里的罪过,说不定,他还想暗笑老僧们有气无力、抢米也抢不过饿急了的鸟儿呢! 这等心思,还能替虎跑生色么?

可是,正说他不好,好的却又来了。"落花常足道人薪"。这句倒真有点巧思了:落花时常飘下来,道人空落落的柴堆添上些落花,香积厨的柴火倒也不愁了。这落花,倒是颇"有情"的,可谓"化作柴薪更护寺"(套用清人龚自珍诗句)了。无奈,这样的巧句,在本诗里太孤单、太突兀、太刺眼了,反而添了许多不协调,实在不能将全诗带进"佳作"之列。更何况,焚烧落花,到底不雅;还有中郎的用心,也未必可嘉:他只是想借着"道人薪"的短缺,更深一步证明"寺贫"罢了。

"碑头字识开山偈。"总算跑到了寺后,在旧碑前站定,抹去青苔,辨一辨碑上本寺开山老祖的偈语:这么构想,也算是"起承转合"里的"转"吧?可是,他怎么才转出寺后,又转进寺里,"炉里灰寒护法神",竟然又在大殿上的护法天尊前出神、直勾勾地瞧着泥塑前香炉里的冷灰了呢?

尾联又转到了寺外,读者跟在他屁股后转,大约已经转得晕乎乎了吧?"汲取清泉三四盏,芽茶烹得与尝新。"谢天谢地,转了一大圈,他总算想起"泉"来了,汲了几杯水,把茶尖儿放下去烹了,尝尝新鲜——真不知他是为尝泉水而来的,还是为尝遍地都有的新茶而来的;至于这"泉"是不是虎跑泉,若遮去了诗题,是一星儿也看不出的。

这样看待天下著名的虎跑胜景,倒像一个无知无识的乡下人的眼光;可真是乡下人倒不打紧,他不会作诗,不会把自己的感观去影响士林。袁中郎则不然,他已是有点名气的人了,这种信手涂抹的诗流布出去,若给人效仿起来(肯定会有人效仿,因为信手涂抹人人都会),那诗道还成了什么面目?作诗还讲不讲布局、讲不讲点题,要不要境界了?故而,当时就有人深虑于此,像苏州大名士、也是中郎好友之一的张献翼(字幼于),就委婉地致书中郎,先恭维他的诗似"唐诗",又小心翼翼地建议他不要去作不似"唐诗"的东西。结果,给中郎碰了一鼻子灰:

"公谓仆诗亦似唐人,此言极是。然要之幼于所取者,皆仆似唐之诗,非仆得意诗也。夫其似唐者见取,则其不取者断断乎非唐可知。既非唐诗,安得不谓中郎自有之诗,又安得以幼于之不取、保中郎之不自得意耶?仆求自得而已,他则何敢知。近日湖上诸作,尤觉秽杂,去唐愈远,然愈自得意。"(《解脱集》卷四)

本诗也是"近日湖上诸作"之一,他人视之,必谓"秽杂",但中郎却自得其乐:连唐人都可以打倒,"诗必盛唐"的假古董还不会倒么?写吧,大胆写吧,放手写吧,随心写吧,要扭转时风,去伪扶真,没这般"过正"的胆,又怎能"矫枉"呢?

(沈维藩)

戏题飞来峰

袁宏道

其 一

试问飞来峰,未飞在何处?
人世多少尘,何事不飞去?
高古而鲜妍,扬雄不能赋。

其 二

白玉簇其巅,青莲借其色。
唯有空虚心,一片描不得。
平生梅道人,丹青如不识。

  这是袁中郎初到杭州之作。明神宗万历二十五年(1597),倦于吏道的中郎在七次上文牍辞官后,终于于是年正月获得允许,连正式的官报还没到手,他就忙忙地赶往杭州与好友陶望龄(号石篑)相会,然后留连西子湖上,看花作诗,"不忍极言其乐"(《解脱集》卷四《伯修》,伯修为其兄袁宗道字)。在此以前,中郎已经在他的著名文论《小修诗叙》里,昌言排击前后七子之徒的模拟剿袭,认为其诗文将来肯定"不传","其万一传者,或今闾阎妇人孺子所唱《擘破玉》、《打草竿》之类,犹是无闻无识真人所作,故多真声,不效颦于汉魏,不学步于盛唐,任性而发,尚能通于人之喜怒哀乐、嗜好情欲,是可喜也。"《擘破玉》、《打草(一作"枣")竿》都是当时的流行民歌曲调,被正统文人视为"里中恶少"群居所唱的俚词淫调,不堪入耳之至,而中郎却推崇之为"当代真文字",谓其价值远胜正统诗文,其论已经够大胆了、够惊世骇俗了。然而,那还只停留于理论而已,未到真正实践之阶段。如今,中郎辞了官,一身轻松,无拘无牵,什么格律之类,他统统要肆意打破、扯烂,他要亲手实践自己的主张了。上引《伯修》又云:"近来诗学大进、诗集大饶,诗肠大宽、诗眼大阔,世人以诗为诗,未免为诗苦,弟以《打草竿》、《擘破玉》为诗,故足乐也。石篑间一为诗,弟无日不诗。"此可为中郎当日心境之最好注释。

  这两首诗,每诗六句,勉强也可算"五古"吧?可是,看来看去,却看不出半点儿"古"意来。"试问飞来峰,未飞在何处?"着想倒是不错,可句子实在太浅,令人皱眉。飞来峰在西湖灵隐寺边,也算是杭州一大名胜,之所以峰名"飞来",是因为相传此山乃天竺灵鹫山飞来于此。中郎或许知道这一传说,或许不曾知道,但这些都无关紧要,因为他只是觉得这山名有趣可玩,便随口问一句,并非真要探究什么——太吃力、太学究气了,像中郎这等追求身心轻快的人,是绝不会转这种念头的。这不,紧接着,他又从"飞来"滑到"飞去",问出了个更匪夷所思的问题:"人世多少尘,何事不飞去?"句子的浅显依旧,也不必解说了。反正,又是个有趣的提问,全发自这有趣的山名。

回答吧?可那是难题呀,就是聪明如中郎,也未必答得出。静下心来、凝思苦想以作答么?中郎才没这份心思呢!他眼珠转了一转,又想到了此山极古老(灵鹫山之说,始于东晋),而游人络绎。又值春仲,山上鲜花正盛,有女如云,两相映照,也算此峰一大特色。该如何说呢?"高古而鲜妍。"这算什么句式?是诗还是文?哪有把这样的"而"拖进诗句的?袁中郎,你怎么不修饰修饰、雕凿雕凿,就把个毛坯写下,把粗粗的一闪之念写下?你这算作诗么?

随你责问吧,中郎却自顾循他的思路想下去。这又高古又鲜妍的飞来峰,只怕西汉的大赋名手扬雄,也形容不到吧?于是,"扬雄不能赋"便脱口而出了。还有什么特色?想不出了。或许日后会想到,但如今想不到,就拉倒罢,这几句就算一首吧!至于前四句的问不曾作答,后二句与前四句全无关系,这些问题,也随他去罢,理不清,就不理,谁有这份闲工夫?反正,说好是"戏题",当什么真,讲什么章法?

袁中郎是爱热闹、爱鲜妍的,再来一首,就全在"鲜妍"上下笔了,飞来峰的飞来飞去,转眼他就忘得一干二净。本来嘛,这与他有何关系?看过了,想过了,就抛开了,岂不洒脱?"白玉簇其巅,青莲借其色。"说山巅像白玉、山色像青莲,也没什么新鲜,两句句式也一点不见变化,诗中最犯忌的虚字,连用了两个,也不想着锤炼锤炼。"簇"和"借"好像是用了点心思写出的,在这两首浅显之诗中,也算刺眼了,可要说有什么高明,也谈不上,中郎毕竟不是"闾阎妇人孺子",肚里那点宿货一时挥不去,沾濡到诗面上也是有的。

白玉青莲,只是可睹之"形",那不可睹的"神"呢?且慢,先解决这个"神"的说法。中郎一时大约没想到"神"这个字眼,反正,飞来峰总不能没点空空的、虚虚的什么气息……管他呢,就叫"空虚心"吧,不确就不确,谁耐烦细推敲。这片"空虚心",是描不出、画不就的,是谓"唯有空虚心一片,描不得",再扯扯平,"一片"属后,又得了两句。这般扯来扯去,真"足乐也"。

上一首是六句,这首才四句,也得加两句扯平吧?说什么呢?想想,上首末二句讲到了个古人,这首再换个吧。谁呢?不用想得太远,西湖上不是有个"梅妻鹤子"的梅道人林和靖么?就唤他罢。可他住在西湖北头的孤山,而这里是西湖西头呀!他来不了。他为何不来?为何看不上飞来峰、只恋着孤山?他没眼光!他不识这幅丹青妙画!"平生梅道人,丹青如不识。"中郎随口就吟出了。一诗中重了两个"青",他也没留意;"丹青"还是"形",上面的"空虚心"在梅道人处还不曾着落,他也忘了。反正,六句已凑足,中郎在飞来峰前也呆够了,挥挥袖子,别转头走吧。

就是这样丢三拉四的思路,也算是潇洒吧,可总不能免去"浅俗俚质"的恶谥。然而,正是这种既浅又易、人人都写得的"古诗",才最终打倒了堆砌饾饤、一副假古董面目的前后七子末流,这也是明明白白的事实。"公安派"的代表作,在"文"上是小品文,在"诗"上就是此类作品,它让人轻松、让人随意、让人任意发挥、全无规矩之限,经过了一脸假正经的前后七子的漫长文坛统治,此类作品,更具冲击力、叛逆性,亦最能为厌旧的士子所接受。因此,当此类作品风行天下之时,便是公安派取代前后七子之日。不过止于"浅俗",又怎能矫模拟剽袭之枉?所以,对《戏题飞来峰》之类,虽不能作传统观念上的鉴赏,但将其保留在这部鉴赏辞典中、让读者一睹公安派之真面目,却也是不可不为之事。 (沈维藩)

显灵宫集诸公以城市山林为韵(其二) 袁宏道

野花遮眼酒沾涕,塞耳愁听新朝事。邸报束作一筐灰,朝衣典与栽花市。新诗日日千余言,诗中无一忧民字。旁人道我真聩聩,口不能答指山翠。自从老杜得诗名,忧君爱国成儿戏。言既无庸默不可,阮家那得不沉醉?眼底浓浓一杯春,恸于洛阳年少泪。

本诗作于万历二十七年(1599),时中郎在北京任国子监助教。显灵宫,又名王灵官祠,在北京宫城西,祠中古柏森森,虽在炎夏,却无暑气,是避暑清谈的好地方。原诗凡四首,这里所选的是其中最长的第二首,用"市"字韵。中郎和他的大哥袁宗道(伯修)、友人黄辉(翰林院编修,与宗道皆充皇长子日讲官)等,本年在京西崇国寺结"葡萄社",聚会讲学,中郎为社中中坚。关于他们的活动,清钱谦益《列朝诗集小传》黄辉一条云:"其后(辉与)袁伯修、中郎兄弟,研究性相之宗(按指佛学),所至游览山水,寻访禅衲,虽居华要,有道人云水之致。"明沈德符《万历野获编》云:"己亥、庚子(按指万历二十七、八年)间,楚中袁玉蟠太史(宗道号玉蟠)同弟中郎,与皖上吴本如、蜀中黄慎轩(黄辉号慎轩)……相与聚谈禅学,旬日必有会。高明士夫,翕然从之。"均是实录。本诗中的显灵宫之集,便是"旬日必有会"之一,题中的"诸公",就是黄辉等人。

这是一股对朝廷具有极大潜在危险的势力。因为,他们不是在野之人,而都是有科举功名的后进俊彦,有的还负有教导皇储的责任,多数是翰林馆阁之臣,未来的"宰相根苗",极有可能掌握皇朝的将来命运。而这一班被朝廷寄予厚望的翰林、进士,却不留意圣人之道,而"研穷"禅学——其实是异端学派泰州学派以禅学形式的表现物,甚至还有叛逆者李贽的影响,因为他们都极佩服李贽。他们是官,但却看不起这官,宁愿做"道人"(学道之人);他们身居清要,前程远大,但他们却不看重这前程,丝毫不在官场上求发展,却游山访僧、甘心枯寂,追求"云水之致"(行云流水般的自在无碍之致);他们追求自然,却又不弃官隐栖,反招摇于朝廷,引得"高明士夫"都跟着他们走,这一点尤为可恨。袁中郎本诗,写的其实不是他自己,而是他这一班人的共有心态,可以解释他们之所以要这么做的原因。

　　"野花遮眼酒沾涕,塞耳愁听新朝事。"聚集到显灵宫,文人的雅习,当然要置酒赏花。然而满目的野花,却不能令他欣然色喜,反倒叫他们潸然涕下,只有以酒浇愁:为了什么呢? 为的是新近的朝事日非,更是为了他们不愿听这"新朝事","新朝事"却硬钻入他们耳中,连塞耳都挡不住。

　　"邸报束作一筐灰,朝衣典与栽花市。"那载满"新朝事"的邸报,他们都不看一眼,束起来堆在箩筐里,已经堆出灰了;那妨碍他们学道、证明他们那可恼的"官身"的朝服,真恨不能典给花市、换几束鲜花回去供着——当然其实并不曾典押、也无人敢收这典押品。

　　朝事不听、邸报不阅、朝服不穿,他们只顾着"道人云水之致",对朝廷、对世道、对民生疾苦,一点也不关心、一点也不负责任。"新诗日日千余言,诗中无一忧民字。"说每日做千字的新诗,或许夸张了些,但总之也做得不少,可诗的内容是什么呢? 无非是雅集、游历、赏花、待月,要寻忧国忧民的慷慨激昂或沉郁顿挫文字,可一个字也找不到。如此看来,他们的追求,不是也很不高明、很狭隘、很自私么? 天下兴亡,匹夫尚且有责,身为士大夫,怎能不以天下为己任、上报君恩、下济苍生呢? 怎能逃避现实世道、钻在"云水之致"里不出来呢? 这样做,就算可以称为脱俗超凡,可也太不近人情了吧? "旁人道我真聩聩,口不能答指山翠。"昏愦呀、糊涂呀,旁人肯定这么指责我们了;该反击他们吧? 却无词可答:旁人说得不对么? 当然非常对、非常有力,无可辩驳。所以,只能随便指点左近的满山翠色,转移视线,只做不听见罢了。

　　然而,当真"口不能答"么? 诚然也,不然也;口虽不能答,心则能答。"自从老杜得诗名,忧君爱国成儿戏。"杜甫做诗,篇篇不忘忠君爱国,固然是出于至诚、没什么可说；然而，"《春秋》责备贤者"，老杜呀，你这么忠呀爱的得了大名，可想到给后世带来了什么副作用？后世那班没什么诚心、只顾以忠君爱国的大话博取虚名的人，都说是学你的榜样、理直气壮、咄咄逼人；可是，忠君爱国是随便说说的吗？是可以当儿戏的吗？假如徒作空言而无实效，倒不如不说的好，省得制造假声势、到头来让人更加失望。老杜呀，你那不在其位、徒言无益、却又克享大名的诗篇，给后世那些不负责任、乱叫乱来坏了大事的人开了多少方便之门，细细算来，真该责备你说得太多才是。"言既无庸默不可，阮家那得不沉醉？"咱们可不图那虚名，去年的为皇长子请婚、朝鲜的战事，今年的各地民变、殴伤矿税太监，哪件不是可以发议论以哗众取宠的大事？可咱知道说了没用，皇上不会看到奏本、辅臣胆小不敢多事，咱就闭口不说——可是，真的闭口不说，那又怎么憋得住？你道咱真是无心世道的人吗？咱不也活在这京华红尘里吗？所以，既不想随俗起哄以求名、又不想胸中愁闷，就只有像阮步兵那样日日沉醉酒乡——还有尽量不看邸报，不作忧民诗。"眼底浓浓一杯春，恸于洛阳年少泪。"但是，其实沉醉也是无用的，因为心里在为这世道流泪，为自己无力改变这世道而流泪，为自己不肯做"知其不可为而为之"的莽夫，宁愿沉默待机、被人骂为"聩聩"却不能辩驳而流泪：这眼底浓浓的一杯酒，其实就是泪水酿出的，这心里的恸哭，真比洛阳少年贾谊的"可为痛哭者一，可为流涕者二"（《论治安策》）还甚，贾生还有人听他的哭声，我却只有流泪在心头！

　　以上，就是袁中郎这班人对待世事、朝政的态度，这种态度，一般以为是激愤而无奈的，其中多是气话、反话，其实不然。联系他们的这一段经历看，中郎句句都是实情实说，并无反说。中郎也不曾生气、激愤：他已经很清楚地看到，传统的"忠君爱国"之道，已不足以挽救这皇朝命运了；至于该不该挽救呢？中郎没有明说，但从他自比阮籍和贾谊的矛盾心情看，我们大致可以作这样的揣测：主观上，他认为应当挽救，客观上，他却知道无法挽救，他也找不到出力的途径；或许，正是因为这种矛盾的心情，他才和他的朋友们逃于禅、逃于山水、逃于"云水之致"吧？或许，正是因为他们预感到这个大帝国必然走向没落，所以才不珍视自己那令人羡慕的前途吧？再进一步说，他们"聚谈禅学"、攻乎异端，正是因为在传统的路上走得消极了、悲观了，才指望在异端学说中寻到新路、至少得到解脱吧？本诗正作于十六世纪之末，其中的情绪，或许也可称为是一种世纪末的颓废吧？塞耳愁听、束报典衣、无字忧民，与谈禅游山一样，都是这种颓废的表现。

　　而这种颓废情绪是很容易传染的，"高明士夫，翕然从之"便是明证。对于力求挽回世道人心的执政者来说，这种颓废是必须坚决扑灭的。"时沈四明（沈一贯,宁波〔即四明〕人,当时的首辅大学士)柄政,闻而憎之,其憎黄(辉)尤切。"(前引《万历野获编》)三年后,沈一贯使人逮捕并迫害死了李贽,并以此为藉口弹劾黄辉去官,时袁宗道已先死,中郎告假回里后识机不出,其他"道人"也一时星散出京,这股消极的、脆弱的颓废异端势力,终于被强大的正统势力击得粉碎了。

(沈维藩)

答李子髯(其二) 袁宏道

草昧推何、李,闻知与见知。机轴虽不异,尔雅良足师。后来富文藻,诎理竞修辞。挥斤薄大匠,裹足戒旁歧。模拟成俭狭,莽荡取世讥。直欲凌苏、柳,斯言无乃欺?当代无文字,闾巷有真诗。却沽一壶酒,携君听《竹枝》。

此诗作于明万历二十二年(1594,次年宏道始出仕),当时,袁宏道还是个默默无闻之辈,虽两年前中了进士,但尚未出仕,又身处于被称为"黄茅白苇"的、只重科举不重"风雅"(即作诗文)的公安县,人微言轻,知音寥寥。但是,此时的宏道,思想上已产生了一个飞跃,见识上已发生了一个质变;因为,在上一年,他拜访了寄居湖北麻城的著名叛逆思想家李贽,盘桓十日,受启发至深。据其弟袁中道《妙高山法寺碑》记载,袁宏道"既见龙湖(李贽),始知一向掇拾陈言,株守俗见,死于古人语下,一段精光不得披露;至是,浩浩焉如鸿毛之遇顺风、巨鱼之纵大壑,能为心师,不师于心,能转古人,不为古转。发为语言,一一从胸襟流出,盖天盖地,如象截急流、雷开蛰户,浸浸乎其未有涯也"。而李贽亦极推许他"英特",认为他"识力胆力,皆迥绝于世,真英灵男子,可以担荷此一事耳"。从上引文可以想见,会见李贽后的宏道,胸中必然勃郁着一股雄心,必有"一段精光"在闪耀着、跃跃以待"披露",只可惜,公安这地方太小、太偏僻,他空有满腹的崭新见解,却无从道起,真令他胸闷气煞。正巧在这个时候,他的忠实的毕生追随者、妻弟李学元(字子髯,中万历二十八年举人,官至知州)来向他请教"文章事",搔着了他这一段痒处,于是,他便写了这首识见超卓、大气包举、傲睨前人、俯看时流的《答李子髯》。

诗凡二首,此选第二首,但其第一首亦可观,录之于下:

若问文章事,应须折此心。

中原谁崛起?陆地看平沉。

矫矫西京气,洋洋大雅音。

百年堪屈指，几许在词林？

此中感慨，大类李白《古风(其一)》的"大雅久不作，吾衰竟谁陈"和"自从建安来，绮丽不足珍"，只是时间跨度小了些，只不过指"百年"以来——即明弘治、正德以下，相当于前后七子活动的时期；不过，诗人那亟欲整治百年积弊、重开词林天地的壮心，由此已经呼之欲出了。

但上一首还只是对"百年"的总体感慨，在下一首，诗人进入了对"百年"文坛的具体评价、针砭、批评，从这个意义上说，此诗亦可算得上是一首"论诗诗"。

"草昧推何、李，闻知与见知。机轴虽不异，尔雅良足师。"草昧，语本《尚书》"天造草昧"，有草创、初创之意。诗的开首，对于前七子之魁何景明、李梦阳，诗人的态度还是温和的，毕竟，他们还起过一些好的作用——在何、李之前，士子大抵只识科举时文，不知有汉唐文章，风雅传统，沦丧殆尽，只因何、李首创复古之论，始给天下士子带来了"闻知"和"见知"，让他们省悟到，举业之外，还别有一番天地可经营、可致不朽，在这一点上，即使是诗人本身，也是其创导的受益者，故不可不予以肯定。至于他们做诗为文的"机轴"(此处相当于"机杼"，谓布局、命意、构思之类)，虽然亦步亦趋、不异于古人，但他们的作品，温文尔雅，胜于台阁体的粗浅浮掠，这一点，也确实是可足师法的。

但无论如何，诗人对何、李，也并未深许；接下来，言及"后来"之士，诗人的态度就不宽容了。"后来富文藻，诎理竞修辞。挥斤薄大匠，裹足戒旁歧。""后来"的那些继起者，食古不化的李攀龙、草率立论(当然晚年有过后悔)的王世贞，以及才情比他们一蟹不如一蟹的徒孙末流，更不懂诗的理法(诎，钝拙)，只会在辞藻上打转转，饾饤陆离，堆砌粉饰，看似宏壮密丽，其实是七宝楼台，拆散了不成片段。"挥斤"句，典出《庄子·徐无鬼》：郢人鼻子上粘了石灰，匠石(人名)挥斤(斧)斫之，石灰斫尽而鼻不伤。后郢人死，宋君召匠石命再表演，匠石谓他只能与郢人配合才能如此，如今再也不能了。此处，诗人讥刺那些后来者，他们一个个吃力地挥舞着斧子，要学大匠(即匠石)的样(薄，迫近，此处是赶上、仿效之意)，殊不知他们所学的汉唐盛世，早已一去不复返了，就如郢人已死一般，他们还能做出什么成就呢？更可叹的是，他们明明是钻入了死胡同，却严守着"文必秦汉，诗必盛唐"的门户，对于中唐两宋以后文学，一概视为"旁歧"(歧途)，相互警戒，裹足不前。"挥斤"，只不过是"模拟"而已；裹足，只能落得目光短浅、"俭狭"的下场。"模拟成俭狭，莽荡取世讥。"因为只知模拟，后七子及其末流路子越走越狭，诗文内容越来越空洞无物(莽荡，原指辽阔无际)，他们最终为世所讥，也是自取其辱。"直欲凌苏、柳，斯言无乃欺？"像他们这种文字，还自称要超越"旁歧"的柳子厚、苏东坡,诗人可真的忍不住了,他大声断喝:这简直是大言欺世!

经过了中间八句的层层剥落,七子末流的欺世盗名嘴脸,已经被诗人形容得十分淋漓了。但这八句的份量,又不如那更痛快的一笔抹倒——"当代无文字"!这是历史性的总结,是踞高鸟瞰的判断,是最彻底的、根本性的批判,而它出于一个二十七岁的青年之口,更是令人震惊的事。他没有可资号召的声望,没有文坛上的知音,没有仕路上的奥援,孤零零地一个人,他却敢开罪于整个"当代",敢只身与卑下然而强大的时俗作一战,这该需要多大的胆识,多大的勇气! 那么,他作战的武器是什么呢? "闾巷有真诗",就是那与模拟因袭截然相反的真实纯朴的民歌。这是使诗人有恃无恐的武器,因为他的武器是"真",而七子末流乃是"伪",篇篇诗文,无非赝品:以"真"击"伪",靡不胜也! 此时的诗人,虽然还没有后来他在《小修诗叙》里的"故吾谓今之诗文不传矣,其万一传者,或今闾阎妇人孺子所唱《擘破玉》、《打草竿》之类,犹是无闻无识真人所作,故多真声"那样考虑得周到;但是,从他那"却沽一壶酒,携君听《竹枝》(代指民歌)"的结句看,他已经在认真地、很有兴味地品尝起民歌的滋味了:携着二三好侣,沽了一壶酒,坐着慢慢地边饮、边听,那"真"味的醇厚,只怕要比酒味的醇厚更容易使他沉醉吧!

第二年,袁宏道出任吴县知县,在这个江南水陆大都会,他结识了许多当世彦杰,识力更张、胆力更壮,遂公然标举起"独抒性灵,不拘格套"的公安派旗帜,天下景从,不过几年功夫,前后七子之弥天云雾便一扫而空。因此,本诗实可算公安派文学理论的滥觞之作,虽然今之治批评史者均不曾论及。至于诗的风格的沉稳,立论的切要,都证明了袁宏道实在是个冷静、深邃、能担负大事的人,而决非仅会写写小品文的吟风弄月之徒。

(沈维藩)

【诗人小传】

袁中道

(1570—1623) 字小修,公安(今属湖北)人。万历进士,官南京吏部郎中。与兄宗道、宏道并称三袁,同以"公安派"著称。论诗文"以发抒性灵为主",反对摹拟,崇尚自然。其诗作袁宏道誉为"独抒性灵,不拘格套"。五绝尤出色。其游记亦写得清峭有致。有《珂雪斋集》等。

夜　泉　　　　　袁中道

山白鸟忽鸣,石冷霜欲结。

流泉得月光，化为一溪雪。

这首小诗，必须反复吟味，才会觉得意趣深长。

诗题为《夜泉》，主要写的却是对月色中的山水景物的感觉。"山白"是山在月光沐浴下呈现的色调。一声鸟鸣划破寂静，反而更衬托出寂静，正像王籍所描绘的"鸟鸣山更幽"的境界。山白而鸟忽鸣，不管两者有无联系，总让人联想到王维的诗句："月出惊山鸟，时鸣春涧中。"这里没写月，但诗人已向我们暗示了月光，下面的景色都由此而生。

"石冷霜欲结"，表现由视觉引起的对触觉的联想。清幽的月色洒在石头上泛起一片冷光，青白青白的像是要凝作霜花。这一句写得非常虚，由月色在石上的反光产生冷的感觉，同时又由冷和白色幻化出霜的想象，作者在此巧妙地运用了通感的艺术表现手法。

诗人置身于朗月的清辉中，山看上去是白的，石也泛着冷光像要结霜，而石下的泉水呢，被月华映照，银光闪烁，简直像是一片雪。古人写夜泉的诗句很多，因为是在夜里，一般都用听觉来表现它，写它的淙淙流声。而本诗的作者却独从视觉来表现它，不能不说是别出心裁的艺术创造。雪的比喻不仅生动形象，而且暗应上文的"冷"、"霜"，承接十分自然，作者的心思绵密由此可见。

（蒋　寅）

【诗人小传】

俞安期

明诗人。初名策，字公临，更名后改字羡长。吴江（今江苏苏州市吴江区）人，徙阳羡，老于金陵（今江苏南京市）。曾经以长律一百五十韵投赠王世贞，世贞为之倾倒。著有《唐类函》、《类苑琼英》、《诗隽类函》、《翏翏集》等。

漓江舟行

俞安期

桂楫轻舟下粤关，谁言岭外客行艰？
高眠翻爱漓江路，枕底涛声枕上山。

佳山丽水是中国古典诗歌常见的题材。表现漓江风光的作品，历来不在少数，且颇多佳作，往往令人有后继难为之叹。当然，如能蹊径独辟，别具机杼，情况自然就不同了。俞安期的本诗，就算得上这样一篇成功之作。

此诗可分两层来读，前两句为第一层。诗人说，他乘一叶小舟泛游到了这岭外的漓江，舟轻水滑，行驶迅疾。久闻岭外旅行艰难，这会儿方知，那不过是无稽之谈。"桂楫"，芳香的桂木做成的船桨，这里代指小船。粤，即两广地区。因其地处五岭之外，亦称"岭外"或"岭南"。"下粤关"即入岭南的意思。行程由北往南一般称"下"，不过此处的"下"尚有一层顺流而下的意思。船顺水而行，自然显得特别轻快，所以诗人称他的小船为"轻舟"。第一句的"桂楫""轻舟"和"下"等几个颇可玩味的字眼，已暗暗渲染出诗人此时的惬意之感，于是下面这一问就非发不可了："谁说岭外旅行是一件艰苦的事呢？"地处南疆的岭南，因开发较晚，交通不便，素来被视为莽荒之地，客行畏途。然而，所闻如彼，而所感如此，这一问早有了明确的、毋容置疑的答案。事实上，诗人原亦无意于旁人对此提供答案，仅仅是借助反问的语势，加强诗歌的表达效果罢了。

泛舟岭外的漓江远非像传说的那么艰难已不辩自明，然而，诗人此刻领略到的，仅仅是不"艰"而已么？当然不是。"高眠翻爱漓江路"一句，紧承次句的反问，将诗意翻进了一层。"翻爱"即"反爱"，意谓不但不觉漓江舟行之艰，反而特别喜爱在江上漂流。那么原因何在？就在这结尾的一句："枕底涛声枕上山"。诗人躺在他的小船，周身是万顷空明碧波；空阔而深沉的江涛在耳旁涌流，江岸的簇簇青山似乎近在枕边，伸手可扪。此情此景是如此美妙，简直令人魂销意夺，又岂只是不"艰"而已呢！如果说此诗的前面三句语言稍显质朴平淡的话，那么这未了的结句，便是浓彩重笔的一提，令全诗光彩顿生。全诗至此，诗人赞美漓江的诗旨得到了完满的体现。

平心而论，本诗既不注重语言的流转清丽，也缺少对景物工细的描绘，和一般的模山范水之作很不相同。本诗体现的这一特点，恰恰是形成本诗独有面貌的重要因素。诗的前三句夹叙夹议，纯是质直的情绪抒写，然而已经能够感受到一股感情潜流的汹涌之势，最后，诗人终于把一路积蕴的情感全部投入到了那惊心动魄的一笔："枕底涛声枕上山"。这句是本篇唯一的对于漓江奇异景色的正面描写，是全诗一处神来之笔，也是全诗成功的关键一笔。不过它仍然不是对漓江山水精美的雕画，而是带着浓厚的诗人独有的主观感受色彩，飞动着诗人的个性。其实，从诗歌中诗人对岭外旅行的不同流俗的见解，"高眠"的神态，已经可以看到诗人的啸傲江湖、磊落旷放的气质了。所以应当说，正是这种精神气质才是使本诗富有魅力的根本底蕴。

（卢芾菁）

> **盛鸣世**
>
> 明诗人。字太古,凤阳(今属安徽)人。国子监生。

题岳阳酒家壁

盛鸣世

巴陵压酒洞庭春,楚女当垆劝客频。
莫上高楼望湖水,烟波二月已愁人。

坐落在洞庭湖边的岳阳楼,擅山水之丽,为历代名胜。它不但是一座酒楼,还是一座文学之楼。李白、杜甫、孟浩然……,无数著名诗人在这里留下他们的杰作,还加上范仲淹的一篇名文——《岳阳楼记》。在这一点上,大概再没有什么地方可以与之相比。因为它有那许多名人题咏,后代文人经过此地,便难免技痒。可是前人之作久已脍炙人口,后人想要争胜,真是难上加难。在构思上别出机杼,或许不失为取巧的门径。

如何别出机杼?向来题岳阳楼的诗文,无不是写登楼观水。岳阳楼和洞庭湖,从来是密不可分的。盛鸣世这一首,偏偏说不能登楼观水。为什么不能?因为那水令人生愁。——终究还是写了水。但是,这一转,虽不能说超过前人,毕竟是不落窠臼,别具一格。

起句点题,干净利落。"巴陵"就是指岳阳楼。因为岳阳旧名巴陵,楼原来建在城门上。"压酒",是将刚酿成的连糟的酒用布兜着,压出酒汁。节令呢,是春天刚来到洞庭湖的时分。七个字,点出时(春天)、地(面临洞庭湖的岳阳楼)、事(饮酒),勾连得巧妙,而且有气氛。

接下去,由"压酒"自然地转到酒家女。特意指明"楚女",不仅因为岳阳地属古楚国,而且借了楚文化的背景,唤起一种情调。楚地多流传有关爱情的神话传说,楚人作品中,常写到美丽多情的神女。所以一说到"楚女",人们很容易联想起潇湘二妃、山鬼、巫山神女这些人物故事。"楚女当垆劝客频",顿时给人以美丽而温柔的感觉。不但酒醉人,那气氛也够醉人的。

于是借着温柔的楚女之口,提出一番劝告:莫要登楼观水吧,虽是早春二月,湖上已然烟波迷蒙,令人愁绪万千。烟波愁人,从心理学上说,是因为那种广阔而朦胧的景象,容易使人感到个体的渺小和人生的漂泊无着,由此产生寂寞凄凉的心情。盛鸣世一生宦途无望,浪迹四方,很容易陷落到这种情绪中。诗中

"楚女"的话,实际是他的自我劝慰。

至此,诗人以反面透出的笔法,不写湖而实际写了湖——因为离开洞庭湖,岳阳楼是没有意义的;不说愁而实际抒发了愁绪——因为事实上他是忧愁的。但表现得颇为巧妙,避免了与前人重复。再从意境来说,前代的名作,大抵以画面开阔壮丽取胜,而本篇不从正面写湖,有关湖的一切,都借"楚女"的口吻说出,便有一种不同前人的柔曼之感。

(骆玉明)

【诗人小传】

沈 木
明诗人。字子乔,嘉兴县学生。

夜 起　　　　沈 木

暑夜不成寐,起步中庭中。
残月忽堕水,明河犹在空。
篱根滴清露,树杪生微风。
坐爱新凉好,先秋有候虫。

本诗起首两句,交代了时间("暑夜")和地点("中庭"),业已点清了"夜起"的题面。以下颔、颈二联,分别照应首联的前、后两句。这种以两联分承首联的章法,古人称为"双抛"(参见元范梈《木天禁语》),常用于起笔开门见山的律诗中。

"残月忽堕水,明河犹在空","忽"、"犹"两个虚词是诗眼。夜不成寐,披衣走出中庭,在领受户外的清新气息时,常常会产生意外的发现。这个"忽"字,就显示了这种从困倦恍惚到骤然清醒的精神状态。诗中的"水",可能是庭中的小池,也可能是中庭疏篱外能够望见的水流,总之是实指,与苏东坡《记承天寺夜游》中"步于中庭,庭下如积水空明"的"水"不同。然而唯因月色如水,所以步庭人容易忽略月亮本身的存在,及至发现了它在水中的着落,便禁不住生出"忽堕水"的感想。由水中月而联想到寻觅天上月,举头仰望,竟然星河满天,诗中的"犹"字,又是一层意外,证实原来仍是中夜时分。可见前句的"残月",与其说是水中月影的形象,毋宁说是诗人的错觉,暗示首句的"不成寐"在诗人的印象中曾是十分漫长。这一联俱是常景、常语,却因虚字运用的精彩,而增出兴味无穷。

颔联着重于时间的一面,颈联则从地点的一面铺陈。篱根、树杪,上下对举;清露、微风,着意写出了遍于庭中的新凉。这是与"暑夜不成寐"截然不同的全新的感受。不仅如此,尾联对庭中的"候虫"也表示了"坐爱新凉好"(此处坐为"起因于"之意)的理解,可想而知,它们的鸣叫也曾是造成先前"不能寐"的一个原因。"夜起"彻底改变了人的身心,这就把题目写深、写活了。

这首诗将日常生活的一个片断写得脱俗有致,故朱彝尊《静志居诗话》评谓"具臻佳境"。但全诗的警策则在颔联。沈德潜云:"'残月忽堕水'二语,是夜起;'鸡声茅店月'二语(按指唐温庭筠《商山早行》的名句"鸡声茅店月,人迹板桥霜"),是晓行。各入神妙。"(《明诗别裁》)律诗中往往一联的警绝能振起全篇,本诗就属于这样的例子。

(史良昭)

【诗人小传】

孙友篪

明诗人。字伯谐,歙县(今属安徽)人。钱谦益《列朝诗集》引王寅语,说他"好神仙,山居独行,洞箫在佩,不顾俗诮,飘然自怡。故其诗任性放吟"。诗集未传。

过 古 墓

孙友篪

野水空山拜墓堂,松风湿翠洒衣裳。
行人欲问前朝事,翁仲无言对夕阳。①

〔注〕① 翁仲:传说为秦时巨人名,此指墓前石人。

《红楼梦》中癞头和尚的《好了歌》说:"世人多晓神仙好,唯有功名忘不了,古今将相在何方,荒冢一堆草没了。"指出浮生若梦,功名皆幻而以俳谐出之。这首《过古墓》意思与之差近,但要凝重蕴藉得多。

题曰"过古墓"可知并非专程前来凭吊,只是出门旅次偶然路过而已,所以也不必考究这墓的主人姓甚名谁,有何官爵,也许作者根本不认识此墓的主人,也许墓碑上的文字早因风雨剥蚀漫灭难辨。总之,墓中长眠的是何人,对于作者来说,并不重要,诗人感怆的是古墓所包容的历史文化的意蕴。所以,开头二句"野水空山拜墓堂,松风湿翠洒衣裳"。所表达的氛围情致不是对故人已逝的悲哀,而是感伤古今的历史沉思。因此,首句中的"拜",其意义就超乎一般的祭奠,而是发思古之幽情的即景抒怀。诗人伫立于野次水滨,面对空山,但闻风涛阵阵,悲鸣林间,只见松柏苍翠,沾衣欲湿,而古墓掩映其间,作者拜祭荒茔残碑,不禁心绪难平。这座古墓,依山傍水,擅地理形胜,当时也许颇费了堪舆家的一番心思,而墓前石像,亦说明墓主在世时不是等闲之辈,然而,昔日的显贵在漫漫的历史中都化作了过眼烟云,前人的遗迹只留下串串问号,既不见墓主所托庇的子孙后代来凭吊,也不见四方人士的礼敬香火,只有两侧的翁仲(石人)在忠诚不渝地守护着墓主棺椁中早已朽腐的躯壳和九泉下的灵魂。一个人的历史与业绩就在这无声无息中终结,只有一抹残阳,日复一日,年复一年地照临着空山荒坟。"行人欲问前朝事,翁仲无言对夕阳。"末二句是全诗之关键,可谓无声胜有声,尽在不言中。以"行人欲问"对"翁仲无言",将诗人对历史茫昧人生虚无的感怆充分地表露出来了。然而,此诗的意思尚不止于此,艺术的张力使我们读者感到,作者在此不仅是悲古更是伤今,通过凭吊前人抒发自己的人生感慨,因为历史是连续的,每个人都逃脱不了埋身黄土的归宿,古来将相贤达尚且只留下一堆无人知晓的荒冢,而今日之平民布衣更是形同蝼蚁,卑微不足道了。所以全诗笼罩着一派凝重凄清的氛围,通过"低回往古,感慨系之"(王文濡《历代诗评注读本》)在历史与现实、时间与空间的交汇中,诗人感到了人生的悲剧。钱谦益《列朝诗集小传》引王寅语说作者"好神仙,山居独行,洞箫在佩,不顾俗诮,飘然自怡。故其诗任性放吟"云云,亦不能一概而论。从这首诗看来,作者是有深沉的人生体验的,他的放浪形骸,只是他眷恋生命的一种特殊形式。

(祝振玉)

诗人小传

钟 惺

(1574—1624) 字伯敬,号退谷,竟陵(今湖北天门)人。万历进士,授行人,又迁工部主事,礼部郎中,官至福建提学佥事。与谭元春同为"竟陵派"的创始者。曾编选《古诗归》及《唐诗归》,风行一时。论诗文反对摹古,主张独抒性灵,与公安派桴鼓相应。但又以公安派的作品为轻率,倡导幽深孤峭,追求形式上的险僻,作品因而流于冷涩。著有《隐秀轩集》。

夜 归　　　　钟 惺

落日下山径,草堂人未归。
砌虫泣凉露,篱犬吠残晖。

霜静月逾皎，烟生墟更微。
入秋知几日，邻杵数声稀。

钟惺的这首《夜归》诗，写诗人傍晚归家时一路所见到的景物，仿佛一幅乡村夜景图，给人以清新的美的享受。

诗的首联交待归家。展示的形象是：夕阳西下，一位神态悠然的诗人，从山路上下来，慢慢地向自己住家的方向走去。"落日"二字，既呈形象，亦表时间，点出了题目中的"夜"。"草堂人"是作者自指。农村一般人的住屋比较简朴，例如陶渊明，住的就是"草屋八九间"；诸葛亮隐居隆中，住的也是草堂；大概是一种茅草盖顶的泥木结构建筑，据说还是冬暖夏凉的，杜甫在成都住的也是这种房子。可能因为"草堂"总是和高士、隐者、诗人发生瓜葛吧，它的名字带有一点雅，所以钟惺也就乐得借用来显示自己诗人的身份。"草堂人未归"这一句的意思，实际上是"人未归草堂"，正说明这个"人"是在向归家的路上走，于是也就点出了题目中的"归"字。"人"在这两句中是一气贯串的主语，因而首句"下山径"的是"人"，而不是"落日"，这是需要注意的。

颔联以下，写的都是归家路上的所见所闻。"砌虫泣凉露，篱犬吠残晖。""残晖"是太阳的余光，与首句"落日"相呼应。因为有人经过，篱巴里的狗就吠起来了。这当然不只一只狗，也不一定是冲着诗人吠的。黄昏是"日入而息"的时候，人们匆匆归去，"篱犬"出于看守的本能，也就汪汪地吠起来了。这是农村傍晚一景，多少给人带来一点慌乱感。汉水北岸（钟惺为湖北天门人，其地在汉水北岸）入秋天气已凉，随着黄昏的到来，"凉露"也就沾湿了阶砌；这时候，砌中的蟋蟀等秋虫也鸣叫起来了，声音有点悲切，像是在哭泣似的。这联诗提供的意象，颇为苍凉。

"霜静月逾皎"两句，所写景物在时间上已经有了推移。这时候，月亮升起来了，一层薄霜静静地覆盖在地上。有霜，表明这是个晴朗的夜晚，因而月亮也就显得更加光明皎洁，这一句描写，表现了作者体物的细致。下面一句也铢两悉称："烟生墟更微。"这里要注意的是一个"微"字。"微"有微小、微细、稀微、隐匿诸义，这里可以综合用上。"烟"指黄昏的云气，《西厢记·长亭送别》有"淡烟暮霭相遮蔽"之句，可为佐证。整句诗的大意是说：暮烟生起，村子（"墟"是村落之意）在其笼罩下，显得稀微隐约，表现出一种朦胧美。"微"字在这里起了"着一字而境界全出"的作用，是这句诗的"眼"，表现出作者炼字之巧和体物之细。

最后两句，"入秋知几日，邻杵数声稀。"是听到砧杵之声而联想到秋日的捣衣。"杵"是捣衣的槌棒,和"砧"相配;用槌棒敲打垫石上的衣物以去污,就是"捣衣"。古代习惯,入秋以后,就要准备寒衣过冬,所以家家户户,都要把隔年穿过的寒衣拿出来捣洗一遍,或者捣洗绢帛以缝制新的寒衣;有男人在外征戍的,就更要提早准备,以便送去。人们听到这种杵声,联想到冬天即将来临,往往会产生萧瑟感;而许多描写妇女为郎准备寒衣送边关的《捣衣曲》,更形成了淡淡哀愁的心理积淀。这里描写的杵声是"稀"疏的,原因是"入秋"才几天,捣衣不过刚刚开始,因而哀愁萧瑟感也就显得比较淡薄。

这首诗,结构规整,点题后即描写景物。作者按照时间和行进的顺序,把初秋农村从黄昏到月上的景色,淡淡绘出,意境幽静宁谧而略带凄清,反映出秋之色彩,也烙印着诗人"幽深孤峭"的特色。中间两联对仗工整,用字造句,都有成就。从艺术渊源来说,陶渊明、王维、孟浩然、李白田园诗的影响是比较明显的。

(洪柏昭)

丘长孺将赴辽阳留诗别友意欲勿生壮惋之余和以送之

钟 惺

借箸前筹战守和,较君当局意如何?
岂应但作旁观者,预拟铙歌与挽歌。

丘长孺名坦,以字行,楚麻城人,万历中武乡试第一,官至海川参将。明于辽阳置东都指挥使,为东北边防重镇。丘曾赴辽,临行前遗诗别友,中有"诸君醮笔悬相待,不是铙歌即挽诗"。铙歌属汉乐府鼓吹曲,系战歌,此言奏凯。"不是铙歌即挽诗",意即不成功,则成仁。钟惺和诗原共五首,此录其一。

"借箸前筹战守和,较君当局意如何?"两句仿饯宴席间的语气说:让我用筷子作筹策(古人用以计算的用具,此当指模拟战阵的器具),来和你较量一下,看看你临阵当局的本事如何。"战守和"三字应读断,"战"、"守"是作战的两种基本战术;"和"则是作战结局的一种,这里因句有定字的限制,还省略了"胜"、"负"两种结局。但并不影响懂得"诗法"的读者理解诗意。既然要较量,就得运用各种战术,决一雄雌(有时也可能打成平手)。这使读者联想起《墨子·非攻》里描写的墨子与公输盘进行的那种模拟战:"子墨子解带为城,以牒为械。公输盘九设攻城之机变,子墨子九距之。公输盘之攻械尽,子墨子之守圉有余。"事实上,古代军营中将帅们是经常进行这种模拟战的,叫做"运筹帷幄"。诗人这样写,似乎是有意识缓和临别的沉重气氛,使它变得轻松一点。这也符合丘长孺豪爽的性格特征。并不一定真要较个高低。玩笑归玩笑,事实上他应是相信朋友的能耐的。

"岂应但作旁观者,预拟铙歌与挽歌。"这既是承上联比试运筹之意,说自己虽不赴边,也不应只作旁观者。换言之,即对朋友此行及将来的前途命运,非常关心。"借箸前筹战守和",就是这种心情在行动上的表现。它又是照应丘诗"诸君醮笔悬相待,不是铙歌即挽诗",说自己一定尊重朋友的意愿先就作好铙歌和挽歌备用!"预拟铙歌与挽歌"一句十分风趣,对方并没有"预拟",只是请提笔待拟。既然是提笔相待,可见丘长孺自信很快就能在战斗中见个分晓;于是诗人干脆更加迫不及待,先把两种歌写好再说。将来不管何种结局,皆可应付裕如。这样真率无饰,又是投合豪爽者口味的。本来,一般人处在这种情况下,一定要讨个吉利,只说好,不说歹。就写成"预拟铙歌岂挽歌",未必不是豪言壮语。而钟惺偏偏别出手眼,不忌讳"挽歌"二字。正如壮士临阵不讳言死一样,所谓"裹尸马革英雄事"(张家玉),反而更饶悲壮的气概。此之谓"不以成败论英雄"。可以想见,丘长孺读竟此诗,一定为之浮一大白,并慨然道:"知我者钟生也!"

(周啸天)

宿浦口周茂才池馆　　　钟　惺

江边事事作山家,复有山斋著水涯。
一壑阴晴生草树,六时喧寂在莺花。
潮寻故步沙频失,烟叠新痕岭若加。
信宿也知酬对浅,暂将心迹借幽遐。

钟惺一生有颇多时日住在南京,这一次,大概是家在对岸浦口镇的周秀才邀请了他,他便乘着春暖花开,渡江去周秀才的江边别馆小住两天。周秀才现已无从查考其大名,诗人也未必是慕其名而往的,因为这首小诗中,也根本不曾提到主人;唯有在池馆的瞻眺所得,才是令他心神皆惬的,合了他寻幽探胜的气性,所以他才不吝笔墨,一一采摘,写下了此诗。

这首诗中间二联颇有风趣,首联也不是闲笔。"江边事事作山家,复有山斋著水涯。"这一带的风貌,真可令诗人出乎意外:原以为浦口在江边,只算得水乡,不料一路沿着江边看过来,却"事事"(所有事物)都是山家风味,至于周秀才的池馆,更是其中的典型,它紧紧附著于水边,却筑在山上,是个标准的山斋。这里一个"作"字用得巧,仿佛那些"山家"是有人故意作在山边的,其中含着诗人许多的意外、惊异，如说成"若山家"，就平淡无可寻味了。

既然这一带全是山家风味，那么诗人首先瞩目的，当然在山不在水了。"一壑阴晴生草树，六时喧寂在莺花。"六时，佛家用语，谓一昼夜（佛教把一天分为六时，即晨朝、日中、日没、初夜、中夜、后夜）。这二句用笔细巧精致，颇可启人联想，亦足以显示诗人观物之入微。但见那山壑之中，密密的是草，疏疏的是树，阳光遍洒在草树上，那草地上便是一派晴川，而那树荫下却仍然阴气森森。远远看时，仿佛草、树都有了灵性，阴、晴都由它们所生。"生"字用得极传神，丘迟《与陈伯之书》一句"杂花生树"，历来为人推赏，但杂花生于树上，尚属自然，草树能生阴晴，则全出了诗人的慧眼和精思，更不易得。下句，这一带"山家"，一昼夜间或喧闹、或寂静，全是山花和黄莺在播弄着，花盛莺啼，这里便欢乐，花睡莺歇，这里便如止水。一"在"字，下得郑重其事，仿佛此间的喧寂，全操在莺花手中，莺花乃是此间的主宰；然则一旦莺花皆寂，此间也就一派无声了，池馆环境之清静、优雅，亦尽可想象了。

写足了山间的声光色彩，诗人才记起不该冷落了水。"潮寻故步沙频失"，下视那"水涯"的潮水，它们来得非常规矩，每回都推到同一条线为止，仿佛只是为了寻觅旧时的足迹；它们也一点儿不凶、不贪，每回都带走一些细沙，但这点损失却丝毫不影响沙岸依然在目。再举目朝江水深处看去，"烟叠新痕岭若加"，那江上的烟雾，腾起来，又落下去，此起彼伏，在空中留下一层层烟痕，它们叠起来、叠起来，像是一座座不安定的小山；更远处的山岭，实在太依稀了，淡得与烟痕相去无几，所以烟痕凑到它们身边，粗粗看时仿佛山岭又增加了伙伴。寻常不过的潮水、烟雾，经诗人细心观察，竟也添了许多趣味，在"沙频失"、"岭若加"的背后，我们可以看到池馆上诗人久久伫立、凝望、细辨的身影。所谓闲情逸致，有时可真是好事情，不然，又何来这等取诸平常的妙景？

尾联是对这次出游、住宿的总括。"信宿也知酬对浅，暂将心迹借幽遐。"从这二句我们可知，诗人在周家只住了两夜（信宿），但他已经将这些草树、莺花、潮水、烟雾当作了可以相对而坐、可以与之应酬往来的朋友了；不是吗，它们能生出阴晴、能变幻喧寂，像在寻访旧迹、像在叠罗汉，不都是与他心气相通的佳侣吗？他遗憾这番"酬对"为时太浅了，但转念一想，自己已在这个短暂时间里把心寄托到这般幽深遐远之景，充分陶冶了心志，也可以自慰了。毕竟在碌碌尘世中，能有这样的机会，是可深为庆幸的。

提起钟惺的"幽深孤峭"，总有人要愁着眉，仿佛在看别人钻死胡同。读本诗可知，诗人在观物状景时的苦心孤诣、探幽究微，实在是难能可贵之举，是一种高标准的艺术追求。至于这种追求是否必然导致诗境的冷僻清寒,则本诗的境界已作了否定的回答。

(沈维藩)

无 字 碑[①]   钟 惺

如何季世事[②],反近结绳初[③]?
民不可使知[④],亟亟欲其愚。
隐然于来者,此意即焚书。

〔注〕 ① 无字碑:又称石表碑,相传为秦始皇登泰山时立于玉帝观前的石碑,色黄白,空无一字。 ② 季世:衰世、末世。 ③ 结绳:远古尚无文字时的一种记事方法,用绳打结,以不同形状或数量记不同的事。《易·系辞下》:"上古结绳而治,后世圣人易之以书契。" ④ 民不可使知:《论语·泰伯》:"民可使由之,不可使知之。"

  这是一首五言古诗,可能是作者登泰山时看到这一传说中的无字碑有感而作。意在不满秦始皇"焚百家之言,以愚黔首"的政策。

  全诗以"如何季世事,反近结绳初"的发问起首,气势凌厉,格调顿高。"季世"在此指秦始皇当政之时。"结绳初"即指上古初民混沌未开化之时。我们知道,秦始皇采纳韩非之说,养耕战之士,斥百家之说,实行"无书简之文,以法为教;无先王之治,以吏为师"(韩非《五蠹》)的政策。所以诗人感叹:秦始皇的毁弃书契,罢黜百家造成的一片文化空白,与无文字礼乐的上古蒙昧之时是何其相像。本来文字的发明是人类进入文明时代的重要标志,但秦始皇倒行逆施,箝制思想,摧残文化,使秦季回归野蛮时代。诗人以两个相距很远,文明程度相差极大的时代概念,组合在短短十字中,造成悬殊对比,语言质朴拙实,却产生了发人深省、震撼人心的艺术效果。其对秦始皇倒行逆施的不满与谴责,自是溢于言表。三、四句"民不可使知,亟亟欲其愚",承上发问而作答。史载秦始皇统一天下后,于三十四年(前213年)采纳李斯建议,为防止诸生"以古非今"、"惑乱黔首",下令在全国范围内焚百家之书,以求思想上大一统。这是地道的愚民政策,从而使秦代的文化事业流于一片荒漠。三、四句互文见义,有力地揭示出秦始皇这个暴君的心态。最后两句"隐然于来者,此意即焚书"。这时笔触方着眼于无字碑。"隐然"即指无字碑的空白无字貌。无字碑的不着一字,正体现着秦始皇焚书的用心,故此物便成为秦始皇愚民政策的象征。这两句总收上四句,点明主题,深化诗意。

  此诗虽然题为"无字碑",但全诗无一字提及无字碑,却又无一处不是由无字碑而生发。前四句写诗人由无字碑所引起的感慨及联想,末两句实写无字碑,虚实相应,扣题很紧。诗中无字碑成为广阔时空意识的瞬间浓缩外化。诗人正是由此而在想象中追溯了悠远漫长的历史,从而发出无限深沉的感叹。

全诗通篇为议论。一般而言,诗歌是以形象思维为特征的。"诗主性情,不主议论。"(沈德潜《说诗晬语》)所以意象乃诗歌形式的本质要素。但诗唯不专于议论,并非不可以议论。既然"情"乃诗之生命,故"议论须带情韵以行"(同上)。如在杜甫诗《咏怀古迹五首》中"诸葛大名垂宇宙",句句议论,句句含情,读来浑不觉有枯燥板直之累,这便是好诗。钟氏此诗在"达情"的处理上仍是较为周到的。由于失去意象的凭借,故主议论的诗歌中,情感唯有系联于具体字句锤炼上。本诗前两句以"如何""反近"发问,疑惑与感叹并存,直陈诗人胸中之愤慨不平之情。三、四句中以"亟亟"一语准确表现出秦始皇"欲愚黔首"的不择手段和迫不及待之态,使人想起秦始皇焚书之猛之烈。原来愚民者自己恰恰是愚昧的。讽刺之意,自在言外。末二句中,"此意即焚书",以"即"旗帜鲜明地道出秦始皇立无字碑的用意,也干净利落地表明诗人对无字碑的评价,仿佛诗人也有将此用意昭然于天下之志。全诗整体风格朴实无华,诗意明白清晰,笔姿骏利,给人一种锋棱挺拔之感。

(徐定祥 姚静波)

答彦先雨夜见柬①(二首选一) 钟 惺

萧然形影自为双②,旅况乡心久客降③。
历尽严霜如落叶,听多寒雨只疏窗④。

〔注〕① 彦先:未详。当为作者友人。见柬:送信给我。 ② 萧然:清冷貌。杜甫《赠李十五丈别》:"封内如太古,时危独萧然。" ③ 旅况:旅途的情况。高启《送丁孝廉之钱塘就简张著作方员外》:"若见故人询旅况,知君说不烦书。"降:指降乡心,即抑制思乡之情。 ④ 疏窗:有漏缝的窗。

钱谦益评钟惺诗"别出手眼,另立深幽孤峭之宗"(《列朝诗集小传·丁集中·钟提学惺》)。而"其所谓深幽孤峭者,如木客之清吟,如幽独君之冥语"(同上),由此诗可见一斑。一个叫"彦先"的友人给诗人作书,诗人便在一个雨夜作诗赠答。这首诗主要抒写诗人在旅次中的孤独感。这种表现乡思之情、羁旅之悲的题材在诗歌中是常见的,似乎并不新鲜。但此诗却以其独特的凄冷幽深的境界而见长。

这四句诗在表情达意上相对独立完整。首句"萧然形影自为双"便以凄厉之势直入诗境。在一个寒冷的雨夜(此句尚未提到"雨"),诗人异乡独居,身旁无一亲故之人,唯有孤灯照壁,形影相吊。"为双"在此是正言若反。诗人正是以"形影成双"突出地反衬出实际的孤单情景。"自为双",一个"自"字语意辛酸,更突出了作者处境的孤独和心境的凄凉。第二句"旅况乡心久客降",由于韵律要求,此句句法有所调整,实则应为"旅况久客降乡心"。意谓由于久为异乡之客,长期的奔波劳顿,纷杂的旅途景况,使"我"的思乡之情受到抑制。乍然读来使人难以明白,何以独在异乡之游子不能理所当然地发其思乡之情?诗人如此着笔,是为了强调久客异乡的羁旅之苦。"降"与"久"相呼应,诗人长期作客他乡的种种不如意之事,全都蕴含于其中。一个"降"字,令人不忍卒读。读者仿佛看到惨淡夜雨中,困顿无聊,萧然独处的诗人形象。

第三句"历尽严霜如落叶",承上句诗意,解释"降乡心"的原因,是因为当时的"我"已如同历尽严霜打击的落叶一样,身心交瘁,不堪重负。"严霜""落叶"这些极端性的比喻,典型地体现钟诗"深幽孤峭"的风格,使人回味起中唐诗人的寒瘦之境,读来令人不寒而栗。联系到诗人生平遭际,"严霜"的言外之意,似可理解为诗人长期所处环境的困窘严酷。正是由于生活的折磨,"我"才如历尽"严霜"的落叶一样,在人生旅途中随风飘落,任意西东。所谓"深幽"之境正在于斯。诗人绝不仅是单纯地白描摹写,其中蕴含的是深沉的身世之感,人生之慨。第四句:"听多寒雨只疏窗"。直到这时,诗人才以"雨"点题。在这样一个冷雨凄风的夜晚,"我",一个久去不归的游子,在异乡之地,为旅次之苦所扰,无法安眠,唯有守着疏窗,独听风雨而已。然饶是如此,却不能解忧,不能平复苦痛的心绪,反而使凄苦之情有增无已。"寒雨""疏窗"(暗示房屋之破败)再次渲染凄凉气氛,诗境亦因之而"孤峭"。"夜雨"也是诗歌中常见的意象,多用以烘托冷寂的氛围。"夜雨滴空阶,晓灯暗离室"(何逊《临行与故游夜别》),"悲欢离合总无情,一任阶前点滴到天明。"(蒋捷《虞美人》)等等,境界都与此诗相类,对上述这些句子的体会,有助于我们更好地领悟钟诗之意味。由此我们也可知道,这些意象经历代文人的反复运用,已积淀了丰富的美学内涵,成为人物感情的有机载体。钟诗着意以一"寒"字修饰夜雨,不仅暗示时令已属萧瑟的深秋,环境萧条冷落已极,更透示出内心的孤寒。钱氏谓钟"善造深幽孤峭之境",信矣哉!

全诗四句,每句陈述一个内容,似乎可以相对独立。但句与句之间并未有"破碎断裂"之嫌。四句诗扣紧主题,集中表现诗人深秋雨夜的凄苦心境。句句都不离"我"的孤独,句句都道出诗人之苦,回环往复,一唱三叹。"秋夜"、"寒雨"、"落叶"、"疏窗"等意象的重叠运用以及共同组成的清冷的人物活动"背景",使思与境谐,水乳交融。再饰以"尽"、"多"等极限语,遂造成少见的孤峭峻拔的境界。钟诗讲究"覃思古心,寻味古人之微言奥旨",以求"绝出于时俗"。操之过急,故常有词旨蒙晦之作。此诗在境界创造上还是较为成功的。一方面体现了"深幽孤峭"的特色;另一方面,又并未因此而失于玄远离奇,不可思议。诚为难得。

(徐定祥 姚静波)

前　憶　曲(三首选一)　　钟　惺

畏君知侬心,复畏知君意。
两不关情人,无复伤心事。

"前憶曲"为南朝乐府吴声歌曲名,内容多写男女私情。此诗仿古代民歌写男女初恋心理,颇为真切有致,在诗意上可分为两段:前两句少女诉说心中的矛盾;后两句则写少女对此矛盾的自嘲式的"解决"办法。

先看前两句:"畏君知侬心,复畏知君意。"两句诗中出现两个"畏"字。第一个"畏",从少女自己着眼,是怕对方知道自己的心思。少女分明是私下爱上了对方,但纯情少女天然的羞涩心理使她羞于让对方识破自己的心思。这个"畏"道出了主人公的真纯。而现实的情爱毕竟是要相互作用的。少女自是不甘于单方面的相恋,她更希望对方情感的回报。她急切地想知道对方对自己的态度,但又深怕对方对自己无心。"复畏知君意",这第二个"畏"字是着眼于对方,是怕对方不钟情于己。这个"畏"更写出少女爱之深切。

这两句诗看似平常,实则颇可玩味。它们道出了初恋少女情感活动的真实性。本来,少女深深地爱上了对方,时时刻刻想知道对方对自己是否有意。按照常情,应该是"盼君知侬心,复欲知君意。"但一方面是少女的羞怯,不敢公然表露;另一方面,又害怕对方不钟情于己,怕自己徒有投木桃之心,而对方无报琼琚之意。爱得愈炽热,这种担心忧虑就更强烈,感情就越向两极发展,形成既想知道,又怕知道的矛盾心理状态。于是"盼君知"变成了"畏君知";"复欲知"变成了"复畏知"。这种看起来似乎完全出乎常情的句子,恰恰最真实、最深刻地揭示了初恋人儿的微妙心理。透过两个"畏"字,我们可以强烈地感受到女主人公强自抑制的急切愿望和由此而造成的精神痛苦。而"畏"的实质恰恰是"爱"。这两个"畏"字,把少女对"君"的一片痴情刻画得入木三分。宋之问有诗曰:"近乡情更怯,不敢问来人。"(《渡汉江》)极写乡思之急切,富有情致,在构思上,此诗与之有异曲同工之妙。

深层的"爱"与表层的"畏"错综交织,在这样一种矛盾状态中,主人公情思缱绻,难以解脱。何以解忧? 诗中的少女似不是个优柔脆弱的女子。矛盾的心情使她苦恼万分,索性气恼道"两不关情人,无复伤心事"。关情,关心、牵挂。"伤心事"三字暗绾前二句,使读者感受到少女被爱所折磨的巨大痛苦。为解脱起见,她想倒不如作个两不"关情"之人,就再也没有此等伤心之事了。话说得干脆利落,似乎毫不犹豫,毫无留恋,但真能这样吗?作为怀春的少女,她需要的是真诚而炽热的感情,她对意中人深挚的爱是坚如磐石的。主人公明明知道这是不可能的,这恰是她的无奈之辞啊!在斩钉截铁的决绝之辞中,蕴藏的恰是火一般的至死靡改的真情。女主人公那娇嗔气恼的神情口角,亦使读者如见如闻。就全诗来看,三四两句一方面承一、二句诗意,暗示上述的"畏"是由于自己"关情"所致;一方面也暗示,这"伤心事"实在是不能,也是不愿了结的。读来仿佛能感受到,女主人公在伤心中毕竟亦体会到了些许的"甜蜜"。由于后两句的语气反跌,使全诗前后一弛一紧,跌宕起伏,更具韵致。

这首仿民歌的小诗未像一般民歌那样以热烈炽盛之词直抒相思相爱之情,而是以明白晓畅语言,和民歌中惯用的白描手法,捕捉住初恋少女真实而典型的心理活动,传达出那种"在甜蜜中痛苦,在痛苦中甜蜜"的初恋人儿的复杂心态,道出女主人公的"爱"、"愁"、"畏"、"恼"等种种复杂心情。虽然整体风格上近于民歌,但在具体遣词造句上,如"复""无复"等词的运用,及语气的巧妙转换等,无不体现出文人的加工,从而使全诗不落浅显俚俗,"新隽"(纪昀语)有余,颇值把玩。这在尚"深幽孤峭"的钟诗中是不多见的作品。

(徐定祥 姚静波)

诗人小传

王次回

(?—1642) 名彦泓,次回为其字,金坛(今属江苏)人。崇祯时以岁贡为华亭训导,卒于官。诗多艳辞,近于唐人韩偓之香奁体。有《疑雨集》。

寒　　词　　王次回

从来国色玉光寒,昼视常疑月下看。
况复此宵兼雪月,白衣裳凭赤栏干。

这是一首著名的咏美人的诗。诗的题目是"寒",所以全用冷色调。前两句以议论入笔,说倾国倾城的美人总是面容、肌肤洁白光艳,犹如《庄子》所写的藐姑射仙子,欺霜赛雪,冷艳逼人;即使在白天见到,也会令人怀疑她是置身月下,恍惚觉得她浑身笼罩着一层透明的轻纱。诗只抓住一点，便把美人的气质娇容勾勒出来，足以使人产生无穷的遐思。前两句"月下看"三字虽是虚写，但实际已把月夜美人写活，很难再运重笔，但诗巧妙地以一"况"字领句，更进一步写月下美人，足见诗人运笔之灵活。诗说，如此迥出人寰的女子，平时已如白璧汉玉，令人不敢平视，更何况今宵雪后月出，她穿着一袭白衣，独自倚凭在朱红栏杆旁。如此，她的遗世独立、一尘不染的清韵丰姿便呼之欲出了。

历来写美人的诗都喜用冰霜雪玉来形容她的洁白，以凭栏沉思来衬托她的清高，特别喜欢把她放到月夜中，描绘一种朦胧美。如李白的名作《清平调》，就这样形容杨贵妃："若非群玉山头见，会向瑶台月下逢。""解释春风无限恨，沉香亭北倚栏杆。"王次回这首诗也是如此。全诗采取了"烘云托月"的笔法，把中心——美人置入与她同样清净洁白的境地中，还别出心裁地让她穿上白衣，使她仿佛消融在整个银色世界中。不惟如此，诗人还在美人身边安上一道红色栏杆，犹如在银白的布景中加了一道深色框线，显得格外抢目；这一暖色调的勾勒，不仅起了平衡画面的作用，且把美人定格在一个局部中，更突出美人飘飘欲仙的体态。

严格地说，咏人诗与咏物诗在作法上没有大的不同，或直写，或侧笔烘托，这首诗两者兼顾，流转飘逸。自从屈原《离骚》以美人香草代指君子后，咏美人的诗多少总带有寄托，或以美人孤寂远世隐寓自己的高尚情操，或借美人口抒发自己郁结胸怀……到齐梁宫体盛行后，文人始用浓丽妖冶的笔墨涂抹出一个个活生生的艳女，其中不少低级趣味之作，用传统的话来说，就是未达到《国风》好色而不淫"的标准。王次回这首诗匠心独运，既描摹了美人的绝世容姿，又体现了她的冰雪操守，表达了诗人对美色的追求中高雅淳正的情操，因此朱彝尊《静志居诗话》说他追踪李商隐、韩偓，缄情不露，造语新柔，"诵之感心娱目，回肠荡气"。

咏美人的诗或多或少总会使人联想到爱情，因此贵在含蓄，不涉狎邪，让人有回味的余地。王次回这首诗中女子所处的环境，很容易使人想到韩偓的一首《复偶见》，诗云："雾为襟袖玉为冠，半似羞人半忍寒。别易会难长自叹，转身应把泪珠弹。"写一个美女默默忍受着别离的煎熬。王次回笔下的女子，是否也有这种心情呢？

（李梦生）

无 题　　　　　　王次回

几层芳树几层楼，只隔欢娱不隔愁。
花外迁延惟见影，月中寻觅略闻讴。

> 吴歌凄断偏相入,楚梦微茫不易留①。
> 时节落花人病酒,睡魂经雨思悠悠。

〔注〕 ① 楚梦:用宋玉《高唐赋》序所写楚王遇巫山神女事,指男女幽会。

　　这是一首失恋的悲歌。诗人与诗中切切牵念的女子有过一番亲密的欢乐的交往,不知是什么原因,被迫分离。在憔悴痛苦中,他眼前所见的一切都仿佛与恋人紧密地关联在一起,那在一起度过的美好的日子成了追忆的主要内容,诗人苦苦地思恋着,他的心沉痛地哀鸣着,吟叹出哀哀欲绝的诗句。

　　诗一开始就把自己置身在十分孤寂悲怆的境地中。他无意识地向远处眺望,恰恰总是把目光投向恋人居住的地方,那儿,相隔了多少重芳树? 中间有多少幢楼馆? 看不见恋人的倩影,这树、这楼只隔绝了欢乐,而我的愁绪却与之紧紧相连。诗人魂不守舍,漫无目的地搜寻着往日:在花前徘徊留连,这里似乎还剩有她的芳影;在月下搜索,空中依稀还回荡着她的情歌。他深深地陶醉了,痴迷了,偏偏不知从哪儿飘来了一阵阵缠绵凄凉的吴歌,把他从回忆中拉了出来,反顾自己,只剩下了孤孑一身,分外伤心。前六句把过去与目前迷离交织,完全是一派惆怅与朦胧。所写的芳树、楼台、花前、月下,无一不是美好的事物,但这些美景只是勾起回想的媒介,是过去甜蜜的见证,在现在失恋的感伤中,这些景色只给他带来痛苦。因此,诗在写景的同时,冠以一连串强烈的语词,否定景色的美好,充分呈现自己的无奈与失落。

　　尾联两句是全诗的总结。诗人从往事的追忆中苏醒,正逢这足使人生愁的落花残春,由于病酒,恹恹无神,而思绪仍然沉浸在梦般迷离的向往中,无尽的风丝雨丝,伴随着诗人抽不尽的愁思。出句"落花时节"用现成语,既感叹春色将尽,又暗示自己爱情之花受到摧残,随风飘落;"病酒"则点明自己心中苦闷,因而借酒浇愁。对句写睡魂,紧扣上文"楚梦",进一步总结前六句刻骨铭心的相思。

　　这首诗把情感借景流出,带有强烈的主观性,一切事物、声音均随着诗人的愁苦而披上黯淡的色彩。诗用大量笔墨,在惆怅的回忆中寻觅过去,语调凄丽哀惋,酸辛悲苦,表达了对所恋女子的赤诚与痴迷,以及失恋后的灰心与迷失。

　　王次回诗学晚唐,艳丽处追踪韩偓香奁体,但写爱情的一些无题诗则脱胎于李商隐。李商隐也有一首怀念别离的恋人的无题诗,诗云:"来是空言去绝踪,月斜楼上五更钟。梦为远别啼难唤,书被催成墨未浓。蜡照半笼金翡翠,麝熏微度绣芙蓉。刘郎已恨蓬山远,更隔蓬山一万重。"王次回此诗从立意造语谋篇,都与李商隐诗有惊人的相似。唐以后人学李商隐,大都从用典用事出发,宋初诸人偏重堆砌,成西昆体;元、明诗人则取径李商隐以摩杜甫之垒,而爱情诗篇,则以王次回成就最高。

(李梦生)

曹学佺

(1574—1647) 字能始,号石仓,福建侯官(今福建福州)人。万历进士,任四川右参政、按察使。天启间,官广西参议,以撰《野史纪略》得罪魏忠贤党,被劾削职,家居二十余年。唐王在闽中称帝,授礼部尚书。清兵入闽,在山中自缢死。著述甚多,尝采四部之书,欲仿道、佛二藏为儒藏,未成。著有《石仓诗文集》。又撰《蜀中广记》。并选辑自上古至明代诗歌,为《石仓十二代诗选》。

留别金陵

曹学佺

微月斜阳影已低,霜风四起夕凄凄。
乌生两翼不飞去,只在白门城上啼。

崇祯末年,曹学佺曾有江南之行,留下了许多与之有关的诗,此诗即其一。留别诗一般无非写一些地方风物,友朋情谊,惜别之情以及再遇之期。这首诗却不同,它与其说是留别诗,不如说是诗人为即将灭亡的明王朝唱的一首挽歌。

首二句写景。写景本应描写金陵的景致。金陵为六朝佳胜,明朝陪京,佳丽金粉,富甲天下,不知有多少有特色的景观令人流连沉迷,而诗人于此已难以留意,他笔下的景色似与金陵无关,那"微月"、"斜阳"、"影低"、"霜风"都不能表现金陵的特征,但合起来又无不是形容金陵的神。初升的微月,一抹斜阳残辉,低垂的影子,都是一些不成气候的景象、又被那四起的北风凌逼,这是一幅秋去冬来、日薄西山的景象,给人的感觉就是"夕凄凄"。"微月"从东方写起,"斜阳"从西方摄景,"影已低"从下面着眼,造成一种左右上下笼罩天地的暗淡、衰落、抑郁的情景,"已"字下得十分沉重,说明局面已成,难以逆转。"霜风四起"增加了这幅景象的衰飒、萧瑟。以残秋晚景来形容明末的局势,也是当时诗人常用的手法,如钱谦益的《题石崖秋柳小景》写明王朝的苟延残喘:"分明一段荒寒景,今日钟山古石头。"诗歌中的物象常常是和诗人的深沉意识产生了共鸣,经过诗人过滤,能够传达时代征兆和文化的感受才进入诗歌的。明末的局势北面建州虎视眈眈,腹地农民起义军攻州略府,朝廷内部党争剧烈,吏治腐败,整个王朝气息奄奄,与寒风裹袭的残秋一样毫无生机。明朝斜阳残秋的时代特征给诗人们的创作打上了深深的烙印,即使写景中也有意无意地流露出来。

末两句抒情,写自己对金陵的眷恋。白门,指金陵。这两句诗用了一个典故,古乐府里有《乌夜啼》的诗题,多是写女子听到乌鸦夜鸣而引起的离愁别绪,后来"乌啼"遂成为渲染离情别绪的意象。诗曰:"乌生两翼不飞去,只在白门城上啼",这里的"乌啼白门"已不是渲染而已,诗人直以"乌"比自己。"乌生两翼不飞去",可见不愿离别之情。此时的诗人已年近七十,改朝换代已在隐微感觉之中,此别金陵,也许是永诀,乌在白门城上的哀鸣表达的正是诗人的沉痛之情。这两句诗还化用了张继《枫桥夜泊》中"月落乌啼霜满天"的句子,与第一句的"斜阳",第二句的"霜风"照应,使四句诗的写景抒情融为一个画面,景语即是情语,情语亦成景语。诗人明为惜别金陵而作,实为明王朝的衰亡唱了一首挽歌。

(孙之梅)

诗人小传

李流芳

(1575—1629) 字长蘅,号泡庵、慎娱居士,嘉定(今属上海)人。万历举人。魏忠贤建生祠,不往拜,并云:"拜,一时事;不拜,千古事。"诗文多写景酬赠之作,风格较清新自然。擅绘山水,笔墨峻爽,得力于吴镇为多。亦工书法、篆刻。与唐时升、娄坚、程嘉燧合称"嘉定四先生"。有《檀园集》、《西湖卧游图题跋》。

白门七夕 李流芳

时 将 入 燕

旧日维舟处,悬情独柳条。
秋风又京国[①],客思正江潮。
长路有时到,欢期难再邀。
徘徊望牛女,愁绝[②]向中宵[③]。

〔注〕① 京国:国都。此指南京。 ② 愁绝:极端忧愁。 ③ 中宵:半夜。

白门,本是刘宋都城建康的西门(一说南门),后遂成为金陵的别称;又因为南朝民歌中常常提到白门,所以也被作为男女欢会之地的代称。"七夕"是民间节日名,指夏历七月初七日的晚上,据古代神话,是夜牛郎织女在天河相会。由"白门七夕"的诗题可知,这首诗主旨在抒写作者的离别相思之苦。诗题下又有注曰"时将入燕",诗的字里行间也流露出了厌倦仕途奔竞的抑郁心情。

首联"旧日维舟处,悬情独柳条",如同一组蒙太奇镜头般将读者引入特定的诗歌情境:长长的柳丝低垂水面,慢慢地,画面上断断续续叠印出一对爱侣的幻影,他们荡桨嬉戏,系舟登岸,深情依依……倏尔,幻象消失了,诗人由忘情的忆想中猛然回过神来,镜头定格,唯见那条条柳丝真切地在眼前摇曳飘拂,柔情缱绻,牵动人心。这不由令人记起李白描写男女欢会的诗句:"君歌《杨叛儿》,妾劝新丰酒。何许最关人?乌啼白门柳。……"(《杨叛儿》)看来,这里的"柳条"不仅是写现成之景,更是点染情调,使一种浸润着浓浓的离情别绪的氛围油然弥漫。触景兴怀,当此七夕之夜旧地重游,追忆昔日的恩爱,感念此时的孤独,伤感的诗人怎能不思绪万千,心潮难平?

次联"秋风又京国,客思正江潮",紧承首联更深一层地渲染强化了悲境悲情。"秋风起兮白云飞,草木黄落兮雁南归"(刘彻《秋风辞》),秋季,正是游子怀亲、思妇念远的季节,诗人却别妇抛雏,独作异乡孤旅。秋气侵人,夜凉如水,牢落无偶,四顾空茫。那对妻子家人的眷恋与思念,那无法排解的忧思和惆怅,一如江潮,伴着阵阵秋风翻腾起落,使抒情主人公陷入了深深的悲哀。

在此基础上,三联则直写作者的人生感慨:"长路有时到,欢期难再邀。"这固然属于一种理性的生发,但其中包含的底蕴却十分丰富。李流芳生当明末,为人耿介,不慕权势,史载:巨阉魏忠贤建生祠,李不往拜,并云:"拜,一时事;不拜,千古事。"面对国事日非的现实,感于节序如流、人生易逝,他对于求取仕宦功名实在打不起精神提不起热情,而向往夫妻团聚、心神平静的生活境界。后来,诗人果然践了自己的夙愿,"天启壬戌(1622),抵近郊闻警,赋诗而返,遂绝意进取,誓毕其余年,读书养母,刳心学道,以求正定之法"(钱谦益《列朝诗集小传·丁集》)。此处"长路有时到"一句,既可作抽象的理解——路程再远亦有抵达之时,同时,"长路"也指具体的入燕之漫漫长途,作者的另一首诗"吴会日已远,燕台路正长"(《黄河夜泊》)可作参证。诗人即将沿悠悠绵邈的燕台古道踽踽而去,不禁兴起何年何月再能相聚的深慨,"欢期难再邀"着一"难"字,强调后会难期,不仅深切地写出了离人间的隐恨,也为末联作了充分的铺垫。

末联"徘徊望牛女,愁绝向中宵"二句,一面点扣诗题,同时将对离愁别恨的抒写推向高潮。牛郎、织女的故事早在汉代就流传了,然而天上双星尽管只有一年一度相聚的机会,却总是欢会有期,年年重逢,而人间绸缪的夫妇竟然"欢期难再邀",这该是何等的恨事! 此时,"忧愁不能寐"、"出户独彷徨"的诗人,举头遥望星光灿烂的夜空,不由得更强烈地触动了那份不见所思的幽怨落寞情怀,回肠九转、隐忍已久的感情再也无法控制了,只有一任其纵情发抒流泻,至于"愁绝"。

这首诗以简淡省净的笔墨抒写真情实感,风格自然平易,质朴清新,情调凄怆哀婉,读之令人愀然神伤。

（尹芳林）

过皋亭龙居湾宿永庆禅院同一濂澄心恒可诸上人步月

李流芳

每多方外游,见僧即如故。灯明一龛下,夜长惬深晤。不知山月上,千林已流素。出门寻旧溪,爱踏松影路。气和空宇澄,寒魄如春露。幽泉洗我心,微钟杳然度。

原题共两首,前首记述到皋亭(在今浙江杭州市东北)龙居湾永庆禅院的情景,此为第二首,扣合题面中的"宿"与"同诸上人步月"。

作品一开始,先写留宿永庆禅院时,与久违的众多院僧故交,围坐于佛龛灯下,欢晤夜话。"每多方外游,见僧即如故",是由"一濂、澄心、恒可"等僧友济济一堂、"惬深晤"所生发的感想,而"如故"、"深晤",也透露出作者与他们已经很久没有见面了。"灯明一龛下"是典型的禅室环境,唐李郢《长安夜访彻上人》:"闻说天台旧禅院,石房独有一龛灯。"贯休《游金华山禅院》:"薄岚常翳一龛灯。"都突出了这一特征。在这样的环境中,宾至如归,又是与一群"方外游"静夜长谈,自然是俗氛全消。充溢于作者心中的,是一派亲切、欢畅的感觉。这就为下文所展开的"步月",定下了详和的基调。

"不知山月上,千林已流素",是绝妙的过渡。"不知"回应前段的"深晤",欢谈使人忽视了"夜长"因素的存在;而终究意外地发现了"山月上",而且皎洁的银光已经洒满了遍山的树林,惊喜之状不难想见。"千林已流素"的美景,自然使人们的情兴由室内转向了户外。作品的下半段,就细腻地绘画了"出门"所见的优美景色。这里有熟悉的溪流,小路上松影槃跚;空气和畅,天宇旷朗,一轮明月流光四溢,给人带来无比清新怡爽的感觉。尤其是结尾的"幽泉洗我心,微钟杳然度",不仅在画面上添增了泉色钟声,而且表现出一种禅味,诗人此时的身心与之融汇为一,真可谓迥非尘世之境界了。

这首诗写良辰、美景、赏心、乐事的"四美并",字字从肺腑间流出,亲切自然,

山水花卉图册(之一)　　　　　　［明］李流芳

毫无做作。景语流美,更以其神韵取胜。陈田《明诗纪事》谓作者诗"清迥出尘",殆非虚言。沈德潜《明诗别裁》评此诗说得好:"如见东坡承天寺夜游光景。"苏轼《记承天寺夜游》述中夜步月,风神清逸、脍炙人口。本诗意兴、境界、风韵俱各超妙,确令坡公不得专美于前。

(史良昭)

【诗人小传】

王象春

(1578—1632) 字季木,新城(今山东桓台县)人。清初文学家王士禛从祖。万历三十八年(1613)进士第二。为人所许谪外。不久迁南京吏部考功郎。为官敢于议论朝廷官员的邪正。后罢官归田。象春才气奔轶,亦"七子"之流亚。著有《问山亭集》。

书项王庙壁

王象春

三章既沛秦川雨,入关又纵阿房炬,汉王真龙项王虎。玉玦三提王不语,鼎上杯羹弃翁姥,项王真龙汉王鼠。垓下美人泣楚歌,定陶美人泣楚舞,真龙亦鼠虎亦鼠。

王象春"雅负性气,刚肠疾恶"(《列朝诗集小传》)。睥睨流辈,常出骇人之言,为此仕途多困踬,官也只做到南京考功郎,此间他游览乌江和项王庙,写下了这首咏史诗。项王庙即项羽庙,在今安徽和县乌江镇凤凰山上。

楚汉之争,项羽以盖世英雄兵败乌江,自刎垓下,而刘邦终以一无赖小儿夺取天下,对此后人多有议论,而于项羽则更多惋惜之情,杜牧《题乌江亭》认为项羽应听从亭长的建议,"包羞忍耻"以期"卷土重来"。王安石则把项羽兵败的原因归结到范增身上,《范增》诗中指责范增不知引导项羽争取民心。李清照更是从当时的形势出发,极力推崇项羽不肯苟全性命的英雄本色。咏史贵在"出己意"(吴乔《围炉诗话》),王象春面对乌江这片勾人心魄的古战场,霸气萦绕的项王庙,奇论突发,不为前人之见所缚,对刘邦、项羽这两个叱咤风云的人物作了崭新的评价。不管是成王成帝的刘邦,还是"人杰""鬼雄"的项羽都在他笔下呼唤出了新的色彩。

立论要有根据,诗人截取了刘邦、项羽一生中最能体现他们个性、最能引触读者生发历史感慨的事件,从人物的表现中剖析他们的功德、才能。

诗每三句一层,第一句,"三章",指刘邦进兵秦川,攻入咸阳,与咸阳父老约法三章:"杀人者死,伤及盗抵罪。"(《史记·高祖本纪》)秦川,指陕西、甘肃秦岭以北的平原地带。沛,水多,沐浴意。这一句是说刘邦进入咸阳,废除秦朝苛政,和百姓约法三章,军士不能骚扰百姓,秦川人民如久旱逢雨。第二句"阿房炬",阿房,即阿房宫,秦宫室。公元前二〇六年,"项羽引兵西屠咸阳,杀秦降王子婴,烧秦宫室,火三月不灭,收其货宝妇女而东"(《史记·项羽本纪》)。刘、项同入咸阳,但所作所为截然相反,由此看来"汉王真龙项王虎"。古人常以龙、虎、狗、鼠比喻人的才能,《世说新语·品藻四》:"诸葛瑾弟亮及从弟诞并有盛名,各在一国,于时以为'蜀得其龙,吴得其虎,魏得其狗'。"这里的龙、虎、狗均是褒义,用以区别才具的等级。由西人咸阳一事看,刘邦的政治韬略的确高出项羽一筹,项羽充其量是一虎而已。以"龙""虎"比喻刘、项的才能,抓住了特征,形象准确,如见其人。龙腾云驾雾,可屈可伸,能隐能显,这些也都是刘邦的政治才能,而虎虽张牙舞爪,为兽中之王,才能却不过"一扑、一掀、一剪,三般提不着时,气性自没了一半"(《水浒传》第二十二回),正如项羽不过是"力拔山兮气盖世,时不利兮骓不逝"的一匹勇夫。这一层评论刘、项才具,有褒有贬,先将项羽一抑。

中间三句是第二层。第一句"玉玦",佩玉。这一句说项羽在鸿门宴请刘邦,谋臣范增欲杀刘邦,"数目项王,举所佩玉玦以示者三,项王默然不应"。第二句写楚汉两军对峙广武(今河南荥阳东北广武山上),只隔一涧,项羽虏刘邦父为人质,将其置高俎之上,告汉王曰:"今不急下,吾烹太公。"汉王曰:"吾与项羽俱北面受命怀王,曰'约为兄弟',吾翁即而翁,必欲烹而翁,则幸分我一杯羹。"从图王图霸的角度看,鸿门宴上项羽不杀刘邦,算不上高明,故范增称他为"竖子",刘邦为了霸业,抛弃父母也算不上失策,但诗人这一次转换了议论的角度,着眼于信义人情,从人的血性、情感、人格上看其高下。鸿门宴上,项羽不杀刘邦,认为刘邦"先破关中而有大功,杀之不义",可见项羽不仅是一披坚执锐的英雄,也是一个讲究信义的义士;项羽不杀刘邦,还因为他相信了刘邦的巧言表白,低三下四的奉承,表现了这个人政治上的单纯和人品的质直。而刘邦则正好相反,面对父亲被高置肉俎,即将被烹的事实,不但没有怒发冲冠,出兵来救,反而嘻谑调侃,还要分吃一杯羹,无情无义的无赖嘴脸千古如新。项羽为了信义可置个人王霸之业不顾,而刘邦则为了逃避决斗,竟要分享父肉,真乃禽兽不如。故诗人斩钉截铁地下了结论:"项王真龙汉王鼠。"从人的角度看,项羽为人中之龙,他起于陇亩,三年而灭秦,分割天下,自号"霸王",为人血气方刚,个性鲜明,生为人杰,死亦鬼雄。和项羽相较,刘邦遇危而无勇,临辱而愈卑,见父危而不救,只是人中之鼠。此三句,对项羽由抑而扬,对刘邦则一贬到底。

最后一层第一句:"垓下美人泣楚歌,"写项羽兵困垓下,四面楚歌,哀叹大势已去,遂与美人虞姬悲歌泣别,虞姬以歌相和。第二句"定陶美人泣楚舞",刘邦的宠姬戚夫人是山东定陶人,故称"定陶美人"。刘邦曾有意立戚夫人所生子如意为嗣君,后来太子刘盈得张良之谋,羽翼已成,刘邦无可奈何,只能在戚夫人泣诉时,敷衍她说"为我楚舞,吾为汝楚歌"(《史记·留侯世家》),以二人的歌舞相和,聊表宠爱之意。但后来太子即位,戚夫人与如意均被吕后害死。一个是成者为王,一个是败者为寇,但在不能保护心爱的美人这一点上,刘、项何其相似乃尔。拔山扛鼎的"虎"也罢,"豁达大度"的"龙"也罢,末路都是与女子相对泣泪,全无丈夫气概,只值得"鼠"的恶谥——首鼠两端,不能决断(刘)或不能了断(项)。如果说,前六句的评价,仅是出语之奇,未能于史实上翻出新意;那么,这最后三句的立论,更是佳作中的精华,不但语奇意奇,而且独具只眼,在成败殊途的两雄中窥到了共同之点,将常见的史实比并观之而推出新意,真是发前人之所未发、见前人所未见。

全诗第一层褒刘贬项,第二层扬项抑刘,第三层则一体贬之。虽褒贬不同,却有根有据,顺理成章。如此,全诗亦见波澜起伏,跌宕生姿。读其诗,想见其人。前人咏史多用七绝,而王象春不仅诗意独特,而且形式新颖,显示出作者"才气奔轶、时有奇气,抑扬坠抗,未中声律"(《列朝诗集小传》)的特点。 (孙之梅)

大　明　湖　　　　　　王象春

万派千波竞一门,冈峦回合紫云屯。
莲花水底危城出,略似镂金翡翠盆。

这首诗描写的是大明湖的美丽景色。大明湖位于济南城北,由珍珠泉、芙蓉泉、王府池等多处泉水汇合而成,其名最早见于郦道元《水经注》。《明一统志》记:"大明湖占府城三分之一,弥漫无际,遥望华不注峰如在水中,盖历城(今济南市)绝胜处也。"

诗的首句着重写湖面的景色。"门",是指北水门。大明湖水皆由北水门入小清河,然后流入渤海,因此大明湖碧波万顷,看来万派千波好像皆向北水门涌去似的。诗人用"竞一门"写出了湖面的辽阔和波动浪涌的壮阔景象。第二句当为大明湖周围山峦的景色。历城东北是华不注山,冈峦叠嶂,山头云气聚集,远远望去,华不注峰犹如在水中一般。诗的三、四句转写湖畔的景物。大明湖畔建筑林立,亭台楼阁,水榭长廊,参差有致地环绕湖边,但是诗人并未直接描写他环视湖畔所见,而是通过一极巧妙的比喻,从湖水中倒映的景物,写出大明湖绮丽动人的风光。"四面荷花三面柳,一城山色半城湖"(清刘凤浩诗),大明湖的荷花是有名的,红色、白色的莲花在碧绿的湖水映衬下显得分外娇艳,作者写出倒映在这碧波、莲花间的楼阁,就好像装在一只镂金的翡翠盆中一般,玲珑剔透,明丽可爱。"莲花水底危城出"的"出"字,不仅使人感到楼之高、水之深,而且也感到了湖水的波动和荡漾,因此翡翠盆里的景物就不是静止的了,而是充满了活力和生气。或许这正是诗人登楼凭栏俯看水面时所见到的奇景。

如果说诗的前半首描写的是大明湖水光山色的宏观景象,那么诗的后半首则刻画了精美的微观景致,诗虽短小,然而景物的描写远近结合,错落有致,最后以美妙的比喻收结,将大明湖最有特征的景色熔铸于一篇之中,给人以生动新鲜的印象,避免了浮泛俗滥之病。

(孙绿怡)

【诗人小传】

徐安生

明女诗人。与沈德符(1578—1642)为同辈人。吴(今江苏苏州)人。貌美、聪慧,能诗善画,多才多艺。据沈德符《万历野获编》中记载:"徐安生,吴人,徐季恒女也。季恒能鉴古善谈,为余父客,暮年始举此女。美慧、多艺,而性颇荡,曾嫁武林邵氏,以失行见逐,遂恣为非礼。其写生出入宋元名家,尝仿梅道人《风雨竹》一幅遗余,且题一绝于上云云。"

题 风 雨 竹　　　　徐安生

夏日浑忘酷暑,堪爱酒杯棋局。
何当风雨齐来,打乱几丝新绿。

据沈德符《万历野获编》记载:"徐安生……美慧多艺,而性颇荡,曾嫁武林邵氏,以失行见逐,遂恣为非礼。其写生出入宋元名家,尝仿梅道人(元代大画家吴镇)《风雨竹》一幅遗余,且题一绝于上。"徐安生赠沈德符画上所题,即上面这首六言小诗。这首诗表现了诗人独来独往的精神,更表现了她对变动不居的生活的向往。

前两句与题画无关,说的是诗人自己的情况。"夏日"、"酷暑",季节、气候是令人难以忍受的。诗人却能"浑忘",即全然忘却。何以能如此呢?原来她自有追求,正全神贯注于"酒杯棋局"之中,饮酒、手战,自得其乐。女子而喝酒、下棋,本已不同流俗,热衷至于"浑忘"酷暑的威胁,更非寻常。由此不难想见其独特的个性以及难以为世人所容的原因。

后两句针对画面上的风雨竹抒情。"何当",意为怎能,是表示希冀向往之词。诗人尽管不怕"酷暑",但"酷暑"毕竟值不得赞美,她希望的是"风雨齐来",吹洒上今年长出的新竹,让新竹更增添几分凉意,将暑气彻底消除。至于诗中的"酷暑"是否有所象征、隐射,似可不必深究。因为对于理解此诗来说,重要的不在于个别词语可能存在着的某种暗示,而在于通过"浑忘酷暑"与憧憬"风雨齐来"所表现出来的坚定不移与勇于追求的诗人思想性格的特点。

这首题画诗与常见的题画诗不同。一般说来,顾名思义题画诗应不离画面形象,而此诗一二句与画面并无关系。三四句虽然关合画面,却将画面上实有的风雨竹形象,用表示希望的悬想之词"何当"引出,表现了诗人自己在生活中的向往追求。如果从咏物诗的角度来看这首《题风雨竹》,咏物诗要求笔墨集中于吟咏的对象本身,而此诗一二句仅是夫子自道,与咏物毫不相干,显然并不符合咏物诗的体例要求。从此诗体例的不拘一格,也可看出诗人独立不羁的性格特点。

(陈志明)

冯小青

明代西泠女诗人。相传为武林名士冯千秋从镇(江)、扬(扬州)携回杭州之小妾,时年仅十六岁。为大妇所嫉,幽居于孤山脚边的旧屋。只两年,抑郁而死。工诗。其诗于临终时为佣女所焚,后人辑有《焚余集》。后世学者亦有认为冯小青为虚扬人物。

读《牡丹亭》绝句　　冯小青

冷雨幽窗不可听,挑灯闲看《牡丹亭》。
人间亦有痴于我,岂独伤心是小青。

晚明西泠女诗人冯小青,小名玄玄,相传是武林名士冯千秋从镇、扬携回杭州的一个小妾,其时她才十六岁。上面这首诗描绘出了她来杭州之后的处境和心情。

传说她到冯家后为大妇所不容,被迫幽居在孤山脚边一所旧屋里。明朝时候的孤山,几乎四周皆水,陆路难通,那个妒妇既不让小青出来,又不让冯千秋去探望她。每到夜晚,她孤身一人,青灯一盏,形影相吊。"冷雨幽窗不可听",是这种寂寞凄凉的环境的写照,也是这位红颜薄命女子心境的写照。《红楼梦》中黛玉《葬花吟》有句云:"青灯照壁人初睡,冷雨敲窗被未温",描写的颇类小青此时此刻的情怀。"幽窗"外自然界淅淅沥沥的"冷雨",一声声敲打在她的心坎上,这不正象征着她经历的一场人生的凄风苦雨吗?如今她成了被遗忘的人,陪伴她的只有这幽窗冷雨,而这凄凉的雨声更勾引起她多少身世之感!"已觉秋窗秋不尽,那堪风雨助凄凉"!所以,她不想去听,不愿去听,可那无情的冷雨啊,一任阶前点滴到天明!

怎样消磨这百无聊赖的漫漫长夜?于是小青"挑灯闲看《牡丹亭》"了。所谓"闲看",本来只是为打发时光、消闲解闷而已,谁会想到"借酒浇愁愁更愁",《牡丹亭》——这部明代大戏剧家汤显祖的杰作更加触动了她的心弦。小青像世上其他女子一样,渴望美满的爱情和婚姻生活,可是旧时代男人可以纳妾的封建婚姻制度,铸成了这位可怜的贫家女的悲剧。她幽居孤山,过着与世隔绝的生活。左近有一所观音庵,可怜的女子只好向菩萨求救,她常常痴痴望着佛的庄严妙相,俯首合十,以诗向佛祈祷说:"稽首慈云大士前,不生西土不望天。愿祈一滴杨枝水,遍洒人间并蒂莲。"她多少渴望爱情的幸福啊!可是现实却是这样的冷酷无情。有时,只有冯千秋的瓜葛亲杨进士夫人泛舟来看她。杨夫人十分怜爱她,同情她,劝她另配佳偶,莫辜负青春年华。小青说,人生辛酸,一嫁足矣,"宁作霜中兰,不作风中絮"。她哀叹自己的命运,认为自己是世上最痴情的女子,因而也是世上最痛苦的人儿。现在出乎意外的是,她在《牡丹亭》中看到了自己的影子,找到了一个相同的"我",她情不自禁地写道:

"人间亦有痴于我,岂独伤心是小青。"

原来《牡丹亭》写的是美丽多情的少女杜丽娘在游园时梦中和书生柳梦梅相爱,醒后感伤致死。三年后,柳书生偶然发现丽娘自画像,深为爱慕,丽娘又感而复生。小青感佩不已:丽娘啊丽娘,你执着追求理想的爱情,生可以死,死可以生,比我小青还要痴情呢!

冯小青《读牡丹亭绝句》曾被后人编成一折昆剧,剧名《题曲》。剧中有小青几句独白,颇能道出她在诗中所表现的凄怆感情。剧中小青说:"丽娘姐姐,你不过做了一个梦,何致于对梦中人如此眷恋以致病到如此地步……",接着又说:"啊,小青呀小青,人家还有过一个梦,你……你连梦也未曾有一个啊!"上一句可说是"人间亦有痴于我"的最好注脚,下一句则是伤心人别有怀抱了。虽说杜丽娘为心爱的人伤心致死,但她毕竟还做过一个绮丽温馨的梦,而自己心爱的人,明知自己幽闭孤山,却不见他人影儿,连魂魄也不曾来相会,自己的命运比丽娘还可悲呢!

事实也是如此,杜丽娘在历经艰辛后,最后还有一个大团圆的结局,可是小青就更可悲了。实在不堪大妇的折磨和虐待,终以诗诀别杨夫人,含恨而终,时仅一十八岁。等杨夫人闻讯赶来时,小青的遗作已被侍候她的老妪付之一炬,只剩下一些糊窗户的残稿了。所以后人将其辑为一集,名曰《焚余集》。小青死后葬于孤山北麓玛瑙坡。清初女诗人张惠题诗吊祭云:"重到孤山拜阿青,荒荆茅棘一沙汀……劝君更礼慈云侧,莫堕轮回作小星。"

小青这首《读牡丹亭绝句》很有名,相传《牡丹亭》问世后,先有娄江俞二娘为之断肠而死,后有杭州女伶商小玲在演此剧时当场恸绝于舞台上。冯小青夜读《牡丹亭》的故事,更成为戏曲创作的热门题材。南社诗人柳亚子把冯小青作为一个被封建制度迫害致死的典型,将有关她的材料辑成《小青遗事》一书,由京剧名伶冯子和搬上舞台,轰动杭州。后冯子和将演剧所得,重修小青墓,柳亚子书其墓碑曰:"明诗人小青女史之墓"。墓修成后数年,诗僧苏曼殊故世后,亦择葬于冯墓之侧,成为湖上又一千古胜迹。"文革"中,此一女一僧亦未能幸免于难,并附近苏小小之墓均不存焉。

(之江 铁明)

春 水 照 影 　　　冯小青

新妆竟与画图争,知在昭阳第几名?
瘦影自临春水照,卿须怜我我怜卿。

大家都还记得汤显祖《牡丹亭》中《游园惊梦》那出戏,杜丽娘本来兴致勃勃来欣赏春景,可是,当她看到姹紫嫣红开遍的春花时,却引起一场伤感和惆怅。冯小青写上面这首诗的情绪和杜丽娘也有某些相似。

春天来了,西子湖畔花明柳媚,湖山如画。这位十六岁的少女把自己梳妆打扮一番,来到湖边蹓跶。只见一湖春水波平如镜,临水自照,照见了自己的身影。啊,"新妆竟与画图争",自己是这样美丽,竟然能与画上的美人儿媲美呢!小青自我欣赏,显得十分得意。"知在昭阳第几名?"她很有信心地说:凭我这般美丽的容颜,就是在皇家的昭阳宫内也会独占花魁的。

待一阵喜悦和兴奋过去以后,心中留下的却是一片巨大的空虚,是无限的惆怅。身为小妾,为大妇不容,孤身一人被迫幽居在孤山脚边的旧屋里,形单影只,失去了爱,失去了自由,失去了欢乐,失去了正常的人性。春天无限美好,可是"与谁同度可怜春"呢?对她来说,现实是极为严峻的、冷酷的,此时她不禁对着水中自己的倩影仔细端详,发现自己俏丽的脸上呈现一副落寞的神情,而且瘦损多了,变得憔悴了。不觉心中一阵酸楚。她对着水中自己的影子说:"卿须怜我我怜卿。"在这个世界上,我俩——形与影,再没有人怜惜了,只有我俩形影不离,你要怜我,我要怜你呀!小青一人幽居孤山,大妇既不让小青出来,又不让丈夫冯千秋去探望她,她成了完全被外界遗忘的人。她满腔怨恨向谁说呢?她只好对着自己的影儿倾诉衷肠,只好把自己的影儿引为知己。可见她尝尽了凄楚悲凉的人生滋味,算得是人世间最孤独的人了。"卿须怜我我怜卿",堪称是人世间最凄苦的声音!

李密《陈情表》有"茕茕孑立,形影相吊"句,小青诗"瘦影自临春水照,卿须怜我我怜卿",概由此化出,但小青诗创造了一个"春水照影"的意境,把"形影相吊"四字具象化了,再联系到女诗人红颜薄命的悲惨身世,就使之获得了崭新的艺术生命,产生了哀婉欲绝、扣人心弦的力量。

小青这首诗中,第三句"春水照"三字是联结首尾两句的纽带,首尾两句都是写春水照影时的所见所感,而首句"新妆竟与画图争",极自豪,末句"卿须怜我我怜卿",极悲恸,两种情绪作极其强烈的对照。女诗人有意用反衬手法,目的是表示自己对命运的抗争,一个天生丽质、如花似玉的美人,竟陷于如此屈辱可悲的地位,命运对她太不公正了!

小青的遭遇实际上反映了旧时代一夫多妻制的罪恶。清初女诗人张惠凭吊小青诗云:"劝君更礼慈云侧,莫堕轮回作小星。"不仅道出了她对小青的痛惜之情,而且还对那个男人可以任意纳妾的封建制度作了有力的鞭挞。 (铁 明)

诗人小传

谭元春

(1586—1637) 字友夏,竟陵(今湖北天门)人。天启间乡试第一。与钟惺同为"竟陵派"创始者。论文重视性灵,反对摹古,提倡幽深孤峭的风格,均同于钟惺。所作亦流于僻奥冷涩。有《谭友夏合集》。

刘季龙简讨庭上看舞刀歌 谭元春

灯影与月争微茫,阶闲尘静添薄霜。主人奇不但文事,呼童舞刀刀划光。一童双臂如蛟缠,两童蹴躅身手强①。沐金浴火刀欲吼,飒飒月响秋吐芒②。我欲饮时舞亦回,素魄挟霜纷下翔。鸡既鸣矣冷相看,葳蕤钥起天欲明③。青鞿青笠我不辞④,君用世人宜徬徨⑤。他年期我深山里,世平僮散刀沉水。

〔注〕①蹴(cù)躅:践踏,蹬脚。 ②飒飒:风声。 ③葳蕤:即葳蕤锁。锁以金缕相连,其状纷披,可以屈伸,故名。 ④鞿:同鞋。青鞿,黑色的鞋。青笠,竹子编的斗笠。二者均为平民百姓的用品。 ⑤君:指刀。"君用"谓刀被使用,喻战争。

谭元春与钟惺齐名,是竟陵派的代表作家。他和钟惺一样都主张写诗表现一己之性灵,而所谓性灵则是指一种幽深孤峭的情趣。这首诗也写得很不一般,立意造语均不同凡调,给人以生新奇异的艺术感受。

全诗十六句,每四句一小节。第一节点明环境人事,这是一个澄明寂静的夜晚,灯月辉映,地上如同铺了一层薄霜,一切都是静悄悄的。这里突出月夜的静,给下文舞刀之喧动做了很好的衬托。"主人奇不但文事",主人奇,这句的句法也奇,别扭拗口的三、四结构似在特别地提醒读者,主人不但好文,而且好武。于是月夜的寂静打破了,三个童子被唤出来舞刀。第二节正面描写舞刀,前二句实写童子灵活的身手,娴熟的刀法;后四句则渲染舞刀的效果与自己的感受。"沐金浴火刀欲吼,飒飒月响秋吐芒。"刀舞得实在太快,三童子似在一片金黄色、火红色的光影中沐浴,影响所及,周围的环境也发生了变化。杜甫描写公孙大娘剑器舞的效果是"观者如山色沮丧,天地为之久低昂",极言其壮观、慑人的力量。谭元春此诗则别出心裁,突出其灵异诡变之处。童子舞刀之后,月亮似乎在飒飒作响,秋夜也闪出了光芒。诗人端起酒杯,还没来得及饮一口,舞姿又发生了变化,那刀光像夜里的流霜一样,纷纷飞翔直下。这真是作者奇异的非同平常的感受!接下四句写舞罢的情景,刀光渐止,霜天的月光似乎也随之下落。这时一声鸡鸣,天快亮了,童子舞罢,冷然相对,用链子锁把刀锁起。"冷相看"的冷字用得非常好,"冷"说明童子刀术高超,不是舞得大汗淋漓,气喘嘘嘘;"冷"也刻画了他们心中无旁物,无主人,无宾客,而只有刀。他们舞刀时毫无取悦旁人之意,刀随心舞,心与刀化而为一,刀止则心止,一切还归于岑寂,此之为"冷",这才是刀师剑客的绝高的境界。诗人为之震慑,感到了刀的力量,刀的可怖。这时诗人已不可能对舞刀再作观赏性的赞美了,于是笔锋陡转,第四节由刀的可怖写到了自己对战争的态度:宁愿青鞋布袜作一平常百姓,也不愿人们崇尚武力,致使百姓流离徬徨。希望能终老山林,看到世上太平,永罢刀兵。

谭元春论诗标榜"孤怀"、"孤诣",亦即不与常人相同的独特思致、独特风格,写作时亦刻意追求,以致时有词语生涩、词旨含糊、风格冷僻之病,为此颇遭受后人的指责。钱谦益称他"以俚率为清真,以僻涩为幽峭,作似了不了之语,以为意表之言,不知求深而弥浅",甚至还斥之为"鬼趣"。这样的批评不免过甚,譬如这首诗造语虽然有些奇涩,并非不可理解;末段的感叹有些突兀,但细细品味,思理仍是衔接的,不能简单地以"破碎"、"蒙晦"斥之。即便与杜甫的《观公孙大娘弟子舞剑器行》相比,彼得阳刚之气,此饶阴柔之美,亦未遑多让呢! （刘明今）

瓶　梅　　　　　　　　　谭元春

入瓶过十日,愁落幸开迟。
不借春风发,全无夜雨欺。
香来清净里,韵在寂寥时。
绝胜山中树,游人或未知。

这首咏物诗也与大多数咏物诗一样,起首先点明所咏对象,即著题。诗说这枝梅花插在瓶中已经超过了十天,因为恐怕它早早的凋落,反而因为它比寻常梅花开得晚而暗暗庆幸。这种珍惜心理与辛弃疾《摸鱼儿》词所云"惜春常怕花开早"同调,说出诗人异乎旁人的鉴赏情趣。

接着,诗描写瓶中梅与开在野地树上的梅的不同。历来咏梅诗都几乎一致地称赞梅花不畏风雪的品格,如林逋《山园小梅》:"荒邻独映山初尽,晚景相禁雪欲来。"《梅花》:"宿霭相黏冻雪残,一枝深映竹丛寒。"这首诗为了达到歌颂瓶梅的目的,一反前人,说瓶梅生活在室内,感受不到室外的寒冷,用不着和暖的春风催发,也受不到野外料峭夜雨的摧残,优闲自在地在房间里散发着沁人的清香,一枝横斜,孤高寂寥,独具风韵。

瓶梅与野梅的最大区别在于一处野地,不为人知,耐得寂寞;一处室内,与人相对,沾染了世俗的烟火气。自古以来,咏梅诗也几乎千篇一律地歌颂梅花孤标轶群、洁身远俗,如黄庭坚《次韵赏梅》:"淡薄自能知我意,幽闲元不为人芳。"韩涧泉《探梅》:"纵许老干摧幽谷,也胜繁华倚市门。"谭元春这首诗的尾联偏从此切入,把瓶梅与野梅进行比较,说它虽然离开了本枝,但能供人赏玩,远远胜过野梅避处深山,默默无闻。这样,诗人所想表达的物为世用的观念也就显露无遗了。

宋曾幾也有一首《瓶中梅》诗,云:"小窗冰水青琉璃,梅花横斜三四枝。若非风日不到处,何得色香如许时。神情萧散林下气,玉雪清映闺中姿。陶泓毛颖果安用,疏影写出无声诗。"诗除了点出瓶梅所处的环境与野梅不同外,均是以普通赞梅句赞瓶梅,没有新的发明。谭元春这首诗在组织上有意选取野梅所陪伴的自然条件来与瓶梅对比,从而发掘出瓶梅的异趣与可爱,可以说是独具一格。

梅在山中,得自然清气,与万物化一;一移入屋内,则未免因为追求观赏价值,如同龚自珍《病梅馆记》所说,经过"斫其正,养其旁条;删其密,夭其稚枝;锄其直,遏其生气",成为病梅。一个人的好恶反映了他的处世观。谭元春生活在明末政乱时,无缘步入仕途,性格孤傲,所以常常寄情于孤寂的景物,颇多奇思僻见。他在这儿赞扬瓶中梅的寂寥,以为它只是对着欣赏他的主人发着幽香,正是在发泻自己不为人知的孤愤。钱谦益《列朝诗集小传》说钟惺、谭元春所创的竟陵派诗,"惟其僻见之是师,其所谓深幽孤峭者,如木客之清吟,如幽独君之冥语,……抉摘洗削,以凄声寒魄为致,此鬼趣也"。冯班《钝吟杂录》也说竟陵派诗"如屠沽家儿,时有慧黠,异乎雅流"。从这首诗来看,批评得不无道理。试想一下,寒风劲吹,瑞雪普降,山奥小村,一树横倚,万花怒放,这样的"韵在寂寥时",岂是围着火炉、插在瓶中的三四支病梅所能比拟的?

(李梦生)

丁卯仲冬夜拜伯敬墓讫过其五弟居易家①(四首选一)

谭元春

哭罢寻何处,宵投汝弟家。
磬声知世短,墨迹引心遐。
墓柏微微树,瓶梅渐渐花。
在时频远别,悲只似天涯。

〔注〕① 丁卯:天启七年(1627)。时钟惺已去世三年。伯敬,钟惺字。

钟惺与谭元春都是竟陵(今湖北天门县)人,二人有着共同的诗歌主张,相互切磋,比肩唱和,共创"竟陵诗派",在当时独树一帜,时人呼为"钟谭体"。二人情投意和,可谓千古知音。诗人于丁卯年仲冬(农历十一月)的一个夜晚到钟惺(字伯敬)墓前凭吊,作了这首诗。

诗题为"拜墓",但诗人主要笔墨并不在尽情抒发凭吊时的悲痛之情上,而是着重于拜墓后的心理感受。首句"哭罢寻何处,宵投汝弟家。"交代了时间、地点、事件。特别是"哭罢寻何处"一句颇耐人寻味。"哭罢"照应题中"拜墓讫"。从第二句可知,诗人分明对"哭罢"后的去处已有计划,即去"汝弟家"。但诗人仍作"哭罢寻何处"之问,为什么呢?读者试咀嚼此句诗,便能豁然明白:在经历一场肝肠欲断、摧心裂肺的哭坟后,诗人仍然沉浸在丧友的巨大伤痛中,极度的悲痛使得诗人神情恍惚难以自持,无法立即从刚才的沉痛中平复心绪。兼之暮色渐浓,苍茫一片,故诗人在这一瞬间连自己的去处都不知道了。此句写伤心之深,十分传神。以"哭"置于句首,首当其冲,用得妙!一方面就诗人而言,他直抒胸臆,毫无矫情节制之嫌,非如此不足表达心中伤痛;另一方面就读者而言,仿佛感到后面的字句,甚至包括全诗,都是诗人"哭"出来的,使人顿然动容,很快产生心理上的共鸣,随作者进入诗境。另外,"寻何处"还暗含有"何处寻伯敬"之意。生前的知己好友已在"天涯地角"的另一个世界,现在到哪儿去寻找他呢?如此体会,更有诗味。

中间二联具体写"过其五弟居易家"时的心态。颔联"磬声知世短,墨迹引心遐"。"磬声",可能是指附近寺院中僧人敲打的鸣器声。"墨迹"当是指诗人在友人五弟家中看到故人的书写作品。两句诗都在"磬声"、"墨迹"前省去施事动词,这也是诗歌中常见的句法。此联意为:在寂静的夜中时分,诗人听到附近庙宇中传来的磬声,看到故人留下的遗物,想到故人的逝去,不由悲从中来,感叹人世的苦难,生命的短暂。对物思人,伯敬生前的种种音容笑貌浮现于脑海,自己与伯敬长期志同道合的亲密愉悦之景也如在眼前。这一瞬间心驰神往的追忆想象使诗人百感交集,此即"遐"之丰富内涵。颈联"墓柏微微树,瓶梅渐渐花"转而写景。诗人坐在房中,睹物思人,思绪自然又回到友人的长眠之所。回忆方才拜墓情景,昔日的故人已不复再见,只有墓前的松柏小树在寒风中瑟瑟发抖,它们似乎也在为他的老友的逝去而悲伤。一转眼,瞥见瓶中的梅花正渐次开放。诗人着笔于梅花,固然是点明时令,照应题中的"仲冬"二字;但更有可能这梅花就是伯敬生前所爱之物,也许就是诗人自己(或伯敬的弟弟)采来借以寄托哀思的。现在物在人亡,怎不黯然神伤?这两联一虚写、一实写;一抒情、一写景。而景中自有情,情中自有景,情景互藏其他。自晚唐以来,诗人作律诗,较忌中二联并列,常以抒情、写景相交错,以使有层次感。谭氏此诗便得其法。

再看尾联:"在时频远别,悲尔似天涯。"此联以"悲"照应开首的"哭",再次放情渲泄,将悲情进一步深化。诗人在说:当你在世时,我们就常远别,天各一方,相隔若同天涯。而今你已故去,你我真是成了天涯之人了。再深一层:当你去世前,我们虽然相见无多,但毕竟仍有见面时日,现在你在"天涯",我们便永无相聚之时。此联扣紧"天涯"二字,个中沉痛、无奈、悔恨,种种意味,嚼之不尽。

此诗构思甚佳,特别是选材上,诗人未攫取"拜墓"时伤心欲绝之情态而"哭诉"、"号咷",流于放情无度之弊;也未像有些悼亡诗那样在一种深沉的思念、淡淡的感伤中冷静地抒发哀思。而是着重表现介于前二者间的心理状态,在情感对理智的作用中抒发了对伯敬的一片深情。选材的灵活而富于弹性使诗歌在接受效果上极能调动人们想象。在诗人悲痛的这一瞬间,我们自然会想象出他方才拜墓时的痛哭之状,伤心欲绝之态;也能想到随着时光的流逝,诗人那幽深的怀思之情将愈益绵长悠远。诗歌以与伯敬对白倾诉的口吻作成,读来效果更佳,恍若故去的伯敬即在诗人身边,使人顿生凄怆悲凉之意。诗作者可谓以泪为墨,"哭"成此诗。

(徐定祥 姚静波)

【诗人小传】

阮大铖

(1587—1646) 字集之,号圆海、石巢、百子山樵。怀宁(今属安徽)人。天启时依附魏忠贤,崇祯时废斥,匿居南京;力求起用,受阻于东林党和复社。弘光时马士英执政,得任兵部尚书,对东林、复社诸人立意报复。后降清,从攻仙霞岭而死;一说为清军所杀。所作传奇今知有九种,现存《燕子笺》、《春灯谜》、《牟尼合》、《双金榜》四种。

郊 居 杂 兴　　　　　阮大铖

野绿何茫茫,莫辨行人路。我屋向山曲,草树复纠互。辟谷耻未能①,炊烟时一露。遂引同心表,琴书屏情愫。恻睨城市间,攘攘顿成误。缘香蒲水壮,清吹松风鹜。于此话桑麻,坐阅春山暮。夷犹讵忍分②?茗糜聊已具。

〔注〕① 辟谷:道家认为行导引之术,不食五谷,可以延年成仙。② 夷犹:迟疑不决。

这首五古分前后两段,前段六句写"郊居",用重笔勾勒了一幅深幽的隐居小筑图。诗先从背景写起:茫茫原野,春草萋萋,杂树乱生,分不清哪是田野,哪是道路。二句完成了"郊居"的"郊"字,以郊野的荒凉静寂为主色调,通过不辨道路暗示人迹不到,这样,作者所享受的是没有经过破坏的野趣便不言而喻了。下面通入中心,写"居"。诗说就在那茫茫绿野深处,他的小屋建筑在盘旋曲折的山沿,密集的蔓草丛林,把小屋遮蔽得严严实实,只是因为要烧饭,那袅袅炊烟透出林际,弥漫山坞,才使世人知道了小屋人家的存在。这四句写"居",着重点在幽僻。

写完了"郊居",下半段转入"杂兴"。在这幽阒地僻,过人稀少的地方居住的,不是山野农夫,就是隐逸遁世的高士。诗人自以为是后者,所以他的"杂兴"便极力渲染自己与民同乐、随境而安的雅韵隐趣。他写道,他常常和二三素心人,一起以琴书自娱,把人世间的一切烦恼都抛到了脑后,想起那城市中的喧嚣吵闹,不由得令人觉得那些追名夺利的人可怜可悲。诗书之外,他随意散步,逍遥徜徉于水边林中。遇见邻居,谈说些农活收成的事,不知不觉地天已黄昏,大家不忍分手,啜茗铺粥,夜以继日。诗将一天的事,娓娓叙来,一切都显得从容不迫,把自己的思想与大自然及农村恬淡和平的气氛作了很大程度的交流,使自己沉浸在中间;与此相应,诗在表现手法上也就突出真趣,天然纯朴,不假雕饰,写景抒情,无不和谐完美。

阮大铖这首诗写得轻灵平淡,神韵天然,抒发自己远红尘乐山林的心志,有明显的学陶痕迹。全诗的内容格调,很容易使人想起陶渊明《归田园居》"时复墟曲中,披草共来往。相见无杂言,但道桑麻长"及《移居》"闻多素心人,乐与数晨夕"这些著名的诗句,在陶渊明的《归去来兮辞》中也可找到同样的意境。陈敬原云阮大铖诗"芳洁深微,妙绪纷披,追踪陶谢,具体储韦",不无道理。

诗常被人作为心声的流露,所谓"观其言察其行",但不是绝对的。阮大铖先附魏忠贤阉党,后勾结马士英等败坏朝政,迫害复社君子,人品低劣。此诗追求闲适,表现清高的志趣,应当不是真话。元好问《论诗绝句》有"心画心声总失真,文章宁复见为人"句,即针对此类人而发。明末社会大动荡,每个人所表演的角色不同,并且往往有其阶段性特点,因此仅从某些时期的某些作品是不能对其人作出恰如其分的评价的。

(李梦生)

【诗人小传】

薄少君

(约公元1596年前后在世) 明女诗人。字不详,太仓(今属江苏)人。约明神宗万历前后在世。嫁秀才沈承,承有才而早卒,少君为诗百首哭之。逾年,值承忌日,少君一恸而绝。其诗有《嫠泣集》一卷(《明史》艺文志),盛传于世。

悼　亡

薄少君

水次鳞居接苇萧①,鱼喧米哄晚来潮②。
河梁日暮行人少,犹望君归过板桥。

〔注〕　① 水次:水边。萧:草名,是一种艾蒿。　② 米:指米虾。《本草纲目》:"凡有数种:米虾、糠虾,以精粗名。"

此诗依循传统诗章的常例,首句交待了时空环境,一排排宅屋鱼鳞般整齐地沿河而列,岸边水渚长满着芦苇和艾蒿。芦苇和艾蒿在文学作品里,既是寒秋季节的表征,又是造化万物生意岑寂的象征,诗人借此渲染了萧瑟、空落的氛围,并似乎暗示了索然独处的心理环境,奠定了全诗的基调。

当一派水波清寒、苇萧瑟瑟的凄迷景色弥漫于读者眼前之时,第二句却突转锋毫,着力刻画了萧瑟秋气中的热闹场面:秋令的傍晚,汹涌的河潮滚滚不息,群群鱼虾争食嬉耍、欢声喧闹。在此,作者凸显了大自然顽强旺盛生命力的意义,既承前表现了笔意的拗折,又启后为一己之悲痛设下了伏笔。而且,以动衬静,写鱼虾喧闹更能反衬出岸边环境的萧索与空落,从而产生类似"蝉噪林逾静,鸟鸣山更幽"(梁·王籍诗句)的艺术效果。我们还应发现,作者描写晚潮,自当别有一番深意。我国古人们往往将日必两至的潮汛,提炼成意为行而有信的意象,白居易一阕《浪淘沙》堪作代表:"借问江湖与海水,何似君情与妾心? 相恨不如潮有信,相思始觉海非深。"滚滚晚潮按时而至,而诗人苦苦巴望的心上人能否如愿出现呢? 疑问所造就的强大张力的蓄势,驱使诗人的笔触盘旋而下。

尽管晚潮拍击、鱼虾聚哄的水面煞是热闹,但是毕竟残阳西垂,寒意侵衣,河边归人已渐稀少。"河梁日暮行人少",是为一抑,从而引出了石破天惊般的结句:人迹渐疏,暮寒已增,久久沉浸在丧夫悲恸中的诗人却依然凝望着桥面,盼望旧日里相亲相爱的丈夫蓦然归返。"犹"字精粹非常,殊可玩味:丈夫未亡之时,诗人必如今日一样,每每喜气洋洋地迎接丈夫踏着夕阳回家,此其一也;直到傍晚仍在引颈长望,由此可知诗人起自白天"行人多"时的盼望历时多么长久,她那急切迷醉的心情遂不言而喻。诗人以其凄迷痴醉状态的自画像,深婉地抒写了对亡夫的情真意切,极为感人。

宋代王安石特别佩服唐朝诗人张籍,独拈一个"奇"字赞誉其诗是"看似寻常最奇崛,成如容易却艰辛"。薄少君结撰百诗痛悼丈夫英年早逝,亦是"以奇情奇笔,畅写奇痛"(《玉镜阳秋》),《悼亡》即为代表作之一。此诗文字虽平淡,构思却奇特,于咫尺篇幅中,步步腾挪,句句转折,一抑一扬,复再抑扬,极尽游刃有余之能事,显示了作者以奇驭篇的功力。

最后,篇名之奇似乎也应略带一笔。古人写诗悼念亡妻,向以"悼亡"命题,自西晋潘岳始,"悼亡"成为悼念亡妻诗的专名。薄少君不惮以"悼亡"题此诗名,应该也是其诗学造诣上卓荦奇气的反映。

(刘毅强)

【诗人小传】

沈宜修

(1590—1635) 字宛君,吴江(今江苏苏州市吴江区)人。沈珫长女,叶绍袁妻。能诗词。三女昭齐、蕙绸、琼章皆有文华。有《鹂吹集》(即《午梦堂遗集》)等。

仲韶①往苕上②,别时风雨凄人,天将暝矣。自归,寄绝句五首,依韵次答,当时临歧③之泪耳(五首选二)　　沈宜修

离亭④树色映长征,渺渺烟波送去程。
肠断只凭千里梦,乱山遮隔更无情。

莲壶催漏⑤自销魂,画枕银屏夜色昏。
萧索半春愁里过,一天风雨尽啼痕。

〔注〕① 仲韶:叶绍袁之字。沈宜修之夫。吴江(今江苏苏州市吴江区)人。天启三年(1623)进士,历官南京国学教授,国子助教,工部虞衡司主事。明亡,隐居为僧,著有《叶天寥四种》、《秦斋怨》等。　② 苕上:指湖州(今属浙江省)。因境内有苕溪,故称。　③ 临歧:指分手。　④ 离亭:古代官道上供旅人休憩之小亭,亦为送别之所,故称离亭。　⑤ 莲壶催漏:古代以铜壶滴漏计时。因壶刻莲花而称莲壶。

这两首诗虽一写离情,一写相思,却不仅在创作方法上有相似之处,而且前后连贯,脉络相通,互为映衬,显示了较高的艺术魅力。

沈宜修,明末著名女诗人,自幼能文,工为诗词,十六岁出嫁叶绍袁(即诗题中"仲韶")。夫妻感情甚笃,常以唱和为乐。所育三女(叶纨纨、叶小纨、叶小鸾)极富才情,名震诗坛。这两首绝句,乃是诗人与丈夫话别及表达别后相思的作品。

"离亭树色映长征,渺渺烟波送去程。"诗一开始,便点出送别的环境,以郁郁树色,渺渺烟波,映现遥遥征程,将伤离惜别之情寓于景色,正是伤心人见伤心景,凄迷怨断,撩人愁绪。这样的意境,使人仿佛看到暮色渐起,离人渐隐,而送别之人犹自独立离亭、频频挥手、望眼欲穿的画面。同时联系诗题"天将暝矣",又使人联想到李商隐《离亭赋得折杨柳》中的"含烟惹雾每依依,万绪千条拂落晖";以及柳永《雨霖铃》中的"念去去千里烟波,暮霭沉沉楚天阔"的意境,语浅而境邃,让人低徊不已。

三、四两句,并不承上面的意境展开,也没有直接倾诉离别断肠之苦,而是匠心独运,将笔触伸向别后。离别之际柔肠寸断,已叫人难以承受,更何况梦中肠断;梦中相见虽有肠断之痛,毕竟有一见之欢;然而更可怕的是"乱山"将梦也遮隔,连梦中肠断也不能实现! 由此可见,"肠断只凭千里梦,乱山遮隔更无情"虽只十四个字,却有三层转折,而且越转越深,将前两句别时凄婉之景,延伸开来,以景之"无情"反衬人之深情,更见诗心之细,用笔之工。

与第一首重点写野外白天离别之难舍不同,第二首重点刻画室内夜间相思之痛。

由于丈夫远离,女诗人空房独守,自然深夜难眠,于是就听到莲壶滴漏的声音,看到迷濛夜色中的画枕和银屏。这些往日不曾注意到的声音和景物,一时便都成为添愁惹恨、触发相思的契机。着一"催"字,便传神地刻画出女诗人长夜难眠,企盼晨晓早至的心理。然而晨昏交替,是自然规律,长夜自是难熬,而白昼带来的又将是什么呢? 只能是"一天风雨尽啼痕"! 这里,"一天风雨"可以联系诗题中的"风雨凄人",理解成别离时的风雨,但主要是写别后风雨依然不断。风雨弥天,既催人泪下,而无边丝雨,又似潸潸泪水。用语似浅,含意至深,而手法之夸张,形象之鲜明,实属罕见,可称一篇之警策。总之,日思夜想、萦魂绕魄的是对离人刻骨铭心的思念。白天相思风雨凄其,泪流不止;夜间相思,银壶漏永,幽梦难成。朝去暮来,春光已半,韶华渐逝。"半春"二字宜细加玩索,它不仅仅是点明时光流逝,更暗含青春易老的感叹。以"萧索"、以"愁"回应"销魂",以"一天"上承"半春",将愁思和时间一再突现出来,显得骇然醒目,沁人心脾。据孙静庵《明遗民录》记载,叶仲韶在明亡之后,"见残帙中一小词,回想太平时序,儿女柔情,不觉销凝久之"。词虽未见,然而此诗所寓柔情,不下于一般小词。聊相参照,可以想见,此诗后被其夫阅读,也会"销凝久之"而扼腕长叹了。

在写作方法上,这两首诗都是以前两句着力刻画典型环境,"以我观物,故物皆着我之色彩"(王国维《人间词话》)。美学上这叫做移情作用,它不直接表达人物心情,而在景物上体现出来。三、四两句则又深入开掘,把要表达的感情和盘托出,如天风海雨逼来,具有震撼人心的力量。古人论诗尤重结句,以景结情,则情思荡漾无边。此处两诗结句,皆能融情于景,故袅袅余音,不绝如缕。令人一唱三叹。

从另一方面来看,如果不管律诗的"粘"、"对"格律,把这两首绝句联成一体,看作一首七律,还可以从一个新的角度来审视。因为它们不仅韵脚基本一致,而且前一首结句,与后一首起句之间有一定的脉络可以寻绎出来,两首诗的感情线索、时间线索、空间转换,都贯通一致。意境也浑然一体。细细品味,个中妙趣又似胜过从单篇来欣赏。

(徐培均 罗立纲)

春　　别　　　　　　　　沈宜修

帘前残月五更风,江上征帆挂碧舸。客路片云随远望,镜中双鬓叹飞蓬。萦愁芳草千山绕,送恨啼莺万里同。待约芙蓉秋水绿,莫教黄菊冷烟尘。

《西厢记》"草桥"一折,崔莺莺的魂灵私逃离家,在旅途追上张珙彼此相随依依,成为情真而思巧的一段戏。古代有不少叙事作品的情节出自同一想象。也许古人真的相信:人相互思念到忘我的地步,果然会出现这样天遂人愿的奇迹!

古代不少诗人也不约而同地把思远之情表现为"设身处地"的形态,这首诗就采用了这种表现形态。"帘前残月五更风",比较起柳永的名句"杨柳岸晓风残月",大相仿佛(固然意境不及),而柳词是写在客的心情,这里却是写在家的人。"江上征帆挂碧舸"(舸是一种船),这就开始所谓"灵魂的追随"了——诗人并不曾眼见载着离人的白帆出没在烟波里,正如"客路片云"同样是一种推近及远的想象一样。这两句诗的内容、心理正与"隔千里兮共明月"等等相同,表达着那种人们用作自我抚慰的遥感、默契式的心灵体验。"片云"较之"征帆",更是一种"虚象",它是诗中亦情亦境的一类因素。"境"的逐渐虚化,暗示着征人远去,也显现着诗人主观上怅惘情绪的加深。诗人的一片痴心,仿佛要舍弃自身的依附,随着那片若有若无的云影而远去了。然而"镜中双鬓叹飞蓬",又把远行的思绪拽回幽闺之中。"飞蓬",出自《诗·卫风·伯兮》:"自伯之东,首如飞蓬"。女诗人在感叹,自爱人别后无心栉沐,鬓发如同心绪一样散乱。很明显,至此,诗的思绪脉络是诗人的自顾和悬想的一次回环:由此而彼,由彼而此。而再往下,主体仿佛忽地跳出主观意识的"三界",立身于"天人感应"的高空之上来慨叹人间情侣的疾苦了:"萦愁芳草千山绕,送恨啼莺万里同",不仅是说,远在天涯的夫君,在万里之外见了这熟识的、寄愁传恨的芳草、啼莺,该会像我那样睹物思人、触景伤情。而且有如下一层意思:秘不可知的造物主,既然化育了芸芸的下土众生,又何苦太无情、太不与人为善,总是让命运错忤、人事参商,让这大千世界处处充满着离愁别苦、充塞着这象征愁与苦的芳草、春莺呢?芳草萋萋、莺声渐炽,都是春老春残的景象,由此直接触及诗的题旨:别离在春天,对于人该有多么冷酷!

诗的末联写得十分工巧。说它工巧,是因为布置得相当工整的形式,并没有十分损害颇经推敲的双关寓意。"芙蓉秋水"当是指芙蓉湖,湖在作者家乡江苏省。这两句的大意是:待到秋色如酒的时节,你会翩然归来么?可别辜负了那些热情的秋菊啊!然而,如果仅仅是这样,末句未免纤弱。这里的"黄菊"是别有所指,即指诗人自己:一个脉脉含情地期待着丈夫的妻子的形象。菊花是易逝而难留的,由它人们想到"相逢不用忙归去,明日黄花蝶也愁"(苏轼),想到"莫道不消魂,帘卷西风,人比黄花瘦"(李清照)。女人们用它自喻,来劝谕劬劳在野的丈夫珍视殊难再得的青春和情爱,不是再合适不过了么?

全诗写得回环多致,是必出于女诗人的手笔的柔肠百折之作。诗以颈联为佳,芳草莺啼,皆是春思中的常见物,但使之遍及千山,啼遍万里,为使二者工巧相对,则是女诗人的独创,是其兰质蕙心的流露。

(徐 炼)

【诗人小传】

张溥

(1602—1641) 明文学家。字天如,太仓(今属江苏)人。崇祯进士,授庶吉士。与同邑张采齐名,时称"娄东二张"。于崇祯初组织复社,进行文学和政治活动。有《七录斋集》。辑有《汉魏六朝百三名家集》。

惜　行　　　　　　张　溥

花开莺去日,石烂水清时。
不惮山川阻,空劳风雨随。
车中呼小字,桑下问柔荑。
一别无杨柳,临流应赋诗。

这首小诗,后三联还容易看懂,说的不外是男女幽会之事,次联赴约、颈联相会、尾联别后——脉络相当清楚,虽然中间跳跃了不少无足轻重的过程。诗中的女主人公是谁、何等身份,这些都无从查知了;不过,张溥虽不像与"秦淮八艳"相好的冒辟疆、侯方域等人那样大著风流之名,但他生活在明季的风气里,自己又是名满天下的大才士,所以,如果他做过一二件风流事,那也决不是可惊可怪的;故有一点可以肯定,女主人公虽不知,男主人公则当然是写诗人自己——其实,诗中那种既闪烁其词、又忍不住要把最动情的一刻写出来的笔法,也可以证明之。

但本诗的首联实在不易解,尤其是"石烂"和"水清";当然,诗题"惜行"也有些古怪,不常见,不过这就留到文末去解释吧。

"石烂",这绝不会是与"花开"、"莺去"一样属于实境,纯然是象征;因为,"海枯石烂",指的本是绝无可能发生之事。"石烂"之"时",那么,应当指一桩原以为绝无可能发生的事,却在某个时刻居然发生了。是指他和她之间曾有过巨大的障碍,阻住他们相结合,障碍之大,足以使他们绝望地以为搬开它如"石烂"一样无望?大概是吧,因为我们实在无法下肯定之词。当然,我们可以和诗人一起欣慰,这障碍终于搬除了,这顽石终于腐烂了,他们终于又可见面了。不过,我们还必须和诗人一起怅叹:俟石之烂,就像"俟河之清"一样,即使会有这么一天,但这等待的时期肯定是异常漫长了;在此期间,他们大概已经一个使君有妇、一个罗敷有主了,而且隔得极遥远(从次联可知),音信皆无;到重聚之日,她大概也已是"狂风落尽深红色,绿叶成阴子满枝"(唐杜牧《叹花》)了吧?所以纵然重聚,也只能聊叙旧情罢了,终谐是不可指望了。

"石烂"的含义,大致如上,"水清"呢?好像是实境,但我们不可忘了张溥是最精通汉魏六朝诗的,所以也不免联想到汉代古诗《艳歌行》里的情景:热心的主妇为飘泊异乡的游子缝补旧衣,却被丈夫怀疑他们有私,游子便告诉丈夫:别盯着我们,"水清石自见",我们的心迹就如清清流水中的石头一样明白可见。诗人若真是用了这个典故,他是否是在暗示,她和他曾有过什么误会,如今一切都澄清了?或者,他们共同被某种势力非议、监视、难以相聚一诉衷怀,这样的机会只是在如今这"水清"之时才过晚地到来?大概是吧,和"石烂"一样无法肯定。

"水清石烂"解说不彻,诗的背景也必然朦胧。但我们也只能解说到这一步,或许,这种朦胧正是诗人所追求的效果吧?无论如何,我们大致可以说,这是一个非同寻常的时日,一个盼望已久的时日,一个既令人偿却宿愿、无限欣慰,又令人感伤相逢难再的时日——就像"花开莺去"一样,百花开了,欢啼的莺儿却飞去了,不愿为百花歌唱;美好的事物,终究也有缺憾的一面。

如果首联中确实是含义如上,那么再回头来看后三联,就不那么简单了。

"不惮山川阻,空劳风雨随",次联荡开一笔,追述这个美好而伤感的时日到来之前,她是怎样赶赴这个约期的。从字面上看,这二句当然是说她跋山涉水,不畏道途险阻;一路上风雨紧随着她,驱赶她回头,但全是徒劳无益。但联系首联可知,他们之间的障碍,不在自然而在人为,一旦人为的障碍消失,自然的障碍便不在话下了;山川风雨,其实根本不足为阻,只是女主人公内心的炽烈感情,倒是藉着这一路的磨砺充分地展露了。

颈联是全诗最风流旖旎、荡人心神的句子。前句是初会的一瞬。"车中呼小字",当她的香车慢慢驰近他身边之时,在车中久久地凝望他的女主人公,已经确认那正是自己千里迢迢赶来一会的旧日情郎;但相别日久、音貌已改,她又实在不敢遽然下车相认,故先于车中呼他的小名以试探之。"车中",寻常之笔也,但在这里,却曲曲传达出她的盼望、惊喜和犹豫,语若至浅、蕴意至深。"小字"之语,暗点了他俩的关系,乃是童稚之好、有过两小无猜的时光,或许,她就是他的某位长辈的娇女,与他是姊妹行吧?不然,在那个社会里,男女是不可能有机会如此亲密的;而且,或许是因为她乃张溥家人所熟悉者,所以他本诗才写得如此暧昧,以免有损于她的清名吧?无论是否如此,但这一呼小字,必然在两人心头重现那儿时的耳鬓厮磨光景,荡起温馨的往事追忆,这却是一定无疑的。后句"桑下问柔荑",则是抓住了相会后两情最浓的一个细节。"桑下",可知他们不是在后院西厢相会,而是在尽力避人耳目的田野,同时,这个词也足以使人联想到"桑间濮上",那是男女偷期密约的代称。问,这里是赠之意,《诗·郑风·女曰鸡鸣》"杂佩以问之",即是以"杂佩"(各种佩饰)相赠之意。荑,初生的白茅。《诗·邶风·静女》云"自牧归荑,洵美且异。"赠一把洁白的嫩茅,那是男女欢悦的象征。不过,柔荑也可以使人想到《诗·卫风·硕人》的名句"手如柔荑,肤如凝脂";当诗人赠以白茅时,他是否动情地把住了她那细软的素手,歆领了她肌肤的香泽呢?这些,已近于"香艳"而非"风流"了,诗人自然不会那么直露,且留给读者去想象吧。

尾联已经是别后了。"一别无杨柳",本来,情人折柳赠别,是极常见之事,但诗人却说他俩相别时"无杨柳"——是他俩身边无杨柳可折呢?还是杨柳未尝没有,他俩却谁也没有得到对方的赠柳呢?从末句"临流应赋诗"看,当是后者。此句化自陶渊明的《归去来兮辞》,渊明的"登东皋以舒啸、临清流以赋诗",乃是因为"富贵非吾愿,帝乡不可期";然则诗人说自己应该临流赋诗,也是因为深知别后重逢的"不可期",所以要作意排遣吧?此际他的心情,大约楚辞中的"时不可兮骤得,聊逍遥兮容与"(《湘夫人》),可以仿佛之吧?回到前一句,既然重逢无期,又何必让那牵愁供恨的柳枝随去,使情人对之不能有片刻心宁呢?尾联二句,语极沉著,然细味之则极沉痛。由此亦可证明,我们前面说他俩已各有归宿、此行不过为了聊叙旧情(或者不如说是了结旧情),这推测大约是不错的。

这首诗移步换景,扑朔迷离,实在可算一个难解的谜。我们已大致解开了这个谜团,最后,再说一下题意吧。"惜行",是极少见的说法,通常人们只说"惜别",那意思,就是"不忍别而不得不别";所以,"惜行"亦可释为"不忍行而不得不行"。从诗的内容看,"行"者是她而不是等候在"桑下"的诗人;惜别是双方的事,惜行则是单方面的情感。即此可知,诗人用"惜行"为题,全是为她而设、从她那一面想来。确实,同是分别,她的痛苦将更甚于他——她还有漫长的归途,途中山川犹阻、风雨又随,而山川风雨已不能像来时那么激起她的炽烈之情,却只能令她伤怀;现在的跋涉奔波,却是为了达到一个绝望的终点。 (沈维藩)

诗人小传

谭贞良

明诗人。字元孩,嘉兴(今属浙江)人。崇祯癸未进士。

题河梁泣别图   谭贞良

都尉台前起朔风,节旄空尽路西东。
不知别泪谁先落?同在河梁夕照中。

这是一首题画诗。画中所绘系汉代李陵与苏武在匈奴泣别的故事。因相传为李陵所作的《赠苏武》诗中有"携手上河梁"一句,故名为《题河梁泣别图》。其实原诗所说"河梁"显然不是在匈奴,画家只是借用。起初,李陵以五千士卒出击匈奴,遇上敌人十万大军,奋勇作战,直至箭尽粮绝,进退无路,乃被俘虏。而汉武帝轻信流言,误杀其全家,使李陵心灰意冷,不复有归汉之心。此后苏武奉命出使匈奴,被扣留长达十九年,威武不屈,坚贞不移,历尽艰危,方得归还。李、苏二人原系挚友。当苏武归国之际,李陵设宴送别,因顾影自悲,长歌当哭,苏武亦为之泪下。他们的行事节操,固有分别,而生平遭遇,却都是可歌可泣。二人相别的场面,更是令人感慨万分,因而屡屡见于诗画。

此诗前二句紧扣画面,分写双方,抓住各自的特殊处境,也就写出他们不同的心情。首句写李陵。"都尉"是李陵在汉朝所任官职骑都尉的省称,在匈奴另有官职,特用此称呼,隐括了他的坎坷人生。"朔风",是指北方边境地带的寒风。在画面上,当是通过落叶、衣带之类的飘舞来表现的。二人均在风中,何以在此将风专归于"都尉"?因为朔风是北地苦寒环境的象征,而李陵将在这异族异乡长留,直至终老。第二句写苏武。"节"是使者所持的长杆信物,"旄"是节上装饰品,用旄牛尾制成。苏武滞留匈奴十九年,节上旄已落尽,始终不弃,并持之归国。这是他苦难经历和坚贞意志的象征。"路"当是横贯画面。此路本非为苏武专设,而此处专属苏武,因为这是他的归国之路,与李陵无缘。两句诗十四个字,不但交代了画面的一部分内容,而且将李、苏生平大事与别时处境、心态,统括在内,笔力雄健,举重若轻。

  画面上的二个人物,作相对泣别状。故人之别,原是悲哀动情,何况此时一别,永无再见之日?生人作死别,原是无法忍受,何况彼此白头,各自经过了一段苦难的人生?复杂的心情,实是笔墨所不能描绘。"不知别泪谁先落",将此不能描绘的复杂心情,化作一个疑问,以虚写实,引人联想,情味无穷。最后点出分别的具体地点:河上的桥梁,扣住画题;又点出别时光景:夕阳西沉,暮色笼罩。前面一层层写来,已将悲凉之情表现得十分沉重,此时再将空间展开,在此空间上涂满暮色余晖,似乎天地间弥漫了一片伤感的气氛,好似天亦有情天已老!至此,画面也交代完毕,那催人泪下的瞬间,长留在读者心中。

  题画诗之难,在于既不能离开画面,又不能拘泥于画面,仅仅起一种说明作用。此诗对画面的交代,完全服从于诗的需要,并以语言的暗示和概括作用,补充了画的内涵,可称佳作。

(骆玉明)

邝　露

诗人小传

（1604—1650）　字湛若,南海（今广东广州）人。为诸生,历游粤西、吴楚间。唐王聿键在福州称帝,拜为中书舍人。永历时奉使还广州,清兵来攻,城破,抱琴投水死。邝露诗根柢六朝,为明末岭南有代表性诗家。屈大均、陈恭尹等人都受到他的影响。

洞庭酒楼　　　　　　邝　露

落日洞庭霞,霞边卖酒家。

洞庭酒楼

邝　露

晚虹桥外市,秋水月中槎。
江白鱼吹浪,滩黄雁踏沙。
相将楚渔父,招手入芦花。

　　前人评诗,常将诗与画联系起来,谓好的诗"诗中有画"。这是指诗人以绚丽多彩的笔,将客观景物生动传神地描绘出来,使人如临其境。邝露的这首《洞庭酒楼》,就属于"诗中有画"的佳作。

　　这首诗描写的是我国著名的风景胜地——洞庭湖。诗一起笔,就将人引入画境:又大又圆的落日,在烟波万顷的洞庭湖里幌荡;晚霞映照,满湖如披上绚丽的彩绸。诗人所登临的酒楼,就在湖边,但诗中说"霞边"。这不仅使上下句承接紧凑,气韵连贯,读起来顺口悦耳,也更切合迷离飘忽的湖滨晚景,使那"卖酒家"更富有诗情画意。

　　下面所写,均是在酒楼中所眺望的湖上景色。

　　"晚虹桥外市,秋水月中槎。"上句写桥头晚市。那长长的拱桥,在美丽晚霞的映染下,远望如天上的彩虹;赶市的人熙来攘往,宛如踏着彩虹行走。下句写月下行舟。明媚的秋月早早升起,倒映在湖水中;片片归帆伴着月影移动,宛如在月中行驶。这两句,实景和想象相融合,将洞庭湖写得虚无飘缈,宛如仙境,令人神往。

　　五、六两句,诗人调换角度,摄取了两个特写镜头。上句写鱼,下句写雁。洞庭湖水深鱼肥,向晚时,鱼爱浮出水面,跃波逐浪,争相嬉戏。"江白鱼吹浪"描写的就是这样的有趣场面。一个"白"字,显现出满湖银鳞闪烁;"鱼吹浪",显然是自杜诗名句"鱼吹细浪摇歌扇"(见《城西陂泛舟》)脱化而来,一个"吹"字,将鱼儿欢腾活跃的神情,刻画得淋漓尽致。洞庭湖畔的沙滩,又是雁群栖息的好场所。群雁迎着晚霞纷纷归集于湖滩,踏着暖沙闲步。"滩黄雁踏沙"将这一情景刻画出来。一个"黄"字,可见那湖滩飞集的雁群之多;"踏"字,则将雁儿悠闲自得的神态写得活灵活现。这两句,顺说应当是"鱼吹江浪白,雁踏滩沙黄",现将因果倒置,先突出"江白"、"滩黄"。这不仅使画面色彩更加醒目,也更符合远眺观景时的心理程序:湖水本是碧色的,现在却显出"白",仔细一望,原来是因为"鱼吹浪"、滩沙本是白色的,现在却显出"黄",仔细一瞅,原来是因为"雁踏沙"。这就真实地反映出观景者的猎奇心理和独特感受。

　　面对如此美好的湖山胜景,诗人的内心有何想法和感慨?诗的结尾两句含蓄地表达出来:"相将楚渔父,招手入芦花。"诗人由眼前湖畔芦花、渔舟等景,不禁联想起当年伍子胥逃难复仇的事。据《吴越春秋》载,伍子胥遭难离楚奔吴,遇一好心的楚国渔父搭救,渡其过江;他潜身芦苇中,渔父送食品来,向芦中招手,呼他为"芦中人"。诗人用此典故,当是以伍子胥自况。当时清兵早已渡江,诗人所目睹的洞庭湖,景色虽然依旧美好,但已落他人之手。曾在南明朝廷任职的流亡诗人,多么盼望有像楚渔父一样热心肠的人,助他一臂之力,好恢复旧山河。其拳拳报国之心,跃然纸上。诗的主题思想,至此得到升华。

这首五律,写景如画。诗人对自然美有敏锐的感受,善于从不同角度、不同侧面捕捉景物的特征。用笔色彩斑斓,浓淡得体,有层次,有变化,富情韵,令人美不胜收。结尾写景、用典巧妙结合,熔为一炉,寓意深长,耐人咀嚼。　　　　（何庆善）

诗人小传

陈子龙

（1608—1647）字卧子、人中,号大樽、轶符,华亭（今上海松江）人。崇祯十年(1637)进士。初任绍兴推官,南明弘光帝时任兵科给事中,见朝政腐败,辞职归乡。清军破南京后,在松江起兵,称监军。事败,避匿山中,结太湖兵抗清。事泄,在苏州被捕,乘隙投水死。子龙早年曾与夏允彝等组织"几社",为明末文坛领袖人物之一。论诗推重"后七子",多拟古之作。后目击时艰,诗风丕变,感时伤事,悲凉沉雄。前人誉为明诗殿军。其绝句风格多样,其词作则以秾艳之笔,传凄婉之神。后人王昶编有《陈忠裕公全集》。今有校点本《陈子龙诗集》。

小　车　行

陈子龙

小车班班黄尘晚,夫为推,妇为挽。出门茫然何所之?青青者榆疗我饥。愿得乐土共哺糜。

风吹黄蒿,望见垣堵,中有主人当饲汝。叩门无人室无釜,踯躅空巷泪如雨。

明代崇祯十年(1637)六月,京城北京一带大旱。七月,山东遭受蝗灾,民不聊生。诗人目击哀鸿遍野的悲惨情景,怀着深切的同情心写下了这首《小车行》。

全诗分三个层次。第一层次是"小车班班黄尘晚,夫为推,妇为挽",写所见所闻,是实写。第二层次"出门茫然何所之"等三句,是悬想之词,为虚写。第三层次自"风吹"句至篇末,虚实结合,以实写为主,以虚写作为补笔。三个层次按时间的先后顺次展开,以小车主人公的行动贯穿全篇。

第一层次紧扣篇题,由车及人。诗的开头摄取的是一幅全景:日近黄昏,铺满黄尘的道路上出现一辆独轮手推车,发出班班的声响。"晚"字有两层含义:一是天色将晚,一是班班的小车已经推了很久。第二句将镜头推近,将聚光点移到人物身上,丈夫推着小车,妻子拉着车绳,缓缓前行,犹如列宾的名画《伏尔加河上的纤夫》中的人物,在命运的重压下奋力前进。构图鲜明、生动,给人以动态的感觉。首句为七字句,句中有韵("班"、"晚"同韵),和谐动听;后二句换成三字句,语句中间的停顿使我们的内视觉似乎也感受到了这对逃难夫妻一推一拉的艰难步履。夫妻推挽着小车要到什么地方去呢?有待第二层次作出回答。

第二层次:"出门茫然何所之?青青者榆疗我饥。愿得乐土共哺糜。"人称由第三人称过渡到第一人称,韵脚由上声转为平声,响韵换成哑韵。"出门"句承上启下。所谓"茫然",一是空间上的茫然,不知此行何去,一是心理上的茫然,空间上的茫然归根结底是心理上的茫然引起的。小车究竟要到什么地方去,连推车人和拉车人的心中都没个准,可见人物内心深处有何等的悲哀了。接着两句说,夫妇眼前急迫的目的便是用青青的榆树叶子来充饥;进一步的卑微理想是希望找到一块安乐的地方,全家都能喝上口稀粥。读到这里,才明白那辆逃荒的小车上无非堆着些锅碗和破烂的衣物,全无可充饥之物。"乐土"在哪里呢?这毕竟只是一种愿望,这愿望能否成为现实,又引出与此相关的第三层次。

第三层次从"风吹黄蒿"到结尾,不仅换韵,人物的心理活动及事件的发展也更委婉曲折,跌宕不平。推车的灾民从早到晚已疲惫不堪,这时多么希望找到人家,充饥歇脚。当他们看见风吹动枯黄的蒿草,露出低矮的墙壁时,希望在心头升起。夫妻互相安慰:料想里面的主人会给他们饭吃。通过对人物心理的虚写,通过猜想,全诗在凄楚的基调上隐隐透出一点慰藉,似乎希望就要实现。"叩门无人室无釜"一句突转,使全诗形成一个大跌宕。去敲门,没有人应声;推门进去,室中空空,连锅子都没有。两个"无"字造成句中的均衡与对称,极其精炼地道尽了萧条破败的农村景象。天色已晚,又饿又累,又该往何处去呢?依然是茫然不知所之。于是,夫妻徘徊空巷,相对垂泪。结尾处展示的是一个特写镜头,两眼涌出的泪水在流淌。无声的眼泪取代了交织着悲哀的班班车声,绝望吞没了似乎顾盼之间就会成为现实的希望。

读罢全诗,一幅和着血泪的灾民逃荒图触目惊心地展现在我们眼前。画面以黄尘、黄蒿等黄褐色作底色,以动态的推挽小车的人物造型为主体,将色彩、构图与小车的声响交织在一起,傍晚的时间与破败无人的村落空间熔铸为一体。诗的题目是"小车行",中心则是叙事写人,写人又舍去其他侧面,只紧紧抓住一个字——"饥"。由"饥"引出"榆"、"糜"、"饲"、"釜"等与充饥、吃饭有关的字眼,而后者又多半都是理想和愿望,是虚的东西,唯有"饥"才是实实在在的,正无情地咬噬着逃荒夫妇的心。

从艺术上看,《小车行》明显地受到汉乐府民歌的影响。饥者歌其食、劳者歌其事的传统,早在《诗经》时代就已确立,至汉代乐府民歌中更加发扬光大。《小车行》在反映民生疾苦这一点上,与汉乐府民歌《十五从军征》、《孤儿行》、《东门行》等正是一脉相承的。汉乐府民歌还有一个很重要的特色——叙事性,《小车行》也正是以叙事性取胜。《小车行》风格古朴,运用口语,采用汉代以后古诗中很少用的四字句("风吹黄蒿,望见垣堵"),个别用词如"哺糜",更直接来自《东门行》,这些都令人联想起它与汉乐府民歌的继承关系。但《小车行》又并非亦步亦趋。从题材上来看,汉代乐府民歌中并没有专写逃荒的诗篇。至唐代,有专写逃荒的,如薛能的《题逃户》。"几界事农桑,凶年竟失乡。朽关生湿菌,倾屋照斜阳。雨水淹残臼,葵花压倒墙。明时岂致此,应自负苍苍。"所写的景象确是够凄惨的了,但只是"题逃户",对于写逃荒来说,属于侧笔。《小车行》则是正面写逃荒,在题材上有了新的突破、开拓。所以,吟哦《小车行》,我们不仅感受到了作者陈子龙悲天悯人的仁慈胸怀,而且还可以约略窥见他作为一位杰出诗人继往开来所做出的贡献。

(陈志明　常文昌)

渡　易　水　　　　　　　　　陈子龙

并刀昨夜匣中鸣,燕赵悲歌最不平。
易水潺湲云草碧,可怜无处送荆卿。

本诗作于崇祯十三年(1640),作者母丧服满入都途中,既是怀古,也是伤时。

相传并州(含今山西大部与内蒙古、河北一部)出产的刀,以锋利著称,人称"并刀"。并刀夜鸣于匣中,是因其有所郁结,有所忿懑;燕赵自古多义士,慷慨悲歌,意气难平。起首两句,作者即写出豪迈之士壮怀激烈的意气。当日,荆轲提一利刃入强秦,临行前,意气慨然,义无反顾,是何等的壮举啊!后两句是前两句的对比,时隔千余年,易水河边竟蔓草青青,铺展如云,寒冽的易水也安详地潺湲流淌,不再兴些许波澜,更遑论急湍的巨涛。纵令还有勇武如荆轲,欲寻觅昔日燕太子携群臣白衣相送的故地,是再不能得的了,这又是何等令人懊丧并为之扼腕叹惜的事啊!按崇祯十三年,建州军队尚在山海关外,他们冲入长城,威胁北京,以后南下进犯,目的尚只为了掳掠,待饱掠之后,仍退回原处,恰如汉初匈奴与唐初的突厥,还没有吞并中国的野心,故此不存在易水改色的问题。但作者偏偏如此写了,显然,其用意是为了对当政者治国无方,御敌失当,文武大臣阘于大局,未能齐心合力,共谋退敌,以及当时使英雄一无用武之地的昏暗政治氛围予以讥讽。因此,全诗于沉痛、慷慨之外,还有一种愤慨和嘲弄。 (汪涌豪)

秋 日 杂 感　　　　　陈子龙

行吟坐啸独悲秋,海雾江云引暮愁。
不信有天常似醉,最怜无地可埋忧!
荒荒葵井多新鬼,寂寂瓜田识故侯。
见说五湖供饮马,沧浪何处着渔舟?

陈子龙是明末"复社"分支"几社"的创始人之一,又是在清初从事抗清斗争而被捕牺牲的殉节诗人。他的文学观点和明代前、后七子一样主张复古,通常被人奉为明诗之殿军;但他入清之后,在时代社会的作用下,诗风却发生了显著的变化,形式主义的因素日渐减少而现实主义的成分迅猛增加,使后期诗歌放射出更为灿烂的光辉。上面这首《秋日杂感》,就是陈子龙后期诗歌的代表作。原题十首,此为其二。

这首诗约作于顺治三年。题注说:"客吴中作。""吴中"指苏州。当时苏州一带已被清兵占领,诗人客寓此地,触景生情,作诗抒写亡国之痛,表达抗清之志。

首联"行吟坐啸独悲秋,海雾江云引暮愁"。上句,"吟""啸"合起来是一个词,意即悲叹,《后汉书·隗嚣传》有"吟啸扼腕,垂涕登车"之语。"悲秋"典出宋玉《九辩》:"悲哉!秋之为气也。萧瑟兮,草木摇落而变衰。"秋天本来就是一个万物凋零,令人兴悲的季节,何况诗人又面对着中原板荡、故国沦亡的惨痛现实,难怪乎是行是坐,都要一个人在那里悲叹了。下句,"海雾江云",看似写景,其实是说当时南明武装力量正在东南沿海和内地江湖中坚持与清兵作战。这种艰难处境更引发了诗人日暮的忧愁。这两句在结构上起着点明题意,总领全诗的作用:"秋"即"秋日","悲""愁"即"感"。

颔联"不信有天常似醉,最怜无地可埋忧"。上句本于张衡《西京赋》:春秋时代,秦穆公梦朝天帝,天帝醉了,于是以鹑首之地赐秦。下句本于仲长统《述志》诗:"寄愁天上,埋忧地下。"两句典故都出自东汉。陈子龙在这里是反用其意,说自己不相信苍天会长久昏聩如醉而让清人统治中国,最可怜的只是目前大片江山都被清兵践踏,没有一个地方可以埋葬自己的忧愁。这两句在首联的基础上,进一层地深化了主题,在因清秋、日暮而兴起的"悲""愁"之"感"中加入了现实性的内容,抒发了亡国的悲痛心情,也表达了抗清的坚强意志。

颈联"荒荒葵井多新鬼,寂寂瓜田识故侯。"这两句具体描写亡国惨景。上句,"葵井"典出梁代诗人何逊《行经范仆射故宅》诗:"旅葵应蔓井,荒藤已上扉。"这里是泛指长满了野草的水井。全句意思是说,眼前满目凄凉,一片荒芜,许多人做了清兵的刀下之鬼。此景此情,只要联系当时"扬州十日"、"嘉定三屠"等骇人听闻的大屠杀事件就可以明白。下句写贵族。"瓜田""故侯",原指秦亡之后,东陵侯邵平在长安城外靠种瓜为生;这里是说,明朝灭亡之后,原来的大批贵族也都沦为平民。两句诗从下层百姓写到上层贵族,反映了明清易代造成的普遍灾难。

尾联"见说五湖供饮马,沧浪何处着渔舟?""五湖"泛指江湖;"供饮马"是说被军队也就是清兵占领;"沧浪"为水青色,也指江湖,和"着渔舟"都出自《楚辞·渔父》。两句连起来,有两层含义。一层是表面上的,意思说现在江湖都为清兵所占,自己想泛舟隐居也不可能了。这是抒发家国沦亡之感。另一层则是实际上的,意思是说现在江湖都在清兵控制之下;自己想从事抗清复明活动也没有一个根据地了。尾联这两层含义,联系首联来看,前面一层写故国灭亡,与第一句"行吟坐啸独悲秋"相应;后面一层写抗清失利,则与第二句"海雾江云引暮愁"相应。前者侧重在"悲",后者侧重在"愁"。但事实上,两者又是互为表里,不可截然分割的;合在一起,便构成总的"感",从而紧扣题目,完成全诗。

这首诗抒写亡国之痛,反映出清初诗歌的一个普遍主题。全诗首尾呼应,层次分明,结构十分谨严,主题也非常突出。运用典故的巧妙,也为前人所称道。钮琇《觚剩》续编卷一《言觚·脱换法》曾经称赞这首诗颔联两句的翻用典故,说它"一经脱换,便成佳句"。

朱庭珍《筱园诗话》卷二评陈子龙,说他"雄丽有骨,国变后诗尤悲壮"。从上面这首诗来看,陈子龙入清以后的作品确实喷发着一种郁勃之气,格调悲壮沉雄,不愧大家。

(朱则杰　胡红斌)

九日登一览楼　　　　　　陈子龙

危楼樽酒赋蒹葭,南望潇湘水一涯。
云麓半函青海雾,岸枫遥映赤城霞。

双飞日月驱神骏,半缺河山待女娲。

学就屠龙空束手,剑锋腾踏绕霜花。

重阳登高怀人是中华民族的传统。陈子龙的诗集中有多首作于重阳的诗,他的故乡系平原水网地带,没有高山,故只有以登楼远眺,来抒发对祖国前途的深深忧虑。一览楼,在他故乡松江城内,据《娄县志》载:"超果讲寺,在西门外瑁湖之右。崇祯初,王侍御重建一览楼。"元陶宗仪《辍耕录》载,"松江城中有四塔,西曰普照,又西曰延恩,西南曰超果,东南曰兴圣。"可见,元代超果塔已存,超果寺当是一古寺。一览楼既曰"重建",想亦原已有之,崇祯初以前已倾圮。子龙登此楼当为崇祯初以后,此是无疑。我们还应注意到,本诗中有"半缺河山待女娲"句,这时语气,显然只有在清兵入关、山河大片沦丧时才会有,故此诗又当作于崇祯十七年(清顺治元年1644)之后。

这年初,陈子龙参与平定许都起义,立了功,本已应召去北京任职,因京都陷落,福王即位南京,故六月中旬他赶到南京,任兵科给事中。据其自撰年谱,这年九月,他"加服俸一级",似尚未离京,此后才因目睹时势不可为,辞官回乡。次年五月,南京不守,八月,松江陷,他逃往金泽(今上海青浦),九月又从昆山接祖母来聚,故这年重阳他又不在松江。顺治三年(1646)其祖母去世。据王澐续《陈子龙年谱》载,陈子龙于七月回乡治丧,至十一月落葬其祖母,可见,这年重阳他是在松江的,而次年五月,他就以身殉国了,所以,本诗应作于顺治三年。

诗从眼前景写起,"危楼",高楼,此指一览楼。重阳佳节,登此危楼,饮酒赋诗,所赋乃《蒹葭》之诗。蒹葭,本意指芦苇,《诗经·秦风》有《蒹葭》篇。诗云:"蒹葭苍苍,白露为霜。所谓伊人,在水一方。"其中有相思而不得一见之叹。陈子龙诗中也多处言及"蒹葭",如"蒹葭相对落,鹈鹕已成军"(《晚秋郊外杂咏》),"占星夜泊蒹葭雨,结客朝随杨柳风"(《伤春》),均与《诗经》无涉而本诗中则直取《诗经·蒹葭》篇意。诗人何以登楼而"赋蒹葭",其所思之人又在何水之一方?下句则作了回答:"南望潇湘水一涯。"这时长江以北,均已被清人占领,只有福建、两湖、两广、云贵等南方地区尚未沦陷,故诗云"南望"。何云"潇湘"?古诗文中均称湘水为潇湘。《山海经·中山经》云:(洞庭之山)"帝之二女居之,是常游于江渊。澧沅之风,交潇湘之渊,是在九江之间,出入必以飘风暴雨。"顺治三年八月,唐王朱聿键已于福建汀州被俘,桂王朱由榔在广西监国(即永历帝,后坚持抗清十余年),虽然这些消息陈子龙当时不可能全已知道,但广西一带存在较强大的抗清武装,桂王朱常瀛于顺治二年曾一度被推监国事,他是应当知道的。广西是湘水发源之地,"潇湘水一涯"即指此。

"云麓"句,语本《淮南子》:"青泉之埃,上为青云,阴阳相薄之雷,激扬为电,……通而合于青海。"青海古代是少数民族聚住区,诗词中常用为边地的代称,如杜甫诗:"青海无传剑,天山早挂弓。"(《投赠哥舒开府翰二十韵》)陈子龙诗中亦多言及青海。如"一曲琵琶马上悲,紫台青海日凄其"(《明妃篇》)。"房中莫移青海帐,汉家飞将在云中。"(《云中边词》)"云麓",云山。云山半为青海之雾所障,暗指祖国山河半为"胡人"所占,此谓清兵入侵事。"岸枫",岸边之枫树,这是诗人的眼前之景。赤城,山名。据《十道志》:"赤城山在天台县西北六里,一名烧山,又曰消山,石皆霞色,望之如堆堞,因以为名。"梁元帝讨侯景檄文曰:"朱旗夕建,如赤城之霞起。戈船夜动,若沧海之奔流。"李白《天台晓望》诗云:"门标赤城霞,楼栖沧岛月。"李商隐《朱槿花》诗云:"才飞建章火,又落赤城霞。"陈子龙诗中也多处言及赤城。如《过天台望赤城作》云:"迢迢望赤城,亭亭丽云表,晴晖动璀灿,阴霞触缥缈。"又《朱雪子赠诗有小筑剡中之意酬之》云:"若耶南接赤城梁,万树桃花玉女浆。"诗人何以对赤城心怀耿耿?一方面赤城为诗人旧游之地,另外一方面,那里地处浙南,与福建相去不远,福建的唐王虽已于本年八月被俘,但陈子龙或许尚不知道,故心向往之,愿代表自己忠节之志的火红"岸枫"与那里的霞光遥相辉映。当然,也可能陈子龙已知唐王失败,但闽、浙沿海还有鲁王和郑成功的反清力量,那一带总是他的希望所在。

"双飞"二句,言时光飞逝,祖国沦亡,急待有女娲那样的补天之手挽狂澜于既倒。"神骏",神马。古人认为日月之行,快如神马。王充《论衡》曰:"日昼行千里,夜行千里。骐骥昼日亦行千里。然则日行舒疾,如骐骥步相类。"日月双飞,如神骏疾驱,此喻岁月流逝,时不我与,须及时振作。女娲,为神话中古帝名,相传古时出现天崩地裂,女娲氏乃炼五色石以补天。陈子龙诗中也多处用女娲之典,如"天漏奎壁女娲死,腐鼠满眼饥凤凰"(《今年行》)。"女娲已往倾西北,借汝五色成文章。"(《寄郓中郑淡石座师》)

诗的结尾二句更抒发"报国欲死无战场"(陆游《陇头水》)的感慨。"屠龙",语出《庄子·列御寇》:"朱泙漫学屠龙于支离益,单千金之家,三年技成,而无所用其巧。"诗词中常谓高超而无用的技艺为屠龙之技。苏轼《次韵张安道读杜集》诗云:"巨笔屠龙手,微官似马曹。""学就屠龙空束手"句,乃凝聚了诗人一生遭遇而出之,特别是他在南明朝廷那段经历,使他深深感到,自己一生汲汲以求的救国拯民之道,因为朝廷的昏庸、权奸的当道,如今都成了无处施展的屠龙术,面对故土沦丧的局面,他真是束手无策了。如果说,前面各句中对"潇湘"、"赤城"的向往、对"女娲"的期待,都是诗人在登楼远眺之际的驰骋想象;那么,这一句则是他跌落到了现实,令人无限失意的现实。但诗人就这样由希望、失望走向绝望么?否!只见他拔剑起舞,宝剑吐出圈圈寒光(腾踏,回旋活跃之意)犹如点点霜花飞绕着剑锋。只要一剑在手,他就决不会放弃抗争,这剑光,固然发泄了他"束手"的沉痛,更闪出了他的誓死决心。

读这首诗,不难使我们想起杜甫的《登楼》。杜诗作于"万方多难"之际,而陈诗作于社稷覆亡之后。陈诗之"云麓半函青海雾,岸枫遥映赤城霞"二句与杜诗之"锦江春色来天地,玉垒浮云变古今"也极相似。杜诗的特点是沉郁顿挫。陈廷焯谓:"所谓沉郁者,意在笔先,神余言外。写怨夫思妇之怀,寓孽子孤臣之感。凡交情之冷淡,身世之飘零,皆可于一草一木发之。而发之又若隐若见、欲露不露,反复缠绵,终不许一语道破。匪独体格之高,亦见性情之厚。"陈子龙此诗正是具有这样的特点,例如,《蒹葭》本为怀美人之诗,诗借以喻君臣,所怀者为桂王等抗清者,极有深厚缠绵之致。

七律是陈子龙所长。《明诗钞》说子龙"七律格清气老,秀亮淡逸"。又云其"七言律秀绝寰区。乃其天姿清妙,故落墨高华,非翡翠兰苕可比"。从这首诗可见一斑。陈子龙诗由模仿而走向现实,抒发真性情,开清初诗坛新风,这首诗可为这方面的代表作。

(王步高)

易 水 歌 陈子龙

赵北燕南之古道,水流汤汤沙浩浩。送君迢递西入秦,天风萧条吹白草。车骑衣冠满路旁,《骊驹》一唱心茫茫。手持玉觞不能饮,羽声飒沓飞清霜。白虹照天光未灭,七尺屏风袖将绝。督亢图中不杀人,咸阳殿上空流血。可怜六合归一家,美人钟鼓如云霞。庆卿成尘渐离死,异日还逢博浪沙!

《易水歌》本送别歌题,此诗则拓展古意而成哀悼诗声。王昶《陈忠裕公全集》后注:"或云为左萝石奉使求成而作。"左萝石,名懋第,福王弘光右佥都御史,清军入关,自告奋勇北上议和,被扣遇害。诗借荆轲刺秦悼左萝石出师未成身先亡,颂其救明壮举。

全诗可分四节。"赵北燕南"以下四句为第一节,写送荆轲时、地。易水河畔原为古老航道,背燕面赵,襟带二邦,河水浩荡,两岸白沙无垠,足为送别开拓寥廊宏大背景。"送君"句点明送谁去何处。荆轲当年为燕太子丹刺秦王,"太子宾客知其事者,皆白衣冠以送之至易水之上"(《史记·刺客列传》)。"迢递"一词既写征途之遥,复含任重而道远深意。

时值天风萧瑟、草木零落暮秋季节,北国天空尤为高远幽旷,浩浩江水,茫茫白沙,飒飒天风,萧萧草木,这大自然奇特景观为全诗铺垫了慷慨悲壮基调。

"车骑衣冠"以下四句为第二节。写送别壮观场面。《骊驹》,送别之歌,传为《诗经》逸诗。据《史记·刺客列传》载,"高渐离击筑,荆轲和而歌,为变徵之声,士皆垂泪涕泣","复为羽声慷慨,士尽瞋目,发尽上指冠。"渲染悲壮场面,既为赞古代英雄荆轲,更为颂现实生活左懋第北上议和壮举。

"白虹照天"以下四句为第三节,写刺秦王经过。传说荆轲精诚感天,天垂白虹贯日之象。轲正以上合天意、下顺民情而闯入秦宫。"七尺"句写荆轲左手把秦王袖,右手以剑击之。秦王诈言祈听一曲而死,姬鼓琴,歌"八尺屏风,可超而越",秦王遂得启示,奋袖超屏风而逃,行刺未成。诗作"七尺",似误。太子丹派荆轲入秦,假托献督亢之地以求和,藏匕首于地图中谋刺功败。诗借荆轲悲剧重演,以痛悼左懋第遇害。

末节"可怜六合"以下四句写秦王一匡诸侯统一中国,天下宝物都集秦宫,美女钟鼓繁若云霞。邪恶战胜正义,如同清朝灭我大明。但荆轲、高渐离虽亡,而博浪沙椎击秦王的张良终将再度出世。篇终"浩茫"之思,幽深婉曲地传达出陈子龙救亡图存的坚定决心。

此诗构制宏伟,用思深沉,风格慷慨悲凉,为陈诗中精品。作者融合写景、叙事、议论于一体,浑化无迹。写景在于创造情感氛围,叙事在于抒发情感,全诗叙事都隐隐荡漾着郁勃的情思。篇终的议论又将这种情感推向高潮。故其写景、叙事、议论都统一在总体的情感节奏中。此诗立意深沉含蓄,通篇藉咏荆轲以感慨现实,气韵流荡,耐人咀嚼,从中不难窥见盛唐诗风影响。

(邓韶玉)

重游弇园 陈子龙

放艇春寒岛屿深,弇山花木正萧森。
左徒旧宅犹兰圃,中散荒园尚竹林。
十二敦槃谁狎主?三千宾客半知音。
风流摇落无人继,独立苍茫异代心。

江苏太仓隆福寺西,有一座清幽秀逸的园苑。园中亭池掩映、花卉缤纷;更有弇山三峰高矗其中,实为文人墨客雅集之佳境——它就是明代南京刑部尚书王世贞修筑的"弇(yān)园"。

陈子龙的诗文创作,曾一度受到前后七子"文必秦汉、诗必盛唐"复古主张的影响。特别是后七子领袖王世贞,更是他倾心仰慕的文坛先辈。由于这个缘故,太仓的弇园,也便成了他一再游瞻、流连低回的地方。这首七律,即作于崇祯十一年诗人重游此园之际。

"放艇春寒岛屿深,弇山花木正萧森。"诗人上一次到弇园,大约在十年之前,而且还有友人夏允彝相陪,兴致自然很高。而今,夏允彝早已南赴福建长乐;"志动日月、气厉风云"的诗人,却还郁郁困守家中,本已深感痛苦;此次又是独游,心境更觉苍凉。时令虽当初春,但湖风吹拂之中,大约还颇有几分寒意。诗人"放艇"于湖中的幽深岛屿间,眺望那弇山上错落耸立的林木花丛,仿佛也都神情黯淡、戚然含悲。这两句抒写诗人重游旧园的郁悒心境,妙在全从眼前风物中传达,落墨萧淡,为全诗染上了一重悲凉的氛围。

然后舍舟上岸,漫步于弇园的旧宅、竹、圃之间。这里曾是王世贞当年的居处之所,而今宅存人空,处处给诗人留下一种失落的惆怅和孤清:"左徒旧宅犹兰圃,中散荒园尚竹林。""左徒"指楚国诗人屈原,他在长诗《离骚》中,曾以种植兰蕙喻比培植后进贤才,有"余既滋兰之九畹兮,又树蕙之百亩"之句。"中散"即三国时代的中散大夫嵇康,"龙章凤姿"、"恬静寡欲",常与阮籍、山涛诸人"集于竹林之下,肆意酣畅",故有"竹林七贤"之称。在诗人看来,王世贞之峻洁忠贞恰似屈原,雅韵高致又不让嵇康。故在漫步先辈的故园之时,恍若置身在左徒的"兰圃"、中散的"竹林"之中,自有一种清幽庄肃之感。然而当年的"兰圃"犹在,"竹林"之飒飒依然,却再见不到主人艺植芳卉的身影、酣歌竹下的音容。面对这一片"荒园"、"旧宅",诗人又感到分外的忆念。由于诗人对眼前之景的展示,交汇着对"左徒"、"中散"这些古贤事迹的浮想,便把诗人对弇园的昔盛今衰之感,抒写得更其深沉;那在园中消逝的先辈,也因叠印着古贤的身影,便变得更加庄严而令人怀想。

"十二敦槃谁狎主?三千宾客半知音"二句,即由眼前之景,沉入对此间主人的悠然缅怀之中。"敦槃"即玉敦和珠槃,乃古代天子与诸侯会盟时所用的礼器。"狎主"有更替为主之意。史载王世贞"始与李攀龙狎主文盟,攀龙殁,(世贞)独操柄二十年。才最高,地望最显"。那气象正与春秋时代的晋、楚两国,更替主宰十二诸侯之盟一样,该有何等风光!"三千宾客"用的是战国春申君之典。据《史记》记载,"赵使欲夸楚,为瑇瑁簪,刀剑室以珠玉饰之,请命春申君客。春申君客三千人，其上客皆蹑珠履以见赵使。赵使大惭"。而王世贞"声华意气，笼盖海内"之时，"士大夫及山人、词客、衲子、羽流，莫不奔走门下。片言褒赏，声价骤起"（见《明史》本传）。那景象正可与门客三千的春申君相轩轾。前句叙群彦之驰笔文坛，而以"十二"诸侯的争雄春秋为比，再以"谁狎主"的喝问顿断，气象恢宏而笔势夭矫。然后在"三千门客"的簇拥之中，从后句推出王世贞这位"操柄二十年"的文坛盟主，更觉有一种辉光照耀之盛。表达了诗人对这位"弇园"主人的多少敬慕和推崇！

诗之结尾，诗人终于从缅怀中回到现实："风流摇落无人继，独立苍茫异代心。"而今，那在昔日辉耀文坛的风华，已随着这弇园主人的逝去而"摇落"；放眼当世，更有谁能承继这位先辈的流风？正如陈子龙在另一首歌咏王世贞的诗中所说："寥寥代兴者，蚍蜉安足争。"当今的文坛，实在已寥落太久！诗人独立弇园，仰对苍茫的暮色，愈发感到一种失去先辈的凄怆和悲凉。不过在"独立苍茫异代心"的感叹中，似乎又隐隐透露着，我们的诗人虽与先辈生不同时，但在振兴文坛的志向上，却又是与这位前贤声气相应、"异代"同心的。这大概正是诗人重游弇园，所要告慰先辈英灵的心愿罢？

诗人对王世贞的推崇，在今天看来似乎很难理解。因为前后七子的文学主张，其实并未给文坛带来多少生气。而陈子龙的诗作，之所以能"光芒腾上"、"破尽苍蝇蟋蟀之声"，而成就"摧廓振兴之功"，恰恰在于他能"吐纳百家"、"自为雄丽之作"，决不是亦步亦趋、一味"仿古"的结果。诗人写作此诗的时候，正处在诗风转变的重要时刻。从这一点看，结句的"风流摇落无人继"，似乎又是连诗人自己都没有意识到的一个预言：它预告着一个前后七子统治文坛时代的结束，一位虽还打着"复古"旗号，却已带着巨大创新精神的新诗人正在崛起。从此以后，他将以志士之心，操持诗人之笔，以清刚雄迈之作，接替先辈的位置，开创晚明诗坛的崭新生面！

（潘啸龙）

春 日 早 起（二首选一） 陈子龙

独起凭栏对晓风，满溪春水小桥东。
始知昨夜红楼梦，身在桃花万树中。

李煜有首著名的《浪淘沙》词，写雨，写梦，写独自凭栏，写流水落花，表达了亡国君王梦里一晌贪欢，醒后无限凄惨的情怀。陈子龙这首绝句的素材与李后主词很相似，而表达的意境却很不同。

一二句叙事写景。"独起"扣住题意"早"字,大有"众人皆醉吾独醒"的况味。凡事静观皆自得,这里的"独"字已打下三四句由独自静观而致"悟"的基础,结构上细针密线。"凭栏"显得闲逸,这时并非有正经事要做、要想,只是闲眺,由此派生出次句。"晓风"不禁令人想起则天武后游上苑,专断地命令百花仙子"花须连夜发,莫待晓风吹"的趣事妙语,而本诗"忽如一夜春风来,千树万树桃花开"的情事,也与"晓风"暗暗绾合,不觉令人解颐。次句写景,承上启下。眼前满溪春水流向小桥东,仍与后主《虞美人》词"一江春水向东流"有渊源,不过一志喜,一言愁,其趣迥异。细细推敲一下,"春水"怎会"满溪"?不难想见夜间曾下过一场"润物细无声"的透澈春雨,所以此句"雨"是暗写。不但如此,杜甫《春夜喜雨》诗云:"晓看红湿处,花重锦官城。"可见春风化雨,雨绽百花,乃理所当然。联系下文来看,此句还省略了重要景物:"花"。"雨"和"花"虽未露面,却能借助思考想象得之,收到句简而意赅的艺术效果。

三四两句抒情,写得风流旖旎。"始知"者,突然领悟之意,它的契机是上文的观景。"红楼"是富家女的华丽住所,用以借指倡楼似也无不可,如韦庄《长安春》诗所写:"长安春色本无主,古来尽属红楼女。"红楼一梦已是万种风情,令人销魂,而那艳丽的梦还有桃花万株作背景,更瑰丽得如同进入桃源仙境,把那分心醉的喜悦渲染得色彩缤纷,美不胜收。"身在桃花万树中",既是写景也是抒情的名句,用白描的手法表现出浓腴的情致。

这首诗写春日丽景,也不乏艳情,是对转瞬即逝的风流偶傥生活的回忆和品味。陈子龙是有节气的爱国诗人,这样分析是否有点厚诬古人?其实并不。明末政治腐败,社会风气污浊,士大夫醉生梦死司空见惯。陈子龙虽堪称出污泥而不染,也未能一概免俗。他有描摹妓家和题为"艳情"的词作,他自撰的年谱在崇祯六年也有"文史之暇,流连声酒"的记载。据传名妓柳如是也曾慕名而属意陈子龙。可见说陈子龙偶尔也涉足"红楼",也并非绝无可能。

(于 洁)

西 湖 漫 兴(十首选一) 　　陈子龙

虫怨秋山万木空,渔灯明灭小亭红。
焚香永夜愁难梦,人在西陵风雨中。

杭州西湖孤山旁,有座西泠桥,桥畔旧有苏小小墓。苏小小是南齐人,为钱塘名倡,才情风貌俱佳,在当时及后世均享盛名。古乐府有《苏小小歌》:"我乘油壁车,郎乘青骢马。何处结同心?西陵松柏下。"历代文人题咏或感吟其人诗词甚多。陈子龙游西湖咏十绝句,此诗背后也隐约有苏小小的影子在。

《苏小小歌》的意境是欢乐,此诗的基调是悲哀,地点同在西陵,而遭遇迥然不同,有意形成鲜明对照。漆黑的风雨之夜,秋山万树凋零,木叶尽脱,一派荒凉萧索景象,四周只有虫声唧唧,在倾诉悲怨。诗的首句仿佛是欧阳修《秋声赋》的浓缩,拟人写景俱有韵味。从四际的山由远及近写到眼前的湖,次句只见渔船的灯火在风雨中摇曳不定,即使有那么一星星光明,但也可能随时熄灭。在红色小亭里看到和听到这一番凄苦的夜景,已透露出主人公心情多么抑郁寡欢。白天到西陵松柏下结同心的苏小小决不会如此孤寂。

三四句由景而转写人。小亭中的女子在焚香祷祝,她没有古代妇女焚香拜月陈说三个美好愿望的奢想,只希望能在夜间做个好梦。可是长夜漫漫何时旦,忧愁复忧愁,久久难以入梦。"愁"是一篇的主脑,而"难梦"则是愁的具体内容。梦的对象是谁?从末句特拈出"西陵"地点看,当然是那位能与之"结同心"的情人。遗憾的是,偏偏"西陵不许结同心"(作者同题另诗)。这末句的意境,又出之于李贺的《苏小小墓》诗:"西陵下,风吹雨。"

这首漫兴诗,借西陵苏小小的酒杯,浇自己胸中的垒块,诚如宋存楠在《陈李倡和集序》中所说:"卧子弱年孤露,心多伤悼,遇物缠绵。"用旧酒杯盛新酒,推陈出新,构思是比较巧妙的。如果我们从屈原"美人香草"寄托手法的角度去品赏此诗,则诗中"万木空"、"渔灯明灭"的风雨飘渺境界,不啻是明末社会昏暗荒乱景象的艺术再现,而那位永夜不寐的女子,也可称得上是忧国忧时志士的化身。而这也同样切合陈子龙的思想和身世。

(于 洁)

去岁孟秋十三夜,予从京师归,遇天如于鹿城, 谈至四鼓而别,孰知遂成永诀也。今秋是夜 泊舟禾郡,月明如昨,不胜怆然(二首选一)　　陈子龙

日暮维舟枫树林,玉峰峰外漏沉沉。
那堪独对当时月,泪落吴江秋水深。

张溥字天如,太仓(今属江苏苏州)人。他是复社的领导者,继嗣东林党人,与阉竖余孽斗争不遗余力。陈子龙主盟几社,与复社宗旨相同,因而两人结为莫逆。崇祯十三年(1640)七月十三夜,陈子龙自京师南返途中,于鹿城(在今江苏昆山)遇张溥,两人抵掌夜谈,直至四更天。夜谈的主要内容,据陈子龙《自撰年谱》载:"崇祯十三年庚辰七月,南还,遇石斋师于邵伯驿,询京师近事。缇帅促行

颇迫,须臾别去。师意甚慷慨,而予不胜歔欷矣。至鹿城,夜遇天如,议急石斋之难。天如将倾身家以图之,真有贾彪之风,予甚愧焉。"可知是为了商议对策,解救因弹劾权臣而遭逮捕的黄道周(字石斋)。张溥为救正人而不惜毁家纾难的高风亮节,子龙深为钦敬。次年五月初八,张溥溘然病逝,子龙哀痛欲绝,曾赋诗《哭张天如先生二十四首》。其二十首云:"南冠君子朔风前,慷慨西行倍可怜。已乏何颙为奔走,更无魏邵与周旋。"自注:"石斋师之逮,天如经营急难备至。师未出狱,而天如先殁矣。"以上是本诗的题意和本事背景。

全诗寓情于景,句句写景,句句寓情。首句交待时间、地点、节令,烘托渲染气氛。"枫树林"含有招魂和怀念故友的意思,如《楚辞·招魂》:"湛湛江水兮上有枫,目极千里兮伤春心,魂兮归来哀江南。"如杜甫《梦李白》:"魂来枫林青,魂返关塞黑。"次句的"玉峰",在今江苏昆山市,"泊舟禾郡"决难望见玉峰,而此句既若望,又若忆,用"漏沉沉"将两者贯串。"漏沉沉"既指去岁"谈至四鼓",也指今夜由"日暮"至夜深不寐忆念故人的长久和沉痛。诗人悲怆恍惚,眼前景不觉与脑中影模糊重叠,不管是幻觉或错觉,已泯灭了时空界限,浸透了浓浓的情思,引人想象万千,不愧是抒情妙句。三句写月。"当时月"与今时月情景同中有异,"独对"与去年双对又参差,对今思昔,低沉平静的语调中翻滚着波涛汹涌的情思,语意丰富,层次曲折,大有"含不尽之意见于言外"的妙用。更何况作者望月,还痴痴地盼望月能照见黄泉下的故人,正如本诗第二首云:"去年相见语情亲,今岁相思隔世尘。闻道月轮回地底,可能还照去年人?"末句写水。"泪落吴江水",由唐诗名句"枫落吴江冷"翻出。"秋水深"形容"泪落"感情之深,李白《赠汪伦》"桃花潭水深千尺,不及汪伦送我情"是其先例,是夸张手法。此外,水深浪阔,人死后的魂魄也不易度越,杜甫《梦李白》第一首结句云"水深波浪阔,无使蛟龙得",表达了对李白魂魄安全的关切。陈子龙泪落而联及"秋水深",是否也含有对张天如魂魄的慰吊与感念之意呢?读者当自有会心。

(于 洁)

【诗人小传】

陈 瑚

(1613—1675) 字言夏,号确菴,自称"七十二潭渔父",江苏太仓人。明崇祯十六年(1643)举人。贯通五经,务为实学。又善横槊、舞剑、弯弓、注矢,其击刺妙天下。值娄江堙塞,江南大饥,上救荒书。明亡,绝意仕进,奉父居昆山之蔚村。康熙八年,诏举隐逸,力辞不赴。著有《求道录》、《淮云问答》、《筑园记》、《治病说》、《救荒定议》等。

李映碧廷尉遗地图　　　　　　　　陈　瑚

图画山川感慨多，边陲风景近如何？
入关无复萧丞相，聚米空思马伏波。
两戒一江横似线，九州五岳小于螺。
错疑留守魂归夜，风雨声声唤渡河。

李映碧名清，崇祯进士，官至大理寺左丞，故诗题中称"廷尉"。入清不仕。本诗题下一本有"仍用前奉怀韵"六字，而《明遗民诗》谓李清明亡后"著述甚富，唯不作诗"，知陈瑚的奉和在明亡之前。又据宋琬的《前明大理寺左寺丞李公行状》，述李清拜官大理寺丞后即奉命出祀南镇，"行甫及杭，而南都失守矣"，可见他向陈瑚"遗地图"的举动，正发生在南明弘光小朝廷苟安江南、岌岌可危之时。了解了这一时间背景，全诗的意旨就一清二楚了。

"图画山川"不消说是对李清所遗地图的指称，但用上这四个字，也隐含着一段典故。据张彦远《历代名画记》："孙权尝以魏蜀未平，思得善画者图画山川地形，夫人乃进所写江湖九州山岳之势。"由"图画山川"而从生"感慨"、忧念"边陲"，说明遗赠和受览的双方，都是从天下安危形势的意义上，来看待这幅地图的。而边情紧急，国家日蹙，时势已不堪回首。起首的这两句，从"遗地图"三字着笔，已揭出了忧国的题旨。

次联连用了两个典故。汉王元年（前206），刘邦被迫接受项羽的调度，出关领取巴、蜀、汉中地；但同年即以萧何为丞相，突破章邯、司马欣等新封王的包围封锁，还定关中。"入关无复萧丞相"，是说当世已无萧何这样的人物，以致再也不能实现类似"入关"这样的恢复之举。这一句或针对阁相史可法、马士英有感而发。马士英是当时公认的误国权奸；史可法与之薰莸不同器，但毕竟受到四镇的掣肘，徒有满腔爱国热情而一筹莫展，难免也遭到物议，像顾炎武对他日后的扬州殉难就表示存疑。作者可能存有同样的苛责，至少在此句中表示了对军国辅臣的失望。"聚米空思马伏波"，后汉建武八年（32），光武帝西征隗嚣至漆（今陕西邠县），不敢深入，马援就在御前聚米为山谷，指画开示行军路线，力请进军。马援后封伏波将军，世称马伏波。"空思"二字，写出了诗人的叹惋。从典故的完整意义上说，这一句不止是"闻鼙鼓而思将帅"，而且也在谴责弘光帝的畏敌如虎、不思进取了。

颈联二句转回地图本身。"两戒"，唐一行和尚谓天下山河之象，"北戒限戎狄，南戒限蛮夷"，见《唐书·天文志》。"九州"，为古代疆域的总称。"一江横似线"、"五岳小于螺",这些既是地图的实景,同时又含有象征的意味:前者隐示长江防线的单危,后者则见山河的破碎、微茫。作者有意点出地图上"两戒"、"九州"的完貌,同当时南明半壁江山的现实实际上存在着巨大的反差,这就引出了末联的联想。南宋时东京留守宗泽念念不忘北上恢复失地,在奸小的阻抑下赍志以殁,临终前还连呼三声"渡河"!作者从地图的尺幅中重会历史的风雨,于无声的画面上如闻英雄的呐喊,其澎湃的心潮、爱国的激情在此两句中真是呼之欲出。可惜"错疑"两字,重把诗人领回了惨痛冷峻的现实,令读者至此,也禁不住一同扼腕浩叹!

　　这首诗托意深远,用典精切,将地图的画面与时局及忧国的情怀交织表现,耐人遐思。陈田在评论娄东诗派时,谓"确庵(陈瑚号)诗以沈雄胜"(《明诗纪事》),本诗适体现了这一特点。

(史良昭)

叶小鸾

【诗人小传】

（1616—1632）　字琼章,又字瑶期,吴江(今江苏苏州市吴江区)人。诗人叶绍袁、沈宜修夫妇之幼女。幼聪颖,四岁能诵《楚辞》,十岁能作对句,博观诗书,通琴棋书画,有"才女"之称。年十七病故。其作品,收入《疏香阁遗集》。

雨 夜 闻 箫　　　　　　叶小鸾

纱窗徙倚倍无聊①,香烬熏炉懒更烧②。
一缕箫声何处弄,隔帘微雨湿芭蕉。

〔注〕①徙倚:留连徘徊。　②熏炉:用来熏香或取暖的炉子。

　　明代女诗人叶小鸾的一生虽然很短,只活了十七年,但其惠承家教,聪颖好学,因此甚有诗才。她的诗,风格清丽,笔法细腻,擅写愁情,这首诗,便描写了一种莫名的闲愁。

　　"纱窗徙倚倍无聊",首句从人物的外形举止写起,伊人在窗前徘徊久之,坐卧不宁,说明心有所思;"无聊"二字,又点出此种思绪乃无可言状,不知所由,它不像乡愁、边愁、离愁、春愁等有确指,而是一种说不出所以然的闲愁。尽管闲愁的特点是又轻又淡,没有大悲大喜的强度,却整日价撩不开,扫不尽,搞得人心灰意懒,无精打采,次句"香烬熏炉"都懒得再添一把,便是闲愁者颇为形象的写照。

这里所写的慵懒情状,是否主人困倦将睡的征兆呢?第三句即可找到问题的答案:远处传来的箫声虽只是"一缕",但丝丝入耳,听得清清楚楚,使主人公不能入眠,这真是既恼人又撩人的声音,且不知是何人于何处抚弄着玉箫在吹奏。传说,春秋时萧史善吹箫,和秦穆公之女弄玉情投意合,结为夫妻,从而有吹箫引凤,双双成仙的结局。当此声飘来之际,它是勾起了对美好传说的回忆,抑或引发了少女些许怀春之思?尽管不得而知,但箫声使原来的闲愁上又添了些新的烦恼,则是一定的。结句"隔帘微雨湿芭蕉",是诗的传神之笔。表面上看,此句似与上文不相连属,其实,诗人在此正是巧借前人诗句之境,进一步深化了闲愁的程度。唐代杜牧诗《雨》云:"一夜不眠孤客耳,主人窗外有芭蕉。"谓雨点打在芭蕉叶上,发出点点滴滴的声响,引得羁旅之客彻夜不眠。这一情境,和此诗中闲愁无聊、徙倚不定的主人公状况是相贯通的。不同的是,这里不是雨打芭蕉,而只是微雨洒落在芭蕉上,湿濡了芭蕉,其声更细更微,而从"纱窗徙倚"看,此际也不是在深夜,因为夜太深了,囿于礼法的少女是不会走动的;因此,这样的微雨声,俊爽的杜牧是听不到的,只有感觉更细腻、更敏锐的少女诗人,才能辨出,而她竟能隔着疏帘,又是在箫声呜咽之中,辨出如许的微响,则她愁思的深浓,易于触发,也就尽可想象了。所以,雨声愈是"微",愈能显出听雨的主人公心思之深切、细密,这是此句的绝妙之所在。另外,此句与上句合在一起,所构成的意境更为引人寻味。女诗人才闻到一缕箫声,才想辨一辨是何人在弄箫,她的思绪才起步,箫声——她思索的对象已消失了;于是,她凝聚起的听力,本来是要捕捉箫声的来源的,却碰上了芭蕉上的微响——如前所说,她可能在箫声中生起的春情,也就在尚未自觉的时候,就立即被漠漠的雨声打断了,她又回到了闲愁无聊之中。这微不足听的雨声,此际却成了阻碍少女春情萌发的厚壁,然则这雨声中所含愁苦的份量,又能因其"微"而小看吗?

  这首写闲愁的小诗,记室内和写户外结合,状实况和拟虚境穿插,全诗不着一个"愁"字,但处处皆有愁在,时时皆为愁思,且一句深似一句。诗歌的情调虽不异于昔人,但精巧的构思和虚处传神的手法,是很值得玩味的。

(丁仪 沈价)

诗人小传

韩洽

(约公元1644年前后在世) 字君望,长洲(今江苏苏州)人。诸生。隐居阳山。工词,著有《蟾香堂》。

闻 雁

韩 洽

朔风吹雁渡江干①,月白霜清响尚寒。
孤客几回愁里听,故乡何处报平安?

〔注〕① 江干:江畔。

悲秋兴感,闻雁怀乡,是古代诗歌中不断重复的题材。韩洽的这首诗虽然也没有跳出游子乡思的传统主题,却在艺术表现上匠心独运,写得情境俱佳,颇能打动人心。诗人生活的时代正当明清易代之际的动乱之秋,干戈遍地,人民流离。作为亡明遗民的韩洽,如同失根的兰花、逐浪的浮萍般抛家别井,万里投荒,漂泊无归,那么,他在诗中所抒写的就绝不仅仅是普通的客子羁旅乡愁了,而必然地渗透血泪,深寓着自己悲凉的故国之思和离乱之感。

诗的前二句描绘江畔深秋月明之夜的特定环境,渲染出一派凄清岑寂的氛围。朔风阵阵,繁霜满天,冷月清幽,征雁南渡。诗中特别写到那嘹唳的雁鸣,响彻江空,而传寒栗之感,由听觉形象转为触觉形象,这种通感描写实在是生动传神的笔墨。同时雁鸣之"响"更加反衬出了环境的荒寂。总观这两句诗的意象营构,着意在一个"寒"字:不仅"朔风"和"霜"是寒冷的,秋冬时节的"江干"是寒冷的,而且"白"和"清"的色彩也是冷色调,甚至连声音也"响尚寒"。读后直觉一股肃杀阴冷的秋气扑面袭来,真令人有如同置身冰窖中的感觉。

在这般极端冷寂清寥的境界里,触景生情,最容易勾引起人们思乡怀亲的愁绪。后二句:"孤客几回愁里听,故乡何处报平安?"诗人直抒胸臆,表达了孤独寂寞、愁肠百结的情怀和感离伤乱的百转千回的痛苦,感慨深沉,萧瑟苍凉。这两句诗可以围绕一个"愁"字去理解。韩洽是江南人,此时正作茕茕孤旅,流寓江北。偏偏于此怅惘彷徨之际,空中又传来那情类断猿、音如离鹤而"闻起客子愁"的声声雁鸣,不堪卒听却"几回"听,这真要愁杀与雁相背、离乡愈远的诗人了。"乡书何由达?""寸心凭雁足。"然而遍地狼烟,云山阻隔,乡关何处? 即令向以传信为任的鸿雁,如今也无法传递消息了——该又平添几重愁苦! 望着南翔的雁行,诗人几欲肝肠寸断。字里行间,溢满悲情。

这首小诗笔触细腻,感情深挚,而词意酸苦。尺幅之中,蕴含着作者多少沉痛和忧愤,悲哀与辛酸? 在表现手法上,诗人因情造境,缘景抒情,使景语包容着极为丰富的情感,与情语妙合无间,不仅表现了抒情主人公惨淡凄怆的意绪,而且折射出了当时社会动乱、凋敝的苦难现实。陈田称韩洽诗"质悫而有真意",由

《闻雁》一首观之,的属确评。

(尹芳林)

诗人小传

沈自然

明诗人。字君服,吴江(今江苏苏州市吴江区)人。

江　南　乐

沈自然

　　初景烂银浦,溘溘浮漪鹬。侬情两摇荡,持比春江色。江深莲子齐,水暖鸳鸯栖。不须更相问,家住横塘西。横塘连夹浦,曲曲明如许。谁打白蘋开?前溪夜来雨。雨霁上南楼,天高水影浮。出门郎不见,仍荡采莲舟。

这篇作品的题目仿拟乐府民歌,内容和风调,也着意向乐府民歌靠拢。

全诗写一名采莲少女,在初阳中驾船来到绚丽的江上。春水摇漾,小船飘荡,她的心情也是那样地不能平静。江上的莲子,成双的水鸟,无不激起她对爱情生活的向往。少女家住在江南水乡地区,那里水道曲曲相接,波光潋滟。然而,白蘋的离披并不是因为情郎船只的前来,登楼的凝眺也徒然是望穿秋水。多少次风雨,多少回失望,少女只能独自荡起莲舟,去编织她心上的美丽的梦影……

寓情于景,借景起兴,是本诗的一大特点。如"初景烂银浦,溘溘浮漪鹬","江深莲子齐,水暖鸳鸯栖","横塘连夹浦,曲曲明如许。谁打白蘋开?前溪夜来雨"等,无不借景语构筑出一种富于暗示性的氛围。水乡的明媚旖旎,衬现出采莲女子的美丽;而从她眼中所见的景物,又隐隐反映出人物细腻的感情与微妙的心绪。

有意识地吸收和化用前人乐府诗的意境,是作品的又一特点。诗中的"横塘"、"夹浦"、"前溪"、"南楼",都是乐府民歌常见的地名或地点。"漪鹬"、"鸳鸯"、"莲子",则是情诗中惯用的比兴。"溘溘浮漪鹬",化用李贺《歌诗》"飞下雌鸳鸯,塘水声溘溘"。"不须更相问,家住横塘西",借沿崔颢《长干曲》"君家何处住?妾住在横塘。停船暂相问,或恐是同乡"。"雨霁上南楼,天高水影浮",自南朝乐府《西洲曲》"望郎上青楼,……卷帘天自高,海水摇空绿"脱出。这样的做法,扩大了表达的内涵,造成了蕴蓄隽永的韵味。

章法上的顶真承转,是本诗的再一特点。全篇以四句为一小节,前一小节的末句与后节的首句在字面上关联,连跗接萼,续续相生。这种顶真手法在《西洲曲》中已成功运用,作品当是借鉴于彼。它使全篇在意境上回环曲折、摇曳有致,使情思益显得缠绵悱恻。

徐釚《续本事诗》谓沈自然"才藻纷披,集多丽句"。但即使取作者自谓得意的"丽句"如"穿帘弱影惊相顾,点水斜身欲傍飞"、"水罗罩影沈秋月,蜀锦围香锁绛霞"之类来看,也远远及不上这首《江南乐》的成功。可见吸收民歌养料的重要。

(史良昭)

诗人小传

吴骐
明诗人。字日千,华亭(今上海松江)布衣。

书李舒章诗后

吴 骐

胡笳曲就声多怨,破镜诗成意自惭。
庾信文章真健笔,可怜江北望江南。

李舒章即李雯,华亭(今上海松江)才子,与同邑夏允彝、陈子龙等并称"云间六子"。崇祯十五年(1642)中举入京,同年蓟州城破被掠入军,因归附清朝,官至弘文院撰文中书。著名的多尔衮致史可法书,即出于其手。诗、词曾结为《蓼斋集》,今佚,仅留下少量的零篇。

本诗的一、二两句,是作者对所见"李舒章诗"的概述。"胡笳曲"本指东汉蔡琰的《胡笳十八拍》,是蔡文姬对自身遭遇的回顾,铺陈身居胡地的凄楚孤寒。"胡笳曲"的特征是"多怨",这里代指李雯入清后的述怀作品。"破镜"句,南朝徐德言与妻乐昌公主遭乱惨别,破镜赋诗的故事固然有名,但这里实兼取古乐府"何当大刀头,破镜飞上天"句意,为还家重圆的隐语,"破镜诗"当指《蓼斋集》中有关思亲怀故内容的篇什。刀还镜合已绝无可能,念乡怀旧只徒增羞惭。"意自惭"三字,道出了李雯投清后实已无家可归的严冷的现实。

在前两句的铺垫下,三四句转出作者的观感。"庾信文章真健笔",化用杜甫

《戏为六绝句》：“庾信文章老更成，凌云健笔意纵横。”庾信原仕南朝萧梁，后出使北朝被留，归顺而居高位，却常怀故国之思，《哀江南赋》即为其哀念故土的杰作。诗中将李雯比作庾信，三句故作先扬，紧接着四句即以"江北"、"江南"对举，用"可怜"二字总领，揭出了李雯毕竟背叛祖国，失节事清，留下了洗刷不去的可悲的污点。言"望江南"而不言"赋江南"，也把李雯的诗作与庾信哀矜前朝的《哀江南赋》区分开来，言下多少含有微意。

从现存的李雯遗诗来看，不见有"声多怨"、"意自惭"的痕迹。吴骐与李雯为同乡，又是诗社旧友，书后志感，或难免存有仁恕之意，所以沈德潜评跋此诗，谓"惜其清才，哀其遭遇，言下无限徘徊"（《明诗别裁》）。然而本诗是在同社诗友陈子龙壮烈抗清殉国后作的，作者在《悼陈黄门》诗中，即有"四海无人藏複壁，千秋遗恨托江流"这样寓激烈于含蓄之中的诗句。本诗皮里阳秋、含而不露的特色，实亦有不得已的一面。陈田《明诗纪事》将两诗相提并论，誉谓"可称诗史"，则是真正理解了作者的深心。

（史良昭）

诗人小传

张煌言

（1620—1664） 字玄著，号苍水，浙江鄞县（今宁波市鄞州区）人，弘光元年（1645）与钱肃乐等起兵抗清，奉鲁王监国，据守浙东山地和沿海一带。官至权兵部尚书。永历十三年（1659）与郑成功合兵，进入长江，围攻南京。他别率一军到芜湖，乘胜攻下四府、三州、二十四县。终因郑成功兵败，孤军无援而退。后鲁王政权覆灭，他又派人与荆襄十三家农民军联系抗清。至清康熙三年（1664），因见大势已去，遂解散余部，隐居南田的悬嶴岛（在今浙江象山南），不久被俘杀害。其诗多反映亲身抗清经历，格调郁壮，辞采英赡，慷慨悲歌，激荡着凛然之气。有《张苍水集》。

甲辰八月辞故里 张煌言

国亡家破欲何之？西子湖头有我师。
日月双悬于氏墓，乾坤半壁岳家祠。
惭将赤手分三席，敢为丹心借一枝[①]。
他日素车[②]东浙路，怒涛岂必属鸱夷[③]！

〔注〕①一枝：语出《庄子·逍遥游》："鹪鹩巢于深林，不过一枝。"喻栖身之所。②素车：即白色灵车。枚乘《七发》形容江水逆流，海水上涨的波涛"如素车白马帷盖之张"。③鸱夷：原为皮制口袋，诗中指伍子胥魂。《史记·伍子胥传》说子胥死后，吴王取其尸，"盛以鸱夷革，浮之江中。"《录异记》说子胥魂怒，驰水为钱塘江潮，"常乘素车白马，在潮头之中。"

张煌言是与郑成功齐名的南明抗清人物，鄞县（今宁波市鄞州区）人，崇祯举人。清兵南下，他偕人于浙东起兵抗清，奉鲁王监国，官至兵部尚书。他曾与郑成功一起率南明水师攻入长江，恢复大批州县，江南半壁为之震动。旋失败，郑退守台湾，张则在浙东山区和沿海地带坚持抗战。至康熙三年（1664）见大势已去，遂解散义师，隐居南田县悬岙岛（今浙江象山南），不久被官方侦获。上面这首七律是作者被捕后解送杭州，途中经过故乡鄞县时写下的。

张煌言作为南明抗清的最后一面旗帜，虽然已经失败，但在广大人民心里，永远是一面不倒的战旗，它象征着一种永不屈服的民族精神。所以，即使当他作为一名阶下囚解往杭州的时候，鄞县父老挥泪送行者几千人。据清全祖望《神道碑铭》记载：在押解张氏去杭州的船上，有个叫史丙的守卒，夜间在船头吟唱苏武曲，意在激励张氏保持民族气节。煌言对他说："吾志已定，尔无虑也！"上面这首绝笔诗实际上也是自述怀抱，给鄞县父老和史丙们的回报。

"国亡家破欲何之？西子湖头有我师。"诗一开始就提出自己关于生与死的抉择，如今国已亡，家已破，自己打算往哪里去呢？自己又还能往哪里去呢？言下之意，现在国家已不存在，我自然只有一死了。语气中含有不容置疑的坚定和决绝。接着向人们透露自己的意向：在杭州的西子湖畔，有我的老师，他们是我学习的榜样。话语带有暗示性质，具体所指还不够清楚，老师究竟是谁呢？于是作者于颔联两句点明："日月双悬于氏墓，乾坤半壁岳家祠。"我要学习的人就是安睡在西子湖畔两座高坟里的英雄。在西湖西南的三台山中，有明代于谦的墓，此公与张煌言一样，做过兵部尚书，当蒙古瓦剌兵入侵，英宗被俘的危急关头，他毅然拥立代宗，击败瓦剌，捍卫和保全了明朝江山。他的光辉业绩有如日月双悬，光照千秋啊！在西湖北面的栖霞岭上有宋朝岳飞的坟。岳飞一生英勇抗金，独撑南宋半壁江山，他的丰功伟绩更是人所共知的。

我张煌言如今作为一个被解送杭州的战俘，向二位英雄学习什么呢？又怎样学法呢？颈联作者婉曲地表达了自己的遗愿："惭将赤手分三席，敢为丹心借一枝。"今天对我这个囚徒来说，只有用自己的生命来效法前贤了。我深感惭愧的是，自己两手空空，没有于、岳二公那赫赫功勋，却也要在西子湖畔占一席之地，真使我愧与二位英雄的墓鼎足而三啊！我只敢凭自己一寸丹心，追随二公，英勇不屈地走向死亡,这或可稍慰忠魂,让我在二位墓前借取一席灵魂栖息之所吧!

这首诗是在"辞故里"时写的,作者在申述自己的遗愿后,又寄言破亡的故家旧国:"他日素车东浙路,怒涛岂必属鸱夷!"我虽葬身西子湖畔,但我抗清的精魂不会泯灭,必像伍子胥那样,化为钱塘江的怒潮。你们会看到素车白马,乘风破浪,震撼着我当年曾经鏖战过的浙东大地。

这首诗全篇都是写自己殉国之志,从国亡被俘,说到自己决心一死,再说到此去杭州,准备就在那里就义,希望葬在西子湖畔。最后告慰乡亲,说自己的灵魂,永远不会离开生我育我并曾经在那里战斗过的浙东故土。字字都是真情实感的吐露,可以看出张氏写这首诗时,有着极冷静的头脑,而又有着慷慨深沉的感情,使我们看到一个人自觉地走向死亡时的真实心态,看到一个真正的英雄,一个完美的人格,听到了一支人世间最壮美的歌。

张煌言不但是抗清的民族英雄,也是一位很有成就的诗人,他曾作绝句《忆西湖》云:"梦里相逢西子湖,谁知梦醒却模糊。高坟武穆连忠肃,参得新祠一座无?"可见他踵继于、岳,葬于西湖,是早已萦怀的宿愿。后张氏解抵杭州,果然拒绝了清廷种种威胁利诱,慷慨就义。他牺牲后,鄞、杭士人重金购其首级,遵其遗愿,营葬于西湖南屏山荔子峰下。绿水青山埋忠骨,西子湖边好墓田。这一座又一座高坟象征着中华民族之魂,它们为西湖山水增添了光彩。后人作诗云:"赖有岳于双少保,人间始觉重西湖。"有机会游西湖的朋友,切莫忘记去凭吊这些历史胜迹啊!

(高 原)

诗人小传

戴冠

明末清初诗人。字峨仲,更名易,字南枝,山阴(今浙江绍兴)人。有《钓台诗》千余首。

钓台怀古　　　　戴　冠

《赤伏符》兴罢战争,钓竿三尺足平生。
远携仙女桐江隐,深悔羊裘大泽行。
一夜星辰凌帝座,九重贵贱见交情。

> 请看七里泷中水，未到钱唐彻底清。

更始三年（25），刘秀的一名同学进上《赤伏符》，中有"刘秀发兵捕不道，四夷云集龙斗野，四七之际火为主"的谶言，四七二十八，释为汉高祖建业二百二十八年后炎刘将中兴帝业。藉此依据，刘秀登上了帝座，是为东汉之始。而当这位汉光武帝一统天下后，他的另一位老同学、老朋友严光却变易姓名，隐居不出。使者报告有人披着羊裘在大泽垂钓，光武帝凭此线索找到了严光，却不能说服他出仕。晚上两人同卧，严光把脚压在了皇帝的腹上，次日天文官报称"客星犯帝座"，引起一场虚惊。严光终于谢绝了刘秀的优礼，归隐富春江七里泷，为后人留下了隐逸高蹈的佳话，以及子陵濑、钓台等凭吊的遗迹。——了解了这些故事，也就基本上理解了这首《钓台怀古》。至于诗中"远携仙女桐江隐"之句，则是因为相传严光的妻子乃南昌尉梅福的女儿，而梅福在王莽篡汉时已修成了神仙。南宋徐照《题钓台》："神仙梅福者，新知是妇翁。"清纪昀评："宜有注，不尔则不知所出。"看来这一传说知道的人还不很多。桐江，即分水江，是富春江的支流，与七里泷毗邻。

这首诗前六句追怀和歌颂严光的高风亮节，使用了衬托的手法，即以光武帝刘秀作为陪主之宾。刘秀"奉天承运"，成就了统一天下的大业，"《赤伏符》兴罢战争"，写得何等隆重，而严光却是飘然远隐，三尺钓竿甘寄平生。刘秀以帝王之尊优待故人，"一贵一贱，交情乃见"，态度不可谓不诚恳，而严光却是"凌帝座"，根本不把权势和富贵放在心上。在大段驰笔，缅怀历史和人事之后，尾联两句飘然转回钓台之下的七里泷水，一结绝妙。七里泷一带的富春江水，其"彻底清"是古今有名的，南朝吴均《与宋元思书》中就有"水皆缥碧，千丈见底"的描写。诗中将它与作为红尘繁华象征的"钱唐"对举，正是所谓"在山泉水清，出山泉水浊"之意。这一联既是钓台的本地风光，又对严光守常不渝的高洁情操，作了意味深长的总结。

沈德潜《明诗别裁》选入此诗，后记云："南枝《钓台诗》多至千余章，皆潦倒浅率，此择其尤雅者，首尾浑成，精神满腹，可以传世。""首尾浑成，精神满腹"，确是本诗艺术风格的的评。《钓台诗》的数量，朱彝尊《静志居诗话》则谓"累百首"，其实当为三十首（见《明遗民诗》小传），沈、朱的误会，是因为戴冠以"钓台"名集的缘故。"潦倒浅率"的说法亦嫌武断，此处不妨再例示一首："滩响潺潺七里流，双峰高并白云浮。人生东汉身堪隐，客到西台泪未休。战伐几同潢水日，流离已甚汴京秋。霜风落尽衰林叶，日暮长歌卧小舟。"作者对钓台怀有特殊的感情，与前

贤高躅在精神上融为一体,这正是《钓台诗》成功感人的根本原因。 (史良昭)

诗人小传

陆娟 明女诗人,马龙妻。华亭(今上海松江)人。她的父亲陆德蕴,字润玉,学问渊博,善诗。

代父送人之新安

陆 娟

津亭杨柳碧毵毵,人立东风酒半酣。
万点落花舟一叶,载将春色过江南。

题中"代父"当指代父亲作送别诗,不是代父送客。"新安"是歙州(今安徽歙县)的别称。明万历年间于广东设新安县,那已是陆娟以后的事情。

这首诗设色鲜丽,如同画卷,颇有女性的特点。全诗用二幅画面组成。前二句一幅,为告别图,后二句一幅,为江上行舟图。

先说前二句。所写为江边一亭("津",江河),亭旁杨柳数行,条条缕缕("毵毵",细长貌),飘拂风中,新叶晶莹如碧玉。"碧"字特出光泽感,如画面上的亮色。树下站立着行者与送者,正在作最后的告别,彼此酒已半酣。著"东风"二字,关照上句的柳条,又由此似乎看到人物的衣带轻飏,衬托出酒后陶然之态。作者省略前后内容,单取一个视觉形象,同上句可以配成完整画面。另外,通常离别诗,多抒写悲苦之情,而作者对此显然不愿渲染,因为恐怕破坏她所描绘的美丽图景。

至第三句,已转入舟行江上。描写落花,暗借上句"东风"二字,呈现飞舞之态。"万点落花舟一叶",映照得何等漂亮!似乎是漫天春色,环绕行人。这实在是一个画面的描摹。本来,即使夸张,也不可能有那许多落花飞到江面上去。但作为图画来看,因为在一个平面上,"万点落花"便可与"一叶舟"相衬托。结句借助联想,想象舟行江南,一路均是飞花,始终可以满载春色。这句利用诗歌表现不受时间和空间限制的长处,将眼前景象,作无限延展,使诗中情味更浓。同时亦有祝祷行人一路平安欢乐的意思。

此诗既为"代父"而作,当是在作者出嫁以前。按古时习惯,其年龄不会超过十七、八岁。所以在这首诗中,关于送别本身,着墨无多,离情别思,也虚淡若无。

我们看到的,全是一个少女对美丽春光的无限欢欣。　　　　　　(骆玉明)

【诗人小传】

夏完淳

(1631—1647)　字存古,华亭(今上海松江)人。其父夏允彝和老师陈子龙都是明末为国捐躯的民族英雄。夏完淳九岁即能诗文,有"神童"之称。十四岁就随父亲、老师起兵抗清。十七岁殉国。夏完淳的诗受明代前后七子的影响,古诗心摹汉魏,律诗上追盛唐。语言华美,意境苍凉悲壮,慷慨生哀,充满着爱国激情和时代气息。有《夏完淳集》。

别　云　间　　　　夏完淳

三年羁旅客,今日又南冠。
无限河山泪,谁言天地宽?
已知泉路近,欲别故乡难。
毅魄归来日,灵旗空际看。

　　永历元年(1647)秋,夏完淳因倡议反清,上表鲁王事泄,终于在家乡被捕,时距陈子龙壮烈殉国不到二月。被捕时,诗人意气从容,慨然而呼:"天下岂有畏人避祸夏存古(诗人之字)哉!""我得归骨于高皇帝孝陵,千载无恨。"此诗就是在他拜别故乡(松江古称"云间")、押解上路时吟成的。

　　全诗在抚今追昔的深沉慨叹中开篇。自1645年南京陷落,诗人以十五之龄投入反清复明事业,算来已经"三年"。而今,复国大业未竟,自身反成了"南冠而絷"的楚囚,诗人能不为之悲慨?开篇两句抒写自己的被执,结合着"羁旅"三年的难忘经历叙来,诗面上虽未展示具体往事,诗行间则隐隐摇曳着诗人颠沛于戎马倥偬之途、出入于义师幕府之中的轩昂身影。可以想见,当松江起兵的猎猎旌旗,"长白荡"之战的如云帆樯,交汇着惊天动地的鼓音和呐喊,伴随"三年羁旅客"的深情追忆,重又浮现在诗人耳目之际时,将激得他怎样心血翻涌!想到自身从此被系,再不能为国效力,诗人又该怎样哀愤,"今日又南冠",一个"又"字,传达了诗人心中,此刻正激荡着多少不甘垂翼之情!

　　令诗人哀愤的,当然不只是个人的被执。家国沦亡,志士拭泪。三年来的反清斗争虽曾风起云涌,毕竟大多遭遇了挫败。嘉定、松江、杭州、福建,义师旌旗相继倒僕;侯峒曾、吴易、黄道周、陈子龙,多少抗清志士淹没于血泊之中!放眼风光无限的山河,此刻似乎全都神色黯然,在默默无语中堕泪;这高天大地,旦暮间竟变得如此狭窄,何有志士伸背举足之处?"无限山河泪,谁言天地宽"?这两句怆然问叹,吐露了诗人在暮色中环顾四野、俯仰天地时的多少悲哀。

在家国沦亡的伤心时刻离别故乡,本已教人不胜痛苦的了,何况又是在这样的被系之中!作为爱国志士夏允彝的后人,夏完淳从参加反清活动的第一天起,就已将生死置之度外。"人生孰无死?贵得死所耳。父得为忠臣,子得为孝子。含笑归太虚,了我分内事"(《土室余论》)。这掷地可作金石声听的话语,虽写于诗人绝命前夜,却是他平生之夙志。所以,"已知泉路近"——死,对于诗人来说,非但不惧,而且甘之如饴。但故乡尚存白发之母(母亲、岳母),室中还有怀孕之妻。"嫡母慈惠,千古所难。大恩未酬,令人痛绝"(《狱中上母书》);夫人"青年丧偶,才及二九之期","茕茕一人,生理尽矣"(《遗夫人书》)!我们从诗人后来所留的遗书中,可以真切地感受到,当其诀别亲人、离开故乡之际,是怎样"欲书则一字俱无,欲言则万般难吐"了。但这一切酸楚悲苦,在诗中只以"欲别故乡难"一语叙及,即又收止——诗人实在不肯在敌人面前示弱,纵有万般痛苦,也要强自抑制的呵!理解了这一点,则此两句看似吐语平平,读来更令人欷歔泪集了。

但诗人并没有在哀伤中低回多久。在诗之结尾,他又昂然抬起了不屈的头颅:"毅魄归来日,灵旗空际看!"此去虽已抱必死之心,但反清复国之志,却是死亦难泯的。倘若真如迷信者所说,死去还有魂魄游离于天地之间;那么,我就是去到九泉,也还要高举着征伐之旗回返家园。当万里空中云雷翻腾之日,那就是我灵旗招展横扫敌寇之时!这充满豪情的悲壮之思,正如震开江雾的朝日,刹那间升腾直上,将《别云间》全诗照耀了。一位少年志士,正是怀着这种"今生已矣,来世为期。万岁千秋,不销义魄;九天八表,永厉英魂"的不泯之志,踏上了壮烈殉国之路。"双慈善保玉体,无以淳为念。二十年后,淳且与先文忠(父亲夏允彝)为北塞之举矣!勿悲勿悲!"——数月后诗人"长笑就刑"时写下的铮铮之语,正可作为上述悲壮结语的隆隆回应,一起震荡于故乡云间的上空!

南朝江淹名作《别赋》,曾以欷歔凄怆之词,抒写过母子、官宦、刺客、夫妇、男女、使者、道士的种种别离之悲。并称"有别必怨,有怨必盈,使人意夺神骇,心折骨惊。"可惜他没有触及到爱国志士慨然赴死前的别乡之怀,冒然作出了"有别必怨"的断言。夏完淳这首《别云间》,以"三年羁旅"之客,写"南冠"离乡之情;将山河沦丧的悲愤,寓于拜别妻、母的哀痛之中。"别"而无"怨","悲"而能壮。令人读之,有抆泪扼腕、怫然奋起的报国赴死之思,又岂是寻常琐屑之"别"所可同日而语！如此说来，《别云间》一诗，正可与文天祥《正气歌》、张煌言《甲辰八月辞故里》等一起，作为"烈士之别"，填补《别赋》之空白，而照耀千秋诗坛的了！

（潘啸龙）

细 林 夜 哭　　　　　　　夏完淳

　　细林山上夜乌啼，细林山下秋草齐。有客扁舟不系缆，乘风直下松江西。却忆当年细林客，孟公四海文章伯。昔日曾来访白云，落叶满山寻不得。始知孟公湖海人，荒台古月水粼粼。相逢对哭天下事，酒酣睥睨意气亲。去岁平陵鼓声绝，与公同渡吴江水。今年梦断九峰云，旌旗犹映暮山紫。潇洒秦庭泪已挥，仿佛聊城矢更飞。黄鹄欲举六翮折，茫茫四海将安归。天地踣踏日月促，气如长虹葬鱼腹。肠断当年国士恩，剪纸招魂为公哭。烈皇乘云御六龙，攀髯控驭先文忠。君臣地下会相见，泪洒阊阖生悲风。我欲归来振羽翼，谁知一举入罗弋。家世堪怜赵氏孤，到今竟做田横客。呜呼！抚膺一声江云开，身在罗网且莫哀。公乎！公乎！为我筑室傍夜台，霜寒月苦行当来。

　　夏完淳意气从容地叩别母亲，便昂然登上押解他的小船，在苍茫暮色中离开了家乡。他自然没想到，此去还能经过陈子龙居住过的细林山（在上海青浦区南），为这位殉国不久的师长和志士，一洒怆然歌哭之泪。

　　当秋草森森的细林山影，在一片"乌啼"声中进入视野时，诗人立即就认出了它。但身为清廷要犯，夏完淳并不能在这里系缆下船，以哭祭自己敬爱的老师。他只是在夜色中匆匆瞥上一眼，小船便如飞而过——这该令诗人有多遗憾。诗之开篇以"乘风直下"之语，写途经细林景象，正带有这种一瞥而过的匆匆感。而"乌啼"、"秋草"两句稍作点染，又使扑面而来、瞬又远去的细林山，增添了几多凄迷、悲凉之色。

　　望着渐远渐隐的细林山，诗人不禁沉入了悠悠回忆之中："却忆当年细林客，孟公四海文章伯"——陈子龙是夏允彝的至友，故诗人很小的时候，便知道这位以文章气节彪炳四海的"于陵孟公"（子龙之号）的大名了。福王监国南都，陈子龙任兵科给事中，更多次上疏指摘时弊，陈说抗清自强之策，显示了洞察时局的过人眼光。所以，在松江兵败、父亲殉国以后，夏完淳即投奔细林，与暂时隐遁山中的老师共商国事。但诗人踏遍白云缭绕的山林，哪找得到陈子龙的踪影。他这才知道，先生名为"隐迹"山林，暗中却正四处奔波，秘密从事抗清活动。明白了这一层，则"昔日曾来访白云"二句所表现的，与其说是不见师尊的失望和惆怅，不如说是油然而生的惊喜和钦仰了——原来老师身虽处在"古月"、"荒台"之间，心中却依旧翻腾着抗清救国的不灭豪情！当诗人终于与这位"湖海之士"（指性格豪迈之人）相见的时候，该怎样悲喜交集！"相逢对哭天下事"二句，即以传神的描摹，再现了这对忘年之友不期而遇的动人情景：他们惊喜相对，一谈起家国沦丧的时局，便放声痛哭；痛哭之后又举杯相励，共抒舍身报国之志。据同时代人描述，陈子龙"豹目蜷发"，"目上视"；"有慨于中，则太息而起，或环柱而走"；往往"大声慷慨"，使"舟人动色"。夏完淳则"秀目竖眉"，"为文千言立就，如风发泉涌。谈军国事，凿凿奇中。盖风雅倜傥人也"。这样两位豪迈之士，于酒酣解衣之际，能不意气纵横、"睥睨"（斜视）敌寇若鼠獐么？这一节回忆，吐语纡徐，笔端沾满深情，在对往事的温馨追忆中，勾勒陈子龙湖海志士之风。只寥寥数笔，先生那"豪气不除"的形象已呼之欲出。

自"去岁平陵鼓声绝"以下，续写师生二人共战狂澜的悲壮经历，语气渐转酸楚。隆武帝二年五月，诗人与陈子龙同赴太湖，参加了义军的庄严誓师。可惜由于吴易的轻敌，这次起兵又遭挫败。"平陵鼓"绝，吴易捐躯，诗人只好与先生东渡吴淞江，暂时隐匿民间，接着鲁王、唐王政权又相继败亡，只有张煌言、郑成功的义师，还在闽浙一带继续奋战。"今年梦断九峰（山名，在福建闽侯县）云，旌旗犹映暮山紫"，即在想象中展现义师的如云旌旗，把暮色辉照的九峰山映得一片紫红的景象，表现了这对师生翘首南望中的多少寄托和梦想！接着的"潇洒秦庭泪已挥"二句，便叙到松江都督吴胜兆反正，陈子龙密约海岛义帅黄斌卿共举大义的事了。诗中以申包胥乞师救楚、泪洒秦庭和鲁仲连飞箭传书、说降聊城的高义，比拟先生不顾安危、奋身反清的亮节，把这位殉国前夕的伟大志士，辉映得多么光彩照人！令人伤痛的是，"黄鹄欲举六翮折"，正当松江举义的关键时刻，黄斌卿的水师却在海上"为飓风所没"；吴胜兆也因谋泄而遭系捕。接着又从嘉定方向，传来了陈子龙被执、壮烈投水的惊人噩耗！这"天地跼蹐（狭窄而无从伸背举足貌）日月促，气若长虹葬鱼腹"的悲壮一幕，交汇着诗人突发的"肠断当年国士恩，剪纸招魂为公哭"的号泣之音叙来，顿如闪电照耀后的雷鸣，将读者的身心震撼了。

一位高呼着"文天祥止有一人"（陈子龙自比之语）的伟大师长，带着轩昂的身影逝去了。茫茫的夜色中，只留下年轻的诗人还在遥为"招魂"、哀哭。这哀哭似乎传自陈子龙陨身的嘉定"跨塘桥"下,细细听去,又分明是在"乘风直下松江西"的小船之上。"剪纸招魂为公哭"正这样横跨了追忆中的虚境,把诗人的思绪带回到身处的小船中来。师长的陨身,固然使诗人深为哀恸,但在狂澜既倒的今日,这哀恸自还带有更深广的内涵——当崇祯、弘光帝相继归天之际,殉国的又何止先生一人!诗人的父亲,当时不也毅然自沉,如传说中黄帝的小臣一样,追攀着"烈皇"的乘龙之髯而去了么?想到这里,诗人简直感到,这天地间的烈烈悲风,也仿佛是他们君臣相会、泪洒天门(阊阖)之痛所催发的了。"烈皇乘云御六龙"四句,借神话传说生发奇思,正把对先生的歌哭,推向了家国沦亡、君臣相继蒙难的无限凄迷的境界。在这样的背景上,抒写诗人梦想归来重振"羽翼",却又"一举入罗弋(罗网)"的哀伤,便愈加令人悲慨难抑。对于自身行将与老师一样,踏上壮烈殉国之途,诗人虽然从容沉静、无悔无怨,但毕竟怀有不尽的遗恨。故在结尾,终于化作长声恸哭之语,倾泻而出:

呜呼!抚膺一声江云开,身在罗网且莫哀。公乎!公乎!为我筑室傍夜台,霜寒月苦行当来!

这是一位少年志士向着消逝而去的师长英灵,所爆发的凄怆恸哭——恸哭几多英杰的捐躯,恸哭可爱家国的沦亡,恸哭自己再不能为抗清救国而战!这久蓄胸间而喷发的哀恸,再无法承受七言句式的束缚,故一变为长短错综的浩叹和啸歌发之,化作了震荡全诗的变徵之音。

作者另外写过一首《吴江夜哭》,同样抒写亡国之哀。但较之于《吴江夜哭》,这首歌哭之作,无疑写得更为悲怆。《吴江夜哭》多人亡景存的低回流连之思,其歌哭之情,主要借助景语和幻境表现,悲惋而少号泣之音。此诗则纯以深情的回忆,展开诗人与先生亲密交往和共赴国难的悲壮经历。诗中对陈子龙高风亮节的追忆,始终有诗人自己的身影相伴,并融入了特定情境中的亲身感受,从家国沦亡的伤痛背景中写来,故显得格外真切感人,且多坠泪嗟号之声。之所以如此,大约与诗人和陈子龙交往至深、有着共同战斗的情谊,真情所至,字字皆从肺腑流出有关吧。

(潘啸龙)

宝　带　桥(其一)　　夏完淳

宝带桥边泊,狂歌问酒家。
吴江天入水,震泽晚生霞。
细缆迎风急,轻帆带雨斜。
苍茫不可接,何处拂灵槎?

宝带桥（其一）

这大抵是在1646年春天。苏州城南那横跨大运河和澹台湖口的石拱大桥（即宝带桥）下，停泊了一艘扬帆西来的小船。船舱里踏出位年方十六的少年，他"眉目朗秀"，神情却颇为老成。此刻他似乎胸中塞满了块垒之气，只在酒家独酌而饮，时时停杯啸歌，意态是那样怫郁和悲愤。

他就是以十四岁之龄"揭竿报国、束发从军"，参加了悲壮"复明"事业的少年志士夏完淳。半年前，清兵大举南下，扬州、南京、杭州相继陷落。他追随父亲夏允彝发动"松江起兵"，并推动吴淞都督吴志葵率水师进军苏州，造成了江南抗清斗争的极大声势。但接着而来的松江陷落，以及吴志葵、黄蜚水师的覆灭，又使他经历了斗争失败的深切哀恸。父亲沉水殉国了，吴志葵壮烈就义于南京笪仁桥。现在唯剩"长兴伯"吴易聚师太湖，仍坚持着抗清英烈未竟的事业。夏完淳以孤身一剑、扬帆西来，也正是要出任吴易幕僚，实现那"缟素酬家国，戈船决死生"（见《即事》其一）的志愿。此刻他泊船"桥边"，独饮酒楼，心境无疑十分苍凉。那一句"狂歌问酒家"的吟叹，正形象地勾勒了他醉中啸歌、意气难平的怫郁哀愤之态。

于是诗人带着几分醉意，站立在楼窗之前。他放目西南，只见绿原、村落铺展向远处，而后淡入清渺无际的天水相接之中——那就是位于太湖之畔的吴江。数月后，它终于在义师旗旌的辉耀中收复；但此刻却还是暮霭沉沉，笼盖着一片哀愁。回眸再向西眺，便是浩淼空阔的震泽（太湖）。它的八百顷烟波，固然不能尽收眼底，但诗人无疑感受到了它的清奇和宏壮：那正是吴易义师败而复聚的世界，此刻在暮色四合中，还漾映着异常明丽的霞彩。诗人甚至可以想见，在那片霞彩底下，正有义师的艨艟之影驶向烟波深处……

这便是"吴江天入水，震泽晚生霞"二句，所展现的楼晚远眺之景。前句以淡墨铺写，后句以丽彩点染，既是对所见景象的工笔描摹，又融入了诗人的情感意味，表现着一种不尽哀愁中忽又涌生的欣慰和寄望。接着展示的，已是翌晨启行景象。那是在劲爽东风中的解缆、升帆：急欲奔赴太湖、参谋戎机的诗人，又怎能容许自己在桥下久泊？"细缆迎风急"句表现这种心境，妙在只从船缆的情态落笔——连系船之缆都似在"急"于"迎风"解行，则诗人之催促行船之情又将如何？而这时又正飘着密集的雨，在通向太湖的水天，织得满空迷濛！一艘小船，就这样载着诗人向远天驶去：那轻灵的帆影，牵着一片雨丝，如鸟儿在风中斜翅而飞。这景象是富于诗意的，诗中又用了如画的笔墨将它描出，显得既空灵又清莹。

当船儿进入太湖以后，茫茫的雨色便与苍苍的烟波融汇一片。这是一个怎样广阔无垠的天地,一个使抗清志士胸气升腾的世界!诗人来到这里,放眼那"日月之行,若出其中;星汉灿烂,若出其里"的沧海般碧波,无疑会异常兴奋。但想到此行之来,是要找到吴易率领的义师;这苍茫无际的太湖中,又有着多少芦苇丛生的湖湾?诗人又不免怅然起来。"苍茫不可接,何处拂灵槎"的结语,即上承解缆起帆的急切之情,抒写了船入太湖,面对一派苍茫烟波时,陡然而生的焦虑和惆怅——他是多么希望早些在这里,遇见坚持抗清的义师呵!然而四顾茫茫,又何处才有他船儿驻留的地方?

全诗在怅然问叹中结束了,一位"欲访灵威(东方春帝)穴,孤帆入洞庭(此指太湖中的东、西洞庭山)"(见原诗其二)的少年志士,却还在烟波苍茫的船上怅立。诗从暮泊"宝带桥",写到"带雨"入"震泽",在时间的转换中展出"酒家"狂歌、倚楼晚望和行船湖上的景象,画面空阔清奇,情感起伏跌宕。即使纯从诗歌艺术的表现看,也是一首不可多得的佳作;而其中所浓浓蕴蓄着的,那种忧思深沉的志士之情,则更令人惋叹不尽了。

(潘啸龙)

长　　歌　　　　　　夏完淳

　　我欲登天云盘盘,我欲御风无羽翰,我欲陟山泥洹洹,我欲涉江忧天寒。琼弁玉蕤珮珊珊,蕙桡桂棹凌回澜。泽中何有多红兰,天风日暮徒盘桓。芳草盈箧怀所欢,美人何在青云端。衣玄绡衣冠玉冠,明珰垂绖乘六鸾。欲往从之道路难,相思双泪流轻纨。佳肴旨酒不能餐,瑶琴一曲风中弹,风急弦绝摧心肝,月明星稀斗阑干。

熟悉《楚辞》的人,很容易感觉到这首《长歌》深受屈原的影响。确实,夏完淳的全部作品表明,他是崇敬屈原,并从屈赋中汲取营养的。

《长歌》不是骚体,而是七古,它借鉴张衡的《四愁诗》而又有所变化。说它继承屈原,是指屈原作品中运用想象、比兴和铺陈的艺术手法以及由于这些而形成的令人目眩神移的浪漫色彩,也是指屈原作品中的锲而不舍、念兹在兹、"虽九死其犹未悔"的爱国主义精神。

屈赋的浪漫色彩是和现实紧相联系的,他所悲叹的是楚王的昏庸和楚国的沦丧。夏完淳的《长歌》所寄托的是什么呢?结合其人其事,细玩全篇,是不难理解的。

开头四句直抒胸臆,登天而云岚回旋曲折,御风而身无羽翼,陟山而泥途难进，涉江而天寒水冷，四句一个意思，欲有所行动，存在困难和障碍，而不能如愿。语句重叠，显示出一往无前的气势，非同寻常的决心和毅力。

紧接着的"琼弁玉蕤珮珊珊，蕙桡桂棹凌回澜"，写仙子的服饰、舟楫、行动，实即作者的自我描绘。铺叙自己的服饰之美，并借以暗喻襟怀、品德，是屈赋所常用的手法，如"高余冠之岌岌兮，长余佩之陆离"（《离骚》），"带长铗之陆离兮，冠切云之崔嵬"（《涉江》），都是。在完淳的笔下，一位头戴冠缨下垂的玉冠，身系珊珊作声的玉珮的仙子，驾着桂树、蕙草作成的彩舟，向着回旋的波澜驶去。这情景多么优美生动！这情景岂非暗示其人品的高贵和芳洁！

"泽中何有多红兰，天风日暮徒盘桓"，一丛丛开着红色小花的兰草，映照于一片碧波当中，好一幅鲜明、美丽的画图！然而仙子似乎意有所注，无心欣赏，对着天风暮色，不过聊且盘桓而已。从看上去不经意的描写当中，透露出主人公幽思绵邈的风标。

笔锋一转，"芳草盈箧怀所欢"，使人们领悟到仙子面对美景而不欢，由于专心一意怀念"所欢"，进而悬揣，其"所欢"究竟是什么人呢？下面的答案是"美人何在青云端，衣玄绡衣冠玉冠，明珰垂绖乘六鸾"。作者不说明他是什么人，却告诉人们他在什么地方，他着什么样的装束；而且在什么地方也没有明说，"青云端"，不可捉摸，至多可以解作遥远的地方。这就予人们以驰骋想象的大片"空白"。笔墨精炼之至，空灵之至！

《长歌》所写是相思而不相见的爱情故事么？不是，绝对不是。

"美人"，在屈原笔下，多指君王，具体指楚怀王。如"思美人兮，揽涕而伫眙"（《思美人》），"结微情以陈词兮，矫以遗于美人"（《抽思》）之类皆是。所以，王逸《离骚序》云，"善鸟香草，以配忠贞"，"灵修美人，以比于君"。夏完淳的《长歌》，正是继承屈原"香草""美人"的遗意，以"美人"喻君王。从诗中描写"美人"服饰、车乘的"衣玄绡衣冠玉冠，明珰垂绖乘六鸾"之句，恰好可以得到证实。玄衣，为天子、卿士大夫所通用。"玄绡衣"，为黑色花绢所制。《礼记·玉藻》指明"玄绡衣"为"君子"之服。"六鸾"，可不是六只形似凤凰的神鸟，乘坐于六只鸟之上，那是不可想象的。实则，"六鸾"就是一种帝王所乘的鸾车。车上设铃，行时有声如鸾鸣，故名鸾车，设六只鸾铃的马车，即称"六鸾"。

夏完淳生当天崩地解的明、清之际。1645年夏，清兵渡江以后，十五岁的青年诗人夏完淳，就慷慨从军，投入江南人民抗清斗争的洪流。他和父亲允彝一道，发动吴志葵军，进行规复苏州之役。志葵兵败被执，就义；允彝也自沉殉国。1646年，完淳遵父遗命，再度从军，入吴易军中担任参谋。吴易中计被捕就义后,完淳飘泊于苏、松地区,继续进行抗清活动。这两年间,完淳和南明隆武帝、监国鲁王暗通声气,准备南归故国。不幸,在1647年夏间被捕,就义于南京。完淳南归故国的意愿,在诗作中时有流露。"九死不回归国意,百年重见中兴时"(《蒋生南行歌》),这是对蒋平阶矢志归国,终于南行入闽的热烈赞赏和祝贺;"羡尔千金生意气,芙蓉阙下空群骥"(《送伟南南行兼讯王玠右》),这是当顾开雍南行入浙时表露出的艳羡、向往的心情;"岁华忽已晚,归国计何如"(《夏日杂作》),"未申归国意,徒有报君心"(《重过曹溪》),"平生湖海意,三绕向南枝"(《旅夜闻雁》),则是反复多次直接表露诗人自己南归故国的素志和决心。

《长歌》之作,当在1645年秋江南义师失败以后。我们完全可以确认,诗中的"美人",指南明君王;诗中的"登天"、"御风"、"陟山"、"涉江"之喻,指奔赴南明抗清政权;"欲往从之道路难",则指欲追随隆武帝或监国鲁王,因道路艰难而未能实现。

曾见选本在《长歌》注释中强调此诗用《离骚》香草美人譬喻追求高尚的理想,大旨虽然不错,但却把"美人"指君王这点含糊遮掩过去。大约注者受忠君不等于爱国的简单、片面的观点的影响,出于好心,特意为完淳隐讳。殊不知这样一来,既无法自圆其说,更不符合作品原义和作者本来面目。"美人"指君王是屈原遗意,已为历来学者所共认,并为历来作者所沿用;"美人"指理想,则绝无先例,在逻辑上也说不通。其实,效忠君王原为完淳的一贯态度,诗文中屡见不鲜。如《狱中上母书》云:"淳之身,君之所用。"《御用监被鞠拜瞻孝陵恭纪》云:"孤臣瞻拜近,泉路奉恩晖。"《西华门与同难诸公待鞠》云:"相对银珰趋右掖,梦中犹作侍臣看。"都是。这是历史原貌,不应当为之遮掩,也不可能遮掩过去。

忠君诚然不等于爱国,但在特定条件下,如民族、国家危难时期,君王成为全国上下御侮图存的象征,忠君、勤王成为号召远近、发动群众进行抗暴卫国的旗帜,此时此境,忠君和爱国是一致的,也是交织而不可分的。在夏完淳这样的爱国诗人的作品中或多或少地出现忠君思想,不但毋须隐讳,还应当有所肯定呢。

最后四句,极写仙子的实即作者的忧伤之情。"佳肴旨酒不能餐",可见其哀愁痛楚之深。"瑶琴一曲风中弹,风急弦绝摧心肝",弹琴本想遣愁,而急风忽至,琴弦骤绝,更加悲不自禁,心肝如割。"月明星稀斗阑干",借景写情,以苍凉景色,衬托忧伤心情,这样结束全篇,达到情景交融的境地,含蕴余音袅袅的意味。

自述心志的诗篇,易致真切,但往往失于浅率,有一览无余之感。而《长歌》由于它的美妙新奇的想象,异彩纷呈的比兴,华丽丰富的铺陈,出现一种迥别于寻常的色彩、氛围和意境,引人入胜,耐人寻思,予人以意味深长的审美享受。其艺术感染力,比起他的另一些直书"亡秦"、"复楚"、"汉腊"、"胡沙"的诗篇,看来要胜过一筹。读罢全篇,一个才华横溢、激情如火、长歌当哭的爱国诗人形象,深印于脑际而难以消除。

以"美人"喻君王,表面上大都牵涉男女之情。以男女之情寄托家国之情,在完淳的词作中,也往往有之。《长歌》用"所欢"、"相思"字样,自然和爱情相关,然诗中人物形象的性别,却不十分鲜明。"琼弁"、"蕙桡"之句,人们只感到一个飘飘欲仙的形象,视为女性,自无不可。"衣玄绡衣"、"冠玉冠"、"乘六鸾"者,自是男性帝王形象,但作者给他加上了"明珰垂纬",即垂挂着明珠作成的耳饰,又似为女性的装束。也许是不愿囿于一格,故意写得迷离扑朔吧。这样,更增添了作品的浪漫、瑰奇的色彩。继承屈赋的浪漫、瑰奇的色彩,正是《长歌》的动人之处。

《长歌》受《四愁诗》的影响是明显的。《四愁诗》共四节,第一节开头为"我所思兮在泰山,欲往从之梁父艰",以下三节,分别改"泰山"为"桂林"、"汉阳"、"雁门"。《长歌》化用其意,活用其体,全篇一气呵成,开头连用四叠句,词复意切,力透纸背,可谓"青出于蓝";又沿用其句句协韵之法,节拍谐和,声韵铿锵,有涌泉泻玉的音乐之美。这是《长歌》的又一动人之处。

总之,《长歌》应推为夏完淳的优秀代表作之一;在古往今来的众多爱国名篇中,它放射出璀璨夺目的光辉。

(白　坚)

【诗人小传】

释梵琦

明诗僧。俗姓朱,字楚石。象山(今属浙江)人。明初应召入南京,建法会于钟山,赐座第一。他自号西斋老人。作西斋净土诗数百首。其山水诗质朴无华,气度自然。

晓过西湖

释梵琦

船上见月如可呼,爱之且复留斯须。
青山倒影水连郭,白藕作花香满湖。
仙林寺远钟已动,灵隐塔高灯欲无。
西风吹人不得寐,坐听鱼蟹翻菰蒲。

杭州西湖从唐、宋,尤其是经白居易、苏轼等文豪全力治理和反复吟诵以来,即成了饮誉天下的一处山水名胜。宋代晁冲之甚至说,"不到西湖看山色,定应未可作诗人"(《送人游江南》)。因此唐、宋以来的历代文人墨客,无不以游西湖为人生一大乐事,相继留下了争奇斗艳的诗词歌赋作品;即使遁匿人世、追求空无的僧人释子,也不例外。

这首七律诗的作者就是一位高僧,原居海盐(今属浙江)天宁寺,明初应征至京,建法会,赐座第一。他当年乘舟晓过西湖,就为眼前的迷人景色所吸引,以至晓不能寐,盘桓久之,爱不忍去。首联写湖上晨光初露,一弯明月尚未隐去,近在咫尺,令舟中人似觉可呼,留恋不舍。次句化用古诗(苏李诗)"长当从此别,且复立斯须(一会儿)",表达出一种临别不忍去的感情。元人散曲云:"兰舟直入空明镜,碧天夜凉秋月冷。天,湖外影;湖,天上景",(刘时中《中吕·山坡羊·侍牧庵先生西湖夜饮》)可见西湖之月的清澄可爱,那悬于碧空的明月映在水中,简直使人辨别不出是湖还是天,是月还是影。略有区别的是,刘氏当时是夜,而梵琦过西湖时值清晨,故于湖天一色、月影莫辨的朦胧之外,他已能清晰地见到倒映于水中的青山和城廓了。颔联出句即写水中所见之山影、水涯所连之城廓,这是由视觉入手;对句复及湖上白藕红荷,以及荡漾于湖面的阵阵清香,由所见兼带嗅觉,西湖晨景的秀丽、清新已从字间溢出。

颈联转从听觉落笔。仙林寺在城中安国坊,是建于南宋绍兴三十二年(1162)的一座著名僧寺。诗人乘舟晓过西湖,渐渐离寺远去,这时隐隐传来了寺内晨钟的撞击声;而灵隐寺塔上的灯火,也在朝雾晨曦中变得若有若无了,诗人的行文于是又在不知不觉中回到了视觉领域。这一联写景,除了紧扣"晓"字、突出视听中的时间感受外,还富有一种舟行湖上渐去渐远的动感:那钟声,那灯光,不是都在暗示听和见的空间距离的不断扩大吗?面对此景,诗人在想些什么?从末联"西风吹人不得寐"的描写来看,他是被深深地打动了。表面上他"不得寐"的直接原因是"西风吹人",可这只是虚写,真正的原因则是西湖晨景之美,使人赏之不足,何况弃而安眠?这是诗人常用的欲擒故纵法,在外表的游离漠然中深藏执著热烈。结句"坐听鱼蟹翻菰蒲(两种浅水植物)"也只作客观状写,但鱼、蟹在长满菰蒲的浅水里不住翻腾的动景,却传出了他内心的不平静。其中"西风"既应合"白藕作花"点明季节,又为"鱼蟹翻菰蒲"巧作垫衬,使全诗笼罩在一片秋晨的清气之中。

此诗写景淡雅清旷,风格疏朗质朴,颇可见释子风范。同样的自然景物在不同人的笔下,会有各异的情态。以西湖而言,我们从苏轼"欲把西湖比西子,淡妆浓抹总相宜"(《饮湖上初晴后雨》)中看到了她的妩媚;从柳永"重湖叠巘清嘉,有三秋桂子,十里荷花"(《望海潮》)中看到了她的妖艳;而从梵琦这首诗中,则看到了她的清旷——尽管它远不能与苏诗柳词相媲美,但还是抓住了西湖的一个特色而融入了自己的真实感受,这才是最为重要的。

(曹明纲)

诗人小传

读 彻

明诗人。字苍雪,滇南人,住吴中中峰。

送朗瘅入匡山　　　读　彻

偶向匡庐去,安禅第几重?
九江黄叶寺,五老白云峰。
落日眠苍兕,飞泉下玉龙。
到时应为我,致意虎溪松。

江西庐山是一处集自然风光与人文景观于一体的历史名胜。早在汉代,著名历史学家司马迁就在这里留下了"登庐山,观禹疏九江"的踪迹;东晋咸康年间,大书法家王羲之又在金轮峰下建造了第一座别墅。几十年后,名僧道安的高徒慧永和慧远,先后至此,在香炉峰下筑起了西林寺和东林寺。从此这座名山成了文人墨客留连忘返、结庐隐居的理想之地,高僧名释云集、寺庙禅院林立的佛教仙境。读彻这首五律,即借送人入匡山之机,抒写了对这座名山秀美景色和佛光梵迹的向往之情。

朗瘅生平未详,由诗观之,当是一位与作者有交往、同身份的僧人。匡山即庐山,得名于传说中在此结庐羽化的西周道士匡俗,或其形如庐舍和箕筐。诗的首联以通常送人的关切语出之,既点出行者为僧人的身份,又直言其所去之地,表示出对其云游修行的关心。安禅是佛教用语,意谓身心安然而入于禅定。颔联和颈联便拟想朗瘅所去之地匡庐的迷人景致。"九江黄叶寺"指庐山一带的前朝古寺。唐代司空曙《经废宝庆寺》诗云:"黄叶前朝寺,无僧寒殿开。"诗人即以"黄叶寺"泛指九江地区的历代寺院。庐山历史上于明代之前已佛事鼎盛,前人曾有"僧屋五百住庐峰"、"宋时三百六十寺"的描写。因朗氏为僧人,所去又是佛教胜地,故先从寺院落笔。然庐山之所以为佛徒所重,基本原因还在于它的幽深高峻,因此诗人紧接着描绘它的山水形胜。五老峰是庐山诸山中的佼佼者,海拔1 358米,东临长江,南瞰鄱阳,壁立千仞,延绵数里。唐代大诗人李白游览至此,曾赞叹不已,留下了"庐山东南五老峰,青天削出金芙蓉。九江秀色可揽结,吾将此地巢云松"(《望庐山五老峰》)的绝唱,并结庐东侧,其址成了著名的太白草堂。"白云"与前句"黄叶"相对,同时又点出云海是庐山的一大奇观。由于五老峰高,极顶下瞰,云缠雾绕,海天茫茫,令人宛如置身天庭,涉足飘缈。此句以峰云兼出,下字极省,含蕴甚广,又与前句恰成妙对,堪称尽摄庐山胜景的千古名联。以下一句写山影如落日中的苍兕(犀牛)在安眠,一句写瀑布如腾降时的玉龙飞下人寰,动静相间,黑白互衬,很有美感。

尾联复归于送别之意。"虎溪"是佛教净土宗发源地东林寺前的一条山溪。这里有一则流传千古的佳话。相传当年东林寺的创建者慧远禅师曾在寺内一心修行,"影不出户,迹不入俗,送客不过虎溪桥"。有一天,名士陶渊明、陆修静来访,三人相语甚欢,临别时仍意犹未尽,不知不觉间跨过了寺前的溪桥,这时忽然传来了虎叫。三人闻声,才猛然省悟,相视而笑,于是"虎溪三笑"成了盛传一时的佛界文坛掌故。诗人在此叮咛朗瓘到了庐山之后,别忘了代他向虎溪松致意,即借用此典,相勉在尽兴饱览庐山的秀色后,不要因此耽搁了勤心佛事。其用语措意,都十分妥帖得体,亲切自然。

这首诗集送别与写景于一体,从送别来看,不失关心、劝勉的亲切,又处处与各自的身份、行事吻合;从写景来看,博取约出,特点鲜明,形象生动,很能反映庐山自然与人文的特色。而其佳处,则更在于两者互为依托,妙相融合,无意于雕琢而神韵自在。读彻字苍雪,其诗写景颇为人称,如"风吹残雪树,人语夕阳山"、"十日花开湖上路,半春家在雪中山"等,都很受后人推崇。而这一特点,在此诗的二、三联中也体现得十分充分。

(曹明纲)

诗人小传

偰逊

(生卒年不详) 回鹘人,因世居偰辇河,因以为氏。官端本堂正字。

山　雨　　　　　偰　逊

一夜山中雨,林端风怒号。

不知溪水长，只觉钓船高。

历来写山雨的诗很多。如王维《送梓州李使君》："山中一夜雨，树杪百重泉"；苏轼《南歌子》："山雨潇潇过，溪桥浏浏清"。与这些诗大多从视觉入手并加以形容或描绘不同，此诗只是从感觉出发，自然流出，因此被论者称为"纯乎天籁"。

诗的前两句全由听觉落笔，传入诗人耳中的都是飘洒在山间的雨声和呼啸于林际的风声。"一夜"写其持续时间之久，"怒号"言其发出响声之大，让人于冥冥之中去想象山中夜雨的情状。后两句脉断意连，巧妙地运用"水涨船高"的生活体验，以只觉船高的亲身感受，来反跌出不知溪涨的视觉不足。究其本意，原不是不知"溪水长"，只是为了要强调"钓船高"的特殊感觉，才故意先说不知，然后才让"只觉"来表达不知之知。这样就在有意无意之间，传递出一种夜泊山溪的疏旷情怀，使人犹如身临其境一般。

此外，小诗颇可玩味的还有"钓船"两字。中国古代文人厌倦了尔虞我诈的官场、车马喧闹的世俗，常浪迹江湖，隐居山林，寻找一种樵唱渔歌式的生活情趣。诗的作者也不例外。从表面看，他只是在描写一场山雨，时间在夜晚，但"钓船"两字，非常含蓄地透露出他所追求和得到的那种闲适和悠然。由此二字，人们可以想见他白天垂钓于山溪、夜间泊眠于钓船的旷放。如果将此二字换作"小舟"，则意境和内涵都将大受影响。

由此可知，此诗的好处除了它不加雕饰的"纯乎天籁"之外，还在于意境超然、韵味悠长，表现出明人追慕唐诗的一种明显意向。

（曹明纲）

诗人小传

申从濩
官成均直讲。

伤　春

申从濩

茶瓯饮罢睡初轻，隔屋闻吹紫玉笙。
燕子不来春又去，满庭红雨落无声。

春阑花残，年复一年，这种季节的自然转换在多愁善感的诗人心中，不知留下过多少惆怅、多少伤感。"诗者,持也,持人情性"(刘勰《文心雕龙·明诗》),从历代诗人的伤春诗中,我们读到了人类向往美好、不愿美好逝去的共同情性,这首小诗,又是其中的一例。

诗人于暮春易眠之时,闲居家中,好梦初醒,一盅清茗入口,驱走了浓浓的睡意。忽然,从邻屋飘来一阵悠悠的吹笙声,断断续续,如怨如诉,仿佛在诗人平静的心中投进了一粒小石,敏锐的感情立刻荡起了层层涟漪。它使人想起了唐代郎士元《听邻家吹笙》的诗句:"凤吹声如隔彩霞,不知墙外是谁家。重门深锁无寻处,疑有碧桃千树花。"现在,美妙的乐声依旧,却未能将诗人领进"碧桃千树花"的大好春光之中,等他在惚恍中清醒过来时,见到的却是"燕子不来"、落红满庭的暮春景象。明代文徵明有《满江红·春暮》词云:"燕子梨花都过也,小楼无奈伤春别。""燕子不来"姑且不说,那满庭落无声的红雨更触目惊心地向他展示了一个令人无法接受的现实:使人沉醉的大好春光确实又一次离开了人间。

全诗自始至终都在对身边事、眼前景作纯客观的叙述和描写,但正是在这种看似纯客观的叙述和描写之中,却注入了诗人对"春又去"的无限伤感之情。其首句写饮茶驱睡,已先伏暮春天暖易睡的时令特点;二句言闻吹笙,与郎诗似分似合,略作承接并巧为过渡;三、四句物象叠出,在点出"春又去"的遗憾中饱含无可奈何的惆怅和伤感——那无声的落红,不正是诗人情感的充分流露和表现么?清人黄生《唐诗摘钞》曾说崔道融的"落花相与恨,到地一无声"(《寄人》)"黯然销魂"、"点染有情",用来移评此诗,想也不会太过。

(曹明纲)

[诗人小传]

郑之升
见《朝鲜采风录》,官爵世次俱缺。

留别　　　　郑之升

怅望溪亭夕照明,绿杨如画罨春城。
无人为唱阳关曲,惟有青山送我行。

人生之旅宛如不断转换的驿站,难以老是固定在一个地点。每当人们从这一站奔向下一站时,总会带着几份难以割舍的惜别之情,而旅程的孤寂也往往令人不能释怀。这首留在溪亭中的题诗,写的正是这种缠绵的情致。

夕阳西下,将周遭的山川都笼罩在一片明艳的余晖之中。即将登程远去的诗人孤独地站在溪边的小亭内,怅然地望着被绿杨掩映着的春城——那是他要告别的地方。诗的前二句在人们面前展现了一个寂静、空旷和多少带有伤感的画面。溪亭原是古人的送别之处,绿柳又是古人的赠别之物,诗人远行,本该有人相送,可此时只有他孤身一人,面对空寂的山野,其惆怅和孤苦之情自然难以自已。

第三句即将这种难堪点破。"阳关曲"即唐代诗人王维的《渭城曲》,其词云:"渭城朝雨浥轻尘,客舍青青柳色新。劝君更尽一杯酒,西出阳关无故人。"由于曲的情辞哀婉,被后人誉为送别诗的绝唱。凡遇送别临行,必以此曲劝慰行人。如柳永《少年游》:"一曲《阳关》,断肠声断,独自凭兰桡"、辛弃疾《鹧鸪天·送人》:"唱彻《阳关》泪未干。功名余事且加餐"等,莫不如此。可是诗人临行,却"无人为唱阳关曲",则其凄清愁苦,又远于有人相送、闻"阳关曲"而悲哀难禁之上,已不待言。末句"惟有青山送我行"在此基础上拓开一笔,表面是以青山的相亲、相送聊作自慰,实际上是把无人相送的留别之孤苦更推进了一步。

所以沈德潜说此诗"情致缠绵,比唐人作更翻得别"(《明诗别裁集》)。其别就别在不落前人以"长亭"和"折柳"来写离状别的俗套,于常见景、熟用语中翻出比有人相送和"为唱阳关曲"更令人不堪的新意。试想前人离别,临行时尚有人折柳相赠、以酒乐慰情,其愁仅在"西出阳关无故人",而诗人却连这一点慰藉也不具备,一人来去匆匆,心情自然也远非通常的"黯然销魂"可比。也正因为此,诗人才不得不将这种人生的苦痛"留"在溪亭,"留"在青山绿水之间,让后人来细细地加以品味。

明诗多规范、模拟唐宋,然也不乏融汇贯通、推陈出新之作,此诗即是一例。

(曹明纲)

元明清诗鉴赏辞典

新一版

清·近代

上海辞书出版社文学鉴赏辞典编纂中心 编

钱仲联 章培恒 陈祥耀 潘啸龙 等撰写

赵朴初 题

上海辞书出版社

《元明清诗鉴赏辞典》

撰稿人（以姓氏笔画为序）：

丁 仪	于 洁之	江	马卫中	马开吉	马亚中	马祖熙	
王 平	王 昕	王 琳	王小舒	王兴康	王杏根	王步高	
王英志	王学太	王祖献	王景琳	王镇远	文 华	尹芳林	
邓小军	邓红梅	邓韶玉	左鹏军	卢永璘	卢苇青	叶志衡	
田 庐	史良昭	白 坚	白云奇	吕美生	朱永年	朱则杰	
乔丽华	刘明今	刘益国	刘毅强	羊春秋	关爱和	孙小力	
孙之梅	孙文光	孙绿怡	孙琴安	杜道明	李时人	李国章	
李佩伦	李保民	李梦生	吴小平	邱鸣皋	何庆善	汪松涛	
汪涌豪	沈 价	沈时蓉	沈金浩	沈维藩	初 旭	张 巍	
张文勋	张永芳	张厚余	张修龄	张莉莉	张铁明	张善庆	
陈 铭	陈 翔	陈广宏	陈少松	陈书录	陈正宏	陈永正	
陈邦炎	陈麦青	陈志明	陈伯海	陈祥耀	陈葛满	陈新璋	
范民声	林 笛	林 薇	罗立纲	罗忠族	金性尧	周中民	
周振甫	周啸天	冼心福	庞 坚	宛新彬	赵山林	赵建军	
胡红斌	钟培贤	俞议方	俞灏敏	洪 珏	洪柏昭	宫晓卫	
祝 道	祝振玉	姚晓雷	姚静波	骆玉明	袁世硕	聂世美	
晋爱荣	钱仲联	钱学增	倬小燕	徐 炼	徐旭文	徐定祥	
徐培均	高 原	高章采	郭豫适	陶文鹏	黄 洽	黄 燃	
黄 刚	黄天骥	黄幼珍	黄国声	黄宝华	黄祖良	黄准新	
黄锦章	曹 旭	曹明纲	常文昌	章培恒	彭 牧	彭国忠	
蒋 方	蒋 寅	程相占	谢丹月	谢楚发	赖汉屏	詹杭伦	
蔡厚示	管 林	熊盛元	潘啸龙	魏中林	魏同贤		

1994 年版

责任编辑：汤高才

特约编辑：沈维藩

2018 年新一版

修 订 者：祝振玉

目 录

篇 目 表 …………………………… 1—17
正 文
　清·近代 …………………………… 855—1955
附 录
　元明清诗书目举要 ………………… 1956—1974
诗人笔画索引 ………………………… 1975—1980
篇目笔画索引 ………………………… 1981—1999

篇目表

清代诗歌

钱谦益
- 金陵后观棋六首(选一) ……… 857
- 后秋兴之十三(选一) ………… 858
- 和盛集陶落叶 ………………… 860
- 留题秦淮丁家水阁 …………… 861
- 西湖杂感(选二) ……………… 862
- 迎送神曲十二绝句(其九) …… 865
- 丙戌南还赠别故侯家妓人
  - 冬哥四绝句 ………………… 867
- 咏同心兰四绝句(选一) ……… 868
- 棹歌十首为豫章刘远公题
  - 扁舟江上图(其六) ………… 869
- 河间城外柳 …………………… 870

柳如是
- 西湖八绝句(之一) …………… 872
- 春日我闻室作呈牧翁 ………… 873

邢昉
- 汉口 …………………………… 875
- 避兵还舍率题壁间 …………… 876
- 故宫燕 ………………………… 877

徐灿
- 送方太夫人西还 ……………… 879

张光启
- 池上 …………………………… 881

冯班
- 有赠 …………………………… 881

王猷定
- 螺川早发 ……………………… 883

朱之瑜
- 避地日本感赋 ………………… 885

傅山
- 青羊庵 ………………………… 886

金圣叹
- 狱中见茉莉花 ………………… 888
- 绝命词 ………………………… 890
- 与儿子雍 ……………………… 891
- 临别口号遍谢弥天大人谬知
  - 我者 ………………………… 892

吴伟业
- 圆圆曲 ………………………… 894
- 过吴江有感 …………………… 901

自叹 …………………………… 902
琴河感旧(四首选一) ………… 904
梅村 …………………………… 906
过淮阴有感 …………………… 908
古意 …………………………… 910
阻雪 …………………………… 911
听女道士卞玉京弹琴歌 ……… 913
遇旧友 ………………………… 918
采石矶 ………………………… 919
读史杂诗 ……………………… 921
穿山 …………………………… 922
琵琶行 ………………………… 924
戏题士女图 …………………… 928
临清大雪 ……………………… 930
送友人出塞(二首) …………… 932
病中别孚令弟 ………………… 934
听朱乐隆歌 …………………… 937
追悼 …………………………… 940
读史有感 ……………………… 942
登缥缈峰 ……………………… 943
清凉山赞佛诗(四首选二) …… 944

李渔
断肠诗哭亡姬乔氏 …………… 950

杜濬
古树 …………………………… 953
登金山寺塔 …………………… 954
和怀古(苏子瞻) ……………… 955

方以智
独往 …………………………… 956

钱澄之
扬州访汪辰初 ………………… 958
夜归 …………………………… 960

周亮工
靖公弟至 ……………………… 961

归庄
落花诗(选一) ………………… 962

陈忱
叹燕 …………………………… 964

顾大申
饮太白酒楼醉后走笔成篇 …… 965

顾炎武
精卫 …………………………… 968
又酬傅处士山次韵 …………… 970
塞下曲(二首选一) …………… 971
悼亡(五首选一) ……………… 972

姚淑
过洞庭湖 ……………………… 973

宋琬
江上阻风 ……………………… 976
悲落叶 ………………………… 977
舟中见猎犬有感 ……………… 978
渡黄河 ………………………… 979
春日田家 ……………………… 980
舟中读书 ……………………… 981
初秋即事 ……………………… 983

龚鼎孳
上巳将过金陵 ………………… 984
百嘉村见梅花 ………………… 986
生辰曲 ………………………… 988
晓发万安口号 ………………… 989
赠歌者南归 …………………… 990

顾媚
自题桃花杨柳图 ……………… 992

余 怀
- 金陵杂感 …… 993
- 由画溪经三箬入合溪 …… 995

吴嘉纪
- 绝句 …… 997
- 卖书祀母 …… 998
- 送贵客 …… 999
- 新仆 …… 1000
- 内人生日 …… 1002
- 送吴仁趾(其一) …… 1003
- 赋得对镜,赠汪琨随新婚（二首选一） …… 1004
- 船中曲 …… 1005

尤 侗
- 闻鹧鸪 …… 1006

申涵光
- 泛舟明湖 …… 1008

施闰章
- 燕子矶 …… 1009
- 泊樵舍 …… 1011
- 过湖北山家 …… 1012
- 舟中立秋 …… 1014
- 雪中阁望 …… 1015
- 雪中望岱岳 …… 1017
- 上留田行 …… 1018
- 钱塘观潮 …… 1019
- 漆树叹 …… 1021
- 浮萍兔丝篇 …… 1022

王夫之
- 正落花诗 …… 1026
- 补落花诗 …… 1027
- 飞来船 …… 1028
- 悼亡四首(选一) …… 1029

毛先舒
- 吴宫词 …… 1030

宗元鼎
- 冬日过甘泉驿 …… 1032

丁 澎
- 度岭见长城 …… 1034

潘 高
- 秦淮晓渡 …… 1035

毛奇龄
- 赠柳生 …… 1036
- 览镜词 …… 1037

魏 禧
- 登雨花台 …… 1038

汪 琬
- 寄赠吴门故人 …… 1040
- 月下演东坡语(二首选一) …… 1041
- 玉钩斜 …… 1042
- 计甫草至寓斋 …… 1044

蒋 超
- 金陵旧院 …… 1045

沈钦圻
- 送杨日补南还 …… 1046
- 梅 …… 1047

费 密
- 朝天峡 …… 1049

释宗渭
- 横塘夜泊 …… 1051

邓汉仪
- 题息夫人庙 …… 1052

陆次云
- 咏史 …… 1054

陈维崧
别紫云 ········· 1055
叶燮
客发苕溪 ········· 1056
梅花开到九分 ········· 1057
姜宸英
惜花 ········· 1058
梁佩兰
舟发闾水至饶阳道中作
　八首(其四) ········· 1060
秋夜宿陈元孝独漉堂,读
　其先大司马遗集感
　赋六首(其一) ········· 1061
粤曲 ········· 1063
朱彝尊
马草行 ········· 1065
云中至日 ········· 1066
度大庾岭 ········· 1068
晚次崞县 ········· 1069
鸳鸯湖棹歌一百首(之八) ········· 1070
鸳鸯湖棹歌一百首(之十) ········· 1071
出居庸关 ········· 1072
玉带生歌 ········· 1074
山雪 ········· 1076
晓入郡城 ········· 1078
来青轩 ········· 1079
酬洪昇 ········· 1081
屈大均
秣陵 ········· 1082
鲁连台 ········· 1084
民谣 ········· 1086
读陈胜传 ········· 1087

花前 ········· 1088
白菊 ········· 1089
摄山秋夕 ········· 1091
泷中(十一首选一) ········· 1092
自白下至檇李与诸子约游
　山阴 ········· 1093
彭孙遹
秋日登滕王阁 ········· 1095
吴兆骞
帐夜 ········· 1097
夜行 ········· 1099
黑林 ········· 1100
陈恭尹
崖门谒三忠祠 ········· 1102
读秦纪 ········· 1104
发舟寄湛用嗜钟裴仙湛天
　石 ········· 1104
虎丘题壁 ········· 1106
岁暮登黄鹤楼 ········· 1108
王士禛
初春济南作 ········· 1110
秋柳四首 ········· 1110
高邮雨泊 ········· 1116
再过露筋祠 ········· 1117
大风渡江四首(选一) ········· 1119
秦淮杂诗(其一) ········· 1120
秦淮杂诗(其十) ········· 1121
江上望青山忆旧(选一) ········· 1122
寄陈伯玑金陵 ········· 1123
真州绝句五首(其三) ········· 1125
真州绝句五首(其四) ········· 1125
真州绝句五首(其五) ········· 1127

冶春绝句(其四)……………… 1129
冶春绝句(其十)……………… 1130
红桥绝句(选一)……………… 1131
即事…………………………… 1133
江上…………………………… 1134
江上二首(选一)……………… 1134
蟂矶灵泽夫人祠二首
　(选一)……………………… 1135
江上看晚霞(三首选一)……… 1136
符离吊颍川侯傅公…………… 1137
嘉陵江上忆家………………… 1139

宋　荦
　邯郸道上…………………… 1141
　落花………………………… 1142
　即事六首(其五)……………… 1143

纪映淮
　秦淮竹枝词………………… 1144

赵　俞
　督亢陂……………………… 1145

徐　釚
　十八滩……………………… 1146

沈受宏
　客晓………………………… 1147

邵长蘅
　登吴城望湖亭……………… 1149
　津门官舍话旧……………… 1150

蒲松龄
　次韵答王司寇阮亭先生
　　见赠……………………… 1152
　喜雨口号…………………… 1154
　夜小雨……………………… 1155

吴　雯
　明妃………………………… 1156
　次青县题壁………………… 1158

孟亮揆
　于忠肃墓…………………… 1160

张实居
　桃花谷……………………… 1162
　夜雪………………………… 1162

洪　昇
　京东杂感十首(其一)………… 1164
　雪望………………………… 1165
　客愁………………………… 1165
　晚泊………………………… 1167
　答友人……………………… 1167
　衢州杂感(其五)……………… 1169
　钓台………………………… 1170

潘　耒
　广武………………………… 1171

刘献廷
　王昭君(二首选一)…………… 1173
　题闺秀雪仪画嫦娥便面……… 1175

孔尚任
　北固山看大江……………… 1176
　寒食得花字………………… 1177

史　夔
　无锡望惠山………………… 1178

陈于王
　《桃花扇传奇》题辞………… 1180

查慎行
　三闾祠……………………… 1181
　初入黔境,土人皆居悬岩
　　峭壁间,缘梯上下,与猿

猱无异，睹之心恻，而作
　　是诗 …………………………… 1183
中秋夜洞庭湖对月歌 …………… 1184
青溪口号（之一） ……………… 1186
青溪口号（之二） ……………… 1187
题杜集（选一） ………………… 1188
大小米滩 ………………………… 1189
晓过鸳湖 ………………………… 1190
初入小河 ………………………… 1191
舟夜书所见 ……………………… 1192
早过淇县 ………………………… 1193
自湘东驿遵陆至芦溪 …………… 1194

朱昆田
　海棠叹五首（选一） …………… 1195

汪 绎
　柳枝词 …………………………… 1197

纳兰性德
　咏笼莺 …………………………… 1198
　记征人语（十三首选一） ……… 1200
　秣陵怀古 ………………………… 1201

徐 兰
　出居庸关 ………………………… 1202

顾陈垿
　砚 ………………………………… 1204

陈大章
　登小孤山 ………………………… 1205

王 苹
　秋怀诗（其一） ………………… 1207

赵执信
　昭阳湖行书所见 ………………… 1209
　望匡庐不可见 …………………… 1210
　金陵杂感六首（选一） ………… 1211

萤火 ……………………………… 1212
归舟 ……………………………… 1213
咏风鸢学江东体 ………………… 1214
道旁碑 …………………………… 1215
寄洪昉思 ………………………… 1217
即目 ……………………………… 1218
秋暮吟望 ………………………… 1218
山行杂诗四首（其一） ………… 1220
村舍 ……………………………… 1222

沈德潜
　过许州 …………………………… 1224
　梅花 ……………………………… 1225
　江村 ……………………………… 1226

陈祖范
　悼亡（二首） …………………… 1228

翁 照
　梅花坞坐月 ……………………… 1230

沈 畯
　荒亭 ……………………………… 1231

先 著
　病起 ……………………………… 1233

黄 任
　西湖杂诗十四首（其一、
　　其二） ………………………… 1234
　杨花 ……………………………… 1236

华 岳
　晚景 ……………………………… 1237

王丹林
　白桃花次乾斋侍读韵 …………… 1239

金 农
　过小孤山 ………………………… 1240
　岁暮复寓吴兴姚大莲花庄 …… 1241

马曰璐
　杭州半山看桃⋯⋯⋯⋯ 1243
沈绍姬
　寄家人⋯⋯⋯⋯⋯⋯⋯ 1245
厉　鹗
　灵隐寺月夜⋯⋯⋯⋯⋯ 1246
　晓登韬光绝顶⋯⋯⋯⋯ 1248
　宝应舟中月夜⋯⋯⋯⋯ 1249
　湖楼题壁⋯⋯⋯⋯⋯⋯ 1250
　杨柳枝词⋯⋯⋯⋯⋯⋯ 1251
　归舟江行望燕子矶作⋯ 1252
　冷泉亭⋯⋯⋯⋯⋯⋯⋯ 1253
　西湖泛月共赋四绝句
　　（选一）⋯⋯⋯⋯⋯ 1254
　秋宿葛岭涵青精舍⋯⋯ 1255
　南湖雨中⋯⋯⋯⋯⋯⋯ 1256
　悼亡姬（十二首选二）⋯ 1257
郑　燮
　绍兴⋯⋯⋯⋯⋯⋯⋯⋯ 1259
　竹石⋯⋯⋯⋯⋯⋯⋯⋯ 1260
　江晴⋯⋯⋯⋯⋯⋯⋯⋯ 1262
　潍县署中画竹呈年伯包大
　　中丞括⋯⋯⋯⋯⋯⋯ 1263
　题画竹⋯⋯⋯⋯⋯⋯⋯ 1264
　小廊⋯⋯⋯⋯⋯⋯⋯⋯ 1265
　偶然作⋯⋯⋯⋯⋯⋯⋯ 1266
　瓜洲夜泊⋯⋯⋯⋯⋯⋯ 1268
　扬州⋯⋯⋯⋯⋯⋯⋯⋯ 1270
　寄松风上人⋯⋯⋯⋯⋯ 1272
　哭犉儿五首（其一）⋯ 1274
严遂成
　桃花⋯⋯⋯⋯⋯⋯⋯⋯ 1275

　宿许天植见山楼⋯⋯⋯ 1277
　秋夜投止山家⋯⋯⋯⋯ 1278
　安肃道中⋯⋯⋯⋯⋯⋯ 1279
　乌江项王庙⋯⋯⋯⋯⋯ 1280
桑调元
　五人墓⋯⋯⋯⋯⋯⋯⋯ 1282
刘大櫆
　西山⋯⋯⋯⋯⋯⋯⋯⋯ 1283
曹雪芹
　黛玉葬花辞⋯⋯⋯⋯⋯ 1284
　红拂⋯⋯⋯⋯⋯⋯⋯⋯ 1287
屈　复
　偶然作⋯⋯⋯⋯⋯⋯⋯ 1289
钱　琦
　台湾竹枝词⋯⋯⋯⋯⋯ 1290
胡天游
　晓行⋯⋯⋯⋯⋯⋯⋯⋯ 1291
　烈女李三行⋯⋯⋯⋯⋯ 1292
姚　范
　山行⋯⋯⋯⋯⋯⋯⋯⋯ 1299
赵关晓
　赠友⋯⋯⋯⋯⋯⋯⋯⋯ 1300
朱　瑄
　祖龙引⋯⋯⋯⋯⋯⋯⋯ 1301
王又曾
　汉上逢诸亲故累邀泥饮⋯ 1302
　江上杂诗⋯⋯⋯⋯⋯⋯ 1304
　题余舫⋯⋯⋯⋯⋯⋯⋯ 1305
　经天姥寺⋯⋯⋯⋯⋯⋯ 1306
　过湖上，风甚，不果泛舟，
　　沿钱塘门至钱王祠望
　　湖中桃花（三首）⋯⋯ 1308

钱 载
- 蓟门口号(三首选一)……… 1310
- 到家作四首(其二)………… 1311
- 观王文简所题马士英画二
  首(选一首)……………… 1313
- 小店 ……………………… 1314
- 城隅 ……………………… 1316
- 兴隆店 …………………… 1317

翁 格
- 暮春 ……………………… 1319

李 勉
- 题雅雨师借书图 ………… 1320

袁 枚
- 马嵬(四首选一) ………… 1321
- 咏钱 ……………………… 1322
- 陇上作 …………………… 1324
- 山行杂咏(六首选一) …… 1326
- 谒岳王墓作十五绝句
  (选一) …………………… 1326
- 同金十一沛恩游栖霞寺望
  桂林诸山 ……………… 1327
- 登华山 …………………… 1330
- 夜过借园见主人坐月下吹
  笛(二首选一) ………… 1331
- 独秀峰 …………………… 1333
- 自嘲 ……………………… 1334
- 遣兴(二十四首选一) …… 1337
- 鸡 ………………………… 1338
- 雨过湖州 ………………… 1339
- 推窗 ……………………… 1340
- 寄聪娘 …………………… 1341
- 纸鸢 ……………………… 1342

- 湖上杂诗(二十首选一)…… 1343
- 箴作诗者 ………………… 1344
- 哭聪娘 …………………… 1346
- 别常宁 …………………… 1347
- 上官婉儿 ………………… 1349
- 养马图 …………………… 1350
- 卓笔峰 …………………… 1351

吕 坚
- 鼍江官廨书楼漫成 ……… 1353

胡亦常
- 游圭峰 …………………… 1354

吴 镇
- 韩城行 …………………… 1355

纪 昀
- 富春至严陵山水甚佳
  (其一) …………………… 1356
- 富春至严陵山水甚佳
  (其二) …………………… 1357

蒋士铨
- 七里泷 …………………… 1358
- 五人墓 …………………… 1360
- 岁暮到家 ………………… 1361
- 杭州 ……………………… 1362
- 梅花岭吊史阁部 ………… 1363
- 漂母祠 …………………… 1365
- 题王石谷画册玉簪 ……… 1365
- 响屧廊 …………………… 1366
- 题画 ……………………… 1367
- 湖上晚归 ………………… 1369
- 述怀(其一) ……………… 1370

赵 翼
- 后园居诗(九首选一) …… 1372

渡太湖登马迹山	1373
论诗五首(其二)	1375
论诗五首(其一、其三)	1376
野步	1377
闲居读书(六首选一)	1378
古来咏明妃杨妃者多失其平,戏作二绝(选一)	1380
澜沧江	1381
一蚊	1382
西湖杂诗(六首选一)	1382
赠当筵索诗者	1384
窗鸡	1384
赤壁	1385
暮夜醉归入寝门似闻亡儿病中气息,知其魂尚为我候门也(其一)	1386
敦　敏	
赠曹雪芹	1388
毕　沅	
锦云川	1390
王文治	
安宁道中即事	1391
姚　鼐	
山行	1392
出池州	1393
夜起岳阳楼见月	1394
别梦楼后次前韵却寄	1396
金陵晓发	1398
淮上有怀	1399
江上竹枝词(四首选一)	1400
翁方纲	
望罗浮	1401
韩庄闸二首	1402
高　鹗	
古剑	1404
汪　中	
梅花	1405
白门感旧	1407
洪亮吉	
伊犁纪事诗	1408
天山歌	1409
松树塘万松歌	1413
吴锡麒	
观夜潮	1415
江夜	1417
云林寺访慧朗上人	1418
黎　简	
夜将半,南望书所见	1419
村饮	1420
小园	1422
四更	1423
复寄石崖	1424
听吴客作吴歌二首(选一)	1425
歌节(二首选一)	1426
二月十三夜梦于邕江上	1427
昨梦李昌谷弹琴	1428
题画(二首选一)	1429
独夜	1430
野碧	1431
黄景仁	
癸巳除夕偶成(二首)	1432
都门秋思四首(其三)	1435
都门秋思四首(其四)	1437
别老母	1439

捕虎行……………………1440
圈虎行……………………1442
稚存归索家书……………1445
和仇丽亭(五首选一)……1447
杂感………………………1448
感旧四首(其一)…………1451
感旧四首(其二)…………1452
感旧四首(其三)…………1454
感旧四首(其四)…………1455
感旧杂诗四首(其一)……1457
绮怀………………………1458
秋夕………………………1460
春日客感…………………1461
山房夜雨…………………1462
秋夜………………………1464
笥河先生偕宴太白楼醉中
　作歌……………………1464
后观潮行…………………1467

法式善
　宝珠洞…………………1469

宋　湘
　灌花吟…………………1471
　入洞庭…………………1472
　贵州飞云洞题壁………1473
　湖居后十首(其一)……1475
　湖居后十首(其三)……1476
　木棉花(选一)…………1478
　骡夫夜唱………………1480
　鹦鹉洲…………………1481
　梅修重有浙江之行赠别二
　　首(其二)……………1482

王　昙
　住谷城之明日,谨以斗酒牛膏,
　　合琵琶三十二弦,侑祭于西楚
　　霸王之墓(三首之一)……1484
　焦山夜泊………………1485
　项王庙…………………1487

孙原湘
　登白云栖绝顶…………1489
　歌风台…………………1491
　西陵峡…………………1492

席佩兰
　寄衣曲…………………1494

姚元之
　千山……………………1496

陶宗亮
　秋暮遣怀………………1497

张问陶
　芦沟……………………1499
　咏怀旧游十首(选一)…1500
　读《桃花扇》传奇偶题八绝
　　句(选二)……………1502
　过黄州…………………1503
　醉后口占………………1504
　嘉定舟中………………1506
　出栈(二首选一)………1507
　论诗十二绝句(选一)…1508
　斑竹塘车中……………1509
　得内子病中札…………1510
　丰都山…………………1511

阮　元
　吴兴杂诗………………1513

舒 位

读《文选》诗九首(选一)········ 1514

杨花·························· 1517

六月二十四日荷花荡泛舟
　二首(其一)················ 1519

题柳·························· 1520

雪夜杂诗十四首(其一)········ 1521

蜘蛛蝴蝶篇···················· 1523

梅花岭吊史阁部················ 1524

杭州关纪事···················· 1527

郭 麐

宿灵鹫山家···················· 1530

陈文述

月夜闻纺织声(三首选一)······ 1531

谭敬昭

粤秀峰晚望同黄香石诸子······ 1533

近代诗歌

张维屏

三元里························ 1537

新雷·························· 1539

木棉·························· 1540

陈 沆

有感·························· 1541

九日登黄鹤楼·················· 1542

扬州城楼······················ 1544

孝感途中······················ 1546

灵泉寺························ 1547

项师竹、张馥亭自麻城来
　访,欣然有作················ 1549

雪中家伯愚谷先生枉过燕
　支山赋呈二首················ 1551

潘德舆

镇江至江宁山行杂述十
　二首(其九)················ 1553

程恩泽

粤东杂感······················ 1554

即事一绝······················ 1556

林则徐

赴戍登程口占示家人············ 1557

出嘉峪关感赋四首(其一)······ 1559

戏为塞外绝句(之五)·········· 1561

戏为塞外绝句(之六)·········· 1562

麟 庆

忆西湖························ 1563

陆 嵩

金陵·························· 1564

龚自珍

咏史·························· 1565

梦中述愿作···················· 1567

歌筵有乞书扇者················ 1568

送南归者······················ 1570

漫感·························· 1571

梦中作························ 1573

梦中作四截句(四首选一)······ 1575

逆旅题壁次周伯恬原韵········ 1576

己亥杂诗(五)················ 1579

己亥杂诗(十四)·············· 1581

己亥杂诗(十九)……………… 1582
己亥杂诗(四四)……………… 1583
己亥杂诗(八三)……………… 1584
己亥杂诗(八七)……………… 1585
己亥杂诗(一二三)…………… 1587
己亥杂诗(一二五)…………… 1588
己亥杂诗(一二九、一三〇)… 1590
己亥杂诗(二一〇)…………… 1592
杂诗,己卯自春徂夏,在京
　师作………………………… 1593
投宋于庭翔凤………………… 1594
夜坐(其一)…………………… 1595
夜坐(其二)…………………… 1598
三别好诗……………………… 1599
秋心三首(其一)……………… 1600
秋心三首(其三)……………… 1602
西郊落花歌…………………… 1605
能令公少年行………………… 1609

祁寯藻
潜山道中(十首选一)………… 1614

魏　源
湘江舟行(六首选一)………… 1616
三湘棹歌·蒸湘……………… 1617
三湘棹歌·沅湘……………… 1619
天台石梁雨后观瀑歌………… 1620
寰海十章(其二)……………… 1623
寰海后十章(其八)…………… 1625

何绍基
慈仁寺荷花池(四首录一)…… 1627
山雨…………………………… 1628

张际亮
迁延…………………………… 1629

车中见西山口号……………… 1631

顾太清
游南谷天台寺(其二)………… 1632

朱　琦
关将军挽歌…………………… 1634

姚　燮
澄灵涧………………………… 1637
双鸠篇………………………… 1638

高　鼎
村居…………………………… 1647

鲁一同
荒年谣(五首选一)…………… 1648
辛丑重有感(八首选一)……… 1649

黄燮清
广陵吊史阁部………………… 1652

郑　珍
晚望…………………………… 1654
桐冈…………………………… 1655
自毛口宿花堰………………… 1656
白水瀑布……………………… 1658
邯郸…………………………… 1660
云门墱………………………… 1661
自沾益出宣威入东川………… 1663

贝青乔
咄咄吟(百二十首选二)……… 1665
赤津岭………………………… 1666
初抵泸州寄内………………… 1668

陈　澧
木棉花盛开,邀南山先生、
　章冉、玉生、青皋、苎堂、
　研卿诸君集学海堂………… 1669

莫友芝
有感二首(选一) …………… 1671
周寿昌
晒旧衣 ………………………… 1673
曾国藩
早发武连驿忆弟 …………… 1674
送梅伯言归金陵三首
　(选一) …………………… 1675
傲奴 …………………………… 1677
金　和
饲蚕词 ………………………… 1678
西施咏 ………………………… 1679
春闺曲 ………………………… 1679
兰陵女儿行 …………………… 1680
双拜冈纪战 …………………… 1686
江　湜
由江山至浦城,雪后渡越
　诸岭,舆中得绝句九
　首(选一) ………………… 1688
雨余 …………………………… 1690
湖楼早起二首 ………………… 1691
舟中二绝 ……………………… 1692
彦冲画柳燕 …………………… 1694
南台酒家题壁 ………………… 1695
张裕钊
咏史 …………………………… 1698
翁同龢
游西山见宝竹坡题名,因书
　其后 ……………………… 1699
江行(二首选一) …………… 1700
甲辰五月二十日绝笔 ……… 1702
王　韬
独登杜拉山绝顶 …………… 1703

李慈铭
丁丑九月京邸大风感怀 …… 1705
鉴湖柳枝词十二首(选一) … 1706
闻燕二绝(选一) …………… 1707
王闿运
独游妙相庵,观道、咸诸卿
　相刻石 …………………… 1708
寄怀辛眉 ……………………… 1709
重悼师芳 ……………………… 1710
人日立春对新月忆故情 …… 1712
圆明园词 ……………………… 1714
高心夔
东湖月伤亡友范七 ………… 1721
张之洞
西山 …………………………… 1723
登采石矶 ……………………… 1724
读宋史 ………………………… 1725
九曲亭(其一) ……………… 1726
吴汝纶
题姚伯山木叶庵图(其一) … 1728
冯　煦
八月二十一日之夜,仆卧已久,
　苹湘忽出寄拂青三绝句相质,
　效拂青体也,既复强仆效之。
　时窗外雨声淙淙,苦不得寐,
　亦成三首。来朝放晴,仆又将
　强漱泉也(选一) ………… 1729
袁　昶
直房小憩 ……………………… 1731
西轩睡起偶成绝句 ………… 1732
叶大庄
吴江舟中(三首选一) ……… 1734

樊增祥
八月六日过灞桥口占 …… 1735
采茶词 …… 1737
后彩云曲 …… 1737

张佩纶
晚香 …… 1744

黄遵宪
今别离（四首） …… 1745
上岳阳楼 …… 1748
日本杂事诗 …… 1750

陈宝琛
感春四首（选二） …… 1751
大悲寺秋海棠 …… 1753

沈曾植
舟发广陵 …… 1754
失题 …… 1755
西湖杂诗（十七首选五） …… 1756
题唐子畏雪景 …… 1760

释敬安
梦洞庭 …… 1761
题《寒江钓雪图》 …… 1762
流水 …… 1763
梅痴子乞陈师曾为白梅写影，属赞三首（选一） …… 1765

张謇
从孙观察公奉差淮安纪行十六首（选一） …… 1767
屡出 …… 1768

林纾
余每作一画，必草一绝句于其上。二年以来作画百余帧，而题句都不省记。强忆得三十首，拉杂录之（其一） …… 1769
余每作一画，必草一绝句子其上。二年以来作画百余帧，而题句都不省记。强忆得三十首，拉杂录之（其二十四） …… 1770
杂题（三十首选一） …… 1771

陈三立
书感 …… 1773
人日 …… 1774
夜舟泊吴城 …… 1776
园居看微雪 …… 1777
渡湖至吴城 …… 1779
十一月十四夜发南昌月江舟行（四首选一） …… 1780
九日从抱冰宫保至洪山宝通寺饯送梁节庵兵备 …… 1781
晓抵九江作 …… 1783
漫题豫章四贤像拓本（其三） …… 1784
城北道上 …… 1786
遣兴 …… 1787

陈玉树
秋晚野望 …… 1788

严复
戊戌八月感事 …… 1790

范当世
大桥墓下 …… 1792
过泰山下 …… 1794
天津问津书院，薑坞先生主讲于此八年。外舅重游其地，感欲为诗。乃约当世同用山谷《武昌松风阁》韵 …… 1795

文廷式
  夜坐向晓(四首录一)………… 1796

陈　衍
  张广雅督部电召来鄂呈二
    首(选一)………………… 1798

王允皙
  梅花…………………………… 1800

杨　锐
  腊月十五夜月………………… 1801

易顺鼎
  三峡竹枝词(其八)…………… 1802
  过驷马桥题诗………………… 1804
  丙戌十二月二十四日雪中
    游邓尉三十二绝句
    (其二十三)………………… 1806
  买醉津门雪中三首…………… 1807

康有为
  登万里长城…………………… 1809
  出都留别诸公(五首之二)…… 1811
  秋登越王台…………………… 1812
  槟榔屿督署秋风独坐杂作
    (二首选一)………………… 1814

郑孝胥
  汉口春尽日北望有怀………… 1815
  同季直夜坐吴氏草堂………… 1816
  吴氏草堂……………………… 1816
  子朋属题山水小幅…………… 1817

郑孝柽
  福州西湖开化寺题壁………… 1818

梁鼎芬
  春日园林……………………… 1820
  独夜…………………………… 1821

曹元忠
  银河…………………………… 1823
  汉武帝………………………… 1824

刘光第
  望峨眉山……………………… 1826
  梦中…………………………… 1827

李希圣
  西苑…………………………… 1829
  湘君…………………………… 1830

丘逢甲
  春愁…………………………… 1832
  山村即目……………………… 1833
  秋怀(八首选一)……………… 1834
  纪梦(二首)…………………… 1835
  台湾竹枝词(其十五、廿
    二)………………………… 1837

胡朝梁
  述怀…………………………… 1838
  夏居漫兴……………………… 1840
  夏日即事……………………… 1841

夏曾佑
  舟过大沽望炮台二首(选
    一)………………………… 1843

蒋智由
  有感…………………………… 1844

谭嗣同
  崆峒…………………………… 1846
  潼关…………………………… 1848
  出潼关渡河…………………… 1849
  晨登衡岳祝融峰……………… 1851
  狱中题壁……………………… 1852

黄　人
　　题长吉集……………… 1854
孙中山
　　挽刘道一……………… 1857
赵　熙
　　龙门峡道中…………… 1859
　　山行杂诗（选三）……… 1860
　　秋夜…………………… 1862
张　鸿
　　游仙（选一）…………… 1864
何振岱
　　理安寺………………… 1865
章炳麟
　　狱中赠邹容…………… 1867
陈曾寿
　　湖斋坐雨……………… 1869
　　八月乘车夜过黄河，桥甫
　　　筑成，明灯绵亘无际，
　　　洵奇观也…………… 1870
罗惇曧
　　题罗两峰《鬼趣图》…… 1872
狄葆贤
　　沪渎感事诗（选一）…… 1874
梁启超
　　太平洋遇雨…………… 1875
　　读《陆放翁集》（四首选二）… 1876
　　自励二首（其二）……… 1877
许承尧
　　文殊院（四首选一）…… 1879
曾广钧
　　携眷登南岳观音岩作… 1881

黄　节
　　海夜…………………… 1882
　　初到杭州宿三潭，晓起望
　　　湖……………………… 1883
　　南归治装，箧中得亡儿旧
　　　函……………………… 1885
陈去病
　　中元节自黄浦出吴淞泛海… 1887
钱振锽
　　挑荠女………………… 1889
金天羽
　　嵩山高………………… 1891
夏敬观
　　今子夜歌……………… 1893
俞明震
　　天竺…………………… 1895
　　游西溪归，泛舟湖上，晚景
　　　奇绝，和散原作 …… 1896
林　旭
　　上海胡家闸茶楼……… 1897
陈衡恪
　　题春绮遗像…………… 1899
　　月下写怀……………… 1901
　　春绮卒后百日往哭殡所感
　　　成三首……………… 1902
陈方恪
　　梁溪曲（三首选二）…… 1906
高　旭
　　武林题壁……………… 1909
王国维
　　九日游留园…………… 1910
　　观红叶一首…………… 1912

八月十五夜月……………… 1912
红豆词(四首)………………… 1913
秋　瑾
黄海舟中日人索句并见日
　俄战争地图……………… 1916
日人石井君索和即用原韵…… 1918
对酒………………………… 1919
杨　圻
檀青引……………………… 1922
京口遇范肯堂……………… 1928
早行………………………… 1930
于右任
孝陵………………………… 1931
民治学校园纪事诗后十首
　(其十)…………………… 1932
吴禄贞
岁暮杂感…………………… 1934
宋教仁
秋晓………………………… 1936

宁调元
早梅叠韵…………………… 1938
孙景贤
抵浦口……………………… 1939
马君武
京都………………………… 1941
苏曼殊
本事诗·春雨……………… 1943
以诗并画留别汤国顿(二
　首)………………………… 1945
东居杂诗…………………… 1946
过蒲田……………………… 1947
寄调筝人…………………… 1948
任虞臣
登大泽北峰………………… 1951
庞树柏
舟行西郭即景……………… 1952
柳亚子
自题磨剑室诗词后………… 1954

清代诗歌

钱谦益

(1582—1664) 字受之,号牧斋,后又号蒙叟、绛云老人、敬他老人,晚号东涧遗老。江南常熟(今属江苏)人。万历三十八年(1610)进士。早年参加东林党活动。崇祯初官至礼部侍郎,与温体仁争权失败,革职。弘光时谄事马士英,为礼部尚书。清兵南下,率先迎降。次年,授秘书院学士兼礼部侍郎,充修《明史》副总裁。不久即告病归乡。谦益为明清之际文坛宗主。学问淹博,著述宏富。其文纵横开阖,局格恢张。其诗博采杜甫、白居易、陆游诸家之长,本于性情,足立现实,昌大宏肆,浑融变化,一扫前后七子复古模拟及公安、竟陵浅薄纤涩的积弊,开创有清一代诗风。与吴伟业、龚鼎孳并称"江左"三大家。著有《初学集》、《有学集》、《投笔集》等,又编有《列朝诗集》,为研究明诗的重要参考资料。

【诗人小传】

金陵后观棋六首(选一)   钱谦益

寂寞枯枰响沈寥①,秦淮秋老咽寒潮②。
白头灯影凉宵里,一局残棋见六朝③。

〔注〕 ① 枯枰:指棋局。古人对围棋有"三百枯棋"之称。沈(xuè)寥:空旷萧条之状。 ② 秦淮:秦淮河,流经南京市西南,为著名的歌舞繁华之地。 ③ 六朝:孙吴、东晋、宋、齐、梁、陈六代均建都金陵,统称"六朝"。

    钱谦益并非围棋高手,却喜欢作看客。这有他的《棋谱新局序》为证:"余不能棋,而好观棋。又好观国手之棋。"看了,不免发些议论。作为诗人,议论自然又发到诗里。他一生写过多组"观棋绝句",如此前已有《观棋绝句六首为汪幼青作》,顺治四年(1647)又作了这一组诗,故题为"后观棋"。

    观棋比之下棋,品量着黑白子之间的捉对厮杀,思索的空间广阔,自由度也大,因而常有"旁观者清"的乐趣。但观棋却需要环境和心绪,否则思绪便要逸出棋外。钱谦益的前次观棋,由于"时方承平",所以那六首绝句便就棋论棋,且颇带些专业眼光。而这一回却迥然不同。一是南明弘光小朝廷新亡,自己做了降臣。二是辞官归里后,又因牵涉抗清活动被"下江宁(南京)狱"。三是南京既是金粉繁华,却总是盛产亡国之君的"六朝"故都,又是弘光朝旋生旋灭的所在。四是钱氏虽有降清之失,终究为信守传统道德的前朝旧臣,亲历了地解天崩的改朝换代,心头不免创巨痛深。在此时此地,以此心此情去"观棋",那棋局自然便叠映出历史和现实中的一切。所谓"对局旁观意不同"是也。

就本首言,其最显著的特点,乃在于观棋的描写中,包含了巨大的历史容量和深沉的现实情感容量。首句不只是棋局的直观描写,每个字都几乎同时透发着作者情感的主观色彩,寂寞、沉寥,以及不称"棋枰"而称"枯枰",这些措辞,都鲜明显示了故国旧臣了无意绪的冷寞心境。次句对弈的大环境上双叠了两个方向的开拓。"秦淮"本身就有三重意蕴:观棋的地点,六朝嬗替的见证和南明弘光朝灭亡的所在。而"秋老"更增添了萧条肃杀之气,"寒潮"呜咽,又强化着战后残破衰落的悲慨之情。如此渲染,并不仅在呼应"枯枰"冷落之声,其对历史和现实感觉的着意突出,一望即知。"白头灯影凉宵里","白头"自然是观棋者阅尽沧桑的表征,而"灯影凉宵"又何尝不是历史明灭和人生冷暖的映照? 这一句从观棋者的观棋"现实",透过故国沦亡的"现实",遥伸向历史的"现实",于是便逼出末句:"一局残棋见六朝",将这三重"现实"一并豁然呈现出来:六朝嬗替之繁,弘光灭亡之速,尽囊括于眼前的"一局残棋"!

明清之际,诗人抒写故国铜驼,黍离麦秀之悲者,弥望皆是。而以金陵故地为背景者尤为集中,可称名篇络绎。这首诗,以"观棋"的独特视角去写,形象和氛围,都同时浓缩着多重意蕴,具有丰富的审美内涵。以限制极严的精悍绝句,在小小的"枯枰"上竟"观"出这许多棋局外的"经纬"来,这对棋手们也许无大帮助,但在诗家看来,却是别具眼力的高手。至于全诗笔意的老到圆熟,遣词着色的炉火纯青,都充分展示了一个领袖两朝诗坛宿将举重若轻的深厚艺术功力。

(魏中林)

后秋兴之十三(选一) 钱谦益

海角崖山一线斜,从今也不属中华。
更无鱼腹捐躯地,况有龙涎泛海槎。
望断关河非汉帜,吹残日月是胡笳。
嫦娥老大无归处,独倚银轮哭桂花。

这首七律作者自注曰:"自壬寅七月至癸卯五月,讹言繁兴,鼠忧泣血,感恸而作,犹冀其言之或诬也。"此注道出诗之写作缘起。"壬寅"即康熙元年(1662),前一年南明桂王被吴三桂杀害于缅甸(一说昆明)。这年七月至次年"癸卯"即康熙二年(1663)五月期间,作者于家乡常熟听到关于桂王朱由榔之死的种种传言;闻而忧思泣血,并把满腔悲愤泄之于诗。

首联"海角崖山一线斜,从今也不属中华",虽然笔触较平淡,但内蕴一股悲凉感伤之意。"崖山",又名崖门山,在今广东江门市新会区南大海中,地势险要,为扼守南海的门户。南宋末,陆秀夫与张世杰奉赵昺为帝坚守于此,作为抗元的最后据点,后被元军攻陷,陆秀夫背负赵昺沉海而死,南宋彻底灭亡。钱氏选用此典实,是因为明之亡于异族与宋之亡于异族相似,因此借宋之亡象征南明的最后覆灭。"一线斜"似写崖山之状态,但亦有其为偏远的弹丸之地的含义。但"从今也不属中华"。这也是极其严酷的现实,诗人写此句时心情是十分沉重悲哀的。在福王、鲁王失败后,桂王朝一度被作者视为抗清复明的希望,称之为"依然南斗是中华"(《后秋兴之一》)。但今日听到它也沦亡颠覆的噩耗,怎能不"鼠忧泣血"呢?

颔联乃承首联之意而展开具体的抒写:"更无鱼腹捐躯地,况有龙涎泛海槎。""鱼腹"反用《楚辞·渔父》典:屈原被流放时,行吟泽畔,对渔父说,他不愿以洁白之身"蒙世俗之尘埃",而"宁赴湘流,葬于江鱼之腹中"。屈子乃楚人,他虽为正义而牺牲,但毕竟仍有楚地湘江之鱼腹可葬身,此乃他不幸中之"大幸",就是宋末陆秀夫与赵昺亦"鱼腹葬君臣"(方回挽诗)。相比之下,今日忠臣志士连效屈子、陆秀夫"鱼腹捐躯"亦不可得,其悲尤超过古人。后句则痛恨清军已控制了原属朱明王朝的海域。据《星槎胜览》载:"龙涎屿望之独峙南巫里洋之中……每至春间群龙来集于上,交戏而遗涎沫,番人拿驾独木舟,登此屿,采取而归。"诗借番人驾"海槎"即独木舟之类来岛屿采取香料"龙涎"的故事,比喻清军海船于南海中掠夺、游弋。对此,诗人内心的悲愤激讦之情是不言而喻的。

如果说颔联诗意尚比较含蓄,颈联则直抒胸臆,大有"《离骚》之疾痛叫呼"(钱谦益《周元亮赖古堂合刻序》)之概。诗人比较直率地抒发出亡国之惨痛:"望断关河非汉帜,吹残日月是胡笳。"望尽大江南北之万里关山,处处是清军的旗帜,而不见"汉帜"即"汉赤帜",江山易主,何其恨也!"汉帜"用《史记·淮阴侯列传》典实:汉将韩信引诱赵军出壁垒,又派奇兵"驰入赵壁,皆拔赵旗立汉赤帜二千",赵军大乱,为汉兵所败。"汉帜"显然是汉族的象征,但此时已为清旗所代替,亦即"吹残日月是胡笳"。此句把愤激之火直喷向"胡笳"。"胡笳"象征清军的军事力量。"吹残日月"意谓灭掉明朝(包括南明桂王等),因"日月"相合正是"明"字。

既然君死国亡,诗人不能不想到自己的处境,故尾联云:"嫦娥老大无归处,独倚银轮哭桂花。"这两句以罗浮《咏月》"嫦娥老大应惆怅,倚泣苍苍桂一轮"化出,但寓意深刻得多。"嫦娥老大"乃作者自喻年纪已衰老(时逾八十岁),"无归处"以嫦娥的奔月不得复归,喻诗人此时走投无路的心情:一是南明桂王朝已灭亡,他欲效忠而不可得;二是弟子郑成功亦于同年殁于台湾,不能再相通;至于再事清更是不可能,他已"嫦娥应悔偷灵药,碧海青天夜夜心"(李商隐《嫦娥》),为当年之降清悔恨尚且不及呢!作者觉得走投无路,百感交集,现在只能"独倚银轮哭桂花"了。"银轮"代月,据《淮南子》:"月中有桂树。"又,段成式《酉阳杂俎·天咫》:"月桂高五百丈,下有一人常斫之,树创随合。"嫦娥"哭桂花"之被斫,正是诗人哭"桂王"之被杀也。月桂"树创随合",但桂王则死而不复生,诗人之悲尤甚于"嫦娥"。一"独"字写出亡国亡君的孤寂无主之感,而"哭"即所谓"泣血"也,此中有真诚,有悲愤,是钱谦益此际心情的真实反映。

此诗以抒写真诚、悲愤的忠君爱国之情为主旨,又处处辅以学问,广采经史、神话传说之故实,使诗风显得沉郁悲凉,含蓄不尽。杜甫的《秋兴八首》是他的后期力作,钱谦益此诗可谓得其神髓。

(王英志)

和盛集陶落叶①   钱谦益

秋老钟山万木稀,凋伤总属劫尘飞②。
不知玉露凉风急③,只道金陵王气非。
倚月素娥徒有树④,履霜青女正无衣⑤。
华林惨淡如沙漠⑥,万里寒空一雁归。

〔注〕① 盛集陶:盛斯唐,字集陶,安徽桐城人,清初寓居南京,常以诗与林古度、钱谦益唱和。 ② 劫尘:即劫灰,佛教中指烧毁一切的大火之后所剩的灰烬。 ③ 玉露:白露。 ④ 素娥:即嫦娥。 ⑤ 履霜:踩着霜。《易经·坤卦》:"履霜坚冰至。"意谓踩霜即预示严寒将至。青女:主霜雪的女神。 ⑥ 华林:曹魏时的皇家园林,此泛指美好的树林园苑。

清兵攻破南京城后,钱谦益率先迎降,被授礼部右侍郎、明史副总裁,任职六月,告病归里。顺治五年(1648),凤阳巡抚陈之龙擒获黄毓祺,搜出他身上藏有与反清义军郑成功交通的书信,有人告发钱谦益也参预其事,遂将他逮捕至江宁,月余,改狱外看管。其时,他的朋友盛斯唐、林古度、何瘖明等常"相与循故宫,踏落叶,悲歌相和"(《安方氏伯仲诗序》),此诗就是他和盛斯唐《落叶》诗二首中的第二首。诗虽是咏物的题材,其中却抒发了作者的故国飘零之悲。

秋已深了,远望南京城东的钟山,万木凋零,寒山肃杀,犹如劫后余烬,一片寥落荒芜的气象。首二句紧扣题面,从落叶下笔,"万木稀"三字说明已是落叶纷飞的时候了。"秋老"的"老"字下得很重,表明金陵一带笼罩在萧飒的气氛之中,而"劫尘"二字已逗出易代的沧桑之痛。杜甫本有"玉露凋伤枫树林"的句子,但如今木叶尽脱的景象使人感到的并不是风霜之侵袭,而是作为帝王之都的金陵气数已尽。所以三、四两句更明显地揭出政治的变幻是诗人悲秋感伤的真正原因。就是在三年以前,清军南下的铁蹄践踏了这紫金山前、玄武湖畔的大好河山,弘光政权随之倾覆,钱谦益虽然觍颜事敌,偷生苟活,而心中却也充满着矛盾与苦痛,故他于诗中每每发泄其故国之思。"金陵王气"显然是用了刘禹锡《西塞山怀古》中"王濬楼船下益州,金陵王气黯然收"的句子,而这里分明是指明王朝的衰败。故这两句中对明亡的叹惋是十分清楚的,说叶落缘于王气衰竭而非关金风秋露,自然是故作痴语,但用以寄托自己的故国之思却是十分沉痛的。

李商隐的《霜月》中说:"青女素娥俱耐冷,月中霜里斗婵娟",即借咏物而表现处于严峻环境中的乐观态度,然钱谦益则反其意而用之。嫦娥独自依月,徒有桂树相伴,青女履霜无依,倍感凄寒。五、六两句由落叶而想到月中的桂树,想到摧落黄叶的严霜,然分明以素娥、青女自况,暗示了自己于严峻肃杀的政治氛围中所感到的孤独与忧伤。最后两句归结到落叶上,原先一片葱翠茂密的树林,如今已荒败如沙漠,在那广漠无垠的寒空中一只孤雁掠过,更增加了秋林的荒寒落寞之感,给全诗平添了低沉灰暗的调子。而那寒空中孤独的飞雁,岂不是诗人自身的象征吗?

这首诗借咏物而自抒怀抱,表现了钱氏此时的故国江山之思。这一方面自然出于他降清后未得重用、而又身系缧绁的处境;另一方面也有感于清政府的残暴肆虐,因此他的心情是颓丧的。

王士禛论明末清初诗有三派,以为"虞山源于少陵,时与苏近"(《分甘余话》);钱谦益的弟子瞿式耜也说"先生之诗,以杜、韩为宗"(《牧斋先生初学集目录序》),都说明钱氏的诗源本杜甫,即以此诗为例,风格沉郁顿挫,遣字造句、用典使事都极娴熟,也近于杜甫的诗风,所以向来被视为钱谦益的代表作之一。

(王镇远)

留题秦淮丁家水阁　　　　钱谦益

苑外杨花待暮潮,隔溪桃叶①限红桥②。
夕阳凝望春如水,丁字帘前③是六朝④。

〔注〕 ①桃叶:即桃叶渡。相传东晋王献之于此送其爱妾桃叶而得名。旧址在今南京市秦淮河与青溪合流处。　②红桥:桥名,在扬州,此为泛指。　③丁字帘:地名。在南京秦淮河上利涉桥边,明时为乐户聚居之地。　④六朝:秦淮河为六朝繁华之地,因以六朝代指秦淮。

此诗原题为《丙申春就医秦淮,寓丁家水阁,浃两月,临行作绝句三十首留别,留题不复论次》。作为题目,它是够啰嗦的,当作小序看,却为我们理解此组诗提供了很有价值的线索。丙申即顺治十三年(1656),此时离钱谦益降清,因未得要职而告病南归,已经整整十年。这十年间,钱氏自知大节有亏,进退失据,渐生愧悔之情。除平日念经礼佛外,也外出参加一些活动,与抗清志士暗中有过联系。此次从常熟家中到南京,一待就是两个月,恐怕不单纯是为了就医。陈寅恪《柳如是别传》认为这留题丁家水阁的三十首绝句,"大抵为当日南明作政治活动者,相往还酬唱之篇什",是很有道理的。

这里选的原列第四首。从字面上看,它写的是从丁家水阁纵览历史名城金陵的春光与暮色:丁家花园外的沿江杨柳,正在飞花飘絮,等待着晚潮的到来;青溪对面的桃叶古渡被一道道卧波的画桥所阻隔,却仍依稀可见。在如血的夕阳下凝神地望着这千年古都,春色倒是和别处没有两样,有着水一般的清明与温柔;只是面对着一些历史陈迹不免使人感慨万千,像我眼皮底下的这丁字帘前面,就是往日热闹非凡的秦淮河,如今却是另一番冷清清的面目。作者就中寄托的故国之思、愧悔之情是显而易见的。

这首诗如果只作上述理解,也是思深笔婉,自成境趣,秦淮风味十足的。史学泰斗陈寅恪先生更透过一些字眼,认定此诗是作者为其第二夫人柳如是而作,说"杨"即"柳","苑外杨花"即指不在身边的柳如是,"前二句谓河东君(柳如是)此时在常熟(钱氏家中),与己身不能相见。'暮潮'有二意,一则用李君虞(益)《江南词》:'嫁得瞿塘贾,朝朝误妾期。早知潮有信,嫁与弄潮儿。'言己身不久归去,不致如负心之李十郎(益)也。"(陈寅恪《柳如是别传》)柳如是本为明末秦淮名妓,年青貌美,多才多艺,深得钱的宠爱;同时又有爱国之心,清兵渡江时,曾劝钱谦益殉国,自身也曾投水自尽以明志,被侍女救起,以此钱谦益不能不敬畏她三分。此次阔别数月,题诗存念自是情理中事,此诗的深微不露也符合老夫(钱当年74岁)思少妻(柳当年38岁)的表述方式。所以陈寅恪的解释也是站得住脚的,这样就又为此诗抹上了一种熔心事、家事、国事于一炉的混合色调,符合钱诗思沉色丽,托旨遥深的特色。至于陈说的"暮潮"暗喻"明室将复兴,如暮潮之有信",则有刻意求深之嫌,不可从。

(谢楚发)

西 湖 杂 感(选二)   钱谦益

潋艳西湖水一方,吴根越角两茫茫。
孤山鹤去花如雪,葛岭鹃啼月似霜。

油壁轻车来北里①,梨园小部奏西厢②。
而今纵会空王法③,知是前尘也断肠④。

建业余杭古帝丘⑤,六朝南渡尽风流。
白公妓可如安石,苏小湖应并莫愁⑥。
戎马南来皆故国,江山北望总神州。
行都宫阙荒烟里,禾黍丛残似石头⑦。

〔注〕①油壁轻车:古代妇女所乘的车,因车壁以油涂饰而名。北里:唐代长安平康里,因在城北,也称北里。为当时妓女聚居处,后因以泛称妓院所在地。 ②梨园:戏班的代称。因唐玄宗于梨园教官女、乐工排演乐曲而得名。小部:玄宗时所设,于梨园中选十五岁以下者三十名,称小部。西厢:明代有昆曲《南西厢》流行。 ③空王:佛的尊称。 ④前尘:佛教称色、香、声、味、触、法为六尘,谓当前境界为六尘所成,都非真实。此指往事。 ⑤建业:南京。帝丘:原为古地名,古帝颛顼之墟。此借指帝都。 ⑥苏小湖:六朝时有名妓苏小小住钱塘,苏小湖即指西湖。 ⑦禾黍:《诗序》:"《黍离》,闵宗周也。周大夫行役至于宗周,过故宗庙宫室,尽为禾黍。闵周室之颠覆,徬徨不忍去而作是诗。"诗以此典写杭州战后残破景象。

顺治七年庚寅(1650),黄宗羲去常熟会钱谦益,欲同招金华镇将马进宝,共图抗清。钱于五月往金华访马,东归时在杭州暂留。杭州是顺治二年(1645)被清兵攻破的,至本年,满洲兵马仍集于湖上,"鹰毛占断听莺榭,马矢填平放鹤台"(《西湖杂感》二十首之三),昔日风光旖旎的西湖,一片战争劫难以后的景象。经历了故国沧桑、中原板荡、身世辱等多种变故以后的诗人,目睹此情此景,感慨万千,作《西湖杂感》二十首。其序中说:"庚寅夏五,憩湖舫凡六日,得诗二十首。""旧梦依然,新吾安在","嗟地是而人非,忍凭今而吊古。"诗中寄寓了深深的故国之思。

由于抒写的是作者的"哀郢""沉湘"之情,因而纵向的思旧感今便是诗中情感的主要流向。今昔交替迭现或糅合并呈,构成了作品的意象世界。前一首,开头一句是眼前景象,是"杂感"产生的地点。因为诗人用了人们熟知的苏轼用过的词"潋艳",诗句便增加了历史的厚度,使人感到这潋艳西湖不仅仅是个地域空间,它也是时间流程中的西湖,是历史的见证人,在静态的西湖中有一个沧桑变迁的动态的西湖。有此铺垫,次句中的诗思即明显地在纵横古今间流淌起来,并引导读者的思绪随之驰骋。它使人想起吴越的争霸和兴替,想起这潋艳西湖之上曾经发生的往事。而"两茫茫"又将视点拉到现实的时间点上来。这种"两茫茫"的结果的形成不仅是历史的汤汤流变自然地模糊了往事,不仅是吴越之间的阔远造成了满目苍茫,也是这次满洲的入主进一步增添了人们的人事代改、四望苍凉之感。因此,"茫茫"中所寄寓的,既是往事因增添了新的历史层次而更见遥远的感觉,也是"独自莫凭栏,无限江山"的感慨。

次联所写的是一个满载诗人情感的物象世界,是"感时花溅泪,恨别鸟惊心"般的意境。在空间上它由全景变为局部,在时间上由出入今古变为立足现在,而高处尤在小中有大,今中有古。诗人在景物描写中,以化盐入水般的技巧,融进了历史典故,使诗句所构筑的意境,仍是充满历史感的四维立体境界,而不仅仅是画面和声音。"孤山鹤去"可以是当前景象,但它分明是喻指人事,且是以个别代全体地喻指前人的消逝,而不光指梅妻鹤子的林和靖。鹤已去,花在落,总体上构成一个物是人非的立体的时空。花如雪所造成的动态效果、色彩效果、弥漫感、宁静感,又增添了诗中强烈的伤悼气氛,并使"物是"又带上了"物亦渐非"的意义。"鹤去""花如雪"令人想起"黄鹤一去不复返"和"月照花林皆似霰",当它们被组织到现在的"哀郢"之诗中,就不再是一般的感伤,而是一种深切的哀思。杜鹃啼血,声音悲切,在这月明如霜,岭木森森的夜晚,不仅显得极为凄清,还有几分战后的恐怖。由于在词汇排列上是先有声后无声,终使诗境有宁静的趋向。鹃声与月色造成了环境的极度空寂,而这空寂中又仍有人,他就是夜不能寐、听鹃望月的诗人。杜鹃是望帝的化身,它会立刻使人想起被推翻的明朝先帝。

颈联两句,诗思又返回到对往日的回忆之中。当年的杭州是那么的繁华,虽然称不上"南陌北堂连北里,五剧三条控三市,弱柳青槐拂地垂,佳气红尘暗天起",也有过"娼家日暮紫罗裙,清歌一啭口氛氲"的粉黛歌舞时光,而如今这些都已是往日的陈迹。至此,诗之尾联也就自然地随之而出。钱谦益晚年事佛,故自然地想起了佛教,然而纵然懂得佛法,懂得佛教四大皆空六尘皆幻的教义,想起这里的往迹,也会为之悲伤肠断。"纵会……知是……也",连续两个假设,层层逼进,把伤悼之必然强调到无可回避的地步。

后一首诗后作者有个自注:"有人问建业云:'吴宫晋殿,亦是宋行都矣。'感此而赋。"这首诗主要由眼前残破的杭州想起南京,由南京想起六朝故事和短命的南明王朝,想到整个"故国"、"江山"。首联说,建业(南京)余杭(杭州)都曾是帝都,在南京和临安建都的帝王将相们都是风雅之人,他们尽管被迫南迁,但毕竟保住了半壁江山。次联说,杭州的物华天宝、人文地理不亚于南京,白居易的家妓比得上谢安之妓,西湖亦可与莫愁湖并论。上句取意于白居易《候仙亭同诸客醉》:"谢安山下空携妓,柳恽州边只赋诗。争及湖亭今日会,嘲花咏柳赠蛾眉。"句中用"可""应"两个猜度性虚词,意思虽然是肯定的,但句子显得灵动了。杭州也曾让南宋支持了一百多年。可是现在如何呢?下半首说,故国神州都被戎马踏遍了,举目皆是异族的天下。这个曾为南宋行都的杭州,也和石头城一样荒烟缭绕,沉埋在禾黍荆棘之中。

在后一首里,诗人着意围绕地点的历史内涵进行构思,将建业余杭相提并论,以拓进"西湖杂感"的感想范围,增加作品的历史深度。借六朝南京的相对安定来形衬南明弘光朝廷的短暂,抒写对亡明的哀悼。在地域上由杭州延展到南京到全国又回到杭州南京,前四句建业余杭并说,七、八句分承,移情活动呈集中——扩散——再集中的变化过程。前一首先写意境人事后抒情,引人回观前句,回想前事。后一首情景交融之句置于最后,实起虚收,使诗神韵悠远,将情感发散投射于具有象征意义的景物中,引人无穷感慨。

钱谦益诗以七言律绝最胜。七律兼承杜甫、韩愈、李商隐、苏轼、陆游、元好问诸家之坠绪,沉博艳丽。这两首诗,用典丰富自如,境界开阔,感慨深沉,与杜甫安史后诗、元好问金亡后诗有异曲同工之妙。音律运用也纯熟自如,"鹤去花似雪"全用仄声,"鹃啼月如霜"全用平声,先拗后救,先仄后平,仿佛是他的情感先悲不自胜、泣不成声后痛定思痛、强致平静这种波动过程的显现。 (沈金浩)

迎送神曲十二绝句(其九) 钱谦益

三年蜀血肯销沉?我所思兮在桂林。
却望苍梧量泪雨,湘江何似五湖深!

生长常熟的钱谦益,有一位光耀千古的著名同乡,他就是在广西拥立桂王坚持抗清,而后城破被执,高诵"年逾六十复奚求?多难频经浑不愁。劫运千年弹指到,纲常万古一身留"之句慷慨就义的瞿式耜。

如果说钱谦益当年的降清,曾使故乡山水因此蒙羞的话;瞿式耜的烈烈正气,则推荡着八百顷太湖清波,一洗当年之辱,并为故乡人民带来了无上荣光!正因为如此,常熟一带的百姓,久久缅怀着这位晚明英烈。直至他捐躯后十三年(1663),还"喧传瞿稼轩(式耜之号)留守降灵郡城西",并发起了一次为他"招魂、塑像,迎请上任"的大规模祭祀活动。钱谦益当时已八十二岁高龄,闻此消息也不禁"惊喜呜咽",因挥笔为作《迎送神曲十二绝句》,以表达对这位"只身支浩劫、赤手捧虞渊"的故人之灵的慰悼。这里选析的是原诗其九。

全诗运用的是充满浪漫主义想象的"代拟"笔法:在烟云缥缈之际,瞿式耜的英灵已乘坐于"月斧"夹道的"雷车"之中,神情肃穆地降临于故乡云空(原诗其一)。这位昔日弘光王朝的右佥都御史,带着天帝之命重又"巡省"故国"旧都"

时,在冥冥中又该怎样悲怆!"三年蜀血肯销沉"——回想当年南都倾覆,瞿式耜在广西拥立桂王,原指望凭借故国的残山剩水实现复明之宏愿。谁知杭城沦陷,桂林又破,瞿式耜也在"目裂光如炬"中骂贼捐躯。这遗愿,这悲恨,就是天老地荒也决难消释,又何况才过去短短十数年!此诗起句即化用"苌弘死于蜀,藏其血,三年化而为碧"之典(《庄子·外物篇》),抒写了烈士英灵那愤满天地的遗恨。

于是读者恍可见到,烈士的高大身影突然在云空中掩面转身,朝向了风雨迷蒙的西南——那便是瞿式耜曾经苦苦撑持了六年之久的桂滇之境。那里曾是故国残剩的最后一片土地,也是这位烈士曾经全心维系的最后一线希望。十五年前(1648),清军围困桂林,瞿式耜曾以留守大臣的身份率师保卫过它,与全城军民同仇敌忾,击退了如潮汹涌的清军之围。两年后,清军再困桂林,瞿式耜"卷土心仍壮,凭城誓益坚",在炮火震撼中"喧呼"击敌。城破之日,他"冠裳"严整,端坐府中,面对着刀锯斧钺,一无惧色!——"我所思兮在桂林",此刻当烈士英灵在云空中遥望南天时,那"喧呼齐辫发,奋击衹张拳"的壮烈一幕,是否又历历分明地浮现在了他的眼前?此句采用东汉张衡《四愁诗》中的成句,诗面上表现的,只是烈士默然遥思的无声之境,但在字里行间,读者不正听到了那穿透十数年烟云的悲壮杀敌之音?

在瞿式耜捐躯前夕,就曾为故国之陆沉几番歌哭。那"郊原寂寂无青草,瘴雾漫漫掩碧天"的伤心之景,曾多少次飘入"枕边"幽梦,而激得他"清泪潸然"(瞿式耜《庚寅元旦感怀》)!而今,他在云烟缥缈中向桂林望去,就连那故国的最后一片土地,也染满无数烈士的殷红鲜血,沦丧于清军铁蹄多年了。汹涌的泪潮由此从英灵眼中破眶飞泻,化作了笼盖太湖(即"五湖")的滂沱大雨。这是挟带着"复明"梦灭无限遗恨的泪雨,是誓欲洗刷故国山河不尽耻辱的泪雨!"却望苍梧量泪雨,湘江何似五湖深"——当年大舜崩于苍梧之野,他的二妃哭泣于洞庭之畔,终于泪尽自沉于湘水之中。那哀伤该有多么深沉!但它又怎能与英灵瞿式耜的悲恨相比:请估量一下那为英灵泪雨倾满了的太湖吧,它难道不比湘江更深?诗之结句正以二妃泣湘的凄丽传说,反衬英灵泪洒太湖的虚境,抒写了瞿式耜车马凌空、巡省"旧都"的最悲惋的情思。

"迎送神曲"讲究境界瑰奇、情致缥缈。钱谦益的这首诗继承屈原《九歌》的笔意,运用丰富的想象,创造了烈士英灵降临故乡云空的瑰奇之境。诗中化用"苌弘"、"二妃"的典故、传说,与英灵对故国的凄婉悲怀交织在一起,读来更觉哀慨动人。近人邓之诚称钱谦益"沧海之后,善能造哀"(《清诗纪事初编》卷三)。此诗结尾,正以一派"泪雨"伴送英灵远去之景"造哀",而将不尽的缅怀,留在了

弥漫太湖的苍茫烟云之中。　　　　　　　　　　　　（徐旭文）

丙戌南还赠别故侯家妓人冬哥四绝句[①]　　钱谦益

绣岭灰飞金谷残,内人[②]红袖泪阑干。
临觞莫恨青娥老,两见仙人泣露盘。

〔注〕　① 故侯：指明福王时封东平伯的刘泽清。清兵南下,扬州告急,刘降清。后谋反,被杀。冬哥：一名冬儿,时为刘泽清家妓,"善南歌"。　② 内人：宫中的女伎艺人。崔令钦《教坊记》："伎女入宜春院,谓内人,亦曰前头人。"

若以气节而论,钱谦益实在有愧于晚明王朝：当清兵大举南下,无数抗清将士喋血国门之际,身为弘光朝礼部尚书的他,却"靦颜迎降",还当上了清廷的秘书院学士！后世方苞诋斥他"其秽在骨",真也不算是怎样污辱了他。

但要说在钱氏内心深处,就一无故国沦亡之痛和失节事敌之伤,那也不符合事实。"风前偏照千家泪,笛里横吹万国悲"、"故鬼视今真恨晚,余生较死不争多"——这就是在他降清以后的诗作中一再浮现的恸泣之语,可见他还不是"全无心肝"的陈叔宝者流。《丙戌南还赠别故侯家妓人冬哥四绝句》,正是他哀哀悼怀故国沦丧的代表作,这里选析其一。

事情发生在清顺治三年(1646)六月。钱谦益入仕清廷时方半年,终于决定"以疾辞官"、"驰驿回籍"。当他在京师的饯饮席上,重闻明"故侯家妓人"冬哥的凄切歌韵时,山河易主的深切悲怆便再也无法按抑。此诗起笔"绣岭灰飞金谷残"句,正以突发的恸声,化出了故国倾覆、宫苑荒残的触目惊心之景：建于唐代的陕县"绣岭宫",转眼间灰飞烟灭；名闻晋代的洛阳"金谷园",也一片残破,再见不到当年的花树、亭榭！偏偏又是在这前朝故都,偏偏又是在这"落花时候",更听那"教坊凄断旧歌声"(见原诗其二),该勾起这位昔日"东林魁率"、今日清廷降臣的多少羞惭伤痛之情！

以失节事敌之身对故国沦亡之景,这在诗人来说,恐怕是最难以为言的罢？所以起句呜咽方始,却又欲诉还休,终于把笔触回转,去描摹冬哥的拭泪清歌情景："内人红袖泪阑干"。如果说诗人早已拿定了"临歧只合懵腾去"(见原诗其二)的主意,只想在醉意昏沉中忘却痛苦的话,眼前的妓人冬哥,却没有解脱此种伤怀的幸运了——她只能一面唱着凄伤的送别之曲,一面拭着那淌不尽的酸涩泪水,以至于那半截"红袖",也尽为纵横的泪迹浸渍了。

这是在钱饮席上最黯然伤神的一刻。当此临别之际,诗人又有什么可以留赠冬哥的话呢？"师师垂老杜秋哀"(见原诗其四),诗人眼前的故侯歌妓,而今竟也如唐代的杜秋娘、宋代的李师师一样,在沦落中消尽了青春颜色。"青娥"(指眉毛)日老,额纹深深,其间隐藏着几多世事沧桑的哀怨和遗恨!诗人纵然是在醉意蒙眬之中,也依旧禁不住阵阵悲凉从心头袭来。所以结句的赠言,原本是想稍稍宽慰眼前的故妓的,最终却还是化作了最凄怆的啸叹:"临觞莫恨青娥老,两见仙人泣露盘"!当年汉武帝在长安建章宫铸铜仙人,手托承露盘以储天露。曾几何时,汉家江山倾覆,魏明帝下令将铜仙人拆迁洛阳,传说连铜仙人竟也伤心得流出了眼泪。而今诗人又怎样宽慰冬哥的哀怨和遗恨呢?她眼睁睁看到明王朝北都倾覆、南都沦陷的两次丧亡,能不悲泪续坠、在伤痛中憔悴消殒?

诗面上似乎只是在为"故侯家妓人"冬哥的哀哀垂老伤心,但"两见仙人泣露盘"的,又岂止冬哥一人而已!诗人自己不也经历了故国沦亡的几度伤痛么?这样看来,诗之结句所蕴含的伤叹之情,就比诗面上所显现的远为深广和痛切得多了——它实寄寓着诗人对一个倾覆、沦亡了的故国王朝无限哀切的伤悼。

(徐旭文)

咏同心兰四绝句(选一) 钱谦益

并头容易共心难,香草真当目以兰。
不似西陵凡草木,漫将啼眼引郎看。

这首七绝借咏物以抒写爱情,堪称含蓄蕴藉、诗味浓郁之佳作。

诗题虽为"咏同心兰",实际是咏"香草",这是诗人心中的"兰"。全诗把"香草"作为中心意象,既从正面角度以之与"同心兰"相比拟,又从反面角度以之以"凡草木"相对照,突出"香草"的品格、情操。而这"香草"乃是忠于爱情、品性高尚的女性之象征。作者对"香草"的倾慕、赞誉之情亦暗寓其间。

"并头容易共心难",诗的首句富有哲理意味。《红楼梦》中真诚相爱的男女曾说过:"黄金万两容易得,知心一个也难求。"男女之情贵在"知心"即"共心",双方必须志同道合才能真正成为肝胆相照的终生伴侣。相对来说,男女构成名义上的夫妻关系即"并头"却是"容易"的,那种貌合神离、同床异梦的"并头莲"可谓触目皆是。首句既是诗人对社会现象的概括,亦是其自身的体验。正因为夫妻"共心难",因此一个人若能遇到人生知己为伴将是无比自豪与幸福的。诗的首句亦是对诗人自己获得幸福的爱情生活的衬托,并引出下句对心上人的赞美:"香草真当目以兰。"这句化用乐府《临高台曲》"江有香草目以兰"成句。此"兰"即诗题中的"同心兰"。何谓"同心兰"?《易·系辞上》云:"二人同心,其利断金;

同心之言,其臭(xiù)如兰。"从双方而言,"同心兰"是夫妻"共心"的象征;从单方面而言,是指与丈夫"同心"的妻子,这里实际是诗人称许自己的如夫人柳如是。诗在前两句正面赞扬"香草"的基础上,后两句又从反面衬托,进一步讴歌"香草"之非凡:"不似西陵凡草木,漫将啼眼引郎看。"西陵指今杭州孤山一带,"西陵凡草木"喻南齐钱塘名妓苏小小,古乐府《苏小小歌》云:"何处结同心?西陵松柏下。"柳如是与苏小小都是妓女,故可以相比较。但前者被诗人誉为"香草",后者被贬为"凡草"。因为前者忠贞高洁,后者却轻浮艳俗。"啼眼"指露珠,李贺《苏小小墓》云:"幽兰露,如啼眼。"由于诗人对柳氏极其倾慕、宠爱,故觉得她与"漫将啼眼引郎看"的苏小小不可同日而语。此言对苏小小或许不甚公平,但"情人眼里出西施",为了褒此而贬彼亦是合乎情理之事,无须苛论。

诗以"香草"象征爱妾柳如是,极尽赞美、倾慕之意,但诗中始终未点明"香草"为何人,故亦可视为泛指一切出身低微而品性卓荦的女子,讴歌其与丈夫"共心"偕老的美德。诗之意蕴因此更显深厚,足堪咀嚼。 (王英志)

棹歌十首为豫章刘远公题扁舟江上图(其六) 钱谦益

扁舟惯听浪淘声,昨日危沙今日平。
惟有江豚吹白浪,夜来还抱石头城!

在钱谦益的晚年诗作中,似乎摇曳着两个不同的身影:一个是"匡床兀坐白衣僧"式的禅门信徒,希求在皈依"佛火"中消解"靦颜"降清的心灵耻辱;一个则是与南明将领郑成功暗相交通的前朝遗老,鬓发苍苍还在为故国沦亡伤悼。《棹歌十首》就是他以遗老身份,为晚明故相之孙刘远公所作的题画之诗,这里选析的是原诗其六。

若是只从画面景象看,刘远公的《扁舟江上图》,也不过画着一位"烟波千里一渔竿"(原诗其一)、"随身青箬绿蓑衣"(原诗其九)的渔翁,在"黯淡江山夜未晨"(原诗其五)中、"横江削栎荡渔舟"(原诗其十)而已。画面上首先涌现的,是一派浩荡的江流。它虽然不见得怎样汹汹,却自有一种"浪淘"千里的声势。在这样的背景上,看一叶扁舟陵轶波涛之间,青箬绿蓑的老翁鼓枻而立,倾听着汩汩的浪声,便显得又傲岸、又肃穆。"扁舟惯听浪淘声"的起句,于刹那间化无声的画面为有声的诗境;一个"惯"字,传达渔翁视江浪若无物的悠闲神态,正表现了他那惯于在风波中往还的凛然气度。

再看画面的近岸处。此刻大约正值月满之夜,江潮陡涨,那原本高高耸现的沙岸，而今几乎已与浩盛的江面相平了。不过绘画是一种空间展示艺术，要表现沙岸、江面在不同时间上的动态变化，便很难胜任。诗却有时空所限制不了的想象自由。"昨日危沙今日平"句，即于时间的转换中，在同一空间上叠印出了潮落、潮升中沙岸的不同变化。而"危"（高）与"平"的动态落差，也由此在读者心上激起了一种情感的失控即震惊感。

随后是画面向远处的拓展。在月色凄迷中，隐隐可见一带城楼消融在沉沉夜天下——那就是历尽历史兴亡的六朝古都"石头城"。惨淡的夜月照着这幽幽古城，空阔的天地间依稀可闻悠悠江流在呜咽。万籁俱寂。只有阵阵"白浪"，一次又一次涌向远岸，似乎正带着无限依恋，要把那冷冷清清的古城环抱在自己怀中——这就是结句"惟有江豚吹白浪，夜来还抱石头城"所展示的画面远景。画面上自然无须出现那形体似猪的"江豚"（江中鲸类）吹浪景象；诗人则借助于丰富的联想，从浪涌远岸的画境，想象那是多情的江豚正吹动江浪，抚慰这夜色凄凉中的古城。

诗意和画境的配合，大抵只是表现了一笠渔翁，在夜色无际中听着浪潮涌岸之声，此外似乎再无寄托。但是且慢：读者须知这"渔翁"是谁？他恰是曾经担任晚明之相的文端公之孙。明亡以后，他每于"楚尾吴头"、"藏舟"夜读（原诗其四），一根竹箫吹不尽故国倾覆之"恨"（原诗其三）。而诗中点明的"石头城"，又正是南明弘光朝之都城，而今陷于清人之手已有十年之久！

了解了这个背景，再来诵读此诗，读者便能真切地感受到，这首诗中实蕴蓄着诗人的无限感慨和伤情：一位"濑上芦中恨未消"的亡国遗民，在深沉的夜半"听"浪，那不歇的"浪淘"之声，该在他心头激荡起多少历史兴亡之慨！而"昨日危沙今日平"的大潮，不还挟带着南都沦陷的杀声和恸泣，将十年前最悲惨的一幕，活生生地幻化在了眼前？而今虽然还有桂王在南方苦苦撑持残局，但复国的希望又在哪里？那像"江豚"一样眷恋着故国的人们当然还有，可惜正如诗人在《燕子矶舟中作》所哀叹的，就是连"吹浪江豚也白头"了呵！如果说在刘远公的画意中，还以浪涌石头城之景，表现着一种不挠不折的希冀或遗恨的话，此诗的结句则将这种遗恨，全化作了既依恋又无望的凄凄伤叹。

这也是无可责难于诗人的——他此时毕竟已是霜发雪髯的七十五岁老翁了呵！

（徐旭文）

河 间 城 外 柳　　　　钱谦益

日炙尘霾辙迹深，马嘶羊触有谁禁？

剧怜春雨江潭后,一曲清波半亩阴!

在中国,杨柳之倩美,实可与桃李之娇艳、松竹之劲节同称。

自从《诗经·小雅·采薇》借戍卒之口,咏成了"昔我往矣,杨柳依依"名句以后,这柳,便从此成了故乡亲情和美好青春的象征物,不断被辞人赋家所赞美咏叹。

特别是唐人李商隐,在客寓巴蜀之际,借柳抒怀,几成了寄寓身世飘泊之慨的一大门类。"柳映江潭底有情,望中频遣客心惊。巴雷隐隐千山外,更作章台走马声",写不尽天涯羁旅的客中之愁;"巴江可惜柳,柳色绿侵江。好向金銮殿,移荫入绮窗",叹不尽远隔京师的失意之情;"曾逐东风拂舞筵,乐游春苑断肠天。如何肯到清秋日,已带斜阳又带蝉",更将己身的浮沉与春柳的秋瘁交汇相映,抒发了人生转折中的不尽伤怀。

钱谦益爱学义山诗,且又在家乡隐伏了多年,突然被召赴京补官,在饱经客旅颠沛之苦以后,忽睹"河间城外"的他乡之柳,便也如李商隐一样,引发了咏柳的极大意兴。但此诗的写法又与李商隐不同:它不仅有时节上的秋、春对比,更有空间上的大幅度改换,读来颇觉面目一新。

诗中出现了两幅画境。一幅是诗人目击的实景:在大河之北的古城外,在尘土飞扬的车马道边,一株高大的垂柳正被秋日烤炙得生气索然。加上重重尘埃的遮埋,更使它苍苍惶惶,失却了蓬勃的绿意。

何况还时时受到车马嘶鸣的骚扰,使它不能得到独对旷野的宁静;还常有头角峥嵘的羊儿,触磨得它的树干伤痕斑驳!

一股深切的悯伤之情,正随着这触目惊心的画境展示而汨汨涌出:你河间城外的秋日之柳呵,为什么偏要立身于这车马喧腾的官道之上,承受这"日炙尘霾"的忧苦呢?那"其角溅溅"的狠心之羊,难道还将你伤害得不够么?

循着这样的画意和诗情,接着涌向诗人笔端的,无疑应是殷殷的规劝,或寄意深长的慨叹了。然而此诗却不,它的后二句,竟是出人意料的又一幅画面转接:"剧怜春雨江潭后,一曲清波半亩阴"!

这是在时间和空间上的大幅度转换:黄尘飞扬的河间车道,刹那间为山清水秀的江南水乡所叠印;烈日炎炎的秋令,忽然化作了"春雨"如染的新霁——

景物似乎未变,还是一树如烟如梦的垂柳,然而它已不是作者目击的他乡之柳,而是带有了怎样的生机和怡情的故乡之柳!新雨方住,丽日在天,江潭(南国江畔)的清流似还在凝碧涨绿,恰似一曲伴着满野青禾、绿稻幽幽而奏的琴韵,在青天下缥缈、悠扬。

最为可爱而充满情意的,则是那株从岸边斜横而出的垂柳。它满树绿枝,婀娜纷披,带着春雨洒洗后的无限欣悦和快意,竟在清粼粼的波面上,投印下偌大"半亩"清荫!

清荫而以"半亩"之大加以形容,无疑是诗人情意激荡中的夸张笔墨。然而它却令你感觉不到夸饰之意,只觉得其间浮漾着的,有诗人那一片说不尽的忆念和爱怜之情——故乡的垂柳嘛,本就与众不同!它清新绿茂,简直与推涌接天的青禾、绿稻一样,是可以笼盖遍整个江南的呵!说它清荫"半亩",还只是意犹未尽的小小点染呢。但也正因有了这一笔点染,那在刹那间从记忆深处,被唤回的故乡柳影,才更见得万缕千丝、摇曳不尽,带有了令诗人梦魂牵萦的无限清韵。

两幅不同遭际的柳影画境,就这样在虚实遥映之中,交替闪现、叠印在你的眼间。诗人对河间秋柳的伤悯,和对故乡(江潭)春柳的"怜"爱,就正在这画境的交替、叠印中,被表现得分外深切和动人。

那么这首诗究竟是想抒写什么呢?初看起来,它似乎只是在客中颠沛之际,忽为河间之柳所触动,而勾起了如本诗其二所说的那种"昨夜月明摇漾处,曾牵归梦到江南"的乡思之情。但仔细品味,诗中的寄寓似有更深的感慨。安居在"江潭"的故乡之柳,是那样怡然和自得;而出居于河间官路上的秋柳,却历尽烤炙和伤害——联系诗人的久隐故乡,而今却不得不奔波于仕宦途中,他是否对官场的险恶还颇怀疑惧,因而愈加恋怀着悠然畅情的退隐生涯呢? (潘啸龙)

【诗人小传】

柳如是

原姓杨,名云娟,后改姓柳,名隐,字如是,号河东君。嘉兴(今属浙江)人,明末名妓,后为钱谦益妾。明亡时劝钱谦益自杀殉明,不从。1664年钱死后不久,她也自缢。她是明末清初时著名女诗人。有《戊寅草》、《湖上草附尺牍》等。

西湖八绝句(之一)　　柳如是

垂杨小院绣帘东,莺阁残枝蝶趁风。
大抵西泠寒食路,桃花得气美人中。

此为作者咏西湖八绝句之一，诗一出现，便得到当时文人的称赞，钱牧斋《初学集·姚叔祥过明发堂，共论近代词人，戏作绝句十六首》中曾说："近日西陵夸柳隐，桃花得气美人中。"当是真实地反映了时人的意见。

据陈寅恪《柳如是别传》，知柳如是为嘉兴人，本姓杨名云娟，后改姓柳名隐字如是，号河东君。出身寒贫，曾为妓家徐佛婢，转为周道登妾，不久流落吴江盛泽，与众名士交往，并与陈子龙同居，终归钱谦益，后自缢于牧斋殁后的钱氏家难。她同董小宛等并称晚明四名妓。工诗词，能书画，著作有《湖上草附尺牍》、《戊寅草》等传世。

这首诗短小秀丽，一入题就画出了一幅清幽的图画：垂杨满院，屋宇绣帘，莺阁宁静，残花点点，多么静谧优雅，完全摆脱了世俗的嚣闹。在这时，唯一能动得起来的是飞舞的蝴蝶随风翻转，给静谧的画面增加了几分生意，几许动感。三四两句"大抵西泠寒食路，桃花得气美人中"，作者的笔锋一转，又点明了时令是寒食节，地点是西泠路，在这里，桃花艳丽，同"美人"相辉映，"美人"给了桃花以生机。此处的"美人"，实际是作者的自称，俏丽的柳如是，自然堪称"美人"，更重要的是"美人"使"桃花得气"，达到人与自然、主观同客观的有机融和，从而造成了一种独特的艺术美。

第二句的"蝶趁风"三字，另有版本作"不思逢"，何谓"不思逢"？这就不能不提起：观柳如是在这首绝句中所摄取与描绘的景物，所表达的一种感情，是同陈子龙有关联的。在柳、陈二人交好时，陈子龙曾有《寒食》三首，全文为：

今年春早试罗衣，二月未尽桃花飞。应有江南寒食路，美人芳草一行归。

垂杨小院倚花开，铃阁沉沉人未来。不及城东年少子，春风齐上斗鸡台。

愁见鸳鸯满碧池，又将幽恨度芳时。去年杨柳滹沱上，此日东风正别离。

这显然是为柳如是写的。这三首诗所表现的情感、情景，给了柳如是以深刻的印象，使她久久难以忘怀，以至数年以后，她重游西湖时，仍然会触景生情，眷恋满怀，附依陈子龙所提供的灵感、时令、景物，写下了这首短诗。　　（魏同贤）

春日我闻室作呈牧翁　　　　　柳如是

裁红晕碧泪漫漫，南国春来正薄寒。
此去柳花如梦里，向来烟月是愁端。

画堂消息何人晓？翠帐容颜独自看。
珍重君家兰桂室，东风取次一凭阑。

柳如是为晚明名妓，容色俏丽，才藻博洽，名噪一时。在经历了一段坎坷的生活后，在崇祯十三年十一月男装乘舟到常熟访钱牧斋于半野堂，从此，年岁、地位大相悬殊的钱牧斋和柳如是不顾世俗的偏见，结褵同居，因而传为文坛佳话。柳如是的《春日我闻室作呈牧翁》就是作者婚后同钱牧斋的唱和诗之一。此时，数度人生、几经飘零的柳如是，安居于钱牧斋特辟的我闻室中，诗酒唱和，感新怀旧，因而有作。开头两句感时伤事，凄婉深沉。"南国春来"既同诗题的"春日"呼应，更点明早春的料峭薄寒，而巧于装饰的作者却又长泪漫漫，伤感不已。诗作的遣词造语似乎是不经意的直叙，然而诗人的感情内蕴却已坦露无遗，而且也为下文的出现作了铺垫。三四两句"此去"对"向来"，"柳花梦里"对"烟月愁端"，堪称工整，自然而然地烘托出了一种愁绪如缕、前路缥缈的情思，而且是那样的沉重、那样的难以排遣、那样的难以捉摸。阴云笼罩下的月亮一向容易搅动不幸者的愁肠，嫩黄美好的柳花俨然是梦中景况。经过自己的选择而新嫁的柳如是，虽然称不上已经获得了幸福，但确凿无疑的是她那生命的孤舟到底已经驶进了宁静的港湾。因此，当读者细细咀嚼的时候，便会品味出作者的复杂心态：身处新生活中的作者，一方面怀有对过去痛苦年月的辛酸，另一方面怀有对未来岁月的憧憬与不安。但此诗是"呈牧翁"的，对于其中所表达的感情，实在也是一种消息，钱牧斋是心领神会的，所以他的和诗题目就称："河东春日诗有梦里愁端之句，怜其作憔悴之语，聊广其意"，表示了宽慰之意。

诗的五六两句用了一个典故，即王昌事。据《天禄识余》载："唐崔颢、王维、李商隐诗中多用王昌，其事不可考。"按《襄阳耆旧传》，"王昌字公伯，为东平相、散骑常侍，早卒。妇任城王曹子文女。钱希言《桐薪》曰：'意其人为贵戚，出相东平，则姿仪俊美，为时所共赏可知。"查李商隐《代应》诗，有云："本来银汉是红墙，隔得卢家白玉堂。谁与王昌报消息，尽知三十六鸳鸯。"而李诗又化用古乐府旧事："黄金为君门，白玉为君堂。入门时左顾，但见双鸳鸯。鸳鸯七十二，罗列自成行。""河中之水向东流，洛阳女儿名莫愁。十五嫁为卢郎妇，十六生儿字阿侯。卢家兰室桂为梁，中有郁金苏合香。人生富贵何所望，恨不早嫁东家王。"盖钱牧斋在柳如是初访半野堂时，曾有"但似王昌消息好，履箱擎了便相从"之句，故柳如是结合感情上的困惑，再加生发，一以表达其惶恐犹疑之情，一以试探钱牧斋之诚意。

诗的结末两句"珍重君家兰桂室,东风取次一凭阑。"看似随意点染,实则紧扣作者的感情,兰桂之室自应珍重,春日来时亦可随意凭阑,然而,这都是"君家"的,以此进一步伸述了身入室中、心在室外的疑虑。

这首夫妻唱和诗不同于他人的作品,不含艳情,充满凄苦,这是柳如是的特殊身世和钱柳的独特结合决定的。

(魏同贤)

【诗人小传】

邢昉

(1589—1653) 字孟贞,一字石湖,江南高淳(今属江苏)人。明诸生。少有诗名,他与吴嘉纪同为宗杜甫者,施闰章谓其诗清超无纤埃。宋荦称他具体少陵,集中念乱伤离,尤多关怀民生之作,无愧诗史。著有《鲁稽斋诗》、《石白诗》。

汉　口　　　　　　　　邢　昉

蜀江船不到三巴,湖南船不到长沙。
满地干戈关塞里,行人那不早还家?

这首反映明末清初社会动乱情景的小诗,容易使读者联想到杜甫在安史乱后寓蜀时所写的《绝句》"窗含西岭千秋雪,门泊东吴万里船。"两诗的内容并不相同,甚至正好相反。杜诗写的是大乱已定,社会正在恢复正常秩序的情况;而此诗写的是社会还没有安定,动乱尚在继续的情况。然而,它们在构思上都是通过水路交通作为一个窗口,来反映整个社会现实治安,颇有见微知著之妙。

"蜀江船不到三巴,湖南船不到长沙。"二句极写兵戈阻绝,交通不便。"三巴"指四川东部地区,《华阳国志》载:"(刘)璋乃永宁为巴郡,以固陵为巴东,徙庞羲为巴西太守,是为三巴。"它是蜀江通往湖北必经的地方。"长沙"则是湘江通向洞庭往湖北的必经之地。从诗题知,作者邢昉当时困在汉口,他大约本来是要到西南某地去的,所以特别提到西南方向的这两条水路。在唐代安史之乱平定后,由蜀地通向东北方向的水路通邮,杜甫便高兴地写道:"门泊东吴万里船",是说江浙来的船也能通到成都了。而此诗前二句却是写水路不通。从汉口发往蜀江的船,行不到三巴;从汉口发往湖南的船,则过不了长沙。可见三巴以西的"蜀江船"也到不了汉口,长沙以南的"湖南船",也到不了汉口。总之作者是因在旅途之中了。

"满地干戈关塞里,行人那不早还家?"自古来在和平时期,战争只发生在塞上或塞外,而如今山河易姓,连"关塞里"也充满动荡不安。"满地干戈"极言动乱之普遍。"行人那不早还家"一句极耐玩味。当然,满地干戈,交通阻绝,行人恨不能插翅,是到达不了目的地的,似乎应还家了。然而,他离家又是什么原因呢?难道不正是因为家乡遭到骚扰,无法安身的缘故么?作者是江苏高淳人,那边也一样处于兵连祸接中。诚如唐末韦庄所说:"未老闻还乡,还乡须断肠!"(《菩萨蛮》)可知"行人那不早还家"的一问中,还含有许多难言之隐哩。

诗先由两条特定的水路说起,然后说到普天之下,最后以一问作感叹,不了了之。使作品"含不尽之意,见于言外",故为佳作。　　　　(周啸天)

避兵还舍率题壁间　　　邢　昉

江村归日暮,桑柘半成墟。
唯有蓬蒿色,青青满故庐。

此诗作于明末清初兵乱之中。诗人回到家园,看见满目荒凉,园庐蒿藜,于是在旧舍的墙壁上题写了这首即景抒怀的五绝。

"江村归日暮,桑柘半成墟。"二句写诗人在黄昏时分到家,看到的悲凉情景。"桑柘"即"桑梓",本义为乡里社前所植的社树,一般用来代称家园或故国。(唐王驾《社日》:"桑柘影斜村社散"。)"桑柘半成墟",即故乡一半已毁于战火,化作丘墟。可见战争对农村的破坏到了何等程度!诗人在归途之中,必定已有种种不祥的预测,或许也曾"道逢乡里人",打听"家中有阿谁"来着。然而亲眼见到故园荒芜的情景,仍令他悲酸不已。

"唯有蓬蒿色,青青满故庐。"后二句是对"园庐半成墟"的具体刻画。本来园庐丘墟,即是荒无人烟。而作者偏不从"无"的方面著笔,而从"有"的方面设想,而有的又只是满屋"蓬蒿"而已,这就更加突出了兵祸之后故乡的凋敝。"正面不写写反面",反而取得含蓄深厚的意味。这与汉乐府《十五从军征》"兔从狗窦入,雉从梁上飞。中庭生旅谷,井上生旅葵"那一段描写,实有异曲同工之妙。当然,绝句的结尾使用限制性词语来形成感叹性语调,以强化感情色彩,是唐人已有的创造。如"只今唯有西江月,曾照吴王宫里人"(李白)、"孤帆远影碧空尽,唯见长江天际流"(李白)、"唯有门前镜湖水,春风不改旧时波"(贺知章)等等。此诗仍沿用这一现成格局。但在具体表情上却仍有新鲜之处。本来,"青青满故庐"五字给人的应是一种有生气的、多情的印象;但可惜这"青青满故庐"的不是柳色、不是别的树色,而是蔓延丛生的"蓬蒿",即杂草之"色",这就令人遗憾乃至悲凉了。所以读来耐人涵咏不尽。

(周啸天)

故宫燕 邢昉

君不见故宫燕,春雨秋风几回换。宫中风雨长蓬蒿,飞入宫墙绕虚殿。穿帘度阁羽差池①,尽日呢喃人未知。柳下乍衔千点絮,花间仍拂万年枝。玉阶寂寞罘罳②冷,画栋③回翔春燕影。岁岁营巢竟不成,春来秋去谁能省?可怜此度秋风早,整顿毛衣④犹自好。徘徊欲别未央宫,万户千门忽如扫。钟虡⑤何年去洛阳,仙人辞汉泪成行。最苦西飞⑥双燕子,重来不见旧宫墙。

〔注〕① 差(cī)池:义同参差,不齐貌。 ② 罘罳(fú sī):一种屏风,设在门外。 ③ 画栋:有画饰的正梁。 ④ 毛衣:鸟羽。 ⑤ 虡(jù):悬挂钟、磬的木架两侧的柱子。 ⑥ 西飞:家燕到印度、南洋群岛等地越冬。印度在长安之西,稍偏南。

这是一首长篇七言古体诗,诗中将叙事与抒情融为一体,采用拟人化的手法,借咏燕以抒怀,通过描述燕子对故宫的感伤和依恋,寄托了诗人深挚的故国之思、悲凉的兴亡之感,情致缠绵,余韵凄然,读之令人感动不已。

依人而居及秋去春来、重返故地、归入旧巢,本是燕子的生活习性,诗人却通过艺术想象将未央宫的颓败与之联系起来,赋予所咏之物的特征和活动以丰富深刻的思想内容,着意塑造了多情善感的故宫"双燕子"形象,并透过这一形象折射出历史的变迁和世事沧桑。

这首诗共二十句,四句一换韵,全诗好似五首"七绝"的组合。诗的内容大致可分为三部分:前四句写故宫的荒凉和燕子依然年年如期来归;中间八句写燕子面对寂寥凄清景象所引起的迷惘和感伤;末八句则写残宫更遭劫毁后的情况。

诗中所说的故宫未央宫建于汉高祖七年(公元前200年),规模宏大,是汉天子朝见群臣的地方,也是西汉王朝的象征。后毁于兵火,东汉、隋、唐曾屡加修葺。遗址在今西安市西北郊汉长安故城内。诗的第一部分即写颓废了的未央宫经几度春风秋雨已是荒草遍地、蓬蒿没人的情景,并借年复一年依旧归来的春燕反衬出人世盛衰。性喜与人结伴而居的燕子如今"几度飞来不见人"(李益《隋宫燕》),"飞入宫墙绕虚殿"一句,令人顿生物是人非之慨。

第二部分借燕语伤春委婉而沉痛地抒写了作者吊古伤今、眷怀故国的情怀。春到故宫，依旧是柳丝长垂，花树葱茏，但见那软语呢喃的新燕穿帘度阁，剪柳拂枝，差池翻飞，姿态轻捷优美。那么，它们镇日价啁啾不停地在说些什么呢？难道这些目睹过汉宫盛事的燕子面对茫茫柳絮产生了"风起杨花愁杀人"（李益《汴河曲》）的迷惘，抑或为那不解事的宫花依然盛开而感伤？接下去的四句则写春燕因愁苦而无心营巢。燕巢一般筑在屋内横梁上，所以诗中写画栋回翔燕影。然而玉阶寂寞，罘罳冷清，怀念旧主的燕子岁岁营巢却终久不成。对燕伤怀，怜燕自怜，诗人不禁感时伤遇，悲抑万端。邢昉是明末复社成员，入清后"弃举子业，筑室石臼湖滨，沽酒自给"（《中国诗歌流变史》），而哀伤禾黍，歌哭湖山，作消极抵抗。诗人胸中怨悱，抑郁无诉，一个"春来秋去谁能省"的问句，凝聚了多少辛酸而沉痛的感情！

诗的最后一部分写又一度秋风萧瑟之际，燕子依依惜别，辞家西飞，未央宫却再次横遭劫难。诗中插入了仙人辞汉的一段典故。据裴松之《三国志》注引《魏略》，青龙五年三月改为景初元年四月，"是岁，徙长安诸钟虡、骆驼、铜人、承露盘"，所谓"万户千门忽如扫"即指其事。又据习凿齿《汉晋春秋》："帝徙盘，盘拆，声闻数十里，金狄（即铜人）或泣，因留霸城。"金铜仙人是汉武帝建造的，矗立在神明台上，"高二十丈，大十围"（《三辅故事》），异常雄伟。魏明帝时被拆离汉宫，运往洛阳，后因"重不可致"，而被留在霸城。李贺曾据此写出著名的《金铜仙人辞汉歌》。金铜仙人亲身感受过武帝的爱抚，亲眼看到过当日繁荣昌盛的景象。对于故主，他十分怀念；对于故宫，也有着深厚的感情。作为刘汉王朝由昌盛到衰亡的见证人，眼前发生的沧桑巨变怎不使他感慨万端，泪流成行？这里，无论仙人因辞汉而"泪成行"，还是燕子欲恋未央宫而"徘徊"，都是极写一种不能不离又不忍离去的意绪，一种深切动人的依恋，作者交织着家国之恸、异代之悲的凝重情感隐然蕴于其中，婉转低回，况味凄凉。结末二句，诗人再也抑止不住内心的感情，郁积于胸的忧伤苦恨终于喷涌而出："最苦西飞双燕子，重来不见旧宫墙。"但终归还是无可奈何。正是：思绵绵，恨幽幽。诗虽然结束了，那缠绵的情、难解的愁，却还久久地萦绕、困扰着诗人一颗不平静的心，言有尽而意无穷，耐得读者反复涵咏玩味。

这是一首咏物诗，更是一首政治抒情诗。诗中把燕子塑造成为渗透着作者思想感情的艺术形象，摹写燕子的生活习性、活动形态活脱传神，而字里行间又无不有诗人的自我在。可说是处处写燕子，句句喻人事；写燕能符合燕之特征，寓事能见事之所指。寄思遥深，不言胸中正意，自见无穷感慨，读之但觉满纸是泪。诗写得铺张而舒展。其细腻、婉曲,恰似一支旋律哀怨的咏叹调;形象、真切,宛如一幅色调忧伤的景物画。构思缜密精妙,语言流转自如,风格婉畅哀艳,兴在象外而意绪不尽。

(尹芳林)

【诗人小传】

徐 灿

(约1653年前后在世) 字湘萍,长洲(今江苏苏州)人。光禄丞徐子懋女,大学士海宁陈之遴继室。之遴获罪,安置沈阳,灿同行,备尝艰辛,后于康熙中放还。灿善作诗歌,精通书画,尤工长短句,词学北宋,诗为清初蕉园五子(柴静仪、朱柔则、林以宁、钱云仪)之长。《拜经楼诗话》评曰:"湘萍则尽洗铅华,独标清韵;又多历患难,忧愁拂郁之思,时时流露褚墨间。"著有《拙政园诗集》二卷、《拙政园诗余》三卷。

送方太夫人西还①

徐 灿

旧游京国久相亲,三载同淹紫塞尘。
玉佩忽携春色至,兰灯重映岁华新。
多经坎坷增交谊,遂判云龙断凤因。
料得鱼轩回首处②,沙场犹有未归人。

〔注〕 ① 沈德潜《国朝诗别裁集》:"此相国被罪,尽室谴谪塞外,羡方太夫人归,怜己之未能归也。" ② 鱼轩:古人乘坐的饰有鱼形图纹的车子,有车篷。

  一个娟娟静好的江南女子,生于贵胄之家,嫁作相国之妇,生活本也舒倩优美得令一般人妒羡,而一旦因为丈夫获罪于朝廷,举家贬谪于北漠寒荒之处,永绝天恩,备尝艰辛,其心理上直跌式的大创痛,又如何地醒目、切肤,超出一般人的承受力!徐湘萍正是有这样经历的一个女子。当她在遥远而使人感到耻辱的东北大地上,抚拭着这身世的创痕时,忽然听说三年来与她同贬铁岭的方太夫人终于能蒙赦南归了,别人的得路与自家的失路,在一瞬间齐集心头,使她的送别诗饱含着企羡、自卑、期盼、忧惧等等内容,而非仅仅是惜别之情的敷陈。当年的华堂贵妇在这里改变成了怎样卑怯的一个小妇人呵!这首诗真情宛转的诉说,使所有知道她身世的人们起了不尽的哀怜,这是这首朴素的诗的最动人处。

  诗从二人间的交谊起笔,这是作送别诗最起码的礼貌与最常见的格式。开头一联写道,当年同住京华时,湘苹常常前去拜访亲近这位太夫人,而太夫人对她这个后生小辈,态度想必也是和蔼异常的,否则必不能"久相亲",后来两人又一同被贬谪到铁岭这个土地都非乡国之色的辽远边地,有着同样的心理创痛,有着共同的语言,两人间的交谊也更为亲近了,这一点,在下文"多经坎坷增交谊"中也有明白的说明。以上是对两人过去情谊的总结,可说是一个追叙式的开头。

  诗的第二联立即转入现在感受的描写。方太夫人西还,这才是对作者平居贬谪的心境触动很大的事情。一个"忽"字,表明作者听到这消息时感觉突然并受到震撼。"玉佩"指携玉佩宣布这一消息的贵人。佩即"环佩","环"与"还"音同,赐环即是命其还之意。"春色至"、"岁华新",真有改天换地、日月重辉的欣悦幸福之感,但那是别人家的春天、别人家的新年,湘苹自己,却是一点儿希望也没有的。在对比的情境中,真能使人看到她咽泪强欢的样子。当然对"春色"、对"新年",她心中也不是没有一点儿企羡的影子。

  从诗的气脉上说,第三联是对上两联的承接。第一句承第一联,第二句承第二联。因为经历了共同的坎坷,心理上彼此也更为亲近了,在这寂寞无春的关外,彼此已是可以深深互勉的人了,如今却因方太夫人的西还,使一个如云中腾龙令人企羡,一个如地上泥尘足以自卑,且两人间的缘分,也将因着这天地云泥的分别,断了。自卑的眼睛会看大别人的好运,在往日,湘苹断不会把自己与方太夫人的分别,看得如此不堪地大,如蓬门女子看驰过梦境的七彩香车一样。而亦惟其如此,我们才知道这苦难的经历是如何深刻地挫伤(或竟可以说是毁坏)了她。

  诗的最后一联转入了对未来的揣想,揣想之间注入了作者的惜别之情,而且这种情感是从假想对方会思念自己的角度曲折道出的。在那车尘黯黯的漫漫归途中,年迈的方太夫人虽思归心切,总会有突然想起自己来,因而驻车回首的那一刻吧。"未归人"的痛苦,以后将由自家独尝了(当然其夫此时尚未故世,亦尝未归之苦)。"犹有"一词,显示出天恩独遗的畸零者的自叹自怨、自伤自怜,也隐含着微弱的希望。

  这首朴素无华的诗,唯其真实地再现了一段境遇中的心理状态,竟也楚楚动人,摇曳生姿在诗国里。

(邓红梅)

【诗人小传】

张光启

明末清初诗人。入清隐居不仕,享年八十余岁。

池　上　　　　　　　　　张光启

倚杖池边立,西风荷柄斜。
眼明秋水外,又放一枝花。

张光启生活于明末清初,入清,隐居不仕,享年八十余。从这首小诗的内容来看,写此诗时,他已是策杖而行的老人,但耳聪目明,身体尚健。

在一个败荷零落的秋日,诗人独立荷塘边,西风过处,只见无数托着残叶的荷柄随之攲斜倾倒。但是,他再举目远望,只见在这一派被秋风统治着的萧瑟世界——秋水之外,却有一朵新开的荷花突然进入了他的视野,他不禁为之精神一振,老眼中放射出兴奋的光芒。诗人不说一朵花而说"一枝花",这表明他注意到的,不只是花朵,而且还有花枝。在众芳摇落、荷柄斜倒的映衬下,挺直的花枝托着鲜花,不仅美艳,而且显出一种不为环境所左右的独立不羁的精神。诗人直接描画出的是残荷中的一枝新花,谁又能说诗人不是在借以歌颂这样一种不屈不挠、无所畏惧的精神呢?

本诗前后对照鲜明,如果说,读前两句诗,我们心中可能生出对诗人老境凄凉的同情,那么,当读到后两句时,充溢我们心中的,就只剩下对诗人人老心不老的礼敬之意与仰慕之情了。张光启无意于为自己画像,但这首小诗却成了诗人晚年极为生动传神的一幅小照。

（陈志明）

【诗人小传】

冯班

（1602—1671）　清初诗人。字定远,号钝吟老人。常熟（今属江苏）人。明诸生。明亡,佯狂避世。论诗反对江西派,也不满严羽诗说,但仍以"诗教"为其立论依据。有《冯氏小集》、《钝吟集》、《钝吟杂录》、《钝吟书要》等。

有　赠　　　　　　　　　冯班

隔岸吹唇日沸天[①],羽书惟道欲投鞭。[②]
八公山色还苍翠[③],虚对围棋忆谢玄。[④]

〔注〕　① 吹唇:吹口哨。《南齐书·魏虏传》:"吹唇沸地。"《资治通鉴》胡三省注谓:"吹唇

者,以齿啮唇作气吹之,其声如鹰隼。" ②羽书:插鸟羽以示军情紧急的文书。《后汉书·西羌传》:"羽书日闻",李贤注:"羽书即檄书也。《魏武奏事》曰'边有警急,即插羽以示急'也。"投鞭:《晋书·苻坚载记》:"坚曰:'以吾之众旅,投鞭于江,足断其流。'" ③八公山:山名,在安徽寿县北,淝水之北。《晋书·苻坚载记》:"坚与苻融登城而望王师,见部阵整齐,将士精锐;又望八公山上,草木皆类人形;顾谓融曰:'此亦勍敌也,何谓少乎?'" ④"虚对"句:《资治通鉴》:"谢安得驿书,知秦兵已败,时方与客围棋,摄书置床上,了无喜色,围棋如故,客问之,徐答曰:'小儿辈遂已破贼。'"小儿辈指东晋将领谢安侄谢玄等人。

冯班诗以七言绝句最出色,朱彝尊《静志居诗话》、潘飞声《在山泉诗话》已先后言之,此诗风格与义山、牧之为近,为其集中佳作。诗写于1645年(清顺治二年)5月清军南下攻破扬州、南京之前。诗人怀古念今,借淝水之战抒发自己的深沉感慨,既刺清军气焰之嚣张,又惜南明弘光小朝廷不能抗清,在交织希望与失望的矛盾心情中,唱出了一曲惆怅之歌。

前二句叙昔日曾经发生之事,也道出今日正在发生之事。诗人借当年苻坚率前秦大军浩荡南下的历史故事暗指清军迫近长江的险恶时局。"隔岸"一句,写前秦军队的口哨声震天价响,而不写他们旌旗如云、刀枪如林的军容,更能显其骄横猖狂、咄咄逼人的盛气。用《南齐书·魏房传》"吹唇沸地"典故而加以变化,有青出于蓝而胜于蓝之妙用。冯班雅不喜江西诗派,然此处实与黄山谷所谓"夺胎换骨"法为近。"隔岸"二字亦似有这样的言外之意:苻坚昔日耀武扬威只能限于江北,淝水一战即铩羽大败;现在清军也已兵临长江,结果又将如何?"羽书"句谓报急军书中传来苻坚自夸"投鞭于江,足断其流"的消息,表明形势的严峻。史传中苻坚自己说投鞭断流与此诗中晋军羽书传言敌军投鞭断流,一是直接引语,一是间接引语,意义有颇为微妙的不同,加上虚字"惟",隐隐透出对南明军只见清军之气势而不见己方之力量的不满。

后二句由古事引出今情,表现出诗人渴望有谢安、谢玄那样的政治家、军事家来稳定全局,克敌制胜的心愿。八公山上草木森森,仍像淝水之战时一样苍翠,它令诗人想起昔日东晋军的辉煌胜利,也令诗人产生八公山上,草木皆兵,又让敌人惊惧的想象。但严酷的现实,却只能使诗人空对一局残棋,缅怀谢安那样沉着有方的主帅与谢玄那样英勇善战的大将。棋局往往用来比喻时局,此处也是如此。而以虚字"还"、"虚"斡旋语气,令诗意余味曲包,更见出诗人的匠心。大家知道,南明弘光政权内讧颇烈,对抵抗清军全无方略,所以诗人有这样沉重的感受。诗中没写淝水之战的战况,正显出他对将进行的抗战早有一种悲剧意识。此后不久,扬州、南京相继沦陷,诗人又有《江南杂感》叹道:"王气消沉三百年,难将人事尽凭天。石头形胜分明在,不遇英雄亦枉然。"

吴乔《围炉诗话》以为本篇有"不着议论而含蓄无穷"的"唐人妙处",曹弘《画月录》亦谓此诗"如书家之敛笔藏锋,歌者之潜气内转,最为含蓄有味",良然。附带提一下,冯班的诗,多学晚唐体,每伤纤仄,但在伤时忧国内容的诗作中,则没有这种毛病。

(庞 坚)

诗人小传

王猷定

(1598—1662) 字于一,号轸石,江西南昌人。明拔贡生,为人倜傥自豪,与侯方域齐名。史可法闻其贤,征为记室。袁继咸奉命江楚,亦疏荐之,坚辞不就。入清,遂绝意人世,日以诗文自娱,晚寓浙中西湖僧舍,与宋琬尤相投契。猷定工诗古文,郁勃多奇气。其行书楷法,亦名重一时。著有《四照堂集》。

螺川早发　　　　　　　王猷定

月落秋山晓,城头鼓角停。
长江流远梦,短棹拨残星。
露湿鸥衣白,天光雁字青。
苍茫回首望,海岳一孤亭。

　　螺川即螺山,委宛如螺,在江西吉安市北十里,南临赣江,是个美丽的地方。这首五律是抒写秋日清晨离别螺川的情景,诗人融情入景,描景成画,在清峭的意境中充溢着豪情别绪。

　　首联写欲发未发时的螺川风光。先绘色"月落秋山晓",交代行期是在秋天农历十五左右,日月相望的清晨,群山开始披上了晓色。再绘声"城头鼓角停",山野空旷,遥闻吉安城楼上的鼓角鸣声划破夜空后又呈清晨的宁静。一切都是那么恬静,那么自然,正为下文的述离情别意打好了基础。

　　颔联写登上小舟始发时的感受。俯视那长流不断的赣江水,仿佛是要将自己从一个梦乡流入另一个梦乡;那划动的短棹仿佛是在拨动水中残存的星光倒影。江水、木桨都是摸得着的实体,梦境、星影却是空幻、浮动的,在实词虚词之间嵌上动词"流""拨"组合成一幅星晨行舟图,不仅似闻夜行船声,还因虚实相辅扩大了意境,产生了联想。"梦""星"既说明行舟时辰之早,又体现了诗人是在睡意蒙眬中就离别螺川的,含义颇丰。

颈联承上联更扩大视野,放眼天际水涯,写舟中远视的赣江秋晓。鸥雁本生活水边,用以明特定环境,"露湿""天光"点特定时间——秋露朝湿,晨光见晓。"鸥衣白""雁字青"突出秋江早晨空气的清新爽朗。水天一色,鸥驻雁飞,小舟荡漾,构成一幅淡墨水彩画,既开阔明晰又潇洒飘逸。再细嚼"鸥衣"湿、"雁字"青,又似暗藏惜别之情。

尾联写回头看到的螺川远景。只见水天苍茫,旷远无边,螺山已似海岳之中一个小小的孤亭。以水阔山小反映了行程已远;而舟行之速,使离情更苦。值得寻思的是诗人为何不写自己孤单,不写孤舟,而说螺山似孤亭呢?妙在:其一,"孤亭"形象地勾画出螺山形势,照应首联,扣紧诗题突出在"螺川"早发,补写了螺川山势奇特,近看似螺,远看似亭;其二,"亭"能令人联想到送别的长亭短亭,又能浮现螺山亭亭玉立目送行舟的模样,螺山为之送行之意及诗人对螺山的依恋之情均涌现出来;其三,更能表现诗人真挚的感情。将螺川人格化,想到自己的离去冷落了螺川,因而体贴螺川的孤寂感,这岂不是比说自己如何孤寂情感表现得更深沉更浑厚吗?

写早行题材的诗甚多,最负盛名的当推温庭筠《商山早行》中脍炙人口的佳句:"鸡声茅店月,人迹板桥霜。"能"状难写之景如在目前,含不尽之意见于言外"(梅尧臣评语)如果用这个标准来衡量《螺川早发》未尝不是能将秋晨行舟江上的所见所闻所感写得淋漓尽致,言尽而意无穷。一首好诗都应有自己的韵味,这首诗除了情景交融,用词妥帖朴实自然之外,更有一大特色是布局精细巧妙。以早行时间自然景象的变化为线索,由近及远转换视线角度,将八句构成四幅画卷,串联四幅图画成一组山水连环画。随着小船的推进,画面意境一幅比一幅开阔,令人心旷神怡。然而,如果将诗句分题四幅画上,惜别之情又觉越远愈浓,细嚼细品,更觉螺川美丽可爱。

(宛新彬)

朱之瑜

【诗人小传】(1600—1682) 字鲁玙,别号舜水,浙江余姚人。南明弘光帝立,欲授以官职,坚辞不就,避居浙江舟山。1645年,清兵攻陷南京,他去日本东京借兵以图复明,未成,留日讲学,定居长崎等地,对中日文化交流有贡献。死于日本,不忘故国,遗嘱在墓碑上写"故明人朱之瑜墓"。著有《朱舜水文集》。

避地日本感赋

朱之瑜

汉土西看白日昏①,伤心胡虏据中原②。
衣冠谁有先朝制?东海翻然认故园。

〔注〕 ① 汉土西看:指由日本西望中国。　② 胡虏:指满清。

除去生理上差别外,服饰衣着是人们最外在的标志,因此,它有鲜明的时代与民族特征。古代中国人特别重视这个问题,认为它可以起着昭示等级、辨别民族的作用。孔子赞美管仲时曾说:"微管仲,吾其披发左衽矣!"(《论语·宪问》)"披发左衽(衣襟向左掩)"是当时少数民族的装束,与中原人民的"右衽束发"不同。从孔子对管仲"尊王攘夷"功勋的称颂中亦可见他对自己本民族装束的珍视。清统治者入主中原之后,于顺治三年(1646)下令剃发改服。《上谕》中说:"今者天下一家,君犹父也。父子一体,岂容违异?"并用强力实行,使其推行的民族压迫、民族压迫政策表面化,其意在摧毁汉民族的民族尊严,因而引起汉族人民的强烈反抗。胡蕴玉在《发史序》中说:"剃发令下,吾民族之不忍受辱而死者,不知凡几。幸而不死,则埋居土室,或遁迹深山。甚至削发披缁,其百折不回之气,腕可折、头可断、肉可脔、身可碎,白刃可蹈,鼎镬可赴,而此星星之发,必不可剃。其意岂在一发哉?盖不忍视上国之衣冠,沦于狄夷耳。"朱之瑜正是"不忍受辱而死者"中的一个。他数次参加反满的武装斗争,失败后到日本乞师,后看到明朝气数已尽、满清大业已定,他宁肯侨居日本,传播汉文化,而不愿回到沦于异族之手的中国。长期留居异邦,朱之瑜内心是十分痛苦的。这首诗正是他内心矛盾与痛苦的表现。诗人心系故国,因此要时时西望"汉土",但此时故土白日昏昏,大好河山为满洲铁蹄驰骋践踏,已经尘霾飞扬、遮空蔽日。到底归去不归去呢? 怀乡恋土、落叶归根、狐死首丘本是华夏民族的传统,欲归不得的痛苦盘踞在诗人心头。此诗前二句提出了矛盾,第三句笔锋一转"衣冠谁有先朝制"? 表面上是问,实际上点明神州大地已不实行明朝衣冠制度,满族统治者正大力推行民族压迫政策,自己不能回去作奴隶,而幡然回顾自己所在的日本,由于受到先代汉文化的影响,其衣冠制度却与"故园"相近。当时日本"自国王以下(如上公源光圀等)咸尊之为师,又为之制明代衣冠使服之"。故虽远在东瀛,却有身在家园之感。因此,诗中除了表达对故国的思念外,也反映了对东道主的感激。

朱氏是重实践功用的学者,于诗词一道用力稍轻,故其诗仅达意而已。此诗质朴无华但因感情诚挚,亦自有其感人的力量。之瑜后卒于日本,葬于常陆久慈郡大田乡龙山麓,依照明朝仪式成坟。这说明了日本人民对他的理解与热爱。他的学说在日本也有十分深远的影响。其日本弟子今井弘济、安觉济二人撰写的《舜水先生行实》中说:"呜呼先生,明之遗民,避难乘槎,来止秋津,寤寐忧国,老泪沾巾,衡门常杜,箪瓢乐贫。韬光晦迹,德必有邻。天下所仰,众星拱辰。既见既觐,真希世人,温然其声,俨然其身。威容堂堂,文质彬彬。学贯古今,思出风尘。道德循借,家保国珍,函丈师事,恭礼寅宾……"录此以增强读者对之瑜其人与其诗的理解。

（王学太）

【诗人小传】

傅 山

（1607—1684） 又名真山,字青主,又字侨山,号公之它、石道人、朱衣道人、啬庐等。山西阳曲人。明亡,穿朱衣,住土穴,与顾炎武等为友,坚拒满清官职。康熙间举博学鸿词,强征至京,以死相抗,放还。他诗文书画均有盛名,哲学上也有建树,尤精医学。有《霜红龛集》。

青 羊 庵① 　　　　　　　　傅 山

芟苍凿翠一庵经,不为瞿昙作客星②。
既是为山平不得,我来添尔一峰青。

〔注〕 ① 青羊庵:傅山读书处,为其室名之一。 ② 瞿昙:梵语音译,也作乔达摩,佛教创始人释迦牟尼的姓氏,后多以瞿昙为佛之代称。

傅山的室名,自以霜红龛名最著,龛者,壁中小室也,作室名用,极为罕见。徐瀓《卓观斋脞录》说:"傅青主山有《霜红龛集》,其读书处本名青羊庵,蹲崛嵋松林中,故名。后改霜红龛者,因林中树草叶色,秋来如一片红霞也。"可知青羊庵也是傅山的室名,只是名声不如霜红龛那么大。卓尔堪《明遗民诗》说:"(傅山)披绛屦,居土穴中。纪映钟赠以诗,有'朱衣一道人,土室度残春'句。"徐世昌《晚晴簃诗汇》也说:"(傅山)国变后为道士装,隐青羊山土室,即所谓霜红龛也。"据此则青羊庵、霜红龛便是窑洞一类的居处。

诗的首句,"芟苍"指割除杂草杂树,腾出活动的空地,"凿翠"指在山壁上凿出窑洞,作定居的陋室。"经"在此自然不作经过解,而作营治解。以草色树色之青苍代指草树，以长满苔藓的崖壁之翠绿代指崖壁，修辞上很见巧妙。次句诗人说：我不是那化缘四方的苦行僧，他们是客，而我却要在这儿安居下来，在这儿成为主人。正因为他是"朱衣一道人"，所以才会说"不为瞿昙"。而他隐居不仕，偏向道家道教，既然与他精擅医学有关，更出于他"萧然物外，自得天机"（顾亭林语）的心性。邓之诚《清诗纪事初编》说："述傅山事者，杂以神仙，不免近诞，然至今妇人孺子咸知姓名，皆谓文不如诗，诗不如画，画不如医，医不如人。"可见他不慕荣利，甘于淡泊，如光风霁月般清高醇厚的人格。

三、四两句更进一层，诗人说：既然山都是不平的，那么伫立于山头的我就来为你这群山再添一座青峰吧。奇特的设想，以人拟物（人作青峰）的手法，都令人耳目一新，从中更可看出诗人耿介坚贞的浩然正气。"为山平不得"意含双关，既是说自然界的山不可能平，也是说自己对异族统治始终心怀不平，不会做清王朝的驯臣顺民。"山"是傅山之名，故可以有此复义。称山为"尔"，则表现出诗人与大自然的亲密无间，间接地传达了对人世污浊的愤恨。耸峙的山峰，向来是刚强不屈精神意志的象征，傅山那身化一峰的艺术想象自然与之有不解之缘。更可注意的是，"青"字也与傅山的名字有关，"青主"不正是他的字吗？"我来添尔一峰青"，岂不是说：我傅青主就真来做一回青峰之主吧！读了这二句，我们眼前仿佛看到一位"苏世独立，横而不流"的清癯老人傲然挺立于山巅。

邓之诚《清诗纪事初编》称傅山"诗文外若真率，实则劲气内敛，蕴蓄无穷，世人莫能测之。至于心伤故国，虽开怀笑语，而沉痛即隐寓其中，读之令人凄怆。"这首《青羊庵》便是"劲气内敛，蕴蓄无穷"的佳作。在托青峰以抒怀明志之中，也暗含"心伤故国"的沉痛，与邓氏所说不同的是，这种潜藏的情愫给人的感受不是凄怆，而是感奋。他的隐居作道士装，显然是对满清统治者的反抗，尽管这种生活方式多少与他的个性气质有关。

(庞　坚)

【诗人小传】

金圣叹

（1608—1661）　原姓张，名采，字若采，后顶金人瑞名应试，又名喟，字圣叹。江苏长洲（今苏州）人。明末秀才，入清后，绝意仕进。为人狂放不羁，好衡文评书，以评点《水浒传》、《西厢记》等著名。顺治十八年，因"哭庙案"处斩。刘献廷为之辑《沈吟楼诗选》。

狱中见茉莉花　　　　　　金圣叹

名花尔无玷，亦入此中来。
误被童蒙拾，真辜雨露开。
托根虽小草，造物自全材。
幼读南容传，苍茫老更哀。

读过金圣叹批的第五才子书《水浒传》和第六才子书《西厢记》的人，都会记得金圣叹这个名字。这首《狱中见茉莉花》五律和另三首《绝命词》七绝，是顺治十八年辛丑（1661）"哭庙案"发生之后，他被囚系于狱中行将处决之前的诗作。为了便于评析他的诗和理解他的为人，请先简介他的生平：

金人瑞（1608—1661）明末长洲（今江苏苏州市）人。原名采，字若采；又名喟，字圣叹。据廖燕、蔡丐因诸人所之《金圣叹传》，说他生而颖异，倜傥不群，自负其才，俯视一切。善衡文评书，议论皆发前人所未发、明亡后，惟以读书著述为务。所为诗文，腾踔奋发，熊熊有光。尝言天下才子书有六：一、《庄子》，二、《离骚》，三、《史记》，四、《杜诗》，五、《水浒传》，六、《西厢记》。他对于这六部才子书，纵横批评，明快如火，辛辣如老吏，笔跃句舞，一时见者，叹为"灵鬼转世"。平时每肆言无忌，尝踞说经堂上讲解经义，发声嘹亮，顾盼自雄，人咸以徐文长目之。当时文人对他褒贬不一，誉之者以为异才，贬之者以为夸诞不经，必以笔舌贾祸。顺治末吴县县令任维初比征钱粮甚急，吴之诸生讦其不法，巡抚朱国治逮诸生五人，众乃哭于文庙。时顺治帝刚殁，朱国治续以"震惊先帝大不敬"，逮倪用宾及圣叹等十五人，又值郑成功兵入长江不久，由是乃兴大狱，以附逆罪坐斩十八人，不论主从，家产籍没入官，妻子充军边塞，圣叹即因是狱而死。

这首《狱中见茉莉花》，显然是托物明志之作，表明哭庙之狱乃是冤案。

首韵"名花尔无玷，亦入此中来"，意谓茉莉本是名花，并无污玷，但亦不幸而处于狱中。词意已含凄楚，感叹自己入狱也并无污点，花之命运，竟和自己的遭遇相同，岂不令人伤感。次韵承前，"误被童蒙拾，真辜雨露开。"花之在狱，乃因误被童蒙所拾，故而过失并不在花。童蒙乃是无知之人，他们检拾此花，置于狱中，遂使无辜之花，也在狱中经受磨难，花也承受过自然的恩惠，受到雨露的润泽，但竟陷入狱中，岂不辜负了雨露的恩泽，白白地开放了一场。作者以花自喻，也有一段事实。按作者于入狱的前一年，曾作有《春感》诗八首，其诗有序云："顺治庚子（1660）正月，邵子兰雪（邵点，字兰雪，余姚人寓居吴门）从都门归，口述皇上见某批才子书,谕词臣'此是古文高手,莫以时文眼看他'等语,家兄长文(即金昌,昌字长文,圣叹族兄)具为某道,某感而泪下,因北向叩首敬赋。"姑不论顺治帝何以赏识圣叹所批之书,邵兰雪所言是否确有所据,但作者当时的激动,则是千真万确的。作者本有傲世之才,明亡以后的一段时间中,也时有对清廷暴政不满的情绪,如今一听说顺治帝赏识他批的才子书,便产生"受宠若惊"的激动,这种心态矛盾的现象,足以说明当时存在的一种现实:即清政权入关以后,不少文士,尤其是江南文人,对清廷存在有夷夏之分,他们眷念故明,乙酉、丙戌之间,江南义兵纷起,曾受到残酷的镇压。但经过十多年统治而后,政局渐趋稳定,文士出而应试仕清者,亦大有人在。圣叹之为人,又有其不甘寂寞,好露锋芒的一面,现在居然以一介书生受到皇帝的赏誉,自然会使他情不自禁地"感而泪下"。想不到在《春感》写成后的次年七月,也就是距清世祖之死仅约半年,他就因"哭庙"一案被逮入狱,而且是以"震惊先帝,大不敬"坐罪,难怪他在《咏茉莉》时有"真辜雨露开"之叹了。不难看出,这句诗是确有所指的。

  第三联"托根虽小草,造物自全材",作者认为茉莉虽说是托根于小草,但质本清白,比之其他花卉并无逊色。即在造物者之抚育万物,也允许它们各尽其材,并没有对小花小草作出歧视。比之自己,何尝没有感戴阳光雨露之心,没有表现自己才能的意愿,但遭逢惨酷,遇到的是贪官酷吏,下情不能上达,竟至罹杀身之祸,难道不是可以痛心的事?!作者后来临刑时,也曾吐露过这样的话:"杀头,至痛也;籍没,至惨也,圣叹乃于无意中得之,不亦异乎?"可见当时诸生哭庙的本意,原不过想揭发那个不法的县令,何尝料到朱国治竟会加上"大不敬"、"附逆"的罪名?清廷法网之密,竟是圣叹始料所未及的。圣叹本是绝顶聪明的人,也并没有强烈反清的意愿,但是不审时机,错误地估计了形势,又偏生遇到那个善于讨好主子的巡抚朱国治(按此人后来官云南巡抚时,为吴三桂所杀),以致招惹巨祸,可见聪明人,也常有极愚笨的一面。当时有一位诗人法若真(胶州人,字汉儒,顺治进士),在《登虎丘》这首诗中曾经警示过:"竖儒犹惜旧衣裳,文章之祸恐不小。"其诗下有注云:"此戊子(顺治五年1648)作,迟十三年果验。"盖指哭庙之狱。圣叹正是法氏所指的"肆言无忌"的竖儒,他时而有故明之思,时而又因受到清帝称誉而感恩不已,法若真是不幸而言中了。

  结尾两句:"幼读南容传,苍茫老更哀",和首韵二句紧密相应。这两句舍花而言自己。"南容",即南宫适,孔子弟子。"南容传",指《史记·仲尼弟子列传》,南容曾反复诵读《诗·大雅·抑》"白圭之玷,尚可磨也;斯言之玷,不可磨也"的诗句,圣叹借此比喻自己竟在老年受到污辱,自己本如白圭之无玷,谁知竟被蒙上无辜的罪名,这是他痛心的所在,也是作这首诗的主旨。

全诗以狱中所见之茉莉花自喻,花本无玷而受玷,人本无辜而受辜,可谓其情也抑,其言也哀。

(马祖熙)

绝 命 词　　　　金圣叹

鼠肝虫臂久萧疏,只惜胸前几本书。
虽喜唐诗略分解,庄、骚、马、杜待何如?

这首诗写于狱祸临刑之前,是作者和族兄金昌诀别之作。金昌,字长文,曾为作者所批第二才子书《离骚》作跋,他们是兄弟,也是知己,圣叹自知这次狱难,断难幸免,感念自己的生命本极微小,即使化去,并不足道,可惜的是还有几本书没有最后完成,不免遗憾。诗的前两句"鼠肝虫臂久萧疏,只惜胸前几本书",即表白此意。

"鼠肝虫臂",比喻微末卑贱,语出《庄子·大宗师》,这两句是说:我的生命,就像鼠肝虫臂一样的微贱,对于人世也久经萧散,如今即将失去生命,也不过像一件卑贱的东西,重归造化,全无顾惜,可是胸前有几部书,虽已作出评论,还没有镂板刊成,感到痛惜,作者尝言天下才子之书,计有六种,即《庄》、《骚》、《史记》、《杜诗》、《水浒》、《西厢》,他以《离骚》代表辞赋,《庄子》代表先秦哲理散文,《史记》代表史传文,《水浒传》代表小说、《西厢记》代表戏剧,的确具有很高的见解,因此称誉这六种书为才子书,誉其作者为才子。他批的第五才子书《水浒传》,于崇祯十四年(1641)刊行,第六才子书《西厢记》也在顺治十三年(1656)镂板问世,并且在文坛和读者中起了很大的影响。显然,这里痛惜的是没有刊成的《庄》、《骚》、《史记》和正在评析的杜诗。后两句承前作具体的说明:"虽喜唐诗略分解,庄、骚、马、杜待何如?"作者所指唐诗,即指杜诗,他评解杜诗,是在他有生命的最后两年——顺治十七年庚子至顺治十八年辛丑(1660—1661)。自谓"能将诗圣之诗,句解明晰,则杜诗一日不灭,句解亦一日不灭也。"在这一期间,他尝深宵不寐,勤心从事,没有全部完成,即遭狱祸,所以在诗句中只说"略分解"。而对于已批成尚未刊行《庄》、《骚》、《史记》,以及没有评解完的杜诗,则以"待何如"表示深沉的感叹。并寄望他的这位族兄,在条件许可的情况下,能完成他未竟的心愿。

人在临终之前,往往会想到自己未了的身后事,而有"托孤"之举。圣叹之未了事,是几本所评之书未能和未及刊行,所以首先"托书",以见圣叹毕生心血所注，首在于书。遗憾的是我们今天所能见到的，仍是金批《水浒》及《西厢记》两种，金昌虽然受到圣叹的托请，后来曾刊有《杜诗解》四卷，但此书由金昌苴补而成，已非原貌，其中且有金昌之续作。至于《庄》、《骚》、《史记》等书，只能见到一鳞一爪的评论，无从知其梗概了。无名氏《辛丑纪闻》谓"天之忌才，一至于斯"，诚可浩叹。

（马祖熙）

与儿子雍　　　　　金圣叹

原注："吾儿雍，不惟世间真正读书种子，亦是世间学道人也。"

> 与汝为亲妙在疏，如形随影只于书。
> 今朝疏到无疏地，无着天亲果宴如。

这首诗是金圣叹《绝命词》的第二首，与儿子金雍诀别。圣叹素喜作达，即在狱中行将毕命之际，亦复如此。狱中寄妻子书云："字付大儿看，腌菜与黄豆同吃，大有胡桃滋味，此法一传，我无遗憾矣。"不难看出，他只是故作旷达，并非没有遗憾。他是一个富有人情味的人，并不能作太上之忘情。这首《与儿子雍》诗，正是以不能忘情的心声作最后的倾吐。语至哀痛，而于疏散中出之，说他是旷达，毋宁说是沉哀。

前二句是说，他们父子之间的微妙之处就在于疏远，但在爱读书，爱评书这一方面，则是如形之随影，亲密无间。影本随形，他却偏说"形之随影"，盖以自己的一生譬如幻影，而儿子的形，则不以为幻而常随之也。圣叹深爱自己的儿子，也深知金雍是一个"真正的读书种子，也是世间学道之人"。圣叹嗜书如命，在临刑之前，首先挂念的是他自己已经批成而未能刊行的几本书，对于能继承他的事业的儿子，自然存在厚望，希望儿子能完成他所未竟的事业，不幸的是他罹于狱祸，儿子也将流放到边远地区，狱难所及，不遗妻子，并不因平时父子之疏，儿子能幸免于远戍。在这二句诗中，圣叹对于身后之事，何尝不料到一些，不过如此惨酷，则是他始料所不及的。诗中着重表明他们父子的关系，在疏而不在亲，其共同点是同有爱书的嗜好。

后两句云："今朝疏到无疏地，无着天亲果宴如。""今朝"，指在狱即将处决之日，他与儿子将成永别，故云，疏到无可再疏的地步，亦即形不能随影之时。于是转觉昔时之疏，俱成今日痛苦之境，欲求补偿显然是不可能了。在无可奈何之际，乃以释语作结，自求解脱。末句中之"无着、天亲"二人，为南北朝印度之高僧，"无着"是佛教大乘"瑜伽教系"的首创者，与"天亲"为兄弟，出身北印度健驮罗国首都骆沙城，为婆罗门族。无着初出家于小乘，因对其教义不满，后乃改归大乘。相传曾亲承弥勒启示，著《瑜伽师地论》百卷。"宴如"，意谓安然。即佛语涅槃之义。（涅槃，意为灭度，指脱离一切烦恼，进入自由无碍的境界。）圣叹这句诗意思是说，自己曾学大乘，宗仰无着、天亲之教义，这回如果真能超脱一切烦恼，达到涅槃的境界，也就什么挂牵都没有了。

综观此诗，圣叹语虽疏旷，实质上他的内心是极为哀痛的，"人之将死，其言也善"，说他是安慰儿子也可，说他是"以放旷抑制沉哀"是更无不可的。

（马祖熙）

临别口号遍谢弥天大人谬知我者　　金圣叹

东西南北海天疏，万里来寻圣叹书。
圣叹只留书种在，累君青眼看何如？

这首诗是圣叹《绝命词》的第三首，诗题中之"弥天大人"，是指普天下赏识他的有德行的高尚之人。《易·乾》云："大人者，与天地合其德。"《孟子》谓"大人者，不失其赤子之心者也"。"临别"，意谓临刑之前向大家告别。圣叹于惨祸临头之日，在口号诗中想到的有两件事：一件是自己已刊行和未及刊行的几种才子书，他感谢那些不远万里寻求圣叹书的人。另一件是以儿子金雍（字释弓）向天下有德之人相托，儿子是个"真正的读书种子"，请求"知我者"青眼看待。人在最惨痛的时刻，所吐露的正是自己那份最凄楚的心声，圣叹以五十四岁之年，向大家诀别，他的毕生心事，也尽在此两事之中，显然本诗更含有"托孤"之意。圣叹平昔之为人，本属倜傥不羁、傲岸不群之士，尝有玩世不恭的态度，现在遭逢冤狱，身临绝境，自然有"人生到此，天道难论"之叹，所以在诀别族兄和儿子之后，留下这首感谢"弥天大人"及"谬知我者"的口号诗。

口号诗的前两句"东西南北海天疏，万里来寻圣叹书"，对于那些赏识他喜读其书的人，他殷殷致意。他认为这些读者是正直的，不因他的罹祸遭冤而改变爱读圣叹书的态度，故诗题中以"弥天大人"及"知我者"称之。后两句："圣叹只留书种在，累君青眼看何如？"意谓圣叹已罹杀身之奇祸，圣叹本是"鼠肝虫臂"之身，辞世之后，只留下读书种子金雍，也许在他死后，金雍能够致力于他所未竟的事业，所以劳累诸君，另眼看待。（"青眼"，表示重视。《晋书·阮籍传》：阮籍不拘礼教，能为青白眼，其见凡俗之士，以白眼对之，表示轻视。嵇康赍酒挟琴来访，籍大悦，乃对以青眼。其事亦见《世说新语·简傲》注。）圣叹在致其族兄金昌一信中说："诗非异物，只是人人心头舌尖所万不获已必欲说出之一句话耳。"他的《绝命词》三首，正是用自己的生命作了最惨痛的实践。人们为什么万里来寻圣叹书？正是因为他所批的才子书，往往领异标新，迥出意表，觉得作者千百年来，至此始开生面。他评《水浒传》，《水浒传》因他而扩大影响，他也因《水浒传》之评而名满天下。他评《西厢记》，使大团圆的《西厢记》，变成震撼人心的古典悲剧，更使读者、观众对莺莺、张生这一对在封建制度压迫下不能成为眷属的青年，永远给予深挚的同情。这和《水浒传》以卢俊义的一梦作悲剧性的结局，如出一辙。尽管由于历史的阶级的局限，他在批语中杂有一些封建的唯心主义的糟粕，但是应当说成绩是主要的。他顾惜这些书，确实因为在这些书中，他付出了和他生命相等的代价。所以在《绝命词》中，他一再提到这些书，提到自己留下的读书种子——金雍。他希望金雍能受到人们的青睐，能填补他未了的心愿。而他唯一的儿子金雍，也因圣叹之狱，远戍宁古塔（一说戍地为辽东），仅在康熙二十九年（1690）以赂主者暂得南还。刘廷献《广阳杂记》称其曾从金释弓（金雍，字释弓）问《庄子》定本，则知此读书种子，虽在流放期间，尚从事研究工作，圣叹有知，当于泉下为之惨然一笑，而《庄子》一书，正是圣叹所奉为才子书的第一种。

圣叹之称《史记》，谓"史公发泄一腔宿怨，所以于《游侠》、《货殖》诸传，特地着精神"。并说"一部《史记》只缓急人所时有六个字，是史公一生著作之本旨"。《水浒传》则不然，"施耐庵本无宿怨可泄，第以饱暖无事，见史有'宋江三十六人'句，喜其足供挥洒，遂借题弄墨，写出自家锦心绣口，故是非不谬于圣人。"其批《西厢记》，"只讲文情，不讲曲谱"，明知后四出为关汉卿续，实非王实甫本，亦"略示轩轾，不加删削"。他以奇特之见解，批文章之妙处，别作奇警新熟字以为命名，如一本一折，原名"遇艳"，改为"惊艳"。二本三折，原名"负盟"，改为"赖婚"，四本二折之"说合"，改题"拷艳"，都极为精彩。并指出《西厢记》之文辞，"有烘云托月法、移堂就树法、月渡回廊法、起倒变动法、……《水浒传》有倒插法、夹叙法、草蛇灰线法、背面铺叙法、大落墨法、欲擒故纵法……"凡此类皆画龙点睛，金针随度，发前人所未发，故其书问世，不胫而走，《绝命词》中所谓"万里来寻圣叹书"，并非夸张之语。今传之第五才子《水浒传》、第六才子书《西厢记》，都是近三百年来最受读者欢迎因而翻印最多的版本，并为京剧及其他剧种有关《水浒传》及《西厢记》诸种剧目之依据，这是由于金批提高了旧本的思想性，不管评论者如何批判金圣叹的主观意图，甚至有些冬烘文人学者，指责他的书是"倡乱"、"诲淫"之作，但总不能否认他清除了旧本宣扬"夫荣妻贵"、"衣锦还乡"、"荣膺皇封"的封建传统观念。使人遗憾的，是圣叹其他几种才子书，如《庄子》、《离骚》、《史记》,都未能镂板行世。他的儿子金雍,也因流放远戍,未能完成他的遗愿。而在籍没、流放之中,这几部书稿可能也都失落了。金雍虽然也遇到一些人对他青眼,但在流放而后,也不过是"苟全性命"而已,读这首"临别口号"诗,不禁使人为之三叹。

(马祖熙)

〔注〕 本文所引有关《史记》、《水浒传》、《西厢记》之评论,皆见蔡丐因《金人瑞传》。

诗人小传

吴伟业

(1609—1672) 字骏公,号梅村。太仓(今属江苏)人。崇祯四年(1631)以会试第一、殿试第二之优异成绩考取进士,历任翰林院编修,南京国子监司业,左庶子等职。弘光朝任少詹事。与马士英、阮大铖不合。入清后曾长期闲居故里,顺治十年(1653),被迫应召仕清,出为秘书院侍讲,迁任国子监祭酒。三年后因母丧弃官归里。常以仕清为恨,其诗有"我本淮王旧鸡犬,不随仙去落人间"句。临终遗言:"敛以僧服,墓前树一圆石,题曰:'诗人吴梅村之墓'足矣!"吴是明清之际诗坛上的风云人物,和钱谦益、龚鼎孳并称"江左三大家"。其诗宗法唐人,博采兼收,各体皆工,歌行体尤为著名,后人称"梅村体"。《四库全书总目提要》评其诗云:"其少作大抵才华艳发,吐纳风流,有薄思绮合,清丽芊眠之致。及乎遭逢丧乱,阅历兴亡,激楚苍凉,风骨弥为遒上。"此外,吴还精词、曲、绘画等。著有《梅村家藏稿》。

圆 圆 曲

吴伟业

鼎湖当日弃人间,破敌收京下玉关;恸哭六军俱缟素,冲冠一怒为红颜。红颜流落非吾恋,逆贼天亡自荒宴;电扫黄巾定黑山,哭罢君亲再相见。相见初经田窦家,侯门歌舞出如花;许将戚里空篌伎,等取将军油壁车。家本姑苏浣花里,圆圆小字娇罗绮;梦向夫差苑里游,宫娥拥入君王起;前身合是采莲人,门前一片横塘水。横塘双桨去如飞,何处豪家强载归;此际岂知非薄命,此时只有泪沾衣。薰天意气连宫掖,明眸皓齿无人惜;夺归永巷闭良家,教就新声倾坐客。坐客飞觞红日暮，一曲哀弦向谁诉；白皙通侯最少年，拣取花枝屡回顾。早携娇鸟出樊笼，待得银河几时渡；恨杀军书底死催，苦留后约将人误。相约恩深相见难，一朝蚁贼满长安；可怜思妇楼头柳，认作天边粉絮看；遍索绿珠围内第，强呼绛树出雕栏。若非壮士全师胜，争得蛾眉匹马还。蛾眉马上传呼进，云鬟不整惊魂定；蜡炬迎来在战场，啼妆满面残红印。专征箫鼓向秦川，金牛道上车千乘；斜谷云深起画楼，散关月落开妆镜。

　　传来消息满江乡，乌桕红经十度霜；教曲妓师怜尚在，浣纱女伴忆同行；旧巢共是衔泥燕，飞上枝头变凤凰；长向尊前悲老大，有人夫婿擅侯王。

　　当时只受声名累，贵戚名豪竞延致；一斛珠连万斛愁，关山漂泊腰肢细；错怨狂风飏落花，无边春色来天地。尝闻倾国与倾城，翻使周郎受重名；妻子岂应关大计，英雄无奈是多情；全家白骨成灰土，一代红妆照汗青。君不见，馆娃初起鸳鸯宿，越女如花看不足；香径尘生鸟自啼，屧廊人去苔空绿。换羽移宫万里愁，珠歌翠舞古梁州。为君别唱吴宫曲，汉水东南日夜流。

吴梅村的《圆圆曲》，以其特有的艺术魅力蜚声文苑，它是继白居易《长恨歌》以后最值得注意的歌行体长诗之一。

《圆圆曲》写的是明末清初著名妓女陈圆圆的事迹。史载：崇祯年间，田畹以重金购买了苏州名妓陈圆圆，献给皇帝解闷。但崇祯皇帝不感兴趣，田畹就娶她回家，自己享用，后来又赠给吴三桂为妾。当时，社会矛盾趋于激化，明朝、清兵、农民起义军三方对峙。指挥大军镇守山海关的明将吴三桂，是一支举足轻重的力量。吴三桂本来曾有归附李自成起义军的打算，但他得悉起义军攻入北京，陈圆圆被刘宗敏掠去，便立刻改变主意，转向清廷，演出了勾引清兵入关的一幕。在满、汉地主武装的联合攻击下，农民起义被镇压下去，但明朝江山也从此改变颜色。曾经为崇祯皇帝所倚重的吴三桂，成了清朝的开国功臣。

吴梅村是明朝的榜眼，当过翰林院编修。明亡时，他曾想上吊自杀，但被家人劝阻，苟且偷活，后来还不得不出仕清朝。这位著名诗人的思想十分矛盾。在特定的环境中，他不敢对清朝的统治说三道四；而作为明朝遗老，对故国故君则不能忘情。明朝的灭亡,和吴三桂变节有直接的联系。吴梅村憎恨吴三桂引狼入室,于是写了讽刺吴三桂的《圆圆曲》。但吴三桂是清朝新贵,投鼠忌器,诗人对他的鞭挞,只能化之为婉曲的冷嘲。因此,《圆圆曲》写得纵横捭阖,却又烟水迷离,读者需要仔细咀嚼,才能理解其中真意。

《圆圆曲》开始的四句是:

> 鼎湖当日弃人间,破敌收京下玉关;恸哭六军俱缟素,冲冠一怒为红颜。

吴梅村劈头就"掉书袋",却不是卖弄才学。因为,他要说崇祯皇帝的死,可又不便明写,只好借用黄帝升天的故事。传说黄帝铸鼎于荆山,鼎成,黄帝便骑龙离开人间。后来因称黄帝升天为鼎湖。第二句,作者即写吴三桂打败了李自成。当时,吴三桂的胜利,靠的是满洲铁骑,不过作者绝不涉及人尽皆知的事实,这有意的回避,明眼人都懂得是怎么一回事。第三、四句,写得绝妙。诗人说:为了给崇祯报仇,六军恸哭,全师戴孝;而作为主帅的吴三桂,冲冠一怒,却是为了一个女子。自然,吴梅村把明朝士兵写成为对崇祯皇帝无限忠心的一群,实出于阶级偏见,如果群众拥护崇祯,何来农民起义?不过,作者夸大了士兵的"忠",便孤立了为红颜而"怒"的吴三桂。一经对比,吴三桂的庐山面目立即暴露,这拉大旗作虎皮的主帅,原来是个只顾一己之私的小人。当然,吴三桂的降清,是由其阶级本性决定,绝不能仅仅归结到一个女子的得失上去。这是我们阅读《圆圆曲》时所要注意的,而吴梅村写作"冲冠一怒为红颜",也是含有讽刺意味在内的。以上两句,是全诗的主旋律。下文"若非壮士全师胜,争得蛾眉匹马还";"全家白骨成灰土,一代红妆照汗青"等句,就是主旋律的逐级递进,它们前后呼应,一步步深化主题。

更妙的是,吴梅村扯下了吴三桂的幌子,又赶紧给他穿上堂而皇之的衣服:

> 红颜流落非吾恋,逆贼天亡自荒宴;电扫黄巾定黑山,哭罢君亲再相见。

这几句话,以吴三桂的口吻道出。吴三桂谴责农民起义军荒唐宴乐,表示要为崇祯皇帝报仇,为被杀的父亲报仇,"哭罢君亲",才见美人,气壮如牛,俨然是个忠孝两全的人物。实际情况又是如何呢,诗人一句不说,却转过笔去写吴三桂与陈圆圆最初相见的情景。

> 相见初经田窦家,侯门歌舞出如花;许将戚里箜篌伎,等取将军油壁车。

田窦,是汉代的田蚡和窦婴,他们是朝廷贵戚,这里借指崇祯皇帝的岳父田腕。吴三桂是在田畹家里见到陈圆圆的。那时，田畹宴请吴三桂，宴会间，姬妾们花明雪艳，歌舞翩跹，吴三桂一眼看中了陈圆圆。田畹为了笼络他，只好割爱，让这会弹箜篌的美人，等候吴大将军派出华美的车子来迎娶。

这一幕，倒叙吴、陈相见，引出了陈圆圆。诗人索性把读者的视线再拉后一点，来一个倒叙中的倒叙，介绍了陈圆圆未遇见吴三桂之前的生活。

家本姑苏浣花里，圆圆小字娇罗绮；梦向夫差苑里游，宫娥拥入君王起。前身合是采莲人，门前一片横塘水。

史载：陈圆圆原籍苏州；浣花里，则是唐朝名妓薛涛在成都居住的地方。作者把姑苏和浣花里牵合在一起，藉以点出圆圆作为姑苏名妓的身份。陈圆圆曾经作过一个奇怪的梦，她梦见自己被一班宫娥拥进吴王夫差的宫苑里，好色的夫差色授魂与，禁不住起身迎接。"前身合是采莲人"一句，更坐实陈圆圆是西施转世。作者由陈圆圆出生于姑苏，联想到曾在姑苏建都的吴王夫差，虚构出一个梦境，这固然是赞美陈圆圆有像西施一样的容貌，更重要的是，把"荒宴"亡国的吴王夫差与平西王吴三桂扯到一块，又表现出对人物的评价。真是一石二鸟，出神入化。"门前一片横塘水"一句，似是闲笔，但它像现代电影的"空镜头"那样，颇能启发读者的遐想。

写了陈圆圆的身世，作者顺笔再写她的经历：

横塘双桨去如飞，何处豪家强载归；此际岂知非薄命，此时只有泪沾衣。

想当初，陈圆圆被田畹载走，侯门一入深如海，她只有暗自悲伤。岂知道，事情的发展很难预料：

薰天意气连宫掖，明眸皓齿无人惜；夺归永巷闭良家，教就新声倾坐客。

首先，吴梅村记述了陈圆圆碰上一连串不幸的遭遇。她被送入宫廷，不见天日，这已经够糟了，而皇帝对明眸皓齿的她不肯爱顾，她被接回"良家"去陪伴田畹老头子，则更加倒霉。不过，经过高手指点能歌善舞倾倒了吴三桂的陈圆圆，不久命运就改变了。

写长诗，讲究抑扬开阖，何况陈圆圆遭遇的本身也相当曲折。由于她曾经是"贡品"，是田畹的"禁脔"，作者虽然没有正面描绘她的容貌，但人们却可以想象出她的绰约丰姿。吴三桂为了她不顾一切鲜廉寡耻的原因，也不言而喻。另外，写陈圆圆接二连三的倒霉，也为她后来的飞黄腾达作蓄势。

坐客飞觞红日暮，一曲哀弦向谁诉？白皙通侯最少年，拣取花枝屡

> 回顾。早携娇鸟出樊笼,待得银河几时渡;恨杀军书抵死催,苦留后约
> 将人误。

这一段,是对上文"相见初经田窦家"的回应。作者细腻地敷写吴、陈初见的细节:在宴会上,坐客们飞觞醉月,开怀豪饮;陈圆圆轻弹一曲,楚楚可怜。少年将军吴三桂忘乎所以,和她眉目传情。"拣取花枝",是说他在群雌粥粥中选中了陈圆圆。据清代陆次云写的《圆圆传》说:"圆圆至席,吴语曰:'卿乐甚!'圆圆小语曰:'红拂尚不乐越公(隋朝的杨素),矧(况)不逮越公者耶!'吴颔之。"圆圆说自己的命运比不上私奔的红拂,用意非常明显,她是希望吴三桂把她携出"樊笼",渡过"银河",与意中人相聚的。当然,她如愿以偿了,只是军情紧急,吴三桂把她留在北京,匆匆奔赴战场。此一去,出了大问题。"苦留后约将人误",这"人",指的是谁?是陈圆圆?是吴三桂?是明朝君臣?是广大百姓?是作者自己?抑或包括上述的一切?作者没有指明,他故意含糊其辞,让读者自去揣测。这一来,下笔愈泛,也愈耐人寻味。

> 相约恩深相见难,一朝蚁贼满长安;可怜思妇楼头柳,认作天边粉
> 絮看。遍索绿珠围内第,强呼绛树出雕栏。

"蚁贼",是作者对起义群众的污蔑。李自成下北京,陈圆圆便成了"思妇",楼头柳絮,纷纷扬扬,她会认作是山海关上的飞雪。就在这时候,陈圆圆为刘宗敏所获。绿珠,是晋代权贵石崇的爱妾;绛树,是三国时代善舞的美人,诗人把绿珠、绛树比喻陈圆圆,说刘宗敏包围吴府,把她架走。

> 若非壮士全师胜,争得蛾眉匹马还?

在吴三桂的追击下,农民起义军溃败,陈圆圆重归吴三桂的怀抱。在诗人看来,壮士们全师西指,餐刀饮箭,为的是陈圆圆的回归,这实在不值得称道。而作者不满之情,却又变个花样,以赞扬的口吻说出,似乎他在赞吴三桂的决心和魄力。这样的写法,显得笔势飞动,灵心四映。

> 蛾眉马上传呼进,云鬟不整惊魂定;蜡炬迎来在战场,啼妆满面残
> 红印。

流落关山的陈圆圆,云鬟蓬松,惊魂甫定;她梳着"啼妆"(一种发式),残脂未褪。吴三桂高烧银烛,让她骑马进入军营,此情此景,自然十分隆重体面,可是,在尸骨纵横的战场上举行迎亲典礼,实也不伦不类,所谓"哭罢君亲再相见"云云,终于成了笑柄。

> 专征箫鼓向秦川,金牛道上车千乘;斜谷云深起画楼,散关月落开
> 妆镜。

随后，诗歌转入写吴三桂陈圆圆相携入陕。一路上，大军吹吹打打，车马如龙，神气得很。到了四川，吴三桂在白云深处建起亭台楼阁，安置陈圆圆。每天，月牙儿落下，陈圆圆便对镜梳妆，开始了优闲的生活，秦川、金牛道、斜谷和大散关，是川陕地名。这一带是军事要冲，比较荒凉。吴三桂于此营造金屋，安享温柔与尊荣，气氛很不协调。作者以不协调的色调互相反衬，与其说是赞美吴三桂对陈圆圆的宠爱，不如说是对他"荒宴"生活的感慨。

  传来消息满江乡，乌桕红经十度霜；教曲妓师怜尚在，浣纱女伴忆同行；旧巢共是衔泥燕，飞上枝头变凤凰；长向尊前悲老大，有人夫婿擅侯王。

在云南，吴三桂当了平西王，陈圆圆也当了王妃。消息传到她的故乡，引起了种种反响，岁月悠悠，一切依旧，浣纱女伴，蹉跎白首，而陈圆圆则飞上高枝，人的命运，不同如此。这段话，诗人通过姑苏人的感叹，从侧面表现陈圆圆的遭遇。

  当时只受声名累，贵戚名豪竞延致；一斛珠连万斛愁，关山漂泊腰肢细。错怨狂风飏落花，无边春色来天地。

在苏州，陈圆圆当然想不到会"飞上枝头"，当初，她作妓女时，贵戚名豪，纷纷纳聘，搅得她不胜其烦。后来，又颠沛流离，关山漂泊，谁知道时代的狂风把她吹落地下，又把她送上青云，让她享受铺天盖地的春光。命运之难料，一至于此。很明显，上面几句，是诗人通过旁人对陈圆圆的回忆、叹息，记叙她的身世。由于吴梅村具有纯熟的创作技巧，能够不断地变换着记叙的手法，使读者感到诗歌的情节腾挪变化，摇曳多姿。

在写了旁人赞叹之后，作者直接站出来说话了。

  尝闻倾国与倾城，翻使周郎受重名；妻子岂应关大计，英雄无奈是多情！全家白骨成灰土，一代红妆照汗青。

倾城倾国指美人，周郎即周瑜，这里借指吴三桂。"重名"，说的却是反话。因为，按道理，为人臣者，应以家国为重，岂能以妻子影响大局，但"英雄"情多，那也无可奈何。这番话，诗人表面上是替吴三桂分辩，其实是不动声色地无情鞭捆。紧接着，作者索性挑明：陈圆圆成了历史的人物，吴三桂则全家毁灭，就是这桩风流韵事的代价。在这里，诗人连用两个对偶句，逐级推进，把怨恶之情引上高峰。

诗的末章，诗人放眼古今，一唱三叹，让感情的激流回旋而下：

  君不见，馆娃初起鸳鸯宿，越女如花看不足；香径尘生鸟自啼，屧廊人去苔空绿。

所谓"卒章见其志",写到最后,吴梅村回顾吴王夫差的下场,预示吴三桂决没有好的结果。馆娃、越女、香径、屧廊等典故,都与夫差有关。历史上,夫差何尝不盛极一时,他建了"馆娃宫",供越女西施居住,宫里有"采香径","响屧廊",后来人去楼空,一切烟消云散。正在享受着无边春色的吴三桂将如之何,这是不言而喻的。

　　换羽移宫万里愁,珠歌翠舞古梁州。为君别唱吴宫曲,汉水东南日夜流。

　　这段是临去秋波,纯粹是愁怀抒发。换羽移宫,指奏乐。梁州,既是乐曲名,又是吴三桂驻地云南的别名,诗人说,奏起梁州一曲,引起无限愁绪,另唱一首新的吴宫曲,更使人愁似汉江之水,日夜奔流,无穷无尽。整首诗,就在低回的旋律和含蓄的意境中结束。

　　如上所述,《圆圆曲》通过叙述陈圆圆传奇式的遭遇,讽刺了不顾大义的吴三桂。当然,吴梅村把吴三桂的背叛,仅仅归结为好色,这远不能揭示出他的本质,同时,诗人也表现出对女性狭隘观念和对农民起义的反动观点。但是,吴三桂确是历史的罪人,他给人民带来了苦难,因此,诗人对他鞭挞揭露,也有积极的意义。根据诗中"有人夫婿擅侯王"、"乌桕红经十度霜"等句,我们可以大致推断《圆圆曲》作于顺治十年左右。那时,吴三桂尚是声威显赫,气焰熏天。吴梅村竟敢在太岁头上动土,这说明他颇具胆识。据说,吴三桂托人送去厚礼,要求吴梅村删去此诗,看来,《圆圆曲》诛心之论,使作贼心虚的吴三桂狼狈不堪。至于吴梅村后来顶不住清朝的压力,应诏出山,则是作者晚节不终的问题,与《圆圆曲》的创作无关。

　　在艺术上,《圆圆曲》有自己明显的特色。第一,它用典巧妙。吴梅村临终时说:"吾诗不足以传远,而是中之寄托良苦。后世读吾诗而知吾心,则吾不死矣!"可见,在特定的环境中,他不能不以用典转弯抹角地表达自己的难言之隐。当然,用典过多,会使诗意失诸晦涩,但若运用得当,也能推动读者的联想。《圆圆曲》反复运用有关夫差、西施的故实,在扑朔迷离中透露真意,就是成功的一例。其次,《圆圆曲》构思奇谲。它有叙事,有抒情,时而旁敲侧击,时而倒叙插议,整个作品的格局,变化莫测,适足表现阴晴不定的时代以及吴三桂反复无常的性格。作者甚至把事件发展的线索打乱,根据主题思想的需要,纵横捭阖地挥写。与此同时,巧妙地应用民歌的"顶真"格,像"冲冠一怒为红颜",紧接是"红颜流落非吾恋";"教就新声倾坐客",紧接是"坐客飞觞红日暮"。这样,诗的各个片段便勾连起来,收到了变化错落而又气足神完的艺术效果。

(黄天骥)

过吴江有感

吴伟业

落日松陵道,堤长欲抱城。
塔盘湖势动,桥引月痕生。
市静人逃赋,江宽客避兵。
廿年交旧散,把酒叹浮名。

本诗约作于康熙七年(1668)春,时吴伟业从家乡江苏太仓往浙江吴兴,途经吴江(位于江苏南部)。诗歌扣住吴江的地理形势和有关的历史事件,巧妙地融写景、叙事、抒情为一体,寓意深刻,感慨良多。

此诗上半部分描写吴江自然景色,首联所说"松陵",为吴江旧称。吴江县城东南旧有一条长堤,界于松江与太湖之间,蜿蜒八十余里。诗人走在黄昏的吴江道路上,远远望去,这堤好像要抱住整座县城一样。一个"抱"字,把长堤拟人化了,不仅形象生动,而且写出了它对吴江县城护拥偎倚的情态。首联是对吴江的远眺,颔联两句,则由远而近,进一步作具体刻画。上句之"塔",原在吴江东门外的宁境华严讲寺内,共七层,高十三丈,形方,故名方塔。方塔在湖中各处均可看见,而其自身位置又是固定不变的,这就仿佛湖势在围绕着方塔移动。下句之"桥",一名垂虹桥,俗呼长桥,东西百余丈,多至七十二孔,中间有垂虹亭;前临太湖,横绝松陵,湖光海气,荡漾一色,旧称"三吴绝景"。由于桥身很长,所以给人这样一种感觉,似乎淡淡的月痕是由它牵引而生。两句抓住当时吴江最具特色的景物,做了典型的概括描写。诗中有塔有湖,有桥有月,动静相宜,交相辉映,组成了一幅空明清旷的图画。同时,颔联这两句除了写景之外,实际上还另有某种深刻的寓意蕴藏在内,这得结合下文颈联来考察。

颈联"市静人逃赋,江宽客避兵",这两句为全诗关键,它描写了吴江在赋税重压、战乱摧残之下的萧条景象。市集沉寂,是由于百姓忍受不了重敛苛征,被迫逃亡;江面空阔,是由于行客为了躲避兵火战事,隐身遁迹。这"市"和"江"的萧条景象,一方面和前面"湖"和"月"同样开阔,另一方面却又使得原来的秀丽景色整个地为之黯然,蒙上了一层凄清惨淡的色调,从而产生了对照鲜明的艺术效果。

现在重新回过头来看上文颔联"塔盘"、"桥引"两句。所谓"湖势动",既可以视为写自然之景,也可以看作是对下文的"逃赋"和"避兵"的人间风波的一种形象的暗示。所谓"月痕生",则在写景之中隐寓清兵南下之意。月属阴象,因而在古代诗词中往往用来比喻外族。远的不说,清初著名女词人徐灿的《踏莎行》即云:"碧云犹叠旧山河,月痕休到深深处!"这里的"碧云"典据梁朝江淹《休上人怨别》诗:"日暮碧云合。"意思说当时的南明小朝廷虽然已经日薄西山,但毕竟还在坚持;"月痕"则指清兵,希望它不要消灭南明。吴伟业和徐灿是同时代人,并且还是儿女亲家。他作《过吴江有感》时,明朝政权已经彻底覆亡,所以一开头写的就是"落日"而不是"日暮";因此诗中的"月痕生",也同样应是暗指清兵到来,而下文的"避兵",由此也不显得突兀而出了。如此,全诗的结构脉络便可一目了然。首联总起,概括吴江形势,兼明时代背景;颔联、颈联由暗而明既是写景,又分别暗示了清兵南下、人民离散。最后,诗又合二而一,归结为故国沦丧,交游零落,身世凄凉,唯有感叹而已的悲凉情怀——这就是尾联。

尾联"廿年交旧散,把酒叹浮名"。这里的"廿年"不一定是确指,它可以包括清兵南下至写作此诗这二十余年的时间。"交旧"即旧交,故友。"散"字承上文"逃"、"避"二字而来,"人逃""客避",故友自然也都离散了。这句虽然说得较虚,不过,此中仍有本事可稽。明朝既亡,许多爱国文士相率结为诗社,遁迹林泉,砥砺气节,暗图匡复。顺治七年(1650)开始出现的吴江"惊隐诗社",在当时尤为著名。吴江的吴炎、潘柽章,昆山的顾炎武、归庄等人,都是它的主要成员。康熙二年(1663),庄廷铖"明史案"兴,清王朝借机大搞株连,屠戮遗民志士,"惊隐诗社"亦被迫停止,吴炎、潘柽章也惨遭杀害,顾炎武曾做诗文吊之。而吴伟业同他们都有交往,因此,"廿年交旧散"云云,大概正是"有感"于这一事件吧!至于"把酒叹浮名",则是吴伟业本人的身世之感。他在明朝少年高第,前程似锦,而明亡以后,由于"浮名"太盛,被迫出仕清廷,晚年才得以回乡家居。"浮名"之累人如此,反不及故友们或死或遁,名节不堕,这怎能不令诗人深为叹息,借酒浇愁!

纵观全诗,前半首写"过吴江",是叙事;后半首写"有感",是抒情。然而,抒情之中,兼有叙事。首联"落日",诗人离吴江还较远;颔联"月痕生",渐渐接近吴江;颈联"市静",表明已经上岸;尾联"把酒",则是住下之后发现"交旧散",才对"酒"兴"叹"的。全诗按照时间先后依次描述,层次分明。因此,后半首既是写"有感",又是续写"过吴江"。同样,前半首的"落日","月痕生",暗示了明朝的覆亡、清兵的入侵,所以,它既是写"过吴江",又是预写"有感"。可见,在本诗中,叙事与抒情,"过吴江"与"有感",已经达到了相互渗透、不可截然分割的地步了。

(朱则杰)

自　叹

吴伟业

误尽平生是一官,弃家容易变名难。

松筠敢厌风霜苦,鱼鸟犹思天地宽。
鼓枻有心逃甫里,推车何事出长干!
旁人休笑陶弘景,神武当年早挂冠。

此诗作于清顺治十年,作者北上仕清的前夕。清朝初年,当满族统治者巩固其统治之后,在政治上对汉族知识分子便采取怀柔政策,以网罗人才,笼络民心。在这样的背景下,顺治十年,由江南总督马国柱以及吴伟业的姻亲陈之遴等交章推荐,已隐居乡间多年的吴伟业,一改初衷,准备应召出仕清朝。

他的仕清,颇遭到一些人的批评,如著名散文家侯方域就写了一封充满感情的信,规劝他以名节为重,不要再仕新朝,指出"十年以还,海内典刑沦没殆尽,万代瞻仰仅有学士","学士之出处将自此分,天下后世之观学士者,亦自此分"。言辞恳切,十分中肯。其实,作者心中自然明白,他一旦仕清,给他带来的将是耻辱和羞愧;但他又怕得罪朝廷,累及家室:就在这种万分矛盾的心情下,他半推半就地踏上了仕清的道路。

诗以"自叹"为题,旨意自明,即以诗抒发自己身世之感。起句"误尽平生是一官",用笔突兀。"误尽"二字,是发自肺腑之言,可谓感慨万端。作者自崇祯四年(1631)以令人羡慕的会试第一、殿试第二考取进士后,仕途上一帆风顺,文章亦颇负盛名。可谁能料到正是这个"名",在入清之后却使自己陷入难以摆脱的困境,欲隐遁山林矢志守节而不能。"弃家"句伸足上句之意,说自己可以抛弃家室,却难以隐姓埋名,逃避清廷的应召。其实"变名难"固然是实情,但"弃家容易"实是为自己作辩解。梅村仕清,除了客观上朝廷对他威逼外,主观上亦与他性格懦弱、眷恋家室有关。他在《贺新郎·病中有感》词中曾坦白地承认:"脱屣妻孥非易事,竟一钱不值何须说?"临终之际,他在《与子㬎疏》中也说自己"牵恋骨肉,逡巡失身,此吾万古惭愧,无面目以见烈皇帝及伯祥诸君子,而为后世儒者所笑也"。所以"弃家容易"不过是一句遁辞。

颔联用比兴手法,说松竹品质坚贞,能经受狂风严霜的摧残,鱼鸟也向往自由,愿在广阔的天地间遨游。言外之音是,自己何尝不想像松竹那样操守贞节,像鱼鸟那样过自由自在的生活呢!然而严酷的现实却使自己做不到这一点。在自怨自艾之中又夹杂着自解自嘲,很能表达出作者当时矛盾而复杂的心情。

后半首进一步用两个历史上的典故吐露心迹。颈联借用晚唐陆龟蒙的故事,说自己有心学陆龟蒙,避居乡间,但事与愿违,如今不得已驱车北上,求欢于新朝。甫里即今江苏苏州市吴中区甪直镇,陆龟蒙曾隐居于此,自号甫里先生。

梅村自入清之后,至北上仕清的近十年间,一直隐居乡间,故以陆龟蒙自比。长干,即长干里,在今南京市中华门外,这里借指南京。当时作者经南京北上,故云"出长干"。

尾联用南朝陶弘景故事。陶曾任南齐左卫殿中将军,永明十年(492),他上书辞官,将朝服脱下挂在神武(一作神虎)门上。陶辞官后隐居句容茅山,但仍然留心时事,曾积极参与齐、梁间的禅代,为世人所讥,称为"山中宰相"。但诗人认为,陶弘景虽然去官后不忘荣利,毕竟早就"挂冠"不仕了;而自己呢,在南明少詹事任上也曾"挂冠",如今却觍颜复出,真比陶弘景还不如。诗人要人们"休笑"陶弘景,因为自己的行为更该为人耻笑了!诗人有一种难言之苦:自己也曾"早年挂冠",足以说明我吴某不为荣利。现在出而仕清,实是形势逼迫,不得已也。今天要做陶弘景都不可能,只好让人耻笑了,命运就是这样可悲!

此诗虽是"自叹",但字里行间处处可以感受到清朝统治者以及周围环境织成的无形的网,紧紧地束缚着他,几乎使他窒息,无法脱身。诗中贯穿着社会和个人、现实与理想、出仕与退隐的矛盾,作者不由地发出悲叹。

在艺术表现手法上,此诗也富有特色。思想本是无形的,诗人用松竹、鱼鸟这些有形的、具有象征意义的事物作比喻,使抽象的、不可捉摸的思想得以形象地表现出来,一扫枯燥乏味的叙述,增添了诗歌的生动性和可读性。同时,典故的运用既灵活又贴切,不但委婉曲折地表达了自己的愿望,而且扩大了诗的容量,避免了"露"与"直"的毛病,颇耐人咀嚼。

(高章采)

琴 河 感 旧(四首选一) 吴伟业

休将消息恨层城,犹有罗敷未嫁情。
车过卷帘劳怅望,梦来携袖费逢迎。
青山憔悴卿怜我,红粉飘零我忆卿。
记得横塘秋夜好,玉钗恩重是前生。

此诗写于清顺治七年(1650)秋,为名妓卞玉京作。玉京原名赛,字赛赛,号云装,入清后为免遭蹂躏,改著道人装,称玉京道人。她明慧绝伦,善画兰,能书,好作小诗,琴亦妙得指法,为明末江南才艺双绝的青楼女子,与李香君、柳如是、陈圆圆、顾横波、寇白门、马湘兰、董青莲齐名,人称"秦淮八艳"。

明朝末年,名士与名妓相恋,似为当时社会风习。侯方域与李香君、钱谦益与柳如是、龚鼎孳与顾横波等的爱情故事,在当时文坛传为佳话,而吴伟业和卞

琴河感旧(四首选一)

玉京也有一段难解的因缘。吴在《过锦树林玉京道人墓》序中曾回忆当日的情景:"(玉京)与鹿樵生(吴伟业号)一见,遂欲以身许。酒酣拊几而顾曰:'亦有意乎?'生固为若不解者,长叹凝睇,后亦竟弗复言。"虽然由于某种原因,吴伟业佯装不解,不敢大胆接受对方抛来的炽热的爱情彩球,没能与她成为眷属,但从他后来为玉京而写的数首诗词中,仍强烈感受到诗人对卞玉京难以割舍的绵绵情意,用"藕断丝连"来形容他们之间的感情,恐怕是再恰当不过了。

在明清易代之际,因受动乱影响,这一对昔日的情人各奔西东,音讯全无。顺治七年深秋时节,吴伟业在常熟钱谦益处作客,意外听说玉京自南京来到此地,便急于要和她见一面。主人钱谦益特派车去接她,但当她来到后,却托病不出见。她的不露面,实出意料之外,令梅村万感交集,怅然若失,于是沉埋已久的感情在胸中复萌,且化为笔底波澜,全部倾注在《琴河感旧》四章中。

这里选录第三首。一对曾经相亲相爱的恋人,尽管由于某种原因而未能结合,但他们依然将这美好的感情藏在心中,时间的流逝往往也不能冲淡这刻骨铭心的感情。此诗首联就是写他们两人虽相隔层城,天各一方,但旧情难忘。"层城"为古代神话中神仙所居之处,有九重,分为三级,上层称层城,中层称玄圃,下层称樊桐。后亦喻高大重叠的城阙。"罗敷"为古代美女名,这里指卞玉京。"犹有罗敷未嫁情",既表达了作者对玉京的眷恋,也写出玉京对梅村的钟情。

颔联表白自己对卞玉京的眷恋之深,几达到日思夜想的程度。"车过卷帘"用唐韩翃故事。韩与妓女柳氏相恋,后柳氏为番将沙吒利所劫,翃怅然难舍。一日,韩在城中偶遇柳氏乘坐的犊车,柳披帘相问,并约明日再见。次日柳氏果至,韩恋恋不胜情。这句是想象之词,诗人想象,玉京虽不面见自己,但她必定暗中窥看,关怀自己,还不胜惆怅呢。用一"劳(有劳)"字,使那想象中的玉京的"怅望"变得生动起来,此字极见才气。"梦来携袖费逢迎",是说白天思念而不可得,则寄之于梦,在梦境中他们终于携手相会。这句也是虚象,而以一"费"字点活,如果说"劳"字体现了诗人对玉京的崇拜,"费"字则体现了诗人的殷勤,这样就把作者的痴情淋漓尽致地表达了出来,想卞玉京读及此诗,恐怕也容不得她不动情。这二句虽写艳情,却以清丽委婉出之,笔淡意浓,犹如啖橄榄,愈嚼愈觉有味。

颈联为全诗中心所在。"青山"一作"青衫"。青衫为古代八品九品文官所服,后也泛指官卑职微。这里喻作者自己。"青衫憔悴"、"红粉飘零",不但对仗工整,而且内涵极其丰富,前者概括了作者入清之后的身世经历,后者则写出卞玉京的不幸遭遇,非常巧妙地表达了"同是天涯沦落人"的心境。钱谦益在读《琴河感旧》后,和诗四首,其《序》云:"顷读梅村艳体诗,声律研秀,风怀恻怆,于歌禾赋麦之时,为题柳看桃之作。彷徨吟赏,窃有义山、致光之遗感焉。"他明确指出,此诗缠绵悱恻,看似题柳看桃之作,实则有所寄托,一片身世之感,皆于言外见之。诗中反复咏叹"卿怜我"、"我忆卿",感情真挚,语言质朴,只这六个字简直胜过千言万语,读之令人凄然欲绝。

此诗前三联,作者让自己的感情肆意流淌,无所控制,就像山间溪流一般,汩汩而下,时舒时急,不时发出淙淙声响,引起人们的共鸣。然后尾联一个转折,好似溪流冲至潭底,汇成一泓清水,渐趋平静。"记得横塘秋夜好"二句,以回顾之笔,兜裹全篇,可谓情韵兼胜。"横塘"在今江苏苏州市吴中区西南,为当年卞玉京侨居之处,或是他们最初相见的地方。顺治八年(1651)初春,吴伟业再以扁舟见访,共载横塘,并将《琴河感旧》四首书以赠之。可见横塘为他们两人值得纪念的地方。"玉钗"指卞玉京。"前生"云云,则是诗人感慨之语,实指明亡以前。整首诗于爱中见怨,于恨中见怜,将儿女情长溶化在一片身世之感中,它虽是情诗,然不可以一般情诗视之。

(高章采)

梅 村　　　　　　　　吴伟业

枳篱茅舍掩苍苔①,乞竹分花手自栽。
不好诣人贪客过②,惯迟作答爱书来。
闲窗听雨摊书卷,独树看云上啸台③。
桑落酒香卢橘美④,钓船斜系草堂开。

〔注〕① 枳(zhǐ)篱:枳,多刺灌木,可编篱笆。② 诣人:拜访人。③ 啸台:东晋江微《陈留志》:"阮嗣宗善啸,声与琴谐,陈留有阮公啸台。"这里泛用作登台典故。④ 桑落酒:刘绩《霏雪录》:"河东桑落坊有井,每至桑落时,取水酿酒,故名桑落酒。"卢橘:枇杷。

梅村,是吴伟业给他的别墅取的名字。据《镇洋县志》:梅村在太仓卫东,旧为明吏部郎王士骐别墅,名贲园,亦名新庄,祭酒吴伟业拓而新之,易今名。伟业也因之而自号梅村。这首诗,写的就是诗人梅村在梅村里的生活。诗约作于崇祯六、七年(据钱仲联《梦苕庵专著二种·吴梅村诗补笺》),伟业于崇祯四年(1631,时年二十三岁)中一甲二名进士,次年衣锦还乡,六七年家居。从本诗中可以看到这位少年得志的才子的名士风流和闲适生活。

诗以写梅村之景起笔:茅舍之外有枳木编成的篱笆,它们和地上的苍苔互相掩映。这一句既写出了梅村之布置——确切地说是写出了诗人所欣赏并愿意告诉别人(读者)的那一部分布置,因为梅村中"有乐志堂、梅花庵、交芦庵、娇雪楼……诸胜",远非"枳篱茅舍"所能括尽,拈出这"枳篱""茅舍"只是为了显示诗人的审美趣味和生活情调,另外还暗示读者,这是个宁静、不受世俗干扰的地方,来的人不多,所以,有代表性的景物还有"苍苔"。第二句是写景、写行、写心相结合的句子,名词见景、动词见行、动宾结构见心。竹的传统象征意义和花的情趣相结合,使这里情调闲雅、色彩冷暖相配;"手自栽"既显示了诗人的闲适,也显示了他对这些植物的爱。而从别人那里"乞竹分花",在中国古代非但不是难以启齿的行为,相反还是隐逸之士乐于标榜的乡野质朴生活,是这个地方风气纯朴的标志。

　　颔联两句是吴伟业的名句,它非常生动传神地写出了这位家居者的特殊、微妙心态。"不好诣人","惯迟作答"是古代文人尤其是宋以后文人好自张扬的懒散,是古代文人行为美学的一个内容,它往往暗寓作者(说话者)的那份不屈己、不干人、懒于或拙于经营应酬的清高。而吴伟业这首诗中,除了这层传统的含义外,也许还含有一定的新进士的自负。然而他的心毕竟不是槁木死灰,他需要和别人交往、交谈,需要从别人那里获得信息。过分寂寞的与世隔绝的生活他也受不了,所以他又盼望有客人(但必须是清贫之客,而非富贵中人)过访、朋友来信。一方面是就范于传统观念习气,个性又懒散,另一方面又不甘寂寞,于是他的心就这么矛盾着。

　　如果说颔联写在梅村的生活偏重于显示自己的习性和心态,那么颈联和尾联则主要是写诗人的生活内容,并从中显示其情调。四句在内容安排上颇能发挥律诗形式美的长处。听雨吟诗,登台看云,一在户内,一在户外;一在雨天,一在非雨天;听雨吟诗,衬出书斋的宁静,且听雨本身就是中国文人特有的一种极耐寻味的风雅行为,登台看云,显出野景的清新旷远。而登台长啸,也因阮籍曾经为之而有了某种相对固定的意义:它总是与识见深远而又不愿与世人同流合污,不愿为世俗所牢笼等联系着。"闲窗听雨"、"独树看云"都是两个短语并置,是近体诗的常见形式,它们所造成的句法性歧义也为诗句增添了更多的耐人寻味处。闲窗一词暗示了诗人的行为地点,而闲窗本身也可能就是雨点的打落处,闲窗在这里所处的主语位置又给人造成了这样的感觉,即诗人和闲窗相伴听雨。这样,书斋之静也就表现得更加充分。"独树看云"的效果也类似于此。独树之独造成了空旷感,它可能是诗人在台上看到的远处之物,也可能是近处的独树和远处的片云遥遥相对,同时独树也可能带一点象征味,让人联想到这位登台者也是只身而来,而不是僮仆犬马相从。"桑落"两句,一写庭园,一写水上。在这里,我们可以进一步看到梅村的环境：园里似乎种有枇杷，堂前有河和外面的水道相连。这两句不仅自身在内容上存在着对称关系，还和上一联的内容对称。上一联多文人味，下一联多野老味；上一联偏于修养心性，下一联偏于舒展肢体，吟诗听雨和擘果饮酒相对，登台看云和下水垂钓又是一个平行、平衡结构。两联的层次（先文人味后野老味），及食物的土特产性质、"斜"之别于"正"，都造成了一种散漫、无拘限的效果。

吴伟业作诗，取法唐人，而这首诗却"自写名士风流，渐入宋格矣"（沈德潜《清诗别裁集》）。本诗颔联次句可能受南宋范成大《喜收知旧书，复畏答，书二绝》的影响。不过，沈德潜所谓"宋格"，恐怕不是指句子形式上的相类，而是指诗的总体格调。相对于唐诗的以浑雅取胜，以意气浩然取胜而言，宋诗则显得深折多致、情境冷峭。本诗写景固然令人留连回味，但境界未免清冷了一些，尤其是当时诗人尚在盛年，诗中流露的满足感未免保守了一点。本诗被评为"渐入宋格"，既是显示了其技巧上的优点，也是道出了其精神上的进取心不足——不过，这也是时势、气运使然，对生活在明朝亡日可待之际的梅村，又怎能指望他如唐人那么去发扬踔厉呢？

（沈金浩）

过淮阴有感　　　　　吴伟业

登高怅望八公山①，琪树丹崖未可攀②。
莫想阴符遇黄石③，好将鸿宝驻朱颜④。
浮生所欠止一死，尘世无由识九还⑤。
我本淮王旧鸡犬，不随仙去落人间⑥。

〔注〕　①八公山：在安徽省寿县北五里，凤台县东南，山上有刘安庙。相传刘安门客有"八公"，能炼丹化金。后随刘安登山，埋金于地，白日升天（见《水经注·肥水》），山因以得名。②琪树丹崖：山中胜境的树石。琪树：玉树。孙绰《游天台山赋》："琪树璀璨而垂珠。"丹崖：朱红色的石崖。《晋书·宋纤传》："丹崖千丈，青壁万寻。"　③"莫想"句：阴符，即《阴符经》，我国古代论兵法的书。遇黄石，汉张良在下邳（今属江苏省）圯（yí，桥）上遇黄石公，传授《太公兵法》，阴符即指此。　④鸿宝：淮南王有《枕中鸿宝苑秘书》，言神仙使鬼物为金之术，见《汉书·刘向传》。驻朱颜：谓青春不老。　⑤九还：道家炼丹，循环九次而成丹中之珍者。⑥"我本"二句：《神仙传》"淮南王好道，白日升天，时药置庭下，鸡犬舐之，尽得升天。"

甲申事变，崇祯自缢于煤山。曾世渥明朝隆恩又亲受崇祯顾遇的吴伟业，在家中"闻信号痛欲自缢"，因家人牵累、个性软弱而未果。后又与朋友相约剃发入山，亦未能践。为有这些背叛自己所认同赞赏的社会价值观的行为，他常沉浸于

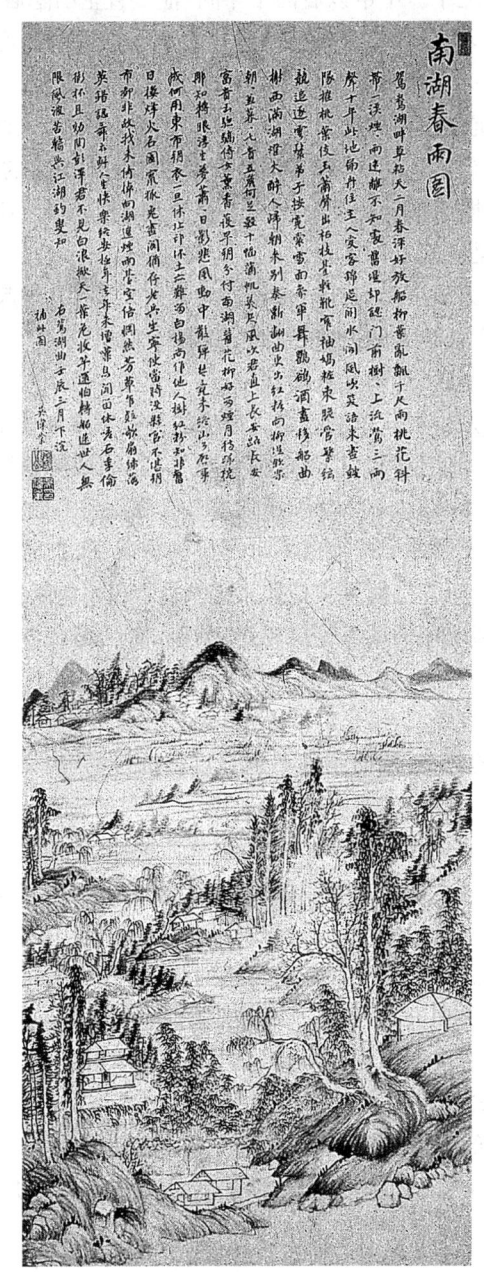

南湖春雨图轴 ［清］吴伟业

深深的愧疚与自责之中。甲申以后的十年间，他一直企图隐居乡曲，以减轻不能为明朝殉节的不安，并勉强保全自己的青史之名。然而清政府和一些下首阳的官僚并不愿让这样一个社会名流成为离心力量或独擅清名。终于，他无法抗拒清廷的征召，无法抗拒生存的挽留而去做"贰臣"了。从此，人格分裂的巨大痛苦更进一步煎迫着这位软弱而真诚的诗人，直到带着无限沉重的精神镣铐进入"诗人吴梅村之墓"（他既无颜署明朝官衔又不愿署清朝官衔）。这段应召赴京途中过淮时的感想，正是他晚年无休止的自责忏悔之一。

诗以淮南王升天故事作为抒情依托。诗人行次淮阴，想起了淮南王刘安升天之事，由刘安升天及鸡犬随去，想到崇祯"升天"而自己这个"旧鸡犬"却留在人间。他因怅而登高望远，远望又愈增其怅，遥望远方八公山上的树木山崖，他想象着传说中的当年发生在这里的故事。故事的神仙意味使他眼前望见的树石都带着海市蜃楼般的神仙色彩，成了"琪树丹崖"。当他做梦一般连想带望地对着这时空杳隔的神仙胜境时，心中交织迭现着升天和炼丹求仙两种神仙活动，在遇黄石、得阴符、起兵反清这样的事已不可再想的情况下，自己所值得追求的不也是得鸿宝、服食成仙吗？然而事实是什么呢？他不仅不能反抗清廷，今天反而还要被迫出仕，做背叛明朝的贰臣。琪树丹崖既离自己那么杳远，这尘世之中，哪里可觅能致长生的九还丹呢？想到人还是要死，今天却没有死，名裂而身仍将败，两无所得，他简直要哭，可是欲哭无泪，哭又有什么用。"淮王"升天了，我不随他去，落到今天的地步，然而不随不也是自己选择的吗？随，就要死！死得了吗？为什么这个人间最大的二难选择偏偏降临到我的头上。从诗的最后两句中似乎可以看到，诗人心中的"怅"此时又一次无限膨胀，他简直要发疯了。

本诗的故事外壳是因地起兴造成的，同时也是正要仕清的诗人应有的口吻。在当时的现实条件下，借事抒情应是诗人习惯性的口吻，直接讲自己心系故国显然不合时宜。不过这个外壳没有减弱情感的强烈程度，反而使情感显得更加深沉。皇帝的死常被称作升天，诗人所作《圆圆曲》的第一句亦云"鼎湖当日弃人间"，以淮南王升天故事作喻，并将自己比作鸡犬，取譬是巧妙的，它既确切地表达了诗人自己心目中的君臣关系，又浑成地传达了诗人要表达的"我不应还活着"这样一种感情。诗的中间两联有较大跳跃，情感流动没有明显的线索可以寻绎。这种跳跃正是诗人生与死、灵魂与肉体的强烈矛盾冲突纠结的反映。　　（沈金浩）

古　意

吴伟业

玉颜憔悴几经秋，薄命无言只泪流。

手把定情金合子，九原相见尚低头。

　　这首七绝的表层诗意是描写一薄命女子愧对亡夫的难言隐痛，反映出古代佳人的不幸遭际；其深层诗意则是作者借佳人以自喻，抒发其屈节仕清，愧对故国之遗恨。诗写得缠绵悲凉，宛转含蓄，哀感顽艳，寓意深刻。

　　诗开头"玉颜憔悴几经秋"，描写的是一个长期面容憔悴不堪的女子形象。此乃以形写心。那么，她有何内心痛苦呢？诗云："薄命无言只泪流。""薄命"的具体内容作者并不明言，只以"无言"、"泪流"供人想象，她一定有极深的痛苦，有着难言之隐。人们或许会想到一个典故：《左传·庄公十四年》载，春秋楚文王灭息国，抢了息侯夫人妫归楚。息妫被迫嫁给文王，并生二子，但息夫人始终沉默无言，悄悄流泪，楚文王问其原因，息夫人回答："吾一夫人而事二人，纵弗死，其又奚言？""一夫人而事二人"即诗中女子"薄命"之所在。按封建礼教，一女不事二夫。但她既没有以死殉节的勇气，又为忍辱苟活而惭愧，所以只能"无言""泪流"而已。其"失足"乃是被迫的，对前夫仍然万分怀念，作者采用的"手把定情金合子"的细节，就细致地表现了她对故人的一片深情。但是事过境迁，她却背叛了从一而终的誓言，又归属他人，虽然是被迫的，但她没有成为"烈女"，怎能不惭愧呢？即使"九原相见尚低头"。"尚低头"，形象地写出女子一旦死后与亡夫相见后那种无地自容的情态。末句采用的夸饰手法，亦隐含对"失节"女子的谴责之意。这是一个多么可悲、可怜又令人同情的女子啊！

　　但是，如果我们以为此诗真的是为佳人的不幸婚姻而悲叹，则要辜负了诗人的苦心。诗人临死前曾说："吾诗虽不足以传远，而是中之寄托良苦，后世读吾诗而知吾心，则吾不死矣。"（见陈廷敬《吴梅村先生墓表》）读此诗亦当知其心。明亡后诗人迫于当局压力，亦由于自身的软弱，而于清顺治九年(1652)"白头风雪上长安"（《临清大雪》），赴京授秘书院侍讲，十三年(1656)又迁国子监祭酒，后不久即乞归。他终生为自己屈节仕清而悔恨。正如赵翼《瓯北诗话》所评："梅村出处之际，固不无可议；然其顾惜身名，自惭自悔，究是本心不昧。"此诗正是真诚的"自惭自悔"之言，只是表现得不那么直露，而是借咏叹佳人不幸抒写自己的真情，诗意蕴藉，使人须思而得之。佳人一女事二夫的悲哀与羞愧正与作者之一臣仕二朝的隐痛、悔恨相通，那女子怀念前夫的感情亦与作者思念故国的感情相仿。此诗体现了吴伟业诗"指事类情，宛转如意"（《瓯北诗话》）的特点。　　　　（王英志）

阻　　雪　　　　　　　　　　吴伟业

关山虽胜路难堪，才上征鞍又解骖。

十丈黄尘千尺雪,可知俱不似江南!

一辆驿车从黄尘飞扬的远路上颠簸而来,灰暗的天空下,忽然又飘起了纷纷扬扬的大雪。车帘推处,探出一位四十余岁的须髯之士——他就是曾经主持江南文社,并在虎丘数会十郡俊彦的诗界泰斗吴伟业。他虽然风神洒落,仪度非凡,此刻却神色凄凉,带着颠沛途路的几多懊恼和劳瘁。他忧郁地望着四野愈飞愈紧的雪影,不禁慨然长叹:"关山虽胜路难堪,才上征鞍又解骖"!

吴伟业是被清廷催逼赴京就职去的,这一路上的心境本就不甚痛快。"鼓枻有心逃甫里,推车何事出长干?"(《自叹》)何况路途中的许多遗迹,都深深触动他对早已易主的故国山河之伤,心情更不免黯然。只是在渡过黄河的时候,诗人的黯伤之情才稍为振起,被那"白浪日崔嵬,鱼龙亦壮哉! 河声天上改,地脉水中来"的雄奇景象所鼓荡,豪迈地唱出了"沧桑今古事,战鼓不须哀"(《黄河》)的壮浪之调。但黄河一过,朔风日厉。临清一场大雪,又把他挟裹在了茫茫无边的凄寒之中。

诗之起句虽只是一声忧郁的慨叹,却包含着诗人世事沧桑中的无限隐痛。是呵,从金陵到彭城,从远眺"五岳独尊"的泰山雄影,到渡过波涛汹涌的滚滚黄河:这沿途的重叠"关山",哪一处不独得天地之灵气,不展示着堂堂华夏之胜境? 可伤的是,关河形胜依旧,大明故国却早已亡于清人之手! 于是这通往先朝京都的"路",也格外令诗人举步"难堪"了——它现在是要载着诗人去往异朝,做那有愧于列祖列宗的屈辱之官呵! 而且苍天也似乎总在与他为难:诗人好容易渡过黄河,才换上马蹄轻疾的驿车赶路,偏又遇上道路泥泞的雨雪天气,就只能"解骖(驾车的边马)"而止,在一片凄寒中滞留旅途了。"才上征鞍又解骖"一句,描摹的虽只是诗人被催促上路、又阻雪而止的狼狈情状,吐露的不正是诗人那既伤痛又无奈的复杂情思么?

深深的懊恼之情,由此充塞了诗人心头。吴伟业入清以后,原想从此"杜门不出",做一个保持晚节的大明遗民的。他身居江南,那里有的是青山绿水可供吟赏,朝霞夕光可供流观。"莼鲈三泖宅,花鸟五湖(太湖)堤。着屐寻庐峤,张帆入剡溪。江南春雨足,把酒听黄鹂"(《途中遇雪即事言怀》)——这便是诗人所向往的,也是可多少消释他负压心头的亡国之悲的故乡隐居生活之梦呵! 他原以为,宗国既已亡于异朝,这一点遗民微愿,总还是可以得偿的罢? 谁知清廷却还不肯放过他,谁知州郡却还要苦苦逼他应征上路! 而今就这样颠沛在北国的黄尘之路上,困守在雨雪纷纷的凄寒天底下,又怎能不咄咄书空:"十丈黄尘千尺雪，可知俱不似江南！"

滚滚的北国黄尘，虽然令人生厌；但倘在飞骑击敌之中，那"跋跋黄尘下，然后别雌雄"（《折杨柳歌辞》）的景象，毕竟也是令人神往的。至于那纷扬飞舞的北国之雪，倘不在山河沦丧之际飘翻，其实更有一种"忽如一夜春风来，千树万树梨花开"的清美和奇韵。但在吴伟业诗中，却以"十丈"、"千尺"的夸张之语，将它们渲染得如此可憎可恨，究竟是什么原因？诗人虽未明言，读者则是可以心领神会的：在这位被迫出仕的大明遗民心目中，它们显然成了不同于故国的另一个世界的象征，那就是凭借铁骑，用残酷的杀戮征服了中原的满清王朝。它又怎么能够与可爱、可亲、可怀的故国"江南"相比呢？悠悠收止的喟叹，似乎只是对着那弥漫天地的旅途雪、尘而发；读者听到的，却分明是一种从对故国的深情缅怀中，不得不走向异朝仕途的恨恨叹息。从艺术表现看，这首诗其实不见得怎样出色。但细细涵咏它所包含的懊伤和隐痛，终竟还是酸楚动人的。

（徐旭文）

听女道士卞玉京弹琴歌　　　　吴伟业

驾鹅逢天风，北向惊飞鸣。飞鸣入夜急，侧听弹琴声。借问弹者谁？云是当年卞玉京。玉京与我南中遇，家住大功坊底路。小院青楼大道边，对门却是中山住。中山有女娇无双，清眸皓齿垂明珰①。曾因内宴直歌舞，坐中瞥见涂鸦黄②。问年十六尚未嫁，知音识曲弹清商。归来女伴洗红妆，枉将绝技矜平康③，如此才足当侯王！万事仓皇在南渡，大家几日能枝梧？诏书忽下选蛾眉，细马轻车不知数。中山好女光徘徊，一时粉黛无人顾。艳色知为天下传，高门愁被旁人妃④。尽道当前黄屋尊⑤，谁知转盼红颜误。南内方看起桂宫⑥，北兵早报临瓜步。闻道君王走玉骢，犊车不用聘昭容⑦。幸迟身入陈宫里，却早名填代籍中⑧。依稀记得祁与阮，同时亦中三宫选。可怜俱未识君王，军府抄名被驱遣。漫咏临春琼树篇，玉颜零落委花钿。当时错怨韩擒虎，张孔承恩已十年。但教一日见天子，玉儿甘为东昏死⑨。羊车望幸阿谁知⑩？青冢凄凉竟如此！我向花间拂素琴，一弹三叹为伤心。暗将别鹄离鸾引⑪，写入悲风怨雨吟。昨夜城头吹筚篥，教坊也被传呼急。碧玉班中怕点留,乐营门外卢家泣⑫。私更装束出江边,恰遇丹阳下渚船。剪就黄絁贪入道⑬,携来绿绮诉婵娟。此地由来盛歌舞,子弟三班十番鼓。月明弦索更无声,山塘寂寞遭兵苦。十年同伴两三人,沙董朱颜尽黄土。贵戚深闺陌上尘,吾辈漂零何足数?坐客闻言起叹嗟,江山萧瑟隐悲笳。莫将蔡女边头曲,落尽吴王苑里花⑭。

〔注〕 ① 明珰:珠玉串成的耳饰。 ② 鸦黄:古代女子用以涂饰面颊的一种黄色颜料,诗中代指脂粉。 ③ 平康:与下文的"教坊"、"碧玉班"、"乐营"均指妓院。 ④ 妃:匹配。 ⑤ 黄屋:指皇宫(原意是帝王的车盖)。 ⑥ 南内:南面的皇宫大内。桂宫:喻华丽的宫殿,南朝陈后主曾为宠妃张丽华建桂宫。 ⑦ 犊车:官人乘坐的小车。昭容:宫廷女官的称号。 ⑧ 代籍:西汉窦太后为官人,请属赵王籍以便近家,但主管太监误置之代王刘恒(即汉文帝)籍,遂得幸于代王,生汉景帝。诗中指官人的名籍。 ⑨ 东昏:南齐废帝东昏侯萧宝卷,因宠爱潘淑妃而荒淫失政,被杀。 ⑩ 羊车:晋武帝常乘羊车行官中,恣其所至留宿;官人因在门前洒盐水以吸引羊过来。 ⑪ 别鹄离鸾引:与下文"悲风怨雨吟"皆为作者虚拟的乐曲名。"引"、"吟"多用于古乐府诗题。 ⑫ 卢家:即莫愁女,诗中代指名妓。 ⑬ 黄絁(shī):粗绢,道士服装以此制成。贪:这里指快速、迫不及待。 ⑭ 吴王苑:春秋时吴王的宫苑,在苏州。

一头飘泊不定的野鹅,突然遭逢了天末凉风,直吹得它惊鸣北飞,惶急地钻入了夜幕,所幸的是,就在它难觅安栖之处时,却不经意中听到了一阵熟悉的、温暖其心的弹琴声——这样的开篇,是仿效古乐府的"孔雀东南飞、五里一徘徊"么?形似,然而神不似。

《孔雀东南飞》的开篇,只是单纯的"兴"而已;而诗人吴梅村笔下的野鹅,却多半带有"比"的意味——身逢易代之际的梅村,在顺治初年这一阵,又是避兵灾、又是避征召,也不如惊弓之鸟、栖栖惶惶、靡有定所么?只是,或许是出于不忍明说,或许是梅村不打算在本诗里给自己置一个显要地位,他才信手牵来这头野鹅,并给它换了个文绉绉的古名"驾鹅"——另外,这一起笔,似乎也可以暗示读者,这可是一首有《孔雀东南飞》般缠绵悱恻的长篇歌行。

这头带有"比"意的野鹅,自然可以开口"借问"了;而"弹者"呢,也毫无惊怪地作了答,自言乃"当年卞玉京"——随着这个名字的登场,句式由五言转到了七言,诗人似乎要以此宣告,楔子已经演毕,正剧就要开场,请听这一曲琴歌吧!

当然,梅村自己是清楚的,这位"弹者"的姓名,他其实无需借问;他更清楚,"当年"的她,也并不叫卞玉京。当年,她还是名列"八艳"的卞赛赛,在金陵秦淮河上的秦楼楚馆内,她接待过名满天下的才子吴梅村,乘着酒酣微饧之际,她曾大着胆子、主动向他提出委身的心愿；假如这位优柔的才子此刻有一点决断，则李香君与侯方域、董小宛与冒辟疆、顾横波与龚鼎孳、柳如是与钱谦益之外，"秦淮八艳"中将多添一段佳话了。令梅村悔恨终生的是，此机一失，无何明朝崩溃、南都不守，赛赛也改装入道，退居苏州虎丘山塘，自号"玉京道人"，从此青灯黄卷，与脂粉绝缘了。此后，梅村虽也与玉京相会，听琴识曲、赋诗感旧，无奈山河易主的丕变，已冷却了玉京的儿女情肠，一对有情人在风雨如晦的时代中，已不复有终谐之可能了，虽然他们仍然彼此知音、心心相印也罢。

  如今这些往日的粉黛绮罗之思，梅村已不愿去回首了，他只简单地点了一下自己与玉京在"南中"（南方，其实就是金陵，然而他也不愿提起这令人伤怀的地名了）相逢相遇，便把手中流动的笔，由玉京"当年"的青楼所在地"大功坊"（街坊名）底，飞渡到对面的魏国公府第（明初功臣中山王徐达，赐第金陵，子孙世袭魏国公），再深入到府第的绣闱中，描勾出了玉京琴曲中的女主角，那位双眸清炯、玉齿皓洁、耳垂明珰的娇丽无双的公侯千金。自然，诗人也不曾冷落了玉京：以她的天生丽质，虽然籍属平康，却也有资格入值公府，为内宴献歌进舞，并有幸瞥见那千金好女正在座席中抯脂弄粉、美丽自喜。悄悄打探她的年龄，则与玉京相仿，正是十六破瓜之期，还不曾许下人家；私下问问她的技能，则与玉京相同，知音识曲、弹得一手好琴。那千金的年貌、才艺，都丝毫不逊色于玉京，可她还多了一层尊贵的身份，恼不得素来以琴曲绝技矜夸于青楼姐妹的玉京，暗中也起了半羡半嫉之意：回到家中，便叫女伴替自己卸妆束、洗脂粉——还有什么心思打扮呢？我们这种身份的人，枉自有一身绝技，却难托良媒；只有她那样的名媛淑女，才能配得上王侯！

  这一段文字，究竟是以国公千金为主、以玉京为陪宾呢？还是先花开两朵，然后各表一枝呢？究竟是想以玉京的失意，来衬托千金的年貌才艺呢？还是想以二人之间除身份之外的莫不等量齐观，来为玉京生色呢？看来，在玉京，乃是前者；而在梅村，虽然竭力想忠实记录玉京的琴意，但毕竟有情人情有所钟，不知不觉中，便落到了后者。非特如此，他还驰骋才力，终于将玉京的琴意，敷衍成了两个大段。

  接下一大段，便由江南勉强还算承平的崇祯之末，急转到南明弘光朝的建立，过渡似乎突然生硬了些，与上文的流转之态不相称；但诗人或许正要借此体现时局变幻的突兀和不可接受，也未可知。总之，这突转的一笔，宣告了一个非常时代到来了：崇祯在北京自尽，弘光帝仓皇南渡金陵即位，此时，小朝廷万事鞅掌，外则藩镇跋扈，内则忠奸相争，弘光这位"大家"（宫中对皇上的称呼），在旁观者眼中,正不知有几日可支撑;而昏君自己呢,还在醉梦之中,想重温六朝金粉滋味,于是一道选美女充嫔嫱的诏令,便不伦不类地夹在小朝廷的万件机务文书之中,忽地飞下了九重宫阙。一时间,宫监驾着细马轻车,载着更加细巧纤轻的名门佳丽,流水般送入宫中候选。就中谁堪称第一呢?自是那"中山好女"、公府千金,她的容光,犹如古诗中的"流光正徘徊"一样,映照了宫廷的千门万户,使同时入选的粉黛佳人黯然失色、无人注目;她的艳名,瞬时间传遍了天下,高户大门的翩翩公子,都为她成了别人的匹配而愁思满怀。于是,人人都说她要入主中宫了,宫中要给她起新殿了——正在烈火烹油也似的热闹光景间,清兵却已到了江北的瓜步洲头,驿驿然就要渡江了,"君王"呢,仓皇间骑着玉骢马溜出了金陵——虽然最终不免身为俘囚;转眼之间,青春红颜,全被这好色无能而又不负责任的昏君所耽误,公府的千金,还有绍兴祁彪佳家、怀宁阮大铖家的闺秀,同时都入选三宫六院,却不曾见得君王一面,只负得了空名。她们庆幸的是,还算不曾身入这比陈叔宝更不如的昏君之门,免了随他奔逃,陪他殒命;但她们的私庆实在太短暂了,那昏君做下的最后一件昏事——不正式聘定她们,却早早地在宫人名录上给她们注了册——旋即又给她们带来了更惨的结局:清军的"军府"抄去了名录,按图索骥把选女尽驱北上;从此大明后妃的春梦烟消灰飞,南国佳丽将永远屈身在胡虏膻腥之庭!

一幕弘光朝"选妃"的闹剧加悲剧,就在玉京的琴声伴奏下,重新为梅村上演了一遍,那"尽道"、"闻道"、"依稀记得",正是她作为"当年"耳闻目睹人的口吻,梅村笔录得也格外真切可感。继之八句,连用六典,想是玉京的感叹评说,由梅村的高才饱学润色而成。"临春琼树"之篇,就是陈后主那有名的《玉树后庭花》,对这样的亡国之音,被驱遣的选女们而今却反复咏诵、空自伤神:名分上她们也是亡国嫔妃,可却不曾享得一日旧君的恩宠,便已"花钿委地无人收"(白居易《长恨歌》句)、玉颜零落尽憔悴了。那隋朝的大将韩擒虎,骈斩了陈后主的张贵妃、孔贵嫔,这是给"亡国祸水"们的最大惩儆了,而今选女们却道她俩该死而无怨:你们受宠十年,就是被杀又有何遗憾?要是我辈也得如你们一日,那昏君就算是南齐的东昏侯,我辈也甘为他的淑妃潘玉儿!可是那昏君还比不得东昏侯,非但保不得宗庙、还保不住选中的妃嫔,令她们才做着蒙君宠幸的好梦,转眼便将在北庭香消玉殒,就如那出塞的王昭君,只落个"独留青冢向黄昏"(杜甫《咏怀古迹》句)的凄凉结局!这一段选女的悲恻心史,若谱入琴曲,可以题作"别鹄离鸾引"吧?它将是玉京为这个时代、为这个时代的薄命红颜所谱的"悲风怨雨吟"中,最醒目、最惨酷的一章;不然,玉京又何必拂动那架了无装饰的"素琴",将它一弹三叹、伤心无限呢?

　　这一章,事涉帝王公侯家、结局又最为悲惨,可算是"悲风怨雨吟"中的"大弦嘈嘈如急雨";接下来,玉京的琴声转而"小弦切切如私语"(白居易《琵琶行》句),开始诉说起虽然不算酷烈、但于她这样的青楼娇娘也够惊心动魄的一幕了:那就像还是昨夜的事一样,繁华消歇的金陵城头,吹彻着北兵的笳篥(号角)之声,恣意纵淫的胡房,把魔爪伸向了佳丽丛集的秦淮河畔,一时间,军营的"传呼"声、青楼的点名声、名妓的啼泣声,此起彼落,全包笼在狞厉的笳篥声中。为了逃避犬羊的玷辱,玉京只有私下更换了装束,出走到长江边的丹阳,搭上了恰好遇上的下水船,一路担惊受怕,好容易才到了苏州虎丘山塘。然而这里也是铁蹄践踏所及的范围,又为了逃避可能踵至的追捕,她匆匆找了匹黄色的粗绢裁成道袍,一代名妓就这样迅速地遁入了空门!自然,她的身虽已为女冠,她的心却并未枯寂,从逃难中还不忘携一张绿绮琴,欲藉此一诉红颜的薄命,便是明证。然而,虎丘山塘这由来已久的歌舞胜地,如今也遭了兵灾,原来的梨园子弟,戏班子一班不剩,那民乐"十番锣鼓",也全然无闻了,只剩下明月朗照、寂寞空山。哪还有弦索之声?除了偶尔过访的知己密友如梅村,哪里去诉说辛酸苦楚?所以,无怪乎她今日与梅村相逢,便将满怀心事借琴声一吐为快了。从"当年"说到乱离的今日,从公府名媛说到南部烟花,她真有如泉涌、如奔流的话要说,自己也不知道将伊于胡底。然而,弹奏终当有个终了,念及于此,她把琴声打住了;往昔的秦淮同伴,如沙才、沙嫩、董年、董小宛姐妹,她们的红颜已化为黄土了,相比之下,自己还存活了下来,不已经够幸运了么?再比比"中山好女"那些贵戚女子,她们的故宅深闺,也早已化为陌上尘埃,自己是至微至陋的倡家女子,就算身世飘零,又算得什么呢?

　　琴声就在这样的比较中打住了,这不是悠然的余音、不是组曲的尾声,而是无可奈何的欲说还休,是不堪回首的悄然而止。可以想象,当玉京结束琴曲之际,她定没有"曲终收拨当心划,四弦一声如裂帛"的优雅收势,而定是废琴而起,凭窗凝望,凄然欲绝。于是,本来在一边谛听入神的"坐客"——或许还有他人,或许只是梅村一个——也被戛然而止的琴音惊醒了,他(他们)也跟着"起"座,为玉京、为她的琴意、为琴中的红颜、为"当年"的一切一切而"叹嗟"不已;此际,但觉江山萧瑟、举目茫茫、故国大地上,隐隐似有胡笳之声,比之老杜的"山楼粉堞隐悲笳"(《秋兴八首》句)更觉寒意飒飒、令人毛发为竖。诗人不由得想到,这莫不是蔡文姬沦落异域时的《胡笳十八拍》么?莫非千年前文姬的悲剧,如今正演遍于故国山河?不,不,还是别让悲笳之声传遍山河大地、别让南国名花在笳声中零落一尽吧!这是诗人衷心的祈愿,然而也是无力的祈愿,因为他分明也知,这在琴声消歇之后渐起的筘声,实是琴声的自然延续;琴声是追忆往日,筘声是预言将来。看来,无论诗人如何祈愿,南国名花在悲筘中的零落蔫萎,都是无可挽回的。明乎此,我们也能理解,为何玉京的琴声、梅村的诗篇,都收束得这么凄凉、这么惨淡、这么无奈、这么悲咽。

此诗,亦可为"梅村体歌行"之代表作,虽尚不及《圆圆曲》著名,但两者借薄命女子之乱离身世以折射易代之际变故的谋篇用心,都是相同的;两者格局之宏大、词藻之华丽、叙事之流转、使典之富多,所体现的诗人才情之超卓、学识之鸿博,都可谓在伯仲之间、难较铢两。但玉京又与圆圆不同,前者是梅村的心上人,后者不过曾闻其名而已。因此,两诗相较,觉本诗更见真切、口角宛然。另外,《圆圆曲》中只是一花独秀,本诗则是两枝并蒂,这也影响到了两诗布局的不同:本诗以前五句之闻琴声浅浅引之,以末四句之悲筘声深深作结,而全说梅村自己,首尾相应。中六十二句先合写双美,再分说之,又以尾二句巧作挽合,又自成一体。如此有开有阖、次序井然,亦与《圆圆曲》大体上一气贯注的布局不同。在背景、题材均相近似的两篇巨制中,能有如此的变化,梅村真不愧作手。

(沈维藩)

遇旧友 吴伟业

已过才追问,相看是故人。
乱离何处见①,消息苦难真。
拭眼惊魂定,衔杯笑语频。
移家就吾住,白首两遗民②。

〔注〕① 乱离:指明、清之际的战乱。 ② 遗民:前朝人进入新朝而不仕,旧称遗民。

战乱打破了人世间一切稳定的生活秩序,造成多少亲朋故交的离散。烽火中人的命运如秋风中的黄叶,一朝分袂也许就是永诀。唯其如此,战乱更浓缩了人际友情。在这样的背景下,倘或偶然遇到曾志趣相投的故旧,该会是怎样一番悲喜交迸的情景?这首五言律诗所摄取的,正是此时此景的一组镜头。至于这"旧友"是谁,却并不重要。

首联紧扣题中"遇"字。"已过才追问",直接切入路遇情境,起笔简洁省净。沈德潜赞赏说:"起语得神,与'乍见翻疑梦'同妙。"但同妙并不同工。"乍见翻疑梦"写一照面的心理活动,是凝定的场景。"已过才追问"写的是"乍见"后的下意识反应,仿佛流动的镜头。两句都表现久失消息,不期而遇的疑惑。前者直接道出,是确信后的不敢相信;后者却通过"追问"的动作蕴含其中——恍然面熟,但犹疑不定,需"追问"才能确认。故下句递接"相看是故人",上前仔细打量,原来真的是老友。

既然是"故人",如何见面竟难以确认了呢?次联宕开一步,作了回答:"乱离何处见,消息苦难真"。这里"乱离"指明末清初的战乱。在动乱中分离之后,再无从相见,那偶或传来的消息也难辨真假。可以想见,频年兵戈,人的死伤误传,比比皆是。后面"惊魂"两字暗示,也许这消息里就有对方不测的说法。正是这"苦难真"的传说,才使作者有"已过才追问"的行为。动乱之中,自己身家性命已如累卵,却仍探问对方情况,一个"苦"字,道出了两人情谊的深厚。

三联的"拭眼",既是说擦去激动的泪水,又有重新拭目,再仔细相看的意思。乱世重逢的旧友,该有多少苦辣酸辛互相倾诉,但写去略而不及,只一个简单的动作,便将情感的无限波澜尽含其中,这就是所谓白描传神。一番问候后,擦净朦胧泪眼,望着眼前旧友,才彻底安下心来,所以说"惊魂定"。随后自然是庆幸,喜悦,当然要"衔杯笑语频"了。此处写由悲而喜,悲喜交加的情态极为生动,转换跳跃又极自然,具有对人生同类心态、行为普遍的概括性。但一次偶然相遇的"衔杯",难以尽诉各自乱世遭际的感受;而且一旦分手,谁又能保不会再度失去对方呢?"移家就吾住"——作者不由分说,要"旧友"索性搬来同住。难舍难分,正是重情重义的体现。

末句更在这"旧友"的情义之中,作了别有深意的开掘。清王朝建立后,从明朝过来的许多人不仕清朝,称为"遗民"。本诗作于清顺治七年(1650),此时吴梅村尚未被迫出仕,故以"遗民"自居。"白首两遗民"道出两人坚守"气节"的共同情操,从而使诗中表现的友情,蕴含了具有时代特征的人格气质。"两遗民"的"两"字除实指外,还包含着这样的潜台词:战乱中有多少旧侣亲朋死于刀兵,又有多少前代文臣武将摇变为新朝权贵。而他们两人幸存于劫后,那同气相求的友情不更以一种自豪自傲显得尤为珍贵吗?

作者抓住动乱背景中的偶然际遇,以简练明快的语句,通过一系列动作的白描,生动传达了旧友重逢的复杂感情。全诗一气贯注,自然流走,意蕴醇厚隽永,颇有盛唐风致。

(魏中林)

采 石 矶　　　　吴伟业

石壁千寻险,江流一矢争。

曾闻飞将上,落日吊开平。

　　这是一首吊古之作。采石矶,在今安徽省马鞍山市长江的东岸,原名牛渚矶,为牛渚山突出长江而成。三国时更名采石矶,其地江面较宽,形势险要,明代开国名将常遇春曾于此大破元军。《明史·常遇春传》:"(明)兵薄牛渚矶,元兵阵矶上,舟距岸且三丈余,莫能登。遇春飞舸至,太祖麾之前,遇春应声奋戈直前,敌接其戈,乘势跃而上,大呼跳荡。元军披靡,诸将乘之,遂拔采石,进取太平。"诗的第三句,说的正是当年的这一段史实。

　　"石壁千寻险,江流一矢争",这是诗人亲眼所见的采石矶的地理形势,也是当年常遇春做出英雄业绩的险恶环境。"寻",古代以八尺为一寻;"千寻",极言其高。"一矢争",是说江流湍急,几乎可以与箭速比快慢。以箭比水,由来已久。《慎子》说:"河之下龙门,其流驶如竹箭。"高适《金城北楼》诗说:"湍上急流声若箭。"以上两句说石壁高险,水流湍急,同为写景之笔。第三句触景生情,引出对史事的联想。"曾闻飞将上"的"上"字,相当于《明史》本传中的"跃而上",包括了跳过急流的那一跃与登上高而险的采石矶两个动作,这是元、明两军采石矶之战中最为惊心动魄的一幕,常遇春的形象即因此一"上"而于瞬息之间变得光彩照耀,壮美动人。句中的"飞将",为"飞将军"的省说,西汉名将李广英勇善战,为右北平太守,"匈奴闻之,号曰'汉之飞将军'"(《史记·李将军列传》)。后因以"飞将军"指矫健敏捷之将领。这里以"飞将"称常遇春,不仅言其勇武,且又关合他飞身跃上的动作,用旧若新,十分传神。末句于写景中结出凭吊之意。开平在今内蒙古正蓝旗东闪电河北岸,常遇春去世后追封为开平王。尽管常遇春早已作古,但他在采石矶头留下的业绩,尤其是振奋人心的那一跃,千秋如在。诗人的崇仰之情,不觉油然而生。这时落日的余晖正照到采石矶头。诗人猛然觉得,不仅自己正怀着吊意,而且在万里长江上游尽头的那一轮又圆又大的红日,似也怀着无限深情,在沉落之前正在凭吊英雄。说落日也在凭吊,这无疑是诗人主观感情的外化,是移情的作用。由移情而益见诗人感受之强烈,吊意之深沉。末句与电影中的"定格"相仿佛,那"落日",似乎永远不会沉没。阔远的江面,高远的天宇,辉耀天地的红日,承受着夕照抚爱的矶头,组成了一幅极其壮美的具有纪念意义的永恒的画面。

　　此诗前两句写景,重在显示环境的险恶,用以映衬英雄行为的难能可贵;第三句在用笔上一荡,回顾史事,着力表现的是常遇春的勇武之美,在险山恶水的背景前愈显出英雄形象的光辉。末句将笔收回,情景双结,铸成雄深阔远的诗境,寄写深沉邈远的凭吊之意。

(陈志明)

读史杂诗

吴伟业

萧何虚上座,故侯城门东。曹参避正堂,屈己事盖公。咄咄两布衣,不仕隆准翁。其术总黄老,阅世浮沉中。所以辅两人,俱以功名终。出处虽有异,道义将毋同。何必致两生,彼哉叔孙通!

借咏古事以抒己怀,这是班固、左思所开创和发展的"咏史"之体的一大特点。它的妙处,正在于主意分明却又吐语蕴藉,只在古今映照中,让聪明的读者自己去领会诗中所不欲直说的深意。

吴伟业的《读史杂诗》四首就正如此。这里选析"其三",读者不妨与笔者一起,来领略一下它究竟说了些什么?

"萧何虚上座,故侯城门东"——起笔似乎颇为突兀,想必诗人诵读《史记·萧相国世家》,正到了紧要关头:萧何计诛淮阴侯韩信,率师在外的汉高祖刘邦对他顿生疑忌:一面遣使拜他为相国、"益封五千户",一面又安排五百士卒为他警卫,实则防范他暗中谋反。要不是种瓜长安东门的"故秦东陵侯"召平提醒,萧何赶紧依计"让封勿受,悉以家私则佐军",这次祸患就怕很难度过。但当他要"虚上座"以厚待召平时,这位"故侯"却又长揖而辞,还是回他的"城门东"种瓜去了!

诗人终于松了口气,又翻到了《史记·曹相国世家》。才识平庸的曹参刚任齐相,齐地"诸儒"便七嘴八舌指教他治国之方,听得曹参头脑一片糊涂、不知所从。正巧胶西有位"盖公",专治"黄老"之道。请来一谈,说是诸儒之言全听不得,"治道贵清静而民自定",曹参由此如梦初醒。于是让出"正堂",尊盖公为师,按他所教的办法治齐,果然民心大安。萧何逝世之后,曹参还因此被拔擢为汉惠帝之相国。

"咄咄两布衣,不仕隆准翁!"诗人读史至此,不禁发出"咄咄"的感叹声,对召平、盖公大为钦服:这两位汉初布衣,都不肯屈节折腰做刘邦(隆准翁,谓刘邦,《史记》载刘邦有"隆准",即高鼻梁,相士认为此是帝王相)的官,但在世事"浮沉"之中,却又多么富于阅历、妙于治术!为他们所辅助的萧、曹,因此均能功成名就、远祸善终。从他们的"出处"看,召平之长揖萧何、终身种瓜东门,盖公的清静无为、淡泊仕进,自与萧、曹不同;但他们所执守的"道义",在造福万民这一点上,恐怕是没什么不同的吧。诗人由此联想到《史记》所记载的另一位古人:以面诋秦二世而逃脱"虎口"的秦博士叔孙通,不因为能逢迎刘邦之意而得到了"亲贵"

之位么？当他得意扬扬地征召鲁之诸生一起去为刘邦制作礼乐时，"鲁有两生不肯行"，并直斥他"所事者且十主，皆面谀以得亲贵。今天下初定，死者未葬，伤者未起，又欲起礼乐……公往矣，无污我！"这样的清操劲节，又岂是叔孙通所可同日而语？所以诗之收束，忽作冷峻的反诘："何必致两生，彼哉（意为"那个人呀"，有鄙视之意）叔孙通！"

全诗以召平、盖公古事发端，而又以叔孙通遭鲁"两生"严词拒绝古事收结，其感慨叹息，似乎全为古人而发——读者咏罢掩卷，恐怕都会满腹狐疑：诗人所要说的，难道只是这些？

当然不是。但倘要猜透此诗的真实含意，就不能不联系它的写作背景了。原来自南明弘光王朝倾覆以后，吴伟业这位先朝遗臣便从此"杜门不出"。用他《偶成》诗中的说法就是："南山不逢尧舜，北窗自有羲皇。智如樗里何用？穷似黔娄不妨"——他是决心仿效陶渊明，就是再穷也不肯为清廷卖命了。谁知顺治十年（1653），投靠清廷而执掌权柄的大学士陈名夏、陈之遴，却想借诗人之"文采以结主知"，让江南总督马国柱上疏力荐，敦促吴伟业赴京就职。正是在这样的背景下，诗人挥笔写成了《读史杂诗》。

这背景一经说清，此诗之面貌就顿然改观：诗人之所以"发思古之幽情"，赞召、盖，叹叔孙通，其实都是针对二陈征召而发的：人之"出处"固不可一概而论，你可以出仕清廷，我则可以像召平那样种瓜东门。只要大家都能不忘"道义"，使百姓得到安定、生息之福，又何须拘执"出、处"之不同？这意蕴表述得颇微妙：在明亡清立之际，既为自身的"闭门不出"剖明了心迹，又不致使那些被迫仕清者太过难堪；而且委婉敦厚，字里行间淌满了对仕清之士的规劝和寄望。但是，倘若你要学叔孙通的阿谀新主、烦劳百姓，而且"羞庖人之独割，引尸祝以自助"，那就对不起——我就是那鲁之"两生"，你还是归休吧，请不要"污"了我的清节！借咏古事以喻比现实，吐语委婉而意蕴自见，此诗就这样变成了一篇拒仕清廷的巧妙答辞。至今读来，犹可令人拍案叫绝！

可惜的是，由于清廷的催逼，吴伟业最终还是违背己愿被迫出仕了——这曾给他的后半生，带来了几多悔恨。不过那已超出本诗的鉴赏范围，笔者大可"带住"了。

（徐旭文）

穿　山　　　吴伟业

势削悬崖断，根移怒雨来。
洞深山转伏，石尽海方开。

> 废寺三盘磴，孤云五尺台。
> 苍然飞动意，未肯卧蒿莱。

仿佛早就预感到将肩负大任、崭露头角于晚明政坛似的，吴伟业的这首《穿山》，正以咏山为题，向当世宣告了这位年方二十的青年布衣所胸怀的峥嵘壮志。

倘以高峻雄奇而论，位于诗人家乡太仓（今属江苏）的"穿山"，也不过是一座名不见经传的"培塿"小山而已，实在没有什么可称道的。但在志雄气傲的诗人眼中，它却似乎正拔地而起、不断升腾，挟带着一派吞吐风云的豪迈生机。"势削悬崖断，根移怒雨来"——诗之开篇描摹穿山涌立之态，落笔就非同一般：别看它峰峦不高，那气势却正如刚被巨刃削断的悬崖，刹那间从天而坠；贴地的山根似乎还在隆隆"移"动，激荡起满天的疾雷、"怒雨"！一座寻常的穿山，借助于诗人仰望间突发的奇思，就这样气度轩昂地耸立在了读者眼前。随着诗人劲健的落笔，字里行间简直可闻有风雷之声震荡。

接着展示的，便是诗人穿行于幽深山洞的景象。这山洞大抵随山势盘旋而上，愈升愈高，直至山巅。从洞岩的罅隙间俯瞰，便给诗人带来了一种异样的感觉：那刚才还如断崖一般耸立空中的山峦，而今全都敛衽屏息，匍匐在诗人的脚下了。当诗人攀援直上、登临山巅时，眼前又豁然一片空阔：只见大江奔腾的远处，恰似刚把云气迷蒙的东海之门冲开，突然现出了那一派空茫无际的蓝天碧海！这便是"洞深山转伏，石尽海方开"二句所展现的境界。前句写洞间俯临之景，妙在从幻觉中勾勒，顿使脚下的山峦，带有了路回峰转、俯身而伏的动态；后句写山巅远眺之景，则又化实为虚，展开了未必真能望见的茫茫海天，更增添了几分画面的空阔感。

当诗人从骋目远眺的悠悠思绪中转过身来，眼前的景象忽又一变：一条盘曲的石阶路，牵着诗人的好奇之心，信步来到山之一侧。这里至今还留有一座寺院，可惜门庭荒寂，大约早已废弃多年。站在"废寺"前猛一抬眼，诗人突然在一片蓬蒿丛中，发现有一座石台拔出其间。这石台高约"五尺"，正带着苍翠的苔藓之色，斜斜地伸向山外。山外则青冥一片，唯有那孤独的白云，似还无限依恋地停留在台畔不去——如果不是联系结句来读，则"废寺三盘磴，孤云五尺台"所表现的境界，也只如此而已。那幽寂的"废寺"、孤清的云台，似乎只给读者增添了一重登山赏景中的孤独和惆怅罢了。较之于此诗开篇的风雷震荡之音、颈联的高迈空阔气象，这额联便未免大有力气不继之憾了。

但结尾"苍然飞动意，未肯卧蒿莱"的跳出，却使额联的孤清氛围为之一扫！

那苍然斜耸的石台,虽与"废寺"为邻,又何尝甘心于被荒草、丛蒿所掩埋?你看它斜出山外,仰对青天,不正如举翮欲飞的苍鹰,转眼就要凌空直上,啸傲于万里海天之间了!句中的"未肯"二字下得极有力量,刹那间给掩映于"蒿莱"之中的石台,灌注了一派孤傲不驯的劲气。由此反射前句,那"苍然飞动"的形象,也愈加显得犷放、雄迈,读之如有劲翮破空之声震响耳际。

这就是耸拔于诗人故乡穿山之巅的"石台"之志——读者当然明白,它其实也正是诗人自身形象的写照:他现在虽然还是卧身东南的一介布衣之士,但正如那拔出于蒿莱的石台一样,早就立志于凌空高举,在风云变幻的晚明政坛上一试健翮了。崇祯四年,吴伟业一举高中进士第,获"会试第一、廷试第二"(见程穆衡《娄东耆宿传》)。既授编修之职,又抗疏弹劾朝中奸党蔡奕琛,令群小为之"侧目"。虽然这还只是小试锋芒,但也已不负他在《穿山》中抒发的"苍然飞动意,未肯卧蒿莱"的奇志了。

(徐旭文)

琵 琶 行　　　　吴伟业

去梅村一里,为王太常烟客南园①。今春梅花盛开,予偶步到此,忽闻琵琶声出于短垣丛竹间。循墙侧听,当其妙处,不觉拊掌。主人开门延客,问向谁弹,则通州白在湄、子彧如②。父子善琵琶,好为新声。须臾花下置酒,白生为余朗弹一曲,乃先帝十七年以来事。叙述乱离,豪嘈凄切。坐客有旧中常侍姚公,避地流落江南,因言:"先帝在玉熙宫中,梨园子弟奏水嬉、过锦诸戏,内才人于暖阁齎镂金曲柄琵琶,弹清商杂调。自河南寇乱,天颜常惨然不悦,无复有此乐矣!"相与哽咽者久之。于是作长句记其事,凡六百二言,仍命之曰《琵琶行》。

琵琶急响多秦声,对山慷慨称入神。同时渼陂亦第一,两人失志遭迁谪③。绝调王康并盛名,昆仑摩诘无颜色。百余年来操《南风》,《竹枝》《水调》讴吴侬。里人度曲魏良辅,高士填词梁伯龙④。北调犹存止弦索,朔管胡琴相间作⑤。尽失传头误后生,谁知却唱江南乐。今春偶步城南斜,王家池馆弹琵琶。悄听失声叫奇绝,主人招客同看花。为问按歌人姓白,家住通州好寻觅。袴褶新更回鹘装,虬须错认龟兹客。偶因同步话先皇,手把檀槽泪几行。抱向人前诉遗事,其时月黑花茫茫。初拨鹍弦秋雨滴⑥,刀剑相摩毂相击。惊沙拂面鼓沉沉,舂然一声飞霹雳。南山石裂黄河倾,马蹄迸散车徒行。铁凤铜盘柱摧塌,四条弦上烟尘生。忽焉摧藏若枯木,寂寞空城乌啄肉。辘铲夜半转呀哑,呜咽无声贵人哭。碎珮丛铃断续风,冰泉冻壑泻淙淙。明珠瑟瑟抛残尽,却在轻笼慢撚中。斜抹轻挑中一摘,飂飀飕飀憯肌骨⑦。衔枚铁骑饮桑乾,白草黄沙夜吹笛。可怜风雪满关山,乌鹊南飞行路难。猱啸鼯啼山鬼语⑧,瞿唐千尺响鸣滩。坐中有客泪如霰,先期旧值乾清殿。穿宫近侍拜长秋,咬春燕九陪游宴⑨。先皇驾幸玉熙宫,凤纸金名唤乐工。苑内水嬉金傀儡,殿头过锦玉玲珑⑩。一自中原盛豺虎,暖阁才人撤歌舞⑪。插柳停挝素手筝,烧灯罢击花奴鼓⑫。我亦承明侍至尊,止闻鼓乐奏云门。段师沦落延年死⑬,不见君王赐予恩。一人劳悴深宫里,贼骑西来趋易水。万岁山前鼙鼓鸣,九龙池畔悲笳起。换羽移宫总断肠,江村花落听霓裳。龟年哽咽歌长恨,力士凄凉说上皇。前辈风流最堪羡,明时迁客犹嗟怨。即今相对苦南冠,昇平乐事难重见。白生尔尽一杯酒,由来此技推能手。岐王席散少陵穷,五陵召客君知否?独有风尘潦倒人,偶逢丝竹便沾巾。江湖满地南乡子⑭,铁笛哀歌何处寻!

〔注〕① 王太常烟客:即王时敏,以荫补明太常寺卿,故称。"烟客"为其号。 ② 通州:治所在今北京通州区。 ③ 对山:指明代文学家康海,著有诗文集《对山集》。渼陂:指明代文学家王九思,著有诗文集《渼陂集》。均因列官宦刘瑾之党而去职。 ④ 魏良辅:明昆山音乐家,善造曲律,创"昆山腔"。梁伯龙,即梁辰鱼,明代戏剧家,著有传奇《浣纱记》。 ⑤ 弦索:琵琶曲调名,为北方王府乐府所造,后流传江南。 ⑥ 鹍弦:古琵琶弦用鹍鸡筋所制,此指琵琶之弦。 ⑦ 飕飀(sōu liú):风声,亦可指风雨声。 ⑧ 猱:即猱(猿)字。鼯(wú):俗称飞鼠,形似蝙蝠,前后肢间有飞膜。 ⑨ 咬春:明代都城习俗,立春日竞食生萝卜,称咬春。燕九:当时京城西便门外有白云观,塑邱真人像,人们于正月十九日致酹祠下,称"燕九节"。 ⑩ 水嬉:用轻木雕成诸种男女人像,内装机簧,彩画如生,有臂无足,下设竹板,浮于水上,由纱障内运机之人牵制演出的一种游戏。过锦:宫中所演杂戏,据说有百回,每回十余人,不拘浓淡相间、雅俗并陈,各有引旗一对,鼓吹送上。结束时"诙谐杂发,锣鼓喧闹,奉酒御前而散"。 ⑪ 暖阁:在乾清宫后,凡九间,有上有下,每间置床三张,供天子随时居寝。 ⑫ 花奴:唐汝阳王琎,小名花奴,尤善羯鼓。 ⑬ 段师:即善本,俗姓段。唐玄宗时善弹琵琶之僧。延年:即李延年,汉武帝时著名音乐家,曾任协律都尉。 ⑭ 南乡子:词牌名。或曰吴伟业作此诗时,正值南明唐王聿键被清人执于福州之时。唐王故封地南阳有南乡故城,故诗人称"南乡"以寄

凭吊之意。

　　猛一见到此诗诗题,倘若你因此眼目生辉,以为它就是唐人白居易所作的那首"铺写详密,宛如画出",并与《长恨歌》一起被推为"古今长歌第一"的《琵琶行》(见何良俊《四友斋丛说》),那就错了——这首同题之作,实出于明末清初著名诗人吴伟业之手笔。

　　但倘若你因此感到失望,以为既有白居易《琵琶行》辉耀于前,吴伟业之同题诗作必定黯然失色,那也同样错了——此诗既出于"擅长歌行"的清初诗坛巨擘吴伟业之手,它就决不会平淡无奇、令人失望。如果将白居易的《琵琶行》比作云烟缭绕中的庐山秀峰,则吴伟业的《琵琶行》,就是激荡石头城下的扬子江浪。前者耸峙千古,后者长流百世,可以说是同曲异调、共臻至境的姊妹篇。

　　从两首《琵琶行》的创作缘由看,这相距八百余年的两位诗人,都是在偶然之中被琮琮弹奏的琵琶之音吸引,而与主人公相见的。而且弹奏琵琶的主人公,又都是出手不凡的乐界名辈:一位乃"十三学得琵琶成,名属教坊第一部"的长安乐倡,曾引得"五陵年少"如痴如狂了许多年;一位则是号称"琵琶第一手"的通州琴师白在湄,当年亦曾在明都北京倾倒过无数权贵。但由于白在湄的流寓江南,与长安琵琶女"老大嫁作商人妇"的沦落不同,乃是因了崇祯王朝的轰然崩溃以及随之而来的清军入关造成的,这就使吴伟业的《琵琶行》,在描述的重点和寄寓的感慨上,与白居易《琵琶行》又有了颇大的差异。

　　先看诗之发端。白居易诗是在"浔阳江头夜送客"中,引出"犹抱琵琶半遮面"的沦落商妇的。那瑟瑟的荻花、茫茫的江月,正为这位琵琶女的弹奏幽怨之曲,染上了一重凄凉惨淡的底色。此诗则别开蹊径,落笔便思接百载,从当年的琵琶名家康海、王九思誉为"北调",竟使唐代"性闲音律,妙能琵琶"的高手康昆仑、王维也为之黯然失色叙来,顿将读者推入了对"绝调王、康并盛名"的悠然缅怀之中。然后不无遗憾地说到"北调"在"百余年来操《南风》,《竹枝》《水调》讴吴侬"中的演变,因了魏良辅、梁辰鱼等名流的改制,造成了"北调犹存止弦索"、"谁知却唱江南乐"的景况。在这样的背景上,突然从诗中推出"袴褶新更回鹘装,虬须错认龟兹客"的豪放主人公——北调名家白在湄,自能给你一种峰回路转、豁然开朗的意外惊喜。诗中的"王家池馆弹琵琶"、"悄听失声叫奇绝"二句,正如奔澜逆折,将弥漫字行之间的百年憾云一扫;由此转入对白在湄琵琶妙韵的描摹,能不令你肃然动容、屏息以待?

　　读过白居易《琵琶行》的,恐怕都不能不为诗中对商妇弹奏之乐的形象描摹倾倒。那联翩的奇喻,舒缓、疾急的节奏交替,和从有声之境渐低渐弱,化为"凝绝不通声暂歇"的无声之境，突而又迸发出"银瓶乍破水浆迸，铁骑突出刀枪鸣"的疾风骤雨般乐曲高潮，最后在"四弦一声如裂帛"中戛然收束，展出"唯见江心秋月白"的一片静默画境——如此"用常得奇"、波澜迭荡的音声描摹，后世究竟有谁还能与之争锋？

但吴伟业却没有因此退避。他准确地把握了白在湄琵琶曲所不同于商妇自诉身世的特点，巧妙地将其"高卑啴疾"之调与崇祯十七年来的"明亡事相映比"，从而在对琵琶音声的描摹上开了新的境界。"初拨鹍弦秋雨滴，刀剑相摩毂相击"——白在湄这悲壮苍凉的起调，入耳便与商妇那"弦弦掩抑声声思"的一弹三叹不同，刹那间把人们带入了李自成大军挥旗东向，破大同、围北京的大动荡岁月。诗人的描摹也因此笔墨萧萧，在一片风雨中如闻有刀戟交鸣之音起于笔端。接着便是京师沦陷、明军崩散，崇祯皇帝仓皇逃到煤山顶上，面对着飘翻全城的义军云旗，终于在喟然长叹中绝望自尽。这时的琵琶曲韵，想必已化作激越悲怆的变徵之调，诗人的运笔由此在疾切奔行中一顿："惊沙拂面鼓沉沉，耆然一声飞霹雳"——这是震荡于琵琶弦上的最惊心动魄的"一声"，诗人借助于"霹雳"之喻，又着一力透纸背的"飞"字，它便如闪电中的突发雷鸣，刹那间震荡了读者的身心！而后进行泼墨般的浓笔渲染："南山石裂黄河倾，马蹄迸散车徒行。铁凤铜盘柱摧塌，四条弦上烟尘生。"读者可以感受到，此刻的琵琶之韵，正挟带着主人公对大明王朝轰然倒塌的多少哀伤，化作汹涌的烟尘和狂潮，在琴弦上滚滚奔腾！当这哀伤进入痛泣欲绝的时候，琴弦便戛然沉寂了。诗中以"忽焉摧藏（臟）若枯木，寂寞空城乌啄肉"为喻，从明军兵溃如山倒的画面中，突然推出城陷人亡的一片死寂之景：这正是对白居易描述"此时无声胜有声"笔意的绝妙翻新——表现琴韵的突然沉寂，偏用乌飞满天、哑哑啄尸的有声画面反衬，这无声的曲韵，岂不愈发令你不堪卒听？白居易描摹商妇奏曲的收束，是在无声之境中猛然跳向琵琶狂弹的乐曲高潮中戛然而止的。它对于表现女主人公身世沧桑中蓄积的哀慨迸发，正有破闸倾泻之力。此诗的描摹，则适应于琴师对一个崩塌了的故国王朝的深情哀悼，从无声的沉寂中，徐徐化出故宫"贵人"的幽幽哭泣。而后将这哭声，转换在从北国到南疆的无限空阔背景上，与那"白草黄沙夜吹笛"、"瞿唐千尺响鸣滩"的苍凉之景交汇在一起，渐远渐弱，终于消融在弥满"关山"的风声雪影、凄绝三峡的"猨啸鼯啼"之中——这便是白在湄所奏琵琶曲的悠悠收止之境。吴伟业借助于丰富的想象，将它化成了多么辽远而充满哀思的视觉空间。使你于诵读之际仿佛感到，那横亘于北国南疆的重重关山，茫茫江河，似乎全在为明王朝的倾覆而堕泪、咽泣。

白在湄的琵琶乐至此已在"豪嘈凄切"的幽幽余韵中结束,我们的诗人似乎也可以长叹掷笔了。出乎意料的是,诗人在回笔时却又陡然旁行,从"坐中有客泪如霰"中,又引出了避地江南的先朝"中常侍(宦官)姚公"的一段悠悠回忆。诗人描述这段回忆,正与上文的苍凉哀慨相反,用的是节奏舒缓、色彩浓丽的笔墨:"穿宫近侍拜长秋,咬春燕九陪游宴"——那正是崇祯王朝除阉党、整朝纲而颇具气象的"昇平"岁月。每当立春之日或正月十九,他曾多少次陪随"先皇"生食萝卜、"致酹祠下",领略那"咬春"、"燕九"的游宴之乐!而当崇祯"驾幸玉熙宫",兴致勃勃地"凤纸金名唤乐工",在苑池上表演装有机簧的木偶之嬉;或者在御宴席前"不拘浓淡相间,雅俗并陈",演出那"世间骗局俗态"的"过锦"戏时,宫中上下又曾耸动起多少欢声笑语!还有玄武门外高达百余丈的"万岁山"前,翠屏山下碧水荡漾的"九龙池"畔,更有多少佳木奇果可赏、鼓舞歌乐可听——这就是姚公在回忆中悠悠叙及的美好往昔,经诗人如火如锦的彩笔描摹,那景象便简直如梦思一般,萦绕于读者眼前而撩拂不去了……

在描摹白在湄那痛悼先朝沦亡史事的琵琶曲后,又添上这一段色彩缤纷的先朝盛事回忆,似乎令人不解:它岂不要大大冲淡读者被激荡起来的悲怆和哀伤么?其实恰正相反。读过白居易《琵琶行》的都不会忘记,诗人在表现琵琶女月夜弹曲的沦落晚境后,正通过她的回忆,展现了女主人公当年那明月般升起教坊乐坛的美好往事。以此映照她"老大嫁作商人妇"的悲惨晚境,便使这位孤苦商妇的沦落生涯,愈加显得凄凉和辛酸。这就是艺术表现中以浓丽衬黯淡、以欢乐写悲哀的反常笔墨之妙用。吴伟业在诗之结尾突然回笔,借姚公之叙凭空添上一段对先朝盛事的回忆,正又是对白居易创造的这一笔法的活用。所不同的是,白居易以琵琶曲之弹奏为主线,重在表现琵琶女今衰昔荣的身世之慨;吴伟业则由先朝覆亡见证人白在湄的弹奏琵琶,意外地引出了另一位先朝盛事亲历者"姚公"的衔泪回忆。以昔日王朝"昇平"之乐,写其在内忧外患中的覆亡之悲,使这一悲哀在如泣如诉的不绝琴韵中,更带有了如梦如幻、乐尽哀来的无限伤感。这样看来,吴伟业之《琵琶行》,不仅在表现技巧上,对白居易多有继承中的翻新;更在借琵琶曲以寄寓对历史的兴亡之感上,局阵恢宏、情思深沉,于白居易之后又开了新的境界。

(潘啸龙)

戏 题 士 女 图   吴伟业

出　塞

玉关秋尽雁连天,碛里明驼路几千。

夜半李陵台上月，可能还似汉宫圆？

《士女图》不知何人所作？但既能激得吴伟业逸兴遄飞，特为题诗十首，分咏西施、虞姬、蔡琰、红拂女等十人，想必画得相当出色。而且这些女子，又大多是与列朝兴亡有关的巾帼奇女，也更适宜诗人借题发挥，以抒写其扼腕喟叹、歌哭不尽的奇情。

《出塞》一图所描摹的，则是王昭君远嫁呼韩邪单于的情景。这位西汉元帝时代的著名宫女，虽激于不得恩宠的哀愤而自请远嫁；但当她"戎服乘马，提琵琶出塞"，真要从此远离故国的时候，终竟还是泪水进涌了——那一曲弹向大漠黄昏的琵琶之韵，又怎诉得尽她回首乡关的万里思情！所以历来歌咏"昭君出塞"的诗家，几乎没有不借她弹奏的琵琶，以渲染其千古难歇的凄幽怨情的。

吴伟业的这首题图诗却不然。它只按照画意，萧萧地为你描摹几笔昭君出塞所见的景象，便让你真切地感受到了，女主人公那难以言传的悲思。"玉关秋尽雁连天"——诗之起笔即从画中的"玉门关"景物点染，一道横峙于山岭间的萧瑟关塞，似乎就这样划分出了两个迥然不同的世界：由此入塞，便是"鸣鸡吠狗、烟火万里"的汉家山河。那里"河水洋洋"、"杨柳依依"，就是曲曲的山坡、络绎的车马，似也渗满了令你难割难舍的故国乡情！由此出塞，便是落日苍茫中的千里戈壁了。这里人烟稀少，飙风时起，就连那高远的天空，似也染上了异域的一派落寞和苍凉。何况"秋"光又"尽"，仰目可见的，唯有最后一批掠空南飞的雁影。这正是狐裘裹身的王昭君，踏出塞门时面对的暮秋之景。北来的大雁都感受到异域的寒冽，急急飞返故乡去了；而孤清的她，却要在这样的凄寒中，去向远离家国的异乡！

画面寂然无声，诗境也不带一丝音响。但读者却分明从那无声的画意中，听到了这位汉家宫女的深长叹息！她本是生长南国的一位荆钗之女，故乡的青峰、碧绿的山溪，辉映过她的皓齿红颜，曾引得家乡亲人的多少赞叹和爱怜。她在绿桔树下劳作，朝霞光里梳妆，又何曾见过这昂首瀚漠的"明驼"、靴裤马装的胡人？现在却要骑乘在高耸的驼峰间，行那漫漫无尽的沙漠之路了，又怎能不从心底涌升起莫名的惊骇和哀伤！"碛（qì，沙石地）里明驼路几千"一句，即从昭君乘驼而行的近景剪影中，展出了沙天相连的无际瀚漠。同时，它又似乎化作了女主人公从心底迸发的一声惊惧询问。于是整个画面上，霎时间被这一声伤心绝望的问语弥漫了。

在画家的笔底，"时间"是停止的，他最多只能暗示人物行动的意向。《出塞》

一图所展示的,大约就是昭君出塞、走向茫茫大漠的这一幕了。但诗人却可由此生发联想,将画境转换到画手所无法同时描摹的"时间"延续之中。本诗的后两句就正如此:雁影掠空的白日隐去了,茫茫的大漠,此刻已静卧在"夜半"的惨淡月色之下。迎娶昭君的队伍,大抵也已驻扎在匈奴境内的"李陵台"一带了吧?

李陵即西汉名将李广之孙,当年曾"提步卒不满五千","卬(仰)亿万之师,与单于连战十余日",终因矢尽粮绝、救援不至而败降。而今"台"草森森,李陵也带着不尽的遗恨和耻辱,长眠异域四十余年了。当王昭君置身在如此凄寂的异域,仰望那一弯清冷的夜月时,又该怎样哀慨万千!"夜半李陵台上月,可能还似汉宫圆?"这照见过李陵败降的无情之月,这聆听过李陵涕泪满面、仰天号嗟的惨淡之月,又怎能与王昭君所深情怀思的故国明月相比!于是,正如一朵美丽的昙花在心空涌绽一样,王昭君的眼前,似乎也刹那间升起了一轮清朗生辉的圆月——那才是照耀长安的"汉宫"之月,才是令她惊喜、带给她几多向往和憧憬的故国之月!诗之结句正是这样,借浮想中的悠悠发问,展出了一个如此美好的故国月夜。我们的女主人公,大抵也为之迷醉了,久久沉浸在笑影浮漾之中。

但读者却清醒地知道:这不过是一个早已消逝了的美好虚境。此刻照耀着王昭君的,又哪是相隔千里的故国之月?这一弯清冷的夜月,当年曾照见李陵绝命异域,而今又将伴随着昭君,度过那永无返乡之期的异国生涯了呵!透过结句的悠悠问语,在美好虚境映衬下的,只是这位汉宫女子生命途程中如此惨淡的绝望前景。这在构思上无疑是巧妙的,然而它所激起的,却是令读者歔欷堕泪的不尽叹惋!

(潘啸龙)

临 清 大 雪　　　　　吴伟业

白头风雪上长安①,裋褐疲驴帽带宽②。
辜负故园梅树好,南枝开放北枝寒。

〔注〕① 长安:此借指北京。② 裋(shù)褐:粗陋之衣。

身际国变的吴伟业,作为明的遗臣,虽心不情愿却万般无奈而屈节仕清。他从此陷入了无法排遣的精神痛苦中,愧悔自责,抑郁无欢。其诗风也随之发生陡变,由原先才华艳发、清丽芊绵的风致,一改而为激楚苍凉、含蓄蕴藉的格调。这首诗即作者于顺治十年(1653)应清廷征召赴京时在临清(今属山东)道中所作,表现了身不由己、勉强北上的复杂心态。

开头两句是对眼前景物的实写。作者自谓已年老体衰,故称"白头"。依照常情,苍头华发,正应游子作归乡计,所谓"旧路青山在,余生白首归"(刘长卿《北归次秋浦界清溪馆》)。而诗人却不得不离乡远游,冒大风雪北上京城,这情事何其乖舛悖谬。况且,同是辞亲入都,他自然地会想起十八年前的情形。那一年他二十三岁,进京赴试,联捷会元、鼎甲,并荣受崇祯帝的殊宠,"特撤金莲宝烛,花币冠带,赐归里第完姻"(郑方坤《国朝名家诗抄小传》卷一)。那时节,返京途中,诗人何等心志高远,春风得意哟!然而,这种如花似锦的日子不过昙花一现。明亡后,他曾与侯朝宗相约终隐,更写下了"宁为英国死,不作襄城生"(《吴门遇刘雪舫》)的诗句。但是,他虽然十分景仰那些抗清英雄和遗民们的高风亮节,却心向往之而不能至。清朝政府的多次征召,加之"老亲惧祸,流涕催装"(《与子暻书》),使他彷徨之余,最终还是"扶病出山"(《梅村先生年谱》),在人生途程上跨出了"万古惭愧"、"为后世儒者所笑"(《与子暻书》)的屈辱的一步。

如今,他正踽踽独行在漫天风雪的旧时路上。风物依旧,而江山易主。想到遭逢丧乱,阅历兴亡,又经受如此沉痛的精神折磨和思想重负,人何以堪!尽管吴伟业其时才四十四岁,可他分明觉得自己已经老了,成了苟活于世的一个白头衰翁。在砭人肌骨的风天雪地里,天冷,更觉心冷。他显见地日渐瘦损了。那"袒褐疲驴帽带宽"的身影,既令人堪怜,亦复可悲。

末二句则委婉地抒写了作者的故国之思和身世之感。面对千里冰封的北国风光,诗人愈加怀恋那风酥雨腻的江南景致。"故园梅树",指其家乡太仓之"梅村"。诗人在《盐官修香海问诗于梅村,村梅大发,以诗谢之》中曾写道:"种梅三十年,绕屋已千树。饥摘花蕊食,倦抱梅影睡。"梅树已成了他过去的隐居生涯的象征,现在,这一切都不复再睹。彳亍于异乡雪野,他自然要眷念"故园梅树好"了。

"故园"一词在古代汉语中与"故国"义通。"辜负故园"实际是"辜负故国"的代用语,其中仍暗寓着作者对自己软弱失节的忏悔,特别诗的末句表达诗人心曲更加明白。"南枝开放北枝寒",语本"南枝向暖北枝寒,一种春风有两般"(《摭异》)。我们知道,清朝后来的文字狱,发现诗中将"南"、"北"对举了写,便会获罪杀头甚至诛灭九族的。可见,在当时人心目中,以"南"喻明、以"北"喻清,自是彼此神会不言自明。联系到《古诗十九首》中即有"越鸟巢南枝"(《行行重行行》)的诗句,作者所寄托的眷怀故国之情不是显而易见吗?"北枝寒",表明作者对应诏仕清打心里多么地不情愿啊!同时心存疑惧,此去正不知被命运抛向何处,前途未卜,凶多吉少,思之愈觉心冷。

《临清大雪》诗章虽短,而语浅情浓,意蕴丰厚,是颇为耐得细细咀嚼、反复吟味的。

(尹芳林)

送友人出塞(二首)　　吴伟业

鱼海萧条万里霜,西风一哭断人肠。
劝君休望零支塞,木叶山头是故乡。

此去流人路几千,长虹亭外草连天。
不知黑水西风雪,可有江南问渡船?

友人吴汉槎因罪流放宁古塔城(在今黑龙江宁安市)[①],辞官归乡不久的诗人,在吴江垂虹亭置酒相送,吟成了这两首涕泪沾襟的送别诗。

伤心千古事,常在别离时。倘若友人此去,是到穷乡僻壤之地作官,或是意气轩昂,去到边陲建功立业,则虽在凄凄别离之际,多少还有聊可慰藉的几分梦想、几分向往。诗人大可像王勃那样,放声而吟:"海内存知己,天涯若比邻";或者如岑参那样,雄迈高唱:"送君万里西击胡"、"功名只向马上取"了!

但吴伟业此次相送的,却是一位戴罪流徙的故人,而且那发配之地,又在冰天万里的塞外。这一别南北天涯,何时更有相见之期?也许友人郁郁而去,从此埋骨异域、再不回还。那么这秋风瑟瑟中的生离,就无异于梦寐难寻的死诀了!明白了这一层,读者便不必惊奇,为什么此诗起笔,就夹带着一片哀哀恸泣之音:"鱼海萧条万里霜,西风一哭断人肠"!"鱼海"即"捕鱼儿海",远在塞北内蒙古之境。在寒冽的塞外霜天下,在草木萧条的鱼海畔,正蹒跚着一个孤独的身影。四野苍茫,除了押解的差役外,便只见一天愁云、万里霜漠了。凄厉的西风,从遥远的塞上一路号呼而来,简直就如故乡亲人那追随不舍的哀怆号泣。任你是心如铁石的硬汉,听了也不禁要愁肠寸断了呵!

故人尚未离去,已先为悬拟出塞途中的凄凉景象;更从西风如泣中,渲染那流徙天涯的"断肠"之悲。这就在落笔伊始,即把诗情推入了无限伤怀的氛围之中。在诗人的悬拟中,友人既然早已去到万里塞外,此刻浮现在诗人眼前的,便也只有一个踉跄于旷漠霜风中,而愈去愈远的背影了。望着在想象中远去的友人背影,诗人似乎还想借凄凄风声劝慰他几句。但这劝慰之语,却又怎样出人意外:"劝君休望零支塞,木叶山头是故乡"!"零支塞"在今河北迁安县西,从友人远徙宁古塔途中回望,它正是入关返乡的必经边塞。当友人离去时,正该劝他时时回望那在树木葱茏的山头若隐若现的故乡,以宽解万里思乡的断肠之悲才是。诗人却断然劝他"休望",岂非太不合情理?然而,有过流徙体验的人们都知道,当你本已处在别亲背乡的不尽伤痛之时,这途中的回望,实在是难以带给你一丝宽慰的——它只会令你于孤身天涯的自伤中,更增生几分乡关日远、一去难返的哀慨和绝望而已! 诗人的劝慰,正是深切地把握住了友人出塞时的这种凄绝心态,所以这看似匪夷所思的"休望"之句,细细品味也真有意料之外、情理之中的妙处。

如果说,第一首送别诗是纯用悬拟笔法,从友人出塞后的虚境中设景抒哀的话,第二首之落墨恰正相反:诗人的思致一下从万里塞外收摄,回到了与友人泣别的现实之境。时令正当深秋,吴江长桥畔的垂虹亭中,神色凄黯的友人正欲离席启程;伤怀的诗人,却还呆呆地凝望着亭外之景默然不语。"此去流人路几千"句,恰如沉默中的一声苦涩长叹,摇颤在诗人胸际,泄散于幽幽席间:友人即将离去,这一别流徙天涯,将要在凄风苦雪的途路上,颠沛几多千里!"长虹亭外草连天"句,则以景语紧相承接,在黯然神伤的诗人眼前,猛然展出了亭槛外那连天接野的满目荒草:这荒草不也如诗人的泣别友人一样,在萧瑟的秋风中,如此伤心失色,如此萋萋含戚,只在南国的天底下,留得一望无涯的哀衰和凄黄?

终于到了友人上路的时候。当此含泪揖别之际,诗人又该将几多话语,凝作对友人的深情叮咛? 然而此诗之收束也奇:既不是嘱咐,也不是安慰,而是一句吐辞惊人的突发问语:"不知黑水西风雪,可有江南问渡船?"黑水,即友人流放之地的黑龙江。此刻,江南虽已是深秋,但在美丽清阔的江天之下,毕竟到处都有热情问客的船家,载着你驶向落日霞辉中的故乡去的。而友人去往的塞外,却恐怕早已是"西风"怒号、冰雪茫茫了——在雪浪汹汹的"黑水"边,你难道还能再找到一艘"江南"的亲切渡船? 结句之发问看似突兀,但在"黑水"、"江南"的惊心对照中,实透露着诗人对远出塞外的友人,对那险恶莫测的流徙生涯,怀有多么深切的牵念和忧惧!

两首送别诗,一从塞外"鱼海"的苍凉虚境悬拟,借匪夷所思的劝慰,写流人肠断天涯之伤;一从江南长亭的相送实景点染,借对比惊心的问语,写诗人送友远徙之悲。两诗交汇,那一片怆楚伤痛的别情,便在塞外、江南的空间转换中往复盘旋,因了雪风黑水、亭草渡船的虚实反衬,而愈加迭荡翻涌,带有了动人心魄的力量。这正是吴伟业《送友人出塞》在运思驭笔上的奇妙之处,也是它之所以成功的奥秘所在。

(潘啸龙)

〔注〕 ① 据程穆衡《吴梅村诗集笺注》,此诗似乎是送吴汉槎之父吴兹受出塞的,出塞之因大抵为探望流放宁古塔的儿子,或自己因罪流边。笔者从诗意推测,所送者当为吴汉槎。倘是出塞探望的父亲,诗中当不会称其为"流人"。

病中别孚令弟 吴伟业

昨岁冲塞别,萧条北固楼。
关山重落木,风雪又归舟。
地僻城鸦乱,天长塞雁愁。
客程良不易,何日到扬州?

秋尽霜钟急,归帆畏改风。
家贫残雪里,门闭乱山中。
客睡愁难熟,乡书喜渐通。
长年沽市酒,宿火夜推篷。

十日长安住,何曾把酒尊。
病怜兄彊饭,穷代女营婚。
别我还归去,怜渠始出门。
往来几半载,辛苦不须论。

消息凭谁寄?羁旅祇自哀。
逾时游子信,到日老人开。
久病吾犹在,长途汝却回。
白头惊起问,新喜出京来。

早达成何济,遭时信尠欢。
客游三月病,世路一生难。
忧患中年集,形容老辈看。
相逢俱壮盛,五十未为官。

此意无人识,惟应父子知。
老犹经世乱,健反觉儿衰。

万事愁何益，浮名悔已迟。
北来三十口，尽室更依谁？

似我真成误，归从汝仲兄。
教儿勤识字，事母学躬耕。
州郡羞干谒，门庭简送迎。
古人亲在日，绝意在虚名。

老母营斋诵，家贫只此心。
饭僧余白氎，装佛少黄金。
骨肉情难尽，关山思不禁。
《楞严经》读罢，无语泪痕深。

寡妹无家苦，抛离又一年。
老亲频念此，别语泪潸然。
性弱孤难立，门衰产易捐。
独留兄弟在，中外几人怜。

稚子称奇俊，迎门笑语忙。
挽须怜尚幼，摩顶喜堪狂。
小辈推能慧，新年料已长。
吾家三万卷，付托在儿郎。

  吴伟业披着茫茫飞雪来到北京，却没有真得到清廷重用，只授了个"弘文院侍讲"的虚职。诗人原就多病，在京师又"郁郁惨沮，触事伤怀"，终于一病三月、卧榻不起。而今能够关心他的，就只有故乡亲人了——三弟孚令（伟光之字）千里迢迢来京探望，只可惜住了十来天，又不得不与病中的诗人欷歔握别。这十首五律组诗，正吟成于孚令南还的凄凄话别之间。
  人在病中，身子虽不能自主，思致却纷乱无际、格外活跃。时令正值初冬，窗外又飘飞起一天白雪。这凝噎相对的一刻，与"昨岁"在镇江"北固楼"的兄弟话别情景，又何其相似：那时诗人应召北来，深情的幼弟从太仓直送到镇江，才在

"落木"萧萧中回棹。当诗人独伫江楼,望一叶孤帆在雪波迷蒙的江天消隐时,那一颗浸润亲情的客中乡心,从此还能静歇吗?"关山重落木,风雪又归舟"——而今在这僻远的京城,忍看幼弟在"乱鸦"哀啼、"塞雁"愁鸣中离去,自己却不能相送一程,又该令诗人多么伤心!何况这归程还会经几多逆风险浪,何况贫穷的家园还远在天外的"残雪"、"乱山"之中……忧伤的诗人在与幼弟话别之际,只能喟然长叹:这一去,"乡书"倒是可以通达家人的了,但病中的我,又何能再在天涯羁旅中安睡?从此后,我唯有夜夜独对市上沽来的苦酒,以遥应你风舟"宿火"中的"推篷"(窗)回望了。

这就是开头二节描述的景象。浓浓的别意,交织着去岁、今冬的两次"风雪"泣别。这泣别经了"乱鸦"、"愁雁"氛围的渲染,经了对穷苦故乡的瞻念,和幼弟在船火天涯中"推篷"回望情景的悬拟,便愈加表现得句句蕴泪、字字含悲。而后转入对孚令来京探病的感怀,更将这一幕泣别,带入了身世飘泊的无限凄伤之中。

不过诗人抒写孚令探病和离去的感怀,却很少如开头二节那样运用描摹笔墨。"十日长安住,何曾把酒尊。病怜兄彊(强)饭,穷代女营婚":素朴无华的直叙,正适合表现兄弟间相嘘相存的最纯真的亲情。"久病吾犹在,长途汝却回。白头惊起问,新喜出京来。"悬想家中老父对儿病的担忧,以及忽闻孚令带讯南归的"新喜",也一无景物氛围渲染。但在一"惊"一"喜"的简洁神态勾勒中,自见老父那一片关切深情。由此引出"早达成何济,遭时信尠(同'鲜')欢"的身世飘泊之叹,用的虽仍是直抒己怀的写法,但因了"客游三月病,世路一生难"的惊心对照,读者自能感受到这位"早达"之士遭逢世乱,于江山易姓之秋,犹郁郁困顿于仕途的不尽悲哀。读这三节诗,人们恍可见到,卧病异乡的诗人,在兄弟归去之际,正怎样为身当"中年"、"忧患"丛集,竟无一分喜讯告慰"白头"老父,而泪横病榻、哀哀嗟叹。

"老犹经世乱,健反觉儿衰!"当诗人想到暮老之父,反而要为衰病的儿辈担惊受惧时,心中的愧悔和不安,便如那寒夜的飞雪,更加缭乱、纷扬了。诗中由此跳出了对幼弟充满悔恨的叮咛:"似我真成误,归从汝仲兄(孚令之二哥)"——你可再也莫要学我的汲汲仕途,求那身外的无益"虚名"了!从此后只管"教儿"识字、侍奉慈母,在"躬耕"陇亩中学习稼穑之道,那才是人生的立命之本。倘若像我这样,不羞于"干谒"州郡、"送迎"权贵,可就要"误"尽平生了呵!絮叨的叮咛,似乎也不见怎样吐语惊人。但它出自一位回首往事、悔羞交集的过来人之口,就带有了非同寻常的警醒之力。吴伟业之幼弟当时正在太仓"州庠"读书,显然也曾作过像乃兄那样文名四播、跻身仕途的迷梦。而今听此叮咛,能不恍然梦醒、衔泪颔首?这两节病榻叮咛之语,可以说远远超出了兄弟间的一般话别,而升华为对人生道路的深沉反思。以此赠别幼弟,也更能见出诗人那超越于世俗之上的兄弟亲情。

烛泪将尽,这兄弟话别的一幕,也终于到了幽幽的尾声。幼弟即将在风雪中启程离去,诗人那牵念难舍的心,恐怕也已飞离病榻,将伴送那一叶孤帆,驶向远方的故乡了。他想起家中的老母,就是在贫困之中,也依然不改其奉佛诵经的虔诚之心。"饭僧余白氎(dié,细棉布),装佛少黄金"——她是那样善良和乐于施舍,却并不能获得母子相聚的半分慰藉!当此风雪之夜,不知是否还在一边诵经,一边泪水潸潸,思念着我这"关山"远隔的他乡游子?还有可怜的守寡之妹,忍受着年复一年的"抛离"之苦,勉强挣扎在"门衰产易捐"的贫困之中,除了我们兄弟以外,又还有谁能关心、爱怜于她?"稚子称奇俊,迎门笑语忙":唯一能给诗人的万里牵念带来温馨的,恐怕就只有那可爱的侄儿(孚令之子)了!回想去岁离家的时候,他还只是个挽着我须髯嬉戏的幼童;而今一年过去,想必又已长高许多了吧?"吾家三万卷,付托在儿郎"——将来我能辞官还乡,就索性将那丰富的藏书,全付托给这聪慧的侄儿吧!全诗就在这悠然神往的瞻望中结束,我们的诗人,也终于面露微笑,沉浸在了梦寐般的喜悦之中……

吴伟业长于歌行,但这首诗却采用了五律组诗的形式。大概因为还在病中,神衰力竭,不便于采用那需要如蛟龙行空、一气盘旋的歌行体吧?而运用组诗形式,似断似续,也恰正适合表现他在病榻之上与弟话别的飘忽思绪:或执手相忆往岁聚离之事,或屈指倾诉身世飘泊之伤,或悬拟幼弟冒雪归去之景,或凝想父母万里惦己之情。诗写得极为本色,绝无早年那种"藻思绮合,清丽芊眠之致";而"激楚苍凉",形断神连,感慨处如见抚榻颤巍之状,哀切中可闻清泪滴落之音。虽不以"风华"取胜,却自有真挚的"情韵"动人。

(徐旭文)

听朱乐隆歌　　　　　　吴伟业

少小江湖载酒船,月明吹笛不知眠。
只今憔悴秋风里,白发花前又十年。

一春丝管唱吴趋[①],得似何戡此曲无。
自是风流推老辈,不须教染白髭须。

开元法部按霓裳,曾和巫山窈窕娘②。
见说念奴今老大,白头供奉话岐王③。

谁画张家静琬腰,轻纱一幅美人蕉。
会看记曲红红笑,唤下丹青弄碧箫。

长白山头芦管声,秋风吹满洛阳城。
茂陵底事无消息④,迤逦槽檀拨不成⑤。

楚雨荆云雁影还,竹枝弹彻泪痕斑。
坐中谁是沾裳者?词客哀时庾子山⑥。

〔注〕①吴趋:吴歌之结束部分曰"趋",此代指吴歌。②开元:唐玄宗之年号。法部:唐时皇宫梨园训练和演奏法曲(道观所奏之曲)的部门。巫山窈窕娘:此用楚怀王遇巫山神女之典,暗指杨玉环,以喻比明代皇宫中的宫女。③念奴:唐天宝年间的女艺人,善歌,曾出入于宫禁之中。岐王:唐玄宗之御弟李范,此喻指明王朝之权贵。供奉:皇帝左右供职之官,亦可泛指出入内宫之官。④茂陵:汉武帝陵墓之名。明宪宗之陵亦称茂陵,此疑暗指明陵。⑤迤逦:一般作逦迤,唐吐蕃都城,即今拉萨。槽檀:即檀槽,檀木所制琵琶上架弦的格子。⑥庾子山:北朝诗人庾信,子山为其字。词客哀时,语出杜甫《咏怀古迹五首》其一。

这已是晚明弘光王朝覆灭后的第六年(1651)。在江苏太仓吴伟业的梅园里,有一位鬓发斑白的老人,正弹拨琵琶而歌。琴声喑哑,歌韵凄怆,激得"坐中"的诗人也不免泪花涔涔!

那拨弦悲歌的老人,便是与吴伟业"同里"的著名歌手朱乐隆。诗人"听"了他的一席清歌,竟就墨泪相伴,一气写成六首七绝,以抒泻胸中的不尽感慨。可知这歌声是怎样令诗人哀情激荡了。

不过,当琮琮的琵琶之曲拨响,诗人带着契阔多年的乡情,重又打量这位熟稔的故人时,最令他惊讶的,恐怕还是故人容貌的改变吧:"少小江湖载酒船,月明吹笛不知眠"——在诗人的记忆深处,朱乐隆本是那样富于生气和才情的潇洒歌者!每当皓月在天的春宵、秋夕,都可在浮于清波的画舫宴游之中,听到他朗润亮丽歌声的飞扬。那清越飘忽的"笛"韵,往往从月明吹彻晨曙,何曾有过渴"眠"的倦意和朦胧?然而"十年"不见,当他从萧萧"秋风"中来到诗人面前时,竟就变得如此"憔悴"和落寞;那斑斑"白发",在满院绽放的菊花丛前,又显得何其触目!诗人在这里运用了双重的映衬:先以"月明"中的昔年风华,映衬寒秋中的今日衰容；更以火如燃的阶前"花"影，照耀他如霜如雪的头上"白发"。这便是出现在诗人面前的晚年歌手朱乐隆。吴伟业猛一见到故人容貌之剧改，又怎能不感到震讶和哀伤？

但诗人在哀伤之中，毕竟又浮起了欣慰的喜悦，因为故人容貌虽改，歌子却依然唱得那样好！朱乐隆出身江南，最擅长的恐怕正是吐语温婉的故乡吴歌。当丝管之乐幽幽奏响，他又唱起了这"一春"来在江南常唱的"吴趋"时，那歌韵之美妙、亲切，简直令诗人击节称叹了。他悠然想起唐代长庆年间，诗人刘禹锡曾深情地提及过的著名歌者何戡，"旧人唯有何戡在，更与殷勤唱《渭城》"（《与歌者何戡》）。然而，何戡唱的是北音，又哪有朱乐隆这样动人的南曲可比？想到这里，诗人不禁脱口而呼："自是风流推老辈，不须教染白髭须"——年老的歌手往往爱将白髭染黑，希望在听众心上永留美好的印象。但你却不须如此——那流风回雪般飘逸的歌唱，已完全足以证明：论伎艺之高超，还得推你这样的歌坛前辈呵！由衷的赞叹，传达着诗人对故友的多少慰藉之情。读者自可想见，此刻的乐隆老人，也将感动得怎样热泪盈眶了。

于是，主客全都沉入了梦寐般的往事回忆之中：那还是在十多年前的明都北京吧？吴伟业任崇祯朝左庶子，朱乐隆也正艺名雀噪，出入于皇宫侯门，唱和着美丽宫女的"霓裳羽衣"之舞——那清亮婉转的歌喉，曾令多少王公大人如痴、如醉！"开元法部按霓裳，曾和巫山窈窕娘"二句，正借用唐明皇歌舞升平的古事，幻化出了朱乐隆歌唱生涯中最缤纷灿烂的一幕。它经由诗人浓笔重彩的点染，便如日月吐辉一般，刹那间照亮了整首诗行！但当辉光消逝，"秋风"重又掀动主客的衣衫时，显现在诗人眼间的，分明已是位年华不再的白头老人了！听他追述当年宫中的女艺人，而今已怎样"老大"落拓；在相聚共话出入皇宫御府的昔日盛景时，还怎样浮动着无限依恋的惨淡笑容。那景象对诗人来说，恐怕早已恍若隔世了吧？而今追述起来，又该牵动他对一个覆亡了的故国王朝的多少伤怀忆念呵！

"谁画张家静婉腰"四句的跳出，是这组诗中最为突兀之笔，也是令读者最感茫然之处："张静婉"乃南朝梁代的一位舞女，据说腰极细柔，能作掌上之舞；"记曲红红"则指唐代歌妓张红红，唐敬宗时被召入宫，号为"记曲娘娘"——这在诗人笔下，当然只是对典故的一种化用，以暗指与朱乐隆之歌有关的女子。但她究竟是谁？是指上文所说的宫中女艺人，还是朱乐隆年轻时的妻子？由于原诗笺注有阙，我们已无从坐实其人。从诗情发展来看，想必由于朱乐隆的歌唱动人，才引得诗人突生奇思，要将图画于"丹青"之上的这位女子，也"唤下"来为歌者吹箫伴舞了。

歌声再次响起。但歌子内容显然已在对往昔生涯的美好回忆处中断,而折入了故国王朝覆灭的惊心岁月:"长白山头芦管声,秋风吹满洛阳城"——长白山乃清人崛起之地,现在他们终于长驱入关,汹涌如潮地扑向了华夏中原!当刀戟之影伴着凄厉"芦管"的嘡啸,在京城森森闪现之时,便正是大明王朝兵溃如崩,无数生民在"秋风"怒号中喋血之日。扬州沦陷、南都离析,而今只有桂王还在南方苦苦撑持着凶险的局面,至于居处北京昌平一带的先王陵墓("茂陵"即为明宪宗之陵),却早已沉沦在异族铁骑的践踏之下,传出长夜漫漫的幽幽鬼哭。这家国沦丧的往事,在一位历尽沧桑的先朝歌者口中唱来,无疑带有摧脏裂腑的大痛大悲——琴声霎然暗哑,泪水纵横的老艺人剧烈地颤抖着。亡国的伤痛已令他泣不成声,那逻迤檀木制成的琵琶,又怎还有心绪拨动?

这是诗人"听"歌中最黯然伤神的时刻。歌声与琴声一齐终止,整个庭院一片沉寂,唯有"秋风"还在萧萧地吹。风声中如见有凄厉的雁影,在"楚雨荆云"间长唳;又如有幽幽的哭泣,从洞庭、湘水一带不绝如缕地飘来——那是伤心的湘妃,还在遥望崩于苍梧之野的帝舜而哭?那带血的泪渍,至今还印染得竹枝一片斑痕?朱乐隆的歌声终止之处,正留下了如许幽幽不绝的咽泣和浩叹。当雁唳荆楚、妃哭潇湘的幻境消去,便只有山岩般凝坐的一位白发歌者,正对着琵琶垂首无语,另一位早已泪湿青衫的当代"词客"吴伟业,则还在悄然无声地堕泪……

在明亡以后的江南,流落着许多曾在先朝辉耀歌坛的艺人。所以在钱谦益、吴伟业、吴嘉纪等的吟哦中,也留下了不少赠咏歌者的诗作。吴伟业的这组七绝,虽不如他的七言歌行《琵琶行》出名,但以"听歌"为题,从歌者的身世遭际抒写中,寄寓深沉的亡国之痛,却与《琵琶行》有异曲同工之妙。前者为歌行体,适宜"横铺",其感怀抒哀,均有澎湃跌荡之势;此诗为组歌,似断似续,吞吐纡徐且含蕴不露,显示了一种歌哭无声的幽幽韵致。读过《琵琶行》再读此诗,便更可领略吴伟业在寄寓抒怀艺术上的多样化风格了。

(潘啸龙)

追　悼　　　　　吴伟业

秋风萧索响空帏,酒醒更残泪满衣。
辛苦共尝偏早去,乱离知否得同归[①]。
君亲有愧吾还在,生死无端事总非。
最是伤心看稚女,一窗灯火照鸣机。

〔注〕① 同归：指死后同归一穴。

顺治四年(1647)，吴伟业的妻子去世，这对刚刚经过易代之痛的诗人来说，无疑又是一个巨大的精神打击，因此国仇家恨都熔铸在这首感人至深的悼亡诗中。

诗人与妻子一起度过了十几个春秋，明崇祯四年(1631)，吴伟业参加会试，得了第一名，当时有人以为科场有弊，明思宗亲阅了他的考卷，批了"正大博雅，足式诡靡"八个字，并特赐他归里娶亲，这在当时自然是一种殊荣，就此他与妻子郁氏结成了百年之好。然而，随着明朝的覆亡，诗人的生活转入动荡，但郁氏始终是他忠实的伴侣，如在她去世前的两年，诗人一家曾避难矾清湖，后一起回到老家，然谁知妻子竟过早地离他而去，怎不令诗人悲痛欲绝。

秋风起了，带着寒意，给人以萧索落寞之感，时时拂动着空荡荡的帐幔，像是有意撩起人的愁思。"空帏"已逗出人去楼空的怅惘，诗人再也见不到妻子那熟悉的身影，听不到她帐边的絮语。于是，他只能借酒去浇愁，但那绵绵不尽的愁思岂是酒可排遣的，"酒入愁肠，化作相思泪"，待到更残夜阑之时，诗人不觉泪下沾襟，青衫尽湿了。这两句刻画人去楼空及自己黯然神伤的情景十分真切。郁氏是与自己患难与共的结发夫妻，遍尝了半生的辛苦，却过早地离开了诗人。然而等待自己的更是没有穷尽的乱离和忧愁，所以诗人怀疑是否可应合古人所谓"死则同穴"的结局。梅尧臣的《悼亡诗》中就有"终当与同穴，未死泪涟涟"之句，而吴伟业更深一层去写，因为现实生活中的颠沛流离真使他担忧自己不知会埋骨何处，"死则同穴"的愿望也未必能实现，这就比梅尧臣的诗句更为沉痛。同时，这三、四两句中实已暗示了深深的家国之恨，世道乱离是令他饱尝艰辛的根本原因，而在此困境中相濡以沫的夫妻之情就弥足珍贵了，但如今却要他一人走完这漫长而艰辛的人生之路。所以五、六两句更从国变之后自己的心理落笔，由悼亡而写到了自己的处境。诗人亲历沧桑之变，作为一个曾受到崇祯皇帝殊恩的前朝遗臣，鼎革以后理应以身殉节，所以他自以为自己的苟活是愧对君父的。而如今死神又夺去了他相伴多年的妻子，因此他感到了生死的无常，似乎事事都令人生悲。"事总非"三字包括了国事、家事，既有国破家亡的幽愤，也含生离死别的悲伤。这样就把个人的哀思与时代的悲剧紧紧联系在一起，令诗意更为深广。最后两句忽然宕开一笔，以叙述代替抒情，说最伤心的莫过于看到幼小的女儿和那窗下灯旁妻子生前用过的织机。幼女与织机都是妻子撇在人间的遗物，然每一视之，便勾起诗人的无限悲伤。一个难以排遣的疑问在他心中盘旋：她为何如此匆遽地抛下这一切而离开人世呢？这两句虽以幼女和鸣机两个具体的物与人作结,却更真切地表现了他对亡妻的思念。睹物思人,触景生情,真有"望庐思其人,入室想所历"(潘岳《悼亡》)的情感。

吴伟业的诗一般造语整饬,词藻华丽,喜用典故,甚至有晦涩之弊,他晚年自评诗曰:"缕金错采,不能到古人自然高妙之处。"但这首七律却能平平道来,浅浅写出,不用典实,不假藻采,以极浅切的语言表现出极深沉的感情,在梅村诗中可谓之别调,可谓至情无文,却不失为一首感人肺腑的言情佳作。　　　(王镇远)

读 史 有 感　　　　　吴伟业

弹罢薰弦便薤歌[1],南巡翻似为湘娥[2]。
当时早命云中驾,谁哭苍梧泪点多[3]。

〔注〕①薰弦:相传舜作五弦琴,歌南风,有词云:"南风之薰兮,可以解吾民之愠兮。"这里即以"薰弦"代指《南风歌》。薤(xiè泄)歌:古代挽歌,即《薤露歌》。②湘娥:指舜之二妃娥皇、女英。相传舜死南方,二妃追至江湘间痛哭不止,泪溅竹林,竹皆斑然。③苍梧:山名,又名九嶷。相传舜死于苍梧之野,地在今湖南宁远县境。

吴伟业的《读史有感》共八首,写的是清初顺治帝与董鄂妃的爱情故事。顺治是一个把爱情看得比帝王宝座还重要的风流天子。他深深地爱着美丽聪慧的董鄂妃,不幸董鄂氏妙龄夭逝,使他伤心至极,为了表示他的哀悼,曾为她在五台山大建道场,请名僧超度,甚至还产生过削发为僧、遁迹空门的念头。一年以后,年仅二十四岁的顺治也不幸去世。于是有人将他们的相继死去与他们的爱情联系起来,一时间流行着很多稀奇古怪的传闻。这些传闻自然就成了诗人感兴趣的题材,吴伟业曾为顺治于五台山设道场一事,写成《清凉山赞佛诗》四首,哀艳动人,有人比之于《长恨歌》;这组《读史有感》,则是以组诗的形式从不同的角度揄扬他们的生死不渝的爱情。

这里选的是第一首,也是就五台山追荐亡魂一事发感慨的。诗中将舜与其二妃之死,比况顺治与董鄂妃之死。首句"弹罢薰弦便薤歌",是说舜刚刚弹唱欢快的"可以解吾民之愠"的南风之歌,便传来了悲哀的挽歌。这是用舜弹唱南风之歌比喻顺治与董鄂氏的欢爱生活,用"挽歌"点出董鄂氏之死,意在言明这样一个基本事实:这对年青帝妃的婚姻是美满的甜蜜的,却也是非常短暂的。第二句"南巡翻似为湘娥",则指明顺治赴五台山的目的是祭奠董鄂氏。传说中的娥皇、女英,是因为舜南巡死于苍梧之野而奔赴江湘的;顺治反倒是为了超度爱妃的亡魂而南巡五台山。一个"翻似"揭示了顺治忠于爱情的独特禀性,这一不顾天子尊严的特别举动,足以说明他对董鄂妃的一片痴情。

前二句从顺治一方着笔，后二句则是从董鄂妃一方设想。"云中驾"是升天的车驾，这里指顺治去世。"当时早命云中驾"，是说顺治当时如果先于董鄂氏而死，那她同样会是悲痛欲绝的。"谁哭苍梧泪点多"，是说她为他哭出的眼泪，比舜之二妃向苍梧洒下的眼泪，不会少，只会多，以说明董鄂妃对顺治的爱不亚于二妃对舜的爱。如此就将这对不幸早逝的帝妃，描写成了堕入生死恋中的痴男痴女，作者的惋惜与颂扬之情亦自其间流出。

由于事关当朝帝妃，不便直言其事，此组诗全部借用神话传说、历史故事明比暗喻，《读史有感》的题目也由此而来。这种隐约其事的写法，虽有点难以捉摸，但也因此而使诗意朦胧深折，带有神秘色彩，更适合此种特殊题材与题旨。这首诗的感人之处也正在这里。

（谢楚发）

登缥缈峰　　　　吴伟业

绝顶江湖放眼明，飘然如欲御风行。
最高尚有鱼龙气，半岭全无鸟雀声。
芳草青芜迷远近，夕阳金碧变阴晴。
夫差霸业销沉尽，枫叶芦花钓艇横。

缥缈峰，是江苏苏州市西南太湖中洞庭西山的最高峰，亦称包山的最高峰。这个山峰的下面多空洞，作者《缥缈峰》诗："其下多嵌空，天风吹不折。插根虚无际，缥缈为险绝。"用白居易《长恨歌》的"山在虚无缥缈间"，因称缥缈峰。

这首诗见于《吴诗集览》卷十四下。作者怎样登上缥缈峰的，却一笔不写。这是诗人的创作，要避免重复。他已写了首《缥缈峰》，见《吴诗集览》卷三上，写登山，所以这里就不写了。那首诗写登山："细径缘山腰，人声来木末。篮舆杂徒步，佳处欣属歇。跻岭路倍艰，往往揽垂葛。"写山的高，与登上山顶的困难。这首诗另外开辟一个境界，写登上山顶后的所见。"绝顶"：指山顶最高处。登上绝顶看到太湖，放眼望去，看到太湖水的耀眼明亮。这里的"江湖"是偏义复词，即指湖，指太湖。这里不用"太湖"而用"江湖"，是音律上的需要。这里倘作"太湖"，那末这句除了押韵的"明"字不算，只有一个"湖"是平声，成为犯孤平，要避免，所以称"江湖"。还有跟意义有关，如李商隐《安定城楼》："永忆江湖归白发，欲回天地入扁舟。"得到王安石的称赏。江湖指在野归隐之处，这诗正指在野的游赏，用江湖正合。"放眼明"，用一"明"字正写出太湖水的清明。这诗虽然不写登山，但在第二句里写出了登山的感受，"飘然如欲御风行。"像《庄子·逍遥游》

的"列子御风而行",乘风飘行。登山是艰苦的,怎么会有"御风行"的感受呢?《缥缈峰》诗里写坐着篮舆(竹轿)上山这一段路,加上"虚无缥缈"的联想,因此产生"御风行"的感觉。三、四句:"最高尚有鱼龙气,半岭全无鸟雀声。"靳荣藩《吴诗集览》注:"旧说:三语状湖之广,四语状峰之高。"缥缈峰在太湖中,所以登上峰顶,好像还被太湖水气所包围,用"鱼龙气"来指太湖水气,亦见太湖的不同寻常。说半山里会无鸟雀声,极见峰的高。以上四句写登上绝顶的感受。

五、六句写登上绝顶所见:"芳草青芜迷远近,夕阳金碧变阴晴。"这里的"青芜"跟"金碧"相对,二者是并列的。这个"青芜"倘作青草解,那就不并列了,"青芜"当作芳草青而丛生的意思。杜甫《徐步》:"整履步青芜。"这个"青芜"才是青草。这首诗里已经点明是"芳草青芜",这个"芜"就不仅是草了。《尔雅·释诂·释文》:"芜,蕃滋也。"生长加上"迷远近",这个"芜"就有草的蕃滋丛生的意思,草又青又多,正好跟夕阳的金碧相对了。《缥缈峰》诗:"曜灵烛沧浪,溰渌金光发。"太阳照在水面上,深广的水上发出金光。著名的范仲淹《岳阳楼记》里也写到"浮光跃金"。这是金色。鲍照《登大雷岸与妹书》:"从岭而上,气尽金光。半山以下,纯为黛色。"说明夕阳照在上面山壁上显出金色,照不到的下面显出黛色,也就是碧色。照见的是晴光,照不到的似阴,由于夕照的移动,造成阴晴的变换。结联:"夫差霸业销沉尽,枫叶芦花钓艇横。"《缥缈峰》诗:"杖底拨残云,了了见吴越。"残云散后,清楚地看到吴越。苏州是吴王夫差建都的地方。夫差进军中原,在黄池(今河南封丘县西南)与晋国争霸,归来为越王勾践所灭。作者在《缥缈峰》诗里,结尾处提到"丹砂定可求",有求仙的想法。那首诗是在明朝写的,所以登山而想到丹砂,这是当时人的一般想法。这首诗是在明亡后写的,所以感叹夫差的霸业销沉完了,只剩下枫叶芦花和钓船了。

纪昀在《四库全书总目》的提要里,称作者"遭乱后诗,激楚苍凉,风骨弥为遒上。"把这首诗跟他的《缥缈峰》诗比,在结尾处的写法很不同。《缥缈峰》诗结句:"君看石上云,飞过松间月。"写一种清幽的境界,与求丹砂的想法可以相配。这首诗结尾提到吴王夫差,有吊古伤今的感慨。夫差是吴王,明朝开国的朱元璋,也曾称过吴王,那么在吊古里不正含有伤今吗?在吊古里不正是含意深沉,音节苍凉,更具风骨吗?

(周振甫)

清凉山^①赞佛诗(四首选二)　　吴伟业

(一)

西北有高山,云是文殊台^②。台上明月池,千叶金莲开。

花花相映发,叶叶同根栽。王母携双成,绿盖云中来。汉王坐法宫,一见光徘徊。结以同心合,授以九子钗。翠装雕玉辇,丹毂沉香斋。护置琉璃屏,立在文石阶。长恐乘风去,舍我归蓬莱。从猎往上林,小队城南隈。雪鹰异凡羽,果马殊群材。言过乐游苑,进及长杨街。张宴奏丝桐,新月穿宫槐。携手忽太息,乐极生微哀。千秋终寂寞,此日谁追陪。陛下寿万年,妾命如尘埃。愿共南山椁,长奉西宫杯。披香淖博士,侧听私惊猜:今日乐方乐,斯语胡为哉?待诏东方生,执戟前诙谐。熏炉拂黼帐,白露零苍苔。吾王慎玉体,对酒毋伤怀。

(二)

　　伤怀惊凉风,深宫鸣蟋蟀。严霜被琼树,芙蓉凋素质。可怜千里草,萎落无颜色。孔雀蒲桃锦,亲自红女织。殊方初云献,知破万家室。瑟瑟大秦珠,珊瑚高八尺。割之施精蓝,千佛庄严饰。持来付一炬,泉路谁能识。红颜尚焦土,百万无容惜。小臣助长号,赐衣或一袭。只愁许史辈③,急泪难时得。从官进哀诔,黄纸抄名入。流涕卢郎才,咨嗟谢生笔④。尚方列珍膳,天厨供玉粒⑤。官家未解菜⑥,对案不能食。黑衣召谌公,白马驮罗什。焚香内道场,广坐楞伽译。资彼象教恩⑦,轻我人王力。微闻金鸡诏,亦由玉妃出。高原营寝庙,近野开陵邑。南望仓舒坟,掩面添凄恻。戒言秣我马,遨游凌八极。

〔注〕①清凉山:即山西五台山,以岁积坚冰,曾无炎暑而得名。 ②文殊台:亦即五台山,因其为文殊师利菩萨的现光地而有此称。 ③许史辈:指汉代许皇后、史良娣之家,后借以泛称外戚。 ④卢郎:指卢思道,北朝诗人,善写挽歌。谢生:指谢庄,南朝文学家,善写哀策文。 ⑤尚方:即尚方令,官名,主管皇室用品的制造。天厨:星名,借指御用厨房。 ⑥解菜:解除素食,恢复荤食。 ⑦象教:即佛教,以释迦牟尼离世后,诸弟子想慕不已,刻木为佛,以形象教人而得名。

　　在清初的几大疑案中,最富神秘色彩的无过于"顺治出家"了。福临六岁就做了大清帝国的皇帝,亲政后不见其在政治上有什么重大决策,倒是在个人的爱情婚姻中表现出异乎寻常的果断。先是于顺治十年(1653)废掉皇后博尔济吉特氏,后又于十三年册封内大臣鄂硕之女董鄂氏为贵妃,百般宠爱。不料董鄂氏于十七年(1660)夭逝。为此他悲痛万分,除在宫中大办丧事外,更在五台山大建道场超度,甚至产生过出家的念头。事有凑巧,福临本人也于第二年染病身亡。由此便有传闻说顺治皇帝并未死,而在五台山出家当了和尚。当时的吴伟业,虽然隐居乡里,处境艰难,一遇上这种千古奇闻,不免诗家技痒,仍要形诸笔端。其《读史有感》八首,已经写过此事,大概嫌其隐约简淡,不够味,于是又特构此长篇组诗,以尽其兴。

吴伟业此组诗像其他写明末清初时事的诗一样,不敢明指其事,只是借史事、比喻与隐语,虚括曲指,闪烁其词。由于是叙事诗,再怎么藏头露尾,其轮廓仍然清晰可见,明眼人一见便知。由于诗作于康熙初年,距顺治很近,后人即以此组诗为顺治出家的有力凭证,甚至有的史家也因此而信疑参半。陈垣《语录与顺治宫廷》就说:"顺治出家,为自来一种传说,彼据《清凉山赞佛诗》等模糊影响之词,固非;然谓绝无其事者,亦未为的论。"这已经把事情弄复杂了,没想到后来一些好事者,又在此基础上捕风捉影地加进去更为离奇的情节,说顺治的爱妃董鄂氏就是江南才子冒襄的爱妾董小宛,于兵乱中被清兵掳入宫中。如此吴伟业这组诗所写的内容就成了全本董小宛故事的后半截。随着董小宛故事的流传,此组诗也就走俏一时。

不过近数十年来,此组诗又特别受到冷落,很少有人提及,无疑被视为吴氏的庸劣之作。原因看来也很简单,那就是求实的学者认为顺治出家本是传闻,吴氏却当作事实来写,不免乱人视听,招致浅薄之徒把董小宛扯进来。最有代表性的意见是邓之诚《清诗纪事初编》所批评的:"《清凉山赞佛诗》,世祖出家,事本存疑,乃去天万里,遽作勘定语,为世口实。致浅薄者,捃摭及于董宛,殊可闵笑。"

不过依笔者看来,学者们这种审慎而冷峻的态度,以史家的眼光看,自也有理;用文学的眼光看,则不免有点胶柱鼓瑟。作为文学作品,就有关传闻写出颂扬帝妃之间的爱情的篇章,应该是无可指摘的,即便有与事实不符的地方,也无损于作品的艺术价值,这在文学史上并不乏先例,何况吴伟业在诗中并未完全肯定顺治已经出家,只说他有此存想,尚未如愿就死去。第三首中就说:"回首长安城,缟素惨不欢。房星竟未动,天降白玉棺。惜哉善财洞,未得夸迎銮。"这里明白表示,正待五台山的善财洞准备迎接顺治到来的时候,顺治却已于京城归天。至于浅薄者牵扯到董小宛,更不应由此诗负责。相反,能够引起如此之多的人的关注、争议,乃至于利用的诗,必然有其独特的面目与风采,倒是很值得我们去品味的。

《清凉山赞佛诗》为五古组诗,共四首,第一首写董鄂氏进宫,第二首写董鄂氏夭逝,第三首写顺治魂游五台,第四首写顺治皈依佛门,勾连起来就形成了颇具传奇色彩的完整的情节。这里只选其中的第一、二首。

第一首主要描写董鄂妃不平凡的入宫、受宠及其不祥之兆,为后面的夭逝作铺垫。首六句极写五台山明月池中金色莲花盛开。写佛教名山五台山,撇开其寺宇如林、佛塔高耸不写,而独拈出明月池中的千叶(即重瓣)莲加以重彩描绘,是有其深刻含意的。据佛教净土宗的教义,功德圆满的信徒死后可往西方极乐世界,由阿弥陀佛接引,再生于莲花中。这里便是暗示董鄂氏本是投生于西方极乐世界的佛国神女,为她的身世抹上一层神圣的佛光。

"王母携双成"以下十句着意于描写董鄂氏的进宫与得宠。上面既已暗示董鄂氏为投生佛国的神女,便以神话中西王母的侍女董双成与之作比,且由与汉武帝有过交往的西王母携来汉宫,与汉王撮合成婚,无疑是合情合理的。这个汉王自然是指顺治,多处出现的汉时园囿、宫苑、街道名称,自然也都是以汉代清。顺治正坐在法宫(即正殿)处理政务,一见董鄂氏的到来,便觉得光彩照人,满殿生辉,于是一见钟情,愿结同心。赠以黄金同心合,以固结情爱;授以饰有九雏凤的金钗,将她打扮得更加端庄美丽;用翠羽装饰着镶金嵌玉的车给她坐,用红漆涂饰着沉香木造的宫室让她住;还为她特制了珠光闪闪的琉璃屏风,安置在用纹理斑斓的玉石砌成的台阶前。如此殷勤的供奉,还使顺治"长恐乘风去,舍我归蓬莱",说明董鄂氏在顺治心中就是一位圣洁的九天仙女。

"从猎往上林"以下六句,写这位少年天子为了让爱妃生活得愉快,也让自己尽情享受这天赐的爱情的温馨,而陪她游猎。由于游猎是专供爱妃开心取乐的,所以走得不远,队伍也不大,只是小队伍在城南角上转转,一会儿经过乐游苑,一会儿又到了长杨街。用来追捕猎物的苍鹰是毛羽洁白的名贵品种,为贵妃驾车的果下马,自然也不是普通的马。白日里的游兴尚未消散,晚间又为她广开盛宴,丝竹并奏,尽情欢乐。"张宴奏丝桐,新月穿宫槐"以下,则是在这欢乐的顶点引出一段乐极生悲的不祥之兆的描写。大概是宴乐的场面过于盛大,气氛过于热烈,这对年青的帝妃便抽身来到室外,在月色朦胧,槐影斑驳的宫道上互表衷肠。顺治说出心中的隐忧:今日有你陪伴,我自是幸福至极,可我百年之后,到了另一个世界,那又有谁来陪伴我呢。这与其说是他的一种担忧,不如说是对她的一种考验。董鄂氏的回答既体面又深情:陛下自会万寿无疆,我的生命倒是轻贱如尘埃,万一陛下真有那么一天,我愿陪葬,与你同棺共椁,长守南山,永远尽我嫔妃的奉侍之责。不意这番肺腑之言被侍臣听到,招来一片惊讶与劝慰。"披香淖博士",原指汉宣帝时教授后宫披香殿的淖方成,时称披香博士,这里借以指顺治的近臣。他发出"今日乐方乐，斯语胡为哉"的疑问，表明事有蹊跷，恐是不祥之兆。"东方生"本指汉武时代"官不过侍郎，位不过执戟"，以滑稽多智闻名的东方朔，这里借以指清宫的侍卫之臣。当这位侍卫听到这些不吉利的话以后，便持戟前来说些开心的话，以宽慰这对年青的主子。最后说：室内香炉里的香燃得正旺，暖和得很，这室外露水浓重，苔藓都是湿漉漉的，还是回到宴会上去吧。皇上可要保重身体，饮酒不要太多，也不要去想一些不愉快的事。这里用了将近一半的篇幅来写这些，无非是预示他们的幸福的爱情不会长久。

第二首紧接着写董鄂妃的夭逝与顺治的大办丧事。首六句隐约写她由生病到逝世。"伤怀惊凉风，深宫鸣蟋蟀"，是说她果然染了风寒，静卧在床，只能听深宫蟋蟀鸣叫，不能参加任何游乐活动。"严霜被琼树，芙蓉凋素质"，说她被疾病折磨，已憔悴不堪，就像一棵美丽的树披了严霜，荷花的天然本色开始凋谢一样。"可怜千里草，萎落无颜色"，即指董鄂氏之死。"千里草"即"董"的拆字。千里草萎落，表明董鄂妃已离开人间。

作品对失去爱妃的顺治并未作正面描述，而是从不惜代价的厚葬与隆重的祭奠中表现他的哀伤之情。"孔雀蒲桃锦"以下十二句极力铺叙葬礼的奢华。入殓的衣物、帐幔都是织有孔雀与葡萄图案的华贵锦缎，而且都是女工们亲手赶制出来的。外国为悼念皇妃进献的礼品，足可以使数万人家破产，像大秦国（即罗马帝国）产的名为瑟瑟的宝珠，高达八尺的珊瑚等等，不计其数。这些东西如肯割爱，施舍给佛寺（即精蓝），数千尊佛像将得到庄严的装饰，如今将它们焚化，黄泉路上的人又怎能领会你的心意呢？这只是不关其痛痒的旁观者所见，就顺治来说，美丽的妃子都要化为焦土，耗费百分之资来祭奠，还有什么可惜的呢。这里顺治虽未出场，他的伤心是可以想见的。

"小臣助长号"以下十二句进一步从不同的角度铺叙宫中大办丧事的忙乱景象与哀伤气氛。一写小臣们帮着大声号哭，可以得到一套衣服的赏赐。一个"助"字活画出小臣们的心态。一个宫妃的死，对他们来说是无关紧要的，但为了表示对主子的忠心，也帮助大哭起来，制造气氛。二是画出众外戚此时此刻的尴尬相。按情理，外戚们都应该痛哭流泪，以示哀悼，可在他们内心就是悲不起来，有的甚至还有几分高兴，所以这应急的眼泪很难挤得出来。三是侍臣们竞相进献哀诔文，且用特制的黄纸誊好，署上自己的名字。每一篇都写得咨嗟情伤，哀婉流涕，俨然有卢思道的才华和谢庄的笔力。四是皇上（官家）哀伤过度，茶饭不思，即使御膳房送来美味，也是"对案不能食"。有此数端，自然就把宫中的紧张、忙碌、悲哀的气氛如实地烘托了出来。

"黑衣召志公"以下数句则把笔锋转向大规模的佛事活动。"志公"指的是梁代名僧宝志,"罗什"即姚秦时名僧鸠摩罗什,这里借以指当时主持道场的禅林名师。"黑衣召"、"白马驮"无非说明这些名僧是从全国各地的名山大寺中选召来的。"内道场"指设在宫中的道场,"广坐楞伽译"是说道场上众僧正向人们诵读翻译过来的《楞伽经》等经文。由于佛事活动规模空前,不由人不感叹,如此凭借佛恩超度亡魂,使得身为人王的哀悼显得相形见绌了。"微闻金鸡诏,亦由玉妃出",则是单表一事,说当年的大赦,据说也是出于对贵妃的悼念。"金鸡诏",即大赦令。古代向罪犯宣布赦令,须在一定的场合竖一长杆,顶立金鸡,然后击鼓,宣读赦令,故有此称。大赦与做佛事出于同一目的,所以连带叙及。

最后六句写安葬。"高原营寝庙,近野开陵邑",虽是一带而过的简略叙述,但也反映出董鄂妃所受到的特殊礼遇,因为"寝庙"、"陵邑"不是普通的嫔妃死后可以享受到的。"南望仓舒坟,掩面添凄恻",更是催人泪下之笔。顺治于爱妃下葬之日自然是摧肝裂肺,痛苦万分的,不意又望到了已经夭折的董鄂妃的亲生子的坟墓,由此而更添一份同情,更增一份哀伤,怎能不掩面而哭。"仓舒"本是曹操之子曹冲的字,因同是夭折,便借来指董鄂氏之子荣亲王。经过如此重大变故与打击的顺治,再也经受不住孤独与寂寞的折磨了,便吩咐侍从喂饱马匹,决意"遨游凌八极",以排烦遣忧,另找精神寄托。于是有第三首写的巡游五台之举。

文廷式《纯常子枝语》对此组诗曾给以高度的评价:"梅村当以《清凉山赞佛诗》四首为压卷,凄沁心脾,哀感顽艳,古人《哀蝉落叶》之遗音也,非白香山《长恨歌》所及。"这显然有点过誉,大概是文廷式曾供职内廷,对清宫的帝妃有着特殊的感情所致。说它是吴诗的压卷,已有偏颇;说它非《长恨歌》所及,更难令人置信,但他说的"凄沁心脾,哀感顽艳",为《哀蝉落叶》之遗音,倒是一点不假的。

此组诗之所以感人,除了题材本身的因素外,更在于描写上的在意而不在像,即它所写的重点不在顺治与董鄂妃的恩爱细节,而在于顺治面对着爱妃的夭逝所表现出的纯真的感情与高尚的品德。就第一首说,直接描写他们的欢爱场面的只有初见时的倾心与婚后的从猎,随即就把他们笼罩在浓厚的可能分手的阴影中。在第二首中,连顺治也很少出场。这种布局虽然为事实所拘,不好作更多的添枝加叶,但也是为了更好地塑造这位钟于情,不钟于位,不图感官刺激,只求心灵谐美的少年天子形象。这样描绘出的爱情,才跟天下普通男女的爱情贴近,才能得到更多人的同情与共鸣。

虚实结合是此组诗艺术上的又一特点。第一首所有的情节几乎都是虚构的,诸如王母携双成而来,夜宴中的私语,近臣的窃听,都是不可能的事,就是从猎也未必有其事。然而事是假的,所表现的情却是真的,这对少年夫妻的纯洁的爱情就靠这些真真假假,藉假而更真的表现手段刻画出来的。而第二首则基本上又是写实的,但写实并不是它的目的,而是为了更深切地表现顺治的伤悼之情,这又是以实出虚,以可见的物象、场面与气氛,体现出不可见的主人公的精神创伤。

从结构上看,此组诗也决非随手拈来,一气呵成之作,而是经过精心构制的。全组诗由"佛力无边"一线贯串,紧攥题目。四首皆为四十四句,每首一韵,平仄韵互换。一、二首之间与二、三首之间尚用连珠格勾连,极为严整,极有气魄。自然它的缺点也是明显的,那就是用典太多,虽是出于避讳避嫌的需要,可以起一点遮掩作用,但如此堆积,就有伤自然,一般的读者读来不免费力。　　（谢楚发）

【诗人小传】

李　渔

（1611—1685）　字笠翁,浙江兰溪人。少时游历四方,结交名士。清康熙时居住金陵,晚年移居杭州。一生从事戏剧创作,颇多独到见解。有传奇十种。诗亦浅显通俗。著有《笠翁一家言》。

断肠诗哭亡姬乔氏　　　　李　渔

各事纷纷一笔销,安心蓬户伴渔樵。
赠予宛转情千缕,偿汝零星泪一瓢。
偕老愿终来世约,独栖甘度可怜宵。
休言再觅同心侣,岂复人间有二乔!

这是清代著名戏曲家李渔悼念亡姬的七言律诗。乔氏,名复生,山西人,出身贫家。她富有艺术天才,是李渔戏班中最重要的旦角。十三岁,即跟李渔为姬妾,两人情好甚笃。十九岁,因产后失调而病故。李渔悲痛不已,作《断肠诗》二十首以哭之,此为其中的第五首。

"各事纷纷一笔销,安心蓬户伴渔樵。"这反映了诗人对姬妾乔氏的突然亡故,所产生的那种悲痛欲绝的强烈感情。他失去了爱姬乔氏,就仿佛失去了一切一样,把人世间的各种事情都一笔勾销了。爱,是人生的精神支柱,是力量的源泉。爱姬的突然亡故,怎么能不使他伤心得万念俱灰呢?原来有爱姬乔氏作他的亲密伴侣,现在爱姬亡故了,他还有什么兴致享受荣华富贵的生活呢?他只想安心在蓬草搭成的简陋的草房里,跟渔夫、樵夫为伴,来消磨他那孤寂、无聊的晚年余生。如此悲痛、伤感的心情,正是反映了诗人对亡姬乔氏爱的强烈、爱的深沉;对于这般深沉、强烈的爱,人非铁石,谁能不为之动情呢?因此,此诗一开头就如磁石一般,足以把读者的心紧紧吸引住,使之不能不动心,不能不继续往下看去。

读者不禁要问:诗人为什么对亡姬乔氏有如此深厚的感情呢?爱,是心灵的共鸣,情感的交融。爱,始终是双向的,彼此互相吸引的,千丝万缕的情愫的缠绕。因此,诗人在颔联很自然地就回想起,在亡姬生前,他俩那令人刻骨铭心难忘的绵绵情意:"赠予宛转情千缕,偿汝零星泪一瓢。"她是那样的温柔多情,赠予给我的总是委曲婉转,百依百顺,如同千丝万缕、绵绵无尽的情愫,缠绕着我的身心,使我感到无比的温馨和甜蜜。而我今天有什么可报答你、偿还你的呢?只有我这伤心不已、零星流淌不绝的一瓢泪水呵!可见这"赠予宛转情千缕",不只是回答了诗人对乔姬的亡故之所以感到那样伤心的原因,写出了亡姬生前对诗人的千缕之情,而且这又回过来必然更加激发了诗人对乔氏亡故的伤心,伤心的泪水之多足以盛上"一瓢",把诗中所表达的感情的激荡,又推上了一个新的高潮。

爱姬乔氏不仅生前对诗人非常温柔多情,更为感人至深的是,在她临终前,还焚香祝道:"死无可憾,但惜未能偕老,愿以来生续之。"又嘱同辈不要把这话告诉李渔,以免增加他的伤感。死后诸姬始以此语相告,李渔听了,更加抚棺恸哭不已。因此,他在这首诗的颈联中写道:"偕老愿终来世约,独栖甘度可怜宵。"上句写乔氏临死前还相约以来世相续,这说明她对诗人是多么一往情深啊!面对这样一位对自己一往情深的亡姬,诗人该怎么办呢?下句就是写诗人表示甘愿以自己的孤眠独栖来报答她的深情。甘,心甘情愿。可怜宵,孤独得使人感到可怜的夜晚。这就是说,他已决心不再娶妾续弦,而甘愿孤独一人度过余生,待死后实现来生与乔氏相约继续做夫妇的愿望。诗人仿佛由此找到了心灵的慰藉,而读者却从中更加强烈地感受到了诗人对亡姬的情深如海,无法抑制住自己感情的激荡。

外界一般人看到李渔为亡姬这么伤心,看到他在乔姬亡故之后一个人这么孤独可怜,不免要劝他再寻觅一个知心相爱的情人结为终生伴侣,可是,李渔的回答却是:"休言再觅同心侣,岂复人间有二乔!"在他看来,人世间除了他的爱姬乔氏以外,再也找不到第二个知心人了。因此他要人家不要再提劝他续弦的事儿。因为他心爱的乔姬已经死了,人世间再也不可能有第二个乔姬。二乔,本指三国时桥公的两个女儿,一嫁孙策,称大乔(桥),一嫁周瑜,称小乔(桥),合称"二乔"。杜牧《赤壁》诗:"东风不与周郎便,铜雀春深锁二乔。"这里是取三国时"二乔"的语意,来关合李渔的亡姬乔氏,意思是说,即使是历史上确有过"二乔",此时的人世间除了她的爱姬乔氏之外,已经不复再能找到"二乔"了。这里名为诗人劝人家休"言",而实则反映了诗人自己的心理状态:生怕人家再有"此言"。它一语双关,非常巧妙地表达了这样的深沉意识:无论是亡姬乔氏对诗人的爱,或者是诗人对亡姬乔氏的爱,都是任何人的爱所不可能抵得上的,所不可能代替的。他唯一的办法,只有等到自己离开人世之后,来生再与乔姬夫妇相续。偌大的人世间,竟然再也寻觅不到第二个像乔氏那样可爱的姬妾。这表达了诗人对乔姬的爱是多么地真挚,多么地浓烈,又是多么地深厚,多么地专一啊!这种爱的深情,如同万丈悬崖上的大瀑布,奔流而泻,无可挽回,无法替代,只能听任其滔滔地奔腾不息,在千万观赏者的心头,激起令人赞叹不绝、感佩不已的朵朵浪花。

  这首诗的好处,就在于诗人有切身的真情实感,所抒发的感情极为真诚而醇厚,深邃而隽永。真正的好诗,都不是硬做出来的,而是诗人感情的自然迸发。它末尾两句和开头两句前后呼应,当中四句皆是前句写乔姬,后句写自己,使全诗的感情如滚滚大潮,激荡回环,汹涌澎湃,高潮迭起。它表现了爱情对于人生的无比可贵,爱情对于人的巨大感染力量,读来令人不能不激起对于爱情的无限珍惜。全诗的语言风格质朴无华,在明白如话的诗句中,使一对被命运强行拆开的情侣之间,那千缕缠绵的爱情,回旋、激荡得更为清晰可感,悲哀动人。

(周中明)

杜濬

【诗人小传】 (1611—1687) 原名诏先,字于皇,号茶村,黄冈(今属湖北)人。明崇祯时太学生。不得志,乃刻意为诗。明亡后,寓居江宁多年,家贫。有人欲代申请免征"房号银"(当时房屋租税,官绅可免缴),因耻居官绅之列,坚决拒绝。又致书劝友勿出仕清作"两截人"。性格傲岸,蔑视权贵,有民族气节。晚岁,穷饥自甘。后贫益甚。卒后,无以为葬,及陈鹏年知江宁府,始葬于蒋山北之梅花邨。诗长于五律,风格浑厚,气势奔放,部分作品流露了眷恋明室的感情。有《变雅堂集》。

古　树　　　　　　　　杜濬

　　闻道三株树，峥嵘古至今。
　　松知秦历短，柏感汉恩深。
　　用尽风霜力，难移草木心。
　　孤撑休抱恨，苦楝亦成阴。

　　本诗是杜濬在入清后为浙江四明（今宁波的别称）一位名叫邱至山的隐逸之士所写的，诗中以古树喻邱氏，称美其遗民志节，同时也寄托了自己对邱氏的向往之情。

　　这首诗表面上是一首咏物诗，全用比兴见义。首联谓我曾听说有三株树，从古至今，长盛不衰。"三株树"，清人李调元《雨林诗话》有解释云："鄞（今浙江宁波市鄞州区）人邱至山居东皋里，家有古柏一株，两松夹之，轮囷裒空，盖南宋六百年物也。"峥嵘，一般用以指山的高峻貌，但这里的用法，大约与"头角峥嵘"之类相同，有不同凡响、超常异群之意。"闻道"二字，不独写出了这一柏二松为人传说、享有盛誉，而且避免了诗的主观色彩，使其"峥嵘"之态更能令读者信服，诗的发端亦颇有深义。

　　三、四句是第二句的进一步申说。"松知秦历短，柏感汉恩深。"这二句是互文见义，谓此一柏二松，都历史悠久，曾见过秦朝的短命（历：历法书，古人因历法中有"正朔"的含义，故以代指朝代的年限），也曾感受过四百年汉朝的雨露深恩。三株树原是南宋之物，诗人言其身历秦、汉，并非出于疏忽，盖明清之际的遗民之作，以"秦"喻残暴的清朝，以"汉"喻汉族创建的明室，乃是常事。此二句写出了松柏的大节，既是对邱至山的褒扬，也体现了诗人深念故国、蔑视新朝之心。

　　五六句进一步写古树的节操，是诗人的直言赞美。"用尽风霜力，难易草木心。"这里，"风霜力"自是指易代之际清王朝的血腥屠杀，威胁利诱，而"用尽"二字更可深味，见得此风霜乃是人为的风霜，是有人用了无数气力、费了百般心思施放出的手段；如此，在风霜的极力摧残下的"草木心"犹然"难移"，就弥觉珍贵难得了。这二句一扬一抑，古树的凛然节操跃然可见。"草木心"，语出唐张九龄《感遇》诗："草木有本心，何求美人折？"因此，这三字中也含有对邱至山坚持隐居生活，不求清王朝功名的赞美之意。

　　尾联中的"苦楝"，是诗人家中所栽之树，诗人以此自喻。诗人用颔、颈二联盛赞三株树后,到尾联一转,指出其"孤撑",即孤立地支撑于天地之间,可见如古树之坚贞、如邱氏之风骨者,天地间实在已太少;但下面"休抱恨"三字又是一转:诗人对三株树道,君虽然孤撑,但如今不必再为此孤独而抱恨了,因为——"苦楝亦成阴",楝树高有丈余,叶密如槐,现在,我家的楝已长大、亭亭如盖、树荫("阴"通"荫")亦如松柏一般宽广,足可与君为伴;言下之意,我这个遗民中之后辈,多年来砥砺志节,已可追陪为邱氏之小友,足慰其寂寞了。这二句一波三折,由人及己,过渡得十分巧妙;句中既言诗人之志,又以苦楝陪衬古树,不失邱氏前辈老成身份,出语亦极得体。

此诗全用比兴,字面上不露痕迹,笔法老到浑成,写古树峻洁之志,而措辞亦如刀劈剑削,骨节棱棱,是一首内容与形式相辅相成的佳作。　　　（沈维藩）

登金山寺塔　　　　　　　　　杜濬

极目非无岸,沧波接大荒。
人烟沙鸟白,春色岭云黄。
出世登初地,思家傍战场。
咫哉天咫尺,消息转茫茫。

崇祯十四年(1641),张献忠再度攻破襄阳东进。作者避兵离开湖北家乡,流落江宁、扬州一带。游经镇江时,曾作金山、焦山诗多首,本诗即为其中之一。

首联是登上金山寺塔后的初眺。塔在金山顶上,而金山其时还在江中,尚未与南岸完全毗连。登塔俯眺,尽管两岸都在视野之内,吸引着目光的却首先是滔滔的长江。"极目"、"沧波"、"大荒",从气势上映示了塔势的高峻,也显示了诗人心宇的浩茫。

次联是塔上的进一步所见,目光渐及江岸的人境。塔下新长成的沙地上,鸥鸟出没;城中露现的座座峰头,黄尘漫漫。诗中有意将实际存在的"人烟"、"春色"处理为一种隐约的感念、抽象的背景,而以"沙鸟白"、"岭云黄"的直观印象与之搭配和叠加,暗喻了人烟的冷落、春光的惨淡,更见出了苍凉的心绪。

"初地"为释教术语,意谓初得真念之处所。"出世"云云,扣合"金山寺"的题面,又与金山寺塔塔势的凌空相应。然而诗人登上寺塔,不仅没有消释尘世之念,反而更强烈地思怀故乡,忧念战火中的家园。他奇怪的是,尽管此刻去天咫尺,为何家乡的消息转觉茫茫了呢!"茫茫"二字,与前四句的眺望所见遥遥呼应。作品的这一结尾,点明了登塔"极目"的真实意向。

这首五律前半写景,后半抒怀,然而每一联中都隐然可见金山寺塔的孤标高峻,每一联中也都可读出作者登高心情的沉郁悲凉。杨际昌《国朝诗话》谓:"杜茶村《金山》诸律,……胸孔眼界,超出寻常。"这正是因为作者"伤心人别有怀抱",而又以情景交融之笔曲曲表出的缘故。吴梅村为五言近体的大家,但他自己承认:"吾于此体,自得杜于皇金、焦诗而一变,然犹以为未逮若人也。"(见杜濬《祭少詹吴公》)此诗的影响于此可见一斑。

(史良昭)

和 怀 古(苏子瞻)   杜 濬

堂堂复堂堂,子瞻出峨嵋。
少读范滂传,晚和渊明诗。

作诗能以短韵传神,殊不易易。作者咏怀苏轼,仅用两韵,概括大诗人苏轼的一生,使人具见其性情怀抱,是真能得为诗之神髓,并真知苏子瞻之为人者。

此诗前二句赞美苏轼之在北宋,是继李白以后才气最为雄放的诗人。"堂堂",意为庄严正大,也表明一个人的胸襟开阔,行为磊落光明。作者在"堂堂"之后,又以"复堂堂"三字,加重语言的分量,以表达对苏子瞻高度崇敬、倾倒的心情,可谓下语镇纸。次句"子瞻出峨嵋",意谓子瞻其人,乃是峨嵋灵秀所钟,山灵不甘清寂,所以诞生出如此诗杰,使江山生辉。昔人(唐魏颢)曾谓"天地之气,艮于西南,剑门上断,横江下绝,岷峨之曲,别为锦川。蜀之人无闻则已,闻则杰出,是生相如、君平、王褒、扬雄,降有陈子昂、李白,皆五百年矣"(《李翰林集序》)。李白早年,曾久居峨嵋,得江山英秀之气,故其诗格高旨远,神光离合,笔驱造化。今子瞻亦为蜀人,家在眉州、眉山,地近峨嵋,其才志英迈高旷,一如李白。峨嵋乃以其英秀之气,复钟于子瞻之身。作者以"出峨嵋"三字作为赞语。这个"出"字,是非苏子瞻莫能当之的。

后两句在盛赞子瞻才气之后,概说子瞻之为人,前句"少读范滂传",显示子瞻的节概。范滂(137—169)字孟博,东汉汝南人,以操守清峻,风范严整,与当世的名流李膺、杜密齐名。在其举孝廉之后,曾为清诏使,有意澄清吏治。后以得罪宦官,被系黄门北寺狱。久之得释。汉灵帝时,死于党锢之祸。相传苏轼十岁时,父洵游学四方,其母程夫人亲授以书,闻古今成败,辄能语其要。一天,程夫人读《东汉史》(即《后汉书》)《范滂传》,非常激动,苏轼接过母亲手中的书也郑重地读了,于是对母亲说:"儿若为范滂,母许之否乎?"程夫人说:"汝能为滂,吾顾不能为滂母耶!"(见宋史《苏轼传》及《栾城集·苏轼墓志铭》)以后苏轼为官,笃于操守,虽受小人谗毁陷害,几次遭受谪迁流徙,始终不改初衷,正是继承了范滂那样严正的气节。所以这句诗,道出了苏轼一生廉正刚贞的操守。后一句"晚和渊明诗",表明苏轼晚年最钦敬的诗人是陶渊明。苏轼早期读诗,倾心杜甫,中年曾喜刘禹锡、白居易的诗,五十多岁之后,最喜陶诗。他在元祐七年(1092)知扬州任上,曾和陶渊明《饮酒诗》二十首,后来远窜惠州儋州时,又追和陶诗《归园田居》等诗八十九首,因之,一百多首陶诗,他都一一和过。陶诗恬淡、真纯,不染尘滓,讲真情话;在做人方面,则不为五斗米折腰,读书明志,决不随波逐流,苏子瞻景慕陶渊明之诗之为人,足以说明他在颠沛流离的晚年,在人生观方面,受到陶渊明的影响很大,所以作者用重笔为之点明。

这首小诗王士禛《渔洋诗话》中曾提到,说是龚芝麓(鼎孳)极为激赏,以为二二十字说尽东坡一生。但是也有人以为此诗四句都用黄庭坚语(黄庭坚《东坡先生真赞》有"堂堂子瞻,出于峨嵋"之语,其《跋子瞻和陶诗》又有"饱吃惠州饭,细和渊明诗"之句),不免摭拾他人陈言。其实杜氏此诗乃是直抒所感,前半语意重于山谷,后半在意境方面,又显与山谷不同,不得因有人写过"满天星斗",别人就不能道"珠斗斑斓"也。

(马祖熙)

方以智

(1611—1671) 字密之,号鹿起,又号曼公。安徽桐城人。崇祯十三年(1640)进士,官翰林院检讨。早年曾参加"复社"活动。与冒襄、陈贞慧、侯方域称"明季四公子"。入清为僧,名弘智,字无可,人称药地和尚。他是明清之际的思想家、科学家,对文学、音韵、天文、历史、物理等都有研究。著有《通雅》、《物理小识》、《浮山集》、《东山均》等。

独　往　　　　　　　　方以智

同伴都分手,麻鞋独入林。
一年五变姓,十字九椎心。①
听惯干戈信,愁因风雨深。
死生容易事,所痛为知音。

〔注〕 ① 变姓:改名换姓。椎心,用手捶胸,非常伤心的样子。

本诗作者是明、清之际杰出的思想家与科学家,出身名门,博学多能,青年时曾与侯方域、陈贞慧、冒襄共同主盟"复社",为明季著名的"四公子"之一。明亡后,变姓易服,出家为僧。此诗即出家后所作。

诗以《独往》为题,着重抒发出家后孤寂无伴的心情,但又明显不同于一般写孤寂心情的作品。它不是抒写淡淡的哀愁或莫名的惆怅,而是在为国家、民族的不幸发出沉痛的呼号。

开头两句点明题目。"同伴"指当年同游诸名士,包括"复社"中的一些人物。过去他们曾在一起或议论朝政,或臧否人物,并以文章、气节相标榜。清兵入关后,诸名士先后受到南明弘光朝马士英、阮大铖集团及清政府的打击,终于星流云散,故说"都分手"。"麻鞋独入林"指作者出家为僧事。古代把与朋友一起隐居称作"把臂入林"(语出《世说新语·赏誉》),现在作者变服出家却只是孤身一人,故说"独入林"。上句突出一个"都"字,下句突出一个"独"字,两字上下关联,把心情写得分外沉痛。

中间二联写出家的艰危处境与痛苦心情。颔联中的"一年五变姓"说明处境之险恶。他虽已出家为僧,但由于旧日的声望、地位,仍然受到清政府的注意,所以不得不经常变换姓名,以防不测。仅现在所知,他出家以后曾用过大智、无可、弘智、药地、浮山愚者、愚者大师、极丸道人等名、字和别号,可见"一年五变姓"确是事实。"十字九椎心"极言内心之痛苦。由于长期孤身独处,满腹情愫,只能形诸文字,所以所作文字什九充满血泪,令人心碎。

颈联两句承第四句而来,进一步写明自己内心痛苦的原因:耳朵边经常听到的,是遍地干戈的信息;满腔的哀愁,因无情的风雨而加深。这里所说的"风雨",既指自然界撩人愁思的风和雨,也暗喻着国家正处在风雨飘摇之中。这两句说明,作者在诗中不只是抒发个人的身世之悲,而是在为祖国的山河遭到摧残而揪心地痛苦着,由此,"九椎心"得到了更深切的印证。

最后两句又回到本题,进一步强调失去挚友以后的悲痛。作为一位科学家与思想家,作者把生与死的问题看得很平常,使他戚戚于怀的不是个人的生与死,而是失去了知音,即失去了彼此深刻了解,可以推心置腹,祸福与共的朋友。这两句与开头两句紧相呼应,用更沉重的笔墨表达了他离群索居以后沉痛悲凉的心情。

全诗层次分明,结构完整,语言朴实无华,而又不乏精警有力之处,感情真实自然,而又含意无穷,堪称五律佳作。

(范民声)

钱澄之

（1612—1693） 原名秉镫，字饮光，后改名澄之，安徽桐城人。明末诸生。在南明桂王称帝时，授庶吉士，官翰林院编修、知制诰。后隐居田间，自号田间老人。以著书教读终老。其诗五古冲淡闲逸，《田园杂诗》诸作颇似陶渊明；乐府歌行多反映当时人民的悲惨生活，如《获稻词》等。有《田间诗学》、《田间集》等。

扬州访汪辰初

钱澄之

关桥乍泊旋相访，问遍扬州识者疏。
市井草深寻巷入，江城花满闭门居。
僮惊客到饶蛮语，箧付儿收只汉书。
我过七旬君逾八，笑啼同是再生余。

钱澄之早年曾在南明永历朝从事抗清斗争，失败后归隐田园。《扬州访汪辰初》作于康熙二十二年(1683)，写诗人自家乡安徽桐城往扬州访问当年的抗清战友汪蛟(辰初其字)。原题凡二首，此为其一。诗歌表面上看似不经意，实际上却处处有讲究。

首联"关桥乍泊旋相访，问遍扬州识者疏"。两句字面点题，内部却如苏州狮子林布局，层层转折。诗人坐船刚刚靠岸，就马上去寻访汪蛟，这是一层转折，反映出诗人迫不及待的急切心情。但诗人问遍了整个扬州，认识汪蛟的人却很少，这又是一层转折。"问遍扬州"，不免有点夸张，然而正表明诗人访友怀着极大的耐心，可见其对友人感情之深；"识者疏"，则暗示汪蛟在埋名隐姓，坚持做遗民。上、下两句之间，又构成一层大的转折，即诗人急欲访友，却又不容易访得着。如此写法，波澜起伏，语意拗峭，见出诗人无限笔力。末了"识者疏"的"疏"字尤具匠心，假如改用"无"字，那么认识汪蛟的人既然没有，诗也就做不下去了；正因为尽管少，但毕竟还有那么几个人知道，所以才可能有下文访问的具体过程。

颔联"市井草深寻巷入，江城花满闭门居"。两句写访问途中。所谓"市井草深"、"江城花满"云云，一方面形象具体地写出了汪蛟的隐居生活，另一方面客观而又曲折地反映了经过清兵大屠杀之后的扬州的萧条景象。这里特别值得注意的，是"草"与"花"二字相对举。在古代诗词中，"草"和"花"这两个意象同时出现，往往有它特定的含义，那就是借以抒写今昔盛衰之感。如明初曾棨《维扬怀古》:"楼台处处迷芳草,风雨年年怨落花。"这是在扬州凭吊隋炀帝之作。又如清初吴伟业《鸳湖曲》:"芳草乍疑歌扇绿,落英错认舞衣鲜。"此诗为明末大官僚吴昌时而作,说他起初飞黄腾达,后来却被逮捕处斩;昔日"舞衣""歌扇",最终都化为"芳草""落英"。此外如屈大均《春日步出青溪寻东园故址》:"芳草又教南苑失,飞花曾拂翠辇过。"《旧京感怀》二首之一:"燕雀湖空芳草长,胭脂井满落花肥。"乃至《红楼梦》第十八回大观园"文采风流"对联"绿裁歌扇迷芳草,红衬湘裙舞落梅"等等,都是这样一种用法。因此,钱澄之在这里用"草"和"花"而不用"树"、"藤"之类,实际上也深寄着诗人国破家亡、沧海桑田的无限感慨。至于"闭门居"云云,则回过头来交代了所以"问遍扬州识者疏"的原因,与上文相照应。

颈联"僮惊客到饶蛮语,箧付儿收只汉书"。两句写抵门入室。上句说的是"客"即诗人自己,但却从汪蛟的家僮来着眼。家僮吃惊,其"惊"者有二。一是"客到"。平素"识者疏"、"闭门居"的家里,这天竟突然来了一位客人。其次是此"客"又"饶蛮语",亦即异乡口音很浓。钱澄之长期追随永历朝廷,浪迹闽粤滇桂,自然难免多"蛮语"。本句中,"僮"安排得特别好,如果换作汪蛟,那么老友之间就没有这类可"惊"之事了,同时,"僮"先出现,既符合当时的社会礼仪,又引出下文的主人汪蛟,叙述更有层次。此联下句是写汪蛟的为人和气节,但又联系其儿子来表现。汪蛟和钱澄之一样曾在永历朝做官,并且"甚显赫",但回家以后,箱子里交付儿子收藏的却只有一部《汉书》,由此可以想见其旧日为官之清廉。当然,书决不会真的只有一部《汉书》,那么诗人为什么偏举《汉书》而不举《尚书》之类的其他典籍呢?这里至少有两个原因。一是以《汉书》作一般史书的代名词,借指汪蛟记载南明抗清历史的《滇南日记》,如《扬州访汪辰初》第二首所云"难危纪事异时传"。二是借《汉书》表现汪蛟的民族气节,关键在于"汉"字。汪蛟只付《汉书》给儿子,不仅反映了他本人的坚强气节,而且还暗示了他用这种气节来教育后代,从而进一步烘托出这个爱国遗民的坚贞形象。

尾联"我过七旬君逾八,笑啼同是再生余"。两句写会面情景。一对抗清战友,钱澄之年过七十,汪蛟年逾八十,如今白头重逢,这是一件值得高兴的事,所以"笑";而他们坐在一起,势必为故国沦亡而感叹,所以"啼"。一个"同"字,既指两个人都是身经患难,死里逃生的抗清志士,又指两个人的"笑啼"具有共同的内容和感情。灵犀一点,息息相通,两位爱国遗民的松雪清姿,宛然如在目前。至此,访问也就结束了。

全诗扣住一个"访"字,顺序描写,层次分明,条理清楚。第一句的"访"字,勾联访问者钱澄之自己和被访问者汪蛟。第二句一分为二,前四字"问遍扬州"的人是自己,后三字"识者疏"的人是汪蛟。中间四句依次分述二人。第三句"寻巷人"写自己,第四句"闭门居"写汪蛟;第五句承第三句,写"客"自己;第六句承第四句,写主人汪蛟。第七句前四字"我过七旬"是自己,后三字"君逾八"是汪蛟,重新合二为一。至第八句,用一"同"字收拢。全诗从合到分,又从分到合,构成一个首尾相应,完美无缺的艺术整体。可见,这首诗从具体叙述到整体布局,都值得我们细细品味。

(朱则杰)

夜　归　　　钱澄之

江上霜飞吹客衣,菰蒲艇子夜深归。
征鸿暗叫寻行度,野鸭齐惊破阵飞。
追水林峦行失去,远村灯火望中微。
犬声出屋春声歇,知有人开竹里扉。

　　钱澄之是清初诗人,曾在吴江起义抗清,又避南明党祸出亡浙闽一带,削发为僧,后还俗归乡,过隐居生活。这首《夜归》诗描写外出夜晚归家的情景,萧散淡泊,妙造自然,隐士风度,呼之欲出。

　　首联写江上归来:秋江之上,秋风带着微霜吹起夜行客的衣襟,小舟不择路线地顺江自然行驶着。穿过片片菰叶,划出丛丛蒲苇,深夜里,万籁俱静,波影粼粼,只有船划水声,水碰船响。伴着一颗寂寥的归心,船声水声显得格外清晰。

　　次联写江上所闻所见:夜空中,远征北来的大雁鸣叫着按着自己的飞行路线,不舍昼夜地兼程;江上的野鸭,被夜归人的船声所惊起,于苇丛中凌乱地仓皇飞起。天上江中,一个是"暗叫",一个是"齐惊";一个是有规律地"寻行度",一个是无准备地"破阵飞"。在整与乱的对比中,可看出诗人描写的变化与细微。

　　第三联写江上的所见所感:船行渐快,夜幕中,两岸的黛色青山和树林相对迎来,又很快逝去;远远村落中的依稀灯火闪烁不定,望去十分微弱。这两句诗由江上而产生感觉,尤其是"追水林峦行失去"一句,表现夜色中两岸丛林和山峦相对而来的情景,十分聪明和巧妙。船行水上,山林迎面而来,本是船近"林峦",或是船"追""林峦",而诗人偏说"追水林峦",是林峦追逐流水而来。将船动峦近变成峦追水行,一个"追"字,活现了一个境界。可是,这种努力马上"行失去",船一过,两岸山色被抛在后面,追上流水的林峦不小心又丢了。将"轻舟已过万重山"的现象说得那样谐趣,那样富于感发;谐趣得近似顽皮,感发得极为形象。

　　尾联写回到归所的情景:夜半之中归来,家犬闻声吠叫着冲出篱门,室内春米之声也应声而停,不用敲门,等着吧,从犬声出屋和舂米之声停歇中,可以预知,马上就会有人来打开竹林中的门扉了。这联诗,写得自然洒脱,既充满山中野趣,又不失生活气息。它令人想起唐代诗人刘长卿《逢雪宿芙蓉山主人》诗中的两句:"柴门闻犬吠,风雪夜归人。"两诗相较,意境是多么相似。

　　钱澄之的诗风"屡变而不穷。要其流派,深得香山、剑南之神髓而融会之"(朱彝尊《明诗综》),且"冲淡深粹,出于自然"(韩菼《田间文集序》)。从这首《夜归》诗中,正可看出此特点。全诗写夜归的整个过程,恰似一幅江上夜行图,变化自然,循序渐进,娓娓道来,朴实且充满韵味。语言冲淡疏朗,自然精巧,读来颇具情致。

(初　旭)

【诗人小传】

周亮工

(1612—1672)　字元亮,一字缄斋,号栎园。祥符(今河南开封)人。明崇祯十三年(1640)进士,官御史。李自成陷京师,亮工南奔,从福王于江宁,多铎下江南,亮工降,授两淮盐运使,累擢福建左布政使,迁户部右侍郎。为闽督所劾,赴福建听审。会海寇犯福州,亮工手发大炮,击毙其渠帅三人,城赖以完。康熙初,以所劾不实,再起补山东青州海防道。调江南江安粮道,坐事论死,复遇赦得释,寻卒。学者称栎下先生。亮工工古文词,一禀秦汉风骨,诗宗仰少陵。著有《赖古堂集》、笔记《因树屋书影》等。

靖公弟至

周亮工

荒城独坐对灯残,归计先愁百八滩。
尔又远来我未去,高堂清泪几时干。

　　这是周亮工写的一首"游子吟"。诗人当时寓居在离家乡(河南开封)很远的僻静的小城,正准备要动身回家。"荒城独坐对灯残,归计先愁百八滩",既是独对残灯,可见更深无眠,愁思正浓。"先愁"二字值得玩味,这一是说还没有上路,已经在为道里迢遥,水程险恶发愁了;另一重意味是可愁之事尚多,愁路仅其一也。"百八滩"极言险阻之多,暗示出在外谋生之不易;盖其离家后早已饱尝辛苦,故未行而令人生畏。在这样犯难的时候,其弟靖公远道而来,可以说来得很不是时候。他为何而来,诗中没有交代,但诗人隐隐不快的心情流露于字里行间。

"尔又远来我未去,高堂清泪几时干。"上句直陈中潜伏着一种埋怨的口气。如果弟弟是专来探望兄长的,在诗人看来便多此一举。如果弟弟是远游顺道来访,在诗人看来更不应该。古人云:"父母在,不远游。"为兄的远游,是因为有弟在父母(高堂)身边的缘故。而在"我未去"时"尔又远来",岂不是太欠考虑了么。诗人最担心的就是二老,没有儿子在身边将何以为情!"高堂清泪几时干",最素朴的语言,表达的却是一种至为深切的赤子之心,天伦之爱。故沈德潜只能赞曰:"此诗之真者。"自古以来我们民族就重视亲缘之爱,它已成为民族文化心理结构中最根深蒂固的成分。"谁言寸草心,报得三春晖"(孟郊)是警句,"当家方知柴米贵,养儿才知父母情"是俗语。而周亮工这首即事偶成之作,则以更加自然无饰的方式,通过一个特定情境,表达了人子对于父母的孝心。那是在兄弟见面后的交谈中,自然流露出来的。尽管见面后,诗人尽量克制着不快情绪,尽量不伤害兄弟感情,但那出自内心的不满还是无可掩饰地表现出来了。这就是"真"情动人。诗的第三句"尔又远来——我未去"以句中排的形式做成唱叹,句式亦作倒装腾挪,在音情上增强了全诗的感染力。

(周啸天)

归 庄

[诗人小传]

(1613—1673) 一名祚明,字尔礼,又字玄恭,号恒轩,昆山(今属江苏)人。归有光曾孙。明末诸生,复社成员。他曾参加昆山抗清斗争,失败后一度亡命为僧,称"普明头陀"。善诗文书画,与同邑顾炎武友善,有"归奇顾怪"之称。诗写家国之难,意酸词苦,而登临游览之作,则神气飞腾。其俗曲《万古愁》颇著名。文集已佚。后人辑有《归玄恭遗著》、《归玄恭文续钞》。又有《归庄手写诗稿》影印本及辑本《归庄集》。

落 花 诗(选一) 归 庄

江南春老叹红稀,树底残英高下飞。
燕蹴莺衔何太急,溷多茵少竟安归?
阑干晓露芳条冷,池馆斜阳绿荫肥。

落花诗(选一)　　　　归　庄

静掩蓬门独惆怅，从他江草自菲菲。

归庄是明代著名文学家归有光的曾孙，身处明清易代之际，其诗颇有磊落不平之概，悲歌慷慨之情，当时人们将他与同邑友人顾炎武并称为"归奇顾怪"。《落花诗》乃是诗人在清朝统治已渐巩固时所作，共有十二首，这儿选的是第一首。据归庄自序说："我生不辰，遭值多故，客非荆土，常动华实蔽野之思；身在江南，仍有大树飘零之感。以至风木痛绝，华萼悲深，阶下芝兰，亦无遗种。一片初飞，有时溅泪；千林如扫，无限伤怀！"可知他写这组诗实是为了抒发亡国之痛。

首联便直切诗题，描绘了江南春天即将过去，群英凋残飞落的一片凄凉景象，与杜甫《曲江二首》之一开头两句"一片花飞减却春，风飘万点正愁人"机杼略同。诗中春老红稀的境况实是抗清运动趋向衰落，抗清志士或死或散的隐喻，透过一个"叹"字，我们便已看出诗人内心的悲苦之情。应当注意的是："春老"非春尽，"红稀"非红灭，"高下飞"犹言上下飞，也不是直接坠落，这表现诗人似乎尚未对抗清事业完全绝望。

颔联二句，诗人道：燕子蹬踢花枝，莺儿叮啄花朵，摧残好花是多么急切，而粪坑般秽浊之地是那么多，锦茵般雅致之地是那么少，让那些芳洁的落花坠向何处？"燕蹴莺衔"语出杜甫《陪诸公上白帝城头宴越公堂作》"燕蹴飞花落舞筵"与常衮《咏玫瑰》"莺衔入夕阳"，但一反原文的柔婉轻快而予人一种恻怆沉重之感。"溷多茵少"则用《梁书·范缜传》典故。按范缜曾说："人之生譬如一树花，同发一枝，俱开一蒂，随风而堕，自有拂帘幌，坠于茵席上；自有关篱墙，落于粪溷之侧。"此处化"坠茵落溷"为"溷多茵少"，意义自有改变，不是对人生的一般感叹而是对现实的直接谴责。二句充分写出了在清朝残酷镇压下志士无处容身的险恶形势。

颈联语势渐转。"阑干"句以落寞栏杆畔的"冷"芳枝比喻全节守志者，"池馆"句以华贵园墅中的"肥"绿叶比喻屈节降志者，一正一反，对比鲜明，言辞虽不涉褒贬，但字里行间，爱憎自见。"晓露"既以"露"清而洁暗示仁人志士的坚贞，又以"晓"隐寓恢复神州仍有一线希望。"斜阳"则既讽刺仕清降清者"夕阳无限好，只是近黄昏"，又诅咒清朝异族统治"日薄西山，气息奄奄"。

最后，诗人以其诗句表现出他"苏世独立，横而不流"的坚定意志和"众芳芜秽，美人迟暮"的悲凉感情。"静掩"句上应"阑干"句，一个"静"字、一个"独"字，分明刻画出诗人"义不帝秦"的高尚人格。"江草菲菲"喻不讲气节的小人，则与上文"绿荫肥"绾合，见出其对"兰摧玉折，萧艾为荣"的极端鄙夷。全诗以叹群芳凋零起,以慨江草菲菲结,语语紧扣主题,诚如吴伟业评语所云:"流丽深雅,得寄托之旨,备体物之致。"而宋琬"以磊落崎嵚之才,为婀娜旖旎之词,兴会所至,犹带英雄本色"之誉美,则有助于我们从《落花诗》的字面下感受到归庄那一股倔强不屈之气。

(庞　坚)

诗人小传

陈忱

(1613—?)　字遐心,号雁宕山樵,乌程(今浙江吴兴)人。明亡后,在苏州结"惊隐诗社",与顾炎武、归庄等为诗友。绝意仕进,以卖卜自给。所作小说《水浒后传》表现强烈民族意识。其《雁宕诗集》已佚,周庆云《浔溪诗征》选有他的诗。

叹　燕　　　　　陈　忱

春归林木古兴嗟,燕语斜阳立浅沙①。
休说旧时王与谢,寻常百姓亦无家②。

〔注〕①"春归"句:燕子春天归来,多在人家结巢而居,"归林木"是由于无人家可居,所以古人要为之嗟叹。《元嘉起居注》:"元嘉二十八年,魏人破南兖、徐、豫、青、冀,杀掠不可胜计,所过郡县,赤地无余。春燕归来,巢于林木。"②"休说"二句:王姓与谢姓是东晋大贵族的代表,同住建康(今南京市)乌衣巷内。唐刘禹锡《乌衣巷》诗有"旧时王谢堂前燕,飞入寻常百姓家"之句。

这是一首伤时之作。作者生当明、清易代之际,清兵南侵时,他亲眼见到侵略者烧、杀、掳、掠的残暴行径,怀着满腔悲愤写下这首小诗,对人民的苦难表示深切的同情,对野蛮的侵略者提出强烈的控诉。

诗的题目叫做《叹燕》,所叹之燕,其实就是刘禹锡《乌衣巷》诗中的"王谢堂前燕"。自从刘禹锡写出了"旧时王谢堂前燕,飞入寻常百姓家"这样的千古名句以后,不少人都曾在"金陵怀古"这类题目中,借用"王谢燕子"来寄寓兴亡之感。陈忱这首诗也写"王谢燕子",与众不同的是,诗中寄寓的思想感情并非"怀古",而是"伤今",诗人成功地从旧题材中翻出了新意。

春天到了,燕子归来,它一向习惯于在人家筑巢而居,不料这时却找不到筑巢的地方。它无可奈何地站立在沙滩之上,面对斜阳,呢喃自语:古人曾为春燕归于林木而嗟叹,以为这是乱世之象,如今乱世又来了。过去王、谢两家衰败了,他们堂前的燕子仍可前去筑巢,虽然他们的乌衣旧宅已变成普通百姓的家;而现在呢,别说那些世家古族都丧失了家宅,连普通的百姓也家毁宅焚,华屋、蓬户,皆归于一尽,燕子不往林中筑巢,又该去何处呢?

绝句由于篇幅短小,容量有限,故特别讲究小中见大,多采用"借端托寓"的手法,以引起读者丰富的联想。这首《叹燕》没有正面描写山河的残破,人民的苦难,而只是写了燕子无处筑巢一事,却很自然地使人联想到赤地千里、人民流离的惨酷景象。沈德潜《岘佣说诗》评《乌衣巷》诗时有"感慨无穷,用笔极曲"之语,如移来作本诗的评语,亦颇允当。

(范民声)

【诗人小传】

顾大申

清初诗人。本名镛,字震雉,号见山,华亭(今上海松江)人。顺治进士,官工部郎中,博雅喜文辞,善画山水,尤工没骨。著有《鹤巢乐府》、《诗原》、《堪斋诗存》。

饮太白酒楼醉后走笔成篇　　顾大申

呜呼太白尔何游!应在飘飘碧落之倒景,芙蓉白玉之仙楼。乘云抱气蹑箕斗,骖螭浥汉骑长虬。世人即之杳难求,但见朱轩绣拱环城头。岱宗历历青扑面,黄河西来静如练,七十二君等飞电。地老天荒出酒人,狂歌直与天为邻。上殿捉笔力士嗔,背负盐鼎谁相存,就中赏音贺季真。独抱曲蘖看浮云,登楼日醉忘其身。西风野火衰草死,由来豪贵尽如此。我今把盏揖君起,相与斟酒问济水。古今醉醒那终始?何不高步穷紫烟,摘取列星当酒钱。斟酌海水常不干。开襟痛饮楼之巅,醉呼黄鹤回青天。

诗题中之"太白酒楼",指任城太白楼,唐时称"李白酒楼"。任城,今山东济宁市。清初为济宁州,李白在开元二十三年(735)东游齐鲁,次年移家任城,尝与孔巢父等会于徂徕。天宝元年(742)应诏入京,供奉翰林,在长安三年,不得志,复浪游梁宋齐鲁间,时至任城。平居多饮,尝构酒楼于任城南城上。据《一统志》

称"李白客任城时,县宰贺公,曾觞之于此,今楼与当时碑刻俱存。"唐咸通二年(861)沈光作《李白酒楼记》,元著作郎陈俨有《重修李白酒楼记》。明时称"太白酒楼",刘楚登《太白酒楼记》云:"(此楼)壮丽雄伟,四望夷旷,有汶、泗二水经其前,开河、安山、山湖诸水汇其西,凫、绎、龟、蒙、徂徕、岱宗诸山,复左顾联络于东北,皆纡青浮白,以舒敛出没于云烟缥缈之际,而齐鲁方千里之胜,可指顾而见矣。"又谓"其左阶东南隅有二贤祠记石刻二通,盖昔之州人,尝祀太白与知章贺公于其上者也"。清初王士禛《秦蜀驿程后记》,亦有相类之记载,谓"济宁州太白楼,下俯漕河,凭高眺远,据一州之胜"。可见此楼自太白身后,长期受到人们的重视。本诗作者顾大申是松江华亭人,顺治间进士,与王士禛为同代人。作者于一次北上京城途中经过任城,登楼饮酒,缅怀诗仙,醉而成此篇。全诗一气奔注,感慨横生,表现了对大诗人李白的向往崇敬之情。

起句至第七句"但见朱轩绣拱环城头",为诗的第一小段。太白素有"谪仙人"之称,因而从其仙才落笔,先致歌赞之忱。"呜呼太白尔何游!"一起便以感慨深沉的一问,引出以下四句,感叹太白乃一代仙才,其游程所历,当在碧落(太空)飘飘缥缈的倒影之间,或者栖息于芙蓉、白玉仙楼之上,(芙蓉、白玉楼,为传说中仙人所居之所。芙蓉楼,又称芙蓉馆。白玉楼,据旧题东方朔《十洲记·昆仑》:"其山一角积金为天墉城,城上安金台五所,玉楼十二所。")乘着青云,抱着清气,追踪天上的箕星斗星(箕、斗:星宿名。《诗·小雅·大东》:"维南有箕,不可以播扬;维北有斗,不可以挹酒浆。")。骖白螭,骑青虬,遨游于星河之表。然而太白虽有"神驰八极,心怀四溟"之志,却是长期流寓任城,因而作者又引出以下两句:"世人即之杳难求,但见朱轩绣拱环城头。"表明太白仙游之后,世人虽怀景慕之情,但不仅碧落茫茫,仙踪难访,即使在任城,也只能见到朱轩绣拱之太白酒楼环拱于城头而已。(按:"李白酒楼"在晚唐时期,规模并不宏大。沈光记云:"至于齐鲁,结构凌云者无限,独斯楼也,广不逾数席,瓦缺椽蠹,虽樵儿牧竖,过亦指之曰:'李白尝醉于此矣!'"元、明两代屡经修建,始见宏伟。)这一小段,笔墨淋漓,自非太白不足以当之。"但见"一句,点明太白虽去,当年之酒楼,至今还留在人间,尤为妙笔。

第二小段凡十句,写作者此次登楼饮酒至醉的所见所思所感。这段十句,前三句由所见引出所思,后七句由所思联系太白之生平而抒感。"岱宗历历青扑面,黄河西来静如练。"作者凭栏纵目,只见雄伟青苍的岱宗(泰山)以及凫、绎、龟、蒙诸山,历历如在目前,青葱的山色,恍如扑面而来。楼的西面,黄河由西东注,流经平原,静静地像一条练带一样绕城而过。传说历史上曾有七十二代君王来到泰山,行过封禅的祀典,如今早如同飞电之逝,不存在于人们的意念之中,唯太白乃以天上之谪仙人,降生斯世,而为酒人、为诗客,狂歌痛饮,其风采直至地老天荒,犹为人所怀。他曾经与天家为邻,受到唐明皇的降步辇相迎,以七宝床赐食。他在宫殿中挥毫捉笔,贵妃为之捧砚,宫监为之脱靴,神气高朗,前无古人。但也以此受到高力士的谗潛,故他尽管背负盐鼎,有意济世,却终究受不到存问顾惜(盐鼎:用盐梅在鼎内调羹。《书·说命》:"若作和羹,尔惟盐梅。"本为殷高宗命傅说为相之辞。后来用以比喻有整治国政的才能)。乃至不得不离开长安。"就中赏音贺季真"等三句,表明太白也并非没有赏音,他在长安时,秘书监贺知章(字季真)曾力为推荐,不仅称誉太白为"谪仙人",而且亲解金龟贳酒与太白共饮。太白也自知不为亲贵所容,于是更加放纵不羁,与知章、李适之、崔宗之、张旭等人纵饮,有酒中八仙的称号。离开长安之后,因家在鲁中,故而常至任城酒楼,独抱曲蘖(曲蘖:本为酒母,这里指酒),醉看浮云。终至有"浮云蔽紫闼,白日难回光","浮云蔽颓阳"、"浮云无定端"的感叹。(上引诗句,并见李白《古风》)可见太白重回任城,"登楼日醉忘其身",并非无因。这一小段综述太白由任城西上长安,又因遭谗受忌重游东鲁的一段遭际,为太白呼吁不平,在诗句中仍紧密联系到诗题中"太白酒楼",措辞有放有收,并为开展诗的最后一小段,作好铺垫,深见工力。

第三小段十句,着重抒吐此时在"太白酒楼"缅怀太白之情。由太白曾在此楼,引出自己在九百多年之后,登楼饮酒,怀念往哲,不由而生怀古之思。前五句为一小节,连用五仄韵。"西风野火"两句是说:从古以来,那些豪门权贵,就像深秋的衰草一样,在西风野火的一炬之下,全成灰烬,荡为历史上残渣剩滓;而太白则以其高迈的情操,光艳的文章,神奇的理想和想象,得以大名永留人间,千载之下,其人凛凛如生,其事迹感人至深,有生如此,可以无憾。作者于景念之余,乃对太白托为神交,仿佛谪仙人仍在此酒楼之中,而有"我今把盏揖君起,相与斟酒问济水"之奇问,任城即在济水之侧,所问者何?则是古今之人,醉而醒,醒而复醉,是从何年开始,又在何年终结?这问得也奇,盖以自古以来,只有李青莲醉而能醒,醒而能歌,歌后复醉,以长歌抒发其性灵,吐露其心志。是白之醉非真醉,白之醒乃真醒,故能神游乎八极之表,心驰乎万仞之上,堪称酒中之圣,圣中之清者。沈光《李白酒楼记》曾说:"(太白)狎弄杯觞,沉溺曲蘖,是真塞其聪,翳其明?醒则移于赋咏,宜乎醉而生,醉而死。予徐思之:使太白疏其聪,决其明,移于行事,强犯时忌,其不得醉而生死也!"作者的诗句,正是活用沈文的原意,表明古今哲人,遭逢政治混浊之世,他们的醉醒是无终无始的。后五句为二小节,也是诗的结笔。连用五平韵,音节舒和,在浪漫色彩中,略表慰藉之意。"何不高步穷紫烟"等句是说:君既为酒人,又有"但愿长醉不用醒"、"会须一饮三百杯"的意愿,那么当此长安遮满浮云之际,何不高步紫霄,涉星汉,凌烟霞,摘取列星颗颗,聊当买酒之钱,斟酌一泓不干的海水,以为饮之不尽的酒浆?何不开襟痛饮于此楼之巅,同销万古之愁,直至酣醉之后,呼来黄鹤,乘之返回浩渺之青天呢?这一小节以"高步穷紫烟"句与第一小段中的"乘云抱气"句相应,以"摘取列星"两句与第二小段之"地老天荒出酒人"句相应,以"开襟痛饮"两句,与"登楼日醉忘其身"句相应。全诗至此结束,显得神完气足,余韵不尽。而缅怀往哲托为神交的崇敬之情,亦在其中。

此诗从内容至句式,皆呈起落跌宕、天马行空之姿,足可步武太白。或三句、或二句一节的形式,与诗情的涨落低昂配合默契,可知作者于太白诗风有深切的知解。想太白若天上有知,亦当含笑举酒、回敬作者一杯,引以为知己了。

(马祖熙)

顾炎武

【诗人小传】

(1613—1682) 初名绛,字忠清,清兵渡江以后改名炎武,字宁人,号亭林。昆山(今属江苏)亭林镇人。学者称亭林先生。少年时参加"复社"反宦官权贵斗争。明亡后,清兵南下,参加昆山、嘉定一带人民抗清起义。失败后,十谒明陵,遍游华北,致力边防和西北地理的研究,不忘兴复。晚岁卜居华阴,卒于曲沃。学问渊博,于国家典制、郡邑掌故、天文仪象、河漕、兵农以及经史百家、音韵训诂之学,都有研究。晚年治经侧重考证,开清代朴学风气。在哲学上,反对空谈"心、理、性、命",提倡"经世致用"的实际学问。在文学上,则要求作品为"经术政理"服务。诗多伤时感事之作。著有《日知录》、《天下郡国利病书》、《肇域志》、《音学五书》、《韵补正》、《亭林诗文集》等。

精　卫

顾炎武

万事有不平,尔何空自苦。长将一寸身,衔木到终古?我愿平东海,身沉心不改。大海无平期,我心无绝时!呜呼!君不见西山衔木众鸟多,鹊来燕去自成窠。

这首诗作于顺治四年(1647)。精卫是上古神话中的神鸟,又名"誓鸟"、"志鸟"。《山海经·北山经》说它原为"炎帝之少女,名曰女娃。女娃游于东海,溺而不返,故为精卫,常衔西山之木石,以湮(填)于东海"。诗歌即借咏精卫,来抒写诗人坚定的抗清复明之志。

这首诗可以分为三个小节。第一小节四句,是问精卫,大意说,天下许多事情都有不平之处,看开些算了,你为什么唯独要白白地自己受苦——总是以小小的躯体,永远不停地叼衔木石呢?第二小节四句,是精卫答,大意说:我的志愿是要填平东海,纵然力竭身沉,心也决不改变;大海不出现填平之日,我的心也就不可能有断绝之时!第三小节即最末三句,诗歌荡开一笔,引其他鸟类来作对照,感叹西山衔木之鸟虽多,可是那些燕、鹊之类来来去去,却一个个都只是为自己做窝。

这首诗取材于《山海经》,但艺术构思却与《山海经》不同。它运用对话的形式、对比的手段,来刻画、塑造精卫的形象。《山海经》只是对精卫的行为做叙述;这首诗前面两个小节,却采用了一问一答的对话形式,以此明确揭示了精卫的内心世界,直接反映了精卫矢志平海、不惜捐躯的崇高精神。同时,《山海经》除精卫之外,也还写到了其他许多的鸟类,但只是"各自为政",分别叙述;这首诗后面第三小节,却有意拿这些只顾"自成窠"的"众鸟"来同立志填海的精卫进行对照,从而进一步反衬出精卫之伟大,塑造了"志鸟"这个光辉的艺术形象。

这首诗题咏精卫,寄托着深刻的寓意。清兵入关以后,广大汉族人民纷纷奋起抗清,许多爱国志士甚至不惜献出生命。但是,也有那么一些人在这民族危亡之际,只顾图谋个人利益,甚至屈膝投降,腆颜事清,如顾炎武在其他有关诗作中所感叹的:"千官白服皆臣子,孰似苏武北海边?"(《千官》二首之一)"谷口耕畲少,金门待诏多!"(《关中杂诗》五首之三)不言而喻,上面这首诗所写的精卫,实际上就是爱国志士的化身;而燕鹊之流,则可以说是民族败类的喻体。从这个意义上来讲,这首诗不妨称之为寓言诗。诗人正是通过这样一个寓言,热烈讴歌了爱国志士志"平东海"的崇高精神,无情鞭挞了民族败类只顾"自成窠"的可耻行径。

这首诗的深刻寓意,还体现在一些用法微妙的典故之中。如上文已及,《山海经》说精卫是由"炎帝之少女"变化而来,而根据古老的传说,汉族人民都是上古炎帝和黄帝的后裔,也就是通常所说的"炎黄子孙"。所以,诗歌借"炎帝之少女"衔木填海、立志复仇的神话故事,来象征汉族人民抗清复明、报仇雪耻的现实壮举,显得分外贴切。此外,如末尾引"众鸟"与精卫作对比,特地拈出"鹊"和"燕",也暗合了《史记·陈涉世家》之语"燕雀安知鸿鹄之志哉?"("鹊"、"雀"同音。)这是秦汉之际陈胜(即陈涉)年轻时说的一句话。所谓"鸿鹄之志",就是要推翻秦王朝之志。而"鹊来燕去自成窠",也就是说那些民族败类不懂得"鸿鹄之志",根本不想匡复故国,而甘心做亡国奴。由此可见,这些细微之处,都体现了诗人的用心深远,不可忽视。诗人在明亡之后,把自己的原名"绛"改作"炎武",联系上文所说的"炎帝"来看,这一改动,正证明了他坚定的民族立场。而从诗人的经历本身看,他早期从事抗清斗争,失败后又著书立说,为后人提供反清的历史规鉴,整个一生,都毫无懈怠地为自己的民族奉献着心力,完全具有"精卫"的"我心无绝时"的精神。因此,可以说,诗人笔下的"精卫",虽然不仅仅是他一个人的形象,但诗人的一生所为,使他本人也完全有资格充任"精卫"的化身。　　(朱则杰)

又酬傅处士山次韵① 顾炎武

清切频吹越石笳②,穷愁犹驾阮生车③。
时当汉腊遗臣祭④,义激韩雠旧相家⑤。
陵阙生哀回夕照⑥,河山垂泪发春花。
相将便是天涯侣⑦,不用虚乘犯斗槎⑧。

〔注〕　①傅处士:傅山,字青主,山西阳曲人。明亡后着道士服,隐居土穴,以医为业。康熙中征举博学鸿词,不应。　②清切:形容乐声悲切凄凉。越石笳:晋刘琨字越石,据《晋书·刘琨传》中说,他曾在晋阳(今山西太原)被胡骑围困,城中窘迫,于是他中夜奏胡笳,贼又流涕歔欷,有怀土之切。向晓复吹之,贼并弃围而走。　③阮生车:阮生指阮籍,字嗣宗,三国时魏人,司马氏篡魏后,他愤然抱不合作态度,常独自驾车出游,但不循路径,走到无路处即痛哭而返。　④腊:岁终祭祀。据《后汉书·陈宠传》载,陈宠的祖父陈咸在汉成帝和哀帝时为官,王莽篡帝位后,他辞官归里,闭门不出,在家里仍用汉家祖腊。有人问他,他说:"我先人岂知王氏腊乎!"　⑤"义激"句:张良祖上五世相韩,韩国被秦灭亡后,张良悉以家财求客刺秦王,为韩报仇。　⑥陵阙:指明代帝王的陵园官殿。　⑦相将:相互扶持。　⑧犯斗槎:张华《博物志》:"近世有人居海渚者,年年八月,有浮槎去来不失期。人有奇志,乘槎而去,十余月,至一处,有城郭状,居舍甚严。遥望官中多织妇,见一丈夫牵牛渚次饮之。问:此是何处?答曰:君还至蜀都问严君平。因还至蜀问君平。曰:某年某月日,有客星犯牵牛宿。记其年月,正是此人到天河时也。"

康熙元年(1662)秋,顾炎武由河北入山西,在太原结识了著名的诗人和书画家傅山,由于两人思想、学问上颇多共鸣之处,因此一见如故,成为知交。次年春天,顾氏外出回家,途中遇见傅山,傅山遂作了一首《晤言宁人先生还村途中叹息有诗》,其言曰:"河山文物卷胡笳,落落黄尘载五车。方外不娴新世界,眼中偏认旧年家。乍惊白羽丹杨策,徐领雕胡玉树花。诗咏十朋江万里,阁吾伦笔似枯槎。"顾炎武因此写了两首答诗,这是其中之一。

首联说傅山在明亡之后犹感念前朝,往往中夜啸歌,慷慨述志;驾车出游,穷途而返。这里用了刘琨和阮籍的典,虽是称赞朋友,然也隐然自况。颔联也用了两个典故,进一步说明傅山心中悲愁与不平的原因:就像王莽篡位后仍坚持用汉朝腊祭仪式的陈咸和韩亡以后毁家纾难、为韩复仇的张良一样,傅山也时时不忘前朝,愿为恢复朱明而奔走出力。颈联由述情而宕开笔去,勾勒出一派悲凉的景象:在夕阳的斜晖中陵阙显得一片凄凉,艳丽的春花像是由河山的泪水浇灌催发。这两句其实也是虚写,只是作者的拟想之辞。李白的《忆秦娥》词中有句:"西风残照,汉家陵阙。""陵阙"句即由此化出,这里也暗指明朝皇帝的陵园与明朝的宫殿,表达了深沉的故国之思。"河山垂泪"一句则本于杜甫的"感时花溅泪",然感情沉挚而自铸新词,可谓巧于变化。作者于此著一景语,不仅说明江山易主,时事日非的现实,而且通过"生哀"、"垂泪"等语抒发了自己与傅山的遗民情绪。尾联谓只要相互扶持勉励,便如漫游天涯的同道之人一样,何必一定要去作乘槎渡海之行呢!这里顾氏谓朋友之间的勉励胜过远行遁世,似有委婉的劝告之意。

  这首诗体现了顾炎武诗歌的艺术成就,这首先表现在用典的精到贴切。此诗的前四句连用四典,"陵阙"一联变化李、杜诗句而来,最后用张华《博物志》上的故事,真可以说无一字无来历,表现了顾氏对历代典籍的烂熟于心。而且用典极为切当,如首句用刘琨事,因此时作者正在太原,所以就首先用了有关太原的典。其次,语言的古雅凝练而富于形象也是本诗的特点。不少句子十分警策,如"时当"一联虽然纯以咏古出之,然一种不仕新朝的遗民忠节显然可见。"陵阙"一联熔铸前人诗句而不露痕迹,而且将自己的感情融入景中,形象与感情交织在一起。另外,此诗是次韵之作,即必须按照傅山原诗的韵脚用字来押韵,顾氏却能不受束缚而挥洒自如。有人说格律诗如戴着脚镣跳舞,那么此诗便是跳得十分成功的一例。

(王镇远)

塞　下　曲(二首选一)　　　　顾炎武

  赵信城边雪化尘,纥干山下雀呼春。
  即今三月莺花满,长作江南梦里人。

  《塞下曲》是古乐府旧题。此诗作于清顺治四年(1667),距明亡已是第四个年头。诗描写的是江南思妇深切怀念塞外久戍不归的丈夫的悲哀情,而这种感情又与作者眷念已灭亡的明朝之情相勾通。

  诗前两句"赵信城边雪化尘,纥干山下雀呼春",描写的就是塞外之春的境界。"赵信城",是古代匈奴境内的城,地处今蒙古高原杭爱山一带。据《史记·

匈奴列传》裴骃《集解》：汉翕侯赵信出兵不利，降匈奴，匈奴筑城使居之。这就是"赵信城"的来历。"纥(hé)干山"，今称纥真山，在山西大同东。这两个地名用以指代塞外环境。"雪化尘"、"雀呼春"则形象地写出塞外初春的盎然生机。积雪消融，山雀欢唱，正宣告着新春的降临，也宣告了塞外的戍卒又熬过了一年，而空闺的思妇又独守了一载。在新春开始之时，与丈夫团圆该是思妇们的最大心愿。诗中的思妇是一位江南女子，在江南则"即今三月莺花满"，其意乃如梁代丘迟《与陈伯之书》所描写的，"暮春三月，江南草长，杂花生树，群莺乱飞"。古语云："春女思，秋士悲。"（《淮南子·缪称训》）这样春光明媚的季节，春闺中人自然更加盼望戍边的丈夫归来，但他已经"长作江南梦里人"了。诗的尾句写得似乎很平淡，其实蕴含着极度的悲怆，具有令人心弦颤动的力量。此句乃化用唐代陈陶《陇西行》"可怜无定河边骨，犹是春闺梦里人"的意境，那"梦里人"非一般所谓梦中的心上人，而是"无定河边骨"的同义语。此诗之"长作"二字亦正暗示思妇的"梦中人"已长眠塞外，永远成为思妇梦中的幻影了。给人以希望的春天并未、亦永远不能给思妇带来任何希望与欢乐，而思妇本人或许并未意识到这一点，还痴望着春天的团圆之日，这更是多么令人痛心的悲剧！

　　作为一个爱国志士，顾炎武无时无刻不望恢复故国，这恰如思妇怀念戍边的丈夫一样。自然界的春天降临未能为思妇带来一丝慰藉，因为其戍边的丈夫已成为白骨，成为"梦里"的幻影。而作者所怀念的朱明王朝亦于四年前实实在在的灭亡，成为"梦里"的幻影。因此此诗亦寄寓着作者的亡国之痛，属于抒写"黍离麦秀之悲，渊深朴茂"（汪瑞《明三十家诗选》评顾诗语）之作。　　（王英志）

悼　亡（五首选一）　　顾炎武

　　贞姑马鬣在江村，送汝黄泉六岁孙。
　　地下相逢告公姥，遗民犹有一人存。

　　《悼亡》作于清康熙十九年（1680），当时作者从事反清复明事业，已远离家乡江苏昆山二十个年头了。这年十一月，他北行至山西汾州，接得元配夫人王氏卒于昆山的讣报，真是亡国之痛未销，又添丧妻之哀，悲慨万端，不能自已，乃有此《悼亡》；这里选析其中第四首。顾炎武论诗主张"诗主性情，不贵奇巧"（《日知录·论古人用韵》），《悼亡》五首亦不例外。作者在前三首中抒发了对王氏的悲悼、歉疚之情，此首又由妻亡联想到其入葬，但内容已不再沉溺于夫妻私情，而是借以体现其"风霜之气，松柏之质"（沈德潜《明诗别裁集》卷十一），显示诗人作为

明遗民的"乾坤清气",称得上是"宇宙不可磨灭文字"。(均见郭曾炘《杂题国朝诸名家诗集后》)

"贞姑马鬣在江村",是指作者嗣母王贞女已葬在江村。"姑"即婆婆王贞女,是针对亡妻而言。"马鬣"即"马鬣封",语见《礼记·檀弓》,原指封葬孔子,此指亡母封葬。江村,在昆山千墩浦右,为亡母封葬之处。"送汝黄泉六岁孙",意谓明年为亡妻送葬的是作者与亡妻的嗣孙顾世枢(作者过继儿子顾洪慎之子),届时将六岁。诗前两句似平平道来,但充满对嗣母与亡妻厚重的感情,她们二人即将在黄泉相逢,诗人一定有许多话要托亡妻转达亡母,但他首要转达的是:"地下相烦告公姥,遗民犹有一人存。""公姥"即公婆,此偏指婆。"遗民一人",作者自指。为何要转告此言呢?因为嗣母乃忠于故国的刚烈老人,顺治二年(1645)七月十四日,闻清兵攻下昆山城而绝食,至三十日乃卒,临终嘱咐顾炎武勿更出仕。这样的嗣母,怎能不令作者万分敬仰!作者三十余年始终牢记嗣母遗言,誓死不与清廷合作。据《清国史·儒林传·顾炎武传》载:"康熙间,初举博学鸿词科、又修《明史》,大臣争荐之,并辞未赴。"顾炎武颇以此自豪,因此欲借机表白自己忠于故国的志向,来告慰地下亡母:我还是大明的遗民!悼亡而重在抒发民族气节,顾炎武这种"身负沉痛,不忘恢复"(杨钟羲《雪桥诗话续集》卷一)的胸襟着实令人肃然起敬;亡母地下闻告,亦当不胜欣慰矣!

这首诗采用直接与亡妻说话的方式,质朴无华,却真切动人。后两句的构思出人意想,却不显"奇巧",这是因为作者的真情实感自然流露,故决无雕肝镂肾、刻意构想之感。而作为悼亡诗,此首所达到的思想高度更是前人悼亡之作所难以企及的。

(王英志)

【诗人小传】

姚淑

字仲淑,自号钟山秀才。金陵(今南京市)人。能诗,善画墨竹。是南明兵部左侍郎李长祥的继配夫人。夫妇共同从事地下复明运动,足迹遍及中国南北。康熙十二年(1673)以后,抗清军事失利,长祥去世,姚淑流落异乡,抚养遗孤,历尽忧患,而志节不屈。有《海棠居初集》。

过洞庭湖　　　　姚　淑

一入洞庭湖,飘飘身似无。

山高何处见，风定亦如呼。

天地忽然在，圣贤自不孤。

古来道理大，知者在吾儒。

《过洞庭湖》一诗，是明末清初女爱国志士姚淑的一篇杰作。姚淑的丈夫李长祥因从事反清活动而受到监视，后于清康熙元年（1662）逃出南京，隐居于常州（今属江苏）城东桃园草堂，并四出奔走，访求遗民，图谋恢复。康熙十二年（1673）冬，吴三桂起兵反清于云南，攻入湖南，以蓄发、恢复汉族衣冠号召天下，并暗地遣使到常州延聘李长祥参与谋略。长祥夫妇为了实现积年艰苦追求的理想，置身家性命于度外，间关万里，到湖南去参加抗清斗争。长祥会见吴三桂后，请立朱明宗室为帝，吴未同意，长祥遂辞去，往广东别谋抗清之策。在这期间，姚淑始终追随长祥，在从常州到湖南的长江一路上，她颇作诗以纪行，《过洞庭湖》诗，即是其中之一。

洞庭湖，是中国第一大湖，诗开头即写其大。"一入洞庭湖，飘飘身似无。"下笔即写洞庭湖水势之大，舟中人飘飘然似觉此身已溶化消失于这无涯大水。孟浩然《临洞庭湖上张丞相》："气蒸云梦泽，波撼岳阳城。"杜甫《登岳阳楼》："吴楚东南坼，乾坤日夜浮。"俱善写洞庭湖之大，但下笔都是以写实见长。姚淑此诗亦善写洞庭湖之大，而下笔则是以空灵见长。起笔已见女诗人灵秀气。"山高何处见，风定亦如呼。"这两句拓开去续写湖水之大：远际纵有高山，也望不见，遑论平岸？即使湖上风止，犹觉浩浩长风呼啸在耳，遑论有风？这是对身在其中的势欲吞纳万象的无涯大水的逼真感受，与杜甫《水会渡》"迥出积水外，始知众星干"，异曲同工。看不见远山，但见得涵天之水，由是转出下二句，更是突兀，更是奇外出奇："天地忽然在，圣贤自不孤。"前写山高何处见，此言天地忽然在，能不令人感到奇兀？"天地忽然在"，用杜甫《双燕》"今秋天地在，吾亦离殊方"句意（长祥是杜甫专家，著有《杜诗编年》一书，姚淑自亦熟读杜诗）。杜甫此诗写于离开蛰居已久之夔州（今四川奉节）、即将出峡之时，有大自在之心情。姚淑此诗写于离开隐居已久之常州，将投身反清斗争之日，亦有大自在之心情。故此"天地在"，并非言眼前之自然景观，而是抒内在之心灵感受，所感受到的是汉家江山有望光复、祖国山河天地仍将为自古以来生息于斯的人民而存在的欣悦。"忽然"二字下得尤好，清楚地呈示出思至"天地在"，心灵颤动喜悦的那一瞬间。此瞬间弥足珍贵，故诗人下"忽然"二字郑重地表之。唯有此忽然二字，此诗句即已非杜老之原诗，而涣然为姚淑之新辞矣。"圣贤自不孤"句，更是巨笔，足与"天地忽然在"之句旗鼓相当。此句语意,当是远承《论语·里仁》:"子曰:'德不孤,必有邻。'"近承杜甫《别张十三建封》:"范云堪晚交,嵇绍自不孤。"但自有女诗人自己之深刻命意。依姚淑,自己即是儒家(参结句);依儒家,人皆可以为圣贤(富有道德人性的人);在当时,光复祖国即是圣贤之大道;所以这位女爱国志士当下即以圣贤自我承当。此句意谓反清复明运动此伏彼起,足见吾道不孤。此等大句,非有此等胸怀境界,决计道不出;非面临洞庭湖此等壮阔场面,亦决计道不出。此联如许大笔,且看她如何收笔。而收笔二句,同是卓尔不凡。"古来道理大,知者在吾儒。"此言宇宙人类之天理大道,自古以来由历圣相传,为我儒家所深深体知、承当。道理大三字,或出宋沈括《梦溪笔谈·续笔谈》:"太祖皇帝尝问赵普曰:'天下何物最大?'普熟思未答。间再问如前,普对曰:'道理最大。'上屡称善。"但姚淑此二句诗,自有命意,不仅肯定大道为吾儒所体知,更直下以吾儒自我承当。当姚淑写此诗之时,她心意中所关切所涌现的最大之道理,即是维护民族独立生存权利与文化传统,而这正是古往今来儒者相传之大道。故此二句诗,无异为女诗人与先儒以心印心、心心相印之艺术地写照,亦是对上文"圣贤自不孤"之艺术地回应。女诗人此种以圣贤以儒者直下承当的气魄,是何等地卓荦,又是何等地真实。一结余味无穷尽。

此诗之艺术造诣,有两点值得标举。第一,是自然世界与精神世界一等相称,有机地融化为无限壮美的诗意境。举目浩瀚无际涯的洞庭湖自然壮观,与印心千百世上下的圣贤儒者抱负,皆具有撼摄人心的艺术力量。浑然融为一体,更为美善圆满。第二,是艺术风格特为清奇,而与一些女诗人之脂粉气、纤巧态绝缘。清,谓其情感清淳深厚。奇,谓其志气卓荦不凡。李长祥《海棠居初集序》:"仲淑诗和秀而大要清也。"姚淑《万绿轩》诗云:"奇气惊天地,空心见性情。"这实际是把握到和自省到姚淑诗清奇之风格特征,特别是其根源之地的微至之谈。 (邓小军)

宋琬

【诗人小传】(1614—1674) 字玉叔,号荔裳,山东莱阳人。顺治四年(1647)进士,授户部主事,累官浙江宁绍道,有政绩。明年,擢按察使。因山东于七起义事,族人告琬与七通,入狱三年。释放后长期闲居,康熙十一年(1672),授四川按察使。琬因与严沆、施闰章、丁澎等人互相酬唱,有"燕台七子"之称。琬诗多感时伤事之作,含凄凉激宕之音。王士禛将宋琬与安徽宣城的施闰章并列,号"南施北宋"。著有《安雅堂集》。

江上阻风

宋 琬

睡起无聊倚舵楼,瞿塘西望路悠悠。
长江巨浪征人泪,一夜西风共白头。

宋琬在顺康年间,因山东于七事曾两次下狱,释放后长期赋闲,康熙十一年(1672),年近花甲的宋琬又被起任四川按察使,这首诗就是赴任途中所作。瞿塘峡为举世闻名的三峡第一峡,"瞿塘险过白牢关"(杜甫《夔州歌十绝》),加上西风大作,巨浪拍空,雷轰咆哮,其惊险足以铺叙出一大篇文章。宋琬此诗,对此历代骚人墨客吟咏不绝的题目避之不就,以意切入,以景辅之,驱景入意,耐人寻味。

"睡起无聊倚舵楼",起句就不落窠臼。七言绝句写景抒情第一句多为写景,以景带情,从而达到情景交融的效果。这首诗首句就直抒胸臆,这种破例的写法自然是服从于当时诗人的心境的。宋琬从顺治四年步入仕途,十五年中曾两次被人诬告下狱,第二次竟囹圄三年,获释却又被闲置八九年之久,有此经历,宋琬深知宦海难测,前程未卜,虽重被起用,诗人再也没有建功立业的雄心和荣任新职的踌躇满志,"无聊"二字正是描写诗人此际的复杂心理,而"倚舵楼"则是他精神无所倚托的写照。

第二句从动作上紧承第一句"倚舵楼"而"西望":"瞿塘西望路悠悠。"这一句语言双关,巧妙至极。瞿塘峡为天下之险,峡中水急湍奔、明礁暗石最为险要,"瞿塘嘈嘈十二滩"(刘禹锡《竹枝词》),过了瞿塘峡才算进了川东,又值大风西阻,西行之路的确还十分漫长。这一句于景来说的为实景,但联系诗人心情来说,更毋宁说是写意:未来的仕宦之路,也正如这瞿塘峡一样险恶,一样漫长。

前两句诗人低沉暗淡、郁愤悲凉的心情还在吞吐之间,第三、四句已为骨鲠在喉之势。"长江巨浪征人泪,一夜西风共白头。"三峡遇大风之浪可想而知,诗人也无意于描写这一惊心动魄的场面,只用"巨浪"二字简单概括,诗人写浪之意不在水,而是以长江巨浪与"征人泪"作类比,这里是本诗的出人意表之处,也是本诗的警策之处。征旅之人的泪水太多太多,竟如长江之水一样可以随风作浪!在"翻滚"这一点上,诗人的心绪与长江巨浪认同了,因此,到了诗的最后一句,诗人简直把长江巨浪看成是同病相怜的知己:一夜之间,诗人和长江都为西风阻行而愁白了头发;那江上的如雪巨涛,与诗人头顶的万缕银丝,在遐想之间,竟成了混然一物。

宋琬的这首小诗典型地写出了清初文人在高压统治之下惊惧惶恐,愤懑悲凉的心态,而以白浪来比喻白发,更是前所未有的新奇手法,足可使此诗的艺术魅力,丝毫不逊色于它的社会认识作用。

(王 琳)

悲 落 叶

宋 琬

悲落叶,落叶纷相接。无复语流莺,飘摇舞黄蝶。朝如繁华之佳人,夕若蘼芜之弃妾。因风起,从风飞。放臣羁客那忍见,攀条揽扼空沾衣。徘徊绕故枝,柯干长乖违。凛凛岁云暮,此去将安归?悲落叶,伤心胸,愿因征鸟翼,吹我到乡中。

此诗为康熙元年壬寅(1662)狱中之作。诗前有序云:"余览北魏诗有萧综《听钟鸣》、《悲落叶》二篇,词甚凄婉。彼以贵藩播越,不失显肵,然尚内不自得,有忧生飘泊之嗟。矧余羁囚,日与法吏为伍,每当宵箭将终,晨钟发响,凄戾之音,心飞魂栗。讵必听猿而涕下,闻琴而累欷哉!岁时晼晚,庭树萎然,爰效其体,以识余之愤懑焉。"萧综,字世谦。梁武帝第二子,封豫章王。镇彭城时,奔北魏。历官司徒、太尉,娶魏寿阳公主,位仍显贵。"显肵",指高官厚禄。萧综因飘泊异国而有《听钟鸣》、《悲落叶》之作。作者身陷大狱,徬徨悲苦,所以也作有这两篇。这里选录《悲落叶》一篇,其措辞之凄哀,实有过于萧综的原作。

这篇诗以感念身世、忧伤飘泊为主题,借落叶之凋零,以喻自己不幸的遭际。全诗可分三小节。第一小节六句:作者面对飘零的落叶,直接起兴抒怀,为落叶深致哀叹。诗句是说:可悲啊!院子里的树叶,一阵接一阵地纷纷凋落了。它们将再也听不到流莺的言语,却像黄蝶那样飘摇飞舞。记得当春天的时候,它们也曾迎风舒翠,绿荫浓密。曾几何时,西风凄紧,繁霜肆虐,它们再不能留恋母枝,便一齐飘落了。作者用"朝如繁华之佳人,夕如蘼芜之弃妾",作出深沉而又形象的比喻。落叶早上还似繁华的佳人,晚上就成为"蘼芜弃妾"了。"朝"、"夕"两字极言时间变化之速。"蘼芜弃妾"本指《古诗》"上山采蘼芜"篇中那位被丈夫遗弃而又不忘故夫的妇女,作者在诗里用"繁华佳人"与"蘼芜弃妾"作今昔鲜明的对比,显示树叶荣盛和衰谢的两种不同命运,用语非常恰切,更寄寓着荣华难保的悲辛。

第二小节"因风起"以下八句,作者从自身的角度,展示此时见到落叶所引起的内心怆恻之情。"因风起,从风飞"说明落叶飘零的遭境,乃是因"风"之吹,由"风"的摆布而起。"风"是一种促使落叶飘零的外力。这和"放臣羁客"之遭受政治力量的无辜摧残,极为相似。因此"放臣羁客那忍见"两句,实际上已逗出落叶的象征意义。作者攀条涕泣，揽扼兴悲，所悲的不只是落叶，更在于悲哀自己以无辜而陷身于冤狱之中。"徘徊绕故枝"诸句，既为落叶抒悲，也是抒吐自己此刻的哀抑和伤感。后两句更把这种哀恻的感情引向高潮。岁已云暮，前路茫茫，未来的归宿不堪设想，凛凛悲怀，何能自已。

第三小节四句，由"悲落叶"及自悲的心绪，归结到自己当前唯一的愿望是："愿因征鸟翼，吹我到乡中。"因其蒙受狱案，冤酷极深，在狱逾年，倘得借"征鸟之翼"，得生还家乡，为草野小民，即已非常幸运。"征鸟"一词亦有所指，作者壬寅狱事，"系缧并及妻孥，拘捕不遗僮仆"，廷臣明知其冤而不敢援手，惟浙江巡抚蒋国柱力陈其冤，致免遭刑戮，"征鸟"一语，正是指蒋国柱的营救，非泛泛之词。再则清初刑狱，凡涉及"谋逆"，得幸免者极少，刑部主谳者即使确知其人之无辜，也决不轻易释放，能免遭不测，已属万幸。作者被逮捕，乃因族子一炳以"谋逆"告密，所以此诗结句"吹我到乡中"，措辞也是经过慎择的。

（马祖熙）

舟中见猎犬有感　　　　　宋　琬

秋水芦花一片明，难同鹰隼共功名。
樯边饭饱垂头睡，也似英雄髀肉生。

清初，统治者对知识分子采用了两手政策，一手是大兴文字狱，血腥屠杀；另一手就是笼络利用。宋琬的这首诗借舟中猎犬的形象，揭示了清初被清廷羁縻的知识分子无用武之地的苦闷不平和他们志不获展的迟暮之感。

诗的第一句描写了一个极广阔的背景：浩浩秋水，茫茫芦丛，明月一片。"秋"字不仅是时间概念，且暗示了此时正是各种飞禽走兽膘满体壮之时，也正是猎犬鹰隼劲健有为之时。

"难同鹰隼共功名"，第二句诗意陡转，写舟中猎犬的可怜可悲。一个"难"字，写出了猎犬的不平和怨愤，猎犬没有如鹰隼一样海阔天宽，乘时运势，建立功名，不是它"不能"，而是主人"不许"。也许猎犬也曾试图任性而为，施展才干，但等待它的是斧钺加身，囹圄囚禁，直到它噤若寒蝉，服服帖帖。

三四句写驯服后猎犬的状况："樯边饭饱垂头睡，也似英雄髀肉生。"猎犬的活动场所本该是原野猎场，如今却是船角樯边；猎犬的本性和才能本应驰骋奔突，如今饭饱之后只能垂头酣睡。"垂头"二字极为形象地描写了猎犬无所事事和懒散委顿的现状。髀（bì）肉，大腿肉。汉末，刘备久住荆州刘表处，一次看到自己大腿肉生，慨然流涕，刘表惊问，刘备说：我过去身不离鞍马，大腿皆为健肌,如今久不驰骋,髀肉复生,日月逝去,老将至矣,而功业不成,故为此悲伤。诗人借用此典,是为猎犬悲哀叹惜,它终日饱餐无为,必定会腰圆臀肥,失去它追鹰逐兔的英雄本色,还要销蚀掉建功立业的意志和抱负。

这首诗通篇为咏物写法,但不是咏物诗,正如题目所言"观舟中猎犬有感",诗人是借舟中犬而发自己的感慨,这是对清廷羁縻政策的实质的体现:它不是要人才有所作为,而是要人才为我所用,清廷的豢养士人,就如渔人的舟中养犬一样,都是扼杀天性、才性的残酷摆布。宋琬的这种认识在封建社会是深刻的,而他借舟中犬道出这种认识,手法也是很巧妙的。

(孙之梅)

渡 黄 河　　　　　　宋 琬

倒泻银河事有无？掀天浊浪只须臾。
人间更有风涛险,翻说黄河是畏途。

古希腊神话中曾经有过这样的一段描写:当大力士赫克里斯去解救盗火的普罗米修斯的时候,他是坐在一个瓦盆里飘洋过海的。

这个故事其实不也正是对人生的一种象征吗？谁不是驾着血肉之躯的轻舟,横渡波涛翻滚的生活之海的呢？谁不是从生命的河流里悄然飘来,再经过种种欢乐与忧愁,幸福与悲伤的波峰浪谷,在一片呼啸的浪涛声中,将鼓满风的小船,泊进永远的港湾,又消逝在未知的彼岸的呢？

只不过有些人从来也没有意识到这一点罢了。就像这首诗中提到的那些"翻说黄河是畏途"的人,他们平日里留心的,大约只是自然界的风霜雨雪、冷暖变化。所以一旦来到那一泻千里、气势磅礴的黄河岸边时,就不免被它那"倒泻银河"(传说中黄河是天上的银河落到人间而形成的)的神秘传说吓住了。至于要在那排山倒海般的波涛中航行,做个身手矫健的弄潮儿,就更是连想也不敢想了。

对这种瞻前顾后、畏首畏尾的人,诗人是非常蔑视的。自然,横渡黄河是有一定危险的,但也只不过是承受"须臾"的"掀天浊浪"而已。在永恒的时间和空间里,人的生命也正如激流险峰中的一叶小舟:当生活的巨浪铺天盖地砸下来时,有谁能够事先预见？又有谁能知道这灾难会延续到何时？

——谁也不能。宋琬曾是位少有才名的诗人,早年便高中进士,为官时也颇多惠政,深得人民爱戴。却不想被人诬陷,以至于"立逮下狱"、"并系妻子",在拘囚的三年中,又险遭不测之祸。这就难怪他会借"渡黄河"之题,发出"人间更有风涛险"的沉重叹息了。

不过,在历史的长河中,不断受到巨浪的冲击,屡遭厄运的又岂止宋琬一人?战国时代的伟大诗人屈原,才华横溢,颇多远见卓识。这位"长于治乱、娴于辞令"的大贤,曾经一度得到楚怀王的重用,参与国家的改革,从而使楚国蓬勃兴旺,称雄于南天。然而贵族党人的嫉贤进谗,却使他屡遭流放。当他被逐江南,孤身抗恶的时候,又何尝没有过"长太息以掩涕兮,哀民生(指人生)之多艰"的悲凄与痛苦呢?

尼采,这位西方著名的哲学家,生前却始终默默无闻。他那痛苦而又智慧的呼喊,在同时代的人听来,竟好像是疯子的谵语。这位哲人的后半生同屈原一样,过着没有职业、没有家室、没有友伴的漂泊生活。在难以忍受的孤寂中,他曾一次次地发出绝望的悲叹:"现在再没有人爱我了,我如何还能爱这生命?"

然而,真正的伟人,总是能够战胜厄运的;超越自我的奇迹,也总是在对厄运的征服中出现的:"盖文王拘而演《周易》;仲尼厄而作《春秋》;屈原放逐,乃赋《离骚》;左丘失明,厥有《国语》……"(司马迁《史记》)种种事例说明,人间的风涛虽然险恶,我们依然要勇敢地驾驭起生命之舟,破浪向前!我想,今天的青年读宋琬的《渡黄河》,正该激发这样的人生豪气——黄河的"掀天浊浪"既然可御一叶飞舟,凌越于"须臾"之间;那么,人间的险恶"风涛",为什么就不能在毕生的拼搏中战胜之呢?

(张 巍)

春 日 田 家　　　　　宋　琬

野田黄雀自为群,山叟相过话旧闻。
夜半饭牛呼妇起,明朝种树是春分。

"春江水暖鸭先知。"然而在山中,对妩媚的春色最为敏感的,也许该是地上的小草、空中的鸟雀吧。

《野田黄雀行》,是个古旧的乐府诗题,我们的诗人大约是学问气太足了,一见到田野里活蹦乱跳、到处觅食的黄雀,就脱口而出用了这四个现成字:"野田黄雀。"不过,从后面"自为群"三字来看,诗人想创造的诗境,可一点儿也不古旧。你看那么多黄雀,春来了,它们也苏醒了,想飞到刚刚掀掉冬天雪被的田地、寻找地上新冒出的嫩草叶;它们来得那么多、那么不约而同,虽然谁也不招呼谁,可谁的念头都一样。所以诗人远远看去,以为它们本是一"群";再仔细一辨,噢,他明白了,原来它们哪里是一伙的,只不过为了同一个目标,才自然而然聚集到田野上、自然成群罢了。看来,春的气息,真是鸟儿最先敏感到了。

接着,诗人的目光从景物转到了人事上,鸟儿敏感,农村的人们又何尝不呢?几位老者正兴致勃勃地走在山间的小道上,他们也并没有什么事急着要做,只是想趁着这大好时光去拜访拜访久别的老友,叙叙旧情,拉拉家常;也顺便舒活舒活筋骨,正是陶渊明所说的"闲暇辄相思,相思则披衣,言笑无厌时。"——于是当你静听时,从山上疏疏落落的茅屋里,就会有"山叟"们"话旧闻"时亲切的话语和朗朗的笑声,隐隐传来了。

当然,老农们已经老了,春天来临,对他们来说,只是多了活动的自由、多了新鲜的空气罢了,然而对这个季节里的忙人,春天的意义便又不同了。你听"夜半饭牛呼妇起,明朝种树是春分"——过一阵大约就要用牛耕地了,所以主人对它格外的关照,夜里也忘不了多喂一顿。牛吃得饱了,微微地哼着,当家的又去唤正在酣睡的妇人:"喂,快起了,快起了!"——这时诗外一定还会有妇人那朦胧而渴睡的声音吧:"干什么呀? 还早呢!""快起来吧! 明天是春分,要去种树,得赶紧准备准备啊!"——这呼妇声、唤牛声,低微的牛鸣声,妇人的应答声,在静静的夜里显得格外的清晰。它和"犬吠深巷中,鸡鸣桑树颠"的诗句一样,都带着浓厚的田家气息。而进一步引人遐思的是:山民们在春天的夜晚尚且如此忙碌了,那么白天呢? 一定是"晨兴理荒秽,带月荷锄归"了——短短的两句诗里,蕴含了怎样丰富的韵味啊!

读到这里,你该明白了,这首诗的题目虽然是"春日田家",而勾画的,却分明是"田家"的"春日"啊!

(张 巍)

舟 中 读 书 　　宋 琬

久抛青简束行縢,白鸟苍蝇甚可憎。
身是蠹鱼酬夙债,黄河浪里读书灯。

这首诗前三句平平:诗人说自己已经好久抛开了青简(竹简,这里指书籍),腰束行縢(téng,干粮袋)四处奔波,加上路途上白鸟(蚊子)和苍蝇之扰,其实也无法读书;但他毕竟是一条蠹鱼(书蛀虫),读书是他前世欠下的债,为了还这个债——于是,结句"黄河浪里读书灯"就跳出了! 这一跳出,潇洒雄丽、境界大开,不得不令你拭目相看了。

"河出伏流,一泻汪洋。"到过黄河的人们,谁能不被它九曲横空、万浪啸天的气势和力量所震慑? 它那狂放无羁的暴烈和雄奇,也似乎只有同样狂放无羁的诗仙李白，才足以挥动如椽巨笔，为之写照传神——

"黄河万里触山动，盘涡毂转秦地雷。""巨灵咆哮擘两山，洪波喷流射东海"（《西岳云台歌送丹丘子》）！

这就是李白描摹过的那水来"天上"、波颠万里的壮奇黄河。

而今，正是从这一派震荡天地的黄河浪影里，驶出了一艘傲岸不驯的行船。时令正当秋夜，水天一片迷蒙。但在波涌浪叠的船窗前，却可见到我们的诗人宋琬，正须髯飘飘，就着高烧的烛灯，执卷诵读！

倘若这是在庐峰月下，对茅窗孤灯，聆松涛千仞，那境界一定将格外清美幽渺的吧？倘若这是在西子湖畔，仰修竹数竿，听游鱼喋喋，于执卷吟赏之际，也一定会更添几分韵致的吧？但"黄河浪里读书灯"之句，却把这"读书"的背景，转换在了壮奇雄阔的浪涛之间，而且是在烛照浪影的舱间"灯"下，那境界又岂是上述二境所可比拟？

此刻的舱中当然也是幽清的，幽清得连一只令人憎厌的蚊子苍蝇都没有。然而这幽清，又是以何其惊心动魄的舱外之景为陪衬的呵：浩荡的黄河在夜天下狂暴喧腾；荧荧的船火，还可照见一阵又一阵掀天浊浪崩裂眼前；涛声隆隆，如疾雷碾过船之两舷！正是在这样的背景上，突然推出挑灯抚髯、执卷而诵的诗人近景，那气度和仪态，该带有怎样一种睥睨古今、笑傲万浪的沉静和潇洒！

如果说"黄河浪"所蕴涵的，是极大的动荡之境；那么"读书灯"所显示的，则是迥然相异的静谧之境。这两者本来很难相容，诗人却以身临的浪舟读书之兴，将它们奇妙地组接在了一句诗中。大"动"与大"静"由此相反相成，雄奇的"黄河"夜浪之涌，与潇洒的诗人"读书"身影，由此相叠相印，辉耀了整首诗行。一个为前人意想不到的崭新诗境，在行舟黄河的诗人宋琬笔底，就这样兴象峥嵘地创生了！

这诗境的创生虽说出于偶然，却是宋琬悲苦生涯中哀愤之情的必然触发。倘若不是在顺治七年、康熙元年"两度系狱"，饱尝过宦海沉浮的险恶"风涛"；倘若不是憎恶于"白鸟（蚊子）苍蝇"式谗人的陷害，厌倦于"久抛青简束行縢"的仕途奔波，而向往着一种放浪无羁的自由生活——那么，宋琬又怎么会觉得，黄河的"掀天浊浪"，并不比"人间"的风涛险恶（见《渡黄河》诗）？又怎么会激发在"黄河浪"中化身"蠹鱼"，挑灯诵书而一"酬凤债"的豪兴？

由此反观此诗之前三句，你便不会因为它们的吐语平平而以为无足轻重了——其实，"久抛青简束行縢"之卑陋，"白鸟苍蝇甚可憎"之烦嚣，恰都是运笔上的一种铺垫和反衬。它们之存在，正是为了在结句中造成诗情的巨大逆转，以翻出一个与之截然不同的人生境界。有了这卑陋和烦嚣的反衬，"黄河浪里读书

灯"之境,便愈加见得雄奇潇洒、超世脱俗,而令你无限神往了。　　(潘啸龙)

初秋即事　　宋 琬

> 瘦骨秋来强自支,愁中喜读晚唐诗。
> 孤灯寂寂阶虫寝,秋雨秋风总不知。

宋琬才气充沛,作诗往往"举头天外,才许落墨,不愧五岳起方寸语",故沈德潜《清诗别裁》盛推其诗"以雄健磊落胜"。

不过诗人一生遭遇,毕竟"丰少屯多",影响到他的创作,于雄健磊落外,便又"多愁苦之音"(邓之诚《清诗纪事》)。这首《初秋即事》,正是诗人落魄晚景中的"愁苦"之作。

题目标明"初秋",从诗中所述看,又是在沉沉夜分。这对一位老年诗人来说,无疑更多了一重哀冷凄衰之感。起笔"瘦骨秋来强自支",即以萧瑟的笔意,为自己勾勒了一幅神情索漠的肖像:秋风初起,衰飒满庭。"瘦骨"嶙峋的诗人,正强支羸弱之体临窗而坐。在如此风声淅沥的夜晚,就着一炬摇曳的灯烛执卷诵读或伏案疾书,大抵已是宋琬常年形成的习惯了吧?回想他才气初露的青年时代,值此把笔临风之际,该是何等意气雄迈——那荧荧的烛火,曾照见多少奇文佳句,从他笔底挥洒而出!而当他高中进士、官授户部主事以后,又曾多少次烛灯高烧,神色庄重地端坐窗下,披阅着来自各地的公文?

然而,接着而来的"被诬系狱"、"流寓江南",很快就将他青春的梦想、半生的追求破碎了!人生本就短暂,又怎经得起这许多祸难的折腾?当宋琬历尽宦海"风涛",再度在秋气凛凛中临窗执读时,竟已成为如今这样巍巍颤颤,需要"强自"支撑的老人——那"瘦骨"凸露的弱躯,又何堪再对飒飒满窗的秋风!

由此品味诗之起句,便觉在萧瑟的笔意中,实包含着这位暮年诗人"秋来"临窗的几多悲凉和无奈。而随着次句"愁中喜读晚唐诗"的跳出,你还可知道,诗人此刻正在灯下诵读唐诗。但他所读的,既不是"颠风簸海"、豪逸狂放的李白诗,也不是瑰奇雄俊、"气格遒上"的岑参诗,更不是"沉雄博大"、浩荡八极的杜甫诗——这些表现着奋扬的人生意气、高亢的事业追求和热烈的情感宣泄的"盛唐之音",似乎再也不能激发宋琬的壮心,而只能成为他平生蹉跎和老来潦倒生涯的一种酸辛、苦涩的反讽了。

宋琬现在"喜读"的,恰正是如他的人生一样步入衰暮的"晚唐"之诗,即充满了理想破灭、盛时不再的哀慨和忧思的感伤之作。这其中是否有杜牧那"仙掌月明孤影过,长门灯暗数声来"的《早雁》之咏？或是李商隐那"秋阴不散霜飞晚,留得枯荷听雨声"(《宿骆氏亭》)的感怀之叹？或是杜荀鹤那"今来县宰加朱绂,便是生灵血染成"(《再经胡城县》)式的忧时悯乱之慨？这样的"晚唐诗",当能更契合同样饱经祸乱的诗人宋琬的心境,而引起他的"含思悲凄"和"流情感慨"(徐献忠评晚唐诗人杜牧语)吧？

而且读者须注意：诗人宋琬之"读晚唐诗",恰又是在"愁中"。则这样的"喜读",又何"喜"之有！只能在本已撩拂不去的愁思中,更增添几分哀慨和忧伤罢了。此刻"孤灯"幽幽,庭院"寂寂",连阶下常闻的虫鸣,也久已"寝"声。唯有屋外的秋风,忽又挟带着急骤的夜雨,叮叮地扫过窗、门。但我们的诗人却全然不觉——他是在愁苦的朦胧中睡去了？还是因为"读"诗入神,已完全沉浸在了"夕阳无限好,只是近黄昏"(李商隐《乐游原》)、"月落子规歇,满庭山杏花"(温庭筠《碧涧驿晓思》)的酸楚吟哦之中,乃至于"秋雨秋风总不知"了？

这结句当然还可从另一意义上涵咏。一位在宦海浮沉中消尽意气的"瘦骨"老人,带着步入衰秋的不尽"愁"思,在沉沉夜分读那充满感伤韵味的"晚唐诗"。这其间的凄冷和酸楚,幽幽"孤灯"虽然照见,却只能无语垂泪；阶下的秋虫虽然感受,也只能悄然寝声。倘若"秋雨秋风"能知晓诗人的心境,便不该在这样的夜分飒然并作。但风雨毕竟是无情之物,又怎能理解诗人的凄苦,而从此在窗头静歇？如果诗人之意真是这样,则诗至结句,更将愁苦的诗境,交汇在了一派无可告语的凄风苦雨之中了！

(潘啸龙)

龚鼎孳

(1615—1673) 字孝升,号芝麓,合肥(今属安徽)人。崇祯元年(1628)进士,官蕲水令,擢兵科给事中。李自成攻克北京,归附农民政权,授直指使。清兵入关,又投降清廷,授吏科给事中,累迁太常寺少卿。至康熙间,官至礼部尚书,以疾致仕。卒,谥端毅。鼎孳为人放旷,颇为时所讥,而洽闻博学,诗词文俱工,与钱谦益、吴伟业并称"江左三大家"。有《定山堂集》、《香严词》。

[诗人小传]

上巳将过金陵

龚鼎孳

倚槛春愁《玉树》飘,空江铁锁野烟销。

兴怀何限兰亭感，流水青山送六朝。

金陵，东吴、东晋、南朝的宋齐梁陈均建都于此。隋唐以后，政治中心往北转移，自刘禹锡《石头城》的"山围故国周遭在，潮打空城寂寞回"起，金陵几乎成了咏史怀古的一个专题。在本诗中，诗人于阴历三月三日（上巳日）过金陵，触景生情，抒写他的幽怨暗恨，兴亡之感，但不止于吊古，更有伤今的寓意在。

怀古寄慨的诗一般写得比较虚，这首诗更为空灵。作者采用了近似意识流的艺术手法，把六朝的兴亡故事按自己意识流动的顺序组合在一起，展开一幅似断似续的历史长卷，有意造成一种如梦如呓的情调气氛，从而让我们从诗人暗示给我们的重重历史帷幕中体味他的深意。

第一句"倚槛"二字，是诗中唯一直接描写作者的词语，槛，栏杆。这槛，恐怕也是前朝遗物，"雕栏玉砌应犹在，只是朱颜改"的伤感顿时把作者推进那过去与现实混杂的梦幻中去。此时已是暮春时节，萦怀的春愁，此时也变得具体了，似乎陈后主制作的《玉树后庭花》的亡国之音，正在金陵城内飘萦。是啊，六朝荒唐的君主们，陈后主算是典型的一个，他自谱新曲，填以绮语，谁料楼头笙歌未彻，隋兵已迫都门，南朝就在歌舞淫乐中消亡了。

第二句仍是诗人"倚槛"时意识的流动。诗人从陈后主又想到了东吴。东吴的亡国之君孙皓凭借长江天险，江中暗置铁锥、铁链横锁江面，自以为固若金汤，可以高枕无忧。但晋朝的大将王濬用大筏冲走铁锥，以火炬烧断铁锁，顺流鼓棹，直取金陵，东吴也就可耻地灭亡了。"空江铁锁野烟销"概括这一历史事件，同时也抒发作者的历史感慨。"空江铁锁"，即"千寻铁锁沉江底"，"野烟销"，江上的烟火早已消失，东吴也早已变成了历史，空空的江面，宁静的原野，让刚经历了易代的作者感到困惑、迷惘，还有几分失落感。

诗的前两句看似随手拈来，其实剪裁上颇具工力。东吴虽有防御而灭，陈因无抵抗而亡，正反两个典型，阐明了"兴废由人事，山川空地形"的深刻道理。更重要的是，怀古必得伤今，这在第三句中将得到说明；其实，本诗为六朝而说，更是为南明王朝而说。历史的顺序先吴后陈，诗却先陈而后吴，这表现了作者对南明王朝的评价。南明弘光帝在金陵即位，不仅不思恢复，连半壁江山也不图治理，只顾选歌征色，淫纵无度，以至清兵挥师南下，长江防线将孤兵寡，清兵势如破竹，弘光朝倾刻灭亡。本诗的前二句的顺序，正是对这个小朝廷覆没的原因作了探索：对弘光朝来说，"玉树飘"是因，"野烟销"是果，唯有荒淫在先，始有国亡在后。

第三句是全诗的关键。"兴怀",心中引起感触;兰亭,在浙江省绍兴市西南。东晋永和九年(535)上巳日,王羲之与友人于此修祓禊之礼,写下了著名的《兰亭集序》。本诗正作于上巳日,作者由此想起兰亭的雅会,触动《兰亭集序》中的兴怀,这是诗的表面意思,也是作者设置的又一历史烟幕,使诗意更加深奥曲折。这里的"兰亭感",是指《序》中所云:"后之视今,亦犹今之视昔,……虽世殊事异,所以兴怀,其致一也。"作者正是由此引发出他的兴亡之感。明朝覆亡,后人将如何评论?会不会像我们今天感叹六朝的衰亡一样?是否会在丧国失地的金陵昏君行列里又加上明朝末年的一位呢?作者是降清的贰臣,所以他自然不像遗民诗人那样为故国哭泣;但明朝的灭亡,毕竟也是必然之势,作者从历史的宏观来评论刚发生的易代事变,虽缺乏对故国的感情,但不能不说是具有冷静的史识。

最后一句是第三句的进一步申发。长江依然东去,山峦依然青翠,它们永远是金陵的主人。一个"送"字写出了六朝的短促,它们如同匆匆的过客,转眼间烟飞云灭。山河依旧,人事已非,是一个永远令人伤感困惑的主题,"人世几回伤往事,山形依旧枕寒流"(刘禹锡《西塞山怀古》),"江山不管兴亡恨,一任斜阳伴客愁"(包佶《再过金陵》),都是这个主题下唱出的佳篇,比较之下,"流水青山送六朝",更含蓄,更寓意悠长:金陵的流水青山送走了六朝,又怎能保证永远挽留明朝呢?它们都如《玉树》歌曲之飘散、江上野烟之消逝。六朝距今远些,明朝距今近些,但从历史长河的角度看,它们均不脱匆匆过客的身份,那么,人们若对六朝的兴亡故事已经淡漠了,又何必为明朝的灭亡悲戚呢?还是想开一些吧,不必为消逝的一切而哀伤,应该看到青山不老、绿水长在,振作人的精神,继续生存下去。"青山流水"的结句,把历史和现实联结起来,看成动态的长河,既表达了作者比较通达的历史观,也使人读之有超然于王朝争斗之外的感觉:对人来说,最亲近的朋友是自然山水,而不是什么一姓一朝。撇开此诗的作者是谁不谈,我们如承认"青山依旧在,几度夕阳红"是佳句,就不能不认为此句中是有着深刻的历史哲理的。

(孙之梅)

百嘉村见梅花　　　　龚鼎孳

天涯疏影伴黄昏,玉笛高楼自掩门。
梦醒忽惊身是客,一船寒月到江村。

北宋林和靖《山园小梅》诗,有"疏影横斜水清浅,暗香浮动月黄昏"二句,最能摄梅之精魂,洵千古绝唱。洎南宋姜白石出,禀其清奇之才,自度《暗香》、《疏影》二曲，推演和靖诗意，踵事增华，尽善尽美，其状梅之幽姿瑰质之工，后人蔑以复加矣。龚鼎孳身列贰臣，品藻与"清"字无涉，自不能望林、姜二公项背；本诗《百嘉村见梅花》，亦未得可称比肩二公。虽然，此诗善用典故，得前贤咏梅之作意，沈德潜《国朝诗别裁集》所谓"脱去梅花窠臼，清绝超绝"是也，故亦非无可观。要之，鼎孳亦一代才人，得清初江左三大家之鼎足，其下笔仿佛前贤之境，乃至间出新意，亦未为足怪之事。

白石道人二曲，洵美且异，唯犹有"梅边吹笛"之语，未避题面；此虽或乃末节不为大才所经意，然终是一憾。本诗则全篇不犯一"梅"字，亦不涉一笔梅之形态，而处处是梅，句句是梅，梅之精魂化为雾霭，笼罩全诗，令人时时领其清馨，而未睹其迹。所谓"羚羊挂角，无迹可求"，是之谓乎？起句"天涯疏影伴黄昏"，境界渺远凄清。百嘉村未详在何处，既称"天涯"，自当甚远于故里。"疏影"、"黄昏"，皆和靖诗中熟语，中间一"伴"字，便新意摇曳，可圈可点。"疏影"者，梅花临水之影也，和靖"水清浅"语可证，此处遥引末句"一船"。"黄昏"者，谓诗人时处寂寞黄昏。此际，唯梅之疏影默默，伴我悄度黄昏，天涯之人、天涯之梅，同为沦落，相伴有情，此情何凄！"伴"字点活前后二熟语，又点题"见梅花"（言"见"，则有人，梅花所伴，此人也），诚妙手笔。

天涯黄昏伴梅，此际诗人情怀之凄清究属何如？所思又为何者？次句"玉笛高楼自掩门"，即是作答，又妙在不正面作答，但言故园此时，亦高楼寂寞无主，门户自掩，暗中透露思乡之怀，与上句"天涯"相应。此句纯是梦境，观第三句可知。"玉笛"，语本李白《黄鹤楼闻笛》诗之"黄鹤楼中吹玉笛，江城五月落梅花"，然则玉笛声起，梅随之落，故园正是落花时；有此二字，此句字面无梅而实有梅矣，又与上句"疏影"相应。或曰，高楼既无主掩门，玉笛何人所奏？作此问者，犹未为解人。此句既是梦境，自可依稀仿佛，正不必坐之以实；诗人着"玉笛"二字，但为梅花而设，至于笛声出自何人，是虚是实，谅非其所措意者也。

白石《暗香》云："旧时月色，算几番照我，梅边吹笛？"若联想到此，则句中"玉笛"，非但承上之"疏影"，又启下之"寒月"矣。笛声之中，既有梅影，复含月色，此读者所尤不可不经意者。

第三句"梦醒忽惊身是客"，从次句跌出，又紧承首句。"梦醒"，知次句全在梦中，知首句之梅影伴我，实不能慰我寂寞，适足以催我入梦，于梦中求故园梅花以慰我。言"身是客"，则故园高楼，去我实远，梦中依稀，实亦不能慰我寂寞。此句语意甚为显豁，细想之，则有百愁萦缭、无可奈何之慨。

末句"一船寒月到江村"，承上"忽惊"而来。梦醒惊起，故园之梅固已渺如，天涯之梅亦悄然远引,不复为伴。一梦之间,诗人已度黄昏,所乘孤舟,已到江村,此时,唯有清寒月色载满船中而已,令诗人心神皆凄。此句境界,沈德潜所谓"清绝"是也。然此句中果有月无梅乎？非也。曰：有月即有梅,月即梅也、梅即月也。古人咏梅,每及于月,林之"月黄昏",姜之"旧时月色",皆然也。他如明初高启《梅花》九章,乃咏梅之杰作佳构,亦有"月明林下美人来"、"淡月微雪皆似梦"、"愁在三更挂月村"、"夜月初来树欲空"、"月寒深浦泣珠频"、"帘外钟来初月上"、"夜色朦胧月亦香"、"断魂只有月明知"诸句,九章中几乎章章见月,可谓真知梅月之不可分者。然则揣古人之意,将谓月乃梅之精魂所幻乎？若信然如此,则诗人梦醒所见之一船月色,又岂得无梅,又安能谓非天涯梅、故国梅精魂一时皆至,幻托于月,以慰诗人寂寞？

但月亦终不能慰诗人寂寞——故园高楼若不可睹,此身若犹在天涯,则此寂寞将长随诗人,挥之不去,绝非外物可得解慰。故此月虽含笼梅魂,然由诗人感来,则不能不为"寒月",盖其心境已寒,故月亦寒意瑟瑟矣。一"寒"字,点出本诗凄清之境,由此可推知,全诗莫不在寒中,疏影、玉笛、高楼,亦无非寒影、寒笛、寒楼而已,不寒者在梦中,梦醒来皆是寒。

本诗题曰"见梅花",知诗中之梅,为天涯客子眼中之梅,非寻常之梅,此又有别于林、姜诸公。然诗以梅魂托于月,以一"寒"字摄出天涯客子眼中梅之神,而一切遗其貌,此等作意,则踵武前贤矣。以此故,诗乃得臻于"清绝超绝"之境界。

（沈维藩）

生　辰　曲　　　　龚鼎孳

琉璃为箧贮冰霜,谏草琳琅粉泽香。
哭泣牛衣儿女态,独将慷慨对平章。

这首七绝有作者自注云："时余在狱中。"此诗大约作于清顺治初年,当时作者遭政敌攻讦而降级系狱,其妻则上章为其申辩,尽力营救。作者身在狱中,适逢其妻"生辰"即生日,有感于妻子忠贞不渝的情义,乃作此《生辰曲》,抒发对妻子的感激与钦佩之情。

"琉璃为箧贮冰霜",首句先以物喻妻之节操。琉璃箧为妻子的心爱之物,琉璃是一种矿石质的半透明材料,以此物制成的小箱子自然精巧珍贵。琉璃箧本用来装女子之首饰,但其妻之琉璃箧却用以"贮冰霜"。这是诗人的想象之词,并非实写,因为"冰霜"乃是坚贞清白之志的象征,此句是作者对妻子冰清玉洁的品格、坚贞清白的节操的高度赞誉。"谏草琳琅粉泽香",次句则对妻子坚贞之志作具体描述。"谏草",指妻子为丈夫申辩而向君王进献奏章的草稿,其字字句句都凝聚着妻子营救丈夫的真情,它如同"琳琅"即精美的玉石,其价值难以计算。而如此可珍的"谏草",却具有女性的"粉泽香",更可谓罕见,这就更衬托出妻子进谏之举的非凡。但最令作者感佩万分的,还在于妻子亦柔亦刚,临事果断,诗以对比的手法写道:"哭泣牛衣儿女态,独将慷慨对平章。""哭泣牛衣"典出《汉书·王章传》:"初,章为诸生,学长安,独与妻居。章疾病,无被,卧牛衣(按:指给牛御寒用的覆盖物)中;与妻决,涕泣。"此借以形容作者与妻子昔日穷困共守之时的情景。"儿女态",写妻子性格具有儿女情长,柔弱温顺的一面。但是曾具"儿女态"的妻子,今日为了营救丈夫出狱却判若两人,成为一个慷慨无畏的斗士,敢于面对"平章"(此指高官,即作者的政敌)抗争。这种性格的变化并非无端,如果没有对丈夫的坚贞之情,怎能如此风骨凛然?这末句使妻子的形象跃然纸上。沈德潜评此诗所咏夫人"芗(香)泽之中,自有风骨"(《清诗别裁集》卷一),堪称的评。

此诗写妻子注意到两个方面,富有立体感:既写出其作为女子的共性特征,如"琉璃为箧"、"粉泽香"、"儿女态";又突出其作为忠贞的妻子的独特品性、节操,如"贮冰霜"、"慷慨对平章"。作者写妻子亦柔亦刚,而无论刚与柔都体现出对丈夫深厚的感情。但此诗重在突出妻子的"慷慨"一面,故虽写伉俪深情,亦觉笔力遒劲,这在情诗中亦别具一格。

(王英志)

晓发万安口号　　龚鼎孳

急流喷沫斗雷霆,险过江平响亦停。
任说波涛千万迭,能移孤嶂插天青?

万安,今江西万安县,口号(hāo),也称口占,随口吟成之意。这首诗是作者在顺治十三年奉使广东,途经江西万安写的。

诗的前二句写船行由万安出发,旅途的惊险场景。这一场景,作者抓住江水之急和波涛击荡之声来写。为了写"急流",用"喷沫"二字补充描写。如果江面宽阔,再急的流水也不会"喷沫"。流急而有喷沫,可见地形险峻,在水势的急拐剧折处,江水喷出飞溅的泡沫。这样写流急而同时写江险,用笔简省,一石二雕。"斗雷霆",从江涛巨大的声音上写水急江险。浪涛如雷,是寻常写法,但作者不用"如雷霆",而是"斗雷霆",不仅写出了江涛的声音,还写出了江涛的形象,它们如同发怒的雷公,厮杀拼斗,巨浪撞击,翻腾跳跃,天地轰鸣。这三字写出江涛声威,让人惊心动魄。此句虽化自杜甫《白帝》的"高江急峡雷霆斗",但用在这里也很恰切。第二句用"险过"二字过渡,描写渡过险境之后的景象。作者仍从江流和江声着笔。江流为"平",可见江面宽阔,自然不会有江涛搏击之声,江行也一下子变得轻松怡人。这两句诗从意蕴上极富有节奏,作者把险夷两个场面放在一起写,张弛有度,造成强烈的跌宕感。同时,其选音择字也很讲究。第一句写险景,全用拗字硬音,第二句险去夷来,连用几个平声字,起到用音达象的作用。

最后两句既是写景,也写出了作者的心理转折。"任说波涛千万迭",是从第一句说开,又引出最后一句:"能移孤嶂插青天?"能,这里是"怎能"之意。"孤嶂",形势孤立的山峰。写景,水与山常相伴而出。诗的前两句之所以只写水而不写山,是因为江涛大作,正是由山势所逼,作者置身其间,自然是"不识庐山真面目,只缘身在此山中",险过江平,作者回首再望,才发现一座顶天立地的高山立脚江心之中,直插云天,方才的巨涛,皆因江水碰击它而生。那千重万叠的江涛似乎在撕剥、推移它的躯干,使它移动立脚之地,可是高山岿然不动。生活的残酷一如"波涛千万迭"的激流,唯有具备高山般的坚定的强者才不可战胜啊!这就是诗人悟到的哲理。

这首诗写景采用的是移步换景的写法,但又并非不分主次,诗的前三句都是铺垫、烘托、渲染,至于诗的中心——"孤嶂"的出场,则如同白居易笔下的琵琶女,千呼万唤始出来,又如同诸葛亮的亮相,必在三顾茅庐之后,这样,孤峰的形象也就更突出了。

(孙之梅)

赠歌者南归　　龚鼎孳

> 长恨飘零入雏身,相看憔悴掩罗巾。
> 后庭花落肠应断,也是陈宫失路人!

龚鼎孳是崇祯七年进士,为诗刻意学杜,下笔千言立就。由于好结客,乐于帮助困厄的文人,士流归之,遂与钱谦益、吴伟业合称"江左三大家";其实,他的成就毕竟不能与钱、吴并列。这三人都是明末遗臣,降清为官,后来又都沉痛自责,愧悔万端,诗文中念念不忘故国,表现出十分矛盾的心态。这一点,三个人倒可以说"如出一辙"。龚鼎孳这首《送歌者南归》,写的就是这种矛盾心态。

龚是合肥人,明崇祯时官兵部给事中。李自成攻入北京,他又受自成大顺王朝的任命,当上了"直指使"(谏官)。不久,多尔衮领清兵入京,他再一次出面迎降,清廷授官吏部给事中;以后累起累仆,几经升沉,在康熙朝做到刑部尚书。满人入主中国之初,对汉人中的任官者始终不放心,主奴之界判然;稍有小故,或弃如敝屣,或动遭刑戮。何况龚鼎孳历仕三朝,本来就是反复之辈。顺治皇帝虽赞赏他的诗才,未必看得起他的人品。在广大的以气节相标榜的明末遗民心目中,他更为清流所谤议,士林所侧目。主子的阴晴反复,官场的得失浮沉,清议的明嘲暗讽,使他承受着极沉重的心理压力。他虽不像吴伟业那样发出过"脱屣妻孥非易事,竟一钱不值何须说"的哀叹,但从这首诗起句"长恨飘零入雒身"(雒,同洛,即洛阳,西晋的首都)以及另一首七律"书因入雒传黄耳",一再以陆机入洛自拟来看,那种愧悔之情也是很深的。陆机本东吴名士。西晋灭吴,机偕弟陆云入洛,事新朝求功名。虽然一再为官领军,但受尽西晋清流的揶揄嘲讽,终于中年被杀;国亡身死之外,更蒙上"贰臣"恶谥的耻辱(龚鼎孳死后,也列名贰臣传,这恐怕是他生前就预料到了的)。龚鼎孳自拟于陆机,开口就说"长恨",叹"飘零",可知心中孕蓄了不少感慨。他送的是一位明代宫廷歌女,歌女"南归"的方向正是龚家园庐墓之所在。他却羁宦北京,欲归未得。彼此"同是天涯沦落人",因此写出"相看憔悴掩罗巾"的第二句。送者与行者,尽管身份相隔云泥,痛苦的内容也大不相同,但都经历了国亡世变,都在清政权统治下仰人鼻息。时代的酸风把他们的眼泪一齐吹落,这中间就包含了锥心之痛,绝不可泛泛读过。"掩罗巾"那个"掩"字,更透露出哭恐人知,泪不敢落的难言之恸。第三句专写歌者。为了切合她的身份,巧用陈后主《玉树后庭花》故事,稍加改易成"后庭花落",慨叹明室已亡,笙歌已歇,一反杜牧"商女不知亡国恨,隔江犹唱《后庭花》"句意,塑造出一个国破宫倾,伤心肠断的歌女形象。结句再用"也是"二字结到自己身上("也是"乃"我也是"之省),手法简练,感慨遥深。

　　这首诗与许多遗民诗一样,托历史故实,歌儿舞女,寄故国黍离之思,以含蓄深沉、言外见意取胜。许多遗民诗人由于害怕清室的文字狱,用语或曲折隐晦,吞吞吐吐;或一语多义,闪烁其词,以避鹰犬之耳目。就以这首诗结句"也是陈宫失路人"来看,便有这种特点,因此耐人寻味。首先,陈后主既是一个以荒淫自取灭亡的皇帝,把亡明比拟为亡陈,纵然怀念旧朝,也不至于犯什么忌讳。其次,"失路人"一词,用在"欲横奔而失路兮,志坚而不忍"(屈原《惜诵》)中,是迷路的意思;用在"当涂者入青云,失路者委沟渠"(扬雄《解嘲》)中,是不得志的意思。诗人究竟用前一义悔当年降清走错了路呢? 还是用后一义,说彼此都是不得志的人呢? 就是说,诗人究竟是发泄政治上的怨尤不满,还是仅仅叹老嗟卑,自伤失路? 吞吐闪烁,游移其词,正可见出他险恶的处境,内疚的心情。有这许多吞吐忌讳而诗写得如此浑成,自然而不着痕迹,又可以见出他诗艺毕竟高超。

(赖汉屏)

【诗人小传】

顾 媚

一名横波,字眉生,又字智珠,又号眉庄。江南上元(今江苏南京)人。明末秦淮四大名妓之一,与柳如是齐名。后归龚鼎孳尚书为侧室,未有子。顾横波神情萧散,局识朗拔,曾劝龚不降清朝,而龚未能听。横波擅画花卉,尤工蕙兰,所作畦径都绝,有《柳花阁集》。

自题桃花杨柳图 顾 媚

郎道花红如妾面,妾言柳绿似郎衣。
何时得化鹣鹣鸟,拂叶穿花一处飞。

灼灼的桃花,依依的杨柳,无论是在男子还是在女儿的眼中,都是极具女儿情韵的两处好景。所以,自《诗经》开始,中国的诗词文赋中,每一树夭桃、每一条弱柳的姿影里,都摇曳着女儿的笑靥或者愁魂,桃花杨柳和柔丽的女儿,已在中国的文学里融化了。而男子与女儿的影桃绘柳,其实是出于两种不同的心理:男子欣赏它们,女子体认它们。许是所有的女儿血液里都涵养着桃花杨柳的精神吧,纵是在世人眼中萧散疏朗有林下风致的横波顾女士,也要绘一幅桃花杨柳图来抒写心中的女儿情怀,并将它呈现给欣赏自己的情人看了;情人的回赠,即使其实是十分传统、毫无创造性的恭维与赞扬,对她,也是生生鲜鲜的一盏蜜,饮下去,她不禁神采飞扬,借画纸的一角谱写爱的歌谣了。

的确,这是一首简洁明白的爱情的歌谣。

郎说我是面如桃花的美丽女儿,

我说郎是风度翩翩的绿衣公子……

多么像现代情侣的"昵昵儿女语"。在那个时代,除了是横波女士这样的身份者,一般大家闺秀谁不羞于唱这样任情率意的情歌呢?

但不唱,并不是她们没有这样的绮想,在女儿们的白日梦里,绿衣如绣的翩翩公子,是常常在梦的远景里飘忽如仙的。下文的愿望,同样也存在于一般女儿们的叹息与眼泪里:作双双舞蝶"一处飞",作双双游鱼一处戏,作双双鸳鸯一处眠,她们谁没有过这样的祈祷呢?

　　……呵什么时候　什么时候
　　我和你能变成一对洁白的鹈鹕,
　　在桃花花上　柳条条里
　　自由自在地同歌同飞?

横波女士又把天下女儿的秘密心愿,用山歌式的调子朗朗唱出了。

这一联诗里的"何时"一问问得好,女儿们的心愿因单纯而强烈,恨不能马上就实现,变"何时"为"此时",但天意人情的间阻却常使她们受着长时间的煎熬,有时终其一生也未能实现。这无把握的迷惘与不自由的自知,使她们作为一个整体总是追问在时间的轮子后,横波女士又怎能例外!不过,这位"识尽飘零苦"的秦淮佳人,后来终于能追随在龚鼎孳的身侧,得遂其愿了,虽然在后人看来,这如花红颜也只不过是作了白发尚书的妾。

这首题画的情诗,在表达上有即景敷色的特点。她想化作穿飞于桃花柳叶间的鸟儿,是因为自己绘的是《桃花杨柳图》;想化作鹈鹕而不是莺儿、蝶儿,是因为在一片艳春的秾景之中,洁白的鹈鹕比莺儿蝶儿更为鲜明亮丽,可以为画图添上生气与亮色。题画诗这样不粘不脱,灵转鲜活,才算是成功的,有诗画相生的效果。

(邓红梅)

【诗人小传】

余　怀

(1616—?)　字淡心,一字无怀,号鬘翁,别号鬘持老人,福建莆田人,寓居南京。曾作《金陵怀古诗》,王士禛评为"不减刘禹锡"。他与杜濬、白梦鼐齐名。有《味外轩文稿》、《研山堂集》、《秋雪词》、《宫闺小名后录》及笔记《板桥杂记》等。

金陵杂感

余　怀

　　六朝佳丽晚烟浮,擘①阮②弹筝上酒楼。
　　小扇③画鸾乘雾去,轻帆带雨入江流。
　　山中梦冷依弘景,湖畔歌残倚莫愁。
　　吴殿金钗梁院鼓,杨花燕子④共悠悠。

〔注〕①擘：通拨。 ②阮：拨弦乐器，古琵琶之一种。相传西晋时阮咸善弹此乐器，因以其名名之，简称阮。 ③小扇：歌唱时的道具。 ④杨花：柳絮。此处"杨花"、"燕子"的意象可联系"风起杨花愁杀人"（李益《汴河曲》）和"旧时王谢堂前燕，飞入寻常百姓家"（刘禹锡《乌衣巷》）的诗意加深理解。

明末南京秦淮河上的妙舞清歌，长板桥边的水榭青楼，曾经点缀了一个时代的繁华。崇祯十七年（1644）三月，一场"天崩地坼"的鼎革之变撕碎了这六朝故地的舞衣歌扇，那些"十年南部早知名"（钱谦益《金陵杂题》）的红粉佳人和那些以才子名士自诩的金闾狎客们最终饱尝毁灭的劫难而风流云散。昔日曾经是彻夜笙歌的金粉之地，如今繁华事歇，往事已矣，触目所及，但见一片荒凉破败的惨淡景象。面对此种情景，作为一个亲历了这场兴亡之梦而不胜黍离麦秀之悲的诗人，怎能不伤心惨目、百感交集！余怀的《金陵杂感》正是一篇借六朝盛衰喻现实情事的怀古伤今、寄慨言志之作。

金陵是孙吴、东晋和南朝的宋、齐、梁、陈的故都，这些朝代国祚极短，三百余年间败亡相继，其中包含着极深的历史教训，所以，咏怀金陵几乎成了咏史、怀古诗中的一个专题。但从多数诗作所涉及的史实来看，诗人们揭露和抨击的重点主要落在六朝末代君王的沉湎酒色、荒淫失政上，而余怀的这篇《金陵杂感》则选择了一个独特的视角，将笔锋刺向那江河日下、不思振拔的颓靡世风，构思结想，别开生面，读之令人耳目一新。在内容的安排上，作者采用了逆挽的手法，即首先追述对前朝历史情景的遥想，然后补写引起这种遥想的眼前景物，从而突出了历史的纵深感，同时也增强了诗歌的意蕴厚度。

诗的前三联描写青楼歌妓无尽无休地沉醉于管弦歌舞，留连山水风景，实际上揭露了封建君王和士大夫们空虚糜烂的生活及整个社会风气的靡弱衰颓。首联写每当晚烟凄迷之时，酒楼妓馆就开始了纸醉金迷的夜生活，读者完全可以想象得出楼台中、帘幕内那阮筝齐奏、歌喉婉转、舞影翩翩，狎客们偎红倚翠、赋诗侑酒、纵情作乐的场面。次联、三联写他们优游山水、乐而忘忧、恣意寻欢的情形。薄雾朦胧，风酥雨腻，或泛舟江上，或盘桓湖畔，身曳纨绣，手执鸾扇，日以继夜地唱啊，跳啊，歌声撩人，舞姿曼妙，兴酣无尽，痛快淋漓，极尽诗酒之乐、声色之娱。

三联的两个人名：陶弘景是位身历宋、齐、梁三朝的道教徒，三十六岁时辞官归隐，于句曲山（茅山）立馆舍，自号华阳隐居。他喜好神仙养生之术，遍历名山寻访仙药，炼丹铸剑，乐此不疲。又生性爱好山水，每经涧谷，必坐卧其间，吟咏盘桓，留连忘返。莫愁是文学人物。莫愁的故事最早出现于南朝乐府，且有石城莫愁与洛阳莫愁之分；至北宋，始有金陵莫愁之说，见乐史《太平寰宇记》："莫愁湖在三山门外（今南京水西门），昔有妓卢莫愁家此，故名。"由于历史发展的盛衰荣枯，随着时代的变迁，金陵莫愁后来居上，影响也越来越大。莫愁湖作为湖山胜景，成为点缀封建统治下"太平盛世"的场所。清代诗人袁枚也曾写下"淡淡春山小小舟，一湖水气湿妆楼，六朝南北风流甚，天子无愁妓莫愁"（《莫愁湖》）的诗句，借莫愁而发挥，对太平盛世的虚假与统治者的耽于安乐进行了讽刺。余怀诗中所说"依弘景"、"倚莫愁"，正是恰切地揭露了偏安于物阜人华、脂腻玉暖的江南文物之邦而游乐无度、不恤政事的六朝末路统治者们"无愁"的没落心态。

在这三联中诗人通过选词炼字着意渲染了一种迷蒙清冷的色调，营造出一种虚幻幽渺的氛围。诗中的"冷"、"雨"、"雾"、"烟"、"梦"、"残"等字颇具意蕴的张力，除了表达其特定的指称意义外，还弥散出某种暗示意义和感情色彩，寄寓了作者六朝如梦、往事如烟、残宫禾黍的悲凉情怀。

末联"吴殿金钗梁院鼓，杨花燕子共悠悠"，诗人由奔驰的冥思遐想折回现实，但见杨花飘雪，燕子剪柳，春光骀荡。那些佩珠冠翠的粉黛青娥哪里去了？那些骄奢淫逸的六朝权贵于今安在？春燕呢喃，杨花无语，只有残存的"吴殿"、"梁院"仿佛在证明着当年的侈靡繁华，与眼前的沉寂和凄清恰成鲜明的对照。诗人没发议论，不直接抒情，而是将感情深藏在景物的后面，让严肃的历史教训化作接目摇心的具体形象，因而使得诗境浑厚、深远，具有无限情韵。读者不仅可以由此联的意象得到诸如豪奢易逝、历史无情、"死于安乐"之类具体感受，而且还可能从低回凄恻的情境中超脱出来，升华为一种深沉的历史感与苍茫的宇宙感相浑融的境界，一种对于人生和宇宙之谜的叩问求索。

诗人在其笔记著作《板桥杂记》中把旧院曲中这片明亡后"鞠为茂草"的欢乐场看作"一代之兴衰，千秋之感慨所系也"。细味全诗，分明可以触摸到作者深切的沧桑之感和伤悼之情。但"诗贵有含蓄不尽之意，尤以不著意见声色故事议论者为最上"（吴乔《围炉诗话》），而忌直露奔迸。余怀此诗语言平浅，景物寻常，却极富蕴藉之美，清超凄丽，意味深长，王士禛以为不减刘禹锡，在众多的金陵怀古诗中，堪称上乘。

(尹芳林)

由画溪经三箬入合溪　　　　　余　怀

画舫随风入画溪，秋高天阔五峰低。
绿萝僧院孤烟外，红树人家小阁西。

> 箬水长清鱼可数，篁山将尽鸟空啼。
> 桃源仿佛无寻处，枫叶纷纷路欲迷。

岭南诗人在明代诗坛占有很重要的位置。他们的创作不仅为明诗起了绚丽的开端，同时又为明诗作了光辉的结束。作为福建莆田人的余怀虽然存诗不多，但也不乏清丽工巧之作，此诗即可为代表。

这首七律写作者舟行于江南水乡，所见之景宛然如画。画溪、三箬和合溪都在今浙江长兴县境。画溪即罨画溪，据《弘治湖州府志》载，溪在长兴县西八里，"古木夹岸，丛篠翳其下，朱藤施其上，故名"。三箬在画溪下流，因箭箬夹岸，其南曰上箬，北曰下箬，合溪而称三箬。合溪则在县西二十里，其流由合白岘诸山之水的杨店涧和出苍云岭的梓方涧二水会合而成，其东经罨画溪入长兴西南门，东出入太湖。这一带山清水秀，景色十分迷人。

诗从舟入画溪写起，"随风"二字颇可注意。从舟行的路线来看，方向是由西南往东北，可知当时刮的是西南风，正是秋季。故舟一入画溪，不久便可见耸立于县西一里处的五峰山。因为是在天高云淡的秋日，远山入目一望无余，所以显得并不高峻。颔、颈二联写景，着色清淡，富有动感。诗人坐在舟中，放眼眺望两岸景色，先是在一缕孤烟外掠过一处绿萝环绕的僧院，然后是小阁西闪出几个红树点缀的农家。这时小舟已在不知不觉中由画溪进入了箬溪，俯看水中，游鱼粼粼，清澈见底；仰望溪岸，长满翠竹的青山渐渐远去，只留下鸟儿的声声空啼。这些描写使人不觉置身其间，尘心尽洗。对于这一带的秀美景色，前人也曾留下了由衷的赞叹。如刘焘《游罨画溪诗》云："竹林深处杜鹃啼，两岸青青草色齐。欲识人间真罨画，朱藤倒影入清溪。"皎然《箬溪春兴诗》云："春生箬溪水，雨后漫流通。芳草行无尽，清源去不穷。野烟迷急浦，斜日起微风。数处承流望，依稀似剡中。"可见这里的青山绿水早就令人流连忘返了。

尾联由眼前景逗出心中情。"桃源"即桃花源。陶潜《桃花源记》云："晋太元中，武陵人捕鱼为业。缘溪行，忘路之远近。忽逢桃花林，夹岸数百步，中无杂树，芳草鲜美，落英缤纷……"后寻所自，竟"迷不复得路"。由于诗人缘溪乘舟一路行来，与武陵人"缘溪行"十分相似，而眼前所见之景，尤其是"枫叶纷纷"宛如前人所见之"桃花林"的"落英缤纷"，便很自然地产生了"桃源仿佛"的错觉。诗人在这里利用眼前的景色，巧妙地引典入诗，托出舟行水乡的观感，从而拓宽了这首写景诗的思想内涵，从一个更高更深的意义上赞美了浙北地区的优美景色，表现出一种追求理想境界的美好愿望。

沈德潜《明诗别裁集》以"晚唐风格"四字评此诗,在艺术上是很有道理的。此诗写景清丽,用语工致,化典无迹,都堪与晚唐诗作媲美。

(曹明纲)

诗人小传

吴嘉纪

(1618—1684) 字宾贤,号野人。江南泰州(今属江苏)人。少时,从事过盐场劳动。曾在北方参加过抗清活动,后隐居家乡,生活贫困,对底层人民的生活有所了解,有不少诗歌反映劳动人民生活的疾苦。晚年得王士禛等人赞扬,声名稍著于世。吴诗风格沉郁劲健,擅长白描,语言朴素,自成一家。沈德潜称其诗:"以性情胜,不须典实而胸无渣滓,故语语真朴而越见空灵。"著有《陋轩诗集》。

绝　　句

吴嘉纪

白头灶户低草房,六月煎盐烈火旁。
走出门前炎日里,偷闲一刻是乘凉。

入清以后,吴嘉纪绝意仕进,局处海滨。平日与他交往的,许多是以煮盐为生的穷灶户,他们受尽官吏与盐商的重重剥削,加上水灾军输,一直过着人间地狱的悲惨生活。而煮盐,又是一种十分辛苦的工作,再因条件简陋,所以,如果不是生计所迫,常人很难忍受。《如皋县志·盐法论》曾记载描述道:"海滨壮丁,缚草堤坎,数尺容膝,寒风砭骨,烈日铄肤;藜藿粗粝,不得一饱,此居食之苦也。海沙渺漫,人畜窃践;欲守无人,不守无薪,此积薪之苦也。暑日流金,海水百沸,煎煮烧灼,垢面变形,此煎办之苦也。寒暑阴晴,日有程课;煎办缩额,鞭挞随之,此征盐之苦也。春贷秋偿,盐不抵息,权及母子,束手忧悸,此赔盐之苦也。秋潮忽来,飓风并作,田薪立槁,庐舍蓬飞,露处哀号,不识所在,此遇潮之苦也。逃亡则丁口飘零,住业则宅器荡尽。"这是全面的记述,吴嘉纪此诗,则截取了灶户煎盐的一个场景,从侧面反映了他们的痛苦遭遇。

"白头灶户低草房,六月煎盐烈火旁。"先交代环境,着意烘托出艰苦的氛围:六月,酷暑盛夏,要在熊熊烈火旁不停操作,又是在低矮的草房里。作者写人,用"白头"一词作借代,使读者体会到灶户因恶劣的工作条件和过度的劳累而未老先衰。一"煎"字,既是言熬盐,又暗示了灶户在经历着人生的煎熬。诗的后二句,进一步渲染出炎热的程度,语言触目惊心。"走出门前炎日里,偷闲一刻是乘凉。"灶户实在忍不住低矮草屋中的煎熬,到户外喘息片刻,此时天空仍是骄阳如火,但对灶户来说,这骄阳下已是百般阴凉,来到户外已算是惬意的"乘凉"了!这不是天方夜谭,不是灶户精神异常,这是炉火的烤人,要比毒晒的日头强上万倍!作者不言炉火如何,户内如何,却以"炎日"来比较之、反衬之,给人的感觉更强烈、使人的想象更深切,这真是极为老辣的手笔。

这首诗完全采用了白描的手法,题目也径用《绝句》,看似措辞平平,随手拈来,其实却是作者独具匠心的安排,由于是写下层人民的生活,作者也使用了一种质朴的笔法,使他所要反映的现实赤裸裸地凸显出来,更具有震撼人心的力量。因此,尽管这是一首七言小诗,但却因其内容与表现形式的高度统一,被许多评论家看作是吴嘉纪的代表之作。

(马卫中)

卖 书 祀 母 吴嘉纪

母没悲今日,儿贫过昔时。
人间无乐岁,地下共长饥。
白水当花荐,黄粱对雨炊。
莫言书寡效,今已慰哀思。

历来对吴嘉纪的记载,一言其穷困,二谓之好书。如陈鼎《留溪外传》:"嘉纪独好书,尝拥书陋轩。陋轩者,草屋一楹,环堵不蔽,与冷风凉月为邻,荒草寒烟为伍,故人尽呼嘉纪曰'野人',而野人因以自号焉。野人每晨起,即拥书枯坐。"确实,作为绝意仕进,又懒于交往的文人学者,能给吴嘉纪带来稍许心灵安慰的唯有书。正因为如此,署名神州旧主的笔记《独树斋见闻随笔》中引及此诗后称:"学者卖书悲矣。卖而祀母,其悲可知。宜其言之痛也。"

这首诗表达了作者对母亲的深深怀念,同时也反映了他的至贫之情。由于作者此诗写于母亲的忌日,故诗篇开首便言"母没悲今日"。悲从何来?一般说来,当然是因祀母而触发了对亲人的思念。但是,作者却说是因为"儿贫过昔日"。这就令读者感到很意外,急于读下去寻找进一步的原因:"人间无乐岁,地下共长饥。"原来,贫困使生者拙于生计、常常缺衣少食而愁眉不舒,又使死者在九泉之下因得不到祭奠而同样忍饥挨饿。"地下共长饥",是说生人(作者)与死者(母亲)一起在挨饿,语极辛酸。中国传统习俗,人们有义务为死去的亲属提供冥品,以保证他们在阴间的衣食住行,而作者如今连这一点也办不到,无可奈何之际,只能"白水当花荐,黄粱对雨炊"。白水,如果从字面上去理解,是清水的意思。据《左传》僖公二十四年:"及河,子犯以璧授公子曰:'臣负羁绁,从君巡于天下,臣之罪多矣,臣犹知之而况君乎,请由此亡。'公子曰:'所不与舅氏同心者,有如白水。'"后以白水为表示信守不移之词。所以,此句更深一层的意思是,作者以自己的清白品节来纪念母亲,母亲地下有知,亦足以感到安慰矣。诗人把"白水"当花献给母亲,但白水毕竟不能解"长饥",于是,他又对着阴雨,做了一锅黄粱米饭,聊以为地下的母亲垫饥。上供只有黄粱,已是够惨的了,殊不料,诗的尾声,又转出更深一层惨意:"莫言书寡效,今已慰哀思。"这二句照应诗题,原来,这黄粱还不是诗人每日的食物,它是诗人卖了书换来的,书是他的心头肉,如今为了安慰母亲的"哀思",他不惜剜却心头肉,可见他的"贫过昔时"到了何等地步,他对母亲的思念又到了何等地步。更令人起深哀的是,作者并没有为书的出卖而发出悲叹,却只是淡淡地道"莫言书寡效"——别说书没有用,现在它有用了,用在祀母处了。作者深爱书,如今却只能看到它的在金钱上的价值,而忘了——不是忘了,是不敢想,想到心将疼痛欲死——它的精神价值,可见他已经痛苦之极、痛苦到了麻木!现在再看"今已慰哀思",我们也会发现其中的深哀了:母亲的亡灵是安慰过了,但作者被剜痛的心灵又有谁来安慰呢?作者"今"日完成了一件义务,但来年呢?要是他仍然"贫过昔时",来年的"今"日,又该如何呢?诗的最后二句,是全篇的要紧处,看似措辞极平平,但作者那种朝不保夕、无可奈何的心情,以及虽然朝不保夕、但只要今朝还有一点微力,就决不放弃"祀母"的孝思,都在其中深切地蕴含着了。

过去谈遗民诗,总是将吴嘉纪与顾炎武并举,如洪亮吉《论诗绝句》:"偶然落笔并天真,前有宁人后野人。金石气同姜桂气,始知天壤两遗民。"所谓金石气,是指顾炎武诗中"天下兴亡,匹夫有责"的掷地有声的理想抒写,而姜桂气,便是指吴嘉纪类似《卖书祀母》写身边琐事而真情勃发的作品风格,通过阅读吴嘉纪此类诗歌,其为人,其品性,其志尚,均能跃然纸间而给人留下深刻印象。

(马卫中 沈 价)

送 贵 客　　　　吴嘉纪

晓寒送贵客,命我赋离别。
髭上生冰霜,歌声不得热。

吴嘉纪穷居乡间,但其无丝毫俗韵的诗歌,却使其诗名远播,慕其高风亮节而与之睎面订交者，络绎不绝。其中亦不乏好事者，甚至沽名钓誉者。《康熙重修中十场志》即称嘉纪"性不喜近轩冕，久之，声闻籍甚。海内巨公名流，咸乐与订交……先后造访驰函无虚日，以得识其人为快"。又据邓孝威《慎墨堂笔记》载，当时任户部侍郎的周亮工曾"急欲一见，曰：'使宾贤病且死，而吾终不得识面，岂非生平一大缺事！'比相见，乃极欢，且选梓其诗以行，宾贤由是知名当世"。故王士禛曾感叹过："一个冰冷的吴野人，亦弄得火热。"（见康发祥《伯山诗话后集》）

但是名流的纷至沓来，并非吴嘉纪的本意，对那些挥之不能去的俗客，他自有对付的办法。这首小诗，便透露出其中消息。

此诗写于顺治十八年（1661），通篇隐含着讽刺的意味。"晓寒送贵客，命我赋离别。"作者没有直接描写这位贵客，但通过一"命"字，贵客的骄横态度便形象地刻露出来了，可见，贵客并没有将作者放在与自己平等的地位上。而后面的"赋离别"，因此也就显得毫无真情，因为，贵客只是想得到作者的一纸诗笺，拿回去招摇与人，卖弄他的附庸风雅，作者被迫赋诗，当然也不会有什么激情。诗的后二句，巧妙地道出了作者的对应的态度："髭上生冰霜，歌声不得热。"因为是"晓寒"，所以作者的胡须也结冰了，他歌咏的"离别"，其声当然没什么热气。但这还是诗的表面含义。其实，作者结冰的何止是胡须，歌为心声，他的心也是冰霜凝结，歌声还能"热"么？这就是作者对贵客针锋相对、有理有节的态度：你既慕名而来，我也不妨相"送"；你若要"命"我行事，我就给你冷面孔看看、给你点冷语吃吃！至此，作者在礼貌周到、不动声色之下的冷淡态度，乃跃然纸上，可以想象，此际贵客的无趣，要比受一顿迎头痛骂更甚。

五言绝句的体裁最小，要扩大其容量，在表现手法上就要尽量蕴藉，使诗歌能够含不尽之意于言外。在这些方面，此诗可称典范。由于剪裁得当，在短短的二十字中居然刻画了两个人物，并且均有鲜明的个性，两者对比，造成强烈的反差。这首诗歌的主旨其实是"嘲贵客"，但作者只是在字里行间不时流露，于是，留给读者想象的余地便显得宽富，而读者的憎爱之情，也将随着这种想象而加深。

（马卫中）

新　仆　　　　吴嘉纪

语少身初贱，魂伤家骤离。
饥寒今已免，力役竟忘疲。
长者亲难惬，新名答尚疑。

犹然是人子，过小莫轻笞。

此诗在沈德潜《国朝诗别裁集》中已选录，沈氏的评价是："语语从新字起意，一结仁人之意，蔼然动听。"由于在汪楫《悔斋诗》中有《新仆同吴野人孙豹人赋》一诗，此仆的主人究竟是吴嘉纪，还是汪楫，抑或孙枝蔚，今无从考知。有人说根据吴嘉纪当时的经济条件，不可能有仆。但是，作为体会到了穷苦的滋味，又具有人道主义思想的作者，收留一位流离失所的孩童为仆，也不无可能。从诗中所表现出的同情和怜悯，即所谓"仁人之意"，我们更不能否定这种可能性。

题为《新仆》，作者便在新字上做文章，着重状写了新仆新来乍到的情状神态。诗歌一开始就通过"语少"和"魂伤"，来表现了这位新仆的异常感伤和忧郁。确实，如果条件允许，谁愿意卖身为仆呢？这位新仆眼见着自己身份、环境的突然改变，当然是痛苦不堪。当然，与在家的情形相比，在主人这里，他毕竟可以免除饥寒之迫了。颔联写此："饥寒今已免，力役竟忘疲。"正因为已经不需要担忧衣食，所以，这位奴似乎感到心满意足。因此，他干活非常卖力。力役，是为人役者的意思，即仆役。但是，新仆对主人这里的一切都还十分陌生，或者说尽管主人很有人情味，可他还是心存疑窦，颈联承此而言："长者亲难惬，新名答尚疑。"长者，应该是吴嘉纪的自称。按旧习，为丫环为仆人，均由主家另行取名。这二句描绘了新仆对主家尚感生疏的神情：亲近的情义难被接受，以新名呼之反应迟钝。照理说，主人家很有人情味，可为什么会出现如此情况呢？道理很简单，像吴嘉纪这样的仁慈的主人实在太少了。而仆人遭受奴役、欺凌、甚至折磨，却是天经地义、许多人习以为常的事情。因此，这位新仆在不了解主家时还存有戒心，或者将此误解为伪善，心有提防，也是自然之事，从新仆的神情中吴嘉纪又似乎悟出了什么，最后他说"犹然是人子，过小莫轻笞"。前面都是作者与新仆的交流，唯有此二句是作者自己的感想，而全诗所要表现的主题却在于此，即"一结仁人之意"。据萧统《陶渊明传》记载，陶渊明曾送一仆给其子，并寄书云："汝旦夕之费，自给为难。今遣此力，助汝薪水之劳。此亦人子也，可善遇之。"吴嘉纪即用此意：彼虽是仆，亦血肉为之，且年小体单，岂可动辄鞭笞？这是一种人道主义的思想境界。

读此诗，极易联想到清代道、咸年间另一位诗人徐子苓的著名诗篇《腊月廿四日，遣郑仆往周云先家迎吴四引之二首》之一："莫作贫家仆，贫家仆最难。可怜风雪紧，短褐故单寒。送汝出门去，梅花开正阑。沿溪莫攀折，留供主人看。"

诗中流露的主仆间诚挚的感情,与吴诗如出一辙。需要指出的是,徐子苓与吴嘉纪一样,生活贫困,靠卖文为生。这其间,是偶然的巧合,还是具有某种必然的联系,只能靠读者去体会、去想象了。

(马卫中)

内人生日

吴嘉纪

潦倒丘园二十秋,亲炊葵藿慰余愁。
绝无暇日临青镜,频过凶年到白头。
海气荒凉门有燕,溪光摇荡屋如舟。
不能沽酒持相祝,依旧归来向尔谋。

一对同甘共苦的夫妇,经过了二十个凄风苦雨的年头,当妻子生日之时,丈夫便作了一首诗送给她。这诗与其说是一首生日的祝福之歌,毋宁说是丈夫的内疚歉仄心理的表露。诗人吴嘉纪的这首《内人生日》就是如此。

全诗用了朴质无华的语言,如家常絮语,然而感情的真挚自然是阅读这首诗的每一个读者都能体会到的。诗的一开头就说自己与妻子生活艰辛,在穷困潦倒中度过了二十个春秋。然而,她却默默地忍受着,亲自上灶,烹茶煮饭,虽是粗茶淡饭,却对诗人也是一种无上的安慰。在这两句普普通通的诗句中我们似乎看到了一位举案齐眉的贤妻形象。她忍辱负重,付出了巨大的牺牲,每日操持家计,忙碌不息,以致没有时间临镜梳妆,白白让青春岁月在平凡劳累的家务中悄悄度过了。"频过凶年"四字则更将半生的天灾人祸、酸甜苦辣尽包其中。吴嘉纪是江苏泰州东淘人,在明亡之后,他深感家国之恨,局处于乡里,绝意仕进,过着极端穷困的生活。东淘地处海滨,故说"海气荒凉"。"门有燕"意指自己的居舍荒凉,门可罗雀,无人来往,只有飞燕入巢。次句的"屋如舟"也极言屋舍之小而风雨飘摇,暗喻诗人一生如飘泊于大海中的一叶孤舟。最后两句说自己无钱去买酒来向妻子表示生日的祝祷,只能回家去向她商量,言外之意是叹惜自己的无能,愧对妻子。

沈德潜《清诗别裁》中说:"《陋轩诗》以性情胜,不须典实,而胸无渣滓,故话语真朴而越见空灵。"说明了吴诗真朴而诚挚的特点。我们于此诗中即可体验到诗人的这种风格。此诗的语言纯朴得像一幅淡淡的白描画,没有丝毫浓郁的色彩和夸张的情感,然而对妻子的一片真情却从深深的自责与同情中委婉地表露出来,其中包蕴着无限的沉痛和叹惋。

这首诗的意义也不仅仅在个人的叹老嗟贫。作为封建时代的夫妇关系,妇随夫荣是天经地义的,妻子的荣辱贫富都系于丈夫一身。据说,吴嘉纪的妻子王睿,也长于文辞,有《陋轩词》之作,可见是个颇有才气的女子。然而,因吴嘉纪身处贫贱,故令她也饱受了生活困苦的煎熬。从这个意义上说,此诗是一种自责和无可奈何的自我解嘲。同时,它也是对不合理的社会现实的控诉,是一个正直知识分子对社会的谴责。如果说吴嘉纪曾写过不少反映民生疾苦的诗篇,记录了当时一幅幅惊心动魄的真实画面,从而揭露了黑暗的社会现实,那么,这首诗就是通过对自己贫困生活的写照,鞭挞了清初统治者对有志知识分子的摧残与压制。从中我们看到的是一种扭曲了的爱情表达方式,没有卿卿我我的绵绵情意,只一腔真情于悲愁中显然可见,读来恻恻感人,令人难忘。　　　　（王镇远）

送 吴 仁 趾(其一)　　　　吴嘉纪

　　凤凰台北路迢遥,冷驿荒陂打暮潮。
　　汝放扁舟去怀古,白门秋柳正萧萧。

　　吴仁趾是吴嘉纪最为志趣相投的朋友,也是足可与他并驱的诗人兼篆刻家。沈德潜《清诗别裁》以为,嘉纪诗"以性灵见",仁趾诗"以情韵见","几于莫能相尚(上)",时人目之为"二吴"。

　　"二吴"相聚,论诗谈艺,正有说不尽的乐趣。尽管嘉纪既老且穷;仁趾虽然年轻些,却也一样"草阁蓬门",常被"东邻"笑为"悬鹑子"。但在"菊开漫漉陶潜酒,月出须烹陆羽茶"中相对,倒也一样傲气十足、旁若无人(见《吴仁趾复移家来广陵》)。

　　但此刻这两位朋友却要暂时相别:吴仁趾将去南京,嘉纪则还得客寓扬州,于是嘉纪特作二首七绝送行,这里选的是第一首。

　　扬州距南京并不很远。而且仁趾往游南京,也不是戴罪流徙、一去不返。令人惊异的是,嘉纪的送别诗却写得极为凄冷。"凤凰台北路迢遥",起笔即是牵念不尽的叹息。"凤凰台"在南京南门内新桥西,乃为南朝元嘉年间秣陵王所建。从扬州去凤凰台,船行不过二百余里,实在也算不得怎样"迢遥"。诗人偏要夸张其辞,难道心境就那么不怿?"冷驿荒陂打暮潮",则把友人的去处,渲染得更苍凉了。诗人想象,当仁趾披着苍茫的暮色,在途中舍舟登岸;冷落的驿站里,只摇曳着他孤长的身影,本已教人寂寞难耐了。更还要听那幽幽的江水,一次又一次拍打荒坡的潮声,岂不愈加增生几分排遣不去的愁绪?

　　诗写到这里,已把旅途的凄凉和落寞景象写尽。那么到了南京,在这江山形胜的东南大都市,友人总该在登临流览中,得到些慰藉或快意吧?然而也不:"汝放扁舟去怀古,白门秋柳正萧萧"!"白门"本指南朝宋都城建康西门。西方属金,金气白,故称白门。后世遂借以代称金陵(南京)。当友人乘着一叶扁舟来到南京,去凭吊这六朝繁华的千年古城,去缅怀如烟云般消逝了的无数往事时,又有什么可以带给你安慰的呢——坐断东南的孙吴政权,在"一片降幡出石头"中亡了;靠淝水之战的胜利苟延残喘的东晋王朝,最终被刘裕夺走了江山;接着一百七十年间,齐代宋,梁灭齐,陈灭梁,在内乱外患中演出了多少兴亡闹剧!最后的陈后主,亦只荒淫靡乱了短短七年时光,便在轻荡的《玉树后庭花》歌舞中亡了国。你要"去"到石头城上"怀古",就只会引发这"前三国,后六朝,草生宫阙何萧萧"(高启《登金陵雨花台望大江》)的哀慨和伤怀,又哪能得偿一丝慰藉和快意?你不妨倾耳听听,就是那满城的绿柳,而今也都正向着凄厉的秋风,而"萧萧"悲哭着呢!

　　一首寻常的送别诗,却用了如此"孤冷"的笔墨,来渲染去处的凄凉和伤情,难道只是为了抒写普通的离情别意?当然不是。明清之际的诗论家,都讲究作诗须着"诗眼"。这首送别之作的"诗眼"着于何处?我以为全在"怀古"二字上。友人的去处是南京,南京固然是千年以前的六朝古都,更是二十年前方始倾覆的晚明"南都"。以一位先朝遗民,而去到早已沦落的晚明故都"怀古",那心境究竟是苦、是悲?一叶扁舟,既载不动友人触景伤神的哀愁;则二百里之旅程,在满腹悲怆中行驶,能不显得分外"迢遥"?当友人在苍茫的暮色中,听那"冷驿"外时时拍击"荒陂"的江潮之声时,那潮声不也如挟带着故明王朝沦亡的无限遗恨,一次又一次撞击在友人荒凉的心"陂"上,而激得他堕泪伤心?带着如许凄怆登临故都石城,眺望秋风萧萧中的"白门"残柳,又将增添几多历史兴亡的哀慨,和"故国不堪回首月明中"的伤情!正因为如此,诗人在此诗其二中,要凄凄地呼劝友人"秋山绕郭尽堪游,莫宿城西孙楚楼"了——因为在那样的地方"思旧",实在是"乌啼残月不胜愁"的呵!

　　在悬想中展开友人远行的凄凉之境,借送别之辞抒故国沦亡之悲,却又含蕴不露,只在关键处稍加点示即悠然收止。这正是《送吴仁趾》(其一)在艺术表现上的一大特色。读者倘若只把它视为一首寻常的送友之作,当然就难以理解,它为何写得如此凄怆了。

(徐旭文)

赋得对镜,赠汪琨随新婚(二首选一)　　吴嘉纪

洞房深处绝氛埃,一朵芙蓉冉冉开。

顾盼忽惊成并蒂,郎君背后觑侬来。

这首七绝构思出一幅"对镜"小景,细致地描写了新婚女子于洞房花烛后的喜悦、羞涩的神态,同时表现了小夫妻亲密无间的爱悦之情。诗写得十分集中,如同电影镜头始终对准"洞房深处"这一特定空间,并记录下新娘照镜梳妆过程中的动作、神情。诗虽短小,却写得曲折而有情趣,此乃得力于诗人善于捕捉生动的细节以及设计简单"情节"的表现技巧。

"洞房深处绝氛埃",诗先着力描写出洞房这特殊空间环境的美妙之处,那里雅致、宁静、清洁,如同供鸳鸯休憩的一湾清水,是新婚夫妻的一块圣土。正是在这样的环境中,"一朵芙蓉冉冉开",诗推出的是新娘照镜梳妆的画面。"一朵芙蓉"比喻新娘美丽的容貌,如同一朵出水莲花,清丽娇艳。"冉冉开"的细节,描写新娘对镜梳妆动作之轻缓,以及逐渐打扮得更加迷人的过程。而她那新婚次日晨起时的羞涩心态,亦在"冉冉开"中细致地表现出来。诗题云"赠汪琨随新婚",则写洞房不能遗忘新郎汪琨随。"顾盼忽惊成并蒂"一句即引出了新郎,但仍从新娘"对镜"的角度来表现,这样写不仅切题,而且巧妙。"顾盼"的细节传神地写出新娘此刻的喜悦乃至得意之状,她正沉浸在顾影自怜的心境中,为自己的美丽所陶醉;但她突然吃惊地发现镜中的"一朵芙蓉"变成了"并蒂"。"并蒂"即并蒂莲,常用来比喻好夫妻。它亦与"一朵芙蓉"相呼应。这个富有喜剧意味的情节,使诗显得波澜跌宕,为"洞房深处"增添了新婚的情趣,并造成小小的悬念:为何忽然镜内"成并蒂"了呢?末句"郎君背后觑侬来"即是答案。"觑",偷看;"侬",女子自称。此句采取的是新娘独白的口气,十分准确地传达出新婚女子娇憨、幸福的声情;而新郎背后"觑"的调皮的嬉戏细节则生动地写出他对美丽新娘的爱悦。这是一对多么幸福甜美的新婚夫妻啊!

诗中新婚夫妻双双"对镜"的过程是短暂的,但表现的新婚夫妻爱情的滋味却是隽永的。此诗语言比较平浅,有民歌风味,具有语近情遥之妙。　　(王英志)

船　中　曲　　　　吴嘉纪

侬是船中生,郎是船中长。
同心苦亦甘,弄篙复荡桨。

诗人吴嘉纪某次从家乡东淘去邵埭,途经邵伯湖,其地又有上河、下河,为水陆之汇,故拟舟人所唱的船歌,写下了十一首《船中曲》,这就是其中之一。

船歌往往是男女青年表达爱情的一种方式,古今中外都不乏其例。大概是因为行船生活的单调,水乡风光的美丽,遂令那些水上人家的少男少女们养成了爱对歌交友的习惯,歌声也便成了他们宣泄爱情的手段。另一方面,也许是那不尽的流水,易勾引起人们剪不断的相思,所以船歌的内容尤以抒写爱情为多。这首也是如此。

  诗很短,也很明白,毋须多作诠释。"侬"就是女子的自称,全篇以她的口吻写出,她和意中人双双出生在船上,长在船上,可见是一对两小无猜的情侣。这里"侬是"二句用了所谓"互文"的手法,其实"船中生"与"船中长"是兼指"侬"与"郎"而言的。船夫的生活风里来、雨里去,辛苦异常,然女子说:只要你我心心相印,苦也变甜。这便是爱情的力量。"同心苦亦甘"五字将他们爱情的诚笃表现无遗。最后"弄篙复荡桨"之句是一个比兴,虽仅是驾船的两个普通动作,却也暗喻两人齐心协力,自可同舟共济,闯过各种生活的急流。一般诗的比兴用在开头,而此诗却用在结尾,令诗意回味无穷。

  林昌彝的《海天琴思录》中说:"乐有天籁、地籁、人籁,诗亦有天籁、地籁、人籁。近代国初诸老诗,吴野人,天籁也;屈翁山、顾亭林,地籁也;吴梅村、王阮亭、朱竹垞,人籁也。"所谓天籁,就是指其诗自然流露,不加雕饰,如此诗就纯似舟中人歌,直抒胸臆,感情强烈,语言质朴,如出水芙蓉,清新可爱,非亲身了解船夫生活、熟知船歌者不能道。

(王镇远)

【诗人小传】

尤　侗

(1618—1704)　字同人,一字展成,号悔庵,晚号西堂老人。长洲(今江苏苏州)人。顺治间以贡生除永平道推官。康熙十八年(1679)举博学鸿词,官翰林院检讨,官至侍讲。其诗多写生活琐事,少数作品对当时社会状况有所反映。沈德潜说:"同人诗近温、李;归田后仿乐天。"也能词及骈文。所作杂剧颇著名,大部分取材于屈原、李白等诗人的故事。作有传奇《钧天乐》,杂剧《读离骚》、《吊琵琶》、《桃花源》、《黑白卫》、《清平调》。合称《西堂曲腋》。另有诗文集《鹤栖堂文集》。大部分作品收入《西堂全集》。

闻鹧鸪　　　　尤　侗

鹧鸪声里夕阳西,陌上征人首尽低。

遍地关山行不得，为谁辛苦尽情啼？

产于我国南部的鹧鸪鸟，其鸣声"钩辀格磔"，俗以为极似"行不得也哥哥"，易引发人们的羁旅之愁、逐客之哀，故往往成为迁客骚人所歌咏的对象。如唐代诗人李涉、郑谷，宋代词人辛弃疾等，都借鹧鸪鸣叫声抒写了丰富深沉的情感内容，以至于使鹧鸪啼鸣具有了某种固定的意象功能。尤侗的这首诗在前代诗人的基础上，又有了新的情感蕴含。

"鹧鸪声里夕阳西"，诗人将悲婉凄切的鹧鸪鸣叫声衬以夕阳西下的特殊背景，一幅凄清哀凉的画面映现在了人们面前。"陌上征人首尽低"，征夫游子经过一天的跋涉，已经困顿不堪，偏偏又传来了鹧鸪的啼鸣声，其内心的感受可想而知。但诗人不直接剖示其精神世界，却用"首尽低"这一外部动作，表现他们内心的悲酸，与第一句构成了一幅更为完整的图画。

那么，征人们的愁苦究竟在于何处？"遍地关山行不得"一句便提供了答案。道路的遥远，旅途的劳累，固然使征人愁苦；但最难以忍受的是道途的重重关隘，使你无法前行，使你难以投足。这才是征人的大悲痛与大不幸，与此相比，路途遥远也好，疲乏劳累也好，都变得无足轻重了。"行不得"三字实在是诗人的点睛之笔，内中包含着极其丰富的生活内容。结合尤侗所创作的杂剧与传奇，这一点就更为明显。他的《读离骚》杂剧描写屈原为奸佞所害，走投无路，怀沙而死。他的《钧天乐》传奇揭露了黑白颠倒的社会现实，品行高洁者只能处处碰壁。既然世路如此难行，征人也深知"遍地关山行不得"，那么，鹧鸪又何必辛苦且尽情的啼鸣呢？鹧鸪的鸣声岂非成了多余之举吗？然而，鹧鸪又确确实实在那儿不知疲倦地从清晨叫到黄昏，它究竟在"为谁"啼鸣呢？全诗在一连串的疑问中结束，留给人以沉思，留给人以回味。

这首诗不以刻画鹧鸪的外形为主，也不以描摹鹧鸪的鸣声见长，却从征人闻鹧鸪这一特定角度出发，抒发了诗人绵邈深沉的情感，意蕴含蓄，极富象征性。

（王　平）

【诗人小传】

申涵光

（1619—1677）　字孚孟，号凫盟，一号和孟；永年（今属河北）人。清顺治中恩贡生，未出仕。其七言律诗颇清新，魏裔介称其诗"自成一家言"。著有《聪山集》。

泛舟明湖

申涵光

女墙倒影下寒空,树杪飞桥渡远虹。
历下人家十万户,秋来俱在雁声中。

大明湖位于济南城内,由百泉汇流而成,清涵广陌、平湖如镜,湖中绿荷千亩,周岸翠柳成荫,风物秀美,历来名家颇多题咏。

申涵光的这首诗是他《泛舟明湖》六首中的第二首,也是他较著名的诗作之一。

"女墙倒影下寒空",开句便点染出一个"寒"字。浩渺如镜的秋水中倒映着阔远的寒空,在天水混一的苍苍茫茫中,一堤黛色的城墙凌空压下。起句气势突兀,给人一种威压的感觉。女墙,城上矮墙。旧时济南的城墙濒湖北岸,故能倒影湖中。

第二句作者将视线从湖中转到岸上。秋来肃杀,黄叶落尽的柳梢枝端现出弯弯的石桥,远远望去似飞接天际的彩虹。按明末刘勅《历乘》载:"环湖七桥,曰芙蓉,曰水面,曰湖西,曰北池,其三失名。"明湖水桥大多是有江南韵致的高背石拱桥。"飞"、"渡"二字不但活写出桥的气势、神韵,使静景平添动感,还为下句视角的转换起到了巧妙的过渡作用。

彩虹虽美却遥远难即。前二句写景,虽未出现作者的身影,读者从诗中景物及视角的转换,可以想见水天浩渺之际,孤坐在一叶扁舟中的诗人的寂寥、沉郁的心境。

历下人家十万户,秋来俱在雁声中。

济南南面的千佛山又名历山,所以济南旧称为历下。"十万"未必是确数,只是形容民人之多。

后两句是作者从长空过雁引发出的意中之景。以寒秋鸿雁哀哀长鸣的声音,渲染百姓饥寒交困的生活,语本《诗经·小雅·鸿雁》"鸿雁于飞,哀鸣嗷嗷"。写人饥寒而不以直笔描写,转用禽鸣映衬其悲苦,则更见其哀。这两句由自己客里郁闷、凄伤的感受推而广之,由空中哀雁联想到无数百姓饥寒流离的哀嚎之声,表现出了其深切的同情和忧愤。

这首诗的特点之一是避开胜景常境,以冷峻、独特的视角展开画面。明湖泛舟被称赏为济南八大景观之首。佛山倒影,荷香满川,曾使李、杜叹赏,引得曾巩、遗山留连,留下诸多名句佳篇。而作者笔下却是寒水城郭、远桥枯柳、长空哀雁这些特定的肃杀之景。这既是诗人的眼中所见,又是他心中所感,在这里,写景即是抒情。物境、心境融合在一起,虽然是通篇写景,感情色彩却非常强烈。

它的第二个特点是感情深厚真挚。诗人的所见所感不仅止于抒发自己的痛苦、感伤,而且由此忧及黎民百姓,对之流露出深切的悲悯与同情。后来诗人黄景仁"全家俱在风声里,九月衣裳未剪裁"之语即从此诗化出,但侧重抒发的是个人孤愤,而作者在此则表达了发自肺腑的"穷年忧黎元"的济世之志。虽未用一字抒情,却写出了白居易"安得大裘千万丈,与君覆盖洛阳城"的诗意,二者可谓异曲同工。

(王昕)

【诗人小传】

施闰章

(1618—1683) 字尚白,号愚山,又号蠖斋。宣城(今属安徽)人。少失怙恃,养于祖母。从同里名士沈寿民游,遂博综群书,善诗古文辞。顺治六年(1649)进士,授刑部主事,擢山东学政等职。康熙十八年(1679),应试博学鸿词,授翰林院侍讲,预修《明史》,转侍读。文章淳雄,尤工于诗,与山东莱阳的宋琬齐名,号"南施北宋"。诗风淡素高雅,影响颇大,时称"宣城体"。王士禛颇爱其五言诗"温柔敦厚,辞清句丽"。著有《学余堂文集》、《诗集》、《试院冰渊》、《蠖斋诗话》、《别集》、《遗集》等。

燕 子 矶

施闰章

绝壁寒云外,孤亭落照间。
六朝流水急,终古白鸥闲。
树暗江城雨,天青吴楚山。
矶头谁把钓,向夕未知还。

丰子恺先生在谈中国画的构图问题时,曾经提到"绘图中物体的重量"。他说在一切物体之中,动物最重,动物中又以人为最重;次重的是人造物,如车船、房屋、桥梁等等;最轻的是云烟、山水一类的自然物。所以一幅画中,青山绿水尽可以作为主体,家屋舟车就不宜太近画边;而倘把人物也描在画边,则整幅画一边轻、一边重,就要失却平衡了。清初著名诗人施闰章并不是一位画家,然而他这首描写南京燕子矶的小诗,却仿佛深得了画中三昧似的。

"绝壁寒云外,孤亭落照间"这一联起得突兀,仿佛画手只在挥笔之间,就让燕子矶那三面悬绝的气势升腾于纸上了。那陡峭的岩壁,宛如斧劈刀削一般,好不摄人心魄。一抹铅色的"寒云",盘桓在嵯峨绝壁之间,缥缥缈缈,使这块突出江边的巨岩,显得更加峻拔高远,像险峰一样逼人仰视了。在空阔疏朗的矶顶,诗人还精心描画了一座危亭。它"孤"零零地挺立在落日的余晖中,悄然对水,既衬出了燕子矶的奇绝,又使画面于寒冽中增生了许多暖意。

南京是著名的古都。在这座江浪涌撼的石头城里,不知演绎了多少悲恨相续的历史古事:那六朝的兴废,王谢的风流,秦淮的艳迹,总会引起后世凭临者的悠然遐想,令他们生出些苍凉和凄清的感怀。然而浩瀚的江水,却仿佛对这一切都全然不顾,依然不舍昼夜地匆匆前行。雨后的急流挟裹着飞腾的浪花,拍打着坚硬的矶石。几千年了,江水幽幽好像从没有过多少变化。而江上的白鸥,尽管不知已改换了多少世代,却也还是那样的翩翩闲闲。"六朝流水急,终古白鸥闲"两句为我们勾勒的,正是词家也曾描摹过的"满江急水,几处白鸥"的江上近景。疏劲的笔触中不失优柔之致,赋予了空阔的画境以错落有致的层次感。透过"六朝"、"终古"这些表现悠远时空的字眼,人们虽也感受到了一种历史沧桑的淡淡思绪,但更多的则是"江天物色无人管"式的闲适和自得。

画完了眼前风物,诗人又着意濡染画幅的背景。"树暗江城雨,天青吴楚山"的景象,大约是诗人极目远眺时见到的:一场秋雨过后,石头城里、吴楚一带群山中的树木,都消减了些许绿意。在暮霭中望去,便变得有些幽暗了。然而落照辉映的天空,却要比以往更觉蔚蓝、深邃和美丽。青天绿树的背景,为画幅衬上了清幽明丽的底色。画面中央的绝壁和孤亭,也因此显得愈加朗畅了。

纵笔至此,诗意纯为写生。山水树木等自然物占了画面大部,落照中的"孤亭"(人造物)则占了画面的主位。如果说在这幅画中,山水好比是人的面影,亭台犹如是面上之修眉,那么,"矶头谁把钓,向夕未知还"一句,无疑就是这幅画的"点睛"之笔,也是这首诗的"诗眼"所在了。此句一下,整首诗立时变得气韵生动,连静寂的大自然也恍若有情了。在这两句中,诗人勾勒出了一个悠闲的"把钓"者形象:他孤身独坐于燕子矶头,已经很久了,还未曾离去。夕阳西下,暮霭渐浓,他却好像完全没有感觉到一样——只是手把钓竿,默然无语。他是在俯赏悠悠的长流,顾盼翩飞的白鸥,还是在领略青峰、绿树向晚的肃穆和安馨?这是诗中最富于意蕴的一刻,令人感到:无限的时空,连同江、云、鸥、树和远处的石头城,此刻似乎全都凝聚、流散在了这位披着霞彩悠然"把钓"者的竿头了。

《芥子园画谱》中曾说,"山水中点景人物","全要与山水有顾盼。人似看山,山亦是俯而看人;琴须听月,月亦静而听琴。方使观者有恨不跃入其内,与画中人争坐位"。——是的,面对施闰章写就的这样一幅走笔飘逸的画景,谁不想置身其中,而与画中人一"争座位"呢?

(张 巍)

泊 樵 舍

施闰章

涨减水逾急,秋阴未夕昏。
乱山成野戍,黄叶自江村。
带雨疏星见,回风绝岸喧。
经过多战舰,茅屋几家存?

这大约是在康熙六年(1667),施闰章正从江西参议任上被裁归乡。"顷年在官,引疾不许",现在能有"裁归"之机,诗人的心情无疑是舒快的。"官拙长怀《遂初赋》,敬亭山下梦吾庐"(《别湖西父老》)——他身未离官,梦魂却早已萦绕在故乡宣城的青山、草庐间了。

但当他来到南昌,却因时局动荡、"江干驻兵",而迟迟不能发舟。面对着"城上乌啼月,洲前雁带霜"的凄清秋景和"天涯更兵甲"、"羁栖鼓角惊"的黯淡时局,诗人的心境顿又变得苍凉、沉重了。《泊樵舍》便正是他带着这种心境,在归乡途中夜泊的感喟之作。樵舍,谓打柴人家。

一杆孤独的帆影,在阴郁的秋空下飞驶。这时正当潮落("涨减"),浩荡的江流挟裹着滚滚的浪波,愈加见得汹汹湍急起来。倘若是在晴日,则船浮碧流、帆飞青纱,展开在诗人眼际的,该是当年王勃领略过的"落霞与孤鹜齐飞,秋水共长天一色"的绚丽晚景了。但诗人此刻置身的,却是阴沉沉的雨秋,还不到傍晚时分,天色就已一片昏暗。此诗起笔"涨减水逾急,秋阴未夕昏",正以黯淡的色彩,给全诗笼罩了一重拂不去的愁思。它似乎预示着,诗人的这次途中夜泊,决非如他所想象的那般舒快。

当诗人在薄暮的阴郁中放目江岸时,这愁思便因萧条的岸景,而变得更其惨淡、苍凉了。"乱山成野戍",展出的是岸上的连绵山影。它本该如辛弃疾《贺新郎》所说"我见青山多妩媚,料青山见我亦如此"的;而今却成了驻守江岸的清兵"野戍"之地!旗旌处处、剑戟森森,简直把山野搅得一片凌乱了。句中以一个"乱"字状貌岸山,正隐隐传达着诗人目击中的这种震愕之感。"黄叶自江村",则是在"乱山"映衬下的江岸近景。那江边的小村,本来也该有"平冈细草鸣黄犊"、"青旗沽酒有人家"式的宁和欣悦之境的,现在却一片死寂,见不到几处炊烟,只有疏落的杂树和风吹瑟瑟的黄叶,在勉强标志着这里曾是一个村落。这句中一个"自"字,读者须作耐心的咀嚼,须品出其中的深义:衰黄的树叶能自成一村,可见这江村中,竟没有比黄叶更具生气的象征了!

时间就这样在暮色中延续,诗人却还久久地伫立船头沉思。忽然听到细微的淅沥之声,原来已下起了稀疏的雨。举首仰天,沉沉夜空还剩下几颗暗淡的星,仍在迷蒙中幽幽闪烁。它似乎在诗人黯然的心上,投进了几丝希冀和亮色。这大约就是"带雨疏星见",所带给诗人的渺茫感觉吧?可惜江上的风,却又猛烈刮起,向着高高的江岸撞去,终又逆折而回,发出一片凄厉的喧鸣。这打破幽寂的喧声,无疑也惊醒了诗人的凝思,把他从悠远的仰望中,拉回到凄苦的现实。风声呜咽,诗人的心也经不住哀哀欲泣了!

施闰章是位颇关注民生疾苦的清吏。他在驻守临江时,曾为地方办了不少好事,致被百姓呼为"施佛子"。"及奉裁东去,父老夹道焚香,泣送数十里",竟也使诗人"泫然"流涕而"不能禁"(见《别湖西父老》注)。而今,当他夜泊樵舍,亲眼目睹沿江一带的民生凋敝景象时,又怎能不感到深切的哀愤?这一路船行所经之处,只见官家"剿乱"的幢幢舰影,无辜的百姓则屡遭劫难,更有"几家"茅屋得以在战火下幸存?——这便是诗之结句所发出的诘问和慨叹。它交融在雨声淅沥的秋夜,绝岸"回风"的喧鸣之中,听来更显得凄怆、哀凉……

诗人善于造境。此诗所描摹的,几乎都是夜泊所见之景,而绝少诗人情感的直接抒写。然而,阴郁的秋夕,湍急的江流,与"乱山"、"黄叶"、"苦""雨"、"凄""风"的交织相汇,又无处不浸染着诗人那黯然神伤的情感色彩。这情感本来很容易引向一般的客旅孤清之思,但诗人却在关键处着以"野戍"、"战舰"之语,便揭出了凄凉岸景与动乱时局间的内在联系,从而将情感内涵,升华为远比一般的客旅之思深沉广大的忧时悯乱之慨了。

(徐旭文)

过 湖 北 山 家 　　　　施闰章

路回临石岸,树老出墙根。
野水合诸涧,桃花成一村。
呼鸡过篱栅,行酒尽儿孙①。
老矣吾将隐②,前峰恰对门。

〔注〕 ①《学余堂全集》刻本作"行酒命儿孙"。 ② 刻本作"去矣吾将隐"。

此诗之境,恰与《泊樵舍》一诗成鲜明对照。

从时令看,阴郁的秋、冬早已过去,现在则是"旧识春风好,殷勤拂面来"的春日了。施闰章大约也已返回故乡,正带着"主恩闲日月,吾道合江湖"的喜悦,或在家中诵读"旧书",或泛舟"东溪"就友畅饮,享受着"高柳不藏阁,流莺解就人"式的赋闲之乐。家乡附近有南漪湖,这首《过湖北山家》,或许就是他泛舟出游中的即兴之作罢?

诗之起笔颇为悠然。那当是在随水而行的小舟之上,"路回"水转之间,便见有一带"石岸"。诗人舍舟登岸,行走在谁家墙院之外。心境既不忧急,意兴自更盎然,就连那拔出"墙根"的苍苍"老"树,竟也引得他流连兴叹了。这开篇两句吐语平平,似乎并无惊人之处。但读过陶渊明《桃花源记》的人们当不会忘记,那位"武陵人"进入奇境之前,开初也正是这样平淡无奇的。

再信步走去,则可听到一阵琮琮、潺潺的水声。寻声而前,才发现原来有一泓"野水",正沿着曲曲的山脚畅流。倘要推究这水的源头,只要抬头望一眼便明白了:那是由许多条山涧细流汇聚而成的。它究竟有多清纯,而且伴和着怎样一种幽幽的草苔清香,就恐怕只有诗人才能领略到了。如果"野水合诸涧"之境,还未免过于幽清,则"桃花成一村"句的跳出,便刹那间改变了一切:幽幽的流水之音尚在耳边鸣响,一派红丽的"桃花",已如火如霞般照亮了诗人的眼目!那是春日温馨的微笑,更是山民热情的问候——请看在它的"落英缤纷"之中,不正掩映着一个"桃花源"般的世界?那茅舍,那篱栅,那鸣鸡吠狗、语声人影,不都全随着"桃花"的耀现而显露在了诗人眼前!

全诗至此平中出奇,将读者引入了料想不到的新奇之境。不过,这里毕竟不是"桃花源",诗人也无意像武陵人那样进入其间,以一享"山家"父老的待客热情。他只是在村头兴致勃勃地眺望几眼,便被那宁和、怡悦的生活景象迷住了:"呼鸡过篱栅"句所描摹的,该是一位慈祥的老妇,正披着午间的清荫,或是落日的斜晖,手托食盆、穿过篱栅,吆唤着散在四处的鸡群。至于她飘散的白发,怎样拂过皱纹环布的眼眉;爽朗的语声,怎样回应着欣喜奔返的鸡鸣之音?诗中正留有许多"空白",全凭读者想象去补充了。"行酒尽儿孙"句,则由篱栅外景转向了场院——那里的石台边,正摆开一场老少团聚的宴饮。主人公无疑是位鹤发童颜的老爹,"儿孙"们则团团围坐,带着欢声笑语,给老爹酌酒助兴哩!至于老爹怎样因酒酣而酡颜乜眼,儿孙怎样笑得灿若春花,包括空气中怎样飘浮着山禽野味的香味,也全可在字里行间仿佛一二了。

这样的生活景象,这样的淳朴和温馨,对于久在仕途中奔波的诗人来说,恐怕只有在孩提时代才领略过,并且早已被官场的烦嚣和尘俗,搅扰得恍若隔世了吧?而今,经了路过"湖北山家"的欣悦一瞥,便又从淡淡的记忆深处溶溶涌出,令诗人那样向往和依恋！这才是人生无限亲切的起点和归宿。与这样的生活相比，那官场的钻营、倾轧、争斗生涯，便显得何其纷扰和令人憎厌。一股深切的归隐之情，由此浓浓地笼盖了诗人。好在他现在终于因"裁归"而有了抽身"隐"退的可能，何不就此定下决心，在家乡领略这晚年的亲情和怡乐呢？——那"相看两不厌"的敬亭山，不正就在家门的对面么！

"老矣吾将隐，前峰恰对门"。全诗收结之处，正是诗人在"湖北山家"生活景象的触动下，转入对隐居生涯的动情展望之时。这其间该有几分酸涩、几分欣喜，也全留在结句之外，一任读者自己去回味了。

（潘啸龙）

舟 中 立 秋　　　　施闰章

垂老畏闻秋，年光逐水流。
阴云沈岸草，急雨乱滩舟。
时事诗书拙，军储临海愁。
涝饥今有岁，倚棹望西畴。

秋天是草木凋零的季节。相对于人生来说，又象征着壮盛之期的逝去，垂老之年的到来。所以尽管秋光也很美，却很少有人能像唐人刘禹锡那样豪迈高唱："自古逢秋悲寂寥，我言秋日胜春朝。晴空一鹤排云上，便引诗情到碧霄。"（《秋词》）

康熙三、四年间，担任"江西参议"而分守"湖西道"的施闰章年交四十七八，正将进入老年之期。"顷年在官，引疾不许"，在这样的年龄遇上阴沉的"立秋"天气，自不免要悚然畏警了：回想当年来到临江府，正是东风骀荡的春日。倘说那时还曾满怀"春风骑马到江城，正值繁花照眼明"的由衷喜悦和勤于民事的几多热望的话；那么秋风数度，当诗人又在"萧水、章门三日路"的公务往返中迎来衰飒秋日的时候，却再没有多少令他欣慰的事了——岁月蹉跎，年光如流，壮盛有为的四年多，就这样"逐水"逝去。眼看就要临近老年，怎能不感到深深的怅惘？此诗开篇以"垂老"映对"秋"节，引出"年光"逝去的幽幽慨叹，正表现着许多仕人步入衰秋时共有的苦涩之情。

而且诗人又是在孤舟客宦之中。如果遇上的是"秋风兮嫋嫋"的晴和之日，则船行江河之间，鸥飞白帆之上，虽说也难免会感到"水阔孤帆影，秋归万叶声"的清寥，毕竟还有青峰黛峦可眺、麦气豆香可赏。现在却是"阴云"沉沉、"急雨"敲篷，诗人所见到的，便只有岸草的瑟瑟俯伏和滩舟的颠荡乱雨之景了。"阴云沈(沉)岸草，急雨乱滩舟"二句，即从眼前实景落笔，勾勒了一幅令人犯愁的动态画面。作为诗人孤清身影的黯淡背景,恰可有力地点示,诗人此刻的心境已变得怎样阴郁和纷乱!

施闰章是一位忧时悯乱之士,他的思绪,无疑要比寻常的羁旅之客深沉得多。这些年来,国家时局仍处在动荡不安之中:晚明桂王虽已被吴三桂征平,郑成功、张煌言领导的义师,却依然坚持着悲壮的抗清斗争。为了安靖东南,清政府调动重兵,屯驻江浙皖赣一带。康熙三年秋七月,还发动了"征台湾"之役。施闰章对动乱的时局颇为担忧,在《中秋对月》诗中,即发出了"好酌清尊满,休教恨白头。不知今夜月,几处战场秋"的叹息。但身为一介饱读"诗书"的文士,他对安定苍生又能有多大作为?"时事诗书拙,军储临海(临海府在今浙江东部)愁"——这一"拙"、一"愁",正吐露着诗人面对时局动荡、苍生呻吟的现状,而感到回天乏术的多少无奈和忧思。

春生秋成。当"立秋"一过、金风送爽,满田的庄稼也该是刈获的时节了。偏偏这些年战祸频仍,水旱蝗灾连连不断。值此收获之秋,天下百姓又有多少成熟之稼可指望的呢?诗人仰对笼盖四野的阴雨,在动乱时局的忧思中,不免又多了一重对国计民生的担忧:"洊(jiàn,再次)饥今有(又)岁;倚棹望西畴(西边的田园)"! 眼看又到岁暮,饥馑之荒却不见消退。家乡的父老们,此刻该处在怎样的忧急如焚之中? 风声幽幽,雨声幽幽,鬓发斑白的诗人叹息幽幽! 他只能倚橹而立,透过濛濛雨影,久久眺望着想象中的故乡"西畴",而全然忘记了昏夕之降、雨衫之湿……

清人沈德潜评"南施北宋",以为施闰章诗不像宋琬那样雄健磊落,却以"温柔敦厚"擅其胜场(《清诗别裁》)。施氏之作确实很少拔剑击柱式的壮奇,也不多"缥缈"、淑诡之思,而是如他自己所说,"譬作室者,瓴甓木石,一一俱就平地筑起",显得敦厚和凝重。此诗从舟中"立秋"引出眼前之景,而后感怀时事、欷歔生民,格调沉郁而思致深切,正显示了这位忧时之士的一片温厚仁爱之心。

(徐旭文)

雪 中 阁 望 　　　　　　　施闰章

江城草阁俯渔矶,雪满千山失翠微。
笑指白云来树杪,不知却是片帆飞。

这是一个飘雪的日子,整日操劳于案牍之间的诗人兴致勃勃地走进大自然。江南水乡罕见的雪景深深吸引了他,江中飞驰而来的一片白帆,又引起了他的无限遐思，于是挥笔写成了这首隽永的小诗。

"江城草阁俯渔矶，雪满千山失翠微。"诗的前两句仿佛是一组精心拍摄的宽银幕电影镜头——飘飘扬扬的雪花中，一座不知名的"草阁"幽幽挺立在阁皁山上（画面外或许还有尚未消歇的风声）。阁中一位潇洒的诗人，正凭栏俯瞰。顺着他的目光望过去，洁白的雪一直延伸到萧江水的边缘。江水仍在缓缓流淌着，清浅的沙石滩（渔矶）上，泊着几只空荡荡的渔船（银幕上推出三个小字：临江城）①。

镜头开始摇向远方：充满了整个画面的是一座白雪皑皑的山脉，以及山顶上淡青色的苍穹；镜头缓缓摇过：又是一座银装素裹的山峰；然后拉开镜头，扑入你眼帘的是连绵不断、积雪覆盖的雄伟群山——这正是柳宗元笔下"千山鸟飞绝，万径人踪灭"的境界。而在这纯白的、"雪满千山"的广阔背景上，那缓缓而去的萧江，那阁皁山上的"草阁"，以及草阁中的诗人形象都变得异常鲜明和突出，静寂的画面由此增添了无限的生机，并显得更加洁净和素美了。

"江城草阁俯渔矶"之时，整个世界粉装玉砌，仿佛全然是雪的天下。然而"失翠微"三字，又把读者带进留存在诗人记忆中的往日山境：春夏之际，青峰翠峦，云气缥缈。在诗人的眼里，这遍身银装的山峰固然是美的，而往日那"苍苍横翠微"的旖旎山色，也许更值得他留恋吧？记得他"春风骑马到江城"的数年前，恰正是满城"繁花耀眼明"的晴日，"主人爱客"、"高士为邻"（《与伯玑饮花下》），每每在山花下与友人把酒论诗，心情是何等畅快！就是"春深无客到"的时节，山行中闲听"一路落松花"（《山行》）的声音，也令人悠然神往。诗人对青山似乎情有独钟，当他在"山阁看云自举杯"（《即事》），吟咏着"微雨洗山月，白云生客衣"（《雨宿坛院》）的诗句时，那"随人归"的"山月"、"生客衣"的"白云"，又曾带给他多少意趣啊！

现在清幽的"翠微""失"去了，朦胧的"山月""失"去了，就连友人般悠闲的白云也失去了。诗人与自然相对时的恬静、喜悦心情，是否也因此添了一份"失"意的怅然呢？

不过转眼之间，诗人又莞尔微"笑"了。因为他终于在"千山"雪影的辉映中，在隐隐约约的"树杪"（miǎo，树梢）端，发现了一片悠然飘飞的白云！一向"无心而出岫"的白云，这次来得有些蹊跷，仿佛善解人意似的，在诗人的"笑指"中，翩翩然由远而近了。此刻，天是寒冷而凝重的，它却自在而飘逸；雪花仍在飞舞着，它也一样的轻盈和洁白，这便是"笑指白云来树杪"一句所展现出的境界：它不仅描出了翩然而来的"白云"之意态，而且叠印着怡然开颜的诗人之笑影。在诗人的笔下，那"笑"中的一"指"，又是怎样的率真和有情啊！

当然，这只是诗人刹那间产生的一种错觉。当白云"飞"过疏朗的树梢，终于展现在诗人眼前时,他才发现:原来那不是天空中的白云,而是江面上御风凌波的一"片"船"帆"!在白雪茫茫、空濛岑寂的辽阔背景中,这帆影显得那么鲜明而亲切。它带给诗人的会是怎样意兴葱茏的遐思呢?是刹那间领悟真相的新奇、惊讶;还是对那"片帆"在冰雪中御风而飞的勇气的赞叹、钦羡?是引起了"岁暮归舟一叶轻,歌残酒罢泪双倾"(《送李万安罢官归里》)的伤感回忆,还是在凝重洁白的天地间,发现了一种轻盈流动的诗意美呢?……

这似乎连诗人自己也说不清了,他只用"笑指白云来树杪,不知却是片帆飞"这个富有"包孕性的片刻",对全诗做了收束。这不了了之、却又余味无穷的收笔,实在够读者慢慢去涵咏的了。

(张 巍)

〔注〕①施闰章任江西参议分守湖西道,驻临江(今樟树市)。据他诗中自注,署斋正对阁阜山,下临萧江。

雪中望岱岳　　　　施闰章

碧海烟归尽,晴峰雪半残。
冰泉悬众壑,云路郁千盘。
影落齐燕白,光连天地寒。
秦碑凌绝壁,杖策好谁看?

此诗作于顺治十五年(1676)诗人督学山东经过泰山时。岱岳,即泰山,山势突兀峻拔,古称"东岳",为五岳之首,位于今山东泰安县城北。唐代杜甫曾有绝唱《望岳》,描写的是泰山"齐鲁青未了"的夏秋之景,抒发的是"一览众山小"的豪情胜慨。此诗为《雪中望岱岳》,由于季节不同,故所见景色亦独具特色。此诗与杜甫《望岳》一样,句句写望岱岳,终篇不直接点出一"望"字,而以景物本身暗示其"望岱岳"之意。全诗意境之寥阔,体势之雄浑,直可继踵少陵《望岳》。

此诗为五律,首联即采用对偶句式:"碧海烟归尽,晴峰雪半残。"这一联写远望所见。首句中"碧海"乃是借喻"青天",实为"碧海青天"之意,此乃源于李商隐《嫦娥》诗"碧海青天夜夜心"之句,形容青天如大海一样青碧澄净,"烟归尽"则是比喻冬云阴霾已消散无余。这句先描写岱岳上空青碧之天色,寓有雪霁云散之意。然后再写以"碧海青天"为背景的"雪中岱岳"之整体风貌,"晴峰"即指泰山玉皇顶,此峰海拔1 524米;"雪半残"描绘岱岳之上半端被积雪所覆盖之状。积雪的岱岳直插入青碧似海的苍天之中,峻拔突兀,而且银碧相映,明丽耀眼,真令人胸襟亦为之开朗,油然而生一种崇高之感。

颔联则承接"晴峰"之意,再写近望岱岳之局部形象。诗人选取的是具有典型性的"冰泉"与"云路"两种景象:"冰泉悬众壑,云路郁千盘",前句写岱岳之泉水已结成百丈冰,垂悬于众多山壑的崖壁上,以显示雪中岱岳之严寒冷峻,后句写山路上云气浓密,千折百回,又显示岱岳之险峻高远。而"冰泉"向下"悬","云路"朝上旋,由上而下,又由下而上,则写出诗人"望岱岳"时视线的移动,其中自有诗人为此奇观惊叹不已之意。

颈联"影落齐燕白,光连天地寒"一转,又专写遥望岱岳积雪之感受。前一句谓泰山一身雪装,故其影也是白色的,这山影投到齐、燕大地(今山东、河北),大地竟因此蒙上了一片白茫茫!这一句,显然是受了杜甫《望岳》中"齐鲁青未了"的启悟,但同为夸张之奇句,杜甫是视点放在齐、鲁(今山东)境外,由下望上,惊叹青色的岱宗之顶,连齐、鲁之外都能看到;而诗人则仿佛置身泰山之顶,俯视泰山之影直落到齐、燕之境。二者均是夸饰岱宗之高峻,但角度不同,故其妙处亦各臻其致。此句是从横向写泰山"影"之长。后一句则写积雪在晴日下之反光,使天与地皆寒光耀眼,寒气逼人,这是从纵向角度写雪"光"之强。"光"而"寒",又是通感手法的运用,更令人感受深切。

如果说上三联基本上是实写之景,那么尾联则纯然是虚摹之景:"秦碑凌绝壁,杖策好谁看?""秦碑",指秦始皇在泰山上所立之石碑,为山上的著名古迹。"凌绝壁",指秦碑立于泰山绝壁之上。由此可见"秦碑"非诗人于山下所能望见。此时诗人遥想:矗立在积雪之岱岳山顶的秦碑美景,是否有谁正拄着手杖去观赏呢? 或者说,是否有人如杜甫一样生"会当凌绝顶,一览众山小"的豪情,攀上积雪的泰山之绝顶而登高四望呢? 诗以设问句抒发此意,其中流露出诗人自己欲登山极望之情。

陈诗评施闰章"其诗各体俱工,大指以清真雅正为主"(《尊瓠室诗话》)。他指出施诗"以清真雅正为主",诚然不错。但此诗亦表现出其"五律法老气郁,才横思沉,识奇语异"(邓汉仪《诗观三集》)的特色。全诗格律老成,气脉沉郁。诗人以如椽大笔勾勒阔大之境,以纵横之才锤句炼字,显得沉稳精严,而颔联与颈联,又不乏"识奇语异"之致,洵为佳作。

(王英志)

上留田行　　　施闰章

里中有啼儿,声声呼阿母。

母死血濡衣,犹衔怀中乳。

《上留田行》为古乐府旧题,本是讽刺为兄者不肯抚养弱弟之作。施闰章这首《上留田行》虽采用古乐府旧题,甚至袭用原诗首句,但诗旨已根本不同,它通过一个令人目不忍睹的悲惨场面,反映的是清初兵乱的社会现实。

首句"里中有啼儿":"里"指乡里;"啼儿"一个哭啼的幼儿,此乃诗的"主角"。此"儿"之所以"啼",因为他正嗷嗷待哺。次句"声声呼阿母",进而写饥儿边哭边向"阿母"索哺的情景。"声声"迭字的运用,传神地表现出幼儿饥饿已极,急欲饱腹之状。次句"呼阿母"三字,又起到向第三句过渡作用,如同电影蒙太奇,镜头自然而然地移向诗中的"配角"——"阿母"。但啼儿所呼之"阿母"怎么竟忍心儿啼而不加照看呢? 前两句诗实际造成了一个悬念。诗过渡到第三句云"母死血濡衣",则解开了悬念。"濡衣"即沾衣。第三句首字与次句尾字皆为"母",此乃顶针修辞格,衔接紧密自然,但这"母死血濡衣"的景象却令人触目惊心,万万料想不到。"阿母"因何而死? 诗前原有小序云:"伤妇死于兵也。"再联系清初之战乱背景,从"血濡衣"来看,她显然是被乱兵所杀。最后诗的镜头又由"母"移向"儿"的"特写"并予以"定格":虽然母已死,但饥儿竟"犹衔怀中乳"。饥儿年幼无知,阿母已死而全然不觉,吸乳不出乃"啼"而"呼"母;母不应,复"衔怀中乳";再衔而无乳,则又该"啼"而"呼"母矣! 母死诚然可悲,孤儿无知而衔母尸之乳更令人下泪,人间惨事大概莫过于此了。

施闰章论诗主张"言有物",即反映社会现实,反对"风云月露,铺张满眼"之"一叶空纸",此诗自是"言有物"之什,反映的是清初悲惨的社会现实,但施闰章评杜甫"三吏""三别","妙在痛快,亦伤太尽",评王粲《七哀》诗"酝藉差别"(上引均见《蠖斋诗话》),其言虽未必尽确,但亦可知其审美趣味在"酝藉"而反对"太尽"。本诗大约也可算这种审美趣味下的产物,诗人基本上是客观描叙,其本人的内在感情并不流露,甚至对于"阿母"因何而"死",亦几不涉及。这种写法,自有其长处,即"酝藉"而意旨深厚;当然,也不免露出其短处——怨刺的力量较弱,无"痛快"之"妙"。

(王英志)

钱塘观潮　　　　施闰章

海色雨中开,涛飞江上台。
声驱千骑疾,气卷万山来。
绝岸愁倾覆,轻舟故溯洄。
鸱夷有遗恨,终古使人哀。

康熙七年(1668)秋,诗人因在家闲居无事,曾赴杭州一带旅游,这首五律即描写此行观钱塘江八月大潮所见所闻的雄壮声势。钱塘潮乃闻名天下的奇观,每逢农历八月十八前后,杭州湾钱塘江口涌潮袭来,波涛万丈,气势磅礴,令人惊心动魄。观潮以在浙江海宁所见最为壮观,故钱塘潮一名"海宁潮"。此诗所写即于海宁之所见。

诗人观潮时恰逢秋雨,故所见又别具壮采:"海色雨中开,涛飞江上台。""海",指东海;"台",指观潮台。首联写大海的景色在秋雨中显示,变得更加浩渺迷蒙,这是写壮阔的远景;江涛从海面卷来,直溅到观潮台上,又显得汹涌澎湃,这是写惊心的近景。首联把江"涛"与"海色"联系起来,交待出钱塘潮深远的背景;同时亦暗示诗人登台观潮之意。

那么,这从海上滚来的"涛飞"即潮头,到底是什么样的景象呢？颔联乃承首联"涛"意,以夸饰、比喻之法,尽力渲染、描摹:"声驱千骑疾,气卷万山来。"前句着眼于听觉角度:钱塘潮涛声犹如千匹骏马疾驰而来,使天地为之摇撼。后句着眼于视觉角度:钱塘潮气势仿佛卷裹着万座大山一起压来,使风云为之变色。这一联写钱塘潮之"声"与"气"皆充满千钧之力,足以令人"意夺神骇,心折骨惊"(江淹《别赋》),叹为观止！

颔联写钱塘潮本身之声势,属正面描写钱塘潮。颈联则转写在钱塘潮前人之心态,属侧面描写钱塘潮:"绝岸愁倾覆,轻舟故溯洄。""溯洄",逆流而上。前句写立在绝岸上的观潮人担心江岸会塌裂,有性命之险,故望潮而生畏,这就间接地写出了钱塘潮之伟力;后句则写弄潮儿之小船在江中故意溯洄而上,无所畏惧,显示出勇气与技艺。此句与潘阆所写"弄潮儿向涛头立,手把红旗旗不湿"(《酒泉子》)有异曲同工之妙;但后者点出人,诗意豁朗,前者以"轻舟"代人,语意较为含蓄。这"故溯洄"之"轻舟",又为钱塘潮增添了豪壮的风采！颈联前后两句以对比的手法写人,从不同的方面进一步衬托出钱塘潮之声势。

在前一联充分实写景观之后,尾联乃以抒怀之虚写结束全诗。诗人借钱塘潮之典故寄寓了对世事的感慨,使诗意得以深化:"鸱夷有遗恨,终古使人哀。"这里用了伍子胥死后化为钱塘江潮神的传说。据《吴越春秋》、《史记·伍子胥列传》等记载:春秋吴国大夫伍子胥因谏吴王夫差应防备越国的报复,吴王乃疏远之,最后赐剑命他自杀。伍子胥临死时,嘱其家人把他的眼睛挖出来(或曰把头颅砍下)悬挂在姑苏城南门上,好看来日越国的进攻、吴国的灭亡。吴王大怒,下令将他的尸体用鸱夷(皮袋)包裹,投入钱塘江。后伍子胥化为潮神,乘素车白马于潮头上,因此钱塘怒潮又被称为"子胥潮"。"鸱夷有遗恨"实指潮神伍子胥有遗恨——恨自己忠而被谤乃至被杀。这历史的悲剧则千古以来都使人哀痛。诗人观钱塘潮而想到潮神伍子胥的"遗恨"是十分自然的：诗人在一年前于江西分守湖西道时，竟被裁决归里，忠而见疑，有志难伸，心中岂会没有其"遗恨"？更何况这样的历史悲剧一直在重演！至此，诗不仅由写景转为抒怀，而且感情由豪壮而陷入悲慨，诗意因此变得沉郁深刻。

一首诗之风格往往决定于题材。施闰章诗虽以平淡素雅著称；但此诗题材奇特，当诗人面对拍天大潮时，客观景象与主观感受都不容他再平和冲淡。为生动准确地写出钱塘潮的雄壮声威与磅礴气势，诗风不能不随之而变得雄浑豪宕。由此诗亦可见诗人不止具一副笔墨，其笔下乃是"春兰秋菊，各有一时之秀"（袁枚《随园诗话》卷三）。

（王英志）

漆 树 叹　　　　施闰章

斫取凝脂似泪珠，青柯纔好叶先枯。
一生膏血供人尽，涓滴还留自润无？

对漆树而言，这无疑是悲惨的一幕。

取漆者的刀锋，拦腰砍下，那漆树立时就皮开肉绽了。"凝脂"一样洁白的漆汁流下来，一串一串，仿佛痛苦中默默坠落的"泪珠"，一滴一滴，又仿佛血浆汩汩地涌注。而举目四望，在那片广大的漆树园里，千百棵漆树，哪一株，不都是这样泣着血、噙着泪、忍受着刀砍斧斫之苦呢？

日复一日的砍斫过后，它们早已遍体鳞伤。同园外那些枝干粗壮、一派葱茏的树木相比，漆树们"纔好"的"青柯"上，却留着累累的伤痕；那本该是青翠欲滴的"树叶"，也因缺乏汁液的滋养而"先枯"了。但贪求的"斫取"者，又哪里有半点怜悯之情呢？他们关心的，只是用漆树的"凝脂"，去换取白花花的银子，"叶枯"怎样，枝折怎样，漆树那生死未卜的命运又怎样，却全然不在这些榨取者的考虑之中了。

老的漆树枯死之后，又会有新生的漆树成长起来。"斫取凝脂似泪珠，青柯纔好叶先枯"的悲惨命运，对它们来说，似乎是永远也没有尽头的。

很小的时候，漆树耳闻目睹的，就是咄咄逼人的刀光斧影，就是长辈们泪痕斑斑、颦眉蹙额的忧伤面颊。一旦长成，"斫取"者们又蜂拥而来，锋利的刀斧迫不及待地侵入它们稚嫩的肌肤。一日日辛辛苦苦从土壤中吸取的养料，竟怎么也满足不了榨取者的需要，更不用说留下有限的"涓滴"，去滋润自己那早枯的树叶了。漆树想挣扎,却又无力摆脱这受人凌辱、遭人践踏的苦难生活。一生就这样在泪水、伤痕、愁苦和憔悴中度过了。每每在露水送凉的黎明,或是在月光如水的静夜,漆树轻轻摇曳着,仿佛泪水涟涟地呜咽,又仿佛在哀叹着自己那"一生膏血供人尽"的命运。

这就是施闰章笔下的漆树——那流淌着眼泪、忍受着剧痛的漆树。自然,诗人在这里运用的当是比兴手法。因为在漫长的封建社会,有一种人确是如这叹息而又无助的漆树的:那就是含辛茹苦而又灾难深重的黎民百姓!

施闰章的时代,正是清初战乱频仍、兵祸惨烈的动荡时代。统治者的横征暴敛和凶残酷虐,使广大人民陷入了被迫害、被掠夺的悲惨境地:"城陴一旦驰铁骑,街衢十日流膏血"、"赤地无良苗,长吏进新谷"、"一丝一粒尽搜索,但凭皮骨当严威"——这些同时代诗人的哀叹,无不是那个满目疮痍、民不聊生时代的真实写照,也为此诗"一生膏血供人尽、涓滴还留自润无"的怆然叹息,加了一个辛酸的注脚。

其实,只要约略地翻一下中国历史,就可以知道:黎民百姓的痛苦命运,绝不仅仅是某一朝某一代所特有的。劳动者那"硕鼠硕鼠,无食我黍"的悲愤呼号,从遥远的《诗经》时代就开始出现,并一直贯穿了整个封建社会。即使在繁荣昌盛的大唐王朝,不也一样有"麻苎衣衫鬓发焦"的"山中寡妇"(那枯黄的鬓发,憔悴的面容,不正如"青柯纔好叶先枯"的漆树吗?)不也有"任是深山更深处,也应无计避征徭"(杜荀鹤《山中寡妇》)的深沉感慨吗?

当战火绵延的时候,百姓的苦难就更深了:"强盗来了,就属于官,当然该被杀掠。官兵既到,该是自家人了罢,但仍然要被杀掠,仿佛竟属于强盗似的"(鲁迅《灯下漫笔》)。"乱离人不及太平犬"的叹息,也因此充斥了那些动乱的时代。作为一个"温柔敦厚"的清廷官吏,施闰章对农民始终充满着同情、怜悯、关注和哀叹。然而也仅仅是如此而已。他的一些反映现实的诗作,大多是"发乎情、止乎礼仪"的作品。当然,作为封建时代的文人,我们又怎能要求他像鲁迅一样,发出"掀翻这人肉的筵宴"的呐喊呢?

(张 巍)

浮 萍 兔 丝 篇 施闰章

李将军言:部曲尝掠人妻,既数年,携之南征。值其故夫,一见恸绝。问其夫,已纳新妇,则兵之故妻也。四人皆大哭,各反其妻而去,予为作《浮萍兔丝篇》。

浮萍寄洪波,飘飘东复西;兔丝冒乔柯[①],袅袅复离披。兔丝断有日,浮萍合有时。浮萍语兔丝:"离合安可知?"健儿东南征,马上倾城姿:轻罗作障面,顾盼生光仪。故夫从旁窥,拭目惊且疑。长跪问健儿:"毋乃贱子妻?贱子分已断,买妇商山陲。但愿一相见,永诀从此辞。"相见肝肠绝,健儿心乍悲,自言:"亦有妇,商山生别离。我戍十余载,不知从阿谁?尔妇既我乡,便可会路歧。"宁知商山妇,复向健儿啼:"本执君箕帚,弃我忽如遗。"黄雀从乌飞,比翼长参差。雄飞占新巢,雌伏思旧枝。两雄相顾诧,各自还其雌。雌雄一时合,双泪沾裳衣。

〔注〕① 胃乔柯:缠绕高树枝。

这首五古诗记叙的是一个虽离奇却真实的故事,写一个官兵掠夺了别人的妻子,而携她南征时却恰巧碰到了她原来的丈夫;二人相叙后,又知道"故夫"所纳之新妇却是官兵的"故妻"。于是两对夫妻又重新组合,恢复了原来的夫妻关系。

全诗计四十句,由三部分内容构成。第一、三两部分即开头、结尾,分别以比兴之体表现战乱时夫妻分离之悲剧与重新组合之"喜剧"。第二部分则是采用赋体纪实,此乃全诗的主体,主要通过人物之间的对话形式,反映了两对夫妻悲欢离合的原委,亦塑造了人物的性格。

第一部分为前八句,以"浮萍"与"兔丝"两个意象分别比喻清初战乱社会中的丈夫与妻子。"浮萍"飘浮于水上,因风吹浪打,具有游踪不定的特性。诗人正是抓住这一点作文章,赋予其寓意,比喻在战乱的社会中男子四处打仗,八方流浪,无法享受夫妻团聚安定的家庭生活。"兔丝",是一种蔓生的草,须缠绕寄生在其他植物身上,诗中常用来比喻妻子须依靠丈夫生活,正如杜甫《新婚别》所云:"兔丝附蓬麻,引蔓故不长。"此诗就袭用此意而化之:"兔丝胃乔柯,裊裊复离披。"这两句是比喻妻子因为战乱却失去固有的依靠。由于客观的社会原因,这种悲欢离合的情景是时时在发生的。但是何时"断",何时"合",由客观现实所决定,非人力所能预料,亦非主观所能改变。此诗的开头,颇似汉乐府名作《孔雀东南飞》,但同《孔雀东南飞》相比,其比兴之体的运用有了创造性发展:《孔雀东南飞》开头比兴只有简单的"孔雀东南飞,五里一徘徊"两句,主要是起个"先言他物以引出所咏之言"(朱熹语)的作用;而此诗开头比兴有八句,不仅引出诗之主体内容,其本身已暗示出诗旨,所以较之《孔雀东南飞》，内容要丰富得多。

第二部分共二十四句，写了四个人物，主要通过人物对话表现了两对夫妻戏剧性的交叉离合的曲折经过。前四句为第一层次：点出"健儿"及其此时的妻子。"健儿"指官兵。"健儿"在东南征时带着妻子："马上倾城姿"，"倾城姿"，形容女人貌美，此用《汉书·孝武李夫人传》之典。诗对健儿妻又作了具体描绘："轻罗作障面，顾盼生光仪。"前句写形，后句写神。她以轻薄的丝织品遮住脸，露出一双黑白分明的大眼睛，顾盼之间更显得容光焕发，神采奕奕。这样一个美貌出众的女子自然特别引人注目，于是诗又顺理成章地引出其"故夫"。第二层次十句乃借助"故夫"之口交待了其与健儿妻的关系，以及自己重新组合家庭的原委。"故夫从旁窥，拭目惊且疑"之"旁窥"、"拭目"两个动作细节传神地表达出"故夫"意外见到"故妻"时之"惊且疑"的心理活动。其"长跪"动作反映了百姓对官兵的惧怕。"贱子"是"故夫"自称，他唯恐冒犯了"健儿"，所以先声明："贱子分已断，买妇商山陲。"自己与前妻的缘分已尽，且已有了一个新妇。"商山陲"，指今山东桓台东南的商山边。他只提出一个希望："但愿一相见，永诀从此辞。""故夫"意外见到被抢走的妻子，却不敢生破镜重圆之想，只是想作一次"永诀"性的"相见"，真是可悲复可怜！"故夫"不忘与"故妻"结发之情诚然是动人的，而其性格之怯懦亦显而易见。"健儿""尝掠人妻"固然反映其性格中残暴的兽性一面，但亦是战乱环境所造成的，在其内心深处尚有未泯之人性。所以他对"故夫"的恳求生出恻隐之心，同意"故夫"与其"故妻"相见，而当他见到二人"相见肝肠绝"的悲痛情景，竟亦为之"心乍悲"，因为这夫妻相认的场面刺激了自己心中的隐痛，乃情不自禁地倾吐衷肠："自言：'亦有妇'，"在商山与妻"生别离"，这表明他是被抓壮丁而离家的。他当兵"十余载"，仍惦念"故妻""不知从阿谁"。正因为他本身有类似的痛苦遭遇，才在此时显出男子汉的气度："尔妇既我乡，便可会路歧。""乡"通"享"，"会路歧"指分手。这两句意谓：你的妻子既然为我所占有，那么我愿意与她分手。这一层次记健儿的对话，反映了他在战乱时所丧失的人性，在"故夫"妻面前有所恢复。第四层次四句又引出诗中最后一个人物"商山妇"，即"健儿"之"故妻"。"商山妇"见到"健儿"亦悲喜交集，喜的是见到了分别"十余载"的"故夫"，悲的是他又有了"新妇"，不禁啼哭着责怪说："本执君箕帚，弃我忽如遗。"前句"执箕帚"语出《国语》，指做妻子的。后句埋怨丈夫把自己遗弃，其中又有对故夫的眷恋。其啼哭之语反映出她是一个心地善良的女性。诗写"故夫"妻重在写其容貌，而写"商山妇"重在写其语言，各尽其妙。第三部分八句写两对夫妻意外相逢后的喜剧性结局，与开头部分一样采用比兴之体予以表现，显得生动形象,情趣盎然。开头以植物比兴,结尾则以动物比兴,异曲同工。"黄雀从乌飞,比翼长参差":"黄雀"比妻子,"乌"即乌鸦,比丈夫。"比翼"有白居易《长恨歌》:"在天愿为比翼鸟"之意,形容夫妻相随;"参差"写其展翅时一高一低之状,写得甚为细致。这是比喻正常的夫妻生活。但由于客观原因,却出现"雄飞占新巢"即丈夫与故妻分别而有"新妇"之事。"雌伏思旧枝"喻妻子虽有新家却总是怀念旧家。"两雄相顾诧,各自还其雌",是写两位丈夫把现在的妻子互相交换而恢复原来夫妻关系,"相顾诧"的细节写其发现"故妻"在对方身边时的惊讶之态。"雌雄一时合,双泪沾裳衣",是描写"故夫"与"故妻"破镜重圆后感慨万端的情景,悲剧终以"喜剧"结束,故"双泪"洒既悲且喜。这两对夫妻能以"大团圆"结束人生悲剧实属幸运者,但天下因战乱而夫妻各一方者尚有万千,他们的最后命运又如何呢? 诗留给人的联想是深长的。

这个故事,堪称千古奇闻,但"奇"即偶然性中自有其必然性,它是清初战乱所造成的无数家庭离散之现实的典型反映。本诗的妙处,亦在于诗人并非简单地记录此事始末,而是采用艺术手法使之诗意化,将两对夫妻之间的悲喜剧,深化为一幕亦悲亦喜、似喜实悲的社会剧,这显然是继承了汉乐府"感于哀乐,缘事而发"(《汉书·艺文志》)的传统,突出了诗歌的社会认识价值。故沈德潜评之曰:"状古来未有情事,以比兴体出之,作汉人乐府读可也。"(《清诗别裁集》卷三)至于诗的艺术价值,则叶矫然的话可为确评:"奇事奇情,古意翩跹,当与《孔雀东南飞》并传千古。"(《龙性堂诗话》初集) (王英志)

王夫之

【诗人小传】(1619—1692) 字而农,号薑斋,衡阳(今属湖南)人。晚年居衡阳之石船山,自号船山病叟,学者称船山先生。明崇祯十五年(1642)举人。明亡,有志恢复明室,在衡山举兵起义,阻击清军南下,战败退肇庆,任南明桂王政府行人司行人,以反对王化澄,几陷大狱。到桂林依瞿式耜,旋桂林复陷,式耜殉难,乃决心隐遁。辗转湘西以及郴、永、涟、邵间,窜身瑶洞,伏处深山,而治学不倦,勤恳著述垂四十年,对天文、历法、数学、地理学都有所研究,尤精于经学、史学、文学、佛学等。善诗文,也工词曲。他论诗多独到见解,主张"兴、观、群、怨",还主张"情景相生"等理论。其诗气韵沉郁,用意深邃,好使典故,语言瑰奇秾丽。著作经后人编为《船山遗书》。

正 落 花 诗

王夫之

弱羽殷勤亢谷风,息肩迟暮委墙东。
销魂万里生前果,化血三年死后功。
香老但邀南国颂,青留长伴小山丛。
堂堂背我随余子,微许知音一叶桐。

王夫之先后曾写过六组共九十九首《落花诗》,以合阳九之数。《正落花诗》作于顺治十七年(1660),为其中第一组,"以嗣有众什,尊所自始,命之以'正'",凡十首。因为花色红,红即朱,所以诗歌借咏落花,凭吊朱明王朝的灭亡,同时抒写自己的民族气节。上面这一首在组诗中原次第一,主题则以抒写民族气节为主。但它的具体表现相当曲折隐晦,需要细致分析方能明了。

首联"弱羽殷勤亢谷风,息肩迟暮委墙东"。"弱羽"指羽毛单薄的鸟,借比飞花;"亢"同"抗";"谷风"语出《诗经·邶风·谷风》:"习习谷风,以阴以雨。"原意是东风,这里借其"阴""雨"隐指清朝。"息肩"是放下担子;"迟暮"指晚年;"委"即委弃,丢落。上句借漫舞空中的飞花努力抗御谷风,比喻诗人自己早年曾积极参加抗清斗争;下句借飞花委落,暗示自己晚年隐居著述,归做明朝遗民。末了"墙东"一词出自《后汉书·逸民传》:"避世墙东王君公。""汉"字喻明,"逸民"指遗民,"王"字则切合诗人自己的姓氏。这些措辞,看似寻常,实际上却也是很有深意的。

颔联"销魂万里生前果,化血三年死后功"。上句意谓,落花想到自己零落之前,曾在万里之外有所成果,如今都不复存在,不禁黯然魂销。诗人早年曾从事抗清活动,这句中包含着他对事业失败的深重感喟。下句语本《庄子·外物篇》:"(周人)苌弘死于蜀,藏其血,三年而化为碧。"后世敷衍其说,谓苌弘化为杜鹃、滴血成杜鹃花(另一说是蜀王望帝化为杜鹃)。诗人称落花的"化血"是其"死后功",正表现了他生死不渝的坚定民族气节。此意若参看他的词作《鹧鸪天·杜鹃花》之句"红泪滴,血痕埋,他时化碧有余哀",便可更易理解了。

颈联"香老但邀南国颂,青留长伴小山丛"。上句,"但"意为只、仅;"邀",招来之意;"南国颂"指屈原的《橘颂》,其中有"受命不迁,生南国兮"之句。在屈原的本意是指楚国,这里用来比喻故国,与来自北方的清朝相对举。落花虽然残香已老,但它只招来南国的颂歌,来安慰自己的寂寞,这正象征了诗人忠于故国、决不变易的决心。下句,"青"是指花虽落,但树长青;"小山丛"用汉代淮南小山《招隐士》中的典故:"桂树丛生兮山之幽。"这显然是指南明永历帝桂王。当时桂王尚未被杀,诗人虽然因为永历小朝廷的内部矛盾而归隐家乡,但仍然不能忘怀这个为遗民希望所系的末代君主。花落了,红色蚀尽了,但树的青色仍然留着,还永久地伴随着小山上的桂树丛——这,不正是诗人永远忠于故国旧君的象征么?

尾联"堂堂背我随余子,微许知音一叶桐"。"背我"意为背离我,唐代薛能《春日使府寓怀》诗有"青春背我堂堂去"之句;"余子"指平庸之辈,所谓"余子碌碌,不足道也"(《后汉书·祢衡传》)。群花凋谢,象征春去;桐叶飘零,得知秋来:二者都忠实于一个季节,而不像其他花叶、对季节的更换麻木不仁。诗人以落花自喻,而又慨叹知音稀少,因此,桐叶虽然不是春天的产物,也只能勉强许为知音,聊慰愁寂。这个结尾,是非常忧伤的,但诗人如此孤独无友,不亦正反衬出他的坚守节操的难能可贵吗?

这首诗形式上是咏物诗,但实际上却是托物言志,诗歌通过赞美落花的高尚品格,曲折地抒写了自己的坚贞气节,也使读者看到了遗民志士的光辉形象。王夫之的其他近百首《落花诗》,大抵也都和这首诗一样,杂有寄托。其中有的词旨实在过于隐晦,不容易领会其中的真正含义,令人有隔雾看花之憾。这一方面是王夫之个人诗歌创作风格的一种具体体现,另一方面也是清初那个时代社会的一个特殊产物,因为在那种恐怖的历史环境中,诗人不能够说得太显露。但这一首《正落花诗》,含义还是相当明确的,诗的字面句句不脱离落花,诗的含义则处处在表达情怀,因此,它可说是《落花诗》中较好的一首,也是显示诗人功力的一首。 (朱则杰)

补 落 花 诗　　　　　　王夫之

记得开时事已非,迷香逗艳炫春肥。
尽情扑翅欺蝴蝶,塞耳当头叫姊归。
桃李睚争分咫尺,松杉云冷避芳菲。
留春不稳销尘土,今日空沾客子衣。

王夫之的九十九首落花诗,包括《正落花诗》十首、《续落花诗》三十首、《广落花诗》三十首、《寄咏落花》十首、《落花诗体》十首、《补落花诗》九首,都是借咏落花以抒亡国之痛。这里选析的这首诗乃是追怀南明政权的败亡并隐喻其覆灭的原因。隐喻和象征是我国古典诗歌中常用的传统手法,但通篇都以自然景物隐喻社会政治事件的作品尚属凤毛麟角,而像王夫之这样隐喻得极为含蓄、贴切而又极有审美意蕴的佳作更为罕见。

本诗首二句便以比较明朗的笔触点出南明王朝立国时局势已非,而昏庸的福王却沉醉于声色,以为小朝廷可以偷安苟且。"迷香逗艳"寥寥四字便把一个贪图淫乐、醉生梦死的昏聩之君的形象轻轻点染了出来,而"炫春肥"三字则把风雨飘摇中的小朝廷依然歌舞升平盲目自炫的可笑和可悲作了揶揄式的勾勒。"春肥"本来就底气不足,而偏偏要逗艳自炫,这就注定了它必然是短暂的昙花一现。诗人在象征物与被象征物之间找到了对应的契合点和紧密的内在联系,因而读者在文本的意象中便能领悟作者的本质所指及其所要表现的主体意识。"尽情扑翅欺蝴蝶,塞耳当头叫姊归"二句以春花招引蝴蝶、塞耳不闻鹃鸣两组意象,进一步比喻福王朝的奸佞之臣马士英、阮大铖等勾结邪佞,倾陷正直之士,并堵塞言路。"姊归"即子规,杜鹃鸟。"尽情扑翅"写出了围绕福王的那班弄臣飞扬跋扈、不可一世的丑态;"塞耳当头",写出他们堵塞言路,充耳不闻忠告直言,以至大祸当头还执意孤行的颠顶。"欺蝴蝶"与"叫姊归"是两组对应的偏正结构句式,即"欺人的蝴蝶"与"啼鸣的子规",这班奸佞招引前者而憎恶后者正表明他们是在勾结邪佞,排斥忠良。"花花蝴蝶"从来都是邪恶的代表,而"啼血子规"一向就是忠贞的象征。"桃李畦争分咫尺,松杉云冷避芳菲"又以桃李争畦、松杉远避,比喻小朝廷宠臣争权夺利,正直之士只得洁身引退。"畦争"而"分咫尺",表明群小争斗的尖锐激烈,已到寸土不让,锱铢必较的程度;而"松杉云冷"不仅写出了正直之士的高洁特点,也孕含着他们对群小的冷傲和对这个小朝廷的失望和寒心。最后二句"留春不稳销尘土,今日空沾客子衣"以春光终留不住,落花化为尘土,空使客子泪下沾衣为比喻,写出南明王朝终归灭亡,空使遗民悲痛感伤。诗人游刃有余地统以落花为象征,一以贯之,完满地表现了他的所寄寓的情思,诗人的立意之新,构思之巧,运笔之妙亦尽现于我们的体味中矣! (张厚余)

飞　来　船　　　　　王夫之

偶然一叶落峰前,细雨危烟懒扣舷。
长借白云封几尺,潇湘春水坐中天。

作者为明末抗清义士。明亡后隐遁家乡湖南衡阳之石船山,埋头著述。这首诗是描写流经衡阳地段的湘江山水风景,并衬托作者晚年恬淡闲适的心境。

诗一开头就点题:"偶然一叶落峰前",意谓一叶扁舟偶然飞落到湘江支流蒸水畔青峰之前,"峰"当即石船山。此句起势突兀,写出飞来船从天而降之势。诗人不明言"船"而以"一叶"代之,就有"飞来船"轻飘似落叶的美感。"落峰前"也就是停峰前。船主为此处迷蒙清幽的山水所陶醉,故而索性抛锚休憩:"细雨危烟懒扣舷。"春天的潇湘上细雨蒙蒙，雾气高悬，船主的心神已沉浸在迷离的境界中；"懒扣舷"即懒于敲打船舷。这个细节正是描写其"忘我"的神态，仿佛有长久以此处为归宿之意，故云："长借白云封几尺，潇湘春水坐中天。"意谓借水中白云界定几尺范围作为其"领地"，可以长久地坐于"潇湘"即湘江的春水中的天空上而悠然自得。这两句的意境十分空灵。船既已停在峰前的"细雨危烟"之中，船主又坐在湘江春水中的白云青天之间，真如同置身于世外桃源。这真令诗人羡慕不已。而诗人在对"飞来船"的审美观照中，自己仿佛亦置身船上，其性情亦得到了陶冶，心灵仿佛得到了返归自然的解脱。真是"此中有真意，欲辨已忘言"（陶潜《饮酒二十首》）。

作者《薑斋诗话》论诗"有大景，有小景，有大景中小景"，并可"从小景传大景之神"。这首七绝即属于"以小景传大景之神"之作。诗人以"一叶"小舟而"长借白云封几尺"的"小景"的逼真描写，传出"潇湘春水"、"细雨危烟"及巍巍青峰、渺渺云天之"大景"的恬静、清幽之"神"，而作者冲淡平和的心境亦得以寄托。

（王英志）

悼亡四首（选一）　　王夫之

十年前此晓霜天，惊破晨钟梦亦仙。
一断藕丝无续处，寒风落叶洒新阡。

这首七绝是追悼亡妻之作。作者论诗曾云："不能作景语，又何能作情语邪？古人绝唱多景语，……而情寓其中矣。"（《薑斋诗话》卷二）作者确实深谙作诗之奥妙。此诗即无一语直接言悲说哀，但诗中勾勒的景物，却都浸透了诗人悼念亡妻的悲哀之情，读后令人为之动情。

诗人的妻子逝世已整十年，在她忌日来临之际，他平时郁结于心中的怀念亡妻的感情乃有了宣泄的契机，于是借诗回忆当初妻子与自己永诀时的悲凉情景："十年前此晓霜天，惊破晨钟梦亦仙。"首句点出妻子亡故的时间，那是十年前的今日，一个寒霜凄冷的清晨。"晓霜天"三字是写景，但那清冷的氛围分明与诗人当时的凄凉的心境相吻合；次句意谓在晨钟声惊破人的残梦之时，妻子亦遽然仙逝。"惊破"二字有灾难猝然而至之感，反映出作者对妻子的谢世毫无思想准备，他经受的是晴天霹雳般突然而沉重的精神打击。但这些意思都蕴含在"惊破晨钟"的意象之中，并不直言道出。人死不能复生，从此夫妻永隔于阳世与阴间，诗人对自己当时那种孤独无偶之悲哀以"一断藕丝无续处"的比喻来表达，形象而深沉。常言"藕断丝连",比喻人虽分离而感情相通,但前提是两人都活着,作者的妻子已死,则藕断丝亦断矣,再也不能相续了。语句看似平淡,但仔细体味,却可以感觉到作者心灵那无声的悲泣。最精彩的是尾句"寒风落叶洒新阡。"藕断丝绝,妻子长眠于地下,只见寒风裹挟着落叶洒在亡妻新筑的墓道上。这是典型的以"景语"写"情语"的诗句,作者那萧瑟凄冷的心绪、孤寂无依的悲哀,都寄寓在"寒风落叶"之中,长留在亡妻的墓前了。

写此诗时妻子逝世已十年,经历了如此漫长的岁月,作者还能真切地感受到并传达出当时的悲哀的心境、凄冷的场景,可见时间的流水始终没有冲淡他对妻子的深情。相反,随着岁月的风尘的积聚,他对亡妻的悲悼之情益显得深厚。这似乎是题外之义,却是我们应该体察到的。

(王英志)

【诗人小传】

毛先舒

(1620—1688) 字稚黄,后更名骙,字驰黄,浙江钱塘(今杭州)人。明诸生。受业于陈子龙,又从刘宗周讲学。明亡后不求仕进。曾从事音韵学研究。也能诗文。其诗音律规整,为西泠十子之首。与毛奇龄、毛际可齐名,时称"浙中三毛,文中文豪"。著有《思古堂集》《诗辨坻》《东苑诗文钞》《韵学通指》《南曲正韵》等。

吴 宫 词 毛先舒

苏台月冷夜乌栖,饮罢吴王醉似泥。
别有深恩酬不得,向君歌舞背君啼。

李白有乐府诗《乌栖曲》,起句云:"姑苏台上乌栖时,吴王宫里醉西施。"毛先舒这首《吴宫词》的开篇,稍稍更易李诗字句而别出新意。李诗写吴王夫差宠西施,陶醉于醇酒妇人之中,终致国破身亡,意在讽唐玄宗宠杨妃事,重点写吴王。毛诗的主人公是西施,写西施报吴振越的内心矛盾。作意不同,起笔的色彩氛围便大异其趣。读李诗前两句,仿佛见姑苏台中,暮色渐起,灯红酒热,一派温柔绮靡。毛诗用了"月冷"二字,便觉得欢宴已过,丝竹沉寂,唯有夜月凄迷,照在西施身旁沉醉如泥的吴王身上。这样的环境气氛,酝酿出西施许多心事。如此起笔,便为后两句——诗的主旋律的出现敷上了遥夜岑岑、幽思悄悄的神秘色彩,给主人公纷繁杂沓的心理活动作好了铺垫。

古人论诗,有"袭辞""袭意"之说。毛先舒如此开篇,与李诗辞同而气象不同。后面两句,更是辞意俱新,闪现出崭新的思想光辉。

西施自越入吴,是奉有越国的特殊使命的。越人想用西施的美艳柔媚,迷惑夫差,隳其心志,乱其朝政。西施对这一特殊使命,起初她是乐于接受的。但一旦到了吴国,夫差对她百般爱幸,居姑苏之台,擅专房之宠,还为她建"馆娃宫",作"响屧廊",修"消夏湾"给她避暑,筑"鱼城""鸭城"以满足她的口腹之好。几年的朝夕相处,宠爱不衰,西施感到吴王对于她的情意已超乎一般的淫乐之上,对此她不能毫不动心。眼前看着这位被她迷惑、愚弄得一醉如泥的吴王,她不能不感到几分怜惜,几分内疚。何况,当年越国破吴,杀伤吴王阖闾致死;现在夫差报父仇,破越国,却并未诛杀越王勾践。虽羁辱于石室,最终还是释放他回到越国。这位吴王夫差的为人,在愚昧荒淫中究竟还有几分宽厚。在这月冷乌栖的晚上,西施想到自己既不能负越国的重命,又难忘吴王的深恩,她的内心是十分矛盾痛苦的,因此,宴中"向君歌舞",宴后则不能不"背君啼"。

西施是古代中国著名的美女,她身不由己地卷入了当时的政治斗争和诸侯矛盾之中,作了牺牲。唐人咏西施的诗不少。李白五古《西施》结句云:"一破夫差国,千秋竟不还",哀其破吴后被越后负石沉江,只是泛泛的同情。王维《西施咏》,也不过借"艳色天下重",写世情冷暖,发个人感慨;这位曾经同情息夫人的大诗人,却没有赐给西施多少同情。到了晚唐,皮日休《馆娃宫怀古》"越王大有堪羞处,只把西施赚得吴";陆龟蒙《吴宫怀古》"吴王事事堪亡国,未必西施胜六宫",一个讽刺越王勾践用美人计,不知羞耻;一个批评吴王夫差自取灭亡,即使没有西施,一样会亡国。千百年来,人们似乎把西施看作一件报仇复国的秘密武器,忘记了她是有血有肉、有丰富感情的女人。时代在前进,价值观念在更新。到清代,是毛先舒,第一个把西施当作普通、善良的少女来看待,承认她有被人爱也能爱人的权利,理解她承受的理性与感情矛盾冲突的痛苦;懂得爱火可以融化仇恨。又过了将近一百年,袁枚写的《西施》,承此一意而手法上更创新意:"妾自承恩人报怨,捧心常觉不分明。"我深深感激吴王对我的恩宠,我有自己的感情;你们越国君臣却只想到利用我报覆国之怨,双方立场不一样,对吴王的心情也就不同。当我心痛发作的时候,连自己也弄不清究竟是疾病作祟还是感情上的矛盾害得我痛苦捧心。袁枚用"西子捧心"这一形象写西施的矛盾痛苦,比毛先舒"向君歌舞背君啼"更切合西施的典型形象。但,这种识见毕竟比毛先舒晚了一百年。是毛先舒,最先承认了这个少女的感情权利,宣告了人性的萌动与觉醒。这就是前面说的"辞意俱新"。无怪乎王士禛《渔洋诗话》说:"予最喜毛武林(先舒字)咏西施句云:'别有深恩酬不得,向君歌舞背君啼',此言未经前人道过。"(赖汉屏)

【诗人小传】

宗元鼎

(1620—1698)　字定九,号梅岑,别号小香居士,江苏江都(今扬州市江都区)人。康熙十八年(1679)贡太学部考第一,铨注州同知。未及仕,卒。元鼎善为古文词,尤工于诗。王士禛称他善学《才调集》。与弟元豫、元观,从子之瑾、之瑜皆工诗,时称"广陵五宗"。著有《新柳堂诗集》、《芙蓉集》及《小香词》等。

冬日过甘泉驿

宗元鼎

记得当年来古驿,马鞭带雪系楼前。
双柑香溅佳人手,半臂寒添酒客肩。
忽见荒堤摧暮草,空伤衰榭没寒烟。
风尘满目深惆怅,却望谁家寄醉眠。

诗题中的"甘泉驿"大概是江苏扬州境内的一所古驿站。扬州西北有甘泉山,驿站因山而得名。

全诗分前后两个部分,通过对甘泉驿前后不同境况的描绘来形成强烈的对比,借以抒发诗人胸中的深沉感慨。

"记得"以下四句是上半部分,写的是古驿当年的情景。在冬日,诗人冒着风雪,策马来到这所古驿。他把沾满雪花的马匹和马鞭系在楼前,进入驿内,于是便出现了颔联中所写的"双柑香溅佳人手,半臂寒添酒客肩"这样令人神摇意夺的场面。古代的驿站是专供来往官员、旅客歇宿或换马的所在,类似现代的招待所,由于扬州历来是风月繁华之地,所以驿站内也不乏声色之娱。芳香四溢的双柑递自佳人之手,把御寒的半臂(一种短袖或无袖的衣服)加在酒客的肩上,这两个细节所透露出来的诸般风情,已不消细说。尽管驿外风雪迷漫,天寒地冻,在驿内却是那样风光旖旎,酒酽春浓,此种情景,自然会给诗人留下深刻印象。

"忽见"以下四句是下半部分,写眼前所见景象。"忽见荒堤摧暮草"中的"荒堤",当即历史上有名的隋堤。据《扬州府志》记载:"隋开邗沟入江,旁筑御河,树以杨柳,今谓之隋堤。"当年隋炀帝巡幸扬州时,这里曾经是一片锦绣繁华,而到了现在,荒堤上的草已被摧折得有气无力,旧日的台榭楼阁也已消失在寒烟之中,过去的繁华已成为历史的陈迹,眼前的凄凉令人不胜感慨。"忽见"、"空伤"二语恰到好处地表现出诗人此时此地的心情:前者表示对眼前世事沧桑的惊愕诧异;后者说明他虽然满怀伤感,但也无可奈何。"风尘满目深惆怅,却望谁家寄醉眠"二句进一步抒发他此时悲凉、落寞的心情。现在不仅"双柑香溅佳人手,半臂寒添酒客肩"的情景已不可再得,就连一个可供醉眠的所在,也不知从何处去寻找了,这自然要使他深深为之惆怅不已。

扬州地处运河要冲,在古代是两淮盐运中心,经济、文化都很繁荣。但它又屡次经受战争的摧残,南朝鲍照的《芜城赋》、南宋姜夔的《扬州慢》词都曾描写过扬州遭兵燹后的残破景象。宗元鼎此诗作于清代初期,此时离清兵入关、南下为时还不很远。王秀楚《扬州十日记》中所载清兵在扬州的屠杀、破坏等暴行,作为扬州本地人的宗元鼎当然曾经目击身受(当时他已二十六岁),因此,尽管这首诗写得十分含蓄隐蔽,但我们仍不难推知,诗中的感慨实际上是对劫后的扬州而发。那面目全非的甘泉驿,那荒堤上的衰榭暮草,都只是经过1645年那场空前浩劫的扬州的缩影。

清初诗坛权威王士禛十分欣赏此诗,曾特地摘出其中"双柑香溅佳人手,半臂寒添酒客肩"二句,说它们像《才调集》中的诗句。《才调集》是五代后蜀韦縠编选的唐人诗集,由于编选者根据自己的艺术倾向来决定取舍,故选入的作品以风格秾丽的为主,擅写艳情的诗人如元稹、李商隐、温庭筠、韦庄等都有大量作品选入。所以说那两句诗像《才调集》中语,实际上就是说它们风格艳丽,迹近唐人温、韦一派。不过,这只能就那两句而言,至于全诗,则远非"艳丽"二字所能概括。特别是在后半首中,诗人的惆怅、迷惘心情曲折地反映了那个时代的悲剧,是很有一点悲凉意味的。

(范民声)

丁　澎

【诗人小传】

(约1661年前后在世)　字飞涛,号药园,仁和(今浙江杭州)人。少有隽才,名布江左。与仲弟景鸿、季弟溇皆以诗名,时称"三丁"。又为"西泠十子"之一。顺治十二年(1655)进士,授刑部主事。十四年,充河南乡试副考官。浻陵郎中。因事谪塞上。卜筑靖安之东冈,躬自饭牛,与牧竖同卧起。居五年,乃得归。著有《扶荔堂集》及《信美堂诗选》。

度岭见长城

丁 澎

岭阪风回树郁盘,长城如带雾中看。
随阳雁断天疑尽,背日峰高夏苦寒。
沧海不沉秦女石,浮云欲动楚臣冠。
《伊州》一曲先挥泪,况是亲经行路难。

长城是中华民族的骄傲,也是英雄与苦难的象征。见到长城者莫不思绪万千,更何况诗人是在触犯了清朝科场规则被革职抄家,流放到辽东尚阳堡(今吉林省洮安县)之后,心境格外艰辛复杂,当他登上高耸入云的山岭,朦胧中见到那将自己隔离在关外的万里长城时,思乡思国的深情、满心的委屈与苦衷都憋不住一涌而出,融化在大自然的山光云色之中。因此,诗人虽以较多的笔墨描述登岭见长城的宏伟壮丽景色,却似见到久别的亲娘向他喃喃地倾诉着自己踏上人生旅途中的心酸与苦痛。

首联点题,第一句写"度岭",第二句写"见长城"。诗人写度岭,不是记述攀登时途中所见所闻,而是登上高峰俯视那丛林茂密、曲折陡斜的山坡。以"回""盘"言度岭路途的艰难曲折为抒怀奠基,更以风回树郁言岭之高为写景辟径。因为是在重重叠叠的山岭之上,山气重重如雾,视长城犹如飘浮其中的一根长带子。以"带"形象地比喻曲曲折折的万里长城能给人以美的联想,是这条彩带紧紧系住祖国山河。然而,对诗人来说,正是这条长带把自己与亲人隔绝,见到它乡情更切。那回旋的风,郁郁葱葱的树,茫茫的雾都似积蓄在胸腋中的苦闷与愁绪。

颔联写高岭上的奇异风光,亦是借景承上联进一步抒情。"随阳雁断天疑尽"从视觉写山之高,若不是有大雁飞翔都看不出岭上还有天的存在,因而日落雁飞断时就仿佛已无天日,表现出诗人心境异常孤寂。下句"背日峰高夏苦寒"从感觉写山之高。尽管是在暑夏时登临,却觉得冷得厉害。诗人以"天疑尽"的错觉与"夏苦寒"的反常生活现象生动地描写了山势的高耸及人的孤独凄凉。

颈联则居高临下触景生情。俯瞰那云海中群峰怪石有的似美女,有的似戴着高冠的文臣士子,诗人运用拟人手法把自然景色写得生动美妙,对仗极其工整而又有丰富的形象性。更有那悠悠浮动的白云引起诗人的多种遐想,回忆起往日在西湖当西泠才子时的风流,咀嚼着如今流放饭牛的滋味,酸甜苦辣俱全。不禁想起唐白居易的《伊州》诗句:"老去将何散老愁,新教小玉唱《伊州》。亦应不得多年听,未教成时已白头。"

尾联系借白诗意境抒怀,但有所创新,以"先挥泪""亲经行路难"表现更深的悲愤感情,言外之意,人未老已先愁,愁抱负不得施展,饱尝人世沧桑,不用听小玉唱《伊州》已泪水纵横。"亲经"增强哀愁的感染力、说服力。"行路难"三字照应首句,不仅使末句情中有景,而且点燃全诗脉络,给景中抹上悲愤凄苦的色彩。那曲径、归雁、苦寒似乎都在迤逗诗人伤心落泪。以"况是"连接两句遂使主题深化,诗人不单是为暮年而惆怅,更多的是为人世间行路难而忧虑。

综上所析,这首诗在写作手法上,着重以景抒情,善于捕捉最有代表性又最奇特的景色进行描摹。紧紧围绕一个"高"字,立足高度观景,并交错运用比喻、拟人等技巧使诗格外生动新颖。但使人深深感动的原因还在于景与情的高度融化。如果你了解丁澎的不幸遭遇就不会读后只被雄伟壮丽的景色所吸引而心旷神怡,而是听到了诗人的叹息和对世道艰难社会黑暗的控诉,有景尽情不尽,语尽意不尽,兴尽味不尽之妙。

(宛新彬)

诗人小传

潘 高

(约1722年前后在世) 字孟升,号鹤江,江苏金坛人。秀才。王士禛称其五言诗"清真古淡"(《渔洋诗话》)。著有《南村集》。

秦淮晓渡　　　　潘 高

潮长波平岸,乌啼月满街。
一声孤棹响,残梦落清淮。

这是一首描写金陵(今南京)秦淮河景色的绝句。作者潘高是清初诗人,据说作此诗时金陵诗社诸名流都在,人人以《秦淮晓渡》为题赋诗,一争优劣。当潘高出示此作后众人皆敛手叹服,一致推为绝唱。这首诗写得极短,只用了淡淡几笔便勾画出一幅动人的秦淮晓渡图,情意绵邈,韵味悠然。

诗的前两句扣住了题目上的"晓"字,为后面描写渡船创造了一个特有的环境。清晨的河面雾气很重,远处境况朦胧不清,只看见脚下河水漫长上来,与岸沿相平,由此可知河水正涨早潮。第一句从岸边落笔,写出了凌晨的河面景象,用墨精炼。下一句写岸上的景色。残月未隐,清辉满街,街上寂静无人。只有栖在树头的乌鸦偶尔发出几声啼鸣,乌鸦的叫声更增加了街面的冷落气氛。此时整个金陵城都还在沉睡当中。这一句借岸上的空寂来表现环境的宁静,一个"晓"字已呼之欲出。

诗的后两句扣住了题目上的"渡"字。诗人从桨声着笔,独具慧眼。因为清晨的声音是最有穿透力和表现力的。"一声"不够再缀以"响"字,生动地描绘出船桨划碎河面宁静的那一瞬间的情景。桨声传送得很远很远,回荡在空寂的水面上,具有特殊的渲染气氛的效果。句中的"孤"字并不是重复词,它描绘的是一只孤舟独自在河面上漂流。如果联想到这里曾是六朝旧都所在地,联想到诗人刚刚经历过的明清鼎革的动乱,"孤"字所蕴含的意义就异常丰富、深刻了。末句是全篇的点睛之语,"残梦落清淮"。"残梦"是被桨声惊醒的,谁的残梦呢?诗人的,也是秦淮河的。诗人的残梦是兴亡的演变和历史的重温,秦淮河的残梦则是消散的晨雾和天边的淡月,它们合而为一了。"落"字更是千锤百炼,精湛无比,将无形的梦幻形象化了,一方面表现了残夜的消失和拂晓的来临,与前三句的描写相呼应;另一方面遐想与现实在这里交汇,此起彼落,体现了一种感情上的跌宕和对比,情感与景物完全融合不分了。

沈德潜评价潘高的诗说"绝无雕饰而自然合度",确为中的之言。　　　　(王小舒)

【诗人小传】

毛奇龄

(1623—1723)　本名甡。字大可,一字齐于。号初晴,又以郡望称西河,浙江萧山人。康熙十八年(1679)应博学鸿词试,官翰林院检讨,明史馆纂修官等职。通经史及音韵学,所撰《四书改错》,对当时用以科举取士的朱熹《四书集注》有所抨击。擅长骈文、散文,工诗词。其诗规模唐人,而能自出新意。从事诗词的理论批评。著有《西河诗话》、《西河词话》。又通音律,撰有《竟山乐录》、《春秋毛氏传》、《故尚书冤词》等书。后人编为《西河合集》。

赠　柳　生　　　　　　　　　　　毛奇龄

流落人间柳敬亭,消除豪气鬓星星[①]。
江南多少前朝事,说与人间不忍听。

〔注〕①鬓星星：两鬓斑白。谢灵运《游南亭》诗："星星白发垂。"

柳敬亭是明末清初一位颇富传奇色彩的人物。他本姓曹，名永昌，号逢春，后因避捕改姓易名。十八岁开始学习说书，先后在扬州、杭州、苏州、南京等地献艺，擅说《隋唐》、《水浒》，名扬一时。清军南下之际，明将左良玉引兵相拒，柳敬亭在左良玉幕府中供事，并深受左良玉的赏识。左良玉曾派柳敬亭出使南京福王朝廷，南明朝中上下皆以柳将军相待。左良玉死后，他重操旧业，流落各地，年八十仍坚持说书。

诗人毛奇龄比柳敬亭要小三四十岁，但从这首赠诗来看，两人也曾有过交往。此诗以"流落人间柳敬亭"开头，一股悲凉气氛油然而生。名震一时的柳敬亭曾出入朝廷，交接王侯，而今却流落于民间。这不仅是对柳敬亭个人遭遇的描述，内里也透露出了朝代鼎革的黍离之悲。紧接着诗人用"消除豪气鬓星星"写出了柳敬亭内心外貌的巨大变化。曾几何时，柳敬亭豪爽任侠，颇受名人推重。黄宗羲为他作传，称"敬亭既在军中久，其豪猾大侠、杀人亡命，流离遇合、破家失国之事，无不身亲见之；且五方土音、乡俗好尚，习见习闻。每发一声，使人闻之，或如刀剑铁骑，飒然浮空；或如风号雨泣，鸟悲兽骇。亡国之恨顿生，檀板之声无色，有非莫生之言可尽者矣。"为何这样一位虎虎有生气的豪士，却"消除"了豪气？不能不引起人们的深思。国破家亡、异族入侵固然使柳敬亭义愤难平；南明小王朝的腐败龌龊、文臣武将的明争暗斗更使柳敬亭悲伤哀怨。眼看双鬓染霜、垂垂老矣，而复明大业毫无希望，怎能不使他"豪气消除"？

尽管豪气消除了，但他仍不能使内心平静。诗的最后两句便刻画出了柳敬亭如何将满腔的悲愤，借着前朝之事倾吐给人们。他亲眼目睹了南明王朝的覆亡，讲述之中必定会融进自己的切身感受，这就与说《隋唐》、《水浒》只是给人以艺术的享受大不相同了。当年他说武松打虎，"其疾徐轻重，吞吐抑扬，入情入理，入筋入骨"(张岱《柳敬亭说书》)。如果说这种艺术功力来自他的虚构与想象，那么，现在讲述"江南多少前朝事"，就完全凭着他真实深沉的情感了。正因如此，他的讲述再也不能等同于以往的说书；人们听他的讲述也绝不再是为了艺术的享受，难怪要"说与人间不忍听"了。

全诗具有较强的艺术概括力，在有限的字句之内，容纳了比较丰富的历史内容。诗人的故国之思含而未露，更加耐人寻味。

(王　平)

览　镜　词　　　　　　毛奇龄

渐觉铅华尽，谁怜憔悴新？

与余同下泪,只有镜中人。

　　思妇题材早已是一个陈旧的题材,很难写出新意。毛奇龄的这首五绝通过"览镜"这一特定的情节来刻画人物的心理活动,就有些别致。"渐觉铅华尽,谁怜憔悴新",其意略同于"自伯之东,首如飞蓬。岂无膏沐,谁适为容?"(《诗经·卫风·伯兮》)但通过主人公对镜自伤的情景来表现,就有了一种顾影自怜的楚楚动人之感。"铅华尽"是因为不再化妆的缘故,故着"渐觉"二字。忧能伤人,使人憔悴。加之未施脂粉,更难掩饰。"谁怜"云云,则唯有自怜而已。此诗精彩处还在后二句,分明只是无一人耳,只是独自垂泪耳,却偏道:"与余同下泪,只有镜中人。"而那个"同下泪"的"镜中人",乃是主人公的影子。这里当然寓有巧妙的构思。但那也是对镜伤怀的人必然产生的一种心境,有其自然真挚者在。苏东坡《木兰花令·次欧公西湖韵》:"与同是识翁人,唯有西湖波底月。"只是强调识欧公者天下唯我一人而已,却偏拉入明月,便道得有味,与此诗构思措辞异曲同工。前人说,绝句贵取径深曲,或正意反说,总不直致。此诗即得个中三昧。

(周啸天)

魏　禧

（1624—1680）　字冰叔,又字叔子,号裕斋,又号勺庭;江西宁都人。明末诸生,明亡后隐居翠微峰。他与兄际瑞、弟礼,都以文章著称,时人号"宁都三魏"。清康熙中荐举博学鸿词,称病不赴。其诗苍古质朴而有风致。著有《左传经世》、《魏叔子集》等。

登雨花台　　　　魏　禧

生平四十老柴荆①,此日麻鞋拜故京。
谁使山河全破碎?可堪翦伐到园陵②。
牛羊践履多新草,冠盖雍容半旧卿③。
歌泣不成天已暮,悲风日夜起江声。

〔注〕① 老柴荆:老于茅屋,表示甘守贫贱。　② 园陵:指南京钟山的明太祖朱元璋墓。　③ 冠盖:官僚们的冠服车盖。雍容:华贵的样子。

　　魏禧是一位极富民族气节的文人。他生于明末,明亡后,与兄际瑞、弟礼隐居翠微山,筑室号"易堂",授徒著述,有"宁都三魏"之称,又与彭士望等称"易堂九子",而以禧之文名为最著。他深怀亡国之痛,在《许秀才传》中沉痛地说:"禧亦故诸生,方偷活浮沉于时,视二许能不愧死入地哉?"他的散文多表彰抗敌殉国和坚守志节之士,他的诗歌多抒写故国之思和国破之悲。这首《登雨花台》诗就表达了他对明清易代的伤感哀痛。

雨花台是坐落在南京城南的一处名胜,登高远眺,诸景诸色,尽收眼底。南京曾是明代建国之初的都城,明朝开国皇帝朱元璋的墓就在南京钟山之上;南明福王朝廷也曾建都于此。诗人登上雨花台,举目四望,不禁感叹万分。开头两句不仅点明了诗人的布衣身份,而且还隐含着一股豪气。魏禧在明亡之后,绝意仕进。清统治者为笼络文士,曾诏举博学鸿词,他拒绝应试,因此年至四十,仍甘心老于茅屋。"麻鞋"乃乡间野老所穿,杜甫曾以"麻鞋见天子,衣袖露两肘"的诗句表示对唐王朝的耿耿忠心。在山河破碎、江山易主的时刻,魏禧以"此日麻鞋拜故京"表达了更为深沉浓重的情感。

三、四两句诗人心头的怒火陡然升起,诗人发出了激愤的责问:究竟谁是国家灭亡的罪魁祸首?表现了诗人对祸国殃民者的仇恨和对历史的反思。"全破碎"的"全"字含义深刻。金瓯破碎,竟然无一可以幸免,而且是在极为短暂的时间内遭到了迅速覆灭的命运。福王朱由崧即位南京之后,阉党余孽马士英等把持了朝政,不积极备战,以图恢复,反而倒行逆施,大兴土木,恣意荒淫,遂使山河全部为清所有。战火遍地,四处疮痍,甚至明朝开国皇帝的陵墓也难逃厄运。这实在是令人难以容忍的奇耻大辱,诗人用"可堪翦伐到园陵"表达了痛心疾首的义愤之情。其中有对断送国家者的鞭挞,也有对异族入侵者的控诉。

五、六两句诗人内心的怒火转化为憎恶怨恨,从而使全诗的内蕴更加深邃和丰富。"牛羊践履"既是实写眼前景,又是对异族侵略者的微妙讥讽。作为刚从游牧部族进入关内的清人,牛羊的践踏锦绣江山,就如同他们的铁蹄在蹂躏着大江南北。"多新草"三字含义深长,形象地描绘出了被牛羊践踏的田园一片荒芜,只有野草时时更新的景况,黎民百姓的悲惨处境也就可想而知了。与此相对的却是雍容华贵的冠服车盖,前呼后拥,招摇过市。更令人触目惊心者还是"半旧卿"三字,那些曾在明朝为官为宦的权贵们,在异族入侵者面前卑躬屈膝,侧姿求媚,摇身又变成了当朝的新贵。他们毫无民族气节,不顾国家生死危亡,只知追求个人安乐,不正是这些民族败类葬送了明代的江山吗?这就与上一联"谁使山河全破碎"紧紧呼应起来。"冠盖雍容"与诗人"柴荆""麻鞋"的身份相映衬,表露出"冠盖满京华,斯人独憔悴"之意,诗人强烈的民族气节也就愈加分明。"多新草"与"半旧卿",一新一旧,新草遮盖的是旧日山河,旧卿却扮演了新贵的角色。由此不难见出诗人锤字炼句之工。

最后两句,诗人在雨花台上陷入了深深的沉思之中,满腹的悲愤还未倾吐净尽,不觉暮色已经降临。作者的真挚情感甚至打动了天地万物,只见凄风悲号,江水痛哭,日夜不息。正所谓"登山则情满于山,观海则情溢于海",达到了"感天地、泣鬼神"的程度。全诗也就在这悲风声中收束。

这首诗以情感的起伏变化为线索,题为"登雨花台",笔墨却并没有以景物为主,而是倾尽全力喷涌出深沉浓烈的愤激哀怨之情。这些情感又集中于明代开国皇帝的陵墓被践踏剪伐这一具体事物景象之上,使情感具有了坚实的基础,更能引发人们的共鸣,使人们的心灵受到无法抑制的颤动,从而增强了诗的力度。

(王　平)

【诗人小传】

汪琬

(1624—1691)　字苕文,号钝庵,晚号尧峰,又号玉遮山樵。长洲(今江苏苏州)人。顺治十二年(1655)进士,授户部主事,屡迁刑部郎中,因奏销案降北城兵马司指挥。再迁户部主事,被疾假归,结庐尧峰山,闭户著书。康熙十八年(1679)召试"博学鸿儒"科一等,授翰林编修,纂修《明史》。在史馆六十日,撰《史稿》,又因病乞归,遂不出。论文要求明于辞义,合乎经旨。以诗受知于龚鼎孳,其七绝诗时露俊警,古体诗圆融浏亮。其文灏瀚疏畅,叙事有法度,尚雅洁。古文与侯方域、魏禧并称三大家。著有《钝翁类稿》、《尧峰文钞》等。

寄赠吴门故人　　　　汪　琬

遥羡风流顾恺之[①],爱翻新曲复残棋。
家临绿水长洲苑,人在青山短簿祠[②]。
芳草渐逢归燕后,落花已过浴蚕时。
一春不得陪游赏,苦恨蹉跎满鬓丝。

〔注〕　① 顾恺之:东晋时无锡人,博学多才,尤善绘画。见《晋书》本传。　② 短簿祠:《吴郡志》:"短簿祠在虎丘云岩寺。寺本晋东亭献穆公王珣及其弟珉之宅,珣居桓温征西府时号'短主簿',俗因以名其祠。"

由明入清的文人几乎都难以摆脱出仕与隐居的矛盾纠缠。儒家入世的人生观鞭策着他们积极踏入仕途；异族入侵的现实、民族意识的观念又肯定着隐居的人生路途。汪琬二十岁时正值清兵入关，他的家乡也曾被践踏蹂躏。然而他毕竟尚未做明朝的官员，因而参加清廷的科试，穿上清朝的官服，也不算变节可鄙。尽管如此，他内心仍不能完全趋于平衡，那股失意的情绪、不平的感慨，时时袭上心头。这首《寄赠吴门故人》便是这种矛盾心境的流露。

　　所谓"吴门故人"，是指作者的挚友顾苓。他在明亡之后隐居不仕，吟赏山水，棋曲自娱，颇得人生乐趣。相反，作者汪琬却羁身宦途，不能尽游赏之乐。所以诗的开头两句"遥羡风流顾恺之，爱翻新曲复残棋"，表明了对顾苓所选择的隐居生涯的钦羡之情。将顾苓直接比作才华绝世的顾恺之，更为充沛地肯定了顾苓的人品才学；以谱制新曲、复录棋局概括顾苓的生活乐趣，更能衬托出自己宦途的忙碌无聊。

　　"家临绿水长洲苑，人在青山短簿祠"，这两句写顾苓隐居地的名胜，进一步抒发自己对顾苓的羡慕与向往。长洲苑与短簿祠都是苏州的游览胜地，"绿水"、"青山"描绘出了环境的优美动人，"家临"、"人在"则刻画出了顾苓徜徉于名胜古迹、绿水青山之中的自得。仿佛人与景物完全融化在了一起，彼此毫无阻隔，这正是作者所向往、所追求的人生乐趣。"芳草渐逢归燕后，落花已过浴蚕时"，这两句紧承上联，从季节景物入手，写顾苓隐居生活所具有的盎然生机。作者选择春天的景象，芳草、归燕、落花、浴蚕，使生活充满诗意，充满春的气息。这与作者所处的官场又形成了鲜明对比。

　　最后两句"一春不得陪游赏，苦恨蹉跎满鬓丝"，是作者对仕途生活厌倦悔恨情感的直接表白。"苦恨"两字有力，"蹉跎"一词真实感人。作者内心的苦恼、烦闷、彷徨、矛盾，通过这四个字贴切准确地揭示了出来。明知这是生命的浪费，却不得不继续敷衍周旋；明知这与自己的志趣相违背，却不能与之彻底决裂，其中的苦涩滋味只有当事者才能品味得出。所以作者写来也就分外的真切感人。

　　这首诗以赠友人为题，抒发了对友人的赞慕之情，又表露了难以直陈的心曲。含蓄蕴藉，深沉真挚，具有较强的艺术感染力。

（王　平）

月下演东坡语(二首选一)　　　　汪　琬

自入秋来景物新，拖筇放脚任天真。
江山风月无常主，但是闲人即主人。

宋代苏轼(别号东坡居士)在《前赤壁赋》中说:"天地之间,物各有主,苟非吾之所有,虽一毫而莫取。惟江上之清风,与山间之明月,耳得之而为声,目遇之而成色,取之无禁,用之不竭。"诗题中所谓"演东坡语",即发挥上面这段话的意思。诗中的"筇"(qióng穷),指竹制手杖;"天真",是说不受拘束的真性情,与杜甫《寄李白》诗中的"剧谈怜野逸,嗜酒见天真"的"天真"同义。

写作此诗时,看来诗人的年事已高。何以见得?一则外出已要手杖陪伴,二则已以"闲人"自居——这就不是"又得浮生半日闲"的暂得宽余,而是在摆脱俗务、参透人生以后不复有所牵挂的真正闲适。同时从诗中又可知道,其时诗人身体尚健,心情不恶,故而注意到了入秋以来的景物变化,并以相当饱满的游兴于月白风清之夜任情适性,悠然出游。

诗的前两句述出游的情事,后两句抒出游的感想。前两句实写,是对"东坡语"的实践,清风明月悠然入怀,物我合一,携杖信步,其乐融融;后两句虚写,是对"东坡语"的发挥。苏轼只是泛说"天地之间,物各有主",具体到自然景物,则认为人人得以享用,人人都是大自然的主人。诗人汪琬则进一步认为,江山风月的主人并不是一成不变的,人员的更迭固然是变,而即使是同一人,也因心情之异而有所不同:心闲方能成为大自然的主人,若心为俗务牵累,是不可能欣赏到大自然的美色的。诗人从亲身的生活体验中提炼出来的"但是闲人即主人",富于哲理性,从物我关系上说明了审美主体的状况对于把握客体、获得美感的重要性。对审美过程中主客体关系的探讨,在先秦以来的美学思想中早已有之,但诗人并不是在作理论上的简单重复,而是以极富于情韵的笔调,通过诗的意境加以表现。由于抒情议论的成分与叙事相结合,实写与虚写相统一,全诗就显得既亲切感人而又丰富深刻。尤其是后两句,极浅俗,又极精警,将人人心中所有而又口中所无的一层意思和盘托出,更足以摇荡性灵,取意至为深刻。　　(陈志明)

玉　钩　斜[①]　　　　　　　　汪　琬

月观凄凉罢歌舞[②],三千艳质薶荒楚[③]。
宝钿罗帔半随身[④],踢作吴公台下土[⑤]。
春江如故锦帆非[⑥],露叶风条积渐稀。
萧娘行雨知何处[⑦]?惟见横塘蛱蝶飞[⑧]。

〔注〕①玉钩斜:地名,在今扬州。宋陈师道《后山诗话》:"广陵亦有戏马台,其下有路,号玉钩斜。"相传为隋代葬宫女处。　②月观:据《宋书·徐湛之传》,徐任广陵太守时,曾修整城旧楼,筑风亭、月观、吹台、琴室。今扬州瘦西湖仍有同名建筑。　③薶:同埋。　④宝钿罗

帔：宝钿是用金银珠玉贝等制成的装饰品。罗帔是丝罗织成的披肩。 ⑤踢：同踏。吴公台：古台名，在今扬州。本为刘宋沈庆之攻竟陵王诞所筑弩台，后陈吴明彻攻北齐敬子猷，增筑以射城内，因得名。 ⑥驮：同帆。 ⑦萧孃：同萧娘。此处暗指隋炀帝皇后萧氏。行雨：宋玉《高唐赋》："昔者先王尝游高唐，……梦见一妇人，曰：'妾巫山之女也，……闻君游高唐，愿荐枕席。'王因幸之。去而辞曰：'妾在巫山之阳，高丘之阻，旦为行云，暮为行雨，朝朝暮暮，阳台之下。'" ⑧横塘：崔颢《长干曲》："君家住何处？妾住在横塘。"地在今南京，此泛指民间乡村。

  本诗是一首怀古之作，诗人有感于扬州的史事，以《玉钩斜》为题写下了他对隋炀帝南游江都时许多随行宫女埋骨玉钩斜的不幸遭遇的同情，并寄寓了对昏君的嘲讽。如果联系到清军扬州十日中屠城滥杀的惨酷浩劫，诗人的怀古恐怕也不是泛泛之作，而有其弦外之音。

  诗的开头二句，写歌舞已尽，歌舞之女亦玉殒香消，一种凄凉落寞之感便恻恻袭人。王勃写《滕王阁诗》，有"佩玉鸣鸾罢歌舞"之句，但他只是表现了淡淡的惆怅，而汪琬此句在感情色彩上要重得多。三千艳丽的少女埋骨于荒凉的丛莽，是多么惊心动魄。"艳质"、"荒楚"对比强烈，是诗人刻意之笔。

  下二句进一步拓展，更深地写出了无辜宫女的悲剧。她们身着盛装华服入葬，这服饰与躯体千年来也已在地下化为尘土。"踢作土"，一个"踢"字真令人感慨系之：吴公台上的行人，又有谁还知道下面葬着一群天地灵秀孕育出而为炀帝荒淫所害的丽人呢？精美的宝钿罗帔却是青春的桎梏，至死仍不放松其禁锢，那些本是天真活泼的女孩子与之同葬共朽，适足以见出她们是帝王骄奢淫逸的牺牲品。但历史的悲剧此后仍在重演，无辜者仍在受到摧残，诗人只能一掬悲悯之泪而已。

  下面二句换韵，诗人感慨道：邗江春水依旧碧波荡漾，而昔日隋炀帝巡游的如云锦帆早已不复存在；历经人世沧桑，绿杨城郭的枝枝叶叶也逐渐稀疏零落。当时是"春风举国裁宫锦，半作障泥半作帆"（李商隐句），如今则是"繁华事散逐香尘，流水无情草自春"（杜牧句），这是一层古与今对比；邗江春流与芜城稀枝又是一层今与今对比。两重对比可谓曲尽其妙，一种兴亡之感油然而生。

  最后，诗人以嘲讽的语气写出炀帝（实际上代表了所有的昏君）荒淫奢靡生活的最终破灭。以萧娘暗指萧后，除了姓相同外，还因唐徐凝《忆扬州》诗有"萧娘脸薄难胜泪"之句，使萧娘颇与扬州有关联。据史书记载，萧后虽深得杨广宠爱，但见帝失德，曾作《述志赋》以自寄，不是助纣为虐者；诗人只是借写萧后以讥刺炀帝，使后半的婉而多讽与前半的直而饶悲互为映衬，收相得益彰之效。隋炀帝寻欢作乐之处渺不可寻，惟见乡间蝴蝶翩翩飞舞——二句机杼一如李白《越中览古》"宫女如花满春殿,只今惟有鹧鸪飞",不过慨叹中更增添了嘲讽。

《晚晴簃诗汇》评汪琬诗有"古体圆融流亮"之说,证以上诗,确非虚语。

(庞 坚)

计甫草至寓斋　　　　　　　汪 琬

门巷何萧索,惟君步屦频。
青云几故旧,白首尚风尘。
身受才名误,文从患难真。
耦耕知未遂,相顾倍伤神。

此诗喜友人之至,于互相慰藉中深见友情。"计甫草":吴江计东(1625—1676),字甫草,号改亭,顺治十四年(1657)曾举乡试,后因"奏销案"除名。计东少有经世志,被黜之后,曾纵游四方,以诗抒吐胸中悲愤。作者长于计东一岁,顺治十二年成进士,顺治十八年亦因"奏销案"罢官,后又复职,至康熙九年(1670)去官归隐,舍于洞庭山之尧峰。计东尝从作者问古文法,康熙十年以后四五年中,与作者往来较多,此时两人年龄均近五十岁,诗中之寓斋,指尧峰寓庐。

首联感念隐居草野,门巷萧条,惟甫草尚频频来访,句中着一"惟"字,表明两人的关系,不因处境之坎坷而改变交往的态度,并说明作者深喜友人之来。颔联:"青云几故旧,白首尚风尘。"这两句感叹彼此已近晚年,而朋辈之中青云得路者并不多见。其遭受困陑,流离失所,为三大案(科场案、奏销案、庄史案)所牵连的,则非常众多。如吴兆骞(吴江人)罹科场案,远戍宁古塔,陆庆曾、孙旸,远戍尚阳堡。奏销一案苏、松等地遭褫革者达一万三千多人,作者与计甫草皆遭其祸,庄史狱案,吴江潘柽章、吴炎等人皆死于非辜。凡此之例,举不胜举。而甫草更因遭际艰虞,虽有才略,无从施展,此时已经白发丛生,还是飘泊在风尘之中,有志士失路之痛。两句既伤友人也兼及自己,可谓感慨深沉。颈联转而从慰藉友人着笔:"身受才名误,文从患难真。"表明甫草本为才人,弱冠时即负奇气,与陈维崧、吴兆骞、宋实颖等皆"慎交社"中英彦,不幸反为才名所误,甫草虽曾一登贤书(中举),终因非辜见黜,此事诚堪哀痛。然而在经受忧患之后,甫草在文章方面,却愈见其真纯。所谓"文穷而后工",则又为不幸中之幸事。例以维崧、兆骞、实颖亦莫不如此。沈德潜评此两句云:"十字为千古文人道之。"(《清诗别裁集》),可见作者不仅为计甫草抒吐悲辛。两语极有分量。尾联,在相逢话旧之余,深表叹惋,并以此作结。"耦耕知未遂,相顾倍伤神。"在我国历史上有不少才人志士,当他们感到世路崎岖、壮怀难展的时候,往往耦耕畎亩,徙倚园田,借以全身养性。作者感念甫草拓落风尘,未尝没有耦耕之志,然而这种情况,在当时也是难以实现的。"桃源非避世之地,南阳无可耕之田。"(用同代诗人郁植《悲歌》其二诗意)要想像诸葛亮那样躬耕隆中,陶渊明那样怡情山水,也是此愿难酬的。因而此时相顾,倍觉伤神。

全诗感情真挚,友人之来,本为喜事,而白首风尘,身为名误,耦耕未遂,又都是可悲之事。清初对江南文士,殊为酷虐,作者和计甫草,都受过"奏销案"的牵累,所以在诗中不免深寓悲感。

(马祖熙)

诗人小传

蒋超

(1624—1673) 字虎臣,一字岵慎。江苏金坛人。顺治进士,官翰林院编修。性好山水,遍游五岳及黄山、九华、匡庐、天台、武当以终。其诗环玮森拔,不肯一语落近窠臼。著有《绥庵集》。

金陵旧院

蒋　超

锦绣歌残翠黛尘,楼台已尽曲池湮。
荒园一种瓢儿菜,独占秦淮旧日春。

旧院是金陵(今江苏南京)妓院的所在地。余怀《板桥杂录》说:"旧院,人称曲中,前门对武定桥,后门在沙库街。妓家鳞次比屋而居,屋宇清洁,花木萧疏。"曹大章《秦淮士女表》说:"当时二十四楼,分列秦淮之市,其后遂毁,所存独六院而已,所艳独旧院而已。"此诗以旧院的残败显示明亡以后金陵的衰落,曲折地寄写诗人对明亡的感慨。

四句都作景语,全在空间上展开,但又处处暗寓着昔盛今衰的对比,时时流露诗人浓重的感伤情怀。"锦绣"、"翠黛",身穿锦绣衣裙、以墨绿颜料画眉的女子,诗中专指往日居于旧院的歌妓舞女。首句说,当年旧院的主人早已化为尘土,再也听不到她们的歌声了。次句接写她们旧日的居处,"楼台"已荡然无存,后花园中蜿蜒曲折的池塘也已干涸湮没。后两句,视野进一步拓宽,审视整个园林,当年花木茂盛之地,如今见到的竟然是清一色的瓢儿菜——一种叶子似瓢的嫩绿蔬菜。春天已经降临秦淮,而在往昔秦淮最为繁盛之地,却只有一种供食用的瓢儿菜装点春光。在和煦的春阳照耀下,这填塞画面的绿色,写尽了诗人叹息金陵繁华消歇的感慨。

这是一首即小见大、以景传情的好诗。伤悼明朝灭亡,叹惋金陵衰败,正面写去需要何等规模、多少篇幅,不是一首短小的七绝所能包容的。故诗人从金陵旧院落笔,以旧院的兴替从侧面见出金陵的变化。旧院可写的内容,也非三言两语所能道尽,故又有待进一步的筛选,既要照顾全面,显示出所写的确是金陵旧院,又要突出重点,写出旧院富于特征性的变化。因而诗人在相当全面地写出旧院其人(首句)、其地(次句)、其物(三四句)的同时,又将重点放到对瓢儿菜的描写上。写瓢儿菜的三四句,是一个两句一意的十四字句,句意紧凑,内容单纯,笔力全集中在对瓢儿菜的描写上。这两句的用字也很有讲究:数量词"一种",有"唯一"、"只有"的意思,强调荒园处处所见唯有瓢儿菜而已;"独"字与"一种"相呼应,再次强调除了瓢儿菜再无其他花草;秦淮之"春"用"旧日"加以修饰,暗寓今昔对比,并泄出诗人的嗟叹之情。施闰章称蒋超作诗"匠心独运","不肯一语近人",此诗也正好表现了他的这一创作特色。

(陈志明)

诗人小传

沈钦圻

清初诗人。字得舆,江苏长洲(今苏州)人。诸生。有《晤书堂诗稿》。

送杨曰补南还　　沈钦圻

去年春尽同为客,此日君归又暮春。
最是客中偏送远,况堪更送故乡人。

这首诗写出了一件非常简单的事情:诗人在客中送一位同乡回转故乡。这件事如果据实直写,那是一二句话就可以讲清楚的,但要是真这样写,诗中内容也就会一览无余,没有什么诗味可言了。

袁枚在《续诗品》中论及诗的"取径"时,有"揉直使曲,叠单使复"的说法,意思是应把平直的写成曲折的,简单的写成复杂的,这样的诗才能引人入胜,趣味隽永。我们读沈钦圻的这首七律,不难发现它最主要的艺术特点就在这"揉直使曲,叠单使复"上,简单一件事,被诗人写得一波三折,使人读来兴味无穷。

"去年春尽同为客"是诗中第一层意思。这里的"为客"指的是在他乡游幕或教书,明、清时期做不上官的知识分子常以此为谋生手段。离乡背井,作客他乡,自有一番孤寂况味,但有这位同乡作伴,总算多少得到了一些慰藉。所以在"同为客"一语中,包含着诗人和这位同乡之间的深厚情谊。

"此日君归又暮春"句转入第二层意思:现在这位同乡却要回乡去了,而回乡的时节同来时一样,也是暮春。在我国古代诗文中,"暮春"一词往往与游子的思乡之情联系在一起。因为暮春时子规鸟的啼声与"不如归去"相似,很易触发游子的乡情。此诗首句提到"春尽",次句又标出"暮春",如此反复强调,显然是在暗示读者:自己正在思乡情绪的困扰之中。

"最是客中偏送远"句又转一层。远客他乡,已经情不能堪,偏偏又要在此时此地送客远去。明人徐熥有诗云:"春风送客翻愁客,客路逢春不当春。寄语莺声休便老,天涯犹有未归人。"(《寄弟》)意境与此正同。客中送客,因客人远去而忽悟己身亦是远客他乡,所以送客翻成愁客,种种别恨离愁,自会一齐涌上心头。全诗经此一转,感情流程陡然加速,变得十分湍急。

"况堪更送故乡人"句把诗意转入第四个层次。客中送远,已经使人雪上加霜,乡思之外又加别愁,更何况所送之人就是自己故乡之人。本来还有一个故乡之人作伴,可以聊慰客中的孤寂,而现在则连这一点慰藉也将不复存在,这是一个方面;所送之人所归的故乡,就是诗人自己的故乡,别人得以回转故乡,而自己却仍滞留他乡,这又是一个方面。正是由于这两个方面的缘故,这最后一句把诗人的思乡之情表现得越来越浓烈,越来越迫切,形成了一股不能自已的感情激流。

一般的送别诗,多从被送之人着眼,而这首送别诗却别具一格,以抒写送行者自己的思乡之情贯串始终。尽管经过多次曲折反复,这条感情主线始终未断,而且越来越鲜明强烈。这种写法在送别诗中并不多见。

沈德潜评他祖父的这首七绝说:"四层曲折,一气传写,又脱口而出,略不雕琢,是唐人绝句品格。"(《清诗别裁集》)自然朴素,接近口语,是此诗的又一优点。这种不假雕琢,类似脱口而出的语言风格,使人觉得这是诗人感情的自然流露,因而更能得到真切的感受。

(范民声)

梅 沈钦圻

冰霜磨炼后,忽放几枝新。
独立江山暮,能开天地春。

自然空色相,谁与斗精神。

野客闲相对,如逢世外人。

古代诗人大都喜爱梅花,特别在宋代以后,梅花更常见于诗人的题咏,成为咏物诗中的一个重要方面。由于在这一题材领域内名家辈出,佳作如林,所以后人要想在这方面有所突破,有所创新,就很不容易。沈钦圻这首《梅》能在清代咏梅诗中占有一席之地,就在于它能够不落前人窠臼,努力开拓出新的意境。

首联从揭示梅树顽强的生命力着手。梅花开放在春天,在开花以前,梅树度过了整整一个严冬,历经冰雪寒霜的欺压,接受了严重的考验和磨炼。它不仅没有被冰雪寒霜所压倒,而且经过磨炼后反而变得更为坚强,终于重新焕发了青春,开出了几枝新花。"忽放几枝新"中的"忽放"二字,充分表现出诗人在刚刚开放的几枝新梅面前的惊喜之情。

律诗的中间二联,一般都是全诗的主要部分,这首诗也同样如此。诗人主要通过中间二联来写出咏梅的新的境界。

"独立江山暮,能开天地春"二句堪称出语惊人。"暮"即黄昏时分。旧题柳宗元《龙城录》中"赵师雄遇梅花仙子"的典故常为后世咏梅者所采用,而赵遇仙子时正是"天寒日暮"之际。宋林和靖的"暗香浮动月黄昏",明高启的"月明林下美人来"等咏梅名句,以及姜夔词中的"客里相逢,篱角黄昏,无言自倚修竹"(《疏影》)、陆游词中的"已是黄昏独自愁"(《卜算子·咏梅》)等,都用黄昏暮色来衬托梅的风致,此诗第三句末着一"暮"字,也是暗用这个典故。可是,虽然同样处在暮色苍茫的环境之中,本诗中的梅却别具精神面貌。它不像通常咏梅诗中描写的那样,孤零零地栖身于篱边、墙角,也不像陆游词中那样在"驿外断桥边"独自愁怨,而是生气勃勃、铁骨铮铮地独立于江山之间。这种非凡的气概衬以暮色苍茫的环境,使它的形象更显得高大无比。

"能开天地春"是说梅敢为百花之先,迎霜破雪,在天地之间开辟出一个春天来。不曰"迎春"、"报春"而曰"开春",梅与春之间的关系发生了戏剧性的变化:梅不再附属于春,而成为春的主人。把梅当成开创天地的英雄来歌颂的这种描写,在前人咏梅诗中可说是绝无仅有的。

"自然空色相,谁与斗精神"二句转换了一个角度,着重写梅花超凡绝俗的精神品质。梅花自有其出众的品貌,它清幽淡雅,骨秀神奇,非俗艳可比。但梅花的美完全出于自然,它自己并不以色相为重。"空色相"三字借用佛经中的术语,也就是"色即是空,空即是色"的意思。梅花既然以色相为空,当然也就不会恃其品貌与人斗胜,"谁与斗精神"实际上是并不与谁斗精神。这种精神境界较之陆游词中的"无意苦争春,一任群芳妒"似乎更进了一步,它已完全超脱尘世、心无挂碍,一切听凭于自然,从而在精神上获得了绝对的自由,达到了超凡绝俗的境地。

尾联"野客闲相对,如逢世外人"中的"野客"是诗人自称,他面对这高尚脱俗的梅花,仿佛遇见了世外高人,一种敬仰之情不禁油然而生。这里应该注意的是,诗人自名为"野客"的用意,不光是为了谦虚而以山野之人自居,更主要的是他借此表明自己已无意于名利场中的角逐,他以闲云野鹤般的心情来欣赏超凡脱俗的梅花,自然更会感到意气相投。

沈钦圻此诗由他的孙子沈德潜收入《国朝诗别裁集》中,沈德潜并为之加了"脱尽窠臼,笼罩前人"八个字的评论。"笼罩前人"虽然未必,"脱尽窠臼"却是确评。此诗之佳就在于能够摆脱对古人的依傍,另出新意,塑造出与众不同的梅的形象来。

(范民声)

【诗人小传】

费密

(1625—1701)　字此度,号燕峰,又号卷隐,四川新繁(一作成都)人。少遇张献忠起兵,弃家为道士,流寓泰州。后师事孙奇逢。晚岁以授徒为生,生活清平。扬州守为除徭役。工诗古文。王士禛赏其"大江流汉水,孤艇接残春"句,遂与订交。著有《蚕北遗录》、《奢乱纪略》、《古史正》、《史记笺》、《荒书》、《二氏论》、《家训》等。

朝　天　峡　　　费　密

一过朝天峡,巴山断入秦。
大江流汉水,孤艇接残春。
暮色愁过客,风光惑榜人。
明年在何处?杯酒慰艰辛。

顺治九年(1652),归附南明桂王的原张献忠部将刘文秀自川南进军,在成都地区与吴三桂的清军作战,费密避乱离开家乡,开始了数十年的异乡飘泊。他日后所写的《北征》诗,有"壬辰(1652)十一月,始发自成都。……除夕至绵州,……

累月至阆山"之句,此后又继续北上进入陕西。本诗即为出川入秦的途中所作,据可推知作于顺治十年(1653)春天。

朝天峡在四川广元市北嘉陵江临朝天岭处,峡边有朝天驿,水旱各通阳平关、七盘关,为川陕接界处的交通要道。"一过朝天峡,巴山断入秦",作品一上来就抓住了朝天峡地理形势的这一特征。"巴山"与"秦"对举,前者是家乡四川的山,后者却是异乡陌生的土地。一个"断"字,是实景,又是象征。它意味着诗人自此失去了故乡的维系,"离乡背井"的隐意,在这一句中深沉地表现出来。

次联中的"大江"指嘉陵江,"汉水"却并非是水名。这里的"汉"是修饰语,特指陕西的汉中地区,"汉水"意谓从汉中流来的水。此去不仅"巴山"到了尽头,连嘉陵江也换成了秦地的水,这是离人独特的感受。"孤艇"与"大江"形成了鲜明的对映,而更妙在续以"接残春"三字。它不仅带出了旅程的节序以及诗人在此节序中的灰颓心情,而且将空间的迷茫感转接到时间的领域中,显示了漫漫前程和未来命运的渺茫无依。

诗的下半接"孤艇",描述了旅程船中的感受。颈联是又一重对比,将"残春"巧妙地分写:船夫着眼的是两岸的景致,"风光惑榜人",可以想见他们悠闲、陶然地行船的情状;而过客所见所感的却是"暮色",日暮途穷,愁绪倍增。由此时的残春暮景、出峡远乡,联想到明年的今日更不知流落何处,只能借杯酒自慰,聊以浇愁了。

这首五律融情入景,意境深邃,气格苍凉。徐世昌《晚晴簃诗话》评作者诗"清刚隽上",本篇足称代表。尤其是"大江"一联,将空间时间的变化和渡接浓缩于十字之中,与唐王湾《次北固山下》的名联"海日生残夜,江春入旧年",有异曲同工之妙。清代大诗人王士禛在《渔洋诗话》和《池北偶谈》中,两次提到他因盛赏此联,而与作者订交的故事。王士禛还特意赋诗,中云:"'大江流汉水,孤艇接残春',十字堪千古,胡为失此人?"费密诗学盛唐,本篇中也可见杜诗的影响。颈联二句原作"暮色偏悲客,风光易感人",后经作者更定。两相比较,确有宋调与唐音的差别。

(史良昭)

释宗渭

【诗人小传】

字绀池。号芥山,华亭(今上海松江)人。曾从宋琬、尤侗学诗,是清初诗僧。有《绀池小草》。

横 塘 夜 泊

释宗渭

偶为看山出,孤舟向晚停。
野梅含水白,渔火逗烟青。
寒屿融残雪,春潭浴乱星。
何人吹铁笛,清响破空冥?

　　这首诗描写的是水乡早春的夜色。"横塘"是地名,其地不一。历代诗人歌咏江南景色,常有提及横塘者。如温庭筠:"枫叶荻花随约艇,蛤蜊菰叶梦横塘";陆游:"横塘南北埭西东,拄杖飘然乐未穷。"据诗人的生平与诗中景致来看,此诗当是写苏州横塘。

　　诗一开篇先交代夜泊横塘的由来:"偶为看山出,孤舟向晚停。"这两句写得很淡,意思却不淡。一个"偶"字点出自己并非有意来欣赏横塘夜色;"看山"则进一步说明这一"偶"出不是为赏横塘,而是为了赏山;至于"孤舟"两字当是为全诗蒙上一层特定的气氛,为后面写横塘之静、横塘之幽打上一层冷色调的底色。只有"向晚停"三字才真正是点题,把"夜泊"之意写出来。一切看来都那么偶然,那么不经意,然而这正是高手的匠心所在。有期待的美的审美效果往往令人不满足,而不经意中发现的美,意外之美,却能收到强烈的审美效果。看来,诗人是很懂一点审美心理学的,所以他有意在开篇进行了艺术的淡化。

　　然后再以清新俊丽的笔触突然勾绘出一幅生机勃勃、幽美动人的横塘夜色图来:"野梅含水白,渔火逗烟青。寒屿融残雪,春潭浴乱星。"四句诗,犹如剪接在一起的四组特写镜头,把残冬正在过去,新春正在到来的意蕴表现得浓烈真切。近处坡岸边,一株梅树横枝水面,白色的梅花绽满枝头,笑对一江春波。花色与水光相映,白润似玉。夜风吹过,似有缕缕幽香。诗人仅用"含水白"三字,就写活了临水梅枝的神态。如果说写野梅,是着力描摹她的姿容色彩,那么下一句"渔火逗烟青"则是以幽默、轻快的笔触进行拟人的描写:夜幕下,塘上的斑斑渔火多像顽皮的孩子在跳跃着,仿佛那缕缕青烟都是渔火逗引出来的一样。这一个"逗"字极富遐想,把渔火写得活泼泼地,给"孤舟"漂荡的诗人带来温暖的情趣。诗人写野梅,写渔火多着眼于春天的诱人魅力,而"寒屿融残雪"句则是从冬春交替的总体气氛上来表现的。虽然"寒"字、"雪"字仍不免给人严冬的联想,但寒气习习中传来的却是冰雪融化的声音,这不正好又是春天的脚步么? 再看那涣涣春水映着天上的明星,水波轻漾,星光摇曳,更是透现出浓郁的春意! 春天确实来了,尽管她还带着寒气,但星星们已率先眨着可爱的眼睛跳进春水,去尽情沐浴。这一幕写得多迷人,多令人神往!天上水中,交织一片,斑斑点点,闪烁着灿烂的星光,把横塘夜色之美渲染得意浓神足。

正当读者随着诗人的描摹也已沉浸在横塘美景之中时,诗人又把笔锋一宕,去写划破夜空的清脆笛声:"何人吹铁笛,清响破空冥?"铁笛是铁制的笛管,据说能吹出穿云裂石之声。在这样宁静优美的夜晚,忽然传来划破夜空的笛声,诗人不禁想到:是谁在清夜吹笛呢?难道他也和我一样被横塘夜色迷住了吗?他可是我的山水知音?那清亮悠扬的笛声偕同诗人的思绪,久久地在水面上、在夜色中回荡……诗歌就此结束了,留下了无尽的韵味,像那笛声一样悠长。

这首诗写静谧而富有生气,描写景物不仅形象生动,而且能传达出诗人在观赏时所产生的情趣。诗人在写景时采用了拟人化的手法。他用"含"描写梅枝临水的婀娜和梅花的白润娇媚;用"逗"形容火光与青烟相映而跳动升腾的情态,似乎它们在互相逗趣;用"浴"比喻星星被风吹乱的水中倒影,仿佛是星星在水波里欢快地沐浴而搅乱了水面的宁静!诗人通过景物的拟人化来表现大自然与人的亲密相通,以及他对自然之美的神会。此外,诗人还巧妙地把色彩("白"、"青")与光亮("渔火"、"乱星")、音响与画面、动态与静态有机地组合为一体,情调淡雅,韵味隽永。

(王景琳 蒋 方)

诗人小传

邓汉仪

(约1661年前后在世) 字孝威,江苏泰州人。康熙十八年,举博学鸿词,官中书舍人。著有《淮阴集》、《过岭集》、《被征集》等。

题息夫人庙　　　　　　邓汉仪

楚宫慵扫黛眉新,只自无言对暮春。
千古艰难惟一死,伤心岂独息夫人!

息夫人即息妫,又称桃花夫人,春秋时息侯之妻(息,古国名,今属河南省息县)。《左传》庄公十四年载,楚王听说息夫人美貌异常,便欲占为己有,因而发起战争,"遂灭息,以息妫归,生堵敖及成王焉,未言。楚子问之,对曰:'吾一妇人而事二夫,纵弗能死,其又奚言?'"息夫人虽为楚王生育二子,但并不能抹消掉内心的羞愧和悔恨，只能以无言表示自己微弱的抗议。此事引起众多人们的兴趣，唐代还有祭祀她的"桃花夫人庙"，庙在湖北武汉市汉阳区北桃花洞。不少文人墨客专门到此游谒并有题咏传世，唐代著名诗人杜牧的《题桃花夫人庙》诗更为后人所称道，诗曰："细腰宫里露桃新，脉脉无言几度春。至竟息亡缘底事？可怜金谷坠楼人！"杜牧此诗之所以为人推重，是因为深刻地揭示出了息夫人内心的创伤。息国的灭亡正因息夫人的容貌引起，她虽无言苟活，又岂能问心无愧？相比之下，那愤然以跳楼自尽抗议权势淫威的绿珠不更让人感到可敬可佩了吗？赵翼《瓯北诗话》对此赞道："以绿珠之死，形息夫人之不死，高下自见而词语蕴藉，不显露讥刺，尤得风人之旨耳。"

邓汉仪的这首诗即步杜牧诗原韵而成，杜牧诗已取得很高成就，要想再翻出新意难度极大，何况还要步其原韵。但是我们欣喜地看到，邓汉仪的诗不仅进一步挖掘了息夫人的内心世界，而且由此引申开去，使之具有了普遍的人生哲理和浓厚的时代气息。

首句"楚宫慵扫黛眉新"，凝重肃括地描画了息夫人被俘入楚宫后的境况。她无情无绪，心烦意乱，本无心施朱抹粉，但在荒淫好色的楚王逼迫之下，又不能不强打精神，梳妆打扮。着一"慵"字，虽未直接描写息夫人的内心，却将她那复杂微妙的精神情感轻巧含蓄地托出。第二句"只自无言对暮春"，"无言"是息夫人本事中的重要情节，故杜牧在诗中加以引用；邓汉仪在此又一次引用，因为这两个字实在是对息夫人心境与处境的最好形容。故国故君之思，失身失节之痛，尽在这"无言"之中。暮春的景色，万花纷谢，更易伤情，同时也暗示息夫人容颜衰老的忧虑。

三、四两句"千古艰难惟一死，伤心岂独息夫人！"委婉地揭示了某些人面临死境时的内心矛盾。在有些情况下，忍辱苟活也确是不得已之事。《红楼梦》最后一回关于花袭人出嫁的情节便是一例。当袭人从贾府出来时"怀着必死的心肠"，但看到哥哥待自己很好，只得忍住，心里另想到夫婿家后再作打算。及至过了门，见那家"全都按着正配的规矩"，"欲要死在这里，又恐害了人家，辜负了一番好意"。尤其得知夫婿正是宝玉的好友蒋玉菡，对她又非常温柔体贴，"弄得个袭人真无死所了"。于是，作者高鹗就很有感慨地引用了这两句诗。袭人的出嫁与息夫人的"失节"固有不同之处，但她们都有一个共同的特点，这些人的内心，都未忘旧主，她们的改适，毕竟有不得已的苦衷。以"大义"责人，以"不死"责人，以"殉节而死"为唯一出路，固是持论甚高；但责人以必死，不许心念旧主者有生存权利，这也太不近人情了。本诗与杜诗相比，少了传统观念的头巾气，多了贴近人情的味道。这大概就是本诗的价值所在吧。

其实,"千古艰难唯一死"又岂独巾帼,须眉何尝不然?明清之际,陈子龙、夏完淳慷慨赴死,固然可敬;钱谦益、龚鼎孳委曲求全,虽有"失节"之过,但谓其必死、非死莫赎,当然过分。人生实难,人生实在复杂,本诗揭示了这种复杂性,否定了"死"的简单处理方法,这当更是此诗所言的人生哲理之所在吧。 （王 平）

诗人小传

陆次云

（约公元1662年前后在世） 字云士,钱塘（今浙江杭州）人。康熙十八年（1679）举博学鸿词。后官河南郏县知县,以丁忧归。复起官江苏江阴县,有善政。次云工诗文,著述颇多。所作《圆圆传》颇有名。有《湖壖杂记》、《北墅绪言》、《澄江集》、《玉山词》等。

咏 史　　　　　陆次云

儒冠儒服委丘墟,文采风流化土苴。
尚有陆生坑不尽,留他马上说诗书。

秦始皇为巩固其封建专制,推行愚民政策,焚书坑儒,造成一代知识分子和文化的空前浩劫,结果加速了秦王朝的灭亡。后代诗人对此往往以激烈的感情,予以无情的嘲讽。唐章碣《焚书坑》、明袁宏道《经下邳》、清陈恭尹《读秦纪》与陆次云本篇,都是传诵之作,可以参看。

《史记·秦始皇本纪》:"(李斯进言)'臣请史官非秦记皆烧之。非博士官所职,天下敢有藏诗(《诗经》)、书(《尚书》)、百家语者,悉诣守、尉杂烧之。有敢偶语诗、书者弃市。以古非今者族。吏见知不举者与同罪。令下三十日不烧,黥为城旦。……'制曰:'可。'"又有侯生卢生者不愿为始皇求仙药,"于是(秦始皇)使御史悉案问诸生,诸生传相告引,乃自除犯禁者四百六十余人,皆坑之咸阳。"此诗的前两句就是对上述史实的概括:"儒冠儒服委丘墟,文采风流化土苴(jū,枯草)。"上句言坑儒,下句兼言焚书。"文采风流"兼指诗书。

尽管秦始皇实行了如此严厉的文化专制政策,然事与愿违。文化与学者皆未绝种。到汉初,学术文化很快得到复兴。传习诗经者就有齐、鲁、韩、毛等流派。前三者皆立于学官,置博士弟子;"毛诗"经东汉马融、郑玄等推重,且为之注、笺,遂盛行于世。还有一位不怕死的伏生,在秦火中将尚书藏于屋壁。汉初尚遗二十九篇,教授于齐鲁间。文帝时遣晁错往学,伏生已九十余岁,经其女通传口授,即"今文尚书",立于学官。而陆次云在此诗中单单举出一位陆生,即汉高祖谋士陆贾,是大有缘故的。《史记·陆贾列传》载"陆生时时前说诗、书,高帝(刘邦)骂之曰:'乃公居马上而得之,安事诗、书!'陆生曰:'居马上得之,宁可与马上治之乎?'"可见陆生虽非大儒,但敢于纠正汉高祖轻视文化的偏见,是很有胆识的。"尚有陆生坑不尽,留他马上说诗书"语意之妙,一在"说诗书"于"马上",以见"马上得天下,不可与马上治之"之意;二在"坑不尽"三字,使人联想到"烧不尽"(白居易:"野火烧不尽,春风吹又生"),表现出文化传统顽强的生命力。又以"尚有"、"留他"相勾勒,亦有"秦法虽严亦甚疏"(陈恭尹)的冷嘲意味。最后,作为一位与"陆生"同姓的后代读书人,他举出这位汉代先人而表彰之,又未尝没有引以为荣之意。凡此,都增加了此诗的涵味。

清人王文濡评此诗云:"始皇焚书,则犹有黄石公授张良之兵书;销锋镝,则犹有博浪沙之铁椎;坑儒生,则犹有说诗书之陆贾。始皇愚处,一经拈出,真觉可笑。"全诗一句说坑儒,二句说焚书,三、四句则总就焚书坑儒而反唇相讥,章法也很严密。

(周啸天)

陈维崧

【诗人小传】

(1625—1682) 字其年,号迦陵,宜兴(今属江苏)人。陈贞慧之子。早岁能文,补诸生。晚年举博学鸿词科,授翰林院检讨。填词一千六百余首,风格以豪放为主。多抒写身世之感和怀古之情,也有少数作品能反映民间疾苦。其诗亦沉雄俊爽,尤工骈文。著有《陈迦陵文集》、《湖南楼诗集》、《迦陵词》等。

别 紫 云   陈维崧

二度牵衣送我行,《并州》才唱泪纵横。
生憎一片江南月,不是离筵不肯明。

这是陈维崧赠别一位歌女之作。"二度牵衣送我行"十分简洁地交代了重逢再别的情事,和两人的关系。人间离别本来就是难堪的事,何况这离别又发生在情人之间。从"牵衣"的动作暗示出两人的感情依恋之深。重逢本来是可喜的事,而重逢再别则比初别,又别有一般滋味。常言道"别易会难"。一别重逢不知过了几年;这次再别,不知又要过几年。昔别彼此年纪皆轻,此别彼此都老大几岁,谁知往后还能相见几次?"二度"云云,况味是很复杂的。《并州歌》属古杂歌谣辞,此泛指用边州曲调谱写的歌辞,其内容当与离别相关。"才唱泪纵横",是写紫云情不自禁,为别情所苦。诗人心中也不是个滋味。这时他突然感到这夜的月光很明,明得有些异样。月色是美好的,但为什么一定要在情人分离之际这样美好呢?诗人不禁有些埋怨了。

"生憎一片江南月,不是离筵不肯明",二句用极主观的口吻,埋怨明月的无情。其实月本无情,不关人间别离之事,所谓"人有悲欢离合,月有阴晴圆缺,此事古难全。"(苏轼)可诗人偏偏认为它的无情并非如此,是在有意与人作对,"不是离筵不肯明",完全是恶作剧的意味。所以这两句还是赋无情以有"情"——只不过是一种令人难堪之情。诗味也就在这里。事实上,情人相聚的日子,情也依依,意也依依,不管什么天气都好,是不会特意分心去计较月色明亮程度的。唯独在离别时才对环境特别敏感,凄风苦雨固然使人增加忧愁,光风霁月也会从反面兴起"良辰好景虚设"的遗憾。此诗所写,就是后一种境界。"生憎"一辞,系唐人口语,出刘采春唱《啰唝曲》:"不喜秦淮水,生憎江上船。载儿夫婿去,经岁又经年。"其实是夫自去,水自流,两无关涉的事。而歌中人却牵怨于"秦淮水"与"江上船",与此诗"生憎一片江南月"一样,无理之至,而情味隽永。　　(周啸天)

诗人小传

叶燮

(1627—1703) 字星期,号己畦,吴江(今江苏苏州市吴江区)人。康熙九年(1670)进士。官宝应(今属江苏)知县,因忤直忤巡抚慕天颜,落职归。遨游四方。晚居吴县之横山,人称横山先生。所作《原诗》是清代著名诗论著作。论诗以杜韩苏三家为宗,王士禛称其诗古文"镕铸古昔,能自成一家"。所作诗文,刻核有法,意必钩元,语必独造。著有《己畦文集·诗集》等。

客发苕溪　　　　　　　　　　叶燮

客心如水水如愁,容易归舟趁疾流。

忽讶船窗送吴语，故山月已挂船头。

苕溪是流经作者家乡吴兴的一条水名。看来诗人离家很久了，即使不是"少小离家老大回"，至少也是乡音久违。所以这时归心如箭。

"客心如水水如愁，容易归舟趁疾流。"写出一种特殊的旅况，即行者归心似箭，而行程又一帆风顺，不是"三朝三暮，黄牛如故"，字里行间只是一个"快"字。首句两个"如"字写出两个比喻，有顶针之妙，还有回文之妙：客心就是客愁。"客心如水水如愁"便是客愁如水，水如客愁。两个比喻中，本体、喻体互换，大有不知愁多还是水多，不知愁长还是水长的意味。这就把"问君能有几多愁，恰似一江春水向东流"（李煜）、"无边丝雨细如愁"（秦观）两种意思熔融一句之中。读下句，读者还会发现上句的取喻，还有不知客心与水孰快一义："容易归舟趁疾流。"客子归心似箭，本来迅快，而苕溪水流似更迅快，所以"归舟趁疾流"大有顺利之感。真"乘奔驭风不以疾也"（郦道元）。

"忽讶船窗送吴语，故山月已挂船头。"下联两句写船已到家的瞬间感受。既是归心似箭，到家应高兴才是，何来"忽讶"？原来是想象不到船有这样快呀！尽管"容易归舟趁疾流"，已表明船行甚速，但客子还是没有想到旅程这样顺利。这反过来说明他的乡思很切，到家都不敢相信。反常的表现又恰恰合于人们普遍具有的一种疑虑心理。同时，苕溪归程太令人愉快了，所以客愁有所转移，一时没有想到，船就忽然停了，只听得舟子高唱："到站了！"使诗人觉得太突然，几乎承受不了这种突如其来的愉快。然而，第一个证实的信息便是"船窗送吴语"，那是家乡话呀！在中国的方音中，吴语是最轻柔软媚的一种。可爱的家乡话，在客子心中，将掀起何等的激动！第二个证实的信息则作用于视觉，这时诗人把头伸出窗外，看到明月照着吴兴城的夜景，太迷人了！客子心中，又将何等激动！最有意味的是诗人偏不写月照故山的情景，而只说"故山月已挂船头"。仿佛故山月与他乡月有什么不同似的，仿佛他能一眼认出故山之月似的。耐人寻味。这正是"月是故乡明"（杜甫）呀！到家的愉快感觉，便由此和盘托出了。（周啸天）

梅花开到九分　　　　　　　　　叶　燮

亚枝低拂碧窗纱，镂云烘霞日日加。
祝汝一分留作伴，可怜处士已无家。

"梅花开到九分"这个题目就很有意思。如开到十分，便是全盛了。古人很早就明白满招损，盈必亏，物极必反的道理。全盛的梅花接着便会凋零的。所以慧心的诗人宁愿花只半放,以蓄其开势,有道是:"山脚山腰尽白云,晴香蒸处画氤氲。天公领略诗人意,不遣花开到十分。"(元璟《马家山》)花取半放,诗亦取不尽,是其妙处。叶燮此诗亦从九分著意,寓惜花之心情,是一首富于情韵之作。

"亚枝低拂碧窗纱,镂云烘霞日日加。"二句写作者窗外园中之梅,花开日盛。"亚枝低拂"句虽是写临窗梅树,没有清浅的溪水,却仍具疏影横斜之意。诗人形容花色的明艳,常引云霞为喻,"镂云"偏重写花的质感轻盈匀薄,"烘霞"偏重写花的颜色艳丽鲜明。"日日加"则是从含蕊到吐放,渐渐盛开,不觉已"开到九分"。再下去便要开到全盛即"十分"。开到十分的花朵固然美丽无以复加,但诗人还是宁愿它保持九分的势头,接下去便写这种祝愿。

"祝汝一分留作伴",这也就是"不遣花开到十分"的意思。留一分保持九分,就可以长久与人为伴了。至于留作谁伴,那是语有出典的。盖宋代处士林逋,杭州人,少孤,力学而刻意不仕,结庐西湖孤山。时人高其志识,赐谥和靖先生。逋不娶无子,所居多植梅蓄鹤,泛舟湖中,客至则放鹤致之,因谓梅妻鹤子(据吕留良《宋诗钞·林和靖诗钞序》)。"祝汝一分留作伴"便是就以梅为妻的林和靖作想,然而林和靖早已作古,故末句云:"可怜处士已无家。"处士既已无家,那么梅花还留一分何为呢? 所以末句实际上又暗含对第三句的否定。其实花开花落,自有规律,"祝汝一分留作伴"只是主观上的美好想法。无论处士有家无家,梅花既开到九分,也就会开到十分,其花期已就过得差不多了。而诗中却从梅花的有伴无伴,处士的有家无家作想,写得一波三折,一唱三叹。也就将诗人的惜花心情,于此曲曲传出,极富情致,几令人"不忍卒读"(沈德潜)。所以高妙。　　　(周啸天)

姜宸英

(1628—1699) 字西溟,号湛园,浙江慈溪人。年七十始举进士,授编修。后因科场案牵连,死于狱中。曾参预《明史》纂修,所作《刑法志》揭露了明代"厂卫"之害。能诗文,并工书法。著有《湛园未定稿》、《苇间诗集》等。

惜　花

姜宸英

一春强半是春愁,浅白长红付乱流。
剩有垂杨吹不断,丝丝绾恨上高楼。

惜　花

本诗以《惜花》为题,而诗中所写,则全是惜春、悼春之情。这是因为花乃春天的重要标志,宋人所谓"春在于花,全花是春;花在于春,全春是花"(僧达观《石门文字禅序》)。连道学家朱熹也说:"等闲识得春风面,万紫千红总是春。"(《春日》)因此,古代诗人的惜春心情,往往借用"惜花"的名义来加以抒发,本诗亦复如此。

首句"一春强半是春愁"极言春愁之多。整个春天,竟有一大半处在春愁的困扰之中,这不禁使我们想起了宋代叶清臣词中的名句:"三分春色二分愁,更一分风雨。"(《贺圣朝·留别》)春天生机勃勃,足能引起人们的欢愉之情,可是对多愁善感的人来说,春天无情的风雨,狼藉的百花,反而会使他们黯然神伤,愁闷不已,于是相思离别之怨,韶光流失之恨,种种思绪,都由此而生,这便是所谓春愁。本诗所抒写的伤春、惜春情绪,正是这种春愁的具体表现,说明作者也是那种多愁善感之人。

次句"浅白长红付乱流"描写百花被东风摧折后的惨象。晚唐韩偓《惜花》诗中有"皱白离情高处切,腻红愁态静中深。眼看片片随流去,恨满枝枝被雨淋"之句,刻画此种情景更为细腻。本诗描写的情景与此相似,但由于用意不专在写花,而是着重写春愁,所以把四句概括成一句。虽然简单了一些,但流水落花的形象仍然十分鲜明。

诗中最后两句堪称一篇之警策。东风肆虐,众芳凋谢,但也不是荡然无存,那柔软而又坚韧的垂杨枝条是吹不断的。面对这随风飘拂飞舞的千丝万缕,诗人产生了一种奇特的想象:"丝丝绾恨上高楼"。

由于杨柳枝条细长而又柔韧,可作系绾之用,所以古代诗人常想用它来挽留那些即将离去的事物,如"若为丝不断,留取系郎船"(唐雍裕之《江边柳》)。"楼外垂杨千万缕,欲系青春,少住春还去。"(宋朱淑真《蝶恋花·送春》)当然,也有因挽留不住而对它表示失望的,如王实甫《西厢记》中的"柳丝长玉骢难系",晏殊《踏莎行》中的"垂杨只能惹春风,何曾系得行人住"等。这些都是古人作品中的名句,也都能表现出丰富的艺术想象力,但它们都只从"挽留"的意义上着眼,不免陷入同一窠臼。本诗"丝丝绾恨上高楼"句同样从柳枝的系绾作用出发,却能跳出前人窠臼,另辟蹊径,创造出新的意境来。

明明是诗人自己对东风无情、百花遭劫而产生无限怨恨,却偏说是恨在垂杨,是垂杨丝丝绾恨,送上高楼。在诗人笔下,此恨已弥漫于整个空间,以致飘拂于空中的垂杨都能随时把恨绾住。高楼在古诗中常为思妇怨女所居,如《古诗十九首》中的"西北有高楼",曹植的"明月照高楼",李白《菩萨蛮》中的"瞑色入高楼,有人楼上愁"等,都借高楼来抒写怨情。本诗中虽然没有明写,但楼上之人也隐约可见,至于这是一个什么样的人,是独处春闺的思妇,还是虚度青春的怨女,那就听凭读者自己去想象了。不管是什么人,实际上都是诗人自己的假托,是诗人自己因看到百花遭劫、只剩垂杨飞舞而怨嗟不已。但他不直接说出,而是假托为高楼上有人在伤春,在怨恨,这就使全诗的情致显得十分含蓄。

  诗贵想象,不仅作者,就连读者也必须充分运用自己的想象力,才能真正体会到诗中美妙的意境。此诗的最大特点就是不仅作者的想象力非常丰富,而且他那含蓄的、委婉曲折的表现方法,能把读者的想象力也调动起来,从而达到作者与读者心灵上的完全沟通。(范民声)

【诗人小传】

梁佩兰

(1629—1705)　字芝五,号药亭,南海(今广东广州)人。少日读数千言,通经史百家,顺治十四年(1657)乡试举第。康熙二十七年(1688)进士,年近六十。改翰林院庶吉士。未一年,遽乞假归,结社兰湖,以诗酒为乐。客以他事请者,引疾不听闻;持诗文至,则披衣倒屣,讲论不休。与屈大均、陈恭尹并称"岭南三家",但三人诗风并不同。又与程可则、陈恭尹、王邦畿、方殿元、方远、方朝并称"岭南七子"。有《六莹堂集》。

舟发闿水至饶阳道中作八首(其四)　　　梁佩兰

小雨湿自好,秋花鲜向人。
秋花照江水,一片江南春。
白露节未降,白云怀已新。
扁舟语舟子:花下且垂纶。

  清康熙三年(1664),梁佩兰北行入京应试,初秋,至江西饶州(治今鄱阳)乘船入鄱阳湖。途中作组诗八首,写江南美好的秋光,中颇有代易时移之悲。诗人的感情是矛盾的,他一方面汲汲于仕进,投靠新朝,另一方面又长嗟短叹,缅怀故国。在组诗中,他再三吟道:"苦被浮名遣"、"往来空自笑,前后不堪思",但他还是选择了与屈大均、陈恭尹不同的道路。

  组诗是梁氏的力作,八首曲折回环,写景抒情,含蓄有味。清新澹逸,颇似王维、孟浩然的风格。这里选的一首更是一片神行,于诗情画意中寄寓了诗人高洁的情怀,可与王维《山居秋暝》诗同读。

"小雨湿自好,秋花鲜向人",两句合作一意。微雨沾润了秋花,使它更鲜艳地向人盛开,"好"字的意蕴,至第二句才生出。两句音节极美,首句五字皆仄声,次句"平平平仄平",于不和谐中见和谐,更显出天然化机。秋花不独摇曳向人,而且还低映着江水,酿就了一片美好的江南春色!秋花,开遍原野,开遍阔水的两岸,乘船一路行来,所见的都是鲜艳的秋花!第四句末着一"春"字,把江南秋日的丽景生动地托出,诗人在舟中,满怀欣悦地观赏着,尽情领略大自然的美。用淡笔写浓情,不须词藻的堆砌,不须刻意地雕琢,而有悠然的远致。两句不用对偶,单行直下,上句拗三、四字,下句用三平调,以古诗句法入律,反觉一片空灵,真得齐、梁古乐府的遗意。

"白露节未降,白云怀已新",写时节气候,亦写自己的怀抱。白露,是秋季的当行节令,已到白露节了,而秋露仍未降下,江南的初秋,仍是天气和暖。"白露"句照应"江南春"之意。诗人仰望着天上悠悠的白云,神思也不禁悠悠飘忽,生起了归隐山林的遐想。"白云"一词,语意相关,这里亦暗指山中隐居之所。想要进入白云深处,过着恬淡而闲适的隐居生活,这是封建时代许多读书人在失意时无可奈何的选择,何况明、清易代之际,在满族统治者的高压下,岭南不少诗人蛰处山林,拒绝跟清政权合作,孤芳自赏,别有怀抱。梁佩兰与他们过从甚密,此时浮起"白云"之怀也是很自然的,正如他在组诗中所写的"菊花天气好,最忆是东篱",秋花勾起了诗人对故乡的怀恋。他就在船上吩咐船夫:暂时停下来,让我们在花下垂钓吧!"花下且垂纶",是诗人偶然触发的思想。王维《清溪》诗云:"我心素已闲,清川澹如此。请留磐石上,垂钓将已矣。"以清川之澹印证自己闲逸的襟素,并准备隐居垂钓以终其生。而梁佩兰也希望在花下垂纶,暂得遂白云之愿。全诗清新素雅,以自然之美来表现内心的感情,以赋为比,诗格颇高,末句更含蓄不尽,可谓"意余于象"了。

(陈永正)

秋夜宿陈元孝独漉堂,读其先大司马遗集感赋六首(其一)

梁佩兰

> 大节平生事,文章复不刊。
> 墨痕犹似渍,碧血几曾干?
> 自得乾坤正,谁知事势难!
> 草堂灯一点,霜气迫人寒。

陈元孝,即陈恭尹。独漉堂取义于古乐府诗:"独漉独漉,水深泥浊……父冤不报,欲活何为!"陈恭尹的父亲陈邦彦,在南明永历帝时曾任兵科给事中,在家乡联合陈子壮、张家玉起兵抗清,失败被执,不屈而死。史称"广东三忠"。陈邦彦被永历朝廷追赠兵部尚书。著有《雪声堂诗文集》。

组诗六首,悲慨苍凉,完整地刻画出一位为国捐躯的英雄人物形象。这里选的是第一首,写梁佩兰在读陈邦彦遗集时的感受,笔力劲健,感慨深沉,表现了诗人对忠臣烈士的景仰之情。陈邦彦是明末杰出的岭南诗人,其"感时之作,气啮长虹,骨凌秋隼"(《粤东诗海》),被称为"粤中老杜";其文亦关切时事,如《中兴政要书》,上弘光帝三十二策,力陈治国之要道,为当时所重。梁佩兰少日居乡中,熟闻前朝故事,此时又与先烈的后人同游,并自称为陈邦彦的私淑弟子,故其感受尤为深切。

诗歌起二句,即概括了陈邦彦的一生。他大节凛然,所写的诗文,也是字字珠玑的不刊之论。不刊,谓不容改削,喻至理名言。《粤东诗海》论陈邦彦云:"先生身著大节,诗亦力企大家。"陈邦彦一介书生,青年时居顺德乡间,授徒为业,清兵攻陷广州时,变姓名匿居高明山中,永历元年(1647)二月,亲自往见顺德甘竹滩"大盗"余龙,晓以民族大义,说服其起兵恢复,与张家玉军共为犄角。七月,又约陈子壮会师围广州。国家兴亡,匹夫有责,陈邦彦以"大节"教导学生、子侄,陈恭尹也以遗民身份终老,故此诗以"大节"二字作起,点明组诗的主旨。

"墨痕"二句,形象地描写陈邦彦遗集:纸上依然是墨迹淋漓,仿佛是作者的热血未曾干透。周朝大夫苌弘,忠而被杀,其血三年而化为碧(一种似玉的石),后世因以"碧血"喻死节之士的血。遗集一字一句都贯注着作者忠贞之情,故也像碧玉一样永垂不朽。邦彦善书法,今观其存世墨迹,刚健之气,拂拂云表,令人想象到烈士下笔时的豪情胜慨。陈恭尹独漉堂中所藏的是《雪声堂集》的手稿,梁佩兰在读遗集时同时欣赏到陈邦彦的书法,故有墨痕碧血的联想。

"自得乾坤正,谁知事势难!"两句为全诗的要领。志士胸中充塞着乾坤的正气,哪里顾及当时的情势难以成事!古人认为,天地之间,充满着正气,即所谓浩然之气,正气体现在日月星辰、山川海岳以及英雄人物身上。文天祥的《正气歌》就曾歌颂过这种正气,人有了这股正气,才能一往无前,视死如归。当时形势,南明小朝廷已危在旦夕,而陈邦彦只是一心尽他报国的本分,根本不管前途是怎样的险阻艰难。他在致张家玉书中说:"成不成,天也;敌不敌,势也。方今乘舆播迁,桂林危如累卵,得牵制毋西,浔、平之间,庶可完葺,是我致力于此而收功于彼也。"永历帝朱由榔在广东肇庆即位后不久,即被迫撤离,转徙于广西各地。陈邦彦起兵,希望能牵制清军,使之暂缓西进,以挽危局,他早已作好牺牲的思想准备了。

末两句紧扣题目:如今在草堂中坐对青灯一点,读着这遗集时,依然感到一股冰霜凛冽之气迫人而来!"霜气",既是秋天肃杀的寒气,这里更以喻陈邦彦刚正凛冽的精神。正气是与天地长存的,梁佩兰当时已参加清朝的乡试,名列第一。后屡次应会试不中,始潜心文学,专力为诗,与屈大均、陈恭尹等遗民诗人唱酬。梁氏在出处之间,进退维谷,心中充满着各种矛盾。他一生不甚得志,早年经历明清之际的丧乱,目睹战争给人民带来的灾难,写了一些反映民生疾苦的诗篇,中年时多次北游,也常在诗中流露出对故国的怀念之情。他在读陈邦彦遗集时,感到"霜气迫人寒",也许是内心世界的真实反映吧。

(陈永正)

粤　　曲　　　　　梁佩兰

春风试上粤王台,锦绣山河四面开。
今古兴亡犹在眼,大江潮去复潮来。

关于本诗的题目,有几种不同的理解。一种说法是,它是用广州方言演唱的歌曲。开始仅为一些小调,后来不断丰富、充实,才发展到今天这样曲调齐全、别具风格、被喻为"南国红豆"的地方戏曲,并认为这首诗是写来配当时粤曲小调的曲词。另一种则谓粤曲是歌咏粤地之曲,所写的内容为广东的风土人情。其三谓粤曲为模拟广东民歌之作。除第一种说法将之与曲艺中之粤曲乃至粤剧混淆外,其余诸说均大致可取,但又似乎说得仍不尽贴切。"粤",今为广东的简称,但古时并不专指广东,也应包括广西在内。清代文学家李调元辑有《粤风》一书,便是广西各族民间情歌集。其中编有粤歌、瑶歌、俍歌、壮歌四卷。粤歌又分蛋歌、沐浴歌等。粤歌以七言四句为主,这显然与梁佩兰此作是一致的。故粤曲应指岭南两广地区的民歌及模拟民歌之作,梁佩兰之作当属后者。

诗写登粤王台眺望南国壮丽的山河,并由此触发的感想。粤王台,一作"越王台",为南越王赵佗所建。据《水经注·番禺》载:赵佗"因冈作台,北面朝汉。圆基千步,直峭百丈,顶上三亩,复道回环,逶迤曲折。朔望升拜,名曰朝台。"粤王台故址在今广州城北越秀山。

"春风试上粤王台"句,首先道出登眺的时间及地点。春风,点出节令。一"试"字,道出了诗人若有所思的心理。他之登临显然是有些犹豫的。为何犹豫呢?诗的次句且不提,而一笔宕开,毕竟他已登台了,还是先说登临所见吧。"锦绣山河四面开"。"锦绣山河",语本杜甫《清明二首》:"秦城楼阁烟花里,汉主山河锦绣中"。一登上粤王台,四下的锦绣河山便一览无余地展开呈露了。同时,一登上高台,今古兴亡之景也就呈现眼底了。诗到第三句,才道出了用"试"字的原因。原来,趁着大好春风,登临高台,饱览锦绣河山,这是诗人极愿行之事;但他又是身历过"兴亡"的人,若看到山河不殊,锦绣如故,却勾起他的感慨来,这,又是他很想回避的触心境之事。"犹在眼",也是化用了杜甫的诗句"兵戈犹在眼,儒术岂谋身"(《独酌成诗》)。现在,不管他有过多少犹豫,他还是登台了,锦绣山河也见了,往日的战争兴亡也"犹在眼"——一一幻现在旧山河上了。那么,如何调和这矛盾,让这次登临变得不那么伤心感怀呢?"大江潮去复潮来",便解答了这个问题。珠江的潮水一去一来,永不停息;人世的沧桑,朝代的更迭,也复如此,后之视今,犹今之视昔。这么想来,"兴亡"也就是不可避免、无足深哀的事了,就像这潮来潮往,有何惊异之处、可叹之处呢?所以,诗人虽也说"今古兴亡",下面却并不紧承上"悲"字。

梁佩兰虽然与屈大均、陈恭尹齐名而且交好,但他是新朝代的合作者,与二人走的不是一条路,所以他愿用潮水冲刷去兴亡之思,也是很自然的事。执着的反抗者和识时的合作者,都是时代的需要,这里不必去论其优劣。但有一点是可以肯定的,即使是口作通达语的合作者,心底也毕竟要对自己与异族合作、忘却故国的行为产生怀疑,梁佩兰登台前"试"的心理,便是这种怀疑的典型反映。这,或许就是华夏民族的凝聚力的体现吧:即使是梁佩兰这样的人,也不可能摆脱这种力的吸引,而不由自主地要在其诗文中表现出这种力来。

(王步高 沈 价)

朱彝尊

【诗人小传】

(1629—1709) 字锡鬯,号竹垞,又号西区舫、惊风亭长,晚称小长庐钓鱼师,浙江秀水(今嘉兴)人。少肆力古学,博极群书。客游南北,所至以搜剔金石为事。康熙十八年(1679)应试博学鸿词科,官翰林院检讨,参加修纂《明史》,后充日讲官,入值南书房。时彝尊方辑《瀛洲道古录》,因私抄禁中书,被劾降一级。后补原官,引疾乞归。彝尊博通经史,擅长诗词古文。于词推崇姜夔。诗与王士禛齐名,时称"南朱北王"。艺术上能兼取唐宋,笔力雅健,用事赡博,开启了浙派诗风。著有《经义考》、《日下旧闻》、《曝书亭集》,编有《词综》、《明诗综》等。

马 草 行

朱彝尊

　　阴风萧萧边马鸣,健儿十万来空城。角声呜呜满街道,县官张灯征马草。阶前野老七十余,身上鞭朴无完肤。里胥扬扬出官署,未明已到田家去。横行叫骂呼盘飧,阑牢四顾搜鸡豚。归来输官仍不足,拥金夜就倡楼宿。

　　清王朝豢养了几十万铁骑军,马高士壮、旗盔鲜明,实在威风极了。只是,军将爱粱肉,铁骑好刍豆。这赳赳马兵所到之处,老百姓可就遭了殃:不仅要出饷供粮,还得为那些昂头扬鬣的畜生输送草料。这便在饱经战祸的江南,又演出了"当时碛北起蒲梢,今日江南输马草"的可怕闹剧。太仓诗人吴伟业,就曾激于江南百姓"推车挽上秦淮桥"、"十家早破中人产"的惨景,对"辕门刍豆高如山"、"忍令百姓愁饥寒"的冷酷当局,作过愤慨的揭露和抨击(《马草行》)。朱彝尊的这首同题之作,更以冷峻、辛辣的笔墨,勾勒了里胥爪牙在催逼马草中的丑恶嘴脸。

　　这一幕闹剧是在"阴风萧萧"的傍晚开场的。一座在战乱中本已疮痍满目的小县城,突然闯入了黑魆魆、闹哄哄的"十万"马兵!静寂的街道上,霎时间人喧马嘶;从未见过如此阵势的草民、市人,能不如见到凶神恶煞一般胆战惊心?分明是一班在"阴风"中降临的鬼蜮,诗中却着以"健儿"字样,明赞暗讽,读之顿觉有一股鄙夷之气升腾笔端。最妙的是"角声呜呜满街道"一句,描述马兵来入平民所居"空城",竟还吹角"呜呜"如临大敌,更显得不伦不类——你们既有这么一股狠劲,大可到边关外去"御敌保国";却煞有介事地闯到平民街巷上来发泄,不觉得可笑复可耻么?辛辣的嘲讽,借助于张扬其事的描摹,正强烈传达了诗人对马兵入城的无比憎恶。

　　然而,这对于"征马草"的闹剧来说,毕竟还只是开场。当马兵们在街头巷尾收金歇角、解马卸鞍的时候,另一批丑类便又上场了。首先惊动的当然是县太爷。这位平素日上三竿,还决定不了究竟先喝早茶还是先食燕窝的芝麻官,此刻却要不辞劳苦、连夜办公了!"县官张灯征马草"一句,传神处恰在"张灯"二字:大兵珍爱的畜生急需进餐,他县太爷还能不趋之若鹜?于是黑乎乎的官衙,里里外外灯火齐燃,堂上庭除役吏如林。征草严令早已传达四乡,竟还有那么个"七十余"岁的不知趣的"野老",还想倚老卖老、为民请命、拒交马草?那就把他抓起来,"王法从事",恰可收"杀鸡儆猴"之效!"阶前野老七十余,身上鞭朴无完肤"二句,即以欷歔堕泪之语,再现了鬼影幢幢的县衙前,所发生的逼征马草之惨象。

接着演出的是里胥(乡吏)"横行"乡里的丑剧。催征马草对于草民来说,无疑如平地炸惊雷一样,是做梦也想不到的飞来横祸;但对这批官府爪牙来说,恰是喜从天降的搜括良机!你看他喜气洋洋踏出"官署",故作矜持的嘴角,掩不住浮上眉眼的笑意。恐怕连那施施而行的步武,也有些轻飘飘了吧。"未明已到田家去":行动之神速表明,为了中饱私囊,他已怎样急不可耐。于是寂寂沉睡的农家村落,顿时响彻了一片立眉竖眼的喝骂之声。忠厚的读者也许以为,这里胥又是"横行"、又是"叫骂",定是在卖力呼喝乡民速交"马草"罢?谁知诗中跳出的却是意想不到的三字:"呼盘飧"。诗人的运笔简直如锐利的刀锋,直透这位催草恶吏的心腑深处——马要吃草,人要吃饭,他大爷"未明"赶来"田家",岂能不先谋它个鸡豚酒鸭的饕餮一饱?难怪他尚未在院里坐定,那一对贼亮的老鼠眼,早已向鸡棚猪圈搜索不停了。"阑牢四顾搜鸡豚",就是对里胥那令人作呕的馋涎之相的入神写照。

这场闹剧的尾声已在次日傍晚。意气轩昂的里胥,押解着成车成船的马草来归县衙。车屁股后自然还哼哼着顺手牵带的鸡豚,衣兜里依稀可闻银子铜钱的振响。但车装船载的马草,竟然"仍不足"供应十万畜生之需。看来那县太爷还得彻夜"张灯"分派任务了。至于里胥,却是毫不慌张:大不了明天再到"田家"叫骂几声,再享受一番鸡豚酒鸭的"盘飧",何乐而不为?只是此刻,大爷却要放松放松去了,那"倡楼"的娘们见了满兜的大钱,能不服服贴贴伺候大爷到天明?初看起来,"拥金夜就倡楼宿"的结句,似与"归来输官仍不足"不接,成了逸出正题的闲笔。然而也正是这闲逸的一笔,入木三分地揭示了:在这征收"马草"的闹剧中,与无数"田家"飞来横祸所伴随的,却是多少官家爪牙的大发横财!里胥的"拥金"宿倡,便是诗人描述中最辛辣,也是最意味深长的画龙点睛之笔。

(潘啸龙)

云中至日   朱彝尊

去岁山川缙云岭,今年雨雪白登台。
可怜至日长为客,何意天涯数举杯。
城晚角声通雁塞,关寒马色上龙堆。
故园望断江村里,愁说梅花细细开。

"抗迹怀古人,千载多豪贤!"在朱彝尊驱马出塞的途路中,那颗驿动的心似乎从未平静过:苍莽峻奇的塞外气象,令他心雄万夫;西风古道的关山胜迹,令他低回流连。不过在黄昏晨曦,当他透过霏霏的雨雪回首乡关时,一派浓浓的乡思,却又压过怀古觅胜的好奇,而蓬蓬勃勃地涌上了心头。

此刻的诗人就正如此:当他风尘仆仆来到云中古郡(治所在今山西大同),恰逢朔风凛冽的"冬至"之日。在古代周历中,"冬至"正是新旧年岁的更替之节。时光如梭,一岁又过。当此新年伊始之日,诗人抚今追昔,不禁为飘泊的人生慨然叹息:去岁今日,我还在江南的缙云岭(在今浙江缙云县),纵览清幽素美的山川胜境;现在却已在万里相隔的塞外,孤孤清清,独对这"白登台"(在今大同市东北白登山上)的纷纷雨雪了!开篇两句以"缙云岭"、"白登台"的巨大空间跳跃,来展示诗人短短一年中塞北、江南的踪迹变化,便在刹那间造出了一种令人惊心的人生憾意。那飘飞于白登台上的茫茫"雨雪",也因此如诗人的悲慨思绪,纷纷扬扬,再也撩拂不去了。

而况"冬至"之日,本是合家亲人的欢酌团聚之时。倘若诗人不是离乡客游,此刻便该是父母妻子围坐一堂,举杯把盏,共话人寿年丰的最欢乐时光了。那时候,夕阳沉彩、竹影摇窗,"引壶觞以自酌","悦亲戚之情话":诗人的心间,该充溢怎样温煦的暖流!然而,这可忆可恋的往日欢乐,全化作梦幻般的碎影,消散在岁月的流逝中了。近些年来,诗人南逾云岭,北出漠塞。几多美好的"至日",消磨在踪迹飘泊的客中;几多亲人欢聚之梦,幻灭成天涯孤身的邀月独饮。"可怜至日长为客,何意天涯数举杯"二句,即上承"去岁"、"今年"的生涯飘泊之悲,突而迸发为仰天而呼的哀恸之音。读者从"可怜"、"何意"的语气递进中,可以感受到诗人的天涯思乡之情,经由自叹、自怜的往复盘旋,已化为多猛烈的伤心荡怀之涛而沸涌笔端。

在这样的心绪中,诗人还能呆在舍中苦苦独饮么?当然不能。于是带几分醉意,驱一骑白马,幽幽踏向夜色苍苍的漠野。他当然不是更向北行,而是满怀愁绪踯躅在城南的旷漠上。由此往南,越过横亘晋东北的恒山山脉,便是"层冰如玉龙,万丈悬蜿蜒"的雁门塞了。从那里入关,虽不即是故乡,毕竟又距故乡近了四、五百里。可叹的是,"城晚角声通雁塞",诗人却无法插翅御风,一夜飞越那阻隔乡路的险关!他只能披着一身雨雪,驱使同样凄寒的白马,登上形如卧龙的沙堆(龙堆,即白龙堆,沙漠名,在今新疆。本诗中借用其字面含义),以望乡寄愁了。颈联二句在伤心痛怀中,化出幽幽的塞上夜景,运笔颇见张弛荡跌之妙。那令诗人碎心的乡思,至此似乎渐趋平和。但夜色中凄凄悲鸣的城堞"角声",雪影下横卧荒漠的起伏"龙堆",不又时时令你感受到一派塞外的孤寂和苍凉,而再次勾起你的浓烈乡愁?

"故园望断江村里,愁说梅花细细开"!全诗的收结之处,就正是这种乡愁在诗人心上再次袭来之时。受着"可怜至日长为客"的强烈伤情冲击的读者,或许以为这结句,定必又会化作向风而恸之音的吧?谁知诗人在"望断"乡关的愁苦中,所喃喃诉说的,竟是那"细细"绽放的"江村"梅花,真是匪夷所思!然而"忆梅下西洲,折梅寄江北":冬日的梅花,正是江南故乡最堪忆念的物事!特别是当故乡的梅花,正带着缕缕馨香,于村头村尾"细细"开放的时候,你却身在万里之外的荒塞,对它只可悬想而不能亲近,则又是怎样令你凄绝的人生憾事!诗之结句,以故乡之梅绽放的美丽虚景,反衬诗人天涯望乡的断肠愁思,语不迫促而哀情深长。较之直吐思乡的伤痛,更觉多几分涵咀不尽的余韵。清人沈德潜称叹此诗:"学北地高人杜陵,通首一气,能以大力负之而趋"(《清诗别裁》)。其实此诗的妙处,不在力"大",而在起若涛涌、结若云舒,那"一气"全借张弛、顿跌流转,才显得如此悲惋动人。沈氏论诗每多卓见,然对此诗之评,未免有失揣摩了。

(徐旭文)

度 大 庾 岭　　　　　　朱彝尊

雄关直上岭云孤,驿路梅花岁月徂。
丞相祠堂虚寂寞,越王城阙总荒芜。
自来北至无鸿雁,从此南飞有鹧鸪。
乡国不堪重伫望,乱山落日满长途。

顺治十三年(1656),广东高要县知县杨雍建聘朱彝尊教授其子,故朱氏有岭南之游。此诗写于入粤途中经大庾岭时。大庾岭在江西大余县境内,南接广东南雄县,是由江西入广东的要冲。相传唐代张九龄曾派人在此开凿道路,广植梅树,故大庾岭也称为梅岭。岭上有关卡,称为"梅卡",所以首联即说雄关直上,高耸入云,驿路两旁梅花依然,而岁月流逝。"岭云孤"非但直道眼前景象,而且极言山岭巍峨,雄关高峻;"岁月徂"则逗出时间匆遽、岁月易逝的感叹。这两句的写景一为纵向,一为横向,而将时间与空间交结成文,造成一种雄阔苍凉的基调,并引出吊古伤今之思。"丞相"就是指张九龄,后人为了纪念他的开凿之功,所以在大庾岭云封寺前建有张文献祠。"越王"指的是南越王赵佗,其都城在广州府城西二十七里。这两句缅怀前人,出句为眼前景象,是实写;对句为想象之辞,是虚写。"寂寞"、"荒芜",都说明古代遗迹已寥落荒败,随着岁月的流逝而无人问津。颈联写自然物象,也紧扣住大庾岭的地理位置。古时传说鸿雁飞到大庾岭就折回,不再往南,唐代宋之问的《题大庾岭北驿》就有"阳月南飞雁,传闻至此回"的句子。所以诗人说自古以来这里就没有鸿雁来临;又据《南越志》说,鹧鸪不管向哪个方向飞,起飞时总是向南的。过了大庾岭就进入广东地界,是鹧鸪出没的地方。中二联的吊古与写景采用了写实与想象相结合的方式,却于字里行间逗出思乡伤怀的感情。所以最后一联说:不堪忍受再去伫立山头,遥望家乡,只见那起伏的群山、落日斜晖铺满了漫长的征途。家山已不可见,而无法抑制的乡愁却在心头油然而生了。

这首诗较典型地体现了朱彝尊早期诗歌的风貌,他的七律受杜甫和明七子的影响较深,注重气象的开阔和词句的典雅,如此诗融写景、吊古、抒怀于一炉,虽刻画乡思,却写得含而不露,颇得沉郁顿挫之致。 (王镇远)

晚 次 崞 县　　　　　朱彝尊

百战楼烦地,三春尚朔风。
雪飞寒食后,城闭夕阳中。
行役身将老,艰难岁不同。
流移嗟雁户,生计各西东。

《晚次崞县》作于康熙四年乙巳春(1665)。崞(guō)县在山西太原附近,即今原平市。"次",就是临时停留。诗歌描写当地的荒凉景象,抒发自己的飘泊之感。

首联"百战楼烦地,三春尚朔风"。上句点出崞县的历史地理,它在春秋时为楼烦国,属于"胡地"亦即少数民族统治地区,历代常有兵家相争,战伐不断。下句极写当地的严寒气候,即使在三个月的春天季节里,也依旧是北风呼啸,凛烈异常。

颔联"雪飞寒食后,城闭夕阳中。"两句紧接首联,进一步描写崞县的荒凉情状。"寒食"是清明节前的一两天,俗谚有云:"寒食断雪,谷雨断霜。"然而此地,却正如"三春尚朔风"一样,寒食过后,仍然是漫天飞雪,丝毫没有江南那种春意盎然、生机蓬勃的景象。同时,大概也正是由于这里乃"百战楼烦地",所以太阳刚刚偏西,天还没有黑暗,城门却早早关闭起来了。这些反常的做法和异常的气候,给人一种强烈的凄凉、压抑之感。更何况,这个"夕阳西下"时分,更可令人滋生"断肠人在天涯"的意绪,从而自然地导出了下联。

颈联"行役身将老,艰难岁不同"。这两句即写诗人的身世感慨。上句所谓"行役",指的是道路奔波。此时,朱彝尊由于从事抗清复明活动,被人告发,辗转避祸到山西,依附任山西按察副使的同乡前辈曹溶,同时在这里观察山川形势,联络英雄豪杰,图谋东山再起。频年的南来北往,浪迹于天涯海角,颠簸于道里途中,自不免催人霜鬓,兴"老之将至"之叹;然而此时的朱彝尊,事实上却还只到三十七岁!下句"艰难岁不同",语意更为沉痛,光阴一年年地转换,新王朝也一年年地趋于稳固,今岁恢复故国大业的艰难,更比往岁不同、更甚于往岁的艰难!再推想下去,明年呢?后年呢?如此存念,人焉能不感到"将老"?更何况是在凄清的寒食后、是在落日城闭的孤寂中,诗人的百感交集,能不也像飞雪的茫乱无绪?这二句,既直抒了胸怀,又点醒了上联景物中的深层含义,实为浑厚之笔。

尾联"流移嗟雁户,生计各西东"。"雁户"是指像大雁这种候鸟一样、随环境变化而不断迁徙的人户。从字面上看,这二句是诗人在嗟叹崞县一带的众多百姓,他们在这种兵荒马乱的年代,在这个荒凉萧条的地方,自然也免不了颠沛流离之苦,为生计所迫,不得不东奔西走。不过,若二句的含义仅此而已,未免太浅,且意绪亦与上文不相连属。其实,这里还含有更深的含义:雁户与诗人,固同在"流移"中;但彼之"流移",不过为区区"生计"而已,我之"流移",所求者又岂在此?所以,诗人固然是在为雁户的流离失所而嗟叹,也是为他们的徒谋生计、不思抗争而嗟叹;诗人既有如此嗟叹,那么他的虽在困厄、初心不改,不也隐隐可见了吗?这样的结句,令人联想到杜甫《同诸公登慈恩寺塔》的结尾"黄鹄去不息,哀鸣何所投?君看随阳雁,各有稻粱谋"。虽然老杜对"随阳雁"是完全鄙薄的,而诗人对"雁户"在怒其不争中尚有嗟其不幸的成分,二者不尽相同;但两个结句中都包含了作者的鸿鹄之志,这一点却是完全相同的。

全诗总起来看,上半截侧重写景,而景中有情;下半截主要抒情,而情中含景,两者互为表里,共相依托,并且都扣牢崞县。同朱彝尊以前写于南方以及关内的那些作品相比,这首诗结合描写塞外穷荒,抒发身世飘零之慨,艺术风格显得慷慨沉雄,苍凉悲壮,确乎有一种"关塞之音"。山川地气对诗风的影响,从这里亦可略窥一二。

(朱则杰)

鸳鸯湖棹歌一百首(之八) 朱彝尊

樯燕樯乌绕楫师,树头树底挽船丝。
村边处处围桑麻,水上家家养鸭儿。

这大约是夏日的黄昏吧。小小的木船轻飘在鸳鸯湖上,碧于天的湖水缓缓地流淌着,柔柔的微风拂面而来。一只只轻盈的紫燕、乌鹊(喜鹊)蹁跹地舞着,时而穿林渡水,时而又在樯桅间唧唧喳喳地叫着。它们和这里的纯朴乡民们好像早就熟识了,在船夫身边飞来绕去,仿佛老朋友般地亲热;千啼百啭,又仿佛有着说不尽的话题——美丽的大自然里,人类与天空中的飞鸟们相亲相爱,和睦生活着,万物都显得那么和谐、那么自由。

不过,这"樯燕樯乌绕楫师"的美好画面,也只是鸳鸯湖景致中的一个小小镜头而已。抬眼望去,湖畔的"树头树底"上,满满地系着些大大小小的木船,想来农人们白天辛勤劳作的场面,该是十分热闹的吧。然而诗人却仿佛生怕打破这黄昏时分的静谧似的,将白日里的盛况,统统都留在诗境之外了。

夕阳西下,湖面静悄悄的。诗人怡然自得的目光又投向了远方:"村边处处围桑麻,水上家家养鸭儿"——小村被绿荫环抱着,屋前屋后栽满了长桑、短麻。画面虽显得宁静,却让我们感受到了一股浓重的乡村风味和泥土气息。我们仿佛看到了一幅日出而作、日落而息的和悦生活画面的展开——这个季节,村民们大约正忙于农事,以至于常常"相见无杂言,但坐话桑麻"(陶渊明《归田园居》)吧?那在田头路边相逢时的亲切絮语、朗朗笑声,也因此透过字里行间,断断续续地萦绕在我们的耳边。与此相伴的,还有传自水塘的鸭群那扑棱棱的拍水声,和欢快相唤的"呷呷"声……一片片的桑麻,一群群的鸭儿,表现着湖畔村民生活的清新和富足。这淳朴的湖畔风情,恰正构成了一派"怡然自乐"的桃花源境界。徜徉而又沉醉于其中的诗人,大约也会因此而乐而忘返的吧。

全诗纯为景语。从飞掠樯桅的鹊翼燕影,画到遍布岸树的系船揽丝,而后转向湖外,展示桑麻掩映的村舍,浮游满塘的鸭儿。美好的空间展开于画面的跳接之中,显示着运笔的飘洒、流动之态,和诗人敏锐、细致的观察目光。初读起来,似乎无一语涉及诗人的内心情感,但在这淳朴、亲切的画境流转中,读者却分明感受到了,一股叹赏不尽的欢悦之情的脉动。

(张　巍)

鸳鸯湖棹歌一百首(之十)　　　　朱彝尊

穆湖莲叶小于钱,卧柳虽多不碍船。
两岸新苗才过雨,夕阳沟水响溪田。

鸳鸯湖就是名闻遐迩的嘉兴南湖,也是诗人朱彝尊的故乡之湖。诗人爱在这和风秀水的湖上泛舟,他耳濡目染着故乡湖水的美好风情,竟采用民歌之调,一气写下了《鸳鸯湖棹歌》百首。本诗是其中第十首,读这首诗,你仿佛就置身在南湖的小船之中,摇荡着船桨,听娉娉婷婷的船娘,唱那语音温婉的美妙船歌。

"穆湖莲叶小于钱,卧柳虽多不碍船。"当翠亮的歌声从船头响起,雨后的南湖便以其最旖旎的风姿,徐徐展开在袅袅的歌韵之中:新雨方收,鲜绿的湖面显得愈加温柔、和穆。细细的涟漪上,晃漾着一小片、一小片晶莹碧绿的莲叶,正如谁在不经意中,撒向湖面的千百枚小小青钱。它们虽还尚未"一一风荷举",却已经大有"水面清圆"的韵味了!船儿缘岸缓缓驶行,那"碧玉妆成"的岸柳,是舞得倦了呢,还是正情意绵绵,想抚弄清柔的湖水,牵依近岸的游船?它们宛如一群衣衫飘拂的少女,或俯或"卧",探向清绿的湖上,真有说不尽的风韵!如此痴情的"卧柳",就是再多,又有什么妨碍?它们倒恰可给你的浏览,增添几分依依难舍的牵思呢。

　　仿佛只展现湖上之景还不够让你尽兴似的,船娘的歌儿,又带着你把目光投向湖岸远田:那里散发着芳馨的,是小麦、水稻,还是油菜、玉黍?它们刚经过一场夏雨的洗涤,全都绿汪汪的,如青云乍展、水波轻飏,无边无际,似乎要把辽远的天空都给染绿了!

　　这几句短短的歌词,简直就如丹青妙手流洒飘逸的彩笔,描画出了南湖仲夏所特有的美。诗中所用的色彩,几乎都是绿色,却又是浓淡有序,毫不雷同;浅浅的淡绿是湖水,莹莹的碧绿是新荷,嬉水的卧柳是如烟的青绿,带雨的新苗是如云的翠绿……种种不同的绿,伴和着船娘亲昵的歌,错落有致地展开在你眼前,化出了微波荡漾的湖,化出了青青如钱的荷,化出了飘曳湖面的卧柳和田垄上无穷无尽的新苗!在这样美的湖面上泛舟,又怎能不令人陶醉呢?

　　船娘的歌韵,唱不尽鸳鸯湖的美景。在绿色画境中留连的诗人,忽然又被一派淙淙的水声惊醒。此刻已是夕阳下山的时分,落日的霞彩辉映得湖水一片绚烂,而后一切都显得朦胧起来:悠悠的昼日过去,黄昏的苍茫引人遐思。抬眼望去,岸田畔正有一带清溪,满载着才歇的雨水,注入田野的沟溪之中。那惊动诗人的,便正是这无数垄沟汇泻清溪的欢乐水声;如串串笑语,滚滚流珠,传响在夕阳下,欢腾在岸田间。这就是奇妙的诗的收结处。它紧承上句之意,抓住新雨"才过"的特点,在傍晚的宁静绿色上,添加了一派和谐的声响。

　　一支充满江南风情的船歌,至此戛然而歇。但那鸳鸯湖上满沟流转的水声,却还在你耳际久久传响。正如歌女怀抱着琵琶,歌声早已歇止,却还在弹奏着悠悠的尾声……

(张 巍)

出 居 庸 关　　　　　朱彝尊

居庸关上子规啼,饮马流泉落日低。

雨雪自飞千嶂外,榆林只隔数峰西。

从山青水绿的南国,来游落日苍茫的北塞,淡淡的乡思交汇着放眼关山的无限惊奇,化成了这首"清丽高秀"的写景小诗。

此刻,在北京西北的居庸关外,正有一位衣衫飘拂的诗人,神情洒落地伫立在高高的山岭上。读者当然知道,他就是生长嘉兴,早已以清新、空灵的诗词创作驰名东南的朱彝尊。朱彝尊早年无意仕进,以布衣之身载书"客游","南逾岭,北出云朔,东泛沧海,登之罘,经瓯越",为采访山川古迹、搜剔残碣遗文,踏遍了大半个中国(见《清史稿·文苑传》)。现在,他独立于北国秋冬的朔风中,倾听着凄凄而啼的子规(杜鹃)之鸣,究竟在浮想些什么?是震讶于这"古九塞之一"的居庸关之险峻——它高踞于军都山间,两峰夹峙,望中尽为悬崖峭壁,不愧是扼卫京师的北国雄塞?还是思念起了远在天外的故乡嘉兴,那鸳鸯湖(南湖)上风情动人的船女棹歌,或摇曳在秋光下的明艳照人的满湖莲荷?于是这向风而啼的"子规"声声,听来也分外有情了:它不也似在催促着异乡游子,快快"归"去么?

起句看似平平叙来,并未对诗人置身的关塞之景作具体描摹。但对于熟悉此间形势的读者来说,"居庸关"三字的跳出,正有一种雄关涌腾的突兀之感。再借助于几声杜鹃啼鸣,便觉有一缕辽远的乡愁,浮升在诗人的高岭独伫之中。驱马更行,峰回路转,在暮霭四起中,忽遇一带山泉,从峰崖高处曲折来泻,顿令诗人惊喜不已:在这塞外的山岭间,竟也有南国般清洌的泉流,正可放马一饮,聊解旅途之渴。站在潺潺的山泉畔,遥看苍茫的远天,又见一轮红日,正沉向低低的地平线。那犹未敛尽的余霞,当还将远远近近的山影,辉映得明荧如火——这便是"饮马流泉落日低"句所展现的塞上奇景。清澈、明净的泉流,令你忘却身在塞北;那淙淙而奏的泉韵,简直如江南的丝竹之音惹人梦思。但"坐骑"呶呶的嘶鸣,又立即提醒你这是在北疆。因为身在山坂高处,那黄昏"落日",也见得又圆又"低",如此高远清奇的苍莽之景,就决非能在烟雨霏霏的江南,所可领略得到的了。

不过最令诗人惊异的,还是塞外气象的寥廓和峻美。此刻,峰影如燃的西天,还沐浴在一派庄严肃穆的落日余霞中。回看北天,却又灰云蒙蒙。透过如林插空的千百峰嶂,隐约可见有一片雨雪,纷扬在遥远的天底下,将起伏的山峦,织成茫茫一白!"雨雪自飞千嶂外"句,即展现了那与"饮马流泉落日低"所迥然不同的又一奇境——剪影般的"千嶂"近景后,添染上一笔清莹洁白的"雨雪"作背景,更着以一"飞"字,便画出了一个多么寥廓、素洁,峻奇而不失轻灵流动之美的世界!

诗人久久地凝视着这雨雪交飞的千嶂奇景,那一缕淡淡的乡愁,早就如云烟一般飘散殆尽。此次出塞,还有许多故址、遗迹需要考察,下一程的终点,该是驰名古今的"榆林塞"了吧?诗人意兴盎然地转身西望,不禁又惊喜而呼:那在内蒙古准格尔旗一带的"榆林"古塞,竟远非人们所想象的那般遥远!请看,从居庸塞望去,它不正"只隔"在云海茫茫中耸峙的"数峰"之西么?诗之结句把七百里外的榆林,说得仿佛近在咫尺、指手可及,岂不太过夸张?不,它恰正是人们在登高望远中所常有的奇妙直觉。这结句虽然似从唐人韩翃"秋河隔在数峰西"句中化出,但境界却高远、寥廓得多:它在刹那间将读者的视点,提升到了诗人身临的绝高之处;整个画面的空间,也因此猛然拓展。于是清美、寥廓的北国,便带着它独异的"落日"流泉、千嶂"雨雪"和云海茫茫中指手可及的榆林古塞,苍苍莽莽地尽收你眼底了。

(徐旭文)

玉 带 生 歌 朱彝尊

玉带生,文信国所遗砚也。予见之吴下,既摹其铭而装池之,且为之歌曰:

玉带生,吾语汝:汝产自端州,汝来自横浦。幸免事降表佥名谢道清,亦不识大都承旨赵孟頫。能令信公喜,辟汝置幕府。当年文墨宾,代汝一一数:参军谁?谢皋羽;寮佐谁?邓中甫;弟子谁?王炎午。独汝形躯短小,风貌朴古,步不能趋,口不能语;既无鸜之鹆之活眼睛,兼少犀纹彪纹好眉妩。赖有忠信存,波涛孰敢侮?是时丞相气尚豪,可怜一舟之外无尺土,共汝草檄飞书意良苦。四十四字铭厥背,爱汝心坚刚不吐。自从转战屡丧师,天之所坏不可支。惊心柴市日,慷慨且诵临终诗。疾风蓬勃扬沙时,传有十义士,表以石塔藏公尸。生也亡命何所之?或云西台上,晞发一叟涕涟洏,手击竹如意,生时亦相随。冬青成阴陵骨朽,百年踪迹人莫知。会稽张思廉,逢生赋长句。抱遗老人阁笔看,七客寮中敢嗔怒。吾今遇汝沧浪亭,漆匣初开紫衣露。海桑陵谷又经三百秋,以手摩挲尚如故。洗汝池上之寒泉,漂汝林端之霏雾。俾汝留传天地间,忠魂墨气常凝聚。

　　这首《玉带生歌》是朱彝尊诗中的一篇奇作。康熙四十四年(1705),七十七岁的老诗人在朋友宋荦处见到文天祥(曾封信国公)的一方遗砚,遂慷慨悲歌,写下了这首诗。

　　"玉带生"即指文天祥曾用过的端砚,因砚上有白纹如带,故称。全诗可分四段,自开头至"波涛孰敢侮"为第一段,交待了此砚的来历,并庆幸此砚未曾被以谢后(名道清)为首的投降派用来书写降表,也没有落入失节降元的贰臣如赵孟頫之手,而跻身于文天祥的幕府之中,与谢翱(字皋羽,号晞发子)、王炎午等节义之士为伍。诗中描绘"玉带生"的形貌,用拟人的手法歌颂了不屈不挠的爱国精神。鸲鹆即八哥,古人以砚上储水处白、赤、黄的圆形斑点为鸲鹆眼,犀纹、虎纹也指砚上的纹理,说"玉带生"没有"活眼睛",缺乏"好眉妩",显然旨在讥讽投敌者的屈己从人,靦颜事仇。"是时丞相气尚豪"至"生也亡命何所之"是第二段,由砚写到砚的主人。文天祥于宋末用兵屡遭挫折,然豪气长存,常以此砚草檄飞书,为恢复中原大业而鞠躬尽瘁。但南宋政权如大厦将倾,无力可支,文天祥慷慨就义,不屈而死。据史载:文天祥被杀于北京宣武门外菜市口,当时观者万人而他神态自若,向南再拜,口诵七绝二首。被刑后,有十义士收其尸体葬于城外。自"或云西台上"至"七客寮中敢嗔怒"为第三段,写宋亡后"玉带生"的踪迹。文天祥殉难后,砚归谢翱,谢翱曾登浙江桐庐境内的严子陵钓台,北望神州,痛哭流涕,后作《登西台恸哭记》。"冬青成阴"指元惠帝至元四年(1278)元僧杨琏真伽发掘南宋六代皇帝陵墓,唐珏等人设法往收残骸,葬于会稽(今绍兴)兰亭山后,上植冬青事,意谓自宋亡至元末未见"玉带生"的踪迹,元末始有张宪作《玉带生歌》。抱遗老人杨维桢则曾将此砚与贾似道的古琴等六种古物以一室贮之,以为加上自己可称"七客之寮",诗人设想"玉带生"必然不屑与贾似道之琴为伍,故云"嗔怒"。"吾今遇汝沧浪亭"至末尾则为第四段,说自己有幸见此奇物,并欲好好照拂,令此物长留天地之间,而志士的忠魂也将随之千古流传。

　　此诗虽作于诗人的老耋之年,然其中慷慨悲歌之情宛然可见。清初的诗家如黄宗羲、顾炎武等人往往对宋末节士的歌咏抒发感事伤时之怀,寄托自己的遗民心迹。朱彝尊早年的作品中也不时流露出对故明的眷恋,然他中年出仕清廷,老而悔恨,定其出仕期间的诗集为《腾笑集》,取《北山移文》中"南岳献嘲,北陇腾笑"意,故可知此诗中对文天祥、谢翱等人的表彰,不无作者个人现实生活中的沧桑之感。

此诗艺术上用了托物寄兴的手法。全篇纯以拟人出之,虽不离咏砚而实寓人于物,以一砚之经历来再现出历史的画面。又将砚与砚的主人结合起来写,虚实相兼,想象奇特而不乖史实。这不仅体现了作者驾驭诗艺的精熟,同时也体现了作者谙于史料,博通典籍的学养,后代浙派诗人走诗人之诗与学人之诗结合的道路,与朱氏的这种开启之功是分不开的。

此诗艺术上的另一个特点是突破了一般五七言诗的程式,采用了长短错落的句式,然读来铿锵作声,苍劲古朴。朱氏晚年的一些古诗,如《甘泉汉瓦歌为侯官林侗赋》、《罗浮蝴蝶歌》等也都有类似的特征,然此诗最突出地体现了他晚年诗风的发展倾向。故朱庭珍《筱园诗话》中论此曰:"兴酣落笔,纵横跌宕,雄奇盖世,信为长篇绝调。"赵翼《瓯北诗话》中论及朱彝尊也说:"中年以后,恃其博奥,尽弃格律,欲自成一家,如《玉带生歌》诸篇;固足推倒一世。"可见前人对此诗的重视。

(王镇远)

山　雪　　　　　　朱彝尊

山雪消犹未,江梅冻已残。
龙蛇翻远蛰,鸟雀凛相看。
短服装绵少,深杯入手干。
今宵闻击柝,转忆北城寒。

明亡时,朱彝尊年方十余岁。清兵入浙,他经历了国破家亡、颠沛流离的遭遇。二十余岁时,他曾客居山阴,与祁彪佳之子理孙、班孙交游;又与抗清志士参预了郑成功、张煌言进军长江的密谋,事败避居温州。到了晚年,朱彝尊手定《曝书亭诗集》时,便将反映他早年抗清心迹的诗篇大量删落。今天,我们在其《诗集》中所见到的作品,大多是应酬赠答、模山范水,花草虫鱼、咏怀古迹和嘲风弄月、艳情闲适的主题。然而,即使在这些看似远离政治的诗作中,只要读者细心寻绎,仍可见作者思想与感情上的矛盾。

《山雪》见于《曝书亭诗集》。全诗紧扣题旨,开合有致,徐徐道来;而诗人的情志则于诗篇中隐隐透出。

首联入篇点题。山雪已开始融化而尚未消尽:既是直道眼前之景,又暗示了时令正值初春,严冬的寒潮尚未完全退去。春之女神既如此姗姗来迟,而江边的梅花却已在严寒与冰雪的摧折之下凋零残损。作者笔下的梅花,用一"残"字表现其特征,既无"遥知不是雪,为有暗香来"的神韵,也无"凌寒独自开"的傲骨。

作者的用意,看似通过写梅之"残"来表现初春之"寒",其实诗的深层含意未始不象征了时势的特点并暗寓了作者的心境。

颔联写初春之际自然界的变化。龙、蛇之类冬天蛰伏的动物,在一阳初动之际便蠢蠢欲动,大有不待惊雷破土而出之势;而林间的鸟雀则不然,它们在料峭的春寒中抖抖索索,凄凄然相对而视。《周易·系辞下》云:"尺蠖之屈,以求伸也。龙蛇之蛰,以存身也。"后世常以"龙蛇"比喻非凡的人才,如桓谭《新论·均任》篇云:"龙蛇有翻腾之质,故能乘云依雾;贤才有政理之德,故能践势虚位。"《汉书·扬雄传》亦云:"君子得时则大行,不得则龙蛇。"由此看来,作者以"龙蛇"与"鸟雀"对举,似有深意。诗中"鸟雀"的形象,又使人联想起《史记》中陈涉的豪言:"燕雀安知鸿鹄之志。"按之作者的生平经历,他早年立志抗清复明,事败后蛰居避祸。中年以后一改初衷,应清王朝的"博学鸿词"之征,以布衣除检讨,未几罢归。因此,我们似可作一大胆的设想:在"龙蛇翻远蛰,鸟雀凛相看"的意象中,隐隐可见作者及其同时代人的精神面貌。

颈联落笔于作者自身。"短服"指短衣。在我国古代,传统的汉族服饰是"宽袍大袖",而北方的少数民族则"短衣窄袖"。据宋代沈括的《梦溪笔谈》记载:"中国衣冠,自北齐以来,乃全用胡服。窄袖,绯绿短衣,……皆胡服也。"尽管如此,"短衣"与"胡服"在古代典籍中仍有密切的联系。例如:李白《奔亡道中》诗云:"愁容变海色,短服改胡衣。"诗中的"短服",似指清朝定鼎之后强行推行的满人服式。既言"短服装绵少",言外之意即谓作者穿着新朝的服饰,身上更感寒冷。后一句"深杯入手干",谓装满酒的深杯一拿起来便一饮而尽,具有借酒驱寒和借酒浇愁的双重含意。此句的表层含意是点出了一个"寒"字;而其深层含意则暗寓了一个"愁"字,其中又包含了家国之愁与个人遭遇之愁的双重成分。

尾联写作者夜闻击柝之声,从一声声的敲更声中引发了对当年"北城寒"的追忆。北城谓北方之城,似特有所指。今夜的击柝声与当年北城的击柝之声是如此相似,而今夜的寒冷与当年北城的寒冷也不相上下,故触发了作者的联想。其实,作者此时的心境,也一定与当年在北城时非常接近,至少在主要方面是相似的。然而,迫于时势,作者不可能直白地把他的心境揭示给读者,甚至连能够略微表明他心境的暗示也没在诗中留下。这样,作者便把一个难解的谜留给了后世的读者。

全诗风格含蓄,耐人寻味;措辞又极妥帖,如名家法书,意到笔到,力透纸背,见出作者深厚的语言功力。

(王兴康)

晓入郡城

朱彝尊

轻舟乘间入,系缆坏篱根。
古道横边马,孤城闭水门。
星含兵气动,月傍晓烟昏。
辛苦乡关路,重来断客魂。

《晓入郡城》作于顺治三年丙戌(1646)。前此顺治二年乙酉(1645),南明弘光小朝廷覆灭,南京失守,清兵直下江南,烽火遍地。朱彝尊时方新婚,被迫离开家乡秀水(今浙江嘉兴),外出避兵,本诗是其避兵归来之后,拂晓进入嘉兴府城(秀水县在明代属嘉兴府,郡是府的古称)所作。诗歌从各个不同的角度,描写了遭受兵火洗劫时嘉兴城的荒凉景象,反映了战乱给人民带来的深重苦难。

首联"轻舟乘间(读去声)入,系缆坏篱根",一上来就生动地点明了气氛的不寻常——本来由城外进城内应当是极为平常的事情,而现在诗人却要坐着小船,钻空子偷偷地溜进去,很显然这是由于清兵遍地都是,肆意杀掠,诗人不敢碰上他们。至于偌大一座嘉兴城,居然没有一个像样的停船之处,而只能把缆绳系在篱笆上;篱笆又居然没一个完好的,只找到残"坏"的"篱根"——这情景,固然是同诗人因为"乘间"而"入",需要隐蔽有关;但最根本的,当然还是由于清兵的野蛮破坏连篱笆都遭到了摧毁,这座城市被破坏后的败落相,也就可想而知了。

颔联"古道横边马,孤城闭水门",进一步明确地点出了清兵的占领。这里所谓"边马",就是指的清兵,因为清兵来自东北关外边远地方。上句"边马"与"古道"相连,令人想起元代马致远《天净沙·秋思》的"古道西风瘦马"。但瘦马踟蹰于古道,只不过令人起悲凉之意而已;如今清兵的铁蹄,连废弃的古道都横行到了,那么通衢大街、锦绣城池,更不知被他们践踏成什么样子!此情此景中,饱含着诗人的多少悲愤。下句"孤城闭水门",是说清兵如临大敌,森严戒备,连嘉兴城的水门也都关闭得紧紧的,更不必说陆路的城门了,于是乎,一座往昔繁华兴隆的城市,便成与世隔绝的"孤城"。回顾首联,诗人之所以需要"乘间入",也就更加清楚了。

颈联"星含兵气动,月傍晓烟昏"。上句典出《史记·天官书》:"轸……旁有一小星曰'长沙',星星不欲明,明与四星等。若五星入轸中,兵大起。"意思说,在闪烁的星光中,似乎包藏着兵气。下句字面上,是说月亮因为紧傍着拂晓的烟霭,显得一片昏黄;但其深处的含义,却是指清兵已侵占了城市,因为月属阴象,在古代诗词中往往用来比喻外族。如唐代李白的《胡无人》"太白入月敌可摧"、杜甫的《北征》"势成擒胡月"等诗，均可为证。清初著名女词人徐灿的《踏莎行》云："碧云犹叠旧山河，月痕休到深深处"。这里的"月痕"即隐指清兵，希望它不要消灭当时残存的南明政权。两句合而观之，都是在暗喻清兵的肆虐，而星、月的远景，与"孤城"、"古道"的近景，又一天上一地下交相呼应，显得清兵的势力和暴行无处不在，使天地皆为之不安，从而广泛、深刻地反映无比惨酷的现实。正因为如此，所以接下去才有最后的这两句，尾联"辛苦乡关路，重来断客魂"，是说诗人避兵归来，身受目睹这故乡路途上的种种艰辛苦难，不禁肠断魂消，伤心不已。这里的"辛苦"，既是指朱彝尊个人前此避兵逃难的困苦，也包含着清兵铁蹄蹂躏之下广大汉族人民的无数苦难。而末句的"客"字，它的含意则更为丰富：一是朱彝尊具体的家乡在嘉兴城外的王店，因而进入郡城多少有一种客游之感；二是朱彝尊以前避兵在外，此度重来，亦不免像似乍到之客；而寓意最深也最令人"断魂"的，恐怕还是因为此时的郡城已被满清的军队所霸占，所以"重来"的诗人倒反而只能算作异乡之"客"了！

纵观全诗，首联写诗人入城，中间两联写入城所见，具体又由近及远，由地上到天上，最后结之以深沉的慨叹；从而由叙事，到写景，到抒情，将诗人的家国破亡之痛一路迤逦写来，次序井然而又寓意深刻，的确不失为一首好诗，而此诗出于当时只有十七岁的少年诗人之手，更是难能可贵了。

（朱则杰）

来 青 轩　　朱彝尊

天书稠叠此山亭，往事犹传翠辇经。
莫倚危栏频北望，十三陵树几曾青？

朱彝尊明亡时才十六岁，他身份不同于明遗老，后半生出仕清室，诗词中也很少留下明显表露故国之思的作品。但在前半生，情况就大不相同。朱氏的曾祖国祚，是明朝状元，官至大学士。祖父、嗣父都有官职。生父茂曙，为复社成员，入清不仕。在这种家世的影响下，他青壮年想以学术自显，不肯出仕，以保留忠于明朝的志节，所以一直不出来应科举考试。他忍受贫困，在家乡和广东、山西、山东等地，以教馆、游幕为生。据传他曾和殉国明臣祁彪佳的儿子密谋响应郑成功、张煌言进军长江的活动，事败一度逃亡自匿。在清初文网严密的情况下，他的诗词，也反映了悼念亡明和关心人民疾苦的思想内容。

这首《来青轩》诗，作于康熙十年（1671）朱氏四十三岁时。前一年八月，他自山东游北京。这年正月,他同友人潘耒、李良年、蔡湘等游北京西山,写了一些游览诗,颇有题壁传抄之盛,《来青轩》是其中之一。来青轩,在北京西山香山寺内。香山是西山名胜,重峦叠翠,泉水流清,金、元、明的皇帝都在此营建离宫。香山寺是当时香山最大的寺院(旧址已毁),据《帝京景物略》,明世宗幸香山寺时,说西山一带,香山独有翠色。以后明神宗就为寺中殿侧的一个轩堂题名"来青"。朱氏来游时,距明亡已二十八年,这时他的故国之思,还没有消除,因此就由"来青"这个名称的触动,引起他在诗中隐约地抒发了这种思想。

起句"天书稠叠此山亭",稠叠,谓多,意思是寺中轩亭有很多皇帝的题字。据《燕都游览志》,香山寺的"来青"、"郁秀"、"清雅"、"望都亭"四个匾额都是明朝皇帝写的。诗中竟称亡国的前朝皇帝写的字为"天书",其崇敬、怀念之情,从一"天"字露出"春秋笔法",虽是隐约,但颇大胆。次句,"往事犹传翠辇经",说明朝皇帝曾经多次乘车来游此地。翠辇,皇帝乘坐的车,用这两字,仍露敬恋之意。这两句介绍来青轩名称来历及以前情况,用实写起,比较直致,是画龙身的普通笔墨;然而它为下面两句塑造了躯干,便于后文的腾空运转,着墨无多,作用切紧,也是显得朴实简炼的。最后两句:"莫倚危栏频北望,十三陵树几曾青?"就轻妙地以画首、点睛之笔,使整首诗变成盘旋空际,精神生动、活现的神龙了。十三陵在今北京昌平,位居西山之北的天寿山下,明朝从成祖到思宗,除景帝外,共有十三个皇帝的陵墓筑在那里。诗借"来青轩"的"青"字作生发基点和转接关捩,说不要再夸香山寺可以看到多少青翠山色了,倚栏北望,十三陵那片大山就没有多少青松翠柏的颜色浮现了。国家一亡,皇陵的树木就得不到保护,随人砍伐;清朝统治者宣扬他们是从李自成手中得国,是为明朝报仇,他们不敌视明朝,保护明朝帝陵。事实当然不是如此,十三陵的树木可能是遭到砍伐伤害的。即使砍伐不严重,树色犹青,但在留恋明朝的人看来,也会从内心唤起一种凄凉、黯淡之感,青也就不会见其为青了。所以陵树不青,是亡国的象征;伤痛陵树不青,是留恋故国的人的心情的写照。诗把"来青轩"的"青"和十三陵的"青",自然地联系在一起,不加评议,暗寓今昔对比之情,隐寄亡国之痛,纯用白描,又写得含蓄、深沉。"十三陵"句是画首,"青"字是点睛,淡云轻雾中,鳞爪隐现,而感情寄托的全龙,依然首尾可辨。

朱彝尊的诗,宗唐为主,兼学宋人。有堆砌典故的,如《风怀二百韵》;有雄浑遒劲的,如游山西诸诗;有通俗、活泼的,如《鸳鸯湖棹歌一百首》及游广东诸诗。这一首诗虽是白描却写得很含蓄,而且音节风调俱佳,在他的绝句中,应算上品。他有一首《百字令·度居庸关》词,下片有这样几句:"十二园陵风雨暗,响遍哀鸿离兽。旧事惊心,长途望眼,寂寞闲亭堠。"思想内容和这首诗接近,可以参看。近人王文濡评这一首诗说:"从一青字,生出故国兴亡之感,语愈蕴藉,意愈深长。"是中肯的。诗的妙处,就是善于抓住一个点,使这个点代表一片大面,透入许多深层;或者说使这个点变成能够传出全体精神的眼睛。 (陈祥耀)

酬 洪 昇　　　　　　　　　朱彝尊

金台酒坐擘红笺①,云散星离又十年。
海内诗家洪玉父②,禁中乐府柳屯田③。
梧桐夜雨词凄绝④,薏苡明珠谤偶然⑤。
白发相逢岂容易,津头且缆下河船。

〔注〕 ① 金台:即黄金台,战国时燕昭王所筑,以求名士,故址在今河北易县东南,这里泛指北京。擘红笺:指分笺题诗,互相酬唱。 ② 洪玉父:宋代诗人洪炎,字玉父,江西南昌人。此比作洪昇。 ③ 禁中:宫中。柳屯田:柳永,字耆卿,福建崇安人,曾官屯田员外郎。他是北宋著名的词人,作品流传极广,甚至传入宫中,深得当时仁宗皇帝的爱好。 ④ 梧桐夜雨:指洪昇所作的传奇《长生殿》。白居易《长恨歌》中有"春风桃李花开日,秋雨梧桐叶落时"之句,元代白朴敷衍此事而成杂剧《唐明皇秋夜梧桐雨》,《长生殿》即是在此基础上扩充创作而成的。 ⑤ 薏苡(yì yǐ):一种植物,果实椭圆,果仁白色,称作薏米。据《后汉书·马援传》说,马援在交趾(今岭南一带)常吃薏苡,有轻身省欲的效果,于是装了一车回去准备作种子。他死后有人上书说马援带回的是一车当地产的明珠。故后人以薏苡明珠代指遭人诬谤。

　　洪昇是清代著名的戏曲家。字昉思,号稗畦,是浙江钱塘人。康熙二十七年(1688)写成传奇《长生殿》,次年,因在佟皇后丧服期间招伶人于宅内演唱该剧,受劾下狱。不久被革去国子监生而离京回乡,以后便在江南过着穷愁潦倒的生活,故后人有诗哀叹道:"可怜一曲《长生殿》,断送功名到白头。"康熙四十年(1710),朱彝尊在家乡遇见了故友洪昇,遂写下了这首追忆往昔欢会与为故友鸣不平的诗。

　　诗从当初在京城聚会落笔,酒席间众人分笺赋诗,兴会淋漓,可见座中都是一时的名彦才子,绝非等闲之辈。洪昇与诗人就是在那样的氛围中建立了友谊;而如今,昔日的朋友都已云散星离,各奔东西,倏忽之间,已过了十年。人生本没有不散的宴席,但诗人在往日的欢情与今日的清冷的对比中,自然逗露出一种深沉的今昔之感。"海内诗家"二句承接"擘红笺"而来,称扬洪昇的文学才能。宋代诗人洪炎与兄洪朋、洪刍,弟洪羽,当时被人称为"四洪",而以炎为翘楚,所以朱彝尊用此来形容洪昇的诗才卓荦。当时洪昇的老师王士禛就说他"以诗有名京师"(《香祖笔记》),而另一位诗人查为仁也说:"洪昉思以诗名长安,交游燕集,每白眼踞坐,指古摘今,无不心折。"(《莲坡诗话》)正可作为朱彝尊这句诗的注脚。"禁中乐府"自然是指洪氏的词曲创作。宋代柳永的词在当时家喻户晓,甚至"凡有井水处即能歌柳词",他曾有"忍把浮名,换了浅斟低唱"(《鹤冲天》)的词句。相传皇帝知道后将他的名字从中榜者的名单里除去,还说:"此人花前月下好浅斟低唱,何用浮名,且填词去!"从此柳永绝意仕进,混迹于歌馆青楼,并自称"奉旨填词柳三变"。朱氏以柳永比洪昇,不仅说他的词曲不胫而走,流传极广,而且也暗示了他由此得罪朝廷,流落江湖。因而下两句就着重讲洪氏因《长生殿》而遭劾的事,不过诗中用了含蓄深蕴的表现手法,说那"梧桐夜雨"的曲子虽然哀感顽艳,令人称绝,然而却出乎意料地受人指责,正如马援以车所载的薏苡被人说成是明珠一样,纯为无中生有的飞来横祸。当时因观看演出《长生殿》而遭革职的人很多,如著名的诗人赵执信、查慎行等。其实,此事有深刻的政治背景,牵涉到当时以徐乾学等为首的南派势力与以明珠为首的北派集团之间的权力斗争,洪昇只是这场官僚斗争的牺牲品。十年过去了,当诗人在杭州又见到这位戏曲大师时,怎能不感慨系之呢? 此时朱彝尊已七十三岁,洪昇也已五十七岁,因而诗中有"白发相逢"之说,大家都已垂垂老矣,今日相逢之后更不知何日再能见面,所以暂且系好渡头的船缆,不妨作竟夕长谈吧。

全诗的感情深厚,体现了诚挚的友情,同时对当政者的滥施淫威、扼杀人材、文网高张、听信谗言表示了不满,但诗写得典雅含蓄,合乎婉而多讽、怨而不怒的批评传统。朱彝尊论诗文都主张"醇雅",于是可见一斑。

(王镇远)

屈大均

【诗人小传】

(1630—1696) 初名绍隆,字翁山,又字介子,广东番禺人。顺治七年(1650),清兵陷广州。次年,投身抗清斗争。失败后,削发为僧,法名今种。三十二岁时还俗。两次北游,联络反清志士,力图恢复,无结果。康熙十二年(1673),三藩事起,他又参加吴三桂反清军事行动,不久即失望辞归。其多感伤时事、慷慨郁勃之作。诗风明健,与陈恭尹、梁佩兰合称"岭南三大家"。有《翁山诗外》、《翁山文外》、《道援堂集》、《广东新语》等。

秣 陵①

屈大均

牛首开天阙,龙岗抱帝宫。②

六朝春草里，万井落花中③。
访旧乌衣少，听歌玉树空④。
如何亡国恨，尽在大江东！

〔注〕①秣陵：今南京市。②牛首：指南京市南的牛首山。东西双峰并峙，如宫前阙楼，又称天阙。龙岗：指钟山。③万井：形容都市中庭户繁多。④乌衣：指南京市乌衣巷。东晋及南朝时，王谢名门大族多聚居于此。这里借指明末贵族。玉树：指陈后主的《玉树后庭花》曲。后主在金陵歌舞寻欢，荒于政事。后因以为亡国之音的代称。

清初的遗民诗人抒写亡国之恨，无论在量和质上都集历代遗民诗之大成。其中，南京又为他们寄寓历史沧桑巨变的显要载体。究其原因大约有三：一则南京乃六朝故都，而六朝之际的兴亡陵替，在中国历史中又极突出，以盛产"亡国之君"闻名；二则南京又是明王朝开国建都之地，虽以后迁往北京，但向有"南都"之称，故对刚逝去的那个王朝有象征意义；三则由于崇祯帝在北京毕命后，福王旋即又于南京建立了短命的弘光朝，史称"南明"。这样，集历史与现实的沧桑巨变于一身的南京，自然便成为遗民诗人们遣发故国黍离之悲的理想对象。此一题材下，颇产生了一些脍炙人口的名篇。屈大均的这首诗，即其中之一。

这首诗的显要处，首先在结构安排对主题的突出和强化。首联极写南京地势形胜，是得天独厚的帝王兴业之都，起笔一扬。颈、腹两联却陡然一跌："春草"、"落花"、"乌衣少"、"玉树空"，一副凋残破败气象，物去人非，无复往日繁华。全诗的立意不在抒写一般的黍离之感，也并非泛泛遣发一个遗民的故国之思，而是透过这一切，向历史和现实发出双重叩问，去追究造成这一切的历史责任。天设地造的东南形胜之中，从六朝到眼前，何以总是落得"无可奈何花落去"的结果呢？前六句结构上一扬一跌造成的强烈反差，正暗中包含了这一诘问。于是尾联的愤然一问，既自然，又极有力，具有"卒章显其志"的艺术效果。从全诗结构看，前六句是从正、反两个方向，包含着肯定和否定的描写，乃在为末两句蓄势。末两句是情辞俱烈的议论，在前六句盘马弯弓情势下一发中鹄，是对前六句的高度概括和升华。这样，全诗的主旨便越过通常遗民情感的抒发，表现出厚重而又警拔的历史理性意识，从而同单纯囿于明遗民情感天地的作品，在审美内涵上拉开距离。

本篇的另一个特点，是历史意象和现实意象的双重叠加。诗作于明亡后作者游金陵之际。因此从前六句的描写看，当属身临其境的"寄目直寻"。但作者却大量使用了作为六朝故都的历史意象去展开，以亡国为契合点，在同一意象上叠映了历史和现实的双重意蕴。题目"秣陵"即晋朝旧称。六朝之首"吴"亡于晋,而明末清初大部诗作写南京多称"金陵"。作者专用"秣陵"旧称,暗含着从历史纵深追寻起步的意思。三国时,诸葛亮谓吴孙权所居南京地形为"钟阜龙蟠,石头虎踞,真帝王之宅"(见《六朝事迹》)。历尽兴亡变迁,至今其地势形胜依然如故。"牛首"、"天阙"、"龙岗"、"帝宫",这些意象所包含的双重指向自不待言。"春草"、"落花"是眼前具体所见,"六朝"又是历史意象,"万井"同"六朝"为互文,历史意象与现实意象构成了交织的重叠组合。而且,"落花"又隐括了南唐后主李煜词《浪淘沙》"流水落花春去也,天上人间"句意,强烈暗示出亡国之痛对这两重意象组合的绾结。下面的"访旧"与"乌衣"、"听歌"与"玉树"是两重意象的同样组合。比起前两句的笼罩性描写来,这两句具体写作者行迹,表现出理性与情感的复杂交错。一方面,亡国乃贵族子弟歌舞行乐,荒淫误国所致,从六朝中被称为"团扇才人"的王、谢后裔,迷于声色的陈后主,直到南明福王,莫不如此。"乌衣"、"玉树"这两种典型意象的选用,"少"和"空"的措辞,以浓郁的嘲讽意味,透露出深刻的理性评判。另一方面,两者的现实指称,终究属于作者所依附的先朝,而今"访"、"听",连这些都既"少"且"空",那种怅惘、失落、追怀、眷恋的情感也是极明显的。这两句不仅具有历史理性与个人情感的深沉内涵,而且典型体现了一个遗民的心态。所以末尾"亡国恨"的"恨"字,既哀其不幸,又恨其不争,倾重尤在后者,因为答案是已然包含于诘问之中的。"尽"字可以说,是前面双重意象最后概括性的凝聚,故极具力度。

朱庭珍《筱园诗话》推"翁山五律"为岭南三大家中之一绝,又说:"翁山五律,忽而高浑沉著,忽而清苍雅淡,气既流荡,笔复老成,不拘一格,时出变化。"这段话是可以作为这首诗其他方面艺术特点的补充去读的。

(魏中林)

鲁连台[①] 屈大均

一笑无秦帝,飘然向海东[②]。
谁能排大难,不屑计奇功?
古戍三秋雁,高台万木风。
从来天下士,只在布衣中[③]。

〔注〕① 鲁连:鲁仲连,战国时齐人。终生不仕。游赵国时,适值秦兵围赵。他力斥魏将辛垣衍说服赵国尊秦为帝的主张。秦将得知赵国在鲁仲连鼓励下决心死拒,退兵五十里。又以魏国信陵君带兵救赵,秦遂撤兵而去。赵平原君以重金酬谢,鲁仲连辞而不受。为纪念他,后人在古聊城东筑鲁连台,高七丈。 ② 无秦帝:使秦王不能肆意称帝。 ③ 天下士:《史记·鲁仲连列传》载,对平原君的酬谢,鲁连说:"所贵于天下之士者,为人排患释难解纷乱而

无所取也。既有取者，是商贾之事也。"

屈大均无论人格气质，还是诗歌风格，均染有太白风范，这已是论屈诗者共识。对诗友们的推崇，他虽自谦"犹太白之衙官，青莲之厮养"(《复汪扶晨书》)，却也时有得色："自谓五律可比太白"。(陈田《明诗纪事》引《广东诗粹》)确实，两人相似之处极多，其中突出的一点，都倾慕历史中的英雄、名士，并发诸吟咏，而且心仪的对象有许多都是共同的。屈大均这首五律乃怀古之作，写鲁仲连。巧得很，李白《古风·十》写的也是鲁仲连。其诗云："齐有倜傥生，鲁连特高妙。明月出海底，一朝开光曜。却秦振英声，后世仰末照。意轻千金赠，顾向平原笑。吾亦澹荡人，拂衣可同调。"

相比之下，两首诗对鲁仲连义不帝秦的历史功绩与功成不受封赏的高标人格都十分激赏，着力加以突出。两诗中那种潇洒飘逸的风格，以及所透出的个性气质，也极有"神似"之处。说屈大均其人其诗深受李白濡染，于此亦不难见。但这只是一方面。另一方面，屈诗又能独出机杼，有自身艺术视角的深入开掘。

从总体结构看，李白诗前八句主要描写鲁仲连其人与事，末两句引之为同调。故方东树《昭昧詹言》说："此托鲁连起兴以自比。""顾向平原笑"是李白描写鲁仲连事迹的末句，而屈诗正从这"一笑"起笔："一笑无秦帝，飘然向海东"。《史记》载，对平原君千金之赠，"鲁连笑曰"之后，"遂辞平原君而去，终身不复见"。前此他力斥辛垣衍时有"连有蹈东海而死"之句。也就是说，李白八句诗主要所写的鲁仲连不帝秦、不受赏的内容，屈诗只用开篇两句概括，且概括得是如此凝炼传神——"一笑"、"飘然"，足以令人想见其风范与神情。之所以这样写，是由于鲁仲连事迹在当时已成为常识不必多着力，若要超越前人，须倾重笔力，在此基础上作深入开掘。

屈诗开掘的视点，乃在鲁仲连功成不受赏的人格。"谁能排大难，不屑计奇功？"说的就是这一重意思。李白诗"意轻千金赠，顾向平原笑"的描写也包含了同样的内容，但屈诗的两句则进一步以反问的语气加以突出、强化，并说透了这一重意思。而更深入的开掘，尤凝结在末两句。末两句之前，有"古戍三秋雁，高台万木风"一联。因诗题为《鲁连台》，所以这一联写登台所见，意在扣题。议论之中，间入写景，使诗境顿然荡开，具有避免平滞、呆板的艺术效果。就写景看，作者的视野极是辽远，境界阔大，笔力沉雄遒壮。但这又不是单纯的写景。"古戍"、"高台"均透达着一种深沉的历史悲慨，掩有陈子昂《登幽州台歌》的意致，所以它同时展示了辽远的历史空间。末联的"从来"两字，正是顺这一重意脉接续的，故读去极觉自然。

"天下士"隐括了鲁仲连的一段话,"布衣",又点出鲁仲连的平民身份。这都是李白的诗里所不曾触及的。李白诗的结穴,如方东树所指出,是以鲁仲连"自比"。屈大均当然也有以"天下士"自居的意思。明亡后,他数度为抗清事业奔走,正是以天下为己任的实践。但这里却主要不在突出自身,而是通过对鲁仲连的歌颂,概括出一个显要的历史现象:自古以来,"天下士"即胸怀天下的人,不是那些大权在手,可以操宰天下的帝王将相,却"只在"无权无势的布衣平民之中!这就使全诗超越了具体的鲁仲连,升华为对古今所有鲁仲连的赞美,而同时又包含了对那些国家危亡之际,却蝇营狗苟,致使亡国的达官贵人们的讥刺。从整体看去,屈大均的这首诗,不仅从鲁仲连本身深入开掘了其人格中的固有含意,而且在飘忽流走的笔笔下,格外融入了发自历史也映照着现实的苍莽悲慨的风格色彩,这也许就是一个"亡国遗民"同一个"盛世诗仙"的区别所在。

(魏中林)

民　　谣　　　　　　　　屈大均

白金乃人肉,黄金乃人膏。
使君非豺虎,为政何腥臊。

　　陈融在《颙园诗话》中曾说屈大均如"燕赵豪杰"。这个比喻颇能道出屈氏慷慨不群的性格。的确,他做人是热烈的,是恨、是爱都表现得十分强烈与鲜明。"风格即人",他的这种个性也反映到诗歌创作中,《民谣》这首诗就是如此。前两句从修辞学上来说是互文与比喻。互文见义是民歌、民谣常用的修辞手法,如《木兰诗》中的"雄兔脚扑朔,雌兔眼迷离",意为雄兔、雌兔皆"脚扑朔"、"眼迷离"。此诗亦如此,言贪官污吏巧取豪夺来的"白金"、"黄金",皆为"人肉""人膏"。《后汉书·仲长统传》引仲作《理乱篇》曾言:"使饿狼守庖厨,饥虎牧牢豚,遂至熬天下之脂膏,斫生人之骨髓。"意为使贪官污吏为地方守令,他们会把当地人民财富盘剥殆尽。大均把这个道理说得直截了当,因而变暗喻为明喻,把这个习见的比喻说得十分奇特、精警,令读者触目惊心,仿佛血淋淋的脂膏就摆在面前。第三句从表面上看似为地方守令开脱"使君非豺虎","使君"是对州郡长官的尊称,在清代可以指府、道长吏。"非豺虎",意为不是"豺虎",但对地方守令提出是不是"豺虎"的问题,其距"豺虎"已不远矣。于是紧接"为政何腥臊?"其指责、痛恨、怒骂一并而发,真是痛快淋漓。诗人先把"为政"这个大题目搬出,为政指处理政务。《论语》其中的一章名就是"为政",并提出了"为政以德",这样"为政"才会得到人民的拥护,"譬如,北辰居其所而众星拱之"。而此等"使君""为政"却非常"腥臊"(用"何"字以增加"腥臊"之度),这就坐实了"使君"即是"豺虎",它以百姓膏血皮肉为食。"腥臊"二字还有另外两重含义。《国语·周语上》言:"国之将亡,其君贪冒辟邪,淫佚荒怠,粗秽暴虐,其政腥臊。馨香不登,其刑矫诬,百姓携贰。"原来"其政腥臊"正是百姓离心、国之将亡的表象。所以,这个词也是用来诅咒刚刚在中原站稳脚跟的满清统治者,盼望他们的末日早些到来。另外杜甫《避地》诗云:"神尧旧天下,会见出腥臊。"用"腥臊"代表侵入中原的少数民族的叛军。后遂用以指异族统治。诗人用此典以点明满洲统治者本不会施仁政、"腥臊"正是其"为政"的特点。因此,最后一句看似直白,实际上是一石三鸟。屈大均的诗慷慨悲歌如"万壑奔涛,一泻千里,放而不息,流而不竭。其中多藏蛟龙神怪,非若平湖浅水,止有鱼虾蟹鳖"(见王煐《岭南三大家诗选序》)。此诗也说明了王煐之论的正确。

(王学太)

读 陈 胜 传　　　　　　屈大均

闾左称雄日①,渔阳谪戍人②。
王侯宁有种?竿木足亡秦③。
大义呼豪杰,先声仗鬼神。
驱除功第一④,汉将可谁伦?

〔注〕①闾左:居住在里巷之左的贫民。　②渔阳:古郡名,在今北京市密云县西南。谪戍:被发遣防守边疆。　③竿木:指起义,语本贾谊《过秦论》:"斩木为兵,揭竿为旗。"　④驱除:指为汉高祖的成功扫清了道路。语本《史记·秦楚之际月表》:"然王迹之兴,起于闾巷,合从讨伐,轶于三代,乡秦之禁,适足以资贤者,为驱除难耳。"

　　陈胜是中国历史上第一次大规模的农民起义的领袖,在专制统治者眼里,他自然只是一个贫贱的叛逆者,但伟大的史学家司马迁却在《史记》中列了《陈涉世家》,首先肯定了陈胜推翻暴秦的历史作用,并称赞了他不畏强权,敢于反抗的精神。对于投身抗清活动的诗人屈大均,在这篇史传中发现了与自己思想的共鸣之处,遂写下了这首五律。

　　陈胜只是一个出身贫苦的普通百姓,贾谊说他是"瓮牖绳枢之子,甿隶之人,而迁徙之徒"(《过秦论》),但他胸怀奇志,年轻时曾同一起耕地的雇工们说:"如果富贵了,互相不要忘记。"人们嗤笑他,他却说:"燕雀安知鸿鹄之志哉!"所以他后来敢于对抗强秦,成为波澜壮阔的农民起义军的首领。此诗的前四句就突出了他的这种精神,说他以一个闾左的平民而称雄天下,本来只是谪守边疆的戍卒,但起事时他说:"王侯将相宁有种乎!"体现了他蔑视权威、主张平等的思想。正因为陈胜有这样的信念,所以他虽然手无寸铁,揭竿而起,却足以推翻强大的秦王朝。"大义呼豪杰"一句是指陈胜起义时托名公子扶苏和项燕的部队。因公子扶苏本来是王位的继承者,被秦二世所篡杀;项燕则是楚国的宿将,在楚国人心目中有很高的地位,所以用扶苏和项燕的名义是符合大义的。"先声仗鬼神"即指陈胜、吴广起事前曾假托鬼神取信于民。他们在帛上用朱砂写上"陈胜王"三字,然后放置在鱼肚子里,人们买鱼烹食,发现了鱼腹中的字,即以为是上天的预示;又使人学狐狸叫:"大楚兴,陈胜王。"征戍的人听到后都以为陈胜是应合天命,得鬼神护佑的,这就是"仗鬼神"的内容。最后两句说陈胜的起义,为汉高祖刘邦的统一天下铺平了道路,其首事之功不可没,所以论功的话,陈胜当为第一,汉朝的那些开国功臣是无法与他相比的。其实诗人的这种观点也来自《史记》,司马迁在《陈涉世家》的最后写道:"陈胜虽已死,其所置遣侯王将相竟亡秦,由涉首事也。"已隐约地肯定了他开启汉高祖帝业的功绩,而诗中"驱除"二句更加凝炼而明晰地揭示出了这层意思。

屈大均的这首诗采用了以史述史的方式,就表面来看,完全是历史的复述,所谓无一字无来历,而诗人本身并没有多加评述和议论。但他突出了陈胜以普通平民而称雄天下以及不畏强暴的反抗精神。他的功盖汉将,名垂史册,都说明其事业的成功。倘若结合屈大均本人身处困厄而心系故国的处境来看,可知此诗的意图正是借古人自励,并表现了强烈的抗清意识。屈氏正希望有不畏强暴、奋起抗暴的志士出来恢复明朝江山,所以此诗的用意就超越了一般咏史的范围,具有更深刻的现实意义了。

(王镇远)

花　　前　　　　屈大均

　　花前小立影徘徊,风解吹裙百摺开。
　　已有泪光同白露,不须明月上衣来。

　　题曰《花前》,乃截取诗中首二字为题,类似于义山集中的"无题"诗。况周颐《蕙风词话》中称翁山词"哀感顽艳",这"哀感顽艳"四字,正可移来概括这首七绝的风格。

　　诗中刻画了一位幽旷凄怨的女子形象:她小立于花前,人面花容,交互辉映;花影人影,两相徘徊。她是那样孤独,与她为伴的,只有多情的夜风。"风解吹裙百摺开"一句,写得极为顽艳,极为悲抑。"解",是懂得的意思,夜风尚且懂得欣赏她的美,轻轻地吹拂着她的百褶衣裙,而心上的人儿却反倒不如夜风。诗中虽未着一"怨"字,而幽怨之情,已溢于言外了。

"已有泪光同白露,不须明月上衣来。"这两句措语奇特,含意深远。由于幽怨之极,不觉潸然泪下,闪闪的泪光与莹莹的白露沾湿了她的衣裳。衣上既然有了"泪光同白露",当然也就"不须明月上衣来"了。本来,前面已说"影徘徊",可见有月,有月而言"不须明月",看似无理,实则与太白"春风不相识,何事入罗帏"之句一样,都是"无理而妙"。前人诗中,写到白露,每每连及明月,以渲染一种幽窅之境,怨旷之情。李太白"玉阶生白露,夜久侵罗袜。却下水晶帘,玲珑望秋月"(《玉阶怨》)、李至刚"为爱低头弄明月,不知寒露湿衣多"(《赵子固水仙》),可证。翁山此诗,既承继了前人的传统,又有所突破,用"已有"、"不须"等词语互为推挽,造成一种拗折的语势,从而使这位女子的幽怨之情更为突出。"不须明月上衣来",蕴藉深沉,耐人寻味。表面看来,是化用曹操《短歌行》中"明明如月,何时可掇?忧从中来,不可断绝"之意,言愁与明月俱在,难以消除;实际上还有更深一层的含意:我内心已晶莹如白露,何劳明月相照?所谓"内心修美,何暇外求",是也。

翁山论诗,有"所言不过男女,而忠君爱国之思溢乎篇外"(《无题百咏序》)之说,因此,此诗的主旨很可能就是作者"忠君爱国之思"的体现。倘如此理解,则诗中那位女子,或许就是作者的化身,其萦心牵念者,也许就是业已覆亡的明王室。当然,此诗也可能只是作者一时兴到之作,是代言体,而非比兴寄托。孟子云:"诗无达诂",此之谓也。

(熊盛元)

白　　菊　　　　　　　　　　屈大均

冬深方吐蕊,不欲向高秋。
摇落当青岁,芬芳及白头。
雪将佳色映,冰使落英留。
寒绝无人见,梅花共一丘。

屈大均诗集中颇多咏物之作,大都"借物以寓性情,凡身世之感、君国之忧,隐然蕴于其内,斯寄托遥深者,非沾沾焉咏一物"(沈祥龙《论词随笔》)。《白菊》即是一个范例。这是一首清苍雅淡的五律,但不无慷慨之情。大均笔下之菊有两类,其比兴之义截然相反。对于那种"多少重阳节,争开不自持"(《冬菊》)之菊,诗人投以白眼,示以蔑视。因为这类秋菊乃是向异族统治者献媚取宠以争得一官半职的软骨头的写照。而大均所咏的冬菊则斗冰傲雪,气节凛然,往往是明遗民爱国志士的化身。这首《白菊》歌咏"大雪开愈盛"(《冬菊》)的冬菊:"冬深方吐蕊,不欲向高秋。""高秋"天高气爽,气候适宜,是众菊争芳斗妍的季节。但白菊自有非凡的气骨,反众菊之道而行之,毅然决然于冰天雪地的"冬深""方吐蕊"。这是何等坚强的意志与高尚的节操!联系到作者于"永历元年(1647),从师陈邦彦起义",后又"联络郑成功,入镇江,攻南京"(《广东诗汇·屈大均小传》)等斗争业绩看,我们就不难理解这两句的"比兴"之义。诗人正是以"白菊"自况,"冬深"言自然环境的严寒,是比喻抗清斗争环境的艰苦;"吐蕊"则比喻爱国志士把自己的青春热血献给复国大业。明遗民的抗清事业并未成功,作者已为之献出了青春年华,但其民族气节始终不改,故云:"摇落当青岁,芬芳及白头。""白头"一词用得巧妙:一指白菊之色,二拟菊为人老年之白发。作者借此句颂扬忠君爱国之士坚贞气节的芳馨至老犹存。这两句诗以白菊"青岁"之短暂反衬"芬芳"之长存,益显后者之难能可贵。诗的前两联不仅使白菊之"精神旁见侧出于行墨之间",而且使诗人"忠君爱国之思溢乎篇外"。这正是咏物诗"善于比兴"而求之于"无"、"虚"、"远"、"非"之妙的体现。(上引见屈大均《咏物诗引》)

沧海横流,方显出英雄本色,艰苦卓绝的斗争环境亦更能砥砺爱国志士的节操,培育内在心灵的美质。而白菊正因生长于冰雪之中,才获得"雪将佳色映,冰使落英留"之美。诗以"雪"之白映菊之白,则白菊"佳色"益显皎洁如玉,"雪"强化了"菊"之本色美。这种纯净无垢之"佳色",其实就是诗人纯洁节操的外现。"冰使落英留"亦是"落英飘零"(左思《蜀都赋》)之秋菊所无法进入的佳境。它虽凋谢而不飘零,并无萧瑟之感,是严冰把它凝固于花枝上而长留于天地之间,成全了它类似宋遗民诗人郑思肖笔下《寒菊》的"宁可枝头抱香死,何曾吹落北风中"的志愿。诗人把使一般凡夫俗子簌簌发抖的"冰雪"作为磨砺自己气节的美好之物加以褒扬,显示出诗人非凡的胸襟,这是作为抗清志士之诗人移情的结果,雅淡中有慷慨之意。但诗人又为白菊佳色之"寒绝无人见"而感叹。冬菊与重阳秋菊相比,因其所处之"寒绝"环境而罕有人来欣赏。对此诗人自然有孤寂之感;这里暗寓自己的操守尚不为众人理解之意。但作者先抑后扬,结句还是乐观自豪的。大均毕竟想到与自己志同道合、同仇敌忾者还是大有人在的,故云"梅花共一丘"。众所周知,梅花为"岁寒三友"之一,在中国古代诗词中多为高尚气节、坚贞品格的意象。白菊有如此同志,并肩傲然挺立于冰雪之中,"芬芳及白头",怎能不一扫孤寂而觉欣慰呢?

此诗题为《白菊》,全篇并不著力描摹外观,即不求物于"有"、"实"、"近"、

"是"(见《咏物诗引》),而重在突出白菊的风神气质,它实质上是诗人自我性情的表现,亦是对世俗庸人的讽谕。因此,此诗"能感人于神明之际"(《书绿树篇后》),激起读者内心钦慕的感情波澜。

(王英志)

摄 山 秋 夕   屈大均

秋林无静树,叶落鸟频惊。
一夜疑风雨,不知山月生。
松门开积翠,潭水入空明。
渐觉天鸡晓,披衣念远征。

钱林《文献徵存录》亟称屈大均的山林、边塞诗,《摄山秋夕》即是其中最出色的一首。

摄山,一名栖霞山,在今江苏南京市江宁区东北。清顺治十六年(1659),为逃避清兵迫害已削发为僧九年的屈大均在南京稽留时,曾至此游览,写下了这首山林五律佳作。因此,沈德潜《明诗别裁》即以其今种的法名把此诗编入"方外"一类。

从诗题来看,是写秋夜的山林。在一般诗人、特别是僧人的笔下,这自然是无比的安宁、静谧。在这一方面,王维曾作过非常绝妙的描写,"明月松间照,清泉石上流"(《山居秋暝》);"人闲桂花落,夜静春山空"(《鸟鸣涧》)。但这里,作者给我们展示的却是完全不同的另外一番景色。"秋林无静树,叶落鸟频惊。"在秋夜的山林中,没有一棵树是安静的。起句即凝炼、遒健,为全篇之警策。"叶落鸟频惊",就具体地描绘了这不平静的山林。每一棵树上的叶片都纷纷坠落,因而使得那栖息在树上的鸟儿都不得安宁,被频频惊起。这里用鸟被落叶惊起来描写山林的不宁静,构思奇特,想象丰富,读来别有意趣。一个"频"字,用得极妙,它非常生动地突出了山林的不平静。这两句是从空间上,从对树木、落叶、惊鸟的具体描绘中来渲染秋夜山林的不宁静。下面"一夜疑风雨,不知山月生"两句,则是从时间上,从人的感受上来进行烘托。落叶渐渐沙沙,一夜都未曾停止过,使人感觉到仿佛一晚上都在刮风下雨。既以为是风雨,当然也就不会有月亮了,所以连山月已经初升都不知道。这两句委婉回环,折旋有致,与首联两句刚柔相济,相得益彰,生动、形象地给我们描绘出了一个极不宁静的摄山秋夕。屈大均是一个有民族气节的诗人,十八岁就参加了陈邦彦、陈子壮、张家玉等人领导的反清武装斗争。1650年清兵再陷广州时,他反对垂辫,不得已在番禺县雷峰海云寺削发为僧。他的为僧不是为了求得清闲,仅仅是为了避害。其《别王二丈予安》诗云:"圣人耻独善,所贵匡时艰。""箧中有阴符,余生焉得闲?"他虽然已为僧九年,但"六根"并未曾清净,国难家仇一刻也不曾忘怀。他在与此诗同一时期的《秣陵》诗中就谈道:"如何亡国恨,尽在大江东。"所以,这山林的不宁静正是作者不平静的心绪的自然流露。

"松门开积翠,潭水入空明。"山林的不平静,或者说心绪的不宁,使作者整夜都无法安睡,于是他起来打开用浓密青翠的松枝搭成的柴门,眼前出现的是一汪通澈透明的潭水。多么的安谧,多么的恬静!这是不平静的秋林中唯一的一角静谧的所在,它足以使人神志清爽,心脾俱澈。但是这并非作者所要追求的,这清澈平静的潭水压不住作者心中的波澜。"渐觉天鸡晓,披衣念远征。"天鸡已经报晓,天渐渐亮了,作者披上衣服,心里又挂念起远行的事来。这是作者第一次远行,曾远至山东、河北、东北,在南京稽留时间较长。他曾与朱彝尊、王士禛等著名诗人交游,并积极联络抗清志士,密谋策划反清。所以,"披衣念远征",这是全诗画龙点睛之笔,它揭示了全诗躁动着的力量之所在以及作者尔后行止之所由起。两年后屈大均即蓄发归儒,随后又第二次远行西北,与抗清志士顾炎武、李因笃等人交游。顾炎武曾赠诗云:"弱冠诗名动九州,纫兰餐菊旧风流。"(《屈山人大均自关中至》)认为他的诗继承了屈原的遗风。"披衣念远征",不正是体现了屈原"路漫漫其修远兮,吾将上下而求索"(《离骚》)的精神吗?

潘来《广东新语序》称屈大均的诗"祖灵均而宗太白",《晚晴簃诗汇》亦称屈大均"诗自谪仙人"。这首诗兼具气韵声色之美,隽妙圆转,"天机自流"(沈德潜《清诗别裁》评此诗语),的确具有李白诗流转自然的特殊风韵,实实耐人寻味。

(刘益国)

泷　　中(十一首选一)　　屈大均

舟随瀑水天边落,白浪如山倒翠微。
巨石有时亦却立,白鹭欲下复惊飞。

《泷中》是一组诗,共十一首,这是其中的一首。诗前原有小序云:"泷在乐昌县(在今广东省)北,凡有六:曰穿腰泷,曰梅泷,曰寒泷,曰金泷,曰白茫泷,曰垂泷。"泷(lóng),湍急的河流。

此诗写的是垂泷,笔力雄放而不失暇豫,声调拗折而又朗朗上口,奇情壮采,别饶姿致。诗的首句写泷中水位之高:轻舟随着瀑布冲下,好像从天边坠落,真使人目骇心惊。次句写泷中水势之猛:白浪汹涌,攒立如山,这是何等之壮观!

李太白"猛风吹倒天门山,白浪高于瓦官阁"(《横江词》)之句,庶几近之。但太白笔下的横江,壮则壮矣,终觉少了些妩媚,使人觉得有些单调。翁山此句中的"倒翠微"三字,弥补了这一缺陷,使壮美之中,平添一种媚态。"翠微",指轻淡青葱的山色。翠微倒映泷中,随着浪花一起飞溅、攒集,白浪之中,点缀着青葱之色,这是何等之绚丽!

前两句已经把泷中瀑布的气势与景象描绘得淋漓尽致,倘若再作正面描绘,就未免词费了。屈翁山深明此理,于是掉转笔锋,从侧面去烘托。先写泷中的巨石,说它"有时亦却立"。"却"者,倒退也。巨石有时竟会倒退几步才立住,可见水流之湍急,这种夸张的手法,突出了瀑布的力量之大。最后写白鹭,说它"欲下复惊飞"。诗中着一"惊"字,则瀑布之迅猛湍急可知。这两句在声律上怒拗劲折:"巨石"句只有"时"字一个平声,其他六个仄声字中又用了四个入声字("石"、"亦"、"却"、"立"),音节的急促与瀑布的湍猛有机地结合在一起。"白鹭"句前五字连用仄声,把白鹭欲下未下的刹那间的神态表现出来,然后再接以"惊飞"这两个平声字,迅急的动作却用舒缓的音节来表现,使人在绵邈深长的咏叹中回味无穷。

此诗在词语的锤炼上也极见工力,比如第二句中的"倒"字,就用得很妙。"倒"者,崩倒也。从字面上看,此处是指白浪攒成的山峰"倒"于翠微之中,但也可理解为青翠的山峰"倒"在湍急的泷中。黄山谷诗云:"银山堆里看青山"。此句中的"白浪如山"即山谷所谓"银山";"翠微"亦即山谷诗中的"青山"。黄山谷所描绘的,是在波浪之中看岸上的青山,而屈翁山此句,则是融银山与青山于一体:青翠的山峰倒映在泷中,泷中的波浪掀涌成山,随即又崩倒坠落在泷中,所崩倒的,究竟是"银山",还是"青山",已浑然莫辨矣。 (熊盛元)

自白下至檇李与诸子约游山阴　　屈大均

最恨秦淮柳,长条复短条。
秋风吹落叶,一夜别南朝。
范蠡河边客,相将荡画桡。
言寻大禹穴,直渡浙江潮。

这是一首纪行诗。诗人取道的路线如题所示,是先从白下(南京别称,唐武德九年更金陵为白下)出发,沿秦淮河、运河南下至檇李(嘉兴别称),然后与友人相约,经浙江去游览山阴(今浙江绍兴)。

白下又名建康、金陵,是六朝旧都。秦淮河穿城而过,东流入江。这里两岸绿柳垂堤,酒家林立,历史上曾是权门大贾云集的游乐之地。诗以"最恨秦淮柳"发端,表面只是不满于岸柳的"长条复短条",繁密之至,只顾惹愁牵恨,但诗人用"最恨"两字特别点出,则其意又绝非如此简单。如果将"秦淮柳"这一典型景物所蕴含的历史积淀与作者的身世联系起来,就不难体会这种感情的由来。唐代诗人杜牧曾在《泊秦淮》诗中感叹"商女不知亡国恨,隔江犹唱后庭花";宋人方岳,也曾为"杨柳岂知兴亡事,夕阳依旧舞腰蛮"(《次韵行甫小集平山》)而惆怅不已。这些对于生当明清之际、深感亡国之痛的诗人来说,自然不能不无动于衷。因此"最恨"两字不但透露出"秦淮柳"不知亡国恨的丰富的历史内涵,同时也表达了诗人以古例今、即景抒怀的强烈感情,尽管后者在清初文字狱盛行的时代被写得十分隐蔽和含蓄。

秋风落叶,夜别南朝,接二句补出时间和行程,虽说是题中应有之意,但那景况的萧瑟似也流露出对旧朝衰亡无可奈何的遗憾。颈联中"范蠡河"指嘉兴所在的吴越地区的一些湖泊。据《史记》等书记载,春秋时越国大夫范蠡曾辅佐越王勾践灭吴,"既雪会稽之耻","乃乘扁舟,浮于江湖"。诗人于此特别点出范蠡之名,其意自然首先在于印合题中"檇李"的地点,同时又在于对这位古代复国雪耻的高士表示深切的怀念。他以"范蠡河"边的客子自居,携友在河上荡起画舫时,自有一番"永忆江湖归白发,欲回天地入扁舟"(李商隐《安定城楼》)的深意在内,对此显然不便明言,只是巧借典故略为表出,让人自去体会而已。

尾联"大禹穴"即大禹陵,在今浙江绍兴稽山门外。大禹是传说中古代部落联盟的首领,曾奉舜命治理洪水,三过家门而不入,深受当时人民的敬仰。又传他曾铸造代表国家权力的九鼎,并由儿子启建立了中国历史上第一个奴隶制国家——夏。诗人和朋友相约,要一起去拜寻大禹陵,因为陵在山阴,是他这次行程的终点,这很显然;但山阴的名胜很多,他为什么要从中单独挑选出"大禹穴"?这"大禹"是否代表了一个民族的祖先和象征,以及诗人是否想借此表现对异族入侵的不满、甚至坚持抗清的决心?关于这一点,诗的字面上虽然看不出,但"直渡浙江潮"这句极有力的收束,却已包含了这个答案。浙江潮,即钱塘江潮,奔涌澎湃,为千古壮观;相传,潮是春秋伍子胥的冤魂激成的,而伍子胥又是一位复仇的英雄,他父亲被楚王冤杀,他便借吴师破楚,鞭楚王尸,一雪父仇。现在,诗人与友人相约渡过,而且是不畏巨浪地"直渡"钱塘大潮时,他不可能不联想到子胥,不可能不为子胥的复仇成功而激动;或许,他之所以想在钱塘大潮上"直渡",正是为了切身体验一下潮之激荡,从而鼓起他更大的为复国而奋斗的勇气吧?

清人沈德潜选本诗入《明诗别裁集》,评为"一气赴题,有神无迹,在唐人中亦不多见",诚然也;但本诗如上分析,又绝非一首普通的纪行诗,也是很明显的了。沈德潜未必不知此,他只是装作不见罢了,以免触了时讳;要不,他就不会不给此诗题上屈大均的本名,却题以他出家时的僧名"今种",且仅仅介绍"今种字一灵,番禺人"了。

(曹明纲)

【诗人小传】

彭孙遹

(1631—1700)　字骏孙(一作俊孙),号羡门,浙江海盐人。顺治十六年进士,康熙十八年,召试博学鸿词科第一,官吏部侍郎,充经筵讲官。诗工整和谐,以五、七言律为长,近于唐代的刘长卿。著有《松桂堂集》。

秋日登滕王阁

彭孙遹

客路逢秋思易伤,江天烟景正苍凉。
依然极浦生秋水,终古寒潮送夕阳。
高士几回亭草绿,梅仙一去岭云荒。
临风不见南来雁,书札何由到豫章。

　　作者中年作客豫章(今江西南昌市),曾作有《豫章城下送春有怀故园兄弟》诗,这年秋天登滕王阁,盼望得到故园书札,凭高纵目,深有所感,因而复有所作。滕王阁为唐高祖子元婴官洪州刺史时所建,后世屡经重修,为豫章名胜。因元婴封滕王,故有是名。

　　起笔两句,总写登临之感。人们在秋天,本来易生秋思,客中逢秋,更加易于伤感。而登临峻阁,江天一望苍凉的烟景,却又使人触景怆怀,"唯草木之零落兮,恐美人之迟暮。"此情此境,对于诗人来说,是感受特深的。三四两句,写滕王阁周遭特有的景象:"依然极浦生秋水,终古寒潮送夕阳。""极浦",指远浦。"生秋水",再点"秋"字。本来滕王阁西南有南浦,王勃诗云:"画栋朝飞南浦云,珠帘暮卷西山雨。"《滕王阁序》中又有"秋水共长天一色"的警句。这里以"极浦生秋水"略点一笔,以"依然"两字,示风景依旧之思,诗句颇为含蓄。下句以"寒潮送夕阳",点明登临时间是在傍晚。"寒潮",指赣江上的晚潮,"终古",表明"寒潮送夕阳"是从古以来就是如此。此刻不仅"阁中帝子"已随寒潮而逝去,就连此后唐宋诸贤乃至元明文士来游此阁者,也都成为历史上的陈迹了。明清之际,豫章城曾两度遭受战争的灾难,滕王阁早已非复旧观。而寒潮送夕阳的景象,却是终古不变。这两句暗示自然界年复一年的变化,虽说并不显著,而人世代谢的变化,则是非常剧遽的。

五、六两句从人世的变化,深致怀思古人之情。豫章城本是江山灵秀之区,历史上曾经留下高人逸士梅福、徐稚等人的事迹。"高士几回亭草绿","高士"是指徐稚。徐稚,字孺子,南昌人,后汉高士,家贫,躬耕而食,朝廷屡征不仕。陈蕃为豫章太守时,不喜接待宾客,惟稚来为之设一榻,去则悬之。《后汉书》有传。旧时南昌府治之南有东湖,湖之南有徐孺宅,即徐孺亭之所在。诗人杜牧、黄庭坚皆有题咏。这句诗表明高士已往,遗迹犹存,高士亭边的春草,却又几回舒绿,几回经秋而枯黄,在游客的心灵上,留下了"人事几回伤往事"的追忆,以及年光易逝的感慨。下句"梅仙一去岭云荒","梅仙",指梅福。梅福字子真,汉九江寿春人。明《尚书》、《穀梁春秋》,为郡文学,曾补南昌尉,后去官归隐。王莽专政,福乃弃家,变姓名,为吴市门卒。他是一位重气节的逸民。相传晚年有成仙之说,故称梅仙。诗句感叹自从梅仙去后,但见岭上荒凉的秋云来往无定,而仙踪已不可寻。在这一联中,作者登楼遥瞩,缅怀古人,感念世易时移,像梅福、徐稚这样的高人逸士,后来人能继其贞风亮节者已经很少了。他们的事迹为南昌这座文化古城,增添了令人向往的遐思。结句:"临风不见南来雁,书札何由到豫章。"回映起笔,使作者由怀古之情中又回到现实中来,由客中秋思归结到思乡这一主旨,作者倚阑临风,深情南望,却还未见南雁飞来,因此也无由得到故园的书札,作者怀归不得,连故乡的书札也难得,则其心情之惆怅,心事之凄苦可知。

全诗以情驭景,思致清婉,而层次井然。作者诗风,本以绵丽俊逸擅长,观乎此篇,可见其风格之一斑。

(马祖熙)

【诗人小传】

吴兆骞

(1631—1684) 字汉槎,江南吴江(今江苏苏州市吴江区)人。曾为"复社"盟主,才名轰动于时,与彭师度、陈维崧有"江左三凤凰"之称。顺治十四年(1657)举人,以科场案牵连,流放宁古塔(今黑龙江宁安)二十余年,诗风变为雄浑苍凉。后经纳兰性德父明珠营救,于康熙二十年(1681)放还,明珠聘为西席。其诗多写谪戍后的塞外景色和怀乡之情,若干篇章,指斥沙俄侵略暴行,歌颂黑龙江流域广大军民抗俄斗争,表现了爱国思想。计东称其诗悲凉雄丽。著有《秋笳集》。

帐　夜

吴兆骞

穹帐连山落月斜,梦回孤客尚天涯。
雁飞白草年年雪,人老黄榆夜夜笳。
驿路几通南国使,风云不断北庭沙。
春衣少妇空相寄,五月边城未著花。

诗人因科场案而流放宁古塔(今黑龙江宁安)二十余年,此诗约作于抵宁古塔三年之时。据《研堂见闻杂记》载:"宁古塔在辽东极北,去京师七、八千里,其地重冰积雪,非复世界。"又《三冈识略》云:"宁古塔近鱼皮岛,无庐舍,掘地为屋以居。"作为一个在温暖南方长大的文人,被流放到如此荒凉酷冷的地方,怎么能够适应得了? 因此他十分思念故乡亲属,每每写诗作词寄情。本诗便是一篇借塞北风光,抒思乡之情的佳作。

诗从梦醒起笔,却绕开梦本身而落墨于眼前实景上。"穹帐连山落月斜,梦回孤客尚天涯。"开篇就点题。拱形的毡帐就着山势而立,落月的寒光斜照着自己所住的穹帐。——这是"梦回"后睁眼亲见的事实。千真万确,自己仍旧身在天涯塞北。做了什么梦,梦境如何,诗人有意回避不提,但从"孤客"二字和末联两句不难看出,他是梦游到了家中,与闺中"少妇"及双亲欢乐地团聚去了。梦中不知身是客,而梦醒后的所见,却清楚地告诉他:你仍独在异乡为异客,天涯万里远亲人。他怅然惘然了! 现实中的"孤客",隐指梦境中的团圆。梦境中有父母妻子相依相偎,现实里唯穹帐冷月相伴相随。正因梦里沉浸在天伦之乐的温慰中,所以梦后才倍觉身陷荒塞、与世隔绝的孤独与凄凉。诗人在《出关》一诗中道:"敢望余生还故国,独怜多难累衰亲。"他对衰老的父母放心不下,对年轻的妻子更是思念不已。在《念奴娇·家信至有感》中就曾说:"消受水驿山程,镫昏被冷,梦里偏叨絮。儿女心肠英雄泪,抵死偏萦离绪。"日有所思,夜有所梦。正当"梦好却如真"的时候,突然醒来,又"梦回"到冷酷的现实中,他怎不无限叹惋呢? 月亮还未落下去,他却醒来了,连梦也是很短的啊! 一个"尚"("还在"之意)字,表达了诗人对现实处境十分难耐又无可奈何的愁苦心境。

开头这两句写景为实,写梦为虚。虚实对照鲜明。本说此,故言彼,侧击旁敲,寄无限思乡之情于眼前景物的点染中,本意隐晦曲折,非一眼所能看透,需千寻万觅始得其真。

接着进一步写塞外的景色和自己的感触。"雁飞白草年年雪,人老黄榆夜夜笳",身临其境三年,耳闻目睹无不令人生悲。年年亲见"白雪横千嶂"(《长白山》),"月临边草白"(《次沙河塞》);夜夜静听悲笳声,乡思如浪涌。每当边草白大雪飘的时候,雁群尚知远离边塞向南飞去,可自己面对黄榆悲笳,却只能坐等衰老而已。杜牧《边上闻笳》中亦有云:"何处吹笳薄暮天……游人一听头堪白",可见笳声之哀足以催老落难中人。诗人写此诗才三十出头,他竟也感到"老"的降临,可见这个"老"字包容了他所历之苦有多重,所怀之愁有多深了!"白苇烧残,黄榆吹落,也算相思树。"(《念奴娇·家信至有感》)如此苍凉的塞北风光,怎能与诗人家乡江苏吴江那"垂虹亭上""绿柳烟缕"的美景相比?况且,一个流放的罪囚,在"风刀霜剑交相逼"的处境中,怎不倍加思念那"雨足郊原草木柔"的家乡和"锦字闺中"的娇妻?"雁飞"句与"人老"句对偶,既凝炼地描绘了边塞的典型风光,又含蓄地抒写了自己置身于这种环境中的特有心情,并有人尚且不如飞禽自由之意。难堪的屈辱,难熬的苦难,难耐的乡思,已使他日渐其老。他满心的悲哀无人诉说,而这夜夜都有的"笳声",正与他的心声合拍共鸣。于是这笳声便成了吹笳人对诗人最动情的话语。"夜夜笳"与"落月斜",既点明了"夜"之题意,也暗示诗人夜夜都难以成眠。

"驿路几通南国使,风云不断北庭沙。春衣少妇空相寄,五月边城未著花。"自己思念亲人,亲人同样牵挂自己。当南国驿使几度来到塞北时,诗人年轻的妻子往往要给他捎来一封家信(《念奴娇·家信至有感》词可以为证),或几件衣物。这次又给他寄来了春装,其实这只能难为她白白费神了!虽然南国五月已属草木葳蕤、花开四野的仲夏,而北国边城却还未见有任何花开,有的只是连续不断的风云变幻、飞沙走石的恶劣天气。(北庭:汉时北匈奴所居之地,亦即北方边庭之地。)在"惊沙莽莽飒风飘"、"冰河四月冻初消"(《夜行》)这种风狂沙卷、春风不度的苦寒之地,虽有春衣也白搭,因为这儿没有春天啊!一个"空"字,既道出了诗人对妻子白花一番心意的疼惜,又极写了他所在之地出奇的寒冷和荒漠。这是身居南国的爱妻无论如何想象不到的,但妻子的爱心和关切毕竟带给诗人一些温慰,这是勾起他乡思和成梦的主要因由。于是首尾自然勾连,前后互相呼应,使得全诗天衣无缝,浑然一体。如此布局,由果溯因,设下悬念,也更引人入胜。

本诗借景言情、托物兴怀,明写塞北景色,暗含南国风情,景中寄情,虚实相生,于苍凉凄清中蕴雄浑,于孤独哀怨中含温馨。称得上意境隽永、力透纸背之作。

(朱永平 吕美生)

夜　行

吴兆骞

惊沙莽莽飒风飙,赤烧连天夜气遥。
雪岭三更人尚猎,冰河四月冻初消。
客同属国思传雁,地是阴山学射雕。
忽忆吴趋歌吹地,杨花楼阁玉骢骄。

作者此诗写于宁古塔(今黑龙江宁安)戍所,在描绘北国风情的同时,寄寓了赦还的希望和对江南家园的思念。

首联和颔联均为写景句,但在意象上却有不同。惊沙蔽天,狂风怒卷,烧荒草的野火远连天际,与遥远的夜气相融合:其意象境界阔大,豪气充溢,反映了东北平原特有的景色。三更过后,雪岭上还有人在打猎;四月已到,冰封的河流方始解冻:颔联在写景的同时描绘了当地的民俗风情和物候特征,虽然取景的视角同首联相比相对缩小,但诗句中传达的"信息"却更加具体。这些当地人眼中习以为常的风物景色,在长于江南水乡的作者看来,便无一不显示出充满北地风情的新鲜感。

颈联和尾联的侧重点在于抒情,同时又处处联系首联和颔联,以壮阔、肃杀的北地风光为背景。属国指汉朝的苏武。他受汉武帝之命,出使匈奴。匈奴贵族多方威胁诱降,又把他迁到北海(今贝加尔湖)边牧羊,始终未能屈其志。后来,汉昭帝得知苏武尚在人世,就对匈奴谎称在上林苑射雁,得系于雁脚的苏武书信,这样匈奴便只好把扣留了十九年的苏武放还。归国后,苏武任典属国。当时,作者的处境与苏武有些相似,一个是发配塞外的罪犯,一个是囚禁番邦的使者。诗中的"客"字,措辞独具匠心。明明是被囚之身,却偏偏说是异乡作客,从中既隐隐可见作者无罪被谴的遭遇,又透露出一种苦涩的诙谐,可谓诗中的"春秋笔法"。"思传雁"三字,表达了作者盼望沉冤昭雪的心情。作者希望远在紫禁城内的大清皇帝和达官贵人不要把他遗忘,有朝一日放他回乡。然而,事实上真正为他的南还不懈奔走的是他的好友顾贞观。康熙十五年(1676),顾贞观进京,在当时任武英殿大学士的明珠家中设馆,很受明珠及其子纳兰性德的礼遇。于是,顾便乘机进言,请明珠相助,设法让吴兆骞早日南还。当时,明珠并未答应。顾贞观一时意气风发,挥笔写下了两首极其出色的《金缕曲》,"以词代书",寄给远在塞外的吴兆骞,发誓一定要营救好友南归。据说后来纳兰性德读了这两首词,"为泣下数行",答应"此事三千六百日中,弟当以身任之,不俟兄他嘱也"。顾贞观又说:"人寿几何,请以五载为期。"纳兰性德又去恳求父亲,总算见许。五年以后,吴兆骞果然被放南归。这段逸事是"题外话",但有助于理解这首诗的写作背景。"地是"句在记录作者流放生活一个侧面的同时,也透露出作者颇为洒脱的心境:他并未被厄运击倒,而是正视现实,"入乡随俗",在阴山脚下学习射雕。

尾联是作者夜行途中突然忆起的往事。据崔豹《古今注》记载:"《吴趋行》,吴人以歌其地。"又唐代诗人杜牧《题扬州禅智寺》诗云:"谁知竹西路,歌吹是扬州。"作者忆起的并不是一时一地的生活片断,而是他在"江南佳丽地"度过的少年和青年时代。末句可析为三个意象,每一意象都有其各自的表意功能。杨花,暗示暮春时节,与颔联的"冰河四月"相对应;而冰河的凝固与杨花的漫天飞舞恰成反衬:一个充满了沉沉死气,另一个则洋溢着活泼的生机。楼阁,指江南鳞次栉比的建筑,暗示其富饶和繁华,与首联荒凉、肃杀的景象相映衬。玉骢骄,谓骤马驰骋春郊。很显然马上骑手的心情是愉快的、闲适的,与"思传雁"、"学射雕"的作者显然不同。总之,死气与生机、楼阁与惊沙、玉骢骄与思传雁和学射雕的对比,其实正是现实与梦想所形成的强烈反差的缩影;在此对比之中,作者心情的痛苦以及对赐还的盼望,已隐隐地暗示读者。

(王兴康)

黑　　林　　　　　　　　　　吴兆骞

黑林天险削难平,唐将曾传此驻兵。
形胜万年雄北极,勋名异代想东征。
废营秋郁风云气,大碛宵闻剑戟声。
历历山川攻战地,只今旌甲偃边城。

吴汉槎于顺治年间遣戍宁古塔(今黑龙江境内),居塞外二十三年之久。在此期间,他写了许多怀古诗,以抒发自己建功立业的愿望。这首《黑林》就是其中著名的一首。

黑林,是地名,具体在何处,则不甚清楚。吴汉槎《长白山赋》中有"爰有黑松巨林,跃蔓黝邃"之句,自注云:"自山麓至半山,皆黑松林,亘三百余里,不见日月。树根相纠如网,地皆深淖,马行七日乃毕。"据此,黑林殆即赋中所谓黑松林,在长白山一带。

"黑林天险削难平",起句突兀雄浑,状出此处地势之险要,并为第二句蓄势:

如此险峻的地方,"唐将"却能"驻兵"于此,则"唐将"之英武可知矣。此句未从正面描写黑林的天险,只以"削难平"三字作点染,笔墨可谓经济。

第二句追怀"唐将",见出此地历来是兵家必争之地,英雄建勋之场。"曾传"二字,是不确定语气,以史书记载不详,难以确指具体将领之名也。诗中所以特别指出"唐将",是因为唐代国势强盛,太宗时曾派将领东征高丽,在此驻兵。

颔联紧承首二句。"形胜",谓地理形势优越;"雄北极",谓雄峙于北方边界。从结构上看,是补充说明第一句"黑林天险削难平"。吴汉槎《秋笳集》中有不少描写此地"形胜"之句,如"灌木带天余百里,崩榛匝地自千年。栖冰貂鼠惊频落,蛰树熊罴隐独悬"(《大乌稽》)、"坏道沙喧天外雨,崩崖石走地中雷。千年冰雪晴还湿,万木云霾午未开"(《小乌稽》),可参看。"勋名"一句承接次句"唐将曾传此驻兵"。"异代",意为不同的时代,此指前代。此句意思是说,遥想当年的唐将东征高丽时,曾到过此地,并建立赫赫的功勋。诗人缅怀唐将之"勋名",实含无穷的感喟:而今自己虽来此地,却是以待罪的身份,功名何有,视当年之"唐将",岂不愧煞!其内心之悲慨,大似东坡所谓"故国神游,多情应笑我,早生华发"(《念奴娇·赤壁怀古》)。

颈联二句沉郁雄放,笔致深折,融内心的悲慨于眼前的景物之中。"废营",废弃的军营,指前代残存的旧垒。"郁",蕴结之意。"风云气",意谓横逸的豪气。"大碛",指沙漠。这两句意思是说,当年的唐将虽然早已逝去,然而秋日的废营之中,依然郁积着他们的风云之气,每当夜深人静,还隐隐可以听见当时鏖战的剑戟之声。雄放的笔调之中,暗蕴诗人怅惘的情绪,曲曲传出其生不逢辰的感慨。这种以健笔写抑郁的手法,确实高妙。

尾联以景语收束全诗,但写景的目的仍是抒发郁塞之怀。"历历",明晰貌。"旌甲",战旗和盔甲,代指战争。当年攻战之地犹历历在目,千百年来,有多少将领在此建功立业,可是自己却未遇其时,虽处边城,欲效死疆场,奈偃旗息鼓何!此情此景,令人想起刘克庄《沁园春·梦孚若》中的词句:"使李将军,遇高皇帝,万户侯何足道哉!披衣起,但凄凉四顾,慷慨生哀。"但后村之词,是直抒胸臆;而汉槎此句,乃是情寓景中,写得极为含蓄,极为深沉,使人回味无穷。

全诗一气直下,意脉流动。前四句极力渲染黑林地势之险要及唐将之功业,后四句着重抒发诗人生不逢时的悲抑心情,结构甚为严谨,确实是不可多得的怀古佳篇。

(熊盛元)

陈恭尹

(1631—1700) 字元孝,号半峰,晚号独漉,广东顺德(一作南海)人。十五岁补隆武朝生员。父陈邦彦在桂王朝抗清殉难。以父荫,明桂王授为锦衣卫指挥佥事。桂王败后,避迹隐居,不肯事清。归老广东。其诗多有颂扬抗清人物,抒写亡国之痛,激昂顿挫,沉着清迥,兼长诸体,七律尤精工流美,与屈大均、梁佩兰并称"岭南三家"。也工书法。著有《独漉堂集》。

崖门谒三忠祠　　　　陈恭尹

山木萧萧风又吹,两崖波浪至今悲。
一声望帝啼荒殿,十载愁人拜古祠。
海水有门分上下,江山无地限华夷。
停舟我亦艰难日,畏向苍苔读旧碑。

崖门,即崖门山,在广东新会县南海中,南宋末年为抗元的最后据点。三忠祠是为纪念民族英雄文天祥、陆秀夫和张世杰所建的祠堂。南宋末年,当都城临安被元兵攻陷后,他们在福州拥立端宗赵昰,继续抗元。赵昰死,他们又拥立赵昺为帝,转战至广东。在崖山,张世杰与元将张弘范决战于海上,兵败突围,遇台风舟覆溺死。崖山被攻破,陆秀夫与赵昺投海而死。文天祥则在五岭坡(今广东海丰县北)兵败被俘,坚贞不屈,被元统治者杀害。这三位抗元志士,以自己的血肉之躯表现了高尚的民族气节。后人为纪念他们,在陆秀夫投海处建祠立碑,三忠祠成了人们凭吊忠烈,寄托亡国之痛的历史古迹。不少明末遗民诗人都曾留有诗作,歌咏这三位民族志士。

明清易代之际,陈恭尹虽不过是十四、五岁的少年,但他的父亲陈邦彦因抗清而殉难,所以在他心中很早就埋下了仇视清廷的种子。年稍长,南明永历帝又授予他锦衣卫指挥佥事之职。永历政权失败后,他避迹隐居,誓不事清。他的诗激昂盘郁,沉挚恳切,与屈大均、梁佩兰并称"岭南三家","在三君中尤清迥拔俗。"(王士禛语)他的诗多写亡国之痛、黍离之悲,这首诗便是他的代表作之一。

本诗作于顺治十一年(1654)。开头两句苍凉沉郁,感慨遥深,为全诗奠定了悲壮的基调。诗人登上崖门山,风声四起,波浪翻滚,南宋亡国的哀痛至今也未曾消失。听到萧萧的风声,似乎又见到了风雨飘摇,岌岌可危的国家局势;看见两崖的波浪,似乎又映现出陆秀夫从容抱帝赴海的悲壮景象。南宋的这一幕在几百年后,南明又再次重演,怎能不使诗人悲恸万分?"至今悲"三字,点明了诗人不是在单纯吊古,而更是在伤今,语极浑厚有力。

第三句诗人借望帝的传说抒写亡国之痛。望帝又名杜宇,是传说中周朝末年蜀地的君主,后国亡身死,化为杜鹃,每逢暮春便作哀啼,其声令人痛楚酸恻。现在,三忠祠的荒凉的大殿上,猛然传来一声杜鹃的啼叫,骤然令诗人想起其声中的亡国哀思,因而悲不自胜。下句"十载愁人拜古祠",诗人已来到祠前,大殿只有杜鹃声,而无人声,可见人们已久不来祭拜了,他们或是忘却了这三位英烈,或是迫于高压不敢来此。正因如此,诗人来拜古祠,更显出他的孤忠和胆量!从清兵入关(顺治二年)到本年,正好是十年;这十年里,诗人时时刻刻都是个"愁人",是为故国忧愁的人,然则他的来拜三忠,当然也是为了一释十年的愁苦,使愁怀有个一恸之处。这句将上文"至今悲"的含义阐发得更明,也将诗人谒祠的用心昭示于读者,这在当时,又该需多大的勇气啊!

如果说前四句还措辞平稳,含而不露的话,五六两句则飘荡婉折,慷慨悲凉,变客观叙事为主观抒情,具有十分强烈的感染力。"海水有门分上下",是说波涛汹涌、横无际涯的大海,在海港入口处尚有上、下海门之别;"江山无地限华夷"紧对上句,大好的锦绣河山被异族占领,以至于无法分别华、夷的界限。两句即景成对,表现了对清统治者的极大义愤,又能属对工切,是诗中警句,后世受到了人们的广泛重视和称誉。赵翼在《瓯北诗话》中评道:"此等雄骏句,虽李、杜、苏、陆,穷尽气力,一生不过数联,而独漉(陈恭尹号)切定其地,不可移咏他处,尤难得。"由一"海水"之门而推想到无限江山,这样的联想和笔力,真不愧"雄骗"二字。

最后两句,诗人以三位忠烈的事迹激励自己,永葆节志。永历帝失败之后,陈恭尹曾避于江汉一带,现返回广东,故曰"停舟"。虽然结束了避难逃离的亡命生涯,但生活依然充满了艰难险厄。但即使生活如此艰辛,诗人也决不改变初衷。"畏向苍苔读旧碑"是说自己惧怕去诵读表彰三位英烈的碑文。言下之意,对自己未能像三位英烈那样舍身明志,却苟活于世深感不安。这是诗人的自责之词,但苟活且觉不安,屈节当然更不可能,所以,这句也表明了诗人誓不与清统治者合作的决心。

这首诗在韵脚的使用上也很有特点,"悲"、"祠"、"夷"、"碑"等字皆属"微"韵部,这是一种险韵。韵部本身便造成低回恳挚的语境,再加之诗人那沉重压抑的情感,使全诗从内容到形式取得了高度的统一和较强的艺术效果。　　(王　平)

读秦纪 　　　　　　　　　　陈恭尹

> 谤声易弭怨难除,秦法虽严亦甚疏。
> 夜半桥边呼孺子,人间犹有未烧书。

　　陈恭尹是清初著名的遗民诗人,他的诗歌以怀古之作最为突出。这首诗是他关于司马迁《史记·秦始皇本纪》的读后感,实质也是一首咏史诗。它具体针对秦始皇焚书一事,来抒发诗人自己的感想。

　　第一句"谤声易弭怨难除",意思说,人们抨击秦王朝暴政的言论,是很容易通过焚书这种高压手段来消弭的,但是,人们心底的怨恨却很难消除,依旧存在。"弭谤"语出《国语·周语》,周厉王镇压民众舆论,"国人莫敢言,道路以目",而没几年即被国人推翻。诗人用这个词,其实也暗指了秦朝的皇运不长。

　　第二句"秦法虽严亦甚疏"。《秦始皇本纪》记载焚书的法令云"史官非秦记皆烧之",其他各种书籍除"博士官所职"者外也都要"杂烧之",甚至连偶然谈论也得杀头。此句是说,这种法令虽然严厉细密,但它事实上却也十分疏阔,漏洞很多。为什么呢?接下去两句,就用具体的事实说明这个看似矛盾的说法。

　　第三句"夜半桥边呼孺子"。"孺子"是小伙子之意,指西汉张良。据《史记·留侯世家》,张良年轻时曾在下邳的一座桥上遇见一个由黄石变来的古怪老人,老人称他为"孺子",在一天夜里送给他一部《太公兵法》;他经常研读,后来果然辅佐汉高祖刘邦推翻了秦朝,被封为留侯。

　　第四句"人间犹有未烧书",即由此证明,人间还有未曾烧掉的书,至此,全诗的含义也就明显了;秦法难道不是很"疏"的吗?秦王朝不以善政消除人们的怨恨,而企图借焚书来消弭人们的议论,结果非但焚不尽书,反而更加激起人们的反抗,导致彻底的灭亡。

　　在清初诗歌当中,"秦"往往暗指清朝,所以,这首诗表面上写的是秦朝,实际上写的却是借古讽今;它针对焚书抨击、讽刺秦朝的暴政,其实就是对清王朝大兴"文字狱"、实行文化专制、思想禁锢等类似的高压政策表示极大的不满;特别是它有意拈出张良所读《太公兵法》未被焚毁一事,更曲折地表达了诗人矢志推翻清朝、匡复故国的决心和信心是无法被摧毁的。对于咏史诗来说,关合现实无疑是非常重要的。这首诗的好处,主要也就在这里。

(朱则杰)

发舟寄湛用喈钟裴仙湛天石 　　　　　陈恭尹

> 扶胥古渡水凄凄,雨后移舟望转迷。

发舟寄湛用喈钟裴仙湛天石　　陈恭尹

　　数口寄居秋草外，一身为客楚云西。
　　家无兄弟依朋友，地夹河山畏鼓鼙。
　　知己片言应不负，乱离妻女借提携。

　　陈恭尹于甲申之变后曾积极从事抗清复明活动，顺治十五年(1658)，他曾有过一次北游，其目的是取道湖南转入云贵，投奔永历王朝，但没有成功。本诗即作于此次北游乘船始发之际。诗题中湛用喈、钟裴仙、湛天石均是诗人在广东增城的友人，生平未详。

　　诗的开头两句写出了出发的时间地点及情景："扶胥古渡水凄凄，雨后移舟望转迷。""扶胥"是一个古渡口，在今广州市郊黄埔庙头村，地当西、北、东三江汇流处。舟发之时，正是北方的鸿雁南归的深秋季节。"水凄凄"，指秋水寒凉，切合当时的节令。在一个秋水凄寒、秋雨始过的日子里，诗人悄然出发，移舟前行。这一联中，"望转迷"三字颇可寻味。一般说来，雨中之"望"是令人迷茫的，而现在是雨后了，景物清晰可辨，诗人的"望"却转而"迷"起来了。那么，是什么使他产生了这种不寻常的感受呢？

　　"数口寄居秋草外，一身为客楚云西"，这二句便回答了上面的疑问。"数口"即指下文之"妻女"，诗人此次出游，将妻女托给三位友人。"秋草外"三字，可知妻女寄居之处是在乡间，如今看去在衰草丛生的荒原之外。"秋草"已属凄凉，更何况是在秋草之外，不可知之所，诗人回望彼处，恋及妻女，心头怎能不乱、目光怎能不"迷"呢？上句是回望，下句则是前望。诗人此去的目的在云、贵，而借道于湖南。云、贵在湖南西面，而湖南古属楚地，所以诗人遥望楚云西飞，那是他此游的终点。但此时云、贵的抗清斗争亦已转入低潮，他是否能像楚云那么幸运，有西入云、贵的可能，也极难断言；所以，这前望也是"迷"乱的道途。另外，他孤零一身，作客异乡，抛下"数口"之家，让她们寄居在草长不到的荒野：这，大概也是他心"迷"的原因之一吧！颔联二句，把"迷"字的文章做足，既向友人倾诉了此行的悲凄迷茫心思，同时，诗人在此时而作此行，他的报国之心的真切，也就尽在不言中了。

　　颈联"家无兄弟依朋友，地夹河山畏鼓鼙"二句，前一句是说他的不幸家世，他的父亲陈邦彦起兵抗清失败被杀，他的庶母及两个兄弟等俱遭难，他当时十七岁，独身逃出，故"家无兄弟"四字是饱含身世血泪的。兄弟无人，只有朋友可依：这里也暗示了诗人与湛用喈等人的兄弟情谊。下面"地夹山河"句之"地"，当指诗人动身之渡口而言，此处依山傍river，像是夹在山河之间，古渡旁又有南海神祠，始建于隋朝开皇中(公元六世纪)，原祀火神祝融，祠前有古木棉十余株。南海神祠内有大小两面铜鼓,大者为古部落酋长的墓葬品,唐代出土于高州。小者相传出土于浔州(今广西桂平市)铜鼓滩。祭祀时击鼓以娱神。诗中不言"铜鼓"而云"鼓鼙"除了韵律的要求外,更重要的是把平静的送别场景与过去和未来的抗清血战联系起来。一"畏"字,切过去情事,听到铜鼓声,很容易联想起父辈抗清战死的往事,故怕听到。这里一个"畏"字,用得也很有深意:诗人是一个怕听战鼓的人,然而,为了国家兴复,他却克服了自身的弱点,毅然投身到战鼓最响的地方去。可以想见,友人读到此句,将更对他生起敬意。

这首诗的用意是寄怀友人,嘱托家事。但这层意思到诗末才体现出来。由于前三联诉说了自己此行之远、妻女之无托、朋友之可依,因此,此联的托付,就显得格外郑重,而诗的语气,也就显得格外诚恳了。这也显示了诗人在诗的布局上的高超处。他相信湛用啫等会"不负"自己的嘱托,会在战争"乱离"之际,照顾好自己的妻女。"片言",指一言半语。湛用啫等人都是"知己",所以他们的一句话,就是一道誓言、一个承诺,完全可令诗人放心。这二句在殷殷重托之下,也流露出对友人的深切信任。

沈德潜《清诗别裁集》评此诗说:"如面诉友朋,宛转关生,情文并至。"诗题用一"寄"字,显然作于舟中,此时友人并不在舟中,但诗语如同当面倾诉,感情确实是真挚动人。

(王步高 沈 价)

虎丘题壁　　　　　　陈恭尹

虎迹苍茫霸业沉,古时山色尚阴阴。
半楼月影千家笛,万里天涯一夜砧。
南国干戈征士泪,西风刀剪美人心。
市中亦有吹篪客,乞食吴门秋又深。

陈恭尹,生于明崇祯四年(1631)。十二岁丧母,十四岁明亡,十五岁补南明唐王朝诸生而同年唐王兵败被杀;十七岁时父亲陈邦彦因参加桂王朝抗清被捕就义,全家遇难,只他一人幸免逃匿。顺治八年,清兵陷广州,他失去与桂王的联系。明年,他出游闽浙赣等省,一方面为了避难;一方面想与郑成功、张煌言等联系,共同抗清,没有成功。他终生不在清朝应试和出仕,保持遗民志节。《虎丘题壁》是他这次出游路过苏州时作。虎丘,苏州西北的名胜,内有春秋吴王阖闾墓,《吴越春秋》载阖闾葬三日而有白虎踞其上,因而得名。

恭尹的诗,沉着蕴藉,清新自然,七言律在苍凉感慨中,又富和婉流动的圆美。《虎丘题壁》是他著名七律之一,这种优点,得到充分的表现。

起联,从写景点地。说苏州虎丘的山色,到来只见到"阴阴"一片;旧时吴国的"霸业",已经消亡,所谓"虎迹",也已旷远迷茫,成为历史梦影,无可觅求。点地之外,又借吊古以伤明亡及明亡后的南方形势不振、气象萧然。这联写实,但联系史事,已实中有虚,表现在时间的跨度上。以下各联,景事情结合,有对当前的实写,有对远处的想象,更是虚实结合,主要表现在空间跨度上。

第二、三联由虎丘拓展到苏州,到整个南方地区,兼写人心和国事,范围、意境,大大加广加深。"万里天涯一夜砧",说万里天涯,在"一夜"之间,到处都可以听到"砧"声响动。古时秋风一起,妇女们在"砧"上捣布,准备为家人缝制新衣,其"砧"声不但添人寒意,更添人愁思,读李白《子夜吴歌》的"长安一片月,万户捣衣声。秋风吹不尽,总是玉关情!"杜甫《秋兴》的"寒衣处处催刀尺,白帝城高急暮砧"。都不能没有这种感受。何况联系后一联,这些"砧"声,又恰恰多半是为制"征士"的寒衣而响起的,更能触动作为遗民的作者的心事,怎能不倍增其伤感呢?本联出句:"半楼月影千家笛",对砧声而吹笛的,还有"千家"万户,人数很多,其中可能有感于家国之事而奏怨的;但更多的该是"不知亡国恨"而在歌楼酒榭吹弹助欢的人。是前者,能勾人愁恨;是后者,更能添人悲愤。诗不明言,但无论如前者为补充,如后者为对照,都一样能触动作者心中的痛楚,增添诗歌的感染力。第三联出句:"南国干戈征士泪",是透露心事、透露历史背景的关键之笔,也是联系四、六两句的点睛之笔。原来当时北方领土虽为清朝所统一;而南方遗民的抗清斗争,还在艰苦地进行,清朝消灭这种反抗力量的战争,也在加紧进行。所谓"征士",有抗清的义军,也有被清朝征召去镇压义军的士兵,同族同室,操其"干戈",战争不已,苦难甚多,怎能不使这些人痛心流"泪"不止呢?对句:"西风刀剪美人心",所谓"美人",正是为那些"征士"而捣"砧",而动"刀剪"的人,她们的"心"中之痛,不异"征士",而更加深埋和缠绵。诗中这两联,全用名物性词语组成,没有形动词,没有谓语,浓缩充实,曲折跳跃,意境极为深沉丰富。这是我国古典诗歌的一种特殊句法,极有民族特色,极具精炼性。作者在诗中运用这种句法,极为自然,极为含蓄,极有深情余韵,故耐人寻思,传诵一朝。

春秋时,楚人伍员(子胥)的父兄为楚平王所杀,他逃亡吴国,吹箫乞食,终为吴王所用,为父兄复仇。第四联,诗人以伍员自况,写他身负国难家仇,落拓苏州,所志无成。用典贴切,寄慨遥深,并点明时令和地点,呼应上文,章法严密。

诗篇词语浅显明白,组句曲折绵密,用典恰切,意境深沉,情韵悠远,既容易接受,又能得到无穷的回味,真是清初不可多得的七律佳作。

(陈祥耀)

岁暮登黄鹤楼

陈恭尹

郊原草树正凋零,历历高楼见杳冥。
鄂渚地形浮浪动,汉阳山色渡江青。
昔人去路空云水,粤客归心向洞庭。
莫怨鹤飞终不返,世间无处托仙翎。

黄鹤楼在湖北省武昌西汉阳门内黄鹤山上。世传黄鹤山因仙人子安乘黄鹤过此得名(见《齐谐志》),山势绵亘如长蛇奋跃瞰江,其首隆起似高冠,故又名蛇山或高冠山。在山之阴有费文祎洞,亦传为驾黄鹤仙去者,楼即因费文祎登仙,每乘黄鹤于此憩驾而得名(见《寰宇记》)。又有《艺文类聚》卷六三引《述异传》说:"荀环,字叔伟,寓居江陵,憩江夏黄鹤楼上,望西南,有物飘然,降自云汉,俄顷已至,乃驾鹤之宾也,鹤止户侧,仙者就席,羽衣虹裳,宾主欢对,辞去,跨鹤腾空,眇然烟灭。"

本来登蛇山之巅俯瞰大江已令人心旷神怡似觉身心飘浮脱尘埃,再联想到种种登仙的故事怎能不思绪翻腾!唐崔颢《黄鹤楼》诗:"昔人已乘黄鹤去,此地空余黄鹤楼。黄鹤一去不复返,白云千载空悠悠。晴川历历汉阳树,芳草萋萋鹦鹉洲,日暮乡关何处是,烟波江上使人愁。"为写登楼怀古思乡之愁的绝唱。而陈恭尹登黄鹤楼作此诗虽不及崔诗负有盛名,然其国破家亡之痛,苍凉悲愤之情却极为深沉,与崔诗相比有过之无不及。

作者为抗清志士陈邦彦之子,其父殉难时他才十余岁。1659年南明覆亡,他怀着剧痛创伤南归隐居不仕,从河南往故乡南海(今属广东佛山市)途经武昌登临黄鹤楼作此诗,时正值岁暮,苍茫乾坤,思古抚今,情怀激荡,感慨万分!

首联"郊原草树正凋零,历历高楼见杳冥。"点题并概括地描写了季节的变化、时间的迁移产生的环境气氛与人的情绪。旷野草木枯凋零落,黄鹤楼空唯见仙人跨鹤腾飞而去的渺茫极远的云路,天地间一片凄凉景色,令人感到空虚迷惘,失家亡国之情尽在不言中。

颔联写登楼眺望,进一步通过山光水色的描写表现其胸中的郁愤。"鄂渚地形浮浪动"概指"芳草萋萋鹦鹉洲"的地形变化,正在激流中冲撞浮动着(据《水经注》鹦鹉洲曾沉没于江中三百年,后又逐渐淤积,至清乾隆间复成)。"汉阳山色渡江青"谓"晴川历历汉阳树"的绿色已不复存在,唯见浑浊的江水碧如蓝,这本岁暮的自然景色,诗人用拟人化手法说是青色渡江,江山易色,影射了现实的改朝换代。地形山川的浮动、变色形象地表现了诗人不安的心境。

以上四句以景抒情,颈、尾两联则更深一层抒发内心悲愤之情表白自己的态度。既然"昔人已乘黄鹤去"仅有"白云千载空悠悠"只得归隐洞庭。诗人虽未言愁,但其意境是从"日暮乡关何处是,烟波江上使人愁"创新出来的,读此二句愁绪油然而至,而且"粤客"只"归心向洞庭"仍是他乡游子,奈何不愁!

尾联"莫怨鹤飞终不返,世间无处托仙翎"。更是寓意深沉,借黄鹤飞仙故事评古论今。"昔人""飞鹤"是指代诗人心目中的明王朝,它一去难返既成事实,然而却不必怨他,怪只怪、怨只怨、恨只恨这人世间虽大却无小小飞鹤容身之地。当然这一见解有偏见,但却无疑表现了诗人对明王朝的忠诚与爱恋。

这首诗的特色在于意境的创造上。首先是诗人巧妙地融化崔颢《黄鹤楼》诗意境入自己的感情创造出此诗的意境,使诗境更为深广,表达深刻的感情。如:崔诗有"历历汉阳树",陈诗只"历历高楼",显然更是一番凄凉景色。其次是善于选择意象构成意境,表达对故国之思,明太祖取天下围武昌时就是屯兵高冠山俯瞰城中,一鼓拔之取胜的,诗人登临黄鹤楼其用心很明显。又如:"杳冥"能使人立即想到鹤飞楼空;"鄂渚""汉阳山色"会将鹦鹉洲的芳草、汉阳树的一片春色浮现眼前与现实对比。而"凋零""杳冥"与"浮浪动""渡江"等意象则动静结合构成空茫不定的意境达到以自然景象表现人的复杂情绪的效果;以"云水""洞庭""鹤飞"等意象构成烟水茫茫前途渺渺此恨绵绵的思想境界,从而表现了诗人的爱国热情,突出诗的主题。

(宛新彬)

【诗人小传】

王士禛

(1634—1711) 字子真,一字贻上,号阮亭,又号渔洋山人。新城(今山东桓台)人。顺治十二年(1655)进士。授扬州府推官。后升任礼部主事。历充经筵讲官,国史副总裁。官至刑部尚书。卒,谥文简。士禛是康熙朝数十年诗坛盟主。论诗承继唐司空图"自然"、"冲淡",宋严羽"妙语"、"兴趣"之说,创"神韵说",其主旨在要求诗人于诗歌创作中追求一种清淡闲远的艺术境界,沾溉一代,影响极大。创作上洒脱自然,意蕴清悠,别有情致,尤以绝句为擅场;律诗及古体诗中亦有一些气势雄放、格调苍熟之作。生平著述甚富,有《带经堂集》、《南海集》、《蚕尾集》、《渔洋诗话》、《香祖笔记》,所编有《十种唐诗选》,又有《唐贤三昧集》。另有笔记《居易录》、《池北偶谈》等。

初春济南作　　　　　　　　　王士禛

　　山郡逢春复乍晴,陂塘分出几泉清?
　　郭边万户皆临水,雪后千峰半入城。

　　此诗作于顺治十二年(1655),描写山东济南初春之景,突出泉城"一城山色半城湖"(《老残游记》第二回)的美妙风光。

　　首句破题。"山郡"即"济南",它是清代济南府治,城郊有千佛山、马鞍山等,故称"山郡"。"逢春"指"初春"降临。"乍晴",刚晴,一方面写此日天气开始晴朗转暖,一方面又意味在此日之前曾连日雨雪。全诗之景象皆与季节"逢春"及天气由雨雪转晴密切相连。此句乃全诗之根基。次句"陂塘分出几泉清",正是"山郡逢春复乍晴"的直接结果。由于天气转晴暖,"陂(bēi)塘"即池塘冰雪消融,化为清澈的泉水汩汩流出。诗人以"几泉清"的设问句式表现之,含有多处池塘分流出清泉之意。

　　初春济南更令人叹为观止的奇妙景象,则是"郭边万户皆临水,雪后千峰半入城"。"郭",外城,"千峰"指济南城南郊的千佛山。前句是写济南"家家泉水"(《老残游记》第二回)之泉城特色,后句是写著名的大明湖之奇观。这两句大笔如椽,勾勒出济南的整体风貌,人读之仿佛于空中鸟瞰,一切尽收眼底。城郭的千万户人家门前都有清泉流淌,能享受大自然的如此赐予可谓得天独厚;而积雪未融的千佛山的诸峰倒映于湖中,"雪后千峰"之洁白与湖水之碧绿相映,格外清丽纯净,更增添了大明湖之美妙。刘鹗《老残游记》第二回曾描写道:"低头看去,谁知那大明湖业已澄净的同镜子一般,那千佛山的倒影映在湖里,显得明明白白,那楼台树木格外光彩,觉得比上头的一个千佛山还要好看,还要清楚。"可视为此诗的注脚。"半入城"三字下得尤妙,化静为动,使无生命的千佛山具有了灵性,好像千佛山亦羡慕城内之风光而"入城"观赏,"半入城"又写出千佛山自身未动,只是以倒影入湖的奇景。

　　这首七绝纯然写景,不露声色,但无论是"逢春复乍晴"的好天气,还是潺潺而流的清泉,以及湖水中倒映的"雪后千峰"等,都包蕴着诗人对济南初春的审美喜悦,流荡着一种迷恋的情韵。

(王英志)

秋柳四首　　　　　　　　　王士禛

　　秋来何处最销魂?残照西风白下门。

他日差池春燕影，祇今憔悴晚烟痕。
愁生陌上《黄骢曲》，梦远江南乌夜村。
莫听临风三弄笛，玉关哀怨总难论。

娟娟凉露欲为霜，万缕千条拂玉塘。
浦里青荷中妇镜，江干黄竹女儿箱。
空怜板渚隋堤水，不见琅琊大道王。
若过洛阳风景地，含情重问永丰坊。

东风作絮糁春衣，太息萧条景物非。
扶荔宫中花事尽，灵和殿里昔人稀。
相逢南雁皆愁侣，好语西乌莫夜飞。
往日风流问枚叔，梁园回首素心违。

桃根桃叶镇相怜，眺尽平芜欲化烟。
秋色向人犹旖旎，春闺曾与致缠绵。
新愁帝子悲今日，旧事王孙忆往年。
记否青门珠络鼓，松枝相映夕阳边。

  这四首一组的《秋柳》诗，是清初王士禛的成名作，也是最能体现其诗风的代表作之一。作这一组诗时，他还是个虚龄二十四岁的青年。那是清顺治十四年丁酉(1657)的秋天，为了参加乡试(省一级的科举试)，在作为山东省会的济南，名士云集，年轻的王士禛也是其中之一。一天，他们会饮于大明湖的水亭中。亭外有杨柳千余株，枝条及于水际，树叶却已开始发黄，染上了秋色，行将摇落。他看到后，怅然有感，便写下了这四首诗，并获得了广大的读者，有许多人写了和诗。王士禛后来成为当时的诗界泰斗，《秋柳》对他的这种地位的奠定起了不可忽视的作用。至于这组诗的写作经过，可参看他的《菜根堂诗集序》。
  诗前有他自己写的小序。在短短的数十字中，渗透了感伤的情调，低回欲绝：

  昔江南王子，感落叶以兴悲；金城司马，攀长条而陨涕。仆本恨人，性多感慨。情寄杨柳，同《小雅》之仆夫，致托悲秋，望湘皋之远者。偶成四什,以示同人,为我和之。丁酉秋日,北渚亭书。

在这里他一连用了好几个典故,且都很切合他当时的情况。"江南王子"指六朝时的梁简文帝萧纲,他的《秋兴赋》以秋日凄凉的景色衬托悲哀的感情,其中有"洞庭之叶初下,塞外之草前衰"之句,这就是所谓"感落叶以兴悲";而王士禛自己也是为柳叶的秋色而引发了悲感。"金城司马"指东晋时担任过大司马(官名)的桓温。他在晚年经过金城时,见其早先在当地所种的杨柳,皆已十围。慨然曰:"木犹如此,人何以堪?攀枝执条,泣然流涕。"(《世说新语·言语》)他是从杨柳的老去,意识到自己生命的迟暮。假如说小序开头两句的着眼点是"秋",紧接着的两句的着眼点就是"柳";前两句是以悲凉的秋天的来到隐喻一年中的美好时光已经逝去,后两句则是以桓温见杨柳而自伤老大隐喻一生中的最好的年华已经丧失。所以,作者从"秋柳"所联想、体味到的,是美的东西的消逝,是由此所导致的深沉的幻灭感。而这也就是《秋柳》四首的共同主题。

现在让我们依次分析一下原诗。

第一首的"白下门",指今江苏南京。后来虽也是有名的城市之一,但比起将其长期作为首都的六朝时代来,当然可说是没落了。因此,在古代的诗词中,经常被用来作为抒发今昔盛衰之感的对象。例如,李白的《金陵》:"地拥金陵势,城回江水流。当时百万户,夹道起朱楼。亡国生春草,王宫没古丘。空余后户月,波上对瀛洲。"就是把昔日的繁华和今日的衰落相对照,以表现诗人的悲感。而在王士禛的时代,南京又经历了一番剧变。原来,在李自成起义军攻陷北京后,明的宗室朱由崧即皇帝位于南京;但到第二年南京就被清兵占领,并遭到严重破坏。所以,诗的开头二句暗示:昔日富丽无比,不久之前又成为政治、经济中心、冠盖云集的南京,转瞬之间,只剩下了西风残照,一片荒凉。这是怎样地令人销魂、断肠!换言之,此诗从一开始就把读者带进了巨大的幻灭感中。下面两句,又运用典故,把昔日的充满生命力的景象"杨柳垂地燕差池"(此为沈约《阳春曲》中语,也即"他日差池春燕影"句之所本)与而今的憔悴、迟暮相对照,以进一步强化幻灭感。但是,秋天之后又是春天,那么,这样的憔悴、迟暮是否会一旦又转为兴旺呢?不。黄骢是唐太宗的爱马;此马死后,太宗命乐人作黄骢叠曲,以示悲悼。乌夜村是晋代何准隐居之地,其女儿即诞生于此,后来成为晋穆帝的皇后。对这位皇后来说,这个普通的农村乃是其日后的荣华富贵的发祥地。诗人在此句中加上"梦远"二字,则意味着这样的繁华之梦已永远不可重现,正如死去的骏马黄骢已永远不可复生一样。所以,诗人所感到的、并用来传送给读者的,乃是不存在任何希望的幻灭。于是,剩下来的唯一的路就只能是逃避:"莫听临风三弄笛"。也就是说，不要再听那悲哀的音乐，想那些悲哀的事情吧！然而，"玉关哀怨总难论"。幻灭的哀愁是深深潜藏在心底，又怎能逃避得了？逃避本身也不得不归于幻灭。——最末两句，暗用盛唐诗人王之涣《凉州词》中"羌笛何须怨杨柳，春风不度玉门关"的典故。这不仅把笛声与杨柳关合了起来，以与诗题的"秋柳"相应，而更重要的是，借此点明了"玉关哀怨"乃是"春风不度"的哀怨，进一步突出了繁华的春天不会再来的伤痛。

第二首开头的"娟娟凉露欲为霜，万缕千条拂玉塘"，似乎是写眼前景，——他们会饮的大明湖水亭外不也正有千余株杨柳，枝条低拂水际吗？但第四句的"江干"（长江边上）一词却暗示了此首所写仍是第一首所歌吟的"白下门"，诗人只是从眼前的景色联想到南京的杨柳罢了。其下四句则曲折地显示南京的破败与荒凉。把"荷"与"镜"联系起来，出于梁代诗人江从简的《采莲词》："持荷欲作镜，荷暗本无光。"那是讽刺当时宰相何敬容的无能的，以"荷"影"何"。王士禛却只是利用"荷"与"镜"的这种关连，由"浦里青荷"想到了妇女用的镜子。"中妇"一词出于陈后主《三妇艳词》的"大妇上高楼，中妇荡莲舟，小妇独无事，……"是妯娌三人里的中间一人，并不意味着她已经到了中年。诗题为"三妇艳"，这当然也是一位艳妇。第四句则出于古乐府《黄竹子》："江干黄竹子，堪作女儿箱。"所以，这两句是说：在南京，伴随着万千杨柳的，是可以使人想到年轻、漂亮的妇人所用镜子和少女箱子的青荷与黄竹。南京本是有许多美丽的女性的地方，她们也常见于诗人的歌咏；而今却只能由青荷而想象对镜的"中妇"，由黄竹而想象使用箱子的少女，却再也见不到那许多美艳的妇女了。"隋堤"，本指隋炀帝所开通的运河堤岸，在堤上筑有供其行幸所用的道路，路边植有很多柳树。这里借指南京杨柳众多的水边大道。第六句"不见琅玡大道王"下有王士禛自注："借用乐府语。""乐府"指古乐府《琅玡王歌》："琅玡复琅玡，琅玡大道王。阳春二三月，单衫绣裲裆。"此处以"琅玡大道王"借指穿着华美衣衫的贵家少年。总之，以前在南京经常看得到的艳丽妇女、贵游子弟，现在是再也看不到了；只有行将摇落的大片杨柳，伴随着青荷与黄竹，满目荒凉。末两句则用唐代白居易《杨柳枝词》的典故。白居易的原诗是："一树春风千万枝，嫩于金色软于丝。永丰西角荒园里，尽日无人属阿谁？"永丰坊为唐代东都洛阳的坊里名，白居易曾寓居洛阳。又据孟启《本事诗》："白尚书姬人樊素善歌，妓人小蛮善舞，尝为诗曰：'樱桃樊素口，杨柳小蛮腰。'年既高迈，而小蛮方丰艳，因为《杨柳》之词以托意。"孟启所说是否可靠姑且不论，它在古代文人中却广泛流行。因此，这两句是说：像过去那样的生长着娇嫩的杨柳——丰艳的青年女性——却令人深感青春的浪费、夭阏的悲惨场所,现在也已成了值得羡慕的"风景地",倘若有幸经过,就应"含情重问"。因为那里还有青春,虽然是悲凉的青春;而今却已压根儿没有青春了。——此处需要补充说明的是:"洛阳"实暗寓南京。洛阳为唐代的第二个首都,南京则为明代的第二个首都。

第三首的开头两句,以柳絮随风点染人衣的美好春日与萧条的秋景相对照。接着的四句,则是说上至宫闱("扶荔宫"、"灵和殿"),下至一般的老百姓("南雁"、"西乌"皆喻指飘泊异乡的人民),都已神索气尽,好景难再。末二句进而以汉代全盛之时(即枚叔作赋之时)与衰败的今日相对比,隐喻整个社会都已进入了萧索的秋天。

第四首的大意是说:美好的时日如今只剩下了一片荒凉,而且连这荒凉似乎也要化为轻烟,消失得无影无踪。怀念着往昔绮丽的杨柳,在即将摇落的今天仍然保持着过去的旖旎,那些为今天的新愁而悲伤着的上层女子,回忆着昔年旧事的公子王孙,是否还记得在他们没落前的辉煌日子里伴随着他们的杨柳的倩姿呢?这里所显示的,是对逝去的美好时光的深切怀恋和极其沉重的失落感,归根到底也还是幻灭的悲哀。因为,"秋色向人犹旖旎",在秋色的笼罩下,面对着即将来到的枯萎,仍力图体现出自身的美,这固然是顽强的挣扎,但其结局,自必为无可避免的失败,因而只能希望在没落者的心中还保存着自己旧日的美。然而,既然只是保存在没落者的记忆里,那又怎能躲脱最终的没落命运——随着没落者的消亡而消亡呢?

总之,一切美好的东西都已逝去,到处是幻灭的悲哀。

王士禛的这种幻灭感、失落感当然与他的时代有关,那本是一个幻灭的时代。尽管他的时代当然只是历史长河中的一个短暂的阶段,然而,只要马克思和恩格斯所指出的社会上的异化现象还没有消灭,人在社会生活中总是或多或少地具有导致失落感、幻灭感的遭遇,至于自然对人类的至今尚不能克服的沉重打击——例如佛家所说的生老病死苦——更不能不常常使人产生幻灭感。因此,尽管王士禛的时代早已过去,但他的幻灭之歌仍对读者具有不同程度的吸引力。

然而,它们的吸引力的存在,并不仅仅在于幻灭感的易于引起读者共鸣,更在于王士禛那种表现幻灭感的独特方式。

他所要表现的内容,本是可以令人痛彻肺腑的创伤:美丽、荣华、欢乐都将匆促地逝去,只有逝去后的无尽伤痛才是真实的存在;释迦牟尼之所以毅然出家,其故也即在此。但王士禛却用漂亮的字眼和句子、婉委曲折乃至朦胧的表现手法、灵动多变的思路,形成一种独特的优美。这种刺心的疼痛穿上了优美的外衣,就减少了强度和力度,转化为一种迷人的——或者说甜蜜的——忧伤。

　　漂亮的字眼和句子在这四首诗中触目皆是。它们不仅出现于对过去繁丽的追忆中,也见于对今日衰败的描绘里。前者如第一首"他日差池春燕影"的后五个字,第三首的"东风作絮糁春衣",第四首的"桃根桃叶镇相怜"、"春闺曾与致缠绵"等,所显示给读者的是美妙的情景和生命的活力。后者如第一首的"祇今憔悴晚烟痕","烟"在一般人的印象里是灵动的或迷濛的美(至少对常读古代诗词的人是如此),例如陶渊明的"依依墟里烟",司空曙的"湿竹暗浮烟",就分别抒写了这两种不同形态的美,所以王士禛的这句诗给人一种"美人迟暮,风韵犹存"的感觉,展现的是美的残余而不是美的彻底破灭,它使人低回、怅惘,却非悲痛欲绝。再如第二首的"娟娟凉露欲为霜,万缕千条拂玉塘",以"娟娟"、"玉塘"之美,来减轻杨柳即将摇落的悲惨;第三首的"扶荔宫中花事尽",以"扶荔宫"这一优雅的名词和"花事"所蕴含的蓬勃生机,来冲淡整个句子的肃杀之气;第四首的"秋色向人犹旖旎",以"旖旎"来缓解"秋色"的凄凉;也都是漂亮字眼在发挥作用。

　　他那婉委曲折乃至朦胧的表现手法,跟他使用漂亮字眼和句子一样,都大大降低了没落所带来的刺激性。最突出的是第二首的"浦里青荷中妇镜,江干黄竹女儿箱"。如前所述,这两句原意是说:在南京再也见不到以前的那许多美丽的女性了,只有"浦里青荷"与"江干黄竹"还能使人联想起"中妇镜"和"女儿箱"。其中所包含的,是极惨痛的经历;但这两句在字面上却极为绮丽。因此,它们首先给人一种很可爱的印象。自然,再仔细想一想以后,读者仍会了解其实际内涵而憧憬于往日的繁华,但衰败的今天既然在字面上仍有相当的魅力,这种今昔盛衰之感就只会引起沉重的叹息,却不会诱致心头的剧痛。

　　婉委曲折的表现手法的另一类型,是着力于描绘事物曾经存在或如今还多少保留着的美,以此来直接或间接地展示目下的凋谢,却并不写及凋谢本身。如以"犹旖旎"暗点其已开始变衰,以"曾与致缠绵"表明其已无昔日风姿,都能使人感到它们的没落,却又不致带来很强的刺激。再如"梦远江南乌夜村"、"扶荔宫中花事尽",也都和"曾与"句异曲同工,用"梦远"和"尽"轻轻一点,对于与"梦"相对立的现实,"花事尽"后的惨状,则不作具体刻画,以免酸心怵目。

　　对王士禛来说,这种手法的一个重要方面就是典故的运用。"浦里青荷"一联之所以能如此婉委曲折乃至朦胧,就是依靠用典。他如"梦远"句、"扶荔宫"句、"空怜板渚隋堤水,不见琅琊大道王"等句,无一不是用典。可以说,倘若没有典故,他的这种手法绝不能使用得如此巧妙。但若不是他的思路灵活,典故也不会发挥这样大的作用。

这四首诗在用典上有一个共同特点,就是对原有的典故加以引申或创造性的发展,而不胶执于原来的意义。如第一首的"愁生陌上《黄骢曲》",《黄骢曲》本是哀悼唐太宗的爱马的,既与杨柳不相干,和第一首所歌咏的似也无直接关联,王士禛用在这里,实已把它的意义从原先的追悼个别的宝贵事物的消逝扩大为一般性地哀悼宝贵事物的消逝,以此来表明南京往日的繁华已经一去不复回地消逝了,再也不能复活。又如同一首的"玉关哀怨",虽源自王之涣的"春风不度玉门关",但王之涣此句原是用来形容塞外生活的凄苦的,南京显非塞外;王士禛用这典故,只是抓住了原句中的"春风不度"四字,把"玉关哀怨"转化成了"春风不度"的哀怨,这就与当日南京的情况密合无间了。

他在用典上的另一个特点,是善于捏合。如第四首的桃根、桃叶,本是六朝时王献之的两个爱妾,与杨柳并无关系,但桃和柳却常被作诗人连用,如元代周权的《桃柳词》就说:"灼灼绛桃花,袅袅黄柳丝。风流少年场,妖冶不自持。春风日夜变,点拂飞故枝。飘红惹飞絮,流水同天涯。……"就把桃、柳作为同荣同落、命运和遭际都共同的植物。这很能代表一般人的看法。王士禛此处虽未必是直接受周权的影响,但却巧妙地利用了这种颇为流行的观念,以"桃根"、"桃叶"代表桃的整体,"桃根桃叶镇相怜"说的乃是桃柳同类,因而经常彼此相怜。但既用了"桃根"、"桃叶",读者自然也就很自然地联想到了历史上这两位年轻而美丽的女性,因而下句的"眺尽平芜欲化烟"固然使读者进一步产生美人黄土的悲哀,再往下的"春闺曾与致缠绵"也就不致令人有突兀之感了。在用典上的这种善于捏合,一面显示出他思路的灵活多变,给整个诗带来一种流动的美,另一面也使他在用典时不致产生窒碍,信手拈来,即是妙谛,而且整篇诗都具有挥洒自如,演化无端之致。

所有这一切的综合,就成为王士禛诗歌的独特的美。

(章培恒)

高邮雨泊　　　　王士禛

寒雨秦邮夜泊船,南湖新涨水连天。
风流不见秦淮海,寂寞人间五百年。

清顺治十七年(1660)农历三月,诗人赴扬州推官任,途经高邮(今属江苏),泊船于高邮湖,触景生情,遥想出生于高邮的北宋大词人秦观而有此作。杨际昌《国朝诗话》评王士禛七绝,"宫词、怀古、题画、竹枝诸体,点染生新,自是作手,终以眼前情景天然，有兴会有情寄者，为最上乘．并"试举若干首"，其第一首即是《高邮雨泊》。此诗正属于即眼前情景而生兴会、有情寄之作。

诗前两句写景。首句中"秦邮"即高邮，据祝穆《方舆胜览》："高邮，一名秦邮，秦因高邮置邮传为高邮亭。"首句写诗人于深秋寒雨潇潇之夜泊船于秦邮，此乃破题。次句则进而把高邮雨泊地点具体化为去高邮三十里之高邮湖。"新涨水连天"描绘出此时由于"寒雨"不停，湖水之势为之涨起，放眼望去烟波浩渺，水天相连，难以分辨的情景，从而开拓出一个凄清迷濛的意境。

自然空间的清寂，引起了诗人心理空间的寂寞之感。于是乃有"风流不见秦淮海，寂寞人间五百年"之感叹。此时，面对高邮湖，作为一代诗坛才人更感寂寞的是五百年间的文坛，没有再出现高邮秦淮海这样才华超群的词人。"淮海"为秦观号淮海居士的简称。他生于1049年，卒于1100年，距此时正约"五百年"。他是"苏门四学士"之一，乃婉约词派的主要词人，创造了"情韵兼胜"(《四库全书总目提要》)的新词风。诗人称"寂寞人间五百年"，当然是夸饰之言，旨在推崇秦观在文坛的重要地位。又，王士禛诗词风格亦以婉约绵邈见长，与秦观相近，因此才有这种"惺惺惜惺惺"的仰慕之情。诗人于慨叹不见风流秦淮海的同时，亦暗寓步武秦观，欲打破文坛"寂寞"之意。此乃诗人"情寄"之所在。

王士禛论诗继承钟嵘"观古今胜语，多非补假，皆由直寻"(《诗品序》)的观点，称"五字清晨登陇首，羌无故实使人思"(《仿元遗山论诗绝句》)，主张即景会心，直抒性情，不用或少用典故。此诗即为这一观点的例证。　　　　(王英志)

再过露筋祠　　　　王士禛

翠羽明珰尚俨然，湖云祠树碧于烟。
行人系缆月初坠，门外野风开白莲。

有一天，王士禛门人洪昇向当时的著名诗人施愚山请教做诗的艺术，愚山将士禛与自己的诗作比较说："子师(指王士禛)言诗，如华岩楼阁，弹指即现，又如仙人十二楼，缥缈都在天际。予即不然，譬作室者，瓴甓、瓦石须从平地筑起。"(见《渔洋诗话》)他把自己的诗比作建造房屋，要一砖一瓦从平地上砌起，而王士禛写诗却像弹指即现、缥缈天际的仙人楼阁。愚山果真一语道出了王士禛神韵诗的特色。

据王象之《舆地纪胜》记载："露筋庙去高邮三十里。旧传有女子夜过此地，天阴蚊盛，有耕夫田舍在焉。其嫂止宿，姑曰：'吾宁死不肯失节。'遂以蚊死，其筋见焉。"在封建时代,这位重视"操守"的女子遂被作为"圣洁"女性的象征而为人祭祀。王士禛于顺治十七年(1660)至高邮再过露筋祠时,有感此事而作诗。

从上述记载看,这位露筋祠中的"圣女",不过一村姑而已。而王士禛怎样写呢?"翠羽明珰尚俨然",在他的笔下,村姑竟然成了雍容华贵的贵族小姐。傅玄《艳歌行》诗云:"蛾眉分翠羽",翠羽,指女子细长的黛眉。在本诗中王士禛用来形容"圣女"的美丽。明珰,用明珠制成的耳饰,更可见其服饰的高贵了。他的这种脱离实际的写法,当时有人颇不以为然。然而王士禛有自己独特的构想,他在《渔洋诗话》中说:"余谓陆鲁望(龟蒙)'无情有恨何人见,月晓风清欲坠时'二语,恰是咏白莲诗,移用不得。而俗人拟之,以为咏白牡丹、白芍药亦可,此真盲人道黑白。在广陵,有题露筋祠绝句,正拟其意。一后辈好雌黄,亦驳之云:'安知此女非嫫母(丑女),而辄云翠羽明珰耶?'余闻之,一笑而已。"

王士禛很欣赏陆龟蒙的白莲诗,欣赏他那遗貌取神的诗笔。陆龟蒙不具体描绘白莲的形态,而是用"月晓风清"的幽静而清新的氛围来衬托白莲清逸超俗的风采,而它那种在清风中轻摇欲坠的样子,又传出白莲似乎内含一种幽怨的情愫。当然,这种神来之笔只切合于写白莲,如果有人用来形容具有富贵态的白牡丹、白芍药,就显得牛头不对马嘴了。

王士禛写《再过露筋祠》就有意识地借鉴陆氏《白莲》这种空灵的写法。《白莲》这首绝句头二句云:"素蘤多蒙别艳欺,此花端合在瑶池。"意思是说,人们提起莲花,总是欣赏红裳翠盖,又谁注意这不事铅华的白莲!然而,只有"清水出芙蓉,天然去雕饰"的白莲更具有一种淡雅高洁之美,它应该生长在仙人瑶池里。想那露筋祠"圣女",虽是一平凡村姑,但她的心灵是最纯洁、最高贵、最美好的,她在王士禛心目中是最圣洁的女神的化身。因而他加之以"翠羽明珰",也不过类似"此花端合在瑶池"的用意。

不仅如此,在"翠羽明珰"之后,诗人又把她置身于"湖云祠树碧于烟"的环境中,祠的四周绿树葱茏,祠前湖波苍苍,湖云茫茫。这一切又如烟如雾,把露筋祠烘托得缥缈而神秘,犹如仙境一般,而这位露筋"圣女"俨然为瑶池仙子了。王士禛这番遗貌取神的艺术匠心,那"好雌黄的后辈"又怎能理解呢!

如果其他诗人来写这首诗,在交代了祠庙和祠神后,接着便写自己的观感。而王士禛似乎完全忘记了主题,"王顾左右而言他":"行人系缆月初坠,门外野风开白莲。"在月亮刚落的拂晓时分,诗人的船停靠在高邮湖畔露筋祠前,野风习习吹来,给人带来一阵阵盛开的白色荷花的缕缕馨香,沁人心脾。那么,这"门外野风开白莲"与门内"翠羽明珰"又有什么关系呢?看起来二者并不相关,然而细细辨析,韵味悠然。莲花,在传统审美意识中,一向是"出污泥而不染"的象征,白莲更显示着一种洁白无瑕的品格,睹花思人,不是很容易使人联想到近在咫尺的露筋祠内那位圣洁女神么?这野风中的白莲也许就是圣洁女神的化身吧?妙就妙在诗人没有讲一句话,只是默默地将"圣女"的人格美与白莲的风神美两相映衬,让读者自然心领神会。

  王士禛是清代诗坛神韵派大师,论诗标榜"神韵",认为作诗须达到境界缥缈淡远、意味空灵含蓄,避免实指,不露人工雕琢痕迹,要在自然,具有风调之美。而其作诗要诀则是"不着一字,尽得风流"。上面这首《再过露筋祠》的好处,正充分体现了上述这些特点和要求。所以朱庭珍《筱园诗话》评此诗"以神韵制胜,意味深长,阮亭集中最上乘也"。

  本文开头谈到施愚山的一番话,现在可以理解了。就以这首《再过露筋祠》来说,诗中的人,是诗人想象中的缥缈天仙,诗中的"野风开白莲",也未必是当时当地实有的景物,因为王士禛追求的是"空灵",诗中的情和景都是凭"兴会神到"时的灵感所得,不必去一一坐实的。这种创作方法不很像"弹指即现"的"华岩楼阁"么?

(高 原)

大风渡江四首(选一)   王士禛

凿翠流丹杳霭间,银涛雪浪急潺湲。
布帆十尺如飞鸟,卧看金陵两岸山。

  康熙十八年(1661)春,作者又至南京。此时病体已愈,又值春季,心境与前一年深秋病归扬州时不可同日而语。与此组诗写于同时的《守风燕子矶》诗云:"刁骚夜雨打吴榜,三日南风燕子矶。安得沧波如匹练,便乘轻舸去翻飞!"这表明作者渡江前曾于南京燕子矶下泊船,等风定后再渡江。但大风终于未停,而作者又渡江心切,乃不顾危险冒着大风渡江,并写下《大风渡江》四首诗。

  这首七绝前两句写渡江时所见的壮丽风光与惊险江面,色彩鲜明如画。诗人所见江岸上风景是:"凿翠流丹杳霭间",江岸建筑绿窗红阁,金碧辉映,被缥缈的云烟所笼罩,若隐若现。"凿翠"用杜甫《九成宫》"凿翠开户牖"之意,指代窗户;"流丹"用王勃《滕王阁序》"飞阁流丹"之意,指代楼阁。诗人所见江面近景是:"银涛雪浪急潺湲",江上风大,卷起银涛白浪,水流湍急,令人惊骇;"潺湲",水流貌。

  后两句则在这壮丽惊险的背景下推出诗的主体:"布帆十尺",指代诗人渡江所乘之船。"如飞鸟"比喻由于风大,十尺高帆兜风而驶,轻捷如飞之状,十分生动。风涛如此大,船行如此快,那么船中之诗人又如何呢?他"卧看金陵两岸山",此句一个"卧"字有画龙点睛之妙。诗人毫不惊骇,他斜卧于船舱中,既安全,又悠闲,尽可兴致勃勃地观赏金陵两岸春山的景色,享受大自然所具有的壮美,也开拓了自己的心胸。

王士禛绝句一般追求司空图《诗品》中标举的"冲淡"风格,即所谓神韵诗。但这首诗风格却显得雄放,以气势取胜;而且色彩鲜丽,红绿、青白相互映衬,文词又近"绮丽"。由此可见,诗人的才情是广博的,他提倡什么,并非只能专守其间。

(王英志)

秦 淮 杂 诗(其一)　　王士禛

年来肠断秣陵舟,梦绕秦淮水上楼。
十日雨丝风片里,浓春烟景似残秋。

清顺治十八年(1661),王士禛在扬州任推官,有事往金陵,居秦淮之侧,作《秦淮杂诗》一组二十首,所咏皆秦淮之事。本诗为组诗的第一首,总写到秦淮河的感受。

首联突兀而起,写诗人在金陵秦淮河边的一种低回哀婉的情愫。"秣陵",秦时改金陵邑为秣陵,即今之南京。诗人来到秦淮河,直述其"肠断"、"梦绕",把个人的情感赤裸裸地坦露出来。依之常理,没有牵肠挂肚的伤心事,不能"肠断";日无所思,"梦绕"亦无从谈起。但诗人因何会"肠断秣陵舟",又何以情牵梦绕于秦淮水上楼,诗中并不明示,下一联反转以写景衬托此情:"十日雨丝风片里,浓春烟景似残秋。"烟雨迷濛,乃是江南春色的一大特征,但"十日雨丝",是否又给人以"淫雨绵绵"之嫌呢? 不同的心境,感受自然迥异。诗人的感受即十分奇警:原本给人以特殊美感的浓浓春景,此刻在他的眼里却如"残秋"一般让人倍感凄冷了。强烈的反差,愈加映衬出诗人在秦淮河畔情绪的低落凄哀,使得整首小诗韵致浓郁,愁肠千回。

诗人在秦淮河畔为什么会有这般心境? 如果联系到整组诗中时见咏怀明代遗迹之语,诸如咏徐达宅第是"朱门草没大功坊";咏南明皇家旧苑是"旧苑至今零蔓草,枉将遗事吊隋陈";咏秦淮岸上旧院艺妓,则说"尊前白发谈天宝,零落人间脱十娘";至莫愁湖更有"年来愁与春潮满,不信湖名尚莫愁",均明显流露出对朝代更替、物换星移的咏叹和对前朝消亡的悲哀。如果再联系到诗人的生活阅历,是可以揣测本诗有伤悼明亡之意的。王士禛在明代度过了童年,他的祖父、父亲作为明遗民都入清不仕、隐居乡里。当他来到南明故都金陵,览旧朝之风物,感念秦淮水上楼昔日之繁华,萌生今不如昔的吊古怀旧之情亦属自然。虽然仅就本诗而言尚不能凿实这一点,但诗中所透出的伤感情绪,置之于清初明亡不久,明遗民甚众之际,它是极易勾起人们与吊明有关的联想和共鸣的。不着意将底蕴端出,而留给读者以丰富的遐想,恰可视为诗人的成功之处。

  王士禛倡导的诗歌"神韵"说,主张诗要含蓄蕴藉,推重"羚羊挂角,无迹可求"的境界。让人颇有所感却又难以指实的本诗,乃是其实践自己诗论的力作之一。

(宫晓卫)

秦 淮 杂 诗(其十)   王士禛

傅寿清歌沙嫩箫,红牙紫玉夜相邀。
而今明月空如水,不见青溪长板桥。

  仿佛要与扬州所作《冶春绝句》争妍竞奇似的,王士禛在客寓金陵期间,又兴致盎然,咏成了这组风流蕴藉的《秦淮杂诗》。

  "青溪佳丽,白下冶游"。徜徉在六朝古都的秦淮河畔,诗人的心境既愉悦、又迷惘。繁华的街市巷陌,幽幽的溪湖台榭,至今都还笼盖着一重犹未消散的历史烟云,似乎都在诉说着婉丽动人的过往佳话。乌衣巷口,似还可见"王谢"名士的雍容车骑;桃叶渡的花色,令他忆起王献之赠诗其妾桃叶的风流;金陵闸的神女祠,又使他想起"青溪小姑""独宿无郎"的悲曲……呼吸着六代豪华的流风遗韵,诗人的意兴能不蓬勃而生? 一首首韵致动人的绝句,由此在他笔端尽情挥洒。

  现在诗人来到的,已是月光朦胧中的"青溪"。这里曾为明末歌妓的聚居之地,通往院舍的溪流上,当年还铺有长长的板桥。当诗人在溪边沉思凝想间,心海里便冉冉浮升起两位昔日名妓的倩影:一位是善歌弦索的傅寿,她的美妙清歌,曾惊动过秦淮河上的多少画舫;一位是"善吹箫度曲"的沙嫩,与她的姐姐同游吴郡,曾被人们目之为江东"二乔"。"傅寿清歌沙嫩箫"——这悠悠的起句,正如一声清磬振开数十年烟云;你便因此与诗人一起,恍若见到这两位风华灿丽的歌妓,正袅袅婷婷踏过板桥,相会在月光如水的青溪畔……

  那究竟是梦境,还是幻觉? 也不必认真向诗人打听。反正月光下那两位女子的身影,似又姗姗移动起来:一位倚坐于溪畔山石,已手把传自西凉李暠的紫玉箫,轻轻撮唇而吹;一位则打响岭南所产的红牙拍板,清亮地启齿而歌了——这生不同时的两位名妓,居然会在幽幽月夜箫歌相和!事情之蹊跷,正显出诗人思致之葱茏。当你进入这"红牙紫玉夜相邀"的奇境时,耳边是否也听到了那迷醉过许多王孙公子的箫声、歌韵呢?

袅袅的箫声忽高忽低,飘飞在溪畔如梦的月色中;婉转的歌韵恰如溪水,潺潺不绝于曲曲青溪。这是诗中幻化出的最动人一幕,它从消逝而去的往昔岁月中,被诗人的葱茏想象所唤回,便更多了一重缥缈如烟的意蕴。但诗人终于苏醒过来,再向夜色深沉的青溪望去,只见山石宛然、月色如水,却哪还有傅寿、沙嫩的飘拂倩影!就连那青溪上的长长板桥,和隐在月光深处的当年院舍,也全如蓬莱阁外烟水苍茫的海市,倏然消散得无影无踪。这便是结句"而今明月空如水,不见青溪长板桥"所显现的眼前实境。伴随着这景象而出现的,当还有踯躅月下的诗人那一声长长的叹息。

这首诗的妙处似乎谁都可以神会,但要推敲它妙在哪里就很难说清了。那是诗人漫步青溪间突然触发的奇思,于是在月光下,如梦如幻地涌现了"红牙紫玉夜相邀"的空中荡漾之境;它与消逝而去的岁月连接,带着传说轶闻中特有的婉丽色彩,辉耀了你的眼目,而又冉冉消散于一片"如水"月光之中。它虽然消失,但你从留下的青溪、山石间,却还仿佛能听到这箫歌相和的袅袅余韵,还久久地萦绕盘旋而不去,令你生出不尽的怀想之情。这境界正与钱起《省试湘灵鼓瑟》的"曲终人不见,江上数峰青"相仿,虽然一在白日中悬拟,一在月光下冥思,但都带给你一种不见伊人、犹闻其声的怅惘。这大概正是王士禛所追求的那种"只取兴会超妙"的诗之"神韵"吧?

(潘啸龙)

江上望青山忆旧(选一) 王士禛

扬子秋残暮雨时,笛声雁影共迷离。
重来三月青山道,一片风帆万柳丝。

王渔洋的诗往往给人一种朦胧感,如镜中花,水中月,人喻之为"如仙人五城十二楼,缥缈俱在天际"。其中有一个秘诀,就是他善于通过时差来造成意境的虚幻,也就是说,诗人善于将记忆中的景物同眼前的景物糅合起来,创造似真非真的效果。《江上望青山忆旧(选一)》这首诗就运用了这一手法。

顺治末年,诗人初下扬州不久,两次经过仪征赴金陵,一次是在秋八月,另一次是在次年的春三月。这首诗写于第二次经过时。诗中把两次见到的景物对照起来描绘,一清晰,一朦胧,一萧瑟,一明丽,造成了特殊的艺术效果。青山,在这里是地名,山位于今江苏仪征西南,南临扬子江,因山色常青而得名。

一、二句写的是第一次经过的景象。深秋暮雨的扬子江,雾色迷蒙,细雨潇潇,江岸上隐隐的青山,纷飞的黄叶,给人一片迷茫的感觉。天空中有一只依稀可见的孤雁,悄然地掠过,又没入了迷蒙的天边;岸边上传来隐约的笛声,似在向谁诉说,又似独自孤吟。笛声雁影,织出一派迷蒙萧瑟的意境。"迷离"这个词具有多重的意味,从表层看,景象模糊不清,乐调传得不真,这是对景物实况的写照。透过一层看,这其间恐怕更有诗人初到时,对这一带景物的陌生之感。这是当时诗人心境的写照,这种心境在今天已觉惘然了。"此中有真意,欲辨已忘言","迷离"者,忘言之意也。

后两句写的是眼前的景象。这次重来青山,面貌完全不同了,诗中只用了一句来描写春天的景色,表现力极强。显然这是个晴朗和明媚的日子,远远的一片白帆鼓足了春风,在平静的江面上自由地行驶,鹅黄的柳丝挂满了春堤,在阳光下轻轻摇摆。"一"和"万"两个数词表现力何等丰富! 远处一切都可以看得真切入微,与前面的"迷离"形成了鲜明对照。当然这幅春江图里也融进了诗人的心情。经过一年多的异地生活,诗人已消除了初到时的陌生感,他对扬子江渐生出许多的亲切和热爱,一景一物都成了自己的朋友,加上扬州任上的工作初见成效,这一切怎不让年青的诗人感到兴奋呢?

两幅景象写出了两种心境,时差和景差的对照,说到底是一种心灵的对照。当诗人用审美的眼光观照生活时,往日和眼前的一切,远处和近处的一切全放射出了诱人的光彩。

(王小舒　倬小燕)

寄陈伯玑金陵　　　　　　　　王士禛

东风作意吹杨柳,绿到芜城第几桥?
欲折一枝寄相忆,隔江残笛雨潇潇。

这是一首怀友诗。陈伯玑名允衡,江西建昌人,著有《宝琴馆集》。据王士禛《居易录》记载:王士禛于扬州任推官时,陈氏客居金陵,数次过江来访,王士禛安排他居古文选楼,料理招待颇周到。陈氏曾倍加赞赏王士禛名篇《秋柳》,认为"元倡如初写黄庭,恰到好处。诸名士和作,皆不能及。"(《渔洋诗话》)称得上知音。是时,陈氏从扬州返回金陵已有年,当初春时节,"东风作意"吹绿了杨柳枝条,王士禛见柳而思人,遂有此作。

此诗第一句点出赋诗的媒介与当年分别的见证者即杨柳,第二句自然而然地引出分手的地点;第三句写出由于回忆当年分离而产生的真诚愿望;第四句写了愿望难以满足而更加怀友的怅惘。文字不多,但感情变化曲折而有层次,怀友之情并不和盘托出,而是蕴含在东风、杨柳、残笛、雨潇潇几个鲜明可感的意象之中。初春了,东风似也解人意,着力有意地催绿了杨柳,提醒人们该是相思的季节了。"绿到芜城第几桥?"以设问句式提出,显得别有情趣:杨柳该是绿到当年话别的桥头了吧? 南北朝诗人鲍照有《芜城赋》,是当年登广陵故城所作,"芜城"即指扬州。诗之所以不写"扬州"而用"芜城"又别有深意。扬州曾有过"白杨早落,塞草前衰。棱棱霜气,簌簌风威"(《芜城赋》)的荒荒景象,而眼前"芜城"绿柳飘拂、碧玉雕成,万象复苏,诗人思友之情亦随草木一同复苏、萌发了。于是就有了"欲折一枝寄相忆"的念头。折杨柳赠别是古来风俗,诗人循此古风,欲折一枝而赠与友人,以寄相忆之情,这是很自然的,未足称奇。但本句的意义承接和构思之所以显得平平,正是为了突出下一句的神来之笔。"隔江残笛雨潇潇",这是本诗的精华所在,最能体现诗人所标举的"神韵"究竟为何物,最耐人寻味:正当诗人动起相忆之念时,从长江的对岸,也传来了断断续续的笛声。这笛声在此际出现,显得多么发人遐思! 或许,这是知心的好友心有灵犀一点通,虽然大江为阻,但他们心气相通,好友已想到了诗人正在忆念自己,故虽然东风还只绿到芜城,杨柳还未出现于金陵,他也为了回报诗人的相思,吹奏起了清越的长笛。若确是如此,诗人自该是激动万分了,但在末句中,却没有丝毫激动的情绪,只有一片惆怅的烟雾:毕竟这笛声是"残笛",被潇潇的江天细雨吹打成零散不成乐章了,诗人辨不出那是不是友人惯吹的曲子,也听不分明笛声里有怎样的心曲包含着,他闻笛时的心情,也一如春雨一般迷茫惆怅。这样的结句,使彼我的相思一隐一现,整首诗也显得缥缈空茫,意境高远了。

我们还须记得,本诗是寄给好友看的。因此,诗一要言明自己的相思之情,二又要让好友读后,不会怫然曰:"我岂不思子:我思子岂后于子之思我?"要是这样,便不算知心友,只是泛泛交了。本诗的立意,在这上面显得极巧妙,不是让好友接到柳枝后再起相思之念,而是悬想自己"欲寄"时,好友已在同步地相思了;而因这毕竟是悬想,所以语意不定。可以想象,陈伯玑读罢此诗,定会叹服诗人用心的深长。

另外,我们应该注意到"隔江残笛雨潇潇"未必是实景。如果说"雨潇潇"还可以视为诗人眼前所见的话,那么"隔江残笛"显然不是诗人所闻,而是诗人根据抒发感情的需要,化用了皇甫松《梦江南》"夜船吹笛雨潇潇"之句而虚构的情中之景、意中之象。王士禛"神韵"说主张"诗画只取兴会神到"(《带经堂诗话》),即诗人或艺术家可以发挥想象,"神到"处可以心游万仞,去捕捉主观中的形象构成意象。本诗中富有神韵的"隔江残笛"的艺术境界,若抽去虚构的"残笛",诗之"神韵"则消失大半矣!

(王英志 沈 价)

真州绝句五首(其三) 王士禛

晓上江楼最上层,去帆婀娜意难胜。
白沙亭下潮千尺,直送离心到秣陵。

真州即今江苏仪征市,位于扬州西南,南临长江。这组绝句写于康熙元年(1662)。

这一首是描写诗人清晨登楼目送友人乘舟赴南京的情景,抒发诗人与友人分离后依依不舍的感情。

诗首句"晓上江楼最上层",落笔即写清晨友人已乘船远去,诗人登上"江楼最上层"遥望的行动。诗省略了诗人与友人如何揖别,友人如何扬帆等过程,只是截取诗人上楼远望这一断面展开抒写,显得精炼而集中,有一以当十之功。诗人为何要上江楼"最上层"呢? 盖因行舟渐远,唯有登最高处才能目送也。这一行动本身即饱含诗人对朋友的深情。诗人登上"江楼最上层",终于看到了友人之"去帆",那么是否因而得到慰藉了呢? 没有,而是适得其反:"去帆婀娜意难胜"。诗人望到友人风帆轻盈飘去之身影以后,却激起对朋友更强的思念之情,而觉难以忍受此时内心孤独之痛苦。前两句写感情跌宕有致,亦颇细腻。友人"去帆"愈来愈远,终于"孤帆远影碧空尽,惟见长江天际流"(李白《送孟浩然之广陵》)。诗人心情却并未即此平静,思念之意益浓烈,其"离心"竟一直追随到秣陵:"白沙亭下潮千尺,直送离心到秣陵。"这两句情深意厚,构思别致。"白沙亭"在真州白沙洲上,当位于"江楼"之下;"秣陵"指南京。诗人不明讲自己的离别之思追随友人而去,而言长江千尺潮,"直送离心到秣陵",变主动为被动,似乎其真情感动了江潮,而帮他把"离心"传达给远去的友人。千尺潮如此善解人意,当然是违反自然常理的。但"诗有别趣",惟有这样移情于江潮,才增添了浓郁的诗味,才巧妙地抒发了诗人的感情。

(王英志)

真州绝句五首(其四) 王士禛

江干多是钓人居,柳陌菱塘一带疏。

好是日斜风定后,半江红树卖鲈鱼。

上面这首诗是清代诗人王士禛最为脍炙人口的名作。宗梅岑《读阮亭先生真州绝句漫作》云:"板桥山色晚秋初,楚泽真州画不如。我爱新城诗句好,半江红树卖鲈鱼。"的确,人们有一个共同的感受,士禛真州诗,诗中有画,而且远胜于画,它有一种韵味是任何丹青妙手画不出来的。

就以上面这首小诗来说,四句诗都是描写真州一带长江边上的渔村晚景:柳陌、菱塘、渔家茅屋、夕阳下卖鱼的人……这些我们常见到的风景,而一到了王士禛笔下,立即变得富有神韵了。

"江干多是钓人居",仿佛使我们看到江岸上那幢幢茅舍,袅袅炊烟和静泊岸边的小小渔舟。诗人称渔家为"钓人",很有意思。笔者曾多次舟行长江,遥见岸边高张渔网,临江垂钓的情景,犹如看到了国画中充满闲适雅趣的垂钓图,油然而生欣羡向往之情,王士禛此时也是这种心情吧?

"柳陌菱塘一带疏",诗人描绘渔村美丽的环境,也不只是画出柳陌菱塘等实景而已,而是使你像在欣赏一幅画,画上一幢幢渔家茅舍与一排排柳陌、一方方菱塘,都安排得疏落有致,显现出一种宁静、优美的境界,透出一种平淡悠闲的风致。这样的美景已经够令人神往了,其实,这不过是走马观花式的远远一瞥,如果你再走进江岸村边去看看,就会发现还有更动人的一幕呢!

"好是日斜风定后,半江红树卖鲈鱼。"渔村最令人陶醉的时刻,是当夕阳西下的时候,江上风平浪静,落日的余晖染红江畔的柳树,倒映在澄清的江水中,"半江瑟瑟半江红"。"钓人"打鱼归来,在"红树"下叫卖鲈鱼,夕阳也给渔人披上一身霞光。"半江红树",是极美的想象,极有诗情画意的境界,生活其中该多好!何况这里不仅风景美,还有活蹦乱跳的鲈鱼可供下酒呢!这是极有神韵的一笔,真州江边小小渔村,鱼虾自然丰富,但未必常有鲈鱼。而诗人独独拈出鲈鱼,显然不是"有闻必录"式地写一般卖鱼情景了。晋代张翰,江苏吴县人,在洛阳做官,因秋风起,思念故乡菰菜、莼羹、鲈鱼脍,遂弃官回吴。白居易有"秋风一箸鲈鱼脍,张翰摇头唤不回"的名句,王士禛写"卖鲈鱼",未必就没有一点"味外之味"吧?

王士禛一生模山范水,写下大量山水诗,他喜爱借助自然来感悟内心,以山水景物观照人生。他有诗表白说:"静坐岩户间,纷纭观物情。观物即观我,忘机自沉冥。"王士禛所处的时代是明清鼎革之后趋向稳定的过渡时期,汉族士大夫处于一种精神上的矛盾与失落感之中;更由于明代后期已经有了资本主义萌芽,一度出现新的思想和新的追求,到明末清初遭到了明显的挫折,使人感到精神上的压抑和窒息。处于这一特定时代的诗人王士禛,在创作上自然趋向与现实保持一定的距离。人们说他善于捕捉微妙的自然现象,擅长发现美的瞬间,表现自己的心灵感受,实际上他始终在追求着社会生活中已失去而在大自然中尚存的美好的生活理想。他承接司空图、严羽一派诗论,提倡神韵妙语,在静观山水中,与景物发生一种物我对应,借景言心,机锋不露,达到"羚羊挂角,无迹可求""不着一字,尽得风流"的境界。就以上面这首真州绝句来说,他描绘渔村柳陌菱塘、江边日斜风定以及红树下卖鲈鱼的情景,整个画面呈现一派和谐、安宁和满足。诗人在眼前景物中发现了自己长久向往的生活,也为之感动和陶醉。"观物即观我",他在审美过程中,把发现自然与寻找自我完全统一起来了。而这首诗最大的成功之处,就在于它既是客观景物的再现,也是诗人理想的再现,意在言外,情韵淡远,是最富有神韵的杰作。

(铁　明)

真州绝句五首(其五)　　　　王士禛

江乡春事最堪怜,寒食清明欲禁烟。
残月晓风仙掌路,何人为吊柳屯田?

　　王渔洋标举神韵,为清诗之一宗主。康熙元年(1662)春,二十九岁的王渔洋任扬州府推官时,至扬州西南六十里之真州(今江苏仪征),作《真州绝句》五首,皆淡远自然、清新蕴藉的神韵之作。其中之第五首,尤为逸品。

　　"江乡春事最堪怜。"起句唱叹有情致,可见神韵非排斥唱叹抒情,只是唱叹抒情仍含而不露而已。江乡指真州。"扬州西去是真州,河水清清江水流。"(本诗第一首)真州南有长江,境内河水清清,故称江乡。江乡二字,点染出水乡灵秀气,所以堪怜也。然而江乡之春事,则尤堪怜、最堪怜也。最之一字,指点出诗人对真州风物最为知赏流连者,唯此一番春事也。诗人将本诗作为《真州绝句》最后一首,自有其一番情意在焉。然此一番情意之所属,即此一番春事究为何事,则含而不露,引而未发。

　　"寒食清明欲禁烟。"诗言江乡此时,将近寒食、清明,禁烟时节了。"冬至后一百五日,谓之寒食,禁火三日。"(《荆楚岁时记》)寒食节后二日,即是清明节。寒食节,相传是为春秋时介子推焚亡于绵山,故年年此日禁火寒食,以为纪念。清明节呢,则是家家户户扫墓,纪念自家亡故亲人之节日。但此二节日乃天下皆有之"春事",不独为江乡所有,若江村"春事"仅此而已,又何得而曰江乡最堪怜?

第二句是承起句来，看似闲婉，但非闲笔；虽渐进诗意之所在，然仍含而不露。诗情愈加摇曳生姿矣。

"残月晓风仙掌路"，写景最是清新。残月晓风，自是点化宋代词人柳永"今宵酒醒何处？杨柳岸晓风残月"之名句。然而此亦可说是实写，写自己披着残月，迎了晓风，行至仙掌路矣。诗人何以化用柳永名句，又何以晓行于仙掌路？且此与江乡春事、寒食清明又有何种胜缘？则仍含而不露。然诗情顺此残月晓风仙掌路，遂指向结穴。

"何人为吊柳屯田？"呵，原来仙掌路是通至柳永墓之路。宋代叶梦得《避暑录话》卷下云："(柳)永终屯田员外郎，死，旅殡润州（今江苏镇江市）僧寺。王和甫为守时，求其后不得，乃为出钱葬之。"渔洋一再自述作此诗之背景云："仪真（即仪征）县西地名仙人掌，有柳耆卿墓。……真、润地相接，或即和甫所卜兆也。予真州诗云（略）。""今仪真西地名仙人掌有柳墓，则是葬于真州，非润州也。余少在广陵（即扬州）有诗云。"(《带经堂诗话》卷十三《遗迹类》上)原来，诗人是来吊柳永之墓。返读前文，江乡春事最堪怜，寒食清明欲禁烟，自是特指江乡人吊柳永之一番春事了。结笔一句，乃将上文三句之种种含而不露之意蕴悬念，一笔挽合而道尽，然而仍有一份含而不露之意蕴与情韵在焉。

此一份含而不露之意蕴，何在？端在句首那"何人"二字。宋代陈元靓《岁时广记》卷十七引《古今词话》："(柳耆卿)掩骸僧舍，京西妓者鸠钱葬于枣阳县（今属湖北）花山。……其后遇清明日，游人多狎饮坟墓之侧，谓之吊柳七。"(《古今小说》因之而有一篇《众名姬春风吊柳七》。)柳永墓究在何处，此姑可不论，唯吊柳永之风俗自古有之，则至为真实。宋人所传吊柳七虽有在枣阳之说，但渔洋既言江乡春事最堪怜，则真州亦有此风俗。何人为吊柳屯田？顺诗情以解，首先自是寒食清明时节的江乡父老人民，同时亦是残月晓风而至的诗人渔洋自己。然尚不止此。体味何人二字，则其深层之潜伏意蕴中，那吊柳七之众名姬——柳永曾为她们制作歌词，为她们倾诉渴望自由平等的心声，那出钱葬柳永之王和甫——他是一位爱才的好心人，亦在吊柳七之人众里。是古往今来，吊柳屯田之人多矣。人不分古今，不分男女，亦不分等级，凡爱慕柳永之才者，皆可为吊柳屯田矣。此一番意蕴，诗人并未点明，亦压根儿无须点明，因为上述传说，读诗人自知之。且只下何人二字，略加暗示、提撕，这才妙呢——不著一字，尽得风流。"何人为吊柳屯田"，最是情韵荡漾。

对于创造人文之人，纪念而不忘，这是中国的好传统。渔洋以他这枝有神韵的妙笔写出之，自是格外美，格外灵秀。

此诗艺术造诣,端在神韵二字。诗是伫兴而就,江乡寒食,残月晓风,自然景致,清远风韵;最堪怜、欲禁烟、何人为吊柳屯田,则一唱三叹,姿媚横生;清远之景致,与含情之唱叹,融成一片,遂成为一幅丰神远韵、澹荡移情的"江乡吊柳七"之逸品。

(邓小军)

冶春绝句(其四) 　　王士禛

三月韶光画不成,寻春步屧可怜生。
青芜不见隋宫殿,一种垂杨万古情。

扬州不在江南,却是令无数骚人墨客梦魂牵绕的美好去处。且不说它奔腾澎湃的"曲江"烟涛,当年曾怎样涌升、飞洒于西汉辞赋家枚乘笔底,使千古读者为之神旺;也不说它春风中的十里长街,"珠帘"卷处,曾有多少美女绰约弄姿于楼台栏杆,使唐代诗人杜牧也不免心旌摇荡;单说它的"明月",映漾着"二十四桥"的船灯渔火,袅袅不绝地"玉人"吹箫之音,如慕如诉地流转于沉沉夜天,那情景就够你神魂迷醉的了!所以殷芸《小说》叙昔人言志,便有"腰缠十万贯,骑鹤上扬州"之奢望;唐人徐凝赋诗,更有"天下三分明月夜,二分无赖是扬州"之惊叹。王士禛《冶春绝句》组诗,吟咏的就是这风光旖旎的扬州春景。

那正是暮春三月的上巳佳节,在扬州城西北那"朱阑跨岸,绿杨映堤"的红桥酒楼间,正有八、九位文士欢聚"修禊"。这其中既有"邛竹方袍"、年过九旬的老诗人林茂之,亦有被沈德潜赞为"是畸人,是豪士,是诗老"的俊爽豪客杜于皇,更有睥睨一世的"西陵十子"之"佼佼者"张祖望。而最为风流潇洒、顾盼生辉的中心人物,便是年方二十五、六的扬州推官王士禛了。

此刻他正背手临窗、逸兴遄飞,吟过了那"狡狯"喜人、"弄晴作雨"的春日"东风",画过了"一株低亚隋皇墓,且可当杯酒入唇"的红丽"桃花";还以"如垂虹下饮于涧,又如丽人靓妆袨服流照明镜中"的"红桥"为题,咏成了"日午画船桥下过,衣香人影太匆匆"之奇句,博得了席间诗侣们的阵阵喝彩。

东风、桃花、画船、人影,交织在"早有人家唤卖饧"的风俗画中,映漾在青山迷蒙、风动"留犁"的水光之间:如此美妙的春日之景,就是锦心绣口的诗人王士禛,也感到诗思之难以为继了吧。所以咏到此诗起句,即由实入虚,化作了"三月韶光画不成"的悠悠感叹。这感叹倘若没有前面数首绝句铺垫,便不免显得太虚;目睹着窗外如画美景的席间诸人,该会大声评曰"取巧弄虚",而罚以"浮一大白"了!但有了前几绝的美妙画意衬托,此句虚领一笔就恰到好处——它正如徐徐推开的电影镜头,使刚才还如霞如燃的桃花、彩虹卧波中的画船、人影,渐远渐隐,终于只留下一片虚境。令你对扬州的"三月韶光",生出无限葱茏的怀想和恋思。

然后镜头一转,展开在你眼前的,已不是楼花、桥影,而是春风吹拂中的可爱绿野了。在欢聚酒楼之前,诗人大抵曾与友人们在扬子津一带踏青而行,领略过杜甫当年"步屧随春风,村村自花柳"的美好意兴。清初的士人,是否还有古人那种脚踩木板拖鞋"寻春"的雅致?但即使脚穿的是布履,又有何妨!在春风得意之中,想象自己脚著木屧,悠悠然举步于充满生机的绿草丛中,那一种走出寒斋的怡悦、踏向无限春色的欣喜,实在是无法形诸于笔墨的!"寻春步屧可怜生"一句,妙在只把镜头对准一双忽行忽住的可爱"木屧",而将空阔的世界、不尽的春色,全留在了画面之外。但透过"可怜生"(可爱的模样,"生"为语助)三字,你不还看到了主人公那衣袂飘洒顾盼于青山绿野间的忘形笑意?

在这样美好的春景里,诗人最容易勾起联翩浮想。扬州之繁丽,早在千年之前就已名闻遐迩。那位荒唐的隋炀帝,当年不正为了观赏扬州的琼花,便曾兴师动众,在锦帆簇拥中驾莅此城,还在扬子津修筑了江都行宫?而今,隋皇的"宫殿"虽然早已消失在一片"青芜"(青草)之中,但那满堤的"垂杨",似还带着绵绵不尽的思恋之色,梦想着当年的彩丽和繁华?"青芜不见隋宫殿,一种垂杨万古情"二句,便正是诗人"兴会神到"中生发的妙思:隋炀帝的荒唐固不足为训,但扬州之可爱毕竟因了他的南游,而增添了悠悠千年的风流古韵。当你的"步屧"行走在青芜、绿杨之间时,便仿佛走进了一个云烟缥缈的往昔之梦——那富丽的隋皇宫殿似现似隐,就是这如梦如幻的垂杨,不也仿佛栽自"万古",正欣喜牵依着刚刚驰过的銮驾扈从……

王士禛论诗讲究"神韵",追求的是一种"古澹闲远"、"神到不可凑泊"之境。这首绝句虽不能说是完全实现了他的主张,但取景状物兴趣天成,今古相映意韵袅袅。全诗借一双"寻春"木屧,展出扬州郊外葱翠可爱的一派春景,并在悠远的缅怀中,把你引向缥缈的历史轶境,也确有一种"色相皆空"、"兴会超妙"的韵致。难怪后来诗人每到扬州,总要忆及王士禛"红桥"赋《冶春绝句》故事,并评之曰"采明珠,耀桂旗,丽矣。或率而儿拜,或扬袂从风,如欲仙去,《冶春诗》独步一代"(《香祖笔记》引刘公㦤语)了!

(潘啸龙)

冶春绝句(其十) 王士禛

当年铁炮压城开,折戟沉沙长野苔。
梅花岭畔青青草,闲送游人骑马回。

中国古代素有游春的传统。仲春三月,人们结队作伴,到郊外赏花作诗,饮酒踏青,此举被看作是风流雅事,王士禛在扬州任推事时就尤好于此,这一组《冶春绝句》即是在游春时写的。

不过这一首却不同寻常,它是悼念抗清英雄史可法的。清兵大举南下时,史可法带领三千将士固守扬州,清兵久打不下,后以火炮破城,史可法英勇殉难,尸骨都没留下。为了纪念他,人们将史的衣冠葬于广储门外梅花岭畔。此事距王士禛前来游春仅二十年。诗人到此,触景生情,自然有一番感慨。

这首诗最大的特点是用往事与实景的对照来表达对历史的某种观照和态度。这种态度诗中没有明说,需要读者自己去体味。

诗可以分为两部分,前两句为一部分,写历史的追忆。"当年铁炮压城开","压城",形容清兵攻势的凶猛,有"黑云压城城欲摧"的势头,从"铁炮压城"到"开"简洁地表现了这场战斗的全过程,可以想见当时战斗的激烈,力量对比的悬殊,以及最后的城破。"折戟沉沙"一般用来形容战场留下的残迹,杜牧《赤壁》诗中有"折戟沉沙铁未销,自将磨洗认前朝"的句子,意思相似。但这里还带有军败被歼的意思。当年战争的残迹连同史可法所捍卫的南明朝廷都已成为过去,战场上的创痕也已长满了青苔。历史被现实掩埋了。短短两句,包容量很大。

后两句写眼前看到的景物。诗人选取了两个角度,一是梅花岭畔史可法的衣冠冢。冢上青草丛生,寂寞荒凉,也许就像这青草一样,史坟已成为某种供人观赏的景致了。

另一角度是踏青的游人。正值春游时节,一批批踏青者骑着马,带着余兴悠悠归来。"闲"字用得意味深长,和"当年铁炮压城开"正好形成一种对照。当年的战场今天已是游人消闲的地方,紧张、恐怖的气氛烟消云散了,生活的变化该有多大! 如果今天史可法有灵,该会怎么想呢? 诗人颇有深意地用了一个"送"字,这就把坟冢连同坟上的青草都写活了,仿佛它们正注视着眼前经过的一切,注视着生活在另一个时代的人们。相反,游人们却未必意识到它们的存在。

忘却和存在是渔洋这首诗表现的中心。我们在《渔洋诗话》中发现,作者曾盛赞苏轼的那首《陌上花》:"陌上花开胡蝶飞,江山犹是昔人非。遗民几度垂垂老,游女还歌缓缓归。"这首诗很可能就是受了苏轼的影响。假如这样的话,那么诗中的沉痛是自不消说的。

(王小舒　倬小燕)

红 桥 绝 句(选一)　　　　王士禛

舟入红桥路,垂杨面面风。

销魂一曲水，终古傍隋宫。

红桥在扬州市北门外的瘦西湖畔，因桥身成拱形，高跨碧波之上，如彩虹在天，人们又称为虹桥。这是扬州的一处风景名胜。

这首五言绝句既是记游，也是吊古。在山水记游中表现对历史的观照，也是渔洋诗的一个特点。

前两句写景，勾画红桥一带的秀丽景色。扬州北门外有一道曲折的溪流，人称"小秦淮"，折向北之后，便汇入开阔的瘦西湖。红桥便在这二水相交之处。王渔洋《红桥游记》中写道："出镇淮门，循小秦淮折而北，陂岸起伏，竹木翁郁，人家多因水为园亭溪塘，幽窈明瑟，颇尽四时之美。挐小艇循河西北行，林下尽处，有桥宛然，如垂虹下饮于涧，又如丽人靓妆照明镜中，所谓红桥也。"舟入红桥之后，景色变得开朗起来。两岸碧柳垂幔，蓬蓬如烟，间有桃花初放，红雾妖娆，恍然如入仙境。诗人用了"面面风"三个字，兴味深长。一层意思是说，风物繁茂，四面皆景，令人目不暇接；另一层意思是触景生情，令人浮想联翩，百感交集。这就为下面的抒情做了铺垫。

后两句是吊古，诗意为之一转。眼前这个酷似南京秦淮河、杭州西子湖的风景胜区正是当年隋炀帝迷恋的地方。炀帝修运河来扬州以后，就在瘦西湖的北面，蜀冈之东构造了大型的宫苑，专供自己赏玩风景。据记载，当时炀帝在扬州修的宫殿就有西北宫、临江宫、归雁宫、回流宫、九里宫、松林宫、大雷宫等十余座。其中尤以蜀冈顶端的迷楼为最，其回廊隐曲，移步换境，简直令人入而不得复出。炀帝曾自赞说："使真仙游此，亦自当迷。"然而好景不长，曾几何时，隋炀帝就风流丧尽，化为扬州的一抔黄土，隋王朝也随之覆灭。李商隐在《隋宫》一诗中曾深沉地叹道：

紫泉宫殿锁烟霞，欲取芜城作帝家。
玉玺不缘归日角，锦帆应是到天涯。
于今腐草无萤火，终古垂杨有暮鸦。
地下若逢陈后主，岂宜重问《后庭花》！

瘦西湖今天碧水仍在，大虹桥两岸垂杨依然，只有它们还在终日陪伴着隋宫的遗址，向人们诉说这个令人叹息的故事。这里诗人虽未像李商隐那样描绘一幅凄凉的暮景，却用"销魂"二字将眼前这幕美妙的春景染上了一层伤感的色彩，读后令人别有一番感受。

美丽的景色和享乐奢侈的一生，永恒的山水和短暂的生命，这样鲜明的对照，引发人感悟的东西很多。与其说诗人是在发思古之幽情,倒不如说是在面对湖水嚼咀人生的真味。这种真味直到今天仍然有它的意义。　　　　(王小舒　倬小燕)

即　　事　　　　　　　　王士禛

　　十里田田荷芰风,渔舠如叶出花中。
　　鹅儿湖北烟初暝,背指明霞几缕红。

　　王渔洋的山水诗在清代堪称绝唱,是其神韵风格的典型和标范。然而他的田园诗作品也别具风神。这类作品数量上虽然不及山水诗多,其地位却不可低估。其实渔洋正是从描绘家乡的风光起步,开始他的创作道路的,乡村题材的创作蕴含了渔洋对故乡山东新城的热爱和童年生活的追忆。

　　由于这种种原因,渔洋的田园诗往往具有一种虚实相融的特点,景外之意颇多,当然这又成为神韵风格的某种体现了。

　　诗题名"即事",写的是即目所见的湖景。鹅儿湖,在今江苏高邮。时值初夏,湖面一片丰满硕大的荷叶,中间簇拥着无数清香四溢、亭亭玉立的荷花,一阵风过,荷叶轻摆,仿佛掀起一层厚厚的碧色波浪。"田田"一词在西汉乐府中就有了,"江南可采莲,莲叶何田田",除非你亲眼见过江南的荷塘,否则难以想象它表现的那种荷叶相连相靠,自在自足的神境。第二句写湖中的小舟。舠是长江一带特有的微型小船,船身细长似柳叶,仅可坐一人,既能用来捕鱼,也可用来采莲,一般不用桨划,仅以手拨行。高高的荷叶隐没了小船,不驶到近处,根本看不见。诗人用了一个"出"字,它把"莲花过人头"的情景生动地表现出来了。

　　前两句是泛写,后两句才是重点刻画,仿佛电影中的特写镜头。一般人们称诗歌的简笔勾勒为白描,其实白描正可分为泛写和特写两种。黄昏时分,暮霭渐渐升起,湖面不觉转为暝色,此时天空尚残留着几缕红霞,霞光反折下来,湖面笼罩在一片淡淡的红雾般的折光中。末了一句写舟人动作最为传神,是全诗的点睛之笔,舟人们正在交谈,其中一人用手指着天上几缕火红的彩霞。诗人在描写时,特别点出了动作的方位,意味深长。渔人们在捕鱼,并没有为欣赏彩霞而停手转身,背着身指是很自然的,这是其一。霞光四映,无处不有,看见身边的彩光,自可想象天上的彩霞,这是其二。其实渔人们对这幅美景早已熟悉,不用看就知道,知道了还是忍不住要赞美,这是其三。诗人在描写这个画面时,对这种生活是太熟悉了,熟悉到默契的程度,所以能抓住这最有韵味的动作,来精确传神地表现对生活的感受。　　　　　　　　　　　　(王小舒　倬小燕)

江 上

王士禛

萧条秋雨夕,苍茫楚江晦。
时见一舟行,濛濛水云外。

清顺治十七年(1660)作者写此诗时,正在南京充江南同考官。这首诗描写的是秋雨之夕的长江小景。作者本人对此作亦很欣赏,认为属于"一时伫兴之言,知味外味者,当自得之"(《香祖笔记》),意谓此诗是灵感袭来时自然而作的,所谓"味外味",与他标志的"神韵"同义。

首句"萧条秋雨夕"点明季节时间,是一个寂寞冷落而秋雨绵绵的黄昏。次句"苍茫楚江晦"又点出地点。"楚江"即长江,因为古时长江下游属于楚国。"苍茫"是形容长江在秋雨中显出一派迷茫之色;"晦"是因为当时已是黄昏而显得昏暗不明。这两句写出长江的时空意象,构成迷离的氛围,朦胧的境界。诗的色调十分凄冷昏暗。在这样的时空环境中,诗的镜头推出"时见一舟行"的形象,在空寂凄冷、苍茫昏暗的长江水面上时或有一叶扁舟行驶;这就给昏暗的画面增添了几分亮色,给沉寂静止的气氛增添了生气与动感。这"一舟"并非归舟,而是驶向了"濛濛水云外"。"濛濛"是形容秋雨迷蒙不清;"水云外"指小舟驶向入海口的远处。一只小船在这样秋雨之夕逐渐远去,终于消失在秋雨濛濛的云水之外,诗的意境极为深远,并具有一种朦胧含蓄之美。至于小船为什么在雨夕远去,它的前途安危如何,这都是读者油然而生的疑问。而此诗的创作目的,正是要使读者的思绪追随着小船远去,在遐想品味中去体悟诗的"味外味"即其神韵之所在,从而得到一种审美享受。

《江上》短短二十言虽然没有什么深刻的社会思想意义,但它写长江迷离之美,写小船深邃的境界,都有一定的审美价值。

(王英志)

江 上 二 首(选一)

王士禛

吴头楚尾路如何?烟雨秋深暗白波。
晚趁寒潮渡江去,满林黄叶雁声多。

清顺治十七年(1660)农历八月,诗人临时充江南同考官,由扬州赴江宁(今南京),九月因病又渡江归扬州,乃有此诗。这首七绝描写的是深秋于江宁渡江时所见景物。诗的意境凄冷清奇,蕴含着诗人凄凉的心绪。

诗首句"吴头楚尾路如何",即暗示欲归扬州之意。"路",实指江上归路。

"吴头楚尾"原指江西,江西位于吴地上游,楚地下游,如首尾相衔接,故称,正如《方舆胜览》所云:"豫章之地为吴头楚尾。"但诗人此时身在江宁,而"路"于第三句已明指是"渡江去",与"豫章之地""寥远不相属",该如何理解呢?这必须了解诗人的一个美学观点,其《池北偶谈》云:"世谓王右丞画雪中芭蕉,其诗亦然。如'九江枫树几回青,一片扬州五湖北'。下连用兰陵镇、富春郭、石头城诸地名,皆寥远不相属。大抵古人诗画,只取兴会神到,若刻舟缘木求之,失其指矣。"他强调的是诗人创作重在灵感的爆发,此时想象力异常活跃,既可状眼前之景;亦可虚构情中之景,意中之象,对眼前之景物有所改造,以抒发性情。王维的雪中芭蕉图与其诗即是。对这类诗画不可以违反"真实"加以指斥,应该体会其内在精神。因此"吴头楚尾"亦属于诗人"兴会神到"之语,读者不必拘泥字面来理解,因为它不似某些章句之儒,"但作记里鼓也"(《渔洋诗话》)。此处"吴头楚尾"实际是指代长江下游之南京一段。诗人之所以这样写,乃出于一时的灵感,而且增添了诗的典雅之致。诗首句是设问句式,问"路如何",旨在引出下句,故次句答云:"烟雨秋深暗白波",深秋的江上归路烟雨凄迷,又值傍晚时分,江上白波被雨雾暮色所遮掩,已看不清楚。江上归路的境界显得阴晦迷蒙,与诗人此时的心境相吻合。诗人此时正患病,情绪郁闷,因此客观自然之景亦被抹上主观的愁苦色彩。

江上烟雨迷离,暮色阴晦,本不宜出航;但诗人归心如箭,故欲趁江潮涨起之时,渡江回扬州去。扬州虽不是故乡,但那里毕竟有自己的安乐窝,只有回到那里才能安心养病。第三句之"寒潮"又是"秋深"的意象。诗后两句特别是第四句又对"秋深"之景作具体描绘:"满林黄叶雁声多。""黄叶"飘零,满林铺金,鸿雁南征,哀声不断;一着眼于江岸的视觉意象,一着眼于江天的听觉意象,把深秋的萧飒氛围渲染得更浓重,充溢着悲凉之意。既然时已秋深,叶落雁归,则自己亦该归去也。诗在"雁声多"中结束;而那"雁声"又隐含催归之意,有余意不尽之妙。

这首七绝结构颇具特色,前两句与后两句都是先抒怀而后写景,或曰先虚后实,重在以虚引实,又以实证虚,虚实结合。而仔细品味,又发现每一句诗或情中有景,或景中含情,都是一个情景相融的小境界,从而构成全诗的深远意境。

(王英志)

蜕矶灵泽夫人祠二首(选一)   王士禛

霸气江东久寂寥,永安宫殿莽萧萧。
都将家国无穷恨,分付浔阳上下潮。

清康熙二十四年(1685),诗人于南海神庙祭告完毕,北返途中过访了安徽芜湖江岸蠙矶石之上的灵泽夫人祠即昭烈孙夫人祠,作下此诗。本诗一改其绝句冲淡、清奇之主体风格,写得气韵沉雄,格调苍老,几近于老杜。

　　孙夫人既是蜀汉昭烈帝刘备之妻,又是东吴大帝孙权之妹;吴国是其"家",蜀国是其"国"。诗人抓住她"家国"系于一身的特殊地位展开构思,以取得一石双鸟之功,颇具匠心。首联即怀想孙夫人"家"亡"国"破的历史:"霸气江东久寂寥,永安宫殿莽萧萧。""江东"之"霸气",指东吴昔日称雄称霸的气概,"寂寥",寂寞无闻。前句诗人由孙夫人祠先联想到吴国之亡已很久远了,"久"字充满慨叹之意。这句着眼于时间,写得比较虚灵。后句"永安宫"是当年蜀汉行宫,位于四川奉节白帝城,章武三年(223)刘备征吴失败,病殁于此。"莽萧萧"形容永安宫殿杂草丛生、萧萧有声的荒凉之状,象征蜀汉亦灭亡,这句着眼于空间,写得十分形象。两句一虚一实,时空映衬,是为题咏孙夫人所作的铺垫。下二句正式转向咏孙夫人:"都将家国无穷恨,分付浔阳上下潮。""家国无穷恨"是全诗的灵魂之所在,又具有承上启下的作用。"无穷恨"是因"家"亡"国"破而郁积的永难消释的沉重悲哀。当三国逐鹿之时,不论是吴"家",还是蜀"国",若有一方能操胜券,孙夫人都会感到欣慰。但结果却是"家国"之外的魏称雄,这就使孙夫人留下千古遗恨、不尽悲哀,最终只能把这种感情托付给浔阳涌来的江潮。浔阳,在江西九江。沈德潜评尾句云:"浔阳以上为刘,浔阳以下为孙,夫人之恨,真无穷矣。"(《清诗别裁集》)长江流经蜀、吴之地,借长江"浔阳上下潮"来抒发孙夫人之"无穷恨"则可兼及"家"与"国",且滔滔不息,千古不灭。更何况孙夫人是自沉江而死的,"分付浔阳上下潮"表明其人虽死,但其"恨"与江潮同在,真乃"无穷"矣!尾句写得笔力沉雄又有含蓄不露的韵味。

　　此诗系"家国无穷恨"于孙夫人一身,小中见大,可谓集中凝炼,而诗人自己的历史兴亡之感,亦借孙夫人的"无穷恨"得以抒发,全诗因而显得异常婉曲蕴藉,味外有味。因此,此诗风格虽沉雄苍老,仍不失其"不著一字,尽得风流"之"神韵"。

(王英志)

江上看晚霞(三首选一)　　王士禛

　　彭泽县前风倒吹,三朝休怨峭帆迟。
　　余霞散绮澄江练,满眼青山小谢诗。

　　康熙二十四年(1685)农历二月作者抵广州,入南海神庙祭告,四月由广州返京师,乘船经过江西彭泽县北小孤山而作此诗。关于诗的背景其《渔洋诗话》曾记云:"江行看晚霞,最是妙境。余尝阻风小孤二日,看晚霞极妍尽态,顿忘留滞之苦。虽舟人告米尽,不恤也。"

首句以"彭泽县前"点明地点,"风倒吹"谓船应向东北航行,而天刮西南风,使船无法扬帆。归途上人们通常的心理是盼望一帆风顺,早日抵达目的地,如果途中遇阻则会焦虑不堪,故李白《横江词》云:"白浪如山那可渡,狂风愁煞峭帆人。"但此时诗人的心理似乎"反常",居然说:"三朝休怨峭帆迟","三朝"即三日,"峭帆"即高帆,"迟"指升帆起航迟。作者因"风倒吹"而泊舟"三朝",不仅拖延了归期,连船上的米都吃光,但为何全然不顾,却泰然自若地说"休怨峭帆迟"呢?这令人不解的问题诗人"盘马弯弓惜不发",造成的小小悬念,以逗引人的兴味。

诗后两句乃解开悬念,并点出题意。原来作者陶醉于"江上看晚霞"之"极妍尽态",而忘却"留滞之苦",以至乐不思归了。"余霞散绮澄江练",比喻天上的晚霞似铺开的红锦缎,清澄的江水似一条蜿蜒的白练,而西天的晚霞映入水中,则江天一派绚丽的霞光,其美无比,故作者称"最是妙境"。第三句实际是采用南朝诗人谢朓的名句:"余霞散成绮,澄江静如练。"(《晚登三山还望京邑》)但用于此处倒也十分恰当贴切。最堪品味的是尾句"满眼青山小谢诗",写得空灵蕴藉。"小谢"即谢朓(字玄晖),此相对于谢灵运之"大谢"而言,李白称:"蓬莱文章建安骨,中间小谢又清发。"(《宣州谢朓楼饯别校书叔云》)谢朓"诗句多情丽,韵亦悠扬"(黄子云《野鸿诗的》),甚至为李白所叹服,故有"解道澄江净如练,令人长忆谢玄晖"(《金陵城西楼月下》)之句。作者云"满眼青山小谢诗",是讲晚霞中青翠的小孤山似谢朓诗一样清丽迷人,易言之,"青山"亦充满诗情画意。江霞绚烂,青山秀丽,诗人沉浸其中,体会到大自然无穷的美妙。

此诗写江上看晚霞,以虚写取胜,除了第三句采用前人写"余霞"成句外,第二句以"三朝休怨峭帆迟"之心理来反衬晚霞之美,尾句以"小谢诗"蕴含晚霞映照"青山"的清丽之美。此诗体现的正是其所追求的诗"贵词简味长,不可明白说尽"(《带经堂诗话》)的神韵诗的审美理想。

(王英志)

符离吊颍川侯傅公　　　王士禛

跃马千山外,呼鹰百战场。
平芜何莽苍,云气忽飞扬。
寂寂通侯里,沉沉大泽乡。
颍川汤沐尽,空羡夥颐王。

作者于康熙二十三年(1685)奉命祭告南海，次年返回，途经安徽符离，凭吊颍川侯傅公即傅友德而赋此诗。符离属宿州(治今安徽宿州市)，傅友德乃宿州人，为明初大将，有功于明室。据《明史》傅友德本传：傅友德初随陈友谅，后降明太祖朱元璋。洪武三年(1370)封为颍川侯。后伐蜀之役，太祖"盛称友德功为第一"。十四年(1781)又任征南将军率兵征云南，十七年(1784)论功进封颍国公。二十四年(1791)加太子太师，不久被遣还乡。至二十七年(1794)，曾因战功卓著而屡受奖劳的傅友德，竟被"赐死"。作者于《居易录》中叹曰："其平滇平蜀，功尤最诸将，而卒不免猜忌，以无罪死。古来功臣之冤，未有如颍公之甚者。予尝过宿(州)，凭吊而悲之，赋诗云云。"由此可知作者写此诗的缘起。

首联开篇即采用对仗句式："跃马千山外，呼鹰百战场。"精炼有力，音韵铿锵，生动地勾勒出傅公在家乡狩猎时的雄姿与气概。"跃马"、"呼鹰"是强烈的动作，勃发出豪健之气；而置身于"千山外"、"百战场"(作者自注："古百战道在宿境。")的高峻寥廓的环境中，更衬托出傅公形象英武，气宇轩昂。如果说首联写人，颔联则写景："平芜何莽苍，云气忽飞扬。""莽苍"是形容草野之色，并有开阔之感。于广袤苍绿的草野上，傅公任骏马驰骋；而天空中云气突然飞扬开来，则是傅公"呼鹰"凌霄展翅时的景象，极有气势。"云气忽飞扬"不禁使人想起汉高祖刘邦《大风歌》"大风起兮云飞扬"的名句。鹰隼振翅竟使云气飞扬，又暗写其劲健勇猛、挟带雄风之状。这一联系承接首联而来，表面是写景，实际仍是写人。这两联也蕴含着诗人对傅公的敬仰与赞赏之情。

颈联"寂寂通侯里，沉沉大泽乡"，从前两联的动态描述转为静态描写，诗的情调由昂扬变为低沉。"通侯里"喻傅公生前居处，用陆龟蒙《幽居赋》"秦伯勾吴，通侯旧里"之语。"通侯"原是秦汉最高一级爵位，"言其功德通于王室也"(应劭语)。"通侯里"系达官贵人门庭显赫之所，本该热闹非凡，但此时傅公旧里却"寂寂"无闻，冷冷清清，令人思之凄然。诗人又将"寂寂通侯里"与"沉沉大泽乡"相对照。大泽乡也在宿州，秦末陈胜、吴广起事于此。沉沉，茂盛貌，这里是形容陈胜乡里仍兴盛不衰。那么，"通侯里"为何"寂寂"、"大泽乡"又为何"沉沉"呢？尾联揭出答案："颍川汤沐尽，空羡夥颐王。""颍川"即颍川侯；"汤沐"即"汤沐邑"，借指封地。《礼·王制》："方伯为朝天子，皆有汤沐之邑。"原指以一邑的赋税供方伯、诸侯洗沐之用。如今，傅公子孙已沦为平民百姓，得不到祖上的任何余荫，只能空羡陈胜的身后哀荣。"夥颐王"指张楚王陈胜。《史记·陈涉世家》："客曰：'夥颐！涉之为王沉沉者。'"夥颐的原意是招呼伙伴的叫声。作者自注尾句云："汉高帝为置守冢。""守冢"，守墓者，汉高帝为陈胜置守冢三十户，可见陈胜死后之"待遇"不低。陈胜并非汉高祖手下之臣,仅因其在灭秦大业中有一定贡献,汉高祖就没有忘记他。傅公则是明太祖之功臣,其食报却不如陈胜,这就更反衬出傅公死后命运之可悲,而诗人对明太祖枉杀功臣的义愤,亦暗寓诗中了。

这首五律通篇采用对比与反衬的结构。前两联遥想傅公生前的英风豪气,是为诗之扬;后两联描写傅公死后的寂寞凄凉,是为诗之抑。而诗之扬抑两相对照,又是旨在突出诗之抑,故全诗的感情基调以悲慨为主。诗后半首又是以傅公与陈胜死后哀荣的迥然不同相对比,更衬托出傅公命运之冤屈可悲;同时又以汉高祖与明太祖相比,反衬后者之可鄙。(当然,汉高祖也枉杀过功臣,这里只取其长处。)另外,诗人的感情并不直露,而万千感慨见于言外,使人思而得之,倍觉味长。

(王英志)

嘉陵江上忆家　　　　　　　　　王士禛

自入秦关岁月迟,栈云陇树共相思。
嘉陵驿路三千里,处处春山叫画眉。

人生中的时光变迁,在感觉中总是一种奇妙的矛盾:当你充满憧憬和追求,而在困顿中蹉跎岁月时,你便感到它步履匆匆,未免过得太快,于是就有了屈原那种"泪余若将不及兮,恐年岁之不吾与"的焦虑;而当你急于去到某个地方,与心中思念的亲朋师友相会时,便又会觉得夜色沉沉、连铜漏也仿佛睡熟了一般,巴不得喝令六龙驾日,快些照耀你催马疾进,飞向心驰神往的远方。南朝刘孝绰当年归家途中,不就怀着"欲待春江曙,争涂向洛阳"的焦躁,而生发过"寄谢浮丘子,暂欲借飞鸾"的奇想的么?

久客蜀中的诗人王士禛,此刻就正受着类似的思返之情的困扰。所不同的是,这次的离家远宦已在他六十余岁的晚年,来到的又是"蜀道之难难于上青天"的川中,就更多了一重霜染鬓发的哀慨。诗之起句"自入秦关岁月迟",正带着这种暮年思家的苍凉,传响于嘉陵江上的孤帆独行之际。它恍若一道从往岁投射来的微光,照见诗人走过崤山到秦岭的一座座险关;而当他进入这个万峰耸峙的四塞世界后,那时光便仿佛突然变得迟缓了似的,"岁月"的车船颠簸于曲坂、回水之间,简直就没有可以到期归乡的尽头了。句中的"秦关"二字,读来尤觉沉重:它不仅压迫着诗人客中"岁月"的行进,更压迫着他那颗思乡之心的郁郁搏动呵!

于是诗人只能在企盼中翘首远天,但他又怎能望见相隔万里的故乡家园?从蜀中到山东,其间横亘着几多崇山峻岭,盘曲有几多奔流湍浪!单就极目可见者说，就有渡不完的蜀中栈道，架向飞鸟难及的横云陡壁；更有翻不尽的陇上险峰，插入猿猱愁叹的杳杳青冥。诗人纵然能插翅而飞，恐怕也难以顺利凌越这莽莽古道，迅速飞返天外的家园。一股浓浓的相思之情，因了无法飞越的陇山蜀栈的阻扼，愈加在心间怫郁翻涌。带着这样的情怀远望，恍惚中便觉得：连那蜀栈上的云流，陇山间的烟树，似也正与诗人一样默然凝神，愁苦在一片相思之中。"栈云陇树共相思"句的跳出，正是诗人"以我观物，故物皆著我之色彩"的移情笔墨之妙运——它恰似一椽饱沾思情的巨笔抹过天际，使陇蜀之间的千云万树，刹那间都为诗人的万里乡愁濡染了！

当欸乃的桨声惊破诗人的凝思，他才发觉自身仍在嘉陵江间浮荡的船上。嘉陵江源于陕西，往南曲折入川，横贯了巴蜀的青山绿峰。时令正当春日，倘是家在蜀中，在风物晴美的嘉陵江上流览，自也有说不尽的意趣。但此刻诗人的心境，早已牵绕满异乡念亲的苦涩；这漫漫"三千里"的驿路，便只能将他的思绪，千丝万缕，扯牵得更长、更乱！偏偏江上的"春山"，又一座一座过个没完——它们愈是苍翠妩媚，便愈教诗人那一颗乡心，飞扬得无处安歇。还有那山山的画眉鸟，耐过了南方的薄寒，都欣喜地嘤嘤鸣啭，仿佛在殷殷催促着伙伴，快快飞返久别的北方。

这就是诗之结句展出的春日之景。特别是"处处春山叫画眉"的收束，读来更见其神韵：它只在春色如染的江流山影的转换中，画外音似的在你耳边，送来忽远忽近、无休无止的画眉催归之音。你便感受到，那一种忆家念远的浓浓相思，正追随这动人的鸣啭之韵，飘逝而去，再也无法收系了。句中无一字说到"忆家"，妙在只用人们熟知的画眉春归北方之习性相关，这意蕴就充满于字行之间、不尽于结句之外了。唐人司空图曾以"不著一字，尽得风流"，点示诗歌"含蓄"之妙境(《二十四诗品》)。用来评论王士禛此诗的成就，恐怕最为恰当。(潘啸龙)

诗人小传

宋 荦

(1634—1713) 字牧仲，号漫堂，又号西陂，绵津山人，河南商丘人。顺治四年(1647)，应诏以大臣之子列侍卫。逾年考试，铨通判。康熙三年(1664)授黄州通判。累擢江苏巡抚，以清节著称，官至吏部尚书，加太子少师。荦精于鉴藏，善画，淹通典籍，熟习掌故。论诗尊杜甫，创作上却多规仿苏轼。诗与王士禛齐名，时人邵长蘅选其诗与王士禛诗合刻为《王宋二家集》，而其成就及影响都不及王。著有《漫堂说诗》、《西陂类稿》、《沧浪小志》、《怪石赞》、《漫堂墨品》、《筠廊偶笔》、《江左十五子诗选》等。

邯郸道上① 宋荦

邯郸道上起秋声,古木荒祠野潦清②。
多少往来名利客,满身尘土拜卢生③。

〔注〕① 邯郸:古都邑名,周、秦、汉时为黄河北岸最大的商业中心,亦为中原交通要冲。故址在今河北省邯郸市西南。 ② 潦:雨后地面积水。 ③ 卢生:据唐沈既济《枕中记》载,少年卢生在邯郸客店中叹息不得志,道士吕翁给了他一个枕头使之入睡。结果卢生在梦中享尽荣华富贵。及醒,店主所蒸黄粱尚未熟。后人称此为"邯郸梦"或"黄粱梦"。

邯郸不仅是我国古代中原的交通要冲,也是黄河北岸的商贾辐辏之地,历史文化在这里交汇,折射出多少世态人心,诗人身行古道,油然而生历史人生之慨叹,是为作诗之缘起。

"邯郸道上起秋声,古木荒祠野潦清"。开首二句从表面看是绾合题目描绘景色,但暗中却包含着咏史之意。物换星移,春秋代序,邯郸古道又到了金风摧折的时光,秋色秋声"凄凄切切,呼号愤发","草拂之而色变,木遭之而叶脱"(欧阳修《秋声赋》)。它充溢于天地宇宙,弥漫于六合四野,一派肃杀凄凉,广袤的原野上,只有阅尽沧桑的古树,被人弃置的祠堂,一汪清冷的碧水,点缀这荒远寥廓的古道秋色。但是,作者在这二句中的寓意,并非仅仅是悲秋而已。古木荒祠,本是历史的遗踪,它在当年,或许是伟人业绩、先祖功德的见证,但历史与时间的长河终于湮没了过去的一切,昔日神像牌位前的俎豆香火早已消歇,所有的神圣功德惊人伟业均已被人们所忘怀。邯郸古道上的兴衰际遇变迁存亡只留下凄切号发的秋声与被人遗弃的古树废祠。俱往矣!

作者正是怀着这种深沉的人生历史之悲慨,转入对眼前人间社会众生相的描写,与自然之凄清肃杀与历史之绵渺虚无相比,古道上南来北往的人流却是如此热闹非凡,他们不惜背井离乡客游在外,他们栖栖遑遑,熙熙攘攘,或为名来,或为利往,尽管一路劳顿满身风尘,然自古而今,曾无已时。"多少往来名利客",是诗人无限感叹之词,而"满身尘土拜卢生"更是作者指迷起顽的主旨所在。卢生之典,最早出于东晋干宝《搜神记》之"卢汾梦入蚁穴",尔后又见诸刘义庆《幽明录》之"焦湖庙祝"。唐代文学家沈既济据此写成传奇小说《枕中记》,这个流传久远的故事说的是在邯郸的一个客店中,少年卢生因功名未就,郁郁寡欢,叹息不已。道士吕翁看到后,便从囊中取出一枕,给卢生垫在脑后以使入睡。卢生熟睡后做了个青云直上,飞黄腾达的美梦,正当他在梦中尽享天上人间的荣华富贵之时,却被人唤醒,自己睁眼一看,发现仍睡在简陋的客店之中,而店老板所蒸的黄粱小米饭尚未熟透。这个故事比喻人生功名富贵之短暂虚幻。但世上又有多少人能明白道士之苦心,参破其中之机关,"拜卢生"一"拜"字,可谓境界全出,说明古往今来无数名利客都在步卢生之后尘,陷于虚幻的富贵梦中而不自醒悟,一"拜"字还活画出痴迷而虔诚的人间众生相。

这首诗正以自然之凄清历史之虚无反衬人间追名逐利而终归黄粱一梦的可笑闹剧,于是邯郸古道上的秋色人情成了古代中国历史文化心态的一个缩影,作者构思之深刻,诗笔之冷峻,也正体现在这里。

(祝振玉)

落 花　　　　宋 荦

昨日花簌簌^①,今日落如扫。
反怨盛开时,不及未开好。

〔注〕① 簌簌:纷纷下落的样子。

花开花落,本是自然界的客观现象,却往往会勾起赏花人的种种情思。花的艳丽,花的芳香,装扮着春天,又与温暖相连,会使人感受到大自然的勃勃生机,并催发愉悦、欢快的情绪;而花的凋落,也给人带来春日难久的信息,从而产生惆怅、凄惋之情。许多诗人都借落花倾诉自己身世飘落、命运困蹇的不幸事。韩愈的"无端又被春风误,吹落西家不得归"(《落花》),李商隐的"芳心向春尽,所得是沾衣"(《落花》),就是寄伤情于落花的名句。

宋荦此诗也以"落花"为题,诗中落花给他带来的,显然是对逝去的美好事物的痛惜。只是诗人并未渲染"坠素翻红各自伤"(宋祁《落花》)的凄凉意境,而针对花的"开"与"落",用简单明白的诗语道出内心的感慨。前两句是描述,写的是两天落花的总体印象。"昨日"所见之花呈纷纷下落貌,而"今日"花的凋谢飘落甚于昨日,有如"扫"过一般。从"今日"繁花下落的势态来看,明显遭到了被动的摧折。一"扫"字不仅表现落花数量之多,更突出了大自然的绝情,而诗人的惜花心绪也因之得到了强化。一天之隔,落花就发生了大变化,给人以时光不饶"花"的急迫感。后两句是议论,诗人似乎不忍多言落花的衰败,转而诉说起怨情来。诗的新奇处,是在不"怨"其落,而"怨"其开。在花的开、落过程中,诗人有意错怪象征欢乐美满的盛开之花,将怨的对象回推上去,表露出与其失、不如无的心态。这比起直陈伤感、一味怨"落"来,更具撼人心灵的作用。其实诗人何尝不懂花无常开日的普通道理,偏偏悖人常情去怨花开,其原因就在不堪承受"落如扫"的局面,怨其开还是因为痛其落。只要联系前两句,就不难理解这痛极之言了。诗人巧用翻进一层的手法抒写惜花之情,亦使全诗似断还续,一脉贯连。

作此诗时,诗人已有入朝任侍卫的经历,只因父亲启奏而去职。据宋氏自订《漫堂年谱》称:"荦自罢侍卫以来,得清羸疾,至是益甚,曩时羽林期门豪气划除略尽矣。"离开朝廷,又病疾缠身,对自幼立志有用于世的诗人来说,不免产生花开难终的感触。写于此时的《落花》云"反怨盛开时,不及未开好",正可从中发现诗人痛惜失去进身之机的心曲。

(张修龄)

即事六首(其五) 宋 荦

雨过山光翠且重,一轮新月挂长松。
吏人散尽家僮睡,坐听寒溪古寺钟。

宋荦是清初学宋诗派的重要诗人,自称对苏轼"弥觉神契"(《漫堂说诗》),而此诗的风格便与东坡相近,颇有一种自得其乐、旷达潇洒的情趣。所以杨际昌《国朝诗话》说:"此种风致,安得谓宦途中定是尘容俗状耶?"本诗写居官的诗人散衙后的闲情逸致,完全是宋诗格调,清而见骨,与唐七绝正宗之兴象玲珑明显不同,但同样给人以高质量的审美艺术享受。

首句写一阵雨过,洗出山峰浓翠欲滴,残存的水气朦胧,幻出几重山影;刻画自然景观细致入微,实实在在,这便是宋诗的特点。次句说雨过之后,一轮新月初上,挂于翠山的长松之间,更是朴质无华,直书所见,没有什么转折起伏,没有什么回环吞吐;虽非风神摇曳,却自是清雅不俗,意境深远。第三句说散衙停止办公后,府吏都已回家,而自己的家僮也昏昏欲睡。这种描写,似乎不够蕴藉,在唐人绝句中恐怕只有晚唐某些人才会如此,从尊唐派(如毛奇龄)的眼光看,自然是不屑一顾,但这正是宋诗尚意的产物,是诗艺的发展,岂可轻易因其不类唐人而任意抹杀。最后一句写诗人独坐堂中,听溪水潺潺,听古钟悠悠,立将前句的"尘客俗状"一扫而空,生动地为读者留下了诗人身处宦途却饶有山林之气的自我写照。宋黄庭坚《登快阁》诗"痴儿了却公家事,快阁东西倚晚晴"二句,意趣与之相近,如此抒写公务之余的闲适萧散情怀,其艺术功力令人叹服。 (庞 坚)

【诗人小传】

纪映淮

清初女诗人。字阿男,江南上元(今江苏南京)人。嫁莒州杜李。能诗,有《真冷堂诗》。王士禛《秦淮杂诗》有"栖鸦流水空萧瑟,不见题诗纪阿男"之句。

秦淮竹枝词

纪映淮

栖鸦流水点秋光,爱此萧疏树几行。
不与行人绾离别,赋成谢女白雪香。

  此诗咏秦淮河边的柳树。诗的前两句描绘秋天薄暮秦淮河上的景色。由于时近黄昏,水天空阔之间,栖鸦成阵。"栖鸦流水点秋光",妙在"点"字。它固然是从秦少游"斜阳外,寒鸦万点,流水绕孤村"(《满庭芳》)化出的,"虽不识字人,亦知是天生好言语"(晁补之)。然秦词"点"是量词,这里却用作动词,"点秋光"三字又意味着"栖鸦"和"流水"点染成一片秋色,这是秦词没有的意味。"爱此萧疏树几行",第二句开始写到河上柳树,虽然有数行之多,却又显得疏朗有致,自是可爱的。这是栖鸦的归宿,又是流水的陪衬,是秋光中少不得的一组景物。
  最妙的是诗人接下去不再作直接的描写,而用嗔怪的语气,赋柳树以人格:"不与行人绾离别,赋成谢女白雪香。"汉唐人皆有折柳送别习俗,所谓"长安陌上无穷树,唯有垂杨管别离"(刘禹锡)。但事实上柳树是系不住行舟的,而作者面对的又是秋柳,似乎更不关心人的离别了。他忽然又记起谢道韫"未若柳絮因风起"那段咏雪的佳话来。于是生出一个奇想,觉得那柳树的不管离别,是因为它把才思用偏了。因为帮助谢女写成咏雪的名句,从此冷淡了许多的行人。这种拟人的手法是十分婉妙的,曲曲传出作者的离情之外,还有了一点风趣。
  "赋成谢女白雪香"这诗句本身也很造奇。本来是谢女看见飞雪而联想起飞絮情景,作成佳句。诗句却说是柳絮作成谢女咏雪之句,从而赋予了白雪以清香。在秋天,本来没有飞絮的景象,但诗人浮想联翩,坐役万景,才有此独得之句。作者本人也是才女,她由柳联想到谢女咏雪的故事,也很自然。此外,飞絮是作用于视觉的图景,而诗句是作用于想象的语言。彼此互换,也有通觉的妙用。正因为这些原因,使此诗颇具神韵,从而得到王士禛的激赏,其名篇《秦淮杂诗》就写道:"栖鸦流水空萧瑟,不见题诗纪阿男。"
  最后应对诗题作点辨证。按此诗的内容,诗题应作《秦淮柳枝词(或杨柳枝词)》才对。《竹枝词》和《(杨)柳枝词》皆是唐代歌辞。风调皆近民歌。但"竹枝泛咏风土,柳枝则咏柳,其大较也"、"于咏柳之中寓取风情,此当为杨柳之词本色"(《石洲诗话》)。所以此词非"竹枝"体而应为"柳枝"体无疑。

(周啸天)

诗人小传

赵俞

（1635—1713） 字文饶，号蒙泉，嘉定（今属上海）人。康熙二十七年进士，官定陶知县。著有《绀碧亭集》。

督亢陂

赵俞

提剑荆轲勇绝伦，浪将七尺殉强秦。
燕仇未报韩仇复，状貌原来似妇人。

"督亢"为古地名，在今河北省涿县东，跨涿县、固安、新城等县界。中有陂泽，周五十余里，支渠四通八达，战国时为燕国著名的富饶地带。荆轲刺秦王，就是以献督亢地图为由的。赵俞在行役中路经督亢陂故地，遂联想到荆轲的故事，写下了这首别有卓见的咏史诗。

"提剑荆轲勇绝伦，浪将七尺殉强秦。"荆轲是燕太子丹聘用的刺客，他提匕首入不测之强秦，在易水为饯别者高唱"风萧萧兮易水寒，壮士一去兮不复还"，也可谓"勇（猛）绝伦"了。但他是在准备未周，被燕太子丹催促之下，仓促成行的。他的搭档秦舞阳又不争气。所以他的行刺以失败告终了。一个"殉"字，再次对荆轲的轻身酬恩的义勇，作了肯定。而一个"浪"（轻易，随便）字，则又使这个肯定有了几分保留，他显然认为荆轲的死是白白送死，不值得。如果诗意仅仅到此为止，那还算不得卓见。前人已经有这样的看法，如比作者年辈稍长的龚贤，就有"不读荆轲传，羞为一剑雄"（《扁舟》）的诗句。

"燕仇未报韩仇复，状貌原来似妇人。"后二句一转，由荆轲联想到张良，这倒有些新意了。这个联想之妙，在于张良与荆轲曾有类似的行动，走过一段弯路。在韩国被秦灭亡后，作为韩公子的张良，"悉以家财求客刺秦王，为韩报仇"（《史记·留侯世家》）。结果在博浪沙捅了马蜂窝，亡命下邳。侥幸未死，使张良有机会反思教训，又幸得黄石公传授兵书。后来辅佐汉高祖刘邦，终于灭秦，报了故国之仇。"燕仇未报韩仇复"，这七字寓意极深，发人深省。要做为国雪耻那样的大事业，仅有匹夫之勇是靠不住的，必须有深谋远虑，大智大勇。荆轲够不上格，而张良足以当之。最有味的，是诗人突然又联想到太史公的一段感慨："上（刘邦）曰：'夫运筹策帷帐之中，决胜千里外，吾不如子房。'余以为其人，计魁梧奇伟。至见其图，状貌如妇人好女。盖孔子曰：'以貌取人，失之子羽。'留侯亦云。"诗的末句"状貌原来似妇人"的张良形象，便与提剑殉国的荆轲形象,形成对比。外表看去,荆轲更像勇士;殊不知那个貌如淑女的张良,才真有大勇呢。

诗中通过历史人物及事迹的对比,形象地证明了"上兵伐谋"(《孙子兵法》)那样深刻的道理。还雄辩地说明了"人不可貌相,海水不可斗量"的同样深刻的道理。

(周啸天)

诗人小传

徐 釚

(1636—1708) 字电发,号虹亭,又号竹庄。江苏吴江(今苏州市吴江区)人。康熙十八年举博学鸿词,官翰林院检讨。能诗词,著有《南州草堂集》、《词苑丛谈》。

十 八 滩 　　　　徐 釚

万壑千峰送客舟,槎牙怪石水交流。
岭猿莫更啼深树,只听滩声已白头。

这首诗写赣江十八滩的惊险,重点在后半写滩声怖人两句。前两句概述舟行十八滩的景况,着重渲染环境,为突出滩声可怖这一主题积蓄气势,全诗层次井然,值得一读。表现手法上,也有可供借鉴之处。

赣江上流在赣县至万安间,有险滩十八。在赣县之九滩为:白涧、天柱、小湖、鳖滩、大湖、铜盆、落濑、青洲、梁口,在万安之九滩为:昆仑、晓滩、武朔、昂邦、小蓼、大蓼、绵滩、漂神、黄公。十八滩水性湍急,以黄公滩为最险,"黄公"音近惶恐,故又有"惶恐滩"之称。大诗人苏轼在绍圣元年(1094)谪迁惠州途中,有《八月初七日入赣过惶恐滩》诗,中有句云:"七千里外二毛人,十八滩头一叶身。"又云:"山忆喜欢劳远梦,地名惶恐泣孤臣。"十八滩水势之险恶,概可想见。

首句"万壑千峰送客舟",写赣江两岸峰峦崖壑,重叠起伏,层出不穷。舟行其间,但见千峰竞秀,万壑争流,使人有接应不暇之叹。次句,"槎牙怪石水交流。"(槎牙:意谓纷杂不齐。)这句写江上滩多水险,错杂纷乱的怪石,盘踞江流之间,促使水势旋回交流,一不小心,便有覆舟的危险。苏轼《江上看山》诗云:"前山槎牙忽变态,后岭杂沓如惊奔。"写的是涪江一带的山势。这里用"槎牙"形容十八滩的怪石,可见这些怪石,也确实惊人。以上两句是实笔实写,已经写了所见之崚峋怪石,以及湍急旋回的水势。

后两句"岭猿莫更啼深树,只听滩声已白头",是实笔虚写,是抒情的笔墨。意谓如此险恶的滩声,令人心惊魄颤,人们只要听到这可怖的声音,不须再听到岭猿啼于深树的凄厉之声,就会在惊恐之中感到自己是已经头白了。从作者的诗句中可见十八滩两岸的崇山峻岭的深树之中,一定也时而听到岭猿的哀啼之声,使人有"猿啼三声泪沾裳"之感。这滩声已经可怖,再加上猿啼之声,人们就更难生受了。作者在这里用了祈使语气,警示岭猿莫在深树之中再行哀啼,因为单是滩声的险恶,已经足够使听者顿感衰老了。滩声、猿声都是实境所有,滩声可怖,猿声凄哀,作者只安排虚笔,并没有正面描叙,但给人在思绪上引起的实感,却是很强烈的。人们可以想象出这滩声如崩崖、如裂石、如深山虎啸、空谷雷轰、如潜蛟怒吼、如苍鹘夜叫、山魈晨啼、如千军搏击、万马奔嘶,阴云为之掩抑,飞瀑为之凄哽,苍山为之惊悚,白日为之西匿,舟经其间,篙师失色,恶浪争喧,急湍撞击,迁客为之惶恐,行人为之战栗……。但作者并不这样绘写,只在诗中插入岭猿一句逆提反衬,只说听此滩声已堪使人头白,可谓善于以简驭繁,以虚写实,惜墨如金,而又确能显出文字之魅力者。沈德潜尝评此诗云:"中间插入岭猿一句,则险恶愈出,此加一倍法也。"这种加一倍的写法,可以进一层表达主旨,使诗词的意境更加深化,感染力更强,收到词尽而意不尽的效果。黄山谷《寄黄幾复》诗结句云:"想见读书头已白,隔溪猿哭瘴溪藤。"和此诗之"只听滩声头已白,不须更着岭猿啼。"(用原诗意)有异曲同工之妙。

(马祖熙)

沈受宏

【诗人小传】(约1681年前后在世) 字台臣,江苏太仓人。岁贡生。弱冠以诗受知于吴伟业。著有《白溇文集》四卷。其所居地名洗白溇,故以名集。

客　晓

沈受宏

千里作远客,五更思故乡。

寒鸦数声起，窗外月如霜。

此诗写羁旅他乡时的思乡心情。

作者是江苏太仓人，岁贡生，家境清寒，但无意于功名，靠手中一枝笔，四出游幕为生，曾到过京师、齐、鲁、闽、粤等地。他在一首题为《许九日闽归》的诗中写道："万里归家白发新，秋风重得饱鲈莼。脱身戎马怜今日，回首关山哭故人。跌宕七言才更健，萧条八口业长贫。一杯同把松窗酒，坐看天边战伐尘。"这首诗告诉我们，他外出游幕主要是为生计所迫。同时也透露了一个情况：他外出游幕之日，正是兵荒马乱、战争频仍之时，在这动乱的年代作客远方，不仅自己生活不安定，而且还要为家人的安全牵肠挂肚。了解了这些具体情况，有助于我们对这首《客晓》获得更深刻的理解。

"千里作远客，五更思故乡"两句用极其简练概括的语言，正面叙述离家之远和乡思之切。旧时夜间以"更"计时，一夜分为五更，所以"五更"就是整整一夜。整整一夜都在思念故乡，足见他此时的心情是多么痛苦，多么焦虑不安。

正在辗转反侧、难以入眠之时，耳际忽然传来几声鸦啼，把他从万端思绪中拉了出来，起看窗外，但见月光如霜，洒遍大地。"寒鸦数声起，窗外月如霜"两句不仅点明时间正当欲晓未晓的五更时分，而且被用来构设一种凄冷、惨淡的气氛，用来烘托诗人那种孤寂、悲凉的思乡心情。此外，我们还必须看到，这两句诗本身就具备有力的表情作用。

"寒鸦数声起，窗外月如霜。"看来似乎纯属写景，无一情语。然而，寒鸦声起，意味着时令已进入深秋，而深秋季节是最易动人归思的，晋张翰因秋风而动莼羹鲈脍之思便是一个著名的典故。月光如霜则使人联想起李白的那首《静夜思》来。此时的诗人，不正和李白一样在"举头望明月，低头思故乡"么！

不但这两句诗的意境与李白《静夜思》有些相像，就是全诗的风格，也与李白非常接近。沈德潜在《清诗别裁集》中说它"如出李青莲手，此种神妙，何必界限古今"。五言绝句，以语言朴素自然为贵，李白的五绝，用《诗薮》作者胡应麟的话来说，都是"信口而成，所谓无意于工而无不工者"，也就是说，都是非常朴素自然的，这一特点同样出现在这首《客晓》中。《客晓》的语言浅近平易，真率自然，了无雕琢之痕，似"无意于工"者，但它仍不失为经过高度提炼的诗的语言。它融情于景，以景见情，平平淡淡的二十个字，把人引入了一个深邃的感情世界，诗人的身世之悲，羁旅之愁，以及深切的思乡之情，都通过这二十个字传达了出来，说它"无不工者"，并不过分。

（范民声）

邵长蘅

（1637—1704） 一名衡，字子湘，别号青门山人，武进（今属江苏）人。诸生。能诗文。客于江苏巡抚宋荦幕，选王士禛及宋荦诗，编为《二家诗钞》。诗学唐宋，风格在苏（轼）、黄（庭坚）、范（成大）、陆（游）间。有《青门簏稿》、《旅稿》、《剩稿》等。

登吴城望湖亭

邵长蘅

鄱阳湖合赣江流，倚槛江湖望转幽。
湖势北摇匡岳动，江声西拥豫章浮。
鱼龙昼啸千艘雨，日月晴悬一镜秋。
回首战争曾此地，荻花萧瑟隐渔舟。

吴城，在江西省永修县东部，当赣江及修水入鄱阳湖处。作者漫游江西，登临吴城望湖亭，写下了这首名诗。

赣江北入鄱阳湖。因为作者在江湖汇合处登高，望到的不只是湖，还有江，因此首联湖江合写。"鄱阳湖合赣江流"，"流"是望中之景，把读者的视线从江湖交合处引向远方，诗的境界也广阔了。下句"倚槛江湖望转幽"是补笔，"倚槛"补说诗人是倚在望湖亭的栏槛上，"幽"就是写视线所及之处景象幽深渺邈。这两句写登高望中之景，视野十分广阔，而且流露出作者惊奇迷醉的神态。

如果说首联为我们勾勒出鄱阳湖、赣江的大致形貌，而中间四句则是为鄱阳湖传神。"湖势北摇匡岳动，江声西拥豫章浮。"上句写湖，说湖势似能摇动匡岳。匡岳，即庐山，在鄱阳湖北滨。诗中写气势用一"摇"字，堪称传神写照的神来之笔，浩瀚的湖水烟波摇荡，使耸立在湖滨的庐山也随着湖波的滚动而摇来摇去，鄱阳湖真有摇山撼岳的气势！唐孟浩然写洞庭湖："气蒸云梦泽，波撼岳阳城。""撼""摇"有异曲同工之妙。下句写江。豫章，即今南昌市。赣江的波涛像能漂浮起西岸的豫章城。"拥"字下得极形象而有气势，江水的波涛滚滚涌动，如同拥着豫章在波涛浪尖上向西浮动。用一"浮"字，就把赣江水那汹涌的气势和伟壮的形象特别逼真地描画出来了。这句诗从气象上不如杜甫"吴楚东南坼，乾坤日夜浮"的诗句雄浑壮阔，但杜诗写的是静景，邵诗把"浮"字与"拥"字相连，赣江有了意识，有了活力。虽同用一字，却有不同的境界。这两句诗章法也有讲究，写湖,于水波处用笔,写江却在涛声上做文章,使画面有了动感,也有声音,吸引读者投入诗境,有亲临望湖亭之感。第三联描写鄱阳湖阴晴时不同的景观,仍采用分写的手法。"鱼龙"句写雷雨时情景。"鱼龙"偏指龙,古时人们想象龙是一种能兴云作雨的神异之物。鄱阳湖上的龙,便是白昼也能啸风唤雨,在龙的呼啸声中,雨下如注,具有笼天罩地的气势;这种天气,船只行进在水帘雨雾中,就是千船万舸也会满载湖上之雨而归。平平常常的船行遇雨,在作者的笔下,情趣盎然。"日月"句写鄱阳湖晴朗时的景象。天晴气清,日月高悬,鄱阳湖如同一面巨大的镜子,镜子中还有日月的影子。这个景色已是十分美好,"一镜秋"则把这一景色升华了:上面所说的景象还是自上而下观看所得,而作者的诗思非常别致,设想倒着看,这时清澈的鄱阳湖如同秋高气爽的万里晴空,而日月反如从湖中生出一般。曹操写大海,"日月之行,如出其中,星汉灿烂,如出其里",充分展现了大海那宏伟壮阔的气魄。曹操的诗是大海的绝笔,邵长蘅的诗也可称鄱阳湖的妙文。

  最后一联,作者笔锋陡转,抒发感慨。这样美好、壮观的地方,也曾经历了战争的剥蚀;芦苇丛中,曾隐藏过复仇的志士。"荻花萧瑟隐渔舟",化用了《吴越春秋》中伍员脱险的故事,伍员潜身深苇中,遇一渔翁,获救。清初人的诗中提到苇间渔舟渔翁,往往含有政治色彩。如钱谦益《投笔集》中有"莫笑长江空半壁,苇间还有刺船翁"也是此意。清初的知识分子有普遍的亡国伤痛,感慨兴亡,忆念往事是这个时代文学作品的特征,再加上江西曾是抗清的要地,金声桓、姜曰广等文臣武将在江西起兵,使清廷震惊,因此清军对这个地方的杀掠也异常残酷。作者踏上这块土地,那些仍在流传的人物事件都会一齐涌上心头。所以即使是平静的芦苇丛,在他的感觉中,仍然隐约有不平静的气氛浮动其间。登临写景而抒怀,既是诗中常格,也是时代使然。

  这首写景诗敢与古人争胜,确能自出新意。化用前人诗句、诗意,使用典故均能做到如盐着水、一如己出,诗境亦壮阔宏大,是一首不可多得的好诗。

(孙之梅)

津门官舍话旧   邵长蘅

对床通夕话,官舍一灯红。
十年存殁泪,并入雨声中。

  此诗作于康熙二十五年(1686)邵长蘅再度落第后。诗人时年五十,痛心道:

"吾大错！吾五十青裙媪，犹从少年为倚门妆耶！"后终身未居官。诗即作于他由京返乡路过天津时。诗人在天津官邸拜会友人，从"十年存殁泪"一句看，他们应该是阔别多年的老友了，所以一聊起来就没个完。诗中写的就是这一次难忘的会见，一次彻夜的长谈。

"对床通夕话，官舍一灯红。"对床夜语包含一个故事：苏轼兄弟最向往风雨之夜，两人常对床夜语，倾心交谈。事见苏辙《逍遥堂会宿》诗序。但类似情景唐人已有："能来同宿否，听雨对床眠"（白居易《雨中招张司业宿》）、"每思闻净话，雨夜对禅床"（郑谷《谷自离乱之后》）。后人常用这一现成情景或思路，形容好友、兄弟的聚会及欢乐之情。"对床通夕话"既是"津门官舍话旧"的实际情景，又含有上述故事，故味厚。接下去似乎应该写点"通夕话"的具体内容。然而诗人却暂时撇开，而推出了一个镜头："官舍一灯红。"这就从具体交谈中跳出来，使读者审视交谈当夜的情景。这津门官邸的红烛，一夜未灭。它不仅暗示了老友阔别重逢，有叙不完的旧谊；同时也暗含有"夜阑更秉烛，相对如梦寐"（杜甫）那样的情景，写出阔别重逢的欣喜和困惑的复杂情绪。

"十年存殁泪，并入雨声中。"诗人年过半百，老友年纪该也不轻。过去的故交旧人，该有多少变化，这显然是"话旧"的主要内容。彼此见面，必然要打听一些老朋友或对方亲人的情况，而其中必然有已经作古的人，有虽未作古而十分潦倒穷愁的人。有的事诗人早已闻知，有的事则是第一次听到。必然又有一番感慨，乃至下泪。这就是"十年存殁泪"五个字包含的内容。它实际上说明了"通夕话"的是什么，但没有说尽，立刻又推出一个镜头："并入雨声中。"风雨之夜给人的感觉是异样的，由一片雨声织成的天籁。掩去了一切人世的噪音，使夜显得特别深沉。因此雨夜是天然适宜于话旧、怀旧的场景。诗中的"雨声"也是实景，同时又关合"对床夜雨"那个故实，故亦味厚。诗人巧妙地借这雨声，轻轻掩去了"十年存殁"的具体交谈内容，从而发人深思。

由上述分析可以看到此诗两个特点。一是抒情叙事的概括性，"对床通夕话"、"十年存殁泪"点到为止；二是用景象对情事作挽结，不了了之，"官舍一灯红"、"并入雨声中"，皆有染的妙用。点染之间，境界出焉。文学作品的创作，有时需要生动具体，有时则要抽象空灵。作为五绝这样短小的诗体，后一种写法是常用的。如此诗不涉及叙旧具体内容便可谓"不著一字，尽得风流"。也就是说，它抛弃了属于个人的特殊情事；却获得了更加普遍的一种人情，以唤起读者很深的共鸣。

（周啸天）

蒲松龄

（1640—1715） 字留仙，一字剑臣，别号柳泉居士，世称聊斋先生，山东淄川（今淄博）人。早岁即有文名，深为施闰章、王士禛所重。但屡应省试皆落第，七十一岁始成贡生。除中年一度在宝应作幕客外，都在家乡为塾师。家境贫困，对人民生活有一定的接触。能诗文，善作俚曲。短篇小说集《聊斋志异》主要运用唐传奇小说的文言体，通过谈狐说鬼的表现方式，对当时的社会、政治多所批判。相传他作《志异》时，设烟茗于门前，强邀行人谈说异闻，以为粉本，积二十余年而书始成。他又有《聊斋文集》、《聊斋诗集》、《聊斋俚曲》和关于农业、医药等通俗读物多种。

次韵答王司寇阮亭先生见赠　　　蒲松龄

志异书成共笑之，布袍萧索鬓如丝。
十年颇得黄州梦[①]，冷雨寒灯夜话时。

〔注〕① 黄州梦：一作"黄州意"。

蒲松龄早岁即有文名，但屡试不第，为了谋生，到淄川西铺缙绅毕有际府中"坐馆"。教书之余，搜奇索异，写成《聊斋志异》。当时文坛领袖王士禛为父母迁葬事回故乡新城，顺道来毕家作客，得知此书，秉烛夜读，赞赏不已，在卷后题诗曰：

姑妄言之姑听之，豆棚瓜架雨如丝。
料应厌作人间语，爱听秋坟鬼唱时。

蒲松龄读诗后，深感王士禛是他一生中难得的知音，便和诗酬答。和诗，即作诗与别人相唱和，大致有不限定和韵与限定和韵两种方式。蒲松龄采用的是后者，即"次韵"，依照所和诗中的韵及其用韵的先后次序写的。王士禛上述题诗韵脚依次为"之"、"丝"、"时"三字，蒲松龄的和诗韵脚亦依次用这三个字。

王士禛头两句诗大意说，《聊斋志异》这部书是在瓜棚豆架之下谈狐说鬼，内容是"姑妄言之姑听之"的荒诞离奇的故事。蒲松龄和诗于是这样写道："志异书成共笑之"。正因为《聊斋志异》写的都是荒诞不经的狐鬼故事，所以人们"共笑之"，以为仅是一部供人茶余酒后闲聊消遣的玩意儿，而觉得可笑。更为世人所"共笑"者，是写这种书的作者，大概吃饱饭闲得无聊吧？

在当时，蒲松龄写作《聊斋》，以正统自居的文人都嗤之以鼻，不屑一顾。就连好友张笃庆也不能理解他,认为他的这种创作是"谈空"、"说鬼",影响举业(科举)的上进,劝他终止这种无益的劳动。长期来,蒲松龄的心情是寂寞的。"布袍萧索鬓有丝",诗人在世人的嘲笑声中,展示出一幅自我肖像:书是写成了,自己依然一介布衣,穿着布袍,景况萧索,双鬓须发都变成银丝了!干这样的"傻事",又怎怪世人不"共笑之"?

然而,谁能想到,我蒲松龄这部倾注毕生精力的作品如今竟蒙一位大人先生见赏,亦足慰平生矣!王士禛赠诗后两句说:"料应厌作人间语,爱听秋坟鬼唱时",这位文坛巨子看出《聊斋》真正的价值,他说:料想书的作者(指蒲松龄)当是看透了现实社会的黑暗,因而"厌作人间语"吧,看来此人颇有点像唐代怀才不遇的诗人李贺那样爱听那"秋坟鬼唱"呢! 李贺《秋来》诗云:"思牵今夜肠应直,雨冷香魂吊书客。秋坟鬼唱鲍家诗,恨血千年土中碧。"王士禛借李贺故事隐隐约约点出《聊斋》是蒲松龄一生不遇的愤世之作。

人之相知,贵相知心,蒲松龄对王士禛自有一种知遇之感。因此他在和诗中带着几分自得地写道:"十年颇得黄州梦,冷雨寒灯夜话时。"王士禛在原唱中对蒲松龄的高度评价(把他比李贺),蒲松龄在和诗中不便直接提及,便巧妙地呼应王士禛原唱首句诗意。原来王士禛"姑妄言之姑听之"这句诗,暗用了苏东坡在黄州强人谈鬼时说的一句话。据《避暑录话》记载:"子瞻在黄州及岭表,每旦起,不招客相与语,则必出而访客;所与游者,亦不尽择,各随其人高下,诙谐放荡,不复为畛畦。有不能谈者,则强之说鬼。或辞无有,则曰姑妄言之。于是,闻者无不绝倒,皆尽欢而后去。"蒲松龄"十年颇得黄州梦"这句诗,话说得很轻松,又很有分寸,毫无一点自夸之意。大意是说,我写"聊斋",只不过像苏东坡谪居黄州时那样,有喜欢听人说鬼的僻好罢了!"颇得"二字却又带有一点自豪的意味,这二字不仅表现自己在"搜奇索异"方面颇下了一番功夫,更有一种自得的神气,暗暗回报王诗的后两句,因为在世人"共笑之"的氛围中,有知友的理解和鼓励,我心中才感到一种成功的兴奋和快慰呀!

蒲松龄和诗的结句"冷雨寒窗夜话时",告诉友人书中这些类似"黄州梦"的鬼故事,都是在冷雨寒灯之夜与人闲聊时收集起来的。据有关记载,距淄川西铺一里之外有柳泉(因泉旁有一棵亭亭如盖的百年柳树而得名),地处通往县城的交叉路口,南北东西来往过客都打这里经过。蒲松龄为搜集创作素材,便在柳树下铺下席子,准备好烟茶,行人过来,就留人家歇歇脚,谈谈各地见闻和听人说狐谈鬼,听罢,把有趣的就写出来,久之,积少成多,集成《聊斋》一书。和诗不实写这一过程,而是另行安排在一个"冷雨寒窗夜话"的氛围中。自然这种氛围更适合谈狐说鬼。同时也照应了上句"萧索"境况,传达出几分凄凉,暗示了他的创作生涯是在"冷雨寒窗"的家境和冷峻的社会现实中进行的,耐人寻味。

蒲松龄从柳泉"采风"到《聊斋》最后定稿,整整经过四十个寒暑,这首次韵之作正是他一生清苦的创作生涯的写照。据蒲松龄同邑人王培荀《乡园忆旧》说:"吾淄蒲柳泉《聊斋志异》未尽脱稿时,渔洋(即王士禛)每阅一篇寄还,按名再索,来往书札,余俱见之。亦点正一二字,颇觉改观。"后来,王士禛官至刑部尚书,位列九卿,仍然继续与蒲松龄交往。在当时"文以人传"的社会风气下,王士禛对《聊斋志异》的赏识,对蒲松龄坚持创作起了很大的鼓舞作用,对后来这部不朽著作的广泛流传也起了积极影响。蒲松龄很赞赏王士禛"虽有台阁地位,无改名士风流"的风度,的确,这在封建士大夫中是难能可贵的。

(铁　明)

喜　雨　口　号　　　　　　　　　蒲松龄

一夜松风撼远潮,满庭疏雨响潇潇。
陇头禾黍知何似?槛外新抽几叶蕉。

蒲松龄家居山东淄川(今淄博市)。清代,这地方水旱频仍。他出生的1640年,山东数月无滴雨,粮价飞涨,人可明码标价出卖。1682年淄川又旱,六月始雨,继之以涝灾。1704年淄川再遭旱灾,蒲松龄曾作诗以纪其事,有"市中鼎炙真难问,人较犬羊一倍廉"(《饭肆》)之句。在《旱甚》一诗中他写道:"大旱三百五十日,陇上安能有麦禾?报到公庭犹不信,为言庭树尚婆娑。"官吏接到旱灾报告,竟然说:"我庭院里的树木长得这样繁茂,哪有什么旱灾?"有的封疆大吏更为卑鄙:"二麦全枯谷未穫,流金烁石旱无休。年丰尚有中丞报,犹缓君王东顾忧"(《邸报》)——他们把大旱荒年谎报为大丰收,隐瞒灾情,讨皇帝的欢喜。向来关心民间疾苦的蒲松龄面对这种情况,忧心如焚。在旱灾中,他天天望雨、祈雨;一旦得雨,便欢喜雀跃,诗情潮涌。这首《喜雨口号》即其一例。"口号"是古人常用的诗题,意为不假修饰、随口吟成的诗。因为随口吟成,这种诗多为短制。

诗题《喜雨》,诗眼不在"雨"字而在"喜"字。"雨"是实景好写,"喜"为心情难描。心情不以具体的物质形态而存在,这首诗便全用虚笔。先看首句。下雨前多有大风,这诗便先从写风势入手。大风吹过松林,呼啸声如怒涛排壑,古称"松涛",因此说"一夜松风撼远潮"。"撼远潮"三字,既写出风声摇天撼地之势,又含风至如潮涌波卷之威,写得有声有色。"撼远潮"自非目睹,乃出于想象。但淄川东滨渤海,闻风声而联想到海上波涛,便与他人诗作中泛泛之言不同。再说,

"潮"和"雨"都是水,"撼远潮"又暗透下句"雨"字,意脉连贯,不露痕迹。何况,这"一夜松风",还表现出了诗人枕上闻风祈雨、彻夜难眠的心态。因此说,这首句一起,不但有声有势,而且有人有情。前文说"喜为心情难描",诗人入笔就把这难描的心情写活了。

一句写风,因声见势,是虚笔;次句写雨,满庭潇潇,仍状其声,依旧虚写。说"疏雨"而不说"骤雨",可见这雨随风润物,不是倾盆暴雨。这样就进一步把"喜雨"的"喜"字表现得格外饱满。

前半幅两句实景虚写,后半幅写雨中心理活动,更是虚处传神。大旱得雨,诗人想到的首先自然是关系人民生死的"陇头禾黍"而决不会是"槛外芭蕉"。但他身居宅院,四围一片潇潇;心情纵然急切,却一时无法到陇头看望禾黍,看到的只有这槛外芭蕉。芭蕉既抽新叶,禾黍复苏自在意中,这便是诗家常说的"不写之写"。而且,把要表现的主体事物推到诗外,以其所见写其所未见,在艺术构思上已自胜人一筹。用疑问表肯定,自问而不自答,让读者思而得之,更可见出诗人的艺术匠心。"知何似"三字,语淡情深,诗心摇曳,尤具神韵。眼观槛外芭蕉,心驰陇头禾黍,心理活动也历历如见。不言喜,那喜雨的心情更是充满诗行,流溢言外了。这就是前面说的"虚处传神"。试想,如果把"陇头禾黍知何似?槛外新抽几叶蕉"改为"陇头禾黍连天碧,槛外新抽几叶蕉",把禾黍得雨后的情况说尽、说死,把喜雨的心情写明、写足,诗意岂非尽失,诗味岂不索然?须知,"连天碧"纵然夸张,总有限度;"知何似"却是一个未知数,它可能是无限大,它可以引发人们的无穷想象。于此可见:超妙与平庸,灵活与板滞,风神摇曳与平铺直叙,在艺术效果上有多大的不同。

(赖汉屏)

〔注〕 文中所述旱灾情况及蒲松龄诗,均转引自马瑞芳《蒲松龄评传》,人民文学出版社1986年版。

夜 小 雨　　　　　　　　蒲松龄

短更长更愁絮絮,三点两点雨星星。
雨声不似愁难断,颠倒匡床月入棂①。

〔注〕 ① 匡床:亦作"筐床",方正而舒适的床。《淮南子·主术训》:"匡床蒻席,非不宁也。"高诱注:"匡,安也;蒻,细也。"诗中指一般的床。棂:阑干上或窗户上的格子。

这首七绝短诗,抒发了作者萦心绕怀的愁思。

开头两句,点明雨夜,顿入愁境。短更长更,愁絮绵绵,更由短渐长,表明诗人孤愁萦怀,难以入眠已经多时了。三点两点,雨声零落,雨点由三到两,可见雨声愈来愈疏。三点两点的雨声,只有在更深夜静之时,不眠之人,才能听得见。入夜容易使人思绪万端,牵动愁肠,淅淅沥沥的雨声更使人愁上添愁,不堪其苦。第三句则把抽象的愁思具体化,说雨声不似愁思那样难断,正面说雨声,其实意落反面,侧面写了愁思比雨声细密绵长,这比直接描写更富有表现力,使愁思具体可感,更深刻生动,此所谓"诗有正写不出,须用反击始透者"。如此绵密不绝的愁思,直教诗人无计可除,辗转反侧,不能安席。这时,月入窗棂,清冷幽绝的月光照着不眠的诗人,结语余音袅袅,回味不尽。

  诗缘情而发,直抒胸臆,不务雕饰,不尚典丽,其朴实自然的风格,在当时是别树一帜的。

(黄 洽)

诗人小传

吴雯

(1644—1704)　字天章,山西蒲州人,寄籍辽阳。诸生。康熙十八年(1679),试博学鸿词,不第。游食南北,足迹几遍天下。其诗清挺生新,自露天真。赵执信赞为"千顷之陂,不可清浊。天姿国色,粗服乱头亦佳"。王士禛誉为仙才。著有《莲洋集》。

明 妃　　　　　　　　吴 雯

  不把黄金买画工,进身羞与自媒同。
  始知绝代佳人意,即有千秋国士风。
  环珮几曾归夜月?琵琶惟许托宾鸿。
  天心特为留青冢,春草年年似汉宫。

  明妃,即王嫱,字昭君。从汉朝以后,王昭君就成了一个吟咏不绝的人物,每一个时代的作家都能从昭君的身世遭际中找到自己的影子,从而在文学史上,形成了昭君题材的一系列作品。一个题材,前人创作的越多,后人越难以为继,难以自创新意。吴雯的这首诗视角新,见解新,在老题目里做出了新文章,和前代众多的昭君诗比较,自具风采,自立一说。

  写昭君自然离不开昭君的故事,前代诗人多从昭君出塞,留恋汉庭君恩入手,而这首诗独具眼光,从昭君"不把黄金买画工"切入。葛洪《西京杂记》云:"元帝后宫既多,不得常见,乃使画工图形,案图召幸之。诸宫人皆贿画工,多者十万,少者亦不减五万。独王嫱不肯,遂不得见。"李商隐《王昭君》诗云:"毛延寿画欲通神,忍为黄金不顾人。"后来的杂剧变文多数把昭君的悲剧归咎于毛延寿的贪鄙,而吴雯则对"独王嫱不肯"做了一番思考。"不肯"二字说明王嫱既不是没有,也不是不舍,乃是"进身羞与自媒同"。"自媒",为自己说好话,炫耀自己以求取悦于人。昭君"貌为后宫第一,善应对,举止闲雅"(《西京杂记》),她是一个才貌兼具的佳人,进入宫中,当然希望进身于君;然而,是等识者自来,还是"自媒"于人,这却是进身之前不可不慎的事。宫嫔们十万五万地去贿赂画工,希望画工把自己描摹得漂亮一些,以博得君主的宠爱,而昭君则不然,一个"羞"字写出了昭君清高傲岸的节操,她不屑于用这种卑贱的伎俩达到邀宠的目的,只求能堂堂正正地进身。若进身的途径不正当,她是决不会涉足的。两句诗一表一里,已写出昭君丰满的形象和超然的人格,下面,就只待作者给以恰切的议论了。

　　三、四句用一流水对,以连贯的句式、语意、文气对昭君的行为发表议论,"始知绝代佳人意"承第一句而来,"即有千秋国士风"承第二句,说昭君不贿画工之意,乃是如吕望垂钓渭水之滨,诸葛孔明隐居南阳隆中一样,只待识者自来,不屑于自荐,更耻于自夸,这种品格正是"千秋国士风"。诗人没有把昭君看作一个和亲的美人,也没有把昭君看作只知感恩思君的妃子,却视为一个具有高风亮节的国士。这里,诗人第一次赋予昭君如此崭新的思想意义,树立起一个新的昭君形象。

　　前四句以扬的手法写昭君的高尚,后面四句写昭君的悲剧命运,造成情绪上抑的效果,两相并举,令人读之生悲。第五句化用杜甫《咏怀古迹》中"环珮空归月夜魂"的诗句,第六句化用同诗"千载琵琶作胡语,分明怨恨曲中论"的诗句。"几曾"用一反诘句式,诗意陡转,由赞扬昭君的人格到哀叹她的命运,用杜诗却反其意。杜甫为了突出昭君对故土的眷恋,臆想昭君虽留冢塞外,但魂灵还在月夜回到汉邦。这首诗点破这一层虚妄的假说,击碎了杜甫那善良的愿望,说昭君出塞后,就是她的灵魂也不曾,其实是不可能回到故国。从昭君的人格看,既然她不贿画工,羞与自媒同,那么,出塞之后,她的魂灵又焉肯枉驾自荐吗? 这一句看上去是不同意杜甫的说法,实则作者仍是紧扣昭君的"国士风",写昭君的风操。昭君越是这样傲岸,她的怨恨就越是深沉,故只有托之琵琶之声,让南飞的鸿雁携归故国。琵琶本为胡人乐器,弹奏的乐曲也多为塞外胡音。石崇的《王昭君辞》曰:"元帝以后宫良家子明君配焉。……令琵琶马上作乐,以慰其道路之思。……其造新曲,多哀怨之声。"后人同情昭君,写了《昭君怨》、《王昭君》等琵琶乐曲,以传达怨恨的主题。昭君的琵琶声,表达的正是"恨帝始不见遇"的怨恨之情,如杜甫所言"分明怨恨曲中论";也有怀念故土的忧思,如王安石《明妃曲》所言:"寄声欲问塞南事,只有年年鸿雁飞。""惟许"二字可见昭君处境的窘迫,只有南来北往的宾鸿可以带来家园的气息,而汉朝把她当做政治王牌玩弄后,就几乎永远抛弃了她,《后汉书·南匈奴传》:"呼韩邪死,其前阏氏子代位,欲妻之,昭君上书求归,成帝敕令从胡俗,遂复为后单于阏氏。"汉朝的国君们始则"画图省识春风面",继则"马上琵琶万里行",终则"独留青冢向黄昏",一步步把昭君推入不堪忍受的悲剧中。这两句诗把昭君高尚的人格和不堪的命运触目惊心地并列在一起,实可启人深思。

最后一联:"天心特为留青冢,春草年年似汉宫",青冢,昭君墓,在呼和浩特市南。相传塞上草白,独昭君墓草色常青。这两句是说昭君思汉之情,只有上苍知之,使她坟上的青草年年如在汉一般,让青草告诉天下,告诉后人,昭君生前死后无时不在思念故土。这两句结极为沉痛,天地尚且有情,何独汉庭无情如此。然则昭君之不幸,实乃国士之不遇,实乃朝廷的昏暗无目。

这首诗发端突兀,结句悠长,剪裁新颖,用笔经济,见地极为深刻,感慨也极为深沉,是咏昭君系列中的一首佳作。

(孙之梅)

次青县题壁　　　　　　吴雯

去年九月长安来,鲤鱼风起船旗开。
本年三月旧山去,马上绿杨掠飞絮。
旧山风景复何如?昨日家人有报书:
当门万里昆仑水,千点桃花尺半鱼。

吴雯家居山西蒲州中条山南麓永乐镇。其地南滨黄河,境内有玉溪,为唐代诗人李商隐居处之地,故商隐号"玉溪生"。吴一生游食于燕赵齐鲁吴越秦楚,足迹几遍天下。他早年到过北京;三十七岁时,应征召二至京师;十多年后再游帝都。虽诗名倾动一时,却始终未得跻身仕途;一代才人,终于饮恨西还,老死牖下。这首诗是他游京津将返故乡、途经河北青县时题写在旅邸壁上的。揣摩诗意,当是第二次到北京应征召时的作品。诗中"长安",代指北京。

从字面看,这首诗写的是天涯倦旅后对家乡的向往情怀;骨子里却含有求仕不遇、惆怅西还的情绪。尽管诗人把这种情绪写得很隐约,细细品味还是可以触摸得到的。

先看诗的前四句。去年九月,他被褐怀玉,从家乡初到京师,应博学鸿辞科的征选，对前途原本是充满了信心的。这种心情的表达，虽不同于李白受唐玄宗征召入都时写的"仰天大笑出门去，我辈岂是蓬蒿人"那样欣喜若狂，毫无掩饰；但"鲤鱼风起船旗开"，那飞扬的景象已暗暗透出消息。"鲤鱼风"是九月的风。风起旗飘，征帆似箭，不隐然可见"乘风破浪会有时，直挂云帆济沧海"的意气吗？及至今日应征落选，重返旧山，当初"风起船旗开"的飞扬意气，已化作"绿杨掠飞絮"的暮春景色。此时百花凋尽，芳菲已歇，自然界只剩下"唯解漫天作雪飞"的柳絮飘扬了。这种景象的变化，不分明是诗人惆怅、失意心情的折光吗？但是诗人写来极有分寸。他这次考试落榜，是由于"耽寂守素"，不愿与"宛颜低眉、望门求知者竞驰逐"（王渔洋语，见《带经堂诗话》）。因此他虽然落选，却保持了高蹈的人格，赢得了士林的推重。而且，他这次上北京，结识了一代诗豪王渔洋这样的平生知已；何况自己年龄才不过三十多岁，来日方长；因此，"马上"仍有"绿杨掠飞絮"。一个"掠"字，表明他的心情虽然惆怅却不是沉重的，他依然没有丧失信心。这前四句诗，用景色变化写应举落选前后不同的心情，有失望，也有希望；有惆怅，也有慰安。那种复杂的情怀，藉一个"开"字，一个"掠"字，隐隐透露出来，极见炼句炼字功夫。再说，四句诗中，一三句用叙述性的常语，二四句出以形象鲜明的隽句，一常一隽，平奇间出；在章法上，也富于起伏变化。

后四句写诗人对"旧山"的向往，依然隽常并陈，雄秀互见。"旧山"二句较平，言诗人的仆人来信报告家乡的情景，而尾联"当门万里昆仑水，千点桃花尺半鱼"，则奇句振起，是全诗中最精警的一联。据王渔洋《池北偶谈》所记，吴雯另一首七绝《答人》，也用这两句作结，可见诗人对这两句诗多么自负自珍。渔洋激赏这两句诗，在其《分甘余话》、《池北偶谈》中再三称引，并向同僚刘体仁、汪琬、叶方蔼诸大佬一再推荐，不无偏爱地称吴雯为继曹子建、李太白、苏轼之后的唯一"仙才"，使吴的诗名大噪都下。究竟这两句诗好在哪里呢？依我看，好就好在既切地望时令，又意象高远，涵蕴丰腴。吴雯住在黄河岸边，古人以为黄河之水来自万里昆仑，所以说"当门万里"切于地望。三月间回旧山去，正值晋地桃花盛开，因此说"千点桃花"切合时令。进一步分析："万里昆仑水"，有黄河之水天上来，万里奔腾，不舍昼夜的气概，象征诗人胸襟气局依然恢宏。"桃花尺半鱼"，化用张志和"桃花流水鳜鱼肥"句意，暗示诗人有高隐渔樵，啸傲山水的襟怀。再说，这两句描写的景象，前者壮美，后者优美；一见雄肆，一见娟秀；那气韵也是兼具抗坠抑扬之美的。这两句诗气象之高华，蕴涵之丰腴，你细细咀嚼，层见迭出不尽。无怪乎王渔洋要逢人推荐，称引再三了。

这首诗还有一个突出的特点必须拈出：它极具整体美。从格律看，八句中两用三平调,韵脚平仄更迭,七古中近乎乐府歌行。从语言看,隽常并出,似绝不经意,自然浑成。从风调看,清新飘逸,仿佛有灵气流荡其间。讽诵回环,但觉和谐流贯,诗中有一股清泉,沁人心脾,而不是靠一句之奇、一字之巧取媚凡俗。赵执信称吴诗"千顷之陂,不可清浊;天姿国色,粗服乱头亦佳。皆非有意为之也"(《谈龙录》),是很有眼光的。吴诗的佳胜,就在于无意中得自然、完整之美。大概,这就是王渔洋所艳称的"仙才"的不可及处。

(赖汉屏)

【诗人小传】

孟亮揆

(约1685年前后在世) 字绎来,长洲人。康熙九年进士,官翰林侍讲。

于忠肃墓

孟亮揆

曾从青史吊孤忠,今见荒丘岳墓东。
冤血九原应化碧,阴磷千载自沉红。
有君已定还銮策,不杀难邀复辟功。
意欲岂殊三字狱,英雄遗恨总相同。

这是一首咏史诗。明前期杰出的政治家、军事家于谦,谥忠肃,其墓在杭州西湖岳飞墓的东边。

诗的一二句是说诗人过去曾在史书上了解到于谦的耿耿忠心和独撑危局的事迹,为之深深地感动,现在终于见到于谦的墓地,并能在坟前祭奠他。"曾""今"两个时间副词,首先表达的是作者对于谦始终不衰、历时久远的崇敬之情;其次,诗中通过这两个词,把南宋和明代中叶的历史背景、事件、人物放在一起,以岳飞来映衬于谦,咏史的韵味更加深远,咏叹的事件也更加触目惊心,发人深思。这两句发语平平,但以"曾""今""吊""见"等词语把人带到深沉的历史感中,使后文的议论史实、陈述事件水到渠成。

三四句紧承上文议论史实。冤血化碧见于《庄子·外物篇》:"人主莫不欲其臣之忠,而忠未必信,故伍员流于江,苌弘死于蜀,藏其血三年而化为碧。"苌弘为周大夫,忠而遇谗,流放至蜀,自恨而亡,蜀人感之,藏其血而化碧。九原,指中国九州。阴磷沉红,指人尸骨的磷火。王充《论衡·论死》云:"人之兵死也,世言其血为磷。"这两句表面上为于谦鸣冤,实际上委婉地谴责皇帝,指出英宗正是杀害于谦的罪魁。"九原""千载"为数对,但一个空间,一个时间颇为精巧。蜀人藏血三年化碧,而于谦之血将为九州大地的人民所藏,于谦的英灵千载不灭,以沉红的尸骨告诉后人君主的昏暴和奸佞的卑鄙。这两句用典十分巧妙,前一句嵌入"九原",后一句加进"千载",典故不仅具有达意的功能,而且把相距两千余年的两个历史人物放在一起,以苌弘衬托于谦,突出了于谦千古难得的忠心和他的千古奇冤。五六句具体陈述于谦被杀的史实。"有君已定还銮策",说于谦是英宗还朝的策划者、主持者。正统十四年,英宗被俘。于谦力主抗敌,驰骋沙场,经过五天的北京保卫战,击退了瓦剌军,保卫了京城,安定了明王朝的社稷。又是于谦防御抗敌奏效,迫使瓦剌军主动送回英宗,恢复朝贡。英宗将回,朝议纷纷,于谦力主迎驾。这诸多的事实,哪一件不能说明于谦的光明磊落,耿耿忠心?而事态的恶化也正是从英宗还銮后开始的,景泰八年,英宗复辟,第一件事就是执于谦下狱。石亨、徐有贞诬陷于谦有另立储位之谋,英宗开始还犹豫,曰"于谦尚有功",徐有贞曰:"不杀于谦,此举无名。"帝意遂决。(《明史·于谦传》)于谦终于做了英宗夺取皇位,以及石亨、徐有贞辈争夺权利的牺牲品。两千年前苌弘的悲剧是由君昏臣佞造成的,而明朝于谦的悲剧则是英宗一伙明知于谦有功,明知于谦无辜,而只为了复辟有名而一手导演的。诗人深刻地揭露了封建政治的虚伪卑鄙。这两句诗如同两人的对话:英宗曰:于谦还銮有功。徐有贞曰:不杀于谦复辟无名。又如读者和作者的问答,读者曰:没有于谦哪有英宗的安然回宫?作者曰:不杀于谦,石、徐辈哪里建立功勋?两句诗中既有于谦悲剧导演者的生动再现,也包含了诗人一针见血的揭露。

诗的第七句写英宗一伙给于谦定的罪名。《明史纪事本末》云:"有贞嗾言官以迎立外藩议,劾王文,且诬谦,下狱。所司勘之无验,……有贞曰:'虽无显迹,意有之。'法司萧维桢等阿亨(石亨)辈,乃以'意欲'二字成狱。""三字狱"指秦桧以"莫须有"三字杀害岳飞。"意欲"二字狱与岳飞"三字狱"有何不同?"岂殊"二字表达诗人极大的愤慨。"英雄遗恨总相同,"是啊,岳飞、于谦,还有其他的忠臣能将,有多少不明不白地冤死在昏君奸臣的手中?"总"字便是作者读史得出的史论,其中也包含了作者对现实的感慨。

这首诗作者慷慨悲叹,议论横出,惋惜、愤激之情充斥于字里行间,有很深刻的思想意义和强烈的感染力。艺术构思也很见功力。诗的主旨是咏于谦的,同时又在首尾提携岳飞,中间穿插了苌弘,以史来咏史,以史来论史,一首律诗中,放进了三个历史人物,并以其勾勒出中国两千年的封建历史,得出了"英雄遗恨

"总相同"的结论,对封建君主和封建政治的谴责已尽在不言中。　　（孙之梅）

诗人小传

张实居

清诗人。字宾公,一号萧亭,山东邹平人。著有《萧亭诗选》。

桃　花　谷

张实居

小径穿深树,临崖四五家。
泉声天半落,满涧溅桃花。

　　桃花谷这个名称就很美,使人联想到世外桃源。虽然这里不通水路,未许渔郎问津。但由于泉声的吸引,游人可以寻找小径,穿过深树渐渐走近这山谷。"小径穿深树"一句,就暗含这样的探幽情事,有类此经历者自能体会,并不像它字面写的那样简单。走出深树,眼前豁然开朗,于是看到那满是桃花的山谷、山涧和仰头看不见顶的崖壁,一道飞瀑就很有气势地从上面注下来。"临崖四五家",这里的居民不多。山里人,性情纯朴,绝类桃源中人。这些诗中不写,读者幽然心会。
　　最美的是后两句:"泉声天半落,满涧溅桃花。"上句能使人联想到李白的"飞流直下三千尺,疑是银河落九天"(《望庐山瀑布》),但诗人不说"泉'流'天半落"而说"泉声",就很妙,一个字就把桃花谷的声息环境和盘托出。那声音是清壮的,虽然很大,但在谷中回荡,很有韵味,绝不同于城市噪音,故觉宜人。尤妙的是末句,泉水落入潭中,会溅起水沫,未必能溅起满涧桃花。但涧中多落红也是实情,诗人一高兴,就桃花谷的名称和眼前一片红云似的景色着想,遂造成这样的幻象:"满涧溅桃花。"至于哪是涧底的花片,哪是空中的飞花,哪是树头的鲜花,一时都分不清,仿佛都成了瀑水溅起的桃花。这境界足可比美于李贺的"桃花乱落如红雨"(《将进酒》),使这首小诗给人以难忘的印象。
　　　　　　　　　　　　　　　　　　　　　　　　　　　　　　（周啸天）

夜　　雪

张实居

斗室香添小篆烟,一灯静对似枯禅。
忽惊夜半寒浸骨,流水无声山皓然。

　　这是一首即兴偶成之作。它惟妙惟肖地刻画出诗人在雪夜的感受和夜雪的神情。首二句写的是一个充满温馨气氛的小房间,房间里充满薰香的气息,空中弥散着袅袅有如篆书的香烟。房间里坐着一个不眠的人,他对着一盏灯,拥裘而坐,仿佛参禅入定。"似枯禅",当然不是真的进入禅定,而是那姿态表情象煞。诗人没有交待这是个什么房间,也没有交待他干什么——因为这对于"夜雪"主题无关紧要。你可以想象这是一间书屋,屋中人焚香夜坐,是雪夜用功,或者是"雪夜读禁书",总之他神情专注,心无旁骛,忘记了身外的一切,忘记了冬夜的严寒。

这两句首先刻画出一种忘情的境界,对突出下两句"忽惊"的感受,是非常必要的。如果屋中人先就对天气很在乎,也便没有后来的惊奇感了。"夜雪"在这一点上和春雨一样,就是"随风潜入夜",渐积"细无声"。所以诗中主人公很久都没有发觉天降大雪了。直到夜半雪积甚多,气温骤降,令人不可禁当。他这才猛地打了个寒噤,觉得有点不对。于是从禅定的状态中惊醒过来。推窗一看,对面的山峰白得耀眼,而门前的溪水已没有流水的声音。"忽惊夜半寒浸骨,流水无声山皓然"二句之妙,在于写出雪夜的真切感受。"忽惊"云云,见得夜雪之来,神不知鬼不觉。"夜半"是一夜中气温最低的时候,积雪大都发生在半夜后,所以也才有寒浸骨之感。"流水无声山皓然"写出了一个新鲜的发现,可见入夜以前门前溪流有声,而对面的山头无雪,所以才叫诗人惊讶,"无声"二字不仅暗示出溪冻断流,而且也酷肖夜雪和雪夜的静谧肃穆的神韵。

唐韦应物《休日访人不遇》有"怪来诗思清人骨,门对寒流雪满山"的名句,与此诗末二句异曲同工。故沈德潜评此诗云:"不明点雪,读末句神于赋雪矣。左司(韦应物)'门对寒流'之后复见此诗。"(《国朝诗别裁集》)咏雪之作不出"雪"字是容易办到的,但要刻画夜雪的神韵(即给人独特的感受),则非有敏锐的感受力和精确的表达能力不可。

(周啸天)

洪昇

(1645—1704) 字昉思,号稗畦,钱塘(今浙江杭州)人。康熙时,任国子监太学生。先后从王士禛、施闰章学诗;其诗多流露感叹兴亡的思想情绪。康熙二十七年(1688),《长生殿传奇》定稿,曾称誉一时。康熙二十八年(1689)因演出《长生殿》,逢佟皇后丧期,触犯禁忌,太学生籍被革。后漫游江南,在吴兴醉后失足落水而死。有诗集《稗畦集》、《稗畦续集》、《啸月楼集》。杂剧今有《四婵娟》。所作尚有传奇《迴文锦》、《迴龙院》、《闹高唐》等,均已不存。

【诗人小传】

京东杂感十首(其一)

洪 昇

雾隐前山烧①,林开小市灯。
软沙平受月,春水细流冰。
远望穷高下,孤怀感废兴。
白头遗老在,指点十三陵②。

〔注〕① 烧(shào):山上烧的野火。 ② 十三陵:明朝成祖以下十三个皇帝的陵墓,在今北京昌平区。

康熙二十年(1681)二月,王泽弘送仁孝皇后、孝昭皇后灵柩至昌瑞山陵,诗人与之偕行,途中往还所经,或为明边塞重镇,或近明帝陵墓所在,于是缅怀明室,寄寓感慨,作《京东杂感》十首,此是其一。

诗前半部分写景,描写北京东郊一带初春景致。雾气笼罩着前山的野火,凭高远眺,在密林的分开处,隐隐透着街市的灯光。柔软的沙滩平平地铺展着遍受月光的照抚,春水缓缓流淌,水面漂浮着几许浮冰,已被春水冲洗得很细长了。

下半部分抒怀。"登高临远,每足使有愁者添愁而无愁者生愁。"(钱钟书《管锥篇》)诗人孤身一人,极目远望,京东明帝陵墓穷尽眼底,触景生情,感慨兴亡。结穴两句,"白头遗老在,指点十三陵",寓意颇深。明亡已四十年了,前朝遗老,仍念念不忘旧国,以指点十三陵,回忆往事,来寄托故国之思。或者说,此时清廷统治已趋稳固,故国遗老,见大势已去,无能为力,无奈之余,只有以指点十三陵来聊作慰藉,以寄哀思。字面上讲遗老,实是作者含蓄委婉地表达自己的孤怀所感。

诗人所以有这样的故国之思,与其早年所受的熏陶有关。他的老师陆繁昭、毛先舒及师执柴绍炳、张竞光等,都是心怀明室,誓不仕清的节义之士,受他们的影响,生活在明亡后的洪昇,也有如许的故国之思。

此诗以颔联写得最出色,沙滩是"软"的,所以日久必然平展,春水缓缓流着,所以对坚冰不是猛力击之碎,而是将其慢慢侵蚀变细。"平"、"细"二字,都是常用词,这里,诗人的手笔,有化腐朽为神奇之功。此外,更重要的是,这二句似乎还在讲述这个道理:软弱的东西,终究要平伏下来;而坚硬的东西,也有被消磨的可能。若是这样,尾联中的"白头遗老",便不是突兀地出现在诗末了——他们虽然还不肯当软沙去"受月"(月属阴象,古诗中通常暗指"胡",即异族,本诗似亦同之),仍秉坚冰之志;但无奈岁月的"春水",已使坚冰变细,再也没有撞击之力了!

(黄 洽 沈 价)

雪　　望　　　　　　　洪　昇

寒色孤村暮，悲风四野闻。
溪深难受雪，山冻不流云。
鸥鹭飞难辨，汀沙望莫分。
野桥梅几树，并是白纷纷。

此作写山村雪景。

暮色苍茫，山村孤寂，寒风肆虐，呼啸四野，首两句概括描写山村冬夜荒寒景象。以下六句，具体写雪景。山村的溪流由于水深，雪落下去就融化了，所谓"难受雪"；远山好像冻住了，山上的流云也凝结不动了，诗的颔联"写尽雪望"（沈德潜语），为一篇警策处。远远望去，飞掠而过的是鸥是鹭，难以辨明；水中陆地与沙滩岸边被皑皑白雪覆盖住，一片银白，不能分清，整个世界都披上了银装，连野桥边的那几株梅树，也都挂满了厚厚的白雪。"有雪无梅不精神"，这首诗如果没有野桥边的几株梅树的点缀，那么前面所描写的一片雪景就成了滞景，正是由于这几株梅树的映衬，使整个画面都活了起来，几株梅树与前面描绘的景色浑融一体，为全诗增添了神韵。尾联两句与首句"孤村"相应，点明山村雪景。

诗以白描笔法，勾勒了一幅山村雪景图，描写雪景，由近及远，又由远而近，层次分明，脉络清晰，画面苍茫辽阔，词语平淡而意境浑融。

此诗全是景语，无一语及情，而"风景即心境"，"野桥梅几树"不正是诗人的自我写照吗？"驿外断桥边，寂寞开无主"，诗人孤寂、冷绝、无人理解的情怀，力透纸背。

（黄　洽）

客　　愁　　　　　　　洪　昇

夜夜贾舡里，思乡愁奈何。
醒听北人语，梦听南人歌。

洪昇的一生经历十分坎坷，虽然他出生于江南古城杭州的一个仕宦之家，早年生活较为富裕，但到了青年时代，因旁人的离间而与父母关系恶化，二十九岁那年冬天被迫离开故乡，长期寓居北京，直到四十六岁才回乡居住。在京期间，又由于他为人脱略不羁好讥评权贵而受到当政的"北党"的排斥，一生落魄，郁郁不得志。《客愁》是他飘泊在外时的思乡之作，诗的结构十分简单，仅截取了漫漫长途中的一个片断,但字里行间透露出无限辛酸,给人以历尽沧桑之感。

在诗的前半段中,诗人用"夜夜"来点明旅途的漫长。诗人从何处来?又将到何处去?诗中没有交待。我们所看到的只是一个疲乏的游子,独自困守在船舱里。"贾舡"指商人的船,明清时,商人社会地位不高,尤其是儒生,对商人通常是比较轻视的,如果不是因为经济上的拮据,作者大概不会去搭商人的便船。因此,"夜夜贾舡里"一句,看似平淡,却蕴含了诗人精神上的错位和失落。

船上生活枯燥乏味,白天尚可观赏沿途景色排遣愁怀,入夜之后,孤衾难眠,心情又是如何呢?也许他想起了高堂的父母,尽管他们之间曾经有过种种误解,但他对父母的养育之恩始终不能忘怀;也许他想起了童年的伙伴,那纯真的友情,那无忧无虑的欢声笑语,如今,又到哪里去寻觅呢?故乡是那么遥远,命运的长河明天又将把他送往何处?面对点点渔火,诗人又怎么能不感到愁绪万千?又怎么能不一声声徒唤奈何?

诗的后半段进一步写乡愁,舟行途中可记的事情很多,但作者却紧扣"醒"和"梦"做文章,视角十分独特,使人形象地感受到旅程的单调乏味和诗人内心的深深的苦闷。"北人语"三字很值得玩味,把诗人与周围的世界完全割裂开来了,在诗人眼中,他所置身于其间的那个世界显得陌生而难以沟通。其实,诗人所感到格格不入的岂止是船上的一群,寓居北京数十年,始终被当政的北党目为异己,受尽排挤和打击,他的命运颇有点类似于卡夫卡笔下的土地测量员,始终在城堡四周徘徊,始终无法进入到城堡中去。在这两句诗中,"醒"和"梦"构成一个对比,"北人语"和"南人歌"又构成一个对比,在两个对比的矛盾冲突中,前半段里所隐隐流露出来的那种错位感和失落感便显得格外强烈,格外动人心弦。同时,诗的主题也进一步深化了。在这首诗中,诗人所表达的不仅是一般的思乡之情,而是一种深深的忏悔,是对功名一途的否定和对新的生活的想往。然而,正如梦中的歌谣美丽却又虚无一样,但所想往的新生活也同样的遥远而不可求。康熙二十七年,作者完成了他的名著《长生殿》,不久,便因国丧期间觞演戏曲的罪名受到斥革监生的处分。回乡后,诗人的生活越益潦倒,最终酒醉坠水而死,结束了他悲剧的一生。

洪昇的诗古雅清整,与时尚不合,因此,在当时颇受人非议,毛奇龄曾作过一个十分形象的比喻,说洪昇的诗犹如质地美好的古玉,时人只看到它表面的斑驳,却不知道它内在的美质。(见金植《不下带编杂缀兼诗话》)这一比喻很恰当,对我们欣赏洪昇的诗颇有启发,确实,洪昇的诗在平易中见功力,在疏淡中显真情,必须细细品味,才能领略到它的好处。

(黄锦章)

晚　　泊　　　　　　　　　　洪　昇

空江烟雨晚模糊,越峤吴峰定有无?
宿鹭连拳鱼泼剌①,败芦深处一灯孤。

〔注〕① 连拳:蜷曲貌。泼剌:鱼跃声。

此诗写作者晚泊时的所见、所闻、所感。

首两句,写远望所见,"江"以"空"字点出,言江面空旷辽远,漫无涯际,远远望去,一片模糊。"晚"字点出题目。在濛濛细雨、茫茫暮色的笼罩下,远处的山峰若有若无,忽隐忽现。越峤,指浙江境内的高山。吴峰,指苏州一带的山峰。越峤、吴峰,在诗人的视野之内,说明诗人晚泊之处在此不很远的地方。

上二句是疏笔勾勒,第三句,作者由远及近,转为细致描绘,捕捉了晚泊时分两种具有特征性的情景,紧扣题目。"宿鹭连拳",是近所见,鹭鸟,江上特有的动物,常蜷缩一团,以消永夜。鱼泼剌,是所闻,永夜寂寂,只有鱼儿的跳跃声,清晰可闻,静中之动,弥见其静,使人有不堪其静之感。这鱼儿跳跃之声,也说明诗人夜不成寐。诗人为什么如此呢? 结句透露了个中消息,"败芦深处一灯孤",一"孤"字,泄露了诗人的心怀,原来是孤独寂寞的情绪萦绕着诗人,使之心绪万端,欲眠不得。只身远游,泊船江中,难免有"飘飘何所似,天地一沙鸥"之感。孤寂的情怀与败芦深处的暗淡灯火相互衬托,以景衬情,加重了这分孤独感的份量。

这首诗以巨大空茫的烟雨江景为背景,以山峰的若有若无暗示了诗人的前程飘泊不定,在如此的大背景下,诗人又安上了一盏孤灯,且深在败芦中,只能闪出微火些光,更能显现他的孤零之甚。鹭的夜宿,似在安慰他——野泊的不仅是你一个;鱼的泼剌,似在怜悯他——太静了,人何以堪,给你一点声响吧:但鹭、鱼的安慰与怜悯,也同样衬现了他的孤独。所以,本诗字面上看,所写景物彼此无干,其实,它们都统一在诗人的思绪之中,读来真有浑然一体之感,由此亦可见诗人摄取景物的眼光之高妙。

这首诗不用典故,用字精炼,短短的小诗,意象丰富,语言朴素清丽,"清整有大历间风格"(厉鹗《东城杂记》卷下《洪稗畦》语)。沈德潜说洪昇诗"疏澹成家",即此可见一斑。

(黄 洽 沈 价)

答　友　人　　　　　　　　　　洪　昇

君问西泠陆讲山,飘然一钵竟忘还。

乘云或化孤飞鹤,来往天台雁荡间。

有一位友人向洪昇打听杭州诗人陆圻(字丽京,一字讲山)的去向,洪写了这首小诗作答,告诉对方:有人说陆出家当了和尚(飘然一钵),也有人说他入了道(化鹤),成了仙(乘云),总之是不知所终。诗四句,一眼看去,意思如此简单。但是,当你弄清了陆讲山是何许人,与洪昇是什么关系,以及他为什么弃家出走,一去不还,你就会理解洪昇写这首小诗时的思想感情,会感到这小诗的含蕴并不那么简单。

陆讲山是清初诗人。陈子龙结"登楼社"于西湖,陆与丁澎、毛先舒、沈谦等十人被目为"西泠十子"。陆以文学志行,被许为社中翘楚。康熙二年(1663),庄廷钺私刊《明史》,语触时讳,清廷大兴文字狱,株连被杀者七十二人,陆讲山也被卷入案中,侥幸留得一命。出狱不久,他就弃家出走,始终不明下落。后来他的儿子成了进士,万里寻父无着,悒悒而死。揣陆讲山之出走,大概是怕"明史案"余波再起,重遭不测;哪里知道他个人虽以身免,儿子却仍然受累。这是他始料所不及的。

洪昇在明亡后二年出生于士大夫之家,他父亲在清顺治十八年(1679)也险遭充军之祸。洪昇的老师毛先舒、陆繁弨都是明末遗民,崇尚气节,不仕新朝。陆繁弨的父亲陆培是明末殉国的忠臣,诗中"陆讲山"的亲弟弟。陆繁弨在明亡之后"伤心家国,无复仕进之心"。洪昇出身于那样的家庭,又受到那样的老师的薰染,自然对满清王朝怀有抵触愤懑的情绪。因此,这首小诗表面上写他满怀轻快的心情,庆幸陆讲山摆脱罗网,高飞远引;实际上表明了他对清廷文网的憎恨,对满清统治的强烈不满。所以说,这诗的涵蕴并不那么简单。

现在回过头来重读这首诗,你会钦佩洪昇把这种感情表现得多么痛快淋漓。他诗中描绘的陆讲山,如孤云野鹤,去来无迹;他这首诗的风神韵致,也如孤云野鹤,飘飘欲仙。他写来丝毫不费气力,恍若快写黄庭,笔触飞动,流走不滞,自然浑成。第二句"飘然一钵",泠然如乘虚御风;第三句"或化"二字,把关于陆讲山去向的种种传说,灵活地连缀组织,不露针线痕迹;第四句"天台雁荡"的前面着"来往"二字,更使诗行呈现活跃跳荡的画面。洪昇精通音韵之学,著有《韵学通指》一书。这首绝句选"山、还、间"三字为韵,都是音节浏响的韵字,只要你多吟诵几遍,便会发现这首诗节奏轻快的音乐美。(注意:近体诗用平水韵,"间"必读 gān。如按普通话读 jiān,则声韵全乖,也就失去了此诗的音乐美。)

读这首诗,使人想起李白巫山遇赦时写的著名七绝《早发白帝城》。那"朝辞白帝"一起,一气奔注,欢快的节奏,浏响的韵律,与诗人遇赦后轻快的心情,浑融一体,极富音乐美。有趣的是,李白那首绝句,用"间、还、山"三字为韵脚;与洪昇这首诗的韵字竟完全一样,只变动了次序。这当然出于偶合,但也可以窥见古人作诗无不重视挑选韵字,力求声情契合,收相得益彰之美。 （赖汉屏）

衢 州 杂 感(其五) 洪 昇

嶄岏岭势矗仙霞①,阻遏妖氛建虎牙②。
障日丛篁劣容骑③,连云列戟不通鸦。
居人乱后惟荒垒,巢燕归来止数家。
一片夕阳横白骨,江枫红作战场花。

〔注〕 ① 嶄岏(cuán wán):峻峭的山峰。仙霞:即仙霞岭,在浙江省江山市南。 ② 虎牙:东汉时将军的名号,后泛指将军。 ③ 劣:仅仅,勉强可以。

康熙二十五年(1686)秋,诗人客游衢州,当时,"三藩之乱"平定不久,又遇到洪水泛滥,衢州一带饿殍遍野,民不聊生,诗人目睹这一惨状,不由得感慨万分,挥笔写下了《衢州杂感》十首,这里选入的是其中之一。

"嶄岏岭势矗仙霞,阻遏妖氛建虎牙",起笔两句写衢州的地势及遭受战祸的原因。康熙十三年(1674),平西王吴三桂在云南起兵反清,不久,靖南王耿精忠和平南王尚可喜也相继起事,史称"三藩之乱"。耿精忠在福建,衢州位于浙江与福建交界处,南边有仙霞岭与仙霞关,是耿精忠由闽入浙的必经之地,因此,清廷在衢州驻有重兵,与耿精忠部发生激战。"阻遏妖氛建虎牙"即指此事。

"障日丛篁劣容骑,连云列戟不通鸦",在颔联中,诗人想象了当年两军对垒时的紧张气氛。山上到处是野生的竹林,遮天蔽日,几乎无法容骑兵驰骋;山势突兀,在云雾深处伏下重兵,连乌鸦都难以凌空飞越。前一句写地形复杂,与"嶄岏岭势"相呼应,后一句写防卫森严,与"阻遏妖氛"相衔接。"连云列戟不通鸦"脱胎于杜甫的名句"连云列战格,飞鸟不能逾"(《潼关吏》),显然,诗人把"三藩之乱"与唐代的"安史之乱"相类比,对之持明显的否定态度。

尽管衢州之役对阻止耿军北上,安定全国形势,具有重要的历史意义,但当地百姓却为之付出了惨重的代价。"居人乱后惟荒垒,巢燕归来止数家",从颈联起,诗人笔锋一转,用沉痛的语调揭示了战乱之后当地百姓的凄凉境遇。大军过后,村庄受到严重破坏,房舍已荡然无存,剩下的只是一处处废弃的工事。即使如此,有幸重返家园的人也不过数家而已。这里,诗人用"巢燕"来衬托"居人",

连巢中之燕都未能免祸,百姓的境遇之惨就不言自明了。

生还者所面对的是一片废墟,罹难者只能抛尸路旁,连个安葬之处都没有。"一片夕阳横白骨,江枫红作战场花",结尾两句哀惋之极,犹如展开了一幅萧杀的古战场图:西风残照,白骨遍野,只有江边的枫叶还是那么红,红得如同鲜血染成的花朵,点缀着这死寂的荒原。"白骨"与"红枫"形成强烈反差,一边是累累尸骨,另一边却是勃勃的生机,诗人用自然界的有情来反衬出人世间的无情,读来令人颤栗不已。

洪昇的律诗受唐代诗人杜甫的影响较强烈,结构严谨,语言凝炼,并且擅长于用具体的形象来表达主题。除了艺术风格上有所继承外,在思想感情上也时有相通之处,读这首诗很容易使人联想起杜甫的"三吏"、"三别",忧国忧民之心悄然见诸笔端,这在清人的作品中是不多见的。

(黄锦章)

钓　　台　　　　洪　昇

逃却高名远俗尘,披裘泽畔独垂纶。
千秋一个刘文叔,记得微时有故人。

这首七绝题为"钓台",咏东汉严光事。严光,字子陵,会稽余姚人,少有高名,与光武帝同学,及光武即帝位,乃变姓名,隐身不见,帝思其贤,令人于州郡访之。后齐地有人上言,见一男子,披羊裘,钓于泽中。帝疑为光,乃备安车玄𫄸,专使往聘,三反而后至,舍北军客馆中,车驾即日临幸。光卧不起,帝即其卧所抚光腹曰:"咄咄子陵,不可相助为理耶?"光眠不应,良久熟视曰:"尧著德位,巢父洗耳,士固有志,何至相迫乎?"帝曰:"我竟不能下汝耶?"于是升舆,叹息而去。除为谏议大夫,不屈,乃退隐于富春山(在今浙江桐庐)。后人称其游处之地为严陵山、严陵濑。垂钓之处,称严陵钓台。事见《后汉书·隐逸传》。钓台,下瞰富春渚,有东西二台,各高数百丈。

诗的前两句:"逃却高名远俗尘,披裘泽畔独垂纶。"概说严光能逃却高名,甘心披羊裘独自在富春渚垂钓,对世间荣禄,毫不动心。堪称特立独行之士。因之后世咏其人其事者,多以赞颂为主,如李白《古风》其十二咏严陵事云:"昭昭严子陵,垂钓沧波间。身将客星隐,心与浮云闲。长揖万乘君,还归富春山。清风洒六合,邈然不可攀。"对他表白高度崇敬的心情。范仲淹《严先生祠堂记》赞其高风亮节云:"云山苍苍,江水泱泱,先生之风,山高水长。"可见其事迹感人之深。

然而严光的行事,如果拿儒家的标准来衡量,也还有可议之处,儒家以利济天下为目的,所以有"达则兼济天下,穷则独善其身"之说。严光当国家中兴之际,民生凋敝,人才寡少,为君者,虑恐德薄才浅,致生民之受患,礼贤之心甚切,是以致光于朝,而光乃飘然以往,不以天下苍生为念,惟以栖岩滨水为乐。中国非不可有为之世,光武非不可共事之君,而光以逃名为高,虽说士各有志,殆亦昧于行藏出处之理者。所以作者在这首诗中对于严光,只说他"逃却高名""远离尘俗",不作更多的称誉。

再看诗的后两句:"千秋一个刘文叔,记得微时有故人。"这两句以重笔表彰了严光的故人——刘秀。也是这篇诗命题的主旨。作者感念三千载以来,历史上的君主,能不忘微时故人者,只有刘文叔一人,"文叔"为汉光武帝刘秀之字,光武即位独能不忘贫贱之交,礼贤访士,希望旧时相知之故人,能助其为治,这在历史上实属罕见。以视越王勾践、汉高祖刘邦等人在其尊显之后,就残害其共处贫贱、患难时之故人,尤为不可同日而语。即以严光而论,倘非刘文叔三次遣人礼聘,未必能留下高世绝俗的清名,纵使隐居岩壑,垂钓水滨,久后也不过与蒿莱一同归于自然而已。作者如此着笔,可谓独具只眼,善于立言。宜乎沈德潜评此诗云:"表彰光武帝,正所以感叹在贵忘贱者之古今皆然也。"(《清诗别裁集》)

(马祖熙)

【诗人小传】

潘耒

(1646—1708)　字次耕,号稼堂,江苏吴江(今苏州市吴江区)人。尝师事顾炎武。康熙十八年,应试博学鸿词科入选,授官翰林院检讨。曾参与纂修《明史》。后免职归乡。诗多写自然景物,风格朴实清隽。著有《遂初堂集》。

广　武　　　　　潘耒

盖世英雄项与刘,曹奸马谲实堪羞。
阮生一掬西风泪,不为前朝楚汉流。

这首咏史诗,题为"广武",是从阮籍"广武叹"着笔。广武在今河南荥阳市东北,汴水自三室山广武涧绝流,广武山隔涧各有城堡,东为楚王城,西为汉王城。秦末,项羽、刘邦曾隔涧为阵。魏、晋易代之际,阮籍尝登广武山,观楚汉交战处,叹曰:"时无英雄,使竖子成名。"(见《晋书·阮籍传》)前人多谓阮籍之叹,是说刘、项之争,刘邦本为竖子(为人瞧不起的小子),但竟成帝业,可见时无英雄,乃使刘邦得以成名。作者洞察史事,一反此说,在诗的起句,斩钉截铁地肯定刘、项皆为盖世英雄。刘邦当秦末群雄并起之时,利用时机,使萧何、张良、韩信等并世英杰皆为所用。韩信且以偏裨得拜大将,至今流传着"登坛拜将,一军皆惊"的故事,可见刘邦知人善任,因而终成帝业,算得上是英雄。项羽为人慷慨英迈,勇冠三军,披坚执锐,力摧秦军主力,钜鹿之战,更使秦军丧胆。虽在秦亡之后,短于谋略,不肯用范增之计除掉刘邦,但其人光明磊落,仍然称得上盖世英雄。所以阮籍所称的竖子,断非刘项。

次句"曹奸马谲实堪羞",阮籍生当魏晋之际,亲眼看到曹操父子以权奸篡国,司马懿父子以诡诈起家,对曹马二家,都很鄙视。所以作者认为广武之叹,乃是阮籍为忧时而发,时无英雄,乃使"曹孟德,司马仲达父子以狐媚得天下"(用石勒语)。所谓"竖子成名",竖子当指曹丕、司马昭之流。他们虽然称帝称王,权倾一世,迹其行事,阴险狠毒,只能使正直之士为之含羞。曹丕的母亲卞氏,就曾骂过曹丕说:"狗鼠不食汝余!"司马昭处心积虑,阴谋篡位,无恶不作,大杀曹魏集团中的人士,禁锢曹氏宗室,魏帝曹髦就曾指出过:"司马昭之心,路人皆知也。"可见其阴谋变节,行为卑鄙到何种程度。作者如此论断,确能令人信服。

后两句云:"阮生一掬西风泪,不为当时楚汉流。""阮生",自然是指阮籍,阮籍生于建安十五年(210),卒于魏常道乡公曹奂景元四年(263),他的父亲阮瑀是建安七子之一。阮籍一生自十一岁以后都是在曹魏度过的,曹魏自明帝曹叡之后,大权旁落,朝政已为司马氏集团所控制。阮籍在《咏怀》诗中,多次表示对时局的忧虑。《咏怀》"驾言发魏都,南向望吹台"一首,借战国时代之魏,比喻曹魏。"战士食糟糠,贤者委蒿莱,歌舞曲未终,秦兵已复来。夹林非吾有,朱宫生尘埃"诸句,指出魏明帝末年,歌舞荒淫,不知求贤讲武,以致国家日趋衰微。他对司马氏以礼教掩盖篡夺的丑行,也曾在诗中警告他们说,作威作福,好景不长,如《咏怀》五十四:讽刺他们是"不见日夕华,翩翩飞路旁"。《咏怀》六十七指责司马氏集团是伪善在貌,蛇蝎为心,他们是"外厉贞素谈,户内灭芬芳,放口从衷出,复说道义方"。在外标榜仁义道德,私下里则丑态百出。司马氏最终以"禅让"取代了曹魏,阮籍在诗中的揭露,正击中了他们的要害。阮籍本为英迈之士,他在年青的时候,也曾有济时之志。在《咏怀》诗中,就有所流露,后来感到时危世艰,环境险恶,内心充满痛苦郁抑,他才酣饮放达,时而惊恐不安,若大祸之将至。他很想远离统治阶层斗争的漩涡,他徘徊歧路。欲诉无门,像"生命辰安在,忧戚涕沾襟","殷忧令志结,怵惕常若惊","羁旅无俦匹,俯仰怀哀伤"这样的诗句,触处可见。相传他尝独自驾车而行,途穷则痛哭而返,表现了志士失路的悲哀。由此可见,他临风洒泪,穷途痛哭,皆为忧时而发。广武之叹,更是悲从中来不能自已的伤时之语。"阮生一掬西风泪,不为当时楚汉流。"作者如此论断,信而有徵地道出了"广武叹"的深沉命意,阮嗣宗临风浩叹,其伤时之泪,固非为前朝楚汉而流也。

凡作咏史诗,贵有新意,尤贵有真意,作者这首《广武》,力破旧说,既有新意,又符合当时历史的真实,可谓上乘之作。 (马祖熙)

【诗人小传】

刘献廷

(1648—1695)　字继庄,一字君贤,别号广阳子,直隶大兴(今北京市大兴区)人。寓居江苏吴江三十年。他好经世之学,兼通天文、地理、音韵、水利各门。诗豪放有奇气。著有《广阳诗集》。

王　昭　君(二首选一)　　　　　　　刘献廷

汉主曾闻杀画师①,画师何足定妍媸②?
宫中多少如花女,不嫁单于君不知③!

〔注〕　① 汉主:指汉元帝。本句为"曾闻汉主杀画师"的倒装。　② 画师:指毛延寿。妍媸:美丑。　③ 单于:匈奴首领呼韩邪单于稽侯珊。

汉代王昭君远嫁匈奴首领呼韩邪单于的故事,长期以来流衍为中国文学中的传统主题之一。在此之下,发展为几个不同的侧面。其中之一,是说王昭君由于不肯以黄金贿赂宫中画师毛延寿,故毛延寿积恨于心,故意丑画昭君,使其不得宠幸于汉元帝。待她自请远嫁之时,元帝方知昭品貌非凡,但后悔已迟,于是昭君走后,一怒之下,杀了毛延寿。这一情节不见于正史记载,最早见于传为晋人葛洪但一般认为南朝梁人吴均所作的《西京杂记》中,而且在晋宋以前的诗歌中也没提到。现存梁代范靖妻沈氏的《昭君叹》中"早信丹青巧,重货洛阳师。千金买蝉鬓,百万写蛾眉"大概是此事的最早诗歌表现。可见,画师受贿事大约在梁代才流传民间,而《西京杂记》当是这一民间传说的辑录。

此后历代骚人墨客对这一情节表现了历久不衰的浓厚兴趣,只要写到昭君,多触及之。有的谴责毛延寿,以为其可杀:"何时得见汉朝使,为妾传书斩画师。"(唐·崔辅国)有的叹怨君王轻信画师:"画工虽巧岂堪凭,妍丑何如一见真?"(宋·徐均)有的惋惜昭君不肯贿赂画工:"明妃恃有倾城色,不贿画工空自惜。"(明·李学道)等等。刘献廷的这首诗,有含于此前之说,又别有开掘。

"汉主曾闻杀画师",首句点出这件事,以为后面议论之基。但其中"曾闻"两字极可品味。"曾闻"是曾经听说,并不确定。这一方面切合野史笔记记载;另一方面,传出作者并不相信,表示怀疑的意思。作者所怀疑的是毛延寿丑画昭君前后事情的存在,并不单指"杀画师"的结局。"杀画师"只是以偏代全的诗家笔法。起句立足点已自不同。次句"画师何足定妍媸"以顶针格对首句词句中暗含的怀疑作出解释,其中又包含了两重内容。"何足"是怎么能够的意思。毛延寿只是宫中的一个小小画师,在作者看来,他既无权力,又没有胆量去决定谁美谁丑的,因而毛延寿丑画昭君并不可信。这一层内容直接解释了"曾闻"所包含的怀疑。那么退一步说,就算"杀画师"实有其事,毛延寿也确曾丑画了昭君,但君王竟何以如此不察,被画师欺骗了呢?须知昭君的"妍媸"是客观存在,并不以画师的丑画而改变。如果君王不是只见画而不见人,又怎么会上当受骗呢?这是"何足"的又一重含义。

后两句承上意脉深一步宕开:"宫中多少如花女,不嫁单于君不知。"意思说后宫里有多少像昭君一样如花似玉的美女,没有遇到出嫁单于这样的事,君王不是都不知道嘛!如果说,昭君由于被画师丑画而"君不知",那么,那么多"后宫佳丽"并非个个都被画师丑画,不是照样君王不知吗?这就申足了次句"何足"的意思。昭君嫁单于而有幸被君王一见,发现其如花之貌,而那许多宫女竟连这样的机会都难以遇到,默默生灭。"故国三千里,深宫二十年",多少良家女子,一朝选入深宫,以备君王淫乐之需,而其中大多数人既不得君王宠幸,又不能出宫归去。她们终生幽闭,葬送青春,罪责又岂是"画师"所能担承!这既指出了封建社会宫女们的普遍性悲剧命运,同时又表现了对君王的明确指责。

本诗虽一洗归咎毛延寿的向来传说,主旨却并不在为他平反"冤假错案"。其实,写昭君,尤其是写昭君为毛延寿丑画所误,早已超出了历史故事本身。诗人们并不格外措意这件事实际的有无,而多借传说中所包含的某一侧面表达一种思想感情。或从昭君不肯贿赂画师因而得不到君王赏识联系到社会黑暗、贿赂公行;或从毛延寿丑画昭君而兴起对小人残害忠良的谴责;或借昭君的"不遇"来寄托个人的愤慨,等等。这首诗同样使我们联想到封建社会中大批才杰之士,空负怀抱,不被识用,横遭埋没的普遍状况。所不同的是,作者没有像前人那样将责任归咎于毛延寿一类的小人弄权或惋惜昭君自己的命运不济,而是矛头直指"君王",从而揭示了封建社会中这类悲剧的底蕴,这正是本诗较同类题材其他作品别有开掘的所在。

(魏中林)

题闺秀雪仪画嫦娥便面　　　刘献廷

素笺折叠涂云母,黛笔清新画月娥。
莫道绣奁无粉本,朝朝镜里看双螺。

这是刘献廷为一位女孩子雪仪的扇面画所作的题咏,这幅扇面上画的是嫦娥奔月。《汉书·张敞传》注:"便面,所以障面,盖扇之类也,不欲见人,以此自障面,则得其便,故曰便面,亦曰屏面。"这位女孩子能为自己的用具作画加以美化,当然是心灵手巧的。所以作者在这首诗里好好夸奖了她一下。

看来这位雪仪画的扇面不是团扇,而是折扇的扇面。所以诗中说:"素笺折叠。"古人常用云母(一种透明晶状矿物)装饰屏风,称为云屏或云母屏(李商隐《嫦娥》"云母屏风烛影深"),而扇面又称"屏面"。故"涂云母"即画扇面。古代仕女画是用墨色勾勒轮廓线,然后着彩,属于工笔画。女孩子作画十分细心,画风自然以"清新"见长,而与粗犷奔放无缘。"黛笔清新",是诗中对画的赞语,简明扼要。"月娥"就是嫦娥,她本是神话传说中后羿的妻子,奔月后独处广寒宫。画中人便是月宫嫦娥。使这首诗成为佳作的是后两句。诗人撇开了对画面的描述和赞美,别出心裁地探寻作画的"粉本"即样本,也就是通常绘画创作所需要的素描底稿。清人方薰《山静居画论》:"画稿谓粉本者,古人于墨稿上加描粉本,用时扑入缣素,依粉痕落墨,故名之也。"画稿的来源不外两途,一是依样画葫芦式的临摹;一是从现实生活中写生搜集素材,经过想象加工创作而成。看来雪仪画的嫦娥就是属于创作。嫦娥是神话人物,谁也没见过,她的形象只能根据人间女性的形象创作而成。而独处深闺的女孩到哪里去写生呢?诗人满有把握地揣测,她所画的这幅"便面",人们不要以为没有底本;她每天早晨起来照镜,早已看惯了自己头上的一双螺髻,画起嫦娥来,就情不自禁地给嫦娥也梳上了"双螺"。原来,画中人的模特儿就是女孩儿自己!

刘献廷这样写的直接用意也许不过是奖那位姑娘心灵手巧,而且美丽可爱。然而这两句诗,却远远超出了它的本来意义,而参破了文艺创作的一大天机。据说赵孟𫖯画马,落笔之前总要先把自己想象成马,摹拟揣摩马的种种姿态动作。如果我们不拘泥于这种说法表面的真实性如何,应该承认它的确探到了画家创作的隐秘,即与笔下对象神情的默契。据曹禺先生一位好友说,曹禺写《日出》、《雷雨》时,一个人关上房门又哭又闹,弄得外面的人十分担心。那也正是创作活动的一种最佳状态,这样创作出的人物必然栩栩如生,能博得读者情感的共鸣。文学家艺术家的创作,无不以自身的生活阅历、生活经验为依据。故小仲马说:"茶花女就是我!"郭沫若说:"蔡文姬就是我!"这种现象,无妨都用这两句诗来概括:"莫道绣衾无粉本,朝朝镜里看双螺!"

(周啸天)

【诗人小传】

孔尚任

(1648—1718) 字聘之、季重,号东塘、岸堂、云亭山人,山东曲阜人。孔子六十四代孙。初隐居石门山中,康熙帝南巡至曲阜时,被召讲经,破格授国子监博士,自以为是"异数";累迁户部主事、员外郎等职。经十余年时间,于康熙三十八年(1699)写成传奇剧本《桃花扇》。当时与《长生殿》作者洪昇有"南洪北孔"之称。其后不久即罢官回乡。戏曲作品还有同顾彩合写的传奇《小忽雷》。他的诗极清丽,情致缠绵,颇多可诵。有诗文集《湖海集》、《岸堂文集》、《长留集》等。

北固山看大江[①]

孔尚任

孤城铁瓮四山围[②],绝顶高秋坐落晖。
眼见长江趋大海,青天却似向西飞。

〔注〕① 北固山:山名,在今江苏镇江东北长江畔,又名北顾山。有"天下第一江山"之称。 ② 铁瓮:铁瓮城,镇江城的别名。传镇江子城为吴孙权建,内外皆甓以甃,坚固如金城,故号铁瓮城。

孔尚任写过著名的传奇《桃花扇》,与写有《长生殿》的洪昇并称为"南洪北孔",他的诗也颇得时人赞誉,如邓汉仪《诗观三集》云:"其诗圆秀如珠玉,矫健如虬龙。"杨际昌《国朝诗话》则称其诗:"才思浚发,挥洒自如,绝无锲舟刻楮之迹。"不过,孔尚任的诗名、文名往往被他戏曲家的名声所掩,所以今天已不大有人知道。这里选的一首七绝,可以使读者大致了解孔氏诗作的造诣。

在北固山上看大江,这类题材到孔尚任赋此诗时已有不知多少人写过,要想推陈出新,颇为不易,但孔尚任却能别出心裁,获得成功。首句起势看似平淡无奇,实则用笔非常精确老到。首先应该注意的是"孤城"与"四山"的对比映衬,惟其在四山怀抱之中,孤城之孤乃见出其气势不凡。"铁瓮"在诗中不是直接续以"城"字,而是放在"城"字后,这样,"铁瓮"就给人一种具体的形象感而不仅仅起点出地名的作用。另外,铁瓮城旧址即在北固山原前峰(现名鼓楼岗)下,所以"铁瓮"在诗中并非一般的泛指。第二句写登高眺望。"绝顶高秋"云云,令人想起同时代的著名诗人王士禛的《登金山寺》:"绝顶高秋盘鹳鹤,大江白日踏鼋鼍。"同是写登高所见,但一繁一简,一沉雄,一洒脱,可谓各擅胜场。正是因为"山登绝顶我为峰",所以本是形容清秋气爽的"高"字似乎也有了着落,仿佛秋意只有在高峻处才显得那么沉寥。而一个"坐"字,复见出诗人倜傥从容的神情。不是伫立指点,慷慨激昂;也不是徙倚嗟叹,惆怅低回,闲坐山巅(很可能是在有"第一江山第一楼"之称的北固楼上独坐),悠然沐浴于"余霞散成绮"(谢朓句)的暮色之中,观赏着"澄江静如练"(谢朓句)的粼粼波光,真有一种"不用登临恨落晖"(杜牧句)的旷放之致。前二句可以说铺垫已很出色。

三、四两句,是诗中警策之处。不妨说:没有这两句,全诗不大会被称为佳作。诗人眼中,长江之水滚滚东泻,奔趋大海,而不知不觉地他又竟以为青天也在运动,向着西方飞掠。物理学讲运动,有相对运动之说,如以流动的长江为参照物,诗人头顶的一方蓝天自然是在运动,在"向西飞"。读到这两句,人们不仅会对孔尚任敏锐的感受力深表赞赏。自然,"青天却似向西飞"只是诗人脑海中的幻象,但幻中有实,青天向西飞掠,不正见出长江之水东泻的急疾? 相对运动是互为参照,任何一方的运动速度都反映了另一方的运动速度。所以,以写天来写江,旁敲侧击,奇兵突出,弥见精彩,诗中江天寥阔,也正展现了诗人豁达开朗的胸襟。

自来写北固山登眺之诗词,多抒怀古念今、俯仰人天的感慨,这没什么不好,只是作品既多,情复相类,便易流于泛泛。孔尚任此诗避开这样的格局,在写登眺之景上用力,不失为一种明智而有效的选择。实际上,就在写江流天飞的虚实互见的景象时,诗人的情感也已注入了笔端。

(庞　坚)

寒 食 得 花 字 　　　孔尚任

逃亡屋破夕阳斜,社燕归来不见家。
旧日踏青芳草路,纷纷白骨衬飞花。

作者在诗的题注里写道:"时大饥,流殍载道。"指康熙四十三年(1704)春山东发生饥荒,曲阜一带哀鸿遍野的事。这首诗作于寒食节,记载了当时的凄惨景况。

　　黯淡的斜阳,笼罩着逃亡者留下的破屋,夕阳这一惨淡的意象与破屋相联,勾画了一幅萧条破败的图画,渲染了一种悲凉压抑的气氛。次句承上,言燕子归来也找不到旧巢了,与"屋破"呼应。燕子春社时来,秋社时去,故称"社燕"。这一具体描写使上句粗笔勾勒的衰败景象落到实处。三、四两句,通过今昔鲜明的对照,进一步深化描写这一破败情景,往日踏青时节芳草如茵的路上,如今满是饿死者的尸骨,以昔之美景写今之哀景,倍增其哀。最后一句"纷纷白骨衬飞花",意象鲜明,百花翻飞是春天万物竞生,生命力旺盛的象征,纷纷白骨与之相映,愈显凄惨。这白骨的主人,"旧日踏青"时,未尝不为落花飘零而叹惜,不料到了今日,"桃李明年能再发",赏花人却成了杳杳黄泉路上鬼!对比衬托手法的运用,是这首诗的一个鲜明特色。

　　作品如实地记录了当时荒凉悲惨的情景,但如实的记录,并不等于对构成诗境的意象不加选择。作者精心提炼了几种典型的意象,破屋、斜阳、社燕、白骨、飞花,巧妙地将它们配搭起来描写,斜阳和破屋相映,归来的燕子不见旧巢,白骨与飞花互衬,一幅"康熙盛世"的"饿殍图"就显现出来了。　　　　　　　　（黄 洽）

史　夔

【诗人小传】 清诗人。字胄司,号耕岩。溧阳(今属江苏)人。康熙二十一年(1682)进士,改庶吉士,授编修。官至詹事府詹事。工诗,沈德潜称其诗"意足韵流,无一闲句闲字,得唐贤之三昧者也"。有《扈跸》、《章台》、《观涛》、《扶胥》等诗集。

无锡望惠山　　　　　　史　夔

　　九峰天半落,一棹夕阳过。
　　客为游山盛,船因载水多。
　　溪边高士宅,月下榜人歌。
　　好趁樵风便,轻船采芰荷。

　　无锡城西边的惠山,是一处颇负盛名的游憩胜地,山体挺拔,峰峦秀逸,因此每逢天朗气清,远近来此登高临远的人便多如行云了。其实,惠山的美并非必须身在此山方能领受，它的远眺之下的气象一样是极其动人的，甚至更富于某种激荡人心的悠悠情韵。本诗表现的正是这种气象和情韵。

　　天色渐晚，暮霭依稀，惠山绵延的九座峰峦远望之下，仿佛自云间挂落下来一般。一条船儿抹着嫣红的夕阳，在山旁平稳地前行。诗歌开头的这两句，紧扣题中"望"字，以简洁洗炼的笔墨，勾勒出惠山远望的美态。山本拔地而起，诗人却道由天半落下，这一笔不光使读者回味出惠山山势的高峻和飘逸，且尤能传神地表现苍茫暮色之下山体已不甚清晰的特定景象。此句系熔裁李白《登金陵凤凰台》"三山半落青天外"句而成，而痕迹不露，可谓善于点化。惠山脚下的溪流，在这里是以暗示的方式表现的，诗人写了在河面驶过的船，却留出船下的河流这一片空白，任由读者用各自的联想去填满它，笔法空灵而含蓄。

　　接下去两句，描写船儿满载游客归来的情景。"客为游山盛"应前"九峰天半落"句，山色美丽，自然游客就多；"船因载水多"则是"一棹夕阳过"的进一步展开。游人一多，运载归客的小船便有些不胜负担了，你看，船沿的吃水比平常深了许多呢。从"载水多"这个细节着眼表现客船的拥挤，手法极为新颖别致。此三字深得前人赞赏，沈德潜评论它"眼前语，却人不能道"。其实，这里不仅表明了作者体物入微的观察能力；而且，从如此细微之处发掘出生活中的美，也表明了作者对这一番景象领会之深。

　　客散人静，暮色渐渐掩盖了远处的惠山峰峦，唯有从山脚蜿蜒而来的溪流在月光中静静流淌。如洗的月色勾画出溪畔人家的廓影，显出一种超凡脱俗的宁静，诗人不由得猜想那定是高士之所居吧。这时，船夫们的歌声飘了过来，愈益增添了溪边月夜的悠悠风情，不觉令诗人心旌摇荡，意驰神往。这一联描写的时间，从黄昏推到了夜晚。诗人伫立如此之久，不觉时光之流逝，足见他心底涌动的那份情感是何等的深沉和难以自抑了。

　　到此为止的本诗前六句，诗人从不同视点和时刻，描绘出惠山美丽的自然景观和纯朴安乐的民风，虽无一字及于赞叹，而赞叹之情毕现言外。诗的末了，诗人终于明白地表露出他对此景此情的无限向往心情，诗歌由即景转到抒情：月好风清，若能驾一叶小船，乘风到荷塘深处摘菱采荷，该是多么愉快！"樵风"和"采芰荷"均有所本。"樵风"语出《后汉书·郑弘传》注引孔令符《会稽传》。据说郑弘尚采薪于会稽，路遇神人问所欲，郑答："尝患若邪溪载薪为难，愿旦南风，暮北风"，后果如愿。若邪溪风，亦称郑公风或樵风；"芰荷"见《离骚》，其中有"制芰荷以为衣，集芙蓉以为裳"之句，原本是屈原以采集芳香之物喻修身之高洁。明白了"樵风"和"采芰荷"的来历，理解这末了两句就入木三分了。诗人实际上是以这两个典故表达向往闲逸、追慕高洁的情怀,咏叹他的人生理想。因而趁樵风之便去采芰荷,在此仅仅是一种寓托和象征,而非具体的行为。然而值得注意的是,由于这两句刚好接着"月下榜人歌"一路下来,两者之间的过渡几乎天衣无缝,绝无刻意用典之弊,因而这抒情之句依然统一在诗歌前半部分所描述的景象中,使整个作品达到情融于景,景中见情的高度和谐。

(卢苇菁)

诗人小传

陈于王
清诗人。字健夫。顺天宛平(今北京市丰台区)人。

《桃花扇传奇》题辞　　陈于王

玉树歌残迹已陈,南朝宫殿柳条新。
福王少小风流惯,不爱江山爱美人。

《桃花扇传奇》是孔尚任创作的一出名剧。剧本以南明弘光朝的腐败政治局面为历史背景,以诗扇作线索,通过复社文人侯朝宗与秦淮名妓李香君的离合之情,写南明一代兴亡之感。陈于王的这篇题辞,着重讽刺鞭挞南明统治者的腐朽堕落。诗中"福王"即朱由崧,崇祯死后,他由洛阳避兵至淮安。凤阳总督马士英利用其昏庸,迎立于南京,这就是弘光帝。福王当政后重用马阮等奸邪,黜斥忠良。又搜选淑女,闾井哗然。国亡被杀。《桃花扇》"选优"一场对他作了讽刺:"小生扮弘光帝,又扮二监提壶捧盒,随上,小生:'满城烟树间梁陈,高下楼台望不真。原是洛阳花里客,偏来管领秣陵春。'"可与此诗并读参阅。

"玉树歌"即《玉树后庭花》,陈后主所作。系以"绮艳相高,极于轻薄"的靡靡之音,后人多以指亡国之音。如刘禹锡《台城》:"万户千门成野草,只缘一曲后庭花。"杜牧《泊秦淮》:"商女不知亡国恨,隔江犹唱后庭花。""南朝"本指东晋后据有南方的几个相继享国极短的朝廷,即宋、齐、梁、陈。诗中兼关南明王朝。"玉树歌残迹已陈,南朝宫殿柳条新"二句,即以陈后主比弘光帝,谓南明王朝实蹈袭陈后主的覆辙,"柳条新"意味其行径仍旧也。用杜牧《阿房宫赋》的话说,正是陈后主"不暇自哀,而使后人哀之。后人哀之而不鉴,亦使后人而复哀后人也。"

"福王少小风流惯,不爱江山爱美人。"福王原封于洛阳,过着花天酒地的生活。到南京后,命"中使四出搜巷,凡有女之家,黄纸贴额,持之而去,闾井骚然"(《明通鉴·附编》陈子龙言)。故《桃花扇》给他的上场诗是"原是洛阳花里客,偏来管领秣陵春"。此诗的后两句就是对其人概括性的批判。诗意本指福王荒淫无耻,断送了朱明江山。但不直接说他荒淫,只说他"少小风流惯",似乎还在为他缓颊;不直接说他断送江山,却说他"不爱江山爱美人",这都举重若轻,最得婉讽之妙。这一"爱"一"不爱",毫不含糊地概括了历史上许多荒淫误国的帝王的共同特征,很有典型性;而诗句的语言通俗,故成了广为流传的名句。与福王一类昏淫之主形成对照的,则是历史上那些具有雄才大略的君王,比如刘备,他曾清醒地对付了周郎的美人计,使东吴"赔了夫人又折兵",唐吕温《刘郎浦口号》云:"谁将一女轻天下,欲换刘郎鼎峙心。"正好与此诗对读。 (周啸天)

诗人小传

查慎行

(1650—1727) 原名嗣琏,字夏重,号初白,又号他山,浙江海宁人。在国子监时因参与国丧期内演剧遭到黜革,乃改今名,字悔余,号查田,康熙四十二年(1703)进士,官翰林院编修,成为康熙帝的贴身文学侍从之臣。慎行少学于黄宗羲,受诗法于钱澄之。他足迹几遍中国,其诗多写行旅生活。曾随康熙出游,有"笠檐蓑袂平生梦,臣本烟波一钓徒"之句,被称为"烟波钓徒查翰林"。其诗学苏、陆,所作清新隽永,刻画工细,善用白描手法,时有"北王(士禛)南查"之称。雍正五年(1727),因弟嗣庭获罪放归。有《敬业堂诗集》等。

三　闾　祠　　　　　　　　查慎行

平远江山极目回,古祠漠漠背城开。
莫嫌举世无知己,未有庸人不忌才。
放逐肯消亡国恨? 岁时犹动楚人哀!
湘兰沅芷年年绿,想见吟魂自往来。

　　这首诗是作者于康熙十九年(1680)途经湖南凭吊屈原祠而作,诗中深沉地抒发了对屈原痛惜追念的情怀。屈原曾官三闾大夫,故屈原祠又称三闾祠,在今湖南省汨罗县。

首联以写景兴起。"平远江山极目回,古祠漠漠背城开。""漠漠"是荒凉寂寞的样子。"背城",指靠着城邑。伫立平旷辽阔的楚国旧地,放眼望去,但见江流蜿蜒,远山逶迤;由远及近,渐渐地收回目光,却看到古老的三闾祠,萧条冷落,背城而立。作者面对荒芜寂寥的眼前风物,不禁感慨万端,一种故宫黍离之感,油然而生。

触景兴怀,作者自然地联想起诗人的平生遭际。屈原以光明正直存心国家民族的忠贞之士,竟至落入谗言的深海而尽忠无路、报国无门,最终走向悲剧的结局,可谓千古奇冤。"国无人莫我知兮,又何怀乎故都!既莫足与为美政兮,吾将从彭咸之所居。"(《离骚》)这是诗人泣血的深慨和绝望的浩叹。然而在颔联作者并未直接抒写对诗人悲剧人生的同情嗟叹,却转而生发出这样的议论:"莫嫌举世无知己,未有庸人不忌才。"意谓用不着嫌怨举国难觅知音,没有哪个庸俗小人是不嫉恨贤才的。这实在是古今同慨的事。屈原的不遇于世,固然因为群小妒忌;但古代如此,于今又何尝两样呢?我们知道,查慎行为人正直,性不谐俗,他对当时社会风气的败坏是深恶痛绝的,决不与恶势力同流合污。二十余年后,当他有机会入值南书房时,仍秉性未改,人称"文愎公"。由于他对宦官不事交结而遭受嫉妒,终被排挤。可见作者以其正道直行,亦堪引屈原为同调。诗句表面上是对屈原的劝慰之辞,实则蕴涵了更为深广的悲愤及对诗人无限的同情。

"放逐肯消亡国恨?岁时犹动楚人哀!"颈联是一个转换,正面抒写对诗人的沉痛惋惜之情。岁时,指每年的节日。这二句说,即使被放逐,哪里就能消除亡国之恨呢?至今逢年过节,楚地的人们仍要崇祀屈原,表达无尽的哀思。史载,屈原在怀王朝和顷襄王朝曾两度被放逐。忠而被谤,信而见疑,诗人的怨忿有多么深啊!可他宁死也不肯离开自己灾难深重的祖国。当秦将白起攻破郢都,国破家亡的现实使诗人感到无路可走,他就只有以一死来表明自己的心志了。此联首句用反问语气,十分强烈地表现了屈原深挚的爱国主义感情。然而,其志向理想可"与日月争光"的屈原是不死的。千载而下,诗人的悲剧命运犹自动人哀伤,足见其高洁的志行感人至深。

尾联仍回到现实的景物中来,并以一个浪漫的美丽想象作结:"湘兰沅芷年年绿,想见吟魂自往来。"湘、沅、兰、芷,都是屈原诗篇中经常咏叹的楚地风物。湘、沅,今湖南境内的两条江流;兰、芷,香草名,屈赋常用香草美人以喻贤者。吟魂,指诗人的灵魂。这两句说,兰蕙和白芷年年绿遍沅湘两岸,沁芳吐艳,想来诗人的灵魂也定会眷怀故地,常来常往吧?这是一个多么凄美的幻想境界啊!

这首七律写得沉郁而清幽,既表现了屈原的悲愤,也抒发了作者的哀惋深情。通观全篇，开头以写景生发，触起遐思，由作者眼中屈原祠的冷落，自然地引入对诗人平生遭际命运的慨叹。中间两联论事，笔力曲折，言议透辟，而不乏情韵。末二句则与首联相呼应，面对眼前景物忽发奇思，设想吟魂犹在，徜徉沅湘。由此见出作者情意之真切，运思之灵妙。

(尹芳林)

初入黔境，土人皆居悬岩峭壁间，缘梯上下，与猿猱无异，睹之心恻，而作是诗　　查慎行

巢居风俗故依然，石穴高当万木颠。
几地流移还有伴？旧时井灶断无烟①。
余生兵革逃难稳，绝塞田畴瘠可怜②。
好报长官蠲赋敛，猱猿家室久如悬③。

〔注〕① 流移：流离迁移。井灶：泛指居室。　② 余生兵革：战争后侥幸活下来。③ 如悬：即"室如悬磬"，语出《国语•鲁语》，意思是家中空无一物。

康熙十九年(1680)，作者作为黔抚杨雍建的幕僚，随军入黔，参加平定三藩之乱的战争。此诗即作于初到贵州时。

作者是清初诗坛上宋诗派的代表人物之一，在他这首早年的作品中，已经明显地呈现出宋诗的某些艺术特色，最突出的便是"以议论入诗"。诗中要反映的是贵州土人巢居穴处的艰难生活，但除了诗题和第二句外，并没有对这种艰难生活作更多的形象描绘，而主要运用理性的思维形式，对眼前这一奇特现象进行深刻的思考和解剖，全诗理致清晰，脉络分明，结构相当完整。

开头两句，是诗人的一种直觉感受，他看到人们居然生活在"高当万木颠"的石穴之中，立即想到远古时代人们巢居穴处的生活习俗。自然，时代不同了，远古时代的风俗不应依然保留到今天。那种情景是怎么造成的呢？诗人开始从现实生活中寻找原因，"几地流移还有伴？旧时井灶断无烟。"原来，这些人本来并不住在岩穴之中，他们曾和常人一样有过自己的家园，后来经过多次的流离迁徙，才结伴来到这里，而原来的家园，则已经断绝了人烟。接着，诗人又用五、六两句进一步说明，这些人为什么抛弃了旧日的家园，来到这里过猿猴一般的生活。"余生兵革逃难稳"，这是一些在连年战乱中幸存的人，无休无止的战争迫使他们不得不东躲西藏，逃到其他地方都难得安稳，所以他们一直逃到悬岩峭壁之间。"绝塞田畴瘠可怜"，可是悬岩峭壁之间虽能避开"兵革"，却毕竟已在"绝塞"，即荒僻绝顶的边塞，这里的田地是何等的贫瘠可怜，逃难的人逃过了人祸，

可是又该怎样度过天灾呢?"好报长官蠲赋敛,猕猿家室久如悬。"在诗的尾声,诗人为这些岩居者设想了一条摆脱贫困的办法:向长官报告他们的境况——居住的"家室"犹如猕猿的洞穴、可怜的"家"中好久以来已经一无所有了——让长官蠲免他们的赋税。这个报告者,当然是诗人自己来充当,诗人对岩居者的同情心,也尽在这个份外的担当中体现了。然而,既然官府的"赋敛"之手已伸向了如此贫瘠之地,它还会缩回去吗?况且,就算长官因为诗人的呼号一时作了蠲免,但来年呢?长官卸位了呢?诗人离开了呢?因此,本诗的结尾,仍然留下一个、一个深似一个的疑问,给读者去思考。赋税,这是统治者维持其生存的命脉,是决不容放弃的,既然如此,这些岩居人的未来命运,又将引起读者的深深忧虑:这,或许就是本诗的社会意义之所在吧?

全诗在用字造句方面没有刻意雕饰,也很少使用典故,语言平易而又不失其精警。作者在清诗人中以擅长白描手法著称,此诗用白描手法记事抒怀,因而使人格外觉得清新自然,无生涩率易之弊。

(范民声　沈 价)

中秋夜洞庭湖对月歌　　　　查慎行

　　长风霾云①莽千里,云气蓬蓬天冒②水。风收云散波乍平,倒转青天作湖底。初看落日沉波红,素月欲升天敛容。舟人回首尽东望,吞吐故③在冯夷宫。须臾忽自波心上,镜面横开十余丈。月光浸水水浸天,一派空明互回荡。此时骊龙潜最深,目炫不得衔珠吟。巨鱼无知作腾踔④,鳞甲一动千黄金。人间此境知难必,快意翻⑤从偶然得。遥闻渔父唱歌来,始觉中秋是今夕。

〔注〕 ①霾(mái 埋)云:阴云。 ②冒:覆盖。 ③故:乃。 ④腾踔(chuō 戳):跳跃。 ⑤翻:反。

这首诗作于康熙二十一年(1682)。查慎行于康熙十八年(1679)以诸生身份从军,担任贵州巡抚杨雍建的幕僚。三年后自贵州回故乡海宁,船过洞庭湖作此诗。诗中描写了中秋夜在湖中观月的情景。

这是一首堪称宏伟的山水诗篇,景象壮观宏丽,意境开阔,显示出诗人雄厚恣肆的才力。全诗共二十句,大体可分成三个部分。前四句写天气变化情况,中间十二句描绘日落月升的湖光夜景,末四句总结游兴,并点明时在中秋。

诗篇开头即从大处落笔,写得气势磅礴,格调雄浑。第一、二两句写初始时气候不佳,"八百里洞庭"风劲云黑,苍茫无际。湖面上云气升腾,烟水迷濛,浩浩湖水澎湃动荡,与天相接。这是何等浑涵的气象!然而大自然仿佛是一位神奇莫测的魔术师,刚才还是风起云涌、浊浪拍天的洞庭湖,转瞬间便长烟一空,风敛云散了。紧接着,第三、四两句诗人笔锋一转,写出洞庭湖的别一种风貌来,同时为下文描写平湖秋月的图景作了铺垫。"倒转青天作湖底"一语可谓神来之笔,十分生动形象地摹绘出湖平映天的壮丽景色。浩瀚无垠的湖面风静浪止,波澜不兴,清朗宽广的天宇倒映湖中,水色天光浑融一体,天水莫辨。至此,开端四句已把读者带入浩阔澄澈的境界中来,令人不得不叹服诗人超绝的造境之功。

第二部分具体描写洞庭月景。随着时间的推移,景致的转换,诗人陆续向读者展示了三幅既相互连属又相对独立的画面。首先展示的是一幅洞庭日落月上图。"敛容",本指正容,严肃其容,这里指天空暂时一片昏暗。冯(píng平)夷,是传说中的水神。"冯夷宫",指湖水深处。天色渐晚,一轮夕阳缓缓西坠,没入水中,将满湖碧波浸染得通红。这时,日已落,月未升,天空顿时昏暗无光。浩淼大水,一叶扁舟。船上的人们尽皆回首眺望,翘盼玉兔快快东升。而同一时刻,一场壮丽的月出正在湖水深处酝酿。诗中"吞吐"二字下得极妙,把明月初上时与湖水相依相托、难解难分的形态状写得真切动人。

第二幅画面展示出月亮从已倒转在"湖底"的"青天"中升起,光照湖上的宏丽气象。诗人把明净澄澈、波光晶莹的湖面比作一面硕大无朋的镜子。随着一轮玉盘自水中腾跃而出,人们眼前展现出一个"镜面横开十余丈"的奇丽景观。月轮渐升渐高,湖水清湛,玉宇澄净,蟾光空明。月华如泼如泻,与水色天光交相辉映,广阔无边的湖面俨如琼田玉鉴,是一派空灵、缥缈、宁静、和谐的境界。在这个神异的画境里,读者似乎还能隐约感受到一种水国之夜的节奏——诗人甚至把演漾的月光与湖水吞吐回荡的韵律也微妙地传达出来了。

在第三幅画面中,诗人通过对月明时湖中鱼龙活动情状的描绘,进一步将读者带入一个美妙的神话境界。骊(lí离)龙,是黑色的龙。传说在九重深渊,骊龙颔下有"千金之珠"(见《庄子·列御寇》)。皎皎月光直射湖底,致使潜藏湖波深处的骊龙也觉眼花,不能含珠而吟。湖上一片寂静。素月清辉柔和美丽,天空湖面弥漫在静谧幽雅的氛围里。偶或有几条大鱼跃出水面,鳞甲晶亮闪烁,金光点点。整个画面瑰丽变幻,恍若仙境。能够把湖光月景描写得如此高旷清超,这正是诗人性格、情操和美学趣味的反映。

面对大自然宏奇伟丽的景象,诗人从中感受到无比快慰,并由此生发出"人间此境知难必,快意翻从偶然得"这一带哲理意味的慨叹。诗人到洞庭湖,特别是中秋夜游的机会本不多,而遇到今夜此景的机会只此一次,不可能有第二次了。所谓"知难必"的,便只能从"偶然得";而正因"偶然得",所以才"知难必"。我们不难想象,这种"快意"的心境使诗人不能自已,完全沉浸在他的视野里了,直到忽闻渔歌,方才遽然顿悟此时此景此身正处人间中秋佳节。

全诗意境广阔而清丽。诗人好像一位高明的电影师,把摄影机对准景物推、拉、摇、跟,一个画面接着一个画面在读者眼前放映出来,展示出一种极富层次感的动态美,同时亦使诗篇遂生波澜,开阖动荡,将诗情推向更深远的境界。诗人以他纯熟的艺术功力,在诗中把古代山水诗重在状景图貌和重在造境写意两种倾向高度结合起来,并发挥到了极致。王士禛为诗人早年的诗集作序,谓其古体"丽藻络绎,宫商抗坠"。赵翼在《瓯北诗话》中指出,"初白(诗人号)……当其年少气锐,从军黔楚,有江山戎马之助,故出手即沉雄踔厉,有幽并之气"。细味此诗,皆剀切之论。

(尹芳林)

青溪口号①(之一) 查慎行

来船桅杆高,去船橹声好。
上水厌滩多,下水惜滩少。

〔注〕 ① 口号:即口占,口吟,即景赋诗。

查慎行的写景诗喜用白描手法,对景物的刻画精微入神,他一生癖好山水,所行之处甚多,可谓得"江山神助"。除了写景酷肖之外,查还善于捕捉生活情趣,表现鲜活的民间气息,具有"清真"、"隽永"的一面。这种风格除了受到苏轼的影响之外,主要是由诗人的审美态度决定的。这里所选的《青溪口号》就体现了这种风格。

康熙二十二年诗人由家乡海宁赴江西,乘船路过淳安,写下了这组绝句。青溪是北宋时期的旧县名,治所就在淳安,诗中所写的溪水其实就是新安江。此首专写江中行船,表现乘船时的感受。

前两句描写来往船只。远处的船从对面驶来,看不见船身,只能看见一根根的桅杆,微微地晃动,所以说"来船桅杆高"。这是远处看到的景象。第二句写近景,"去船橹声好",远处的船到了近前,"吱吱呀呀"地摇着橹,擦过诗人乘坐的船身,向下游驶去。由近而远,逐渐消失在身后的溪水当中。"好"字表现了诗人对那种独特响声的美好感受,如不亲临其境,确实很难体会。这儿不妨借诗人另一首《发清江浦》的句子来补充:"竹篙蒲帆浑不用,橹声如雁下长淮",原来船橹听上去很像空中大雁的叫声。这在幽静的水面上,碧蓝的天空下是颇令人神往心驰的。一个"好"字给有过类似体验的读者留下许多联想的天地。

后两句写行船的感受。话头很像艄公的语气,朴实而当行,非常有生活气息。新安江虽不甚宽,但滩却很多,水流也急,有人形容:"上滩船,浮若凫,下滩船,飞如梭"。逆流行船必须绕滩而走,要多费力气,所以"上水厌滩多"。顺水的时候则相反,借着滩的阻力,可以缓冲一下湍急的水速,所以"下水惜滩少"。这本来是两句介绍行船经验的话,诗人却给予它们以审美的观照。当人们置身于那个优美的环境之中时,本来十分普通的生活也显得非常有趣味,变得十分美好了。这其中不仅因为山水的美丽,而且因为船工们的健康的劳动生活,以及那种充满了生命活力的精神状态。

这是一首赞美船家生活的诗,景中有人,景外有情,化平凡为美,美得自然而健康。 (王小舒)

青溪口号(之二) 查慎行

桥坏筰系绳①,水浅牛可跨。
牛背度溪人,鬑眉绿如画。

〔注〕① 筰(zuó):用竹篾拧成的索子。

查慎行这组《青溪口号》,最突出的特点就是鲜活,他尽最大的可能逼近生活,专门摄取那些最真实、最微妙的镜头。一般诗人往往省略的细节末梢,经他点染,就具有了一番特殊的韵味,有人形容他的诗"如明镜之肖形,如化工之赋形",可谓抓住了他的特色,查慎行可以称之为白描大家。

这首诗只选择了两个小小的镜头,妙就妙在小中趣味盎然。第一句写桥。桥是由竹篾拧成的索子组成的,索子已经断了,断的地方被绳子连接起来,这就是"桥坏筰系绳"。为什么要写一座坏桥,而且专写其断坏之处呢?妙处就在"坏"上,坏桥证明有人常走,当地人的生活就可以得到印证和想象;桥坏了却不续竹筰,而系之以绳,引发的联想就更多,民风、民俗倍觉亲切。这一断坏处的传神之功非同一般。第二句写水。水很浅,浅至什么程度呢? 牛能跨着过去,这个描写很形象,很实在。它有两个作用,一是表现了水面之不宽,衬托了桥的小巧,另一则引出了下面的镜头,牛驮人过水。"跨"字尤其生动,可以想象牛渡水时的动作。

第三、四句写渡水之人。骑在牛背上渡水是很有趣的事,牛在水中慢慢地走,探着水底的石子渡河,人在牛背上自由地戏水,生趣盎然。末句最为传神,"鬓眉绿如画",人的头发和眉毛都让溪水给染绿了,像被画笔描过一般。这一句有印象派画家的笔法,全凭光线和感觉来描写,人的面部映照出水的清澈和碧绿,水色又反衬出阳光的明媚,光和水的反照把人幻化得如同神仙一般。读来简直有恍入异境的感觉。

桥坏了过河就不方便,人渡水无非是为了牧牛,一切都很普通,普通得容易被人忽视。但是诗人却捕捉到了美。美得不自觉、不察悟当然是一种天分,能够发现和捕捉美则是诗人的天才了。

(王小舒)

题 杜 集(选一) 查慎行

漂泊西南且未还,几曾蒿目委时艰。
三重茅底床床漏,突兀胸中屋万间。

这首诗是查慎行退休家居之后,于乙未年(1715)秋冬之际所作。原作共两首,分别对杜甫被贬华州以前和漂泊西南之后的生活经历、思想情感作了高度概括,表达了作者对杜甫的由衷敬佩和赞颂。

这里所选为第二首。

本诗首句,融汇杜集中《咏怀古迹五首》之一的"漂泊西南天地间,……词客哀时且未还"两句而成。"漂泊西南"四字,概述了杜甫晚年托寓成都,流落梓、阆,飘零云安,困滞夔州的流离颠沛境遇。"且未还"中的"且"字,有"尚且"之意,它上承"漂泊",紧扣"未还",构成一种时态上的连贯、延续,写出了杜甫未能生还故里的无尽痛楚。"且"字又有"暂且"意,这似乎暗示着杜甫虽然未能生还,但他的灵魂不甘,始终把"未还"视为"暂且"之事而做执著的期待。同时"且未还"三字还隐括着杜甫以羁留异地,思乡哀时的"词客"——庾信自比的内涵。这就为第二句预作了铺垫。

次句承上,写出了杜甫思乡哀时的思想情感。"几曾",即"几经",曾与经同义,是多少次、常常的意思。"蒿目时艰"出自《庄子·骈拇》:"今世之仁人,蒿目而忧世之患"。这里,"蒿目"作远望解。"委"是委怀、寄情之意。全句是说,杜甫虽颠沛流离,长年"漂泊",而济世之志未泯,他始终委怀世事,关心时局,忧念天下。这就真切地概括了杜甫"穷年忧黎元",爱国忧民的志尚情思。

如果说,前两句主要是对杜甫遭际、情怀的概述,那么,以下三、四两句则在概述的基础上,选取典型事例,着重歌颂杜甫处穷困之境而广忧天下之民的阔大胸襟。

"三重茅底床床漏,突兀胸中屋万间"是集杜甫《茅屋为秋风所破歌》中"八月秋高风怒号,卷我屋上三重茅。……床床屋漏无干处,雨脚如麻未断绝"和"安得广厦千万间,大庇天下寒士俱欢颜,风雨不动安如山。呜呼何时眼前突兀见此屋,吾庐独破受冻死亦足"诸句,重加融铸凝缩而成。秋风怒号,秋雨如注,屋漏床湿,寒夜难彻,这位中国伟大的诗人遭遇的竟是如此不公平的命运!然而杜甫哀叹的并不是个人命运的不幸,他念念在怀的是愿以一己之"受冻",换取天下寒士之"欢颜",这是何等高尚的舍己情怀!这正是杜甫人格的伟大之处,也正是一部杜诗"我能剖心血,……一洗苍生忧"(《凤凰台》)精神的集中写照。

作为"题集"之作,讲求的是概括精当,品评公允,能揭示原著的主要内容和重要价值。这首诗紧紧抓住最能典型反映杜甫一生坎坷的"漂泊西南"的历史时期,和最能表现杜甫"忧国爱民"舍己精神的典型诗作,简洁确切地概括了杜甫晚年的境遇经历和一生的志尚追求,深刻再现了杜甫的伟大和杜诗的精华所在。作者这份卓越的识见才具是这首诗的第一难得处。

其次,全诗基本采用融铸杜诗成句方式写成。这样写的好处是,既妥帖切合了"题杜集"的题意,同时"杜诗即史",用杜诗自述经历、志尚的诗歌成句,可以真切再现杜甫忧国爱民的一片赤诚,可以增大诗歌容量,取得以少胜多,于尺幅之间蓄万里之势的含蓄效果,从而激发起人们去读杜诗、知杜甫的兴趣。所以,这样的"融铸"不是生搬硬凑,而是凝聚了作者的心血智慧,寄托着作者无限倾慕情感的"再创造"。其取舍融裁之际的非凡工力是这首诗的第二难得处。

查慎行是清代学宋诗派成就最大的诗人,受苏轼、陆游影响最深,作诗力避滑易,讲求典切劲炼。赵翼以为其"工力之深,香山、放翁后一人而已"(《瓯北诗话》)。这首《题杜集》虽只是七绝短制,但典切劲炼,运思刻入,才气开展,工力纯熟的特点亦自显然可见。

(张莉莉)

大 小 米 滩　　　　查慎行

掀波成山石作底,风平石出波淼淼。
秋天一碧雨新洗,大滩小滩如撒米。

大小米滩,是福建闽江上游建溪中的滩名,它(毋宁说"它们")为何会得了这个古怪的名字呢?查慎行这首作于康熙三十七年的纪游诗,就以精致的笔法回答了这个问题。

"掀波成山石作底，"谁在"掀波"呢？当然是风。这建溪上的风，来时势头好大，直把波浪掀到溪面上，好似溪上叠起了小山，而在溪面上的"石"——也就是大小米滩，倒成了这"波山"的底座：这风这波，实在骇人。不过，"风平石出波淼淼"，风来得疾，去得也快，转眼风平了，波也变得"淼淼"（水盛貌）了——满满盈盈，不再"掀"上扑下了；于是，滩石也算喘过了气，从波中露出头来，不再充当底座的委屈角色了。

这，确是难得一见的奇观，可是与石滩的得名，似乎没什么关系吧？诗人或许也猜到了有的读者会有如此心思，便再补了一笔"秋天一碧雨新洗"。原来，伴着刚才的一场疾风，还有一阵骤雨，一齐降临到建溪上；这溪水的满满盈盈，不正是雨水添加进来的缘故么？况且，这场雨还刚过去，那一碧如洗的秋空，不正是在证明雨的"新"过、天的"新"洗么？既是如此，雨水加上溪水，这建溪的溪面该抬高多少？这石滩又能露得多高？"大滩小滩如撒米"，在秋空下、新雨后，诗人举目眺看那一片片溪水中微微露头的石滩，不禁恍然大悟：这些白花花的大滩、小滩，不正像哪位仙子的素手，在绿波上撒出的一把米粒么？看那些大大小小的"白米"，在新碧的天空衬托下，倒是个个都耀眼、处处都皓洁，挺精神的。看来，"大小米滩"的得名，就该源出于此。诗人此时，或许感到不胜的欣慰和侥幸：要不是自己刚巧逢上这场风雨、这次溪涨，石滩也不会变小，自己饶是聪明绝顶，也猜不透"大小米滩"的来历。

"大小米滩"的得名缘由，经过了前三句的曲曲波折、层层铺垫，终于揭开了。诗人并不是在卖关子，他这一路写来，也正写出了他由观察而会悟的心理过程，至于他把结论放在最后，大概也是因为这个结论颇为难得可珍的缘故——若不是风、石、波、雨四美皆具，这"大滩小滩如撒米"的奇景，还真不容易撞见呢。

（沈维藩）

晓 过 鸳 湖　　　　　　査慎行

晓风催我挂帆行，绿涨春芜岸欲平。
长水塘南三日雨，菜花香过秀州城。

在査慎行的写景诗中，这一首写得尤其亲切，以情韵取胜。因为诗中注入了对家乡的挚爱和依恋之情。

鸳湖，即鸳鸯湖，也就是浙江嘉兴城南著名的南湖，离査慎行的家乡海宁只几十里地。诗人是游春到此的。这一年诗人已经六十四岁了，他的心依然被青春所激动,被乡情所陶醉,也许正因为到了晚年,这感情才格外醇厚浓郁。

首句的诗眼在一"催"字。谁在催,清晨湖上的晓风。这一句既点明了时间,与诗题呼应,也交代了诗人自己所处的地点。他此时身在船上,也许刚刚迈出船舱,如果不是清凉沁人的晓风,还不会这么早就挂帆起航的。"催"字把景物和人物的关系传达出来了。

第二句写湖景,描写舟行所见。湖水在潮汛期,长得很快,几乎要和两岸齐平了。满眼望去,似乎与辽阔的平原混为一片。"绿"字下得极好,和"涨"字结合在一起,给人丰富的色彩想象和运动感,那碧色的湖水仿佛就在眼前漾动,晃你的眼睛。水色苍翠,原野才能与之一色,"平"字也才更好落实。用色彩词代替名物词是古典诗词最具表现力的手法之一,这里可谓一个典型例证。

下面两句是全诗的精粹所在。第三句承上启下,为末句作铺垫。长水塘处于嘉兴之南,由杭州、海宁一带山区发源,注入鸳湖。诗人正由此水坐船到达嘉兴。一路上春雨连绵,水势迅涨。可以想见雨过天晴之后,诗人从船舱中跨出来,那种新鲜、清爽的青春感受。这时他写下了最传神的一句:"菜花香过秀州城"。这一句全写感觉,然而容量也最大,写出了诗人对家乡最独特的那种感受。诗人没有写其他的鲜花,却把那带着泥土芳香的油菜花味凸显出来。这花味把诗人浓厚的乡情全唤起来了,简直像醇酒一样令他陶醉其中。在一片菜花清香中诗人驶过了秀州城(秀州即嘉兴),这个"过"字既是船过,也是香过,更是情过,里面蕴包多少联想,引发出多少新的体验,足可令读者作无穷的想象和伸发。

(王小舒)

初 入 小 河 　　　　查慎行

鱼米由来富楚乡,入秋饱啖只寻常。
如今米价偏腾贵,贱买河鱼不忍尝。

查慎行的诗集中同情民间疾苦、表现农民生活艰辛的作品不少,而且写得十分真挚、动人。被人盛传的《麻阳运船行》仅仅是其中一个代表。也许因为长期生长在农村的原因,他与农民有一种天然相通的感情。此首绝句也是这方面的杰作。

康熙十八年,诗人随同乡、新任巡抚的杨雍建到贵州去,一行人从夏天出发,入秋进入湖北一带。当时这里久干无雨,正闹旱灾。诗人在《汉州道中纪所见》诗中记道:"沙岸百尺高,水落岸容槁。火云蒸久旱,旭日秋杲杲。"在《渡百里湖》

一诗中又说:"岁已占秋旱,民犹望雨膏。涸鳞如可活,吾敢畏波涛?"他对楚地旱情表现了十分的关注。我们选的《初入小河》就作于此时。诗题中的小河是汉水下游的一条支流,位于沔阳之西。诗人是从赞扬楚地的富饶入手的,"鱼米由来富楚乡,入秋饱唼只寻常",楚地贯有鱼米之乡的美称,河汊纵横,土地肥沃,根本不存在饥荒的威胁。"寻常"一词意在盛赞楚地,把这种美化推向夸张的境界,为下面描写灾情作铺垫。

"如今米价偏腾贵,贱买河鱼不忍尝",后两句抓住时下米价暴涨和河鱼贱卖两种现象,突出灾情的严重。一涨一落正是粮食欠收和农民衣食无着的表现,因为急于换粮吃,渔人只能把鲜美的鱼低价出手。这与上面的赞扬形成鲜明对比,造成反差的效果。诗人作为一个过往的旅客,这时正有机会饱尝鲜鱼之美,但是他却看着买来的活鱼,不忍品尝。因为这贱卖的鱼是渔人忍痛杀价出售的,等于是渔人自剜下的心头肉。"不忍尝"三字把诗人同情农民、忧虑灾情的心境和盘托出。查慎行不止是客观地再现灾情,而是把自己投入其中,深深地体验这种灾难给人带来的痛苦,这就使得作品带有很大的震撼力量。无独有偶,在另一首《秦邮道中即目》中他也同样表达过类似的感受:"贱买河鱼还废箸,此中多少未招魂。"由此可见,没有与农民天然相通的感情,诗人绝写不出这种动人的诗作来,感情的深厚和沉痛是这首诗真正具有力量的原因所在。

历史上真正的诗人总是和人民息息相通的。只有投入自己的诗人才会有不朽的诗篇,查慎行正是这样的一位诗人。　　　　　　　　　　(王小舒)

舟 夜 书 所 见　　　　　　　查慎行

月黑见渔灯,孤光一点萤。
微微风簇浪,散作满河星。

这首五言绝句的题目的意思是,诗人在船上过夜,记下见到的景物。

他见到了什么呢?先是沉沉黑夜,然后在夜幕上亮起了一盏渔灯。这是他见到的第一个画面。"月黑"与"见渔灯",有着前因后果的关系,如果是朗月高照,渔灯就无从见出了。同时,"月黑"不仅衬出渔灯,而且也为下文的描写涂上了底色。

次句是补笔,是为首句中的"渔灯"所作的特写,说明渔灯只有一盏,而且暗得很,像是一点萤火。这一句以"一点萤"作比,极写灯光的幽暗。同时,"孤光"与"一点萤"在句中形成自对。传统上把这种对偶称作"当句对"。"当句对"借助形式上的对称,使诗歌形象得以鲜明地呈现出来,较之平铺直叙,给人的印象更为深刻。

第三句作忽然荡开之笔。诗人的视线从灯亮处移开,转写微风吹起的细浪。"簇"是堆起的意思。为什么突然掉转笔锋呢?读了最后一句就会明白,原来是为了进一步为灯光绘形绘色。在行文变化上,第三句属于"开",是为了开出新格局,然后在末句中"合",使诗以崭新的面貌收拢来。第三句在绝句中是转折,最难写好。怎样把握住转化的契机,要由诗人的思想水平、生活体验、艺术素养等多方面的总汇来决定。这一句的转折,由于诗人体察入微,写得是十分成功的:为了写出水中灯影的变化,必得写浪。无风不起浪,所以在第三句中不忘先写风。风太大,即使不会吹灭渔灯,起码在掀起的风浪中是看不到灯影的变化的,所以诗人又细致地揭出吹起的是微风。微风像是画家高明的调色笔,在"月黑"的底色上,在灯光的倒影处,抹上了无数粼粼的细浪,从而展现出了一幅极为动人的新画面。

这就是末句所描写的情景:"散作满河星。"不难想见,灯影由静止而晃动,由一点散作千万时,诗人是何等地兴奋。诗作也就在此最精彩处戛然作结。这一句的妙处,不在于"满河星"的比喻——这是人们所习见的,而在于散作满河星时的动态变化,从一点化为成千上万的那种流动的美。

这首诗的结构层次十分鲜明:黑夜——渔灯——风浪中灯影的变化。诗人是顺着时间的先后来加以表现的,但又并非毫无取舍地铺叙。可以看出,他的侧重点在于捕捉住最有包孕的片刻,最富于诗意的刹那,即由静而动、由一化多的那一瞬间。其余无关的笔墨,一律都被舍弃,因而诗作在满盈诗情的同时,又显出了极为凝炼的特色。

(陈志明)

早 过 淇 县　　　　　　查慎行

高登桥下水汤汤,朝涉河边露气凉。
行过淇园天未晓,一痕残月杏花香。

此诗作于康熙四十七年(1708)春,作者北行还朝途中。淇县,古朝歌地(今河南淇县),淇水流经此地。附近有淇园,以产竹著称。《诗·卫风·淇奥》:"瞻彼淇奥,绿竹猗猗。"写的正是此处。淇水本为黄河支流,《诗·卫风》多次咏及淇水,淇县,算是古老的城市了。高登桥、朝涉河,皆在城南。

诗写早行清景,时节已是仲春。前三句顺序写早行所经过的地方,点出"早"字。诗人在经过高登桥的时候,于朦胧夜色中,见得桥下水流汤汤("汤汤":读作shāng shāng,水势盛大貌),《诗·卫风·氓》有"淇水汤汤,渐车帷裳"之句,这里用"汤汤"形容水势,用词是极为恰当的。次句"朝涉河边露气凉",借"凉"字显示河边露气正浓,带有凌晨的凉气。第三句"行过淇园天未晓",淇园多竹,经行至此,又使诗人感受到竹园春夜的清气,以上三句皆为平列,至第四句"一痕残月杏花香",既写早行所见,又描绘出此刻特有的景色。远处的天边,挂着一痕下弦的残月,近处的杏花,在清晓淡淡的月光下,正吐出丝丝缕缕的沁人心脾的香气,夜微茫,花淡宕月朦胧,黎明前的清景,诗人乃于无意中得之。这一句实为妙丽之笔,这句笼罩全局,有此一句,境界齐出,全篇具见精彩,其佳妙之处,在于诗中处处涵有凌晨的清气,"一痕残月杏花香"所豁出的境界,又使诗中满含残月的清彩,杏花的清香,人行役于图画之中,其境界之幽美,诗句之清俊自然,使人神往。

诗人工于写行旅之景,张维屏尝评其诗云:"初白之诗,极清真,极隽永,亦典切,亦空灵,如明镜之肖形,如化工之赋物,其妙只在能达。"例以此诗,于实笔中显其清真、空灵,可谓"能达"之一例。

(马祖熙)

自湘东驿遵陆至芦溪　　　　査慎行

黄花古渡接芦溪,行过萍乡路渐低。
吠犬鸣鸡村远近,乳鹅新鸭岸东西。
丝缫细雨沾衣湿,刀剪良苗出水齐。
犹与湖南风土近,春深无处不耕犁。

此诗作于康熙五十七年(1718)春作者游粤北归途中。诗写湘东赣西农村景象,富有生活气息。诗题中之"湘东驿"属湖南醴陵,由此东行至芦溪,即属江西萍乡。在这段路程中,作者是沿着陆路走的,故称"遵陆"。

诗从眼前所见,即事写景,一派农家风光,使人耳目一新。前六句纯用赋体。首联是说由湘东驿东行,经过黄花渡便接近芦溪进入萍乡地界,道路由高而低,眼前已经是湘西平野了。接着中间两联,作者以极其喜悦的心情,描绘这里的景象:远远近近的村庄,鸡鸣犬吠之声,随处都可以听到。河岸的东西两边,乳鹅新鸭,成群结队地嬉戏游泳、农村兴旺的景象,煞是喜人。作者经过这里的时候,正逢微雨,那沾衣欲湿的雨丝,就像刚刚缫出来的茧丝那样细,那平畴里一碧无际的秧苗,就像剪刀剪过似的又绿又嫩又平平整整,时节已是深春,眼看就要到初夏大忙的季节了。这两联对仗极为工整,层次分明,作者先写平野里远近的村庄,记其所闻;次写河岸边的乳鹅新鸭,书其所见,再写田畴间的宜人景色,那沾衣欲湿的细雨、那出水整齐的秧苗，一切都是生意盎然。作者虽没描写这里农家的养蚕事业，但从"丝缫细雨"这句来看，作者想见这里的蚕桑事业一定也是很发达的。作者是在行旅中经过这里，所以着重写其所闻所见，但就是这些，已足以说明作者心情喜悦的程度了。我们在小时候，都曾读过陶渊明的《桃花源记》《桃花源诗序》），那篇文章里写桃花源的情况是："土地平旷，屋舍俨然，有良田美池桑竹之属，阡陌交通，鸡犬相闻……黄发垂髫，并怡然自乐。"桃花源是人们向往的地方，拿作者所写的赣西沃野和桃花源比起来，我看，几乎是毫无逊色的。如果作者竟留在那里做客，那么，"丰年留客足鸡豚"，我想，一定也会受到"设酒杀鸡作食"的礼遇的。

　　作者在诗的结尾两句说："犹与湖南风土近，春深无处不耕犁。"湘赣两省接壤，风土人情，宛然相似。"春深无处不耕犁"，更是湘东赣西的共同特色。这两句本为赞美赣西之笔，但就前句来看又多了赞美湘东的意思，表明湖南农村的情况，比起赣西来，同样是富有生气的，有此一笔，诗的意境也更为宽广。多么富饶的土地，多么勤劳的人民，作者以抒情的语句作结，此时此境，作者全然忘记衰年行旅的辛苦了。

　　本诗从取材到语言风格，甚至整个艺术表现手法，都显然深受古典田园诗的影响，或者不妨说，它本身就是一篇较为出色的田园诗，然而比较之下，本诗与传统田园诗的不同之处是相当明显的。传统的田园诗大部分以表现隐逸为旨趣所归，篇末往往抒发所谓"归欤"之叹，与此相关，它们笔下的事物与农民的劳动生活常有一段距离。查慎行的这首诗，不光赞美了农村质朴闲静的气象，全诗更多却是着眼于农民的春种春播，这样自然就使作品更贴近生活，贴近农民的感情。因此，本诗的内涵比一般的田园诗也显得更为丰满深厚。　　（马祖熙　卢苇菁）

【诗人小传】

朱昆田

（1652—1699）　字文盎，一字西畯，浙江海盐人。朱彝尊之子。工诗。著有《渔笛小稿》。

海棠叹五首(选一)　　　　朱昆田

　　名花生得地，其奈反萧索。

春风十日中，自开还自落。

在春日的百花中，海棠之娇丽足可与雍容的牡丹竞美。贾耽《百花谱》称它为"花中神仙"，但从郑谷描摹它"秾丽最宜新著雨，娇娆全在欲开时"看，还是王象晋《群芳谱》喻之为"绰绰如处女"，似更恰当些。"处女"般的娇丽之花，自然更得诗人偏爱。所以连旷放的苏东坡，也不免流连于它的月下情姿，涌生过"只恐夜深花睡去，故烧高烛照红妆"之妙思。

朱昆田也爱海棠，在他书室外的珍珠泉畔，就栽有数株，据说"大皆合抱，开时如张红云之幔"。在如此娇美的花间读书，顾盼之中，恰似面对红颜知己的灿然笑靥，该有多少乐趣！正因为这样，当诗人意外发现，这海棠忽遭风雨洗劫，竟在一夜间"落红如雨"、憔悴凋零时，又将怎样震惊和伤惋(见原诗序)？

诗人对美丽的海棠，似乎早就倾心已久。"佳人堕空谷，顾影长太息"(原诗之一)，这名动花苑的奇葩，该牵动过他多少梦思？"倾国非无色，消魂亦有香"(原诗之三)，这风韵独具的佳丽，又曾多少次来驻他心田？回想原先，当诗人终于将这名花移植到"珍珠泉"边时，心中无疑感到分外欣慰的吧？而今，连那出落得"大皆合抱"、红妆绿披的海棠，不也嫣然凝笑，似在庆幸自己的生得其地么？"名花生得地"句，正这样悠悠叙来，传达着诗人所曾经怀有的一派喜悦之情。

然而，"其奈反萧索"句的跳出，却在刹那间改变了整个诗境。从时间上说，这该是诗人带着美好的忆念，在晨光中再次踏入园中的一刻；从画面说，当诗人蓦然抬首，以为又将见到海棠那绿叶丽花笑立泉边的芳影时，出现在他眼间的，却已是"点点飘红泪，纷纷盖绿莎"(原诗之四)的一片凋零景象。这景象在诗中虽未细加描摹，但从"萧索"二字中，读者自可想象，它已有多冷落、衰飒！再加上辞气苍凉的"其奈"之语，诗情由此发生逆转，一股深切的震讶和伤情，霎时冲散起句的喜悦，弥漫了字里行间。

在震讶和伤叹中，诗人沉入了默默的追思。春风的吹拂，曾带给百花以多少欢欣！然而，海棠的命运，却又如此独异：放眼园外的桃李，"白白与朱朱，繁华满田里"(原诗之五)，这些幸运之花，在春日里开放得有多长久；满树的花枝，开了一批又开一批，简直要将春光占尽！海棠的花期，却只有短暂的"十日"。那娇羞的笑靥，才在春风中绽漾，又有无情的宵雨，摧残得它奄奄一息！一代"名花"的命运，竟比浮艳的桃李还不如。伤心的诗人，能不嗟叹它遇"时"之不公？"春风十日中，自开还自落"——这就是诗人沉思中幽幽浮现的海棠形象：它是那样娇丽，那样柔弱，在骀荡的风中，匆匆开放、又匆匆凋零！这两句似乎不带一丝感情,只用淡淡的笔墨,画下了一幅名花凋零的素描。然而在"自开还自落"的景象中,又透露着多少令人惊心的冷清和落寞! 于是在这无声的结语中,你听到的,分明是一声震荡全诗的浩长叹息……

这浩长的伤叹,难道只为美丽海棠的凋零而发? 不。在茫茫天地间,秉性美好而不幸消殒的,本不止几株海棠——即以诗人自己而言,他生为清初诗豪朱彝尊之子,算得上生得其"地"了。而且才气横溢、不让乃父,也大可在诗坛崭露头角。偏又体弱多病而"早卒",岂非正如海棠的"自开还自落"一样,令人叹惋伤心? 这样说来,此诗所伤叹的海棠悲剧,实概括了无数类似的人生命运。它之能在许多读者心间,引起哀哀共鸣,也正在情理之中。

(徐旭文)

【诗人小传】

汪 绎

(? —1711年左右) 字玉轮,号东山,江苏常熟人。康熙三十九年举进士第一,授翰林院修撰。为诗"蕴藉含蓄"(《晚晴簃诗话》),著有《秋影楼诗》。

柳 枝 词

汪 绎

一种风流得自持,水村天与好腰支。
月残风晓无穷意,说与桃花总不知。

柳枝,由于它的柔弱妩媚、婀娜多姿,更由于它的坚韧不折、盎然生机,最易引发人们的情感和联想。在汉乐府中以它为题的诗歌就有横吹曲中的《折杨柳》,鼓角横吹曲中的《折杨柳歌辞》、《折杨柳枝词》,相和歌辞中的《折杨柳行》,清商曲辞中的《月节折杨柳歌》等等。到了唐代,又形成了一个咏柳的高潮。白居易、刘禹锡、李商隐、温庭筠、薛能等著名诗人都写过脍炙人口的《杨柳枝词》。与汉乐府不同,唐代诗人改五言古体为七言绝句,在短短的二十八个字中,往往蕴含着诗人丰富的情感及深刻的哲理。汪绎的这首《柳枝词》可以说直接继承了唐代诗人的风格,借咏柳而有所寄托。

首句描写垂柳风流自持的格调。柳树生于河堤湖岸之上,千丝万条,摇曳多姿,枝繁叶茂,凡而不俗,确有万般柔情,千种旖旎。诗人赞美垂柳的风流可爱,更肯定垂柳的稳重自持。表面上看柳条随风摇摆,柔弱婉转,但实际上它深深扎根于泥土之中,枝干坚韧,挺拔不屈。这正是诗人所向往的一种理想人格。最能显示柳树风采的,自然是它的枝条,故次句以"天与好腰支"来夸赞那随风起舞的柳条。在河渠纵横的水村里,柳树得天独厚,茁壮成长。纤细柔软的枝条如美人的腰肢,令人产生无限的遐思。柳条的这种美,是天然赋予的美,没有丝毫的虚假造作。因此,它才让人感到朴实可爱,单纯可亲。

诗的后两句化用柳永《雨霖铃》词意,抒发感慨,寄托情思。北宋词人柳永在仕途上坎坷不遇,失意无聊,他的词"工于羁旅行役",善写离情别绪,饱含身世之感。《雨霖铃》是其著名的代表作,其中写道:"今宵酒醒何处?杨柳岸、晓风残月。此去经年,应是良辰好景虚设。便纵有千种风情,更与何人说?"表达了与爱人难以割舍的离情,流露出失意怅惘的情调。汪绎这首诗的后两句直接借用了柳永的《雨霖铃》的词意,而又有所开拓。诗中将柳枝与桃花拟人化。柳枝的脉脉深情,无穷无尽,然而有谁能够理解呢?桃花虽然绚丽夺目,富贵鲜艳,但花易飘零,色易衰褪,与柳枝的情性截然不同,因此它无法与柳枝沟通感情。后二句的感慨中,仿佛蕴含着诗人觅不到知音的苦恼,不被人理解的烦闷。

这首诗不以描摹柳枝的形态为主,而将笔墨集中于刻画柳枝的风格神韵,从中寄托自己的细腻深情,写来委婉含蓄,蕴藉遥深。

(王 平)

纳兰性德

(1655—1685) 原名成德,字容若,号楞伽山人,满洲正黄旗人。大学士明珠长子。康熙十五年(1676)进士,官一等侍卫。淡于荣利,善骑射,好读书。又爱才喜客,所与游皆一时名士。晚更笃意经史。性德笃于情性,善诗古文辞,尤工于词。词以小令见长,多感伤情调,间有雄浑之作。著有《通志堂集》。词集名《纳兰词》。又与徐乾学编刻唐以来说经诸书为《通志堂经解》。

咏 笼 莺

纳兰性德

何处金衣客,栖栖翠幕中。
有心惊晓梦,无计啭春风。
漫逐梁间燕,谁巢井上桐。

空将云路翼,缄恨在雕笼。

　　读了这首五律,蓦然间使我想到林黛玉进贾府,想起了贾宝玉说的:"我只恨我天天圈在家里,一点儿做不得主,行动就有人知道,不是这个拦就是那个劝的,能说不得行。"也许正是纳兰性德亦生在"钟鸣鼎食之家,翰墨诗书之族",且官一等侍卫,有类似曹雪芹对生活的感受,才借咏笼莺抒发自己追求自然、渴望自由生活的思想情感。

　　诗的前四句虽未着一个"笼"字,却紧紧扣住"笼"这个特定环境,从外貌、动作、声音等方面描写这只小黄莺儿。

　　"何处金衣客,栖栖翠幕中"一语道破笼与莺之间的矛盾,为全诗题旨奠基定调。黄莺别名金衣公子(见《开元天宝遗事》上),诗人不称黄莺,也不呼金衣公子,却言"金衣客",意在以"客"字配合"何处"点明莺原非生于笼中,而是来自远方,现在寄人篱下。身着金衣的美丽小鸟蹦跳在翠幕之中,乍看来甚是华贵安逸。但用了"栖栖"二字就点破这上下蹦跳行为绝非兴奋,而是栖栖遑遑焦躁不安的表现。这种由表及里、由假拨真的写法,可使读者的印象更为深刻。

　　黄莺的特性是喜不停地啼叫,有人说它是展示歌喉,美妙动听,正是"莺啼燕舞"才带来春天的生机,才会"春意闹";但也有人觉得聒噪,令人烦厌,要"打起黄莺儿,莫叫枝上啼。啼时惊妾梦,不得到辽西"(金昌绪《春怨》诗)。看来是喜是恼随人而异。在这首诗中写黄莺"有心惊晓梦,无计啭春风"无疑是不中听极了!用对偶句法再冠以"有心""无计"情况不说自明简直糟透啦!非但不能唤来缠绵撩人的春意,连春梦也给故意搅散了。咏物诗非为咏物而咏物,只不过借物抒情,"醉翁之意不在酒",写黄莺无可奈何的悲啼实是写与金衣客命运相似的主人,虽身在金玉锦绣之中,却感受不到春的温馨,白白浪费了青春年华。"有心"二字表现了蕴藏着的一股力量;一股要冲破梦幻面对现实的力量;一股勇于斗争敢于抗衡的力量。这力量标志着已调动自己,发挥主观能动性,尽管眼下尚"无计啭春风",贵在觉醒,已开始冲击沉寂,为渴望的自由生活而努力。

　　接下去颈联"漫逐梁间燕,谁巢井上桐"把笔锋调离黄莺,扩大视野,转向"翠幕"外的天地,歌颂春日大自然的美景:初春时节乳燕双飞,衔泥嬉戏于梁间,为春色添彩;暮春时节有桐花凤筑巢桐树之上,"集桐花,以饮朝露,及花落则烟飞雨散,不知所往"(见李德裕《画桐花凤扇赋序》)。自由自在,均堪羡慕。而"漫逐"、"谁巢",则写透了笼莺对笼外世界的企求和这种企求不得满足之苦:它想追逐燕子,可被笼子限住,一切飞翔的愿望都归徒劳;它想探看井上桐谁在建巢可笼子又拦住了它。看来,莺的冲击,在那个时代,不免以失败告终。

尾联"空将云路翼,缄恨在雕笼。"紧承上联在比较之后归结出问题。纵然生在一样的时节,长有一样的翅膀,却不能一样展翅高飞,唯一原因是黄莺被关在笼中。最后才点出"雕笼"将矛盾推向顶峰,千言万语汇集在一"恨"字中。

这首诗的可贵在于咏笼莺既不颂其富丽华贵,亦不写闺怨的凄切悲伤,而是挑明矛盾,怒目以视,争取自由。这一特点,也许正是使我联想到具有叛逆性格的宝、黛的缘故吧!

（宛新彬）

记 征 人 语（十三首选一） 纳兰性德

列幕平沙夜寂寥,楚云燕月两迢迢。
征人自是无归梦,却枕兜鍪卧听潮。

纳兰性德成进士、任御前侍卫的前几年,三藩之乱正殷,清王朝用兵频繁,战争在湖南、广西等地进行。吴三桂下衡阳、陷长沙,前锋攻克洞庭湖滨的重镇澧州、岳州。清廷披甲之士转战湖湘,久戍不得归,多内怀怨怅。后来,纳兰性德任侍卫,常随康熙巡幸,结识了参战的将士,他们向性德倾诉过军旅之劳,久戍之苦;诗人据此写成了一组绝句《记征人语》,这里选的是十三首中的第一首。这组诗涉及的地名,有岳阳楼、洞庭湖、衡阳,又提到"九歌""湘君",且有"移军日夜近南天,蓟北云山益渺然"的诗句,可知"征人"向性德说的是在湖南境内作战的生活。这首诗中的"楚云"之"楚",即指征人转战的湘楚之地;"燕月"之"燕",是他家人所居的北地幽燕;诗中"卧听潮",只能是"波撼岳阳城"的洞庭湖水惊涛拍岸之声而不是海潮、江潮。

首句"列幕平沙夜寂寥"化用杜甫《后出塞》"平沙列万幕,部伍各见招;中天悬明月,令严夜寂寥"诗意,"夜"字点明诗写的是将士深夜之思;再用"寂寥"二字刷色,为征人思归之情渲染气氛。次句"楚云燕月两迢迢","两迢迢"关合双方,明写征人怀归,暗逗思妇念远,见天涯暌隔,两地相思之苦。这起首两句,叙述中有描绘,形象中有抒情。但究竟只是铺垫,诗的精警之处还在后幅两句。

先看第三句"征人自是无归梦"。"征人"久戍湖湘,曰归不得,应该夜夜都有归梦;不少边塞诗还着意写这种归梦。为什么性德却偏偏说"自是无归梦"呢?这就语出寻常蹊径之外,耐人寻绎了。本来梦是一种无意想象,是往事残留痕迹的不规则的重新活跃和再现,有时来之于旧事重温,有时得之于沉思结想。当某种希望完全断绝、此心已死时,与希望有关的往事就很难再现于梦寐了。"无归梦"正是征人归家的希望完全破灭后一种特殊心态的真实折射。宋徽宗赵佶《燕山亭·北行见杏花》云:"怎不思量,除梦里有时曾去。无据。和梦也新来不做",写的也是这种心态。求之梦寐,人所难堪;连梦也无,更加酸楚。这就是诗家所谓透过一层、翻进一层的艺术手法。诗人又在"无归梦"之前冠以"自是"一词。好像,征人本来就应该无归梦,故意用平静旷达的语言写极不平静的情怀,用表面上的止水无波掩盖深层的潜流汹涌。沈德潜所谓"转作旷达,弥见沉痛",就是这种"加一倍写法"的艺术效应(引语见《说诗晬语》)。

结句"却枕兜鍪卧听潮":征人夜深不寐,斜倚头盔,倾听澎湃的波涛。不言而喻,他的心潮正和这波涛一同激荡回旋。上句反跌,这句再作一逆折,让那被表面平静掩盖着的汹涌潜流从深层翻起,却又依然蓄其势,遏其锋,抑其波澜,神情意态仅在"卧听"二字中微微逗出,不许它冲决横流。画家写梅,常取逆折之笔,得拗怒之势。纳兰性德这首诗的结句,用的也是逆折掩抑的手法。唯其察而可知,蓄而不发,撞击的力度也就愈大,愈益激动人心。这正是诗人跳出前人窠臼的地方,是一篇警策之所在。

(赖汉屏)

秣 陵 怀 古　　　　纳兰性德

山色江声共寂寥,十三陵树晚萧萧。
中原事业如江左,芳草何须怨六朝?

康熙二十三年(1684)九月,清圣祖玄烨南巡,纳兰性德以侍卫身份扈从。十一月到达秣陵(即江宁,今南京),玄烨曾诣明太祖朱元璋陵墓致奠,纳兰性德自然随行。这首诗当是诗人在护驾祭明陵后所作。

怀古诗在内容上,贵立意深刻,具有犀利洞彻的历史眼光,能发人之所未发。在艺术上,要求简而能赅,概括古今,又切忌作枯燥史论;贵能寓议论于形象之中,寄感慨于烟水之表。南京原是明代朱元璋首建帝业的都城,到成祖才改为北京。后来崇祯覆国,满清入主中原,福王朱由崧再建南明首都于此。可以说,这里是明代兴亡之所寄。清初不少亡明遗老,每歌咏南京,总离不开黍离麦秀之悲,荆棘铜驼之怨;唏嘘凭吊,情见乎词。纳兰性德这首《秣陵怀古》,持论与他们完全相反。他认为,明朝后期在北京的所作所为("中原事业"),和建都南京的六朝以及南明流亡政权("江左")一样,都是上下贪图享乐,昏庸腐朽,它的灭亡是理所当然的,无须怨天尤人。因此说:"中原事业如江左,芳草何须怨六朝"。性德是满洲贵族,他自然认为明朝的灭亡咎由自取,满清取而代之顺应天意民心。

何况他身处康熙盛世,目睹玄烨这位英主励精图治,百废俱兴,清王朝比起偏安江左的六朝以及明末政权来,确实进步得多。因此,他的立论,就不仅仅是站在本朝立场褒贬抑扬,而是站在历史发展的高度来评价兴替变化,其持论已在许多秣陵怀古诗之上。

这首怀古诗的价值,又不仅在立论上能发人之所未发,在艺术上也有独到的地方。这方面,至少可以提出两点:一是概括力特强,二是议论出以形象。

"山色江声共寂寥,十三陵树晚萧萧",前句写南京眼前风物,后句写北京明代陵寝气象(十三陵在北京)。两句诗,总揽南北两地,空间跨度广袤万里,景象混茫。三四句"中原事业如江左,芳草何须怨六朝",总结了建都北京的朱明王朝与建都南京的六朝乃至南明政权许多亡国之君祸国殃民的乱政,笔触自南明上溯到三国的孙吴,历史的跨度超越千年以上。四句诗,地域纵横万里,时间度越千年,读之使人仿佛置身苍茫宇宙之间,俯瞰历史的兴亡变化,诗的概括力可以说横绝今古。

再看形象气韵。首句写南京,着眼"色""声",虚处落笔,大气包举;更用"寂寥"一词渲染,像画家以泼墨写烟云风雨,满纸惨淡阴沉。次句写十三陵上护墓长楸,萧萧落叶,再添一个"晚"字,染出苍莽暮色,一派萧瑟混茫。结句"芳草"二字引入韦庄"江雨霏霏江草齐,六朝如梦鸟空啼"(《台城》)诗意,用间接的形象描绘出空旷缥缈、如烟似梦的南都景象。全诗读之恍如登高望远,在万象萧疏中看到历史发展的雄健步伐,时代前进的宏伟画图。诗人指点江山,议论今古,寓兴亡于山色江涛、夕阳草树之中,苍茫的形象衬托着他明锐的历史眼光。故无论心胸气象,本诗都称得上怀古诗中的佳唱。

(赖汉屏)

诗人小传

徐兰

清诗人,字芬岩,号芝仙,江苏常熟人。流寓北通州。其出塞诗颇有奇气。著有《芝仙书屋集》一卷。

出居庸关

徐 兰

将军此去必封侯,士卒何心肯逗留?
马后桃花马前雪,出关争得不回头?

居庸关在今北京市昌平区西北。徐兰为清宗室安郡王（疑即玛尔浑）幕僚期间，于康熙三十五年（1696）清帝统兵征噶尔丹时，随安郡王出塞，由居庸关至归化城。此诗即是随军出塞时作。诗中描写了出关所见景色，抒写了出征士卒怀土恋乡的感情。

首句中的"此"字原缺，此据诗意补出。前两句写"出居庸关"之前士卒的心理。"封侯"，从字面说，是指当上大官；就其实质而言，则是指驰骋疆场，功业有成。前两句意思是说，将军将在边地的战斗中建立功勋，这对于士卒来说，自然是一个很大的鼓舞，意味着士卒也将有立功的机会，因而急于奔赴边地，而无意于逗留不前。后两句则是写临出居庸关时的情况和心情。"出"字原缺，此据《清诗别裁》补出。"马后桃花"，意谓关内正当春天，温暖美好；"马前雪"，是说关外犹是冬日，严寒可怖。因而，无心在征途上逗留的士卒，在临出关的刹那，却不禁犹豫了起来，不自觉地回过头来再看一眼关内的景色。此诗对士卒内心世界的开掘是相当深入的，诗中不作静态的描绘，而是将人物置于特定的环境之中，从环境的变化相应写到士卒心态的改变：当立功边塞的机会在前方等待时，士卒一往无前，充满豪情；而当即将出关、远离故土时，又难免生出柔情，回头顾盼。诗中的主人公，既不是甘心老死于槽枥之下的驽骀之辈，也不是只会行军打仗而缺乏真情实感的战争工具。豪情与柔情、为国捐躯与怀土恋乡，两种对立的感情，在人物身上得到了相当和谐的统一。

全诗最动人的是三四两句。尤其是第三句，将"马前"、"马后"写成两个不同的世界，更是石破天惊的奇思妙笔。在具体写法上，这一句也很有特色："马后桃花"与"马前雪"，是对比；以马概人，则又有所省略。沈德潜称赞此诗说："眼前语便是奇绝语，几于万口流传。此唐人边塞诗未曾到者。"（《清诗别裁》）徐兰是一个爱作惊人语的诗人，他在《归化城杂咏》中也有类似的诗句："后骑解衣风柳下，前军堕指雪花中。""奇绝"的"眼前语"的获得，归根结底是由于诗人有边塞生活的独特体验，故能于唐人边塞诗之外开拓出新的境界。而从意象与用词而言，或许还受到过唐人权德舆的"马首向何处，夕阳千万峰"（《岭上逢久别者又别》）与马戴的"马头冲雪过临洮"（《出塞词》）的启发。

沈德潜在《清诗别裁》中，将此诗的题目改为《出关》，将前两句改成"凭山俯海古边州，旆影风翻见戍楼"。从诗句本身说，首句写静，次句写动，对环境描写与氛围渲染的表现都相当成功。但"凭山"句将所出之"关"，明白写成了山海关，这与诗人此次随军出征的路线不合，是不应该当作徐兰的创作来欣赏的，故为本文所不取。

（陈志明）

诗人小传

顾陈垿

清诗人。字玉停,号宾阳,江南太仓人。康熙甲午举人,官行人。著述甚丰。有《洗桐轩文集》等。

砚

顾陈垿

端溪谁割紫云腴,万古文心向此摅。
小点墨池成巨浪,就中飞出北溟鱼。

古人往往借咏物诗来抒发个人怀抱。此篇即以文房四宝之一的砚为题,抒发了诗人为文的感想。砚台素以端州所产为名贵,世称端砚。李贺《杨生青花紫石砚歌》形容采石作砚的情形道:"端州石工巧如神,踏天摩刀割紫云。"此诗首句即从这里化得,着一"腴"字,则见砚石质地的厚润细腻,色泽的光洁可喜。面对这样的一块砚,诗人浮想联翩,想到自古以来的文章,都是靠这小小的文具之助写出来的,它不令人感到惊异。"摅"是抒发,班固《西都赋》:"摅怀旧之蓄念,发思古之幽情。""万古文心向此摅"句,将"万古文心"和小小砚台紧紧联系在一起,造成极大与极小的对立统一,便有发人深省的惊异感。"盖文章,经国之大业,不朽之盛事"(曹丕《典论·论文》),古人很早就将文章的地位提到与事功同等的高度。所以诗人在说到"万古文心向此摅"时,是对这小小的砚台充满了虔敬之意的。他心里的礼赞是:啊,你多么渺小平凡,然而又多么伟大!这种激情直接引发了三四两句。

"小点墨池成巨浪,就中飞出北溟鱼。"诗人忽发奇想,仿佛看到小小墨池掀起巨浪,从中飞出巨大的鲲鹏,直冲云天。《庄子·逍遥游》:"北冥有鱼,其名为鲲。鲲之大,不知其几千里也;化而为鸟,其名为鹏。鹏之背,不知其几千里也;怒而飞,其翼若垂天之云。"后人常用鲲鹏来比喻极伟大的事物,象征宏伟远大的志向。这两句意即别看小小墨池,凭它能摅发万古文心,作出极其伟大的文章。"小点墨池成巨浪,就中飞出北溟鱼",是足以长文人志气的好言语!

古代人心目中的文章,从狭义上说是指经世致用之文,本诗中的"文"也是谓此。不过,本诗虽然原意所指较狭,却能用着形象思维的语言写出"小点墨池成巨浪,就中飞出北溟鱼",这就给读者以引申发挥的自由。当今天读者读着这样的诗句,就会联想到古今中外的伟大著作家和他们用笔创下的丰功伟绩而肃然起敬,同时也期望自己有一天也能创造奇迹。

(周啸天)

陈大章

（1659—1727） 字仲夔，号雨山，黄冈（今属湖北）人。康熙二十六年（1687）进士。其诗抒写性情，音节和缓，为王士禛所称许。通籍后，即乞假归，以教授为生，不再起。以庶吉士终。性喜山游，游必有诗，诗必穷胜，可作游记读。《小孤山》是他的传诵之作。有《玉照亭诗钞》。

登 小 孤 山

陈大章

蜀江万里浮鸿濛，洞庭势挟彭蠡雄。小孤突起插天畔，百川砥柱为之东。磴道虚无动寒色，渔舟一叶傍绝壁。蛟鼍当昼吼风霾，泱漭孤云天地白。参差楼观丽朝霞，绣甍珠箔颜如花。阴崖咫尺蓄雷雨，怪树千岁盘龙蛇。吴楚雄关此第一，折戟沈沙莽萧瑟。凭栏决眦倚半酣，尽卷乾坤入诗笔。隔江清霭有彭郎，银河带水遥相望。舟师招手闻绝叫，急趁南风过马当。

　　小孤山形似螺髻，俗称髻山。位于江西彭泽县北，安徽宿松县东南的大江中，形势险峻，一山孤耸，与彭蠡湖中的大孤山遥遥相对，故称小孤山。好事者以"孤"为"姑"，美其名曰小姑山。于山上立小姑神庙，塑盛装女神像，锦衣玉珮，庙貌俨然。庙对大江南侧之澎浪矶，因读"澎浪"为"彭郎"，而有"小姑嫁彭郎"的美丽传说，苏轼诗云："峨峨两烟鬟，晓镜开新妆。舟中贾客莫漫狂，小姑前年嫁彭郎。"(《李思训画长江绝岛图》)即指此处。苏子更以小姑与大姑（大孤山）并称，使小姑之形象在"晓镜新妆"中，更为动人。

　　作者这首《登小孤山》七言古诗，很有特色，他能绘人所未绘之景，摄人所未摄之象，融江山胜景于笔端，造诗人画家所未历之境界，雄奇清肆，虚实相生，读后令人有余音绕梁之叹。

　　开头四句，气势壮阔，笔墨开展所摄之景先从远望落笔，正面是波涛滚滚的万里长江，侧面是烟波浩瀚、景象万千的洞庭、彭蠡两座大湖。江流澎湃，湖水浩淼，令人心神为之豁朗。接着，视线转至近处，只见小孤山峙立江心，突起天半，仿佛中流砥柱，横阻狂澜，洪流至此，只有卷起怒涛，激起漩涡、然后服服帖帖地绕道东去。这四句写舟行所见，点明小孤山所在的位置，折入本题。

次四句写舍舟登山的情况：山前磴道曲折，石磴两边藤萝倒挂，寒树青苍，悬崖峭壁间凝着若有若无的冷色。诗人所驾的一叶渔舟，正是靠在了这凿着石磴的绝壁之下。攀登途中，阴冷的山洞里，鼋鼍蛟虬，当昼怒吼，搅得风霾四散，一片混茫。头上孤云腾涌，脚下江水滔滔，上上下下，弥漫着灰白色的云气。这几句写登山情景，及所见所闻的情况。接着以"参差楼观丽朝霞，绣罂（pān，大带）珠箔颜如花"等四句，写山上寺观神庙景况，小孤山嵌在云水之间，宛如一座高大的翠绿色的玉雕。在玉雕的顶上，点缀着错落有致的寺观，金碧辉煌的楼台，在朝霞的映照下，显得更加端庄美丽。神殿里供奉着锦衣彩霞帔颜色如花的小姑塑像，珠帘飘动，楚楚动人。寺观的后面，石壁苍黝，阴崖拱促，崖上千年怪树，盘曲有如龙蛇，崖下气象幽森，像是蕴藏雷雨的所在，蒸云吐雾的地方。

作者登览至此，不禁油然兴感，乃以"吴楚雄关此第一"等四句，抒发此时的感受。作者一面赞叹小孤山是吴头楚尾天造地设的第一雄关，自古以来，不知有多少次战事在这一带发生，远一点的如三国时的"赤壁之战"，近一点的如朱元璋和陈友谅的"鄱湖之战"，也不知道有多少残缺的刀枪剑戟沉埋在水底，人们来到这里，不能不产生"折戟沉沙铁未销"的苍茫萧瑟之感。另一方面，他又感到来游此山，会心惬意，山下山上所见之景，所闻之声，无不使人陶然如醉。诗人于是快意临风，倚阑极目，那滚滚滔滔的浪涛，仿佛要把乾坤间的灵秀风光尽卷入诗人笔底似的。"凭栏决眦倚半酣，尽卷乾坤入诗笔。"的确称得上是豪迈之笔。如此赞赏，如此激情，乃使江山为之生色，山灵有知，当亦首肯。

结尾四句，是在实写之后，再加上一层神话气氛，使小孤山在雄奇险峻之外，更多一种温馨恬静的色彩。"隔江清霭有彭郎，银河带水遥相望"，小孤山本有"小姑山"称号，她的南岸，恰好是青霭笼罩伫立在江干的彭郎矶：他（她）俩隔江相望，年年岁岁，都是如此。"小姑居处本无郎"，现在这"彭郎"却是近在咫尺，盈盈一水，就像那天上的银河隔着牛郎织女似的，时时相思相望，而不能聚在一起。苏轼虽有"小姑前年嫁彭郎"的诗句，恐怕也只是一种美好的愿望而已。"愿天下有情人都成眷属"，作者此时凝思，在心灵上多么希望这一对有情人早成眷属啊！然而现实毕竟是现实。"如花美眷、似水流水"，"神仙眷属"，也未必能时时相聚而没有别离，何况这"小姑"之与"彭郎"，本是人间传说，那么经受点相思的滋味，倒觉得此情之真实了。作者想到此处，心情上好比江波在摇荡，就在此刻，忽闻船公绝叫之声，他方意识到在此停留已久，那神思又回到现实中来。"舟师招手闻绝叫，急趁南风过马当。"（绝叫：大声急叫）于是下得山来，重行登舟，满载诗情画意，辞别了小姑山，趁着正劲的南风，鼓起风帆，向马当驰去。马当山，在彭泽县东北,是江流中又一处险要的地方。当年诗人王勃经过马当山,曾经得江风之助,一夜之间,把他送到南昌,参加了滕王阁的胜会。作者行进的方向,正和王勃当年相反,所以借助于南风,由小姑山吹向马当了。

这首诗共用十一个韵脚,起笔雄伟,境界开拓,突出小孤山在长江中下游所占的形势。结笔清俊洒脱,余音缭绕,收到刚柔相济相得益彰之功。诗中层次极多,波澜壮阔,先写到达小孤山时,即为此山形胜惊叹不已,次写登山所见所闻,虚笔与实笔相间,情景相生,先写山下,再写山上,从磴道向前,有仰观,有俯视,有前瞻,有后顾,写景由近而远,由眼前而生想象,由低处登上寺观,再由寺观纵览四周。然后转入议论,由赞叹而怀思往昔,由神驰远方而联系当前。每处着笔都恰到好处,而变化莫测、从登山到回船,一气贯注,笔酣墨饱,状人所未状之景,摄人所未摄之象,历人所未历之境。在题咏小孤山的诗篇中,此诗堪称杰作。

(马祖熙)

诗人小传

王苹

(1661—1720) 字秋史,山东历城人。康熙十五年进士。著有《二十四泉草堂集》。

秋 怀 诗(其一)   王 苹

秋声跋扈土垣东,促迫村庄万树红。
雁阵昏黄浮野水,虫吟惨淡讼酸风。
诸山未醒重阳酒,乱帙平分一亩宫。
细读农书闲把瓮,且将种菜论英雄。

如果说文人悲秋是为传统,那么作为一个退隐归耕,闭门寥落,且身有疾患的诗人,深秋之际更难免要宣泄胸中苦寂怅惘之情。然而,王苹这首《秋怀诗》却写得凄而不苦,感而不伤,低回而不颓废,情浓而不郁结,闪烁着健康向上的信念火星。

前两联着墨写景,景中寓情。先闻声后览色,复睹景又闻声,做到言声有景,述景有声,情景交融,声色俱下。首联写秋风西来,在墙东瑟瑟作响,催红了四下的树叶。诗人用"跋扈"来形容秋声,使人感觉到彼时他听见的秋声正是宋欧阳修笔下那种"其气栗冽,砭人肌骨;其意萧条,山川寂寥""草拂之而色变,木遭之而叶脱"(见《秋声赋》)的秋声,它肃杀威烈,摧枯拉朽。但随着诗人们不同的胸次、心绪、见地,感触不同,捕捉的瞬间不同,作者眼中看见的却是在秋霜"促迫"下竟然"万树红"。这种笔法既烘托出秋意深浓,又让人感觉到蕴藏在一片红色中的生命力,表现出诗人的感情倾向。

秋雁阵飞秋虫唧唧本是历代文人墨客笔下咏秋寻常景物,可是在描写霜重秋晚大雁野宿时将"黄昏"倒为"昏黄"既可在不失原意的情况下修饰"雁阵",增添景象的气氛,又与"惨淡"呼应,使颔联更为熨帖工稳。诗人还借李贺《金铜仙人辞汉歌》"东关酸风射眸子"句中的"酸风"暗点出深秋霜风凄紧,令人眼酸,亦令人心酸伤感。然而,尽管如此,即便是"虫吟惨淡"却并不认命,仍用哀鸣控诉肃杀的西风。句中"讼"字与首联中的"红"字一样,是强音,使诗人带有缕缕悲凉意绪的心境中流露出不甘受命运摆布的顽强精神。

诗人在继前四句对秋声秋色的描写之后重墨述怀,故后两联侧重抒情,因情及景。草木无情尚且能"万树红",区区小虫尚知"讼酸风",作为万物之灵的人将如何对待这"跋扈"的秋声呢?首先是坦然处之,纵有秋风秋雨愁煞人意可登高望远敞开心扉,或是以酒浇愁,醉能忘忧,逢重阳佳节不妨携酒登山痛饮,一醉方休。醉眼看山,山峰晦暗朦胧似亦沉醉未醒。此时此刻若处"众鸟高飞尽,孤云独去闲。相看两不厌,只有敬亭山。"(李白《独坐敬亭山》)意境中自得其乐。然后回归到被杂乱的书籍占去了一半的简陋居室,与书相处,平分秋色。"乱"字有画龙点睛之妙,在清淡的语意中透露诗人懒散孤寂的心境与闲适随和的生活作风。这就是诗人对付秋声的办法,虽在自由中显得孤独,可在孤独里寻求乐趣,纵在清淡中显得凄寂,但觉寂静中有安适。

尾联为进一步表白其恬适雅淡的生活态度。三国时刘备初栖身曹营担心曹操妒才加害于他,便"就下处后园种菜,亲自浇灌,以为韬晦之计"(见罗贯中《三国演义》第二十一回)诗人借用此典似在表明自己无与人争雄的抱负,愿躬耕以远祸,唯从村野生活中去寻求闲趣。归隐生活虽有多种方式,但境界上总不如"细读农书闲把瓮,且将种菜论英雄"来得洒脱。在句法上亦做到用典自然,富有韵味。

这首诗抒写诗人深秋所闻、所见、所做、所感,尽管题材十分普通,构思不算新颖,但造语考究,用字精巧,写法上又采用见闻错落、明晦相间,借画面、声音、气氛、感触将肃杀的秋意和归隐田园的生活感受交融一起,写得真切感人,达到了较高的意境。

(宛新彬)

【诗人小传】

赵执信

(1662—1744) 字伸符,号秋谷,晚号饴山老人,山东益都颜神镇(今属淄博市)人。康熙十八年(1679)进士,授翰林院编修,官至右赞善。因于佟皇后丧葬期间观演《长生殿》被革职,终身不仕,徜徉林壑数十年。他是当时诗坛盟主王士禛的甥婿,然论诗与渔洋异趣,作《谈龙录》,标举"诗之中须有人在,诗之外须有事在",以意为主,言语为役。所作诗思路剀刻,深沉峭拔,亦不乏反映民生疾苦的篇什。著有《饴山堂集》、《声调谱》等。

昭阳湖行书所见

赵执信

屋角参差漏晚晖,黄头闲缉绿蓑衣。
倦来枕石无人唤,鹅鸭如云解自归。

  昭阳湖就是天下早已知名的微山湖,它处于江苏省与山东省的交界处,东面正对微山,是一处风景秀丽、物产丰饶的地区,有人将它与江南作比,称"分明清景似吴淞",可见其美。这一组诗是诗人路过昭阳湖时所作,本诗是其中第三首。

  这首诗描写黄昏时昭阳湖畔渔民的日常生活小景。全诗突出了一个"闲"字,着意表现渔民悠然自在的生活。第一句写晚晖。渔村的房屋参差不齐,夕阳从屋角之间透下来,"漏"字用得很传神,一幅闲静的渔村图画宛在目前。假使此时村落繁杂,人影晃动,漏下的余辉就不易发现,所以开句就让人感觉到闲适的气氛。

  第二句写人。一位老人坐在那里编织蓑衣,显然是位老渔翁,闲着没事,所以悠然自在地补蓑衣,与其说是做事,不如说在享受这一番黄昏的宁静和闲趣,句中的"闲"字更点明了这一点。夕阳之下,一位老人面湖而坐,身披金色落晖,本身就是一幅绝美的图画。

  第三句进一步描写渔民的生活细节。繁忙固然令人疲倦,闲暇也会使人感到倦意,这大概因为年龄大了,容易困倦,另一方面也因为环境太安静,太舒适了,有催眠的作用。老人想睡就睡,随便找块石头就是枕头,没人打扰,更无人唤醒他,一切随意所适。"无人唤"正好与"闲"字相呼应,把老人的生活描写得极其悠然自得。

  末句写鹅鸭归还。从直接的意义看这是对第三句的呼应,一切都自成规律,不用操心,你看,湖中的鹅鸭自己结队成群地归来了,不用呼也不用赶,所以人们才能放心地枕石而眠呀。从更深的一层意思去看,这是进一步表现闲适的气氛,诗人暗用了陶渊明《归去来兮辞》中的句子,"云无心以出岫,鸟倦飞而知还",鹅鸭大概习惯了这种昭阳湖畔的自在的生活,像林中的鸟儿一样,早出晚归,没有人为的约束和勉强,渔村的家禽也像主人,一切都是那么自由,那么富有诗意。

当然,昭阳湖渔民的实际生活很可能并非如描写的那样悠闲和舒适,但是诗人却通过对一个景象的观照伸发了自己的想象,他美化了渔村生活,表达了自己的理想。应该说理想是人类最美好的情感之一,即使注重现实的诗人有时也不免会产生美好的遐想的,现实主义诗人赵执信写下这首诗就说明了这一点。

(王小舒)

望匡庐不可见 赵执信

香炉烟散半湖云,舟入荷陂水又分。
却羡沙头双白鹭,潜随明月过匡君。

诗题《望匡庐不可见》,诗眼在一个"望"字。四句诗,首句写望中迷濛之景;次句写望之弥远的惆怅心态;三四句写极望之情。在章法上,与杜甫《望岳》相仿佛。"望"的立足点在小船。诗人舟行波阳湖,远望庐山而不及登临,诗写的就是这种眼里烟云,望中心境。

庐山在南,波阳湖在北,距离那么远,如何把两者联系起来,以表现"虽不能至,心向往之"的心情呢?诗人选用了烟云、白鹭、明月三者作介体,构思很具匠心。首句"香炉"指庐山香炉峰,"湖"即波阳湖。"香炉烟散半湖云,"以烟化云、云飘湖上,巧妙地联结两地。其实香炉峰因终年云雾缭绕而得名,并非真有仙人在山上烧香以散发烟雾。诗人却从"香炉"二字生发联想,悬拟出炉中瑞烟千顷,散入波阳,化作半湖云霭,概括地写出雾里庐山,暗点题中"不见"二字。不见庐山,固然令人失望;但眼前这半湖云霭,既是香炉峰上飘来的烟雾,也就算略亲山色,堪慰远怀了。这个起句,把庐山写得似远似近,依稀仿佛,很有情韵。

第二句"舟入荷陂水又分","荷陂"是湖中多植莲藕之地,"水又分"指诗人乘坐的船经过荷陂后将另入港汊河道,距庐山愈行愈远。"又"字写出瞻望弥切的心情。这一二两句,写望中湖光山色,移步换形,很有层次。

三四句"却羡沙头双白鹭,潜随明月过匡君",极望生情,翻出一个新的境界,是全诗警策之所在。"却羡"二字,紧承上句作一陡转。舟行水分,愈走愈远,因望之不见而羡慕白鹭。这一双白鹭有幸,得潜随明月,飞入匡庐,去看望(过,看望之意)匡君(匡庐)。白鹭之有幸,正反衬出自己身不能至的惆怅。这里,诗人用"白鹭"、"明月"把波阳、庐山两地联结。其实他在湖上,所见之物,决不仅仅白鹭而已,何以诗人单单选了"白鹭"这一意象入诗?又为什么说白鹭"潜随明月"?难道诗人仅仅出于写实,他看见的确实是一双白鹭?或因白鹭之飞不闻声,乃云"潜随明月"?或者说,诗人心有所属,意有所动,故而托此白鹭明月之意象以展示诗心?这是赏玩这首诗时值得留心的地方。否则,这首诗的佳胜,就难以品味了。

要说清这个问题,得从前人使用"明月"这一意象说起。李白遥寄王昌龄的诗说:"我寄愁心与明月,随君直到夜郎西。"李白怀友之心托诸明月,是因为其心皎洁,其意幽深,其情浩瀚,而这时王昌龄正蒙不洁之名,因此以明月为愁心的载体,使情与物融汇,互为表里,互相衬托,以取得和谐统一的艺术效果。王安石《泊船瓜洲》说:"春风又绿江南岸,明月何时照我还?"他何以能预见还家之日,必定是晚上,而且一定在月下?窥其诗心,也是用明月之皎洁以衬出自己"此心如月"的情操,独来独往、不矜不伐的气质。由此可见,诗中明月,往往不仅是客观物象,而是一种意象。

这就回到赵执信这首诗中"双白鹭"和"潜随明月"的义蕴上来了。"白鹭"之形近鹤,是一种高视独步、纯洁、高雅的禽鸟。这一双白鹭托身于洁白的沙洲之上,更显出"拣尽寒枝不肯栖"的节操;这白鹭潜飞入山,"潜"字见其不矜不伐的安详意态;随明月偕行,更见出一片圣洁澄明。白鹭之高洁,皓月之澄明,匡庐之神圣,三者融合,铸就了一个崇高圣洁的意境。诗人自削职后,或漫游,或乡居,其心如水,其志如月;现在对白鹭潜飞而兴羡,正因为他清白的胸怀与潜飞的白鹭这一意象和谐统一,物我交融。这正是这首小诗最耐咀嚼品味的地方。

(赖汉屏)

金陵杂感六首(选一) 赵执信

深宫《燕子》弄歌喉,粉墨尚书作部头。
瞥眼君臣成院本,输他叔宝最风流。

雍正二年初春,赵执信为儿子赵庆到金陵(今南京)完婚,在凭吊金陵历史遗迹时,抚今追昔,颇多感慨,写下了组诗《金陵杂感》。原诗共六首,这里选的是第五首。诗作是以南明王朝的覆灭为题材的。清兵入关后,福王朱由崧在金陵建立了南明王朝。从当时形势看,南明本可坚守江淮,徐图北伐,并进而收复失地。但种种原因使这个一度为南中国人民所属望的政权,仅仅支撑了一年便土崩瓦解了。这个戏剧性的历史变化引起了清初不少文人学者的兴趣,他们从不同的途径企图说明南明王朝迅速崩溃的必然性,赵执信的这首诗也是就此有感而发的。诗中对南明小朝廷的荒淫进行了辛辣的讽刺和鞭挞,并把弘光帝朱由崧与南朝陈代的亡国之君陈叔宝相比。作者显然是主张昏君、权奸亡国论的,这固然有一定的历史局限性,但也确实道出了南明迅速瓦解的一个重要原因。

诗的开头两句就描绘了南明君臣的反常作为:"深宫《燕子》弄歌喉,粉墨尚书作部头。"《燕子》指传奇剧本《燕子笺》,"尚书"指《燕子笺》的作者阮大铖,他本是明末天启年间的阉党余孽,南明政权建立后,又依附宰相马士英做了兵部尚书。"部头"又称班头,是戏班的主持人。这两句的意思是:兵部尚书阮大铖亲率演员,粉墨登场,在弘光帝的深宫里卖弄歌喉,演唱他创作的《燕子笺》。当时正值清兵压境,南明政权危在旦夕,君臣本应运筹退敌之策,但弘光帝却大选俳优,在宫中演戏取乐;身为兵部尚书的阮大铖,此时更应统领军队抗击清兵,现在却当了演员的"部头",这真是别有意味的莫大讽刺。更令人瞠目的是,正当南明小朝廷醉生梦死之际,却发生了"瞥眼君臣成院本"的沧桑巨变。南明君臣本来是在欣赏和表演别人事迹的,但歌舞之声犹在耳际,他们自己的荒淫事实却转眼之间被编成剧本(院本),成了被别人品评的对象,这可是他们所始料不及的。最后,作者以"输他叔宝最风流"一句作结,意思是:在建都金陵的历代帝王中,南朝陈代的陈叔宝要算是最荒淫的了,但若与南明的弘光帝比起来,陈叔宝还是要认输的。这种"水涨船高"式的讽刺显然比直陈手法要高明多了。

这首诗自始至终都是在讽刺南明小朝廷的荒淫腐败,但每一句又都自具特色,并不显得单调呆板。第一句可说是南明君臣荒淫生活的一个缩影,第二句则是其中的一个特写镜头;第三句突出了石破天惊的历史转折,第四句则是绝妙的比衬。如此环环相扣,层层推动,最后达到了历史反思的高度,这正是以历史为素材的诗作题中应有之义。

(杜道明)

萤　火　　　　　　　　赵执信

和雨还穿户,经风忽过墙。
虽缘草成质[①],不借月为光。
解识幽人意,请今聊处囊[②]。
君看落空阔,何异大星芒。

〔注〕 ①缘草为质:崔豹《古今注·鱼虫》:"萤火,……腐草为之,食蚊蚋。" ②处囊:《晋书·车胤传》:(车胤)"家贫不常得油,夏月则练囊盛数十萤火以照书,以夜继日焉。"

这是一首咏物诗。大家知道,好的咏物诗多有寄托,每借咏物以抒情言志,这样,诗的意境便不限于所咏之物本身而别饶他意。赵执信此诗也是如此。

诗的首联径用"赋"法,写萤火虫在雨中仍然执着地飞行,穿行于人家的窗户间;在风里它似乎将要被吹落枝头,却忽又轻盈地越墙而过。二句以风雨中萤火虫的动态开篇,隐含赞赏萤火虫身虽细小但不畏风雨之意,也为下面颔、颈二联的发挥作了很好的铺垫。

颔联,诗人议论说:尽管萤火虫是由腐草化生出的,光芒微不足道,却终是自身的禀赋,并不屑于借光于高高在上的明月清辉。这里,诗人借写萤火虫表现了自己独立自主,不肯随人俯仰的孤高兀傲品性。此可谓"诗中有人",萤火的形象正是作者的自我写照。读者如果联想到赵执信在妻舅王士禛名满天下之时,因在诗歌理论上见解不同而不愿执弟子礼以邀誉求名,便能更深刻地理解颔联的意境。

颈联二句,又用"比兴"手法。按《周易·履卦九二爻》:"履道坦坦,幽人贞吉",梁寅《周易参义》说:"持身如是,乃君子不轻自售而安静恬淡者。"诗中幽人意盖从此出。诗人将萤火虫比作幽人隐士,说:我知道你的心意是不肯炫耀自己的,但现在请你还是暂且在囊中聚集起亮光,去照照黑沉沉的夜空吧,像车胤那样的贫寒之士多么需要你啊。"处囊"还兼有锥处囊中将脱颖而出这一层意思,是一语含双典,构思非常巧妙。

最后,尾联意承前句,诗人慨叹道:萤火虫如果升腾在夜幕漆黑的空旷高处,它的光芒与天上的大星又有什么区别?言外之意是大星在天而显高亮,萤火近地而显微茫,本是形势使然,非本来如此,正如人世卑微者之才具何必输与高贵者,但地位不同便决定了二者的命运不同。诗至此结束,而诗人的托物寄慨也已令读者深有感触。

赵执信的诗以"思路镌刻"(《四库全书总目提要》语)出名,本诗便体现了这一特色。王士禛写萤火有这样的句子:"萤火出深碧,池荷闻暗香"。便与赵诗明显异趣。

(庞 坚)

归 舟 赵执信

望齐门外望青州,一室欢声入棹讴。
十幅风帆半城月,最难图画是归舟。

赵执信从二十八岁被削职还乡，到六十四岁退居因园（别墅），这期间是他的漫游时期，除断断续续地家居之外，主要是在外度过的。尤其是苏州，赵执信曾先后五次游历，最后一次竟一连住了四年。长期的漫游、客居生活，很自然地使他在晚年产生了叶落归根的思乡之情。雍正二年四月，赵执信携家人由苏州起身返里，这首诗就描绘了他们登上归舟时的喜悦心情。

"望齐门外望青州"。起首就切入正题，既点明了出发地点，又标出了回归之所。"望齐门"是苏州的东北门，据《吴越春秋》记载："吴王为太子波聘齐女。女少思齐，日夜号泣，因乃为病。阖闾（吴王）乃起北门，名曰望齐门，令女往游其上。"作者以望齐门的历史故事来展示自己的思乡之切。"青州"乃作者的家乡山东益都，前后两个"望"字即浓墨重彩地勾画出作者对回归故里的渴望。然而齐女望齐而不得归，作者望青州却是可以实现的愿望，还有什么比久客他乡、一旦回归更令人激动的呢？因此这第一句就为全诗定下了欢快的基调。"一室欢声入棹讴"，就是这种欢快的生动而具体的体现。一家人因踏上归途而欢声笑语不断，而船家的歌声又与此汇成一片，更增添了喜悦的气氛，同时也点明了全家是乘舟而归，回应了标题。"十幅风帆半城月"，是紧承上句，使欢快的心情进一步升华：风帆片片，明月高悬，不仅是一幅极富诗意的优美画面，而且预示着全家此行可以一帆风顺，一路太平。想到这里，作者很自然地发出了这样的感叹："最难图画是归舟"。因为图画只能画出眼前的具体景物，却很难画出归舟上人们的喜悦心情。

这首诗只有短短四句，却既有实境描绘，又有想象展示，最后以议论作结，把合家喜归故里的欢乐推向了高潮。尤其是最后一句，不仅点明了主题，而且能以其深邃的美学意蕴令人回味不已。

（杜道明）

咏风鸢学江东体　　　　　　　　　　赵执信

　　节候迁移物象分，春深城野见纷纭。
　　偶缘涂饰能成质，才有因依便入云。
　　线影暗凭童稚引，风声高逼帝天闻。
　　伤鸿病鹤知多少，息羽垂头合让君。

晚唐诗人罗隐的咏物诗往往寄意遥深，语含讽谕，他自号江东生，所以这类作品被称为江东体。赵执信这首咏风筝的诗就是仿效此体而作。

节候迁移，物象变换，春深似海的城郊之野，东风骀荡，诗人在此见到了飞飞扬扬的风筝。它是用纸做的，剪成了老鹰的模样，做起来十分简单，随意用色彩涂抹装饰便成了它的躯干;当它飞上天空,只须稍借风力就能直上青天,钻入云层。"偶缘"二句形容纸鸢的形成之速与升天之易,比喻那些本无根柢,徒有其表的人专靠夤缘而爬上高位。他们自鸣得意,耀武扬威,却殊不知正像一时得志的纸鸢那样,升降行止全凭孩子手中的一根引线,虽然它有时扶摇直上,甚至上达天庭,连天帝也如闻其声。"线影"二句暗喻那些依仗小人援引而志得意满者,尽管他们有时甚至接近到了最高统治者,但其实只是不学无术的可怜虫。最后两句撇开纸鸢,翻一层作结,说人间多少真正的鸿雁仙鹤却因遭际坎壈,敛翅垂头,而听凭纸鸢去向高空施展威风。这里显以鸿、鹤象征那些德才兼备的君子,因不屑奉迎权贵,无人援引提拔反而沉沦下潦,身处鄙贱。以鸿、鹤与纸鸢形成强烈对照,更令形象鲜明,寓意深刻。

　　赵执信论诗最推重清初的吴乔,服膺其"诗中须有人在"一语,而考吴乔这话的意思,即主要是指咏物之作必须有寄托,他的《答万季野诗问》中说:"如少陵《画鹰》,曹唐《病马》,其中有人。袁凯《白燕》诗,脍炙人口,其中无人,谁不可作?画也,非诗也。"可见所谓有人,就是指咏物诗中有人格的寄托。如杜甫和曹唐的诗虽为写鹰和马,但有深刻的寓意在,所以称为"有人";袁凯的《白燕》虽为咏物名作,但仅意在穷形尽态,所以不足取。赵执信本人的咏物诗也大多托物寄兴,抒写怀抱,这首《咏风鸢》就是最典型的一篇。赵氏因《长生殿》案牵连而在朝中被革职除名,后半生过着隐居漂泊的生活,因而此诗中对依靠庸人援引而跻身朝廷者的讥刺与备受压抑的才德之士的不平,显然都基于他本人的亲身体会,在当时有着深刻的现实意义。

(王镇远)

道　旁　碑　　　　　　　赵执信

　　道旁碑石何累累,十里五里行相追。细观文字未磨灭,其词如出一手为。盛称长吏有惠政,遗爱想像千秋垂。就中行事极琐细,龃龉不顾识者嗤。征输早毕盗终获,黉宫既葺城堞随①。先圣且为要名具,下此黎庶吁可悲。居人遇直聊借问,姓名恍惚云不知。住时于我本无恩,去后遗我如何思?去者不思来者怒,后车恐蹈前车危。深山凿石秋雨滑,耕时牛力劳挽推。里社合钱乞作记,兔园老叟颐指挥②。请看碑石俱砖甓③,身及妻子无完衣。但愿太行山上石,化为滹沱水中泥。不然道傍隙地正无限,那免年年常立碑!

〔注〕 ① 黉(hóng)官：古代学校名。 ② 兔园：本汉梁孝王园名。唐李恽(太宗子)命僚佐杜嗣先编了一本应付科举考试的启蒙课本，取其为名曰《兔园集》，当时士大夫以其内容浅陋颇轻视之。后来文人遂将"兔园"作为一种贬词，形容那些才学平庸之徒。 ③ 砖甃(zhòu)：砖砌，此指盖碑亭。

康熙二十三年(1684)，作者任山西乡试正考官，自北京出发去太原，乡试结束后，又从太原南下，经太行山区，于年底回到故乡探亲。这首诗就揭露了他行经太行山一带时所见的一种怪现象——"思政碑"之虚伪与害人。

所谓"思政碑"就是封建时代为卸职的地方官在路旁立碑，歌颂其功德，又称"去思碑"。诗的一开头就单刀直入，从道旁之碑写起，十里五里便可见一座座碑亭，相互追随，好不热闹，"何累累"极言其多，"行相追"则分明对此有一种揶揄嘲笑之意。再细看那文字，遣词造句，千篇一律，事迹也大同小异，就像出于同一人之手，无非是称赞地方官的施行仁政，有德于民，人们将千秋万代地思念他，具体的事迹也都琐细无聊，前后不一，漏洞百出，难免遭到有见识的人之嗤笑。其内容不外乎是说他们如何及早地征收赋税，输送给上级政府，地方上的盗贼终被捕获，学校如何修整，接下来便是修理城墙。"征输"两句中连用"早"、"终"、"既"、"随"等表示时间的字，意在说明这已是老生常谈的套语，不读也可知其大意。"先圣"二句则鞭辟入里地抨击了这种现象，作者意谓地方官修葺学校，本是分内之事，但现在却成了邀取名誉的手段，那供奉于学宫中的孔子，岂不成了官吏们追名逐利的工具。先圣况且如此下场，百姓的备受欺凌也就更可悲叹了。

如果说自开头到"下此黎庶吁可悲"十二句是作者自己看碑的感受，那么以下便是通过居民之口来揭露立碑的危害。诗人拉住一位行人问那碑中之事，但他却对此茫无所知，连这位"长吏"的姓名都模糊不清。这正是对上文"盛称长吏有惠政，遗爱想像千秋垂"二句的绝妙讽刺。连姓名都不知，何来"遗爱"，正是一针见血，入木三分。于是下文直接以居人的口吻说那官吏在时本没有恩德，走了以后自然也不会留下思念。但之所以要给他树碑立传，是因为不这样做，现任的长官就会大发雷霆，因他惟恐自己日后受到冷落，这样到头来倒霉的还是百姓。"深山"以下六句便是人们对树碑的控诉，碑石要深山开凿，秋雨路滑，自然是辛苦危险的；开采下来的石头须用牛拉回，因此影响了耕种；乡里凑钱请人写碑文，又要看那浅陋迂腐的塾师的脸色；碑树好了，还得用砖砌个碑亭，但居人和妻子儿女却衣不蔽体；可见这一块小小的道旁之碑浸透着百姓的血泪。诗人最后感叹道：但愿太行山的顽石化作滹沱河中的污泥，这样那些庸官就不能再让百姓去为他们凿石建碑了。不然的话，道旁的空地尚多，年年立碑，岂有止尽。诗人对庸官的一腔愤恨与对人民的无限同情在这最后四句中表现得淋漓尽致。然而太行之石怎能化为污泥！说明百姓的苦难没有穷尽，遂加重了此诗批判现实的意义。

诗写得通俗明了，作者力求以简明生动的语言揭示一个虚伪的社会现象，其讽刺的矛头直指官僚集团，这在以官为主体的封建社会中无疑是大胆的行为。作者采取了对比的手法，用碑文中的歌功颂德与现实中百姓对此深恶痛绝构成强烈对照，使官吏的丑恶嘴脸暴露无遗；诗人又直接引用居人之语，令诗意更为逼真而具有说服力。

（王镇远）

寄洪昉思　　　　　赵执信

垂堂高坐本难安，身外鸿毛掷一官。
独抱焦桐俯流水，哀音还为董庭兰。

康熙二十八年（1866），洪昇招伶人于宅中演出自己所作的戏剧《长生殿》，时值佟皇后丧服，给事中黄仪劾洪昇等人于"国恤"期间观剧为"大不敬"，洪昇被革除太学生资格。赵执信也因参预观剧而被革职，时人作诗云："秋谷才华迥绝俦，少年科第尽风流。可怜一曲长生殿，断送功名到白头。"然而赵执信对自己的仕途并不在意，因他对当时腐败黑暗的官场早已厌倦，而且他生性耿直，与龌龊的官场生活格格不入，据说黄仪就是因为曾被他奚落而怀恨在心，所以借演剧之事而图谋报复。但赵执信对朋友笃重义气，据当时人记载，在《长生殿》案发生后，他竟不顾个人的安危得失，拒绝向西曹提供有关洪昇的"罪证"，"待昇极尽恩谊"（陈奕禧《春霭堂续集·观长生殿传奇有感》注）。这在数年以后他所写的这首寄给洪昇的诗中也可见到。

古人有"千金之子不坐垂堂"的话，意谓屋檐（垂堂）下有被坠瓦打伤的危险，所以自爱的人不坐在此。赵执信以"垂堂"指风波险恶的仕途，以为这本非久留之地，故自己弃去赞善的官职并不足惜，只不过好像失去一片鸿毛那么不足一提。然而他却愿为知音的朋友弹一曲高山流水之音，那哀伤的曲调正是为了亲密的知友所发。董庭兰是唐朝的琴工，他出入于宰相房琯的门下，因为依仗房琯的权势违法被治罪，此借喻洪昇。

此诗表现了赵执信鄙弃功名、冷笑人生的旷达胸怀，他对朋友的一腔热情也于此可见。诗写得很简短，但感情强烈，哀乐过人。诗的最后一句曾遭到王士禛的批评，讥其："君是开元房太尉，一生留得董庭兰。"意谓诗人不宜将洪昇比作董庭兰,将自己置于房琯的地位。此也是诗坛逸事,可见古人要求用典的一丝不苟。

(王镇远)

即　　目　　　　　　　赵执信

烟外风翻数点鸦,板墙敧处夕阳斜。
空庭客去闭门晚,零落一堆红豆花。

这是作者在京任右春坊右赞善时的作品,诗写深秋的黄昏时分,在庭园中见到一堆零落的红豆花。主题是这么简单,而诗人却写得情致萧索,耐人品味。

诗从远空中的点点寒鸦写到洒满夕阳的院墙,再写到幽静的庭院,最后落到眼前一堆红豆花上。由远及近,由上至下,由动而静,像是电影艺术中的特写,先由远景逐渐推近,然后将焦点集中在一个主要物象上,最后是一个大的特写镜头。那远景只是一种陪衬和铺垫,令主体更为显豁。如此诗中最后出现的红豆花,在高朗的天宇、金色的斜阳中显得极为清新、明艳,而客去庭空、四处寂静的环境更给她平添了一种闲逸、冷隽的美感,这后两句的诗意或取自李商隐《落花》中"高阁客竟去,小园花乱飞"的意蕴,然善于点化,丝毫不着痕迹。

诗不写姹紫嫣红的名花或高雅出尘的秋菊,而描绘了一堆极为平常而零落衰败的红豆花;诗题为"即目",似乎是并不经意,但是景物的组合与选择无疑经过诗人主观的滤色,那份落寞与萧索,多少反映出作者悲秋伤逝的情怀。

(王镇远)

秋 暮 吟 望　　　　　　赵执信

小阁高栖老一枝,闲吟了不为秋悲。
寒山常带斜阳色,新月偏明落叶时。
烟水极天鸿有影,霜风卷地菊无姿。
二更短烛三升酒,北斗低横未拟窥。

人言执信诗善于造景抒情,这首《秋暮吟望》堪称"造景抒情"的代表作。

从诗意推断,这诗当是他晚年之作。诗中"一枝",出自《庄子·逍遥游》:"鹪鹩巢于深林,不过一枝。""老一枝"即终老山林之意,"高栖"的"栖"字正与"鹪鹩"关合,可为佐证。诗从自甘终老山林入笔,次句又承以"闲吟了不为秋悲",点题中"秋""吟"二字。"了不为秋悲"即丝毫不为秋天到来而悲怆。若单从这两句判断诗情,则望中秋色对这位诗人已全是身外之物,他毫不为这"萧瑟兮草木摇落而变衰"(宋玉《九辩》)的景物所动,写这首诗也不过是"闲吟"而已。看来,诗人真正甘心终老于这山林小阁,他的心已经如此超脱,或者已经像槁木死灰了。但你一路读下去,便会觉得诗人是在说假话——不,说反话。他的心,在"了不为秋悲"的反面!

让我们先对中间两联略加品味。因为,这是律诗的核心内容之所在。

这两联四句都写了些什么?寒山、斜阳、新月、落叶、烟水、鸿影、霜风、残菊!将这些景物组织入诗,加起来便形成了意境。"寒山"和杜牧"远上寒山石径斜"的"寒山"同义,指高山,因山高而望之似有寒意。为什么说"寒山常带斜阳色,新月偏明落叶时"?要注意深孕诗情的"常"字和"偏"字。山是四时、朝暮都存在的,晦明朝夕,仪态万方,决非"常带"斜阳之色。诗人这样说,无非表明,他只是在这暮色苍茫之际才远眺寒山,这时的寒山已被夕阳染上昏黄黯淡的颜色。"夕阳无限好,只是近黄昏",诗人望中自不免生迟暮之感。更何况山高秋晚,望之一派森森寒意,这"寒山""斜阳",给诗人带来什么感受,还用费辞吗?至于"新月",是上弦的弯环恰似钩的月亮。新月亮度不大,只有当木叶尽脱、野旷天清的秋天,才会觉得它"明"。但新月之明,为时很短,很快就会西沉。假如在春夜,是满月,或滟滟随波,或月照花林,那自然很美;现在却是昏黄的上弦月,而且偏偏照临在"无边落木萧萧下"的疏林之上,飒飒秋风之中(无风何至落叶!)这位偃蹇老去的诗人,看了那些落叶,已不胜摇落之悲,更何况又敷上新月的凄迷昏黄之色?那个"偏"字,不正和苏轼中秋词"不应有恨,何事长向别时圆"的"偏"字同一意蕴,透露出诗人心中的怨悱惆怅吗?"烟水极天"是湖上月夜景色,"极天"言其浩渺无边。试看,在月夜,清明的秋水之上,笼罩着一层烟雾;有孤鸿掠空,投影水上。这"鸿影",即使你没有记起"谁见幽人独往来,缥缈孤鸿影"(苏轼《卜算子》)的名句,那种超旷之境,"幽约怨悱不能自言之情"(张惠言《词选序》),你能不感受到吗?秋天正是菊开的时候。现在,菊花都被卷地而来的霜风所凋残,黄金委地,全无姿态。我国古典诗词中,向以菊为傲霜君子的象征,诗人望着眼前这严霜凋后的残菊,心里是什么滋味?他虽然不说,却尽得"不落言诠,方为上乘"的妙谛。

以上颔联、颈联四句中提供的意象,空间从远到近,从高到低,从水上到陆上;时间从黄昏到月明,从月明到深夜,无一物不是令人望而兴悲之色,无一时不是令人难以忘悲之时,诗人为什么偏偏说"了不为秋悲"?难道说,"不为秋悲"是"深为己悲"的另一说法么?"他人有心,予忖度之。"作如是观,不无佐证。试看——

"二更短烛",他深夜还坐对短烛,无法入睡;"三升酒":一个人在喝闷酒,浇此万斛秋愁;"北斗低横":已是快天亮的时候了;"未拟窥":诗人连看都懒得看,一任时间推移,自黄昏直至东方欲曙。之所以"未拟窥",是因为他从黄昏到月夜,已经看了许多,感受强烈,心已经难以承受了。可见诗开头说的"小阁高栖老一枝",他的心其实是难以安然老死在山林的一枝之上的,正所谓"诗情如夜鹊,三绕未能安"。

我说这首诗堪称赵执信"善于造景抒情的代表作",除了前面已经粗略品析过颔联、颈联引进的那些饱含诗情的意象之外,还因为结联写的"短烛"和"酒",极富涵蕴暗示。许多烦闷难以言传的情意,全部浓缩在这两者之中。全诗意境高远,也赖这结联轻轻一点。一枝短烛,一壶残酒,一个不安的灵魂,尽陈读者眼底,深得欲言而不言,不言而无不言的艺术效果。(赖汉屏)

山行杂诗四首(其一) 赵执信

岭路盘盘行欲迷,晚来霜霰忽凄凄。
林间风过犹兼叶,涧底寒轻已作泥。
马足蹙时疑地尽,溪云多处觉天低。
倦游莫讶惊心数,岁暮空山鸟乱啼。

赵执信这位十八岁中进士、入翰林,以生性傲岸著称的诗人,二十八岁便被革职除名,从此浪迹天涯,漫游大江南北,以至终老。他的漫游,不仅在于探奇揽胜,而且在于借山林逸气,涤荡胸中块垒。他在《东向言怀》一诗中说:"男儿负奇志,凤欲吞巨川。转侧在世网,焉能死草间?长风倘可驾,一上蓬莱巅。安期何用见?但取开心颜。""但取开心颜",可见他经常苦于"不得开心颜"。他之所以"不得开心颜",乃由于凤负奇志,不甘老死蓬蒿,现实却逼得他一筹莫展。怀着这样的心情去漫游,虽名山大川在前,又怎能排遣胸中积悃?了解他这种心态,有助于理解这首纪行诗。

诗写山行感受,是从两个方面着笔的。一方面:山高而陡,道阻且长,差一点迷路,这是旅途中的行路难;另一方面则着意写山中景色,以浓烈的环境氛围衬出其胸中的独特苦闷,这是心理途程中的行路难。

先看诗人怎样写旅途中的行路难。诗一上来就说"岭路盘盘行欲迷",由于山高,道路盘旋而上,弯弯曲曲,使诗人几乎迷失了方向,感到无径可登。第五句"马足蹙时疑地尽"是说:上有悬崖,下临无地,连马的健足尚且望而缩步,人也觉得地已经走到了尽头。第六句说:"溪云多处觉天低",由于云多,天仿佛压下来了。读诗至此,不禁使人联想到孟郊的诗句:"出门即有碍,谁谓天地宽!"

再看他怎样写心理途程中的行路难。

"晚来霜霰忽凄凄":时当岁暮,天色向晚,又下着雪珠儿,令人倍感凄寒。"林间风过犹兼叶":林子里的风挟枯枝败叶而俱来,那风声该如何凄厉?"涧底寒轻已作泥":涧底下不当风,温度稍高,霜霰融化,成为泥水。山行有时不得不经过这种泥泞的道路,那泥泞是特别寒冷的。"岁暮空山鸟乱啼":空山归巢的鸟,更给这幅色彩黯淡的图画配上了凄切的乐音。看来,诗人此次山行,不只经历了天逼地蹙之境;而且所闻所见,无往而非寒冷、肃杀、凄凉。于是诗人忍受不住了,站出来直接抒情:"倦游莫讶惊心数",这种凄凉的景物和声音,我感受得已经够多了(数,shuò,多次),早已司空见惯,不会因眼前现实而怵目惊心。以"倦游"之身,累历此人所难堪之境,这就把所见所感的范围扩大,延伸了。可见他虽惯于漫游,却不能醉心于山水之间乐以忘忧。在旅途中,他的心一时也不能够平静。这就是前文所说的"心理途程中的行路难"。

读赵执信《并门》《观海》《鼓枻》三个纪游诗集,这种心态几乎是一贯的。这一组《山行杂诗》其他三首,也莫不如此。像第二首的"远寺钟鸣"、"一灯明灭";第三首的"天风残雪"、"落日登高";第四首的"连天白雪"、"近郭空烟",诗人描绘的几乎都是凄怆寂寞的境界。他漫游几十年,何境不历?怎能不接触到自然界的明丽春光,花容草色?但这些一经进入他的视觉,经过心灵的酿造,马上变了颜色。所谓"感时花溅泪,恨别鸟惊心",正由于伤心人别有怀抱。也许,自然界百草千花,风晨月夕,作为审美感受的客体,固然是万态纷呈;而作为审美感受的主体,诗人却独取其险逼之境,幽峭之色,哀厉之声,以之作为意象,表现诗情。

这就触及到这首诗在艺术上值得玩味的两个地方:一是由景物酿造气氛,形成意境;一是运用象征手法,曲折传情。

先说第一点。诗人在这首纪游诗里,八句话七句写景。他把盘盘岭路,凄凄霜雪,林叶因风,溪云低压,空山鸟啼等等组合在一起,酿造出一种凄怆的氛围,令人读之神寒骨凄,心理上感受极大的压力;然后在第七句用"倦游莫讶惊心数"一束,使物、情融合,形成一种苍凉幽悄的意境。他在《谈龙录》中说:"因其诗可以知其人,而兼可以论其世。"这首《山行杂诗》,循其境以溯其意,因其意而知其为偃蹇傲岸、郁结抑塞之人,这就是此诗艺术魅力之所在。

至于象征,乃是他惯用的艺术手法。如《烈风行》以雨风雷电象征社会的动荡和黑暗;《清明前大雪》以冰雪中园花凋谢,象征当时"风刀霜剑"的社会恶势力,都是显例。这首律诗,用岭路盘盘、马蹙地尽、云压天低象征他的社会处境,仿佛举足有倾危之虞,天地无容身之所。既用象征手法,又与气氛、意境融于一体,这就大大加强了诗的表现力量。

(赖汉屏)

村　舍

赵执信

乱峰重迭水横斜,村舍依稀在若耶。
垂老渐能分菽麦,全家合得住烟霞。
催风笋作低头竹,倾日葵开卫足花。
雨玩山姿晴对月,莫辞闲澹送生涯。

　　题中"村舍",指诗人修建于故乡山东博山城东五十里的"红叶山楼"。这诗是他接近五十岁时所作。诗的第二句说"村舍依稀在若耶",若耶居浙江绍兴之南,是著名的风景胜地。"依稀"即"仿佛"之意。诗人说,他的红叶山庄虽地处山东博山,风景之优美则仿佛如绍兴的若耶一样。古人说:"吴长洲兮越若耶,芙蓉城兮菡萏花",可知若耶多水。诗人既把他红叶山楼的风景比之若耶,可见这里富于山光水色。诗的第一句"乱峰重迭水横斜",写的便是山峰倒映水中的景象。"乱峰"映在水中,故呈"重迭"之象,乃有横斜之美。这句以水色衬托山光,把山峰种种姿态尽收于渌水清溪之中,诗一上来先对"村舍"风光作了极优美的总体描绘,给读者一个深刻的"第一印象"。倘若把这一句理解为峰峦重迭,水流横斜,固无不可;但空中山峰,远不如映在水中峰影之美;且前解把山水融为一体,后解把山水分裂为二;结合下一句"村舍依稀在若耶"看,前解似更近诗人原意。

　　不管对第一句如何理解,这首诗的诗眼在末句"闲澹"二字,这大概不会有异议。"闲澹"是有条件的。第一,要有物质生活保障;第二,要心态安详。诗人能在风景如此优美的地方建造"红叶山楼",这"村舍"定然不是真正的农民房舍。"垂老渐能分菽麦,全家合得住烟霞":快到老年才能分清豆类和麦子,倘在他人,也许会被嗤笑为"五谷不分",但诗人说来,天真老实,而且隐然以此为村居的一大收获。"住烟霞"三字特佳。既写景色,又显出心头自得之乐。作为景色,烟笼雾锁,朝晖夕阴,用"烟霞"二字概括,淡而有致。"烟霞"又往往指高人隐者之居,用之则不仅说物境清幽,而且表明所居者多品节高尚,风神俊朗、不同凡俗之辈。现在诗人全家住在这种地方,他能不怡然自得其乐吗?"合得"二字,把诗人的心情完全表露无遗了。第三联进一步写心情,写他的自处之道:"催风笋作低头竹,倾日葵开卫足花"这两句最堪玩味。从字面看,无非写初夏村舍周围的景色。暖风吹拂,竹笋一天天长大,变成了嫩竹子。嫩竹子的笋箨尚未完全脱落,顶部枝叶也没有完全散开,因此迎风作低头之状。向日葵开了,那花很大,似乎俯视根部,自护其足。据《左传·武王十七年》记:齐大夫鲍庄子,为人所谗,被齐君处以刖足(断足)之刑。孔子说:"鲍庄子之知(智)不如葵,葵犹能卫其足。"诗中"卫足花"用了这个典故。笋变成竹子,向日葵开花,诗人何独着眼于竹之"低头",葵之"卫足"呢?这自然象征了诗人一种心态:他自从二十八岁削职还乡,心中纵有许多牢骚,在康熙文网极密的时代,是不敢贸然发泄的,这个正直的诗人愈老而愈懂得避祸全身。他从忤世、傲世转而变成避世。他在诗中欣赏那"低头竹"、"卫足花",正是自己在生活中宁愿"低头""卫足"以求自全的曲折体现。由于能"低头""卫足",才换得心态安详,才能享受那一份闲澹、翛然之乐。

说"闲澹"是一种乐,而且是难以得到的至乐,是因为正直的知识分子类多忧国忧民。忧患心深,自然不能闲澹。赵执信写了那么多现实主义的新乐府式的古风,他的忧国忧民之心原是非常强烈的。临老,这份心情渐为风雨所消蚀,才完成了"莫辞闲澹送生涯"的生活态度的转变,才追求一种淡怀逸致的美感。这是付出了巨大牺牲之后的体认。作"低头竹"、"卫足花",对一个志士来说,原是无可如何,因此用"莫辞"二字,曲曲折折地表现出他的选择是被动的,是迫不得已的。

这样说来,这一首写"村舍"风光的诗,竟然是一首言志的诗。微言大义,藉景物描写,曲折见意,是此诗一大特色。

其次,这首诗里写了村舍风光,山容水态,菽麦烟霞,暖风催发的竹子,低头卫足的葵花,而以雨中山姿,晴夜朗月作为最高境界。"雨玩山姿晴对月",雨中的山,烟雾空濛;晴夜的月,清幽悄悄,两者都呈现淡远朦胧之美。结合开篇重迭掩映在水中的山峦倒影看,这"村舍"周围的景色与诗人闲澹的心情,凝成一种淡远空濛,"遇之非深,即之愈稀"(《诗品·冲淡》)的意境。但这种淡远之境,不是冷寂而是充满了生机的。暖风催长了竹笋,向日葵开了花,可知诗人欣赏"闲澹",其实未泯生机。这一点,与赵执信的许多田园之作,是一脉相承的。 (赖汉屏)

沈德潜

(1673—1769) 字确士,号归愚,长洲(今江苏苏州)人。乾隆元年(1736)荐举博学鸿词科,四年(1739)成进士,曾任内阁学士兼礼部侍郎。卒年九十七。他早年即以诗论和选家著称,论诗主格调说,拘于"温柔敦厚"的"诗教"。其诗多歌功颂德之作,间有反映民间疾苦的。有《沈归愚诗文全集》,又选辑有《古诗源》、《唐诗别裁集》、《明诗别裁集》、《清诗别裁集》。

过　许　州　　　　　　　　　　沈德潜

到处陂塘决决流,垂杨百里罨平畴①。

行人便觉须眉绿,一路蝉声过许州。

〔注〕　①罨(yǎn)：覆盖、掩映。

这是作者过许州(今河南许昌)郊外即景抒情之作。全诗画龙点睛的是一个"绿"字。虽然它只出现在第三句,但一二句中已先具其意："到处陂塘决决流,垂杨百里罨平畴。"从"垂杨百里"和"一路蝉声"的描写看,时间可能是初夏。到处的池塘都在溢水,可见是雨后。"决决"是流水声(卢纶《山店》"登登山路行时尽,决决溪泉到处闻。"),虽只写水声,但碧波荡漾之景如见,写出水绿。"平畴"即田坝,陶潜有"平畴交远风,良苗亦怀新"之句,它给人的感觉也是绿的。而阡陌之间垂杨成行,披拂掩映,更见得平野之绿。"到处"和"百里",又从空间上展示出那"绿"的范围之大,可谓触目皆是,整个许州城外初夏景色便是以绿色为基调的。正是在一二句酝酿充分的基础上,才有第三句的奇情绮思和画龙点睛。

"行人便觉须眉绿"这句以新奇的感受,一下子抓住读者,使人觉得比王安石"春风又绿江南岸"的名句还要耐味。对王安石的那个名句,钱钟书先生评论说："这句也是王安石讲究修辞的有名例子。据说他在草稿上改了十几次,才选定这个'绿'字；最初是'到'字,改为'过'字,又改为'入'字,又改为'满'字等等(洪迈《客斋随笔》卷八)但是'绿'字这种用法在唐诗中早见而亦屡见,如丘为《题农户庐舍》：'东风何时至,已绿湖上山'等。于是又发生了一连串的问题：王安石的反复修改是忘记了唐人的诗句而自费心力呢？还是明知到这些诗句而有心立异呢？他的选定'绿'字是跟唐人暗合呢？是最后想起了唐人诗句而欣然沿用呢？还是自觉不能出奇度胜,终于向唐人认输呢？"(《宋诗选注》,有删节)此外,无论"又绿江南岸"还是"已绿湖上山",都还是描写的视觉感受。而沈德潜的"行人便觉须眉绿"却又跳越一级,描写的是由那个视觉感受而引起的心理感觉。因为事实上须眉是黑色的染也染不绿,映也映不绿。但行人在一片绿色(这是一种视感最舒适的颜色)的川原中走,心里充满绿色的快意,于是感觉到自己的身心与这片绿色融为一体,从而便有"须眉绿"的主观感觉发生("便觉")。它实际上表现的不是颜色,而是快感。所以对上述唐宋诗句有所出新。

于是最后一句也就水到渠成："一路蝉声过许州",它传达的也是快意的感觉,而且是前句快感的一种延续。许州地界那样宽,要走过还真不容易。然而作者一路上看水看树,心情舒畅,又有蝉声相送,颇不寂寞,所以觉得很快就走过来了。这"蝉声"是出自蜕壳不久的新蝉,而非秋季的寒蝉,故其声音并不凄厉。即使是很凄厉的声音,只要人的主观上很愉快,感觉也就有所不同。如李白《下江陵》:"两岸猿声啼不住,轻舟已过万重山",这一路猿声不但不使人掉泪,反倒托出人在轻舟中的愉悦之感。就此而言,"一路蝉声过许州"亦有异曲同工之妙。

(周啸天)

梅　花　　　　沈德潜

残雪初消欲暝天,无枝冷艳破春妍。
山边村落涧边路,篱外幽香竹外烟。
自我相思经一载,与君偕隐已多年。
惜花兼怕催人老,扶杖更深看不眠。

中国历代咏梅诗的佳作很多,如唐代崔道融、齐己的咏梅之作,都深得沈德潜的喜欢;而沈德潜对梅花似乎也有一种特殊的感情,在老年时曾写过一首梅花诗,即上面的这首七律。

定此诗为沈德潜老年所作,是从此诗末联的"催人老"、"扶杖"等词汇来推断的。因沈德潜的寿命很长,《清史稿·本传》谓其"卒,年九十七。"王昶《湖海诗传》则谓其"九十八岁而终"。但他早年则仕途坎坷,屡试不第,直到六十七岁才考中进士,自此便深得乾隆皇帝的赏识,与乾隆皇帝诗交甚厚,荣任内阁学士兼礼部侍郎。袁枚曾感慨地说:"古来诗人受遇之隆者,未如沈归愚尚书也。"然从此诗的情调和"偕隐"二字来看,此诗当作于他尚未考中进士时,故口气与他考中进士后的飞黄腾达截然不同。

中国古代咏物诗的开端一般并不马上触及所咏对象,而往往喜欢采用渐进的方法,由外及里,由远及近,慢慢进入正题,但又始终围绕所咏对象。就此诗来说,作者采用的实际上就是由远及近的渐进方法。他先从"残雪初消"、天将黄昏的气候环境着笔,作了一番渲染与烘托之后,再转到对梅花的直接描写。而梅花也正是在这种特定的环境气氛中,尽压群芳,独破春妍。"无枝冷艳"四字虽是正面描写,但也说不上浓笔重墨,唯"冷艳"二字,倒的确把梅花耐寒斗雪,越冷越艳的特点给写出来了。

作者在首联中刚刚由远及近地涉及到了对梅花的正面描写,到了颔联,作者一下又把笔墨拉开,由近及远,转到了对初春梅花的整体描写。只见山边、村落、涧边、篱笆外、竹林外，处处都有冷艳的梅花暗示着春天的到来，处处都有梅花的幽香如烟雾般地散发和弥漫着，给人以不尽的遐想。至此，梅花的个体与整体形象都有了，于是，作者的笔墨又开始转了。

如果说首联与颔联都是咏物，那么自颈联以下，便都是言志了。颈联当头的"自我"二字便是信号。这两句的意思是说，自从我思念梅花虽然仅过了一年，但我与你共同隐居却已有多年了。在古代，松、竹、梅多被一些自命清高的文人学士标为"岁寒三友"。沈德潜这里的"与君偕隐"，显然有与梅为伴、共同隐逸的清高思想。

至于尾联的"惜花"二字，显然是从颈联的"相思"、"与君偕隐"等词而来，进一步表明他对梅花的喜欢。但后面紧跟着的"兼怕"二字，显然又说明此联又多了一个意思：即人生的短暂与岁月的无情。因古人常喜以花开花落来暗示人生的变化，如"幽闺儿女惜颜色，坐见落花长叹息"等都是这个意思。正是带着"惜花"而又怕见花的复杂心情，才使诗人彻夜不眠，不惜扶杖而行，特在更深之际来观赏梅花。

众所周知，沈德潜是继王士禛之后而主盟清代诗坛的，论诗主"格调说"。"格调说"中有一点很重要，即：作诗要"言之有物"，符合儒家所提倡的温柔敦厚的"诗教"观念。而沈德潜的这首《梅花》诗，的确是很能够体现其"格调说"在这方面所提出的创作要求的。在沈德潜看来，"诗言志"，咏物诗决不能为咏物而咏物，咏物必须言志；如果仅咏物而不言志，那就没有意义，不能算好诗。就他的这首《梅花》诗来说，前四句是咏梅，后四句虽不脱咏梅，显然是以言志为主，全诗托物言志，借物抒怀的旨意是很明显的。再就温柔敦厚这一点来说，沈德潜勤奋攻读，到六十岁仍考不中进士，在一般人早就怨天尤人，牢骚满腹，尽泄于纸上为快。而沈德潜虽也是满腹感慨，却"怨而不怒"，毫无剑拔弩张之势，借着对梅花的吟咏，以"扶杖更深看不眠"七字，悄悄地发泄掉了。但这七字中，却蕴含着诗人对自己一生的无限感慨，可以给人以许多的回味。当然，沈德潜未必每首诗都体现其"格调说"的创作原则，如他的"儿童喧闹各纷纷"一诗因直抒性灵而甚得袁枚的赞赏，但我们从他的这首诗中，却可以清楚地看到他提倡"格调说"的一些创作要求的。

（孙琴安）

江　村　　　　沈德潜

苦雾寒烟一望昏，秋风秋雨满江村。
波浮衰草遥知岸，船过疏林竟入门。
俭岁四邻无好语，愁人独夜有惊魂。

子桑卧病经旬久，裹饭谁令古道存？

沈德潜的一生可以乾隆四年(1739)他六十七岁中进士为界分成前后两个阶段，前期的诗大多为叹老嗟贫的愁苦之言，体现了一个下层知识分子对个人与时代的悲悯。后期则备受乾隆皇帝的礼遇殊恩，君臣酬唱，极一时之盛，沈氏也便成为一个御用文人的典型。此诗从其愁苦郁闷的基调来看，分明为其前期的作品。

诗写自己乘船入江村去探望一个贫病交加的朋友，全诗通过气氛的渲染、景色的描绘与诗人自己的感触和议论，描写了穷苦知识分子的凄清生活，并以悯人自悯，寄寓了作者个人的身世之感。

诗的前两句既是破题，又描绘了一幅凄风苦雨中的江村画面。苦雾寒烟，四顾茫茫，令人惆怅，望中所见，似乎都蒙上了一层灰暗凄凉的冷色调。这是一种典型的中国绘画中的荒寒景象，也许我们在当时查士标等人的水墨画中可以见到，然沈德潜以他那枝疏淡而老成的诗笔，在"苦雾寒烟一望昏"七字之中为我们勾勒出了一幅现实中的荒寒景象。"秋风秋雨"一句则点破"江村"的题目，也说明了产生"苦雾寒烟"的原因。这两句渲染出一种愁苦悲凉的气氛，尤其是"满江村"的"满"字，令人感到这种气氛铺天盖地地笼罩着整幅画面。

"波浮"二句写船行近朋友家的情景：水波中飘浮的衰草，告诉诗人船将到岸了；船划过一片稀疏的树林，哪知竟已到了朋友的家门口。这两句写眼前之景很有特色，是作者行船的真实经验。江南的水泽，近岸处总是浮荡着水草，而人家的居处，门前也往往栽上一片疏林。此两句虽是写景，然行舟的动态与诗人的感受也包融其中，颇得景中有人的妙理。然"衰草"、"疏林"也暗示着江村生活的冷落凄清，毫无生机，就像这满目秋色一般，处在一种凝滞与衰败之中，由此便预示了朋友生活的潦倒与悲苦。

如果说前四句主要着眼于写景与气氛的烘托，那么后四句则转到了对人事的描写与感叹。"俭岁"指年成歉收，由于歉收，自然给人们的心上投上了浓重的暗影，因而邻居们之间也失去了往日那种融融洽洽的欢声笑语，维持生机的沉重负担压得人们无心再互通声息。"愁人"就是指诗人所访的朋友，因邻人无语，故只能孑然一人挨过这漫漫秋夜。这两句由江村之景而写到了江村之人，然其中也暗寓诗人舍舟登岸，趋谒友人的情状，于是很自然地过渡到最后两句的感叹。

据《庄子·大宗师》中所说，子舆和子桑是好朋友，子桑生活贫困，某次大雨十日，子舆担心子桑得病，故"裹饭而往食之"。这里沈德潜借用《庄子》中的这则典故，慨叹世风日薄，裹饭赒济朋友的古道于今安在？然其言外之意是说自己远道来访贫困中的朋友,符合朋友间重视道义、互相接济的古风,隐然以子舆自况。这两句是由访友而生的感叹,一方面说明朋友的穷愁潦倒,一方面表达了与之相濡以沫的真挚情感。其中也不无自身的悲叹。沈氏于六十七岁以前,屡试不第,生活在苦闷与失意之中,故诗中对古道的渴望,也包含着他本人对知己者与援助者的企求。

此诗虽题名《江村》,实叙述了一次访友的过程,其中时间的顺序在景色的变换与叙事之中可以见到。首联写舟行所见,颔联写将近朋友居处的情景,其中写景状物既能切合实情,又能曲曲传神。颈联写登岸访友,尾联则是表明自己此来的用心,诗的脉络是颇具匠心的,诚古人所谓草蛇灰线。沈德潜论诗以唐为归,故最讲究格法技巧的完美与表现的蕴藉之美,我们于此诗中也可见一斑。

沈德潜论诗主张"一归于温柔敦厚",即要求诗歌不宜表现牢骚与愤懑,不宜用激烈的笔调来进行抨击与讽刺,而须采取"怨而不怒"、"哀而不伤"的表现方式。本诗也正是他此种理论的实践。本诗旨在悯惜朋友的贫病穷困,然全诗中绝无愤激地指责时弊之语,而是极委婉地表达出此种意见,如"俭岁四邻无好语"一句中,作者只是将病痛的症结归于歉收,而没有涉及任何人事的因素。结语中叹息"古道"之不存,其实正是对现实生活中人心不古的叹惋,然也以极温和的态度出之,正契合其"温柔敦厚"的论诗宗旨。我们藉此可见沈氏诗歌的特点,其成功在此,其失败也即在此。

(王镇远)

诗人小传

陈祖范

(1676—1754) 字见复,号亦韩,江苏常熟人。雍正元年(1723)进士,乾隆十六年(1751)举经学,官国子司业。王峻评其诗:"从冲养中流出真腴来,此陶、韦的派,非摩拟家所能仿佛。"有《陈司业集》。

悼 亡(二首) 陈祖范

我辈钟情故自长,别于垂老更难忘。
不如晨牝兼狮吼,少下今朝泪几行!

悲思三月损容肌,霜益粘须鬓益丝。

恐负平生怜我意,从今不忍复相思。

在我国古代诗史上,悼亡之作如林,其中突出的,除西晋潘岳所作以外,有唐人元稹的《遣悲怀三首》、宋人苏轼的《江城子》(十年生死两茫茫)、贺铸的《鹧鸪天》(重过阊门万事非)等。悼亡诗词最常见的写法为追忆双飞的恩爱,叹息孤栖的凄凉。陈祖范的这两首《悼亡诗》,却能跳出前人窠臼,以独特的写法、崭新的面貌于众多的悼亡之作中占有自己的一席之地。

第一首用反写诉说自己的哀伤。前两句先从正面落笔。"我辈",我们这些人,诗中特指诗人自己与妻子;"故自",本来就;"别",是说妻子长逝。上句说,自己与妻子婚后一直相亲相爱——这是悼亡的感情基础;次句说,晚年妻子去世,一辈子相依为命而忽然失去伴侣,自己的老境十分凄凉。次句直接说到了"悼亡",句中的"更"与首句的"故"相呼应,句意递进一层,极言恩爱夫妻不到头的痛苦莫名。后两句反说。诗人无法摆脱时时啃啮着他的心的现实痛苦,便转而设想,如果自己的妻子是一个悍妇,那就不至于如此痛苦了。"晨牝"、"狮吼",都喻指悍妇。"晨牝",即母鸡司晨(报晓)。《尚书·牧誓》:"古人有言曰:'牝鸡无晨。牝鸡之晨,惟家之索。'""狮吼",用宋人陈慥(字季常,自号龙邱先生)的典故。陈慥好宾客,喜畜声妓。妻柳氏绝凶妒,故苏轼以诗相戏:"龙邱居士亦可怜,谈空说有夜不眠。忽闻河东狮子吼,拄杖落手心茫然。"事见宋洪迈《容斋随笔·三笔》"陈季常"条。后遂以河东狮、河东狮吼称悍妇或悍妇的发怒,如话本《快嘴李翠莲》:"从来夫唱妇相随,莫作河东狮子吼。"《红楼梦》第七十九回以"河东吼"称泼悍的夏金桂。"不如"二句表明,诗人企图在假想中求得解脱。这就愈见出诗人无法摆脱现实中的痛苦。通过反写,诗人的伤痛愈见深重了。

第二首从妻子一方构想,透过一层传达出自己的悲苦之情。前两句仍然先从正面落笔。妻子去世三个月来,自己一直沉浸在悲哀的思念中,已是形销骨立,容貌大变。尤其是本已花白的胡须与鬓发,变得愈来愈白了。"霜",取其白色;"丝",意为如蚕丝之白。《礼记·问丧》说:"夫悲哀在中,故形变于外也。"故苏轼悼亡词说:"纵使相逢应不识,尘满面,鬓如霜。"但苏轼词作于妻子去世十年以后,相逢不识尚在情理之中,而此诗作者则是在妻子去世才三月即已迅速衰老,不免令人乍见惊叹,其悲痛之强烈更是不言而喻了。由此诗人忽然想到,这样下去,对得起在世时对自己倍加爱怜的妻子吗?从而转出后两句的一层新意:出于对妻子旧情的怀恋,诗人表示今后要爱惜身体,不再相思。而怀恋旧情本身,却正是诗人思念之情的深入而曲折的表现。在用字上,"恐负"、"不忍"等满含感情的词语,也透露出诗人对亡妻感情之深挚。

　　以上两诗都采用正写反接的写法:正面抒情,直写悲痛;意犹未已,又出想头,又以反接见意。正写见出感情的深挚,成为反接的必要铺垫;反接是诗人深情的折射与拓展,反过来又深一层回映出诗人的悲痛之情。陈祖范在其《司业诗集》自序中论诗主张表现"真性情"。纪昀评陈祖范为:"其诗直抒胸臆,不烦绳削。于古人中去白居易为近。敖陶孙所谓事事言言皆者实者也。"(《四库全书总目·司业诗集提要》)所论均有助对这两首《悼亡》诗的认识。王世贞有一段论前人诗作的话:"陆士衡之'来日苦短,去日苦长',傅休奕之'志日惜日短,愁人知夜长',张季鹰之'荣与壮俱去,贱与老相寻',曹颜远之'富贵他人合,贫贱亲戚离',语若卑浅,而亦实境所就,故不忍多读。"(《艺苑卮言》卷三)其中"语若卑浅,而亦实境所就,故不忍多读",也可以看成是对陈祖范的《悼亡》诗的的评。　　(陈志明)

【诗人小传】

翁　照

(1677—1755)　字朗夫,江苏江阴人。太学生。著有《赐书堂诗文集》。

梅花坞坐月　　　　翁　照

静坐月明中,孤吟破清冷。
隔溪老鹤来,踏碎梅花影。

　　这首小诗写虚静高洁的境界以寄孤傲清远的情怀。人生可能经历的境界非常多,有险境,有绮境,有困窘潦倒之境,有春风得意之境,有月白风清的飘逸之境,有铁马金戈的豪壮之境……这些境界都好写,唯独虚静之境最难表现。因为,虚静是非常抽象的;而且,这种境界,最忌繁缛,不取彩绘。着笔务求简洁,赋色务求素淡;只许淡墨素笺,寥寥几笔点染,仿佛画师用水墨写雨中烟云山色,要达到这种艺术境界是非常难的。在我国诗坛上,唐代王维、孟浩然于此最擅胜场。翁照这首《梅花坞坐月》,不失为继武前贤的佳作。

　　虚静的境界既然是抽象的,必须用具体的物象来烘托。翁照精心挑选了明月、老鹤、梅花三种物象,组成这首二十个字的小诗,那用笔是够简洁的。明月的光辉纯白,老鹤的毛衣多是白色,梅的花瓣也是白色的。除了皎然一白之外,诗中再无其他色彩。可见他纯用淡素,不取藻绘。明月默默无言;老鹤踏碎花影,悄然无声;梅花更是自甘寂寞,无语黄昏。有了这三种物象,静境便烘托出来了。明月是晶莹纯洁的象征;鹤似幽人,独来独往;梅如高士,遁迹山林:凭藉这三种物象,诗人孤高清远的情怀也就隐然可见了。静境既出,清怀如见,就形成了全诗古淡高远的意境。

这首诗中有一个意象——老鹤,在形成意境中起了重要的作用。

李白写孤怀,有"相看两不厌,唯有敬亭山"(《敬亭山》)的名句;王维抒幽意,有"深林人不知,明月来相照"(《竹里馆》)的隽语。虽人间知音寥落,物外仍有清山、明月,与我"相看""相照",识我素心。翁照这首《坐月》诗,渲染静境,自写幽怀,同样有物外知音作伴,这知音便是那只"老鹤"。第三句"孤吟破清冷",原不过感到清冷有一种压力,因此用长吟永啸以破之,自慰幽独。不料良夜悄悄中,这吟啸之声回荡夜空,招来了玄裳缟衣的老鹤。"鹤"由于"老",乃通人意,它从吟啸声中理解到诗人心里的孤独,心境的清高,乃隔溪闻声而来,与诗人作伴。这时月照梅花,布影地上,老鹤姗姗而来,走到梅花坞中,它的脚步踏碎了地上的花影。诗人之所以"孤吟",用意原在"破清冷"——打破这清冷寂寞的气氛。梅花具有清冷的气质。现在老鹤既无意中踏破梅花影,也就打破了此间的清冷岑寂,与诗人之心不谋暗合。诗人在孤怀渺渺中,得此物外知音,心灵感到无比的温暖和慰藉;而诗中那种虚静之境,就不再是一味死寂,而是无言中自有幽情,静寂中自有生意流动。只是,这种"幽情""生意",高出于尘俗之表,是一般人不能理解,因之也就无法享受的。于是,诗人的人品、胸次,也就不言而喻了。

沈德潜《清诗别裁》评翁照说:"集中五言断句俱近唐人。"翁照这类五言诗之所以接近唐人,就因为他善写静境;而且,与王维、孟浩然一样,总是清而不冷,静而不寂。这自然是一种很高的艺术境界。

(赖汉屏)

【诗人小传】

沈 畯

清诗人。字田子,江苏吴县(今苏州)人。廪生。

荒 亭　　　　沈 畯

荒亭古墓南,远见车尘灭。

墓前双石人,送尽人离别。

这是一首抒写离情的小诗。比起同类题材的作品来,它视角比较独特,手法比较别致,不落前人窠臼,值得仔细玩味。

诗中没有正面描写送别场面,而是通过对景物的描写来加以暗示。"荒亭"当是古人所谓"十里一长亭,五里一短亭"之亭,着一个"荒"字,表明它岁月已久。"古墓"既是为下文所设的伏笔,又用来作为荒亭的陪衬。荒亭古墓,景色倍形凄凉。当我们知道了这荒亭原是供送别之用以后,就不难想象,这凄凉景色正是送别者凄惘悲凉心情的外化。试想,在那荒凉的古墓旁,破亭中,出现了足以令人黯然销魂的送别场面,岂不更增添了几分悲剧意味!

"远见车尘灭"句用的是"藏头露尾"法。诗人把一般送别场面中常见的种种依恋难舍情状完全略去,而只写出车辆行驶中扬起尘土复又消失这一最后的细节。这就为读者留出了一大片想象的余地,使读者可以调动自己的生活经验,设想和补充在此以前曾发生过的一切。这也就是诗家常说的"含不尽之意,见于言外"。或者如王渔洋所说:"诗如神龙,见其首不见其尾,或云中露一爪一鳞而已。"(见赵执信《谈龙录》)"远见车尘灭"正是这种云中露出的"一鳞半爪"。

不过,诗中最令人遐想无穷的还是后面两句:"墓前双石人,送尽人离别。"古墓离荒亭不远,所以诗人大胆设想,刚才那幕送别场面,古墓前那两个石人(或名翁仲)也曾参与其间。石人不言不语地站在这里,总已有几百年甚至上千年历史,他们所参与的送别场面,恐怕多得无法计算,所以诗人说他们是"送尽人离别"。诗人为什么不直接抒写自己的离别之情,却把实际上是无生命的石人扯入诗间?仔细加以体会,不难明白这正是诗人采用的一种巧妙手法。石人在此年深岁久,可以说是阅尽人间沧桑。写石人,实际上是写漫长的岁月,是企图说明,这种令人难堪的离别场面,并非现在才有,在漫长的岁月中,经常可以遇到。石人自然是没有生命的,但当它一旦化为艺术形象后,这种无生命状态却使人觉得它好像是因目睹伤感场面而悲哽难语,只能默默无声地经受这一次又一次的人间的生离死别。离恨别愁,本来只是一种个人的情感,但在这首诗中由于石人的介入,这种情感远远超越出个人的范围,竟然成为永远存在于宇宙之中的人间生活的普遍缺憾。

在形式上,这是一首五言古绝,押入声韵音调急促,给全诗的感情表达更增添了悲凉的色彩。

(范民声)

| 诗人小传 | **先 著**
清诗人。字迁夫,四川泸州人。著有《之谿先生集》。

病 起 　　　　　先 著

移植甘蕉为绿阴,经年长大已成林。
天寒霜落休轻剪,恐有秋来未死心。

甘蕉是香蕉的一种,生于南方温热地带,株高叶大,望之如树。这种植物生长极快,一年即可成林;成行栽植于庭院,初夏分绿窗纱,盛暑又可赖以遮阴蔽日。甘蕉是多年生宿根植物,喜温畏寒;一到"天寒霜落",地上部分全部凋谢,生长点深藏于地表以下,依然活着,来春又长出新的植株。在秋末冬初之际,它的残株败叶影响庭院观瞻,此时人们往往施以重剪,将地面部分全部铲除。诗人说"天寒霜落休轻剪","休轻剪"并非绝不可剪,只是不要轻率地、漫不经心地剪伐;因为,这样容易损伤甘蕉的生长点——它的"秋来未死心"。

诗句明浅如话,诗心却并不浅。

初读此诗,首先感受到的是诗人对生机的热爱,诗里洋溢着为万物请命的蔼然仁者之怀。联系诗题《病起》来体味,又觉得诗意并非如此泛泛,诗显示的是作者大病初愈之后的特殊心态。刚刚逃脱病魔纠缠的人,大难不死,愈益感到生命可贵。推此心于外物,便觉得自然界一切生物无不在沉默中潜藏着生意,在秋肃里孕育着春心。诗人从一己的病而复起,危而复安,感悟到万物生生不已,有一种极为顽强的生之意识存在。诗人珍惜这种生命力,歌颂这种生命力。

以上的分析,是否已尽得诗心呢？否！还应该往深里探寻。依我看,这诗的涵蕴,不限于一己之哀乐,也不仅在于抒发忧生惜物的情怀,诗中还有哀时伤世的深刻社会内容。诗人固然歌颂了顽强的生命力,但这首诗绝不同于白居易的"野火烧不尽,春风吹又生"。白诗将小草作为友情的载体和象征,作了正面的歌颂;先著此诗,谆谆致意的是"天寒霜落休轻剪",告诫之意远比歌颂之意重。诗句用了"恐有"一词,表达的是无限担心,证明过去确实有人"轻剪",现在也还有人正欲"轻剪"。宇宙之大,甘蕉之多,被人轻率地剪掉了"秋来未死心"者正不知多少。蕉类如此,人事亦然。多少被褐怀玉之士,岩穴幽隐之才,被人轻率地断送了前途,英才陨落,堕地无声。诗人之意,又何尝不是托甘蕉之微,为世惜才,向天请命呢?

也许有人以为,如此推绎,只怕是刻意求深;诗人未必有此意。诚然,诗人未必有此意;但又安知其必无此意?何况,作品的客观形象往往高于作者的主观思想,这在文学作品中是屡见不鲜的。

这就使人联想到李商隐青年时代写的《初食笋呈座中》:"嫩箨香苞初出林,于陵论价重千金。皇都陆海应无数,忍剪凌云一寸心?"李诗也是托物抒怀,表现了一个初入社会的青年的凌云壮志以及他对世路险恶的无限担心。与先著这首诗比较,义山托意,更为直接明显,更具棱角锋芒;先著的诗,则较幽隐,更多转折层次,出语更为和婉。

绝句篇幅小,字数少,追求的是于尺幅见千里,言有尽而意无穷的韵致。这就要求它具有感发联想的艺术力量。感发联想,人各不同,往往导致诗的多义性,这正是小诗耐人咀嚼的地方。先著这首诗,正具有辞约义丰,耐人咀嚼,读之令人联类无穷的艺术特色。

(赖汉屏)

【诗人小传】

黄任

(1683—1768) 字莘田,号十砚老人,永福(今福建永泰)人。康熙四十一年举人,官广东四会知县。诗古体瘦硬近韩愈,绝句秀丽学晚唐。著有《秋江集》等。

西湖杂诗十四首(其一、其二)　　黄　任

珍重游人入画图,楼台绣错与茵铺。
宋家万里中原土,博得钱塘十顷湖。

画罗纨扇总如云,细草新泥簇蝶裙。
孤愤何关儿女事,踏青争上岳王坟。

黄任的《西湖杂诗十四首》,既写西湖景物,兼咏南宋史事,寄感慨于写景、咏史之中,饶有风致。

第一首诗的前、后两句各为一个层次。前一层次写景,后一层次寄慨;前一

层次铺垫,后一层次"点睛"。作者写游人进入西湖的范围,如进入一幅天然的图画之中,只见楼台的雕梁画栋如锦绣交错,漫漫的长堤仿佛铺上了一条绿色的地毯。仅此二句,并不能见出作者的艺术功力;作者的才华恰恰是通过"匠心独具"的后两句以及后两句与前两句的紧密联系显现出来的。作者着力刻画西湖之美,决非为写景而写景,而是意在揭示这西湖山水之美是以"宋家万里中原土"为代价换来的。一个"博"字,重如千钧,力透纸背,饱含着当年千千万万个爱国志士血与泪的惨痛经历;而"万里中原土"与"钱塘十顷湖"的"不平等交换"差别悬殊,则又有力地抨击了南宋王朝苟安一隅、不思恢复与进取、置国家与民族利益于不顾的可悲与可耻。

宋人林升《题临安邸》诗云:"山外青山楼外楼,西湖歌舞几时休!暖风熏得游人醉,直把杭州作汴州。"其笔锋所指,与数百年后的黄任可谓"异代同调"。

第二首诗的前两句着力刻画仲春时节到郊外踏青的少男少女。画罗,指织有花纹的罗衣。纨扇,指罗纨制成的扇子。作者以如云的画罗与纨扇象征到西湖来游春、踏青的青年男女人数之多;而一个"总"字,又点出一年四季中来西湖游玩的游客接连不断。细草与新泥,是初春时节的物候特征。细草,即初春破土之小草,亦即白居易笔下"乱花渐欲迷人眼,浅草才能没马蹄"(《钱塘湖春行》)中的"浅草"。新泥,即春泥。白居易诗云:"几处早莺争暖树,谁家新燕啄春泥。"(同上)作者写细草、新泥,既是写景,又点明了时令,可谓"一语双关"。簇蝶裙,是织有蝴蝶的裙子,显然是青年女性的服饰。当她们带着笑声经过时,她们的裙子飘拂着,就像一簇簇蝴蝶掠过细草和新泥。前两句一片喜气,是作者所见的现实之景。

然而,透过这喜气洋洋的游春场面,作者却洞察了其中的"不和谐"。这些争奇斗艳、摩肩接踵的少男少女,原来都是借踏青之机去岳坟祭奠爱国英雄的亡灵的。作者实在无法想象,当年"精忠报国"却落个"莫须有"罪名、最终满怀孤愤沉冤风波亭的岳飞,怎么会引起少男少女的兴趣?在作者看来,当年岳飞所受的冤屈以及他"仰天长啸,壮怀激烈"的豪情,后世青年很难体会。在这里,作者毫不经意地揭示了历史上的一条真理,即时间能够改变一切,正如莎士比亚在十四行诗中说的:"哦,时间,你磨钝了雄狮的利爪,撕碎了豹嘴里的牙齿!"当历史的长河流过了几百年之后,人们对当年民族的灾难和痛苦已经隔膜了,他们对历史陈迹的凭吊渐渐地流为娱乐性的观赏。

黄任的诗古体学韩愈,瘦硬排奡;绝句学晚唐,秀丽而颇饶风韵。从这组《西湖杂诗》,我们便可见其绝句的特色。

(王兴康)

杨 花

黄 任

行人莫折柳青青,看取杨花可暂停。
到底不知离别苦,后身还去化浮萍。

  黄任的这首《杨花》诗,以见解新颖、篇法圆紧显示出自己的特色,诗人本人也因此诗的成功而获得"黄杨花"的雅号。
  "杨花",即柳絮。诗咏杨花,却从劝说"行人莫折柳青青"说起。行人折柳是怎么回事?杨花与折柳又有什么相干呢!原来,在古人心目中,"柳"字的读音谐"留"字,送别时折柳相赠用以表示挽留之意。李白的"春风知别苦,不遣柳条青",其中即包含有这一层意思。本诗作者黄任却一反传统,标新立异,劝人在送行时不要折柳,原因是诗人从杨花身上受到了启发。因而在首句大声喝起之后,便于次句揭出原因,点到杨花。"看取"之"取"作语助,表示动作的进行;"可暂停",回应上句"折柳"二字。意思是如果看到了杨花,了解到了杨花的本性,那就不会再去折柳了。三四句作进一步的申述,补足第二句的意思。诗人像是指着杨花在说:你看,杨花本身即是不知离别之苦的。否则,它在飘落水中之后不会化为浮萍了。关于杨花化为浮萍的说法,并不科学,但古已有之。苏轼《水龙吟·次章质夫杨花词》:"晓来雨过,遗踪何在?一池萍碎。"自注:"杨花落水为浮萍,验之信然。"浮萍是随风浪飘动的水草,萍踪不定,正如游子一样。这怎能让人相信生出杨花的柳枝会成为多情挽留行客的象征呢?诗人的议论绕了一圈,最终又回到开篇的"行人莫折柳青青"这一层意思上。就议论而言,全诗的重点无疑是在首句。但若对全诗细加品味,则又不能不承认感情的泉眼却是在第三句的"离别苦"三字上。有了"离别苦"的体验,才会对折柳赠别的习俗发生疑问,也才会引出柳絮化浮萍的联想和议论。只是诗人对"离别苦"的表达,不采取直抒的方式而是借助于逻辑严密的议论罢了。
  此诗篇法圆紧,一气蝉联而下,句句相承,首尾呼应。诗人不断提出论断,造成悬念,又不断加以说明,在所作的说明中又有新的悬念,还需再次加以说明,直到末句,才算将谜底完全揭开。一如抽蕉、剥笋,剥去一层,又见一层,而非一语道破。谢榛在《四溟诗话》中曾把诗的写法分为两类,一类是"一句一意","摘一句亦成诗",如杜甫的"日出篱东水,云生舍北泥。竹高鸣翡翠,沙僻舞鹍鸡"(《绝句六首》之一)与"两个黄鹂鸣翠柳,一行白鹭上青天。窗含西岭千秋雪,门泊东吴万里船。"(《绝句四首》之三)另一类是"一篇一意","摘一句不成诗",如金昌绪的"打起黄莺儿,莫教枝上啼。啼时惊妾梦,不得到辽西"(《春怨》)。黄任的这首《杨花》诗,也是"一篇一意"的一个典型的例子。

(陈志明)

【诗人小传】

华嵒

(1684—?)　字秋岳,一字德嵩,号新罗山人。福建上杭人,侨寓扬州、杭州。以画著名,也能诗。著有《离垢集》。

晚　景　　　华　嵒

晓月淡长空,新岚浮远树。
数峰青不齐,乱插云深处。

　　这是一首写景小诗,所写之景,以云山为主,辅以淡月远树,萧疏淡远,气韵生动,简直就是一幅风景画。作者华嵒,原是清代中叶著名画家,人物、山水、花鸟、草虫均称擅长,因此,以画境入诗,从而诗中有画,是不足为奇的。

　　首句写天空中的一轮淡月。"晓月"指天将黑未黑时出现在天际的月亮,它在暮霭弥漫的天空显得那样惨淡无光。次句写远树。有道是"远人无目,远树无枝",画家笔下的远树,一般都没有具体的枝叶形状,所以这里也仅仅以"新岚"飘浮来加以渲染。岚是山林中的云气,清唐岱《绘事发微》说:"石润气晕则云生。初起为岚气,岚气聚而不散,薄者为烟,烟积而成云。"由于岚是初起之云,故称为"新岚"。岚气在远树间飘忽浮动,更显出云山绵邈,暮霭苍茫,增添了画面的生动性。

　　写淡月,写远树,都是为下文"青峰插云"作铺垫,作点缀。"数峰青不齐,乱插云深处"二句画出了构成这幅晚景图画中的主要部分:在云雾深处,几座青峰兀然屹立。"不齐"明其形状高矮不等,"乱插"状其位置参差错落。正由于"不齐"和"乱插",画面才不致落入呆滞和刻板。我们可以想象,在那茫茫云海之中,几座高矮不等的青峰插入其间,若隐若现,错落有致,境界是何等生动而富有逸趣。

　　此诗并无深意,纯以境界清幽见胜。全诗除写景外,无一理语或情语,也就是说,作者在描写这些景物的时候,似乎已经忘记了自己的存在,完全以静观默察的态度,把自然界的淡月、远树、云岚、青峰一一形诸笔端,而作者自己的主观

金谷园图轴　　［清］华嵒

感情则隐蔽在这些景物的背后。这种艺术境界,用王国维的美学理论来衡量,就是那种"不知何者为我,何者为物"的"无我之境"。

自然,透过景物的背面,我们还是可以看到作者的审美情趣和独特的艺术风格的,简练而又从容的笔墨,素淡而又明净的画面,这些作者在画作方面的艺术特点,在这首小诗中同样得到充分体现。

(范民声)

【诗人小传】

王丹林 (约1692年前后在世) 字赤抒,钱塘(今浙江杭州)人。官中书舍人,诗学晚唐,著有《野航诗集》。

白桃花次乾斋侍读韵[①]

王丹林

相逢不信武陵村[②],合是孤峰旧托根[③]。
流水有情空蘸影,春风无色最销魂。
开当玉洞谁知路?吹落银墙不见痕。
多恐赚他双舞燕[④],误猜梨院绕重门。

〔注〕① 乾斋:陈元龙,浙江海宁人,号乾斋,官至广西巡抚。侍读:清代翰林院、内阁均置有侍读,职务是给帝王讲学。 ② 武陵村:陶渊明《桃花源记》中所写的世外桃源。武陵,今湖南常德市一带。 ③ 合是:应是。孤峰:指杭州西湖畔的孤山,多种梅树。 ④ 赚:欺骗。

这是一首次韵的诗,就是完全按照陈元龙原诗的韵脚来写的,所以作诗的意图除了歌咏白桃花外,就在于表现诗人驾驭文字的手段和运思的巧妙。全诗纯由想象的笔墨出之,围绕一个"白"字展开,意在表现白桃花的清高绝尘。

"相逢"二句就以用典的手法刻画白桃花的高雅。陶渊明的《桃花源记》中说:"武陵人捕鱼为业,缘溪行,忘路之远近。忽逢桃花林,夹岸数百步,中无杂树,芳草鲜美,落英缤纷。"显然渊明笔下的桃花是色彩鲜艳的,然而王丹林所咏的是白桃花,所以说那不是武陵村中之物,反而类似于托根于孤峰的梅蕊。孤山本是宋代高士林逋的隐居之地,他有"梅妻鹤子"之称,这里暗用其事,说明白桃花仿佛梅花,淡泊素雅,神韵超绝,其品第远在红桃之上,这里不仅指其颜色的异乎寻常,同时表现了白桃花不是村野之物,而为清高绝尘之品。

"流水"二句用了极流利而富于想象的词句写出了白桃花的妩媚可爱。因花的颜色洁白素淡,所以尽管流水有情,也难以映照出她的倩影;春风无色,却给花带来了无限温馨,具有销魂的魅力。这两句借助于春风、流水,侧面描绘出白桃花的风韵,而前一句是变化了"落花有意,流水无情"的俗语,后一句则用了崔护"人面不知何处去,桃花依旧笑春风"(《题都城南庄》)诗意,读来十分流畅,可谓巧于点化而不著痕迹。

"开当"二句进一步状写桃花的白色。"玉洞"也还是袭用了《桃花源记》中写桃花源的入口"山有小口,仿佛若有光"的说法,后来武陵渔人离开桃源后,重寻其地,却再也不可得。诗人这里引申说,如果白桃花开在桃花源的入口处,那么就更会令人目眩神迷,难以辨认,不知归途了。又因为她素淡洁白,所以当花瓣被风吹落到粉墙上,似乎不见痕迹,融化在一片白色之中。

"多恐"两句诗人宕开笔去,不直接写桃花,而说燕子将误认白桃花为梨花,因此在庭院的重门外来回飞舞,久久不肯离去。这里其实还是形容桃花的白,白得与梨花难以分辨,明人袁凯的《白燕》诗中有"梨花庭院冷侵衣"之句,可见诗人显然由白桃而想到了梨花,由梨花而想到了舞燕。这两句构思奇特,意趣横生,可谓神来之笔。

此诗虽为次韵之作,但造语醇雅,意象丰蕴,无凑泊之感,是一首较成功的咏物诗。

(王镇远)

诗人小传

金农

(1687—1764) 字寿门,钱塘(今浙江杭州)人。布衣。中岁为汗漫游,遍走齐、鲁、燕、赵、秦、晋、楚、粤,卒无所遇而归。晚寓扬州,卖书画以自给。画梅尤工。著有《冬心先生集》。

过小孤山

金农

古县萧条对岸开,大江行色榜人催。
水风多处轻抬眼,浮出青山似覆杯。

这是一首即景写情的名作,看似平淡,实则有味,诗中寄寓了作者孤傲不羁的性情。"古县"即赣北的彭泽县,北临长江,正对江中的小孤山。

第一句写即将离去的彭泽县,"萧条"二字概括了诗人对它的整体感受。看来诗人并没有什么留恋之意,所以后接的"对岸开"三字似乎带有摆脱的意味。第二句写登船过江。"行色"即旅行出发前的迹象,"榜人"就是船夫。"催"字恰体现了行色匆匆之状。船夫的催发反倒衬托出主人的不急于离去,他好像还在犹豫彷徨,若有所思。当然这不是因为舍不得古县城,而是因为前方的目的地也缺少某种吸引力,提不起诗人旅行的兴致来。临出发之际,他忽然对自己究竟想去哪里感到了茫然。

下面两句描写江中的小孤山,紧扣题目。"轻抬眼"恰说明诗人在渡江时一直未抬眼,江中的景致不能引起观览的兴致,他还处于沉思当中。直到船近江心,水大风急,舟身摇晃起来,诗人才偶然抬头,这时正好面对着江流中央的小孤山。人心中想念什么,眼前的景致就会像什么。此时诗人在郁闷、孤独当中一定想到了酒,酒是浇平块垒,忘却忧愁的唯一手段。果然小孤山就变成了一只巨型的酒杯,真正是心物相印。然而遗憾的是眼前的酒杯倒扣着,根本无法盛酒,这该有多么扫兴啊!"覆杯"的比喻把诗人百端不适的心情表现得入木三分。

小孤山,世人又呼为"小姑山",山侧有一矶,人称"彭郎矶",苏轼曾有"小姑前年嫁彭郎"之句,传诵甚广。后来文人过此往往借题发挥,金农不会不知道。他并没有凑趣,只管真实地描写自己的感受。他看到的不是"姑山",恰恰是真正的孤山。在现实社会中的孤独感,不肯随波逐流的傲岸之气都在这只"覆杯"当中生动地表现出来了。所以"覆杯"是对全诗氛围的一种点化。

郑板桥评论金农的诗时说:"不须论骨髓,谁得学其皮。"从这首诗里我们可以看到金农自出手眼,别具怀抱的诗歌风格。　　　　　　　　　　　(王小舒)

岁暮复寓吴兴姚大莲花庄　　　　金　农

欧波亭外水濛濛,记得今秋携钓筒。
消受白莲花世界,风来四面卧当中。

结合诗题与诗作来看,这一年秋天,诗人曾来过吴兴(今浙江湖州)姚大莲花庄。到了年底,旧地重游,回忆起当时在湖上身心俱适的情景,不觉心驰神往,便写下了这首带着深情回忆调子的小诗。

此诗用语白描,除了"欧波亭"与"携钓筒"需要略作解释外,其余字句都浅近易懂,一目了然。《大清一统志》载:"欧波亭,在湖州府治江子汇上,元赵孟𫖯游息之所也。"看来是一处颇有名气的景点。"携钓筒",指捕鱼。钓筒是一种筒状渔具,鱼能入而不能出。捕鱼人每次下钓筒若干,过一段时间再予收取。"落日

自画像　　［清］金　农

几家收钓筒"(黄庭坚),"筒直寒流得白鱼"(林逋),都是写钓筒捕鱼之事,皮日休、陆龟蒙的渔具诗中都有专咏钓筒的诗。一二句叙事,交待时间(今秋)、地点(欧波亭外烟水迷离的荷塘)与有关情事。两句之间有一个时间过程,并有相应的空间转换。"携钓筒",尚在姚大莲花庄上,然后才来到欧波亭外的水边。这里为了突出游湖之乐,有意将亭外水面提前。三四句情景交融,用简淡的笔墨抒写萧疏闲逸的情趣。其时,诗人已乘坐菱舟,来到荷塘的中央,围绕着他的,处处都是盛开的白色荷花。荷叶清香,荷花幽香,荷叶碧绿,荷花雪白,耳目所接,一片天趣、野趣。诗人感到了从未有过的轻松惬意。"消受"(享受)二字,概括然而相当准确地传达出了诗人在白莲花世界中感受到的返璞归真、物我交融的畅适。更令诗人难忘的,是他躺在船上悠游从容时,从四面八方吹来的凉风。陶渊明曾自述闲适之趣:"尝言五六月中,北窗下卧,遇凉风暂至,自谓是羲皇上人。"(《与子俨等疏》)诗人置身于花海中,又是四面来风,其适意又在陶渊明之上。

  从诗中可以看出,作者是一位很能发现生活美的诗人。生活中,仅就自然界而言,美即是到处存在的,"云霞雕色,有逾画工之妙;草木贲华,无待锦匠之奇"(刘勰《文心雕龙·原道》)。但感受自然美的条件,应是与大自然为友,乐观地看取生活。如果颦眉蹙额向世界,那就只会叹息"出门如有碍,谁谓天地宽"(孟郊《赠崔纯亮》),怨天尤人,无美可言。陶渊明深谙其中三昧,故而一阵凉风,即喜上心头,"开卷有得,便欣然忘食。见树木交荫,时鸟变声,亦复欢然有喜"(《与子俨等疏》)。金农当也属于陶渊明一类的高人雅士之列。赏荷之事,在他人眼中何等平常,他却能于其中开掘出无穷诗意。欣赏这首小诗,通过优美的意境,我们也约略窥见了诗人旷达的胸怀与淡泊高雅的情趣。

(陈志明)

【诗人小传】

马曰璐

清诗人。字佩兮,号南斋,又号半槎,安徽祁门人。国子生,候选知州,乾隆元年丙辰(1736)召试博学鸿词,不赴。曰璐与其兄曰琯并擅清才,时称"扬州二马"。诗风清刻,著有《南斋集》。

杭州半山看桃①

马曰璐

山光焰焰映明霞,燕子低飞掠酒家。

红影到溪流不去，始知春水恋桃花。

〔注〕① 半山：在杭州艮山门外郊区。

在清代众多的桃花诗中，这一首颇具特色，构思新颖，想象别致。但这一切都非花样翻新所致，而是来自诗人内心的体悟，所以诗中透露出一种内在的韵味。

第一句为总写。游客来游山，总要先对山上远望一番，诗人也是如此。此时半山上桃花盛开，如云似雾，诗人用"焰焰"形容，表现其红得耀眼，像火焰一样。从山下看去，就像是彩霞降到了山腰，又像是桃花开到了天上，桃花与明霞红成了一片。这句总写很富表现力。

第二句写路边的景色，从侧面烘托春天的气息。半山是一处风景胜地，一路上少不了酒家成排，引人注目。诗人看到燕子正成双成对地低飞斜掠，擦过酒旗，又钻入绿树丛中，翻飞中充满了对春天的喜悦。如果说前一句是静态描写的话，那么这一句就注入了运动和活力，给山区的春天增添了活泼的气氛。

三、四句再返回来写桃花，紧扣题目。步入山中，诗人已置身于桃林之间。脚下是清澈如镜的溪水，身前身后唯有鲜花围伴，"芳华鲜美，落英缤纷"。这时诗人一低头，无意中见到了水中的花影。面对流水潺潺，花影微动，刹那间他似乎有所领悟，好像发现了一个新奇的奥秘，你看，溪水流走所有的漂浮物，甚至带走了时间和春光，但是花影却依然如故，没有流去，这不说明溪水留恋桃花吗？诗人此时已天真到了审美的高度，物理上的常识不起作用了，有的只是幻想，渗和着内心的体验。恋桃花的其实不是溪水，正是诗人自己，他把自身的感受投射到了溪水当中，所以才会生出如此妙悟。这两句诗纯以情胜，不关物理。然而再细体会，真的不关物理吗？春天万物本来皆浸满了春的气息，彼此间岂无相通相应之理？绿水和红花在同一个季节才会出现，它们相依而存，自有相得之处，春天是一个和谐的整体，一个分不开的世界。所以诗人又是深中物理的。写到此处，全诗已入悟境，无往不通，无往不妙。如果再三吟读，你会觉得天趣无限，神韵卓绝。

（王小舒）

【诗人小传】

沈绍姬

清诗人。字香岩，钱塘（今浙江杭州）人。诸生。著有《寒石诗钞》。

寄　家　人

沈绍姬

归来偕隐计犹虚，垂老他乡叹索居。
别久乍疑前劫事，路歧才得去年书。
梦如柳絮飞无定，愁似芭蕉卷未舒。
记得小园亲手植，一栏红药近何如？

　　本诗作者是浙江钱塘（今杭州）人，长年客游淮左（今江苏扬州一带），垂老未归。此诗是他羁旅他乡时寄其家人所作。

　　首联两句语意前后倒置。诗人自感垂垂老矣，而尚只身飘泊他乡，不能与家人相聚，不免要为这种离群索居的孤寂生活而叹息。他很想立即回到家中，同家人们一起过隐居的日子，可是，也许是由于现实生活不允许他这样做，也可能是他还没有下定决心，作出实际的安排，所以还是"计犹虚"，一时实现不了。想回家，却一时回不了家，而垂老他乡的孤寂心情又难以自已，这种内心的矛盾和痛苦贯穿全诗，成为全诗的感情基调。

　　中间二联都写对家人的思念之情，但写法不同，颔联正面叙述，颈联则采用比喻。

　　"别久乍疑前劫事"中的"劫"是一个时间概念，佛经上把从天地形成到毁灭这段时间称作"一劫"。"前劫事"犹言前世事，诗人离开家乡已久，回忆往事，有恍若隔世之感，所以用"乍疑前劫事"来加以形容。"路歧才得去年书"句说明家乡音书久疏。诗人飘泊他乡，止无定所，加之当时交通不便，故去年家中的来信，直到今年才收到，而今年家中的情况，就不得而知了，这样自然会更加思念家人。这两句用的是叙述体，紧接首联，把自己当时的处境和心情进一步交代清楚，笔墨十分经济，但由于抓住了两个典型的细节，所以仍能扼要地说明问题。

　　颈联两句都是用比喻手法来刻画自己的离恨别愁。

　　蒙蒙柳絮，飘舞天涯，漫无定所，使人觉得如梦如幻，捉摸不定，因此在前人诗词中，柳絮（杨花）常常与梦魂联系在一起。如五代顾夐的"教人魂梦逐杨花，绕天涯"（《虞美人》），冯延巳的"撩乱春愁如柳絮，悠悠梦里无寻处"（《鹊踏枝》）。受此影响，北宋苏轼在《水龙吟·次韵章质夫杨花词》中用"梦随风万里，寻郎去处，又还被、莺呼起"来描绘杨花的神情，元胡天游的《杨花吟》中也有"梦魂不识天涯路，愿作杨花片片飞"之句。本诗以柳絮喻梦，显然受到它们的启发。"梦如柳絮飞无定"形象地表现了为思念家人而梦往神游，无所着落的心情。

"愁似芭蕉卷未舒"句则从李商隐的名句"芭蕉不展丁香结,同向春风各自愁"(《代赠》二首其一)两句中化出。芭蕉的心紧紧裹着,比喻心情的不舒展,可说非常贴切。颈联这两句都借用前人作品中的意境,但读来浑成自然,明白晓畅,丝毫不露饾饤堆砌之痕。

羁旅他乡的心情是这样的痛苦,思念家人的心情又是这样的殷切,于是在提笔为家人作书之时,就免不了要多多询问家中的情况。可是,他离家已久,平时音书稀少,要问的情况太多了,真是千言万语,不知从何问起!无奈之中,只得在末联写上两句:"记得小园亲手植,一栏红药近何如?"别的不问,只问他亲手种在小园中的一栏红芍药的情况,可谓匪夷所思。然而从诗的角度来看,这却是绝妙的一笔。沈德潜《清诗别裁集》对此评论道:"此寄家书,千头万绪,难于著语,故忆一栏红药,讯其荣悴也。"红药是诗人在家时亲手所栽,它寄托着诗人对家庭的深厚感情,挂念红药,也就是挂念家人,关心红药的荣悴,也就是关心家人的境况。以讯问红药荣悴来代替向家人问好,避免了行文的平直呆板,使全诗更富情致,耐人咀嚼回味。

"寄家人"是诗中常见的题材,本诗也并不具有什么特别引人注目的内容,写的都是普通人常有的普通的思想感情,但由于作者在处理这一题材时笔法生动灵活,感情真切自然,使人感到亲切有味,所以仍具有较高的欣赏价值。

(范民声)

【诗人小传】

厉 鹗

(1692—1752) 字太鸿,号樊榭,钱塘(今浙江杭州)人。康熙五十九年(1720)举人。工诗词,作品多表现闲情逸致,时或杂有孤寂之感。风格俱妍秀淡雅,论词推崇周邦彦、姜夔,为"浙派"诗词的重要作家。他学识广博,对金石碑版、辽、宋历史都有研究。著有《樊榭山房集》、《辽史拾遗》、《宋诗纪事》、《南宋院画录》等。

灵隐寺月夜　　　　厉 鹗

夜寒香界白①,涧曲寺门通。
月在众峰顶,泉流乱叶中。

>　　一灯群动息，孤磬四天空②。
>　　归路畏逢虎，况闻岩下风。

〔注〕①香界：佛地，诗中指佛寺。　②四天：即四禅天，佛教用语。诗中泛指天空。

　　厉鹗是一个幸运的诗人，因为他的家就在杭州，可以饱览天下第一山水，尽情享受大自然的恩赐。他也没有辜负家乡，在诗中写出了杭州山水特别的美。山水之美融进了他个人的体验，人格与山水合一了，还有比这更令一个诗人满足的么？

　　灵隐寺是人们熟悉的杭州一景，坐落在西湖西北的灵隐山麓，寺前冷泉飞度，古木苍深，不远处飞来峰如巨石飞坠，屹立寺门，环境幽静、清雅。这次诗人找了一个恰当的时间，踏着月光游山，全诗的韵味就在这月色当中。

　　首联写初到灵隐的感受。用一个字概括就是"寒"。秋夜入山，自有寒气袭人，本属正常。但寒意不仅仅来自秋气，更多的来自月光。山谷和佛寺都浸沐在白光之中，如霜似雪，如临冰界，能不寒气凛然吗？这个"寒"实际上更多是来自心理上的。第二句的描写使我们想起唐代诗人常建的名句"曲径通幽处"，作者用冷泉曲涧代替了曲径，别有一番幽意，幽与寒本来是相通的。

　　第二联写山间的景色。首先是月，月已升起，高悬空中，这样便看见了森然的众峰。夜间看山，有一种异样感受，一切都是陌生化的，既觉得有某种亲切之感，又觉得十分遥远，恍如梦境。一切都是月光的温柔和朦胧造成。然后是声音，流水之声分外的清晰，能听到冲刷落叶的音响，可见众响都消歇了，写泉流之声也就写出了山间的幽静，静得让人惊奇，让人超然神远。

　　第三联写寺院。勾勒过灵隐一带的环境，寺院的存在就别有意味了。佛寺与整个山间的气氛恰好相通，它没有归于沉寂。一盏长明灯发着微光，衬现出它四周的静，孤独的击磬声弥漫在夜中，清音袅袅，愈觉空阔，也许这就是佛家的境界吧。禅宗将其妙义真谛比之为灯，喻其能照亮人心，有"心灯"、"传灯"之说。在这样一种氛围中，诗人不由产生万念俱空之感，王士禛所谓的诗可悟禅，就是指的这种体验吧。诗人所写的这种境界美则极美，不免过于孤深。寒意又上来了。

　　末联写归途，完成了夜游的全程。诗人畏虎是有根据的，灵隐一带古代有异虎出没，故又称虎林。想到这一点，在山路上不觉毛骨悚然，闻风而色变。虎其实早已匿迹了，诗人写畏虎实际上表现了夜游后的一种感受。作者毕竟是个凡心未泯的人，清冷的月夜，孤峭的山门，毕竟不比家居灯下的温馨，他不觉生出畏惧孤寂的感觉,归心油然升起,不可遏制,"归来归来兮,西山不可以久留"。全诗一直寒到了最后。

这首诗通篇寒意料峭,幽韵孤深,表现出诗人矛盾的审美体验,然作者的诗笔,实在是可赞叹的,有了他的这份描写,灵隐寺的月夜,必定会平添了几多让人向往的韵味,成为令人难以忘怀的西湖一景。

(王小舒)

晓登韬光绝顶① 厉 鹗

入山已三日,登顿遂真赏②。霜磴滑难践,阳崖曦乍晃。穿漏深竹光③,冷翠引孤往。冥搜灭众闻,百泉同一响。蔽谷境尽幽,跻颠瞩始爽。小阁俯江湖,目极但莽苍。坐深香出院,青霭落池上。永怀白侍郎④,愿言脱尘鞅⑤。

〔注〕 ① 韬光:寺名,在今浙江杭州西湖畔北高峰南,因唐代僧人韬光居此而得名。② 登顿:登临。遂真赏:满足领略山水之美的愿望。 ③ 穿漏:指阳光穿过竹林稀疏之处。④ 白侍郎:白居易,曾任刑部侍郎,故称。他在杭州刺史任内,曾与僧韬光有诗唱和。 ⑤ 言:语助词。脱尘鞅:摆脱尘世的羁绊。鞅,套在马颈上的皮带。

厉鹗是杭州人,又性喜山水,因此家乡的自然风光便成了他诗中的一个重要题材。韬光寺在西子湖畔的北高峰南、灵隐寺西北的巢构坞,据说唐代的高僧韬光在此结庵说法,山间翠竹丛生,山上有观海亭可望钱塘江入海,故西湖的风景里有"韬光观海"的景目,厉鹗自然不会错过这一景观。

诗从游山写起,说入山已有三天,三日中饱览了山水的奇姿逸态,登临骋目,真正领略到了自然之美,满足了自己寻幽探胜的愿望。这一天清晨,诗人再度出发去登山,晨霜覆盖着石阶,湿滑难行,而向阳的山崖上已晃动着曦微的晨光。晨光透过稀疏的竹叶射入到竹林深处,那清冷的翠色吸引着诗人独自前往,去追寻幽深之境。四处一片岑寂,各种声音似乎都潜匿起来,惟有山间的清泉琤琮作响,如一曲清歌,沁人心脾。山谷中林木掩映,遮天蔽日,所到之处,尽是清幽之景,直到登上山顶,极目四望,始觉豁然开朗。那韬光寺的小阁就坐落在山顶上,俯视着钱塘江和西湖,噓吸于山光水色之中;极目远眺,只见一片苍茫寥廓的景象,恍如置身于人寰之外。韬光寺是个登览远望好去处,观海亭上至今还写着宋之问的"楼观沧海日,门对浙江潮"的名句,所以诗人留恋忘返,久久不肯离去。在小阁中坐久了,似乎闻到了寺院里缓缓飘出的香气;那山间的青烟随着太阳的升起散落在池上了。面对着如此清幽绝俗的景象,诗人便产生了与古人为友、超尘脱俗的念头,他想起了曾在此地与释韬光酬唱的大诗人白居易,但愿能摆脱尘事的羁绊,长久地栖息于山巅水涯,放情于自然之中。

　　厉鹗的诗以幽新隽妙、刻琢研炼为特色,其五言尤工,大抵取法陶渊明、谢灵运及王维、孟浩然等人,但更注重追求清窅幽邃之趣。如本诗中的"穿漏深竹光,冷翠引孤往"、"坐深香出院,青霭落池上"等都有王维诗的韵味,但比王诗更注重锻炼而较少自然浑成。这明显地表现在他对选字用词的刻意求新上,如诗中的"登顿"、"穿漏"、"灭众闻"、"同一响"、"跻巅"、"坐深"等词都戛戛独造,生新而不艰涩;又如以"霜"字来描绘山间石磴,以"晃"字来表现晨光乍明乍暗的景象,以"冷"字来形容山间翠色的幽冷,以"蔽"字来形容山谷的树木掩映,枝叶交加,以"落"字来写青烟笼罩池塘,都体现了诗人工于炼字,避熟避粗的祈尚。

　　另外,这首诗所追求的是冷隽幽深的意境,如"霜蹬"两句刻画了早行时的冷霜铺地、人迹罕至和空中晦明变幻的情景,"穿漏"、"冷翠"则通过光和色的描绘来形容山间的幽冷,而"孤往"二字更增添了独行无偶的凄清,与幽深的景色融合无间。"冥搜"两句更从声音上落墨,虽然一路上回响着淙淙的泉声,却更表现出万籁俱寂的感受。至于"蔽谷境尽幽"一句就直接地描述了山间的幽趣,而那一阵幽香、几缕青烟更渲染出宁静清莹的气氛。全诗烹字炼句,刻意表现一种山间的幽寂之美,力求自辟蹊径,不作寻常铺叙,这也正是厉鹗乃至浙派诗歌的典型风格。

(王镇远)

宝应舟中月夜　　　　厉　鹗

芦根渺渺望无涯,雁落圆沙几点排?
明月堕烟霜落水,行人今夜宿清淮。

　　厉鹗性好山水,为诗取法陶、谢、王、孟、韦、柳,游屐所至,辄形诸吟咏。《宝应舟中月夜》是他沿淮河北游,途经江苏宝应时在船上写的,时间在他二十七岁,即他举乡试的前一年。

　　这首诗着意描写淮上水光月色。前两句写朦胧月色中远望所见。淮河经江苏入长江一段,水面浩渺;到了晚上,万籁俱寂,节令又已经进入深秋,岸边纵然有树,也早已木叶稀疏乃至尽脱:一眼望去,越发显得空旷寂寥。孟浩然《宿建德江》"野旷天低树,江清月近人",写的也是这种情境。孟选择的典型景物是旷野天容、江中月影。厉鹗这里却选择岸边芦根和沙渚上的宿雁,着眼不同。他泊船的地方,长满了芦苇。河水长年冲刷河岸,泥土剥蚀,岸边临水处露出了一丛丛的芦根,密密麻麻,一眼望不到尽头。秋深水浅,有许多沙丘冒出水面,形成一个个圆形的沙汀;沙汀上一群群宿雁,远望像一些黑点,不规则地排列在这圆形的沙丘之上。这"芦根渺渺望无涯,雁落圆沙几点排"两句,没有直接写到淮河之势,但望中既有芦根圆沙,那淮水的浩渺,自然也就浮现在我们眼前了。

上两句写淮河之渺渺"无涯",正是为第三句张本。第三句,诗人组织月、烟、霜、水,运实为虚,纯用渲染,直摄夜色之魂,是这首小诗中最精警的一句。先看"明月堕烟"。水上本来没有烟,烟是夜雾在朦胧月色中形成的特殊光学效应,它空蒙浮动,看上去仿佛像烟。透过这如烟似霭的夜雾去看那逐渐西斜的明月,那月轮就好像轻轻堕入万顷烟涛之中,若隐若现,似浮似沉。再说"霜落水"。霜华降落,假如在岸上,定然会给草木染上一层白色;倘在水中,"空里流霜不觉飞",肉眼本是看不见的。但在这朦胧月夜,空气中似乎有极细的、极轻的东西在飘飞。结合阵阵侵人的寒气,你会感觉到浓霜四塞,于是产生了亲见霜华堕水的幻觉。古人说:"露下如滴,霜流亦声",霜流怎能有声?原也是一种幻觉。我们再把整句"明月堕烟霜落水"连起来玩味,会突然生发无穷联想,仿佛自己孤卧扁舟,整个宇宙沉浸在朦胧梦幻之中。那境界,凄迷弥望,清彻到骨,寒冽透心。那么,他这位"行人"——他乡游子"今夜宿清淮"的感受,那种飘零客况,迷惘情怀,不必挑明,已经味之可掬了。

近人陈友琴认为,厉鹗"诗词精深峭绝,自成一家"。清代诗论家沈德潜则以为厉鹗"诗品清高,在刘眘、常建之间"。说厉鹗"诗品清高",这首绝句确实清到虚无缥缈,有"高处不胜寒"的意境。说他的诗"自成一家",确实,在时代相近、年辈相若的诗人中,他既不同于王士禛的悠然远韵,也不同于查慎行的白描刻深,更不同于袁枚的轻灵绰约,无愧于"自成一家"。他这类纪游绝句,境界倒与柳宗元的山水散文接近。因此说,他的诗取法陶、谢、王、孟、韦、柳,是不为无见的。

(赖汉屏)

湖楼题壁　　　　　厉　鹗

水落山寒处,盈盈记踏春。
朱栏今已朽,何况倚栏人!

这首诗也是为悼念亡妾朱满娘而作。厉鹗与满娘的相识相伴与湖水有着密切的关系。在碧浪湖口,厉鹗将满娘迎娶回家;厉鹗的家,又在杭州的西子湖畔。因此,两人都对湖水有着特别深厚的感情,共同登上湖畔楼亭,共同在湖边踏春游览,这是多么惬意愉快的岁月啊!满娘自雍正乙卯(1735)年嫁给厉鹗,至乾隆壬戌(1742)年正月三日病逝,前后仅七年时间,满娘也不过才二十四岁。这毕竟是太残酷、太让人难以接受了。就在满娘去世的当年冬,厉鹗登上湖畔楼亭,伤心悼念之情油然而生,在湖楼墙壁上题写了这首五言绝句。

第一句"水落山寒处",点明题诗的时间。冬天湖水下落,四周的山峦也显得寒冷萧条。这一特定的季节与诗人冷清寂寞的内心相一致,自从满娘去世之后,厉鹗感到无比的悲怆与冷落。他在悼念满娘的诗中写道:"梵夹呼名翻满字,新诗和恨写回文";"几度气丝先诀绝,泪痕兼雨洗芭蕉";"再世韦郎嗟已老,重寻杜牧奈何春";"何限伤心付阿灰,人间天上两难猜",这些诗句可以说是和着泪水写成。到了冬天,思念之情更加浓重。第二句"盈盈记踏春",可谓思极成幻,在诗人眼前,又映现出满娘轻盈俊秀的仪态,漫步在春天的湖畔。这两句形成了鲜明的对比:满娘在时,周围的一切是那么美好,充满春的气息;而今满娘已经诀别,诗人只感到冬日的严寒,毫无生机活力。

"朱栏今已朽,何况倚栏人",这两句本自苏轼《法惠寺横翠阁》诗句:"雕栏能得几时好,不独凭栏人易老。"又与欧阳瞻《太原道上》"高城已不见,何况城中人"的诗句相似,都是慨叹人生短暂、年华易逝。厉鹗的这两句含义更为深沉,实际上是说满娘去世之后,自己感到衰老得特别快。尽管写这首诗时满娘去世还不到一年,但诗人看到红色的栏杆已经朽败,联想到已是五十岁的自己,便发出了人已老去的感慨。失去了满娘,诗人预感到晚景将会更加凄凉孤独。

这首诗虽只有二十个字,却包容了极丰富的思想情感,故清人严长明评曰:"可谓情深。"

(王 平)

杨 柳 枝 词　　　　厉 鹗

玉女窗前日未矄,笼烟带雨渐氤氲。
柔黄愿借为金缕,绣出相思寄与君。

此诗采用的是乐府旧题。诗人借杨柳枝的意象生发出女子思夫的构思,表现了少妇温柔、细腻的爱情心理。

"玉女窗前日未矄",诗开篇即点出人物——"玉女",一个美貌的女子,她处于这样的时空环境中:天色尚未昏暗的傍晚,闺房的窗前。她正在干什么呢?诗并未明说。但结合全诗可以知道,她是在盼望远游的夫君归来,而傍晚也正是鸟该归巢、人该回家的时辰,可惜夫君尚无归意,自然见不到其身影,失望之余见到的是"笼烟带雨渐氤氲",这是指万千杨柳枝正笼罩在烟雨水气之中,如同一幅水墨丹青,境界迷离。它吸引住女子的视线,又以其朦胧的意境触发了少妇的遐想。她因夫君不归而相思意殷,乃即景而生出诗意浓郁的联想:"柔黄愿借为金缕,绣出相思寄与君。""柔黄",指窗外鹅黄细嫩的杨柳枝;"金缕",金线。冯延巳《鹊踏枝》云:"杨柳风轻,展尽黄金缕。"以细长的黄金缕比喻柔长嫩黄的杨柳枝十分贴切。后两句采用少妇独白的口吻,真切地反映她美妙的心愿:愿借鹅黄的细柳枝当作金线,绣成表达自己相思之情的形象(如鸳鸯一类),寄给那远游不归的心上人,让他感受到自己对爱情的忠贞不渝,亦可以慰藉自己孤寂的心灵。事实上,"柔黄"当然不会成为"金缕",但这浪漫的奇思却把少妇怀念夫君的细腻温情出色地表达出来。

这首诗构思堪称巧妙,而且极为自然。诗中少妇早已郁结着深切的相思之情,当她此日望穿秋水而终于落空时,其相思的感情就益加浓烈。她以相思之眼看客观之物,则窗外的杨柳枝就自然与"相思"的心理相沟通,从而产生以杨柳枝"绣出相思寄与君"的妙想。

(王英志)

归舟江行望燕子矶作 厉鹗

> 石势浑如掠水飞,渔罾绝壁挂清晖。
> 俯江亭上何人坐,看我扁舟望翠微?

燕子矶,为南京名胜,位于南京东北长江边。矶头耸立、矶身三面悬绝,远望如飞燕,以此得名。清乾隆八年(1743)秋,诗人厉鹗舟行过矶,写下此作。

"石势浑如掠水飞,渔罾绝壁挂清晖。"渔罾,渔网。首句是远望所得,诗人乘舟而归,乍见燕子矶,第一眼印象,便觉此石(矶,山边突起的大石)气势非凡,完全像一翼紧掠着水面的轻燕在飞行,令人觉"燕子矶"之名实在不虚。此句以少少许胜多多许,点出了燕子矶的神态,"浑如"(简直像)二字尤有力,诗人的笔带动整个燕子矶都飞了起来。"掠"字亦传神,摹写出矶石紧贴江水之态。下句写在矶石的绝壁(自是临江一面),可见到渔人所挂的渔网,正沉浸在清亮的日晖之中,看似是闲笔,其实不然。一则,此句气息朴野自然,与上句之飞动有神恰成对照,行文亦有一张一弛之妙。二则,此句承上句而来,暗点出舟行的特色:诗人先看到浑然一体的矶石,舟近之后,始辨出渔网。其三,此句实引出后二句:既见绝壁,诗人的目光自不禁要往绝壁顶上看,乃引出"俯江亭";既见渔网,诗人自不免要探测渔网主人的所在,乃引出"何人"之问。此句正是承上启下、接榫无痕的妙笔。

但本诗的精华,更在后二句。"俯江亭上何人坐,看我扁舟望翠微?"俯江亭,是燕子矶绝壁顶上的亭子,诗人由下仰望,故觉亭势如俯视江面。翠微,指轻纱淡薄的山间翠色。此二句之妙,在明明是诗人自己"望燕子矶",却不径直说来,而借俯江亭上坐着的"何人"眼中道来,别具生趣。"何人"者,一乃诗人与他相去甚远,不能辨其容貌衣饰,二乃诗人不知其身份,故云。他可能是"渔罾"主人,可能不是;若是,可能只是晒网的渔夫,也可能是隐于渔樵的烟波钓徒。无论是哪一种,诗人的倾向乃在于后者。何以知此?请看:这位素昧平生的"何人",正在亭上殷殷地"看我";江上往来客人尽多,他为何偏偏"看我"呢?因我只一叶扁舟,萧然寒素,却遥望翠微,心存雅洁。彼人非"看我",乃看我之"望翠微"神态,若我无此态,彼必不看。彼人既心知我爱慕翠微,则他也是深知翠微者、深有味乎翠微者,不然,他何以久"坐"翠微之中?他独坐翠微,心有所感,却无人可语,猛见江上有如此"望"者,如何能不遥引为知己,如何能不久久凝"看"呢?如斯之人,为渔夫乎?为渔隐乎?不言自知。如斯之人引我为知己,则我之身份、品位若何,不亦尽在不言中了吗?诗人写彼人,正是写自己,写彼人之高雅,正是写自己之襟怀,虽不直言,但读者味其诗意所得,当必胜于由诗人自道所得。

近人陈衍评后二句云:"十四字中,作四转折。质言之,为看他在那里、看我在这里、看他看我也。"(《石遗室诗话》)所言未尝不是,但犹未尽得此诗之妙趣。其实,彼坐翠微,我望翠微,虽矶头舟中有别,而四目相看,各知其心,彼此虽无言,而悠然心会:此始是诗的妙趣,是其神韵所在。

(沈维藩)

冷 泉 亭　　　　厉 鹗

众壑孤亭合,泉声出翠微。
静闻兼远梵①,独立悟青晖。
木落残僧定,山寒归鸟稀。
迟迟松外月,为我照田衣②。

〔注〕① 梵:此处指与佛教有关的声音,如佛寺的钟声、诵经声等。 ② 田衣:水田衣,僧人所穿的袈裟,因为竖横割截,形似农田,故名。

祖籍为钱塘的厉鹗,生于斯,长于斯,对杭州的名胜古迹有着特别深厚的感情。在他的诗集中,涉及到杭州景物的佳作极多,诸如西子湖、灵隐寺、韬光寺、龙门山、听法庵、涵青精舍等名胜,他都有诗作传世。这首《冷泉亭》便是他游览冷泉亭的纪游之作。冷泉亭在杭州飞来峰下,对面便是著名的灵隐寺。因为灵隐寺是四大佛教名刹之一,冷泉亭似乎也染上了浓重的佛教色彩,使这首吟咏冷泉亭的五律诗也充满着禅机。

首联写冷泉亭所处的地势和环境。在群山的环抱之中,冷泉亭孤独而立。亭临冷泉,但闻水声自青翠掩映的山谷中传出。据传在飞来峰的半山腰,宋代抗金名将韩世忠曾建有翠微亭。处在如此幽静清秀环境中的冷泉亭,让人感到安谧宁静,飘然有遗世独立之志。

颔联写诗人在冷泉亭中的所闻与所思。四周是如此的寂静,远处灵隐寺的钟声及僧人诵经的声音都清晰可辨。诗人独自站立于亭中,沐浴在清晖之下,似有所感悟。佛寺肃穆的声响与温暖的清晖相交融,让人感到脱凡超俗。禅宗讲求"顿悟"、"不立文字",诗人所领略到的那种禅机也只能用一个"悟"字来概括,而无法径直说出。

颈联写诗人在冷泉亭的所见与所感。深秋之际,万木摇落,衰老的僧人造诣高深,修习禅定,心凝不乱,周围的一切,无论是寒凉的山峰、稀少的旧鸟,都无法使他心动。暗中流露出诗人对禅僧生活的向往。自宋以来,文人士大夫将心学与禅宗相渗透,讲求内心的修养与人格的完善。禅宗的一套修行哲理与方式很合文人的口味,厉鹗也不例外受到了禅宗的深刻影响。在《灵隐寺月夜》诗中他写道:"一灯群动息,孤磬四天空。"在《晓登韬光绝顶》诗中他又说:"永怀白侍郎,愿言脱尘鞅。"都表现了他对禅宗的领悟和希望摆脱世事的心愿。

尾联进一步抒发了披上袈裟、皈依佛门的愿望。明月透过松林,照在身披水田衣的诗人身上,这使诗人感到内心是那么平静、那么坦然。封建社会中的文人,总难摆脱出世与入世的矛盾,禅宗的人生志趣正好为失意文人铺平了一条求得内心平衡的道路。厉鹗曾于乾隆元年应举博学鸿词,但被报罢,心境自然有些怅然,在游览山水之时难免表现出失意的情绪。禅宗的哲理就成了他精神上的归宿。

这首诗反映出了厉鹗诗歌的风格特点,清幽淡雅,多表现闲逸情致,时杂孤寂之感。诗中写景、抒情融合无间,颇得王维、孟浩然山水诗的韵味。　　(王　平)

西湖泛月共赋四绝句(选一)　　　　厉　鹗

月下看花不肯红,沿堤花影压孤篷。
春烟夜半生波面,仿佛青山似梦中。

乾隆九年(1744)春二月,作者同周少穆等六位友人一起夜游西湖而作此诗。时在阴历十四夜,月色清明,故游船离岸入湖,只见花影而不见花色。第一句所谓花"不肯红"是说月色之白掩盖了花红,点花红正是为了写月白。第二句是描写沿堤花多,故能"影压孤篷",船篷之美来自花影,来自堤树,来自月光。一句中写花,写堤,写影,写船篷,美景毕集,但起主要作用的仍然是月;没有月光,这一切都显示不出来。第三句"春烟夜半生波面",正面写游湖,写湖波和轻烟,但烟水相生之美,说到底仍是月色显示的。第四句"仿佛青山似梦中",表面只写"青山似梦",其实似梦的不止青山,是包括月下的花影、轻烟、湖波等一切景物在内的。在明月之下,湖边湖中的各种景物,都具有梦一般的缥缈,梦一般的魅力。

作者五古力求研炼峭刻,其余各体则追求风调流美。此诗善以轻淡之笔写朦胧之美,四面渲染,中心是月。笔秀而神远,风调雅近中晚唐绝句。

(陈祥耀)

秋宿葛岭涵青精舍① 厉 鹗

书灯佛火影清凉,夜半层楼看海光。
蕉飐暗廊虫吊月②,无人知是半闲堂③。

〔注〕① 葛岭:在浙江杭州市宝石山西,相传因葛洪在此结庐炼丹而得名。 ② 飐:摇动。 ③ 半闲堂:南宋权相贾似道所建的堂名。

厉鹗的七绝虽然不像他的五古那样注重雕镂刻镂,然也意在追求隽妙清莹的境界,由云龙的《定厂诗话》中论清人七绝说:"清初则渔洋、樊榭极工此体,自当以绵邈超逸为贵。"可见厉氏的七绝俨然为清初大家,此诗即可见其一斑。

康熙五十三年(1714)的一个秋夜,诗人来到葛岭上的一座佛堂投宿,"书灯佛火"便是写其中气氛的高雅幽僻。燃灯夜读,伴着佛堂中的缕缕香烟,自有一种超尘脱俗的清幽之趣,那四周的暗影给人以清凉之感。夜色已阑,诗人登上层楼极目远眺,像是要去看那海上的波光。风中的芭蕉摇曳着幽灵般的轮廓,秋虫不停地吟唱,仿佛在哀吊月亮的圆缺晦明。这一片宁静安谧的山中夜色在诗人笔下被十分形象地表现出来,然最后一句陡然折回。诗人说,这清静荒寂之处,有谁知道原先就是贾似道繁华奢靡、极一时之盛的半闲堂呢?贾似道是宋理宗贾贵妃之弟,度宗时势炎熏天,封太师、平章军国重事,他在西湖畔的葛岭上营建私宅,筑半闲堂,朝廷大事,悉在此中裁决,所以半闲堂曾是个极繁华重要的地方。然而曾几何时,这一切都变得荒凉冷落,人们似乎已完全忘却了它辉煌的过去。这里一方面诗人感叹时间的稍纵即逝,昔日繁华都如黄粱一梦,终归沉寂;另一方面也暗示出贾似道虽位极人臣,一度炙手可热,但终因祸国殃民而落得放逐身死、为后人不齿的下场。

诗的前三句力求表现出清静寂寥、阒无人迹的落寞景象,逗出"无人"句的沧桑之感,所以前三句也就不仅是为写景而写景了,可视为最后一结的伏笔,故今昔对照尤为深刻。诗人虽没有直接写自己的感叹和点明讽谕的意图,然无限深意已在不言之中,故张维屏的《听松庐诗话》中说:"余爱诵樊榭《葛岭绝句》云:'蕉飔暗廊虫吊月,无人知是半闲堂。'古今来豪华喧热之场,转瞬间便是寂寞荒凉之境,半闲堂特千百中之一耳。"至如本诗中"书灯佛火"、"蕉飔暗廊"等语则体现了厉鹗造语新警的特点,也是浙派诗人的本色。

(王镇远)

南湖雨中　　　　厉　鹗

夹竹夭桃蘸小红,水高鱼沪没芦丛。
南湖春物无人管,都付斜风细雨中。

嘉兴南湖,湖平如镜,景色绮丽,历来为旅人的游览胜地,清代诗人厉鹗当年也曾游历至此,写下了这首小诗。

诗前二句写景,后二句寄情,情景交融,浑成一体。"夹竹夭桃蘸小红",起首的这一句描写的是水边近景。夹竹桃是江南常见的一种植物,其花浅红如桃,开始只是一个小小的花蕾,以后才慢慢绽放。"夭",即夭夭,繁盛貌。《诗经·周南·桃夭》里的"桃之夭夭",原是形容桃树的,这里诗人轻轻移来形容与桃貌合神离的夹竹桃,倒也别致有趣。但是,此句中最有趣的,是一个"蘸"字。"小红",自是指夹竹桃的小花蕾,她们实在太小、太轻、太薄了,所以,在湖水的映衬下,她们好像不是长在树上的蓓蕾,而是造物主用他灵巧的手指,蘸着一点点的红色,点缀到树身上。一个"蘸"字,将"小红"的小巧可爱,活脱脱地写出,可谓神来之笔。第二句"水高鱼沪没芦丛",表现的则是雨中湖面的远景。"鱼沪"是一种捕鱼工具,它用竹制成,插列于水中,以绳子联结。当雨天湖水满涨时,它便没入水里,这时鱼便会游进来;而当水位低落时,它又将露出水面,这时鱼便被拦在了竹栅里。诗的这前两句,一近描,一远眺,一细巧,一粗放,让读者感受到了一种错落有致、阴阳兼济的美。

在描绘了一番南湖生机盎然的雨景之后,作者笔锋一转,感叹道:"南湖春物无人管,都付斜风细雨中。"这里字面的意思是,如此富有情趣的春景,却无人欣赏、无人顾及,任凭其淹没于斜风细雨中,诚为可惜。而更深一层的意义,则是诗人对于春光流逝、人生如烟的深切感慨。从诗中的"管"、"付"二字,我们便可窥见诗人的内心充满着伤感。

厉鹗的诗作多表现闲情逸致,间或有孤寂之感,上面的这首小诗就比较典型地体现了他的这种诗歌风格。

(俞仪方)

悼亡姬(十二首选二)　　厉鹗

无端风信到梅边①,谁道蛾眉不复全。
双桨来时人似玉,一奁空去月如烟。
第三自比青溪妹,最小相逢白石仙。
十二碧栏重倚遍,那堪肠断数华年。

旧隐南湖渌水旁,稳双栖处转思量。
收灯门巷忺微雨②,汲井帘栊泥早凉。
故扇也应尘漠漠,遗钿何在月苍苍。
当时见惯惊鸿影,才隔重泉便渺茫。

〔注〕 ① 风信:风候,不同的季节有不同的风,可因而知道某一季节的到来。 ② 忺(xiān):高兴,适意。

厉鹗是清代康、乾年间的杭州名士,为浙派诗和浙派词的主要作家,主盟江南文坛数十年。他虽曾中过举人,但家境并不富裕,他的夫人蒋氏又凶悍刁蛮,所以心情也总有些郁郁寡欢。当他四十多岁的时候,经友人沈幼牧介绍,认识了十七岁的少女朱满娘。两人年龄虽有些悬殊,但一爱其端庄秀丽,一慕其人品才学,遂结为伉俪。自从有了满娘相伴之后,厉鹗的生活充满了乐趣。满娘除女工之外,还"喜近笔砚,影拓书格,略有楷法"。厉鹗教授她唐人绝句二百余首,"背诵皆上口,颇识其意"。每当厉鹗烦闷忧愁之时,满娘缓声朗诵,有如吹竹弹丝一般悦耳。厉鹗身体虚弱,疾病缠身,满娘尽心服侍,精心照顾。然而七年之后,满娘忽染急病,医治不当,沉绵半年,泊然而化。厉鹗悲痛之情可想而知,"悲逝者之不作,伤老境之无惊"(以上引文均见厉鹗悼亡姬诗序)。他将伤悼之情凝结在了十二首悼亡诗中,这里选录的是第一首和最后一首。

我们先看第一首。开头两句"无端风信到梅边,谁道蛾眉不复全",对满娘的不幸病逝表示了极度的哀伤。满娘于正月初三溘然而逝,这正是梅花将要绽放的时节。按古代的说法,一年有二十四番花信风,什么时候开什么花,就有相应的信风吹来。"无端"二字流露了诗人怨憎怅惘的心情,因为似乎正是这将到梅边的风信夺走了满娘的生命。"谁道"二字含有突兀、惋惜之意,二十四岁毕竟是太年轻了,这应当是刚刚步入人生最美妙的年龄,然而,婉转动人的蛾眉却再也无法见到了。

"双桨来时人似玉,一宵空去月如烟",次联用对比的手法回顾了满娘新娶之时的姣好和如今寂寞茫然的感受。厉鹗在这组诗的序中曾说:"以中秋之夕,舟迎于碧浪湖口,同载而归",因此,诗中称"双桨来时"。试想在八月十五一轮圆月的银辉之下,碧浪湖清澈的秋水有如珠玉点点、碎银片片,一叶小舟载着玉人般的满娘和兴致盎然的厉鹗,这该是多么令人心醉的情景啊!但是,仅仅七年之后,满娘便撒手人寰,长眠于九泉之下。过去美好的岁月如今像月光下的烟云,留下一片空虚和冷寂。

"第三自比青溪妹,最小相逢白石仙",这两句运用神话传说想象满娘死后成仙遇神的情景。《搜神记》卷五载有广陵蒋子文的故事,说他汉末为秣陵尉,"逐贼至钟山下,贼击伤额,因解绶缚之,有顷遂死。"死后屡屡显灵,吴主孙权封他为中都侯,在钟山建立庙堂。《异苑》称"青溪小姑,蒋侯第三妹也"。乐府《神弦歌曲》第六曲即为《青溪小姑曲》。诗人把满娘比作青溪妹,意谓她已经成仙。《列仙传》中有神仙白石先生的故事,说他"就白石山居,常煮白石为粮"。乐府《神弦歌曲》第十一曲即为《白石郎曲》,曲曰:"白石郎,临江居,前导江伯后从鱼。"此二句是诗人于人去无奈之余,希望满娘能与白石仙人相逢,生活在仙境之中。

最后两句"十二碧栏重倚遍,那堪肠断数华年",抒发了诗人对满娘深深的思念。当年满娘曾凭栏远眺,如今人去楼空,诗人倚在这些栏杆之上,不禁又回想起了那美好的时光。然而再也见不到满娘的音容笑貌了,遍倚栏杆,只能使自己痛苦肠断。虽然上二句有美好的想象聊可慰藉,但回到此情此景,仍令诗人难以忍受。对满娘怀念思慕的心情跃然纸上。

我们再来看最后一首。开头两句"旧隐南湖渌水旁,稳双栖处转思量",写朱满娘由湖州嫁到了杭州,与厉鹗结为伴侣。南湖在浙江省湖州、嘉兴一带,碧浪湖是南湖的一部分。满娘自幼就生活在碧浪湖畔,山清水秀,绿波荡漾,养育了这位风姿秀美的少女。嫁给厉鹗之后,双栖双飞,幸福美满。但是自从满娘辞世之后,只留下厉鹗一人沉浸于怀念追忆之中。那无穷无尽的哀思缠绕着厉鹗,使他内心难以平静。

"收灯门巷饮微雨,汲井帘栊泥早凉",这两句回忆满娘在世时操持家务、辛勤劳作的情形。门外飘起了细雨,令人适意舒畅。将灯收回室内,静静地听着雨珠落地的声响。亲自到井台去汲水,又用纸将窗子糊好,以防凉气袭人。"帘栊"

指窗子,"泥"指用纸糊窗。陆游《老学庵笔记》八:"蜀人又谓糊窗曰泥窗。花蕊夫人《宫词》云:'红锦泥窗绕四廊。'"这些情景非常富有生活气息,映衬出满娘生气勃勃、热爱生活的精神面貌和旺盛的生命力。

"故扇也应尘漠漠,遗钿何在月苍苍",这两句陡然急转,表现了诗人在满娘去世之后的落寞心境。满娘曾使用过的团扇仍然搁置在旧处,因为没人再去动它,上面落满了灰尘。满娘曾佩戴过的首饰也静静地弃置于一旁,月色显得那样冷漠苍凉。睹物思人,内心的悲痛伤悼越发不可抑制。

最后两句"当时见惯惊鸿影,才隔重泉便渺茫",抒写了幽明不能相通,人死不得复生的怨恨怅惘。"惊鸿"一词出自曹植《洛神赋》:"其(洛神)形也,翩若惊鸿,婉若游龙。"以惊飞的鸿雁之态,形容体态轻盈,后专指美人。陆游《沈园》诗:"伤心桥下春波绿,曾是惊鸿照影来。"用惊鸿来喻指他旧时的情人唐婉。厉鹗化用陆游的诗意,把满娘比作惊鸿,可见满娘在他心目中的地位有多么重要。就是这样一位每天相见的"惊鸿",突然之间离开了人间,这对诗人是无法接受的。然而,人世冥间不能相通,美丽动人的惊鸿之影再也不能相见了,诗人感到眼前是一片渺茫。

这两首悼亡诗写得情真意切,具有摇人心旌的艺术感染力,并且透露出厉鹗对一位普通女子的尊敬和爱慕,摆脱了封建文人士大夫的迂腐古板,因此也就更加难能可贵。

(王 平)

【诗人小传】

郑燮

(1693—1765) 字克柔,号板桥,江苏兴化人。应科举为康熙秀才、雍正举人、乾隆进士,曾任山东范县、潍县知县。乾隆十八年(1753)因岁饥为民请济,得罪显官豪门而罢官。他以书画名,擅画兰竹,书法以隶、楷、行三体相参,别成一格。为"扬州八怪"之一。晚年寄居扬州,卖画度日。其诗抒情写意,痛快淋漓,以白描胜。所作乐府诗,言近旨远,风格近似白居易、陆游。有《板桥全集》。

绍 兴　　　　郑 燮

丞相纷纷诏敕多,绍兴天子只酣歌。
金人欲送徽钦返,其奈中原不要何!

这是一首咏史诗，"绍兴"是宋高宗赵构的年号。赵构于公元1131年逃到越州，喘息甫定，希望"绍祚中兴"，遂改元绍兴，越州也改称为绍兴城。高宗为徽宗之子，钦宗之弟。宣和七年(1125)，金兵两路攻宋，宋徽宗传位于太子钦宗。靖康元年(1126)，金人攻陷汴京(今开封)，掳走徽、钦二帝，史称"靖康之难"。北宋亡后，赵构在应天府(今商丘)即位称帝，后迁都临安(今杭州)，是谓南宋。本诗即是以此为历史背景的。

作者一开始就向读者展示出一种奇怪的历史现象："丞相纷纷诏敕多"。丞相指南宋权奸秦桧，绍兴年间曾两度为相，把持朝政达十九年之久。在金兵压境的情况下，秦桧力主和议，卖国求荣，并与高宗沆瀣一气，残酷迫害抗金名将岳飞等人，落下千古罪名。"诏敕"本指由皇帝下达的文告、命令，现在秦桧却越俎代庖，政由己出，不由使人产生了疑问：皇帝又在干什么呢？于是作者紧接着就点明造成这种奇怪现象的原因是"绍兴天子只酣歌"。高宗天子苟且偷安，朝政悉由秦桧操纵，自己却过着灯红酒绿、醉生梦死的生活。前一句以"纷纷"二字极言秦桧行令之多，活脱脱画出他专横跋扈，不可一世的霸道嘴脸；后一句却以一个"只"字衬托出绍兴天子问政之少，只知寻欢作乐，其余一概不管的昏庸形象。这两人一为奸相，一为昏君，本是一丘之貉，但又各有特点，形成了十分鲜明的对比。

半壁江山长期沦陷，黎民百姓惨遭涂炭，南宋小朝廷却是畏敌如虎，苟且偷安，秦桧一味专权误国，高宗只是饮酒作乐，他们早已不思收复中原，一洗国耻了。然而高宗并非只是愚不可及的阿斗，秦桧也不仅是只会发号施令的莽夫，他们极力维持偏安一隅的局面，自有其更深一层的卑劣用意：即便金人真的要把徽、钦二帝送回来，把中原归还宋朝，他们也不会接受的，因为如此一来，赵构就当不成皇帝，秦桧也就无法专权了。这首诗的三、四两句"金人欲送徽、钦返，其奈中原不要何！"正是一针见血地刺中了他们的要害。这两句表面看来是辛辣的讽刺，但在冷嘲的背后却是怒目裂眦的斥责。板桥写诗喜用白描，却往往蕴含了极为深刻而又强烈的爱憎之情。他曾写过一首对联："搔痒不着赞何益，入木三分骂亦精"，这首诗把高宗、秦桧这类衣冠禽兽嘲笑得如此痛快淋漓，斥骂得这般擘肌入理，直使我们觉得，诗人郑板桥何曾是"怪"，分明是个热血丈夫！

（杜道明）

竹　石　　　　　郑　燮

咬定青山不放松，立根原在破岩中。
千磨万击还坚劲，任尔东西南北风！

甘谷菊泉图　　[清]郑燮

竹石图轴　　[清]郑燮

郑燮是清代中叶著名的诗人和艺术家，素有诗、书、画"三绝"之目。这首《竹石》，即为题咏竹石图之作。它侧重写竹，兼及于石。大意说，竹子紧紧地咬定青山，毫不放松，这是因为它原本就扎根在岩石的破缝当中；它经历过自然界的千磨万击反而更加坚劲，任凭你来自东西南北的狂风！

这首诗的语言十分通俗晓畅，但它的意义却非常深刻宏远。诗歌描写的是竹子，赞颂的却是人。写竹子"坚劲"，也就是写人的坚韧劲拔。诗中以屹立的青山、坚硬的岩石为背景和基础，说竹子"咬定青山"，"立根"于"破岩"，经得起"千磨万击"，受得住四面狂风，即象征着一个人不怕社会上和生活中的种种艰难困苦和排挤打击。可以说，这首诗通过咏竹，塑造了一个百折不挠，顶天立地的精神强者的形象。它的立意构思，同明代于谦的《石灰吟》颇有相通之处。

竹子在古代与梅、兰、菊一起被人们誉为"四君子"。在它的身上，具有许多的美好品德。这些品德，通常主要是指凌云冲霄的进取精神，虚心善待的谦逊态度，并兼备梅、兰、菊诸物的"清高"、"幽洁"、"隐逸"等高风亮节。而郑燮这首诗，则着重写竹子的"坚劲"，赋之以又一种美德。这在他的另一首题画竹诗"秋风昨夜渡潇湘，触石穿林惯作狂。惟有竹枝浑不怕，挺然相斗一千场"中，也有着类似的表现。由此可见，郑燮对于竹，是尤其看重和推崇其坚劲这一面的。

郑燮之所以如此推崇竹子的"坚劲"，恐怕同他个人的性格有关。他生性正直倔强，同情劳动人民，不怕达官权贵。早年在山东潍县做知县时，他就曾在一幅送给山东巡抚的竹画上题过这样四句诗："衙斋卧听萧萧竹，疑是民间疾苦声。些小吾曹州县吏，一枝一叶总关情。"从中即反映出关心民生疾苦，愿意为老百姓做些好事的进步思想。任职期间，遇到灾荒年头，他为民请命，力争赈济，所请不获允，便毅然拂袖而归。晚年他寄居扬州，生计艰难，靠写字作画，糊口谋生。他是当时著名的"扬州八怪"之一，这个"怪"，恐怕就包含倔强不屈的坚劲性格在内。因此，我们可以说，竹子的"坚劲"，其实也是他个人性格的生动写照。

（朱则杰）

江　晴　　　　　　　　　郑　燮

雾裹山疑失，雷鸣雨未休。
夕阳开一半，吐出望江楼。

郑燮是画家兼诗人。刘士鏻《文致》引明人钟惺语云："画者有烟云养于胸中，此是性情文章之助。"其言盖谓画家在长期绘画实践中养成了一种特殊的审美能力,即对于客观景物的形态、色彩和精神的感受异常灵敏,这种能力自然有助于情性陶冶和文艺创作。郑燮正是如此。他善于用画家的敏感去发现客观景物的新奇美妙,并用诗人的语言描绘出来,因此他的风景小诗,包括那些描绘雨雪初晴之景的诗词,都写得很出色,如"雨过四天碧,风高秋稼黄"(《同起林上人重访仁公》)、"江晴春浩浩,花落水平平"(《偶成》)、"宿雨新晴江气凉,湿烟初破柳丝黄"(《渔父·本意》)等等,都是"诗中有画"的佳作。上录《江晴》一诗,尤为意境奇美,别见匠心。

读这首诗,好像展开一幅流动的画卷。首先看到的是宿雨之景:雾裹山外,山藏雾中,江上峰峦,忽疑移去,雷声隐隐,雨色茫茫,眼前一片昏阴,令人心情沉闷。接着看到的是新晴之景:江雨初停,夕阳半露,风吹雾散,吐出一座望江楼来,虽然尚未全晴,已觉豁然开朗。看来诗人是有意让前后两种景象互相映发,从山川晴雨的变化中表现一种清奇刚健、飞动自然的美,亦以寄托诗人厌弃阴暗、向往光明的情绪。

近代学者王国维说:"夫境界之呈于吾心而见于外物者,皆须臾之物,惟诗人能以此须臾之物,镌诸不朽之文字,使读者自得之。"(见《人间词话附录》)江雨初晴,也是"须臾之物"。这"须臾之物"常人都能见到,但却未必都能"了然于心",更未必都能"了然于口与手"(见苏轼《与谢民师推官书》)。诗人则二者皆能之,用生花的妙笔把"须臾之物"描绘出来,使读者宛若身临目击,并且获得一种从阴沉郁闷中解放出来的畅快之感。这便是诗人的长处,也是此诗的好处。

这首诗还有一个显著的特色,就是"生气远出,不著死灰"(司空图《诗品·精神》)浓雾掩山,用一"裹"字,便觉力足;雾消楼见,用一"吐"字,更觉势强;雷鸣雨飞,云开日出,亦觉神旺。总之,无论写雨写晴,都有一种郁勃生动的气象。诗人在《刘柳村册子》中说过:"庄生谓鹏怒而飞,其翼若垂天之云。古人又云:草木怒生。然则万事万物何可无怒耶?"其所谓"怒",便是生机勃发的意思。出于这样的审美趣味,他作画作诗都着意表现客观对象的"怒"气,形成一种刚劲挺拔的风格,《江晴》一诗也充分表现了这样一种风格。

(罗忠族)

潍县署中画竹呈年伯包大中丞括　　郑　燮

衙斋卧听萧萧竹,疑是民间疾苦声。
些小吾曹州县吏,一枝一叶总关情。

这首诗是郑板桥于乾隆十一、二年间任山东潍县知县时所作。科举时代称同科考取的人为同年,对同年的父辈或父亲的同年称年伯。包括即是郑板桥的年伯,他当时任山东布政使,署理巡抚。清代巡抚又称中丞,"大"是表示尊敬之意。郑板桥曾画过一幅《风竹图》呈送包括,此诗即是题写在这幅画上的。

作者郑板桥出身寒微,做官前后均以卖画为生,对下层人民的疾苦有比较深刻的了解。他为官时的诗文书画创作也特别强调写百姓之心声,道民间之痛痒,不齿于表现风花雪月、闲情逸致,为官僚贵族、有闲阶级茶余酒后提供消遣之资。作者虽然是在官衙内写诗作画,但他的心却时刻想着广大百姓,这首诗就尽致极诣地表达了作者的这种情怀。开头一句是说,作者正在衙署书房中躺卧休息,这时窗外清风阵阵,丛竹萧萧,声音呜咽,如泣如诉。"疑是民间疾苦声",是作者听到竹声之后的联想。自然界的风竹声和人民群众的疾苦声,本是风马牛不相及的,可是由于作者时刻惦记着百姓的安危冷暖,所以听到风吹竹啸,就很自然地把它和黎民百姓的痛苦呻吟联系了起来。接下来,作者进一步想到:像我们这些州县小吏,虽官职卑微,却负有解民于水火之中的重大责任。窗外的那一枝一叶,不正是饱受风雨的百姓的化身吗?作为他们的"父母官",又怎能不去关心他们的疾苦呢?作者曾刻有"痛痒相关"一印,以示与百姓休戚与共。这首诗以"一枝一叶总关情"作结,更说明了作者对民情的体察入微。一个封建时代的官吏,对人民群众有如此深厚的感情,实在是难能可贵的。

这首诗是题在画上的,所以作者充分发挥了能诗善画的艺术特长,把诗、画的意境结合了起来,从不同的侧面体现出一个共同的思想,更具有立体的美感。作者画的是风竹,但已不是自然界生物的一般复写,而是蕴含了作者深沉的思想感情;诗是写给上司包括的,语言既要有分寸,又要恳切明晰,所以作者采用了托物取喻,借竹发端的手法。全诗既具明志自勉之心,更含相与为善之意,一轴画,四句诗,把作者对人民真挚而执着的人道主义情怀寄寓在诗情画意之中,达到了无迹可求、一片化机的美学高度,令人叹为观止。

(杜道明)

题 画 竹　　　　郑 燮

四十年来画竹枝,日间挥写夜间思。
冗繁削尽留清瘦,画到生时是熟时。

这是郑板桥在自己的一幅画竹图上所题的诗。全诗短短四句,全以淡语出之,却蕴含了极其深刻的艺术哲理,可说是一首绝妙的画论诗。

中国古代的绘画理论,推崇写意而不重工笔者居多。郑板桥在绘画理论与实践上不仅十分注重写意,而且认为写意必须建立在熟练掌握基本功的基础上。有人标榜写意而不肯下真功夫,不过是以写意而自文其陋而已。郑板桥在上边这首诗中就以自己四十年苦练画竹技巧的实践道出了"必极工而后能写意"的道理。画家画竹虽"得之在俄顷",却是"积之在平日"。"日间挥写夜间思",说明了郑板桥白日挥毫,黑夜揣摩,苦心孤诣,反复磨炼的艰辛。正是四十年如一日的惨淡经营,才使他的画竹技巧由"极工"达到了写意的地步,"冗繁削尽留清瘦",正是指此而言的。郑板桥在《书画鉴影》中曾自述他的画竹经历:"余始画竹,能少而不能多;既而能多矣,又不能少,此层功力,最为难也。近六十外,始知减枝减叶之法。""能少而不能多"是指初学阶段尚不谙写形之法;"能多矣,又不能少",则是能写竹之形,却不能传竹之神;由"多"再到"少",指由写形转向写意,亦即在"极工"基础上的更高的艺术境界,因而也是"最为难"的。郑板桥说:"板桥画竹,不特为竹写神,亦为竹写生。瘦劲孤高,是其神也。"(《题画竹》)"减枝减叶",以少胜多,不仅突出了竹子瘦劲孤高之神韵,而且寄托了画家之情怀。"瘦劲孤高",亦即"生",正是郑板桥个性的体现,情感的化身。

  凡绘画之道,皆由生而熟,然郑板桥却主张熟中有生。他说:"文与可画竹,胸有成竹。郑板桥画竹,胸无成竹。""胸有成竹",则意在笔先;"胸无成竹",则趣在法外。"胸无成竹"并非不要意在笔先,更非对所画之竹一无所知,而是在"胸有成竹"的基础上达到的创作自由。郑板桥之强调"胸无成竹",只是要反对创作中的程式化倾向。"胸有成竹",自然是"熟",然拘泥成局,则无创新。若在"熟"的基础上求"生",做到"胸无成竹",就会千变万化,新意迭出,这时的"生"就是更高层次的"熟"了。所以这首诗最末一句总结为"画到生时是熟时"。

  由"熟"到"生",由"极工"到"写意",这就是郑板桥的艺术追求。 (杜道明)

小　　廊　　　　　　　　郑　燮

  小廊茶熟已无烟,折取寒花瘦可怜。
  寂寂柴门秋水阔,乱鸦揉碎夕阳天。

  这首七言绝句作于清乾隆七年(1741)郑燮任范县(今属山东)知县前。诗人徜徉于屋前小廊,为萧瑟秋景所感,援笔抒写心中怅触。

  这是一首抒情小诗。妙在不着情语而情思袅袅。香茶煮熟,炉烟消尽,小廊前一派清新。煮好香茶,无心品啜,诗人向往的是无烟的清净世界,透露出他冰清玉洁的精神境界。他折取一枝菊花,抚看瘦劲的花瓣,顿生殷殷惜花之情。菊花劲挺、耐寒傲霜,与诗人的人格相仿佛,这是他爱菊的原因;然而,抚摸着瘦削的菊花,又觉得可怜,一种"人比黄花瘦"的自怜自爱情态已然宣示。四周阒寂无人,他倚靠在柴门旁,远望秋水高涨,辽阔无边,怀人思远的情致宛在。"夕阳无限好",正待尽情享受这富有伤感情味的美好时光,不料群鸦乱噪,拍翅而过,揉碎了夕阳耀红的天空,打破了黄昏时的静谧,诗人极佳的意趣横遭破坏,无名的惆怅流溢在字里行间。

  诗的前两句写小廊、香茗、寒花,展示身边琐事,取景狭小;后两句写秋水、苍穹、夕阳、群鸦,宣泄心中浩茫,境界阔大。末句"乱鸦揉碎夕阳天",句美意丰。"揉碎"二字尤为精练:揉者,搅也,写出群鸦上下乱舞的情状,仿佛群鸦揉搅天空;碎者,不仅是"夕阳天",更有"夕阳天"中赏景人的心,可谓精妙传神。

(林 笛)

偶 然 作

郑 燮

  英雄何必读书史,直摅血性为文章。不仙不佛不贤圣,笔墨之外有主张。纵横议论析时事,如医疗疾进药方。名士之文深莽苍,胸罗万卷杂霸王。用之未必得实效,崇论闳议多慨慷。雕镂鱼鸟逐光景,风情亦足喜自狂。小儒之文何所长,抄经摘史饾饤强。玩其词华颇赫烁,寻其义味无毫芒。弟颂其师客谈说,居然拔帜登词场。初惊既鄙久萧索,身存气盛名先亡。辇碑刻石临大道,过者不读倚坏墙。呜呼!文章自古通造化,息心下意毋躁忙。

  《清史列传·郑燮传》云:板桥"少颖悟,读书饶别解。家贫,性落拓不羁,喜与禅宗尊宿及期门子弟游。日放言高谈,臧否人物,以是得狂名"。这首七古《偶然作》,就是他早年"放言高谈"、"臧否人物"的代表作。

  题为《偶然作》,是感兴偶至之作,古人多用作发抒杂感的诗题。诗中透辟的见地、慷慨的措辞和辛辣的嘲讽,显示了诗人迥异于一班"名士"、"小儒"的思想抱负和为人之道。

  前六句直抒己见,笔意豪迈。"英雄"二句否定经史之类的典籍,提出"直摅血性为文章"的志向。历代奉为"治国齐家平天下"圣典的"书史",诗人竟一言以蔽之曰:"何必读"。这是何等惊世骇俗的胆识!然而,"何必读"并非未尝读,而恰是研读之后的知道之言。诗人的"颖悟"、"读书饶别解",于此可见。这里的

"文章",涵义较宽泛。诗人有语云:"无论时文、古文、诗歌、辞赋,皆谓之文章。"(《潍县署中与舍地第五书》)诗人此时年少志豪,血气方刚,满腔刚正不阿之气直抒为激扬文字:"敷陈帝王之事业,歌咏百姓之勤苦,剖析圣贤之精义,描摹英杰之风猷"(同上)。诗人《赠国子学正侯嘉璠弟》诗云:"大哉侯生诗,直达其肺腑;不为古所累,气与意相辅。洒洒如贯珠,斩斩入规矩。"这种境地,庶几与"直摅血性"相近。在诗人看来,这才是英雄豪杰的抱负和理想。"不仙"二句措语斩截,旗帜鲜明,表明诗人与影响中国传统文化至大的儒(贤圣)、释(佛)、道(仙)三家思想决绝的态度,进而以"笔墨之外"别有"主张"为标榜,表白其"学者当自树其帜"(《与江宾谷、江禹九书》)的一贯思想。"纵横"二句,意态轩昂,气概非凡。诗人对国计民生怀着热忱的关注,对时事世态有着深邃的洞察,议论纵横,剖析中肯,有如治世良医针对社会弊端进献疗救的药方。"英雄"云云,实则也是诗人的夫子自道。才识卓绝、磊落不羁的诗人自我形象,跃然纸上。

中间十六句嬉笑怒骂,指斥"名士"、"小儒"之流,痛快淋漓,锋芒毕露。"名士"六句,揭露"名士"自恃博学,连篇空话,于国于政无益。"名士"胸藏书万卷,他们的文章宏博深奥,其中,武力、权力兼用的霸道,"仁义治天下"的王道,二者杂罗,交相为用。然而,不管他们的崇论宏议多么慷慨激昂,诱人动听,对治国理政却未必能奏实效。有的"名士"则沉湎于咏诗作画,描鱼绘鸟,一味追寻风物,流连光景,稍有风情雅趣便陶然自足,欣喜若狂。"小儒"六句,斥责"小儒"一无所长,却窃居文坛,欺世盗名。"小儒"的文章只不过擅长于在经史典籍中寻章摘句,堆砌词藻罢了。赏玩其文藻倒也熠熠可观,寻绎其意蕴却丝毫不见。他们凭藉弟子的吹捧、门客的游说,居然角逐争胜,登上文坛宝座。"初惊"四句总评"名士"、"小儒",断言华而不实者必然被人们唾弃。声扬海内的"名士",名噪一时的"小儒",初而慑其盛名,确实惊异之;继而知其底里,自然鄙夷之;久而唾其所为,必然冷落之。他们人还在,气犹盛,名声却早已丧失殆尽。他们的下场,真可谓可笑复可悲了。他们的文章即使刻石勒碑,碑石运到通衢大道,树立于路旁,过往的人们也不屑一读,而只会把它当作一堵断垣残墙,倚靠着休息片刻。挖苦嘲讽,尖刻犀利,表露出诗人强烈鲜明的憎恶。

末二句以"呜呼"领起,揭橥为文之道的要旨妙诀。诗人以为,自古以来,文章与自然的创造化育息息相通,只能平心静气,决不能急躁牵强。为文之道来不得半点"躁忙",而要追求"流露灵府,荡涤埃壒"(清郑方坤《国朝耆献类征初编·郑燮小传》)的境界。醒豁警策,启人心扉,对一班不能"息心下意"而急于求成的"躁忙"之徒也有极大的教益。

板桥有语云:"文章以沉着痛快为最。"(《潍县署中与舍弟第五书》)此诗不拘体格,兴到则成,魄力雄大,劲气直前,大有香山、放翁之风。诗中表白"直摅血性为文章"的宗旨,标举"如医疗疾进药方"的理想,出语沉着,凸显出诗人以天下为己任的雄心大志;疾呼"英雄何必读书史",针砭"名士"之策"用之未必得实效",揭露"小儒"之文"义味无毫芒",指斥"名士""雕镂鱼鸟逐光景,风情亦足喜且狂"的玩物丧志,戳穿"小儒""弟颂其师客谈说,居然拔帜登词场"的肮脏伎俩,展示"名士"、"小儒""身存气盛名先亡",其文刻石立碑于道旁,"过者不读倚坏墙"的可悲下场,痛快酣畅,表现出诗人"性狂好骂"的气质。只是诗人所骂,"都属推廓不开之假斯文;异乎恃才傲物者之骂人"(《再谕麟儿》)。以此诗观之,直当得起七字之评,曰:"入木三分骂亦精。"

(林 笛)

瓜 洲 夜 泊 　　　郑 燮

苇花如雪隔楼台,咫尺金山雾不开。
惨淡秋灯鱼舍远,朦胧夜话客船偎。
风吹隐隐荒鸡唱,江动汹汹北斗回。
吴楚咽喉横铁瓮,数声清角五更哀。

这首七律诗在郑燮自刻《板桥集》中编入《诗钞(潍县刻)》,当作于乾隆十一年(1746)诗人自山东范县调署潍县之后,十四年(1749)重订并手写付梓之前。

瓜洲,亦作瓜州,又称瓜埠洲,在今江苏扬州邗江区南,本为江中沙洲,河沙渐长,状如瓜字,故名。它位于大运河入长江处,与镇江隔江相对,历来是水上交通要冲。诗人对于瓜洲古渡的情结,不仅因为他出游江西,聆听"庐山细瀑鸣秋窗"(《怀无方上人》),是由瓜洲溯长江而上;也不仅因为他寻访西子湖,月夜观赏"飞镜悬空,万叠秋山,一片晴湖"(《沁园春·西湖夜月有怀扬州旧游》),是从瓜洲沿大运河而下;更重要的是因为他在雍正十三年(1735)到瓜洲对岸的镇江焦山读书,在那里度过了值得追怀的时光。瓜洲的江声水影,时时萦绕在诗人脑际。乾隆十二年(1747),他在潍县任上时就写了一首诗,倾诉了他对瓜洲的怀念:"潦倒山东七品官,几年不听夜江湍。昨来话到瓜洲渡,梦绕金山晓日寒。"(《和学使者于殿元枉赠之作》)如今,他夜泊瓜洲古渡,眼前景象又勾起他深沉的情思。

"苇花如雪隔楼台,咫尺金山雾不开。"首联景中藏情,抒发对往昔的追怀。秋夜,诗人伫立船头,遥望江岸,一望无际的芦苇茂密丰盛,苇花怒放,洁白如雪,阻隔了远处的楼台;江雾弥漫,对岸金山笼罩在雾幔中,虽近在咫尺,却难以寻觅。楼台惜其被"隔",金山恨其"不开",透露了诗人思念的情怀。金山,古有氐父、获符、伏牛、浮玉等名,唐时裴头陀于江边获金,因以改名。山在今江苏镇江市西北,原在江中,后泥沙淤积成陆地,与南岸相连。诗人读过书的焦山(一名谯山,亦名樵山,以东汉处士焦先隐居于山上而名)在镇江市东北,与金山对峙。两山一西一东,相距十里许。诗人《渡江》诗有"未暇游金焦"句,在他心目中,金山、焦山并重,均怀有深厚的感情。这楼台,这金山,曾是诗人情之所系处,与他的一段生活紧密关联。如今,他骋目远眺,竟寻不到"梦绕"的金山,怎不感叹系之呢?

"惨淡秋灯鱼舍远,朦胧夜话客船偎。"颔联移情入景,流溢对民瘼的关心。远处,江边渔村星罗棋布,点点灯火暗淡;近处,渡口客船相依相偎,隐隐人语朦胧。"惨淡"二字,注入了诗人对渔民生活的关切。诗人有一首《渔家》诗写道:"卖得鲜鱼百二钱,籴粮炊饭放归船。拔来湿苇烧不着,晒在垂杨古岸边。"他对渔家的生活艰辛是多么了解和同情呵!现在,当他放眼远处,看到渔舍那暗淡的灯火,就知道渔家凄惨的情状。泊船古渡,邻船传来旅人交谈的话语,虽朦胧不清,却引起诗人关注,因为他无时无刻不在体察民情。他曾写过"衙斋卧听萧萧竹,疑是民间疾苦声。些小吾曹州县吏,一枝一叶总关情"(《潍县署中画竹呈年伯包大中丞括》)的诗,把萧萧竹声当作"总关情"的"民间疾苦声";现在隔船送来反映"民间疾苦"的"夜话"声,他怎能不侧耳谛听呢?他与劳动人民是心心相连、息息相通的啊!

"风吹隐隐荒鸡唱,江动汹汹北斗回。"颈联寓情于景,抒发对羁旅古渡的感受。江风吹过,隐隐送来荒野雄鸡的啼唱;江水汹涌,拍打着漫长的沙滩,摇晃着停泊的江船。仰望天空,北斗星回折转向,更已深,天将明。风声、江声、鸡声,交相回应,诗人却更感索寞和愤懑。古代把半夜不按时啼鸣的鸡称为荒鸡,认为荒鸡啼是恶声不祥。但《晋书·祖逖传》云:"中夜闻荒鸡鸣,蹴琨(刘琨)觉,曰:'此非恶声也!'因起舞。"宋苏轼《召还至都门先寄子由》诗云:"荒鸡号月未三更,客梦还家得俄顷。"陆游《夜归偶怀故人独孤景略》诗云:"刘琨死后无奇士,独听荒鸡泪满衣。"闻鸡起舞的奋激冲动,世无奇士的深沉感喟,独处古渡的羁旅孤寂,交织融合,构成诗人此时特有的情怀。江声涌动,恰好与诗人翻滚的心潮合拍,那不平的江水,不就是身为"潦倒山东七品官"的诗人"平生多郁塞"(《观潮行》)的形象写照吗?

"吴楚咽喉横铁瓮,数声清角五更哀。"尾联托景抒情,表达对当时社会的失望。瓜洲地处古吴楚之地,据大运河与长江交汇处,确实势如"咽喉"。铁瓮指瓜洲对面的镇江城,相传为吴大帝孙权所建,内外皆甃以甓,以其坚固如金城,故号铁瓮城;一说镇江子城深狭,其状如瓮,故名。勒方锜《丹徒县志序》云:丹徒(镇江府治),"其地势雄峻,川原阨塞,上则控引荆襄,下则屏蔽吴会,诚东南锁钥也"。雄峻险要的地势,决定了镇江的战略地位。此时已是五更时分,诗人纵目眺望这长江江防重镇,倾听远处传来几声清越的号角声,心中油然升起一种凄哀苍凉的感觉。一个"哀"字,凝聚着诗人对人生的悲哀,积淀着他对当时黑暗社会现实的失望和对乾隆盛世呈露的衰颓之势的忧虑。

大雾封江,航船停泊瓜洲,诗人因此激发了对旧地的思念。渔舍灯火,客船夜话,无不牵动这位七品芝麻官的情怀。那风声、江声、鸡鸣声、号角声,又寄寓着诗人的浩茫心事。他面对古渡雄镇,陷入深深悲哀。这种种情愫——融入秋江夜景的呈示中,自然和谐,深挚动人;但诗人又不刻意表露,而让人思而得之,更觉沉郁深厚。入夜时的江雾、"秋灯",夜半时的"鸡鸣"、"斗回",拂晓前的五更"清角",暗示时间的推移,诗人彻夜不眠的忧思情态因此表现得细腻入微,真切感人。这一切,都得力于诗人善于融情入景的诗歌艺术功底。

(林　笛)

扬　州　　　　　　　　郑　燮

画舫乘春破晓烟,满城丝管拂榆钱。
千家有女先教曲,十里栽花算种田。
雨过隋堤原不湿,风吹红袖欲登仙。
词人久已伤头白,酒暖香温倍悄然。

扬州自古是繁华锦绣城池,到清乾隆年间,这里更是商业兴隆,商家聚居,人流如潮,歌吹沸天,东南的温柔富贵、奢侈靡荡之气,尽钟于此矣。因此,对晚年寄迹扬州、卖画度日的诗人、画家郑板桥来说,这可是个处处可睹世风日下、人心不古之迹的城市,随手拈几例吧:

——那扬子江滨、大运河畔、瘦西湖岸,每到清晨,便有无数船只,争先恐后,冲破清晓弥漫的烟雾,汇集到此。是渔家为了生计、侵晓而起?否、否,全是那班画舫游船的主人,乘着大好春景,赶早出来趁生意、拉游客。看他们那副"破晓烟"的猴急相,真令诗人忍俊不禁。

——城里到处是丝竹管乐之声,那当然是乐工伶人之流在演出、在排练,当然不会有《击壤》、《南风》的太古淳音奏出,只能是一派靡靡,令诗人皱紧了眉。他不由得想象,那无形的乐声,倾城介奏着,该不会生出不可睹的手臂,去拂弄什么吧？什么呢？一定是榆钱——榆树的果，它的相貌可像铜钱呢，汉朝的三铢钱，不就叫"榆荚钱"么？拂弄榆钱干什么？不就是想挣钱想得慌么！

——"千家"，当然不止一千家，整个扬州市井，家家户户都是这样，都转这样的念头：生个女儿，该怎样教她挣大钱呢？一条路，去学歌舞、唱弹，学就一身娇媚宛转工夫，怕不能出入欢场、逢迎嘉宾么？要是能被哪位富贵人当作"瘦马"骑去，做父母的自可鸡犬升天、吃着不愁了。"先教曲"，后教什么呢？当然不会是贞静、女红、三从四德，只可能是——狐媚之道。

——"十里"，当然不仅这么点，而是整个扬州城郊，农夫该淳厚些吧？可也令诗人大失所望，他们再也不肯种稻产粮、勤力"本业"，却满畦满畛地栽上艳俗的花，只想去城里卖个好价钱；做的还是田里活计，从事的却是"末业"，这也算是种田？诗人心头，起了老大的疑问，搁着真是难解、难受。

——那隋堤，乃是昔年一代昏君隋炀帝的游览之地，后人到此，该以其淫佚亡国为前鉴、作深切的历史反思才是；如何现在一阵密雨过后，那堤岸却原来不曾沾湿半点？是堤上的杨柳太密、全遮隔了雨水？然也，不尽然也。除了杨柳，还有杨柳树下密匝匝的宝马香车、闹嚷嚷的游春儿女，他们哪曾作什么反思，只顾挤在热闹堆里，艳羡着那昏君游历时的穷奢极侈。至于那些已"教"过"曲"的红衫少女，被春风吹动了她们的衣袖，她们竟一个个轻飘飘起来，似乎要飞升成仙——飞到炀帝的三十六宫去荡漾春情了！这哪是什么隋堤，分明是郑、卫的桑间濮上了！

可叹呀可叹，可悲呀可悲，这真是个堕落的城市；诗人该是这么悲叹的吧，在诗的背后？好久以来，他已经自伤头白，老迈无力，不能再使风俗淳，只有以画竹描兰自励，不堕青云之志；现在，这个城市的美酒和香雾的温暖气息，已经反过来包裹住了他，让他举步维艰，与时俗格格不入，动辄得咎，只能独坐凝思、倍添悄然之感了。在本诗的结尾，我们看到的是一个对这个奢华城市忧心悄悄、却又无可奈何的"词人"的黯然身影；这个"词人"，自然就是板桥自己。

郑板桥是位禀性清奇、不慕荣利、不爱钱财的耿介之士：这，已不必由笔者琐琐说明了。一个淡泊自守、高尚其志之士，其不趋流俗、忧患时风：这，笔者自也不敢丝毫持否定态度。不过，本诗除揭示了扬州（毋宁说是整个东南经济发达地区的缩影）的风俗不古，亦表达了诗人的清正襟怀以外，难道就没有其他的认识价值了么？

当然不是，虽然，那未必是出于诗人的主观动机。

试问：那些画舫主人、乐师伶工，如果不让他们去趁钱，他们该干什么呢？

仍当辛苦渔夫、捕鱼纳税;仍流落街巷卖艺、聊以糊口么?

女儿们不教曲,她们该教什么呢?修贞静、习女红、识妇道,只待嫁去做本分媳妇,终身老于闺阁户牖之下么?

农夫们不栽花,那该种什么呢?去"力田"、"务本",洒尽汗水以纳皇粮么?

来到名胜古迹,非要求不拘什么品流的人,都庄容肃貌、怀古吊今么?不能让他们也有片刻的想入非非么?

不能的,不可能的。从诗末诗人的无奈悄然来看,他也知道这一点,知道这是潮流所趋,不能逆转的。

但是,如果不在扬州,如果扬州的商业不繁荣,他们却真的可能仍是辛苦农夫渔人,仍是贫贱流浪艺人,仍是闺中静女,仍然头脑简单,不敢涉于非想;是商业的发达、城市经济的发达,使他们摆脱了上述那种命运,有了追求,有了希望——当然,追求的只是金钱富裕,境界不高,决不能为高明淡泊之士所首肯。

但正因有了这种追求,传统的观念才被打破、被扔弃:人们不再耻于言利,女性不再耻于抛头露面,农夫不再囿于"重本"之见。几千年的封建正统的清规戒律,在活生生的商品经济面前失色、失效了。

大概,这就是所谓资本主义萌芽吧?这种萌芽,是行为,也是观念,虽然还不曾总结为理论。

或许,本诗中无意流露的这种萌芽意识,才是本诗的认识价值之所在吧?虽然这不是诗人的本意,不过,文学作品的客观价值与作者的主观动机相反,这也是常有的文学现象。

(沈维藩)

寄松风上人　　　　郑　燮

岂有千山与万山,别离何易来何难。
一日一日似流水,他乡故乡空倚阑。
云补断桥六月雨,松扶古殿三时寒。
笋脯茶油新麦饭,几时猿鹤来同餐。

此诗为寄方外友人松风上人而作,"上人",是对僧人的敬称。郑板桥多方外交。诗集中如《赠瓮山无方上人》、《赠博也上人》、《弘量上人精舍》、《赠巨潭上人》、《别梅鉴上人》、《寄青崖和上》、《法海寺访仁公》等诗,不一而足,盖以作者出身孤贫,读书时尝寄居寺庙,对于闲云野鹤,松声清梵的生活,习以为常,且其所交之方外人物,类多能诗善画,蔬食野饭,超然尘表。因此寄情禅悦,托意烟霞,借以清净性根，怡心凡俗，遂成为作者生活中不可分割的部分。他们之间，虽在别后，并非断然忘怀，而在诗歌中却又往往表达其互相忆念之情，这首《寄松风上人》正是这样的作品。因为在佛家看来，凡是最能忘情的人，也是最有情的人，全然无情，也便无所谓"忘情"了。

此诗首二句："岂有千山与万山，别离何易来何难？"即以深示别后相念之忱为主旨。"千山万山"句，谓彼此相距，本无千山万山之隔，但人世聚会，原自不易，这其中含有一定的缘分：聚，固然是缘；别离，也并非无缘再见。然而别易来难，则又是一种事实。这两句是虚中有实，大意是说：我们之间，并没有千山万山的隔离，但分别倒很容易，重来相会就很难了。是我们之间没有相亲相近的缘分吗？不是，倘若无缘，也不会有当年的聚会了。

三、四两句承前，进一步表白相念之殷，并申述"来何难"的语意。时光的流驶，日复一日，虽不能说是转瞬沧桑，但确如流水一样，愈逝而愈远，别离的时间也随之而愈逝愈长。在别后的期间，不论在他乡或是故乡，作者因怀念上人，常是倚阑相望，而天各一方，又常有望而不见空自倚阑之叹。日复一日的久别，他乡故乡之倚阑，都是实况，但实中有虚。"似流水"之"似"，"空倚阑"之"空"，都是虚拟。"似"，以显示时光流去之速，竟如流水之一去不复返。"空"字，表示徒然，以示虽然倚阑相望而人终未来。时光之逝，本属无情，而人之念友又为有情。因时光之逝而加深念友之情，并经常凭阑相望，作者对松风上人之友情，可以说是真挚的。以上二联都是从作者自己这方面着笔。

第三联乃转从松风上人方面作想："云补断桥六月雨，松扶古殿三时寒。"松风和作者别后，当是挂锡在杭州西湖，因而断桥一带成为松风游憩之所。上人孤栖崖壑，当云补断断之六月，又不期而落雨，未必能有独游的逸兴，而古殿清寂，禅榻萧疏，青松高耸，白云在天，上人又能耐三时之寒，故而出游甚少。作者在这二句中，不写"云漫断桥"或"云起断桥"，而用"云补断桥"。在另一首《山寺》诗中，也有"寒墙补破云"之句，这个"补"字，用得很新奇，是作者用字和他人不相同之处。不写"松依古殿"，而谓"松扶古殿"，可见此古殿也是年久失修之佛殿，故用"松扶古殿"以见若非松之能禁受清寒，扶着此殿，那就更加显得荒凉破旧了。这两句旨在表明松风上人自有清高孤峭之性根，故能耐得三时之清寒而自甘空寂。作者试想松风上人之不经常出游，乃在于六月间之为雨阻，而在春秋冬日，又宁愿禁受三时之寒，而与孤松为侣，所以杖锡云游之志不兴，而未能与自己时相聚晤。

末尾两句，再写自己盼望其来，和起笔之"别易来难"及次联之"空倚阑"相应:"笋脯茶油新麦饭,几时猿鹤来同餐。"时间正当夏令,笋蔬尚美,新茶早经上市,麦饭正好尝新,加上乾脯油料可以佐膳,作者多么希望这位古庙老僧,能前来尝尝新啊!"几时猿鹤来同餐"一句,更是充满友情的话语:"猿鹤",旧时用以比喻隐逸者的伴侣。(孔稚圭《北山移文》云:"蕙帐空兮栖鹤怨,山人去兮晓猿啼。")这里用"山猿野鹤"指如松风上人之旧友,"几时来同餐",显示相望甚为殷切。

全诗表意明显、层次井然,先说"别易来难",次言别后怀念深至,再言上人之不能来或有原因,末后以殷望其来作结。虽说两人之间,一则栖身空门,一则为托迹红尘之文士,但两者之友情,还是可以互相沟通的。此诗多用拗句拗字,如次联本应作"平平仄仄平平仄,仄仄平平仄仄平"之句,拗为"仄仄仄仄仄平仄,平平仄平平仄平",前句连用五个仄声字,后句之第三字"故乡"之"故",本属可平可仄,实际上也等于连用五个平声字。第三联"六月雨"之"六",应用平声字而用仄声,"三时寒"之"三"字,应用仄声字而用平,亦使两句皆成拗句、盖格律诗中亦有拗体之一种,诗家偶或为之,初学诗者不可不察。

昔人谓"板桥于诗词皆为别调而有挚语,又能不为当时风气所囿,抒情写意,痛快淋漓。"观于此诗,益信所评之确当。

(马祖熙)

哭犉儿五首(其一)   郑燮

天荒食粥竟为长,惭对吾儿泪数行。
今日一匙浇汝饭,可能呼起更重尝!

人间伤心事,莫过于丧亲和丧子。丧子之痛又往往更甚于丧亲。因为亲老而殁究属自然的代谢,儿女心中的悲哀尚可随着时间的流逝而逐渐消解;子幼而殀则是意外的灾殃,父母心上的创伤直到老死都难以平复。特别是那些在困境中的父母,眼看着幼小的儿女凄然长逝,更会撕肝裂肺,痛不欲生。郑燮的《哭犉儿》,便是这样的悲歌恨曲。

嘉庆修《昭阳郑氏族谱》言郑燮"生子犉,殀"。可见他所哭的犉儿是个夭折者。《哭犉儿》这组诗共五首,这里选录的是第一首。此诗前二句追忆犉儿夭折时的悲惨情况。灾荒年月,粒米成珠,极贫之家往往糠菜难继,能喝上一碗糜粥,已是非常珍贵的美餐了。(长,这里是"善"、"优"之意)犉儿幼小,虽然还有口粥喝(这大约还是父母省给他的),但还是日益瘦弱,单薄的饮食供不足幼小的生命所需的养分,他终于夭亡。做父亲的目击此情此景,怎能不惭疚悲伤,泪落如雨啊！安史之乱时期，杜甫也曾饿死一个儿子，在《自京赴奉先咏怀五百字》诗中写到此事时伤心地说："所愧为人父，无食致夭折！"郑燮此时的不幸亦如杜甫，故虽无心假借故实，而吐辞造语自然相似，其中涵蕴的情感也同样深沉。后二句抒写到犉儿坟前浇饭时的哀痛心情。此时夺走犉儿生命的灾荒大概已经过去了，做父亲的也拿得出点米饭来给儿子上坟了。他携来羹饭浇在儿子的坟头，失声呼唤着儿子的名字，想叫儿子起来尝一尝羹饭的滋味，然而心中又明明知道，我还怎能把儿子再唤起来重尝羹饭呢？痴迷的希望中，又透露出清醒的绝望，希望是虚妄的，而绝望却是现实的，因而更加深刻地表现了作者当时悲恨难禁、哀伤欲绝的心境。

读罢全诗，我们宛若身临墓地，看到一位可怜的父亲哭倒在爱子坟前，泪尽眼枯之后还呆呆地望着三尺孤坟，神思恍惚，如痴如醉的光景，不由得为之一掬同情之泪。《清史列传·郑燮传》称其诗"言情述事，恻恻动人"。这首诗便是一个极好的例证。

(罗忠族)

【诗人小传】

严遂成

(1694—?) 字嵩瞻，一作崧占，又字海珊，乌程(今浙江吴兴)人。雍正二年(1724)进士，官山西临县知县。诗兼雄奇、绮丽之长，工于咏物，尤精咏史，尝自负为咏古第一。七律畅达豪健，在朱彝尊、查慎行之后自成一家，后人将他与厉鹗、钱载、王又曾、袁枚、吴锡麒并称"浙西六家"。有《海珊诗钞》和《诗经序传辑疑》。

桃　花　　　　　　　　　严遂成

　　砑光熨帽绛罗襦①，烂漫东风态绝殊。
　　息国不言偏结子②，文君中酒乍当垆③。
　　怪他去后花如许，记得来时路也无？
　　若到汍山应悟道④，红霞红雨总迷涂。

〔注〕① 砑(yà)光：用石研磨纸、皮、布帛等物，使之发光。熨帽：熨烫帽子使之平贴。绛罗襦：红色罗布短袄。　② 息国句：息，春秋国名，在今河南息县。楚文王灭息，夺息侯夫人(即息妫，亦称桃花夫人)，与生二子。但息夫人终不言，问其缘由，她答道："吾一妇人，而事二夫，纵弗能死，其又奚言？"　③ 文君句：文君，卓文君，汉临邛人，卓王孙女，貌美。与司马相如

出奔成都,后返临邛,卓文君当垆卖酒,相如和傭保杂作。事见《史记·司马相如列传》。垆,酒店安放酒瓮、酒坛的土台子。中(zhòng)酒:喝醉酒。　④沩山:在湖南宁乡县西,五代灵云志勤禅师曾居此,相传他迷惘混沌三十年,最后因桃花而悟道。事见《景德传灯录》卷十一。

自从《诗经》名句"桃之夭夭,灼灼其华"(《国风·周南》)产生以来,历代诗歌咏桃花者难以计数。桃花的秾丽、芬芳以及随后而至的累累夏实,都给人以美好的感受和丰富的想象。严遂成的这首《桃花诗》,搬用了许多有关桃花的典故,表现出丰富的文人意趣,在桃花诗中也算别具一格。

首联,诗人先形容桃花之貌,赞扬桃花之美。作者用"砑光帽"、"绛罗襦",突出她的鲜红、平滑、光亮,特别在东风的吹拂下,更显得流光溢彩,娇媚脱俗,充满迷人的神韵。颔联由桃花之美串联古代佳人的故事,息妫有桃花夫人的美称,卓文君当垆卖酒,被酒微醉,其容颜灿若桃花。至于"无言偏结子",既绾合桃花夫人的遭遇,又点出桃树春华夏实的特征,更包含"桃李无言、下自成蹊"的意蕴。此联将桃花与美女相比附,写得艳丽刻至而不失雅趣。颈联二句,作者化用了两个有关桃花的诗文名篇。一篇是刘禹锡《元和十年自朗州至京,戏赠看花诸君子》:"紫陌红尘拂面来,无人不道看花回。玄都观里桃千树,尽是刘郎去后栽。"作者暗用此典,不过是表明乍见众多桃花时的惊奇心情。再一篇是陶渊明的《桃花源记》,文末载渔人再访桃花源,"遂迷,不复得路"。诗人借此设问作势,用"怪他"、"记得"分领二句,将两个本不关联的桃花掌故连成一片,逗出活泼诙谐的意趣。此联用典深藏不露,写得纯熟老到不让前人。

全诗的意思,前三联为一顿,作者出入于前人的名物掌故之间,不离桃花题旨,然这不过是世俗常情,尾联"若到沩山应悟道,红霞红雨总迷途"一笔陡转,将桃花情事升华为顿悟入圣的禅宗风范,此乃全篇关键所在。据宋释道源的《景德传灯录》卷十一载福州灵云志勤禅师在沩山因桃花而悟道,作偈云:"三十年来寻剑客,几回叶落又抽枝。自从一见桃花后,直至如今更不疑。"灵云为禅宗南岳沩仰宗门下人,沩仰宗主张摈弃名相,即物悟道。灵云曾出入迷悟三十年,最后一见桃花当下证悟,则桃花功德,又岂在色相名迹,联系释迦如来在灵山会上拈花微笑,授大迦叶尊者无上妙法,遂开东土禅宗一脉(事见《景德传灯录》卷一),则灼灼桃花,岂非包蕴佛家三界之真谛。而世俗常情,不过沉湎其诸色幻相,所谓"红霞红雨总迷涂"当指此。涂通途;红霞见韩愈《桃源图》:"种桃处处唯开花,川原近远蒸红霞。"红雨见李贺《将进酒》:"况是青春日将暮,桃花乱落如红雨。"佛家三昧,当因色悟空,因空入色,如此收结桃花题旨,则前三联所写有关桃花种种,亦不过是指陈迷幻、借机说法而已。

这首诗的风格颇类宋西昆体,但不伤轻艳,充满睿智的文人意趣。所用前人诗文典故,驾轻就熟,变幻莫测,即便是杨亿、刘筠等西昆巨子,亦须让出一头地;至于精于七律之法,翻转自如,更可上接李义山(商隐)。 (张修龄 祝振玉)

宿许天植见山楼①   严遂成

绿树疏灯落烬迟②,梦醒如中薄寒时。
风通花气全归枕,月转楼阴倒入池。
如此夜深犹有笛,可因春尽竟无诗?
开门便赴寻山约,酒熟茶香短簿祠③。

〔注〕① 许天植:作者友人,生平未详。 ② 烬:火烧后剩下的东西。 ③ 短簿祠:又称东山庙,在苏州虎丘东山浜。《吴郡志》:"短簿祠在虎丘云岩寺,寺本晋东亭献穆公王珣及其弟珉之宅。珣居桓温征西府时,号短主簿,俗因以名其寺。"

  孤灯客宿,辗彻难眠,作者在清寂的暮春之夜因景生情,萌发出寻山访友、把酒吟诗的意愿。

  在友人"见山楼"夜宿,春寒迫人,催醒了梦中孤客,此时的所见所闻,不但是江南山村特有的光景,更带有静夜的几分凄清、几分幽美。楼头疏灯忽闪,树影婆娑,室内微火已见余烬,点出诗人身临的时与境。由于在春季,所以"风通花气",微风吹拂,将阵阵花香送进楼中;由于在夜晚,所以"月转楼阴",楼影随明月移动,倒映于碧池。自然而富于生趣的描绘,都切时切境。

  这种春的气息,夜的景色,本是诗人感受的客体,诗中却呈现着真切的主动神态。春风、花气似有心与孤客作伴,竟然"全归"枕上;月光、楼阴也似着意为山水增色,而"倒入"池中。楼外的动景映衬出见山楼的静美,暗示出良辰的悄悄流逝,也为诗人赏春、惜春的情感意向作了铺垫。

  后四句由对春夜的感受,转向对排遣孤寂情怀的寻求。"如此"两字总括上文,自然引出诗人的主观心绪。悠远的笛声,不仅烘托出深夜的寒意和楼外的空旷,也表明受这般夜景触动而不眠者尚有人在,"犹有笛"与其说是夜深犹有笛声,不如说是犹有听笛人。笛声催发出诗人对春天的依恋之心,对于严遂成这样的善诗者来说,由此深受感触,不禁要以诗咏叹春之将尽,是极其自然的。何况,在"春尽"之际,诗人无法倒转日月,让春天常驻,求助于笛声消磨这难挨的时光,固无不可;但自己既也有排遣此情的能事——作诗,又何必借他人杯酒呢?他人以笛送春,我则以诗送春!"可因春尽竟无诗",这是诗人高度自信和责任感的体现；作为诗人，他有责任为春尽而歌，作为诗人，他也有自信能写出春尽时的佳作。其实，他的自信，在颔联早已得到了证实，那不是暮春时分极贴切的佳句吗？

当然，仅以诗送春，还是不够的，因为春降临到人间，不是为人怜惜的，而是供人赏爱的，只有追上行将逝去的春光，再一次尽情享受，这才不负春的心愿。"开门便赴寻山约，酒熟茶香短簿祠。"到诗的尾联，诗人的身已跨出了见山楼，诗人的心已飞离了见山楼。他要赶紧去赴友人的游山之约，这见山楼虽不乏春天景趣，但终嫌孤寒难消，如果在姑苏名寺与佳朋挚友寻山探胜，在阵阵茶香中把酒吟诗，重演昔贤风流，该是何等的惬意。将见山楼内产生的惜春之情引向更广阔的空间，将笛声的单向传送变为共同的赏春行为，这样也许才能写出贴近自然、不负春光的诗作，才能充分抒发对春天的挽留之情。

这首诗次序井然，一气呵成，是写暮春时节的佳作。中四句尤佳，颔联以实写胜，颈联以虚写胜，全诗因而也具有虚实相映之妙。　　　　（张修龄）

秋夜投止山家　　　　　严遂成

山当面立路疑穷，转过弯来四望通。
凉月满楼人在水，远烟着地树浮空。
熊罴之状乃奇石①，鹳鹤有声如老翁②。
清福此间殊不乏，可容招隐桂花丛③。

〔注〕① 罴(pí)：熊一类的野兽，又称人熊，能直立行动。　② 鹳鹤：鸟名，似鹤而顶不丹，颈嘴亦长，全身灰白，翼尾黑色，巢于高树。　③ 招隐：征召隐士出仕。《楚辞·招隐士》："桂树丛生兮山之幽。"

白天旅途疲困，急急于寻找打顿之处，而就在这"投止山家"的过程中，诗人面对奇丽山景，别生出一番遐想。诗一开头将自己置于夜幕降临、山高路穷的时空背景里，虽不加渲染，但秋寒、山阻给夜行者带来的焦虑、苦惑却可以想象。继而另开一境，因山路之转，得"四望"皆通的广阔天地，诗情也随之由抑而扬，由塞而畅。首联明显取意于陆游的名句"山重水复疑无路，柳暗花明又一村"(《游山西村》)，不同的是，陆诗是明媚春光下的游村体验，严遂成这两句则是秋夜求宿时的意外感受，就其实境来说，迷惘和欣喜的对比更加鲜明。备遭山路困扰的诗人，来到突兀而现的空旷地，登高望远，免不了会雅兴大发，感慨自然与人生的倏忽变化。

由于意外的惊喜，诗人似乎已忘却了一日的风尘，全身心地沉浸在满目山景之中。凉月当空,楼与人全为银辉所披覆,由于月华如水,人亦似浮游于粼粼秋水之中。远处烟云蒸腾,弥漫于平地之上,使平地消失了根基,那原来扎根于地上的树林,此际只有梢头浮在云上,望之有"浮空"之感。正是"四望"一无阻隔的原因,上下远近之景可尽收眼底。这二句写景一清澈,一悠远,"人在水"、"树浮空",都是不可多得的好喻。

再看在这空蒙的月夜里,山石奇异,若熊罴之状;鹳鹤鸣叫,如老翁之声。如果说颈联主要将多种客观物象的予以组合来描绘山景之清,那么颔联则通过诗人的主观臆想,来突出山景之奇。清吴应和称:"五六一联,的是夜行景象,见闻所及,得无心有恐惧耶?"(《浙西六家诗钞》)其实,诗人取柳宗元《钴𬭁潭西小丘记》之意,将山石比作"熊罴",以拟物手法写出山石的"奇"状,使其富于动态,并不是为了制造恐怖之气。另外前人诗赋,多有视鹳鹤鸣叫为"清音"者,苏轼《石钟山记》中将鹳鹤叫声比作老人的咳笑,也是以拟人法展示游山奇遇,增添文章妙趣。严遂成信手拈来入诗,更无"恐惧"之意。不过,吴氏"的是夜行景象",说得还是不错的。

自汉淮南小山作辞赋《招隐士》以来,陆机、左思也都有同题的五言诗。淮南之作叙写山中景物的险恶可怖,招寻隐逸之士走出山林。陆、左之作反其命意,极言山隐生活的淳朴、闲适,表达的是求隐的愿望。就严诗而言,明白发出了对"清福此间殊不乏"的仰羡。在肯定、颂扬隐逸生活这一点上,应该说是与陆、左的《招隐诗》相通的。严遂成长于史识,从所为咏史诗可以看出,对历朝人物的荣辱升沉有广泛深刻的理解。本人虽中雍正二年进士,但需次二十余年始补县令,仕途很不得意。当他受到外界环境的触发,便指望投身到如此清奇的世界中去,不再愿被"召隐"而出,也是很自然的一时感慨。

这首诗写山路的绝径逢通,山景的幽远清空,山石、山鸟的奇异形声,和谐地围绕"秋夜投止山家"而展开,亦实亦虚地将人置于特定时地背景,并引出对社会、人生的思考,收到了此时此境必生此情的艺术效应。全诗字字有来历,但用典全无斧凿之痕,贴切自然,反映了严氏的诗学功力。

(张修龄)

安 肃 道 中[①]   严遂成

水粼粼渌菜畦香[②],塔影如龙卧夕阳。
高柳乱蝉风不住,残声曳过浣衣塘[③]。

〔注〕 ① 安肃:旧县名,今河北省徐水县。 ② 粼粼:水清澈貌。 ③ 浣衣塘:相传为孟姜女洗衣处。

这是一首吟咏行旅的绝句。孤身客行而生出的乡思旅愁，为历代诗歌常见的主题，严遂成以其安肃道中的见闻，构成一组幽美、凄凉的暮行图景，寄寓了自己的情思。

严遂成本是浙人，越中山水的美丽清妙曾留下深刻的印记。此时行役北地，诗中所绘之景，不免将清隽的江南情趣糅入了苍凉的北国风光之中。清波粼粼，菜花飘香，好一派黄绿相间之景，其气息沁人心脾。夕阳斜照之下，矗立的高塔，犹如巨龙横卧，雄踞且地。眼前之景，不仅抹上了残阳的暗红色，更给画面增添了多层次的立体感，目力所及，秀丽、挺拔而旷远，那安肃道中的高低远近，自有其独特的氛围与韵味。诗人寥寥数笔，还使得黄昏的安肃道，充盈着动态之美：随风荡漾的水波，依日移动的"龙"影，都给人以赏心悦目、美不胜收之感。

诗人似乎已忘情于这诱人的佳境，只是蝉声勾起了诗人的愁绪。蝉居高柳之上，借助风力，不时传出阵阵鸣叫声，以至过客走远了，还能听到水塘另一头的余响。前二句形、色、香兼具，后二句再加上声，使全诗的可感性得到了加强，且更贴近自然。借秋虫之声吐行役之愁，十分妥当。"以鸟鸣春，以虫鸣秋，此造物之借端托寓也。"（刘熙载《艺概·诗概》）凡飘零客行之人，每每对蝉声独有会心，"楚水晚凉催客早，杜陵秋思傍蝉多"（周贺《游南塘寄王知白》）。古代诗人以秋蝉寓哀怨之作，比比皆是，严遂成深于诗道，当然亦通此意。为了表达羁情，诗人在后二句的用词上稍作点化，产生了意味深长而又合乎情理的艺术感染力。鸣蝉本是秋凉图中的一景，着一"乱"字，显然为诗人内情之外移，自感难以协调于这安肃美景。"曳"字含牵、拉之意，蝉受秋露，其声也滞，诗人听来，就因心有所怨而别具凝重之感。诗末落笔在"浣衣塘"，也给景物蒙上了悲剧色彩。诗中所称之"浣衣塘"，未必确为孟姜女浣衣处，但借以喻客居之所，倒不失为神来之笔。

这首诗全以客观景物为摹写对象，诗中意象也都与初秋日暮的时间特点相合，而诗景与诗情的不尽协调，正是诗人矛盾心绪的表露：严遂成"天才骏发"，诗书满腹，但壮志无法得伸，为求一薄官游宦在外，免不了幽怨中生。诗歌通首以景语出之，其中之"我"隐而不现，主观情思附着在客观景物上。通过高塔、池塘、秋蝉的映托，诗人凄然独行于旅途的孤寂形象，也就不难想象了。　　（张修龄）

乌江项王庙

严遂成

云旗庙貌拜行人，功罪千秋问鬼神。
剑舞鸿门能赦汉，船沉巨鹿竟亡秦。
范增一去无谋主，韩信原来是逐臣。

江上楚歌最哀怨,招魂不独为灵均。

这首七律是一首咏史诗,作于严遂成晚年历游豫、楚、滇、黔,登临访古时。

乌江,今名乌江浦,在今安徽和县东北四十里处。史载垓下一战,楚霸王项羽被汉王刘邦击败,逃至乌江。乌江亭长劝他暂避江东,重振旗鼓,他以"无颜见江东父老"自刎。后世在乌江边修建项王庙,纪念这位生作人杰、死为鬼雄的历史伟人。这首诗就是诗人寻访乌江项王庙时的题诗。诗人评说项羽的千秋功罪,显示了深邃的史识,表达了深沉的哀悼。

首联从项王庙的气势、氛围落笔,引发对项羽的评价。项王庙前,象征神灵的云旗高耸;项王庙中,项羽的神像受到过往行人的崇祀和膜拜。面对这虔诚、崇敬的情景,诗人却深刻地提出项羽的千秋功罪的问题。"问鬼神"而不问人,正因为人们未能真正了解、正确评价项羽。颔、颈二联,分别从功、过两方面评论项羽。项羽功在赦汉和亡秦。秦二世三年(前207),在著名的鸿门(今陕西潼东)宴上,"项庄(项羽的堂弟)舞剑,意在沛公(刘邦)",欲乘机刺杀刘邦,项羽不忍下手,致使刘邦乘隙脱身,表现了项羽的磊落胸怀和博大器度。同年,秦兵围困巨鹿(今河北平乡西南),项羽率兵救援,兵渡漳河后,破釜沉舟,持三日粮,拼死决战,终于攻破秦军主力,体现了项羽的刚烈勇猛和显赫战功。项羽过在不善用人。他的主要谋士、被尊为亚父的范增,劝项羽杀刘邦,项羽不听,后中刘邦反间计,削范增权力,范增忿然离走,病死途中。自此,项羽再无得力谋士。公元前202年,在楚汉最后决战中,与刘邦合兵垓下围困楚军,最后消灭项羽的韩信,原先竟是项羽的部将。他因屡为项羽献策不用,后逃归刘邦。正因为不善用人,项羽终于自刎乌江,演出了一场英雄末路的历史悲剧。尾联哀悼项羽。战国时楚地之歌哀怨动人,其中《楚辞·招魂》,据说是楚国大辞赋家宋玉为招爱国主义大诗人屈原的生魂而作。诗人认为如今《楚辞·招魂》不仅是招屈原之魂,也表达了对项羽的悼念。

清袁枚《随园诗话》云:"读史诗无新义,便成《廿一史弹词》。虽着议论,无隽永之味,又似史赞一派,俱非诗也。"此诗贵在有新义。诗人不以成败论英雄,将项羽与屈原相提并论,显出卓异的史识;评说项羽一生功罪和历史地位,准确、警策、概括,无愧是诗、史合璧的力作。此诗又贵有隽永之味。诗人以诗笔论史,诗中并不直言项羽的千秋功罪,而以冷隽的笔致出之。评功时,用"能"、"竟"轻轻带过,却使人感到内蕴的力度;论过时,以"一去"、"原来"流贯而下,却让人体味深沉的叹惜。冷峭蕴藉,堪称咏史佳制。

(林 笛)

桑调元

(1695—1771) 字伊佐,号弢甫,浙江钱塘人。雍正十一年进士,官工部主事。辞官后曾主讲濂溪书院。著有《弢甫集》、《五岳集》。

五人墓

桑调元

吴下无斯墓,要离冢亦孤①。
义声嘘侠烈,悲吊有屠沽。
阘冗朝廷党,峥嵘里巷夫②。
田横岛中士,足敌五人无③?

〔注〕① 要离:春秋时刺客,曾被吴公子光派往卫国行刺王僚之子庆忌,事成后伏剑自杀。墓在苏州,与五人墓毗邻。② 阘(tà)冗:即阘茸,卑鄙、低贱的意思。峥嵘:高尚,不平凡。里巷夫:指平民。③ "田横"句:楚汉相争时,齐国旧贵族田横曾自立为王。汉朝建立,他与部属五百人逃入海岛。刘邦派人招降,他与二客同赴,因耻于臣汉,自杀于洛阳附近。二客葬田横后亦自杀以殉。岛中五百人闻讯后全都自杀。

  明天启六年(1626),苏州发生了一起反对阉党魏忠贤的市民暴动。后来暴动被镇压下去,领导暴动的颜佩韦、杨念如、马杰、沈扬、周文元五人被杀害。不久魏忠贤失败,五人得到昭雪,苏州人为了表示对五人正义行为的敬仰,把他们安葬在魏阉的废祠内,树立了一块墓碑,上镌"五人之墓"四字。历来为"五人墓"题诗的人很多,光《清诗别裁》就收了六首。桑调元这首较后出,流传却较广。
  首联说:苏州如果没有这五人墓,要离冢就显得太孤单了。这实际上是把五人比作春秋时出身微贱的侠士要离,但用的是暗比的手法。与此诗差不多同时出现的林明伦的《吊五人墓》一诗,有"要离三尺土,千古共英风"之语,同样把五人比作要离,用的却是直接比喻的方法。两相比较,桑诗就显得更为轻灵、宛转,更有余味。
  颔联两句说五人的侠烈名声流传开来,得到了人们的赞美,连屠沽(屠夫和卖酒人)之类的普通市民都为之悲悼不已。这里用的是"睹影见竿"的手法,不正面写五人如何如何侠义壮烈,而是通过五人正义行为所激起的强烈的社会反响,来歌颂五人的崇高品质。这样写,不呆滞,不平板,灵活洒脱,并为读者留出许多想象的余地。
  颈联两句是全诗的中心,集中体现了全诗的主题。明末复社领袖、文学家张溥在《五人墓碑记》一文中说："大阉之乱,缙绅而能不易其志者,四海之大,有几人欤?"当时朝中士大夫确是卑劣、平庸者占绝对多数。许多人千方百计投靠魏忠贤,成为阉党,有所谓"五虎"、"五彪"、"十狗"、"十孩儿"、"四十孙"等等名目。自内阁六部,到四方督抚,几乎处处都有无耻官僚奔走于权阉麾下。诗中所说的"朝廷党"主要指这些人而言。"峥嵘里巷夫"指五人,也就是《五人墓碑记》中所说的"五人生于编伍之间,素不闻《诗》、《书》之训,激昂大义,蹈死不顾"。诗人用"阘冗"和"峥嵘"两个内涵完全相反的形容词,把这两种人进行对比,产生了鲜明、强烈的效果。不仅两句之间有对比,而且两句自身也各由两个反差强烈的成分组成。身居高爵显位的"朝廷党"竟是那样卑劣下贱,而出身低贱的"里巷夫"却反而品格高尚,得到人们的崇敬。在诗人看来,这是一种失去常态的错位现象,所以他要为之嘘唏叹息了。

尾联又提出把五人同田横岛上五百壮士相比。这是正面的、直接的比较,但没有说出比较的结论,而是留给读者自己去思索,去回答。自然,在今天的读者看来,无论甘为知己者死的要离也好,耻于臣汉的田横及其部下也好,他们牺牲的价值都无法同为伸张正义、反抗暴政而捐躯的颜佩韦等五人相比拟。但由于在封建社会中,要离和田横岛上的壮士都是人们熟知的忠臣义士的代表人物,所以诗人用他们来与五人相比,显然是为了突出五人的忠肝义胆,使他们能同样永远名垂青史。

(范民声)

【诗人小传】

刘大櫆

(1698—1779) 字才甫,号海峰,安徽桐城人。雍正七年副贡生,官黟县教谕。他是桐城派古文家,上承方苞,下开姚鼐。诗喜发议论,也有清新的篇什。著有《海峰集》。

西　山

刘大櫆

西山过雨染朝岚,千尺平冈百顷潭。
啼鸟数声深树里,屏风十幅写江南。

桐城派古文家刘大櫆为文极重"神气音节",认为"学者求神气而得之于音节,求音节而得之于字句,则思过半矣"(《论文偶记》),世称"因声求气"说。这也影响到他的诗,像这首七绝,就以神气音节见长。西山,是北京西郊群山的总称,有百花山、灵山、妙峰山、香山、翠微山、卢师山、玉泉山等,为京郊名胜。此诗写西山春雨后的景色。

"西山过雨染朝岚,千尺平冈百顷潭。"诗云"过雨",可见雨持续的时间不长,但雨量不小。雨后青山为之一洗,显得分外青翠,就好像是重新染色过似的。这一个"染"字,暗中将春雨比喻为画师,直启第四句的画意。"染朝岚"重在绘色,而"千尺平冈百顷潭"则重在写西山的气势。这里群山连绵,峰峦之间竟有平冈千尺,上有深林茂树,气象何等开阔;西山下潭水空明,得雨而水位上升,景象亦远大。这又为第四句"屏风十幅"伏笔。

"啼鸟数声深树里,屏风十幅写江南。"本来一二两句已展现出西山壮美如画之景色,接下去可直通"屏风十幅写江南"一句。但诗人没有这样直取,于第三句小作跌宕,写出"啼鸟数声深树里"一句,大有妙用。盖上一联和下一句都是视觉印象,这里添上小鸟数声,便有听觉的快感加入,丰富了诗情画意。上一联和下一句都是壮阔景象,这里加入幽深精致的刻画,也有映衬互成之妙。从声音上说,这一句中"数声——深树"在音节(字音)上构成回荡,而字形字义则完全不同。深宜吟诵。最后的一句虽然是总括上联的写景,但又推出新意。那就是将北国春光比作江南。读者准会记起杜牧《江南春》那首著名绝句:"千里莺啼绿映红,水村山郭酒旗风。"你看,西山连绵,平冈千尺,青葱如染,潭水澄清,鸟鸣深树,这气势,这色调不大类"江南春"吗?形之图画一幅屏风还不能尽收其美,故须"十幅写"之。这里诗句之妙,首先就妙在神完气足;而形之音节,则慷慨可歌。至于境界的清新可喜,亦足称道。

(周啸天)

【诗人小传】

曹雪芹

(?—1763,一作 1764) 清小说家。名霑,字梦阮,号雪芹、芹圃、芹溪。为满洲正白旗"包衣"人。自曾祖起,三代任江宁织造,其祖曹寅尤为康熙帝所信用。雍正初年,家业衰败,其父免职,产业被抄,遂随家迁居北京。著有著名小说《红楼梦》。

黛玉葬花辞   曹雪芹

花谢花飞飞满天,红消香断有谁怜?游丝软系飘春榭,落絮轻沾扑绣帘。闺中女儿惜春暮,愁绪满怀无着处;手把花锄出绣帘,忍踏落花来复去?柳丝榆荚自芳菲,不管桃飘与李飞;桃李明年能再发,明年闺中知有谁?三月香巢初垒成,梁间燕子太无情!明年花发虽可啄,却不道人去梁空巢已倾。一年三百六十日,风刀霜剑严相逼;明媚鲜妍能几时,一朝飘泊难寻觅。花开易见落难寻,阶前愁杀葬花人;独把花锄泪暗洒,洒上空枝见血痕。杜鹃无语正黄昏,荷锄归去掩重门;青灯照壁人初睡,冷雨敲窗被未温。怪侬底事倍伤神?半为怜春半恼春;怜春忽至恼忽去,至又无言去不闻。昨宵庭外悲歌发,知是花魂与鸟魂?花魂鸟魂总难留,鸟自无言花自羞;愿侬此日生双翼,随花飞到天尽头。天尽头!何处有香丘?未若锦囊收艳骨,一抔净土掩风流;质本洁来还洁去,不教污淖陷渠沟。尔今死去侬收葬,未卜侬身何日丧?侬今葬花人笑痴,他年葬侬知是谁?试看春残花渐落,便是红颜老死时,——一朝春尽红颜老,花落人亡两不知!

这是曹雪芹在《红楼梦》第二十七回中代黛玉写的《葬花吟》。黛玉在怡红院吃了晴雯的"闭门羹",触动了身世之感:"如今自己父母双亡,无依无靠,现在他家依栖。如今认真淘气,也觉没趣。""眼睛含着眼泪,好似木雕泥塑的一般,直坐到三更多天,方才睡了。"第二天,她看见落红满地,触景生情,如泣如诉地吟出了这篇《葬花辞》。

"花谢花飞飞满天,红消香断有谁怜?"她看着"红消香断"无人怜惜的落花,仿佛与自己的处境有某些相似似的,不由从心底里发出一声人生的叹喟。她又对着"游丝软系飘春榭,落絮轻沾扑绣帘"的情景,黯然伤神,自己远离家乡,寄人篱下,何尝不像这"游丝""落絮"一般?在开头四句描绘的一幅残春景象中,"花谢花飞飞满天"是主景,黛玉有着花一样的"红颜",花一样的飘零的身世,落花这一自然景象就很富有象征意味了。所以,当这位愁绪满怀的闺中女儿出现在落花缤纷的环境中,她对着满地落红,踟蹰不前了,她不忍用脚去践踏可怜的残红啊!

"忍踏落花来复去?"表现出黛玉内心一种极细致的感情,她对落花有一种特殊的休戚相通的怜爱之情。可是,看看周围世界:"柳丝榆荚自芳菲,不管桃飘与李飞",那柳丝、榆荚多么自私,只图自己争芳斗艳,哪管桃花李花的飘谢零落! 更有那无情的梁间燕子,噙百花以筑自己的香巢。想到这里,不禁发出一般压抑不住的激忿:"一年三百六十日,风刀霜剑严相逼!"前面责怪柳丝榆荚和燕子,用的是为落花鸣不平的方式,后面这两句也似乎是在抱怨花儿不堪风霜之苦。句句不离咏花,又句句都是在影射人事。君不见那柳丝、榆荚不很像人世间那些极端自私的追名逐利之徒吗?他们只管自己享受荣华富贵,哪还顾及别人!更有一些人不很像啄花的燕子?凭藉权势对弱者进行打击、迫害、摧残,以维护自己的尊荣。而我们这位不肯"随分从时"的女主人公不正时时经受着封建礼教的"风刀霜剑"吗?

这首葬花辞的主要艺术手法是借花喻人,并由花及人。通过女主人公林黛玉对外面自然界落花现象的感叹,一步一步地透露出自己心底的哀怨和对封建礼法社会的不满。开始是用隐喻和象征手法,后来逐层推进,渐渐明晰地由感伤落花而涉及人事,咏花即是咏人,花与人融合为一体了。

诗写到这里,下面在写法上更进而从写花转入以描绘女主人公的自我形象为主:"花开易见落难寻,阶前愁杀葬花人;独把花锄泪暗洒,洒上空枝见血痕。"这时凸显在读者眼前的是独把花锄、哀恸欲绝的葬花人。相传湘妃哭舜,泣血洒染竹枝而成斑竹。现在黛玉见枝头春花落尽,她泪洒空枝,"洒上空枝见血痕",可见其伤心到何等程度了!

她悲花,也是自悲:"杜鹃无语正黄昏,荷锄归去掩重门。青灯照壁人初睡,冷雨敲窗被未温。"一盏青灯,一窗冷雨,一个孤苦伶仃的人,那是何等萧条、冷落的环境,何等凄凄惨惨戚戚的况味!这"青灯冷雨"一幕,淋漓尽致地表现出黛玉极度地孤独、苦闷,极为浓重的忧愁伤感!

极度的痛苦使黛玉转而剖析自己:"怪奴底事倍伤神?半为怜春半恼春;怜春忽至恼忽去,至又无言去不闻。"难道这只是我多愁善感的性格吗?看来是没有发生什么事情,只怪这春天啊,来去匆匆,来时无声,去时无迹,未免太令人难以捉摸了。而在这花开花谢之中,一个少女的青春年华悄悄地虚度。

林黛玉和贾宝玉都是封建社会的叛逆者,他们反对礼教,鄙弃功名,向往自由,追求理想的爱情生活。可是,封建正统势力如"风霜刀剑严相逼",林黛玉作为一个寄人篱下的孤女,更深切地感受到这一点。她反抗、挣扎,可感到前景渺茫。于是她于极度失望之中,把自己的理想寄托幻觉:"昨宵庭外悲歌发,知是花魂与鸟魂。"她恍惚感到花魂鸟魂在呼喊和召唤,她想:"愿依此日生双翼,随花飞到天尽头。"摆脱这令人窒息的尘俗世界,冲破礼教的封建枷锁,飞向理想的自由天地。可是,"天尽头,何处有香丘?"她迷惘了,即使飞到天之尽头,也找不到自己的归宿呀。究竟何去何从? 她预感到自己面前只有最后一条路——与落花相同的命运:"未若锦囊收艳骨,一抔净土掩风流。质本洁来还洁去,不教污淖陷渠沟。"她宁愿像落花那样的纯洁,"质本洁来还洁去",坚持自己高洁的人格,为追求理想而痛苦地死去,也不愿随波逐流,身陷尘俗的污泥浊水。

这首葬花辞哀伤婉约,纤巧细腻,与黛玉的出身、地位、处境及为人行事十分贴切,很好地体现了她纯情诗人的个性与艺术才华,甚至与她弱不胜衣的体质也十分相称。诗中写出了她的孤芳自赏、高傲不屈,和一种由于看不到出路而产生的悲观、伤感与失望的情绪。特别这一段"质本洁来还洁去"的表白,和决定以身殉情的决心,充分显示了这位宁愿毁灭自身也不苟活人世的少女的倔强、复杂的内心世界,令人赞叹叫绝!

葬花辞结尾八句,情调越来越伤感了。因为人与花一样,同是注定了悲剧的命运,怜花、惜花、悲花、悼花,实际上也是自怜自惜,自悲自悼。最后,葬花人对着残红香冢伤心地说:"尔今死去侬收葬,未卜侬身何日丧?侬今葬花人笑痴,他年葬侬知是谁? 试看春残花渐落,便是红颜老死时。一朝春尽红颜老,花落人亡两不知!"绾合花、人,道出了葬花人伤悼落花的真正原因。"侬今葬花人笑痴",实在是因为自己心中原有一段解不开的痴情啊!

葬花辞是《红楼梦》中全部诗词的代表作,曹雪芹生前友人富察明义《题红楼梦》组诗云:"伤心一首《葬花辞》,似谶成真自不知",说明它在《红楼梦》情节发展中至关重要。从其思想内涵来说,可是说《红楼梦》的一曲主题歌。就诗歌艺术而论,在中国古诗长篇中也是第一流的。在曹雪芹写《葬花辞》之前,明代"江南第一风流才子"唐伯虎,就有葬花、哭花、作"落花诗"之举。但男人葬花只不过是一件风流事,并不为人注意。而曹雪芹把它移植到林黛玉这个花儿般的红颜薄命女子身上,就使之获得了崭新的艺术生命,有点铁成金、化腐朽为神奇之妙。庚辰本脂砚斋眉批称:"余读《葬花吟》凡三阅,其凄楚感人,令人身世两忘,举笔再四,不能加批。……即字字双圈,料难遂颦儿(黛玉)之意。"前贤尚且如此,后生更不敢强作解析;只是为了要把这篇脍炙人口的千古绝唱奉献给诗词爱好者,才勉为其难,撰此赏文,想颦儿地下有灵,当谅解我之苦心也!

(高 原)

红　　拂　　　曹雪芹

长揖雄谈态自殊,美人巨眼识穷途。
尸居余气杨公幕,岂得羁縻女丈夫。

此诗见于《红楼梦》第六十四回"幽淑女悲题五美吟",是曹雪芹代笔下人物黛玉写的诗。《五美吟》其他四首分别题为"西施"、"虞姬"、"明妃"、"绿珠",均哀感顽艳,符合林黛玉纤细敏感的性格。唯独这首"红拂"是刚健之作,似乎不是林黛玉所道得出的。可以看作曹氏自己的咏史怀古之作。严格说,红拂并不算一个历史人物,她是唐代小说家杜光庭《虬髯客传》小说中的风尘三侠之一,姓张,原为隋帝时大臣杨素的家妓。李靖(后为唐代开国功臣)当时以一介布衣之士,欲上奇策于杨素,遭到踞见,遂当面批评道:"天下方乱,英雄竞起,公为帝室重臣,须以收罗豪杰为心,不宜踞见宾客。"当时杨素身边罗列的姬妾中就有红拂,她一眼看准李靖是位英雄。当夜即相私奔。后来二人遇到一位奇侠虬髯客,得到一笔厚赠,成为李靖赞助李世民建功立业的资本。

"长揖雄谈态自殊"一句即写李靖上谒杨素当庭骋辩的事。"长揖"是直身作揖而不拜,态度不卑不亢。《汉书·高帝纪》载郦食其见刘邦就是这样的举措,终于折服了那位颇有无赖气习的主公。李靖以一介布衣敢对司空大人杨素身提而面,掩有郦生之雄风,竟使杨素敛容而谢之,可见其态不凡。一本作"长剑雄谈",不妥。据杜光庭描写,当时杨府侍婢甚多,唯"一妓有殊色,执红拂立于前,独目公"。好个"独目公"!盖杨府之侍婢看惯天下达官贵人,又何尝将一介布衣放在眼里。唯有红拂能知人于未显之际,别具慧眼,非徒貌美而已。"美人巨眼识穷途"一句之精彩,就在于将"巨眼"与"美人"连文。初看似乎很不谐调,细味正自表现出这"美人"的不凡。"美人爱英雄"不足称道;唯美人能识"穷途"之英雄,才值得大加表扬。

唐伯虎有题画的《红拂妓》诗云:"杨家红拂识英雄,着帽宵奔李卫公。莫道英雄今没有,谁人看在眼睛中。"四句只抵得此诗"美人巨眼识穷途"一句,相形之下,诗句亦俗气可掬,怎及曹雪芹此作之英姿飒爽!

红拂私奔之夜,对李靖说:"妾侍杨司空久,阅天下之人多矣,无如公者。丝萝非独生,愿托乔木。"李靖道:"杨司空权重京师,如何?"红拂答:"彼尸居余气,不足畏也。计之详矣,幸无疑焉。""尸居余气"语出自《晋书·宣帝纪》"司马公尸居余气,形神已离,不足虑矣",意谓比死人只多一口气。可见红拂逃离杨府追随李靖,是洞察形势,预见未来,弃暗投明,择木而栖,极为明智果敢的举动。没有大识见大勇气者,难以断然处置如此。所以诗人情不自禁地以"女丈夫"许之,并对权重京师的杨府嗤之以鼻:"尸居余气杨公幕,岂得羁縻(笼络)女丈夫!""美人——巨眼"的联文是一奇,"女——丈夫"的联文又是一奇。通过这种不合习熟的造语,诗中再现了红拂这位传奇中的侠女形象。

红拂这位女性另一惊世骇俗的方面,就是她敢于自媒,在婚姻上自作主张并主动出击,使李靖都暗暗吃惊。这一点诗中没有明文表扬,但读者不要忘记了曹雪芹笔下也有这样一位刚强的女性,敢于大胆议论婚姻并自行择婿,那就是尤三姐。如果此女能效香菱学诗,那么做得出《红拂》绝句的便是她,而非黛玉。对红拂的歌咏,和对尤三姐的赞美,都表现曹雪芹思想中反对男女偏见的民主性精华。

(周啸天)

【诗人小传】

屈 复

(1668—?) 字见心,号悔翁,晚号金粟道人。蒲城(今属陕西)人。乾隆初以博学鸿词征,不赴。能诗。著有《楚辞新注》、《玉溪生诗意》、《弱水集》等。

偶 然 作　　　　　屈 复

百金买骏马,千金买美人,
万金买高爵,何处买青春!

这是一篇偶然想到,信手书来的小诗,不是什么精心结撰之作。很讨厌"粗派"诗的沈德潜却很欣赏,在《清诗别裁》中给它一席地位,道理何在呢?

俗话道"花拳好打,棒喝难为"。这首诗好就好在给人当头棒喝,发人猛省。在拜金主义者看来,金钱是万能的,"有钱能使鬼推磨"。然而这里正有世人的一大误区在。所谓"看钱奴硬将心似铁,空辜负锦堂风月"(马致远),"终朝聚敛苦无多,及到多时眼闭了"(曹雪芹),悠悠万世,能看穿的人又有多少!"公道世间唯白发,贵人头上不曾饶"(杜牧),金钱最无能为力的,恐怕就是留驻青春了。即使在有了美容术的今天还是如此。诗人抉出了这一点,也就击中了拜金主义的致命伤,足以使人清醒。其实金钱不能买的东西还多,诗人只说"何处买青春!"但他的喝问是有启发性的,读者还可以加以演绎:金钱可以买骏马,但买不到高操的骑术;金钱可以买美人,但买不到甜蜜的爱情;金钱可以买高爵,但买不到尊严和光荣……

此诗前三句句式相同,排比中略有递进,"骏马"、"美人"、"高爵",依"百金"、"千金"、"万金"逐次增价,免去了几分单调。到后一句却是冷冷地一跌,有"唯觉时之枕席,失向来之烟霞"(李白)之妙。写了一串儿能买,为的是写出最后的一个不能买,最具擒纵之致。这是此诗在艺术上的特点。后来亦有学此体而入妙者,如陈毅《冬夜杂咏》中的好些五绝,其一云:"一切机械化,一切电气化,一切自动化,总要按一下。"虽好却小,这种手法固有局限;虽小却好,这种手法又能突破形式见出优长。

(周啸天)

诗人小传

钱 琦

(1709—1790) 字相人,又字湘莼,号屿沙,晚号耕石老人。浙江仁和(今杭州)人。乾隆二年(1737)进士,选庶吉士,授编修。历官河南道御史,江苏按察使,四川、福建布政使,七十五岁以原品致仕。淡于荣利,以宁静不扰民为政。历主乡试,能得士。生平雅好吟咏,与袁枚交好垂五十年。申发祥谓其"诗得中气,高不入粗,深不堕晦,质而不俚,巧而不纤,在三唐两宋间"(符葆森《国朝正雅集》引)。著有《澄碧斋诗钞》。

台湾竹枝词　　　　钱　琦

竹舍茅檐似画图,疏篱都夹绿珊瑚。
不教夜雨空阶滴,添种芭蕉三五株。

"竹枝"原为唐时流行于巴、渝(今四川东部)一带的民歌,经刘禹锡谪居期间成功的仿作和改造,遂定型成为一类以描写民风土俗为主,既有着清词丽句的文人诗面貌,又不失含思婉转的民歌风调的诗体。钱琦的这首诗歌,以"竹枝"形式表现着有浓郁地方色彩的台湾庭院风光,颇能体现竹枝词的某些特色。

此诗系作者奉命巡视台湾时写成。地处亚热带的宝岛台湾,其地理和民俗与内陆迥异其趣,海洋的阻隔,使得那一方的土风土俗长时期来鲜为人知,因而当这位原本就最擅长捕捉物态人情之美的诗人从内地初来乍到,那份惊奇自然是非常强烈的。的确,光是台湾的庭院这一角,已足令诗人感觉如在画中一般了:一溜房屋,全是用竹子构建起来的,屋檐上搭着一排厚实的茅草,显得非常洁净和整饬,稀疏的院篱笆墙,搭配着一排傍篱而栽的青青珊瑚树,分外清新悦目。珊瑚,此处指珊瑚树,又名法国冬青,是一种常绿的灌木。出现在本诗开头的这些事物——茅檐竹舍、篱笆墙和绿珊瑚,莫不富于亚热带风物特征,因而诗人在信手拈来之间，便完成了一幅带着亚热带清新之气的精美构图。"似画图"的比喻虽说不上特别的新颖，但此处读来仍相当有表现力，有助于构成读者对诗境的想象。以现实为原型的，经过艺术的处理和再创造的画，通常总比它的原型更美丽动人。诗人赞美眼前景致堪比图画，则它的不同寻常的美自可想见了。

完成这两句之后，台湾庭院的景致已大致完整，形象也相当鲜明了。诗人接着把他意犹未尽的目光落在了阶前几株肥大的芭蕉树上。如果说，本诗前两句的构图还稍嫌单调的话，那么，这种茂密硕大的热带植物一旦出现在画面，整个画面便顿时显得层次丰富，形象饱满，色泽也更明润了。值得注意的是，诗人由一个活泼的臆测"不教夜雨空阶滴"来引出这丛芭蕉，是颇具匠心的。这样既照应了台湾湿热多雨的气候特征，又使原本悄无声息的诗境平添了一份意外的动感。静止的画面这会儿变成了一方立体的空间，从里面不仅可以听到雨打芭蕉那种清脆透亮的声响，甚至还能触摸芭蕉在风雨中摇曳擅动的枝叶了。末了"添种芭蕉"这一笔亦具有很强的暗示力，从"种"这个简单的动作细细体味，立时，一位勤劳和热爱生活的庭院主人便呼之欲出了，随之，一股淳厚的融融乡情亦灌注到了整个诗境之中。这两句的描写，思致新鲜活泼，富于弦外之音，极能显示竹枝词创作之三昧。

（卢苇菁）

【诗人小传】

胡天游

（1696—1758） 一名骙，字稚威，一度改姓方，浙江山阴（今绍兴）人。乾隆时以副贡应博学鸿词试，因病不终场而出，后客死山西。以骈文著名，也能诗。著有《石笥山房文集》、《诗集》。

晓　行

胡天游

梦阑莺唤穆陵西①，驿吏催时雨拂衣②。
行客落花心事别，无端俱趁晓风飞③。

〔注〕① 梦阑：梦将做完。穆陵：关隘名，在今山东省临朐（qú）县南大岘山上，春秋时为齐国南境，地势险峻，素有"齐南天险"之称。　② 驿吏：管理驿站的官吏。　③ 无端：没料到。

唐宋有好多诗人写过以"早行"、"晓行"为题的诗，其中温庭筠的《商山早行》

最为人们所传诵。沈德潜读到"鸡声茅店月,人迹板桥霜"两句时,拍案叫绝:"早行名句,尽此一联。"然而,好诗并未被唐宋诗人做完。胡天游的《晓行》这首绝句,写得新颖别致,风韵独绝,堪与唐宋名篇媲美。

诗的开头两句写晓起早行的情景。第一句,"梦阑莺唤"暗点诗题中的"晓"字。本来,黄莺啼晓是无心的。孟浩然在《春晓》中曾写道:"春眠不觉晓,处处闻啼鸟。"这儿不说"莺啼",而说"莺唤",一字之变,顿使诗中意象情趣横生:黄莺鸟生怕行客贪睡误时,在他还没做完好梦时,便一叠连声地将他叫醒了。不仅如此,读者还可想见,行客被叫醒后,自然不像金昌绪《春怨》中女主人公那样恼怒:"打起黄莺儿,莫教枝上啼",而是赶紧起身,并对及时报晓的懂事的黄莺鸟奉上一声"谢谢",因为才到了穆陵关的西面,离此行目的地还远着呢,非得起早赶路不行。第二句,先用"驿吏催"进一步渲染赶路急的气氛。接着描写晓行上路时的情景:天上下着濛濛细雨,雨丝随着风片轻轻地拂擦着行客的春衫。"雨拂衣"三字展现了诗人冒雨趱行的生动意象,暗示出他当时那种凄苦纷乱的心境。

诗的三四两句写晓行时的心事。第三句,先点逗一下行客是有纷乱"心事"的,却不明言,只是告诉读者,同落花的心事是不一样的。这样写,给读者留下了想象的余地。结句,忽发异想,创造了一个灵动而有奇趣的意象:行客和落花不同的心事,竟一齐乘着晓风翻飞。在这个意象中,行客和落花的心事仍都含而未露,然而并非真的无迹可求。韩愈曾这样咏落花:"已分将身著地飞,那羞践踏损光辉。无端又被春风误,吹落西家不得归。"(《落花》)胡天游笔下的落花意象显然脱胎于韩诗。原来,落花的心事就是担忧被风次落他处,有家归不得,而写落花的心事意在反衬行客的心事,这就给我们想象行客的心事暗示了思路。我们知道,胡天游仕途失意,生活维艰。从乾隆元年离开故乡,旅食京师多年,又为了糊口,先后奔走于河北、山东和山西等地。联系诗人的经历,似可对诗中行客的心事作这样的探测:身在异地,想念家乡,但是,为了谋个饭碗,不得不一清早冒雨趱行,客游他方!或者是:寄人篱下,身不由己啊!路程尚远,一定要赶在限期之内办完差使,否则回去不好向主人交代。当然,"诗无达志"。行客究竟有怎样的心事,读者尽可发挥想象,做出各自的探测。

(陈少松)

烈女李三行 胡天游

大海何漫漫,千年不能移。太山自言高,精卫衔石飞①。朝见精卫飞,暮见精卫飞。吐血填作堨,一旦成路蹊②。岂惟成路蹊,崔嵬复崔嵬③。女面洁如玉,女身濯如脂④。十四颇有余,十五十六时。婀娜怀春风,明月初徘徊⑤。门中姊与姑,邻舍杂姥嫠⑥。人笑女无声,人欢女长啼。昔昔重昔昔,皴痛不得治⑦。有似食大鲠,祸喉连胁脐⑧。阿母唤不应,步出中间闺。女身亦非狂,女心亦非痴。向母问阿爷,阿爷谁所尸⑨?昨日门前望,裂眼宁忍窥!爷仇意妍妍⑩,走马东西街。我无白杨刃,锻作双虹霓⑪。磨我削葵刀,三寸久在怀。一心愿与仇,血肉相齑齏⑫。仇人何陆梁,挟队健如牦⑬。前者为饥狼,后者为怒豻。小雀抵黄鹄,徒恐哺作糜⑭。大声呼县官,县官正聋鸱。宛转太守府,再三中丞司⑮。堂皇信威严,隶卒森柴崖⑯。安知坐中间,一一梗与泥⑰!何由腐地骨,骨笑回牙欹⑱?孤小不识事,闻人说京师。京师多贵官,列坐省与台⑲。头上铁柱冠,獬廌当胸栖⑳獬廌角岳岳,多望能矜哀㉑。扃我头上发,缝我当躬衣㉒。手中何所将?血帛斑烂丝。帛上何所书?繁霜惨濛埋㉓。细躯诚艰难,要当自防支㉔。女弱母所怜,请母毋攀持㉕。今便辞母去,出门去如遗。是月仲冬节,杀气争骄排㉖。层冰塞黄河,急霰穿毛锥㉗。大风簸天翻,行人色成灰。灰里不见掌,深林抱枯枝。三更叫鸧鹅㉘,四更嗥狐狸。五更道上行,踯躅增羸饥㉙。举头望长安,盘盘凤皇陴㉚。下著十二门,通洞纵横开。持我帛上书,鬻我囊中衭㉛。跪伏御史府,廷尉三重墀㉜。尚书几峨峨,峨峨唱骊归㉝。头上铁柱冠,獬廌当胸栖。獬廌即无角㉞,岂与群羊齐!李女倚柱啸,白日涸精辉㉟。结怨弥中宵,中宵盛辛悲。有地何抟抟,有天何垂垂㊱。高城不为崩,高陵不为阤㊲。为遣明府来㊳,明府来何迟!长跪向明府,泪落江东驰。女今千里还,女忧终身罹㊴。女诚不敢绐㊵,愿官无见疑。父冤信沈沈,沈沈痛无期。一旦但能尔㊶,井底生朝曦。死父地下笑,生仇市中刲㊷。顾此弱贱躯,甘从釜羹炊。语中难成声,声如系庖麛㊸。明府大嗟叹,嗟叹仍欷歔。翻翻洞庭波,洞庭非渊洄㊹。崭崭邛崃坂,九折无险巇㊺。我今为汝尸,汝去行得知㊻。爷仇意妍妍,举家忽惊摧[47]。势似宿疹发,骤剧无由医[48]。同时恶少年,驱至如连鸡[49]。银铛押领头,毕命填牢狴[50]。有马空马鞍,永别街西阺[51]。叩首谢明府,捐骨难相贻[52]。昔为羝乳儿,今为箭还靫[53]。遥遥望我里,我屋荒蔽菜[54]。寡母倚门唏,唏子杞梁妻[55]。女去母啖柏,啖柏今成饴[56]。虽则今成饴,母悲转难裁[57]。女颜昔如玉,女发何祁祁[58]。女口含朱丹,女手垂春荑[59]。哭泣亲尘沙,面目余瘢劙[60]。宛宛闺中存,蠚疾疑病罴[61]。姑姊看女来,簪笄不及施。邻姥看女来,左右相呼携。各各自流涕,一尺纷涟洏[62]。邻姥少别去,媒媪从容来。三请得见女,殷勤致言辞。公子县南居,端正无匹侪[63]。金银列两厢,纤纨不胜披。身当作官人,华荣炳房帏[64]。颇欲得贤女,贤女胜姜姬[65]。回面答媒媪,身实寒且微。无弟无长兄,老母心偎依。所愿事力作,涩指缝裙褛[66]。安得随他人,乖违母恩慈!母年风中灯,女命霜中葵。须臾母大病,死父相寻追。棺椁安当中[67],起坟遂成堆。一一营事讫,姑姊可前来。为我唤长老,长老升堂阶。为我召乡邻,乡邻麇如围。十岁随爷娘,幼小惟痴孩。十五衔沈冤,灌鼻承醇醨[68]。二十行报仇,报仇苦且危。三年走大梁,赵北燕南陲[69]。女行本无伴,女止亦有规。皎皎月光明,不堕浊水湄。斑斑锦翼儿,耿死安能翳[70]!自此旋入房,重阖双双扉。朱绳八九尺,挂向梁间颓。鲜鲜桂华树,华好叶何奇。葳蕤扬芳馨,生在空山隈[71]。烈火烧昆冈,三日焰未衰[72]。大石屋言言,小石当连肇[73]。萧芝泣蕙草,万族合一煤[74]。烧出白玉姿,皎雪寒皑皑。玉以为女坟,将桂坟上栽。夜有大星辰,其光何离离[75]!错落桂树下,千年照容徽[76]。

〔注〕①精卫:古代神话中鸟名。精卫填海的故事见《山海经·北山经》:"发鸠之山,其上多柘木。有鸟焉,其状如乌,文首、白喙、赤足,名曰精卫,其鸣自詨(xiāo,呼叫)。是炎帝之少女,名曰女娃。女娃游于东海,溺而不返,故为精卫。常衔西山之木石,以堙(yīn,填塞)于东海。" ②坯(ōu):沙堆。路蹊(xī):道路。蹊:小路。 ③崔嵬(wéi):高峻貌。 ④濯(zhuó)如脂:形容皮肤洁白而柔滑。濯:光洁。 ⑤这句说:明月也为李三的美丽所倾倒,徘徊不愿离去。 ⑥姥(mǔ):老妇。嫠(lí):寡妇。 ⑦昔昔:夜夜。昔,通"夕"。皴(cūn)痛:像皮肤开裂样的疼痛。皴:皮肤受冻而坼裂。 ⑧这二句说:好像吃鱼时吞下根大骨头,祸及

喉咙,一直到两胁和肚脐。　⑨ 尸:杀死。　⑩ 爷仇:杀死父亲的仇人。妍妍:此形容自得貌。　⑪ 白杨刃:刀名,疑为"白阳刃"。三国魏左延年《秦女休行》:"左执白阳刃,右据宛鲁矛。"双虹霓:此指雌雄宝剑。　⑫ 这两句说:誓与杀死父亲的仇人同归于尽。齑齏(jī ní):肉酱。　⑬ 陆梁:嚣张,猖狂。挟队:结队。　⑭ 啃:嚼。糜:烂。　⑮ 中丞:御史中丞,官名。明清两代常以副都御史或佥都御史出任巡抚,清代各省巡抚例兼右都御史衔,因称巡抚为中丞。　⑯ 堂皇:官吏办事的大厅。柴崖:狗欲咬时露齿的样子,比喻隶卒的凶恶状。　⑰ 这句说:一个个像泥塑木雕似的,呆板无反应。　⑱ 这两句意思是说:有什么办法能替死去的父亲报仇,让他含笑于地下? 腐地骨:地下腐朽的尸骨。牙欷(èi):语出扬雄《法言·渊骞》:"始皇方猎六国而(王)翦牙欷。"注:"咀嚼用牙,言其酷也。欷者,绝议叹声。"原意以猎为喻,言秦始皇欲并吞六国,王翦全力以赴。此用以比喻竭尽全力替父报仇。　⑲ 省、台:中央一级的官署。　⑳ 铁柱冠:古代御史一类官员所戴的帽子。獬鹰(xiè zhì):同"獬豸",传说中的神兽,能辨曲直,见人斗,即以角触不直者。清代御史及按察使补服前后皆绣獬鹰图案。　㉑ 岳岳:挺立貌。矜哀:怜悯。　㉒ 局发:卷起头发。当躬衣:贴身的衣服。　㉓ 这句意思是说:因状词用血所书,所以洁白的帛上血迹模糊,惨不忍睹。繁霜:借喻洁白的帛。濛埋:模糊不清。　㉔ 防支:防范。　㉕ 攀持:牵拉,形容依依不舍。　㉖ 杀气:肃杀的寒气。骄排:骄纵放任。　㉗ 这句说:急下的雪珠简直要刺穿毛孔,犹如锥子那样厉害。霰(xiàn):雪珠。　㉘ 舸(gē)鹅:雁的一种,大于鸭而嘴小。　㉙ 踯躅(zhí zhú):徘徊不进,此指行走缓慢。　㉚ 盘盘:曲折回环貌。凤皇:旧称京都为凤皇城。陴(pí):城上矮墙。　㉛ 袿(guī):女子的上衣。　㉜ 廷尉:官名,掌刑狱。清代称大理寺卿为廷尉。墀(chí):台阶。　㉝ 峨峨:形容仪容端庄盛美。唱驺(zōu):古代达官贵人出行时,驺卒在前传呼喝道。驺:侍从的骑卒。　㉞ 即:即使。　㉟ 倚柱啸:靠着柱子大声呼叫。这儿借用春秋时鲁国漆室女因忧虑国事,倚柱而悲歌的故事,见刘向《列女传》。凋精辉:失去光辉。　㊱ 抟抟(tuán):圆貌。垂垂:低垂貌。　㊲ "高城"句用刘向《列女传》中所记故事:春秋时齐国杞梁随庄公攻莒战死,其妻哭于城下,十日而城崩。这儿反用其意。陁(zhì):崩塌。　㊳ 明府:此指县令。　㊴ 罹(lí):遭受祸难。　㊵ 绐(dài):欺骗。　㊶ 尔:此,指替父报仇。　㊷ 刲(kuī):割杀。　㊸ 这句说:声音就像系在厨房里待杀的麋鹿那样凄惨。庖(páo):厨房。　㊹ 渊洄:深渊之水曲折回旋。　㊺ 崭崭:高峻貌。邛(qióng)峡坂:指四川邛崃山的九折坂,山路险阻曲曲,须九折才得上。险巇(xī):艰险。　㊻ 尸:杀死后陈列其尸以示众。行:将。　㊼ 忽惊摧:忽生惊变。　㊽ 宿疹:旧病。骤剧:来势迅猛。　㊾ 连鸡:缚在一起的鸡。《战国策·秦》:"诸侯不可一,犹连鸡之不能俱止于栖亦明矣。"　㊿ 毕命:死。牢狴(bì):牢狱。　51 这两句意思是说:仇人法办后,当年仇人的坐骑上再也见不到那些坏蛋了。馗(kuí):道路。　52 这句是说:即使以身相报,也难以报答明府的大恩。搦(nuò):拿。贻:赠。　53 羝(dī)乳:公羊产乳。比喻不可能发生的事。语出《汉书·苏武传》:"乃徙武北海上无人处,使牧羝,羝乳乃得归。"羝:公羊。箭还戟(chāi,又读chā):箭放回箭箙,比喻报仇后返归家乡。戟:箭箙,即盛箭器。　54 蔽(pí)莱:蒿莱。　55 杞梁妻:此借指李三。　56 唊(dàn)柏:犹言吃苦。柏实味苦。唊:吃。饴(yí):糖浆,糖膏。　57 裁:消除。　58 祁祁:密盛貌。　59 荑(tí):初生的茅草的嫩芽。比喻女手洁白柔嫩。《诗经·卫风·硕人》:"手如柔荑。"　60 瘢劙(lí):刀痕。劙:用刀割割。　61 "宛宛"句意思是说:李三历尽艰难曲折后终于平安回到家中。黧疾:中医称为黧黑斑,发于面部,皮肤呈黄褐或淡黑色斑块,枯暗无光泽。病罷(pí):意谓黧疾由疲惫不堪所致。罷:通"疲"。疲劳。　62 涟洏(ér):泪流不止貌。　63 匹俦(chái):配偶。　64 炳:照耀。帏(wéi):帐幕。 ⑥ 姜姬：即姬姜。春秋时周王室姓姬，齐国姓姜，姬姜互通婚姻，故后来用作贵族妇女的美称。 ⑥ 力作：尽力劳作。涩指：不灵巧的手指。鞵(xié)：同"鞋"字。 ⑥ 棺椁(guǒ)：古代棺材有两重，内叫棺，外叫椁。 ⑥ 这句比喻难以言说的痛苦。醯醢(xī)：酒和醋。 ⑥ 大梁：战国时魏国都，今河南省开封市。陲(chuí)：边境。 ⑦ 锦鸟儿：指雉。李白《雉子斑》："扇锦翼，雄风生"。耿死：意谓宁死也要保持节操。安能彀(yì)：怎能中猎人的计，自投罗网呢！翳：隐蔽猎人的一种猎具。 ⑦ 葳蕤(wēi ruí)：草木茂盛貌。隈(wēi)：山水弯曲的地方。 ⑦ "烈火"二句语本《书·胤征》："火炎昆冈，玉石俱焚。"注："山脊曰冈，昆山出玉，言火逸而害玉。"昆冈：昆仑山。 ⑦ 言言：高大貌。连茝(chái)：连车。 ⑦ "萧芝"句意本陆机《叹逝赋》："嗟芝焚而蕙叹。"萧：萧艾，恶草名。芝：香草名。梁元帝《讨侯景檄》："孟诸焚燎，芝艾俱尽。"这儿意本此，指李三与仇人同归于尽。泣蕙草：蕙草为之哭泣。蕙：香草名。万族：万物。合一煤：指经过昆仑山烈火的焚烧，都化成了煤。 ⑦ 离离：明亮貌。 ⑦ 容徽：美丽的容颜。徽：美。（说明：此诗有几条注释参照钱仲联师《清诗精华录》）。

　　这是一首叙事名篇，在当时广为传诵，袁枚读后击节赞赏："绝好东南飞孔雀，一篇《烈女李三行》。"（《仿元遗山论诗》）评论家们称美此诗善学《孔雀东南飞》，有的甚至认为，从神骨色泽到气味意旨，"皆逼古人"。其实，学古而能创新，为长篇叙事诗的写作别树一帜，才是《烈女李三行》真正的艺术价值所在。

　　这首诗表现出与《孔雀东南飞》不同的叙事风格：《孔雀东南飞》以冷静的客观叙述见长；这首诗艺术上的一个最大特色是，寓强烈的抒情于委曲的叙事之中，即在记叙李三历尽艰险，不畏权贵，为父报仇申冤的动人事迹时，赞叹之情溢于楮墨，激楚之气鼓荡行间。

　　诗的开头十二句，以精卫填海的神话故事起兴。精卫填海是历代诗人常用的熟典，到胡天游笔下便生出新意：一是极言大海之漫漫和太山之高峻，借以衬托精卫不畏艰险的精神；二是细述精卫不停衔石、吐血填坯的情景，借以表现她仇大冤深和坚韧不拔的毅力；三是补写精卫填海的结果：不只在大海中铺成了一条道路，还堆起了一座耸立的高峰。显然，这儿的精卫暗喻女主人公李三。诗人以翻新了精卫填海的故事起兴，不仅用典显得贴切，在结构上起到统摄全篇、引出所叙之事的作用，而且赞叹之情洋溢，在接受上起首便使读者产生强烈的共鸣。

　　李三为父报仇的故事，大致可分三个段落。

　　从"女面洁如玉"到"阿爷谁所尸"为第一段，写李三从母亲口中问知杀害父亲的凶手，决心为父报仇。这一段的重点笔墨是中间六句："人笑女无声，人欢女长啼。昔昔重昔昔，皱痛不得治。有似食大鲠，祸喉连胁脐"，先对照，后比喻，反复描写李三因父仇未报心中郁结的极度痛苦。李三心中的痛苦越深切，越见出她的一片孝心,而这正是她后来战胜一切艰险、不畏权贵、为父报仇申冤的精神力量的源泉。

从"昨日门前望"到"永别街西馗"为第二段,写李三为父报仇申冤的经过,是全诗故事情节的主体部分,上述本诗的艺术特色在这一段中得到充分的体现。

李三的为父报仇经历了艰难曲折的过程。

诗篇先写李三身怀削葵刀,心期行刺父亲仇人。"仇人何陆梁,挟队健如牦。前者为饥狼,后者为怒豺。小雀抵黄鹂,待恐哺作糜。"这儿用一连串的比喻描写仇人的强大、凶残,并与李三的弱小进行对比,以见报仇之险和李三之勇。显然,李三的不曾下手,并非胆小怕死,而是正确估计敌我力量后采取的有理智的行动,因为白白送命,无济于报仇大事。

在当时的情况下,一个弱小民女谋刺既然不可行,那就只能把报仇申冤的希望寄托在官府身上。诗篇接着写李三逐级向地方官告状。一方面,"大声呼县官"、"宛转太守知,再三中丞问",李三衔冤深,告状急,希望大;另一方面,"县官正聋虫"、"堂皇信威严,隶卒森柴崖。安知坐中间,一一梗与泥",隶卒凶神恶煞,父母官一个个装聋作哑,反应木然:两厢一对照,形成强烈的情感反差。从行文看,似乎是不动声色地客观描述,其实,失望和愤激之情渗透于叙事之中。诗人在本诗序中这样直叙李三当时的心态:"女甚恨,曰:'此曹虽官人,实盗隶耳!徒知探金钱,取醉饱,何能为直冤痛者乎!'"

地方官不肯做主,并没有动摇李三为父报仇的金石之志。诗篇接下来以较多的篇幅记叙李三上京继续告状。出发前用鲜血书写了状词,表明自己衔冤实深。诗中用铺排的手法极写进京路上的千难万险:"是月仲冬节,杀气争骄排。层冰塞黄河,急霰穿毛锥。大风簸天翻,行人色成灰。灰里不见掌,深林抱枯枝。三更叫鸲鹅,四更噪狐狸。五更道上行,踯躅增羸饥。"作为一个孤身单影的弱小女子,李三不避艰险的精神在这儿表现得很充分,而诗人的怜悯和赞叹之情饱含于言外。值得注意的是,犹如电影中的特写镜头,这一部分前后两次反复描写京师贵官的服饰:"头上铁柱冠,獬廌当胸栖。"第一次为上京前听人所说,"獬廌角岳岳,多望能矜哀",心中顿时升起京师贵官能替自己申冤的希望。第二次是进京后亲眼所见,于是,心中的希望变得更大。"獬廌即无角,岂与群羊齐!"正是在这样的心理状态下,李三不畏权贵,倚柱鸣冤,将长久郁结的满腔悲愤,伴和着血与泪,喷薄而出,以至"白日凋精辉"、"中霄盛辛悲"。然而出乎意料的是,李三的满腔悲愤并没有能够感天动地:"高城不为崩,高陵不为阤",京官大老爷同样不肯为李三做主。衔冤如此之深,遭受磨难如此之多,进京申冤希望又如此之大,一旦失望,胸中的不平难以压抑:"有地何拄拄,有天何垂垂",李三的斥地怨天是极为自然的。李三为父报仇的故事发生在康熙年间,距胡天游写作此诗仅五十年。诗人敢于在诗中暴露当时吏治的腐败,借诗中故事直抒胸中愤激不平之气,使这首叙事名篇具有较深刻的社会批判性。

进京告状的碰壁给李三的精神以极大的打击,也使她胸中郁结的悲愤更加深厚和强烈。一旦听说家乡鹿邑新任县令刚直贤明,便不顾千里之遥,从京师返回。"长跪向明府,泪落江东驰。……语中难成声,声如系庖糜",诗人以饱含同情之笔记叙李三向明府诉说冤仇,真可谓"声共泣偕",催人泪下。当明府为李三的诉说所感动,答应为她做主后,诗篇转以轻快的笔调描写了李三父冤得申,"爷仇"、"恶少"——得到法办的情景。"爷仇"以下十句,写得真可谓"字与笑并",令人开颜。

从"叩首谢明府"到"挂向梁间颓"为第三段,写李三报了父仇回家后发生的事情。

李母见女儿终于打赢官司,平安回来,先是喜悦,接着"悲转难裁":"女颜昔如玉",现在却"面目余瘢劀",又得了"瘝疾"。李三容颜的巨变从侧面表现了"报仇苦且危",而由慈母的眼中端详出,让人读后更觉酸鼻。接着写姑姊和邻姥来看望,"各各自流涕,一尺纷涟洏",以夸张的语言表现了李三不同寻常事迹的感人力量。

据本诗序中所载,当谋害李父的大豪死在狱中之后,豪家越发憎恨李三,于是诽谤她曾受污失身。县里有位公子"独心知女贤",向李家求婚。诗中写李三对此事的反应同样是不同寻常的。先以侍奉风烛残年的老母为由辞婚。接着,在安排好老母的丧事后,召集长老、乡邻,表明宁死也要坚守节操的心迹。最后,断然悬梁自尽,以死表示对社会恶势力的抗争。在这一段中,李三事亲至孝的精神、高洁的品行和刚烈的个性得到进一步的表现,作为烈女的形象,也显得更为丰满。

诗的结尾用"玉石俱焚"这一典故比喻李三与仇人同归于尽,使诗篇带上浪漫主义的神奇色彩。李三虽然自尽了,但她的风采却因自尽而显得更加美丽动人。"烧出白玉姿,皎雪寒皑皑。玉以为女坟,将桂坟上栽。夜有大星辰,其光何离离!错落桂树下,千年照容徽",这最后八句,诗人以抑止不住的激情热烈讴歌了女主人公可贵的精神和高洁的品性,在读者的心田再次激起强烈的共鸣。

(陈少松)

【诗人小传】

姚 范

（1702—1771） 字南青，号薑坞，安徽桐城人。乾隆进士，官编修，充三体馆纂修官，后乞告归，卒于家。学者称薑坞先生。与刘大櫆友善，承受方苞的论文主张，持论对其侄姚鼐颇有影响。有《援鹑堂文集》、《援鹑堂笔记》等。

山 行

姚 范

百道飞泉喷雨珠，春风窈窕绿蘼芜。
山田水满秧针出，一路斜阳听鹧鸪。

这是一首清新、活泼、生机盎然的旅途小诗。有过山中经历的人会备感亲切，涌起很多美的回忆，没有类似经历的人读后也会激起对大自然的向往。凡是美的东西总是属于大家的。

诗开句就不凡，"百道飞泉"，可以想见山之壮阔，坡势之陡峭、山泉夺路而下的情景，水如百条白龙飞降，何其壮观！诗人用"喷"字形容水的流势，雨后山景最富表现力的一面凸显出来了。山有水则灵，山有水才显得春意盎然，开句虽未点明季节，但季节的特征却是十分明显的。

第二句写山间的植物。"窈窕"一词用得奇，窈窕一般是形容人形体的美好的，属有形形容词，但风却无形。化无形为有形，实际上是艺术通感在起作用。轻柔的春风拂过，给人种种美好的感受，特别容易引起联想，"窈窕"正是联想的产物。散发着清香的蘼芜草在微风中轻轻摇摆，如舞姿轻扬，这不也是窈窕的样子吗？究竟是春风窈窕还是蘼芜窈窕呢？诗的妙处就在这里，只可意会而难以言传。

上面两句写自然的山景，构成一幅图画。下面两句写田园化的山景又是一番情趣。山中有梯田，田里灌满了水，可见其平整。一层细细的秧苗从水里钻出来，密密地挤在一起，远看一片淡淡的嫩绿，浮在水光之上，近看则根根如刺，只露寸径。"针"字下得好，秧苗形态逼真如见。农人春播的景象好像已到目前了。

最后一句可以说是写全景，呼应全篇，也可以说是对上一句的承接。斜阳西下，落晖满山，鹧鸪的叫声回荡山间，在一派熟悉而亲切的气氛中诗人轻快地行走着，心中充满了对自然和对农村生活的美好向往和体验。

这首诗作为一首写景之作，既写出了自然之美，也写了农家之乐，二者相融相衬,韵味独特。

(王小舒)

诗人小传

赵关晓

清诗人。字开夏,浙江归安(今湖州)人。诸生。

赠 友

赵关晓

不向人间留姓名,草衣木食气峥嵘。
山深虎出伥声急,夜半长歌空手行。

　　这篇题为《赠友》的绝句,所赠何人,从诗的第一句可知作者是不肯透露的了。此人非无姓名,只是"不向人间留姓名"。一句话就表现出一种推倒千古的价值观念。什么"豹死留皮,人死留名"、"心知去不归,且有后世名",历来被视为人生最高追求目标之一的东西,在这位老兄是不屑一顾的。"不向人间"四字,就大有举世皆浊、我行我素的气派。与"名"相联系的、同样为之趋之若鹜的那个"利",对他也缺乏吸引力。"草衣木食"这个平中见奇的造语,表现的便是一种自甘淡泊的情怀。粗茶淡饭,亦足饱饥;素朴衣服,自具风流。而这种俭朴生活同时也是一种摄生之道,看来这人善"养吾浩然之气",从"气峥嵘"三字可以大体领略其神情气貌。读者猜想,这人必是一个修行有术、身怀绝技之士。不信请向下看。

　　"山深虎出伥声急,夜半长歌空手行"。诗人撇开其人别的行事不说,专拣敢在猛虎出没的深山老林走夜路一个细节写来,真是兴会神到、画龙点睛的妙笔。前句夸张而层深地写山中深夜之险恶,不仅是山,且是深山;不仅有猛虎,还有专门引诱人给虎吃的伥鬼,真是险上加险。不说虎声急,而说"伥声急",转令人毛骨悚然,亦是奇笔(伥比虎无形而尤可怖也)。突出山中的险恶目的在于烘托诗中主人公胆力之大。后句便从容而层深地写行路人的胆气,他不但在夜半走,而且空手走;他不是悄悄地走,而是唱着歌大步流星地走。这是一种见怪不怪的气派。"长歌空手行"之妙,在于绘声绘色,形容尽致。如果是胆小鬼,"夜过坟场吹口哨——为自己壮胆而已",那口哨声必有几分胆怯。而此人是放歌而行,给人感到的只有凛然正气。

此诗似乎就写这样一个远离人间的草泽之士和深山老林环境,然而它却能构成一个象征的境界。使人联想到世上也有"虎",也有为虎作伥的事,"江头未是风波恶,别有人间行路难。"而唯有那些不图名,不求利,不迷恋富贵;不怕鬼,不信邪;行得直,走得端,而又身怀绝招的人,才能够畅行无阻。这首诗便是为如此豪杰所作的"正气歌"。

(周啸天)

【诗人小传】

朱瑄

(约公元1766年前后在世) 字枢臣,江苏吴县(今苏州)人。工诗。

祖 龙 引

朱　瑄

徐福楼船竟不还,祖龙旋已葬骊山。
琼田倘致长生草,眼见诸侯尽入关。

"祖龙"系秦始皇的代称。《史记·秦始皇本纪》:"(三十六年)秋,使者从关东夜过华阴平舒道,有人持璧遮使者曰:'为吾遗滈池君(水神)。'因言曰:'今年祖龙死。'"使者奉璧以闻始皇,"使御府视璧,乃二十八年行渡江所沉璧也",始皇不逾一年果死。"祖龙"之称即原于此。秦始皇在历代诗人笔下,主要是一个被批判的对象。咏始皇的诗,大多集中在写秦长城、焚书坑儒、阿房宫(即始皇墓)等史事上。朱瑄的这首《祖龙引》则是始皇生前觅不死之药一事立言。在他之前,则有唐人胡曾《咏史诗·东海》取材相同。诗云:"东巡玉辇委泉台,徐福楼船尚未回。自是祖龙先下世,不关无路到蓬莱。"

徐福是由齐入秦的方士。秦始皇曾按他的意图,遣童男童女数千人随他乘楼船入海求仙。他入海求神药十年不得,乃居海上不归。胡曾就此事嘲笑说,不是没有求仙之路,只是始皇寿数太短,等不到徐福回来就先下世了。这也算就史实翻出一点新意,但他的冷嘲显得寡味,而且意义不大。而朱瑄就不同了,他比胡曾在着想上跨了一大步,不仅翻新史实,且有深刻的寓意。

"徐福楼船竟不还,祖龙旋已葬骊山。"据《史记·秦始皇本纪》记载,始皇即位之初,就在骊山为自己修筑陵墓,深穿三泉,下铸铜穴以护棺椁,广修宫殿楼观,贮藏奇珍异宝,并以水银为江河湖海。一面却又遣徐福出海觅不死之药。而徐福此去作"赵巧送灯台,一去永不来"。"竟不还"三字道出始皇的失望。结果仙药没得到,骊山墓倒派了用场。一个"旋"字,就是胡曾"先下世"三字之义,言其寿数何促也! 而朱瑄这两句,实已抵胡曾全诗。以下便是他翻出的新意了。

"琼田倘致长生草,眼见诸侯尽入关。"据《十洲记》:"东方祖州上有不死之草,生琼田上。"此即"长生草"。"诸侯尽入关"则指秦二世元年(前209),陈胜吴广起义,刘邦、项羽及六国诸侯的后人,纷纷起兵响应,所谓"秦失其鹿,天下共逐之"(《史记·淮阴侯列传》引蒯通语)。刘邦率军先攻入函谷关,秦王子婴降,遂亡秦。这两句是说,如果秦始皇真的得到长生草而继续活下去,那么他一定会亲眼看到帝国的覆灭。那么,他求药不得乃幸乎? 不幸乎? 这就留给读者去想了。

胡曾《东海》诗之所以浅薄,就在于他卖弄一番口角,却仍以始皇未得不死之药为憾事。朱瑄《祖龙引》的深刻,则在于他指出始皇本人的不能长生无足遗憾,而秦的国祚不长,二世伊始旋即亡国,这才是最大的憾事。所以他的批判已超越了题材本身,不限于批判始皇的迷信神仙,而更把矛头指向秦代暴虐的政治。此《祖龙引》所以耐读也。

(周啸天)

王又曾

(1706—1762) 字受铭,号谷原,秀水(今浙江嘉兴)人。乾隆十六年(1751)召试,赐内阁中书。十九年(1754)成进士,官刑部主事。后乞告归,飘泊江湖间。他是秀水派代表诗人,其诗专仿宋人,轻倩爽利,颇多生趣。后人将他与厉鹗、钱载、严遂成、袁枚、吴锡麒并称为"浙西六家"。著有《丁辛老屋集》。

汉上逢诸亲故累邀泥饮　　王又曾

明灯高馆拍声催,大阮招邀小陆陪。
难得异乡逢密戚,可能良夜不深杯?
江连清汉分还合,人过中年乐亦哀。
珍重天涯老兄弟,淮南米贱好归来。

清乾隆十九年(1754)王又曾进士及第,后官刑部主事,从此备尝仕宦奔波之苦。这首诗就是他宦游生涯的真实记录,抒写了客中逢亲友的兴奋心情和期盼早归故园与家人团聚的思乡情愫。

前二联紧扣题面,记叙饮中情景。

"明灯高馆拍声催,大阮招邀小陆陪。"首联描写环境、人物,渲染欢饮的氛围。馆舍高大,暗示主人身份的高贵;灯光明亮,显出宴饮的高华;奏乐的节拍紧迫,催促着人们频频举杯,透露主人和客人的高兴雅致。"明灯"句从空间、灯光、声响,烘托聚会气氛的超乎寻常;"大阮"句则从人物的性情、志趣及社会关系,点明聚会性质的非同一般。大阮,即魏末晋初文学家阮籍。他能长啸,善弹琴,博览群书,尤好老庄。或闭门看书,累月不出;或登临山水,经日忘归。他生活在魏晋易代之际,不满现实,因此纵酒谈玄,佯狂放荡,以求全身免祸。他与嵇康等七人作竹林之游,时人称"竹林七贤"。他的侄子阮咸放达不拘,妙解音律,善弹琵琶,也是"竹林七贤"之一,与阮籍同著名于时,人称"小阮",后用"大小阮"称人叔侄。诗中"大阮"指叔辈。小陆,即西晋文学家陆云,文才与其兄陆机齐名,二人太康末年入洛阳,名重一时,时称"二陆"。诗中小陆指弟兄。大阮小陆,诗中互文。意谓有时叔辈招邀宴饮,兄弟出席作陪;有时兄弟招邀宴饮,叔辈出席作陪。这一句回应题面"诸亲故"、"累邀"。而诗中称"诸亲故"为大阮、小陆,自己当然以小阮、大陆自居,可见均非等闲之辈。他们如魏晋时的阮籍、阮咸、陆机、陆云,雅富文才,都是一时风流人物。文人雅集,这就为宴饮平添了高雅情趣。

"难得异乡逢密戚,可能良夜不深杯?"颔联交代时间、地点,说明聚饮的原委。时间:"良夜";地点:"异乡"。"异乡"指题中"汉上"(今湖北武汉地区)。"深杯"扣题中"泥饮"。(泥饮:烂饮,痛饮。李白《襄阳歌》有"笑杀山公醉似泥"句。)两句缴足题面。身处异乡,遇到关系至密的亲戚,既出意外,更属难得;值此良夜,相聚欢饮,喝它个"醉似泥",既合情,又合理。这两句流水而对,将叙事和议论融为一体,酣畅而流利。相逢时的欣喜,亲戚间的融洽,良夜赏景的雅兴,举杯开怀的豪情,不着一字,却尽在不言之中。

后二联即景生情,抒发饮中情思。

"江连清汉分还合,人过中年乐亦哀。"颈联抒写饮中情怀,慨叹人生聚散,感喟中年哀乐。江,指长江。清,指清江,古称夷水,是长江中游的支流,在湖北省西南部,源出今利川市岳山,东流到今枝城市东北入长江。汉,指汉江,又称汉水,长江最长的支流,在今武汉市入长江。滔滔清江,滚滚汉水,两条江河,分水而流,最后还是汇入浩浩长江,恰似人间离散,终归要团聚。诗人从江水的分合联想到人间的聚散,认为由离散到聚合是社会规律;清、汉二江经历千险万阻汇入长江,又象征聚合的不易。由地理悟出人情,升华了诗的意境。晋谢安曾深有感喟地说:"中年以来,伤于哀乐。"(见《晋书·王羲之传》)诗人进士及第时四十九岁,早已过中年。人生过半,万事蹉跎,能不黯然哀伤?如今亲戚相逢,短暂相聚,不久又要海角天涯,人各一方。为离别哀伤,为生活哀伤,为前程哀伤,人过中年处处充满哀伤。这深切的人生体验凝结成饱蘸血泪的诗句:"人过中年乐亦哀"。人到中年万事休,过了中年,即便欢乐也染上哀伤的色彩。这两句由聚合之乐跌入人生之哀,笔势陡转,反映了诗人情感波涛的骤变。

"珍重天涯老兄弟,淮南米贱好归来。"尾联表达心中祈愿,但愿各自珍重,早归家园。淮南米贱,语出杜甫《解闷十二首》:"为问淮南米贵贱,老夫乘兴欲东游。"淮南,唐代淮南道,开元后治扬州(今属江苏),辖境相当今淮河以南,长江以北,东至海,西至湖北东部。淮南位处汉上以东,诗人故乡秀水(今浙江嘉兴)也在汉上以东,这里取东归之意。亲切地呼一声老兄弟,深情地道一声珍重,从此天涯奔波,难得一逢了。当年老杜听说淮南米价低廉,还乘兴东游呢,如今老家盛产稻米,还是早些归去吧!感情深挚,催人泪下。

这首诗晓畅如话,却绘声绘色地展现了诗人异乡逢亲故的动人情景。光的辉耀,声的震荡,空间的开廓,着墨不多,却烘托了聚饮的气氛。"难得"的慨叹,"深杯"的愿望,"分合"的感喟,"哀乐"的体味,"珍重"的叮咛,"归来"的呼唤,语重心长,无不是人间真情至性的流泻。质朴的语言表达深挚的情愫,是这首诗独到功力和独特魅力所在。

(林 笛)

江上杂诗　　　　　王又曾

江上丈人空复期,芦花如雪覆晴漪。
江波流尽千年恨,明月白鸥都不知。

一个明月朗照的夜晚,诗人舟行江上,满眼风物凄清,勾起他对二千多年前春秋时代著名历史人物伍子胥的追怀,激发了深邃的思古幽情和沉郁的现实感慨。

伍子胥(?—前522),名员,子胥为其字,春秋时楚国人。其父伍奢、兄伍尚都被楚平王杀害。为逃避迫害,他投奔吴国,后为大夫,与孙武共佐吴王阖闾伐楚,五战攻入楚都郢,掘平王墓,鞭尸三百。因有功,封于申地,故又称申胥。吴王夫差时,他劝王拒绝越国求和并停止伐齐,渐被疏远。夫差听信伯嚭谗言,赐剑命他自杀。千百年来,伍子胥鞭尸报仇的豪情和遭谗自尽的悲剧,一直激荡着历代志士仁人的情怀。

诗人敬慕伍子胥,同情伍子胥,当他行经伍子胥当年投吴的渡口时,怎能不心潮澎湃,浮想联翩?眼前,明月当空,江水奔流,岸边芦花雪一样洁白耀眼,覆盖在波光粼粼的江面。江上一叶小舟悠荡,打鱼的老人翘首企盼,等待着江边的客人。此情此景,不就是伍子胥渡江的再现吗?那芦花怒放的苇丛曾躲藏过伍子胥的身影,那涟漪轻漾的江面曾载负过伍子胥渡江的船舟,那白发银髯的江上老人曾亲手把伍子胥送往对岸。诗人的思绪回到了二千多年前……

《吕氏春秋·异宝》载:"(伍员)因如吴。过于荆。至江上,欲涉,见一丈人刺小船,方将渔,从而请焉。丈人度之,绝江。问其名族,则不肯告。解其剑以予丈人,曰:'此千金之剑也,愿献之丈人。'丈人不肯受,曰:'荆国之法,得五(伍)员者爵执圭,禄万檐,金千镒。昔者子胥过,吾犹不取,今我何以子之千金剑为乎?'五员过于吴,使人求之江上,则不能得也。"江上打鱼老人明知悬赏缉拿伍子胥,却冒死帮助他逃离楚国去投奔吴国。伍子胥酬谢他以千金之剑,老人拒而不受,可知老人忠厚正直,富有侠义心肠。

如今,伍子胥早已作古,江上老人也不知更换了几世几代,可江上老人还在期待。在诗人眼里,江上老人是民众的化身,代表民意民心。江上老人在期待,就是期待伍子胥这样忠烈刚毅的志士。可是,他落空了,一声"空复期",凝聚了诗人多么深重的喟叹!江水奔流,昼夜不停,万古不止,流不尽的是江水,更是千年怨,万年恨啊!这怨,是千年民众的泪;这恨,是万代志士的血,自然也包括诗人在内。然而,这一切,千载照耀的明月知道吗?万里翱翔的白鸥知道吗?"都不知",三字中包容多少沉痛的感慨!试想,连二千多年来一直照耀江面的明月和千百年来一直翱翔江面的白鸥都不知道,更何况其他麻木不仁的人和物呢!

怀古诗以议论警策取胜。这首诗感慨世无伍子胥这样的志士仁人,为世人的愚昧无知深致叹息,不啻是一声醒世的呐喊,可惜失之伤感,缺乏振奋人心的力量。此诗以议论为主,难得是议论始终熔铸在鲜明的物象中:那江上的老人,那雪白的芦花,那晴日的涟漪,那奔流的江波,那清朗的明月,那翔飞的白鸥,无不与议论浑然一体。这,正是这首怀古诗所以耐人涵咏的原因。　　　(林　笛)

题　余　舫　　　　　　　　　　王又曾

闲身天地沙鸥似,借得溪堂畅远襟。
白日尽吹残雨冷,碧梧高坐一蝉吟。
狂来飞动江湖思,懒极生疏礼法心。
枕上红酣秋梦阔,窅然三十六陂深。

这首七言律诗系王又曾为其书斋余舫所题,抒写了他闲居时的心情。清王昶《湖海诗传褐山房诗话》云:"至补刑部主事,谷原(王又曾号)以律例向非素习,且病,遂乞假归。性喜饮,谈笑风生,神情潇洒,虽飘泊江湖,而东南长吏晋接者多。赋诗斗酒凡十余年,卒憔悴偃蹇而没。"以诗中对礼法律例的厌恶,对江湖生活的思慕和对江南故乡的怀念等推测,诗当作于补刑部主事后、以病乞归前,是诗人当时思想情绪的真实写照。

首联出手擒题,借书斋写心境。诗人偶尔凭借水边书斋舒展一下远大襟怀,忙里偷闲,觉得此身恰好似天地间一只自由翱翔的沙鸥。"闲身"句显然是化用杜甫《旅夜书怀》诗中"飘飘何所似,天地一沙鸥"句意。颔联以景色衬情绪。整日残雨吹洒,一阵阵冷意袭人;一只秋蝉高坐在梧桐树上,声声低吟,听来顿生丝丝忧愁。"冷"字一笔两到,既写天气,又状人的情绪。"白"、"碧",设色清冷,与诗人心境谐和。颈联从性情见心态。狂放的性情,慵懒的情态,表达诗人对江湖自由生活的追羡和对封建礼仪法度的抗拒。颔联借景透出凄清情绪,是环境使然;颈联由景及情,直抒愤激心志,是诗人本色的流露。"狂"来自内心按捺不住的刚烈和血性,"懒"出于对礼法的鄙夷和对抗。"飞动"状出翻滚难平的思想波动。"生疏"传出对礼法由恪守到怠慢的心灵历程。尾联托梦境寄乡思。宋王安石《题西太一宫壁》诗云:"柳叶鸣蜩绿暗,荷花落日红酣。三十六陂流水,白头想见江南。"汴京和扬州天长县(今属安徽)都有三十六陂。王安石重游汴京的三十六陂,想起自己曾游赏过春水弥漫的江南三十六陂(其实天长县在江北,靠近江南,这里概而言之)。诗人斜倚枕上观赏秋日水上红酣的荷花,渐入梦境,梦中又看到日思夜想的江南故乡那幽深的三十六陂流水。

诗人曾自谓:"我诗适兴而已。诗家精深华妙,森严密栗之境未能到也,然天真烂漫,随手拈得,颇唐中见风致,古人佳处往往在是。"(引自徐世昌《晚晴簃诗汇·诗话》)此诗亦"适兴"之作,唐宋名家诗句"随手拈得",驱使自如,略加点化,便臻妙境。风调似颓唐,却风致宛然,景中藏情,佳处不减汉魏六朝及唐宋诸家。

(林 笛)

经 天 姥 寺

王又曾

天姥峰阴天姥寺,竹房涧户窈然通。
老僧敲磬雨声外,危坐诵经云气中。
禅榻茶烟成夙世,天鸡海日又春风。
回头却忆十年梦,梦与山东李白同。

经天姥寺

天姥寺在今浙江嵊州和新昌两县交界处的天姥山上，寺因山得名。《太平寰宇记》九六"越州"引《后吴录》云："剡县有天姥山，传云登者闻天姥歌谣之响。"山又因人得名。唐白居易《沃洲山禅院记》云："东南山水，越为首，剡为面，沃洲、天姥为眉目。"可见天姥山是当时东南游览胜地。天姥山临近剡溪，剡溪附近名山甚多，自晋代以来就是名流隐居的地方。唐代大诗人李白深情地表白过"自爱名山入剡中"的愿望，又以梦游驰骋想象，写下《梦游天姥吟留别》这样奇异瑰丽的诗篇。这些无疑给天姥山披上了神奇虚幻的色彩，自然驱使诗人王又曾登临揽胜。这首《经天姥寺》便记录了他行经天姥寺时的所见、所闻和所思。

"天姥峰阴天姥寺，竹房涧户窈然通。"首联记所见：描写天姥寺的环境和建筑。寺位于天姥峰的北麓。诗人未正面描绘天姥峰的雄姿，但人们仍可从谙熟的李白《梦游天姥吟留别》诗中想见其"连天向天横，势拔五岳掩赤城（天台山的一部分）"的气势。寺的周围，竹建的房屋远远地和山涧人家的门户相通，显得幽深古朴。诗人也未正面描写山竹和山涧，但透过竹房和涧户，修竹的挺劲，清涧的流响，已不难想象。这是诗人诗笔简省精妙处。

"老僧敲磬雨声外，危坐诵经云气中。"颔联叙所闻：突出敲磬声和诵经声。磬是佛寺中敲击以集合僧众的鸣器。淅沥的雨声外，传来哞哞敲磬声，那是老僧在集合僧众；虚渺的云气中，飘出朗朗念经声，那是僧众端坐诵读经文。"雨声外"，衬出磬声传响悠远；"云气中"，写出寺庙高入云表。"老僧敲磬"、"危坐诵经"，均非诗人亲眼目击，只是凭着对寺庙的熟悉，出于悬想，却使人身历其境，感受到佛寺的庄重肃穆和僧人的清静虔诚。

"禅榻茶烟成凤世，天鸡海日又春风。"颈联怀古：追思唐代诗人李白和杜牧。杜牧游禅院时，曾留下"今日鬓丝禅榻畔，茶烟轻飏落花风"（《题禅院》）的诗句。禅榻是僧人用以坐禅的矮而小的床。禅僧焚香坐禅，每焚完一枝香，就要饮茶，以提神集思。茶烟当指热茶蒸发的水气。杜牧躺在寺院的禅床上，慨叹自己鬓如白丝，凝视风儿吹落片片花瓣，香茗散发袅袅烟气，在风中轻轻飘飏，一种感怆悲凉的意绪袭人心扉。这是一种万念俱寂的"悟道"境界，是杜牧晚年生活的一个真实写照。李白梦游天姥山时，有"半壁见海日，空中闻天鸡"（《梦游天姥吟留别》）的诗句。天鸡是神话中天上的鸡。《初学记》三十晋郭璞《玄中记》云："桃都山有大树曰桃都，枝相去三千里，上有天鸡。日出照木，天鸡即鸣，天下鸡皆鸣。"李白描述梦中在悬崖峭壁观海上日出，在天姥绝顶听天鸡啼鸣的情景，无疑为天姥抹上了一种神奇壮观的色彩。如今，诗人经过天姥寺，未必坐禅榻，观茶烟，却由寺庙联想到杜牧当年游禅院的情形，那"禅榻茶烟"的诗句便油然浮上脑际,他也进入了那种万念俱寂的悟道状态。诗心相同,禅心相通,他甚至认定杜牧就是自己的前世了。诗人登上天姥,春风满怀,又是一番壮美景象。眼前未必真有"天鸡海日"的景观,他只是用"天鸡海日"指代天姥风物,或者更确切地说,他是以此怀想李白的豪迈浪漫,表明与李白异代同游的心迹。

"回头却忆十年梦,梦与山东李白同。"尾联抚今:回首过去十年的生活历程。杜牧《遣怀》诗有"十年一觉扬州梦"句,"十年梦"当本此。诗人对"十年梦"未用"觉"而用"忆",这就少了一点杜牧那种忏悔的意味。山东是李白中年寄寓之地,李白有"学剑来山东"、"我家寄齐鲁"的诗句。诗中"山东李白"当指中年李白。诗人回首十年往事,一言以蔽之曰"梦",一种"人生如梦"的感喟自在不言之中;检点"梦"中情境,竟与中年李白相同,这就多了一份欣慰的情味。李白在《梦游天姥吟留别》中叙述了梦游的历程后高唱道:"世间行乐亦如此,古来万事东流水。别君去兮何时还,且放白鹿青崖间,须行即骑访名山。安能摧眉折腰事权贵,使我不得开心颜!"他向往到名山去求仙,而决不愿忍辱受屈地事奉权贵。诗人把李白引为异代知己,李白的这些诗句道出了诗人的心声。他官刑部主事后,乞告归,飘泊江湖间,他的心是与李白相通的。

这首七律在艺术上很具特色。颔联"老僧"两句流贯而下,又不乏对偶的韵致。尾联"回头"两句,"梦"字重出,且前后相衔,读来不觉重复,只觉情韵袅袅,意味无穷,句法为律诗中所罕见。诗的后半部用典不露痕迹,含蕴婉曲。吴应和、顾澜《浙西六家诗钞》评此诗曰:"通体峭健,无对偶之迹。'老僧'十四字作一句读,是律诗创格。结局尤奇横,是律诗创调。"前人是注意到此诗格调的峭拔挺健和句法的奇横新创的。

(林　笛)

过湖上,风甚,不果泛舟,沿钱塘门至钱王祠望湖中桃花(三首)　　王又曾

今年东风太早计,正月已催黄鸟鸣。
红得桃花遽如许,更将底物作清明?

柳边花下马轻跑,瞥地红梢更绿梢。
可惜湖船风太急,不然摇到晚钟敲。

兜围红影衬青山,裹住湖滨不放闲。

谁仿争春红杏例,一花树下一丫鬟。

以上三首小诗描绘西湖春色,情景如画,笔墨传神,是西湖诗中不可多得的佳作。

第一首写早开的桃花,以批评东风的口气,巧妙地将歌颂桃花繁盛美艳已如清明时的一段情意传出。在诗人词家心目中,春天的变化似乎是由东风(春风)带来的。故秦观说:"梅英疏淡,冰澌溶泄,东风暗换年华。"(《望海潮》)方岳说:"春风多可太忙生,长共花边柳外行;与燕作泥蜂酿蜜,才吹小雨又须晴。"(《春思》)因此,王又曾也将桃花早开同东风联系起来发表议论,是不奇怪的。鸟鸣花开是有时间性的,按照《礼记·月令》的说法,"桃始华(桃树开始开花),仓庚鸣(黄鸟即黄莺开始鸣叫)",一般是在"仲春之月"(春季的第二个月)。桃花盛开应是在农历二月下旬至三月上旬清明节的前后。而这一年正月,诗人游湖时,即已听到了黄莺的叫声,桃花更已是"灼灼其华",烂漫照人了。故诗人责备东风过早地将鸟鸣花开作了安排,到了清明节时,将难以再用桃花装点节日的春光了。全诗四句,以议论贯穿。东风的拟人化,增加了作品的情韵。"太"、"已"、"遽"等虚词前呼后应,如见作者声气口吻。在责备东风的深处,暗藏着诗人喜爱早开桃花的一片深情。

第二首写游湖的乐趣。诗人本拟坐船游湖,因"风甚,不果泛舟",只好改变计划,"沿钱塘门至钱王祠"陆行游赏。钱塘门,旧址在今杭州湖滨路西湖六公园附近。钱王祠,旧址在今杭州清波门北,旧名表忠观,祀吴越王钱镠等五人。诗人行进的路线,相当于从现在的六公园沿湖滨路南行,转至南山路柳浪闻莺公园。当时这一带广种桃、柳,自然风光宜人,与今日的喧闹判若两地。诗人骑马而行,花边柳下,马儿轻跑,红桃绿柳的枝条转眼掠过,轻疾的马蹄敲击出诗人心底的喜悦。陆行的愉快,使他转而想到未能如愿以偿的湖中之游,惋惜之情油然而生:"可惜湖船风太急,不然摇到晚钟敲。"这两句是虚写,与前两句的实写相映衬,进一步见出诗人游兴之高,透过一层表现了西湖景色的动人之深。在用字上"可惜"一转,"不然"又一转,情现乎词,愈转而愈深,一个为西湖美色所陶醉的诗人形象活脱脱地映现在读者眼前。

第三首,重新集中笔力写桃花,但并不正面细描,而是巧用映衬,写得既有气势,又极美艳。"兜围",即周围;"不放闲",意谓不见空当,处处都是桃花。西湖三面有山,从湖滨望出去,青山刚好成为开满湖滨的桃花的背景。蜿蜒不绝的碧绿衬着绵延不断的艳红,本已够动人的了,再经注意,发现了更为动人的景象:

"一花树下一丫鬟。""丫鬟",原指婢女,这里泛指游春的年轻女子。人面桃花相映红,两美相并,花更美,人也更美了。"谁仿争春红杏例"一句,是诗人借用典故发表的议论。《扬州事迹》载:"扬州太圃中,有杏花数十畦(音缀,田间的道路)。每至烂开,张大宴,一株令一倡倚其傍,立馆曰'争春'。"但安排倡女与红杏争春斗艳,那是有意为之,而女孩子们云集西子湖畔,"一花树下一丫鬟",则是不召自来,偶然的巧合。虽然画面仿佛,却有雕琢与自然之分。诗人的狡狯在于,虽然明知"一花树下一丫鬟"与有意安排无关,却偏要谬加认定,无疑设问,从而进一步拓展了诗作优美的意境,使诗情跌宕,情趣盎然。

三首诗,写法各异,情景不同,但无不围绕着西湖的春色落笔,时时流泻出诗人的爱悦之情。在激赏诗人艺术地成功再现西湖自然美之余,我们心头也不觉萌发了于山水之间寻幽探胜的雅兴……

(陈志明)

【诗人小传】

钱　载

（1708—1793）　字坤一,号萚石,又号瓠尊,晚号万松居士,秀水(今浙江嘉兴)人。乾隆十七年(1752)进士,官至礼部侍郎。其诗宗杜甫、韩愈,以清真镵刻为主,时于偭质中别饶清韵,罕用僻字僻典,专于章句上争奇。在当时诗坛上别树一帜,为"秀水派"的主要诗人。又工书法,善绘画。有《萚石斋诗文集》。

葑门口号(三首选一)　　　　钱　载

灭渡桥回柳映塘,南风吹郭不胜香。
湖田半种紫芒稻,麦笠时遮青苎娘。

乾隆五年(1740),作者游苏州,纪游诗中有《葑门口号三首》,这里选的是第三首。葑门,苏州城东北门。口号,即顺口成诗,与"口占"意同。

诗写夏天葑门外的风光人物之美。首句:"灭渡桥回柳映塘",从桥边的景物写起。灭渡桥,又名接渡桥,傍池跨水。春去夏来,岸上杨柳成荫,长条披拂,影照绿波,与桥身回转相映,景色醉人。接下去一句:"南风吹郭不胜香",从上句的视觉写到触觉、嗅觉。触觉是"郭外"的"南风"吹来,使人有凉快之感,这在盛暑中是难得的,在城中是不易消受的,有本题第二首的"街头长日卖新冰"句可证。

风吹来本应说"凉","凉"字不出,却跳跃一步说是"吹香",而且吹的是"不胜香",这就奇得使人疑异。原来香指的是成熟收割后的麦子的气息。麦本无所谓香,但假如你有和农民一样欣喜庄稼收成的心情,就可能感到它的香,"不胜"二字,又把这种感受加以强化。所以这里所写的,不仅是简单的嗅觉,而且是深切、复杂的心理感情的移注。试读王安石《初夏即事》的"晴日暖风生麦气,绿阴幽草胜花时",苏轼《南园》的"春泥雨过罗纨腻,夏垄风来饼饵香",便可参悟其中道理和句中妙处。结尾两句:"湖田半种紫芒稻,麦笠时遮青苎娘。"又转写看望田中的视觉。水田中一半已插种了"紫芒稻",头戴麦草编成的斗笠、身穿青色苎麻夏衣的妇女在田间劳动。她们的身体时俯时仰,俯时身子常被斗笠遮住,变成见笠不见人了。江南妇女,夏天参加插秧,作者在古体《插秧》诗就写到:"妾坐秧田拔,郎立水中插。没脚湿到裙,披蓑湿到胛。"男女并写,这里专写妇女,大概她们的装扮特别吸引人。苏轼在《於潜女》中写出了江南妇女走路时的"青裙缟袂"之美,这里又写出了她们劳动时的"麦笠"、"青苎"之美。这两句把田间活动、人物装扮,合成一气,"时遮"两字所透露的若隐若现,把两者的关系轻轻拢点。构成对偶句,内容朴素生动,对仗工整活泼,特别是"青"、"紫"作对,色调的配合更使整个场面显得非常妍美。

这首小诗,清新妍丽。写自然环境,是一幅优美的风景画;写江南农村妇女的劳动,又是一幅生动的风俗画。 (陈祥耀)

到家作四首(其二)   钱 载

久失东墙绿萼梅,西墙双桂一风摧。
儿时我母教儿地,母若知儿望母来。
三十四年何限罪,百千万念不如灰。
曝檐旧袄犹藏箧,明日焚黄只益哀。

本诗作于清乾隆三十九年,久宦在外的诗人,在回京途中,路过家乡秀水(今浙江嘉兴)。此时,距乾隆六年其母朱氏去世,已经三十四年过去了;诗人自己,也是六十八岁的望七老翁。但尽管母亡已久,自身亦垂垂老矣,但母亲抚育的昊天罔极之恩,仍时刻不能去诗人之怀。其实,他这次返京,本可由江西径直北上,而无须取道秀水;之所以要特意绕道返里,无非是因为想一省先人庐墓,聊尽自己的哀思。诗人的拳拳孝心,真可谓无论是童是叟,都无时而易。这一组到家之作,大抵皆为亡母所发,共有四首,此选第二首。

"久失东墙绿萼梅,西墙双桂一风摧。"到家了,但是多年在外,故宅的一切都物换星移了。老年人的心思总是怀旧的,故宅未必没有新事新物,但惹他注意的,却只是旧物的消逝。那东墙边开着绿色花萼的梅树,对于诗人来说,似是多年失散的老友了,如今虽然重逢,彼此却添了许多苍老,老树尚能婆娑生萼,人老则不能复稚,睹树抚己,能不怆然? 至于西墙下的一对桂树,则更令诗人凄然:不知何时来的一阵疾风,已将它们枝杆摧折、现在只剩下枯槁形骸了;人称家道兴隆,辄曰"兰桂齐芳",而今见双桂摧折,念及堂上双亲见背已久,自不能不悲从中来、老泪不禁。首联二句,全从旧宅草木着笔,然睹物之中,已含思人,并非单纯为景物变迁叹息,由此过渡到次联,意脉之延续,踪迹可辨。

　　"儿时我母教儿地,母若知儿望母来。"此梅老桂摧之地,更是诗人儿时母亲教养他的所在;而今,母亲的身影已不复可睹,母亲的英灵或许还能知道诗人返里吧? 垂老的诗人,仿佛又回到了幼年,生起了童稚的痴想:母亲,你的亡灵若有知,就望您回来一趟吧! 自然,诗人很快就会从痴想中醒来,此时,身站母亲昔年教养之所,念及慈母永无望再来,他的悲情之难堪,当更甚于初睹梅桂之时吧。诗意至此,较上联更转深一层。次联二句最可瞩目的,自是"儿"、"母"的反复出现、处处相对,如此不避重叠,却不觉单调枯燥,反令人想象到为儿的声声唤母之切,这全是因为二句乃诗人的至情流露、无意工拙,故不求工而反工,出语纯朴无华而反足以动人。此二句更有一个佳处,或许读者尚未留意:二句对仗虽工整,意义却不并行,上句是实,下句是虚,上句是身在,下句是神往。故二句平朴之中,并非不寓变化,虽是至情流露,毕竟是才人之笔。

　　"三十四年何限罪,百千万念不如灰。"颈联二句,乃痴想已定之余的自责自哀,极其沉痛,读之令人心折。母亲亡故,已经渺焉三十四年过去了,这些年来,诗人奔走王事,不能长久恋慕于母亲庐墓,使墓前洒扫无人,祭享不时,念兹及兹,真感有无限罪孽,无颜以对亡母之灵。常言道:"万念皆灰",而今,想到母亡不能复赎、大痛将抱终身,诗人三十四年间纵生过千百万个经邦济世之雄心、立言不朽之宏愿,到此亦不免尽付之灰飞烟灭——不,灰飞尚有痕迹,诗人之心灰,直如一片白茫茫大地,又岂是灰飞可比? 上句,是过甚的自责,但唯因过甚,更见诗人的恋慕之深。下句,是有阅历老者的慨乎言之,因阅历深,故得言"念"之多;而唯因"念"之多,一旦弃之,更可见诗人的痛定思痛、大彻大悟。当然,钱载此后又在仕宦上逗留了九年,直至乾隆四十八年始以礼部侍郎乞休致仕,本诗所言,或乃一时痛切之词;但无论怎样,就本句而言,其痛彻心肺之感还是足以动人的。此二句句节上有明显的特征,变传统的二、二、三句节为三、一、三句节,"三十四年"、"百千万念",极言其久、其多,拗折的句节,正传达出诗人心灵的扭曲。钱载的诗,素以盘崛见奇,但在这里,他却不是有意为崛,而是诗情到了悲摧心折的地步,诗的句式也随之自然诘屈,可谓内容与形式获得了高度的和谐统一。

本诗以中四句为佳,不假一实物,仅以抽象之词,即传达出诗人心曲。尾联则又回到实物上,呼应首联。"曝檐旧袄犹藏箧,明日焚黄只益哀。"曝檐,谓在屋檐下晒太阳取暖。焚黄,指扫墓时在墓前焚烧追赠母亲诰命的文书(用黄纸缮写)以祭告亡母。母亲生前,倾全力养育了诗人,而自奉至俭,冬日只有一领旧袄,只得倚日取暖,何其清贫。如今,为人子者仕途显达,给母亲挣得了一纸诰命,使其克享哀荣,本是良可欣慰的事。但是,当诗人蹦跚旧屋、打开遗箧、目睹旧袄犹存之际,他的心却再也无法有快慰之感了:母亲一生贫寒、劬劳以终,何曾享过一日清福? 如今安人、宜人之类的称号,荣耀则荣耀矣,却又何补母亲生前? 看来,明天扫墓焚黄时,自己也只有更增哀思了。结句再荡开一笔,遥想来日之哀,使弥漫全诗的沉痛之气,又涌向未来、流于无穷,一结余意不尽。

昔人评此诗云:"字字沉实,字字动荡。"(张维屏《国朝诗人征略》)"如怨如慕,如泣如诉,真是血性所发,故沉痛若此,不必于字句论工拙、气体辨家数。"(吴应和《浙西六家诗钞》)皆道出了本诗的特质。其动人之因无他,唯一真情而已。

(沈维藩)

观王文简所题马士英画二首(选一首) 钱 载

王师南下不多年,司理扬州句为传。
落尽春灯飞却燕,江山如画画依然。

这一题诗,乾隆四十年(1775)作于北京,此为第二首。王文简即王士禛,文简是其谥号,他从顺治十七年(1660)二十七岁时起至康熙三年(1664)三十一岁时止,在扬州任推官五年。推官,掌狱讼,宋代称司理参军。康熙元年(1662),他在扬州时,有《题马士英画》诗:"秦淮往事已如斯,断素流传自阿谁? 比似南朝诸狎客,何如江令擘笺时!"过了十三年,钱载又为王士禛题过诗的画幅再题两首诗。

马士英,明末贵阳人,万历四十四年(1616)会试中式,时与阮大铖同科。两人出仕时都有污迹:崇祯时,二人曾同罢官居金陵(今南京),往来密切。崇祯亡国,马士英正任凤阳总督,他投机在金陵拥立福王,窃取宰相大权,排斥史可法,损害江防;又起用阮大铖,狼狈为奸,任用私党,陷害正人。阮大铖则进呈、排演所作《燕子笺》《春灯谜》等传奇,勾引福王歌舞升平,沉醉声色。这两人是败坏南明弘光朝朝政、导致其迅速灭亡的罪魁祸首,为当时朝野上下所痛恨。马士英能画,弘光朝灭亡后,人们鄙视他的为人,相传有在他的画幅上,添加笔画,改其题名为"冯玉英"的。据本题第一首诗及作者自注:画的是"山绕长江柳带烟,柳疏江冷暮秋前"的景色;作画时间是崇祯四年(1631)马士英任山西阳和道副使时。

起两句:"王师南下不多年,司理扬州句为传。"指王士禛写题画诗,距顺治元年(1644)清兵南下,只有十八年。言外是时间不久,而朝廷易主,江山变色,人世沧桑之恨已多。结两句:"落尽春灯飞却燕,江山如画画依然。"巧妙地借用阮大铖排演《燕子笺》《春灯谜》之事和南明亡国之事联系起来,语涉双关。江山残破,节日繁华的"春灯"销尽;屋宇倾颓,旧时的燕子飞去不来,突出地渲染明亡后的凄凉气象。人们常说"江山如画",指其美相似;但江山是长久的,图画则容易损坏,难以保持长久。然而,钱载笔下的情况却恰恰相反,图画还依然不变,而江山却大异其情状。也就是说,从马士英作画到弘光朝灭亡,明朝的江山比图画的寿命更短。把反常的现象指出来,话说得很简短,但意义的层次却很多。

这首诗,语言平易而内容却涵蕴深沉。结两句白描中有形象,形象中见感慨,感慨中见嘲讽;表面朴质单纯,实际曲折冷隽,意味倍觉悠长。　　　（陈祥耀）

小　店　　　　　　　　　钱　载

小店青帘又夕阳,儿童竿木也逢场。
丁丁弦响村风急,灼灼桃开水岸香。
富厚易传苏季子,是非难管蔡中郎。
不成买醉欣然坐,摇鼓冬冬自卖糖。

表现乡村生活的作品在古代诗歌中是很多的,作家们往往站在不同的角度,用不同的眼光去观照乡村,所以诗人笔下的乡村是各不相同的。同样的景象由于审美态度的不同,其意味也会有别。这一点在阅读古典诗歌的时候尤其不能忘记。

这首诗是以一个庄稼老汉口气写的,洋溢着浓厚的农家气氛,诗人的目的就是让你感受到这种气氛的亲切。要知道他并不是一个庄稼老汉,相反,他是当了几十年朝廷要官之后,刚回到家乡不久的。作为过惯了另一种生活、有着丰富经历的人,他来体验农家生活,这里的滋味就不是一个庄稼老汉所能领略的了。所以这里双重的观照，就使得全诗透露出一种特别的滋味。

首联简笔勾勒村头的场面。这是庄头上的一块空地，有一家小酒店坐落在场地边上，夕阳斜照，青帘高挑，是村民们聚集娱乐的时间。拿着竹竿的孩子们在空地上互相追逐着，像是逢场作戏一样。喧闹的气氛全出来了。劳作了一天之后，这是农民们唯一感到轻松的时刻。

颔联描写盲人来演唱故事。盲翁沿村说唱是乡间常有的事，陆游在《小舟游近村舍舟步归》诗中写道："斜阳古柳赵家庄，负鼓盲翁正作场。身后是非谁管得，满村听说蔡中郎"，此地和陆游描写的情况相似。丁丁的琴声随着村风飘出场外，也许正说到高潮的时候，远处也能听到这种急促的弦声。"急"字表面上是说风力大，其实暗含着弦声激荡风声之意，用得含而不露，耐人品味。村边上桃花正在盛开，小河两岸飘满了花香，村里村外构成一种和谐的春天的气氛。只有老人才会把注意力移到盲人的故事之外，用局外人的眼光来打量这一切，他对盲人的故事早已经听惯了，故事并没有真正吸引他，老汉感兴趣的是讲故事和听故事的人，以及周围的景色。

颈联写盲人所讲故事的内容以及诗人对故事的态度。这两句带有评论的口气，是过来人的经验之谈。苏季子就是苏秦，战国时候，他先以连横之策说秦王，不被采用，潦倒归家，"妻不下衽，嫂不为炊，父母不与言"，后来以合纵之策说赵王，大得信任，挂六国相印回家，妻嫂争着奉承，向他赔罪。他感叹说，"人生在世，势位富贵，盖可以忽乎哉！"（见《战国策》）"易传"说这类故事容易传播，是因为世人向往富贵，这里也表现了老人不以为然的态度。蔡中郎就是汉代的蔡伯喈，传说他做官以后把糟糠之妻赵五娘给遗弃了，五娘弹着琵琶上京城去找他。这个故事与史实不合，所以诗人说"是非难管蔡中郎"，与陆游的诗正好相符。总之，这类故事只能够吸引那些无知的村民，而对有阅历的人来说，则显得很好笑，不过逢场作戏而已。这里有两重意思，老汉以无意于富贵的庄稼佬身份表现了暮年的看破一切，而诗人则借老汉的口气表现了他对自己过去经历的某种态度。一种晚年回归乡里，返归朴实的心态就通过这双重的态度渗入场面描写之中，使全诗显得意味深长。

尾联转向写老汉自己。老汉虽不能买酒一醉，但他却仍是欣然自得，摇着鼓向儿童兜售自制的小糖。这两句与首联相呼应，艺术上尤其显出特有的严谨性。老汉的行为有明显的自得其乐感，而他究竟乐的是什么呢？是与儿童相类的一种乐吗？显然不是，是超然物外的一种乐吗？似乎也不是。可以说这是全诗最富意味的一笔。这是投入与旁观两种态度掺杂的愉悦，是老汉自得其乐,而诗人又乐其所乐的一种双重体验。这种心境,没有丰富生活感受的人是很难体会的。

不过,正因为诗人意识到了这点,他才采取了最通俗的形式,采取了双重的抒情手法,使不同层次的读者都能从这生动的乡村图景当中找到各自的乐趣。这正是诗人笔法的老到之处,读者切不可因其字面的通俗而忽视之。

(王小舒)

城　隅　　　　　　　　钱　载

城隅南去独西东,畦菜墙桑取径通。
老妪古祠杯珓火,群儿高阜纸鸢风。
晚来芳草欲争绿,晴杀杏花难久红。
得半好春闲里过,浊醪能醉与谁同?

这首诗作于乾隆九年(1744),时作者在故乡秀水(今浙江嘉兴)。

起联写城边大路向南,自己却独自往东西方向走动,这里的菜畦和桑地都有小路可通。走在这些地方,有什么惹眼的事物可看呢?颔联:"老妪古祠杯珓火,群儿高阜纸鸢风。"接着写所见人物的活动。古祠庙中,有老妇人在烧香、烧纸,她掷着"杯珓(jiào)",在火光中求神问卜;高地上有儿童们在趁着春风放风筝。杯珓,用木片或竹片制作的成对的掷地问卜的用具;纸鸢,纸制的鹰鹞,指风筝。这一联全用名物性的词语组成,没有用形容词或动词构成谓语,却能独立成句。这是古汉语的特殊语言现象,也是传统诗词的特殊组句方法。它的逻辑上的联系,语法上的主谓、动宾等关系,都以省略、压缩、倒装的形式曲折显示,并非漫无条理,而是巧妙剪裁,读者自可还原领会。颈联接写所见风景:"晚来芳草欲争绿,晴杀杏花难久红。"从第七句看,这首诗大约写于二月中旬,那几天大概天气连续放晴,所以仿佛"芳草"也要到傍晚才能"争绿";杏花呢?缺少春雨滋润,看来更像快要衰谢。杏花和春雨,在古典诗词中常相联系,如陈与义《怀天经智老因访之》诗的"客子光阴诗卷里,杏花消息雨声中。"陆游《临安春雨初霁》诗的"小楼一夜听春雨,深巷明朝卖杏花。"虞集《风入松》词的"杏花春雨江南",都是著名佳句。这里以"晴杀"写杏花,故畏其"难久红",呼应得好;"杀"字用口语尤其生动。结联说春光过半,游罢归来,孤单寂寞,即使要喝酒也无人作伴。

这首诗起联点出地点、行动,引入下文,颇曲折结实。颔联意象密集,组织工巧,最饶胜概。颈联写景富色泽之美,又善用浅俗词语见生新。结联暗写游罢归来,结束全诗,并点出作诗时令,也不尽属空泛。作者诗篇,以学杜甫、韩愈见称;此诗佳处,则近杨万里。

(陈祥耀)

兴 隆 店　　　　　　　钱 载

店在宣武门南街西①,壬申夏②,汪孝廉丰玉公车至京而病③,病而移寓于此,竟以病归。今孝廉殁矣,车过辄心伤焉,为赋诗。

泪落店门前,街尘为不起。人生本逆旅,逆旅乃如是。适来讵无因④？适去竟何似⑤？徒令相见频,逭暑卧于此⑥。去年客扣户,今年车过市。市中与户中,影响渺尺咫⑦。微微药铛烟⑧,香气在窗纸;明明竹帘月,秋夜一房水;迢迢归椁雪,雪寒莫可止;冥冥春华红,春半坠红死。浩浩宣南坊⑨,将车欲寻子⑩;恻恻店门前,我犹为客尔。借问道傍人,畴复知所以？可惜文章身,少年付蝼蚁。

〔注〕① 宣武门:清代北京的城门名,在城南。　② 壬申:乾隆十七年(1752)。　③ 汪孝廉丰玉:名仲鈖,秀水(今浙江嘉兴)人。孝廉,清代举人的别称。公车:汉代用公家的车马接送应举的人,后来即以"公车"作为举人入京应试的代称。　④ 适来:偶然来到。语出《庄子》:"适来,夫子时也;适去,夫子顺也。"　⑤ 似:嗣续。　⑥ 逭暑:避暑。　⑦ 影响:声音形貌。　⑧ 药铛:煎药用的平底浅锅。　⑨ 宣南坊:即南街,在北京宣武门南。　⑩ 将车:驾车。

汪丰玉是诗人钱载的同乡,乾隆十七年(1752)他以举人身份赴京参加进士考试,却在考试前病倒了,于是移居到宣武门南街西面的一家兴隆旅店去,但殊不知竟一病不起,后以抱病之身回归家乡,旋即去世。就在这一年的考试中钱载中了进士,他于次年重过兴隆店时,想起了命归黄泉的故友,不禁感慨万分,泪湿青衫,于是写下这首哀婉沉痛的五古。

起二句说诗人未进店门,想起了汪丰玉的抱病而死,忍不住潸然泪下,那京郊的尘埃似乎也为之沾湿而不再飞扬。这两句虽极尽夸张之能事,然诗人的一腔悲痛已溢于言表,可谓发言不凡,未成曲调而先已有情。于是诗人感叹道,人生本来像一个旅舍,李白《拟古》诗云:"生者为过客,死者为归人。天地一逆旅,同悲万古尘……"当为作者所本。而眼前的兴隆店便是天地逆旅的缩影:偶然来了一位客人,但不知何时又离此而去,岂能说他来得没有道理,但去后又留下了什么痕迹呢？"人生"四句既是感怀人世无常,又关合题面,"兴隆店"本身不就是一个送往迎来,供人借宿寄居的处所吗?"徒令"二句追忆与汪丰玉的友谊,说因避暑来此,遂与汪氏过从甚密,"徒令"二字说明一切已成空幻的往日云烟了。"去年"以下四句通过今昔对照来哀悼故友的去世。去年诗人曾于此地敲开过他的门扉,今年驾车过市,他却已不复存在。市中与户中,相隔不过咫尺;去年与今岁,历时仅一年,但咫尺已成天涯,一年已为永诀,亡友的音容笑貌已渺然不可追寻。

"微微"以下八句通过一年四季的景物变化,怀想朋友病亡的经过。他是前一年的夏天移居于此的,所以从夏天写起。他来此养疴,故说药铛中微烟袅袅,香气似乎还留在窗纸之上;秋天是月华最明朗的时候,月光透过竹帘洒落在房中,犹如泻了一地的清水;当隆冬来临,汪氏即离京返乡,归棹上盖满了积雪,然冰雪严寒也挡不住他远去的归舟;春花红了,红得那样幽深,但春才过半,红花却已飘零衰败了。这四句表面上都是写景物,并没有一字涉及到人,但人事的发展已暗寓其中了。而且,无论是春、夏、秋、冬四时,景物的描绘都十分寂寥而冷峻,给诗歌笼上了一层晦暗的基调。夏日的香气来自药铛,秋夜的月色如水一般清冷,而风雪中的归棹不仅载着他的病躯,而且载着他的遗恨,猩红的落花更无疑是死亡的象征。"浩浩"四句则由回忆而归结到目前,诗人如今重又来到宣武门南,驾车欲寻访旧友,但临近店门,心中却恻恻悲痛,像是怕进门去。亡友已如离店而去的旅客,永远结束了他的人生旅途;而诗人自己却还是一个漂泊天地之间的匆匆过客。"恻恻店门前,我犹为客尔"两句绾合开头的"泪落店门前"、"人生本逆旅",通过对亡友的悼念,也逗出自身的感叹。

最后,诗人停车去问道旁的行人,可知道他悲叹的原因,然而还有谁会记得这里曾经住过一位生病的举子呢?于是诗人只有哀叹而已,他叹息汪丰玉的文才出众却年命不永,死于微贱。最后两句直接写出汪的去世,点出全篇悼友的主旨。

陈衍《石遗室诗话》中说:"箨石斋诗造语盘崛,专于章句上争奇,而罕用僻字僻典,盖学韩而力求变化者。"即指出了钱载诗的特点。他学韩诗奇崛拗折的风格,但不取韩诗遣词用语的光怪陆离,而用平易质朴的语言来写,其锻炼的工夫则全在造句和运思上,处处表现出刻意求新的祈尚,这首诗就是如此。如开头四句,将旅舍、悼友与叹息人生融为一体,起得悲恸感人,却也兀傲不平,真有韩诗"横空盘硬语,妥帖力排奡"的特点。又如"微微"以下连用六个叠字起句的句式,将四季变化,人事迁移融于景中,并造成反复唱叹的节奏,读来恻恻感人。而"秋夜一房水"、"春半坠红死"等句虽无奇奥生涩的字眼,但句意生新,别出心裁,自有一种拗折瘦硬的气韵,这也就是后来秀水派诗人普遍追求的审美趣尚。

(王镇远)

[诗人小传]

翁格

清诗人。字去非,江苏吴县人(今苏州)。诸生。《清诗别裁》曾选录他的诗。

暮　春　　　　　翁　格

莫怨春归早,花余几点红。
留将根蒂在,岁岁有东风。

这首诗一开始便发出了一个与众不同的声音:"莫怨春归早!"

大好春光是人人喜爱的,可是经不住几番风雨,几番狼藉,匆匆春又归去。面对一片惨红愁绿,古往今来有多少诗人曾为之黯然神伤,不是责怪东风无情,任意摧折百花,就是自恨无计留得春光常在。大量抒写伤春、惜春情怀的诗词,几乎都在为春天即将离去而伤感怨嗟。本诗作者却在这里力排众议,说道:"莫怨春归早!"

"花余几点红",诗人已经看到,春天盛开的百花正在凋萎,稀稀落落的几朵残花分明在告诉他春将归去。可是,他并没有因此而颓唐沮丧,仍是那样地坦然乐观。"留将根蒂在,岁岁有东风。"花开花落,原只是一时的现象,春去秋来,却是宇宙间的永恒规律,虽然今天已经无可奈何花落去,但只要花根不死,花茎还在,到了来年,在东风吹拂下,仍会萌发新芽,开出新花,重新展现出大好春光。浩荡东风岁岁有,春天自然也会年年来到人间。

推而广之,人生的境遇也同样如此。用不着为一时的挫折,暂时的逆境而垂头丧气,怨天尤人,留得根茎在,哪怕风横雨狂!今年遭了灾,明年又逢春。伤感叹息无济于事,不妨乐天知命,把希望寄托于未来。

作者出身于苏州洞庭东山的一个富商家庭,他家在明季隆、万年间因经营棉花、布匹及染料而致富百万,但到了他父亲翁澍手中,就家道中落了,产业全部变卖。作者此诗,可能与此特殊的身世、遭遇有关。我们不妨把它看作作者在身处逆境时的一种自我慰藉和自我策励。

(范民声)

【诗人小传】

李 勉

清诗人。字啸村,江南怀宁(今属安徽)人。诸生。

题雅雨师借书图 李 勉

旋假旋归未得闲,十行俱下片时间。
百城深入便便腹,直抵荆州借不还。

读书,当然是读自己买来的书最自在、愉快和有用。然而并非人人经济宽裕,可以坐拥书城。所以借书是读书人免不了的事。在印刷条件落后的古代尤其如此;古代贫寒的士子尤其如此。《借书图》画的就应是贫士所为。借书也有乐趣,因为"有借有还,再借不难"的缘故,借了就必须马上读。题中的"雅雨师"大约是位画僧,他的画中必是一个人在寒窗伏案读书。李勉看了这画则深有感受,故又形之于诗,这诗必然也抒发着他自身的经验。

嗜读好学的人一旦找到了可以借书的主儿,那劲头是很大的,借来就看,看后即送归,只怕书主人疑他拖延乃至侵吞。"旋假旋归"借书的日子太紧了,令他不得片刻安闲,"十行俱下片时间",看起书来飞快"片时间"内一目十行俱下,真够紧张的。看得这等快,是否会记不住呢?否,这位借书人非但看书快,而且记性也特别好,理解力也特别强,这么匆匆一遍,就能做到"百城深入便便腹,直抵荆州借不还!"这里的"百城"借喻书籍很有价值,"宋政和时,都下李德茂环集坟籍,名曰书城"(《太平清话》),此言"百城"极形其多。"便便"本形容肚子肥满的样子,《后汉书·边韶传》:"韶口辩,尝昼日假卧,弟子私嘲之曰:'边孝先,腹便便,懒读书,但欲眠。'"贫士哪有大腹便便,这里是形容肚子里装的书多。"荆州借不还"是用刘备向东吴借荆州为据点,西取益州,北并汉中,奠定蜀汉基业故事。因为荆州是战略要地,故刘备曾迟迟不肯归还东吴。而读书人借书是不能不还的,怎么可以说"直抵荆州借不还"呢?殊不知个中大有奥妙。书的用处只在读,借来的书只要读过,好比探取其珠,归还书便有如还椟。这不是"直抵荆州借不还"吗?只怕比借了荆州而赖着不还还妙呢。

这首七绝取材独到。它突破了一般写景抒情的格局,妙用比喻,写出了一种很有意思的人生经验。

(周啸天)

【诗人小传】

袁枚

（1716—1798） 字子才，号简斋，晚年自号随园老人，浙江钱塘（今杭州）人。乾隆四年（1739）进士，授翰林院庶吉士。后出知溧水、江浦、沭阳、江宁等县。四十岁辞官定居江宁（今属南京），筑室小仓山之随园，专事诗文著述。是清乾、嘉间重要的诗人之一。论诗主张抒写性情，创性灵说。对儒家"诗教"表示不满。部分诗篇对汉儒和程朱理学进行抨击，并宣称"《六经》尽糟粕"（《偶然作》）；多数作品则抒发其闲情逸致。工文章，善辞赋骈文。著有《小仓山房诗文集》、《随园诗话》、《子不语》等。

马嵬（四首选一）

袁枚

莫唱当年《长恨歌》，人间亦自有银河。
石壕村里夫妻别，泪比长生殿上多。

这首诗作于清乾隆十七年（1752）作者赴陕西任职途中，诗题"马嵬"即马嵬坡，在今陕西兴平县西25里，唐代天宝十四载（755）发生安史之乱，唐玄宗自京都长安逃往四川经过马嵬坡时，禁军哗变，杀死宰相杨国忠，并迫使唐玄宗命杨贵妃自缢。历代诗人对这一历史事件多有题咏。其中最著名者为白居易的长篇叙事诗《长恨歌》。诗人缅怀历史，自然想到《长恨歌》，乃赋此诗以"借古人往事，抒自己之怀抱"（《随园诗话》）。

白居易《长恨歌》主旨在于通过描写唐玄宗与杨贵妃的爱情悲剧，对杨贵妃之惨死与唐玄宗的悲思，寄予其深切同情，如"六军不发无奈何，宛转蛾眉马前死。花钿委地无人收，翠翘金雀玉搔头。君王掩面救不得，回看血泪相和流"，写得缠绵悱恻，哀婉动人，因此感染了一代代读者。唯独袁枚别具只眼，对《长恨歌》同情玄宗与杨贵妃永别之题旨不以为然，竟冒天下之大不韪，敢于声称"莫唱当年《长恨歌》"，这显示出诗人不肯从众而超越世俗的胆识。诗人之所以不同情帝王的爱情悲剧，是因为他有一个参照是："人间亦自有银河"，意谓普通百姓也有像牛郎织女被银河阻隔一样分离的悲剧。诗人把目光投向"人间""银河"，不仅是慧眼独具，更是关怀苍生的体现，正如他《寄梅岑》诗所云："苍生我辈忧。"袁枚并非只是吟风弄月，表现自我的诗人。在帝王与苍生的感情天平上，他的砝码倾向于后者。这种民为贵、君为轻的民本思想无疑是值得肯定的。诗人之所以更同情人间百姓，是因为百姓的苦难远比帝王深重。他在想到《长恨歌》的同时，更想到唐代诗圣杜甫《石壕吏》一类关心民瘼的名篇,因为它们是苍生"泪比长生殿上多"的生动例证。"长生殿"在陕西骊山华清宫内,是当年玄宗与杨贵妃的居所,《长恨歌》所谓"七月七日长生殿,夜半无人私语时",他们曾在这里海誓山盟:"在天愿作比翼鸟,在地愿为连理枝。"可惜未能如愿。这虽然也令人"长恨"流泪,但与《石壕吏》所描写的石壕村里老翁与老妇"二男新战死",又"有吏夜捉人",使"老翁逾墙走",老妇被官兵捉去从军的痛苦遭际相比,简直是微不足道了。许许多多像"石壕村里夫妻别"一样的百姓痛苦之泪水远比帝王爱情悲剧之泪水流得多。诗的结尾饱含着作者对人民的同情。吴应和评此诗写得"沉痛","足以动人",可与杜牧、李商隐"咏古诸作并传无疑"(《浙西六家诗钞》),并非虚誉。

这首诗以议论为主,但由于所选取的材料《长恨歌》与《石壕吏》都是生动形象、感情浓郁的名篇,因此能给人以丰富深远而具体的联想,何况诗人又注意采用"银河"、"泪"等比喻象征手法,使抽象的情感具象化,读来就不觉枯燥;而全篇以帝王悲剧与石壕村的百姓苦难相对照,亦颇具匠心,耐人寻味。　　　　（王英志）

咏　　钱　　　　　　　　　袁　枚

人生薪水寻常事,动辄烦君我亦愁。
解用何尝非俊物,不谈未必定清流。
空劳姹女千回数,屡见铜山一夕休[①]。
拟把婆心向天奏,九州添设富民侯[②]。

〔注〕　① 姹女:少女。东汉灵帝刘宏母永乐太后好敛才,京城有童谣说:"车班班,入河间,河间姹女工数钱,以钱为室金为堂。"见《后汉书·五行志》。铜山:汉文帝曾赐宠臣邓通铜山(在今四川荣县北),让他自铸钱。景帝时,邓家财被抄没,穷饿而死。见《史记·佞幸列传》。② 九州:指中国。《尚书·禹贡》分中国为九州。富民侯:车千秋曾被汉武帝封为富民侯。见《汉书·车千秋传》。此借"富民"词义。

平心而论,在中国思想史上,袁枚是应该占有一席之地的。过去一些作思想史的人,或者惯依道统师承派系写史,或者耳食前人评论,或者读书未遍即写史,故许多思想史著作均未及袁枚,其实这位强调为文作诗应才学识兼具的乾嘉诗坛大教主是很有识见的。这首诗即是勇敢地表达了他对钱的问题的看法。

对于钱,中国的先哲们在给思想史奠基的时候,就显示了轻视或疏远的态度。老子教人无欲、尚俭,谆谆诫人"金玉满堂,莫之能守"。儒家重义轻利,虽也说愿为富贵而执鞭,但更多的是对安贫乐道的赞美。墨家也殊重节俭,不尚富贵。虽然管仲和法家人物以及范蠡等人表示过对钱财的兴趣，但他们的思想在中国思想史上始终占不了主导地位。中国的农民起义也以"不患贫，只患不均"来表示他们的动机和目的。晁错、桑弘羊、王安石等人为国敛财，都引出历史上百年的轩然大波。商人的政治地位在古代始终不高。这种对钱财的态度曾造就许多高尚的品格，造成了百姓间的不争和社会的稳定，但也大大延长了中国封建专制统治的时间，抑制了生产力的发展。

袁枚是个勇于表达自己独立见解的人，所以，尽管中国古代对于钱财问题，总体上有那样的观念，他还是能不为传统所束缚。他写过不少涉及钱财的诗，点明咏钱的就有三题九首。这些诗中的观点概而言之有四点：一、要正视钱在社会、生活中的作用；二、正视但不要狂热，不要因钱而使自己变态；三、钱本身没有什么趣味，生时带不来，死时带不走，钱的作用太大不是好现象；四、最好是大家富裕，人人都有钱。在本诗中，作者比较集中地表达了他的这些观点。

柴米油盐之类的事情，人每天都有，但这些都离不开钱，钱的作用真大。就"我"个人而言，常跟钱打交道，也要犯愁，但"我"的这种态度，并不说明"我"鄙视钱，只要会用，钱还是好东西，那些闭口不谈钱的人并不一定就品行高洁。中国古代最有名的不谈钱的人物是西晋王衍，他夫人为考验他，用钱挡住他的路，但他说把"阿堵物"（那个东西）拿开，不肯吐一钱字。王衍是魏晋清谈风气中的著名人物，他的这种操行在当时和后世都很有影响。但王衍的品行实际上也并不十分高洁，他被石勒俘虏后曾劝石勒称帝以求苟活，他的"不谈"很大程度上也是因为多得用不完而不必再谈。王衍如此，其余相类者在历史上也不少见，这是一类。另有一类，虽对钱不谈也不贪，但他贪别的，或者虽然貌似无所贪却很顽固阴险恶毒，对这些人，袁枚曾专门写了《清说》《俭戒》等文表示对他们的反感。钱可以谈，也应该正当地追求，但不能钻在钱眼里出不来，过多的、非分的追求会使人积薪自焚。诗颈联所用的两个典故，即示此意。那些数钱不休、爱钱如命的人，不少到头来只落得倾家荡产，乃至性命不保，贪嗜又有何益？清贫不是好现象，光顾自己聚敛也会为钱所害，所以袁枚希望世界上能有真正会理财的人，带领所有的人走共同富裕之路。在尾联中，他希望自己的苦口婆心能上奏天廷，让上帝降下一个为民致富的人才来。袁枚对人的求富欲是肯定的，也希望人们努力求富，其《遣兴》七首之三云："货殖子贡产，雍廱原宪贫。富乃劳其力，贫则苦其身。"诗中的观点与他在《咏钱》中的愿望是完全相通的。

由上可见，袁枚在金钱问题上的观点是辩证、全面的。这种辩证全面造成了本诗的特色，即逐联转折，逐步升华。

（沈金浩）

陇　上　作　　　　　　　　　　　　袁　枚

　　忆昔童孙小,曾蒙大母怜:胜衣先取抱,弱冠尚同眠;鬓影红灯下,书声白发前;倚娇频索果,逃学免施鞭。敬奉先生馔,亲装稚子棉;掌珠真护惜,轩鹤望腾骞。行药常扶背,看花屡抚肩;亲邻惊宠极,姊妹妒恩偏。"玉陛胪传夕,秋风榜发天;望儿终有日,道我见无年。"渺渺言犹在,悠悠几岁迁;果然宫锦服,来拜墓门烟。反哺心虽急,含饴梦已捐;恩难酬白骨,泪可到黄泉。宿草翻残照,秋山泣杜鹃;今宵华表月,莫向陇头圆!

　　这是袁枚悼念其祖母(即"大母")的诗作。袁枚的祖母柴氏享寿八十八,身后葬在钱塘(今浙江杭州)故乡。一个月夜,诗人来到祖母的墓前(陇,即坟墓),追忆起往昔受到祖母百般爱怜的情景,写下了这首语言纯朴、感情真挚的诗。

　　诗的起首毫无雕琢,平平而起:诗人忆起往昔祖母的爱怜,首先是从小到大(胜衣,言勉强能穿衣、承受衣服的重量;弱冠,男子二十岁成年)都睡在老人的怀抱中,不曾分离一日。这并非夸张,袁枚在《答朱石君尚书》亦云:"枚幼尝病魇,太母抱置怀中,弱冠甫离。"接下多句,诗人缕陈了这二十年间祖孙二人的许多生活片断:"白发"人陪伴爱孙课读,孙儿向祖母撒娇"索果",甚至"逃学"亦被庇护而"免施鞭"。这些细节,诗人娓娓道来,流露出一种多么深挚的赤子之情;而这些有趣的事例,又显示了诗人对与祖母共同生活的情景仍然历历在目。往下,诗人开始念书了,而祖母也更忙碌了,她为老师准备饮食,为孙儿打点衣样。她对孙儿的爱护真不啻如视掌珠。慢慢地,诗人又长高了,可以在祖母服药后漫步时扶她的背、在祖母看花时让她撑着(当然是轻轻地撑,犹如轻抚)自己的肩了,于是,祖孙二人的亲密无间,更暴露在众目睽睽之下了,亲友邻居当然对祖母的宠爱孙子到了极点惊讶不已,诗人的姐妹(诗人是长房长孙,且姐妹众多而兄弟极少,只一堂弟)也很有些嫉忌祖母的偏心了。这一番不无自得的回忆,既显示了祖母的宠爱实在至深,又流露出了诗人能为祖母做点小事的欣喜。当然,祖母并非溺爱孙儿,她老人家的眼光是很准的,孙儿小时候,她就深知他是轩车上的高鹤,来日定能腾飞;等他学成之后,她更坚信孙儿举人、进士联科及第是肯定的,是"终有日"的(秋风榜发,谓举人考试在秋天,玉陛胪传,谓进士考取后,在殿上唱名)。正是她要勉励这有出息的孙儿作出一番事业,所以才有这无限关怀。当然,老人也并非没有感伤:"道我见无年",担忧自己没有见到孙儿功成名遂的那一天,这是此段唯一一句感情沉重的诗句,由此,诗由生前转向了死后。

死者长逝,往事如烟,但祖母的勉励言犹在耳,诗人笔锋一转,以"渺渺言犹在,悠悠十岁迁",过渡到对祖母的悼念之情。正因祖母爱孙情厚,所以孙悼慈祖母情切,"果然宫锦服,来拜墓门烟"二句回应了"望儿终有日,道我见无年"一语。"宫锦服"表明自己身份,此时袁枚中进士后已选庶吉士,入翰林院,但祖母果然"见无年"矣,孙子只能空拜"墓门烟"而已,其心该有多么难忍的痛苦!诗人不能不悲叹:"反哺心虽急,含饴梦已捐";"反哺"原指乌雏长大衔食哺其母,此用以比喻自己报答祖母多年养育之恩,此"心虽急",而重温祖母"含饴弄孙"之旧梦已不复可能了,诗人怎能不扼腕?真可恨不能起祖母于地下!"恩难酬白骨",这是无情的现实;"泪可到黄泉",这是真诚的愿望;借今日悼念之"泪"还报祖母之"恩",祖母若黄泉下有知,必当粲然一笑矣!此时,诗人的感情汹涌不息,难以遏止,眼前景被罩上一层悲哀的泪光,更觉惨然:"宿草翻残照,秋山泣杜鹃",陇上的衰草,在残阳下翻动,似是祖母的灵魂在感知诗人的到来;深秋的山中,泣血的杜鹃在哀啼,似是在助诗人作决绝的一恸。景象之凄凉萧索,一如诗人心境。诗的结句云:"今宵华表月,莫向陇头圆!"这心灵深处的恳求,更是"从肺腑流出,诗家讲性灵者无以过之"(《浙西六家诗钞》引李西台评袁诗语)。"华表月",指曾映照着诗人所处翰林院前华表的圆月,它在彼时彼地可以构成一幅美妙协调的图画;但在此时此地,凄凉的坟前正站着一个悲悼祖母的泪人儿,如果头上呈现一轮象征人生美满团圆的明月,岂不更刺激诗人寸断的肝肠?这样的结尾,曲折而深沉地写出了诗人对祖母无以复加的悲悼之情,感人肺腑,催人泪下。本诗写与祖母的生活小景,信手拈来,又自然有味,颇合于袁枚所追求的诗之"生趣"。其写"鬓影红灯下,书声白发前","红"与"白"相映,"鬓影"同"书声"相对,可闻可见,富于形象感,又洋溢着祖孙融洽无间的情趣。而"行药常扶背,看花屡抚肩"两个细节亦极生动传神,一"扶",一"抚",皆给人"字立纸上"(《随园诗话补遗》卷五)的活脱之感,其中又饱含老小亲如密友的情趣。从此诗描写手法看,基本是白描。它既不以浓妆艳抹媚世,亦不借卖弄学问吓人,显示出诗人炉火纯青的真本领。但袁枚并不一概排斥诗中有典,认为只要"无填砌痕"(《随园诗话补遗》卷六),"能贴切"(《随园诗话补遗》卷一),仍不失为佳诗。《陇上作》实际上也用了一些典故,如"轩鹤",见于《左传·闵公二年》:"卫懿公好鹤,鹤有乘轩者。""宿草"见于《礼记·檀弓上》:"朋友之墓,有宿草而不哭焉。""先生馔",见《论语·为政》:"有酒食,先生馔。"但这类典故并不冷僻,且用得贴切自然;若不视为用典亦可,不懂其典故者并不妨碍领会诗意。因此,《陇上作》仍属于白描的上乘之作。

(王英志 沈 价)

山行杂咏(六首选一) 袁 枚

十里崎岖半里平,一峰才送一峰迎。

青山似茧将人裹,不信前头有路行。

此诗抒写作者于乾隆四十七年(1782)出游浙江南部山区时的感受,真切细致,新颖奇特,使人读后如身历其境。

诗题云"山行",诗前两句即如同一路移动的电影镜头,在山路行进中反映所见所感。首句"十里崎岖半里平",表面上看是客观、静止地写山路,实际上于"十里"、"半里"的数字变化中正暗寓一路"山行"之意,此乃以静显动。而"十里崎岖"与"半里平"的相互对比,又隐含诗人对此地山路多坎坷而少平坦的新奇感。这里的"十里"与"半里"并非精确的测量数据,只是诗人对山路"崎岖"的一种大致感觉而已。脚下山路不平,眼前则峰峦重重,次句"一峰才送一峰迎"又将山峰拟人化。此地山峰恰似热情的朋友,而"迎"与"送"衔接之紧,又生动逼真地写出诗人穿行于层峦迭嶂之中那应接不暇的感受。

如果说,前两句是描写诗人对脚下征途与眼前障碍的局部地理环境之感受;那么,后两句则是进而表现山行的整体地理环境的体验。此时诗人仿佛一分为二:一个袁枚仍在山中苦苦寻找路的尽头,而另一个袁枚则已跳出群峰而凌空俯视,只见重重青山仍然如同层层蚕茧将"人"四周包"裹"住,无法冲出,以至不相信还有出路。这两句反映的是诗人"山行"时久不见平川的郁闷心态,但诗人将"青山"之大意象比喻为"茧"之小意象,甚是奇特,亦是本诗的妙处。惟有化大为小,才更能恰切地表达诗人于"山行"时的憋气不舒的感受。

这首诗不用一典,比喻精巧而易晓,是袁枚"性灵"之作的一个范例。

(王英志)

谒岳王墓作十五绝句(选一) 袁 枚

灵旗风卷阵云凉,万里长城一夜霜。

天意小朝廷已定,那容公作郭汾阳!

乾隆四十四年(1779)作者从南京回故乡杭州小住数月,其间曾凭吊位于栖霞岭下的岳王墓,写下十五首七绝,发思古之幽情,评历史之功罪,别具只眼,颇见史识。

这里一首既惋惜一代民族英雄岳飞之被害,更揭示岳飞必死的命运,较之一般咏岳飞之作只是抒发叹其冤、哀其死之情,明显高出一筹。

岳飞于宋高宗绍兴十一年(1142)十二月二十九日以"莫须有"的罪名被高宗与秦桧杀害于杭州风波亭,死后宁宗追封为鄂王,故称"岳王"。时隔六百余年之后,诗人站在岳王墓前,遥想当年,似乎看到南宋江河日下的厄运:"灵旗风卷阵云凉,万里长城一夜霜。""灵旗"指树立在岳飞庙中的灵幡。"灵旗风卷"乃指岳飞被害。"阵云"指战地烟云。诗前两句含义颇丰,仔细品味可以发现三层含义:一、"阵云凉"、"一夜霜"是写自然气候,岳飞被害乃时值隆冬;二、写心理感受,岳飞被杀,举世哀悼,天地之间皆弥漫着肃杀的气氛;三、云"阵云"凉,"万里长城"降霜,则又寓有南宋从此失去抗击金兵,恢复中原的中流砥柱之意。"万里长城"用《南史·檀道济传》典:"道济见收,愤怒气盛……乃脱帻投地曰:'乃坏汝万里长城!'""万里长城"而披严霜,喻国家之栋梁遭摧残也。前两句诗其中饱含诗人对岳飞被害的悲愤与惋惜之情。

岳飞被害,宋高宗自坏"万里长城",诚然是令人悲愤的。但诗人又认为这历史悲剧是难以避免的,故诗后两句乃借用典故云:"天意小朝廷已定,那容公作郭汾阳!""小朝廷"指南宋高宗政权;所谓"天意已定"实指宋高宗之意旨,即其偏安江左之国策已决定,不会改变,如同题另诗所谓"老住迷楼人不醒,赵家天子可怜虫"。他容不得岳飞像唐朝名将郭子仪(封汾阳郡王)平定"安史之乱",挽救国家危亡那样,去恢复中原,雪靖康之耻,迎回徽、钦二帝。因为一旦二帝归来,高宗将皇位不保。此言可谓诛心之论,深刻揭露了宋高宗之所以安于半壁江山而向金国纳币称臣的可耻用心,作者对"赵家天子可怜虫"的鄙视与对岳飞的同情之意亦尽在议论中。

此诗前两句写景,后两句抒怀。写景并非实景,乃是诗人想象之虚景,景中寓情;抒怀乃是借助典故议论,议论中自含有感情,出语奇崛,发人深思。

(王英志)

同金十一沛恩游栖霞寺望桂林诸山　　袁　枚

奇山不入中原界,走入穷边才逞怪。桂林天小青山大,山山都立青天外。我来六月游栖霞,天风拂面吹霜花。一轮白日忽不见,高空都被芙蓉遮。山腰有洞五里许,秉火直入冲乌鸦。怪石成形千百种,见人欲动争谽谺。万古不知风雨色,一

同金十一沛恩游栖霞寺望桂林诸山

群仙鼠依为家。出穴登高望众山，茫茫云海坠眼前。疑是盘古死后不肯化，头目手足骨节相钩连。又疑女娲氏一日七十有二变，青红隐现坠云烟。蚩尤喷妖雾，尸罗袒右肩。猛士植竿发，鬼母戏青莲。我知混沌以前乾坤毁，水沙激荡风轮颠。山川人物熔在一炉内，精灵腾踔有万千，彼此游戏相爱怜。忽然刚风一吹化为石，清气既散浊气坚；至今欲活不得，欲去不能，只得奇形诡状蹲人间。不然造化纵有千手眼，亦难一一施雕镂。而况唐突真宰岂无罪，何以耿耿群飞欲刺天？金台公子酌我酒，听我狂言呼"否否"。更指奇峰印证之，出入白云乱招手。几阵南风吹落日，骑马同归醉兀兀。我本天涯万里人，愁心忽挂西斜月。

作者于清乾隆三年（1736）赴桂林探望在广西巡抚金𫓶幕府中供职的叔父，是夏六月的一天，他与排行第十一的金沛恩（疑为金𫓶之子）出游桂林城外栖霞山上的寺庙与山洞等名胜，并环顾桂林群山而有此作。这首诗采用参差不齐的歌行体，并以轶群之才、腾空之笔，驱遣古代神话传说与佛道典籍中的奇人异事，比喻之，铺写之，赋予了"桂林诸山"以神奇的色彩和飞动的气势，使"桂林诸山"具有了新奇眩目的灵性，同时亦显示出当时年仅二十一岁的袁枚壮阔的胸襟与非凡的才思。

诗头四句先概括性地总写桂林诸山之奇特风貌。前两句意谓如此"奇山"在中原是看不到的，它只在广西这边远之地"逞怪"，一落笔山即具有了灵性。后两句则突出桂林山之大与高，以"山"与"天"相对照：因为山大而多故天显得小，因为山高故刺破"青云"，写得壮阔而有气魄。

接下四句写作者于六月出游栖霞山所感所见。"天风拂面吹霜花"，形容风寒，六月酷暑而觉风吹霜花，可见栖霞山之高，真乃"高处不胜寒"（苏轼《水调歌头》）。"芙蓉"形容栖霞山如莲花状，遮满了高空，连"白日"都"忽不见"，即被群山吞没，此亦是夸张栖霞山之高大。

再接下六句转写进入山腰七星岩溶洞之景象，极力描摹山洞的阴森冷寂与神奇古老。"洞五里许"可谓深长，须"秉火直入"可见洞中之昏黑阴冷。这里"万古"与世隔绝，是"乌鸦"与"仙鼠"（即蝙蝠）的领地，因此一见生人闯进，则乌鸦冲突，蝙蝠纷飞，甚至连千百种"怪石"亦成了精怪，"见人欲动争谽谺"，"谽谺（hān xiā 憨虾）"，形容怪石好似张牙咧嘴来吓唬生人。作者入洞不啻探险，但若没有

"入虎穴"的精神,又怎能一睹如此罕见的自然奇观呢?

后面十句继写作者出洞后"登高望众山"之状,诗人以如橼之笔极力铺排其非凡的想象:在"茫茫云海"之中,众山有的像神话中开天辟地的盘古死后所变,"头目手足骨节相钩连",写出山势峻嶒瘦硬之状,此用《述异记》典;有的山势像神话中的炼石补天的女娲善于变化,山上花草则"青红隐现"于云雾之中;有的像传说中的九黎族首领蚩尤喷出团团妖雾,像沐胥国的术士尸罗,"喷水为氛雾,暗数里间"(《拾遗记》),此写山被奇云怪雾笼罩;有的山上树木茂盛,似古代传说中的猛士夏育、乌获"植发如竿"(张衡《西京赋》);有的如传说中的南海小虞山的鬼母"一产十鬼"(《述异记》),正与小鬼嬉戏,此写大山被小山环绕之状。此十句皆与神话传说相联系,为桂林名山涂抹上浓厚的神奇色彩,使人为作者想落天外之构思而惊叹不已。

最为精彩的是作者接下以十四句描述对桂林山水"奇形诡状"之形成的神思奇想。他认为眼前凝固的山峦都是原来有生命的"精灵"所变。所谓"我知"实际是"我想象",在天地混沌不分以前,河水激荡,狂风大作,那时"山川人物熔在一炉内",有无数"精灵"跳跃,"彼此游戏相爱怜",充满了生命的活力。但是自从盘古开天辟地后,忽然"刚风"即道家所谓高空的劲风一吹,"清灵"都"化为石",清气化为天,浊气化为地。于是"精灵"乃"欲活不得,欲去不能,只得奇形诡状蹲人间"。这是说桂林众山有如此"奇形诡状"乃是天地自然形成,否则造化即使有千手观音一样的"千手眼"亦不能雕刻成这样的千姿百态,群山亦不可能心怀怨气欲飞刺青天。这段奇想虽然荒诞不经,但说明桂林诸山在作者心目中是有灵性的,而他对灵性之被扼杀是充满同情的,因为他本身就是自由旷达之人。

诗最后八句又回到现实,主要写他归去时的心态。"金台公子"即指贵公子"金十一沛恩",他边听作者"狂言"边劝酒。当他听罢作者上述的"狂言"却连声否定,可见他是个缺乏幻想的实在人,作者乃故意戏弄他:"更指奇峰印证之",并"出入白云乱招手",即向众山打招呼,仿佛众山确是"精灵"。当日落西山时,两人才喝得醉醺醺骑马同归。"几阵南风吹落日"一句颇妙,好像太阳不是自己落下,而是被南风吹落,这是夸饰山风之烈。作者于饱览桂林诸山奇观之后,忽然产生一种愁绪。因为桂林虽美,不是久居之地,故有"我本天涯万里人,愁心忽挂西斜月"之句。后一句乃从李白《闻王昌龄左迁龙标遥有此寄》"我寄愁心与明月"一句化出。作者身在"穷边"桂林,只能把其"愁心"寄托于"西斜月"。因为此"月"既照着桂林,亦照着故乡,是唯一可寄托乡思的景物。

这首歌行,作者以独特的审美眼光,展开上天入地的神思,借活脱的意象、奇妙的比喻,描绘出桂林诸山鲜明的审美特征;桂林诸山是人化的自然,诗人把自己豪放不羁的个性对象化,借以抒写性灵。此诗堪称极具诗人创作个性的性灵诗。

(王英志)

登 华 山　　　　　　袁 枚

太华峙西方,倚天如插刀。闪烁铁花冷,惨淡阴风号。云雷莽回护,仙掌时动摇。流泉鸣青天,乱走三千条。我来蹑芒蹻,逸气不敢骄。绝壁纳双踵,白云埋半腰。忽然身入井,忽然影坠巢。天路望已绝,云栈断复交。惊魂飘落叶,定志委铁镣。闭目谢人世,伸手探斗杓。屡见前峰俯,愈知后历高。白日死崖上,黄河生树梢。自笑亡命贼,不如升木猱。仍复自崖返,不敢向顶招。归来如再生,两眼青寥寥。

华山又名太华山,位于陕西华阴市南,古称"西岳"。为我国五岳之一。诗人于乾隆十七年(1752)赴陕西任职,途经华山而有攀登之举。此诗描写诗人登华山时的所见所感,笔墨重在表现其处于险境中的内心体验,写得细致真切,使人读后如同身历其境。

华山素以崚嶒险峻闻名天下,但古人的题咏多是从旁观角度写华山之高峻,而写亲身体验者少见。此诗属于后者,故构思遣词都别出心裁,显示出诗人独抒性灵的创新精神。诗前四联先写登山前对华山总体风貌的审视,造成一种先声夺人的气势,为描写登山作铺垫。首联堪称妙喻,形象地勾勒出华山拔地而起、突兀陡峭、几乎无路可攀,充满惊叹之感。这就为攀登之难埋下伏笔。第二联之"铁花"是指山石岩壁上的表层物,这两句渲染出华山气候的阴冷凄惨。第三联夸饰云雷鲁莽地在山上四处撞击,似在保护这一层铁的山表;在雷声轰响中,巨大的仙人掌时时摇动,这又突出了华山四周环境之险。第四联描绘华山流泉纵横,水势湍急,天空中一片泉鸣之声。这一切,都预示着登华山障碍重重,非比寻常。何况,"华山自古一条路",诗人别无选择,只有踏碎艰难险阻而前行。前四联把文势蓄足后,接下八联,则转入具体展示登山时的情景,这是诗人以身历其境的角度来表现出了华山之险峻无比,描写角度有了变换,也避免了全诗的单调之感。第五联是过渡,承上启下。"蹑芒蹻(jué)"即踏草鞋,此联写自己思想上对登华山之艰难早有准备,不敢掉以轻心。接下诗人跳脱了攀登的起始阶段,直接推出登上半山时的惊险镜头:"绝壁纳双踵,白云埋半腰。"诗人一双脚跟嵌在绝壁之上,随时有跌入深渊之险;白云缠绕着腰际,又仿佛已登上了九霄云外。这一联的描写令人为之屏声静气,手捏冷汗。而"忽然身入井,忽然影坠巢"一联则是虚写,两个比喻,表现山径之曲折及诗人忽下忽上的心理感受:登攀时,忽而身如落深井,觉山谷黑暗阴冷;忽而影如坠鸟巢,更显崖端高峻险峭。这种心理感受,非亲身登华山者不能道出。接下二联"天路"、"云栈"皆是形容华山之路与栈道的高入云霄,它们忽断忽交,令人望而生畏,以致"惊魂"像树叶一样飘落,稳定心志全靠路边的铁镣。这种对华山之路的心理体验也十分真实,前句的比喻则非常精警。尽管征途险境层出不穷,一路攀登亦胆战心惊,但诗人仍顽强地前进,要在征服自然中体会造化之工。当他愈登愈高,终于享受到一种神奇的境界。"闭目谢人世,伸手探斗杓"一联使人想到李白《蜀道难》"扪参历井仰胁息"之境,"斗杓"是指北斗星中的斗杓三星(玉衡、开阳、摇光)。诗人此时仿佛脱离尘世进入仙界,伸手可触摸星斗,这是华山对他这位登山探险者的酬报。而每登上一座高峰则见前峰俯首,由此可知后登之山峰更高峻,这种感受,则是华山给他的哲理性启迪。诗人最后登到一个悬崖上,具体何崖不言,总之是华山一高绝处。在这里诗人登高壮观天地间,欣赏到天下奇景:"白日死崖上,黄河生树梢。"此联意境清旷深远,前一句有王之涣《登鹳雀楼》"白日依山尽"之意,但用一"死"字却别具意味,构成一种凝固的氛围。后一句又有李白《西岳云台歌送丹邱子》"黄河如丝天际来"的意味,化大为小,黄河仿佛在树梢间流过,又反衬出诗人立脚处之高。诗人攀到"崖上",已经精疲力尽,何况以后的路程更加难于上青天,因此知难而退。最后三联写返回的感受:"自笑亡命贼,不如升木猱。仍复自崖返,不敢向顶招。"自我调侃,诙谐幽默。写返回后的感觉则耐人寻味:"归来如再生,两眼青寥寥。""再生"意谓此次华山之行如同下地狱,历尽九死一生之险,因此能"归来"简直是死而复生,值得庆幸。但是两眼仍觉"青天高寥寥"(韩愈《感春》),仿佛此身还在天路云栈之上,看到的依然是一片青天空洞,令诗人心有余悸。诗人虽未能写出登上华山顶端的艰险,但是由此及彼,一切均可以想象了。

此诗最大的成功,是把描写华山自然之险境与揭示诗人的心理体验结合起来,二者相得益彰,既使读者如临其境,又如见其人,与诗人同惊同喜,共同体验登华山之艰险。徐世昌称袁枚诗"能状难显之境,写难喻之情"(《晚晴簃诗汇》),此诗足以当之。

(王英志)

夜过借园见主人坐月下吹笛(二首选一)   袁 枚

秋夜访秋士,先闻水上音。

半天凉月色，一笛酒人心。

响遏碧云近，香传红藕深。

相逢清露下，流影湿衣襟。

袁枚于《送李晴江还通州》诗曾自注云："晴江所寓号借园。"由此可知通州（今江苏南通）借园是作者好友李晴江的寓所。诗人于乾隆二十年（1755）的一个秋夜去拜访借园主人李晴江，适逢"主人坐月下吹笛"，乃赋此诗。

全诗四联均写景，无一句议论，无一句抒怀，但却弥漫着凄清的氛围，渗透着悲凉的情思。人们细细品味，会如饮醇酒，回味无穷。首联"秋夜访秋士，先闻水上音"不仅破题，而且奠定了全诗的感情基调。且看：时间是"秋夜"，本已凄清冷寂，而所访者又是"秋士"，更暗寓幽怨之意。《淮南子》云："春女怨，秋士悲。""秋士"谓士之暮年不遇者，借园主人当亦属其类。诗人虽曾步入仕途，任过县令，但因升迁无望等原因，早于七年前辞官，隐居于南京小仓山随园。二人在思想感情上是相通的，诗人此行"访秋士"即以此为前提的。当诗人步入借园，首先听到的是"水上音"即笛声。此笛声作为一种听觉意象是全诗的中心意象。它是借园主人心声的流露，感情的寄托。诗在首联引出"水上音"之后，中间两联即集中笔墨描写之。但诗人并未单纯写笛声，而是以视觉意象"月色"及嗅觉意象藕香作为陪衬烘托，使笛声意味更加丰富感人。颔联"半天凉月色，一笛酒人心"，乃脍炙人口的名句。"一笛"指一曲笛声，"酒人"指微醺的借园主人，他在借酒浇愁之后，犹嫌不足，又以笛声抒发其心情。在中国古诗中，笛声基本都是幽怨悲哀的意象，如"羌笛何须怨杨柳"（王之涣），"笛声愤怨哀中流"（杜甫），"暮天何处笛声哀"（赵嘏），"笛愁春尽梅花里"（白居易），"笛声清更哀"（李益）；……不一而足。此诗之笛声亦不例外，"一笛酒人心"抒发的乃是"秋士"不遇的哀愁之心，而描写笛声在冰凉如水的月色中飘荡，仿佛笛声也浸透了清冷的月色，这就更增添了笛声凄怨的情韵。笛声感情虽然哀怨，但借园主人吹奏技巧却十分高超，故颈联一转云："响遏碧云近，香传红藕深。"笛音嘹亮，仿佛阻遏了夜空中的碧云（这里用了《列子·汤问》"响遏行云"的典故，但令人不觉），同时，水中深处飘来红藕的幽香，与笛声交织往还，仿佛笛声也具有香气。作者"先闻水上音"，既产生了感情的共鸣，又陶醉在音乐的享受之中，所以久久伫立，直到笛声结束，才想起要与友人相会。尾联云："相逢清露下，流影湿衣襟。"此联乃回应首句，当作者在"秋夜"一曲听罢，终于与"秋士"相逢之时，他们却久久地相对无语，他们的身影沉浸在流泻的月光下，显得格外凝静；他们的衣襟被清凉的夜露沾湿了，犹如他们的心灵也被凄清的笛声净化了一般。友人的心声已在笛声中倾诉殆尽,作为知心朋友,作者对此亦已领会与理解,无须多问,亦不必多言,二人达到了高度的默契。诗的收束留给人们的是像不尽的笛声一样的余音。

袁枚论诗云:"凡作人贵直,而作诗文贵曲。"(《随园诗话》卷四)又云:"揉直使曲,叠单使复。"(《续诗品·取径》)此诗的主旨在于表现作者与李晴江作为知音的友谊,以及对友人的理解,但无一语直言此意,只是写自己夜访友人听其"月下吹笛"时的景象与二人相逢时无言的情状,却自有一股感情之泉流注全篇,这也正体现了他诗论的精神。

(王英志)

独 秀 峰　　　　　　袁 枚

来龙去脉①绝无有,突然一峰插南斗②。
桂林山水奇八九,独秀峰尤冠其首。
三百六级登其巅,一城烟水③来眼前。
青山尚且直如弦④,人生孤立何伤⑤焉?

〔注〕 ① 来龙去脉:旧时堪舆家(俗称风水先生)以山势为龙,称山势起伏连绵为龙脉。② 南斗:星宿名,在南天。　③ 烟水:云烟缭绕的山水胜景。一本作"烟火",指人烟、房舍。④ 直如弦:汉桓帝时童谣:"直如弦,死道边;曲如钩,反封侯。"这里形容峰势峭直。　⑤ 伤:妨碍。

这首诗是作者于乾隆四十九年(1784)重游桂林时作。独秀峰,亦名独秀山、紫金山,在桂林市中心王城内,以平地孤拔,无他峰相属,故名。

"来龙去脉绝无有,突然一峰插南斗。"诗篇起笔就引人注目,凸显出独秀峰的奇特。桂林诸山多奇峰突起,不见来龙去脉;而独秀峰又是一峰高耸天南。孤峰挺秀,拔地而起,气势雄峻,堪称"南天一柱"。这里用一个动词"插"字,以动写静,化静为动,赋予静态的山以动感和勃勃生机,从而生动地描画出了独秀峰那刺穿青天的孤高与挺拔之势。接下去的两句是说,桂林山水十之八九是奇特的,独秀峰更是高居第一;补足上文,使独秀峰的孤高形态更显得神完气足。

五、六两句写登山所见。"三百六级"是由山麓到山顶的石阶级数。跃上葱茏,登临峰顶,秀甲天下的桂林山水景致尽收眼底,青山叠翠,桂林城内的绿水悠悠,水绕山环,烟霞氤氲,亦历历可见。前人有句云"江作青罗带,山如碧玉簪",状喻桂林山水之美,可谓精妙恰切之至了。这般烟水美景齐集山下,奔来眼前,此处着一"来"字,更突出了独秀峰钟灵毓秀,在桂林山水中"冠其首"的地位。

以上六句实写眼前所见之景,形神毕肖地勾勒出独秀峰的奇特壮观;末二句笔锋一转,由实入虚,即景生情,抒写了作者无尽的人生感喟和阔大胸襟。诗人伫立峰巅,遥望着远处的青山碧水、流霞烟岚出神,恍然间,一种淡淡的关乎人生旨趣的感伤情绪浸淫而生。

我们知道,袁枚不仅是一位诗人、诗歌理论批评家,同时是一位思想家。他的思想在一定程度上表现出反道学、反礼教、要求个性自由的倾向,杨鸿烈在《袁枚评传》中称誉其思想"一直远远走在世人前头"。他的文学主张"性灵说"强调写诗者的真性情,实质上也含有跟儒家"义理"之说相对立的意味。同时,作为一个聪明练达的才子,袁枚思想敏锐,善于思考,言论泼辣,几无遮拦,颇富有离经叛道的火药味。加之其不拘礼法,率性而行的生活态度,使他在当时颇受到一些人的非议。他的那些出于真性情的"缘情之作"曾为人"所共非",因收受女弟子之事章学诚把他骂作"无耻妄人"、"邪人"。在他辞世后,更被许多人目为"进退六经,非圣无法"的"名教罪人"而大张挞伐。然而,袁枚是清醒的,坚定的,绝不会因为"孤立"而动摇。他于生前身后事饶有自信:"古来真才人,俎豆非儿女。诸公莫相关,我自有千古。"(《遣兴》)诗人登独秀峰而兴叹,发出"青山尚且直如弦,人生孤立何伤焉"的感慨,正与此意相通,其中既表明了自己秉性正直、特立独行的生活旨趣,同时我们也可以从中体味到其感会人生的微微怨嗟,可谓寄托遥深,意味隽永。

作诗贵有寄托,"所贵者流露于不自知,触发于弗克自已"(清·况周颐《蕙风词话》)。《独秀峰》一诗由登山而兴慨,诗人即景生情,兴会所触,顿张灵机,发而为灵气飞动之华章。细味此诗,意境阔大,蕴藉深慨,而真致毕凸,堪膺"性灵"风趣之上品。

(尹芳林)

自 嘲　　　　袁 枚

小眠斋里苦吟身,才过中年老亦新。
偶恋云山忘故土,竟同猿马结芳邻。
有官不仕偏寻乐,无子为名又买春。
自笑匡时好才调,被天强派作诗人。

上面这首诗在袁枚集中不算最上品,它的可贵,在一个"真"字。诗人能坦露自己真实的心迹,不掩饰,不矫情。让世人看到一个"真我",这在中国古代诗歌中不多见的。

诗开头写诗人"小眠斋里"时,对自己一生的审视和反思。此时,作为一个诗人的苦吟之身,在人生道路上已经开始进入垂暮之年了。对此,他没有为失去年华而悔恨,而是幽默地说:自己"才过中年",即使可称之为"老",也是"新老"呀!诙谐,乐观,不愧古之达人也!

回顾这一生是怎样度过的呢?——"偶恋云山忘故土,竟同猿鸟结芳邻。"袁枚对生他育他的"故土"是很有感情的。他在《随园诗话》中有一段记载:"余戏刻一私印,用唐人'钱塘苏小是乡亲'之句。某尚书过金陵,索余诗册。余一时率意用之。尚书大加诃责。余初犹逊谢,既而责之不休。余正色曰:'公以此印不伦耶?在今日观,自然公官一品,苏小贱矣。诚恐百年以后,人但知有苏小,不复知有公也。'一座鞭然。"苏小,六朝时南齐著名歌妓,家住钱塘,常坐油壁车。六朝乐府中就有《苏小小歌》,唐代李贺、温庭筠、张祐都有歌咏她的诗。袁才子也是钱塘人,颇以故乡的人文胜迹自豪,对那位六朝时代的苏小也投以深情的一瞥。然而连他自己也没料到,如今为了"恋云山",竟然去同山猿林鸟做邻居,忘却了钱塘故土,连自己当年在上官面前极力袒护的可爱的"乡亲"苏小小都丢到脑后了。

原来诗人在人生道路上发生了一个重大转折。袁枚本来也是走"读书做官"的传统道路,二十四岁中进士,被派到江南地区做知县。可是,七八年官衙生涯,使他深深感到"官苦原同受戒僧",而自己是个"好味、好色、好葺屋、好游、好友、好花竹泉石、好珪璋彝尊、好名人字画、又好书"的人,做官那一套与自己的个性太不相合了。于是,他用三百两银子,买下南京小仓山北巅一座私人花园,加以修葺:"随其高,为置江楼;随其下,为置溪亭;随其夹涧,为之桥;随其湍流,为之舟。"名曰:"随园"。竣工后,便告辞官场,退居园中,过他"同猿鸟结芳邻"的生活了。

"有官不仕偏寻乐",就是指自己退居随园这件事。意味深长的是:他修葺随园,处处突出一个"随"字,即顺应自然景物本身的特性,实际上这也是表示他的人生态度,同样重在一个"随"字,即顺应自己的感情和欲望,千万不要违反自己的本性去生活。为铭记这一点,他干脆自号"随园"了。当然,果真要"随性所适"地去生活,需要极大的决心和勇气。袁枚就曾陷于进退两难的境地,园居三年,积蓄用光了,开始闹经济恐慌。在亲友妻室的怂恿下,他怀着"入山愁我贫,出山愁我身"的矛盾心情,又到陕西去做官。但不满一年,与陕西总督不合,又告长假回归随园,这才永远离开了仕途。此后,袁枚居随园而常出游,往返于南京与扬州、苏州、杭州之间,更有几次远游桂林等地,到八十老翁时,仍徜徉于大自然的美景之中。诗人赵翼称他:"其人其笔两风流,红粉青山伴白头。"

赵翼说得不错，袁枚除了流连山水外，还时传金屋藏娇的艳闻，他在这首《自嘲》诗中，也坦白暴露自己的思想："无子为名又买春。"有趣的是，这位公开宣称"六经尽糟粕"的风流才子，对孔老夫子"不孝有三，无后为大"这句话，却奉若神灵，打起"传宗接代"的堂堂正正之旗，"千金尽买群花笑"，聘娶了一个又一个如花似玉的美人。本来这类事在封建社会司空见惯，包括那些名儒、大儒、纯儒，有三妻四妾并不稀奇，只是大家心照不宣而已。偏偏这位袁才子不仅这样做了，还要张扬出去，并且把自己的真实动机公之于世，说什么"无子为名又买春"，坦白承认传宗接代是假，"寡人好色"是真。

袁才子在这方面还有自己的一套理论，他说："人欲当处，即是天理"。他还说像周文王这样的大圣人也有男女之欲，《诗经》第一篇不就说他"优哉悠哉，辗转反侧"么？言下之意，何况我袁某人呢！实际上还是那一套生活准则：一切顺应自己的感情和欲望。他有一位爱妾聪娘，袁枚赴陕西任职时，心中怎么也丢不下她，连写了六首《寄聪娘》，其二云："一枝花对足风流，何事人间万户侯。生把黄金买离别，是侬薄幸是侬愁。"这也是"做官"与"寻乐"的矛盾，他感到"人间万户侯"不如"一枝花对足风流"。这大概也是他坚决离开仕途的一个重要原因吧！

官不做了，每天在随园里看看风景，谈谈爱情，写写诗，他自我解嘲地说："自笑匡时好才调，被天强派作诗人。"他曾自负有匡时济世之才，现在感到好笑了。乾隆时代，盛行汉学考据，宣扬程朱理学，使人感到很压抑，袁枚《遣兴》诗写道："郑孔门前不掉头，程朱席上懒勾留。一帆直渡东沂水，文学班中访子游。"他认为自己天生的个性既不适宜做官，也不喜空谈道学，更不愿埋头饾饤考据，自己只适宜做个诗人。从这个意义上说，他这位诗人是"被天强派"的了！

作为一个诗人，袁枚在清代乾嘉诗坛驰骋五十个春秋，写下近五千首诗，成为一代骚坛主。特别他倡导性灵说诗歌理论，使他成了"文坛革命家"（朱自清语）。自晋代陆机"诗缘情"之说出，历代主张诗歌抒写性情者不乏其人，但"发乎情，止乎礼义"，是不能出轨的。而袁枚性灵说，则极力强调写诗者的"真性情"，作诗必须有诗人之"真我"，而这个"我"又必须是不失赤子之心的"真"人。否则，诗便无性灵可言。袁枚为什么对"性情"只求其"真"？显然，他不能让"性情"受到儒家礼义的约束，当"性情"与"礼义"发生矛盾时，他一任"性情"自然流露。像《自嘲》诗中"无子为名又买春"这样的句子和《寄聪娘》中那种"爱情至上"的意味，都表现出一种不拘礼法的独立不羁的精神。袁枚的诗歌主张和他的人生哲学一样，都是强调个人的感情和欲望，具有把诗歌创作与个性自由的要求联系起来的进步意义，是当时诗坛一股清新的空气。

正因为袁枚直抒胸襟的性灵诗"惟我所适"的自由个性,无所忌讳地表现"真我",以致在当时就引起许多非议。有人劝他删去集中"缘情之作",袁枚可怎样想呢?他在《答家惠缣孝廉》中说:"瑕瑜不相掩者,玉也;粹然一色者,碔砆也。仆耻为碔砆,方欲暴平生得失于天下,然后天下明明然可指可按,而后以存其真。"他一生深恶伪君子、假道学,决意自己做一个真实的人,让世人看清自己的真面目,这应该说是难能可贵的。

(高　原)

遣　兴(二十四首选一)　　　　袁　枚

爱好由来下笔难,一诗千改始心安。
阿婆还似初笄女,头未梳成不许看。

《遣兴》二十四首写于乾隆五十六年(1791)。这是一组论诗诗。论诗诗是中国古代一种独特的文学批评形式,上乘的论诗诗,要既能表现关于诗歌创作的精辟见解,又不失其诗歌的艺术特征;或者说要通过生动的艺术形象来表现诗歌创作的见解。这首七绝即是一首比较好的论诗诗。

此诗以自己的创作为例,倡导诗人创作应该具有反复修改、精益求精的态度。是否勇于修改作品,这是古代许多诗人与理论家所注重的问题。曹植曾云:"世人著述,不能无病。"(《与杨德祖书》)这是指出创作要修改的必要性。杜甫自称"新诗改罢自长吟"(《解闷十二首》),则表现了改诗之乐趣;明人谢榛亦云:"诗不厌改,贵乎精也。"(《四溟诗话》)这里说修改的目的在于"精"。袁枚对此有其真切的体会,诗头两句云:"爱好由来下笔难,一诗千改始心安。""爱好",即追求诗歌的高境界;正因为立志高远,所以创作态度要谨慎严肃,不可掉以轻心,草率从事,即"下笔难"。当诗的草稿写出后要"千改",即对诗的构思、遣词、用韵等各因素反复推敲。因为"人功不竭,天巧不传","知一重非,进一重境"(见袁枚《续诗品·勇改》)。百炼刚化为绕指柔,只有经过这个加工过程,诗歌才能进入艺术的高境界。

如果说前两句的体会前人已说过,不算新鲜;那么后两句的比喻却独出心裁,令人耳目为之一新:"阿婆还似初笄女,头未梳成不许看。""阿婆"系作者自比,因为此时作者已76岁高龄。"初笄(jī)女",即刚成年的女子。老"阿婆"为何似"初笄女"呢?原来她非常爱美,又颇自尊,蓬首乱发是决不出头露面的,一定要把头发梳得云鬓高耸,一丝不乱,打扮得漂漂亮亮,才允许别人观看。这是比喻自己虽然是功力纯熟的老诗人,亦要像初学作诗者一样认真严肃,对诗稿要

"反复改正",以去掉"瑕疵"(见《随园诗话》卷三),才可供人欣赏。这两句诗的比喻,不仅使前两句的感受形象化,同时增添了诗的情趣,避免了以议论为诗的枯燥乏味之弊,从而使读者易于接受。

袁枚尝论诗云:"惟其言之工妙,所以能使人感发而兴起;倘率直庸腐之言,能兴者其谁耶?"(《随园诗话》卷一)这是主张诗须通过巧妙形象的语言艺术地抒情言志,这样才能有感发人心的魅力。这首诗前两句比较平淡,但后两句关于"阿婆"与"初笄女"的比喻,却生动有味,即属"工巧之言",从而为全诗增添了魅力,令人读了当发出会心的微笑。

(王英志)

鸡 袁 枚

养鸡纵鸡食,鸡肥乃烹之。
主人计自佳,不可使鸡知。

这首咏物小诗作于乾隆四十一年(1776)。袁枚于咏物诗主张"其妙处总在旁见侧出,吸取题神,不是此诗,恰是此诗"(《随园诗话》卷七);又云:"咏物诗无寄托,便是儿童猜谜。"(《随园诗话》卷二)他强调咏物诗不能单纯为某物写照,而应寄寓某种深意,力求能予人思想上的启迪。这首《鸡》就是一首既咏鸡,又含"寄托"的佳作。

此诗着眼于"鸡"与"主人"的关系上构思立意。它的表层涵义很浅显:鸡的主人"养鸡纵鸡食",即任凭鸡吃饲料,不加限制。但"主人"之慷慨大方,为的是"鸡肥";而把鸡养得肥肥的,最终目的则是"烹之",即把它烧煮了美餐一顿。养鸡者的"计自佳",即其策略自然是十分高明,但此计又"不可使鸡知",否则它是不肯敞开肚子催肥的。诗称"主人计自佳"寓有讽刺意味,"佳"者,阴险毒辣也。其计"佳"在使鸡能安于其暂时的"优裕"地位,而对其最终被"烹"的命运却懵懂无知。"鸡"被蒙蔽,则只知"饱食终日,无所用心",甚是可怜复可悲。这本是日常生活之小事,不足为奇。

但此诗之"吸取题神",却旨在表现其对封建社会中人际关系的一种深刻认识,自有其深层涵义。这种"主人"与"鸡"的关系会使人悟出一种人生哲理,从中约略可看到了封建社会中许多君与臣、主与奴之间欺骗与被欺骗,利用与被利用的可憎关系,可以说,其中也积淀着老诗人六十余年的人生经验与教训。

此诗体现了作者所谓"意深词浅,思苦言甘"(《续诗品·灭迹》)之旨。尽管全是口头语,大白话,但对现实中人与人之关系的洞察可谓深入骨髓。凡有一定人生体验的读者都会从中有所醒悟,有所警惕,有所启发。所以后来刘大白《旧诗新话》惊叹道:"一切资本家豢养劳动者,男性豢养女性,军阀豢养兵士……的阶级豢养底背景,都被这几句诗道破了。不料旧诗中竟有这样的象征文字!"

(王英志)

雨 过 湖 州　　　　　　袁　枚

州以湖名听已凉,况兼城郭雨中望。
人家门户多临水,儿女生涯总是桑。
打桨正逢红叶好,寻春自笑白头狂。
明霞碧浪从客问:五十年来得未尝?

　　这是一首能体现袁枚诗歌和为人方面某些特色的作品。诗写于乾隆三十年乙酉(1765),袁枚时年五十,此年他颇多出游,足迹所至,计有苏州、常州、湖州、无锡、杭州等地。

　　本诗所见袁诗特色,即是其中所用的双关语,具体来说也即是四、五、六三句。袁枚于诗倡"独抒性灵",这"性灵"之"灵"既是内容,又是形式,是"性情"加"灵机"(《小仓山房文集》卷二十八《钱璵沙先生诗序》),"笔性灵"而非"笔性笨"(《随园诗话补遗》卷二)。而双关、隐喻正是他显示"灵"的较常用的手段。湖州人以农桑为业,以"生涯总是桑"言之,很有地方特色。然而前面加"儿女",就使诗意暧昧起来,使人想起古代男女密约偷期的代名词"桑间濮上"。"寻春"本是寻觅春光春景,但袁枚此游在秋天,故此"寻春"含有另一层——寻觅中意的女色之意。以"看花""寻春"喻寻女色,在袁诗中很常见,如《次日侍讲纳姬索诗》:"寻春甘苦我深尝,此物难于上太行。""红叶"句的修辞较复杂。袁枚有一首《再赠文玉》云:"霜林红叶好阳春,邂逅横塘赋《洛神》。"文玉是个被婆家赶出的压抑了很久的少妇,富于成熟美,故喻之为红叶,可能指文玉已不是青春少女。而从"霜林红叶"的字面来看,又像是受杜牧"霜叶红于二月花"句意的启发而把红叶满林的秋天比作红花满树的阳春。本诗这一句虽无"霜林"二字,不易使人联想到杜牧诗,但其机杼很可能与《再赠文玉》相同,所以秋天的"红叶"也能引出下句的"寻春"。当然,"红叶"还可能是用了唐人"红叶题诗"故事,如是这样,那么这里的修辞又是双关,既写景,又借典故之意指寂寞而期望得到爱的女子。一诗而有两重意,是此诗又非仅是此诗,正是袁枚所喜欢的"灵"的效果之一,用他自己的话来说,这是"正喻夹写,似是而非"(《随园诗话》卷十二)。

本诗所见袁枚为人方面的特色即是,袁枚一生好色尊情,非但不讳,反而标榜。强调"无情何必生斯世",寻花问柳,老而不辍。曾作诗自辩曰:"白头人到莫愁家,寄语儿童笑莫哗。若使风情老无分,夕阳不合照桃花。"解放了情,又滥用了情,这就是袁枚在情方面的态度和行为。这种行为、态度于本诗中恰可见到一斑。

本诗的另外几句也颇能见出袁诗的才情。诗开头先在地名上做文章,一二两句呈递进关系。这种开头和关系安排颇能给人新鲜之感。颔联又增以风物景况描绘,使此地的气候、地理、风物特征以及本诗的题意表现得非常充分。胜似一幅水墨烟雨图。下半首的"红叶""白头""明霞碧浪"等景象,色彩明丽优美。结句在前面叙写的基础上以疑问句抒情,轻灵隽永,将雨天游玩湖州的满足感非常活泼含蓄地表达了出来。

(沈金浩)

推　窗　　　　袁　枚

连宵风雨恶,蓬户不轻开。
山似相思久,推窗扑面来。

袁枚于乾隆十三年(1748)辞官隐居于南京小仓山随园,与山水为邻,以林鸟作伴,过起了悠闲自在的生活。诗人酷爱大自然,亦因得江山之助而写下大量山水景物诗。自然界朝晴夕阴,风雨多变,这就使敏感的诗人时忧时喜,进而产生创作灵感,常赋诗以抒发之。这首作于乾隆二十三年(1758)的诗就是写诗人于清晨雨霁风止后推窗之一刹那间的感受。

"连宵风雨恶,蓬户不轻开。""蓬户",用蓬草编成的门户,形容住所简陋,亦具有野人之趣。诗前两句写一整夜风雨大作,致使诗人连门户都不好轻易打开。"风雨"迫使诗人与自然的山水隔绝,无法亲近,只能憋在室内,这是诗人之所以言其"恶"的原因。前两句诗重在表现诗人心情的郁闷已久,亦为后二句蓄了势。

"山似相思久,推窗扑面来。"这两句诗暗示"连宵风雨"已停,而自然界阴晴的变化亦引起诗人感情的变化:当清晨发现天气放晴,可以投入大自然的怀抱中去之际,诗人是何等欣喜!他是那样急不可耐,以至连打开"蓬户"都嫌太慢,而是立即"推窗",先一睹青山之风采,而青山亦似解人意,它们似早在窗前等候,诗人窗才推开,它们便扑面而来!山本是无情的,是诗人对青山有情而"相思",但诗人却化无情为有情,令青山亦起相思之意,"山"既然能"相思",则山就更值得诗人眷念了。又,山本是静止的,而写山能"扑面来",又化静为动,更显得山具有灵性,这样的山可以交为挚友,也就不足为奇了。王安石《书湖阴先生壁》曾有"两山排闼送青来"之句,山亦被拟人化,那是用硬笔描写,以力擅场。而此诗以"活"取胜,富有生活情趣。

吴应和评"随园诗处处虚灵活泼"(《浙西六家诗钞》评语),颇能道出其性灵诗之特色。这首诗写雨后青山,即具"虚灵活泼"之妙。

(王英志)

寄 聪 娘　　　　　　　　　　袁 枚

一枝花对足风流,何事人间万户侯!
生把黄金买离别,是侬薄幸是侬愁。

那是乾隆十七年的正月。在阵阵爆竹的余响声中,三十七岁的袁枚告别了美丽的江南、年迈的父母,也告别了他心爱的聪娘(小妾),像一只离了群的大雁,孤独地飞向秦中(今陕西境内),飞向那个他要去做官的地方。

此后的数月,他抗拒着不断袭来的寂寞,抵拒着对聪娘刻骨的思念,一个人承受大西北的万丈风尘,也一个人领略古黄河的壮丽与神秘。在异乡,他冷眼看隋堤的柳茂美如堆烟砌玉,冷眼看灞陵上春风里少女们鲜丽的衣袂、飘香的裙裾。"西北望长安,可怜无数山!"其实从长安回望江南,又何尝不是如此呢?"云山空锁九回肠,细数清宵故故长。""知否萧郎如断雁,风飘雨泊灞桥边?"他在给聪娘的诗中这样凄婉地诉说着。那一封封简短而又温柔的诗函,载着他的多少痴迷与思恋啊! 这一刻,他又拿起了笔,呼唤着远方的聪娘,呼唤着心里那一枝芬芳艳丽、永不凋谢的花朵。

"一枝花对足风流,何事人间万户侯!"他喃喃地低语着,仿佛聪娘就在身边,仿佛他们正相对承诺:"碧海青天,誓同白水。"(《聪娘墓志》)诗人是在三十三岁时和聪娘结为伴侣的。三年多来,不知有多少个夜晚,他们相互厮守着,宛如一对相依相伴的燕子,"双栖"双飞于"吴苑"的明月之下;也还是那些个夜晚,她伴他读书,红袖添香,直至夜深。在诗人眼里,她是怎样美好的"一枝花"啊! "羹是手调才有味,话无心曲不同商。""侍疾不教衣带缓,看书常伴烛花深。"(《哭聪娘》)她娇媚如花的容颜、温柔可人的个性,常常使诗人心醉。然而现在,他和他的聪娘却远隔着几千里的路途,半年多的时间,对这两个"寻常并坐犹嫌远"(《寄聪娘》)的情人来说,还有什么痛苦会比"别离"更深呢?"不信秋来看明镜,为谁添上几重霜?"(《寄聪娘》)他热烈地倾诉着,羁旅之愁弥漫着诗人全身。此刻,他只能凭借这热辣辣的诗函,传达他的思念,传达他对聪娘一如往日的爱:人间的万户侯且让别人去做吧,我只要与你相对,便满足了!

在家的聪娘,若听到这滚烫的话语,大约也会想起些两情缱绻的时刻吧,然而那回忆只会使别离显得更加难耐了。诗人仿佛看到了聪娘含愁的眉眼,"上元分手泪垂垂"(《寄聪娘》)的一幕又闪现在眼前,他仿佛听到她切切的哀怨:既是如此,又何必为官、为钱远走他乡呢?——于是在那仿佛已经说到尽头的爱情誓言之后,又有了诗人无奈的诗句:"生把黄金买离别,是侬薄幸是侬愁。"

真正的爱,是不容有利害打算的念头存在于其间的。在爱人的眼里,金钱也只有和尘沙一样的价值。"悲莫悲兮生别离",有谁愿意用黄金换取那"黯然销魂"的离别之苦呢?然而在袁枚,却又有着他不得不出仕的原因:"父母闻作官,劝行语谆谆。妻妾闻作官,膏我新车轮"……他不得不走了。虽然在西行的日子里他见山觉惨淡,见水亦伤神;虽然他知道现在是"樱桃花淡绣帘孤",虽然他也"思量海上伴朝云"(《寄聪娘》),然而对聪娘的愁与怨,他却毫无责备之意。他只是告诉聪娘:随你怎么想吧,觉得我为黄金远走也好,觉得我薄幸也好,只要你能知道,我的愁肠也与你一样缠结、盘曲!

这是一封率真的情书,它直抒了诗人对聪娘炽热的爱情。"书信是最不掩饰、最显真面的文章。"(鲁迅)读此诗,即可想见袁枚"重性情"的个性,也可知袁枚和聪娘来日的相见必定是十分幸福的——"金风玉露一相逢,便胜似人间无数"!

(张 巍)

纸　鸢　　　　　袁　枚

纸鸢风骨假棱嶒,蹑惯青云自觉能。
一日风停落泥滓,低飞还不及苍蝇。

袁枚曾说:"诗无言外之意,便同嚼蜡。"(《随园诗话》卷二)又说:"咏物诗无寄托,便是儿童猜谜"(同上),他喜欢、也善于在咏物诗中别寄寓意,如其《偶作》云:"晴太温和雨太凉,江南春事费商量。杨花不倚东风势,怎好漫天独自狂。"三四句可为曹雪芹在《红楼梦》第七十回中替薛宝钗写的《柳絮词》作注。这首《纸鸢》也是言内见物、言外见人之作,且与上诗有相通处。

与许多运用隐喻手法的咏物诗一样,这首诗的"言外见人"的效果,也是通过抓住物与人的对应性特征,借助谓语把无生命的名词变为有生命的主体,再辅之以一定的借喻手法来获得的。纸鸢即风筝,古多以竹制,其架可称"骨",但称"风骨",又言"棱嶒"(瘦劲、刚硬、威严),其意即超出纸鸢骨之外。"蹑"(踏)"自觉"

这些动词都是形容描写人的,此作"纸鸢"的谓语,使"纸鸢"成了有生命的主体,诗的隐喻效果也更加明显。"青云"喻高位,此已为人所共知。纸鸢升天,须借风力,失去风的托送,它即落地沾泥,还不如苍蝇,因为苍蝇虽不能高飞,但其飞动尚凭己翅之力。

此诗下有自注说:"余前有《憎蝇》之作。"其《憎蝇》诗云:"深秋丑扇尚纷纷,偶据高柯自道真。枵腹可曾餐墨水?恶声偏欲扰诗人。神昏不附追风骥,暑退能留几日身?辜负天教生羽翼,枉钻窗纸费精神。"显然,这里的蝇是指凭炙手可热的背景获取一定地位的人,他们不学无术、天资愚钝却又要附庸风雅,干扰、指责真正有才华的人作诗做事。诗中预料这些人好景不长,必将随着环境、条件的变化而失去其声势。而《纸鸢》诗中作者说掉地的纸鸢比苍蝇都不如,可见其对纸鸢——纸鸢式人物尤为鄙视、厌恶。苍蝇惹厌,但丑态显然,且多少靠点自身能力;"纸鸢"则全仗他人始得高飞,然而还不自知,显出一副高峻威严的样子,这些人栽下来,将比苍蝇入秋更惨。

诗借物喻人,讽刺非常辛辣。惜乎现实中又有"百足之虫,死而不僵"之说,一些"纸鸢"栽下来,虽不在"青云",却仍在"假稜嶒"、"自觉能",这大概又是袁枚始料而未及的了。

(沈金浩)

湖上杂诗(二十首选一) 袁 枚

烟霞石屋两平章,渡水穿花趁夕阳。
万片绿云春一点,布裙红出采茶娘。

诗人于乾隆四十四年(1779)春重返故乡杭州,遍游西湖山水。其间或绘景,或怀古,或抒情,写下与杭州风物有关的《湖上杂诗》二十首。这里所选一首重在描写杭州茶山景色与采茶女的风采,显示出盎然的春意、鲜丽的春色。

这一天,诗人来到西湖南山一带游览名胜风光。他先观赏了著名的"烟霞石屋"二洞。烟霞洞在烟霞岭下,先"洞内有罗汉六尊",后吴越王钱镠又"补刻一十二尊",今俱废。石屋洞在南屏山下,洞内"高敞虚朗,衍迤二丈六尺,状如轩榭,可布筵几。其底邃窄通幽,周镌罗汉五百六十身"。(均见田汝成《西湖游览志》卷三)"平章"原意为品评,此处兼有观赏之意。诗人曾分别于二洞内仔细"平章"这造化的奇观,一定耽搁了过多的时光,因此当他游毕二洞,天色已晚,斜阳西下了。但诗人却没有归去休憩的意思,竟"渡水穿花趁夕阳",即趁着夕阳余晖未褪,又忙着涉溪水,穿花丛,贪婪地欣赏起洞外的春山之景。这种留连忘返的兴致,使年逾花甲的老诗人显得如同贪玩的孩子,充满了天真的童心。

果然,老诗人竟有了意外的发现,他于春山上惊喜地看到了一幅别致的"图画":"万片绿云春一点,布裙红出采茶娘。"这幅图画以"万片绿云"即万丛茶树为背景,以"春一点"即"红一点"为主体。"春一点"乃化用王安石名句"万绿丛中红一点,动人春色不须多"之意,这里指那采茶姑娘的红布裙。试想:在茶丛的一片翠绿色中,忽然闪现出一点红色,又是在夕阳的映照下,多似一团火!多么引人注目!这"一点"就是此时天地之间最"动人"的"春色"。"布裙",显示出采茶女自然朴素之美;而"红出"以形容词"红"修饰动词"出",既用得十分别致,也写得非常传神,因为在远处望去,"绿云"里"出"的只能是一点"红",由"红"才能悟到人,此处亦可以看出诗人笔锋之灵秀。这"红"分明是"采茶娘"的青春风采。

此诗描写诗人游览南山一带之所见,但详略有致。游"烟霞石洞"是一笔带过,而突出描写茶山所见。在诗人看来,大自然的春色虽佳,但少女的青春却更为美丽,更能代表"春色"的来临。这是诗人独具只眼处,亦是此诗审美价值之所在。

(王英志)

箴作诗者　　　　　　　　　　袁　枚

倚马休夸速藻佳,相如终竟压邹枚[①]。
物须见少方为贵,诗到能迟转是才。
清角声高非易奏,优昙花好不轻开。
须知极乐神仙境,修炼多从苦处来。

〔注〕① 倚马:晋桓温北征,袁宏倚马前草拟文告,顷刻写成七纸。事见《世说新语·文学》。速藻:谓为文敏速,挥笔立就。语见《宋书·自序》。"相如"句:《汉书·枚乘传》:"(枚皋)为文疾,受诏辄成,故所赋者多;司马相如善为文而迟,故所作者少而善于皋。"又《汉书·邹阳传》:"阳与吴严忌、枚乘等俱仕吴,皆以文辩著名。"

袁枚字子才,常隐然以才子自许,当时的人也都承认他是才子,甚至有比之于"谪仙"者(汪乔年,见《随园诗话》卷三)。也许因自己有才之故,他非常强调人的"天分"、"才"气。认为一个人能否成为好诗人,关键在其天分。但在有天分的人中,他倒并不很推重挥毫万字、援笔立就者,而对谨慎下笔、勇于修改这一点倒颇多强调。五十二岁时,袁枚作《续诗品》三十二首,仿司空图《二十四诗品》的写法,以四言诗谈论作诗之法。其中《精思》、《知难》、《矜严》、《勇改》、《割忍》等篇,都讲到作诗不贵多不贵快,而应覃思精研,仔细推敲,不厌修改。六年后,他又写了这首《箴作诗者》,以七言律诗的形式,再次讲了这个道理。

诗首先以典故引出本诗所欲议论之事。"倚马可待"是人们常用的习语，事出袁宏倚马草檄；"速藻"本自刘宋时沈璞作《旧宫赋》不如以往敏速的典故。袁文好坏，《旧宫赋》与沈璞前此之作孰胜，史未明言。袁枚本诗用此两事，只是借指快速作诗文者。"休夸"即是袁枚要提供的"箴"。为何"休夸"？首联次句即以历史事实来说明：枚皋是西汉著名的作赋快手，邹阳也才思敏捷，司马相如则写得较慢。但相如作品虽不如枚皋多，论作赋之成就，相如终在枚皋之上，这是历史定评。

次联是两句议论，紧承上联，正面表达观点。上句言诗与其多而粗，不如少而精。下句言不率易落笔，能反复推敲者才是真正有才的人。袁枚的这种见解，是他观察物理、总结历史现象所得，也是他自己的创作体会。《续诗品·矜严》说："我饮仙露，何必千钟；寸铁杀人，宁非英雄。"他清楚地看到了物以少为贵这一世间常理。在《随园诗话》卷七中他又以李白、苏轼为例说明才大者实际上也不恃才自放。在《答祝芷塘太史》信中，他还讲了诗少见贵的理由：一是真能写出新意的题材现已不多；二是天下诗人太多，平凡之作留多了没人要看，多了又不易流传；三是语多生烦，韵多必凑。所以他要祝芷塘对自己的诗"宜加烹炼"。又以"精兵三千，胜羸师十万"这类事例作比提醒他。从袁枚所列的几条贵少的理由来看，他的这种贵少观点对创作应是很有指导意义的。关于作诗不贵速问题，袁枚在《随园诗话》卷十四中曾以自己和蒋士铨的一段创作经历加以论证。其言曰："作诗能速不能迟，亦是才人一病。心余《贺熊涤斋重赴琼林》云：'昔著宫袍夸美秀，今披鹤氅见精神。'余曰：'熊公美秀时，君未生，何由知之？赴琼林不披鹤氅也。'心余曰：'我明知率笔，然不能再构思。先生何不作诗以示我？'余唯唯。迟半月，成七绝句，心余以为佳。余乃出箧中废纸示之曰：'已七易稿矣。'心余叹曰：'吾今日方知先生吟诗刻苦如是，果然第七回稿胜五六次之稿也。'余因有句云：'事从知悔方徵学，诗到能迟转是才。'"由此亦可看到，袁枚所重的"迟"不是天生迟钝，而是有才而不炫才，精益求精。

诗颈联连用两个比喻，在内容上承上启下。角是古代宫、商、角、徵、羽五音之一，其声音调很高，但奏之不易；昙花很美，又被看作祥兆，但它很少开，即使开了也因时间短而很少让人看见。两句都比喻好诗不容易得到。因"非易奏"故需多练，因不轻开故需耐其迟。所以，诗之尾联又用了一个比喻，伸足了"非易奏"而需多练之意，也点明了贵少耐迟所能达到的境界。

应该附带一说的是，袁枚论作诗常很辩证，他在强调本诗所言观点的同时也指出，有时"天机一到，断不可改"，又说诗过分多改"则机室"。用他在《续诗品·勇改》中的话来说,即"知一重非,进一重境。亦有生金,一铸而定"。这样看问题,应该说是很全面的了。

（沈金浩）

哭　聪　娘　　　　　　袁　枚

> 记得歌成《陌上桑》,罗敷身许嫁王昌。
> 双栖吴苑三秋月,并走秦关万里霜。
> 羹是手调才有味,话无心曲不同商。
> 如何二十多年事,只抵春宵一梦长？

人生如梦。每个女子都有青春消逝、两鬓染霜乃至红颜老死的时候。然而在情人的心里,她也许还是那个明媚而羞赧的少女,可爱又可笑的黄毛丫头。乾隆三十八年秋(1773),当四十九岁的方聪娘溘然长逝时,年近花甲的袁枚无疑是十分悲痛的。然而他这首本该是如泣如诉、一字一泪的悼亡诗,却是从一阵悠扬婉转的渺茫歌声中开笔的。

"记得歌成《陌上桑》,罗敷身许嫁王昌。"写下这句诗时,袁枚仿佛又回到了二十多年前的那个夜晚,那时他正在杭州胥江的友人家里小住。盛年得志,风流倜傥。热心的朋友们忙着为他作媒纳宠,一时间"车如流水"、"罗缡门排",美女如云。然而诗人都不甚满意,以为"衽若交竿,绝少系纱之臂"。就在这时,一个偷偷爱慕着诗人的姑娘出现了。她"清胪窈牖、绮语踦间",顾盼之间,那光彩照人的容貌,宛若《陌上桑》中的美人罗敷,使潇洒的诗人不禁目眩神迷。觉得她的到来,恍若"月乍入而室明,珠旁悬而星避",使满屋的佳丽顿时都黯然失色了。当主人告诉他:"此吾家侍婢方聪娘,君以为姝乎？"他欣喜异常,立时就应允了。于是在"相招以文"、"丹心寸意,藉唱繁霜"之后(以上引文均见《聪娘墓志》),这两个一见钟情的年轻人,便结下了美好的姻缘；当年,萧武帝《河中之水歌》里的莫愁女,虽说是身在"郁金堂"、"玳瑁梁",却终日为未嫁得东家王昌而愁眉不舒,相比之下,聪娘可幸运多了,如愿以偿嫁得个如意郎。

这段浪漫而又甜蜜的爱情故事,大约会打动许多人的心吧。而作为男主人公的诗人,在聪娘病故的哀伤中回想起来,也许就更有一种忆念不尽的亲切感了。此刻,在轻柔的《陌上桑》的余韵中,他全然忘却了聪娘已经逝去,他的心深深地沉浸在如烟的往事之中,沉浸在对聪娘温馨的回忆之中。

"双栖吴苑三秋月,并走秦关万里霜。羹是手调才有味,话无心曲不同商。"——如果说开首两句所描写的,是诗人一生中最幸福也最难忘的一幕,那么这四句则深情绵邈地展现了他们婚后二十多年中,不断生长、更新而又始终如初的爱情生活。

二十多年的岁月,二十多个春与秋的交替,七千多个日日夜夜;从最初相见的胥江,到后来短住的江宁(今南京),再到小仓山下定居的"随园";从充满激情的相爱,到真挚默契的相知,再到平淡如水的相伴;从青年、壮年,到老年——这期间,没有人数过,又有谁能数得清,他们曾多少次"双栖"于"吴苑三秋"的"月"下呢?那远走"秦关"的乾隆十七年,他其实是独自一人去秦中做官的。然而有一颗心,却始终在陪伴着他,长途跋涉、踏霜走雪、同喜共忧——他知道那就是聪娘的爱心。二十年来,聪娘总是和他灵犀相通、心心相印:从简单的生活习惯,到复杂的内心感情,她都能了解得清清楚楚。"羹是手调才有味,话无心曲不同商。"诗人从她妙手调出的香羹里品尝到的,哪里只会是一般的"可口"? 更多的,大约还是她浓浓关爱的醇厚滋味吧! 至于倾吐心曲的话题,他们又何尝刻意地去寻觅过,然而,哪一次的交谈,不是默契得宛如一首两颗心共同谱写的协奏曲呢?

二十多年的旧事,至今想起来,仍是那样的新鲜与生动,就像刚刚发生在昨天一样。"一枝花对足风流"(《寄聪娘》)的誓言仿佛还在耳边响着,"看书常伴烛花深"(《哭聪娘》)的情影也仿佛还在眼前晃动。然而他的聪娘呢? 他的聪娘现在竟在哪里? ——如醉如痴的诗人,蓦然从回忆中惊醒,便不禁黯然神伤、悲从中来,终于冲口喊出了:"如何二十多年事,只抵春宵一梦长?!"

这愁惨欲绝的结句,顿时使全诗的氛围彻底改变,读者猛然受到了诗人心中哀慨风暴的袭击:爱情可以酿出甜蜜的幸福,但当生死诀别到来时,却也会留下无可消解的伤痛和哀怨:聪娘溘然消殒了,二十多年的漫长夫妻生活,在诗人心里,竟只如短暂的"春宵一梦"! 种种缱绻的回忆,在此刻,似乎都在增添着终于死别的悲痛:渺茫的《陌上桑》歌声,恍似依然响着,只是早已变得如泣如诉了。此后的岁月,还有谁再会伴他同赏明月、共吐心曲? 还有谁再能为他调制出那样情意浓浓的羹汤?"韦郎两鬓衰如许,就使相逢已隔生。"(《哭聪娘》)聪娘的灵柩,是按着她遗言,葬于杭州先人的墓侧了。一抔黄土,从此将诗人与聪娘分隔在两个世界——"我是人间惆怅客","断肠声里忆平生"。纳兰性德的这两句悼亡词,或许正是诗人此刻伤痛心境最哀切的写照吧。

(张 巍)

别 常 宁 叔家青衣   袁 枚

六千里外一奴星,送我依依远出城。

知己那须分贵贱,穷途容易感心情。

漓江此后何年到,别泪临歧为汝倾。

但听郎君消息好,早持《僮约》赴神京。

乾隆元年丙辰(1736),二十一岁的袁枚赴广西探望在巡抚金𫓯衙门里当幕僚的叔父袁鸿,五月初四到桂林,次日见巡抚,大受器重,居三月,金𫓯荐其赴京参加该年秋季的博学鸿词考试。此诗即是袁枚离桂赴京时赠给为他送行的叔父家仆人常宁的。

作为一首赠别之作,本诗的特点不在其表现形式上的新颖,而在其感情的真挚、可贵。

首联写送者的身份与行为。"奴星"指这位叔父家的"青衣"(仆人)常宁,"六千里"是袁枚老家杭州至桂林的距离。不过这一数字不一定是确数,也许是用柳宗元《别舍弟宗一》中"一身去国六千里"这个现成词。言其身份,并非为强调他们的尊卑界限,而是为下文而作的必要交代。言距离之遥,可见诗人与常宁只是邂逅之遇,他们过去不相识,今后能否再遇亦未知。正因为是这样一种关系,所以常宁能殷殷相送,也更加可贵。"依依"语出《诗·采薇》"昔我往矣,杨柳依依。"一向是用以状描别情的首选词汇。常宁舍不得诗人离去,所以送行一直远出城门之外。

次联是本诗中的闪光点,它道出了人际间一种十分可贵的感情。袁枚和他叔父家虽然也都是贫寒的读书人,但在常宁面前毕竟是主。然而诗人并不把这层主仆关系看得很分明,把常宁的远送看作仆人对主人的忠诚或应尽义务,而是将此看作是两心相知的外化表现。诗人在临别之际深为常宁的情谊所感动,更加感受到心灵相通的可贵,因而喊出了"知己那须分贵贱"这一摒弃了等级习见的充满人情味的可贵声音。次联的下句既是当时情状的反映,也是对常宁的含蓄的赞美。袁枚此次来桂林时,年方弱冠,既未有什么地位,生活也极穷困,来时的路费也是别人借给他的,刚到时自己的叔父都瞧不起他,可谓是穷途之客。这次虽然北上应考,成败亦未能逆料。在这种境遇中,常宁能与袁枚建立深厚的情谊,可见他不是个势利的仆人,也正是这一点深深地感动着青年诗人的心。

第三联感伤后会难期,直抒惜别之情。写法可能化自前人,唐陈子昂《春夜别友人》中"悠悠洛阳道,此会在何年?"和卢纶《送李端》中"掩泪空相向,风尘何处期?"等句都为类似的抒情方式。所不同者,袁枚之泪,是为这位仆人而洒。

惜别而至倾泪,这种别情应是表达得淋漓尽致了。然而诗到这里并不歇笔,在挥手道别的最后时刻,诗人又留给常宁一句话,要他等待自己的好消息。"郎君"是诗人自指;《僮约》是西汉王褒写的一篇游戏文,内容是与仆人订的契约,其中规定如果仆人愿意来,当完成哪些事。袁枚在这里是取其题意,谓一旦自己考试获售,便要把常宁接到京城去,在自己身边做事,以便朝夕相处。这一许诺不仅进一步体现了两人的相知相得,也使上文对别愁的抒写在几已饱和的基础上又拓进了一层。

(沈金浩)

上官婉儿　　　　　袁　枚

论定诗人两首诗,簪花人作大宗师。
至今头白衡文者,若个聪明似女儿?

上官婉儿是初唐宫廷杰出的才女。她一生经历十分不幸。还在襁褓中时,祖父、著名诗人上官仪就以论武后废立事获罪,累及儿子庭芝(婉儿的父亲),一同处死,全家籍没,婉儿随生母郑氏配入宫廷作女奴。等她长大后,以天性颖悟,"有文词,明习吏事",被重视人才的武则天所召用;又因忤旨,差一点被诛杀,最终受了"黥面"的肉刑。到晚年,她卷入了韦后乱政集团。中宗暴死,临淄王李隆基(中宗侄儿,睿宗之子,即后来的玄宗)发动宫廷政变,举兵除诸韦,婉儿被斩于旗下。但就是这位累遭不幸的女性,凭她超绝的才智,由女奴而成为武则天母子当政时的幕后运筹人物,曾被中宗册封为"昭容"(正二品女官),代皇帝草拟制命。在诗坛上,她也曾管领一代风流。初唐几位帝后,大多有文学修养,喜欢作诗。每当皇帝赐宴赋诗,群臣奉和之时,婉儿常为武后、中宗以及几位公主捉刀代笔,并负责评骘臣僚的诗作,指点文字,抑扬人物。《唐诗纪事》有一则记载说:正月晦日(每月最后一天叫晦日),中宗游幸昆明池赋诗,群臣奉和者一百多人。殿前结起了彩楼,命婉儿居楼上,在一百多首和诗中精选一首作为配乐的歌词。当时臣僚呈上诗作,聚集楼下,听候婉儿评断。这自然有赛诗的意味,也是在考验婉儿评诗的识力。落选的诗篇一张张扔下来了,最后剩下沈佺期、宋之问两篇,迟迟未决。过了好一会,沈诗飘落,独留宋诗入选配乐。婉儿的评论是:沈宋两诗工力差不多,只是宋的结尾比沈好。沈以"微臣雕朽质,羞睹豫章材"结篇,是两句空洞的谦虚话,而且语出题外。宋的结联"不愁明月尽,自有夜珠来",紧扣晦日时令(晦日自然没有月亮),又用传说汉代昆明池边有神鱼献夜光珠的典故,切合地望;同时写出了帝家豪华气象,而且辞意不尽,确实远远超过沈诗。这件文坛韵事,尽管出于小说家之言,却为历代诗人所艳称,上官婉儿也就因此名传千古。袁枚写这首绝句,题咏这则故事,除了赞扬上官婉儿外,又暗暗借古讽今。"至今头白衡文者",俨然有所指,极有可能是讽刺与他同一年成进士、年龄却比他大四十多岁的诗论家沈德潜。当时,袁与沈同为诗坛领袖。袁主性灵,沈主格调;袁进取,沈保守;两人议论判若水火。袁枚强烈反对沈拘泥诗律诗法,以格调论诗,以时代限诗(尊唐抑宋),以温柔敦厚取诗;以及"菲薄艳情",强调"诗本乎学"等等带有浓厚儒家迂腐思想的议论。为此他两次致书沈德潜,反复驳难,信中口口声声称沈为"大宗伯","宗伯"原是沈曾任的礼部侍郎的古称,但此语又含有为人尊仰的文坛宗师这层意思。这首诗里的"簪花人作大宗师"从字面说,无非赞扬婉儿以女性而成为诗坛宗匠,暗中却把"大宗师"与致沈德潜论诗书中的"大宗伯"遥相呼应。袁枚曾说沈论诗"有大袑(袑,裤裆,大袑即大裤,语出《汉书》'褒衣大袑,不中节度'。这里指冬烘迂腐之人)气象",就是说他有道学先生气味。这首绝句结尾"若个聪明似女儿",字面上泛指哪一个比得上婉儿聪明,其实也含有讥讽沈德潜白头论诗,思想顽固,天资鲁钝这层深意。他在《随园诗话》中引用杨诚斋的话说:"'从来天分低拙之人,好谈格调而不解风趣……'余深爱其言。"沈德潜正是以格调论诗的人。把这段话与本诗对参,便见此中有人,呼之欲出了。

袁枚这首绝句,正面歌颂了唐代一位压倒须眉的才女,又暗中讥讽了当代诗论保守的"头白衡文者"沈德潜之流,表现了他尊重女性的民主意识和诗歌理论中勇于创新的开拓精神。这首诗的价值首先就表现在思想识见高人一等上。袁枚反对封建的男尊女卑之说,尊重女性的才华,收录女弟子,为她们改诗编集,对她们的诗作尽力揄扬。这首《上官婉儿》是这种进步思想的又一次闪光。其次,在诗艺上,信手写来,炼如不炼。起句"论定诗人两首诗",是任何诗人都忌讳说的大白话,袁枚却不避俚俗,径言直遂,畅晓明白。四句诗如弹丸脱手,流转清新;却又巧妙地把讽刺的微意藏在这平易的语言里,词旨隐约,使人读后自知其锋芒所向,发出会心的微笑。这就是诗艺中不巧而巧,寓巧于拙的手法,其中透露出诗人特有的睿智覃思与轻松幽默。

(赖汉屏)

养马图　　　　　袁　枚

养马真同养士情,香萁供奉要分明。
一挑刍草三升豆,莫想神龙轻死生。

这首题画诗,字面意思是很容易懂的。诗人玩味了《养马图》的画意,认为要养好一匹马、一匹好马,马主人就得怀有像古时孟尝君、信陵君之类人物"养士"的心情:养士,就是不但要使门下的士食有鱼、出有车,还要以"国士"相待,尊重其人格,如此缓急之时就可得其死力相助,孟尝君之于冯谖、信陵君之于侯生,莫不如此;养马,则要喂给它香喷喷的"萁"(豆秆),对马的态度是恭恭敬敬的"供奉"而不是随随便便的畜养——扔给马一挑干草、三升豆子,让它填饱肚子拉倒——若是这样,这马就算有神龙之姿,主人也休想它为你出生入死。

不过,本诗的含义若仅此而已,那就算不得佳作了。下面我们再透过诗的字面,来窥看其中的精义。图以"养马"名,画中该有人有马。但此画的核心既非人,亦非马,却是"养"——人与马的关系。诗人十分敏锐地发现了这一点。所以,这首诗也就不同于以往题画马图或咏画马的诗的写法。杜甫咏曹霸画马,元朝人题赵孟頫、龚开、任仁发的马图,清朝人题张穆的马图都围绕马和画家来写,而本诗则紧紧扣住养,由养马联想到养士,并用隐喻的手法转移了本诗的真实主题,没有思维能力的马(神龙)成了有思维能力的士的代名词,香萁、刍草、豆也成了养士者对士在物质和精神上的付出的比喻。袁枚诗集中有一首引人注目的《鸡》诗说:"养鸡纵鸡食,鸡肥乃烹之。主人计固佳,不可使鸡知。"着眼点也在"养",主旨是揭露养者的阴险。这首《养马图》言养,强调的则是要收获须付出,要以心换心,诗里充满了重知遇、求平等的精神,否定了下级为上级、奴为主、臣为君无条件效劳的封建伦理道德观。

这样的思想在袁枚的文章和行为里是有一贯表现的。他一生中,对曾帮助过他的人如广西巡抚金鉷、主考官邓逊斋甚至建筑工武龙台都铭心不忘。但他公开反对单方面的忠诚。他非常推崇孔子所说的以直报怨,以德报德,认为别人如果对自己不好,那么自己也不必死心塌地对他好。他说父子间于"死生之际不可以私害公"是谬论,说那些自称"我但恩报不怨报"的人是"矫情"、"伪""淆黑白而蔽天良"(《驳唐鉴李德裕论》)这种对自我的强调、对奴性的否定与他在本诗中所强调的养士必须敬士的观点是完全一致的。

(沈金浩)

卓 笔 峰　　　　　　　　　　袁 枚

孤峰卓立久离尘,四面风云自有神。
绝地通天一枝笔,请看依傍是何人?

卓笔峰是浙江雁荡山中一座状如毛笔的山峰。乾隆四十七年(1782),六十七岁的袁枚,游浙江诸名胜,观卓笔峰而作二绝,本文所选为前一首。

袁枚曾说:"诗有正喻夹写,似是而非之语,最妙。"(《随园诗话》卷十二)因为这种写法是袁枚创作的一大追求,故其集中这类诗甚多。本诗是又一次表现了这种追求,诗的词句安排都能扣住卓笔峰的特征,而诗的立意,又不仅是描摹这座山峰,山峰在这里只是诗人兴会的触发机制。诗人实际上是在以山峰比喻自己的生平和创作。相对于家居不仕而言,入世做官可算是一种"尘俗"。袁枚三十八岁后就不再出仕,现在已经六十七岁,至今三十年优游林泉,也可谓是久离尘俗了。卓笔峰的特征是孤峰耸立,不与他峰相连,如何让卓笔峰喻人呢?诗人找到了"尘"字,因为它能担负起表达自然意义和社会意义的双重使命。而当"尘"字沟通了这两种意义后,"卓立"在形容峰的同时自然也就形容人了。第二句的意思紧接第一句而来,并加强了描写中的主观因素。因为是"孤峰卓立",故有"四面风云",但谓风云有神,则是诗人的感觉和判断,因而这里的"风云"和"神"也就包含了诗人想说的另一种意思,袁枚《静里》诗云:"静里功夫得性灵,并无人吸夜泉生。蛛丝一缕分明在,不是闲身看不清。""离尘"的生活使他获得了很多悠闲,悠闲又给他带来了许多忙碌中得不到的性灵和锤炼诗艺的机会,这应是他风云有神的一个方面吧。袁枚在诗创作、评论中又强调诗不分朝代,写诗应该无宗无不宗,学一切好诗而不为所囿,独抒性灵。在思想上他反因循而主独创,强调人须有识,"大概著书立说,最怕雷同,拾人牙慧。赋诗作文,都是自写胸襟。"(《寄奇方伯》)因为能冲破束缚,专求个性,而其才力又相副,于是其著书作文,常能驱遣万物于笔下,这大概也是他风云有神的又一个方面吧。

相对于前两句而言,诗的后两句的"喻"更加明显。前两句的字面尚是写峰,后两句,则在峰的名称上巧做文章。峰的实质在这里更是次要的了,这座孤峙卓立的卓笔峰,在此只成了一枝绝地通天的卓笔。通过这一移花接木的写法,诗的真正用意——提倡写诗要独抒性灵、标榜自己作诗不依傍任何人,也就很轻巧自然地表达出来了。

(沈金浩)

【诗人小传】

吕 坚

(1742—1813) 字介卿,号石帆。广东番禺人。乾隆年间岁贡生,居于乡中,家贫,性孤傲寡合。与黎简、张锦芳、黄丹合称"岭南四家"。其诗幽艳奇峭。有《迟删集》。

鮀江官廨书楼漫成 吕坚

家国心何壮,蹉跎二十年。
霆声浑地奋,山色倚天圆。
海阔都悬水,林疏旋补烟。
青衫惭起舞,垂手一苍然。

作者是清代乾隆年间的秀才,曾入国子监读书。他名列"岭南四家"(黎简、张锦芳、黄丹书、吕坚),诗文幽艳陆离,奇情勃郁,不肯作一常语,为人所称道。但作者仕途上一直坎坷,至老而不遇,空有抱负。当他客游至广东汕头,登上鮀(tuó驼)江畔的官廨(xiè械)即官衙的书楼上四望时,不禁触景生情,感慨万端,于是借景抒怀而写下这首五律。

首联"家国心何壮,蹉跎二十年"乃直抒胸臆,为全诗定下了悲慨失意的基调。前一句是抒发平生理想,后一句是感叹无情现实。"家国心"指其治国的雄心,"何壮"强调其理想的崇高远大,此为诗情之一扬。但先扬而后抑,旨在反衬后一句感情之低沉压抑。因为壮志未酬,而觉虚度二十年光阴,一种愤懑之意充溢于胸中。作者登楼四顾,写其所闻所见正与其此时心境相吻合。颔联"霆声浑地奋,山色倚天圆",写得真是有"声"有"色"。先从听觉角度写:耳闻一声雷霆落地,使得大地为之震动,堪称声威雄壮,此句乃从《易·豫》"雷出地奋"化出,"奋"即震动;然后从视觉角度写:远望青山之色与天边弧形的地平线融化在一起,可谓深远无际。这一联所写的"霆声""山色"正象征着作者的"家国心"之"壮"、平生志向之高远。"浑地奋"、"倚天圆"都落笔不凡,造语奇警。如果说颔联写的是官廨书楼上北望的景物,颈联"海阔都悬水,林疏旋补烟"则是转写书楼南眺的风光。汕头南面濒临南海,前句就是写海上所见:大海空阔,浪涛腾空,甚是壮观;后句则写海边林木空疏,被烟雾所充塞,又甚为迷濛。"悬水"二字称得上奇倔不俗,"补"字亦下得贴切传神。此联的景象虽然阔大,但又有一种虚无缥缈之感。这与作者"蹉跎二十年"的心绪是相契合的。总之,书楼四周的景象从不同方面刺激着作者蹉跎岁月、蹭蹬名场之遗恨。作为一个性格兀岸自异的人,作者竟情不自禁地借助形体动作以发愤了。尾联"青衫惭起舞,垂手一苍然"即是写其惭愧失意的情态。此处"青衫"意同"青衿",为读书人所穿的衣服,在清代专指"秀才",这里是借以自称。"惭"乃为"蹉跎二十年"、一事无成而生。"起舞",因"情动于中而形于言,言之不足故嗟叹之,嗟叹之不足故永歌之,永歌之不足,不知手之舞之,足之蹈之也"(《毛诗序》),是作者感情的自然宣泄,借以抒发愤懑。但是"垂手"即舞罢,却"一苍然",即脸色阴沉忧郁,这表明"起舞"并不能真正解除其内心的苦闷。"起舞"时或可暂时忘怀烦恼,但舞罢又回到现实环境之中,则一切依然故我。诗的结束留下黯然神伤的余味,令人同情。

"风格就是人。"此诗的奇情勃郁的风格与作者的兀岸不俗的秉性是同步的,诗中山水的形象亦寓有作者悲慨狂放的气质。可以说,雷声、山色、大海、疏林,都被诗人个性化了。

(王英志)

诗人小传

胡亦常

清诗人。字同谦。一字豸甫。广东顺德人。乾隆三十六年辛卯(1771)举人。著有《赐书楼诗》。

游 圭 峰

胡亦常

群山乱几重?天半矗圭峰。
泉饮千岩石,云吞万壑松。
南溟奔绝岸,朝日起孤筇。
不觉一长啸,空潭吼卧龙。

名曰"圭峰"的山在中国有多处。这首诗作者所游圭峰在广东江门市新会区北。诗既描写了圭峰的泉石、云松、绝壁、朝日,亦抒发了豪情胜概、襟抱志向。全诗的景观壮阔,气度不凡。

首联"群山乱几重?天半矗圭峰",写远望圭峰之景,在参差不齐的数重群峰的陪衬下,圭峰鹤立鸡群,高矗半空之中,状如硕大的长条形圭璧。"圭(guī归)"又称"圭璧",古代玉器,是贵族朝聘、祭祀、丧葬时所用的礼器。山称"圭峰",正因为其形状似圭。这一联点出圭峰,突出其陡峭高矗之状,令人神往,亦刺激了作者"游圭峰"的浓厚兴味。颔联"泉饮千岩石,云吞万壑松"乃具体描写圭峰富有特色的风光:山泉淙淙,足以供给千层岩石的饮用,使之石色泽润,云雾漫漫,又吞没了万壑松树的影子。一"饮"一"吞"都颇见功力,"饮"在这里是"使之饮"之意,此字一下,便见得山与泉的亲密联系,是泉水给了圭峰以哺育之德;言"吞"则可知云之大之厚,不仅将万壑群松掩蔽不见,而且把群松都包裹起来,吞在腹中。颈联"南溟奔绝岸,朝日起孤筇",前句转写圭峰外景,后句转写游圭峰的人。其中"南溟"又为"南冥",语见《庄子·逍遥游》,指南方的大海,因为其冥漠无涯,故称。此处指代我国南海。"绝岸",陡峭的壁岸,此处指圭峰峭壁。"孤筇(qióng穷)",孤杖,为作者游山之具,此处以物代人。圭峰之南,南海潮水奔腾涌向圭峰的陡峭崖壁;圭峰之上,一轮朝阳升起,映照着作者的登山的竹杖。此联前一句把诗的意境开拓得更为壮阔深远。后一句引出游圭峰的作者则为诗向尾联抒怀"搭桥"。尾联"不觉一长啸,空潭吼卧龙"乃抒写作者游圭峰时之豪情壮志。当时作者站在圭峰之上,欣赏到南海波涛汹涌、朝阳喷薄而出,"不觉"激发起心中的冲天豪气,于是借一声"长啸"而宣泄之,并比为空潭中的"卧龙"之吼。圭峰"空潭"中当然没有真的"卧龙",此"卧龙"乃是作者本人的意象。古语云:"蛟龙非池中物",作者认为自己在仕途上必将大有作为,如同巨龙腾飞,不会永远"卧"于"空潭"之中。他抱负远大,对前途正充满了信心。当然这一抱负早已藏在心中,而在"游圭峰"时触景生情,更不可遏止地借机表达出来了。

全诗以写景为主,兼辅以抒怀;但景象之壮阔亦为抒写壮怀奠定了基础。二者融为一体,使全诗感情高昂,气格健举。　　　　　　　　　　（王英志）

诗人小传

吴　镇

清诗人。字信辰,号松厓,甘肃狄道(今临洮)人。乾隆三十四年举人,历官沅州知府。著有《松花庵诗草》。

韩　城　行　　　　　　　　吴　镇

良人远贾妾心哀,秋月春花眼倦开。
忍死待郎三十载,归鞍驮得小妾回。

"韩城",县名,在今陕西省南部。"行",是经行、行踪之意。诗题表明,这里记下的是诗人在韩城的见闻。这首诗展示的是生活中的一幕悲剧。悲剧的主人公是自称"妾"(古代女子的自称)的一位女子,通篇采用了女主人公自白的口吻。

全诗用顺叙法,从丈夫出远门经商("良人远贾")写起;"秋月春花眼倦开",形象地写出长期等待的过程;"忍死待郎三十载",是等待过程的结束与幻灭的开始。随着时间的延伸,女主人公的内心也在不断地经受着感情的重压:最初的反应是"心哀",被孤零零地留在家里空房独守,还不知何时得以重逢,不免感到悲哀;在长期的等待过程中,连眼睛也懒得睁开("眼倦开"),更紧地关闭起感情的窗扉,不愿见到触发情思的"秋月春花";三十年过去,红颜变为白发,自己继续偷生苟活("忍死"),是因为还抱有等待丈夫回来团聚的希望;而当丈夫回来,本该成为现实的希望,却即刻化成了绝望,面对的是"归鞍驮得小妾回"的严酷事实:原来,在她漫长等待的岁月里,她的丈夫却一直在与另外一个女人生活着;而今,他更把那女人展现在她面前,丝毫不顾虑她有何反应。可见在这三十年里,她在他心中全不占地位!全诗从丈夫出门写到归家,从妻子的痛苦等待写到希望的彻底破灭,通过妻子与丈夫的鲜明对比,希望与现实的强烈反差,相当成功地表现了"痴情女子负心汉"这一传统的主题。诗的末句写得尤为沉着有力,字面上是顺序写来,意思上却是猛然翻转,真有震撼人心的千钧之力。

吴镇是一位主张表现"灵机"、"性灵"的诗人(见其《会宁吴叔达诗序》、《刘戒亭诗序》)。而"灵机"、"性灵"的表现,又有赖于现实的触发。这次韩城之行触动了他的"灵机"、"性灵",使他得以写下这首反映现实既见深度又相当充分地表现诗人高尚情操的佳作。

(陈志明)

纪昀

[诗人小传]

(1724—1805) 字晓岚,一字春帆,自号石云。直隶献县(今属河北)人。乾隆十二年(1747)第一名举人,十九年(1754)进士,授庶吉士,累迁侍读学士,坐事谪戍乌鲁木齐两年。释还,复授编修。官至礼部尚书,协办大学士,加太子太保。曾任《四库全书》馆总纂官。纂定《四库全书总目提要》。他学问渊博,于书无所不通,兼擅诗赋骈文,有《纪文达公遗集》及笔记小说集《阅微草堂笔记》等。

富春至严陵山水甚佳(其一)   纪 昀

> 沿江无数好山迎,才出杭州眼便明。
> 两岸蒙蒙空翠合,琉璃镜里一帆行。

纪昀从杭州出发,沿富春江上行,到桐庐以西的严陵(东汉名士严光隐居垂钓处)。这一段山水,就是梁代吴均在《与朱元思书》中所描绘过的那一段奇山异水:"风烟俱净,天山共色,从流飘荡,任意东西。自富阳至桐庐,一百许里,奇山异水,天下独绝。水皆缥碧,千丈见底;游鱼细石,直视无碍。"

才从钱塘江进入富春江的相当长的一段水路,江面是很开阔的。离开了大都市杭州,就迎来两岸青山,风景自然一新。这首诗写的就是初入富春江的新奇感受。"沿江无数好山迎,才出杭州眼便明。"本来"仔细看山山不动,是船行"(《敦煌曲子词·浣溪沙》),但由于诗人坐在船上,人与船相对静止,这时"看山恰似走来迎"(同前)了。好山"无数",令人目不暇接。"眼便明"三字,不但写出眼界一新的感觉,而且也流露出旅游中心情的愉快。富春江两岸虽然多山,由于江面开阔,又不像峡中行船似的险隘。故两岸青山都远远地,并在天边合围起来,呈现出"天山共色"的奇观。所谓"两岸蒙蒙空翠合"的"空翠",就有天色、有山色。由于江面很辽阔,水的流速很慢,船行十分平稳,又大有"春水船如天上坐"(杜甫)的奇异感受。诗的末句"琉璃(即玻璃)镜里一帆行"绝佳。它首先写出了江水之平,所谓水平如镜。又写出了江水之清,所谓水明如镜。还写出了船在水中的倒影,两岸青山和天空在水中的倒影——这些本来是很难描写的景色,全赖"琉璃镜里"四字,间接地、空灵地得到了反映。

(周啸天)

富春至严陵山水甚佳[①](其二)   纪 昀

浓似春云淡似烟,参差绿到大江边。
斜阳流水推篷坐,翠色随人欲上船。

〔注〕 ① 富春:古县名,在富春江下游。严陵:山名,在浙江桐庐县西。

  富春江的山水以秀丽名满天下,春天尤佳。这首绝句就描写了富春江的春景。

  全诗抓住了一个"翠"字,这是富春一带最突出的特点。前两句写江岸之山。桐庐到富春,山连山,山叠山,一眼望去,夹岸全是青山,略无阙处。山又不甚高,也不甚险,上面长满绿树青藤,参差披拂,宛如翡翠凿就的屏风。首句写山色,比喻传神。临岸之山,近在目前,看上去苍翠欲滴,色彩浓厚,拂动之姿又恰与春云的变幻相似;远处之山被雾气阻隔,越远越淡,直到青烟几痕,浓淡不一,深浅相间,就有无限妩媚之态。富春江穿行在这葱翠的山峦之间,像一条碧带缠绕着灌木丛生的山根,乍一望去,仿佛一座座青山都浸在水里似的,所以诗人说"参差绿到大江边"。景色很独特。

  后两句写江水。诗人采取了与前面不同的写法,不直接写江,而是通过乘坐的船和诗人自己间接地来描绘。推开船篷,诗人坐在了夕辉里。足下是碧如翡翠,莹澈似镜的富春江水,船在玉镜上行,碎玉敲打着船舷,波光荡漾,绿影四射。粼粼翠光跃上了船舷,一直向人的衣襟上扑来。最后一句暗用了王维《书事》中的句意:"坐看苍苔色,欲上人衣来。"这样写,不仅富有绘画的美感,而且令人恍如身入其境,对富春江的翠色造成生动鲜明的印象。

　　这首诗想象丰富,立意新巧,短短的四句话传达出作者细腻入微的审美感受和意在象外的艺术风格。

(王小舒)

诗人小传

蒋士铨

(1725—1785)　字心余,一字苕生,号藏园、定甫、清容、离垢居士,江西铅山人。乾隆二十二年(1757)进士,改庶吉士,授编修。四十岁后历主蕺山、崇文、安定书院讲席,晚年还朝,充国史馆纂修官,记名以御史补用。蒋士铨与袁枚、赵翼并称"江右三大家",论诗主性情,注重诗歌的社会功用,诗格调高雅,意境阔大,用语朴直,风格沉雄。他同时又是著名戏曲家。有《忠雅堂集》、《藏园九种曲》等。

七　里　泷①

蒋士铨

七里严滩绕富春②,压篷青重乱山横。
桐江水似离心曲③,一片风帆万橹声。

〔注〕① 七里泷:即七里濑,一名七里滩。在浙江桐庐县严陵山西。《太平寰宇记》:"七里濑,即富春渚也。两山耸起壁立,连亘七里,土人谓之泷。水驶如箭,谚云:'有风七里,无风七十里。'言舟行难于牵挽,惟视风为迟速也。"② 严滩:即严陵滩,在浙江桐庐县南,相传为后汉严光(子陵)隐居处。富春:富春山。在桐庐县西三十里,乃汉严子陵隐钓处。　③ 桐江:浙江在桐庐县境的一段,合桐溪叫桐江。

　　富春山水,以秀丽明快的景色,倾倒了历代游人。蒋士铨在乾隆十二年秋乡试中举,随后别母北上,进京参加会试。当他途经桐庐,行至当地名胜七里泷、严陵滩时,不免见景生情,写下了这首小诗。

　　诗以写实景为主。诗人乘船来到水流湍急的桐江,富春山下,七里泷、严陵滩紧紧相接,弯绕曲折。由于这一带"三江之水并流于两间,惊波斗驰,秀壁双峙"(《富春山志》),水在山的窄缝中被挤迫着穿行,加上风以利帆,船速之快可想而知。首句七言三出地名，不仅简括道出水依山转的地理特征，还给人以舟行急急，目不暇接之感。诗人的一叶轻舟，在众山反衬下，显得如负重荷，因此，原来悦目的山之"青"色，在诗人的感觉中也成了钝重不堪，沉沉地压在船篷上。这里"青重"二字用得甚奇，体现了诗人的炼字之工。同时，"青重"后接"乱山横"，也巧妙地表达了诗人的感觉顺序：从客观而言，是因为乱山横阻，所以令人感到沉重；但从诗人的主观感受而言，因为船行太快，所以一驶入七里泷，第一感觉却是篷上有重压，然后才能分辨出是"乱山横"。此句若写成"乱山纵横压篷重"，则无味矣，诗人用心用笔之精到，由这个顺序中亦可体现。

上二句重在言七里泷的"色彩"给人的压抑感，次二句则形容此地的"声响"使人心不快。"桐江水似离心曲"，是一个巧妙的比喻。离心曲，是谓杂乱无章的不协和的曲调。"离心曲"究竟如何呢？下句更妙，"一片风帆万橹声"。因为泷长达七里，且有多弯绕(此处回应首句)，故在诗人眼中，只自己坐船的一片帆而已，但每处弯绕，均有船行，那些船的橹声，或在前，或在后，或隔山与诗人的船声平行，或从刺斜间传出；这一派橹声，以"万"形容之，固不为过，而橹声有远有近，有高有低、有显有微、合而听之，岂不是逼真的"离心曲"么？而在这嘈嘈切切的"离心曲"中，诗人的"一片风帆"，当然更显孤单。他形单而声繁，似乎进入一个神秘的包围中，只闻敌人喊杀声，却未见一敌露面，此际的心情，又怎能不感惶惑呢？惶惑与压抑交织在一起，这七里泷环境的令人生畏，不也就生动地体现出来了吗？

本诗中的压抑、惶惑之感，虽是因七里泷而生，但也与诗人此时的经历有关。据载：七里泷左右危峰峻岭，"奔走名利之客一过其下，清风袭人，毛发竖立，使人有芥视功名之心。"(《桐庐县志》)蒋士铨身临其境，奔走名利之行与芥视功名之心产生强烈的碰撞。他是为了考进士而作此行的，自属"奔走名利"者，今日到此，不能不使名利心为之轻；但若不去考，则上不能慰老母之心，下不能展生平抱负，所以他又不能不行。跃跃欲试的诗人不可能一时间作出归隐的抉择，只能将满腔矛盾杂乱的感情，寄寓在眼前的富春山水中。这"压篷青重"，不与科举的重压有关吗？这不可见的万橹声，不正像科举场上的竞争者的潜伏么？我们虽不能说诗人以七里泷来形容科举场，但以他此时的心境，作出这种气氛的诗，也绝不能说是偶然的。他的同代齐名者袁枚，晚年与仕宦生涯绝缘，出游桐江时所作之诗就是另一种光景了："七里泷边水竹虚，烟村约略有人居。鹭鸶到处都清绝，不去衔鱼看钓鱼。"(《桐江作》)两诗感情基调不同，各自的诗的气氛也就有很大差异了。

蒋士铨"早年作诗好阔大语、奇险语"(《晚晴簃诗汇》),这在《七里泷》诗的正反映衬、巧妙设喻中,也得到了体现。

(张修龄 沈价)

五 人 墓①　　　　蒋士铨

断首犹能作鬼雄,精灵白日走悲风。
要离碧血专诸骨②,义士相望恨略同。

〔注〕① 五人墓:在苏州虎丘山塘。明天启中,宦官魏忠贤矫诏逮捕东林党人周顺昌,激起苏州市民暴动,义士颜佩韦、杨念如、马杰、沈扬、周文元五人被杀。后苏州士民在魏忠贤废祠合葬五人,称五人墓。 ② 要离:春秋时吴人,为吴公子光刺杀吴王僚之子庆忌,后自刎于江陵。见《吕氏春秋·忠廉》。专诸:春秋时吴人,亦称鱄设诸。吴公子光谋杀吴王僚,使专诸于鱼腹中藏匕首,刺杀王僚,专诸为僚左右所杀。见《史记·刺客列传》。

明末苏州五义士奋起反抗宦官魏忠贤,身后广被赞语,其墓也常为民众祭扫。蒋士铨过苏州,在五人墓前,不禁为遗恨吴中的豪杰们一叹钦仰之情。

这首绝句对义士墓地的实境未作描绘,而是围绕五义士之"死"发抒一位吊墓怀古者的真切感受。自从屈原唱出"身既死兮神以灵,魂魄毅兮为鬼雄"(《国殇》)的悲壮名句后,"鬼雄"常被喻作慷慨赴难的烈士英豪,诗人在此将五义士以"鬼雄"当之,极度赞扬了死者的志节,同时表明了自己的崇敬之心。"断首"本是生与死的分界,人死无法再生,但在诗人笔下,义士已化作能使悲风生起的精灵,他们时时在"白日"之下,亦即在人间有活动的时间显灵。生与死、人与鬼的界限,历史与现实的鸿沟,在诗人的感情世界中融会了。如果没有生前不畏强暴、为民伸义的壮举,安能对后人产生如此的感召力量?诗人慨叹其死为"鬼雄",实正在追思其生为"人杰"。以"死"衬"生",益显其"生"之壮烈。

诗人的情思没有局限在眼前的五义士,还驰向了两千多年前的尽忠侠士。要离热血,早已化碧;专诸侠骨,长埋地下:诗人似乎看到了不同时代的"义士"正在相互倾诉各自的不平和遗恨。诗人联想作此大跨度的飞跃,不仅因两位春秋人物和明末五义士同与吴地相关,更因其都有舍生取义的动人业迹。只要重义气轻性命,忠贞刚侠,即使像要离、专诸早已作古之人,也是虽死犹生,更不用说与这时代相去不远的五位义士了。这就是诗的后二句的用意之所在,借古侠士之难为人忘,更衬出五义士的感人至深。更深一层说,诗人在由死及生的感叹中,已经将五人墓看成历史上人杰鬼雄们的象征,它已超越时间和地域,凝聚了一切义士的正气和怨恨。因此,五人墓不但为吴地的同代人所谒拜,也为包括蒋士铨那样的异乡后人所敬仰,也就是自然成章的事了。

《五人墓》是蒋的早期之作,标志着他以诗歌激扬忠义的先声,同时体现了"忠孝之言,皆从肺腑流出,出语一二,抵人千百"(康发祥《伯山诗话》)的特点。

(张修龄)

岁 暮 到 家①   蒋士铨

爱子心无尽,归家喜及辰②。
寒衣针线密,家信墨痕新。
见面怜清瘦,呼儿问苦辛。
低回愧人子③,不敢叹风尘。

〔注〕 ① 此诗作于乾隆十一年,该年蒋士铨出游,至岁暮方回家。 ② 及辰:及时。 ③ 低回:徘徊。《楚辞·九章》:"低回夷犹,宿北姑兮。"

  游子在外,时时牵动着母亲的心;游子归家,又往往使母亲倍生爱怜之情。蒋士铨于乾隆十一年春出游,登匡庐及饶、赣诸山,还铅山应童子试,又过庐陵、抚州、建昌等地,风尘仆仆,于岁暮赶回江西居地鄱阳。这首诗写的就是蒋氏与其母亲团圆时惊喜中含伤感的真实场景。

  母亲对子女的爱心如天地般宽阔,与岁月一样悠长。"无尽"是对母亲爱心的集中概括和极度赞美。母子之间的情丝,是任时间流逝、地域变换也撕扯不断的,而诗人初踏人生旅途,乍感世态炎凉,回味那纯真的母爱,自然更会发出"无尽"之叹。游子车马困顿、四处奔波了一年,终于在旧年新岁交替之时,回归家中与亲人团聚。能让疲乏的身心,重被母爱的温馨,怎不令人"喜"出望外。"及辰"道出诗人如期到家、得偿归愿后的欣慰心情。首两句直抒胸臆,以母亲之"爱"、归家之"喜"作为全诗感情发展的开端。

  这首诗着意表现的母子情,并没有停留在单纯、抽象的叙写上,而更借助衣物、语言、行为和心理活动等使之具体化、形象化。颔联中"寒衣"和"家信",都凝结着母亲的温存和思念,是真挚母爱的实物见证。慈母缝就之衣,可使儿挡风御寒以暖身,更可使儿沐浴三春之晖以暖心,针线密密,缝入了母亲多少的关怀和祈盼,及时化解着游子的羁愁和外界的风寒。上句取孟郊《游子吟》之意写诗人客游生活之实,合情切时。"家信"是传递母爱的媒介,"翦烛看家书,风尘百感除。"(蒋士铨《接家信》)封封家信,抚慰了诗人孤寂的心灵,给予了诗人克服旅程艰辛的动力。"新"字明指家信为近期所接,暗寓母亲频频寄书给诗人,诗人亦将母亲嘱咐常记在心。这二句不仅演示了母亲对儿子的感情寄托,同时也表现出儿子不忘母恩的心迹。

　　母子多日未见,当诗人归家,其母最易觉察到的便是儿子面容的异样。这"清瘦"的容貌,正是一次次颠簸于风霜留下的印痕,"瘦"在儿身,疼在母心,母亲急于要知晓的是客游生涯的"苦辛",儿子却似欲回避,更不愿主动诉说,因而引出了一"呼"一"问"。诗人用极简略的问话形式,突出母亲又爱又怜的神态。至此,岁暮到家之喜,已经掺进了些许悲情。

　　诗人在母亲的追问下,徘徊嗫嚅,难以启齿。满面清瘦颜,本已够使母亲生忧了,如再实言"风尘"苦,岂不更伤慈母之心了。这"愧"就在作为儿子,不能在新年将临之际,以健容英姿去告慰母亲。据蒋士铨《鸣机夜课图记》云:"铨生二十有二年,未尝去母前。以应童子试归铅山,母略无离别可怜之色。"(按蒋二十二岁那年,即乾隆十一年。)母子分别时,母亲强忍离别之愁;相见时,儿子自然也"不敢"言出游之苦了。诗人没有强化回家的欣喜心情,更没有渲染考中秀才的志得意满,情感重心由喜转向了忧,流露出骨肉之间相互体贴的至性。所用字词,都十分传神地刻画了游子爱母怜母的行为和心理特征。

　　《岁暮到家》作于诗人奔走功名之时,却淡化了追求仕宦的名利思想,去刻意描叙母子真情,是蒋士铨"篇篇本色,语语根心"(张维屏《国朝诗人征略》)的诗歌特点的有力明证。

(张修龄)

杭　　州　　　　　　　　　　蒋士铨

桥影条条压水悬,凤山门外带城偏①。
一肩书剑残冬路,犹检寒衣索税钱。

〔注〕①凤山门:杭州城门之一,在城南。

　　杭州自古是东南佳丽地,山川形胜,四时美景招来多少文人墨客为之吟咏不已。这些诗词名篇,表达了人们对杭州风光的由衷赞美之情,不过,也并不是所有文人墨客来到此地都会留下同样美好的印象,作者于乾隆十二年曾来杭州,虽然是匆匆路过,但感觉并不好,于是就写下了这首诗。

　　作者取道凤山门进入杭州,首先看到的是城外环绕的河水及水上的座座桥梁。这些景物,并没有引起作者丝毫的美感,"桥影条条压水悬"与"风帘翠幕,珠帘画桥"(柳永《望海潮》)的美丽描写相比,显得是如此突兀与新怪,这并不是作者审美意趣的偏离,故意标异立奇。而是传达出作者的一种情绪。河水本自周流畅达,但桥枕河上,在作者眼中,却给人以阻隔压抑之感,这句关键在于一"压"

字，它在空间上造成一种强烈的负重感，一座座桥，远近参差，连同水中倒影，犹如一道道障碍，悬在水上，压入河中，令诗人心中感到梗阻不快。所以开首二句中的桥影流水，不过是一种意象，带有诗人主观感情的深深烙印。

如果说此诗的前二句是写写入眼际的杭州风物，那么后二句是写初次接触的杭城人情。"一肩书剑残冬路，犹检寒衣索税钱。"这座"市列珠玑，户盈罗绮"的繁华名城，人情却是如此之薄，在荒疏的残冬景色中，诗人风尘仆仆来到凤山门，然首先遇到的是守城关吏的挡驾，他们吆五喝六，向作者索要卖路钱，而诗人所有，不过肩挑之书、剑而已，但关吏不肯通融，竟然要他解开寒衣搜身。一介贫寒书生在冷风中抖索，更遭此人格污辱，情何以堪！

作者这次客游来杭，本不是来赏玩西湖风景的，他于乾隆十二年秋闱中式，别母北上，赴京参加会试，拟在杭州作短暂停留，由于前程未卜，关山重重，诗人本无甚好心思。而眼前亲历，更油然而生仕途曲折、人生压抑、世情如纸之感，所以，这首小诗的可注目之处，就不在于他写景的萧索逼仄，而在于其中沉重的人生体验了。

(祝振玉)

梅花岭吊史阁部　　　　　　　　蒋士铨

号令难安四镇强，甘同马革自沉湘。
生无君相兴南国，死有衣冠葬北邙。
碧血自封心更赤，梅花人拜土俱香。
九原若遇左忠毅，相向留都哭战场。

"梅花岭"是地名，位于扬州旧广储门外。"史阁部"即史可法，南明弘光朝曾官东阁大学士、兵部尚书，督师扬州，抗击清兵南下，城破壮烈殉难，有衣冠冢在梅花岭。诗歌凭吊史可法，颂扬烈士的忠贞，哀悼明朝的灭亡。

首联"号令难安四镇强，甘同马革自沉湘"。"四镇"，弘光时分江北为四镇，以黄得功、刘良佐、刘泽清、高杰四人领兵驻守。但他们拥兵自强，不听军令，反而自相攻战，史可法无法控制，所以说"号令难安"。"甘同马革"，典出《后汉书·马援传》："男儿要当死于边野，以马革裹尸还耳。"意思是说史可法甘愿捐躯，誓死抗敌。"自沉湘"，是用屈原自沉于湖南汨罗江的典故。关于史可法的殉难，有多种传说，其一是说兵败以后投水自尽，所以这里比之以屈原"自沉湘"。

颔联"生无君相兴南国，死有衣冠葬北邙"。上句，"君相"针对弘光帝和他身边的奸臣马士英、阮大铖而言；"南国"指南明，也可以泛指整个朱明王朝。清兵南下,大敌当前,弘光帝却只是忙着诏选美女,酣歌漫舞,醉生梦死;马士英、阮大铖这些阉党余孽,则利用手中职权,一味打击、陷害坚持抗清的正人君子,同时助纣为虐,想方设法获取弘光帝的欢心,满足他的荒淫欲望。正如郑燮《念奴娇·金陵怀古十二首》之十二《弘光》阕所云:"弘光建国,是金莲玉树,后来狂客。草木山川何限痛,只解征歌选色。燕子衔笺,春灯说谜,夜短嫌天窄。……更兼马阮当朝,高刘作镇,犬豕包巾帻。卖尽江山犹恨少,只得东南半壁。"史可法生前遭遇的尽是这么一班"君相",他们怎能"兴"南国呢? 下句,"北邙"是地名,在河南洛阳东北,为东汉时期王侯公卿比较集中的葬地,这里借指梅花岭。史可法殉难后,人们拿他的衣冠袍笏作为替身,安葬在梅花岭上。

颈联"碧血自封心更赤,梅花人拜土俱香"。上句"碧血",用的是《庄子·外物篇》"苌弘死于蜀,藏其血,三年而化为碧"的典故。"碧血自封",是说史可法宁为玉碎,不为瓦全,自己杀身成仁。下句"梅花",既切定梅花岭这个地方,又借取梅花这个字面,巧妙地象征史可法的忠贞气骨。人们到梅花岭瞻仰拜扫史可法的坟墓,连那里的泥土也散发着忠魂的芳香。这不也是陆游在《卜算子·咏梅》中所说的"零落成泥碾作尘,只有香如故"吗? 此联两句,都由上文"死有衣冠葬北邙"生发而来,从而紧扣诗题中的"梅花岭",至下文再由此荡开出去。

尾联"九原若遇左忠毅,相向留都哭战场"。"九原"即地下;"左忠毅"指左光斗,明末曾官御史,因弹劾阉党魏忠贤而遭迫害,死于狱中,后追谥忠毅。史可法是左光斗的学生。桐城派古文家方苞写过一篇著名的《左忠毅公逸事》,其中讲到,史可法早年即深得左光斗赏识,说只有史可法"他日"能"继吾志";后来史可法将兵打仗,不辞辛劳,即唯恐辜负左光斗的期望。然而,由于弘光"君相"的昏庸腐败,史可法孤军作战,独力难支,最终只能以死殉国。在某种意义上说,同具一样赤心的师生二人,他们的遭遇,是多么令人悲愤的近似! 诗人用沉痛的笔触写道:如果史可法在黄泉之下遇到左光斗的话,师生二人必定都要对着南京这个明朝的留都,痛哭战场了。

全诗立足"梅花岭",扣住"史阁部",反面以扬州"四镇"、弘光"君相"来相衬,正面借"左公忠毅"作烘托,有力地突出史可法的矢志抗清,捐躯报国的节烈气概。然而从明朝灭亡到清代中叶,过去的已经沉淀为历史,诗人沉痛的心情寄托在对历史的冷静观察中,不像清初遗民诗人痛哭烈士的诗歌,往往是长歌当哭,慷慨之情流宕诗中。但是,诗人在统治稳固、文网禁严的乾隆时期能够写出这样的诗歌,确乎不易;而我们在内容空廓、格调平和的乾隆初期诗坛能够读到这样的作品,也要为之一振的。

(朱则杰　胡红斌)

漂 母 祠　　　　　　　　蒋士铨

妇人之仁偶然耳,不遇韩侯何足齿?
鬼神默相饭王孙,齐王不死楚王死。
千金之报直一钱,老母庙食今犹传。
丈夫箪豆形诸色,饿殍纷纷亦可怜。

漂母祠在淮阴市望云门外。据《史记·淮阴侯列传》载,韩信微贱时,贫不能治生,有一次垂钓于城下,诸母漂于旁,有一母见韩信饥饿,拿饭给他吃。韩信说:"我一定会好好报答您。"漂母怒曰:"大丈夫不能自食,吾哀王孙而进食,岂望报乎?"后韩信封楚王,以千金报答漂母。

乾隆二十九年(1764),蒋士铨因耿直敢言得罪上司,被迫告长假离开京城,携家南下,准备寄居南京。途经淮阴,凭吊漂母祠,想到自己年已四十,仕路屯邅,无人见赏,有感于漂母饭韩信事,叹世道艰难,人情凉薄,写下了这首诗。

诗起句突兀拔起,出人意表,说漂母饭信只是妇人偶然动了恻隐之心,如果没有遇到韩信,那么她也就默默无闻,何足道哉;只不过鬼神暗中保佑,让她给韩信吃饭,而韩信不死在天下大乱、自称齐王时,而死在衣锦还乡、被封楚王后,得以千金报恩,遂传下这段千古佳话。"千金"二句盛赞韩信以千金报答只值一钱的饭食,使得漂母的祠庙至今享受香火,流传不衰。末尾二句就韩信漂母事生发开去,漂母饭信不望报,而今天英雄大丈夫穷途末路,求望报而施一饭一羹的人也没有,得不到施舍而饿死的人却到处都是,令人伤心垂怜。"箪豆"见《孟子·尽心下》:"好名之人,能让千乘之国;苟非其人,箪食豆羹见于色。"喻好名之人可恭让国家利益,但如果对象不同,则施舍饭食也要给人看脸色。

蒋士铨在清中叶以古体著名,七言尤不主故常,沉雄生辣,意境深厚,朱庭珍《筱园诗话》说他"学昌黎、山谷而上摩工部之垒"。这首诗写得盘诘生硬,有识有力,有声有光,把自己胸中不可磨灭之气一寄于诗,是他七古中较有代表性的作品。

(李梦生)

题王石谷画册玉簪①　　　　　蒋士铨

低丛大叶翠离离②,白玉搔头放几枝③。
分付凉风勤约束④,不宜开到十分时。

〔注〕① 王石谷(1632—1717):清初著名的山水画家王翚(huī 挥),字石谷,号耕烟散人,

又称乌目山人、清晖老人,江苏常熟人。其画多摹古之作,功力深厚。玉簪:花名,夏秋间开花,色洁白如玉,颇清香。花蕊如簪头,故名。 ③ 离离:繁茂貌。 ③ 搔头:玉簪的别名。 ④ 分付:同"吩咐",叮嘱。

  这是一首题画佳作,其妙处在,不即不离,熔画意、诗情、理趣于一炉。
  诗的开头两句描绘王石谷所画玉簪花的形象。第一句状花叶,第二句写花蕊。状花叶连下三语:"低<u>丛</u>"、"大叶"、"翠离离",既将梢头洁白的花蕊衬托得更加美丽,又显示出画家笔下之花的勃勃生机。写花蕊略分两层:"白玉搔头"是含苞未放之蕊,"放几枝"则指正开之花。郭沫若曾这样描述玉簪的开花情况:"乳白的花簪聚插在碧玉梢头,一花谢了,一花又开,昼夜不休。"(《百花齐放·玉簪花》)王石谷所画的玉簪多为含苞未放之蕊,正开之花亦仅"几枝",如此下笔,正表现了画家独特的审美感受:玉簪之美不仅因为她的洁白和清香,更在于她的生气;含苞待放,几枝初开,既展示了洁白,散发出清香,又生气远出,生命力极强,因而是此花最美的时刻。作为画作的鉴赏者,诗人深会画家的审美情趣和匠心,因此,当他用诗的语言再现画作的意境时,字里行间流露出对画家笔下玉簪花形象的喜爱和赞美之情。这一点,只要我们细吟诗句,自会感受得到。
  诗的三四两句就画中之花生发,抒写诗人的哲学和美学见解。先用拟人的手法,富有趣味的语言写出了观赏画作后产生的心理活动:得赶紧吩咐凉风,对玉簪梢头之花勤加约束。为什么呢?"不宜开到十分时。"结句的作答明白如话,却蕴含了十分深刻的哲理:花儿开到十分之时,正是她生命行将结束之时;"盛极必衰",世间一切事物莫不皆然。结句的作答又蕴含了诗人这样的美学观点:美的本质是事物内部的生气贯注,当花儿开到十分之时,她的生气行将耗尽,跟着而来的便是枯萎、凋谢,她的美也就随之消失。正因为如此,所以才赶紧"分付凉风勤约束"。诗人爱美、惜美之心态跃然于纸上。杜甫在《江畔独步寻花七绝句》中写道:"繁枝容易纷纷落,嫩蕊商量细细开。"两位诗人造语有异,而所言之理和所抒之情则是相同的。

(陈少松)

响　屧　廊[①]　　　　　蒋士铨

  不重雄封重艳情[②],遗踪犹自慕倾城。
  怜伊几緉平生屐[③],踏碎山河是此声。

〔注〕① 响屧廊:《姑苏志》:"响屧廊,在灵岩山。相传吴王建廊而虚其下,令西施与宫人步屧绕之则响,故名。今灵岩寺圆照塔前小斜廊,即其址,亦名鸣屧廊。"屧,古代的木底鞋。② 雄封:强大的国土,指吴国。封,诸侯的封地。 ③ 緉:双,计算鞋的单位。几緉平生屐,语

出《世说新语》阮孚好屐故事。

　　这是一首登临怀古之作，诗以西施亡吴的历史故事为题材，而吟咏的重心落在亡国的君王身上，具有强烈的警示作用。蒋士铨游览苏州灵岩山写下此诗时，已离开官场，乞假奉母，这位擅"班（固）、（司）马（相如）之才"的诗人，以旁观客的身份回首吴越春秋，有着他独特的内心感受。

　　诗一开始正面着笔的是称雄一时的吴王夫差，将强国之君因沉湎女色而招致国破身亡的历史事实揭示于篇首，有如当头棒喝。"雄封"与"艳情"，对清醒的政治家来说，孰重孰轻，不难定夺，但偏偏在夫差身上被头末倒置了。诗人在鲜明的对照中，自然流露出对糊涂君主的憾恨。更为可悲的是，在昔日吴王寻欢处，人们还在那儿一味追羡西施的"倾城"之貌，重美人而轻家国，几乎演成古今的通病。诗人那看似平正的叙写，正蕴含着对仍然"重艳情"的今人的怜悯。

　　此诗的佳处是在后二句。诗人以"响屧廊"为题，当然须切合其境，而西施的步屧声，不但为廊名所藉，也是当年吴王"重艳情"的突出象征。吴王宠爱西施，已到了因人及履的地步。"几䌺"则从量的角度突出当年西施的步履之多，屧声之响；当然，也暗示了吴王的耽恋声色，在香云艳雨中迷不知返。"廊虚应屧鸣，响细织腰轻。"（高启《响屧廊》）西施轻盈清脆的屧声，本来多少有悦耳之处，但由于追随响屧而来的竟是听赏者的覆亡，诗人笔下的绕廊屧鸣，便幻化为"踏碎山河"的金戈铁马之声。两种极不和谐的声响，如此巧妙地融成一体，令人不得不信服诗人的构思刻意生新而又贴近事理。诗中有关声音的联想，仍然以吴王的昏聩为依据，亦实亦虚地再现历史的悲剧，并以此警策世人。

　　本诗不但史识卓越，且着想亦高人一筹。他人咏响屧廊，大抵是见此廊今日之冷落，遥想当年之盛况，发一通吊古议论而已。若高启的《响屧廊》，虽然也提到"谁道吴强国，唯销举足倾"，说西施在廊上一"举足"而倾覆吴国，其意与本诗接近；但在声响的形容上，他仍说"此夕人空听，山僧曳履行"，以僧人的履声代替西子的屧声，仍不出今昔对比的套路。而本诗则不然，并不写现实之声，而于现实之无声中，听出往古之有声；又从往古的悦耳鸣响中，辨出其中的亡国之音。有比较才有鉴别，本诗的高超处，即在这些方面胜得前贤一筹。

（张修龄）

题　　画　　　　　　蒋士铨

　　不写晴山写雨山，似呵明镜照烟鬟①。
　　人间万象模糊好，风马云车便往还②。

〔注〕①烟鬟：犹云鬟，此喻美丽的青山。②风马云车：神仙所乘的马和车。傅玄《吴楚歌》："云为车兮风为马，玉在山兮兰在野。"

近年来，西方的模糊数学理论被广泛地引进美学、哲学等领域。其实，我们的古人早就对模糊学理论进行过探索，提出过不少精辟的见解。蒋士铨的这首《题画》就是以诗的形式发表自己的模糊美学观和模糊人生哲学观。

诗的首句说，此画"不写晴山"，而写"雨山"，取舍分明，可见画家挥毫作画时有着自觉的审美追求。第二句用比喻状写画家笔下"雨山"的形象。"明镜照烟鬟"，是形容妩媚的"晴山"，形象鲜明，好像明镜中女子美丽的发鬟。苏轼在《送程七表弟知泗州》诗中就这样写道："淮山相媚好，晓镜开烟鬟。"画中"雨山"的形象则不同，她迷迷蒙蒙，模模糊糊，好像明镜被呵上一层气后所照见的女子美丽的发鬟。宋代米芾及其子米友仁就以擅画迷迷糊糊、如烟似雨的云山而著称。本来，自然和艺术中的美是多种多样的。仿佛"明镜照烟鬟"的晴山形象自然是美的，这是一种明媚之美；"似呵明镜照烟鬟"的雨山形象也是美的，这是一种朦胧之美。"人间万象模糊好"，蒋士铨在这儿表达了自己的也是宋元以来许多文人的一种共同的审美情趣。元代的范梈在《木天禁语》中说过："含糊则有余味"；明代的谢榛在《四溟诗话》中指出："妙在含糊。"这就是说，迷迷糊糊的审美意象含蓄不尽，能给鉴赏者提供驰骋想象的广阔空间，使他们在反复玩味中获得丰富的美的享受。

"人间万象模糊好"，这第三句是全诗之眼，既点明自己的审美见解，又借题发挥，抒写探索人生哲学的感受。诗人认为，对于人世间的各种事情，最好是含糊看待，乐得自在，就好像神仙乘马驾车在云气迷蒙中随意地往来。作为一种人生哲学，"人间万象模糊好"这种观点本身也带有某种模糊性，因为"人间万象"并不确指某一具体事情，因此，读者可根据各自的生活体验来领悟这句话所含的哲理。也许你会觉得，蒋士铨的这句话有一定道理，比如说，对待人与人之间的许多事情，尤其是那些非原则的小事，确实还是含糊一点的好，否则，事事顶真，那只能是自寻烦恼。或许你却认为，蒋士铨的这句话有片面性：难道大事可以糊涂吗？在鉴赏作品时，见仁见智的情况经常出现。但有一点需要指出，蒋士铨在这儿肯定模糊人生哲学，并不意味着他是个不问是非曲直、圆滑处世的老好人，或者说是位不问世事、超凡脱俗的神仙式人物。李元度在《蒋心余先生事略》中说他"遇不可于意，虽权贵几微不少假借。其胸中非一刻忘世者。"可见蒋士铨为人正直，有气骨，关心世事，对有些事的处理挺顶真，一点也不含糊。因此，我觉得，在"人间万象模糊好"这句话中，多少透露出一点由于并不含糊而往往碰壁所产生的牢骚,与郑板桥"难得糊涂"的感慨倒有几分相似。

(陈少松)

湖 上 晚 归   蒋士铨

湿云鸦背重,野寺出新晴。
败叶存秋气,寒钟过雨声。
半檐群鸟入,深树一灯明。
猎猎西风劲,湖心月乍生。

这首五言律诗描绘湖上晚归所见的暮秋景色。诗人善于运用敏锐、细致的感觉触角,迅速地捕捉自己在特定时间(暮秋、傍晚、新晴)和空间(湖上)中对自然景物的突出印象,用凝练的笔触生动地描绘出来。诗中一个个新鲜奇妙的意象纷至沓来,令人目不暇接。诗的整体意境就在这些意象的并列和组合中显现。

江南的深秋,天阴多雨。诗人傍晚游湖归来,此时天气半晴半雨。湖上湿云笼罩,水雾朦胧。一只归鸦从远处缓缓飞来,诗人感到它飞得很吃力,仿佛沉重的湿云压着它的背。首句"鸦背重"是诗人的感觉想象,非常奇妙,它准确地表达出诗人对"湿云"具体、生动的感受。"湿云"与"鸦背重"之间的因果关系,也在这两个意象的并列中显示出来了。次句写湖畔景色。由"野寺出"巧妙地点出新晴。"出"字,极富动态感、惊奇感。因为新晴,原来被密密雨帘遮蔽了的野寺才显露出来,为诗人所见。三句写湖边树木,叶落枝秃。枝头上抖索着稀疏的几片败叶,诗人感到那萧瑟、凛冽的秋气,仍留存在这些枯黄的叶片中。秋气是抽象的,不容易表现,诗人却通过"败叶"将它具象化,并想象它渗透、积存在败叶里。四句写野寺钟声,渲染傍晚的气氛。山寺一般早晚鸣钟。由于钟声是穿过残存的雨声和浓重的湿云而传来的,所以诗人觉得钟声仿佛也带着寒意。"过"字,表现了钟声和雨声的微妙关系。这一句可与杜甫的名句"晨钟云外湿"媲美,都是运用通感即感觉挪移、转换的手法,借触觉感受写听觉形象的绝妙之笔。

下半篇,"半檐群鸟入",以鸟归巢衬托人归家。时已薄暮,飞鸟归巢,它们成群地飞到湖畔人家的檐下,吱吱喳喳地挤满了一半房檐,好像是在提醒诗人赶快回家。这时,从深树丛中,忽然透出一点孤灯。在夜色四合的湖畔,在诗人的心目中,这一盏灯显得格外明亮、温暖。这两句,借景色透露诗人游湖尽兴后急盼归家的心情,并紧扣着"晚归"的题意。尾联,先以猎猎的西风声,将暮秋的寒意再加渲染。西风从背后吹来,掀动诗人衣衫,诗人感到了它的猛烈、劲峭。结句是诗人回望所见。尽管西风劲吹,寒意袭人,诗人仍对湖上风光留恋不舍。回头一望，但见烟波迷茫的湖心，乍地吐出一轮秋月，月华与水光交相辉映，浮光闪烁，上下通明，一片银白。这一句，开拓出一个美妙迷人的新境界。原先色调阴暗、清冷的画面，霎时变得璀璨夺目。这时，读者自然和诗人一道，为大自然在这一瞬间的壮丽景象而惊奇、赞美。

诗人就是这样地挥洒一枝灵巧、多变的笔，展露出一幅视象、声音、轻重和内心感觉交融的湖上秋夜图。全篇意象新鲜、丰富、多变，诗的意境清奇，富于空间感和流动感。

袁枚序蒋士铨诗云："摇笔措意，横出锐入，凡境为之一空。"潘德舆《论诗绝句》亦评其诗："稍喜清容（士铨）有风骨，飘流不尽作风花。"读这首《湖上晚归》，我们不难体会到蒋士铨炼字构句新奇遒劲，力避凡俗之境，并使诗篇韵致流溢的艺术风格。

（陶文鹏）

述　　怀(其一)　　　　蒋士铨

醉梦虚声未可居，百年势尽等焚如。
高谈道学能欺世，才见方隅敢著书。
荼荠苦甘生有数，蜣蝉清浊事皆虚。
三年穷到无锥立，惭愧先生鼠壤蔬。

古人重名，他们孜孜以求的是所谓"三不朽"："太上有立德，其次有立功，其次有立言。虽久不废，此之谓不朽。"（《左传·襄公二十四年》）但名有虚实之分，实名永垂史册，虚名却只能蒙骗一时。历代有识之士觑透了封建社会的肮脏本质，对虚名有着清醒的深层认识。蒋士铨的这首《述怀》诗，就宣泄了自己对当时社会的强烈愤懑和对虚名的深刻体认。

"醉梦虚声未可居，百年势尽等焚如。"首联开门见山，断言虚名不可恃。诗人认为，醉生梦死，以权势攫取虚假的名声，是绝对靠不住的。因为待到百年之后，随着权势的消失，虚名也就会像经历了一场火灾，被焚烧得精光。这两句斩钉截铁，振聋发聩，犹如醒世警钟，使人警醒。

"高谈道学能欺世，才见方隅敢著书。"颔联一语破的，揭露虚名的丑恶本质和攫取虚名的卑劣伎俩。那些假儒生无功、德可立，只能立言以攫取虚名，其主要手段是"高谈道学"，刚有片面浅薄的方隅之见就急忙著书立说。道学即理学，是宋明儒家的哲学思想，多以阐释义理兼谈性命为主。其创始人是周敦颐、邵雍、张载、二程兄弟（颢、颐），朱熹为其集大成者。明清之际王夫之等先后发展张载学说,反对程朱之学。这种唯心主义哲学体系适合封建统治的需要,受到宋以来历代统治者的推崇,清乾隆皇帝更把它当作思想统治的法宝。文人学士趋之若鹜,纷纷以高谈理学、著述义理邀宠,藉以欺世盗名。"欺世"一针见血地指出了虚名的本质。"高谈道学"所以能"欺世",是因为世俗社会的追求,更重要的是因为封建统治者的崇尚。这就不但把批判的锋芒指向世俗社会,而且把批判的矛头直指封建社会的最高统治者。这是诗人惊人的胆识所在。而那些假儒生囿于一隅,略知皮毛,就著书立说,向思想界挑战,真可笑复可悲。诗人对此无比愤慨,却出之以讽刺调侃之笔。一个"能"字,充满悲慨,为思想的荒唐而悲叹,为社会的愚昧而感慨。一个"敢"字,饱含讽刺,嘲讽浅薄者不学无术的大胆,讥刺无知者自命不凡的狂妄。

"荼荠苦甘生有数,蜣蝉清浊事皆虚。"颈联措语愤激,对现实社会中是非颠倒的现象表示极大不满。荼、荠是两种菜蔬类植物,荼菜苦涩,荠菜甘甜,客观事物的本性生来就是有定规的。蜣(qiàng)、蝉是两种昆虫,蜣色黑,以粪土为食,古时常用来比喻人品污浊卑劣;蝉,古人以为餐风食露,常作为人格清廉高洁的象征。但诗人以为,所谓蜣卑浊,蝉高洁,只是人们外加的主观评价,事实上都是虚假的,与客观事物的本质无关。因为人们对人与事物的价值评判和美学判断,无不出于自身利益的考虑,染上各种政治色彩,并不能反映客观事物的本质。诗人全盘推翻前人的道德判断,虽不无偏颇,却深刻揭示了当时社会颠倒黑白、混淆是非的本质特征。他看透了社会的虚伪,强调从本质上把握名的虚实。这两句以物喻理,鲜明形象,斩截有力。

"三年穷到无锥立,惭愧先生鼠壤蔬。"尾联反唇相讥,申说自己窘迫的处境,回击不实的诬蔑。"三年"谓几年,不必实指。"先生"是诗人自称。"惭愧",意为幸亏、幸好。"鼠壤蔬"典出《庄子·天道》:"士成绮见老子而问曰:'我闻夫子圣人也,吾固不辞远道而来愿见,百舍重趼而不敢息。今吾观子,非圣人也。鼠壤有余蔬,而弃妹之者,不仁也。生熟不尽于前,而积敛无崖。'老子漠然不应。士成绮明日复见,曰:'昔者吾有刺于子,今吾心正却矣,何故也?'老子曰:'夫巧知神圣之人,吾自以为脱焉。昔者子呼我牛也而谓之牛,呼我为马也而谓之马。苟有其实,人与之名而弗受,再受其殃。吾服也恒服,吾非以服有服。'"士成绮见老子鼠穴中杂有菜蔬,就断言老子"积敛无崖"、"不仁"。老子漠然不予理睬。而当第二天士成绮向老子承认错怪时,老子才向他陈述了自己"苟有其实,人与之名而不受,再受其殃"的名实观,他是重实而轻名的。诗人几年来已穷困到无处安身的地步,可还有人因为"鼠壤有余蔬"这么点可怜的食物,就加以"积敛无崖"和

"不仁"的恶名。对这种莫须有的不实之词,诗人并不像老子那样"漠然不应",也没有"弗受",而是用"惭愧"二字巧妙而幽默地回敬:先生我已到了无立锥之地的困境,你们还拿"鼠壤蔬"来大做文章。老实说,幸亏"鼠壤有余蔬"呢,要不然,生活真不堪设想了。明明对诽谤怒不可遏,却不动声色地接过话锋,正话反说,更见锋芒。

这首愤世嫉俗之作,并不一味剑拔弩张,而是嬉笑怒骂,皆成文章。诗中正告"虚声未可居"时的庄重,讽刺假儒"敢著书"时的辛辣,断言"浊清事皆虚"时的激愤,回敬"鼠壤蔬"时的幽默,真可谓"才大而奇"、"识高而老"、"力锐而厚"、"词切而坚"(尚熔语),确是一首"足以开拓万古之心胸,推倒一时之豪杰"(王昶语)的佳制。

(林 笛)

赵 翼

【诗人小传】

(1727—1814) 字云崧(一字耘崧),号瓯北。江苏阳湖(今常州)人。乾隆二十六年(1761)进士,历仕粤、滇、黔,累官贵西兵备道。不久辞官主讲安定书院,晚岁以著述自娱。他长于史学,考据精赅。论诗主"独创",反摹拟。有诗名,与袁枚、蒋士铨并称"江右三家"。诗作摅写性情,真率诙谐,喜议论,善用典,咏史诗成就尤为突出。尚熔《三家诗话》称其诗"如吴越锦机,力翻新样。"著有《廿二史札记》、《陔余丛考》、《瓯北诗钞》、《瓯北诗话》等。

后园居诗(九首选一) 赵 翼

有客忽叩门,来送润笔需。乞我作墓志,要我工为谀。言政必龚黄,言学必程朱①。吾聊以为戏,如其意所须。补缀成一篇,居然君子徒。核诸其素行,十钧无一铢②。此文倘传后,谁复知贤愚?或且引为据,竟入史册摹。乃知青史上,大半亦属诬。

〔注〕① 龚黄:龚遂、黄霸,都是汉宣帝时政绩名声很好的大臣。程朱:程颢、程颐、朱熹,都是宋代著名的理学家。 ② 钧:古代重量单位,一钧为三十斤。铢:二十四铢为一两。

在中国历史上,作诗治学两者皆有成就的人似乎极少,其原因,盖因一方面时间有限，不易兼顾，另一方面则是作诗与治学在思维方式上有所不同，作诗多赖形象思维，而治学多用抽象思维；作诗因情，治学循理。所以中国古代诗人往往写不出有理论体系的批评著作，写批评亦如写诗，用比喻，谈感觉，凭灵感。而学者写诗，成功者也很少。所以，当洪亮吉、孙星衍他们从事考据时，袁枚就告诉他们考据会窒碍人的性灵。赵翼是中国历史上一位不可多得的作诗治学双丰收者，究其原因，盖在于他有效地利用了诗与学之间的一条狭窄通道——识——治学要有识，诗欲深刻也要有识。他将史学家的识见，用到诗歌创作中，使诗内容深刻、观点新颖、笔锋犀利。因此之故，善于议论，也就不可避免地成了赵翼诗歌最引人注目的特色。而赵翼之所以敢于在诗中深刻犀利地议论问题，则又与其不再恪守"温柔敦厚"的诗教有关。

  本诗由日常生活中的一件事发感想，虽然结构一般，先叙事后发论，语言也平淡，但其深刻性却足以摧毁一个少年的梦想，改变一个青年的世界观，破坏一个中年人的努力，剥夺一个老年人的最后一点寄托。人性的缺点、世风的浇漓、历史的虚妄经他一番轻描淡写即被一一曝光，体无完肤。生人或者是可怜死者，或者是悼念死者，或者是企图光死者以裕活者，不惜以金钱收买名流笔下的一句赞词褒语以昂其身价，而作墓志的人或因碍于面子或因亲朋关系或为那几个钱或欲显示自己的厚道或因视公正正义如草芥而"如其意所须"，结果一堆盖棺定论的文章却由一堆"核诸其素行，十钧无一铢"的谎言拼凑而成。在这一求一应中，良心、正义已让位于种种人性的弱点和世俗功利，记载人类足迹的历史变成了污秽混乱的交易市场。既然历史早在由事实变为文字时就已像妓女一般任人打扮过一番，那么学习古圣前贤很可能就是一种虚妄，出于流芳百世的目的而保持正直高洁追求仁义道德也就没什么必要，成者为王败者为寇，历史是人写出来的，有了润笔，有了地位权力，还怕没人"工为谀"吗？历史既是这么一回事，世界既是这么运转的，人活着何必还斤斤于某些是非呢？那些为某个古人的忠奸贤愚问题争论不休的史学家就显得可笑了。

  赵翼这首诗在信奉"温柔敦厚"的人看来真是刻薄之至，从而也就可能会说他由己推人，得出结论太草率、偏激。然而"核诸"现实，又真使我们这些温柔敦厚者哭笑不得，赵翼说的难道没道理吗？ （沈金浩）

渡太湖登马迹山　　　　赵　翼

元气混茫间，雄观上碧屏。
无边天作岸，有力浪攻山。

村暗杨梅树，津开苦竹湾。

离家才廿里，垂老始跻攀。

这是一首写景抒慨之作，在内容安排上基本上是按题目所示的次序，写景由大至小，最后在写景的基础上以陈述句含蓄地抒写了意味深长的感叹。

诗第一句写渡湖。"元气混茫"形容湖的浩大壮阔，"元气"是传说中的天地未分前之气。在此，诗人是因周围浩茫的水气而想到元气的。用"元气"而不用"水气"，主要是为增强湖作为自然物的特性及湖的壮美。诗人在元气混茫间穿过，到达耸立在元气混茫间的马迹山（山在湖中）。"碧屏"形容山的颜色和状貌——葱绿而高耸（屏通巘），"雄观"与"上碧屏"语序似倒，但这样安排不仅是平仄的需要，也可由语序的拗峭增强语言的力度，还可以传达出雄观不仅到山巅感觉到，即使在"上"的过程中也已让人感到这一层意思。这两句前一句写湖大，后一句写山高，两者相辅相成，构成雄。唯开阔，登高始觉天地宽；唯高峻，极目才能湖天舒。

中两联写登山所见，是定点观看，故较第一句所见具体。"无边天作岸"是大景远景，极写湖之大，目力不能及其对岸，只见远处水天相连；"有力浪攻山"是脚下或左右之景（对面的景象上句已写），"攻"字可见浪的大而有力。诗人此游不会是大风天气，如果是大风天气他就没法渡湖，然而非风天也有浪攻山，足见湖的阔大，无风三尺浪。"无"与"有"各形容一物，义相反而用词目的相同。三四两句纯是自然景观，五六句自然中含人文，相对于一三句而言，四五六句都是中景、近景。"村暗杨梅树"，可见村与诗人间的距离，也可见树之多。"津开苦竹湾"，可见津渡的位置，"苦竹湾"有两解，一说是水港名，一说是苦竹（一种竹）长在湾边。何者为确未详。从对仗需要和艺术美感方面看，理解成后者较好，因前者太实造成质实感。

以上六句写景，前四句似作画之大笔挥洒，五六句似小心收拾。画面统一于冷色调中，"暗"和"苦"传达了一种抑制感，为结句提供了情绪基础。诗的结尾很耐人寻味，可品出多层意思。一般人都有这样的生活经验，贵远贱近，以致错过周围值得珍惜的东西，或以为反正就在身边，因而一直忽视，结果差点没机会得到；诗人为功名和生活而奔走四方，结果连"离家才廿里"的胜景也至今才有时间、机会亲临一睹，真是可惜可叹；人生像一个怪圈，年轻时苦苦追求某些梦幻般的理想，而到老了就像走完这个怪圈又回到了起始点，只觉得过去的一切都是虚妄，洞天福地、佛祖菩提不就在当下眼前么?！这几层意思都可能是诗中所包含的。即使作者不然，读者也可未必不然。

本诗的题材是临大湖而登高，这种题材的诗也可谓"早有崔颢在上头"，唐孟浩然《临洞庭赠张丞相》、杜甫《登岳阳楼》都以此类题材而写出千古名作，再写这个题材就颇难避免落套或无奈的相似。本诗前四句即有与孟杜之作相似者，景物安排似孟，均是先模糊后清晰，先大后中，都写气、浪（波），"雄观上碧屡"又与杜的"今上岳阳楼"处在相同句位。虽如此，本诗与两唐诗还是有别，前半首章法似而描写则同中有异；从全诗来看两唐诗均前半写景后半抒情（言志），而赵诗五六句仍写景；孟杜诗有志士、官僚气，赵诗有平民气；孟杜之诗直露，赵诗蕴藉深永。孟杜诗写景特点在壮，赵诗壮美而兼优美。

（沈金浩）

论 诗 五 首(其二) 赵翼

李杜诗篇万口传，至今已觉不新鲜。
江山代有才人出，各领风骚数百年。

以七绝组诗论诗，始自唐代大诗人杜甫之《戏为六绝句》。其后仿之者，金元间有元好问之《论诗绝句三十首》，清初有王士禛之《戏仿元遗山〈论诗绝句〉》，清中叶则有赵翼的《论诗》。杜甫、元好问、王士禛三家论诗之诗，固然都发表了精到之论，屡为近世诗论家所称引，而传诵最广的却要算是赵翼《论诗》中的这首绝句了。

赵翼的这首绝句之所以传诵最广，其中一个原因是它最易于传诵。赵翼是历史学家兼诗人，作诗师法宋人，长于说理，即使是记游、吊古、歌咏山川之作，也往往免不了发点议论，而且又常常不假比喻、不用典故地直抒胸臆，还好以浅显的近于口语的语句出之。所以，他的部分短诗写得意思显豁，易懂易诵。这首绝句便是这样：通篇是直说，不讲求含蓄，没有一句让人费解，没有用一个特别文雅的语调，即使是一位不具有诗歌素养的读者，也能够一读便明白其大意，几经诵读便容易记得下来。

自然，更为重要的，也就是使近世人乐于传诵、援引的原因，还在于这首绝句言简意赅地道出了诗论中的一个大道理，一个令人毋庸置疑的道理。

"李杜诗篇万口传。"这是一句平淡无奇的大实话。李白、杜甫是古代杰出的大诗人，他们的诗篇数百年来一直盛传不衰，这是人所共知共认的事实。而第二句却来了个大转折，明白地说出李、杜之诗篇"至今已觉不新鲜"了。这是前人未说过的话，堪称为石破天惊之论。不过，赵翼此语并非意味着要否定李、杜诗作之杰出成就,动摇其历史地位。这里所谓"不新鲜",是从读者的审美感受的角度说的,谓唐代大诗人李白和杜甫的诗篇,已经不完全适合数百年后的读者的审美意识了。所以,上句之"万口传"同下句之"不新鲜",两者并不矛盾,而是如实地说明了诗创作的时代性:诗歌所咏之事,所抒之情,所取之法,所成之意象,以及所开之风气,都是时代的产物,烙印着时代的特色,很适合同时代人的审美意识、审美情趣,但随着时代的发展,历史的变异,也就逐渐不完全适合后世读者的审美意识、审美情趣了。在这里,赵翼并非有意唐突我们古代的诗仙、诗圣,而是将他们作为优秀诗人的代表,说明诗创作的这个法则,连他们这样的最为后世人所尊重、"诗篇万口传"的大诗人,也不能完全冲破,其他诗人自然更不必说了。

赵翼的这首绝句并没有停留在说明这种现象上,接下来更进而提出:"江山代有才人出,各领风骚数百年。"意思很明显,就是肯定各个时代都有自己的天才诗人,以富有创造性的诗篇,领导着当代的诗坛,开一代新的诗风。自然,由于绝句篇什极短小的限制,他不可能就与此有关的问题,作出更深细的研讨、分析,但是,此论基本上是正确的。诗并没有随着号称诗之"黄金时代"的唐王朝之灭亡而消亡,历代都有诗,也都有优秀诗人,北宋之苏轼、南宋之陆游、金元间之元好问等,不都是各自时代的"领风骚"的"才人"吗? 更为重要的是,赵翼此论不仅体现了历史的发展观点,而且其中包含着追求创造的精神,呼唤诗人们摆脱崇古的观念和拟古的创作路子,理直气壮地去争新、创新,创造出适应当代人的审美意识的诗篇,做自己时代"领风骚"的"才人"。

(袁世硕)

论诗五首(其一、其三)   赵 翼

满眼生机转化钧,天工人巧日争新①。
预支五百年新意,到了千年又觉陈。

只眼须凭自主张,纷纷艺苑漫雌黄②。
矮人看戏何曾见,都是随人说短长。

〔注〕 ① 钧:制陶器所用的转轮。这里指天工化育万物,如陶匠的转钧。这两句是说,客观世界生生不息,日新月异,天工造化与诗人的创造争相显示新意。 ② 雌黄:矿物名,晶体,橙黄色,可制颜料。古人以黄纸书字,有误,则以雌黄涂之,因称改易、评论为雌黄。

这是赵翼一组脍炙人口的论诗绝句中的一、三两首。前一首为创作论,后一首为批评鉴赏论。

清代"性灵派"诗论的中心论点就是写诗要独抒性灵,而独抒的前提之一,就是他们相信诗的内容应该是随时代而前进、发展的。他们特别强调创新,这种创新不是师前人之意而不师其辞,而是写自己的真性灵,时代的新内容。袁枚说:"文章家所以少沿袭者,各序其事,各值其景,如烟云草木,随化工而运转,故日出而不穷"(《小仓山房文集》卷十八《答定宇第二书》),在这两首诗的前一首里,赵翼先以形象的语言写出了历史在前进,时代在更新这个客观规律,写客观世界是"满眼生机",造化的变迁就像陶人转动制陶的模具。这种以写景、比喻方式议论的写法,使抽象的道理变成了具象直观的图景。后两句又以数字概念让人清晰地认识到这种变化的必然。诗句的昂扬格调和肯定语气使观点具有很强的感染力和说服力。赵翼这种观点在另外许多诗文里也有类似的表达。如《瓯北诗话》说:"必创前古所未有,而后可以传世。"《读杜诗》说:"不创前未有,焉传后无穷?"五古《论诗》云:"诗文随世运,无日不趋新。"《连日翻阅前人诗戏作效子才体》云:"古人宁遂无余地,代有佳作任取将。"他的这种观点在特别重视经验、崇先好古的价值观普遍流行的古代中国,不仅表达时需要勇气,而且对创作内容的更新、题材的开拓,对诗人更好地反映现实、反映时代都无疑有积极的指导意义,为那些总觉得"古来好诗本有数,可奈前人都占去"的诗人指明了方向,增添了信心和勇气。

第二首主要是强调看问题要有自己独立的见解,这也是"性灵派"理论的一个要素。从创作角度而言,只有有了独立的见解,再把它写出来,才称得上是独抒。在批评方面,这种独立性就表现为"只眼须凭自主张",两者精神完全一致,赵翼喜欢用看戏为喻,因为它确实很形象,在另一首《闲居读书》之六中也用了这个比喻(《闲居读书》之六在《瓯北集》中题为《杂志所见》,此从《瓯北诗钞》,本辞典选入)。

赵翼这种对独立见解的强调,是与当时整个学术界的风气有关的,当时汉学盛行、疑古成风,连六经都不再神圣不可侵犯,学者们的治学方法用梁启超的话来说是暗合科学。赵翼参与了当时的学术大潮并取得较大成就。学术上的"实事求是"精神用在批评上,不就是不"随人说短长"么? (沈金浩)

野　步　　　　　　赵　翼

峭寒催换木棉裘,倚杖郊原作近游。
最是秋风管闲事,红他枫叶白人头。

中国文学几乎从它开始的时候起即对节物风光的变化显示了相当的敏感，草木凋零、鸟移兽隐的秋天尤其容易触发人的思乡盼归、伤荣华易逝、叹美人迟暮等情愫。于是因秋天到来而伤别叹老成了中国文学中习见的情感反应模式，赵翼这次"野步"时的情感反应也未逾此。只是诗人像一位才华不凡的造酒高手，因而这个旧的酵母也被他酿出了别具一格的新酒味。

诗起句点出季节特征和人的反应，承句写郊游，使题意落实、显豁。峭寒是一种梳肌侵骨之寒，因风而致，与数九隆冬的严寒有所不同。因寒而换上厚暖之衣，未言季节而季节特征明显。换裘除可见"峭寒"外，又和下句的"倚杖""近"一起透露了诗人的年龄特征和生活趣味。诗人此时已六十三岁，年纪大了，又秋寒阵阵，所以他只作"近游"，此游又多半为散散心，动动腿，所以既不骑驴又不驾车，而是杖策步行。"倚杖"既是老的标志，也是安史之乱以后的唐宋元明清文人乐于入诗的行为。诗人虽少时孤寒，但中过乾隆"探花"，后官至贵西兵备道，此时虽已退居，尚有生活来源。而他换上的是"木棉裘"（以木棉做填料的棉衣，或即是借指棉衣），它给读者带来的臃肿联想，很容易让读者进一步感受到：他的心也衰老了。而这两句中所有关于老的暗示，又都为第四句起到了张本铺垫的作用。

绝句的第三句是关键，它常需在诗中起到"转"的作用——开拓诗境，带出第四句。本诗的"新酒味"也主要是靠第三句（并带出第四句）来获得的。"秋风"两字的明写紧承上文的季节暗示，对"秋风"的拟人化写法又为下句取得委婉曲折的效果提供了决定性的条件。秋风在这里似乎是个"管闲事"的丹青手，他染红了枫叶，染白了人头。当然，秋风其实并不是丹青手，它可以把"霜叶"吹得"红于二月花"，却不能吹白人头。诗人在这里，实际上是以跳跃的方式来实现抒情上的曲折效果。意思是说：一年一年的秋风吹走了一年一年的时光，在这年年秋风中，有多少"梨园弟子白发新，椒房阿监青娥老"（唐白居易《长恨歌》），多少人被秋风撩起种种愁绪，伴随着日益严重的老之将至之感无可奈何地进入白头老年。而今天，秋风中的我，也老了！一样的悲秋，一样的叹老，当诗人以责备的口气以略带谐谑味的拟人化手法写出来后，这种叹老悲秋立即增加了作者感情的容量，丰富了让人咀嚼的余味。此外，跳跃还造成了红与白的色彩配置，又使人在秋风萧瑟中感受到人生黄昏夕阳般的美。

（沈金浩）

闲居读书(六首选一)   赵　翼

后人观古书，每随己境地。譬如广场中，环看高台戏。矮

闲居读书(六首选一) 赵翼 〔1379〕

人在平地,举头仰而企。危楼有凭栏,刘桢方平视①。做戏非有殊,看戏乃各异。矮人看戏归,自谓见仔细。楼上人见之,不觉笑喷鼻②。

〔注〕① 刘桢平视:魏文帝曹丕为太子时,招宴刘桢等人,命其妻甄氏出拜。"坐中众咸伏,而桢独平视。"事见《三国志·王粲传注》。这句是说,靠在楼的栏干上看高台上的戏,就像刘桢看甄氏一样,看者与被看者处于同一水平线上。 ② 喷鼻:笑得呛气。

在中外历史发展过程中,人们的发现在很多方面往往是相似的,所不同的是西方人重实证逻辑,善于构建理论体系,中国人重经验感悟,多发随想杂感。就在认识、阅读、鉴赏理论这个领域,西方人建立了许多理论体系,如发生认识论、阐释学、接受美学等,中国人没有这个学,那个论,所以有关这方面的观点往往就如碎金断玉。本诗所议论的,就是西方人这些学里所包含的内容。

本诗的主题,按赵翼的本意来看,是讲读者如果站得高、学养厚,他的见解就高明。但如果一层层分开来读,则开头两句实最有味。这两句在整首诗里是个大观点,而本诗的重心却是大观点里的小观点,即上面说的那个主题。小观点当然很有道理,但其大观点所含的内容却更丰富。一句话表达了西方几个学都在表达的意思。皮亚杰的发生认识论认为:认识的发生既不是主体刻板地接受外界的刺激,也不是客体单向地向主体移植,而是起因于主客体之间的一种积极的协调。伽达默尔他们的阐释学强调,阐释一个客体,要完全克服历史的间距,要完全避免读者的"偏见"是不可能的。德国康士坦茨大学的接受美学家们说,文学史就是文学的接受史,文学作品的意义的体现,要通过读者的接受来完成,而不同的读者的接受方式、过程、效果是不同的。此外,克罗齐说的所有的历史都是当代史,西方流行的"有一千个读者就有一千个哈姆雷特"等,都与上述学说相通。这些观点学说里实际上都包含着这样的意思,即人在认识事物、阅读作品时,常有读者的主观因素在起作用,总是受到读者自己的经验、所处的地位、文化素质、审美趣味和习惯、个性、年龄等因素的影响。本诗里的"每随己境地"说的也是这个意思。而这句诗里所包含的意思,又可在《易经·系辞上》中找到它的初生地("仁者见之谓之仁,智者见之谓之智")。

当然,赵翼所强调的内容与西方这几个学还是不同的,西方这几个学说主要是强调读者的阐释权利,他们要强调读者的主体作用,这与他们近几个世纪以来对个人在客体面前的主体地位的强调是密切相关的。而赵翼这句话放在诗里,是要读者提高自己的境界、水平,使读者更好地认识作品的原貌。尽管终极目的有别,赵翼与西方学者对读者在阅读中的作用、读者接受方式、过程、效果的认识还是一致的。诗人自己也正是基于这种认识,才执着地追求自身修养的提高,以使自己成为"楼上人",看得更深更全更透,而不是像矮人那样,因受自身的局限而不能很好地理解作品。

这是一首议论诗,但在议论时诗人为阐明自己的观点而设置了一个生动的比喻,使本来可能枯燥的表述显得富于趣味,读者易于理解接受,这种议论方法也许也算是中国特色吧。

(沈金浩)

古来咏明妃杨妃者多失其平,戏作二绝(选一) 赵 翼

> 鼙鼓渔阳为翠娥,美人如在肯休戈?
> 马嵬一死追兵缓,妾为君王拒贼多。

如果从是否能自出新意这个角度来衡量诗的成就,那么清代性灵派诗人的代表袁枚、赵翼都堪称第一流诗人。他们在许多诗中都勇敢地表达了自己新颖的观点。在妇女问题上,袁枚和赵翼都反对女子祸水论。袁枚的《西施》《题马嵬驿》《再题马嵬驿》都抛弃了女子亡国的旧说,在旧题材上写出了新观点。赵翼的这首诗,题目中即显示了他对一些前代诗人"失平"的不满,因此他要给杨妃一个公正的评价。

诗是根据野史传说进行构思的。宋乐史《杨太真外传》说:禄山起兵,以诛国忠为名。"初,禄山尝于上前应对,杂以谐谑,妃常在座,禄山心动。及闻马嵬之死,数日惋叹。"所以诗的前两句说,禄山进兵是为了夺取杨妃。"鼙鼓渔阳"语出白居易《长恨歌》"渔阳鼙鼓动地来,惊破霓裳羽衣曲"。后面两句是翻案出新之句,说杨妃的死缓解了军情,她为抵御禄山军队做出了很大贡献。这种观点就与女子祸国论,把杨妃比作"褒姐"(杜甫《北征》)"尤物""乱阶"(陈鸿《长恨歌传》)之类截然不同。

作者说了,他作此诗是要给杨妃一个公平的评价,纵观全诗,这里却有一个矛盾,即诗的字面意显然是说招贼和拒贼都是杨妃。那么这又当何解呢?有两种可能的解释:一、禄山是为美人而来,但杨妃"天生丽质难自弃",禄山要看中,这是没有办法的;二、即使杨妃真有许多过错,也是玄宗为君为夫不当之故。从"翠娥""美人"这些词语来看,前者的可能性更大。作为唐玄宗,有责任有义务统帅好藩镇,保护妃子。玄宗没有完成这个责任,这是他的过失,到头来,还是杨妃以自己的生命缓了兵,担负起了不该担负的责任,因此说,杨妃是拒兵有功的。

赵翼的翻案应该说是有一定道理,也是有一定意义的。凭古代女子的地位,

她们很难影响国政。她们的行为都必须借君王之力才能实现,如果君王不昏庸,即使女子存心祸国都难有所作为,而君王昏庸犹能在位,则是赖封建制度的保护。所以,否定女子祸国论,不仅有利于提高妇女地位,也有助于人们在分析封建时代亡国原因时透过表面见其本。

(沈金浩)

澜沧江　　　　　　　　　赵翼

绝壁积铁黑,路作之字折。
下有百丈洪,怒喷雪花热。

二十世纪初活跃于西方文坛的意象派曾经得灵于东方文学,提倡表现刹那间的理智与情感的复合,语言简练,不硬凑韵律。赵翼的这首诗,倒是部分符合意象派诗人的理论主张,也许西方诗人正是在类似于此的诗中受到启发的。乾隆三十三年(1768),赵翼奉调至云南参加对缅甸的战争,看到了奇险壮观的澜沧江。按照赵翼的描写才能,他完全可以用赋的手法详写澜沧江的景观,但此诗却不,他只用二十个字以斑代豹式地写下他印象最深的东西。当然它与意象派诗还是不同,写实,仍是本诗的基本创作原则。

前两句写江边景象。澜沧江地处亚热带,地表现象丰富复杂,江边可写者很多,但诗人无意追随奔流的江水去写绵延一千六百多公里的澜沧江(江之国内长度如许),也无意去刻画江上的琐屑细小之物,他只竖向截取了一个画面,大笔淋漓、由上至下地描写了站在一个视点上看到的澜沧江。先是擦抹了一片铁一般的黑色,那是峭立的绝壁,是诗人抬眼而望时获得的第一印象。绝壁是那么高,那么陡,好像要压到江里去。这正是深深地震撼了作者心灵的澜沧江之岸。在获得了一大片黑这第一印象后,视线落到了具体的部位。因为江边是峭立的悬崖,从崖顶到水边不可能直接下来,必须左右来回走曲线,所以有"之字折"的路。这是色块中的线条,很合绘画美学,变向延展的线条打破了大片黑色的沉闷,使画面活跃起来。下两句,诗人的视线继续往下移,由江岸写到江水。"百丈"一词一般用来形容竖向距离,这里形容江水,足见落差之大。正因为落差巨大,江水才会奔腾咆哮,"怒喷雪花"。诗以"雪花"形容江水奔涌时激溅起来的泡沫,以见水流之湍急。"雪花"之白与上文"积铁黑"形成强烈的色彩对比。对比使澜沧江的奇险得到更充分的表现。最后的"热"字是诗中最精彩之笔,这是一种合理的错觉。把水沫比作雪花,人对水的感觉由水温变雪温,由一般而至寒冷,下文突然反弹,说雪花是热的。正是"雪花"翻腾极为剧烈才给人"热"的感觉,一个"热"

字也可谓"境界全出"了。

本诗不仅在写江岸景象时富于画意,在写水流时极尽形容之能事,在音律方面也很特别。全诗用仄韵,不同于一般的五绝。诗中用入声字特别多,二十字中一半是入声字,第一句全用入声,这种音律运用应该是诗人故意的。因为入声字声音短促,容易造成斩绝的效果,可以使读者在声音的诱导下更好地感受"绝壁"之绝,与诗所表现的浓缩在诗人脑海里"奇险"印象取得一致。 （沈金浩）

一　蚊　　　　　　　　　　　赵　翼

六尺匡床障皂罗,偶留微罅失讥诃。
一蚊便搅一终夕,宵小原来不在多。

这是一首借蚊论人,因小喻大之作。艺术上用的是传统的比兴手法。

晚上睡觉,帐子有洞或未拉严,被蚊子钻入,搞得一夜睡不好觉,这是生活中常会遇到的事情,一般人也许除了想打死这个蚊子外什么也不想。用心作诗,常在枕上构思推敲的赵翼遇此事而突发灵感(其《抄诗》有句曰:"一联枕上自推敲"),于是一个有点新意的比喻产生了,他从蚊子的寻缝入帐咬人,想到了世间小人的伺机说三道四。

比喻常常可以造成形象生动的效果,它的基础是本体与喻体之间的相似性。巧妙的比喻往往还能带来一个联想空间,增强本体的可感效应,使读者在理性的认知之外,又感觉到许多东西。世间的宵小(小人)尤其是官场里的宵小,他们本身不能叱咤风云,甚至连一点点有积极意义的事也不会做,却专会搞人,当你偶有"微罅"——露出一点小缺点小失误时,他就抓住不放,搞得你不得安宁,这种人在你的生活工作环境里不一定很多,但往往只要有一个,也可能使你平白无故地生出许多烦恼,费掉许多心思。将蚊子与小人联系起来,可使读者借助生活经验深切地感受到他们的危害性,他们与生俱来的卑污、可厌、可怜。

不过这首诗在艺术上似乎显得不太浑成,原因在于第二句过早地用了一个只用于写人的词汇——讥诃(责难)。如果这一句能用一个既可以形容蚊子的声音又可以写人的声音的词,或者就用一个形容蚊声的词,到最后一句再让本体出现,诗也许就显得浑成、不那么露骨了。 （沈金浩）

西　湖　杂　诗(六首选一)　　　　　　赵　翼

一抔总为断肠留,芳草年年碧似油。

西湖杂诗(六首选一)　　赵翼

苏小坟连岳王墓[①]，英雄儿女各千秋。

〔注〕① 苏小：即苏小小，古有二位，一是六朝时南齐著名歌妓，家住钱塘（今杭州），常坐油壁车。是个有情者的代表，古人对之多有吟咏。另一位是宋代钱塘名妓，苏盼奴之妹，俊丽工诗。其姐盼奴为太学生赵不敏所眷，不敏命弟娶小小。本诗之苏小该是指前者。岳王：南宋抗金名将岳飞。

这首诗有点特别，从字面上看它是一般的兴叹，并且结句好像把意思说尽了，似乎诗人只是平淡地陈述一个事实，说苏小小的墓和岳飞的墓都保留到今天。因为诗中把民族英雄和一个名妓扯在一起，有的清诗研究专家还认为此事不太严肃。但如果愿意反复品味一下，将可发现这首小诗里却包含一个不小的话题。

《老子》第四十二章说："道生一，一生二，二生三，三生万物。"一是统一的道本身，这个本身不能生什么，它必须分而为二，"分而为阴阳，阴阳和而万物生"（《淮南子·天文训》）所以"二"作为一种结构，是万物生存的一个不可破坏的原初平衡态。在已分为二的情况下，抽去其一，世界就不完整，不平衡。中国古人正是这样来把握事物的，因此在古代这类"二"的结构也就特别多：阴阳、乾坤、天地、日夜、男女、情理、刚柔等皆是。

我们之所以说这首诗小中有大，即是由于诗人对具体的苏小岳王进行了提升，苏岳本是具体人物，但在第四句中他们却变成了一种象征。这一提升使苏小岳王的关系也进入到了一个二元结构之中，形成了"英雄——儿女"结构。这一结构如果落实到一个人的追求上，简而言之也就是"事业——爱情"结构，两者对于一个人来说都很重要；如果放在人类社会里来看，也就是"社会存在——人类繁衍"结构，社会存在需要人的"英雄"性，人类繁衍需要人的"儿女"性。无论是个人还是社会，都不能只要"英雄"，不要"儿女"，这同世界不能光有阳没有阴，光有男没有女，光有理没有情是一样的。苏小坟上的那"一抔"土之所以总能留着，使一代又一代人见坟上芳草而为之"断肠"，其本质原因即在于个人和人类社会都少不了"儿女"的一面。因为苏小小在人们传说的过程中已褪去了她作为妓女的不太洁净的一面而成了一个情女偶像一般的人物，她的形象已被历史赋予了象征意义，因此也就没有必要因她是妓女而认为她不该和英雄并传。

如果我们能这样来读这首诗，也就不会觉得它有什么不严肃了。相反还会认为它是一首内容上尊崇人性，反对尊性黜情，艺术上含蓄蕴藉的好诗。

(沈金浩)

赠当筵索诗者 赵 翼

盈盈十五出堂时,妙转歌喉劝客卮。
也是人间生活计,老夫和泪写胭脂。

在财产私有的社会里,贫富分化是难以避免的。"月儿弯弯照九州,几家欢乐几家愁,几家高楼饮美酒,几家流落在街头。"这是私有社会的真实写照。不同的经济地位造成不同的思想感情,多少富人将他们的欢乐建立在穷人的痛苦之上。因此,在那个社会里,存留于富人身上的那一点人性,也就如小女孩手中的最后一根火柴,虽然无补大用,却多少能让人感觉到一点光亮和温暖。

也许是幼年贫穷,去官后的生活又经常困难的原因吧,赵翼对那个社会的黑暗的认识似乎要比一般的文人士大夫深刻。他曾中过探花,官至贵西兵备道,但他并不留恋官场。他以其犀利的笔锋,写下过许多揭露社会阴暗、丑恶面的诗作,对劳动人民的艰难也有较深的了解。从这首诗里可以看到,虽然他也听歌,从下层人身上获取快乐,但他没有在欣赏歌女的美好风姿、婉转歌喉时得意忘形地发出享乐者的淫笑,而是将心比心,看到了歌女的无奈,体察到歌女的悲辛,甚至为她一掬同情之泪。赵翼的朋友袁枚有一首《赠弹词盲女王三》曰:"妙绝摩登女,生来色即空。无人蒙一顾,有曲唱三终。月好云常掩,花娇睡更红。暗中休摸索,我是白头翁。"与袁枚的拿盲女开心相比,赵翼的恻隐之心是多么的十分难能可贵。

本诗是当筵应求之作,艺术上并未有什么特别的推敲。"盈盈"二字源自《古诗十九首》之二"盈盈楼上女","卮"为饮酒器,"胭脂"在此代歌女及其生活。除了这些词汇有点雅化之外,其余都写得很质朴。质朴是赵翼诗之一格,与本诗所表达的感情也相合。本诗的动人之处还是在于诗中所写之情。 (沈金浩)

窗 鸡 赵 翼

䎘䎘呼来矮屋西①,可怜啄食只糠粞。
有时竟日无人喂,犹奋饥肠尽力啼。

〔注〕① 䎘(zhōu)䎘:呼鸡声。

托物寄兴,借物喻人的诗到了清代,可谓题材越来越宽,技巧越来越纯熟。唐宋时期的咏物尚未到无物不写的地步,作者的主观倾向也比较明显,像唐人的咏蝉、宋人的咏梅都是如此。清代的咏物诗简直无物不可入,诗人的主观倾向也往往隐藏得更深,主题更朦胧,"性灵派"的作品尤其如此,因为朦胧可使诗避免质直,造成"灵"——灵活之感。

　　本诗所咏的是窗下之鸡,作者寄寓于鸡身上的意思也很隐晦。读者从诗中至少可以看出两种主旨。造成这种歧解的原因主要在末句:从诗中很难看出诗人对"啼"抱什么态度。读者可以认为诗人在指责主人而同情鸡。虽然鸡并不像牛一样"吃的是草,挤出来的是牛奶",但这里的鸡与牛精神是相通的。它很可怜,只能吃点糠粃,有时整天没人喂它,而它仍在尽其所能。鸡是尽心尽力的,主人却不把它放在心上。另一种解释是:鸡很可怜,但它自作多情,主人对它不好,它却不知道作出相应的反应。这种不确定性造成了主题判别的困难,但诗倒因此而更值得玩味。

　　由于鸡与主人是一种养与被养、主人与物的差等关系,这就很容易使人想起古代的养士。养士现象到清代已不同于战国时期,战国时代的养士法在清代会有谋反的嫌疑,故一般富贵人家最多也是养几个幕僚清客,他们已不能作为一个阶层引起社会上的广泛注意。因此,本诗更可能是与另外一种养士——朝廷的养士有联系。朝廷要培养一批文人士子,为他们所用。古人常把天下当作一朝一姓的私有物,所以朝廷、皇帝与士人的关系在观念上也成了养与被养的关系。如果从这个角度来理解,则本诗的主题该是上述两种中的前一种。包括赵翼在内的清代文人经常遇到生活困难。赵翼、张问陶、黄景仁等人都在诗中写过他们的衣食不继之忧。朝廷以科举等手段将天下英雄纳入彀中,但所予待遇甚低。而文人知识分子秉承以天下为己任的传统,还在一厢情愿地奉献,这和"鸡"现象何等相似。

　　当然,把本诗与养士相联系,只是我们的解读法,也许作者只是见鸡而生灵感,并未考虑要在其中寄寓什么,人的本性本身也包含对动物的亲近和爱怜。

(沈金浩)

赤　壁　　　　　　　　赵　翼

依然形胜扼荆襄,赤壁山前故垒长。
乌鹊南飞无魏地,大江东去有周郎。
千秋人物三分国,一片山河百战场。
今日经过已陈迹,月明渔父唱沧浪。

　　乾隆三十七年(1772)底,赵翼因广州谳狱旧案部议降一级调用,他于是以老母年高为辞,由广西弃官归乡,次年自常德经洞庭湖入长江,经过当年三国鏖战的赤壁,遂写下这首吊古伤今、抒怀遣兴之作。

〔1386〕 赵翼 暮夜醉归入寝门似闻亡儿病中气息,知其魂尚为我候门也(其一)

全诗完全从历史与现实的差异,时间与空间的对照来表现今昔之感,并逗出自己淡于名利的归隐之志。首联破题,从山河形胜落笔。赤壁扼守着通往荆州和襄阳去的道路,因而成了古代兵家争战之地,三国时修筑的战争营垒依稀可辨,山川依然,地形奇险。"故垒"自然是用了苏轼"故垒西边,人道是、三国周郎赤壁"(《念奴娇》)的名句。这两句虽为写地理,但"依然"、"故垒"等词已引出一种深沉的历史感。颔联则巧妙地运用了曹操《短歌行》中"月明星稀、乌鹊南飞"和苏轼《念奴娇》中"大江东去,浪淘尽千古风流人物"的句子,貌似写景,其实隐寓曹操在此兵败而周瑜得胜成为英雄的历史画卷。"乌鹊南飞"和"大江东去"是万古如斯的自然景象,但在作者笔下借用了典故的联想而各自带上了丰富的意蕴,而且对仗工巧,绝去斧凿之痕,可见作者驾驭文字的能力。颈联则以时间和地理自然成对。孙权、刘备、周瑜、诸葛亮、曹操这些风云一时的历史人物流传千年,赤壁一战之后,奠定了魏、蜀、吴三分天下的鼎足之势;眼前的山河即是当年历尽无数战斗的地方。出句是缅怀历史,对句是即目所见;表现古今时代的纵贯,山河遗迹的感喟。于是自然过渡到尾联的自我抒怀。此日经过赤壁,多少英雄已成陈迹,只有在明月照耀的江上,时时传来渔翁的晚唱。"唱沧浪"云云自然是用了《孟子》里头"沧浪之水清兮,可以濯吾缨;沧浪之水浊兮,可以濯吾足"的意思。与萧散自在的渔父相比,那些在政治上曾一度风云显赫的人们岂不也显得可怜可叹吗?结尾这两句不仅与前六句的宏阔气象形成一鲜明对照,以冷静幽远的笔墨结束全诗,令诗意波折,更具回味;同时也与诗人此时弃官归乡、淡于名利的心境暗合,从而起到借古喻今的作用。

全诗一气流走,虽点化成言,然清新畅达,境界辽阔,感情激荡,不失为咏史诗中的佳作。

(王镇远)

暮夜醉归入寝门似闻亡儿病中气息,知其魂尚为我候门也(其一)　　赵翼

帘钩风动月西斜,仿佛幽魂尚在家。
呼到夜深仍不应,一灯如豆落寒花。

这首追悼亡儿的诗作,措辞极为酸楚,具有深厚的感人力量。乾隆三十九年(1766),作者三十九岁,这年六月爱子耆瑞染病夭亡。作者父子情深,中年丧子,至为哀痛。一天暮夜,作者从外面酒醉归来,刚刚蹒跚地跨进寝室门内,蓦然间悲痛的情绪如同潮水一般涌上心头,他似乎听到了亡儿在病中呻吟的气息,感到

暮夜醉归入寝门似闻亡儿病中气息,知其魂尚为我候门也(其一)　赵　翼　〔1387〕

儿子虽然亡故,但儿子的幽魂,仿佛仍然停留在家里,仿佛就在这个凄凉的夜晚,儿子还在为他候门。读了作者这样的诗题,人们不禁感受到作者是沉浸在辛酸的泪水和沉哀的叹息之中,他不是在写诗,而是在哭泣。

夜色是凄冷的,夜风吹动着帘钩,偏西的月亮,把她的斜光射进寝门的一角,寝门内闪亮着孤寂的灯光。诗的首句通过"帘钩"、"夜风"、"斜月"诸种情态的描述,表明诗人在此时此境,整个心灵是在被哀伤吞噬。也就在这个地方,他曾听到过儿子夜读的声音,听到过他在晚间回来儿子在门内应声的笑语,也听到过儿子在病中的呻吟。而今是帘幙依旧,一切陈设,还像从前一样,面对眼前凄清的景色,他不能相信多年的父子情缘就这样无声地消逝了。他感觉到这不是幻梦,儿子病中的气息就在身边,儿子的幽魂,一定还栖息在家里,于是"仿佛幽魂尚在家"这个诗句,带回了他许许多多的忆念。

他不由地低声呼唤着,呼唤着,慢慢地他的声音变成凄厉,但他并没有得到幽魂的回应,夜深沉,一切都在惘然之中。夜风还在不停地吹着,帘钩似乎在向他低语——耆瑞已经走得很远很远了。西斜的月亮还在用清冷惨白的余光,透过窗子照着寝室的另一个侧面,照着这个"呼到夜深"不见回应的悲伤的父亲,万唤千呼"仍不应",他的耆瑞毕竟是走了,走远了。"仿佛幽魂尚在家",只不过是他在失望中悬着的一丝希望的影子,此刻这影子也随着他的凄声哀唤而渐渐消逝了。房子里的灯光越来越显得微弱,惨绿色的灯光,竟结成了一穗寒花,灯光如豆,最后,这穗寒花也随着夜深而陨落了。这就是"一灯如豆落寒花"这个诗句所构成的具体而又悲凉的境界。他原先存在着的一丝希望的影子,就和灯穗"落寒花"一样,陨落了,消逝了。他坠于失望和痛苦之中。诗句中间着一"落"字于"寒花"之前,这是他凄心之语,也是他心境上沉哀的体现。

在我国传统的古典诗文中,有不少血泪交萦、感人深至哀悼篇章,文章如韩愈《祭十二郎文》、袁枚《祭妹文》,诗如元稹《悼亡诗》、夏完淳《细林野哭》悼师诗,词如纳兰性德悼亡妇之《贺新郎》、《沁园春》等作,都以情深语挚,为世人传诵。其中悼念儿女的诗作,更有不少凝聚亲情的血泪作品。其以平淡语感人者如陈子龙《悼女颀诗》云:

"日日阶前笑语开,随花逐蝶弄花回,生平一步尝回首,何事孤行到夜台。"

又云:

"青葱玉立小神清,六载悠悠梦里情。却恨转多聪慧事,累人相忆太分明。"

以家常语感人者,如比作者时代稍早之郑燮《哭犉儿》五首,其一云:

"天荒食粥竟为长,惭对吾儿泪数行。今日一匙浇汝饭,可能呼起更重尝!"

其二云:

"坟草青青白水寒,孤魂小胆怯风湍。荒途野鬼诛求惯,为诉家贫楮锭难。"

以上两家之悼女悼儿,多以白描之笔,写深至之情,而作者之悼亡儿耆瑞,则纯以酸楚语感人,从诗题之"入寝门似闻亡儿病中气息",到诗的结句之"灯落寒花"读了之后,无不使人为之酸鼻,使读者感触到作者痛楚的心灵,乃至为作者的哀悼情绪所感染而掩卷。可见此诗乃是纯情之作。王国维在《人间词话》中曾谓"诗词中之一切景语,皆情语也。"例以作者此诗,首句之"帘钩风动"景语也,但有此景此境,才产生次句之"仿佛幽魂尚在家"之情语,见到此景,已经动情,故此景语,谓之情语可也。此景乃为触动情语而设。第三句"呼到夜深仍不应",情语也,而结句所写之景,更为此极情语之深化,则是"一灯如豆"之语,实为此情在景中之具体展现,谓之情语,反而更为深切。因此作者追悼亡儿之诗,所有语言无非情语也。倘谓此诗为"情景相生"之作,已失之浅鄙;若强分情语景语,不足以言诗矣。

(马祖熙)

诗人小传

敦敏

姓爱新觉罗氏,字子明,号懋斋,任宗学总管。是《红楼梦》作者曹雪芹的好友。著有《懋斋诗钞》。

赠曹雪芹

敦 敏

碧水青山曲径遐,薜萝门巷足烟霞。
寻诗人去留僧舍,卖画钱来付酒家。
燕市狂歌悲遇合,秦淮残梦忆繁华。
新愁旧恨知多少,一醉酕醄白眼斜[①]。

〔注〕① 酕醄(máo táo):大醉的样子。

我国古典小说名著《红楼梦》的作者曹雪芹是我国古代最伟大的文学家之

一,他一生饱经沧桑巨变。他出生在南京,十三岁前曾过了一段"锦衣纨绔"、"饫甘餍肥"的生活。从康熙朝开始,曹家是煊赫一时的贵族世家,曾祖、祖父、父辈三代世袭江宁织造。然而,由于宫廷内部的激烈斗争,雍正五年(1727)曹雪芹的父亲曹頫因事被株连,获罪落职,家产抄没。第二年全家迁往北京,家道衰落。曹雪芹一生恰好经历了曹家盛极而衰的过程。在北京的右翼宗学中,他结识了敦敏、敦诚兄弟,彼此成为亲密的朋友,并将友谊一直保持到晚年。

由于生活的窘迫,曹雪芹全家又迁到了北京西郊,"蓬牖茅椽,绳床瓦灶",甚至穷困到"举家食粥"的地步。尽管如此,曹雪芹依然保持着嗜酒狂放的生活态度。敦诚诗《佩刀质酒歌》题下小注记录了曹雪芹的一件轶事:"秋晓,遇雪芹于槐园,风雨淋涔,朝寒袭袂。时主人未出,雪芹酒渴如狂,余因解佩刀沽酒而饮之。雪芹欢甚,作长歌以谢余。余亦作此答之。"从中不难见出曹雪芹的性格及其与敦诚兄弟的友谊。敦敏的这首《赠曹雪芹》诗大约作于乾隆二十六年(1761),两三年之后,曹雪芹便与世长辞了。诗中所表现的曹雪芹,依然傲岸不屈、豪放狂狷。

开头两句写曹雪芹在西郊的住处。虽然房舍简陋,但环境却十分优雅。这里远离尘嚣闹市,绿水青山,曲径通幽。"薜萝"一词不仅是指门巷用茅草修成,还能引发人们对香草美人的联想。薜荔与女萝,都是蔓生的香草,屈原《山鬼》中有"若有人兮山之阿,被薜荔兮带女萝"的动人诗句。敦敏用"薜萝"来形容曹雪芹的茅舍,饱含着对这位挚友的深深爱慕及赞美之情。"足烟霞"三字进而突出了此地与众不同,轻烟彩霞,绲蕴环生,简直就像洞府仙地。显然,景色之美是为了烘托曹雪芹人格之美。换句话说,正因为在这穷巷陋舍中住着曹雪芹,周围的环境才充满了诗意,才显得如此典雅秀丽。

三、四两句选取典型的事例来描写曹雪芹晚年的生活。穷困潦倒并没有使曹雪芹丧失生活的勇气,家世的巨变也没能改变曹雪芹狂放不羁的个性。他多才多艺,诗画俱佳。在山野寺庙中,他留下了一首首脍炙人口的佳作。他的画很为友人所推重,敦敏在《题芹圃画石》诗中这样写道:"傲骨如君世已奇,嶙峋更见此支离;醉余奋扫如椽笔,写出胸中块垒时!"无钱沽酒,他便卖掉自己的画。让我们更为感动的是,就在这种凄凉困苦的境况下,他还能于"悼红轩中,披阅十载,增删五次",写出了"字字看来皆是血,十年辛苦不寻常"的《红楼梦》。

五、六两句以凝重悲愤的笔调刻画了曹雪芹失意的心态。自古以来,燕赵多慷慨悲歌之士,流落于北京的曹雪芹与古代的豪士一样,纵酒狂歌,感叹身世的飘零,感叹遭遇的不幸。在他记忆的深处,不时映现富贵荣华的残梦。南京的秦淮河畔,历来是花团锦簇之地,富贵神仙之乡。幼年的曹雪芹也曾置身于这如梦如幻的人间仙境之中,锦衣饫甘,骏马轻裘。然而风云突变,祸难骤降,繁华转瞬即成过眼浮云,如今只能成为记忆中残缺不全的旧梦。《红楼梦》的写作过程也正与这些残梦相关联,或者说正是这些残梦使他内心不得平静,才促使他提笔挥洒,为后人留下了这部不朽的名著。

最后两句用晋代名士阮籍的典故描写曹雪芹鄙视世俗的性格。《晋书·阮籍传》:"籍又能为青白眼。见礼俗之士,以白眼对之。"尽管新愁旧恨,一齐袭来,但曹雪芹愤世嫉俗的性格丝毫未改。他饮酒大醉,但内心清醒,对那些庸俗无聊之士一律待之以白眼。只有像敦敏、敦诚这样的朋友才以青眼相待。穷困可以改变人的经济环境,但却无法改变像曹雪芹这类杰出文学家的人格品性。

这首诗以生动感人的笔触描写了曹雪芹晚年的生活和性格,对于我们了解这位伟大作家的精神世界提供了宝贵的资料,因此这首诗就更为珍贵、更有价值。

(王 平)

【诗人小传】

毕沅

(1730—1797) 字纕蘅,号秋帆,自号灵岩山人,清江苏镇洋(今江苏太仓)人。乾隆二十二年,以举人为内阁中书军机处行走,二十五年以进士授修撰,官至湖广总督。著有《灵岩山人诗文集》、《续资治通鉴》、《传经表》、《关中胜迹图记》、《西安省志》等书。

锦 云 川

毕 沅

月华霞彩映晴川,潋滟波光夺目妍。
试唤乌篷乘兴去,一篙撑上水中天。

锦云川是山东济南以北仲宫的一条小河,注入大清河。这首七绝描写锦云川之水,语言清丽,想象奇妙,富于诗情画意。

锦云川不是长江大河,它不以奔腾的气势、浩渺的烟波惊心,而是以耀眼的波光迷人。诗人写锦云川的"波光"又独具慧眼,发现了月夜之波与晨光之波特有的美。所以诗开头一句云:"月华霞彩映晴川",它描写当明月升起,"月华"即月光照映着"晴川"即天晴时的锦云川;当旭日东升,霞光又辉映着锦云川:一给它镀上一层银白色,一给它镀上一层金黄色,于是才有"潋滟波光夺目妍"的美感。"潋滟",形容波光闪动的样子,如苏轼《饮湖上初晴后雨》诗云:"水光潋滟晴方好。""夺目妍"写波光耀眼之美,因为无论是"月华"还是"霞彩",一旦与水波相映都反射出跳动的银光或金光,给人一种"浮光耀金"(范仲淹《岳阳楼记》)或"浮光耀银"的视觉美感。

如果说诗前两句写锦云川水的色彩之美,那么诗的后两句主要写锦云川水的清澈之美,流动之美。但诗人并不直言此意,而是展开艺术想象的翅膀,借助鲜明的意象言之,就使诗显得生气盎然,境界奇美。诗云:"试唤乌篷乘兴去,一篙撑上水中天。""乌篷"即乌篷船,一种小舟。诗人看到锦云川波光水色之美,不禁生起水中行舟游览之意。他遐想如果唤来一叶扁舟乘着兴致在水中游去,那该是什么样的意境呢?是"一篙撑上水中天"。他不讲竹篙撑"水",而说"水中天",因为水色清澈,清晰地倒映着蓝天流云,撑水如同撑"天"。他不说"撑破"水中天,而说"撑上"水中天,又写出诗人欲借着篙力与水的流动之力乘船轻飘而去,可以遨游九天仙境的神奇想象,更显示了锦云川之美。尾句一下子把读者的思路也引向一个新的艺术境界中去了,体现出"言有尽而意无穷"的魅力。 (王英志)

【诗人小传】

王文治

(1730—1802) 字禹卿,号梦楼,江苏丹徒人。乾隆进士,官云南临安知府。能诗。其书法与翁方纲、刘墉、梁同书齐名。有《梦楼诗集》、《赏雨轩题跋》等。

安宁道中即事

王文治

夜来春雨润垂杨,春水新生不满塘。
日暮平原风过处,菜花香杂豆花香。

"安宁"即今云南省安宁县,"即事"是以当场所见入吟而成的诗。这是作者在春日郊行中即景兴感,描绘春天郊野美丽风光,抒发内心愉快的作品。

"夜来春雨润垂杨,春水新生不满塘。"二句写春雨之后塘边景色。由于夜雨的洗涤,柳条显得格外娇嫩,而池塘的贮水也略有增多,这里的"润"、"生"两字都值得细细咀嚼。春雨初霁,杨柳不但色泽更鲜,而且柳叶也应有所滋长。所以"润"字不但有润色之义,也有滋润之义。把柳条柳叶的质感都写出来了,池塘一冬也应有水,但在枯水季节,这水也给人以萎缩冬眠的感觉。而在春雨之后,池塘水位增高,水色变绿,确乎给人以质变的感觉,又仿佛从一冬的沉睡中醒来,恢复了生机,获得了"新生"。"不满塘"三字,见得春雨时间不长,雨量也不很大。虽"不满塘",但毕竟使人感到塘水的增高,"正是一年春好处"。如果满塘甚至溢水,须是夏日暴雨后的情景。

"日暮平原风过处,菜花香杂豆花香。"前二句所写全属视觉愉悦,这两句则写春的气息,全是嗅觉的快感。春日郊原百花盛开,桃李飘香。而诗人偏偏只抉出"菜花香"和"豆花香"来写,是很有别趣的。读者不难想见,他是身在田野阡陌上,而庄稼地里菜花与豆花的开放,是成畦成片,有时是连绵数里,桃李花哪有这样的气派。他这时只嗅到菜花、豆花的清香,应是实感,拈来自好。一个"杂"字写出辨味之细。而在此同时,诗人为农家将有一个好的收成而喜悦,也不言而喻。此外,上句的"风过处"三字亦下得好,盖庄稼的花粉和气息是随风传送的,往往在风过的时候,香味最浓,最使人心醉。诗句虽然直接写香,但"菜花"、"豆花"间接也能表现色彩。司春的女神来了,把黄的菜花、蓝的豆花,还有许多不知名的草花,散在路上,散在地上,散在农人的田上。使人感到美不胜收。 (周啸天)

【诗人小传】

姚 鼐

(1732—1815) 字姬传,一字梦穀,室名惜抱轩,旧时或称惜抱先生,安徽桐城人。乾隆二十八年(1763)进士,官刑部郎中,记名御史。历主江宁、扬州等地书院凡四十年。治学以经为主,兼及子史、诗文。曾受业于刘大櫆,为"桐城派"主要作家。主张文章必须以"考据"、"词章"为手段,来阐扬儒家的"义理";并以阳刚、阴柔区别文章的风格;同时又发展刘大櫆的拟古主张,提倡从模拟古文的"格律声色"入手,进而模拟其"神理气味"。作品多为书序、碑传之属,大抵以程朱理学为依归。然也能诗,所作熔铸唐、宋,风格沉雄,尤以七律为擅场;古体则能融入散文笔法,气势开阔。著有《惜抱轩集》、《古文辞类纂》、《五七言今体诗钞》。

山 行

姚 鼐

布谷飞飞劝早耕,春锄扑扑趁春晴。
千层石树通行路,一带山田放水声。

这首诗的题目是"山行",却与一般写山色的诗有所不同,它写的是江南山乡春耕的情景。

开首两句用对仗句式刻画两种鸟类的活动。布谷鸟是人们熟悉的,又叫杜鹃,在春夏之交南方的耕种季节鸣叫,它那"咕咕"的叫声听上去就像在催人种谷一样,所以又叫布谷。诗句中的"劝"字形象而富乡村气息。春锄也就是白鹭,也是江南常见的一种鸟类,全身雪白,两腿细长,喜欢在水田与河边活动。唐代诗人皮日休有"一声拨谷桑柘晚,数点春锄烟雨微"的诗句,张志和在《渔父歌》中也写道"西塞山前白鹭飞,桃花流水鳜鱼肥",许多古代诗人都写到过它。这种鸟在水中起飞,很远就能听到翅膀打水的"扑扑"的声音,当它们成群地在绿色的山野里飞翔时是很美的。诗人抓住了山间这两种鸟的活动,把整个山区的春景点画得十分生动、怡人。

第三句转过来写山路,扣题发挥。山路显然是盘旋而上的,自下望去仿佛被巨刃一层一层划开了一样,越往上山路越细。每一层都被石块和杂树包围着,层层盘旋,越走越高。这种写法把江南山路的特点形象地表现出来了。如果不写这一句,山间行路的情形体现不出来,诗人的形象和观照点就无从落实,作为山乡生活的大背景也看不到了。

最后一句是全诗的重点,也是全诗的主题所在。诗人关注的是山乡的春耕,此时终于凸显出来了。刚才诗人是从下往上看,看山路;现在低头往下看,看山根。山下斜坡上面的梯田修整如镜,一道道带子似的绕在山间。从梯田方向正传来汩汩的放水声,由水声可以想见农民们已开始播种稻谷了。至此首句布谷鸟的劝耕得到了呼应,全诗的主题也得到了实现。诗人在山路上感到欣喜的就是这片欣欣向荣的山民生活,这里面有很多他所熟悉的、感到亲切的东西。诗中的感情原来发自于此。

当人们看到自然已经和人类的生存活动打成一片,并且成为人类生活的一部分时,自然就会产生一种特别亲切的感受,也许这就是此诗的魅力所在。

(王小舒)

出 池 州　　　　　　　　姚　鼐

桃花雾绕碧溪头,春水才通杨叶洲。
四面青山花万点,缓风摇橹出池州。

姚鼐壮年致仕,超然归隐,平生颇以游历名山大川为己志,留下了不少赞美祖国壮丽河山的诗文,《出池州》便是其中一首清新秀丽的小诗。池州,治在今安徽池州市贵池区,离安庆不远。姚鼐致仕后曾主讲扬州梅花书院、安庆敬敷书院、歙县紫阳书院、南京钟山书院,前后长达38年之久。此诗可能作于他在安庆讲学期间。

  桃花绕溪,春水初涨,四面青山,野花万点,诗人乘坐小舟,在徐徐春风中摇着轻橹出城来……这便是本诗展示的、由诗人怀着无比欣喜的心情,用轻快明朗的色调给我们绘出的画面。全诗都在写景,但各句描写的侧重点又各不相同。首句着重写"桃"。一叶小舟行进在青溪碧水之中,夹岸桃花开得正艳。诗人用"雾绕"二字来形容桃花的绚烂灼目,在此际显得分外传神,我们坐在行进的车上看窗外景物,极易将路边的树木看成一线,而将远方之景看作一片。因此,当你置身连绵成片的桃林中,在耀眼的桃花面前,只觉得眼前一片红雾,也是极正常的。一个"雾"字写出了这种视觉差,殊为不易。次句写"水"。本来,是春水悄涨,把原来露出江心的小沙滩——杨叶洲淹没了,但诗人不愿让春水显得那么粗暴,他着一个"通"字,显得春水是如此的解人心意,知道自己要舟行,便殷勤地打通了航道。这一字,用得十分奇警,非但突出了春水之大,也暗示了诗人只是一叶扁舟(不然,船底非搁浅在沙滩上不可),悠然自在,遥接后文"缓风摇橹"中的意绪。第三句写"小"。这山也不是夹岸而立,而是"四面青山",可见这"碧溪"是曲折多弯的,所以左顾右盼、瞻前望后,都是青山在迎送;而因为四面皆山,所以红花也不是一片片,而是"万点"——举目皆是了。这里"红"色与"碧"水相映,景色显得格外妩媚。末一句写"风"。因为是在曲折的小溪中,所以不能是疾风,只能是缓风,风随人意,徐徐而吹,小舟也轻轻地摇着橹,在青山桃花的伴送下,离开故城,又要踏上新的征途。诗人抑制不住内心的喜悦,便借清风绿水为墨楮,欣然将此情形诸笔端。

  姚鼐平常论诗,崇尚雄奇博大的阳刚之美、追求一种"兀傲磊落之气"。他的大部分揽胜纪游诗也写得音象飞动、神完气足,有笔扫千军之势。而此诗相对显得清雅淡远,笔致徐婉,更具阴柔之美,可以说是"碧海琼流"中的"翡翠兰苕"。

(叶志衡 沈 价)

夜起岳阳楼见月[①]   姚 鼐

高楼深夜静秋空,荡荡江湖积气通。
万顷波平天四面,九霄风定月当中。
云间朱鸟峰何处[②],水上苍龙瑟未终[③]。

便欲拂衣琼岛外,止留清啸落湘东。

〔注〕①岳阳楼:在湖南省岳阳市城西门上,下临洞庭湖。 ②朱鸟:神话中的南方之神,又是南方七宿的总称。 ③苍龙:指湘水之神。《楚辞·远游》"使湘灵鼓瑟兮,令海若舞冯夷",又钱起《省试湘灵鼓瑟》"曲终人不见,江上数峰青"。此处描写幻想之境。

自从孟浩然写下著名的《临洞庭湖赠张丞相》,接着杜甫又创作了名垂千古的《登岳阳楼》之后,一般的诗人都不敢在岳阳楼上临湖题诗,即使题了诗也难以超越二作,只得甘受湮没无闻的命运。姚鼐不甘沉寂,作了这首七律。他是花了大气力的,究竟功力如何,经过一番比较自会清楚。

孟、杜二作是五言律,姚的这首却是七律,体裁上有所区别。此外孟作写于秋八月,杜诗写于冬季,姚之作于秋季,恰好与孟相同。姚作有一最大的特点,与孟、杜二作相区别的,即他的诗作于夜间,而且是有月光的晚上,孟、杜都是作于白天,这一点使姚作别开生面。最后,孟、杜二诗都侧重抒发现实的感受,姚则侧重于超脱尘世的玄想,此与观照景物的时间不同恐怕有很大关系。然而不管怎么说,从审美的角度还是可以进行比较的。

下面逐联分析。

第一联写登楼,总领全篇。开句描写夜间的气氛。四下万籁俱寂,城楼显得特别高,四周特别空旷,令人有天地孤独之感。首句已奠定了全篇的抒情基调。所谓"积气"指天空中之大气,洞庭湖湖面开阔,湖上雾气蒸腾,以白昼为最。孟浩然诗有"涵虚混太清"、"气蒸云梦泽"两句,姚鼐用"积气通"三字表现湖天相接,极目无碍,气势也不小。"荡荡"与前句的"空"字相呼应,把秋季天高气爽、视野开阔的景象表现得很形象。如果说孟诗注重"气"的混和蒸,姚诗则侧重于境的清和空。一白昼,一夜晚,特点很分明。

第二联描写湖面景色。这是写景部分最关键的一联。孟浩然《临洞庭》诗有名句"气蒸云梦泽,波撼岳阳城",为人称诵不绝。杜甫则以"吴楚东南坼,乾坤日夜浮"超而上之,气魄更大,意蕴无穷,被誉为绝唱。姚鼐这两句别有特色,他是把湖、天分开来写的。前一句写湖面,突出湖水的辽阔与平静,波平万顷,可以想见湖水平坦如镜,在月光下波光粼粼的情景。水势一直铺向天边,令人感到空旷无比。后一句写天空,突出了月亮的主体地位。空中了无尘滓,风静无声,唯有一轮朗月,清光四溢。天水空灵一片,上下澄澈,令人幽然神远。孟、杜二诗都有很强的运动感,力度非凡,具有一种震撼力量,姚的这两句则相反,侧重于静。一动一静,差别也就出来了。

第三联写由景物生发的想象,实际上也就是写感受。姚鼐进入了自由联想的世界,他引用了两个神话典故,从夜空中的七宿想到朱鸟主宰衡山的传说(衡山在岳阳市南九百里),又从湖波中幻起湘灵鼓瑟的想象,神骛八极,心游万仞。这种想象既是眼前景物的自然触发,也是诗人心中久已埋藏着的某种潜在心态的显露,心与景是彼此呼应的。全诗因此增加了一层神秘色彩。

第四联直接抒发感慨,是全诗的归宿。当负担一概卸去,精神得到自由之后,诗人不由升起拂衣飞去、遗世羽化的念头,他要长啸升空,与宇宙同化。李白、苏轼过去都曾有过这种念头,这是古代诗人的才志在现实中得不到实现时经常出现的幻想。正因为是幻想,所以才显得特别美,特别潇洒。诗人的胸怀至此得到了充分的展现。

最后两联姚比孟作写得好,孟浩然的议论显得生硬,与写景部分衔接不够自然。而姚显然不如杜,杜甫是以他沉痛无比的人生感慨作结的,"亲朋无一字,老病有孤舟。戎马关山北,凭轩涕泗流。"作为一种涵盖时代的肺腑之音,他的悲剧感受登上了难以企及的高峰。如果说孟浩然的成就主要在前两联,写出了洞庭湖非凡的气魄,表现了盛唐时期人们壮丽的心怀的话,那么杜甫则融景入情,以沉郁顿挫的总体风格独占鳌头。姚鼐的这首诗玄想超然,写景清隽,自有神外之韵。但感情的力度和体验的独特性方面都似不够,显得比较平板和纤弱。尽管如此,它仍然不失为是一首有特点的好诗。

(王小舒)

别梦楼后次前韵却寄①   姚 鼐

送子拏舟趁晚晴②,沙边暝立听桡声。
百年身世同云散,一夜江山共月明。
宝筏先登开觉路③,锦笺余习且多情。
镢头半个容吾与④,莫道空林此会轻。

〔注〕 ① 梦楼:王文治,字禹卿,号梦楼。江苏丹徒人,官翰林院侍读,能诗,善书法。 ② 拏舟:牵船。 ③ 宝筏:宝船,佛教比喻普渡众生的佛法。觉路:觉悟之路。 ④ 镢头:大锄头。《景德传灯录》:"潭州神山僧密禅师,一日与洞山锄菜园,洞山掷下镢头曰:'我今日困,一点气力也无。'师曰:'若无气力,争解恁么道得?'洞山曰:'汝将谓有气力底是也。'"这里以镢头指代洞山(良价)禅师悟通禅理的故事。

姚鼐和王文治是十分投契的朋友,这在姚鼐为王文治的《食旧堂集》所作的序中可见到。在此诗之前,姚鼐另有一首《将会梦楼于摄山道中有述》,其诗曰:"太平门外雨初晴,又听新蝉第一声。转毂年光逢小暑,夹衣天气似清明。山云近作迎人态,僧院归如返舍情。未死故人重执手,举看藤杖一枝轻。"摄山就是南京东北的栖霞山,就诗意来看,这是诗人的晚年之作。时令正近盛夏,然天气凉爽,姚鼐与王文治相约在摄山见面,但见面之后王便匆匆离去,于是在诗人心中留下了无限的惆怅,遂按前首诗的韵又写下此诗。

诗人趁着黄昏去江边送友,船已启航,但他依然伫立江边,因为暮色越来越重,看不到孤帆远影,只能静听着渐渐远去的桨声。"送子"两句能突破一般送别诗的樊篱,以听觉感受代替视觉感受来写出别情。前一句写离人,后一句写自己,然两句又是密切相联的,正因为首句中的"趁晚晴",所以才有次句的"瞑立";首句的"挐舟",也正逗出次句的"听桡声"。友人已随着桨声远去,于是诗人感到人生的聚散无常,刚才还晤言一室之内的朋友,转眼间却已各自东西,像是暮云的随风飘散。然而身形虽分,而友谊长存。一人留滞山间,一人泛舟江上,但同望一月,似乎又获得了心灵的相通。"百年"两句,诗人就近取譬,此时正是暮霭四散、明月东升之际,所以用云散来比喻人生的飘忽不定,以共对明月象征友情的常存心间。"一夜"句化用谢庄《月赋》中"隔千里兮共明月"的话,然变化无迹,与前一句构成了工巧的对仗。两句中前者写合,后者写分,开合自然,情景交融,表现出诗人遣字造句的工力。

"宝筏先登开觉路"又接"挐舟"而来,因为王文治乘船而去,所以有这样的说法;但另一方面也利用佛教的成语,李白的《春日归山寄孟浩然》中也曾有"金绳开觉路,宝筏渡迷津"的话,因为王文治晚年倾心学佛,所以这句也指他对佛学有很深的造诣,故能先登觉悟之路。"锦笈余习且多情"又回到自己,说自己未能脱去尘缘,每每借锦笈翰墨、吟诗作文来表达情愫,不能像王文治那样得悟佛学真谛。"多情"二字就道出了他对友人的一片真情,也就是所以写作此诗的用意。最后两句顺应"宝筏"而来,说自己和朋友在僧寺相会,获益匪浅,禅学大有长进,诗人用了《景德传灯录》中洞山和尚学禅的故事,以半个钁头作比,说明自己学佛粗有所得。那么这次僧寺中的聚会也就不能说是无足轻重的了。姚鼐晚年也沉潜内典,对佛学有强烈的兴趣,自然与王文治为同道,这首诗中也表现了此种祈尚。这两句意在说明对于禅学的共同爱好,却以形象的语言出之,不落理窟而不乏理趣。

姚鼐的七律能熔铸唐宋,在诸体中佳作最多,后来曾国藩定他的七律为清代第一家,张裕钊选《国朝三家诗钞》其一即为姚氏的七律,可见后人对他的推崇。这首诗写送别友人,虽为古诗中常见的主题,但姚鼐却能写出新意,刻画自己惜别的情怀却时时能以对方作陪衬,故开合跌宕,颇有一唱三叹之致。姚鼐的古文徐迂缓畅,风格近乎阴柔一路,而他的诗却劲气盘折,苍浑朴茂,更富有阳刚之美,如此诗的中二联,虽写依依惜别之情,然气象开阔,意蕴深长,点化陈言而不落言筌,体现了诗人长于律句的工力。

(王镇远)

金陵晓发　　　　姚鼐

湖海茫茫晓未分,风烟漠漠棹还闻。
连宵雪压横江水,半壁山腾建业云。
春气卧龙将跋浪,寒天断雁不成群。
乘潮鼓楫离淮口,击剑悲歌下海溃。

以司空图《诗品》中属于阳刚之美的诸品来比照,这首诗主要表现为"雄浑"、"劲健"、"悲慨"、"沉着"等风格,符合作者于《复鲁絜非书》所述的"阳与刚之美"的意境开阔,情思激荡,气势浩瀚雄劲等风格特征。但还应看到,此诗又时有阴柔之美以济之,并非"一有一绝无",因此没有"刚者至于偾强而拂戾"之弊。(见《复鲁絜非书》)

此诗写诗人于初春的一个拂晓从金陵(今南京市)上船出发时的所见,借以抒发内心郁积的一种壮美兼悲慨之情。诗人仿佛挥动一杆如椽大笔,一落笔就渲染出"湖海茫茫"、"风烟漠漠"全景式的"晓发"图,显示出雄浑之美。诗人此时东望大海,但觉辽阔深远,一片迷茫,还区分不出晨光;而宽广的江面上雾气弥漫,寂静幽邃,不时听到早行船的击水之声。应该看到的是,这两句境界阔大雄浑,诚然有阳刚之美;但仍以阴柔之美济之,其意境还有静穆平柔之一面。"湖海"之"茫茫"、"风烟"之"漠漠",分明浸润着诗人的孤寂之感,但这种感情含而不露,表达上又是颇为"沉着"的。

"连宵雪压横江水,半壁山腾建业云。""横江"在金陵上游、安徽和县东南,素以风高浪险著称,李白《横江词》云:"人道横江好,侬道横江恶。一风三日吹倒山,白浪高于瓦官阁。"此处用"横江"的意象指代金陵长江之恶浪。"半壁山"指"建业"(南京)附近的山峰。当诗人看到江水恶浪被"连宵雪"压平,附近高耸的山峰腾起团团云雾时,他不禁感受到一种伟壮之力。这两句显示出姚氏所谓"阳与刚之美"之诗风那"如霆,如电"的力度。"雪"虽轻盈,但"连宵"降落则可以压服"横江恶",此情此势,足可使诗人胸中涌起一种力量感和崇高感。从诗人的感情流程来看,至此产生了一个小高潮,因为首联暗寓的孤寂茫然之感由于外物的刺激已转向奋发进取的热情。这"雪压"、"山腾"实为诗人内在力量的外射。这两句堪称达到"刚"而"足以为刚"之极致。

正因为诗人此时内心充满阳刚之气,颈联才发出"春气卧龙将跋浪"之豪雄语。将于"金陵晓发"的诗人亦大有"跋浪"之气概!此句之雄劲堪与老杜"鲸鱼跋浪沧溟开"(《短歌行》)诗句之奇壮媲美。不过诗人的孤寂感并未真正消除,一旦冷静下来,他又从想象中跌落到现实:"寒天断雁不成群。"这一句既是写景,又是诗人心绪的象征,此刻诗人的感情流程一时间又陷于低潮。首联的孤寂之感又重新浮起在心头。诗人的内心一直处于矛盾斗争之中,他欲进取,又感到孤立无援,因此时而有豪情胜慨,时而觉低沉悲凉。正是两种感情的交汇冲击,使诗显得跌宕不平,又增加了诗的思想容量与深度。

低沉与昂扬的感情经过交锋,后者还是占了上风,不过并未把前者彻底击溃。因此在颈联中,诗人的昂扬进取精神涂有较浓的悲慨色彩,并不能与乐观向上划等号。然而,尽管"湖海茫茫",前程吉凶未卜,尽管春寒浓重,"断雁"独飞;诗人既然已经登上航船,他就义无反顾,决然鼓楫进发了:"乘潮鼓楫离淮口,击剑悲歌下海溃。"诗人的感情流程至此又高涨,并达到了最高潮。这尾联有李白七律飞动之势,充分显示出"阳与刚之美"。"乘潮"的意象已颇有"弄潮儿"之勇;"鼓楫"即"击楫"(击桨),暗用《晋书·祖逖传》"中流击楫"的典故,更有志节慷慨之壮。"离淮口",指船驶离秦淮河口进入长江,既入长江则可直下东海万顷波涛了,所谓"下海溃"也。此行中的"击剑"之举,"悲歌"之声,固然蕴含着"断雁"孤飞之悲慨,但更有杜甫"浩歌弥激烈"(《自京赴奉先县咏怀五百字》)之意。因此总的来看,其"晓发"仍然是豪壮之行,他的思想之船毕竟已进入到一个更壮美的境界中去了。

这首诗在感情抒发上明显具备姚氏所说的"大抵文章之妙,在驰骤中有顿挫"的特点。其"顿挫"时表现为感情的低沉,"驰骤"时表现为感情的高涨。"驰骤"使诗风豪放气健,"顿挫"使诗风沉着悲慨,皆可医滑俗之病。这样的阳刚之作更能激发人的感情共鸣,给予人深刻的哲理启迪。此法显然得杜诗之神。而更令人感佩的是:诗人于"晓发"这一短暂的时间里,包含了无限广阔的空间,揭示出内心不尽的波澜,该是何等的艺术功力!

(王英志)

淮上有怀   姚鼐

吴钩结客佩秋霜,临别燕郊各尽觞。
草色独随孤棹远,淮阴春尽水茫茫。

这首七绝描写的是作者在淮水之畔与一位具有豪侠之风的朋友宴饮辞别时的情景,并抒发了对朋友的深厚感情。

首句"吴钩结客佩秋霜"是写朋友的形象，充满赞赏之意。"吴钩"是一种弯刀，男儿佩"吴钩"表明具有远大志向，正如唐代诗人李贺《南园》诗所云："男儿何不带吴钩，收取关山五十州。""秋霜"是形容吴钩的锋利雪亮。此人既为"客"，又佩吴钩，表明他的身份是一个游侠式人物，有建功立业的雄心壮志。他与作者分别是为了去闯天下的。次句"临别燕郊各尽觞"，是写二人在淮阴郊外宴饮干杯，既有豪爽的英雄气概，亦有朋友惜别之情。这是化用李白《金陵酒肆留别》诗中"金陵子弟来相送，欲行不行各尽觞"之意。但是送君千里终有一别，佩带吴钩的客人还是乘船出发了，后两句"草色独随孤棹远，淮阴春尽水茫茫"，既是写淮水之景，亦抒发了独自羁留的孤寂之感。诗人放眼望去，只有淮水两岸草色与孤舟一起通过远方，仿佛在陪伴送行。这"独随孤棹"的青青草色蕴含着作者相思之情，正如唐代诗人王维《送沈子福归江东》云"惟有相思似春色，江南江北送君归"一样。"淮阴春尽水茫茫"，真切地描写出淮水春末时的状态，亦抒写了类似李白《送孟浩然之广陵》"孤帆远影碧空尽，惟见长江天际流"般的心境。诗的意境好像电影中的空镜头，"茫茫"淮水上已不见了朋友的"孤棹"，留给诗人的是空旷与孤寂。我们仿佛看到诗人站在淮水边上伫立远眺，久久不肯归去的身影。

这首诗的风格从前半的阳刚之美转向后半的阴柔之美，二者完美地统一在诗中。姚莹评姚鼐诗"是盛唐诸公三昧"，由此可见一斑。

（王英志）

江上竹枝词(四首选一) 姚鼐

> 东风送客上江船，西风催客下江船。
> 天公若肯如侬愿，便作西风吹一年。

竹枝词，是三峡间的民歌。唐诗人刘禹锡开始采录加工，写成一组竹枝词，后人颇多仿作。它的特点是抒写爱情，比喻、谐音是它常用的表现手法。但仿作者也往往背离原意，把竹枝词写成风俗杂咏，那就与一般七言绝句没有多大差别了。

姚鼐这首江上竹枝词，是符合竹枝词的写作要求的。题目是"江上"，所以就"江上"着想。一、二用叠句，平仄相同，"风"、"客"、"江船"相同，"东"、"西"、"送"、"催"、"上"、"下"相异，表现了相反的动向。诗就在家的女子一面说，"客"是"侬"的丈夫，夫西上作客，应该是经商，如李白《长干行》中所写的那样。因为出外经商，所以久久不得东返。"侬"的愿是日思夜想，盼望丈夫早早回家。因此寄希望于西风，要它整年的吹，吹得上江的夫船下江。这样写，委婉中有力量。置之刘禹锡《竹枝词》中也是上乘。

姚鼐是清代桐城派古文家的宗师,也是桐城诗派的巨子。桐城诗派对后来宋诗运动有先行启导的作用。姚氏为人,淳厚朴实,其论诗主张,取法黄庭坚,为当世写俗诗恶诗者洗涤肠胃。其创作能贯彻他的主张。但姚氏也未尝不能写一些抒情柔婉的诗,《惜抱轩诗集》中也有好多首仿效西昆体的七律和仿效梅村体的七古《秦帝卷衣曲》,极风华旖旎之能事。这首《竹枝词》,便属于此类型。(钱仲联)

【诗人小传】

翁方纲

(1733—1818) 字正三,号覃溪,晚号苏斋,直隶大兴(今北京市大兴区)人。乾隆十七年(1752)进士,官至内阁学士。方纲潜心研究经术,长于考订、金石之学,亦精通书画、词章。诗宗宋代江西派的黄庭坚、杨万里等人。论诗倡导"肌理说",主张作诗应以学问为基础,意欲补救王士禛"神韵说"之虚,并与袁枚"性灵说"抗衡。故其诗具有考据特点,失之生涩。但亦不乏少量以白描为主的佳作。有《复初斋诗文集》、《石洲诗话》、《苏米斋兰亭考》等。

望 罗 浮

翁方纲

只有濛濛意,人家与钓矶。
寺门钟乍起,樵客径犹非。
四百层泉落,三千丈翠飞。
与谁参画理?半面尽斜晖。

罗浮山,在广东省东江北岸,增城、博罗、河源诸县间。山多洞壑飞瀑,道教称为"第七洞天",自古为粤中游览胜地。这首五言律诗写罗浮山,作者选取了远望的空间角度,又是在黄昏的特定时间,因此写来颇有特色,自出新意。

诗首联"只有濛濛意,人家与钓矶",是写对罗浮山的远望,此时的罗浮山笼罩在一片迷茫的暮霭之中,虚无缥缈;只有高处几家人家与钓鱼台,还隐约可见,但也披上了一层朦胧的外衣。颔联"寺门钟乍起,樵客径犹非"承首联意,继续描写罗浮黄昏景物的静寂迷茫。前一句写山上远处寺院的晚钟突然敲响,余音袅袅,更衬托出罗浮山的幽静。后句写山上樵夫砍柴的小路还分辨不清,因为那里雾气缭绕。颈联"四百层泉落,三千丈翠飞",则转而写远望罗浮山之泉水飞瀑,这更是罗浮山的奇观。如果说前两联显示罗浮阴柔之优美,那么此联则写罗浮的阳刚之壮美,从而也显出了罗浮多层次之美。前一句写罗浮飞泉之多,罗浮山有峰峦四百余座,峰峰有泉水跌落,故有"四百层泉落"这样的壮观;后一句写飞泉之高,李白《望庐山瀑布》有"飞流直下三千尺"之名句,罗浮山的飞瀑则"三千丈",高度胜于庐山瀑布,当然"三千丈"也是夸张之词。"翠飞"形容瀑布倾泻,如翠玉飞溅,又可见瀑布的色彩美。这一联意境壮阔,气势飞动。亦唯有"望罗浮"才能写出罗浮飞泉广度与高度的全景,故这二句更显得切题。诗的尾联"与谁参画理?半面尽斜晖",又总写罗浮的西半面被夕阳映照,这样罗浮山就如同一幅画卷被涂抹上一层金色斜晖,更加壮丽非凡。此时诗人独自"望罗浮",他遗憾的是不能把观赏这幅天然图画的奥妙向人表述,以共享罗浮之美。这种心情同样是含蓄地赞美罗浮山景观。

这首五律纯然是以白描手法描写罗浮,形象亦较为鲜明,特别是颈联更出色,并无"误把抄书当作诗"(袁枚《仿元遗山论诗绝句》评翁诗)之弊。(王英志)

韩 庄 闸 二 首　　　　翁方纲

秋浸空明月一湾,数椽茆店枕江关。
微山湖水如磨镜,照出江南江北山。

门外居然万里流,人家一带似维舟。
山光湖气相吞吐,并作浓云拥渡关。

这两首七绝写于乾隆二十九年(1764)。韩庄位于今山东枣庄市东南、微山湖东岸,有水闸,旧为卫漕要地,亦是大运河诸闸之总汇地。两首诗分别描写于韩庄闸处所见湖光山色与运河风貌。

第一首绝句重在描写秋月中的微山湖,构思出静谧空灵的意境,显示一种阴柔之美。首句"秋浸空明月一湾",言简意丰,最堪玩味。"秋"点出季节,"月"写出时间,"空明"暗示月光如水,澄澈透明,这是借用苏轼《记承天寺夜游》"庭下如积水空明"写月光的词儿。秋天仿佛浸润在澄澈如水的月光里,明月又照亮了一湾湖水,多么清幽洁净,这是韩庄闸处特有的秋夜。而韩庄闸那"数椽茆店"即几间茅草房正在这样夜月中"枕"在"江关"——运河的水闸之处,它仿佛已进入了安谧的水月澄明的梦境。诗人的视点,从空中如水的月光转向水闸后,又自然地放眼闸西的新境界:"微山湖水如磨镜,照出江南江北山。"这个比喻,写出对月色下的微山湖水之宁静与明亮的审美感受,它如同刚用水磨光的青铜镜一样,以小喻大,别致而贴切。"江南江北山"实际指运河与微山湖相连处的韩庄闸南北的小山,它们在微山湖中印下的倒影,如同被"磨镜"映照出来的一样清晰。这小山仿佛亦"浸"在月色湖水之中,充满了梦幻般的诗意。诗人写月色、水闸、湖水、山影,都旨在渲染水乡那空灵、清幽、恬静的美。读这样的诗足令人胸无尘滓,万虑俱销,亦"浸"在"空明"的境界中。

第二首风格与第一首相左,它虽然仍是写韩庄闸处所见之微山湖与运河,但气势豪宕,意境开阔,又显示一种阳刚之美。

诗人的立足点在韩庄闸。先写闸的东面即"门外",只见"门外居然万里流",一落笔就充溢雄豪之气,以夸饰的手法,写出闸外运河奔流万里的气势,"万里流"的意象源于左思《咏史》"振衣千仞冈,濯足万里流"中语,它不仅使诗的境界显得十分深远,更增添了动态;而河岸"人家一带似维舟"之"人家"则是静态描写,它如同系着的小船,随时可以顺流远航,此比喻不仅新颖,而且显示出水乡的特色。这意象动静相辅相成,把闸外的运河风光描绘得生动有致。接下诗人又转写闸内即西面的微山湖风光:"山光湖气相吞吐"一句笔力劲健,境界雄浑。那山光倒映在水中,湖气升腾于山中,相互"吞吐"交融,充满了生命力,使人胸襟为之开阔,亦增添了豪放之情。白天的湖水与夜晚的湖水之景观可谓各有千秋。尾句"并作浓云拥渡关"又写湖之渡口,那"山光湖气"竟化作"浓云"拥向"渡关",诗开拓出新境界。"渡关"本通向"万里流",此"浓云"正欲通过"渡关"飞向新天地,微山湖水亦即波连四海浪了。诗之余味不尽。

这两首七绝同写韩庄闸风光,但一写夜月之景,一写白昼之景,境界不同,风格迥异,因此给人的审美感受亦各有其妙,可见作者之匠心与功力。 (王英志)

【诗人小传】

高 鹗

(约1738—约1815) 字兰墅,别署红楼外史,汉军镶黄旗人。乾隆六十年进士,官翰林院侍读。据张问陶《船山诗草·赠高兰墅鹗同年》诗自注:"传奇《红楼梦》八十回以后俱兰墅所补。"现代研究者一般认为小说《红楼梦》后四十回即高鹗所续,并对前八十回亦颇多改动。一说是程伟元与高鹗共同续作。或据萃文书屋本《红楼梦》序及引言,认为程、高之前已有人续写《红楼梦》后四十回,程、高只是加以修补。也能诗词。著有《高兰墅集》、《月小山房遗稿》。又撰有《吏治辑要》。

古　剑

高　鹗

一条秋水万黄金,千载谁明烈士心。
夜半虚堂雷雨入,壁间惊起老龙吟。

这是一首借物咏怀的诗。

咏古剑,诗中却不出"古剑"二字,而是以"秋水"、"老龙"作代称。以秋水喻剑,由来已久。《越绝书》说:"太阿(宝剑名)剑色,视之如秋水。"白居易《李都尉古剑》说:"湛然玉匣中,秋水澄不流。"以龙喻剑,用雷焕的故事。相传西晋初年,天空斗、牛二宿之间常有紫气,豫章人雷焕认定是"宝剑之精,上彻于天",宝剑应在豫章郡的丰城。尚书张华即让雷焕出任丰城令。雷焕在丰城狱中掘得龙泉、太阿两把宝剑,一把送张华,一把自佩。张华被杀,失剑所在。雷焕死后,其子持剑过延平津(一名剑津,今福建南平东之建溪),剑忽跃出堕水,但见二龙蟠萦有花纹,水浪惊沸,于是失剑。事见《晋书·张华传》。此诗前两句写古剑的价值,后两句说古剑的遭遇。诗人以万两黄金表明古剑的珍贵;但此剑并非徒然供人赏玩的摆设,而是为人建功立业的武器,故诗人又从古剑发挥作用的角度引出次句。"烈士",有志于建功立业的人。曹操《步出夏门行》:"烈士暮年,壮心不已。"在古代,文人学士常多失意,因而认为读书求仕进,还不如驰骋疆场求取功名,刀枪剑戟等就成了不可缺少的武器。故诗中以"烈士心"说建功立业,实际上是在指明古剑的作用。"谁明"二字则又表明"烈士心"无人理解,透过一层指出了古剑不能为世所用。从一二句可以看出,诗人既是以剑自喻,表明心迹,同时又是以"烈士"隐然自寓,自述壮怀,古剑、烈士、诗人,三者已融为一体。后两句即从被闲置不用的处境展开进一步的描写。"虚堂",空寂的厅堂。"虚堂"的"壁间"是挂剑的地方。当夜半雷鸣闪电、疾风骤雨突然闯入厅堂时,不甘寂寞的古剑仿佛受到感应,从沉睡中惊醒,发出声声龙吟。以"龙吟"写剑声,是龙与剑的比喻的延伸,与另一个传说故事相关。相传古帝颛顼有曳影之剑,不用时常在剑匣中作声,如龙吟虎啸。见《拾遗记》卷一。后世常以刀剑鸣表示渴求战斗的豪情。诗中写"龙吟"的不一般处,是连着雷雨进行描写,将想象中出现的境界作为实有的情景绘形绘色,写得相当逼真,这就愈见出诗人跃跃欲试、急于建立功业的急迫心情。同时,即将投入战斗的有如"哀鸣思战斗,迥立向苍苍"的形象,又正好从对面表现了诗人在现实中怀才不遇、无所作为的深深的苦闷。

此诗的风格于悲凉中见沉雄。诗人以力能扛鼎之笔将个人的牢骚不平与千载烈士的苦闷相沟通,作为烈士的心声传出,使作品的思想内容不只关乎一人一事,而具有了广泛的社会历史的概括性;迎雷雨而龙吟的描写,更将诗情推向一个新的境界,一个不愿受命运摆布的奋发有为的形象呼之欲出。在遣词造句上,首句"一条秋水"与"万黄金"自对,以"一"呼出"万"字,次句又接以"千"字,一起笔就以一种夸张的语势先声夺人,动人视听;三四句又以句意相承的散行文字联翩而下,一气呵成,与抑塞不平、一吐为快的抒情要求正相适应。古人说:"诗言志。"(《尚书·尧典》)高鹗长期怀才不遇。他熟谙经史,却屡试不中(中举与中进士已是晚年之事),故悲思郁结,但又不失自强自信,便托物言志,于咏剑之际将自己的苦闷与壮心和盘托出。

（陈志明）

诗人小传

汪 中

(1745—1794) 字容甫,江苏江都(今扬州)人。少孤贫好学,三十四岁为拔贡,后即不再应举。曾助书贾贩书,因遍读经史百家之书,卓然成家。工骈文,所作《哀盐船文》,为杭世骏所叹赏,由是文名大显。能诗,尤精史学,曾作《墨子序》,力辩孟轲辟墨之过枉。又作《荀卿子通论》,肯定"荀卿之学出于孔氏,而尤有功于诸经",以孔荀而不以孔孟并提,否定了宋儒"道统"说。他为墨子、荀子翻案,在当时是大胆思想,曾被统治者视为"名教之罪人"。有《广陵通典》《述学》内外篇、《容甫先生遗诗》。

梅　花　　　　　　　汪　中

孤馆寒梅发,春风款款来。
故园花落尽,江上一枝开。

汪中是清代中叶著名的经学家和文学家,他一生命运坎坷,七岁丧父,二十五岁应省试落第,又得了怔忡之病,于是绝意科举,而过着为人作嫁的幕僚生活。晚年多病,在杭州文澜阁校书时积劳死去,年仅五十岁。"少苦孤露,长苦奔走,晚苦疾疢,……未尝有生人之乐焉。"汪喜孙(汪中之子)《容甫先生年谱》中的这几句话,概括了他的一生。因此,汪中的诗,同乾隆时代另一位薄命诗人、他的好朋友黄仲则一样,充满了感伤的情调。但是这一首《梅花》诗,却在寒冷中透露出春意,在凄寂中泛溢着憧憬,与其他作品有别。

这首诗究竟写于何时,作于何地,不大能够说得十分确切。《容甫先生遗诗》是把它编在庚寅即乾隆三十五年(1770)的,这是汪中省试落第后的第三年。据《年谱》,他这时正在太平府(今安徽当涂)太守沈业富处入幕,已经是第二个年头了。离乡背井、俯仰因人的幕客生涯,当然不是自视颇高的汪中心甘情愿地乐就的,何况扬州家里还有一位历尽艰辛把他抚养成人的老母!这年春天再度离家时,他写了一首《别母》诗:"细雨春灯夜欲分,白头闲坐话艰辛。出门便是天涯别,明日思亲梦里人。"情调颇为感伤。《梅花》诗是编在这首《别母》诗后面的,也许,这是他从扬州回到当涂后,在春寒尚厉的时候写的吧?在没有别的反证材料之前,我们姑且这样认定。

　　这首诗前面两句,是诗人看到梅花开放而发出的喜悦。"孤馆"是他所处的环境。一个人作客在外,孤零零地住在馆舍中,是难免要产生寂寞、凄清的情怀的,何况是春寒料峭的时分!柳永《戚氏》词说:"孤馆,度日如年。"秦观《踏莎行》词说:"可堪孤馆闭春寒,杜鹃声里斜阳暮。"可为佐证。然而在这令人愁苦的环境中,忽然看到一树梅花,顶着寒气,冉冉地、茁壮地开放了,这景象,怎能不使他感到分外的喜悦!这喜悦,有着丰富的文化心理内涵,我们在阅读的时候,切不可轻轻放过。

　　这两句诗的文化心理内涵是什么呢?第一,梅花的出现,使诗人获得了朝夕相对的伴侣,可以破除孤寂。第二,自六朝以降,不断增加的诗人的吟咏,使梅花成为傲寒的象征。何逊称赞它"衔霜当路发,映雪拟寒开"(《咏早梅》);阴铿称赞它"春近寒难转,梅舒雪尚飘"(《咏雪里梅》);王安石的《梅花》说得更好:"墙角数枝梅,凌寒独自开。遥知不是雪,为有暗香来。"尔后陆游、高启等都有脍炙人口的咏梅名作,梅花傲寒的象征意象,遂成为强大的文化心理积淀;汪中这位多才的诗人自然接受了这一集体无意识的影响。他此时正处在人生挫折的初期,与命运作斗争的意念尚未消失,故见到梅花的凌寒开放,自不免因内模仿作用而产生兴奋之情。第三,伴随着"寒梅"的花发,"春风"也"款款"(缓慢)地来了。春风是唤醒万物的天使,是给大地带来生气的力量。"暗添芳草池塘色,远递高楼箫管声。"(罗邺《春风》)"暗入畦园里,潜吹草木中。兰荪才有绿,桃杏未成红。已觉寒光尽,还看淑气通。"(陈九流《赋得春风扇微和》)汪中写出"春风款款来"这一"象"的时候,其所蕴含的"意"亦自包括这些内容。以上三个内涵是互相关联、有序递进、由浅而深的,表现出一个冲破严寒、生机勃发的含蓄的意境。

　　诗的后面两句,是由此及彼,因己地之"春意"而联想到家乡的"春意"。前面说过,汪中写这首诗时刚从扬州回到当涂不久,别母的感伤还萦回在脑际,现在得到寒梅开放的欢乐信息,振奋之余,自不免亦对家乡——更具体的是对老母,生发同样的期望和祷祝。这两句诗,因为对比鲜明,令人十分惊喜。"故园花落尽",冬天,故乡的花卉都凋谢了,大自然脱去了它的彩衣,一片荒凉,一片衰飒——这是诗人不久前在家乡看到的情景。现在呢?"江上一枝开",傲寒的梅花,一枝独秀地在江上开放了(扬州在长江边,故云),它打破了严寒的统治,它带来了春天的消息,这形象是多么的美啊!——这是诗人的想象之词。汪中的诗思,就这样从"孤馆寒梅发"而联想及于"江上一枝开",沟通了当涂和扬州的"春意",亦即对自己对家人都充满了希望和憧憬。

众花落尽、梅花独放的景象,前人亦曾有所描述。梁简文帝《梅花赋》说:他宫中的奇花异木,到了冬天"并皆枯悴,色落摧风",而"梅花特早,偏能识春,或承阳而发金,乍染雪而披银"。林逋《山园小梅》说:"众芳摇落独暄妍,占尽风情向小园。"写得都颇为鲜明生动。唐僧齐己的《早梅》诗,更是汪中此诗的蓝本,诗云:"万木冻欲折,孤根暖独回。前村深雪里,昨夜一枝开……"据说"一枝"原作"数枝",是郑谷建议改的,确能更为精警传神,令人惊喜。汪中此诗以大江作为背景,境界又更为开阔了。

综上所述,这首诗,篇幅虽短,而风格清刚,意境开阔,内涵丰富,抒情含蓄,在容甫诗中别开一境,是耐人咀嚼的好诗。

(洪柏昭)

白门感旧 汪 中

秋来无处不销魂,箧里春衫半有痕。
到眼云山随处好,伤心耆旧几人存。
扁舟夜雨时闻笛,落叶西风独掩门。
十载江湖生白发,华年如水不堪论。

这首七律是一曲悲秋之歌,亦是凄怆的暮年心理之歌。古云:"春女思,秋士悲"(《淮南子·缪称训》),秋天特别容易使人产生萧瑟的心境,何况是不得志的年逾"不惑"之人。作者自乾隆二十四年(1777)三十四岁拔贡生后即绝意仕进,浪迹江湖"十载",此时虽四十余岁,却过早地进入他的暮年心理阶段。当他重游曾有他的旧友旧事的"白门"(今南京)时,油然而怀感旧之哀,同时更增添了郁积于心的人生暮年之悲。

"秋来无处不销魂,箧里春衫半有痕。"首联一发声就为全诗定下了悲苦的基调。诗句表明作者亦曾伤春,但泪水只在半件春衫上留下痕迹,意谓其悲伤尚有限度;而秋来则"无处"不令人愁苦悲伤、黯然销魂。这种对比的写法突出了作者悲秋之心境。"春"是过去,"秋"是现在,其悲哀之骤增并非无端,而是与"白门感旧"相联系的,颔联云:"到眼云山随处好,伤心耆旧几人存。"前句言白门入眼云山风光甚佳,但云山毕竟是无情之物,此句只是一种铺垫,一种反衬。诗人强调的是年老的旧好多已弃世,这是令人何等"伤心"!作者对人生短促充满了无可奈何之感伤。如果说颔联是直接抒情,属于虚;那么颈联则转为寓情于景,属于实,把诗人的"销魂"、"伤心"之意再借两幅画面予以形象的表现,更显得含蓄深厚:"扁舟夜雨时闻笛,落叶西风独掩门。"前句当从皇甫松《梦江南》"夜船吹笛雨潇潇"句化出,但这里构成的是凄清意境,那哀怨的笛音时时扣动凄苦的心弦,几令诗人不堪闻矣!后一句则构成孤寂萧条的意境,"独掩门"一"独"字突出遗世之感,无依之哀。那秋雨中的夜笛吹奏的是悲秋之曲,那西风中飘飞的落叶则是人生暮年之哀的象征。这一联使作者"伤心"感情具象化了,其视觉与听觉意象有很强的艺术感染力。作者"感旧"归根结底还是为了抒怀,或者说在"感旧"的同时亦感叹自己衰老。既然耆旧无存,那么不能不进而想到自己的现状,对此亦不胜慨叹之至,因此尾联云:"十载江湖生白发,华年如水不堪论。"作者当时四十余岁,照理不算很老,但人生的种种失意,那"十载江湖"的坎坷生涯使他"早生华发"(苏轼《念奴娇》),他在心理上已进入暮年,这"白发"就是他暮年之哀的写照,亦是他人生失意的证明。他的大好年华如同流水一去不返,此中有多少难言的苦衷,而今已不堪论说了。

此诗以抒怀为主,又辅以颈联的景物描写,虚实结合,使感情既真切又形象,有骨有肉。其以伤春衬悲秋,以"感旧"衬哀己等映衬手法,亦运用得相当成功。

(王英志)

洪亮吉

(1746—1809) 字君直,一字稚存,号北江。江苏阳湖(今常州)人。乾隆进士,授编修。嘉庆时,以批评朝政,遣戍伊犁,不久赦还,改号更生居士。与黄景仁友善。通经史、音韵训诂及地理之学。工诗文,其骈文颇负时誉。有《春秋左传诂》、《洪北江全集》。

伊犁纪事诗 洪亮吉

毕竟谁驱涧底龙,高低行雨忽无踪。

危崖飞起千年石，压倒南山合抱松。

嘉庆四(1799)年八月洪亮吉上书言事，因言词切直，皇帝震怒，被流放到新疆伊犁，次年四月被赦还，前后不足一年。《伊犁纪事诗》四十二首写于嘉庆五年三、四月间。组诗中描写了伊犁美丽景色及其有异于中原地区的独特风俗。此诗写出了伊犁暴风骤雨来去之疾及其巨大威力。

初夏风雨本来就有其来也疾、其去也速的特征，作为内陆性气候的伊犁则更是如此。首句并未直接写风雨，而是以设问方式写风雨之象征——龙。《淮南子》中就说过"蛟龙潜于川"，又云："人不见龙之飞举者，风雨奉之也。"也就是说平时蛟龙潜伏于深渊，待其飞腾翱翔，必定风雨大作。诗人于起句中问道：是谁把蛟龙从涧底驱赶而出，令其兴风播雨、忽高忽低地上下飞行、忽而又不见踪影？此句与第二句描绘出雷霆震荡、天坼地裂，夭矫的巨龙从深潭渊涧中腾空而起、裹风胁雨、穿行于云烟雾霭之中的情景。这两句以叙述形式设问，于冥冥之中逼出一个主宰者来，也就是我们常说的造化。正是由于造化之伟力才能改变沉殢了千年的大自然，于是引出了下面二句。

"危崖"两句再现了暴风雨的威力。它以雷霆万钧之力，摧动悬崖之上屹立千载的巨石，巨石飞落又压倒了南山合抱的松树。风能把巨石吹动，其力量已很可观。岑参在《走马川行奉送出师西征》写新疆轮台之风："轮台九月风夜吼，一川碎石大如斗，随风乱滚满地走。"这只是风摧石走，而且是"碎石"。如果说岑诗近于写实的话，洪氏则更为大胆地突出风雨的威力。为此，他采取了递进写法。第一步写石被吹"飞"、吹"起"，第二步写此石还是千年不动的巨石，第三步写此石之"巨"，竟将"合抱松"压倒。这种描写令人对大西北气势磅礴的暴风雨感到不寒而栗；同时，这种自然界中的壮美也会唤起人们的无比豪情。洪氏写于遣戍途中的许多诗篇交织了这两种情感。

张维屏在《听松庐诗话》中说洪诗"善状奇境"。洪氏不仅善于客观地记录奇境奇景，而且往往在奇境奇景的基础上进一步采取夸张的写法使之奇中更奇。这首诗就是如此。

（王学太）

（原注：伊犁大风每至，飞石拔木）

天 山 歌　　　　洪亮吉

地脉至此断，天山已包天。日月何处栖？总挂青松巅。
穷冬棱棱朔风裂，雪复包山没山骨。峰形积古谁得窥？上有鸿蒙万年雪①。天山之石绿如玉,雪玉石光皆染绿。半空石坠冰忽开,对面居然落飞瀑。青松冈头鼠陆梁,一一竞欲餐天光②。沿林弱雉飞不起,经月饱啖松花香。人行山口雪没踪,山腹久已藏春风。始知灵境迥然异,气候顿与三宵通。我谓长城不须筑,此险天教限沙漠。山南山北尔许长,瀚海黄河兹起伏③。他时逐客倘得还,置冢亦象祁连山。控弦纵逊票骑霍,投笔或似扶风班④。别家近已忘年载,日出沧溟倘家在。连峰偶一望东南,云气蒙蒙生腹背。九州我昔履险夷,五岳顶上都标题。南条北条等闲耳,太乙太室输此奇⑤。君不见奇钟塞外天奚取?风力吹人猛飞举。一峰缺处补一云,人欲出山云不许。

〔注〕①鸿蒙:古人认为天地开辟之前的元气。②陆梁:跳跃的样子。③瀚海:即沙漠,此指新疆境内的塔克拉玛干沙漠和古尔班通古特沙漠。黄河,源出青海,但传说:"河有二源,一出葱岭,一出于阗。"《汉书·西域传》葱岭、于阗皆在新疆。④控弦:挽弓,此指打仗。票骑霍:指霍去病,西汉时曾多次击败匈奴,官拜骠骑将军。《汉书·霍去病传》:"为冢象祁连山。"扶风班:即班超,东汉扶风(今陕西省)人,弃笔从戎,出使西域三十一年,来往五十余国,封定远侯。⑤南条北条:据马融、王肃《尚书·禹贡》注,南条山脉当指今巴彦克拉山以东长江北岸的大雪山、岷山、大巴山,直到大别山,长江南岸的大娄山,直到衡山、庐山等一系列山脉;北条山脉,当指今黄河北面的阴山、黄土高原、吕梁山直到太行山、恒山、燕山等一系列山脉。太乙太室:分别指太白山、嵩山。

嘉庆四年(1799),诗人因批评朝政,获罪落职,被流放到新疆伊犁,行至天山,面对巍峨峻拔、奇情异景的雪山(天山亦叫雪山),诗人惊喜异常,写下这首风格豪迈、意境壮阔的诗。

全诗可分为三层:开头四句五言诗是第一层,四句诗以凝练概括的语言,勾勒出一副天山乍览图。中间的三十二句七言诗是第二层,这一层描写天山的奇情异景,抒发自己对边塞风光的赞美。最后四句杂言诗是第三层,饶有兴趣地写自己对天山的眷恋。

诗的开端,造语奇突,如排山倒海、霹雳长空,惊呼天山的雄伟奇瑰。地脉好像被天山阻断,到了尽头,天也包裹在雪山之中。宇宙之中,广莫过于地,高莫过于天,而地到此断,天为之包,天山就是这样的雄伟壮阔,气度恢宏。接着一惊未息,一呼又起,"日月何处栖?总挂青松巅"。一问一答,笔下生澜,日月本是极高极远的东西,但在天山上,就如两个灯笼一般具体渺小,悬挂在山巅松梢之上。

前两句一句一意,这两句却一石三鸟,写山,写日月,写松,三者各具情态,而日、月又只如众星拱月,使山势更加突出,画面更加饱满。

  第二层的前十六句,诗笔随诗人的视线自上而下行走,有如为我们打开一幅横轴竖画,每四句一种景观,层层展现。首先是天山顶峰的皑皑白雪。时值深冬时节,冻风凛冽,寒气刺骨,大雪封山。从古至今,有谁见过天山峰顶的面目?上面的积雪开辟以来就不曾化过。近代作家肖雄《雪山》诗注云:"自葱岭而来,万余里天山,上皆积雪,莫知其深。低处者,夏月融消,为河水所自出。其高处则终岁不改其白。"这一段语可为天山的"没山骨""鸿蒙万年雪"作注。其次描写天山石。天山石绿如碧玉,在阳光的照射下,石光雪色全变成绿色。突然半空落下一块巨石,轰然作响,冰雪崩裂,就在人的对面,形成了巨大的飞瀑。这四句诗前两句写天山石之色兼写其静,后两句写天山石之动,引出冰破飞瀑,奇情异景,联翩而来,令人目不暇接,称绝不已。再其次描写天山的动物。在长满青松的山冈上,松鼠在树枝上跳来跳去,像争着去抢食天山的光色,林边的小雉扑腾着翅膀还飞不大动,却整月吃得上香美的松果。这四句描写了天山的两种动物,作者的视线仍以由上到下为次序,从树上的松鼠写到树下的山雉。写松鼠的情态,曰"陆梁",曰"餐天光",顽皮好动,活泼可爱;写山雉,曰"飞不起",曰"饱唼松花香",稚气笨拙,贪吃无厌。诗人在写动物的同时,不动声色地又写了植物,"青松",松柏经风霜而不凋,冬季的青松虽没有夏季的翠绿,但并不叶落枯败,仍有绿意。"沿林",可见青松数量之多,雉鸟经月饱唼,正说明松林的广袤。动物、植物的描写,使肃穆雄伟的天山顿时有了生机。第四描写天山的气候。"人行山口雪没踪",可见风雪之大,铺天盖地,弥漫寰宇,但当你走进山腰,却又温暖如春。此时你才会相信仙境与凡境就是不同,这里的气候温暖宜人,犹如三天仙境。写天山的气候,重点写其复杂多样,抓住了特点。诗写到此,诗人把一轴画完全立在我们面前,从山顶到"半空",从长满松林的冈头到山脚下诗人的路途,由上到下,由远到近,每一层的景象各有特点,又不截然分开,如描写天山雪与天山石两景,作者诗中自然夹带"雪与石光";写天山石与天山动物、植物,上一层的"半空"与下一层的"冈头"衔接;写天山植物与天山气候,用"沿林"与"山腹"衔接,使四个层次的景色浑然一体。

  写完天山景之外,自然引起了诗人对天山的赞美。"我谓长城不须筑"以后十六句,每四句一番议论,表现了诗人对天山的热爱。"我谓长城"四句写既有天山做屏障、西北何须筑长城,不仅山脉高峻,连绵不绝,而且还有无边的沙漠和滚滚的黄河,有什么外敌可以越过天山,穿过瀚海!四句诗主要写天山形势险峻。

由天山做长城,自然引起在边塞建功立业的壮志。下面四句正由此生发而来。"逐客",指自己。自己将来如能活着回去,一定要造一座天山式的墓,聊以自慰。当年的霍去病和班超不就是在异域驰骋疆场,定边立邦,为国立下了卓著的功勋吗?这四句表达诗人对天山(即祁连山,匈奴人称天为祁连)的热爱:生在天山建立功业,死当埋在像天山的墓中。"别家近已忘年载"四句,明写诗人对家乡的思念,暗写天山。诗人家在江苏阳湖,"忘年载",说明诗人离开故园已很长时间,自己都不记得有多少年。流离异域思乡之情自不可免,诗人透过层峦叠嶂的山峰向东南太阳升起的地方望去,可是天山上的云烟缭绕,好像从人的腹背上吐出。这四句诗写思家,但突出的不是迁客的缱绻之情,而是天山的奇特景观——天山云。"九州我昔履险夷"四句以五岳、南条北条、太乙太室和天山比较,突出天山的不同凡响。险夷,偏义词,指险。"标题",指题诗作文。诗人曾遍游祖国大江南北的名山大川,可是和天山相比,三山五岳不过平常尔尔。四句列举了几个地名、山名,用"履险夷""都标题"说明了自己的游踪履迹,"等闲耳""输此奇"则是诗人登临天山之后不由自主的赞叹。以上十六句抒发感情,发表议论,四句一意,脉络明显,层次清楚,以"我谓"领带,展开联想,直抒胸臆,豪迈爽利,一气而下。

最后四句由上文的"奇"字生发议论,"君不见奇钟塞外天奚取?"钟,集中的意思。奚,何。说大自然把造化之奇功都集中于天山之上。这一句语气舒缓,音节抑扬顿挫,把作者的感情推向了最高峰。诗写到此,诗人仍感还有没有说的奇景,还有没来得及抒发的情愫,又写了天山的风:山风呼啸,站在山上的人似乎可以御风高翔;天山的云:与山与天甚至与人浑然一体,云不仅是自然景观,而且像有人情似的,会补峰,能劝留。最后两句表面上写山云对自己的挽留,实际上写自己对天山的眷恋,进一步表现了诗人对天山的赞美和热爱。

这首诗写景抒情全篇突出一个"奇"字。写天山的奇高奇大,可以断地包天;写天山雪,突出其奇古奇多;写天山的石,着笔于色奇情奇;天山的动物更奇,松鼠竞争"天光",山雉饱餐"松花香";天山的气候也奇,一座山上同时竟有几种差别,变化得奇,丰富得奇。诗人抒情议论也是突出自己奇异的感觉。天山是一道自然长城,又有瀚海黄河,地貌险得奇;作者联想生还后要建造的墓冢,由山到墓,类比得奇;天山的云奇、风奇;它的整体概貌奇,微观景致奇;视觉形象奇,感觉状态也奇;动态的风光奇,静态的姿态更奇。"南条北条等闲耳,太乙太室输此奇。君不见奇钟塞外天奚取?风力吹人猛飞举。"游历过无数名山的诗人被天山的奇异景观惊服了,天山真乃钟灵毓秀,集天地之奇观!

天山景奇,作者运笔更奇。"日月何处栖?总挂青松巅。""峰形积古谁得窥?上有鸿蒙万年雪。"问得奇,答得奇。"半空石坠冰忽开,对面居然落飞瀑",石坠、冰开、瀑落,景致错落得奇。"鼠陆梁","弱雉飞不起",状物情态奇。云烟弥漫人身,诗人偏说"云气蒙蒙生腹背""人欲出山云不许",作者想象得奇,描写的笔触奇。全诗用字也奇,颇能传神。第一句"地脉至此断",连用五个仄声字,造成一种险兀拗硬的气氛,为后文描写异域异景在声律上做了铺垫,特别是"断"字,陡峭有力,语音上就让人感到天山的高峻峭拔。其他动词也用得很有情致,如"栖""挂",写日月具体可触,反衬出天山的雄伟;"餐""啖"描写小动物,情态逼真;"藏春风"之"藏",意趣横生;如此等等不一而足。特别需要拈出的"太乙太室输此奇"中的"奇"字,总括全诗,又引起下文对"奇"的议论描写,一字结全诗,真乃有千钧之力。一座天山,在作者的奇才、奇情、奇笔之下,有了生气灵异,通天性,达人意,钟自然之奇,集造物之功,也让读者惊奇作者的观察能力和艺术表现力。

这首诗洋洋巨制,全诗四句一节,每一节写一层景观,表达一层意思,层次井然,结构匀称整齐。同时四句一韵,作者根据景物的特征选声征韵,平仄交错使用,音调抑扬顿挫,既平缓舒畅,又铿锵有力,有很好的音律效果。

(孙之梅)

松树塘万松歌　　　　　　洪亮吉

千峰万峰同一峰,峰尽削立无蒙茸①。千松万松同一松,干悉直上无回容。一峰云青一峰白,青尚笼烟白凝雪。一松梢红一松墨,墨欲成霖迎赤日。无峰无松松必奇,无松无云云必飞。峰势南北松东西,松影向背云高低。有时一峰承一屋,屋下一松仍覆谷。天光云光四时绿,风声泉声一隅足。我疑瀚海黄河地脉通,何以戈壁千里非青葱?不尔地脉贡润合作天山松,松干怪底一一直透晨辰宫。好奇狂客忽至此,大笑一呼忘九死。看峰前行马蹄驶,欲到青松尽头止。

〔注〕① 蒙茸:又作蒙戎,即蓬松。此指草木。

作者于清嘉庆四年(1799)八月曾向朝廷上《极言时政启》,大胆抨击时弊,矛头直指当朝天子,因此获罪,几被处死,后改发配新疆伊犁戍边。作者"万里荷戈",诚然是人生之不幸,但西域之奇景异物、壮丽风光却给诗人提供了新鲜而丰富的诗料,使他享受到西北大自然之壮美,又是诗家之大幸。这正如赵翼所评:"出塞始知天地大,题诗多创古今无。"(《瓯北集》卷四十二)此诗就是作者途经大戈壁天山脚下之松树塘时所作。诗人以奇警雄放之笔描绘了松树塘的奇松,勾勒出天山之麓的壮丽景色,从而抒发了作者面对西域奇美的自然风光的狂喜之情。

  此诗虽题曰"万松歌",但并非单纯、孤立地写松,那样写诗的意象会显得单调呆板,亦难以体现"松树塘"之松的独特风貌。诗头八句写松树塘万松,采用了以万松与天山万峰相映衬的构思,即以"万峰"之形态、色彩衬托"万松"之形态和色彩,使"松树塘万松"之伟岸身姿与奇光异彩更加鲜明突出。诗中天山的"千峰万峰"是背景,松树塘的"千松万松"则是前景主体,我们看到的画面是:天山的峰群座座直立如削,山脚的松林株株亦都笔直入云,它们似在相互竞争,而在"削立"之群峰的陪衬下,"直上"之松林更增添了凌云之气。诗之画面亦显示出层次。诗在描写了万松之形态后,又改为从色彩角度描写:群峰或青或白,笼烟凝雪,松林则或红或墨,迎日成霖,青、白、红、墨四种颜色交相辉映,构成一个瑰丽夺目的色彩世界。第九至十六句,诗人又进而把松之意象与云、峰之意象交叉、联系起来,具体描绘了松之"奇"。细味诗意,诗人笔下的松已非"千松万松同一松"的松林,那些松具整齐划一之美;此时的松是松林之外的孤松,有奇特之美,所谓"无峰无松松必奇"也。这些孤松因为四周没有群峰与松林遮挡,它可以任意生长,如同"无松无云"处的"云"可以自由飘游一样。这些孤松有的长势与峰势成垂直,松影与云影相映衬,显得别有奇趣。有的单株怪松竟长在承受着山峰重压的小屋之下,枝杈盖着峡谷,更是兀傲不凡。"松树塘万松"从整体上看,则使"天光云光四时绿",戈壁上空亦映得生机盎然、四季常青,天山之一角又回荡着"风声泉声",真是有声有色,壮观奇丽! 在前十六句对松树塘之松兼峰、云绘形绘色的描写基础上,诗最后八句乃抒写诗人感想与喜悦。前四句作者展开想象的羽翼,从正反两方面产生奇思:他先是怀疑"瀚海"即戈壁沙漠与黄河地下水流是否相通(意即不相通),不然为何戈壁千里不见青翠之色? 这是写戈壁整体之干燥缺水。然后一转折,他又认为与地下水流还是通戈壁的,因为地脉毕竟献出水分浸润着沙漠、滋养出天山松了,不然松干怎么会直插云天之星辰宫呢?这是指松树塘这特殊的风水宝地有水有松。有了前面的奇思,就更显得松树塘这块沙漠绿洲的可贵。因此当作者即"好奇狂客"经过此地,意外见到如此奇境而满足了他的"好奇"的审美心理后,就不禁要"大笑一呼忘九死"了。"九死"指自己原本犯有死罪而被流放,现在居然忘掉自己的处境与身份,而忘情地大笑狂呼,这固然显示出作者豪放的胸襟、性情,同时亦反映了松树塘风光之令人激动与陶醉。作者大笑之后,又策马在松树塘道上驰骋,欲饱览这松树云石,直到尽头,他是何等的欣喜与向往啊!前面尽头处一定有更壮美的景观,这一切就留待人们去想象了。

此诗编在作者记录戍边生活的《万里荷戈集》中。吴嵩梁曾评《万里荷戈集》云:"留得新诗光万丈,夜郎争看谪仙还。"(《更生斋诗集》卷一编后)谓洪亮吉有太白之风。此诗写得天才卓越、放逸不羁,确实颇近李白古诗风貌。另外,其奇情壮采、奇景异物又与岑参边塞诗亦有相通之处。洪亮吉评岑参边塞诗"奇而入理,乃谓奇"(《北江诗话》卷五),因为其所写风物皆亲眼目睹,所以奇而真。此诗写松树塘风光亦堪称"奇而入理"。诗通篇白描,几无一处用典,读来明快流畅,生气灌注,真可谓"天生奇境待奇才,抉透灵光笔端使"(杨元锡题赞《万里荷戈集》)。

(王英志)

【诗人小传】

吴锡麒

(1746—1818) 字圣征,号穀人,浙江钱塘(今杭州)人。乾隆四十年(1775)进士,官至国子监祭酒,以亲老乞养归里。曾主讲扬州、安定、乐仪等书院,所拔多绩学砺品之士。其诗博采众长,熔汉魏六朝唐宋为一炉,而得力于宋人者为多,是清代继朱彝尊、查慎行、厉鹗等人之后的著名浙派诗人。又工填词,骈文亦名重一时,与邵齐焘、洪亮吉、刘星炜、袁枚、孙星衍、孔广森、曾燠并称为八家。著有《有正味斋集》。

观 夜 潮

吴锡麒

高楼极目大江宽,为待潮生夜倚阑。
隔岸忽沉灯数点,如山涌到雪千盘。
鱼龙卷地秋风壮,星斗摇天海气寒。
明月渐低声已歇,一枝塔影卧微澜。

这首诗写月夜观潮,从待潮写到潮至再写到潮歇,章法井然。且首联平平而起,后三联胜境递进,结体严谨而无呆滞之病,是一首典型的、具有整饬之美的七言律诗。

说首联平平而起，绝不意味着这一联只是平庸的叙述。一起诗人立足高楼。唯其楼高，乃能"极目"，为下面三联展开描写提供了条件。接着写诗人面对的是"大江宽"。唯其江面宽广，江水浩瀚，海潮到来时才有鱼龙卷地、星斗摇天的气象，可见这起首一联在平平中已孕育了动荡风雷，为下文作好了铺垫。

但是，首联究竟只是序曲，诗人用力处在中间正面写海潮的两联。"隔岸忽沉灯数点，如山涌到雪千盘"，"忽"字承上"待潮生"的"待"字，表现出诗人心中乍惊乍喜的震颤，这好理解。为什么说"忽沉灯数点"？难道灯光竟然沉没于潮水之中？细细一想：诗人既站在高楼上极目远望，自然看得见对岸人家的灯火。当波涌涛起，浪尖高卷，超出江岸时，有些灯光被浪头遮住，仿佛突然沉没。说"数点"，因浪尖究竟只能遮住极少数的灯火；说"沉"，仿佛不是潮涨而是岸沉，更见出潮初来时声势力量令人恍惚聊栗的紧张心态。这里的"忽沉""数点"，下字非常生动准确。但这句还是从对比物的忽然消失写潮至，是暗写；下一句才是正面写海潮到来时的形象。"如山"言潮头之高，"涌到"见潮势之猛，"雪千盘"写潮之色，状潮之形——波浪是圆形的。雪白的浪头一个托着一个，就像白雪一盘接着一盘，层层迭迭而至。关汉卿《关大王独赴单刀会》里的"水涌山迭，年少周郎何处也"，写的也是这种景象。这两句由于"忽沉""涌到"勾连紧密，显得承转迅速，气象飞动。下联"鱼龙卷地秋风壮，星斗摇天海气寒"，"卷地""摇天"，声势横暴；"秋风""海气"，意象浑茫，更是好句。"鱼龙"状潮之形，"卷地"见潮之力；"星斗摇天"写出海潮的声威影响，仿佛整个宇宙都因它的到来而动摇不安，惶恐颤栗。"秋风壮"何止写出潮如秋风之壮，也表现了诗人观潮时心怀的壮阔；"海气寒"同样不仅写出海潮带来的一片寒意，也包涵了观潮人"一座凛生寒"的心理感受。这中间两联，上联用流水对，下联用工对；上联写潮之形，下联写潮之神；既写足海潮的形与神，又传出了诗人观潮时动荡不安的心态，这就景中有情，物中见人了。

再看结尾"明月""塔影"一联。海潮因日月的引力而生。每当望日（农历十五）潮水涨落最大，古人观潮多选在这一天晚上。十五夜晚月色皓明，故观潮的诗又往往连带要写到月色。苏轼《看潮五绝》就是用"定知玉兔十分圆"开篇的。潮来天地动荡，声容壮美；潮去明月幽冷，脉脉盈盈，两者形成极大的反差。诗人抓住这种壮美与优美，动境与静境的反差，描绘出"明月渐低声已歇，一枝塔影卧微澜"的境界，绾结全诗，深得动静变化互相映衬的艺术效果。这里的"一枝塔影"，尤见炼字功夫。塔本是一层层迭上去的锥体，塔层之间有短的飞檐侧出。映在水中，远远望去，那塔影像树枝，那飞檐则恍如树干上旁生枝节留下的丫权。称塔影为"一枝",准确描绘出远望中水面塔影的形象。但这"明月""塔影",又并非在观潮之外另出一境,仍然是在写海潮。诗人描绘的是万马奔腾后的平静,他笔下的"微澜"依然是海潮的荡漾余波。这结联使人在"明月""微澜"中回味刚刚过去的惊心动魄的情境,一如在"江上数峰青"中蕴涵着袅袅余音。

(赖汉屏)

江　夜　　　　　　　　　　吴锡麒

　　万峰壁立大江横,秋色连天露洗清。
　　但觉无船无月载,不知是水是风行。
　　隔汀孤鸟欲同梦,逆浪老鱼微有声。
　　半夜月沉潮又上,渔灯流过蓼花明。

　　这首七律描写长江秋夜之景。作者凭其细致的审美感受,以自然清丽的笔触,勾勒出夜游长江那如诗似画、如梦似幻的意境。

　　秋夜长江壮观而又神奇,作者乘舟航行于其中,充分享受了大自然的慷慨赐予。诗妙在作者自始至终无一处点明自己乘船夜游,但又句句可以体会到作者乘船夜航的审美视角与审美感受。首联就是诗人于夜航船上仰视之所见:大江两岸万峰峭崖陡立,气象萧森;长江尽头秋水之色与夜空相连,清碧如夜露洗涤;使人产生一种崇高感、深远感与神奇感。颔联则生动地传达船行驶时的奇妙感受:在秋夜长江上行船,会产生一种无所凭借的错觉,人飘飘欲仙,随意飞行,似乎没有船、亦没有月光可以乘坐。船轻快滑动而不觉船行,只觉得分不清是水在流动还是风在流动。这就表现出夜行长江的迷离神奇。颈联前句化用苏轼《舟中夜起》"舟入水鸟两同梦"义,意谓那隔着汀洲的孤鸟欲与作者一起进入梦乡了,借水鸟之昏昏欲睡,以显示长江之夜的清幽朦胧;后句写水中逆浪而游的老鱼喋喋有声,则是以动写静,有"鸟鸣山更幽"之妙,唯有在静谧之夜才能听见"老鱼微有声";同时增添了夜游长江之情趣。长江之夜是奇妙、幽静的,但又是变化的,具有生机的。所以尾联从动态的角度写长江之夜,夜月是运动的,江水也是运动的,当半夜月沉入西山,江潮又涨起,一"沉"一"上",宁静的长江又变得活跃起来,打鱼的人亦在拂晓前忙碌起来,那流星般划过的"渔灯"不仅照明了水边蓼花,亦为长江增添了生气与活力。它仿佛是"江夜"的启明星,预示着朝霞如火的长江之晨正降临。

　　这首诗注意多侧面与动态地表现长江月夜境界之美,又调动视觉、听觉、触觉等诸种审美感受来捕捉有声有色的形象,使诗的意境具有立体感。而在不露声色的写景之中,暗寓着作者乘船夜游的喜悦感情,这种写法亦堪称许。

(王英志)

云林寺访慧朗上人　　　　吴锡麒

石头路滑亦何辞,曳杖来寻瘦阿师。
有约白云迎客起,贪看红叶到门迟。
住山要乞安心法,呈佛何妨本色诗。
踏遍松阴欲归去,泉声十里晚风时。

云林寺即灵隐寺,在杭州西湖西北灵隐山麓,东晋咸和元年(326)僧慧理建,清改名云林寺。慧朗上人当为云林寺方丈。这首七律题为《云林寺访慧朗上人》,但诗人无一笔写慧朗上人;亦未述及与慧朗上人晤面情景,因为并未见面。而只是描写自己一路来到云林寺之所见所感,构成云林寺幽静、清寂的氛围环境,表现自己任随自然、闲适恬淡的心境。

诗人原本是应约来云林寺寻访慧朗上人的,决心亦甚大,故首联云:"石头路滑亦何辞,曳杖来寻瘦阿师。"但是拖着竹杖,不辞路滑来寻慧朗上人的诗人,一进入灵隐山麓,他那颗酷爱大自然的心灵就为山野风光所陶醉:"有约白云迎客起,贪看红叶到门迟。"境界甚是恬静。但诗人却只顾贪看沿途红叶而耽搁约会时间,很晚才走到寺门。这固然衬托出山野红叶之迷人,同时表现了诗人率性自适的性情。诗人丝毫没有因"到门迟"而产生不安之感。他笔锋一转直撼胸臆,为自己辩解开脱:"住山要乞安心法,呈佛何妨本色诗。"颈联即景抒怀,透露出一种"禅意"。所谓"安心"指安然自足,别无所求之意,所谓"本色"即本来面目、真性情。此联表示自己既来到佛地就要采取佛家安然自适的人生态度,举止不可违背自然心性。言外之意,自己来云林寺访慧朗上人,虽然"有约"在先,但不可因此而束缚自己游山逛景的兴致。悟到这样的"禅意",诗人即使已来到寺门,亦未进寺"寻瘦阿师"晤谈。"踏遍松阴欲归去,泉声十里晚风时。"诗人又徜徉于遮天松阴之中,倾听着十里山泉的美妙音乐;直到黄昏晚风吹,才想到归去,而全然忘了访慧朗上人之事。尾联意境清幽空灵,收束得出奇制胜。诗人来访慧朗上人,却没有交待访人之事,这种避实就虚的写法,乃旨在突出自然风光之令人沉醉,而一片禅机,亦尽在不言之中。全诗表现作者任率天真的个性与闲适的性情与所描绘的环境氛围亦十分和谐统一,堪称意与境浑。

(王英志)

黎 简

(1748—1799) 字简民,又字未裁,号二樵,广东顺德人。乾隆拔贡,终生淡于仕进。他以诗、书、画"三绝"著称,诗歌尤为杰出。是当时岭南著名诗人。古体取法李贺,峻拔清峭,奇诡幽深;近体博采杜甫、李商隐、黄庭坚诸家,而独辟蹊径,刻意新颖。不少作品揭露现实,反映了民生疾苦,而笔下的南国风光,色泽鲜明,意象生动,清新可诵。著有《五百四峰草堂诗文钞》、《药烟阁词钞》、《芙蓉亭乐府》等。

夜将半,南望书所见

黎 简

乍冷初冬密云黑,忽惊万丈曙霞红。
远知何处中宵火,低拜前头北海风①。
五岭三年千里内,多时十室九家空②。
已怜泪眼啼饥尽,更使无归作转蓬③。

〔注〕① 中宵:夜半。"低拜"句:《后汉书·刘昆传》:"时县连年火灾,(刘)昆辄向火叩头,多能降雨止风。"这里暗用这一典故。北海风,北面来的海风,因时在冬天,故称北风。② 五岭:广东与湖南、江西之间有大庾、越城、萌渚、骑田、都庞五岭,这里泛指广东一带。③ 转蓬:蓬草随风四处飘转,古人常借来比喻飘泊流离的生活。

乾隆五十二年(1789)初冬,作者客寓广东佛山镇时,半夜远处发生了一场火灾,他感慨万端,写下了这首诗。

全诗分两个部分,前半写火灾,后半写诗人的忧心忡忡。前面是由头,后面才是主体。

开头两句写火灾的发现。初冬之夜,黑云密布,气氛是那样沉重、压抑,令人不安,忽然一片火光直冲云霄,天际黑云被映成红色,犹如万丈朝霞。这个开头,开得非常突然,而又极有气势,可以比之为天外奇峰,陡然飞来。作者爱好李贺诗,曾盛赞李贺诗"每首工于发端,百炼千磨,开门即见。"(《批点李长吉集》)这首诗的开端,显然是有意识地向李贺学习,用字精确,形象鲜明,而且做到开门见山,干净利落地直接进入本题。

三、四两句顺流而下,与开头两句紧密相接。满天火光,自是火灾无疑,但不知发生在远处什么地方。时值初冬,北风正紧,只得低头向风祝告,希望立即降雨止风,不使大火蔓延。(第四句暗用典故,但用得非常贴切自然)两句对偶相当工整,一写判断,一写祈愿,气势、血脉也很畅通。

接着五、六两句轻轻宕开一笔,把注意力转向更广大的空间。作者想到,整个五岭一带,方圆千里之内,这些年来早就已经民不聊生了。为什么会出现这种情况?作者没有正面说明原因,但"十室九空"一语,古人诗文中常用来形容因天灾、战乱或苛征暴敛而造成的百姓普遍破产或逃亡的景象,本诗所写,自然也离不开这些原因。作者从眼前这场火灾带给人们的灾难,想到更多的人早就生活在水深火热之中,表明他有着开阔的视野和宽广的胸怀。而就诗的本身来说,立意也就更深入了一步。

尾联两句又回到眼前这场火灾上。灾民已为往日饥寒交迫哭干了眼泪,而今这场大火,又将使一大批人失去居所而流离飘泊。上句承接颈联中"十室九家空"一语,下句则顺势转回到"中宵火"上,这样一接一转,全诗各个部分都被勾连在一起,成为一个完整的有机组合。而一个"怜"字,又表达了作者同情人民的主观感情,这一字既是显示作者的立场,又与首联的"惊"相呼应,这里的结构也很严谨。另外,作为全诗的收束,这一结尾另一个特点是"言有尽而意无穷"。诗虽然是有力地结束了,但诗中提出的问题并未解决,仍值得读者去作进一步的思索。

作者以善于锻炼、琢磨字句著称于时,在这首诗中也不乏苦心经营、精雕细刻之处。最明显的是颈联"五岭三年千里内,多时十室九家空"两句,叠用数量词构成对仗,颇见巧思;且两句前后贯通,一气呵成,表现民生凋敝境况,简练明快,深刻有力。作者在提炼语言方面,确有不平凡的功力。

(范民声)

村 饮　　　黎 简

村饮家家酿酒钱①,竹枝篱外野棠边。
谷丝久倍寻常价,父老休谈少壮年。
细雨人归芳草晚,东风牛藉落花眠。
秧苗已长桑芽短,忙甚春分寒食天②。

〔注〕① 酿(jù巨):凑钱喝酒。　② 春分:二十四节气之一,在阳历的三月二十、二十一或二十二日。寒食:节令名,在清明前一天或二天。春分、寒食期间正是插秧大忙季节。

古代的习俗,在春秋两季的社日里,村民们凑钱备了牲酒,先祭土神,祈求丰年,然后聚在一起欢饮,有时还热闹一番,开展各种娱乐活动。晚唐诗人王驾的名篇《社日》曾从一个侧面含蓄而生动地写出了春社之日的欢乐景象:"鹅湖山下稻粱肥,豚栅鸡栖半掩扉。桑柘影斜春社散,家家扶得醉人归。"黎简的这首诗看来也是写春社之日的村饮,但意境和写法都不相同,可谓别开生面之作。

诗的前面两联写村饮时情景。诗人一开篇便点明题意。"家家",表明村民凑钱聚饮的普遍。"竹枝篱外野棠边",是对村饮地点的素描,不仅缴足了"村饮"的题面,而且给诗的意境增添了野趣。从首联所写来看,似乎村民们开怀畅饮的场面即将出现。然而第二联两句,诗人用笔来个奇峰突起:不提如何饮酒,却写村民们围绕物价飞涨进行话苦忆甜的场面。"谷"和"丝"关系到千家万户的吃饭穿衣,这些东西的价格长久以来成倍地上涨,谁家能够承受得了?怪不得父老们要回忆过去的日子,对康熙时代的东西便宜絮谈不止。可年轻人听听以后有些不耐烦了,他们觉得老谈这些有什么用!还能叫谷价丝价跌下来?于是站起来说:"老人家,你们不要再谈年轻时候过的好日子了。"父老们的絮谈和年轻人的厌听,不同的情态,其实是反映了共同的心理:对"谷丝久倍寻常价"的现实深表不满,读者由此可以想见当时"家家"所过的苦难日子。"父老休谈少壮年",这一句真可说是生趣飞来,余味无穷。

诗的下面两联写村饮后景象。村饮结束时天色已"晚",诗中只说"人归",而不是王驾诗中所写:"家家扶得醉人归",说明这次村饮时间虽长,大家都没喝醉。原因不言而喻:"谷丝久倍寻常价"——一来各家没多少钱好凑,打来的酒只能"意思意思";二来物价飞涨像一团阴云压在村民们的心头,谁还有豪兴交杯?在第三联中,诗人转以较轻松的笔调描写村饮结束后即目所见:细雨濛濛、芳草萋萋、东风拂拂、落红无数、牛垫花眠,一派寒食节来临时的村野暮春景象,字里行间流露出欣赏、赞美之情。另一方面,诗人在这一联中所描绘的妍秀景色与村民们在归来路上稍稍宽慰的心绪也是融洽的:东风化雨,老天给安排了插秧的大好时节;牛眠养神,正可作春种的得力助手。可以想见,此时此刻,在村民们阴沉的心田透出了亮色,他们把希望寄托在夺取今年的好收成上。结尾二句再拓展一步,写到了"村饮"之后。此时,田里秧苗已初长,还需辛勤护育;桑树则才出短芽,更当着力培养。看来,在春分、寒食两个节令之间,正有一场大忙在等待着乡人们,这一场聚饮,只是让他们暂且松一口气罢了。"忙甚(忙得厉害)"二字,也透露出这样的意思:"村饮"看似是"闲",其实正是大忙的前奏。所以,这一句虽然表面上与上文不同调,其实正是上文的自然延续,也是上文的总结。

这首诗中"谷丝久倍寻常价,父老休谈少壮年"两句乃一篇之警策。就思想内容而言,这一联尖锐而深刻地反映了所谓乾隆盛世时代物价飞涨、百姓不堪承受的现实。就艺术表现而言,这一联平中见奇,隽妙峭异,被凌扬藻称为"绝妙"

之句(见《国朝岭海诗钞》卷十四)。

　　黎简的诗往往千锤百炼而出,近体多奇崛之作。这首《村饮》描绘风土人情,却写得纡徐婉挚,秀丽自然,代表他诗歌创作的另一种风格,故受到评论家们的特别注意。屈向邦在《粤东诗话》中就赞美此诗"工丽绝伦,深类晚唐名作"。

(陈少松)

小　园　　　　　黎　简

水影动深树,山光窥短墙。
秋村黄叶满,一半入斜阳。
幽竹如人静,寒花为我芳。
小园宜小立,新月似新霜。

　　从来写景诗词,景物鲜明者多,景中见人之作比较少;追求景物逼似之作多,得其神情意态者又比较少;求其工整者多,见其风骨者更少。黎简这首《小园》,在上述三方面都有值得称说的佳胜。

　　先看首联"水影动深树,山光窥短墙"。小园中池水澄清。树木倒映其中,本是静止的;傍晚微风乍起,水中树影也随风婆娑荡漾。这入笔五字,描风写影,立见虚处传神。"深树"本谓茂密的树林。从水中倒影能看出树林茂密扶疏的深浅层次,水之深、之清,也就不写自明了。于此又可看出诗人炼字的工力。再看第二句。不说小园中的人越过短墙能看见墙外山光,却说"山光窥短墙",好像那山光探头进入短墙,在窥视这小园中的景物。小园景物之富于魅力,可以概见。"窥"字把"山光"写活了,化静为动,以物拟人,得其意态,传其神情,与王安石"两山排闼送青来"有异曲同工之妙。中国画讲究装裱嵌镶艺术。一幅画通过装裱嵌镶,可收相得益彰的美学效应。这首联两句就极具装裱效果。那浮动在池水中的树影,已是意趣盎然的好画,把它嵌镶在小池周垣这个画框中,就显得更加鲜明突出;山光本来够美,诗人不取全景,让短墙遮住下半截,只露出短墙之上的天光云影,这短墙也就起了装裱的作用。

　　再看次联"秋村黄叶满,一半入斜阳"。这一联用流水对,写的虽是园外村景,却使站在小园中的诗人入目成趣。如果没有上句"山光窥短墙"的描绘,小园中人便无法看见满村秋色。可见,这一联把视角从园内伸向园外,仍是紧承上意而来,只是金针暗度,不露痕迹,章法上极有讲究。为什么说"一半入斜阳"呢?傍晚秋光,枫林似火,夕照如金。林子朝西那一半受到斜阳的照射,黄叶化作一片金光；朝东那一半得不到夕阳，早已染上苍茫暮色。用这一半的苍茫暮色映衬着那一半的闪烁金光，不也有一种装裱映衬的艺术效果吗？黎简本来擅长绘事。它这首诗不仅诗中有画，而且将画幅精工装裱，更显得精美鲜明。

这首诗合之浑然一体，析之可分前后两个半幅。从时序上看，前半幅四句写傍晚秋容，后半幅四句写初夜秋色。从对象看，前半幅纯写景物，后半幅由物及人。从诗艺上看，前半幅以炼字炼句胜，后半幅以意境胜，注重整体效果，不求一字之奇，一句之巧。"幽竹如人静，寒花为我芳"：幽竹寒花（菊花），是孤傲贞美的意象；"小园宜小立，新月似新霜"；新月：初三初四之眉月；新霜：凉秋九月之薄霜，都是高雅圣洁，白璧无瑕的象征。那幽竹静立亭亭，显示出诗人的劲节高风；那凌霜傲放的秋菊，以其风骨与诗人引为知己，主动送来盈袖的馨香；那皎洁无瑕的一弯新月，恍如诗人一片冰心。这位无意仕进，宁愿以作书画、授蒙童，清贫自守的岭南诗人，此时小立于这幽竹、寒花、新月之中，他高尚的节操，澄明的胸次，与周围景物浑融一体，构成了孤清高洁的意境。前半幅诗中有画，这后半幅画中有人，写出了人的品节和风骨。

清人王昶《湖海诗传》评黎简曰："峻拔清峭，刻意新颖。"符南樵说："二樵（黎简之号）书画冠时，为诗生峭结涩，少陵所谓'语不惊人死不休'也"（见《晚晴簃诗汇》）。于此可知，黎简诗以清峻为特色，他是一位刻意追求诗艺的诗人。他这首《小园》淡墨勾勒，清新如画，景中见人；不尚藻饰而自得风物之神情意态；不求工整富艳而风骨凛然。其语言自然天成，似漫不经心，其实这是一种"极炼如不炼"的艺术境界，王安石所谓"看似寻常最奇崛"，此诗足以当之。

（赖汉屏）

四　　更　　　　　　　　　黎　简

柳梢缺月一痕明，雨后星前欲四更。
天色苍苍风瑟瑟，谁家有泪冻无声？

在黎简的诗集中，写四更天情景的，除此诗外，还有好几首，如《残灯》云："四更云外一星存，下有残灯相对人"；《题客居壁》云："风月四更天万里，压襟横落一枝斜。"这些诗都饶有诗情画意，然以意蕴深厚，动人心弦这一点相较，则《四更》当居众作之首。

诗作于乾隆五十二年（1787）。是年秋天，广东继大旱之后又久雨成涝。在一个秋雨停后的四更天，心系灾民的诗人即景抒怀，写下了这首脍炙人口的绝句。

诗的首句以淡笔描绘即目所见。第二句点题,补出这一景色出现的时间。以写景而言,"柳梢缺月一痕明",笔致幽秀,状溢目前,而细加玩味,其妙处更在融情入景,意在言外。眼见淫雨成灾,诗人忧心如焚,夜不能寐,"欲四更"了,还在关注天色雨晴。在差不多写于同一时间的《秋雨叹》中,诗人曾直抒胸中哀怨之情:"三年不见十日雨,一雨偏当九秋熟!苍天作意何太酷,不令人喜令人哭!"现在,终于盼到雨停天晴了,你看,星星在天空闪烁,月亮挂在柳树梢头。可以想见,此时此刻,诗人阴沉沉的心头顿时露出一点亮色和一丝喜情。从艺术表现看,诗人心头露出的这一点亮色和一丝喜情,恰和目中所见"雨后星前""一痕明"的景色是妙合无垠的。

诗的第三句用"苍苍"状天色,"瑟瑟"拟风声,突出了秋夜四更天这一特定时刻天空的深沉和气候的寒冷。与开头相比,写景的侧重点转移了,这种转移,正好暗示了诗人心态的变化和情感的跳跃:雨停天晴,秋熟可少受损失,这令诗人稍感欣慰;而秋风瑟瑟,却使正在挨饿的灾民难熬寒冷,想到这,诗人的心头又变得阴沉。诗的结尾,"谁家有泪冻无声?"想象中的情景,以问句托出,成为全诗的点睛之笔:既展现了一幅饥寒交迫的灾民在秋风中瑟缩哭泣的凄惨图幅,又透露出诗人深切关注、无限同情受灾百姓的内心世界。读到这儿,灾民的苦难遭遇固然令我们心惊鼻酸,诗人对灾民的一片热肠亦使我们感动不已。　　（陈少松）

复寄石崖① 黎 简

饥能鸾啸病凫伸②,归似鸿飞出犬狺③。
万户冷眠琴独语,东城风雨杳怀人④。

〔注〕①石崖:姓左,名雄,石崖乃其字,广东顺德人,擅长弹琴和绘画。 ②这句是说:饥饿时能发出鸾鸣般的啸声,生病时便像野鸭子那样舒展舒展肢体。鸾(luán銮):传说中凤凰一类的鸟。啸(xiào笑):撮口发出清越而长的声音。凫(fú扶):野鸭子。 ③出犬狺(yín银):意谓出门时遭到世俗小人的讥弹。语出《楚辞·九辩》:"猛犬狺狺而迎吠兮,关梁闭而不通。"狺:犬吠声。 ④杳(yǎo咬):远。

石崖为黎简友人。在此诗之前,黎简曾写有一首《左处士石崖弹琴诗》,故这儿云"复寄"。这是一首别具一格的怀友诗,重在替石崖写照传神。诗的语言凝练、生动,极富表现力。

诗的开头两句写石崖平时的生活及其处世为人。"饥"了,无钱买米;"病"了,无钱求医:石崖的生活可谓清贫之至!然而这位处士对待"饥"与"病"自有其独特的方式。"啸",古代的高人雅士往往将它当作一种生活的艺术,视为"离俗"的表现。晋代的阮籍、王徽之、孙登等留下了许多善啸的故事。"凫伸",是古人模仿野鸭子舒展肢体动作的一种健身体操。《淮南子·精神训》中提到过六种保健养身的动作:"熊经"、"鸟伸"、"凫浴"、"猿躩"、"鸱视"、"虎顾"。华佗曾模仿虎、鹿、熊、猿、鸟等五种动物姿态创造一种名为"五禽之戏"的体操,指出:"体中不快,起作一禽之戏",则可"除疾",使"身体轻便"。石崖"饥"则以"鸾啸"疗之,"病"则以"凫伸"治之,这就十分传神地写出了他安贫乐道的生活态度和离尘远俗的高洁情怀。为什么归家时急急"如鸿飞"? 因为世俗小人面目太可鄙;为什么出门时遭到"犬狺"? 因为不肯同流合污,傲视、得罪了那些世俗小人。诗人在这里连用两个比喻,非常形象地传出了石崖愤世嫉俗的心境和孤高离群的性格。

如果说诗的开头两句通过日常生活的细节描写活现了石崖的形象,那么三四两句则通过雨夜弹琴的深远意境,进一步表现他高雅的意趣和幽独的情怀。"琴独语"与"万户冷眠"对照,带有众皆沉醉,唯他独醒的味道,突出了石崖的卓识高情。"独语"什么? 不著一字,留下空白,让读者想象得之。不过,从结句"东城风雨杳怀人"来看,石崖的雨夜弹琴,并非心平气和时的随意消遣,而是独抱幽怀时的心灵的倾诉。这种心灵的倾诉,可叹周围无人知音,知音者在远方。由此可想见,"琴语"的内容之一是倾诉"杳怀人"的无限深情,此"人"即同时在思念自己的诗人黎简。

这首绝句艺术表现上的一个显著特点是,在替石崖写照传神时,看似语不及己,其实笔端饱含感情,即是说,诗人对老友的同情、赞赏、思念之情溢于字里行间。究其原因,不仅因为诗人与石崖一样,过着甚为清贫的生活,更重要的是,两人的性格相近。黎简为人也很清狂,曾自刻图章曰"小子狂简"。《顺德县志·黎简传》曾记载黎简绘画出名后,登门"求画者趾相接,意稍不合,虽巨金必挥去。"同样地孤高远俗,黎简和石崖可谓神交,是真正的知音。 (陈少松)

听吴客作吴歌二首(选一) 黎 简

吴女吴声作短讴[①]:水风荷叶送归舟,
一时怅望无寻处,月照松陵[②]江水流。

〔注〕 ① 短讴(ōu欧):短歌。 ② 松陵:今江苏苏州市吴江区。

乾隆四十一年(1776)春天,黎简为衣食所迫,客居广州。在一个冷雨萧萧的夜里,聆听也在广州客居的吴地女子唱起家乡江南的民歌,诗人被那柔婉哀伤的音调和优美动人的意境所吸引、所感染,心田卷起情感的波澜,于是提笔写了两首绝句,此诗是其中的第二首。

第一句点题。"吴声",既指柔和的所谓吴侬软语,也指吴歌的曲调。吴女用"吴声"作歌,暗示了这位身在异乡独为客的江南女子在深切思念故乡。同时,歌者以声传情,而听歌者由声入情,作为一名岭南诗人,他首先是被那别有乡土味儿的"吴声"所吸引。吴女唱的是"短讴",其言外之意是,歌词虽短,而情意深长。

接下来三句描写吴女所唱吴歌中的意境。寥寥数笔,简直是一幅似在目前的月夜送别图:水面上,凉风习习,荷叶田田,江岸边,一位多情的女子目送心上人登舟归去;一会儿,归舟消失在迷茫的江天水色之中,她不由得心头惆怅,却依然痴痴地远眺;哪儿找得到归舟的影儿? 只有明月朗照,还有那松陵江水在无语北流。在诗人再现的这个意境中,水风、荷叶、归舟、明月、江流,由这些意象组成的江南水乡的月夜景色是那样的优美和迷人;送别、惆怅、久久痴望、愁似江水,通过这些描写表现的女主人公的情思又是那样的深挚和哀伤。就意境的再现艺术而言,此诗的高妙之处在于,能将歌中这位江南女子对心上人的一片深情和无限的离愁别恨包孕于生动、清丽的画面之中,做到情与景妙合无垠。第二句,水风轻轻吹拂荷叶,女主人公依依惜别心上人,眼前之清景与心中之恋情相生相入,十分融洽。第三句所写,用王夫之的话说叫"情中景",即表现的是女主人公的痴情,展现在我们面前的却是她抱怨归舟开得太快、望不见了还在翘首寻找的情景。第四句,以景结情,融情入景:"月照松陵",其中寓有女主人公孤独思远之情;江水北流,恰是暗喻她心中那不尽的别恨离愁。

不言而喻,客居异地的吴女雨夜里深情地唱起这支吴歌,正是借以抒发心中强烈的思乡之情和有家归不得的忧伤。至于诗人听歌后的心绪,此诗中未著一字,但在第一首的结尾已作点逗:"一般冷雨萧萧夜,不独伤心为鹧鸪。"这就是说,此时此刻,同样无奈在广州客居的诗人听了吴女所唱的这支歌,不禁生起情感的共鸣,心中也勾起了一股思乡愁绪。

(陈少松)

歌　节(二首选一) 黎　简

春衣白夹骑青骢,浅浅平芜淡淡风。
蜡髻蛮姬斗歌处,四山纯碧木棉红。

这是一首写广西瑶族女子参加赛歌节的诗。以少数民族的生活为题材的诗,在古典诗歌中为数甚少,何况又写得如此色泽明丽,情景宜人,这就更为难能可贵了。

诗中的赛歌节,时间是在木棉花盛开的早春季节,地点是在一处四围青山的平旷地带。诗人采用动静兼顾的写法,前两句先展示歌节的参加者瑶族妇女的动态:一群在艳丽的春衫上套着白色夹衣的妇女骑在青骢马上,正从春草短浅的平旷原野上由远而近迤逦走来,其时天朗气清,和风拂面。后两句写她们到达斗歌处的静态。"蜡髻蛮姬",指以黄蜡泥发髻的瑶族女子。蛮姬,旧时对南方少数民族女子的称呼。诗人对瑶族女子外形的描写,首句中写到她们所穿的"春衣白夹",至此又突出她们头上的"蜡髻",二者都是富有特征性的民族服饰打扮。诗人将"蜡髻蛮姬"置于画面的中心,背景则为"四山纯碧木棉红"。"木棉",又称英雄树、攀枝花,先叶开花,色红。后两句仿佛是诗人绕场一周见到的,无论从哪个角度看去,都能见到青山映出红花,以及青山、红花的背景上衬出的一群神采飞扬的斗歌的年轻女子。

此诗写歌节,却并不正面描写斗歌的情况,而是以悠游从容之笔写参加斗歌的女子,从骑马上路一直写到她们到达"斗歌处",以天时、地利、人和三者的统一,和谐地组成一幅洋溢着民族、地区与节令特色的色彩绚丽的长卷。诗人是一位调配色彩的高手,"白夹"——"青骢"、"四山纯碧"——"木棉红",对比鲜明,色彩效果强烈,与歌节的欢乐气氛正相吻合。李慈铭在《越缦堂日记》中称赞黎简"诗中皆画境",验之此诗,确乎如此。

(陈志明)

二月十三夜梦于邕江上①   黎 简

因友人归舟作书,寄妇梁雪。百端集于笔下。才书"家贫出门,使卿独居"八字,以风浪大作,触舟而醒。呜呼!梦而不见,不如其勿梦也,况予多病少眠,梦亦不易得耶!辄作诗寄之,得五绝句云尔。(选一)

  一度花时两梦之,一回无语一相思。
  相思坟上种红豆,豆熟打坟知不知?

〔注〕① 邕江:在今广西南宁市。

黎简与他的妻子梁雪伉俪情深,非常恩爱,然为了生计,黎简经常出门,与妻子的分离成为他生活中的憾恨,这在他的不少诗中都有所表现。梁雪自二十岁来到黎家,一直体弱多病,煎服汤药,家中的阁名"药烟"就是为此而起,到了乾隆四十九年(1789),梁雪病逝,黎简悲痛欲绝,铸成"长毋相忘"一枚铜印系于妻子臂上作为殉葬品,于是悼亡又成了他诗中的一个重要内容,如长诗《述哀一百韵》

等。就在他妻子病亡两年之后早春（二月十三日）的夜间，诗人梦见了自己在广西南宁邕江上，因有朋友回乡，于是赶紧写封家书托朋友带给妻子，才写了"家贫出门，使卿独居"八字，骤然梦醒，于是诗人抑制不住心中的悲痛，写下了这首哀毁忧伤的小诗。此诗的题目犹如一篇小序，如怨如诉，读来恻恻感人。诗共五首，这是最后一首。

"花时"是指春天，南国的花讯来得早，正月至二月已是百花争艳的时节了。就在这"一度花时"之中诗人却已两次梦见亡妻了。第一次的梦中虽然见了面却没有说话，只留下"梦中草阁垂寒袖，竹里梅花忽故人"的惆怅。这是第二次，可连面都没有见着，只是想寄给她自己的相思，但相思未达，已梦回人醒，空留惆怅，徒增悲伤。于是诗人忽发奇想，要在亡妻的坟上栽一棵红豆，等到红豆结籽，纷纷落地的时候，那泉下之人知是不知呢？红豆是爱情的象征，王维的诗说："红豆生南国，春来发几枝？劝君多采撷，此物最相思。"因此有人将红豆称为"相思子"。所以这里的红豆打坟，正比喻诗人对亡妻的相思之情。

此诗写得真率平易，然洋溢着出自肺腑的一片至情。前两句中连用三个"一"字，不忌重复，正所谓至情无文，"相思坟上种红豆"的奇想，完全是由想象落笔，为情造文，使无可奈何的情思得以表现，而一种迷惘痛苦的哀思于此可见，所谓一字一泪，点点滴滴，都是诗人纯情所化。

（王镇远）

昨梦李昌谷弹琴 　　　　黎　简

年无几梦十九恶，昨夜何人媚魂魄？长爪诸孙秀眉绿，围玉神麟腰一束。鸣弦古寒动秋屋：陇山月黑叫孤鹦，昌谷云深啼老竹。红丝剩血弹涩吟，千年以还吾识音，车行确确雷碾心。行云已去银浦浅，出门独愁碧海深。

黎简于前代诗人中最倾心于李贺，他曾用红、蓝、黑三种笔色精心批点过李贺的诗集，后毁于灾。乾隆四十八年（1783）他又重批《李长吉集》并自题说："余幼好长吉，非长吉诗不读，且学为之，甚肖也。……长吉诗似小古董，不足贡明堂清庙，然使人摩挲凭吊不能已，其体未纯而情有余也。"可见他对长吉的爱好与推重。就在这年的某晚，他忽然梦见李贺弹琴，次日写下这首诗，诗可谓道地的长吉体，酷似李贺诗风。

首四句写他梦见李贺。起二句先作一跌宕，说一年中难得有梦，即使做梦也十次中九次为噩梦，可见好梦难能可贵，因此又说不知谁昨夜进入了我的梦境，令我满心欢喜。次二句即形容此人的容貌：修长的手指，秀丽的眉毛，腰间束着一条雕有麒麟的玉带。据李商隐的《李长吉小传》说："长吉细瘦,通眉,长指爪。"而杜牧的《李长吉歌诗叙》又说他为"唐皇诸孙",可见黎简梦中之人分明就是李贺了。中间五句写李贺的弹琴。他拨弄琴弦,奏出古怪凄寒的调子,声振屋宇,犹如陇山的孤鹦在漆黑的夜晚发出哀切的鸣叫；又像昌谷的老竹在阴云密雾的笼罩中滴洒清露,摇曳悲啼。这两句的比喻灵妙而警策,给人以很深的印象；于是又说他在血丝般殷红的琴弦上弹出幽咽艰涩的曲调,正有惊心动魄的力量。"千年"一句收回目前,说自长吉身后,千年以来只有自己才是他的知音。最后三句写自己梦回后怅惘。车声辘辘,像沉雷碾过天心,行云已去,银河顿觉清浅,"车行"二句写李贺乘车远去,乐声消歇,然其实各有所本。李商隐的《李长吉小传》中说李贺死时"常所居窗中,炸炸有烟气,闻行车嚖管之声。"即为"行车"之本；李贺自己的《天上谣》中有"银浦流云学水声"句,即为"行云"句之本。斯人已去,惟余银河浅淡,诗人推门而出,欲寻找其遗踪,但见天宇澄碧,辽阔如海。末句以景语作结,然分明以青天碧海喻自己愁思的深沉无垠,一种对梦境憧憬与对现实的不满之情见于言外。

这首诗的风格纯然效摹李贺。古人贵在述某人之事,能以某家笔法出之。如李商隐的《韩碑》诗即能以韩诗的古拗奇险出之；黄景仁的《太白墓》也不乏太白古诗的豪放雄奇。黎简这里既述昌谷事,故诗也用长吉体。如诗中怪怪奇奇的描述,便类似李贺笔下的形象。"长爪诸孙秀眉绿"、"红丝剩血弹涩吟"、"车行确确雷碾心"等都绝似贺诗中语；又如用鸟鸣、竹啼来比拟音乐,也显然是受了李贺《李凭箜篌引》中"昆山玉碎凤凰叫"及"江娥啼竹素女愁"等句的启发；再如此诗中用了"绿"、"黑"、"红"、"碧"等色彩秾艳的字眼,造成强烈的感官刺激,也是李贺诗惯用的手法。本诗的押韵,除了第六句和第十一句外,前七句用入声韵,后五句用平声韵,契合前半梦境的奇诡与后半梦回人醒的情形。通首有一种奇崛不平的声调,也是长吉体的一种表现方式。总之,在李贺身后的千余年中,学长吉体的人不少,然像这样神形逼肖的作品实属罕见,故黎简也确可谓是长吉的知音了。

(王镇远)

题　　画(二首选一)　　黎　简

两道春洲隔水青,桃花万树日冥冥。
红衫碧草绿波底,上有浴鸥双白翎。

黎简以诗、书、画"三绝"著称,可知他的画也为时人所重。因而在他的笔下,诗情与画意往往混为一体,不少写景之作,真堪称"诗中有画",所以后来李慈铭说:"二樵以绘事名,诗中皆画境也。"(《越缦堂读书记》)特别是他的题画诗,常令读者在诗中"如见其画",这里选的一首便是如此。

画中是一片清澈的水面,两道青葱的沙洲将水面隔开,像是镶嵌在碧波中的两块美玉。在朦胧的暮色里,万株桃花,艳红欲滴,与斜阳浑然一色,犹如一片晚霞落到了人间。碧绿透明的波光里倒映出岸边的青草与穿着红衫的人影,而波光之上,一只鸥鹭正伸开它雪白的翅膀在水上嬉戏,一幅多么令人神往的景象!

诗的妙处是不仅再现了画面的意境,而且还传达出画中的神韵。你看,"水青"、"红衫"、"碧草"、"绿波"、"白翎",再加上仿佛燃烧一般的桃林,碧玉一般的春洲,构成了多么明艳夺目的画面。诗人又是巧于构图的能手,春洲隔水,桃花与日色连成一片,红衫与碧草相映成趣,而最妙的莫过于在那艳红翠绿之中着一白鸥,顿令妙趣横生,使人领略到了大自然的美感与生命。

(王镇远)

独　夜　　　　黎　简

独夜起窥江月寒,四山阴似梦中看。
关河霜雪朋侪旧,溟渤鱼龙窟宅宽。
空有相思送迟暮,更无佳誉恣怀安。
扁舟合试墙根竹,敢趁任公下钓竿!

这是一首抒情之作。乾隆四十四年(1779)的一个冬夜,诗人长夜难眠,独自出门,眺望四野景物,心中陡然起了无限感触,于是写下此诗。

诗从寒夜未眠写起,"独夜"句虽然只是一种客观的描述,然已将诗人心中的波澜通过夜起这个动态曲曲传出,诗人夜半独步,难道仅仅是为了窥看江月的凄寒吗?月色冷峻,在江中投入了它苍白的影子,周遭的山峦阴森可怖,恍如梦中见到的鬼楞楞的怪物。这两句的写景给全诗染上了一层阴冷的色调,给下文的抒怀平添了一种肃穆的气氛。诗人想到了朋友,想到了自己的出处行藏。有人为追求功名利禄而冲风冒雪,奔走于关河霜雪之间;而自己却如大海中的鱼龙,在广阔的天地中悠游自在,无争无斗。"关河"二句以朋友的汲汲功名与自己的托身天地、淡泊处世相比较,表现了自己对功业的淡漠和蔑视,而造语凝练警策,气象不凡,是黎简被广为传诵的名句。下四句进一步写诗人此时此刻的心态,他说徒有对朋友的思念来伴送自己的迟暮之年,更无名誉来慰藉自己的疏懒和安逸。他欲驾一叶扁舟去江上垂钓,但只能取一根墙边之竹小试垂竿,岂能像《庄子》中所说的任公子那样,以五十头牛为鱼饵,用大钩巨缁,投竿于东海,钓得硕大无朋的巨鱼!这里诗人以任公子比那些有大作为、干大事业的人,而以贪恋逸乐、孤舟独钓者自况,显然有自嘲之意,但结合"关河"一联的诗意来看,诗人在自我排遣之中也还有几分自负自得之意。总之,诗中流露出他欲有所作为,但又不屑于抗尘走俗的矛盾心理。

  黎简平生喜读《庄子》,诗中多用庄语,然更重要的是他的思想与老庄淡泊无为的人生观较为合拍,他自己曾说:"老生所读书,《南华》性之适。"又说:"世人望我,我方闭门,薜萝幽深,外有白云。"可见其性喜恬淡,与《庄子》为近。这首诗中也体现了此种思想倾向。他不愿汲汲功名,自甘放情于田野山水之间,而反觉天地宽大,优哉游哉。诗的遣词用语,炼意设境都戛戛独造,如首二句之写景,幽冷阴森,犹如李贺笔下的意境;后三联的抒怀也能捕捉思绪,意蕴深沉,含蓄渊永,体现了黎简追求新警奇崛,幽微精深的艺术祈尚。

(王镇远)

野　碧　　　　　黎　简

野碧春天合,天青野色高。
吾今适莽苍,力足翔蓬蒿。
已觉此身远,亦怜归雁劳。
惊弦满关塞,孤影堕江涛。

  春日的田野,一碧万顷;春日的天宇,万顷一碧。田野一直伸向远方,像是要在极远处与天宇合为一体;青天显得更为清澈澄碧,像染上了大地的浓绿。诗人漫步在旷野间,触目皆是莽莽苍苍的一片青葱,似乎偌大世界只有一个渺小的自我与无边无际的天地之间的对照。他借《庄子》上尺鷃的话说自己犹如一只小鸟,翱翔于蓬蒿之间,势单力薄,无法实现高远的志向。自己似乎已走得太远,就像一只失群的大雁在广漠无垠的天宇中孤独而劳累地飞翔,而关塞上每每响起了令人惊惧的弓弦之声,他担心那孤雁实在难以抵达旅途的终点,恐会将他孤独的身影埋葬在汹涌澎湃的江涛之中……

  这就是二十七岁的年轻诗人黎简在乾隆三十八年(1773)写下的一首小诗。诗人用他异常敏感而色彩绚丽的笔墨为自己画了一幅肖像,在蔚蓝的苍穹与青绿的大地之间,他踽踽独行,像失群的孤雁,心中充满着悲伤和惆怅。诗虽然只是写天地的色彩和一雁横空的景象,但其中象征的意义是十分明显的。"力足翔蓬蒿",对于一个年轻而有才华的诗人来说,无疑只是无可奈何的悲叹和怀才不遇的不平之鸣。出现在后半首诗中的孤雁形象分明是诗人的自我写照。"惊弦"句虽语本《战国策》中更赢以虚弦而弹落孤雁的故事,但诗人显系托物寄慨,意在感叹世途的险恶与自己的怆痛,正有物我同一、不分彼我之感。可见此诗的主旨不仅是写野外的绿色,而且在感叹自己的身世。诗人所以用"野碧"为题,只是取首句二字,正如一首无标题的音乐,却有丰富的内涵。读黎简的诗,往往给人以现代艺术的审美感受,他笔下的景和物带有强烈的个人印象,在色彩和形象之中每每有他自我的人格体现,给读者以丰富的启示与回味,这首诗就是如此。

(王镇远)

【诗人小传】

黄景仁

(1749—1783) 字仲则,又字汉镛,自号鹿菲子,江苏武进人。屡应乡试未第,家贫,早岁奔走四方,以谋生计。乾隆四十一年(1776),因献诗,授武英殿书签官,例得主簿,后加捐县丞,在京候选。终因贫病交迫,穷愁潦倒,再度往西安依陕西巡抚毕沅,途中病死于山西运城河东盐运使沈业富官署中,年仅三十五岁。他多才多艺,善于诗词、书法、绘画和篆刻。诗学李白,作风沉郁清壮,婉丽哀怨。所作多抒发穷愁不遇,寂寞凄怆的情怀,也有愤世嫉俗的篇章。七言诗较有特色。亦能词。著有《两当轩全集》。

癸巳除夕偶成(二首)　　　　黄景仁

千家笑语漏迟迟,忧患潜从物外知。
悄立市桥人不识,一星如月看多时。

年年此夕费吟呻,儿女灯前窃笑频。
汝辈何知吾自悔,枉抛心力作诗人。

癸巳即乾隆三十八年(1773),诗人二十五岁。这一年岁末,他从安徽归家。除夕之夜,瞻前顾后,不觉忧从中来,诗思扰人,便以"偶成"命题,写成了这两首抒写寂寞抑郁心情的小诗。

前一首，写自己站在桥上看星。他看星星，不是为了欣赏夜景，而是由于内心忧思郁结，对着星星出神。首句写环境气氛，"千家笑语"是诗人周围的现实情景，"漏迟迟"是说其时已经夜深。"漏"，古代的计时器漏壶的简称，这里指代时间。从第二句开始说自身。先说心情："忧患潜从物外知"。"物外"，世外，超脱于围绕自己的现实环境，如眼前的千家笑语，自身的家事之累，等等。由于对环境保持距离，才得以摆脱世俗的种种具体考虑，才能对现实与人生的根本问题进行客观而全面的冷静思索，"忧患"便是冷静思索以后的感悟。"忧患"什么，诗人并不明白说出。从诗人所处的时代及其经历来看，几年来，他的足迹及于大江南北数省，这一年除夕返家以前，还到过庐州、泗州、徽州、杭州等地，所见盛世疮痍的种种景象，难免会在他内心深处积累起愈来愈深重的隐忧。诗人多次应试，连连失意，身体又虚弱多病，怀才不遇的事实与将不久于人世的预感，又进一步增强了他思想感情中的伤感成分。"忧患"于冥默之中悄然呈现，既深且广，诗人无法摆脱，又不知如何是好，便独自一人到市桥之上，长久呆立，凝视天上的一颗亮星。后两句是诗人所作的一幅自画像，借景传情，显示的是深陷于忧患之中的诗人的情状。洪亮吉在《北江诗话》中称这两句为"豪语"。诗人忧患若此，何豪之有呢？说是"痴语"，倒很合适。诗人忧患至深，无以自解，唯有悄然呆立，痴望星空而已。末句中的"一星"，指金星，其亮度仅次于日、月。迷信的说法谓金星比常年明亮是祸事将临的征兆。有人即据此解释三四句说："向来平平阅过，顷吴太令山锡语余：'此诗题癸巳除夕，乾隆三十八年也。其明年有寿张之乱，金星先期骤明，作作有芒角，作者盖深忧之，非流连光景之作也。'余嗟赏其言，以为读古人诗，皆当具此手眼。"（陆继辂《合肥学舍札记》）其中提到的历史事件，是指乾隆三十九年八月，白莲教首领王伦等人在寿张（旧县名，今分属山东阳谷县与河南范县）等地的起义，一个多月后失败。上述引文旨在说明作者对国事的忧虑，此诗"非流连光景之作"。但认为诗人是由星象而生隐忧，客观上将诗人归入了天人感应论者的行列，抹杀了引起诗人"忧患"的深广的社会内容，是无助于对此诗作正确理解的。"悄立"二句的写法，与唐代诗人元稹的七绝《智度师二首》相近。该诗第二首中说："天津桥上无人识，闲凭栏干望落晖。"此二句在好事者伪托的黄巢《自题像》七绝中曾予袭用。在黄景仁笔下，前两句抒情与后两句写景一气呵成，"悄立"二句与元稹诗相类似，当是意到笔随、客观上形成的近似而不可能是有意的仿效。

后一首，说自己后悔当了诗人。地点不再是市桥之上，而是在家中，其时已经掌灯，儿女与自己正围坐在桌旁。诗人于乾隆三十二年十九岁结婚，至乾隆三十八年写作此诗时生有一女一子，女六岁，子三岁，都还在懵懂无知的年龄。故而当诗人一如往年灯下敲韵，为捕捉诗情沉思默想以至眉头紧蹙时，小儿女辈见了，毫不理解，只是掩口而笑。"窃笑"，显得小儿女似懂非懂，"频"字则又带出诗人"吟呻"费时之久。面对此情此景，诗人不觉悲慨顿生，便用一半责备一半自责的语气倾诉了自己内心的苦闷。"汝辈何知"，说儿女，对儿女因不理解而窃笑，责备中有宽宥。儿女毕竟太幼小了，怎能从自己热衷吟诗的表象中体察到后悔写诗的另一面呢？"吾自悔"，转说自己，自悔不该写诗，故末句说"枉抛心力作诗人"。"抛"字意味着自己作诗花去的精力都白白浪费了，毫无价值。"抛"前加一"枉"字，进一步强调了对白费精力感到的惋惜、痛心。其实，诗人并不是真的后悔写诗。他在《杂感》中说："莫因诗卷愁成谶，春鸟秋虫自作声。"又在《送春三首》中说："此身卑贱无一能，矫吭但欲为新声。"可见，写诗简直成了他的一种本能，只要心有所感，他是无法已于言而不发而为诗的。那么，他为何又要表示"自悔"并沉痛地喊出"枉抛心力作诗人"呢？这也可以从他的诗里找到答案。《春城》说："一身尚乞食，所遇犹迍邅。"《杂感》说："十有九人堪白眼，百无一用是书生。"尽管诗人名噪一时，但他并不因此而见重于朝廷、做出一番轰轰烈烈的事业，他个人穷困潦倒的处境也并不因此而有所改变。可知"自悔"、"枉抛"，乃是诗人沉痛已极的激愤语，是对埋没人才的黑暗政治的曲折抗议。如果联系"枉抛"句的出处，隐含于其中的这一层意思就更加明显。此句语本唐代诗人温庭筠的七绝《蔡中郎坟》。温诗说："今日爱才非昔日，莫抛心力作词人。"原来诗人之所以后悔写诗作词，是由于当路者不爱惜人才之故。文人之不受重视，自古而然，故杨炯表示"宁为百夫长，胜作一书生"（《从军行》），李贺伤感地唱出"不见年年辽海上，文章何处哭秋风"（《南园》）。这样看来，诗人在这首诗中喊出的，又不仅仅属于他所处的特定时代，而且也是历史上所有的怀才不遇的文人学士的共同心声。"莫抛心力作词人"与"枉抛心力作诗人"之具有很大的感染力，原因也正在于此。

以上两首诗，所写时间相同，都在除夕。"霜鬓明朝又一年"（高适《除夜作》），当迈向新年门槛的时候，思前想后，容易感慨万千，故诗人"年年此夕费吟呻"，于癸巳除夕写成了这两首小诗。两诗所写地点，各不相同，一在市桥，诗人悄立，天上有星；一在屋内，儿女围坐，桌上有灯。市桥上，"人不识"，更是此心无人会得；在室内，儿女频频窃笑，也不理解自己的苦闷。真是"冠盖满京华，斯人独憔悴"（杜甫《梦李白》），诗人几乎要喊出"知我者谓我心忧，不知我者谓我何求。悠悠苍天，此曷其人哉"（《诗经·小雅·黍离》）了！此二诗在艺术表现上的共同特色是言近旨远,二诗均意象鲜明,贴近生活,而又都诗意含蓄,寄情远大,诉说的是对整个现实、人生的忧虑与感愤。钟嵘评阮籍的"言在耳目之内,情寄八荒之表"(《诗品》),也正道出了这两首《癸巳除夕偶成》的神韵。 (陈志明)

都门秋思四首(其三)   黄景仁

> 五剧车声隐若雷,北邙惟见冢千堆。
> 夕阳劝客登楼去,山色将秋绕郭来。
> 寒甚更无修竹倚,愁多思买白杨栽。
> 全家都在风声里,九月衣裳未剪裁。

《都门秋思》共四首,本文选析的是第三首。这一组诗的中心意思是"四年书剑滞燕京,更值秋来百感频"(第二首),自述自乾隆四十年(1775,诗人27岁)冬天到达北京以来四年间的种种感慨。既然名曰"百感",当然难以一一指陈,但大体说来,不外乎政治上的失落之感与生活上的困顿之情。四首诗首首都好,而第三首由于有尾联两个名句,更是为人传诵不绝。

从全诗的内容与结构来看,首联专说达官贵人,从次联起转说自身。首联上句正写,但并不直接描画达官贵人的外形,而只是通过写大道上响起隆隆的车声,渲染他们出行时不可一世的气派。句中的"五剧",指道路纵横的热闹街市;"隐",车轮滚动的声音。次句中的"北邙",原是洛阳东北的山名,东汉城阳王刘祉始葬于此,其后王侯公卿多以此为墓地。这里只是借指京郊的墓地。次句用反接法,以空间转移展示时间流逝将带来的变化,暗示在两个看似毫不相干的画面之间存在着的必然联系。仿佛在说,别看这些权贵们今日出行时前呼后拥,气势若虹,到头来,还是在劫难逃,难免零落同丘壤,化为城外的累累荒冢。诗人揭示的是客观规律,也是他在参透人生之后对权势流露出的轻蔑。颔联以写景之笔自诉高洁的情怀,即是顺着这一思想感情的线索引出。

夕阳下的秋色是美丽动人的。诗人既不具备条件也不屑于在闹市上追逐繁华,便独自一人登楼欣赏夕阳映照下枫叶染红了的西山景色。诗人在《都门秋思》的第一首中说:"新声北里回车远,爽气西山挂笏通。闷倚宫墙拈短笛,闲经坊曲避豪骢。"也写自己落落寡合的情状与清高自守的志趣,可与"夕阳"一联并读。此联的写法颇有特色:原是"客"(诗人)赏"夕阳",却说"夕阳劝客";本是秋满山间,却说"山色将秋"。句中的主与宾对调了位置,并采用了拟人化的动词"劝"与"将",从而使这一联的表达极富于情韵,在景物描写之中处处流泛着诗人赏爱的深情。

从前两联中不难看出诗人与权贵在情致上的对立，但就诗人自身而言，登楼赏景这种闲适的雅兴是暂时的，日夕困扰着他的则是难以排遣的忧愁与穷困，这就是后面两联所要写的内容，也是全诗的重点所在。

颈联上句说"寒"，下句说"愁"，分别用了典故。杜甫《佳人》诗说："天寒翠袖薄，日暮倚修竹。"《古诗十九首》说："白杨多悲风，萧萧愁杀人。"诗人在借典抒情时，采用了"加倍"的写法。"寒甚"，本已不堪，"更无修竹倚"，就更其不堪了；"愁多"，本已难以为情，"思买白杨栽"，更添献愁供恨之物，其愁之多几乎要将诗人淹没了。

这首诗留给人最强烈印象的是由上一联"寒甚"二字引出的最后两句："全家都在风声里，九月衣裳未剪裁。""更无修竹倚"虽是用"加倍"法写"寒甚"，但毕竟是采用典故，似同隔着一层轻雾薄纱，所说"寒甚"并不显得十分真切而豁人耳目。而具体诉说寒甚的这末一联，采用的是白描手法，情极深而语极浅，活脱脱显现出令人触目惊心的寒甚的具体场面。我们似见诗人的住处低矮颓败，家徒四壁，冷风呜呜从门缝、窗缝、墙缝各处吹入，一家八口蜷缩在一起，寒衣无着——这是怎样惨然的景象啊！诗人一生为贫病所苦。他是孝子，念念不忘奉养老母。乾隆四十二年筹措费用，老母妻儿得以从南方搬来北京同住。虽聚了天伦之乐，却增加了生活的困难。他在《移家来京师》组诗中说："贫是吾家物，其如客里何？""排遣中年易，支持八口难。"他已感到难以挑起这一副生活的重担。"乌金愁晚炊，白粲困朝糜。"已到了难以为炊、揭不开锅的地步。本来，"无衣无褐，何以卒岁"（《诗经·豳风·七月》）是一个古已有之、写烂了的主题，但由于本诗的作者对于饥寒交迫的生活有着丰富的切身体验，尤其是老母幼子得不到他的有力维护，时至九月仍然寒衣无着，只能瑟缩于冷风之中，更令他揪心不已，故仍能以自己独特的生活体验展现出这样一个令人震慑的富有典型意义的啼饥号寒的场面。在意象的组合上，这一联以现实意象"全家"、"风声"引出虚拟意象"未剪裁"的"衣裳"，以实有与虚无的互相映衬与彼此强调，使凄苦的诗情溢满字里行间。"风"是黄景仁诗中最为常见的一类意象，如"风前羸骨战冰霜"（《微病简诸友人》），"惨惨柴门风雪夜"（《别老母》），"风蓬飘尽悲歌气"（《杂感》），"全家如一叶，飘堕朔风前"（《移家来京师》），以及"全家都在风声里"，等等。原因就在于寒冷的风威胁着诗人贫困的生活，牵动着诗人凄苦的感情。瞿秋白在《赠羊牧之》诗中说："吾乡黄仲则，风雪一家寒。"可见"全家都在风声里"这句诗以及"风"的意象，对于造就黄仲则的诗人形象，具有何等重大的意义与深远的影响了。

黄景仁在《自叙》中说自己写诗"好作幽苦语",又在七律《杂感》诗末自注:"或戒以吟苦非福,谢之而已。"可见他在诗作中自述苦况,自叹凄苦,乃是有意为之;他不听劝,不改易,更可见其志意之坚定。那么,如何看待他的《都门秋思》一类的"吟苦"之作呢?诗人虽生当乾隆盛世,却并不一味歌功颂德。他通过抒写一己的悲惨遭遇,揭示的是在盛世表象掩盖下的部分历史真实。他的真歌哭告诉人们,即使是在太平盛世,封建社会也还是无法摆脱其自身所固有的种种弊端和矛盾。即如有才能如黄景仁这样的文人,也难免啼饥号寒以至潦倒终身的悲惨命运,更无论挣扎在死亡线上的更加穷苦的平民百姓了。清人杨掌生在《京尘杂录·梦华琐记》中记载黄景仁在去世前一年的情况:"黄仲则居京师,落落寡合,每有虞仲翔青蝇之感,权贵人莫能招致之。日唯从伶人乞食,时或竟于红氍毹上现种种身说法,粉墨淋漓,登场歌哭,谑浪笑傲,旁若无人。"这一记载,不仅有助于我们理解在现实中独往独来、不拘一格的诗人黄仲则的生活和思想,而且还有助于我们触类旁通地理解在诗歌创作中坚持"吟苦"、"好作幽苦语"的诗人黄仲则的良苦用心。我们在上面赏析的《都门秋思》第三首,尤其是"全家都在风声里"一联,不正是诗人在诗歌创作中"登场歌哭"以现身说法的一次实践么?

(陈志明)

都门秋思四首(其四) 　　　　　　黄景仁

　　侧身人海叹栖迟,浪说文章擅色丝。
　　倦客马卿谁买赋?诸生何武漫称诗。
　　一梳霜冷慈亲发,半甑尘凝病妇炊。
　　为语绕枝乌鹊道:天寒休傍最高枝。

　　《都门秋思》作于乾隆四十二年(1777)秋,仲则时年二十九岁。全诗共四首,这是其中的第四首。

　　仲则之诗一般不爱用典,以白描见长,而此诗却几乎句句用典,风格近乎杜甫。首联叹息自己置身京都茫茫人海之中,落魄失意,空有绝妙文章,却无人赏识。"侧身",可见其在京都的行动不如意。"栖迟",语出《诗经·陈风·衡门》:"衡门之下,可以栖迟",本为游息之意,引申为飘泊失意,李贺《致酒行》:"零落栖迟一杯酒",即此意也。仲则用"栖迟"一词,既有落拓失意的感慨,又有甘于贫贱的自慰。"色丝"代指文章绝妙,典出《世说·捷语》:"魏武尝过曹娥碑下,杨修从碑背上见题'黄绢幼妇外孙齑臼'八字。……修曰:'黄绢,色丝也,于字为绝;幼妇,少女也,于字为妙;外孙,女子也,于字为好;鳌曰,受辛也,于字为辞。所谓绝妙好辞也。'"句中着一"浪"字("浪"意为空自、徒然),寄慨深沉,大有杜甫"文章憎命达"的意味。

领联紧承"浪说文章擅色丝"一句,进一步申说文章之无用。马卿,指西汉的司马相如,他字长卿,故称。据相传为西汉司马相如所作的《长门赋》载:"孝武皇帝陈皇后,时得幸,颇妒,别在长门宫,愁闷悲思。闻蜀郡成都司马相如,天下工为文,奉黄金百斤,为相如文君取酒。因于解悲秋之辞。而相如为文,以悟主上。陈皇后复得亲幸。"仲则以司马相如自况,当年的马卿一篇《长门赋》,价值百金,而自己虽"擅色丝",却无人赏识。"谁买赋"这一诘问,实包含无限的辛酸与激愤。何武,字君公,西汉时蜀郡郫县人。《汉书·何武王嘉师丹传》:"……益州刺史王襄使辩士王褒颂汉德,作《中和》、《乐职》、《宣布》诗三篇。(何)武年十四五,与成都杨覆众等共习歌之。是时宣帝循武帝故事,求通达茂异事,召见武等于宣室。……以褒为待诏,武等赐帛罢。"仲则借用此典以指自己向清高宗献诗事。在写此诗的头一年四月,乾隆皇帝因平定四川两金川回京,途经天津,各地士子进献诗赋,仲则献《平金川铙歌十章》及《平定两金川大功告成恭纪》等诗,评为二等,赐缎二匹,充武英殿书签官。"漫称诗"的"漫",意为徒然、枉然,其中既有对文章无用的慨叹,更有对自己献诗之举的追悔,太史公《报任安书》中所谓"固主上所戏弄,倡优所畜,流俗之所轻"是也。

颈联遥承第一句"侧身人海叹栖迟",慨叹自己零落栖迟,偃蹇失意,以致累及老母与爱妻。"一梳"句是说老母。"霜"字既点明节令正值秋日,同时又喻指母亲头发之白。"半甑"句是说爱妻。"甑"是古代做饭的瓦器。《后汉书·独行列传》说范冉家贫,人称"甑中生尘范史云"。这两句炼字精警,对仗工整,写出了仲则对母亲与妻子的挚爱与歉疚。按正常语序,此二句应该是"慈亲梳发秋霜冷,病妇持炊甑尘凝",但如果真这样写,则不仅对仗不工,平仄不调,而且句法也显得稚嫩了。

尾联收束全诗。曹操《短歌行》中有"月明星稀,乌鹊南飞。绕树三匝,何枝可依"之句,是用乌鹊绕树来比喻贤士择主。仲则翻用此典,意思是说,既然我寄迹京都,栖迟零落,文章既不见赏,家眷又难供养,那么,我又何必留恋京阙呢?由此看来,"天寒休傍最高枝"实含有不与统治者合作的意味。

纵观全诗,风格沉郁,用典虽多,但并不晦涩。特别是颈联的炼字锻句,颇见功力。翁方纲称仲则诗"沉郁清壮,铿锵出金石,试摘其一二语,可通风云而泣鬼神"(《悔存诗钞序》),良非虚誉。

(熊盛元)

别　老　母　　　　　　　　　　黄景仁

搴帷别母河梁去,白发愁看泪眼枯。
惨惨柴门风雪夜,此时有子不如无。

此诗作于乾隆三十六年(1771)黄景仁二十三岁时。这年春天,诗人离家至秀水(今浙江嘉兴),随后赴安徽。《别老母》与《别内》即作于此次离家时。《别内》诗说:"今夜别君无一语,但看堂上有衰颜。"也写对老母的牵挂,正可与此诗并读。

诗中记下的是最使他难忘的临别情景。"搴(qiān牵)帷",掀起门帘。这是诗人出门的动作。"河梁",河上的桥。李陵《与苏武诗》有"携手上河梁,游子暮何之"之句,后因以"河梁"泛指送别之地。首句直写题面,并以"搴"、"别"、"去"等表示动态的词,含蓄表示自己别母的时间过程以及在空间上渐离渐远时难以言喻的伤痛之情。首句说自己的"去",后几句则是诗人回头时见到的老母的样子,以及由此生出的感想。天天见到的老母的白发,此时分外醒目地映现在诗人眼前,老母哭干了泪水的眼睛正忧心忡忡地注意着自己。诗人对老母不忍言别与不得不离去时的负疚不安,全都从回望所见、作大特写镜头映出的"白发"、"泪眼"的意象中泄出。"惨惨柴门风雪夜"一句,作远景,当是诗人继续前行、重又回头时所见的整体印象:老母正衰颓地倚着柴门,其时夜色渐浓,风雪渐紧。"惨惨",承上,揭出人物的心情与表情,同时又为紧承的"柴门风雪夜"提神摄魄,传达出令人感到惨然的环境气氛。末句是诗人的肺腑之言:自己竟然将衰颓的老母留在风雪中的柴门前了,实在于心不忍。作为儿子,不能赡养侍奉老母,反而要增加老母的别离之痛,这样的儿子岂不如还是没有为好? 七个字,字字沉痛,令人不忍卒读。

在古代,离别被视为人生的一大恨事,社会的动荡,交通的不便,更增强了离别的悲剧色彩。一别有可能成为永诀,故古人竟然将"生离"与"死别"相提并论。在文学作品中,怨离伤别更成了一个吟咏不绝的常见主题。"悲莫悲兮生别离,登山临水送将归","相见时难别亦难,东风无力百花残"……谁也无法说清古往今来有过多少流播人口的动情唱叹。黄景仁是个孝子,四岁丧父,在母亲身上集中了他对双亲的感情。一般说来,母子分离已使人难以为情,何况将要离开的,又是一位"衰颜"、"白发"且又处于穷愁之中的老母呢! 诗人的灵魂被分离时刻的情景震慑了,强烈的感受,深刻的体验,加之诗人巧于传情达意的高超的语言艺术,使他写成了这首感情沉痛、感人至深的小诗。诗中描写的环境气氛与老母的具体情状有其独特性,但借助诗中意象传达出的亲人之间的深情,儿子不得不离家时感到的内心不安与痛苦,却又有其普遍性。瞿秋白早年在叙述家庭的穷困生活时说:"想起我与父亲的远别,重逢时节也不知在何年何月,家道又如此,真正叫人想起我们常州诗人黄仲则的名句来:'惨惨柴门风雪夜,此时有子不如无。'"(《饿乡纪程》)可见此诗入人之深了。

(陈志明)

捕 虎 行　　　　黄景仁

枢星夜落号空山,青枫飒飒阴云寒。千岩出没不可测,白昼足迹留荒滩。商人结队不敢过,山中捕者夜还坐。祖父留与搏虎方,搏得壮虎作奇货。山人捕虎若捕狗,虎踏机弓怒还走。咆哮百步仆草间,笑出缚之只空手。捕虎先祭当头伥,佴得酒食忘虎伤。虎皮售人肉可食,当年亦是山中王!入阱纷纷不可数,只呼山猫不呼虎。嗟哉凭藉那可无,使君使君尔何苦!

在黄景仁众多显赫的七言古风中,有两首以虎为题材的诗,其一是《圈虎行》,另一便是这首《捕虎行》。看了这两首诗的题目,我们不禁要问:这位诗人何以不写虎的雄踞山林,威慑百兽,而专写这些被圈之、捕之,入阱摇尾的虎?想来想去,记起了司马迁《报任少卿书》中的几句话——

"猛虎在深山,百兽震恐;及其在阱槛之中,摇尾而求食,积威约之渐也。"

又记起两句俗话:"虎落平阳被犬欺。""明枪好躲,暗箭难防。"

想到这些,恍然大悟:虎固然不都会被人圈之、捕之,但确有空具虎豹之文而受犬羊之辱者。黄景仁写的,就是这样一种典型。他是在写社会众生相,写人与人的关系,也和司马迁一样,在写他自己。

有了这样一个笼统的认识,就可以循此一念,进而细细品味《捕虎行》这首古风了。

诗共二十句,四句一转韵,一韵一转意,章法脉络井然。第一韵四句,写猛虎在山林的生活。"枢星"即"天枢",为北斗七星的第一星。"枢星夜落",已是深夜;猛虎在寂静的山林中(空山)怒号,仿佛震得树叶飒飒作响。此时阴风顿生,令人心寒股栗。第三四句说:晚上,虎在山林中出没不定;到了白天,但见荒凉的沙滩上,留下它威严的足迹。这一韵着重写猛虎活动的情况,用一个"号"字写其声音，"足迹"二字写其出没，全用虚笔，而虎的声威毕具，写得很有生气。第二韵"商人"以下四句，转入"捕""搏"。以"夜还坐"写捕虎者的暗中窥伺，以"作奇货"写虎被捕后的下场。这一联是过渡，对捕虎只是泛写，但转换灵活，渐入题旨。第三韵"山人"四句，写捕猎正面。运用细节描绘，写来形象生动，极具精神。四句诗，写了中箭的猛虎，设伏的"山人"。一个阴从机心，暗设机阱，伺候对方一千回中一回的不留意；一个但知任性而行，直来直往，以为凭自己的本领，什么也不足怕。结果是，猛虎在毫无防备的情况下误踏弩机，中了毒箭，怒而狂奔，奔而仆倒；猎人笑着空手出来，毫不费力便把这虎缚住。他"捕虎若捕狗"，可见惯于暗中下手，而且伎俩娴熟。这一韵的后两句，用"咆哮百步"的中箭猛虎与"笑出缚之"的猎人对比刻画，一张一弛，一叫一笑，不仅形象地描绘出捕虎的场面，而且写活了两种心态，两副面目，使人如见如闻。

第四韵是捕虎的余波，从另一个侧面作补充，深化题旨。"当头伥"即走在老虎前面的伥鬼。旧说，人被虎咬死后，鬼魂化"伥"，与虎同行，替虎引路去咬别的人，而且作虎的护卫，故捕虎必先祭伥。伥鬼得了酒食，便忘了老虎的安全，这样猎人才容易得手。有限的酒食，难测的人心！为了口齿之小惠，终于使这中山之王被人寝其皮而食其肉。读诗至此，怎能不为世道人心慨叹！在社会斗争中，以金钱利禄收买对方阵营中的败类，唆使他出卖旧主，就像秦桧唆使岳家军中的王俊、王贵诬告岳飞谋反一样，是常见的事。结果，人中之杰死于暗箭，而山中之王，其遭遇亦复如是。

最后一韵，诗人发议论，抒感慨，寄深情。"入阱纷纷不可数"，遭暗算、被出卖的太多了。你看，猛虎一旦入了陷阱，连名字都改了，"只呼山猫不呼虎"，荆楚旧习，认为"虎""蛇"都是凶物，故讳言虎，只称山猫。诗人在这里巧妙地反用民俗，将讳忌畏避之意变为轻贱侮嫚之名。这"只呼山猫"一句，冷峻愤激，寄慨遥深。诗人在慨叹咨嗟之余，深深悟出一条人生哲理："嗟哉凭藉那可无！"这可以说是诗人观察世态、体验人生的大彻大悟之语：没有凭藉，纵负冲决之力，爪牙之利，也难逃暗算。这里说："使君使君尔何苦！"寄无限同情，乃因为诗人自己正是一个毫无凭藉的人，因此连呼"使君"，引为同病。"使君"是老虎的别称。据《述异记》载，汉时宣城太守封邵，死后化虎，食郡中居民。居民对这虎大喊"封使君"，虎遂遁去不再来。这里呼虎为"使君"，用古人故事，倍感亲切，体现了诗人的爱憎，而且使"虎"与"人"连得更紧，题旨更为醒豁。

这首诗收在《两当轩集》补遗部分，不知作于何年。但《圈虎行》是仲则三十二岁时作，估计这首《捕虎行》写作年代不会距此很远。因为，只有人到中年，冷眼观世，对人生才会有这样深刻的体认。诗中捕虎者是诗人讽刺的对象。因为，这种人暗设机辟，阴谋窥伺，令人防不胜防。可怜直道而行的兴风狂啸者，竟为这班小人所算计，诗人为虎叹，为人惜，也为己哀。他短短一生，何尝没中过暗箭，受过中伤！《庄子·天地篇》说："吾闻之吾师，有机械者必有机事，有机事者必有机心。机心存于胸中则纯白不备。"在《齐物论》中又说："其发若机栝，其司（伺）是非之谓也。"这两句的意思是：这种人发动进攻就像施放利箭一样，专门窥伺别人的是非来攻击。景仁此诗，其为此而发欤？诗中有愤激，有揭露，有嫉世讽世之情。它像是为末路英雄谱写的一曲悼歌。汉童谣说："直如弦，死道边；曲如钩，反封侯。"人生如此，社会如此，景仁所见、所受莫不如此。诗人从现实生活中抓住具有典型意义的事件和场面，发掘其底蕴，揭示其中潜在的、本质的东西，使这首诗具有启人心智、发人深省、引人思索的力量。

张维屏《诗人徵略》论仲则诗时说："众人共有之意，入之此手而独超；众人同有之情，出之此笔而独秀。……有味外之味，故咀之而不厌也；有音外之音，故聆之而愈长也。"《捕虎行》正是有味外之味、音外之音，富于哲理的诗篇。黄仲则很善于炼句。此诗语言遒劲，炼如不炼，既朴素流畅，又有很强的表现力。像"山人捕虎若捕狗""当年亦是山中王""只呼山猫不呼虎"这些诗句，似肆口而出，毫不费力；其实，感情内敛，又经过千锤百炼。而通篇流转激荡，恣纵捭阖，骨力开张，气雄笔肆，出入于昌黎、东坡之间，自成一种境界。

（赖汉屏）

圈虎行[①] 黄景仁

都门岁首陈百技，鱼龙怪兽罕不备。何物市上游手儿，役使山君作儿戏。初舁虎圈来广场，倾城观者如堵墙。四围立栅牵虎出，毛拳耳戢气不扬。先撩虎须虎犹帖，以梏卓地虎人立。人呼虎吼声如雷，牙爪丛中奋身入。虎口呀开大如斗，人转从容探以手，更脱头胪抵虎口，以头饲虎虎不受，虎舌舐人如舐觳。忽按虎脊叱使行，虎便逡巡绕阑走。翻身踞地蹴冻尘，浑身抖开花锦茵。盘回舞势学胡旋，似张虎威实媚人。少焉仰卧若伴死，投之以肉霍然起。观者一笑争醵钱，人既得钱虎摇尾。仍驱入圈负以趋，此间乐亦忘山居。依人虎任人颐使，伴虎人皆虎唾余。我观此状气消沮，嗟尔斑奴亦何苦！不能决蹯尔不智，不能破槛尔不武。此曹一生衣食尔，彼岂有力如中黄？复似梁鸯能喜怒？汝得残餐究奚补？伥鬼②羞颜亦更主！旧山同伴倘相逢，笑尔行藏不如鼠！

〔注〕　①圈虎：关在笼子里的老虎。　②伥鬼：旧说，人被虎咬后，化为伥鬼，为虎服役，虎出觅食，伥为前导。

不少马戏团养有狮虎之类的猛兽。经过驯兽师的训练，猛兽驯化，听人驱使作各种表演以娱乐观众。这种驯兽术古已有之，而且遍及世界各地。观众看驯兽表演时，莫不鼓掌喝彩，却从来没有谁想到那猛兽有什么不幸。诗人黄景仁独具慧眼，他看出这是一幕绝大的悲剧，观罢百感横生，写下了这首《圈虎行》。显然，伤心人别有怀抱。他从猛兽的失去自由、性格被扭曲，联想到人间同样的悲剧——英雄才略之士，不得志于时，困于腼下，迫于威约，拘于衣食，不得不抛弃自由，扭曲个性，摧眉折腰以事主；主人靠这些人之才之力，建立功勋，攫取高官厚禄，然后出其唾余以养士。结果，才智之士被人戏弄，而"侯之门仁义存"。这是人间最大的不平！《圈虎行》的主旨就是为此鸣不平。

古风章法，讲究换韵，一韵一意，韵转意迁。这首七古共四十二句。前二十七句叙虎戏，六次换韵，可看作六小节；后11句抒发感慨，一韵到底，不再换韵。介乎两者之间的四句（"仍驱入圈"以后），是束上启下的过渡，可以独立，也可以附于叙写虎戏之末，作为第一大段的第七小节。

第一韵四句，缓缓而起。北京的春节期间，各种娱乐无奇不有，其中也有"役使山君作儿戏"的驯虎表演。这里用"何物"（什么东西！）称呼驯兽者，用"山君"称呼老虎，褒贬之意显然。

第二韵四句，虎戏登场。"毛拳耳戢气不扬"：虎毛卷曲，双耳下垂，一副无精打采的样子，它给人的第一印象已经不像一头猛兽了。但观看虎戏的人对此并不在意，倾城而出，环立四周，把场地围得风雨不透，等着看老虎的表演。

接下去四韵十九句，直到"人既得钱虎摇尾"止，分层叙写虎戏的各个场面。"游手儿"先撩虎须，虎贴服不动；次立直棒（棓，读作 bàng），虎前爪搭棒如人立；然后，此人猛喝，虎应声大吼，其声如雷，张牙舞爪，驯兽者奋身而入，毫无惧色，这是第三韵，写虎戏开场表演。第四韵共七句，写虎口大张，驯兽师先伸手入虎口，又脱帽把头送进口中，可老虎并不咬他，只是用舌头舐他的头皮，就像舐自己的小虎崽一样。（豰：读作 gòu，小仔）。这是虎戏表演中最惊险的场面。第五韵写老虎舞蹈，极为精彩。那虎先蹲踞在冰雪地上，虎爪向后用力掀爬，把地上雪花冰末纷纷掀起；然后抖动浑身像织花毛毯般的皮毛，旋转起舞（胡旋舞）。表面上看,它是威风抖擞,其实不过用这种动作向人献媚,逗人欢喜。第六韵写老虎卧地装死,丢块肉到场地上,它马上霍然而起,引得观众哗然大笑,纷纷凑钱(醵,读作jù)给驯兽者。这时,老虎也不断地摇动尾巴,似乎在向观众致意道谢。这一韵是虎戏的尾声。

以上四韵十九句,写驯虎表演,形象逼真生动,情节的发展变化,高潮结尾,井然有序。虎初出笼,毫无生气;作一个直立动作,也并不精彩。随后,人呼虎吼,渐起风涛;虎口探头,令观者心悸胆裂,惊险万状;到抖开锦毛作胡旋舞,进入表演高潮;最后卧地装死,摇尾收钱,犹有余波荡漾。纵观这大段描写,尽管那虎也曾大吼如雷,只由于驯兽师先下了口令("人呼");尽管它作了急速旋转的舞蹈,"似张虎威",究其实原不过取媚于人。它已经完全听人驱使,往日在山林兴风狂啸、威震百兽的雄风,一点也看不见了。当其卧地装死,投肉即起,得钱摇尾,任人赶进虎圈中负之以趋时,它已空具虎皮,类乎犬羊了,哪里还有一点点"兽中之王"的气象!有心人不禁要问:这虎的天性到哪里去了?何以被扭曲到如此地步?它简直一身奴颜媚骨,令人觉得可耻、可怜、可悲!再一想:受饥馁鞭挞之苦,积威约之渐,不正是它的个性被扭曲的根本原因吗?谁实为之?孰令致之?我们若一味鄙视猛虎的摇尾乞怜,而不谴责扭曲它的本性的恶势力,能说是公平吗?

那个过渡段("仍驱入圈"以下四句)也写得言简意深。"此间乐"用蜀汉刘禅亡国居晋、乐不思蜀故事,说此虎已经完全忘掉了独霸山林、君临百兽的尊严,习惯于人的饲养,俯仰随人,还以为这些饲养虎者是它的恩人,甘心供其驱使;殊不知驯兽者正是靠虎的表演来赚钱为生的,他们吃的喝的全是老虎的唾余!诗到这里,翻出了一场"谁养活谁"的哲理论辩,寻常语足以发人深省,使全诗极自然地过渡到结尾大段议论。

结尾这一段发议论、抒感慨、寄身世浮沉,哀乐生平之意,语语愤激,语语沉痛。他责怪这只老虎:被捕时不能断足(决蹯)而逃,太不聪明;后来又不能冲决牢笼,可见缺乏勇气。那些饲虎人又不是古代中黄伯那样真正力能伏虎的勇士,(你为什么就害怕他们?)他们也不像周代的梁鸯那样是真正的驯兽师,(你为什么甘心受其驱使?)这些人一辈子靠你养命,你反过来只能食其残羹剩炙,你这样干又何苦呢?连伥鬼都会替你羞惭,要另择主子了。假如你遇到旧日山林中的同伴,它们会笑你还抵不上一只小老鼠啊!这段议论,从表面看,诗人仅仅是个旁观者,在悲天悯人,哀其不幸,怒其不争。其实,这句句是诗人在痛苦地作自我剖析,是自怨自悔,自鸣不平。更巧妙的是:看似自嗟自怨,骨子里却在怨恨那个社会，那种世态人情。黄景仁本是胸怀大志、心雄万夫的智能之士，但却迫处人藩篱之下，依人作计，俯仰随人。他写《圈虎行》，无非托物言志、以抒愤懑。由于他的遭际代表了当时许多下层知识分子的不幸，这段议论便无形中有一种鼓舞人们起而抗争的力量，客观上代表了下层知识分子渴求自由解放的呼声，因此这首诗具有强大的、震聩启聋的精神力量。

叙事性质的古风大多篇幅较长，讲究气势雄健，纵横捭阖；最忌孱弱呆滞，疲沓无力。善作古风者，如舞九节钢鞭，鞭虽长而有节，节节连贯，节节有力，使起来是一个整体，虎虎生风。景仁七古学太白，最得神髓。这首《圈虎行》，一连三十多句记叙，常语与奇语间出。常语似龙舞中长龙的龙衣，奇语则像龙的骨节，支撑着整体，腾挪变化，矫健有力；忽抑忽扬，忽奇忽正，使全诗灵活飞动。举例来说："盘回舞势学胡旋"，热闹的描写之后，紧接一句冷峻深刻的"似张虎威实媚人"；在"少焉仰卧若佯死"的静态描述后，紧接一句"投之以肉霍然起"；在"人呼虎吼声如雷"后面，接写"牙爪丛中奋身入"，由于有这些奇正变化，长诗便显得意气纵横，毫无呆滞之累。无怪乎孙星衍说："仲则（景仁字）《圈虎行》为七古绝技。"

其次，第二大段抒发议论，一韵到底不换韵，读之仿佛诗人面对此虎一口气数说下来，显得语重心长。句型多用否定句和反诘句，语语有力；而劲气内敛，言在此而意在彼，更具苍凉万端的情韵。全诗仄韵多，平韵少，越发见出英雄气短之慨。这种声情契合之美，也体现了黄景仁对七古的艺术追求。　　（赖汉屏）

稚存归索家书　　　　　　　　　黄景仁

只有平安字，因君一语传。
马头无历日，好记雁来天。

题中"稚存"，是与黄景仁同时的著名作家洪亮吉的别字。他是常州人，黄的小同乡，幼时同居白云溪上，两小相识，时相过从，是黄的生平挚友，两人多次同行共事。写这首诗时，洪、黄一起在安徽游幕。洪将回故乡去，临行前问黄有什么家信带回去，黄便写了这首五绝以寄意。诗题中用了个"索"字，表明诗人本无意写信回家，是洪出于乡谊友情，催之再三，逼着他写家书的。这个"索"字，隐然透露了一种情绪。

二十个字，诗意一目了然，诗情却藏得很深，但觉氤氲满纸，而又很难指实。赏析这首五绝，最好与唐代边塞诗人岑参那首脍炙人口的七绝《逢入京使》

对读。岑诗是这么四句：

> 故园东望路漫漫，双袖龙钟泪不干。
> 马上相逢无纸笔，凭君传语报平安。

这两首诗何其逼似，又多么不同！

所谓"逼似"，指诗的内容，十分相似；所谓"不同"，指两诗的艺术构思和表现手法，很不相同。就在这种同与不同之间，可以看出黄景仁"能从古人出而不为古人所囿"（吴兰曾《石溪诗话》）的创作特色。

两首诗写的都是托人带口信，口信的内容又都是"平安"二字。但岑参之所以托人带口信回长安，是由于西行中偶然遇到入京的使者，马上相逢，没有纸笔，来不及写信；黄景仁却是有条件写信，且被回乡的朋友"索"之再三，才带这个口信的，情况便很不相同。岑诗说："凭君传语报平安"；景仁说："只有平安字，因君一语传"，语意也大抵相同。黄诗却多了"只有"二字，刚一起笔，诗情就非常饱满，意在笔先，这又是一个大不相同，很值得细玩的地方。旧时写信，有个习用语，叫"乏善堪告"。意思是，分别以后，没有什么好消息足以告慰对方。黄诗在"只有"二字之前，实际上省略了"别无称意之事堪告"这样一层意思。他离家游幕，浪迹四方，原为了觅升斗，求出路。现在，这一切都毫无成就。离家时种种幻想，留给家里人种种期望，都一一云散烟消，能告诉家里人的，便只有人还平安地活着这样一句话。诗人仅仅在岑诗的基础上添了"只有"二字，而且用在全诗发端的地方，便把种种追求、幻灭都包孕进去了。多么神奇的中国诗！多么神奇的黄景仁！他虽从不学江西诗派，却真有点铁成金的本领。

后面两句，岑诗说"马上"，黄诗说"马头"，无非写临歧匆匆，没有什么区别。但岑说"马上相逢无纸笔，凭君传语报平安"；黄说"马头无历日，好记雁来天"，涵蕴就大不一样。先说"无历日"。字面上的意思是：身边没有历书，无法确定捎这个口信是哪月哪天。为什么人活着连日子也弄不清楚？岂不是生活潦倒烦忧，天天在愁和酒中度日的人一种特殊的精神状态吗？岑参与使者"马上相逢无纸笔"，因此只能托他带口信，这是一种正常的状态；黄诗因"无历日"而弄不清时间，反映的是一种不正常的精神状态。也许有人会说，不屑斤斤于计时数日，只是反映了诗人性格中洒脱豪爽的一面。但这样说不合于全诗的感情色彩。

再说"好记雁来天"，字面上说，只消好好记住我捎这口信是北雁南飞的时候就行了。但我们一读，就立刻透过字面，看到了诗人心头层层沧漪。"雁来"当然切鸿雁传书之意，这还只是皮相。须知，"雁来"之日，时当暮秋，风高天迥，落木萧萧，这正是一个最令羁旅天涯的诗人百感交迸的时会。诗中出现"雁来天"三字,仿佛一幅素描突然着了色,变成了色调灰暗的油画。诗人万千心事,都由此雁群挑起,心随北雁,漠漠南飞,缕缕乡情,缥缈无极。

这两首诗内容逼似而涵蕴各异,略如上述。至于在构思上,表现手法上,也是区别显然。岑诗构思,用"无纸笔"以写浩浩乡愁;黄诗构思,用无心作家书以写潦倒客况。岑诗用逆笔开篇,本因逢入京使而起乡思,因思乡而"双袖龙钟"(泪痕湿袖不干);却先从"双袖龙钟"写起,突出抒情形象。黄诗入手,以"只有"二字劈空而起,使意蓄笔先。两诗的表现手法,岑诗取直寻,把怀乡心事说得明明白白,不假雕琢,在平易中见精工;黄诗却用含蓄、暗示手法,把游幕生涯,潦倒客况,写得幽微隐约,"使味之者无极,闻之者动心"(钟嵘《诗品·序》)。岑诗语浓而情真,特点在一个"真"字;黄诗语淡而意深,特点是一个"深"字。(赖汉屏)

和 仇 丽 亭(五首选一) 黄景仁

多君怜我坐诗穷,襆被萧条囊橐空。
手指孤云向君说,卷舒久已任秋风。

仇丽亭名养正,杭州名士,工诗词。黄景仁十九岁时,应浙江观察潘恂的邀请去过杭州,因得与仇相识,两人唱和很多。两年后,景仁二十一岁,再游杭州。丽亭把自己在秋间写的五首赠诗送给景仁。景仁深感于仇对自己的理解和关心,写了五首和作,这里选的是第四首。

"多君怜我坐诗穷",感谢您同情我因为写诗而误了功名,弄得走投无路。"多"是感谢之意;"穷"是"穷达"之穷,即功名之路难通的意思。仇的原诗我们读不到,从这句和诗看,他倒是把问题看准了的。黄景仁多次应乡试,始终没有考上举人,是什么原因呢?原来,他生当乾隆年间,盛行考据之学,文人提笔动辄引经据典;而景仁自恃才高,专攻诗词,把考据丢在一边,文虽高却得不到试官的承认。再说,当时诗坛,为沈德潜"格调"之说所笼罩,讲究温柔敦厚。景仁却独持性灵,与袁枚同调。以袁枚诗名之大,尚且被视为"野狐禅"、"旁门左道";黄景仁的诗不是"学人之诗"而是"诗人之诗"(万应馨《味余楼剩稿》序),就更难邀时人青眼了。因此,尽管他少年诗赋,名动江南,却总不能通过考试,取得功名。对于这一点,仇丽亭可谓旁观者清。

诗的第二句"襆被萧条囊橐空",是夫子自道。由于仕途不通,他只落得行装(襆被)萧条,袋子里(囊橐)空空的,一无所有。这句补足上句"穷"字,形象地写出眼前穷愁潦倒,是诗人当时生活的真实写照。

多次应考全归失败的原因既明,穷困的现实又无情地摆在眼前,诗人如何对待?是我行我素,还是翻然改图?要知道,以景仁之才,这后一条路是完全可以走通的。在这严峻的考验面前,诗人微笑着,轻松而坚定地作出了自己的选择——

手指孤云向君说,卷舒久已任秋风!

诗人的眼望着天上,心也飞到了天上。他指着天上飘浮的云对丽亭说:我就像这片云,聚散曲伸(展舒),一任秋风。

认真说,诗是从这第三句才开始的;或者说,打这一句起,才顿起诗情,进入意境。孤云,象征飘泊,也象征高洁。飘泊人所难堪,高洁则可自慰。茫茫尘世,似无诗人立足之地;浩荡青天,却那样广阔无垠,任我纵横驰骋。卷舒一任秋风,固然意味着听天由命,身不由己;却也逍遥自适,无拘无束。诗中出现了这一片"孤云",现实的处境,理想的升华,全都融会其中,界境全出。你可以从中体会到诗人的可悲身世,也可以看到他孤高的品格,旷荡的心胸。朋友怜他"坐(因为)诗穷",示意他改途易辙;诗人却说他已久惯于"卷舒任秋风",丝毫不把穷达浮沉放在心上,他委婉地表达了自己不肯随波逐流的志节。诗中虽然含有缕缕哀愁,但淡泊、坚定、自信、轻松,才是感情的主旋律。"黄生抑塞多苦语,要是饥凤非寒虫。"(张维屏《国朝诗人征略》评黄诗语)"孤云"之喻,正是饥凤长吟,孤清独往的境界,绝非寒螀之泣,哀蝉之声。这才是黄景仁。我们读古人诗,常常发现以水上青萍象征飘零身世。试与这里的"孤云"一比,轩轾判然。青萍遭雨,不离水泽;孤云高举,飘飞太空。一个离不开尘浊,一个托身于太清,虽然只是一个比喻,却显出两种境界,两样心胸。

我说诗是从第三句才开始的,是因为这一句完全翻出了一种新的境界。前面两句,那么灰暗,那么低沉;三句一翻,四句一接,又如此明丽,如此轻清。强烈的对比,巨大的反差,使读者眼睛突然一亮,心头忽然一喜,然后回环讽诵,击节称赏。试想,假如三四句承前一味低转下去,岂不全是蹙蹴之声,变徵之调?那固然也是黄景仁,却不是完整的黄景仁。有这么一个转折,你的心才获得一种安慰,一种平衡。诗人最懂得穷达之际如何自处,他是微笑着吟出这两句诗的,我们也是微笑着赏玩这两句诗的。

(赖汉屏)

杂　感　　　黄景仁

仙佛茫茫两未成,只知独夜不平鸣。
风蓬飘尽悲歌气,泥絮沾来薄幸名。

> 十有九人堪白眼,百无一用是书生。
> 莫因诗卷愁成谶,春鸟秋虫自作声。

近四十年来,文学史家们论及清代诗人黄仲则,都认为他的诗内容窄狭,只是透露了一点"士大夫的苦闷",写写个人的穷愁而已。因此,黄仲则的诗长期来一直受到冷落。这样的评价是否公正呢?

诚如史书记载,黄仲则的一生确是极其凄苦的,四岁丧父,在成年前,祖父、祖母、兄长相继去世,家徒四壁。然而这位穷苦孩子却是个天才,九岁时就能做出"江头一夜雨,楼上五更寒"的诗句。十六岁,在三千人中取得童子诗第一名。可是就以他这样的才华,又当乾隆盛世,终其身还只是个秀才。他十九岁那年,初次参加江宁乡试,名落孙山,于是愤激地写下了上面这首《杂感》。这是他刚踏上人生征途时写下的孤愤诗,却是奠定了他一生诗作的基调,是他后来一系列孤愤诗的前奏。

诗一开始说:自己在这个苦难的人世,想去成仙成佛,以摆脱尘世烦恼,都没有成功,只好在漫漫长夜,独自发出愤愤不平的悲鸣。诗中"不平鸣"三字很值得注意。我们知道,所谓"乾隆盛世",文字狱很可怕,一般士人噤若寒蝉,而黄仲则身上却有一种抗争的"野性"。这种抗争,当然是从个人仕途遭遇引起的,他"六赴乡试,概报罢。"只好长期游幕,依人为生,心中自有一股对社会的不平之气。他慨叹:"长铗依人游未已,短衣射虎气难平",后来越来越激愤,他要像祢衡、嵇康那样骂人了。他在《钱百泉杂感》中这样写道:"臣本高阳旧酒徒,未曾酣醉起乌乌。弥生漫骂奚生傲,此辈于今未可无!"他甚至在看《林冲夜奔》这出戏时,也因愤懑不平,起而作《金缕曲》曰:"不到伤心无泪洒,洒平皋那肯因妻子?惹我发,冲冠起!"这种对社会的"不平"已到了忍无可忍的地步了。

当然,长期游幕的生活,使诗人唱出了更多的凄悲的调子,如《杂感》颔联所写:"风蓬飘尽悲歌气,泥絮沾来薄幸名。"这两句诗概括了诗人一生飘零痛苦的身世和他那与世落落寡合的个性。对于黄仲则,现实是严峻的,时代是冷酷的,命运是不公正的。诗人像风中蓬草,到处飘零,慷慨悲歌之气消磨殆尽。他有一种深深的寂寞感和伤感情绪:"病马依人同失路,寒蝉似我只吞声。""怕听歌板听禅板,厌看春灯看佛灯。"诗人的生命简直是忧愁之网织成的。然而,即使如此,他在这"侏儒太饱臣饿死"的世道里,依然一副铮铮傲骨。据说他居朱竹君幕时,与同事议论偶不合,买舟竟行,翌日追之,已不及矣。其标格清峻如此。"泥絮沾来薄幸名",正是他感到自己不可一世的诗名,只不过如同坠落在泥淖里的柳絮,难以飞举,而自己与世的落落寡合,被一些权贵们认为高傲的不识抬举和不近人情的"薄幸"之人!

实际上他之所以如此,正是因为胸有不平之气,他打心底里就厌恶当时整个腐败的官场和儒林。所以《杂感》颈联这样写道:"十有九人堪白眼,百无一用是书生。"他清醒地认识到:他面对的"乾隆盛世",实际上是一个是非不分、人情险恶、倒行逆施的世道。"穷途日暮皆倒行","悲来举目皆行尸"。他曾在"何事不可为"的诗中,揭露了那批不惜认人作父,攀龙附凤的官迷。他还写了一首《圈虎行》,表面上写杂技,实际上也是讽刺嘲弄那些朝中文武大臣——他们得了"骨头",丢了"骨气",貌似"老虎",实系"斑奴"。当今显官,名儒十之有九都是这类货色,诗人对他们自然要投之以"白眼"了!

而作为一个有操持的才志之士,在如此结党营私,尔虞我诈以追逐权势和财富的风气面前,只能"雨云翻覆随流辈,裘马轻肥让市儿"了。诗人"奋飞常恨身无翼",慨叹这个世界不是属于我们这类书生的,"识字多真累,为儒例合轻",在世人眼里,书生只是"百无一用"的大傻瓜!显然,"百无一用是书生"这句是反语,是牢骚,是愤世嫉俗的"不平鸣"!

真的"百无一用"吗?否,我有笔如刀,黄仲则说:"此身卑贱无一能,矫吭但欲为新声"。他要用自己的"新声"去抗争:"避人偷作文弹鼠,厌俗频将剑逐蝇,莫话单寒向行路,季裘虽敝尚能胜。"《杂感》尾联更向世人公开宣称:"莫因诗卷愁成谶,春鸟秋虫自作声。"此句下有"自注"云:"或戒以吟苦非福,谢之而已。"古人有"诗谶"之说,如果写诗作不吉利之语,往往在作者身上得到应验。因此有人劝他不要多作"幽苦语"。黄仲则表示不相信这种迷信,他的诗要像春天的鸟鸣,秋天的虫吟那样,发出的都是天籁之音。"莫因诗卷愁成谶"的"谶"字,实际上是"文字狱"的一种巧妙暗示。人们劝他谨防文字贾祸,而黄仲则表示不作迎合"盛世"的莺歌燕语,他,"只知独夜不平鸣"!

包世臣在《齐民四术》中说黄仲则"生性豪宕","慨然有用世之志,而见时流龌龊、猥琐,辄使酒恣声色,讥笑讪侮,一发于诗。"包世臣是很有见解的。时人及后来一些评论家往往只注意到黄诗"好作幽苦语",而视为唐代孟郊之类的"寒虫",他们实际上是忽视了黄诗"豪宕"和"讥笑讪侮"的一面。还是诗人张维屏看到了这一点,他说:"黄生抑塞多苦语,要是饥凤非寒虫。"正由于他是诗人中的"饥凤",才能"声称噪一时,乾隆六十年间,说诗者推为第一。"这位"饥凤""自作声"的精神在当时极其难能可贵的。郁达夫早在三十年代就看到了这一点,他在《关于黄仲则》一文中说:"他(黄仲则)的诗格,在社会繁荣的乾隆一代之中,实在是特殊得很的,我们但须看看他的许多同时代人的集子,就能明白。他们的才能非不大,学非不博,然而和平敦厚,个个总免不了十足的头巾气味。要想在乾嘉两代的诗人之中,求一些语语沉痛,字字辛酸的真正具有诗人气质的诗,自然非黄仲则莫属了。"这话说得极其深刻中肯,遗憾的是近若干年来,我们的文学史家们竟没有注意到这一点。

(高 原)

感旧四首(其一) 黄景仁

大道青楼望不遮,年时系马醉流霞。
风前带是同心结,杯底人如解语花。
下杜城边南北路,上阑门外去来车。
匆匆觉得扬州梦,检点闲愁在鬓华。

《两当轩集》中,有不少缠绵悱恻的情诗,《感旧四首》是其中最早的作品。据黄逸之《黄仲则年谱》,这四首七律作于乾隆三十年(1765),是仲则自述在宜兴氿里读书时的一段恋爱经历,其时,诗人年仅十七岁。至于诗人所恋者究属何人,则已难于详考了。

诗的首联写诗人与那位女郎的初次会面。"年时",犹言当年或那时。"流霞",指美酒,语出《抱朴子·祛惑》:"仙人但以流霞一杯,与我饮之,辄不饥渴。"诗人对初次会面时交杯狂饮的情景记得十分牢固,以致在二十七岁所写的《绮怀》诗中,犹深情地回忆:"三五年时三五月,可怜杯酒不曾消。"试想,十多年过去了,可是当时所饮的那杯酒仍醉在心头,不曾消除,可见那酒味是何等浓烈,那情意是何等真挚啊!顺便提一句,有人据首句"青楼"二字,便认定诗人所恋者为青楼妓女,其实,"大道青楼"乃化用曹子建《美女篇》"青楼临大路,高门结重关"之句,谓伊人深闭重楼之上,难以相见,但两情相通,终得一晤,"望不遮"三字,曲曲传出此意,李义山《无题》诗中所谓"金蟾啮锁烧香入,玉虎牵丝汲井回",是也。

领联写两人的定情相爱。"同心结",又名"同心方胜",是一种用锦带打成的菱形连环回文样式的结子,以象征男女间的相爱。梁武帝《有所思》诗云:"腰中双绮带,梦为同心结",亦此意也。"解语花",是唐玄宗称誉杨贵妃之语(见王仁裕《开元天宝遗事》),这里用以比喻伊人的美丽多情。此二句写得艳丽而不淫靡,流美而极含蕴。试比较仲则另一首小令:"一抹蓬松香鬓,绣带绾春深浅。忽地转星眸,因甚红潮晕脸?不见,不见,日上珠帘一线。"(《如梦令》)"一抹"二句,即诗中所谓"风前带是同心结";"忽地"二句,即诗中"杯底人如解语花"之意。

颈联写别后之怅惘。"下杜城"与"上阑门"均是地名,在长安的西郊,诗人借以代指与伊人相携共游之所。"南北路",见出相隔之迢遥与踪迹之难寻,晏殊所谓"独上高楼,望尽天涯路。欲寄彩笺兼尺素,山长水阔知何处"(《蝶恋花》),是也。"去来车",见出期待之殷切与失望之频繁,温庭筠所谓"过尽千帆皆不是"(《梦江南》),柳永所谓"误几回、天际识孤舟"(《八声甘州》),均此意也,只不过彼舟此车而已。

尾联紧承五六两句,写别后追忆之深。"匆匆觉得扬州梦",化用杜牧《遣怀》"十年一觉扬州梦,赢得青楼薄幸名"句意,表面看来,是对情场生涯的忏悔,实际上乃是一种无可奈何的喟叹。盖相见无由,只能寄之于梦,然而短梦难凭,匆匆便醒,怎不令诗人枨触无端?当年的杜牧,虽"落魄江湖",犹有长达十年之久的好梦,而诗人之梦,却"匆匆觉得",岂不更为可悲!"检点闲愁在鬓华",是自伤老大之辞。诗人《秋兴》诗序中说:"昔潘黄门以三十二见二毛,为赋秋兴。余则二十有三耳,临风揽鉴,已复种种。早凋如此,其何以堪?"既然他二十三岁已白发种种,那么十七岁时两鬓微斑,则完全可能,可知"闲愁在鬓华"云云,并非无病呻吟。值得注意的是,此句不仅是写实,也暗用了《古诗十九首》中"思君令人老"之意,说明诗人之所以两鬓花白,正是由于苦思伊人之故。

此诗前四句是写相见时的欢愉,后四句是写分别后的惆怅,以当时之乐,衬今日之悲,前后对比强烈,给人留下深刻的印象。特别是中间两联,一承一转,不仅针线细密,而且含蓄蕴藉,颇见诗人匠心。

(熊盛元)

感旧四首(其二) 黄景仁

唤起窗前尚宿酲,啼鹃催去又声声。
丹青旧誓相如札,禅榻经时杜牧情。
别后相思空一水,重来回首已三生。
云阶月地依然在,细逐空香百遍行。

此诗的意脉与前一首遥遥相通。"宿酲(héng)"二字,既绾合前首的"醉流霞"与"杯底",又承接"匆匆觉得扬州梦"一句,有峰断云连之妙。

首联是倒装错综句式,按正常语序,应是:窗前啼鹃又声声把我从宿酲中唤起,似乎在催我归去。这两句从字面来看,是化用韩愈《赠同游》"唤起窗全曙,催归日未西"之句,实际上也暗含金昌绪"打起黄莺儿,莫教枝上啼。啼时惊妾梦,不得到辽西"(《春怨》)之意。自一别之后,伊人踪迹杳然,只有梦中才能一晤,然而啼鹃无情，偏唤梦醒，怎不令诗人倍觉烦恼？诗中着一"又"字，可见鹃催梦醒已非一次。更何况杜鹃催归之日，正是春色将阑之时，岂不更使诗人平添一段烦恼？值得玩味的是"尚宿醒"三字，"醒"者，因酒醉而神志不清之谓也。诗人梦醒之后，而酒意犹未全消，神志仍然痴迷，是因为昨夜喝酒太多？还是因为在梦中又与伊人一道共"醉流霞"？也许二者兼而有之吧？

　　颔联二句是慨叹旧日之盟誓犹在，而此时之心境全非。"丹青"，指丹砂和青雘，是两种可作颜料的矿物，因其色不易褪去，所以常用来比喻坚贞不渝的盟约。阮籍《咏怀》中所谓"丹青著明誓，永世不相忘"，即是此意。"相如"，指司马相如，西汉时著名的辞赋家，因其曾以琴声挑逗卓文君，故用以自比。"丹青旧誓相如札"，意谓我们当日信誓旦旦的盟约还留存在书札之中。"禅榻"，指和尚坐禅的床榻。杜牧《醉后题僧院》诗云："今日鬓丝禅榻畔，茶烟轻飏落花风。"仲则借用此典，乃是状写此时独处的索寞惆怅之情，并非真的悟出了"空即是色，色即是空"的禅理。就其结构来看，此句既遥承前首"匆匆觉得扬州梦"之句，又为下文的"回首三生"与"细逐空香"埋下伏笔。

　　颈联乃刻骨情语，写得极为凄苦。"别后相思空一水"，化用《诗经·秦风·蒹葭》"所谓伊人，在水一方"与《古诗十九首》"盈盈一水间，脉脉不得语"句意，其苦涩之况味，与李义山"直道相思了无益，未妨惆怅是清狂"（《无题》）庶几相近。"重来回首已三生"，意境大似义山"此情可待成追忆，只是当时已惘然"（《锦瑟》）。所谓"三生"，指前生、今生和来生，系佛家用语。仲则自知今生已无缘与伊人相会，故只好寄望于来生，如此凄厉之句，读来真令人悲恸欲绝。《两当轩集》中，与此相类的怨断之音甚多，如"三生难化心成石，九死空尝胆作丸"（《杂感四首》），"茫茫来日愁如海，寄语羲和快著鞭"（《绮怀》）……无怪乎洪亮吉会把他比作"咽露秋虫，舞风病鹤"（《北江诗话》）了。

　　尾联紧承"重来"一句，谓当时幽会处的云阶月地依然如故，但伊人已去，只余一片空香，供我细逐追寻而已。"云阶月地"，指笼罩在彩云明月下的幽阶，东坡所谓"月地云阶漫一樽，玉奴终不负东昏"，是也。"空香"，指缥缈不定、若有若无的香味。佛家认为，一切香气，终归虚无，故曰"空香"。仲则借用此辞，以喻伊人当年的芳踪。盖伊人虽去，其音容笑貌依稀宛在，一如散发在空际的余香，飘忽无定，瞻焉在前，忽而在后也。"细逐空香百遍行"，是一种幻觉描写，表面看来，似乎无理可喻，其实正是诗人神魂痴迷的绝妙写照。非深于情者，不能有此幻觉；非擅写情者，不能得此妙句。仲则《丑奴儿慢·春日》词中，亦写幻觉，可与此同参："徘徊花下，分明认得，三五年时。是何人挑将竹泪，粘上空枝？请试低头,影儿憔悴浸春池。此间深处,是伊归路,莫学相思。"

仲则之诗,大体充满一种抑郁的情调。他在《杂感》诗中曾这样表现他的文艺主张:"莫因诗卷愁成谶,春鸟秋虫自作声。"并在诗后自注云:"或戒以吟苦非福,谢之而已。"在仲则看来,诗乃是诗人的不平之鸣,就像春鸟秋虫一样,要唱出自己内心的悲哀。这首诗完全体现了仲则的这一文艺主张。有趣的是,法国现代派诗人波德莱尔也有类似的看法,他认为诗歌的目的在于发泄"人生苦恼",任何"美"都会"有不幸在其中",而"忧郁"则是"美的最灿烂出色的伴侣"(转引自陈慧《论西方现代派文学及其他》)。波德莱尔也擅写幻觉,倘若他读过仲则之诗,一定会把仲则引为同调的。

(熊盛元)

感 旧 四 首(其三) 黄景仁

> 遮莫临行念我频,竹枝留涴泪痕新。
> 多缘刺史无坚约,岂视萧郎作路人?
> 望里彩云疑冉冉,愁边春水故粼粼。
> 珊瑚百尺珠千斛,难换罗敷未嫁身。

在前首诗的结尾,诗人写道:"细逐空香百遍行"。在那飘忽无定的"空香"之中,伊人的倩影已仿佛出现在诗人的眼前,诗人按捺不住内心的激动,喃喃地对她说:"遮莫临行念我频,竹枝留涴泪痕新。"你切莫在临行时频频地叨念我啊!也切莫再为我哭泣,致使斑斑的湘妃竹上又添上新的泪痕。诗人不说自己忆念之切,泪水之多,却劝对方不要叨念自己,无须泪水汍澜,这种发自内心深处的痴情呼告,直可惊泣神鬼,感发风云矣!尤堪寻味者,"念"已"频"矣,偏云"遮莫";"泪"已"涴"矣,偏又曰"留",遂使诗句更多一番曲折,别饶一番情致。

"多缘刺史无坚约,岂视萧郎作路人",这两句乃是诗人对"她"的内心披露:你大概是因为怨我像扬州刺史杜牧一样没有立下坚约,才被迫嫁人吧?但即便如此,你也不该把我当成陌路之人呀!"刺史",指杜牧,他在扬州时,曾与一女相恋,约定十年之后迎娶。后任扬州刺史时,寻访此女,方知她已嫁人生子。因赋诗一首:"自是寻春去较迟,不须惆怅怨芳时。狂风吹尽深红色,绿叶成阴子满枝。""萧郎",泛指为女子所恋的男子。崔郊《赠婢诗》:"侯门一入深如海,从此萧郎是路人。"仲则用此二典,似乎是自责当时盟约不坚,又似乎是嗔怪伊人对己薄情,但前首诗中,明明有"丹青旧誓相如札"之句,怎能说"刺史无坚约"?这首诗中,明明有"遮莫临行念我频"之劝,她岂会视我"作路人"?可见此二句实是对封建礼教的咒罟,包含着一种万劫不复的怨悱。

"望里彩云疑冉冉,愁边春水故粼粼",此二句是仲则诗中最出色的幻觉描写。"彩云"一词,在古人的笔下,常是美丽女子的象征。李白"只愁歌舞散,化作彩云飞"(《宫中行乐词》)、晏小山"当时明月在,曾照彩云归"(《临江仙》),可证。诗人望着冉冉飘飞的彩云,眼前似乎幻出伊人轻盈的体态。"疑"字极妙,既点出"望里彩云"是一种幻觉,又衬出诗人内心深处的企盼与痴迷。"愁边春水",暗融李后主"问君能有几多愁,恰似一江春水向东流"(《虞美人》)句意,但比原句更为凝练、含蕴。"故"者,故意也。春水流动,已使诗人生愁,而春水更不饶人,故意漾起粼粼绿波,搅乱诗人本难平静的心澜,这对诗人来说,岂不更是"献愁供恨"么?可见诗中的"春水",并非单纯的比喻,而是带有浓厚感情色彩的象征,它象征着潜藏在诗人心灵隐秘处的欲望,这种欲望因"望里彩云"而触发,可惜的是,这种欲望遭到现实环境的压抑,根本不可能付诸实现,此仲则所以有"愁边"之叹也。值得一提的是,西方现代派诗人艾略特的《荒原》有"水里的死亡"之句,也是以水象征情欲。艾氏不可能读过仲则此诗,而构思却如此相似,可见中西文心大可沟通。

最后两句点明自己悲伤的原因:心中的伊人已入侯门,纵有珊瑚百尺,珍珠千斛,也难换取她未嫁之身了。"罗敷",是古时对美女的通称。汉乐府民歌《陌上桑》:"秦氏有好女,自名为罗敷",《孔雀东南飞》:"东家有贤女,自名秦罗敷。"仲则借以指代伊人。这两句是让步句式,此种句式,一般都用"纵"字关联,如"纵有花枝如画里,看花不似少年情"(程立本《题梨花图》)、"如今纵有相逢处,不是桃花是绿阴"(赵师秀《采药径》)、"黄金纵买长门赋,逝水终惭太液波"(邬佐卿《宫词》)……仲则所以不用关联词语,一来是想加强语势,二来是避免句式与颔联重复,倘改作"纵然留得珠千斛"或"纵然百尺珊瑚在",则不仅强调的语气减弱,而且句式也嫌板滞矣。

(熊盛元)

感 旧 四 首(其四) 黄景仁

从此音尘各悄然,春山如黛草如烟。
泪添吴苑三更雨,恨惹邮亭一夜眠。
讵有青鸟缄别句?聊将锦瑟记流年。
他时脱便微之过,百转千回只自怜。

《感旧四首》是组诗。这种形式贵在潜气内转,所谓"草蛇灰线,伏脉千里"是也。即以此诗开头"从此音尘各悄然"为例,它不仅紧承第三首的结尾,而且远承第二首的"别后相思空一水"与第一首的"下杜城边南北路,上阑门外去来车"。结构如此细密,诚令人惊叹。刘勰云:"若夫绝笔断章,譬乘舟之振楫;会词切理,如引辔以挥鞭。克终底绩,寄深写远"(《文心雕龙·附会》),此之谓也。

"从此音尘各悄然",写的是人各一方的怅惘。昔韦庄《荷叶杯》词云:"惆怅晓莺残月,相别。从此隔音尘。如今俱是异乡人,相见更无因。"现在,伊人已非"罗敷未嫁身",而是"侯门一入深如海",自然也是"相见更无因"了。"春山如黛草如烟",又转写幻觉。伊人既不可见,只有怅然凝望。那远处隐约的春山,似乎幻出她青青的眉黛;那远粘天际的芳草,漠漠如烟,似乎幻出当日云烟般的情事。然而,这一切幻境,非但不能慰藉诗人孤苦的情怀,反而使他更添一段忧愁。他想起李义山"总把春山扫眉黛,不知供得几多愁"(《代赠》)和李后主"离恨恰如春草,更行更远还生"(《清平乐》)之类的诗句,不禁更觉凄迷。

"泪添吴苑三更雨,恨惹邮亭一夜眠",颔联二句融情入景,景中含情。"吴苑",古诗中多用来代指苏州,那里当是他当年与伊人幽会之地。"邮亭",犹言驿站或旅舍,暗示诗人已在旅途之中,与第二首"啼鹃催去又声声"呼应。时间的递换,地点的转移,于此透露消息,此乃诗人文心细密之处,不可轻轻放过。三更雨声,频频入耳,诗人之彻夜不眠可知。风雨无情,鲜花不知又凋残几许,诗人为此而伤心流泪,真个是"枕前泪共阶前雨,隔个窗儿滴到明"(聂胜琼《鹧鸪天》)了。身置吴苑,已不胜愁;及至邮亭,更增离恨,想起陶谷《风光好》中"好姻缘,恶姻缘,只得邮亭一夜眠"及周清真《大酺》中"邮亭无人处,听檐声不断,困眠初熟"之句,不禁倍觉凄清矣。这二句写雨中情怀,把无尽的相思融入迷濛的雨中,意象流美,情韵俱佳,堪称绝妙佳句。

"讵有青鸟缄别句?聊将锦瑟记流年",颈联二句是流水对,语气前后贯通,笔致圆融流走。"讵有",犹言岂有或哪有。"青鸟",即青鸟,相传是西王母的使者(见《山海经》郭璞注)。诗中为迁就平仄,故易鸟为乌。就意脉看,此句遥承首句之"音尘各悄然"。"锦瑟",语本李义山《锦瑟》诗。仲则所谓"聊将锦瑟记流年"者,即义山诗中"锦瑟无端五十弦,一弦一柱思华年"之意也。这两句意思是说:哪会有西王母的青鸟为我传递别后的诗句?只能姑且凭李商隐的《锦瑟》诗记录已经流逝的华年。诗中"讵"、"聊"二字,相互推挽,使两句气脉相连,此诚虚词之妙用也。

"他时脱便微之过,百转千回只自怜",尾联二句,设想将来重会时情景。"脱便",犹言倘使。"微之",是唐代诗人元稹的字。元稹曾作《会真记》传奇,记张生与崔莺莺的相恋经过。张生中举后遗弃莺莺,莺莺亦改适他人。后来张生过其居,莺莺潜寄一诗云:"自从消瘦减容光,百转千回懒下床。不为旁人羞不起,为郎憔悴却羞郎。"仲则借用此典,以比况自己与伊人的一段情史,并推想他日即便重逢,也无法再续旧缘,只能百转千回,枉自嗟叹而已。一般来说,在推想将来时,总希望能有好的结局。可是,仲则却不然,可见他此时失望的情绪已到极点。

"缠绵思尽抽残茧,宛转心伤剥后蕉",这是仲则《绮怀》中的两句诗,也可以说是《感旧四首》的基调。这四首诗所表现的,正是这种缠绵的思绪和宛转的情怀。这是一种古老的题材,从诗经、楚辞到汉乐府、六朝民歌,以至唐诗、宋词、元曲,名篇佳什已不计其数。倘无真挚的情感与超人的才思,是决不可能再出新意了。可贵的是,仲则以他细腻的笔触,蘸着他的血泪,写出了丝毫不比前人逊色的爱情诗篇。仲则在爱情上失败了,但他的创作却获得成功。人的一生之中,谁也不希望发生此类悲惨的情事;但文学的宝库里,却不可没有此类缠绵的诗篇。仲则何以会在创作上获得成功?这当然与他超人的才气分不开,但最关键的是,他是用自己的泪,自己的血,乃至自己整个的生命去写诗。朱石君《念奴娇·题黄仲则词后》中说:"感慨凄凉,尽平生、呕出一腔心血。"我以为,这就是仲则诗何以能感发人心的真正原因。

(熊盛元)

感旧杂诗四首(其一)   黄景仁

风亭月榭记绸缪,梦里听歌醉里愁。
牵袂几曾终絮语,掩关从此入离忧。
明灯锦幄珊珊骨,细马春山剪剪眸。
最忆濒行尚回首,此心如水只东流。

这是一首回忆往昔恋情的诗,全组诗共四首,这里选的是第一首。据后几首中"柘舞平康旧擅名,独将青眼到书生"等语来看,诗人回忆的对象是一位青楼女子,当时两心相契,感情十分投合,然而旋即分手,遂成终身遗恨。据"而今潘鬓渐成绿,记否羊车并载时"诸语来看,则此诗应是诗人后期的作品。虽然时隔很久,然而当诗人想起了与她共度的美好时光,犹如历历在目,难以忘怀。

风亭月榭,是情人们常去幽会的地方,它似乎记录了诗人与恋人的绸缪之情。当时听歌酣饮,欢会无息,然而似乎已预计到了日后的分别,一种淡淡的忧愁已趁着醉意爬上了情人们的心头。她常常牵动着诗人的衣袖,絮语聒聒,卿卿我我;然而当她掩门离去,诗人便沉入了无尽的离愁之中。

"明灯"句是回忆她在华灯明烛、锦幄高张之下的丰姿秀骨。以"珊珊"来形容"骨",令人想见其步履缓慢,飘逸多姿的体态,然又不乏挺拔潇洒的风骨。"细马"句则是追忆他们双双出游时的情景,她那明眸炯炯有神,摄人心魄;"剪剪"本形容风的削人脸面,唐朝韩偓的《寒食夜》诗中就有"恻恻轻寒剪剪风"之句,然此处黄仲则用来形容情人的眸子,极言其销魂摄魄的魅力。

尾联写他们分手之时,她又频频回首,默默无语而依依难舍,无限眷恋之情溢于言外。结束句"此心如水只东流",是她内心的道白。意谓我已以心相许,愿与君永结同好,犹如汤汤的河水东流,永不改变方向。这也许是她曾向诗人表白过的誓盟,也许是诗人自己从她那百般留恋难舍的情态中体会到了她内心的思绪。由此可见到两人情感的诚笃。

此诗用了一种很有特色的艺术手法。诗人通过回忆,重新唤起了往昔与恋人相处时的欢乐与两人间的柔情蜜意,而回忆的链索又是断断续续的,它如意识流派的小说和新印象派的电影,不受时空的限制,择取了最具典型意义、最富于特征的片断,构成了它强烈的艺术效果。诗人的笔也是跳动的,具有很强的选择能力。"风亭月榭"固然是泛指恋人的相会之地,然在诗人心中却有着某种特殊的魅力,因它印下了诗人青年时代的雪泥鸿爪,记下了他与恋人的缱绻之情,因而此处的"风亭月榭"也就有了特殊的内涵,具有一种牵动人心的力量。牵衣絮语,表现了恋人间的情意绵绵,诗人只用了一句来刻画此种情状,旋即又从她掩户离去后的相思之苦来反衬出他们之间的浓情蜜意,诗人所择取的两个场景都是很有典型性的,其中人物的动态、言语、心理宛然可见,读之如睹其面,如闻其声。"明灯"两句也是选取了户内与户外两个典型的环境来勾勒出她楚楚动人的容姿,一写其"骨",一言其"眸",然一个活生生的立体的佳人形象已呼之欲出,由此可见诗人取材摄像与驾驭语言的功夫。"最忆"一联则达到了全诗的高潮,诗人将其记忆中最珍贵的一幕显示给了读者,恋人间依依难舍的千般柔情都在"濒行尚回首"五字中曲曲传出。诗人的生花妙笔抓住了这一具有典型意义的动作,将深厚诚挚的感情具体落实在一个细小的动作中,令人看到了她内心世界。于是,最后迸发出"此心如水只东流"的誓语。整篇的布局是松散的,是若干场境与细节的汇合,然它又是统一的,在一种强烈的感情基调中得到统一,这就造成了此诗的艺术魅力,读来恻恻感人,难以忘怀。

(王镇远)

绮　怀　　　黄景仁

几回花下坐吹箫,银汉红墙入望遥。

似此星辰非昨夜，为谁风露立中宵。
缠绵思尽抽残茧，宛转心伤剥后蕉。
三五年时三五月，可怜杯酒不曾消。

　　黄仲则少年时和他的表妹有一段恋情，不知何种原因有情人未成眷属。她远嫁多年之后，有一次，在她生子的"汤饼"宴会上，偶然相见，她还流露出未忘的旧情，引起作者的追忆和感慨，作"绮怀"十六首。

　　此时诗人二十六岁（乾隆四十年），客居安徽寿州，以教书为业。那堪孤馆寂聊，感慨人生，追忆那已经失去的青春的绮丽的梦。诗的开篇说：想当年，我多少次坐在花下吹箫，以箫声向她倾诉自己的爱情。汉代风流才子司马相如不就曾"琴挑"卓文君么，还有那萧史与弄玉，不就是凭一枝箫管缔结良缘，那是多么富于浪漫的色彩啊！

　　然而现实生活留给我的只是一片怅惘和终生的遗憾："银汉红墙入望遥"，我忍受着多少相思的痛苦煎熬，痴痴地凝望着那人儿居住的"红墙"，虽然近在咫尺，却好像在那远不可及的九霄银汉。可怜我们始终未能逾越这高高的"红墙"啊！

　　已经过去的就让它过去吧，何曾想到多少年后这青春的恋情又搅得我不能平静。诗人夜不能寐，走出户外，在星月下徘徊。他一边沉吟着李商隐的诗句："昨夜星辰昨夜风，画楼西畔桂堂东。"一边想着，自己当年不是也曾和她幽会于"画楼西畔桂堂东"吗？那个难忘之夜的星辰，不也是像今夜的星辰这样的明亮、可爱么？诗人又忽然从迷离恍惚的梦境中醒来，喟然发出一声长叹："似此星辰非昨夜，为谁风露立中宵！"虽然当年那个夜晚星辰和今夜的星空一样，但毕竟不是当年那温馨旖旎的夜晚了。"星辰"不变，人事全非！记得当年那个夜晚和伊人幽会时，两人忘记了时间的流逝，而今夜……我孤身只影，呆呆鹄"立"于风露之中，又是为谁呢？又还有什么意义？诗人自知无用，却又痴心自苦，真是千古伤心人也！颔联这两句诗，写情最为深刻，活现出诗人一片痴情神态，遂成为脍炙人口的名句。郭麐《灵芬馆诗话》说，作者友人杨荔裳（揆）在黄诗中最爱诵此联，洪亮吉《北江诗话》也称此联为"隽语"。

　　也许连诗人自己也感到惊奇，这段青春恋情竟然使自己如此刻骨铭心。李商隐吟出千古名句："春蚕到死丝方尽"；而我黄仲则呢？则是"缠绵思尽抽残茧"，我的缠绵的情思尽管也像春蚕那样吐尽了，一切可以休矣！然而，不，这情思（丝）又作成了茧，把我牢牢缚住，我是"此生无分了相思"了！李商隐又曾形容愁情说:"芭蕉不展丁香结",而我黄仲则这颗心啊,则是"宛转心伤剥后蕉",我的心完全破碎了,就像那芭蕉被剥光了一层层叶子,快要枯萎了!颈联这两句诗化用李商隐诗句,而在意思上更翻进一层。感情惨恻,沉着,比喻真切。

诗人中宵徘徊于风露中,时间已经很晚很晚了。看看天上的星辰依然皎洁。哦,原来这是十五(阴历)的月夜啊!记得我和她那次密约幽期,不也正是自己十五岁时(三五年时)一个阴历十五的月夜吗?记得那时刻,她斟给我一杯美酒,酒是那样的醇美甜蜜,我完全陶醉了,直到今夜,似乎我还被它陶醉着。这杯人生的美酒啊,可怜我此生永远不能消受了!

"心如莲子常含苦,愁似春蚕未断丝"(黄仲则《秋夕》诗句),可说是黄仲则爱情诗一个共同的基调。上面这首"绮怀"也是同样的韵味。感情缠绵悱恻,动人心弦。诗人在爱情的失望中苦苦挣扎,无法挣脱强烈的思恋之情,字里行间蕴含着无限的痛苦与感伤,其一往情深颇似李商隐的无题诗。显然,黄仲则的爱情诗是师法李商隐的。但又不同于李诗的秾艳晦涩,他能做到语言清新明晰而又感情强烈,虽没有李诗那种朦胧神秘的色彩,却自有一种深切真挚的美感。张维屏说他"不必求奇而自奇,故非牛鬼蛇神之奇;未尝立异而自异,故非佶屈聱牙之异。众人同有之意,入之此手而独超;众人同有之情,出之此笔而独隽"。(《国朝诗人徵略》)这大概就是黄仲则诗特有的艺术特色吧!

(铁 明)

秋　夕　　　　　　　　黄景仁

桂堂寂寂漏声迟,一种秋怀两地知。
羡尔女牛逢隔岁,为谁风露立多时?
心如莲子常含苦,愁似春蚕未断丝。
判逐幽兰共颓化,此生无分了相思。

这是一首哀感顽艳的情诗。据诗意推测,是作者早期的作品。郁达夫先生的小说《采石矶》中对此诗的创作作了很凄艳的描述:"仲则(景仁字)竟犯了风露,在园里看了一晚的月亮……,他忽然感触旧情,想到少年时候的一次悲惨的爱情上去。"这显然是从本诗中"为谁风露立多时"一句想象出来的故事。

桂木筑成的堂中静寂无声,只听到更漏滴滴。诗人遥想远处的恋人,虽异地相隔,然而人心心相印,相思之情是一致的。诗人凭借想象,突破了时空的限制,将恋人间两心相契的心理浓缩在"一种秋怀两地知"一句之中。如此凄清寂寥的秋夜,怎能抑制住对远方情人的刻骨相思呢?诗人于是走到园中,那秋夜的星空又令人想起牛郎、织女,他们还可以在每年的七夕相逢一次,而诗人如今在这风露中伫立多时,又是为了谁呢?这里,诗人以极平淡质朴的语言为自己勾勒了一个剪影:伫立凝想,默默无言,举眼望天,心沉神驰。一个多愁善感而痴情的年轻诗人形象于其中已呼之欲出了。他的另一首诗中有"似此星辰非昨夜,为谁风露立中宵"之句,与此句同一意境,说明这是诗人自己反复描绘的自画像。

诗人在爱情的追求与失望的痛苦中挣扎,于是他感叹道:我就像莲子那样永远藏着一颗苦涩的心;愁思像春蚕的丝绵绵不断,无法排遣。我的一生注定逃脱不了这相思之苦的命运,任凭自己的生命随着幽谷之兰的萎谢凋零而逝去吧!黄仲则少年多病,常有年寿不永的自悲自叹,他似乎已预见到了自己的早逝,然而又无法摆脱相思之情,最后两句便是他对至高无上的爱情的礼赞,表达了自己对此执着的追求。他希望上苍判给他这样的命运:永远追逐着兰草幽远的芬芳,即使与兰草一起凋落化为泥土亦不辞。生命何足惜,而相思之情永不会完结。这里的"幽兰",虽然诗人没有明言所指,但我们大致可以揣想到,那就是他的爱人的化身。

爱情是诗歌创作中永恒的主题,然而表现爱情主题的方式是千变万化的,中国古典诗歌中也是如此。南朝民歌以质朴无华的语言来表达男女间的思慕,李商隐的艳诗则以秾艳晦涩的笔调抒写自己的恋情,而黄景仁的这首情诗却以清新而强烈的表现方式抒写自己的恋情,带有明显的个人特色。此诗也显然有脱胎于李商隐诗的痕迹。如开头的"桂堂"一词,就使人想起义山《无题》中的"昨夜星辰昨夜风,画楼西畔桂堂东"两句,唤起了男女幽会的联想。又如"心如莲子"一联,也显然取法于李商隐"春蚕到死丝方尽,蜡炬成灰泪始干"的名句。然而我们读黄景仁的诗,却没有义山那种朦胧神秘的色彩,代替它的是一种深切真挚的美感。如此诗一气流走,畅达明晰,而情深一往,感人肺腑。语言是晶莹透明的,没有些许费解晦涩之处,然意蕴却并非一览无余,而是随着感情的波澜深婉激荡,如第一句中"漏声迟"三字,暗示出诗人于孤独寂寞中倍感长夜难度的心态。第二句中"一种"与"两地"可谓当句成对,构成了强烈的时空交错的效果。总之,语言的明畅与感情的强烈在此诗中达到了高度的统一,前人所谓语浅情深,此诗堪当。

(王镇远)

春 日 客 感　　　　　　黄景仁

只有乡心落雁前,更无佳兴慰华年。
人间别是消魂事,客里春非望远天。

久病花辰常听雨,独行草路自生烟。

耳边隐隐清江涨,多少归人下水船。

此诗写于乾隆三十七年(1772)春天,时黄景仁在安徽学政朱筠官署作幕僚。正是江南春暖花开的季节,春风和煦,春江水暖,景色怡然。但在客居异地的诗人笔下,没有出现大自然的美好春色,却是南下越冬正要展翅北归的鸿雁。古诗中常见以鸿雁的回归寄托自己的乡思,"白水落春塘,旅雁每回翔"(南朝梁沈约《咏湖中雁》),就是一例。黄景仁正当"华年"即风华正茂的时候,为生计所迫,权作幕宾,虽然颇受朱筠的器重,但终究寄人篱下,有家归不得,思乡之心飞得比大雁更快,自然不会有兴致去观赏眼前的良辰美景,更不可能从中得到慰藉。"只有乡心落雁前,更无佳兴慰华年"两句,写出他的内心感受。前句脱胎于隋薛道衡《人日思归》的"人归落雁后,思发在花前",而又旧句翻新,别具趣味。

"人间别是消魂事,客里春非望远天"两句,更深一层写诗人对亲人的思念。别离是人世间最令人魂牵梦萦的事,"黯然销魂者,唯别而已矣。"(江淹《别赋》)黄景仁在异乡作客,与亲人离别的时间越长,思念之情越深,没有闲情逸致登高望远,害怕因此更加牵动思乡的愁肠。

前四句是总写春日的悲愁,至后四句,则具体写春景给诗人的感触。黄景仁以久病多愁之身,面对繁花似锦、芳草萋青的迷人景色,却视而不见,他所留意的,常常是耳旁听到的淅沥雨声,因为这才是与他的伤感情怀相合拍的声音;诗人独自行走在春草丛生的路上,也会感到草际烟波迷濛,令人黯然神伤;远处隐约传来江水上涨的声音,他想到有多少归乡的游子将乘船离去,更是愁绪频添,悲不能言。本诗最后四句没有用一个"愁"字,却把无法排遣的愁情,表现得淋漓尽致。

此诗采用情景交融的手法,使景语也成情语,两者浑然一体,给读者以更加强烈的感受,取得极好的艺术效果。

(李国章)

山 房 夜 雨　　　　　黄景仁

山鬼带雨啼,饥鼯背灯立。
推窗见孤竹,如人向我揖。
静听千岩松,风声苦于泣。

仲则之诗,往往采用"理智的交融"的表现手法。所谓"理智的交融",是一种"超出正常的感情、理性之外的内心体验。在这种体验中,主体与对象完全融合在一起"(彼德·琼斯《意象派诗选》)。这首诗很能体现这个特色:六句诗中,每句都有一个独特的物,物与物之间,构成独立的景,景中又寄寓着诗人的情,形成一种特有的意象:物——景——情。雨中的山鬼、背灯的饥鼯这两个物体,构成凄迷之景,显现诗人的寂寞之情;窗外的孤竹、窗内的诗人这两个实体,构成挺拔之景,体现诗人的孤傲之情;岩上的群松、松间的寒风这两种实物,构成萧飒之景,表现诗人的凄苦之情。这六种物,三幅景,又笼罩在一片烟雨之中,更增添一种迷惘之情,从而构成一个统一完整的意象。

由黄仲则的这首诗,我们很自然地会联想到美国意象派诗人杜利脱尔的《奥丽特》:"翻腾吧,大海——/翻腾起尖尖的松针,/把你巨大的松针/倾泻在我们的岩石上,/把你的绿扔在我们身上,/用你池水似的杉覆盖着我们。"大海即松林,松林即大海,诗人融化在那一片神秘的绿中,这与黄仲则融化在那一片迷濛的烟雨中的意象不是极为相似么?

这种"理智的交融"手法,溯其源流,当来自李贺与李商隐。先看李贺的《秋来》诗:"桐风惊心壮士苦,衰灯络纬啼寒素。谁看青简一编书,不遣花虫粉空蠹?思牵今夜肠应直,雨冷香魂吊书客。秋坟鬼唱鲍家诗,恨血千年土中碧。"李贺此诗,写得"鬼"气幢幢,特别是"衰灯"与"雨冷"二句,前者以络纬的啼声,比成织布的杼声,以"啼"字绾连,而不作理性的说明;后者不说书客凭吊鬼魂,却反过来说"香魂吊书客",意象阴冷肃杀,色彩昏黯冷艳。仲则诗中"山鬼带雨啼,饥鼯背灯立"二句,显然受了李贺的影响,但情感是凄迷的,不像李贺那样凄厉;虽然也出现了"鬼"字,但并不像昌谷那样阴冷,使人毛骨悚然。再看李商隐的《楚宫》:"湘波如泪色漻漻,楚厉迷魂逐恨遥。枫树夜猿愁自断,女萝山鬼语相邀。"玉谿生此诗同样也受李贺的影响,也以"鬼"来渲染迷离怅惘之情,但境界似比李贺更其茫远。就这一点来说,仲则似乎更接近义山。不过仲则诗中的物象是两两对举,与玉谿"枫树"一联表现手法相似,而不同于玉谿"湘波"、"楚厉"两句的层进与补充。总之,仲则继承了李贺与李商隐的表现手法,但又有所变化,就"物——景——情"三者的浑然一体而言,似乎比昌谷、玉谿更加成功。

一般来说,运用这种表现手法的诗歌,其主旨往往难以把握。仲则此诗的主旨究竟何在?我以为把握它的关键是"推窗见孤竹,如人向我揖"两句。"孤竹,竹特生者"(参见《周礼·春官》注)。山中之竹本来很多,但在诗人眼里,却只有一竿孤零零的竹子,这不正是诗人自我形象的写照么?仲则长期寄人篱下,壮志难酬,他希图自立,像窗外的孤竹那样,直节凌云。他也许由此联想到孤竹君之二子伯夷、叔齐的"耻食周粟",而自己却为生活所迫,不得不依人幕下,因而在恍惚间产生一种"如人向我揖"的幻觉。这种幻觉,既显示出诗人内心的凄苦,同时也体现了他孤傲耿介的性格。

(熊盛元)

秋　夜　　　　　　　　　　　　　　黄景仁

> 络纬啼歇疏梧烟,露华一白凉无边。
> 纤云微荡月沉海,列宿乱摇风满天。
> 谁人一声歌《子夜》,寻声宛转空台榭。
> 声长声短鸡续鸣,曙色冷光相激射。

乾隆三十七年(1772)秋天,黄景仁仍在安徽学政朱筠的官署中,此时,他正随着朱筠,来到六安,写作此诗。

在古代文人的笔下,秋天是令人伤感的,"悲哉,秋之为气也,肃杀兮草木摇落而变衰。"(宋玉《九辩》)本诗开头两句,诗人为我们描绘秋风萧瑟的景象,在夜色苍茫之际,稀疏的梧桐树上笼罩着迷濛的烟雾,络纬(又名莎鸡,俗称纺织娘)的鸣声时断时续地啼叫着,一阵阵凉意沁人心肺,白露为霜,寒彻无边的大地。"纤云微荡月沉海,列宿乱摇风满天"两句,写秋高气爽、轻云飘荡的天空景色,明月已沉向海中,满天星宿闪烁,令人感受到阵阵秋风在天际吹拂,天空与大地的秋色相互呼应,极力渲染秋夜幽静的气氛。

"谁人一声歌《子夜》,寻声宛转空台榭。"《子夜歌》是南朝时流行在江南的民间歌曲,据《宋书·乐志》记载:"有女子名子夜,造此声。"曲调多哀怨。后来又有《子夜四时歌》,分春夏秋冬四歌,抒发一年四季的生活情感。在万籁俱寂的秋夜中,络纬的唧唧声已经显得格外清晰,而歌声更是冲破静谧的夜空,回荡在亭台楼榭之间,撩人情思,使人难以入眠。本诗用"声长声短鸡续鸣,曙色冷光相激射"两句作结,描写雄鸡连续不断地报晓,熹微的曙色与清冷的月光交融激射,夜幕逐渐隐退,预示着黎明即将到来。

全诗用极为清丽深沉的语言,抓住极具特色的景物与情状,在读者面前展现出一幅清幽冷寂的秋夜图,其清新俊逸的格调,深受李白诗歌的影响,"此真能直闯太白堂奥,东坡而后罕有其匹。"(延君寿《老生常谈》)

(李国章)

笥河先生偕宴太白楼醉中作歌　　　　　　　黄景仁

> 红霞一片海上来,照我楼上华筵开。倾舸绿酒忽复尽,楼上谪仙安在哉! 谪仙之楼楼百尺,笥河夫子文章伯。风流仿

佛楼中人,千一百年来此客。是日江山同云开,天门淡扫双蛾眉。江从慈母矶边转,潮到然犀亭下回。青山对面客起舞,彼此青莲一抔土。若论七尺归蓬蒿,此楼作客山是主。若论醉月来江滨,此楼作主山作宾。长星动摇若无色,未必长作人间魂。身后苍凉尽如此,俯仰悲歌亦徒尔。杯底空余今古愁,眼前忽尽东南美。高会题诗最上头,姓名未死重山丘。请将诗卷掷江水,定不与江东向流!

以郁郁孤影伫立钱塘江岸,领略过"潮头障天天亦暮"、"大地与身同一浮"(《后观潮行》)之深切孤独的黄景仁,数年后又在太白楼上,乘着醉狂之兴,体味了人生的无限豪宕和苍凉。

这是一次轰动东南的美好宴会。地点既是在江波清幽的采石矶翠峦之上,时令又是"群莺乱飞"的暮春三月。当风流儒雅的主人、安徽学政朱筠(号"笥河","笥"读作 sì),笑盈盈出现在霞光辉照的楼筵间,数十位文士潇洒举觞之际,聚集于太白楼下的八府士子(那是来当涂就试词赋的后起之秀),该又多么欣喜、向往呵!

但最为人瞩目,并引得了四座一片喝彩之声的,却不是朱筠,而是年仅24岁的白衫幕僚黄景仁。此刻霞彩满楼,华筵生辉,与宴群彦早已进入"倾觞绿酒忽复尽"的豪饮之中。而我们的诗人,却正衣袂飘飘,独立于日影之下,放声吟成了这首"沉郁清壮"的醉中奇歌!因为是在红日喷薄的晨分,故诗之开笔未叙"华筵",先以新丽的墨色,铺染那"一片"映彻了东天的海上"红霞"。在这样的背景上,再展出耸峙江矶的太白楼和群彦"倾觞"的楼上"华筵",诗境顿觉空阔而又瑰奇。那辉映在波光霞影之中的筵间佳客,也因此带有了非同寻常的气度和风采!

然而,诗人毕竟还有一重撩拂不去的遗憾。因为"太白楼"的主人,终竟不是眼前"倾觞"的如许佳客,而是千年以前那位"高歌振林木,大笑喧雷霆"的"谪仙人"李白!所以,当诗中以一声"楼上谪仙安在哉"的啸叹,引出"风流仿佛楼中人"的"笥河夫子"时,诗面上固然是在赞扬主持这次盛会的上司朱筠,诗行间奔行着的,却是一股为怫郁啸叹激荡的悠邈怀思——放浪不羁的"谪仙人"李白,虽早已带着那"会须一饮三百杯"、"一生傲岸苦不谐"的豪情和痛苦离去;但他的流风遗韵,千年来又陶冶了多少旷放、"风流"的"文章"之伯!当黄景仁重又登临这"百尺"高楼时,能不对千年前来此啸傲过的诗仙李白,涌生无限的怀想?

循着这样的思致,接着无疑该跳向对李白身世的感怀,而化作慷慨悲歌的

"情语"了。但黄景仁作歌,却颇得李白歌行的纵横、舒卷之妙——他竟在俯仰百世、思接千载之际突然回笔,化出了凭栏远眺的清莹画境:"是日江山同(彤)云开,天门淡扫双蛾眉……"当低垂的烟云被升腾的红日冲开,秀丽的江山便以它特有的妩媚和清奇,逐一展开在诗人眼间。那夹江而峙的东、西梁山,横出于飘忽的薄雾之中,恰似一双淡淡的蛾眉,它就是当年李白赞之为"两岸青山相对出"的天门山。浩荡的江流,绕过突峙在外的"慈母(姥)矶"北折,终于在"然犀亭"下,化为一派回旋的清涛——这又是当年李白"夜泊"过的"牛渚";他正是在那个孤寂的秋夜,吟成了"登舟望秋月,空忆谢将军"的苍凉之句。

眼间的清丽之景,就这样衬托着太白楼上的诗酒盛会,显得多么富于风韵!它同时又融合着悠悠升浮的历史烟云,不时飘现出李白当年的傲岸身影,激发着黄景仁醉中放歌的奇情。所以,这一节陡然回笔的"景语"点染,非但没有隔断上文对"楼中人"的怀想之情,而且恰是在人去景存的画境展现中,蕴蓄着情感的更强烈迸发。

当诗人将目光投向太白楼遥对的"谢公山"时,这蕴蓄胸际的奇情,果然翻卷奔腾而不可按抑了。"青山对面客起舞,彼此青莲(李白)一抔土"!一位曾经满怀"长风破浪会有时,直挂云帆济沧海"壮志的奇士,一位在"安史之乱"中曾自豪宣告,"国耻未雪,何由成名?神鹰梦泽,不顾鸱鸢。为君一击,鹏搏九天"(《独漉篇》)的雄杰,李白的晚年却是那样落寞和潦倒。他漂泊金陵,卧病当涂,带着"大鹏飞兮振八裔,中天摧兮力不济"的不尽遗恨离世了!他从此长眠在太白楼"对面"的青山之上,任一抔黄土埋葬了万丈豪情——这又是怎样令人伤怀的结局!

潸潸的泪水涌出了"起舞"放歌的诗人眼眶,这与李白结了不解之缘的楼、山,刹那间激发了诗人对宇宙、人生的深沉思考。想到太白楼在千年间的几经兴废,唯有埋葬"谪仙"的青山却巍立了百世,他便觉得:人事不过是终"归蓬蒿"的历史过"客",长存的江山才是睥睨万代的真正"主"人。但当这寻常的江楼,一旦留有了诗名卓荦的李白之"醉月"啸吟,它就世世代代永竖在了人们心中,至今犹为文人学士流连、低回。他又觉得:历史的"主"角,毕竟是李白这样创造不朽事业的伟人;屹立不倒的江山,反不过是置身事外的冷眼看"客"而已!

这是对世事沧桑的嗟叹,还是对人生创造价值的感悟?纷纭的思致,引导着诗情在低回往复中盘旋,至此终于扶摇直上,令人神气为之一振。不过,李白的遭际毕竟又是悲惨的,所以当诗人吟到"长星动摇若无色,未必常作人间魂"时,又不免怆然欲泣了:李白出世的时候,母亲曾梦见长庚星入怀。这样的非凡之士,难道是应该饱尝人间忧苦,而常作月下孤魂的么?他身前既历尽坎坷,身后也竟然如此苍凉,只能长眠在远离故土的异乡,徒令后人登楼"俯仰"之际,不胜凄然放歌之"悲"!这一节写得感慨淋漓,忽而旷放、忽而哀婉,简直可以长歌当哭!黄景仁才华卓绝,但平生遭际也一样坎坷不遇。他是否在早已逝去的谪仙境遇中,隐隐看到了包括自身在内的才杰之士的共同命运;因而啸吟呜咽、不能自已,终于让怫郁的诗思,挟裹着不尽的伤怀而跌宕澎湃了?

但黄景仁对于自身的才华,终究也与那位"兴酣落笔摇五岳,诗成笑傲凌沧洲"的李白一样,是充满自信的。当他从醉酒狂歌的"今古愁"中醒来,面对着高会于此的"东南"群彦时,他深信包括自己在内的这一代人,决不会有负诗仙李白在冥冥中的寄望:我们今日"题诗"高楼,难道就不能像当年李白一样,在后世赢得名"重山丘"的美誉?倘若有谁不信,那就请将我们的诗卷投掷在滔滔的江流之中:它是一定峥嵘壮伟、升腾如峰,而不会被时光的长流所荡涤的!

这是向着诗仙长眠的青山,所发出的豪宕誓言。这誓言发自乾隆三十七年(1772)三月的太白楼上,震响在一位年方二十四岁的青年诗人笔底。它是如此令人振奋,而且也很快就变成了现实:这首清壮沉郁、感慨淋漓的歌行一经问世,聚会东南的八府士子立即争相传抄,出现了"一日纸贵"的奇迹。以至过了二百年之后,这首杰作及其令众多佳宾搁笔称叹的美谈,犹为文学史家津津乐道。倘若李白九泉下有知,恐怕也会引诗人为千古同调,而含笑举觞的吧?

(潘啸龙)

后 观 潮 行 　　　　黄景仁

　　海风卷尽江头叶,沙岸千人万人立。怪底山川忽变容,又报天边海潮入。鸥飞艇乱行云停,江亦作势如相迎。鹅毛一白尚天际,倾耳已是风霆声。江流不合几回折,欲折涛头如折铁。一折平添百丈飞,浩浩长空舞晴雪。星驰电激望已遥,江塘十里随低高。此时万户同屏息,想见窗棂齐动摇。潮头障天天亦暮,苍茫却望潮来处。前阵才平罗刹矶,后来又没西兴树。独客吊影行自愁,大地与身同一浮。乘槎未许到星阙,采药何年傍祖洲。赋罢观潮长太息,我尚输潮归即得。回首重城鼓角哀,半空纯作鱼龙色。

乾隆三十二年(1767)秋天,黄景仁应江宁乡试未售,值常州知府潘恂升任浙江观察使,他被邀赴杭州,居观察署中,曾前往钱塘观潮,写作此诗。在此之前,黄景仁曾写《观潮行》一首。

自古以来,钱塘观潮乃天下一大奇观,有不少诗人墨客写出脍炙人口的名篇佳句,如唐代大诗人李白在《横江词》中写道:"浙江八月何如此,涛似连山喷雪来。"宋代大作家苏轼也有"海上涛头一线来,楼前指顾雪成堆"(《望海楼晚景》)的名句,黄景仁这首七言古诗,对钱塘潮作出全过程的描绘,气势不凡,堪称写景诗篇中的杰作。

"海风卷尽江头叶,沙岸千人万人立。"诗人用极为简洁的诗句,写出海潮到来之前风卷落叶的气氛和江岸万人翘首以待的场面,揭开一场声势浩大的自然界奇观的序幕。从"怪底山川忽变容"到"倾耳已是风霆声"六句,紧接着写海潮来势之迅猛,和眼前景物瞬息间引起的巨变。潮水铺天盖地而来,其势之迅猛,使人们刚在惊怪山川为何变容改色,转眼已见潮水自天边涌到跟前。本来翱翔在江面的海鸥已经无影无踪了,平静地停泊在江上的小船被搅得乱摇乱动,似乎天上的云彩也都停止浮动,江水只得俯首相迎。"鹅毛一白尚天际"一句,描写海潮初起时的状态,极为传神。明代著名作家张岱在写钱塘潮初起时,曾有如下描述:"立塘上,见潮头一线,从海宁以来,直奔塘上。稍近,则隐隐露白,如驱千百群小鹅,擘翼惊飞。"(《白洋潮》)文中以"如驱千百群小鹅"来比喻潮水汹涌而来的气势,极具形象感,但黄景仁只用"鹅毛一白"来形容,从潮水初起时如同一羽鹅毛从遥远的天边漂来,看似轻巧,实则蕴藏着无穷的力量,与风吼雷鸣般的响声对照,更使人们体会到潮水来势的突然与凶猛,产生惊心动魄的效果。

"江流不合几回折"四句,通过海涛与江流的较量,进一步显示潮水所具有的排山倒海之势和雷霆万钧之力。海潮涌到,钱塘江似乎不愿与它合流,狠狠地回击它,其力犹如摧折钢铁一般。每一次回击,浪花都飞溅百丈高,犹如晴空中的漫天飞雪,这二句意境开阔,景象壮观。海潮大步逼近,惊涛拍岸,随之又如星驰电激,已落在视野的远处,在这个过程中,海潮已飞过了十里,而十里江塘都像随着潮水而高低起伏。"此时万户同屏息,想见窗棂齐动摇",仿佛千家万户都在承受这种震撼,诗人以巧妙的艺术构思,使迅猛异常的潮势,成为易于触动和感受的具体物象。"潮头障天天亦暮"四句,写出汹涌澎湃的潮锋前推后拥地接踵而来,搅得天色苍茫,看不清潮水初起之处,只见前浪刚过杭州西南的罗刹矶,后浪又至萧山以西的西兴镇,这种回环往复的奇观,给读者留下深刻的印象。

从"独客吊影行自愁"至结束的八句,诗人已不再写景,而是触景生情,抒发自己的孤独感和愁闷心情。在大自然雄奇壮观的景色面前,他不禁感到个人的渺小,只能孤单地对着身影自愁自怨,如同大地在狂潮的冲击之下激烈浮动一样,诗人的心潮也久久难以平静。通过强烈的对照,更现出深沉的悲伤忧愁之情。"乘槎未许到星阙",用张华《博物志》中的典故,古时认为天河与海通,有人居海渚者,"年年八月有浮槎去来不失期"。诗人科举考试失败后仕进的愿望也如同要乘木筏升上浩渺星空一样,是难以实现的。"采药何年傍祖洲",据《十洲记》载:祖洲近在东海之中,上有不死之草,服之令人长生。诗人求功名不成,又欲求长生,想从传说中的祖洲仙岛取回不死之草,这自然只是一种幻想,他自己也明白,所以发出"何年"的疑问。现实情况与理想境界相距是这样的遥远,诗人只有喟然叹息,转而羡慕那来去自由自在的潮水。回头看一看那重重的城郭之上,鼓角声里也似乎带着哀愁,而秋天的夜幕已经降临。这些抒情的内容似乎与诗中所呈现的激昂奔放的主旋律不协调,但如果联系诗人自身的遭遇,贫穷的生活,仕途的失意,满怀的愁情,这种忧伤郁闷的情感,显得更加凝重,也很容易引起读者思想上的共鸣与同情。

　　全诗宛如一篇写景与抒情相结合的兼具壮美和优美的散文,笔力奔放豪迈,语言平易明畅,特别是诗中着力描写海潮到来时的情状、气势,把实景与想象融合在一起,充分施展诗人的观察力,写得有层次、有气魄,有声有色,在艺术上是很成功的。本诗同《观潮行》相得益彰,得到与作者同时代许多诗人的赞誉,如刘大观说:"试观两首《观潮行》,汹汹纸上起潮声。"(《玉磐山房诗集》)袁枚更极力称许此诗:"中有黄滔今李白,观潮七古冠钱塘。"(《仿元遗山论诗》)　　(李国章)

【诗人小传】

法式善

(1752—1813)　姓乌尔济氏,字开文,号时帆,蒙古正黄旗人,乾隆四十五年(1780)进士,官至侍讲学士。论诗信奉王士禛的"神韵说",作诗学王维、孟浩然。有《存素堂诗集》等。

宝　珠　洞　　　　　　　　　　法式善

行到翠微顶,翠微全在下。
峭壁不洗濯,孤青自淡冶。
山声石上来,暮色天际写。
土灶燃松柴,放出烟一把。

宝珠洞，在北京西郊翠微山顶部，为山中名胜之一（今属八大处公园之第七处）。其处有正殿一座。殿后有岩洞，因洞石为砾石胶结岩，形如黑白两色圆珠黏合在一起，因而得名为"宝珠洞"。洞之宽广约四米。洞前有敞亭，名眺远亭，亭有题额曰"一目千里"，是八大处最高的建筑。在此远眺，西山胜景如颐和园、玉泉山、香山等处，尽收眼底。作者来游之时，山上尚未建亭，他只是登上了宝珠洞所在的翠微山顶。这首《宝珠洞》诗，用白描的手法，绘写宝珠洞周遭自然、淡雅、幽远的景色，着笔不多，清而能绮，诗中多以淡墨传神，故能成为传诵一时的佳作。来游的时间，是在一个春天的下午到傍晚。

　　首韵："行到翠微顶，翠微全在下。"表明宝珠洞的位置及其概貌。上下两句连用"翠微"，但含义显然有别。前句中之"翠微"，指翠微山；后句之"翠微"，状山下青葱轻淡的山色。作者登临山顶，俯视山下，仿佛一派淡碧翠绿的山光岚影，全都凝聚在山的下面，视野广阔，因而产生"翠微全在下"的实感，而上面的山色，却在若有若无之中，这是静观所得。两句点题，不着痕迹。次韵"峭壁不洗濯，孤青自淡冶"，写此洞之外，峭壁危崖，少有草树杂物，自然洁净，崖壁在高处，总体的颜色，是孤青一片，不须洗濯，淡冶天成。按《宣和画谱·山水》，谓郭熙之画："四时朝暮之所不同，则有春山淡冶而如笑，夏山苍翠而如滴，秋山明净而如妆，冬山惨淡而如睡之说。""淡冶"，谓浅淡而明丽。作者工书画，所居之"梧门书屋"，蓄有法书名画甚夥。这里用"淡冶"一词，描绘翠微崖壁之山色，可见其来游是在春天，写的是春山的清彩。接着作者移动视线，由近而远，"山声石上来，暮色天际写。"这两句先写听觉上的感受。作者于清游闲适之际，耳边萦回着山间的清音，是清泉激石的跳珠溅玉之声？是山风振动林木的枝条微荡之声，还是由山谷中传来的无名的幽响？作者并没有从聆听中表明，但眼前所见是青翠的崖壁，和难以名状的清奇险怪的山石，似乎这声音，乃是悠悠然由石上传来，耳得之而成声，因而"山声石上来"这句，称得上是意兴所到而信手拈来的妙句。次写远方所见，暮色已经笼罩着遥远的天际，烟霭渐次迷茫，由远而近的暮色，恍如从天边倾泻而至。诗句著"写"字韵，也是神到之笔。"写"字有倾泻一义，（《世说新语·文学》引刘惔答殷浩语："譬如写水着地，正自纵横漫流，略无正方圆者。""写水"，即是泻水。）作者"暮色天际写"之句，表明暮色从天边如同倾泻而来，显得非常自然生动。天已渐渐晚了，自然是游客下山的时分了。结尾两句，紧承前文，写下山时所见。"土灶燃松柴，放出烟一把。"此时山下人家，正在开始晚炊。土灶里燃着的松柴，放出一把袅袅的松烟，渐升渐高，这就为诗句平添了另一种画意，山中很静，这袅袅的松烟不断上升，恰是静中的动态。诗写至此，也自然地结束了这一游程。

全诗纯用画笔,清而能远,淡而能腴,静中有动,动静相衬。色是画中之色,声是画中之声,空灵蕴藉中寓有实质。由画意写诗,故诗中有画。诗中的韵味,乃于画法中得之。为宝珠洞写生若此,可谓"不着一字,尽得风流"。以诗而论,也是严沧浪所谓"不涉理路,不落言诠"的第一流作品。作者于乾嘉之际,主坛坫几三十年,从这首诗来看,可见他诗歌的风格,是以清远简淡见长,在他的《存素堂诗集》中,像这样的佳作颇多。

(马祖熙)

【诗人小传】

宋 湘

(1756—1826) 字焕襄,号芷湾,嘉应州(今广东梅州市)人。嘉庆四年(1799)进士,官至湖北督粮道。诗与同时的黎简并称,自言"作诗不用法",反对摹拟,善用逆笔,妥帖排奡,自然生动。集中多反映现实和描写山水之作,自出手眼,性情真挚。其乡人黄遵宪受其影响颇大。著有《红杏山房诗钞》和《不易居斋集》。

灌 花 吟

宋 湘

朝朝课僮子,朝朝起灌花。花天花气力①,得饮滋芳华。但得花香满,恣僮饱餐饭,僮子亦何辞,忽道一声远。昨日井汲浅,今日井汲深,汲深忧绠短,一日短一寻。借问远何许?桥头汲江水,出城复入城,一花行一里。不惜一里劳,但愿千花高,千花主人喜,千里僮何逃?嗟哉远如此,花开人槁矣。急收调水符②,彼僮亦人子!

〔注〕 ① 花天:唐释仲休《花品》:"牡丹开月,多有轻阴微雨,谓之养花天。" ② 调水符:事见宋苏轼《分类东坡诗》八诗题。苏轼喜欢玉女洞中的水,派使者去取,怕被使者骗,"因破竹为契,使寺僧藏其一,以为往来之信,戏谓之调水符。"诗用此事,意即僮子取水多少他都不管了。

本诗通过灌花这件日常生活中的小事,表现了将心比心、"仁者爱人"的人道思想,显示了诗人的朴素良心。

诗四句一换韵,一韵基本上也即一意义单元。诗所言之事很简单,诗人家里养了个僮仆,他每天早晨的活就是浇花,只要把花浇好管理好,僮仆即可吃饱饭。本来主仆各得其所,僮仆并无怨言,但有一天僮仆突然说取水的地方远了,原因是井水下降须到一里之外的桥头去汲江水。尽管很远,僮仆为了主人满意,自己对花也有感情,仍在坚持。此时主人很讲人道,尽管他喜欢花,但水源太远了,浇得花开,人将不胜劳苦,想到僮仆也是人,也是父母的骨肉,他不惜舍花保人。

中国古代一向以儒家经典为教育内容,儒家经典中最为可贵的就是仁爱、民本思想,它是民族优良品德在上层的体现。从本诗中我们除了可以看到宋湘本人的慈善之外,也可看到儒家思想的影子。"樊迟问仁,子曰'爱人。'"(《论语·颜渊》)"厩焚,子退朝,曰:'伤人乎?'不问马。"(《论语·乡党》)孔子是提倡爱人的,主张把人放在世界万物的首位。不因物轻人,一向是中国古代士大夫乐于称道的圣人德行,一些士大夫还以此来反对佛教的众生有佛性论。宋湘在面临花与人的选择时,没有重花轻人,这是孔子重人轻马思想在宋湘身上的体现。儒家人本思想中还有一段著名的言论,即孟子的"老吾老以及人之老,幼吾幼以及人之幼"(《孟子·梁惠王》)。本诗中的"彼僮亦人子"即是"幼吾幼以及人之幼"之心的体现。

本诗以质朴的语言讲一个质朴的故事,写一颗质朴的心,三者十分协调。全诗言事循序渐进,并无刻意的安排。语言基本上口语化,许多词如"朝朝""僮子""一""汲"等多次运用,不避重复,增强了诗的质朴性。诗在平淡中也有一点小小的波澜,"忽道一声远"一个转折,"千里僮何逃"一个反问,造成了诗中情感的起伏和节奏变化。诗也因此而不让人觉得呆板。

(沈金浩)

入 洞 庭　　宋 湘

客自长江入洞庭,长江回首已冥冥。
湖中之水大何许,湖上君山终古青。
深夜有神筯正则,孤舟无酒酹湘灵。
灯前欲读悲秋赋,又怕鱼龙跋浪听。

因地怀人,由古及今,是中国古代诗人习惯性的情感生成、抒写方式。幽州思昭王,长沙悼贾谊,宣城忆谢朓,岘山怀羊祜,赤壁想三国,台城叹六朝,这些在古代诗歌中简直是代代相承的写法。宋湘"于古人每喜自比屈宋"(邱炜蒦《五百石洞天挥麈》),他的姓和名都和屈原、宋玉有联系,入洞庭而想起屈宋,"欲读""家先贤"的悲秋赋,自然更是顺理成章的事了。

诗前半首扣题，写入洞庭及所见。宋湘的七律"气体雄浑"（林昌彝《射鹰楼诗话》卷九）"独往独来，全在意兴，不于中两联对仗争工拙，以古诗之法为五七律"（何藻翔《岭南诗存》），这首诗也体现了他这种风格。律诗一般都避免同一首中有重复的词语，中两联一般都讲对仗，但这一首一二句重复用"长江"，三四句重复用"湖"，把离长江、入洞庭、后顾长江、前瞻洞庭这一过程写得一气贯穿。"入"、"回首"都是十分质直的动词，"长江""洞庭"这些词义本身就传达给人一种广阔感，这样的动词和名词连结起来，就造成了诗中雄浑浩茫的美感，使诗显得大气磅礴。"何许""终古"一虚一实，不定语气和肯定语气相交织，造成了空间上的开阔感和时间上的纵深感，"终古"所带有的历史意识又很自然地引出了下文。前半首所构建的雄浑气势和广阔时空十分有效地渲染了诗人的情感生成背景，使他要在下文抒写的怀古与感叹都显得深沉凝重。诗的一二句不对，三四句只是大致相对，这种以古诗单行之法写律诗、不规规于对仗的写法来自崔颢的《黄鹤楼》、李白的《鹦鹉洲》等诗，由于宋湘诗中所写的都是"长江"、"洞庭"等大物，又有"冥冥"等形容词，所以他的词看起来比崔李诗更加雄健。

下半首改用律诗的一般写法，对仗、平仄皆合律，这也和崔李诗相似。"深夜"句言屈原灵魂不灭，夜间的湖上不时传来神秘的声音，像是湖神也为这位忠直之士不平，至今犹在祭奠他。"深夜"渲染了环境的神秘气氛，突出了屈原的可敬，暗示了白天活动于人间的丑恶力量的可怕，也为下文"孤舟"上的活动点出时间，表示诗人夜深之时犹在追想屈原和湘水之神。最后由屈原又想到宋玉。宋玉的《九辩》（即这里所说的悲秋赋）学习《离骚》，揭露了君王的昏庸，政治的黑暗，小人的险恶，抒发了"贫士失职而志不平"的牢愁，诗人于深夜孤舟之中的灯前欲读，但"又怕鱼龙跋浪听"。鱼龙本指水族，在这里它的喻义不太明确，但能使诗人"怕"，一定是一种不许他抒发不满情绪的陷害人的力量。诗人想起古人，欲以读古人之作表达对古人的缅怀并借以抒发自己的类似于悲秋赋中所写的情感，却连这点自由都没有。诗的结尾很耐人寻味，使人感觉到这是一个压抑，没有言论自由的环境，这种欲言不得言中所流露的焦虑和无奈，反过来使前面的写景也更显得深沉苍凉。（本诗字句各本有异，此据中山大学出版社1988年出版的点校本《红杏山房集》）

（沈金浩）

贵州飞云洞题壁　　　　宋　湘

我与青山是旧游，青山能识旧人否？
一般九月秋红叶，两个三年客白头。

> 天上紫霞原幻相，路边泉水亦清流。
>
> 无心出岫凭谁语，僧自撞钟风满楼。

飞云洞在贵州省黄平县城东二十里东坡山，以千姿百态的石壁著称。清嘉庆十八年(1813)，宋湘外任云南曲靖府知府，十九年重游贵州飞云洞，诗即作于此时。诗中抒发了作者重游时的物是人非、年岁不与的感慨，表达了返身自然的愿望和缺少知音的孤独感。

诗的开头与他的《入洞庭》诗相似，"皆用复字，句法相似，尤为超拔"（冯振《诗词作法举隅·诗词杂话》），宋湘好用此法，集中相似者还有《游君山》等。在本诗中，这种不避重复、纯以神行的好处是使"我"与青山之间的关系显得十分紧密，使这两句的意思集中在我与青山的关系上，毫无枝节旁骛。首句是我的陈述，也即是对"我与青山关系如何"这个问题的回答。这一句中，我是主，山是宾。次句是个问句，要青山来回答，宾主关系对换。这样宾和主就形成了对照关系，并引出了下文的宾之所见、宾（客）之所感。颔联分写青山与我。这个重来的游客他所看到的是和过去一样的九月红叶，一样的秋山景象。在青山的不变面前，游客的变表现得非常明显，距前次来此，时间只隔六年（作者自注："戊辰秋，典黔试游此。"戊辰即1808年），但客已经白头了。这里，诗人突出了色彩的变与不变，不变的是青山和红叶，变的是人的头发，前次黑，此次白。这一变化的原因诗中没有交待，但感慨已尽寓其中了。诗人这六年来的肉体和精神上的感受全让这无声的画面来表述。

在这黑头到白头的变化中，在这物是人非的对照下，诗人的心灵也疲惫了。因此此番游览飞云洞，他不再为飞云洞的奇观而兴奋激动，就在这首题飞云洞壁的诗里，也懒得把飞云洞的特色写出来。前两联中写的青山、红叶，毫无地点特征，颈联所选择入诗的，显然也不是飞云洞才有的景观。"紫霞"这一物象似乎可以看作石壁奇景的一个比喻，或者说石壁为天上紫云幻化而来，但如果注意到它与泉水相对，又是特地强调了"天上""路边"，就可以发现，"紫霞""泉水"很可能是两个带隐喻性质的意象。天上紫霞，传统理解为祥瑞，喻显贵，而泉水，如果在深山，即与隐逸有关。诗人有意说它是"路边泉水"（在青山大环境里），看起来他是有意要把显贵和平凡相对，从而表达他对显贵的看穿和对平凡的亲近。有了五六句所写的景中之理，跟着也就有了第七句所言的想法。"无心出岫"语出陶渊明《归去来辞》"云无心以出岫，鸟倦飞而知还"。中国古人用典故或截用前人诗文词句，往往要把典故和词句的意义背景一起带进来，所以这里他要表示的除了欣赏云一般的"无心"、任应自然外,很可能也有倦游思归之意。"凭谁语"表示了他的孤独。诗人欲甘淡泊,倦于宦游,希望有同道能交交心,而此时他为官边陲,四顾茫然。他无法与人交谈,甚至也无人知道他的孤寂。山间长风掠掠,吹拂着他飘潇的白发,寺庙的钟声依旧在山间回响,"自"字又一次强化了相对于变化中的我而言的外物的不变性。诗在这里运用了以景代言的手法作结,这种手法的妙处常在造成含不尽之意见于言外的效果,尤其适用于感慨。辛弃疾说当人不愿意再言愁的时候,用"却道天凉好个秋"来代替。以写景作为抒情诗结尾的写法用的正是这种传情方式。陈与义词"古今多少事,渔唱起三更",辛弃疾词"江晚正愁予,山深闻鹧鸪""布被秋宵梦觉,眼前万里江山"等,都是用此法。钟声和风满楼在古典诗歌中常与感慨相伴。如唐李益《喜见外弟又言别》曰:"别来沧海事,语罢暮天钟。"明谭元春《舟闻》"远钟渡水如将湿,来到身边天已秋"等,均可见两者关系。"风满楼"语出唐许浑《咸阳城西楼晚眺》"山雨欲来风满楼"。不过这里没有许浑那种类似于末世忧患一般的意识,而倒有点像韦庄《鹊踏枝》中所写的"独立小桥风满袖",诗中的人物是个有万千感慨却又凭栏不语的人,他的感慨是难以名状的,综合性的,而不像许浑较明显的是忧世。

题洞壁之诗而不粘着于洞景,却又与游洞有关,这大概也是宋湘此诗的"超拔"处吧。

(沈金浩)

湖居后十首[①](其一)   宋　湘

岁月去如电,磨牛迹陈陈[②]。扫却湖上雪,再看湖上春。春来今几日,湖草俱已新。新草续旧草,今人续昔人。人在天地间,岂不如草根? 一鸟从东来,啄啄庭树皱。侧睇似相识[③],似笑湖居民:去年湖居民,今年湖居民。

〔注〕① 湖:指作者家乡(今广东梅州)的丰湖。　② 磨牛:推磨之牛。苏轼《送芝上人游庐山》:"二年阅三州,我老不自惜。团团如磨牛,步步踏陈迹。"为此句之本。　③ 睇(dì):斜视。

自古以来感叹时光易逝的诗何啻千万,然要使这一陈旧的主题焕发出新的光彩,关键在于能融入诗人真切的感受,而不作泛泛之论。此诗的主题在于感叹人生的短暂和自己的无所作为,如用陶渊明的诗来说就是:"日月掷人去,有志不获骋。"(《杂诗》)但宋湘却能以亲身所体验到的湖上景物来表现此意,故令诗意充满生趣,读来绝无陈旧乏味之感,何藻翔评此诗以为:"绝世聪明,仙才也。"正是指这种能化腐朽为神奇的本领。

　　诗的开头两句首先揭出主题。岁月如电,稍纵即逝;而人事如推磨之牛,陈陈相因。这两句中以"电"和"牛"形成强烈对照,意在说明时光年复一年,如老牛拉磨,一成不变。可见诗人并不是单纯地感叹时光流逝,而暗示出生活的单调而没有生气。下文便环绕着这两句展开。春天悄悄地来到湖上,诗人扫却了湖上的残雪,来湖边寻找春光。入春才没有几天,而湖畔的草色新新,像是最先报道了春天的讯息,无怪乎写山水诗的祖师爷谢灵运也曾在"池塘生春草"五字中记录了春天的步履。"扫却"四句纯然是写自己的湖畔寻春,而"新草"以下四句则是由草而感悟人生了。新草代替了旧草,就像今人继续着前人一样。因此诗人感叹道,人在天地之间,就像一根草,受春阳之沐浴,受春风之吹拂,然而年复一年,无所变化,只是蹉跎了一生的好时光。这里诗人由春草而感悟的并不是"野火烧不尽,春风吹又生"(白居易《赋诗古原草送别》)的顽强生命力;也不是"萋萋总是无情物,吹绿东风又一年"(唐彦谦《春草》)的盎然春意;更不是"细草无语留客卧"(陈师道《春兴》)般的闲情逸致,而是一种新旧相续、循环往复的启示。人也是如此,新人代替了旧人,新我代替了旧我,然而在这新旧之间究竟有什么不同? 诗人感受的并不是新旧更替的喜悦,而是对陈陈相因的悲伤,于是他借飞鸟的话来委婉地表示这种感受。诗人说:一只飞鸟从东面飞来,用嘴啄庭中干裂的树皮,斜着眼注视着我,露出似曾相识的样子,好像在嘲笑这些湖上的居民们:去年是湖上的居民,今年还是湖上的居民。这里"湖居民"分明是作者自指,诗人用了两个重复的句子说明自己一年又一年地闲居湖上,白白地浪费了许多时日。宋湘曾在四川、云南等地做官,目睹现实的黑暗,转而寄情山水,然他对自己回天无力,不能为天下苍生作有益之事而常抱憾恨,这里就十分委婉地表露了此种心情。

　　宋湘论诗首主性情之真。此组诗的第八首中说:"我诗我自作,自读还赏之。赏其写我心,非我毛与皮。"这首诗中就通过平易淳朴的语言和自己真实的感受来表现人生哲理,故能于寻常景物中翻出新意。"一鸟从东来"一段,凿空而来,纯出于想象,但写鸟的侧睇而视,笑而语人,煞有介事,如一则寓言,表面突梯滑稽,其实意含悲辛,于嬉笑中益见深沉。全诗议论与描述浑然一体,富有理趣而未入理窟。故陈衍《石遗室诗话》中称宋湘的诗"《湖居后十首》短古最工"。

(王镇远)

湖居后十首(其三) 　　宋　湘

　　名山好著书,著书何为者? 当其结撰时,古今复天下。书成取自读,不如无书也。事理如牛毛,揽之才一把。家家十万言,累人读欲哑。请君行看湖,尘埃与野马。

《湖居后十首》是作者居家乡丰湖(亦称西湖)时写的一组短古。组诗运用抒情、议论、叙事多种手法,信手而写,自然醇厚。这是其中的第三首,议论关于著书立说之事。

著书立说是古代儒家三不朽理论的最后一项。德、功、言三者,德为泰上,但德是属于内圣方面的,它可以自完自足地体现在个体身上。功则得通过实践来完成,在社会群体中体现价值,它是利禄的来源,有了功就有地位,就能影响舆论。所以三者的排列虽是功居中,但它实际上却是古人最想得到的。但功不一定能追求到,圣人孔孟都无所作为,即使追到了,在古人看来,也是多有现实意义而少有历史意义。因此一些追不到功名或希望名垂不朽的人就常著书立说。

然而大概这种排列法本身就说明著书立说也如嚼鸡肋,是不得已而为之的追求,并无多少意思,所以历代不断有文人拿它与功业相较,否定自己或同类人所做的事。这种否定有时是牢骚,有时就是他们对此事的认识。扬雄说辞赋是童子雕虫篆刻,壮夫不为;曹植认为自己应该"戮力上国,流惠下民,建永世之业,流金石之功,岂徒以翰墨为勋绩,辞赋为君子哉"。李白看到别人"西屠石堡取紫袍",深感自己作为文人"万言不值一杯水",对那些"白发死章句","未步先起尘"的儒生他也觉得可悲可笑;李贺的《南园十三首》反复申述当书生没出息,说书生"寻章摘句老雕虫",问"若个书生万户侯";元朝的读书人被迫沦为措大、酸丁、老九;清朝文人自嘲自贬的就更多了,袁枚说"自笑匡时好才调,被天强派作诗人"(《小仓山房诗集》卷十六《自嘲》)"就有著述,亦不过雕虫篆刻"(《小仓山房尺牍》卷二《寄房师邓逊斋先生》);赵翼说"论古虽如廷尉平,诗文事已一毫轻"(《瓯北诗钞》七言律六《稚存见题拙著瓯北诗话次韵奉答》)"仙有飙轮佛有航,书生失计落词场"(《瓯北诗钞》七言五律《答子才见寄之作》);那句"十有九人堪白眼,百无一用是书生"就出自清朝的黄景仁笔下(《两当轩集》卷一《杂感》)。宋湘与袁赵黄基本同时,感受相似。他的《说诗八首》之八说:"读书万卷其须破,念佛千声好是空,多少英雄齐下泪,一生缠死笔头中。"一代又一代的文人书生都在被社会遗弃的体验中感到了从文著书的无益无利,所以符葆森说宋湘的这首《说诗》绝句"可为千古儒生同声一哭"(《寄心庵诗话》)。

写《说诗八首》时诗人的心境大概正受功名利禄心的支配,他和许多士子一样希望通过读书著述找到出路,而现实无情地否定了他所遵行的人生道路。他为之痛苦不堪。而在湖居时,诗人的心情平静了,老庄思想犹如湖上的和风吹拂着他的心灵。在平静中,他更换了审视自己的人生道路的角度和理论依据,发现作文著书、缠死笔头是可悲的,其实也是没有必要的。书生的落泊感当然与社会的不重视有关,但可能也与书生的自作多情、过分自负、不切实际有关。读书人总是以为自己能经世救国,社会需要他来设计,写的书可以藏之名山,传之不朽,写起来洋洋洒洒,论古证今,动辄万言。其实当权当道的人对他们的需要是有条件的,而他们所著的书往往也没有多少自己的新东西,书中绝大部分文字都是为了证明那"揽之才一把"的观点事理而找来的材料,写书实在是累己又累人的事。得出这样的结论对自己也是文人书生的宋湘来说是可悲的,但他毕竟这么想了。此时他想到的是老庄的高论:"大音希声","大言不辩","知者不言,言者不知",以为倒不如免动尊笔,任应自然,像湖上的游气(野马)、尘埃,随生物以息相吹之道自生自灭。在深刻地体验了做书生的无聊与痛苦之后,他又一次像许多求不到功名的人用老庄思想否定功名的意义那样否定了著述的意义。欲有为——难有为——肯定无为,不知道有多少古代文人都完成了这样的人生心理活动轨迹。

五言古诗是仅晚于四言诗而兴起的古体诗,假如以之表达尚无为的思想,表达时又不求几个字讲一层意思的整齐,那么这首诗很可能就是自然古淡的。如果诗中又能发一点具有一定理性或概括性的议论,那么诗就将再带一点厚实。本诗以自问自答的形式,口语化地谈了一种道理,结尾又回到老庄的大道世界里去,所现的风貌自然也就是古淡厚实了。

(沈金浩)

木 棉 花(选一) 宋 湘

历落嵌崎可笑身,赤腾腾气独精神。
祝融以德火其木,雷电成章天始春[①]。
要对此花须壮士,即谈芳绪亦佳人。
不然闲向江干老,未肯沿街卖一缡。

〔注〕 ① 雷电成章:语本《易·噬嗑》:"雷电合而章。"章,彰明之意。天始春:谓惊蛰节后,雷电发作,木棉吐红,始显春令。

木棉是生长于岭南的一种木本花。年久的木棉树躯干粗壮挺拔,花朵硕大,色彩鲜红。春来之时,她先开花后吐叶,远望如万朵火焰在空中熊熊燃烧,十分壮观,故有英雄花之称。本诗题下共有两首,此为其二。在前一首中,作者描写了木棉花"丹魂拍拍气熊熊,倔强虬龙烛烧空"的壮美外观和神采以及这种生长于岭南的花在岭南这个环境中显示的英雄气派,这后一首则着重刻画并赞扬了木棉作为一种花她所具有的赋性品格。

首联写木棉的风神。"历落嶔崎"一句化自《世说新语·容止》:"周伯仁道桓茂伦,历落嶔崎可笑人。"历落嶔崎本指山之高峻,以喻人喻花,皆取杰出不群之意。"赤腾腾气"写出了木棉的壮美色彩和神采。前一句是知性语言,后一句是感性语言。宋湘的七律以豪迈劲健著称,本诗中的"赤腾腾气"打破了一般七言诗二二三的造句法,前四不可分,且"腾腾"两字叠用,句子在生硬中显得十分劲健,堪称不以文害意、避熟就生的典范。

次联承首联次句而来。"赤腾腾气"是烈火般的状态,祝融正是火神,"赤精之君,火官之臣"。古代方士有五德之说,以帝王受命所值五行为德,值火运为火德,炎帝、唐尧都是火德王。"祝融以德火其木"即是说它不仅秉受了火神所赋予的火一般的外观,还是花中的火德之君。她不像桃花杏花,玫瑰蔷薇,婀娜娇媚地享受春光,而是将自己强壮的枝干伸向天空,迎接、拥抱春天的雷电,和雷电一起敲响天鼓,催醒万物,涂抹春回大地的壮丽画卷。

第三联前承首句,并引出尾联。此联意义指向两个方面。一是因为此花是一种历落不凡的花,她身上体现的美不是娇柔婉媚,而是奔放热烈,因此一切凡庸懦弱之辈都不足以之相提并论;另一个是比喻义,中国传统文学中花与女子常互为喻体,由花的比喻义又引出"壮士",因为她"即谈芳绪亦佳人",壮美有力却也鲜艳明丽,崇高中有优美,是一个高标脱俗、勃郁着强烈的青春气息的奇女子,与之相配者正该是"壮士",若是病弱的男子与之相配,那真是玷污了这个佳人,这个男子也会相形见绌的。

尾联继续着这种双关义。"不然"从字面上是承"须"字来的,仍带着"佳人"这个比喻义,意即如果这种"须"不能实现,则宁可无所配,终身独守,犹如庄子笔下的鹓雏"非梧桐不栖",或如苏轼笔下的"孤鸿"宁可"寂寞沙洲冷"。而句中的"江干",又是就花的本义而言,江干是花的生长之所,相对于众目睽睽的街道庭园等热闹地方而言。从此句过渡到下句,在修辞上是从比喻过渡到拟人。花在这里似乎是个有节操的人,她不愿随波逐流,卖身媚俗成为人家几上瓶中的观赏物,而宁愿终老于寂寞的江干,保持其独立的风操。

木棉因其生长于文化发达较迟的岭南而较少、较迟进入诗文丹青,又因其躯干高大而不在观赏花之列。传统的有君子之喻的花木是梅兰竹菊。宋湘生长岭南,又"襟抱豪迈"(光绪《嘉应州志·宋湘传》),对木棉有独特的体认和爱好。本诗以传统的拟人、比喻等手法,展示了木棉壮美的风貌和卓然不群的灵魂,并在

对木棉的赞美中寄寓了诗人的品德美学观。 (沈金浩)

骡夫夜唱　　　　　　　宋　湘

骡夫夜唱绝堪听,霜月初高酒满瓶。
消得客愁添得泪,他乡水绿故山青。

在人的日常生活中,许多潜意识常会因某种外在因素的触引而迅速上升而为意识。"忽见陌头杨柳色,悔教夫婿觅封侯",是"杨柳"经由视觉触发了"不知愁"的"闺中少妇"的思夫之情。"不知何处吹芦管,一夜征人尽望乡"是"芦管"声音经由听觉触发了"征人"的乡思。见大雁思乡,闻子归而思归,成了古代诗歌中常见的情感生成方式。这首《骡夫夜唱》所写的,也是一个闻声起情的情感生成、活动过程。作者在诗下自注曰:"适闻其唱云:'青山绿水,故乡来到他乡。'风致乃尔。"骡夫的唱词中的淡淡乡思引起了诗人的情感波动,消了他的客愁又添了他的乡愁,使他的心潮起伏不定。

这首绝句的章法有点特殊,一般的绝句多符合起承转合规律,而本诗次句却突然宕开,只是渲染了"夜",似乎与首句不相接。但如果没有次句所写的环境、条件(霜月、听者对酒),那么"听"的效果就不会这么好,正是在秋天月下这个总是与乡思相联系的环境里,又是独自对酒,骡夫的夜唱才直入听者心扉。而且,诗中唯因有了这一句,才可以看到骡夫的夜唱牵动了诗人的乡思。这种不承又承的写法使诗显得颇为新警。

然而本诗还有更值得注意者。从作者自注来看,尽管诗歌本体表现了一个乡愁主题,但因字面上没有明确的规定,因而这乡愁也可以被理解是骡夫的。诗人听到骡夫的歌唱,感到唱词极有风致,于是把它扩展成一首绝句。如果是这样,本诗即是纯粹的自觉创作,而不是"情动于中而形于言"、"感于哀乐、缘事而发"。这一自觉创作得灵于骡夫的不自觉创作,"绝堪听"三字正好说明了诗人尝到了从民间汲取创作养料的甜头。中国古代许多诗人十分注重向民间学诗,在生活中寻找诗意。陆游说"功夫在诗外";复古派李梦阳,性灵派袁宏道都说过里巷有真诗或真诗乃在民间;袁枚曾因佣工在树下说"又有一身花矣"而得句"霜高梅孕一身花"。宋湘也是重视向民间学习的人。黄培芳《粤岳草堂诗话》说:"粤讴古风人之遗,近人有拟其体者,宋芷湾太史(湘)句云:'那得细丝连夜雨,草青留马马留人',情韵独绝。"这首《骡夫夜唱》说明了诗人不仅有意识地向粤讴学习借鉴,还抓住任何一个向民间学习的机会,这是十分可贵的创作经验。

(沈金浩)

鹦 鹉 洲　　　　　　　　宋　湘

两日停桡鹦鹉洲,接天波浪打江楼。
灵风尚带三挝鼓①,芳草难消一赋愁②。
从古异才无达命,惜君多难不低头。
秋坟莫厌村醪薄③,何处曹黄土一丘。

〔注〕　① 三挝(zhuā)鼓：三挝,即参挝,一种击鼓方法。祢衡善击鼓,曹操曾召之为鼓史,大会宾客,欲辱衡,祢衡为《渔阳》参挝,声节悲壮。　② 一赋愁：赋即《鹦鹉赋》,赋中的鹦鹉是个才高受羁,坎壈多故的不幸形象。　③ 村醪(láo)：土制薄酒。

这是一首吊唁祢衡、兼抒己怀的诗。在群雄四起,俊彦辈出的东汉末年,祢衡犹如一颗耀眼的彗星,匆匆而过却尾光长曳。他少有才辩,恃才傲物,因屡次得罪曹操而为操所忌,操因其才名而不欲杀之,将他送与荆州牧刘表。不久,他又因侮慢刘表而被转送给性急的江夏太守黄祖,后终被杀害。死时年仅二十六岁。鹦鹉洲在武汉市西南长江中,相传汉末黄祖的长子射在这里大会宾客,当时有人进献鹦鹉,祢衡即席作《鹦鹉赋》,故名。宋湘泊舟洲边,见洲思人,对祢衡的不幸遭遇寄予了无限同情。

开头一句点明地点行为。因为鹦鹉洲这个地点是引发出本诗一切感想的前提,所以首句即作了交待。次句是眼前景象,它既不露痕迹地补述了"停桡"的一个原因——波翻浪腾,船不能行,又渲染了气氛,描述了一种与下文情调相一致的景象。汹涌的波浪即使不一定使人想起伍子胥与潮水的传说,至少也是不平的象征。

三四句是本诗中最耐寻味的句子。它首先是诗人的一种"清醒的幻觉",它们既是物象,又是心象。诗人清醒地知道祢衡是个不幸的"异才",这种知引起了诗人的"幻觉",仿佛眼前那掀起接天波浪的风中还带着祢衡充满郁愤的悲壮鼓声,那鹦鹉洲上的萋萋芳草正是《鹦鹉赋》中难消之愁的化身。这种"幻觉"源自于主体(诗人)对客体(祢衡)的了解、同情和对客体(风、草)的感悟。是真实的谎言——从情感上来说是真的,实际上当然是假的。同时,"尚带"、"难消"都是十分肯定的语气,肯定语气造成了描写上的客观性倾向,似乎事实就是这样。然而任何读者都懂得这是主观语言。主客观在此的微妙统一使诗句兼有承载诗人和客体(祢衡、有感知的自然物风、草)三重情感的作用,其中有祢衡固有的悲愤,风、草对祢衡的理解,诗人对祢衡的理解。这种情上真、理上假的景象描述是传统天人感应思维方式的诗化显现,但即使我们抽去其天人感应的内容,把它当作纯粹的诗性夸张,我们也完全可以接受,惟其如此,才是诗。

五六两句直接表达对祢衡的追怀、同情、景仰。前一句是议论,由祢衡推广到一切异才,使祢衡的不幸不再是个个例,而是那个社会里所有异才的必然结局。这一推广大大增强了诗的思想性,诗歌因此而在对曹操、刘表、黄祖等人的不满之外,增加了对黑暗社会和丑恶人性的批判。"从古"一词所具有的囊括性使诗人对自己处境的不满也隐含其间。下句抒情,句中交织着诗人对祢衡的同情与惋惜。"惜"既有爱的意思,他景仰祢衡的刚傲性格,也为他在动乱黑暗的多事之秋、在充满坎坷的人生路上没有稍作韬晦以致英年被害、异才与生命一起被毁而深为惋惜。

最后两句写诗人对祢衡的吊祭,并在对比中显示了自己的褒贬。"秋坟"使人想起李贺诗"秋坟鬼唱鲍家诗,恨血千年土中碧"。李鲍诗都充满行路难的不平,他们的一生也都怀才不遇,恨血入土,千年不灭。"村醪薄"言诗人心爱而力不足,无好酒祭扫这位自己崇敬的人,言下也有感叹自己牢落低微之意。末句说虽然我的酒是薄的,但你若九泉有知,应该宽慰,因为后人理解你,你还活在后人心中,而不容你、加害你的曹黄之辈却已随人事代改一起消逝,灰飞烟灭了。

本诗择景紧扣鹦鹉洲的历史、地理特征,又很有传情效果。有关祢衡之事亦极有代表性。诗的基调是前半悲壮后半苍凉,由起伏激宕走向平缓深沉,十分确切地传达了诗人因地怀人、推人及众、推人及己、因人思史的心理流动过程,使读者由情感的涌动共鸣转向理性的回味,结尾的反问句式以形式给回味作了启引。

(沈金浩)

梅修重有浙江之行赠别二首(其二)　　宋　湘

君向杭州我惠州,西湖大小各成游。
相思但看湖心月,有汝清光有我秋。

宋湘是清代中叶的著名诗人。这首诗作于嘉庆七年(1802)秋天,当时他在广东主讲惠州书院。诗题中的"梅修",为清代著名经学家陈寿祺。陈寿祺和宋湘是同年进士,友谊深厚。这年陈寿祺南下广东,同宋湘晤面后不久又重新往浙江去。临别之际,宋湘写下了这首饱含着离别相思之情的赠行诗。

这首诗的语言明白如话,相当浅显,但它的艺术表现手法却复杂多样,非常高明。全诗大意是说:你去杭州我在惠州,杭州和惠州的大小两个西湖我们各自游玩；相思的时候只要看看湖心的月亮，这里面既有你一份秋夜的清光，也有我一份秋夜的清光。诗人分别选取浙江、广东两个有代表性的地方杭州和惠州，又从杭州和惠州提出一个名称相同的名胜西湖，以两人各游一个西湖表明两人分处两个不同的地方；继而又从天上同时映照在两个湖心的月亮，联想到两人共同享有它秋夜的清光，由此反映出两人虽然身处异地却心心相印这样一种感情上的紧密联系。它的立意构思，独出心裁，别具一格。

这首诗在章法结构上也很有讲究。第一句"君向杭州我惠州"，分写对方和自己。第二句"西湖大小各成游"，其中"各"字是分写，即对方游杭州大西湖，自己游惠州小西湖；但分中有合，即两人所"游"都叫作"西湖"。第三句"相思但看湖心月"，是合写，主语包括两个人。第四句"有汝清光有我秋"，"清光"和"秋"是互文见义，但在形式上却是分写对方和自己，回过头来与第一句的"君"和"我"相呼应。总起来，全诗是从分到合，再从合到分；或者说是合二而一，再一分为二，其绾结的核心则是"湖心"之"月"。这种结构，大致呈"X"字形。

此外，这首诗还有一种十分微妙的内在联系，这个联系的核心是宋代大文学家苏轼。一是苏轼生前在杭州和惠州这两个地方都曾做过官；二是苏轼对杭州的大西湖和惠州的小西湖都曾有过不少的吟咏；三是苏轼有一首中秋节怀念弟弟苏辙的一首著名词作《水调歌头》，最末二句是"但愿人长久，千里共婵娟"。因此，宋湘这首诗选取杭州和惠州两个地方，提出名称相同的两个西湖，这本来就够巧妙的了；而它又进一步拈出"湖心月"，十分自然地暗合苏轼的词句，既关合秋天这个节令，又见出他同陈寿祺之间的感情不亚于苏轼兄弟手足之情。总之，诗中的杭州和惠州，大西湖和小西湖，"湖心"之"月"，从大到小，从二到一，从人间到天上，所有这一切都暗暗地通过苏轼这个核心极其巧妙地绾合在一起，显得浑然一体，天衣无缝，实在令人叹为观止。

(朱则杰)

诗人小传

王昙

(1759 或 1760—1816 或 1817) 一名良士，字仲瞿。秀水(今浙江嘉兴)人。乾隆五十九年(1794)举人。善弓矢，好游侠。一生潦倒。与龚自珍友善。诗笔恣肆奇诡，兼工骈文。法式善将其诗与舒位、孙原湘的诗合评，作《三君咏》。又因与黄仲则齐名，世称乾隆二仲。王昙有些作品议论较新颖，能与传统之说立异。著有《烟霞万古楼集》。又作有传奇剧本《回心院》、《万花缘》等。

住谷城之明日，谨以斗酒牛膏，合琵琶三十二弦，侑祭于西楚霸王之墓(三首之一)　　王昙

江东余子老王郎，来抱琵琶哭大王。
如我文章遭鬼击，嗟渠身手竟天亡。
谁删本纪翻迁《史》？误读兵书负项梁。
留部瓠芦《汉书》在，英雄成败太凄凉。

这首诗题目很长。"谷城"是地名，在今山东泰安市东平县，有项羽坟墓；"斗酒"、"牛膏"，古代常以牛、酒作祭祀品；"合"是连同；"琵琶三十二弦"，琵琶为四弦乐器，辅以古人所谓八音，故称三十二弦；"西楚霸王"即指项羽，秦亡之后曾自封为西楚霸王，与刘邦争天下，失败自杀，葬在谷城。诗人住宿在谷城的第二天，非常恭谨地用斗酒、牛膏连同琵琶去祭祀项羽的坟墓，并作诗吊之。诗歌对项羽的失败致以莫大的惋惜和同情，对后人以成败论英雄表示强烈的不满和愤慨，同时抒发自己怀才不遇的牢愁和郁怨。

首联"江东余子老王郎，来抱琵琶哭大王"。"江东余子"，项羽起兵时，在江浙一带收精兵八千人，打遍天下，后来都战死沙场。最后项羽走到乌江，乌江亭长驾船等待，要接他东渡，以图日后东山再起，卷土重来，可他却说："籍(项羽之名)与江东子弟八千人渡江而西，今无一人还，纵江东父兄怜而王我，我何面目见之？"于是决计自杀。王昙是浙江嘉兴人，所以称自己为"江东"之"余子"——余下来的人。另外，"余子"还兼用《后汉书·祢衡传》的典故："余子碌碌，不足道也。"意思说自己一生碌碌无为，很不得志。"老王郎"，是王昙自称。"大王"，指项羽。两句大意是说自己抱着琵琶来哭悼项羽，由此引出下文。

颔联"如我文章遭鬼击，嗟渠身手竟天亡"。上句，"文章"在这里泛指才能；"鬼击"为鬼神作怪之意。诗人才华横溢，学问渊深，却屡试进士而不第；身怀绝技，富有才干，却终其一生而无用，因此不能不发出不平之鸣：像我这般才能，居然遭鬼怪打击！下句，"嗟"是感叹，叹息，"渠"即他，指项羽；"身手"谓本领；"天亡"典出《史记·项羽本纪》，项羽在自杀前夕对部下说，自己在楚汉之争中失败，"此天之亡我，非战之罪也"。因此王昙说，可叹项羽那样英雄，竟然被天意灭亡！

颈联"谁删本纪翻迁史，误读兵书负项梁"。上句，"本纪"，西汉司马迁《史记》一书在体例上将人物传记依次分为本纪、世家、列传三种，其中以本纪为最高，专门记述帝王；书中将项羽列入本纪，遭到当时一些封建史学家的责难，后来

东汉班固著《汉书》,便将项羽从本纪中删去,并入列传。所以,王罢在这里愤怒地责问道,是什么人推翻司马迁《史记》的定案,把项羽从本纪中删除的? 下句,"项梁"是项羽的叔父,也是老师。据《史记·项羽本纪》记载:"项籍少时,学书不成,去;学剑,又不成。项梁怒之。籍曰:'书足以记名姓而已;剑一人敌,不足学;学万人敌。'于是项梁乃教籍兵法,籍大喜。"王罢这里说项羽改"读兵书"是一个错误,实际上是诗人的愤激语,也就是痛惜项羽的失败,并合下文。

尾联"留部瓠芦汉书在,英雄成败太凄凉"。"瓠芦"即葫芦。《南史·萧琛传》说,萧琛做宣城太守时,有个北方和尚渡江南来,随身只带一只葫芦,里面装有一部珍本《汉书》。诗歌大意是说,葫芦中留下这么一部《汉书》,它以成败论英雄,项羽这种遭遇也真是太凄凉了。两句在颈联怒责"谁删本纪翻迁史"的基础上,直接传达了诗人对以《汉书》为代表的"以成败论英雄"的愤慨。

全诗纵横豪放,表面上是在"哭大王",实质上却在"哭""王郎"。诗人"嗟渠身手竟天亡"和"英雄成败太凄凉",惋惜项羽生前的失败,同情他身后的遭遇,很大程度上,是因为"如我文章遭鬼击",为自己怀才不遇鸣不平。也就是说,这首诗的真正题旨实际上是通过哭悼项羽来抒写自己的郁愤,感项羽之凄凉,叹自身之不遇;借他人之酒杯,浇胸中之块垒。醉翁之意,其在斯乎?

整首诗评点《史》《汉》,"哭"、"嗟"数字,把一个慷慨激昂的诗人主体形象鲜明地渗透在诗歌当中。诗歌的奇情异彩与诗人恃才任气的个性是吻合的。王罢曾偶然在谈笑之中说自己会使"掌中雷",一掌可击万人,而被人视为诞妄,终身不得步入仕途。这种个性和遭遇也使他的诗歌染上了狂诞的色彩。

(朱则杰 胡红斌)

焦山夜泊　　　　　　王　罢

华严灵馆压嶕峣,一片风烟接寂寥。
大地星河围永夜,中江灯火见南朝。
鱼龙古寺三秋水,神鬼虚堂八月潮。
独上层楼扪北极,满天风露下银霄。

焦山屹立于江苏省镇江市西北长江之中,形似砥柱。诗人夜泊焦山,写下了他的所见所感。

"华严灵馆压嶕峣",起句突兀不凡,开门见山。焦山本就"嶕峣"(jiāo yáo,高耸貌)雄峙,而华严阁更高踞稳坐于焦山之上,这便突出了焦山"刺破青天"的超拔之势。一个"压"字,显示了华严阁的庞大规模和沉重态势。一个"灵"字,则点出此为神仙鬼怪之所在。七个字就高度概括了焦山的雄姿伟态。这是上瞻。接着平视:"一片风烟接寂寥。"山周围风烟滚滚,云涌雾绕,与寂静辽阔的夜空相接,一片朦胧静谧的景象。"接"字描绘出风烟与夜色融为一气,不辨明暗的深沉境界。本来的静景,由于"压"和"接"二动词的作用,便无形中产生了一种凝重感和流动感。俞明震《焦山松寥阁夜坐》中写道:"月黑树蒙茸,惊鸦入窗里。团团一山雾,江势来不已。"诗人所乘之船,正停泊在这雾气环抱的焦山下,苍苍茫茫的夜色里。"焦山夜泊"的题意就在这开头两句之中,含蓄而巧妙地作了暗示。

三、四句推广来看,把眼前镜头放大到整个大地,推远到千年以前。"大地星河围永夜",这是横向宏观。当夜完全来临的时候,苍穹星光灿烂,河汉一片银辉,星光倒映,宛如银河沉落水中,于是上下星河像个圆环一样,把整个黑夜拥入自己的怀抱,使它通宵明星照耀,水光闪烁。一个"围"字,使得长空大地浑成一体,整个宇宙都充满了诗情画意和朦胧美色。而焦山就隐隐绰绰闪现于这美丽的夜色中,显得神秘而富有魅力。这是进一步点题。下面是纵向洞察:"中江灯火见南朝。"在江中眺望,南有镇江,北有扬州,江心和两岸灯火通明。眼前所见不禁勾起诗人的遐思浮想,南朝宋、齐、梁、陈四个朝代的兴亡盛衰,无数历史的幻影在眼前出现,无数史事蓦然涌上心头。"见南朝"三字,蕴含丰富地表达了诗人对历史演变递嬗所怀的万千感慨,似有"千古江山,风流总被雨打风吹去"之叹。可以说,三、四两句内容壮阔纵深,气魄宏大,感情深沉,应是本诗精华所在。

五、六句,诗人思绪回到眼前,笔触落到焦山局部景物的概述上。鱼龙无声,神鬼无迹,已觉冷清;"古"、"虚"二字,就更渲染出一派凄凉景象。滔滔大江之中的一座孤山,要不是相传汉代名士焦光曾隐居于此,建有焦公祠,乾隆皇帝在这造有行宫,留下一些古迹,又有谁会有兴致到这神鬼之地一游呢?鱼和相传的龙,在秋寒季节便蛰伏水底。故杜甫《秋兴》诗有"鱼龙寂寞秋江冷"之句。神鬼,本虚幻之想,假设之物,谁也未见过他们的踪影。故有"神鬼虚堂世代遥"(李梦阳《台寺夏日》诗)、"虚堂神鬼昼无声"(朱彝尊《题南昌铁柱观》诗)这类描述。由此也可见焦山上那些祠堂庙宇空空洞洞、四面来风、凄凉静寂的情境。"三秋水"、"八月潮"是写江水。三秋,在此当指农历九月,即秋季第三个月。王勃《滕王阁诗序》:"时维九月,序属三秋。"八月潮,扬州一带的潮期。八、九月正是秋季,点明诗人到此之时令,也为后面"满天风露"的描写张本。

末二句,写诗人上山登楼的感触。"独",孤身一人,并无同游者,更增凄凉之意。"层楼",已明其高;"扪北极",尤见其危。此句极言焦山高耸入云、与天相接。结句进一层描写自己如入云端,以至感到满天风露侵人的凉意,说明这正是秋深夜深之时,再次点明题意,并与句首呼应,突出焦山雄峙长江、力能擎天的峭立之姿,给人以中流砥柱之感。

此诗笔触灵活自如,遒劲有力,上下纵横,涵盖量大。虽写的是静景,但"压""接""围""见""扪""下"几个动词的运用,又使得静中有动,给诗带来了生机活力。题中"夜"字贯穿全篇,含而不露,从傍晚停泊到灯明星出,再到夜深露下。诗人按时间顺序,把自己的所见、所想、所触、所感,严密有机、巨细兼备地作了描述,让人感受到其中丰富深邃的情致,使诗达到了情与境的完美统一。

(吕美生 朱永平)

项王庙 王昙

立马一呼千人号,咸阳大火不足烧。十八诸侯作臣子,如何不舞鸿门刀?陈平美奴张良女,淮阴之少小儿乳。功臣反面见君王,吾亦伤心老亚父。君王如玉妾如花,君马一走天下瓜。赤蛇不死白蛇死,妾骨空阗垓下沙。儿女英雄两不足,水庙山烟吾来宿。八千子弟大风来,父老江东到今哭。

司马迁《史记》中的《项羽本纪》和《高祖本纪》,把项羽的勇敢善战、鲁莽而率直、粗暴而不乏仁慈,和汉高祖刘邦的多谋能忍、善耍无赖两种性格写得很生动,深入人心。所以后人往往不从理性上去评刘、项的政治得失,而却从感情上偏爱项羽,同情这位失败英雄。唐代杜牧的《题乌江亭》诗,宋代李清照"至今思项羽,不肯过江东"之句,都表现了这种倾向,清代王昙的《项王庙》诗也是如此。

全诗十六句,四转韵,可分为四段。第一段写项羽的威力之大,惜其在"鸿门宴"上不杀刘邦,以消灭对手而取胜。"立马"二句,说项羽勇敢善战,威力过人,他的英雄气概,震慑人心,"立马一呼",可使"千人"辟易惊"号";他的力量,尽可亡秦,攻入咸阳,何必再烧秦的宫室,使"火三月不绝"呢?"十八诸侯"二句,说项羽入关,封十八人为王,皆成为臣属,而"自立为西楚霸王",一时形势甚盛;误在"鸿门宴上",以小不忍的"妇人之仁",不从范增之计,杀掉刘邦,而放走敌手,招致自己的失败。第二段说助刘灭项的功臣,也没有什么了不起;项羽自误又在有一谋臣范增而不能用。"陈平"二句,抑低刘邦的功臣。陈平、张良合萧何,是刘邦的主要谋士;韩信是刘邦的大将,灭项之战的主要指挥者。诗据《史记》,说陈平出身微贱,不过身长有"美色"而已;张良虽多谋,却也是"状貌如妇人好女"。

"淮阴之少"指韩信。《史记·淮阴侯列传》说刘邦起初并不礼敬韩信,萧何评刘封韩时,"拜大将如呼小儿耳",怕留不住韩;《汉书·高帝纪》载刘邦谓魏将柏直,"是口尚乳臭"的人,非韩信之敌。诗活用这两个典故,又兼暗用韩信在故乡忍受"袴下之辱"的典故,以讥笑韩信。"功臣"二句,说项羽误中刘邦的反间计,怀疑他的谋士亚父范增,致使君臣反目,范增一气离开,忧愤而死,这既关系刘、项胜败的大局,又是范增忠而见疑的悲剧,使人"心伤"。第三段说项羽被围垓下(今安徽灵璧南),与爱妾虞姬诀别,骑"骏马名骓"突围,因陷大泽中而败亡,天下为刘邦所得。"君王",指项羽,他败死时年才三十一岁,故称其貌"如玉"。"妾",指虞姬。"君马"句,说项羽突围失败,天下为刘邦所得,让他分封同姓和异姓的王侯。"赤蛇"句,传说刘邦起兵之初,杀了一条大白蛇,有老妇人哭着说:白蛇是她的儿子"白帝子",为刘邦这个"赤帝子"所杀。诗指刘邦屡败不死而终于取胜。"妾骨"句,说虞姬死于垓下,埋骨在这里。按《史记》只载项羽与虞姬诀别,不载别后虞姬的下落。《史记正义》引《楚汉春秋》说虞姬决心死于垓下,所以作歌和项羽道:"汉兵已略地,四面楚歌声。大王意气尽,贱妾何聊生!"歌词不类汉代风格,当为后人托拟,死事亦未必可据。第四段写作者凭吊项羽庙的情景,"儿女"二句,说作者前来凭吊项羽,夜宿"水庙山烟"之中,情景萧条;项羽平生的英雄气概和他诀别虞姬时的儿女深情,都已成为历史陈迹,消散无存,未免使人为之心感"不足"。出句也可兼表诗人自己虽负奇志,也未免有英雄气、儿女情都还不够之叹。"八千"两句,说项羽起兵时所带"八千子弟",多已战死,让刘邦胜利还乡,得意地大唱其《大风歌》;项羽故乡的"父老"至今还为刘、项的胜败而感到不平,为"八千子弟"及项羽之死而痛哭。

  诗篇富有奇气,主要表现在描写历史人物,不管人们的客观评价如何,只凭自己的主观爱憎来抑扬,写得恣肆酣畅,情深气盛,能够以势夺人。诗中的"扬项":以"立马"句写项羽的威力;以"咸阳"句写他的粗豪;以"十八"句写他有统一天下之势;以"如何"句写他不杀刘邦的宽仁,虽败犹荣,都具有极大的张扬气势。以怀疑范增伤项羽的失计;以虞姬殉情垓下,写他能博得"美人"的深爱;以父老之哭,写千年以后还有人为他抱痛,又具有强烈的爱惜感情。诗中的"抑刘":则以"赤蛇"、"大风"事鄙其欺人、侥幸和无赖;更突出的是,为了抑刘,连他的谋士、大将,都一概抑为妇人、奴仆、小子之流,攻其一节,不计其他。从抒情的角度看,两者一对照,是显得够痛快、够味道了。其次是用笔的舒卷自由,用典用词的灵活大胆。诗中事件的承接和转折,变换自如,跳跃性大,又不会破坏结构的完整性。诗中多用典故,能够灵活地节省很多叙事的笔墨,如"淮阴"句且于一句中合用三个典故,"八千"句于一句中合用两个典故,"舞刀"似写项羽自己不挥刀,而实暗用"项庄舞剑"杀不成刘邦的典故。以"如玉"写项羽的面貌,前所未见;以"小儿乳"倒装表示"乳臭未干"的小儿;以"瓜"字表示分封诸侯,组句用词皆粗犷大胆。

这首诗如与作者《住谷城之明日,谨以斗酒牛膏,合琵琶三十二弦,侑祭于西楚霸王之墓》三首七律合看,更能见出他诗格的豪放和善于翻空出奇。

(陈祥耀)

诗人小传

孙原湘

(1760—1829) 字子潇,晚号心青。昭文(今江苏常熟)人。嘉庆十年(1805)进士,授翰林庶吉士,充武英殿协修,假归后称病不出。诗受袁枚的影响颇深,重性灵,但词藻艳丽。论诗谓"性情者诗之主宰也,格律者诗之皮毛也"。作品内容多为纪行、酬赠一类。法式善尝以与王昙、舒位并举,作《三君咏》。著有《天真阁集》。

登白云栖绝顶

孙原湘

一峰插云云不穿,云中忽漏山左肩。一峰穿云欲上天,乱云又复蒙其巅。峰低峰昂云作怪,云合云离变山态。殷勤挽山入云中,倏忽推山出云外。隔云看山山不青,入山看云云无形。但觉雨疏疏,烟冥冥,不知深林积翠外,白日自在空中行。我径拨云出其顶,始觉云高不如岭。足踏云头万朵飞,下方看作青霄影①。

〔注〕① 青霄:青云。

本诗题中的"白云栖"是虞山上的一所庙宇,所以"白云栖绝顶"实际上就是虞山的绝顶。虞山位于江苏常熟市西北,山虽不甚高,却是江南名山之一,至今仍是著名的游览胜地。诗人是常熟本地人,虞山当是他常来游览的地方,所以诗中不再对虞山和白云栖作具体的描绘,而是用全部篇幅来写虞山上的云。通过云的各种变化,来展现虞山上奇特的云景,全诗处处都在写云,所以尽管没有具体描写白云栖这所庙宇,但"白云栖"这个名字所包含的意境,已经十分生动地呈现在读者的面前。

全诗分为前后两个部分,前面写的是远景,后面写的是近景。

还没有进入虞山,虞山上奇特的云景就已映入诗人眼底,前面八句,就是诗人对虞山云景从远处所作的描述。本来,云是流动的,而山峰则是静止的,可是由于云的流动变化,居然连山峰也能给人以动的感觉。处在云层包围之中的一座山峰企图刺破云层,插向天际,而厚厚的云层则把它紧紧裹住,使它无法突围。正面突围未成,旁边却撕开了一个缺口,忽然漏出了山峰的左臂。与此同时,另一座山峰经过努力,竟然刺穿了云层,可是正当它趁势欲上天之时,一团乱云忽又蒙上它的头部,使它重又淹没在云海之中。经过一番纠缠之后,山峰终于完全失去了主动。它们一会儿显得很高,一会儿又变得很低,都是那调皮的云在作怪,云忽而聚合,忽而离散,使山峰的形态为之不断发生变化。而那些山峰则一会儿被殷勤地挽入云中,一会儿又被无情地推出云外,好像身不由己似的听凭云对它摆布和捉弄。在这八句的描写中,云和山峰被处理得像一群顽皮的孩子,它们互相纠缠戏耍,出现了一个个相当生动和富有情趣的场面。

接着诗人描写入山以后所见情景。"隔云看山",难见青山的真面目,而入山以后,却连云都看不见了。这不由得使人想起唐代王维《终南山》一诗中的名句:"白云回望合,青霭入看无。"白云、青霭都只有在远处方才看得见,走近了反而看不见了。凡是曾亲历其境的人都会有这种感觉,所以这里的描写与王维的那两句诗确有异曲同工之妙。

虽不见云形,人毕竟在云中,"但觉雨疏疏,烟冥冥,不知深林积翠外,白日自在空中行"几句,写出了在云中穿行时的一种特殊的感觉。这种感觉在别人的诗篇中也曾出现过,如作者的前辈、诗人赵翼就在《山行杂诗》中写道:"山云才滃起,顷刻雨点飘,乃知云变雨,不必到层霄。只在百丈间,即化甘澍膏。君看云薄处,曦云如隔绡。自是此雨上,仍有赤日高。"两诗描写的景象几乎完全一样,但相比之下,孙原湘的几句就显得较为简练和圆熟,形象也更鲜明一些。

最后,诗人终于拨开云雾,登上了绝顶,而这时出现在他眼前的却是另一番景象。原来他在山下时看到的是群峰为乱云所掩,现在才发现,云高毕竟不如岭高,正如诗人在另一首诗中所写的那样:"山被云围住,围云更有山。"(《蒙山》)在绝顶之上,万朵白云都从脚下飞过,宛若置身云端。俯视下方,还可看到云朵的点点投影。

本诗作者是袁枚的诗弟子,深受袁枚"性灵说"的影响,《清史稿》中说他"以才气写性灵,能以韵胜。"从这首诗来看,其中无处不流露出作者的性情和趣味。

作者不是不加选择地简单地摹写自然,而是在摹写中有所侧重,有所强调。在这首诗中,作者所侧重、所强调的便是"奇"和"趣",他完全没有功利主义的目的,而只是从审美和欣赏的角度来观察和描绘虞山云景的"奇"和"趣"。如果说陶渊明的"云无心以出岫"表现出闲适心情,陶弘景的"岭上多白云"抒发了隐士情怀的话,那么,这首诗中对云景奇幻多变情境的描写,也可看作是爱好奇特、追求情趣的一种表现。这种爱好与追求出自诗人的性情,或者称为性灵,因此这首诗也就成为直抒性灵的写景之作。

(范民声)

歌 风 台　　孙原湘

韩、彭戮尽淮南反,泣下龙颜慷慨歌①。
一代大风从此起,四方猛士已无多②。
英雄得志犹情累,富贵还乡奈老何!
此去关中莫回首,只应魂魄恋山河。

〔注〕 ① 韩、彭:指韩信与彭越,两人都是汉初开国功臣,高祖十一年(公元前196)先后以谋反的罪名被杀。淮南:指淮南王英布(又称黥布),汉初开国功臣,韩信、彭越被杀后,他举兵反汉,公元前195年兵败被杀。"泣下"句:史书记载:高祖十二年击败黥布军后,还军过沛,悉召故人、父老、子弟,纵酒欢聚。刘邦唱了一首《大风歌》,歌罢起舞,慷慨伤怀,泣数行下。龙颜:指刘邦。《史记·高祖本纪》:"高祖为人,隆准而龙颜。" ② 四方猛士:守卫国土的英勇将士。刘邦《大风歌》:"安得猛士兮守四方。"

汉高祖刘邦回到故乡,纵酒高唱《大风歌》是一个有名的历史故事,后来人们为了纪念这件事,特地在刘邦唱歌的地方(今江苏沛县东泗水西岸)造了一个台,名叫"歌风台"。历代诗人在此登临怀古,写下不少咏"歌风台"的诗篇。

当年刘邦在故乡高唱《大风歌》时,正是韩信、彭越、英布等功臣、名将被杀之后不久,因此,后代诗人对《大风歌》中"安得猛士兮守四方"一句颇多讥讽,认为是自相矛盾,言不由衷。例如,"韩、彭受诛黥布戮,且喜壮士今无多。"(元张昱《过歌风台》)"悲歌谁掩泣,壮士已成禽。"(清顾大申《雪后登歌风台示沛令》)"淮阴已族黥、彭醢,慷慨何须悲大风。"(清邵长蘅《登歌风台怀古》),这些诗句都对刘邦的慷慨悲歌表示怀疑。而本诗作者却采取了与众不同的态度。

在这首诗的前半部分,作者也把"韩、彭戮尽淮南反"作为《大风歌》的具体历史背景提了出来,但用意并不在于讽刺,而是试图借此来揭示刘邦当时那种悲凉心情的具体内涵。"一代大风从此起,四方猛士已无多。"汉朝的帝业由刘邦开始,可是,当初帮助他开创帝业的韩信、彭越已被诛戮,英布已经反叛,目前能用来保卫帝业的"四方猛士"已所剩无几了,同当初麾下猛将云集、一呼百应的轰轰烈烈局面相比,怎能不使他为之慷慨悲怀、感慨系之!这种悲凉的情怀反映出一个创业者对自己事业的深切关注,同时也表现了他在诛戮功臣之后产生的某种复杂矛盾的心理:清除了韩、彭和英布,等于去了心腹之患,他的帝业可以确保无虞,可是随之而来的却是守土乏人,这又不能不使他为之深深担忧。

  后半部分四句从另一角度写刘邦当时复杂的心理活动。他当年在故乡时,只是一个小小的亭长,这次"威加海内兮归故乡",自然可以说是英雄得志,无上风光。但为什么他在纵酒高歌之后又要慷慨伤怀而泣呢?作者认为,这显然是出于对故乡的深厚感情。贵为帝王而仍不免为情所牵,所以说是"英雄得志犹情累"。刘邦还乡时已经五十三岁了,虽然荣华富贵无人可及,但岁月易逝,老之将至,不免有桑榆晚景之叹。(事实上刘邦也确实存日无多,此后不到半年,他就死了。)"富贵还乡奈老何"一句说的就是刘邦这种"夕阳无限好,只是近黄昏"的心情。最后两句是说刘邦虽然深深地思恋着故乡,但还是以汉朝的江山为重,义无反顾地回到了关中(国都长安所在)。据《史记·高祖本纪》记载,刘邦曾对故乡父兄说:"游子悲故乡,吾虽都关中,万岁后吾魂魄犹乐思沛。"诗中"魂魄恋山河"指此而言。刘邦的思恋故乡,只是死后的"魂魄恋山河"而已,在他生前并没有像项羽那样,灭秦以后就放弃关中,返回楚地,以致失去了对全国的控制。因此,这两句诗实际上是在赞美刘邦能够克服个人感情,处处以大局为重。

  咏史、怀古一类诗篇,贵在能自出新意,不落前人窠臼,此诗主要成功之处即在于此。此外,在这首诗中,作者把自己对历史事件的看法完全通过对历史人物的心理揭示表达出来,不着议论而议论自见,尽管文字平易浅近,诗味却仍然相当浓厚,这也表现出了作者高明的写诗技巧。

(范民声)

西 陵 峡　　　孙原湘

一滩声过一滩催,一日舟行几百回。
郢树碧从帆底尽,楚云青向橹前来[①]。
奔雷峡断风常怒,障日峰多雾不开。
险绝正当奇绝处,壮游毋使客心哀。

〔注〕① 郢树:郢地的树木。郢,古地名,今湖北江陵一带。楚云:楚地的云。西陵峡在

西陵峡　　　　　　　　　　　　　　　　　　　　　　　　　　　　　孙原湘　〔1493〕

湖北境内,古代属楚国。

　　西陵峡在今湖北省境内,西起巴东县官渡口,东至宜昌市南津关,是著名的长江三峡之一。《水经注》引《宜都记》说:"自黄牛滩东入西陵界,至峡口,百许里山水纡曲;而两岸高山重障,非日中夜半,不见日月。绝壁或千许丈,其石彩色形容,多所象类。林木高茂,略尽冬春。猿鸣至清,山谷传响,泠泠不绝。所谓三峡,此其一也。"西陵峡自然风光的奇特,在这段描写中可见一斑。

　　诗人是乘船经过西陵峡的,诗的前面四句主要从舟行的角度来写出自己的所感所受。长江三峡内多暗礁浅滩,给舟行造成很大困难。"一滩声过一滩催,一日舟行几百回。"诗人从江水冲击浅滩激起的巨大声音中,感觉到船只正在绕过一个又一个浅滩,迂回曲折地前进。"几百回"说明迂回之多,浅滩之多。这同李白描写三峡的名句"千里江陵一日还"相比,情景正好完全相反。除了溯江而上不同于顺流而下外,两者的感情色彩也迥然相异。"千里江陵一日还"流露的心情轻松而又愉快,而这两句诗则通过紧相催逼的阵阵滩声,表现了旅途的艰险曲折,感情基调略显沉重而紧张。

　　三、四两句是全诗中最脍炙人口的一联。它写船只离开湖北平原进入三峡,由于是从直觉感受出发,所以不说船只如何离开"鄂树",进入"楚云",而是反过来说"鄂树"从帆底下消失了,"楚云"正在扑向橹前,似乎只有两岸的树和空中的云在流动,船只反而是静止的。这种写法古人也曾用过,如梁元帝的"不疑行舫往,惟看远树来",杜甫的"稍知花改岸,始验鸟随舟"。但是这里的两句诗却不是对前人作品的简单摹仿,它在遣字造句和熔铸形象方面有自己的鲜明特色。用"碧"和"青"两个字来概括"鄂树"、"楚云"的形象特征,色泽鲜明而又传神;以"帆底尽"、"橹前来"体现树、云的动态,具体而又生动,使人有身历其境之感。

　　诗的后面四句才进入对西陵峡风光的具体描绘,用的仍是抒写主观感受的方法。峡断风怒,江水咆哮,犹如奔雷;山高岭峻,云遮雾障,不见天日;既是目所见,也是耳所闻,其间又包含着诗人被壮美的山川风光所激发出来的惊奇与赞叹。"奔雷峡断风常怒,障日风多雾不开"二句所描写的景象虽然其险无比,足以令人恐惧不安,但诗人偏能"险绝正当奇绝处",在奇绝壮观的大自然中获取审美的愉悦和感情的陶冶。正由于诗人的感情得到了陶冶,所以他把此游称之为"壮游"。"壮游毋使客心哀",一般征人旅客的去国离乡之思,羁旅行役之苦,都只会使壮游减色,真正的壮游应该克服这类哀愁之感。

　　这是一首写景诗,同时又是一首抒情诗,它借景生情,以豪壮之情写阔大之景,在情景交融方面,称得上是一首别开生面的上乘之作。

(范民声)

> **诗人小传**
>
> **席佩兰**
> 清女诗人。名蕊珠,字月襟,又字韵芬、道华、浣云,佩兰为其自号。昭文(今江苏常熟)人。诗人孙原湘妻。为袁枚女弟子,故习染性灵之说。亦善画兰。有《长真阁诗稿》、《傍杏楼调琴草》。

寄 衣 曲　　　　　　　　　　席佩兰

欲制寒衣下剪难,几回冰泪洒霜纨。
去时宽窄难凭准,梦里寻君作样看。

席佩兰,字韵芬,一字道华,又字浣云。江苏昭文(今常熟)人。有《长真阁集》。清代文人孙原湘妻,夫妻二人皆工诗能文,常于闺房唱妍酬丽,伉俪情深,时人目为神仙眷属。

《寄衣曲》为古代诗歌中常见的诗题,历代染指者甚多,且多以此表达闺中少妇对远人的思念。唐人张籍有同题诗云:"纤素缝衣独苦辛,远因回使寄征人。官家亦自寄衣去,贵从妾手看君身。高堂姑老无侍子,不得自到边城里。殷勤为看初暑时,征夫身上宜不宜。"虽同样从少妇缝衣的手和征人穿衣的身两处着眼,表达了闺中的忆念,但语直而意浅,缺少耐人咀嚼的余味。席佩兰此诗体制短小,语浅而情深,且能以女性的敏感和灵性,独出机杼,不仅闺阁之中罕有其匹,且直有压倒须眉之势。

诗从"欲制寒衣下剪难"开始,将"欲"与"难"对举。不直言赶制寒衣,寄寒衣,而是虚点一笔,采用"欲擒故纵"的写法,表达出诗中抒情主人公矛盾犹豫的心理,却又不说出原因,因而造成悬念。

第二句,"几回冰泪洒霜纨",并未对"下剪难"的原因作出解答,而是紧承上句,对"下剪难"从程度上作出强调,使前面所设悬念推进一步,为后面的转折做了准备。将"冰泪"与"寒衣"对举,用"几回"暗承"难"字,就将"欲制寒衣"者无可奈何、茫然若有所失的心情淋漓尽致地表现出来。值得注意的是,诗人虽欲表达闺中相思之情,却并不于起首一句之中明白表示出来,即使在此句之中也只是于暗中透露消息,着一"冰"字来修饰"泪",将读者的注意力从制寒衣方面暗暗地调转过来。古人以"冰"示心迹,有鲍照《白头吟》的"清如玉壶冰"。王昌龄《芙蓉楼送辛渐》的"一片冰心在玉壶"显得晶莹纯洁。此处,作者以"冰"饰"泪",更呈异彩,其一,不仅照应前句"寒"字,又紧扣诗题,使文脉不断,表明秋来凉至,泪落觉寒;其二,这个冷色调的词,不仅点明节令,而且隐现出抒情主人公此时凄清、落寞的心情;其三,联系古人用"冰"饰"心"刻画晶亮纯洁形象来看,这个"冰"字,又在读者心中形成了一个冰清玉洁的多情美人形象,仿佛见到她闺房之中惆怅无奈、依窗远眺、潸然泪落的憔悴容颜。以一字之工,而深蕴如此多的涵义,由此可见作者功力之深,无怪乎前人称她为"随园女弟子之冠"。

三、四两句,更宜多加玩索。首先,它对"下剪难"和"泪洒霜纨"的缘由作出了正面的回答:制衣之难,难在没有凭准,不能量体制衣。其次,在对上两句诗作出总结的同时,又对上两句诗境作了开拓,既将制衣之难向深层引渡,又将第二句诗中暗含的相思之情点明。"去时宽窄难凭准"一句,含义颇丰,其一,它说明思妇对离人去时衣服的宽窄一直了然于心,可见思妇真情,也可见出其相思之苦;其次,更可玩味的是,一腔怨思,尽付于制衣难凭准的托词之中;对离人别后生活的好坏、身材的肥瘦的担忧,完全凝聚在"宽窄难凭准"五字之中;其三,"难凭准"又含有一个时间概念,暗示出离人远别已积有时日,这才使得思妇难以想象离人久别之后的形象,故不敢贸然下剪,一片爱怜之意中,更有思妇日日相思熬煎之苦,从而更凸显出了思妇"冰泪"之中的一颗"冰心"。最后一句"梦里寻君作样看"则再推进一步,将欲制寒衣之情补足,同时也将相思难已之情尽托梦境。其实,梦中所见之人,只能是去时之人,不可能是久别后的形象,作此等痴语,是有意将读者的注意力引向真正要表明的相思之痛上来。但是,不言相思难熬,企求梦中相会,而只是说以梦中所见为制衣之样,写得确实婉曲动人,饶有情味。不仅有相思的静态美,而且有寻君相看的动态美。给读者以闺中思妇形象的同时,又给人以离人思妇别后欢会于梦境的欢乐场面,较之单纯写闺中相思,境界更为阔大而浑厚了。

对于席佩兰的诗,随园先生袁枚以为"字字出于性灵,不拾古人牙慧而能天机清妙"。这首《寄衣曲》便很明显地印证了乃师的评价。它没有矫揉造作之态,更不是无病呻吟之作,而是从内心深处抒发出来的真挚感情。她的丈夫孙原湘自从嘉庆年间中进士后,官至武英殿协修,常常在外。佩兰独处深闺,难免魂牵梦萦,日思夜想,于是通过这首古题,表达一腔忆念,全诗语语从肺腑中流出,炼字精审而又出自天然,形象鲜明,意境深远。诗如行云流水,然而仔细寻绎,却又移步换形,千回百折,愈转愈深,令人回味无穷。

(徐培均 罗立纲)

【诗人小传】

姚元之

清诗人。字伯昂,号荐青,桐城(今属安徽)人。嘉庆进士,官至左都御史。因事降为内阁学士。工隶书行草,画笔亦妙。著有《竹叶亭杂诗稿》。

千　山

姚元之

明霞为饰玉为容,山到辽阳峦嶂重。
欲问青天花数朵,九百九十九芙蓉。

千山,在今辽宁省辽阳市东南六十里处,为东北三大名山之一。原名千华山,又称千朵莲花山、积翠山。山中奇峰耸叠,峭壁嵯峨,林木深秀,塔寺棋布。传说共有峰峦九百九十九座,因其近千,故名千山,山上有唐、辽、金以来的名胜古迹多处。

诗人一下笔便展开奇丽的想象,描绘千山的神姿仙态。五彩缤纷的云霞映照在翠峰之上,诗人想象那是千山的首饰。千山宛若一位披云曳霞的仙女,显露出她那玉一般明洁美艳的容貌。清代诗论家刘熙载说:"山之精神写不出,以烟霞写之。"(《艺概·诗概》)诗人借明霞烘托出千山的高峻入云之态,也表现出它的秀媚风采,令人神驰不已。这一句虽是实写,但实中有虚,暗用了拟人手法,色彩瑰丽。次句补写千山的地理位置和千峰攒聚的气势,是题中应有之义。"峦嶂重"三字凝重有力。"到"字更是平中见奇,化静为动,我们仿佛看到上千座奇峰峻岭从远处奔腾而来,到了辽阳突然驻足,相互挤拥,争奇斗胜,形成重叠起伏的巍巍奇观。这真是造化的杰构。

如果说,诗的前两句尚侧重于客观的描绘,诗人的感情是浸透在景物意象之中的;那么,第三句便从客体的描绘转入主观的感情抒发。"欲问青天花数朵",诗人忽发奇想,欲向青天提出疑问,您到底开出了多少朵花? 这一问,问得出奇,问得天真,问出了情趣,把他对于千山的绮丽风光的无比喜爱、赞美之情抒发出来了。同时,诗人又以奇思妙想拓开境界,使诗境由实境进入想象的虚拟之境。结句是答复。在诗人的灵视中,千山幻化成了九百九十九朵朝天怒放的出水芙蓉,她们含风滴露,流光溢彩,喷火蒸霞,多么鲜艳、瑰丽、迷人! 这两句紧扣着千山的传说和形貌特征,亦虚亦实,似幻似真,其词脱口而出,自然天成,所展示的瑰奇境界,真可与李白的"庐山东南五老峰,青天削出金芙蓉"媲美。

全篇语言生动形象,通俗自然,毫不雕琢。诗人善于驰骋想象,运实入虚,从外在景象的描绘转入感情的抒发和幻境的展现,使诗的结构具有一种纵深感和立体感。在这种纵深的艺术结构中,客观外景与诗人内情交相融合,自然形成了浑然的意境,产生豁人耳目而又沁人心脾的艺术效果。

(陶文鹏)

诗人小传

陶宗亮

(1763—1855) 字澹人。为陶渊明后裔。出身诸生,长试不第,隐居太仓娄江(今浏河)支流桃源泾畔,以诗画自娱。

秋暮遣怀

陶宗亮

人生天地一叶萍,利名役役三秋草;秋草能为春草新,苍颜难换朱颜好。篱前黄菊未花开,寂寞清樽冷怀抱;秋雨秋风愁煞人,寒宵独坐心如捣。出门拔剑壮盘游,霜华拂处尘氛扫;朝凌五岳暮三洲,人世风波岂能保。不如归去卧糟邱,老死蓬蒿事幽诗。

此诗中"秋雨秋风愁煞人"一句,曾被秋瑾引作就义前临刑时的"供词"而闻名于世;世人亦因此将其看作秋瑾的《绝命词》而把它作为断句辑入《秋瑾集》中,并由此取义,将修建于绍兴轩亭口的秋瑾烈士纪念亭,名曰"风雨亭"。

原诗作者陶宗亮,"君为五柳先生之裔,宗亮其名"(毕宪曾《沧江红雨楼诗集序》)。因先人陶渊明字元亮,追慕其人,故名"宗亮",诸生出身,隐居太仓娄江(今浏河)支流桃源泾畔,以诗画自娱,《秋暮遣怀》是其壮年之作,载《沧江红雨楼诗集》。从此诗即可体察一个隐于野的旧时代知识分子节高品洁,鄙视流俗,不满现实,因有所追求,而宏图难展,壮志未酬的怨愤情怀。

全诗第一、二两句开宗明义:"人生天地一叶萍,利名役役三秋草。"谓人之生于天地之间,若秋之一叶浮萍,难以自主;而世上俗流之辈,为名为利,奔走钻营,却不省为之役役(奔走貌)的利名之物,犹如三秋之草,衰萎枯黄,终归一毁。此两句诗意,如《汉书·苏武传》言:"人生如朝露,何久自苦如此!"又如苏轼《答陈师仲书》:"人生如朝露,意所乐则为之,何暇计议穷达。"第三、四两句跟进一层,再加强调:"秋草能为春草新,苍颜难换朱颜好。"利名已是秋草,可是,秋草化泥,犹能育来年春草，普施春色于人间，尚有少许价值；而役役利名，徒费短暂的人生光阴，却不能换取自身生命的新生，只落个"苍颜难换朱颜好"，毫无价值。既如此，人们又何必贪于利名而不爱惜自身？

诗人意欲淡泊明志，隐而静居，却又不能取得心态的平衡，忘情世事，故云"篱前黄菊未花开，寂寞清樽冷怀抱"。人称诗人"有三癖焉：一爱菊……有《菊花清芬集》。一爱画……有《题画诸吟》。其一即诗是已。"（闻凤珍《沧江红雨楼诗集序》），他还取"东篱爱菊，人澹如菊"之义，自号澹人。所以，抑或是由于仰慕先人陶渊明隐而不仕，"采菊东篱下，悠然见南山"的怡然自得，他便在此秋草方衰，菊未开花之际，待菊放花。爱菊，以见其志洁；待菊，以明其情迫。菊未开花，无以伴酒，更觉寂寞，心怀凄凉。何况，又是"秋雨秋风愁煞人，寒宵独坐心如捣。"秋雨又加秋风，寒宵又自独坐，此时思绪万千，愁思不断，人真能被"愁煞"，心真是"如捣"。此四句，较之前四句的侧重于以物喻理，则是侧重于借物抒情。着意写出诗人的愁绪，是对前述四句人生真谛理性认识的情感延伸。

诗人既不愿"役役"于"利名"，又不甘寂寞独守，忘情世事，乃设想（或是反省往事，他曾屡举不第）趋时入世又如何呢？"出门拔剑壮盘游，霜华拂处尘氛扫；朝凌五岳暮三洲，人世风波岂能保！""出门拔剑"，是形容年少气盛，壮怀激烈，勇往直前，追求前程的形象描述。"盘游"，游乐。旧时士人，讲究游历，或游学，寻师访友；或游宦，在外作官；或游幕，充当幕僚；或游历，足遍名山大川，结交四方，等等，概言盘游，乃经世用志，有所作为之语。着一"壮"字，状当年之雄心勃勃、义无反顾之况。然而，青春少年，涉足世事未几，已是两鬓添霜，步入壮年，此鬓毛飘拂之处，正是为"尘氛"所染，拂扫不去。"尘氛扫"，喻世事俗尘，俗世烦务的骚扰；亦即人生劳苦，饱经风霜，致青春忽逝，年华早衰。然则，人之壮志若何？也随着年岁的增长遭销蚀。少壮时俯视天下，胸怀山河，朝凌五岳，暮越三洲，气概盖世。此以"五岳"，喻众多名山；以"三洲"，喻众多江河大川；"三"字，此作多数之称。此句呼应"壮盘游"语，加以具体描述而实之，且有往复咏吟而强调之。"人世风波"亦同样呼应"尘氛扫"意，明言人世烦嚣，充满艰险，处处钩心斗角，尔虞我诈，一旦涉足，必有大祸，此时岂能自保！这四句，非饱经风霜、洞察人世、直面现实人生者，不能出此直率痛切之语。

结末两句，总括全诗，诗意升华，诗云："不如归去卧糟邱，老死蓬蒿事幽诗。"归卧糟邱（酒糟堆成的小丘），是以酒浇愁，以酒解忧，以酒终了一生，弃"利名"于不顾，舍壮志于脑后。如此老死蓬蒿之间，无名无利，坦然安息于九泉，专事吟哦阴间之诗，何等舒心遂意！谓"不如归去"，是对"利名役役"、"人世风波"的否定，亦是对首句"人生天地一叶萍"的呼应,如此,才能突出题旨,收束全诗。须知,诗人求归卧糟丘、老死蓬蒿,并非厌世消极语,却正是诗人珍惜人生,直面现实的愤激语。从中可以看出,那一时代的下层知识分子,有着怎样现实处境和人生态度。

闻凤珍评陶宗亮诗的风格说:"于唐则苏州(指韦应物)、香山(指白居易),宋则东坡、放翁,而卓然成一家言。"(《沧江红雨楼诗集序》)《秋暮遣怀》一诗,语言简淡,晓畅自然,而借物寄情,委婉深沉,有性情,见本色,绝无工巧悦人者的斧凿痕迹,正合此评说。

(王杏根)

诗人小传

张问陶

(1764—1814) 字仲冶,号船山,四川遂宁人。乾隆五十五年(1790)进士,授翰林院检讨,曾官吏部郎中、莱州知府。论诗力主"性灵"之说,与袁枚、赵翼、洪亮吉诸人相呼应。诗作题材多样,内容广泛,不仅有表现个人感情、描摹山水佳胜的篇什,而且也不乏笔锋犀利、揭露深刻的讽谕之作;风格清警,善言情理,故袁枚赞其诗"沉郁空灵,为清代蜀中诗人之冠"。当时享有"青莲(李白号青莲居士)再世"的盛誉。著有《船山诗草》。

芦　沟

张问陶

芦沟南望尽尘埃,木脱霜寒大漠开。
天海诗情驴背得,关山秋色雨中来。
茫茫阅世无成局,碌碌因人是废才。
往日英雄呼不起,放歌空吊古金台。

本诗写于乾隆四十九年作者初入北京之时。芦沟即桑干河,为永定河上游,在河北省西北部,流经北京市到天津附近入海河。芦沟附近有著名的幽州黄金台。诗人秋游芦沟,又一次被黄金台这个承载着君臣相遇美好故事的古迹惹起无穷感慨。

诗前半首写出游芦沟所见,描写了秋天幽蓟原野浩茫荒凉的景象,境界开阔,富有气势和力度,给人以肃杀、悲壮之感。张问陶既工诗也善画,本诗的二四两句中即可看到他诗画并擅的特长,两句诗既呈现了凝重雄阔的画面,又写出了秋来幽蓟的动势过程。霜寒导致木脱,木脱更显霜寒,大漠因木脱霜寒而一望无尽。"关山秋色雨中来"写出了秋色到来的媒介、来速、来势,强化了秋色到来这一渐变现象的可感性。这一广袤、悲凉、壮阔景象的描绘为下文的抒情作了有效的渲染铺垫。

"心事浩茫连广宇",浩茫的环境也容易激发浩茫的心事,使诗人产生强烈的忧生或忧世之情。唐郑綮说:"吾诗思在灞桥风雪中驴背上",此时,张问陶面对眼前景象,也不禁心潮起伏。秋天的到来易诱发人荣华易逝、时不我待、离乡思归等种种情感活动,这些情感活动使一个欲有作为的人更添事业上的紧迫感。本诗的下半首即可看到诗人的这种情感流向。面对茫茫的自然环境,他想到了自己在人生社会环境中的茫然无依和理想的渺茫,有拔剑四顾心茫然那样的感觉。他现在二十一岁,虽然年龄不算大,但他的心情已经很急迫了。"人间少壮无多日,莫待秋霜染鬓丝","举世不逢孙伯乐,一生惟哭贾长沙"(《春日感怀》),"伏枥长鸣万马惊,唾壶击缺气难平"(《重有感》),这些诗都和这首《芦沟》作于同一年。这里的"无成局"表示了他对前程的迷茫(张问陶喜欢把人生比作棋局,如《感事》诗"惊心万事无长局",《悼亡》诗"半局残棋已廿春")。诗人当时尚无功名,在北京与赞善公周东屏的长女结婚后无所事事,他又"不欲因人著姓名"(《重有感》)而现实恰恰又要把他逼到碌碌因人的境地上去。所以,这里的"是废才"既是自警,也是自责。颈联两句主要是对社会和个人现状的总体上的理性思考,诗的结尾,又回到与芦沟这个地点有关的空间中来。他想到了曾发生在这里的历史故事,当年的燕昭王为了招贤纳士曾筑台置金,如今,正如唐代陈子昂在这里感慨的,古人不见,天地悠悠。过去的君臣相遇是那样令人欣羡,今天,美好的往事已成陈迹,历史长河奔流不息,郭隗、乐毅这些往日英雄随斯而去,后之视今,犹今之视昔,我亦必然要到"呼不起"的时候,如果不是英雄,那就连呼你的人都没有。诗的最后两句,既有君臣知遇不可再得的感慨,也有圣贤寂寞、人生短暂的忧叹,呼不起的既是英雄,也是往日。这种社会感和宇宙感的交织使他产生强烈的焦虑和孤独,放歌空吊正是他焦虑和孤独的外化表现。

本诗也是一首因地生情,情景交融之作,所写景物具有明显的时地特征,雄浑悲壮的景色和深沉的历史,身世感取得了和谐的统一,是金台吊古这一传统题材上的又一成功之作。

(沈金浩)

咏怀旧游十首(选一) 张问陶

秦栈萦纤鸟路长,三年三度过陈仓。
诗因虎豹驱除险,身为峰峦接应忙。

雁响夜凄函谷雨，柳枝秋老灞桥霜。
美人名士英雄墓，一概累累古道旁。

　　《咏怀旧游》这组七律约作于乾隆五十五年(1790)秋天，诗人已于此年四月中了进士。也许人在实现了较大的目标后往往会回思前事，张问陶在这组七律中回忆、吟咏了山东、湖广、湖南、天津等过去二十七年中生活、活动过的地方，追叙了在这些地方的甜酸苦辣的生活。这里所选的一首描述了他在陕西的游历。诗人为了考进士，于乾隆四十九年、五十三年、五十四年三度进京，其中五十三年三月赴京、五十四年初夏回家、同年十一月再次赴京，都是取道川陕路线，经过栈道、陈仓的(第三次过栈道、陈仓已是五十五年正月)，故诗中说"三年三度"。古代交通不便，旅途艰辛。首句借用了白居易《长恨歌》中的"云栈萦纡登剑阁"和李白《蜀道难》中的"西当太白有鸟道"两句的词语，白、李诗原来就写了这段道路的崎岖曲折，这里把它们归并在一句中，更加突出了道路之艰难。然而就是这样一段路，诗人竟三年三过，无奈之情流露于字里行间。诗的中间两联即把隐含于首联第二句中的感情具体化了，表面化了。颔联言生理上所受的劳顿、恐惧，但用侧笔，写受虎豹惊扰，不直接言胆战心惊，而是说诗因之而险；说旅途往返忙碌劳累，却说因有太多峰峦接应而忙。这种乐语(俏皮语)写哀的方式，也许是一个人在喘息平定以后的苦涩的笑。颈联偏重写心灵感受。函谷在今河南省灵宝县西南，东自崤山，西至潼关，大山中裂，绝壁千仞，有路如槽，险深如函，在这样的环境里过夜，风雨归雁之声易生空谷回音，听起来更加凄切。灞桥是人们折柳送别的地方。秋天闻函谷归雁、见灞桥残柳，都易引起人的乡思别情。而在这么一条路上，古代英雄美人名士的墓冢累累相陈，它们不时唤起诗人"昔人豪贵信陵君，今人耕种信陵坟"那样的感叹。而遗憾的是他明知"终归一个土馒头"，活着时还不得不为名利而奔波劳碌。这种认识上与实践上的矛盾更加增添了他心灵上的疲惫。

　　这首诗在艺术上的特殊之处主要在于中间两联的句法。颔联破除了一般七言律诗二二三或四一二句法，改用一五一，并在中间加入介词词组，这种句法造成了一种新鲜、生涩的美感，避免了呆板和平直。由于这种句法造成了非同一般的节奏，特殊的句间停顿使三个部分都得到了强调，并且由于主语"诗"后面用了表示原因的介词结构，造成了句子的前趋运动，即非要读完句子才能获得一个意思，而不像二二三或四一二结构那样一个词即是一个意义单元。颈联的句法可能胎息于杜甫《曲江》《秋兴八首》等诗，虽然与杜诗并不完全相同。由于本联中没有联结各成分的虚词,当诗人将一个既可和前面发生关系又可和后面发生关系的形容词放在中间时,句中各成分的关系就变得更加复杂,留给读者的解法也就更多。在前一句中,"雁响""夜凄""函谷雨"可以是简单意象的并列,人同时感受三者,也可以理解为"雁响和夜色使函谷的雨更加凄迷",也可以理解为函谷雨使有雁响的夜更加凄清,或者理解为"雁的响声(鸣叫)因为在夜中又是雨天而更加凄厉"。下一句情况基本类似,解法略少于前句。这种句法是中国诗歌的一大特色,也可以说是一大长处,它似搭积木又不是搭积木,材料是限定的,搭法可以灵活变化,不同的是不管如何变化,诗中的情感基调一般不会因解法不同而产生太大的变化。其好处是通过提供这种阐释余地,使诗更加耐人寻味。

(沈金浩)

读《桃花扇》传奇偶题八绝句(选二)　　张问陶

竟指秦淮作战场,美人扇上写兴亡。
两朝应举侯公子,忍对桃花说李香。

一声檀板当悲歌,笔墨工于阅历多。
几点桃花儿女泪,洒来红遍旧山河。

　　《桃花扇》是清初孔尚任写的传奇剧本,剧名取自剧中李香君坚拒权贵田仰夺婚,倒地撞头,血溅侯方域送给李香君作定情之物的扇子,杨文骢将血点画成桃花这个情节。剧本以侯李爱情为线索,描写了南明王朝灭亡前夕激烈的政治斗争和丰富复杂的社会生活,"借离合之情,写兴亡之感"。剧中的李香君爱憎分明,忠于民族,忠于爱情,最后和侯方域在栖霞山相会,共约出家。

　　第一首是有感于剧中的侯方域与生活中的侯方域结局的不同而作的。前两句言剧本构思与情节,意思是说真个把秦淮当战场,围绕美人的扇子来写明代的灭亡。在崇祯皇帝自杀后,马士英等人在南京拥立福王建立了弘光小朝廷,马自己专国政,起用阉党阮大铖,专与东林党人相倾轧,排斥史可法等,不为防御清兵之计。又为小朝廷征宫女选美人,苟安偷生于残山剩水之中。而一些相对进步一点的复社文人如侯方域等,在国内当头之际也还结习不改,出入青楼妓院,无甚作为。因此可以说,这两句诗,既是对剧情的概括,也是对南明小朝廷中参与派系斗争的人物的讽刺。正因为他们在秦淮进行勾心斗角的派系之争,才导致一把扇子也成了一代兴亡的历史见证,成为孔尚任描写明代灭亡历史的一个中心线索。此外,这两句诗似乎也含有对孔尚任剧本构思技巧即"借离合之情写兴亡之感"的赞扬。

后两句因团扇而追及扇的主人,侯公子方域曾将扇作为定情物送给李香君,李香君忠于爱情,坚持正义,既不受奸党利诱,也不畏权奸逼迫,为拒改嫁而血溅团扇,而侯公子——虽然剧本中写他明亡后出家,而事实上他在入清后又应河南乡试,中副榜。在李香君面前,他应该自惭形秽,感到羞愧。在明亡之际,一些名妓如卞玉京、柳如是、李香君等都比她们以身相许的吴伟业、钱谦益、侯方域等人立场坚定。袁枚嘲钱谦益说"可惜尚书寿正长,丹青让与柳枝娘",船山此诗,可谓与袁诗异曲同工。

在这首诗里,诗人设置了明暗两种对比。明的对比在侯李之间,坚贞的李使变节的侯无地自容;暗的对比在扇子的小与兴亡事之大、秦淮的绮媚与战场的残酷之间。秦淮变战场、扇上写兴亡,不该如此的事却是已经如此了。诗在这种对比中暗寄嘲讽。另外,末句桃花与李香君是一个巧妙借对,造成了句子的形式美。

第二首主要是赞扬了剧作的感染力。檀板是演剧用的乐器,"一声檀板当悲歌"亦即一个剧本当悲歌。次句是说剧作家能写出如此动人的作品是因为他生活阅历丰富。孔尚任虽然出生于清政权建立以后,但因他在写剧前和写剧过程中对南明事迹作了充分调查,与许多遗民也有深入的交往,故对南明历史了解比较清楚。"阅历多"一词所指,应该也包括这些。后两句说,《桃花扇》传奇抒写了明亡的哀痛,足为明史增辉,它是明史一曲哀婉的尾声。或者理解为因剧中充满伤悼气氛,很有感染力,故它足以引发人们对整个明王朝的无限哀思。由于作者是用形象的语言而不是思辨的语言来陈述(含赞扬)《桃花扇》的社会效果,因此这种陈述、赞扬本身也就充满诗情画意。读者不仅通过诗句知道了《桃花扇》传奇的感染力,同时也通过诗句和所有的《桃花扇》读者、观众、剧中人一起进入到伤悼明代灭亡的气氛之中。

这组诗写于清朝由盛转衰期,就像许多皇帝一到中年就为自己营造陵墓一样,清代于乾隆以后也大肆表彰史可法等忠于明朝的人,以教育本朝士人也为自己尽忠尽节。这是这两首诗在清政府统治下自由出笼的背景。　　　(沈金浩)

过　黄　州　　　　　　　张问陶

清舲一叶独归舟,寒浸春衣夜水幽。
我似横江西去鹤,月明如梦过黄州。

乾隆五十年(1785),张问陶在北京应试落第后离京归故乡四川遂宁,八月出都,次年春始至湖北黄州,诗即作于过黄州之时,并以这一旅程片断为题。

黄州附近的长江是具有某些特定文化意义的长江,前有传说中的三国赤壁军事行动,后有大文豪苏轼的踪迹和篇章,习惯于因地立题的古代诗人到此不能无感。这首《过黄州》的特点即在于它是一首需要和前代文人活动及其创作联系起来才能深入理解的诗。苏轼于乌台诗案后被贬至黄州,政治失意,精神苦闷,生活艰难。虽然他尽可能使自己达观,但仍无法彻底排遣深积于心的苦闷。其《后赤壁赋》即借月下舟游赤壁,见孤鹤"横江东来""掠予舟而西",回来梦见"羽衣翩仙"的道士,而道士即孤鹤这么一件真真幻幻的事,表达他企愿遗弃尘世的思想。张问陶此番赴京,满怀事业上的紧迫感,很想一举成功,干一番事业,没想到闱战失利,名落孙山,心情与被贬时的苏轼有部分相似,因此他也来体验了一番月夜舟行黄州之江的感受。诗中巧取了自己与孤鹤形迹上的某种相似——鹤孤飞西去,自己也是孤舟西归,来化用苏轼《后赤壁赋》中的意境,表达此段月下舟行的幽独、梦幻般的感觉,并暗寓自己由科场失意导致的主要由出世心理支配但又不能完全淡泊的恍惚心情。在这里诗句是在《后赤壁赋》的基础上构思的,但其中鹤的形象与苏文中的鹤有所不同,苏文中的鹤是个幽独往还的出世者形象,鹤是清醒的,有"如梦"感觉的是苏轼。而这里,诗人又说自己如鹤,又感到如梦,行为上与鹤相似,心理上倒与苏轼相似。"过黄州"这个谓语部分所接的是"我"这个主语。这一化用是成功的,它既引导读者将诗人和苏轼联系起来,又使读者看到诗不等于苏文的重复。

本诗在构建意境时,用词、修辞都十分讲究,船以"清"形容,是"一叶",又是"独归",写人感受夜寒用"寒浸春衣",说明这种寒不是风造成的,它潜滋暗长,全方位地到达人体,这些用词都造成了境幽人亦幽的效果。后两句连用两个比喻,又造成了月色如梦、人的感觉亦如梦的效果。静是有人活动的静,动是没有喧闹的动。行为、心理、现实环境、历史文化背景共同构成了诗的意境整体。

(沈金浩)

醉后口占　　张问陶

锦衣玉带雪中眠,醉后诗魂欲上天。
十二万年无此乐,大呼前辈李青莲。

也许可以这么说,在任何一个官僚系统里,对礼的强调都超过在普通人群之中，这是职业的需要，也是秩序的需要。中国素称礼仪之邦，对礼也就强调得更多了。事物常有其反面，有礼的约束，就有对礼的反叛，而且这种反叛也常会在某个群体中得到肯定和赞赏，因为它显示了人的反异化、留真淳的愿望。中国古代有儒家，有道家，礼是儒家的，否定礼是道家的。然而守儒则太拘谨，从道不免贫穷，所以比较理想的就是亦儒亦道，既做官又放达，拿着俸禄，过诗酒风流的生活。本诗即写了诗人自己强行实现这种两全其美的理想时的极度兴奋。"锦衣玉带"：富贵之象；"雪中眠"：放达之举，两者都有了，故诗人兴奋得"诗魂欲上天"，还说十二万年都没有这样的快乐。的确，这种快乐是不易得的，尤其在清朝这种老熟了的封建社会里，唐人式的浪漫没有立足之地。张问陶一生追求这种兼得，在官府办事厅里还大觥饮酒，终于被视为书生结习未除、无礼，得罪上司，丢了官(许奉恩《兰苕馆外记》卷八)。

不过，诗人躺在雪中时又大呼"前辈李青莲"，这就等于不打自招地说了他是在模仿前人的行为。虽然在古人眼里，能有一点像李白已经是很不容易了，但在不受好古定势影响的人看来，张问陶是活在李白的阴影里。尽管他此时纵酒任诞的行为比起"李白斗酒诗百篇，长安市上酒家眠"来没有什么逊色，但因为他醉的时候都没有忘记心中的偶像，所以只能使人感到他的放达没有个性。中国古代文人受着以古为雅的审美定势的束缚，许多人都步趋、模仿前代的文化伟人，结果丧失了自我。从这首诗中可以看到，张问陶很为他的这种行为而自得，但因为他"大呼前辈李青莲"，转移了我们的视线，所以我们宁愿欣赏"前辈"也不会对他多看几眼。李元度《国朝先正事略》卷四十四说张问陶"有'青莲再世'之目"，大概正是由他自己喜欢模仿李白造成的。

本诗除了反映了诗人行为、追求方面的某些特征外，也可从中看到他创作上的某种个性。张问陶以诗酒自豪，作诗时往往把诗酒成对写入诗中，如"诗来蓬勃疑天助，愁到玲珑藉酒浇"(《松筠庵十二月十五夜对月》)；"眼前醉语天收去，别后诗情梦补来"(《又一首答稚存》)；"杯中且送长江月，诗外谁争万户侯"(《赠崔荆州》)；"酒为恶醉停杯早，诗为求真下笔难"(《成都漫兴》)。本诗中又讲到"醉后诗魂欲上天"，似乎他的生活内容狭窄到只有这两个方面。他总是把自己的作诗情况写入诗中，好像画家总是画他的作画状态。这就挤走了其他的内容，给人空廓、浅露、落言筌的感觉。这种浅露和最后一句有些实质上的相似，他欲像李白那样放达，如果只有行为而不说穿，可能还较有味，一呼李青莲，就太直太实，不耐品味了。这是张问陶诗的一个不值得肯定的特点。

当然，作为"醉后"的脱口而出的"口占"，此诗在描写醉态方面还是写得有声有色,比较生动的。

(沈金浩)

嘉 定 舟 中　　　　　　　　　张问陶

凌云西岸古嘉州,江水潺湲抱郭流。
绿影一堆漂不去,推船三面看乌尤。

平羌江水绿迢遥,梦冷峨眉雪未消。
爱看汉嘉山万叠,一山奇处一停桡。

嘉定即今四川乐山。乾隆五十五年(1790)张问陶在北京中进士,次年得假还乡,乾隆五十七年十一月假满,取水道经成都赴嘉定再至江陵,转陆路赴京。这两首诗写从流动的舟中看到的嘉定胜景,表达了他对这里的景色的喜爱。

第一首,首句以标示相对位置的方法,在一句中写进了两个景点,既使读者知道了这里有凌云山,有古嘉州,又让人知道这两个景点的地理位置关系,用字经济,也十分自然。一二两句合起来看,是写水面之景,由高向低,由大处向局部。常青的山,古老的城,畅流的水,自然与人文,动与静和谐配合。景象既壮丽又优美。第三句写水下,视线由船向水中,青山倒映在水中显出绿影,可见水之清澈。水动山静,绿影在水中,却不随流水漂走。前面是水和城的动静结合,这里是同一画面中的动静结合。山和山影使人感到宁静,水流使人感到舒畅。最后一句写出了船行的路线和动态过程,江水不仅抱郭,也环山,故船在行进中,可以看到乌尤山的三面。移步换景,新景逐生。由"三面看"可见乌尤山从不同角度看都有特色。四句诗很巧妙地联缀了三个地名,视线由上向下再由下向上,写出了景物的位置,也写出了诗人舟行看景的过程,其法来自唐李白《峨眉山月歌》、白居易《钱塘湖春行》等。这首诗中,诗人没有说自己喜欢这些景色,只是在选用的词汇中流露出对这宁静而壮美的山水的喜爱。

如果说前一首诗主要写看中距离的景色的话,在后一首中,则中、远、近皆有。诗中形容江水,再一次用了"绿"字,前一首用"绿"形容山的倒影,这一次以"绿"形容水。前一首写水侧重表现其流速和状态,这一首则写了江水之长,不过"迢遥"这个形容长的词本身也有对状态的形容,它只会使人想到江水的平静而不会引人想到江水的汹涌。第二句写远景。由于"梦冷峨眉雪未消"这个句子各成分间逻辑关系不明确,所以理解这一句时会出现句法性歧义:"梦冷"可能是"峨眉雪未消"的结果;也可能"梦"的内容是"峨眉雪未消","冷"只是对"梦"的补充描写；也可以理解为峨眉的未消之雪给人以置身寒冷的梦境中的感觉。不过如用中国古代诗人惯用的模糊处理法，则此句应理解为，诗人只是在涂抹一种实中有虚的遥远又给人冷感的远景，以加强诗中画面的色彩配比，增加环境的原始意味和静冷感。以静、冷来作为景物的基调。后两句直接表达了诗人对景色的喜爱。诗人之舟顺流而下，非常舒徐轻松，又是看蜀中的山水，所以他有足够的闲暇和兴致来仔细品味嘉定旁边的万叠群山。末句中两个"一"故意重复，造成一种单一感和机械的节奏感，以显示诗人不厌其烦，有无穷兴致。前一首"推船三面看乌尤"是动中看，后一首是停下来看，前后呼应而有变化。

将这两首诗结合起来，我们仿佛看到一部移舟换景、峰回水转的山水纪录片，画面优美，景色宜人，令人心驰神往。
（沈金浩）

出　栈[①]（二首选一）　　张问陶

马嘶人语乱斜阳，漠漠连阡[②]水稻香。
送险亭[③]边一回首，万峰飞舞下陈仓[④]。

〔注〕①栈：在悬崖绝壁上凿石架木而成的道路。　②漠漠：水稻一望无际貌。连阡：纵横交错的田间小路。　③送险亭：在栈道终点处。　④陈仓：地名，秦时置县，在今陕西省宝鸡市东。

栈道，是由秦入蜀的必经之路。它傍山架空而设，高与云连，李白曾因此而惊叹"蜀道之难难于上青天"。乾隆五十四年(1789)春天，张问陶与兄问安一同在京参加会试，落第后便相约买车西归。当走出栈道，来到送险亭时，诗人即景会心，写下了这首富有诗情画意的绝句。

诗的开头紧扣题目落笔，描写出栈时的情景，犹如一幅写生画。经过长途的陟岭攀梯，艰险备尝，今天终于在日落之前赶到了送险亭边，展现在面前的是那一望无际的飘香的水稻——多么开心哪，你看，马儿在嘶鸣，急切地要往坦路上扬蹄飞奔；征人在笑语：有的履险之后话甘苦，有的稻花香里说丰年，诗人呢，也许此时更由眼前之景生遐想，正同兄问安兴奋地共忆"牛背斜眠嗅稻花"（《喜亥白兄至都》）的乡园之乐。"马嘶人语"后面着一"乱"字，真可谓才子玲珑之笔，顿使画面生气涌出，画外余音袅袅，令读者玩味不尽。

如果说一二两句展现的是到达送险亭边时的近景图，那么三四两句则宕开诗笔，描绘送险亭边回首时极目所见的远景画。攀越漫漫险道，固然极其艰危，所以，一旦走出，便人欢马腾。然而，对于诗人来说，登览奇峰异境，又是领略大自然壮美的难得良机，所以，虽然这时斜阳冉冉西下，马儿萧萧催行，却还要在

"送险亭边一回首",这"一回首",正是留恋奇峰异境之情的自然流露。诗人一行这次回蜀是由陈仓入栈的。立在送险亭边,放眼北望,只见"万峰飞舞下陈仓",只此一句,活现一路山势;"飞舞"、"下"三字用得极其警动传神,使诗中之画表现出咫尺万里之势。读到这儿,我们可以想见,诗人正在远眺逶迤起伏的群山,津津回味着一路上的历险探奇。不仅如此,诗人描绘雄奇飞动的万峰,更是借以开拓心胸,抒写自己凌云的壮志和豪逸的情怀。

这首诗以"常语"下笔,用的是白描手法,却写得情景如画,机趣横生,实是《船山诗草》中的写景佳作。

(陈少松)

论诗十二绝句(选一) 张问陶

跃跃诗情在眼前,聚如风雨散如烟。
敢为常语谈何易,百炼工纯始自然。

张问陶是与袁枚同时而稍后的著名的性灵派诗人,他论诗受袁枚影响,标举"性灵",反对模拟,并能结合自己的创作实践,对诗学中的一些问题作进一步探索,使袁枚揭橥的"性灵"说在理论上显得更为丰富。他三十岁时写了《论文八首》,其中有三首论诗,第二年又作《论诗十二绝句》,集中表达了自己的诗学见解。此诗是《论诗十二绝句》中的第五首。

诗的一二两句以形象的语言描述创作中的灵感现象。在创作的构思阶段,诗人进行艺术思维的首要任务,就是捕捉与诗情契合的诗景。当诗人的灵眼突然发现眼前的景物恰与心中的情致相融洽,这时,由于审美需要得到满足,诗人情绪极度兴奋,创作冲动一下激起,于是灵感也就不招自来:这就是"跃跃诗情在眼前"这一句的意蕴。灵感的出现具有不期而至的偶然性,但在这偶然性中体现出必然性。刘勰在《文心雕龙·物色》篇中指出:"山沓水匝,树杂云合。目既往还,心亦吐纳……情往似赠,兴来如答。"这就告诉我们:"兴来"(即"灵感"的到来)在"情往"之后,而"情往"则在即目会心之际。刘勰已初步认识到灵感出现在心物交融、主客观相遇之时。张问陶不仅领悟到灵感爆发在眼前之景与心中之情契合的瞬间,而且用"跃跃"状写此时的"诗情",这是对灵感现象认识的深化。艾青曾说过:"所谓'灵感',是诗人的主观世界与客观世界最愉快的邂逅。"(《在汽笛的长鸣声中——〈艾青诗选〉自序》)"聚如风雨散如烟",是说灵感到来时,犹如暴风骤雨;忽然间,又像袅袅青烟飘忽而去。前一个比喻形象地描绘了灵感爆发时创作主体的情状:诗思垒涌、兴会淋漓,艺术思维处于极佳状态;后一个比喻生动地道出了灵感具有稍纵即逝的特点。对此,古今中外许多诗人有着共同的体会,不少论家作过类似的描述,张问陶这二句,可谓英雄所见略同。

由于灵感稍纵即逝,所以"作诗火急追亡逋"(苏轼《腊日游孤山访惠勤惠思二僧》),即在灵感涌现之时,赶紧捕捉形象,写成诗篇。诗的三四两句很自然地转到论述诗歌创作中的艺术表现问题。

诗歌是语言的艺术。张问陶主张用"常语"抒写真情实感;反对不重视性灵,一味地在文字上争新斗巧,以至写出的东西"无人得解"。但"常语"并非是平庸、浅率、无味的语言。他在诗歌语言表达上的审美追求是:平中见奇,浅中寓深,近情有趣,自然天成。但要达到这样的艺术境界谈何容易,必须经过长期的千锤百炼。张问陶是蜀中奇才,当时有"青莲(李白)再世之目",论诗却强调百炼之工,这实在是甘苦之言,揭示了诗歌创作获得成功的一条带有普遍指导意义的规律。

这首诗前二句谈灵感,后二句谈锤炼,合而观之,可窥诗人的创作理想:诗必须有灵感触发,决不能生造硬凑,灵感亦不能率尔道出,必须再作精心加工,给灵感以艺术的表现;精心加工又不能故作姿态,必须仍出之以自然。　(陈少松)

斑 竹 塘 车 中　　　　张问陶

翕翕红梅一树春,斑斑林竹万枝新。
车中妇美村婆看,笔底花浓醉墨匀。
理学传应无我辈,香奁诗好继风人。
但教弄玉随萧史,未厌年年踏软尘。

乾隆五十七年(1792)十一月,二十九岁的诗人偕妻子女儿从成都出发,沿岷江、长江,去江陵。次年正月抵荆门,转车北上,这首诗就写于北上途中。

传说舜南巡不返,葬于苍梧,他的两个妃子娥皇、女英思帝不已,泪下沾竹,使竹子变成斑斑点点,称为斑竹,所以这斑竹本身是爱情的象征。诗人途经斑竹塘,触物生情,抒发了对妻子的爱恋之情。时值初春,红梅花开了,密密匝匝的像是聚集了一树的春意。竹林中已抽出了无数新枝,斑斑点点,令人想起湘妃的眼泪。他驾车北上,与妻子同坐,不禁深深地被妻子的美貌所吸引。但诗人不说自己如何倾倒于妻子的美色,而说村中的妇人们都争着来看妻子的容颜。"笔底"一句则纯为陪衬,说自己乘兴作画,墨色均匀。张问陶的妻子林韵征美貌而有文才,他们夫妻间的感情诚笃,所以诗人时时表露自己的爱慕。在此诗之前他另有两首《车中赠内》的七绝,其中之一说:"春衣互覆五更寒,铃语遥遥梦转安。一笑车箱稳如屋,闭门终日坐相看。"可见他对妻子情深意笃,心心相印。这里所谓的"车中妇美"也正是他对妻子的赞美。诗人毫不掩饰自己对妻子的爱恋,所以说理学传中应没有我这样的人,而歌颂真挚爱情的诗篇却可以追溯到《诗经·国风》的传统。"理学"一联可谓大胆的叛逆之论。乾隆年间理学仍占据着思想界的统治地位,而作者却对此提出了针锋相对的批评。这种思想与当时的袁枚较为接近,这是乾隆以还个性解放思潮在诗歌中的反映。所以末二句中诗人说,如果自己能常有妻子陪伴,则不厌道途颠顿,来往于京师的红尘之中了,据《列仙传》中说,萧史喜欢吹箫,秦穆公以女儿弄玉嫁给他。一日,两人吹箫升天。前一句即用萧史事比夫唱妇随。苏轼《次韵蒋颖叔钱穆父从驾景灵宫》诗:"半白不羞垂领发,软红犹恋属车尘。"自注:"前辈戏语:'西湖风月,不如东华软红香土。'"这里因诗人将至北京赴任,故有"踏软尘"之说。这两句借典故说明自己对爱情的珍重和向往,在封建社会中确是难能可贵的。

诗写得很畅达,从写景到叙事,到议论,到抒情,步步展开,虽也使事用典,但寓意十分明了,并不影响全诗风韵的流美。

(王镇远)

得内子病中札　　张问陶

同检红梅玉镜前,如何小别便经年。
飞鸿呼偶音常苦,栖凤将雏瘦可怜。
梦远枕偏云叶髻,寄愁买贵雁头笺。
开缄泪浣销魂句,药饵香浓手自煎。

乾隆五十四年(1789)十一月,诗人离家赴京;次年四月考中三甲五十五名进士,寓居京城。不久传来了妻子在成都生病的消息,于是诗人心系神牵,写下了这首缠绵悱恻的诗,表示了自己与妻子的伉俪情深。

首联回忆从前夫妻生活的谐和融乐。诗人曾伴着妻子在镜前梳妆,同检红梅,这虽然仅是一个细微的动作,却包含着夫妇间无限温柔与体贴,所以在诗人心中留下了不可磨灭的印象。然如今劳燕分飞已经有一年了,怎不令他愁思满怀。"如何"二字将诗人离别的愁苦与对妻子的相思之情曲曲传出。颔联俱以比兴出之,上句写自己如飞鸿失偶,鸣声中常带苦涩;下句说妻子独自带着女儿,像栖凤将雏,憔悴可怜。诗人于上年七月才生一女,取名枝秀,所以有"将雏"的说法。这两句虽用了隐喻,但表现的感情十分显豁明了,前句写我,后句写妻,相对成文,真情自见。"瘦可怜"三字也紧扣妻子在"病中"的事实。颈联上句拟想妻子在家乡依枕而卧,屡屡梦见自己,致使如云般浓密的发鬟也弄偏了;诗人也频频寄信回家,以表示自己的相思之念。这两句中前句写妻,是悬想之辞;后句写我,为实录真情,两句虚实相映,但都通过形象具体的动作来表示感情,读来恻恻感人。尾联的上句写自己接到妻子病中的书札,不禁泪流纵横,为她的病情而担忧;读着她的来信,诗人似乎看到她抱病自煎汤药的孤寂,而自己远在他乡不能陪伴帷幄,真是于心何忍。张问陶之妻林韵征是成都盐茶道林西厓之女,能诗善文,被誉为四川才女,其信中自有感情沉挚的诗句,所以诗人称之为"销魂句"。这两句与上一联相反,上句写自己,下句写想象中的妻子,传达出自己的负疚之情,正应合"得内子病札"之题面。

这首诗写夫妇间真诚的思念十分成功。它用了律诗特有的对仗手法,两两相对地展开自己与妻子之间的情愫。首联虽为合写,然以时间上的差异表示昔日的欢爱与如今的孤独。下三联都一句写自己,一句写妻子,用了虚实相生的表现方法,不仅写出自己的相思,而且从对面落笔,形象地刻画出妻子的思念与病态,从而更深刻地表现了他们伉俪相知之深,情意之笃,其中优美的形象与精当的比况更加强了诗的感染力,读来感人肺腑。　　　　　　　　　　(王镇远)

丰都山　　　张问陶

死人大笑生人哭,浪指丰都作地狱。凿山起殿山为缩,殿中沉沉暗如椟①,人来惊拜僧灭烛,阎罗怖人悍双目。鬼卒狰狞头有角,长枷大杻堆成屋②。锯声辚辚火声爆,刀锯鼎镬恣烹剥。椎扬磨转碓可筑,毒蛇满河方食肉。雪山晶莹差不俗,蹋凌一滑冰穿腹。男跃女跪婴儿伏,照眼骷髅千万束。九州茫茫人鬼畜,一山收之无不足。万里遐哉南与朔,极天况有要荒服③。洎乎一死全入蜀,蜀人便之来亦速。东走瞿塘北褒谷,众鬼争来声肃肃。近者牵扶远者逐,呼号叫跳想归宿。千头万头猛于镞,蜀哉蜀哉鬼之鹄。殿前古井谁敢黩,纸钱下飞如转毂。通神使鬼罪可赎,鬼无心肝神有欲。大杖年年易新竹,聚人无算供敲扑。山僧踞寺狠如蝮,王不答之讶其秃。吁嗟乎,九幽功罪无荣辱,土偶安之作威福?君不见,方平洞口仙云绿。

〔注〕①椟(dú)：木匣子，此指棺材。 ②杻(chǒu)：木制手铐。 ③要荒服：古代王畿外围，按距离远近分为五等地域。叫作"侯、甸、绥、要、荒"五服。其中要服与荒服为最远地区。

丰都在四川东部的长江北岸，其山崇楼杰阁，临江矗立，有大帝宫殿，传说大帝即地藏王菩萨，大帝宫殿则为森罗殿，故俗称丰都鬼域。其实丰都山本为道教名山，据说汉代的王方平、阴长生两人先后于丰都山修道成仙，白日飞升，后人误读"王、阴"为"阴王"，讹传为"阴间之王"，丰都就成了"阴曹地府"。乾隆五十七年(1792)，诗人张问陶游览了丰都山，遂写了这首歌行，表现了诗人对鬼神之说的厌恶与对人间魑魅魍魉的讥刺。

首二句一针见血地指出了自己对丰都鬼域的看法。"浪指"二字说明这一切都是人为的、虚假的。在人间竟有此等咄咄怪事，造出一个地狱让死人大笑而生人反受欺凌。"凿山起殿"以下十四句接"作地狱"三字而来，极言丰都山中地狱世界的阴森可怖。殿就凿在山上，殿中阴暗得像是葬死人的棺材。有人来朝拜，僧人们反弄灭了烛火，使得殿中阴森可怖，阎王的双眼凶神恶煞，旁边的小鬼头上长角，面目狰狞，用来捉人提命的枷锁堆积成山，另外更有地狱种种酷刑的塑像，如锯尸、下油锅、磨尸、蛇咬、寒冰刺腹等。据佛教《地狱经》载，地狱中有"刀山"、"镬汤"、"寒冰"、"剥皮"、"铁磨"、"冰地狱"、"蛆虫"等名目，可见此六句即写地狱的酷刑。其中更有跳跃跪拜的男女，也有伏地而泣的婴儿，满眼都是骇人的骷髅。这里描绘的是在丰都山所见的恐怖景象，"九州茫茫"以下二十句则从想象落笔，以议论来刻画出鬼域的荒谬与可怖。九州茫茫中的人、鬼和牲畜，一座山竟能全都把他们收罗无遗。天下之大，人间之广，一切生灵竟然一死之后全都入蜀。蜀人可谓是近水楼台，死后来此则又方便又迅速。"东走瞿塘"六句是作者设想鬼魅来蜀时的情形。东面从瞿塘峡而来，北面经过褒斜谷入蜀，他们牵扶奔逐，呼号叫嚣，前来寻找归宿。因为鬼的头上有角，所以说"千头万头猛于镞"。"殿前古井"以下八句写丰都鬼域中鬼神的凶恶，阎罗殿前的古井谁敢轻慢，来者纷纷扔下纸钱，如转毂般急转而下。鬼神也是只认金钱不认人，只须花钱便可买通关节，赎去在人世的罪孽。"鬼无心肝神有欲"一句深刻地揭示了鬼魅世界与人间世界同样奸诈成风，需索无度。鬼们对来者敲打肆虐，以至年年换上新的竹杖。"山僧"句与"人来惊拜僧灭烛"相呼应，说那些和尚们盘踞寺中凶狠如毒蛇，因为他们都是"皈依佛祖"的光头，阎王鬼神对他们另眼相看，那打凡人的板子也不会加在他们身上，所以更加无法无天。由此说明这人间地狱全是人为的，是踞寺者们用来坑害百姓的地方。"吁嗟乎"以下是诗人的感慨：阴曹地府本没有功罪荣辱,土偶为何在此作威作福呢?诗人更跳出一层作结,说人世间尚有光明在,你看,传说王方平得道的洞口,犹有绿云缭绕。

这首诗描写阴曹地府的阴森可怖,批评了鬼魅之事的荒诞不经,其中鲜血淋淋的景象全是由人造成的。"土偶安之作威福",正是对鬼域世界的讥刺。又如"泊乎一死全人蜀,蜀人便之来亦速"、"千头万头猛于镞,蜀哉蜀哉鬼之鹄"、"山僧踞寺狠如蝮,王不答之讶其秃"等语中都可见作者对此的揶揄嘲笑和否定态度。至如"通神使鬼罪可赎,鬼无心肝神有欲"等句则分明有针砭世事的寓意:这贿赂公行、勒索无度的地狱,岂不是人间官衙的缩影?全诗以殿中所见与自己的议论相结合,采取了虚实相映的创作手法;此诗通篇押仄声韵,造成了低沉急促的节奏,与表现鬼域的内容相契合。

(王镇远)

诗人小传

阮 元

(1764—1849) 字伯元,号芸台,江苏仪征人。乾隆五十四年进士,曾官湖广、两广、云贵总督,体仁阁大学士。谥文达。生平以治经学考据著名,编刻的书很多;文崇骈俪,诗出入中晚唐和两宋。著有《揅经室集》。

吴 兴 杂 诗

阮 元

交流四水抱城斜,散作千溪遍万家。
深处种菱浅种稻,不深不浅种荷花。

在江南水乡,地处太湖南面的吴兴(今浙江湖州)是最美丽的城市之一。苕溪、雪溪、苧溪、吴兴塘四水在这里汇流,这些干流又有无数分支遍布城外农郊。临水屋舍毗连,人烟稠密,人们利用天然的水利资源和肥沃的土地,发展生产,美化环境,把家乡变成米粮之仓。此诗即描写吴兴的田园风光。

"交流四水抱城斜,散作千溪遍万家。"写吴兴地处水乡的特殊自然风光。读者首先注意到两句中的三个数量词,"四水"是主干,"千溪"是支流,"万家"则意味着更多的支流。通过"交流"、"散作"、"遍(布)"等动词勾勒,读者仿佛凌空鸟瞰,一望收尽吴兴水乡风光。被这密如蛛网的水系所分割,江南绿野就变成许多色块组成的锦绣。"抱城斜"是指环城的干流与城墙有一定走向上的斜度,是自然形成的一种势态,一点儿也不呆板。"流水不腐",大大小小的水流都是活水,给江南原野带来了生机。

"深处种菱浅种稻,不深不浅种荷花。"前二句描绘的水乡,很自然地使人想到它的宜于农业生产。这两句就写到水乡农作物及其特点:人们在水深处种菱,水浅处种稻,而在不深不浅的地方种藕。它首先给读者呈现的是一派富庶的景象,难怪"人人都说江南好"(韦庄),难怪有"苏杭熟,天下足"的俗谚了。这两句实际上还在前二句的背景上描绘了更加生动的景物,即各种作物互相间杂,组成缤纷错综的图案,不说种藕而说种"荷花",固然是为了字数韵脚的要求,但也使人从经济价值观念中跳出来,从审美价值角度来审视这幅图景。待到夏秋之交,绿的菱叶、黄的稻浪、红的荷花交相掩映,那是何等一幅宜人的图画!从语言风韵看,这两句也极有意趣,上句以"句中排"形式,揭出一"深"一"浅",相反相成,已给人有唱叹宕跌、无限妍媚之感。殊不知作者能事未尽,又写出一个"不深不浅",似乎对上句来了个折中,表现出绝妙的平衡,实际上又推出一层唱叹之音,使此诗洋洋乎愈歌愈妙。

这首田园之作极有民歌风味,不着半点学问气力,殊不知学富五车、著作等身的阮元老先生,还有这等天然情致。即使置此诗于《四时田园杂兴》之列,也是上乘之作。

(周啸天)

诗人小传

舒 位

(1765—1815) 字立人,号铁云,直隶大兴(今属北京市大兴区)人。乾隆举人。家境贫穷,以馆幕为生。其诗多羁旅、行役及咏史之作,少数作品对时政有所讽刺。龚自珍曾以与彭兆荪并举,称赞其诗歌风格郁怒横逸。著有《瓶水斋诗集》、《乾嘉诗坛点将录》等。又有《瓶笙馆修箫谱》,收入其所作杂剧四种。

读《文选》诗九首(选一)   舒 位

云浮鸟倦早怀田,乡里儿来巧作缘。
仕宦中朝如酒醉,英雄末路以诗传。
五株柳树羲皇上,一水桃花魏晋前。
只有东坡闲不住,加餐遍和义熙年。

读《文选》诗九首（选一） 舒 位 〔1515〕

乾隆五十一年（1786），舒位寓居北京，尚未中举。是年，作七律组诗《读三李二杜诗集竟，岁暮祭之，各题一首》，写读唐代诗人三李（李白、李贺、李商隐）和二杜（杜甫、杜牧）诗集的感受，借以抒发自己怀才不遇、潦倒坎坷的愤慨。这组《读〈文选〉诗九首》意蕴、题材与体裁都与那组诗相同，大约也写于这个时期。《文选》是中国古代最早的一部诗文总集，南朝梁昭明太子萧统编选。舒位这首诗，即是阅读了《文选》中所编选的陶渊明诗，尊仰其人品与诗品，有感而作。诗中吟咏陶渊明的生平事迹，对他的理想和诗歌作出高度的评价，也对其壮志未酬终老田园的遭际寄予深挚的同情。在缅怀赞颂之中，分明流露出代鸣不平的叹惋悲愤，是一首发自肺腑、感荡人心的佳作。

陶渊明是中国文学史上的伟大诗人。他在晋宋诗坛上，"如孤鹤之展翮于晴空，朗月之静挂于夜天"（郑振铎《插图本中国文学史》）。但他的思想和诗歌，长期被一些人片面理解，称之为"千古隐逸诗人之宗"，把他看作没有政治抱负、逃避现实、超尘出世乃至浑身静穆的高蹈之士。其实，陶渊明早年就宣称自己"猛志逸四海，骞翮思远翥"（《杂诗十二首·其五》），怀抱着大济苍生的宏伟理想。不幸，他生活在一个战乱频仍、政治腐败、门阀制度森严的黑暗时代。他品格高洁、正直不阿，不肯与统治者同流合污，因而一次次经受理想在现实中碰壁的痛苦，不得已而隐居田园，躬耕自养，固穷守节。对此，宋人黄徹最早明确地指出："世人论渊明，皆以其专事肥遁，初无康济之念，能知其心者寡也。尝求其集，若云：'岁月掷人去，有志不获骋'，又云：'猛志逸四海，骞翮思远翥'，'荏苒岁月颓，此心稍已去。'其自乐田亩，乃卷怀不得已耳。"（《䂬溪诗话》卷八）其后，朱熹也认为："隐者多是带气负性之人为之，陶欲有为而不能也。"（《朱子语类》卷一百四十），舒位也是一位"带气负性之人"，况又功名蹭蹬，有志难伸，自然接受了黄、朱对陶渊明的评价。

此诗首句，即概括陶渊明空怀才志而不能为时所用，几度出仕，都是官卑职微，又与官场格格不入，因而早已倦于仕途，决心归田隐居。"云浮鸟倦"语本陶渊明《归去来兮辞》："云无心以出岫，鸟倦飞而知还。""怀田"，暗用陶诗《癸卯岁始春怀古田舍》、《归园田居》等篇名。次句，突出渊明生平中"不为五斗米折腰"的事迹。萧统《陶渊明传》记载："执事者闻之，以为彭泽令。……岁终，会郡遣督邮至县，吏请曰：'应束带见之。'渊明叹曰：'我岂能为五斗米折腰向乡里小儿！'即日解绶去职，赋《归去来》。""巧作缘"，意谓督邮之来，恰好促成了陶渊明的归田。这一联，赏叹陶渊明"少无适俗韵，性本爱丘山"（《归园田居》）的襟怀，更赞扬他决不愿向权势小人摧眉折腰的高傲品格。领联，补叙诗人在官场中的生活态度，叹惋其志不获骋却以诗名传千古的悲壮一生。上句，以"酒醉"比喻、形容诗人在朝中作官的独特作风，不仅写出诗人嗜酒的一个性格特点，而且表现了诗人以醉眼睥睨官场龌龊，借醉心以暂时忘却人间炎凉的"大隐"风度。这个匪夷所思的妙喻，勾勒出诗人潇洒飘逸、风流自赏的形象，又曲曲传出其狂放、傲世的性情、心态，饶有奇趣深致，耐人寻味。下句，更以唱叹语调，把诗情推向高潮。作者视陶渊明为"英雄"，为其"末路"鸣不平，又赞叹其诗歌成就辉煌，引起后世的崇拜和共鸣。七个字，蕴含着丰富复杂的感情。读这句诗，不能不令人联想到杜甫的"名岂文章著，官应老病休"(《旅夜书怀》)和陆游的"此身合是诗人未？细雨骑驴入剑门"(《剑门道中遇微雨》)等名句。古代有多少英雄豪杰、志士仁人，由于封建统治者的弃置、压抑、排挤、打击而不得施展抱负与才华，坎壈终身，最后仅以其诗传后世。舒位这句诗，概括了屈原、陶渊明、李白、杜甫、辛弃疾、陆游等杰出诗人的共同遭遇，感慨悲凉，概括深广，撼人心弦！

诗写到这里，作者赞叹和愤郁的感情，已抒发得淋漓尽致。倘继续沿着这个思路、这条感情线索写下去，难免平直单调。作者巧妙地转换笔墨，拓出新境。颈联上句"五株柳树"，指诗人手植于宅旁的五株柳树，诗人因此自称"五柳先生。""羲皇上"，即羲皇上人，指上古时代的人。羲皇，是传说中的上古帝王伏羲氏。诗人在《与子俨等疏》文中写道："少学琴书，偶爱闲静，开卷有得，便欣然忘食。见树木交荫，时鸟变声，亦复欢然有喜。尝言五六月中，北窗下卧，遇凉风暂至，自谓羲皇上人。"诗人以读书抚琴为乐，以闲静心境排除尘世的繁杂、喧嚣，在大自然的清幽景色和美妙音乐中陶然如醉，从而忘却生活的艰难烦忧，神往于纯朴的上古时代，乃至化身为上古之人。这是多么高洁脱俗！舒位这句诗，向人们展示出诗人这种理想的精神生活的美好境界。陶渊明曾撰写著名的《桃花源记》，以武陵渔人进出桃花源的传奇故事，描绘了一个理想社会桃花源。在那里，没有压迫，没有剥削，没有战乱，人人劳动，家家富足，生活安宁愉快，风气淳厚朴实。那里的人"与外人间隔。问今是何世，乃不知有汉，无论魏晋"。这是诗人一心向往的人间乐园。舒位仅以"一水桃花魏晋前"七个字，便形象地概括出诗人心中和笔下的这个理想社会图景，诱使读者根据《桃花源记》中的描写，驰骋想象和幻想，穿过那片落英缤纷的桃花林和那条曲折澄清的桃花溪，漫游于幽邃神奇而又洋溢着古朴亲切人情味的桃花源之中。有了这一联，陶渊明的形象更完美，诗的意境也更富于诗情画意和浪漫色彩。尾联，借宋代大诗人苏轼在贬谪岭南的艰难岁月里遍和陶诗，赞颂陶渊明的人格与诗品对后世的巨大深远影响。"义熙"，东晋安帝年号(公元405—418年)。作者借此补叙陶渊明写诗"义熙以后不著年号，为耻事二姓"，忠于晋室，愤慨刘裕篡晋自立。这对于突出诗人的政治气节,又是言简意赅的一笔。句中"加餐",暗用黄庭坚《跋子瞻和陶诗》的"饱吃惠州饭,细和渊明诗"句意,却不露痕迹。

舒位兼有才气和学识,其诗风格博丽奇崛,尤善于熔铸成语典故,并力求句法奇迥。近体句多曲折襞积,情浓意丰。这首七律,颇能显示上述艺术特色。全篇紧紧扣住陶渊明的生平事迹、思想性格、人品志趣来写,绝无浮泛空疏笔墨。作者从陶渊明的生平事迹和诗文作品中精心挑选出富于典型意义又诱人联想的意象,把它们巧妙地组合起来,故而着墨不多,已使陶渊明的形象神态栩栩,跃然纸上。七律讲究针脚细密,组织严谨。此诗首联"云浮"、"鸟倦"、"怀田"、"乡里儿"都用了典故,却以一个"早"字同"巧作缘"前后勾连。颔联"如酒醉"又同"以诗传"上下呼应,表现诗人借酒激发诗兴的才气和豪气。颈联"五株柳树"同"一水桃花"工对,又灵活地把"羲皇上人"压缩成"羲皇上",与"魏晋前"巧对;全联不用一个动词,纯以意象组合并直接呈示,含蓄地展现陶渊明的精神生活和理想境界,可谓简略高妙,不见斧凿痕而获深邃意蕴。全诗四联,每联都显示出作者用典造句的灵活手腕和自然融化的技巧。通篇章法结构,采用叙事——抒情——描写——叙事的方式,各联表现手法不同,又都渗透着作者"欣慨交心"的强烈、丰富、复杂情意,如行云流水,舒卷自如。倘若吹毛求疵,笔者似感尾联形象与意蕴稍嫌薄弱,与前三联不称。

(陶文鹏)

杨　花　　　　　　　舒　位

歌残杨柳武昌城,扑面飞花管送迎。
三月水流春太老,六朝人去雪无声。
较量妄命谁当薄,吹落邻家尔许轻。
我住天涯最飘荡,看渠如此不胜情。

在旧小说戏曲中,常用"水性杨花"来比喻女子用情不专一,这词向来含有贬义。可本诗虽以杨花比歌妓,却一反俗见,另立新意,表达了诗人对歌女生涯的深切同情。

首联点明题意,交代时间地点,展示人物活动场景。明咏杨花,暗写歌女,语意双关。"歌残杨柳武昌城,扑面飞花管送迎",典出《唐诗纪事》:"(韦)蟾廉问鄂州罢,宾僚祖饯,蟾曾书《文选》句云:'悲莫悲兮生别离,登山临水送将归。'以笺毫授宾从,请续其句。逡巡,有妓泫然起曰:'某不才,不敢染翰,欲口占两句。'韦大惊异,令随念。云:'武昌无限新栽柳,不见杨花扑面飞。'"由韦蟾的"惊异",可见歌妓中也不乏才女。舒位采用此典，自然亦含有对歌妓的赞誉之意。在遍植杨柳的武昌城歌楼上，歌妓们纵情地唱着《折杨柳曲》（古乐府）之类的歌曲，与来客欢聚一堂，直到兴尽为止。她们纷纷热情地把客人迎来，等到聚会结束，歌声停歇，又依依不舍地把客人送走。如此循环往复，她们就在这"送迎"中度着浮靡年华。"扑面"，既言歌妓之多，也指她们对来客的亲热表现；歌妓的神态，杨花的特征，糅合自然，颇为巧妙传神。

但是，"三月水流春太老，六朝人去雪无声"。三月，意谓已是暮春，春天即将过去。六朝人，指歌妓。有"六朝金粉"一词，意即粉黛，妇女的装饰、仪容。王实甫《西厢记》云："香消了六朝金粉，清减了三楚精神。"颔联是说，当这些歌妓"暮去朝来颜色故"的时候，就变得"门前冷落鞍马稀"（白居易《琵琶行》)，不再会有人来光顾、亲近她们，她们也就像杨花飘零、雪花消融一样销声匿迹了。此联用典较多，蕴含丰富地暗示了歌妓青春消逝后的悲寂。"三月"句，可参见韦应辰《杨花》诗"三月江头飞送春"，李煜《浪淘沙》词"流水落花春去也"等句。"雪无声"，可参见"咏絮"一典：晋谢安侄女道韫颇具才识，正值天雪，安问："白雪纷纷何所似？"兄子朗曰："撒盐空中差可拟。"道韫答："未若柳絮因风起。"世因称道韫有"咏絮才"。又唐代郑谷《东蜀春晓》亦有"潼江水上杨花雪"之句。

把歌妓们正当青春时的欢乐与青春消逝后的凄清对比一下，不难看出，她们生活的无凭，命运的悲惨。所以颈联说："较量妾命谁当薄，吹落邻家尔许轻。"以歌妓自己的口吻发问，把杨花与自己相比，该是谁的命薄呢？然后作答，妾就像杨花一样，任凭什么风都可以把它吹落到邻家，歌妓在人眼中，不过是如此的轻贱而已！诗以歌妓切身的体验，运用比较的手法，颇具说服力地抒写了她们身不由己、任人处置的薄命和悲叹。

最后，诗人从歌女的身世联想到自己。"我住天涯最飘荡"一句，由高士谈《杨花》诗中"我比杨花更飘荡，杨花只是一春忙"句转化。此句道出了诗人比歌女更为落拓的动荡境遇。舒位24岁考中举人，虽誉满天下，但终其一生，却未获一官半职。他长年奔走四方，从军西南，后又浪迹吴越，以词曲为生，十分潦倒。早年就有诗云："消磨瘴疠诸天外，飘泊文章百战间。"（《归自金筑，沈松庐观察以书来问，并寄示所撰春秋咏史乐府序。他日奉访南湖未值，返棹有怀，作此呈谢》四首之一）由此可知，诗人与歌女虽然身份不同，遭遇却一样，可以说，他们"同是天涯沦落人"。自身的飘泊生涯，使诗人对歌女的不幸命运无限同情，所以说"看渠如此不胜情"。渠：他，杨花。"如此"二字，概括了前面所写杨花的盛衰，即歌女的身世、经历。对此，诗人感慨不尽，无限同情。把自己与歌女相提并论，比照着写,既体现了对歌女的关心、尊重;另一面也把一个有才华的文人,在当时社会中的卑微地位和悲凉处境作了具体贴切的描绘,十分发人深省。

本诗托物喻人,形象生动。活用了不少典故,加重了诗的分量。借杨花写歌女,又从歌女联想到自己。蕴含了歌女由青春貌美到人老珠黄、由被爱慕亲昵至被遗弃冷落的人生经历,并把歌女的飘零身世与自己的坎坷遭遇结合起来抒发感慨,这不仅提高了诗的思想境界,并且沟通了歌女与诗人感情的溪流,增强了诗的艺术感染力。

(吕美生　朱永平)

六月二十四日荷花荡泛舟二首(其一)　　　舒　位

吴门桥外荡轻舻,流管清丝泛玉凫。
应是花神避生日,万人如海一花无。

荷花荡在苏州葑门外。清初徐崧、张大纯《百城烟水》记载道:"荷花荡在葑门外二里许,其东南接黄天荡,"又云:"六月二十四日,画船、箫鼓竞于荷花荡,观荷纳凉。"舒位生于苏州且死于苏州,虽为燕赵之人而操满口吴语。故对苏州民间风俗非常熟悉。嘉庆十年(1805)是日,舒位随人去荷花荡泛舟,写下此诗以志其盛。

首二句写一路见闻:"吴门桥外荡轻舻,流管清丝泛玉凫。"吴门桥在盘门外大运河上。人们(包括作者)大概是在那里上船的。舻,船头刺棹处,这里借代指船。人们荡起了轻舟,还一路吹奏着江南丝竹乐器。玉凫,形似凫的小船。"轻舻"、"玉凫"都是说船,但一形容其灵快,一形容其精美,各有侧重;两句都写船,亦可令人感到船之盛,船既盛,人当然亦盛。

下二句是极有趣的一笔。这么多人、船拥挤到荷花荡(更有丝竹声的嘈喧),"观荷纳凉"的场面可谓大矣。然而,观荷的"万人"虽然"如海",荷花娘子却一点也不领情,她好像是逢生日的人要避开世俗的祝寿者,把所有荷花都收起了,荷花荡上空有"万人",却"一花无"。对于游人来说,这是极扫兴之事,但对诗人来说,这正是引发他诗趣的好机会:哦,原来这么多的人、船、音乐,都不是荷花娘子的知音,他们只顾凑热闹、全不管她的清静之性,难怪她要拂袖而去。这些游人的扫兴,也是他们自作自受,心本不诚,花神当然不肯显灵。此二句之妙,便在拈出一个本无其事的"花神",煞有介事地假定她"避生日",以虚衬实,把后句的实景写得似乎是神的意志——其实,也是人的意志的颠倒;不过,诗人强调的只是花神一面,而喧哗的世俗众生,都是给花神戏弄的可怜可笑之辈。这样虚灵的笔法,大约是性灵派诗人的惯技和特色吧,对此,褒之者谓颇有诗趣,贬之者便言浮滑。见智见仁，读者自有论定。

清代还有一位诗人名叫蔡云，他生活在舒位同时而年龄稍小于舒位。在其题为《吴歈》的组诗中，也有一首写荷花荡观花：“荷花荡里龙船来，船多不见荷花开。杀风景是大雷雨，博得游人赤脚回。”二诗立意取材相差无几，但蔡诗读来嫌粗，不及本诗后二句蕴藉有回味。

（马卫中　沈　价）

题　柳　　　　　　　　　舒　位

一丝杨柳一梭莺，费许天工织得成？
已是春愁无片段，峭风犹作剪刀声。

杨柳，那含烟笼雾的杨柳，究竟是如何而来的？

是地上长出的。这样回答的人，自然是笨伯，不足与言诗。

是春风催成的。是造化生成的。这样回答的人，算有点头脑了，但时至清代，有了那么多祖先的题柳遗产，再这么说，头脑还是太简单、太平庸了。

因此，当我们的诗人舒位铺纸提笔，定下《题柳》的诗题时，为了不流于平庸，他肯定是想破了脑袋。

先看看那一丝丝的杨柳枝条，在春风中一齐摆弄着婀娜腰肢，这，该怎样不落旧套地说一说呢？

再听听那枝头娇莺的恰恰啼声，把杨柳啼得光彩照人，柳与莺，又该怎样配在一起呢？

说"配"不大雅吧，还是用……用"织"好。呀，有了！

"织"，拿什么织呢？当然是丝。杨柳，不就是丝么？

杨柳如丝，还是不能令人满意的老话。那么，在"莺"上翻点新花样吧。当然，还得与"织"有关。那么，"莺"该是这部织机上的什么部件呢？

是梭子！诗人想到这儿，定是满脸得意的笑。是梭子，前辈大约没想到过吧。可是，那丝丝杨柳，不是在莺声有节奏的啼唱声中，一枝枝抽长的么？这不像缕缕白丝，是在机梭忙而不乱的来来回回中吐出的一样么？

原来是丝，织机一转，成为一匹绢；原来只是一枝枝柳，莺声一唱，便齐崭崭地组成了密密的柳烟柳雾。太妙了。

谁来"织"呢？当然是老天。不过，这么说出来，太直拙了，该轻灵点。

轻灵点？有了，用问句，语气不定，费人猜想。于是，诗人轻轻地问老天：你是费了几许功夫，才把这一丝丝杨柳、用一梭梭的莺声，织成了如此蔚然的柳烟柳雾的？

  问得多巧，诗人定是要暗自夸赞了。但一转念，还不是自我陶醉的时候：诗才得了两句，问得巧，答也难，下二句还需费思量。

  要老天亲口作答？老天可没口。要老天不作答？他又不是聋子，何况，他明明还在忙碌着，怎会不听见？

  他必须回答，他必须不用口回答。

  想定了。落笔吧？可是，绝句的规矩，第三句是要"转"的，不能马上写老天的答词。转吧！可也不能转得太远，就转到"春"上去吧。

  杨柳如烟雾也似繁密的时节，当然是暮春三月了。可又不能直言"暮春"。想想，换个说法？这可不难，马上想出了，来句"春愁无片段"吧，春愁愁到不得片刻安宁了，这当然是春将尽的时节了。当然，这只是小巧而已，诗人也不怎么得意，何况，现在最犯愁的时候已经到了："转"好了，又该怎么"合"呢？

  春快尽了……呀，又有了。从春初杨柳初放，到暮春杨柳如织，这不全是老天在下功夫么？"费许天工"？答案不就在此了么？整整一个春天的功夫！

  老天可以回答了。当然，他可不必自己作答，他的神通大，顺手驱来一阵劲峭的春风，呼呼地扑在诗人脸上：明白了吗？这春风，就是咱裁剪杨柳的剪刀，织好了柳烟柳雾，还要用春风把它们裁得齐崭崭地，舞起来才好看。不织不剪，那杨柳还不成了一团乱丝，你小子还看得见这等美景么？

  明白了。诗人从呼呼的风声中，听出了剪刀的喀嚓声，于是，便写下了"犹作剪刀声"的结句。他对"犹作"二字，又自鸣得意了一番：犹作者，可见以前一直在作，从初春到暮春作个不停，已回答了上二句的问话；不过，有了这二字，诗面上只立足于"春愁无片段"的眼下，不算径直作答，颇可耐人寻味，诗也算是空灵蕴藉了。

  写完了，彻底自我陶醉了么？不，诗人还是有点懊恼，最末一句，到底还没超出唐人贺知章《咏柳》的"不知细叶谁裁出，二月春风似剪刀"之名句。然而，再想想懊恼也没了：老祖宗的影子，总是难统统从脑子里挥去，何况，他说的只是二月春风，我却看到三月春风还是剪刀，比他又多了一个月，虽是以量胜而非以质胜，毕竟不算是全部沿袭吧？

（沈维藩）

雪夜杂诗十四首(其一)   舒　位

  秋老关山唱《采薇》，刀镮无恙远人归。
  旧时杨柳芳菲尽，一朵瑶花绣铁衣。

舒位《雪夜杂诗十四首》作于乾隆五十一年(1786)。诗人自乾隆四十七年(1782)入都，潜心读书，一时踌躇满志。作此诗时舒位年二十二岁，少年气盛尚见于字里行间。根据此组诗其他各首之内容，可推断此诗还是在北京之作。

所选此诗通首用《诗经·小雅·采薇》诗意，描写了戍边战士回乡的情景。

首二句写战士之归来："秋老关山唱《采薇》，刀镮无恙远人归。"秋天过去，冬天将临，关山一片萧杀之景。这时，戍边之士唱着《采薇》之曲，从远方回乡。"刀镮"，即刀环(镮与环同)，寓有"还"之意，因"环"与"还"同音。据《汉书·李广苏建传》载，汉使任立政欲招投降匈奴多年的李陵归国，未得便私语，就多次抚摩刀环以示李陵，"言可还归汉也"。唐高适《入昌松东界山行诗》云："王程应未尽，且莫顾刀镮。"杜颜《从军行》云："夜闻汉使归，独向刀环泣。"皆本于此典。在这二句中，远方的征人终于能无病无灾地还乡了，而且还一路唱着歌，似乎是很可欣慰的事，他们也并不消沉。然而，这只是表象而已。一个"老"字，含义深长，既是明点年岁之暮，又暗喻了征人的青春在戍边期中蹉跎而过，今虽得归，然已有苍老之叹，因此，他们唱的不是凯旋曲，而是《诗经》中最著名的感伤诗《采薇》，那古老诗歌卒章的"昔我往矣，杨柳依依；今我来思，雨雪霏霏。行道迟迟，载渴载饥。我心伤悲，莫知我哀"之词，或许，就是他们此刻心理的写照。藉着这个"老"字，诗的基调也定了下来。

后二句即循此基调，点化上引《采薇》前四句而得，这四句，晋人评为《诗经》中最佳之句，清王夫之《姜斋诗话》以为乃"以乐景写哀，以哀景写乐，一倍增其哀乐"之典型，可算得千古绝唱，要就中翻出新意，实为难事。然而，少年气盛的诗人却管不得这些了。前一句"旧时杨柳芳菲尽"，即化自《采薇》之"杨柳"二句，征人终于归来了，可是，旧时那与他们依依惜别的春风杨柳，早被秋老冬来摧折了芳菲气息，只留得枯枝败叶。在《采薇》里，杨柳还保留在征人的追忆中，是美好过去的象征；而诗人呢，却把"芳菲"扫尽，把杨柳推到征人面前，让他们正对着那一派枯败，顿时打断了他们的深情回忆。这是一个改变，当然，变缠绵为直露，其间是否有高下之分，是可以议论的；不过，对于本诗中最精彩的最后一句而言，这种直露是必需的，不然诗情不能从前二句的含蓄过渡到末句的触目惊心。末句"一朵瑶花绣铁衣"中的"瑶花"，本自楚辞《九歌·大司命》的"折疏麻兮瑶华，将以遗兮离居"。宋洪兴祖注云："瑶华，麻花也，其色白，故比于瑶。此花香，服食可致长寿。""瑶花"在本诗里代替了"今我来思，雨雪霏霏"中的雪花，当然是以其"色白"之故。可是，这洁白如琼瑶美玉的雪花，到了诗人的笔下，却完全失去了"霏霏"的轻灵纷飞之貌，也不像在《采薇》中那样给人以铺天盖地、重重地压抑着人心之感，它们只是孤零零的一朵朵而已，呆呆地"绣"在征人那记载着多少血泪辛酸、没有任何美感可言的"铁衣"之上；可以想见，这绣在铁衣上的雪花，即使称为"瑶花"也罢，却决不会有玉的光泽，只是一片惨白而已。如果说，第三句的化用古诗还不足称奇的话，那么，这一句就是对古诗的成功的翻新：因为，虽然可能不及"风人之旨"的含蓄，但这一句却道出了"雨雪霏霏"的真正内涵——这雪，看上去是飞飞扬扬，其实，它们片片都冻结在征人衣甲上，使他们的身和心都冰冷无比！

　　这首诗的总体风格是悲凉的，可为什么说少年气盛尚见于字里行间呢？因为，这只是一首拟作，不是诗人的耳闻目睹，却写得劲力饱满，而且大胆地从千古名句中翻出新意，不惮对已成为神圣之物的《诗经》作改造，有此胆识，当然不易，决非年老世故、气血皆衰者能为之。晚清谭献《重刻瓶水斋集序》称舒位少年"冠剑远游，与奇气相发。诗篇雄峻，畦町独辟"。本诗便是这种"奇气"的产物，与他后期"浪使才情，往往流于俳谐薄弱"（田云龙《定厂诗话》）的作品，足可构成鲜明的对照。

（马卫中　沈　价）

蜘蛛蝴蝶篇　　　　舒　位

　　　蜘蛛结网诱青虫，桃花飞入怨东风。蝴蝶寻花尾花往，打尽桃花同一网。蜘蛛不语蝴蝶愁，丝丝罗织桃花囚。桃花隔雾看蝴蝶，可似天女逢牵牛？潇潇春雨当窗入，沾泥花片胭脂湿。蝶粉蛛丝一劫灰，青虫自向墙根立。

　　我国古典文学中，寓言散文不少，寓言诗却很少见。这首诗很特别，有点像寓言诗。但也有不同：寓言散文，往往在篇中暗示或点明题旨，这首诗全无明点或暗示，让读者从所写事中自作领会；寓言往往立意在先，然后把事件牵合意中，这首诗却像是即目所见的一个现实事件，作者意有所触，故为之具体描写，以启发读者去自由联想。

　　诗篇写了这样的一个场景：有一只蜘蛛结好丝网引诱青虫入网，被风吹落的桃花恰好粘在网上。蝴蝶为了追逐桃花，尾随而往，也被蛛网粘住；它与桃花各粘一方，不能接触，隔着相看，恰如天上的牛郎、织女星，限于银河不能相聚一样。谁料穿窗的春雨一来，把蛛网打破。蜘蛛蝴蝶所求不遂，反而遭受一场劫难，丝断粉灰；桃花带雨被打落泥土中，像沾湿的胭脂一样。只有最先被算计的青虫却安然无恙，静静地在墙根看着蜘蛛们的一切遭遇。

　　诗篇所寓托的意思像是：世上有人布着罗网在诱人，有的无知被诱，有的因其他原因偶然坠入,有的为了某种追求而自投罗网;但有时受着大的外力的冲击,这种关系可能突起变化,各方所受的祸福也有非始料所及的。总的看来,世网复杂,设者陷者,现象种种;营营扰扰,祸福多端,劳心费机,时复徒然。豪强遭报,弱者幸免于祸,也非完全不可能之事。一件细事,一个落花、小虫间相互纠葛的小场景,简洁、生动地写来,可以给人以不同的领会和颇多的启发。是触目惊心的感慨呢?还是洞悉无常的达观呢?可因人的不同经历和不同见识而自得其不同领会。这样一来,它的题材虽小,而意义却就不小了。

汪佑南《山泾草堂诗话》评这首诗说:"吾乡黄摩西云:'静坐澄机,闲中观物,此君终得最上乘。此篇当与《蟋蟀篇》参看,始知耳目间有无穷妙理。'愚按此篇或有比意:似四人牵连,同罹一狱,不知当时所指何事。然即无此意,却有此种实景,非妙笔写不出。"文中所提的《蟋蟀篇》,指舒位所作的《卧闻蟋蟀偶成》,因更深静听蟋蟀的"清且幽"的叫声,而借人们不解虫语,不能听出它们叫声中的用意,也颇有风趣。

舒位诗才气洋溢,兼有雄奇艳丽之美,萧掄为他的诗集作序,称为:"以幽并之慷慨,兼吴越之欹吟。"这首诗却别出心裁,另成一格,以民歌般的通俗手法,描写一般人所忽略的细物琐事,以寓托对于现实人生的复杂感悟。看似平淡,而奇在创新。

(陈祥耀)

梅花岭吊史阁部① 舒 位

一寸楼台谁保障?跋扈将军弄权相。已闻北海收孔融②,安取南楼开庾亮③。天心所坏人不支,公于此时称督师。豹皮自可留千载④,马革终难裹一尸⑤。平生酒量浮于海,自到军门唯饮水。一江铁锁不遮拦⑥,十里珠帘尽更改⑦。譬如一局残棋收,公之生死与劫谋⑧。死即可见左光斗⑨,生不愿作洪承畴⑩。东风吹上梅花岭,还剩几分明月影。狎客秋声蟋蟀堂⑪,君王政事胭脂井⑫。中郎去世老兵悲⑬,迁客还家史笔垂⑭。吹箫来唱招魂曲,拂藓先看堕泪碑⑮。

〔注〕①梅花岭:在江苏省扬州市旧广储门外。史阁部:史可法。他南明时官至大学士,称史阁部。 ②孔融:东汉末鲁人,献帝时为北海相,后为曹操所忌,诬陷下狱,被杀。此以孔融比被马士英所害的德州守将雷演祚等。 ③庾亮:东晋颍川鄢陵人,妹为明帝皇后,曾击败苏峻、祖约。陶侃死后,他代镇武昌,任镇西将军,握有重兵。《晋书·庾亮传》:"亮在武昌,诸佐吏殷浩之徒,乘秋夜往,共登南楼,俄而不觉亮至,诸人将起避之,亮徐曰:'诸君少在,老子于

此处,兴复不浅。'便据胡床与浩等谈咏竟坐。""南楼"即指此事。 ④ 豹皮:《新五代史·死节传》:"豹死留皮,人死留名。" ⑤ 马革:《后汉书·马援传》:"男儿要当死于边野,以马革裹尸还耳。" ⑥ 一江铁锁:唐刘禹锡《金陵怀古》:"千寻铁锁沉江底,一片降幡出石头。"此句谓清兵渡江南下。 ⑦ 十里珠帘:语本唐杜牧《赠别》:"春风十里扬州路,卷上珠帘总不如。"此句谓南明覆亡,江山易主。 ⑧ 劫:围棋术语。黑白双方在同一处各自围住对方一子。黑方如先提吃白方一子,白方须于他处下子,待黑方应后,才可于原处提回黑方一子。如此往复提吃,叫做"劫争"或"劫",此指形势危急。 ⑨ 左光斗:字遗直,安徽桐城人。明天启时任左金都御史,因反对魏忠贤而遭迫害,死于狱中。史可法是他的门生。 ⑩ 洪承畴:字彦演,福建南安人,明末任蓟辽总督,与清军在松山会战,兵败降清。 ⑪ 狎客:指亲昵接近,常共嬉游饮宴的人。南宋末,宰相贾似道在杭州半闲堂与姬妾、狎客斗蟋蟀取乐。 ⑫ 君王:指陈后主陈叔宝,他荒于酒色,及隋兵南下,攻克台城,后主与张丽华、孔贵嫔坐视无计,遂藏身于井中,后被隋人牵出,即称此井为"胭脂井"。 ⑬ 中郎:指汉末蔡邕,官至中郎将,故称。《后汉书·孔融传》:"(孔融)与蔡邕素善,邕卒后,有虎贲(武士)貌类于邕,融每酒酣,引与同座,曰:'虽无老成人,尚有典型。'" ⑭ 迁客:指吴兆骞,他曾以科场案被流放宁古塔二十余年。王士禛《池北偶谈》载:"吴汉槎(兆骞)自宁古塔归京师,驻防将军某者,老将也,语之曰:'子归,可语史馆诸君,昔王师(清兵)下江南,破扬州时,吾在行间,亲见城破时一官人……诣军营,自云:我史阁部也。亲王引与坐,劝之降,……终不从,乃就死。此吾所目击者,史书不可屈却此人云。'" ⑮ 堕泪碑:晋羊祜都督荆州诸军事,驻襄阳,死后,部下于岘山立碑,每年祭祀。见碑者莫不流泪,故称堕泪碑。

　　史可法是明末的节义之士,他曾督师扬州,清兵南下以身殉国,连遗体都没有找到,后人以其衣冠袍笏葬于扬州近郊的梅花岭上,遂使此处成为人们凭吊史氏的地方。如舒位的前辈诗人蒋士铨就曾有《梅花岭吊史阁部》七律一首,写得慷慨悲壮,是蒋氏的名作;舒位之后,如黄燮清的《广陵吊史阁部》七律也是较著名的篇什。舒位的这首是歌行体,笔墨更为洒脱酣畅。

　　开头四句描绘了一幅南明弘光朝政治腐败、岌岌可危的画面。"一寸"形容其所辖仅为弹丸之地,而且所用非人,因此危在旦夕。"跋扈"一句即应"谁保障"之问而来。将领骄横跋扈,如当时的左良玉、黄得功、高杰等都各据一方,互相争夺;文臣则更加勾心斗角,玩弄权术,如马士英、阮大铖等,他们植党营私、排斥异己,打击东林党人,收捕雷缜祚等人,所以诗人斥之为"跋扈将军弄权相"。"已闻"二句正是顺"弄权相"直下,说明在当时的政治形势下,朝政控制在权臣手中,哪里会有像庾亮一样能广用人材的人呢?起四句一气直下,不仅勾勒出历史背景,而且为史可法的督师作一铺垫,因史可法的出镇扬州正是马士英等人的倾轧所致。所以"天心所坏"以下便从整体的形势而转入史可法之事,意在揭出弘光朝已如大厦将倾,非人力所能支撑,史可法受命于危难之际,自无回天之力,只能以身赴难。虽然他身后尸骨未存,但其英名长留天地之间。"天心"四句概写史氏的一生大节。"平生"四句则举其一端而写出史氏品格与他一身系国家安危的处境。据《明史》本传中说,他的酒量极大,数斗不醉,而在军中却滴酒不沾,可见他能以国家利益为重而克制自己的嗜好。"一江铁锁"二句用前人成句说明扬州一旦失守,弘光朝也随即倾覆,河山为之变色,意谓小朝廷之得以存在全靠史氏之坚守,"譬如"四句说史可法出镇扬州,如收围棋的残局,处于极端危险的境地,故他早已将生死置之度外,抱定了必死的决心,欲以自己的忠义之行无愧于先师左光斗,而不愿与屈节事敌的洪承畴之辈同流合污。"东风"四句说史氏身后衣冠被葬于梅花岭上,东风吹拂,像是在慰藉英雄的亡灵;扬州城经过战争的洗劫已残败不堪,那"天下三分明月夜,二分无赖是扬州"的美景如今安在?而弘光朝廷的文恬武嬉、奸臣弄权便是这场灾祸的根本原因。就像南宋末年的权相贾似道与姬妾、狎客斗蟋蟀取乐而无视朝政,遂导致了君王受缚,犹如在胭脂井中束手就擒的陈后主一般。最后四句写后人对史可法的敬仰与怀念,虽然身死尸灭,却长久地被人纪念,就像汉代孔融之追怀蔡邕。而吴兆骞自宁古塔放逐归来,还说及他英勇就义的事迹,将被载入史册,流芳百世。诗人自己如今路经梅花岭而凭吊遗踪,以一曲哀歌,一掬热泪,表示了对前代忠义之士的敬仰。

此诗将主要的笔墨放在赞扬史可法临危不惧,以家国为重而置个人安危于度外的崇高精神上,然处处又以弘光朝的腐败与虚弱为陪衬,意在表明史氏军事上的失利是迫于当时的形势,弘光王朝气数已尽,非人力所可挽回,这样就更把史可法的形象凸显出来。这里诗人把弘光王朝的覆亡归结于其内部的原因,而回避了来自外部的征服,显然是因为诗人生活在清代,有意地避开了清军南下给江南人民带来灾难与对史可法之死所应受的谴责,就像著名的传奇《桃花扇》中将史可法的死写成是自杀一样,也力图回避他死于清军刀下的事实。诗人舒位将史氏的死因归结于弘光王朝的昏聩与腐败,自然也有他的难言之隐,不过本诗中如"死即可见左光斗,生不愿作洪承畴"、"狎客秋声蟋蟀堂,君王政事胭脂井"等语中已逗出其中消息。全诗议论风生,对弘光小朝廷的剖析也十分精辟,可当一篇史论读。

舒位的诗能融学问与才情为一体,他自己曾论诗说:"人无根柢学问,必不能为诗;若无真性情,即能为诗亦不工。"(陈裴之《舒君行状》)因而他的作品一方面长于用事、工于造句;另一方面纵横挥洒,不守绳墨,如这首诗中就典型地体现了舒位的此种风格。他不仅熟谙弘光一朝的史实,而且善于驾驭成语、典实,旁征博引,以古论今,说明他对典赡博丽的好尚。如写朝廷的排斥异己,不能用人,则引曹操收孔融和庾亮南楼月的典故;说弘光覆灭,河山改色,则用了刘禹锡与杜牧的诗句;论奸相误国,君主被俘,则取譬于贾似道、陈后主之事,这样的例子很多,体现了舒位博极群书、以学问入诗的创作倾向。然就诗的整体来说,并不晦涩艰深,而具有排荡激越,流转自如的气势,如开头四句如急管繁弦,将弘光朝岌岌可危的形势写得异常紧迫,自然地逗出史可法的督师扬州;又如"天心"以下十二句一气贯注,回环往复。全诗四句一韵,平仄韵交错,造成流宕变幻的节奏,加强了诗歌的感染力。

(王镇远)

杭州关纪事　　　　　舒　位

杭州关吏如乞儿,昔闻斯语今见之。果然我船来泊时,开箱倒箧靡不为。与吏言,呼吏坐,"所欲吾肯从,幸勿太琐琐。"吏言"君果然,青铜白银无不可"。又言"君不然,青山白水应笑我。"我转向吏白:"百货我无一。即有八斗才,量之不能盈一担。但有万斛愁,卖之未尝逢一客。其余零星诸服物,例所不征君其勿。却有一串飞青蚨,赠君小饮黄公垆。"吏睨视钱摇手呼,手招楼上之豪奴。奴年约有三十余,庸恶陋劣鬖有须。不作南语作北语,所语与吏无差殊。我且语奴"休怒瞋,我非胡椒八百元宰相,亦非牛皮十二郑商人。且非贩茶去浮梁,更非大贾来瞿唐。况不比西域之胡,珊瑚木难璀璨生辉光。问我来何国?但作宾客,不作盗贼,身行万里半天下,不记东西与南北。问我何所有?笛一枝,剑一口,帖十三行诗万首,尔之仇敌我之友。我闻榷酒税,不闻搜诗囊。又闻报船料,不闻开客箱。请将班超所投笔,写具陆贾归时装。看尔意气颇自豪,九牛何惜亡一毛!尔家主人官不小,岂肯悉索容汝曹!况今尺一除矿税,捐弃黄标复紫标。监察御史开口椒,尔何青天白日鹿覆蕉!"奴闻我言惨不骄,吏取我钱缠在腰。斯时吏去奴欲去,槟榔满口声咋嘈。彼咋嘈,我欸乃,见奴见吏如见鬼。作歌当经自忏悔,軿轩使者采不采?

清代杭州关吏恶劣贪财出名。蒋士铨《杭州》绝句云:"一肩书剑残冬路,犹检寒衣索税钱。"沈钟《杭榷》古诗亦云:"杭州关吏猛于虎……倒笼倾箱细搜估"。舒位这诗,更是淋漓尽致地把嘉庆年间杭州水路关卡的吏卒如何胡作非为、任意敲诈勒索旅客的强盗行径,如实作了记载,从而有力地揭露了当时捐税杂乱繁多,官吏贪婪凶恶的社会现实。

诗人曾从威勒侯勒保谋划军事,后勒保改任四川经略,诗人借故辞归,当路过杭州时,记下了这幕丑剧。

诗一起笔就点题:"杭州关吏如乞儿,昔闻斯语今见之。"单刀直入,深入骨髓,一下子就把杭州关吏的卑贱形象和丑恶灵魂揭露在光天化日之下示众。"昔闻"、"今见",以今证古,意谓此关官吏所为并非一日半时的偶然现象,而是由来已久,向来如此,早成惯例。耳闻加眼见,千真万确,不容抵赖。从"今"直追溯到"昔",可以说把整个清朝都揽括在内了。语之凝练,力透纸背。

下面以"果然"一词领起诗人所"见"之事实。"开箱倒箧靡不为",只要能翻到觅得钱财,他们就无所不为、胡作非为起来,这不正是乞丐无赖之所"为"吗?此以其行印证"如乞儿"。接着以其言证之。诗人通过与"吏"直接对话,写出他们的心声。面对"吏"的乱翻乱搜,诗人并不惊避,而是从从容容,胸有成竹,呼"吏"坐下,告诉他,你要什么可以听你的,不必翻那些琐碎之物。"吏"怎么回答呢? 一是"君果然,青铜白银无不可"。真肯给,无论银也好铜也好,凡钱他都要。简直称得上赤裸裸、恶狠狠、明目张胆地要。真是贪得无厌之至,一点不知廉耻!二是"君不然,青山白水应笑我"。如果不让从我所欲,轻而易举地放过,他认为身边的青山白水都该嘲笑自己一无所获,这是颠倒了荣辱,混淆了是非,却不自知。以搜刮不到民脂民膏为耻,以善榨能贪为荣,这正是吏治腐败日久所造成的官吏们的一种变态心理的反映。朝政的昏聩,现实的黑暗,使他们早已不辨青红皂白。他们只知抢到腰里便是财,管它三七二十一!面对这样的昏蛋,诗人义愤填膺、怒不可遏,借机痛快地讥讽戏谑了他们一通。首先正告道:"百货我无一。""一"与"百"相比,已见其少;而连这极少的"一"我也"无",就更强调了自己什么都没有,意谓"你可别想从我这儿捞取一滴半星油水"。然后退一步说,"即有八斗才,量之不能盈一石。"谢灵运曾曰:"天下才有一石,曹子建独占八斗,我得一斗,天下共分一斗。"这里诗人以曹植自况,纵然才高八斗,也还不满一石。别说这些贪官对这"才"压根儿就毫无兴趣,就是那财富的"财"、"八斗"、"一石"这样的小数目又哪能填补得了他们那深得无底的欲壑? 想要大数字吗?"但有万斛愁,卖之未尝逢一客。"诗人所拥有的"万"数,惟"愁"而已,卖不掉又不值钱,谁要的话,为数倒不少。诗运用夸张手法,不仅表明了自己财物全无、愁绪甚多,更无情嘲弄了这个根本不识愁滋味、从不想与愁结缘的、为富不仁的污吏。诗人清贫、高洁、多才的文人形象,既映衬出又贬抑了眼前这个贪婪、肮脏、不才的蠢货、丑类。当诗人把自己的一串铜钱丢给这个贪官买酒喝时,"吏睨视钱摇手呼,手招楼上之豪奴"。这是从神情举止的描绘上加以印证。这里连用了"睨视"、"摇手"、"呼"、"招"几个动词,活画出了这类"乞儿"加地痞、流氓的逼真形态。他斜着眼瞧不上这串小铜钱,却又不肯放下这点小利益。他行为很低贱,却又不知自惭自省,而偏要故意逞威风,引来一庸奴帮腔,实在无异于一条可怜虫!诗人的鄙夷之情溢于言表。

至此,笔锋转向"豪奴"。豪,已点明强横,"庸恶陋劣鬣有须",则更具体地把他须发拉杂、庸俗浅薄、丑恶可憎的形貌作了描摹。再从语调上听,他装腔作势,官腔官调,南语硬充北音。从说话内容上看,与"吏"丝毫无差异。可见这主奴俩,完全是同恶相济、同欲共趋的一丘之貉。

与吏"言"得不少,与奴"语"得更多。先稳住对方,叫他别发火停生气。然后再说自己既不是富到连胡椒都有八百石的唐代宰相元载,也不是能拿出十二张牛皮去犒劳秦军的郑国商人弦高;不是《琵琶行》中"浮梁买茶去"的商人,更不是来自瞿唐峡的大贾;况且又不能与拥有珊瑚、木难(一种珠子)之类璀灿珠宝的西域胡商相比。诗人像放连珠炮一样,选用了一个个典故,又运用了"非……亦非……"、"且非……更非……"、"况……"一系列层递句式,大大地吊了豪奴的胃口,又让他深深地失望。然后,诗人借对方两次发问,旁敲侧击、指桑骂槐,把他们的盗贼行径狠狠鄙薄了一番,分明地划清了"我"与"尔"迥然不同的人格界线。紧接着又用"我闻……不闻……"、"又闻……不闻……"这种正反对照的句式,义正词严地指责豪奴违法乱纪的恶劣举动。最后以客从高祖定天下、富有辩才的陆贾虚拟自比,夸大口气,加以诱惑:想翻我的行装吗?那得请把汉代定远侯班超从戎时所投之笔拿来,我才肯把里面大臣所赠财物全部开列出来。在吓唬这个为虎作伥的奴才的同时,他又进一步虚张声势道:我破点财其实也只不过九牛丢失一毛而已,有什么足惜的!不过看你神气倒很得意骄矜,想必你主人官衔不小,难道他也不知国法,肯容你们把我的财物全部索取了去?接着更以皇帝命令(即"尺一")免除矿税、废弃巨款税收之法规加以威吓,警告他们:监察御史像开口椒一样厉害,执法很严。继而又以"蕉鹿"一典责问他们怎么在青天白日之下不辨真假、大做发财梦!仅凭诗人单方面的唇枪舌剑,就把这两个色厉内荏的家伙征服了,"奴"脸色惨败不骄了,"吏"也只好乖乖地把那串原先不屑一顾的铜钱缠在了腰里,双双怏怏而去、败兴而归,他们被骂得无言以答,只有一面嚼着槟榔,一面含含糊糊地咕噜着什么。诗至此,写尽了也写活了奴主狼狈为奸的种种丑态恶行,也充分显露了一个文人面对社会恶习所具有的非凡舌战才能和刚正气节。

结尾,"彼"怀恨咕噜,"我"摇橹开船;分道扬镳,各有所恨地又照旧走自己的路。诗人的种种感慨归为一句话:"见奴见吏如见鬼。"把吏奴与魔鬼划上等号,厌恶痛恨之情不言而喻。为了让这些对旅客敲骨吸髓的恶魔遗臭万年,耻辱永世,诗人不惜笔墨详细记载下了自己的所见所闻所感,目的是权把诗歌当经文,好让所有贪官污吏读后自己忏悔,并希望帝王使臣能够把这诗歌采集去以作借鉴。

这首诗除了头尾一总写、一感慨外,中间详尽地刻画了吏、奴、我三人。"我"、"尔"形成鲜明对照。诗人以自己的伶牙俐舌为武器,以正义、智慧为炮弹,一言一词毫不虚掷,可谓魔高一尺,道高一丈,硬把这吏奴的嚣张气焰狠狠地打了下去,直到他们狼狈逃窜为止。边责骂,边嘲弄,时实写时虚夸,妙趣横生、正气逼人,使得这昏虫笨驴目瞪口呆、丈二和尚摸不着头脑,乖乖认输。诗至今日,细细读来,他们的形象还栩栩如生,宛然眼前。

"好用书卷",是舒位诗歌的一大特点。本诗就旁征博引、用典很多,但由于语言通俗易晓,并不显晦涩难懂,反觉平添了无限战斗力量。本诗语言的风趣幽默尤其耐人品味,读后令好人捧腹,贪官羞恶。诗中数量词的运用频率也较高,而且往往两两相对,增强了文章的表现力。诗采用对话与白描交错的形式,但以诗人的话语为主。通过对话展示人物性格、品行,十分成功。内容的丰富深邃和艺术手法的多彩高妙,将会使此诗永照史册,流芳百世。 （吕美生　朱永平）

诗人小传

郭 麐

（1767—1831）　字祥伯,号频伽,江苏吴江（今苏州市吴江区）人。嘉庆间贡生。麐为姚鼐弟子,而诗风不同,以轻俊胜。著有《灵芬馆全集》。

宿灵鹫山家　　　　郭　麐

山深时有百虫鸣,敧枕危楼酒半醒。
忽地西风吹落叶,急呼灯起听秋声。

此诗写寄宿灵鹫山民家中的一段心的历程。过惯城市生活的人初到山中,对所见所闻的一切无不感到新鲜而富有诗意。诗人住在山民家的楼房里,斜靠在枕上,酒意未消,半醉半醒,耳边不时传来的虫鸣声,听去就像是一支催人安然入梦的催眠曲。首句的"百虫",言虫声多而杂;次句的"危楼"之"危"是高的意思。正当诗人行将入梦时,传来了西风（秋风）吹动落叶的声音。他敏锐地感觉到秋天已于今夜此时踏着落叶声来临,便急着喊叫点亮灯盏,起身细听。此诗前两句点题,正面叙写夜宿山民家的情况;第三句展开,笔意波荡,末句收回,重新回到夜宿之事上。空间上,首句写屋外,次句写房内,三句重又转到屋外,末句再次转入房内。作为屋外、室内联接点的,则是诗人的听觉。在前两句中,由于还有醉意,听觉是迷迷糊糊的;至后两句,由于有所感悟,头脑突然清醒,听觉也变得敏锐了。"忽地"二字表明,"西风吹落叶"的声音是突然闯入诗人心中的;"急"字见出诗人心情的急迫,其时当然已不可能仍然处于半醉半醒之中。全诗四句,尽管缺一不可,但最为动人的,无疑是最后一句。既是"听秋声",何必点灯,又何必起床?但因了掌灯与起床,"听秋声"便显得格外郑重其事,一个在灯光影里谛听秋声的诗人形象也因了这一描写而有如画出。末句在省略了的同一主语下三用动词,一"呼"、二"起"、三"听",意象密集,富于动作性,既起到了成功地传神写照的作用,又因为"听"的动作只是点到为止,使全诗给人以言尽意不尽的感觉,平添了情韵。

宋人欧阳修写过一篇《秋声赋》。其中写到秋声届临之时,"草拂之而色变,木遭之而叶脱"。这首《宿灵鹫山家》将落叶声直接称之为"秋声",与《秋声赋》的写法是一脉相承的。秋的气象与物候,原是千变万化的。如何表现秋来,自然也难以一概而论。即使都从落叶引发联想,"一叶落知天下秋"(唐人诗句)诉诸视觉,《秋声赋》与此诗则诉诸听觉;同样诉诸听觉,"万荷叶上送秋来"(陈文述《夏日杂诗》),情景又全然不同。此诗以落叶写"秋声",虽通于《秋声赋》,但因诗人以自己的独特的体验开拓出一片全新的意境,故在众多描写时序节物的诗作中仍不失为一首别具风趣的好诗。

(陈志明)

诗人小传

陈文述

(1771—1843) 字退庵,号云伯,原名文杰,浙江钱塘(今杭州)人。嘉庆五年(1800)举人,官昭文、全椒等知县。早年即有才名,诗学"西昆体",后又学吴伟业、钱谦益。是清代嘉庆、道光时期的著名诗人。著有《碧城仙馆诗钞》、《颐道堂集》等。

月夜闻纺织声(三首选一) 陈文述

茅檐辛苦倦难支,绣阁娇憨定不知。
多少吴姬厌罗縠,绿窗一样夜眠迟。

陈文述是清代嘉庆时人，工绝句，颇有诗名。他早岁诗学西昆，尚轻艳，晚年落尽铅华，渐于质朴中见慷慨之气，尤长于咏史之作。这首绝句，当是他返朴归真的后期力作。

深夜听见妇女的纺织声，这原是极寻常的事，尤其是在诗人家乡杭州。尽管夜夜吱哑，如怨如诉，几曾有人闻此而牵动心魂，兴不平之鸣？生活就是这样，在寻常中包涵了极不寻常，在平静中蕴藏了极不平静。只是，人心麻木，司空见惯，好像事情本来就应该如此；而诗人却在这最寻常的纺织声中听到了不平之鸣，足见其思想境界已自高人一等。

前面说过，陈文述后期之作洗尽铅华，归于淳朴，这并非说他不再追求诗艺。就以这首绝句而论，也可见出作者的精心结撰。诗的起兴，仅仅一缕纺织之声，诗人却生发出许多想象悬拟。先闻其声而想到此声一定来自贫家，所居必在茅檐低小之下；进而想到这贫女夜织，一定十分辛苦，困倦难以支持。第二句又想到，富家小姐，深居绣阁，此时此刻，一定绮梦正香，她定然不知人间仍有人在纺织。这是一层对比：以不眠与酣睡对比。三四句将同是不眠者进行对比，更具新意。纺织女工在深夜苦熬，妖姬宠妾此时却身服绫罗，在陪欢侍宴，撒娇邀怜，这是第二层对比。同时，这二层对比用"绣阁""罗縠"关合纺织：这"绣"与"罗"，不正是寒家女子深夜纺织出来的吗？有的人居"绣阁"，厌"罗縠"；有的人却正在纺织丝绸，供她们享受：这样的对比和关合，使诗意有开有阖，既浮想联翩，又金针一线串联，这不正可以见出诗人高超的诗艺吗？

陈文述之前，画家、诗人郑燮有"衙斋卧听萧萧竹，疑是民间疾苦声"的名句，夜闻风竹之声而念及民间疾苦。陈文述之后，龚自珍有"我亦曾縻太仓粟，夜闻邪许泪滂沱"的名句，夜闻邪许之声而下泪，兴忧乐天下之心。陈文述则在万籁俱寂的月夜，闻纺织声而感到人间的不平。三位清代的诗人，都如此敏感，都从人人熟悉的平凡夜声中隐然听到了时代风雨的前奏曲，写出了具有现实主义精神的好诗。"江山代有才人出"，清诗自有其不可磨灭的价值。

（赖汉屏）

谭敬昭

诗人小传

（1774—1830） 字子晋，一字康侯。广东阳春人。少年时以诗赋受知于学使，尤以乐府知名。嘉庆二十二年进士，官户部主事。他博通群籍，好六朝乐府及三李诗。他的长篇乐府诗多摹拟之作，写岭南风土人情的小诗多清新可诵。著有《听云楼诗草》。

粤秀峰晚望同黄香石诸子

谭敬昭

江上青山山外江,远帆片片点归艎。
横空老鹤南飞去,带得钟声到海幢。

粤秀峰,即越秀山,在今广州市区北部越秀公园内。山上名胜如越王台、歌舞冈以及镇海楼(五层楼)等,对于染有烟霞痼疾、泉石膏肓的人,都极有吸引力。谭敬昭与诗友黄香石(黄培芳,字香石,与谭敬昭、张维屏合称粤东三子)等,登上越秀山顶,在暮色中极目远眺,只觉得襟怀萧爽,遐想联翩。这首七绝,以爽利的语言、明快的调子,抒写出诗人对羊城江山的这一愉悦感受。

江上青山,即诗人驻足的粤秀峰;山外江,指南国第一大川珠江。粤秀峰距离从它南边流过的珠江不过数里之遥,山与江虽非近在咫尺,却都处在目力所及的范围之中。这样一个距离,恰好构成一个有效的审美跨度。在这个跨度之内,青翠苍郁的越秀山,矗立在珠江之上;烟波浩渺的珠江,横流在越秀山之外,山水相得,如诗如画,极富情趣。

"远帆"句进一步写在山上向江面眺望所见:远处江面上点缀着扬帆归航的渔船。艎(音 shuāng),就是船。这幅远景的描摹,视角宽大,视野开阔,不仅写出题目中"望"字的内容,而且还暗示出"晚"的含义,并反衬出粤秀峰的高大。

仅就山和江本身写,只写出了"晚望"的静态(归艎太远,动程不分明),表达不出羊城暮景空灵生动的神韵。为了求得空灵的效果和流动的韵致,诗人选取蓦然呈现在眼前的一个画面:"横空老鹤南飞去"。这个场景有时态,有动感,与上两句所写景物动静不同,相映成趣,且能牵引诗情。古时广州多鹤,咏羊城风物者多以鹤入诗。如明代黎民表《坡山》诗:"紫气双龙直,青天一鹤横。"谭子晋笔下"老鹤"信非虚构,而正是触发诗人灵感、赋予全诗活力的一个契机。

灵感既发,诗人吟出最耐人玩赏的一句:"带得钟声到海幢"。海幢,海幢寺,广州有名的古寺,在珠江南岸,与北岸的越秀山遥遥相对,即今海幢公园。老鹤自北向南腾起飞去,方向恰好是海幢寺,诗人相信它能把山上钟声带往海幢寺去。事实上,粤秀峰上的向晚钟声,并不能以老鹤为载体。说"带得",是一种特殊的修辞手段。它把看不见的音波当作看得见的动作写,把想象中的意念当作事实上的存在写,造成一种出人意外、耐人寻味的效果。

这四句诗用墨不多,但四句之中,起承转合,条理俨然。第一句起得别致,第二句承得巧妙,第三句转得突兀,第四句合得隽永,传神地写出了粤秀峰晚望的清新隽逸的特色。

(洪 珏)

近代诗歌

【诗人小传】

张维屏

（1780—1859） 字子树，一字南山，号松心子，广东番禺（今广州）人。道光进士，官同知，曾署南康知府。其早期诗作多抒写个人生活。晚年家居，目睹英国侵略军的暴行，激发了爱国情绪，所写诗篇如《三元里行》、《三将军歌》等，激昂悲愤，歌颂了鸦片战争时期的反侵略斗争。有《松心诗集、文集》等，又辑有《国朝诗人征略》。

三 元 里

张维屏

三元里前声若雷，千众万众同时来。因义生愤愤生勇，乡民合力强徒摧。家室田庐须保卫，不待鼓声群作气。妇女齐心亦健儿，犁锄在手皆兵器。乡分远近旗斑斓，什队百队沿溪山。众夷相视忽变色：黑旗死仗难生还。夷兵所恃惟枪炮，人心合处天心到。晴空骤雨忽倾盆，凶夷无所施其暴。岂特火器无所施？夷足不惯行滑泥：下者田塍苦踯躅，高者岗阜愁颠挤。中有夷酋貌尤丑，象皮作甲裹身厚。一戈已摏长狄喉，十日犹悬郅支首。纷然欲遁无双翅，歼厥渠魁真易事。不解何由巨网开，枯鱼竟得攸然逝？魏绛和戎且解忧，风人慷慨赋同仇。如何全盛金瓯日，却类金缯岁币谋。

作为描写三元里人民抗英斗争的史诗，诗人以漫山遍野的"杀"声震起人心，统领全篇，使诗歌笼罩在一种历史剧般慷慨悲壮的气氛之中。

一八四一年五月，英国侵略军用大炮轰开广州的门户，占领了泥城和四方炮台，奕山请降。统治者的软弱无能激起了人民的爱国义愤。当英军骚扰掳掠，经过三元里时，三元里附近一百零三乡农民高举"平英团"大旗，自动组织起来与英军激战。人们将敌人诱至牛栏冈一带，埋伏的乡民一齐杀出，漫山遍野，重重叠叠，像围住闯入私宅的野牛一样，高举锄犁，痛打侵略者，拉开了近代中国团结御侮和反侵略斗争的序幕。

三元里前何来雷声？不是雷声是呼声，不是呼声是歌声，是众神震怒，声贯天宇。因"义"生"愤"，因"愤"生"勇"的乡民齐心合力，无坚不摧。围绕三元里斗争正义性和群众性这一主题,诗人始终扣住"千众万众",并把他们放在全诗的中心来写。随着诗笔翻腾,事件展开,细节更为具体,情势日益迫切,让诗暂且来个停格,好让我们看清某些精彩的局部:

前进队伍中竟然有妇女——妇女齐心亦健儿;

乡民有什么新式武器——犁锄在手皆兵器。

一百零三乡列阵远近,四面八方,长龙般的队伍正沿溪山鼓噪而进。在乡民的气势面前,"凶夷"是一张张惊慌失措,面面相觑的脸。这里,诗人以"忽变色"三字,既写凶夷恐慌惧怕的心理,又巧妙地从敌方眼睛里反映出乡民的阵势和声威。

一场遭遇战打响了。一方,是嗜血成性,手持洋枪洋炮的侵略军;一方,是高举耕耘犁锄的一百零三乡男女老少。力量对比,不可同日而语,落后的农业生产工具毕竟不是现代火药的对手,在这些远射程的杀伤火器面前,奕山率领的幽燕之师尚且望风披靡,何况是自发组织的乡民?但战争的胜负,不只决定于武器,还决定于天时、地利、人和诸因素,决定于战争的正义性和非正义性。诗人突出地描写了这一点,让人们信服地看到:为保卫家室田庐的乡民一方,占尽天时、地利、人和的优势而必胜。

三元里前,黑云压阵,鼓角相闻。正当乡民与英军激战之时,忽然天地轰鸣,狂风四起,暴雨倾盆如注。是自然的巧合?是张天师唤雨师风伯前来助阵?诗人的回答是——人心合处天心到。于是,凶夷的枪炮哑了火。三十六计莫如走。要走?谈何容易,牛栏冈的烂泥,硬是咬住侵略者的牛皮鞋不放,不是重得难以拔脚,就是滑得前仰后翻。于是乎,丢了枪,弃了炮,田塍边的,在地上抓泥爬;高冈上的,挤成一堆直发抖。束手待毙,是唯一的出路。即便是"夷酋",即便"象皮作甲裹身厚",同样无济于事——一戈已揞长狄喉。

正当侵略军"纷然欲遁无双翅,歼厥渠魁真易事",人心大快,军心大振之际,意外的事发生了,英军统帅义律向奕山求救,奕山命广州知府余保纯用威吓、欺骗的手段驱散义军,使处于重围中的英军得以逃遁。"不解何由巨网开,枯鱼竟得攸然逝",诗人明知故问,语意冷峻,看似平淡,实胜于裂眦之怒。以下"魏绛和戎"、"金瓯全盛"均为讽刺语,与"不解"句紧密关联。春秋晋大夫魏绛和戎,收家邦之利,乃为上策,而自称金瓯全盛的清政府"和戎",却要向外敌缴纳金缯岁币。诗人以"风人"自居,在这民族危难的关头,慷慨而赋,"修我戈矛,与子同仇"。

艺术上,此诗首尾贯注,一气呵成,是叙事诗,更像一篇"诗报告",即用诗歌形式写成的战地新闻。诗人仿佛是一个特派记者,目睹了这次战斗的全过程,报导了斗争的经过,塑造了人民群众的英雄群像。语言质朴平易,明白中见简括,晓畅中见劲健。炽热的感情以淡语道出。四句一换韵,平仄相通,铿锵有力。在反映三元里斗争的本质特征——人民群众反侵略斗争这点上,成了梁信芳《牛栏冈》、朱琦《感事》、魏源《寰海十章》等同类题材中的执牛耳之作。

(曹　旭)

新　　雷　　　　　张维屏

造物无言却有情,每于寒尽觉春生。
千红万紫安排著,只待新雷第一声。

张维屏是鸦片战争时期著名的爱国诗人,《三元里》、《三将军歌》等作品,倾诉了诗人的爱国热情。张维屏又是一个敏感的诗人,他对自然万物,寄予深厚的感情,显示他对自然、对生活的热情。《新雷》便是他自己心情和自然界变化融合的代表作品。这首绝句写于道光四年(1824)初春,正是鸦片战争前的十余年。当时清政权腐败黑暗,已臻至绝境;而西方的鸦片贸易,又在不断增加。明智的士大夫,目睹这内外交困的局势,既满怀焦急不安,又渴望新局面的到来。《新雷》正是寄寓这种复杂情绪的产物。

这首诗平顺自然,没有难词拗句,比较容易领会。在艺术构思上,诗人却匠心独运,使诗歌的表达手段,有了新意。

首先,诗人的移情手法,赋予自然界具有人的情感活动和思维能力。"造物无言却有情",作为造物者的天,即自然界,本来并不具有人类的情感和思维。诗人笔下,自然界不但能思维,而且在不言不语之中,饱含着对人类的感情。这表现在害怕寒冷的人类,在最难熬的时刻,自然界会冬去春来,带来温暖。不仅如此,还刻意安排了万紫千红的百花,来愉悦人类、安慰人类。这一切,只等第一声春雷炸响之后,就出现了。自然四时运行,本来是自然界的规律,无情绪可言。诗人有意识地把人类的情绪活动外射到自然界中,使自然界具有与诗人共鸣的思想感情活动。因此,诗人笔下的自然,实际上是诗人思绪改造过了的自然。在这个自然画面上,寄托了诗人对于一种新的社会环境,新的生活气氛的追求和仰慕,也启示了读者对更新更高尚更美好生活的渴望。

其次,诗人在处理全诗情绪的转换时,巧妙地利用最富于孕育性的时刻这一美学手段。诗人不写新雷之后满目欢愉的情形,而集中写新雷炸响前夕,万物俱备而万物俱待这一关键的时刻,使画面更富悬念,更具戏剧色彩。因为造物有情,寒尽春生,千红万紫的百花正含苞待放,自然界一时间仿佛处于静止的等待之中。这是巨大变化前夕的平静,是第一声春雷炸响前的寂静。所以,平静、寂静之中,蕴藏着即将爆发的巨变。在人们的情绪上,只有这样的时刻,最令人紧张,也最富于想象力。诗人抓住了第一声春雷炸响前夕这个富于孕育性的时刻,更能表达他对春天的渴望,对新的生活环境的渴望。

因为诗人巧妙地运用了移情手法和富于孕育性的时刻,来描写冬尽春来一时间情绪的波澜,诗歌虽然短小,却隽永清新,为人传唱。　　　　　　　(陈　铭)

木　棉　　　　　　　　　　　张维屏

攀枝一树艳东风,日在珊瑚顶上红。
春到岭南花不小,众芳丛里识英雄。

木棉生长于岭南,作为观赏花木,历史相当悠久了。相传汉代的南越王曾以它作为贡品,名之为"烽火树",以后它还被称为珊瑚树、红棉、攀枝花、英雄树等。古代专咏木棉的诗词极为少见,这大概与它处于"南荒"之地,不大有缘结识诗家词客有关。张维屏作为近代岭南诗人,对木棉有细致的观察和特殊的赏好,写了十几首吟咏木棉的诗词,本诗即为其中之一。

木棉树于春夏之交时节落叶开花,花呈金红色或深红色,攀附于枝头,远观如树顶珊瑚参差,甚为耀眼。这首诗的前两句就写出这种情景,并把它置于春风吹拂,红日高照之中。明代诗人屈大均曾写道:"十丈珊瑚是木棉,花开红比朝霞鲜。"(《南海神祠古木棉花歌》),当代词人朱光(前广州市长)也曾描写木棉:"落叶开花飞火凤,参天擎日舞丹龙。"真是诗家所见略同。

岭南四季如春,而春的岭南,更是繁花胜锦,这已为众多文人所频频赞颂。在张维屏眼里,万紫千红的春花之中,最值得见识的就是这英雄树。他在词篇《东风第一枝》中充满激情地赞说它:"烈烈轰轰,堂堂正正,花中有此豪杰。"这正是"众芳丛里识英雄"的注脚。"春到岭南花不小,众芳丛里识英雄"与屈大均的"天南树树皆烽火,不及攀枝花可怜"(同上),正有异曲同工之妙。

这首短诗通过巧用花名,表现了所咏的对象,寄托了赞美之情。诗人将攀枝花、珊瑚花、英雄树等别名巧妙织入诗中,但又不将它们当作花树之名使用,而是用以描写木棉花的特殊形态与光彩,以及木棉树的伟岸气度。诗人用词、构想的灵巧,于此亦可见一斑。

(陈新璋)

诗人小传

陈沆

（1785—1826） 原名学濂，字太初，号秋舫。湖北蕲水（今浠水）人。嘉庆二十四年（1819）进士，授翰林院修撰。后转四川道监察御史。其诗清苍幽峭，冲夷平淡，雅近韦应物、柳宗元。诗集初名《白石山馆诗》，后改名《简学斋诗》，另有《诗比兴笺》。

有　感　　　陈　沆

传闻南海事全非，十室炊烟九室稀。
须识治兵先治吏，自来防盗在防饥。
鳄鱼大可为文遣，沙虱终难出水飞。
寂寞江湖风雪里，有人投笔念征衣。

这是一首忧时感世的篇什，也是一首以议论入诗的作品，写于清仁宗嘉庆十四年（1809），时作者年二十五岁。作者在题下自注云："闻广东荒歉，海寇未平。"据《清史稿·兵志九·海防》记载："（嘉庆）九年，倭什布以粤海穷渔伺劫商船，遇水师大队出巡，辄登陆肆扰，遂无宁岁，乃规画水陆缉捕事宜。"从题注和《清史稿》所述，可知作此诗的时事背景。诗的首、尾两联表达了作者对时事的忧虑、对民生的关怀；中间两联提出了作者的治安之策、经世之见。

首联的上句"传闻南海事全非"，既是从南方传来的消息，"有感"于作为南海门户的广东，天灾人祸交作，已非昔时富庶景象，也是从局部见全局，"有感"于清廷已由盛而衰，四方多难，国事日非。下句"十室炊烟九室稀"，则写当地人民因缺粮少食而无力举火，或因避盗逃难而流亡他乡，致出现十有九家不见炊烟的凄凉景象。如果说这里写的还只是耳闻，那么作者的《简学斋诗存》卷二中《出都诗六首》之四所写"我行曹濮间，十里炊烟绝"以及《诗删》卷二中《到永定作二首》之二所写"行过千村米价昂，堪嗟十室九空仓"，则是目睹了。这正是"乾嘉盛世"末期的真实写照和有力讽刺。

颔联的上句"须识治兵先治吏"，提醒当局应当认识：如果吏治清明，自可消弭盗贼于无形，所以整饬吏治比治兵"规画水陆缉捕事宜"更为重要，这才是首先要做的事。如果从诗句的背面来理会其言外之意，则是说：海事之全非，实由于吏治之腐败。这里揭露的其实是官逼民反的事实。下句"自来防盗在防饥"，也就是晁错《论贵粟疏》所说："人情一日不再食则饥，终岁不制衣则寒。夫腹饥不得食,肤寒不得衣,虽慈母不能保其子,君安能有其民哉?"这也本是一个简明的道理:一个人之铤而走险、杀人越货,往往为饥寒所迫;能使百姓丰衣足食,自可防止盗贼的产生。这两句诗从正面立论,出语平易,实则锋芒内藏,是对盗贼起因的深刻剖析、对时政乖乱的尖锐抨击。颈联"鳄鱼大可为文遣,沙虱终难出水飞"两句,紧承上联,进而提出在既未能"防盗"而海盗又已出现的局势下应当如何对待的意见。两句中以"鳄鱼"、"沙虱"两种水中动物指喻海盗。上句出《新唐书·韩愈传》所载,韩愈被贬到潮州(州城在今广东潮安)后,"问民疾苦,皆曰:'恶溪有鳄鱼,食民畜产且尽,民是以穷。'数日,愈自往视之,令其属秦济以一羊一豚投溪水而祝之……。祝之夕,暴风震电起溪中,数日水尽涸,西徙六十里,自是潮无鳄鱼患"。韩愈文集中有《告鳄鱼文》,就是这一记载中告鳄鱼的祝词。当然,说鳄鱼因为这一篇文章就退避三舍,不再为害,难以令人置信。但这里用这一典故,无非说海盗本是贫苦渔民,只要晓以利害、感之以德,是可以引导他们改务正业的。下句所说的"沙虱"是古代传说中的一种害人的动物。唐陆德明《经典释文》释《诗·小雅·何人斯》"为鬼为蜮"句云,蜮,"短狐也,状如鳖,三足,一名射工,俗呼之水弩,在水中含沙射人,一云射人影"。这一句意谓:沙虱虽能害人,但不能飞出水域,喻指区区海盗也只能在海上或沿海活动,只要绥靖有道,不足为大患。魏源评这一联诗云:"五、六着议而不涉议论气,故佳。"这两句议论是历来儒家所主张的以德服人的传统思想。

诗的尾联"寂寞江湖风雪里,有人投笔念征衣"与首联遥相呼应。作者身在江湖,心存时艰,在户外风雪交加、终篇投笔之际,不禁遥想那些因天灾人祸而背井离乡、流离失所的人们,征衣单薄,何以卒岁? 后来,作者于嘉庆十九年(1814)北上应试,途经河南汝宁,写了一首题作《汝宁夜雪》的七绝:"卷地风声到枕边,夜深寒逼汝南天。拥衾莫叹风尘苦,多少饥鸿雪里眠。"以之写"寂寞"两句参读,可知其悯怀民瘼的情感是时时萦绕心头、形诸笔端的。

(陈邦炎)

九日登黄鹤楼　　　　　　陈　沆

自从十岁题诗后,不上兹楼二十年。
吟到雨风秋老矣,坐来天地气苍然。
大江帆影沉鸿雁,下界人声混管弦。
寂寞繁华千感并,浮云郁郁到樽前。

陈沆是湖北浠水人,家距黄鹤楼近,登临非常方便。他十岁登楼题诗,事在乾隆末年。这首《九日登黄鹤楼》作于嘉庆十八年，上距"十岁题诗"仅19个年头，说"不上兹楼二十年"，当是举其成数。此次登楼，他年龄不过29岁。由于早熟，又由于阅世深，登临则不免百感交并。诗表达的就是这种万千感慨。

究竟是什么事引发他如许感慨？诗中没有直接说出来。从他的生平际遇看，从他前后几年其他诗作看，感慨乃源于对来日大难的隐忧，并非为个人哀乐沉浮而发。他十岁登楼，正值清王朝全盛时期，少年陈沆面对的是一派欣欣向荣的景象。十九年后的今天重上斯楼，光景完全变了。自仁宗当国，苗族发难，"教匪"称兵，倭寇媾衅，水患频仍，老百姓穷到了"年荒父母竟无恩，卖尽田园卖儿女"的程度(《河南道上乐府》，作于写这首登楼诗的第二年)。官逼必然民反。就在他写此诗的同时，仁宗行猎在外，有勇悍之士数十人突入紫禁城，直逼内宫，变生肘腋，京都震动。诗人蒿目时艰，预感到时代的山雨欲来，已经是颓波难挽了。对此，他登楼不能不百感交并。

下面我们对这首诗作艺术分析。诗人的感慨如此纷繁复杂，所感非只一端，要在八句诗中用几件典型事例作充分展示是非常困难的。于是，他用了化实为虚的艺术手法，不写令其兴感的具体事实，而着力渲染抑郁沉闷的气氛，这就更具涵盖万有的艺术概括力。是不是虚到难以捉摸，如魏源所说的"深微于可解不可解之际"呢？决非如此。只消将首联"自从十岁题诗后，不上兹楼二十年"与结联"寂寞繁华千感并，浮云郁郁到樽前"连起来品味，便知他感慨的是当年的繁华已化为今日之寂寞；今日的众人皆醉，竞逐繁华，又加深了他心头的无边寂寞。何况，浮云蔽日，上塞君听；我心伤悲，莫知我哀。这诗的思想感情是非常明显的。

这种化实为虚、以气氛烘托感慨的艺术手法，在中间两联表现得尤为突出。"吟到雨风秋老矣，坐来天地气苍然"，前句化用潘大临"满城风雨近重阳"句意，暗点九日登临。为什么"吟到雨风"就感到"秋老矣"？重阳节本来已届深秋。如果晴日登高，犹自天高气爽；倘若风雨交侵，登临便会觉得寒气袭人，顿感秋光已老，严冬将至。而国势阽危，清王朝的气象也正如严冬晚景，萧条肃杀，不可逆转。这句用"雨风""秋老"，构成一种悲凉的气氛，深寓寂寞凄惶的感兴。后一句"坐来天地气苍然"，写风雨中登楼四望，云气迷茫，充塞于天地之间的是一派深沉暗淡的色调。这一联大处着墨，气象浑茫，意境寥廓，秋心可触；读之使人产生我瞻四方，茫然不知所之的感受，是全诗中最警策的一联。三联："大江帆影沉鸿雁，下界人声混管弦。"上句说，从黄鹤楼上俯瞰大江，秋水澄明透澈。秋来北雁南飞，雁影与帆影一同沉浸在寒水自碧中，进一步渲染秋意。下句说：楼下嘈杂人声与哀丝豪竹之音,隐若传到诗人耳里。"下界"即"人间",与天上相对而言。这里的"下界人声",一方面由于诗人身立高楼,仿佛天上;另一方面,也隐然含有下界凡俗皆醉,唯我居高独醒一层意思。诗人从这嘈杂的声音中想到:这些芸芸众生,何尝计及什么来日大难,有几人想到过大厦将倾?人世之哀,莫大于心死。想到这些,更加深了他哀时伤世、寂寞孤独的苦闷,由此顺理成章地结出"寂寞繁华"、"千感""樽酒",诗境依然是大气磅礴,诗心依然是大哀漠漠。

陈沆写诗、说诗,最重比兴手法。这首诗以兴为主,气局苍茫,的是佳唱。魏源称他的诗如"空山无人,沉思独往",他这首诗也确有"沉思独往"的意境。他那种洞悉世变、悲天悯人的胸怀,写来如泼墨烟云,充塞寰宇。他弃直露而取烘托,避质实而重氛围。《诗·王风·黍离》曰:"知我者谓我心忧,不知我者谓我何求。"读陈沆此诗,仿佛亲历其境,亲见其人。

(赖汉屏)

扬 州 城 楼　　　　陈　沆

涛声寒泊一城孤,万瓦霜中听雁呼。
曾是绿杨千树好,只今明月一分无。
穷商日夜荒歌舞,乐岁东南困转输。
道谊既轻功利重,临风还忆董江都。

这首诗作于嘉庆二十三年(1818),正当中国封建社会走向衰落的时候。诗人登临扬州城楼,极目苍茫,着眼现实,抒发自己对于民生凋敝、国势江河日下的感慨和担忧。

首联"涛声寒泊一城孤,万瓦霜中听雁呼"。扬州地处长江边上,又有大运河通过,因此好像一个孤岛,栖泊在严冬寒冷的波涛声中。"万瓦",形容扬州人烟辐辏,房屋栉比。千家万户的屋瓦上面,铺满着白霜。在这一片肃杀气象中,诗人偏偏又听到了凄凉的雁呼之声。诗的首联,就充满了不祥的气氛,从而为下文的展开定下了基调。

颔联"曾是绿杨千树好,只今明月一分无"。上句典出王士禛词。王士禛在顺治、康熙之际曾任扬州推官,所赋《浣溪沙》二首之一有"绿杨城郭是扬州"之句,当时为人广泛传诵,甚至"江、淮间多写为画图"(《渔阳诗话》卷中)。上句说扬州曾经是一个绿杨千树、美丽如画的繁华都市,可是,下句却来了一个一百八十度的大转折。它本于唐代诗人徐凝的《忆扬州》:"天下三分明月夜,二分无赖是扬州。"原意是说,天下的繁华,大半都被扬州占取。然而,如今扬州明月却连一分也没有了,可见其日渐萧条,今非昔比。大旨也是感叹昔日之难追,好景之不再。这二句用"曾是"、"只今"这两个虚辞连接在一起,形式上构成流水对,宛转跌荡;内容上形成对照,俯仰今昔;同时又巧妙地融化了前人的诗词,借以抒写自己的感慨,手段十分高明。

颈联"穷商日夜荒歌舞,乐岁东南困转输"。上句写扬州风俗奢靡。说那些穷极奢侈的商人日夜酣歌醉舞,荒淫逸乐。下句,"乐岁"指丰年;"转输"即转运,扬州为当时漕运中心。这句说,东南各地年年为统治阶级的残酷剥削所困,民生凋敝,贫不聊生。两句措辞造句,很有讲究,也很有深意。"穷商"是相对说来算"穷"的、亦即钱仲联先生《清诗三百首》中所谓"外强中干"的商人,尚且"日夜荒歌舞",那么其他富商如何,也就可想而知。"乐岁"是丰收年头,"东南"是富饶之区,尚且"困转输",那么其他荒歉岁月、贫瘠之地如何,更是不言而喻。这在诗歌创作上,是推进一步写法。另外还可以这样来看,上句"穷商"却"日夜荒歌舞",这是一种对照;下句"乐岁东南"却"困转输",这也是一种对照;上、下两句,前者是"荒歌舞",后者却是"困转输",这又是一种对照。诗歌正是通过如此这般的推进和对照,强调、深化风俗奢靡、民生凋敝的现实主题。诗人如果不具备伤时感世的思想和高超绝妙的技艺,那是无论如何写不出这样的诗句的。

尾联"道谊既轻功利重,临风还忆董江都"。两句典出《汉书·董仲舒传》。董仲舒曾为江都王相,故称"董江都"。他在《对贤良策》中曾说:"夫仁人者,正其谊,不谋其利;明其道,不计其功。"诗人在这里反用其语,指的是清朝统治者重功利而轻道谊,只顾横征暴敛、剥削搜刮而不讲仁义道德、扶持民生,因此使人临风兴叹,思念当年的董仲舒。

诗歌题标《扬州城楼》,一要切扬州,二是写登楼。凡是用典,大抵都同扬州有关。如颔联"绿杨"、"明月"关合扬州,出处十分明显,固不待言。末句特地点取汉代江都王相董仲舒,"江都"历史上就是扬州旧治。即如颈联,尽管是纪实语,但其字面也未尝不与扬州相涉。至于登楼,则自汉末王粲作《登楼赋》以来,文人往往都是以这个题目来表现凭高眺远之下的伤感主题。如晚唐诗人李商隐的名作《安定城楼》,即抒发个人的失意。因此,陈沆用登楼为诗题,其实也暗示了本诗的主题,是为国步艰难而担忧;而国步艰难的程度,若用晚唐另一诗人许浑的《咸阳城东楼》中句来形容,则正是所谓"溪云初起日沉阁,山雨欲来风满楼"。

陈沆这首《扬州城楼》,立足点当然是扬州,反映的当然是该地风俗奢靡、民生凋敝的社会现实;然而从扬州一地可推及东南,由东南也就可以想到全国,这样,诗歌通过扬州登楼所见,实际上揭露了嘉庆时期整个社会黑暗、腐败的实质。陈沆的好友龚自珍评论这首《扬州城楼》,称赞它是"裂笛之作",并许之为集内近体"压卷",恐怕多少也看出了它的深刻的时代意义。而龚自珍之所以提出改革的要求,不也正是基于这么一种社会现实吗?

(朱则杰)

孝感途中　　　　陈沆

半日山中路,车声听不喧。
野云多在树,春水不离村。
诘屈乡音换,艰难战垒存。
麦田含宿雨,作意向人翻。

这是一首旅途即景诗。孝感,即今湖北省孝感市,清代属汉阳府。民间传说董永卖身葬父,感动天帝,天帝派织女下凡帮他还债的故事就发生在这里,孝感之名由此而得。陈沆家在蕲水(今湖北浠水县),离孝感不远,但也不近,所以写来既有一方山水的新鲜感,也存一片邻府近县的乡土情。

首联起得平平实实,谈不上什么情趣辞采,却是另有它的作用。这不禁使人想到《红楼梦》五十回,大观园众姐妹在"芦雪庭即景联句"的诗会上,对凤姐用"一夜北风紧"开篇的评价:"这句虽粗,不见底下的,这正是会作诗的起法,不但好,而且留下了写不尽的多少地步与后人。"此诗首句"半日山中路",比"一夜北风紧",确也高明不了多少,但它为全诗定下了范围与基调:诗中所写不超过山路上的半日见闻。次句"车声听不喧",是说在山路上走着走着,本来震耳的车马声,听来不觉得那么喧嚣了。这自然不是因为人困马乏,昏然欲睡,而是被沿途的优美风景所吸引,注意力被分散所致,为下面铺写景物作了衬垫。

"野云多在树",写的是远景:飘游不定的浮云,此刻大多盘绕在山树间歇息。一个"在"字把无意识的浮云比作知倦的飞鸟,使本不相干的云彩与树木连在一起,彼此依偎,顾盼生姿,趣味盎然。"春水不离村",写的是近景。不说村南村北皆春水,而说满溪满沟的春水依恋着农舍村庄,舍不得离去,手法与效果与上一句完全相同。魏源曾说此联已入"中唐佳境",就是从其景物描写中在个别字眼上略施纤巧小技,以增加情思而言的。

第三联则离开自然风光,进入更深层次的描写。"诘屈乡音换",是说孝感方音难懂,与自己家乡的口音已有很大变化。"诘屈"即"诘屈聱牙",本为拗口难读,这里用以形容难以听懂。从乡音的变换看一方风土人情,往往是近乡人特有的一个着眼点,作者的这种辨察,正好反映出近乡人的新异感。此句无异于给这幅山乡风景画配上了音响,具有立体效果。"艰难战垒存",则是说此地也曾留下战争的创伤:沿途战垒犹在,百姓曾度过艰难的岁月可知。在览赏与描写自然风光时,并没有忘记民生疾苦,自然反映出作者的博大胸怀,确实像有人指出过的,很有一点杜诗的味道。至于这些战垒是什么时候留下来的,自是不必说的,历史上不管是哪一次战争,给人民带来的只有痛苦。这句给这幅风景画又涂上了一层深褐色的底色,使人产生一种纵深感和沉重感。

律诗的尾联一般多用以直接抒情,此诗却用来补足山乡的田园风光:"麦田含宿雨,作意向人翻。"昨夜下了一场透雨,麦苗在和熙的春风中翻起绿色的波浪。"作意"即"着意",包含着用心、使劲的意思,用在这里特具表现力。仿佛这麦苗翻浪不是由风摆布,而是为了向人们显示自己的青春活力,为了表示对春风春雨的感激之情而翩翩起舞。作者对此近乡风光的热爱与陶醉,也就凭此阵阵麦浪泄放了出来。所以此二句虽是写景,却同样起了抒情作用。

陈衍在《石遗室诗话》中曾对陈沆的诗,作过这样的评论:"字皆人人能识之字,句皆人人能造之句,及积字成句,积句成韵,积韵成章,遂无前人已言之意,已写之景,又皆后人欲言之意,欲写之景。"这些话能否概括陈沆的全部诗作,尚有待商量,但用以衡量此诗,却是非常恰切的。诗中所写的山路、车声、云树、村庄、宿雨、麦浪,以及乡音、旧垒等等,无一不是常见之景,诗中字句也无人不识,可是经他这么一剪裁调协,却别具风神。自然而不散淡,浅显而不乏韵味;清新中带着一点幽峭,欣喜中含着某种沉思;着意写景而不堆砌,无意抒情而情自出。在清末的诗坛上,这样的诗作实不多见。

(谢楚发)

灵 泉 寺 　　　　　陈 沆

　　万树结一绿,苍然成此山。行入山际寺,树外疑无天。我心忽荡漾,照见三灵泉。泉性定且清,物形视所迁。流行与坎止,外内符自然。一杯且消渴,吾意不在禅。

这首诗写于嘉庆乙亥年(1815)。在此以前,陈沆的诗多以才气见长,特别是他的七言歌行,更以汪洋恣肆、奔放奇逸为风格特征。但在甲戌、乙亥年间,其诗风出现了一个转变;乙亥以后的作品,如汪正鋆所说,"益进朴至,多有得之言"(跋陈沆诗钞语),也如吴嵩梁所说,"此后诸作,气敛而理深,进乎道矣"(评陈沆《秋斋读书杂感》语)。《灵泉寺》诗正是陈沆乙亥以后诸作中堪称气敛理深、朴至有得的代表作之一。龚自珍将其圈为集中的"甲选";吴嵩梁则评为"字字澄炼,五古中最高之作"。作者把只有通过静观才能领略的景色、只有通过深思才能悟见的哲理、只有通过洗炼才能形成的淡朴简古的语言融为一体,从而展示了一个清幽澄静的境界。

灵泉寺在湖北秭归县南山中。诗的前四句先写寺庙所在地的环境。作者以"万树结一绿,苍然成此山"两句,描绘其入山、到寺前仰望山林所见之景。这里,作者面对的实体虽然是树与山,但就其视觉印象而言,无论是树还是山,都是以浑然一片的苍绿之色呈现于眼前的。景物或称景色,佛家称色相;没有色,本来也就没有景,没有相。因此,在这两句诗中,有形体的树与山让位于无形体的颜色。原是"万树",化为"一绿";原是土石堆成的"此山",似乎也只由颜色堆成。这正是作者当时的直觉实感,而读者也在诗的一开头就被带进这样一个绿色世界中。接着,作者更以"行入山际寺,树外疑无天"两句,把读者引入绿色环抱中的山寺。这里写到行入山寺,但不去写寺宙建筑和寺内景象,而立即掉转诗笔,回应"万树"句,仍状写树木之多、树荫之密,把那浑然一片的苍绿之色染得更浓,把那山寺环境烘托得更为清幽绝尘。对这开端四句,董桂敷赞其写景"幽绝";魏源称为"阴森如见"。这正是令人心灵澄澈、悟见哲理的一片净土。

灵泉寺因灵泉得名。据《归州志》记:"寺前一井,深丈余,居山腰。井水消长与江同,后人因呼之曰'灵泉'。"诗的中六句即着重写灵泉及由灵泉所触发的对人生哲理的思考、领悟。"我心忽荡漾,照见三灵泉"两句,在语句结构上是上下倒装。就因果关系而言,下句是因,上句是果。作者因在寺前照见泉水而返视内省,心波荡漾,这正是物我相会、心扉洞启刹那间的微妙状态。下面"泉性定且清,物形视所迁;流行与坎止,外内符自然"四句,是作者因泉水而悟见的澄心定性之道、立身处世之方。对前两句,吴嵩梁赞其"妙有名理",贺长龄则指出其所揭示的是"惟静者能宰天下之动"的道理。就泉水而言,如《庄子·德充符》所说:"人莫鉴于流水,而鉴于止水,唯止能止众止。"水只有在"定且清"的状态下,才如一面明镜,随外界事物的千变万迁而无形不显,无照不真;而奔腾的浊流则必然失去其照见万物的功能。这里有禅学的定水澄清、心珠自现的妙谛,也阐发了定以应变、静以宰动的精义。"流行"两句则谓泉水之或流或止,内则顺其本性,外则顺应地形,是一任自然、符合自然的;而人生的用舍行藏也当顺乎自然、随遇而安。"流行与坎止",语出贾谊《鹏鸟赋》"乘流则逝兮,得坎则止",李善注引孟唐曰:"《易》,坎为险,遇险难而止也。"黄庭坚《赠李辅圣》诗有"流行坎止一虚舟"句。这中六句诗富有理趣,有作者的禅悟所得,也有作者的出处之思,足使读者心与俱远,寻绎无穷。

在终篇处,作者以"一杯且消渴,吾意不在禅"两句推开作结。既然"意不在禅",那么,其"意"何在呢？诗篇并无下文,到此戛然而止。这一结句是把前面所写一笔扫去,而又以扫为生,留不尽之意于篇外。作者早慧,《清史列传·陈沆传》称其"天才亮拔,八岁能文",光绪六年(1880)续修的《蕲水县志·人物志·陈沆传》则称其"十二岁黉宫迈众,由是而科岁试,而优选,而朝考,七冠其军",但他最后于嘉庆己卯年(1819)以一甲一名成进士时,年已三十五岁。在写这首诗的前一年,他曾赴北京应进士试落第,当年冬返回湖北。在往返途中,他见到因天理教徒起事一度兵连祸结又遇天灾的河北、河南、山东一带,赤地千里,哀鸿遍野,曾写了不少悯怀民生、抨击时事的篇章,在一首《苦寒行》中以"且前征,敢爱一身遗苍生"自励,表达了用世济民的意愿。此时,他偶游佛寺,有悟于"泉性"与"物形"、"流行与坎止",心灵进入另一超然物外、顺应自然的境界。而这里其实深藏着千百年来困扰中国知识分子的出世与入世、退隐与进取的矛盾。这时作者才三十一岁,如果对照他的那些干预现实、抒写怀抱的沉痛激切、慷慨自勉的篇什,应当说,用世济时是其本意,逃禅退隐非其初衷,所以在诗的结末处以"吾意不在禅"这一否定句暗示其"意"仍在用世济时。包世臣对此诗的评论独具只眼,指出其"伟抱偶触,慨当以慷",对作者来说,或为知己之言。　　　　(陈邦炎)

项师竹、张馥亭自麻城来访,欣然有作　　陈　沆

快雪天易晴,萧然独成醉。梅间一雀噪,双双故人至。知我相念深,感君远来意。前夜江上风,舟来亦不易。相逢且为欢,谁问别后事。空山不知寒,星月同寤寐。

此诗作于嘉庆二十年(1815),后四年,作者登科为进士,授翰林院修撰。项师竹、张馥亭系作者好友,生平未详。麻城,今属湖北,位作者故乡蕲水(今湖北省浠水县)北。此诗抒发了与友人的深厚情谊,乍看无甚惊人之句,却若雪中寒梅,清丽雅淡,味纯韵厚。龚自珍评曰:"诵之盎然而和,其和在神。"魏源评曰:"子美(杜甫)《梦太白》诗意,苏州(韦应物)《寄(全椒)山中道士》诗格。"此诗确可称为陈沆诗作中的名篇。

首句"快雪",是指骤降的大雪。大雪飘然而降,骤然而止,雪后放晴。诗人独居山野雪村,"萧然"独酌,虽有晴光照耀下的雪景可悦目,也不免感到清静孤寂,故漫饮成醉。"快雪""易晴",更反托出诗人"萧然独成醉"的心绪。诗人正沉

浸在这种冷落静寂氛围中时,忽闻院中斗雪而放的寒梅枝间,有一雀欢噪之声,打破了清静冷寂的气氛,同时也给诗人报告"故人至"的喜讯。古时俗称,鹊雀欢叫,当有喜临门。《西京杂记》:"乾鹊噪而行人至。"杜甫《羌村》:"柴门鸟雀噪,归客千里至。"如今"一雀"欢噪,却引来两位友人相访,岂非意外之喜?诗人以雪晴、梅雀等形象入诗造境,亦在喻示来访友人的高雅脱俗与相互友情的高洁至诚。前四句分别写萧然盼友与闻雀迎友,接着四句写相见时的奉迎友人,欢叙友情,是全诗旨趣的重点表现所在。"知我相念深,感君远来意。""知我",是从对方说,彼此是知己之交,心心相印,友人远念及己,是念及诗人孤寂无聊,思友极切。"感君",是从己方说,友人如此相知于我,不避道远,披风戴雪,登舟来访,来意可感,故令诗人感念至极。此二语极平直,却于平直处见双方思念之真切,于淡淡中见友情之深厚。但诗人对来访友人的感念之情,尤嫌言之未尽,循着"远来意"的诗意,进一层对友人来访的雅举,作具体的渲染和充实:"前夜江上风,舟来亦不易。"从感念友人来访之不易,婉曲地写出友人待己的至诚之情。友人是登舟远来,是连夜披风冒雪、过江来访的,可见友人访我之"来意",是如此的一片至诚,纯出知己友情。全诗写友情深厚,于此二语,最显旨趣。其语极淡,极富自然本色,而又颇显韵味。贺长龄评曰:"'前夜'二句,极浅语却有真味。"陈衍评曰:"'前夜'十字,可抵'携手上河梁'二语,然后知雪夜访戴之非有十分交情也。"贺、陈二评,同在指出此二语虽浅明而自然,能于细微真情处传神地写出双方友情之深厚与相念之急切,可证晋人王子猷雪夜驾舟去剡溪访友人戴安道(事见《世说新语》),岂不是出于至诚(王到戴门前后返),二人并非无十分交情。总之,"知我"以下四句,诗人但就眼前与友人相见相叙的情景下笔已足见双方友谊之诚,如此,前之阔别之事、相念之状,尽可舍而不叙,因为这些已于面对友人的奉迎慰酬的叙写中,含而不露地表现了出来。此法写来,不仅简省笔墨,且更传情动人。而且诗中又写道:"相逢且为欢,谁问别后事。"相见为欢,何以不问别后种种?盖因三人都是倜傥不群之士,重在"相逢",既然眼前能"相逢且为欢",足以抵偿别后思念之苦,又何必去问各人的"别后事",反令人扫兴呢?而且,就诗意的表达来说,既已写出相逢有如此之欢快,便反衬出分别有多久、思念有多深,不问亦罢,还是尽情地沉浸在久别重逢的欢乐友情之中为好。故"谁问别后事"句,较之"若问别后事",更含蓄达意,更具真情与韵味。结末二句,忽以神来突兀之笔,写"空山不知寒,星月同寤寐。""空山",状高远荒野之山。不实说好友相叙相亲如何欢乐热闹,却说他们身处"空山"、在风雪中亦"不知寒";不直说相叙相亲之欢快如何久长以至进入深夜,却说与星星月亮同睡同醒,共度良宵。这样写,避实就虚,移情于物("空山"、"星月"),将情拟人化,既出景,又出情,从而写出意境,韵味十足,令人回味不尽。

陈沆此诗,能以寻常字句,"积句成韵,积韵成章"(陈衍《石遗室诗话》),浅淡而有韵味,纯以性情、本色取胜。"快雪"、"天晴"、寒梅、噪雀、江风、轻舟、"空山"、"星月"等景色,又点缀诗的字里行间,从而构成了清丽淡洁、深邃幽静的意境。魏源曾评陈沆诗云:"空山无人,沉思独往,木叶尽脱,石气自青,羚羊挂角,无迹可求,成连东海,刺舟而去。渔洋山人(指王士禛)能言之,而不能为之也。"若言此诗,亦庶几乎近之。

(王杏根)

雪中家伯愚谷先生枉过燕支山赋呈二首　　陈　沆

积雪满林屋,没我阶上苔。
三日闭门坐,悄然对寒梅。
谁知先生杖,为我山中来。

七十犹好学,无人知此心。
虚怀发高论,独许吾知音。
夫子下山去,梅花香满林。

此诗作于嘉庆二十年(1815),诗人年三十而尚未入仕,后四年即中进士一甲第一。诗人出身书香门第,其伯陈光绪,亦高年好学。燕支山位蕲水县境内,横亘巴水、浠水间,诗人家在此山麓。这两首诗,清幽雅丽,为友人称道。魏源、黄修存评第一首曰:"清幽之韵,总胜从前。"董桂敷评曰:"神韵高绝。"惟于第二首,诸评有争议。董桂敷以为这一首有"味外味"。吴嵩梁评语较晦,曰:"吾无隐乎尔。"似谓审度宜慎。而龚自珍则直言不讳,评曰:"此种稍滑,惧开赝体。"指其第二首,未为入雅,有违正体。于此可见陈诗在好友中之影响。

此选二首,第一首写雪中迎客,第二首写梅下送客。来客本是作者的伯父,是位年事已高的长辈,作者当以敬畏之心谨敬相待,诗题"枉过"、"赋呈"之语,即体现了这一点。尊者屈驾访己,乃谦称"枉过";为诗以赠上位者,乃恭书"赋呈":故诗题已明示长幼名分。但伯侄同属风雅之士,相聚赏梅,论学赋诗,于亲情之间,又别有师友之情、知音之交,此中绝无俗儒严守长幼之序的朽腐气味。此正这首诗的本色,亦其可贵之处。

第一首开头两句云:"积雪满林屋,没我阶上苔。"紧扣诗题写"雪中"景。上句大处落笔,写连日山雪,早已白茫茫一片,诗人因是闭门观雪,但见门前山林、身边屋宇,为雪覆盖。下句从细处写,写惟阶前青苔,尽被雪封,雪后已无人行于屋前台阶。雪满林屋,阶苔封没,是写诗人的处境之僻而塞,亦以示诗人之孤寂冷清。诗人关注"阶上苔"之被雪封没,亦其留意于人迹出没,以解冷落无聊的心态流露。第三、四句云"三日闭门坐,悄然对寒梅"。便深一层透露了诗人的这种心态。连着三日大雪,只能闭门独坐,冷静孤寂,惟有悄然静对着院里的雪中寒梅,益显处境之寂静。但为士子者,有寒梅为伴,送来幽香,亦可解人寂聊。故诗人处此既静又雅又洁之境,已尽得风韵之趣。上述四句写足了山雪之景与诗人之心,极尽铺垫,故两句云:"谁知先生杖,为我山中来。""谁知"一语,直露身处孤静之境的诗人的惊喜之情。试想,大雪封山,山高路险,天寒地冻,而一位年事已高的长者,突然登门来访,解我寂寞,岂有不惊不喜之理?何况,又是专程"为我",来自雪林的"山中";何况,又是拄杖而来的老人。诗中突出"先生杖"来,以杖指代先生,别有匠心。杖来山中,固以示伯父年迈,亦以示雪山路险,须借杖步来。但更易引人联想的是,杖击路冰,笃然有声,与前四句写积雪、林屋、阶上苔、闭门、独坐、寒梅等静态,形成对照。炼一"杖"字,颇得诗法。总之,这末两句出,来客的高谊厚爱与长者风度,在诗人心眼之间,较之静对为伴的寒梅,更具高格与风雅。至于从诗人一面来说,亦尽得风雅之趣,所谓"主雅客来勤",全诗句句在暗示着诗人这方面的品调,无须蛇足。

第二首写梅下送客。从内容上说,是接续第一首诗意。但全诗笔触全在客方描写。伯父年已七十,却为论学之事,冒雪而至,好学如此,令人感佩。但是,伯虽"七十犹好学",而于俗流村夫来说,却是"无人知此心"的。正因为此,他才将侄儿视为知音。三、四句"虚怀发高论,独许吾知音",就进一步申说此意。伯父为人虚怀若谷,不惜就正于晚辈;但伯父之谦虚,又非不学,他时有高论,令诗人敬服,他亦以此推许诗人是知音。诗谓"独许",并非诗人自我标榜,而是其伯难得论学的知己,故一旦相逢,便畅怀高论,虽为伯侄,而无界防。如此,惟学以重,可见其"好学"的雅兴。世人不解此,而贤侄乃解之,非"知音"而为何者?然于诗人一面来说,来访论学者,是伯,是师,更是畏友。故谓送别,称"夫子下山去,梅花香满林"。诗人运用借物写人、移情于物的诗法,以"梅花香满林"的景感,写出对"夫子"上山来访留下的美好印象。雪中梅花,高洁清丽,足可以喻"夫子"的道德文章。此句亦与第一首"悄然对寒梅"句相呼应,自访前至访后,原来悄然静对之寒梅,到今竟然香满山林了。如此结句写出"夫子"的进山来访,给诗人、也是给读者留下的印象,是其学问、人格与情义,都可与梅香之幽远一样长驻人心,令人难忘。诗人借物写人,含颂扬而不直露,既合诗艺之道、风雅之旨,又合彼我身份。

此诗造语简淡,却情味深浓;状形设喻,随景择取,而格高味永,情长韵远。陈沆为诗,讲究锤炼,常几易其稿,然读来不落痕迹,做到了简入深出,无愧乎时人的诗坛大宗之誉。

(王杏根)

诗人小传

潘德舆

(1785—1839) 字彦辅,号四农,江苏山阳(今淮安)人。道光八年(1828)举人。安徽候补知县,未赴,卒。诗法陶潜,后宗杜甫。为诗以清淡质朴胜。所作《养一斋诗话》,主"淡雅浑大",去"浮靡之音"、"浅薄之病",强调诗的教化作用。有《养一斋集》。

镇江至江宁山行杂述十二首(其九)   潘德舆

江头不断山,山腰不断枫。
衣裳染云碧,门巷铺霞红。
居人淡然忘,我乃行画中。

此诗作于道光八年(1828)秋。是年八月乡试,潘德舆以四十三龄而中举。这组诗即陆续写于此次赴试途中,凡十二首,各首依次写自镇江至南京一路的山色江景、野田山村等江南新秋风光,充满诗情画意。此选为第九首。林昌彝《射鹰楼诗话》(卷五)评其山水田园诗曰:"往往诗中有画,盖诗家而有道气者也,"却又"无俗响"。此诗诚如林氏所评。

开头两句写江景山色,兼及时、空,气象不凡。镇江与江宁,均位于长江南岸一侧,背山临水,水阔山众。诗人跋涉山间,远眺江头,沿江尽是蜿蜒的山丘,它们紧挨滚滚不息的江水,顺势延伸,并行不断;而群山又尽是一色秋霜所染的红枫,色彩斑斓的霜叶与连绵起伏的山岭浑然一体,一望无际。两句重复连用"不断"一词,不仅在空间上得以描述出碧水、青山、红枫组成的江山秋色图的阔大绵远,而且还描绘出诗人顾盼流连、远眺近观的神色,他正惊叹眼前出现的一幅多么寥廓浓郁的秋色画图呢!如果说,这开头两句由时、空两方面从大处落墨描绘了这幅江山秋色图,则第三、四两句就着意在细节上浓笔点染、细加描绘,使这幅江山秋色图画面更加充盈、浓丽,意趣更是活泼、骀荡。诗人行于山间,衣裳被秋天碧云的光色所照耀,而路边的山村民居,家家门巷为霞光所照射,铺上了一片红光。可以联想:秋水澄碧、山枫霜红、云天碧蓝、霞光殷红,多么明丽谐和的秋色!加以旅人和门巷点缀其间,更显得秋色浓郁活泼而意趣盎然。上述四句诗极写秋景,最后两句"居人淡然忘,我乃行画中",写的是诗人的感受。诗人一路行来,看到沿途山村居民,身处如此美妙无比的山景风光之中,竟然淡然不顾,不加留意。而旅途中人如诗人偶涉此山此水,喜觉如入画中,自与久居此中居人的感受大不同,两相对比,画面益显完美。

潘德舆在此诗中所描绘的江山秋色图,其不同寻常之处,在于它是流动的,而非静穆的,是富于生气的,而非肃杀的,是明丽浓郁的,而非苍茫迷蒙的,因而表现的情趣是欢快昂扬的,而非凄恻苍凉的。

（王杏根）

【诗人小传】

程恩泽

（1785—1837） 字云芬,号春海,安徽歙县人。嘉庆十六年(1811)进士,官至户部侍郎。是晚清宋诗运动最早的倡导者之一。宋诗派的著名诗人何绍基、郑珍都出自他的门下。有《程侍郎遗集》。

粤　东　杂　感

程恩泽

外藩吉利最雄猜,坐卧高楼互市开。
有尽兼金倾海去,无端奇货挟山来。
五都水旱多逋卷,群贾雍容内乏财。
只合年年茶药馥,换伊一一米船回。

天生灵草阿芙蓉,要和饔飧竞大功。
豪士万金销夜月,乞儿九死醉春风。
香飞海舶关津裕,力走天涯货贝通。
抵得蕃腾兵燹劫,半收猿鹤半沙虫。

十八世纪末、十九世纪初,随着欧美资本主义的迅速发展,列强的侵略魔爪开始伸向东方,伸向中国。它们以当时世界上最强大的资本主义国家英国为首,以贸易作掩护,以鸦片作先导,企图达到侵略、控制中国的目的。程恩泽在广东所写的组诗《粤东杂感九首》,其中第五、第六这两首,就反映了当时英国利用鸦片贸易进行经济侵略,造成中国大量白银外流的状况。

第五首泛言整个贸易。首联"外藩吉利最雄猜,坐卧高楼互市开",这里的"吉利"指英吉利,即英国;"最雄猜",也就是最狡猾、最厉害的意思——它在中国建造了许多高楼大厦,盘踞得十分安稳,广泛地进行着以鸦片为中心的贸易活动(互市,古代与边疆少数民族进行贸易的市场)。颔联"有尽兼金倾海去,无端奇货挟山来",就是说洋人的各种"奇货"如山似海,成批涌入,致使中国有限的白银(兼金,银子,语出《孟子》)像潮水般地流出去。根据《东华续录》的记载,仅以道光十七年(1837)这一年计算,光鸦片输入一项造成的白银外流数字就高达六千余万两!而另一方面,则正如颈联"五都水旱多逋卷,群贾雍容内乏财"所指出的,当时中国许多地方正在发生严重的自然灾害,广大老百姓连生存都十分不易,不得不外出逃荒;即便是本国的商人,表面上看起来好像雍容华贵,实际上却也是外强中干,缺乏同洋人竞争的经济实力,其主要原因,也就是前面所说的"有尽兼金倾海去"了。因此,诗人在尾联明确地提出自己的主张,"只合年年茶药馥,换伊一一米船回",即应当拿本国的茶叶药材之类去换洋人的粮食,而决不能拿白银去换别的洋货特别是鸦片!

第六首专论鸦片毒害。诗歌一上来,就指出"阿芙蓉"亦即鸦片这种所谓"天生灵草"竟然要和"饕飧"亦即人们赖以生存的饭食比赛功劳,引诱着人们把大量钱财用在吸鸦片上。那些有钱的"豪士",不惜挥洒"万金",去吸食鸦片,消磨时光;甚至于社会最下层的"乞儿",也同样不顾一切地抽大烟而"醉春风"。由此可以想见,当时吸鸦片的人数如何之多,危害如何之大。然而,"香飞海舶关津裕,力走天涯货贝通",沿海的鸦片走私贸易活动却还在进一步发展,并不断向中国内地渗透,流毒无止境地扩大蔓延。因此,诗人不禁发出深沉的慨叹,说列强对中国实行的这种鸦片贸易,简直抵得上一场莫名其妙、稀里糊涂的兵火洗劫;它如同《抱朴子》所说"周穆王南征"的情形一样,"一军尽化,君子为猿为鹤,小人为沙为虫",无论"君子""小人",无一不为其所"收"、不受其毒害!

在当时,如何对待鸦片贸易,是主张严禁还是主张弛放,这一问题,正在清廷内外进行着大争论,这实质上是一场爱国与卖国的政治斗争。这两首诗,对鸦片贸易活动深表愤慨,同时对清政府纵容鸦片走私的做法也流露出极大的不满,这在很大程度上即体现了诗人主张禁烟的爱国思想。值得注意的是,程恩泽逝世于鸦片战争爆发前三年之际，而他却能够如此深刻地预感到鸦片贸易活动的严重危害性，并且把它反映到了诗歌中，这的确不能不令人钦佩。同时，就诗歌本身来说，它们的形式都是中国传统的七言律诗，而反映的内容却是"阿芙蓉"和"英吉利"这些海外的新事物，二者似乎互相牴牾，而写来却并没有什么不谐调的感觉。从这里，即可以看出诗人的艺术造诣之深，也可以窥见中国诗风演变的某些消息。近代"诗界革命"的旗手黄遵宪倡导的"新派诗"，以旧形式写新事物，或者说"以旧风格含新意境"，实质上便正是程恩泽的这种做法。从这个意义上来说，程恩泽这两首诗未尝没有一种开风气的作用。

（朱则杰）

即 事 一 绝　　　　程恩泽

荷涩雨纤珠叠叠，柳长风软线槎槎。
窥鱼白鹭先藏影，避雀苍蜩屡易柯。

绝句有两联皆对，一句一景者。起源于晋顾恺之《神情诗》："春水满四泽，夏云多奇峰；秋月扬明辉，冬岭秀孤松。"《事文类聚》云是摘句，但诗久已作绝句流传。唐代杜甫七绝最多此体，亦以写景为主，其中《绝句》（两个黄鹂鸣翠柳）最推绝唱。后继者向乏佳作。而程恩泽此诗沿用此体，清新可喜，值得一读。

从诗中描写的物象看，大约是夏日微雨天气的景象。前二句纯写荷塘上下景色，是宏观的远景。"荷涩雨纤珠叠叠，柳长风软线槎槎。"雨纤、风软柔互文，写出当日是和风细雨天气。"荷涩"的"涩"字较费解，一般作为"滑"字的反义词，则是指荷叶质地较密，能聚无数水珠，给人的心理感觉。故与"雨纤珠叠叠"连文。"槎槎"疑当作"搓搓"，描摹修长茂密的柳丝互相因依摩擦的样子。"珠叠叠"、"线槎槎"这两个有重叠字缀的比喻意象，十分生动地形容出荷叶与垂柳在风雨中楚楚动人的样子。

下两句则在荷塘的大背景上，更加细致地刻画其中景物细节。涉及到四种动物，两两成对："窥鱼白鹭先藏影，避雀苍蜩屡易柯。"杜诗云："细雨鱼儿出"，于是成为白鹭的窥伺捕食的对象。正因为雨细，所以茂密的柳树上还有蝉子的声音，这又招来了黄雀觊觎。大自然中充满了"天敌"关系，组成有趣的食物链，鱼儿与白鹭，苍蜩与黄雀，只不过是其中的两例。而动物都有捕杀猎物与逃避危险的本能。诗人的巧妙在于细推物理。在第一组动物中，他着意描绘了前一种本能的表现，即白鹭为了捕食鱼儿，遂先在柳荫下白莲边伪装起来，诱敌不备，以便嘴到擒来。在第二组动物中，他着意描绘了后一种本能的表现，即苍蜩为了躲避黄雀,不断地更换树枝栖身,利用自己的保护色和叫几声换个地方,有效地迷惑了敌害,保全了生命。于是在首二句所描写的荷塘上下的平和景色中,读者通过这些特写、微观的镜头,看到了并不和平的内容,看到了平静的表象下充满杀机和斗智。这是何等生气勃勃,真实生动的"动物世界"!

这首寓生存竞争于和平景象的小诗境界,似乎还有更深的意蕴。它甚至可以使我们联想到伏契克的名言:"人们,我是爱你们的。你们可要提高警惕呀!"(《绞刑架下的报告》)诗情画意与理趣并茂,使这首绝句具有动人的魅力。

(周啸天)

【诗人小传】

林则徐

(1785—1850) 字元抚,一字少穆,晚号竢村老人。福建侯官(今福州)人。嘉庆十六年(1811)进士,曾任湖广总督、两广总督。道光十九年(1839)赴广东查禁鸦片,同时筹备海防,多次击退英国侵略军的挑衅。鸦片战争爆发后,投降派乘机对他加以诬害,被革职后第二年充军新疆。后复起用为云贵总督。其早期诗多为官场酬唱之作。鸦片战争后,诗情勃发,风格大变,尤其是遣戍新疆之后作品,表现了强烈的爱国主义精神。有《云左山房诗钞》等。

赴戍登程口占示家人　　　　林则徐

力微任重久神疲,再竭衰庸定不支。
苟利国家生死以,岂因祸福避趋之?
谪居正是君恩厚,养拙刚于戍卒宜①。
戏与山妻谈故事②,试吟断送老头皮③。

〔注〕 ① 养拙:犹言藏拙,有守本分、不露自己的意思。刚于:正好以。　② 山妻:对自己妻子的谦词。故事:旧事,典故。这里指杨朴的故事。　③ 老头皮,就是老头儿。

一八四〇年发生鸦片战争,英国用兵舰大炮轰开了古老中国的大门,清朝道光皇帝吓破了胆,匆忙割地赔款,签订不平等条约,并将坚决禁烟、抗击英军的林则徐贬戍新疆伊犁。道光二十二年(一八四二)八月,林则徐自西安启程赴伊犁,临行前作此诗留别家人。

这首七律诗前三联的写法，很像在告别时与家人话衷肠。开头两句说：我能力低微而久当重任，久已感到精力疲惫，要继续全力以赴地操劳政事，以我这样的衰朽之身，肯定是难以支持了。此时林则徐已是五十七岁的垂暮之年，平淡的话语中隐隐透出一场大风暴后他那种疲乏而低沉的心绪。然而，作为一个政治家，决不以个人的进退荣辱萦怀，于是，他话锋一转说："苟利国家生死以，岂因祸福避趋之？"林则徐想到了春秋时著名宰相郑国大夫子产，因实行政治经济改革，遭到国人诽谤，子产说："何害？苟利社稷，死生以之！"这才是一个政治家应有的品格啊！林则徐自励道：倘使有利于国家，我可以用生命作奉献，怎能因为是祸就避开，是福就争取呢？

第二联这两句诗含意很丰富。一，是指目前贬戍伊犁事。从同时写的另一首留别诗"休信儿童轻薄语，嗤他赵老送灯台"句，表明有人说他此次远戍，将如俚谚所云"赵老送灯台，一去更不来"，诗人在这里向家人表示，即使是祸，自己也在所不辞。二，表明自己过去所作所为，主要指禁烟和抗击英军，也都是从"利国家""不避祸福"这一宗旨出发的。三，对未来，自己也将一如既往，不改爱国初衷。写此诗后数日，林则徐《致姚春木王冬寿书》说："自念祸福死生，早已度外置之，唯逆焰已若燎原，身虽放逐，安能委诸不闻不见？"这段话正可作为这两句诗意最好的注脚。实际上这一联诗集中体现出林则徐的一生为人。据说作者生前最喜爱自己这两句诗，经常听到他嘴边吟诵有词，乃至身后被其子写入讣告之中。林昌彝《射鹰楼诗话》评曰："盖文忠公矢志公忠，乃心王室，故二句诗常不去口。"

林则徐在启程远行时，向家人倾诉衷肠，无非是希望得到理解与谅解。接下来，他进一步设法解除家人对他此行的担忧。于是诗笔又一转，转而宽慰家人说："谪居正是君恩厚，养拙刚于戍卒宜。"林则徐严厉禁烟和坚决抗敌，本是爱国壮举，未获朝廷封赏，反而得到充军伊犁的处分，自是天下不平事。为什么林则徐反而表示感谢皇帝对他处分的宽厚呢？封建政治是很可怕的，朝廷内派系斗争复杂，作为朝廷重臣，怎能像一般文人随便发牢骚呢？在这方面正表现出林则徐作为一个政治家的深沉。况且，中国士大夫在不得意时还会学陶渊明的榜样。陶渊明《归田园居》云："开荒南野际，守拙归园田。"林则徐说的"养拙"，也相当于陶渊明的"守拙"。所以，他故作轻松地对家人说：我这个做官缺乏才干的人，此次至伊犁去，有时间"开荒南野际"了，对我来说，当一名戍卒不是更适宜么！

最后，诗人大概为了让悲悲切切的离别场面变得轻松一点吧，他想起了苏东坡为人的风趣旷达。诗人于此诗尾联作"自注"云："宋真宗闻隐者杨朴能诗，召对,问:'此来有人作诗送卿否?'对曰:'臣妻有一首云:更休落魄耽杯酒,且莫猖狂爱吟诗。今日捉将官里去,这回断送老头皮。'上大笑,放还山。东坡赴诏狱,妻子送出门,皆哭,坡顾谓曰:'子独不能如杨处士妻作一首诗送我乎?'妻子失笑,坡乃出。"林则徐想:此时自己也要效东坡故事才是,于是他"戏与山妻谈故事,试吟断送老头皮"了。为了安慰家人,冲淡巨大的悲痛,林则徐是用强作玩笑的戏语来同亲人告别的。

这首告别家人之作,国事家愁,几重感情交织,在儿女情长的脉脉温情中,透出一种雄健豪劲的英雄气。作为一个谪臣,语气平和,不作牢骚语,于旷达幽默之中,隐隐蕴含着压抑不下的忧患意识,颇见这位近代政治家的个性、心胸和风度。

(铁 明)

出嘉峪关感赋①四首(其一) 　　　林则徐

严关百尺界天西②,万里征人驻马蹄③。
飞阁遥连秦树直④,缭垣斜压陇云低⑤。
天山巉削摩肩立⑥,瀚海苍茫入望迷⑦。
谁道崤函千古险⑧?回看只见一丸泥⑨。

〔注〕① 嘉峪关:在今甘肃嘉峪关市西七十里。明初置,为长城西端防守要塞,也是明清以来西北交通要道。　② 严关:指嘉峪关。界:隔断。　③ 万里征人:作者自指。　④ 秦:今陕西一带。　⑤ 陇:今甘肃东部。　⑥ 天山:横贯新疆中部的大山。　⑦ 瀚海:西部戈壁大沙漠。　⑧ 崤函:崤山与函谷关的合称,这里主要指函谷关。位河南灵宝县西南,为战国时秦地故关。关城在山谷中,深险如函,素有天险之称。　⑨ 一丸泥:函谷关处山谷狭道中,古人形容其易守难攻,以一丸泥即可堵塞。这里以嘉峪关的雄伟对照,言其狭小。

以销烟和反侵略炮火拉开中国近代历史帷幕的林则徐,尽管威震东南海疆,令当前的侵略者无可奈何,但他自身却又无奈于背后朝廷的畏葸怯懦。于是一八四〇年九月被革职问罪,一八四一年六月被充军伊犁。经过途程漫漫的跋涉,次年十月抵达嘉峪关。面对这依山而建、居高凭险的西北要塞,激荡着东南烽火的老将胸襟,顿然更加壮阔起来。同题之下,挥洒出四篇"风格高壮"的七律。这是第一首。

四首诗侧重点各自不同。二、三两首着重于同嘉峪关相联系的历史内涵的延展;第四首抒发"我来别有征途感,不为衰龄盼赐环"的牢落抑塞之情和时局家国之忧。而这第一首则完全以嘉峪关本身为观照对象,描绘雄伟壮阔的自然形胜。

诗家无论怎样写景，都须从一定的视点出发。许多诗往往通过视点的转换，展示不同的景致或侧面。如王维著名的《使至塞上》一诗中，"征蓬出汉塞，归雁入胡天"与"大漠孤烟直，长河落日圆"的视点就不同。这样做，是为了写出景致的丰富多姿，以避免枯窘单一。但这首诗的特点，却恰恰在于从同一视点上，写出对象雄伟壮阔的丰富性来。全诗唯一的立足点，乃在"万里征人驻马蹄"一句。首句"严关百尺界天西"，以突兀峭拔之笔，开篇即推出挺耸雄奇的主体对象。"界"字极有力度地点出其作为通向西北关隘的险要位置。不仅如此，这一句还具有两重含意：一是说明"驻马蹄"的原因——"万里征人"被百尺"严关"的险峻所吸引；二是说明"驻马蹄"的位置——在百尺"严关"之上。后者尤其重要，因为它规定了全诗的艺术视点。视野的开阔辽远，以及所由体现出的雄奇浑莽的艺术风格，都是由此决定的。

但视点相同，并不等于视角相同。"严关百尺"之上，确定了耸出群峰之上的"高"视点。而立足于此，却可以有三百六十度的视角范围。作者驻足"严关"，四方周流。"飞阁遥连秦树直"，那是回首来路的远景：脚下严关的楼阁遥遥连接于古秦中地区直立的树木。这里同时写出作者视线向来路渐伸的动态，对那马蹄踏过的途程似表现出诀别之际的几缕眷顾之情。"缭垣斜压陇云低"则是近景的铺展：同严关相连而回旋盘绕于峰峦之上的万里长城压低了陇地的云烟。"斜压"两字极传神，一方面写出了作者的视角的转换，视线从前句向秦地的纵向平伸转为向周围山势、城垣、云烟等环境的横向俯视；另一方面又写出了周围环境的三重层次："云烟"被"缭垣""斜压"，是句面上的两重层次，而"严关"又高出"缭垣"，是句外的第三层。"云烟"、"缭垣"逐层烘托了"严关"之高，暗中逆挽首句的"百尺"两字。

如果说颔联两句的视角转换主要表现于同一方向上的俯仰之间的话，那么颈联则是一百八十度的方向改变了。作者转过身来，目光向前路驰骋，变得更纵深辽远。他仿佛看到，高峻的天山群峰耸拔，似同脚下的严关比肩而立，横亘的瀚海大漠浑阔苍莽，无边无际，令人迷惘。这当然是"视通万里"的想象之笔。之所以这样去写，从全诗的主要对象而言，高耸的嘉峪关雄视千里，乃在比衬之中，写出嘉峪关横扼西北通衢的险要，诗境更为阔大雄浑。从作者自身而言，那正是他被充军的地方。虽久闻"天山"、"瀚海"之名，终为未历之境，前路该如何呢？一个"迷"字当含有这重人之常情的疑虑。而且，自己充军的前景不也同样凄迷吗？这又是深入一层的意蕴。

颔、颈两联同一视点上不同视角方向的着笔，主要从首句"界天西"的"界"字出发,表现为以嘉峪关为界的内、外两个方向的展开,在雄峻阔大之中显出这座西北边关的险要。而天下险关素称"函谷"为最。但函谷关乃狭小逼仄之险,"一丸泥"即可堵塞,以嘉峪关返观函谷关,两者迥然不同。末联"谁道崤函千古险,回看只见一丸泥",用函谷关的狭仄,反衬嘉峪关的雄壮阔大。

天下名隘险关不只函谷。之所以标举函谷作为反衬,其意遥深。雄壮阔大不只是全诗的境界与风格,而且是作者胸襟气度的展示。抵抗侵略而横遭贬谪的打击下,虽有不平的抑塞愤懑,但他并不像那些心胸狭小者一样,就此颓放潦倒。他对抵抗侵略的正义性有充分的自信,因而心胸仍是那样阔大,气势依然如此雄壮。唯其如此,嘉峪关才能够成为他意趣感通的审美对象,诗境才显得极为苍莽辽远。那"一丸泥"的轻蔑反衬,所突出的同时是一个爱国老将的人格。而豪气雄迈的百尺"严关",在诗思审美移情的多重渗透下,也就具有了诗人主体形象的象征意义。

(魏中林)

戏为塞外绝句(之五) 　　　　林则徐

沙砾当途太不平,劳薪顽铁日交争。
车箱簸似箕中粟,愁听隆隆乱石声。

《戏为塞外绝句》共十首,为道光二十二年(1842)秋冬间林则徐赴戍新疆伊犁途中所作,这里选的一首,描写了坐车过戈壁滩的情景。据林则徐《壬寅日记》载:九月十五日,"自安西以西,路皆沙碛,往往数十里无水草,碎沙之下实有石底,车行戛戛有声。"又十九日,"出峡皆石路,且多自上而下,车颠甚"。此诗就是此段行程的真实写照。

"沙砾当途太不平",首句直言戈壁滩上道途的艰阻。清人萧雄的《戈壁》诗云:"大漠连天一片沙,苍茫何处觅人家?地无寸草泉源竭,隔断邻封路太赊。"极言戈壁滩上的荒凉干渴,林则徐这首诗则集中描写戈壁滩上道途的不平。二句写车脚与车上铁片碰撞的情况,衬托出道途的不平。"劳薪",代指车脚。据《晋书·荀勖传》载:"荀勖在帝座进饭,谓在坐人曰:'此劳薪所炊。'帝遣问膳夫,乃曰'实用故车脚'。"因为车子用来运载,而车脚最辛劳,用它作薪,所以称"劳薪"。"顽铁"则是指车上的一些铁制部件,"顽"字极言铁的耐撞击摩擦。本来,车脚和这些部分各有所司,不会发生接触,但由于路程的"太不平",它们也被颠得磕磕绊绊,成天打架。此句承上启下,既补足了上句的"路"之不平,又引出了下句的"车"之颠沛。第三句"车箱簸似箕中粟",乃直言车,以簸箕中上下翻动的粟米来比喻车箱震动的程度,令人惊心动魄。最后一句"愁听隆隆乱石声",则由车又写到车中人。此句看似浅,其实不然——诗人之"愁",不因车箱之颠,而是因为耳边一直响着车辆冲过乱石时的隆隆巨响,可见,他对自身随车箱而颠已经习惯了,他所注意和忧愁的,乃是路程的不平,该到何时才能了结!

此诗若视作一首单纯的写大漠风土之作,当然亦无不可,林则徐本人的创作意图,或许也仅此而已。但读者若联想到他此时的经历,不免会生此联想:这狂颠的车箱,不正是颠沛中诗人的写照么?这"太不平"的沙砾路,不也正合着当时的世路情形么?而诗人不愁车箱,却愁路上的乱声,难道不是他夙具的胸襟使然么?诗人无意借诗为自己寄托什么,而下笔却自然写出了自己的襟怀,这比起那些刻意地追求寓意的诗来,不更耐人寻味而令人起敬么? （管　林　沈　价）

戏为塞外绝句(之六)　　　　　林则徐

天山万笏耸琼瑶,导我西行伴寂寥。
我与山灵相对笑,满头晴雪共难消。

这是一首咏景抒情的诗。首句写天山的雄伟壮观。新疆境内的天山,由数条大致东西走向的平行山脉组成,海拔多在三千至五千米,山峰终年积雪,所以又名雪山、白山。唐诗人岑参曾有"天山有雪常不开,千峰万岭雪崔嵬"(《天山歌送萧治归京》)的诗句,形象地描绘出天山群峰耸立、常年积雪的雄姿。而这里用"万笏耸琼瑶"来刻画天山,则更为形象,且能引起读者更多的联想。笏,是古代朝会时大臣所拿的狭长板子,形似一曲背老人。用"万笏"来形容天山,既状其山峰之众多而连绵,也状其山势之狭长而微曲。"琼瑶",是洁白晶莹的美玉,用来比喻积雪,非常贴切。用一个"耸"字,点出了积雪的位置,是在天山群峰之巅。次句即景抒情。林则徐这次西行自然是有充分的思想准备的:"出门一笑莫心哀,浩荡襟怀到处开。"(《赴戍登程,口占示家人》)但面对"古戍空屯不见人,停车但与马牛亲"(《戏为塞外绝句》之七)的情景,寂寞、空虚之感自然会向他袭来。所以这第二句的意思是:高耸壮美的天山导我西行,并与我这寂寥之人为伴。山众且美,人少且空,形成鲜明对照,不免感到寂寥。

"我与山灵相对笑",承接第二句"伴寂寥"而来。诗人面对"寂寥"的情景,无可奈何,似乎眼前的山灵面对自己含笑,自己也含笑对着山灵,"相对笑"三字,反映了诗人处于逆境中只能苦笑而已。第四句与一二句相照应,"满头",既指山头,也指人头。"晴雪",是晴天的积雪,格外洁白,语意双关,既指山上的积雪,也指头上的白发。这时诗人虽然豪情尚在,但壮志难酬,时不饶人,头上的白发与山顶的积雪一样,都难以消除了。语句平淡,而深含愤慨之情,引人深思。

(管　林)

【诗人小传】

麟　庆

(1791—1846),　字见亭,清满洲旗人。嘉庆十四年(1809)进士,授内阁中书,升兵部主事。道光间累官南河河道总督,在任十年,功最多。以河水溢崔镇,论罢。后再起,官四品京堂。有《黄运河口古今图说》、《河工器具图》、《凝香室集》。清人潘焕龙《卧园诗话》、张应昌《清诗铎》选其诗。

忆　西　湖

麟　庆

迎熏阁外绿波肥,十里荷香人未归。
若许梦中身化蝶,今宵应傍藕花飞。

每个人都有一些美好的回忆。诗人麟庆掀开的正是记忆中的美好的一页——当年在西湖的游赏。此诗前两句写景记事,是回忆的正文;后两句议论抒情,是由游赏引发的奇思异想,是抒写的重点。

首句的"迎熏阁外",说明西湖所在的方位;"绿波肥",正面描写西湖,"绿"状其色,"肥"写其形。"肥"字拟人,以描写体形丰满的"肥"字转写湖水满盈、水面开阔的情状,颇为新奇有趣。次句即写游湖赏荷之乐。"十里荷香"是游赏的对象,"人未归"叙自己的游赏。"十里"表明荷花范围的广大;说"荷香"而不说"荷花",是因为诗人乘坐的小船,入夜以后还在荷花丛中徜徉,尽管已看不清荷花的样子,但还能闻到沁人肺腑的幽香。"人未归",直接说游湖时间之长,间接写自己游兴之高。后两句,时间上从过去拉回到现在,是站在今天的立场怀念、赞叹当年的游赏。"梦中身化蝶",用《庄子·齐物论》的典故:"昔者庄周梦为蝴蝶,栩栩然蝴蝶也。自喻适志与,不知周也。俄然觉,则蘧蘧然周也。"后两句是以"若"字领起的假设复合句,上句是必要的条件,下句是拟想中的结果。下句的"应"(料想之辞)与上句的"若"相呼应,共同表示这只是假想中才能出现的景象。诗人的假想是荒唐的,然而也是美丽的,它透过一层表现了诗人感情的真实——他设想自己在梦境中化为蝴蝶以后,就会——而且应该只会连夜飞向西湖,飞到荷花身旁,可见他对"十里荷香"的西湖有何等的神往了。

(陈志明)

【诗人小传】

陆嵩

(1791—1860) 字希孙,号房山。江苏元和(今苏州)人。因家境贫寒、官卑职微,使他比较接近劳动人民。其诗较广泛地反映了当时社会弊病与人民生活疾苦。有《意苕山馆诗集》。

金　陵

陆嵩

崔巍雉堞尚前朝①,形胜东南第一标②。
惊见羽书③传昨夜,忽闻和议出崇朝④。
秦淮⑤花柳添憔悴,玄武⑥旌旗空寂寥。
往事何人更愤切,不堪呜咽独江潮。

〔注〕①崔巍:峻峭。雉堞:城墙。 ②第一标:第一等,第一流。 ③羽书:又称羽檄,古代一种插鸟羽的军事文书,以示紧急。 ④崇朝:从天亮到早饭之间,喻时间短促。 ⑤秦淮:秦淮河,流经南京市内,历史上的秦淮河,河上画舫穿梭,两岸遍设歌楼舞馆,是达官显贵寻欢作乐之地。 ⑥玄武:玄武湖,在南京城北,历史上为南朝操练水师之地。

　　道光二十二年七月二十四日(1842年8月29日),清政府钦差大臣耆英、伊里布与英国全权代表璞鼎查在南京签订了丧权辱国的《南京条约》,宣告鸦片战争结束,中国也从此一步一步变成了半殖民地半封建社会。这首诗即写于《南京条约》签订三年之后,作者路过南京,思昔抚今,忧虑国运,感慨系之,赋诗抒怀。

　　诗先从南京的历史地位和地形地貌说起。崔巍,形容城墙的高耸。前朝,以前的朝代。南京在历史上,曾是三国时吴国,东晋,南朝的宋、齐、梁、陈以及明朝永乐迁都北京以前的都城。诗说南京还遗留以前朝代的高耸的城墙,说明南京在历史上是帝都所在地,也是封建时代讲究王气的地方。"形胜东南第一标",写南京的地形地貌。南京背负钟山,吞吐长江,形势险要,是东南形胜中属于第一流的地方。写南京的历史地位和地形地貌,是为第二联写清政府兵败妥协,签订屈辱的《南京条约》作反衬的。一个历史上多次建都的地方,一个形势险要的形胜之地,中国历史上第一个不平等条约就在这里签订,这里有不堪回首的民族屈辱感,也有时代的悲怆与愤慨。

　　诗第二联是对南京和议的评说。在鸦片战争中,道光皇帝开始主战反和,后来在英国侵略者炮舰政策的威逼下,又举棋不定,时战时和,最后完全听从了投降派的主意,反战求和,不惜以牺牲国家主权与英国侵略者签订结束鸦片战争的

《南京条约》。诗用"惊见"、"忽闻"二个感情色彩浓烈的词语领起,用"昨夜"、"崇朝"表示时间的短促,形象地展现了战局由战到和的迅速变化,作者对时局变化的惊愕和悲伤也在诗句中得到了形象的体现。

"秦淮花柳添憔悴,玄武旌旗空寂寥",诗又从实写宕开,转到景物描写上去。意思是说,秦淮河这个达官显贵寻欢作乐之地,依然花红柳绿,却似乎失去了昔日的光彩;玄武湖畔,这个军队操练的地方,依然旌旗猎猎,却再也显不出雄武的声威。这里赋予了景物非常浓厚的感情色彩,它形象地传导出南京和议之后,花柳无颜,旌旗寂寥,举国一片悲戚的氛围。

诗的结语更把悲怆愤慨的感情波澜推向高潮。"往事何人更愤切,不堪呜咽独江潮。"设以设问的句式,拟人化的手法,将个人为国担忧的感情,升华为国人忧患国事的共同心声,犹如奔腾不息的江潮,发出不堪回首的呜咽悲切的呼号。景物含情,情与景汇,诗的艺术魅力也在这里发出异样的光彩。　　　　(钟贤培)

【诗人小传】

龚自珍

(1792—1841)　字璱人,更名易简,字伯定,又更名巩祚,号定庵,又号羽琌山民。浙江仁和(今杭州)人。道光九年(1829)进士,曾任内阁中书、宗人府主事、礼部主事等职,道光十九年辞官南归,两年后暴死于丹阳云阳书院。论学主公羊学派,讲求经世致用,主张革新,与同时的魏源齐名,称为"龚魏",为近代思想界的先驱者。作为诗人,他早窥世风,洞烛先机,故诗多感时伤世的忧患意识和冲破沉闷、呼唤风雷的理想。其诗想象丰富,语言瑰丽。既有斑烂变化、诡异谲怪的色彩,也有天然真率、淡宕清新的风致;既有掀雷挟电、磅礴浩荡的气势,也有回肠荡气、哀感顽艳的情韵。对后世的黄遵宪、谭嗣同、梁启超、柳亚子等人,都有较大影响。著作有《定盦文集》等。今人辑有《龚自珍全集》。

　　　　咏　史　　　　龚自珍

金粉东南十五州,万重恩怨属名流①。
牢盆狎客操全算②,团扇才人踞上游③。
避席畏闻文字狱,著书都为稻粱谋。
田横五百人安在,难道归来尽列侯?

[注] ①"万重"句指上层人物拉拢排斥之间的无限恩怨。 ②牢盆:煮盐的器具。盐业古代属官营,故以代指达官贵人。狎客:依附权门的帮闲人等。 ③团扇才人:指东晋王导之孙王珉一类贵族子弟,身居要津,却只会手摇白团扇,论玄说理,清谈误国。

自西晋左思开诗中"咏史"一路后,咏史之作渐分两途:一是专写历史上某一具体的人或事,多以所咏对象为题;另一种专题"咏史",内容多泛咏古人古事。咏史之作均着眼现实,但前者对史的依附性强,后者则自由度大。龚自珍这首诗属泛咏一类,却又自不同。同一般咏史诗从以古鉴今,以古喻今的角度与现实发生联系的方式,以及由这种方式导致的隐曲效果相比较,这首诗在"咏史"的题目下,从写法到命意,都是直面现实的。

身当衰象毕陈的封建末世,龚自珍蒿目时艰的深广忧愤,一发为融汇于诗文中的对现实正视、揭露、鞭挞的多重奏鸣,其中表现出强烈的社会批判精神。这首诗专注于官场士林的颓败,是他总体社会批判中的一个突出方面。

作者一开始就没有打算去纠缠历史。首联以纵横飘忽的笔力指出,向来繁华富庶,有"六朝金粉"之称的东南广大地区,统治阶层上流社会的形形色色,惯会勾心斗角,互相倾轧,织造了多少重无聊而又无谓的恩恩怨怨。特标"东南",乃在突出首要,当然是对整个士林的现实概括。进而仔细分去,又有几种区别。颔联的"牢盆狎客"指依附权门的帮闲幕客;"团扇才人"指像东晋重臣王导之孙王珉一类整天手摇白团扇,谈玄论佛的贵族子弟。前者逸媚钻营,以帮闲有术而总揽大权,播弄是非而操持政要;后者身居高位却百无一能,虚饰风雅以荒忽政事。如此士林丑类却分别"操全算"、"踞上游",那政治的腐恶便可一望即知了。一"操"一"踞"同时道出作者极端憎恶的情感评价。

"上游"的黑幕是如此,那么普遍的士林风气又如何呢?颈联的名句"避席畏闻文字狱,著书都为稻粱谋",凌厉剀切地描绘出了这个末世的士人们的畏葸猥琐。在文字狱的高压下,他们犹如惊弓之鸟,著书立说全不敢涉及现实,为了明哲保身,他们只会拼命钻入故纸堆中搞些无关宏旨的"学问",以此混些衣食之需以苟且偷安。这不是一二人而已,整个士林"都"是如此!避席,原意是离开坐席起立,有郑重、谨慎之意,这里用来形容士人们一闻文字狱便慌张失态、如临大敌,甚为生动。"稻粱谋"语出杜甫《同诸公登慈恩寺塔》的结句"君看随阳雁,各有稻粱谋"。这里的"随阳雁",指趋炎附势之徒,相当于本诗中的"牢盆狎客"。诗人移来形容广大的士林,措辞虽同,命意却新。

前六句不同类型的展开,已寓鞭挞于揭露性的描述,命意极显豁。但他最感到痛心疾首的还不只是这些现象本身,而是弥漫于儒林中"士不知耻"的普遍精神萎弱。这种精神萎弱同时包括了社会责任感和个性气骨的双重丧失。那种种令人愤慨而又鄙夷的无聊无耻,使人怒其不争而感慨万端的猥琐、苟活,正是"天下之廉耻"被"震荡摧锄"(《古史钩沉论》一)的结果。所以尾联用"田横五百人"的故实呼出振聋发聩的反问。

《史记》载,刘邦统一天下后,欲使自立为齐王的田横兄弟归降,以"封侯"相许。但田横不甘臣伏,去洛阳途中慨然自刎。他手下留在岛上的五百多人听到这消息后也全部自杀。作者引用这样一个充满壮烈情调和高扬着铮铮气骨的故实,既同他笔下的现实对象构成反差强烈的鲜明对照,发问的语气也表示出淋漓尽致的刻骨嘲讽。同时,就在这种对照与嘲讽中,前面端严整饬的揭露性描述所蕴积着的遒劲风骨,陡然绽放为全诗醒豁的审美风貌。这种风骨遒劲的审美特征,多重组合着龚自珍"歌哭无端字字真"的独特个性气质,"九州生气恃风雷"那种刚健力量的呼唤,以及"不拘一格降人才"以扫荡士林颓风的期盼。

表现为直面现实之突出特征的龚自珍的《咏史》,首先在于明白无误地将现实描写作为主体对象,而不是像通常的作法,由"史"开端,逐渐隐曲地导向现实,显出命意;其次体现为"史"在诗中始终处于现实描写的附从地位,"团扇才人"同"田横五百人"并无任何联系,是一种诗思驱动的随手拈出,络结在现实的情感思考当中,所以并不作执著的更多开掘。因此,这种手法与其说是"咏史",不如说更贴近于诗中的用事用典。但诗人还是以"咏史"作为诗题了,这一处理,并不如有人理解的那样,是为了躲避文字狱的"方便",而是诗人在"博览群籍"养就的深沉历史感,在经世致用原则导引下无可遏止地同现实构成正向和反向的沟通。他对历史的思考是他现实思考的载体,而他的现实思考又总是延伸到历史之中。不独这首诗,他的诗文整体所显示出的那种"旷邈"之思,也都证明了这一点。于是在直面现实的"咏史"之下,那骨力遒劲的审美风范,便又融入了深旷博厚的历史意识,显示了诗思中现实同历史相交织的内在张力。也许正是对这一重意义的捕捉,作者才题为《咏史》的。

(魏中林)

梦 中 述 愿 作   龚自珍

湖西一曲坠明珰,猎猎纱裙荷叶香。
乞貌风鬟陪我坐,他身来作水仙王。

这首诗作于道光六年(1826)。作者以"梦"的形式写在西湖畔与一个女子的一段旖旎风情,意境优美,感情真挚,又具有浓厚的浪漫色彩。

诗前两句"湖西一曲坠明珰,猎猎纱裙荷叶香",既写出地点,又写出人物。地点是在"湖西一曲"即西湖西岸一个弯曲处,这里僻静清幽,实在是男女幽会的好处所;湖中则荷叶翩翩,飘散着清香,更增添了环境的温馨气息。就是在这样充满诗情画意的西子湖畔,有一个西子般的女郎与作者见面。她坠着圆月般明亮的耳环,穿着随风啪啪直响的纱裙,宛如九天仙女下凡。此女姓甚名谁均不可考,作者本来就不愿人知其底细。但她是作者的心上人,两人之间有一段罗曼史是不言而喻的,后来作者在《己亥杂诗》第 190 首中有"昔年诗卷驻精魂,强续狂游拭涕痕"之句,大约就是为怀念这位女子而重游西湖时所作的。他们后来的结局当是一场悲剧。这两句写得十分精炼,每句七个字即把景与人都表现得生动传神。后两句则是作者"述愿"之词。"乞貌风鬟陪我坐":"风鬟",女子被风吹散的发髻,指代女子。貌,这里作动词用,即"描摹"。此句是写希望谁能给自己的情人塑一个像,让她陪坐在自己身边,永不分离。此"述愿"之一也。"他身来作水仙王":说"作水仙王",因为在杭州钱塘门外有水仙王庙,亦是西湖一景,故即景生情。这句写希望自己来生作个水仙王,做一个花神,亦永驻西湖,此"述愿"之二也。有此二愿,则两人可以天长地久,永远厮守。此二愿无疑是一种海誓山盟。

作者不愿明确公开这段罗曼史的真相,所以故弄玄虚,以"梦中"形式表现,似真似假,似有似无,使人恍惚迷离,有一种神秘感,令人难以捉摸,但这样写来,反而增添了读者的兴味。

(王英志)

歌筵有乞书扇者　　　　龚自珍

天教伪体领风花,一代人材有岁差。
我论文章恕中晚,略工感慨即名家。

自珍为人狷介,不喜随声附和、随口奉迎。魏季子《羽琌山民逸事》曾记其一趣事"有某王孙者,粗犷不识文,愿联句赋诗。山民请首倡,遂题句云:'柳暗花明三月天。'山民联其下云:'太夫人移步出堂前。'王孙大笑曰:'我辈赋诗,只七言或五言,子今乃成八字,何耶?'山民曰:'子乃赋诗耶?若赋诗,我定以七、五言报若矣'"。在同人招游的饮宴上,自珍尚如此大煞风景地、以调侃的口吻讥笑这位"粗犷不识文"的王孙,只会哼俗曲、不解作诗。那么在一般场合自珍不肯苟同的风概,更可想见。这首诗就为我们提供了一个例子。

歌筵舞宴为游戏场所,本来是不必太认真的地方;有人"乞书扇"也是对自珍文名、诗名的尊重。此时诗人完全可以随意应付一首以交差完卷,弄得个皆大欢喜。时人、后人读这些酬酢性的作品,理解了作者的处境,也不会太认真,把这类作品也当作他的心声。可是这位狷介、不太世故的龚自珍,却在歌筵上写了一首十分严肃的小诗。

以消遣为目的饮宴上所唱的小曲自然是吟风弄月、描花绘柳的淫词艳曲,风雅正声,黄钟大吕上不了这种台面。因此,起句对这种现象仿佛有点无可奈何,诗人说让这些粗劣的词曲占领演唱的地盘大约是天意吧!伪体,不正统的文体;风花,指演唱用的作品,其风格较诗词等正统作品为花哨。第二句笔锋顺势而下,对这种状况作了探索。"岁差",本指天体运行的引力影响地球自转,使历法的制订产生误差,这些误差逐年积累,最后导致历法的修改;诗人这里借用这个词,有"退化"之意。诗人认为,"伪体"之所以流行,乃在制作的人材一年年退化、今不如昔。这仅仅是指"风花"的作者、那些伶师乐人吗?非也,因为诗人说的是"人材",而在封建社会,伶师之类是决不能算"人材"的,只有正统文学的作者们才能"荣膺"此称号。所以,从更广泛的意义上说,"风花"实指所有的正统、非正统文学,而诗人注意更在前者,后者只是引起他感叹的台阶而已。至于"伪体",当然也就包括了正统文学中的那种不正常风气。这样,寻常的歌筵乞题,到诗人手中便变成了评论整整"一代"文学的大题目。

诗的后二句,进一层地揭露了那些"人材"们退化到了何等地步。清代自雍正以来由于文字狱的恐怖,诗坛是寂寞的。虽然有各种诗派之争,掀起过杯水风波,但作品多是陈陈相因,缺少创造性,诗人们大抵"著书多为稻粱谋",敢于指点江山,摅写愤懑、揭露时弊、议论时政的作品几成绝响。因此,诗人便借着旧时对唐诗的评价,辛辣地讥讽了这个时代的诗歌整体风尚。按照传统的看法,唐诗分为初、盛、中、晚四期,盛唐是唐诗的顶峰,中唐尤其是晚唐的诗歌,成就不能与盛唐相比。但在这里,诗人却故意退一步说:我评论文章(广义的文章,包括诗)时,都对中、晚唐取宽恕、谅解的态度,只要那时的诗人能略微写出点"感慨",我就统统算他们是"名家"了。言下之意,如今的"诗人",连"感慨"也不敢发,更比中、晚唐不如,他们无一可算"名家",所以他们也称"人材",文学无怪乎要退化了!这二句的讽刺色彩是极浓厚的:"中晚",已是下乘,"人材"们尚不如之;诗人还不要求他们抗争,只是要求他们略敢发点牢骚而已,"人材"们却这也做不到、不敢做。讽刺之余,诗人的轻蔑之情亦可掬矣。

当然,在讽刺的背后,更有诗人高傲的面容叠现着:既然蔑视了这一代"伪体"、"人材",那么诗人自己的志趣和抱负又该是何者呢?这些,诗中没说,但读者自可体会到。事实上,唯因他有这种傲视群庸的胆气、魄力,所以他最终能在近代文坛上扶正去"伪",成为这个时代的真正"人材"。　　　　(王学太　沈价)

送南归者　　龚自珍

布衣三十上书回①,挥手东华事可哀②。
且买青山且鼾卧③,料无富贵逼人来。

〔注〕　① 布衣:庶人之服,借指平民。　② 东华:北京故宫东华门名。此指内阁,龚自珍《己亥杂诗》"侧立东华佗佩声"自注:"官内阁日,上书大学士,乞到阁看本。"此处借指京师官场。　③ 鼾(hān)卧:沉沉酣睡,发出鼾声。

　　此诗作于清道光二年壬午(1822),时诗人在内阁供职。南归者不知为谁,次年诗人有《送端木鹤田出都》诗云:"天人消息问端木,著书自署青田鹤。此鹤南飞誓不回,有鸾送向城头哭。鸾鹤相逢会有时,各悔高名动寥廓……"盖南归者亦端木之流亚,他是一位布衣之士,失意南归。临别之时,诗人作此诗相送,表达了深挚的同情与亲切的慰藉。

　　送别为古代诗词中常见的题材。自汉代苏李河梁送别之后,代有佳篇。然而龚氏此作,不像一般送别诗那样即景生情或寓情于景,而是开门见山,直叙本事,语言质朴,不假雕饰。起首二句即点明被送者的身份、年龄与遭遇,他年已三十,从故乡远道来京,上书清廷,未获采用,于是怀着一腔怀才不遇的怅恨,挥手而去。他仿佛在说:"被高贵者占据的京师官场啊,再见了!"愤懑之情,溢于言表。"事可哀"三字,则是表达诗人对南归者的同情。诗人自己原来也是一位屡试不中的失意者,好不容易才在三十八岁那年会试中式。此刻也只是在内阁中书任一微职,因他对布衣之士依然声气相通,引为知交。他在《己亥杂诗》中说:"夜奠三十九布衣,秋灯忽吐苍虹气。"自注云:"撰《布衣传》一卷,起康熙,迄嘉庆,凡三十九人。"可见所知者众。这位南归者,很可能是《布衣传》中人物之一,临歧相送,诗人不禁为之一洒同情之泪。以上短短二句,兼写行人与居人:行人挥手而别,毫不留恋;居人满怀哀感,依依不舍,不得不令人惊叹用笔的精审。通过这简练的一笔,还足以使人联想到在清王朝的统治下,汉族下层知识分子是怎样的命运。

　　诗之后二句,当是劝慰南归者之语。旧时代(包括清代)知识分子面前总是摆着两条路:穷则独善其身,达则兼济天下,具体表现则为入仕与归隐。这位南归者自然也不可能跳出这个历史的框架。现在朝廷既然不用了,他只有归隐青山,怡情养性。"且买青山",典出《世说新语·排调》,云:"支道林因人就深公买印山,深公答曰:'未闻巢、由买山而隐。"此处借指归隐林泉,实际上是对清廷的一种消极反抗,它与唐代知识分子"身在终南,心存魏阙"截然不同。隐居青山还要鼾然高卧,说明再无干禄的要求,这儿便暗寓着对清廷的绝望。此句尤妙在两个"且"字。且者聊且,无可奈何,不得已而为之也,可见心里藏着牢骚与不满。他归隐林泉,高卧北窗之下,如羲皇上人,看似超脱、旷达,可心底里又何尝安逸静穆!从这两个"且"字上,我们可以窥见诗人寓意之深。"鼾卧"二字,尤为精警。熟睡如泥,竟然发出呼呼的鼾声,表明已忘怀一切,不汲汲于富贵,不戚戚于贫贱;更反映出他对清廷已彻底失望,再也不存在什么幻想了。"鼾卧"二字,若易以"高卧",雅则雅矣,然而上述寓意便完全走样了。

结句"富贵逼人",表明了诗人对富贵的憎恶,而以诙谐语出之。同时也照应首句,暗示友人上书清廷,非为富贵而来。在古代,一些清高的知识分子,他们求取功名,志在匡时济世,并非专为富贵。正如孔子所说:"富贵于我如浮云"。但是一涉足仕途,世俗间的富贵荣华,便向人逼来,难以摆脱。这是现实生活中的矛盾。诗人此处说"料无富贵逼人来",不是说人去求富贵,而是说富贵向人逼来,愈益显示出世俗之可憎,而南归者则超然尘外,襟怀旷达。这么一说,友人的失意南归,便变得不可哀了。由此可见,诗仅四句,但由哀转喜,层折多变,正是在这种转折中,完成了送别的主题。同时也从侧面反映了诗人自己思想深处的矛盾,他既有对政治理想的执着追求,也有壮志难酬的愤懑,于是便转而逃避现实,洁身自好,寻求精神上的解脱。这是时代的局限,虽然像龚自珍这样一位近代民主主义思想的前驱,也在所难免。我们读此诗时,似乎应该作如是观。

(徐培均)

漫　感　　　　龚自珍

绝域①从军计惘然,东南②幽恨满词笺。
一箫一剑平生意,负尽狂名十五年。

〔注〕① 绝域:极远的地域。此指边疆。汉代傅介子年轻时有"立功绝域"的志向。② 东南:指东南沿海(今广东、福建以及江浙)一带。

此诗作于清道光三年癸未(1823),时年三十二岁。诗中刻画了一位爱国诗人的形象,言辞慷慨,意气骏发,一种胸怀壮志不为世用的不平之气拂拂指端,读之令人怅恨,令人感奋,更令人扼腕。

定盦先生以诗名,但他同时也是一位极有抱负的爱国者。他在《己亥杂诗》

"五十年来言定谳"后注曰:"庚辰岁,为《西域置行省议》、《东南罢番舶议》两篇,……"按庚辰为清嘉庆二十五年(1820),时大清帝国由盛转衰,矛盾丛生。是岁诗人会试下第,筮仕得内阁中书。以上两篇奏议,作于入京之前,旨在加强西北边疆的统治,抵制帝国主义的入侵。次年他便由杭到阁,时程春庐修《会典》,其理藩院一门,及青海、西藏各图,皆属先生校理,而于西北两塞部落、世系、风俗、山川形势,尤役心力。后来李鸿章在《黑龙江述略·序》中曾提起此事,谓"古今雄伟非常之端,往往创于书生忧患之所得,龚氏自珍议西域置行省于道光朝,而卒大设施于今日"。说明他的建议直到数十年后李鸿章时代才得以实施。

诗之前二句实以西北、东南并举。"绝域从军",未必是诗人果有从军出塞的打算,它所指的主要是关于西北设行省的建议。此诗之作距奏议之上不过三年,时清廷尚未采纳,故诗人一开头便流露出失望的情绪。三年时间不能算短,诗人抱着满腔热情上书议事,而迟迟未见实施,难怪他感到"惘然"了。这两句好似积压多时的愤懑一下子倾泻而出;语直意赅,不假文饰,感人心弦。这样的情绪诗人时时见之于吟咏,如道光七年所作《自春徂秋偶有所触拉杂书之漫不诠次得十五首》之二云:"四海变秋气,一室难为春。宗周若蠢蠢,嫠纬烧为尘。所以慷慨士,不得不悲辛。看花忆黄河,对月思西秦。贵官勿三思,以我为杞人。"然而相比之下,这里写得更加凝练,更加集中,更带有浓郁的感情。"东南幽恨",说明诗人罢东南番舶之议上陈之后,而洋人的船舶依旧在东南沿海游弋,依旧向中国倾泻洋货,甚至还夹带着大量的鸦片。诚如诗人后来在《己亥杂诗》中所写:"津梁条约遍南东,谁遣藏春深坞逢。不枉人呼莲幕客,碧纱橱护阿芙蓉。"统治者大开方便之门,海关失控,鸦片烟源源而入,官府中不少幕客(包括一些主要官员),终日吞云吐雾,迷醉于"藏春坞"中、"碧纱橱"里,不管白银外流,国弱民贫。目睹这一切,诗人怎不忧心忡忡而血泪盈笺化为诗句呢!

诗之后二句,为豪壮之语,更为沉郁之语,妙在沉郁之思,出之以豪壮。看似自嘲,实为有感而发,其中暗寓着对清廷无声的抗议,也饱和着对黑暗现实的极度不满。夫箫剑者,志士之象征也。昔曹沫以一剑之任,劫桓公于坛位之上,而颜色不变;伍员去国,吹箫于吴市,而神态自若。诗人李白有仗剑远游的壮举,杜牧有听箫广陵的雅兴。定盦先生在他的作品里,常常以箫剑自喻,如"按剑因谁怒,寻箫思不堪,月明浑酒薄,天冷塞花寒。驼帽春犹拥,貂靴舞不酣。忽承飞骑赐,行帐下江南"(《纪梦》七首之五)。在《湘月》词中他更说:"怨去吹箫,狂来说剑,两样销魂味。"清人洪子骏以为前二句"是难兼得,未曾有也",因而填《金缕曲》以赠。过了十年,吴山人文征还特意画了一幅《箫心剑态图》送给他。由此看来,一箫一剑,反映了诗人个性的某些特征:箫,表明了他的怨,他对周围环境不协调、不合作的态度;剑,表明了他的狂,他的白眼看世、不受制于封建礼教的反抗精神。

结句不仅是对"一箫一剑平生意"的概括,而且其中怀有无穷的怅恨,把全诗的感情推向高潮。在封建社会中,凡是才气纵横、理想高远的诗人,往往"人指为狂",从魏晋时阮籍到唐代的李白,莫不如此。龚自珍满怀报国热忱,作东南、西北之议,时人不但不理解,反而以为是"狂"。但诗人毫不介意,反而一再说:"沉沉心事北南东,一睨人材海内空。壮岁始参周史席,髫年惜堕晋贤风。"(《夜坐》其二)"怜我平生无好计,剑侠千年已矣。"他虽曾自称"颓放无似"(《与吴虹生书》),其实这儿"负尽狂名十五年"一句,却含有一种否定的意义。所谓"狂名"旨,是"人指为狂",而诗人自己却不以为然。负尽狂名,意谓理想未能实现,才能未得施展,不能不使人抱憾无涯。"负尽"二字,是情极之语,何况又是"十五年"之久,其恨更深矣。

我们读此诗前二句,仿佛看到集诗情将略于一身的陆游;而读后二句,又似看到桀骜不驯、佯狂不羁的李白。然而这两者又都不是,他是鸦片战争之前被时代所孕育的一位激情洋溢的爱国诗人。他的出现,标志着旧时代即将过去,而一个新时代将缓慢来到人间。

(徐培均)

梦 中 作　　　　　　龚自珍

不是斯文掷笔骄[①],牵连姓氏本寥寥。
夕阳忽下中原去,笑咏风花殿六朝[②]。

〔注〕① 斯文:此指文士。杜甫《壮游》:"斯文崔魏徒,以我似班扬。"　② 六朝:吴、东晋、宋、齐、梁、陈建都于江南,时文风绮艳,故云。

自从《庄子》中写到梦蝶以后,诗歌中便常常写到梦。诗人之所以写梦,一方面是由于他们的理想在现实中无法实现,便到虚幻的梦境中寻求寄托;另一方面是因为梦境虚无缥缈,便于驰骋自己的想象,显示自己的才华。龚自珍此诗,看来是属于前者,在清廷的黑暗统治下,他虽欲"慷慨论天下事",然却感到"天下无巨细,一束之于不可破之例",为了冲破种种束缚,他便常常在自己的作品中写到梦。

大凡写梦境,总是迷离惝怳、飘飘忽忽,充满了神奇的浪漫情调。即以梦笔而言,《南史·江淹传》便说过:淹尝"宿于冶亭,梦一丈夫,自称郭璞,谓淹曰:

'吾有笔在卿处多年,可以见还。'淹乃探怀中,得五色笔一以授之。尔后为诗绝无美句,时人谓之才尽。"此诗不写笔在梦中被人索去,而说"斯文掷笔",是诗人自己把笔扔掉。仅此细节,已把诗人的豪迈气概活灵活现地表现出来。在描写梦境上,他不着一奇丽之字,出语平实,类似宋人的以议论为诗,不像在做梦,倒像在申辩,至多是在梦中发出"呓语"。这也许是龚氏独到之处。奇怪的是,诗人为何要写"斯文掷笔"?按之诗集,其《己亥杂诗》有云:"霜毫掷罢倚天寒,任作淋漓泼墨看。何敢自矜医国手,药方只贩古时丹。"篇末自注:"己丑殿试,大指祖王荆公《上仁宗皇帝疏》。"也就是说,他在道光九年(1829)殿试时,曾学习北宋王安石倡议变法,作了一道对策。事隔十年,他仍感到踌躇满志,引为自豪。本篇所说的"斯文掷笔骄",同《己亥杂诗》的本事虽不一样,而心境却颇为相似。按此篇之作,在道光七年丁亥(1827),下距己丑殿试仅仅两年,距己亥出都,则有十二年之久了。当时诗人才三十六岁,正是"书生意气,挥斥方遒"之际。通过这两句诗,表现了对自己才能的自信,对理想的执着。"牵连姓氏本寥寥"一语,紧承前句,意谓一个人的名誉地位毫不足奇,即使名噪一时,终将归于寂寥。他在《己亥杂诗》中抒写了撰成《布衣传》后的感想,也曾说过:"登乙科则亡姓氏,官七品则亡姓氏。"就是说即使考中进士,当了七品芝麻官,最终也名不见经传。何况他才写了几篇自以为得意的诗文呢。这里言简意深,诗人不汲汲于名利的磊落胸怀隐然可见。

如果说前二句描写了洒脱而高昂的情致,至后二句则来了一个跌宕,波澜曲折,意味隽永。"夕阳忽下中原去",似乎是梦中景象,但也可能含有讽喻。夕阳西下,总是没落的象征。汉代班婕妤《自悼赋》云:"白日忽已移光兮,遂晻莫而昧幽。"这是以夕阳西下自伤身世。龚氏此诗则系为现实而发感慨。此时清王朝日渐衰弱,犹如日薄西山,气息奄奄,诗人不便明说,只好以象征手法加以暗示。在这黑暗的时代,诗人的笔不能写《当世急务》那样的政论文章,怎么办呢?姑且"笑咏风花殿六朝"吧。是的,写写诗,饮饮酒,吟咏风花雪月,做一个"六朝文学"的殿军,倒也自在。这是调侃语,也是牢骚语。虽然作于梦中,而对现实的不满,凄然流于言外。在龚自珍的诗集里,固然也有一些咏风花的作品,但他实质上并不以此为能事,更没有沉湎其中。在《题盆中兰花四首》中,他说:"谥汝合欢者谁子?一寸春心红到死。"在《己亥杂诗》中,他更说:"落红不是无情物,化作春泥更护花。"可见他虽咏花,但却不像六朝人那样以绮靡华艳取胜,而是重在寄托,通过花草风月,表现了个人坚贞的品格,高尚的情操。因此我们读此诗,须透过梦境的纱幕,看到一颗关情现实的心。

(徐培均)

梦中作四截句①（四首选一） 龚自珍

黄金华发两飘萧②，六九③童心尚未消。
叱起海红④帘底月，四厢花影怒于潮。

〔注〕 ① 截句：绝句。诗作于道光七年（1827），时作者三十六岁。原题注："十月十三夜也。" ② 飘萧：风吹动的样子。杜甫《义鹘行》："飘萧觉素发，凛欲冲儒冠。"此处兼有飘去之意（指黄金）。 ③ 六九：指阴阳。中国古代《周易》，画"—"以象阳，称"九"；画"--"以象阴，称"六"。"☰"为乾卦，自下而上数，称初九、九二、九三、九四、九五、上九；"☷"为坤卦，自下而上数，称初六、六二、六三、六四、六五、上六。《周易》朱熹注："阳爻为九"，"六，阴爻之名"。所以"六九"即代表阴阳。宋人诗中每有言及，韩维《新植西轩》诗："问吾何所为？卦象观六九。"王十朋《宋孝先示读〈自宽集〉，复用前韵》诗："床头《周易》深且神，毋惜往来论六九。" ④ 海红：橘红色，因"海红柑"（一种柑橘）而得名。

研究清代诗歌的著名学者钱仲联先生这样评论龚自珍的诗："龚诗不仅表达了启蒙思想的进步内容，而且在艺术形式上鲜明地表现了独创性，桀骜不驯，大歌大哭，犹如彗星划破夜空，狂飙漫卷大地，打破了传统的思想和写法，它不是汉魏六朝诗，不是唐宋诗，而是真正具有独特面目的清诗。"读了上面这首诗，深感钱先生的这番话是很精辟的。

《梦中作四截句》是龚自珍在道光七年（一八二七）十月十三日夜所作的四首短诗。上面这一首原列第二首，是诗人作于梦中而于醒后录出。这位被时人称为"狂便谈禅，悲还说梦"的诗人，托言梦境，热切地追求精神的自由，追求着一个璀璨瑰丽的生气勃勃的理想世界。

龚自珍生长于一个富有学术空气的官宦世家。父亲曾任苏松太兵备道，一时东南名士会集门下，龚自珍身为贵公子而才华出众，相与宾客游宴赋诗，俨然以陈思王自命。他在《怀沈五锡东·庄四授甲》诗中说："沈生飘零庄生废，笑比陈王丧应、刘。"可见其青年时代的富贵风流。人到中年却逐渐沦于贫困。写这首诗时，他已在京多年，仅任内阁中书，"冷署闲曹，俸入本薄，性既豪迈，嗜奇好客，境遂大困，又才高动触时忌"，年未四十，而早生华发。诗人慨叹"黄金华发两飘萧"，指黄金挥尽，白发零落，实是概括了自己一身潦倒，半世蹉跎的坎坷遭际。

在那颓波难挽的时代，一切似乎都在沉沦，然而诗人却能自豪地宣称自己的一颗纯真的童心还没有消泯，狂喜之情溢于言表。诗的第二句"六九童心尚未消"陡然扬起，振起全篇。"六九"采用的是六九阴阳之义，以指宇宙、大自然，亦即造化、造物者。"六九童心"即指与生俱来之童心，自然之童心。这里的"童心"不是浑沌无知的纯自然形态，而是思想家的理性的心灵的闪光。明代后期杰出的启蒙思想家李贽说："夫童心者,绝假纯真,最初一念之本心也。若失却童心,便失却真心,失却真心,便失却真人。"龚自珍与李贽一样,极为推崇"童心",实是以纯真的童心,反对虚伪的封建礼教对人性的束缚,要求解放人的纯真无饰的天性,焕发人的纯真奋取之心,无所顾忌地去"探世变",改革旧的一切,创造新的未来。

当然,诗人这种纯真奋进之志,在现实社会中是行不通的,只能托之于梦了。"叱起海红帘底月,四厢花影怒于潮",诗人沉醉在梦境中,恍惚感到自己是一个顶天立地的巨人,充满蓬勃旺盛的青春活力,具有扭转乾坤的无穷力量。忽然,一种难以遏制的行动震撼着心房,要冲破这沉闷的黑夜的欲望喷薄而出。于是,他大声吆喝一声,立即叱起那海红色的帘幕高高卷起,叱起那帘底的一轮明月冉冉上升,照耀得大地一片光明,照耀得百花园中无数鲜花盛开,那四厢一片参差摇曳的光影啊,宛如大海中的怒潮汹涌澎湃,瑰丽壮观极了!

这是诗人心造的幻影,显然反映了龚自珍这位近代启蒙思想家的理性追求和渴望,他渴望自己的意志得以自由发挥,愿望得以随心所欲地实现,自己能获得随意支配行动的精神自由,具备自由支配人生的行动力量。这是诗人在灵魂深处对自由的热切呼唤,其中跳跃着一颗要求个性解放的"童心",寄托着这位封建末世沉沉夜幕上的启明星对于石破天惊的社会改革的无限憧憬。

清孙星衍妻王玉英有诗云:"一院露光团作雨,四山花影下如潮",龚自珍的"四厢花影怒于潮"显然是由此化出,但已赋以新意,境界、气势、感情都大不相同了。"四山花影下如潮",王诗是写一种"幽奇惝恍"之境,龚自珍改为"四厢花影怒于潮",易一"怒"字,便使人想到巨浪翻腾大海,狂飙漫卷大地,风雷激荡,气势磅礴。而这如海复如潮的四厢花影,是经一位"天魔"大喝一声,"叱起海红帘底月"之后才展现出来的绚丽奇景,诗人之笔恍惚怪诞百出,而这正是龚自珍奔放不羁,富于浪漫主义气息的本色,他驰骋自由想象,拔奇于古人之外,境界独辟。如上面这首《梦中作》,其瑰玮之形象如天魔献舞,花雨弥空,这种意境是前无古人的,难怪柳亚子赞之为"三百年来第一流"。由此可见,钱仲联先生高度评价龚诗的"独创性"和"独特面貌"是很有道理的。

(铁　明)

逆旅题壁次周伯恬原韵　　龚自珍

名场阅历莽无涯,心史纵横自一家。
秋气不惊堂内燕,夕阳还恋路旁鸦。
东邻嫠老难为妾,古木根深不似花。

何日冥鸿踪迹遂,美人经卷葬年华。

十九世纪初期的中国,危机四伏,内有农民起义此伏彼起,外有列强环伺虎视眈眈。几千年的封建大帝国,就像根基动摇的老屋,处在风雨飘摇之中,浩浩秋风,漫天暮气,四面八方向它袭来。可是,屋子里面的人却自认为安稳得很,朝廷上花天酒地,歌舞升平;官僚们也多做着泱泱大国、皇基巩固的美梦……。只有极少数头脑清醒、目光远大的人,才能够感受到这"秋风"、"暮气",指出所谓"盛世"的实质乃是"衰世"!龚自珍是这极少数人中的一个,而且,是较早指出这"暮世"实质的一个。

龚氏一生困守场屋十一年,先后六次参加会试,方得三甲第十九名进士。这首诗作于嘉庆二十五年(1820)。这一年,他二十九岁,第二次参加恩科会试,再次失利,南返时,已是秋天,途经富庄驿,与周仪旸(字伯恬)唱和,题诗于驿壁,表达他的心情,以及对国事时势的忧郁。

"名场阅历莽无涯,心史纵横自一家",回顾亲身经历的两次科举考试的失败,诗人禁不住发出一声浩叹,这浩叹正如杜安世所谓"劝君看取名利场,今古梦茫茫"(《喜迁莺》)的怅惘失望。但是,他并没有因失败而一并失去自信。他相信自己的学问、见识都是独步一时、自成一家的。而也许正因为是"自一家",他才屡次落第。"莽无涯"三字把时间延伸到无限遥远的未来,含有极大的感慨,沉痛低徊;"纵横"则又把时间向历史深处推溯再向未来延伸,同时又把现在的一段拓宽,大有纵观古往今来、横视天下当代的气概,充满无限的自信,深沉坚定。这两句一果一因,一叹一转,已经蕴含了全诗的大意。

"秋气"二句是全诗的警句,表面是描写彼时彼地所见之景与物:秋天来了,堂内的燕子还安卧不动;暮色苍茫了,路旁的乌鸦依然痴恋夕阳而不归巢。实际上,只要稍微联系一下当时的社会背景,我们就不难发现这两句诗所隐含的深层意义,那时的清王朝正是处在这样一种秋风衰飒、暮色浓重的局势中,眼看着就有被吞没被覆亡的危险,诗人一路上或许就有许多这样的见闻。而全国上下,仍像堂内燕、路旁鸦一样,都还沉浸在自我陶醉之中。燕是候鸟,秋冬之际必须南迁,否则,北方的冬天将冻结它的生命;鸦也得在天黑之前归巢,否则将遭遇"绕树三匝,无枝可依"(曹操《短歌行》)的难堪。而诗人笔下的燕和鸦,居然感受不到秋风、暮气的侵袭,感受不到冬天黑暗死亡覆没的气息,他怎能不为之哀叹、焦虑!"夕阳"、"暮鸦"意象,常见于古诗词中,如温庭筠《春日野行》诗:"鸦背夕阳多",又如吕本中《浪淘沙》词:"夕阳又送栖鸦",确有实写景物之义,但这里的"夕阳"该是"夕阳无限好,只是近黄昏"(李商隐《登乐游原》)一类,与"秋气"一起,成为王朝渐趋衰落的象征。这是诗人的深忧,也是他政治家的敏锐,先觉者的悲哀,"自一家"的具体表现。

"东邻嫠老难为妾,古木根深不似花",这两句意思比较晦涩、模糊,大意是说:天生丽质而不愿以姿容媚俗的绝色女子,是得不到人的宠爱的;根底深厚而不能绽开鲜花笑脸迎人的参天古木,也不会得到众眼的赏睐。"东邻""嫠老"似合用宋玉《登徒子好色赋》中"天下之佳人……莫若臣东家之子"及《左传·昭公二十四年》:"嫠不恤其纬,而忧宗周之陨"等典故,却又难以指实。这样就导致对诗句的理解产生一定的分歧。"东邻嫠老"、"古木根深"作感慨解可,作自负解也可;"难为妾"、"不似花"作伤心语可,作矜持语也可;就主体言,作诗人的自道看可,作为对方设看也可。联系全诗及其创作背景,应该说,这种种理解都是可以成立的,而只有同时并存才是较为合理的解释。诗人才华出众,思想敏锐,"常为大国忧",但因为不愿趋时媚俗,得不到世人的理解和赏识,一再落第,现在面对周这个理解他的人,其内心活动的丰富、复杂是可以想见的,自伤自负、自怜怜人,种种情感交结一起,难分先后主次。这两句照应首二句,是全诗所有情结的绾合。

"何日冥鸿踪迹遂,美人经卷葬年华"是说他想望着有朝一日像飞鸿那样高翔远鶱,退出名利场的追逐,伴着美人和佛经,度过自己的一生。"何日"是一种期盼的口吻,而"葬"则语含酸痛。冥鸿遂迹,美人经卷,似带着一定的哲理和玄义,予人某种启迪,但同样扑朔迷离,难以指实。

这两句自是愤激话。其实,由唐至清一千余年有关科举的诗中,最不能当真的就是落第诗的结尾两句。不管它是怎样的激昂慷慨,还是怎样的意志消沉,都只是一时冲动。拿龚自珍来说,虽然从这一年开始他"收狂向禅",但并未真的一生礼佛成为高僧,况美人与经卷也是难以同时捧置在手的;这一次失败后他又多次赴举,直至一第,也并未真的"鸿飞冥冥"成为世外高人。这是他的矛盾和不幸,也是时代的悲剧。在"秋气"、"夕阳"中,他空有救时扶世而"自一家"的心与才,却没有施展怀抱的时与世;他预感到"堂内燕"、"路旁鸦"的危险,却只能希望像"冥鸿"那样独自离开,这不也正是那个时代所有的"先觉者"的写照?

这首诗抒发了诗人落第后的复杂心情和感慨,但由于凝聚了他自身在"名场"中的阅历和感受,也反映了当时充满迟暮衰飒氛围的社会环境,"秋气不惊堂内燕,夕阳还恋路旁鸦"二句十分精警形象地勾勒了当时人醉生梦死、愚昧迟钝的精神面貌,"秋气""夕阳"二词遂成为鸦片战争前后中国社会现实的象征和概括。

(孙文光　彭国忠)

己 亥 杂 诗(五)　　　　　　龚自珍

浩荡离愁白日斜,吟鞭东指即天涯。
落红不是无情物,化作春泥更护花。

《红楼梦》中黛玉葬花词云:"侬今葬花人笑痴,他年葬侬知是谁?"林黛玉面对满地落花,不禁联想到自己的红颜薄命。无独有偶,一代才人龚自珍也是以落花自喻身世,在《己亥杂诗》(其五)中吟出了挚切深情的诗句。

龚自珍于道光十九年己亥(1839)离开京都辞官南归。正值暮春时节,万花纷谢,残红满地。这景象惹起诗人一股浓浓的离情,他情不自禁地在马上唱出了上面这首歌。"浩荡离愁白日斜",诗人心中的离愁啊,多么深广,有如江海之浩浩荡荡,无尽无涯。龚自珍本是自请辞官,该像陶渊明赋《归去来辞》那样轻松愉快才是,为什么竟会有如此"浩荡离愁"呢? 原来这位生当封建末世的"绝世奇才"(李兆洛语),颇想效王安石变法故事,规画天下大计。可是,"才高动触时忌",长期冷署闲曹,浮沉下僚,守旧官僚把他视为异端人物,断绝其进身之阶,得不到参与朝政的机会。后来国事日非,英国利用鸦片入侵,朝廷分成主战与主和两派,龚自珍越位言事,竭力主战,因而"忤其长官,赋归来"(此语见汤鹏《海秋诗后集·赠朱丹木》诗自注)。近人张尔田也说:"定庵出都,因得罪穆彰阿。""定庵为粤鸦片案主战,故为穆彰阿所恶"。仕途蹭蹬,岁月蹉跎,现在又永远离开朝廷了,这在他人生征途上是多么重大的转折,心中自有一种说不出的失落感和孤独感。当然,这种情绪不是一般的离愁别恨,的确可称之为"浩荡离愁"了!"念去去,千里烟波,暮霭沉沉楚天阔。""浩荡离愁"已使诗人不能自已,再加之西斜的"白日"又给苍茫大地笼上一层凄惶的色调,更加使人难堪了!

日已暮矣,不得不匆匆赶路了,于是诗人举起了马鞭,"吟鞭东指即天涯"。诗人的马鞭呀,向东一指,前面便是远离京城的海角天涯了! 唐代刘禹锡有诗云:"莫道两京非远别,春明门外即天涯。"(《和令狐相公别牡丹》)春明门是长安的东门,刘禹锡说,一出春明门是天涯。显然,这不是指空间距离,而纯然是从心情上来说的。此时龚自珍的心理感受何尝不是如此?"吟鞭东指即天涯",他意识到此次离京,意味着永久性地离开,此次一出北京城,实际上就等于永远告别朝廷,告别仕途,告别京城,产生了一种永远离开仕途的天涯飘泊之感。

从这首诗的头两句,我们不难想象当时诗人悄然出京的情景。作者曾自述此次离京时"不携眷属兼从,雇两车,以一车自载,一车载文集百卷出都。"再联系到这两句诗的描写可知诗人是只身骑着马走出北京城的,这时已"白日斜"了,他满怀着"浩荡离愁",在那北方郊野的大道上,"吟鞭东指",向那遥远的"天涯"走去……这不由人想到元人马致远《天净沙》所写的那种况味:"古道西风瘦马,夕阳西下,断肠人在天涯。"只不过龚自珍没有直接说出自己是"断肠人"罢了。

所不同的,马致远写的是"秋思",而龚自珍抒的是春情——暮春落花时节的离愁。这头两句诗中虽没有明写落英缤纷的景象,但那片片飞花随"吟鞭"扬起,飞过马头,沾上衣襟的情景却是可以想象到的。这满天飘零的落花能不触动诗人的情怀么?一阵薄暮的晚风吹来,诗人看着一片片飞花离开故枝纷纷坠落,在那一丛丛花树下堆砌起来,化作红粉香泥,大自然这么美丽的鲜花就这样默默地化为尘土了!诗人痴迷地看着这种景象心中猛然一惊:自己如今不也像一片飘零的落花吗?自己辞别京都,不也如同落花辞别枝头吗?然而,这位"怨去吹箫,狂来说剑"的一代杰出人物,毕竟不同于林黛玉那样的弱女子,他眼前忽然一亮,原来夕阳无限好啊,把那堆砌满地的落花染得一片火红。顿时诗人的心仿佛也被火红花光点燃了,他脱口吟道:"落红不是无情物,化作春泥更护花。"诗人俨然是落花的代言人,向春天大声宣誓道:我们这片落花啊,决不是无情的废物。花落归根,最后化为春泥了,我们也还要去滋润未来的花,去孕育未来的五彩缤纷的春天!

龚自珍说的是落花,实际上是倾吐自己的心曲。他此次弃官出都,虽然表现出自己在仕途上的挫折,然而,他绝不会自此一蹶不振;相反,他要投身更广阔的天地,进行新的奋斗,为改革和振兴生我养我的中华大地奉献自己的毕生精力乃至生命。由于他对朝廷权贵的绝望,龚自珍早有离开京城、别谋出路之想。一年前,林则徐以钦差大臣身份赴广东查处鸦片,他就要求亲赴广东去协助他,并恳切陈词,为林出谋划策(见《送钦差大臣侯官林公序》)。在他此次弃官南归途中,又写诗怀念林则徐说:"故人横海拜将军,侧立南天未葳勋。我有阴符三百字,蜡丸难寄惜雄文。"他的一颗拳拳报国之心和一种强烈的时代的使命感何等使人敬佩。事实说明,龚自珍尽管一生备受压抑,却始终不甘寂寞消沉,为变革中国社会呼啸奔走,奋斗到死,"落红不是无情物,化作春泥更护花。"表现了多么崇高的献身精神啊!可惜壮志未酬身先死,长使英雄泪满襟。这位"三百年来第一流"(柳亚子语)的近代思想家、文学家南归两年后,突然丹阳暴卒。死因众说纷纭,一说即与清廷军机大臣穆彰阿的迫害有关。比较林黛玉葬花诗与龚自珍"落红"句,虽然情调、境界不尽相同,却都使人深深感叹一种美的毁灭,无论追求爱情理想的红楼少女,还是身怀经国大计的盖世英才,等待他们的都只能是落花般的悲剧命运,我们老祖宗的这块有三千年文明史的土壤,不允许有"人性"、"人才"这类杂树生长呀! 每读前人落花诗,不禁为之一哭! (铁 明)

己亥杂诗(十四) 龚自珍

颓波难挽挽颓心,壮岁曾为九牧箴①。
钟虡②苍凉行色晚,狂言重起廿年瘖③。

〔注〕 ① 九牧箴:汉代扬雄曾撰写过《冀州牧箴》等十二州牧箴以劝诫地方长官为政要"治不忘乱,安不遗危"。作者青年时代曾撰文揭示满清王朝的腐败,大力疾呼改革弊政,这里借以自比。 ② 钟虡(jù):钟为打击乐器,虡为悬钟之架。春秋时代钟虡就已成为象征国家权力的礼器。 ③ 瘖(yīn):哑疾。

清朝到乾隆年间可以说是封建社会的一个回光返照,表面上花团锦簇,烈火烹油,兴盛无比;实际上与《红楼梦》中的荣宁二府一样,架子虽然未倒,内囊已经倾尽。由于连年用兵与乾隆好大喜功,颇爱铺张,国库已经空虚。又因为奸相当政,百官贪黩,百姓日益贫困,再加上文字狱的残酷,皇帝喜怒无常,言官箝口,朝野一片沉寂。这些已成定势,难以挽回,这就是诗中所说"颓波难挽"。"颓波"乃指清王朝的整个趋势。但诗人又对挽救清王朝抱一线希望,因此他提出"挽颓心"。"颓心"指士大夫们心理上的颓唐堕落。诗人知道士大夫精神上的堕落是专制统治造成的。他曾说封建专制统治者对于知识阶层是"徒戮其心,戮其能忧心、能愤心、能思虑心、能作为心、能有廉耻心、能无渣滓心"(《乙丙之际箸议》)。也就是要把社会精英的忧国忧民、以天下为己任、明辨是非、勤于思考、知耻近勇以及廉洁奉公之心都一鼓荡平,使他们不知"耻",从而变成卑琐龌龊之人。因此,经过乾隆"盛世"洗礼的人们大多颓唐不振。嘉庆、道光两朝对知识分子的控制相对较为放松,中止了持续一百多年的文字狱,因之作者感到"挽颓心"还有点希望。如何"挽颓心"呢? 他想到自己青壮年时期一系列的抨击封建专制制度的文章,如《乙丙之际箸议》、《乙丙之际塾议》、《明良论》、《壬癸之际胎观》等。诗人为自己所作过的"挽颓心"的工作感到自豪。"曾为"二字把这种自豪感表现得十分充分。可惜中年以后自珍一度沉溺于金石文献,放松了这方面的努力。现在国运已处于黄昏夕照之中,一片苍凉凄楚,仿佛晚钟回荡,令人倍感凄凉,与他在《尊隐》中描绘的封建末世景象也十分相似:"日之将夕,悲风骤至,人思灯烛,惨惨目光,吸引暮气,与梦为邻。"在这种情势下,诗人的责任感、"能作为心"尚未被完全戮平,于是他重新呐喊了:"狂言重起廿年瘖。"他庄严宣告:虽然我沉默了二十年,如同患了哑疾(也是被"戮"的结果),但为了挽救"颓心"(包括自己的"颓心"),从而再挽"颓波",从此要重新公开发表政见、议论朝政,哪怕此举被人指斥为"狂言"!这句说得斩钉截铁、义正辞严,表现出未被严酷统治泯灭的良知和责任感,因而它特别具有感染力。尤其值得重视的是,作此诗时,诗人刚离开朝廷、走在回家途中。在苍凉的归途中仍不忘与腐败势力战斗、还要挑起新的战斗高潮,这位启蒙学者的倔强斗志真可令人起敬。晚清一些刚刚觉醒的青年说:"初读《定庵集》,若受电然",就是指这类作品。

(王学太)

己 亥 杂 诗(十九) 龚自珍

卿筹烂熟我筹之,我有忠言质幻师①。
观理自难观势易,弹丸累到十枚时②。

(原注:道旁见鬻戏术者,因赠)

〔注〕① 幻师:魔术师。《波罗蜜经》:"如彼幻师,得化美团,虽似有益,而实无益。"② 累丸句,化用危如累卵之成语,喻事势极端危险。

此诗主旨是揭示满清王朝已处于衰世情势已极危险。诗人故意狡狯其词,说这只是赠与道边变戏法的"幻师"。当然,我们从另一个角度来看封建统治者、特别是为他们编造理论的谋士、高参也都是"幻师"。他们以各种手段欺骗人民,使老百姓堕其术中而不自知。首二句有调侃意:"对于这些骗人的把戏,你已经算计很久,烂熟于心了,现在我替你算计算计吧!我有一句逆耳忠言要与您商量商量。"从称谓上看似乎对"幻师"十分亲昵与尊重,而语气上却是居高临下,有戳穿"幻师"骗局之意。"观理自难观势易,弹丸累到十枚时。"这两句便是对"幻师"的"忠言"。"理"指"戏术"行当中的道理,对于这些诗人不懂;"势"指外在情势,对于这些,只要有眼睛的人都看得出来。因此,诗人说,你们变戏法的道理我虽不懂,但从形势来看,弹丸累叠到十枚,其危险不就摆在眼前吗? 当然,这些话更是对封建统治者说的。中国封建主义思想自成体系,而且十分严密,入乎其内、出乎其外,才能对这个思想体系有所认识,当时能对封建主义思想作出彻底否定的思想还没有产生。龚氏虽是强烈反对封建专制主义的启蒙思想家,但也是多从直观角度进行批判的,至于系统的道理并不能讲出多少,因此他说"观理自难"是符合实际的。但尽管如此,他对外在情势却看得非常清楚,并敢于无所畏惧地讲了出来。龚氏的价值也就在于此。生活在专制主义统治下的思想家、艺术家最宝贵的品格乃在于勇敢。在"万马齐喑"的时期,对国家、人民危害极大的简单事实,谁都看得见,就是没有人说出。指鹿为马、"皇帝的新衣",这些流传于中外的故事,不是正反映了当时的悲哀吗? 因此,自珍虽只是从直观上指出清王朝已经面临坍塌,这在当时已是空谷绝响了。至于阐明否定封建制度的道理是要后人去努力了。后人也不应以自珍未系统否定专制主义而"厌其浅薄"(梁启超语)。

此诗因藉赠"道旁鬻戏术者",故全诗造语直率,径用急危之语打动读者。如果用这种态度上书诤谏,肯定会以言得罪的。

(王学太)

己 亥 杂 诗(四四) 龚自珍

霜毫掷罢倚天寒,任作淋漓淡墨①看。
何敢自矜医国手,药方只贩古时丹。

(原注:己丑殿试,大指祖王荆公《上仁宗皇帝书》②。)

〔注〕 ① 淡墨:古时科举考试后发布的考取者名单榜,称为淡墨榜;这里的"淡墨",指考试文章。 ② 大指祖王荆公《上仁宗皇帝书》:大指,即大旨、宗旨。祖,祖述、继承之意。王荆公,即北宋改革家王安石,曾封荆国公,《上仁宗皇帝言事书》是其早年著名的改革论文。

这首诗有一段原注,可助我们理解本诗。道光九年己丑,龚自珍考取进士,在殿试(皇帝主持的复试)的《对策》(回答皇帝提问的答卷)中,他就理政、治河、用才、筹边四方面发表了充满革新精神的卓越见解,完全打破了多少年来"对策"的程式化和空洞性。自珍在原注中承认,《对策》的精神实质,与王安石的《上仁宗皇帝言事书》是一脉相承的。不仅他本人,友人张维屏也说:"定公(自珍号定庵)得志,恐为荆公。"可见,这两位不同时代的改革家,确实是具有相同的抱负的。

不过,王安石的上书,在当时并没有引起宋仁宗及保守大臣的重视(王到宋神宗时始获重用);而自珍的《对策》,命运亦复相同,丝毫未受重视,殿试他只名列三甲,这就是本诗前二句所为之感慨的事情。毫,指毛笔。霜毫,犹如常言的"笔挟霜风"。在殿试时,自珍内心还充满着希望,以为这《对策》内容重大、目光犀利,必能在朝廷上激起震动;所以他笔下如挟秋霜,力重千钧,以至一篇写罢,这管大笔已不能轻轻搁下,而必然是运力掷开!看,其时他掷笔而起、傲然向天、豪情奔涌,显得是何等的自信、自负!当然,这煌煌大作,最终还是被守旧的考官、庸碌的士大夫当作普通的应试之作看待,他们或许注意到了文字的酣畅淋漓,却仍然将其归入照例是敷衍过场的殿试文章,毫不留意其思想上的火花;但是,"任作淋漓淡墨看",任凭他们怎样看待,在自珍的心目中,自己《对策》时的大笔,始终像一柄倚天而立的宝剑,凛然生寒!虽然这光芒无人看出,未免可惜,但更可悲可哀的是那些无目的"看"者,他们的无目,决无碍于霜辉的闪耀。请读者注意自珍给这二句安排的次序,"霜毫掷罢倚天寒"在前,是主,后一句只是补笔,后一句虽有些自哀,却无法掩过前一句的自信、自负——即使是在十年之后,正当告别仕途、离愁浩荡的时刻,自珍的执着精神,也不曾或减,这才是真正的英雄本色!

那么,这"霜毫"究竟写出了什么内容呢?诗的后二句,相对前二句又是补笔:"何敢自矜医国手,药方只贩古时丹。"意思是:我怎敢自夸是医治国病的圣手呢?我那《对策》里开出的药方,只是贩卖了古人(当指王安石)的治国灵丹罢了。乍一看,这《对策》不过是"古时丹",似无甚奇。不过,读者切莫误以为自珍真的认为自己不能开出"药方",也莫以为他不敢充当"医国手"。在《对策》中,自珍引用苏轼的话道:"药虽呈于医手,方多传于古人;若已经效于世间,不必皆从己出。"可见他不开"药方",只是因为古人已有之,不然,他早就自己开了。《对策》又云:"经史之言,譬方书(药方之书)也;施诸后世孰缓孰亟,譬用药也。"可见他虽不开方,却颇自信于用方。"运用之妙,存乎一心",若能将死方活用,古方今用,岂不也是圣手?所以,联系《对策》看,笔者下面的说法,或许是求之过深了,或许也正是自珍的欲言难言之情——只恨我终无"用方"的机会,纵有"医国手"的自负,却无"医国手"的证明,无奈只能谦一句"何敢自矜";但我若真的只是个不懂"医道"的药方贩子,又何敢自诩"霜毫"上有倚天寒光?!

这首诗的抑扬感也很值得一提。全诗一、三句是扬,二、四句是抑。扬为主,抑为次,但才扬起,又抑之;才为其《对策》自负,又抑之以受人冷落;才露出医国之志,又抑之以只能贩方、无处用方。这种格局安排,也不是偶然而成的,自珍似欲以此告诉人们:我虽处处受抑,我的斗志却依然昂扬——"霜毫掷罢倚天寒",这支傲然挺立、打不倒的如椽大笔,正是他的形象化身!

(沈维藩)

己亥杂诗(八三) 龚自珍

> 只筹一缆十夫多,细算千艘渡此河。
> 我亦曾糜太仓粟,夜闻邪许泪滂沱。

清王朝每年要通过水路从南方各省运粮四百万担进京,贮之太仓(京都设置的粮库),称为漕粮。龚自珍南归途经淮浦(今江苏淮安市清浦区),亲眼看到成千只粮船沿运河北上的情景。当他深夜听到纤夫们沉重的拉船号子,想到自己也曾食用过这些漕米,不禁惭感交并,心潮翻滚,无法平静,于是写下了这篇发自肺腑的悲歌。

这首绝句在写法上完全摆脱现成套路,随兴挥洒,在音情上颇有特色。它通篇运用反思的语调,一开始就进入内心独白,发人深省:"只筹一缆十夫多,细算千艘渡此河。"运河上拉粮船的民伕不计其数,诗人无法点清,只在心中大致估算了一下。如果一条缆绳十多人,那么千艘粮船该耗用多少人力!一个"只"字,表明"十夫多"仅仅是掐指计算,即至少应有这么多人。这种算法是实在的,突出了漕运给人民带来的徭役负担之沉重。"细算"句是一个省略的句子,将后半没有写出的话补足,便是:细算千艘渡此河将用民伕几何?总之,诗人面对这样惊心动魄的巨大劳动场面,对人民痛苦的感受比任何时候都更加深切。这才引起上述那番认真的思考。

　　接下去诗人并没有发表更多的议论,只就个人切身感受抒发感情:"我亦曾糜太仓粟,夜闻邪许泪滂沱。""邪许"(yé hǔ),号子声。他想到自己也曾消耗(糜)过这些粮食,而今亲见这些粮食的来路不易,看到人民为之付出的血汗,不禁泪如雨下。此诗中未具体写纤夫苦,读者可以对照邹在衡《观船艘过闸》:"漕船造作异,高大过屋脊。一船万斛重,百夫不得拽。上闸登岭难,下闸流矢急。头工与水手,十人有定额。到此更不动,乃役民伕力。……邪许万口呼,共拽一绳直。死力各挣前,前起或后跌。设或一触时,倒若退飞鹢。再拽愈难动,势拗水更逆。大官传令来,催攒有限刻,闸吏奉令行,鞭棒乱敲击。可怜此民苦,力尽骨复折。"览此,可知龚自珍泪流究竟何为了。诗中"我亦曾糜"云云,大有意味。一是因为诗人此时是辞官南归,回想自己也曾为官坐食俸禄,无任惶愧,所以这样说。二则是暗下指出自己仅仅是"曾糜太仓粟"的统治阶级中的一员,应该为此愧怍的,还大有人在。这层意味包含在句中含义深长的"亦"字里。这两句实际上是一个有良知的士大夫,面对劳苦民众产生的一种负罪之感。这是反思和忏悔,也是对上层统治者发出的警告和呼吁。它使读者联想到白居易《观刈麦》中的几句诗:"今我何功德,曾不事农桑。吏禄三百石,岁晏有余粮。念此私自愧,尽日不能忘。"能写出这样诗句的人,在为官时必然能替百姓办几件好事的。白居易如此,龚自珍也如此。他们虽然都找不到解决民间疾苦的根本办法,但他们的诗所表现的博爱的仁人之心,仍是令人感动的。

(周啸天)

己 亥 杂 诗(八七)　　龚自珍

故人横海拜将军,侧立南天未蒇勋。
我有《阴符》三百字,蜡丸难寄惜雄文。

此诗为怀林则徐之作。上年,林以钦差大臣往广东查禁鸦片,本年四月,在虎门焚毁鸦片二万箱。本诗约作于五月以后,时龚自珍在南归途中。

诗前二句说林,后二句说己。"故人",谓林则徐,自珍与林虽品位悬殊(自珍中进士晚),但相交已有十年,年龄亦只差几岁,称为"故人",本是事实;但这一称呼,又并非随便用的(《己亥杂诗》中怀人之作甚夥,而称"故人"的极少),有这一称呼,后二句中不易索解处,细思亦可解。横海,是汉武帝时出征东越的将军韩说的称号。东越是汉时居住在今闽、浙沿海的"蛮夷",而林则徐往东南沿海抗御"英夷",比之横海将军,不可谓不切。不过,"横海拜将军"字面上又有这位故人乃横行海上、拜将领兵之豪健者的感觉,读者切莫将其与"拜横海将军"等量齐观,词序一移动,感觉便不同,这是自珍的略施小巧,但也有可观之处。"侧立",即侧身而立,是戒备、忧惧者的形象。蒇(chǎn),解决、完成之意。这二处用词均极精当:林则徐以钦差之尊莅临广东,"南天"之下皆归其掌管,权限不可谓不大,但自珍深知外有强敌不可不戒备,内有掣肘不可不忧惧,处境并不顺利;虎门销烟,功勋不可谓不烈,但自珍深知禁烟事业远未即此告终,林也没有完成这一巨勋,且能否完成也在未定之天。另外"南天"建"勋",比"横海拜将"更豪气凌云,但此"天"只能"侧立",此"勋"无奈"未蒇",又何其黯然可叹,直能勾出下文的"难"与"惜"来。因此,本句非但用意深而措辞精,且在诗中又具承上启下之功效;而这承上启下之功效,非但表现在诗的内容变化上,且又表现在诗的意绪的转移上:诗家的良工苦心,正未易窥。

下二句中有两处当作解释。"阴符",即《阴符经》,相传是黄帝所作的兵书。"蜡丸",古代军事机密文件,常用细字书写,用蜡封作丸形,便于传递者携藏。下二句中又有两处颇难解释:自珍既把自己欲寄给林则徐的密件称为"雄文",比作"阴符",且是"蜡丸"——实用于军机者,为何又"难寄"而"惜"之呢?(当然,这文字未必真已写下,只是酝酿于自珍胸中,"三百字"亦只是形容其文言简意赅,不如三十字之大而无当,不如三千字之琐繁缕陈;诗家之言,不必字字坐实。)"难寄"?是担忧林则徐不能尽用善策?是自珍怕人掩功、吝于出手?均非!知道林、龚关系的,可上溯到去年林出京时,龚曾有序送之,为献六策,林复信称为"非谋识宏远者不能言,而非关注深切者不肯言",似此知己,岂有相妒之理?即使不知林、龚关系者,若细味"故人"二字,亦断不会作如是想——"故人"二字,岂是偶然之笔?既然龚肯寄,林肯用,那"难寄"之因只有一个:另外有某种势力,使林欲用龚策而不能用,使龚逆料林不能用而不寄。是何势力?熟知历史的人自然知道,是穆彰阿之流权贵的作梗,是道光皇帝的犹豫,就在虎门销烟前一个月,一道"上谕",竟把林则徐收缴民间烟土、烟枪的命令给取缔了!禁"洋烟"而不禁"土烟",这禁烟之"勋"如何能"藏"?"雄文"寄之又有何用?就是不明历史的人,看到一个手握"南天"大权的人却要"侧立",也可猜想到那能掣他肘的势力,自是在更高的"庙堂"上了——"侧立"二字,作用又何止一端?"难寄"既解,"惜"字也迎刃而解了——那不是吝惜、珍惜,而是叹惜、痛惜,而那痛惜中,又饱含了一种痛恨!

歌颂了林则徐的爱国、批判了帝王官僚的昏暗、揭示了斗争的复杂性、表达了诗人的立场……这些常见的话,这里不多说了,因这些也并非本诗独有的。二则,将此诗溶入那个时代,其社会意义也不难体会,但那是历史书的职能。本文在鉴赏了此诗措辞之精、用心之深之外,还有一点提请读者留意:此诗很具自珍的身份。上面说过,林、龚品位悬殊,林当时已挂尚书衔,龚还是个主事(且已下野)。但龚于此诗中,却绝以不以幕僚策士自居:一声"故人",已有与林"平揖"之意;感情上,我有难寄之叹,彼亦有侧立之忧;气势上,彼虽有横海之雄姿,我亦有三百字雄文匹敌;自珍是个自信、自负、自重身份、自谓能开大业的人,纵在老友面前,也不甘人下。当然,本诗中隐隐流露的此意,自珍未必自觉到。但就算他自觉到,也无可非议,因为他可不是在与"故人"争高下,而是意欲让"故人"感到,当你支撑"南天"时,另外的"天"下也有人在与你遥相呼应,使你深信"吾道不孤"——如此鼓励战友,比之幕僚式地帮着撑一把,作用岂不更大?　　(沈维藩)

己亥杂诗(一二三)　　　　龚自珍

不论盐铁不筹河,独倚东南涕泪多。
国赋三升民一斗,屠牛那不胜栽禾?

这首诗揭露的是清朝的赋税剥削太重,使江南农业遭到破坏的社会弊端。清政府明文规定的田赋不重,并曾扬言永不加赋。据冯桂芬《请减苏松太浮粮疏(代作)》:"伏查大清户律载:官田起科每亩五升三合五勺,民田每亩三升三合五勺",但实际征求时,由于加成色、打折扣、贿赂勒索,使浮收之数,数倍于正额。"苏州府长洲等县,每亩科平粮三斗七升以次不等,折实粳米,多者几至二斗,少者一斗五六升,远过律载官田之数。"这就是此诗写作的社会背景。

"不论盐铁不筹河,独倚东南涕泪多。""盐铁"指盐铁生产与专卖,汉桑弘羊与地方豪强的代表曾就此问题展开辩论,后由桓宽结集为《盐铁论》。"筹河"即治理黄河,这既是兴修水利、治服河患的事业,又是疏通航运、发展交通的措施。

这二者都是开辟国家财源的根本办法。如果不讲这个，而向民间、哪怕是素有粮仓之称的东南民间搜刮诛求，都是舍本逐末竭泽而渔。人民不堪其苦，而国用亦将匮乏。所以首二句表面似乎是说自己不在其位，不谋其政，故"不论""不筹"，只能为东南斯民放声一哭。而实际上是指责肉食者既不从发展生产上开辟财源，又不注意兴修水利，而只靠敲骨吸髓的剥削压榨，致使东南人民涕泪长流。诗人利用语言的灵活性，措意在显与隐之间，故耐寻味。

"国赋三升民一斗，屠牛那不胜栽禾！"上句直接指出这样一个严酷现实，即人民实际上遭受的盘剥，远远超出国家律法之明文规定。"国赋三升"和"民一斗"的句中排比形式，强调了名实相距甚远的奇怪现象，鞭挞了封建统治者对人民的伪善、狡诈。而这样做，引起的结果是严峻的，它使农业生产遭到破坏："屠牛那不胜栽禾"！"栽禾"是形象地表现农业生产；"屠牛"则是形象地表现对农业生产的破坏。由于农民负担太重，在不堪忍受的情况下宰杀耕牛，另求活路，那也比种田好啊！同时"屠牛"的更深隐的意味是人民逼急时也会铤而走险，因为历代农民起义，多以屠牛酾酒的仪式号召群众。龚自珍这里实际上已深刻地指出，统治者不重视发展生产。一味加重剥削，也是在挖自己的墙脚。那后果将是不堪设想的。

诗中运用句中排比（一、三句）和反诘语气构成唱叹，使议论富于情韵，也增加了作品的形象说服力。

（周啸天）

己亥杂诗(一二五) 龚自珍

九州生气恃风雷，万马齐喑究可哀。
我劝天公重抖擞，不拘一格降人才。

龚自珍的时代是一个山雨欲来风满楼的时代，他逝世前一年就发生鸦片战争了。正是这样的时代，产生了这位近代史上启蒙思想家。他意识到封建的闭关锁国政策行不通了，帝国主义的侵略更加暴露出封建主义衰朽没落的本质。龚自珍敏感到了这腐败的气息，他以惊世骇俗的才华，起而议政"医国"，宣传变革。他的思想，他的词锋，他的离经叛道的精神，像光照天地的出鞘长剑，震惊了醉生梦死中的清朝廷权贵。终因"动触时忌"，他于道光十九年己亥（1839）辞官南归，在途中写下三百一十五首《己亥杂诗》。上面这首《杂诗》是他在路过镇江时，应道士之请而写的祭神诗。诗末有一个绝妙的自注："过镇江，见赛玉皇及风神、雷神者，祷祠万数。道士乞撰青词。"所谓赛神会，是指当地百姓为祈雨举行迎神赛会，迎的是玉皇、风神、雷神这三位尊神。这种迷信活动盛大、隆重而热烈。龚自珍替道士写的青词，是供道教徒在斋醮仪式上献给"天神"的奏章表文，它是用朱笔写在青藤纸上，所以称青词，又叫绿章。

　　龚自珍这首诗就是以青词形式出现的。如头两句就是赞美风神、雷神，说目前这样一种万马齐喑、令人窒息的沉闷空气，终究是极其可悲的，必须依靠风神雷神这二位神灵施威，才能打破这死气沉沉的局面，从而使整个大地出现风雷激荡的生气。后二句，作者以"祷祠"者的口吻向玉皇大帝祷告：上天的玉皇大帝呀，我奉劝您重新打起精神来，破格地选拔真正有本领的人，降生到人世间来，开创一个充满生机的新局面。

　　按说，给道士写青词，其内容自是"不问苍生问鬼神"，而我们这位清代文坛的奇才，偏偏反其道而行之，他借鬼神，说苍生。回过头来重读这首青词，不难发现头二句实是以自然喻人事，说要使中国重新生气勃勃，就得依靠疾风迅雷般的威力，来打破死气沉沉的政治局面。后二句用的是同样的手法，所谓"天公"，明指天上主宰一切的玉皇，暗指人间至高无上的皇帝。他希望清朝皇帝能奋发有为，打破一切陈规旧制，放手让各种各样的优秀人物发挥才能，拯救中国。通篇语意双关，表面上祈祷神灵，实际上议论人事，利用由风雷震动宇宙的强大力量，引起人们一种对政治风雷的联想。龚自珍经过多年的观察以及他自身的经历，深感到中国社会危机的深重已到了岌岌乎不可终日的境地，而满清朝廷仍然倒行逆施，窒息生机，扼杀人才，使本已难于救药的衰世，向着更深的泥潭跌落下去。他思考：中国的出路在哪里？怎样才能打破这种死气沉沉的局面？他认为最主要的，皇帝要振作精神，大刀阔斧实行改革，掀起一场轰轰烈烈的刷新政治的风雷，打破一切桎梏，让所有作为的人才大量涌现出来，借以挽救这个社会。这是龚自珍毕生渴望变革、要求变革愿望的集中体现，也是那个时代的最强音。特别在那个历史大转折的时代，他最先起来为社会变革而呐喊呼号，在当时起着石破天惊、振聋发聩的积极作用。

　　钱穆先生在《中国近三百年学术史》中说，清嘉道以还，士大夫稍稍发舒为政论的，龚自珍"则为开风气之一人"。钱先生当然是指龚氏那些"讥切时政，诋排专制"的政论散文而言，其实，龚自珍也是自觉地把诗歌作为对社会、对历史进行"著议"和"评论"的一种形式。他在《夜直》诗中写道："安得上言依汉制，诗成侍史佐评论。"因为他诗中"讥切时政"的内容很明显，故叮嘱朋友说："贵人相讯劳相护，莫作人间清议看。"(《杂诗，己卯自春徂夏，在京师作，得十有四首》)龚自珍的诗富有鲜明的政论色彩，但他不是简单地在诗作中放言高论，而是十分注意诗歌艺术形式的特殊要求,注意让读者从艺术感染中得到启迪,发为思考。如上面这首应道士之请而作的"祭神"诗,他运用七绝这种短小的体裁,针对当时"万马齐喑"的政治局面,用"召唤风雷"这一具体生动的艺术形象,表现自己的政治主张和要求,无疑是非常成功的。而且在具体写法上,又用"风雷""天公"来照应"赛玉皇及风神雷神"的"青词"要求,而实际上它是一首纵论天下事、鼓动性很强的政治诗,是一首出色的诗的政论。这首诗与一般诗歌不同,看上去既是抒情,又是议论,深刻的政治思想和生动的艺术形式融为一体,典型地体现了龚自珍诗歌的创作特色。

(高　原)

己亥杂诗(一二九、一三〇)　　龚自珍

陶潜诗喜说荆轲,想见停云发浩歌。
吟到恩仇心事涌,江湖侠骨恐无多。

陶潜酷似卧龙豪,万古浔阳松菊高。
莫信诗人竟平淡,二分梁甫一分骚。

龚自珍《己亥杂诗》有"舟中读陶诗三首",这里选前二首。这两首诗有一脉相通处,即一反通常视陶渊明为"千古隐逸之宗"、并认为陶诗只是一味静穆平淡的看法,特别标举陶渊明及其诗的豪放与不平的一面。在龚自珍前,朱熹已有类似见解:"陶渊明诗,人皆说是平淡,据某看,他自豪放,但豪放来得不觉耳。其露出本相者,是《咏荆轲》一篇,平淡的人,如何说得出这样语言出来。"(《清邃阁论诗》)对照一下,可以认为龚自珍这两首诗就是祖述或发挥朱熹之真知灼见的,但出以诗的形式,便别有意味了。这两首诗的差别,则在第一首诗专论陶潜《咏荆轲》,第二首诗则概论渊明其人其诗。两诗是从特例到一般,可以相互补充。

"陶潜诗喜说荆轲",在某些选本中被解为"陶潜在诗中喜欢提到荆轲"。但陶潜只有一首《咏荆轲》的诗,别的诗中并没有提到荆轲。即使把《读山海经》的精卫刑天之什加上,他的金刚怒目式作品为数也不多,似乎不能说是"喜说荆轲"了。所以那种解释扞格难通。其实,只要不用习惯的文法解诗,这句的意思本来是清楚的,那就是:"在陶潜诗中我特别喜欢《咏荆轲》这一首"。从而接下去又说:"我甚至能够想象他高歌遏云的慷慨激昂的样子。""想见停云发浩歌"这句,借用陶潜《停云》诗的篇名字面,形其浩歌激烈的程度。按《停云》系四言诗,序云"思亲友也",其本身并非"浩歌"。故释为"可以想见他写完《停云》诗高声吟唱时

的激昂神气"(浙版《龚自珍诗选》)也不妥当。从下文"恩仇"、"侠骨"等说法看,此诗是专为《咏荆轲》而发,不得阑入内容迥乎不同的他作。三四句是作者继续想象陶潜作完《咏荆轲》高声吟诵时的内心活动:"吟到恩仇心事涌,江湖侠骨恐无多。"因为荆轲刺秦王是为了遏止秦的扩张侵略行径和报答燕太子丹的知遇之恩,故云"吟到恩仇"。作者认为陶潜咏荆轲不是发思古之幽情,而是借古人酒杯浇自己块垒,故云"心事涌"。其所以如此,是因为当时像荆轲一样行侠仗义的人怕已不多了。"江湖侠骨恐无多"的"恐",与前文"想见"呼应,仍是揣想的语气。此诗从头至尾,全是想象陶潜写作《咏荆轲》时的神气和心情,栩栩如生地塑造了一个鲜为人知的、刚肠疾恶的陶潜形象。它不仅指出《咏荆轲》是豪放之作("浩歌"),而且探讨了它的创作动机,故较朱熹的论断又进了一步。

理解了第一首诗,第二首诗也就容易解会了。劈头一句就是"陶潜酷似卧龙豪",不但指出了渊明骨子里那个"豪"字,而且将他和诸葛亮相提并论。注意这里只说"卧龙",不说"孔明",是很有分寸的。因为陶潜毕竟不曾在政治上有所建树,所以他只能比拟为高卧隆中时的诸葛亮。这句原注:"语意本辛弃疾。"辛词《贺新凉》云:"把酒长亭说。看渊明、风流酷似,卧龙诸葛。"作者同意并化用了这一说法。陶渊明酷爱菊花,松、菊等形象在陶诗中屡见不鲜。它们都有傲霜耐寒的特性,为高洁坚贞象征。故诗人用"万古浔阳(今九江)松菊高"来比喻陶潜其人的高尚品格。而文如其人,故作者又对陶作出一个新的评价:"莫信诗人竟平淡,二分梁甫一分骚。"从钟嵘《诗品》以陶潜为古今隐逸诗人之宗以来,历来论陶诗者,统归之于平淡一流,如葛立方《韵语阳秋》、蔡宽夫《西清诗话》等皆是。作者却以"莫信"二字一概抹倒,认为如将陶诗三分,则有二分近于《梁甫吟》、一分近于《离骚》。《三国志》载诸葛亮"躬耕陇亩,好为《梁甫吟》",《梁甫吟》本古乐府楚调曲名,内容多感慨世事之作。《离骚》则是屈原的杰作。二句意谓陶潜也是有政治抱负,感情激烈的诗人,不能认为他浑身静穆或平淡。这种陶潜观,较之朱熹又有深化。后来鲁迅先生说,即以陶诗而论,"除论客所佩服的'悠然见南山'之外,也还有'精卫衔微木将以填沧海;刑天舞干戚,猛志固常在'之类的'金刚怒目'式,在证明着他并非整天整夜的飘飘然。这'猛志固常在'和'悠然见南山'的是一个人,倘有取舍,即非完人,再加抑扬,更离真实"(《题未定草》(六))。这样评价陶潜,自然更加全面。但龚自珍当时似乎有些过正的"二分梁甫一分骚",对于矫历代"平淡"论陶之枉,仍是值得赞赏的鞭辟入里之论。就诗而论,这首绝句先推出一个卧龙式的陶潜形象,再用"莫信"二字提唱,转出议论,末句妙用"析数法"接住上句,便见音情摇曳,耐人寻思。

(周啸天)

己亥杂诗(二一〇)　　　　　龚自珍

缱绻依人慧有余，长安俊物最推渠。
故侯门第歌钟歇，犹办晨餐二寸鱼。

这是一首咏物寓言诗。诗末有作者注云："忆北方狮子猫。"狮子猫，又叫波斯猫，是一种珍贵动物，黄汉《猫苑》："张孟仙曰：狮猫产西洋诸国，毛长身大，不善捕鼠。一种如兔，眼红耳长，尾短如刷，身高体肥，虽驯而笨。"猫而肥、笨、不善捕鼠，等于是白养的废物，该丢弃的。但是，世上之事，十九与人所想不同。据徐珂《清稗类钞》记载："历朝宫禁卿相家多蓄狮猫"。一种无用的东西，居然被朝廷和卿相之家所豢养，这本身就具有讽刺意义。那么，狮子猫是怎样得人宠爱的呢？

"缱绻依人慧有余"，狮子猫自有它的本领：凭着自身能力无法生存下去，它便自然而然走上"依人"之路；而为了更好地生存"发展"，它又一反笨伯形象，做出百般的媚人姿态，施展各种骗人手段，表现得异常的聪明。"缱绻"勾勒出其骗人的媚态，而"慧"与"依人"连接在一起，笔下也透出极大的嘲讽；"慧有余"三字合用，更是尽冷嘲热讽之能。

"长安俊物最推渠"，终于，它施展手段的目的达到了，成了京城最受人宠爱的动物。"长安"，这里代指清都北京。在这一句里，值得品味的是一个"推"字，推者，推重也。可见，狮子猫之所以成为"俊物"，是因为有人在"推"，有人在捧。是谁呢？

"故侯门第歌钟歇，犹办晨餐二寸鱼。"这二句便承上而来：第一，"推"者出现了，便是那些王侯卿相；第二，诗人的笔比上二句也更尖刻了，他不说那班当朝显贵，却有意拈出业已门第衰落、歌舞声和钟磬声皆已消歇的"故侯"，即便是"故侯"之家，自己穷得叮当响，还要办上一份狮子猫的早饭——可怜的、二寸长的小鱼。"故侯"尚如此，则现任的"侯"们家中，狮子猫所受宠之深、所食鱼之大，就不言而喻了。至此，狮子猫的"慧"、狮子猫的"俊"，都得到了入骨的描绘。然而，诗人的用心还不仅于此。

我们知道，一种现象的出现，必然具备使它赖以产生的条件。如果说狮子猫是丑恶可讽的，那么，那些甘心接受它的欺骗、并要推它为"俊物"的人，不也是讽刺的对象吗？尤其是那些"故侯"，把狮子猫作为往日显赫尊荣的象征，不论其是否有实用价值，硬要养着它装点门面，这更是可悲可怜的，正如孔乙己站着喝酒却仍要穿长衫一样。再推而广之,鸦片战争前夕的清王朝,不也是个走向末路的"故侯"之家么?朝廷里大批冗官闲曹,不也正是狮子猫的嘴脸么?作者曾于《己亥杂诗》第六十四首中写道:"熙朝仕版快茹征,五倍金元十倍明";第七十七首自注中也有"汰冗滥"一条建议。因此,可以说,这首诗是借狮子猫的形象,揭露了京城里那些尸位素餐的封建官僚的丑恶嘴脸,从而讽刺了清代官僚制度的腐朽。

《己亥杂诗》中第二〇四首至二〇九首,也是咏物诗,分别忆写了鸾枝花、芍药、海棠、丁香等,但那六首诗咏写的都是植物花卉,本首则以动物为对象;那六首诗作者自注中多明确点出是"京师"、"丰宜门"、"宣武门"等,本首只模糊注上"北方";那六首多有"记得""难忘"之词,包含着实实在在或隐隐约约的情节,目的在于情事的回忆,这首诗却纯粹描写对象的习性、品格,目的在于讽刺时事。手法上,那六首诗以叙述、抒情为主,这首诗则描写、寓言兼用。因此,在《己亥杂诗》315首中,本诗是独特而突出的一首。 (孙文光　彭国忠)

杂诗,己卯①自春徂夏,在京师作　　龚自珍

楼阁参差未上灯,菰芦②深处有人行。
凭君且莫登高望,忽忽中原暮霭生。

〔注〕①己卯:即嘉庆二十四年(1819),此年春作者在京参加会试,落第。②菰芦:茭白与芦苇,皆为水生植物。③陶然亭:地在北京外城之南,即今陶然亭公园。

自珍少时自负甚高,文名、狂名满东南,但科场却不太顺利,举人考了几次才于嘉庆二十三(1818)年得中,二十四年进士考试又失利,诗人胸中郁积了许多愤懑,这组《杂诗》正是此时心态的反映。

据本诗原注,此篇标明题于陶然亭③之壁。《消寒诗话》云:"京师外城西偏多闲旷地,其可供登眺者曰陶然亭。近临睥睨,远望西山,左右多积水,芦苇生焉,渺然有江湖意。"可知此地自清初便是京城文士消闲游览之地。此诗第一、二句即写诗人到陶然亭游览时所见。那里亭台楼阁,参差错落。黄昏已至,华灯未上,一片昏黑,湖草深处已经有人活动了。这是写实景,但诗人通过叙述、描写,引起了读者思考:一,菰芦深处并非人当行走之地,而却有人行走,可知此人意在避人耳目。二,"未上灯"时有人行走本属正常,而诗人特为拈出,其意在说这种人本不当在此时行走。三,"菰芦"句有典。《建康实录》记三国时东吴殷礼"与辅义中郎将张温使蜀,诸葛亮见而叹曰:'江中菰芦中生此奇才'"。这样就把"菰芦深处"行走之人与"奇才"联系起来。四,龚氏年青时所写的《尊隐》中就已认为

满清已处于"衰世",人才不在庙堂而在江湖、山中。"日之将夕,悲风骤至,人思灯烛,惨惨目光,吸饮暮气,与梦为邻。未即于床,丁此也以有国;而君子适生之;不生王家,不生其元妃、嫔嫱之家,不生所世世蒙之家,从山川来,止于郊。"诗中所写的那位在陶然亭外行走之人不正是"止于郊"的"君子"吗?联系政治局势来看,当时正是各种秘密宗教和秘密会社扩大组织、积极活动时期(嘉庆十八年天理教会众曾在林清领导下打入皇宫),虽不能说自珍之心与他们相通,但对他们的活动是有较客观的认识与积极评价的,特别是在不得意的时候。据上分析可知,一二句通过写景暗示满清王朝已处于危机四伏的不安定时期。"凭君"二句言请(凭,请)君不必再登高远眺,天已黄昏,那一片迷茫的中原已经是暮霭升腾了。最后一句与首句相呼应,是写景,更具象征意义,并把着眼点从陶然亭引向中原大地、引向全国。"且莫"二字发人警醒。意为不用多说,其意自明。天子脚下,尚且如此,中原大地,莽莽苍苍,其风诡云谲,自不待言。这与《尊隐》中对衰世的描写十分类似:"俄焉寂然,灯烛无光。不闻余言,但闻鼾声,夜之漫漫,鹖旦不鸣",于是"山中之民,有大音声起,天地为之钟鼓,神人为之波涛矣。""黄昏"、"暮霭"已至,那么距"有大音声起"的时代也就不远了。

(王学太)

投宋于庭翔凤① 龚自珍

游山五岳东道主②,拥书百城南面王③。
万人丛中一握手,使我衣袖三年香。

〔注〕① 宋翔凤(1776—1860):字于庭,长洲(今江苏苏州)人。少家贫,随母归宁,师事其舅庄绍祖,主今文学。嘉庆五年举人,曾官泰州学正,晚年为兴宁、耒阳等地知县。 ② 东道主,语出《左传·僖公三十年》,后泛指主人。 ③ 南面王,古人以坐北朝南为尊,故人君皆南面而坐,称南面王。

嘉庆著名公羊学家庄绍祖曾说,吾诸甥中,刘申受(逢禄)可以为师;宋于庭可以为友。可见翔凤少时学即有成,受到舅氏的器重。龚自珍曾师事刘逢禄,翔凤自然为其师辈。宋氏又曾出入于自珍外祖父段玉裁之门,二人又多了一层关系。更重要的是,他们气类相合,都有一股傲兀不屈之气。龚认识宋约在嘉庆二十四年(1819)。此年各省举人都集中到北京准备参加当年春天恩科会试和次年春天常科会试,自珍就在此年从刘逢禄学习公羊学,因而认识了同来参加考试的宋翔凤。次年翔凤参加考试时因其妹夫分校礼部,循例回避出都,自珍有《紫云回三叠》送翔凤离京。从此二人结下深厚的友谊,自珍直到其最后一年所写的《己亥杂诗》中仍有怀念宋的作品。此诗是赠翔凤诗中写得最好的,它不仅突出了翔凤的好客与学识,而且还写出了翔凤的风采及两人一见如故的深厚友谊。

"游山"二句写翔凤为人。"五岳"在这里泛指名山大川。自珍于嘉庆二十五年曾游太湖洞庭二山,翔凤家长洲在太湖边,成为龚氏的"东道主"。他热情地接待了自珍,谈学论道、陪同游览,给自珍留下深刻的印象,直到晚年,他还写道"长洲重到忽思君"。"拥书百城"言宋氏学问之富。《魏书·李谧传》中有云:"丈夫拥书万卷,何假南面百城。"言拥书万册而学,胜于作百城之诸侯。龚氏变换李谧字句,言翔凤拥书众多,仿佛学界之南面王。这些都是外在的,有目共睹。两句的佳处在于极其精练而准确地把它们表现出来。

"万人丛中一握手"写龚、宋二人初相识情景,古人描写邂逅相遇,即成知心,曾用"倾盖如旧"来形容。而自珍是写两人相知已久,只是茫茫人海无由相逢。突然三年前在红尘扰攘的京师得以相识,其兴奋可以想见,大有相见恨晚之意。"一握手"含意丰富,有握手即别之意(苏武诗"握手一长叹,泪为生别滋"),也有握手谈心之意(李白诗"与君论心握君手,荣辱于余亦何有"?),给读者留下宽阔的想象余地。最末一句写翔凤之风采,《襄阳记》曾云汉末荀彧"至人家,坐处三日香"。后多用以形容高人雅士之风采。唐上官仪送人诗中有"天津一别九秋长,岂若随闻三日香"之句。诗中变"三日香"为"三年香",一方面是极言其馨香留芳之久;另一方面从龚宋相识到写诗之时恰恰三年。意为握手之后衣袖之香至今不灭。可见宋翔凤之人格力量给诗人感染之深。此句为点睛之笔,不仅突出了翔凤之精神风貌,也表达出诗人对他的崇仰。

(王学太)

夜　　坐(其一)　　龚自珍

春夜伤心坐画屏,不如放眼入青冥①。
一山突起丘陵妒,万籁无言帝坐②灵。
塞上似腾奇女气③,江东久陨少微星。
平生不蓄湘累④问,唤出姮娥诗与听。

〔注〕① 青冥:天空。　② 帝坐:亦称帝星,指北极第二星。《晋书·天文志》记载:"北极五星……第二星主日,帝王也。"　③ 奇女气:《汉书·外戚传》记载:赵倢伃"家在河间。武帝巡狩,过间,望气者言,此有奇女,天子亟使使召之"。　④ 湘累:扬雄《反离骚》"叙吊楚之湘累"。注:"诸不以罪死曰累。屈原赴湘死,故曰湘累。"(按:屈原实投汨罗江而死,因汨罗和湘水都注入洞庭湖,古人便误以为汨罗流入湘水,实非。此处以湘水代汨罗江。

春宵一刻值千金,花有清香月有阴。值此春夜良宵,正是文人雅士持红烛赏残花之时,而龚自珍为什么独个儿"春夜伤心坐画屏"呢?"伤心"二字很值得含味。

　　原来这是道光三年(1823)的一个春夜,龚自珍第四次会试又落第了。这不是一般士人怀才不遇的伤感,对于这位一贯倾心于"更法"、"改图",以天下为己任的杰出人物,为了实现自己的理想抱负,必须首先谋得一个进身之阶,而科场屡挫,实在使他感到太伤心了。

　　尽管春天之际,面对杂树生花、落英缤纷的景象,不免产生美人迟暮之感。哪还有秉烛夜游的雅兴,于是谢绝酒朋诗侣,独自坐在画屏后面唉声叹气了。

　　如此长夜枯坐,又感到实在太沉闷和压抑了,"不如放眼入青冥",到室外去散散步,聊解愁心吧!

　　于是诗人独步于星月之下,不时地伫立遥望那迷蒙的夜空。啊,一座拔地而起的巍巍高山,简直像倚天长剑般地直刺云霄,多么高峻,多么奇伟!不远处恍惚有大片鬼魅黑影,那是连绵不断的矮小丘陵,好像平庸委琐的群小,用妒嫉的眼睛凝视着那位横空突起的孤傲的伟人。再向那遥远的天空望去,有一颗帝星(第二北极星)寒光闪闪,在它的威灵下,一片空旷沉寂,万籁无声。

　　这大自然的景象,仿佛触动了诗人自己的心事,他随口漫声吟道:"一山突起丘陵妒,万籁无言帝坐灵。"一个"妒"字,意味深长。的确,龚自珍这位"绝世奇才"出现在黑暗腐朽的"封建末世",真像"一山突起"啊。他是一位眼光敏锐和时代感极强的人,"引公羊义讥切时政,诋排专制","文章忘忌讳,才气极纵横"。在保守官僚眼里,他遂成了言语"怪诞",放荡不羁的"狂士",因此,他纵然身怀绝世之才,却被人有意压抑不用。一次次的科场挫折,终使龚自珍意识到这一点。如早在道光元年,他去应考军机章京(清政府军机处的属员),就因某权贵阻挠而落选。后在道光九年,他第六次参加会试,总算考取了一名进士。殿试时,他当着道光皇帝的面,在《对策》答卷中以王安石变法思想,纵论天下事,他很自负,以为稳操胜券。结果,他的"直陈无隐","阅卷诸公皆大惊"。封建统治者怎能看中这样一位胸怀变革的异端人物呢,便有意压低其录取名次,使他不能成为翰林院庶吉士,从而彻底地失去了参与朝政的机会。当然,他们不得不承认他的超群才略,便吹毛求疵,说他"楷法不中程式"。他们选贤举能的标准竟是能不能写一手好字,真是荒谬之极!龚自珍长期为此忿忿不平。据柴萼《梵天庐丛录》记载:"(定庵)生平不善书,以是不能入翰林。既成贡士,改官部曹,则大恨。乃作《干禄新书》以刺执政。凡其女、其媳、其妾、其宠婢,悉令学馆阁书。客有言及某翰林者,定庵必曰:'今日之翰林,犹足道耶?吾家妇人无一不可入翰林者。'"

　　当然,龚自珍对最高统治者道光皇帝不能没有看法。"万籁无言帝坐灵",

看起来他是写看天象所见,实乃富有某种象征意味。浩渺夜空虽然奇迹般地"一山突起",而在那帝坐星周围依旧冷冷清清,星空暗淡无光,万物寂然无声。说"帝坐"旁边"万籁无言",不由使人想到当时"万马齐喑"的政治空气。皇帝身边都是些什么样的人呀,道光朝大学士曹振镛,位极人臣,红极一时。为什么他能得到皇帝特别恩宠呢?有人向他讨教其中诀窍,曹说:"无他,但多磕头,少说话耳。"原来皇帝豢养的都是一些昏庸腐朽,奴性十足的庸人,靠这种人怎能治理国家,这样的朝廷能不死气沉沉!

古代人们常以观察天体星象的变化来推测人世间的祸福灾异。龚自珍深感于"衰世"的才乏人庸,不由继续仰观天象:"塞上似腾奇女气,江东久陨少微星。"看,在那遥远的边塞,似乎升腾起一股"奇女气";而在"自古多才俊"的江东地区,象征士大夫之座的少微星却久已陨落了。在这里,龚自珍实际是进一步借天象论人事。"江东久陨少微星"句暗暗关联着前面的"万籁无言帝坐灵",指出由于朝廷无人,以致造成死水一潭的可悲局面。这是问题的一个方面,另一方面,人才又被压抑,不能脱颖而出。"塞上似腾奇女气"是用汉武帝故事,汉武帝巡狩,过河间,见天空有奇女气升腾,因寻得才女赵俇伃。可是,而今汉武安在?这一句暗暗关合前面的"一山突起丘陵妒",表现了诗人对贤才遗野、不见录用的痛惜之情。

然而,值此大厦将颓,亟需栋梁之际,有人才而不得其用,天意乎?人为乎?"平生不蓄湘累问,唤出姮娥诗与听。"诗人感叹说,我不愿学屈原的样,把平时胸中郁积的疑问没完没了地叫老天去解答了,恐怕也是"天问有灵难置对"。你看,今晚的月色多好啊,还是请月里嫦娥来听一听我诗篇中的衷曲吧!人间没有知音,诗人只能求之于天上嫦娥,他多么孤独、抑郁和希望获得理解啊!

这首诗把自我抒情主人公的形象置于广阔高远的宇宙空间的情境之中,诗人似乎是在观天象,实际上是运用丰富的想象,编造一个富有象征性的神话般境界,高山、丘陵、星座都活了起来,都像人一样有七情六欲,而且也像人间那样争斗和污浊。显然,诗人是借天上幻影,讥评人间政事,表现出龚自珍用诗歌"著议"时政的高度艺术技巧。龚自珍以诗论政,善于将议论依附于形象,与形象紧紧融合在一起,浮想联翩,"遂挟奇心恣缥缈",具有浪漫主义的绚丽色彩和奇伟宏大的气魄。此诗就充分表现出这一特色。"一山突起丘陵妒,万籁无声帝坐灵"是曾为康有为激赏的名句,其《出都留别诸公》诗云:"高峰突出众山妒,上帝无言百鬼狞",便是由此脱化而出。

龚自珍以诗议政,开一代风气;其思想的深刻和艺术独创,使其有别于唐宋诗,从而开创近代诗歌的新风貌。

(铁 明)

夜　　坐(其二)　　龚自珍

　　沉沉心事北南东,一睨人材海内空。
　　壮岁始参周史席,髫年惜堕晋贤风。
　　功高拜将成仙外,才尽回肠荡气中。
　　万一禅关砉然破,美人如玉剑如虹。

　　此诗写于清道光三年癸未(1823),诗人三十二岁。在那个"万马齐喑"的年代,他怀才不遇,悲愤难忍,便写了这组诗。这是第二首。

　　"沉沉心事北南东。"诗之所以心事沉沉,正由于他关怀世事,注重东西南北之学。道光元年(1821),他协助程春庐大理修《会典》,校理青海、西藏各地图志,开始从事于天地东西南北之学。他"心事浩茫连广宇",不愧为近代睁着眼看世界的第一人。

　　"一睨人材海内空。"诗人睁眼一看(一睨,即一看的意思),竟觉得海内没有人材。是否中国当时真的没有人材呢？自然不是。与龚自珍大致同时的林则徐、魏源等,不都是难能可贵的并世之才么？问题在清廷统治者不肯重用人材,把许许多多人材都埋没了;他们宠爱的大都是庸才兼奴才。这就难怪诗人为之愤慨了。

　　诗人胸怀经时济世之才,屡次会试却都未被录取。直到近三十岁,才"在内阁充国史馆校对官"(吴昌绶《定庵先生年谱》)。诗中所谓"壮岁始参周史席",即指此事。周史,原谓周朝的史官,老子李聃即曾任周王朝的柱下史。诗人以周喻清,也隐以贤者在下位的老聃自况。

　　诗人为什么贤能而处于下位呢？他总结为一条:"髫年惜堕晋贤风",意思是说他自幼即养成像晋代名士那样狂放、倨傲的性格。试想:在那样一个贿赂公行、拍马吹牛成风的社会里,能有他进身之阶么？句中用了个"惜"字,诗意就宛转、含蓄多了。

　　诗人急于救亡图存,原不在乎像韩信那样居功拜将或像张良那样功后"成仙",而是出于一种超乎这些之外的爱国理想。他为了祖国的富强和人民的幸福,愿意竭尽自己的才智,哪怕"回肠荡气"(肝肠回旋,心气动荡)亦在所不惜。这两句,典型地表达了中国优秀知识分子传统的事功观:即屈原的竭智尽忠"虽九死其犹未悔"(《离骚》)和左思的"功成不受爵,长揖归田庐"(《咏史》其一)的精神。

尾联表明诗人虽受了道家(如庄子)和释教(如禅学)的影响,但仍然执着地追求自己"一剑一箫"的理想。所谓"美人如玉",即用秦女弄玉吹箫引凤的典故,象征着诗人为艺术锲而不舍的审美追求;所谓"剑如虹",即用荆轲入秦的典故(《史记》:"荆轲慕燕丹之义,白虹贯日"),象征着诗人为祖国不惜献身的伟大襟怀。

这首诗,跟龚自珍大多数作品一样,骤读之下,似乎很难索解;但透过他施放的文字烟幕,寻出他一贯的思绪,还是比较容易悟出其本意来的。龚诗的风格,显然受宋人的影响居多;但抒情兼以议事,仍有他"不拘一格"的独特之处。

(蔡厚示)

三 别 好 诗 龚自珍

狼藉丹黄①窃自哀,高吟肺腑走风雷。
不容明月沈天去,却有江涛动地来。

(原注:右题《方百川遗文》②)

〔注〕 ① 丹黄:指朱笔、黄笔在读过书上所作的批点。 ②《方百川遗文》:清方舟撰。方舟(1665—1701)字百川,桐城人,其文集已佚。

"三别好"谓三种与众不同的爱好,指爱读吴伟业诗,方舟及宋大樽古文。为什么偏偏爱此三家呢?其《序》中言:"余于近贤文章,有三别好焉;虽明知非文章之极,而自髫年好之,至于冠益好之。兹得春三十有一,得秋三十有二,自揆造述,绝不出三君,而心未能舍去。以三者皆于慈母帐外灯前诵之,吴诗出口授,故尤缠绵于心;吾方壮独游,每一吟此,宛然幼小依膝下时。吾知异日空山,有过吾门而闻且高歌,且悲啼,杂然交作,如高宫大角之声者,必是三物也。"原来这三种诗文皆为作者幼时母亲所亲授。龚母段驯为著名学者段玉裁之女,著有《绿华吟榭诗草》。自珍读此三书已三十余年,直至壮年,每一读到此三集,脑中马上就会出现儿时依恋于母亲膝下苦读的情景。自珍成年以后与母亲分别时多,团聚时少,因此,这种回忆必然交织着感慨与悲哀。作者写此组诗时在京供职,其母随父远在苏松太兵备道署,而且母老多病(在此年逝世),这更使他对母亲十分惦念,因而看到《方百川遗文》上"丹黄狼藉"的批点,犹是母亲手泽,必然是感从中来。诗人用"窃自哀"形容,因为这种悲哀是他人所不知道、所不了解的。"高吟肺腑"句是描写自己"且高歌,且悲啼,杂然交作"的情景。诗云诵吟之声,出自肺腑,仿佛风雷奔走,震撼大地。这是诗人的自我感受,因为心情激动,吟诵与心跳共震,必然会有风雷激荡之感。三四两句笔锋一转,变叙述为描写,此时明月在天,正欲西沉;而大江滚滚,怒涛澎湃,其声震天动地,似有惊转明月回身上升、不容其下沉之势,境界壮阔而充满悲慨。这是击节长吟,"高宫大角"之声所产生的幻象;还是《方百川遗文》中的某些篇章为诗人所展示的意境?抑或两者兼而有之?方集已佚,这些只能靠读者想象了。

(王学太)

秋 心 三 首(其一)   龚自珍

  秋心如海复如潮,但有秋魂不可招。
  漠漠郁金香在臂,亭亭古玉佩当腰。
  气寒西北何人剑?声满东南几处箫?
  斗大明星烂无数,长天一月坠林梢。

  这首七律写于道光六年(1826)。作者在此之前的嘉庆二十三年(1818)中举人,而后则渴望考中进士,步入仕途,以大展其更法革新之宏图,实现其富国强兵之理想。但是命运多舛,几次会试均名落孙山。道光六年春参加丙戌科会试仍然落第,报国无门,满腔愤懑;而其几位志同道合的好友如谢阶树、陈沆、程同文等亦于是年相继逝世,倍觉悲慨。当然诗人锐意探求改革、呼唤风雷的志向并未泯灭,其慷慨豪迈、孤峻高洁的个性亦不见稍改,但内心深处又郁积着理想渺茫的苦闷、壮志难酬的愤慨以及悼念亡友的哀思。特别是时处秋天,悲慨之感尤为深切。此诗把自我抒情主人公的形象置于阔大雄浑的空间情境之中,使内心与宇宙相互勾通,把主观的情致客观化、具象化,借以寄寓自己博大的心灵与不羁的个性。他神思飞越,想象奇特,驱遣宇宙间的星与月、海与潮,充满恻悱遒上、亦柔亦刚的内心激情,全诗写得"奇境独辟"、"别开生面"(林昌彝《射鹰楼诗话》卷十评龚诗语),雄奇瑰丽。

  诗一开篇就显得才气纵横,非同凡响,写出诗人开阔的胸襟与丰富的感情。"秋心如海复如潮",这是总写"秋心",亦是点题。所谓"秋心"即我们前面所讲的诗人处于清秋时节的种种"心迹",具有多层次的丰富内涵。龚氏之"秋心"亘古未有,它"如海复如潮",诗人以如此巨大的空间意象来比喻之,就为它开拓出辽阔动荡的心态世界。"海"象征"秋心"之广漠深厚,有涵天负地之容量;"潮"象征"秋心"之激荡汹涌,有撼人心魄之力量,这一句诗堪称气势雄浑恣肆,得《庄子》与李白诗之神。惟有定庵这样个性狂放不羁、胸襟开阔之人,才能构思这样奇伟脱俗之境界。"秋心"的具体内涵之一是思念亡友的深厚之真情。他既愿与生者共同奋进,亦幻想死者能复活,并一起呼唤为九州带来生气之风雷。遗憾而痛惜的是"但有秋魂不可招",这一句之悲思因首句的映带显得分外悱恻沉烈。

虽然,"秋魂不可招"令人痛惜,但堪以慰藉的是亡友之精神不死。诗人对此又充满自豪感与自信力,其心境则处于"如海"的深厚平静的状态。"漠漠郁金香在臂,亭亭古玉佩当腰"。此乃学习《离骚》"美人香草"的象征手法。"香在臂"象征自己也具备美好的品德,有《离骚》"扈江蓠与薜芷兮,纫秋兰以为佩"之意;"古玉"指古人悬挂在衣带上的玉制饰物,此句象征自己亦有高洁的情操,又有《离骚》"惟兹佩之可贵兮"之意。而香气的"漠漠"(弥漫)、玉佩的"亭亭"(高洁),又出于诗人的自创,进一步深化了香、玉的内涵。这两句寓意蕴藉,确有《骚》之"灵鬼"盘踞于诗人肝肠。诗人颇想以品格皎洁、理想高尚的屈原为楷模,这又显示出诗人追求理想的执着精神与耿介的个性特征。

同时,诗人又有屈原"及前王之踵武,荃不察余之中情兮"(《离骚》)的愤怨,空有一腔爱国热血而无处抛洒。想到此,诗人之"秋心"又"复如潮"而掀起沉烈遒上的感情浪涛,他竟像屈原《天问》一样"呵而问之,以渫愤懑":"气寒西北何人剑?声满东南几处箫?""剑气"与"箫声"互映衬,愤懑与幽怨相交织。早在十七世纪中叶,帝俄就窥视我国东北、西北一带。诗人一直关心西北边情,并上疏提出过"徙民实边"等加强西北边防的建议。他的好友魏源以及程同文亦都关心西北边情。诗中"气寒"形容宝剑的凛然之气。古人认为剑气可冲斗牛,这"剑气"既指爱国的志士关于加强西北边防的军事谋略,亦喻忠贞爱国的浩然之气。但作者与其朋友尽管手执"长剑",却无用武之地,因而产生"西北"无人之慨叹。此意以"何人"相诘,则显得"声情沉烈",义愤喷薄,富有力度。诗人把三尺之剑置于"西北"的广阔空间,有倚天之势可使天宇为之生寒气,何等雄奇!可惜作者不能挥剑边域,而只能于故乡"东南"与诗友们吟诗作赋,"才尽回肠荡气中"(《夜坐》其二),以发泄其幽怨了。此即所谓"声满东南几处箫",意谓东南处处箫声满。"箫声"在此句中喻充满幽怨之情的诗文。"剑气"与"箫声"是诗人一生生活与思想的两个对立统一的侧面,前者指追求理想的豪放慷慨的一面,后者指壮志难酬的幽怨低回的一面。诗人一生就处于这矛盾的两个侧面之间。如他的《湘月》词所云:"怨去吹箫,狂来说剑。"

诗人写此诗时虽然不无"说剑"之意,但因境遇之不佳,而使"怨去吹箫"之感占了上风。这在尾联两句尤其明显。诗人选取了天宇空间的星与月两个意象作为假恶丑与真善美的对比,而以前者取代了后者的悲剧作为结局。"斗大明星烂无数",是比喻大批"避席畏闻文字狱,著书都为稻粱谋"(《咏史》)一类无所作为或者为虎作伥的文人却飞黄腾达,如无数明星灿然于天宇。尽管"百星之明,不如一月之光"(《淮南子·说林篇》),但"长天一月坠林梢",广袤的天宇居然没有皎洁的月亮的一席之地,这是喻满腹经纶的经济之士无处施展才能。这其中自然寓有个人落第之意,但更道出了在腐朽的封建社会末世贤愚不分、是非颠倒的普遍现象。随着明月的坠落,诗人的政治理想何时实现呢?诗人感到茫然,更沉浸到沉郁激愤的心境之中。全诗以景结束,余味不尽。

(王英志)

秋 心 三 首(其三) 龚自珍

我所思兮在何处?胸中灵气欲成云。
槎通碧汉无多路,土蚀寒花又此坟。
某山某水迷姓氏,一钗一佩断知闻。
起看历历楼台外,窈窕秋星或是君。

龚自珍是近代启蒙时期的一位伟大诗人。《秋心》三首作于道光六年(1826),他三十五岁之时。这年春天,他和魏源一同参加礼部会试,一同落第。这是他第五次会试失败。同年夏天,他的好友谢阶树、陈沆相继逝世,他为此作《二哀诗》;西北舆地学家程同文逝世后,他也极为伤悼,哭祭于城西古寺,为赋三律。宦海沉沦,故人星散云逝,使他心潮澎湃,不能自已。怀着这种凄凉寂寞的感情,写下了《秋心》三首,悼念亡友,也是自伤沦落。三首诗各有不同侧重:《秋心》其一抒缅怀亡友的哀思,其二写愤世嫉俗之情,《秋心》其三,感情更为深沉,表现了一个孤军奋斗的战士对于人生的沉思。

这是一首"声情沉烈,恻悱道上,如万玉哀鸣"(《己亥杂诗》程金凤女士跋尾)之作。它主要抒写对于理想的追求和幻灭。但是,心灵中的理想的光焰是不能熄灭的。这首诗用象征主义的手法,表现了对于一个缥缈的、可望而不可即的美好梦想的憧憬,一种热烈执着而又痛苦的追求。

章太炎曾经批评龚自珍:"所赋不出佩兰赠芍之辞,所拟不离鸣鸠啼鹃之状。"(《别录·箴新党论》)章氏原意虽为贬词,但却也大体道出了龚自珍艺术手法的渊源所自。他继承了我国古典诗歌的比兴传统,并发展为一种象征主义的手法,在诗歌创作中得到广泛的运用。这体现了龚自珍所特有的一种朦胧的美学情趣。他的《神思铭》说:"夫心灵之香,较温于兰蕙;神明之媚,绝嫣乎裙裾。殊吟窈呻,魂舒魄惨,殆有离故实、绝言语者焉。"可见他所极力捕捉的是那超乎象外的"心灵之香"、"神明之媚";他所刻意追求的是"离故实、绝言语",只可意会、难以言传的艺术境界。

《秋心》其三带有浓重的比兴象征的意味,运用冷热相间的色调,虚实交融的技法,构成迷离惝恍、纵横飘忽的骚体境界,这是《秋心》其三的艺术魅力所在。

首联以《天问》式的突兀凌空而来。"我所思兮在何处",表现出一种热切的期待、渴望,透露了一个迎着黑暗势力搏击奋进、热烈追求光明的诗人内心的焦灼。诗笔锋棱飞动,使读者的脑海中顿然浮现出一个"拔剑四顾心茫然"的诗人形象。此句统摄全诗,通篇所写——追求,幻灭,彷徨,以至重新燃起希望,都是回环咏叹这一主题,表现了诗人那种碧落黄泉、上下求索的执着。"胸中灵气欲成云","灵气",指胸中的灵香郁伊之气。《己亥杂诗》一九五:"冰雪无痕灵气杳,女仙不赋降坛诗",可见"灵气"是指创作灵感,实际即是指"情",也就是诗人胸中激荡澎湃、来何汹涌、去尚缠绵、无以名物的"幽光狂慧",是他的那种蟠天际地、万恨沉埋的"剑气"、"箫心"。"欲成云",用云的屯聚、纷纭,以形容感情郁结,思绪纷乱。他的《观心》诗:"幽绪不可食,新诗如乱云。鲁阳戈纵挽,万虑亦纷纷。"用意略似。这句说,激情受到压抑,胸怀郁塞,块磊难平。

颔联用大起大落的手法,描写理想的幻灭,跌宕起伏,摇曳多姿,炽热的激情与冷酷的现实形成鲜明对比。

"槎通碧汉无多路","槎",木排。"碧汉",天河。晋张华《博物志》记载一个民间故事:有海边居民,见年年八月,海上有浮槎去来,不失期。此人乘槎去,泛至天河,又随槎回海边。后人又把这个故事和汉张骞的事牵合,传说张骞奉命出使西域,寻找黄河源头,曾乘天河飘来的浮槎泛至牵牛宿畔。这个民间传说带有古老而迷人的神话色彩。后人引用这个典故,多用来表示水月镜花、虚愿成空的幻想。杜甫《秋兴》其二:"听猿实下三声泪,奉使虚随八月槎。"这里,"槎通碧汉",自然是一个令人心驰神往的绮丽的梦,然而笔势一折,"无多路",徒然令人自嗟自伤而已。一般看法以为:此系指龚自珍五次会试失败,考军机章京又告失败的事,暗示登上政治舞台渺无希望。这种说法虽然言之有据,但是未免失之太实,过于胶滞,诗意当在若虚若实、有意无意之间求之。与其说诗人是在直陈其事,叙说自己困顿场屋的遭遇,勿宁说是表现了诗人对于人生机缘和命运的思索:想要到达理想的彼岸却又无路可走。

"土蚀寒花又此坟",这是一幅阴冷的图画。"槎通碧汉",象征理想之瑰奇高邈;"土蚀寒花",摹写现实之冷峻严酷。"寒花",比拟被摧折而凋谢的人才。龚自珍是有一种落花身世之感的。他在《减字木兰花》中就有"身世依然是落花"的自况之句。此词虽然伤感,但是毕竟还带着些青春的色泽,而"土蚀寒花"句,则色调更为惨淡。又是一座新坟出现了,长逝者就像寒风中瑟缩萎谢的花儿,在泥土中腐烂,化为乌有。这是写有才华的志士一个又一个相继寂寞地离开了人间。这不仅仅是哀悼亡友溘然长逝,沉埋九泉,而且是从哲理的深度揭示了一个永恒的文学主题——生与死。他写的是朋友的今天,也就是自己的明天,是自己的黯淡命运的前景。一种浓重的悲凉惨淡的气氛渗入读者的心扉,仿佛一道深渊横亘在人们面前,使人们目击了一个可怕的字眼——死亡!

颈联写幻灭之余的求索,是在云汉难期、寒花埋恨的痛苦中的希冀。笔调空灵蕴藉,于凄迷惝恍的意境中透露了诗人内心的苦闷与彷徨。

"某山某水迷姓氏",这是对于"秋水伊人"的渴念,在不知名的某山某水之间,也许可以寻觅到自己的风尘知己,然而,蓬山何处,水逝云飞,伊人的姓氏却迷失湮没,欲觅无踪。对照他的《琴歌》:"美人沉沉,山川满心。落月逝矣,如之何勿思矣?""美人沉沉,山川满心。吁嗟幽离,无人可思。"《自春徂秋……十五首》其八:"晨诵《白驹》诗,相思在空谷。"都是渗透着诗人的一种缠绵固结、不能自拔的思慕与渴求。此联上句是虚拟之辞,云情烟想,空濛迷幻;下句是实有所指。"一钗一佩断知闻","钗",喻女性;"佩",喻男性。"一",极言其少。仅有的灵犀暗通的挚友——其中包括女性,也已音书断绝,飘萍转蓬,天各一方。证之他的《赠伯恬》诗:"从此周郎闭门卧,落花三月断知闻。"都写的是人生睽离。侧身天地,茫茫六合,攘攘尘海,自己竟然一身畸零,孑然孤立。"人其无朋,孤往何索兮。"(《铭座诗》)这是龚自珍的痛苦的心声。

以手法论,颈联是欲扬先抑,灰暗的色调,阴冷的氛围,都是为了反衬烘托下文,显示那闪烁的星光带给人们的一丝亮色。宛似绝壁枯藤,横崖云断,然而意想不到的是奇峰突起,蔚为异观。

尾联所写的是理想光焰的复明,在一片迷惘之中终于找到了那一颗照亮心扉、永不陨落的明星。

"起看历历楼台外,窈窕秋星或是君。"在茫茫暗夜,仰望苍穹,透过层层楼阁,极目夜空深处,有一颗深沉而美丽的秋星,那也许就是意中的伊人吧?诗的涵意是超乎象外的。"窈窕秋星"究竟何指?是亡友?是自己思慕的恋人?还是只是一个朦胧的梦想?秋星是美丽的,但是它阻隔在历历楼台之外,在那遥远的、高不可测的夜空深处。与其说是实有所指,勿宁说是一个渺茫的、永远可望而不可即的美好梦想,你对它热切地期待、追求,但是逼上前去,它又倏忽远逝了。它使人迷恋,又使人怅惘。

尾联可以与龚自珍的《神思铭》相对照:"黯黯长空,楼疏万重。楼中有灯,有人亭亭。未通一言,化为春星。……峨峨云王,清清水仙……"在黯黯长空中幻化出来的奇境:仿佛蓬莱仙山中的楼台殿阁,一个云山缥缈的美好所在,从疏窗中透出的灯光可以看到有一美人亭亭而立,但是未通一言,已化为一颗明亮的春星,令人不禁产生"明明如月,何时可掇"的遐想,倏忽之间,那似乎近在咫尺的美人就化为碧海青天中的一颗闪烁的明星。它是云中王,是水中仙,飘渺于云海苍茫之际,迷离于烟水空濛之中。这与《秋心》其三相仿佛,同样是写龚自珍心灵深处的一个美好的憧憬,委婉深沉,空濛淡宕,这就是龚自珍用象征主义的手法所构成的一种朦胧美。

全诗以疑问始,又以疑问终,如神龙游空,首尾相衔,极尽回环咏叹之妙。张尔田的《定庵文集跋》称龚自珍的诗:"语极俶诡,意蕴沉悲",是为得其神髓。

(林 薇)

西 郊 落 花 歌　　龚自珍

出丰宜门一里,海棠大十围者八九十本①。花时车马太盛,未尝过也。三月二十六日,大风;明日风少定,则偕金礼部(应城)、汪孝廉(潭)、朱上舍(祖毂)、家弟(自谷)②出城饮而有此作。

西郊落花天下奇,古来但赋伤春诗。西郊车马一朝尽,定庵先生沽酒来赏之③。先生探春人不觉,先生送春人又嗤。呼朋亦得三四子,出城失色神皆痴。如钱塘潮夜澎湃④,如昆阳战晨披靡⑤,如八万四千天女洗脸罢,齐向此地倾胭脂⑥。奇龙怪凤爱漂泊,琴高之鲤何反欲上天为⑦?玉皇宫中空若洗,三十六界无一青蛾眉⑧。又如先生平生之忧患,恍惚怪诞百出无穷期。先生读书尽三藏⑨,最喜维摩卷里多清词⑩。又闻净土落花深四寸⑪,冥目观赏尤神驰。西方净国未可到,下笔绮语何漓漓!安得树有不尽之花更雨新好者,三百六十日长是落花时!

〔注〕①丰宜门:金代京城(中都)正南门,旧址在今北京右安门外西南,故题称"西郊"。十围,形容极粗大。本,棵。　②金、汪、朱:皆龚自珍朋友;家弟指其弟龚自谷。　③定庵:龚自珍号定庵。　④钱塘潮:指浙江钱塘江的潮水。　⑤昆阳战:汉光武帝刘秀以不足万人同王莽四十万大军在昆阳进行的著名历史战役。刘秀以弱胜强,场面极为壮观。　⑥八万四

千:佛经中形容极多的常用语。 ⑦琴高:传说中的仙人。唐陆广微《吴地记》载有琴高乘鲤鱼飞腾升天的故事。 ⑧三十六界:即三十六天,道教认为玉皇宫和人世间隔有三十六层天。青娥:美女。 ⑨三藏:佛教典籍经藏、律藏、论藏的总称。 ⑩维摩卷:佛教典籍《维摩诘所说经》,载有天女散花的故事。 ⑪净土:佛教所认为的佛国清净之地,与下面"西方净土"同意。落花:《璎珞经·普称品》:"于其空中而兴微云,雨诸香花,时空中花积至于膝。"

　　古来吟咏落花之作,多为凄婉感伤的寄托。那"狼藉残红"的自然景观,似乎原本就具有令人怜惜的特质。穷愁郁结的骚人墨客依这指向,更不断将索寞流逝的人际身世之感投射其中。于是这大自然单薄而艳丽的弃儿身上,竟积淀了那许多忧愁迟暮的叹息,终于演化为低回往复的阴柔之美典型的象征物。从孟浩然的"夜来风雨声,花落知多少?"(《春晓》)到李煜的"流水落花春去也,天上人间。"(《浪淘沙》)乃至豪放词人辛弃疾的"惜春长怕花开早,何况落红无数?"(《摸鱼儿》)均概莫能外。至于《红楼梦》中林黛玉那首令人一读一凄绝的《葬花词》,可谓集历来咏落花之大成。而同是吟咏落花,龚自珍的这篇歌行却别发奇想,于纷谢委顿的落红之中升华出一个奇丽无比,又冲荡着阳刚之气的艺术境界。它不是对历史审美积淀的复加,而是以充满浪漫精神的诗心,对这传统观照对象所作的独异的感知和开掘。

　　这首诗作于道光七年(1827)。道光六年春,作者第五次赴京参加会试。虽经考官之一的刘逢禄极力推荐,但终又落第。一个洞彻了"衰世"的种种弊端,不肯溷迹流俗,洁身自好,无休止地对社会官场作毫不留情的揭露抨击,而又言行"怪诞",放荡不羁的"狂士",纵然身怀经世之才,却难以为当道所容纳,在那个时代并非怪事。明晓了这一层,自然不难理解作者何以在诗前小序中有"花时车马太盛,未尝过也"之语,而待海棠花败残摇落时节才去观赏,并为之纵笔作歌。

　　以落第之身观赏落花,该是怎样一番哀感顽艳的滋味?诗一开篇却出人意表:"西郊落花天下奇"。着一"奇"字,即刻扫荡了暮春所特有的凄婉感伤氛围,迥异于以往描写落花的格调。紧接着宕开一步:"古来但赋伤春诗。""但赋"两字不独一笔抹得了以往的"伤春"之作,而且暗示出自己的描写落花是要另辟蹊径的。联系上句,看来诗人的着眼点在一"奇"字。开篇两句一立一破,奠定了全诗的基调,具有总括通篇的作用,出手已见不凡。

　　以下六句约同于诗前小序意思,写前来观赏落花的情况、心情及初见落花的反应。语句间分明透着一种耻于趋炎附势,清高自傲的气骨,又极曲折地道出了自己不被社会容纳的艰难处境和郁愤心情,以及独立不羁的性格特征。但"呼朋亦得三四子"说明毕竟还有志趣相投者在,对整体上处于孤独感中的诗人无疑是一种慰藉和缓解。"出城"后作者仍未着笔落花,而先描绘了观者的表情变化:

首则"失色"、继而"神痴"。一个"皆"字,强调了同行者莫不如此。初见落花,竟使人面色顿变,如醉如痴,那落花之奇,也就不言而喻了。以观者瞬间表情的动态反应虚写落花,在艺术手法上叫做烘云托月。同时也造成一种盘马弯弓,引而待发的情势,牵动着读者的意绪,为下文张目。

那落花魅力如此之大,究竟奇妙到何种程度呢?经过上句的渲染铺垫,下面作者飞驰神奇的想象,用一连串比喻构成惊警独特的形象,淋漓尽致地描绘落花奇观,引全诗进入"神痴"境界。

先看那落花的浩荡气势:那是彻夜澎湃不息的钱塘大潮、风起云涌、翻卷无边,其中似还有震天的潮声在回荡,积得多厚的落花啊!

次看那落花的壮阔场面:那是昆阳城下的大血战、四十万大军四散溃败、尸横遍野,清晨无数的血肉之躯在匍伏、在挣动、在奔走,铺得多广的落花啊!

再看那落花的艳丽色彩:八万四千个天界仙女,竟然在同一个清晨洗去她们脸上的胭脂,再一齐把满盆的红水直倾下来,倾在这西郊的广土上,给这广土涂满充满水亮的鲜红色,红得多么壮观的落花啊!

——三个明喻,复沓叠出,交织成场面恢宏、声势磅礴、色彩眩目而又浑茫一片的艺术境界;这哪是钱塘潮、哪是昆阳战、哪是天女泼水,这分明是诗人在驰骋他的奇思妙想,驰骋他那难以方矩的才气!

写足写满了,还有余勇可贾吗?好个龚定庵,再来一句疑问、一声惊叹。余勇?否也,那是别开天地!

一句疑问:那汉代的琴高呀,你何必苦苦修炼、乘着红鲤鱼上天呢?你不见那天上的奇龙怪凤都兴高采烈地漂泊到人间,你还不快下来、放你的鲤鱼去一块嬉戏?多么活泼自在、随风漫天飞舞的落花啊!

一声惊叹:呀,从道家的玉皇宫,到宫下的三十六层天,刚才还是美女如云,转眼怎么风流云散、一空如洗了?哦,原来天界的红粉佳丽,全涌到了人世间,全成了海棠的精灵!多么神奇、盛大、绮丽的落花啊!

三个明喻,妙之至矣,但不过是比喻而已。这一问、一叹,却于天上所无、想到人间所有,以天上之空落、衬人间之繁盛,这其间,又显露了诗人多么卓而不群,多么高超的才思和想象呵!

以上八句,是"落花"的正题,是全篇的精华。

"神痴"终于过去了,诗人的思绪也渐渐收拢,拉回自身。这时他想到自己生平种种遭际,不禁万感交集,如这落花,恍恍惚惚,离奇怪诞,百般变化,无穷无尽。眼前的花虽落尽,但那众芳摇曳的场景却始终在脑际萦绕,正与诗人无休止的忧患获得意象上的沟通。如果就艺术手法看，前面的比喻还是以各类形象状落花形象的话，那么"又如"两句以"忧患"喻落花，则是以虚写实，以无形写有形。"忧患"虽然看不见，摸不着，但那曲折萦回，恍惚百出的意致，却并不难感知。

全诗到此已申足"西郊落花"之"奇"。下面四句是进一步的联想。由于诗人急欲摆脱眼前落花勾致的"忧患"，思绪又飞升到佛经典籍里与落花有关记载所构成的理想境界。诗人读遍"三藏"，之所以最喜爱"维摩卷"里的清词丽句，正是因为它记载的优美传说"天女散花"，能使诗人从现实的精神缧绁中得到解脱。他胸次骀荡，半醉半曛，陶然于没尘世污浊的"净土落花"，更加神意驰放。这里，反映了对理想境界的向往追求。

然而，幻想只能使人得到片刻的宁静，却难以求获永远的解脱。"西方净国未可到"一句，又从幻想拉回现实。尽管遗憾，却无可奈何，但又并不甘心，故此用绮丽的诗句挥洒淋漓地把落花描绘的何其壮阔美好，以抒泄激宕而又萦曲的情怀。这不仅是诗人心态的曲折反映，也是对全诗思绪的清醒陈述。

既然落花是那样地壮阔奇丽，那样地与诗人昂扬而又孤愤的情怀相对应，相沟通，相容纳，结尾对落花的奋力一呼，也就十分自然了："安得树有不尽之花更雨新好者，三百六十日常是落花时！"渴望更多的新花好花纷泻下来，使那奇妙的景观，一年四季、无穷无尽地存在下去。这无疑是对一种激昂汹涌的理想境界的呼唤，对摧毁"万马齐喑"沉沉局面的"风雷"的呼唤。全诗在这惊世骇俗的呼唤中戛然而止，别有振聋发聩的力量在。

这篇豪放的歌行不以构思的精巧圆润与描写的曲致毕肖见长。而是以纵横飘忽的情感流泻，千姿百态的形象组合，和错综变幻的艺术技法表现出来的对落花反传统的独特艺术感受取胜。首句"奇"字所奠定的基调，作为"情感结构线"，把落花激发的种种思绪和画面流动地串接起来，构成全篇。举凡自然景观、历史战役、神话传说，乃至佛经故事交汇并涌，它们如此地奇诡驰突，大跌大宕，然而又都统一于诗人对落花形象的这种独特感受。这感受来自诗人独立不羁的傲兀性格，来自于对社会黑暗压抑的无比愤怒，来自于对浩荡风雷的殷殷切盼。与其说诗人描写了落花，实在不如说他是把自己整个人生遭际导致的心灵动荡投注于落花。因此，诗人丰富强烈的主观思想感情决定性地支配着对落花独异感受的激发，支配着对想象幻想的驱动，支配着对形象结构的选择运用，就成为本诗综合艺术思维过程最突出的特征，也正是龚自珍浪漫主义诗风的典型体现。

（魏中林）

能令公少年行　　龚自珍

序曰：龚子自祷祈之所言也。虽弗能遂，酒酣歌之，可以怡魂而泽颜焉。

蹉跎乎公！公今言愁愁无终，公毋哀吟哑姹声沉空[1]。酌我五石云母钟[2]，我能令公颜丹鬓绿而与少年争光风。听我歌此胜丝桐[3]。貂毫署年年甫中[4]，著书先成不朽功，名惊四海如云龙，攫拿不定光影同[5]。征文考献陈礼容[6]，饮酒结客横才锋。逃禅一意皈宗风[7]，惜哉幽情丽想销难空。拂衣行矣如奔虹，太湖西去青青峰。一楼初上一阁逢，玉箫金琯东山东[8]。美人十五如花秾，湖波如镜能照容，山痕宛宛能助长眉丰。一索钿盒知心同[9]，再索斑管知才工[10]，珠明玉暖春朦胧。吴歈楚词兼国风[11]，深吟浅吟态不同，千篇背尽灯玲珑[12]。有时言寻缥缈之孤踪，春山不妒春裙红。笛声叫起春波龙，湖波湖雨来空濛，桃花乱打兰舟篷，烟新月旧长相从。十年不见王与公，亦不见九州名流一刺通[13]。共南邻北舍谁与相过从？痀偻丈人石户农[14]，嵚崎楚客[15]，窈窕吴侬，敲门借书者钓翁，探碑学拓者溪童。卖剑买琴，斗瓦输铜[16]，银针玉薤芝印封[17]，秦疏汉密齐梁工[18]。佉经梵刻著录重[19]，千番百轴光熊熊[20]，奇许相借错许攻[21]。应客有玄鹤[22]，惊人无白骢[23]。相思相访溪凹与谷中，采茶采药三三两两逢，高谈俊辩皆沉雄。公等休矣吾方慵，天凉忽报芦花浓，七十二峰峰峰生丹枫。紫蟹熟矣胡麻馎[24]，门前钓榜催词筩[25]。余方左抽豪[26]，右按谱，高吟角与宫[27]，三声两声棹唱终[28]，吹入浩浩芦花风，仰视一白云卷空。归来料理书灯红，茶烟欲散颓鬟浓[29]，秋肌出钏凉珑松[30]，梦不堕少年烦恼丛。东僧西僧一杵钟[31]，披衣起展《华严》筩[32]。噫嚱！少年万恨填心胸，消灾解难畴之功[33]？吉祥解脱文殊童[34]，著我五十三参中[35]。莲邦纵使缘未通[36]，他生且生兜率宫[37]。

〔注〕① 哑姹：同"哑咤"，惊诧愤怒之声。　② 五石：容积。云母钟：云母制成的酒杯。③ 丝桐：器乐。　④ 貂毫：毛笔。署年：题写年龄。年甫中：刚到中年。　⑤ 攫拿：搏持捕

捉。此句言功业、名声如光影瞥逝,难以捕捉。 ⑥征文考献:搜罗考据历史文献。陈礼容:胪列礼仪制度的沿革。 ⑦逃禅:遁入佛教。皈宗风:皈依禅宗。 ⑧琯:同"管"。 ⑨钿盒:镶嵌金花的盒子。取白居易《长恨歌》金钗钿盒以为爱情信物之义。 ⑩斑管:斑竹制成笔管的毛笔,喻诗词。 ⑪吴歗:吴歌。 ⑫灯玲珑:指华灯。 ⑬刺:投谒所用名片。 ⑭痀偻丈人:驼背曲腰的老人,用《庄子·达生篇》痀偻承蜩的故事,指"有道"之士。石户农:拒绝帝舜的禅让,逃往海上的高士,见于《庄子·让王篇》。 ⑮嶔崎(qīn qí 钦奇):山石突兀高峻貌,形容傲骨嶙峋。 ⑯瓦、铜:指古器、古玩。斗、输:比赛输赢。 ⑰银针、玉薤(xiè 械):两种书体,银针是细笔划的篆书,玉薤是粗笔画的隶书。芝泥封:指古代信函封泥上印章的篆刻字体。 ⑱秦疏汉密:秦碑笔划疏朗,汉碑笔划厚密。齐梁工:齐梁碑刻笔划工整。 ⑲佉经梵刻:指佛经。 ⑳番:书页。轴:卷轴。 ㉑奇许相借错许攻:奇书允许互相借抄;错误允许批驳勘正。 ㉒玄鹤:用宋人林逋孤山蓄鹤应客的故事。 ㉓白聰:用后汉桓典乘骢马、人皆避之的故事,代指达官贵人。 ㉔胡麻:芝麻。儚(méng 蒙):器皿中食物满貌。 ㉕钓榜:钓鱼的船。笛:竹筒。 ㉖豪:同"毫"。抽毫:挥笔。 ㉗角、宫:乐调。 ㉘棹唱:渔歌。 ㉙颓鬟:鬒鬒斜堕的女子。 ㉚珑松:花名有玉珑松,形容肌肤清凉。 ㉛杵:钟槌。 ㉜《华严》:即《华严经》。 ㉝畴:谁。 ㉞文殊:菩萨,梵语文殊师利的略称。 ㉟五十三参:五十三位善知识(五十三位"得道"的人)。 ㊱莲邦:佛国。 ㊲兜率宫:即兜率天,指天堂。

《能令公少年行》是一曲青春的颂歌。龚自珍以芳馨悱恻之笔,勾画了一个"珠明玉暖春朦胧"的理想世界,色彩缤纷,韶光烂漫,洋溢着青春的气息,那是一个可以自由舒展怀抱的世界,是他张扬个性、排击黑暗的一片灵台净土,与"夜之漫漫,鹖旦不鸣"(龚自珍《尊隐》)的现实世界构成强烈反差。青春、自由——就是《能令公少年行》这首长篇歌行的主旋律。

龚诗既有雄睨狂言的一面;亦有风流旖旎的一面。本诗堪称"秀句镌春心"(《自春徂秋……》)的佳什,极尽雄奇哀艳之美,令人读后脑际顿时浮现出那个湖畔小楼春夜,"梳双丫髻,衣淡黄衫,倚阑吹笛,歌东坡《洞仙歌》词,观者艳之"(张祖廉《定庵先生年谱外纪》)的英俊少年。

本诗作于道光元年(1821),龚自珍三十岁,在内阁充国史馆校对官。他已两次会试落第,本年转考军机章京又告失败。宦海沉沦,曩昔少年揽辔澄清的凌云壮志屡遭摧折;加之名高谤作,动与世忤,他深深地感受到了孤军奋战的寂寞。"侧身天地本孤绝,矧乃气悍心肝淳"(《十月廿夜大风》),这是一个哲人的孤独和悲凉。他所面临的是"一步一荆棘,大药不疗膏肓顽"(《行路易》)的衰世,颓波难挽,无力挥戈回日,因而不免产生归棹五湖之想。"安得眼前可归竟归矣,风酥雨腻江南春"(《十月廿夜大风》)。

五湖烟雨,是龚自珍的魂梦所系,"尝有买宅洞庭携鬟吹笛终焉之志"(《长相思》小引)。友人钮树玉、叶青原家居太湖东洞庭山,龚自珍夙有买邻之约,一舸寻幽,乌篷听雨,魂萦旧游踪迹,"他生约,亦在五湖烟雨"(《摸鱼儿》),似宿缘,似兰因,剪不断那千丝万缕的情结。他的《桐君仙人招隐歌》:"亦有幻境胸缠绵,心灵构造难具宣。乃在具区之西、莫厘之北、大小龙渚相毗连。自名春人坞,楼台窈窕春无边,俯临太湖春水阔,仰见缥缈晴空悬;中间红梅七八九,轮囷古铁花如钱。"湖山佳冶,春意葱茏,令他如痴如迷,如醉如狂,这就是他梦寐以求的"帝之息壤"。龚自珍有《莫厘仙梦卷子》,诗词中亦屡及之,黛影鸥波,空青沉碧,洸洋自恣于"幽情丽想"之中:"山溶溶,水溶溶,如梦如烟一万重,谁期觉后逢";"画楼高,画船摇,君领琵琶侬领箫,双鬟互见招"(《长相思》)。

《能令公少年行》即写一个幽栖于太湖洞庭山麓的绮梦。它是作者心目中的桃花源。虽然同样是远离世俗尘嚣,同样是远离丑恶龌龊的现实世界,但却迥然不同于陶渊明描绘的桃花源那样的恬静、宁谧;龚自珍笔下的乌托邦,则是一个天骥蹑云的自由王国,带有打破精神桎梏的意味。龚自珍《夜坐》其二:"万一禅关砉然破,美人如玉剑如虹",意蕴与此略似,在本质上反映了个性解放的强烈要求。作者渴望冲破死气沉沉、荆天棘地的束缚,飞向那彩霞满天的彼岸。诗中呼唤皈依自然,还我童心,体现了人性的复苏,青春的觉醒,明显赋有近代思想启蒙色彩,实为梁启超《少年中国说》之滥觞。

小序叙诗所由作,一瓣心香,结撰为诗,芟除不尽心头那"火不能烧,水不能溺"的一缕情苗——对光明的憧憬和追求。虽然那扶摇天际的彩虹,难以捕捉在手,然而,胸中回荡的一支浪漫的青春狂想曲,酒酣歌咏一番,也可以使自己心旷神怡,一破愁颜。寥寥数言,突兀现出挥毫狂草、醉墨淋漓之态。

首段,自"蹉跎乎公"至"听我歌此胜丝桐",为序曲,自问自答,形影相吊,理想的我(句中的"我")欲为现实的我(句中的"公")抚平灵魂的创伤。岁月蹉跎,半生坎壈,一个毛羽摧折的京华倦客,心事浩茫,古愁莽莽,绵亘未有穷期。"哀吟娅姹",意谓"伤时之语"。龚自珍是最早意识到了大厦将倾的先觉者,所谓"未雨之鸟,戚于飘摇;将萎之华,惨于槁木",(《乙丙之际著议第九》),当燕雀处堂、众梦犹酣之时,弹出如此不祥之音,未免"促柱危弦太觉孤"(《己亥杂诗》第一百二十首),竟如风瞥电逝,消失在黯黯长空之中,音沉响绝了。然而,理想之光照亮心扉。"若使鲁阳戈在,挽红日重作青春"(《凤凰台上忆吹箫》),酌我五石美酒,一醉颜酡,犹能重返红颜绿鬓的岁月,而与翩翩年少竞夸风流。序曲以高亢激越之音,弹奏出了作品的主旋律——他在寻觅那逝去了的黛绿年华。

本诗采用自我观照的手法,以理想的我晶光折射现实的我,既写出了蟠天际地的幽恨,也写出了那种"折梅不畏蛟龙夺"(《己亥杂诗》第三百一十二首)的坚强执着。下文写美人、写花秋、写柔青软黛、写白云舒卷……其实都是作者的人格美的自我观照。

二段,自"貂毫署年年甫中"至"幽情丽想销难空",概述平生,自矜之中又带着几分自嘲,品味着人到中年的尴尬。"寥落文人命,中年万恨并"(《得汉凤纽白玉印》),云烟万态,剑气沉埋。忆往昔英年崭露头角,"奇气拿云,清谈滚雪,怀抱空今古"(归佩珊《答龚瑟人公子》),著书立说,笔走龙蛇,挥斥风雷,石破天惊,本当力挽狂澜,功业彪炳千秋,然而,"纵使文章惊海内,纸上苍生而已"(《金缕曲》)。功名之想,浮光掠影,竟如海市蜃楼,转瞬幻灭。征考文献,胪列礼容,坐困冷曹,依旧清狂不减,饮酒结客,词锋纵横,"愿得黄金三百万,交尽美人名士,更结尽燕邯侠子"(《金缕曲》)。诗人勾画了自己"亦狂亦侠亦温文"的个性风貌。大隐金门,畸零人海,欲将礼佛逃禅,皈依天台宗下,然而,那一种非花非雾、五色玲珑的幽情丽想,又令自己缠绵不能自拔。

以下即写怀着美丽的憧憬,飞到那理想的彼岸。

三段,自"拂衣行矣如奔虹"至"千篇背尽灯玲珑",写多情俊侣。"拂衣",抖去沉重的精神负荷,仙袂飘飘,清风泠泠,如同一道彩虹,划过长空,飞往太湖洞庭的青山绿水之间。云外朱楼,缥缈清幽,有美一人,仙姿绰约——这个意象,在龚自珍的诗词中反复叠印出现。"美人清妙遗九州,独居云外之高楼"(《美人》)。美人,象征着理想的人品,她是梦里婵娟,是画中爱宠,是风华绝代的世外仙姝;她就是作者在茫茫六合、攘攘尘海中所寻觅的知音——山程水驿、一路同行的多情俊侣。诗人彩笔红词,画出美人的仙样风神,噙香抱粉,灿如明霞斓锦。"一楼初上一阁逢",写层楼崇阁、绮窗幽窈间的初逢——那轻盈翩跹的一瞥;"玉箫金琯",想见其人的靓妆丽饰,檀板歌床,玉笙吹彻,恍似霓裳羽衣仙子;十五豆蔻年华,如秾花泡露,烟笼海棠,湖开翠衾,红妆映水,鬓影低垂,仙佩珊珊;远山青黛一抹弯痕,增其眉妩,更显出明眸皓齿。"一索钿盒",喻情浓,双绾同心,三生石上,永证鸳盟;"再索斑管",喻才敏,舒搦斑管,自谱新词。"珠明玉暖春朦胧",着意濡染"是仙是幻是温柔"(《浪淘沙》)的佳境,花雾濛濛,云屏影里,珠温玉润,兰麝氤氲。美人才地玲珑,清歌曼妙,巧笑倩兮,轻鬘姚冶;曲终歌歇,残月如烟,银釭高照,羞笼红绡。

四段,自"有时言寻缥缈之孤踪"至"探碑学拓者溪童",写纵浪大化。有时驾言出游,寻觅那踪迹缥缈、有如闲云野鹤的山中高士,徜徉于湖光山岚之间。怎禁那诱人的春色骀荡?一抹春山,柔青软黛,岚翠欲滴;山花烂漫,醉如流霞;三三两两、翠袖红裙的靓女,点缀于松篁石径间;湖上烟波浩渺,兰舟轻漾,橹声荡入云水。大自然中充满蓬勃生机,明媚暄妍,仿佛生命的春天也悄然淌入心扉。此段即写青春复归,物我同化。"春山不妒春裙红",将自然景物人格化,春山自绿,春裙自红,没有嫉妒,没有倾轧,大自然中的万物,都按其天赋本性,自由自在地表现自我。这幅色彩绚丽的画面,对比反照了现实世界的阴冷、黑暗,作者在人世间所感受到的是"一山突起丘陵妒,万籁无言帝座灵"(《夜坐》),高标见妒,万马齐喑。因此,"春山不妒春裙红"的真谛就是自由,是对窒息生命、戕害人性的社会的大胆逆反和挑战。诗人重返大自然的怀抱。湖光潋滟,兰舟容与,吹裂玉笛,笛声悠扬,惊起湖中蛟龙,欢快地荡起万顷碧波;霎时烟雨空濛,落花缤纷,螺髻黛影,似笼轻绡。千古一月,烟景常新,但愿这烟花丝雨、春空月堕的良宵,永远伴随着自己。他写的是自然的美,也是人格的美,似又重返温馨的锦绣华年。

以下写谢绝世俗交游。王公贵人、九州名流,一概屏迹;所与游者,是悟道的痀偻丈人,弃功名如敝屣的石户农,奇崛不凡的楚客,娇小温柔的吴侬,石矶水涯的钓翁、溪童。

五段,自"卖剑买琴"至"高谈俊辩皆沉雄",写隐逸情趣。潇洒岁月,琴书寄傲。亦有家珍,秦镜汉瓦;尤嗜书法,六朝碑刻,金石拓本,琳琅满目;佛经百轴,袭以缥缃;藏之宝阁,光焰熊熊。共析奇文,亦有酒朋诗侣,绝无白骢贵客,相思相访青溪岸曲、白云深谷;邂逅相逢,花映山红,三三两两,采茶冶女,荷锄药农。布衣结客,逸兴遄飞,高谈俊辩,喜见江湖侠骨。魏季子《羽琌山民轶事》:"山民不喜治生,交游多山僧、畸士,下逮闺秀、倡优,挥金如土。"

六段,自"公等休矣吾方慵"至"仰视一白云卷空",写秋日泛舟。不似春光、胜似春光的太湖秋色,别是一番情味。既写春光秾冶;复写秋色斑斓。丹枫如染,漫山红遍;芦花万顷,雪满汀洲。正蟹肥篘满,秋日多佳兴。来相邀,渔舟傍岸,五湖钓客,催制新词。欸乃一声,烟水苍茫无际。诗人秋兴尤浓,挥毫按谱,白日浩歌,西风烈烈,渔歌清扬,声断长空,吹入一荡芦花,仰视青冥浩荡无底,白云颓堕不流。

末章,自"归来料理书灯红"至"他生且生兜率宫",写清磬梵音。诗以禅悟为结。所谓"狂便谈禅,悲还说梦,不是等闲凄恨"(佚名《齐天乐——和龚自珍〈影事词〉》)。游湖归来,夜幕降临,万籁俱寂,静坐观心。花影在屏,书卷在几,一灯红接混茫;茶烟袅袅,散着清香;双鬟低垂的侍女在侧,翠钏肌凉,即"冰肌玉骨,自清凉无汗"之意。"叩君画里禅关,忆侬梦里烟鬟"(《清平乐》)。就在这清幽、静谧的一刹那间,诗人顿悟禅机。此情此境,是龚自珍心头拂拭不去的一段幻缘。《己亥杂诗》第七十八首即写一个"瓶笙花影夕"的禅悟,自注:"丁酉九月二十三夜,不寐,闻茶沸声,披衣起,菊影在扉,忽证法华三昧。"似喜似悲,清泪潸然,但闻禅寺东厢西厢清磬音起,披衣起展华严经卷,顿时万恨千愁,百年哀乐,一例全消,心空泪灭。诗末表达了遁入佛门,他生愿生莲邦净土之意。

  本诗以参差不齐、错综变幻的句法,一韵到底、如泻珠玉的明快节奏,构成浩瀚流走的艺术风格。篇首以"公今言愁愁无终"始;卒章又以"少年万恨填心胸"回环照应,一个沉重的音符回荡其中,因此,全诗于极尽风流旖旎之中又蕴涵了几许慷慨悲凉。此即龚自珍的"箫心剑态",体现了他的亦刚亦柔的美学情趣。

(林 薇)

诗人小传

祁寯藻

(1793—1866) 字叔颖,号淳甫,字实甫,又号春圃,山西寿阳人。嘉庆十九年进士,改庶吉士,授编修,官至体仁阁大学士,致仕再起,以大学士衔领礼部尚书,赠太保,谥文端。著有《馒馚亭集》。

潜 山 道 中(十首选一)

祁寯藻

青山缺处树弥缝,水外人家绿几重。
白鸟一群栖不定,恰疑春雪下长松。

  《潜山道中》组诗共十首,写诗人行进于安徽潜山途中的所见所感。作者为宋诗派代表人物,又官至大学士,所作杂以考证,"为学人之诗",多不足称。但他作的山水诗,以平易的语言,写景抒情,颇多佳作。这是其中较好的一首。

  作者沿山路行来,从远处遥看,首先映入眼帘的自然是高耸的山峰。这山峰一座接着一座,大有"环滁皆山"的气势。然而山峰间多有空隙,不过空隙已被密茂的树木填满。故作者描写经仔细观察的景致说:"青山缺处树弥缝。"它既是如实描绘,又艺术地表现出山林和谐的美,读之真切而自然。

  诗人继续前行,或者说将视线移近,他看到了一泓春水,水那边有几处人家,一片绿色展现在眼前,因而写下另一诗句:"水外人家绿几重。"这里的"绿几重",用"模糊"语言写出了水之绿、树之绿。诗句所摄镜头与马致远"小桥流水人家"的幽静不同,它描绘了春到山溪的情景,透露出生命流动的信息,不由得令人产生愉悦之情。

作家正在行进途中,忽然被一群群飞动的鸟所吸引,它们遍体白色,或因觅食,或因避人,一会儿停留在山坡,一会儿飞落在水边。诗人因即景描述说:"白鸟一群栖不定"。此句所写,虽无杜甫"一行白鹭上青天"那样富于色彩与美感,但确是初春水鸟活动的真实剪影,能给人以充满生气的感受。大概是水鸟忽飞忽落的动态太富于情趣了,诗人凝眉细想:它们像什么呢? 突然他想到一片片飘然而下的积雪,于是用眼前之景作了巧妙的比喻:"恰疑春雪下长松"。说它是"春雪",是因为水鸟与雪相同,都是洁白的颜色;形容它"下长松",是说水鸟飞下如同松树积雪融化落地时那么轻盈。这个比喻虽然没有使本体更为形象、更加具体,但它将"栖不定"的活泼的白鸟美化、诗化了,在诗人眼中,它们是那样飘洒、自然,别具朴素的美感。

这首诗看上去是山行时随手点染,但其取材描写也颇具匠心。前两句写山、树、水与人家,皆静态之物,它们共同构成和谐恬淡的画面,表现出"诗中有画"的境界。但一首诗、一幅画,全部描绘静止的事物,不免沉寂而缺少生机,而且不能点染出春到山林的特色,因而诗人写"静物"后转写"动物",使动静相配,互相映衬。故诗的后两句写白鸟频频飞落,又以松树融化飘落的春雪相比,顿使画面"动"了起来,充满生命的意趣,表现出动态的美。

此外,作者在词语选用上,也十分注意色彩的调配,使画面更为明朗醒目。首句写青山满目,涂上"生命之树"的底色,次句在描写"水外人家"时用了"绿几重"一语,它较之单纯写"绿水"、"绿叶"更佳,令人眼前出现浓绿一片,比"青山"的底色更深一层。在青、绿之外,更着何种颜色,才能显豁而切于时序呢? 作者巧妙地配以水鸟的白色,并以晶莹的春雪为喻。这样,在青、绿之中涂抹上一片片流动的白色,因而收到"万绿丛中一点红"般的映衬之妙,整个画面也更为谐和、明快而富于生机。

（王祖献）

魏　源

（1794—1857）　字默深,原名远达,又字墨生,别号良图。湖南邵阳人。道光二十四年(1844)进士,官至高邮知州。以诗闻名于当时,现存诗近千首,代表作品有《寰海》、《秋兴》等组诗,抒发了爱国忧民的思想感情。其古体诗有近五百首,尤以五古擅长。他是晚清著名的思想家、史学家,对后来的资产阶级改良运动有较大影响。有《古微堂诗文集》等著作二二十余种。

〖诗人小传〗

湘江舟行(六首选一)

魏源

乱山吞行舟,前樯忽然没。谁知曲折处,万竹锁屋闼。全身浸绿云,清峰慰吾渴。人咳鸥鹭起,净碧上眉发。近水山例青,湘山青独活。无云翠蒙蒙,烟林尽如泼。遥青一峰显,近青一峰灭。眼底青甫过,意中青郁勃。汇作无底潭,遥空蔚蓝阔。十载画潇湘,不称潇湘月。今朝船窗底,饱览千嵪崪。他年载画船,鸥鹭无汝缺。

湘山如染,湘水如奔,乱山夹水,飞动雄奇。读魏源此诗,仿佛随诗人乘小舟行驰在一条翡翠的河流上,眼前展开了一幅幅境界飞动的绿色长卷。

"乱山吞行舟,前樯忽然没",诗人一开始便以一种突兀、惊险,摄人心魄的气势笼罩全篇。写山,用一"乱"字,回旋万马,势已逼人,水在乱山中奔涌,其湍急之势可以想见,再著一"吞"字,乱山夹水,大山吞舟,更使人生避之不及,惊骇咋舌之叹。万峰攒天处,舟随峰峦隐现,山随峡谷回旋,才与前船衔尾而行,忽然一个曲折,两峰闭阖,仿佛连同帆樯给大山一口吞去。一个"没"字,写尽这种情势。同样写山水舟关系,李白《早发白帝城》写舟"过"山,以长江三峡一泻千里的浩荡水势表现获释的愉快心情;而魏源此诗写山"吞"舟,意在表现湘山之奇诡,湘水之曲折,其中这一"吞"一"没",飞动、雄奇,神来之笔,可与李诗相媲美。

与韩愈一样,魏源同样喜欢以硬毫健笔写山水,以表现大自然雄伟和充满力度的美。在舟人万竹簇拥的水滨以后,"全身浸绿云",江面轻纱般的水气受山水色的映染变成"绿云",人与舟,便浸透在这片绿云之中。"清峰慰吾渴"则是用通感写山色,青青的山峰本是视觉印象,可诗人把它变成味觉印象、以清心解渴极写湘山之"清",这种手法是颇为高妙的。

透明的绿云轻笼江面,乱山如削,四无人声,为什么一滩鸥鹭突然惊飞?因为——人咳鸥鹭起。人咳而引起山鸣谷应,见乱山峡谷静谧。船动,鸥鹭飞,是在动态画面上的飞动。由于湘山湘水映染,白云变成绿云,甚至"净碧上眉发",连船上人的脸庞和须眉都给染绿了。

"近水山例青",也许不足为奇,但"湘山青独活",青得鲜活,与众不同。故"无云翠蒙蒙,烟林尽如泼。"著一"活"字,"泼"字,山容水貌,境界全出。

同是青青翠色,由于远近不同带来浓淡之分和深浅之别,诗人利用汉字特有的组合能力,创造性地用"遥青"和"近青"表现这种色相上的微妙差别。更为奇妙的是,诗人并未孤立静止地表现这种差别,而是把色彩放在动态中加以表现:"遥青一峰显,近青一峰灭",以"遥青"、"近青"的"显"、"灭",写出绿色基调上多层色相的丰富变化,给人以转眼看山山不定,色彩在动态中变幻的奇妙效果。

"眼底青甫过,意中青郁勃。汇作无底潭,遥空蔚蓝阔。"虽舟行山逝,但翠色却从眼中灌满人的心胸。千山过后天远大,山峰后退,头上的天空才显得格外蔚蓝,格外空阔。不身临其境,不饱览湘山翠色,画不出潇湘月真正的颜色,这是"十载画潇湘,不称潇湘月"的原因。既然白云染成绿云,净碧绿了须眉,潇湘夜月的色彩,就决不是昏黄或皓若银盘的锃亮,而只是青青的一轮。"今朝船窗底,饱览千崷崒",这实在是幸运的。诗人想到"他年载画船,鸥鹭无汝缺",便可摒弃世虑,忘却机心,与江边鸥鹭为伴,终老此身了。

综观全诗,实在是一幅奇诡飞动的山水长卷,写山势则吞行舟,没樯橹;写山色则遥青近青,峰显峰灭;写湘水则染绿云,上须眉,包括潇湘月色的改变,都仿佛是印象派画师的杰作。

魏源是湖南邵阳人,是喝惯湘水,看惯湘山,在湘山湘水摇篮里长大的近代诗人。除写了不少反映鸦片战争,充满爱国激情的诗外,还擅长山水诗,自称"昔人所欠将余俟,应笑十诗九山水",以为吟咏祖国的自然山水是他义不容辞的职责。从这个意义上说,诗人数百首山水诗大都抒发了对祖国大好河山的热爱,是诗人爱国主义情感的又一表现形式。而这首《湘江舟行》,除了是对大自然的礼赞外,更是一曲对故乡山水深情的颂歌。

(曹　旭)

三湘棹歌[①]·蒸湘[②]　　　　　　魏　源

溪山雨后湘烟起,杨柳愁杀鹭鸥喜。棹歌一声天地绿,回首浯溪已十里[③]。雨前方恨湘水平,雨后又嫌湘水奔。浓于酒更碧于云,熨不能平剪不分。水复山重行未尽,压来七十二峰影[④]。篙篙打碎碧玉屏[⑤],家家汲得桃花井[⑥]。

〔注〕① 三湘:说法不一,此诗小序云:"楚水入洞庭者三:曰蒸湘,曰资湘,曰沅湘。故有'三湘'之名。"　② 蒸湘:湘水下游与蒸水合流后称为蒸湘。　③ 浯溪:水名。在今湖南省祁阳县西南,北流入湘水。　④ 七十二峰:指南岳衡山,山有祝融、紫盖等七十二峰。　⑤ 碧玉屏:喻江水澄碧如玉屏。　⑥ 桃花井:农历二、三月间,江水涨溢,时值桃花盛开,称为桃花水。此谓水清如井,故云"桃花井"。

魏源是湖南邵阳人,自幼生长于潇湘洞庭,因而对于湘水有深厚的感情,他的诗集中有《湘江舟行六首》、《湘江舟行四首》、《湘江舟行二首》等,都是讴歌湘江的作品。这组《三湘棹歌》的小序中说："予生长三湘,溯回云水,爰为棹歌三章,以正其失,且寄湖山乡国之思。"可知这组诗意在歌颂家乡的山水。诗作于道光二十七年(1847)诗人自湘入粤的途中,这篇即以浓艳的彩笔描绘了雨后的蒸湘。

　　雨后的溪山,烟云缭绕,空濛迷离,犹如米氏父子笔下的一幅泼墨山水。在这云水淋漓之中,蒸湘两岸的杨柳仿佛含愁带恨,唯恐被这大水所吞噬,但这正是鸥鹭的好时光,因鸥鹭喜水,那浩渺开阔的江水正是它们任情遨游的天地。开头这两句从溪山落笔而引出雨后蒸湘的水势浩大,其实也都是舟行所见的景色。"棹歌一声天地绿,回首浯溪已十里"二句陡然而起,像是听到了由远处飘来了一声船歌,从景而逗出了景中之人。那行船如箭穿梭走,顺流而下,随着波涛而兔起鹘落,蓦然回首,已过了数十里之遥。湘水的魅力就在一个"绿"字,这在魏源的诗中是屡屡道及的,如他的《湘江舟行》中说:"全身浸绿云,清峰慰吾渴。人咳鸥鹭起,净碧上眉髮。近水山例青,湘山青独活。无云翠蒙蒙,烟林尽如泼。遥青一峰显,近青一峰灭。眼底青甫过,意中青郁勃。"可见山水的青翠实在令人心醉。这里"棹歌一声天地绿"一句更将声音和色彩联系在一起,令诗意十分明快显豁。"雨前"四句便将笔墨放在形容湘水上。雨前的湘水平静如镜,平静得使人抱恨;而雨后的湘水奔腾咆哮,又奔腾得令人嫌闹。它比醇酒更浓,比碧云更蓝,熨之不能平,剪之不能分。"雨前"、"雨后"的对比,反衬出了蒸湘水势的浩大与奔腾。这四句以十分通俗的口语写出雨后蒸湘的水势和色彩,诗句措辞不忌重叠,如"雨"、"湘水"、"于"、"不"等字都两见,有意在反复用词中造成一种冲口而出、流畅奔泻的气势,一如江水的滔滔汩汩。其中的比喻与想象也十分生动而真切,很契合舟人棹歌的口吻。"水复山重"二句又遥接"回首浯溪"而来。一路行舟,经过无数重山曲水,衡山七十二峰的影子也都被行船压过。青翠的山色落在江中,把江水染成碧绿,因而舟人的篙子一点,便像是打碎了碧玉制成的屏风。两岸的居人在蒸湘中汲得清澄的春水,似乎还带着桃花的艳红与井水一般的清冽。这最后四句从行舟江中写到两岸人家的汲水而饮,如悠扬不尽的棹歌,余音袅袅,消失在水天之际,然而给你留下了无限的留恋和向往。

　　魏源的诗往往雄肆有余而圆润不足,然此首则能兼而有之,既雄劲奔放,又圆转自如。因为是拟写舟人行船时的棹歌,故通篇一气贯注,似伴着滔滔的江水、飞驶的行船自远而至,又随着舟人篙师的远去而渐渐消失。全诗语言淳朴,格调奔放,不拘于一般七言诗的规矩,如"浓于酒更碧于云"、"压来七十二峰影"等句都突破了一般七言诗句前四后三的格式,但正由于诗中用字明快,音调流美,所以丝毫没有突兀之感。全篇四句一韵,有强烈的节奏感;色彩浓重,给人留下了深刻的印象。

(王镇远)

三湘棹歌·沅湘① 魏源

是落叶耶是红雨?潇潇瑟瑟打窗户。一更两更三更雨,如听《离骚》二十五。渔翁家住桃源曲,江水一年香一度。江碧不如村酒渌,女儿每被桃花妒。东风飘出五溪里②,流到湖边舟不止,隔烟呼人问矶汕。③洞庭春涨水连天,远岸青山欲上船,江空月落舟茫然。

〔注〕① 三湘棹歌:共三首,分咏资湘、蒸湘、沅湘。这儿选了写沅湘的一首。作者小序云:"楚水入洞庭者三:曰蒸湘,曰资湘,曰沅湘,故有三湘之名。" ② 五溪:指武陵五溪,在沅江上游,为:雄溪、樠溪、沅溪、酉溪、辰溪,见《水经注》,但也有其他说法。 ③ 矶汕:矶,水边突出的大岩石;汕,水中的小洲。

魏源是湖南邵阳人,这篇七古同写资湘、蒸湘的二篇一样,均为怀乡之作,表现出他对家乡的深厚感情。本篇在用韵上前四句叶上声麌韵,且奇句两"雨"字不避重复入韵;中四句叶去声遇韵,与麌韵仅声调不同,且奇句复以入声沃韵字"曲"、"渌"互叶;而末六句,先三句共叶上声纸韵,再三句共叶平声先韵,用韵很有特色。

诗一开头,出以问句,诗人说:打在窗户上发出阵阵声响的是什么东西?是"无边落木萧萧下"?(杜甫《登高》)还是"摇动繁英坠红雨"?(刘禹锡《百舌吟》)自然诗人真正听到的只能是雨声,那种疑是秋之黄叶陨或春之红花落的感觉,出自他的艺术想象。而"潇潇瑟瑟"四字,故意让人捉摸不透是什么季节,以引出后文。下面,"一更两更三更雨"以数字记时的连续性写雨势绵绵不断,不落俗套。"如听《离骚》二十五"谓诗人听着雨声,忽然感到好像在听屈原朗诵楚辞。屈原作品据汉刘向、刘歆校定,共 25 篇,而《离骚》又是其代表作,故以"《离骚》二十五"指屈原所写的楚辞,语甚新奇。二句四处出现数字,用得都很精妙,绝对不是"算博士"声口。

接着,诗人直接写到了沅湘的风土人情。"渔翁"二句,令人想起柳宗元《渔翁》"渔翁夜傍西岩宿,晓汲清湘燃楚竹。烟销日出不见人,欸乃一声山水绿"数语。"桃源"既是实指,即沅水下游的桃源县;又是虚指,即陶渊明《桃花源记(并诗)》中所说的桃花源。渔翁在此,一年一度看江中桃花片片,嗅江上春波飘香,真足以"怡然自乐"。二句还告诉人们:前面所说的"雨"是春雨,但也不妨认为是"桃花乱落如红雨"（李贺《将进酒》）。"江碧"二句，说沅水不如村酒清，桃花不如村女艳，看来是贬低沅湘景物，实际上却是以抑为扬，通过赞美"人杰"来显示"地灵"，更令人感到沅湘的自然美与风俗美。

"东风"三句，笔承上文，写桃花落英缤纷，被春风由上游的五溪，一直吹送到下游的桃源，再流到洞庭湖边，随行于远去的航船后，要隔着湖上的雾气，呼唤船夫问一问何处是岸、何处有岛？以拟人化的笔法，写桃花或因妒女儿之色而凋谢，流到洞庭湖似气犹未平，要找个地方再放鲜花，与人媲美，想象可谓匪夷所思。(或许这样理解求之过深，是耶？非耶？)

最后三句接写洞庭湖的景色，而以诗人的感叹结尾。湖上春水高涨，天水一色，水涨船高，远岸的青山似乎要跨上船来，诗人笔墨，栩栩如生。在这儿沅水已到终点，诗人的神游也将终结，"舟茫然"实际上是诗人的心茫然。这几句中，"远岸青山欲上船"与苏轼《六月二十七日望湖楼醉书》"水枕能令山俯仰"有异曲同工之妙。

徐世昌《晚晴簃诗汇·诗话》评魏诗说："其雕镂造化，搥险凿幽之笔，能使山无遁形，水无匿响"，《沅湘》一诗似乎可以为例。　　　　　　　　　　　（庞　坚）

天台石梁雨后观瀑歌　　　　魏　源

雁湫之瀑烟苍苍，中条之瀑雷硠硠，匡庐之瀑浩浩如河江，惟有天台之瀑不奇在瀑奇石梁：如人侧卧一肱张，力能撑开八万四千丈，放出青霄九道银河霜。我来正值连朝雨，两崖逼束风愈怒。松涛一涌千万重，奔泉冲夺游人路。重冈四合如重城，震电万车争殷辚。山头草木思他徙，但有虎啸苍龙吟。须臾雨尽月华湿，月瀑更较雨瀑谧。千山万山惟一音，耳畔众响皆休息。静中疑是曲江涛，此则云垂彼海立。我曾观潮更观瀑，浩气胸中两仪塞。不以目视以耳听，斋心三日钧天瑟。造物贶我良不悭，所至江山纵奇特。山僧掉头笑休道，雨瀑月瀑那如冰瀑妙：破玉裂琼凝不流，黑光中线空明窈。层冰积压忽一摧，天崩地坼空晴昊。前冰已裂后冰乘，一日玉山百颓倒。是时樵牧无声游屐绝，老僧扶杖穷幽讨。山中胜不传山外，武陵难向渔郎道。语罢月落山茫茫，但觉石梁之下烟苍苍、雷硠硠，挟以风雨浩浩如河江！

这是一位富于改革气概的诗人之豪迈歌唱!

早在二十余岁,魏源就曾向着"嵯峨万古"的太行山,立下过"何不借风雷,一壮天地颜"的奇志;就是在年近五十的幕僚生涯中,他也无法忍受满清政府的腐朽暮气,面对着"江逆飞,海立起"的钱塘大潮,呼喊出了"倒驱江海回暮涛"的壮愿(《钱塘观潮行》)。

雄奇峻伟的华夏山水,正这样激荡着魏源的改革豪情;所以,当他为深心热爱的山山水水写照传神时,笔端也往往会升腾一派非同凡俗之气。《天台山观瀑歌》虽作于诗人五十四岁(1847)的晚年,但想象之瑰奇,气势之磅礴,实可压倒他青年时代之众作,而推为平生第一奇诗!

清人方东树以为:"诗文以起为最难,妙处全在此,精神全在此";特别是歌行体,更当"以突奇先写为上乘,汁浆起棱,横空而来",方见其妙(《昭昧詹言》)。魏源此歌,欲绘天台瀑布之壮观,偏从"雁湫之瀑烟苍苍,中条之瀑雷硠硠,匡庐之瀑浩浩如河江"写来。读者的眼前,便在南起雁荡(浙江)、中经庐山(江西)、北及中条(山西)的广大空间上,突然展出了三大奇瀑泻落九天,雷声荡谷、烟气迷茫的壮阔全景。然后以神奇的想象和夸张,全力推出"不奇在瀑奇石梁"的天台瀑布近景,大笔勾勒其横卧张肱、"力能撑开四万八千丈"的石梁雄影,表现它恰似破天放飞的"九道银河"直落"青霄"的壮观——如此"突奇"的起笔,正带有"横空而来"之势。天台瀑布的"出场",有了这声势惊人的铺垫和映衬,由此显得气派轩昂、仪度非凡,令天下奇瀑全为之黯然失色了!

不过,歌行之起笔固难,展开也决非易事。正如刘熙载《艺概》所论,"长篇宜横铺,不然则力单";而且须有"大开大合"之势,"如黄河之百里一曲、千里一直也"。魏源描摹天台之瀑,就深得长篇的"横铺"、"开合"之妙:突兀而来的起笔过后,诗人即以举重若轻的"我来正值连朝雨"之句一转,巧妙地引入对天台"雨瀑"的浓笔铺写。于是诗中猛然间风声四起,那是被高高的山崖"逼束"得勃然盛怒的山风在逞威!遍山的松林,由此如千万重涛浪滚滚翻涌。在急雨倾注之中,奔腾的山泉横冲直撞,把游人的路径全化为一道道湍流。"重冈四合如重城,震电万车争殷辚"——当四面八方的奔泉,汇聚在"重城"般禁锢的狭隘山冈间时,便交汇成凌空飞泻的浩大瀑流,化作惊天动地的一片轰鸣!那是九天惊电之闪耀,是骤然催动的万辆雷车之争驰。隆隆的震荡之音,令满山草木恨不得生脚远徙;就连羽鳞之长(龙)、百兽之王(虎),也不免惊恐得啸吟不已!

这便是奔泻于诗人笔底的天台"雨瀑"。势如泼墨的挥洒,驭使着壮奇的妙喻,将这雨中飞瀑,表现得何其浩壮、淋漓!最令人惊异的,是接着而来的猛然顿笔:"须臾雨尽月华湿,月瀑更较雨瀑谧"——这既是时间的延续,更是空间画面的跳接。白昼的急风暴雨过去,而今展开在你眼际的,已是皓月当空的夜晚。轰轰隆隆的奔泉,也随云霁雨住而消歇;清幽幽的月色,似还带着一片雨湿之气。"众响"俱息,只有不再狂暴的瀑流,垂挂在高高的石梁间,潇洒如轻云之飘垂。适应于表现这梦幻般的"月瀑",诗人的落笔也分外轻徐,幽幽如琴瑟之慢拨轻抹。那皎洁月光下的流瀑之声,又最宜于你在静谧中聆听。此节结尾,诗人即以悠然的遐想,将你带入了石梁听瀑的妙境:"不以目视以耳听,斋心三日钧天瑟"——那是一个怎样幽邈美好的境界! 就仿佛在你虔诚斋戒之后,尘杂不染、万虑皆去,如闻有袅袅不绝的"钧天广乐"(天帝享神之乐),传自皓月辉耀的天庭……

　　震电雷鸣般的"雨瀑"过后,突然接以如幻如梦的"月瀑"之境,可以说是此诗构思中最奇妙的一笔。前者是声势横铺的"大开",后者则是色泽轻缈的"大合"。泼墨般的龙蛇走笔,化为幽雅淡丽的疏笔点染,展出了两个气象何其不同的"雨"、"月"瀑境!

　　天台瀑布之奇,似乎已尽于这朝雨夜月的变化之中。换了一般的作手,能有如此瀑境之创造,已是大幸,岂敢更生进一步奢望? 魏源却才思横溢,在看到了诗境穷绝之处,竟又振笔而起,翻出了一个比雨、月之瀑更奇特、更罕见的"冰瀑"世界。"山僧掉头笑休道,雨瀑月瀑那如冰瀑妙",便是这诗境翻转中出人意料的转笔。于是,随着清癯山僧的娓娓描述,夜月渐渐淡去,山泉不再奔流,世界仿佛一下凝结了冬晨日出的那一刻上:高挂石梁的天台之瀑早已消隐无踪,只在远处的山坡上,凝冻着层层清莹的冰流。"空明"的冰隙中露出黝黑的山石,恍若一道道黑光在曲折游走。然后便是"哗喇喇"一声,满坡的冰层突然在晴日照射下破裂。高高的石梁上,顿时涌现出"前冰已裂后冰乘,一日玉山百颓倒"的乱冰泻坠奇景。"天崩地坼"般的隆隆巨音,交汇着万千碎冰的推撞、飞坠白影,在碧天("晴昊")的映衬下,该是怎样一种世间罕睹的壮观!

　　那就是天台山之"冰瀑",是连身临其地的诗人自己也未有机缘亲睹的妙境! 它妙在只从"山僧"的追忆中叙来,带有海市般凭虚涌生、又倏然幻灭的缥缈感,便愈加令你怀想和神往。月光下的诗人,显然也陶醉在这美妙的虚境中了。当他从沉思中"醒"来,早已山月西落,"但觉石梁之下烟苍苍、雷硠硠,挟以风雨浩浩如河江"——悠悠不尽的结句,正好回应横空而来的起笔,似又重新将天下名瀑难与比美的"天台"雨瀑、月瀑和冰瀑,一一推过你眼前,又挟带着一派烟云和雷鸣,在风雨、月光中磅礴而去。这样的收结,正如明人谢榛所说,有一种收若

"撞钟"、"清音有余"的不尽韵致(《四溟诗话》)。

读过李白《望庐山瀑布》者,谁能不为诗人那神奇的想象、夸张动人的描摹而惊叹?所以连苏东坡也不免断言:"帝遣银河一派垂,古来唯有谪仙诗。"仿佛李白之作,从此空前绝后,只可令后世咏瀑者俯首称臣了!但天下之瀑是描摹不尽的,艺术的创新也是从无止境的。魏源此诗,正就在李白创造的晴日观瀑奇境外,又开了雨、月、冰瀑之新境,把天台石梁之瀑,表现得如此风神殊绝、气象万千!如果说李白咏瀑采用了简短的七绝体,正如清磬一击、妙韵无穷;则魏源之咏采用的长篇歌行体,又恰似"嘈嘈切切错杂弹"的琵琶,奔腾回旋、跌宕澎湃。可见这两首咏瀑之作,实在是异曲同工、各臻妙境——后来的魏源,又岂必非得称臣于谪仙李白?

(潘啸龙)

寰 海 十 章[①](其二)   魏 源

千舶东南提举使[②],九边茶马驭戎韬[③]。
但须重典惩群饮[④],那必奇淫杜旅獒[⑤]。
周礼刑书周诰法[⑥],大宛首蓿大秦艘[⑦]。
欲师夷技收夷用[⑧],上策惟当选节旄[⑨]。

〔注〕①寰海:天下,世界。这里指东南沿海。 ②提举使:为管理某项事务而设的官职,始于宋代。 ③九边:明代在北部边防上设九处要镇,称九边。这里泛指北方边境。茶马:清代在陕、甘两省设茶马司,管理以茶叶换取少数民族马匹的贸易。这里泛指边境贸易。戎韬:军事谋略。 ④重典:严厉的刑法。群饮:酗酒闹事者。语出《尚书·酒诰》。这里指通敌卖国,走私贩毒的不法之徒。 ⑤奇淫:奇技淫巧。语出《尚书·泰誓》,这里指外国输入的科学技术和珍异器物。杜:杜绝。旅獒:旅,西戎国名;獒,大犬。《周书·旅獒》篇载,武王克商后,旅国献来一条叫獒的大狗。召公告诫武王,作人君的要修德尊贤,不要爱好珍禽异兽,玩物丧志。 ⑥周礼刑书:《周礼》有《秋官司寇》一章,司寇为掌管刑狱之官,故称刑书。周诰法:诰,文告。《尚书》载有周代发布的各种文告。这里指国家制定的政策法令。 ⑦大宛:古西域国名。盛产苜蓿、良马。大秦:古代史书中对罗马帝国的称呼。艘:大船。大秦使者到中国从海上乘大船而来。这句喻指同外国通商贸易。 ⑧夷技:指外国的科学技术。收夷用:用来对付外国侵略者。 ⑨节旄:古时使臣出使所持的信物和仪仗旗饰,这里指使节。

也许这首诗还不能算作《寰海十章》和魏源政治诗中最具功力的篇什,但在魏源的全部诗作乃至整个鸦片战争爱国诗潮当中,它无疑是最有诗思的深邃性和冲击力的一章。

鸦片战争这场"乾坤之变"使道咸之际的诗风发生了群体性的巨大转变。以战争为观照对象的蒿目时艰、俯仰抒啸取代了先前的吟咏风月,流连山水,一跃而雄踞诗坛主潮。魏源是其中最突出的代表之一。"昔人所欠将余俟,应笑十诗九山水"(《戏自题诗集》),他先前以写作山水诗自命自任。而战争开始,山水诗急剧减少,以时事为对象的政治诗占了绝大多数。同当时的大多数诗人一样,他以《寰海》、《秋兴》为题创制的数十首组诗,痛斥侵略者罪恶,揭露投降者丑行,针对攻防战守、纳款和议、局势变迁等重大现实问题,或总揽形势,沉痛忧深,或陈义献策,大睨雄谈,或指斥剀切,凌厉飚发,"皆有裨益经济,关系运会"(林昌彝《射鹰楼诗话》),成为鸦片战争爱国诗潮中的强音。

作为近代开风气的卓越思想家,魏源的诗思又迥出众流之上。"师夷之长技以制夷"这一具有深远历史影响的著名主张,在他一八四二年完成的《海国图志》中得到集中阐述,但这一主张的最先提出,当首推本诗。

这首诗作于一八四○年战事方殷之际。从文化背景上说,由来已久的"华夏中心主义",长期闭关锁国的政策,养成了盲目自大的民族心态,根深蒂固地盘踞于民族心灵深处。就现实本身而言,罪恶的鸦片贸易和侵略者暴行正激怒着整个中国社会。传统中的落后保守和现实中的华夷对立,情绪化地掌握了包括诗人们在内的民众心理。大量诗作中那一片"闭关绝市"的强烈呼声,那把"坚船利炮"所代表的西方科学技术一概当作"奇技淫巧"的轻率排斥,正是这样一种民族自卫的正义性与历史落后的愚昧性相交织的情绪化宣泄。

而魏源的这首诗,独以超拔时论的识见,表现出穿越了炮火硝烟后对现实冷峻清醒的理性思考和透过历史并遥指向未来的深邃眼光。首联从"贸易"着眼,同时包括东南海市和西北边市,他认为贸易历来有之,并非可闭之门,重要的在于管理,管理得好,策略适宜,同外部互市通商,交换有无,也是巩固边防的重要军事谋略。这自然是对现实中"闭关绝市"的否定。顺此意脉,颔联两句进一步展开,主张对那些走私贩毒的不法之徒,自然要像《尚书·酒诰》所规定的那样,严刑重典给予坚决处置,但除此以外的舶来品,则不必诬为"奇技淫巧",视作"旅獒"般的洪水猛兽和使人丧志的玩物,拒而不纳。颈联"周礼刑书周诰法"是颔联首句的照应和具体化;"大宛苜蓿大秦艘"是颔联次句的照应和具体化。两者均举客观史实正面印证前两联提出的主张。像周代,国家政策法令严谨,便社会不乱;而历史上派使臣通西域,用丝绸换回大宛良马,引进良种苜蓿,以及罗马帝国的使者乘船而来,都是正常的国际贸易往来,为中国的繁荣发展作出过贡献。因此,不仅不必担心"奇技淫巧",当今之计,反而首要在于"上策唯当选节旄"——派使臣出洋。

在群情激愤的闭关绝市的呼声里,如此力排众议,足见胆识不凡。但魏源的着眼点却并不在一般的通商。"选节旄"的目的,乃在"欲师夷技收夷用",这才是全诗的结穴。其中包含了十分丰富的战略思想。抵抗侵略以拯救危亡是根本目的,但至关重要的是如何才能有效地抵抗侵略。鸦片战争的失利说明,侵略者坚船利炮所代表的先进科学技术映照了我们自身的历史落后性。拯救民族危机不仅需要"同仇敌忾士心齐"的爱国热情,更要从根本上改变自身的落后。这就首先要"师夷",否则"收夷用"就只能是一句空话。但"师夷"必须以承认对方的先进和自身的落后为逻辑前提,正是这一点,对当时尚沉浸于"天朝上国"古老梦幻中的大多中国人来说,格外艰难。这无疑需要正视自身的勇气,摆脱盲目自大的"华夏中心主义",抛弃狭隘保守的文化心态,拥有开阔的世界眼光。而作到这一切的当务之急,乃在"上策唯当选节旄"——走向世界,了解世界,认识世界。这也就是他两年后在《筹善后》一诗中所说的:"夷情夷技及夷图,万里指掌米沙如"。尽管魏源此处的"师夷"还主要囿于"技"的范围,但这一包含着新的文化因素的战略思想,对中国近代历史所具有的深远启示意义,早已为历史的实践所证明。

诗思的深邃性与对现实历史的巨大冲击力,本身就构成了全诗最突出的审美特征。作为政治诗,它所使用的手法主要是议论。但本诗的议论,却并非枯燥地说理,而是运思于大量的史实典故之中。这不仅使诗境奥衍邈远,笔力深峭,而且于思想家之外,同步显示了魏源作为历史家和古文家的双重特质。

(魏中林)

寰 海 后 十 章(其八) 魏 源

曾闻兵革话承平,几见承平话战争。
鹤尽羽书凤尽檄①,儿谈海国婢谈兵。
梦中疏草苍生泪②,诗里莺花稗史情③。
官匪拾遗休学杜④,徒惊绛灌汉公卿⑤。

〔注〕 ① 羽书:紧急的军事文书。 ② 疏草:起草奏章。 ③ 稗史:野史。 ④ 匪:非。杜:指杜甫,曾任左拾遗。 ⑤ 绛灌:汉代绛侯周勃和颍阴侯灌婴,贾谊因上疏遭到两人的猜忌打击。这里代指朝中大臣。

魏源作于一八四二年前后的《寰海后十章》,其重心主要是对战争的总结和反思。这一首略有不同。前四句描绘社会上对战争的普遍惊惧心理,后四句抒发自身报国无门的忧愤心情。这两重内容在鸦片战争前后的诗人笔下均不鲜见,而魏源写去,却格外警策动人,别有深意。

既然"条约"业已签定,战争已经结束,人们在战争中渴望的安宁,期盼的"承平"已然实现,那么,饱经战乱忧患的黎民百姓该松口气了。然而不料,在这"承平"之际,人们却反而纷纷扰扰,大肆谈论着战争的威胁。首联敏锐捕捉了"兵革"之际的"话承平"和"承平"之中的"话战争"这正常和反常的两种现象,并用"曾闻"、"几见"的怪讶语气,着力突出了后者的异常。此中原因何在呢?作者用现象悬出疑问,并不作答。而是将"几见承平话战争"的现象进一步展开:"鹤尽羽书风尽檄,儿谈海国婢谈兵"。这就说明,所谓"话战争"并非泛泛议论那场刚逝去的战争。作者出神入妙地运用了东晋淝水之战"风声鹤唳"的典故,一方面描绘出"话战争"的内容——人们普遍的惊惧,像淝水之战大败的苻坚军,一有"风声鹤唳",即以为军情紧急,大祸将临;另一方面又暗示出朝廷的惊慌失措,草木皆兵,稍有风吹草动,就发军书征兵,以致弄得人心惶惶。不仅如此,这种惊惧恐慌竟到了如此地步:连儿童、使女都纷纷谈论着同敌国用兵打仗的话题。前四句只写了现象,但现象之中却包含了深刻的意蕴。原来,所谓"承平",乃是朝廷在侵略者威逼之下,接受极其苛刻的条件,签定了丧权辱国的"条约"所换取的暂时缓解。这种以自身的统治利益为目的的苟且偷安并不能使黎民百姓有丝毫的安全感,而"条约"所规定的侵略者"特权"更不啻引狼入室,不仅没有消弭其侵略野心,反会变本加厉,中华民族将面临更深重的民族灾难。之所以有"话战争"的异象,乃在"承平"原不存在!接踵而来的第二次鸦片战争以及其后一系列的侵略战争,无不证明了"话战争"所包含的深刻意蕴。

上面四句诗意内涵的展开,还同时说明了一个紧密关注着国家命运的主人公的存在,凝练精警的现象概括,本身就是他忧国忧民深入思考的结果,因而下面四句诗笔转向自身,也就显得十分自然了。作者睡梦里都在起草奏章,反映人民的痛苦;他的诗作,纵然写到花草莺燕,也不是为了吟弄风月,而是欲起野史之作用,无不记载了民间的风俗人情,表现黎民百姓的遭际与愿望。这两句写得极诚挚沉痛,恳切动人。魏源虽然在五十多岁中进士前,长期依人幕府,但他居下僚而不沉沦,特别在鸦片战争前后的诗歌创作与《圣武记》、《海国图志》等著作的编撰,为"制夷"以解救民生疾苦陈义献策。这两句诗之所以特别感人,就在于他对自己才高位卑的处境不屑齿及,一心想的是"苍生泪"、"稗史情"。这不仅道出一个普通知识分子爱国忧民的情怀,而且突出体现了鸦片战争爱国诗歌高扬着人民性的典型特征。但是,他那些切中肯綮的陈义献策不但不为统治者理睬,反而会带来一班误国庸臣们的忌恨。末联"官匪拾遗休学杜,徒惊绛灌汉公卿"就是从此意脉而发的愤激之辞:自己既然连杜甫左拾遗那样的官职都没有,又何必去学杜甫的忧国忧民,为朝廷补缺纠失?那反而会徒自惊动像汉代周勃、灌婴那样的朝中大臣,使自己遭到贾谊一样的疑忌和打击。诗人的一腔忧国忧民之心,也只能在"梦中疏草",无法实现。这激愤的反语,道出了有识之士的普遍悲哀,因而具有深广的内涵。

比起魏源典故澜翻的其他作品来,这首诗已算得上明白如话了。这当然是指诗面而言。前四句以现象写本质,以具体写抽象。由于命意包含在现象的对比与展示之中,并不说破,因而诗面之下便形成了诗意空间的内在张力。这就是通常所说的耐人寻味的含蓄。后四句诗笔引向自身的抒情,沉挚与愤切相交织,乃是一代爱国志士心音的剖白。由于这种情感同"苍生泪"脉脉相通,同"绛灌"之流斩然对立,便以充盈着崇高正义之内美的人格力量,格外动人心魄。

(魏中林)

【诗人小传】

何绍基

(1799—1873) 字子贞,号东洲,晚号蝯叟,道州(今湖南道县)人。道光进士,官编修、四川学政。通经史、小学。论诗推重苏轼、黄庭坚,为晚清宋诗派作家。其诗内容多写个人日常生活或题咏金石书画。工书法。有《说文段注驳正》、《东洲草堂诗集》、《文钞》等。

慈仁寺荷花池(四首录一)　　何绍基

坐看倒影浸天河,风过栏干水不波。
想见夜深人散后,满湖萤火比星多。

本诗作于道光十九年(1839),正是何绍基仕途光明,一帆风顺之时。从诗作中,我们就可以充分领略到这位涉世未深的典型士大夫诗人当时那种恬静、安适的情怀。

《慈仁寺荷花池》原作共四首,此选其一。诗写夏夜古寺赏荷纳凉的所见所感。诗的头两句,写眼前之景,而寓实于虚。星月之下,盛开的荷花的倒影如同浸在银河的倒影之中,写荷花、写银河繁星,均不取直笔,而取水中之影,从池水着眼,表现出诗人独到的艺术眼光。如此写法,突出了夏夜古刹那种特定的环境氛围,平添了一番夏夜的神秘色调,增强了作品的艺术表现力。清风徐来,水波不兴,惟其如此,池中倒影方能这般分明,读者不仅能感受到徐徐轻风带给盛夏夜中人的无限快意,也同时感到写来合于事理。诗的后两句,是作者的想象之词。当夜深沉,人散尽,荷花池又是如何一番景象呢?"满湖萤火比星多",堪称神来之笔,荷花池没有因为夜深人去而归于寂灭,恰恰相反,只有到此时,它才入其佳境,大自然将会完全展现出它极其辉煌的真面:湖面的萤火,湖中的萤火,天上的繁星,水中的繁星,萤、星闪耀,交相辉映,这是一种何等壮观的奇景。诗人凭借他对自然界的观察和神奇的想象,为我们描摹了一幅令人心醉的绝妙图画,带给我们艺术美的享受。

全诗着墨不多,却极能把握特定的环境,由此出发,造成深邃的艺术意境。而诗作的文字又极浅近,自然朴实,并无填塞雕琢,表现了"学人诗派"中人诗歌创作风格的另一面,这也是我们不主张对"宋诗运动"予以简单否定的一个原因。

(汪松涛)

山　雨

何绍基

短笠团团避树枝,初凉天气野行宜。
溪云到处自相聚,山雨忽来人不知。
马上衣巾任沾湿,村边瓜豆也离披。
新晴尽放峰峦出,万瀑齐飞又一奇。

这首写景七律,是作者赴贵州乡试主考任途中所作,时在道光二十四年(1844)秋。

全诗扣紧"山雨"题目,从未雨、遇雨、雨中与雨后等方面进行了描写。首二句写未雨。"短笠团团"只告诉读者诗人头戴圆笠,但"避树枝"三字,则不但写出他在山间行路,而且暗示山路狭窄、杂树丛生。次句"初凉天气野行宜",点出初秋时节,点明作者在"野行",一个"宜"字,则写出他野行时愉快的心境。

三、四句"溪云到处自相聚,山雨忽来人不知",写山中雨至的景色,真切自然。唐人许浑有写山雨的名句:"溪云初起日沉阁,山雨欲来风满楼"(《咸阳城西楼晚眺》),此诗作者在上句中化用许诗"溪云初起"诗意,并依据他在山中行走所见,写了溪涧上的云"到处自相聚"的实景,表现出雨云形成的过程,具体而细致。下句则与许诗"山雨欲来风满楼"句意相反,描写出山中雨突然而至,在人们不知不觉之中已淅淅沥沥飘洒而下。这是完全不同的又一种景象。诗贵独创,何绍基根据自己的真实经历,下笔情景逼真,故亦自有其佳处。

五、六句"马上衣巾任沾湿,村边瓜豆也离披",写雨中情景,生动贴切。当山雨不知不觉飘来时,作者在马上仍按辔徐行,不思避雨而任衣巾打湿。村边长得茂盛的瓜豆,雨淋后枝叶散乱纷披,另有一种精神。诗句由人及物,通过"衣巾任沾湿"的描写,表现出了诗人潇洒自如的姿态与喜雨的感情。

七、八句"新晴尽放峰峦出,万瀑齐飞又一奇",写雨后景色,清新可喜。雨后初晴,山中别是一番景象,作者感觉最突出的,一是本来初雨雾笼罩的群峰,现在突然一起显出本来面目。一个"放"字,用拟人手法,将自然写活,又凸现出群峰一片明亮,用语奇警。二是山间大大小小的瀑布,在雨后一起飞流,呈现出一种奇妙的景观。这两句显现出一片明朗清新的气息,令人心旷神怡。

全诗描写景物用笔细腻,选材精当,皆从细微处着笔,表现出作者善于观察与捕捉变化中的事物。平常之物,一经点染,便耐人寻味,并表现出作者的情感,故林惠常谓何绍基的诗"奇趣横生"。张石洲序谓何诗之高妙,在于"本色","本色者何,真而已矣,真者何,自写其性情而已。"从这首写景诗看,何诗确具有真切而富于审美情趣的特色。

(王祖献)

张际亮

【诗人小传】(1799—1843)　字亨甫,福建建宁人。道光十六年(1836)中举,一生不得志,放浪于山水胜处。一生作诗万余首,鸦片战争以后作品反映了当时人民的苦难生活,并在一定程度上揭露了清政府的腐朽黑暗,具有一定的爱国精神。有《张亨甫全集》。

迁　延[①]　　　　　　　张际亮

百万金缯贿寇还[②],明州父老痛时艰[③]。
捷书互报中朝贺[④],优诏仍蒙上赏颁[⑤]。
浪跋鲸鱼腥壁水,血分鸦鸟污珠鬟。
舟山鬼泣君知否?无数楼船瘴海间[⑥]。

〔注〕① 四首诗中的第一首写奕经在援浙途中迁延不进事,有"吴越迁延久驻兵"一句,故总题为迁延。　② 寇:指英侵略军。据传英军撤出宁波前曾勒索宁波绅民犒军费一百二十万

元。　③明州：宁波市唐宋时旧称，因境内有四明山得名。　④捷书：胜利捷报。中朝：朝廷。　⑤优诏：优抚的诏书。上赏：厚赏。　⑥瘴海：指南中国海，古代南方多瘴气，故称。

一八四二年五月，侵占浙东一带的英国侵略军为收缩兵力，北上进攻上海、南京，威胁清王朝心腹要地，因而撤出宁波，同时勒索宁波百姓犒军费银一百二十万元。前此，扬威将军奕经奉命率军援浙，先是畏葸怯懦，迟迟不前，途中迁延数月，后来到达浙江后，仅凭在庙中"占得虎头之兆"，即以之作为时来运转的根据，遂贸然进兵，结果大败而还。至是，奕经却借侵略者的战略转移之机，谎报军情，奏称是由于他的部下郑鼎臣等袭击夷兵，"逼惧窜退"。而清廷得此捷报，不问真伪，对奕经等滥施赏赐。本诗即写此事。

全诗主旨乃在对奕经冒功邀赏和朝廷昏聩不察极表愤慨，对惨遭烽火荼毒的黎民百姓深切同情。这几重意思用工稳沉实的律诗形式错落展开，极见功力。

首联"百万金缯贿寇还，明州父老痛时艰"，直陈其事。英军撤出宁波城是为了集结兵力，实行战略转移。行前的勒索见出其贪婪本性。当时，英军撤兵的战略原因并非人所尽知。但即使由于欲壑暂足而撤兵，那也绝不是奕经等人的"功劳"。比年战乱，民生本已艰虞，而今又横遭如此敲剥。"撤兵"之下，宁波百姓付出巨大代价。这两句还暗含着这样的意思：奕经奉命进行的声势浩大的"东征"如此无济于事，竟靠着"明州父老"的血汗去"贿寇还"，从中不难体会出诗句的嘲讽意味。如此，"明州父老"之痛，就不仅是被榨去"百万金缯"后的"时艰"了。这里先将英军撤兵的底蕴揭出，以为下面"捆了好打"。

百姓无可奈何的金缯贿寇对堂堂将帅来说，应是奇耻大辱。然而这屈辱换来的撤兵竟被他们作为功绩邀买荣宠。腐朽的将帅如此，朝廷竟也如此昏聩不察，滥施赏赐。颈联两句以极工整的对句沉痛而又愤慨地揭露了这一事实。其中"互报"、"仍蒙"包含了深刻的意蕴。"互报"乃是奕经一伙上下串通、结伙营私的形象的揭露，"仍蒙"的"仍"字则淋漓宣示了作者难以掩抑的愤慨。就在"明州父老痛时艰"的基础上，统治者却以虚假的"胜利"弹冠相庆，这该是怎样的腐败和无耻。

然而与此同时，"浪跋鲸鱼腥璧水，血分鸩鸟污珠鬟。"展开了一幅侵略者横行无忌、残害百姓的悲惨画面。"浪跋鲸鱼"是"鲸鱼跋浪"的倒装，指敌舰从海上来。"璧水"，亦称"泮池"，古时文庙前例有此池，是庄严圣洁的象征。句下自注："逆夷毁文庙为宰牲之所"。这句即隐括此事，又描绘出侵略者炮舰横行的形势。"血分鸩鸟"为"鸩鸟分血"的倒装。"珠鬟"指妇女。句下自注："妇女不从奸者鞭挞凌辱之，哭声震天，饮以药酒则哑矣，死复截其下体"。这句写侵略者奸污妇女,并以浸了鸩鸟血的毒酒使其欲哭无声。这一联写出了侵略者何等令人毛骨悚然的暴行。这些内容本不易概括,但作者的描绘既酣畅淋漓,又对仗十分精工,一字一顿,字字沉重,传达悲愤沉郁的声情,极具表现力。而在全诗功能上,对上两联的"互报"、"仍蒙"构成强烈的对比和嘲讽。

如果说,以上两联还重在客观揭露的话,那么,最后两句就终于爆发为裂地崩天般的喝叱了:"舟山鬼泣君知否,无数楼船瘴海间!""君知否"三字是千钧之力集蓄的迸发:就在你们冒功邀赏,弹冠相庆之际,侵略者不仅深入内地,污秽圣人之所,虐淫妇女,而且集结兵力横行海上,那死难百姓的阴魂哭泣,战争惨祸的更大威胁,你们知道吗?这一收煞,确有扛鼎之力。

这首诗的特点除了形式上的工切之外,更在情感力度的层层推激。首联的基调以"痛时艰"表现为悲悯哀伤;颈联的"互报"、"仍蒙"转升为愤切;腹联令人发指的画面上扬为掩抑着悲愤的怒斥:层层推宕至此,末联顿发为声色俱厉的质问,饱绽出面壁呵天、抽刀斫地的气势。真气内转,愈转愈烈。由于全诗的情感是与事实的重重展开同步推激,因而具有望风披靡的力度,造成震撼心魄的艺术感染力。

张际亮的诗尤以"气势"充盈耸动诗坛,林昌彝《射鹰楼诗话》说他"性情气格两两俱胜",邱炜菱《五百石洞天挥麈》评其为"奇情壮气,一如其诗",都可以从本诗看出的。

(魏中林)

车中见西山口号　　张际亮

试马春城晚更凉,百年空剩鬓丝长。
西山不改青苍色,却为人间送夕阳!

道光十八年(1838)春天,诗人正客居北京,有一天外出途经西山,从车马中目见夕阳西下,山色青青,想到自身的遭遇,不禁触动诗情,随口吟成了这首小诗。

诗的起句便笼罩着一股不同寻常的悲凉气氛。在春寒料峭的北京城里,傍晚驾车行驶,只觉得凉气逼人,比起白天越来越重。从表面上看,此句似乎只是客观记叙,其实,这句中更别有伤心怀抱。何以见得呢?诗的次句直言不讳地作出了回答。从诗人对自己大半生以来,空空地只剩下两鬓白发日见增长的嗟叹声中,可知其生平怀抱,一无施展,心中的悲凉是不言而喻的。诗中的"百年"喻有限的人生,"空剩"二字含有无尽的悲哀和感慨,而"鬓丝长"则是形象地描绘出诗人请缨无路,报国无门的潦倒情景。张际亮从青年时代起就胸怀大志,非常关心民生的疾苦,通夷情、有筹边之策。为了实现自己的抱负,他曾屡次赴京会试,皆未能中,这在封建时代,就等于阻断了他从政济世的必由之路,注定了他一切美好的理想都犹如镜花水月,不可能有任何结果。这就是为什么诗的一开始就笼罩着悲凉气氛的根由所在。在"百年空剩鬓丝长"的诗人看来,再美好的景物也都会因情染上伤心的色彩,更何况春城的傍晚正弥漫着实实在在的逼人的凉气呢!

当诗人从悲凉的气氛中抬起头来时,无意中将目光投向西山,吟出了更悲凉的下二句。西山,北京西郊群山的总称,系由妙峰山、香山、玉泉山、翠微山等组成,为京郊著名的风景胜地。西山在任何时候都山色青青,永远不会改变它那象征着充满生机的青苍之色,所以它也一点儿不用为岁月的流逝忧虑发愁,毫不留恋地为人间送走了又一个晚晴。透过三、四两句的字里行间,我们可以琢磨到诗人的心境是很不平静的,这里既有对青山不老的无比羡慕,甚至不无妒意,又有白发奈何不得青山的浩叹。如果这样理解不错的话,那么在这浩叹的背后,积聚着的正是诗人心中更为沉重的悲凉之感。

至此,我们不难看出这首小诗,主要借助"鬓丝"和"山色"的巧妙对比,形象深刻地反映出诗人嗟叹年华老去,虽有一腔热血,却又不为朝廷所用的内心苦闷,真实地体现了封建时代正直的知识分子爱国忧心如焚的心情,给后人留下深远而又伤感的思索。

(李保民)

诗人小传

顾太清

(1799—?) 又名顾春,字子春,别号幻园居士,满洲西林人,鄂文端曾孙女。幼年遭逢家庭变故,养子顾氏,为多罗贝勒奕绘侧室,将军载钊、载初之母,工诗好词,尤精内典。与纳兰性德同为满洲杰出文学家。才气横溢,倡和皆即席挥毫。著有《天游阁集》五卷,《东海渔歌》四卷。

游南谷天台寺① (其二) 　　　　顾太清

大南峪里天台寺,楼阁参差云雾重。
野鸟山蜂皆法象,苍松古柏宛游龙。
大圆宝镜舒千手②,尺五青天压乱峰。
立马东冈新雨后,西南高插紫芙蓉③。

〔注〕 ① 南谷：冒广生曰："南谷在永定河之西，太房山之东，后为太清葬处。" ② 此句自注云："寺有大圆镜，铸千眼观音像。" ③ 此句云西南面有一峰独立，远望如一枝紫色芙蓉插入天际。

　　游赏的诗有许多写法，或于眼前的景观中幻印出历史演变的轮迹，或在绮丽的视野中寄寓着诗人的抱负雄心，但顾太清的这首游赏诗却既无人生的感慨亦无历史的幻影，而是一首纯然的游赏诗，且所写也不是他山的鹦鹉、别处的花月，而是深山中的一座古庙，且又非止是一座寺庙的小景，而是将这小景包裹于四周的山容天色的大景之中，依照这条线索，这首诗可分为以下三个视界。

　　第一部分是远视，即首联。开头一句"大南峪里天台寺"，毫无虚饰地点出了游赏的对象。天台寺如何呢？"楼阁参差云雾重"，"楼阁参差"是一年三百六十日中的常景，而"云雾重"，则是女诗人游赏之日的独特际遇了。而这云封雾锁的参差楼台，又隐隐地体现着佛界的神秘与缥缈。两句略一勾勒，一幅深山古刹烟雾图已宛然如在。

　　第二部分是近视。"野鸟山蜂皆法象，苍松古柏宛游龙。"野鸟翩翩、山蜂营营，已经真切地逗入了女诗人的眼帘，它们似也带着佛门的机趣，而与苍松、古柏一起，构示出一幅古寺幽景。比喻原是作者心灵的产物，因而读者从它可以反观作者自身。"皆法象"、"宛游龙"的感受与认识，也表示着女诗人的学识与性情。法象，指体现着佛法的形体表象。而野鸟山蜂竟也能成为法象，这虽可云因它们生傍佛门，偏荷福泽，却也可说是女诗人心中夙具的佛性的必然感受。以游龙喻松柏，虽非作者首创，但由作者拈来，亦借松柏的遒劲龙腾之势显示了作者心中的一股"非女儿气"。

　　近视的视界到"大圆宝镜舒千手"句为止。这一句表明了作者由寺外到寺内的游赏过程，亦是此诗中唯一近到类乎特写的一个镜头。天下寺观大同小异，而这一处"大圆宝镜舒千手"的怪异千眼观音像，才是留给作者深刻印象的物体。下一句则从贴近描写的紧张弆然放开去，以"尺五青天压乱峰"完成了视距的再一次拉长，青天下众峰攒立的远景，替古寺的游赏划了一个句号。一个"压"字，显示了作者的高超技艺：本是青峰耸立，离天"尺五"，堪堪破天，却偏说成是尺五青天在力压这一片乱峰，真是天高一寸压死人。而究竟谁输谁赢，则由欣赏者自己以意测之。

　　最后两句，在视界上仍属再一度的远视。它是神来之笔。游赏完毕，舒心惬意地立马东冈（当然是双马并立了，这一回她是与夫君同游的），但见雨过天青，西南面一峰独秀，山雾未消而艳阳又照，阳光在给秀峦敷粉着色，使秀丽的山形如一枝独秀的紫色芙蓉,插入天地的空白处。这奇景本属难逢而且易逝,却被锦心绣口的女诗人捕捉到了,其时她心中的喜悦与感动,不可以语言表达,故她只能于篇终揭响,绘一朵奇美的芙蓉以贻读者。

(邓红梅)

诗人小传

朱琦

(1803—1861) 字伯韩,一字濂甫。广西临桂(今广西桂林)人。道光十五年(1835)进士,官编修,后任御史。他屡上疏陈天下大计,号称"谏垣三直"之一。其诗雄浑,某些反映鸦片战争的作品,具有浓厚的爱国主义精神。有《怡志堂诗》、《倚云楼诗》等。

关将军挽歌[①] 朱琦

飓风昼卷阴云昏,巨舶如山驱火轮,番儿船头擂大鼓,碧眼鬼奴出杀人[②]。粤关守吏走相告,防海夜遣关将军[③]。将军料敌有胆略,楼橹万艘屯虎门[④]。虎门粤咽喉,险要无比伦。峭壁束两峡,下临不测渊。涛泷阻绝八万里[⑤],彼虏深入孤无援。鹿角相犄断归路[⑥],漏网欲脱愁鲸鲲[⑦]。惜哉大府畏懦坐失[⑧]策,犬羊自古终难驯[⑨]。海波沸涌黫落日,群鬼叫啸气益振。我军虽众无斗志,荷戈却立不敢前。赣兵昔时号骁勇,今胡望风同溃奔。将军徒手犹搏战,自言力竭孤国恩[⑩]。可怜裹尸无马革,巨炮一震成烟尘。臣有老母年九十,眼下一孙未成立,诏书哀痛为雨泣[⑪]。吾闻父子死贼更有陈连升[⑫],炳炳大节同崚嶒[⑬]。猿鹤幻化那忍论[⑭],我为剪纸招忠魂[⑮]。

〔注〕①关将军:关天培,鸦片战争时期的著名爱国将领,广东水师提督。曾协助林则徐抗英,林则徐被革职后,新到钦差大臣琦善到广州与英军谈判,并撤除防务,遣散水勇乡勇。一八四一年一月,突然发动进攻,英军强占虎门外大角、沙角炮台,二月,进攻虎门炮台。关天培率部英勇抵抗,但琦善竟不发救兵。关天培孤军奋战,身受重伤,仍亲自发炮杀敌。终因众寡悬殊,与守军数百人壮烈牺牲。 ②番儿、碧眼鬼奴:均指英侵略军。 ③夜遣:连夜派遣,此非实指,乃渲染急迫气氛。 ④虎门:在珠江口东侧,扼珠江航道主要出海口的要塞。 ⑤涛泷:波涛汹涌。 ⑥鹿角:一种防御设施。犄:犄角,互为呼应、支援的阵势。 ⑦鲸鲲:喻指英侵略军。 ⑧大府:指琦善。 ⑨犬羊:指英侵略者。 ⑩孤:对不起。 ⑪关

关将军挽歌 朱　琦 〔1635〕

天培死难后，清廷发诏书，谥为忠节，给他世袭骑都尉的赠典。　⑫陈连升：广州三江口副将，一八四一年一月在沙角炮台抵抗英侵略军时与其子陈长鹏俱战死。　⑬峻嶒：山势高峻。⑭猿鹤幻化：《抱朴子》云："周穆王南征，一军皆化，君子为猿为鹤。"后因以借指战死的将士。⑮剪纸招魂：民俗，表示哀悼。

　　在鸦片战争中，出现了一批英勇殉国的爱国将领，他们前所未有地被众多诗人不约而同地饱含着激情反复吟诵，以致成为当时诗歌中最富吸引力的题材和最具声色的部分。朱琦的这首《关将军挽歌》忠实记叙著名爱国将领关天培的死难过程，歌颂英勇抗敌、壮烈牺牲的爱国将士，指斥怯懦昏庸的投降者。全诗围绕关天培英雄形象的塑造展开笔墨，是同题作品中众口称赞的名篇。

　　这首诗的中心人物是"关将军"。但这一主体形象的塑造却主要在背景烘托和场面气氛的渲染中完成。诗开篇四句描绘敌军进攻的严峻形势；"飓风昼卷"、"巨舶如山"，鼓声雷吼，"鬼奴"凶狠，一副"黑云压城城欲摧"的战争气氛。这既是交代战争形势，又为关将军的出场作了有力的背景渲染，第五句"粤关守吏走相告"看似一笔平直叙述，实则为下句作进一步铺垫。正是在"走相告"所隐含的众人举措惊慌之下，"防海夜遣关将军"一句才格外醒目突出。"夜遣"两字尤其将关将军出场的急迫和重要表现出来。

　　第七句"将军料敌有胆略"，以顶真格领起，顺势展开另一层笔墨。"楼橹万艘屯虎门"说他早已展开部署，严阵以待。"虎门粤咽喉"以下八句写地势险要，易守难攻。从凭险布阵的角度，申足关将军的"胆略"，那是守边老将对敌我形势全局了然，成竹在胸的应对韬略。果能如此，则"漏网欲脱愁鲸鲵"，以我方之优势，尽管来犯者坚船利炮，气势汹汹，亦应在劫难逃。

　　以上敌我形势的对比，落墨在关将军的料敌胜算之上。这从全篇的布局构思来看，则是为下面的展开蓄势铺垫的。本篇的主旨并不在记叙这场战争的一般过程，所以作者略去交战的初始阶段。"惜哉"两句直接扣入战争失败的原因。其时，接替林则徐任钦差大臣的琦善，采取妥协政策，打乱林则徐、关天培等人的上述已然部署，终不惜牺牲守土将士以求与侵略者媾和，致使险要不守，坐失歼敌良机。"大府畏懦坐失策"正指此而言。在前面关将军料敌胆略的一番胜算描写之后，紧接着的这笔锋陡转，深刻地道出了这场具体战争失败的主要根源，同时为推出关天培的主体形象铺开直接的背景场面。在琦善等人妥协政策的影响下，虽然从"海波沸涌黯落日"的虚写中见出搏战异常激烈，但"气益振"的是"群鬼叫啸"。而"我军"则"虽众无斗志"，竟"荷戈不敢前"，就连"昔时号骁勇"的"赣兵"，也望风溃奔。一个"胡"字所包含的疑问道出了作者的愤慨和惊诧。然而这几句的功能,更主要的还在为关天培的反衬。正在这一背景上,作者鼎力推出关将军"徒手犹搏战"的主体形象。但亦点到即止,至于他如何搏战的过程细节均略而不提。而是抓住他最后关头的所思所想:"自言力竭孤国恩"。这是他无力回天的自责。孤军奋战,以死相拼,尽到了一个守土将士的职责,本可问心无愧,但他仍如此自责。作者忙里偷闲格外标出的这一笔,使关天培的形象超越了一介武夫的勇迈,展示了一个爱国将士崇高的精神境界和伟岸人格。所以,这里着墨不多,却力能扛鼎。"可怜裹尸无马革,巨炮一震成烟尘",不仅是关天培壮烈牺牲的场景刻画,也深切流露了作者的痛惜:尝言沙场将士马革裹尸为极致,而今关将军则巨炮声中化作"烟尘",其悲壮色彩更递进一层。至此,关将军的英雄形象全面树立起来,同时将整个战争场景推向高潮。

然而作者犹不作罢,在这惨烈的炮火硝烟的峰巅,笔势骤然一跌:"臣有老母年九十,眼下一孙未成立。"这两句逆接前面"自言"一句,是"自言"的追叙。关天培在生死关头,不仅有"孤国恩"的自责,还深切顾及高堂白发和膝下幼孙。奉养慈母的拳拳孝心和抚幼育孤的责任同时萦绕于胸中。这闲闲的补笔使关天培的形象更血肉丰满,富于亲情而尤为动人,也见出作者笔法的跌宕往复之致。全诗"吾闻"最后四句插入陈连升父子事,并非节外生枝。陈连升父子是在关天培牺牲前一个月战死于虎门外沙角炮台的,时间相近,地点相接,同是一次战役,同是孤军奋战,无援而死。写关天培顺势带出陈连升父子作陪衬,更见"炳炳大节",以身殉国者并非个别人物。

全诗在客观史事的基础上进行剪裁,于炮火硝烟构成的背景上突现关天培的主体形象。叙述中连呼"将军",透着作者高度的崇仰和敬佩,深得太史公司马迁史笔之致。最后两句表达哀悼死者、祭奠忠魂的感情,正扣题中"挽歌"两字。

(魏中林)

姚燮

(1805—1864) 字梅伯,一字复庄,又号大梅山民。浙江镇海人。道光十四年(1834)中举,后屡次会试不第,家境贫寒,对社会下层有较深刻的认识。主张诗"自寄其性情",反对模拟。其诗内容丰富,有反映鸦片战争和民间疾苦的,也有揭露封建统治腐朽及写山水风景的,用韵较自由,是道光、咸丰年间诗坛上一位杰出诗人。并工词曲、绘画等。著有《复庄诗问》、《疏影楼词》等。

澄　灵　涧　　　　　　　姚　燮

玉局三生梦，人间石铫泉。
炼心初夜月，洗耳再来禅。
大海无真岸，空山有逝川。
远公余旧屐，谁结听琴缘？

　　澄灵涧，浙江普陀山胜景之一，在圆应峰下，绕舍利塔北流。顾名思义，这是一首山水诗。但本诗又不同于一般山水诗那样写景抒情，而是以作者的心理体验为线索，来抒写作者在澄灵涧中的感受和对超脱于现实人生的追求。
　　"玉局三生梦，人间石铫泉。"玉局：即苏轼，因其曾为玉局祠官，故称苏玉局，作者借以自指。首联两句之间的意境跳跃很大，这里出现了三个名词之间复杂的对应关系："三生梦"、"人间"、"石铫泉"。"石铫泉"为澄灵涧的一眼泉名先不必说，"三生梦"和"人间"又处于怎样的关系呢？如果说前者是对人生的彻底否定，不惟今生，而且连前生和来生都否定了，那么否定人生是否也否定了"人间"呢？细细思之，并非不可理解。作者曾力主"性情"，他不正是始终在寻找一种生活与心灵的真正沟通，寻找自己的"性情"所在吗？作者所否定的只不过是与自己的"性情"相违而又不得不如此的世俗生活内容罢了。所以作者对"人间"还是有所钟情，有所要求的，与之对应的"石铫泉"，恰巧是作者所要寻找、要肯定的东西。还应注意的是，"石铫泉"是一个外延极小的词，而在前面与之毗连的"人间"则范围无所不包，一大一小，形成鲜明的对比。而在包罗万象的"人间"里只有"石铫泉"这类境界才是作者所肯定的，亦见作者情趣之所在。
　　"炼心初夜月，洗耳再来禅。"这两句写作者在石铫泉旁修炼心神，全抛却世俗的纷扰，不知不觉间天色已晚，月亮已开始向天空攀登。在宁静的月光下对着涧水，洗洗耳朵，又重新开始坐禅。这情景何等优美，又何等令人陶醉！第二句用了"洗耳"的典故，据说尧欲传天下于许由，许由听后赶忙用水去洗耳朵，说：别让你的话把我的耳朵弄脏了！这里以喻作者不愿听尘世之事。"再来禅"的"再"字，说明作者已不是一遍地坐禅了。他是那样地专注，那样地聚精会神，以至于我们不由会想到即便这一遍结束之后，他会不会依然不愿离去，还要继续进行下去呢？第二联从刻画作者的形象入手，用墨寥寥便栩栩如生。
　　第三联写作者由此引发的对人生的感悟。这种感悟既是佛家性质的，又包含着作者自己独特的人生体验。佛家认为：现实世界的一切都是虚幻的，没有真实的所在,故曰"大海无真岸";但佛家又说:苦海无边,回头是岸。人只要能从世俗情怀中超脱出来,以彻悟的态度对待人生,还是可以获得一定的真实感的。这就又表现为对体验本身和唤起这种体验的对应物一定程度的肯定。"空山有逝川"即承接首联"人间石铫泉"而来,只不过比之更哲理化了。山"空"川"逝",固然是佛眼所观,然而恰巧是这空山之中不断流逝的澄灵涧提供给了作者一种超然物外的彻悟之感,这不也是作者所追求的一种"岸"吗?澄灵涧位于普陀山中,而普陀山又为大海所环,这两句写理,同时也是巧妙地把握住了景物的特点,做到了以景喻理,景理交融。

尾联是作者的情感由上而来水到渠成的结果。"远公余旧履,谁结听琴缘?"诗人以遐想的方式进一步表现了对这种超然的生活理想的向往和追求。"远公"即慧远,是东晋时有名高僧,据说他曾经到过这里。"听琴缘"化用古时钟子期俞伯牙高山流水寻觅知音的典故。作者缅怀古人的旧踪,希望和慧远那样的高人结为知音,并以之作为全诗的收束,韵外之致,耐人寻味。

在封建社会,有理想、有才华的知识分子由于在现实中受到沉重的压抑往往转化为对超脱现实的追求,姚燮亦然,本诗体现的就是这种情调,故否定性意象的运用多从大处、整体处着眼,如"三生"、"人间"、"大海"等;而肯定性意象则多从细微处、情感体验处入手,如"石铫泉"等,一张一弛,恰到好处。全诗以点明旨趣始,历"进入境界"和"悟道"两阶段,以因之产生的遐想终结,层次分明,有条不紊。王国维曾把诗歌的境界之一归为"有我之境",并说:"有我之境,以我观物,则物皆著我之色彩。"本诗始终贯穿着一条情感活动的线索,应该说是"以我观物"的"有我之境"了。

(姚晓雷)

双鸠篇　　姚　燮

郎心爱妾千黄金①,妾身事郎无二心。郎年十七妾十六,圆转朱轮得华毂②。与郎生小闾门里③,与郎结褵在燕市④。阿爷爱妾娘爱郎,但看郎欢为妾喜。与郎同水为一池,与郎同木为一枝。与郎为带同一结,与郎为茧同一丝。郎命妾所依,妾命郎所与。不愿与郎分,但愿与郎聚。郎为飞雁妾作云,郎作垂杨妾为雨。妾身金缕衣,皆郎光与辉。妾腕玉条脱⑤,比郎颜与色。妾佩明月珰⑥,比郎不断宛转肠。妾妆郎共肩,芙蓉出渌摇晚妍⑦。妾眠郎共枕,鸳鸯回波落春影。东邻窈窕女⑧,对郎盈盈眉欲语。西邻轻薄儿,对妾依依神为驰。郎但知有妾,妾但知有郎。明镜不掩帏灯光,牡丹不夺兰草香。郎心与妾相始终,妾心与郎相终始。不必同日生,但愿同日死;不必同日死,但愿郎生妾先死。不愿郎死遗妾生。妾为影,郎为形。妾如珠,郎手擎,妾为郎妇身份明。妾为郎妇天鉴之,为郎之妇千人知。郎饱妾共饱,郎饥妾共饥,一饿一饱与郎共,山崩川竭无更移。

阿爷日久嫌郎贫,日日要郎离妾门。阿娘恨郎不赚钱,要郎远客三城边⑨。三城何峿崪⑩,三城何岜岌⑪!三城溪水深,水毒溪无桥。三城黑沙黑,黑沙同鸣髑⑫。三城多劫贼,劫贼凶咆哮。劫贼杀人如杀獒⑬,白骨堆积城门高。三城多白杨,白杨风萧萧。萧萧飒飒啼怪鸮⑭,其下有穴狐狸噪。老客停马不敢过,年轻出门郎奈何!摘妾胸前玑⑮,为郎换棉衣。脱妾足下履,为郎易食米。典妾金缠臂⑯,为郎市鞍辔。卖妾珊瑚翘⑰,为郎置宝刀。思郎光与辉,妾身尚有金缕衣。念郎颜与色,妾腕尚有玉条脱。忆郎不断宛转肠,妾佩尚有明月珰。出门七月期,初六是良吉⑱,置得一杯酒,与郎作离别。杯中一滴酒,心中一滴血。不饮愁郎饥,饮之恐郎咽。秋烟在镜芙蓉涸⑲,秋风在衾鸳鸯影⑳。秋云不行雁影独,秋雨不雨杨枝憔。阿爷向郎訾:"不得千金弗还里!"阿娘从郎嗤:"千金不得毋归来!"妾手掩面啼声低,妾手不敢牵郎衣;向郎不语心依依,欲语又恐爷娘疑。见郎屈一指,似郎为妾经年期。

十月开梅花,二月开桃李,六月菱荷香,青青出蒲苇。但愿郎得千金归,先向爷娘买欢喜。卸妾玉条脱,何有颜色强?何有辉与光?解妾明月珰,脱妾金缕衣,为郎折叠空竹箱,譬如生小不嫁郎,见之徒令心悲伤。视妾双眉蛾,归来记取青不多。记妾领中扣,归来与郎验肥瘦。为郎不下堂,为郎不出房。为郎安慰爷,为郎安慰娘。为郎日焚香,焚香祝告天苍苍。正月梅花残,三月桃李红,七月出菱荷,蒲苇青茸茸。日高听铃马,铃马辚辚过楼下;日落闻行车,行车却向东南驰。半年得一信,一年不得郎边书。有客三城来,闻之欲语还啜嚅㉑。三城多白杨,三城多劫贼,三城溪水深,三城黑沙黑,老客停马不敢过,年轻出门那归得!阿爷从妾言:"负汝青春年。"阿娘向妾语:"是汝命生苦。怜汝命生苦,为汝重剪红罗襦,紫为绣凤青天吴㉒。複帐六尺八,菡苕四角垂流苏㉓。画簟六尺三㉔,缘以鸾锦椒泥涂㉕。东家郎,好光辉,劝汝弗爱金缕衣。劝汝弗爱玉条脱,西家郎,好颜色。东家西家郎,手中累累千金黄。心中不断宛转肠,汝还弗爱明月珰。"稽首爷娘前:"爷娘听妾语:爷娘之爱何敢逾?妾心区区当鉴取。妾心区区天可盟,妾为郎妇身份明。不能郎生妾先死,忍因郎死偷妾生㉖?"与郎不终始,妾身尚何俟?不得郎骨归,妾心犹狐疑。沉沉白日䴗鹠啼㉗,暗暗夜色蝙蝠飞。梦郎向妾笑,如郎同居时。梦郎向妾哭,如忧出门无还期。梦郎三城归,黄金百笏青骆骊㉘。梦郎流落不得归,面目黧黑无完衣。阿爷逼妾嫁,朝呵暮骂相摧靡。阿娘逼妾嫁,长荆短棘来鞭笞。爷呵骂,岂不恫㉙;娘鞭笞,岂不痛。思郎生死犹未明,妾不轻生为郎重。

  前门鸣乌鸦,后门鹊声喜,乌鸦何悲鹊何喜?十月开梅花,二月开桃李。今年六月无菱荷,蒲苇凋残北风起。见郎入门来,见郎如梦里。视囊不得米,视衣衣无襟。马死弃鞍辔,茧足徒步如炮烀㉚。顾彼腰下刀,霜无光彩生愁雾㉛。郎归不止黄金千,那愿郎得千黄金。记妾领中扣,与郎量肥瘦。记妾双眉蛾,为郎憔悴青不多。郎真死矣还如何!望郎减光辉,光辉不如金缕衣。望郎苦颜色,颜色不如玉条脱。幸郎不断宛转肠,佩之还似明月珰。爷娘怨郎身手穷,囚妾不使郎衾同。生不同衾死同穴,妾虽无言妾已决。含笑语爷娘:"妾有玉条脱,亦有明月珰,簇新金缕衣,折叠空竹箱:为郎市卖赎郎罪,抵郎归有千金装。"阿爷笑语妾:"还尔鸳鸯飞。"阿娘笑语妾:"看尔连理芙蓉枝。"鸳鸯遭网罗,安能到头白!芙蓉经狂飙,狂飇摧之易狼藉。朱绳三尺垂,不得高挂梧桐枝;下有千丈池,可惜池水多淤泥。为郎置鸩酒㉜,鸩酒甘如饴。但得生死常追随,此酒不减同心杯。妾饮琉璃杯,郎饮白玉盏。以斧伐木木不离,以刀断水水不断。同茧之丝不可剪,同结之带两头绾。稽首谢阿爷:"不必悲咨嗟。"稽首辞阿娘:"阿娘不可中心伤。有婿长贫贱,有女不遂爷娘愿。但愿爷娘寿考同百年!郎死不值千黄金,妾死不值黄金千。"

西邻来看妾,密纫条条罗袴褶㉝。东邻来看郎,仪容皎皎明月光。东邻西邻长叹息:"虾蟆抱桂光彩蚀㉞,朽绠龙渊黝谁测㉟?"东邻西邻语我前,要我制作《双鸩篇》。天缺不得女娲补㊱,海缺不得精卫填㊲。闻者歌者当涕涟。郎年二十妾十九,郎姓黄,妾姓柳,郎揾笏㊳,妾箕帚。双芙蓉,何恻恻㊴!双鸳鸯,地下守。朝打孔雀夜逐狗,孔雀雌雄狗牝牡,天上所无陌路有,陌路何能避桎梏㊵!闻我歌者泪一半,不谱吴筝谱燕缶㊶。

〔注〕① 千黄金:千两黄金。 ② 朱轮:红色车轮。华毂,饰有华丽文采的车毂。车毂,轮子中心置轴之处,犹今之轴承——弹子盘。 ③ 阊门:苏州西门。 ④ 结褵:指结婚。褵,古代女子嫁时所系的佩巾。燕市,北京。 ⑤ 玉条脱:玉手镯。梁陶弘景《真诰》卷一《萼绿华诗》:"金玉条脱各一枚,条脱似指环而大。" ⑥ 明月珰:明月珠制成的耳饰。 ⑦ 芙蓉出渌:荷花出水。渌,清澈的水。 ⑧ 窈窕:娴静美好。《诗经·周南·关雎》:"窈窕淑女,君子好逑。" ⑨ 三城:在今四川省松潘县城外西山上。此指荒僻之地。 ⑩ 嶜(qiú)崒(zú):高峻貌。 ⑪ 岧(tiáo)峣(yáo):险峻貌。 ⑫ 鸣髇:响箭,古代军中用作讯号。 ⑬ 獒:体大性猛的狗。 ⑭ 鸮:鸱鸮,俗称猫头鹰。 ⑮ 玑:珠玑,圆的叫珠,不圆的叫玑。 ⑯ 典:典当,抵押。金缠臂,金手镯。 ⑰ 珊瑚翘:用珊瑚制成的翠翘。翘,一种头饰。晋陆机《日出东南隅行》:"金雀垂玉翘。" ⑱ 良吉:良辰吉日。 ⑲ 秋烟:秋气。芙蓉:喻女子面庞的娇艳。白居易《长恨歌》:"芙蓉如面柳如眉。" ⑳ 鸳鸯:匹鸟,此指衾上所绣。影:飘散。 ㉑ 嗫嚅:欲言又止。 ㉒ 天吴:传说中的海神,虎身人面,八手八足八尾。此处是说在红罗襦上绣着青色的天吴图案。 ㉓ 菡萏:荷花,此指帐上所绣花饰。流苏,穗状垂饰,常以玉片、羽毛、丝线编缀而成。 ㉔ 画簟:饰有花纹的竹席。 ㉕ 缘以鸾锦:用织着鸾鸟图案的锦缎缝在竹席的边缘。椒涂泥,用椒泥涂在席上,使之芳香。 ㉖ 忍:怎忍。偷妾生,即妾偷生。句法倒装,以加重语气。 ㉗ 鹠鹩(liú):鸟名,属于鸱鸺(猫头鹰)一类而较小。鸣声如休留,故名。古人以为鹠鹩啼是凶兆。 ㉘ 笏:原为大臣上朝所执的手板,因形状似金条,故又作金子的量辞。百笏,喻金子之多。骊驵,指良马。骊,身黄喙黑的马;驵,纯黑的马。 ㉙ 恫:恫嚇,此指恐惧。 ㉚ 炮烙:炮烙,古代酷刑,将铜柱烧红,令受刑者爬行其上。烰,用开水泡煮。此指双足皲裂腐

烂。㉛霿：黑云貌，形容光泽暗淡。霿，遮住太阳的云。此句形容宝刀生锈，失去光彩。㉜鸩酒：鸩，鸟名，羽有剧毒，用以浸酒，可以杀人。㉝罗袴褶：古代骑服，南朝时盛行，用作礼服。此处亦作礼服，谓女子入殓时的盛装。㉞虾蟆句：《淮南子·说林训》："月照天下，蚀于詹诸。"詹诸一作蟾蜍、蟾蜡，即虾蟆。相传月中有丹桂，虾蟆抱桂，比喻月蚀。此指男女主人公的爱情被摧残。㉟朽绠：腐烂了的汲井绳子。龙渊，蛟龙所居的深渊。黝，幽深。《荀子·荣辱》："短绠不可汲深井之泉。"此处化用其意，谓世人未必理解男女主人公的内心。㊱女娲：神话中的女神。相传共工氏被祝融打败，以头触不周山，天缺东南，地缺西北，女娲氏炼五色石以补天。㊲精卫：传说中鸟名，相传原是上古炎帝之女，溺水而死，化为此鸟，常衔西山木石，欲填平东海。㊳揭畚：两种运土的工具。《左传》襄公九年："陈畚揭，具绠缶。"注："揭，土舆。"揭畚与箕帚相互为用，犹今语畚箕不离扫帚，喻夫妇不可分离。㊴忺忺：美好貌。㊵梃杻：打人用的杖械。梃，木棍。杻，手铐。㊶吴筝：南方的弹拨乐器，音色多凄婉。燕缶，北方打击乐器，音色多慷慨悲壮。

  这是一首描写爱情悲剧的长篇叙事诗。全篇302句，在中国文学史上极为罕见。为了便于分析起见，我们把它分为五段。前四段是本篇的主体，均以第一人称叙述，表现了女主人公的不幸遭遇和内心活动。第五段改为第三人称，表现了他人（包括诗人自己）对这一事件的评价。现在逐段作一分析。

  第一段歌颂了幸福的爱情生活。起首二句"郎心爱妾千黄金，妾身事郎无二心"，揭示了诗中男女主人公的爱情具有坚实的基础。在世人眼中，黄金是宝贵的，但他们的相爱胜过千两黄金，诚如古人所言："二人同心，其利断金"，碰到任何挫折，也会不为所屈。为了渲染他俩爱情的真挚不渝，诗人尽情地写道：他们的结合像朱轮与华毂一样密合无间，像一池清水彼此融合，像一根树枝不可分开，又像一条带子打的结，一只茧子抽的丝。郎是天空的大雁，妾则化作彩云来烘托；郎是塘边的杨柳，妾则变为雨点来滋润。这些新鲜而又优美的比喻，让人感到他们的婚姻无比美满，他们的心灵无比纯洁。如果这种"博喻"仍使人不够满足的话，诗人则又结合这对年轻夫妇的特点作了进一步的勾勒："妾身金缕衣，比郎光与辉；妾腕玉条脱，比郎颜与色；妾佩明月珰，比郎不断宛转肠。"这些饰物戴在女子身上，却是男子的外部丰采与内心感情的象征，以此来刻画女子的痴情，可谓妙绝。对于男女主人公双宿双栖的幸福生活，诗人也作了精心的描绘：妻子临镜梳妆，丈夫倚肩而立，这时仿佛一池渌水映现出并蒂芙蓉；夜晚共寝，则又像一对鸳鸯的情影在碧波上荡漾。语言清丽而又含蓄，避免了一般在两性关系描写上的庸俗与浅露。诗至本段结句"山崩川竭无更移"，虽然不脱古乐府《上邪》"山无陵，江水为竭……乃敢与君绝"的痕迹，但它明白晓畅，宛如己出，表现了女主人公崇高坚贞的思想情操，为以后的严峻考验设下了伏笔。

  从第二段起，诗的情节发生了急转直下的变化。女子的父母对他们的结合本来是满意的:"阿爷爱妾郎爱娘,但看郎欢为妾喜。"可是日子一久,他们嫌贫爱富的思想便暴露出来,硬逼女婿到边远地区的三城去"赚钱"。在这里,诗人以放浪纵恣的笔墨铺叙三城的荒僻与艰险,那里山高水深,黑沙蔽天,劫贼遍地,白骨成堆,狐狸成群。看了这段文字,真使人不寒而栗。如此描写,便造足了悬念。在那个凶险的地方,"老客停马不敢过,年轻出门郎奈何!"他才十七岁呀,初出远门,吉凶难卜,能否生还,令人担忧。然而迫于岳父母之命,他不得不去。于是女子只好变卖衣物,为丈夫置办盘川以及鞍马、宝刀。写得极为深刻的是临行饯别。此刻她望着杯中的苦酒,心头似乎滴着鲜血,想让丈夫满饮此杯,恐他心中痛苦难于下咽;不让他饮,又恐他腹中饥饿。可是爷娘却不管这些,依旧责令女婿:"不得千金,不准回家!"短短一句话,好似无情利剑刺在女儿心上,她掩面抽泣,默然无语,甚至连拉一下丈夫的衣襟表示惜别也不敢。丈夫临走时也不敢丢下一句话,只是屈了一只手指,暗示一年后回来。这一场面,不禁令人想起《西厢记》中的长亭送别。同样是女方的家长,一个为了三代不招白衣女婿,逼张生进京赶考;一个为了追求金钱,逼女婿远去三城。二者分别从封建社会的上层和下层,揭露了礼教的罪恶。但是此处在挖掘人物内心感情方面似乎更带有自己的特色。在芒涩的酒杯中,在无声的啜泣和手势中,将爷娘的冷酷无情、女子的逆来顺受以及男子的软弱无能,刻画得入木三分,形神毕现。我们读至此处,心上像压着一块石头,感到无比沉重。

第三段写女子的盼夫和爷娘的逼嫁。它一开头像电影的连续镜头,依次展开梅花、桃李、菱荷、蒲苇舒蕊展叶的画面,用形象的语言表明时序的推移。不言而喻,自从这年七月饯别之后,女子便数尽花期,盼夫归来。以下又重复上述四句,但写花叶已经凋残,表示女子在痛苦的期待中又过了一年。在这漫长的岁月里,玉条脱、金缕衣、明月珰,无心穿戴,只好珍藏在竹箱。这一节很像《诗·卫风·伯兮》所写的一样:"自伯之东,首如飞蓬;岂无膏沐,谁适为容?"丈夫不在,她无心打扮,终日关在房中,与爷娘厮守。有时窗外的马铃声、车轮声,给她带来一些激动,然而留给她的只是无限凄凉与怅惘。她还每日焚香,祈求丈夫的平安。好容易半年盼来一信,此后却鱼沉雁杳。后来终于从三城来了一位客人,然而他吞吞吐吐,语焉不详,反而促使了女子的忧虑。于是三城荒寒凶险的景象重又浮现在她的脑际。有时梦见丈夫归来,腰悬黄金,身骑骏马;有时梦见丈夫流落三城,面目黧黑,身无完衣。"年轻出门那归得",瞻念及此,如同大祸临头。及至清醒,狠心的爷娘又逼她改嫁。尽管爷娘威胁利诱,尽管他人美貌多金,她就是不为所动,并郑重表白:"妾为郎妇身份明!"在封建社会里,这句话应是合法斗争的有利武器。杜甫《新婚别》云:"妾身未分明,何以拜姑嫜?"可见"身份"之重要。如今她身为郎妇,身份既明,有夫之妇,怎能改嫁!但利欲熏心的爷娘不管这些,仍旧对她朝打暮骂,不达目的,决不罢休。本来她想一死了之,可是"思郎生死犹未明,妾不轻生为郎重"。一想到丈夫生死未卜,于是又忍辱偷生,等待丈夫的归来,哪怕等回来的是一副尸骨。这一段内涵丰厚,情节紧张,真令人一唱三叹!

第四段写夫妇饮鸩自尽,是全诗的高潮。起首处又一次重复了"十月开梅花"四个排句,说明又过了一年。这时门外鸦啼鹊噪,是报喜还是报忧,令人捉摸不定。经过这段气氛渲染以后,丈夫突然归来。只见他囊中无米,身上无衣,马死刀锈,双足皲裂。女子非但不予责怪,反而更加疼爱;然而爷娘却怒火中烧,不让他们夫妻"同衾",并将女儿囚禁起来。女子向爷娘央求,愿以玉条脱、金缕衣、明月珰换回千两黄金,为郎"赎罪"。爷娘哪里肯允,他们一搭一档,冷语相讥,一个说:"还尔鸳鸯飞!"一个说:"还尔连理芙蓉枝!"虽未点明叫他们去死,但已暗示了可悲的下场。于是他们不得不置下鸩酒,"妾饮琉璃杯,郎饮白玉盏",夫妻双双"饮鸩甘如饴",实现了"生不同衾死同穴"、"不必同日生,但愿同日死"的誓言。临死之前,女子劝爷娘不必悲伤叹息,还祝愿他们"寿考同百年"。语言怨而不怒,哀而不伤,反映了诗人在刻画这一艺术形象时,恪守着"温柔敦厚"的诗教。

诗的第五段语气有了变化,它由女子的自诉变为邻人和诗人的评述。女子死后,左邻右舍前来探望,又嘱诗人将这个故事写成诗歌。前文多以叙事为主,至此则夹叙夹议,抒写客观的评价。"天缺不得女娲补,海缺不得精卫填",很像白居易《长恨歌》中的"天长地久有时尽,此恨绵绵无绝期",将这对恋人的爱情悲剧,引为人间最大憾事。"郎年二十妾十九,郎姓黄,妾姓柳",有名有姓,点出此诗写的是真人真事。据考,道光十六年(1836),诗人赴京会试,在寓所附近听到这一故事,遂成此诗,所以我们读来,倍感真切。回顾篇首"郎年十七妾十六",前后正好三年,与诗中所写的花开三度恰相符合,可见作者针线的细密。"朝打鸳鸯夜逐狗"四句,表达了诗人对这一事件的义愤。禽兽尚能雌雄相配,而作为人类的"郎"与"妾"却没有婚姻自由,人权何在,天理何存?诗人通过这些形象的对比,控诉了封建制度的罪恶。结尾"不谱吴筝谱燕缶",说明诗中既有南方音乐的缠绵悱恻,也有北方音乐的沉郁悲壮,它是一首悲愤交织的爱情之歌。

在浩如烟海的中国诗歌宝库中,由于言志缘情诗论的影响,抒情诗占压倒多数,而叙事诗极为罕见。在为数不多的叙事诗中,又基本上分为文人创作和乐府民歌二种。前者如白居易的《长恨歌》、《琵琶行》和元稹的《连昌宫词》;后者如

《木兰辞》和《孔雀东南飞》。此诗的风格恰很像后者，如第二段中"摘妾胸前玑，为郎换棉衣；脱妾足下履，为郎易食米；典妾金缠臂，为郎市鞍辔；卖妾珊瑚翘，为郎置宝刀"，就很像《木兰辞》中"东市买骏马，西市买鞍鞯"一段。而第三段中娘劝女儿改嫁一节："为汝重剪红罗襦，紫为绣凤青天吴。複帐六尺八，菡萏四角垂流苏。画簟六尺三，缘以鸾锦椒泥涂。"既像《孔雀东南飞》中"妾有绣罗襦，葳蕤自生光；红罗复斗帐，四角垂香囊"；又像其后的"青雀白鹄舫，四角龙子蟠"。一是语汇相似，二是口吻雷同。第四段中"朱绳三尺垂，不得高挂梧桐枝；下有千丈池，可惜池水多淤泥"，很明显是借用《孔雀东南飞》中兰芝的"揽裙脱丝履，举身赴清池"和仲卿的"徘徊庭树下，自挂东南枝"，表明上吊投水不成，唯有饮鸩以终。如此种种，都可以看出它语言和神理上受到汉魏乐府的沾溉，说它是清代的《孔雀东南飞》，并不算太过。

乐府民歌体的叙事诗大都带有浓郁的抒情风味，此诗亦然。有时抒情与叙事交替使用，如第一段简述夫妻身份既定之后来了大段抒情；有时带着抒情口吻叙事，如第三段"记妾领中扣，与郎量肥瘦"等等。抒情与叙事交织，竟使人分不清何者为叙事，何者为抒情。因此，整个诗中诗意盎然，感情浓郁，具有搏动读者心弦的艺术魅力。尤其值得注意的是，本篇所叙之事为爱情悲剧，所抒之情又以凄苦悲哀为主，故而诗中含有一种悲剧美。所谓悲剧乃是将人生美好的事物撕碎给人看。诗中一对青年夫妇，本来是两小无猜，真心相爱，可是万恶的金钱至上思想和封建礼教，摧毁了他们的幸福，吞噬了他们的生命。任何人读了，都会为之扼腕叹息而一掬同情之泪。这就是它的悲剧美在起作用。

我们说它含有悲剧美，还因为它在结构上类似戏剧。第一段如戏剧中的第一幕，开门见山介绍人物及其相互关系，并且用欢快的节奏起到欲抑先扬的作用。第二段如第二幕，情节突变，矛盾冲突揭开。第三段如第三幕，矛盾冲突渐趋强烈，人物的命运遇到危机。第四段如第四幕，戏剧冲突发展到高潮，人物殉情而死。第五段则为尾声，写冲突造成的余波。《孔雀东南飞》曾被改编多种戏剧上演，本篇若按照舞台演出加以处理，自然也是一出震撼人心的爱情悲剧。

在这个悲剧中的主要人物自然是"妾"。这是作者着意刻画的艺术形象。她向往爱情的纯真和自由，希望与郎长久相处："郎命妾所依，妾命郎所与，不愿与郎分，但愿与郎聚。"而"但愿郎生妾先死，不愿郎死遗妾生"，则超越了一般夫妇偕老的世俗观念，表现出牺牲自我的优良品质。这位女子也有孱弱的一面，在爷娘逼夫外出和逼自己改嫁时，她不敢据理抗争，也不敢责怪爷娘，直到饮鸩自尽才暴出性格的火花。作者在刻画这位人物时，很注意挖掘心灵深处的矛盾，这特别表现饯别之时,"妾手掩面啼声低,妾手不敢牵郎衣;向郎不语心依依,欲语又恐爷娘疑",那种想留又不敢留、想说又不敢说的神态,真是写得惟妙惟肖,栩栩如生。相比起来,郎的形象略嫌单薄,但他"但知有妾",一往深情,在"东邻窈窕女,对郎盈盈眉欲语"时,他毫不动摇,这也足以说明他是一位至诚君子。至于漂泊三城,则是虚写,从他归来穷愁潦倒的形象上可以令人联想彼时的处境。爷娘二人是封建礼教的化身,他们把金钱看得比女儿的幸福都重要,铜臭染污了灵魂,直接充当了杀害女儿女婿的刽子手,因而是作者所要批判的对象。从悲剧结构而言,爷娘构成了矛盾的对立面,促使了情节的发展,也是长诗中不可缺少的人物。

悲剧既需要由正反两方面人物组成的矛盾,也需要一个中心事件贯穿始终。我们看戏时往往看到一个主要道具,如《双熊梦》中的十五贯铜钱、《红灯记》中的红灯便是。本篇则以黄金千两作为中心事件。开头时说"郎心爱妾千黄金",以黄金与爱情相比。而在爷娘心目中,黄金则是唯一的价值标准。于是爱情与金钱的矛盾构成了这一悲剧的基本冲突。爷娘逼郎去三城:"不得千金弗还里!"他们劝女儿改嫁时又说:"东家西家郎,手中累累千黄金。"而女儿则一再声明:"郎归不止千黄金,那愿郎得千黄金";"为郎市卖赎郎罪,抵郎归有千金装";"郎死不值千黄金,妾死不值黄金千"。她把人的感情看得比黄金还贵重,与爷娘的人生观大相径庭。可见对待黄金的态度,是酿成这场悲剧的根本原因,而黄金这一概念是贯穿整个悲剧的。

此诗很注重环境的描写和气氛的渲染,这是构成悲剧不可缺少的手段。如三城的荒寒凶险,便是显例,前面已经详述,这里就不作重复了。此外,全诗语言浅近通俗,基本上没有用典,读之朗朗上口,韵味浓醇。在修辞上它一再运用比喻和排比句法,增加了形象性和节奏感。而复沓回环的句子和词汇,在全诗中也屡屡出现,像玉条脱、金缕衣、明月珰,出现了六次;"十月开梅花"四句出现了三次。有的重复中有变化,如爱情热烈时说:"与郎同水为一池,与郎同木为一枝,与郎为带同一结,与郎为茧同一丝……郎为飞雁妾作云,郎作垂杨妾为雨";到了爱情受阻时则说:"以斧伐木木不离,以刀断水水不断,同茧之丝不可剪,同结之带两头绾";"秋云不行雁影独,秋雨不雨杨枝憔"。在重复与变化中推动了情节的演进与人物性格的发展。又如同写"梦"字,就有五种形态:一是"梦郎笑",二是"梦郎哭",三是"梦郎归",四是"梦不归",五是"归如梦",层层变化,步步推进。因此尽管多次回环往复,人们并不感到累赘烦琐,反而觉得它像大型乐章中频频出现的主旋律,不但加深了读者的印象,而且像纽带似的把全篇结成一个艺术整体,不可分割。

(徐培均)

高鼎

(生卒年、籍贯、事迹不详)近代诗人。大约活动在咸丰(1851—1861)年间。诗歌擅长描绘自然景物。有《拙吾诗稿》。

村　居　　　　高　鼎

草长莺飞二月天,拂堤杨柳醉春烟。
儿童散学归来早,忙趁东风放纸鸢。

高鼎诗善于描写自然景物,而这首《村居》写春天郊外即目所见的景象:春光明媚,一群儿童正迎着东风,把风筝放上高高的蓝天。具有新鲜浓郁的生活气息。

"草长莺飞二月天,拂堤杨柳醉春烟。"两句写春景。当然是作者即目所见,遇景入咏。但前句在字面上使人想起丘迟《与陈伯之书》中名句:"暮春三月,江南草长;杂花生树,群莺乱飞。"感到风光美不胜收。二月较三月略早一点,这时季节之风——东风已起。"拂堤杨柳醉春烟"句除"醉"字很形象、很新颖,生动状出杨柳丝丝飘飘然使人陶醉的感觉。还有"拂堤"二字,已有春风吹拂之意。春风风向是稳定的——东风,而风力不大不小,因此一年四季唯此时最便于放风筝。放风筝是民间最喜爱的群众活动之一,做纸鸢早已成为一种民间技艺。每到春季,即有专店出售。而各家各户,也能自制"豆腐干"一类简易风筝。所以前二句虽主要写景,已给放风筝的情景预作铺垫。

"儿童散学归来早,忙趁东风放纸鸢。"两句即写放风筝。放风筝虽然老少咸宜。不妨成人参加。但毕竟要跑跑跳跳,是天然最宜于少年儿童的活动。所以诗人专门描写少年儿童。要在平时,他们散学以后,必定不肯及时回家。不免在路上磨蹭逗留,想方设法地玩耍。而这几天却是急忙回家,因为家里的"纸鸢"在等着他放呢!恐怕上课时都"一心以为鸿鹄将至",早就盼着散学呢!所以末二句不但直接描写着放风筝的场面,而且通过"归来早"、"忙趁东风"写出了一片童心。诗写到"放纸鸢"三字为止。而读者却浮想联翩仿佛看到一个个淡墨色的蟹风筝、淡蓝色的蜈蚣风筝或淡赭色的鹞鹰风筝,在天空比高;而寂寞的瓦片风筝,没有风轮,又放得很低……拂堤的杨柳丝丝弄碧,杂花生树,草长莺飞,和孩子们的天上的点缀相照应,打成一片春日的温和。(参看鲁迅《风筝》)　　(周啸天)

鲁一同

（1804—1865 或 1805—1863） 字通甫或字通父，又名兰岑，江苏清河（今淮阴）人。道光十五年（1835）举人，力主朝廷广开言路，革新政治。鸦片战争时，同情主战派。为文气势挺拔，其诗苍凉沉雄，在晚清早期诗人中，独树一帜。著有《通甫诗存》。

荒 年 谣（五首选一） 鲁一同

小车辚辚①，女吟男呻。竹头木屑载零星，呕呀喳喳行不停②，破釜堕地灰痕青。路逢相识人，劝言不可行："南走五日道路断，县官驱人如驱蝇。同去十人九人死，黄河东流卷哭声。"车辚辚，难为听。

〔注〕① 辚辚，众车声。 ② 呕呀，亦称呕哑，舟车声。喳喳（zhāo zhā），杂乱而细碎的声音。

《荒年谣》是鲁一同写的反映灾荒的组诗，作于道光十三年（1833），由卖耕牛、拾遗骸、缚孤儿、撤屋作薪、小车辚辚等五首组成，写了农民从出卖耕牛到举家逃荒的全过程。诗前有序，披露了作者写此组诗的心境与悲伤，云："饥冷洊叠，疮痍日甚，闻见之际，憖焉伤怀，爰次其事，命为《荒年谣》。事皆征实，言通里俗，敢云言之无罪，然所陈者十之二三而已"。这是组动人心魄的灾难史诗，诗中写了人食人、满路遗骸、母弃子、撤屋作薪和逃荒的悲惨的社会现实，是鲁一同的诗中较有代表性的作品。清人李慈铭说：鲁一同的诗文，"多涉时事，传之将来，足当诗史"，从《荒年谣》，可一窥鲁诗的风貌。

杜甫的《兵车行》，写送别征人的凄惨场面和征夫的怨诉，开篇是"车辚辚，马萧萧，行人弓箭各在腰"。此诗的开篇也有相似之处，写逃荒人逃荒的悲惨情景，"小车辚辚，女吟男呻"，一辆辆残破的小车，载着家人，也载着全部家什，呕呀作响，与逃荒人饥寒交煎的呻吟声响成一片。他们的小车里别无它物，能看到的是竹头、木屑和零星的生活用品，偶尔，还有一个破饭锅从车上掉下来，砸碎在路上，随即被后来的小车辗成青色的土灰。他们流向南方，要渡过黄河，觅口饭吃，但是等待着他们的又是什么呢？"路逢相识人，劝言不可行"，这是一班往回流的逃荒人的话语。他们用自己的亲身体验，劝诫这些后来者："南走五日道路断，县官驱人如驱蝇"，诗写出了逃荒的流民之多，堵塞了道路，也写出了官吏如狼似虎,驱赶流民,如同驱赶苍蝇一样,毫无悯恤之心。回流的逃荒人还告诉后来者:"同去十人九人死,黄河东流卷哭声"。这是比前文更为绝望的情景:逃荒,本来是想逃脱饥饿而死的下场,不料,逃荒人面临的,却仍然是死神的血盆大口。这前一批的逃荒者,绝大部分或饿死、或被县官赶上了死路,剩下的回流者,又逢上了后来的逃荒大军。进亦无路,退亦无路。看来,这荒已无处可逃,逃到哪里,哪里都是灾荒!死亡的逃荒者究竟有多少?诗人也无法分辨,但觉滚滚东流的黄河巨浪,翻卷的全是死魂的哭声!最后,诗人又推出了无比沉重的两个短句:"车辚辚,难为听。"这不是首句的简单重复,从诗的艺术上讲,是诗意的升华;从诗所反映的现实上讲,首句的车声,还带着逃荒人的希望,结句的车声,则是诗人对逃荒人终将绝望的预言——虽然是他不忍言的预言。

　　此诗出语不事雕琢,用着力刻画的笔法,写出了触目惊心的现实。但诗的用语虽朴实,却并非直露:"行不停"与"不可行"的对比,足以发人思考、令人为逃荒者的前程命运揪紧了心。此外,一句"难为听",也写出了"听"者即诗人自己对灾民无限同情却一筹莫展的复杂心情。在平浅的字句里,含有这样的深义可令人品味,这首诗真不是一首普通的大呼大号之作,它在反映惨烈的现实的同时,本身也具有沉郁曲折的艺术魅力。

(钟贤培　沈价)

辛　丑　重　有　感(八首选一)　　　　鲁一同

　　　　张公苦意绝天骄,忽报呼韩款圣朝。
　　　　便遣频阳老王翦,岂宜绝域弃班超!
　　　　跕鸢事业心纡折,射虎河山气寂寥。
　　　　珍重玉关天万里,西风大树日萧萧。

　　辛丑,即道光二十一年(1841),这年英军从海上入侵,打开了天朝上国的国门,是数千年未有之奇变,使当时的士大夫大多愤慨悲咽,抒写了一大批激扬爱国热情、悲慨国势沧桑的诗篇,作者本人便作有《读史杂感》(五首)、《辛丑重有感》(八首)等诗。《重有感》乃刻意效仿李商隐政治诗的作品,不仅是《读史杂感》的续作。盖唐文宗大和九年(835),发生了"甘露"政变,宦官挟制皇帝,诛杀朝中大臣,朝政更加黯淡,李商隐曾作《有感》二首和《重有感》一首七律,皆用史事以吟政坛之变。本篇命题既仿效李氏,其借古典写时事之意亦略同之,且亦暗示了二者所写均为重大政治题材。

　　此诗的直接咏写对象,是为林则徐抱不平。作此诗的上一年,林因在广东实行禁烟，触犯了英帝国主义者的利益，英军出兵攻陷定海等地，朝廷不谴责疏于战备、守土不力的官员，却降罪敢于抵抗外国侵略者的志士良臣，先将林则徐革除总督职务，在转年（即辛丑年）又将林则徐遣戍伊犁。本诗对朝廷的举措失当极为愤慨，认为林氏遭贬，是国失栋梁，国家大势，将由此萧条。诗中列举许多卓有功勋的古代名臣，设喻慨叹林则徐的坎坷遭际。理解此诗的障碍在用典太多，其妙处也正在使典恰切。大量的典故运用，既使诗作内容大大丰厚，又避免了直接指斥朝政的忌讳，感情也因有所寄托而曲折深厚，蕴藉缠绵。因而，了解有关典故内容，体味其比附内涵，是理解诗作的基础和关窍。

首联是慨叹朝廷向侵略者让步，点出林则徐遭贬的背景。"张公"，指张骞，汉武帝时名将，屡次出使西域，不仅与西域诸国建立了友好联系，而且结成抗击匈奴的同盟，大大巩固了边防。"呼韩"，呼韩邪，匈奴单于，于汉宣帝时归附汉朝；元帝时，入朝进见，迎娶王昭君。首联意谓，林则徐禁烟设防，正同张骞对待匈奴的用意一样，在于巩固国防；不料，朝廷突然实行投降策略，竟把怀虎狼之心的英军，当作古代前来输诚的呼韩邪看待，结果使主张边备的良臣获罪。实际上，英军是用炮舰轰开了清帝国的大门，"款圣朝"句实蕴满讥刺。

次联是慨叹朝廷对林则徐的处置太苛刻、太绝情。王翦是秦国大将，频阳（今陕西富平县）人，翦曾与李信论伐楚，李信言需二十万人，翦言需六十万。秦王政不用翦言，使李信出师，大败于楚将项燕，乃复起用王翦，使将兵六十万，卒大破楚国。上句意谓朝廷待林则徐，不宜一贬到底，最多暂置之闲地可也，以后可以复用之。班超是东汉名将，投笔从戎，在西域纵横三十余载，屡立战功。下句意谓，朝廷不该将林则徐一下子谪往边远之地，自毁干城。两句对应，愤慨层层加深，对林则徐的同情、赞颂、倚重溢于词表，对朝廷举措的失当痛加评骘，"岂宜"等语，已由上联的婉曲转为郁愤，感情披露得更直截、更强烈。诗固然讲求含蓄，但在感情实在压抑不下时，也不妨宣泄喷涌。真情不加掩饰，往往自有灼人的感染力。

诗的第三联，由慨叹朝廷的举措失当，转入对林则徐的同情和赞誉。这本来就是全诗的基调之一，只是前二联侧重慨叹朝政，而朝政之失，恰在知人不明；后二联侧重对林则徐人格的评赞，实际反衬出朝廷将其谪戍的失当，这在讥刺、郁愤之外，又增添了一重蔑弃。也就是说，后二联侧重面虽有变化，与前二联并未脱节。"趹鸢事业"，指东汉名将马援远征交趾（今越南）的艰难业绩。"趹鸢"（dié yuān）飞鸟跌落。盖马援行经南方瘴疠之地，路途艰难，曾仰见飞鸢"趹趹堕水中"。"心纡折"，反复思虑。全句意谓林则徐历经艰辛的宏伟事业，遇到了意想不到的挫折。"射虎",指西汉名将李广射虎的雄姿。据《史记·李将军列传》,李广善射,有一次夜行林中,遇巨石,以为是老虎,挽弓射之,箭簇没入石棱,显出无比的神力。从此,"李广射虎"成为赞誉名将的著名典故。"气寂寥",英气消沉。全句意谓,曾孕育出一代名将的大地而今死气沉沉。全联是说,林则徐精心筹画的海防事业因朝廷的改变态度而毁于一旦;林则徐本人已被遣戍,他曾护卫过的疆土前途难卜,一派寂寂。此联紧承前联对朝廷绝情苛刻的指斥,自然转入对林则徐命运的同情,顺理成章而意蕴深厚。

第四联,是对林则徐的劝勉。上联的同情,还是客观的叙写;此联则是主观的抒写,直接与赞咏对象交流,感情亦由激烈转为深沉,令人深为感动。"珍重"句是直吐劝慰之辞,希望林则徐在谪戍途中多多保重。"玉关",玉门关,是赴伊犁的必经之路;"天万里",极言行程之遥。"西风"句,是对林则徐遭贬的慨叹,也是劝他珍重的理由,意谓他身系一国安危,是举足轻重的历史人物。"大树",大树将军,东汉开国名将冯异,他建有大功而不自矜,诸将表功时,他独坐大树之下,军中号称"大树将军",这里喻指林则徐;"日萧萧",由"大树将军"的雅号,念及林则徐处境之劣,犹如西风中萧萧树身。这里又暗用了庾信《哀江南赋序》中"将军一去,大树飘零"之句意,不仅心伤将军的身世,也含有形势令人感伤之意。身系国家安危的将军遭到贬抑,需要将军支持的国势怎能不衰飒呢?

这样,全诗由国家安危之局写起,以身系重任的林则徐遭贬的凄凉作结,对林的不幸深表同情,更对国势的危机忧愤焦虑。由此可见,诗中对朝廷举措的指摘、愤慨,对林则徐本人的评赞、同情,主旨本在对国事的关注。正是出于对国家安危的高度责任感,诗人才为林则徐无端被贬寄予同情,对朝廷自毁干城忧心如焚。

不过,封建时代礼法森严,内心再愤慨,臣子也不敢放胆直言朝政之非,本诗亦只能借助史事,隐蔽地评议时政。全诗八句,七句用典,连用张骞、呼韩邪、王翦、班超、马援、李广、冯异七个古人,而且有六个是卫国名将。对史实或正用,或反用,或类比,或映衬,或直用,或曲用,不仅起到隐约进言的作用,而且使诗作的内涵更为丰厚;不仅有对时政的评议,而且提供了历史的借鉴,成为诗作在艺术表达上的突出特色。这种写法,继承发扬了前代诗歌的优秀传统,尤其是李商隐政论诗的长处。鸦片战争时期,这种感事伤时的诗作极多,诗题也多带"感"字,反映出重大社会变动在士大夫心目中的震惊。但是,此诗作于天朝上国刚与西方列强正面接触,西学尚未大量传入中国之际,士大夫几于海外面貌矇然无知,只能将眼前的巨变与故国历史的往事比附,并以史事寄喻时事,用昆体(宋西昆体专学李商隐)工夫抒发家国之愁。然这种闪烁其辞,以古喻今的办法也渐渐山穷水尽,随着西方文化输入,新事物、新名词的出现,文学发展也必然以变济穷,因此,鲁一同的《辛丑重有感》组诗,多少意味着一个旧的文学时代的结束。随着众多"新体诗"、"新派诗"的产生,文学上的除旧布新亦是势所必然了。

(张永芳)

【诗人小传】

黄燮清

(1805—1864) 一名宪清,字韵珊,一作韵甫,自号吟香诗舫主人。浙江海盐人。道光十五年(1835)举人,晚年曾官县令,一生不得志。其诗多抒写个人不平遭遇及人民的生活疾苦。有《倚晴楼诗集》。

广陵吊史阁部[①]

黄燮清

沿江烽火怒涛惊[②],半壁青天一柱撑[③]。
群小已隳南渡局[④],孤臣尚抗北来兵[⑤]。
宫中玉树征歌舞,阵上靴刀决死生[⑥]。
留得岁寒真气在,梅花如雪照芜城[⑦]。

〔注〕① 广陵:扬州。史阁部:史可法。明崇祯时,官至兵部尚书,南明福王立,加武英殿大学士,受命督师扬州,抵抗清兵。他孤军抗战,后城破被俘,慷慨就义。明制,大学士入阁办事,称阁臣或阁部。 ② 这句写清军南下,打到长江一线。 ③ 这句指史可法独立支撑局面。 ④ 群小:指把持南明朝政,破坏史可法抗清的马士英、阮大铖等一帮权奸小人。隳:毁坏。南渡局:指南明政权。 ⑤ 孤臣:史可法。北来兵:指清军。 ⑥ 靴刀:《旧唐书·李光弼传》载,唐代名将李光弼平定安史之乱作战时,常纳短刀于靴中,表示决死之志。 ⑦ 芜城:扬州旧称。

歌颂历史上的英雄人物,是黄燮清诗歌创作的一大特点。荆轲、祢衡、周瑜、岳飞、韩世忠、文天祥、于谦等一批豪杰之士都在他笔下被以咏史吊古的形式热情赞扬。一八三八年他赴京应试,途经扬州,凭吊史可法祠墓,写了这首诗。

黄燮清的这类诗一般都写得感情充沛,笔力雄放,豪迈劲直,气势飞动。这首诗的总体风格亦如此,而写法又自具艺术天地。

史可法作为人们熟知的抗清英雄,感佩是共同的。诗题既为"广陵吊史阁部",则自然已规定了他在诗里的中心地位。但史可法处于明清嬗替的历史背景和南明内部倾轧的复杂格局之中，这一切都有丰富多重的历史记载。一首律诗里单纯地赞颂史可法并不难，但要同时写出这种复杂性就不容易了。而既要写出背景关系的复杂丰富，又要突出全诗的主体对象，显然对作者的艺术构思能力和概括水平提出了更严格的挑战。本诗的特点正表现在这两方面。

　　作者的构思总要外现于作品的结构。这首诗的结构特征乃在横向的对应性和纵向的递进性。直观看去，前六句分成两行排列的话，左边一、三、五三个出句或奇句为一类，写当时的背景；右边二、四、六三个对句或偶句为另一类，写史可法，左右两边横向对应。如果从左右两边纵向分别看，又各自依序递进，极有层次。左列从清军南下，形势危机→群小倾轧，大局已去→福王荒淫，征歌逐舞，由宽到窄，由广泛到具体，次序井然。右列亦然："半壁青天一柱撑"→"孤臣尚抗北来兵"→"阵上靴刀决死生"，写史可法从支撑大局到英勇就义，也是从概括到具体，层层收缩。左列提供背景，渲染环境，为突出主体准备条件；诗的重心落在右列史可法身上。如果逐句去看，这六句又横向分为三组，从三个层面塑造了史可法的主体形象。第一组在整体危机的大背景上，凸显史可法只身支撑南明半壁江山的突出地位，是从总的局势着眼；第二组以群小的钩心斗角，破坏大局反衬史可法的坚决抗战，是从南明政权内部着眼；第三组以福王的荒淫无耻，映照史可法的誓死抗清，是从君臣关系着眼。这就既写出了总的形势内部与外部的复杂性，揭示了南明灭亡的内在原因，又多层次多角度地描绘了史可法的英雄形象。全诗结构精严整饬，所谓"横看成岭侧成峰"，极见匠心，但看去又十分自然，显示了炉火纯青的营构艺术。

　　与之相称，全诗对上述丰富内容的艺术概括既凝练又生动。如清军大举南下，形势危急，首句"沿江烽火怒涛惊"只虚写，便尽含其中，渲染得有声有色。又如，"群小已隳南渡局"则不露声色地写出了马、阮之流把持朝政，争权夺利，排斥异己，自相残杀的复杂历史事实。再如，史可法拼死决斗，最后英勇就义的过程，有许多具体的记载，诗里也只用一个典故就和盘托出。尤其末两句"留得岁寒真气在，梅花如雪照芜城"，意蕴更为丰富。史可法死后，扬州人民把他的衣冠葬于城外的雪岭，种了万株梅树来纪念他，就此而论是实写。但对史可法来说，又是虚写。用"岁寒真气"的梅树，象征史可法坚贞不屈的民族气节，表现了作者无限的追慕之情。"芜城"一方面扣题中"广陵"，而另一方面，又隐含了对清军暴行的控诉。鲍照《芜城赋》描写刘宋王朝内乱，沈庆之讨平据广陵起兵的竟陵王诞后，广陵城一片荒芜的情况。而清兵攻占扬州后，曾大肆屠杀，即众所周知的"扬州十日"。作者专用鲍照笔下的"芜城"，命意是极明显的。

这首诗结构经营的精美和遣词用语的丰富内涵都代表了作者的诗歌艺术造诣。

(魏中林)

[诗人小传]

郑 珍

(1806—1864) 字子尹,晚号柴翁,贵州遵义人。道光举人,曾任荔波县训导。治经学、小学。为晚清宋诗派作家。少数作品能暴露时政。风格奇崛,时伤艰涩。有《仪礼私笺》、《说文逸字》、《说文新附考》、《巢经巢集》等。

晚 望　　郑 珍

向晚古原上,悠然太古春。
碧云收去鸟,翠稻出行人。
水色秋前静,山容雨后新。
独怜溪左右,十室九家贫。

郑珍的诗作,风格多样,题材较为广泛。有的反映了他所处时代人民的苦难和血泪,如《经死哀》、《捕豺行》、《煮海铅厂三首》等,堪称诗史;还有的则表现了祖国西南山川的秀丽,民情的淳厚,属于田园诗的范畴。然而,他的这部分描绘山水民俗的篇章,与以往超然物外的隐逸之作不同,往往包含着相当的社会意识与现实感,如这首《晚望》便是。

《晚望》一诗约作于诗人的中晚期。前六句描绘了傍晚的高原春色:归巢的鸟儿隐没在天边的碧云之后,翠绿的稻田里步出晚归的农人,溪水在秋气未到之前,显得宁静而清澄,群峰在阵雨清洗之后,但觉容光一新。到处弥漫着一种悠然自得,恬静安适的美好情调,一切都是那般平静、和谐,透露出从太古至今不曾改变的气息。

如此山川秀丽,风景如画,当地人民应该是生活得与世无争,美满幸福了,然而,实际情况远非如此。最后二句,以"独怜"二字领起,骤然跌落于沉重的氛围中,诗人向读者展示了另一番人间景象;溪流左右,十室九贫。作者没有被那眼前的"太古之情"所陶醉,他冷静而深沉的目光注视着山溪两岸的农家,明白美丽的山水并没有给农夫带来幸福。自然界的恬静美好并不能掩盖现实生活的贫困与不幸,这种完美与缺憾的矛盾反差,无疑逗出了作者深深的叹息,全诗的情调亦由前面的闲适而变为沉郁了。诗人的可贵之处也就是发现并描绘了这种人世生活的不协调,"悠然太古春"的川贵高原,如今却是"十室九家贫",诗人成功地运用了对照反衬的艺术表现方法,从而赋予诗以深刻的社会意义。当然,诗人只作客观描写,不究其社会原因,使诗具有蕴含之美,给读者留下了思考的余地。

作为晚清"宋诗派"诗人,这首诗的文字章句颇见锤炼之功,如"收"、"出"、"静"、"新"诸字,可谓以俗为雅,以故为新,其中"收"字,尤为匠心独运,不说归鸟消失于云海深处,而说碧云收取飞鸟于茫茫天际,自然造物顿见灵性,通过它给这些小生灵以晚归的安憩,正显示出诗歌语言反常合道的韵味。在句法安排上,颔联之格式与颈联就不同,前者动词居中,后者形容词在后,这种错落变化的章法亦体现了宋诗派刻意布置的艺术追求。其他像音韵的和谐,取景的变化,状物的鲜明,也给人以美的享受,足资读者赏玩。

(汪松涛 祝振玉)

桐　冈　　　　　　　　　郑　珍

明月上冈头,绿坠一湖影。
来往不逢人,露下衣裳冷。

月明更深,分外静谧,幽人独行,清冷孤寂。这时候,最易滋生杳渺的思绪,最易缭绕淡淡的哀愁;最易品味生存的意趣,又最易期冀遗世而独立。旷达如苏轼,尚且渴盼"忘却营营"而常独自夜行,雅探幽趣,以至用"孤鸿"自比,欲为"独往来"的"幽人",一吐"寂寞沙洲冷"的怆怀。本诗亦颇有苏词《卜算子·缺月挂疏桐》的情境与旨趣。

"明月上冈头,绿坠一湖影。"首二句着意刻画月夜之幽美柔静。桐冈,地名,在湖南省衡山县城郊。"桐冈牧笛"被列为"衡山十景"之一,是南岳著名景点,颇多乡野情趣,更何况正当月夜,其清寂,其幽冷,怎能不愈加引人流连徘徊?说起来,月色移上冈头,树荫映于湖水,也算不得奇绝景物,但诗中着一"上"字、"坠"字,化静为动,以动衬静,便平添了无限意趣。严格说来,月夜之中,难辨颜色,所谓"绿",恐非实见之色,但由此可令人知晓映入水中的乃是树影,因树之本色为绿。"绿"除代表植物颜色之外,还给人一种神秘、幽深、朦胧、凝重的感受。月色之光,入水之影,合奏出光与影的交响乐。这是无声的诗,立体的画,是美好而清寂的夜景。

"来往不逢人,露下衣裳冷。"后二句侧重摹写月夜独游者心境的孤寂清冷。

从字面上看,"来往"之动态,"冷"之感受,只是对所处自然环境的反应,实际上,此中更暗喻对俗世浮沉的厌弃与寻求解脱时的迷茫,正如前人对苏轼《卜算子》词中"幽人"的评析所指出的那样,"似非吃烟火食人语",有超世的孤高自傲。但诗人之所以想远离人世,正是对一种理想世界的向往,是痛感能引为同道的人太少,而充溢着对知音者的渴盼。可惜"来往不逢人",月下并没有同游的伴侣,不由得令人在风露的侵袭下,顿生"衣裳冷"的反应。这自然不仅是生理的感受,更是精神的感受,是一种惆怅、一种失意、一种叹惋、一种忧伤。与前二句合起来,全诗是说清冷的月色的确诱人,但又让难以忍受;多想在月下再作徘徊,但又缺少同伴的抚慰和温暖。如果说清寂的夜景象征着略无人世机心的理想世界,那么难耐孤寒则意味着理想可望而不可即。对超脱俗世的追求与对知音太少的怅叹,就这样构成了全诗的基调。它既有对现实的失望,又有对人生的执着,既有寂寥孤苦的落寞,又有高自期许的慰勉,寄意与思绪十分复杂。

如此简短的一首小诗,竟有如此繁复交糅的思想感情,的确令人惊叹。诗人对景物刻画的细腻准确,对深层心理的挖掘吐露,都给人留下鲜明的印象。另外其用字的精练与寓意的深峭,亦颇得韩(愈)孟(郊)精髓。钱仲联《梦苕庵诗话》曰:"子尹诗之卓绝千古处,厥在纯用白战之法,以韩、杜之风骨,而傅以元、白之面目者,遂开一前此诗家未有之境界。"本诗虽不具"元白面目",也可算是郑珍"韩杜风骨"的一个好例了。

(张永芳)

自毛口宿花㠇①　　郑　珍

盘江在枕下,伸脚欲踏河塘堠②。晓闻花㠇子规啼,暮踏花㠇日已瘦。问君道近行何迟,道果非远我非迟,君试亲行当自知。此道如读昌黎之文少陵诗,眼着一句见一句,未来都非夷所思③。云水相连到忽断,初在眼前行转远。当年止求径路通,闷杀行人渠不管。忽思怒马驱中州,一目千里恣所游。安得便驰道挺挺,大柳行边饭葱饼,荒山惜此江湖影。

〔注〕① 毛口、花㠇(gù):贵州北盘江江边的两个小地名。　② 堠(hòu):用作计里程的土堆。　③ 非夷所思:不是按常理所能想象。《易·涣》:"涣有丘,匪夷所思。""匪"通"非"。

这是作者观赏白水瀑布后一路行经盘江所作,时在道光十六年(1836)夏。诗描绘了盘江沿岸陡峻迂回、谷多水急的艰难行程,并与中州之行相比,暗寓"行路难"的主旨。

诗的前四句,先总叙自毛口宿花堌的地势与行程,为下文展开描述作准备。盘江沿岸道路怎样?诗人欲擒故纵,先言路程之近"盘江在枕下,伸脚欲踏河塘堠"。据作者自注:"毛口对岸即河塘,溯流渡江至之已十里。"隔江相望,本来瞬息可至,然而渡江时需逆着江流斜行十里才能到达,可见江水之急如何。"晓闻花堌子规啼,暮踏花堌日已瘦",这两句以朝、暮二字暗示道路之艰危。自毛口清晨上路,即可闻花堌的子规啼叫,然而真正走到花堌已是日瘦黄昏了。谚云:"望山跑死马",言山高路远。而自毛口至花堌路程极近,却行了整整一天。作者在这里不作具体描述,然而从所费时间上,人们就可体会到山路是如何艰险。

以下十句,诗人巧妙地对道路、行程进行了侧面描述。前三句"问君道近行何迟,道果非远我非迟,君试亲行当自知",借一问一答展开描叙。"问者"所云"道近"而"行迟"是个矛盾。答者所说"道非远"、"我非迟"又是矛盾。问与答中的"行何迟"与"我非迟"又是一个矛盾。问答中的矛盾都是因"道险"的缘故,但作者仍不明说,而要"君试亲行当自知"。下文似应直接描写道路之危,然而后三句"此道如读昌黎之文少陵诗,眼着一句见一句,未来都非夷所思",以诵读诗文作喻,颇新奇入妙。"眼着一句见一句",意为专注地读一句理解一句。杜诗、韩文极回旋转折之妙,专心读一句,解一句,但下文如何却难以预料。行经盘江岸边道路,其曲折正如此。

接着作者又以"云水相连到忽断,初在眼前行转远"二句,形象地说山路的迂回。这两句与"山重水复疑无路,柳暗花明又一村"(陆游《游山西村》)异曲同工。由"连"至"断",由"初在前"而忽"转远"全从诗人行进时的感觉着笔,具体道路的波折,留给读者去想象,表达含蓄,用笔神妙,令人赞叹。"当年止求径路通,闷杀行人渠不管"二句,则由写景而生感,但责怨当年开路者"闷杀行人",仍从感觉上写道路的艰难。

此诗的结尾,构思颇巧。作者没有再就盘江岸边道路险峻生发议论,而是放开一笔,以回忆往日进行对比。"忽思怒马驰中州,一日千里恣所游"。"驰中州",指作者于道光十四年(1834)、十五年北上应试道经河南之事。二句虽是着意描述,但当他行至盘江险道而想到路经河南坦途,也顺理成章,十分自然。结句曰:"安得便驰道挺挺,大柳行边饭葱饼,荒山惜此江湖影。"道挺挺,指路平直。大柳为河南一个小地方。他多么希望行路能沿着大道驰马,饿时在乡村小店啃啃葱饼,那里的荒山野地也都好像顾惜行人,致使他在旅途中感到舒适。全诗以"行路易"的理想作结,暗寓着写作的主旨。如果由此生发,想到人生道路的平坦,又何尝不合作者初衷!

　　这首写"行路难"的诗,通篇没有一句直写山峻地险路曲峰回,而是运用各种巧妙的描写方法。先以路近而行迟作侧面描写,然后以读韩文杜诗为喻进行描述,再从行者的感觉着笔,最后由回忆对比描写结束,通过这些侧写、虚写的方法,收到了极佳的艺术效果。全诗在行文上一波三折,跌宕多变,"晓闻"、"晚踏"为总写,设问"道近行何迟"为小转;以读杜诗、韩文作比是一大转;"初在眼前行转远"的行路感受,再作一转;"忽思怒马驱中州"的回忆对比,又是一大转。诗中语"此道如读昌黎之文少陵诗",正可说明此诗用笔之奇。《晚晴簃诗话》谓作者"为诗能运健笔,委折达所欲言,意象开拓,力避庸懒"。这一评语用于此诗还是比较允当的。

(王祖献)

白水瀑布

郑　珍

　　断岩千尺无去处,银河欲转上天去。水仙大笑且莫莫,恰好借渠写吾乐。九龙浴佛雪照天①,五剑挂壁霜冰山,美人乳花玉胸滑②,神女佩戴珠囊翻。文章之妙避直露,自半以下成霏烟。银虹堕影饮谼壑③,天马无声下神渊。沫尘破散汤沸鼎,潭日荡漾金熔盘。白水瀑布信奇绝,占断黔中山水窟。世无苏、李两谪仙,江月海风谁解说?春风吹上观瀑亭,高岩深谷恍曾经。手把清泠洗凡耳,所不同心如白水④。

　　〔注〕①浴佛:佛教礼俗。每年农历四月初八日释迦牟尼生日,以水灌佛像,谓之浴佛,亦称灌佛。　②乳花:即石花。李时珍《本草纲目》九《金部殷孽附录》:"石花是钟乳滴于石上迸散,日久积成如花者。"　③谼(hóng)壑:大谷。　④"所不同心"句:《左传·僖公二十四年》载:晋公子重耳自秦返晋,"及河,子犯以璧授公子曰:'臣负羁绁从君巡于天下,臣之罪甚多矣。臣犹知之,而况君乎!请由此亡。'公子曰:'所不与舅氏同心者,有如白水。'"

　　白水瀑布即今日闻名中外的黄果树瀑布,在贵州省镇宁县西南十五公里的白水河上。河水流经黄果树时,因河床断落,遂形成大瀑布。瀑布宽达二十米,自悬岩至犀牛潭落差六十多米,为稀有的观景。这首七古生动地描绘了瀑布的壮观景象,并抒发了作者观赏的感受,不失为写景佳篇。诗作于道光十六年(1836)春。

　　全诗二十二句,从多方面对瀑布进行了描绘。首层四句,起笔突兀,从瀑布形成的险势下笔。其前二句,未写瀑布先写河床断落:"断岩千尺无去处,银河欲转上天去。"李白《望庐山瀑布》有"疑是银河落九天"诗句,此二句化用其意,言

"断岩千尺",使下落的银河欲流无处因而要转向天上。通过"无去处"与"上天去",夸张地写出黄果树河床断落上下相差二百丈的险峻地势,令人心惊。下两句用拟人手法,借传说中水中之神"水仙"的笑语"且莫莫",表明银河终于没有回流天上,而要从高岩之巅向下飞落。"恰好借渠写吾乐",即要通过断岩倾泻,表达自己不畏险阻的乐趣。二句想象奇妙,写瀑布的形成,富于情趣。

二层四句,转入正文,具体描写瀑布飞流的动态。"九龙浴佛雪照天"句,用九龙从佛顶喷水形容瀑布飞流时水量之大、水势之猛。"五剑挂壁霜冰山",则化动为静,描写瀑布垂挂犹如许多宝剑悬于岩壁,闪闪发光,使人眼花目眩。"雪照天"、"霜冰山",以雪霜形容瀑布银白一片。"美人乳花玉胸滑"一句,新颖隽妙,通过"乳花"、"玉胸滑",从感觉上写了瀑布的光滑轻柔。"神女佩戴珠囊翻"句,受陈师道"瑶台失手玉杯空"(《十七日观潮》)启发,借神女珠囊中无数明珠翻倒而下描写瀑布飞落时珠飞玉跳的景象。

三层六句,转写瀑布入潭的景观。首句先不写瀑布,而以"文章之妙避直露"喻瀑布入潭时的大转折。由于河床落差大、水势猛,掀起高浪,故次句"自半以下成霏烟",写出瀑布入潭时下端雨垂烟接的情景。中间二句描绘瀑布飞流而下的具体形象。"银虹堕影饮谼壑"句,由李白"隐若白虹起"(《望庐山瀑布水》)化出,不但以"银虹"喻瀑布,而且使之成为巨龙一样的"物",饮于深谷,故更富动态神韵。"天马无声下神渊"与苏轼"骏马下注千丈坡"(《万步洪二首》)异曲同工,借"天马"写瀑布下落之迅疾,极有精神。后两句"沫尘破散汤沸鼎,潭日荡漾金熔盘",描写潭水受冲刷后水沫飞溅与红日照射下潭水波翻浪动的情景,也非常生动。

四层四句,为作者观景后对白水瀑布的赞美,"白水瀑布信奇绝,占断黔中山水窟",以"奇绝"二字评瀑布景色的独特风光,以"占断黔中"许之为贵州最佳山水。下二句借苏轼、李白等诗仙之作,写瀑布之美。当年李白《望庐山瀑布水》有"海风吹不断,江月照还空"句,形容庐山瀑布之佳,而今谁能"解说"白水瀑布的"奇绝"呢? 这无限的惋惜在不言之中,道出了白水瀑布的雄奇美妙,进一步增加了读者的遐想。

末层四句,以抒写作者观赏之感作结:"春风吹上观瀑亭"中所云观瀑亭,即望水亭,在白水河黄果树对岸。当诗人沐浴春风遥看白水瀑布时,他的感觉是"高岩深谷恍曾经"。因瀑布雄奇,使他产生远离尘世置身"高岩深谷"的感受,于是他"手把清泠洗凡耳",要学高士许由,用清净的潭水洗涤被尘垢所污的耳朵。末句"所不同心如白水",用春秋晋公子重耳对舅氏子犯立誓的典故(且暗切白水瀑布之名),向白水起誓:要心同白水一样明净,不受凡俗污染,于是巧妙地寓示了这首写景诗的主旨。

这首古诗,布局精巧,以较大篇幅多层面地描写了白水瀑布的景观:从瀑布形成、瀑布飞落、瀑布入潭到赞美瀑布、观赏瀑布抒怀,逐层转换,使瀑布在人们头脑中形成鲜明而完整的形象,令读者对瀑布有身历其境之感,故在构思上颇具特色。作品继承了李白、苏轼等名家写景的传统,描写中充满神奇的想象,具有形象化的特点。作者驱使水仙、九龙、美人、神女、银虹、天马等供其描摹,以"玉胸滑"写瀑布柔滑,以"珠囊翻"喻水珠的晶莹,以"汤沸鼎"状潭水飞沫激射,以"金熔盘"比日照后潭水的洄荡。因想象奇妙,形象鲜明,故具有很强的艺术感染力。而且此诗为较早描绘白水瀑布之作,它向我们提供了过去山水诗中少见的景致,作者能"历前人所未历之境,状前人所难状之状"(陈衍《石遗室诗话》),因而作品又具有新意。

(王祖献)

邯　郸　　　　　　　　　　郑　珍

尽说邯郸歌舞场,客车停处草遮墙。
少年老去才人嫁,独对春城看夕阳。

诗作于道光十五年乙未(1835),是诗人北上应试,途经邯郸所作。这年诗人已至而立之年,尚未中举,科场困顿,内心愤懑。此诗即充溢着牢落不平的慨叹。

"尽说邯郸歌舞场,客车停处草遮墙。"首二句叙写邯郸城的历史沧桑。邯郸,位于河北省,为著名古城,战国时为七霸之一赵国首都,人口有数十万之众,繁华富庶,盛极一时。而在作者到来时,当年的盛况久已沦落,只剩野草簇拥的残存古墙,诉说着古都往日的繁荣。"尽说"指传闻在自己心目中的印象,"歌舞场"括写当年邯郸的盛况。以"歌舞场"作邯郸当年的繁华很有代表性,因当地女子不仅以貌美著称,也以擅长歌舞著称,吕不韦正是以此地歌女献给秦太子,才实现了自己取得秦国丞相大权的预谋。而且,"歌舞"繁华,还烘托出权贵纵情声色的奢靡生涯,与本人的零落飘泊形成对比,更借古城的沦落透出人生如幻的悲凉。"客车停处",既点明地点,更点明时限。眨眼间,千年往事已成过去,而今客子北游,又来到这块曾有过繁华岁月的土地。"草遮墙",意谓草没荒城,繁华不再,而今只余遗迹供游人凭吊。李白《登金陵凤凰台》云:"吴宫花草埋幽径,晋代衣冠成古丘。"可见草没古迹,是时代沧桑的典型景观。至今邯郸市仍有"赵城"遗址,在今城近郊,通火车,可供游览。古城的荒芜,该有多少悲欢感慨!它既使权贵们耽于歌舞、醉生梦死的享乐显得荒唐可笑,也该在苦苦求仕、沦落不偶的儒生心中,唤起一些溺于世俗功名的滑稽感和人生如寄的清醒意识吧?

"少年老去才人嫁,独对春城看夕阳。"下一联紧承上联留给游人的感兴,生发和补足游子内心翻腾的思绪。"少年",有的注家解作诗人自称,实不确,它实际与"才人"即歌女对举,指曾是"歌舞场"的邯郸当年的经事人。这两句犹言,当年曾在此地享受过繁华生活的少年早已年老物化,而今哪还存在?当年在这里歌舞娱人的"才人",也早已出嫁老去,而今又向哪里寻找?富贵如浮云,人生如梦幻,前人已成陈迹,今人也将老去,面对荒草残墙吊古伤今的游子,在春日的夕阳中,感悟时光的流逝、世界的无常,内心怎能不思虑万千,低徊感慨?看起来,诗人实有对自己南北奔波、追求功名一举的蔑弃,却也有俗世难脱、举业难舍的无奈,已由对人生贵贱差别的不平与失意,升华为对人生困惑的超越与解悟,尽管这种解悟是消极的并带有自嘲的成分,毕竟比沉溺于功名利禄高明得多。"春城"与"夕阳"都是客观景物,又都有象征意蕴,"春城"喻入世、喻繁华,"夕阳"喻出世、喻没落,以充满生命力的"春城"与即将消逝的"夕阳"对举,犹言再火爆的人生也有谢幕之时,人何必对外物过多地追求呢?这种沉思,只能在客途的寂寞之中,在面对昔日繁华、而今冷寂的古城残墙之时才能油然而生,历史的沧桑、人世的沉浮,他人的得意、自己的失志,全都凝缩在这一对既真切贴近又朦胧茫远的意象之中,虽是顺手拈来的眼前现成语,却富有机趣,引人遐思。

总之,本诗不只是对个人际遇的慨叹,更是对人生、对历史、对自然的永恒与人生的短暂、对时代的变迁与现实的冷峻种种重大谜团的思考与体悟。其诗出语平易而含蕴深隽,不认真品味,极易当做简单的纪游怀古之作。今人钱仲联谓其诗风"用韩、孟雕刻洗练的手段,而以白居易的面目出之"(见《中国大百科全书》有关条目),确为允洽。读者切勿因其语淡辞直,而忽略其镂刻深细的诗旨。

(张永芳)

云 门 墱 　　郑 珍

牢江驱白云,流入苍龙门。门高一千仞,拄天气何尊!荡荡百步中,水石互吐吞。阿房广乐作,巨窈洪牛奔。余波喷青壁,震怒不可驯。眉水若处女,春风吹绿裙。迎门却挽去,碧入千花村。我行始两日,异境壮旅魂。抉悬自何年,信有真宰存。夕阳一反射,倒树明苍根。老蝠抱石花,红晕双车轮。仰观山水奇,俯蹴造化跟。想见混成日,待与见者论。

这首五言古诗,题下有自注云:"遵义东乐安江,一名斤竹溪,源出绥阳,即《元和郡县志》所云恭水、夸(yí)牢水。唐贞观中,刊州置乐安县,播州置恭水县,皆以此水名。其水穿磴出,会眉水,流百余里,入延江。"诗题"云门磴(dèng)","磴":小坎,水分派也。张衡《魏都赋》:"磴流十二,同源异口。""云门磴"在牢江。"云门",即诗中所指"苍龙门"。作者郑珍是继查慎行、厉鹗以后的宋诗派代表作家,风格兼奇奥与平易两种,在道、咸以来的诗人中,有"卓然大家"之称(近人胡先骕评)。这首《云门磴》,是他早期的名作,全诗描述"云门磴"的自然景观,绘声绘色,运笔入神,壮采奇思,层见错出,使读者有亲临其境之感。

起笔四句,概述云门的景象。"牢江驱白云,流入苍龙门",牢江为乐安江之上段,江水从山谷中奔流飞泻而来,像是驱赶着涧谷中白茫茫的云气,一直闯进藤萝苍树掩映着的苍龙门,其气象之非凡,已可概见。接着以"门高一千仞,拄天气何尊"两句,表示赞叹。"一千仞"是虚指,极言石门之高。"拄天气何尊",是诗人对云门的高峻所发出惊叹——它仿佛直撑着苍穹,气概是何等的雄伟啊!

"荡荡百步中"以下六句,写牢江水石吞吐撞激的奇观。牢江从宽阔百步的山洞中奔腾而出,穿过云门,水石相撞,发出奇异的音响,这响声恍如秦代阿房宫里演奏的钧天广乐,动人心弦,这水势有如巨大的窑(yào)穴奔突着成群的巨牛。(窑:地窖。《管子·地员》:"凡听宫,如牛鸣窑中。")其声清而越,其势雄而放,其余波撞击着沾满苔藓的石壁上,有如江水之震怒不可遏止,真可谓极雄奇湍急之势,形成自然界独特的景观。

然而在雄奇之外,此间复有柔美之境;险峻之外,更有倩丽之清景。诗人在正面写云门之余,更从另一面绘写下流的眉水。牢江在穿越云门之后,几经溅流,又温存地和眉水会合,眉江水流明静,合流后流向平野山村。诗人巧妙地运用拟人手法,说那眉水倩丽得像身著绿裙的绰约的处女。春风吹荡绿色的水波,就像吹绉绿罗裙似的显得娉娉袅袅,宛转轻柔,她迎向云门来,把乐安江深情地牵挽着,一同流向那花团锦簇的村庄,更使人产生风光旖旎的美感。诗的境界也由雄奇、壮浪而归于恬静、安谧。

接着诗人以"我行始两日"等四句,抒写自己亲身经历此境的感受。诗人说,我在这里旅游才不过两天,但奇异的境地,却在我心灵上留下了壮美的观感。这神奇的云门磴,究竟何年何月才悬挂在绝壁之上?这样的山水奇境,人力是难以创造出来的,我不得不相信自然主宰的存在,相信这伟大奇妙的神工。("抉悬"

二句《史记•伍子胥列传》:"抉吾眼悬吴东门之上,以观越寇之入灭吴也。""抉悬",挑出挂起。"真宰",假想中宇宙的主宰。《庄子•齐物论》:"若有真宰。")

诗人在赞美云门墱风光之后,不禁流连忘返,于是再次回顾这儿的奇景,写下"夕阳一反射"以下诸句,并以想象的笔墨,空灵的手法,做出全篇的结语。夕阳反射在高耸的石门上,倒挂在石壁上的老树,那长满绿苔的树根,也清晰可见了。再看那石洞里,成群的老蝙蝠正匍匐在石藓苔花之上,那开张着的蝙蝠双翅,在夕阳的映照下,宛如一对对晕着红色的车轮。面对此景,诗人再次兴叹:"仰观山水奇,俯蹙造化跟",不管是仰观还是俯蹙,都呈着一派神奇的色彩,看来这种神奇的景象,必然是在宇宙生成之初,和着混沌的状态一齐存在的,是否如此,只有等待着亲历其境的人们,来共同探索研讨了。诗写至此,戛然而止,余味不尽。

诗中所写之景皆为真景,在写实中更寓以空灵之笔,故能"浏漓顿挫,不主故常"(莫友芝《巢经巢诗序》语),兼阳刚阴柔之美,历前人所未历之境,状人所未状之奇,不愧为一篇佳作。

复次,诗人学宋诗而无"枯涩生硬、矫揉造作"之弊,在这篇诗中,所用字词,都显得丰腴清俊,于平易中见到千锤百炼的工夫。诗句中如"驱白云"之"驱","喷青壁"之"喷","迎门却挽去"之"挽","异境壮旅魂"之"壮","老蝠抱石花"之"抱","红晕双车轮"之"晕",都用得恰到好处,生动而不流滑,隽永而归于清奇雄丽。诗人家在遵义,地近云门墱,此诗当是平昔细致观察心领神会的所得,所以一旦兴会所至,发为吟咏,便可收到"下笔如有神"之妙。 (马祖熙)

自沾益出宣威入东川[①]   郑 珍

出衙更似居衙苦,愁事堪当异事征[②]。
逢树便停村便宿,与牛同寝豕同兴[③]。
昨宵蚤会今宵蚤[④],前路蝇迎后路蝇。
任诩东坡渡东海,东川若到看公能[⑤]。

〔注〕①沾益:旧县名,在云南省东北,今并入曲靖市。宣威:市名,在云南省东北,邻接贵州省。东川:清府名,治所在今云南省会泽县。 ②堪:足。征:记。 ③豕:猪;兴:起床。 ④"昨宵"句:谓身上旧蚤未除,新蚤又加。 ⑤任:任凭。诩:夸耀。东海:当为"南海"之误。宋哲宗绍圣四年(公元1097年),苏轼自惠州贬所远徙昌化军(治所在今海南岛儋县),曾作诗纪行,抒发其达观情怀。

道光十六年(公元1836年),郑珍往云南探望在平夷县当县令的舅父黎恂。

五月,诗人自沾益至宣威,入东川。这首诗就是这一段艰苦旅程的写照。首二句定下了全诗的基调。虽然诗人言"苦"、言"愁",但出行之艰难,与在衙门内忍受恶浊风气之苦,相比也并无不同。因此,此行对诗人来说,其实是以形体之苦换了精神之苦,并不曾增添什么,他也经受得起;明乎此,诗人把"愁事"当做奇异之事来记录,在下几句又以游戏之笔、诙谐之调写出行所遇,也就不足怪了。诗的第二、三联转入"异事"具体内容的叙述。诗人当时的行程正处在乌蒙山脉之中,"肩舆冷瘦寻村远"、"万山无主夕阳荒"正是指那山中的荒僻。而人在这种恶劣自然环境中的愁苦遭遇,经过诗人精心选取的几个横断面的叙述得到了淋漓尽致的表现。"逢树便停"从侧面写出了路上树木的罕见、骄阳的威猛,旅程的耗人体力,逢"村便宿"见村落的稀少,而人所获得的居住条件与牛猪无二,这些还不够,人还要受到跳蚤、苍蝇等的侵扰。这几个侧面的描述,看似取事细琐,叙述口吻冷静,实则于细琐、冷静中,极写了旅程的困苦。试想,一个人在那样灼热的天气,那样人烟稀少的山中旅行,他不得不丧失作为文明人的高雅姿态,被迫屈尊俯就到与动物一样生存的状态,与牛家同兴寝,而且还要倍受跳蚤苍蝇等的骚扰,人而落到这种恶劣的自然环境中,该是多么困苦尴尬。难怪作者要怀疑,达观如苏轼,如果到了这样的环境,还能像被谪放到当时称为"蛮地"的海南时那样,高歌"他年谁作舆地志,海南万里真吾乡",作达观潇洒状么?

全诗善于通过细节来表现出旅途的愁苦,用语平易朴实而又含蓄不落粗俗,体现了郑珍诗歌创作中的平易诗风。但是,全诗虽然平白如话,但蕴含却并非不丰富。其一,借描写人的行为遭遇以反映环境荒陋恶劣,"逢树"两句就是从住、行中充分再现了环境的特征。其二,在纯粹叙述动物的动作中,表现出人不堪其扰的苦状。"昨宵"两句,表面上看,是纯粹写跳蚤、苍蝇的"会"、"迎",而实际上却隐含着被它们骚扰的诗人受苦状,且于无可奈何的愁苦中含有几分诙谐,取得了写俗物而不粗俗的效果。其三,就是诗人用议论衬托的笔法,烘托东川的险恶。诗的最后两句,以议论感慨作结,以怀疑苏轼如果到东川后是否仍像被流放到海南时那样放达洒脱,进一步渲染了东川之旅的险恶。本诗的重叠用词也颇可注目,第二联"便停"、"便宿"、"同寝"、"同兴"用字虽看似重复,但并不让人感到累赘多余,它们组合在一起,就很好地把游历过程的歇息、住宿等活动过程以及所遭受的困苦充分地叙述出来,第三联的"昨宵蚤"、"今宵蚤"、"前路蝇"、"后路蝇",还从时间和空间上提示了诗人所受的侵扰无时无所不在。另外,首联叠用了"衙"、"事",尾联连用三"东"字,也显然是诗人故意安排的,目的在使全诗有游戏文字之味,而诗能有此味,关键仍在首联基调已定,故虽通篇言苦,读来却觉有趣可玩。缪钺先生说过,"郑珍的诗不大用典故与辞采,多是白描,有时大量地用口语白话,但是都经过提炼熔铸,使人读起来,感觉到清峭遒劲,生动有力。"(《读郑珍的〈巢经巢诗〉》,载《光明日报》1960年3月13日),这些评价是非常适合于这一首诗的。

(冼心福)

贝青乔

【诗人小传】

(1810—约1863) 字子木,江苏吴县(今苏州)人。诸生。鸦片战争时,曾参加奕经军幕,在浙东抗击英侵略军。目睹清朝军政的腐败,敌人的残暴恶毒,写了许多爱国诗歌。后游京师、浙江、贵州、云南、四川等地。晚年就直隶总督刘长佑之聘,卒于旅途。有《半行庵诗存》、《咄咄吟》、《苗俗记》等。

咄 咄 吟①(百二十首选二)　　贝青乔

头敌苍黄奋一呼②,飞丸创重血模糊③。
怜伊到死雄心在,卧问鲸鲵殄尽无④。

瘾到材官定若僧⑤,当前一任泰山崩。
铅丸如雨烟如墨⑥,尸卧穹庐吸一灯⑦。

〔注〕① 咄咄:惊讶怪异。典出《世说新语·黜免》,言晋殷浩被桓温废免,一天到晚用手在空中写"咄咄怪事"四字。咄咄吟,即取此义。　② 头敌:迎击敌人。苍黄:急速的样子。　③ 飞丸:炮弹、枪弹。　④ 鲸鲵:指侵略者。　⑤ 材官:武弁。　⑥ 铅丸:同"飞丸"。　⑦ 穹庐:指营帐。

一八四一年秋,英侵略军入犯浙东一带。道光帝惊恐万状,急遣皇侄奕经为"扬威将军",率军"东征"。兵驻苏州,青年诗人贝青乔凭一腔爱国热血,投笔从戎。在军中,他接触到许多爱国将领英勇杀敌的感人事迹,然而更大量的却是清军无可救药的腐败。于是他把耳闻目睹的种种咄咄怪事用诗记录下来,写成一百二十首之多的七绝大型组诗,总题为《咄咄吟》。《咄咄吟》一事一诗,每首诗下又附以小注,说明诗的史实内容。诗是注的凝聚和升华,注则是诗的背景和展开。全诗合则为浑然一体,全面而深刻地反映了这次东征的过程,分则可独立成章。这里选的两首,就是其中较有特色的一斑。

诗下的小注说明,前一首写乡勇头目谢宝树。一次战斗中,他"奋怒先进,误中炮子",呻吟一昼夜。临终前大声问同伴:"宁波得胜仗否?夷船为我烧尽否?我则已矣,诸君何不去杀贼耶?"作者恰好目睹了这一场面,"不禁泪下",遂成此诗。首句写谢宝树迎着敌人的枪林弹雨奋力一呼,起笔即在激烈的战斗场面中突出了他拼死杀敌的英雄形象。次句描写他被敌人的子弹打得伤痕累累,血肉模糊。这两句叙述中用白描,形象跃然纸上。从全诗看,又是为后面作铺垫。第三句宕开一步,写作者的感动和敬佩。这一感情固然建立在前两句的基础上,但更令他"不禁泪下"的乃在"到死雄心在"。结构上,这句承上启下,于是末句鼎力推出一个特写镜头——"卧问鲸鲵歼尽无?"此句申足"到死雄心在"的内容,升华了谢宝树的形象。一个"乡勇头目",不只英勇杀敌,而且在重伤垂危之际,念念不忘的仍是敌人消灭了没有。这悲壮而又激动人心的画面,深寓着爱国精神的庄严崇高。全诗笔力凝练省净,抓住最富有表现力和感染力的场景,经过铺垫加意突出,形象极是鲜明。

后一首则同前一首形成鲜明对比。在东征期间所有的"咄咄怪事"中,最典型的是那个奕经的门生张应云。宁波一战的紧张时刻,身为前营总理的张应云竟因鸦片烟瘾发作而"不能视事";甚至战败,当英军攻来,这个烟鬼还要"卧吸鸦片烟半时许",才"望风股栗"狼狈而逃。同样置身紧张激烈生死搏斗场面,当谢宝树"头敌苍黄奋一呼"时,张应云却"瘾到材官定若僧",烟瘾适时发作,竟如老僧入定一般无动于衷。不仅如此,而且"当前一任泰山崩",泰山崩于前都面不改色心不跳,镇定自若,十足的大将风度!但那"铅丸如雨"中的镇定,乃是服了"如墨"的鸦片烟这一剂"特效药"所致,所以,外面弹雨横飞,营帐内却能够死尸般稳卧在烟榻上凑着烟灯吞云吐雾。本是堕落腐败到无以复加的丑类形象,作者故意用镇定自若的大将形象涂抹上去,表里之间的巨大反差构成极其辛辣的嘲讽,最后更沉重地跌回其"尸卧"的本象。

一般来说,嘲讽总是同"喜剧性"相联系,富有幽默意味。然而这首诗的嘲讽却令人感到欲哭无泪的悲哀。民族的生死存亡竟托付于这样的丑类手中,说明的是历史性的愚昧和腐败。因而,贝青乔诗中的讽刺艺术,不仅仅是一种审美趣味的偏好,而且是以深沉的历史内涵作底蕴的。

(魏中林)

赤 津 岭　　　　　　　　贝青乔

日落无人境,停鞭借一椽。
滩明流月碎,峰黑裹松圆。

凄绝猿声里，凉生虎气边。
残黎家荡尽，何处哭苍烟！

赤津岭位于浙江遂昌县北，其地山势险峻。作者参加宁波、镇海、定海抗击英军的战斗失败后，游历浙南经赤津岭，目睹战乱频仍、人民离乡背井的荒凉景象作下此诗。

这首五律前面重在叙事，中间主要写景、状物，后面直接抒发感情，表达"哀民"的主题。诗句奇警，笔力遒劲，且内容、形式和谐，不失为佳作。

首联"日落无人境，停鞭借一椽"，看似平常，但仔细体味，颇具匠心。上句"日落"点明时间，"无人"交代环境。下句的椽，指屋梁上支架屋面和瓦片的木条，这里指代房屋。故二句表面不过叙述了作者于傍晚时投宿之事。但由于点出是在黄昏日暮人烟稀少的荒山野地借宿，便在叙事中自然地渲染出一片荒凉的气氛。而且"无人境"又与后文"残黎家荡尽"相呼应，因而平淡中又具深意。

颔联"滩明流月碎，峰黑裹松圆"，描写诗人眼前所见。它虽为写景之句，但试想作者俯见明月被流动的滩水碎割，远望长满松树的山峰一片暗黑时，心境自然也十分苍凉，故这二句在写景中也点染了气氛。颈联上句"凄绝猿声里"，从听觉上描写。因古渔歌有"巴东三峡巫峡长，猿鸣三声泪沾裳"之语，故作者闻猿声感到凄凉欲绝。下句"凉生虎气边"，从感觉上着笔。诗人在赤津岭并未真遇上虎，但古谚曰："云从龙，风从虎"，因而作者写此句在说明凉气袭人。这后二句通过听觉视觉直接描写了悲凉的氛围。

尾联在前文写景状物渲染气氛的基础上直接抒怀。"残黎家荡尽"描写人民在离乱中家破人亡，财产荡然无存，陷入绝境。"何处哭苍烟"由杜甫"恸哭苍烟根，山门万重闭"（《送樊二十三侍御赴汉中判官》）化来，说明自己见到百姓家业荡尽的景象悲伤之极，感到连可为之痛哭的苍烟也无处寻觅。诗句悲怆沉郁，抒发了自己"哀民生凋敝"的深厚感情。

作者写景时，善于体察物理，捕捉形象，细加描绘，故刻画入微，耐人寻味。颔联写月色峰影，便是成功的例子。"滩明流月碎"，滩，这里指河中水浅流急多沙石之处。因为月光照耀，滩水明净，故曰"滩明"。月在天空，本未流动，但句中的"流"字用得极妙，它化静为动，使人感到水中之月在流动。月在天上，自不会"碎"，但因水在流动，水中之月给人以破碎之感。故"流月""碎"以错觉入诗，写得细致入微，有艺术的真实性。"峰黑裹松圆"，峰并不黑，因长满苍松，显得暗黑一片,故曰"峰黑"。峰也并非圆形,但因四围的松长得很密,如同紧裹着山,使人产生浑圆的感觉。故这句写模糊感觉中的景物,也极为形象。而且此联的月碎、峰黑,又渲染了苍凉的气氛,堪称佳句。

(王祖献)

初抵泸州寄内　　　　贝青乔

几番凤约误天涯,海燕到时定在家。
望远莫须惊柳色,寄声先为告梅花。
西窗夜雨留情话,南浦春波感梦华。
卜到金钱应倍喜,行人早晚下三巴。

贝青乔曾到过贵州,写了不少西南山川和风土的名篇,载于《半行庵诗存稿》中。这首《初抵泸州寄内》诗,是从贵州东归途经四川泸州时所写的。以爱情为主题,写得缠绵悱恻。

诗开头说,多次的回乡之约,因路远而致误,这次东归,当燕来时节一定可以回家乡苏州了。唐人沈佺期《古意》诗:"卢家少妇郁金堂,海燕双栖玳瑁梁。"这里用"海燕"字面而不用"燕子",显得妙语双关。"定在家",说得肯定,正所以慰藉对方,表示前几次误约的歉意。第三句,暗中反用唐王昌龄《闺怨》"闺中少妇不知愁,春日凝妆上翠楼。忽见陌头杨柳色,悔教夫婿觅封侯"意。因为归期已在望,所以叫闺人不必再见到新春的柳色而发愁了。第四句又透进一层,先寄意梅花,不久可以见到主人回来。梅花又双关闺人。五六两句,回溯到当年离苏州作西南行时临别情况,西窗夜雨用李商隐《夜雨寄北》"君问归期未有期,巴山夜雨涨秋池。何当共剪西窗烛,却话巴山夜雨时"语,但李诗是说将来,贝诗是说过去,便是反用有变化。"南浦春波"用江淹《别赋》:"春草碧色,春水渌波,送君南浦,伤如之何。"这是正面用典。"梦华"字面出于宋人《东京梦华录》,这里借指过去如梦的年华。两句写回忆,回环宛转,十分动人。结语应第二句。占卜用金钱,始于唐代,于鹄《江南曲》:"众中不敢分明语,暗掷金钱卜远人。"清王士禛《灞桥寄内》诗,也有"闺中若问金钱卜,秋雨秋风过灞桥"之句。"应倍喜",是加一倍写法。末句本于李白《长干行》:"早晚下三巴,预将书报家。"早晚,这里指不久,是海燕来时。三巴在泸州之东,语虽借用,却是落实地点,和泛用古典者大不同。

通首诗几乎语语有出处,但不见用古的痕迹。这是文人爱情诗的上乘之作。

(王英志)

【诗人小传】

陈澧

(1810—1882) 字兰甫,号东塾,广东番禺(今广州)人。道光举人,曾任河源县训导。为广州学海堂长数十年,晚年又主讲菊坡精舍,从学者甚众。治经不为汉宋门户所限。广涉天文、地理、乐律、音韵、算术等学。也能诗词及骈散文。著有《东塾读书记》、《声律通考》、《切韵考》、《汉书水道图说》、《东塾集》、《忆江南馆词》等。

木棉花盛开,邀南山先生、章冉、玉生、青皋、芑堂、研卿诸君集学海堂[①]

陈澧

半天霞气拥层峦,晓踏虚堂雨乍干。
战后山余芳草碧,春来花似酒颜丹。
去年此日乡愁黯,万紫千红泪眼看。
难得故林无恙在,莫辞沉醉共凭栏。

〔注〕① 南山:张维屏。章冉:梁廷楠。玉生:谭莹。青皋:许锽。芑堂:金锡龄。研卿:李应田。皆当时广州著名诗人、学者,作者的师友。

  1857年,英法侵略者组成联军,从广东登陆,12月攻陷广州,这就是"英法联军之役",史称第二次鸦片战争。英法联军攻陷广州,两广总督叶名琛被俘,百姓遭到空前浩劫。三年后,即咸丰十年,清政府与英法侵略者签订了妥协投降的《北京条约》,侵略军才从广州退出。劫后的广州,满目疮痍,诗题中的学海堂也遭到严重破坏。学海堂是当时广州的最高学府,以经史词章课士,战争结束后,学海堂重新修治。次年春暮,学海堂学长陈澧邀请广州的诗人、学者聚会学海堂,陈澧的七律《木棉花盛开,邀南山先生……诸君集学海堂》,就是记述这次聚会的诗情感慨的。

  陈澧,字兰甫,广东番禺人。因为他读书的地方叫东塾,又称东塾先生。道光十二年举人,一生从事教学和学术著述。陈澧在三十一岁时出任广州学海堂学长,晚年主讲菊坡精舍。陈澧是一位学识渊博的学者,精通天文、地理、音韵、乐律,著述很多。他又是一位有影响的诗人。他跟从张维屏学诗。他的诗大都有感而发,比较重视社会现实问题,揭露社会矛盾,同情人民疾苦。爱国思想也在他的诗中有强烈的反映。诗风平易,格调悲苍,张维屏誉之为"蓬莱文章建安骨,甲第才子鼎科人"。

"半天霞气拥层峦，晓踏虚堂雨乍干"，诗应题写事，写诗人们聚会的时间、地点和自然环境。古人说："暮春三月，江南草长；杂花生树，群莺乱飞。"而羊城三月，却是春雨纷飞，木棉花开，别有一番岭南春色。"霞气"，这里指木棉花盛开，红彤彤的花朵，就像是灿烂的彩霞，染红了半边天际。木棉，又称英雄树，冬天结蕾，春暖花开。待到木棉花谢，夏天也就来了，所以明代诗人汪广洋有"木棉花落南风起，五月交州海气凉"（《广州杂咏》）的诗句。虚堂，此指学海堂。虚，取它空寂的意思，指学海堂的清幽静寂。学校，本应是士子云集，书声朗朗的地方，现在重新修治，还没有学生，所以说是虚堂。学海堂在广州越秀山半，彩霞般的朵朵红棉花，簇拥着越秀群山；早晨，宿雨初干，诗人们迎着晨曦，齐集到清幽静寂的学海堂来了。

　　来到越秀山半的学海堂，放眼越秀群山，诗人看到了什么呢？"战后山余芳草碧，春来花似酒颜丹"。诗人再一次从春色上着墨。战后，此指第二次鸦片战争之后，被英法侵略者的铁蹄践踏过的越秀山峦，颓墙断壁，剩下的只是碧草萋萋，现在春天来了，红花满山，犹如人们酒后醉脸似的通红。这里运用对比手法，也语意双关。战后的荒凉，抒发对侵略者的愤恨之情；春暖花开，比喻大劫之后，大地复苏，诗人聚会，共诉欣幸之情。如果说花红犹如醉脸，不如说是诗人们有幸劫后重逢，尽兴醉酒，喜悦之情，溢于言表。

　　"去年此日乡愁黯，万紫千红泪眼看"，这二句是将景入情，追忆不堪回首的广州沦陷的往事。英法联军攻陷广州城后，两广总督叶名琛被俘，而广东巡抚柏贵和将军穆克德纳则投降敌人，他们在英法侵略者的操纵下，组织傀儡政权，充当汉奸，为虎作伥。"去年此日乡愁黯"，就是指这些事情。现在侵略者走了，大地百花生树，万紫千红。然而，英法侵略者并不是被赶走的，而是清政府订下了城下之盟，他们才以胜利者的姿态离开广州的，"万紫千红泪眼看"，诗人们看着这烂漫山花，触景生悲，泪水夺眶而出，多少惆怅，多少忧伤尽在这不言之中了。唐代诗人杜甫被安禄山叛军掳至长安，写了"国破山河在，城春草木深。感时花溅泪，恨别鸟惊心"的感人肺腑的诗句。而陈澧写下"万紫千红泪眼看"，抒发的也同样是山河破碎、国势危殆的忧思。

　　诗的结语以诗友重聚，展望前景作结，诗人伤时忧国的爱国情思，更得到了高度升华。劫后的越秀山，难得山林依旧，郁郁葱葱，诗友也得以重聚，无疑是欣幸之事。"莫辞沉醉"，不要辞谢豪饮一醉的意思，但这里却不是欣幸聚会的欢愉，而是欣幸与忧伤参半，只不过以酒消愁罢了。凭栏远眺，眼底的大好河山，却任人宰割，国家主权，随人摆弄，因此，这"莫辞沉醉共凭栏"一句无异是说，让我们共同为国家安危分忧吧,动人的诗句,深沉的感慨,形象地表现了诗人忧国的思绪,也鲜明地凸显了诗中蕴含的爱国的思想主题。

  这首诗写了羊城风物,更道出诗人对时事的忧思,景语含情,情融于景,而景语诗情,又能在忧时伤世的主题中共同生发,寓议论于情语之中。此外,这首诗诗风平易,格调悲苍,语感强烈,更增添了诗的艺术感染力。

(钟贤培)

【诗人小传】

莫友芝

(1811—1871)　字子偲,号郘亭,晚号眲叟,贵州独山人。道光举人,曾客曾国藩幕。通小学,精版本目录之学。善书法。为晚清宋诗派作家,与郑珍齐名。又喜以考证为诗。有《郘亭诗钞》《郘亭遗诗》《黔诗纪略》《韵学源流》《唐写本说文木部笺异》《郘亭知见传本书目》等。

有　感　二　首(选一)

莫友芝

海腥吹入汉宫墙①,无复门关亦可伤。
杂种②古来忧社稷,深仁今日太包荒③。
羽林说卫④存文物,车驾巡秋冒雪霜⑤。
卧榻⑥事殊南越远,可容鳞介溷冠裳⑦。

〔注〕①海腥:指咸丰七年(1857)侵华的英法联军。因为英法联军是从海上入侵,故喻海腥。　②杂种:亦称异种,古代对汉民族以外的民族的鄙称,此指英法侵略者。　③包荒:度量宽宏。　④羽林:禁军。说卫,驻扎守卫。　⑤车驾:指咸丰帝出行的车马。此句指英法联军进犯北京,咸丰帝逃往热河事。　⑥卧榻:宋兴师欲灭南唐,南唐派使者请求缓师,宋太祖说:"……天下一家,卧榻之侧,岂容他人鼾睡耶?"(岳珂《桯史》)南越:指珠崖(一作朱崖),汉郡:在今海南岛。西汉元帝时珠崖首领反叛朝廷,贾捐之谏阻征讨,认为珠崖远离中原,弃之不足惜,不击不损威。　⑦介鳞:原指水族动物,此喻指英法侵略者。溷:同混。冠裳:喻指中华民族。《扬子法言·孝至》:"朱崖之绝,捐之之力也,否则介鳞易我衣裳。"

  这首诗写于咸丰十年(1860),是作者于第二次鸦片战争结束后,慨叹清政府丧权辱国而作的。
  第二次鸦片战争发生于咸丰七年(1857),英法侵略者组成联军从海上入侵中国,先陷广州,后陷北京,火烧圆明园,咸丰皇帝如丧家之犬,匆忙离京出逃。诗一开始就开门见山,点明了这一历史事实:

海腥吹入汉宫墙，无复门关亦可伤。

上句写英法侵略者从海上入侵中国，下句写清政府不堪一击，连京城也保不住了。门关，原指管理、守卫城门关隘的人员，这里指清政府守卫京城的官员和军队。侵略者攻陷京城，皇帝出逃，国门大开。"亦可伤"，诗人感事抒怀，悲愤之情溢于言表，也为全诗定下了悲怆愤慨的基调。

　　接着诗人以议带叙，生发"亦可伤"的深层意蕴。"杂种古来忧社稷，深仁今日太包荒"，外族入侵，本来是自古以来常有之事，而当政者不仅丧失警惕，而且同侵略者讲仁义道德，过于宽容了。这二句看似轻描淡写，其实语含讥讽，表现了对清政府奉行投降政策的抨击和谴责。

　　如果说第二联批评政府的决策，第三联就更不顾忌讳，直接把矛头对准咸丰皇帝了。根据历史记载，咸丰皇帝在北京沦陷之前，曾信誓旦旦，颁发"上谕"，要"亲统六师，直抵通州，以伸天讨而张挞伐"。后来又扬言要依众议，"坐镇北京"，"将以巡幸之备，作为亲征之举"。"羽林说卫存文物，车驾巡秋冒雪霜"，即是讥讽此事。这二句措辞比上联更为委婉含蓄，不仅不明言其事，不直斥其人，而且用似颂扬的语气，说禁军保卫了京城，使京城文物免受劫掠；皇帝冒着严寒，御驾亲征，抵御外侮。事实恰恰相反，由于禁军在英法联军面前不战而溃，京师遭受空前的蹂躏洗劫，堪称文化艺术宝库的圆明园的珍宝被劫掠一空，并被纵火焚毁。而咸丰皇帝还在侵略军进犯北京之前，就已不顾国政，逃离京城。这种反语正说的诗句，只要经历过这场战争灾难，或对这场战争有所了解的人，都会品味出作者对皇帝不顾国政，对政府腐败无能的抨击的良苦用心，意蕴深邃，耐人思索。

　　诗的结语突出了反侵略的爱国主题。"卧榻事殊南越远，可容鳞介涸冠裳"，借南唐与朱崖二个历史事件，揭示现实，深化主题。这二句意思是说：英法侵入中国，都非南唐、朱崖二事可比，南唐是本民族的事，朱崖虽是"蛮夷"，但远离京城，而英法联军打入了北京，真是"鳞介"与"冠裳"相混，直接危及国家的存亡了。沉郁悲怆的情调，形象地传导出时代的救亡的忧患意识。

　　莫友芝作诗，喜接触时事，写社会离乱，反映国家民族衰落的现实。但他所作的离乱诗，大多是攻击、污蔑当时席卷南中国的太平天国革命，但也有小部分反映殖民主义侵略的爱国诗作，《有感》是爱国诗中较有代表性之作。这首诗反映了宋诗派以议论入诗的特点，议论时事，感慨国殇，时代色彩比较浓厚。诗格调沉郁悲怆，用语委婉含蓄，议中传情，寓哀怆愤慨于深沉凝重的议论之中，字字句句激荡着诗人忧虑国殇的感慨，体现出忧切国运的爱国情思。

　　　　　　　　　　　　　　　　　　　　　　　　　　　（钟贤培）

【诗人小传】

周寿昌

(1814—1884) 字应甫,一字荇农,晚号自菴。湖南长沙人。道光二十五年(1845)进士,改翰林院庶吉士。授编修。累官内阁学士,兼礼部侍郎衔。在官正直不阿,光绪四年,以疾告归。有《汉书注校补》、《思益堂文集诗集》等。

晒 旧 衣

周寿昌

卅载绨袍检尚存,领襟虽破却余温。
重缝不忍轻移拆,上有慈亲旧线痕。

自从唐代诗人孟郊的《游子吟》问世以来,歌颂母爱的诗篇,代有人作,为数不少。清人周寿昌的这首小诗,虽然未能超越孟郊,却自具面目,感人至深。

诗的前联,一开始就让人感到事情的缘起不那么简单,一件绨袍(厚丝袍)伴随着诗人已有三十个年头,变得既陈旧又破损,诗人还舍不得丢弃。要不是有什么特别值得珍惜的地方,大可不必这样。可是这件破损的绨袍上恰恰留有一种"余温",难怪要惹得诗人倍加珍惜。诗中的第二句下一个"却"字,语气凝重,突出强调绨袍"检尚存"的意义所在。本来绨袍的破损属寻常之事,更何况破在领襟,完全可以拿起来缝补一番,修去破损,拆去旧线,可是诗人"不忍"就这样轻率地行事,为什么呢?诗的后联就道出了事情的本质:"上有慈亲旧线痕。"原来,在这破损之处,有慈亲留下的旧线痕,它象征着那永恒的母爱,永远使诗人感动,不论过去了多少时光,诗人都还能从中领略到慈亲的"余温"。这一笔,不仅表现了当年母子之间深厚的骨肉之情和母爱留给诗人温馨的感受,而且还隐隐地流露出诗人心头难以言传的感慨。当年慈祥的母亲为他一针一线地缝制衣服,关怀备致的情景犹历历在目,而今只好从"旧线痕"上去重温、去体验过去的一切,其中的悲戚是不言而喻的。古人有所谓"见物思人"、"睹物伤情"之说,诗人此刻就处在这样的心境中。更何况诗人平时"论列切直,为时所忌"(《清史列传·文苑四·周寿昌传》),因而仕途上屡经挫折,面对宦海浮沉,人欲横流的严酷的社会现实,结合自身不平的遭遇,这时就会情不自禁地更觉亲情的可贵,更渴望母爱的慰藉。

大凡有真性情,有独特见解的诗人,绝不会步趋前人,这首小诗也是如此。同是歌颂母爱,本诗中没有孟郊《游子吟》"临行密密缝,意恐迟迟归"那样从正面集中表现母爱的细节描写,而是紧紧地抓住诗人本身晒旧衣时特有的心理感受——"重缝不忍轻移拆,上有慈亲旧线痕",让人感到母爱是何等的深厚博大,对诗人的影响是多么的深远,留给读者的是更多的想象余地。诗的语言明白流畅,不以辞藻丰赡取胜,于质朴平直中见出诗味隽永,透出绵邈深婉的情致。这些恐怕就是这首小诗感人至深的缘由所在吧!

(李保民)

诗人小传

曾国藩

(1811—1872) 字伯涵,号涤生。湖南湘乡人。道光进士。历任翰林院检讨、侍讲、侍读,内阁学士及侍郎。咸丰二年在籍组织湘军,镇压太平天国革命。累官两江、直隶总督,大学士。封一等毅勇侯。卒谥"文正"。论诗倡"机神"说,继承和发展了姚鼐提倡黄庭坚诗的主张,是晚清诗坛宋诗运动的开创者之一。有《曾文正公诗集》。

早发武连驿忆弟　　　　　　曾国藩

朝朝整驾趁星光,细想吾生有底忙。
疲马可怜孤月照,晨鸡一破万山苍。
日归日归岁云暮,有弟有弟天一方。
大壑高崖风力劲,何当吹我送君旁。

曾国藩一生从政从军,事务庞多,但他从来不曾忘怀故园之思,手足之情。在他的家书、日记里,常常可以看到他与弟弟间的紧密联系,更可以看到他对弟弟无微不至的关心。本诗即是他的念弟之作中写得较好的一首。

曾国藩道光十八年(1838)中进士,五年后的道光二十三年(1843)典试四川,此诗即写于本年九月他从四川返京的途中。武连驿,在今四川剑阁县南,为当时交通要冲。从这段时间的日记里可以看到,曾国藩每日早行夜宿,鞍马劳顿,时值秋去冬来,又是行进在四川山区,其辛苦可想而知。因此诗的首联即直接将奔波中的感受写出,每天凌晨,在繁星点点的时候,这原本是酣眠的良辰,作者却早已整驾上路了,又疲惫又寒冷,确是苦不堪言,于是他对这种生活发生了怀疑,不禁扪心自问,如此奔忙劳碌意义究竟何在?(底,何,什么)这二句写得感情充沛、真挚。然后诗转入写景。在孤月的清晖之下,作者看到了马的疲惫身影,内心里生出对它的怜意。马的形象,实际上是作者情感的对象化;对马的怜悯,其实就是作者的对影自怜;这种心境之下的月亮,自然也显得那么孤单寂寞。接着,孤月西落了,一声报晓的鸡鸣划破黑夜,渐渐可以辨认出那深青色的群山了。万山环绕,更令作者感到道路之艰、身心之疲惫;远处鸡鸣,亦暗示了作者身处不见人烟的荒山,孤零无人语:这句写得虽具开阔气象,但一个"苍"字,仍给诗情增添了一份悲苦苍凉之意,由此,诗人对手足同胞的思念之情,也自然向高峰处涌去。这两句景语也是情语,是诗人心态的写照。

于是,颈联便唱出了"曰归曰归岁云暮,有弟有弟天一方"的戚苦之调。无数次的念归,可是从未真的归去,而今又到了年终岁暮,更难知何时能踏上归程;离家愈久,愈是恋家,时时思念自己的弟弟,现在,只能是天各一方,无从团圆,只能在旅途的孤独寂寞中体验兄弟的至情。二句中,上句虽化自《诗·采薇》的"曰归曰归,岁亦莫(暮)止",但与下句配合,运用反复之法,亦适切地描摹出诗人此时此刻的心灵波涛,给人一唱三叹之感。最后二句,诗又回到清晨赶路的现实,他这时面对的是深深的大壑,高高的山崖,还有强劲的晨风。不用说,这样的环境再次强化了诗人的思念之情,情感的波涛再次涌起,但是诗人似乎不愿再顺着这样的思路想下去,写下去,于是故意逃脱,自寻宽解:如此猛烈的风或许可以吹送我早些回到弟弟的身旁吧!这一笔似是荡开,似是感情的排遣,心理的安慰,但因为这番幻想事实上是不可能之事,所以诗中一直蕴含着的人在官场、身不由己的无可奈何之情,反而得到了进一步的展现。

本诗情感真挚,格调苍凉,以情绪的流动起伏贯穿全诗,思归念弟之情与诗人奔走宦路之苦的反复咏叹,更收到悠远绵长的艺术效果。因此,尽管在中国诗歌中怀人之作不可胜数,但这首念弟诗仍然显示出独有的艺术魅力。

(左鹏军)

送梅伯言归金陵三首(选一)[①]   曾国藩

文笔昌黎百世师[②],桐城诸老实宗之[③]。
方姚以后无孤诣[④],嘉道之间又一奇[⑤]。
碧海鳌呿鲸掣候[⑥],青山花放水流时。
两般妙境知音寡,它日曹溪付与谁[⑦]?

〔注〕① 梅伯言:名曾亮(1786—1856),江苏上元(今南京)人。金陵:南京的别称。② 昌黎:唐文学家韩愈自谓郡望昌黎,世称韩昌黎。③ 桐城诸老:指桐城文派创始人方苞、刘大櫆、姚鼐,三人被称为"桐城三祖"。④ 方姚:方苞、姚鼐。⑤ 嘉道:清嘉庆(1796—

1820)、道光(1821—1850)年间,梅曾亮生活在这一时期。 ⑥鳌(áo):传说海中大龟。呿(qū):张口貌。鲸掣:鲸的掣力,鳌呿鲸掣,此比喻吞吐八荒,笔力超群。 ⑦曹溪:水名,在今广东曲江县东南双峰山下。此指禅宗六祖大师慧能别号。因六祖慧能在曹溪宝林寺演法而得名。这里用以代指桐城派的为文方法。这句诗说:桐城文派的旗帜将来交给谁继承下去呢?

  曾国藩在散文上属于桐城派,在诗歌上属于宋诗派,这样,就使他在论说桐城派的兴衰更迭时,既可以登堂入室,如数家珍,又可以发挥宋诗派的特长,以议论为诗,以学问为诗,本诗即很好地体现了这一点。梅曾亮在北京为官二十余年,至道光二十九年(1849)告归南京。曾国藩此诗当做于是时。

  韩愈主张道与文的统一,有"文起八代之衰"之誉。由于韩愈是桐城派效法的主要作家之一,作者赞誉韩愈之"文笔"为"百世师"也是自然之事。然后,作者于次句点明"桐城诸老"宗法韩愈的关系,表现了作者对"桐城三祖"的崇敬之情。桐城文派由方苞首创,刘大櫆发扬光大,至姚鼐集其大成,之后出现了萧条状况,颔联的前一句即对此作了描述,同时亦是下一句的铺垫。梅曾亮是姚鼐的著名弟子,"义法本桐城,稍参以异己者之长,选声练色,务穷极笔势。"(《清史稿·梅曾亮传》)于是造成了桐城古文"嘉道之间又一奇"的兴盛局面。作者这样写,就是对梅氏的直接称颂了。在嘉庆、道光之间,梅曾亮成了支撑桐城派局面的主要人物,"京师治古文者,皆从梅氏问法"。(同上)由此可见当时情况之一斑。

  上联二句一抑一扬,使梅曾亮的桐城派中兴者之地位得到了生动的体现,同时,此二句之间又有山穷水尽而又柳暗花明的关系,由此,颈联便承第四句笔意写来,用两幅形象鲜明的画面展示了桐城古文兼具的两种不同风格:一是阔大雄奇,充满阳刚之气,一是秀丽优美,饱含阴柔之气。古文阴阳刚柔之说,是姚鼐所创。他说:"鼐闻天地之道,阴阳刚柔而已。文者天地之精英,而阴阳刚柔之发也。"(《复鲁絜非书》)"苟有得乎阴阳刚柔之精,皆可以为文章之美,阴阳刚柔并行而不容偏废,有其一端而绝亡其一,刚者至于偾强而拂戾,柔者至于颓废而闇幽,则必无与于文者矣。"(《海愚诗钞序》)梅曾亮持论,于此有所继承,而至曾国藩,更是本于姚鼐之说而发扬光大之。他说:"吾尝取姚姬传先生之说,文章之道,分阳刚之美,阴柔之美。大抵阳刚者气势浩瀚,阴柔者韵味深美,浩瀚者喷薄而出之,深美者吞吐而出之。"(《曾国藩全集·日记》)但上列诸语都是桐城派古文美学风格的理论概括,而本诗中用"碧海鳌呿鲸掣候,青山花放水流时"来描绘这两种艺术境界,既贴切自然,又恰到好处,更是这一理论的形象说明。另外,这二句是上句"又一奇"中"奇"字的具体形容,且句中有意点明"时"、"候"二字,示以上二种境界乃现时所有者,所以,这二句也是对曾亮之文风的含蓄称扬。尾联作者笔锋一转,由赞美转为深虑。面对现实,如梅氏这样真正对兼阳刚阴柔之美的桐城古文心领神会者,如今已是知音寥寥,梅氏已经接到了桐城三祖的衣钵,但这衣钵将来又该传授给谁呢? 在这种担忧与关切之中,蕴含着作者希望梅曾亮承传并光大桐城文派之意,但"知音寡"并不是无知音,"付与谁"亦可见还不是无人可传,所以,尾联更深的含义,乃是作者隐然以下一代传人自命了。诗的结尾在推崇梅氏的同时,也道出了自己的抱负。事实上,曾国藩后来也确造成了"桐城中兴"的局面,虽然同时他对桐城派也是多有改造变革的。因此,尾联中隐约着的自我期许,并不是作者的大言,而是其重振文坛衰风的雄心之体现。当然,本诗是赠人之作,所以只能到末尾略提起自己,不能喧宾夺主,这一点,作者处理得也非常恰当,未失受赠者的前辈身份,立言可谓得体。

虽然是以诗谈文,却不像某些学问诗、议论诗的艰涩枯燥,而是有一定的形象性和可读性;而这种形象性,又是巧妙地为谈文服务的,并不因此冲淡诗的理论色彩:这,可以说是本诗的特出之处吧。

(左鹏军)

傲　　奴　　　　　　　　　　曾国藩

君不见萧郎老仆如家鸡,十年笞楚心不携;君不见卓氏雄姿冠西蜀,颐使千八百人伏。今我何为独不然,胸中无学手无钱。平生意令自许颇,谁知傲奴乃过我。昨者一语天地暌,公然对面相勃豀。傲奴非我非贤圣,我坐傲奴小不敬。拂衣一去何翩翩,可怜傲骨撑青天。噫嘻乎,傲奴,安得好风吹汝朱门权要地,看汝仓皇换骨生百媚。

《傲奴》一诗写于道光二十三年(1843)前后。此时诗人留居京师,先后任翰林院侍讲、侍读,国史馆协修等职。官职地位虽高,但一无实权,二无实事,不过是读书作文,储才养望而已。黎庶昌为曾国藩作《年谱》云:"公居京师四年矣,宦况清苦。"此语正道出曾国藩当时的境况。

"傲奴",指桀骜不驯之奴仆或听差之人。起首两句,以萧郎老仆、西蜀卓氏两个典故作比,引发诗人内心的愤懑感慨。萧郎:指梁武帝萧衍。心不携:犹谓心不离。卓氏,指汉代临邛富商卓王孙。此两句意谓:萧郎位高,其家老仆宁可受笞楚而不生离去之心;卓氏家富,可令千百人俯首帖耳,甘心为奴。"今我何为独不然,胸中无学手无钱。"今我为一介书生,无权无钱,故而无力笼络住"傲奴",致使其"公然对面相勃豀"。勃豀,即谓争吵。"傲奴非我"以下四句意谓:傲奴非难我未至圣贤,我责备傲奴对我不够恭敬,傲奴拂衣扬长而去,一副桀骜不驯的样子。"噫嘻乎"以下是诗人对傲奴的嘲弄,也不免带有几分自嘲。傲奴对我如此放肆、不恭,无非是因为我无钱无权。假如傲奴有一天改换门庭,进入朱门权要之地,遇上有权有钱的主子,看你还不赶快变换傲骨,转生媚态。

《傲奴》一诗以风趣、调侃的笔调抒写了作者对世态炎凉的叹喟,同时,也透露出作者不甘心于清苦之书斋生活的躁动心态。　　　　　　　　　　　(关爱和)

【诗人小传】

金 和

(1818—1885) 字弓叔,号亚匏,江苏上元(今南京)人。诸生。他亲身经历了鸦片战争和太平天国起义,其诗反映了这些历史事变。其讽刺之作,往往受其外曾祖吴敬梓《儒林外史》的影响。诗多长篇,具有散文化的特点。梁启超《清代学术概论》以金和与黄遵宪、康有为并举,誉为"元气淋漓,卓然称大家。"有《秋蟪吟馆诗钞》。

饲蚕词　　　　　金 和

阿娘辛苦养蚕天,娇女陪娘瞋不眠。
含笑许缝新袜裤,待娘五月卖丝钱。

金和《饲蚕词》原五首,作于咸丰二年(1852)。这首诗以通俗的语言,素朴的白描,再现了一幕动人的劳动生活场景。诗中写到母女两个。母亲是一位辛苦的农妇,有着丰富的养蚕经验。春蚕一出,蚕妇就开始忙,采桑、换叶及察看蚕种,是相当费时费神的活儿,所以难免熬夜。女儿为什么也"不眠"呢?既称"娇女",可见尚小。她看见妈妈弄蚕,也很兴奋,只是想看,不愿先睡。"阿娘辛苦养蚕天,娇女陪娘瞋不眠",两句既无华美词藻,又无夸张形容,却朴素地表现出劳动者之家母女情深的感人场面。

"含笑许缝新袜裤,待娘五月卖丝钱。"大约是看见蚕宝宝长势很好,母亲心头高兴,就许下了一愿:"等娘五月卖丝得钱,就给你缝制一双新袜套,一条新裤子,好不好?"这完全是生活中信手拈来的话语,但如此耐人玩味。也许母亲讲这话还有一个先决条件,就是女儿必须表现乖些,现在赶快去睡。也可以想象那小女孩终于带着甜甜的微笑,上床去做穿新衣的梦了。

然而,这一愿是不是许得太早,有些"二月卖新丝"(聂夷中)的味道?要是遭了天灾呢?要是蚕丝压了价呢?这都是说不准的事儿。善良的读者希望那母女的"含笑"能持续到五月,可千万不要让"新袜裤"成了画饼! （周啸天）

西 施 咏　　　　　　　　　　金　和

溪水溪花一样春,东施偏让入宫人①。
自家未必无颜色,错绝当年是效颦。

〔注〕① 东施:《庄子·天运篇》说的丑人,云:"故西施病心而矉(通颦,皱眉)其里,其里之丑人见之而美之,归亦捧心而矉其里"。《太平寰宇记》载诸暨县有西施、东施家,后人指丑女为东施。入宫人,指西施。越王勾践接受范蠡计谋,用美人计,将西施献给吴王夫差,后西施成为吴王的宠妃。(《吴越春秋》)

这是一首借东施效颦的典故,表达诗学见解的诗作。

金和一生作诗,不受当时宗唐宗宋的时风影响,强调真实、自然,要敢于创新,他曾自评其诗云:"所作虽不纯乎纯,要之语语皆天真。时人不能为,乃谓非古文"(《癸酉七月得庆子元讣诗以哭之》)这首《西施咏》所表达的诗学思想,也有异曲同工之妙。

关于东施效颦的故事,最早见于《庄子·天运篇》,但《庄子》未指为谁,后人根据《太平寰宇记》所载,指丑女为东施。后人也用"东施效颦"比喻以丑拙强学美好。这四句诗,哲理性很强,意思是说:溪水流淌,溪花盛开,都同样呈现出春天的气息,但生长在同一村子里的东施与西施,相貌却不一样。东施未必没有一点可爱的地方,她最大的错误是事事模仿西施,反而令自己更加丑陋了。诗人在这里是借咏西施批评当时诗坛上一味复古摹拟的风气,正如东施效颦一样,缺乏创造精神,传导出鼓励人们求真求实,独创新路的诗学见解。此诗借典论理,用一个尽人皆知的故事,讽刺那些唯古人亦步亦趋的复古摹拟的诗风,着墨不多,阐发了发人深省的诗学见解;笔调轻松洒脱,寓锋芒于叙议之中,也很富于幽默感。

（钟贤培）

春 闺 曲　　　　　　　　　　金　和

也卷重帘也倚阑,暗缄柳絮寄人看。
东风用尽开花力,吹上侬衣只是寒。

这首写闺中女子春日思夫的闺怨诗,细腻而又含蓄地表现了闺中思妇的神态与心理的变化,情真意切,形象传神。

　　春来深闺,给这位闺房女子带来的不是欢跃的悦春怡情,却是满腔的怨思愁绪。这从那"也卷重帘也倚阑"的一副伤春而慵倦无聊的神态中,可以发见其中端倪。诗人并未细描重绘,只是连续写出闺中女子常有的两个动作,即卷帘与倚阑这两个生活细节;因是重帘卷罢又倚阑,又加上句中重复使用动作副词"也"字。"也"字重叠,不仅起强调的作用,而且重复用于连续动作,在叙述语气上,造成一种拖沓滞重感,从而把这位闺妇此时此地的满腹愁绪所造成的外露的慵倦无聊的神态,活生生地形象逼真地描绘出来。百无聊赖之余,她寄书夫君,稍可释放心头远念。但写完一信,觉仍不足以表达自己的心意,又偷偷地拣上春柳飞絮,一并封缄在信中寄去,以寄托自己言犹未尽的相思。"柳絮"与"留汝"是谐音。留汝,即牵留住丈夫的人,牵留住丈夫的心。

　　自上联可知这位春闺少女相思的心理焦点,或者说寄信夫君的主要内容,是"留汝",向夫君寄告自己的情爱,也暗示了自己的担忧。当然,这种怕失去爱与丈夫的担忧,是从别一面证之以对夫君的深爱。爱之深,才忧之切。下联两句便抓住这种心理焦点,再作强调的渲染:"东风用尽开花力,吹上侬衣只是寒。"诗人借用李商隐《无题》"相见时难别亦难,东风无力百花残"句意,反其意而化用其第二句。东风,春风。东风劲吹,万紫千红,百卉竞放,带来满园春色。这撩眼繁花,这明媚春光,是造化之意,是东风之力。然而,天意于我,何以别样对待?东风尽力吹开了百花,何以吹上我身,却只觉其寒,不觉春意?闺妇书已寄出,虽对夫君的情思已吐,但相思之情未断,对爱情的忧虑仍萦绕心头。不知千里之外的夫君,读罢信,能否知我心、解我情,像我爱他、念他那样地同样在爱我、念我,而且急急赶回来与我相聚,圆我们这相思梦,以解我的相思苦情。一个"寒"字,也从心理上写闺妇。身寒实是心寒。东风催春,虽天意施人,然于己无着,反生寒意:怨恨之情,充满字里行间。但不直说夫君,只是怨恨天意、埋怨东风,委婉曲折地传达了这位闺妇对夫君的爱怨交加的复杂感情。这种怨恨,正是从深处表现的真挚情爱。所以说,此诗是如此细腻而委婉地写出了春闺女子的相思恋情,颇具唐人风味。

(王杏根)

兰　陵　女　儿　行[①]　　　　　金　和

　　将军既解宣州围[②],铙歌一路行如飞。行行东至溧水上[③],乃营金屋安玉扉。步障十重列纨绮[④],流苏百结垂珠玑,天吴紫凤贴地满[⑤],珊瑚玉树灯相辉。灵蠵之柈大蠡盏[⑥],椒花酿熟羊羔肥。坐中貂锦半时贵,眼下繁华当世稀。道是将军毕婚礼,姬姜旧聘今于归⑦。兰陵道远骞修往⑧,春水吴船凭指挥。良辰风日最明媚,雪消沙暖晴波翠。双桥儿女竞欢声,新年梅柳酣春意。卓午遥闻鼓吹喧⑨,前津已报夫人至。将军含笑下阶行,众客无声环堵侍⑩。彩船刚舣将军门⑪,船中之女隼入而猱奔⑫。结束雅素谢雕饰,神光绰约天人尊,若非瑶池陪辇之贵主,定是璇宫宵织之帝孙⑬。顾身屹以立⑭,玉貌惨不愠。敛袖向众客:"来此堂者皆高轩⑮,我亦非化外⑯,从头听我分明言:我是兰陵宦家女,世乱人情多险阻。一母而两兄,村舍聊僻处。前者冰畦自灌蔬,将军过之屡延伫。提瓮还家急闭门,曾无一字相尔汝⑰。昨来两材官⑱,金币溢筐筥⑲。谓有赤绳系⑳,我母昔口许,兹用打桨迎,期近慎勿拒。我兄稍谁何㉑,大声震柱础。露刃数十辈,狼虎纷伴侣。一呼遽坌集㉒,户外骇行旅。其势殊讧讧㉓,奋飞难远举。我如不偕来,尽室惊魂无死所。我今已偕来,要问将军此何语?"女言缕缕中肠焚㉔,突前一手揕将军㉕,一手有剑欲出且未出:"我言是真是假汝耳闻不闻?我惟捉汝姑苏去,中丞台下陈诉所云云㉖。请为庶人上达尧舜君㉗,古来多少名将钟鼎留奇芬㉘,一切封侯食邑赐钱赐绢种种国恩外㉙,是否听其劫掠良闺弱息为策勋㉚?诏书咫尺下五云㉛,万一我嫁汝,汝意岂不欣?不有天子命,断断不能解此纷。汝如怒我则杀我,譬如么么细琐扑落粪土一蚤蚊。不则我以我剑夺汝命,五步之内颈血立溅青绉裙㉜。门外长堤无数野棠树,树下余地明日与筑好色将军坟。一生一死速作计,奚用俯首不语局促同斯文㉝?"将军平日叱咤雷车殷㉞,两臂发石无虑千百斤㉟,此时面目灰死纹,赪如中酒颜熏熏㊱。帐下健儿腾恶氛,握拳透爪齿咬龈。将军在人手,仓猝不得分,投鼠斯忌器㊲,无计施戈矛㊳。将军左右摇手挥其群,目视众客似乞片语通殷勤。众客惊甫定,前揖女公子:"聆女公子言,怒发各上指。要之将军心,始愿不到此。求婚固有之,篡取敢非理。卤莽不解事,罪在使人耳。若两材官者,矫命必重箠㊳。如今无他言,仍送还乡里。将军亲造门㊵,肉袒谢万死㊶。敬奉不腆仪㊷,堂上佐甘旨㊸。事过如烟云,太空本无滓。请即回舟行,食言如白水㊹!"女视众客笑且謦:"诸君视我黄口伬㊺。彼今大失望,野性讵肯驯㊻?山魈寻仇雠㊼,蓄念愈不仁。慨从军兴来㊽,处处兵杀民。杀民当杀贼,流毒滋垓垠㊾。兰陵官道上,若辈来往频。不在霜之夕,则在雨之晨。我家数间屋,猎猎原上薪,我家数口命,惨惨釜内鳞。弹指起风波,转眼成灰尘。与其种后祸,终作衔哀磷㊿。阎罗知有无,夜台冤谁伸[51]?何如叫九重[52],天必无私纶[53]。或竟辣手作[54],公论自有真。明知我此来,螳斧当巨轮[55]。宁犹计瓦全,惜此区区身?诸君调停词,蔓甚我弗遵[56]。"众客更前揖:"请勿变色瞋。将军负贤名,毛羽凤所珍[57],壹意希儒风,裘带殊恂恂。此举大不韪,一旦传闻新,万口鸣不平,可知詈申申[58],恶声来有由,欲辨难鼓唇。白璧自污之,罔值钱一缗[59]。悔过方不遑,恨无障面巾。江东诸父老,相见惭相亲,况敢犯众怒,兴戎自婚姻[60]。得罪名教尽,不复能为人。斯人非寻常,四方战贼多苦辛,大才虽非管乐匹[61],英风犹自奢颇伦[62]。女公子既世家裔,幸为朝廷宽假熊罴臣[63]。他日之事愿以百口保,某也官府某也乡缙绅。"翕然长跪代请命:"惟女公子为仙为佛为天神!"女知众客意难拂,乃曰"我为诸君屈,诸君前说姑置之,我与诸君借一物。我闻彼有善马名白鱼,日行千里犹徐徐。我之发兰陵,辞家计已四日余。老母痛苦常倚闾,两兄中庭握手空唏嘘。若乘此马归到家,可及今日日落初。自今我亦弃敝庐,卜邻别有秦人墟[64],桃花林中奉板舆[65],从兄去读黄石书[66],武陵隔绝痴儿渔[67]。三日五日间,我既迁所居。秣陵蒋尉祠[68],归马其何如?"将军此马不数驭[69],至此惟恐女不去。急呼从者牵马前,四足霏霜耳披絮。女一顾此马,眉宇色差豫[70]。撒手始释将军衣,身未及腾鞍已据。一声长谢破空行,电掣星流不知处。女行数日军无骚,将军振旅胆气豪。钟山之旁营周遭,宾僚迎拜将军劳。斗酒劝酾新蒲萄[71],钲笳杂奏声欢呶[72]。云中匹马尘甚嚣,清光无恙来滔滔,千金一诺券果操[73],将军迎挈归其曹[74]。马汗如血长嘶号,背上有物臃肿拳曲纵横束缚三尺高,乃是材官当日将去之聘礼[75],封还不失分厘毫。聘礼脱尽处,蕉叶多一刀[76],刀光摇摇其锋能吹毛。将军坐此几日夜睡睡不牢[77]。

〔注〕① 兰陵,古郡名,此指南兰陵,位今江苏常州市西北。后因以称常州。 ② "将军",疑为湘军李臣典。曾指挥清军攻陷太平天国起义军所占的宣州。宣州,今安徽宣城。 ③ 濑水,又名溧水,在今江苏南京市溧水区。 ④ 步障,屏障。 ⑤ 天吴、紫凤,均为地毯上的绣饰物。天吴,海神名。 ⑥ 灵蠵,灵龟。样,通"盘"。蠃,通"蠃",即"螺"。 ⑦ 姬姜,女子的美称。于归,女子出嫁。 ⑧ 蹇修,媒人的代称。 ⑨ 卓午,正午。 ⑩ 环堵,环立如堵墙。 ⑪ 舣(yǐ),船靠岸。 ⑫ 隼入猱奔,形容迅猛奔跑。隼,猛禽;猱,猿猴的一种。 ⑬ 璇宫,传说中的织女之宫。帝孙,指织女。 ⑭ 顾,长。 ⑮ 高轩,宾客的乘车,喻其身份高贵。 ⑯ 化外,旧指不受朝廷教化的荒蛮处。 ⑰ 相尔汝,意谓亲近交谈。 ⑱ 材官,原指勇武之卒。此指供差遣的低级武职。 ⑲ 筐,竹编方形容器。筥,竹编圆形的筐。 ⑳ 赤绳系,旧谓男女双方为赤绳所系,而成婚姻。此指媒伐。 ㉑ 谁何,过问,干预。 ㉒ 坌集,聚集。 ㉓ 讧讧,气势汹汹。 ㉔ 缕缕,犹一件件。 ㉕ 揕,刺,此指用手紧揪不放。 ㉖ 中丞,此指巡抚。 ㉗ 庶人,平民,此指女子自己。尧舜君,指清明的皇帝。 ㉘ 钟鼎留奇古,犹言名载史册,留芳千古。古时将有勋德者勒名于钟鼎以传世。 ㉙ 食邑,封地。 ㉚ 弱息,幼弱子女。多指女子。 ㉛ 咫尺,此指不远之义。五云,五色瑞云。指皇宫所在。 ㉜ 纮,粗绸。 ㉝ 奚,何。斯文,读书人。 ㉞ 雷车殷,犹雷车震动声。 ㉟ 石,古代用作武器的石块。无虑,大略。 ㊱ 赪,红色。中酒,酒醉。 ㊲ 投鼠忌器,谓用物投掷老鼠,又怕碰碎附近的器物。以喻顾忌,不敢放手做事。 ㊳ 柲,矛柄。 ㊴ 矫命,假传命令。 ㊵ 箠,用鞭子打。 ㊶ 造门,登门。 ㊷ 肉袒,袒衣露体,请受鞭责,以示诚意。 ㊸ 不腆仪,不丰厚的礼物。 ㊹ 堂上,指老母。佐,此含另备之意。甘旨,甜美的食物。 ㊺ 食言,言而无信。白水,语出《左传·僖公二十四年》,意谓信守不移的誓言。 ㊻ 黄口侲,小孩。 ㊼ 讵,岂。 ㊽ 山魃,山鬼。旧时指为虚耗财物之鬼。 ㊾ 军兴,指清朝发兵"进剿"太平天国起义军。 ㊿ 垓垠,大地。 ○51 衔哀磷,犹冤鬼。磷,磷火。旧说"鬼火"者。 ○52 夜台,墓穴。 ○53 九重,指皇帝。因帝王所居门有九重。 ○54 私纶,私理。 ○55 辣手,毒辣的手段。此指女子处死将军。 ○56 螳斧,即螳臂,状如斧。 ○57 蔓甚,此指语言哆嗦得很,横生枝节,不切要害。 ○58 詈,骂。申申,反复不休。 ○59 罔,无。缗,成串的钱。一千文为一缗。 ○60 兴戎,兴起祸端。 ○61 管乐,指春秋时齐国名相管仲与战国时燕国名将乐毅。 ○62 奢颇,指战国时赵国二名将赵奢与廉颇。伦,类。 ○63 宽假,宽恕。熊罴臣,武臣。其系猛如熊罴,故称。 ○64 卜邻,选择好邻居。秦人墟,典出陶渊明《桃花源记》。与"桃花源"均指隐居人家。 ○65 板舆,古代常用作扛抬老人的板车。后也用为迎奉父母的代称。 ○66 黄石书,即《太公兵法》,相传张良少时在下邳圯遇黄石公得此书。 ○67 武陵,桃花源为武陵渔人所发现。此借指隐居之

所。 ⑱秣陵,古县名,治今之南京。蒋尉祠,三国时东吴蒋子文,孙权时官秣陵尉。祠在钟山上。 ⑲数驭,常骑。 ⑳眉宇,眼神。差豫,稍觉愉悦。 ㉑醹,喝干杯中酒。蒲萄,同"葡萄"。此指葡萄酿制的美酒。 ㉒钲,古乐器,又名"丁宁"。形似钟,狭长,有长柄,击之而鸣。钲与笳,军中常用古乐器。欢呶,欢闹。 ㉓千金一诺,诺言信实,贵若千金。券果操,谓原来的相约果然实现。 ㉔縶,绊马索。曹,群。此指马群。 ㉕将去,带去。 ㉖薤叶,古时书法中的一种书体。此指用薤叶体书写的信札。 ㉗坐此,因此。坐,因为。

《兰陵女儿行》,素来被推为金氏集中首选的名篇,又堪称近代诗歌史上一首独绝的叙事诗,在我国古典叙事诗创作领域中,其叙事规模与所创手法,是罕见其匹的。

此诗所写内容,是咸、同年间,一兰陵女子以大智大勇成功地抗拒了正"进剿"太平天国起义军的清军将领劫婚的故事,思想与艺术均达到了相当的高度。作者金和,上元(今江苏南京市)人。太平天国起义军攻占南京,他举家仍留城内,诗酒以狂。因与人谋里应外合之计,策应清军攻城,不成,乃只身潜逃出城,流离南方谋生。此诗可能是他于谋职常州时,据所见闻而创作。

《兰陵女儿行》是一首别开生面的旧体叙事诗。在此诗以前,我国古典叙事诗基本上还停留在叙述故事的阶段。而《兰陵女儿行》能截取一个极富典型意义的生活横断面,作集中的浓缩描写,除开头与结尾作交代性的情节叙述外,全诗主要篇幅均通过对话来揭示人物的内心活动,点染若干动作细节,从而塑造出个性鲜明的各类人物形象,揭示全诗题旨。这种把叙事诗加以小说化的大胆艺术创新,是金和《兰陵女儿行》一诗的最卓绝的特色,也是我国古典叙事诗领域前所未有之举。由此可见《兰陵女儿行》一诗在我国古典叙事诗创作史上的地位。

全诗的叙事格局与剪裁,颇具小说情节安排的惯常的艺术倾向。全诗可分四大段落:第一段,自开头"将军既解宣州围"至"众客无声环堵侍"。此段可概括段意为"迎婚"。写清将得胜安营,在濑水上构筑新房,装饰华贵,正派遣属下与"媒人"去兰陵迎娶新娘。正午时刻,将军率众客在码头迎接,准备完婚。此段叙述交代了全诗的中心事件与情节开端。全诗写兰陵女抗拒劫婚,故以将军迎婚为情节之端,亦为故事所设矛盾的起点。因此,开头一段,极写将军婚前的志得意满,宾客的身份高贵,新房装饰的富丽华贵,婚宴排场的豪华铺张,以及迎婚场面的欢腾景象。诗以欲擒故纵的笔法,极写劫婚者将军的踌躇满志、洋洋得意。亦以先扬后抑的笔法,为兰陵女的抗婚作铺垫。

第二段自"彩船刚舣将军门"至"惟女公子为仙为佛为天神!"段意可概括为"抗婚"。是全诗情节开展的主要部分,也是描写全诗主要人物,如兰陵女、将军和众客等人物形象的重要部分。全段以对话的形式展示情节,又可划出四个层次:此段开头,以实写结合夸张与比喻,摹写兰陵女出场时刻的亮相,突出其貌美多姿,素雅端庄,勇健轻捷,光彩照人,绝非闺阁中常见之一般柔弱女子,而是有见识,有胆量的奇女子。次一层写兰陵女申冤拒婚,即兰陵女在婚礼堂上面向将军与众客的两段申述。先是"敛袖"以理相向,陈述劫婚之由与逼婚之状,诉说将军种种劫婚手段:以"金币"相诱,以"母许"相骗,以"露刃"相迫,以权势相压。后则仗剑而"手揽将军",将其控制在手中,然后指控将军此举,见不得上司"中丞",辜负"国恩",有损"钟鼎"清名。倘"上达"天子"不能解此纷",则"剑夺汝命"。兰陵女的从容自若、疾恶如仇、凛然正气,从这两段对话中,有较强烈的表现。又一层次则描写将军与众客的反应。先写将军被斥后,"面目灰死",情虚胆怯,乞求众客。而众客则魂"惊甫定",虚意解释,甘言斡旋,罪推"材官",假意送归,欺骗兰陵女放脱将军,再施奸计。又次一层,兰陵女深一层揭露了"慨从军兴来,处处兵杀民"的罪恶事实,从对劫婚一事的控诉,扩展到对清军、对整个社会以民当敌、草菅人命这种黑暗政治的谴责。从而表现了兰陵女看透强暴者"野性讵肯驯"、"蓄念愈不仁"的罪恶本性,不为众客所欺骗,而必以死相抵抗的见识和决心。最后,众客在兰陵女的义正词严之下,不得不"翕然长跪代请命",备极屈卑的丑态,乞求"愿以百口保"将军。众客为了给将军开脱罪责,便百般夸赞将军"贤名",抬出"朝廷"的名义,向兰陵女苦苦求情,正是曲折地反映了将军的外强中干、束手无策,而衬托了兰陵女的大智大勇和凛然正气,终以正理与正义战胜邪恶奸计。

第三段自"女知众客意难拂"至"电掣星流不知处"。本段大意可概括为"智归"。兰陵女勇斗将军,舌战众客,在情理上已占上风,然她能审时度势,适可而止,此其表现之一智;告以老母与两兄苦待盼归,乘势借马离去,作脱身之计,此其表现之二智;申明归家后即迁居,隐于僻处,与桃源人为邻,以绝将军追踪迫害之念,此其表现之三智。兰陵女借马得手,"始释将军衣",立即据马腾鞍,破空远行而遁去。将军但为保全自己性命,"惟恐女不去",借马放归,兰陵女终于抗婚成功。兰陵女这一位明理达义、智勇兼备、貌美心正的少女形象从而树立起来。

但尚有结束一段,在完成了兰陵女人物形象的描写上,再加一笔浓彩,使之更具光彩。自"女行数日军无骚"至全诗结束为末段,大意可概括为"警告"。兰陵女知书识理,色艺并俱,智勇双全,亦且品性高洁,不畏权势,不图富贵,崇尚气节,故脱身后,又放马送还作为聘礼之财物,固为非义之财不取,亦令俗流惊奇。何况,又致书将军,随附锋利一刀,以示警告,告诫将军不可再次作歹。原来将军于此抗婚事后,移师他处,"振旅胆气豪",恢复了"平日叱咤雷车殷"的权威常态,待见到兰陵女的警告之信与刀,正是心有余悸,睡无安息。这一富于传奇色彩的情节,给兰陵女这一人物形象的描写又加上动人的一笔。

全诗叙事,突出中心事件,来龙去脉,井然有序,又加跌宕起伏,极富传奇色彩,剪裁有度,照应有方,虽以人物对话为叙事主干,穿插较多说理,而故事情节仍属完整而生动。此诗固然篇幅有限,然情节发展的线索脉络完整清楚,能生动有力地服务于人物性格的刻画。如兰陵女性格尤为鲜明动人。美而不弱,外柔内刚;知书识理,勇而多智;气节高尚,不畏权势,不图富贵,志洁品高,是乱离风尘中一奇女子。至于将军,其形象则是一介武夫,外强中干,依仗权势,为非作歹,草菅人命,强暴无耻。各类人物性格,又加艺术的对照,更为鲜明。诗中将军不发一语,足见其外表"非寻常"而内心懦怯。兰陵女的勇敢机智,义正词严,端庄从容,与将军的情虚胆怯,萎卑退缩,束手无策,以及众客的卑屈相劝,甘言斡旋,形成了鲜明的对照,从而使兰陵女这一形象更具光彩。全诗通过兰陵女形象的塑造,揭露了晚清军政的黑暗面,点明了其害不仅在兰陵女之一身一家,而涉及全社会,所谓"慨从军兴来,处处兵杀民",对清军官兵的横行不法、草菅人命的社会现实,又作了更为深广的揭露与谴责,而兰陵女之遭遇只是其中一件典型事例而已。这就大为扩充了此诗题旨的思想意义,表达了当时广大平民对官府军兵鱼肉百姓、戕害人命的罪恶行为的愤慨与鄙视。至于写兰陵女把申冤理枉的希望,寄托于中丞和天子,则是作者思想的局限。

此诗的叙事小说化的艺术倾向,不仅表现在上述情节安排与人物描写上,还反映在语言的运用上。全诗对话,间杂富于性格特色的动作细节;又杂用五七言和长句,相间并用,音调激昂顿挫,与情节的发展、感情的起伏相应和,表现了作诗如作文的长处。这种以文入诗的语言艺术,与全诗叙事的小说化相应相衬,起到了相辅相成的作用。

(王杏根)

双拜冈纪战①　　　　金　和

我过双拜冈,红日渐西入。一队蜀郡军,赴战意甚急。道旁皆狐疑,相随顿云集。前行未百步,楚士兵各执,狙伺何人家,环屋四边立,尚欲逾垣看,攀树当梯级。蜀军自东来,呵逐楚士开。楚士转身斗,战声驰如雷。大刀狂有风,长矟疾②于雨,双拳鹰膀兜,独脚象鼻吐③,贴地捷进猱,冲天善飞虎,身挟车轮盘,气振屋瓦舞。才惊彼洞肩,却是此断股,额批创更裹,胸贯骂犹苦。直似父母仇,岂但酒肉怒! 从来攻城时,未见今日武,虽各数十人,半里暗尘土。观者魂尽褫,前揖敢笑阻?两军战方酣,一人怒驰马,竟从此门出,瞬已到山下。楚士纷逐之,谰语饿鸱哑。马上必蜀人,楚士所捉者,蜀军忘拥护,鸦散亦走野。吾侪好选事,略息行人喧,稍稍相问讯,来窥此家门;门中一幼妇,赪颜自呼冤。我亦不必问,汝亦不必言。

〔注〕①作于一八五三年。 ②矟(shuò):一种长矛。 ③鹰膀兜,象鼻吐:形容拳脚把式。

作者金和,曾被梁启超誉为"中国文学革命的先驱"(《晚清两大家诗钞题辞》)。的确,在近代诗人中,金和是一位非常有特色的作家。他的许多古体和乐府都写得极其通俗,不少作品较多使用俚词俗语。长篇叙事诗如《兰陵女儿行》、《烈女行纪黄婉梨事》等还吸取了小说的某些表现手法,对中国叙事诗的发展做出了贡献。然而,最能显示作者艺术风貌和艺术个性的,还是他的讽刺诗。

本诗是他讽刺佳作中的一首。题目中的一个"战"字,就是全诗的讽刺点。全诗可分"战前"、"战时"和"战后"三层。前十四句为"战前"描写,交待蜀楚两军发生纷争;中间三十二句描写战况,极状战斗之激烈;最后八句叙写战后情形,含蓄交待两军激战之动因。全诗即以这"战"字作为悬念,不断抽丝剥茧,至篇末方点明真相。通过将应有的"战"——与敌军交战,同实有的"战"——为一民女争风吃醋,以致两军大动干戈,之间的鲜明对照,造成强烈的讽刺意味。

作者在描写这楚蜀两军之间的交"战"时,极尽夸张形容之笔墨,以充分呈现他们的勇敢精神,充分呈现战斗的空前激烈。唯其如此,方能在篇末揭示真相后,让人强烈地感受到事件的怪谬,以及这怪谬之中的可笑和可憎,从而达到讽刺的目的。如果我们再联系作者在其他诗篇对官军战斗表现的描写来看本诗,那么,诗中所揭示出的怪谬,以及这怪谬中的可笑可憎之处就会更加鲜明突出。《原盗》诗有句云:

严卫色常墨,魂随鼓鼙摇。

那知战何事,如女羞说醮。

彼夷视诸将,馈问合屎尿。

再如《军前新乐府·接难民》一首描写官军将士主动请缨接难民:

军士提刀纷走开,或隐山之阿,

或伺水之厓。束缚难民横索财⋯⋯

亦有钝物稍倔强,即谓贼谍城中来,

杀之冤骨无人埋……有时真有贼追至,

诸军按甲似无事。

原来他们的勇武,只表现在束缚手无寸铁的难民方面,而面对真正的强敌,则常常吓得屁滚尿流。所以"神州之兵死亿万,以罪以病不以战。"(《将问》)。如此怯弱畏葸的将士,为了争风吃醋,双方竟杀得"半里暗尘土",岂不是天底下的大荒唐。然而荒唐虽然荒唐,事实却是事实,所以才构成了讽刺。

所谓讽刺,也就是要让共识和公理的反面——怪谬荒唐的可憎现象,堂而皇之地以正面认可的形态出现,让否定的东西以肯定的方式表现出来,通过扩大表面肯定的实事与共识和公理之间的反差来达到抨击反面现象的目的,金和的讽刺佳作都能曲尽此道之妙。不过比起他外公的那位特擅讽刺之道的堂弟吴敬梓来,其风格却是大不一样了。吴敬梓小说中的讽刺是冷隽平静、意味深长的,很少有主观感情的直接灌注。而金和则不同,他的作品是热烈辛辣的。作者的强烈爱憎感情常常随着刻意的夸张描写而直接注入诗中,有时甚至还有直接的正面评判,从而使他的讽刺作品形成了"露"、"尽"、"透"、"刻"、"辣"诸特点。这种风格显然是与传统的诗教大相径庭的,但它的"是非功过"似乎可以用金和自己的诗来说明:

笔端何事好讥弹,公是公非欲掩难。

尚忍百分为国讳,敢诬一字与人看?

歌行未必当呼史,笑骂由来自作官。

论著潜夫诗歌后,我今胆大署从宽。

——《写在营诸诗示客题纸尾》

(马亚中)

诗人小传

江湜

字弢叔,江苏长洲(今苏州)人。诸生。道光间官浙江候补县丞。其诗不用典故,以白描瘦折取胜。有《伏敔堂诗录》、《续录》。

由江山至浦城,雪后渡越诸岭,舆中得绝句九首(选一)

江湜

连宵雨霰苦纷纷,今上篮舆盼夕曛。

由江山至浦城，雪后渡越诸岭，舆中得绝句九首(选一)   江湜 〔1689〕

万竹无声方受雪，乱山如梦不离云。

此诗作于道光二十六年丙午(1846)冬，系作者游闽时，由江山(今属浙江)至浦城(今属福建)途中所作，凡九首，此选为第一首。

江山至浦城，地处浙、赣、闽交接边沿，其间横亘仙霞岭，连接武夷山，一路尽是千嶂万壑，高山峻岭，"雪后渡越"，别有一番风光。

上联写山中雪前景象。首句云"连宵雨霰苦纷纷"，是写雪前。南方空气湿润，雪前天空中的水气，常遇寒凝结成雨滴，冻而成冰晶，细如冰珠，谓之"霰"，俗称"雪珠"。故降雪之前，常先"雨霰"。这里"雨"字作动词用，"雨霰"即降霰、下霰。霰如细珠，能袭人作痛；降霰时，气温不若降雪时寒，霰易化水，又使路面打滑。旅途人恰逢"连宵雨霰"，一夜降霰，其苦无比，又何况山路泥泞艰难。因此，才有第二句所写"今上篮舆盼夕曛"的行动与感慨。"篮舆"是竹制的坐轿，用于登山乘坐，雇人扛抬而行。"曛"，落日的余光。诗人乘上竹轿，勉强可蔽雪珠了，但寒气却无处可避，只有盼望黄昏犹有落日余辉，带来一点暖气。一个"盼"字，写出诗人坐上篮舆一路熬寒之苦。上联写出了南方山雪前的特征，但尚未着墨于雪景，只是为山雪的初降作铺垫和蓄势。

下联两句才笔涉山雪。前句云"万竹无声方受雪"，浙、闽的山间岭上多竹，亦南方山区特色。雪珠过后，山雪便随之由天而降了。此时，诗人紧紧抓住雪初降时的特点，写出了这一时刻的特征：此时万道山岭皆无风，万枝青枝皆翘然挺立，纹丝不动；初降的雪，并无多少分量，落在竹枝上，又轻又薄，发不出丁点声响；"万竹"，可见竹之多，"无声"，可见初雪之轻；"方"字点明特殊的瞬间，而"受"字更见锤炼之工。无声万竹，以静待动，飞雪动而落于竹上，故曰"受"；雪止竹上而凝聚，曰"受"。竹是岁寒三友之一，与松、柏同为岁寒而后凋之物，故并不畏雪，著一"受"字，反显亲昵。此句抑或诗人品性之物化，才炼得一"受"字，抹上主观感受的色彩？此句写万竹受雪，是从雪景的近处、细处写，末句则从远处、大处写，由近及远，写出竹山雪景全图来，其云"乱山如梦不离云"，这南方竹山雪景，绘到了迷离渺溟，朦胧飘忽的境界。雪中的群山，远近高低各不同，如岭如峰，如嶂如崖，而其山色，如青如白，若明若晦，千姿百态，透过飘雪望去，迷离朦胧，恍若梦境。此山之"乱"，乱到似乎不是天上的云朵在飘动，而是群山在乱舞，在围观着云的乱舞，云倒成了静态，山倒成了动态！这也是雪初下时的奇景，山色之变幻得云相衬，更增"如梦"之韵。后二句本身，亦具对比之意，万竹无声是静，而乱山如梦是动，二者相互映发，"雪"与"山"都得到了最精确生动的描写，诗人也就如愿以偿地伸足了自己的诗旨。

全诗写出了由霰到雪这个过渡阶段的特有景观,亦体现了诗人善于观察、捕捉瞬间变化的才能。后二句尤佳,措辞看似平平,却能摄出"方受雪"之际"越诸岭"上的精魂,造出奇异壮丽的境界。　　　　　　（王杏根　沈　价）

雨　余　　　　　　　　　　　　　　江　湜

> 好游心自喜山程,复此前山放午晴。
> 溪水绿时真是酒,野花香得不知名。
> 雨余一笠行还佩,风处单衫着更轻。
> 便算为僧行脚去,何须归籍就诸生。

此诗作于咸丰四年甲寅(1854),写山雨方晴的山间景色,从中透露了诗人热爱自然、热爱生活的生活情趣。此诗是作者居家读书,近游华亭、青浦时作。

首联开宗明义,称自己素来爱好游历,心喜山水,何况"复此前山放午晴",山雨方霁,前山放晴,山色格外净纯清丽。一个"喜"字,将贯通全篇,是全诗的"诗眼"。

颔联"溪水绿时真是酒,野花香得不知名",写雨后山溪,水深现绿,犹如醇酒,清翠香浓。以酒喻水,因酒有色、香、味三种感受为人熟知,可以引起读者的联想,想象出雨后山溪水流,其色绿,其香带有雨后的清新气息,而其味或如醇酒,可以迷人。溪水喜人,而雨后山花,亦更清新娇艳,浓香四溢。或是山花烂漫,奇香杂出;或是山雨过后,山花别有非同寻常香味,无可名状。此二句虽只从见水、嗅花,写出游山的乐趣与快感,却足以表现出诗人对山间新雨洗净的千嶂万峦、流溪山路、绿树青草、艳花鲜果等山中万物,倾注着歆羡的好感。此可谓写景抒情之"取精用宏"一法。

倘说前联两句,侧重从描写客体来表现主体的感受,那么,领联两句"雨余一笠行还佩,风处单衫着更轻",便是侧重从描写主体感受中来写客体。诗人独行山间,故称"一笠"。此时阵雨刚过,故把斗笠佩在背后,不须戴在头上。一"佩"字下得甚为生动有趣。斗笠佩而不戴,是诗人的主观感想,但由此"雨余"的山间气息的客体,亦获体现。此时大约是夏季(雨也是夏雨),故诗人穿着"单衫",在"雨余"施施而行,已觉凉爽,何况一阵风过,更觉轻快。说"轻",妙在婉曲地表现一种体感。体感凉爽,故言单衫轻薄。既是写出客体的风,更在写主观感受,由体感反映出诗人迎风游山的轻松快感。此二句进一层写出诗人"喜山程"的愉悦快乐之情。

末联"便算为僧行脚去,何须归籍就诸生"两句,是写诗人此番雨余游山的总的感受,谓自己如果就此便算做个孤苦的行脚僧,一路走下去,踏遍名山大川,也定然其乐无穷,无怨无悔;又何必如我眼下去记名门籍,归属官府,做个"诸生"(秀才),埋头于八股,在仕途上乞讨生活而毫无乐趣呢!诗人的真意,并非要去为僧礼佛,也非退而归隐,只是不满自己"归籍就诸生"的低微地位,略含牢愁。当然,从他乐此山水,厌彼仕途的情绪对比中,我们可以感觉到诗人归心自然、淡于名利的生活情趣,这是旧时知识分子志洁气高的一种心态表露。

江湜为诗,不假雕琢,不事用典,只从生活的感受中提取诗材,出意境,有真性情,而尽得风雅,此诗亦其一例。 (王杏根)

湖楼早起二首　　　　　江　湜

面湖楼好纳朝光,夜梦分明起辄忘。
但记晓钟来两寺,一钟声短一声长。

湖上朝来水气升,南高峰色自崚嶒。
小船看尔投西岸,载得三人两是僧。

这两首小诗作于咸丰八年戊午(1858),写诗人在杭州西湖之滨楼居早起闻见的两个湖上小景,从中显示了诗人对西湖风光别具会心的独特感受,意境隽永,耐人寻味。

第一首上联"面湖楼好纳朝光,夜梦分明起辄忘"两句,紧扣"湖楼早起"诗题写景,说所居湖滨层楼,面向宽广西湖,高耸湖畔,开旷展远。楼室之中,也就最能收纳朝光(晨曦),晨曦到来得早,诗人也就起得早;晨光到得强烈,诗人的梦境也消逝得迅速;"夜梦分明",可见做梦时,梦的内容是很清晰的,无奈经不住晨光的冲洗,马上就冲得无影无踪了。

但真是全"忘"了梦境么?也非,其他都"忘"了,唯有一件还记得:"但记晓钟来两寺,一钟声短一声长。"在梦中,分明有两处钟声在回荡,一处声短,一处声长,明显来自两个寺庙。这是梦中所闻的幻觉么?然而不然。"晓钟"一语,告诉我们,这是真实的钟声,是黎明时分的钟声;当它们敲响时,诗人尚在梦中,但也清清楚楚地感到了、听到了;"梦"中犹如是,"起"后自然不能忘。后二句是神来之笔,写西湖上晨钟声的悠远深长,不由醒来时落笔,却由梦中所记落笔,更觉生动可感;这钟声经此笔法写来,直能穿透现实与梦幻的界限,真有神秘的佛力了。

第二首与第一首一样，均是诗人"湖楼早起"所得最深刻的印象，也是湖上晨色中最富特色的风情意态。

　　上联两句"湖上朝来水气升,南高峰色自峻嶒",一写水,一写山。清晨湖上,水面弥漫洁白雾气,正冉冉升腾,湖南畔的南高峰峰峦,却高踞雾气之上,显得异常高峻。在这个宁静而略有些清寒的背景上,诗人凭借审美的慧眼,敏锐地捕捉到了一个精致的动态景象,这便是下联所写"小船看尔投西岸,载得三人两是僧"。静静的湖面上,飘忽的水气中,一只小舟,由东摇来,靠上西岸。("小船看尔",意谓"看尔小船",词语倒置,是设置平仄声调的关系。)此时湖上静寂,即便是水上轻舟,也极易引人注目。诗人一经发现,惊而呼出,然后才关注其去向,故看舟在前,发现其投岸在后。这种惊喜之情,又从"看尔"这一词语中显露,给"小船"以拟人之称,显得亲切,似有以舟为清晨之友侣之意。然后,诗人又细加关注船中之人,除了船家,此船所载之客,只是两个早行礼佛的僧人。若说上一首写梦、写声,皆是虚境,则这一首是入得图画的实境。前二句是画的背景,后二句是画的中心。前二句有水雾、山峰,是大处落墨;后二句只有小船、船客,是小处着眼;二者大小对比悬殊。但大处虽大,画得却不分明,水气茫茫,山峰亦只有"峻嶒"的轮廓;小处虽小,画笔却细密入微,直到小船上人的僧俗服色之异,也居然可辨;二者画法粗细的对比,也很明白。至于诗人着眼于小处,注目于小船,则是此画的画外之音、弦外之韵;水气令人气闷,峻峰亦不可亲,所可引为同调、感到亲切的,唯有一船、若干人而已。彼船悠然而行,彼人(僧)超然可慕、又晨起即礼佛、勤于所业,亦复可敬。故诗人留意之,实在是有"悠然心会,妙处难与君说"之概。

　　人评江湜"言诗以情为主,而归于一真字,……故其所为诗不假雕饰,纯用白描。"(叶廷琯《蜕翁所见诗录·感逝集》卷十)若此诗之选物取景、传情达意,全从生活感受出手,以白描写出,生机勃勃,富有魅力。其诗诗语晓畅,却"无一切谐俗之语错杂其间,戛戛乎其超出流俗矣。"(彭蕴章《伏敔堂诗录序》)也自具面目。

(王杏根　沈　价)

舟中二绝　　　　　江　湜

浮生已是一孤舟,更被孤舟载出游。
却羡舟人挟妻子,家于舟中去无愁。

我向西行风向东,心随风去到家中。
凭风莫撼庭前树,恐被家人知阻风。

这两首诗一写身之出游,一写心之返家,内容不同,但诗的机杼却无二,知道了前一首的好处,后一首的好处也就自然明了了。

　　浮生,谓飘荡浮泛不定的人生,语本《庄子·刻意》中的"其生若浮,其死若休"。不过,《庄子》把人生和舟联系起来,只有所谓"饱食而敖(遨)游,泛若不系之舟",逍遥自在之至,了无一丝苦寂之味。所以,把"浮生"譬之为"孤舟",与《庄子》并无关系,乃是诗人江湜的独创;这样取譬,大约与他曾经从事于海运业、长年孤身出入闽、浙海域,多与舟船打交道有关。这两首诗,正作于他的又一次远航途中;人生落到如孤舟飘泊的境地,已经是大堪悲哀了,而眼下,诗人这抽象的"孤舟",又被一艘具体的孤舟载着去渺茫的江海上"出游",这,可算是"一倍增其哀"了吧? 若是初涉此道者,接下去大约总要在诗中大放一恸了。

　　然而,诗人毕竟是老于此道——这"道"既是人生之道,也是作诗之道——的人了,他明白:人生到此,不宜大放悲声,只宜别求排遣;诗写到此,不宜直线而下,只宜别求曲径——否则,人也无趣,诗也无味。于是乎,他别转头留意起"舟人"(船主人)来了:同样是"舟中",同样是"去"远方,这船主人却是挟(携)着妻子儿女,以船为家,任凭风吹浪打,终日天伦团聚、其乐融融;在他看来,这"舟"可一点儿也不"孤",这"出游"可一点儿也没什么"愁"。

　　此情此景,真不能不令诗人"羡"杀。当然,在这一"羡"后面遮掩着什么,读者自是不会不知。不过,这一层遮掩的布幛,还是不挑破为妙——诗人正在把自己浸入"羡"中以求排遣、说不定还有着"并州是故乡"之类的幻觉呢,我们又何必为求深刻而去刺穿诗人的心底呢?

　　有了第一首的经验,再来看第二首,当我们读到前二句诗人说自己身向西行,风却朝东面方向吹去,吹着他的心飞回家去时,自然也不会指望下文是什么倾吐思念之苦了;但尽管如此,诗的后二句,仍然是出人意表的:诗人心飞回家中,不是出于想念亲人,却是为了瞒过家人;他请(凭、请)东风切莫去摇撼自家庭院前的大树,因为家人若辨出了风向,必定要为自己受阻于风而忧心忡忡——与其如此,还是不惊动他们为好,他们已经担惊受怕不少了,就让他们以为自己一帆风顺、从而安心入梦吧! 当然,这里的"恐被家人知"也是一层布幛,不过,如果性直的读者又要挑破它,我们只得再提醒一遍:让他自以为已经关怀到了家人吧,他正要在这种幻觉中得到满足,你又何必说破底蕴,让他为这种关怀的可望不可及而忧伤呢?

　　陈衍《石遗室诗话》称江湜的诗"寻常命笔,每首必有一二语可味者"。这两首诗的措辞无甚奇,可算是"寻常命笔"之典型,但不仅其巧思"可味",如上所说;

而且前一首每句都有一"舟"字,后一首每句都有一"风"字,含义却不尽相同,也着实"可味":前一首,首句之"舟"是虚,二、四句之"舟"是实;后一首,一、四句之"风"在眼前,二、三句之"风"在想象中;前一首,二、四句同是实在的"舟",却一个载"我"飘泊,一个是"舟人"的安乐窝;后一首二、三句,前之"风"携我心去,我当谢之,后之"风"欲撼我树,我又憾之。诗是"寻常命笔",这二组相同的字却不是"随意命笔",这分明是诗人着意安排的文字游戏——他大约也只能沉浸于这种游戏中,才能排遣其孤独之苦、思乡之情。

(沈维藩)

彦冲画柳燕　　江湜

　　柳枝西出叶向东,此非画柳实画风。风无本质不上笔,巧借柳叶相形容。笔端造化真如此,真宰应嗔被驱使。君不见昔年三月春风时,杨柳方荣彦冲死,寿不若图中双燕子!

　　彦冲,即刘彦冲,字咏之,原籍四川,寄寓吴门,是清代著名画家,工山水人物花卉。江湜乃其生前友好。彦冲殁后,诗人有多篇悼亡之作,本诗也是其中之一,赞叹画家的奇绝天分之后,又慨叹其年寿不永。

　　诗的前四句赞叹画家的才情。从题目可知,直接咏写的对象乃画家遗留的柳燕图,画面是春柳春燕。前四句未及燕子,主要就柳叶下笔,但并不是咏写画面的柳条如何娇媚,而是渲染画家借有形的柳摹写无形的风这一奇巧构思。"柳枝西出叶向东",点出枝的伸展方向与叶片的张开角度不谐;"此非画柳实画风",点出枝叶东西异向的秘密。"风无本质不上笔,巧借柳叶相形容",点明风本无形,只有借助有形的柳才能表现出来,这颇合艺术实际,不愧为画家的知己。美学家王朝闻先生对中国飞天的造型很感兴趣,认为我国古人借人物衣褶飘飘的形象表现凌空飞舞的情景,比西方在裸体的天使背上直接画出翅膀表示飞行显得更巧妙、更合理。图画作为造型艺术,很难表现抽象的事物,只有凭借巧妙的构思,才能在有形的物象中表现深层的寓意和难以状写的事物。这一评赏也透露出诗人的细心,如果他是马马虎虎的观众,怎能看出枝叶异向这一细节来?唯其既是内行,又很细心,这才能体味出画家友人的匠心所在。而其画家友人又确实精细,巧妙地摹写出常人难以表现的内容。

　　诗的后五句惋惜画家的早逝。全诗咏写柳燕图,前四句侧重写柳,显示画家的才情;后五句侧重写燕,喻写画家的短命。画家的去世,本是病夭,诗中却说成是由于天公的妒忌。"笔端造化真如此,真宰应嗔被驱使",承上启下,既突出了画家才情之巧,又刻画出天公的妒意,暗点画家的死因。"真宰",主宰世界的上苍真神。友人的死本是极哀苦之事,将友人之死看作触天公之忌,则使怀友的哀伤稍得慰藉,并对友人的才情作了进一步的推许。引起"主宰"的嗔怒而死,岂不比寻常的去世浪漫得多,动人得多?尽管如此,丧友的悲苦仍难以压抑,后几句便慨叹友人死在春风三月时,寿命竟比飞燕还短。一推之后又一挽,点明不平凡的死也不能令人平抑愤懑,造物的不公委实令人心痛。即或"真宰"不怀妒忌,但不赐才人长寿,岂不也引人不平?可叹世上的事难得完满,有寿者未必有才,有才者未必有寿。天公何以如此不仁,不肯令人世多一些美满呢?的确令人怅叹。诗虽收束了,诗人的心潮却并未平伏,而且引得读者也泛起感情的波澜,在品味人生与造化的神奇与复杂。人寿有尽,人生无涯,辞世者能活在友人的心中,也算是寿命的延伸吧?人生果能得到知己,岂独生前满足而已;知己又何必生于同时,才人的作品能勾起后人的怀想,不也是生命的延续吗?

诗人与画家相知极深,相知的纽带正在于画家的作品。诗人有多首诗作追悼亡友,而且都与画幅相关,除本篇外,另如《典衣买彦冲画一幅赋诗解嘲》、《彦冲画两雁为稚苹所藏邀余题诗》等,莫不如此。在这种深深的哀伤中,实也有自挽之意,犹言友人虽然去世,他的作品还能被我赏爱;自己百年之后,是否有此幸运呢?他临终遗言,谓碑碣应刻"清故诗人江弢叔之墓",仅想以诗名传后,除有对生平沉于下僚,郁郁不得志的愤慨外,主要是想凭诗作与后人结为隔代知己。这种心理,文学艺术家多有之。苟有知我者,穷达何由挂怀,寿命长短又何必计较呢?惟其不敢肯定后世定有知己,这才在心中有所郁闷,对友人的早夭格外伤感。读此诗,诗人的追悼怀念之情,实不仅令人想到他与画家的友谊,而能引发读者深沉的人生感慨。

(张永芳)

南台酒家题壁 　　　　江　湜

忽忽青春客里休,半生赢得一生愁。
与人会饮从沉醉,是处无家且浪游。
海气夜迷灯火市,江风凉入管弦秋。
不知一枕羁人梦,更上谁家旧酒楼?

　　诗作于咸丰五年乙卯(1855)。这年,作者客居福州,为个人穷愁潦倒无限伤感。此际应友人之邀登酒楼会饮,一腔心事,奔涌而出,遂成此篇即兴之作。南台,在福州南门外,临闽江,人家栉比鳞次,市面繁华热闹。这喧嚷嘈杂的闹市,反而使心绪不佳的诗人倍添客游的困顿落寞之感。全诗一气呵成,紧紧围绕一"愁"字下笔,将羁旅惆怅、仕途坎坷的悲慨,抒写得淋漓尽致。

从全诗结构看,不同于一般七律那样以起、承、转、合为序,而是呈环状结体,前二联由离愁写到会饮,后二联又由会饮回到离愁。诗以离愁起,也以离愁终,将一腔"愁"绪,尽吐于词表。

先看前二联,由自己半生浪游,写到这次又在客中应邀登上酒楼会饮。"忽忽青春客里休,半生赢得一生愁。"意谓自己的大好年华,全在天涯羁旅中度过,看来此生再也无望定居享乐了。"客里休",在作客岁月中消磨尽净;"忽忽青春"既是说青春易逝,更是说自己从未体验过青春的欢乐,竟在不知不觉中进入多愁善感的中年。此时诗人已34岁,三应乡试不中,又家世贫寒,生计维艰,郁郁情怀,怎能品尝到人生的幸福?"半生赢得一生愁",谓自己忽忽而过的青春时期,早已品尝到他人一生所遇的愁苦;又可谓自己前半生的困顿,已预示着一生的潦倒。无论如何,诗人饮酒时满腹愁肠,欲借酒消愁,更因酒添愁。"与人会饮从沉醉,是处无家且浪游。"承"愁"意,谓自己既已愁肠纠结,何妨应人所邀,参与会饮,借酩酊醉意麻痹身心,暂得排遣;虽说这里并不是自己的故乡,但自己已然处处无法安居,又何妨暂且在这里浪游,消磨岁月?"是处",到处。"从沉醉"、"且浪游"语似旷达,实则更显深挚缠绵。倘若诗人真能化解愁肠,何必借酒麻醉自己?倘若诗人真想浪迹天涯,又何必计较家在何处?"从"与"且"似不甚在意,实念念在兹;由他去罢的怅叹,实则是对身世际遇的深深遗憾。诗人内心并非死水微澜,而是激荡难抑,越是不欲放纵驰骋自己的情怀,反越有蓄积反弹的张力;越是不想计较自身的处境,反而更强烈地显示出对自身处境的不满。只是作客在外,应人之邀,不便于过多表白自身的不平而已。

再看后二联,由会饮时的感受,又回到对客游在外的清醒意识。"海气夜迷灯火市,江风凉入管弦秋",是对南台酒家夜饮情景的叙写,系凭窗远望之所见:近处,人家栉比,灯火点点,氤氲烟岚,迷蒙市面;远处,江风习习,秋凉浸骨,管弦声声,袅袅鸣咽。此时此际,酒入愁肠愁更愁,别家浪游的客子,怎能不格外思家念亲?但是,自己早已到处为家而又处处无家,此生的归宿又在哪里?"不知一枕羁人梦,更上谁家旧酒楼",由眼前的会饮,念及日后的浪游,意谓今夜将醉倒在南台酒家,以后又将醉倒在哪里呢?自己既难以逃避羁旅生涯,谁又能估量自己会飘零何方?结尾与开头应合,都写浪游生涯,开头说的是自己的青春岁月全在客中度过,后半生恐也将继续到处作客;结尾云,自己今日在此地暂留,谁知今后又会去何处客游?如果说有所区别的话,结尾似更怅惘,更无奈,更茫然。同样,后二联的开头一联说的也是会饮的感受,也比上一联更深沉,更缠绵,更真切。它明是写景,实寓情于景,抒发了欲超脱实无奈的情怀。上联已点明内心愁绪过多,只得借酒消释,此联云饮酒之后,愁绪并未得到开解。所见夜市灯火之"迷",实是心境之迷蒙;所感吹送管弦乐声的江风之"凉",实是对改变处境已感绝望之悲凉。迷蒙寒凉的不仅是客观景物,更是诗人此时此地的内心思绪。所以,诗人才不能不由衷地对自己今后的生活道路不抱任何好转的期望,一切都付之于无可改变的命运。这当然也是一种不平,一种抗争,却只是消极的承受,失望的挣扎,是对既定命运的愤懑与无奈。

诗人的一生是不幸的,靠朋友帮助才捐了个九品县丞之职,高才充贱官,直至郁郁而终。他不能不向命运低头,因为凄凉的境况非自身所能改变。他赖以维持内心自尊的,只有自己的才华,自己的感情,自己才华与感情的结晶——诗歌。其遗嘱云,碑碣上只写"清诗人江弢叔之墓",仅以诗人自称。这并非自谦,而是自傲,是自信其诗能在诗坛占一席之位,是自慰其诗能弥补终生困顿的身世际遇。诗人既有"一生愁",也有一囊诗,诗就是他的生命,他的生命就是一首诗。诗是人生的物化,人生是诗的展开。没有得志的人生是不幸的,而没有诗的人生更为不幸。诗人的确可以自傲自慰,因为他毕竟为人间留下了诗的印记。

后人对其诗评价颇高,陈衍《石遗室诗话》云:"弢叔诗力深透……近体出入少陵,古体出入宛陵,而身世坎壈,所写穷苦情况,多东野、后山所未言,近人则郑子尹、金亚匏未能或之先。寻常命笔,每首必有一二语可味者,咸同间一诗雄也。"金天羽《答苏勘先生书》云:"弢叔……创坛坫于江海上,独吟无和。吴中文字绮靡,弢叔独以清刚矫之浓婥,曲折洞达,写难状之隐,如听话言。"其坎坷飘零的一生,成为其诗作的温床,谁说命运对诗人是无情的呢?也许这正是造物主在更高层次上的公正无偏吧。

(张永芳)

张裕钊

(1823—1894) 字廉卿,湖北武昌(今武汉市武昌区)人。咸丰元年恩科举人,官内阁中书,历主江宁、湖北、直隶、陕西等地书院。曾师事曾国藩,与黎庶昌、吴汝纶、薛福成称"曾门四弟子"。为文主张意、辞、气、法相统一而以气为主,主张"雅健"而不失"自然之趣"。所作文多长于议论,雅洁平实。游记则笔法简练,而境界富于变化。颇能引人入胜。也工书法。有《张廉卿先生文集》、《今文尚书考证》、《左氏服贾注考证》。

咏　史

张裕钊

功名富贵尽危机,烹狗藏弓剧可悲①。
范蠡浮家子胥死,可怜吴越两鸱夷②。

〔注〕① 剧:极,甚。　② 鸱夷:革囊。

本诗咏春秋吴越事。当年吴越两国世代仇雠、胜败忽如转圜的历史,常常令人掩卷沉思,千载之下,鼙鼓犹酣,战血流腥,一任后人唏嘘凭吊,感喟兴亡;然而,作者并不经意于此。本诗着眼于历史沧桑中的个人命运,用一种悲天悯人的目光,透视匆匆历史过客的荣辱升沉,因而具有某种哲理蕴涵。

首句提破诗旨,揭示"福兮祸所伏"的生活辩证法,以为唤醒人间痴迷的当头棒喝。"功名富贵"是古往今来多少英雄豪杰追猎角逐的人生鹄的,丰功伟业,锦绣荣华,足令世人歆羡,然而咫尺之间,便是万劫不复的深渊,令人惴惴于一失足成千古恨。

次句,"烹狗藏弓",勾践灭吴,他的谋臣范蠡致书文种云:"飞鸟尽,良弓藏;狡兔死,走狗烹",洞察越王为人长颈鸟喙,可与共患难,不可与共安乐。这句千古名言,撕破了封建纲常伦理的庄严面纱,道尽人情险恶。它揭示了胜利之后袭来的巨大悲怆,使人仿佛可以想见在血色黄昏的战争丘墟之上,凯旋的将军孑然四顾,独立苍茫,难逃喋血伏尸的命定归宿。

三、四句举出两位殊途同归的悲剧英雄:伍子胥和范蠡,吴越二国的股肱良臣,都曾在历史舞台上叱咤风云,赫赫扬扬。子胥辅佐吴王成就霸业,运筹决策,屡建奇功,然而终以直谏遭谗取祸,吴王夫差赐他属镂剑逼令自裁,子胥将死,恨曰:"抉吾眼置之吴东门,以观越之灭吴也",为了不使子胥亡魂得见,夫差命人取子胥之尸,盛以鸱夷,投之于江。范蠡辅佐越王复国雪耻,苦身戮力,忍辱负重,深谋二十年,终于灭吴,越兵横行江淮,勾践号称霸王。范蠡以上将军返国,以为盛名之下,难以久居,于是见机远飏,辞勾践以避斧钺之威,载轻宝珠玉,乘轻舟以浮于五湖,变姓名自号鸱夷子皮,意谓戴罪之身有如子胥盛鸱夷而浮于江,境遇略相仿佛。曲终人去,蓦然回首,前鉴不远,怅恨何极!这个别号寄托了一缕剪不断的淡淡哀思。诗末句,"可怜吴越两鸱夷",带有醒世意味,吴越两国这一对棋逢对手的宿敌,终于相徜徉于江湖,劳劳浮生,化作鸱夷一梦。读来如醍醐灌顶,似觉吴越之间干戈扰攘的纷争,都如云烟过眼,风瞥电逝,唯余烟波浩渺而已。

(林　薇)

翁同龢

(1830—1904) 字叔平，号松禅，晚号瓶庵居士。江苏常熟人。咸丰六年(1856)状元，官至协办大学士。甲午中日战争时，反对李鸿章求和。因支持戊戌变法被慈禧太后罢职。诗文简重有度，又精于书法、绘画。有《瓶庵诗稿》等。

游西山见宝竹坡题名，因书其后

翁同龢

衮衮中朝彦，何人第一流？
苍茫万言疏，悱恻五湖舟。
直谏吾终敬，长贫尔岂愁！
何时枫叶下，同醉万山秋。

作者翁同龢与所怀念的宝竹坡，都是维新运动时代很有社会影响的人物。翁同龢支持康有为变法方针，又担任光绪的师傅，当时影响很大，也被顽固派慈禧太后一伙视为眼中钉。维新开始时，即被慈禧罢免，遣返原籍江苏常熟。维新运动失败，翁同龢牵连革职永不叙用，郁郁终于乡。宝竹坡名廷，清宗室，在维新运动前，与翁同龢、陈宝琛、张佩纶都是以直谏有声天下的朝中重臣，号称"四清流"，四人间友谊甚笃。中法战争中福建马尾海军溃败，张佩纶获罪遣戍，使宝廷自危。光绪十年，宝廷任福建学政满期返京时，途经浙江江山，娶了一个船家女为妾。本来对于清廷官员，这不过是极小的又是允许的事，宝廷却以"途中买妾"罪名自劾去官，急流勇退，躲开维新前夕新旧双方矛盾旋涡。光绪十一年，翁同龢游北京西山秘魔岩，见壁上有宝廷题名，联想宝廷当年直谏忠勇，怀念两人多年友谊，怆然写下这首五律。

首联直截了当，"衮衮中朝彦，何人第一流？"以设问句托出对宝廷的基本评价：在众多朝廷大臣之中，宝廷是属于第一流的。肯定的评价，为下文的抑挫作很好的铺垫。

颔联一顿，"苍茫万言疏，悱恻五湖舟"。五湖舟用越国范蠡灭吴后携西施隐居太湖的典故。这一联以强烈入世的"万言疏"，与消沉出世的"五湖舟"相对，把一个从勇迈直谏的重臣，突然转变成不问世事的隐士这种现象，直言叙说。至于为何有这样的转变，翁同龢不能明言，只好由读者去思索、补充了。这一联显然以宝廷自身前后的变化对比而成联语的。

颈联则重在作者与宝廷的对比,以双方心境的异同,牵连入联。"直谏吾终敬,长贫尔岂愁!"翁同龢始终敬重的,是宝廷勇于议论国事的品质;宝廷自劾去官后,也并不因失去官俸、生活贫困而愁眉苦脸。这一句实在并非说宝廷不穷困,而是说宝廷心胸高迈,根本不去顾及贫富变化的事。上下两句相关,主要指宝廷去官前后,心中主要的是关心国家大事,勇于议论进谏。人虽离开朝廷,直风仍留朝中。

最后一联以见题名之事系两人之情,"何时枫叶下,同醉万山秋"。西山的秋枫,红染峰峦,为自然界的壮观。翁同龢盼望着在一个秋高气爽的枫红万山的时节,能与宝廷共醉。以秋日的清廓高爽,暗喻二人心胸的高远广阔;以枫叶的红盖四野,暗喻事业的如火如荼。从字里行间,仍然有一股豪迈之气。

翁同龢写这首诗时,百日维新还没有开始。在前期的准备工作中,康有为、梁启超等人的活动,得到翁同龢的支持。翁同龢自己也准备在未来政治变化中一展身手。所以,全诗写得苍凉豪迈,以振作之情总揽时局。不过,维新运动未开始,直声闻天下的"四清流"纷纷去位,也昭示着这一场改革运动从开始就有阴暗的背景,故这首诗豪迈之中总有点苍凉悲壮的意味,人们是可以体味的。

(陈 铭)

江　行(二首选一) 翁同龢

风帆一片傍山行,滚滚长江泻不平。
传语蛟龙莫作怪,老夫惯听怒涛声。

此诗作于光绪二十四年戊戌(1898)八月,是一首感时抒愤之作。

辑入翁同龢《瓶庐诗稿》的《江行》共二首,此选为其第二首。第一首云:"酒阑起舞剑光寒,野阔天空眼底宽。十丈软红尘脱□(按:原文如此),烟云深处尽盘桓。"诗后有"门人张兰思按",云:"戊戌八月,师(指翁同龢)曾至筱珊方伯曾桂江西布政使任所。此二绝系途中作。《刊稿》(指翁同龢《瓶庐诗稿》)戊戌年有《将之江右视筱珊侄》一绝,惟'传语蛟龙莫作怪,老夫惯听怒涛声'二句,与此第二首下联略同。"查《瓶庐诗稿》卷六《将之江右视筱珊侄》一绝,云:"海程行过度江城,无限苍凉北望情。传语蛟龙莫作怪,老夫惯听怒涛声。"《江行》二绝与此诗并系同时之作,表现诗人相同的感受,录此以助对《江行》一诗的理解。

此诗所写,决非一般旅行江上的感受。知人论诗。先须知作者其人其事。翁同龢为光绪帝师傅,曾入直军机,光绪帝"每事必问同龢,眷倚尤重。"(《清史稿·翁同龢传》)甲午战争后,同龢"憾于割台(湾),有变法之心"(《康南海自编年谱》),乃辅翊德宗,筹思新政。又密荐康有为于德宗,致为慈禧所忌,屡遭排击。本年四月二十三日,光绪帝决意推行新政,诏定国是,宣告朝野,即为史称"百日维新"之始,海宇震动。但后四日,即由慈禧怒而下令,迫光绪帝下谕首办同龢,"著即开缺回籍"。同年八月,慈禧发动"戊戌政变",同龢亦获重谴,"即行革职,永不叙用,交地方官严加管束"(《德宗景皇帝实录》卷四)。同龢以权臣之重,辅佐德宗,变法图强,负朝野重望,却屡遭慈禧为首的后党保守势力的排挤打击,郁愤不平,其情可发,遂成此诗。

上联云:"风帆一片傍山行,滚滚长江泻不平。"诗人举帆江上,傍山远航,乘长风,破巨浪,鼓风击浪,顺江而下,何等轻松快意!"风帆"一句,似从李白的"轻舟已过万重山"句化出。因是轻舟,因是孤帆,航行于浩阔大江之上,风紧,浪激,也只能傍山驱舟,顺势远航。杜甫有"不尽长江滚滚来"之句,此也化用,而谓"滚滚长江泻不平"。万里长江,浩渺无际,激浪滔滔,滚滚而下,一泻以去,浪推浪涌,无复平静。乘风轻舟,颠簸于滚滚江上,顺浪直泻而下,倒叫乘舟远航的诗人,在远眺青山,近观白浪的快意中,更感到一种又惊又险又十分轻快舒心的乐趣。联系《江行》第一首诗中"野阔天空眼底宽"、"烟云深处尽盘桓"二句诗意看,似乎诗人因罢官回籍,了断宦情,得以江上放舟,与青山碧水为伴,尽兴盘桓,悠然自得。其实又不尽然。诗人遭慈禧后党排斥,使其远离德宗、莫问"新政",又加重惩严处,愤然不平,郁结心头,其内心有如"滚滚长江",心事激胸,不平之情,真能倾泻不止。诗人同时所作《将之江右视筱珊侄》诗中云"无限苍凉北望情"之意,才是诗人内心深处潜藏的深情真情。诗人罢官回籍,壮志未酬,不免感家国身世之"无限苍凉";正因为人在志在,又不免眷念德宗诏颁新政,励精图治,终遭废斥败局,而生"北望情",犹不能做到"眼底宽"、"尽盘桓"如此这般的轻快舒心。故上联二句,又不能作正面看,更不能作表面看。

从上联知诗人既心潮不平,又志节尚存,那末即知下联"传语蛟龙莫作怪,老夫惯听怒涛声"二句,其情意的抒发,却是一气呵成,表达了诗人志高情豪,大气磅礴的意气。江浪滚滚,疑是蛟龙作祟。这使我们联想到周处斩蛟,为民除害的故事。诗人此指蛟龙,当有隐射,联系诗人当时处境和时间,即不难明了其所指。他们兴风作浪,翻江倒海,怒涛滚滚,声震江上,来势汹猛。然而,诗人孤舟击浪,犹自闲庭信步,既无丝毫惧色,更有一身正气。诗人步入仕途,历经咸丰、同治、光绪三朝,宦海升沉,其中险风恶浪,已经几度磨练,岂会因"蛟龙""作怪"兴风作浪、怒涛震声而心惧却步!自信正义在握,故敢面对险恶,镇定自若,其凛然正气,真能从这两句诗中呼之欲出。诗中所用"传语"、"莫作怪"、"老夫惯听"等词语,读似平常,但细味其意,却表现了诗人居高临下、理壮气顺的意态和不屈不挠、勇往直前的精神,且显得豁达自信,不仅充分表达了诗意题旨,也吻合诗人的性格,颇为传神。陈衍《石遗室诗话》评曰:"瓶庐相国诗,清隽无俗韵。获谴归里,闭门思过,所作不但怨而不怒,即怨亦希,惟其音自悲耳",又谓其诗若"香山、诚斋之体"。读《江行》,其评诚然。

(王杏根)

甲辰五月二十日绝笔　　　　翁同龢

六十年中事,凄凉到盖棺。
不将两行泪,轻为汝曹弹。①

〔注〕① 汝曹:汝辈,你们。多用于长辈称后辈。

这是作者的绝笔诗。甲辰,为清光绪三十年(1904),五月二十日,为阳历7月3日。这一天,翁同龢病危,临终前,他向守候在身边的亲属口占一绝,即此诗。是日夜分,他便溘然长逝。诗只四句,却是作者临终前对自己一生的概括,抒发了他深沉的感慨和无尽的浩叹。

起笔即凝练沉重,将自己一生的经历、感慨、悲喜、穷达熔铸在十个字之中,涵量极大。翁同龢生于1830年。1850年入京,贡试和拔贡考试均名列第一,始任七品京官,这便是他一生政治生涯的开端。1856年考中状元,从此他仕途畅达,作了同治、光绪两位皇帝的师傅,任刑部尚书,两参军机,又任户部尚书,总理各国事务衙门大臣。他曾举荐康有为,赞助维新变法。光绪二十八年(1898)6月15日,戊戌变法的第四天,慈禧太后以光绪帝的名义,下令撤去翁同龢协办大学士户部尚书的职务,将他"开缺回籍",逐回江苏常熟老家。同年12月,慈禧又下谕旨,在历数翁的"罪状"之后,说道:"事后追维,深堪痛恨,前令其开缺回籍,实不足以蔽辜。翁同龢着即革职,永不叙用,交地方官严加管束,不准滋生事端,以为大臣居心险恶者戒。"从此,这位清朝的一品大员结束了他的政治生命,离开了维新运动,在家乡忍受着政治上的压力,经济上的困窘,度过了他的残年余生。从入京做官那一年算起,到作此诗的时候,五十多年过去了,所以起句言"六十年中事"。这里的"事"既是诗人自己所经历之事,也是这半个多世纪中中国所遭逢之事,个人的忧患,国家的危难,赋予这一"事"以丰富的蕴含。为官时即已深知宦途的坎坷,革职后更体验到人心的险恶、世态的炎凉,生命临近终结的时候,更是看透了这一切,因此诗人用"凄凉"二字概括他的一生。这是仕途的凄凉,官场的凄凉,乡居的凄凉,临终的凄凉,死后的凄凉,人生的凄凉。这一声凄凉里蕴含着无数的话语、不尽的感慨。

然而,诗人却没有让泪水流出,倒是说了句有泪不轻弹的话。这两句诗也极为通俗易懂,平淡无奇,但同样是饱含至情深意的诗句。并非无泪,而是有泪不弹,这或许是免得亲人悲伤,或许是出自诗人的刚强,但更深刻的,或许是诗人有什么难言的隐衷,无人可以解会,或许是诗人在强大的凄凉之感中已经超脱了流泪的境界。翁同龢在临近逝世的一二年里,由于国家、个人、亲眷、朋友等各方面的不幸,愈发觉得孑然无依,老怀忧伤。到临终之时,这种孤独、寂寞、忧患、伤心达到了极致。"草野孤臣空涕泪"的日子已经过去,他只是在生命的垂危之时,在情感的高峰之中,品味人生的滋味,回首人世的悲欢。

全诗字句通晓易懂,不事雕琢,但诗意凝重精炼,字字千钧,隐忧深重。格调悲愤苍凉,让人感受这位饱经沧桑的政治家临终前的孤独感,和摆脱了人世毁誉荣辱的凄凉的安然。

(左鹏军)

【诗人小传】

王韬

(1828—1897) 初名利宾,后改名瀚,字仲弢,一字子潜,别号弢徒、天南遁叟等。江苏长洲(今苏州)人。早年家贫,曾在英人开办的"墨海书馆"任职,后又随英人理雅各去英国译书,光绪初游历日本,晚年居上海,任格致书院掌院。曾积极鼓吹变法,倡导洋务,是当时著名政论家。其诗多抒发个人感慨与友朋赠答之作。有《蘅华馆诗录》等三十余种著作。

独登杜拉山绝顶

王韬

济胜渐无腰脚健,探幽陡觉心胸开。
泉声若共石斗激,岚影时与云徘徊。
眼前已觉九霄近,足底忽送千峰来。
天悦羁人出奇境,家乡不见空生哀。

同治六年(1867)至九年(1870),作者曾随英人理雅到英国译书。旅英期间,写了一些描绘异域风光人情的诗,题材新颖,清鲜可诵。这首七律,便是写他在英国登山所见到的优美景色和由登山引起的思乡愁绪。杜拉山,是英国的山名。

诗的首联写他在登山过程中的内心活动。上句的"济胜"一词,典出《世说新语·栖逸》。书中记载:"许掾(询)好游山水,而体便登陟,时人云,'许非徒有胜情,实在济胜之具。'"谓许腰脚轻健,有游观山水名胜的身体条件。诗人在这里反用这个典故,写自己虽兴致勃勃想饱览异域山水名胜,却惭愧自己腰脚不健,不能随心所欲。用典故,取其佳词而反用其意,便显得新鲜,饶有情趣,一种向往异域新奇美景之情已隐隐透出。下句笔锋陡然一转,写自己登上山顶,探访到幽僻之境,顿时心胸开豁,神清气爽。这一联对仗工整,诗意却曲折跌宕,细致地揭示出心情的变化。

中间两联都是写景,写登上绝顶后的所见、所闻、所感。颔联上句写俯瞰。万丈深壑之中,但见山泉急湍冲击岩石,波腾浪涌,响声如雷,好像是泉与石在相互激斗,要争个高低似的。诗人绘形绘声把泉水撞击岩石的景象写得非常生动有趣,可以想见诗人当时那种惊叹、好奇之情状。下句写仰观。天上白云暧叇,山间翠岚飘浮,在阳光明灭之中,仿佛是岚影不时地与白云一道徘徊缓步,看上去它们多么友好亲密。我们也可以想象诗人是多么悠然自得,他甚至也想腾身而起,与岚影、白云一道徘徊呢。这一联用白描,兼用拟人手法,状景如画。颈联上下句,分写"眼前"、"足底"之景。因为站在高山绝顶之上,所以诗人仿佛觉得自己已身近九霄,飘飘欲仙了。而向远处眺望,无数座山峰,犹如涛翻浪涌,好像都在向着自己的脚底下奔赴而来。这一联写错觉、幻觉,借以形容杜拉山之高峻雄伟,它高耸云霄,令群峰趋俯于足下。"忽送"、"来"三字,把静止的千山万峰,写得飞动,简直写活了。读"足底"句,使人自然联想到北宋诗人王安石的"两山排闼送青来"(《书湖阴先生壁》)的名句,二者都是化静为动的写法。这一联,境界高远阔大,颇有气势。

最后一联是即景抒情。上句说,饱览这新奇壮美的景色,诗人感到仿佛是苍天格外喜欢他这个寄居他乡的人,有意送来奇境让他观赏,以安慰他在异乡的孤独与寂寞。这一句,造语立意新奇警策,蕴含哲理,把作者登峰览景的逸兴写得淋漓尽致。不料,结句却又陡然一转,喜极生哀。尽管眼前风光奇丽,但毕竟旅居异邦,故乡遥隔万里重洋,杜拉山绝顶虽高,仍然不能望见故园,一股哀愁之情忽然袭上心头。思乡而不能回乡,生出这种乡愁也是徒然的,但也难以排遣。一个"空"字,把诗人无限惆怅、徒唤奈何的心情含蓄地表达出来。

此诗可取之处,在于写异域景色的成功。诗人写景,处处由立足于高山绝顶这个特定视角着笔,取景角度多变,又善用白描和拟人手法,故笔下景色生动活泼。此外,章法既严密紧凑,又波澜曲折,也是值得借鉴的。

(陶文鹏)

诗人小传

李慈铭

（1830—1894）　字㤉伯，号莼客，浙江会稽（今绍兴）人。光绪进士，官至山西道监察御史。其诗在形式上模拟唐人，但也吸取宋诗的一些特点。亦能词及骈文。室名越缦堂。著作以《越缦堂日记》较著名，此系按日记述的读书札记。始于1853年，止于1889年。内容涉及经史百家及时事。另有《白华绛跗阁诗集》、《越缦堂词录》、《湖塘林馆骈体文》等。

丁丑九月京邸大风感怀[①]

李慈铭

流水游龙日夜驰，品题豪竹与哀丝。
谁云饥饿苍黄日，犹是承平宴饮时！
天乐嘈腾如昨梦，杞忧涕泪有谁知？
只须一醉生涯了，莫忘高阳旧酒卮[②]！

〔注〕①丁丑：光绪三年（1877）。②高阳酒卮：卮 zhī，古代盛酒器皿。秦汉之交，刘邦引兵过陈留，高阳人郦食其往见，使者以儒生通报，刘邦不纳，乃按剑叱使者曰："吾高阳酒徒也！"遂得延请。后助刘邦兴汉。事见《史记·郦生陆贾列传》。

这是一首因风感怀之作。首联即破题，极状风之"大"。以下三联均为感怀。

文学史上写大风之作可谓沉沉夥颐。刘邦唱出的《大风歌》，展示了"普天之下，莫非王土；率土之滨，莫非王臣"的无与伦比的开国大帝的威风，而岑参笔下轮台九月能将一川斗大之石吹得满地乱走的大风，则是将军壮士不惧险阻，一往无前的豪迈风范的极好象征。

然而，盛唐以后，诗人笔下的大风之章，虽不乏精心工稳之撰，其气象却似乎随着时势一起，越来越衰弱下去，再也没有汉唐时代那种饱满充沛的浑元生力了。到了近代，诗人笔下的风便时常与悲怆和愤慨、凄楚和哀伤的情调交织在一起。

而本诗中的风，虽然犹如川流不息的车马那样滚滚奔驰，又如一位力大无比的乐师在吹奏大型的管弦丝竹，写得颇为壮观热闹，但这其实不过是对沉醉太平，犹唱《后庭花》的亡国之征的双关描写。光绪三年国内旱情非常严重，哀鸿遍野，路有饿殍，然而肉食者之门依然是歌舞欢笑，酒肉如山（杜甫《醉为马坠诸公携酒相看》："酒肉如山又一时，初筵哀丝动豪竹。"），这样的现实，郑珍也曾有具体的描写。其《晨出乐蒙昌雪至郡》有句云："老翁病妪呻且走，欲至他国知何时？

尔守尔令宁见此,深堂密室方重帏,羊羔酒香紫驼熟,房中美人争献姿。"如此鲜明的对照,对于一个有时代责任感的知识分子来说,怎么不会生出万千愁绪呢?

作者尽管少负才名,然科场之中却屡屡失意,直到光绪六年方成进士,故作此诗时,正是诗人落魄京师之际。诗人索性简略,胸无城寓,然矜尚名节,意所不可,辄面折人过,议论臧否,不轻假借苟同,虽杵枢辅,亦不以为然。这样的经历,这样的性格,也就自然会有这样激愤的感慨,这样无可奈何的涕泪。本诗后两联正是诗人胸臆的直接抒写,只不过高阳酒徒的酒杯是无法让他超然物外的。

诗人尽管有满腔忧国的涕泪,但是谁能知晓?尽管想以一醉解千愁,然而郦食其何须人也?酒徒何须人也?郦生若非酒徒,刘邦岂能见他?刘邦若非郦生半夜取来陈留县令的头颅,又岂能轻取陈留,筹得他做皇帝最早的本钱?故郦食其的一生是为王者奔走效力、大有作为的一生,用郦生的酒杯去浇愁,只能是愁上加愁!莫非诗人不知郦生?或许又想效法郦生?然而,不管怎样,这位自号莼客的诗人,是不可能成为高阳酒徒的。

(马亚中)

鉴湖柳枝词十二首①(选一)   李慈铭

家家门巷正啼莺,取次②轻阴间嫩晴。
满院杨花人不到,秋千撩乱③作清明。

〔注〕①鉴湖:湖名,在绍兴县南。 ②取次:随便,草草。 ③秋千撩乱:即撩乱秋千。

这是一幅空无一人的静谧空景。

本来清明节应该是非常热闹的,而绍兴地方也有过清明的风俗,更何况清明时节还是少女们玩秋千的好时光。然而,不知是什么原因,作者笔下绍兴地方的清明节竟是如此的冷寂。

人家门巷中虽然有黄莺鸟在随意地啼鸣,但由于绍兴人不知到哪里去了,或者是缘于什么特别的原因而失去了过清明的兴趣,所以,便随由那时阴时晴、却鲜亮而温润的美好春光悄悄地流逝而去。作者用"嫩"字来形容清明的阳光非常贴切,尽管用这"嫩"字作修饰,已为古人占了先,例如杨万里有诗云:"春禽处处讲新声,细草欣欣贺嫩晴。"萨都剌诗云:"满树嫩晴春雨歇,行人四月到淮时。"都是用嫩字来形容春日之阳光的,但作者随手用来,仍使人感到别有情趣。人们可以由这"嫩"字体验到清明时节春光之中所萌动着的特有活力。只是很可惜,这自然界的生机勃勃的活力似乎无人理会,而下面三四两句则更进一步渲染出了这冷寂的氛围。

韩愈曾描写过春日空园的意境："榆荚只能随柳絮,等闲撩乱走空园。"(《晚春诗》)萨都剌也有诗云："杨花朴檐飞语燕,疏雨梧桐闭深院。"(《江南怨》)状写出深深庭院孤清冷寂的气氛。而这三四两句意境也很接近,可谓有异曲同工之妙。也许要欣赏柳絮、杨花,只有到了空无一人的地步,才能显示出它的无比轻盈美妙来。然而,与韩、萨之作不同,本诗写在应该热闹、应该有打闹嬉笑声音的清明节,可是,人们透过诗句看到的,却唯有静悄悄的杨花纷纷扬扬飘洒在空荡荡的秋千架上(撩乱秋千),这也就是算作过清明了(作清明)——表示出了一点清明的气息。而除了这无声无息的杨花和这秋千架以外,哪里还有什么清明的影子呢?这究竟是作者只顾欣赏鉴湖的静谧和杨花的轻盈而造成的疏漏呢?还是他故意要写出如此年头绍兴地方特有的清明气氛呢?诗的妙处也许就尽在这不言之中了。

(马亚中)

闻 燕 二 绝(选一) 　　李慈铭

又听呢喃到画檐,旧巢重待絮泥添。
主人为尔嫌春早,闲过花时不卷帘。

李慈铭诗,在晚清属唐宋兼采的一派,陈衍《石遗室诗话》称其"清淡平直",汪国垣《光宣诗坛点将录》称其"雅洁春容",由云龙《定厂诗话》称其"如汉廷老吏",钱仲联《梦苕庵诗话》则谓:"香涛(张之洞)评以'明秀'二字,最当。"此诗风致,有唐人之情韵,有宋人之理趣,虽非极品,自是佳什。

首句,诗人写道:我又听到了归来的燕子双双在画檐边欢鸣。"呢喃"云云,令人忆及史达祖《双双燕·咏燕》"还相雕梁藻井,又软语商量不定"二语。"又"字表明听燕语已非首次,现今一闻燕语便知春已归来。次句续写道:去年的檐下旧巢想必已被风吹雨淋损坏,要等归燕重新衔来絮泥修补。此句盖自庾肩吾《咏檐燕》"登巢识故泥"一句化出。一个"重"字既明写燕子年年在故处栖宿,又暗示人们的生活也应年年在旧基础上追寻新情趣。句中已隐隐有韶光易逝,良辰难再之慨。

第三句一反常规,不因燕归报春而喜,却说:嫌你(燕)归来太早,春天也将早来又早去。这又使人联想到辛弃疾《摸鱼儿·淳熙己亥……》"惜春长恨花开早"一语。"嫌春早"实际上是恐春去早,反映出诗人既愿青帝永驻,又知事实上春难长久所产生的一种特殊情感。正因为美好的东西往往不能永恒,所以世人每有既盼其来,又惧其去,反倒不想早点获得的矛盾心理。末句更进一层,说:我"惜春长怕花开早",竟闲坐室中直到开花时节已过,仍不敢卷帘看一看庭院中姹紫嫣红的群芳,惟恐我这一看早放之花会更担心"匆匆春又归去"。当然,这是诗人夸张的说法,但惟其极尽心理夸张之能事,此诗才富有艺术性,带有令人别有所悟的理趣而不枯燥乏味。

李慈铭喜自夸其诗,自诩"八面受敌而为大家",以致颇为人讥,然其所作虽无鲜明的风格特征,却善于融百家之长,此诗或可为证。 （庞　坚）

王闿运

【诗人小传】

（1832—1916）　字壬秋,湖南湘潭人。咸丰举人。太平军起义时,曾入曾国藩幕。后讲学四川、湖南、江西等地。清末,授翰林院检讨,加侍讲衔。辛亥革命后任清史馆馆长。经学治《诗》、《礼》、《春秋》,宗法公羊。诗文在形式上主要模拟汉魏六朝,为晚清拟古派所推崇。所著除经子笺注外,有《湘军志》、《湘绮楼日记》、《湘绮楼诗集》、《文集》。并编有《八代诗选》。门人辑其著作为《湘绮楼全书》。

独游妙相庵,观道、咸诸卿相刻石　　王闿运

成败劳公等,繁华悟此间。
依然一片石,长对六朝山。
花竹禅心定,蓬蒿战血殷。
谁能更游赏,斜日暮鸦还。

由眼前一木一石,悟出历史普遍的现象,和人生常规的哲理,常常是中国诗歌的精致之处。王闿运这首诗,以刻石为由,回首历史陈迹,瞻望后世缘分,感慨系之,余韵无尽。

妙相庵在南京鸡鸣山西南,为当地名刹。清代许多卿相名人都到过此地游赏,留下墨迹,刻石留存。其中又以道光、咸丰两朝最多。道光、咸丰两朝,经历过鸦片战争和太平天国革命,政局变化升沉特别迅速。南京不仅是六朝故都,近代又是第一个不平等条约《南京条约》签订的地方,更是太平天国的首都天京。道光、咸丰年间发生在南京的许多历史大事,使后人睹物忆故,联想感慨。王闿

运这首五律，便是这种历史背景的产物。

开首两句，似褒实贬，劈空而来，使人醒目。"成败劳公等，繁华悟此间"，看到这些卿相名臣的刻石，感到国家政治的成败，责在大臣。眼前的"繁华"，也是"诸卿相"所赐了。骨子里有另两层意思：一是眼前是否"繁华"？其实下文"蓬蒿"、"暮鸦"等词汇，已透出南京的破落，所以"繁华"不过是反语。二是"繁华"是诸卿相的功劳，"荒废"不也是诸卿相的"功劳"吗？诸卿相既接受成功的光荣，也要承受失败的耻辱，这才是两句诗的深意。

"依然一片石，长对六朝山"两句，承上两句更深地阐发。依然这一片片的石刻，长久地对着当年六朝更迭的河山。吴、东晋、宋、齐、梁、陈六个朝代，是国破家亡、改朝换代的变化。眼前这一片片刻石，只是道光、咸丰几十年国内外政局变化，本来与六朝不可相比。作者偏要把二者合成一联，使读者深一层领会：道咸诸卿相所作所为，不仅是一个朝代的繁华或衰落而已，而关系到改朝换代那样历史性的变化。清政权全面崩溃的阴影，在字里行间隐约可悟。

第五六两句以出世去否定入世，"花竹禅心定，蓬蒿战血殷"，有点消沉意味。不过，所题诗处是妙相庵，本来就是佛寺。所以用"禅心定"去抚平"战血殷"的伤痛，既是无可奈何的解脱，也是描述上的眼前风光。信手拈来，以禅劝世，实在是思想一片茫然的情绪。

最后两句"谁能更游赏，斜日暮鸦还"，还是把抒情的重心从禅意拔出，仍然放在历史的感喟上面。谁能更来游赏呢？世道沧桑，人物古今，历史陈迹也会变化；不变的大概只有日暮归巢的乌鸦，千百年仍依照自然规律生活。诗人前望遥遥，更觉人事、历史的变化，有不可预测的惆怅。一股历史变迁的沧桑感，一股人事升沉的悲凉，弥漫全诗。

晚清诗坛，笼罩着苍凉的世纪末的气息，特别在许多仍然留恋那个腐朽的制度却又感到没有出路的士大夫创作中，更见浓郁。我们把这些诗人的创作，放到那个历史时代的氛围中考察，就比较容易了解了。

（陈　铭）

寄　怀　辛　眉　　　　　王闿运

空山霜气深，落月千里阴。
之子未高卧，相思共此心。
一夜梧桐老，闻君江上琴。

辛眉为邓绎之字。邓绎系湖南武冈人，与王闿运自少年起便是志同道合的好友,两人又是儿女亲家,过从甚密。《湘绮楼笺启》卷二有《致邓亲家》二书。此诗为作者寄怀邓绎之作,抒写了他对分别已久的远方友人的怀念之情,贯穿全篇的,正是一个"怀"字。

首两句先自作者所处环境落笔。深秋之夜,深山之中,又在月落阴黑之时,寥寥数笔,即渲染出一派凄厉、凝重的怀人氛围。

三四句先转入对方,再合写两人。在此万木霜天,寒气袭人之夜,作者彻夜不寐,而斯夜斯时,"之子"——我所怀之人,想必也未能安卧,将两人相连,两地相接的,正是"相思",正是那肝胆相照,刻骨铭心的深挚的友情!作者不会忘怀,邓绎、邓辅纶兄弟与他曾同肄业并订交于长沙城南书院,作者早年家贫"(邓)绎资之,使学于名师,又逢人誉荐之,由是闿运学益进,声名大昌"(朱克敬《儒林附记》),邓氏兄弟尝激赏其"月落梦无痕"句,叹为妙才,三人遂与乡人李寿蓉、龙汝霖结兰陵词社,时号湘中五士。这种相濡以沫的友情,当然是会令人梦思萦绕,难以自已的。一个"共"字,写出两人的"一种相思,两处离愁","此心"互思互念、心心相印,息息相关,谁谓目下孤独凄寂,那如醇酒般的挚友之情,使自己与远方的友人紧紧联结。

最后两句乃作者之幻觉。生活中常有此种情况,若对某人思之弥深,久而久之,便会眼前幻化出所思之人,耳边甚至似会听到此人之声。作者于山间永夜不寐,怀思良深,辛眉所奏琴声似远远自江上传来,闻之声声在耳。梧桐为古代制琴之美材,故古人诗文中常以之指代琴瑟,琴为之"老",则友人弹奏时间之长,用力之猛,亦可想见。作者仿佛听到,辛眉正以琴声倾诉其离别之情怀,表达其悠悠之心声,这依稀可闻的如泣如诉、如怨如慕之琴声,不言而喻,引起了作者深深的共鸣,而也只有作者,才能理解、鉴赏此琴声,才为其知音,作者亦暗用伯牙、钟子期之事来进一步说明他与辛眉的诚挚友情。全诗至此而止,然诗之意蕴,却如那悠扬的琴声,余音袅袅,不绝于缕,令人回味无穷。

古人怀友之作,大抵有两种写法,一为侧重于对所怀对象的刻画,一为侧重于怀者主观感情之倾诉,且又常以比兴为之。此诗接近后一种写法,而这种写法也恰与汉魏六朝和唐前期诗人相近。王闿运诗宗汉魏六朝,"必法古"(《湘绮楼说诗》),从这首诗高远清幽境界的创造,含蓄蕴藉手法的运用,也正可看出作者的艺术风格和追求。

(黄　刚)

重 悼 师 芳

王闿运

初月无端入玉棂[①],露痕如白又如青。

不成眉样依棂明镜,遥想啼痕染素馨②。
自是长愁甘解脱,未应多慧语娉婷。
文姬死后知音少,吟尽伤心只自听!

〔注〕① 棂:旧时窗上雕有花纹之木格。 ② 素馨:一种色白之花,素淡而香气芳洌。

此诗为作者悼念其亡女师芳而作,因在此之前他已有悼诗,此为意犹未尽而再作,故曰"重悼"。王闿运有《师芳哀词》云:"钟氏女嫁未逾季,忽然而夭,秋清孤坐,感念生来,吟以悼之。"此诗当即作于同时。

首联极写环境之凄凉,以衬托出作者心境之凄伤。平时皎洁可人的月光,此时照在那雕有花纹之窗格上,却格外显得惨淡,夜已过半,那呈青白色之露水痕印历历在目,一派冷落。那月光,似含无限悲愁,露痕,也透出阵阵幽清。"无端"即没来由,写出作者烦恼忿恨的心理活动。作者为何要迁怒于这无知无觉的月光?究其原因,不外乎它扰乱了作者心情,牵动其悼思,使他平添许多哀情。此二句虽无一语言及诗人自我,但透过诗句,我们却分明看到了那肃立窗前,永夜不寐的主人公形象。而那"如白又如青"的露痕,在诗人眼中,似又幻化出已逝去的正值佳龄之爱女身影,如此,便为次联作了铺垫。

中间两联遂转入对师芳之追忆。作为人父,对于儿女的一举一动,一颦一笑,都是那样的熟悉。而今,清夜悄然,师芳生前的音容笑貌一时都涌到眼前:未及成年时,对着明镜学梳妆,娇憨可爱;忽而啼哭,眼泪又沾湿了头上所插春花。遥思这一幕幕往事,宛在目前,又怎教人不伤心万分!作者《师芳哀词》有"何卷然之弱女,亦见忌如兰芝"之句,足见师芳婚嫁后生活并不如意,她的文才、聪慧反而成了招致夫家忌恨的缘由,其夭亡亦与此不无关系,诗中"未应多慧语娉婷"之"未应"即暗指此。憾动人心的悲恸,乃是对着有价值东西的毁灭,诗中"甘",应是"岂甘"之意,今日爱女已亡,但自己深深的哀愁又岂能解脱!

师芳博学能文,善音律,为一时才女,"王壬秋先生之女师芳,易笏山之女玉俞,俱擅才艺"(吴虞《重印曾季硕桐凤集序》)。故乃父将其比之东汉末大儒蔡邕之女蔡文姬。彼此间,也不止是父女关系,又是知己。而今女儿亡去,顿失知音,又是白发人送黑发人,为父者,能不怆然!按理说,这悼亡之词,应是生者对逝者而发,希冀能使之有所感知,然而,作者冷静思量,此仅为虚无缥缈之幻想,死者已矣,一切都难指望,这哀悼之辞,也只能自吟自听,这摧胆之悲,也只能是自诉自泣,这沉痛的哀思,郁郁而逝的爱女已再也无法感知。这两句一字一泪,一字一血,读之令人酸鼻,催人泪下,诗人的哀伤之情,如开闸之潮,滚滚而来,尾联二句达到了感情的最高峰。

悲,莫大于生离死别,这首声情并茂的悼亡诗意真情挚,语语发自胸臆,字字出自肺腑,表现了作者镂心刻骨的追悼之情。悼亡诗,常用的写法是睹物思人,由景见情,或忆念往事,由事见情,此诗杂用两法,使作者哀悼之惨苦,忆念之深沉,力透纸背,令人读之情动神伤,为之凄咽。这首诗为父悼女之作,倾诉的是深挚的父女之情,依稀可见其踵武潘岳《悼亡》、元稹《遣悲怀》、袁枚《祭妹文》之迹。作者为诗多为五言,晚年手订诗集时,将其昔作七言近体全数删去,然从此诗亦可想见其七律之风韵。

(黄　刚)

人日立春对新月忆故情　　王闿运

萋萋千里物华新①,湘春人日不逢人②。园中柳枝已能绿,汀洲草色暗生尘。立春人日芳菲节③,此日行吟正愁绝④。倚栏垂泪看初春,临水低头见新月。初春新月几回新?几回新月照新人?若言人世年年老,何故天边岁岁春?寻常人日人常在,只言明月无期待。故人看月恒自新,胡月看人人事改?也知盈缺本无情,无奈春来春恨生。远思随波易千里,罗帷对影最孤明。故人新月共裴回⑤,湘水浮春尽日来。黄鹤楼前汉阳树,湘春城角定王台⑥。休言月下新人艳,明年对月容光减。鸾镜长开亦厌人⑦,燕脂色重难胜脸。庭中桃树背春愁,春来月落梦悠悠。唯见迎春卷珠幔,谁能避月下江楼?楼前斜月到天边,楼上春寒非昔年。远水余光仍似雪,空山夜碧忽如烟。如烟似雪光难取,明月有情应有语。从来照尽古今人,可怜愁思无今古。

〔注〕①物华:谓自然景色。②湘春:指长沙城,长沙旧有湘春门,故称。③芳菲:此指花草。④愁绝:极端忧愁。⑤裴回:即"徘徊"。⑥定王台:在长沙城东,相传为汉景帝子长沙定王刘发为望其母唐姬之墓而建。⑦鸾镜:一种饰有鸾鸟图案之妆镜。

此诗作于清同治辛未(1871)。人日为农历正月初七日,这天又适逢立春,诗人面对一轮新月,诗兴勃发,以这首七言排律诉说离愁别情,探讨人生奥秘,更展示了春江月夜扑朔迷离、如画如梦之美景。为此,此诗遂成时人传诵一时之名篇。

凡诗中抒情,多先写景,由景入情则情致更浓。此诗开篇即展现了一幅南国早春月夜图。岳麓山下，湘江水边，芳草萋萋，绵延不绝，江边园中新柳绽绿，万物更新。因诗中明示其时在夜晚，故江水、汀洲、草树皆朦朦胧胧，恍恍惚惚，"暗生尘"，似披上一层烟雾。值此人日新春花草萌生之节候，作者行吟江畔，却忧愁徘徊，倚栏垂泪，究竟缘由何在？诗中曰，乃"不逢人"之故。而作者低头注视江面，那清澈如镜的水中，有一轮新月倒映。诗至此，题中"人日"、"立春"、"新月"、"故情"已一一托出。春江、月夜、愁人亦次第而至。这八句，由远及近，由大到小，由物至人，以细腻的笔触，勾勒出了一个宜于抒情探秘的背景。

面对这一轮皎洁的新月，诗人不禁感从中来，引出了阵阵遐思冥想："初春新月几回新？几回新月照新人？若言人世年年老，何故天边岁岁春？"诗人的困惑面对着大自然，更与人生紧紧相连。自然界万物冬去春来，周而复始，循环不止，而人却是年寿几何，岁岁老去，面对这勃勃春情，诗人深深感受到了短暂的人生与永恒的大自然间的巨大反差。也令人想起张若虚《春江花月夜》中"江畔何人初见月，江月何年初照人"的名句，诗人思索着，探究着宇宙的奥秘和人生的哲理。"故人看月"二句，又一次从月和人两方面提出疑问：人们看月亮，总是那么皎洁美好，似乎一成不变，而为何月亮看人间，却常有变故？作者深知，月亮之盈缺圆亏，本是自然现象，并无情感色彩，古往今来人们只是把自己种种感受与之联系比附而已。诸如"人有悲欢离合，月有阴晴圆缺"便属此类；但尽管如此，他那随着春色与月光而来的"春恨"却无法抑制，难以排遣。

"远思"以下十六句，正承"春恨"而来，为作者借思妇游子之传统题材抒忆自己之"故情"，而着眼点正在思妇一边。诗人不直说思妇之悲之愁，先借这如波似雾、无所不在之月光将其远思夫君之深情弥荡至千里之外，再点染闺中索居思妇之孤单凄清，然后展开想象翅膀，想见远方故人此时与新月一道徘徊之情景，那不绝于缕的思情如同脚下湘江春潮滔滔不尽，日夜奔流。江水与月色，至此已融为一体，都化为绵绵离情，悠悠别思！诗中又以一南一北，路途遥遥的汉阳与长沙两地喻思妇游子之天各一方，不得相会。黄鹤楼、汉阳树在古人诗中常用以表达乡愁怀归送别题材，如唐代崔颢、李白诸作，定王台亦为定王为望其母唐姬墓而建，作者将它们用入诗中，表达离情别恨，相思怀人之思，尤为妥帖，极易引起人们丰富联想。"休言"四句仍以思妇口气为之，写其青春易逝、容貌易改之哀。人生如寄，时光流逝，思妇频频照镜，妆镜为之生厌——其实，照见镜中白发渐生，皱纹渐起之态，思妇亦已对镜生厌，此厌实为镜人两相厌。此时，任凭如何梳妆打扮，涂抹胭脂也已难掩老态。年年的等待是年年的落空，这位思妇只有在悠悠春梦中，才能与夫君重温旧情。终于，她恼怒于徒惹相思之月光，每当新春季节,便卷下珠幔,欲借此避开月色,以免触景生情。然而,这月色又怎能躲避?楼前斜月照样直洒天边,依旧牵动情思,思妇之凄清寒寂也年甚一年。至此,这位思妇之哀痛,已渲染得淋漓尽致,而诗人借此所要忆要抒之"故情",亦已深含其中。

最后六句是全诗意境最美,辞采最佳之处,乃神来之笔。极目眺望,这远水波光粼粼,迷迷茫茫,恰似白雪;那空山隐隐,似有似无,又正如烟云。诗人真可谓丹青妙手,轻轻挥洒,便创造出一个神话般美妙的境界,以"雪"、"烟"两字惟妙惟肖地点出春江月夜特有的幻化之美,也使这春江月夜更显其活静幽美!这如烟似雪洁白轻柔的月光可见可赏而不可触摸,而生成此神奇之境的明月如有情感,也定会赋诗吟句。诗人似已进入如痴如迷之心理状态,遂对明月发此呼吁。他又不禁感叹,这一轮明月自古至今,千百年来,照尽历代之士,然月下之人的这愁这恨,又是古今皆同,难遣难除!作者以"愁思"作结,收束全篇,人们之思绪,却仍久久陶醉于诗中那春江月夜美景之中。

王闿运为诗以好拟古著称,此诗亦可见其效仿张若虚《春光花月夜》之痕迹,然这篇有真情实感之作艺术上的成功,却使人看到了作者拟前人而能化,仿旧作而能变的一面。他尝言"诗者,文生情。人之为诗,情生文",作诗应"以词掩意,托物起兴,使吾志曲隐而自达",要讲究含蓄蕴藉,舒缓从容,贵在"笔妙度舒"(《湘绮楼说诗》),从此诗看,他下笔时是努力循此而作的。

这首诗以春、江、月、夜为抒写背景,着力处尤在春、月,诗中"春"字凡十四见,"月"字凡十三见,全诗以春为纬,贯穿始终,以月为脉,通达首尾,可谓写尽月夜之景,抒尽心中之情。诗中融诗情、画意、哲理为一体,汇成情、景、理交融无间之深邃邈远意境,那空灵迷茫、惝恍扑朔之氛围,那清新雅丽、婉转流畅之文词,给人以一种心醉神迷的艺术享受,故诗中那着意表达之"故情",究竟实指何人何事,已退居次要,无足深究。

(黄 刚)

圆 明 园 词 王闿运

宜春苑中萤火飞,建章长乐柳十围①。离宫从来奉游豫,皇居那复在郊圻?旧池②澄绿流燕蓟,洗马高梁③游牧地。北藩本镇故元都,西山④自拥兴王气。九衢尘起暗连天,辰极星移北斗边。沟洫填淤成斥卤,宫庭映带觅泉原。渟泓稍见丹棱沜⑤,陂陀先起畅春园。畅春风光秀南苑,蜺旌凤盖长游宴。

圆明园词　　王闿运

地灵不惜瓮山湖⑥，天题更创圆明殿。圆明始赐在潜龙⑦，因回邸第作郊宫。十八篱门随曲涧，七楹正殿倚乔松。轩堂四十皆依水，山石参差尽亚风。甘泉避暑因留跸，长杨扈从且弢弓⑧。纯皇⑨缵业当全盛，江海无波待游幸。行所留连赏四园⑩，画师写放开双境⑪。谁道江南风景佳，移天缩地在君怀！当时只拟成灵囿⑫，小费何曾数露台⑬。殷勤毋佚箴骄念，岂意元皇⑭失恭俭！秋狝俄闻罢木兰⑮，妖氛暗已传离坎⑯。吏治陵迟民困痡，长鲸跋浪海波枯。始惊计吏忧财赋，欲卖行宫助转输。沉吟五十年前事，厝火薪边然已至。揭竿敢欲犯阿房，探丸早见诛文吏⑰。此时先帝见忧危，诏选三臣⑱出视师。宣室无人侍前席，郊坛有恨哭遗黎。年年辇路看春草，处处伤心对花鸟。玉女投壶强笑歌，金杯掷酒连昏晓。四时景物爱郊居，玄冬入内望春初。袅袅四春随凤辇，沉沉五夜递铜鱼⑲。内装颇学崔家髻⑳，讽谏频除姜后㉑珥。玉路旋悲车毂鸣，金銮莫问残灯事。鼎湖㉒弓剑恨空还，郊垒风烟一炬间。玉泉悲咽昆明㉓塞，惟有铜犀守荆棘。青芝岫㉔里狐夜啼，绣漪桥㉕下鱼空泣。何人老监福园门㉖，曾缀朝班奉至尊。昔日喧阗厌朝贵，于今寂寞喜游人。游人朝贵殊喧寂，偶来无复金闺客。贤良门闭有残砖，光明殿毁寻颓壁。文宗新构清辉堂，为近前湖纳晓光。妖梦林神辞二品，佛城舍卫散诸方。湖中蒲稗依依长，阶前蒿艾萧萧响。枯树重抽盗作薪，游鳞暂跃惊逢网。别有开云镂月台，太平三圣昔同来㉗。宁知乱竹侵苔落，不见春风泣露开。平湖㉘西去轩亭在，题壁银钩连倒薤。金梯步步度莲花，绿窗处处留赢黛。当时仓卒动铃驼，守宫上直余嫔娥。芦笳短吹随秋月，豆粥长饥望热河㉙。上东门㉚开胡雏过，正有王公㉛班道左。敌兵未爇雍门荻㉜，牧童已见骊山火㉝。应怜蓬岛一孤臣，欲持高洁比灵均。丞相㉞避兵生取节，徒人拒寇死当门。即今福海冤如海，谁信神州尚有神！百年成毁何匆促，四海荒残如在目。丹城紫禁犹可归，岂闻江燕巢林木？

废宇倾基君好看,艰危始识中兴难。已惩御史言修复,休遣中官织锦纨。锦纨枉竭江南赋,鸳文龙爪新还故。总饶结彩大宫门,何如旧日西湖路!西湖地薄比郇瑕㉟,武清㊱暂住已倾家。惟应鱼稻资民利,莫教莺柳斗宫花。词臣讵解论都赋㊲,挽辂难移幸雏车。相如徒有上林颂,不遇良时空自嗟!

〔注〕① 宜春苑:秦离宫名;建章、长乐:汉宫名。 ② 旧池:指圆明园西湖,《水经注》称为"燕之旧池"。 ③ 洗马、高梁:河名,在北京西郊。 ④ 西山:北京西郊诸山。 ⑤ 丹棱沜:水池名,在北京西郊。 ⑥ 瓮山湖:即西湖,瓮山,即北京玉泉山,西湖水源于此。 ⑦ 潜龙:指未即位的雍正帝。 ⑧ 甘泉、长杨:秦汉时宫名,此借指圆明园。 ⑨ 纯皇:清高宗,即乾隆。 ⑩ 四园:海宁安澜园、江宁瞻园、苏州狮子林、钱塘小有天园,圆明园内有仿建。 ⑪ 写放:模仿。双境:圆明园内的"西洋楼"和"舍卫城"(仿西洋和印度建筑)。 ⑫ 灵囿:周文王的园林。 ⑬ 露台:汉文帝欲建露台(凉台),计费百金,为十家之产,乃辍。 ⑭ 元皇:唐玄宗,此借指乾隆。 ⑮ 木兰秋狝:清前期各帝,常于每年秋天到木兰(今河北围场)围猎习武。狝(xiǎn),打猎。 ⑯ 离、坎:六十四卦之一,此指八卦教,又名天理教,嘉庆中教众曾攻入皇宫,迫嘉庆帝罢秋狝而回。 ⑰ 探丸:汉长安少年议杀官吏,以探丸决定所杀对象,得红丸者杀武吏、得黑丸者杀文吏。 ⑱ 三臣:指胜保、曾国藩、袁甲三。 ⑲ 铜鱼:铜鱼符,唐宫廷用以召人入宫。 ⑳ 崔家鬐:崔氏,汉妇,入宫为乳姬。 ㉑ 姜后:周宣王王后,曾脱簪珥以谏宣王,此指咸丰皇后(后之慈安太后)。 ㉒ 鼎湖:指帝王去世。 ㉓ 昆明:即昆明湖。 ㉔ 青芝岫:园中假山石名。 ㉕ 绣漪桥:园中桥名。 ㉖ 福园:圆明园东南门名。 ㉗ 开云镂月台:园中胜景,雍正为皇子时,曾携皇孙(乾隆)侍父康熙于此,故诗中称"太平三圣"。 ㉘ 平湖:杭州平湖秋月,园中有仿建。 ㉙ 热河:旧省名,英法联军攻入北京,咸丰仓皇走热河行宫。 ㉚ 上东门:古洛阳城门名,此借指侵略者攻入北京城门。 ㉛ 王公:指恭亲王奕䜣等。 ㉜ 雍门荻:春秋时,晋师伐齐,焚其国都雍门之荻(梓树)。 ㉝ 骊山火:周幽王被犬戎攻,在骊山举烽火召诸侯不至,被杀。 ㉞ 丞相:指大学士桂良。 ㉟ 郇、瑕:古地名,在今山西解县,以地瘠著称。 ㊱ 武清:明武清侯李伟,其宅第为圆明园前身。 ㊲ 论都赋:指东汉班固《两都赋》,其中言о东汉迁都洛阳的好处。王闿运当时亦主张迁都西安。

清同治十年(1871),本诗作者、举人出身的王闿运,偕同友人张雨珊、徐树钧,游历了北京圆明园的废址;此时,距圆明园毁于英法联军,已经十一年过去了。在守园太监董某的指引之下,诗人一行,穿行于断壁残垣之间,饱看了一处处往昔的繁华胜境化为今日的颓砖废瓦,真是目击心伤、感叹不胜。或许,诗人此时即已感到,他有责任将这座古今无类的灿烂名园的成毁兴废,以及此中的历史教训,笔之以诗,传告后人。无何,一首长达八百八十二字的皇皇大篇《圆明园词》,便由诗人结撰而成了,这,或许可称是他的一生之杰作了。诗出之后,都人争相传抄,一时真有洛阳纸贵之誉,其影响之大,非今人所可想象者。诗前更有徐树钧序,诗中还有大量原注,限于篇幅,今不予备录。

圆明园词　　王闿运〔1717〕

圆明园在第二次鸦片战争中，先经英法联军劫掠，后又被其为掩盖罪证而焚毁，这是尽人皆知的史实，提起这段民族的、历史的耻辱，无论今人昔人，都不免切齿痛恨于侵略者的野蛮横暴。然而，在当时，或许人们在痛切之余，还不曾想到，这座名园究竟是为了什么缘由，才招致这场空前浩劫的。痛恨侵略者，固然不错，但木必先自腐，然后招蠹，国必先有内患，然后招致外侮；外侮显而易见，内患则隐而难求：这一着，常人并非都能想到。避难就易，非大手笔之所为；由显窥隐，始是真诗人的工夫。是故，本诗的作法，全是由难、隐的一路而进，如此，虽于侵略者的大声谴责恨其少，但诗的立意，却也高出于寻常手笔一筹。

欲求名园被毁的内因，必先溯名园的源起，因此，本诗三大部分，第一大部分（前六十二句），即原原本本，描述了圆明园的由成迄毁的全过程。

长篇起笔，最难措手。本诗的起首，以宜春、建章、长乐等古离宫代指圆明园，以萤火之飞见园中之凄凉荒芜，以树木之粗壮见园之古老悠久，既暗寓诗人步入废园游历之意，又奠定了全诗的伤怀凭吊之基调：含义多种，笔法虚灵，底下又不见际涯，堪为长篇开首之楷模。紧接二句，又由"宜春"等名，飞渡到"离宫"的大概念，引出诗人要着意刻写的离宫圆明园，手法已颇为轻巧；但诗人非但要引渡，还要写出比较：从来离宫都是供君主游乐的，哪见过郊外却有赫赫的"皇居"？这一问，又点出了圆明园不同于普通皇家别苑的非常身份，诗意陡然转进一层，并自然而然接到了对"皇居"形成的追忆上；而且，这两句也迅速摆脱了前二句的"现实"气味，而造出一种追溯"历史"的架势。区区这四句，有承上、有启下、有过渡、有对比、语带询问口吻、意有陡转之势：诗人运笔流转之妙，于斯可见一斑，下文之转折递接，大抵类此，读者可细心体味之。

此二句门户一开，下面的追忆铺叙便源源而至，但次序十分井然。先说圆明园的地理，那里本是游牧之地，河流纵横；次说圆明园的历史，唐藩、元都，均在于此，此处山川，本有"王气"笼郁，到明室覆灭、清帝入主，因兵灾人祸，良田为墟，宫廷方面便觅到了这有水有泉的好地方，营谋新园了。地理、历史交待毕，又进而叙说圆明园的沿革：在康熙朝，这里先筑了一座畅春园，其实是行宫，"以帝者不居，但名曰园"（原注）；尽管如此，园成之后，康熙便常来此处，不再幸临前明的南苑了。此后，康熙在园中筑室，赐皇四子（即后之雍正）读书，题额曰"圆明"；到雍正即位三年，改园名为圆明园，春秋皆居园中，设朝房办公，此处乃由"园"而升格为"宫"——帝者之居了，故诗中称之为"郊宫"。

长诗叙述若过多，则不免有萧索之感，以上各句，叙说简洁流转，但尚未见华丽繁富；圆明园之鼎盛期在乾隆一朝，故叙至乾隆时，诗人便变换笔法，张扬词藻,尽意绘饰了：园内,有十八座大宫门、有宽达"七楹"的正大光明殿、有四十处题以四字匾额的轩堂、有重臣贵戚进献的无数假山奇石,还有效仿江南四园、效仿西洋宫殿、效仿印度佛地城池而建的众多建筑群,供那太平天子游幸寻乐。真是美轮美奂、吁其盛哉。诗人最后总收一笔："谁道江南风景佳,移天缩地在君怀！"将这座名园的盛容,推至极致,足可令人起无穷遐想！

但是,待见到下文"岂意元皇失恭俭"的一声断喝,读者才明白,以上的绘饰铺衍,决不是"劝百讽一",而只是下文的映衬;将圆明园写得越是富丽堂皇,就越显出清室列帝的奢欲无限、靡费无穷,圆明园最终被毁的远因,亦就隐隐而见了。接下,诗人就毫不容情地列数诸帝之失,清清楚楚地划出了圆明园之由"成"而"毁"的轨迹：乾隆皇帝,表面上假惺惺地在园中勒碑立铭,要后人戒除骄念,骨子里却唯愿圆明园无限扩大,全无"恭俭"之心。嘉庆皇帝面临着农民起义、吏治腐败的危机,大清朝衰象已露。道光皇帝,外有海上英国侵略者的进犯之患,内则民穷财尽,国库空虚,然而,他还是舍不得变卖行宫、以资国用。这就是五十年前——道光元年——的形势,正如西汉贾谊《治安策》所谓："抱火厝之积薪之下,而寝其上,火未及燃,因谓之安。"圆明园大火的火种,其时已然具备了！

以上一段,诗人颇用《诗·小雅》笔法,直陈时事、无所忌讳,矛头径指清室诸帝,直斥其非,议论正大、剀切。至于他透过圆明园大火系由侵略者点燃这一表象,看到并指出这场大火归根结底乃统治者自己失政之所致,是其见解尤为深刻处。至"沉吟五十年前事,厝火薪边然（通"燃"）已至"二句,诗的主旨已开始显露;诗人在叙说之间,忽以"沉吟"二字点明自己的思索,其用心即在提醒读者留意此二句的分量。

当然,在"列祖列宗"中,诗人的浓墨重彩施得最多的,还是招致圆明园大火的直接责任者——"先帝"咸丰。咸丰即位后,各处农民起义日甚一日,终于汇成了太平天国的大起义。面对此"忧危"局面,咸丰初期也曾选将出征、深夜哭庙,似乎欲有所为、似乎痛心时势；但不久便一头钻进圆明园,"寄情于诗酒,时召妃御,日夜行游"（原注）。他每年住皇宫不满一月,成日价就在园内盘桓,以强颜欢笑麻醉自己、逃避现实,虽有"贤德"的慈安皇后诤谏,亦无补万一。这样的时势,却由这样一位君主驾驭着,国家还能不倾危么？圆明园还能长保久安么？终于,咸丰十年,英法联军攻至京师,咸丰仓皇出奔热河,并在那里忧郁去世；至于他生前留恋而又曾再加经营的圆明园,也成了他昏聩失政的牺牲品,在四郊多垒的那个年月,被侵略者付之一炬、烟消云散了！

至此,诗人以诗家的才情,辅以史家的见识,写完了圆明园的兴废经历；接下第六十三句至一百零六句,为诗的第二大部分,诗人从历史的风烟中走出,开始了对废园的凭吊。初入废园,但闻湖水呜咽、狐啼鱼泣,举目是荆棘丛生。在董太监的引导下,诗人看到了"出入贤良门"、"正大光明殿"以及咸丰所建"清辉堂"的残址,看到了康熙、雍正、乾隆祖孙三人曾一齐观赏过牡丹的"镂月开云台"倒在乱竹丛中,看到了仿建的"平湖秋月"壁间残留的书法、脂粉的零落错杂。董太监在耳边诉说着:"舍卫城"的佛像给盗尽啦、园中的树木给伐去作柴啦、昆明湖的鱼也给捕去啦……一路耳闻目睹,再加上萧萧的蒿艾之声大作,这往昔繁华竞逐的圆明园,在诗人笔底,真有一种凄厉、惨淡、甚至神秘、恐怖的感觉,令人读之气结难言、毛发为立!

如此凄惨,谁实为之?诗人怆然之余,又不禁要追根溯源:一是皇帝,敌兵一到,便仓皇出奔,把宫廷抛给了"嫔娥"去看守;二是王公、丞相,不思退敌,却避兵的避兵、出迎的出迎;其三才是敌兵,他们是皇上王公们让进来的、迎进来的!在一片投降声中,只有一个守园大臣文丰,徒手空拳,无以御敌,却还忠贞之节不改,自沉于园中的"福海"水中,为名园的唯一殉葬者!写到此,诗人发出了最痛切、最激烈的谴责:什么"福海",那是冤魂密布的海!看过这冤海,谁还信神州大地真有一个保得住国家、黎民的"神"——皇帝?这第二大部分的最末一笔,是全诗最深切之处,是对圆明园被毁之原因所作的最根本性的解释;至此,诗的主题明瞭了、开朗了,诗人创作《圆明园词》的用心,也豁然可知了。

诗的末二十句,为第三大部分,也是诗人以圆明园被毁为鉴、对当今朝廷、皇帝所作的劝谏和建议。他先指出了现今的形势,是战乱方息、四海荒残,然后虚扬一笔,赞扬朝廷对御史德泰请修复圆明园的奏议下旨切责。接着,诗人又重抑了一笔——既然朝廷知道"中兴"诚难,又为何派出太监下江南采办锦缎呢?又为何同治皇帝大婚,"费已千万,结彩宫门,至十余万"(徐树钧序)呢?看来,朝廷正在走往日的覆辙呢!诗人不由得大声疾呼,现在需要的是"鱼稻资民利"——把钱财用在阜裕民生上,而不能"莺柳斗宫花"——满足宫廷的奢欲!当然,大清覆灭的结局,决不是人微言轻的诗人所能改变的,他呼吁也好,用"风水不利"吓唬朝廷也好,提出迁都西安的主张也好,究之终属枉然;因此,或许也预感到此,诗人在篇末,遂发出了近乎绝望的嗟叹:现下的局面,可真不是什么"良时"呀——他这一篇可拟《上林赋》的锦绣文章,到底能否有裨益于时政,他可是半点把握也没有。

本诗纪录了圆明园的成毁经过,总结出了此中的历史教训,今日读来,犹觉意义深长,足堪反复品味。诗中极其突出的一点,是把圆明园被毁的责任,牢牢系在最高统治者——皇帝身上;从康熙到同治,七个皇帝都不同程度地受到了诗人的非议、揭露、批评乃至谴责,这在当时,是需要极大勇气的,须知诗人此时还是大清朝的一介臣民,而"岂意元皇失恭俭"、"谁信神州尚有神"、"不遇良时"诸语,都是直言指斥、略无忌讳,极易因此遭罹大祸的。在这一点上,王闿运显示了一个真正诗人所应具有的品质。由此,读罢本诗,即可给人留下鲜明的观念——圆明园实毁于统治者之手、实毁于建园者之手,"货悖以入,必悖以出",穷竭民力而成的名园,终将以不祥的结局而毁。

当然,由于诗人过分地强调了这一点,因而本诗中于侵略者的掠焚暴行的谴责反觉薄弱,这又是其不足之处。至于"敌兵未爇雍门荻,牧童已见骊山火"二句,更是听信了董太监的误传,以为侵略军本无意来劫掠,是"奸民"先入园抢劫,才招得侵略军踵至的;这,显然在客观上有减轻侵略者罪责之嫌,是尤其需要指摘。不过,这些毕竟只是诗中的小疵,未足以掩没本诗的长处。

在诗歌艺术上,本诗具有晚清诗的典型风格,词藻华丽,音节铿锵,浓墨重彩,镂金刻银。其中最可注目的,当然是诗的叙事议论皆用典故成语,不落于实。这些典故,有些用得相当巧妙、精彩,如:

宣室无人侍前席,郊坛有恨哭遗黎。

"宣室"用汉文帝见贾谊之典。此句字面上谓:咸丰等左右无人,因而只能痛哭于祖宗面前。其表面读去已很顺当,对仗亦复工整,用典亦复贴切,殊不料,"故典"中还含有"今典"——咸丰九年,咸丰帝在斋宫郊宿,中夜念及国步艰难而分忧无人,不禁失声大恸,是年大考翰詹,即以贾谊宣室事为题!

当然,也有不少典故是为了凑对仗而强用上去的,读来不免晦涩难晓,如:

妖梦林神辞二品,佛城舍卫散诸方。

前句系指园焚前一年,传言咸丰梦见白须老人自称园神,乃加授二品阶。这类句子,非于诗中夹入大量自注,不能达意,因此亦颇被人诟病。但是,若处理得当,亦未必皆病,如:

袅袅四春随凤辇,沉沉五夜递铜鱼。

"四春"实指咸丰在园中的四个得宠宫人:杏花春、武陵春、牡丹春、海棠春,此非加注不能明者。但诗人先加"袅袅"二字,即使不知"四春"者,读来亦觉春意袅娜,伴随帝辇——字面上仍能唤起读者的美感。

因此,对于大量用典,亦宜细作分析,不能概以"繁诟"、"堆砌"摒之:这不仅是评论本诗的问题,也是评论整个晚清乃至民初诗风的问题。兹事体大,本文亦不能详论,但退一步说,无论用典的效果如何,能够驱走许多典实于篇章间,或化用、或借用、或正用、或反用,而又将其部署整齐,安置于整饬的句式中,对仗工细,有条不紊,这也足见诗人的学问之博,才情之富了。即此一节,亦堪深赏三叹。

总之,本诗既具如上特征,兼以篇幅宏大,流丽婉转、声调并茂,格局大开大阖,笔法多样多变,立意又高于常人,实可推为晚清诗中之翘楚。李肖聃《湘学叙录》称本诗"卿、云之后,仅见斯篇;唐、宋以来,无此作者。"膜拜古人者,当以其言为溢美,不厚古薄今者,则殆以其言为近是。

(沈维藩)

【诗人小传】

高心夔

(1835—1883) 字伯足,又字陶堂,号碧湄,江西湖口人。咸丰九年己未(1859)进士,为肃顺门客,后官至江苏吴县知县。其诗学《文选》体与杜甫,能自辟途径,千锤百炼,有时过于艰涩。有《陶堂志微录》。

东湖月伤亡友范七①

高心夔

曲碕萦渌波,荇丝缀云素②。娟娟云际月,浅映湖上树。城西戍火微,面水一萤度。峭风吹萝带③,飞翻桂华露。香定四无声,碧影溃烟去。欲寻徐孺亭④,凄断回桡处。

〔注〕①东湖:在江西南昌。范七:作者友人,事迹不详。 ②荇:荇菜,细茎水生植物。 ③萝:女萝,地衣类植物,体呈树枝状。 ④徐孺亭:即孺子亭,在东湖南岸。

从诗题看,本诗是伤悼之作,但在写作手法上,我们发觉除了最后二句明显涉及主旨之外,其余都是写景的句子,这样的谋篇布局无疑很新颖,但是否很好地表达了诗人伤悼友人的感情呢?让我们还是逐一分析诗句再作出判断吧。

诗的开头二句,写东湖水边的景致。曲岸澄波萦绕,荇藻的细茎似缕缕青丝,将落在水中的白云倒影,结缀在碧玉般的湖面上。如果不论平仄,第二句换成"缀素云",就与第一句形成对仗;而现在诗人将"素"字放在"云"字后修饰之,整饬中便见出变化。再说得深些,"丝"谐音"思","素"又是丧服之色,不妨认为"荇丝"句已暗示了对亡友的哀思。

下面二句,落到了诗题中的"月"字,又通过"云"与上文相联系。以"娟娟"状月,意在用苏轼《水调歌头·丙辰中秋……》词:"但愿人长久,千里共婵娟",表达对与之相反的现实——范七和诗人交谊未久,已成死别的恻怆之情。这二句看似只写了明月映照着湖面上倒映的树影,其实不然;因前二句已说到澄波上的云影,故此二句细味之又可以有另一层意思:是倒映波中的云际明月的反射光,在映照湖边的树丛。这种复义,丰富了诗歌的审美趣味。

接着,诗人之笔由写月光转入写其他夜光:远处,城郭西头,驻防军队的点点营火明灭微茫;近处,贴近水面,一只流萤孤零零地悄然飞过。"微"、"一"两字渲染出一种凄清冷寂的环境氛围,而这样的景象在诗人笔下出现,自是移情作用的结果。

"峭风"二句,"峭风"语出杜安世词《踏莎行》"罗衣渐减怯风峭","萝带"语出屈原《九歌·山鬼》"披薜荔兮带女萝","桂花露"语出吴均诗《秋念》"箕风入桂露"。尖厉的秋风吹起如带的松萝,吹落桂花上凝结的露珠,也吹得诗人思潮起伏。("桂华"又可认为是用周邦彦《解语花·元宵》"桂华流瓦"意,以之代指月光。)

"香定"二句语承上文,兼及人的嗅觉("香定")、听觉("无声")、视觉("碧影"),既有静感又有动感,而动更衬托出静。"香定"实际上是诗人的主观感受,是希望美好事物永恒之意念下意识的、不自觉的显现;"无声"则是此时此地自然界的客观现象,但又是诗人有意择取的、代表死灭的暗语,二者的结合成句,非常微妙。而"碧影溃烟去",一个"溃"字镂心刻肾,如有神助,极诗人刻意之功。一般的炼字,令人赞赏,而这样炼字复炼意,则令人惊叹。此句直写夜雾中桂树的形态,但读者自可从中看出脱红尘而逝的诗人亡友的影子。

最后二句,诗人以乡先贤东汉徐稚(字孺子)比况范七,说:欲寻昔日欢会之亭,却在当时荡桨回船的地方悲从中来,不能自已。只是在末尾,诗人才用了直接表示伤感的"凄断"一词,倾泻出渟蓄胸臆的情愫。但读者通过前面的写景,已经能够体会到这种凄恻悲怆的情愫,此处只是将朦胧的诗意点明而已。

显然,诗人以他的特殊方式写出了他对亡友的深深哀思,可以说本诗是他的杰作。

(庞 坚)

张之洞

【诗人小传】(1837—1909) 字孝达,又字香岩,号香涛,一号壶公,晚号抱冰,又称广雅,卒谥文襄。直隶南皮(今属河北)人。同治探花,历任翰林院侍讲学士、体仁阁大学士、督抚、军机大臣等职。创办京汉铁路、汉阳铁厂、萍乡煤矿等,是洋务派重要人物。为学主张"中学为体,西学为用"。其诗受白居易、苏轼影响较深,宏肆宽博。感时之作,沉郁苍凉,长于五七言古体。有《广雅堂诗》。

西　山

张之洞

西山佳气自葱葱，闻见心情百不同。
花院无从寻道士，都人何用看衰翁？
藁街列第峥嵘起，前殿南军顾盼雄。
新旧只今分半坐，庙堂端费斡旋功。

光绪二十九年(1903)张之洞奉命由武昌入京。在此之前，他多次到过北京，但这次却显见不同。其时正当中日甲午战争失败之后，列强侵略日益加剧，而朝中上下形成守旧派与改革派对峙的局面。在这个纷争难定，外侮日深的形势里，诗人写下了这首感慨深沉的诗篇。

本诗开篇二句，语意舒缓平淡，看似闲笔，其中实蕴含深沉感喟。西山是京郊风景胜地，在诗人眼中，她青峦依旧，佳气葱葱。可是时局与世事已变得不同，与历久不改的西山形成对照。诗人着意在首句用"自"字，次句用"百不同"来唤起读者对此的注意。

颔联承上，逐一铺写"闻见"及感受。此次在京期间，之洞曾约同宾客数人，前往京郊慈仁寺观赏双松，不料寺院已毁于八国联军侵华之役，只好临时支起布棚，席地而坐。京都人士闻讯，相率聚观。三四句即写此实事，亦暗用唐代刘禹锡《再游玄都观》诗意。刘诗云："百亩庭中半是苔，桃花净尽李花开。种桃道士归何处？前度刘郎今又来。"刘禹锡因参与新政被贬，十年后获召回复职，再游玄都观，赋此诗以寄慨。诗中"种桃道士"比喻打击新政的当权者，如今不知何往，而刘郎则依然无恙。这是很尖锐的讽刺。之洞虽遭际与刘禹锡不同，但亦曾因观点的分歧，受到过执政大臣翁同龢的遏制，对刘诗当有共鸣。第四句措辞谦抑，自命"衰翁"，但自得之意，仍然隐约可见。

颈联推进一层，把笔锋从身边事挥向社会的大现象。藁街是汉代京城长安的大街，外族首领所居馆舍集中在这条街上。现今，峥嵘并起于北京城里的是列强的外交馆舍，侵略势力已在眉睫之下，诗人不能不因此惊叹危惧。唐代禁军居于城北，拱卫京师的府兵则驻于城南，称为南军。第六句借南军以指清末编练的精锐新军，他们意气高涨，顾盼自豪，难免不成为拥兵干政的隐患。内患外忧，何时得已，诗人的感叹正是对时代的感叹。

结联总揽全诗，提出自己的期望。新旧两派势力各占一半，相互争持不下，朝廷将要化很大力气，才能解决问题了。实际上，他一向是以调停两派纷争，共襄国是自负,亦有过实质行动的。他曾有《新旧》诗云:"门户都忘薪胆事,调停头白范纯仁。"自谓如宋代范纯仁那样,以忠恕为心折衷于两派之间,其匡时救世的苦心是很明显的。

本诗感慨横生,深沉劲健,谋篇布局,章法井然。诗中运用典故,得心应手,浑化无迹,亦是一个明显的特点。

(黄国声)

登 采 石 矶 张之洞

艰难温峤东征地,慷慨虞公北拒时。
衣带一江今涸尽,祠堂诸将竟何之?
众宾同洒神州泪,尊酒重哦夜泊诗。
霜鬓萧疏忘却冷,危栏烟柳夕阳迟。

光绪二十年(1894)爆发了中日甲午战争,清廷临时调派两江总督刘坤一率兵到山海关布防,遗缺命湖广总督张之洞兼署。二十一年甲午战败,刘坤一回任,张之洞遂由南京回到武汉专任湖广总督。本诗是他归舟经采石矶时所作。

题为《登采石矶》,内容却不是登临揽胜,逸兴横飞,而是抚事伤时,抒发作者沉重的感喟。前人作这类诗歌,大抵都因应全诗内容,于开首处作景物、天时的描写渲染,以营造气氛,引入下面的观感。本诗却不用常法,入手即以感慨议论应题。为什么会这样呢?无他,作者对世局的满腔忧愤,蓄积既久,至此便一触而发了。首二句用的是两个曾发生于此地的著名典故。一个是东晋大臣苏峻作反,攻陷京师,江州刺史温峤联同荆州刺史陶侃起兵讨伐。温峤水军东进曾迟滞于采石,备历挫折,终于平定苏峻之乱。另一典故是南宋绍兴十一年,金主完颜亮率大军侵宋,兵抵长江,南宋朝廷岌岌可危。时宋臣虞允文适奉命犒师采石,见守将不战而遁,部伍涣散,金军正从采石渡江。乃召集各部将领,激励诸军,与金人大战。金军渡江不得,不久发生内讧,完颜亮被杀,南宋乃转危为安。这一联用对起,中间以"艰难"、"慷慨"四字点染,句子显得劲健异常。另外,作者并不着重为他们能成大事而赞叹,倒是强调他们在困难中慨然肩起重任的精神;温、虞以文臣而建军事奇功,与之洞身份抱负又适相符合。他选用这两个典故入题,正是他此时此地心境的写照,用意尤深。

三、四句将思绪从古代拉回眼前,脚下的长江虽素号天险,但从另一方面看,她却又仅如衣带之宽,何况在轮船迅捷的今日,衣带之水已形同将涸之江,益不足恃。第四句下原有作者自注云:"矶上原有太白楼,彭刚直、杨勇悫祠。"彭玉麟和杨岳斌同为咸丰、同治朝的水师大将,曾负责长江防务,著有业绩。现在他们都已逝世,见祠堂而思大将,感到后继无人,能不危惧?

五、六句转入抒写个人的怀抱。此时,同来的众宾客莫不受到主人情绪的感染,面对如此江山,不禁为神州黯然下泪。但诗人自己除了与众人同感之外,又别有怀抱。他尊酒在手,不期然地吟哦起李白的《夜泊牛渚怀古》诗来,牛渚是采石的别名,东晋镇西将军谢尚舟行至此,听到袁宏在邻舟朗吟所作《咏史》诗,大加赞赏,袁宏由此知名。李白夜泊赋诗,即有感于自己怀才不遇,没有谢尚这样的人来赏识自己。之洞思路悠然与古人李白相通,对酒轻吟,实亦自负有救国匡时之略,恨知己之难逢。

结联极沉郁,极见功力。作此诗时,诗人已六十岁,虽老而志慨不减。此际怀古伤时,万端感愤,一时奔进心头,临风徙倚,竟浑忘自己霜鬓凉侵,江风送寒了。末句用写景语收拾全诗,看似闲笔,实为笔力凝聚,千钧一击之处。因为前面一路而来的感慨、议论,至此乃求一变,著一景语,景中有情,遂使全诗有摇曳不尽之致。此句借用了辛弃疾《摸鱼儿》词中"休去倚危栏,斜阳正在烟柳断肠处"句意。他凭栏送目,但觉烟柳冥蒙,与沉沉暮霭、迟迟西下的斜阳混成一片,而他的心情亦同这茫茫暮色一样,迷惘难消。结联十四字中,聚集了霜鬓、寒风、烟柳、斜阳等事物,着力烘托出凄清冷峻的情景,透露作者怅惘无奈的心情。

张之洞的作品以堂庑阔大,善于用典著称。本诗用典恰切,浑化无迹,可见他获誉之不虚。

(黄国声)

读 宋 史 张之洞

南人不相宋家传,自诩津桥警杜鹃。
辛苦李虞文陆辈,追随寒日到虞渊。

宋王朝由赵匡胤陈桥兵变兴起,因赵氏祖籍北方,对南方人颇不信任,有南人不得作宰相的传统。但宋廷南渡之后,不得不任用一些南方人作宰相,突破了这一传统,也确实得到一批救国贤才。本诗便咏叹这一史实,发抒富有现实针对性的感慨。

前二句揭出宋朝的传统政策。"南人不相宋家传",点明不信任南方人是宋王朝的传统国策;"自诩津桥警杜鹃",用北宋邵雍故事。据说,邵雍在洛阳城外的天津桥上听到杜宇(即子规、杜鹃,其声相传有"行不得也"之音)啼鸣,便预言将来必有南人为宰相,搅乱天下。这个故事未必属实,很可能是王安石(他是南方江西人,又任宰相)的政敌编造出来的,目的是利用王安石是南人这一点来中伤其人,毁谤其变法措施。张之洞这里用"自诩"二字,便生动地写出了北人的嘴脸:他们都自以为是,好像只有他们才是治国之才,南人都是祸乱根子,倒是他们能看透南人的本质,预言南人的祸害。但事实究竟是否如此呢?

后二句便揭出宋朝传统政策的错误。诗作不是从理论上、情绪上明斥其非,而是以南宋王朝得力于南人相臣的史实,说明以南人作相对国家有利无弊,由此,作者对传统政策之不合事理自在不言中作了批驳。"辛苦李虞文陆辈",点出南宋初年、末年,立有殊功、身系国运的四名南人相臣,即李纲、虞允文、文天祥、陆秀夫,作者自注云:"李纲闽人,虞蜀人,文吉水人,陆楚州人,皆南人。""追随寒日到虞渊",意谓前述几位南人相臣,都能对朝廷尽忠到底。"寒日",落日;"虞渊",传说中日所入处,又名禺谷。《淮南子·天文训》曰:"日……至于虞渊,是为黄昏。"追随寒日至于虞渊,表明不论国势多么艰危,其忠悃始终不变。李、虞抗御金兵,文、陆舍身殉国,其业绩,其心迹,都颇足令人敬仰。如果南宋也因循传统,不得"李虞文陆辈"辅佐,该是多么巨大的损失!

杨钟羲《雪桥诗话续集》云:"此为光、宣之间融和满、汉而发也。"此解颇有见地。盖清廷以北方之少数民族满族君临天下,对于南人即汉人不可能没有猜忌。乾隆朝,著名学者杭世骏仅因上书建言:"我朝一统久矣,朝廷用人,宜泯满、汉之见",便得罪赐死,可见清政府对此问题极为敏感。只是在太平天国起事之后,曾国藩、李鸿章、左宗棠等汉族名臣镇压农民起义有功,清朝政权赖他们才得维持,故满洲统治者不得不重用汉臣,张之洞也因此得为封疆大吏。由此诗可见他颇以"李虞文陆辈"南人相臣自比,一方面表白对朝廷的忠心,一方面趁机建言进策,要求满族统治者进一步信任汉臣。时势发生巨大的变化,诗人才有此胆量触及民族界限这一敏感问题。即或如此,也不便明言疾呼,而通过咏写史事,婉曲地吐露内心的意旨。咏史诗大多为有感而发,此作又为一例。

(张永芳)

九 曲 亭(其一)① 张之洞

余戊辰提学湖北,来游西山,见亭已圮,出钱造之,今二十八年矣。

华颠文武两无成,羞见江山照旆旌。

只合岩栖陪老衲,石楼横榻听松声。

〔注〕 ① 九曲亭:在今湖北武汉市武昌西。

张之洞《九曲亭》诗共三首,这儿选了第一首。据诗前小序,张之洞1868年

（戊辰）任湖北学政时游武昌西山，见古亭倾圮，遂出资重修，二十八年后（即1896年丙申）他故地重游，心怀怅触，乃写下三诗。在他写诗的前二年，是中日甲午战争；后二年，则是康梁戊戌变法，这一段时间，是中国近代史上颇为关键的几年。

据苏辙《武昌九曲亭记》，九曲亭为苏轼谪黄州团练副使时游武昌西山，因废亭遗址营之而成，以登此亭须穿行于羊肠九曲之山径而得名，"游者至此……俯视大江，仰瞻陵阜，旁瞩溪谷，风云变化，林麓向背，皆效于左右。"登高望远，怀古念今，每令人诗情不能自已，广雅亦是如此。

诗的前二句，诗人慨叹自己头发已白却文武事业两无成就，只能含羞面对江上山中飘动着的旌旗。其实张之洞生于1837年，卒于1909年，此时方60岁耳顺之年，不算很老，在任湖广总督创办汉阳炼铁厂、湖北织布局等，致力于洋务运动也并非事业无成，"华颠"、"无成"云云，主要是着重表现他身为封疆大吏，空对岁月蹉跎，不能为国内起衰、外御侮的忠愤之情。"照旆旌"语出杜甫《后出塞》："落日照大旗，马鸣风萧萧"，但与杜诗慷慨豪壮的意趣殊别，予人一种日暮途穷的悲怆感。"旆旌"一层明意是标志张之洞身份的大旗，一层暗意则是作为军旗象征战火。"羞见"句，既说出了愧对朝廷的高官厚禄，也说出了愧对外国的侵略压迫。

诗的后二句，诗人道：我既年老无成，看来只该隐居深山陪陪老僧谈禅，在简陋的石楼中横张一榻卧听松风之声了。语气故作潇洒，却让人读了始终轻松不起来。这种效果，有类于现当代人们所说的"黑色幽默"，语句之风趣，适增悲怆。林庚白《丽白楼诗话》云："同光诗人什九无真感，惟二张为能自道其艰苦与怀抱。二张者，之洞与謇也。之洞负盛名，领重镇，出将入相，……处新旧变革之际，危疑绝续之交，其身世之感，一见于诗，……如《九曲亭》……诸作，皆沉郁苍凉，其感叹之深，溢于言表。……盖之洞……丁满清末造，知国事之不可为、其主张之无补于危亡，而身为封疆大吏，又不得不鞠躬尽瘁以赴之。"这段话，评论张诗，可谓鞭辟入里，读者不妨参看。

（庞　坚）

【诗人小传】

吴汝纶

（1840—1903）　字挚甫，安徽桐城人。同治进士，官冀州知州。后充京师大学堂总教习，赴日本考察学制。曾师事曾国藩，为"曾门四弟子"之一。又与李鸿章关系密切。为桐城派后期作家。论及时政之作，颇注意"洋务"。有《桐城吴先生全书》。

题姚伯山木叶庵图(其一) 吴汝纶

宦成归作湖山主,老木萧萧荫满门。
请剑除奸前日事,罢官还犊去时恩。
白云终古留前岭,黄叶江南失旧村。
一幅画图无限感,百年遗老几人存?

吴汝纶是位古文大家,其论文宗法桐城而又主张有所变化,所作风格整饬雅洁,意厚气雄。余事为诗,自谓学黄庭坚,誉之者则称其"诗廉悍恣横,直逼韩、杜","用韵矫变,出人意表"(徐世昌《晚晴簃诗汇》)。此诗为题画图之作。姚伯山,名柬之,桐城人。道光二年进士,官至贵州大定知府。尚气负才,以不合大吏意,称疾罢归,居乡筑木叶庵,读书著述,撰有《漳水图经》、《绥瑶厅志》及诗文集等。姚伯山既是一名"循吏",任地方官时颇有政绩,又是一位学者,述作颇丰,为吴汝纶的同乡先辈,故诗人在题图时自具真情实感,深厚沉郁,既展现了姚伯山的精神风貌,又表达了自己的敬慕之情。

起句领起,点出姚伯山罢官归隐;次句紧承,描绘木叶庵图景。"宦成"二字甚见作意。《清史稿·循吏传》载,姚伯山在连州同知任上,曾为"言官误论劾",在大定知府任上,"大吏下令,柬之必酌地方之宜,不使累民,见多不合,遂引疾归"。姚氏去官,是不得已之事,并非所谓"功成身退",诗人故在起处轻点一笔。归乡作湖山的主人,木叶庵前,老木萧萧,余荫满门。"老木",亦隐寓姚伯山。物中有人,景中见情,暗喻姚氏的高风亮节,永垂后世。

颔联写姚伯山的"宦绩"。"请剑除奸",用汉代直臣朱云的故事。《汉书·朱云传》载,成帝时丞相安昌侯张禹,权倾一时。朱云向成帝请求"赐尚方斩马剑",断佞臣张禹的头颅。姚伯山在地方任上,弹压土豪劣绅,铲除积弊,为人民做了一些好事。他任广东揭阳县令,时地方不靖,各处土豪挑起械斗,"君下车召吏民矢之曰:'吾来治斯邑,不要钱,不要官,并不要命,有梗吾治者锄之。'集壮勇教以坐作步伐击刺之法"(方东树《贵州大定府知府姚君墓志铭》),遂擒治凶徒,平息乱事。"罢官还犊",用晋朝羊篇的故事。《晋书·羊祜传》载,羊祜之侄羊篇,"历官清慎,有私牛于官舍产犊,及迁而留之。"姚伯山在各地任上皆有惠政,清廉爱民,揭阳百姓曾赠以"官清民安"的匾额,他罢官离开揭阳时,县民"具公呈赴大吏吁请乞留"。"前日事"三字有深意,字面谓事隔不远,实际是赞美姚伯山的政绩至今犹为人铭记在心;"去时恩"三字,直点出姚伯山遗爱于民。前四句为一小结束,正面写姚伯山事迹。

"白云终古留前岭,黄叶江南失旧村",笔势一转,以景写情。"白云"句,与颔联似断实连。一用比体,一用赋体;一为虚写,一为实写。像那高洁的白云长久地留在前岭,姚伯山的高节与治绩也将永垂青史。"黄叶"句,慨叹斯人已逝,遗迹无存。苏轼《书李世南所画秋景二首》之一:"扁舟一棹归何处?家在江南黄叶村。"本诗亦题图之作,活用苏轼诗意,着一"失"字,便有无限伤怀。全诗至此,意势已尽,故在第七句以直笔总揽上文,点明题图有感,逼出末句"百年遗老几人存"。如今像姚伯山那样廉洁爱民的官员已不可得,追思遗老典型,更令人钦仰不已。

(陈永正)

诗人小传

冯煦

(1843—1927) 字梦华,号蒿盦。江苏金坛人。光绪进士,官至安徽巡抚。辛亥革命后自称蒿隐公,以遗老自居。其词多感伤情绪。也能骈文和诗。著有《蒿盦类稿》、《蒿盦随笔》等,编有《宋六十家词选》。

八月二十一日之夜,仆卧已久,苹湘忽出寄拂青三绝句相质,效拂青体也,既复强仆效之。时窗外雨声淙淙,苦不得寐,亦成三首。来朝放晴,仆又将强漱泉也(选一) 冯 煦

玉簟秋回梦欲阑①,相思迢递碧云端②。
淮南一夜潇潇雨③,莫倚空帘弄晓寒。

本诗是首唱和之作。苹湘,姓曾,名行洤,四川长宁人;拂青,姓刘,皆为作者好友。漱泉为作者从母之子。冯煦年轻时曾与拂青同从漱泉之父心巢先生问学,与漱泉等人友情甚笃。后冯煦一度漫游,并于同治八年己巳来居江宁,又遇漱泉,曾同舍小长千里,出则连袂,入则接席。也就是在这一江宁时期,又结识了亦居于此的苹湘,三人诗酒相得,并与原来的朋友们书信唱和,此诗即当写于此际。

由诗题可以看出,这天夜里,作者已躺下很长时间,苹湘忽然来访,并拿出仿拂青诗体而写的寄给拂青的三首绝句相质,强要作者也同样为之。此诗即是作者仿效拂青的体例酬答而作的第一首。朋友之间以互相唱和来沟通感情,交流

思想，传达彼此的思念，原是古代诗人的惯习，所贵者不外有二，其一情真，其二辞妙。冯煦工诗词骈文，素有"江南才子"之称，在此诗里做到了这两方面的巧妙结合，全诗写得清新隽永，风神秀逸，情韵俱佳，很是感人。

首句"玉簟秋回梦欲阑"给我们一个非常巧妙的选材角度。标题"八月二十一日"和"玉簟秋回"的字眼都告诉我们眼下已秋气渐深。这样的季节，尤其是在这种季节的晚上本来就令人寂寞，惹人思绪，特别是惹起对远方知交好友的怀念。有所思而形诸于梦，原也是很平常的事，但本诗之妙首先就在于不是平常地去写梦，不是选择梦刚刚开始或正浓的时候，而是选择梦将尽而未尽时，选择作者已从梦中开始有所知觉，感到有秋气侵入竹席的时刻。这就使此诗在构思上别具一格。"梦"不再被作为结构主体，似乎出乎意料之外，但却正好为作者驰骋自己的艺术才华提供了更广阔的机会。

"相思迢递碧云端"承上句"梦将阑"而来，转写醒后之思。作者人虽然醒来了，但作者的相思之情不仅没有半分减弱，还是那么浓、那么深，还在迢递的碧云之端，在远方的友人身上。这固然是由于作者和他的朋友往昔之前深厚的感情基础，作者人在江宁，而每日耿耿于心的却是拂青等朋友依然"在淮南，郁郁如旧，曾不得与余游于是"（见作者所写的《建康同游记》），但作者以"梦"来衬托"醒"，不在梦中之思过多纠缠而重点着笔醒后之思，至少在三个方面体现了其艺术匠心：一，这种思念之情是如此浓烈，如此执着，以至涂抹梦与醒的界线；二，醒后人的情感一般要受理智干预，而作者的思念之情已使理智的调节显得无能为力；三，梦中的思念尚可以借梦境得以解脱，醒后之思尤其使人愁肠百结又无法排解。这就极大地提高了这首诗的情感表现力。

"淮南一夜潇潇雨"更是作者施展想象的灵动之笔。由标题我们可知，使作者从梦中醒来，"苦不得寐"的原因正是窗外的淙淙雨声，但作者却避而不写自己眼前的雨，而是遥想友人所在的淮南。这场雨下得好大啊，那么整个淮南恐怕也都被罩于潇潇雨声中了。言外之意，友人在这样的天气看来也倍感寂寞吧，会不会也像自己一样满荷着相思之情呢？正因为作者所负担的思念之情太多太深，不忍言和不堪言，所以作者只有荡开笔去写淮南；"一夜潇潇雨"则写雨下得时间之长。而读者又何尝不想到身在异地的作者，莫非竟是一夜未睡，在听雨声中度过的呢？

最后一句"莫倚空帘弄晓寒"为作者想象的继续，既然淮南一夜亦被罩于潇潇雨声之下，那么友人早上起来，肯定会去拉开窗帘，推开窗户，然后倚窗而立，好驱散一下心头的烦闷。可是千万别这样啊，由于下雨，早上的寒气一定很逼人的,千万要保重自己的身体呀!关切之情,溢于言外。这也是全诗的点睛之句,全诗清寒真切之意境由此全出。我们试看此之前诗中所用的意象:欲阑之梦、迢递之思与潇潇之雨,已足以构成浓重的感伤情调;此句中的"空帘"与"晓寒",又给读者一种具体可感的萧瑟凄清之情怀,极富韵外之致。一个"莫"字,既以否定的形式将作者与想象中"倚空帘弄晓寒"的友人区分开来,而作者那千丝万缕不堪尽言之心绪,不也宛然可见吗?

总观全诗,不外一个"思"字。更兼这首诗是和诗,又要受原诗平仄用韵的限制。但冯煦却将这种"思"表现得一波三澜,游刃有余。冯煦亦为常州派词人,其诗歌创作亦未免受常州词派主张深微婉约、委曲以致其情之说的影响,这首诗就是这种主张的具体表现,可谓"言有尽而意无尽,意有尽而情无穷"了。

(姚晓雷)

诗人小传

袁昶

(1846—1900) 初名振蟾,字重黎,一字爽秋。浙江桐庐人。光绪二年丙子(1876)进士,官至太常寺卿。光绪二十六年(1900),义和团事起,昶力主镇压,并反对围攻外国使馆,遂被杀。后追谥忠节。为诗能以汉、魏、晋、宋为根底,而化以北宋之面目,多清微之致、诙诡之趣。为晚清宋诗派代表作家,与沈曾植同为后期浙派魁首。有《浙西村人初集》十卷、《安般簃诗》十卷等。

直房小憩

袁 昶

拳窝窄窄铫生烟,渐近窗光欲曙天。
却似扁舟宿深苇,晓来风定一鸥眠。

此诗作于光绪十五年己丑(1889)。时作者充任总理各国事务衙门章京,办外交事务多年。直房,古代官员值班的宿处。直,通"值"。此诗记述在直房中临近拂晓时小憩所得感受,颇具风雅活泼的情趣。

"拳窝窄窄铫生烟"句,写直房,似拳头般大小的狭小处所,置放着取暖的火炉,搁在炉上的小锅,冒着水气,如烟雾冉冉升起。只此一句,不仅描述了直房这类处所的特殊环境,又窄小,又寒冷,而且从中写出了轮值者孤倦无聊的心绪。

好在夜值一宵,时光将尽,终于盼到了"渐近窗光欲曙天"的一刻。欣喜地发见拂晓临近的曦光,已渐渐逼近窗口,微显出亮光,天将破晓了。这两句写直房景象,是实笔描述,却也融情于景。写直房,说是狭小窝室,炉锅生气,倦怠之意毕现;至写"窗光",精神一振,因为发现了"欲曙天"。然则,直房事务,未免琐细烦俗,其景其事,仅止寻常气息,难免令人厌弃。不料诗人却于第三、四两句,转用虚笔,联想翩翩,写道:"却似扁舟宿深苇,晓来风定一鸥眠。"诗人的不凡匠心,是妙于运用想象与联想,将赖以借作抒情之景,从直房狭小的空间,移到开阔而多风致的天地。诗人把自己倦缩直房比喻为扁舟宿苇,芦苇深处,一叶扁舟,倚滩而卧,幽静孤寂,此为一比;天将拂晓,风平浪静,芦苇枝头,鸥鹭好眠,又是一比,传神地写出诗人直房小憩神态。"深苇"、"晓来风定",极写其所处之静与幽;"扁舟"、"一鸥",又明示其独arrow孤凄;"宿"、"眠"之词,状其"晓来"时之倦意与困盹的神态。从时、空与意念上,恰与第一、二句所实写的情景相切相合而成比。但是,若仅以为连续二次比喻妙于化俗为雅,将直房俗务,写得如此风雅别致又风韵无限,是不够的。试想,诗人身处直房,何以会联想到"扁舟"、"深苇"、"一鸥眠"的?仅仅为比喻而比喻,为风雅而风雅?绝非如此。须知,旧体诗中不少常出现的诗歌形象,经历久的文化意蕴积淀,而成为表达某种特定诗意的词语。从"扁舟"、"深苇",令我们联想起李白的"人生在世不称意,明朝散发弄扁舟"句;从"一鸥",又叫我们联想到"鸥鹭忘机",《列子·黄帝》中的海上鸥鹭。这些诗歌形象,均与归隐有关。芦苇深处弄扁舟,或是与鸥鹭为伴,就是归隐之思的一种含蓄委婉的表情法。所以,袁昶此诗的不同寻常处,恐或在其直房小憩之际,一瞬间产生的意念,即由苦于直房而厌倦仕途,不如归而隐之,安适自在,悠然自得,如"扁舟"泊于苇岸,如"鸥眠"于晓天。杜甫曾作《春宿左省》,亦写直房事,有"明朝有封事,数问夜如何?"表现的是忠勤为国的思想。王安石的《夜直》写"春色恼人眠不得,月移花影上栏干。"表现了夜直中还忧虑自己的改革之志能否实现。《直房小憩》又别有旨趣,若与杜、王等同类夜直诗比较起来读,虽则尽皆小诗,亦能各有异趣,而反映各自不同的处境与志趣。

(王杏根)

西轩睡起偶成绝句　　袁　昶

无心危坐学《黄庭》,门外烟樯接远汀。
睡起西园春已去,却看飞絮度风櫺。

袁昶诗宗江西派,以涩僻清峭为主,但有些小诗写得较为清秀流丽,却又寄意深远,在清末诗坛堪称名家。陈衍《石遗室诗话》云:"爽秋诗僻涩苛碎,不肯作犹人语,然亦多妍秀可喜者。"钱仲联《梦苕庵诗话》评曰:"余其喜其短篇,萧远简淡,有天际真人之想。"

　　本诗从字面上看,只不过写一个乡居的文人捺不下烦躁的思绪,百无聊赖,闷睡闲观,消磨岁月。"无心危坐学《黄庭》,门外烟樯接远汀。"是说在室内烦闷不安,向往远游散心。"危坐",高坐;"学《黄庭》",修心养性。"黄庭",指《老子黄庭经》,为道教典籍。"睡起西园春已去,却看飞絮度风檐。"是说远行之念无由实现,只能依旧闷坐室中。"睡起"句紧接上句,谓野外的春光虽美,却无缘观赏,只能在睡梦中蹉跎岁月。"却看"句伸补上句,谓身不由己,虽有心外出,却只能无聊地看着残春的飞絮被风吹到窗檐间。

　　诗虽仅有四句,却曲折深微,确有"清癯幽峭"之美。诗人并未多作铺染,但一腔幽思,缠缠绵绵,耐人寻味。庭中"危坐"与放眼"门外",已是一层曲折,心向往之,而身不能至,这该多么令人惆怅?而危坐室中,要读的恰是让人宁息焦虑的道教经书,人心却偏偏难以静下来,本身又是一层小曲折。"门外"的景象描述也非一览无遗,"远汀"在望,"烟樯"在目,可就是无由得至,比起烟雨迷蒙的浑沌,更撩拨人的心弦,这也是一层小曲折。后二句与前二句,则是一大曲折,有深微的寄意:前二句是说心在远方,后二句是说身受羁绊。门外的烟樯远汀,可望而不可即;终日只能昏昏入睡,乃至春光白白流逝,身体只能无奈地徘徊于窗牖之下。这种身心的不一致,该是多么深沉的苦闷!后二句每句之中,也有小曲折。睡梦与惜春,实在难以谐和,主人正是因睡起较迟,而错过了对大好春光的观赏。诗题云"西轩睡起",西轩,窗户西向的房舍,那么睡起之时正当夕阳西下、光映西窗之际,暗含终日昏昏之意,那么,主人果真是对春光毫不在意吗?"却看"句凝视的正是代表残春意象的"飞絮",则主人对艳丽春光的留恋,对春光逝去的惋叹,自不难体味。主人是否真的贪睡,是否真的只会呆看窗槛暮色,岂不也尽在不言中得到暗示了吗?照此看来,身体的不自由与理想的难压抑,正透露出主人公内心的苦闷焦虑。也由此不难索解,远汀与春光确有象征意义,绝不仅仅是自然界的面影。至于诗人究竟要表现什么,是对时局的忧虑,是对国运的失望,是对政治抱负的抒怀,还是对身世坎坷的感慨,未必能作确切的回答,但诗人心中确有苦闷惆怅,确有理想与现实的矛盾,则鲜明确凿,有强烈的感染力量,能引发读者深深体味一种欲罢不忍、欲求不得的纠结心境。这种语浅意深、思路曲折深微的笔法,是本诗的突出特点,也是宋诗派作品耐人品味的缘由。尽管宋诗派有腐朽诗派的恶谥,但在艺术表现上并非全无可取之处。

(张永芳)

叶大庄

字临恭,号损轩,福建闽县(今福州)人。同治十二年癸酉(1873)举人,历官邳州知州。中年曾家居,与龚易图、陈宝琛、陈书等以诗歌唱和。张之洞任两江总督,招之入幕,诗名益著。前期服膺厉鹗,句律皆研炼刻琢,不落凡俗。后读易顺鼎《四魂集》而喜之,改途学其体,风格遂变。有《写经斋初稿》、《续稿》。

吴江舟中(三首选一)   叶大庄

孤月溶溶波底生,繁星点点林外荧。二更三更无人行,水际萧槭多秋声。秋声忽远复忽近,汀雁樯乌不定鸣。曼吟幽啸孤亭发,细听非笛亦非筝。悄然吹竹作裂帛,秋坟叶落诗魂惊。西风满城水拍岸,湖灯散尽天将明。

一年四季之中,秋季最为诗人喜爱。在文人诗歌里,秋季并没有收获的欣喜,更多的却是一年从顶峰走向下坡,从荣发走向凋谢的惆怅。也许敏感的诗人由秋季联想到人生的晚年,无论有多少荣誉和成就,仍然失落了青春、健康和精力,逐步走向自然的永恒。叶大庄《吴江舟中》,正是以一股淡淡的惆怅落寞,写秋夜江上所见所闻的。

吴江在苏州附近,江南著名的城镇。写吴江秋夜舟中的观感,很容易使人联想唐代诗人张继那首著名的绝句《枫桥夜泊》:"月落乌啼霜满天,江枫渔火对愁眠。姑苏城外寒山寺,夜半钟声到客船。"这首绝句和气氛,实为叶大庄《吴江舟中》的张本。不过,叶作并没有模仿前人,别出心裁地用浓墨点染出秋夜舟中的观感,铺陈渲染,很有特色。

在艺术结构上,《吴江舟中》是极为平衡的。首两句"孤月溶溶波底生,繁星点点林外荧",以入夜的视觉感受,先铺叙一个秋夜宁静幽暗的环境气氛,全诗最后两句"西风满城水拍岸,湖灯散尽天将明",又以拂晓的听视感受,归结一夜的宁静幽暗,迎来明天的早晨。全诗首尾以时间呼应,以视觉落墨,使结构上稳定平衡。

不过,作者浓墨重彩的描写,是在"二更三更无人行"以后。在这宁静而光线暗淡的秋夜,人们的视觉受到很大的限制,而特别灵敏的,却是耳朵的听觉感受了。于是,秋夜所听便成诗的铺陈重点。没有行人的水际舟中,先听到水边树木萧槭(qi)的声响,忽远忽近。在水汀浅泽处宿夜的大雁和船桅上的乌鸦,也传来不时的鸣叫。在孤亭那边，隐隐传出悠悠吟声，细听时又分不出是笛音还是筝声。突然某处吹箫，声如裂帛；声鸣风吹，秋叶飘落在荒坟上，舟中的诗人不觉一惊，一股淡淡的哀伤袭上心头。渐渐地各种秋声都消歇了，只有江水拍岸，秋风掠江，仍伴随着舟中的诗人。在"多秋声"的引导下，诗人写了大雁、乌鸦的啼叫、孤亭的曼吟、裂帛的箫声、落叶的声响，以及风声、水声，秋夜的一切都通过秋声表达出来。这样丰富的听觉感受，把浓浓的秋意，强烈地烘托出来了。在这秋夜秋声秋意之中，渗透着诗人情绪上的惆怅落寞，却又无从落实，更无所具指。诗人让诗中的景色气氛去包围读者、感染读者，当然也取得了直指言事那种显露所不能达到的吸引力。也许这正是作者所希望取得的艺术效果了。 （陈　铭）

诗人小传

樊增祥

（1846—1931）　字嘉父，号云门，一号樊山，湖北恩施人。光绪进士，清末官江宁布政使，护理两江总督。曾师事李慈铭。其诗词骈文时伤浮艳。有《樊山集》。

八月六日过灞桥口占　　　　樊增祥

残柳黄于陌上尘，秋来长是翠眉颦。
一弯月更黄于柳，愁煞桥南系马人。

　　樊增祥诗多达万余首，在古今诗人中也是少有的。他有集五十六卷，几乎每到一地，即有一卷诗，可是，至今犹为人传诵的就只有这一首他青年时代兴到随意之作《八月六日过灞桥口占》，而且还有一个颇有传奇色彩的故事：

　　谭嗣同《论艺绝句》："意思幽深节奏谐，朱弦寥落久成灰。灞桥两岸萧萧柳，曾听贞元乐府来。"自注："新乐府工者，代不数篇，盖取声繁促而情易径直，命意深曲而辞或啴缓，二难莫并，何以称世？……往见灞桥旅壁，尘封俨然，若有墨迹，拂拭谛辨，其辞云云。读竟狂喜，以谓所见新乐府，斯为第一，而末未署名，不知谁氏，至今恨恨。"樊山此诗为谭嗣同在灞桥旅舍中偶然发现的，而且不知作者为谁，假如不是谭嗣同为它大书一笔，也许这首好诗还湮没在《樊山集》万余首诗海当中。以一代诗坛领袖自居的樊樊山，却以这首"不知谁氏"的小诗传世，樊山地下有知，也当苦笑吧！

此诗为近代选家所常录，但往往只根据谭嗣同的记载，诗题则信手写上，或作《灞桥题壁》，或作《灞桥旅店题壁》，而此诗实载于《樊山集》卷十中，题为《八月六日过灞桥口占》。时樊山游宦关中，"易地者四，劳形案牍，掌笺幕府，身先群吏，并用五官"（《樊山诗集自序》），颇不得意，过灞桥作此诗，稍改他好作欢娱侧艳之语的故习，情词交融，洵为绝调。

　　灞桥，在今陕西西安市长安区东，桥横灞水之上。《三辅黄图》载："汉人送客至此桥，折柳赠别。"《开元天宝遗事》又载："长安东灞陵有桥，来迎去送皆至此桥，为离别之地，故人呼之销魂桥也。"自汉代开始，东出函、潼，必自灞陵始。灞水沿岸遍种柳树，自汉及唐，在灞桥边折柳赠别已成风习，杨柳，更成为离别的象征，古来送别诗中，几乎都离不开写柳。如王维的名作《送元二使安西》："渭城朝雨浥轻尘，客舍青青柳色新。"樊山此诗，一反王诗意境。它先点出柳是"残柳"，柳已凋枯，比陌上的飞尘还要黄。灞桥两岸，是东西延伸，不见尽头的道路，车马交驰，尘土飞扬，尘土之色与残柳之色，已混为一体，无法分辨。一"黄"字，已含无限凄婉之意。次句跌深一层，陌上的秋柳那离披的残叶，恰像女子长颦的翠眉。"翠眉颦"三字，点出本意。这一首不是传统的灞桥伤别诗，而是怀人诗。见柳叶而想起闺中少妇的颦眉。樊山虽喜作艳体诗，其实私生活甚为检点，"旁无姬侍，且素不作狎斜游"（陈衍《石遗室诗话》），他对妻子的感情非常真挚深厚，此诗亦当为忆妻之作。以柳叶喻眉，亦前人常语，然本诗中一与黄尘连说，更觉黯然销魂。

　　第三句笔锋一转，出人意表。"一弯月更黄于柳"，再增一景物，再设一喻。一弯新月，比柳色更黄。新月如眉，残柳如眉，一"月"字把思路拓向远方——她也不正是在倚楼望月么？她的双眉，不也是像这新月，像这秋柳一样长颦不展么？黄的路尘，黄的柳色，黄的月光，在关中这黄土地中，还有什么比这更具特征的景物呢？离家的游子，在这漫天遍地的黄之氛围中，思归愁绪，也自油然而生了——"愁煞桥南系马人"！桥南系马，只是暂宿于客舍，试想想入夜后孤眠的况味，当更难为怀了。这"系马人"，不是"系马高楼垂柳边"（王维《少年行》）的侠少，也不是"傍柳系马，趁娇尘软雾"（吴文英《莺啼序》）的公子，而是久客思家的失意宦游人，怎能不见陌尘、残柳、新月而"愁煞"！

　　此诗虽为作者"口占"，似不经意而写成，然情恰与景会，故风韵独绝。近人对之评价甚高。陈衍《石遗室诗话续编》引缵蘅挽樊山诗，有"魂销灞岸千条柳"之语，注云："公《灞桥题壁》诗为时传诵。"钱仲联《近百年诗坛点将录》又云："少作《灞桥旅壁》绝句，为谭嗣同赞叹为'所见新乐府斯为第一'者，不能不令人想张绪当年。"又《论近代诗四十首》之二十三："灞桥柳色黄，摇落何人赋？贞元乐府新,魂断樊山句。"此诗风格不失唐音,然含思宛转,用意深曲,实有六朝《读曲》《子夜》之遗意。

(陈永正)

采 茶 词　　　　　　　　　　樊增祥

分龙雨小不成丝,晏坐斋中试茗旗。
乳燕出巢蚕上簇,山家又过炒青时。

诗藻富丽,富于唐韵的才子樊增祥,其《采茶词》亦笔触清新,具有山家浓郁的泥土气息。

"分龙雨小不成丝",江浙一带山区,以夏历四月二十日至五月二十日前后称"分龙",这时的雨称"分龙雨",谓时节入夏,雨势转暴,因龙分域行雨,故阴晴隔一辙而异。"不成丝",谓此雨是比"如丝"更为稀疏的小雨。故首句兼三得:一写了雨量;二写了时间;三写了地域。

田家本少闲月,五月人当更忙,何以会"晏坐斋中试茗旗"? 诗人还是山农? 其实,不管是谁,都会忙中偷闲,生活的节律永远有张有弛。这里写的,正是这忙中的闲,张中的弛。从下二句可知,此时正是乳燕已经出巢、春蚕即将上簇、炒茶亦已完毕的时节,最忙的季节里突然出现一小段间歇。此时山农不必再冒雨摘桑饲蚕,老在炉边焙茶,而可以安坐在茅屋中稍事休息,且将雨水试煮着今年才制的新茶,度过这段细雨霏霏的闲暇光阴。

农家的生活是繁忙的,但诗人的笔法也是忙中取闲,他抓住了"闲"的一时间。眼下,一切都是恬淡安闲的。乳燕出巢的振羽声,春蚕上簇的莎莎声,品茶时轻轻的呷水声,都映衬了这一派安闲。但,正在这平和宁静之中,却蕴藏着生命的"动",潜伏着新的生活的旋律——哺乳了一春的雏燕,学着试飞;饲养了一春的蚕儿,试着上簇。而试茗品茶,虽宣告是前一个农忙的结束,也预示了后一个农忙的到来。诗人笔下的场景,只是两个生活强音符号间的一段休止符号。而他以独到慧眼捕捉并且展示了这个场面,正是因为他发现了生活的节奏——忙与闲的高度和谐。发现这个节奏已属不易,而这个节奏又正巧在春、夏交替之际被表现出来,这就更难能可贵、更能体现诗人的深思,也更具有耐人品味的魅力了。

(曹　旭)

后 彩 云 曲　　　　　　　　　　樊增祥

纳兰[①]昔御仪鸾殿,曾以宰官三召见。画栋珠帘霭御香,金床玉几开宫扇。明年西幸万人哀,桂观萐廉②委劫灰。虏骑乱穿驿道走,汉宫重见柏梁灾! 白头宫监逢人说:庚子灾年秋七月③。六龙一去万马来,柏灵④旧帅称魁杰。红巾蚁附端郡王⑤,擅杀德使董福祥⑥。愤兵入城肆淫掠,董逃不获池鱼殃。瓦酋入据仪鸾座,凤城十家九家破。武夫好色胜贪财,桂殿秋清少眠卧。闻道平康有丽人,能操德语工德文⑦,状元紫诰曾相假⑧,英后殊施并写真⑨。柏灵当日人争看,依稀记得芙蓉面。隔越蓬山十二年,琼华岛⑩畔邀相见。隔水疑通云汉槎,催妆还用天山箭。彩云此际泥⑪秋衾,云雨巫山何处寻?忽报将军亲折简,自来花下问青禽。徐娘虽老犹风姿,巧换西装称人意。百环螺髻满簪花,全匹鲛绡长拂地。雅娘催下七香车,豹尾银枪两行侍⑫。钿车遥遵辇路来,罗袜果踏金莲至。历乱宫帷飞野鸡,荒唐御座拥狐狸。将军携手瑶阶下,未上迷楼⑬意已迷。骂贼还嗤毛惜惜⑭,入宫自诩李师师⑮。言和言战纷纭久,乱杀平人及鸡狗。彩云一点菩提⑯心,操纵夷獠在纤手。胠箧⑰休探赤仄钱⑱,操刀莫逼红颜妇! 始信倾城哲妇⑲言,强于辩士仪秦口。后来虐婢如蝮虺⑳,此日能言赛鹦鹉,较量功罪相折除,倘幸他年免缧首。将军七十虬髯白,四十秋娘㉑盛钗泽。普法战罢又今年,枕席行师老无力。女闾㉒中有女登徒,笑捋虎须亲虎额。不随樊瓠㉓卧花单,那得驯狐集金阙。谁知九庙神灵怒,夜半瑶台生紫雾。火马飞驰过凤楼,金蛇欻䎀燔鸡树㉔。此时锦帐双鸳鸯,皓躯惊起无襦袴。小家女记入抱时,夜度娘寻凿坏处。撞破烟楼闪电窗,釜鱼笼鸟求生路。一霎秦灰楚炬空,依然别馆离宫住。朝云暮雨秋复春,坐见珠槃㉕和议成。一闻红海班师诏;可有青楼惜别情。从此茫茫隔云海,将军颇有连波悔。君王神武不可欺,遥识军中妇人在。有罪无功损国威,金符铁券趣销毁。太息联邦虎将才,终为旧院蛾眉累。蛾眉终落教坊司,已是琵琶弹破时。白门沦落归乡里,绿草依稀具狱词㉖。世人有情多不达,明明祸水褰裳㉗涉。玉堂鹓鹭愆羽仪㉘，碧海鲸鱼㉙丧鳞甲。何限人间将相家，墙茨㉚不扫伤门阀。乐府休歌《杨柳枝》㉛，星家最忌桃花煞㉜。今者株林㉝一老妇，青裙来往春申浦。北门学士㉞最关渠，西洋丛谈亦及汝。古人诗贵达事情，事有阙遗须拾补。不然落溷退红花，白发摩登㉟何足数。

〔注〕① 纳兰：即那拉氏、慈禧太后。　② 桂观、蜚廉：汉宫廷建筑名，下文"柏梁"为汉宫台名，均借指清宫廷。　③ 庚子七月：按，八国联军入北京实在八月。　④ 柏灵：即柏林，德国首都。　⑤ 端郡王：名载漪，当时利用义和团排外，属顽固派首领。　⑥ 德使：德国公使克林德，被清兵枪杀。董福祥，当时率"甘军"驻京的清将。按克林德非死于董军手下。　⑦ 工德文：按赛金花能德语、但实不知德文。　⑧ 状元：指洪钧。紫诰：皇帝给官僚之妻的封册诰命。　⑨ 英后：指英女王维多利亚。按赛金花未到过英国，与合影的实是德国皇后(维多利亚孙女)。　⑩ 琼华岛：在北京北海内。　⑪ 泥：困于。　⑫ 豹尾银枪：古代的宫廷仪仗，此指瓦德西的卫队。　⑬ 迷楼：隋炀帝所建宫楼，此指清宫殿。　⑭ 毛惜惜：宋高邮妓女，高邮人荣全叛，召毛侍宴，毛斥之，被杀。　⑮ 李师师：宋汴梁名妓，相传入宫被宋徽宗封为瀛国夫人。　⑯ 菩提：梵语，此处同"菩提心"。　⑰ 胠箧：撬箱，盗窃。　⑱ 赤仄钱：汉钱名，此指古玩珍宝。　⑲ 哲妇：才识卓越的妇人。　⑳ 蝮、虺：均毒蛇名。　㉑ 秋娘：妓女的代称。　㉒ 女闾：指妓院。　㉓ 槃瓠：神犬名，相传高辛氏之女与婚，生六男六女。　㉔ 鸡树：中书省的别称，此指官内官署。　㉕ 珠槃：古会盟用的器皿。　㉖ 具狱词：指赛金花在京下狱事。　㉗ 褰裳：拉起下裙(渡河)，语本《诗经》篇名，此处指女子勾引男性。　㉘ 鹓鹭：两种鸟名，指文官。羽仪：羽翼，指体面。　㉙ 碧海鲸鱼：指武官。　㉚ 墙茨：《诗经》有《墙有茨》篇，刺淫乱。茨，蒺藜。　㉛《杨柳枝》：古乐府诗题，白居易有妓善唱之，此处代指妓女。　㉜ 星家：算命看相之人。桃花：即桃花运，指男女之事。煞：凶神。　㉝ 株林：《诗经·陈风》篇名，刺陈灵公与夏姬私通事，此指淫妇。　㉞ 北门学士：唐武则天时的亲幸之士，此处是诗人自称，樊增祥在慈禧西走西安时，任起草诏敕之职，故以北门学士自比。　㉟ 摩登：即摩登伽女，佛经中以其女钵吉帝引诱阿难(释迦弟子)淫乐的妇人，此指赛金花。

樊樊山为近代名士，其所作最著名者，为晚清时的前、后《彩云曲》。彩云，即近代名妓赛金花，本名傅彩云，初在苏州当清倌人(不陪寝的妓女)，年十四，被状元出身的苏人洪钧纳为妾，同年随洪出使欧洲，三年后复随之归。洪殁，傅彩云到上海为妓，一时艳名大炽，名流争以一睹"状元娘子"风采为幸事。光绪二十五年(1898)，樊山居北京，闻说其事，曾为作《前彩云曲》，为时传诵。其后，傅彩云北上天津开设妓院，易名赛金花。庚子之乱中，她辗转逃到被八国联军占领的北京，因能德语，结识了联军总司令、德国元帅瓦德西，并为德军征购军粮，但也做过一些制止德军淫掠的好事。联军退兵后，彩云留京操旧业，因虐妓致死下刑部狱，明年押送回原籍苏州，逾年又到上海为娼。这段经历，则为樊山《后彩云曲》所记。诗前原有序，今略。

庚子国变,为中国近代史上头等大事,若彩云者,又是这一大事件中引人瞩目的风云人物;对于此事此人,形之于诗,以诗证史,此固诗家不可辞之责任;樊山为一时才子,又有《前曲》载人口碑,亦是作此诗的当然人选。这些,都是略无疑问的,需要作问的是,对于重大事件中的重要而又具特殊身份的人物,该以何种心情、取何种姿态来描述之呢? 是试图借赛金花的遭际,来反映国变前后的史实,从而使诗成为一具有严肃主题的作品呢? 还是因为主人公是一时名妓,便笔墨涉于香艳乃至猥亵,从而冲淡作品所应具有的严肃性呢?

樊山以他的《后彩云曲》,明明白白地回答了这个问题。作为一个具有正统教养的士大夫,樊山对于出身风尘的傅彩云,表面上是极为厌弃、轻蔑、不屑的,在本诗的序中,樊山再三以"淫鸧"、"荡妇"、"祸水"等恶语相加,并称:本来同事们请他续作此曲时,他认为彩云"何足更污笔墨",已不值一写;之所以写本诗,是因为彩云还做过"稍止淫掠"的好事,"此一事足述也",另外,因为她与瓦德西"秽乱宫禁",招致瓦氏回国后被德皇"褫遣"(按:此事实属虚妄),这一节亦可以为出入妓院的"中外文武大臣"之鉴;综之,"此诗著意庚子之变,其他琐琐,概从略焉",云云。然则从诗序上看,樊山结撰此诗的主旨,乃是述说庚子事变的重大题材,非为彩云一人而作。由此,后世论者,亦有将本诗誉为"诗史",拟之以白居易《长恨歌》和吴伟业《圆圆曲》者。

但是,樊山毕竟不是一位严肃诗人,而只是一个惯于谈风说月的风流才子(其晚节又沦为狎客式的人物),所以,在他的号称"著意庚子之变"的本诗中,又有不少体现出封建文人士大夫的庸俗情趣的笔墨,或采纳流言,有意渲染,或语涉淫秽,且以此自喜,从而迎合了某种低级趣味,也贬低了作品自身的品位,紊乱了作品的主旨。本诗出后号称洛阳纸贵,名噪一时,有其成功方面的原因,也有其合乎庸俗口味的原因,这一点,也是今之赏玩本诗的读者所不可不预为留意的。

诗的正休,大致敷衍序意而成,与诗序相表里,内容上可分为六节:第一节是庚子事变、联军入城的大背景,第二节写瓦、赛相逢,第三节写彩云的"稍止淫掠"之功,第四节写瓦、赛的"秽乱宫禁"之罪;第五节写所谓瓦氏的得罪,第六节写彩云的下场并申说本诗的主旨作意;中间四节,是诗的主体部分,首尾二节,可视为诗的引子和尾声。

自"纳兰昔御仪鸾殿"到"桂殿秋清少眠卧"为诗的第一节,因为诗中瓦、赛之交发生的地点,是在北京西苑的仪鸾殿,故诗就先由此起笔。樊山自述,他曾以地方官的身份,三次到仪鸾殿受慈禧太后召见,见识过那里的画栋珠帘、金床玉几。不料,明年庚子,慈禧仓皇西走西安,八国联军直入京师,烧杀淫掠,宫殿亦被毁坏。因德国公使克林德系死于清兵枪下,故瓦德西遂被推为统帅,他催动"愤兵"即一心为克林德复仇的德军入城肆意杀掠,自己则住进了仪鸾宝殿。这个好色的武夫,不久就耐不住秋殿清冷,思欲物色淫乱的对象了。

自"闻道平康有丽人"到"入宫自诩李师师"为第二节,赛金花登场了。这位平康丽人,有着不寻常的身世,她曾是状元娘子、充作公使夫人,曾与英皇维多利亚合过影、曾在柏林以美色惊动时人——自然,瓦德西亦在其列。最要紧的是,她"能操德语工德文",最合适侍从德国元帅;而且她此时正寂寞衾寒,也需寻人作伴、以慰云雨之思。于是乎,两个孤男寡女一拍而合,一个是折简亲笔相邀、两行卫队相迎,一个是螺髻鲛绡为饰、细马香车而至。在分手二十余年之后,瓦德西又在大清的宫殿中,将赛金花拥于宝座之上,大约也算了却了一桩凤愿。对于赛金花的委身瓦氏,樊山的评论是:她全不及骂贼而死的毛惜惜,也不如李师师的入宫受封、毕竟还受之于汉家皇帝,同为妓女,赛氏又是妓中最下乘者!

自"言和言战纷纭久"至"侥幸他年免缲首"为第三节。在联军占据北京、"和议"尚未达成之际,洋兵在城中杀人越货、横行无忌。目睹此情的赛金花,总算还有点国人的良心,凭着她的流利德语、巧言利口,竟也说服了一些侵略军停下抢劫之手、放下淫逼之刀。这一节,令樊山也不由叹服,其评论是:赛氏这番功劳,可折委身敌酋之罪,其于敌退后幸免一死,盖原于此。

自"将军七十虬髯白"至"依然别馆离宫住"为第四节,是诗的"精彩"部分,樊山开始管不住自己的笔了,他以某种不可名状的心理写道:此时瓦氏年已七十,虽能在普法战争中大显威风,此际在床上"行师"却疲软无力;全赖盛年力壮的赛金花拊之、亲之,两人始得遂其好事。但在大清宫殿里行此事,终究不免触怒了列祖列宗的神灵,仪鸾殿夜半火起,烈焰如火马金蛇,熊熊围住了宫殿。被大火惊起的赛金花,赤裸着雪白的身子忙找出路;而同样是不着寸缕的瓦氏,则在惶急中抱住她跳窗而出,狼狈地脱出了火海。转眼之间,赫赫仪鸾殿就化成了灰烬,瓦、赛二人,只得别觅栖宿之所了。这一节,是全诗的重心,大概也是最让樊山费心思之处;但是,如此惊险的场面,如此难得的一幕,樊山却破例没有评论——也许,他虽然大着胆子写出了那肉光摇曳的情景,却终究没有勇气自作后再加自评吧?

自"朝云暮雨秋复春"至"终为旧院蛾眉累",为第五节,瓦氏虽沉溺于云雨之欢中,但"和议"即辛丑和约达成后,他即奉命归国,从此与赛金花相隔云海、不复相见了。对于瓦氏的"受谴",樊山不免也有循例的评语,不过那只是一句常套——女人是祸水——而已。

自"蛾眉终落教坊司"至篇末"白发摩登何足数"为第六节,樊山先记述了赛金花的末路:先是重开妓院,次是入狱回籍,最后以色衰之身落魄沪上。然后,他就告诫世人:女人是"祸水",最能勾引人,无数将相达官,不论是"玉堂"文臣如洪钧,还是"碧海"武将如瓦氏,都为其所引诱,丧失名誉、有累家声,因此,世人都要以赛氏为鉴,切莫为桃花运所误——这就是樊氏自命的诗之主旨,他还在篇末假撇清地说,自己对赛氏"关情",乃是为了拾史之阙、补史之遗,不然,他才不会为这种过时的娼妓浪费笔墨呢!

本诗的艺术特色,郭延礼《近代六十家诗选》总结为"婉丽畅达,音韵铿锵,工于设色,巧于隶对",所言殆是。诗在布局上,首尾、转接,均有可观。开首自称"宰官",结尾自称"北门学士",以自己所见起,以自己所论终,首尾有呼应之致;诗由庚子之乱起述,而借一"擅杀德使",自然引入德帅,又以赛氏之"能操德语",自然过渡到瓦、赛相逢,这些,都是转接上的委婉巧妙之处。在用韵上,诗大抵四句或八句一换韵,但也有交叉用韵者。如第五十四句与第五十八句"妇"、"鹉"同韵,而第五十六句与第六十句则"口"、"首"同韵;第六十二句与第六十六句押"泽"、"额"二韵,而第六十四句与第六十八句押"力"、"阙"二韵。如此韵声交叉环回,确能收到"铿锵"之效。在色泽上,本诗尤觉斓斑夺目,即如那"精彩"的一节,诗人的用心虽不足称雅,但在"紫雾"、"火马"、"金蛇"等一片金紫火红之中,忽然腾起"皓躯"一条,闪出白光一道,其色彩对比确实强烈,其处理手法确实巧妙之至。此处如是,他处亦可类推。"工于设色"虽不仅指色泽,但亦可由色泽所设之工,推及其他。在隶事用典上,本诗亦多有可举者。如毛惜惜骂贼,本与赛金花媚敌恰成对照、全不相类,诗人却假设赛氏将"翻嗤"毛氏,二者便得以联系;而李师师入宫,与赛氏入宫形似,但李所侍奉乃汉主,赛所侍奉乃敌酋,故一言其"自诩",即可见赛较之李师师侍昏君更不如。一"嗤"一"诩",赛氏媚敌之心思毕现,樊山在比,可谓工于诛心。又如"今者株林一老妇,青裙来往春申浦",谓赛氏年老色衰,服饰无复华丽,在沪上仅得青裙,字面上亦通顺达意;但青裙二字,实又暗用李师师在宋南渡后沦落,白发青裙、就檐溜濯足之典。此处用典,含而不露,又极切合赛氏此际遭遇,真妙味无穷。在对仗上,全诗凡一百一十二句,对仗句占三分之一,其中亦多工对可摘。至于"一闻红海班师诏,可有青楼惜别情"、"白门沦落归乡里,绿草依稀具狱词"等联,非但对得工整,其色彩词亦相映成辉,更绝妙的是,二联出句都是地名,接句则都是特殊场所(青楼为妓院,绿草指狱中草,此谓监狱),真称奇语。

总之,樊山为诗主清新博丽,《后彩云曲》正印证了他的主张,体现了他的诗歌特点,就诗歌艺术而言,本诗实大有可取、可赏之处,还不仅仅是"并非一无是处"(郭氏语)而已。

本诗在叙事上,还有一个显著特征,就是许多地方或仅凭耳食,或不合史实。对这个问题,须作具体分析。有些错误,恐怕是樊山有意为之。如瓦氏退兵,未必走红海,赛氏回籍,是苏州而非白门(南京);这些,樊山未必不知,但为了构成前述佳对,就不能不迁就了。又如杀死德使的,其实是端王的神虎营士兵,而非董福祥的甘军,樊山大约是为了巧用下文的"董逃"一语,才作此迁就的("董逃"是乐府题名,原指董卓逃跑,这里借以指董福祥"护驾"出逃,甚巧)。有些错误,大概是海外传闻之讹,如彩云之与英皇合影、瓦德西之受德皇严谴;虽前者无关宏词,后者则有美化侵略者之嫌,二者意义上有所不同,但要之是樊山轻信流言,非其自造并且铺张所致。但有些耳食、误传,则显然是樊山亦明知流言不实,却出于某种庸俗情趣,有意言之凿凿、着意夸陈,以迎合时人同样庸俗的小市民口味。瓦、赛关系在诗中的描绘,即是这种情趣的体现。庚子时瓦、赛有否寝席之事?最引人瞩目的是仪鸾殿失火,二人有否赤身出奔这一幕?这几个问题,近人虽有争议,但作《赛金花本事》的名流刘半农、商鸿逵,作《赛金花外传》的曾繁,及杨云史等人士,均力白实无其事。而樊山本人对此事,据黄濬《花随人圣庵摭忆》载:"所述仪銮殿火,瓦、赛裸而同出云云,余尝叩之樊翁,谓亦仅得之传说。"既是如此,那么,樊山将"传说"之词,在本诗中添油加醋、津津乐道,将二人的私通之事,裸奔之景,写得既逼真、直露,又芜秽不堪,(按"枕席行师老无力"句,因古人把男女交媾比作战场争锋,乃是常套,故此句是显言而非隐言;至于"皓躯惊起无襦袴"句,直露尤甚,所以樊山在此句下加了全诗唯一的夹注:"见古乐府"。似乎他自己也不好意思承认此等语句竟出自己手。但全诗中"见古乐府"的词句甚多,樊山此注,真欲盖弥彰也)则其个人趣味如何、甚而可究到其人品如何,都是不问而知的了。故近人瑜寿作《赛金花故事编年》,直斥樊山之句是"臭名士侮蔑赛氏的典型恶札"、是出于"下流的动机",亦不能算言过其实。据齐如山《关于赛金花》载:"一次,跟樊先生谈天,我偶问到他的《彩云曲》,他赶紧说是游戏笔墨,不足以登大雅之堂。窥其意,似不欲人再说,大有后悔之意"。樊山"后悔"的原因虽不可知,但若说是为自己在处理瓦、赛公案的笔墨时暴露了低级趣味而后悔,这大概是最合情理的推测吧?

(沈维藩)

【诗人小传】

张佩纶

(1848—1903) 字幼樵,号蒉斋。直隶丰润(今属河北)人。同治十年(1871)进士,官至翰林院侍读学士。他和宝廷、陈宝琛、张之洞等评议朝政,以敢于直谏著称,号称"清流党"。光绪十年因在中法战争中失利,被革职充军至今内蒙古地区。光绪十五年获释,入李鸿章幕。其诗才力富有,用事稳切,获罪遣戍后所作,更见情深意浓。有《涧于集》。

晚　香

张佩纶

市尘知避客,兀坐玩春深。
火烬茶烟细,书横竹个阴。
惜花生佛意,听雨养诗心。
傲吏非真寂,虚空喜足音。

张佩纶在光绪初年,与张之洞、陈宝琛、宝廷遇事敢言,有四谏之称,号"清流党"。陈衍《石遗室诗话》云:"蒉斋诗才富有,用事稳切,与张文襄并驱中原,未知鹿死谁手。"汪国垣《光宣以来诗坛旁记》亦称"其诗尤工,与张广雅尚书并称为北派二巨子"。论者以为能得其实。此诗颇可见其兀傲不谐俗之性情与学东坡、半山之诗风。

首句"市尘知避客",写卜居闹市而无世俗烦扰,盖因心胸清雅高洁,故而市尘也知相避。用意与陶渊明《饮酒》诗中"结庐在人境,而无车马喧。问君何能尔,心远地自偏"数语相仿佛。所不同者,陶句自然,张句精警。以拟人化手法写俗尘避人,而不直写人拒俗尘,更显出诗人的襟怀磊落。次句"兀坐"二字既刻画出诗人独自端坐的傲岸神态,又暗取宋之问《自洪府舟行直书其事》"兀坐去沉滓"句意,以与首句承接。"玩"既是欣赏,又是体会,下字很有讲究。"深"后置修饰"春",虽是叶韵需要,也见出修辞变化。

"火烬茶烟细,书横竹个阴",可谓诗中有画,读者眼前浮现出这样的景象:室内,微现暗红的炉火余烬上,袅袅升起细淡的茶烟;室外,翻开的书卷横摊在修竹的绿叶浓荫下。"竹个"写竹叶,虽非诗人独创,却也颇有生新之趣,读之似觉"个"字形的竹叶已触手可及。二句写景细致入微,文辞中流露出一种不为外物所动,以品茗读书自得其乐的自重之意。

"惜花生佛意,听雨养诗心"二句,由景入情,颇有哲理。钱仲联《梦苕庵诗话》以为此联与梁鼎芬"闻雁知兵气,听雨养诗心"十字"有异曲同工之妙"。佛以慈悲为怀,惜花则易广蓄爱心,体会佛法普渡众生之宏旨;诗以意境为尚,听雨则能忽得灵感,领悟诗道独启自心之秘要。有此二事,足可疏瀹心灵,澡雪精神,滚滚红尘,其奈我何?

尾联,诗人说:我这个傲吏并不真的寂寞,虽然恶俗之人足迹难以进入我的居处,但风雅的仁人君子自可时相过从。善于联想的读者,会由此想到阮籍的青白眼,想到刘禹锡《陋室铭》的"谈笑有鸿儒,往来无白丁",而更加深对张氏兀傲不谐俗的性情的印象。

此诗写作年代当在张佩纶遣戍察哈尔之前,遣戍后诗作便多愁苦之音,读者有兴致的话,自可对照选读。 (庞 坚)

黄遵宪

(1848—1905) 字公度,广东嘉应州(今梅州)人。光绪举人,历任驻日、英参赞及旧金山、新加坡总领事。后官湖南长宝盐法道、署按察使,参加戊戌变法,奉命出使日本,未行而政变起,罢归。论诗主张"我手写吾口",要求表现"古人未有之物,未辟之境"。其诗长于古体,形式较多变化,语言也较通俗。前期作品对帝国主义侵略和清政府统治集团的腐朽颇多暴露,体现出改良政治的要求。晚年之诗对资产阶级民主革命派持反对态度。有《人境庐诗草》、《日本国志》、《日本杂事诗》等。

【诗人小传】

今 别 离(四首) 黄遵宪

一

别肠转如轮,一刻既万周。眼见双轮驰,益增中心忧。古亦有山川,古亦有车舟。车舟载别离,行止犹自由。今日舟与车,并力生离愁。明知须臾景,不许稍绸缪。钟声一及时,顷刻不少留。虽有万钧柁,动如绕指柔;岂无打头风,亦不畏石尤。送者未及返,君在天尽头。望影倏不见,烟波杳悠悠。去矣一何速,归定留滞不?所愿君归时,快乘轻气球。

二

　　朝寄平安语，暮寄相思字。驰书迅已极，云是君所寄。既非君手书，又无君默记。虽署花字名，知谁箝缁尾。寻常并坐语，未遽悉心事。况经三四译，岂能达人意！只有斑斑墨，颇似临行泪。门前两行树，离离到天际。中央亦有丝，有丝两头系。如何君寄书，断续不时至？每日百须臾，书到时有几？一息不相闻，使我容颜悴。安得如电光，一闪至君旁！

三

　　开函喜动色，分明是君容。自君镜奁来，入妾怀袖中。临行剪中衣，是妾亲手缝。肥瘦妾自思，今昔得毋同？自别思见君，情如春酒浓。今日见君面，仍觉心忡忡。揽镜妾自照，颜色桃花红。开箧持赠君，如与君相逢。妾有钗插鬓，君有襟当胸。双悬可怜影，汝我长相从。虽则长相从，别恨终无穷。对面不解语，若隔山万重。自非梦往来，密意何由通！

四

　　汝魂将何之？欲与君追随。飘然渡沧海，不畏风波危。昨夕入君室，举手搴君帷。披帷不见人，想君就枕迟。君魂倘寻我，会面亦难期。恐君魂来日，是妾不寐时。妾睡君或醒，君睡妾岂知。彼此不相闻，安怪常参差！举头见明月，明月方入扉。此时想君身，侵晓刚披衣。君在海之角，妾在天之涯。相去三万里，昼夜相背驰。眠起不同时，魂梦难相依。地长不能缩，翼短不能飞。只有恋君心，海枯终不移。海水深复深，难以量相思。

　　光绪十六年（1890），黄遵宪在伦敦任驻英使馆参赞，以乐府杂曲歌辞《今别离》旧题，分别歌咏了火车、轮船、电报、照相等新事物和东西球昼夜相反的自然现象。诗人巧妙地将近代出现的新事物，与传统游子思妇题材融为一体，以别离之苦写新事物和科学技术之昌明，又以新事物和科学技术之昌明，表现出当时人在别离观上的新认识。因此，《今别离》既是乐府旧题，又反映了今人——近代人别离的意识，是当时"诗界革命"和黄遵宪"新派诗"的代表作品。

从结构上看,四诗各自独立成篇:首篇写轮船、火车载人远去;次写抵达异域后,以电报向家人报告平安;三写寄相片以慰离愁;四写思妇,欲梦佳期,而东西球昼夜相反,眠起不同,佳期难梦。但在内在逻辑上,四诗又一线贯穿,首尾相衔,是一组小型组诗,表现了"今别离"的特点和近代人相思别离的全过程。

古、今别离的不同,首先在于别离时所用交通工具的不同。不同的交通工具所激发的离情别绪,就有快慢、浓烈、强度和类型的不同。第一首咏火车、轮船,即以古代车舟反衬,以当今火车、轮船的准时、迅速,表现近代人离情别绪的突发与浓烈。全诗的核心是一组对比——

古亦有山川,古亦有车舟。车舟载别离,行止犹自由。

今日舟与车,并力生离愁。明知须臾景,不许稍绸缪。

其中有发车之准时:"钟声一及时,顷刻不少留"。有马力巨大的"万钧柁",不畏打头石尤风,决无"愿得篙橹折,交郎到头还"之可能性。其迅疾:"送者未及返,君在天尽头","望影倏不见,烟波杳悠悠"。故其离情,既不似李白"孤帆远影碧空尽,惟见长江天际流"之缓慢;更无郑谷"数声风笛离亭晚,君向潇湘我向秦"之从容,倏忽之间,人已不见,此时便只能有一个"快乘轻气球"(海上飞艇)的愿望而已。

既已别离,辄起相思。相思何以慰——朝寄平安语,暮寄相思字。遂过渡到咏电报的第二首。

"朝寄"、"暮寄",寻常家书而已。但驰书之快,迅疾如电,又与通常家书不同。其不同处有四:一非君手书;二无君默记;三无亲昵语;四经"三四译",已难尽人意——实是近代电报通讯的特点,以思妇的口吻道出,又贴切、自然而有新意。更有甚者,"只有斑斑墨"以下六句,诗人竟以南朝乐府民歌中谐音双关的艺术手法,以斑斑墨、门前树及江南水乡常见的藕与丝,来描写与电报有关的电讯器材和电讯设施。"斑斑墨",写的是电码;"两行树",写的是电线杆;"中央亦有丝",借连藕之丝写电线中央的铜丝;"两头系",写的是相隔万里之遥的两座电讯大楼。藕断丝(谐思)连,仅是谐音比喻;而电线丝却真的能传递相思之情,这比藕丝之喻又进了一层。整首诗以思妇接到远行丈夫电报来驰骋想象,展开内心独自,把相思之情与电报的特点高度融合在一起,如刘燕勋所说:"结想俱匪夷所思,直入化境矣。"

别离愈久,思念愈切,慰尔相思,除电报外,还寄来照片——开函喜动色,分明是君容。遂又写照片。

古代别离,虽朝思暮想,却不能面见。经过长时间的别离,倘若"今日见君面",则一定是夫妻重逢,"既见君子,云胡不喜"。那时的通讯往来,常常是片言只语,雁字鱼书而已,感情的表现形式也仅是"客从远方来,遗我一端绮"或"呼儿烹鲤鱼,中有尺素书"。虽有"画图省识春风面"的方法,却从不用在"一种相思,两处闲愁"上。近代则不同,因为出现了照相术,故能见照片上的"君面",虽然不是真的相逢。不过,即使把"君"的照片与自己的照片悬挂在一起,以便"汝我长相从",但实际上仍隔着千山万水,别恨无穷。或者不如说,由于收到"对面不解语"的照片,反更易惹起自己一股浓浓的相思离别之情。于是,此首便由"自非梦来往,密意何由通"转入第四首。

思妇收到电报,怨无寻常并坐语,况经三四译;收到照片,恨对面不解语,仍觉忧心忡忡,自觉"密意"难通,于是寄希望于"梦"。忽然,她又想到,由于"君"与"妾"之间"相去三万里,昼夜相背驰"。昼夜既相背,眠起即不同,"恐君魂来日,是妾不寐时"。妾处"举头见明月",君处"侵晓刚披衣"。彼此既不相闻,故"魂梦难相依"。连梦也做不到一块,这比起以为"海上生明月,天涯共此时",相思可以"梦佳期"的张九龄,以及自信"但愿人长久,千里共婵娟"的苏东坡来,不仅"以至思而抒通情,以新事而合旧格,质古渊茂,隐恻缠绵",且确是咏古人未见之物,发古人未发之情,"辟古人未曾有之境"(陈三立语)。

这组诗的佳处,自然还不止以上所说,诗人以其深厚的古典诗歌修养,将新事物成功地融入古典诗歌的氛围中,也是本诗的特点之一。不过,那些弥漫着古色古香的诗句,在本诗中只起着"旧瓶"的作用,未能与其所装的"新酒"媲美,所以,限于篇幅,这里就不多说了。

(曹　旭)

上　岳　阳　楼　　　　　　黄遵宪

巍峨雄关据上游,重湖八百望中收。
当心忽压秦头日,划地难分禹迹州。
从古荆蛮原小丑,即今砥柱孰中流?
红髯碧眼知何意?挈镜来登最上头!

光绪二十三年(1897)六月,黄遵宪赴湖南长宝盐法道任,途经岳州,登岳阳楼,忽然看见几个红髯碧眼的洋鬼子拿着望远镜也在楼上,他想起岳阳楼、洞庭湖乃至长江上下游大片地区都被划入英国的势力范围,不由感慨系之。沉重的历史感和现实感,使诗人登楼眺远,感而作此。

"巍峨雄关据上游,重湖八百望中收",登上岳阳楼,望中所见,一关一湖,关据上游,湖围八百。岳阳楼是岳阳城的西门楼,扼据洞庭湖上游;而洞庭湖南为青草湖,西为赤沙湖,水涨时三湖合一为"重湖"。此以雄关扼据,八百里烟波写岳阳楼重要的地理形势,联系尾联,可以体会出诗人的军事和战略眼光。

当时,帝国主义侵略势力正由沿海向内地扩张,瓜分惨祸,迫在眉睫。颔联上句"秦头日"用潘永因《宋裨类钞》之典,该书载南宋谢石善拆字,曾拆"春"字"谓秦头太重,压日无光",以讽刺秦桧擅权。此句下诗人自注:"近见西人势力范围图,竟将长江上下游及浙江、湖南指入英吉利属内矣。""荆蛮"原指古代楚地的蛮人,岳阳楼属楚,故此语不算离题。但这里可见,沉沉地压在诗人"当地"的"秦头日",正是帝国主义侵略势力的象征。下句中的"禹迹州",指大禹所划分的九州,这是历史悠久的神州版图,帝国主义虽然妄想着"划地",但具有巨大的历史和民族凝聚力的中国,它们毕竟是"难分"的! 这二句,表现了诗人的现实忧虑和民族自信心,有着不可忽视的思想意义。同时,在字面上,它们又不脱"上岳阳楼":上了高楼,故觉日低压人;远望重湖,乃发湖虽大而不能分开禹迹州之叹(洞庭湖南北皆属九州中的荆州,湖将荆州划为今湖北、湖南二部分)。以不动声色之笔,写出深沉的思虑,这也体现了诗人深厚的古典诗歌素养。

颈联的上句,化用《诗经·小雅·采芑》之语:"蠢尔荆蛮,大邦为仇。方叔元老,克壮其犹。方叔率止,执讯获丑。"荆蛮,原是楚人的蔑称,这里借一"蛮"字,比喻帝国主义诸"蛮夷",又借古老的《诗经》为证,轻蔑地说列强从古以来都是小丑而已。但既然只是小丑在跳梁,又何以中国被它们欺凌到这等地步呢? 于是,下句便直逼而出:值此危难之局,谁是当今中流、力挽狂澜的俊杰之士、砥柱之材呢? 原来,列强的猖獗,全是由于中华无人之故! 这是对无能的清政府的激愤指责。当然,此句在激愤的语气中,又包含着诗人英雄自许之意,与康有为的"眼中战国成争鹿,海内人才孰卧龙"(《出都留别诸公》)有异曲同工之妙。但这句的主要情绪,从诗的上下文看,还是以愤慨为主,诗人纵然是英雄自许,也是个无用武之地的英雄。

正因为眼下中华无人(当然是执政者中的无人),所以在尾联中,一个洋鬼子就神气活现、大模大样地"挈镜"(带着照相机)登上了岳阳楼的最高处。"红髯碧眼知何意? 挈镜来登最上头。"这二句,从诗的外表(结构)看,是律诗的"合"处,也点醒了诗题;但从诗的内在情绪看,则是紧承着第六句:中国无抗御外侮的"砥柱",所以"知何意"即居心叵测的鬼子,便能够登上了岳阳楼——不,毋宁说是古代中国——的"最上头",他们将肆无忌惮地拍下照片,他们或许会以为,这照片中的神州大地,有朝一日就是他们的囊中物;而中华若再无人,则洋鬼子的妄想,也不无成为现实的危险!关于尾联,诗人有自注云:"是日有西人登楼者。"这些西人,可能只是旅游者,拍照也可能只是留念。但在警惕而敌忾的诗人眼中,这些红胡子、绿眼睛,就是侵略势力的象征,他们的"挈镜",也成了窥伺的举动。这里,诗人高度的时代敏感又一次体现了出来,同时,字面上"知何意"的含蓄表达,也同样体现了他的浑成的古典修养。

登高兴怀,本是传统的题材,但诗人将"红髯碧眼"与雄关古楼剪辑在一起,且始终以民族仇恨的眼光注视他们,不仅点明了全诗的感慨之由,丰富了画面的动感和色彩,更给伤时、报国的内容,赋予了强烈的时代气息和突破传统的新意。

(曹 旭 沈 价)

日 本 杂 事 诗　　　　黄遵宪

拔地摩天独立高,莲峰涌出海东涛。
二千五百年前雪,一白茫茫积未消。

黄公度多年担任清朝驻日、英等国的外事职务,在他记叙异国风情的众多篇什里,多有优秀的山水诗。如他随何如璋出任驻日使馆参赞时写的二百首《日本杂事诗》,写及日本奇山秀水的,就时见珠玉于毫端。

这首七绝是《日本杂事诗》中的一首,写的是日本最高的山峰富士山。诗后面附有作者小识:"直立一万三千尺,下跨三州者,为富士山,又名莲峰,国中最高山也。山顶积雪,皓皓凝白,盖终古不化。"为了突出它的高峻,诗人劈头连用"拔地""摩天""独立"三个短语,渲染出富士山伟岸巍峨、令人"高山仰止"的气势。

然而,富士山之所以能成为日本的标志、日本的骄傲,并不仅仅因为它高入云霄,还由于它美。它作为一座长年酣睡的火山,以标准的圆锥形唤起人们的美感,赢得人们的赞叹。人们惊叹它的周正,它的完美,惊叹大自然的鬼斧神工,美称它为"莲峰"。黄遵宪借这个美称作比喻,赞美它"莲峰涌出海东涛"。这个诗句,不但标明了"莲峰"的方位(在东洋),而且用一个"涌"字赋予"莲峰"以动势,仿佛富士山就是从东洋海面上长出来的一朵新荷,它还要"日高日上,日上日妍"(李渔《李笠翁一家言·芙蕖》)。如此以动写静,更显得富士山卓然兀立,高标独秀。

除此之外,富士山之所以具有动人心魄的魅力,还在于山顶那不销不融的皑皑白雪,银装素裹,在蓝天红日的映衬下十分外娇娆。诗人有意连用两个夸张,从时间上讴歌这积雪的亘古不化("二千五百年前雪"),从空间上赞颂这积雪的广大无垠("一白茫茫"),揭示出富士山不唯高大、美好,而且纯洁、永恒。高是体,美是形,纯洁永恒才是富士山的神。日本人视富士山为圣山,更主要的是出于对后者的景仰。

黄遵宪作为"诗界革命"的倡导者,大胆打破旧樊篱,把外国山水也剪裁入诗,而且敢于"扫词章家一切陈陈相因之语"(《与梁启超书》),寥寥二十八个字,便将富士山写得形神兼备、气势感人。这就不仅可见作者心胸的广大,也可看出诗人技巧的不凡了。

(洪 珏)

【诗人小传】

陈宝琛

(1848—1935) 字伯潜,号弢庵,福建闽县(今福州)人。同治七年戊辰(1868)进士,由翰林院编修,官至弼德院顾问大臣。为闽派诗坛领袖之一,诗多感时抒怀。又尝出游江南、广州及南洋群岛,纪程之作亦多。陈衍称其"肆力于昌黎、荆公,出入于眉山、双井"。陈三立序其集,谓其"感物造端,蕴藉绵邈,风度绝世,后山所称'韵出百家上'者,庶几遇之"。著有《沧趣楼诗集》。

感 春 四 首(选二) 陈宝琛

一春无日可开眉,未及飞红已暗悲。
雨甚犹思吹笛验,风来始悔树幡迟。
蜂衙撩乱声无准,鸟使逡巡事可知。
输却玉尘三万斛,天公不语对枯棋。

倚天照海倏成空,脆薄原知不耐风。
忍见化萍随柳絮,倘因集蓼惩桃虫?
一场蝶梦谁真觉?满耳鹃声恐未终。
苦倚桔槔事浇灌,绿阴涕尺种花翁。

光绪二十年甲午(1894)阴历六月到二十一年乙未(1895)阴历正月,爆发了中日战争,在黄海战役和威海卫战役中,北洋大臣李鸿章经营十六年的海军舰艇,全部被歼。二十一年阴历三月,中日签订《马关和约》,主要条款是清廷割让台湾、澎湖列岛给日本;赔偿日方军费白银二万万两等。这是"鸦片战争"之后最大的战争失败和最大的丧权辱国事件,引起了举国的愤慨和惊哗。这时陈宝琛免职家居已多年,往来于家乡螺洲(今福州南)的沧趣楼和鼓山(今福州东)的听水斋之间,闻讯之后,作了《感春》七律四首,以抒写对于中日战争和签订《马关和约》的感想。这里选的是四首中的第一和第三首。《感春》借用韩愈诗的题目。韩愈以《感春》为题写的诗有三题,用的是五、七言古体和拗体七律,陈诗则用工细的七律写,风格大异。

所选第一首写和议。起联说那年春天战争失败,继以签订《和约》,使人整天双眉难展,虽未到春尽花落时候,已十分悲痛,以点题和总领下面各首。次联说清廷战前因循苟且,没有充分准备;战起只图侥幸取胜。出句用《述异记》载周穆王吹笛制止大雨的典故,以暴雨来时寄望于"吹笛"制止的"效验",比喻清廷幻想以意外的力量,对付日军的侵略。对句用《博异志》所载崔玄微以"朱旛"护花的典故,以大风吹来,才想"树旛"护花,时机已迟,不起作用,比喻清廷在战前不知准备,战起又犹豫不决,仓皇应敌,措置失宜,招致大败。第三联出句,用蜂窝中群蜂的纷乱喧闹声,比喻清廷战前战后,主战、主和两派的相互争执,相互攻击。蜂衙,谓蜂窝中群蜂簇拥蜂王而听其命,状如衙门,词见陆佃《埤雅》。对句用《山海经》、《汉武故事》所载西王母以"青鸟"充使者的典故,以指清廷初派张荫桓等赴日议和,因日方不接待,驱逐张等,乃改派李鸿章,李又迟迟不行。结联比喻赔款割地事和清德宗的无可奈何,忧伤不语,像对"枯棋"一样。仙人对赌,一人"输却玉尘九斛"的典故,见《列仙传》;以"三万"代"九",言其多。天公,指德宗。枯棋,木制棋子,见《文选》韦昭《博弈论》注,此喻残局。

所选第二首写北洋海军被歼灭。起联感慨春天花木,表面有"倚天照海"之势,但本质"脆薄",受不了大风的吹动,以比喻北洋海军舰艇虽多,势似不弱,但当局昏暗,官兵的教养、训练都差,战斗力不强,所以倏忽之间,歼于敌手,落得一场空。次联出句,谓海军被歼,覆灭于大海之中,犹如古人传说中的落水"化萍"的"柳絮"。对句谓战败后处境艰难,朝廷应吸取教训,防止祸患的再起。典出《诗经·周颂·小毖》:"予其惩而毖后患。……肇允彼桃虫,拚飞维鸟。未堪家多难,予又集于蓼。"惩,吸取教训。毖,谨慎、预防。桃虫,鹪鹩,指起飞后能为患。集蓼,处于艰辛境地。第三联出句用庄子梦化蝴蝶的典故,比喻战争像一场大噩梦,但未必人人能有真正的"觉醒"。"满耳鹃声恐未终",谓主战、主和两派仍在争吵。邵伯温《闻见录》载邵雍在洛阳天津桥上听到北方少有的杜鹃叫声,预言将有南人得势,搅乱天下,是影射王安石以南人入相的。陈衍《石遗室诗话》说这句主要指帝党的主战派领袖翁同龢。翁是江南常熟人。结联以有人长期用桔槔汲水,灌溉花木,但风雨一来,花朵落尽,使在绿荫中的"种花翁"流"涕"成"尺"长,比喻长期主持海军的人,应对多年经营付之一掷,伤心悔过。按文气,"种花翁"似当指后党主和派的北洋大臣李鸿章。但作者对李对翁,并无密切的敌对和亲近关系,似不会对李表示这样的同情,所以"种花翁"又似泛指致力和关心国事的人。"涕尺",词出王褒《僮约》。

陈宝琛的诗,《石遗室诗话》称其:"肆力于昌黎(韩愈)、荆公(王安石),出入于眉山(苏轼)、双井(黄庭坚)。"清苍幽峭,风格近宋。但他在"同光体"诗人中,作法又特别注意细致熨帖,陈三立序其集,称为"蕴藉绵邈,风度绝世。"又深得唐诗之长。《感春》四首,用典精工贴切,以哀感顽艳的笔墨,写家国之痛,多用比兴,不作赋体,风华情韵,又大似李商隐的七律。 (陈祥耀)

大悲寺秋海棠　　　　　　　　　陈宝琛

当年亦自惜秋光,今日来看信断肠。
涧谷一生稀见日,作花偏又值将霜。

陈宝琛是"同光体"闽派诗人的一位杰出作家,但他并不像郑孝胥、陈衍那样被称为闽派的领袖,但其诗的成就,却不在郑孝胥之下,而高出于陈衍。他的学生、江西派的领袖陈三立序其集,谓其"感物造端,蕴藉绵邈,风度绝世,后山所称'韵出百家上'者,庶几遇之"。评价相当高。他是光绪前期清流首领之一,以敢于直谏著名。于光绪十年因言事触怒慈禧太后被罢官。归乡筑听水斋于鼓山,过着退隐的生活。中间曾出游江南、广州和南洋群岛。直到光绪、慈禧先后死,溥仪即位后宣统元年,才被召入京,后为溥仪帝师。他年六十一,写了这诗,借秋光以喻清王朝处于日薄西山之境,"涧谷一生",指自己二十五年退隐鼓山的时间。"日"喻清帝,"稀见日"喻见不到清帝。"作花",喻返京任职。"将霜",喻清朝已到将亡前夕,这样说,表现诗人的忧心王室。首二句是透过一层写,当年指光绪前期,诗人在京之时,清室早已处在风雨飘摇之中,所以诗人曾一再直谏言事,为的是怜惜此"秋光"而图挽救。这里所表达的,是一位封建士大夫的心情。但它是真话,以作者的身份,不这样说,倒是可怪了。必须向读者指出,清亡以后,作者成为遗老,对废帝忠心耿耿。可是,当溥仪出为伪满洲傀儡皇帝,伪总理郑孝胥要强拉他赴东北出任伪职,他坚决拒绝,不屑与叛国巨憝同流合污。说明陈宝琛是"黄花晚节香"的爱国诗人。他的学生陈三立也在卢沟桥战火烧起以后,日寇侵略军窃据北平城时,绝粒不食而死,表现了崇高的民族气节,可说是有其师必有其弟子。因此我们读《沧趣楼诗集》,读陈三立所撰的序,不能不油然起敬。

诗题所云大悲寺,在北京西山八大处第四处,创建于元代,是游览胜境。作者此诗,可为大悲寺增添一个故实。

(钱仲联)

【诗人小传】

沈曾植

(1850—1922) 字子培,号乙庵,晚号寐叟,别署小长芦社人、巽斋老人、东轩居士、逊斋居士等。浙江嘉兴人。光绪进士。历任刑部主事、总理衙门章京、安徽提学使等。学识渊博,精研西北史、地,并研究佛学。又究心经世之学,提倡学西欧。其诗有数百首,是同光体代表诗人之一。书法颇负盛名。有《海日楼诗文集》等。

舟发广陵　　　　沈曾植

归程指烟水,心与楚云驰。
客久谙船理,江清见鬓丝。
老悭筋力用,壮惜太平时。
鼓角中宵动,江湖岁晚悲。

沈曾植五律,实从杜甫一脉而来,不像七古及七律那样深曲晦涩。胡先骕《海日楼诗集跋》谓沈氏"其诗本清真",但由于作者学问奥衍,自己视为常识的东西,别人看来却诧为生僻,此论也不无道理。沈诗博大精深,如钱仲联所云"可以药近人浅薄之病"(《梦苕庵诗话》),惜知者鲜矣!

光绪二十四年(1898),沈曾植丁母忧南归。不久,即被湖广总督张之洞邀往武昌任教。在鄂期间写了不少诗,本诗即作于此时。

诗人乘船自扬州归武昌,溯流而上,指向长江茫茫的烟水,自己的心,早随着白云飞到湖北了。起二句看似平平道来,毫不费力,实已为下文布下大局,这正是沈曾植津津乐道的"元嘉"笔法,非深于谢灵运山水诗者不能作此等语,以五古的章法用于五律中,气格更觉阔大。

"客久谙船理",长期作客他乡,奔波江湖之上,已熟悉行船的道理了。诗人把深刻的哲理浓缩成短短的一句话,使人深思,品味它的内涵。沈曾植一生,于宦海浮沉数十年,光绪六年(1880)中进士后,官刑部主事,在京十余年,此时又被聘至两湖书院掌教席(以后又历任江西、安徽地方大员)。"谙船理",也就是深通做官或做人的道理。沈氏为诗,主张要领会"玄理",把两晋玄言、两宋理学等前人至理名言运用之,谢灵运善用《易》,诗中常见《易》理。沈氏学谢、颜,"客久"五字,即在诗中"见道因"之语。"江清见鬓丝",谓江水清澈,能照见自己鬓边的白发。我们从中也可领略诗人"鉴物"的本意,两语情景交融,意与理会,堪称佳句。

颈联二语,逼肖陈师道学杜之作。年将老迈,精力衰退,尽可能少些活动,以保存元气;想起年青时正值太平时世,未能发挥能力以实现理想,未免感到可惜了。上句写今,下句忆昔,对比之下,尤难为怀。此种极淡而极有味之语,纯是宋人格调。陈声聪《兼于阁诗话》卷一录此诗,称其"流丽平易",似未能深会作者的用意。

"鼓角中宵动,江湖岁晚悲。"一结无限感慨。戊戌政变发生,沈曾植的同志好友,或被杀害,或被流放,自己虽侥幸远害全身,但心中的悲感还是无法消释的。结处纯是老杜笔法。

(陈永正)

失　　题　　　　　　　　沈曾植

洗树疏花盥晚香,婆娑庭院已斜阳。
客来策事都无对,病后观心亦自忘。
夕望片烟生野寺,暝抛经卷偃胡床。
年来总觉情无尽,归路那堪日转长。

沈曾植七律,人多谓其"诘屈聱牙"、"奇辟古奥",其实全集中亦有一些"俊爽迈往"(陈衍《石遗室诗话续编》)之作。诗人认为诗有元祐、元和、元嘉三关,通过元嘉一关,须"将右军《兰亭诗》与康乐山水诗打并一气读"(《与金潜庐太守论诗书》),意是说,用山水的"色",运老子庄子的"意",便可臻晋、宋人诗的妙境。这首《失题》诗,可以算是沈曾植诗论的实践样板。

沈曾植诗中,以"失题"为题者多首,大抵皆祖李商隐"无题"之意。没有题目的局限,诗人的思路可以放得更宽,诗歌的内蕴可以更丰富,提供读者更多的想象余地。

起两句"洗树疏花盥晚香,婆娑庭院已斜阳",笔法已自不凡。沈氏精通佛理,熟习释典,诗中所用"香"字,多有佛家闻香悟道的含意,如"屏深老子婆娑影,风定昙花自在香"、"梅开正见香中佛"等皆是。此诗起句亦破空而来,"洗树"一语,为作者生造,刚下了一场初夏的阵雨,树上零零落落的晚花,如同盥洗过似的,香气分外清新。诗人漫步在庭院中,又到了斜阳时候。"婆娑",佛经中常有

"婆婆世界"之语,亦称"婆娑",沈氏好以佛教用语入诗,故《海日楼诗集》中屡见此词。本诗中的婆娑,当有闲散自得、盘桓游息之意。

颔联二语名隽。钱仲联《梦苕庵诗话》特录之,称其"高古锤炼,二三流诗人所不易到者"。"客来策事都无对",以淡语写愤激之情。"策事",本为古代一种游艺活动。参加者共同以某一事物为中心,各述与之有关的典实,以较学识的多少。齐、梁时期,此风特盛,有如晋人的清言。唐人卢言《卢氏杂说》载,梁武帝多策事,尝与沈约策有关栗子的事,帝得十余事,约得九事。本诗中的"策事",当别有含意。清季国家多难,朝政腐败,沈曾植是维新派人物,曾赞助康有为开强学会于京师。戊戌变法前夕,因丁忧离京南归,故未被祸及。诗意是说,客人来访,谈及国家大事,实在无言以对。"病后观心亦自忘",一句中兼用释氏老庄之典。"观心",意为观察心性。《十不二门指要钞》云:"盖一切教行,皆以观心为要。"佛教认为,心是万法的主体,无一事在心外,故观心即可以究明一切事理。禅宗北宗创始人神秀著《观心论》,认为"一切佛法,自心本有"。诗人在病后,对自己的心性进行考察,认为连自己也不是真实存在的。"自忘",意谓身心俱遣,物我兼忘。《庄子》中常见"忘心"、"忘形"、"忘言"、"忘己"、"忘身"之语。诗中用此,表面是对自身价值的否定,实际是无可奈何的愤激。在乱世末世之中,任何个人都是无法认识自身存在的意义的,故诗人唯有"自忘"而已。

颈联写眼前的情景。黄昏时抬头看看,野外的荒寺已生起缕缕炊烟;天色渐暗,抛下经卷不再看了,偃卧在交椅之上。两句写出百无聊赖的心境。

"年来总觉情无尽",为全诗之眼。上文已写到自己好像什么都看透了,什么都不去关心了,而这里却说"情无尽",可见诗人骨子里还是很有情的。王维《酬张少府》诗:"晚年惟好静,万事不关心。自顾无长策,空知返旧林。"也是诗人思想上矛盾、苦闷的反映。说是要自忘,而总不能忘情,内心深处总觉有无法消释的隐痛。末句再一转笔,意味更深一层。春末夏初,白昼渐长,古人有"志士惜日短"之叹,如今"日转长",自己却无所事事,归路中一念及此,更觉难堪了。 (陈永正)

西 湖 杂 诗(十七首选五)   沈曾植

其 一

残年泛泛住虚舟,也作西湖十日留。
卅载童心凄不返,余官巷北阿姨楼。

〔辛巳东游,馆于余官巷金氏姨母家,今后人移湖墅矣。〕

其 六

石罅苔花殊不枯,空岩乳水静春揄。
枫林一叶吊霜艳,竹翠万梢矜雪腴。

(韬光至龙井,行万竹中。)

其 七

雪湖游罢思月湖,月来可惜云模糊。
天公不请亦饶假,放汝烟波充钓徒。

("月湖不如雪湖",樊榭诗语。)

其 十 三

郎当岭上担郎当,蜀道难宁在故乡?
绝顶一回舒望眼,近收湖色远山光。

(郎当岭。)

其 十 四

湖沙渺莽月冥蒙,可有千潭一印通?
输与老夫探夜壑,飞来原在户庭中。

(张祠小洞玲珑幻绝,偕石钦冥索得之,而证刚踏月未归。)

　　再美的景物,只有与个人经历发生关系,才最令人留恋;而要使个人的感受与他人相通,使他人感动,又要使个人的游历尽量与众不同,见人所未见,得人所未得。就这两方面来说,沈曾植的《西湖杂诗》均有独造,因而具有较强的可读性。

　　沈氏此游,在清宣统二年庚戌(1910)冬。李翊灼《海日楼诗补编序》云:"庚戌,访叟嘉兴,快聚匝月,即偕作西湖游。时长至前旬日也。……乃尽十日之力,遍览湖山之胜。素妆西子,不御铅华,而风韵天然,偏多真趣……十日之中,晴晦、雨雪、风月,几无不备。寂然境中,妙现神变,枯木寒岩,顿有生意。""长至",即冬至,盖冬至以后,日长一日也。冬日游湖,"杳无游人",荒寒幽闷,但也正因此,更见故人相邀之挚情,也更能发现常人难见的景色之美。这种独具一格的与个人经历密切相关的出游,自对诗人有特别深切的印象。沈氏当年与朱彊村书云:"冬月明圣泛舟,灵山韶濩,颇有领会。"对自己的纪行诗颇为欣赏。"明圣泛舟",月下划船游湖;"韶濩",又名"大濩",商朝古曲,后泛指古乐,这里指幽雅难得的艺术境界。也怪不得沈氏有自得意,这组纪行诗计十七首,写得别具一格,颇带个人色彩,有较强的感染力,很值得品味。

其一是说自己年轻时曾游过杭州,此次重游颇有物是人非的今昔之感。"残年"有双关义,一是指岁末,二是指自己年事已高。首二句有惊喜意,谓未料到自己竟能以衰朽残年,于接近岁末时得做西湖十日勾留。出游之年,诗人已60岁,刚辞官归隐。如此高龄能再临旧日行经之地,怎能不深有感触?接下来的两句,便抒写对往事的缅怀,流露出低回惆怅之感。"卅载"句慨叹过去的一切都不会重现了,童心长逝,令人神凄,"余官巷"句便是对旧日居处的留恋和叹惋。从小注可知,诗人曾于三十年前(光绪七年辛巳,1881年)到过杭州,居住在余官巷金氏姨母家。而今,金氏后人早已搬到别处去住,"余官巷北阿姨楼"已属他姓。抚今追昔,能不怆然?重游之喜与访旧之悲融于一体,真切动人。

其六写冬日的竹林。诗人由韬光至龙井,沿途多为竹林,冬日森森,翠竹依依,的确给人独特的感受。前二句写山景。龙井在西湖东岸,为湖畔群峰较高处,虽海拔也不过数百米,说不上高峻雄险,但这里怪石嶙峋,峰谷相间,山峦峥嵘,溪流蜿蜒,加上植被丰富,竹木萧森,构成特殊的地貌,与湖光相映,别具幽趣。此二句意谓,虽然已是冬天,石隙处泉水叮咚,苔藓不枯,像春天一样静谧。"空岩乳水",石灰岩溶洞的滴水;"揄",用手掬捧。岩洞温暖,滴水潺湲,的确逗人喜爱,常引人不由得接一捧漱漱口。这种冬至而不枯寒的景色已够迷人,后二句对竹木的描写更为生动:枫叶只剩下了"一叶",但犹然火红鲜艳,似在凭吊、哀悯秋霜的先逝;竹林则仍然有万枝之盛,一派青翠,在雪中显得格外丰腴,似在高矜地嘲弄雪的无效的压迫。枫叶不落,北方或许可见;翠竹映雪,却只有江南有此奇绝。诗人冬日山行,"行万竹中",果有难得的际遇,得见红翠相间,又敷以皎然白雪的丽景。"吊霜艳"、"矜雪腴",措辞均极精警绮丽,可味可玩。

其七写月下冒雪游湖。明末散文家张岱忆写西湖景色的文字,对月景、雪景都有生动的描绘。相比之下,雪景能赏识者更少。因此,清初诗人厉鹗(号樊榭)有"夜湖不如雪湖"之句。不妨读读张岱的《湖心亭看雪》:"大雪三日,湖中人鸟声俱绝。是日更定矣,余拏一小舟,拥毳衣炉火,独往湖心亭看雪。雾凇沆砀,天与云与山与水,上下一白。湖上影子,惟长堤一痕,湖心亭一点,与余舟一芥,舟中人两三粒而已。"景色何等清幽!无艺术头脑者,焉能有此雅兴?诗人偏偏也有此等旷逸胸襟,也于月夜游雪湖,可惜月色不佳,似乎有些令人扫兴。前二句,即行迹的实写,"可惜"两字,写出诗人心中轻微的惋叹。但有兴月下游雪湖的人,心胸自不会偏狭,月光不明,何妨游赏?后二句,便从惋叹转为旷达,吐露了游湖者胸襟的开阔。"天公不请亦饶假",意谓天公不肯作美,放出月光让人游赏,那也没有什么,游人照样可以利用天时。"假",凭借。"放汝烟波充钓徒",任由你乘舟游湖。西湖冬不封冻,即使天有微雪,湖面照样绿水粼粼,这是南方特有的景色。虽未能观赏月景,乘兴在湖中冒雪泛舟,确也有独特的乐趣。

其十三颇有民歌风味,巧借地名的谐音,写山行的乐趣。注云"郎当岭",诗正写过岭的艰困与欢欣。前二句是写山行之苦,"郎当"乃俗语,颓唐状。二句意谓:山名郎当岭,过岭真让人郎当受罪,累得受不了,几乎令人怀疑,莫不是号称天下之难的蜀道移到了故乡? 沈乃浙江省人,故称杭郡之地为"故乡"。诗句奇巧复警绝,以巧妙的谐音和大胆的夸张,刻画出山行的劳苦。郎当岭上行,自不会有"难于上青天"的蜀道那般艰险,但如此铺陈,那种劳苦感传摹得特别真切。后二句则写登上绝顶后的欣慰喜悦。由高处环视,山光水色,尽收眼底,不禁令人精神一爽。登山的劳累即使尚未消散,也令人觉得劳有所得,有所安慰。世上没有现成的享受,真正的乐趣只能得之于努力之后。绝顶"舒望眼",抵得多少"郎当"之苦,在山行者说来自有体验,而这种体验又会唤起读者种种近似的自身经历,在心头升腾起一种亲切的认同感。当长途跋涉望见目标的时候,当冲涛劈浪远航之后在茫茫海面重见陆地的时候,人们也当有此行不虚的体验吧?

其十四写踏月登山的感受。诗人此行,游湖未见朗月,多少有些遗憾;湖光未得月下赏,山景却在月下一游,也算是有所补偿吧。西湖附近的山,有不少溶洞可以观赏。诗后小注云:"张祠小洞玲珑幻绝,偕石钦冥索得之",即纪实之语。(石钦,与下文"证刚"皆人名)"玲珑幻绝"的景象,生动地写出石灰岩水洞的奇绝。这样的美景,白天游有白天游的乐趣,夜晚游也有夜晚游的乐趣,就幽秘清寂来说,夜游绝胜日游,难怪诗人颇有自得之意。"探夜壑"本已足自夸,加上游伴有人当夜去游湖而未体验到山行的幽趣,自然更叫诗人得意。注云"而证刚踏月未归",点出游伴的不同行程。诗的前二句,是对友人游湖所见的臆测,因不是亲身经历,故以问句出之,十分恰切。二句大意是揣测友人在渺莽的湖沙上漫步,当能在蒙蒙月色下,见到水中晃荡着无数月影。"千潭一印通"的溟濛月色,已足令人叹赏,但在此诗只是个陪衬,其重点在强调山行的收获。后二句即将游山与游湖作了比较,而高度渲染游山的雅趣。"输与老夫探夜壑",还只是自我表白;"飞来原在户庭中",是"探壑"所见所感,突出山的小巧玲珑。二句大意是游湖哪里比得上游山,游山能令人胸襟阔大。站在高处看飞来峰,那峰就像卧在庭园中那样小巧。这二句,视角颇似杜甫的"会当凌绝顶,一览众山小",但气息则清幽异常,足可令人想见诗人的幽兴非浅。

总之,这一组诗几乎首首可读,句句含情,确有诗人的独到感受,又有个性经历的血肉生命,很值得吟赏。没有到过西湖,或虽去过西湖却没有冬日游历体验,以及虽有缘处于荒寒之境却缺乏气度雅兴的读者,不妨品味咀嚼,定可有所收益。

(张永芳)

题唐子畏雪景　　　　沈曾植

虚室夜生白①,千岩静天光。嵯峨沉寥极②,视听咸茫茫。逸士卧敞庐,枯禅老是乡③。宁知天地闭④,肝膈森清凉。爱此万法俱⑤,了无一邱当。所怀竟云何?非圣焉知狂。

〔注〕 ① 虚室生白,语出《庄子·人间世》:"瞻彼阕者,虚室生白,吉祥止止。"省称"虚白"。司马云:"室,比喻心,心能空虚,则纯白独生也。"陆德明释文:"崔云:'白者,日光所照也。'"后常用来形容一种澄澈明朗的境界。　② 嵯峨,高峻貌。沉(血xuè)寥,空旷清朗貌。　③ 枯禅,佛教徒因静坐参禅,长坐不卧不动,呆若枯木,也称"枯木禅"。　④ 天地闭,语出《易·坤文言》:"天地闭,贤人隐。"意谓天地闭塞,绝域即有贤士隐于其间。　⑤ 万法,佛门通称宇宙间一切事物和道理。

据沈曾植《恪守庐日记》云,此诗作于光绪十六年(1890)。为题丁叔衡所藏画而作。又云:"拟东坡《题王晋卿著色山水》诗,超超元著,固非常人胸臆所有。"唐子畏,即唐寅,是明代著名的画家。沈诗着意描摹唐寅这幅《雪景》所绘景色,以申述此画旨趣,复加评述,似与苏东坡《题王晋卿著色山水》诗旨趣相近。

首两句"虚室夜生白,千岩静天光。"描摹唐画所绘天地山谷间一派雪景,纯白而光亮。旧说人心虚静,则能生白,即能心旌明亮。诗人借此既能描述日光照耀下寥廓无际的皑皑白雪,又能表达画家明彻的心境。句中"夜"字,非作时间概念用,其与"虚室"连用,当作"黑暗"解。暗中生白,岂非显得更白?所以反衬句中"白"意。诗人在"虚室"与"夜"等文词上,正能充分利用汉字一字多义的特性,扩展了诗句在达意过程中的联想作用,达到充分描绘与形容的目的。接着描述山雪,千岩万峰,银装素裹,在日光照耀之下,益显得寂寥静穆。一"静"字亦颇具形象,山间万物,为白雪所掩,草木冰封,一派宁静肃穆景象,在日光下尤其如此。至第三、四两句"嵯峨沉寥极,视听咸茫茫",更在"虚"、"静"二字所示的意境上加以展开描摹。万山是如此的高峻嵯峨,身披银装,耸立在白色世界里,令人觉得旷荡而虚静之极了。视听之间都能令人觉得雪中山间的这番幽静景象真是空阔而深远。以上四句写山中雪景,均从高、深、远的宏大空间落笔,写山、雪、光,创造出一幅富有山野特色的雪景图,而其静穆寥廓的意境,犹历历在目。显然,这里是一个远离世俗尘凡的清静世界,何况又在白雪、天光掩映之下,宁静又洁净,正是终老山中的隐逸之士最佳的居处。故第五、六句写"逸士卧敝庐,枯禅老是乡"。这仍在描摹画面,在这"千山鸟飞绝,万径人踪灭"的雪村山野中有一位逸士隐于山丘之间,茅屋之下,似枯禅独坐,欲终老于此。"宁知天地闭,肝膈森清凉"用了《易·坤文言》"天地闭,贤人隐"句意,说如此山色清景,如天地闭塞,远离尘俗,能使人胸怀纯真,断绝邪念。此二句既是揣度画意,追述逸士之所以择此净山作为自己"老是乡"的心意;亦在赞颂唐画,把这人、景、情都活忒忒地在画面上表现出来了。

最后四句是写由画触发起一种感受和联想。"爱此万法俱,了无一邱当。"这两句是说:唐画所绘乃是理想中之境界,得能万法俱备,故虽追爱而莫及,因为现实环境中无一处丘壑能与之相当。这两句既是对唐画《雪景》图的意趣和风格的高度赞评,又透露了沈氏对社会现实的不满情绪,是借题发泄一点小小的牢骚而已。结末两句"所怀竟云何?非圣焉知狂。"借用《书·多方》"惟狂克念作圣,惟圣罔念作狂"之句意,谓画家的心中究竟怀着怎样的思想的?不是无事不通的圣明之士,又怎能了解这狂放不羁者所达到的境界呢?此诗不仅写出了唐寅画清幽寂寥的意境,可证诗画同源,而且以画而会通禅理,寄托了作者淡泊寡欲、超凡脱俗的志趣,开拓了题画诗的一个新境界。

(王杏根)

【诗人小传】

释敬安

(1851—1912) 俗姓黄,名读山,法名敬安,字寄禅。湖南湘潭人。笃信佛教,曾于阿育王寺烧残二指,并剜臂肉燃灯供佛,故又别号八指头陀。家贫,幼时父母先后去世,孤苦无依,替人放牛。但他天资聪慧,又极好学。十八岁出家为僧,晚年为天童寺住持,并任中华佛教总会会长。工诗。多数作品清空灵妙,音旨湛远,风格清淡幽雅,意境优美隽永。有《八指头陀诗集》行世。

梦 洞 庭

释敬安

昨梦汲洞庭,君山青入瓶。
倒之煮团月,还以浴繁星。
一鹤从受戒,群龙来听经。
何人忽吹笛,呼我松间醒。

此诗作于宣统元年(1909),是释敬安晚年作品。释敬安出生在湖南湘潭,二十五岁之前都在湖南度过,对湖南的山水名胜,十分热爱赞赏,特别在远离家乡的情况下,更不时想念家乡的山山水水。日有所思,夜有所梦,在他的诗集中,梦洞庭的诗就有四首,与另外三首诗相比,本诗无论在表现手法还是在诗的境界方面都独具特色。前三首也是写"梦",但梦中所见仍是现实的洞庭湖,而这一首却以奇特的构思,出人意表的想象,把诗人的自我与幻境中的洞庭融合为一,写得扑朔迷离,亦幻亦真,极富浪漫色彩。诗歌记述了一个完整的梦境:诗人昨夜梦回洞庭,汲水湖畔,却把苍郁青葱的君山也汲进瓶中。我把汲来的洞庭水倒出来,用以煮天上的圆月,用以浴天国的繁星。首四句着重写景,这种离奇的幻境,其实是洞庭夜景在诗人笔底的折射。月色迷蒙,青山绿水浑而为一,君山似被汲进瓶中而朦胧地消失了,倒映在湖水中的圆月与繁星,在浩沓澎湃的水波中翻涌着,月亮似在沸水中翻滚,群星似在沐浴,以洗刷身上的尘垢。诗人梦中的月夜洞庭,真可谓是涵浑浩瀚,气势不凡。后四句着重写人。在这充满神奇色彩而又富有活力的洞庭湖畔,我在传道讲经。鹤来受戒,龙来聆听,大自然中的万物都在我佛的融陶之中!但可惜几声清笛,使酣睡松边的我,人醒梦破!"何人忽吹笛,呼我松间醒",末联结束得突兀而洒脱,极富余味。

这首诗以浪漫的笔法,通过写梦,把洞庭夜月的美景与具高僧身份的诗人的清雅超尘的生活、豁达开朗的情怀,及其对佛力无边的信仰融合在一起,而使诗境既新颖脱俗而又生动传神。

释敬安的思想比较复杂,作为佛教徒,他自然主张清静无为,但他又受儒、墨学说的熏陶,爱国忧民,所以这首诗虽有宣扬佛力无边的因素,但情调并不消极,而且风格清新、隽永,想象奇特、丰富,艺术手法鲜明独到,仍可资今天诗歌创作借鉴。

(管 林)

题《寒江钓雪图》　　　　释敬安

垂钓板桥东,雪压蓑衣冷。
江寒水不流,鱼嚼梅花影。

这是释敬安的一首题画诗。写于光绪十年(1884),作者当年三十四岁,是岁曾三游宁波雪窦山,回天童寺,复与日本和尚冈千仞游玲珑岩。八月,自四明归长沙。《题〈寒江钓雪图〉》当作于自四明回长沙之前,即在天童寺期间,是作者早期代表作之一。

这首题画诗,仅以二十个字,就把我们带入一个幽静、寒冷而又具有生机的境地:空中,大雪飞舞;地上,梅花盛开。在白雪的装点下,大地一片莹洁。板桥东边,一位渔者正在垂钓,他是那样的专心致志,带着寒气的雪花,一层又一层地添积在蓑衣上,也浑然不顾。看上去,江水好像被冻得不流了,但是,在那冰冷而澄澈的水波中,鱼儿仍在怡然自得地在游动,在吮嚼那倒映在水中的梅影。读罢这首诗,人们自然会联想起柳宗元的《江雪》:"千山鸟飞绝,万径人踪灭。孤舟蓑笠翁,独钓寒江雪。"其实,本诗中画的题名,也是采自柳氏之句,但同是寒江钓雪的画面,在柳宗元笔下,天地之间"千山"、"万径"都是雪,非常寂静、压抑、严酷;处处"鸟飞绝"、"人踪灭",在这个万籁无声、远离尘世的环境里,只有一个泛孤舟、戴蓑笠的老翁,在寒江中垂钓。整个画面展示了在苦寒环境中绝、灭、孤、独的境界,这正是作者柳宗元清高而孤傲情感的寄托,也是他对政治上失意的郁闷情怀的抒发。而释敬安则不然,他"虽身在佛门,而心萦家国"。(杨树达《〈八指头陀文集〉一卷》)也正如他自己所说的:"我虽学佛未忘世。"因此,在他笔下的寒江钓雪图,就与柳宗元不同,这是一幅静中见动的画面:大雪中仍有小桥上悠然的渔翁、宁静的江面下犹有鱼儿在轻游,连梅花也放下了它通常的傲然翘立的架子,它们投影于水中,任鱼儿细嚼其影,以其影与鱼儿逗乐。"鱼嚼梅花影"是诗中的神来之笔,此前三句,虽不如柳诗的压抑,但也未含生气,有此一句,全诗乃活泼、有趣、有生机,境界与柳诗全异:江上的渔翁不必再对着茫茫大雪发愁,他将钓到清晰可见的鱼儿;画外的读者也不会为大雪而感到凛然寒意,他们将带着微笑赏看鱼儿与梅影的嬉戏。在一位有道高僧的襟怀中,寒天冰雪都是难以侵入的外魔,丝毫无碍于他对着人世拈花微笑。

　　这首题画诗,虽不能说与柳宗元的《江雪》直接有关,但若视之为翻柳诗之意而作,其实也并无不可,毕竟二者的背景是完全相同的。其翻出的新意固然可观,但"翻"的手法——前三句含而不露,至末句微一着力便境界全新——这般举重若轻、功力浑厚,也足可令人肃然起敬于高僧的风范。　　　　（管　林　沈　价）

流　　水　　　　　　　　　　　　　　释敬安

　　流水不流花影去,花残花自落东流。
　　落花流水初无意,惹动人间尔许愁。

　　寄禅早年云游天下时即属意于宁波天童山,此地山深涧幽,茂林修竹,确是修禅的好去处。他在诗中咏道:"踏遍千山复万山,夕阳影里叩禅关。为寻锁翠堆云地,重到幽花瘦石间。"(《重宿天童山寺》)他数度驻锡于天童寺,光绪二十八年(1902),正式被天童寺礼请为住持,这时他已五十二岁。这首诗就是他在天童山中睹流水而憬悟的一首禅理诗。

首联乃写眼前景。溪涧中的水汩汩流淌,而岸花的倒影却依旧映在水中,没有随水流去。等到花朵凋零,它就坠入流水,随水东去了。禅家善于从寻常琐事、眼前景物中顿悟禅理,普通的事物在灵感的撞击中闪耀出哲理的火花,锤炼成诗的意象。此处的流水与落花就被赋予了佛理禅趣。自然界的流水往往会触发人对生命和宇宙的思辨,从中感悟哲理。孔子尝叹曰:"逝者如斯夫,不舍昼夜!"古希腊的赫拉克利特则说:"人不能两次踏进同一条河流。"而寄禅从水流与花影这一对意象中所感悟到的则是动与静、常与断的佛理。佛教有所谓"三法印"之说,其一即是"诸行无常",世间一切现象均处于迁转流变之中,一切事物都如流水般在永恒流动,刹那生灭,这就是佛家常说的:"一切有为法,如梦幻泡影,如露亦如电,应作如是观。"(《金刚经》)不过这只是问题的一方面。你看,水流尽管不断,花影却凝固不动。它让人蓦然悟出动中有静、动归于静的道理,这就是南北朝时僧肇所称的"物不迁"。他指出:"必求静于诸动,故虽动而常静。不释动以求静,故虽静而不离动。"他还用诗一般的语言描述了这一境界:"旋岚偃岳而常静,江河竞注而不流,野马飘鼓而不动,日月历天而不周。"(《物不迁论》)首句的意境实与僧肇所述无异。如果说首句突出的是"静"的话,那么次句的落花流水则又展现了"动"的境界,实是世事无常迁转的写照。

那么此处又何以要将动静两种境界相提并论呢?究竟是主静还是主动呢?这就牵涉到大乘佛学的一个基本思想:中道观。龙树在《中论》中说:"不生亦不灭,不常亦不断,不一亦不异,不来亦不去。"是所谓"八不中道",亦即通过否定对立范畴的两边而达于彻底的空无。禅宗发挥这种思想,教人不离世俗的生活而彻悟佛性真如,提出了"烦恼即是菩提,无二无别"的命题。实际上就是要人在迁转流变的人生过程中,体认清静寂灭的涅槃境界。这也正是这两句诗的意蕴所在:动中见静,而又静不离动。慧能在《坛经》中解释所谓"大乘见解"乃是:"明与无明,凡夫见二,智者了达,其性无二。无二之性,即是实性。实性者,处凡愚而不减,在圣贤而不增,住烦恼而不乱,居禅定而不寂。不断不常,不来不去,不在中间,及其内外,不生不灭,性相如如,常住不迁,名之曰道。"(《护法品》)这也就是常说的"成佛"的境界,面对世事的风云变幻,我自岿然不动,亦即佛家的"定"。慧海称:"定者对境无心,八风不能动。八风者,利衰毁誉,称讥苦乐,是名八风。若得如是定者,虽是凡夫,即入佛位。"(《大珠禅师语录》)

末二句所写世人对景伤怀的现象实是从反面进一步申述了这种禅定的境界。自然界的花开花落,流水东去,本无关于人事,而人们竟能睹落花而坠泪,临逝水而兴悲,实在是妄念缠缚,未得解脱。古人诗中多有以物之无情反衬人之多情的诗句,黄庭坚则以议论出之:"渭城柳色关何事,自是离人作许悲。"(《题阳关图》)本诗的末二句祖述黄诗的痕迹是明显的,但它浸润的是佛理禅趣,令人想起六祖慧能的一则公案。据《坛经》载,印宗法师在广州法性寺讲经,"时有风吹幡动。一僧曰风动,一僧曰幡动,议论不已。慧能进曰:不是风动,不是幡动,仁者心动。"这不啻是说"酒不醉人人自醉,色不迷人人自迷"。外物的迁转流变皆由因缘而生,幻化不实,彻悟此理,自能臻于寂定而不为外物所动,反之,则难免牵于世情,生出烦恼种种。佛家所说的"无住心"即是这种境界。《金刚经》云:"不应住色生心,不应住声香味触法生心。应生无所住心。若心有住,即为非位。"禅宗反复发挥的也就是这一"无住心",慧能所云"外离相为禅,内不乱为定。外若著相,内心即乱;外若离相,必即不乱,本性自净自定"(《坛经》);慧海所云"清净无染是戒,知心不动,对境寂然是定"(《大珠禅师语录》),讲的都是这一境界。

寄禅生当清末民初这样一个剧烈变革的时代,目睹国是日非,内政腐败,列强侵凌,深感痛心疾首,曾为救国而奔走呼号,是近代有名的爱国诗僧。但他毕竟是一名佛教僧侣,宗教哲学是他世界观的基础,因而随处能体现出他思想的矛盾。本诗表现的是一种解脱禅悟的境界,显示出他力图从佛理中获得精神支柱的倾向,但细味诗意,仍能觉察出他对江河日下的世事的隐忧,也表现了他在沧海横流的世界中要修持自身、坚定本心的精神追求,不无启迪的意义。 (黄宝华)

梅痴子乞陈师曾为白梅写影,属赞三首(选一) 释敬安

寒雪一以霁,浮尘了不生。
偶从溪上过,忽见竹边明。
花冷方能洁,香多不损清。
谁堪宣净理,应感道人情。

这是一首题画诗。近代著名画家陈衡恪,字师曾,山水花鸟皆有新意,常作为近代文人画的杰出代表。梅痴子为诗人李瑞清,号梅庵,又号清道人。陈衡恪、李瑞清和敬安都是好朋友。敬安这位一代名僧,诗名甚著。于是,陈衡恪应李瑞清之邀绘白梅,敬安题画,便有了这首脍炙人口的五律。

敬安诗带有僧人诗作的特点,在淡淡的素描当中,渗露一丝禅意。不过,既

被时人称为"白梅诗僧",这位僧人当然不仅仅在诗中传布佛法,而须是在艺术上有所创新,才得到人们的嘉许。那么,在这首诗中,我们能体味到什么艺术特点呢?

第一,一股高雅绝俗的审美情趣,使笔下的白梅花卓然不群。白梅在寒雪放晴之后,在天地又寒冽又清明的时间才出现,又与清溪之畔的岁寒三友之一竹子相伴开放。幽雅绝俗的环境,冷且洁、香且清的花形花香,和环境相配,更显出画家构图设色上不同流俗。敬安诗句勾勒的画面,渗透着与陈师曾、李瑞清共同的审美情趣,传达出来的便是优美高雅的美感了。

第二,诗人笔下的白梅,具有人格化的象征。这本是中国文人画的特点之一。这首诗中的白梅,不畏三九,开花在严寒;不求媚俗,傲然在溪边僻地。自然物的白梅,是一种生物生长的偶然性。诗人予以赞美推崇,赋予白梅一种人格的力量:情操高洁、追慕自由、不畏惧环境的困难和生命之途的坎坷。因此,陈师曾画中的白梅,与敬安诗中的白梅,便具有人格精神的象征意味,耐人咀嚼。

第三,题画诗与独立吟咏的关系上,敬安尽可能兼而有之。前面六句,既是题画,又可理解为直接写景抒情。后面结束云"谁堪宣净理,应感道人情",则回应诗题"梅痴子乞陈师曾为白梅写影",同时又见出他们三人友谊之深厚。至于"宣净理",字面上可解释为表达佛家庄严洁净,不失僧人诗的风范;同时,也可把"净理"二字广义推衍,与上面所描绘高洁清雅的画面气氛相呼应,成为一种艺术的感染力,使人感动。

敬安题陈师曾画白梅诗,同时写的共三首。此处选第三首,为三首诗作结之笔。前面两首有"却从烟水际,独自养其真"、"淡然于冷处,卓尔见高枝"等句,也是突出白梅高洁的人格精神的。参照读之,会有更多体味。　　　　　(陈　铭)

【诗人小传】

张　謇

(1851—1926)　字季直,号啬庵,江苏通州(今南通)人。光绪二十年甲午(1894)殿试状元及第,授翰林院修撰。后致力于实业和教育。辛亥革命后,任南京临时政府实业总长,后又在北京任农林工商总长兼水利局总裁。后辞职南下,继续经办实业与教育。张謇是实业家、政治家,诗为余事,其诗受到了江左宗尚晚唐的诗风影响。亦得力于苏轼、黄庭坚。陈衍评其诗:"超超玄箸,而时喜作诘屈语。"狄葆贤云:"雄放峭峻,肖其为人。"著有《张季子诗录》。

从孙观察公奉差淮安纪行十六首(选一)　　张　謇

　　湖田处处鸭阑遮,一片菱花间藕花。
　　养得鸭肥菱藕足,一年生计抵桑麻。

　　此诗作于同治十三年(1874),时诗人年二十三岁,尚未入仕。是年二月,他应聘赴江宁(今江苏南京市)提调知州官署,充文书之职。聘者为孙云锦,安徽桐城人,以道员充任提调知州,诗题称"观察",是对道员的尊称。五月,诗人"随孙先生勘淮安渔滨河积讼案"(《张季子九录·啬翁自订年谱·同治十三年条》),故谓"奉差"而去淮安。沿途为诗以"纪行",凡十六首,此选系第十一首。诗人虽后来于光绪二十年(1894)春试中状元,授翰林院修撰,但其后进入商界,成为清末著名的实业家、有影响的立宪派。本诗虽作于诗人的早年,但从中已可知诗人观察生活、表现生活,实有别于一般埋首书斋的文人,而表露出一种经济眼光,初显日后成为实业家的端倪。

　　从此题组诗内容来看,系记自江宁渡江沿运河北行至淮安的经历。此选前一首诗,记露筋镇至高邮一带河湖之景。运河傍高宝湖北上,诗人一路舟行,饱览湖河田野风光。故此诗首二句,即记"湖田处处鸭阑遮,一片菱花间藕花。"诗人眼中所见之景,是湖田处处鸭阑,遮满湖塘,可见农户养鸭之盛;而湖面菱与藕间杂放花,亦可见一片繁盛之景。诗人记述农家放鸭、种菱、养藕盛况,非是文人雅习所致,而是注目于农家副业的实利。故至第三、四两句,乃谓"养得鸭肥菱藕足,一年生计抵桑麻。"养鸭种菱,利在何处?即在副业之获利,胜于务农之种植桑麻。种桑植麻,亦农家之有利可图的经济种植副业,较之稻麦种植,获利犹多。但在诗人以经营眼光看来,一年一熟的种桑植麻,生息之利有限,不若充分利用湖广河深的地理之便,大面积养鸭、植菱、种藕。算来这笔收益,一年可抵种植桑麻之利,一旦"鸭肥菱藕足",此地能不物阜民丰?

　　晚清社会处于"门外开放"时代,"同光新政"正在朝野呼声中始推行,办厂、开矿、筑路、经商遂为一些命官、士子、商人所乐道的热门话题,此盖晚清社会走向近代化的必然趋势。此种思潮尤盛于东南沿海。诗人亦受时风的影响,而目光尤其敏锐,能从湖田农家的美丽风光中,生出地尽其便、人尽其力、发展副业、繁荣农村经济的务实求利的观念。但其为诗,也不乏诗情画意,颇具农家生活情趣,足成一幅湖田风情画。此类诗,当时或以为是不合风雅的伪体,但今日看来,实是胜过附庸风雅之作许多的佳品。

(王杏根)

屡　出

张　謇

屡出真成惯,孤怀亦自遥。
小车犹择路,独木已当桥。
鹳影中霄月,蛙声半夜朝。
无人能共语,默默斗旋枸。

这是一首抒情言志之作。作者张謇是近代一位实业家。他一生致力于兴办实业和创办教育事业。诗虽为余事,但成就较高。林庚白曾云:"同光诗人什九无真感,惟二张为能自道其艰苦与怀抱。二张者,之洞与謇也。"《屡出》正是这样一首"能自道其艰苦与怀抱"的诗篇。

据《清代七百名人传》记载,张謇"决弃仕途","谋振兴实业以救屏国",为此,他"常奔走南京、湖北、通州、上海间,谒官绅富户,冀得巨资,而世多鄙倍,往往讥嘲相加,……每于黄浦滩头,搔首自叹。"这首联中的"屡出真成惯",正是诗人多年来奔波与劳碌的概括反映。"屡"乃多之意,出而成"惯",足见其出之多,加一"真"字,肯定、强调之外,又包含着诗人的自嘲与感慨。然而,志士情怀,几人能知,二句中的"孤"字,流露出诗人的落寞和悲寂。古人云:"兰生幽谷,不为莫服而不劳,舟在江海,不为莫乘而不浮,君子行义,不为莫知而止休。"诗人志在匡济天下,虽负"孤怀"亦能自遥,一个"亦"字,既显示了作者的气度,又表明了诗人的决心。这两句相互对照,衬托出诗人的旷达与豪情,为全诗定下了基调。

"小车犹择路,独木已当桥",这两句仍写作者事业上的艰难曲折。作者以小车作比,愈见其势单力薄,举步维艰,和首联中的"孤怀"相照应;虽然如此,他还是要选择道路,认定目标,坚定地走下去,即便到了万不得已而又别无选择的困境,也只好以独木为桥,勇敢地向前去。句中的"犹"、"已"两个虚字用得极好,"犹"显示了作者不甘低头,勇往直前的坚定信念,"已"则表露了作者在万般无奈的情况下,孤注一掷,义无反顾的勇气。这两句,既是自道艰苦,又从另一个侧面反映了黑暗现实对有志之士的束缚和压抑,语浅而意深,颇令人回味反思。

颈联的"鹳影中霄月,蛙声半夜朝"两句写景。朝,同潮。诗人从沉思中清醒过来,凝神定望,只见月已当空,清冷的月光洒向大地,映出了栖息的鹳鸟的影子,夜半时分,唯有蛙声、潮声清晰可闻,更衬托出周围环境的宁静。王国维说:"无我之境,以物观物,故不知何者为我,何者为物。"这一联中,一静一动,以动衬静,以环境的静寂来衬托诗人的孤独、寂寞,作者融情于景,情景交融,意境浑成。

诗的尾联"无人能共语,默默斗旋杓",再次表明诗人的心迹,既然没有可以共同交谈、相互理解的人,那就像天空中的杓星一样,默默地旋转吧。杓,北斗七星柄部的三颗星,又称斗柄、杓星。看来,孤独、寂寞并没有压倒诗人,相反,他意志弥坚,"默默斗旋杓"透露着作者的顽强和坚韧。

这首抒怀小诗,在表现手法和艺术风格上,体现着汉代《古诗》那种"结体散文,直而不野,婉转附物,怊怅述情"(《文心雕龙·明诗》)的艺术特色,而又富有个性,有独创。用语顿挫有力,行文以气贯注,风骨绰然可见。狄葆贤评张謇诗云:"雄放峭峻,肖其为人"。是最恰当不过的。

(晋爱荣)

林 纾

【诗人小传】

(1852—1924) 原名群玉,字琴南,号畏庐、冷红生,福建闽县(今福州)人。光绪举人,任教于京师大学堂。早年参加过资产阶级改良主义的政治活动。曾依靠他人口述,用古文翻译欧美等国小说一百七十余种,其中不少是外国名作,译笔也很流畅,对当时颇有影响。晚年反对"五四"新文化运动甚力,是守旧派代表之一。能诗画,有《畏庐文集》、《畏庐诗存》及传奇、小说、笔记等多种。

余每作一画,必草一绝句于其上。二年以来作画百余帧,而题句都不省记。强忆得三十首,拉杂录之(其一)　　　林　纾

蓦然失却碧芙蓉,云出山来白万重。
不管人间方待雨,只从天半作奇峰。

林纾的题画诗,以其清疏淡远的风韵,独步一时。陈衍《石遗室诗话》赏其诗境"在自然不假做作";钱基博《现代中国文学史》揄扬其诗"尚清遒而不贵绮错"。读来诗情画意,沁人心脾;有的写得元气淋漓,意境高远;有的写得清新活泼,情趣盎然。

这首诗所题的画,是奇峰生于云端、直插半天。首句"蓦然失却碧芙蓉",蓦(mò)然,忽然。碧芙蓉,指山。李白《望庐山五老峰》:"庐山东南五老峰,青天削出金芙蓉。"可参证。金芙蓉,形容峰的秀丽和它披带的金色霞光;碧芙蓉,亦用

以形容玉簪螺髻、含烟凝碧的峰峦。此句以空灵流荡之笔写青山突然被白云隐没。二句"云出山来白万重",用笔狂恣,泼墨淋漓。他的另外一首题画诗:"白云势欲挟山奔",与此句意象略似。大气磅礴,雄浑古郁,写出云海苍茫,乾坤混沌。三句"不管人间方待雨",笔锋一折,将"人间"即下界与万重白云之上的境界相比照,构成明暗相间的色调,从翛然远举的九垓之上凭临下界尘寰:谷暝林昏,乱猿悲啼,飘风猎猎,雨意正浓。这句乃是铺垫,以阴晦、灰濛的色调反衬下句所展现的雄奇瑰丽。四句"只从天半作奇峰",笔酣墨饱,力透纸背。那峭拔剑立、丹崖翠壁的秀峰,出云海,凌重霄,直插苍穹,倚天自傲,高寒彻骨,睥睨尘寰。这是自然美,也是人格美的写照,狂恣地表现了作者那种孤高自许、目空尘俗的艺术个性。前人评论此诗:"寄怀幽远而寓意高深",洵为定评。 　　　(林薇)

余每作一画,必草一绝句于其上。二年以来作画百余帧,而题句都不省记。强忆得三十首,拉杂录之(其二十四) 　　　林　纾

　　回首琼河五十秋,当年雏发尚盈头。
　　柳花阵阵飘春水,逃学偷骑老牝牛。

　　当一个人步入黄昏岁月时,也许是出于对老境的自哀,抑或是出于对青春的眷恋,总不免要时时地忆念起儿时有过的一段段欢悦的光景。近代著名翻译家林纾的这首小诗,所言近乎于此。

　　诗作于1914年至1915年间,其时,林纾已是年近六十三岁的老人。他在完成了一幅画后,题上了此诗。时至今日,画已无从寻觅,诗却流传人口。

　　一般来说,题画诗的好坏,还在于要能传神地再现画中的精神,使人读罢对画中的情景了然于心,至少应了人们常说的那句话"诗中有画"。唯其如此,方才不失题画诗的旨趣。林纾是深谙此中道理的,故而在小诗中非常传神地描绘了春天的美景,着意刻画了一个既天真可爱,又活泼淘气的儿童形象。"柳花阵阵飘春水,逃学偷骑老牝牛。"不需细细地品味,你就会惊喜地感受到这两句诗画意盎然,毫不费力地将画中的情景出神入化地和盘托出。看啊!因风而起的柳絮一阵阵飘过绿油油的春水,为水乡带来几多恬静,平添几多妩媚。春天是多么地令人神往哟!儿时的林纾,也许禁不住春色的诱惑,也许不耐枯寂乏味的学堂生活,也许常常带着小孩子差不多都有的贪玩心理,偷偷地逃学,在柳絮飘飏的小河边上,骑着老牛高兴地玩耍。

现在，我们可以非常肯定地说，有了这两句诗，画中的情景已完全可以想象了。然而仅此还很不够，人们还会问：这画究竟要表现什么样的情感呢？于是又有了诗的前两句"回首琼河五十秋，当年雏发尚盈头"追忆。原来，林纾是在借此画来缅怀儿时的欢悦，抒发老去的悲情，只是出语比较含蓄，大概是要与后两句表现画中的美景取得和谐，不想破坏儿时美景乐事的氛围。"琼河"，过去的注家以为未详，实即"琼水"，系闽江支流，作者故乡之所在。一个"尚"字颇耐人寻味，当年雏发"尚"盈头，那么如今五十个年头过去了，童年时一切美好的光景都随着岁月的流逝而一去不返，这中间该渗透着林纾多少深沉的感慨！转瞬而去的五十年岁月，不言而喻地象征着作者难以抵御的生命枯萎，而林纾至老犹不忘儿时的欢情，这实际上正是对自己逝去的生命光华的无限追恋。从"尚"字的背后回溯到"回首"的背后，我们可以清晰地感受到中国旧时文人骚客怀旧伤逝的情思是何等的浓郁。

应该说，这首题画诗虽然短小，但在表现手法上还是相当成功的。诗中起头便用"回首"一词，迅即将读者的注意力引向如梦幻一般美好的童年。作者内心的感情，绝不作主观上的自我表述，而是让人透过诗中画面的描写，去产生心灵上的感应，给人留下深广的思索联想的余地。诗的前后两联看似写得轻松自如，一气而下，其实构思精巧，颇具匠心。前两句是将图画所难以表现的内容高度提炼，用语言表现出来。试想，如果缺少前两句的必要交待，单看诗的后两句，这首题画诗就会失去它缅怀故往，抒发老去悲情的寓意，而流于浅薄而已。诗的后两句则是通过景物、人物栩栩如生的动感描写，将前两句的诗意加以形象化的表现，从而使整首诗进入浑然一体、准确传神地再现画中精神的艺术境界。

（李保民）

杂　题(三十首选一)　　　　　林　纾

百折扶栏搭柳丝，莺啼草长禁烟时[①]。
房栊容得春多少[②]？长日湘帘踠地垂[③]。

〔注〕①禁烟：禁火。旧俗寒食之日须禁火息炊，时当清明前一日。　②房栊：窗户。③长日：夏日。夏时昼长夜短，故称。踠：屈，曲。

林纾《杂题》诗共三十首，此选为第三首。此诗感慨春光难得，又不长驻，而须珍惜，莫为蹉跎，是一首感春小诗。

前两句写春景，后两句写感受。诗人所写春景，观察点在诗人蛰居的书斋。

诗人俄而从窗口抬眼向外观望,始知春深,顿觉未免辜负了这大好春光。窗外是长廊,廊前是院子,他却不曾步出书斋,于长廊中憩息,欣赏院中春色,不经意间长廊上已"百折扶栏搭柳丝"了。廊有扶栏,曲而"百折",状廊之长而曲。扶栏之上,飘搭柳丝,谓春柳青葱丝长,已非初春景象。用一"搭"字,既写出春柳的绵长浓密,又写出柳的婀娜多姿,惹人可怜状。诗人蛰居书斋,早已忘情于院中春柳了,此时蓦然瞥见,正自思量,忽又闻春莺鸣柳,见满院春草,正是"莺啼草长禁烟时"节。禁烟日,即旧俗寒食节。诗人由闻莺而见草长,这才想起寒食来临。人所共知,林纾是位著名的古文家、翻译家,又善诗工画。陈衍谓其书斋设两桌,一桌用于撰文译书,一桌用为绘画,长年累月,埋首书斋,陈衍戏称林氏书斋为"文章工厂",可见其勤于笔耕之状。此诗确能真实反映林氏生活与写作的实情。

末两句写望春后的感受。"房栊容得春多少"从窗口看春,所见春景春色有限,仅止院中柳丝搭栏,莺啼草长,较之窗外乃至院外,那里有山川田野,那里有绿柳长扬,万紫千红,莺歌燕舞,和风丽日,将处处是一派大好春光。但那都是他人欣赏之物,游娱之景,而自己则仅得房栊一角之春。虽然如此,诗人也已满足。盖诗人以为,即使所消受的只是这房栊一角的春景,但那毕竟是春,也足可珍惜,有此一角春景可赏,就不算抛掷虚度春光了。因为,春不长驻,时不再来,春若逝去,炎夏即来,那时"长日湘帘跂地垂",一幅遮阳的湘帘也将隔绝院中长廊曲栏,绿柳碧草,此一角之景,也无从窥看了。然则在诗人心目中,眼下房栊中所容纳的一片春色,岂非更足珍贵?诗人以"长日"一句,别开生面地写出惜春之情,以酷暑苦热的感受,比较出了春之和丽舒心的可贵。全诗极富学人惜春爱春的生活情趣。

林纾文宗唐宋,为诗亦唐宋人味。然其晚年,尽弃少作,专学东坡、简斋。而观此选一诗,殊更近唐人。

(王杏根)

陈三立

(1853—1937) 字伯严,室名散原精舍,江西修水人。光绪进士,官吏部主事。曾参加戊戌变法。变法失败后,与其父陈宝箴同以"招引奸邪"罪名被革职,永不叙用。辛亥革命后,以遗老自居。日寇入侵华北,他拒不出仕而死。诗宗黄庭坚,避俗避熟,追求"镌刻造化手,初不用意为"的艺术至境,风格清奇拗涩,为同光体赣派首领,被近代宋诗派奉为宗祖。有《散原精舍诗》、《续集》、《别集》及《散原精舍文集》。

书　　感　　　　　　　　　陈三立

八骏西游问劫灰[①]，关河中断有余哀[②]。
更闻谢敌诛晁错[③]，佀觉求贤始郭隗[④]。
补衮经纶留草昧[⑤]，干霄芽蘖满蒿莱[⑥]。
飘零旧日巢堂燕，犹盼花时啄蕊回。

〔注〕①八骏西游：八骏，本泛指骏马。此指庚子年(1900)慈禧挟光绪帝逃往西安一事。劫灰：劫火的余灰。　②关河：《史记·苏秦传》："秦四塞之国，被山带渭，东有关河，西有汉中。"　③晁错：公元前200—前154，汉颍川人。景帝时任御史大夫。吴楚等七国以诛错为名起兵反，景帝用袁盎言杀错。《史记》、《汉书》有传。　④郭隗：战国燕人。燕昭王欲得贤士，以报齐仇，隗称："王必欲致士，先从隗始。"昭王师事之，于是乐毅等相继至燕。见《史记·燕世家》。　⑤补衮：帝王服衮龙之衣，故称补救规谏帝王的过失为补衮。经纶：指筹划治理国家大事。草昧：《易·屯》："天造草昧，宜建侯而不宁。"指天地初开时的混沌状态。后人诗文也借以指混乱的时世。　⑥芽蘖：芽、蘖均喻事物之始。蒿莱：野草，杂草，引申指草野。

　　陈三立存诗自辛丑年(光绪二十七年，1901)始，是诗为《散原精舍诗》之首篇。当时庚子国难余波震荡，远未了结，八国联军攻陷北京，慈禧挟光绪帝逃往西安未归。身在金陵的"神州袖手人"眼看朝局风云变幻，不禁百念并生，诗以志感。

　　诗人从"八骏西游"入题，将个人情感与庚子西狩这一历史事件相连，使全诗抹上了浓重的时代色彩。新春将临，亡命在千里之外的光绪帝，竟然无法让他的"子民"们知晓落难的详情，此刻是凶是吉，最使诗人牵心挂肚。那哀痛自然与"皇上蒙尘"有关。"关河中断"，写的是地理上的隔绝，其实诗人的隔绝之感，更起因于自己身遭罢黜。戊戌那年，一纸"革职，永不叙用"的"圣谕"，冷酷地割断了君臣的名分，这一"断"尤为刻骨铭心。要没有戊戌政变的祸根，又何尝会招致庚子大难，诗人耿耿于怀者，已不全在难详"圣主"的下落。如今我这个被黜之臣与受挟之君中间，只有缕缕不绝的眷情尚在。一"问"字竟成了昔日君臣关系的全部体现，此中哀怨，自难胜言。"余哀"的感情容量也只能从诗外去找寻了。

　　诗人已游离于政局外，但仍以戊戌变法圈中人的眼光审视现实，揭示造成这场历史悲剧的根源。诗的颈、颔两联，以比喻、运典的手法，将戊戌至庚子的朝野变局极其精括地展示出来。当政者迫于困境，欲订城下之盟，不惜以"诛晁错"作为给八国联军的酬礼。载勋、载漪、毓贤、刚毅、英年、赵舒翘等盲目仇外，而终成慈禧求悦洋人的牺牲品。与此相对，诗人提到了同代的"郭隗"们，想维新风行之时,光绪帝罗致人才,委以重任,诗人与其父陈宝箴及康、梁等人,或许正是诗中喻指的"求贤"对象。时过境迁,当年的贤士未得一伸大志,令人抱憾不已。在隐去了的历史事件背后,诗人的不平之气通过情系"郭隗"得到了宣泄。以慈禧为首的当权者,在无可奈何"诛晁错"的同时,也采取了一些对维新派人士开复原官的措施,只是对诗人来说,不过徒增早知今日、何必当初的感慨而已。清廷如果是真心"求贤",欲结束听任误国庸才参与朝政的局面,就非得着眼于数量极众的在野者,那里既能产生挽回时运的"补衮"人才,却又不乏使民众反抗形成"干霄"之势的火种。前者几乎是诗人的自况,后者显然为"义和团"运动的写照。诗人不明断孰是孰非,就揭示出庚子国难肇始于柄国者政治目光的短浅。可悲的是,诗人的劫后议论,已无法使时间倒转,重新尝试贤士们的政治主张了。诗人为志心中之"哀",罗列了一连串貌似各不相关的历史现象,而这桩桩件件,层层加码,增添了诗歌的负重感,促使人们去思索,去反省。诗人指出的是近代中国社会排外转而媚洋、拒贤激发民"乱"的种种变态,意在警醒世人,去发觉社会百态的内在联系。诗人不可能理解造成庚子国难有其民族的、政治的、宗教的深层原因,但他能意识到庚子国难是戊戌政变的必然结局,却透出些许冷峻的理性之光。

诗人虽然以旁观者的立场去陈述史实,发抒哀感,但并未忘却清廷旧臣的身份,始终关注着"皇上"的命运。他将自己比作恋主的巢燕,"飘零"而不失归意,指望着光绪帝回銮主政,重振纲纪的那一天,诗人或能再温辅君变法之梦。"回"是对"断"的照应,也是由"哀"而"盼"感情转化的基础。现实生活中的陈三立回绝了友人为他具疏争复官的善意,因为他"忾然知时不可为"(钱基博《现代中国文学史》)。"啄蕊"之说,只是他眷念旧主、"中兴"清室之心不死的一点表露罢了,全无复出干政的事实依据。

《书感》是陈三立"烦冤离愍,一放于诗"(同前)的代表之作,没有血泪迸溅的长吁短叹,几个典故,几幅图景,就化入了新旧世纪交替之际的时代缩影,表达出放废旧臣的至痛至哀。

(张修龄)

人　日[①]

陈三立

寻常节物已心惊,渐乱春愁不可名。
煮茗焚香数人日,断笳哀角满江城。
江湖意绪兼哀病,墙壁公卿问死生。
倦触屏风梦乡国,逢迎千里鹧鸪声。

人 日 陈三立

〔注〕 ① 人日：指农历正月初七日。

光绪二十七年(1901)新春伊始，陈三立在寓所度过了遭谪、丧父后移家金陵的第一个人日。旧俗人日或登高、或剪彩，以庆贺新岁，隋阳休之《人日登高侍宴》诗、唐徐延寿《人日剪彩》诗，可作明证。然而，同样是人日之咏，往往又被历代诗人借以发泄思乡怀友情绪，高适的"人日题诗寄草堂，遥怜故人思故乡"(《人日寄杜二拾遗》)、陆游的"非贤那畏蛇年至，多难却愁人日阴"(《人日雪》)，即是此类。三立所作，自然属于后者。

气候节令，应时风物，本为自然界之客观现象，也为人们所习见，要说它们有什么喜怒哀乐的感情色彩，全然是咏唱者主观情绪的显现。刘勰云："岁有其物，物有其容，情以物迁，辞以情发。"(《文心雕龙·物色篇》)在首联中，陈三立也是受了"节物"即节令的触发而"心惊"，而生"春愁"，发出人日的感慨，只是诗人并不刻意描摹客观具象，也摆脱了常见于人日诗的借残雪寒梅叙悲情的俗套，而着重在主观情志的发抒，故直言"惊"与"愁"。如果联系诗人的不幸际遇，便可发现这直言中有他那难以自持的哀伤之情：丁酉丧母，戊戌革职，己亥染疾，庚子年更是倍逢劫难，京师失陷，"皇上"出逃，父陈宝箴竟不明不白地死去。接连的身心摧折，早使他肝胆欲碎，这一年是凶是吉，尚难预料，惊弓之鸟，实在不敢正视报春的"寻常节物"。诗人不像苏轼那样"天涯已惯逢人日"(《庚辰岁人日作》)，他是在客居失亲的境况下首逢人日，国难家痛，交杂搅和在一起而"不可名"了。

诗歌一开始就将愁绪推向高峰，使余句不得不围绕消愁而展开。在"煮茗焚香"的闲适气氛中计数时日，反省自我，似可稍稍安抚重创的心灵，但满城的"断笳哀角"却破灭了诗人追求感情平衡的意愿。那撼人心旌的笳角声暗示出对局不安、兵马未歇，使诗人不得不放弃求闲，而转图有所作为。诗的颈联，便随而引出对个人处境的思忖：如今落拓江湖，体衰多病，已与庙堂无缘，空怀一腔报国志。诗人反躬自问，昔日的宦门后代，及第进士，何以弄得困羸不堪，且问生死之路在何方。"墙壁公卿"见《三国志·魏书·董卓传》："天子入洛阳，宫室烧尽，街陌荒芜，百官披荆棘，依丘墙间。州郡各拥兵卫，莫有至者。饥穷稍甚，尚书郎以下，自出樵采，或饥死墙壁间。"看来，虽欲图作为，终还是希望渺茫。最后，这令人愁闷的气氛，终于使诗人心神皆倦，不知不觉中头触到屏风，就端坐着闭上了双眼入梦去了。在温馨的梦境里，或许能见到故乡与亲人，得到一点乐趣和安慰吧？然而不然。在梦中迎接他的，竟是亘绵不绝的"鹧鸪声"。连梦中也是"行不得也"，还有比这更难挨的"人日"吗？

这首诗是诗人对孤寂而无奈的生活现状的悲诉，诗中表达的愁情起于初春节物的感触,以后即不受节序诗旧模式所限,纯以主观意志走笔。在生愁与消愁的过程中,由内而外,由远而近,几经折宕,最终抒情主人公还是被围困在那狭小逼仄的空间中。诗人无官职无双亲,更无前程可盼,有的只是"春愁"、"衰病"和"乡梦",诗歌传出强烈的万物于我皆空的感受。有国难报,有乡难归,有景不敢赏。室内是升腾的水气、缭绕的香雾;户外是回荡的笳角声,连梦里也只能听到鹧鸪的呼号。新岁方七日,已觉一派渺茫,这余下时日又该如何打发,真是一道不可解的人生难题。

诗的基调低沉,感情却无矫饰,透过哀怨酸楚的诗句,我们看到的是一个特定时代里真实的自我,一个活生生的"墙壁公卿"。 （张修龄）

夜 舟 泊 吴 城① 陈三立

夜气冥冥白,烟丝窈窈青。
孤篷寒上月,微浪稳移星。
灯火喧渔港,沧桑换独醒②。
犹怀中兴略③,听角望湖亭④。

〔注〕① 吴城:镇名,在江西鄱阳湖西岸,属永修县。　② 沧桑:沧海桑田,指世事变迁。独醒:《史记·屈原贾生列传》:"屈原曰:举世混浊,而我独清,众人皆醉,而我独醒,是以见放。"　③ 中兴略:指重新振兴清王朝国运的方略。　④ 望湖亭:在吴城镇,清时有把总驻防。

光绪二十七年(1901)二月,陈三立离开金陵,回南昌西山上冢。自上年十月葬父于西山崝庐后,这是第一次回赣省视。一路舟行,夜泊于鄱阳湖畔之吴城,对"岁时往还复经此"(《由江入彭蠡》)的诗人来说,所见本无新奇之景,但因他此际胸中却藏不平之情,所以就是寻常之景,也能平中出奇了。便是此诗的主要特点。

随着鄱阳湖上的一叶小舟渐入港口,诗人先给读者展示了由远而近的夜泊图:望吴城远景,夜雾迷茫,炊烟如丝;观泊舟近象,月洒"孤篷",星映"微浪"。尽管烟水空濛,寒气袭人,但这一切毕竟还是平常的,虽然透出几许夜泊人的清寂之感,却并看不出上冢者内心的悲怨。后四句描绘吴城的独特声光及由此引发的诗人的心理活动。远处繁多的船火使渔港变得喧动了,望湖亭传出呜呜角声,使诗人难以入睡,突然悟到吴城依旧,世道已变。此时此地,唯有饱经沧桑的"我",对国家变故保持着清醒的认识,胸中仍深藏着高明的"中兴"方略。就在这夜幕笼盖下的鄱阳湖边,有一位兀傲不群的忧国者,在舟中凝神苦思,彻夜难眠。

面对月夜星空,渔火闪烁,诗人似在发问:谁解我心,谁为同道?稍后所作的《崝庐述哀》云:"平生报国心,衹以来訾毁。"倒是道出了诗人的感情内蕴。

这首五律之所以能在常境中现奇情,发奇思,是与诗人刻意运用独到的艺术表现手法分不开的。诗歌的写景抒情展示了多角度的对照,以造成强烈反差。其中有大与小的对比,寥廓江天、无涯星空与一叶孤舟,国家沧桑、中兴雄图与一微不足道的夜泊者,在同一诗中出现,形象地突出了个人在自然与社会中的孤寂,渲染了诗人希望与失落的感情矛盾。诗中还展现了实与虚的映衬,前半首写客观景物,那烟水、那星月,精细入微,如绘眼前;后半首抒主观感受,则点到为止,并试图将无形的情志溶解到有形的吴城夜景中去。诗境由实而虚,以实出虚,本来一经诗人的点化,自可达到情景合一的境界,但此诗平静之景显然与孤傲之情格格不入,这样就反衬出主客世界的难以相容,透过外界和内心的不和谐,也使人从平中体味到奇。至于渔港的喧闹感和凄寒的号角声,夜港的平和之景和心中的沧桑之感,世道不如人意的既成事实和强国宏愿不死的执着追求,这种种对比性的描绘,都传递出诗人因为不被社会所容、难得众人理解而产生的奇特情思。

《夜舟泊吴城》之"奇",还表现在诗人遣词造句方面下的功夫。首联的"夜气",是指水上的雾气,其色固然是"白"的,但加以"冥冥"二字,这白色便带上了夜间特有的昏暗;而在此背景上的丝丝炊烟,则因夜气的"白"的衬托,变幻出了青色,又因夜气的浮动,视之"窈窈"(即杳杳,深远貌)地似在水雾的深处。这里的措辞,皆极用力,观察细致、描绘精确。颔联上句,不说"寒月上孤篷",却突出"孤"、"寒"在前,可知此孤、此寒,实不在月,而在诗人主观感受,"月"不过是他竭力克制此主观倾向而随手采来的掩饰物。颔联下句,以"稳移星"形容"微浪",更是工笔细密:浪唯其"微",故给人"稳"的感觉,但浪毕竟是浪,虽然微微地、稳稳地起伏,却能令水上倒映的繁星为之迁移不定。颈联上句的"喧"最神妙,灯火本是视觉所见,本无所谓"喧",但灯火既多,渔港便觉喧闹:这一字是化视觉为感觉,又以听觉之词出之,诚是所谓"通感"的好例。有了这么多警策的用语,平常的渔港夜泊,便处处呈现出奇彩异光来了。

(张修龄 沈 价)

园居看微雪　　　　　陈三立

初岁仍微雪①,园亭意飒然②。
高枝噪鹊语,欹石活蜗涎③。
冻压千街静,愁明万象前④。

飘窗接梅蕊,零乱不成妍。

〔注〕 ① 初岁:指光绪三十一年(1905)乙巳初春。 ② 飒然:凋零萧瑟的样子。③ 欹石:倾斜的石头。蜗涎:蜗牛爬行处留下的黏液。 ④ 万象:指自然界的一切事物、景象。

　　新年初度,微雪飘洒,庭园里银台玉树,清莹光洁。尤其那梅花送香,点缀着雪日的生机。寄居金陵的陈三立适逢"恩准""开复原官"后的第一春(光绪三十年诏赦戊戌案获罪人员)。然而此时此景却没能引起诗人对美好事物的向往,触发他再起东山的愿望。诗中留下的,唯有那着上了哀怨情调的雪景。

　　诗人是怀着一腔愁情去"看"雪的,园内外景物由于涂抹上了浓重的主观色彩,很难表现出具体实貌,只是全都给人以"静"、"寒"、"乱"的感觉。听不到"高枝"鹊儿鸣叫,雪花消融于"欹石",水痕斑斑。四下里冷寂萧瑟,梅花夹杂着雪花飞散凋零。其中将下落的微雪遇石即化这一奇景喻作流动着的"蜗涎",新颖生动而精细可感,除外则都化实为虚,全凭读者去对飒然之园景展开艺术联想了。可以确定的是,这不易辨认的雪景,倒处处能窥见诗人的影子,体味诗人的真情。"园亭意飒然","愁明万象前",诗人直抒胸臆,是对自己命运不济、难为社会所容的感叹。在这个世界上,诗人就像园中噤不作声的寒鹊,石上留下的蜗涎,再不能被他人注意,纵然挣脱狭窄的庭园空间,也将受铺天盖地、"冻压千街"的寒气的围逼,那飘荡无定的花瓣,不正和自己一样难成气候吗?透过种种物象,可以发现这正在看"微雪"的诗人,完全是一个无声无息、对春天不抱希望的"自我"形象。应该说,诗人的愁情是真实的。早年"思维新变法,以改革天下",戊戌遭黜,"家国之痛益深","庚子后,虽开复原官,终韬晦不复出。"(吴宗慈《陈三立传略》)诗人一直生活在渴求变世与新世无期的矛盾中,虽有用世之志,终因不在其位,难以扭转乾坤。因此,诗人在这个"微雪"世界中,自然不易得到消寒之逸情了。

　　这首诗虽由愁情主导,意在象外,但诗中诸景,并未超然于"微雪"之外。诗人无心摹写雪之形,也不用有关雪的熟典,却极妙地传出雪之神。树枝积雪,鸟鹊惧寒而不愿栖落,失去了平时的鸣叫声;斜立的园石上,飘洒的雪片顷刻即化,有如缓缓流动的蜗涎。高与低、静与动的两组镜头,反映出庭园雪景的独特性。至于"冻压"一联,几乎全是诗人的主观想象,但也没有离开雪"寒"、"亮"的特征。白雪遮盖了"万象",目力不易辨识,而诗人之"愁"倒是在这光亮的映照下暴露无遗。最妙的自数"冻压千街静"一句了。前人如元稹有"冻压花枝着水低"句(《西归绝句》)、高启有"冻压寒梢应几树"句(《为石城朱氏题梅雪轩》),虽也给冷冻赋予重量感而呈下压之势,但毕竟比较平实,并显力度不足。三立诗此处用"压",

不但点出千街清冷为多日的积雪所造成(前"仍"字已道出了下雪已非一日),而且使人对无法抗御的寒冻之气产生不胜负担之感。这样的势态用来衬托诗人生活在受抑的社会环境中,再也恰当不过了,难怪王蘧常称赞句中"压"字,以为"此'压'字为人意想不到"。(见郑逸梅《艺林散叶》)这一联构成了一幅积雪沉沉,寒气窒人的大景,又与上一联的小景恰成对照,使多层次的雪景显出纵深感。

全诗由内而外,以小及大,动静、虚实相替的写景过程,也是一个连续递进的抒情过程。随着诗笔从"园亭"到"千街"、"万象",从"意飒然"到感觉一派"零乱",诗人在微雪飘落的庭园中想寻找精神解脱而不可得,在阴寒笼罩的大空间中就更难了,看雪竟加剧了他的愁情。

(张修龄)

渡湖至吴城①　　　　陈三立

钉眼望湖亭②,烘以残阳柳③。
中兴数人物④,都在啼鸦口。

〔注〕　① 此题共两首,这是第二首。吴城:见《夜舟泊吴城》注。　② 钉眼:凝视。望湖亭:见《夜舟泊吴城》注。　③ 烘:衬托。　④ "中兴"句:此处指曾国藩、彭玉麟等在江西与太平军作战的晚清重臣。

这是一首随感式的小诗,用笔简洁,内中却深含着诗人的家国之思。诗由吴城所见所闻触发其所感。秋日临暮,夕阳透过柳树,余辉洒落望湖亭,倒映在浩渺的鄱阳湖上,远处传来阵阵啼鸦的喧噪声。残阳、秋柳、波光,交织成一幅色调丰富的黄昏图。诗歌以此作背景,选择了望湖亭和啼鸦为感情的触发点和宣泄口。望湖亭是吴城这个交通要冲的标志,又是鄱阳湖历史的见证。而且既能"望湖",地形上当为制高处,望湖亭便很自然地成了诗人视觉关注的重点,并给诗歌带来清晰的空间感。啼鸦则诉诸诗人的听觉,鸦声嘈杂、凄寒,催人心惊。昏鸦匝树,具有鲜明的动态的时间感。应该说,这样的场景,往往常见于感物起兴,寄寓旅况之愁、不遇之感一类诗中。陈三立此诗之妙,正在能不落俗套,突发奇思,将吴城暮景与国家气运联系起来,赋以深沉的历史思索。

在这望湖亭下,曾经有过多少"中兴"人物留下过足迹,咸、同间的曾国藩、彭玉麟就与太平军作战于鄱阳湖,为清廷出力不少。然而这一切都已成过眼烟云,消散在群鸦的凭吊声中。晚清国运仍如这下落之残阳,气息奄奄,不见转机。曾、彭等"中兴"重臣尚乏回天之力,我辈自更不在话下了,言外充满对国家前途感到无望的颓丧情绪。"望湖亭"、"啼鸦",本来纯属自然景物,一经点染,就从中窥探到了社会,发现无可奈何的历史进程。本来,中兴人物需有中兴气象,即需有中兴人物施展治国雄才的条件和环境；而本诗中展示的垂败景象，难与中兴大业相协调，它的象征意义十分明显。此外，望湖亭在清时有把总驻防，具有军事设施方面的特点，又与曾、彭等人的"武功"暗暗相关。所以，诗人虽直抒心胸，联想奇特，细细品味，其取像择景，都在情理之中。

陈衍曾指出，三立诗"可以泣鬼神、诉真者，未尝不在文从字顺中也。"(《近代诗钞》)此作可称一例，全诗明白畅快，毫无艰涩之处。倒是"钉"、"烘"两字，颇能体现出诗人的炼字功夫。"钉"字极言眼观望湖亭神情之专注，物我皆成凝固状态。而"烘"字不仅有烘托映衬之义，且符合夕阳传导出余热的氛围，给人以微微的温觉。

（张修龄）

十一月十四夜发南昌月江舟行(四首选一)　　陈三立

雾气如微虫，波势如卧牛。
明月如茧素，裹我江上舟。

清光绪二十九年(1903)冬天，陈三立从南昌往南京，夜宿江上舟中，触景生情，写下此诗。

陈三立，字伯严，号散原，江西义宁(今修水)人。梁启超称"其诗不用新异之语而境界自与时流异，浓深俊微，吾谓于唐宋人集中罕见伦比。"(《饮冰室诗话》)他是晚清同光体诗人的代表，风格独特；从这首小诗中也可窥见陈氏诗风之一斑。

梁启超所谓"新异之语"，盖指诗界革命后诗人们喜用的"声光化电"之类的新生词汇，陈氏诗中并未采用，此诗亦然。究其实质，他乃远绍江西诗派的传统，以故为新，以俗为雅，并从自己的生活体验出发，构成生新瘦硬、浓深俊微的艺术境界。

此诗的境界，亦可以生新瘦硬、浓深俊微八字概之。造成这个境界的手段是比喻的连用。短短四句，其中便有三句用了比喻。这在一般五言绝句中，实不多见。三句比喻，起得突兀，接得紧凑，仿佛骤起的疾流，奔泻而下，不可遏抑。此时诗人大概是从船舱中外望，闪入脑海的第一个印象便是大雾濛濛，接着是波涛起伏，月色朦胧。于是他脱口而出：这迷迷濛濛的雾气好像铺天盖地的小虫，江上涌起的波涛好像一头头卧着的水牛，四周白茫茫的月色又像一只硕大无朋的蚕茧。他吟到此处，滚滚诗情无法打住，遂以"裹我江上舟"一句作结。这一结如堵急流、截奔马，一下子把奔腾的感情煞住，所谓戛然而止，言有尽而意无穷也。诗中的比喻，非常具体形象，并且十分新奇，但它不是"时流"所藉以炫耀的"新异之语"，而是从日常生活中提炼出来的口头语言。因此我们读了易懂易记，且能从中领会到深意,不但感到此刻诗人胸中怀有羁旅之思、漂泊之感,而且觉得他有一颗处于重重束缚中的心灵。究竟为什么会有这样的心态,恐怕与国事日非、壮志难酬有关吧。

这首诗中带有江西诗派的某些特征。江西诗派创始人黄庭坚也是江西修水人,其诗瘦硬冷隽,拗峭苦涩。陈三立是他的同乡,一生崇尚山谷诗风。就此诗而言,奇健之气,拂拂笔端,个中便有黄庭坚的影响在。细审诗的音节,前三句句中皆嵌一平声"如"字,不厌其重复;而四句中句首二字如"雾气"、"波势"、"明月"、"裹我",皆以仄声作一顿挫,这样便造成拗怒奇峭的艺术效果,与一般的五言绝句大异其趣。近人狄葆贤说:"奇语突兀,二十字抵人千百。"(引自钱仲联选、钱学增注《清诗三百首》)除了说此诗起得突然、语言别致外,恐怕与它的音节不无关系。至于诗的高度凝练,则毋庸赘述了。 (徐培均)

九日从抱冰宫保至洪山宝通寺饯送梁节庵兵备①   陈三立

啸歌亭馆登临地,今日都成隔世寻。
半壑松篁藏梵籁②,十年心迹照秋阴。
飘髯自冷山川气,伤足宁为却曲吟③。
作健逢辰领元老④,下窥城郭万鸦沈。

〔注〕① 此题共两首,这是第一首。九日:指农历九月初九日,即重阳节。旧俗世人每至九日,登山饮菊酒。抱冰宫保:"抱冰"为张之洞号,张曾官太子少保,故名。洪山宝通寺:洪山在湖北武昌大东门外,其南麓有宝通禅寺。梁节庵兵备:"节庵"为梁鼎芬号,梁曾官道员。 ② 松篁:松,松树,松林。篁,竹田,竹林。梵籁:指寺庙传出的声音。 ③ 伤足、却曲:《庄子·人间世》:"孔子适楚,楚狂接舆游其门曰:'……迷阳迷阳,无伤吾行。吾行却曲,无伤吾足。'"迷阳,棘刺,践之伤足。却曲,却步畏缩;也有解作刺榆、梗榆者。 ④ 作健:振作奋发,有称雄的意思。

光绪三十一年(1905)秋,陈三立由南昌至武昌,筹议南浔铁路事。时张之洞在湖广总督任上,梁鼎芬将官襄阳道。三立早年应张之洞聘,曾在武昌校阅经心、两湖书院,与梁同为张之洞座上客,相与交往颇厚。以后诸人几经风波,际遇各别,劫后重逢于武昌,陈三立不禁百感交集,因借重阳登高一吐胸怀。

历代九日之作,大多抒写因重阳节勾起的或念亲友、或思江湖等种种情怀,三立此作也不例外,只是他更着重于今昔不同时期的自我审视和展望日后前程的悲观心态。诗人对武昌的山水草木是有感情的,当他一见到曾经"啸歌""登临"的洪山"亭馆",便升起了旧地重游的亲切感。可惜物是人非,眼前一切都恍若"隔世",登高豪气顿时烟消云散。诗开头的大起落,揭示了诗人身历旧地却因时间、处境不同而产生的心灵震撼。"都成隔世寻"这一断语,虚中有实,包含着历史的、现实的深刻内涵。想当年,诗人侍父陈宝箴于武昌官邸,兴教育,办新政,志在有用于世,并时与名流文酒欢会,意气高昂。如今穷居江南,一事无成,其余维新人士流落四方,大都壮志销蚀。江山依旧,人事迥异,真可谓不堪回首。一"隔"字,不仅是今昔的时间分野,更表达出个人与社会的难以相容。

诗人试图摆脱这触景而生的沉重感情包袱,便力求通过眼前景观,去化解心头的忧郁。那山谷松竹林中的寺庙,不时传出的阵阵鸣钟诵经声,似在安抚着诗人的痛楚。在秋天的松荫下,诗人平静地反思过去,自认"十年心迹",苍天可鉴。十年前的宏图大愿,虽未得果,但并无可悔之处,这心迹,足可映照秋天的阴气。同题第二首有句云:"平生所学终能信,功罪旁人未许窥。"证明了诗人对往日所为,犹存信念。成与不成,或许全在天意了。诗人今日对"梵籁"情有独钟,恰是对早先积极入世精神的反拨,笔中的沧桑之感,不难体味。回观自身,须髯随年岁而增,只是山河之气日消,诗人因年事与热情逆向的升降,自然倍觉高处不胜寒了。"伤足"之人,还何必去念诵那"却曲吟"呢?往事已矣,远离人间世布满的野草棘刺,抛弃荣进之念,才是我的善全之道。登临武昌洪山,虽有放怀排忧的客观条件,无奈诗人实在没有登高作赋的豪兴,消极遁世终于成了陈三立的感情归宿。

由于张之洞对陈三立有过一点知遇之恩,诗人也自称"宾僚久惯依迂叟"(《十桂堂坐雨赋呈抱冰宫保》),这首诗到了末尾总算强打精神,说了句"作健逢辰"的应景语,但末尾"万鸦"沉寂的凄凉状,又将诗中仅有的些许欢愉淹没于旷远的哀景中了。

将自然节序和山川风景置于诗人主观情绪的关注下,这是该诗的特点,而全诗又以冷色和低调为主,含有对历史现实、个人命运的理性观照,三立集中,常能见到这类作品。值得一提的是,围绕"作健逢辰领元老"句,有过一段诗坛佳话。句中"元老"自指张之洞,张见了此诗,"批驳'领'字,谓何以反见领于伯严也。"(见陈衍《石遗室诗话》)表面上是张之洞出于"骄贵之习","谓元老只能领人,何乃尚为人所领?"(见由云龙《定庵诗话》)其实根子在陈、张诗学宗趣有别,陈学宋黄庭坚,避俗避熟;张持"清切"之说,不喜江西派,稍见僻涩,便斥为江西魔派。事后陈三立"笑文襄说诗之固",认为"领元老岂吾领之哉?"本来此诗在三立"为最清切之作"(钱基博《现代中国文学史》),只是该句稍有倒置、省略之处,意谓适逢重阳佳节,精神振作,"元老"率领众僚登高望远。诗句含义并不晦涩,与张之洞诗主"清切"的主张也无冲突,张之洞实在有故作不解之嫌。 (张修龄)

晓抵九江作　　　　　　　陈三立

藏舟夜半负之去①,摇兀江湖便可怜②。
合眼风涛移枕上,抚膺家国逼灯前。
鼾声邻榻添雷吼,曙色孤篷漏日妍。
咫尺琵琶亭畔客③,起看啼雁万峰颠。

〔注〕 ① 句本《庄子·大宗师》:"夫藏舟于壑,藏山于泽,谓之固矣;然而夜半有力者负之而走,昧者不知也。" ② 摇兀:摇荡。 ③ 琵琶亭:在九江附近的浔阳江边,即白居易贬江州司马送客处。

　　这首诗作于一九〇一年。当时清政府已同列强签定了丧权辱国的《辛丑条约》。一时间,抒写瓜分豆剖的亡国危机成为诗歌表现的显要主题。由于参加维新运动而被革职的陈三立,虽也说过"凭栏一片风云气,来作神州袖手人"之类的愤激之词,但实际上感时抚事之作,在他一生创作中,此时尤多。而作为"同光体"诗派的"魁杰",同样的内容在他笔下,又别是一番滋味。

　　从渊源上看,陈三立的诗主要师法韩愈、黄庭坚,被称为同光体中的"江西派"。但他并不徒袭皮毛,主旨乃在避俗避熟,立意生新。对他知之甚深、论述最多的陈衍在《石遗室诗话》里说:"散原(陈三立号)树义高古,扫除凡猥,不肯作一犹人语,盖原本山谷家法,特意境奇创,有非前贤所能囿耳。"这些看法,于本诗尤为切合。

　　立意生新,在这首诗里主要表现为陈衍所说的"意境奇创"。诗面写乘船到九江一夜间的旅途实境,同时叠映出对国势恶化的深重忧虑,构成诗背的虚境。首句"藏舟夜半负之去",句法、命意都极显突兀峭拔之势。写乘夜船到九江,却从隐括《庄子·大宗师》中的话着笔,突如其来,奇想超迈。从诗面看,不仅契合夜间行船,而且有一种自己不知不觉被载在船上背负去(偷去)的感觉,显出意趣。但仅止于此,还算不得"意境奇创"。《庄子》那段话的落脚点在无论"藏舟"于何处,"夜半有力者负之而走,昧者不知也"。这也正是本句的结穴处。所谓"昧者",指糊涂者。这里"舟"为当时中国的象征。《辛丑条约》前后,列强侵吞中国,窃取主权,亡国惨祸迫在眉睫,而许多人却昏昏昧昧,茫然不知。国势之危,唯此为甚。因而唤醒国人,自然是当务之急。这才是作者用典运思表里之间的深切蕴含。次句"摇兀江湖便可怜",顺首句突兀的起势缓缓一落,也是双关于夜色中舟行飘摇的实感与国势日危之忧虑两重意蕴的。"合眼风涛移枕上,抚膺家国逼灯前",三、四两句写舟中夜不能寐的状况,"风涛"作为双重意象,被"家国"两字明确化,"移枕上","逼灯前",极生动传神,表现作者的爱国情怀,可谓"清言见骨",从质朴的形象直透肺腑。第五句"鼾声邻榻添雷吼",笔墨横移。同船者昏昏沉睡,鼾声如雷,这是诗面实境。同时又暗寓了"卧榻之侧,岂容他人鼾睡"这一典故的内容。从前者看,遥接首句所含的"昧者不知"一句意绪:"风涛"激荡,昏睡如此,此辈在"抚膺"家国的作者眼里,不乏蔑视。就后者言,"鼾声邻榻"隐指列强侵占中国领土,"八国联军"在"条约"中各分得势力范围,侵居一"榻",连鼾声都如"雷吼"一般,强横霸蛮可见。"卧榻"这一典故在当时的许多诗人笔下并不鲜见,但大多是"卧榻岂容他人睡"(见岳柯《桯史》)这样直白的表露。本诗结合旅途实境,用得不着痕迹,构成了多重意蕴,熟而能新,立意生新,于此亦见。第六句"曙色孤篷漏日妍"扣题中"晓抵"两字。一夜行舟,至此天光放亮,日色从篷隙透射进来,令人有清新鲜丽之感。这实际上也表现了作者怀有的希望。也就是他同年所作的《夜舟泊吴城》中"犹怀中兴略,听角望湖亭"的意思。末两句"咫尺琵琶亭畔客,起看啼雁万峰颠",以白居易自况。琵琶亭在九江附近的浔阳江边,白居易贬江州(九江)司马,送客于此,作《琵琶行》,有"同是天涯沦落人"之句。而作者亦因参加戊戌变法被革职,临其地自然有此联想,寓身世感慨之怀。末句以景语作结,万峰啼雁,不论是否为一番新的境界的暗示,都足令人遐思远举,遥想天外的。

写亡国危机,在当日诗界几无人无之,总体上都是昂扬燥厉,但这在讲究泽古、功力深湛的诗家眼里,不免粗豪刻露了些。而同样的内容在陈三立笔下的这一番不同展示,又足见诗艺原是取向多元的,忧国忧民,也不仅仅体现在大声疾呼的作品中。

(魏中林)

漫题豫章四贤像拓本(其三)   陈三立

驼坐虫语窗,私我涪翁诗。
镵刻造化手,初不用意为。

陈三立对他的"乡先辈"黄庭坚心摹手追,备极景仰。早在光绪十九年(1893)时,三立随其父陈宝箴在湖北任上,游黄州诸山,过黄冈杨守敬书楼,见有宋刻《黄山谷内外集》,即欲广其流传,解梓授刊人。(见陈三立《山谷诗题辞》)三立早年的诗，亦专学山谷，避俗避熟，力求生涩，由此而开创风靡一时的"同光体"诗派。

这首小诗短短二十字，已把作者的论诗宗旨揭示出来。前两句写夜读山谷诗的情景：弯着背坐着，秋虫在窗外鸣叫，它大概也跟我一样，对涪翁的诗有所私爱吧！涪翁，黄庭坚之号。"虫语窗"三字，切不可滑眼看过。山谷在《胡宗元诗集序》中曾说："夫寒暑相推，草木与荣衰焉，庆荣而吊衰，其鸣皆有谓，候虫是也。……候虫之声，则末世诗人之言似之。"山谷提出，诗歌应有"不怨之怨"的精神境界，读书人虽抱有青云之志，而往往只能沉埋草野，壮志难酬，只能发出候虫那样的"有谓"之鸣，以抒胸中抑郁之气。陈三立对山谷的诗论是有深切的领会的。他正是处于"末世"的诗人，戊戌变法失败后，三立与父湖南巡抚宝箴被革职归里，永不叙用。以后几年间，家国多事。光绪二十六年（1900）六月，宝箴忧愤而卒，葬于南昌青山之原。不久，庚子事变起，八国联军攻入北京，清王朝风雨飘摇。此诗作于光绪三十年（1904），时作者寓居南京，自言"老夫所殉与终古，当世犹称善属文"（《园居漫兴》），诗人已作好"殉"他的政治理想的准备了。

"镂刻造化手"，五字可作山谷诗的定评。黄庭坚为诗，千锤百炼，仿佛天地创造化育万物的手段。诗语本韩愈《酬司门卢四兄云夫院长望秋作》："若使乘酣骋雄怪，造化何以当镌劖。"山谷诗刻意出奇，在谋篇、造句、炼字上都脱弃凡俗，求生求新，这也是陈三立诗歌的特点。陈衍对三立诗极为称赏，谓其"戛戛生新，而绝不钩棘"，五十年来，"称雄海内"（《石遗室诗话》及续编），但陈衍又强调，三立诗虽避俗熟而求生涩，"而佳语仍在文从字顺处"，"然其佳处，可以泣鬼神，诉真宰者，未尝不在文从字顺中也。"两次指出三立诗的"文从字顺"，自是别具只眼。三立学黄，其成功处亦在于此，这就是他在本诗中所说的"初不用意为"！

千锤百炼，可与造化之功相侔，而迹其本意，原是不必费尽心思去雕琢的。"清水出芙蓉，天然去雕饰"，这才是天地造化万物的大手段。黄庭坚对此深有领会："但熟观杜子美到夔州后古律诗，便得句法简易而大巧出焉。"（《与王观复书》之二）又云："观杜子美到夔州后诗，韩退之自潮州还朝后文章，皆不烦绳削而自合矣。"（《与王观复书》之一）黄庭坚在教导后学时，一而再再而三地说要"句法简易"、"不烦绳削"，要"理得辞顺"，甚至说："文章成就，更无斧凿痕，乃为佳作耳。"（同上书）其用心是良苦的。既要"镂刻"，又要"无斧凿痕"，这个矛盾如何统一？陈三立的理解是"不用意"。所谓不用意，是建立在"镂刻"的基础上的。首先要掌握写诗的全部艺术技巧，句锤字炼，然后再摆脱技巧的束缚，而达到"大巧"的最高境界。镂刻，是自然的前提；自然，是镂刻的目的。黄庭坚和陈三立都一致

认为,陶渊明的诗,就是具备这"天机"的最佳范本。 (陈永正)

城 北 道 上 陈三立

晶砾新驰道,晴霆叠马蹄。
屋阴衔柳浪,裾色润瓜畦。
诣客能相避,偷闲亦自迷。
归栖枝上鹊,为我尽情啼。

　　光绪三十二年(1906),时陈三立寓居江宁,虽然党禁已解,开复原官,但诗人早已看透官场的黑暗腐败,韬晦不复出,肆力为诗。近人评陈三立诗,多称其莽苍排奡之意态以及生辣晦涩的笔法,像这样"真气磅礴,不假雕饰,自然语妙天下"(狄葆贤《平等阁诗话》)的作品,在《散原精舍诗》中还是不多见的。
　　起两句点题。城北新筑的道路,细砂在阳光下闪烁晶光,车马奔驰,蹄声急骤,如晴日的雷霆,訇然响起。两句是典型的宋诗句法,求生求新,力避浅俗。以雷声喻车声,于古书中常见,如汉司马相如《长门赋》:"雷殷殷而响起兮,声象君之车音。"而本诗以"霆"字换"雷"字,上加一"晴"字,便为前人所未道。不言车声而言马蹄声,再以一"叠"字形容之,突出诗人在车中的感受,全句便觉精警。
　　"屋阴衔柳浪,裾色润瓜畦",两句写景绝妙。千锤百炼之后,妙造自然,如黄庭坚称赞杜甫到夔州后古律诗"简易而大巧出焉","更无斧凿痕,乃为佳耳"(《寄王观复书》)望屋背后是成行成林的柳树,低垂的枝叶,随风摆动,如波浪般起伏。"柳浪",亦古诗词中常语,王维辋川别墅有"柳浪"胜景,宋代杭州西湖"柳浪闻莺"为十景之一。城北道旁的房屋、柳树,如图画般一层层绘出。下句写屋外的瓜地,一行行畦垄,碧绿的瓜叶藤蔓,而行在其中的人,青青的襟裾,仿佛在润泽着这瓜田似的。古诗词中每以青袍之色与青草连喻,如北周庾信《哀江南赋》:"青袍如草,白马如练。"《古诗》:"穆穆清风至,吹我罗裳裾。青袍似春草,草长条风舒。"而本诗中不言草而言瓜,不言"如"、"似"而言"润",则是所谓死典活用,不见因袭之迹。二句中以"衔"字"润"字为诗眼,一字妥帖,便境界全出了。
　　颈联二语,返虚入浑,轻描淡写,全不着痕迹。前四句用力特写,已臻极致,必须在此转换笔势,从另一角度落墨。"诣客能相避",非至真至闲之人不能作此语。陈三立此时不独避世,兼且避人了。客有雅俗之别,生熟之分。陈与义诗云:"俗子令我病,纷然来座隅。贤士费怀思,不受折简呼。"(《书怀示友》)来访的客人能称意者毕竟是不多的,如杜甫所云"眼前无俗物"实在难得。晴日出游城北,避开访客,亦一快事。上句实是衬语,"偷闲亦自迷",才真正表现出诗人此时的心境。世间谁个不愿"偷闲",然偷闲者"自迷"的恐怕不多。为何事而自迷?为何情而自迷?惘惘情怀,实际上是无法消释的。作者在《后园携家人晚步》诗中亦云:"牵衣蹑履间,偷闲特自幸。""自迷"与"自幸",亦二而一,一而二耳。

收处写枝上归鹊,如解人意,为我而尽情啼唤。暗用韩愈《赠同游》诗"无心花里鸟,更与尽情啼"意。偷闲不易,入暮时更流连忘返了。陈三立诗结句每镌刻深远,如此诗之平易者殊不多见。

(陈永正)

遣　　兴　　　　　　　　陈三立

　　而我于今转脱然,埋愁无地诉无天。
　　昏昏一梦更何事,落落相看有数贤。
　　懒访溪山开画轴,偶耽醉饱放歌船。
　　诗声尚与吟虫答,老子痴顽亦可怜。

　　陈三立《散原精舍诗》中,以"遣兴"为题者多首,皆有为而作,沉郁顿挫,直接从杜甫一脉而来,无晦涩之病。此诗为作者本集不载,狄葆贤《平等阁诗话》特录之,谓"乃先生罢官后,庚辛之际寄寓秣陵时作。沉忧积毁中乃能吐属闲适如此,与东坡谪宦海南诗同一达观也"。

　　陈三立为湖南巡抚陈宝箴之子,佐父创办新学,提倡新学,支持维新变法运动,与谭嗣同、丁惠康、吴保初合称"四公子"。戊戌政变后,父子同被革职,永不叙用。三立侍父归隐江西南昌,筑崝庐于西山之原,父逝后移家江宁(今南京市),本诗当作于此时。

　　"而我于今转脱然",起句突如其来,前人七律中无此章法。"而"字为连接词,用以缀合上下文,本诗中却置于全篇之首,前边省去的意思,须读者的想象力补足。诗人本有志之士,甲午战争后,感于国势阽危,思有以振衰起弊,改革天下,赞划新政,可是如今一切希望都成为泡影,"转脱然"三字,表面上是说一身轻松,无牵无挂,而实际上却含着无限沉重的忧愁:"埋愁无地诉无天",次句则直道心事。《后汉书·仲长统传》:"百虑何为?至要在我。寄愁天上,埋忧地下。"而诗人的家国深愁却是无法排遣的,茫茫天地,神州陆沉,无处可以埋忧,更无处可以申诉。"诉无天",诗人对腐败的朝廷已经绝望了。

　　颔联紧承,极有意味。"昏昏一梦",既是当时的实境,亦暗示变法的失败。一醉之后,昏昏沉沉的进入梦中,真不知世上发生什么事情了。百日维新,也不过是一场春梦,如今事过境迁,痛定思痛,尤难为怀,诗人对国家大事亦已无能为力了,稍堪慰藉的是,还有几位志趣相同的朋友,可以互吐衷肠。陈三立在江宁时,常与薛华培、文廷式、范当世等交往,在孤寂中的诗人,非常珍惜那金石般的友谊,他满怀深情地吟唱道:"一万年来无此日,二三子肯定吾文。"(《侵晓舟发金陵次韵答义门赠别并示同舍诸子》)"寂寞吟堪三两人"(《次韵黄知县苦雨》)。这三两知己,都是一时贤士,落落相看,自有会心之处。

颈联转笔,微点题意。连平日最爱游的好山好水都懒得去寻访了,唯有打开画轴观赏。宋画家郭熙《山水训》说,看画时,可以"不下堂筵,坐穷泉壑",然以观画代替游山,毕竟是慰情聊胜于无之事,可见诗人此时心境。还会偶尔在秦淮船上,饮酒听歌,一醉之后,真想把世间万事都忘掉。陈三立《上元夜次申招坐小艇泛秦淮观游》诗,有句云:"百忧千哀在家国,激荡骚雅思荒淫。世言古之伤心者,士有怀抱宁异今?"次申,即薛华培,江苏巡抚薛焕之第三子,时以贵公子游寓南京。诗人"偶耽醉饱放歌船",也正是伤心人别有怀抱的。

末二句正点题意。作诗遣兴,诗声与秋虫的吟声相和答,此情此境,静思身世,真感到自己既痴且顽,可笑可悲了。《散原精舍诗》中,常以秋虫鸣声喻作者自己的诗。如黄庭坚所云:"候虫之声,则末世诗人之言似之。"(《胡宗元诗集序》)陈三立正处于清朝末世,眼看朝纲日坠,而自己却无法匡扶,徒然发出幽怨的歌吟,又有什么意义呢?诗人不无自嘲地说:"老子痴顽亦可怜!"《新五代史·冯道传》载,后晋宰相冯道,自号长乐老,契丹灭晋,契丹主耶律德光讥诮冯道说:"尔是何等老子?"冯道回答说:"无才无德痴顽老子。"冯道因鲜廉寡耻,常被后世非议,诗中特用此典,可谓"哀莫大于心死"了。

(陈永正)

诗人小传

陈玉树

(1853—1906) 字惕庵。江苏盐城人。光绪十四年(1888)举人。他的思想受变法图强的潮流影响,曾上书左宗棠、张之洞,指陈时政利弊,颇有用世之志。在中法、中日战争时期,写了很多富有爱国思想的诗篇。有《后乐堂集》等。

秋 晚 野 望

陈玉树

余霞红映暮云边,村北村南少夕烟。

秋晚野望　　　　　　　　　　　　　　　　　　　　陈玉树〔1789〕

　　　　　远树捧高沧海月，乱鸦点碎夕阳天。
　　　　　野人乞食扃蓬户，渔父施罛入稻田。
　　　　　满地哀鸿听不得，江淮何处是丰年！

　　这是一首写景诗，但不单纯是自然景色的描绘。诗人写秋野望中所见，着意渲染的是江淮水患给百姓带来的深重苦难，寄托的是对民生疾苦的关注和同情。

　　中国社会进入晚清，已是封建末世，各种社会矛盾日趋激化，政治腐败，经济凋敝，灾害频仍，生灵涂炭。近代进步的诗人，无不将眼光投向疮痍满目的社会现实，描绘一幅幅封建末世的画卷，抒写忧国忧民的情怀，即便是山水诗，也时有这种时世的折光。这首写景诗，正是从一个侧面，反映了近代中国社会的黑暗现实。

　　前四句写眼前景色。秋色迷人，晚霞映红的秋色更迷人。同时期的诗人俞明震就曾渲染过这样的美景："颓云掠霞没山脚，一角秋光幻金碧。"但此时此景在诗人的眼里，却笼罩了一层凄清的阴影。尽管天边的背景上余霞满天，暮云红映，色彩绚丽，但突现在诗人眼里的却是村北村南，炊烟寥落的旷野荒村。这二句反差强烈，后句遥接诗的后二联。接下二句，诗人扣住诗题，继续描写秋晚之景，与上二句组成一幅完整的秋野晚望图。此时，从沧海上升起的一轮新月，已浮到了远方天际的树丛间，新月是如此的无力，似乎只是被树丛捧着托着，才会慢慢高升；月亮还才离沧海，未到中天，所以，夕阳也未辞去，仍逗留在西天，此时群鸦在天幕上乱舞，那一点点黑色，把红成一片的余霞点碎了、变得不成气象。这二句对仗工整、景象开阔，颇合"野望"的身份。"捧高"、"点碎"，都是可圈可点的句中之眼，显示了诗人的炼字之精和艺术功力。从写景角度上说，此二句洵为佳句。但是，从诗意的延伸来看，月亮的无力抬高、天居然被乌鸦弄碎，这种不祥气氛，与"村北村南少夕烟"的冷落气氛相合，共同酿就了前四句的低沉基调；循此基调而下，颈联的败落凄怆气氛，也就不显得突兀了。因此，对这二句，不可单赏其字面，更当注意其在全诗中的承上启下作用。另外还须一说的是，这二句写景虽阔大，情绪并不同步地高朗，"夕阳"不消说是低沉的意象，而"沧海月"亦能令人联想到李商隐《锦瑟》的"沧海月明珠有泪"，仍是低调的产物。

　　五六两句，由自然景色的描写，转而正写灾情。野人，指乡野之人，即农夫。语本《左传·僖公二十三年》："乞食于野人，野人与之块。"扃，关闭。此处翻用《左传》语意，"乞食于野人"，成了"野人乞食"，原本尚能苟且活命让人乞食的"野人"，如今倒过来成了乞食者；留下的自然只能是门户紧闭、空无一人的茅屋。"罛"(gū)，大渔网。往年收割稻子的水田里，不见了割稻的农夫，却只见渔夫在张网捕鱼,田里的收成也就可想而知了。这里诗人选取了两幅典型的画面,通过近景的刻画,与"少夕烟"相呼应,将水患给江淮一带百姓造成的苦难,展现在人们眼前,撼人心魄,而通过这两个反常的景象,又寄托了诗人多少感慨!

诗末两句,是诗人直抒胸臆之笔。哀鸿,喻灾民。语本《诗·小雅·鸿雁》:"鸿雁于飞,哀鸣嗷嗷。"到处是流离失所的灾民,怎忍心去听他们的阵阵哀诉呢?"江淮何处是丰年!"诗末一句反问,激越悲怆,不仅由点到面,表现了灾区地域之广,深寄了诗人沉痛之情,而且也传出了诗人对丰年的殷殷期盼,表达了忧国忧民的情怀。

此诗在表现上值得一提的是诗人写景时白描手法的运用。在前六句的写景中,诗人善于攫取富有特征的典型事物,采用绘形绘色的手法给以表现,并通过精心选择的事物,寄情于景、将自己对民间疾苦的关注蕴含于景物的描绘之中。因此,六句写景,看似纯客观的描写,但透过画面,我们却分明感受到了一位忧国爱民的诗人脉搏的跃动。

(钱学增 沈 价)

【诗人小传】

严 复

(1854—1921) 字又陵,又字几道,福建侯官(今闽侯)人。福州船政学堂第一届毕业,后留学英国海军学校,归任北洋水师学堂总教习,升总办。1894年中日战争后,发表《论世变之亟》、《原强》、《辟韩》、《救亡决论》等文,反对顽固保守,主张维新变法。译《天演论》,以"物竞天择,适者生存"的论点,号召人们救亡图存,"与天争胜",对当时思想界有很大影响。辛亥革命后,思想日趋保守。有《瘉壄堂诗集》、《严几道诗文钞》等。著译编为《侯官严氏丛刊》、《严译名著丛刊》。

戊戌八月感事　　　　　　　严　复

求治翻为罪,明时误爱才。
伏尸名士贱,称疾诏书哀。
燕市天如晦,宣南雨又来。
临河鸣犊叹,莫遣寸心灰。

清光绪二十四年戊戌(1898)夏历八月,以西太后那拉氏为首的顽固派势力发动政变,残酷地镇压了变法维新运动。严复对此事无限感慨,因此写了这首诗。诗中表现了严复的鲜明爱憎。他怀着悲痛的心情,深切地哀悼无辜被杀的维新党人,为他们大鸣不平。

"求治翻为罪,明时误爱才",意思就是说:维新党人要求把国家治理好,反倒成了罪人;他们才华出众,受到比较开明的光绪皇帝的喜爱,竟遭到迫害,反倒误了一生。因此严复满怀对顽固派势力的愤慨,控诉了他们的罪恶,揭露了他们的阴谋。

"伏尸名士贱",指维新党人无辜被杀,反遭到污辱;"称疾诏书哀",指西太后盗用光绪的名义颁发诏书宣布光绪生病由她垂帘听政,令人无限痛心。上一句用的是反语,下一句说得很委婉,但诗人的爱憎还是极分明的。

"燕市天如晦,宣南雨又来",进一步指出当时现实的黑暗和恐怖。在宣武门南的菜市口,谭嗣同等六人竟被顽固派所杀害。这联不仅对仗工稳,而且意象清晰。仅"天如晦"和"雨又来"二语,便带给读者以无限的沉重感和紧迫感。着一"又"字,更使读者追溯到六百年前文天祥在此壮烈殉国,令人唏嘘不禁。

末尾严复表示决心:"临河鸣犊叹,莫遣寸心灰!"表示烈士虽然被杀害了,但自己决不临阵脱逃,也不灰心丧气。据《史记·孔子世家》记载:"孔子……将西见赵简子,至于河而闻窦鸣犊、舜华之死也,临河而叹曰:'美哉水,洋洋乎!丘之不济此,命也夫!'"孔子由于"讳伤其类"而临河退回,严复则借此表示"莫遣寸心灰"。因此尽管诗里流露的感情是极沉重的,而诗人的态度仍很积极。

严复虽不以诗著名,但这首诗写得颇见功力。他显然是接受了宋诗的影响,因此能做到长于议论而又不失理趣。特别是此诗的中间两联,情致沉郁,语言凝练,概括力强,有着巨大的艺术感染力和时代感。

汪国垣著《光宣诗坛点将录》云:"几道(严复字)劬学甚笃,诗工最深,惜为文所掩。树骨《浣花》,取径介甫,偶一命笔,思深味永,不仅西学高居上座也。"读此诗,当知此言非溢美。

(蔡厚示)

【诗人小传】

范当世

(1854—1905) 初名铸,字无错,后字肯堂,江苏通州(今南通)人。岁贡生。曾为李鸿章幕僚。从张裕钊学古文,又同吴汝纶、陈三立等结交。所作散文属桐城一派。也能诗。与弟钟、铠齐名,称通州三范。有《范伯子诗文集》。

大 桥 墓 下

范当世

草草征夫往月归,今来墓下一沾衣。
百年土穴何须共,三载秋坟且汝违。
树木有生还自长,草根无泪不能肥。
泱泱河水东城暮,伫于何人守落晖?

一介书生风尘仆仆,顾不上旅途的劳顿,匆匆地归返久违的故乡,但终于泪洒亡妻的墓下。如今,他拿什么来寄托自己的哀感呢?他既缺少"孔方兄"可以仰仗,无力将荒凉的墓地修葺一新,又没有皇恩浩荡所带来的功名,能够让死者受赠于地下,以享哀荣,那就只有情注笔底,赋首诗聊以倾诉哀感于万一,此乃是他唯一的绝活。比较起来,妻子地下有灵,对后者也许更为感动,还有什么能比情到意切更能说明夫妇恩爱,生死情深?然而,诗,他是写了,却不像是在倾诉哀感,而是在对自己进行严谴。这就是范当世,一个伫立在亡妻墓下,悲不可言,而内心却注满了深情的诗人。

当世原配夫人吴大桥死于光绪十年(1884),其时,当世正供职于湖北通志局,紧张地纂修《列女志》,未能及时奔丧。此后,当世为衣食奔走于南北,亦无暇亲临墓下,直至光绪十二年(1886),方才有机会凭吊吴氏之墓。屈指算来,已历时三载。这在旁人,也许会给予谅解的,可是在当世自己,无论怎样说都是一桩抱憾之事,都是难以原谅的。所以诗中没有去找任何理由为自己申辩,只是诚恳诉说自己的不是——"百年土穴何须共,三载秋坟且汝违"。我还有什么脸在百年之后与你同室共穴呢?你的坟建起来已有三年了,我还没来看上一看!当然,对亡妻的感情深浅与否,说到底并不在于是否年年去上坟祭扫,重要的是看死者在活着的人心中究竟占有多大位子,多情如苏轼者,对亡妻王弗之感情,也未能每年上坟,然而"十年生死两茫茫,不思量,自难忘"(《江城子·乙卯正月三十日夜记梦》),不可谓不深于情。反观当世,亦当作如是看。请读者留意,此诗一开头就这样写道:"草草征夫往月归,今来墓下一沾衣。"萍踪不定,飘泊南北的诗人如今归来了,假若他对亡妻早已淡忘,也无情可言,为什么还要在回家后的下个月,便赶往亡妻的墓下?为什么还要泪沾衣襟?联系到大桥刚刚下世时,当世在湖北闻此噩耗,有诗哭之"迢迢江汉泪滂沱,秉烛修书且奈何?读罢五千嫠妇传,可知男子负心多"(《湖北通志局闻妻丧,于时方修〈列女志〉,稍整齐,而后行。悲哭之余,犹翻故纸,停笔写哀,遂成四绝》),以及三年来,当世不止一次地赋诗为文悼念亡妻,答案只有一个,那就是无论过去还是现在,当世对亡妻始终一往情深,难以忘怀。正是基于这种对亡妻深厚的感情,诗人才会总觉得在妻子临死时,未能与之诀别,以后又无暇谒墓,实在是有负于亡妻的憾事。诗中不去诉说自己是如何地思念,相反毫不掩饰地自我严谴,越是这样,越见出情爱之深,哀感盈怀。

往下去,当世更是进一步地将自己推入自谴的极境。不过,这回不像诗的颔联那样语气激切平直,而是较为婉曲蕴藉。诗人的着眼点是墓地的场景:"树木有生还自长,草根无泪不能肥。"时值秋季,当世目睹墓地周围终年常青的树木生机不绝,顽强地生长,而坟草因为寒冬的杀气已经枯萎,露出草根。这些原为自然界中极常见的现象,可是一经当世道来,便觉不俗。在他看来,"树木有生还自长",无疑是对亡妻的墓冢尽了最大庇护,而坟草的枯萎乃是自己情泪所未能至的结果,两相对照,树木较之于人有情的多了,这不是在将自己推入自谴的极境,又是什么?如前所言,从自谴中见出情爱之深,哀感盈怀,于此亦然。这只要看一看当世把坟草的枯萎都归罪于自身的无泪浇灌所致,便可以想见他对亡妻的无限深情已近乎于痴,心中的哀感苦不堪言。

诗的结尾两句,由先前的自谴转入倾吐诗人心底蕴藏着的沉重的忧伤,具有强烈的抒情意味。天晚了,当世凝视着深广的东城河水无情地流去,西沉的太阳渐渐地收尽落日的余辉,再也无法遏制心头涌起一阵阵孤苦无告的感情涟漪,于是从心底里迸发出"泱泱河水东城暮,伫于何人守落晖"那样凄苦的呼号。我们仿佛看到当世在凄凉的墓冢下,形单影只,泪水纵横,悲不能已;在东城苍茫的暮色中,孤零零地伫立着,听凭时间一点一点地向夜幕推移,久久地不忍离去。这里既有丧妻的孤独、惆怅和不可言喻的失落感,也是抒发了对亡妻爱不能舍的悲怆情怀。至此,一个对亡妻生死情深,哀感盈怀的诗人形象活生生地展现在人们的面前。

前人对当世之诗有"震荡开阖,变化万方"的评语,具体到这首诗来看,还是很有见地的。诗中落笔便开门见山地抒写自己情系亡妻,内心充满无比的哀伤,紧接着将笔锋荡开去,犹如奇峰突起,从正面对自己进行严谴。颈联自责之意仍然承上,但视点却落到坟头草木之上,借物托怀,是篇中绝妙之句,亦可见诗人表现手法的变化多端。末了,以景结情,再度扬起心中的悲感,与首联关合。综观全诗,确有震荡开阖,顿挫跌宕,富于变化的特点。此外,前人写悼亡诗,在遣词造句上大都极尽缠绵悱恻之致,而这首诗却与众不同,它硬语盘空,戛戛独造,形成一种苍莽浑重的气象,也有使人耳目一新之感。

(李保民)

过 泰 山 下

范当世

生长海门狎江水,腹中泰岱亦峥嵘。
空余揽辔雄心在,复此当前黛色横。
蜒蜿痴龙怀宝睡,蹒跚病马踏莎行。
嗟余即逝天高处,开阖云雷倘未惊。

此诗是诗人光绪十一年(1885)北上赴冀州途中作。时诗人32岁。

首联出语豪健,钱仲联《近百年诗坛点将录》谓之"是何气概雄且杰"。诗人说:生长在长江入海口,自小便与浩瀚江水相狎,胸怀也如大江大海一般壮阔,但我并非只知水而不乐山,雄伟的泰山虽相距辽远,但早已在心腹中屹立。起句不入韵,正是江西派惯用手段,予人硬语盘空之感,而语气雄放,则又与东坡为近,表现出范诗的风格特征。

颔联起、对句以流水对一气贯穿。"揽辔"用东汉范滂事,按《后汉书·范滂传》云:"时冀州饥荒,盗贼群起,乃以滂为清诏使。滂登车揽辔,有澄清天下之志。"诗人慨叹道:自己屡试不第,只能以布衣之身浪迹江湖,空存济世报国的雄心壮志闷塞心中,今日亲至泰山脚下,对此黛色参天的巍巍岱宗,怎能不思潮起伏。泰山的壮美正衬出诗人心境的沉郁悲凉。

再看颈联。"蜒蜿"句表面上是形容连绵雄浑的山势,实际上是隐喻当时社会对人才的废弃埋没。"痴龙怀宝"典出《幽明录》。据《法苑珠林》引《幽明录》说:汉时洛下一洞穴极深,有人堕入未死,遇长人指大羊令捋其须,先得二珠,长人自取,后得一珠,与其人食之。还问张华,华曰:"羊为痴龙,其初一珠食之与天地等寿,次者延年,后者充饥而已。""怀宝"复取意于陈子昂《府君有周居士文林郎陈公墓志文》:"呜呼我君,怀宝不试,孰知其深广兮。"用典可谓浑成妥帖,精妙绝伦。而沉睡痴龙更令我们想到旧中国"东亚睡狮"的诨号。"蹒跚"句自《诗经·周南·卷耳》"陟彼崔嵬(高冈),我马虺隤(玄黄),我姑酌彼金罍(兕觥),惟以不永怀(伤)"化出,虽是写马,而一个骑着劣马踏着野草蹀蹀而行、怅怅而思的诗人形象如在目前。

最后,尾联中诗人想象自己将要凌空直上,飞逝高天,或许云雷鼓荡于四周也不会惊惶而只会兴奋。"开阖云雷倘未惊"与"生长海门狎江水",一结一起两相呼应,力透纸背。中间二联的沉郁悲凉,至此转为激昂奋厉,全诗也达到高潮而结束。引起我们注意的是,诗的末句用意与龚自珍早于范当世此诗四十六年的《己亥杂诗》"九州生气恃风雷"一句颇相近；联系到前面诗的第五句，也能领会到一种"万马齐喑究可哀"的意境。二者的思想感情，实有相通处。

金钺《范肯堂先生事略》云："先生自伤坎轲，佗傺发愤，一寄之于诗。仰天浩歌，泣鬼神而惊风雨。世之称先生诗者，谓先生盖合东坡、山谷为一人也。"虽略嫌过誉，然大致道出实情。汪国垣、钱仲联在他们的《诗坛点将录》中都把范当世列入马军五虎将，决非偶然。

（庞　竖）

天津问津书院，薑坞先生主讲于此八年。外舅重游其地，感欲为诗。乃约当世同用山谷《武昌松风阁》韵　　　范当世

有文支拄山与川，恍人有背屋有椽。我立此语非徒成，眼下现有三千年。远矣周孔隔地天，手语自听交鸣弦。五德替代如奔泉，扫去碌碌留圣贤。此事担当在几筵，耿耿一发天宇悬。丈人家世留青毡，文字碧水流潺湲。从来不与时媚妍，薑坞先生此粥饘。百年乔木参风烟，公来再饮唐山泉。龙堂蛟室来眼前，吾今只可烂漫眠。梦里不须书绕缠，醒亦毋为世教挛。眼见地塌天回旋。

此诗写于光绪十七年（1891）前后。此年二月，诗人至天津，在津期间，访问津书院，有感而发。薑坞先生，指姚范，字南菁，学者称薑坞先生。姚范为姚鼐之叔父，姚莹之曾祖。范当世续娶之姚氏，为莹之孙女。外舅：俗称岳父。即姚濬昌，濬昌为姚莹之子。宋黄庭坚（山谷）《武昌松风阁》诗原韵："依山筑阁见平川，夜阑箕斗插屋椽。我来名之意适然。老松魁梧数百年，斧斤所赦今参天。风鸣娲皇五十弦，洗耳不须菩萨泉。嘉二三子甚好贤，力贫买酒醉此筵。夜雨鸣廊到晓悬，相看不归卧僧毡。泉枯石燥复潺湲，山川光辉为我妍。野僧早饥不能饘，晓见寒溪有炊烟。东坡道人已沉泉，张侯何时到眼前。钓台惊涛可昼眠，怡亭看篆蛟龙缠。安得此身脱拘挛，舟载诸友长周旋。"

这首诗总写游访问津书院所激发的感慨。诗的开首两句，即突兀托出诗人的基本论点。"有文"句中的"文"，特指阐发了宇宙间不可磨灭真理之文。《论语·子罕》："文王既没，文不在兹乎？"《集注》："道之显者谓之文。"开首两句意谓：宇宙山川有了阐发真理之文的支撑，便如同人有脊背，屋有椽木一样，可赖以挺立。

由这一基本论点出发，诗人先以周、孔之文为例，加以论证。周公制礼作乐，孔子皆弦歌之，使先王之礼乐教化可得而述。五德替代，历史演进，碌碌者遭受淘汰，圣贤之言、礼乐之道则万世长存。手语：指弹奏琴筝一类弦乐器。"手语自听交鸣弦"，意谓周、孔将先王之道付于琴弦，以求得保存和推广。五德：先秦时期的一种历史观，以金、木、水、火、土代表五德，以五德相克相生说解释王朝兴替的历史现象。"此事担当在几筵，耿耿一发天宇悬"。意谓先王礼乐教化，如耿耿一发，悬浮于天地之间，幸而得传，泽被海内，归功于几筵上为人供奉的周、孔神灵。

诗人为证实"有文支拄山与川"的基本观点，远以周、孔传先王之道为证据，近则又以"丈人家世"为证据。青毡：《晋书·王羲之传》谓王献之曰："夜卧斋中，而有人入其室，盗物都尽。献之徐曰：'偷儿，青毡为吾家旧物，可特置之。'群偷惊走。"后以青毡代称士人故家旧物。诗人岳丈姚姓有家学，世有文名，文章传世，如碧水潺流。诗人于此称誉不已。想当年，薑坞先生讲学于此，如今百年乔木已成参天之势，后人凭吊，历数就读于此的俊杰之士如入龙室蛟堂一般。"吾今只可"以下四句，描述了诗人怡然自乐的心态。远有周、孔之道绵延久远，近有丈人家世文名四播，我尽可烂漫而眠，不必担忧地塌天旋，缘因"有文支拄山与川"。

此诗重在立意。在诗体结构上表现出清代学宋诗派尊从黄庭坚，以议论入诗、以学理入诗的特点和对雄怪莽苍、硬语盘空诗风的追求。　　　　（关爱和）

【诗人小传】

文廷式

(1856—1904)　字道希，号芸阁、纯常子。江西萍乡人。光绪进士。1894年，任翰林院侍读学士。为赞助光绪帝亲政，支持康有为发起强学会，被慈禧太后革职。戊戌政变发生，东走日本。能诗词。词学苏、辛，也有慨叹时政之作。著有《云起轩词钞》、《文道希先生遗诗》、《纯常子枝语》、《补晋书艺文志》、《闻尘偶记》等。

夜 坐 向 晓(四首录一)　　　　文廷式

遥夜苦难明，他洲日方午。
一闻翰音啼，吾岂愁风雨。

夜坐向晓(四首录一)

文廷式是"帝党"的中坚分子,著名的"清流"人物。光绪二十一年(1895),他曾与陈炽等赞助康有为组织强学会,次年,遭到李鸿章的爪牙御史杨崇伊的弹劾,被革职驱逐出京。诗人痛感"中国积弊极深"、"命在旦夕",提出"变则存,不变则亡"(《罗霄山人醉语》),主张向西方学习,"君民共主"。戊戌政变后,他被清廷密电访拿,遂于光绪二十六年(1900)春东走日本;晚年屡遭政治迫害,憔悴忧伤,卒年仅49岁。

这首五绝,即事感怀,寄托遥深,小诗而有长篇巨幅的气势,陈声聪谓文诗"大气浑沦"(《兼于阁诗话》卷一),观此可见。诗题"夜坐向晓",四字已包蕴全篇主旨。夜坐不眠,思接万里,诗人在苦苦等待黎明的到来。

首句"遥夜苦难明",语势劲直而语意相关。遥夜,即长夜,暗寓中国社会如处于漫漫黑夜之中。一"苦"字,已露感时忧世的怀抱。诗人少时即有匡国之志,中进士后,感激光绪帝的知遇,屡上奏疏,指陈国事,为当朝权贵所侧目,故诗人对当时政局的黑暗是深有感触的。"长夜漫漫何时旦",生活在中国封建社会中的仁人志士,经常发出类此的慨叹。

"他洲日方午",他洲,指欧洲、美洲。由于中国与欧、美处于不同经度,昼夜时间有很大的差异,如北京深夜0时,相当于英国伦敦时间8时,或美国纽约时间13时。诗人发出深沉的感喟:清王朝还于长夜难明之时,而欧、美各国却如日方中!两相对照,尤难为怀。诗中运用了地球时差的新科学知识,以此寄托新意,表达对当时较封建制度进步的资本主义制度的向往。文廷式关心世界大事,诗文中对西方国家和人物每有赞誉之辞。如诗集有题为《暇阅西方史籍,于二百年内得三人焉,其事或成或败,要其精神志略皆第一流也,各赞一诗,以写余怀》,对俄罗斯帝大彼得、法兰西帝拿破仑第一、美利坚总统华盛顿热情歌颂,谓大彼得铲除"积锢",拿破仑制定"国律",华盛顿不贪"大宝"(指帝位),皆足永怀效法,从这也可窥到作者思想中的一些民主因素。

三、四句语势一转。"一闻翰音啼,吾岂愁风雨",意更沉厚。翰音,指鸡。《礼记·曲礼》:"鸡曰翰音。"后因用为鸡的代称。两句用《诗·郑风·风雨》"风雨如晦,鸡鸣不已"诗意。《诗序》认为《风雨》一诗的意旨是"乱世则思,君子不改其度焉",诗人虽身处乱世,依然能保持自己独立的志节,不因风雨如晦的日子而愁苦。同时亦暗用闻鸡起舞的典故,表现了高昂的意气,抒写对天明的渴望之情。当时清王朝已临末路,风雨飘摇,对外国侵略者屈辱投降,对国内人民却采取残酷镇压的手段,整个中国陷于黑暗和混乱中。腐朽反动的封建统治与欧美较为进步的资产阶级民主制度,形成了非常鲜明的对照。诗人为祖国行将沦亡而深深忧虑,但他也坚定地相信,黎明前的黑暗是不会太长久的,因为雄鸡已啼,人民已醒,光明一定会到来。钱仲联《近百年诗坛点将录》评此诗云:"借地球昼夜向背之理,兴九域沦胥之忧与风雨鸡鸣之怀,二十字抵人千百矣。"可为的论。

(陈永正)

【诗人小传】

陈 衍

(1856—1937) 字叔伊,号石遗老人,福建侯官(今福州)人。光绪举人,任学部主事。曾为张之洞幕客。辛亥革命后所作《石遗室诗话》,是"同光体"诗派主要评论家。另有《石遗室诗集》、《文集》。辑有《近代诗钞》、《辽诗纪事》、《金诗纪事》、《元诗纪事》等。

张广雅督部电召来鄂呈二首(选一)   陈 衍

昔岁沅湘单舸还,苍茫风雪下江关。
路从郢树荆门转,梦落郎官大别间。
一卧忽惊天醉甚,万牛欲挽陆沉艰。
上游形胜看如昨,要拱中原控百蛮。

这首诗是向张之洞抒怀言志之作。诗题中的"广雅"为张之洞堂名。张任两广总督期间,曾于清德宗光绪十三年(1887)在广州城西北创立广雅书院,为士林所称道。张为洋务派领袖之一,后于光绪十五年(1889)调任湖广总督,驻节武昌,多所兴作,曾创办京汉铁路、汉阳铁厂、汉阳兵工厂、湖北织布局等,爱才好客,幕中号称多士。这首诗当为作者初应张召、入湖广总督幕府时所写。后来作者久在张幕,曾任官报局总编纂。

诗的前四句写"来鄂"前在一次由四川乘舟出三峡转入湖南的江行途中,已对武汉三镇心向往之;后四句写"来鄂"之际对国事日非、时局艰危所怀的忧虑,以及对坐镇武汉的张之洞所抱的愿望。

在首联"昔岁沅湘单舸还,苍茫风雪下江关"两句中,作者以"昔岁"两字发端,点明这是"来鄂"前的一次江行。上句的结构与李白《早发白帝城》"千里江陵一日还"句相似。李句是写从白帝城还江陵;此句是写经江关(即瞿塘关)还沅湘(《湖南通志·长沙府》称,湘水"至永州与潇水合曰潇湘,至衡阳与蒸水合曰蒸湘,至沅江与沅水合曰沅湘,合众流以达洞庭",此句中即以"沅湘"泛指洞庭南长沙一带)。两句中以"单舸"、"苍茫风雪"渲染气氛,使一叶孤舟在风雪迷濛中经江关顺流而下的江行景象浮现纸上,其中交织着作者长途孤旅的怅惘和千里壮游的豪情。颔联"路从鄀树荆门转,梦落郎官大别间"两句中,上句写出瞿塘关后江行的路程,由柳宗元《别舍弟宗一》诗"欲知此后相思梦,长在荆门鄀树烟"两句化出。鄀,春秋时楚国都城,在今湖北荆州市北;荆门,山名,在湖北宜都西北。长江东流,经宜都至江陵,转而南下通向洞庭湖,再东北流向武汉,而作者到达洞庭后则离长江,更向南行,故云路从此转。下句暗中掉转笔锋,作为题中"来鄂"的伏笔,表述此行虽至洞庭离江南下,来到武汉,而已"梦落"其他。有了这一句,前三句所写"昔岁"的行程便不是与题无关的赘文。郎官,湖名,原在汉阳城内东北隅,明代以后已枯涸;大别,山名,在汉阳东北。诗句以"郎官大别"代指武汉三镇。这句表达了对武汉三镇这一形胜之地的向往,也隐约透露了对以广揽人才见称的张之洞的景仰,而写得空灵蕴藉,不落痕迹。

诗的颈联"一卧忽惊天醉甚,万牛欲挽陆沉艰",引入主题,反映了光绪年间内忧外患交迫、国势日益阽危的现实,以及当时有识之士对时局所怀的殷忧和救亡图存的心愿。"一卧"句从杜甫《秋兴八首》之五"一卧沧江惊岁晚"来,而语意更为沉痛,所"惊"之事更为可哀。"天醉"出张衡《西京赋》:"昔者大帝说秦缪公而觐之,飨以钧天广乐。帝有醉焉,乃为金策,锡用此土,而翦诸鹑首。"虞喜《志林》引当时有谣曰:"天帝醉,秦暴金误陨石坠。"李商隐《咸阳》诗"自是当时天帝醉,不关秦地有山河"两句即用此典。这句之用此典,则意谓自"昔岁""下江关",还沅湘,"一卧沧江",惊见天迷帝醉,国土已有为列强瓜分的危险;而"天醉"两字也寓有对当时把持朝政的慈禧太后及一批亲贵们醉生梦死、昏聩日甚的抨击。"万牛"句则化用杜甫《古柏行》"大厦如倾要梁栋,万牛回首丘山重"句意,是说在此大厦将倾之际,亿万民众都想努力挽回危局,免使神州陆沉。其句外之意是愿见张之洞成为文撑大厦的"梁栋"。尾联"上游形胜看如昨,要拱中原控百蛮",与颈联两句紧相承接,是这首诗在终篇处对所"呈"对象——张之洞的献言,是就武汉三镇的地理形势和湖广总督一职所负的重任,对张提出的期望。句中的"百蛮",指对中国怀侵吞野心的列强。武汉自来是长江上游的形胜之地,为东西水路、南北陆路的中心枢纽;拱卫中原、控制列强,正是坐镇武汉的张之洞应起的作用。

这首诗语重心长,可见作者的抱负。作为一首应召赴任、呈诗言志的作品,它措辞得体,不卑不亢,切合作者与张之洞的关系和身份,而不流于俗套,允为佳构。

(陈邦炎)

王允晳

(1867—1929) 字又点，号碧栖，福建长乐人。光绪十一年乙酉(1885)举人，曾先后入奉天将军依克唐阿和北洋海军幕府，后官安徽婺源县知事。他与何振岱，同为当时闽中著名诗人，王氏尤以苦咏著称。诗风清逸曲折，毕生悲欢愉戚，跌宕慷慨之志一寄之于诗。著有《碧栖诗词》。

梅　花　　　王允晳

茆屋苍苔岂有春？翛然曾不步逡巡。
自家沦落犹难管，只管吹香与路人。

　　王允晳，字又点，号碧栖，福建长乐人。是近代"同光体"闽派诗人中别开生面的一家。他既不同于沈瑜庆的爱掉书袋，也不同于郑孝胥的以诗篇众多擅长。所著《碧栖诗》存诗不多，而皆刻意经营。闽派诗人陈衍谓其"善于审曲面势，笔意力戒凡近"；李宣龚序其集，谓其"意境高远，不可一世，是真能以少许抵人千百者"，颇能指出它用笔和境界的特点。

　　这首《梅花》，是《碧栖诗》中思想性、艺术性高度统一的代表作。精妙处颇似姜夔《除夜自石湖归苕溪》"细雨穿沙雪半销"一首。允晳兼工诗词，其词也取法姜夔，可算是姜夔诗词同工的同调。允晳本具经济之才，却未尝有机会舒展，他在清朝不过是一个举人，做过教谕的卑职。民国以后，一度署理安徽省婺源县县知事。当时婺源在贫瘠的山区，谈不上给他搞出什么"百里侯"的业绩来，他不免心情抑郁，有沉沦不遇之感。这首《梅花》，便表达了这种心情，以梅花为喻，颂扬了"自家沦落"尚"吹香与路人"的可贵品德。"茆屋苍苔"写冷寂之境，"岂有春"犹言春光不到，用"岂有"作拗折。第二句伸足上句，"翛然"，超脱之貌，"逡巡"，迟疑徘徊状。对于"茆屋"，春光飘忽而过，不曾考虑是否留驻。第三句表沦落身世，却又用"犹难管"三字作一折，第四句说"吹香与路人"的抱负，又用"只管"二字紧顶上句的"犹难管"翻进一层。这种用笔之妙，即陈衍所说的"善于审曲面势"。当然，这诗之所以高超，在于后二句的思想境界，用笔之妙，不过是技巧问题。

　　这诗表现的忘我为人的精神，可与龚自珍《己亥杂诗》的"浩荡离愁白日斜，吟鞭东指即天涯。落红不是无情物，化作春泥更护花"一首作比较。龚诗前二句写处境，与《梅花》前二句同，后二句说花朵虽然落在尘埃，仍然要化为春泥，保护百花。明写"不是无情物",也正是允皙诗中隐藏而不说的心情。龚诗"不是"、"更"用翻进一层笔法,王诗说"犹难管"、"只管",也是翻进一层法,笔意很相近。但龚诗色彩浓郁,王诗淡秀,风格上显示二者个性的不同。再可以把陆游《卜算子·咏梅》词来比较一下。陆词前半首云:"驿外断桥边,寂寞开无主。已是黄昏独自愁,更著风和雨。"近似这首诗所写的处境。下半首云:"无意苦争春,一任群芳妒。零落成泥碾作尘,只有香如故。"近似龚、王二诗后二句所写,然龚、王二诗表示积极精神,而陆词不过孤芳自赏境界,当然不免逊一筹了。用比较的方法进行赏鉴,可以启发思路。

(钱仲联)

诗人小传

杨 锐

(1857—1898) 字叔峤,又字钝叔,四川绵竹人。曾受学于张之洞。中举人后任内阁中书,后参加强学会、保国会。戊戌变法时,任四品卿衔军机章京,参预新政。与谭嗣同等同时被害,为"戊戌六君子"之一。有《说经堂诗草》。

腊月十五夜月

杨 锐

锦官城里暂停鞍,红粉楼头独倚阑。
一十二回明月夜,可怜都向客中看。

这是首吟月思亲诗,诗题"腊月十五夜月",是指一个特定夜月的吟月思亲,这是一年之中最末的一个圆月之夜,此时最能引发离乡远道人渴盼与家中亲人团聚的思念。

此诗首句云"锦官城里暂停鞍",是从归途中的诗人这方面说的。诗人是四川省绵竹人,长年在京为宦,腊月岁末,当归乡度年,与家人团聚,而十五日之夜,尚留阻在锦官城里。锦官城,即今四川省成都市,是入蜀去绵竹的必经之地,两地相距近二百里,与由京入蜀的道里相较,此与故乡之距,不过近在咫尺。此句读来,似觉平常,其实不然。盖其写出了归途人曾经千里催马,急赶路程,速盼归家,而又不得不留宿成都这离家咫尺之地,又如何地使归途人感到心急如焚。下句云"红粉楼头独倚阑",是从家中闺楼妻子那方面写,却是从归途人的联想中写出。红粉楼头,指闺阁,闺房。此指代深居闺房的妻子。此句从诗人思情中写出自己的妻子,恐怕也在这十五夜月之下的闺房,寂寞孤坐,倚阑望月,思念我这离乡远道人,牵挂我的归途劳顿,细算我的归程日期。夫妻两地相思,却是共赏一月,共沐月光,同是十五夜之圆月,料来当同是思念夫妻团聚之情。可是,此时此刻,我是停鞍锦官城里,孤客望月,你在家中闺楼倚阑,独赏圆月,两地相思,要共叹这月圆人未圆的别离之苦,真是一月共照,两地相思的断肠人。这种"对写法",委婉曲折,曲情传意,更能深切动人地表达诗人所要表现的情思。下联首句"一十二回明月夜",是说一年之间十二个月,会有十二回十五日之夜,也就会出现十二回满月,世人也就能共赏到十二回明亮之夜的圆月。然而,对于长年离乡背井、出仕在外的诗人来说,每月的月圆之夜,就会因见月圆而引动起思亲团聚之念;今此所见已是"腊月十五夜月",最末的月圆之夜又不能与家中亲人团聚,何况自己虽离家近在咫尺,却仍然属于在"客中"滞留,看月仍是"客中看",怎不令诗人分外的惆怅与凄惶呢?

望月怀人,已属诗中旧套,但本诗巧妙地抓住"腊月十五夜月"这个特殊的月圆之夜,以一"月"笼括十二"月",写出了自己终年的孤寂奔走、有乡难归、有亲难聚之苦,读来颇有新意,是善于推陈出新的佳作。　　　　　　(王杏根)

【诗人小传】

易顺鼎

(1858—1920)　字实甫,又字中硕,号哭盦,湖南龙阳(今汉寿)人。光绪举人。清末官至广东钦廉道。袁世凯称帝,任代理印铸局长,诣事世凯子克文。能诗。也作词及骈文。有《丁戊之间行卷》、《四魂集》等。

三 峡 竹 枝 词(其八)　　　　　　易顺鼎

山远水长思若何?竹枝声里断魂多。
千重巫峡连巴峡,一片渝歌接楚歌。

汉寿诗人易顺鼎风流放诞是出了名的,尝以《红楼梦》中的贾宝玉自况,整日流连于梨园曲院之中,不乏红粉知己。他的好些情诗,情致高雅,诗意浓郁,细细地咀嚼寻味,颇能动人心弦。这首具有鲜明地方民歌风情的《三峡竹枝词》(其八),就有这等魅力。

瞧!热恋中的巴蜀好儿郎终于和心上的人儿分手了。这一去山远水长,重见无由,分手后的情思又如何呢?不说"思君若流水,何有穷已时"(徐幹《室思》),太直;不说"相思苦相思,相思损容色"(陈羽《长相思》),太实。然而,不论是太直还是太实,自有妙处可言。有时,那情思的表露恰恰需要太直,反可以平添几分憨态;恰恰需要太实,能给人加重深刻印象。易顺鼎于此道不会不知,可是用在这里不行,他一定还记得"《竹枝》本出于巴渝……,末如吴声,含思宛转"(郭茂倩《乐府诗集·近代曲词三》)的传统家法,所以才会吟出"山远水长思若何?竹枝声里断魂多"那样婉曲动人的诗来。何谓"断魂多"?实乃"离情多",古时候的江淹早就说过"黯然销魂者,唯别而已矣"(《别赋》)。要问"思若何?"不从正面作答,不明言自己的情思,似乎是"王顾左右而言他"——"竹枝声里断魂多"。言外之意,我心同《竹枝》,君闻可以知我心。这一问复一答,措辞浅之又浅,寄意深而又深,是在蓄足气势,犹如交响乐登台,先来一段独奏,然后等着瞧吧,台上金鼓齐鸣,天地为之动容,鬼神为之饮泣。

果然,这样的时刻来到了——"千重巫峡连巴峡,一片渝歌接楚歌。"易顺鼎不愧是写情诗的能手,他懂得应该怎样去制造气氛,去渲染更大更动人的效应。于是,巫峡巴峡,这神秘世界,渝歌楚歌,这地方特产,都成了他倾注感情的对象。于是,任凭你走遍巴山楚水,耳之所闻,到处都是此起彼伏、令人哀感断肠的竹枝声。这不仅是承先前的"断魂多"而来,前呼后应,显示出构思上的缜密细致,极有章法,而且是更宛转、更凄楚地道出征途上的好儿郎,心中已经涨满了相思相忆的离别情思,终于如同渝歌楚歌,一发不可收拾,形成撼天动地的气势。假若你已经知道古时候峡江上的打渔人,曾经这样忧伤地唱道:"巴东三峡巫峡长,猿鸣三声泪沾裳。"仅仅是"猿鸣三声",就足以使人潸然下泪,那么,"自三峡七百里中,两岸连山,略无阙处,重岩叠嶂,隐天蔽日"(《水经注·江水二》),在这样的环境中,整个空间都笼罩在渝歌楚歌的断魂声中,天地不为之动容,可乎?鬼神不为之饮泣,可乎?当你置身其间,目睹如此巨大的哀歌场面,感受着巴蜀好儿郎其心也诚,其志也坚,其情也苦,对心上人如此纯真的思慕和爱恋,又怎能不热泪盈眶?诗人走笔至此,诗中始终没有具体地去描写人物的感情,这正是易顺鼎独具匠心,有别于常人之处。诗中只紧紧地抓住竹枝声做足文章,以"千重"与"一片","连"和"接"等字眼,就形成广阔无边,一层跟进一层的气势,使你仿佛身历其境,不容你不为之感动,可谓能以少少许胜多多许。

本诗既然题为《三峡竹枝词》,诗人便尽力不失民歌的风味,婉曲见意,扣人心弦。末两句,显然脱胎于老杜的《闻官军收河南河北》一诗的尾联"即从巴峡穿巫峡,便下襄阳向洛阳",同为流水对,同样具有"一气流注,而曲折尽情,绝无妆点,愈朴愈真"(仇兆鳌《杜少陵集详注》引王嗣奭评语)的特点,而同中见异,老杜笔下传达的是轻快迅捷的喜悦之情,而顺鼎此处表露的是连云走风、浩漫无穷的离别之思,两者各有侧重,各臻其妙。

(李保民)

过驷马桥题诗　　　　　易顺鼎

　　武皇好武不好文,人奴牧竖皆纷纷。当时上林无狗监,汉家词赋谁凌云?相如落魄求凰操,独有文君赏才调。一别琴台酒市垆,终持使节灵关道。意气相知还慨慷,龙门史笔共轩昂①。良禽择木古来有,吕尚奸周尹就汤②。文园异日俱迟暮,放诞风流恐非故。白头凄断茂陵人,黄金却忆长门赋。富贵区区安足论,文君情胜汉家恩。高车驷马终何物,不及临邛一犊裈③。

〔注〕 ①龙门:《史记·太史公自序》:"迁生于龙门",后因以龙门为司马迁的别称。②奸:干求。《史记·齐太公世家》:"吕尚盖尝穷困,年老矣,以渔钓奸周西伯。"尹:指伊尹。③犊裈(kūn):犊鼻裈,围裙。

　　本诗咏汉司马相如事。"驷马桥",在成都城北十里,司马相如题桥柱曰:"不乘驷马高车,不过此桥。"作者过驷马桥,缅怀当日司马相如之风云际会,不禁百感丛生,慨叹世事荣枯变幻,机缘难求。诗中寄寓了作者的佗傺失意之感。易顺鼎幼有神童之目,长有才子之称,佚荡自喜,诗才绮绝,奔走于名公巨卿之门,然皆鲜克有终,至于天涯漂泊,浮萍断梗,贫乏无以自存。这首诗展示了中国封建文人的心态:既有对于富贵的歆羡心理——青霄有路、彩笔凌云的梦想;又有富贵于我如浮云的聊自解嘲,一种落拓潦倒、中路彷徨的牢骚苦闷。

　　首四句,从"武皇好武不好文"至"汉家词赋谁凌云",叙说一颗文坛巨星如何升起,神往于那可遇而不可求的人生机遇。汉武帝好大喜功,重用武将,开疆拓土,威震边陲;至于文章辞赋,不过点缀升平而已。"人奴牧竖"指卫青,青幼年时曾牧羊为人奴,沦于卑贱。这里泛言汉时武将横行,卫青、霍去病等皆封侯,官高爵显,烜赫一时。一个默默无闻的文人司马相如,曾客梁园,倦游而归,遭迍无以自聊,只是由于他的乡人狗监杨得意向汉武帝荐引,他才得以身登帝阙,咫尺天颜,从此倾动公卿,唾玉咳珠,蕚英腾茂,翰藻流芳。相如献《大人赋》,汉武帝大悦,以为"飘飘有凌云之气"。司马相如终于成为两汉辞赋家中之巨擘,赢得了那璀璨夺目的桂冠。如果没有狗监杨得意片言援引,那么,这位锦心绣口的一代才人只能老死户牖，零落荒丘，与草木同朽，一颗文坛巨星将悄然陨没。人生的穷通否泰竟是如此的偶然，神秘不可捉摸，只能归之于命运和机缘而已。令人不胜浩叹。

"相如落魄求凰操"至"终持使节灵关道"四句，叙说一段千古风流佳话，写出相如旷世绝俗的文人才调，以及他否极泰来的命运沉浮。临邛巨富卓王孙有女文君新寡，相如饮卓氏家，弹奏一曲求凰操，以琴心挑之，文君夜奔归相如。二人家徒四壁，无以为生，文君当垆酤酒，相如着犊鼻裈，与佣保杂操作。这是中国两千年前的一对礼教的叛徒，竟然大胆地向世俗社会进行公开的挑战。然而，有朝一日，平步青云，奉使持节，荣归故里的恩宠，终于使他们得到了社会的认同。汉武帝拜相如为中郎将，使通西夷。"终持使节灵关道"即是写他衣锦还乡的殊荣。太守郊迎，县令负弩矢前驱，临邛诸公献牛酒以交欢，趋之若鹜。一个当日落魄穷途的文人，今朝驻足驷马桥头，踌躇满志，重温当日援笔题柱的狂言："不乘驷马高车，不过此桥"，意气飞扬，高骞远举。此中况味，可羡乎？抑或可悲乎？只能味酸咸于笔墨之外了。

"意气相知还慨慷"至"吕尚奸周尹就汤"四句，由对相如文采风流的向往，引发出身世飘蓬之感。相如辞赋的典丽渊涵，只有司马迁的史笔堪相媲美，成为汉代文坛的双璧，流光溢彩，彪炳千秋。斯人已逝，慷慨轩昂之气犹存。抚今追昔，不免有我生不辰之叹。联系作者依人作幕、寄食四方的生涯，便可鉴察他的"良禽择木"的苦衷。"闲来垂钓碧溪上，忽复乘舟梦日边"的遐想，亦不妨联翩入梦。吕尚（姜太公）八十垂钓遇文王；伊尹将受商汤聘，梦见乘舟过日月之旁——这样的君臣遇合的佳话令人心存希冀，也许命运之神将辗然微笑，安知自己不会大器晚成？

"文园异日俱迟暮"至"黄金却忆长门赋"四句，花边絮语，渲染点缀一些相如的逸闻韵事。相如晚年曾为文帝陵园令，因以文园指相如。这位翩翩才子风流倜傥，见异思迁。刘歆《西京杂记》载："司马相如将聘茂陵人女为妾，卓文君作《白头吟》以自绝，相如乃止。"《白头吟》是一个女子对负心郎的决绝之辞，山盟犹在，沧海情深，终令相如凄然肠断，避免了镜破钗分的婚姻悲剧。另外一则逸事，陈皇后失宠，居长门宫，以黄金百斤奉相如，相如为作长门赋，汉武帝见而伤之，陈皇后复得亲幸。传说虽未必确，但亦可想见当日相如之文如阆苑奇葩，金声玉振，价值连城了。

诗的结尾，"富贵区区安足论"至"不及临邛一犊裈"四句，兔起鹘落，兜转上文，将驷马桥头幻化出来的人间沧桑、过眼繁华一笔勾销，全部付之东流，高车驷马的富贵荣华怎及人间情爱地久天长？——似彻悟，似超然，抑或只不过是阿Q式的自我解嘲？诗的尾声表现了作者放浪形骸、玩世不恭的个性，大有浮云富贵、粪土功名之概，临邛市上的当垆女和着犊鼻裈的卖酒郎，就是他皈依膜拜的爱神偶像。其实却只不过是"忍把浮名，换了浅斟低唱"的翻版，现出了作者江湖浪子的本相。

这首诗可以说是那些心比天高、命如一叶的中国旧式文人的心灵自画像。人们掩卷沉思，依稀可见一个青衫小帽、行囊萧索的天涯倦客，踟蹰驷马桥头，吊古伤今，追慕两千年前的一位命运的宠儿——司马相如，心潮澎湃，凄然顾影，带着几分过屠门而大嚼的狂恣快意，也带着自己半生坎坷、一事无成的辛酸和遗憾。　　　　　　　　　　　　　　　　　　　　　　　（林薇）

丙戌十二月二十四日雪中游邓尉三十二绝句（其二十三）　易顺鼎

湖天光景入空濛，海立云垂暝望中。
记取僧楼听雪夜，万山如墨一灯红。

这组诗作于清光绪丙戌（1886）岁暮。邓尉，即邓尉山，在今苏州西南，因汉时邓尉隐居于此而得名，又名玄墓山，山上山下，遍植梅花，为吴中一大名胜。易氏自称"生平所为诗不下数千首，盖行役游览之作居其大半，而山水诗尤多"（《琴志楼游山诗集》），丙戌前后，作者徜徉吴下太湖山水间，游邓尉时，适逢下雪，遂诗兴大发不可收，连作绝句三十二首，其诗或写景、或怀古、或抒情，此为其二十三，述雪夜所见，从一"望"字写开去，取远景入诗，通篇又紧扣题中"雪"字，前半为望湖，后半则为望山，乃融湖光山色为一体之作。

自诗中"暝望"可知，作者之望，在夜色之中。极目远眺，湖面上云层低垂，烟波迷茫，水天一色，一派空濛，蔚为壮观。诗中之"海"，实指湖也，因此组诗之六有"一片西崦水上浮"句，可见此湖为邓尉山下那连接浩渺空阔之太湖的西崦湖。"空濛"两字，十分形象地写出雪夜湖景。试想，如非雪天，则于暝色中望去，定然黑黝黝一片，何"空濛"之有？正因雪花飘舞，赖雪光折射，才能在暮色中有一线朦胧，依稀可见那"海立云垂"之"湖天光景"。

三四句转入望山。此组诗其十八有"重听元（即"玄"）墓寺前钟，山径昏黄鬼气浓"句，则此处"僧楼"当为玄墓寺佛楼。邓尉山四周为绵延起伏之丘陵，作者眼光自湖面移开，便有远山映入眼帘，夜色中，山体色彩要比天空深，故形成一道道黑色的轮廓,诗中以"如墨"形容之,可见其时雪降尚未长久,远望去,山峰仍是黑色。在一派黑色中,僧楼上那盏红灯如一团火,显得分外醒目,其实,此时此地应还有另一种颜色——雪之白色,及诗中未写出的香雪海——梅花之白色。如此,则墨黑、火红、雪白,三色交相辉映,形成鲜明的色彩对比,在这冬夜,将邓尉一带山色湖光点缀得美不胜收。作者是颇有审美趣味的,他于诗、词散文外,也能丹青,故诗中色彩运用颇具匠心。雪花洒落大地,应是悄无声息,诗中用一"听"字,令人如闻其声,又活脱脱把飞扬之雪写活,更显冬夜之寂静安谧。

  作者凤喜登山临水,游览行役"足迹所至十数行省,一行省一集也"(钱基博《现代中国文学史》)。他写山水,往往善于从大处落笔,描绘大自然之广阔图景。同是写雪景,他在四川峨眉山所作几首便写得雄健奔放,如"峨眉西望真奇绝,初日晶莹照银关","佛楼高坐亦雄哉"(《峨眉绝顶望大雪山歌》),而此诗,虽其景为天、湖、山,物象开阔、宏大,整首诗所造成的却是空明幽淡,半明半暗,神光离合之艺术境界,可谓是以诗作画,笔墨简淡、若隐若现,朦朦胧胧,得迷离恍惚之美。这当然与雪夜背景吻合,也是江南水乡阴柔婉秀之审美情调所要求的。

(黄　刚)

买醉津门雪中三首　　　　易顺鼎

焉知饿死但高歌,行乐天其奈我何?
名士一文值钱少,古人五十盖棺多。

访戴寻梅意略同,楼台寂寞水晶宫。
小车出没飞花里,疑是山阴夜雪蓬。

雪水斟来置竹炉,歌姬院里著狂夫。
平生陶榖韩熙载,乞食烹茶画两图。

  这组七绝作于易顺鼎晚年,为其失却袁氏依傍后侘傺失路生活之真实写照。津门即天津,因其为京畿门户而称。易氏死前数年浮泊京津,此三首乃其在津门写就。从结构上看,三诗各自成篇:首篇总写其晚境潦倒落魄,却仍纵情声色;次篇述其驱车往歌场舞榭途中,犹以古人雅事相拟,自得其乐;末篇写抵歌姬院后烹茶乞食,狂放作画之情态。在逻辑上,三首又首尾相衔,一线贯穿,写尽其末路之状。

首篇劈头便直指其生活困顿之窘况,已面临断炊,不知何时"饿死",然作者不作悲愁语,笔锋一转,仍是要"高歌"、"行乐",且喊出"天其奈我何"之声,活现出他傲兀不羁,玩世不恭之人生态度。易顺鼎早年奇慧,三岁即读《三字经》朗朗上口,五岁便能作对,被誉为神童,十五岁已刻诗词各一卷,其句传诵一时,时人称之才子,十七岁便中举人,甲午中日战起,清廷割辽东、台湾与日本媾和,他慷慨上书极言不可,且两度赴台助刘永福筹划防务,时论推为气节功名之士,然清末曾先后谀事张之洞和荣禄,及袁世凯执政,又以文才附袁次子袁克文,与樊增祥辈出入歌场酒肆,欢娱达旦,虽占尽一时风光,也因此颇为人所诟。及袁氏帝制失败,袁克文南行,易顺鼎遂无所依恃,诗中"名士一文值钱少"即指此。所谓"五十盖棺"者,盖指当时曾有人谓其"寿不过五十九"而言,时作者年逾五十,后果以五十九而卒,可谓一语成谶。

次篇系用东晋名士王徽之雪夜访戴典。徽之居山阴,一夜大雪,忽忆友人戴逵,时戴在剡溪,即乘轻舟往赴,经宿方至,既到戴门,却掉棹返家,人问其故,答曰"吾本乘兴而来,兴尽而返,何必见戴?"(事见《世说新语》)后"访戴"便常作访友之词。作者用此典,正合此时下雪背景,故十分恰当。作者雪中乘小车赴馆,"水晶宫"、"飞花里"无不与雪景相符,而"夜雪蓬"更仍自访戴典而来,用"疑是"两字,可见他已悠然以徽之自比。

末篇记抵馆后事,而以"狂夫"自称。竹炉雪水烹茶,亦古人雅事。诗中所言韩熙载乃五代南唐官僚,时颇遭后主李煜猜忌,为避厄运,故作疏狂自放,纵情声色,"多好声伎,专为夜饮,虽宾客糅杂,欢呼狂逸,不复拘制"(《宣和画谱》),以求自保,李煜因其生活过于放荡,欲以画规劝,命画家顾闳中"夜至其第,窃窥之,目识心记,图绘以上之"(同上),此便为我国画史上名作《韩熙载夜宴图》。全图分五段,分画其与宾客女伎宴饮、舞蹈、演奏、休憩、调笑等。作者此时虽远不能与韩熙载相比,然其出没歌榭,夜饮狂欢,与韩仍有相似处;更重要的是,作者当时乃佯狂玩世,实有郁闷于胸,这与韩熙载的表面纵情声色而内心痛苦忧伤亦有相通之处,故作者要心向往之,只是他毕竟已大不如前,故只能聊画"乞食"、"烹茶"两图自嘲而已。

易顺鼎与樊增祥时并称诗坛两雄,然樊喜用僻典涩语,易却必用人人所知之故实,而好作绮语,形诸歌咏则无异。这组诗之用典用语,正可见易氏本色。易氏为诗深受庄、贾(岛)、李(贺)、杜(牧)影响,尤致力于晚唐温李,好以风流之语记其风流之事,中年后,"日以诗词写其牢骚"(钱基博《现代中国文学史》),且愈近晚年,牢骚愈盛,此三首中,这一特色亦甚明显。这组诗,可视为其貌似放荡玩世,实为悲含其中、愁敛其内之作,在他狂放通脱的外衣下,抑郁牢愁之感、蹭蹬不平之气隐然可见,故当时京师士大夫诵而悲之。这也是一代名士之悲剧,易顺鼎一生虽不乏闪光之处,更有过人才气,却因唯以谄谀权贵为事,无行无品,只落得潦倒以终的结局,亦足为后人扼叹!

(黄 刚)

【诗人小传】

康有为

(1858—1927) 原名祖诒,字广厦,号长素,又号更生。广东南海人,故又称南海先生。光绪进士,任工部主事,未到职。近代资产阶级改良主义运动的领袖,领导了"公车上书"和"戊戌变法"运动。戊戌政变后,逃亡国外,以后思想日趋保守。其诗多反映出关心国家命运,挽救民族危亡,以天下为己任的宏伟抱负,风格接近杜甫。梁启超评论清代诗歌时,称颂康有为"元气淋漓,卓然称大家"(《清代学术概论》)。有《康南海先生诗集》。

登万里长城

康有为

秦时楼堞汉家营,匹马高秋抚旧城。
鞭石千峰上云汉,连天万里压幽并。
东穷碧海群山立,西带黄河落日明。
且勿却胡论功绩,英雄造事令人惊!

以"百日维新"震惊了华夏大地的康有为,早在顺天乡试期间(1888),就"发愤上书万言",提出了"及时变法"的主张。上书前夕,这位志在"若为霜隼击高秋"、"岂无倚剑叹雄才"的热血之士,曾一鞭单骑出居庸关,站在雄伟的八达岭上,纵览山河壮色,写下了两首"郁勃苍凉"的七律。这里选析的,即是原诗其一。

"秦时楼堞汉家营"——当诗人带着惊喜之情,登上这横亘北疆的军都第一峰时,伸展于脚下的苍莽长城,刹时令他生出一种奇异的感觉:他似乎正置身于二千年前的历史烟云之中,那"楼堞"、那营垒,似还见有"秦"将蒙恬、"汉家"卫青傲岸身影之摇曳!这便是吐语高古的起句,所传达的第一眼印象。但嘶鸣的马声,又猛然打破诗人的悠悠幻觉;举首仰天,他顿又醒悟:在"匹马高秋"中抚倚的,分明已是耸峙了二千余年的"旧城"。这两句从漫长的时间跳越中,展示诗人立马古城的感觉变化,恰正有力地表现了长城的悠久和雄伟:它横耸千秋、历尽沧桑,至今依然莽莽苍苍,蜿蜒在高高的秋空下,何减秦、汉当年那雄视胡虏之壮色!

于是连气雄万夫的诗人,也为之肃然起敬了。他立马凝神,让目光顺着起伏的城堞向远空纵观,那由亿万砖石砌筑的长城,便如昂首腾挪一般,在千山万峰间飞凌直上,简直要闯入九霄碧空去了。但倘若只是这样描摹,显然不足以表现诗人远瞻中的神奇感。他由此联想到《三齐略记》所记"始皇作石桥,欲渡海看日出处。时有神人,能驱石下海,石去不速,神辄鞭之"的传说,忽生奇思:这气势恢宏的长城,岂不就如神人鞭赶中的无尽巨石,正带着隆隆雷鸣,碾过千峰而直上云天么?然后再从横向仰视,那灰蒙蒙凌空而飞的城影,便又如"连天"石浪,突然失去了神人的控驭,忽喇喇压向了雄踞北国的幽、并二州!"鞭石千峰上云汉,连天万里压幽并"二句,恰似如椽巨笔,沾濡着瑰奇的神话传说,在纵横万里的空间上,勾勒了古老长城的非凡雄姿。其气势之磅礴、想象之壮奇,就是与谪仙李白相比,也毫不逊色!

如果说颔联对长城的描摹,运用的是富于气势的动态笔墨的话;则紧承而来的"东穷碧海群山立,西带黄河落日明",又动中见静,运用了色泽明丽而又意态舒展的轻笔点染。此刻,雄伟的长城似乎正凝神沉思。它那长长的身影向东延伸,静静地横倚在群山上,显得多么气度雍容。在它的极东处,便是空阔浩渺的大海,浮漾着与天一色的美丽碧蓝。回首西望,则又是另一派气象:头顶高秋的长城,恰似青衫佩剑的儒将,沐浴在庄严肃穆的夕照中;曲曲的黄河从身边飘曳而去,正如它飘展风中的长长襟带。明丽的落晖,映衬着这巍巍长城的轩昂远影,那是怎样一幅万里关河夕照明的奇妙画境呵!

这便是展现在诗人眼底的伟大长城——它气势磅礴,又潇洒壮美,就这样头顶高天、脚踏大地,从久远的秦、汉,雄奇地耸峙到今天!当诗人立马关山久久俯瞰它的时候,最令他心潮激荡的是什么?是它当年曾怎样如一道万里屏障,阻挡过匈奴铁骑的一次次侵袭?还是曾如连营结寨的强大雄垒,鼓舞过多少支大军出塞,横扫在尘沙滚滚的千里瀚海?都不是。"且勿却胡论功绩,英雄造事令人惊":长城的千载功绩,早已辉耀在汗青史册,又何须再加评说!为诗人所深深惊奇的,不是长城的功绩,而恰是这伟大建筑本身——请想一想,倘不是当年的英雄们,以"鞭石"千峰的气魄创建了它,又哪有它遗泽万世的巨勋?

这声震全诗的赞叹,回应着诗中对长城气象的雄奇描摹,有力地表现了康有为所不同于一般诗人的情怀:作为一位未来的"维新派"领袖,他的志向更在创建新的英雄事业方面。正因为如此,他在俯瞰伟大的长城时,能与创造它的往古英雄声气相应,而发生最强烈的共鸣。《登万里长城》的结句,既是一声震荡在雄伟长城上空的赞叹,又仿佛是一声豪迈的预言:它预言着一位英气勃勃的志士,将要像往古的英雄们一样,创造新时代的"惊人"事业……

(潘啸龙)

出都留别诸公(五首之二) 康有为

天龙作骑万灵从,独立飞来缥缈峰。
怀抱芳馨兰一握,纵横宙合雾千重。
眼中战国成争鹿,海内人才孰卧龙?
抚剑长号归去也,千山风雨啸青锋!

这似乎是一个屈原式的穷愁而又瑰奇的梦。不过梦中的主人公,却是两千年后的忧国志士康有为。1888年11月,他以布衣之身发愤上书,"极言时危",请求变法。这一近世罕闻的举动,却因清廷守旧派的阻挠而告失败——年轻的光绪帝,竟连康有为上书的片言只字也未读到。

国势日蹙,雾瘴满天。这位"许身不自量,窃比稷、契属"的热血之士,既不能叩血阊阖以达天听,又不能手执风雷扫涤神州,还有什么比这更令他痛苦的呢?于是就只能做那《离骚》般的幻梦了。他恍见自己正骑着蜿蜒"天龙",从帝关悠悠飞降;身后也一样有雷师、虹霓、月御等"万灵",纷纭奔随。云气"缥缈"中忽见有一座奇峰,从远处"飞来";转眼间,众灵皆隐,只剩下诗人孤清一身,"独立"在浮转不定的云峰之巅——这正是诗之开篇涌现的境界。瑰奇的想象,将自我提升到了驭龙而飞的神境;骑从雍容的渲染,忽而又化为幽峰独立的孤清。这一切似乎都在暗示读者:诗人那奇幻的神游,也正如《离骚》的主人公一样,决不是欢悦的。

诗人究竟要去往何处?天地间哪是他梦魂牵绕的地方?"怀抱芳馨兰一握,纵横宙合雾千重"二句,即对此作出了痛切的回答。前句化用《离骚》芳草美人之喻,表现诗人怀清抱洁、志趣高远,正充满热望寻求救国之路,欲以一腔变革之志辅助君王。后句却又猛然一折,展示诗人站在高高的峰巅四望,但见天上地下、茫茫四海("宙合"),到处均为重重雾瘴所充塞,哪里能找到一线生机和光明!一位"芳馨"远播、"兰"香在握的峻洁志士,就这样面对着充塞天地的千重迷雾,能不忧愤扼腕、怫郁唶叹?据《康南海自编年谱》光绪十四年条称,当时的清政府已腐败到了"士夫掩口,言路结舌,群僚皆以贿进"、"不独不能变法,即旧政风纪,亦败坏扫地"的地步。康有为以布衣身份上书,竟也被视为"未闻"之奇事,而造成朝野"大哗","乡人至有创论欲相逐者"! 这正可作为"纵横宙合雾千重"的注脚。它所带给诗人的,该是怎样深切的失望和痛心!

一面是清政府的腐败,一面则是帝国主义列强的疯狂入侵。当诗人从茫然四顾中慨然收目,透过凝重的烟霭俯瞰神州大地时,又骇然发现,这曾经被陈亮自豪地称之为"尧之都,舜之壤,禹之封"的堂堂中国,而今竟成了列强争相宰割的屠戮之场!"眼中战国成争鹿"一句,正是在展开于幻觉中的巨大空间上,化出了一幅列强侵华的血迹斑斑图景。读者恍可听到,其间有英国军舰攻陷定海、轰击虎门的炮声,有英法联军劫掠北京、火烧圆明园的烈火,以及日、俄等国入侵台湾、抢占伊犁的狰狞狂笑。诗人义愤填膺了,诗中由此震荡起一声怫郁的问叹:"海内人才孰卧龙?"遥想诸葛亮当年,身虽隐卧隆中,心却常系天下,终于以经天纬地之才,辅助刘备创立了足与曹、孙抗衡的帝业。而今国家危亡,四海之内,难道就没有"卧龙"奋起,拯救中国于列强"争鹿"之秋?!

这"卧龙",其实正是康有为郁勃感奋中的慨然自喻。它说得又苍郁、又雄迈,真切地表现了诗人虽然上书失败,救国意气却直干云天而不坠的壮怀。由于它发自"独立"云峰的高处,更觉有一种震荡九霄、笼盖四海的气势。所以,当诗人终于掩涕转身,在想象中描摹自己的离京南归情景时,诗中便突然化出一派凄壮的风雨:"抚剑长号归去也,千山风雨啸青锋"——诗人无疑不甘心于此次上书的失败,他是在泫然号呼中"抚剑"归去的。神州在沉落,列强在肆虐,他岂能坐视家国之危亡而不顾? 他还要回来,他还要联合更多的中华士子,"公车上书"、推动变法! 请听一听吧,就连诗人身佩的三尺"青锋",不也在迎着千山万壑的风雨,震响慷慨不平的啸鸣? 诗之结句以凄迷的风雨,烘托诗人号歌啸剑的奇情,将诗境引向了一个悲慨、壮奇和充满寄望的未来。

康有为在清末,不仅是一位改革家,也是一位推动"诗界革命"的杰出诗人。梁启超称他"元气淋漓",足与黄遵宪、金和鼎足而三;汪国垣《光宣诗坛点将录》称他"反虚入浑,积健为雄","直有抉天心,探地肺之奇,不仅巨刃摩天而已也"! 读这首《出都留别诸公》,人们正可领略他出入诗、骚、融汇李、杜,以宏伟气魄,驱瑰奇想象,写胸中壮思的风貌之一斑。

(徐旭文)

秋登越王台   康有为

秋风立马越王台①,混混蛇龙最可哀②。

秋登越王台　　　　　　　　　　　康有为　〔1813〕

十七史从何说起③,三千劫几历轮回④。
腐儒心事呼天问⑤,大地山河跨海来。
临眺飞云横八表⑥,岂无倚剑叹雄才。

〔注〕①越王台:在广州市北越秀山上,相传是西汉时南越王赵佗朝汉台故址。　②混混:浊乱混杂。　③"十七史"句:宋文天祥云:"一部十七史,从何处说起!"(见薛应旂《宋元通鉴》卷二一八)　④三千:极言多。劫:梵文"劫波"之略,意译"极为久远的时节"。劫末有劫火出现,烧毁一切,然后重新创造世界。用以借指劫难。轮回:佛教语,生死轮回。　⑤呼天问:向天呼问,本于屈原《天问》。　⑥临眺:居高下望。八表:八方之外。

　　本诗作于光绪五年(1879)。其时国势风雨飘摇,两次鸦片战争失败之后,列强打开了古老中国的大门,广东又是最早门户开放、得风气之先的地区。本年,康有为二十二岁,初次受到西方资本主义文明的熏陶,涉猎一些欧美典籍,并曾游历香港,"始知西人治国有法度,不得以古旧之夷狄视之"(《康南海自编年谱》),从此开始了向西方寻求真理的过程。这首诗就是青年时代的康有为,迎着欧风美雨,立马高山之巅,渴望一展雄才、搏击长空的咏怀之作。

　　"秋风立马越王台,混混蛇龙最可哀",首联凸显了一个忧时伤世的青年志士的形象,秋风猎猎,立马高冈,目接混茫,心潮澎湃。"蛇龙",语本《左传·襄公二十一年》:"深山大泽,实生龙蛇",指英雄之在草莽;又往往带有咨嗟之意,《汉书·扬雄传上》:"君子得时则大行,不得时则龙蛇"。另一说法,《后汉书·郑玄传》注有云:"辰为龙,巳为蛇,岁至龙蛇贤人嗟。"(郑玄殁于龙蛇之年)康有为诗"混混蛇龙",亦寓有嗟叹世道陵夷,混浊纷乱,英雄埋没草莽之意。

　　"十七史从何说起,三千劫几历轮回",颔联反思民族灾难深重的历史,大气包举,涵融古今。王朝的盛衰兴亡从何处说起,大千世界,不知经历了几多浩劫。"十七史"是泛言,实则着眼的是有清一代的盛衰,"从何说起",言外有不堪闻问之意。自康乾盛世、道咸以降迄于光绪季世,国运始如日丽中天,烜赫鼎盛,终至白日西倾,沧海横流。"三千劫",将佛教语的一个绵亘久远的时空观念浓缩到一个短暂的历史瞬间——特指鸦片战争以来民族蒙耻的历史。灾难如此频繁,浩劫如此惨重,竟然使人感到仿佛经历了三千次劫火的焚烧,堕入酷烈的生死轮回。

　　"腐儒心事呼天问,大地山河跨海来",颈联慷慨悲歌,直抒孤愤。大地山河,疮痍满目,古老的天朝上国即将被现代文明所吞没,不禁仰首苍穹,抚膺浩叹。"腐儒",作者自指。康有为诗学杜甫、龚自珍。杜甫即常以"腐儒"自称,以表白自己特立独行、不徇世媚俗的个性,《江汉》诗:"江汉思归客,乾坤一腐儒";"呼天问",龚自珍诗有"天问有灵难置对"句(《秋心》其二)。孤臣愤世,一如行吟泽畔的三闾大夫,众浊独清,众醉独醒,大厦将倾,痴梦犹酣,茫茫尘海,竟然无人理解自己,只能呼问苍天,何计唤醒人间痴迷。"大地山河",叹息祖国锦绣江山,本自龙盘虎踞,雄睨一世;惜哉金瓯已缺,列强觊觎,坚舰利炮连同现代文明跨海而来,顿时惊破天朝残梦。

"临睨飞云横八表,岂无倚剑叹雄才",尾联表现了康有为力挽狂澜的爱国情怀,而尤为可贵的是他的时代敏感,表现出了一位先觉者走向世界的开放意识。临睨八荒,青天浩荡,云海苍茫,无涯无际,横跨重洋,令人心与飞云俱远。岂可坐井观天,老死户牖,而不思雄飞寰宇?末句交织着郁勃和激越的情怀,慨叹我堂堂中华旧邦,难道竟无破壁而出,放眼世界,吮吸现代文明之雨露,堪为民族脊梁的雄才?

此诗以悲壮昂扬的基调,透露出砰訇的新潮音,表现了康有为愿为时代弄潮儿的神圣使命感。

(林 薇)

槟榔屿督署秋风独坐杂作(二首选一) 康有为

忧患弥天塞太空,树声争战起长风。
楼台寂寂无人到,廊外藤花开小红。

自1900年七月至1901年十月康有为移居新加坡,寓于英国新加坡总督署中,此时正值八国联军入侵北京,清政府仓皇出逃,以后便有了丧权辱国的辛丑条约。诗人虽身居异域,却深切地关注着国内的形势,故每每思君忧国,怨愤填膺。他在秋风中独坐,遂写下两首小诗,这是其中之一。

前两句写自己的忧患充塞于天地之间,秋风吹树,落叶纷飞,令人想起战争的风云。因此时的中原大地正经历着血与火的考验,诗人心系故园,面对异国的风吹树战,却想到了祖国的动乱与阽危。他另有《槟榔屿大庇阁阅报》诗,其中有"忽被黑云蔽天过,小童惊告失青山"句,也以风云喻国内形势。所以这前两句的寓意十分显豁,然后两句诗人将笔锋陡转,由充塞天地的壮伟景象而转到自己所处的幽寂环境上来。楼台寂寂,阒然无人,独坐秋风之中,而小廊外藤花正红。诗人有意地用了"寂寂"、"无人"、"廊外"、"小红"等字眼,极言居处之清幽静谧,适与前二句的意象构成鲜明对照,反衬出他当时身居异域而不忘故国的心境。前两句可谓是他的心中之象,后两句是眼前之景,虚实相映,更烘托出诗人极端苦闷矛盾的情绪,也可见诗人艺术上的匠心。

(王镇远)

郑孝胥

[诗人小传]

（1860—1938） 字苏戡，福建闽县（今福州）人。光绪举人，曾任安徽、广东按察使，湖南布政使。辛亥革命后，以遗老自居，积极为清室复辟出谋献策。九一八事变后，唆使溥仪赴东北，充当日本帝国主义侵华工具。1932年任伪满洲国国务总理兼文教部总长，丧失民族气节。郑孝胥以诗与书法名重一时，与沈曾植、陈衍等大力倡导同光体，是近代中后期诗坛宋诗派重要诗人。有《海藏楼诗》。

汉口春尽日北望有怀　　　　郑孝胥

牵怀何意意犹疑，楚水销魂似别离。
往事梦空春去后，高楼天远恨来时。
袖间缩手人将老，地下埋忧计已迟。
莫道一生无际遇，灵修瘦损记风仪。

郑孝胥为人，傲兀以才略自负，热衷功名。光绪二十四年戊戌（1898），他受清德宗召见，陈练兵之策，德宗擢为候补道员，在总理各国事务衙门章京上行走。他认为国事和自己的政治前程都颇有希望，意气振作，所以这时他颇倾向于帝党和维新。戊戌维新失败，他走武昌依湖广总督张之洞为幕僚，助张办理建铁路和办学校等事务。二十五年（1899），他在汉口写了这首诗，则情绪颇为低落。

武昌、汉口属楚地。故起联说春来愁绪无端，不知为何事所牵动；面对"楚水"，于时于人，都似有"别离"之痛。故作反诘之言领起。次联为全诗最精彩的一联，境界高迥，情韵悠深，最符合他所标榜的作诗要有"怅惘不甘"之态。"往事梦空"，指去年维新变法的失败，和自己前程的落空；事已可伤，况加上对"春"残将"去"的感触。"高楼天远"，暗写怀念朝廷。因登"高楼"，可以北望遥天，怅怀北京朝廷，但因当时提拔自己的德宗已被禁瀛台，成为幽囚，那拉后一党当权，不会重用自己，故一揽子便生起很多愁恨。这联从韩偓"人闲易得芳时恨，地迥难招自古魂"，杨徽之"天寒酒薄难成醉，地迥楼高易断魂"等名句脱化而来，更加自然有神。第三联出句慨叹自己投闲置散，不能大用，虚度年华。对句暗伤"六君子"被杀。"六君子"中如林旭，为作者同乡，交情颇深；加以当时有共同的利害关系，故对六人的牺牲抱着悼惜之情。这联白描中也写得颇为曲折、含蓄。结联以自己被德宗召见为一生"际遇"之荣，并说召见时德宗因长期受制那拉后，当时双方矛盾尖锐，形势危急，德宗忧伤愤懑，形容"瘦损"憔悴。灵修，指代国君，语本《离骚》。

郑孝胥的诗，先后喜柳宗元、孟郊、王安石、梅尧臣诸家，亦接近元好问。融入其性格，以支离突兀、精悍雄霸之作为多；间亦出以和婉隽永。这首诗属于后一类，以风神胜，不以他所自负的"骨力"胜。

(陈祥耀)

同季直夜坐吴氏草堂 郑孝胥

一听秋堂雨，知君病渐苏。
欲论十年事，庭树已模糊。

诗题所称的季直，是诗人张謇的字，他是孝胥的好友。宋代姜夔《平甫见招不欲往二首》中有句云："人生难得秋前雨，乞我虚堂自在眠。"本诗即参用其意。秋至之前，暑气最酷，此时能得一雨送凉，身心俱快，于是暂抛世事与烦恼，向虚堂静室之中，自在闲眠，确是一大乐事。次句张謇的病，不是指身体疾病，是说他为世事烦扰引起的疲累。用一"渐"字，显示疲困尚未尽去，逗起第三句的"欲论"。他还想趁此夜谈机会，与作者议论十年来的世事人情。可是作者已经睡眼蒙眬，只想享受清凉自在的一觉，无心和他谈论恼人的世事了。

末句警策，为全篇点睛处。唐李白《山中与幽人对酌》诗，中有句云："我醉欲眠君且去。"情形与此略似，写法却不相同。李诗是表现饮者酒酣耳热之余，直言快语，挥友使去。是爽快洒脱得好。本诗此句则含锋内敛，只用五个字写昏昏欲睡人眼中的一个景象：庭树模糊而已。他是如此地节约笔墨，并深信一个白描的景象，已足说明其人当时的思想和心情。但五字之外，足供读者游想的东西是不少的。

另外，作者可能已认识到前有李白的成功例句，效颦自不可为。且本诗用"我欲眠"的直白表达，岂能成诗，仿制品而已。因此另辟蹊径，弃直说而改用特征描写，不烦多言而所欲言者曲曲传出，可见作者的艺术匠心和功力。单就此句来看，已脱去前人牢笼，独有创见，足可与李白名句后先辉映了。

(黄国声)

吴 氏 草 堂 郑孝胥

雨后秋堂足断鸿，水边吟思入寒空。
风情谁似枫林好，一夜吴霜照影红。

水痕渐落露渔汀，秃柳枝疏也自青。
唤起吴兴张子野，共看山影压浮萍。

南京城南有一著名园林名鉴园,是诗人吴学廉所有。其内有溪上草堂,郑孝胥、陈三立、顾云等常来相聚,当即本诗所称的吴氏草堂。该堂处在青溪九曲中一条幽静的河曲处,两岸多植杨柳,远挹钟山,是个风景幽美的地方。

此题二诗写秋景秋意而无衰飒之气,有所寄托而情感内敛为其特色。第一首前半,诗人吟思远入寒空,与失群孤雁相感相通,隐隐透露出他对个人遭际的感伤。后半掉转笔触,描出一片悦眼风光,与前半的凄寂相对照。这后二句似乎纯为写景,细看却中含寄托。其意是说人与雁既已如此,秋风之来亦属必然,无可逃避。但在如此情势下,仍能风情独好者,却尚有枫林。一夜言其时之短和突然,枫树只要经得霜寒,转眼便可繁红照影,傲对寒秋了。那么,暂时失群的孤雁,又何须烦恼?末句写景清美,语亦俊拔可喜。

第二首首句言秋意已浓。次句用一"自"字,大有深意。那柳树虽经秋而枝叶秃疏,却仍在顽强地表示自己的生气,暗承第一首后半的命意。张子野是北宋词人张先,浙江吴兴人,以善用影字入诗词著称。本诗第四句即用其《题西溪无相院》诗"浮萍破处见山影"句意。但不同的是,张先此句是极力描绘出水影山色之美的,而郑诗则有意选用一个"压"字,这又何美之有?不过,细加寻绎,却发现作者是故意反用的。试想水中之山,不过是个影像,居然可以压住实物的浮萍,是多么的不合理。作者借此讽喻世事的不平,其意自见。故此他要唤起张先来共看,以证明他的所见所写都是错的,世事并不都如此美妙。

陈洵极为称赏此二首七绝,谓为"风神意境俱佳"之作,所评颇见允当。但作者以写景之笔深寓兴寄,浑化无迹,竟至陈洵亦不能体味出来,则其笔力之遒厚,可以概见。

(黄国声)

子朋属题山水小幅   郑孝胥

江东顾五倦游还,占取城西水一湾。
卷卷清诗皆入画,底须俗笔污溪山?

二士风流比阮嵇,年来物役苦难齐。
欲知白下闲踪迹,只向书堂觅旧题。

(子朋所居深柳读书堂中,余旧题诗最夥。)

前人题画诗大多就画中意象落笔,或称美画景及作者描绘之工,或藉此而论说画理意趣,或据画意生发各种议论,使得诗与画能互相映发,产生美好的艺术效果。郑孝胥这一首却不然,他有意脱去前人畦径,不谈画而只写事与人,叙说彼此的友谊,抒发人生的感慨。

题目里的子朋是顾云的字。顾云自号江东顾五,江苏上元人。他为人耿介豪侠,阔略一切,所为诗文有横逸之气。早年他曾游历四方,后归乡卜居盋山之下,以诗画自娱。年青时肄业南京惜阴书院,即与郑孝胥交厚,情谊甚笃,唱酬诗作很多。

第一首,头二句介绍顾云其人,他壮游方罢,现在又占取一方山水,怡情风月。骤看此二句似粗率,其实颇精练,因为已将顾云之雅怀高致,概括其中,并微露钦羡之意。三、四句说顾云游历山川,已将美景尽收入诗中,这些好诗又经他自己的丹青妙笔,化为画图,诗画济美,我又怎敢用俗笔题写其上,玷污那画上的溪山呢?至末句方才稍稍应题,却又用虚写的方法,借一问语赞扬顾云,说他既能诗又能画,其诗可以入画,其画又为无声之诗,以致要题画的我,只能望而束手搁笔。此句笔法具曲折之妙,须细味方能领略。

前首写顾云,第二首便写自己,并且是完全离开题目来抒写了。首句回忆昔日的生活及情怀,当时大家年少不羁,有如晋代"竹林七贤"中的嵇康、阮籍,潇洒脱俗,视世事如浮云。第二句陡生感慨,与上句情味完全相反。其时郑孝胥正在南京做着小官,并不得志,于是叹息这些年来为世俗事所束缚,无法摆脱,苦恼之极,益发衬托出少年时生活的可贵和怀念之情。三、四句笔锋一转,老朋友想知道我在南京的闲逸生涯吗?这却完全没有了。要寻找这种生活,只有到往日题在深柳读书堂中的诗去找吧。今昔之异,苦乐之分,尽在二句之中。而措辞平淡,锋棱尽去,以淡语写出无限感慨,是作者艺术上成功的地方。

二诗分写两人,属顾云者优游山水,清福可羡;写自己的则拘于物役,无善可陈。两相对照,不言感慨而感慨自深。但题画诗而用此写法,却又别开生面,令人耳目一新了。

(黄国声)

诗人小传

郑孝柽

字稚辛。福建闽县(今福州)人。郑孝胥之弟。有《稚辛诗存》。

福州西湖开化寺题壁　　郑孝柽

一天离绪望吴门,彳亍湖堧昼易昏①。

山槲叶黄词客面，水蕟花瘦女儿魂。
上方听法依清梵，他日寻诗拂坏垣。
谁为慰留行不得，痴禽着意太温存。

〔注〕① 彳(chì)亍(chù)：漫步走。湖壖(ruán)：湖边空地。

光绪二十二年(1896)作者将离开家乡福州，远赴上海，濒行时有感而作。当日题诗壁上，并未署名。同乡诗人王允皙见而称赏，但不知为何人所作，恐其日久漫漶，遂雇工刻之石上。其后不断有人和诗，达数十首之多，此地遂成为福州名迹。孝胥此诗之作，传闻有一段缘由。据说他曾恋西湖附近村庄中的一位姑娘，不料未及婚娶而女死，停柩于开化寺中。孝胥经此打击，悲痛形销。于赴沪前夕，题诗寺壁，以志哀痛情怀。

首联直写离情，别绪离愁，仿佛布满整个天空，抬头远望吴门，欲别不忍，欲留不得，只剩得万般无奈。他迷迷惘惘地踯躅湖滨，也不知道过去了多少时间，忽然发觉，好好的大白天为什么这样快就到了黄昏？其实是他在悲愁中浑忘时间的溜走。"昼易昏"三字极精炼，活写出作者怅惘失常的精神状态。

颔联推进一步，细写离情的不堪。为了爱人的逝去，诗人本已身心交瘁，如今又要远离，其何能堪？看那槲叶片片枯黄，正如他的脸色，湖中的水蕟花瘦了，仿佛是爱人的芳魂。憔悴不堪的词客，消瘦难支的芳魂，相互无奈地默然相对，难舍难离，忍受着巨大的痛苦。写痴情儿女至此地步，读者几乎可听到他们心灵上的哭泣。这一联后来备受传诵，原因正在于此。

离别始终是要到来的。诗人在一阵凄苦过后，思绪渐渐回到眼前。颈联首句是他安慰爱人：如今你魂依僧寺，早晚在梵呗声中听高僧说法，将来必能忏彻情缘，悟来正果。次句说自己尚为世事羁束，远走他方，今日凄心一别，归来知在何年。到那时，恐怕要拂去坏壁上的积尘，才能重见此诗，追忆此日的离愁别苦了。临别语分写两方，一则温情款款，一则感喟深长，实由情发于心，故能不蹈熟套。

结联笔锋横逗，姿态横生。它脱出上面的沉重氛围，抓住一个新的感受，以温情语结束全篇。正当诗人彳亍湖头，无法自解之际，有谁能理解他的心情？有谁来慰解他的痴心呢？忽然耳畔飘来鹧鸪的声声啼唤——"行不得也哥哥"。在诗人听来，是何等的慰藉与温存。他感谢痴禽的相怜，愁怀不由稍减了。前六句一路凄凉而来，至此用稍宽温语作结，才能更好地收束全篇，而且在篇章结构上亦能显出变化。

这首诗写离情别苦，哀感缠绵，低回欲绝，却不在字面上使用悲苦的字眼，不作抢地呼天的感情迸发。凄婉之情,深深在骨,读者细味其言,当亦黯然不能自抑。作者功力之深厚,于此可见。

(黄国声)

诗人小传

梁鼎芬

(1859—1919) 字心海,号节庵,广东番禺人。光绪六年庚辰(1880)进士,官湖北按察使。清亡后,为遗老。著有《梁节庵先生遗诗》及《续编》。陈衍称其诗"时窥中晚唐及南北宋诸名家堂奥,佳处多在悲慨、超逸两种"。

春 日 园 林　　　　梁鼎芬

芳菲时节竟谁知?燕燕莺莺各护持。
一水饮人分冷暖,众花经雨有安危。
冒寒翠袖凭栏暂,向晚疏钟出树迟。
傥是无端感春序,樊川未老鬓如丝。

这是梁鼎芬诗集中的名作。光绪十一年(1885),李鸿章代表清政府与法国签订结束中法战争的不平等条约——中法天津条约。朝野上下舆论哗然。梁鼎芬方任翰林院编修,少年得志,敢于言事,上疏弹劾李鸿章,被降五级调用,由是声名大起,时年才二十七岁。

诗人被投闲置散,郁郁归乡,静思前事,感怆无端,尽管他不以"一己之得失进退为忻慍",但眼见朝政日坏,国步艰难,胸中郁勃之气总是难以平息。在这期间写的诗歌,多运用传统的美人香草的比兴手法,委婉地表现自己的志节和失意的心情。

陈衍《石遗室诗话》谓梁氏"肆力为诗,佳处多在悲慨、超逸两种",并称《春日园林》全首"绵邈艳逸"。此诗运思寓意尤为深至,包蕴着丰富的言外之意,味外之味。

首句"芳菲时节竟谁知",作一设问。美好的春天即将逝去了,有谁去关心呢?满眼芳菲,又有谁去欣赏呢?这里突出一个"竟"字,作错愕的语气,含有无限幽怨。护持着芳春的,只有那燕燕莺莺!次句是无可奈何之语。莺燕是微小的生物,它们又哪能把芳菲时节留住?诗中当以喻关心朝事、忠心为国的人们,但在中法战争中,他们的一切努力都白费了。

"一水饮人分冷暖,众花经雨有安危",是传诵一时的隽语。同是一水,人们饮用时对冷和暖的感受便各自不同;园中的百草千花,经过风风雨雨,更是安危各异。上句活用佛家"如人饮水,冷暖自知"的常语,而赋予更深刻的社会意义。同是经历着同一事件,不同阶层不同集团的人便有不同的感受,抱着不同的态度。在中法战争中,清政府主和派李鸿章力主妥协,福建船政大臣何如璋及会办海防的张佩纶,秉承李鸿章主和意旨,当法国军舰入侵马尾港后,不加戒备,以致福建海军被法舰一举击溃;广西巡抚潘鼎新等从广西边境不战而退。将领冯子材、王孝琪、王德榜、苏元春则在当地人民支持下,在镇南关、谅山大败法军,刘永福部黑旗军也在临洮重创法国侵略者。中国广大人民和爱国官兵的"暖",跟朝廷中投降派的"冷",形成鲜明的对照。"众花"句,写在一场政治斗争之后,人们升沉各异的命运。中法战争后,各派政治集团力量的对比发生变化,有人被革职,被充军,有人得到提升,但主和派头目李鸿章却丝毫未受触动,诗人对此感受是特别深刻的。

  颈联二语,景中寓情。冒着料峭的春寒,翠袖佳人也只能在栏边凭倚片时;又到黄昏时候,疏疏落落的钟声从树林中传出。上句本杜甫《佳人》诗:"天寒翠袖薄,日暮倚修竹。"诗人以寂寞而坚贞的弃妇自喻,表现了逐臣的失意和痛苦。二语"婉约幽秀,如怨如慕",得所谓"温柔敦厚"之旨。李瑞清《节庵诗评》以"王阶露凉,倩魂悄立。残星映空,如闻幽泣"评梁鼎芬诗,可作此联的注脚。

  末二语是全诗的总束。诗人深沉地叹息:也许我像杜牧那样,无端地为春光易逝而感伤吧,未曾老去,却早已两鬓如丝了。樊川,指唐诗人杜牧,著有《樊川文集》。杜牧诗多伤春怨别之意。李商隐《杜司勋》诗云:"高楼风雨感斯文,短翼差他不及群。刻意伤春复伤别,人间惟有杜司勋。"杜牧借伤春怨别的形式来表达忧国忧民的思想感情,他的诗歌工于比兴,言近旨远。梁鼎芬此以杜牧自喻。"鬓如丝",亦暗用杜牧《题禅院》诗:"今日鬓丝禅榻畔,茶烟轻飏落花风。"诗人年未满三十,已被罢黜归里,对国家的命运,个人的前途,他怎能不深深地忧虑呢?

(陈永正)

独　　夜 　　梁鼎芬

笛声幽怨在天涯,但忆春时不忆家。
一月照人凄欲绝,寺墙开满海棠花。

  此诗作于光绪十七年辛卯(1891)。中法战争时,梁鼎芬因疏劾北洋大臣李鸿章,被降五级调用,于光绪十一年(1885)谪归。张之洞在粤创广雅书院,聘之为主讲。张氏去粤,梁氏也于光绪十六年庚寅(1890)春,独居镇江焦山海西庵,谢客读书。有《庚寅四月二十八日初宿海西庵》诗云："辟地亦云远,入山犹未深。残钟几入梦,芳树十年阴(自注:壬午六月初至焦山)。书认仪征(按:指清学者阮元,江苏仪征人)字,诗传狄道(按:指清诗人吴镇,甘肃狄道即今临洮人)心。前尘渐飘落,独立一追寻。"表明此来海西庵的初衷。此选《独夜》一诗,亦同样地反映出诗人此时的心绪。

此诗原题《海西庵夜》,陈衍辑《近代诗钞》,改为《独夜》,更为切合题旨,并廓展了诗的意境,避免了原题因过于坐实而显得拘泥局促的不足。

诗人在此秋夜,独栖寺院,罢读闲坐,吹笛自遣,反而触绪生怨。诗云"笛声幽怨在天涯",笛声幽怨,于细长圆润的笛声中,隐藏着哀深怨长之音。笛声即心声。此幽怨之音,出自天涯沦落人,又将飞越长空,飘向邈远的天涯。写笛声远播之广大,也在写己哀怨之深长,以示自己虽独居寺院而心系天下。笛音细润悠长,如诉如泣,悲慨哀凉,诗中常以作凄怨之声传心之物。然天涯笛声,怨何出?怨何为?第二句"但忆春时不忆家"便深入作答,是怨春已去,春不长驻。忆春时风光,亦即怨春之别去;思念春时景象,亦即怨春之不驻。春既抛我以去,其怨也哀。诗人又说沦落天涯,独处而"不忆家",并不思念家人,但只思念春时。其实,这是一种委婉而强调的说法。诗人并非不忆家,真心要说的是既思念家人,而更思念春时;何况,说的是"春时"一个季节景象,当也包括家乡的"春时"。故"不忆家"之说,并非谓诗人抛离家人不为思念,而是以此语为对比与反衬,强调自己的惜春、怨春、思春之情。这种委婉含蓄的笔法,较平直过露的表达,更能表意传情,因而也更动人心魄。惟有如此,此句才能切合、呼应上句"笛声幽怨"的情景,亦使一个"幽"字,在状其"怨"意时,有所落实。

上联写"忆春"之情,由"幽怨"的"笛声"传出,从声写怨。而下联则从色写怨,以秋色反衬"忆春"怨情。诗云:"一月照人凄欲绝,寺墙开满海棠花。"秋月一轮,孤悬夜空,独照诗人,谓"一月照人",实说"月照一人"。诗人独对孤月,更觉孤独,一种凄凉之感,油然而生,欲绝不尽,欲罢不休。至此,诗人要表达的凄孤哀怨之情,似乎已达"绝"点,"幽怨"的情感达到了高潮。然而,当诗人沉浸在哀怨凄苦的情绪缠绵中时,回眸却瞥见寺墙下开满了簇簇艳红的海棠花,其艳犹如春花,在月光的照射下,更撩人心烦意乱,使诗人"忆春"之意不息,怨春之意难尽,其"欲绝"之凄怨,更推引到一种回味无穷的境界。海棠为四时之花,春时发花,而秋时秾艳,暗长寺墙边,寂寞开无主,虽是娇花明艳,月下倍添凄凉。这不免使诗人看来反而要勾引起"春时"的思念,而更添孤独凄凉的怨愁。由此一笔,乃把"凄欲绝"的情绪延伸到一个新的境地,在寺墙海棠花前萦绕不去。

全诗以"笛声"、明月、孤影、寺墙、海棠花种种具象,整合成一幅花月相映、色声并俱、洁净清丽的诗意般的幽深环境,鲜明地衬托着宁静独处中的孤影,谐和地渲染了诗人的孤怨情绪,情景交融,入境相谐,意境全出。首句中一"怨"字,则为全诗的"诗眼"。

然而,诗人"忆春",岂在思念桃红柳绿的明媚春光,抑或别具会心、另有寄托?虽诗求含蓄,此中含义不便明告,但联系到诗人的身世经历,明眼人已可揣知其"怨"在何处了。

陈衍曾评梁氏说:"节庵(按:梁氏号节庵)少入词林,言事镌级归里。又避地读书焦山海西庵,肆力为诗,时窥中晚唐及南北宋诸名家,堂奥佳处,多在'悲慨''超逸'两种。"(《近代诗钞》)细察《独夜》一诗,当为"悲慨"一路吧? （王杏根）

【诗人小传】
曹元忠
字君直,号夔一。江苏吴县(今苏州)人。光绪甲午举人。以词有名。诗学李商隐,专事摘艳熏香,托于芬芳悱恻。有《北游小草》。

银　河

曹元忠

青青莫道有情天,隔着银河便可怜。
修到神仙犹课织①,聘如天帝尚论钱。
绛河傥许微波托②,灵鹊何劳恨海填。
岂独王昌阻消息,红墙相望是人间。

〔注〕① 课:纳税,抽税。《旧唐书·职官志》:"凡赋役之制有四:一曰租,二曰调,三曰役,四曰课。" ② 绛河:即银河。王逵《蠡海集·天文类》:"河汉曰银河可也,而曰绛河,盖观天者以北极为标准,所仰视而见者,皆在于北极之南,故称之曰丹,曰绛,借南之色以为喻也。"

这是一首通篇使用比兴手法托物寓意的七言律诗,无情地讽刺了晚清社会入官须贿赂的丑恶现象。诗以《银河》为题,借题发挥,而又不晦涩堆砌,可谓西昆派上品。

首句暗用李贺《金铜仙人辞汉歌》"天若有情天亦老",次句则用《古诗十九首》"河汉清且浅,相去复何许?盈盈一水间,脉脉不得语"。诗人说:不要讲什么苍天有情,看看牛郎织女被银河隔开,不得相见,便会觉得天界亦多可怜之事。

"银河"象征阻隔,指的是执掌官吏铨选,或对此有重要影响的王公大臣。青天实际上说的是官方、官府。

下面颔联微露诗旨,语可解颐。按《月令广义》引殷芸《小说》云:"天河之东有织女,天帝之子也。"(《汉书·天文志》则说是"天帝孙也")年年机杼劳役,织成云锦天衣,容貌不暇整。帝怜其独处,许嫁河西牵牛郎。嫁后遂废织纴。天帝怒,责令归河东,但使一年一度相会。民间传说与之小有出入。二句即用此牛郎织女事而以己意加上虚构成分引申夸张。已是神仙身份的织女仍然要交纳纺织税,贵为至尊的天帝嫁女尚且要索取聘礼、敲牛郎竹杠,影射权臣卖官鬻爵、贿赂公行的劣迹,可谓入木三分。

颈联由热讽转入冷嘲。起句用曹植《洛神赋》"无良媒以接欢兮,托微波而通辞。"对句则混用七夕灵鹊架桥使牛郎织女相会和炎帝女溺水化精卫鸟填海的神话典故,在相关意义上移花接木,将银河喻为恨海,将灵鹊架桥说成精卫填海。这样特殊的用典方式,颇见诗人覃思精微的匠心。惟"绛河"与首联"银河"重复,稍觉不妥。诗人说:银河两边倘若但凭微小的水波便能传送美好的情感,那灵鹊为何要像精卫填恨海那样劳神费力,架桥让牛郎织女相会呢?言下之意是:没有金钱通路子,掌权者岂能让求仕者如愿?从修辞上看,本联是流水对,又带反问句语气,更有使事用典,这样就在颔联基础上进一步深化了主题。

尾联二句全从李商隐《代应》"本来银汉是红墙,隔得卢家白玉堂。谁与王昌报消息?尽知三十六鸳鸯"化出,王昌,相传是"卢家少妇"莫愁的意中人。由天上转到人间,暗示前面所说的一切都是以天界喻人世。诗人感叹道:看看天界牛郎织女都会被银河所阻不得相见,就会知道不独人间王昌被红墙相隔难获爱情了。一结意在言外,发人深省。我们可从侧面了解到:不仅当时无职者求仕要金钱开路,即使有职者欲升迁,也要倚仗财神;不但各级臣僚,而且宗室皇族,都有人受困于此。读至诗尾,我们不由会产生这样一种感觉:清朝如此腐败,焉能不亡?诗人是想要"补天"的,但诗中曲折反映的当时现实,却只能告诉人们这样的"天"是补不得的。

(庞　坚)

汉 武 帝

曹元忠

从来难再思倾城,千古佳人此定评。
儿女有情终气短,英雄好色是天生。
玉阶罗袜秋无迹,金屋长门赋有名。
垂死犹成钩弋狱①,早知外戚制西京②。

〔注〕① 钩弋：即钩弋夫人，姓赵，汉武帝妃。传说生而两手皆拳。武帝过河间，自披之，手即时伸，封婕妤，居钩弋宫，称钩弋夫人。　② 外戚：帝王的母族、妻族。西京：汉都长安，东汉迁都洛阳，以长安在西，称西京，而以东京称洛阳。后多以西京代称西汉。

曹元忠是晚清西昆派名手之一，善学李商隐。此诗格调神气便与玉谿生《隋宫》、《马嵬》诸篇相近。

按《汉书·外戚传》："李延年性知音，……侍上，起舞，歌曰：'北方有佳人，绝世而独立。一顾倾人城，再顾倾人国。宁不知倾城与倾国，佳人难再得。'上叹息曰：'善！世岂有此人乎？'平阳主因言延年有女弟，……(李夫人)由是得幸。"首句即用此故事，而句法则与白居易《长恨歌》"汉皇重色思倾国"同一机杼。次句"千古佳人"字面上自然指李夫人。但佳人在中国诗歌传统上也可指代君王，如屈原《九章·悲回风》："惟佳人之永都兮，更统世而自贶"，"佳人"便指楚怀王、襄王。故"千古佳人"又暗指汉武帝。聪明的读者自可由此诗的佳人推及屈诗中的佳人，并进一步联想到楚怀王与巫山之女的云雨绮梦，而将楚王的风流形象叠加到武帝身上。总之，"千古"一句，既是说李夫人姿容倾国倾城早有定评，也是说汉武帝好色早有定评。

颔联有如行云流水，令人几忘其为对仗句。"儿女"句出钟嵘《诗品》评张华语："尤恨其儿女情多，风云气少"，而略加变化。按李夫人早卒，武帝曾思念颇深，屡梦见之，并形诸吟咏，此句疑即指此，当然也可泛解。语句虽带有明显的调侃口吻，但暗中亦含如真"有情"，何妨"气短"的肯定。"英雄"句似是为武帝辩解开脱，实际上语中带刺，斥其好色而用情不专。"天生"云云，既是说英雄自然好色，更是讥汉武帝之好色乃得自汉高祖的先天遗传。此联令人想起吴伟业《圆圆曲》中"妻子岂应关大计，英雄无奈是多情"二句所含的嘲讽。

颈联起句，"玉阶罗袂"用谢朓《玉阶怨》："长夜缝罗衣，思君此何极？""秋无迹"反用汉武帝《秋风辞》："怀佳人兮不能忘。"据《汉书·外戚传》载，卫子夫初以美色得幸，后"入宫岁余，不复幸"，子夫"涕泣请出，上怜之，复幸"，但终以色衰见弃。此句疑即写卫子夫的哀怨。对句"金屋"典出《汉武故事》："帝年数岁，长公主问曰：'儿欲得妇否？'指其女阿娇好否。笑对曰：'若得阿娇，当作金屋贮之。'"后武帝即位便以之为皇后，终以无子见弃。"长门"为汉宫名。《文选·长门赋序》谓陈阿娇失宠后别居长门宫，闻司马相如文名，以五百金请作赋悟主，复得幸。（按：实则无复得幸事。）"赋有名"即指此。此句盖取意于辛弃疾《摸鱼儿·淳熙己亥……》："千金纵买相如赋，脉脉此情谁诉？"写陈阿娇的哀怨。

尾联"钩弋狱"指汉武帝临终前立钩弋所生儿为太子，念吕后事，恐身后钩弋"颛恣乱国家"，乃借故遣之死的冤狱。"外戚制西京"，指西汉末外戚王莽假仁假义赢得信任而篡汉之事。一结慨乎言之,既扼腕于武帝有情无义,牺牲钩弋于事无补,又佩服他护社稷的警惕心。盖曹氏深恶晚清慈禧太后擅权祸国,故在末句借题发挥,以抒悲愤。

全诗婉而多讽,不愧咏史佳作。

(庞　坚)

诗人小传

刘光第

(1859—1898)　字裴村。四川富顺人。光绪进士,初任刑部主事,后入保国会。戊戌变法时升为四品卿衔军机章京,参预新政。戊戌政变时与谭嗣同等同时被害,为"戊戌六君子"之一。工诗文,笔力雅健。有《介白堂诗集》、《衷圣斋文集》。

望峨眉山

刘光第

插天菡萏是疑非,万古名山佛迹归。
香象河流腾白足,淡蛾汇影照青衣。
寸心尘外寻烟客,一笑云端见玉妃。
绰约何人说冰雪,始知庄叟意深微。

刘光第为"戊戌六君子"中诗作属上乘者,功力深厚,思路奇隽,尤善作纪游诗。游峨眉山时,作有《望峨眉山》、《峨眉山顶见月》、《峨眉最高顶》等诗。本诗写远望峨眉秀影的感受,能从大处落墨,气宏笔健,意境深远。

首联括写峨眉浮于云霄的雄伟壮观。"插天菡萏",喻写遥遥望去,峨眉好似浮在半空的荷花。"是疑非",一是说峨眉山影云遮雾罩,朦胧恍惚;一是说惊叹世上竟有如许大的插天巨荷,令人难以置信。全句虽以疑问出之,实则写实感,是以美好的喻象,刻画出峨眉的深秀。"万古名山佛迹归",承上句意象,意谓上天造此奇山,大概正是要显示佛家的灵圣。"峨眉"是我国四大佛教名山之一,传为普贤菩萨福地,多佛寺佛迹。佛教崇奉莲花,认为莲花是洁净空明的象征,佛座脚下踏的正是莲花台。因山似莲花自然引出山为佛地,既贴切又形象。

第二联承佛教名山归属普贤写起,点出与普贤有关的圣迹。相传普贤是如来佛释迦牟尼座前大菩萨之一,乘白象,峨眉山有洗象池和普贤寺。"香象",佛教传说中的巨象,《大涅槃经》云:"如彼驶河,能漂香象。""白足",僧足,《鸡跖集》

云:"释昙始足白于面,虽跣涉泥水,未尝沾湿,称白足和尚。"此处借指佛足。"淡蛾",淡妆蛾影,此处指峨眉山在江水中的隐约倒影。"青衣",青衣江,从峨眉山东北侧流过。本联意谓:普贤菩萨曾赤足乘象,在这里渡水登山;难怪这座佛教名山美丽雄伟,秀崎天南,映于江水,顾盼多姿。

第三联继续状绘峨眉的灵异,谓这里山清水秀,颇得仙佛青睐。"烟客",烟霞之客,即仙人,传说仙人托身云烟,故云;"玉妃",仙女,《灵宝赤书经》云:"元始登,命太真案笔,玉妃拂筵。"本联意谓:如此山明水秀之地,真令人望之却俗,直欲抛弃俗世,入山隐居,在这里寻访仙人,巧遇仙女。这并非空言圣迹,仍未离远望之题旨,系由"插天"之峰云遮雾绕引发的幻想绮思。

第四联对峨眉的灵异予以评赞。"绰约",女子风姿神秀貌;"冰雪",指肤色,代指神女。全联从《庄子·逍遥游》有关姑射神女的传说落笔,意谓望见峨眉山,想见隐居山中的仙佛,方悟得《庄子》的描述原来并不夸张。《庄子》云:"藐姑射之山,有神人居焉,肌肤若冰雪,绰约若处子。"庄子好为夸张之文,他对神女的述写人们大多并不之信,但看见峨眉这样秀丽神异的灵山,却不由得人们宁愿相信果有神女那样的超凡人物。这其实并不是真的笃信庄子的游辞,不过是极力推排峨眉秀色给人的美好感受而已。只有神女那样的人物,才配居住在这样的灵山;也只有这样的灵山,才令人向往神女会居于其中。与其说神女增添了灵山的名气,毋宁说灵山吸引了神女的流连。难怪峨眉会成为海内著名的佛教圣地。

全诗紧扣"望"字下笔,并未具体介绍峨眉的景点,也未对山色做具体的刻画,只是勾勒出峨眉插入云天的朦胧轮廓,然后着力在观感上落墨,反复渲染其灵异超俗,极力表白它是仙佛圣地,使人未入山中,已生崇仰,其思致,其笔力,的确异于常套。陈衍《石遗室诗话》评其诗"笔力雅健,思路迥不犹人。"确为精当。钱仲联《梦苕庵诗话》亦云:"(斐村)工于设色,故写景之作为最胜,而峨眉纪游诗其最工者也。"

(张永芳)

梦　　中　　　　　　刘光第

梦中失叫惊妻子,横海楼船战广州。
五色花旗犹照眼,一灯红穗正垂头。
宗臣有说持边衅,寒女何心泣国仇?
自笑书生最迂阔,壮心飞到海南陬。

这首诗作于光绪十一年(1885)中法战争之后。中国军队虽然在镇南关和临洮两个战场上大败法军,但由于李鸿章等当权者奉行妥协政策,迫不及待地与法国签订了不平等的和约,这场战争终以"中国不败而败,法国不胜而胜"而宣告结束,这引起了当时正直的知识分子的愤懑,刘光第此诗就意在表现对投降派的讽刺和自己对国事的忧伤。

首句突兀而起,说梦中失声大叫,惊醒妻子。令读者顿生疑问:何事令诗人夜半惊呼,如此心神不定?故次句一言道破,原来梦中去参加了抵御帝国主义入侵的海战。这里的广州指广州湾,因当时法军占领越南,向北进犯则广州湾为必经之路,所以诗人的梦魂在此阻击敌舰。此时虽已梦回人醒,然入侵者船舰上的各色旗帜似乎还历历在目,环视四周,一灯如豆,始知殊死的激战不过是一场梦幻。"五色花旗"点明交战的对方是入侵的帝国主义。"一灯红穗"则正与此形成强烈对照,说明现实与梦境的截然不同,并逗起下面的感慨。"宗臣"显然指李鸿章等大臣,"寒女"则用了《列女传》的典:鲁国漆地有一女子,过时未嫁,倚柱叹息。邻妇问她是不是想嫁人,她说:"吾忧鲁君老,太子幼。"邻人以为这是"大夫之忧",她却说:"鲁国有患,君臣父子皆被其辱,妇人独安所避乎?""宗臣"两句显为反语,意谓世所宗仰的大臣们自有安边定国之方,何用我等普通百姓杞人忧天?这是诗人的愤激之言,讥刺当政者懦弱无能,奉行妥协政策,而自己虽人微言轻,但也不能不为国担忧。尾联承此二句而来,既然国事有大臣们掌握,而自己的梦魂夜半犹来到南海,参加海战,岂不是书生的迂阔之想,十分可笑吗?诗人虽以调侃自嘲的笔墨结束全诗,但一种内心深沉的悲痛已显然可见,他愿以血肉之躯来保卫国家的海疆。正是由于最高统治集团的懦弱无能,导致了现实的令人痛心疾首,所以诗人梦系魂萦,不能忘情国家的兴亡成败,壮心飞向那遥远的南海。

题为"梦中",实由梦而逗出自己对时事的忧伤和对大臣们的讥讽,但用了正话反说的手法,所以表面是自嘲而实则针砭时局,令诗意含蓄委婉,然诗人的一腔激情并不因此而减弱。诗以亦梦亦真,亦庄亦谐的格调出之,而无限深意见于言外。

(王镇远)

[诗人小传]

李希圣

(1864—1905) 字亦元。湖南湘乡人。光绪壬辰进士,官刑部主事。诗学李商隐,多七律之作。以李商隐自许。诗多涉及近代史实,《西苑》、《望帝》咏光绪事,名篇《湘君》咏珍妃事,哀婉凄绝,传诵一时。有《雁影斋诗存》。又颇有史才,著有《光绪会计录》、《庚子传信录》。

西　苑①

李希圣

芙蓉别殿锁瀛台②,落叶鸣蝉尽日哀。
宝帐尚留琼岛药③,金釭空照玉阶苔。
神山已遣青鸾去,瀚海仍闻白雁来④。
莫问禁垣芳草地,箧中秋扇已成灰。

〔注〕　① 西苑:即今北京中南海和北海,在故宫西华门西,清代为皇家禁苑。　② 瀛台:在西苑内太液池(中南海)中,三面临水。戊戌政变(1898)后,慈禧太后囚光绪帝于此,且拆去通瀛台的桥梁。　③ 琼岛:即琼华岛,在西苑太液池(北海)中。　④ 瀚海:北海。

　　本诗作于光绪二十六年庚子(1900)秋八国联军攻占北京以后,时光绪帝为慈禧太后挟持出奔西安。诗人有感于光绪、珍妃之悲剧而赋此。

　　首联"芙蓉别殿",典出杜甫《曲江对雨》:"芙蓉别殿漫焚香",用意亦与杜诗相通:杜句伤唐玄宗乱后回京,寂居南内,徒有太上皇之尊;李句悲光绪帝戊戌政变后,幽囚瀛台,空保国君之名。"锁"字下得恰到好处。"落叶"句既是写实又是用典。按《拾遗记》云:"汉武帝思李夫人,不可复得,因赋《落叶哀蝉曲》。"诗人此处既写西苑一片凄凉,落叶鸣蝉都在为清帝悲哀,又写光绪帝思念珍妃,用笔颇为曲折。

　　颔联二句是诗人悬想之辞:人已离去,宝帐中还留有清帝未服的琼岛带来之药;灯焰未灭,金釭徒然映照着玉阶上因人迹鲜至滋生的层层青苔。"琼岛药"含意深微。光绪帝往来琼华岛,必在囚于瀛台之前,"琼岛药"便透露出他早因操劳国事而健康受损。又仙界之物,每冠以琼字,琼岛药也可解作仙岛药,诗人盖深望光绪帝服良药而病体得痊,有机会东山再起。"玉阶"一词,也是隐含典故,乃借古乐府相和歌楚调曲《玉阶怨》宫怨古意,暗悼珍妃,并引出下文。二句一明写光绪,一暗写珍妃,章法严谨而灵活。

　　颈联中,起句从李商隐《无题》:"蓬山此去无多路,青鸟殷勤为探看"变化而出。"青鸾"即青鸟,神话鸟名,借指珍妃,以青鸟回归神山喻珍妃之死。珍妃是慈禧太后仓皇离京前命人推堕井中溺杀,"遣"字表明青鸟之去实非己意,系诗人不便明为指斥而以曲笔痛惜珍妃惨遭毒手。对句"白雁"音谐伯颜,南宋末民谣有"江南破破,白雁来过"之语,后来元统帅伯颜果麾军南犯灭宋,人以为谶。此即以"白雁来"喻指帝国主义列强组成八国联军侵入北京。二句一写不该去的去了,一写不该来的来了,事成对比,益见悲愤之情。

尾联二句,诗人叹息道:不要问禁苑春草何时重生,也不知光绪帝何时回到京城,只是那珍妃早已香消玉殒。"芳草"典出《楚辞·招隐士》:"王孙游兮不归,春草生兮萋萋",系暗典。"秋扇"典出班婕妤《怨歌行》:"新裂齐纨素,皎洁如霜雪。裁为合欢扇,团团似明月。出入君怀袖,动摇微风发。常恐秋节至,凉飙夺炎热。弃捐箧笥中,恩情中道绝",系明典。须注意"秋扇"之典本指嫔妃失宠,在此"箧中秋扇"则喻指慈禧太后迫害光绪帝,禁绝珍妃与之相见。"已成灰"谓生离遂成死别,一结至为沉痛。

李希圣是晚清"西昆派"诗人,喜"以玉溪生自许"(陈衍《近代诗钞》语),其诗不似宋初杨亿、刘筠辈以拎撦为工,颇能得李商隐之神髓。本诗属辞哀艳,寄怀绵邈,用典浑成妥帖,属对工致精妙,实为佳构。

(庞　坚)

湘　君①　　　　　　　　　　　李希圣

青枫江上古今情,锦瑟微闻呜咽声。
辽海鹤归应有恨②,鼎湖龙去总无名③。
珠帘隔雨香犹在,铜辇经秋梦已成。
天宝旧人零落尽,陇鹦辛苦说华清④。

〔注〕　① 湘君:昔人曾谓湘君为湘妃,即舜妃娥皇、女英。此指珍妃。　② 辽海鹤归:《搜神后记》:"丁令威,本辽东人,学道于灵虚山,后化鹤归辽,集城门华表柱。时有少年举弓欲射之,鹤乃飞,徘徊空中而言曰:'有鸟有鸟丁令威,去家千年今始归。城郭如故人民非,何不学仙冢累累!'遂高上冲天。"　③ 鼎湖龙去:《史记·封禅书》:"黄帝采首山铜,铸鼎于荆山下。鼎既成,有龙垂胡髯下迎黄帝。黄帝上骑,群臣后宫从上者七十余人,龙乃上去。……故后世因名其地曰鼎湖。"　④ 陇鹦:产于陇西的鹦鹉。

本诗的写作年代约在光绪二十七年辛丑(1901)西太后、光绪帝回京前后,陈衍《石遗室诗话》谓:"《湘君》诗为珍妃死于井中作也。"诗人以芬芳悱恻之笔,寄悲凉深沉之思,悼念珍妃,忧愤国事,可谓善学义山。

诗一开头,便接连用典,其手法却又浑化无迹。《楚辞·招魂》:"湛湛江水兮上有枫,目极千里兮伤春心,魂兮归来哀江南",为首句所本;李商隐《锦瑟》:"锦瑟无端五十弦,一弦一柱思华年",为次句所本。"青枫江上"暗示招珍妃之魂,"古今情"暗示湘妃之殉舜自沉与珍妃之被推入井中溺杀,虽同死水中,却有天壤之别,故古今伤心之情也性质不同。而锦瑟空存,佳人已逝,一曲哀弦,竟只能依稀听得呜咽凄切之声,那种阴郁抑塞的气氛,令人深感悲愤。

领联"辽鹤"、"鼎湖"之典,古诗中屡见不鲜,但诗人却能不落俗套,翻出新意。"辽海鹤归",是喻指光绪回銮北京;"应有恨",是说光绪憾恨珍妃之死。但字面上的意义也同样重要:仙鹤归来,睹眼前情景,也应有恨,可见国家形势之恶劣。"鼎湖龙去"本喻帝王之死,而诗人却以之喻指西太后挟持光绪,避八国联军离京奔西安。盖光绪戊戌变法失败后久遭禁锢,业已虽生如死。"总无名"即指斥西太后所作所为向来没有正当理由。二句用典如不细细琢磨,便难见其妙处。

颈联二句,写光绪思念珍妃,用典手法又与颔联不同,是暗用典故。按《汉书·外戚传》:"上(汉武帝)思念李夫人不已,方士齐人少翁言能致其神。乃夜张灯烛,设帷帐,……遥望见好女如李夫人之貌,还幄坐而步。"又《拾遗记》:"帝息于延凉室,卧梦李夫人授帝蘅芜之香。帝惊起,而香气犹著衣枕,历月不歇。""珠帘"句即用此二事。"铜辇"句从李贺《还自会稽歌》"秋衾梦铜辇"变化出。须注意的是李善注《文选》云:"铜辇,太子车饰",此后便以之指太子,但本诗铜辇却指天子辇车,系暗用唐玄宗安史乱起辇车幸蜀事。"梦已成"则反用白居易《长恨歌》"悠悠生死别经年,魂魄不曾来入梦"二句,以迷离惝恍之笔,写出思念之深,即使不知典故出处,也能很好体会。

尾联二句,以唐玄宗故事作比况,谓玄宗乱后回京,天宝年间的旧人或死或散,只有鹦鹉仍在模仿旧人口吻不辞辛劳地说着华清宫的旧事;语中透露出对戊戌变法那一段短暂美好日子的殷殷眷恋。(那时不仅珍妃与光绪两情欢洽,国家也振兴有望。)按《明皇杂录》:"(唐玄宗)洎至德中,车驾复幸华清宫,从官嫔御多非旧人,……上四顾凄凉,不觉流涕。""天宝"句即用此事,而"旧人"兼指参与变法的诸臣与珍妃。全诗就这样在借古喻今中结束,而一种凝重的历史悲剧感与一种凄艳的艺术审美感也已交织在读者心头。

(庞 坚)

丘逢甲

(1864—1912) 字仙根,号蛰仙,又号仲阏,别号南武山人、仓海君,民国后即以仓海为名,台湾彰化人。光绪进士,官工部主事。曾讲学台中、台南各书院。甲午(1894)中日战起,在乡督办团练。后与台湾士民抵抗日本。抗战二十昼夜,兵败后回至广东镇平(今蕉岭)。创办学校,推行新学。曾任广东教育总会会长、广东谘议局议长。民国成立,赴南京,被举为参议院参议员,因病返粤卒。其诗发扬爱国感情,风格上受杜甫、陆游诸家的影响。有《岭云海日楼诗钞》。

春　愁　　　　　　丘逢甲

春愁难遣强看山,往事惊心泪欲潸[①]。
四百万人同一哭,去年今日割台湾。

〔注〕　① 潸(shān):涕泪交流的样子。

一八九五年,中日甲午战争以签订丧权辱国的《马关条约》告终。条约规定割让台湾给日本,这激起了台湾人民的无比义愤。生于台湾的著名爱国诗人丘逢甲,倡议建立"台湾民主国"以抵制割台,并组织义军,自任大将军,抗击进台日军。义军失败后,他内渡到广东,为收复故土奔走呼号,并创制了大量以此为主题的"台湾诗",这些诗在题材内容、情感色彩、艺术水平各方面,都是他诗歌创作总体构成中最突出的部分。本篇是他"台湾诗"的代表作之一,写在《马关条约》签定割让台湾一周年之际。诗仅四句,却将忧国怀乡之情表现得无比深沉强烈,动人心魄,是传颂一时的名篇。

首句"春愁难遣强看山"。这里的"春愁"非泛泛之言。割让台湾的《马关条约》签定于一八九五年四月十七日,时值春季。所以每到春季,作者对台湾的思念就更为强烈。正像他一八九八年《春日杂诗》所写的:"雨丝风片暗清明,乡梦惊回杜宇鸣。无限春愁似原草,到无人处更丛生。"唯其如此,这"春愁"才难以排遣。于是强迫自己打着精神"看山"——向自然移情,转移注意力,寻求解脱。但"看山"也不解决问题,看来看去依然是挥之不去的"往事"浮出眼际,涌上心头。这"往事"令人至今动魄惊心,哀伤痛惜,竟禁不住要涕泪交流了。次句一方面渲染了"春愁"的分量和情感色彩,另一方面又暗中悬疑,为后两句蓄势——具体究竟是怎样的"往事",有如此左右力呢?前两句描绘状态,有纡徐含蓄之致。

后两句使足千钧笔力,道出底蕴:"四百万人同一哭,去年今日割台湾。"前句据作者《岭云海日楼诗钞》原注:"四百万人,台湾人口合闽、粤籍,约四百万人也。""四百万人"指当时台湾的全体人民。"同一哭"道出共同悲愤,因为"去年今日",世代生息的故园台湾,竟被出卖给日本侵略者。签定《马关条约》的一八九五年四月十七日又为光绪二十一年三月二十三日,本诗作于一八九六年农历三月二十三日,依此计算,正是"去年今日"。作者格外精确地标明这个日子,是由于这一天在他及四百万台湾民众心上镂刻着永不磨灭的深痕,时时鲜血迸流。"春愁"、"往事"的具体内容,正在"去年今日"!

全诗语句警拔,富有概括力,特别是情感的抒发极有章法:"春愁难遣"的纡徐,"往事惊心"的含蓄,欲露又止,将吐还吞,明确写出了情感的色彩、分量,又留下具体所指的回旋空间。"四百万人"两句一泻而出,不留余地。而两句之中,"同一哭"为一收煞,因为所"哭"何在,是留给下句的,末句"去年今日割台湾"才最后一纵到底,略无滞碍。诗虽短,情感把握却极有节奏和层次。当然,本诗之所以具有强烈的感染力,传诵一时,更主要的原因,乃在写出了当时国人的共同感情。

(魏中林)

山 村 即 目　　　　丘逢甲

一角西峰夕照中,断云东岭雨蒙蒙。
林枫欲老柿将熟,秋在万山深处红。

　　丘逢甲离台内渡后,定居祖籍粤东镇平(今广东蕉岭)澹定村。"村在镇平县北之文福乡。乡之西,翼然而起者庐山也。其山多松;山之主峰曰松光峰,其麓有林,曰松林,湾曰松湾而澹定村在焉。"(作者未刊稿《松山书屋图记》)此诗作于光绪二十五年(1899),诗中所写山村当即澹定。

　　这是一个深秋傍晚,刚刚下了一场过路雨。西边雨脚已收,夕照辉映了西面庐山一角;而东边的山岭,还被雨云笼罩,蒙蒙小雨,尚未全停。"一角西峰夕照中,断云东岭雨蒙蒙",写的就是即目所见的一山之中气候不齐的自然奇景。使人感到西山是"晴方好",而东岭是"雨亦奇",这又恰似刘禹锡所歌咏的,"东边日出西边雨,道是无晴却有晴"(《竹枝词》)。不过刘诗主意,而这两句诗主景,故尤具画意。

　　前两句所写,偏于秋夕山中的气候,而真正描绘山村即目所见的景色,还在下两句:"林枫欲老柿将熟,秋在万山深处红。"秋已深了,正是枫叶变红,柿子成熟的时候。这时的山中,不仅枫林如醉,柿子也透出橙红的颜色。"看万山红遍,层林尽染"(毛泽东),正是最典型的秋色。故诗云:"秋在万山深处红。"末句之妙,在于那个"秋"字。"秋"本是季节,没有色相。通常可以说"秋叶红",却不可说"秋红"。诗人山村放目,所见"在万山深处红"的,本来是枫老柿熟的山林景色。然而他偏不说"林枫欲老柿将熟,都在万山深处红"——那样写本无可指摘,然而一切落实,反不如"秋在万山深处红"一句为灵妙。"秋"可以囊括枫、柿等秋叶、秋实,而不局限于枫叶柿实。这样写,使本不具形色的"秋"有了形色,变得赏心悦目。如果将写诗下字比作弈棋,诗人这就是棋高一着,一字下去,全局皆赢。

　　此外不可忽略的,还有第三句的"欲"、"将"二字。"枫老"、"柿熟",都指向末句的"红"字。然枫过老则叶枯,柿过熟则实稀。唯有欲老未老之枫叶,将熟未熟之柿实,才红得富于生机,红得耐人玩味。只让人感到欣喜,而不会引起感伤。这和叶燮《梅花开到九分》的取义,是有异曲同工之妙的。

(周啸天)

秋　怀(八首选一)　丘逢甲

古戍斜阳断角哀①,望乡何处筑高台?
没蕃亲故无消息②,失路英雄有酒杯。
入海江声流梦去,抱城山色送秋来。
天涯自洒看花泪,丛菊于今已两开。

〔注〕　① 角:古代军中的一种乐器。　② 没蕃:指台湾沦为日本侵略者殖民地。

　　自杜甫《秋兴八首》之后,历代诗人以"秋兴"、"秋感"、"秋怀"为题的追摹之作甚多。丘逢甲诗受杜甫濡染最深,在台湾沦陷后,他内渡到广东蕉岭,所作的《秋怀》九组(每组八首,凡七十二首),即深得杜诗神髓,如钱仲联先生所言:"层见迭出,沉雄悲壮,皆杜陵《秋兴》、《诸将》之遗。"(《论近代诗四十家》)本文所选,为第一组之第二首。

　　逢甲身受国难家仇之痛、身世飘零之苦,于杜诗之沉郁苍凉,领会深切,且又不仅学步,能自具品格,潘飞声《在山泉诗话》称其"七律一种,开满劲弓、吹裂铁笛,真或义军旧将(逢甲曾任台湾抗日义军领袖)之诗",直道其七律独到孤诣之处,可谓切脉之论。本诗亦是如此,具体而言,则是于苍凉悲壮中寓豪气劲举之势。

　　这首诗的主旨写思念沦为侵略者殖民地的故乡台湾,起笔却渲染了浓厚的军旅杀伐之气。边关故垒笼罩在斜阳之中,角声断断续续,听去极是哀沉。这也许并不就是"即目直寻"的写景,更多是他回想起带领台湾义军抗击侵略者悲壮失败的主观具象。抗争失败,台湾沦陷,作者内渡。从此天涯望断,故乡何处?所以自然逼出次句:"望乡何处筑高台?"故乡之"望"本已悲哀,如今"望"都无处去"筑高台",这就透过一层,双倍地写出了思乡之痛。此即所谓"开满劲弓"。"没蕃亲故无消息,失路英雄有酒杯",次第从亲人到自己。"无"道出对"亲故"的思念担忧,"有"则饱含了英雄失路的悲郁。杜甫《登高》中有"潦倒新亭浊酒杯"之句,为暮年潦倒之写实,逢甲此时尚在盛年,然内渡之后,冷落闲居,空有收复故土之志,而请缨无门,借酒浇愁,其愁有更甚于老杜处。然诗中仅着一"有"字。出语沉着、不多渲染颓废之怀,又自称"英雄",自是壮士之笔,愤懑之余,又可见其豪气未消,此又有别老杜者。颈联"入海江声流梦去,抱城山色送秋来",为一篇警句,对仗极工、造语极奇、气象极恢宏。"江声"冠以"入海",足见江势之奔泻,"山色"可"抱城",可见山形之绵延。"声"、"色"本无力不可捉摸,如今一可"流"去诗人思乡之梦,一可"送"来故土之秋,便具立体感、力度感、宏大感,有海风天雨逼人之势。"梦"本限于寐中,无所谓流;秋本无所不在,无所谓送:而诗人均著以主观色彩,强调梦乃我思乡之梦,将托江声流传至彼岸;想象秋乃故土之秋,藉山色之送来慰我。此二句中含有种种妙味,令人反复咏味,意犹未尽。而二句气象之不凡,亦具"吹裂铁笛"之力。"天涯自洒看花泪"与上面仍是同一意脉,出自作者的形象特写,"丛菊于今已两开"隐括杜甫诗句,申足了"看花泪"的内容。杜甫《秋兴》之一有"丛菊两开他日泪,孤舟一系故园心"两句,写其回忆往昔、怀念故园而流泪。作者上年八月兵败内渡,别去故园,到现在依年而计,恰好也是"丛菊两开",洒泪自然也是怀念故园。"已两开"的"已"字深可品味。按说作者内渡时间虽号称"两开",实则一载。但这对于时刻思念故园的作者来说,已过分嫌长了,这就从另一面反映了作者收复台湾的急切心情,分明也是同他"旧将"的身份相联系的。

  这首诗出自杜甫《秋兴》的笔法格调当然十分明显,却又不是对前者的刻意模仿。而是自然地显出了自己的身世和个性气质,这就不同于许多人"逼肖"式的追摹。丘逢甲日后被梁启超在《饮冰室诗话》里推为"近世诗界三杰"之一,称为"天下健者",这同他这种善于学习前人,故能"以旧风格含新意境"的创造性是分不开的。

(魏中林)

纪　　梦(二首)　　　　丘逢甲

  知是前身与后身,诸天变现起微尘①。
  人间无此丹青本,幻出嵌崎历落②人。

  梦中因果画中身,弹指心惊隔两尘。
  天上碧桃花再放,下方还是未归人。

  〔注〕　① 诸天:佛家语。佛书谓"三界共有三十二天,自四天王天至非有想非无想天,总谓之诸天。"微尘:佛家语,指极细小的物质。　② 历落:仪态俊伟,与众不同。

  这两首纪梦之诗,写梦中遇道士赠三生图之事,诗前有序云:"十二月初二日,梦一道士赠图三帧。第一图道衣冠,上题云:'风尘澒洞欲何之? 西岳仙云出独迟。他日经纶谁不识？最难知是在山时。'梦中欲易其落句，道士曰：'已定矣，毋易。'阅第二图甲而仗剑，将军也。三图冠服雍容，如朝士，上均无题识。觉而不知所谓，姑为二诗以纪之，此则真所谓痴人说梦矣。"从序中可知，作者虽受佛家思想影响，但并不完全相信梦中三生图，只是姑妄纪之，并借纪梦以写志抒怀而已。

诗的第一首写梦中见到三图，感到世界变幻之奇，并赞叹图中人不同流俗。"知是前身与后身，诸天变现起微尘。"前生、今生、来生（即前身、今身、后身）为佛家"三生"之说。变现即变相、现相，这里指三生的变化。首句叙述作者从梦中所见三图中知道自己的前身与后身；次句写作者"觉而不知所谓"，世界会发生这样的变化，他感到奇异莫测。"人间无此丹青本，幻出嵚崎历落人。"诗人对于梦中所见，似信非信。因现实中虽有三生之说，但谁也不知道自己的前身与后身，他在梦中见到此图，感到惊异，故曰"人间无此"。梦中三图，后二图虽无题识，但第一图却有题诗。从题诗"他日经纶谁不识"句中知道，作为他"前身"的道士，虽然出山"独迟"，当时难为人知，但却经纶满腹，"他日"人人皆识，朝野尽知。作者由此知道士连同后二图中的将军、朝士，都是品格超群不同流俗的人，因而他以赞许口吻称之为"嵚崎历落人"。这首诗，从梦中见图，想到造物变化之奇；从人间所无，感到图中人的不同流俗，从而曲折地表达出要做"嵚崎历落人"的心志。

第二首写作者惊异于前世相隔之快，感叹今生沦落之久。"梦中因果画中身，弹指心惊隔两尘。"据佛教轮回之说，"三世因果，循环不失"（《涅槃经·憍陈如品》）。作者从梦里画中知道自己的"三世因果"，他心惊于岁月流逝之快，弹指一瞬已过两世，而今已是第三生。诗的后两句作一大转折，就今生遭际抒发感概说："天上碧桃花再放，下方还是未归人。""天上碧桃"为王母桃花，唐人高蟾有"天上碧桃和露种，日边红杏倚云栽"（《下第上永崇高侍郎》）诗句，用指平步青云的文士。但此处的"碧桃花再放"，主要表明时间之久。俗语有"天上一日，下方一年"之说，天上一年，下方所历时间之久可想而知。然而生活于尘世的他，却"还是未归人"。"未归人"，用步元举"栖迟零落未归人，已坐无成更坐贫"（《下第过榆次》）句意，叹息自己在漫长岁月中志不获展、飘泊未归。这首诗写他从梦境回到现实，由前生思及今身，既"心惊"隔两世之速，又感叹今生坎坷之久，从中表现出对现实的忧愤。

两首纪梦诗，作"痴人说梦"，通过写梦中迷离恍惚之事，表达内心的复杂感受。其中"幻出嵚崎历落人"，"弹指心惊隔两尘"，"下方还是未归人"等句，或喜或惊，或感叹，或忧愤，在谈佛法、说因果之中，表现出现实人生的爱憎，写志抒怀，表达诗人的真实情感,其构思与艺术表现手法,还是十分高妙的。

(王祖献)

台湾竹枝词(其十五、廿二)

丘逢甲

任他颜色照银泥,一样朱唇黑齿齐。
蓁首蛾眉都易事,教人难觅是瓠犀。

盘顶红绸裹髻丫,细腰雏女学当家。
携篮逐队随娘去,九十九峰采竹芽。

  竹枝词,本是巴渝一带(今四川省东部)合乐兼舞的民歌,至唐刘禹锡始有拟作,此后代有人作,除写男女恋情之外,并及各地风光,形式颇富地方色彩,均为七言绝句,语言通俗流畅,音调轻快。丘逢甲十四岁时,赴台南应童子试,年纪最小而交卷最早。当时台湾巡抚兼学使丁日昌特命作台湾竹枝词百首,丘逢甲应命挥笔,日未竟而成。现仅存四十首。

  这两首诗是描写台湾高山族姑娘的。前一首写她们的服饰、容颜与美容的习俗:她们容颜光鲜,与银饰的衣裙相映照,都抹上了口红,染黑了牙齿。要在她们之中找出长相漂亮者是很容易的,但实在难以找到牙齿洁白而整齐的姑娘。"银泥"是指缀上银饰的衣裙,又据《台湾府志·卷七》载:台湾高山族同胞有"齿用生刍染黑"的旧俗。这两点在汉族人看来,就觉得很新奇。所以诗的开头两句抓住了这个民族习俗,勾勒出高山族姑娘的共同特点,用笔不多,却极生动传神。她们在服饰方面的特点,其他少数民族或也具备,但染黑牙齿这一点却真是非高山族莫属了。因此诗的三四句将这给人特别强烈的印象再作强调。"蓁首蛾眉"本是《诗经》中描写美女的句子。"蓁"(qín),即额广而方的意思。宽大的额头,细长而弯、有如飞蛾触须的眉,是古代美女的容貌特征。这里泛指容颜漂亮。"瓠(hù)犀":瓠瓜的籽。《诗经》中用"齿如瓠犀"来表现美女牙齿整齐洁白。在诗人眼里,高山族姑娘都喜欢将牙齿染黑,以之为美,所以,要找容颜漂亮者易,要觅牙齿不染黑者难。这种民族风俗很特别,写成诗流播开来,令局外人大开眼界。

  后一首写高山族姑娘的质朴与勤劳:她们用红绸盘在头顶,里面挽束着发髻;她们腰身苗条,还是少女身份,却已学做当家妇人的模样。白天里个个挎着竹篮子跟着娘亲到山上去,走遍山脚山头,把竹笋采撷回来。"髻(jì)丫":指女孩子把头发束成的髻子,状如树丫。"雏女":指少女。少女随娘上山,已成各家各户习惯。"逐队"二字表现上山者众,因山路狭小,故前后相随而成"队"。"九十九"极言其多。"竹芽"即竹笋,鲜美可食。

两首诗勾勒了台湾高山族生活习惯的某些侧面,包含着尊重与赞美。在古近代文学作品中,涉笔及于台湾高山族的实属凤毛麟角,由是更觉得本诗的珍贵。

(陈新璋)

诗人小传

胡朝梁

(？—1921) 字子方,一字梓方,号诗庐,江西铅山人。早岁肄业于震旦、复旦二校,精英文,林纾译西方小说,多赖其助。曾官部曹。入民国,佐徐又铮幕府。晚年屏迹学佛。朝梁曾随陈三立学诗,受同光体江西派影响,宗法黄庭坚,也得力于陈师道、梅尧臣。风格瘦硬隽深,字句声调多兀傲拗口,与陈三立又不尽相同。著有《诗庐诗存》。

述 怀

胡朝梁

年年作计随人后①,短发长歌只自疑。
来日万端付之酒,江南片月为吾私。
非关早岁思齐物②,合有寒儒瘦到诗③。
我已穷于孟东野,高天厚地更何之!

〔注〕① 作计,打算。 ② 思,思慕。齐物,与物相齐,物我相等。齐,相等,相同。《庄子》有《齐物论》篇,主议齐是非,齐彼此,齐物我,齐天寿。 ③ 寒儒,指唐诗人孟郊,字东野,其诗多感伤遭遇之作,充满寒苦之音,遣字造句又力求瘦硬。与贾岛齐名,有"郊寒岛瘦"之称。

这是首述怀之作,袒露胸臆,直抒所怀。诗本抒情之物,何况"述怀"诗,更是诗人真实思想感情的直接诉述。此诗反映了一个作为旧时知识者的诗人,在生活路途上,惑于前路的困顿迷惘的心情,其于旧时不苟于污俗合流的正直知识者来说,有一定典型意义。

首联两句直言自己处于进退两难的困惑:"年年作计随人后,短发长歌只自疑。"作为一个正直的知识者,自有抱负与追求,希望进而用世,有所作为。然而,诗人所处的时代,社会危机四伏,政治动荡不息,权贵尔虞我诈,岂有正直有为之士进身之途?故诗人感叹自己年年有所计划与打算,却总是落在人后,为人先着,居于下游。此用宋黄庭坚"随人作计终后人,自成一家始逼真"(《以右军书数种赠丘十四》)诗句,有自嘲之意。既不能进,不若退而自保!于是,学那楚狂接舆,披发长歌,佯狂而不仕,聊作退路。然而,退而佯狂,原非初衷,亦于世无补,连自己也怀疑此举是否合宜。进不能先人为计,退不能心安理得,进退无路,如之奈何?在那样的时代那样的环境,"百无一用是书生",不与之同流合污,也只好以酒浇愁、以月为伍了,故颔联云:"来日万端付之酒,江南片月为吾私。"进退无路,反思而得,为自己设想的未来生活,惟沉湎于酒、醉心于月。酒,是人类创造的神奇之物,可以化解心结与情结,可以解忧,可以浇愁。今后,无论遭遇何种何样、千种万般的困苦、忧愁、迷惘,凡一切不快不满的事,付与酒解释罢了。再不然,好在还有一片江南好月,皎洁明净,既清明如同我心,又光亮可照我身;江南孤月,伴我孤身,长相伴,慰我心,如为我私有,可独占长随。言"月为我私",是移情于物的对面写来的笔法。月本人所共有,说月独私我,即月独钟情于己,实是说我独钟情于月,欲摆脱一切愁恼与忧苦,惟孤身长对明月,共酒销愁。

然而,酒醉伴月,又岂能真正解脱,无忧无愁了?不然。颈联云:"非关早岁思齐物,合有寒儒瘦到诗。"诗人的胸怀是阔大的,感情是曲折的,借酒月以泄愤,却不是遁世。诗人明言,年轻时,也曾思慕《庄子·齐物论》中描述的美好境界:无有是非,不分彼此,物我同等,生死相共,一切无差无别,凡物均同共存,多美好的人世,多理想的境界!那是我早年怀抱和追慕的人生啊!但我现今所遭遇所感怀,均与这无关!换句话说,并不是因为"思齐物"的破灭,才去追求"万端付之酒"、"片月为吾私"的境界的。诗人是明里说"非关",暗里意为"有关"。当然是因为年青时代的追慕、怀抱、壮志,受环境的摧残和戕害,致不能进又不能退,迫于以酒月相伴,岂是无关碍的?这是以一种委婉曲折之语,表达内心深层的沉痛之思的写法,可使诗语更具表现的力度。"非关"句说原因,"合有"句示结果。"寒儒瘦到诗",本指唐诗人孟郊。孟郊幼贫,"少隐嵩山,性介,少谐合"(《新唐书·孟郊传》),刻苦吟诗。两番试进士落第后,于四十六岁时中进士。而后仕途坎坷,牢愁清贫以终。诗人有感于己之生平遭遇,同于孟郊,亦一寒儒,苦于吟诗。时人曾称诗人"诗以外无他好",可为此句诗的注脚。"合有",是说自己的命运前途,应当如此,只能如孟郊一样,一生清寒,刻苦吟诗。"瘦到诗",孟郊苦吟,追求诗语瘦硬,多哀愁之音,亦其生平郁抑寒苦之遇之情的反映。此句之谓,乃诗人指自己清寒牢愁、抑郁忧苦,一寄于诗,别无他途!

忧患愁苦之深,非止于此。尚有末联,深切喟叹:"我已穷于孟东野,高天厚地更何之!"孟郊这位前贤,已是到了仕途末路,病死于求职的路途上,为诗也逼迫到瘦寒苦吟的境地,真正到了穷途末路了。然而,我比之孟郊的命运遭遇更糟更坏,甚至连像孟郊那种"瘦到诗"的诗都写不出来了,一切较之孟郊更其穷乏。虽然,天高地厚,上天那么的寥廓,大地那么的宽广,茫茫宇宙,却没有一处容我施展的空间。我本已穷于孟东野,勉强做个寒儒,苦吟几句瘦诗,以为进退无路了。岂知眼见这"高天厚地"的宽广空间,令我茫然,"更何之",更向哪里去寻求出路呢?不言之隐,痛在言外,岂天地之不容,实世态之所为。软弱的哀告,亦是对世态的抗争,此等心曲,与一切旧时正直清高的诗人是同调的。

此诗隶事属词,明晓而适宜;直而不露,哀苦自雅;述白而情曲,委婉而有力,有性情,有本色。

(王杏根)

夏 居 漫 兴　　　　　胡朝梁

双塘之水明如镜①,一带垂杨青可攀。
得意醉而非醉候,游身材与不材间。
有时嚆喈仰天语②,消得寻常负手闲③。
幸是中年健腰脚,短衣匹马好还山。

〔注〕① 双塘:犹言小池塘。南诏朝谓地五亩为双。　② 嚆喈(jiē):高声呼笑。
③ 消:抵。负手:反手于背。

诗题《夏居漫兴》,谓夏日有感,兴之所到,随意写出,并不经意之作。但题作"漫兴",却也认真抒发了诗人的生活志趣与人生感念,反映了旧时知识分子一种超俗洒脱、悠然自得的情趣。比照其时角逐名利场的种种丑态,此诗情趣,可谓洁芳自高,是与我国旧时知识分子的优良传统秉性一脉相承的。

首联两句紧扣诗题中的"夏居"二字写景:"双塘之水明如镜,一带垂杨青可攀。"池塘虽小,水浅明净,清澈如镜,好比主人的心境,明晓磊落;池边虽无似锦繁花,却有似带般杨柳绕塘,柳丝青青,垂挂池上,柔可折攀。夏居村舍为家,有此池柳为伴,足可遣兴、亦可避暑了。言"明如镜",是明喻池水之清丽明澈,暗中却在写诗人心感之宁静平和。"青可攀",状垂杨枝叶的浓密与色泽的浓绿,从树根至树冠,上下一色青青,均可攀缘。或许,诗人还是想以"青"与亲的谐音,暗示诗人亲攀垂杨,情属池柳,野居渡夏,有相伴相亲之谊。

颔联两句谓"得意醉而非醉候,游身材与不材间。"因"水明如镜"、"杨青可攀",独我拥有,眼不见污浊,身可避争逐,蛰居此清静平和之境,始觉为"得意"之时。而这种"得意",正在于令己陶醉,又令己清醒的时刻。陶醉的是,"双塘之水"、"一带垂杨",足可遣暑、足慰平生,别无他求。但又"非醉",心明眼亮,观世我自独醒。诗人以为以清醒之身,处为己陶醉之境,是为自己最"得意"之时。此句言夏居的心态,接着写自己这种心态的所自由来,是与自己所择取的处身的社会位置有关。诗人自称自己处在有用之材与无用之材之间。典出《庄子·山木》,表示一种通脱的处世态度。"天生我材必有用"。诗人自省自己亦一有用之材,可造福社会;然则,环境险恶,有志难伸,有材无用,竟成"不材"之材,游身于有材无用之境;世有未若士人之有材难展之苦痛! 既然如此,不若以有材之身,悠游于"双塘"、"垂杨"之间,心平气和地自得其乐,"得意"而"醉"呢!

然而有才之士,岂肯久居材不为用之境?有材之身,悠游而"得意",乃为不得意之"得意"。故有颈联两句:"有时嘤喑仰天语,消得寻常负手闲。"对于身处有材无用的不得意,诗人有不平,也只得偶尔高声发笑,仰天而鸣。虽"仰天语"而无效,却能抵消得寻常难熬的闲暇。负手倚背,闲庭踱步,何等闲苦,不若仰天发笑,高声呼号,一泄愤闷之气,稍可抵挡这闲苦的不满与不平。全诗中二联四句,虽兀傲不调平仄,却将诗人意念情感写得十分的委婉曲折,直入诗人心态的深层,由此心态的屈曲表达,折射出造成此等心态的社会世态炎凉。此岂诗人可能改变者?因而有末联两句"幸是中年健腰脚,短衣匹马好还山。"此亦诗人寻求的不得意的"得意"出路。诗人是自慰自嘲:幸好自己人在中年,腰脚尚健;虽然,中年之岁,正当人尽其材、材尽其用的最佳年龄。无奈,只得穿短衣,骑匹马,轻装上路,进山与山水为伴,游山玩水,率性一闲到底,超脱尘俗,摆脱苦恼,换一个潇洒而悠然自在。倘环境所迫,材不我用,以名利自累,反不如"短衣匹马好还山"的潇洒自如,无忧无累,亦一种自求解脱的生活志趣,一种不得意而为之的抗争之法。由此,我们可感触到旧时知识者在自己路途上所能有的艰难、困惑和迷惘,以及在此境地下所能有的执着的胸怀与情趣。

(王杏根)

夏 日 即 事 　　胡朝梁

人生快意是会合,尽日好风来东南。
芳塘半亩水清浅,茅屋一间人两三。
看水看山殊未厌,栽桑栽竹粗已谙。
青云可致不须致,我愿食贫如荞甘!

胡朝梁为诗师事清末著名诗人陈三立,乃陈氏之高第,曾官部曹。时人称其"诗以外无他好",自号"诗庐"。《夏日即事》写景抒情,直吐胸臆,淡泊明志,亦旧时士人观人生之体验。

全诗开宗明义在首联两句:"人生快意是会合,尽日好风来东南。"人生最快意的体验是什么呢?是看到一切好事物聚集在一起,呈现在面前。何况,在这夏日酷暑之时,整日送来凉爽的东南风,令人更添快意。有如此人生,也便尽如人意,知足无他求了。当然,诗人所言"人生快意",决非指自身外在"体"验的快感和惬意,而是指合乎自己心愿、志趣、怀抱的种种物事给自己带来的最为称心满意的体验。要之,是指能观照自己独有的人生观念的一种内在心知体验。诚然,诗人此种"人生快意",在诗中,须以形象之言、具体之物加以描摹和显现,有景有情,方能动人。因此,所谓"会合"者,不仅包括"尽日"的夏时"东南""好风",还有其他种种"即事"呈现在前,须将其择取入诗,用来抒发其"人生快意"之感,才能构成全诗情景。首联有开宗明义之作用,起领下文;而以下各联,则起到具体地充实和展开首联诗意,完成全诗题旨的作用。

颔联"芳塘半亩水清浅,茅屋一间人两三。"前句化用朱熹"半亩方塘一鉴开,天光云影共徘徊"句诗意。"芳塘半亩"和"茅屋一间",写出自己清贫脱俗的清雅书斋生活。池塘虽小,却蓄水清浅,满塘荷香,足以赏心悦目。茅屋一间,虽属陋室,却时有两三诗友前来相叙,品茗谈诗,室陋人雅,足慰平生。岂羡富贵门第,高宅深院,华屋美池?但得清雅,不求富俗,乃平生之志。如果说,此两句写诗人生活环境,婉曲透露诗人的生活志趣;那么,下联两句,则直抒自己生活情趣了。

颈联两句"看水看山殊未厌,栽桑栽竹粗已谙。"山、水、桑、竹,在旧诗中常用为士人以农为隐的伴随物。不逐名利,愿与山水相伴,相对而处,两看不厌,心志坚定;不图富贵,愿栽桑种竹,清贫处世,劳而多雅,志洁而节:是为诗人追求的人生志趣。"殊未厌",竟然不厌,是因诗人乐此山水,爱此生活。"粗已谙",略已熟悉,是因诗人初涉栽种,却愿以此终生。两句反映了诗人坚守清贫、淡泊明志的声向。然则,诗人"已厌"与"未谙"的是什么呢?末联有深层而明确的表露。

"青云可致不须致,我愿食贫如荼甘!""青云",在此比喻仕途,有所谓"青云直上"、"壮志凌云"之说,都比喻似锦前程。换句话说,旧时所谓的似锦前程,于一个士人来说,无非是科举登第,高官厚禄,荣华富贵,光宗耀祖。对于这些,诗人原本"可致",是伸手可取、轻而易举之物,但诗人不要也不愿要。所谓"不须致",从表述语气上,较之不愿、不要、不必等言更其强烈地表示出拒绝之意,是明显带有厌恶情绪的否定和拒绝,似乎唯恐拒之不远、拒之不绝。而其真切又坚定的心愿志趣,是甘心终身过此清贫的生活。不仅如此,他并视"食贫"如嚼野荠菜一样觉得甜美可口。即此可见,旧时知识分子那种富贵不能淫,贫贱不为屈的志节,于此表露无遗,而令人要为之击节称羡了。

全诗句句紧扣首句"人生快意"四字,写出诗人的"快意"。此种种"快意",通过所写各种体感具体形象写出,而又"会合"一体,为首句统领。然此体感的"快意",恰好为诗人心感快意的外露。心感的快意,则清雅乐贫四字而已。

(王杏根)

[诗人小传]

夏曾佑

(1865—1924)　字遂卿,一作穗卿,自号别士,浙江杭州人。光绪进士,官泗州知州,充两江总督署文案。曾参加改良派政治活动。民国时,任教育部普通教育司司长。能诗,但作品流传很少。著有《中国古代史》(原名《中国历史教科书》)。

舟过大沽望炮台二首(选一)　　夏曾佑

大旗明落日,雄镇拱神京。
朔气三军重,平原万马轻。
犀军环铁舰①,元老卧长城。
吹角楼船过,寒潮入夜平。

〔注〕①犀军:穿犀牛甲(或牛皮甲)的军士军队。杜牧《润州》诗之二:"谢朓诗中佳丽地,夫差传里水犀军。"

　　原诗二首,这是其中的第一首,写大沽炮台险要的地形与雄伟的气势。大沽口于咸丰八年(1858)修筑两岸炮台,咸丰十年(1866)七月,英法联军入侵,首先进攻大沽、塘沽等要地。僧格林沁率部抵抗,大败,联军遂陷天津、北京。作者行经大沽忆及这段历史,有感而作此诗。全诗笔法苍劲,境界宏阔。

　　首联"大旗明落日,雄镇拱神京",先从军事要塞形势着笔。大旗句用杜甫《后出塞》"落日照大旗"意,写落日辉映大旗,使之格外鲜明,并借大旗点明军事要地,写出军容,以引起下文。雄镇,指大沽镇。因它与塘沽、新河、北塘等镇为津、京海陆门户,故为重镇。通过"拱神京"写出它地理位置与战略上的重要性。

　　"朔气三军重,平原万马轻"一联,从陆上写军威与地势。虽然北方寒气袭人,然大沽炮台守军阵严队肃。大沽镇一片平原,骏马飞快驰骋。这里的"轻"

"重"二字,对仗工整,分别写出军威的严整和骏马奔驰的轻快。

颈联分写海上守军与镇守之臣,以示阵坚塞固。上联"犀军环铁舰",以穿犀甲的军士指代装备精良的军队,他们环守着军舰,时刻准备出海作战。下联以长城比喻国家安全的可靠保卫者,指出有大臣元老在这里任保卫国土重职。因长城绵亘万里,环守北方边境,有如苍龙偃卧,故用"卧长城"描写元老大臣的守土,用字允当,很见精神。

末联"吹角楼船过,寒潮入夜平",以描写晚景作结,并在写景中再现大沽雄姿。当薄暮来临,军中报时的画角吹起,鸣声越过高大的舰船,传到很远的海中。入夜时,汹涌的潮水逐渐平息,大沽进入安静的夜晚。这两句余音不尽,令人想象守军战斗的一天已经结束,通过晚景的描写,显示出雄镇的严整、安定。

这首七律气象阔大,风格苍凉,颇具特色。诗中写军队与炮台之用语"大旗"、"雄镇"、"三军"、"万马"、"铁舰"、"楼船"等,皆从大处落眼,故气象非凡,境界宏大,读后眼前自然泛现出大沽雄姿。此外,大旗落日、朔气袭人、楼船吹角、寒潮汹涌等写大沽风貌,表现出苍凉的风格,读之令人领略北方重镇、海口要塞的独特风光。全诗神完气足,笔力遒劲,结句委宛,富于韵味,颇具唐人风味。

(王祖献)

【诗人小传】

(1865—1929) 字观云,号因明子,浙江诸暨人(一作海宁人)。早年留学日本,参加过光复会等革命团体,后思想逐渐保守。他与黄遵宪、夏曾佑被梁启超并列为"近世诗界三杰",但大部分作品较为粗率。有《蒋智由诗钞》、《蒋观云先生遗诗》等。

有　　感　　　　蒋智由

落落何人报大仇[①],沉沉往事泪长流;
凄凉读尽支那史[②],几个男儿非马牛!

〔注〕① 落落:寥落。　② 支那:梵语称中国为支那。

甲午战争的失败宣告了经营三十多年的洋务运动的破产。洋务运动的破产又说明,在列强环逼之下,原本溃烂不堪的封建统治已难以通过内部机制的调整和局部变革起死回生。亡国惨祸的迫在眉睫和封建统治的应对无方使人们逐渐认识到旧有制度正成为救亡图存的障碍。与此同时,日本明治维新的巨变以及欧、美资本主义思想也极大启发了时人对封建制度永世长存的怀疑,于是一场轰轰烈烈的变法维新运动在十九世纪末的最后几年中推荡开来。这场运动虽然最后留下了"百日维新"变法行动的失败,但却极大推进了以反封建为核心的思想启蒙。

启蒙思潮的热点之一,是对封建专制不同程度的批判。蒋智由的这首诗要算诗歌表现这一时代思潮最突出的代表之一。全诗从深刻的历史反思中,显示出对人的奴隶地位的历史性发现。

在"一夫为刚,万夫为柔"的封建专制之下,人的一切存在都被泯灭了独立完整的生命意义,饱受着封建统治的摧残迫害。"落落何人报大仇",落落,孤独貌。所谓"大仇",正指封建专制的累累罪行。但更可悲之处在于,几千年来人们早已对此习以为常而麻木不仁,将这种荒谬的社会秩序视为合理的存在。自觉接受封建专制的欺压而安于顺民的地位。从古至今,究竟有几个人对此加以反抗呢?首句"落落"接以"何人"的发问,显示出作者沉痛的悲愤和恨恨不平。次句"沉沉往事泪长流"在对历史的纵向俯瞰中将那种沉痛和悲愤直接宣示出来。"沉沉往事"的历史概括和"泪长流"的作者自我形象,简练鲜明地构成了时代先觉者和弄潮儿的生动图式。"泪长流"不仅是"哀其不幸"的怜悯,更有"怒其不争"的悲哀。第三句"凄凉读尽支那史"将次句"沉沉往事泪长流"具体化。支那,即中国。"凄凉"扣"泪长流","支那史"挽"沉沉往事"。这样写,既为了突出全诗的历史感觉,又在为末句蓄势。因为就全诗来说,首句的"大仇",次句的"往事",和三句的"支那史"还都只是通过语言色彩有所渲染的虚写,其中包含的实质内容正要留待末句去揭示。对末句而言,前三句便构成了有力的铺垫,这正是绝句的通常笔法之一。末句"几个男儿非马牛"在前面渲染铺垫的基础上揭出全诗底蕴,一语中的地指出千百年来人们在专制压迫之下的奴隶地位。其中,"几个"与首句的"何人"首尾相映。两者都以反问语气言其少。但首句是否定,说明没有多少人敢于反抗;而末句"几个"与"非马牛"配合,乃否定之否定,言其多。这就在少与多的反差中给人以强烈印象。全诗对这一非人地位的强调和揭示具有双重意义:一方面,打碎封建专制永世长存的"合理性",认识封建制度的残酷;另一方面唤起人的觉醒,催发现实反抗精神。

相对于沉沉几千年安于封建专制统治来说,奴隶地位的发现无疑是那个时代具有深刻意义的历史性思想转折。这一发现标志着人的觉醒。认识到"非人"

的存在,必然导致追求"人"的存在,这种追求当然转化为打碎封建专制桎梏的行为。全诗所包含的这一历史逻辑,与简明晓畅的语言、沉痛激昂的声情相配合,具有极大的感染力和鼓动性。梁启超在《饮冰室诗话》里将蒋智由推为诗界革命"三杰"之一,诗界革命的内容方面,要求表现时代的"新意境"、"新理想",蒋智由的这首诗正以突出的时代思想,体现了诗界革命的这一特点。

(魏中林)

诗人小传

谭嗣同

(1865—1898) 字复生,号壮飞,又号华相众生。湖南浏阳人。积极参加维新变法活动,创"南学会",是维新运动的激进派。戊戌政变时,与杨深秀等人同时被清政府杀害。现存诗二百余首,风格豪放,富有爱国激情。有《莽苍苍斋诗》等著作,后合编为《谭嗣同全集》。

崆峒

谭嗣同

斗星高被众峰吞,莽荡山河剑气昏。
隔断尘寰云似海,划开天路岭为门。
松挐霄汉来龙斗,石负苔衣挟兽奔。
回望桃花红满谷,不应仍问武陵源。

崆峒是西北的名山,杜甫《送高三十五书记》诗所谓"崆峒小麦熟,且愿休王师"是也,山在今甘肃平凉,为泾水发源之处。谭嗣同曾多次到西北省亲,有可能登临此山,本诗大体是他登山后所作,当然,崆峒山极高峻,诗人未必真到其巅峰,可能只是尽其所见而作本诗。不过,这些问题都不重要,因为这首诗不是写景咏物之作,诗人亦无意于此,他对崆峒的地理位置、气候特征之类全不关心,他所注目的只是山的高、险、雄、奇,他只想将自己的人格、理想、抱负、境界,通过对山的描绘,喷吐出来。所以,此诗与其说是写崆峒,不如说是在写诗人自己。

诗共四联,循序而进,首联先遥看崆峒。"斗星高被众峰吞",起句即气势非凡。"斗星高"由唐诗《哥舒歌》的"北斗七星高"凝练而成,相传七星和北极星高距天中,而崆峒正位于斗极的座下。然而,在诗人笔下,这斗极的宝座一点也不安稳,它下面的群峰,几乎可以把它一口吞没,然则这崆峒有多么高峻,也就尽可想象了。"吞"字极有力,一举点活了"众峰",它们个个伸长了颈,张大了口,腾腾欲上,咄咄逼人。这自然不是单为写景,"斗星"位于天极,向来是神秘的"天"和神圣的帝王的象征,诗人却要将其"吞"没,这是何等大胆的挑战!本诗当然不是什么"诗谶",但崆峒这种气吞斗牛的姿态,与日后谭嗣同在维新运动中的冲决气概,真有神似之处,谁又能说这里的"众峰",不是寄托了诗人的人格?

次句"莽荡山河剑气昏",变换角度,形容山之特立孤高。莽荡,辽远无际之貌。剑气,即所谓"丰城剑气",相传三国吴时,斗、牛二宿之间有紫气,吴亡后,晋张华派人在丰城(今属江西)掘出二剑,紫气也旋即消失,始知紫气乃二剑的剑气所化。在崆峒面前,延伸的是无穷的山河大地,在山河的尽头地平之处,是昏暗欲坠的剑气。山河在横向延伸得越远越广,崆峒在纵向就越显得高峻;剑气越是昏昏,崆峒的形象越是昭昭。这句纯用比衬,与上句合看,有虚实相生之妙。值得重视的是,"剑气"象征着"王气",诗人却直言其"昏",不能光耀"山河",其挑战的矛头所指,也是很鲜明的。

次联是在登山途中。"隔断尘寰云似海,划开天路岭为门。"这里说的虽是绵邈如海的云、充作山门的岭,但却把云海那隔断尘世人寰的高洁、把山岭那划破天庭的壮烈,突出在每一句的最前头,因为那些才是与他的人格相感应的。这二句用词亦极有力,丝毫不逊色于上联。云海本来只是遮掩了尘寰,诗人却说成是隔而断之、与尘寰完全不相见,亦完全不相连;山岭本来只是高入天中,诗人却使它们如利斧、如长剑,要在浑沌冥顽的"天"上强行划开一条路来:这是何等有力的措辞!当然这中间有诗人摒弃一切俗见的决心,有诗人敢于开拓的志向,也是非常鲜明的。

颈联是山上的具象。"松挐霄汉来龙斗",来,通"徕",招也。只见山上的群松,不止是常言的"傲立苍穹"而已,它们更如有利爪,紧紧地在天上抓着、摇撼着神圣不可侵犯的"霄汉",招得天上的群龙不能不为卫护天庭而卷入恶斗!挐,有握住和牵引二意,但用在此处皆确,诗人可谓善于择词。"石负苔衣挟兽奔",那微不足道的青苔,诗人却看成了厚厚的、被石块沉沉地背负的"苔衣",但这巨石虽然负重,却绝不凝滞,它们在山中奋力地翻滚,像野兽一般奔跑——不,毋宁说它们是挟带着野兽在奔跑!敢与天斗、不惧"天威";肩负重任、奋勇向前:这,无疑也是诗人自己的写照。

如果说,前六句中字面上还是写景,那么,到了尾联诗人登高回望之际,他就不能再抑制被崆峒所催生起的豪情,他忍不住要直抒了。"回望桃花红满谷,不应仍问武陵源。"谁在"回望",谁"不应仍问"? 诗人终于自身跃入了诗境。他穿过了云海攀上了山岭,礼赞了高处的青松与巨石,向前,已经够满足了,回望,又看到了新的境界。那远近起伏的山谷中,开满了鲜红的桃花,一片灿烂的、旺盛的、热烈的光彩,没有一丝妩媚和低回,决不是《桃花源记》的"落英缤纷",而是一派生机、充满希望。这,或许是对诗人敢于"吞"、敢于"划"、敢于"斗"、敢于"奔"的最好慰藉,或许正是诗人吞、划、斗、奔所期待的硕果。无论是何者,都令诗人精神焕然,积极向上,他断然否定:不,那里不是遁世者的"武陵源",我也决不会去寻问通向"武陵源"的道路!

这是一首劲气贯注的力作,那种挑战的气概、那种饱满的劲力,与谭嗣同个性中那种"冲决网罗"(见其《致唐才常》)的精神,是完全一致的,所以说,本诗中的崆峒山,是人格化了的,那正是诗人自身人格的体现。谭嗣同一生只活了三十四岁,本诗是他三十岁前的作品,虽不能断定作于何年,但有一个问题是很肯定的,那就是他此时已经非常成熟,已经考虑到把锋芒指向"天",指向君主专制和封建纲常,故而一篇之中三致意焉,把与"天"有关的"斗星"、"天路"、"霄汉"反复取来作为冲决的对象。或许,本诗的创作之期,与他那闪烁着民主、科学、反封建精神的《仁学》的撰成,其间相去不远吧!

(沈维藩)

潼　关　　　　　谭嗣同

终古高云簇此城,秋风吹散马蹄声。
河流大野犹嫌束,山入潼关不解平。

据谭嗣同《三十日记》,他十一岁就随父继洵赴甘肃巩秦阶道任所,前后"往来度陇"几十次。上面这首《潼关》是光绪八年(1882)春,他自湖南赴甘肃省亲,途经潼关时所作。其时他年十七岁,不仅富有写诗的才气,还喜剑术,练就一身武艺,更可贵的,他有理想,有朝气,有一腔真诚的爱国热忱。而此时中国正陷于深重的民族危机中,帝国主义瓜分中国的热潮日益加剧,而满清王朝腐朽昏聩,气息奄奄。风华正茂的诗人登临潼关这座千古雄关时,抚今思昔,不由发出声声历史的浩叹。

"终古高云簇此城",看,那高天的浮云似乎终古不散地簇拥着这座半山腰的历史名城。《元和郡县志》记载潼关"上跻高隅,俯视洪流,盘纡峻极,实谓天险。""高云簇城",就形象地突出了潼关居高临下的险峻地形。一"簇"字,写高云密布城关的情景,很富有动感。而"终古高云",又把人们的思绪引向无比辽远的时空深处,"终古"意味着时间的邈远;"高云",意味着空间的开阔。潼关,当陕西、山西、河南三省要冲,是从洛阳进入长安必经的咽喉重镇,古来兵家必争之地。它不由使人联想起这座雄关曾经历多少历史风云变幻。

随之一句:"秋风吹散马蹄声",它既是写诗人在萧飒秋风中驰马来到关前的情景,又似乎蕴含着一种历史的悲凉感:在这座古城堡之前,往昔的金戈铁马之声已被秋风吹散了,时间的流水啊,"浪淘尽千古风流人物"!年青的谭嗣同心中不免萦绕一层时代的忧患和惆怅。

诗人立马潼关,骋目远望,只见潼关南面是莽莽苍苍、迤逦起伏的太华山脉,北面,在潼关外面,是滔滔黄河,它从北面奔涌而来,在潼关外头猛地一转,径向三门峡冲去,翻滚的河水咆哮着流入渤海。眼前一派恢阔雄迈的大自然风光使人心胸开阔,精神为之一振。谭嗣同接着吟出了下面两句:"河流大野犹嫌束,山入潼关不解平。"黄河啊,你在广阔的西北大原野上奔流,看你那汪洋恣肆的雄姿,似乎要解除一切羁绊,连这望不见边的大野犹嫌其空间狭窄呢!再看那太华山脉,拔地而起,恃险争势,似乎一进潼关,压根儿就不晓得世界上还有平地了!在诗人笔下,奔腾的黄河,险峻的群山,好像都成了有思想有感情的人,在它的身上融进了诗人强烈的感受,融进了诗人的思想、个性和人格,融进了他作为一个时代的改革家的壮志豪情。谭嗣同是在中国近代思想史和哲学史上都占有重要地位的人物,曾被人誉为晚清思想界的彗星,他抨击封建伦常"尽窒生民之灵思",要求冲决罗网,实行改革,渴望"日弱而下"的中国,能与"西人""争雄"。他的这首《潼关》诗,看来只是描写山川形胜,却使人产生对自然和历史的深沉思考,仿佛有一颗豪兴淋漓的年青的心在诗行中跳动,他要像黄河那样冲决封建罗网,荡涤一切不合理的旧制度,在个性解放的大道上迅跑。他要像"到此忽蹉跎"的群山那样,要恃险争势,跨越一切艰难险阻,勇敢开辟前进的道路。潼关的山川形胜成了诗人自我形象的艺术表现。我国古代优秀山水诗往往即景抒情,即景言志,追求物我合一的境界,谭嗣同这首《潼关》极其成功地做到了这一点。谭嗣同诗歌的艺术风格恢阔豪迈、刚健遒劲,富有浓郁的浪漫主义色彩。诗人胸中的一种豪气,喷薄而出,形之于诗,调子高亢,感情激昂,"拔起千仞,高唱入云",这首《潼关》诗正是他这种诗风最生动最典型的体现。

(铁　明)

出 潼 关 渡 河　　　　　谭嗣同

平原莽千里,到此忽嵯峨。
关险山争势,途危石坠窝。
崤函罗半壁,秦晋界长河。

为趁斜阳渡,高吟击楫歌。

　　这首诗作于1882年诗人从家乡远赴兰州探望父亲的途中。诗题中的"潼关"位于今陕西省潼关县之北,地处陕西、山西、河南三省要冲,历代为军事要地。潼关斜建山坡上,西近华山,东接桃林,南靠商岭,北临黄河。诗题中的"河"就是黄河。这首诗所描写的景物意象硕大,构成壮美的境界,并显示出作者开阔的胸襟和高远的志向。

　　首联"平原莽千里,到此忽嵯峨",落笔就写自己经过千里平原而来到潼关前,准备"出潼关渡河",可谓开门见山,十分简洁干脆。第一句起得平稳,景象壮阔。"平原"是指由故乡出发所经历的湖南、湖北、河南三省平川地带,"千里"描写横向空间的辽阔,以"莽"字修饰就更突出了野色苍茫、空旷无际的壮阔之美,诗人的胸襟也正与这千里平原相似。第二句"到此忽嵯峨"则异峰突起,诗人仿佛正策马而来,到此突然勒紧缰绳,骏马双蹄腾空,眼前的潼关形势给人以纵向空间的高峻感。"嵯峨",高峻的样子。首联两句通过横向与纵向空间的对比,平稳与突兀的相映,衬托出潼关一带地势的嵯峨,但只是先写了一个大概的印象。

　　颔联"关险山争势,途危石坠窝",就是承接首联"嵯峨"之意,对千古雄关的险峻之势作正面、具体的描绘,笔触刚健有力。潼关之所以"险"是因为它所依靠的山岭突兀峻峭。峰峦重叠,仿佛争着刺破苍穹,显示着一种上升的伟力与气势,这就使潼关增添了"一夫当关,万夫莫开"的险峻之感。一个"争"字又赋予群山以顽强的生命力,具有昂扬向上的气概。不仅"关险",入关的山路也峻峭,这是因为常有山石坠落砸在山路上,砸成一个个石窝石坑,使征途高低不平。一个"坠"字又显示出一种下沉的力量与气势。颔联两句所表现的山峦的力量方向相反,但都具有惊险之感。这种自然的力也是诗人内在的力的外现。

　　颈联"崤函罗半壁,秦晋界长河",又进而转写登上潼关放眼四望所见的景象。这一联既以周围的雄伟山川作为潼关的陪衬,又抒发了诗人深沉的历史感与浓郁的民族意识。前一句中的"崤"即崤山,"函"即函谷。崤山位于潼关东南,分东崤与西崤,都极险峻;相传周文王曾于东崤避风雨,西崤则传说是夏桀先人皋的坟墓所在地。崤山显然具有沉甸甸的历史感,也积淀着民族精神。函谷在潼关东北,东起崤山,西至潼津,谷深如函,谷中有函谷关,号称天险。"罗半壁"是说潼关以东的"崤函"构架出中国西北部这半壁江山,极力突出这一带地理形势的重要。"秦晋界长河"是写潼关以北的黄河如一条疆界,分出东西两岸的秦、晋之地。秦、晋是春秋时的两雄，长期交战，晋曾大败秦于崤山。颈联两句描写潼关雄峙千古，以崤山、函谷、黄河为天险，此间演出过不少攻战征伐的历史活剧，它们都联结着中华民族兴衰的历史命运。当诗人站在这凝聚着民族精神的潼关之上，怀古思今，不能不激发起继承民族精神，书写民族历史新篇的爱国热情。

尾联"为趁斜阳渡，高吟击楫歌"，正是以抒发报效祖国的豪情来结束全诗。这联的意思是说，作者为了趁着斜阳未落之际渡过黄河，所以像祖逖一样击楫高歌，催舟奋进。"击楫"是巧用《晋书·祖逖传》中的典故：东晋名将祖逖于建兴六年(313)率部渡江北伐苻秦，在中流敲击着船桨发誓说："祖逖不能清中原而复济者，有如大江！"表达了他不恢复中原决不罢休的意志。年青的谭嗣同常以祖逖自励，他在另一首《和仙槎除夕感怀四篇并序》诗中，也有"有约闻鸡同起舞"的诗句，表示要像祖逖一样闻鸡起舞，奋发有为，报效国家。这里诗人"高吟击楫歌"，更充分地表现出他慷慨豪放的气概，而"为趁夕阳渡"，又显示了他迫切的报国心愿。

这首五言律诗前三联主要是写景，层层铺垫，把势蓄足，因此尾联的抒怀就显得水到渠成；一个年仅18岁的青年爱国诗人的自我形象，也就跃然纸上了。

（王英志）

晨登衡岳祝融峰　　　　谭嗣同

　　身高殊不觉，四顾乃无峰。
　　但有浮云度，时时一荡胸。
　　地沉星尽没，天跃日初熔。
　　半勺洞庭水，秋寒欲起龙。

祝融峰是南岳衡山的主峰，七十二峰之最高者。韩愈有句云："祝融万丈拔地起，欲见不见轻烟里。"可见祝融峰之高峻。峰巅有上封寺，寺东有望日台，是观日出的好地方。光绪二十一年(1891)秋天，年仅二十六岁的谭嗣同来到这里，在晨光曦微中登上祝融峰，遂写下这首恢阔宏放的诗篇。

诗的起调就不同凡响，气势开阔，因置身于最高的祝融峰上，众山尽在脚下，故云四顾无峰，"殊不觉"三字说明自己虽身登峰巅，然如履平地，意犹未尽。"四顾"句是实写，然也不乏夸张的成分，意在表现作者博大的胸襟与凌霄之志，写景中已有人在。首二句扣住"晨登祝融峰"的题意，交代了诗人的行踪，然一个意气风发、凭凌山河的青年诗人形象已跃然可见。三四两句作为首二句的补充,极言祝融峰的高峻与雄伟。众峰不可见,唯有浮动的白云时而飘过,令人胸臆顿开。"荡胸"二字袭用杜甫"荡胸生层云,决眦入归鸟"(《望岳》)句,谓山中的云,舒展飘拂,可涤荡人的胸襟,由此表现出青年诗人壮怀激烈、意气高迈的精神境界。五六两句写黑夜消逝、红日跃空的情景。描绘日出的诗自古以来何啻万千,然贵在能从大处落墨,以简练形象的笔墨写出光明降临人间的刹那壮观。谭嗣同此诗正是如此。这一联的头一句说太阳未出,大地沉沉,众星也销声匿迹,这是黎明前的黑暗;后一句说天际出现了火红的朝霞,太阳像是刚刚冶炼过的火球,霎时光焰万丈,染红了天际。这里以天与地作对照,气象阔大,读来有震惊人心的力量。先写大地的沉寂与黑暗,再写天际的红霞与初日,在对比中令人感到光明的可爱,也体现了诗人对光明的向往。最后两句写山巅远眺洞庭,由于祝融峰高耸入云,故下视人寰,连"气蒸云梦泽,波撼岳阳城"的八百里洞庭湖也变得像半勺之水那么渺小。由此反衬出祝融峰的高峻与自己恍如置身天外的处境。结句由洞庭湖而想到秋寒水落,憩息于湖中的蛟龙恐也无法安身,将飞腾而起了。这两句收束得雄俊超迈,气度不凡,极为有力。

整首诗由登山而写到观日出,再由远眺而想到蛰龙欲起,舒展自如,一气直下,如行云流水,自然成文而浑然一体。其中不仅写出河山壮丽,寓意也十分显豁。当时的中国,正处在内忧外患叠起丛生的时期,民族的危难激起了进步知识分子图谋改革的决心。青年诗人看到了古老中国已处在黎明前的黑暗中,然而光明终将战胜黑暗,因而本诗中"地沉星尽没,天跃日初熔"二句不仅是眼前景象的纪实,而且俨然是当时形势的写照。诗的末句忽从记游写景宕开,发出蛟龙欲起的浩叹,显然诗人希望有识之士能奋起变革现实,抒发了自己跃跃欲试、建功立业的抱负。这种豪情壮怀已预示了诗人后来积极参加变法维新,并以生命而殉其理想的伟大精神。

(王镇远)

狱中题壁　　　　　　　　　谭嗣同

望门投止思张俭,忍死须臾待杜根。
我自横刀向天笑,去留肝胆两昆仑。

谭嗣同是近代史上维新变法的著名人物。1898年6月,光绪皇帝发布变法命令,谭氏奉诏进京,"参预新政"。同年九月,慈禧太后发动政变,废光绪,捕杀维新派。谭嗣同临危不惧,决心留下来纠合"侠士"数十人,营救光绪,事未成而被捕,投入死牢。在狱中,他意气自若,拾起地上煤屑,在壁上写下上面这首绝笔诗。

诗的前两句,以张俭、杜根这两个历史人物受迫害的故事,说明维新变法运动的正义性和深得人民的支持与同情。张俭是东汉末高平人,他曾弹劾残害百姓的中常侍侯览,侯览怀恨在心,指使爪牙以"部党"(即结党叛乱)罪名上书陷害他,逼得他只好逃亡。因为他"清心忌恶,终陷党议",人们都冒着危险接纳他,"望门投止,莫不重其名行,破家相容"(《后汉书·张俭传》)。

杜根,东汉末定陵人,安帝初举孝廉,为郎中。当时邓太后临朝摄政,外戚弄权,他上书要求归政于安帝。太后大怒,令人把他装在布袋里,在殿上摔死。执法人因知他的名望,施刑不加力,后又载出城外逃亡,隐名酒店当酒保。邓太后被诛后,他复职为侍御史。

此时身系狱中的谭嗣同,所想的仍然是这场维新运动的现在与将来,他用张俭"望门投止"的典故,表示对已经逃亡出京的康有为的思念。他想到目前更多的同志正在极其严峻、险恶的处境中,他们都像杜根那样"忍死须臾",以待时机。他相信终有一天,"杜根"们会重返政治舞台的,中国的将来要寄希望于他们了。

诗的后两句,着重说自己的死:"我自横刀向天笑,去留肝胆两昆仑。"这两句诗表现了谭氏以身殉难、壮烈献身的英雄气概和大无畏精神。戊戌政变,慈禧扬起了屠刀,对维新派进行大追捕的时候,谭嗣同表现了惊人的镇定,他劝梁启超尽快出走说:"不有行者,无以图将来;不有死者,无以召后来!"他要赴死营救光绪,故决心自己留下来。几位日本友人再三劝他东渡避难,他说:"各国变法,无不从流血而成,今日中国未闻有因变法而流血者,此国之所以不昌也。有之,请自嗣同始!"他决心用自己的生命去撞击陈腐闭关的社会,用自己的鲜血去唤醒沉睡、麻木的人们,用自己的鲜血去点燃一场改革社会的烈火……显然,"去留肝胆两昆仑",意即他劝梁启超的那段话,去,为了"图将来";留,为了"召后来"。"两昆仑",指康有为和自己,意谓康有为之出走与自己之死难,都同是维新事业的需要,同样地崇高,就像昆仑山那样巍峨高大。

这年中秋前二日,谭嗣同被绑赴北京宣武门外菜市口刑场,当钢刀举起的时候,突然间,谭嗣同昂首高呼:"有心杀贼,无力回天,死得其所,快哉快哉!"洪钟般的声音气冲牛斗,刽子手们仓皇失措,围观者惊讶,赞叹! 这四句临终语,和"我自横刀向天笑"一样,不也是人间最壮美的诗篇么!

附注:一说谭嗣同《狱中题壁诗》原作为:"望门投趾怜张俭,直谏陈书愧杜根。手掷欧刀向天笑,留将公罪后人论。"此据刑部主事唐恒《戊戌纪事八十韵》

注:"谭、杨入狱均有诗,谭嗣同诗云云,即此作也。"今传本此诗可能是梁启超所改。见《饮冰室诗话》。

(高 原)

黄 人

【诗人小传】
(？—1913) 原名振元,字慕韩,中年改名人,字慕庵,又字摩西,江苏常熟人。曾任东吴大学教授。参加南社。主编小说期刊《小说林》。所撰《小说林发刊词》、《小说小话》,在晚清小说论著中较有名。曾作小说多种。另编有《中国文学史》,有国学扶轮社印本。也能诗词,作品多见于《南社丛刻》中。

题长吉集　　　　　　黄　人

踏天割云黑山坠,日魂月魄玻璃碎①。老鸦吹火烛龙睡②,三十六天走花魅③。赤雷烧狐狐尾脱,髑髅载久成仙骨。提携万怪闯八垓④,煮凤屠龙据其窟⑤。朱文秘笈放胆偷⑥,一夜愁白天翁头。急遣绯衣使者按户搜。烟丝满室一网尽,囚之白玉三重楼。蹇驴疾遁化赤虬,囊锦碎割无人收。老胡碧眼识不得⑦,心死千年血犹赤⑧。我初识得光逼眸,疑是娲皇炼天石。十年闭户求真经⑨,神通游戏皆平平⑩。大丹九转紫烟起⑪,何心学尔婆罗技⑫。

〔注〕① 日魂月魄：日月。《参同契》:"阳神日魂,阴神月魄。"玻璃：指日月。李贺《秦王饮酒》诗:"羲和敲日玻璃声。" ② 老鸦吹火：李贺《神弦曲》:"百年老鸮成木魅,笑声碧火巢中起。"鸮,猛禽,俗称猫头鹰。烛龙：传说中蛇身面赤的神怪,见《山海经·大荒北经》。 ③ 三十六天：《云笈七籖》载：元始天王所居之大罗天,与玉清境之清微天,上清境之禹余天,太清境之大赤天,及东方八天,南方八天,西方八天,北方八天,共为三十六天。花魅：犹言花妖。 ④ 八垓：八方的界限。语出司马相如《封禅文》:"上畅九垓,下溯八埏。"垓、埏,互文见义。 ⑤ 煮凤屠龙：语出李贺《将进酒》:"烹龙炮凤玉脂泣,罗帏绣幕围春风。"又《庄子·列御寇》:"朱泙漫学屠龙于支离益,单(殚)千金之家,三年技成,而无所用其巧。"窟：洞穴。 ⑥ 朱文：用朱砂笔书写的道家经文。秘笈：幽秘经籍。笈,书箱。 ⑦ "老胡"句：岑参《胡笳歌送颜真卿使赴河陇》诗:"紫髯碧眼胡人吹。"李白《上云乐》诗:"康老胡雏,生彼月窟,巉岩容仪,戌削风骨,碧玉炅炅双目瞳,黄金拳拳两鬓红。"这句用李白典,借用岑参"碧眼"字面,描绘李贺死后形象,寓李贺诗歌的艺术风貌不能为后人赏识之意。 ⑧ 李贺《秋来》诗:"恨血千年土中碧。"

⑨真经：道家的经籍。这里指作诗的奥秘。　⑩神通游戏：佛家语。《大乘义章》："神通者就名彰名，所为神异，目之为神，作用无拥，谓之为通。"又《维摩诘所说经》嘉祥疏："外道二乘，神通即有碍，不名游戏。今菩萨无碍，云戏也。"　⑪大丹九转：《抱朴子》："神丹一转之丹，服之三年得仙；二转之丹，服之二年得仙；三转之丹，服之一年得仙；四转之丹，服之半年得仙；五转之丹，服之百日得仙；六转之丹，服之四十日得仙；七转之丹，服之二十日得仙；八转之丹，服之十日得仙；九转之丹，服之三日得仙。若取九转之丹内神鼎中，夏至之后爆之鼎热，翕然辉煌，俱起神光五色，即化为还丹，取而服之，一刀圭即白日升天。"这里用以比喻自己的诗歌创作，意谓要像九转还丹一样，经过千锤百炼，达到神化的境界。　⑫婆罗技：古代天竺婆罗门，擅长各种幻术，婆罗技疑指此。

这首诗为作者题咏李贺诗集之作。唐诗人中有"仙、圣、鬼"的说法，"鬼"即指李贺，其卓绝的才华、天才的想象和不幸的命运结合在一起，给人们留下了多少传说；而他那种奇崛幽峭、秾丽凄清的浪漫主义风格又使多少人望尘却步，叹为观止！本诗的作者黄人则不然，他从相反的角度立论，认为李贺并非不可企及和逾越。全诗把握住李贺诗歌"鬼"与"怪"的特点，化用其诗句和有关的传说展开丰富的想象，层层渲染，同时也表达了作者勇于创新的自信。全诗妙用典故，纵横自如，在题咏之作中不可不谓别具一格。

全诗可分两大段。从开头到第十七句"心死千年血犹赤"为第一段，是对李的艺术特色形象化的概括；以下六句为第二段，抒发自己的见解。

第一段又分四小层。前四句为第一小层，想象李贺作诗之情状。诗一开端便给人一个极富浪漫主义色彩的场景：只见李贺踏在高高的九天之上，从那里割下一片云来，成了他的砚石；然后挥笔赋诗，太阳和月亮都为他的气势所震慑而惊碎，失去了光辉。"踏云"句本来自李贺《杨生青花紫石砚歌》中的"端州石工巧如神，踏天磨刀割紫云"，这里化用以衬托李贺不平凡的出场。所用之砚就非人间之物，其主人更是神龙不见首尾了。杜甫在称赞李白写诗时说："笔落惊风雨，诗成泣鬼神，"而李贺更是气度不凡，连日月都为之惊碎。李贺亦说自己的诗"笔补造化天无功"，焉知日月不是在他创造的形象面前自惭形秽而碎的呢？这两句极写李贺之本领神奇，而紧接着两句用来概括李贺诗的意象特点。那源源涌入李贺笔底的，竟都是些吹火的老鸦，是蛇身赤面的烛龙；是从三十六天纷纷下降人世的花妖。李贺号称"诗鬼"，而这不正是某一方面的原因吗？

第二层包括以下四句。这一层承接上面，进一步揣想李贺的身世来历。他显然不是凡人，那么他会不会是传说中逃脱了天地劫难的狐狸，或者本身原就是一个鬼怪，经历了多年的修炼而成的仙呢？既如此，他自然是万怪的领袖。试看他统领着万怪在天地之间自由地闯荡，何等威风神气而又所向披靡！连一向被视为正统神灵的龙凤也被屠被煮,巢穴被万怪占据。似乎也只有用这种方法才能做出一个令人信服的说明;难怪李贺在他的诗中所最得心应手、呼之即来的,都是那些鬼气幽幽、大异常理的意象!

从"朱文秘笈放胆偷"到"囚之白玉三重楼"为三层,更是用浪漫手法描述李贺之死。作者有意沿用过去一种迷信说法:人的才华聪明是从天上偷来的,而非自己所有;人的创作亦非自己创作,而是照抄天书而来的。李贺既有那么过人的才思,写了那么多杰作,显然天上不知丢了多少东西了。朱文秘笈,原指道家著作,这里借代天书。甚至天帝也为之一夜之间愁白了头,"急遣绯衣使者按户搜",结果发现一间屋子里满是烟霞,就将它一网收走,把李贺也关进了天上的白玉楼。据李商隐《李贺小传》记载,李贺将死时,梦见一绯衣(红衣)人召他为天上新建的白玉楼作记。但诗人在这儿,把李贺的死因改为连上帝也妒李贺之才,就更富言外之意,盖李贺之才,决非上帝可以驱使者。

第四层写李贺死后。因为他被天帝收走,他所骑的蹇驴也急忙逃走,化作了赤虬;古锦囊破碎在地没人收拾。"蹇驴""锦囊"亦皆见于《李贺小传》:"(李贺)恒从小奚奴,骑距驴,背一古破锦囊,遇有所得,即书投囊中,"作者到此还不忘补上一笔,即便李贺所骑之驴亦是赤虬所化。但李贺如许高才,世上真正了解他的能有几人呢?作者后来就写他甚至死后也缺乏知音的命运。他由于与众不同的风格,好比是"老胡碧眼",而非一般人所习以为常的形象,要指望他们对他做出真正的理解,不亦难乎?所以他只能"心死千年血犹赤",此恨千载难消了。

以上第一段从不同的角度完成了对李贺及其诗歌艺术风格的整体透视。作者似乎也在不遗余力地给我们这样一种关于李贺的印象:他,才气卓绝,下笔如神,驱鬼使怪,随心所欲。但作者所要表达的内容真的就如此而已了吗?行文至此,好像已到山穷水尽处,但且慢,试看他在第二段时,突然来了个一百八十度的大转弯——

"我初识得光逼眸,疑是娲皇炼天石。"只淡淡两句,就将以前所说轻轻带去。"娲皇炼天石",见《淮南子·览冥训》:"往古之时,四极废,九州裂,天不兼覆,地不周载,……于是女娲炼五色石以补苍天,断鳌足以立四极。"这里借女娲补天的五色石比喻李贺诗歌最初给人的目眩意迷的感受。然而作者自己经过"十年闭户求真经",却终于发现李贺"神通游戏皆平平",没什么神秘。这是为什么呢?我们首先应该联系作者自身来考察。作者自己就是一个才华高妙且极富有创新热情的人,他知识渊博,自诗词、小说以及逻辑学、法律、医药、道籍,无不穷究,怎会仅仅满足于窥得一个古人之秘就裹足不前?其次也在于作者当时的时代精神的影响,那是一个"需要伟人并且产生了伟人"的时代,每个人都勇于自信,都以历史的开创者自任,作者自己不是也改用了一个《圣经》中先知的名字"摩西"了吗?并且当时的先进人士都"置古事于不道,求新声于异邦",把目光转向更广阔的天地,寻求文学和人生的真谛,所以李贺那些以技巧取胜的诗,在作者眼里当然并非自己需要的真经,而只能是长于变幻的"婆罗技"了。作者最后借用道家炼丹的说法,说自己的创作要像九转还丹一样经过千锤百炼,达到神化的地步,而李贺的技法,则无心多学。只此六句,诗的境界全出。

　　由第一段到第二段,大起大落,大开大合,出乎意料,又在情理之中,这种欲擒先纵,欲抑先扬的手法,正是本诗的结构特点。作者的诗在清代继承了胡天游、王昙、龚自珍一派的艺术传统,奇肆横逸,藻采惊人。全诗体现了他"古体跌宕纵横,雄奇瑰丽,骨苍而韵逸,气勍而趣博"(秦琪《石陶梨烟室诗存序》)的特点。而作者不仅暗寓着和李贺一争高下之意,且其诗风,亦似可以与李贺相颉颃矣!

(姚晓雷)

诗人小传

孙中山

(1866—1925)　名文。字逸仙,广东香山(现名中山)县人。在日本进行革命活动时,曾改名中山樵,后来就通称中山。领导辛亥革命,推翻帝制,是我国近代伟大的资产阶级民主革命家。著有《孙中山全集》。

挽 刘 道 一　　　　　孙中山

半壁东南三楚①雄,刘郎死去霸图空。
尚余遗业艰难甚,谁与斯人慷慨同!
塞上秋风悲战马,神州落日泣哀鸿②。
几时痛饮黄龙酒,横揽江流一奠公。

〔注〕　① 三楚:《史记·货殖列传》称:"自淮北沛、陈、汝南、南郡,此西楚也;彭城以东东海、吴、广陵,此东楚也;衡山、九江、江南豫章、长沙,此南楚也。"合称三楚,诗中泛指当时革命活动频繁的湖广地区。　② 哀鸿:《诗经·小雅·鸿雁》有"鸿雁于飞,哀鸣嗷嗷",以哀鸣的鸿雁喻流民,后成为流离失所人民的惯用代词。

　　孙中山先生一生为革命奔波,诗偶尔为之。《挽刘道一》是为沉痛哀悼死难烈士写的一首七律。

刘道一是留学日本的湖南籍学生,同盟会会员。1906年春,他被派回湖南,秘密联络会党发动革命。这年12月4日,萍乡、浏阳、醴陵三地武装起义爆发,声势浩大。清政府十分惊惶,调集湘、鄂、赣、苏几省军队前往镇压,起义军苦战一个多月,终以力量悬殊失败,刘道一被捕牺牲。他是第一个为革命献身的留学青年,革命党人无不悲痛,纷纷写了悼念诗文,孙先生这首挽诗写得最为悲壮。

中山先生作为革命领袖,把刘道一的死难,看成是革命事业的一大损失,心情是十分悲痛的。"半壁东南三楚雄,刘郎死去霸图空",他首先想到的是刘道一生前发动武装起义的三楚地区。他说,湖南湖北一带地区,在中国东南半壁江山占很重要的地位。它地形险要,开展革命活动极有战略意义。但由于刘郎一死,使宏伟的革命计划落空了!开头两句诗既见一位革命家对革命事业高瞻远瞩的襟怀,又充满着对死难者无限惋惜、哀悼之情。一个"雄"字,一个"空"字,一开一阖,一扬一抑,含蕴着丰富的思想感情,字字句句铿然作金石声。

颔联紧承首二句,伸足自己的深悲巨痛:"尚余遗业艰难甚,谁与斯人慷慨同!"刘道一遗留下来的革命重担是十分艰巨的,有哪一个能像他一样慷慨激昂地抛头颅、洒热血呢!中山先生极口称赞刘道一为革命献身的大无畏精神,深深感叹这种热血男儿的难得,同时也就倾泻出对死者极其沉痛的悼念。

诗的前半部写"哀悼",重点写刘道一的牺牲与革命的挫折,后半部堪称"豪祭",着重写内忧外患的形势和对革命的信心。"塞上秋风悲战马,神州落日泣哀鸿",诗人描绘了一幅外患内忧交相煎迫的景象:边地战马在秋风中嘶鸣,塞上烽火熊熊燃烧,外国帝国主义正虎视眈眈,伺机入侵;而国内满清政权如日薄西山,气息奄奄,政治腐败不堪,人民流离,哀鸿遍野。此时此际多么需要革命志士奋起救亡图存,而恰在此时,刘道一同志与我们永别了,怎不令人怆然涕下!这一联中"秋风"喻侵略者磨刀霍霍,同时也是以秋风萧瑟、战马悲鸣烘托哀悼死者的气氛。"落日",则喻清王朝的摇摇欲坠。笔墨酣畅饱满,情思悠悠不尽。

挽诗结尾从眼前的沉痛一笔宕开,描绘一幅革命胜利的前景:"几时痛饮黄龙酒,横揽江流一奠公。"刘道一同志,安息吧!有朝一日,我们将推翻满清,直捣黄龙,把酒洒在大江之上祭奠你的英灵!据《宋史·岳飞传》,岳飞曾与众将相约:"直捣黄龙府,与诸君痛饮耳!"诗中用以喻推翻清朝的誓约。

整首诗哀挽死者,激励生者,慷慨悲歌,沉雄豪壮,不愧为伟大革命家的杰作。

(铁 明)

诗人小传

赵熙（1867—1948）　字尧生，号香宋，四川荣县人。光绪十八年壬辰（1892）进士，授编修，转江西道监察御史。以抗直敢言，著称清季。陈衍、梁启超等都和他有深交。兼工词，擅戏曲。为诗兼宗唐宋，以敏捷著称。其峨眉诸诗屡为人称道。有《香宋诗前集》。

龙门峡道中

赵熙

出郭二十里，入山千万重。
遥寻瀑布水，忽听松林钟。
石涧樵生路，云开雁过峰。
传闻葛由侣，于此伏虬龙。

此诗描绘四川峨眉山龙门峡雄峻秀奇的风光。作者赵熙系四川荣县人，曾出入夔、巫、巴峡凡五次，更爱峨眉，凡游七八，"故吟峨眉及夔、巫、巴峡中景物诗独多。"（周善培《香宋诗前集叙》）峨眉山龙门峡有"天下峡泉之胜"之称。崖壁峻削，飞瀑直泻百余丈，相传为神仙葛由伏龙之处。

诗题《龙门峡道中》，却不以龙门峡作正面的直接描绘，力避坐实的黏滞，而用"旁敲侧击"手法，迂回写来，侧面烘托，渲染氛围，以此突出显露龙门峡风光幽奇险峻的气韵与神奇色彩，令人神往。此正诗人所得峨眉山色之魂。

首联两句紧扣诗题"道中"，"出郭二十里，入山千万重，"出得峨眉县城郭，须去二十里行程，才至去龙门峡的入山口。而入得峨眉山口，还须攀登千重万重山崖峰峦，才得进入龙门峡道口。人知峨眉山广大高峻，深而幽，险而奇，而龙门峡又在这"入山千万重"的幽深之境。"幽深"二字，乃龙门峡的特征，循此而下，步步深入，一步一换景，遂得龙门峡全境风貌，此诗之构思布局之妙法。

颔联写始入龙门峡之境。"遥寻瀑布水，忽听松林钟。"龙门峡以丈百飞瀑闻名，游者必寻访。可是，瀑布深藏山谷峭壁深处，遥闻其声，难见其形，须循声远远地去访寻。瀑布飞泻，必有水声，水远而声近，才须"遥寻"，这正是从声写水，不直接显露飞瀑，只从侧面写来，而其气势自见。更妙在"遥寻"之际，"忽听松林钟"，飞泉尚未寻见，凝神于水声之时，忽然听到佛寺钟声，来自茂密的松林隐没之处。如同写瀑布全凭水声一样，写钟、写佛寺，亦用侧笔迂回写出。两句所写，始终让描写的主景（瀑布与佛寺）隐没不显，匿影藏形，以渲染其境之曲折幽深而正因为其境深幽难测,才有寻访者身临其境产生在"遥寻"中而得"忽听"的感受。

颈联"石涧樵生路,云开雁过峰",分别从龙门峡的地下天上写。峡在深山幽谷,人迹罕至,本无路径。只是谷底泉水干涸,涧石露出,才成了砍樵人往来通过的路。说"樵生路",状其峡谷石涧之深入山中,水涸石干有时,唯有樵夫来时成路,非人常走之路。至此可见龙门峡道之艰险深窄。次写天上,状龙门峡两壁陡削,险峰高耸,直刺云天,抬眼仰望,两侧危峰,裂天割云,呈露一线之光。唯有云开天光之际,才能瞥见大雁展翅擦过峰隙。龙门峡壁危峰峻削之状可见。两句亦以侧笔写谷底与危峰。

若说第三、四两句侧重写其景之深幽,那么,第五、六两句则着重从其境之险峻来进一层写龙门峡之幽静深险。至此所写龙门峡,虽未正面细状其貌,然其气度神韵毕现,蓄势既积,水到渠成,即以现成的神话传说故事收束全诗:"传闻葛由侣,于此伏虬龙。"神仙葛由也曾在此修炼,以龙门峡为伴,而且还曾在此降伏过虬龙。原来龙门峡乃仙、龙所居之地,足见其幽、其深、其险、其峻,闻名人世,令人神往了。以"传闻"代诗人所游龙门峡的总感受,不仅起总揽全诗所写,且倍添渲染、烘托之功,耐人寻味。

陈衍评赵诗"造诣在唐、宋之间","每首必有精卓不犹人语"(《近代诗钞》),一读此诗中间两联,其遣词造境及运笔之法,力求避熟出新。陈衍又谓赵氏"诗才敏捷",然其如非多次游峨眉山,对一物一景,有深入的细察体验,何能状写精工又深得其神韵呢?

(王杏根)

山行杂诗(选三) 赵 熙

芳洲一水净无尘,何处桃花不是春。
满地夕阳归路尽,此中宜有避秦人①。

石径穿云见佛关,蒲公采药几时还②?
经年不断树根雨,说有苍龙在石间。

乌尤雨过水鳞鳞③,红叶无风只似春。
画出襄阳归意冷④,一船山影坐诗人。

〔注〕①避秦人,指桃花源人。陶潜《桃花源记》:"先世避秦时乱。" ②蒲公,系峨眉山

山行杂诗（选三） 赵　熙 〔1861〕

蒲公庵所供神主。据赵熙《蒲公庵》诗云："闻说蒲公裔，沿村种术花。"当为本土所立神祇。③ 乌尤，即乌尤山，在乐山市东，亦称青衣山。《方舆胜览》："乌尤山，突然水中，如犀牛然，一名乌牛山。山谷（黄庭坚）始谓之乌尤。俗谓之乌牛。"　④ 襄阳，指晋人羊祜。《晋书·羊祜传》：羊祜曾都督荆州诸军事，驻襄阳。"祜乐山水，每风景，必造岘山，置酒言咏，终日不倦。"

　　赵熙《山行杂诗十首》，此选第一、四、八三首，均非记一时一地之作。

　　第一首写江上芳洲。江中绿洲，四面环水，地僻窄小，到诗人笔下，却也写得颇有气象。上联两句云"芳洲一水净无尘，何处桃花不是春。"写洲上花草繁茂，青翠欲滴，一江之水，匝裹芳洲而流。芳洲青葱，流水碧绿，两相辉映，清丽洁净，一尘不染，犹如系在绿涤丝带上的碧玉。下句言洁净无尘的芳洲，遍植桃树，正值春时，桃花竞放，一片艳红，铺满芳洲。言"何处""不是"，即处处都是。用疑问（"何处"）加否定（"不是"）的句式表达，更具强调的力度。此句以写处处桃花，突出"芳洲"之"芳"，具体落实。以"春"形容桃花的朵朵怒放，明艳鲜丽，亦以表明：春色之在芳洲，全在桃花；惟见桃花，才得春意。著一"春"字，尽得形容之妙。诗人赏花寻春的愉悦之情，也就从字里行间流露了出来。此从下联两句，便更明显地看出。

　　下联两句云："满地夕阳归路尽，此中宜有避秦人。"诗人在桃花林中，遍赏春色，留连忘返，以至临近黄昏，以至迷失了归路，以至不知不觉地走到芳洲的尽头。桃花春色宜人，令诗人沉湎其中，既写出诗人尝桃寻春的雅兴之盛，又写出芳洲桃林之密之盛。此句从色彩上看，亦佳。"满地夕阳"，形容了全洲铺金着彩，与艳红桃花的如云一片，上下衬托，相映成辉，春光春色，何等迷人！诗人正愈看桃花愈觉高兴之际，忽感归途已尽，便疑无路，要怀疑自己是否如武陵渔人一样，迷失在桃花源中，因而又怀疑"此中宜有避秦人"，更在这芳洲桃花林的深处，别有佳境。诗人巧用陶渊明《桃花源记》典故，引发读者联想《桃花源记》描写的奇异佳境，去想象芳洲桃花林，有力地收束全诗，令人回味不尽。

　　第二首诗记蒲公庵。蒲公庵在峨眉深山高岭的云雾缭绕处，上联两句云："石径穿云见佛关，蒲公采药几时还。"山间石径，可通佛庵；庵在峰巅云雾间，诗人须缘石径攀登，穿过云层，才见佛关。佛关，佛殿的山门，代指佛庵。说佛关现露于云峰之上，写其境之高深幽静、隐约缥缈，远离尘俗。身履此境，诗人觉那庵中供养的蒲公，似乎并未仙去，而只是采药未归，故问"采药几时还"。言"几时"，似乎蒲公之"还"是肯定无疑的，不定者只是归期而已。如是，便将一位仙家，写得飘忽之至，似在仙俗之间。这么写来，也为下二句谓蒲公如"苍龙在石间"张本。

下联两句"经年不断树根雨,说有苍龙在石间。"经年,一年到头。诗人"寻访"蒲公不遇,惆怅四顾,但见云深之处林间,泉水淙淙,终年滋润浇灌着环庵的参天大树,青葱郁勃,原来是树根所扎的山石之间,伏有苍龙,在源源不断地送水。二句以伏龙为喻,礼赞蒲公。蒲公,是本地传说中的神化的隐者,采药施人,普济众生,犹如石间伏龙,不断涌泉,滋润大地,哺育山树。诗人忽然以眼前之景与耳闻传说,委婉地说苍龙施雨育树,是暗喻。全诗写蒲公庵,又句句在烘托蒲公,仰慕其境,实钦慕其人。

第三首写乌尤山。乌尤山在乐山县东。上联两句写乌尤山的秋雨秋色:"乌尤雨过水鳞鳞,红叶无风只似春。"鳞鳞,如鱼鳞般层层迭起。此形容乌尤山秋雨方霁,一眼望去,水波鳞鳞。诗人近观秋山红叶,树冠如盖,叶片凝重(因受雨)不动,如在无风之中。正因为红叶为秋雨新洗,更显得红艳姣洁,水灵灵地,令人疑是春日繁花。此句实由杜牧的"霜叶红于二月花"句化出造意。用"似"字,不使坐实,更具意境。雨后乌尤山,满山红叶,在葱茏碧色衬托下,呈现一派春色,令诗人留连忘返,喜不自禁,故上联写景之后,便自然转入下联的感受:"画出襄阳归意冷,一船山影坐诗人。"襄阳,指晋人羊祜,喜游山水,置酒赏景,终日不返。诗人游罢一派如春之乌尤山秋色风光,其如诗如画之景,直令自己意兴未尽,不忍离去,而又不得不归。着一"冷"字,正好用来形容诗人强忍游兴,告别乌尤山色的惆怅心绪。这种心绪,亦反托"画出"之乌尤山秋景秋色之美不胜收,才使游者欲罢不休。如此写景,反而比细画细描,更令人联想翩翩,神往不已。然而,诗至此尚未尽意,顺着"归意冷"的诗情进一层写来:"一船山影坐诗人",是说归途中的诗人,独坐船中,而思心尚在乌尤山,依恋不止。"一船山影",固在形容归舟行于两岸山壁相立的溪上,夕照之下,山影落于船上;但深一步想,又何尝不是指独坐船上的诗人,尚在思量着眷恋着刚才游罢的乌尤山重峦叠峰的山影,欲将此游山所得的美好印象,载舟以归。此句更从"依恋"中写山,以情托景,取得情景交融、韵味不尽的艺术魅力。

赵熙的这类山水诗,固在记录山水之美,倾注着赏识一山一水、面对自然的审美情趣;而其笔端所绘山水,清丽高洁,生机勃勃,又反映着诗人达适欢快的生活情趣。

(王杏根)

秋　　夜　　　　　　　　赵　熙

静极小三昧,夜蛩秋满庭。
风清闻远水,天碧撒群星。

秋夜　　　　　　　　　　　　　　　赵　熙〔1863〕

　　故友书多断，衰年梦每灵。
　　诗成呼病妇，试踞灶觚听。

　　悲秋主题，屡见之于古诗。写秋季，又常集中于秋夜，因为秋夜更能体现秋季的清疏、感伤。所以，在题材上说，赵熙这首《秋夜》，并没有多少新意。不过，细读之后，却又感到诗人用笔确有其风格，故这首诗仍足以受到后世读者的重视。

　　开头一句"静极小三昧"，据李肇《翰林志》云："（学士）每下直出门，相谑谓之小三昧；出银台乘马，谓之大三昧，如释氏之去缠缚而自在也。"按三昧在佛典中指心神平静。这里赵熙并非说散朝之后心理的宁静，而指秋夜的寂静使人心理也宁静起来。不过，这个"静极"只是一句空洞的铺垫，其实下面诗句显于诗人观景的心理感受，却并不是"静极"的。你看，"夜蛩秋满庭。风清闻远水，天碧撒群星。"在这"静极"秋夜中，秋虫声、风声、水声，阵阵传来。甚至满天星斗，也仿佛有神人抓着满把撒向一碧如水的天际！"静极"显然并不是无声，而是有这些自然声响，更见寂静。古人诗云"蝉噪林逾静，鸟鸣山更幽"，以声音反衬，更显幽静。赵熙以虫声、风声、水声相衬，更见秋夜之静了。不过，"静极"还是有的，这就是人类的声音。诗人避世幽居，亲朋来往稀少，居处人类的声音就必然甚少了。"故友书多断，衰年梦每灵"，老朋友书信都断绝了，作梦反而觉得每每应验。是否应验呢？孤独幽居，极少交往，梦境无由验证，只好猜想应验了吧？静静的秋夜，静静地做梦，心情孤苦凄凉，已经托出了。最后"诗成呼病妇，试踞灶觚听"，写成诗无人欣赏，只好找生病的妻子。而妻子正在灶下做饭，一面烧火一面听，并不专心欣赏。连妻子都不欣赏，诗人更见孤独了。

　　显然，《秋夜》重在写静寂与孤独，用反衬手法，突出心理感受。赵熙善炼字，如"秋满庭"之满字，"撒群星"之撒字，都能化静为动，更好地渲染题旨。这些都是赵熙这首诗在题材上并无创新而却取得新意的重要原因。

　　　　　　　　　　　　　　　　　　　　　　　　　　　　（陈　铭）

诗人小传

张　鸿

（1867—1941）　初名澂，字映南，一字师曾，号璚隐，晚号蛮公，又号燕谷居士。江苏常熟人。光绪三十年（1904）进士，官外务部郎中、记名御史，日本长崎、仁川领事。晚年居常熟燕园，邑文士隐然奉为祭酒。有《蛮巢诗词稿》、《游仙诗》、《续孽海花》。

游　仙(选一)　　　　　　　　　张　鸿

淮南霞举上琼宵，月珮星冠拥侍僚。
飞剑斩蛟江左重，吹箫引凤大郎娇。
朝朝靧面红桃雪①，夜夜归心碧树潮。
莫说神州多弱女②，跨麟乘鹤自逍遥。

〔注〕　① 靧(hui)面：洗脸。　② 弱女：少女。

张鸿就是续成同邑常熟曾朴《孽海花》小说的燕谷老人，钱仲联《张璚隐传》说："始公之居京师，与吴县曹君直、汪衮父，同邑徐少逵诸君为近体诗，涵糅比兴，由西昆以溯玉溪，才艳惊绝，与所谓同光体者殊厥帜，一时海内谈艺之士无不知有《西砖酬唱集》者。西砖者，公所居胡同名也。"可见张鸿还是晚清西昆诗派的健将。这里所选的一首《游仙》诗，作于甲午战争失败，中日签订《马关条约》后，讽刺满清政府的全权谈判代表李鸿章，可谓"足企风人之逸旨，追变雅之余音"（徐兆玮《蛮巢诗词稿序》中语）。

诗的首联，借汉淮南王刘安得道成仙，白日飞升的典故，写李鸿章靠淮军发迹。同治元年(1862)，李以一道员超授巡抚，招募江淮士六千五百人，乘外国轮船八艘抵上海，特起一军，是为淮军，后来李的飞黄腾达，便全凭此为基础。"淮南"云云，用典非常贴切，淮南王与淮军，靠一个"淮"字产生意象联系。而"月珮星冠"仙家装束的侍僚，自然明指淮南王幕中士，暗指李鸿章麾下将，寓有"一人得道，鸡犬升天"之意。二句已在仙气飘飘中潜含讥刺。

颔联二句，"飞剑斩蛟江左重"，用晋周处仗剑斩蛟典故喻李鸿章统淮军镇压太平天国起义。按金天翮《皖志列传稿》云："是时三道出兵，曾国荃沿江规金陵，左宗棠道徽宁攻浙，鸿章趋上海，独淮军功先成。自海上誓师，二十阅月而克苏州，……复出境复嘉兴，分兵为金陵围军声援。金陵平，遂膺爵赏。"可见淮军之为江南所倚重。"吹箫引凤大郎娇"，则借春秋时秦国萧史善吹箫，秦穆公以女弄玉妻之，一夕吹箫引凤，与弄玉共升天仙去的典故，刺李鸿章之子李经方久旅日本，娶日女为妻，不念祖国。钱仲联《梦苕庵诗话》说："时论谓经方为日本驸马，鸿章与日本姻娅，乃始终言和。及甲午丧败赔款，犹谓鸿章有意卖国也。"应注意的是，"大郎"既指大儿子，又因大、太古同音同义，则"大郎"亦是"太郎"，乃日人常用名，这样，在借典暗讽之后又有一层假字暗讽：李鸿章之子已算不上中国人了。

颈联二句,"朝朝䩾面桃花雪",是说李鸿章只知天天洗蒸汽浴享受,弄得脸红红地带桃花之色。面似桃花本是古人形容妇女美貌的话,移用在李鸿章身上,显然是嗤笑他无男儿胆气。"夜夜归心碧树潮",是说李鸿章一旦重任在肩,赴日本谈判,却只能丧权辱国,敷衍塞责,光想早日回国;在被日本黑龙会暴徒小山丰太郎刺伤后,也不能利用欧美诸国深不直日本,日皇大惭的形势,在谈判桌上挽回一些损失,相反却更心怀恐惧,归心似箭。

尾联回应首联,意谓:不要说中华大地有许许多多的美丽少女,一心得道飞升的人,是不会对她们有什么兴趣的,他只想着跨麟乘鹤逍遥自在地做快活神仙。表面上赞羡仙家的潇洒出尘,骨子里却是斧钺森然,斥责李鸿章不把国家民族的利益放在心中。

就史论史,李鸿章虽是《马关条约》的直接签订者,但实在不过是个替罪羊,说他有意卖国求荣,可谓冤枉,可他毕竟缺乏林则徐等人那样的刚肠毅魄。丧权辱国,他自当承担一定的罪责。因此,张鸿此诗虽语似过重,却是有的放矢,让我们看到了晚清那些国家重臣的无能,实乃不多见的游仙体佳作。 (庞 坚)

【诗人小传】

何振岱

(1867—1952) 字梅生,一字心与,闽县(今福州)人。光绪二十三年丁酉(1897)举人。为近代闽派诗论家陈衍所推重。所选《近代诗钞》,大量选入何氏各体诗,认为"君诗语能自造,而出以自然,无艰涩之态"。其集中以写景之作和抒写个人情思者为工。有《姑留稿》。

理 安 寺[①]

何振岱

百涧竞成响,一潭私自澄。紫苔下绝壁,小凳为幽亭。声外尚含秋,意中欲无僧。久坐闻香气,何必存禅名。江湖流浊世,湍激何时平?真当守此水,心根同孤罄。

〔注〕① 理安寺:浙江杭州有理安寺,亦称涌泉禅寺、法雨寺。位于九溪景区杨梅岭古道旁。

这首诗与《鹤涧小坐》同时之作。前诗重点写环境的幽清孤绝,此诗重点写人格的孤高绝俗,下笔有所差异。

这首诗艺术上最大的特点,是把写景与议论相互渗透,从而抒发自己孤傲的感情。可以分三个层次来领略。

第一层四句:"百涧竞成响,一潭私自澄。紫苔下绝壁,小甃为幽亭。"起笔涉题,先写理安寺一带景色。在喧响的许多水涧之畔,有一个小潭静静地泛着澄碧。热闹之外的幽静,更使人注意。所以,诗人有意地去寻觅:攀缘着长满苔藓的绝壁,来到小潭边那座砖砌的幽僻的小亭子里。四句中把百闹一静的地方与弃闹寻静的行为逐步写来,为下文抒情议论的张本。

第二层四句:"声外尚含秋,意中欲无僧。久坐闻香气,何必存禅名。"这四句写坐在小潭畔幽亭中的感想。远离喧闹的山涧,在寂静无声的环境中,嗅到淡淡的香气,静静地长久地坐着,心中也很宁静。在这样的心境中,管他有没有僧人,更不必深究这算不算禅心了!感情境界已超脱常规的佛理,显出人格孤高的追求。这一层由环境描写转入内心抒情,从外到里,意蕴已超越诗题,不限于吟咏佛寺了。

最后四句为第三层:"江湖流浊世,湍激何时平?真当守此水,心根同孤晶。"心根为佛学用语,意谓自己的内心。最后一层解答诗人为何离开喧响的百涧到幽静的小潭的原因。原来,诗人把喧闹的涧水当做世俗的纷争,你追我赶,相互倾轧,人情反复,世事升沉,就像那湍激的溪涧一样。诗人不屑于世俗的纷争,于是,便诚心地停留在这幽静的小潭边上,因为澄清的潭水可以寄托自己内心孤高晶莹的品格。

全诗用对比的笔法,把百涧与一潭、喧响与幽静、竞争与退守相对比,突出了诗人与世俗相对立的孤高晶洁的人格精神,这便是《理安寺》全诗写作用意所在。

(陈 铭)

【诗人小传】

章炳麟
(1868—1936) 初名学乘,又名绛,字枚叔,号太炎。浙江余杭人。晚清著名资产阶级民主革命家、政论家、学者。早年参加维新变法运动,戊戌政变后逃亡日本,后与康有为所代表的改良主义决裂,投身于资产阶级民主革命。辛亥革命前"七被追捕,三入牢狱,而革命之志,终不屈挠者,并世亦无第二人"(鲁迅语)。辛亥革命以后,其思想逐渐转为保守,晚年与时代隔绝,成为"退居于宁静的学者"。所作诗仅存数十首。有《太炎文录初稿》等。

狱中赠邹容

章炳麟

邹容吾小弟,被发①下瀛洲②。
快剪刀除辫,干牛肉作糇③。
英雄一入狱,天地亦悲秋。
临命须掺手,乾坤只两头。

〔注〕① 被发,即披发。指未成年。 ② 瀛洲:神话中东海的神山,此处借指日本。③ 糇:干粮。

1903年青年革命家邹容著作并印行《革命军》一书,提出建立自由独立的"中华共和国"的理想,章炳麟为之作序,并将这篇序言在上海的《苏报》上发表。不久,章氏又在《苏报》上发表《驳康有为论革命书》,直斥光绪为"载湉小丑,不辨菽麦。"清政府便勾结英美租界当局查封《苏报》,逮捕章、邹,这就是当时震惊中外的"苏报案"。章氏上面这首诗写于上海英租界巡捕房监所。

诗的首句直称邹容为"小弟",亲切的语气间包含着无限深情。当时章炳麟三十五岁,邹容只有十九岁,二人在革命道路上成了志同道合的知友。邹容是日本留学生。古代男子二十岁束发,行冠,表示长大成人。而邹容"被发下瀛洲",尚未到弱冠之年,就东渡日本留学了。

三、四两句,写邹容在日本的生活,作者选用富有特征的两件事来刻画邹容的性格和风貌。清王朝长期来强迫汉人留辫子、着满人装束,而这位有革命思想的青年,一到日本,就把自己的长发剪去(上海《申报》报道"苏报案"审讯情况,说邹容:"剪发,西服"),他不仅自己带头剪发,还强行剪掉了留学生监督姚文甫的辫子。"快剪刀除发"这句诗生动地表现出邹容与满清政权决裂的态度。"干牛肉作糇",写邹容在东京时积极参加革命活动,忙得顾不上吃饭,拿干牛肉当饭吃。这三、四两句诗,只十个字,从事业到生活,活灵活现地写出了这位青年革命家意气风发的英姿和豪爽、果敢的性格。

可是,这样一位可爱的少年英雄,现在竟被投入监狱,天地都为之悲愁啊!"苏报案"发生在盛夏,诗人却说"天地亦悲秋",是的,满清专制政权与帝国主义联起手来镇压革命者,虽然时届盛夏,而中国的政治环境不正像充满肃杀之气的秋天吗!

章炳麟与邹容在狱中坚持斗争,相互鼓励,相互帮助。章氏写下上面这首诗赠邹容,邹容也写了一首和诗《狱中答西狩》云:

>"我兄章枚叔，忧国心如焚。
>并世无知己，吾生苦不文。
>一朝沦地狱，何日扫妖氛？
>昨夜梦和尔，同兴革命军。"

邹容在诗中对章炳麟说："在这个世界上除了你章兄以外，再没有第二个知己了。我做梦也梦着和你一起同兴革命军呢！"是的，二位革命家就是为了"同兴革命军"的伟大理想而结成了生死之交。可是现在两人面对敌人的屠刀，看来要做好牺牲的准备了。所以章炳麟在上面赠诗的结尾说："临命须掺手，乾坤只两头。"死不可怕，只希望在临刑时自己和邹容小弟手掺着手一起去赴义，为革命事业奉献两颗头颅，无愧于天地，无愧于人间。

章炳麟是卓越的思想家和热情的革命家，当英国巡捕闯进爱国学社，指名要抓蔡元培、章炳麟、邹容诸人时，只有章氏一人在场。他看了拘票名单，大声说："余人都不在，要拿章炳麟，就是我！"后邹容得知章氏被捕说："太炎先生因我被捕，我必须和他同生共死！"便从住地虹口赶到河南路英租界工部局自动投案。章诗最后说"临命须掺手，乾坤只两头"，大概也是对邹容"同生共死"的誓言的回报吧！

章氏这首诗朴素、真挚、豪迈，表现出一个真正革命者的襟怀。鲁迅在《关于太炎先生二三事》一文中引了此诗和另一首《狱中闻沈禹希见杀》，说：先生"狱中所作诗"，"并不难懂"，"这使我感动，也至今没有忘记"。许寿裳在《章炳麟》一书中也引此两诗说："狱中有诗，称心而言，不加修饰"，"先生之诗，不加修饰，弥见性真。"二人所言，很能说明这首《狱中赠邹容》诗的艺术特色和感人力量。

这里附带说一下"苏报案"审理结果：本来清政府要求"引渡"章、邹，打算押往南京杀害。工部局碍于舆论，没有同意。后由设在租界上的会审公廨组织"额外公堂"，定章、邹"永远监禁"罪，遭社会舆论强烈反对。次年五月，被迫改判章监禁三年，邹监禁两年。邹容未及出狱，于1905年4月3日病死狱中。章炳麟于1906年出狱，被孙中山迎到日本，主编《民报》，继续从事民主革命事业。　　（铁　明）

【诗人小传】

陈曾寿

（1870—1949）　字仁先。湖北蕲水人。光绪二十九年癸卯进士。官至都察院广东监察御史。入民国，筑室杭州小南湖，以遗老自居。后曾参与张勋复辟、伪满组织等。其诗工写景，能自造境界，有孤云野鹤、独来独往之概，是近代宋派诗的后起名家。有《苍虬阁诗》十卷。

湖斋坐雨

陈曾寿

隐几青山时有无,卷帘终日对跳珠。
瀑声穿竹到深枕,雨气逼花香半湖。
剥啄惟应书远至,官商不断鸟相呼。
欲传归客沉冥意,写寄南堂水墨图。

此诗作于1919年3月。辛亥革命后,陈曾寿以遗老自居,筑室于杭州小南湖。室中悬挂元代画家吴镇所写的"苍虬图",因名其所居曰"苍虬阁"。此诗为坐阁中听雨所作。

陈曾寿诗最擅写景。胡先骕《评陈仁先苍虬阁诗存》称其"不仅刻画山水,要多独往独来,超然物表之概"。钱仲联极赏其七律,认为"能熔铸义山、山谷于一炉,而独辟一澹远深郁之境界",并谓《湖斋坐雨》一诗"一气浑成,有水流云在之境",为"造律诗之极则者"(《梦苕庵诗话》)。

起两句即点题。"隐几"二字,微露诗人此际心境。语本《庄子·齐物论》:"南郭子綦隐几而坐,仰天而嘘。苔焉似丧其偶。"意谓凭倚着几案,如槁木死灰,形神皆丧。此时远处那在雨中若有还无的青山,不正是诗人的自我写照吗?卷帘独坐,终日对着那在湖面上跳动的雨珠,自己与大自然也仿佛融为一体了。

"瀑声穿竹到深枕,雨气逼花香半湖",真是天然妙句。瀑声因雨而生,因雨而大,它穿过茂密的竹丛,传到深斋里,传到愁人的枕边;而那浓重的雨气,像逼使着绕岸的花儿,把它的芳香播散到半湖之上。两句力炼"穿""逼"二字,为句中之眼。"到深枕"、"香半湖",拗句拗救,"到"字与"香"字,对仗似不甚工,然全联浑成,真宋人句法。

颈联笔势一转。听到前门剥啄之声,只怕是有远方的书信到来吧;鸟儿在一声声互相呼应,仿佛像美妙的乐音。"剥啄",象声词。对来人冒雨叩门,本可有多种猜想,而只想到是"书远至",这表现了诗人当时孤独淡静的处境。陈曾寿在杭州苏堤以外之西南一角置湖庄,地较偏僻,闭户索居,不常与世人相接。自言"清寒一往甘终古","兀然醉吟魂,孤影若相劝",大有遗世独立之意;友人如陈三立、朱祖谋等,都不在杭州,而他们之间却经常书信往来,唱酬甚密。"惟应"二字,突出了在寂寞中的诗人渴望来信的心情。上句从苏轼《次韵赵令铄惠酒》诗"门前听剥啄,烹鱼得尺素"化出,然用意更深一层。下句字面上是写鸟声,实际是扣紧上句书至之意。《诗·小雅·伐木》:"嘤其鸣矣,求其友声。"鸟儿不断相呼,如宫商之声互答。在寂寞中而又不甘寂寞,在独处时又盼望与友人交往,这正是遗老诗人们特有的心境。

  末两句正面写出怀友之意。如此景色,当与友人共赏,故欲写南堂水墨图,以传自己沉冥的幽意。陈曾寿工书善画,陈曾则《苍虬阁诗序》谓其"千岩万嶂,幽秘险奇,绘之于径寸之卷,烟云光景,乍开乍合,题诗数万言,字如秋毫芥子,不能辨其笔画,见者惊绝,叹未曾有。晚近所作,则渐归于澹远,而其境益高"。水墨画重视墨法的功能,用墨色的浓淡干湿来表现物象,表达意境,而西湖雨中的山水,正宜用水墨图来表现。诗中"沉冥"一语,含义颇丰,既谓自己幽居匿迹,沉埋于草莽之中,不预世事,亦写景物之昏暗杳冥。末二语似平平道来,实经千锤百炼,通过"沉冥"一词,把雨中景,心中事,客中情含蓄地传出,味极淡而意极远。

(陈永正)

八月乘车夜过黄河,桥甫筑成,
  明灯绵亘无际,洵奇观也   陈曾寿

> 飞车度险出重扃,箭激洪河挟怒霆。
> 万点华灯照秋水,一行灵鹊化明星。
> 横身与世为津渡,孤派随天入杳冥。
> 地缩山河空险阻,朝来应见太行青。

  在现实中、在生活中,新事物的出现是层出不穷的,作为反映现实、反映生活的诗歌不应当也不可能把它们摒之门外。清代中叶以后,域外见闻大增,西方器物涌入,诗歌之门受到了外来文化的撞击,如何以旧形式容纳新题材,成为摆在诗人面前的一个课题。黄遵宪在《入境庐诗草自序》中谈到诗歌的述事功能时,认为应举"古人未有之物、未辟之境,耳目所历,皆笔而书之"。他在创作实践中成功地体现了这一主张,而清末诗人陈曾寿的这首咏黄河铁桥夜景的七律,也可推为此类作品中难得的佳构。此诗正如钱仲联在《清诗精华录》中所评:"作者用旧体诗的形式状写当时出现的新事物,将古老的黄河和新兴的铁桥的描绘溶在一起,贴切自然,不失为诗中上乘。"

  作者为湖北蕲水(今浠水)人,家居武昌,于光绪二十九年(1903)成进士后在北京历任刑部主事、学部郎中等职;宣统元年(1909),作者曾因事返武昌,此诗为从武昌乘火车回北京途中所作。诗的首联以"飞车度险出重扃,箭激洪河挟怒霆"两句入题,写"乘车夜过黄河"。上句言飞驰的火车度过重重险阻,跨越河流。

八月乘车夜过黄河,桥甫筑成,明灯绵亘无际,洵奇观也　　陈曾寿　〔1871〕

扃,原意是门户。下句,《清诗精华录》释为"形容黄河上激起的巨浪",似亦可释为形容火车风驰电掣过河的声势。"箭",似喻疾驰的火车;"激",谓声势的迅猛,与《史记·游侠列传》"比如顺风而呼,声非加疾,其势激也"句中的"激"字用法略同;"怒霆",则喻火车过铁桥时的轰隆声。颔联"万点华灯照秋水,一行灵鹊化明星"两句,写桥上"明灯绵亘无际"的"奇观"。上句应为渡桥前后从列车中望见的桥上电灯与水中倒影上下辉映的景观。下句则化用七夕群鹊衔接为桥以渡织女过银河与牛郎相会的传说,驰骋其天上人间的联想。句中,从地上的黄河联想到天上的银河,从黄河上的铁桥联想到银河上的鹊桥,从桥上的明灯联想到夜空的明星,更从桥灯之绵延不断联想到灵鹊之衔接成行,多边取喻,联想丰富,以古老的传说为现代的景物染上一层瑰丽的神话色彩。

　　诗的颈联分写铁桥与黄河,既是描画当前景物,又在写景中表露了诗人的怀抱。上句,因物言志。"横身与世为津渡",是黄河铁桥的写照,也是作者献身济世的理想。下句,景中寓情。派,河流,孤派指黄河;杳冥,深远的夜空。从"孤派随天入杳冥"句的取景角度看,与王之涣《出塞》诗"黄河远上白云间"句是相似的,但一写夜景,一写昼景,时间有昼夜之别,而且就画面气氛来说,王句给人以明朗、壮阔之感,此句给人以黯淡、迷茫之感。如果联系写诗的时代背景,可以说:王句是盛世之声;而此句则是末世之音,是清亡前夕,在那样一个国运黯淡、局势迷茫的大环境中,作者的内心情怀的反映,正如王国维《人间词话》所说,是"以我观物,故物皆著我之色彩"。

　　尾联的上句"地缩山河空险阻",写作者乘火车、渡铁桥的感受,字面上说因火车、铁桥之出现,山河被缩短了,险阻也无用了;句中则暗寓积弱的东方古国再不迎头赶上西方列强,在新情势下、在新器物前天险已不可恃的慨叹。下句"期来应见太行青",是从题的去路作结,从而在篇终处别开意境。诗的字面,是说车行之快,夜到黄河,明晨已可望见太行山了。但句中着一"青"字,又含有作者隐约的希望,当然,这希望还在明天。此句就时间而言,是从今夜预想到明朝,是从本题所写的时间推入另一时间;就空间而言,是从黄河桥上预想到太行山侧,是从本题所写的空间转入另一空间。这是古典诗歌中常用的艺术手法,如:韩偓《惜花》诗的尾联"临轩一盏悲春酒,明日池塘是绿阴",是在诗的结末处转换时间的例子;杜甫《望岳》诗的结尾"会当凌绝顶,一览众山小",是转换空间的例子;陈与义《除夜》诗的尾联"明日岳阳楼上去,岛烟湖雾看春生"则与这首诗的结句相同,是时间转换与空间转换兼而有之。这些于收篇处别开意境的作结之法,其机杼是相同的。从全篇来看,这首诗结末处的"朝来"一句,也把诗篇的视界由点扩展到面,从黄河边、铁桥上延伸向广袤无边的河北原野。

本诗虽是写火车、铁桥等新事物,但诗中仍弥漫着浓厚的古典氛围,颔联的阔大境界,颈联的深沉感叹,尾联的含蓄不尽,都是传统手法的精巧的运用,体现了诗人的功力深厚。古典诗歌固不可排斥新事物,但应该如何在反映新事物的同时又不失古典诗歌的本来面目,此作可算作了一个出色的回答。 (陈邦炎)

罗惇㬊

【诗人小传】(1872—1924) 字孝通,号掞东,又号瘿庵,广东顺德人。清代优贡生。官邮传部郎中。入民国,在北洋政府中任职。罗氏与梁鼎芬、黄节、曾习经并称"粤东四家",诗俱宗宋。而罗氏得益最深者是陆游。黄节序其诗云:"蚤岁学玉溪生,继乃由香山以入剑南,故其造境冲夷,则在中岁以后。"

题罗两峰《鬼趣图》   罗惇㬊

子非鬼安知鬼之乐?胡然开图令人愕?偶从非想非非想,青天白日鬼剧作。群鬼作事自谓秘,逢迎万态胡不至!岂虞鬼后不生眼,一一丹青穷败类。中有数鬼飘峨冠,自矜鬼术攫美官。果能变鬼如官好,余亦从鬼求奥援。问鬼不语鬼狞笑,鬼似揆我非同调。吁嗟鬼趣今何多,两峰其如新鬼何!

罗两峰,即罗聘(1733—1799),江苏扬州人,为"扬州八怪"之一。两峰是位奇士,工诗善画,人物、山水、花卉无不臻妙,尤以画鬼著称。所写《鬼趣图》,为长幅画卷,"殊形异状,宛然吴道子《地狱变相》"(王昶《湖海诗传》),百余年来,袁枚、姚鼐、钱大昕、翁方纲等名人题咏殆遍,而在众多的题诗中,罗惇㬊这首七古最为人传诵。

所谓"鬼趣",本佛家语,犹言鬼道。《大毗婆沙论》:"云何鬼趣?答:诸鬼一类伴侣众同分,乃至广说。"罗两峰写《鬼趣图》,旨在讽世,而罗惇㬊题诗则借题发挥,揭露当时社会的丑恶现象,把清末黑暗腐朽的官场刻画成群鬼乱舞的鬼蜮世界,讽刺尖刻辛辣,洵为不可多得的佳制。

起句,套用《庄子》"子非鱼,安知鱼之乐"的句式。子,指罗两峰。诗一开头说：两峰啊两峰，你不是鬼，怎么会知道鬼的乐趣？可是展开这幅图画，为什么又会使人这样惊愕呢？陈衍《石遗室诗话》谓此诗入手"最为得势"，两句点题，作若疑若讶之语，颇似杜甫《奉先刘少府新画山水障歌》"堂上不合生枫树，怪底江山起烟雾"的写法。三、四句紧接，写两峰作画的缘由：一是画家丰富的想象力，二是活生生的现实生活。"非想非非想"，亦佛教用语。《楞严经》："如存不存，若尽不尽，如是一类，名非想非非想处。"《法蕴足论》："超一切种无所有处，入非想非非想处具足住，是名非想非非想处。"非非，表示虚幻的境界；非非想，犹言幻想。罗两峰名列"扬州八怪"之中，其画风与当时"正统"画家大异，被目为画坛的"偏师"、"怪物"，他想象奇特，甚至怪诞，真可说是"想入非非"，但激发他创作灵感的还是现实世界"青天白日鬼剧作"。"白日青天"四字深讽，鬼之猖獗可知。最妙的是，群鬼在光天化日之下公然横行，它们还"自谓秘"，诗人一语道破群鬼心理。既然已逢迎万态，无所不至，还有什么秘密可言？但群鬼依然自我感觉良好，以为大可以瞒天过海，怎料到鬼的背后没生眼睛，画家把这些坏家伙的丑恶情状一一描绘下来了。

"中有"二句，为《鬼趣图》之特写镜头。诗人选取印象最深刻的、最具特征的"官鬼"来描写：它们戴着儒生的高冠，自夸精通"鬼术"，并用来攫取高位肥缺。封建社会的官场，大抵登龙都要有术，上边所说的"逢迎"，更是鬼术的重要部分，尽管孟子说过："逢君之恶，其罪大。"赵岐注："逢，迎也。君之恶心未发，臣以谄媚逢迎而导君为非，故曰罪大。"但阿谀奉承，走后门，拍马屁，种种社会不良倾向和风气，千百年来一直盛行不衰，诗人所揭露的鬼趣鬼术，到今天恐怕还未能完全消匿吧！诗人忽发奇想："果能变鬼如官好，余亦从鬼求奥援。"如果自己真的能变做鬼，也能得到美官的话，我也想向群鬼求助了。这两句故作顿挫，逼出下文：我向鬼探问时，鬼不答话，只是狞笑，它们像在排斥我，认为我不是它们的一伙。这里笔势甚佳，正言若反，更有意味。陈衍不解作者用意，谓"惟'果能变鬼'二句稍钝置，拟易'岂知变态能如鬼，未鬼早已得奥援'。昔韩退之为玉川（卢仝的号）改《月蚀》诗，满纸阴森有鬼气。吾亦欲玉川吾掞东（罗惇曧的字），他时为鬼董上添一故实矣。"《石遗室诗话》常妄改他人之作，如易为"岂知"二句，则与"问鬼"二句不相应，文气割裂，转成败笔了。"吁嗟鬼趣今何多，两峰其如新鬼何！"收二语为全诗的本旨。如今的鬼闹得越来越厉害，鬼趣鬼术千变万化，两峰啊，你又能把这些新鬼怎么办呢？"新鬼"二字，为全篇之眼，紧承"变鬼"之意，揭露了在封建制度下，不少人为了求官求财，不惜出卖自己的灵魂，堕落为鬼，新鬼越多，为害越烈，其丑形恶相绝非罗两峰所能描画得了的。

罗氏有《瘿庵诗集》，黄节称其诗"造境冲夷"，而这首题鬼趣图诗却是集中别调，嘻笑怒骂，极讽刺之能事，全不管那一套"温柔敦厚"的诗教，这也是此诗之所以成为佳作的重要因素吧。

(陈永正)

> **狄葆贤**
>
> (1873—1921) 字楚青，又字楚卿，别号平子、平等阁主人、慈石、六根清净人。江苏溧阳人。光绪举人。主张变法维新，戊戌政变后逃亡日本。光绪二十六年(1900)回国，参与唐才常组织自立军汉口起义。三十年(1904)在上海创办《时报》、《小说时报》、《佛学时报》等。三十四年(1908)任江苏咨议局议员。梁启超说他"不以诗名，偶有所作，温柔敦厚，芳馨悱恻"。

沪渎感事诗(选一)①   狄葆贤

江干何处立斜晖②，碧草清阴与梦违。
燕子不知巡警例，随风犹得自由飞。

〔注〕① 沪渎：古称吴淞江下游近海处一段为沪渎。后世江身由于长江三角洲的扩张而逐渐东展，沪渎一名遂移指今上海市市区内的吴淞江。　② 江干：江畔。

上海是中国近代对外开放较早的地区之一，近代化的气息也首先从这里表现出来。社会的变革带来了各方面的变化，许多新鲜的事物在这里出现。狄葆贤曾长期在上海从事新闻工作，也是维新派倡导的文学改革运动的参与者之一。在本诗中，他将在沪上生活的感受，用感事诗的方式表述了出来。

诗一开始即描绘出一种似真非真、似梦非梦的境界。诗人明明知道，在夕阳西下的斜晖中，自己是站立在吴淞江边，但他却不禁自问：我究竟是立于何处？这种对所处具体地点的迷失，从侧面展现了诗人眼前景物的巨大变化。下一句即描绘出这种变化。他依旧停留在往日的梦境中，勾画着心目中的沪渎，可是眼前碧绿的草地，清晰的日影，都与梦中的图画迥然相异，这种巨大的差异真让诗人不知是真是梦了。这两句直接抒写眼前景物与内心图画的相违，给人以突兀之感；至于为何要这么写，原因要到下二句中去索解。

下二句是另一幅真实的图画：在这片"碧草清阴"的上空，燕子还依然如故，随着微风自由地飞舞，丝毫不受地上巡警的条例的管束。燕子"不知"，那么谁知"巡警例"呢？如今只有燕子"犹得"（还能）自由，那么地上（碧草清阴上）行走着的人们，其无自由、为巡警所制，还不是不言而喻了吗？现在回头看上面二句，读者会恍然大悟：原来诗人梦中的江干斜晖、碧草清阴，都是沪渎未成为洋场前的景象，都是充满古典诗歌中那种宁静清丽情调的场景，如今，巡警的吆喝声、行人的走避状，将这种情调扯得粉碎，难怪他要长叹"与梦违"，自问"何处立"了；而在这一问一叹间，近代沪渎（上海）的变迁和新貌，也就尽可推想而知了。

以古诗中常见的燕子形象与近代始有的巡警形象联系在一块，以燕子的自由自在反衬出人的受巡警制约，这的确是近代诗的新貌，令人读之耳目一新。另外，诗中的"巡警"、"自由"，也是近代以来才在诗歌中出现的。在诗歌中使用新的名词术语，是梁启超、谭嗣同、夏曾佑等人倡导并实践的"诗界革命"运动中诗作的特征之一，而狄葆贤这里运用的新名词，也恰到好处，毫无牵强生硬之感。上面这些特征，都显示了近代诗坛的新气息、新风尚，是近代诗歌"以旧风格含新意境"（梁启超《饮冰室诗话》）的有益尝试。

（左鹏军　沈　价）

【诗人小传】

梁启超

（1873—1929）　字卓如，号任公，别署饮冰室主人。广东新会人。早年受学于康有为的万木草堂，接受变法维新思想，后成为康有为宣传改良主义思想的得力助手。戊戌政变后赴日流亡，在日本宣传君主立宪，反对排满革命，受到以孙中山为首的革命派的批判，后以失败告终。曾任袁世凯政府的司法总长、段祺瑞内阁的财政总长。晚年讲学清华研究院。他的诗反映出改造社会的雄心壮志，并且有鲜明的爱国思想。晚年作品逐渐失去其进步性。有《饮冰室文集》。

太平洋遇雨　　　　梁启超

一雨纵横亘二洲，浪淘天地入东流。
却余人物淘难尽，又挟风雷作远游。

这是作者一八九九年往游美洲时在太平洋上遇雨有感而作的诗。

诗的起句就点题，并表现出一股恢宏的气势：天宇之大，一雨能够绵延亚美二洲。也就是说,在太平洋上遇到的雨,既洒落在此去之美洲上,又洒在已离之亚洲上。此去的美洲如何,暂时按下。已离之亚洲,则令诗人浮想联翩,缅今及古,于是以"浪淘天地入东流"承接。诗人设想那洒在亚洲中华国土上的雨,必定激起滔天巨浪,滚滚东流。而这又自然而然地联系起苏东坡的名句"大江东去,浪淘尽千古风流人物"(《赤壁怀古》)。但诗人并不苟同于坡仙的怀古伤今,于是转出新意:"却余人物淘难尽。""却"字关联上句,使本句意思格外突兀:自信自己虽是戊戌劫余的人物,但决不会像千古风流人物那样,瞬息即被历史之波浪长流所淘尽。于是,诗的最后一句"又挟风雷作远游",便表示了自己壮志未泯,此番远游美洲决不是消极逃遁,而是另有一种风雷大志包藏胸中。风雷是一种自然天象,风雷大作则宇宙震颤。古诗中常用以表示大有作为之意。此句在这里,出自一个在戊戌变法中遭到惨败的重要人物之口,似乎更震撼人心。

这首诗由平常的景带出不平常的情。立足于太平洋之上,遥视亚美二洲;身处政治逆境之中,而思及古今,更展望未来。境界开阔,情怀高远,有一种奔放热情溢于字里行间。

(陈新璋)

读《陆放翁集》①(四首选二) 梁启超

诗界千年靡靡风②,兵魂消尽国魂空。
集中十九从军乐③,亘古男儿一放翁。

辜负胸中十万兵④,百无聊赖以诗鸣⑤。
谁怜爱国千行泪?说到胡尘意不平⑥。

〔注〕①陆放翁:南宋著名爱国诗人陆游。 ②靡靡:柔弱不振。 ③十九:十分之九。 ④胸中十万兵:指有军事谋略。语本《五朝名臣言行录》卷七引《名臣传》:夏人谓"小范老子(范仲淹)腹中自有数万甲兵"。 ⑤以诗鸣:韩愈《送孟东野序》:"大凡物不得其平则鸣,……其存而在下者,孟郊东野始以其诗鸣。" ⑥胡尘:指外族侵略。诗末作者自注:"放翁集中胡尘等字凡数十见,盖南渡之音也。"

这组诗作于梁启超一八九九年戊戌变法失败后出走日本期间,写读陆游诗集引起的感慨。从诗面看,这里选的两首各有侧重。

第一首前两句从大处着笔,指出千百年来诗坛柔弱不振的总趋势。在这种柔媚纤弱的风气笼罩下,那种刚健雄直的战斗性和勇于为国献身的精神都消亡了。所谓"兵魂销尽国魂空"是"靡靡风"最突出的表现。作者格外强调这一点,乃在为下两句蓄势,抹倒"诗界千年",正是为突出一人。"集中十九从军乐"指诗题给出的《陆放翁集》。在"兵魂销尽国魂空"的"千年"诗界,唯有陆游的诗里,十分之九都是抒写卫国从军的渴望和欢慰,所以末句"亘古男儿一放翁",使足笔力推崇陆游是从古至今的诗人中一个真正的男子汉。这首诗末作者有自注:"中国诗家无不言从军苦者,惟放翁则慕为国殇,至老不衰",将诗意说得就更明确了。全诗写得极为概括凝炼,雄直警策,这些都表现为"诗界千年"同"一放翁"的艺术对比所显示出的鲜明性。

第二首主旨在为陆游鸣不平,融进自己的思想感情体现出对陆游的深切理解。"辜负胸中十万兵"指出陆游具有杰出的军事谋略,却不能得到正常的使用发挥。"百无聊赖以诗鸣"说他一腔报国之志和出色的军事才能既无从施展,愁闷无聊之余只好以诗歌抒发襟抱。"以诗鸣"用韩愈《送孟东野序》里的话,是中国古代文论中"发愤著书"说的范畴。这两句指出陆游诗的创作动机。人们总是把陆游当作一个诗人看,而作者的眼光就深刻得多。后面两句用一反问领起,既概括了陆游诗的总主题,又表现出对陆游更深入的理解同情:有谁怜惜放翁的一腔爱国悲愤呢?一说到外族入侵,他总是心情激荡难平。"谁怜"的反问包含了无人理解的意思,能够指出这一点,当然就说明了只有作者才是陆游的真正知音。

两首诗看去都简洁明了。前者雄直奔放,后者雄直沉郁;前者充满阳刚之气,后者则亦悲亦慨。这些风格特征,于"亘古男儿"的陆游其人其诗来说,也是兼而有之且相当突出的。因此,这两首诗非但内容上为放翁之知音,风格上亦为放翁之余响。那么梁启超为什么千载之下对陆游如此倾重呢?这就不能不同他"诗界革命"的倡导联系起来。他阐述"诗界革命"主张的《饮冰室诗话》,格外推崇爱国主义和为国而战的"尚武精神"。他认为"中国人无尚武精神",表现在诗里,则所谓"诗界千年靡靡风",因而欲改造文学、振作民气,达到救国拯民的目的。对此,杨香池《偷闲庐诗话》说:"清之季世,国人盛倡革命,一般文人,如梁任公辈,欲借诗歌鼓吹民气,尊崇尚武,好为雄壮之词,……至谓吾国数千年来,民志卑弱,皆由是类诗歌之厉阶也。"可以说,梁启超这两首诗的根本命意与主导风格,都已包含在这段话里面了。

(魏中林)

自 励 二 首(其二)   梁启超

献身甘作万矢的,著论求为百世师。
誓起民权移旧俗,更研哲理牖新知。
十年以后当思我,举国犹狂欲语谁?

世界无穷愿无尽，海天寥廓立多时。

《自励》二首作于清光绪二十七年(1901)，时梁启超已亡命他国三载，方自印度、澳洲返日本。此诗"天骨开张，精力弥满"(陈衍《石遗室诗话》)，尽情抒发了作者对国家民族前途的满腔忧愤，对社会改革理想的热烈追求和誓死变法图强的慷慨抱负，具有强烈的精神感染力。

梁氏论诗，曾称一泻无遗式的抒情为"奔迸的表情法"，谓此时诗人"一烧烧到白热度，便一毫不隐瞒，一毫不修饰，照那情感的原样子，迸裂到字句上"(《论中国韵文里头所表现的情感》)，这首《自励》便可称为是以"奔迸的表情法"写就。

诗中洋溢的，是作者献身之激情。梁氏为一感情激越、意气昂扬之诗人。戊戌变法失败，他远遁东走海外，却未消极颓唐，仍执着地要为实现其理想而奋斗，对其时种种"旧俗"，他必欲移之而后快。此时他深受进化论思想之影响，重视进取，以"新民"为维新政治之首要任务(为此改《清议报》为《新民丛报》)，尤注重倡扬"民权"，并不惜为之而冒成"万矢"之险，甚至愿为此而"献身"，足可见其救国救民之一腔热诚。

作者在诗中也表达了他求新知之热情。作为一个近代中国资产阶级改良家，虽然他终其一生都未能前进到突变的革命道路，然他毕生追求新知，尤对西方资产阶级的哲学社会科学用力甚勤。作此诗前后，梁氏言论渐趋激烈，不仅鼓吹"斥后(慈禧)保皇(光绪)"，还致力于思想启蒙宣传，表现出他探索救国真理的可贵热情。作者在当时尚未与孙中山为代表的资产阶级革命派发生重大冲突，其"著论"、"研哲理"和对新知之追求更具相当积极意义。诗中"著论"即指他自《时务报》至《清议报》、《新民丛报》时期所写一大批新体政论和文艺短评，以《变法通议》、《自由书》、《少年中国说》、《呵旁观者文》为代表，议论风发，情感充沛，条理清晰，语言流畅，别具一格，冲破了传统旧文体束缚，"以淹贯流畅、若有电力足以吸住人的文字，婉曲的表达出当时人人所欲言而迄未能言，或未能畅言的政论，……在当时文坛上，耳目实为之一新"(郑振铎《梁任公先生传》)。在二十世纪初的革命大潮中，梁氏的"著论"在宣传革命，激励人心方面影响甚巨，作者自称"求为百世师"，确未为过。

同时，此诗中也隐隐透出作者孤独之凄情。梁氏离乡去国，客居异邦，昔日变法战友，或亡或逃，一时星散，年前，八国联军入京，京师蒙难，同时维新派汉口自立军也失败，义士唐才常、林圭等牺牲，祖国阴霾密布，故作者虽议论纵横，放言无忌，鼓吹变法，不遗余力，然于此"海天寥廓"之时，孑然一人遥望神州，终心潮难平,虑及"十年以后"之变故,更难忖测,难免生几许凄凉,几许惆怅。也可称是历史的巧合,1911年,正好十年以后,辛亥革命爆发,清王朝寿终正寝,诗人的预感看来是有其道理的。对于梁启超这样一位对清王朝既恨又恋,怀有复杂感情的改良派人士而言,他此时的想法,也是不难理解的。

这首诗乃作者自我勉励之词,前半可视为他自誓,后半则为其自况。梁氏尝谓其为诗"本为陶写吾心"(《饮冰室诗话》),此诗即为其心灵之写照,不独有自勉之意,亦兼具劝勉他人之用心。虽篇末略含凄清,主调却是慷慨激昂,大声镗鞳的;其中坦露的,正是一位志士的胸怀,流露的,亦为这位诗人的心声。

(黄　刚)

许承尧

(1874—1946)　字疑庵。安徽歙县人。光绪三十年(1904)进士。官翰林院编修。早年诗学李贺、韩愈、卢仝诸家,能自创新意。晚年黄山游诗,极工。有《疑庵诗》十四卷。

文　殊　院(四首选一)① 　　　　　许承尧

　　雄风破空来,驱云蹴天走。惊涛悸心目,奔石落肩肘。群峰易其次,倏忽分见否。见如舟出峡,一闪复无有。掉头偶不虞,云气咽满口。老松与风战,如人竞张手。百撑不一折,颇恃鳞甲厚。山灵顾怜之,鏖斗不使久。吾徒饭未毕,旭日已窥牖。

〔注〕① 文殊院:在黄山天都、莲花两峰间。明万历四十二年(1614)普门和尚至此,因觉景象与梦中文殊菩萨端坐石台之境相合,遂筑屋,名文殊院。1952年毁于火,现原址上有玉屏楼。明《徐霞客游记》称此为"黄山绝胜处"。

许承尧是安徽歙县人,自然对黄山深有感情,《疑庵诗》中,游黄山之作佳篇颇多,钱仲联《论近代诗四十家》云:"疑庵天都精,咳唾骚与雅。……百首黄山诗,烁破四天下。"对其黄山诗推许备至。本诗便是诗人早年所写黄山诗中的一首代表作。

诗的首句,真是"破空"而来,起势突兀劲健,一下子便攫住了读者的心。次句接写团团白云在山风吹拂下翻翻滚滚,有如羊群踏天窜行。云无足本不能踏不能走,诗人的健笔却令其有足可踏可走,而且是踏着虚空走。此句补足上文,生动地写出风之"雄"与"破空"之来势。

下面二句,"惊涛"自然是指黄山上的云海,"奔石"则是黄山上的怪石,二者都在黄山四绝中。诗人指点观赏之际,发觉自己忽然被茫茫云涛包围,路径俱失,心中顿时有些惊惶;一眨眼,云涛卷向他方,豁然开朗,却陡见危崖峭壁上猛虎狞豹般的怪石似已近在肩肘,眼看就要扑落身上,不由得又吃一惊。

"群峰"以下四句,意在表现云海的变幻,却只将黄山群峰形诸笔墨,竟不着一个"云"字。但我们完全可以看出:群峰位次屡易,刹时现刹时隐,现时像扁舟冲出江峡,隐时像影子一闪而没,这正是云团聚散起伏的结果。这种以此见彼的写法,使篇章结构显得错落有致。

接下去二句,"掉头"暗接后面刻画奇松的几句,"云气"则在字面上回应诗开头"驱云"一句,为结束写云转入写松作了很好的铺垫。回头偶然不小心,咽下了一口白云,语气诙谐,将云海给人的印象由壮观引向亲切。

再看看诗人怎样写松。松枝在风中摇曳,那是它伸出手在与风搏斗;松枝久经风吹而不断,那是它鳞甲很厚,坚牢足恃;松枝在风停后静止不动,那是山神爱它,不让风与它鏖战太久。诗人紧紧抓住对象特征作类比想象,以动态咏物,奇而不怪,趣而不俗,既写出了黄山那种地理环境下奇松的形态,更写出了奇松的精神。"山灵"二句,分明表露出诗人对于黄山奇松傲岸挺拔风姿的赞赏。

最后二句,一结笔势也很突兀。读到这儿,人们才恍然大悟:原来前面所写云海奇松种种景象,都是诗人黎明时早起所见。现在,诗人和朋友们还不曾吃罢早饭,一轮旭日东升于云海上,已在窗户间了。这黄山上的太阳,似乎也起得比别处更早!

许承尧这首黄山诗,有一个明显的特点,就是写景不用形容词而只用动词,以丰富的想象与精彩的比喻,将黄山云海奇松写得栩栩如生。 (庞 坚)

【诗人小传】

曾广钧

(1866—1929) 字重伯,号觙庵。湖南湘乡人。曾国藩之孙。光绪十五年己丑(1889)进士,由翰林院编修官至广西知府。其诗惊才绝丽,属温李一派,王闿运称之为"圣童"。有《环天室诗集》。

携眷登南岳观音岩作① 曾广钧

宝山珠殿插青天,万朵红莲礼白莲。
一片空岚罩云海,全家罗袜踏苍烟。
烧香愿了花侵马,礼佛人归月上弦。
更忆海南千叶座,天风引舰近真仙。

〔注〕① 观音岩:在湖南南岳衡山祝融峰下。

  本诗是一首纪游诗,以藻思丽笔写下了诗人携家眷登南岳观音岩的所见所感。

  首句直笔描绘眼前所见之景。"宝山"特指衡山最高峰祝融峰,"珠殿"便是祝融峰顶的祝融殿,"插青天"可与祝融峰上"山耸天止"石刻相印证,极言山势殿宇之高峻。这句用语虽也切合眼前景物,但并无奇妙惊人处,实际上它主要起一种铺垫作用。次句精警动人,以曲笔写登观音岩四望,但见群峰环绕,如同万朵红莲向白莲顶礼膜拜。用莲花形容山峰,由来已久,李白《望庐山五老峰》就有"青天削出金芙蓉"之句,但以红、白不同的颜色写同样的青峰,却别有趣味。盖南岳之神为赤帝,尚火德,色属红,故以红莲喻衡山群峰;佛教中人,每喜称观世音菩萨为白衣大士,故以白莲喻观音岩。落想之奇特,设喻之切当,可称双绝。无怪乎狄葆贤《平等阁诗话》称此句"盛传于世,殆如'庭草无人'、'满城风雨'之脍炙人口。"而钱仲联《梦苕庵诗话》更以为此句虽"实从香山'半采红莲半白莲'句化出,然窈变观音,出香山之上矣。"

  颈联二句,与首联交叉绾合。"一片"、"万朵"以数量词相对应,"云海"、"白莲"又以其颜色相对应;而"踏苍烟"、"插青天"则以表现山高的动态意象相对应,笔法错落有致,见出结构上的艺术匠心,不细细品味,便会失之眉睫。"一片"句写无所不在的山雾笼罩翻腾的云海,朦胧外更有朦胧,善状衡山七十二峰雾诡云谲的景象。"全家"句直接出处是李商隐《病中早访招国李十将军……》:"家近红蕖曲水滨,全家罗袜起秋尘";追根溯源,则是从曹植《洛神赋》:"凌波微步,罗袜生尘"化出,给人一种飘然欲仙之感。

  颈联二句,妙处在"花侵马"、"月上弦"。烧香许愿后骑马离去,穿花丛而行,朵朵鲜花夹道怒放,这一景象全浓缩在"花侵马"三字中,用"侵"字写花朵向人马温柔地摩戛,是一奇;本是人骑马入花丛,是马侵花,而这儿说成"花侵马",是二奇;此"花"又可理解为女子鬓发上插的花朵,甚或理解为倩女笑靥迷人的花容,那么"花侵马"便是暗写如花少女们簇拥在马匹旁,这是三奇。"上弦"本指月亮每当农历每月初七、初八时形状亏为满月之半的现象,以其"似弓之张而弦直",故名;而在诗中,"上弦"因对仗关系也由名词而转为动宾词组,显出了月的动态。

尾联诗人由观音岩而联想到观音菩萨的道场普陀山,回忆起往日的游踪。相传观世音菩萨居南海普陀山,身坐千瓣莲花座,故以"千叶座"喻普陀山,此又与首联"万朵红莲礼白莲"呼应。"天风"句既是回忆往日天风吹送海船向观音菩萨所在地靠近的情景,也暗含敬仰观音菩萨慈航普渡,救苦救难之意。一结由山而转到海,笔势荡开,曲尽其妙。

曾广钧被王闿运目为神童,是晚清西昆一派之健将,由云龙《定厂诗话》说:"曾环天诗,如散花天女,雾鬓风鬟",此诗似乎可以为证。

(庞　坚)

黄　节

【诗人小传】(1873—1935)　字晦闻,广东顺德人。早年留学日本,宣传反清思想,后与邓实等人创立国学保存会,并加入南社。曾任广东省教育厅长,北京大学、清华大学教授。晚年政治上渐趋保守。陈衍评论说:"其为诗,著意骨格,笔必拗折,语必凄惋。"(《石遗室诗话》)著有《蒹葭楼诗》等。

海　夜　　　　　黄　节

又去吴淞作海行,万流回首只凄清。
樯灯倒照鲛人出,天幕低张渔火明。
远客一舟同契阔,归航三日过零丁。
逢山便就帆师问,不报东南近有兵。

光绪三十三年(1907)冬,黄节自上海归广州,在客船中赋此。诗人早年师粤中名儒简朝亮,后独居僧寺,发愤读书,十年不作诗。至光绪三十二年,在上海与诸宗元、罗惇曧、邓实、潘博等诗人同游,自此复为诗,一发不可收,诗境日深,诗格日高,卓然为近代名家。

黄节中年之诗,造意精深,而无其晚年晦涩之病。如此诗真如汪国垣所云:"敛激昂于悱恻,寓秾郁于老澹,有惘惘不甘之情。"(《光宣以来诗坛旁记》)颇与北宋黄、陈诸家神理相通。

此诗起处,顺笔直行,自然高华壮亮。诗人常来往上海与广州之间,故云"又去",去,离开。在海船上回望,万流翻涌,只觉一片凄清。"万流"二字,切不可滑眼读过。万流,古人写海景常语。晋潘岳《沧海赋》:"群溪俱息,万流来同。"而诗中之意,则似更为深广。作者自参加顺天乡试,被抑于主试陆润庠之后,即弃绝科举。自此多次远游,北登长城,东渡日本,思想日倾向反清革命。光绪三十一年(1905)在上海主《国粹学报》笔政,宣传"华夷之辨"。几年间,黄节在茫茫人海中,接触了各种流品的人,引起了许多感触,再加上他次子的病死,所以在眺望滔滔逝水时心中凄清之感自然而生了。

"樯灯倒照鲛人出",写景设喻极妙。诗人乘坐的是海轮,桅杆上的电灯倒照在海水中,上下辉映,如的觫的华星,不由得使人联想到:是海中的鲛人流出的晶莹的珠泪吧?鲛人,神话传说中居于海底的一种人类。晋张华《博物志》:"南海水有鲛人,水居如鱼,不废织绩,其眼能泣珠。"下句写入夜后的海景。天空如幕般低低地覆盖着大海,远处是三点两点的渔火。

颈联写旅途中的情怀。从四面八方来到的旅客,同舟共济,谈笑晏晏,有如平生之欢好。"契阔"一词,意为相交,相约,真写出旅客之"神"。人生如逆旅,逆旅亦如人生,大概是佛家所谓的"缘"吧,本来各不相识的人,偶然相聚几天,以后又再分散,可能永不重逢,你可以随便找一个人,向他倾诉,你的欢乐和悲哀,甚至你的隐私,他会替你保存这份悲欢,这份秘密,直至永远永远。"归航"句,写旅人思归的急切心情。再过三天,船就可以到零丁洋了。零丁,零丁洋。在广东珠江口。宋文天祥兵败被执过此,曾作《过零丁洋》诗,中有"零丁洋里叹零丁"之句。由零丁洋入广州,已不足一日水程了。

末二语流露对国事关切之情。诗人频频询问过往的船工,探听广东地区近来是否还有兵事。光绪三十一年(1905),在孙中山先生的倡导下,中国同盟会成立。自1906年起,多次发动武装起义。1907年5月,在潮州黄冈起义;6月,在惠州七女湖起义,9月,在钦廉防城起义,12月,在镇南关起义,这些起义大都在广东沿海一带。起义虽失败了,但有力地冲击清王朝的腐朽政权。黄节本人,也在1909年春加入同盟会,成为民主革命阵营中一分子。

(陈永正)

初到杭州宿三潭,晓起望湖[①]   黄 节

照眼西湖今始过,晓钟真奈不眠何[②]。
断虹带雨生初日[③],森柳排山覆晚荷。
浅水蓬莱行再见,两堤菱芡已无多[④]。

平时梦想江山处，不独伤心唤渡河⑤。

〔注〕①此诗选自《蒹葭楼诗》卷一。原载《国粹学报》，又载《甲寅》杂志，诗题均作《初到杭州，宿三潭印月，晓起望湖》。《国粹学报》载此诗合另七首，有总题曰《游西湖近稿》(戊申七月)"。戊申，即光绪三十四年(1908)。②"晓钟"句，《国粹学报》、《甲寅》均作"诗魂还我旧东坡"。③断虹，《国粹学报》、《甲寅》均作"断桥"。④"浅水"二句，《国粹学报》、《甲寅》均作"人世几回清浅水，湖山犹在短衣歌"。⑤"平时"二句，《国粹学报》、《甲寅》均作"休论三十年来事，清响沉沉邈若何"。并下注："郑所南谓：'张玉田词，能令三十年后，西湖锦绣山水，犹生清响。'"

光绪三十四年(1908)七月，诗人游杭州，作《游西湖近稿》诗八首。此选为其中第一首。诗人初到杭州，登临山水，望湖生情，一叹大好中华江山，今日谁主沉浮？当时时代风尚，年青的汉族知识者，无论伤时感事或范山模水之诗，都不免倾注反清革命的热情于诗中。黄节此诗，自也与此类诗歌同调，何况其时，他正与一些青年诗人在酝酿成立"南社"这样的革命的文学团体。

首联"照眼西湖今始过，晓钟真奈不眠何"，写初到西湖，为湖光山色的美景所感染，兴奋而难以晨光中再眠。诗人酷暑游杭，宿西湖中的"三潭印月"名胜，四面环水，晓起望湖，只觉西湖在旭日晨光照耀下，波光粼粼，分外耀眼。"照眼西湖"，写出了朝光中的西湖水面特征。西湖周边，近有净寺，远有灵隐，破晓之时，佛殿寺钟，次第齐鸣，远播湖上，令人神往，但诗人整夜未眠，其实也无须钟声催醒。"不眠"二句，就把初来西湖者的兴奋不已之情，全盘写出。而全诗所记，亦便循此感情的脉络发展。其第二句初稿为"诗魂还我旧东坡"，是指苏轼杭州任通判期间，曾写有大量咏西湖山水诗，其中"水光潋滟晴方好，山色空蒙雨亦奇。欲把西湖比西子，淡妆浓抹总相宜"，尤为脍炙人口。黄节用此典，谓昔日东坡所爱风光，今又还属于我。然而，此旧句用事，在表情达意上，远不如改定稿的直接从眼前取景，更能达情表意，情景更生动，气氛更浓烈。以下四句，侧重写"晓起望湖"。

"断虹带雨生初日，森柳排山覆晚荷。"上句写湖上高处，下句写湖上远处。诗人仰视湖上，旭日方升，晨雨阵阵，如带虹霓，渐现于雨云层间，断续可见。郁森森的绿柳，密密层层，缘山傍湖，伸展而去，推向山峰，而其浓荫又覆盖着满湖盛开的晚荷。一幅色彩多么艳丽迷人的图画！断虹色彩缤纷，初日红光耀空，森柳层层浓绿，晚荷叶碧花红，背衬青葱郁勃的青山翠峰，在迷蒙飘忽的晨雨中，益发显得新丽鲜艳，妩媚迷人。两句中多重连用"带"、"生"、"排"、"覆"等动词，将一幅晨光雨中的湖光山色，写得静中有动，生机勃勃，而又富于活泼情趣。改定稿改初稿中"断桥"为"断虹"，更具色彩，意境更阔大、更媚人。这两句从天上、远山等大处落墨，衬写西湖，犹如画上的大背景。至颈联两句，则从湖上细处描绘，浓墨重彩,点染湖光山色。诗云"浅水蓬莱行再见,两堤菱芡已无多"。西湖水浅,远不如蓬莱仙岛所在的东海深邈。但是,湖畔佳境,可比蓬莱仙境,一步一景,处处如蓬莱仙境般美丽奇妙。苏堤、白堤之畔,犹有湖上的菱与芡,但多经采摘,所余无多了。两句直接写湖上风光,写湖浅水清平静,两堤一带,美不胜收。初稿作"人世几回清浅水,湖山犹在短衣歌。"不如改定稿句的写湖光那么具体形象,寓悦愉之情于景,而是偏重于说理,与颔联写景之句,欠谐和、缺呼应,何况,寓理在感慨一己之人生,向往短衣隐山之乐,未免消沉,与全诗题旨不合。改定稿仍循首联,再续颔联,写足湖光山色之美,充分抒发愉悦美好江山之情,层层铺垫,蓄势积厚,以是从结出末两句,迸发出一曲高昂悲壮之音,奇峰突起,而完成全诗题旨,其云"平时梦想江山处,不独伤心唤渡河。"初稿原作"休论三十年来事,清响沉沉邈若何?"用的是郑所南评张玉田词句意,谓"张玉田词,能令三十年后,西湖锦绣山水,犹生清响。"初稿两句,还在诗人作自我感慨。其时,诗人已年有三十六岁,自叹人生茫茫,成就未立,犹如"清响沉邈"。此乃拘泥于个人身世之感,格调未免欠沉落而狭窄。而改定稿所出两句,升华到伤时感事、忧患家国的高度,从湖光山色中,触生忠爱之情,使全诗布满亮色。史载宋朝名将宗泽,一生抗金,临终犹大呼"渡河",要渡过黄河,尽驱胡虏;其壮志未酬,常令后人为之扼腕叹息。诗人由西湖景色之美,忽然联想及平日梦想到的中华江山、当有无数如西湖之美景,但而今却全为满清所统治,江山含辱蒙羞,有志者怎可忘此羞辱、而坐观美景?宗泽抱志以没,固然令人思之伤心;但今日之时势,又安得而不令人伤心?"不独"二字,说明了诗人所言不在史事而在时事,也暗示了诗人的排满革命倾向。黄节是学人,编《国粹学报》,力主发扬国粹,保种保国,恢复汉官威仪,亦是这种倾向的体现。读至尾联,读者始悟前六句充分展画铺写湖光山色之美,正是为此"伤心"蓄积其势:山河越美,越令诗人伤怀;而前篇所写美景乐怀,正好同尾联所记"伤心"形成鲜明对比,从而使结句产生强烈的感人力量,其高亢怒吼,足可撼人心魄!

陈衍《石遗室诗话》谓黄节"为诗,著意骨格,笔必拗折,语必凄婉。"从这首诗,尤其是改动部分中,我们能明显地见到黄节之"著意骨格"的精神。　　（王杏根）

南归治装,箧中得亡儿旧函[①]　　　　黄　节

风飘残雪沪江干[②],忆汝家山骨未寒。
万里沧波无梦到,一缄尘迹隔年看。
只余母妹平安语[③],信有诗书付托难。

谁谓《北征》愁杜子：瘦妻痴女尚为欢④。

〔注〕 ① 此诗选自《兼葭楼诗》卷一。原载《国粹学报》，题作《南归治装，检箧中得亡儿旧札，泫然久之》。 ② 风飘残雪：《国粹学报》作"晚来风雨"。沪江干：黄浦江畔。干，岸。 ③ 母妹平安语：《国粹学报》作"忧患侵寻老"。 ④ "谁谓"二句，《国粹学报》作"今日南归更何意？萧疏松菊不胜残。"

此诗作于光绪三十三年(1907)。作者时三十五岁，只身旅居沪上，主编《国粹学报》。是年阴历四月，得广州来电，知子绥华暴病而卒，即治装南归，此诗当作于是时。诗初发表于《国粹学报》，后收入《兼葭楼诗》集，有较大改动。

首联紧扣诗题，云"风飘残雪沪江干，忆汝家山骨未寒。"诗人在沪寓治装南归时节，正是春寒料峭之际，沪上江畔，尚有寒春风吹之冬尽残余之雪，寒意正浓，刺骨厉心。此句写寒风残雪，较之初稿的"晚来风雨"，更能渲染孤寒凄寂的气氛，写出诗人此时此地的环境氛围与心境意念。第二句亦切诗题。发现亡儿"旧函"，自然更要痛思爱子，此时儿在家乡新丧，尸骨尚有余温，岂不令诗人悲痛欲绝！上下两句，更以对比之笔，极写思亡儿的哀痛：儿是新亡，骨犹未寒；己居沪上，获知噩耗，却已深感寒意逼人。"风飘残雪"，令人身寒，正是诗人心境凄凉的委婉表达。失子之痛，犹在此"未寒"与己寒的两两对照中，强烈地反映出来。故定稿所改，自有匠心。

至颔联两句"万里沧波无梦到，一缄尘迹隔年看，"是对第二句"忆汝"之悼的深化。从上海到广州家乡，相隔万里沧海，亡儿幽魂，也不能入我梦来。诗人此句所写，是惊感丧子突然与惶惑，似不信儿亡。同时，此句还含有另一层意思，表达着对亡儿的一种愧疚之情，以为儿在母膝之下，自己关心不力，故未成梦，不料儿已亡故，愧悔痛惜之情，于此中婉曲含蓄地表现了出来。下句，梦虽未成，儿信仍在，见物思人，益感悲摧。"一缄"书信，今为"尘迹"，却仍牵动心扉，目睹今日手捧之"旧函"，犹如亲见昨年的爱子。所谓"隔年看"，是惜爱子之亡于不忍，见遗存之旧函，作"隔年"尚活在人世的儿子相看待，但是，毕竟旧函乃隔年之物，爱子确以亡于眼前。思而再思，痛而又痛，益见诗人失子之痛。

颈联两句，先荡开一笔，谓今"只余母妹平安语"，子已亡，虽妻、女尚在，聊可告慰；但"母妹"来信，只报寻常的家室平安语，无论诗书学问，事业志向，故痛感"信有诗书付托难"。旧时知识者讲究家学渊源，望子继承己之道德文章，如今儿竟先己而亡，己之未竟之业、所怀之志，将难以付托后人为继。对于一位严肃的学者与诗人如黄节，无有比中年失子，"诗书付托难"，更为悲哀伤痛的了！此真学者痛子的深情，而非俗流可伦比。上句初稿作"只余忧患侵寻老"，过于为失子而显得情绪消沉,太多暮气。于今改定稿,既合亲情之念,又能突出己之怀抱之志,从一己之家事忧虑中,升华到学问事业的大事上写失子之痛,显得情感深沉、格调高亢,诗意的境界大为廓大了。

尾联两句,全删初稿"今日南归更何意,萧疏松菊不胜残,"而改定为"谁谓《北征》愁杜子?瘦妻痴女尚为欢。"这一改动,不仅大大深化了诗意,而且使境界大为升华。初稿两句,过分泥于一己之哀,眼界狭小,有随俗哭子之嫌,且以"萧疏松菊"形容自己为失子而心残形秽之状,亦欠得体,又不合节令时景,于全诗形象未谐,远不若改定稿之含蓄深切。杜子,即杜甫。杜甫官左拾遗时,曾归家探亲,作《北征》,记述途中所见安史乱后的战乱残迹,民情困顿,发抒忧国忧民的情思;亦写归家后所遇家室贫困、妻女苦况,国忧家愁,集于一诗。但人说杜甫《北征》中有深愁,诗人则谓不然,毕竟老杜还归家团聚,得到了"瘦妻面复光,痴女头自栉"的亲情欢愉。诗人改定此两句,表面上是说,杜甫并无丧子之痛,故归家见妻女,能得欢乐;而我则不然,归见妻女,一齐痛悼亡儿,何欢之有?但从更深处想,诗人有意提到《北征》,似也是以诗中所记所述所感之忧国忧家、民忧家愁,比照此番南归,并警策自己不为一子之失而过悲,以至弃家国之忧于不顾,毕竟妻女尚在,家室团聚,聊慰哀思,亲情与前程,当自责以重。此杜甫《北征》一事之用,廓大了全诗意境,诗的格调亦随之深沉而高昂多了。

本诗写得极是本色,纯以真情动人,但也步骤中程,格律谨严。黄节为诗,亦一如其治学,一丝不苟,精益求精。此诗两稿,定稿显然比初稿更具诗意、语言也更贴切;两相参看,可见诗人的锤炼之功。

(王杏根)

陈去病

(1874—1933) 字佩忍,号巢南,原名庆林,江苏吴江(今苏州市吴江区)人。早年要求变法维新,后参加同盟会。为南社创始人之一。其诗颇多悲愤国事之作。辛亥革命后,曾任江苏革命博物馆馆长。后任东南大学教授等职,政治思想日趋消极。有《浩歌堂诗钞》。又曾创办《二十世纪大舞台》杂志,提倡戏剧改革。

中元节自黄浦出吴淞泛海   陈去病

舵楼高唱大江东[①],万里苍茫一览空。

[1888] 陈去病　　　　　　　　　　　　　　　中元节自黄浦出吴淞泛海

　　海上波涛回荡极，眼前洲渚有无中。
　　云磨雨洗天如碧②，日炙风翻水泛红。
　　唯有胥涛若银练，素车白马战秋风③。

〔注〕①大江东：苏轼词《念奴娇·赤壁怀古》："大江东去。"　②句下自注："烈日中忽遇阵雨。"　③胥涛：潮水的代称。春秋时，吴王夫差不听伍子胥的劝告，反将子胥赐死。子胥死前嘱其子，死后将他的尸体用皮囊包好，投到钱塘江中，以便早晚乘潮来观看吴王的失败。传说子胥怒气化为怒潮，称为胥潮。还有人见他乘素车白马在潮头上，每当高秋八月，隐现于钱塘江潮之中。两句用此故事。

　　陈去病作为"南社"发起人之一，著名革命志士，"少年时负奇气，一往无前"，中年致力革命事业，慷慨以天下任。一九〇八年，时当革命斗争风起云涌之际，他由上海乘船渡海赴广东从事革命活动。以这样的个性气质，这样的形势，这样的目标，该是怎样的一番心胸和激情？这一切都展示于泛海抒怀的造境之中。换句话说，挥洒于笔底的境界并非单纯为眼前景物的自然展开，胸中波澜的融入和开掘，可以称作融情入景，而从诗面的景物选择与渲染看，又何尝不是一种象征呢？

　　"舵楼高唱大江东"，作者居于全船视野最开阔处的"舵楼"，自然首先规定了全诗写景的视点，其实这昂然前趋的位置，不也正与作者立于革命前潮的位置表里沟通吗？"高唱""大江东去"，便有"浪淘尽千古风流人物"、而今舍我其谁的英雄气概。侯鸿鉴《浩歌堂诗钞序》说他"慷慨悲歌，不可一世"，郑逸梅《南社丛谈》说他"孤芳自赏"，从这一句中都可遥见其当日气度。有此雄迈壮阔的起笔，次句"万里苍茫一览空"无论景物还是情境就都是合理的展开了。"一览空"饱溢了"不可一世"的意致，而从写景看，则是大处着笔的无限远景，是极目海上的真切实境。次联出句视点下俯"波涛"，那波涛重重回荡，由近及远，无穷无尽，"极"正是"波澜动远空"的境界，同上句的"一览空"勾挽。对句视线再作回收，由于波涛的起伏，"眼前洲渚"乃时隐时现。革命风云的层层叠起，革命形势的升沉起伏，便成为这两句被象征的内涵。这几句可以凭艺术感觉鲜明体察到写景的底蕴，诗面上表现得又"无迹可寻"，人们说陈去病诗为"唐音"，这正是突出的一点。"云磨雨洗天如碧"已注明为"烈日中忽遇阵雨"的实况，视野上扬。"日炙风翻水泛红"，写日光返射出的色彩，视线下临。一"碧"一"红"，上下映衬，色调鲜丽夺目，境界美轮美奂。这境界乃是经过"云磨雨洗"、"日炙风翻"艰难锻淬之后——"磨"、"洗"、"炙"、"翻"，作者遣词中如此突出这一点，强烈的主观感觉对自然景象的这种强调，其象征意旨当是不言而喻的。当然作者深知自己在实景中叠映的是一种理想和憧憬，而眼前更需要的是艰苦的斗争，甚至悲壮的牺牲，所以，末联用伍子胥的事再写波涛,并用"唯有"两字领醒,命意盖在于此。"素车白马战秋风"透露着壮士视死如归的激烈心怀,那当然是对斗争事业艰难性的充分理解为前提,并与首句"舵楼高唱大江东"的豪迈遥相呼应,形成不同色调的情感层次。

全诗笔力雄迈恣肆,境界阔大,气势豪壮,真力弥满,显示了陈去病诗歌的独特风格,并由此感知一代历史前驱者们的昂扬风范。

(魏中林)

诗人小传

钱振锽

(1875—1944) 字梦鲸,号谪星,又号名山、藏之、庸人,别署星影庐主人、海上羞客。江苏阳湖(今常州)人。光绪十六年(1890)秀才。十九年(1893)举人,二十九年(1903)进士,授刑部主事。两次上书言事,不用,后弃官归里。辛亥革命后,绝意仕进,束发作道装,在常州寄园授徒,以著书讲学为务。其诗法李白,文宗韩、苏。又擅书法、绘画。有《星影楼诗文集》。

挑 荠 女

钱振锽

蓬头小女茅房住,东方明时挑菜去。
春寒少雨土脉坚,星星荠菜小如钱。
腹空惟有隔宵粥,日高挑得盈筐绿。
市人持秤不容情,两则有余斤不足。
得钱与母持换米,明日提筐还早起。

此诗在钱振锽《名山集》中是最为脍炙人口的诗作之一,在诗人家乡阳湖(今常州市)一带广泛为人传诵。钱氏生当清末民初,因上疏言事不为用,乃弃官南归,以讲学著述为业。工诗善文,精于书画,名震东南;又好社会公益,广泛捐助乡里低层贫苦劳民,故倍受士人、民众称颂,有"民族诗人"、"民众诗人"之称。平日有所作,或写民众、或刺时事,多择宜者交乡里民众吟唱,《挑荠女》一诗亦属其一,因时人视作同调,故得传诵于众口。

此诗取一件旧时社会常见之生活断片,细加描述,厚积薄发,洞察常人视而不留意之细事,吟唱成诗,发人之所不能发。

村郊挑野菜,如挑野荠,是农家常事,或以佐餐,并不一定以此糊口。而诗中所记挑荠女,家住茅房,蓬头乱发,显系贫困之家小女。东方刚明,背筐挑菜,乃为生活困苦所逼。可以想象,这蓬头垢面,衣衫褴褛的贫女,提着竹筐,在拂晓中两眼惺忪地跨出黝黑的茅房,走向挑菜的田野时,必是于寒风中缩瑟不已。第一、二句写出小女之家贫无靠。"春寒少雨土脉坚,星星荠菜小如钱。"挑荠为养家糊口,可是,天不为济,春寒少雨,土质坚硬干旱,不利野荠生长,仅见如星星般稀疏,散于田野,个头又小如铜钱,何时能挑满一筐呢?"腹空惟有隔宵粥,日高挑得盈筐绿。"挑荠已艰难,还须忍饥挨饿,一早出门,尚未进食,腹中正饥;昨夜仅喝点稀粥充饥,怎么熬得到今朝? 须臾日已高照,长时挨饿,好容易挑满一筐绿油油的野荠,自喜可以归得家去,不再劳顿于野外、受春寒之冻苦了。但是,她尚不能归家休息,须售出换钱,再籴米以糊口。"市人持秤不容情,两则有余斤不足。"挑荠,天不助人;市售,又人情寡薄。收售者持秤斤斤计较,全不可怜挑荠女的艰辛,"盈筐绿"的野荠,经他们的挑挑拣拣,所余仅止几两,不足一斤。一晨辛劳,仅得此微薄的收益,其艰辛苦难之状,历历在目。"得钱与母持换米,明日提筐还早起。"总算换得几文铜钱,交与母亲,换些米来,赖以为活。今宵度过,那么明日呢?今日一早,天明即起挑荠,挑至日高,尚止这些"斤不足"之数。看来明日还得起身早些,以便多挑些,才能满斤,才能苦度一日。末句读来,尤令人不自禁地洒下一掬同情之泪。如此日复一日,年复一年,何时摆脱这等贫困与艰辛的生活羁绊? 从挑荠女孩的生活,可见其家境之艰困贫穷,又可从此"茅房"之家,窥察社会之一斑。对于挑荠女来说,天非其时,地无其利,人亦勿和,今后还有一段漫长的生活道路,她将何以抗争? 诗人恐已联想及此,不能回答,而留给读者去思索了。

(王杏根)

金天羽

（1874—1947） 原名天翮,字松岑,号鹤望生,天放楼主人,江苏吴江(今苏州市吴江区)人。诸生。光绪二十四年戊戌(1898)荐试经济特科,辞不赴。后与章炳麟、邹容、蔡元培交往甚密,用文字鼓吹革命。入民国后,曾任江南水利局长。晚年在苏州,立国学会,从事讲学。其诗早期颇近"诗界革命"诸家,反映国内外大事,可称一代诗史。好游名山大川,其刻画山水名胜之作,尤为奇肆。有《孤根集》、《天放楼文言》、《天放楼诗集》等。

嵩 山 高

金天羽

碧丛丛,高极天,吹笙王子冠列仙。腾龙跱鹤嵩高巅,下观尘世三千年。白水真人地下眠,黄袍不上太尉肩。嵩高王气今萧然,上不生高光,下亦不生曹与袁。鸿名神器一暗干,渐台之水沦为渊。西陵歌吹送老瞒,妓衣空向高台悬。分香卖履烧纸钱,会有瓦砚铜爵传。铜爵之台临漳起,即今亦作当涂视。盖棺未到难论定,晚节竟被千人指。千人指,一朝死。南面王,东流水。五岳骏极嵩当中,愿天不生帝子生英雄。

这首诗写于民国五年袁世凯称帝失败病死以后。

袁世凯称帝是中国近代历史上的闹剧之一。作为近代一个著名诗人,金天羽一直坚持以诗歌写时事,此诗即有感于此而做。嵩山,五岳中的中岳,传说为天帝所居,在今河南登封县北;袁氏为河南项城人,全诗故以嵩山起兴,运用有关嵩山的传说,借古以喻今,讽刺袁氏称帝的不得人心和逆历史潮流而动。

"碧丛丛,高极天",开端六字,令人只觉一股清峻峭拔之气扑面而来。作者开始便极言嵩山山峦之众,山峰之高,虽无具体描写,但极度的夸张足可启人想这种"以神写形",正是中国传统的艺术手法之一。名山不可无仙,那么什么样的仙人配住在这高峻而充满神奇色彩的山上呢? 自然是位列群仙之冠的"吹笙王子"了。"吹笙王子"就是传说中的神仙王子乔。《列仙传》云:"王子乔者,周灵王太子晋也。好吹笙作凤凰游,游伊洛间,道士浮丘公接以上嵩山。"接着,作者进一步渲染仙境的奇幻:在高高的嵩山之顶,作为仙人之首的王子乔,如同龙腾鹤跱(独立),正在向下俯视,"下观尘世三千年"呢。相对于仙境而言,人间自是尘世。而仙人观尘世正好提供了由写仙境向人间历史的过渡,给以后情节的展开起了开路作用。还需要指出的是,本诗的开头显然也是化用了李贺《巫山谣》中"碧丛丛,高插天,大江翻澜神曳烟"的开篇方式,但由于二人命意各异而各具特色。李贺号称"诗鬼",写巫山是为了寄托其要渺之思,故极尽冥思渲染之能事;本诗作者写嵩山则在于写人事,以嵩山仙人为视角来观察人世变迁。诗人正是借李贺神奇纵横之笔来写现实,来讽刺时事,又避免了同类诗歌中直接切入现实时滞重平直之病,从而使诗起首显得别具一格,灵动非常而富有浓郁的浪漫情调。

从"白水真人地下眠"到"下亦不生曹与袁"五句,即承接前面"下观尘世三千年"而来,可以说是仙人对观察到的"尘世三千年"历史的一个总结。"三千"非确指,而是对整个人世历史的一个概括说法。"白水真人"即汉光武帝刘秀,因其起兵于河南南阳白水乡,故称之。如今,光武已长眠地下了。"黄袍"是借代手法,指皇位,这里反用宋太祖(原是后周太尉)陈桥兵变黄袍加身事以讽刺袁世凯的失败。那么,神仙究竟由此得出了什么结论呢?请看他的感叹:嵩山如今已"王气萧然",曾经在它周围活动、成就帝业的汉高祖、汉光武帝自不能再生,甚至曹操、袁术之流的奸雄也不可复睹了。这番感叹中,包含着一种必然的、不以人力为转移的历史规律,因为产生帝王机制的时代已经过去了。这个规律,因为是对人世纷争最无动于衷的仙人观察到的,就更有不可逆转之意味。

但诗作者还不满足于此,他还要利用仙人之眼进一步对人间那些弄权窃国者从生命价值意义层次给以致命一击,彻底否定他们存在的意义。接下六句,先后引用了王莽和曹操的典故。王莽凭借虚伪的好名声盗窃了王位,被杀于渐台之上,其后渐台被人们渐渐遗忘,下面的流水也变成荒凉之渊;而曹操死后,当初享乐的铜雀台上只剩下空悬着的歌妓们的舞衣,那些歌妓们早已风流云散,去干卖履的营生,铜雀台上的殿瓦也被后人拿走当砚台用了。王莽和曹操都是历史上弄权的典型,作者分别以跟他们生前密切相关的渐台和铜雀台象征各自的命运。他们终生孜孜以求的,在仙人眼里不过一个"沦",一个"空",何等可怜可悲!尤其是曹操,时刻怕被人遗忘,在《遗令》里也说:"汝等时时登铜雀台,望吾西陵。"和身后的结果相比,形成了多么巧妙的讽刺!

至此,作者已完全完成了远距离的包抄,"铜爵之台临漳起"四句,开始把镜头的焦点从历史拉向现实,使诗的主旨变得明朗化。前两句写道今天如果有谁步曹操后尘,称帝筑台,"即今亦作当涂视",把他看作和曹魏一样(当涂,即"当涂高",魏的别称);若这两句还有些含蓄的话,那么后两句明显实指了。诗中引用了盖棺定论的说法,意为到人死后一生的是非功过始有公平的结论,可袁世凯"晚节竟为千人指",有生之年已经受到众人异口同声的唾骂,其罪愆比曹操、王莽有过之而无不及,可谓大矣!

最后一小层是诗人感情的总爆发,亦是全诗的高潮所在。本来前面一直用仙人王子乔作为视角主体,但诗人那丰富的、沸腾着的情感又怎么能老是置于仙人那淡漠、超然的外衣下呢?诗人禁不住地要呐喊出自己的声音,终于,激情以喷薄而出的形式完成了视角主体的总转换。这一层承接了上一层最后一句的后半句开始,一连运用了四个三字句:"千人指,一朝死。南面王,东流水。"既是对现实鲜明的立场态度又是对历史的高度概括。短促的排比使语气直线升级,诗人在诗篇收束处终于以最高亢的声音抒发出了自己的愿望:"五岳骏极嵩当中,愿不生帝子生英雄。"那么,帝子和英雄的区别何在呢?帝子视天下为己利,英雄则为国为民,殒身不惜。全诗到此如金戈铁马,戛然而止,不尽之意,犹在言外。

《嵩山高》篇幅不长,却达到了极高的艺术水平。首先是谋篇布局做到了有虚有实,以虚写实,虚中见实,相得益彰。写嵩山本虚,借嵩山起兴以喻现实是实,而所有选材皆不离嵩山;写仙人之眼是虚,写作者自己之情怀是实,而自己之情怀皆通过仙人之眼出来;写历史典故是虚,刺袁世凯是实;而于王莽、曹操命运中已伏袁世凯之结局。其次这首诗采用了自由度比较大的古体诗形式,以七字句为主,间杂以三字句、五字句,巧妙地化用典故,纵横捭阖,嬉怒笑骂,骨力沉着而不失雄放,完美地做到了当时诗界革命所倡导的"以旧形式含新意境"的创作要求。有人称金天羽为"诗界革命在江苏的一面大纛",于此诗可见一斑矣!

(姚晓雷)

夏敬观

【诗人小传】

(1875—1953) 字剑丞,号盥人,映庵,江西新建人。光绪举人,官提学使。入民国,任浙江教育厅长。晚岁寓居上海。诗学梅尧臣。亦能作词和绘画。著有《忍古楼诗集》、《忍古楼词》、《音学备考》等。

今子夜歌

夏敬观

侬欢各天涯,莫道别离苦。
虽云不相见,朝朝帖耳语。

思欢隔欢面,情不绝如线。
侬唇帖欢耳,闻声不相见。

《子夜歌》系南朝乐府民歌,属吴声歌曲。相传为晋代女子(名子夜)所创制,多以"侬"(我)"欢"(爱人)为词,写男女欢爱与相思之情。形式多为五言匹句,常用双关、隐语等修辞手法。夏敬观的这两首诗即以古题写新事,颇有意趣。"多情自古伤离别"(柳永),对于年轻的情侣,相思两地之情尤为难堪。《子夜歌》云:

"夜长不得眠,明月何灼灼。想闻欢唤声,虚应空中诺。"《子夜四时歌》云:"秋风入窗里,罗帐起飘扬。仰头看明月,寄情千里光。"可谓曲尽其致。自从西方科技传入中国,有了电话这玩意,真为青年男女解除了不少烦恼。尽管暌隔天涯,只要在电话里听到"我爱你"和答复"你爱我吗"哪怕重复过千百遍的话,心理距离一下就缩短了,真的感到"天涯若比邻"(王勃)。仿佛依欢依然"脸儿相偎,手儿相携"(《西厢记》),感到由衷的快活。这两首诗如加上今题,便是"打电话"。

第一首劈头就道:"侬欢各天涯,莫道别离苦",一反古人诗词中写到别离的愁态。这得感谢爱迪生发明了电话。在往昔,想爱人想得痴狂时,耳朵会发生错觉,仿佛听到那熟悉的亲切的呼唤,从而有"回头错应人"或"虚应空中诺"的尴尬。如今这是什么境界:"虽云不相见,朝朝帖耳语。"虽然不能对面,但拿着听筒咬耳朵,就比和想象中的爱人对话心中实在,也自在。听到那熟悉亲切的声音,仿佛还耳鬓相磨似的。末句的"朝朝"二字不要草草放过。这等于说天天打电话,是热恋中人的常态。与《子夜歌》时代的女子比较,诗中女主人公真是幸福多了。

第二首开头就用双关:"思欢隔欢面,情不绝如线。"这个"情不绝如线",字面看犹如说藕断丝连,沿袭古乐府以"丝"谐音双关"思"的套路。其实这不绝的情线,又双关着电话线,使"千里姻缘一线牵"那句老话,便有了新的意味。后两句则将前首"虽云不相见,朝朝帖耳语"二句掉转来说:"侬唇帖欢耳,闻声不相见。"句次颠倒,意味顿殊。正由于电话缩短了侬欢的空间距离,有天涯咫尺之感,所以恨不得马上见面。然而这是不可能的。打完电话不免思念倍添。

前首道"虽云不相见,朝朝帖耳语",是慰中有憾;后首道"侬唇帖欢耳,闻声不相见",是慰中有憾。这样两方面相互补充,就把年轻恋人打电话的复杂心态和盘托出。可谓搔到痒处,令人解颐。古代乐府民歌也因为诗人的推陈出新而从此赋予了现代的内容。

(周啸天)

诗人小传

俞明震

(1860—1918) 字恪士,号觚庵。浙江山阴(今绍兴)人。光绪十六年庚寅进士,授刑部主事。乙未(1895)清廷与日本订《马关条约》后,曾在台湾抗击日军,任台湾民主国内务大臣。宣统末,任甘肃提学使。入民国,为肃政史,谢病归。往还南京、杭州间,为诗较多。为晚清宋诗派代表作者之一。著有《觚庵诗存》。

天　竺

俞明震

言从天竺寺，偶步下云房。
新霁铃声活，晨炊松叶香。
片云驻灵石，一鸟答松篁。
檐葡花仍在，禅心但坐忘。

  杭州西湖的西南，在青山翠谷之中，有一著名寺庙，便是灵隐寺。灵隐寺前，一峰突兀，就是传说自天竺（印度古称）飞来的灵鹫峰。自灵鹫峰沿山坡石板路迤逦而上，到琅珰岭，皆称天竺，分上、中、下三地。下天竺有法镜寺，依靠着灵鹫山麓；中天竺法净寺，近稽留峰北；上天竺法喜寺，已在白云峰下，属北高峰一脉了。自下天竺直上，一路竹篁松阴，山青溪碧，风景极是幽美。自唐宋以来，一直是高僧驻锡修持的宝地。以天竺为题的诗，也不可胜数。在许多诗作之后，如何入手写天竺景色呢？俞明震《天竺》诗，即有新的体味。

  天竺是佛院之地，以此为题材，总免不了涉及寺庙佛理，此诗"云房"、"灵石"、"檐葡花"、"禅心"等词汇，就是鲜明的痕迹。不过，诗人笔下的重点，并不是伸述此地是佛子修行的最佳地点，更不是借景色幽绝推衍出佛理的永恒。诗人笔下的重点，是生气勃勃的充满生命力和发展倾向的自然万物，因此留给读者一种蓬勃的朝气和活泼的生气。诗人选取雨后初晴的时刻，离开了天竺寺的云房（僧人居室），走下了山道。"新霁铃声活，晨炊松叶香"，被久雨抑滞的寺庙檐角的铃铎，仿佛苏醒过来，有了生命，发出活泼清脆的铃声。空气清新，微风过处，闻到晨炊烧松枝松叶发出的清香。寺院的环境，在铃声松香中，在久雨初晴时刻，一下子生动起来，庄严肃穆的佛地充满了生气。"片云驻灵石，一鸟答松篁"，飘过的白云也停驻在石峰上舍不得离去，鸟声和松涛竹音相互和鸣。天上的白云，山峦的石峰，还有那小鸟，那松树、竹篁，都欢快地生活，都有了活泼的生命。其实，从"新霁"二句开始，诗人就把自然物拟人化了。铃声、松香、片云、灵石、一鸟、松篁，都被赋予人的活泼生动、欢快愉悦的感情。这些自然物都是人化了的自然物。艺术家人化自然的目的，在于借被人化自然物的动态和静态，传达自己内心的感情波澜。读者也可以从这幅活泼欢愉的山间景色画图，体会到一种愉快的心境和活泼的生命力。

  最后两句"檐葡花仍在，禅心但坐忘。"这在题材上承接天竺是佛寺集中地这一层意思，在意境上仍然归结了明丽活泼山水使人留恋忘返的情趣。檐葡花为梵语译名,意谓郁金花,有人解释这就是栀子花,花色黄白,香气浓烈。坐忘语出《庄子》,指人忘掉形体意识,"同于大道,此谓坐忘。"实指人与物同一,在宇宙规律中和谐而永恒。俞明震诗最后两句,以栀子花香的浓烈,暗喻天竺景色深沉弥久的吸引力;以庄子坐忘的境界,暗喻在此地修禅和享受此地山间幽雅景色是统一的,都使人的精神境界得到永恒。

同是幽雅环境,有人写得凄清幽绝,流露感伤情怀;有人写得明丽活泼,表达欢愉心境。以静修的寺院和幽静的山间为题而写得这样生气勃勃的天竺诗,并不多见,所以后人好评甚夥,也是自然的事了。 (陈 铭)

游西溪归,泛舟湖上,晚景奇绝,和散原作[①] 俞明震

西溪暝烟送归客,艇子落潮风猎猎。芦花浅白夕阳紫,要从雁背分颜色。颓云掠霞没山脚,一角秋光幻金碧。欲暝不暝天从容,疑雨疑晴我萧瑟。忆看君山元气中,沧波一瞬各成翁。请将今日西湖影,写入平生云梦胸[②]。

〔注〕 ① 西溪:在杭州西湖西北。散原:陈三立(1852—1937)的号。陈为晚清诗坛魁首,与俞友善。 ② 云梦:古大泽名。方八、九百里,西起今湖北松滋、荆门,东至今黄冈、麻城,北抵今安陆,南逾大江。

俞明震诗,陈三立序称其"感物造端摄兴象空灵杳霭之域",钱仲联《梦苕庵诗话》则更指出:"其诗初学钱仲文,后由简斋(陈与义)以规杜,淡远幽深,精神独往。"本诗为诗人晚年居杭州西湖时赋,写景奇丽,复融入身世之感,笔有化工,可谓杰作。

诗的开头,"西溪"句紧扣诗题"游西溪归","艇子"句紧扣诗题"泛舟湖上",二句并点明了赏景的时间、地点。"暝烟送客",一个"送"字将无生命之物写活;"艇子落湖",一个"落"字也不同凡响,动感很强。

下面四句,刻意写出晚景的色彩美。芦花白,夕阳紫,似乎在大雁背上也能依约辨出二种颜色。山脚下云朵缓缓飘落,在火焰般的红霞前掠过,悄然隐去;湖面上秋水涵天,粼粼波光金碧闪烁,变幻不定。"要从"句自周邦彦《玉楼春》词名句"雁背夕阳红欲暮"化出,但别有新意。四句一有植物,一有动物,一明有山,一暗有水,组织上既自然又精巧。

接着,诗人之笔由写景转入抒情,在衔接上颇见功力。"欲暝"二句,乍看似双拟对(一种以不相连的重字互对的对仗形式),但两"暝"字与两"疑"字在上、下

句中位置不同,而"天从容"、"我萧瑟"对偶却极工整。这样似对非对,便在音节文字上产生一种特殊效果,加强了自然景物与诗人情感的反差。天色安谧从容地变化,诗人的内心却无法保持平静。"疑雨疑晴"既切合湖上晚景,更隐含着对国家前途既感失望又抱希望的矛盾心理。"从容"本宜描写人,"萧瑟"本宜描写物,这儿却来了个颠倒,用笔极见跌宕之妙。

最后四句,诗人的笔墨在今昔之间流淌,写下了他触景生情、近思遥忆的感慨。早年俞明震和陈三立曾同游岳阳,登洞庭湖中君山,彼时二人俱少壮。此时同游西湖,在苍茫暮色中体味人生暮年的复杂感受,回想个人的宦海沉浮以及与之密切相关的清朝的内忧外患,诗人怎能不惆怅万分!为了自我宽慰,诗人便要让美丽的景致填入自己雄心壮志消磨殆尽的胸怀。按司马相如《子虚赋》:"吞若云梦者八九于其胸中,曾不蒂芥",故"云梦胸"比喻胸襟阔大,志高气壮。而"西湖影"在诗中是晚景,恬澹却又迟暮,实为诗人老年心境的物化。四句"忆看……"写昔,"沧波……"写今,"请将……"又写今,"写入……"又写昔,环环相扣,如律诗中的粘与对,章法非常严谨,语句又非常灵动,可见诗人的出色诗才。

俞明震此诗,陈三立、陈曾寿均有同作,而钱仲联《梦苕庵诗话》以为二家"俱善状光景,而无觚庵(俞明震号)之情致"。一般认为觚庵诗五古最佳,但这首七古的造诣甚高,足以与其五古匹敌,夏敬观《忍古楼诗话》说这是因他晚年"遭际坎坷,困而弥工,不特得山川之助也",良然。

(庞 坚)

【诗人小传】

林 旭

(1875—1898) 字暾谷,福建侯官(今福州)人。戊戌变法的主要参加者,六君子之一,与谭嗣同等被授四品章京衔,在军机章京上行走,从事新政活动。变法失败,为慈禧捕杀。他的诗力学陈后山(师道)、黄山谷(庭坚),是近代闽诗派重要作家之一。有《晚翠轩诗集》。

上海胡家闸茶楼①

林 旭

已近乡心那得休,谁曾一笑妄成留?
依回避疫情何怯,牵率言欢意易遒。
十里人声趋短夜,百年海水变东流。

闲来独倚原无事，只为凉风爱此楼。

〔注〕　① 胡家闸：即胡家宅，在福州路大新街（湖北路）东。清道光后期小亚细亚回民在此建清真寺，并聚群居住，故得名。十九世纪末成为京戏馆最集中的地方。

光绪二十一年（1895），林旭入京应试，正值《马关条约》签订，他参加了康有为发起的"公车上书"，后又受业于康，并加入了强学会。次年夏，他由京返故里，途经上海，写下此诗。

诗的首联，诗人说：到达上海，比起京师来，离福建老家当然近得多了，然而思念故乡的感情却更不得罢休，更显迫切，谁又怎会想到轻易在沪上留滞？"曾"在此作"争"（即"怎"）解，"一笑"则喻"轻易"。首联中诗意便已见出曲折。

颔联二句，"依回"即"依迟"，指诗人自己留滞沪上若有依恋迟回之态。"避疫"指福建当时正闹瘟疫（林旭《还福州海行》之二"旱疫应知乡事苦"可以印证），诗人偶止上海竟似意在躲避。"情何怯"自然是诗人的自嘲。读者当知并不是他胆怯避疫，而是交通上的原因，使他不得已坐等定班客轮。"情何怯"又暗用宋之问《渡汉江》"近乡情更怯，不敢问来人"，别有不尽之意。"牵率"意为"牵引"，在此不妨解为"怅触"，"言欢"云云，谓虽暂留沪上不得速回家乡诚属憾事，但倒也可乘此机会与前辈诗人如陈衍、郑孝胥（同为客居上海的闽人）等相聚畅叙，尽意言欢。（按《晚翠轩集》中《与石遗大兴里饮罢过宿有叹》、《洋泾桥与郑太夷丈对月》诸诗，大约即同期之作。）不过，若解为归里与亲朋言欢之意甚切，也可。二句一退一进，用笔亦见跌宕。

再看颈联。"十里人声趋短夜，百年海水变东流"，钱仲联《梦苕庵诗话》称其"瘦折可喜"，可以认为这是全诗的重点。确实，二句即景抒情，刻意锻炼而以枯淡之笔出之，颇肖林旭所效法的陈师道诗风。杜诗对仗每用"万里"、"百年"，极具沉郁顿挫之势，而林旭此处乃以"十里"对"百年"，虽有客观因素，却也可见出汪国垣所谓"其心苦，其词迫"（见《光宣诗坛点将录》）。"趋短夜"写富豪子弟征歌逐舞，醉生梦死之病态，用笔曲折波峭，一个"短"字意味深长。古诗但云"昼短苦夜长"，此则苦夜短而隐含"东方渐高奈乐何"之消。"变东流"不是说海中水流的方向变化，而是说它的深浅变化，也就是人们常说的"沧海桑田"之意，指的是西方资本主义侵入，上海开埠以来四十余年所发生的种种变化。林旭行迹，颇与唐代杜牧相类，对此畸形发展的十里繁华地，他是非常熟悉的，但身处其中，时时流露出一种"众人皆醉我独醒"的苦涩悲凉之感。如他的另一首《沪寓即事》"独谣负手谁能喻？百计安心或未贤"一联，也有同样的慨叹，即陈衍《石遗室诗话》

中所谓"欢场中时有身世之感"(我们应当再加上"家国之恨")。

尾联落笔貌似轻松,实则其重在骨,令人想起辛弃疾《丑奴儿·书博山道中壁》"而今识尽愁滋味,欲说还休,欲说还休,却道天凉好个秋"数语。"闲"与"无事"反衬出忧思之深,实非寻常笔墨。全诗以明写思念家乡起笔,以暗写感慨国是作结,组织安排,很有匠心。

狄葆贤《平等阁诗话》评林旭诗云:"其诗或有病其涩者,余谓正如橄榄回甘,于此间弥见风味。"读此诗者,以为何如? 不过即使不喜林诗,对他善学后山这一点,恐怕谁也无法否认。

(庞　坚)

诗人小传

陈衡恪

(1876—1923) 字师曾,号槐堂,又号朽道人,江西义宁(今修水)人。陈三立长子。早年留学日本,归国后从事美术教育。其画法得吴昌硕指授。工诗,而风格与其父不同。沈其光《瓶粟斋诗话》云:"义宁陈师曾诗学深造,曩读乃翁《散原精舍诗》,苦其奥涩,师曾却似简斋(陈与义)而不为后山(陈师道),其工者,虽其妇翁范伯子亦不能过。"同时,他所造诗境往往与画理相通。有《陈师曾遗诗》二卷、《补遗》一卷。

题春绮遗像

陈衡恪

人亡有此忽惊喜,兀兀对之呼不起①。嗟余只影系人间,如何同生不同死! 同死焉能两相见? 一双白骨荒山里。及我生时悬我睛,朝朝伴我摩诗史。漆棺幽闭②是何物? 心藏形貌差堪似。去岁欢笑已成尘,今日梦魂生泪泚。

〔注〕① 兀兀:昏沉沉的样子。白居易《对酒》诗:"所以刘阮辈,终年醉兀兀。" ② 漆棺幽闭:被黑漆棺材所封闭。幽闭,被深深地封闭。闭音闭(bì)。

这首诗是题在亡妻汪春绮遗像上的。

古人谓画像曰"传神",亦曰"真"或"写真"。在"传神"上题词大都用散文。在"真"上题词曰"真赞",大都用四六骈文而略加变化,内容较为玄虚。无论是"传神"之文或"真赞",大都为活人而作。也有少数题死人画像的,如秦少游的《南乡子》咏唐妓崔徽半身像,但不是自己亲人,而语言又多调侃。至于在亲友画像上题词或诗,似以照相技术出现以后为多。陈衡恪生当近代,故此诗很有可能题于亡妻春绮的相片。此诗类似悼亡而有自己特色,因为它自始至终紧扣遗像抒发诗人的悼念之情。

诗的开头,不用铺叙,也未以遗像起兴,而是开门见山,直抒胸臆。人已亡了,她的形体已盛进寒棺,葬入荒原,"形影永乖隔"、"一往不复返"(见作者《春绮卒后百日往哭殡所感成》诗);然而忽见一幅遗像,死者的音容笑貌,栩栩如生。这时的诗人,真是又惊又喜。他像见到死而复生的妻子春绮一样,朝夕相对,不忍离开。"兀兀"二字,表现此时的精神状态,极工极妥。他像醉酒似的,终日昏昏沉沉,几乎连春绮"生耶死耶",一时也难以分辨。以之为生,遂大呼其名;呼之不起,乃觉其人已死。这一句毫无藻饰,全用白描,而人物的心态,宛然如画,非有真情实感,是绝对写不出的。

"嗟余"以下八句,是全篇之主体。诗人面对亡妻遗像,思潮起伏,浮想联翩。他叹息自己形单影只,羁留人间,不如同爱妻一道,同赴黄泉。"如何同生不同死"一句,揭示了心灵深处的矛盾,也为下文提出了一个反复思考的命题,可谓诗中之眼。所谓"诗眼"者,如清人刘熙载所云:"眼乃神光所聚,故有通体之眼,有数句之眼,前前后后,无不待眼光照映。"(《艺概》卷四)这里的"同生",二句便起到以上的作用。"同生"不一定是指夫妻二人同日而生,主要是说,他们共同生活了十年。(参见《春绮卒后百日往哭殡所感成》诗)"同死"是感情冲动时的激愤之辞,一方面是难舍爱妻的猝然逝去,一方面是自怜独处的凄苦无聊。然而诗人冷静下来一想,假若夫妻同死,一双白骨埋葬在荒山野岭,泉壤幽隔,岂能彼此相见?于是他感到不如让自己活着,"及我生时恭我睛,朝朝伴我摩诗史。"也就是自己活着,犹能抬起双眼,坐对遗容,神情专注,沉思冥想。而壁上遗像,又能如生时一样,朝朝陪伴,研读诗史。这并非诗人贪图活命,丢下亡妻不管;而是希望亡妻的精神通过遗像长留身边,日夕伴读。因此这正是感情深化的表现。下面"漆棺幽闷是何物,心藏形貌差堪似",是诗中感情发展到高潮时迸发出来的奇语。人死之后总要埋葬,但究竟是埋葬在黑漆棺材中为好,还是埋葬在爱人心中为好,却颇值得深思。埋葬棺中终与草木同腐,埋葬在人们心中却能精神永存。以"棺葬"与"心藏"对比,纯系出于诗人的想象与创造,确属未经人道语。它把诗人对亡妻的悼念从世俗旧习升华到一个高尚清华的境界,应该给予肯定与赞扬。

诗的结尾二句宕开一笔,表面似离开遗像,实质上意脉贯通。诗人此时回忆春绮生前欢笑,往事前尘,如影如烟,不可捉摸。而今坐对遗像,只觉梦萦魂绕,缱绻难分,于是两行清泪,潸潸而下。凄苦之情,沁人肺腑。诗笔至此,戛然而止,但它引起我们的悲痛,却在蔓延、扩展……

综观全诗,不妨说是以春绮遗像为经,以诗人感情为纬,织成了一阕哀感无端的乐章。细玩诗意,又觉得诗人有时在与亡妻诉说衷情,有时在自言自语。但不管怎样,他的感情似在冥冥中与汪氏春绮作了交流。诗人在描写感情流程时也十分细致:始见遗像,感到惊喜;坐对遗像,又变得精神恍惚;而冷静之后,则反复思虑同生与同死的问题;最后则得出结论:还不如活着将亡妻永记心间。如此清晰的脉络、严谨的结构、鲜明的主题,确是不可多得。因此我们说,这是一首上乘之作。

(徐培均)

月下写怀　　　　陈衡恪

丛竹绿到地,月明影斑斑。
不照死者心,空照生人颜。

陈衡恪诗,近人陈衍评价极高,为此还引出了一个小小的故事。据钱基博《现代中国文学史》云:"陈衍谓其真挚处实过乃父。"衡恪之父为晚清同光体著名诗人陈三立,三立听了此话,未免感到不快,便诘问陈衍:"何乃誉儿以抑父?"陈衍则答曰:"此正吾辈求之不得者。恐君词若有憾,实乃深喜之。"这句话总算说到陈三立心里,于是"相与大笑而罢"。

衡恪以画名,其诗竟引起了近代诗坛上两位名人的争论,确为一段佳话。是不是陈衍有些偏爱或过誉呢?并不尽然。以这首诗为例,他确实写得情深意挚、凄婉哀怨而又富于诗情画意。

钱氏文学史云:此诗"词意凄厉,盖亦悼亡之作"。所悼念的当是亡妻汪春绮。(参见陈衡恪《春绮卒后百日往哭殡所感成三首》)从诗中所写的情景看,当是在某一天夜晚,诗人月下散步,走在竹林间的小路上。目睹月光竹影,顿生哀感,想起亡妻,此刻若是春绮还在,夫妻双双,携手同游,该多么高兴;然而现实告诉他,春绮已魂归泉壤,世界上只留下他一个孤独的身影了。思念及此,诗人不禁悲从中来,迁怒于天空的月亮,从而咒诅道:"多么讨厌的月亮,你不去照亡妻春绮一颗枯寂的心灵,偏偏照着我一副痛苦苍白的面庞!"诗人在悼亡诗中共有两处写到月亮,另一处写道:"苦挽已残月,留照心上痕。"(《春绮卒后百日往哭殡所感成三首》)同是月亮,为什么一会儿苦苦留恋,希望它留照自己心上的伤痕;一会儿又声声怨恨,责怪它不照亡妻枯寂的心灵?原因只有一个,是深深爱着自己心上的人。月照人间,本为自然现象,对人无所爱憎,诗人一会儿要留它,一会儿又怪它，实属无理之极。然而正是这种无理语，表现了诗人发自内心的真情。此即古代诗话中所常常提及的"无理而妙"。陈衍称其诗"真挚"，钱基博称此诗"凄厉"，皆可从这无理语中反映出来。试想，当诗人责问月亮时，他的感情该如何激动，他的声调该怎样凄惨，一个满怀丧偶之痛的孤独者的形象不是跃然纸上吗？

诗人是一位画家。钱氏文学史说："衡恪诗不多作，特以画名，自称徐天池（即徐渭，字文长）转生，屡梦天池与论画。"此诗即渗透了画家的灵感，表现了画家特有的形象思维。开头二句写丛丛绿竹覆盖大地，月光从竹林罅隙中洒落下来，形成斑斑点点的色调，就像一幅水墨画。宋人苏轼《书摩诘蓝田烟雨图》云："味摩诘之诗，诗中有画；观摩诘之画，画中有诗。"他的《承天寺夜游记》写月下景色便达到如此境界："庭下如积水空明，水中藻荇交横，盖竹柏影也。"衡恪此篇则从另一角度表现了这种境界，而情景与东坡相仿佛，命之曰"诗中有画"，不亦宜乎！

此诗为五言绝句，然首句一连用了四个仄声字，第二句"明"字又犯孤平，二、三句之间又失粘，唯后二句作对仗。可知它不符合近体诗的格律，而是一首古体五绝。盖诗人写此篇时，纯任感情，不斤斤于声律；若字斟句酌，仔细推敲，恐怕就会以辞害意，影响感情的真挚与词意的凄厉了。这是它在艺术上的又一特色，不能不予以拈出。

（徐培均）

春绮卒后百日往哭殡所感成三首　　陈衡恪

其　一

我居西城闉①，君殡东郭门。迢迢白杨道，萋萋荒草原。来此尽一哭，泪洗两眼昏。既不筐篚设②，又无酒一尊。焚香启素幄③，四壁惨不温。念我棺中人，欲呼声已吞。形影永乖隔，目渺平生魂。我何不在梦，时时闻笑言？倏忽已三月，卒哭礼所敦。我哭有已时，我悲郁难宣。藕断丝不绝，况此绸缪恩④。苦挽已残月，留照心上痕。

其　二

故人九原⑤土，新人三寸棺。相继前后水，一往不复还。我何当此戚，泪眼送奔澜。生时入我门，绿发承珠冠。死别即尘路⑥，灵輀载鸣銮⑦。忽忽十年事，真作百岁观。念此常恻怆,凋我少壮颜。少壮能几何,厌浥朝露团⑧,会当同归尽,万事空漫漫。

其　三

子身转脱然,于我一何忍！相期白首欢,岂意娱俄顷。当时携手处,一一苦追省；伸纸见遗墨,检奁得零粉。衣绽何人补,书乱惟自整。亦有庭院花,独赏不成景。一昨致盆兰,三日叶枯殒,似我同心人,寿命吝不永。郁陶⑨对暗壁,泪若繁星陨。天乎何困余,江海吊寒梗⑩。有生有忧患,此味今再领。

〔注〕①城闉：城墙弯曲处的重门。　②簠(fǔ)簋(guǐ)：古代祭祀时用以盛黍稷稻粱的器皿。《释文》："内方外圆曰簠,以盛黍稷；外方内圆曰簋,用贮稻粱：皆容一斗二升。"　③素帷：白色的帐幔。　④绸缪恩：指情意深厚。《三国志·蜀·先主传》："先主(刘备)至京见(孙)权,绸缪恩纪。"　⑤九原：地下极深之处,指墓地。《礼·檀弓》下注："晋卿大夫之墓地在九原。"　⑥尘路：犹泉路,指地下。　⑦灵辀：丧车。曹植《王仲宣诔》："灵辀回轨,白骥悲鸣。"辀音ér,一作辒。　⑧厌浥：潮湿。《诗·召南·行露》："厌浥行露,岂不夙夜,谓行多露。"　⑨郁陶：忧郁不解,满腹哀思。《书·五子之歌》："郁陶乎予心。"　⑩寒梗：喻孤身漂泊。

这是一组悼亡诗。

常言道爱情和死亡是文艺作品的永恒题材,而悼亡诗却不像一般的文艺作品那样只写其中的一种,它把爱情与死亡糅合在一起,造成一种浓烈的悲剧气氛,所以特别感人。我国自西晋潘岳创制此体之后,文学史上几乎形成了一个写悼亡诗的传统,绵延不绝,代有佳篇。然而像陈衡恪这样倾注全部感情、付出如许笔墨写悼亡诗的却不多见,恐怕除纳兰性德之外就要数他了；但纳兰用以悼亡的大半是词。

陈衡恪,字师曾,江西义宁(今江西修水)人,清代著名同光体诗人陈三立之子,现代著名学者陈寅恪之兄。他多才多艺,工诗善画,诗宗南朝二谢,由沉郁出清迥,而尤深于情致。这组诗如话家常,娓娓而谈,却又字字哀怨,句句悲伤,不愧是血泪凝成的佳篇。

诗中所悼念的正如题中所示是他的妻子春绮。春绮姓汪氏,与作者共同生活了十年。在她死后百日,作者从城西走到城东,在荒郊的墓地上焚香一哭。诗中采用纪实的手法,描写了祭悼的全过程,并以抒情与叙事相结合,抒写了祭悼过程中心灵的律动,感情的起伏。结构十分完整,以至于很难将三首中的任何一首分割开来。然而为了分析的方便起见,我们仍须一首一首的论述。

第一首主要分为两大段落。从起句至"四壁惨不温"为前段,写诗人出门设祭,语言朴实,情景宛然。开头二句,点出生者所居、死者所葬之地,给人以生死悬绝的印象,并将读者思绪引入"悼亡"这一规定情境。它很像苏轼的悼亡词《江城子》,也很像贺铸的悼亡词《半死桐》。苏词云:"千里孤坟无处话凄凉","夜来幽梦忽还乡";贺词云:"重过阊门事事非","旧栖新垅两依依",皆由生者或生者所居之地写到死者所葬之处。这种写法虽较平实,然娓娓说来,如话家常,入人至深。以此诗而言,我们仿佛看到诗人拖着沉重的脚步,在白杨萧萧、荒草萋萋的郊原上踽踽独行。到了坟前,他没有陈设供品,也没有奠以酒肴,惟有放声一哭。不拘常礼,正见出感情之真挚与淳朴。诗的后段集中笔力抒写悼念之情,言言出自肺腑,读之如闻其声,如见其人。此时诗人想起躺在棺材中的汪氏春绮,本欲大呼其名,然而终未出声。"欲呼声已吞"五字,真是一字一泪!诗人积压已久的思念之情,本该像决堤的江河奔涌而出,但他毕竟是一个富于学养而又深受礼教束缚的文人,故而话到嘴边重又咽入胸中。此时无声胜有声。在这片刻的"静场表演"中,似可感到一阵激烈的痛楚在噬啮诗人的心灵,而他那种特殊的个性也隐然可见。一个死了,一个活着,"形影永乖隔",相见本无期,然而诗人想见汪氏的心情却不会就此终止。现实生活中既见不到她,他就想在梦中相会。"我何不在梦,时时闻笑言?"是痴语、呓语,但却是至情之语。昔人有言"那堪和梦无","和梦也不到愁边",写出了人生共有的体会。世事便是如此恼人,你越是想念他(或她),越是见不着。故知衡恪此二语道出了人情之最深挚处。以下几句,仿佛内心独白。"已三月",照顾题意,点出"春绮卒后百日"。哭祭终有停止之时,而心头的忧郁哪有宣泄完毕之日,它像秋藕一样即使断了而藕丝尚缠绵无尽。结尾二句,可称全篇之警策。传说中有鲁阳挥戈挽住落日,但从来无人说挽住残月。诗穷而后工,在无可奈何的时刻,诗人忽发奇想:他要苦苦地挽留天上的一弯残月,让它久久地映照心上的伤痕。盖月光皎洁,宛如诗人一颗纯真的爱心,故而用以为喻。而残月在天,也说明诗人在爱妻的坟墓上已哭了许久。此首以景语作结,留给读者以邈远而空灵的想象,真所谓言尽而意不尽,意尽而情不尽了。

第二首以悼念汪氏春绮为主,而兼及前妻范氏。盖范氏早逝,诗人复娶汪氏为继室。诗之前四句,谓在前妻的墓地旁葬下继室汪氏。"故人"、"新人"语本古诗"上山采蘼芜":"新人虽言好,未若故人姝。"借指范氏与汪氏。她们一前一后,相继逝世,就像沟中流水,后浪随着前浪,滚滚而去,一往而不复返了,言之痛心。面对两位妻子的相继逝世,情何以堪,难怪诗人泪水滔滔,犹如奔腾的波涛了。

然而诗中着重写的仍是继室汪春绮。"生时"以下四句，便是描写春绮的迎娶和送葬。迎娶之日，她绿发如云，戴着璀灿的珠冠，容颜是那样的美丽，体态是那样的庄重；而送葬之时，一辆白色的丧车，摇着悲哀的銮铃，竟载着春绮的遗体，消失在尘土飞扬的村道上。前者何其欢乐，后者多么凄苦。清人王夫之说："以乐景写哀，以哀景写乐，一倍增其哀乐。"(《姜斋诗话》)此处即是以乐景衬托哀情，所以特别富于感染力。近人陈衍读后，特别推许这两句，他说："第二首'冠''銮'二韵，眼前事，人不能道。愈瑰丽，乃愈悲痛，信有不堪回首者！"(引自钱基博《现代中国文学史》上编)是的，越是将迎娶时的汪春绮写得"瑰丽"，越是增加今日祭悼时的"悲痛"，回首前尘，如幻如梦，怎不令人肝肠寸断！"忽忽"二句，总起上文而作一转，从迎娶到送葬，时间不过十年，虽如此短促，然而在诗人看来却非常值得珍惜，竟可与"百岁"等量齐观。诗人每念及此，中心如捣，容颜也很快苍老起来。他觉得人生在世有如朝露，总有一天要与他的妻室同归于尽，到了那时再回首生平，便觉得"万事空漫漫"了。一个所爱之人的死亡，竟引起诗人如此的悲观，如此的绝望，以至于对整个人生都感到厌倦与怀疑。这并不是有意的夸张，而是真情的流露。处在清末民初那样混乱而又黑暗的时代，出身于士大夫阶层的知识分子无所作为，只有把全部感情寄托在小家庭生活中；因此一旦妻子逝世，他就像失去精神支柱一般，感到悲痛欲绝，万事皆空。

  诗之第三首承前二首而来，感情更加深化，用笔更为细致。从诗中所写的情景来看，此刻诗人已从墓地回到家中。他看到当年共同生活的环境，真是触处生悲，桩桩引起他的回忆，件件叩动他的心弦。他展开纸张欲要写字，忽然春绮的遗墨(手迹)跳入他的眼帘；他打开镜匣欲要梳理，忽然又触到春绮用剩的脂粉，周围的一切，好像故意向他挑逗，非要他落下眼泪不可。更使他为难的是，衣服破了没有人补，书籍乱了没有人整理。读到这里，我们不禁想起贺铸《半死桐》中两句词："空床卧听南窗雨，谁复挑灯夜补衣？"文学艺术以细节的真实为重，小小一个补衣的细节，写出夫妻之间在清寒生活中相互体贴的感情，能够给人以深刻的印象，此诗正复如此。下面几句通过赏花来抒发哀思，便觉有些空灵而隽永有味了。诗人从室内默默地凝望着庭院，昔日的花儿仍在伸枝舒蕊，可是共同赏花的妻子已经不在，他便觉兴味索然。再看看前日送来的兰花，本自婀娜氤氲，幽香宜人，可是不到三天竟自叶凋花谢，枯萎而死。兰花如此短命，不正是同具有兰心蕙质的春绮一样吗？由花及人，触物生悲，写得自然而又婉转，不由人不一掬同情之泪，难怪诗人自己要面对漆黑的房间，"泪若繁星陨"了。

  综上所述，这组悼亡诗不外以下几个特点：一是着重环境的铺叙，在环境铺叙中渲染悲哀的气氛,如第一首的前半段便是如此;二是加强往事的回忆,在回忆中再现往时的生活和死者的形象,作者又以乐景衬哀情,则尤足感人,如第二首便是如此;三是注意生者与死者感情的交流。这时站在作者面前的似乎不是一抔黄土、一幅遗像,而是一个活生生的有血有肉的人。不论是第一首中的"棺中人",第二首中的"绿发承珠冠",第三首中命如幽兰的"同心人",在作者心目中都是一个眉目清晰、婉娈多情的爱妻,因此他向她致祭、向她流泪,向她哭诉心中的哀伤和悲痛。此外,至于细节的真实,抒情与叙事相结合等等,前文已经论及,这里就不重复了。

(徐培均)

诗人小传

陈方恪

字彦通。江西义宁(今修水)人。陈三立之子。衡恪弟。能诗。

梁　溪　曲(三首选二)　　陈方恪

其　一

曲罢真能服善才①,十年海上②几深杯。
不知一曲梁溪水③,多少桃花照影来。

其　三

灯痕红似小红楼,似水帘栊似水秋。
岂但柔情软似水,吴音还似水般柔。

〔注〕① 善才:唐代乐师之称。白居易《琵琶行·序》:"问其人,本长安倡女,曾学琵琶于穆、曹二善才。"此喻京师著名歌手。　② 海上:上海市。　③ 梁溪:水名,在今江苏无锡市西,源出惠山,南流入太湖。

　　近代学者陈衍曾赠以诗云:"诗是吾家事,因君父子吟。"说明他们父子数人皆能诗。这组《梁溪曲》,是诗人有感于京师南妓而作。他在诗的跋尾中说:"前清末年,京师南妓最盛,皇室贵胄,莫不惑溺,遂以苞苴女谒亡国。而梁溪亦成北来南去之李师师。"盖清朝末年,江南一带(主要是苏州、无锡)年轻女子流落北京,失身为娼,供皇室、贵族享乐。诗人有感于清朝的腐败,导致灭亡,遂写下此诗。

梁溪曲(三首选二)　　　　　　　　　　　　　　　　陈方恪　〔1907〕

其一是写南妓歌声之美妙、容颜之俏丽,个中还隐隐寓有讥讽之意。"曲罢真能服善才",语本白居易《琵琶行》:"曲罢能教善才服,妆成每被秋娘妒。"琵琶女昔年在京从师学艺,练就了一手高超的弹奏技术:"轻拢慢撚抹复挑,初为《霓裳》后《六幺》。大弦嘈嘈如急雨,小弦切切如私语。嘈嘈切切错杂弹,大珠小珠落玉盘。间关莺语花底滑,幽咽泉流冰下滩。"正因为她能弹出如此美妙的琴声,所以能教著名的乐师衷心佩服。陈方恪借用此句稍加变化,所咏京师南妓歌喉之妙便可见一斑。传统诗词中每每用典,因为典故含有丰富的信息量。仅此一句,我们不但得知此女善歌,而且了解到她的身份为一歌妓。这就为下文作了自然而然的铺垫;即使读其二、其三,毋须解释,即知所咏者为谁。

"十年"一句,说明这些妓女不是从梁溪直接来京,在这之前,她们曾在十里洋场的上海鬻歌卖笑。"几杯深"三字,言简意赅,让我们联想到当时上海灯红酒绿的生活,以及这些妓女们一杯复一杯向客人劝酒的场面。五代薛昭蕴《浣溪沙》词云:"意满便同春水满,情深还似酒杯深。"亦侑酒之辞,意思相近,可以帮助我们理解此句的内涵。诗之后二句非常优美。它用华丽的语言抒发议论,暗寓讽喻,而且音韵宛转,富于诗情画意。"一曲梁溪水",既点明了南妓的故乡,也暗示了所唱的乃南方家乡歌曲。更为巧妙的是,它能在我们审美的过程中,调动我们的视觉与听觉,一方面觉得那清悠悠的歌声好似梁溪中的流水,婉美动人;一方面又感到在这清清的梁溪中,飘荡着片片桃花,景色如画。而"照影来"三字,则又隐隐约约出现了人物:她是踏歌的姑娘们,还是寻芳的小伙子,都是不确定的,只能由我们的想象来补充了。不过前人曾为我们提供了一个佐证,陆游《沈园》诗云:"伤心桥下春波绿,曾是惊鸿照影来。"说的是他年轻漂亮的妻子唐琬。那么不妨说这里所咏的便是江南少女了。诗人如此着力描写,是不是在赞美南妓呢?我们说,不。在这两句之前,冠以"不知"二字,就带有讽刺意味。就诗意而言,诗人莫不已知;已知而曰不知,其中就寓有嘲讽,但非常含蓄。

其三写京师妓馆之高华清雅以及所藏妓女之柔媚娇艳。如果说第一首是通过想象写远在江南的景色,那么此首则是以直观与直感的方式写近在京城的妓馆风情。诗人用笔极为精审,只是抓住妓馆极有特征的景物略加点缀。其一曰灯,旧时妓馆门前皆悬一灯,并在灯罩上标有妓馆或妓女的芳名;其二曰帘,绣幕珠帘,挂于门前,以间内外。此景在生活中本属寻常,可是一经诗人点染,几同仙境。我们读着前两句,仿佛看到一盏红灯,光线迷离,在这灯后,恍惚有一座豪华的小红楼。待走进此楼,又见璀灿晶莹的珠帘上闪烁着一道道光波,好似秋水的涟漪。于是令人感到清凉幽静,恍如置身九月凉秋。看到这里,我们不得不惊叹诗人体物之工。又娼家所居,一般都叫做青楼。此处不称青楼,而说像一座小红楼,表明楼中妓女已不属于下等娼妓,而已相当"高级"了。细按此二句诗意,似亦有所本。唐人李商隐《春雨》诗云:"红楼隔雨相望冷,珠箔飘灯独自归。"是写他到恋人(也许是妓女)所居之处隔雨相望。陈方恪的构思很可能受到他的启迪。李诗中有"红楼"、有"灯"、有"珠箔",也写到天气或心态之"冷"。陈诗大体相同,唯将"珠箔"以"帘栊"代替,而诗中的"水"与"秋"则是李诗"冷"字的具体化。尤为重要的是,在艺术手法上有所借鉴。李诗以色彩(红)与感觉(冷)相映衬,造成雅致清幽的意境;陈诗也是以色彩(红)与感觉相映衬,造成清幽雅致的意境。于是,一个本来庸俗低贱的妓馆便以高华清雅的姿态出现在读者面前了。

诗之三、四两句,渐及人物。江南女性,素以温柔著称。诗人写南妓的温柔,从内在的性情,到外在的音调,都刻画得十分妥帖。水是物体中最富于柔性的,用水来比喻柔情,始于宋人寇准,其《江南春》之三云:"柔情不断如春水。"而后秦观又写入《鹊桥仙》词中:"柔情似水,佳期如梦,忍顾鹊桥归路。"此处陈方恪写京师南妓,不仅那脉脉柔情比水还软,而且一口吴侬软语,更像水一般柔软可人。古人谓画人物有"颊上添毫"之妙。陈方恪在刻画南妓形象时,独添上"吴音似水"一笔,便觉这个女子袅袅婷婷,婀娜娇艳,呼之欲出了。

以上是两首七绝。七绝宜字少意多,力避烦琐重复。可是陈方恪写此诗时,一任感情的自由发挥,不避重字。特别是第三首,首句连用两个"红"字,次句用了两个"水"字,三、四两句又各用一个"水"字。重复之多,实属罕见。然而我们读了,不觉其烦琐重复,反而觉得自然流畅,诗意层层推进,非如此不足以表现所写的内容。这就不能不令人惊叹诗人艺术手法的高明!

近人陈衍尝论陈氏之诗曰:"衡恪真挚,而方恪则名贵。"(见钱基博《现代中国文学史》上编)所谓"名贵",即古代诗论中常说的富贵气象。观以上二诗,写京师艳曲、梁溪桃花,写红楼灯痕、珠帘水影,莫不具有华贵气象,读之绝知非"三家村"语矣。

(徐培均)

[诗人小传]

高 旭

(1877—1925) 字天梅,号剑公,别号钝剑,江苏金山(今属上海市)人。曾任中国同盟会江苏支部部长,为南社创始人之一。写过不少宣传资产阶级民主革命的诗篇。假托石达开之诗二十首,在当时颇为流传。后期意志日趋消沉。有《天梅遗集》等。

武林题壁① 高 旭

无端阊阖起天风②,浩荡吟魂叩帝宫。
酣梦百年天醉醒,惊涛八月浙西东。
寒蛩啼雨愁边白,病叶经霜血样红。
携得惊人诗句在,只宜高唱两高峰。

〔注〕① 武林:指杭州。本为山名,即今浙江杭州市西灵隐山。 ② 阊阖:天门。

高旭与柳亚子、陈去病都是南社的发起人,他的诗,才气奔放,力求开拓新形式,鼓吹革命,有时未免粗疏,但其佳作亦慨当以慷,颇足动人,这儿所选的《武林题壁》便是如此。

首联语出屈原《离骚》"吾令帝阍开关兮,倚阊阖而望予"。不过屈原之意,王逸注谓:"言己求贤不得,疾谗恶佞,将上诉天帝,使阍人开关,又倚天门望而距我,使我不得入也。"而高旭这二句,则是叩问上天,责问天帝何以如此昏聩,让鞑子入主中原。在清末的革命党人中,"驱逐胡虏,恢复中华",推翻满清异族统治呼声甚高,如秋瑾、章太炎等人即是,高旭也不例外。当然今天看来这样的口号是不很妥当的,但在当时确实起过进步的历史作用。"无端"本意是无因、无故,在此应反过来理解,"天风"隐喻革命浪潮,"浩荡吟魂"是指诗人慷慨激昂的诗心。

颔联二句,都用了偏义复词:"天醉醒"偏义在醉,"浙西东"偏义在东,与之形成对仗,别有意趣。"酣梦"句实际上用庾信《哀江南赋》"以鹑首而赐秦,天何为而此醉"句意,"惊涛"句则是由抗清英雄张煌言《甲辰八月辞故里》"他日素车东浙路,怒涛岂必属鸱夷"化出。诗人愤慨满清二百余年的黑暗统治,渴望像浙东八月钱塘江潮那样声势浩大的革命运动早日兴起。句中饱含的悲凉而又炽热的志士之情,令人感动。而颔联的起句又与首联意义紧密关联,转接上章法非常严整。

颈联"寒蛩"句令人想起抗金名将岳飞《小重山》"昨夜寒蛩不住鸣"一词,更由该词联想到他的另一首"壮怀激烈"的《满江红》词。"啼雨"也暗涉"怒发冲冠,凭栏处、潇潇雨歇"数语。故而此句凄切之下隐含壮烈。从秋瑾曾留下"秋雨秋风愁杀人"的绝命辞来看,这儿是有悼念反清革命烈士的寓意的。"病叶"句系反用陆游《秋兴》"病叶辞枝应有恨"句意。本来病叶的形象是枯黄萎蔫,经不起风吹雨打的;但诗人却要说:病叶经受了严霜的考验将变得鲜红娇艳,更显出顽强的生命力,也就是说,被清王朝反动统治势力所摧残的革命党人,经过血的洗礼,将更加成熟,最终会取得斗争的胜利。二句有一种化悲痛为力量,激励革命党人前仆后继的鼓动作用(意志上)和感染作用(情感上)。

尾联诗人说要带着惊心动魄的革命诗句到杭州的南高峰、北高峰上去高唱一番,向世界宣布推翻满清统治的壮志豪情。"只宜"二字别饶深意。刘秉忠《干荷叶》曲慨南宋事云:"南高峰,北高峰,……宋高宗,一场空",两高峰已成为历史耻辱的见证,所以诗人要到这两峰顶上去放歌雪耻。

全诗用典使事一者切合武林,二者切合宣传反清革命的主题,见出诗人比较扎实的基本功,而一股浩气贯穿首尾,尤显诗人革命家的精神风貌。 (庞　坚)

【诗人小传】

王国维
(1877—1927)　字静安,号观堂。浙江海宁人。清末秀才,受德国唯心主义哲学思想影响。1902年留日回国后,曾讲授哲学、心理学等,后入京任职,研究词曲。辛亥革命后再去日本,专力研究古文字学、古史等。后在上海为英人哈同编《学术丛编》,1925年任清华研究院教授。1927年5月3日,投颐和园昆明湖自杀。他以研究词、曲、《红楼梦》等著称于世,所作诗、词数量不多,词的成就较高。有著作六十余种,编为《海宁王静安先生遗书》一百零四卷。

九 日 游 留 园

王国维

朝朝吴市踏红尘,日日萧斋兀欠伸。
到眼名园初属我,出城山色便迎人。
奇峰颇欲作人立,乔木居然阅世新。
忍放良辰等闲过,不辞归路雨沾巾。

一九〇四年秋,王国维应罗振玉邀请,从南通到苏州任教于江苏师范学堂,主讲心理学、社会学等课程。是年重阳节,他出游留园,写了这首诗。

留园,是苏州四大古名园之一。旧址为明代徐时泰的东园,清朝嘉庆年间在旧址上筑寒碧山庄,园主姓刘,初名刘园,后改为留园。园里溪水池塘、花木奇石,亭台楼阁,曲径回廊,皆美不胜收,是人们游览观赏的胜地。

"朝朝吴市踏红尘,日日萧斋兀欠伸。"吴市是苏州的古称。红尘,指人世社

九日游留园　　　　　　　　　　　　　　　王国维　〔1911〕

会。萧斋,即书斋,有萧瑟寒伧的意味。兀,兀坐。欠伸,打呵欠伸懒腰。这开篇两句即概说自己来到苏州这座繁华闹市之后,虽天天与人情世事接触,却仍无日不潜心于学术与教务之中。"萧斋"虽是词章中对书斋的习惯称谓,但用于表现王国维的生活和工作环境,实在贴切不过。当时他二十八岁,生活还较清贫。"欠伸"则生动地表现了诗人劳神的状态。诗人曾自叙道:"体素羸弱,性复忧郁。"这样落笔,便可说明名园虽在身边,却未能拨冗前往领略的缘故,从而更提示了如今的出城观赏,实在是难得之举。

"到眼名园初属我,出城山色便迎人。"这两句在内容上应倒过来看。留园在苏州市城西阊门外。苏州是一个园林风景闻名中外的城市,苏州阊门之外,除了留园,还有西园、虎丘等风光宜人的胜景。"山色便迎人"含蓄而生动地写诗人出城之际对风光景色的敏感与兴致。一路行来,诗人便来到留园。不言"初到"而言"初属我",语中大有亲近感,足见诗人对留园一见钟情,将其风貌情调引为"我辈中人"。

"奇峰颇欲作人立,乔木居然阅世新。"这是留园诸景给诗人留下的最好印象。平心而论,留园可观之景多矣。那建筑宏伟,富丽堂皇的五峰仙馆、林泉耆硕,那以竹、杏、葡萄、紫藤等组成的富于田园特色的"又一村",一片桃园构成的"小桃坞",处处都可以摄人诗魂,令人下笔称美,但在这首诗中,却只得略而不表了。诗人瞩目兴叹的是"留园三峰"之景,那其中的冠云峰是北宋花石纲遗物,高可九米,是江南最大的太湖石。太湖石以其皱、瘦、透的质态而博得园林鉴赏家的喜爱,这已有悠长的历史记载了。难怪它为诗人所独钟。"颇欲作人立",把巨石的挺拔风姿人格化,惊险而可亲可爱。与奇峰相伴的还有众多的乔木。它经历了世世代代,阅尽人间沧桑,年龄已是垂垂老矣,却出人意料地依然鹤发童颜,年年新貌迎人。这其中包含着多少耐人寻味的哲理呵!

"忍放良辰等闲过,不辞归路雨沾巾。"重阳佳节的确是出游的"良辰",留园又是如此的美不胜收、发人深想,所以这位亟须抓紧时间研究学问的大学者,此时也兴致勃勃,雨开始下大了,也没有停住的样子,可他依然流连园中,不忍"等闲"放过了这行乐的好时光。至于"归路"上雨水要沾湿衣巾,他此刻也不去顾及了。在结句中,诗人对留园的一见钟情进而成为一往情深,诗的意境也得到了更深的开拓——读者不难想象,如此令诗人陶醉的名园,其景观又岂止只是奇峰、乔木而已!

此诗以中间二联为最佳,对仗精工,出语新奇,写景则收到以少总多之功。这是一首既写外界景物又写内在心境、两者融合得体的律诗。　　　　(陈新璋)

观红叶一首

王国维

漫山填谷涨红霞，点缀残秋意太奢。
若问蓬莱好风景，为言枫叶胜樱花。

这是王国维旅居日本京都时写的诗。

红叶，即枫树之叶。枫树之叶在秋冬之至，经霜而变红，所以也称霜叶、红叶。诗人在观赏满山遍野的枫林美景的时候，浮想联翩，感慨良多，所以形之于诗便两相兼顾：既写景，又抒情，情景浑融为一了。

前两句着重写景，景中有情。"漫山填谷"状枫林之广。境界十分开阔，令人一望而心旷神怡。由于枫叶远接天际，红成一片，望去便仿佛天上红霞。红霞的广袤又仿佛无边的大海。枫叶在深秋寒风中摆动，仿佛大海涨荡，蔚为壮观。在深秋到来之时，百卉凋残，而如此万山红遍的枫林点缀残秋景色，似有些不协调（奢，即多、富的意思），诗从反面着笔，极写红叶之盛，诗人不禁为之陶醉了。但是，且慢，一位极富忧国忧民思想的学者，他对外界风景的观感往往是丰富复杂的。"若问"二句恰到好处地表现了诗人思绪的转变。它着重写情，而又情中有景。蓬莱，原是指神仙居住的海上三岛之一的蓬莱岛，这里用来代指作者旅居的日本国。樱花是日本的国花，春天开放，绚丽宜人，樱花时节是世人公认的美景良辰。但诗人却因欣赏残秋的枫叶而产生了"枫叶胜樱花"的感受，实在不同寻常。以诗人的学识，当早已读过唐人杜牧的《山行》诗："远上寒山石径斜，白云生处有人家。停车坐爱枫林晚，霜叶红于二月花。"杜牧认为经霜的枫叶比春花的红艳更可爱，读者也可从此中体味到经过磨难的考验而得到的成功格外珍贵的哲理。王国维作为一个身尝家国忧患，旅居日本的中国游子，不重樱花而重枫叶，其间滋味，大可品之。这不是一个简单的否定，而是诗人经历、身世和境界的体现。所以，"枫叶胜樱花"的诗句，其状景写意的含蕴与恰切，堪称妙绝。

沈德潜云："七言绝句，以语近情遥，含吐不露为贵。"他极赞赏李白七绝句，评之曰："只眼前景，口头语，而有弦外音、味外味，使人神远。"（《唐诗别裁集》卷二十）。对诗学极有研究的王国维的这首七绝，从立意、写景、抒情等方面看，都达到了沈德潜所激赏的艺术高度。

（陈新璋）

八月十五夜月

王国维

一点灵药便长生，眼见山河几变更。

留得当年好颜色,嫦娥底事太无情?

本诗作于光绪二十六年庚子(1900)中秋,这一年八国联军攻入北京,慈禧太后挟带光绪皇帝仓皇西狩,避匿西安,此际正派人与联军议和。因战乱的影响,东文学社停办,诗人由上海还海宁暂居,内心烦乱愤懑,故有此作。

常言道"月到中秋分外明",而明月是嫦娥仙子的居所,故吟咏中秋夜月的诗,往往从嫦娥下笔。但本诗虽也由嫦娥下笔,却并未把嫦娥奔月当作逸事咏诵,也未写她离群索居的寂寥,而脱出俗套,别开生面,责备她只顾个人长生不老,不管人世变化,未免对祖邦过于无情。前二句叙写事实,写嫦娥离开世间后,人世间纷纷扰扰,发生无数变故。"一点灵药便长生",括写神话传说。嫦娥,又名姮娥,传为射日英雄后羿之妻。《淮南子·览冥训》云:"羿请不死之药于西王母,姮娥窃以奔月。"为自己长生,竟能舍弃夫君,自是忍情之辈,对于他人当然更不会关心。"眼见山河几变更",便是对嫦娥奔月之后千年生涯的写照。"山河几变更",即历史发生多次大变动,自然是多年的经历;"眼见"既写出嫦娥超过凡人的长寿,也暗含她对这一切无所萦心,对她的冷漠有所揭示,为后面发抒感慨奠定了基础。后二句是对嫦娥只顾自己、不顾苍生的冷漠态度的批判。"留得当年好颜色,嫦娥底事太无情?"意谓嫦娥虽求得长生,但只对个人有益,于人世无补,实在是太缺乏情意了。"底事",何事。"底事太无情",因为什么事对人间那样绝情呢? 其主旨是说,如果祖邦沦陷、人民遭难的话,即或个人容色常青,又有什么意义?

诗作从字面看是对嫦娥的批评,实际是对个人心迹的剖白。责怪嫦娥自私,犹表白自己不愿独善其身;责怪嫦娥无情,犹披露自己对国计民生的关切。从本质上说,王国维并不是功利感极强的政治性人物,只是个敏感而多情的学者,但富有社会责任心,怀有人人幸福的"生生主义"社会理想,对于国势的衰颓,人民的疾苦,自觉有解救的任务,不该只图自利。他写此诗时,虽人生观尚未定型,但已有荷负人生一切痛苦的趋向,正因如此,本诗便会因时局动乱,对独求一己长生的嫦娥有所不满。责备嫦娥,实是无理之笔,但正因其表面上的无理,诗人内心的烦乱和他的社会观才能体现。因此,本诗可称是"无理而奇"的佳作。

(张永芳)

红　豆　词(四首)　　　　　王国维

其　　一

南国秋深可奈何,手持红豆几摩挲。

累累本是无情物，谁把闲愁付与他？

其　二
门外青骢郭外舟，人生无奈是离愁。
不辞苦向东风祝：到处人间作石尤。

其　三
别浦盈盈水又波，凭栏渺渺思如何？
纵教踏破江南种，只恐春来茁更多。

其　四
匀圆万颗争相似，暗数千回不厌痴。
留取他年银烛下，拈来细与话相思。

　　红豆，红豆树的种子，又名相思豆、相思子。古人常常以红豆象征爱情。王维《相思》诗云："红豆生南国，春来发几枝。愿君多采撷，此物最相思。"本组诗亦以红豆喻情思，显系作者出行在外时，抚摸手中的红豆，忆念赠其相思豆的闺中人而作。萧艾《王国维诗词笺校》题解云："此诗为作者早期作品，非有意仿效前人为之。观其一往情深，殆诗人忆内之作欤？"这一推断很有道理。

　　其一追诘红豆喻相思的由来。意谓自己在南国别离相思之时，无可奈何之秋，反复摩挲手中的红豆，禁不住深深地感喟：那一粒粒硬邦邦的豆种，哪里懂得人类的感情，究竟是谁最早把自己的一腔情思、满怀闲愁，凝注在这本来无情无识的外物之中了呢？这种追诘，似很清醒，意识到红豆本无知觉；又很浑茫，手抚红豆捺不下心头的相思。如果诗人果真只把红豆看成"累累无情物"的话，又哪里会涌起"谁把闲愁付与他"的疑问呢？世上一切外物，均可寄托或表征人类的情感，也只有敏感而多情的人，才能够体验到浪漫的情韵。倘若过分机械，过分求真，许多喻象都会索然无味。比如传说牛郎、织女双星一年一相会，你偏要说两星相距许多光年，根本无法相会，那该多么扫兴。即或理解外物的喻象不过是人类玩的把戏，却也不妨为前人的奇思妙想叫绝。只有持这种既清醒又浑茫的态度，才能悟得艺术创作的真谛。王国维对此颇有体会，《人间词话》云："诗人对自然人生，须入乎其内，又须出乎其外。入乎其内，故能写之。出乎其外，故能观之。入乎其内，故有生气；出乎其外，故有高致。"又云："诗人必有轻视外物之意，故能以奴仆命风月。又必有重视外物之意，故能与花鸟同忧乐。"王氏是既有学术头脑又有艺术悟性的人，因而既察知红豆本来毫无感知，却又能将满腔相思托红豆来寄怀。仔细品味这一首诗,追诘是表面现象,实则乃是对最早以红豆喻相思的人的仰慕歆羡。

其二触及组诗本旨。相思乃因离别而生。人生总是多离别,门外系着青骢,城外飘着轻舟,都是令离人万般无奈之景。于是,诗人痴情地发问,既然人力无法消除分离,能否借助天公来阻止呢?"石尤",石尤风,即顶头逆风,能阻止船只前行。《瑯环记》云:"石尤风者,传闻为石氏女嫁为尤氏妇,情好甚笃。尤为商远行,妻阻之,不从。尤出不归,妻忆之,病亡。临亡,长叹曰:'吾恨不能阻其行,以至于此。今凡有商旅远行,吾当作大风,为天下妇人阻之。'自后商旅发船,值打头逆风,则曰:'此石尤风也。'遂止不行。妇人以夫姓为名,故曰石尤。"乞愿风儿都作"石尤",以阻遏行舟,也不是什么新鲜意象。南朝宋孝武帝刘骏《丁都护歌》即云:"愿作石尤风,四面断行旅。"但本诗依然让人感动,这主要是基于祝东风到处作石尤的祈愿,建筑在本人对"离愁"无奈的基础上。"苦向"东风祝祷的"苦",不仅仅有对别情的恼恨与无奈,更含有清醒地认识到祝祷本不会生效的哀伤。明知不生效却还要祷祝,与明盼不分离却又不得不分离一样,都是人生不可避免的痛苦,以及不得不寻求解脱的努力。这同样是既清醒又浑茫的心绪,是理智与感情的交战,是理想与现实的矛盾与浑一。你说诗人屈从现实了吧?他又分明怀有不甘现状的苦苦求索;你说诗人努力要超越现实吧?他又分明意识到人生到处是"无奈"的羁绊。既想挣脱,又明知无法挣脱;不得不品味人生的苦酒,又不甘愿驯顺地接受生活的安排。这种两难处境,或曰对人生现实与理想难以统一的清醒认识与苦苦追求,是诗人的基本心境。这种心境自身的内在矛盾,大大增添了诗作内容的丰厚与感情的繁复。

其三渲染相思之情难以磨灭。首二句借用江淹《别赋》的典故:"春草碧色,春水渌波,送君南浦,伤如之何!"表明相思之情,因离别而产生,只要人生有离别,也就会伴随有相思的感伤。"思如何?"似问实答,答案就是"伤如之何!"那份凄伤,那份悲苦,难以抑制,无法消除。后二句更从红豆的喻象下笔,说红豆本身其实不懂相思,只是人们以之寄寓相思之情而已,因此红豆的生灭,实与相思的存幻无关。有红豆,人们心头会有相思之情;没有红豆,人们心头照样会有相思之情。想借消除红豆灭绝相思,根本不会得手。你就是把相思豆踩破了,它来春照样会萌发新芽,这好比你强行压抑下心头的相思之情,它反而会更加强烈地重新激荡在你的心头。"只恐"语气上似是推测,其实是确凿无疑的肯定,诗人用了婉曲的语气,反而加强了人们的印象。这一首在组诗中,起承上启下之作用,既回答了第一首诗中红豆是否懂相思的疑问,又承续了第二首诗对相思之情刻骨铭心的状绘,同时为下一首爱赏红豆的述写作了铺垫。

其四是对红豆表相思的叹赏。上首诗已表明,即使红豆本无知觉,但它既然被当作相思的象征,有意抛却已不可能。于是本首自然过渡到对手头红豆的把玩赞赏上来。诗意大略是说:一颗颗圆滚滚的红豆,看来是那么样的相似,但任人暗数一千次一万次,也不觉得厌烦。红豆的颗数当然不难数清,但豆中寄寓的款款深情,有谁能估量得出?就让人把这一粒粒表示相思的红豆珍重地收藏好,以便久别重逢之日,剪烛夜语之时,拿出来一遍遍地拈弄着,向心上人诉说别后的相思之情吧。"争相似",怎么那样相似,表示难以分辨。"不厌痴",不怕他人笑自己心痴。诗人亦知红豆本无所谓思与不思,但自己数起恋人相赠的红豆来,竟那样认真,那样痴迷,早已把其他事物置于脑后,真把它看成了相思泪水的结晶。《人间词话》云:"词人者,不失其赤子之心者也。"诗人对相思的一往情深,对红豆意象的缠绵思绪,正是"赤子之心"的生动体现。

一小把恋人送别时当作信物的红豆,就这样在别后相思时成为诗人感情的寄托、歌咏的对象,结撰成一组挚情绵缈的诗章。它是红豆的颂诗,爱情的颂诗,是诗人既清醒又浑茫的心路历程。

(张永芳)

秋 瑾

【诗人小传】(1879—1907) 字璿卿,又字竞雄,自号鉴湖女侠,浙江山阴(今绍兴)人。光绪三十年甲辰(1904)赴日本留学,次年参加同盟会。归国后致力于资产阶级民主革命,后在积极准备皖、浙起义时,在家乡被捕殉难。善诗歌,早期诗作,表现高洁的人品,后期作品,笔调雄健,感情奔放,渗透着爱国主义的革命激情。著有《秋瑾集》。

黄海舟中日人索句并见日俄战争地图[①] 秋 瑾

万里乘风去复来[②],只身东海挟春雷。
忍看图画移颜色[③],肯使江山付劫灰[④]?
浊酒不消忧国泪,救时应仗出群才。
拼将十万头颅血,须把乾坤力挽回。

〔注〕①《秋瑾史迹》题作《日人银澜使者索题,并见日俄战地,早见地图,有感》。 ②去

黄海舟中日人索句并见日俄战争地图　　　　秋　瑾〔1917〕

复来：秋瑾一九〇四年四月和一九〇五年六月两次东渡日本。　③忍看：反诘之词，哪里忍看。　④肯使：反诘之词，岂肯使。

一九〇五年岁尾，秋瑾第二次从日本归国，在船上，有人给她指点上年日俄战争爆发的地点，后又见到日俄战争地图。日俄两国为争夺在中国的利益于上年发生了战争，战争在中国的领土上进行，清朝政府竟宣告"中立"；面对祖国领土任人宰割和国势衰微的现状，秋瑾感慨万端，恰好"日人索句"，于是写了这首诗。全诗风格雄壮豪放，充满了以天下为己任、誓死拯救祖国危亡命运的英雄气概。

首联写自己两次东渡日本，起笔劈空而来，笔势阔大豪迈。《宋书·宗悫传》载：南朝宋宗悫年少时，有一次叔父宗炳问他的志向，宗悫说："愿乘长风，破万里浪。""万里乘风"隐括了这一典故，表现志向远大，又契合东渡之行。"只身"言独自一人。秋瑾好友吴芝瑛《记秋女侠遗事》曾引秋瑾的话："吾以弱女子只身走万里求学，往返者数，搭船只三等舱，与苦力等杂处。"但本诗里的"只身"写来却无辛苦之意。春天的雷声可蛰苏万物。"挟春雷"有用启聩振聋的革命道理唤醒民众的命意。正因为有如此远大抱负，这两句才写得这么豪迈。为了革命事业，个人苦乐早已置之度外。颔联一转，"图画"关合题中"地图"，"移颜色"、"付劫灰"都是说不忍、亦决不肯任凭自己的祖国被列强豆剖瓜分。这就将"万里乘风"的远大志向进一步具体化了。"忍看"、"肯使"饱含了对祖国的深情，显得格外沉重、坚定。颈联"浊酒不消忧国泪"说连酒也不能消除忧国忧民的愁苦之情，把对祖国的感情表现得更深沉。秋瑾以一女子"喜酒善剑"，"浊酒"之言，决非故作套语，是她实际情况的真实写照。"救时应仗出群才"进而表明只有"忧国泪"还不够，挽救时局更重要的在依靠出类拔萃的人物。这显然是秋瑾对时代英雄的呼唤，且其中也隐然有以"出群才"自许之意，是她"万里乘风"志向的又一具体化。这种慨然以天下兴亡自任的英雄气概是不可单纯以个人英雄主义去理解的，因为末两句"拼将十万头颅血，须把乾坤力挽回"首先说明了"出群才"并不指她个人，她不过是其中之一；其次说明了"出群才"不是要表现个人英雄主义，而是要以鲜血生命为代价，力挽乾坤。这无疑道出了一代革命者的铮铮誓言。而秋瑾最后的英勇就义有力地证明了她的誓言确实是以生命作抵押的。

秋瑾作为横绝一代的巾帼豪杰，生性"忼爽明决，意气自雄"。她别号"鉴湖女侠"，"习骑马，善饮酒，慕朱家、郭解之为人"，时值家国陵替之际，以一腔热血投注于革命事业，谱写了生命最壮丽的乐章。她的诗虽然往往直抒胸臆，不屑于雕章琢句的工巧，却真力弥满，豪气冲天，别有一种雄直的魅力。正如钱仲联《近百年诗坛点将录》引邵元冲评语云:"即以文词而论,朗丽高亢,亦有渐离击筑之风,而一往三叹,音节浏亮,又若公孙大娘舞剑,光芒灿然,不可迫视。"这些在本诗中都表现得淋漓尽致。

(魏中林)

日人石井君索和即用原韵[①]   秋　瑾

漫云女子不英雄[②],万里乘风独向东[③]。
诗思一帆海空阔,梦魂三岛月玲珑[④]。
铜驼已陷悲回首[⑤],汗马终惭未有功[⑥]。
如许伤心家国恨,那堪客里度春风[⑦]。

〔注〕① 石井:秋瑾结识的日本朋友。　② 漫云:不要说。　③ 独向东:独自东渡日本。　④ 三岛:指日本。日本由本州、四国、九州三个主要大岛组成。玲珑:清明美好貌。　⑤ 铜驼:铜驼荆棘的简称,语出《晋书·索靖传》,形容亡国后残破景象。　⑥ 汗马:喻征战劳苦,因称战功为汗马之劳。语出《韩非子·五蠹》。　⑦ 客里:客居日本。

一九〇四年四月秋瑾首次赴日留学,舟行途中,日本友人石井写诗并求和,秋瑾当即写了这首诗赠给他。

当时,爱国热血青年到日本留学,寻求救国真理者并不鲜见。但像秋瑾这样一个青年女子独身前往,就如凤毛麟角了。也许正是诧异于此,秋瑾才格外引起石井的注意,并赠诗求和的。首联"漫云女子不英雄,万里乘风独向东"当是对石井的回答,以豪迈的语气表现为拯救祖国万里求学的勇气和精神。"漫云"抹倒了千百年来对妇女的偏见歧视,一个"独"字更突现了她"巾帼英雄"的主体形象。次联就"独向东"三字意脉展开。舟行海上,视野极是开阔,引致诗兴大发,物境与心境互为表里,"诗思一帆海空阔"的阔大诗境,正写出这以"物感"为绾结的景与情的两重内容,显出气概非凡。"梦魂三岛月玲珑"写对日本的向往。那"三岛"月夜萦人梦魂,是前句"诗思"的进一步延伸。作者首次东渡日本,充满憧憬和想象,"月玲珑"三字将这种美好的向往心境具像化地传达了出来。经生《秋爽斋诗话》评这两句说:"时一吟玩,恍如神游蓬、瀛三岛间也",道出了这两句诗的艺术感染力。前两联从"万里乘风"到"月玲珑"诗境由雄壮阔大转为清秀幽婉,恰如其分地显示了"英雄"与"巾帼"的双重特质。然而,秋瑾"万里乘风独向东"毕竟不是去玩赏"月玲珑"的,而是自觉肩负着为拯救祖国寻求知识、真理的庄严使命。就在这"梦魂三岛月玲珑"的曼妙遐思之中,她突然回首祖国,诗境顿然又由幽秀跌向沉郁。"悲回首"有双重蕴含:一是"独向东"中的实际回首,那是去国离乡的眷恋;二是回想到祖国遭受的一系列蹂躏,这又是"独向东"目的的提示。这一句在意脉上恰有屈原《离骚》中"陟升皇之赫戏兮,忽临睨夫旧乡。仆夫悲余马怀兮,蜷局顾而不行"和《哀郢》中"鸟飞返故乡兮,狐死必首丘"那种一步三回首的意致。但秋瑾毕竟不同于屈原,屈原是绝望中的反顾,秋瑾则满怀着创造的激情和理想。所以"悲回首"所"看"到的"荆棘铜驼"更增加了她"独向东"为拯救祖国命运的决心。下句"汗马终惭未有功",一个"惭"字写尽了她那种"祖国陆沉人有责"的自觉使命意识。鸦片战争以来,多少志士仁人为祖国沉沦浴血奋斗,却终究未克成功。秋瑾以一个女子自觉感到有一份自己的责任在,所以才感到"惭"的。唯其如此,"独向东"才更有了深厚伟力的支撑。末联"如许伤心家国恨,那堪客里度春风",将上面这重意绪作了明确的收束,也是她"万里乘风"雄心抱负的有力揭示。

全诗诗境三转,丰富地展示了秋瑾初渡日本所怀的多重心境,同时又为着一个根本目的去着笔,使不同情感色彩统一于"巾帼英雄"的主体形象。那个激荡的时代爱国者的共性与秋瑾的独特个性气质,都淋漓自如地传达出来了。

(魏中林)

对　酒　　　　秋　瑾

不惜千金买宝刀,貂裘换酒也堪豪。
一腔热血勤珍重,洒去犹能化碧涛。

陈谧《吴芝瑛传》有这样一段记载:光绪三十一年(1905),秋瑾从日本回国后,走访好友吴芝瑛,将其在日本购得的倭刀相示,"酒酣耳热,拔刀起舞,唱日本歌,芝瑛命女以风琴和之。知瑾有光复志,虑事泄贾祸,屡示珍重,瑾颔别。"上面这首《对酒》盖作于此时。

鉴湖女侠秋瑾是近代史上一位奇女子,出身书香门第,却不同等闲的娇花弱柳,她这首《对酒》诗就很可看出女侠雄豪的性格。"不惜千金买宝刀,貂裘换酒也堪豪",击剑、豪饮、赋诗,构成了秋瑾的一个生活的侧面,宝刀,我所欲也,不惜用千金去买。她兴之所至,抽刀在手,盘旋起舞,光耀一室,大有王郎酒酣,拔剑斫地之概!美酒,亦我所欲也,不惜将贵重的貂裘来换取一醉。"貂裘换酒",古来固不乏这样的豪放之士,如汉代司马相如和晋代阮孚都有此类美谈,唐代大诗人李白更在《将进酒》中写道:"五花马,千金裘,呼儿将出换美酒。"然而,秋瑾一女子有如此豪兴,豪情,出如此豪放诗句,实为历史上所罕见。

为什么秋瑾不爱红妆爱武装?不惜千金买宝刀?盖时代环境使然。庚子事

秋瑾像

变,八国联军入侵,中华民族频临被世界列强瓜分的危险,而满清王朝腐败不堪,作为一个有血性的中华儿女怎甘束手待毙?秋瑾接连写下《剑歌》、《宝剑歌》、《宝刀歌》,慷慨高歌道:"铸造出千柄万柄宝刀兮,澄清神州,上继我祖黄帝赫赫之威名兮,一洗数千百年国史之奇羞!"她只身东渡日本,投身革命风潮,立志"但持铁血主义报祖国",经常身穿和服,手持倭刀,到东京麴町区神乐坂武术会练习剑击和射击技术,又学习制造炸药。吴芝瑛《记秋女侠遗事》还提及她确实在日本高价购得一把宝刀。由此可见,她"不惜千金买宝刀",正是为了实现"澄清神州"的壮志啊!

再说秋瑾"貂裘换酒"的豪气,也不同于旧时文人的颠狂。秋女侠之"豪"更表现在她任侠的行为中。据吴芝瑛记载:1904年,秋瑾为筹集赴日本留学的学旅费,变卖掉自己全部首饰衣物,经济十分困窘。临行时听说与之素不相识的王照因戊戌事被关狱中,正需钱打点,秋瑾便遣人将自己的学旅费转送狱中,不留姓名。秋瑾并不赞成改良主义的政治主张,但她同情、钦佩戊戌党人的爱国热忱,所以她不顾个人困难,慷慨地仗义疏财,营救王照。显然,她这种"喜散奁资夸任侠"的豪气正是她满腔爱国热情的发露。数千年来,中国妇女不是在胭脂花粉中消磨时光,就是围绕柴米油盐辗转锅台至死,而秋瑾毅然决然走出了家庭,投身革命,她说:"人生处世,当匡济艰危,以吐抱负,宁能米盐琐屑终其身乎?"这又是何等可贵的豪情!不难看出,秋瑾的豪气是一种英雄气,闪烁着她拯时匡世的巾帼英雄本色。

前面提到秋瑾回国后与吴芝瑛的一次会见,当秋瑾以倭刀相示时,吴芝瑛"知瑾有光复志,虑事泄贾祸,屡示珍重"。《对酒》的三、四句:"一腔热血勤珍重,洒去犹能化碧涛",当是对好友叮咛的回答吧!秋瑾说:我会努力珍重自己的一腔热血的,将来需要我奉献出来的时候,这一腔热血将会化作碧绿的波涛,掀起革命的狂飙!最后这两句富有革命者浪漫情思的诗句也是充满着豪气,并点明了自己生命的价值和它所以"堪豪"的真正原因。

相传春秋时,周大夫苌弘忠于祖国,得罪了晋国,晋迫使周王杀死苌弘。人民怜惜他,用石匣藏起他的血,三年,血化为碧玉。后世常称烈士的血为碧血。秋瑾用这个典故以表示自己为光复中华,随时准备抛头颅、洒热血的决心。

秋瑾确是这样做的,她回国后,与革命党人徐锡麟秘密策划浙皖两省武装起义,不幸失败被捕。敌人严刑逼供,她斩钉截铁地回答:"要杀便杀","革命党的事不必多问。"她咬牙闭目,坚贞不屈,就义于绍兴古轩亭口。英雄的热血化为碧涛,灌溉着中华大地,激励着多少炎黄子孙前仆后继地去为祖国的自由独立而战斗……

(铁 明)

诗人小传

杨圻

(1877—1941) 榜名朝庆,字云史,号野王。江苏常熟人。光绪二十八年壬寅(1902)南元,官邮传部郎中、新加坡总领事。入民国后为吴佩孚秘书。抗战军兴,避地香港。诗学唐人,尤擅梅村体歌行,风格雄浑,才华艳发。名篇有《檀青引》、《天山曲》等。有《江山万里楼诗钞》十二卷。

檀青引①

杨 圻

江都三月看琼花②,宝马香轮十万家③。一代兴亡天宝曲④,几分春色玉钩斜⑤。玉钩斜畔春色去,满川烟草飞花絮⑥。都是寻常百姓家,欲问迷楼谁知处⑦?高台置酒雨溟溟,贺老弹词不忍听⑧。二十五弦无限恨⑨,白头犹见蒋檀青。雕栏风暖凝丝竹⑩,筵上惊闻朝元曲⑪。其时雨脚带春潮,江南江北千山绿。朱弦断续怨沧桑,望帝春心暗断肠⑫。欲说先皇先坠泪⑬,千言万语总心伤。坐客相看共呜咽,金徽弹罢愁难绝⑭。同时伤春事不同,飘零身世何堪说。家在京师海岱门⑮,少年往事不堪论。旗亭旧日多名士⑯,北海当年侍至尊⑰。太行北尽仙园起⑱,灵台缥缈五云里⑲。年年豹尾幸离宫⑳,百官扈从六宫徙㉑。万户千门鱼钥开㉒,柳烟深浅见蓬莱㉓。妆楼明镜云中落,别殿笙歌画里来。祖宗旰食勤朝政㉔,百年文物乾坤定。万方钟鼓与民同,九重乐事怡天听㉕。建康杀气下江东㉖,百二关河战火红。猿鹤山中啼夜月,渔樵江上哭秋风。军书榜午入青琐㉗,从此先皇近醇酒㉘。花萼楼前春昼长㉙,芙蓉帐里清宵久㉚。三山清月照瑶台㉛,夹道珠灯拥夜来。一曲吴歌调凤琯㉜,后庭玉树极花开㉝。临春结绮新承宠㉞,玉骨轻盈珍珠重。避面宁教妒尹邢㉟,当筵未许怜张孔㊱。太液春寒召管弦㊲,官家小宴杏花天㊳。昭阳宫里春如海㊴,五鼓初传《燕子笺》㊵。鞓红照睡繁华重㊶,绝代佳人花扶拥。南府新声妒野狐㊷,昇平独赐龟年俸㊸。夜半青娥扫落花㊹,深宫月色照羊车㊺。庸知铜雀春深事㊻,留与词人赋馆娃㊼。当时海内勤王事㊽,慨慷誓师有曾李㊾。未见江头捷骑来,忽闻海畔夷歌起㊿。避暑温泉夜气清,宫花露冷月华明。惊心一曲《长生殿》(51),直是渔阳鼙鼓声(52)。延秋门外黄昏路(53),城阙生尘妃嫔去。穆王从此不重来(54),马上天颜频回顾(55)。来朝胡骑绕宫墙(56),凝碧池头踞御床(57)。昨夜《采莲》新制曲(58),月明多处舞衣凉。太白睒睒欃枪吐(59),云房水殿都凄楚(60)。咸阳不见阿房宫(61),可怜一炬成焦土。和戎留守有贤王(62),八骏西行入大荒(63)。金粟堆空啼杜宇(64),苍梧云冷泣英皇(65)。居庸日落离宫暮(66),北望幽州空烟树(67)。初闻哀诏在沙邱(68),已报新君归灵武(69)。鼎湖龙静使人愁(70),福海悠悠春水流(71)。山蝶乱飞芳树外,野莺啼满殿西头。梨园寂寞闭烟雨(72),百草千花愁无主。汉家仙掌下民间(73),秦宫宝镜知何处(74)。玉泉山下少人行(75),琼岛春阴水木清(76)。独有渔翁斜月里,隔墙吹笛到天明。繁华事散堪悲恸,玉辇清游忆陪从(77)。明年重过德功坊(78),梨花落尽柳如梦。小臣掩面过宫门(79),犬马难忘故主恩。檀板红牙今落魄(80),寻常风月最销魂。十年血战动天地,金陵再见真王气(81)。南部烟花北地人(82),天涯难免伤心泪。武帝旌旗满九州(83),湘淮诸将尽封侯(84)。两宫日月扶双辇(85),万国车书拜五洲(86)。独有开元伶人老(87),飘泊秦淮鬓霜早。夜梦帘间唱谢恩,玉阶叩首依宫草。糊口江淮四十年,清明寒食飞花天。春江酒店青山路,一曲《霓裳》卖一钱(88)。君问飘零感君意,含情弹出宫中事。乱后相逢话太平,咸丰旧恨今犹记。怜尔依稀事两朝,千秋万岁恨迢迢。至今烟月千门锁,天上人间两寂寥!

〔注〕 ① 檀青:昆曲艺人蒋檀青。据云史《蒋檀青传》称:"蒋檀青,京师人,其先越产也。

善弹筝吹笛,工南北曲,文宗时乐部推第一。长安名士宴宾客,非檀青在坐则不欢。……穆宗中叶,湘淮军克金陵,平捻匪,东南定,再见中兴,而檀青贫,终不得返京师。京师方重靡靡之音,无工昆曲者,于是诸伶中亦无有知檀青姓氏者矣。"近人张次溪所辑《清代燕都梨园史料》虽亦收入此传,然考诸咸丰一朝艺人,檀青不载,并无殊誉,故黄濬《花随人圣庵摭记》疑之曰:"殆天所以畀云史为诗料者欤!" ② 江都:隋置郡名,治所江阳(今江苏省扬州市)。此指代扬州。 ③ 宝马香轮:富贵家族子弟或女眷坐乘之美称。 ④ 天宝曲:唐玄宗天宝十四载(755),"安史之乱"起,唐庆国由此走向衰亡。后人多有咏天宝之曲,以抒兴亡之感。本诗即以咸丰朝国是喻比于隋唐旧事。 ⑤ 玉钩斜:隋葬宫女处。遗址在今扬州市西。 ⑥ 满川句:语本宋贺铸《青玉案》词:"试问闲愁都几许?一川烟草,满城风絮,梅子黄时雨。" ⑦ 迷楼:隋炀帝时所造楼名。据《说郛》卷三二《迷楼记》:浙人项昇进新宫图,帝令扬州依图建造,经年始成。其宫辉煌弘丽,回环四合,建筑工巧,自古无有。人误入其中,虽终日不能出。帝尝顾左右曰:"使真仙游其中,亦当自迷也,可目之曰'迷楼'。"又《扬州鼓吹词序》云:"迷楼在城西北七里。" ⑧ 贺老:唐代音乐家贺怀智。据《白氏六帖》卷六二:"羯胡犯京,上欲迁幸,复登花萼楼,置酒四顾,乃命进玉环。玉环者,睿宗所御琵琶也。……至是,命乐工贺怀智取调之。" ⑨ 二十五弦:二十五弦之琴。《汉书·郊祀志》:"泰帝使素女鼓五十弦瑟,悲,帝禁不止,故破其瑟为二十五弦。" ⑩ 丝竹:泛指琴瑟笙箫之类的乐器。 ⑪ 朝元曲:语本唐杜牧《华清宫》诗:"行云不下朝元阁,一曲《淋铃》泪数行。"元骆天骧《类编长安志》卷三:"朝元阁在华清宫南骊山上。《明皇杂录》:'天宝二载,起朝元阁。'"又,《杨太真外传》:"至斜谷口,属霖雨涉旬,于栈道雨中闻铃声隔山相应。上既悼念贵妃,因采其声为《雨霖铃》曲,以寄恨焉。" ⑫ 望帝春心:喻难以言表之愁绪恨怀。语本唐李商隐《锦瑟》诗:"庄生晓梦迷蝴蝶,望帝春心托杜鹃。" ⑬ 先皇:指清文宗爱新觉罗奕詝,在位十一年(1850—1861),国号咸丰。 ⑭ 金徽:金饰的琴徽。此指代胡琴、琵琶一类弹拨乐器。 ⑮ 海岱门:即北京崇文门。《京师坊巷志稿》卷上:"崇文门,俗沿元称哈达门,或讹'海岱'。" ⑯ 旗亭:酒楼。薛用弱《集异记》:"开元中,诗人王昌龄、高適、王之涣齐名。时风尘未偶,而游处略同。一日天寒微雪,三诗人共诣旗亭,贳酒小饮。" ⑰ 北海:清代御苑(今辟为公园),与中海、南海总名太液池。 ⑱ 太行:山名,在山西高原与河北平原之间。《括地志》:"太行连亘河北诸州,凡数千里,始于怀而终于幽,为天下之脊。"仙园:指圆明园。清代著名郊外离宫。 ⑲ 灵台:集灵台,唐玄宗天宝元年(742)建,在长生殿侧。此借指园内宫殿建筑。五云:五色祥云。 ⑳ 豹尾:豹尾车,指代帝王(此指咸丰帝)巡幸车乘。因其殿后属车上悬豹尾,故称。离宫:旧时帝王巡幸暂住的临时宫室,此指圆明园中宫殿。 ㉑ 百官句:据钵提《记圆明园》:"每岁夏,(上)幸园中,冬初还驾。内廷大臣,赐第相望,文武侍从,并直园林。入直奏对,听夕往来,络绎道路,历雍、乾、嘉、道百余年于兹矣。" ㉒ 鱼钥:形如鱼状的钥匙。《芝田录》:"钥必以鱼者,取其不瞑目守夜之义。" ㉓ 蓬莱:传说仙山之一,此喻园中胜境。 ㉔ 旰食:因事而推迟吃饭,比喻帝王勤于政事。旰,晚。 ㉕ 九重:天子居所。天听:喻指帝王视听。据云史《蒋檀青传》:"文宗初享天下太平,依例每年园居游乐。"时梨园尤盛,设昇平署以贮乐工,内务府掌之。设南府,命乐工教内监之秀颖者习歌舞。当夫棠梨春晚,梧桐秋末,万几之暇,辄召两部奏新曲。檀青发喉,则天颜悦霁,赏赉过诸伶。" ㉖ 建康:地名。即今江苏省南京市。这句意谓太平军于咸丰三年(1853)攻克南京,挥师东下。据《清史纪事本末》卷五一:"二月,太平军取江宁,分兵取镇江、扬州。" ㉗ 榜午:交错;纷繁。青琐:宫门上镂刻之青色图纹,后因以指代宫门。 ㉘ 从此句:云史《蒋檀青传》:"文宗中叶,粤匪据金陵,捻匪扰皖豫,英法龃龉,与战不利。东南多事,海内骚然,上抑郁不乐,稍近声色。" ㉙ 花萼楼：据《唐会要》卷三〇："开元三年(715)七月二十九日，以兴庆里旧邸为兴庆宫。后于西南置楼，西面题曰花萼相辉之楼，南面题曰勤政务本之楼。" ㉚ 芙蓉句：语本唐白居易《长恨歌》诗："云鬓花颜金步摇，芙蓉帐暖度春宵。" ㉛ 三山：传说中蓬莱、方丈、瀛洲三神山，此借指圆明园内福海三岛。清朱彝尊《日下旧闻考》卷八二："福海中作大小三岛，仿李思训画意，为仙山楼阁之状，岧岧亭亭，望之若金堂五所、玉楼十二也。"瑶台：圆明园中四十景之一。《宸垣识略》卷一一："蓬岛瑶台在福海中央，门南向。正殿前东为畅襟楼，西为神仙三岛。" ㉜ 凤琯：饰有凤形的玉笛。琯，玉制古乐器，状似笛，有六孔。 ㉝ 后庭句：相传南朝陈后主作有艳曲《玉树后庭花》，其辞曰："玉树后庭花，花开不复久。"后以为国运不祥之兆。 ㉞ 临春结绮：均南朝陈后主时所筑楼阁。据《陈书·沈皇后传》："至德二年(584)，乃于光照殿前起临春、结绮、望仙三阁。阁高数丈，竝数十间，……瑰奇珍丽，近古所未有。……后主自居临春阁，张贵妃居结绮阁，龚、孔二贵嫔居望仙阁，竝复交道相往来。" ㉟ 避面句：谓妃嫔间的争风吃醋，嫉妒争宠。尹邢，指汉武帝宠爱的邢夫人与尹夫人。《史记·外戚世家》："尹夫人与邢夫人同时并幸，有诏不得相见。……谚曰：'美女入室，恶女之仇。'" ㊱ 张孔：指南朝陈后主所宠爱的妃子张丽华和孔贵嫔。 ㊲ 太液：太液池。"太液秋风"为燕京八景之一。《日下尊闻录》卷一："太液池在西苑中，亘长桥，列二华表，曰金鼇、玉蝀，北为北海，南则瀛台。" ㊳ 官家：旧时对皇帝的称呼。杏花天：酒肆。原在北京永定门天桥附近。 ㊴ 昭阳宫：汉宫殿名，成帝后赵飞燕曾居此。此喻指咸丰帝行宫中宫殿。 ㊵ 五鼓：犹五更。《燕子笺》：传奇名。明阮大铖著。记唐霍都梁与郦氏女飞云遇合事，影射明末东林党与阉党之争。诗云"五鼓"，是在行宫。因清大内规矩严甚，不可能五更演戏。 ㊶ 鞓红：牡丹名品之一。宋欧阳修《洛阳牡丹记》："鞓红者，单叶深红花，出青州，亦曰青州红。"因其色类腰带鞓，故谓鞓红。又宋苏轼《海棠》诗云："只恐夜深花睡去，故烧高烛照红妆。"此用其意，写咸丰与妃嫔游乐事。 ㊷ 南府：清宫习艺演剧之所。清李慈铭《越缦堂日记补·庚集》咸丰十年(1860)七月初五："选名优雏伶，以入南府。南府者，宫中按乐地也。"又，郭则沄《十朝诗乘》："咸丰时复置南府，选内监之颖秀者，命乐工教之，两部皆不时进御。"野狐：张野狐，唐玄宗时梨园弟子，善吹觱篥。 ㊸ 龟年：李龟年，唐代宫廷乐师，曾赴岐王宅中闻琴辨声。僖宗时尝使南诏。 ㊹ 青娥：指代宫女。 ㊺ 羊车：古代宫内所乘小车。 ㊻ 铜雀：铜雀台，建于曹魏建安十五年(210)冬，遗址在今河北省临漳县西南古邺城西北隅。唐杜牧《赤壁》诗："东风不与周郎便，铜雀春深锁二乔。" ㊼ 馆娃：馆娃宫，吴王夫差为美女西施而造。故址在今江苏省吴县之灵岩山。 ㊽ 勤王：朝廷遇有危难，各方起兵救援，是谓勤王。 ㊾ 曾李：指曾国藩、李鸿章，二人为湘军、淮军创始人，乃太平军之死敌。 ㊿ 忽闻句：指咸丰六年(1856)十月英领事巴夏礼等率兵攻黄埔炮台，大扰广州，及于次年十二月攻占海珠炮台，陷广州城，挟俘粤督叶名琛囚之印度事。 (51)《长生殿》：清代戏曲家洪昇所撰传奇剧，内容描写唐明皇与杨贵妃恋爱情事。 (52) 渔阳鼙鼓：原喻指安史之乱，此借指英军进犯北京。渔阳，唐郡名，治所在今天津市蓟县。唐白居易《长恨歌》："渔阳鼙鼓动地来，惊破《霓裳羽衣曲》。"此化用其句意。 (53) 延秋门：唐都长安御苑宫门。按，此句及下句谓咸丰携妃嫔弃京城而仓皇出逃热河事。 (54) 穆王：周穆王，此喻指咸丰帝，谓其回归无日。语本唐李商隐《瑶池》诗："八骏日行三万里，穆王何事不重来？" (55) 天颜：帝王容颜。 (56) 胡骑：指代英法联军。 (57) 凝碧池：原在唐都长安禁苑中。据《明皇杂录》："天宝末，禄山陷西京，大会凝碧池，梨园子弟，欷歔泣下。" (58)《采莲曲》：乐府曲名。据《乐府诗集》卷五〇："梁羊侃性豪侈，善音律。有舞人张静婉能掌上舞，侃尝自制《采莲》、《棹歌》二曲。" (59) 太白：星名，又称启明星。睒睒：光芒闪烁状。欃枪：天欃与天枪，均彗星名。相传它的出现是兵乱的凶兆。

⑥⓪ 云房：僧道居所。 ⑥① 咸阳：秦都城，故址在今陕西省咸阳市东北二十里。此喻指清都北京城。阿房宫：秦代著名宫殿，创建于秦始皇三十五年，故址在今陕西省西安市西北。后为项羽所焚。此指代圆明园。 ⑥② 贤王：指恭亲王奕訢。《清鉴易知录》：咸丰十年八月初，英法联军兵逼京师，畿辅大震。"帝知禁兵不足恃，遂北狩热河，郑亲王端华，尚书肃顺，军机大臣穆荫、匡源、杜翰等皆扈从，恭亲王奕訢留守"。九月初，由奕訢主持与英法议成和议。 ⑥③ 八骏句：喻指咸丰仓皇出逃京都。八骏，神话传说中的八匹骏马。《拾遗记》："(周穆王)驭八龙之骏：一名绝地，足不践土；二名翻羽，行越飞禽；三名奔宵，夜行万里；四名起影，逐日而行；五名逾辉，毛色炳耀；六名超光，一形十影；七名腾雾，乘云而奔；八名挟翼，身有肉翅。"大荒：边远之地。 ⑥④ 金粟堆：唐玄宗泰陵，在今陕西省蒲城县东北之金粟山。"金粟堆空"暗喻咸丰之死。据《清鉴易知录》："咸丰十一年秋七月辛丑，帝不豫；壬寅，大渐；癸卯，崩于避暑山庄行殿寝宫。" ⑥⑤ 苍梧：苍梧山，亦称九嶷山，在今湖南省宁远县南。《史记·五帝记》："舜崩于苍梧。"英皇：传为舜妃娥皇、女英，此喻指慈安、慈禧太后。《述异记》："舜南巡，葬于苍梧，尧二女娥皇、女英泪下沾竹，竹悉为之斑。" ⑥⑥ 居庸：居庸关，已倾圮，故址仅存元台子，在今北京市昌平县境。 ⑥⑦ 幽州：古九州之一。《尔雅·释地》："燕为幽州。"此指代北京。烟树：蓟门烟树，乃燕京八景之一。 ⑥⑧ 哀诏：咸丰帝亡崩时(1861)的诏书。沙邱：犹沙丘，秦始皇巡行天下时病故之地。此指代咸丰帝病死热河行宫。 ⑥⑨ 新君：指同治皇帝载淳，在位十三年(1861—1874)。灵武：郡名，治所在回乐(今宁夏回族自治区灵武西南)。唐天宝十五载(756)，安禄山破潼关，玄宗逃奔蜀中，朔方留后杜鸿渐等迎太子亨即位于灵武郡城南楼，是为唐肃宗。此借指同治帝即位于故宫太和殿。 ⑦⓪ 鼎湖：传为黄帝乘龙登天之所，后因以指代帝王之死。 ⑦① 福海：圆明园中水域。清崇彝《道咸以来朝野杂记》："福海为全园之中心。其中曰蓬岛瑶台，其东曰雷峰夕照，其西南曰澡身浴德，其西北曰平湖秋月，皆四十景中之最著者也。" ⑦② 梨园：唐玄宗时教练宫廷歌舞艺人的地方，其地所在有二：一在长安(今陕西西安市)光化门北禁苑中，一在蓬莱宫侧宜春院。后因称戏班为梨园，戏曲演员为梨园弟子。 ⑦③ 仙掌：铜制仙人手掌，为汉代宫苑中物品。《三辅故事》："建章宫承露盘高三十丈，大七围，以铜为之。上有仙人掌承露，和玉屑饮之。" ⑦④ 秦宫宝镜：据《西京杂记》卷三："高祖初入咸阳宫，周行库府，金玉珍宝，不可称言。有方镜广四尺，高五尺九寸，表里通明。人直来照之，影则倒见；以手扪心而来，则见肠胃五脏，历然无碍。人有疾病在内，则掩心而照之，则知病之所在。又女子有邪心，则胆张心动。"以上两句以秦汉宫中旧事喻清宫宝物之散佚民间。 ⑦⑤ 玉泉山：在今北京西郊颐和园之西，因有玉泉流注昆明湖，山即以泉得名。 ⑦⑥ 琼岛春阴：燕京八景之一，在西苑太液池(今北海)中。 ⑦⑦ 玉辇：帝王车乘。 ⑦⑧ 德功坊：京师巷坊名。 ⑦⑨ 小臣：蒋檀青自谓。 ⑧⓪ 檀板：乐器名。以檀木做成的拍板。红牙：以红檀木制成用以调节乐曲的拍板或牙板。 ⑧① 金陵：今江苏省南京市。此指代北京，句意喻指历史上所谓的"同治中兴"。 ⑧② 南部句：意谓檀青从此地流落江南，日与烟花巷中的歌妓为伍。 ⑧③ 武帝旌旗：唐杜甫《秋兴八首》："昆明池水汉时功，武帝旌旗在眼中。" ⑧④ 湘淮句：据《清鉴纲目》卷一二：太平军失败后，"江宁既复，朝廷动色相庆……大封功臣。曾国藩太子太保衔，封一等侯，世袭罔替。……江苏巡抚李鸿章一等伯。" ⑧⑤ 两宫日月：指东太后慈安，西太后慈禧。扶玉辇：喻指慈安、慈禧太后垂帘听政于同治、光绪朝。 ⑧⑥ 万国句：意谓清廷与各国互派公使，建立或恢复外交关系。语本唐王维《和贾至舍人大明宫之作》诗："九天阊阖开宫殿，万国衣冠拜冕旒。" ⑧⑦ 开元：唐玄宗年号(713—741)。伶人：指蒋檀青。 ⑧⑧《霓裳》：即《霓裳羽衣曲》，唐宫廷乐曲。

檀青引　　　　　　　　　　　　　　　　　　　杨圻〔1927〕

据诗前所附《蒋檀青传》所称：云史"游广陵(今扬州市)，宴客平山堂"，"坐上遇檀青"，时年"二十一岁"；传文又云："余悲檀青之与龟年同一流落也，乃为传而长歌之"，时在光绪"丁酉冬十月"。以此知本诗当作于一八九五年至一八九七年之间，时年不超过二十三岁。

《檀青引》清圆妩媚，音节哀怨，辞采华赡，借宫廷艺人蒋檀青的一生遭际并以其身经目击为线索，敷衍囊括咸丰朝一代史事，寓意精警，哀感顽艳，成为诗人"江东独步"的成名佳作。诗成于中日甲午海战、马关条约签定之后，这是值得令人注意的。由于统治者的纵情声色，荒淫误国，诗人当时面对的国内形势是：政治窳败，内忧外患，国步维艰，国脉不绝如缕。诗人少有大志，向求"激昂青云，致身谋国"，欲以天下为己任，于此自感忧愤填膺，痛心疾首，遂嗣响梅村，继轨香山，形诸笔墨，成此佳构，寓国运之悲悯，寄荒政之愤慨，予图治之婉讽，反映了诗人反对腐败政治，力图富国强兵以抗御外侮的忠君爱国立场。尽管辛亥革命后，诗人落伍时代，有"猥托攀髯之痛"之诮，但这一立场于诗人仍有重要意义，因为这使他日后并其"主公"吴佩孚始终不向日寇屈服，得以终保晚节。因此，一代才子易顺鼎论及《檀青引》时切中肯綮，慧眼独具："白太傅作《长恨歌》，叙玄宗之倦勤，为帝王之恫戒，有变风变雅之遗意。其自述诗云：'一篇《长恨》有风情，十首《秦吟》近正声。'盖隐然以可兴可观自命，非夸言也。清自文宗荒政，海内扰乱，颠沛播越，宗社几墟。同光之衰，实基于此。作者夙有澄清之志，而目击时艰，抚今悼昔，叹息痛恨，乃藉檀青一事，以见其意，婉而多讽，与香山有同志焉。缘情绮靡，其余事矣。"用现在的话说，这位"神童"颇坚持了文以载道的政治内容第一的标准，看出了《檀青引》所涵负的重大的社会内容及其所具有的强烈的社会现实意义，确非虚誉妄言。

《檀青引》继承了白居易的现实主义创作手法，不让梅村擅场专美于前，使他获得极大的声誉，这除了政治倾向进步，有积极的社会意义之外，还与其艺术上的成熟与成功密不可分。作为长篇抒情叙事诗，《檀青引》全诗七十韵，长达千言，在近代诗史上，除了他自己的《天山曲》、王闿运的《圆明园词》外，少有其匹。诗取两句一转韵，平仄交叉互押的形式，其优点是，音调华美流畅，节奏铿锵鲜明，读之朗朗上口，便于记忆传诵。在立意谋篇上，《檀青引》充分吸取了《长恨歌》、《琵琶行》、《圆圆曲》等历史名篇的长处，首尾回环，结构完整；剪材老到，布局精当；以点及面，小中见大。诗取倒叙手法，通过艺人蒋檀青的眼睛和嘴巴，以他的经历，逐一敷演出有清咸丰朝的一代兴亡历史。《檀青引》于场面的描摹铺陈及气氛的设造渲染上，亦颇显功力，很有特色。其如写咸丰帝巡幸云："万户千门鱼钥开,柳烟深浅见蓬莱。妆楼明镜云中落,别殿笙歌画里来。"写咸丰帝驾崩云:"鼎湖龙静使人愁,福海悠悠春水流。山蝶乱飞茅树外,野莺啼满殿西头。"写太平军挥师江东云:"建康杀气下江东,百二关河战火红。猿鹤山中啼夜月,渔樵江上哭秋风。"凡此种种,无不遣辞典雅,色彩绚丽,景观鲜明,真切可感,使人身临其境。此外,《檀青引》还有一个显著特点:由于诗人是饱学之士,腹笥丰满富实,且才华艳发,极富驾驭语言之娴熟功夫,因此,诗歌虽大量运用前朝史事,化用前人诗句,却驾轻就熟,出神入化,全无模拟或生吞活剥的气象。相反,其取譬设喻,比拟象征,援古证今,无不显得得心应手,稳妥贴切。故康有为、范当世、何震彝等《江山万里楼诗钞》十三家评本赞其为"绝代风华,梅村再世"的"皇皇巨制",并认为:"《长恨歌》,《永和宫词》,并此鼎足而三。称之诗史,洵无愧色。"

(聂世美 李保民)

京口遇范肯堂①   杨 圻

桃花逐春水,江上又逢君。
宇宙今何世?风流意不群。
暮潮细生雨,绝壁起闲云。
严武军中事②,相看感旧闻。

忧乐谁前后③?含情未忍言。
与君看落日,为我话中原。
时难文章弃④,春深草木繁⑤。
卧来江渚冷⑥,高枕向乾坤。

〔注〕①京口:今江苏省镇江市。范肯堂:范当世(1854—1904),原名铸,字无错,又字肯堂。江苏南通人。光绪间客直隶总督李鸿章幕。有才名,文师桐城,诗宗宋人,有《范伯子诗集》十九卷、文集十二卷传世。 ②严武(726—765):字季鹰,唐华州人,中书侍郎严挺之子。少以父荫调太原府参军事,累任谏议大夫,东川剑南节度使。镇剑南。广德二年(764)破吐蕃七万众于当狗城,封郑国公,加检校吏部尚书。镇蜀多年,虽恣行猛政,穷极奢靡,却友待大诗人杜甫,屡屡给以诗多种帮助。这里喻指直督李鸿章。 ③忧乐句:语本宋范仲淹《岳阳楼记》名言:"是进亦忧,退亦忧,然则何时而乐欤?其必曰:先天下之忧而忧,后天下之乐而乐。" ④时难句:意谓国逢动荡多事之秋,世每重武而轻文。 ⑤春深句:语本唐杜甫《春望》诗:"国破山河在,城春草木深。"此用其意。 ⑥江渚:犹江滨。

  此诗原题下有小注云:"合肥太岳(指李鸿章)督直时,先生为幕府上客,今别十年矣。"然李鸿章督直凡二十五年(1870—1895),因查作者《双肇楼记》有曰:"光绪壬辰(1892),余年十八,婚于合肥文忠公之门。南通范伯子,方为文忠幕上客,见余文字,许为可造,亟称于文忠公。自后诗文辄就教,得闻绪论。"又诗之首句云:"桃花逐春水。"由此知本诗当作于清德宗光绪壬寅(1902)三月,时年二十八岁。两年后,范当世流徙江湖,即客死于沪上旅邸。

诗为两首五律,其一侧重于相逢忆昔,其二侧重于相逢论今,诗旨虽伤故人,实质亦自伤自叹,感时忧国,表现了作者思赴国难,以求一展胸襟的积极用世精神。故十三家评点《江山万里楼诗钞》评论此诗曰:"二诗回肠荡气,忧愤忠爱,流露言表。"

"桃花逐春水,江上又逢君。"第一首之首联点题搭额,以明时间、地点、人物。如杜甫《江南逢李龟年》诗所云:"正是江南好风景,落花时节又逢君。"诗中的一个"又"字,含有无限感慨,颇有故人相逢,说不清是喜是悲的感觉。诗之颔联以景生情,关合时事,云伯子虽处乱世,却风骨凛凛,卓尔不群。字里行间,流露出云史对这位长辈及至交的钦慕之心。而世运之治乱,年华之盛衰,彼此之交谊,尽见于四句之中。诗之颈联虽回扣"京口"二字,摹写眼前之景,却创造出一种略带苍凉的气氛,为尾联的往事不堪回首而张本。

诗人小范当世二十一岁,以年齿论,伯子自是前辈,云史曾向他讨教诗文;就交际关系言,伯子为李鸿章幕僚,云史是李鸿章女婿,一盛赞"杨郎清才"(杨士骧《江山万里楼诗钞》卷一跋:"壬辰秋,余谒合肥相国于津门。时云史新婚相国之女孙子。通州范肯堂为幕府上客,见其诗,为余数道:'杨郎清才。'")。一由衷感叹伯子"风流意不群",诗格人格均足以睥睨一世。正因为如此,尾联"严武军中事,相看感旧闻",不仅用典贴切,而且更见二人志同道合,交谊之深。

第二首五律承第一首而来,由忆旧转为论今。诗的前两句表现的是一种无可奈何的感伤情绪。"先天下之忧而忧,后天下之乐而乐",这是北宋范仲淹的名句,谁都知道。而同样志存社稷,心悬天下,范、杨二人亦都想奉此为处世准则。可是二人相逢江上,却"含情未忍言"。什么原因?诗之中间两联道出了原委:国步艰难,有如日落西山,呈现的是一种难以挽回的趋势。而世道的混乱艰难,使文章分文不值,文人无用武之地可言。诗句显示的一种忧国忧民的精神,溢于言表,令人动容。"卧来江渚冷,高枕向乾坤。"诗之末联表现的是不甘寂寞退隐的积极用世态度,说明作者虽"未忍言"忧乐,实质仍志在"乾坤",一时一刻亦未尝忘却天下之冷暖苦乐。

值得玩味的是,范、杨二人虽皆志同道合,心悬天下,彼此的处世态度与生活道路却到底并不一样。杨圻日后弹冠新朝,委身强藩,终为世人所诟病;而范当世一生穷困潦倒,心中诗中唯装着黎庶苍生,评价远在云史之上。如狄葆贤《平等阁诗话》云:"(肯堂)平生兀傲颓放类阮嗣宗,困厄寡谐,以古文名世……庚子王室如毁,多以诗篇寄其孤愤,每一吟讽,如见其人。"金天翮《答苏堪先生书》更云:"继殁叔(江湜)之后,为通州范伯子,贫穷老瘦,涕泪中皆天地民物、大江南北。二子盖豪杰之士也。"

此诗在艺术上的最大特点是明白如话,绝少用典,气息清厚,骨力雄秀,颇有唐人格调,尤得老杜风神。诗中"桃花逐春水,江上又逢君"、"时难文章弃,春深草木繁",半从杜诗中化出。至若"宇宙今何世,风流意不群"、流水对"与君看落日,为我话中原"及尾联"卧来江渚冷,高枕向乾坤",无论就遣辞与命意言,老杜自当把臂入林,视为嗣响。

(聂世美)

早　行　　　　　　　　杨圻

野月窥人红叶间,一肩行李出柴关[①]。
谁怜马背雕鞍重,愁梦多于淮上山!

〔注〕① 柴关:犹柴门,即柴荆做成的简陋之门。亦用以指代村舍。唐戴叔伦《遣兴》:"诗名满天下,终日掩柴关。"

古往今来,大凡羁旅之诗,或悲行役之苦,或叹道路之艰,或写情亲之思,或寓身世之概,大抵诗绪低回,情怀落寞。观云史《早行》,亦非例外。

诗作于民国丙寅(1926)秋十一月下旬随吴佩孚残部兵退于郑州途中。首二句纯用白描手法,点明节令,叫醒诗题。"野月窥人",写一"早"字;"红叶"之红,明一秋字;"一肩行李",扣一"行"字。这两句诗似一幅淡墨轻泼的山水画,将诗人清晨早起、行色匆匆的模样,送入读者眼帘。"野月窥人"四字尤值得玩味,既是现场实景之描摹,亦隐隐透露出一种萧瑟迟暮的凝重感觉,以万籁俱寂的气氛,映衬万念俱灰的心境,并为下两句续言"愁梦"之悲凉心态铺垫蓄势。

"谁言马背雕鞍重,愁梦多于淮上山。"在充分的场景描写与气氛渲染之下,终于逼出诗旨:前途未卜,愁肠百结。作为吴佩孚这位北洋直系军阀首领的心腹幕僚,杨云史不仅对主公"玉帅"昔日于直奉二次大战中兵败榆关而感痛心疾首,更对其今日在北伐军铁拳打击下狼狈逃窜于郑(州)、洛(阳)而感凄惶不安。前途茫茫,愁肠郁结,正是诗人其时其地的心境写照,与其同时所作"乱山吹角使人愁"(《过黄州》)、"秋尽江淮一客愁"(《徐州早发》)、"西望中原万古愁"(《月夜发徐州》)、"马上参军万里愁"(《郑州柳》),表现的是同一种忧心如焚、穷途没落的伤感情怀。

诗人一生委身强藩,进退失据,其政治识见无足称道。然而,"杨郎清才"、"江东独步",却以其"惊才绝艳"的诗作名重近代诗坛。即如这首《早行》律绝,文字典雅凝重,格调委婉流转,大有温李之风,在艺术上颇具特色。尤其是三、四两句,以"马背"暗喻人之心境、愁思,以雕鞍之沉对比淮上山陵之重,其于比喻之运用,或明或暗,明暗交叉,物我交融,浑然无迹,极其形象生动地表现了诗人难以言传的内心世界和复杂的思想情绪:马背雕鞍虽沉,却远不如压在我心头的百感交集之重;可驮着行李的马有人怜惜,而担着心头重负的我,又有哪个理解,又有谁人同情呢?诗句一唱三叹,诗旨旋进旋深。读着这类情景交融、构思精巧的清词丽句,我们便能够领悟,何以康圣人南海会大笔一挥,于诗人的集子题下"绝代江山"四个大字!

(聂世美)

【诗人小传】

于右任

(1879—1964) 字伯循,号骚心。陕西三原人。早年提倡新学,辛亥革命前后,曾创办《神州日报》、《民呼日报》、《民吁日报》、《民立报》等,宣传革命,反对封建专制,提倡民权,为此先后被清廷查禁。辛亥革命后他曾为南京临时政府交通部次长,袁世凯复辟帝制时,他入陕组织民军讨袁。论诗主张"发扬时代精神,便利大众欣赏",其诗绝少风花雪月、无病呻吟之作,充分反映了二十世纪初期的时代风云。有《右任诗存》、《于右任诗词集》。

孝 陵[①]   于右任

虎口余生亦自矜[②],天留铁汉卜将兴[③]。
短衣散发三千里,亡命南来哭孝陵。

〔注〕 ① 孝陵:即明孝陵,在江苏南京市中华门外钟山脚下,为明太祖朱元璋之墓。② 自矜:自夸。 ③ 铁汉:刚直不屈之人。宋代章惇遣使欲杀刘安世,刘从容处之,终脱免,流贬多年间,历遍荒远僻恶之地,时苏轼称刘为铁汉。

此诗为于右任1904年开封脱险亡命沪上过南京时作,时年25岁。前半记其脱险,基调为庆幸,后半述其南走,感情转为悲愤,四句一气连注,感慨深沉。

首句"虎口余生"即指其在开封逃脱清廷追捕事。是岁春,我国历史上最末一次春闱,因北京贡院试场为八国联军所焚,改在河南开封举行,于右任亦自陕赴豫应试,因有讽诋朝政之言行,清廷密旨开封方面拿办。于右任同学之父闻讯后,遣人飞报开封,作者方得以急走幸免,他离汴仅数小时,缇骑即追至客舍,可谓危险之至。于能避此大难,确为万幸,故其要在诗中称之为"虎口余生",要额手相庆,"自矜"不已。

"天留"句亦为庆幸之语。"铁汉"为自指,系用宋刘安世典,于与刘虽不同对,却同遭厄运,又都得转危为安,实有相似命运。作者认为,此次命不该绝,险处逢生,能大难不死,实可归为天意,亦预卜日后能成就大业,诗中"天留"、"卜将兴"语即因此而发,也表现了作者强烈的救民救国使命感。

第三句转入逃亡。"短衣散发",形象地写出他匆忙南行之状。作者离开封后南奔至许昌,登上京汉线火车南逃,为避人耳目,他在车上打扮成司炉工模样,坐在车头煤堆旁,至汉口后,再转舟顺流东下至南京,一路颠沛惊险,自可想见。

末句直陈拜祭孝陵之事。在清代有民族精神的知识分子心中,明太祖朱元璋墓孝陵,正是汉民族之象征。作者少年时即具民族意识,曾写信给陕西巡抚岑春煊,要他趁庚子乱后西太后西逃西安之机杀之以谢国人(后被友人劝阻未发),后又刻《半哭半笑楼诗草》,以诗歌鼓吹反清革命,成为陕西著名的反清义士,他此次能免清政府毒手,脱险南来,遥拜孝陵,当然要百感交集,以眼泪一伸多年蕴积之民族悲愤,倾诉自己悲喜愤恨交加的复杂感情。

作为国民党诗人中"最高明"的"名家"(柳亚子语),于右任诗作颇具阳刚沉雄之气,他曾自述其为诗,乃以"苏辛为友,李杜为师","诗意凭陵陆剑南"(《于右任诗歌萃编》)。此诗作于他早年,熔纪实和抒情于一炉,声势宏大,气概不凡,不仅留下了其人生道路上一次重大经历的真实记录,也展示了他当时感情的种种变化,初步显示了他诗风朴实无华,长于直抒胸臆的特点。 (黄 刚)

民治学校园纪事诗后十首(其十) 于右任

慷慨当年此誓师,回头剩有断肠词。
三秦子弟多冤鬼,百战河山倒义旗。
动地弦歌真画荻①,烧天兵火亦燃萁②。
难忘民治园中路,卷土重来未可知。

民治学校园纪事诗后十首(其十)　　　　　　　　　　于右任　〔1933〕

〔注〕①画荻：宋欧阳修四岁而孤，母教之学，时家贫，无纸笔，以荻画地学书，见《宋史》。②燃萁：相传曹植《七步诗》有"萁在釜下燃，豆在釜中泣"句，后因取"燃萁"字，喻才思敏捷。

民治学校在陕西三原西关，是于右任在靖国军时期亲自设立的一处宣传新思想的学校。1921年9月，靖国军在直系军阀重压下终于失败，作为靖国军总司令的于右任见局势已无法挽回，痛心疾首，遂离开总司令部办公处尊经阁，移入民治学校校园内，前后凡四十余天。他终日独坐危楼，泪洒戎衣，回顾往事，思虑时局，满含悲愤地写下二十首《民治学校园纪事诗》，诗分前十首、后十首两部分，为两组结构严密、抒情深挚之七律，体现了作者处于逆境中的思想感情，是他前期诗作中具重要意义的代表作品。这里所选，系其后十首中的压篇之作，亦为这批诗作的总结。

首联回顾靖国军历程，将当年壮举与眼前凄伤并列，形成鲜明对照。陕西首举护法义旗在1917年10月，靖国军先胜后败，于右任于次年5月于靖国军危难之际自上海辗转抵陕，负起领导陕西革命之重任。这年8月9日，靖国军在三原城外广场举行誓师大会，于右任慷慨陈词，宣誓就任总司令。数月间，作者整顿部队，亲设谋略，率师征战，屡战屡胜，各地民军竞相投效，拥地域达十数县，陕西护法革命形势如日中天，"慷慨当年此誓师"即对此的回顾和总结。然而因内部意见相左，又连遭直系大军进攻，加上适逢饥荒，军粮匮乏，靖国军终陷入困境，至1921年下半年，局势已难收拾，作者对此不堪回首，忧心如焚，肝肠欲断，故云"回头剩有断肠词"。

颔联承首联而来。当时靖国军诸将领除杨虎城等少数人坚持"保全革命人格"，拒不降敌外，多欲易帜，至1921年9月21日，靖国军主要将领胡景翼等更在三原宣布取消靖国军名义，接受直军改编，此即诗中所指之"倒义旗"。作者对数万"三秦子弟"几年来"百战山河"，浴血奋战换来的大好形势毁于一旦的结局，实心有不甘，诗中流露的，正是这种无可奈何之感。

颈联转咏民治学校事。一为昔，一为今，对比分明。曾几何时，伴随学生的，是热浪滚滚的鼓吹革命之演讲、宣传，如"动地弦歌"，而今日，校内学子虽仍坚持学习，但园外，已是一派混乱"烧天兵火"。作者以"画荻"、"燃萁"二典，指民治学校师生学习条件之艰苦和求学精神之刻苦。作者深知，随着靖国军失败，这所学校也将不复存在，对此，他不愿去想象，而只注视着眼前的令人尚可心慰的场面。

尾联两句，既抒发了作者深沉感慨，又表示了他对革命的暂时受挫并不气馁，欲重振旗鼓之决心。面对这曾经倾注心血的学校，这艰险处境中暂住月余的校园,这曾无数次徘徊踱走的"园中路",作者当然难以忘怀!唐代杜牧有《题乌江亭》诗"胜败兵家事不期,包羞忍耻是男儿。江东子弟多才俊,卷土重来未可知。"于右任借用此诗末句作结,实寓意深远。杜牧诗批评项羽不能总结失败教训,对其未能卷土重来深为惋惜。于右任在园中抚今忆昔,痛苦思索,终于明白,胜败乃兵家常事,只要善于总结经验,不忘血的教训,便能报仇雪耻,再图大业。历史证明作者的预感和决心是有根据的,仅仅五年以后,1926年,于右任即与冯玉祥率国民军打回陕西,于出任国民联军驻陕总司令兼省政府主席,实现了"卷土重来"的夙愿。

曾追随于右任多年的王陆一曾笺于右任诗,其笺注《民治学校园纪事诗》云"(于)以时代背景之悲楚雄奇,成感慨苍凉之自然抒写","而革命精诚,则始终热烈流露也。……后十首结语曰:'难忘民治园中路,卷土重来未可知。'尤有悠然无尽情也!"所言极当。此诗笔端蓄聚感情,婉转低回,沉郁顿挫,悲壮苍凉,最近杜诗之神韵,也显示了于右任这位南社诗人七律创作的纯熟技巧。

(黄　刚)

诗人小传

吴禄贞

(1880—1911)　字绶卿。湖北云梦人。留学日本学陆军,结识孙中山,深受民主革命思想影响。1901年回国,在武昌负责训练新军。后调任北京练兵处监督。后又任东三省督练处参议,帮办延吉(今延边地区)边防事务。回京后任副都统,后又出任保定第六镇统制。1911年10月武昌新军起义,禄贞也在北方积极筹谋响应。11月,袁世凯派人将他暗杀。能诗,有《吴绶卿先生遗诗》。

岁暮杂感　　　　吴禄贞

乘槎直达沧溟东①,家在潇湘云梦中。
锦瑟年华悲逝水②,筹边事业等雕虫。
剑横玉塞昆仑月,马渡阴山瀚海风。
三十功名尘土耳,一江冰雪笑渔翁。

〔注〕①槎(chá查):即浮槎,传说中往来于海上和天河之间的木排。《博物志》:"旧说

岁暮杂感　　　　　　　　　　　　　　　　　　吴禄贞　〔1935〕

云：天河与海通，近世有人居海渚者，年年八月，有浮槎去来，不失期。"　②锦瑟年华：指青春时代。李商隐《锦瑟》："锦瑟无端五十弦，一弦一柱思华年。"

作者曾于1906—1909年间任东三省督练处参议，并帮办延吉边防事务，诗即作于这段时间内。在诗中他抒发了岁月蹉跎壮志未酬的凝重情感，故深刻感人。

岁暮之感，从何写起？作为羁旅远方的作者，首联自然地从自己的行踪开始诉说："乘槎直达沧溟东，家在潇湘云梦中。"诗的上句用乘槎入天河典故，并接用"直达"二字，以竭力形容行程之长，下句倒写家乡在湖北潇湘水国，通过"沧溟东"与"云梦中"点明两地相距的遥远。

人在年残岁暮之时，最会产生"岁月如流"的感慨，作者也不例外，但他是革命者，此时此刻感到最为懊丧的是事业无成，故次联把岁月与事业联系起来说："锦瑟年华悲逝水，筹边事业等雕虫"。一个人对宝贵的青春年华珍惜何如，然而它竟像流水一样逝去，因而作者万分痛惜。由"锦瑟年华"至"悲逝水"，前后转折所显示的情绪落差很大，充分表现出作者深沉的情感。"筹边事业"指安定边境巩固边防之事。由于清廷腐朽，并不真正重视边防，故作者感到自己当时所从事的事业无足轻重，微不足道，"等雕虫"正道出这一失落之感。

虽然事业不足道，边境生活清冷，然而他仍然充满豪情。"剑横玉塞昆仑月，马渡阴山瀚海风"一联，显示了这一心境。玉塞，本指玉门关，这里用以代替作者目前所守卫的国境。当他身佩宝剑站在要塞时，常西望昆仑明月。阴山，昆仑山北支，绵亘在内蒙古东部。瀚海，指沙漠。当他骑马北巡时，便在大漠风沙中挥鞭驰骋。这两句极富气势，在写边防戎马生活中表现出作者开阔的视野与高远的胸襟。

在抒发壮志豪情之后，诗人抚今追昔，不胜惆怅，情绪又生一大转折，末联上句"三十功名尘土耳"，参用岳飞《满江红》词句，直接抒发岁月空流、功业未成的悲愤心情。其炽热的爱国报国心怀，令读者生无限同情。结句"一江冰雪笑渔翁"，随手点染北国风光，通过渔翁的"笑"，描写出自己的心态，进一步反映事业未成的愧疚之情。

这首七律题为《岁暮杂感》，可写的内容很多，如思乡、念友、怀旧等等，但作为投身革命洪流的志士来说，他的感想集中到一点，就是在一年将尽的岁暮，为自己未能实现报效国家、建功立业的志愿而抱憾。全诗渗透这一感情，并用作结构中心。故首联写空间的遥远以反衬壮志成空，次联从时间的流逝对比事业无成，三联通过边境军旅生活表达心胸抱负，末联借用岳飞词语写岁月虚度报国之志未酬,并以抒发愧疚心情作结。全诗感情线索清晰,转换自然。中间写时间空逝的"锦瑟年华"与写事业未成的"三十功名"等句,又皆紧扣"岁暮"题目,其精心结构、巧妙布局,可资借鉴。此外作为律诗,声律协调,中间两联对句工整,读之朗朗上口,文情流畅,有很强的艺术感染力。

(王祖献)

诗人小传

宋教仁(1882—1913) 字遁初,号渔夫,湖南桃源人。中国近代著名的资产阶级民主革命家,曾发起组织华兴会、同盟会。中华民国成立时,任南京临时政府法制院总裁,后任国民党代理理事长。1913年3月,在上海被袁世凯派人暗杀。著有《思家》等诗篇。

秋　晓

宋教仁

旅夜难成寐,起坐独彷徨。
月落千山晓,鸡鸣万瓦霜。
思家嫌梦短,苦病觉更长。
徒有枕戈意,飘零只自伤。

本诗作于光绪三十二年丙午(1906)十月,其时作者正旅居日本,为寻求报国之路而日夜忧思,诗作主旨正在吐露压抑不下的爱国挚情。

在作此诗稍前数日,作者还写有《思家》五律一首,内云"去国已三载,思家又一秋",可见诗人去国怀乡之情,已蓄集多年,而国内依旧由清廷统治,不能不令人忧愤:"禹域腥膻满,天涯道路悠"。既不甘心飘泊,又不愿回到异族统治的故土,诗人内心的凄凉,自难以消解,故有"有家归未得,期待灭仇雠"之念,不得不把希望寄于来日。然而,岁月悠悠,人寿苦短,什么时候故国才能发生沧桑巨变,自己才能不再作海外游子呢? 有壮心却无确讯,诗人在苦苦地追寻救国之路,内心充满急切和苦闷。本诗正是这种心境的生动写照。

首联开宗明义,点明旅夜秋思的惆怅落寞。诗人长夜难眠,无以成寐,遂于破晓坐起,倍觉凄清。"难成寐"之"难",表明忧思之深;"独彷徨"之"独",表明求索之苦。游子情怀,一落笔便足动人心魂。

颔联为诗中警句,虽是"起坐"后所闻、"彷徨"时所见,不免带凄清之感,但气象依然不凡,表现出这位未来革命领袖的襟怀气度。诗人举目而望,但见残月已西落,千重山岭,已崭露晓色;侧耳而听,一声雄鸡长鸣,使万家屋宇,皆受震撼,虽屋瓦之上,犹凝重霜。此二句"月落"、"鸡鸣"是写景,"千山"、"万瓦"又非写景,是诗人胸中气象所造之境。此诗题为"秋晓",本联实为点醒题目之笔。月落,隐喻大清气数将尽,千山晓,隐喻神州故土,已有黎明曙色;鸡鸣,是志士之提倡救国,万瓦霜,则民众犹未全醒。以上说法,虽不免坐实,然当亦非穿凿,盖诗人所以彷徨无寐,非为其他,实为志士虽有壮心、奈唤起民众之途尚未觅见之故,胸中忧结如彼,故下笔如此。

循上联之意,颈联又转写秋晓彷徨的孤苦心绪。诗人之所以夜不成寐,乃是因客久思家,身心交困。"嫌梦短"与"思家"有关,与"苦病"也有关;"觉更长"与"苦病"有关,与"思家"也有关。此联是交互用笔,一语双写。"思家"之心病与"苦病"之身痛,倍添旅况凄苦。其实,时间的流逝对任何人都一样快慢,只是因人的心境不同,对环境的感受也不同而已。诗人既"思家",又"苦病",孤身羁旅之中,怎能不"嫌梦短"、"觉更长"呢?

尾联写内心壮志与心头惆怅的矛盾交织。诗人毕竟不是吟花弄月多愁善感的书生,而是有志推翻满清、引入西方民主的爱国者,是资产阶级革命政党华兴会的创始人与同盟会的发起者之一,又是鼓吹革命的报刊主笔,既有身世飘零之感,更多国家兴亡的责任心。他夜不成寐,破晓起坐,也不仅仅是思念个人的小家,为自身的微恙感伤,而是怀念灾难深重的故国,思念苦难重重的同胞,"家"与"病"都有超出个人境况的深层含义。这样,他的落寞苦闷,自也不仅仅是对个人羁旅生涯的愁叹,而有报国无门、壮志难酬的忧念。故尾联犹言,我虽早就想干出一番事业,可至今无所成就,怎不叫人好个伤怀?"枕戈意",典出《晋书·刘琨传》:"吾枕戈待旦,志枭逆虏。"其志向在报效故国,清除异族统治者,故长夜难眠。"枕戈"之志在胸,而自身仍"飘零"海外,理想与现实反差如此之大,这才是诗人苦闷的根源。

数年前,诗人尚未出国时,作有一首五律《晚泊梁子湖》,写的也是旅夜难眠,对月愁思,感伤家国,自嗟飘零,与本诗情调和构思均略同,不妨引来对读:"日落蒲风急,天低野村昏。孤舟依浅渚,秋月照征人。家国嗟何在,乾坤渺一身。夜阑不能寐,抚剑独怆神。"不论在国内还是在国外,作者早已许身革命,但壮志与身世总难以统一,难怪他心中总有挥之不去的忧伤凄苦。这种伤感,只有事业有成时才能舒解。作者晚年于辛亥革命成功后写的诗篇,便不再有这种伤感,而有一种意气飞扬的情趣。

(张永芳)

诗人小传

宁调元

（1873—1913）　字仙霞，号太一。湖南醴陵人。光绪三十一年（1905）去日本留学，在东京参加同盟会。归国后在湖南主编《洞庭波》杂志，鼓吹革命，参加萍、浏、醴起义时，被捕入狱，三年后获释，出狱后在北京主编《帝国日报》。1913年宋教仁被暗杀后，他去上海积极筹划讨袁活动，被捕后遇害于武昌，其诗激昂悲壮，风格沉郁，作品多写于狱中。有《太一遗书》。

早 梅 叠 韵

宁调元

姹紫嫣红耻效颦，独从末路见精神。
溪山深处苍崖下，数点开来不借春。

独标槃槃高格，开在百花之先，任是溪山深处，不以无人不芳：诗中描写的，正是这样一枝真骨凌霜，高风超俗的早梅。

"姹紫嫣红耻效颦"，首句起调突如其来，初读之下，分不清是诗人对早梅的赞颂还是以梅花为第一人称的独白。《庄子·天运》篇说西施有心病常蹙眉，更显得楚楚动人，丑女东施学西施蹙眉愈显其丑，故里人望而却走。在一派骀荡的春光里，蜂飞蝶舞，众芳效颦，梅花却自标高格，玉洁冰清，它不愿与众芳去争先恐后，更不愿降低格调，带一脸脂粉混迹于供人狎玩的苑囿中。既耻于效颦，不与百花为伍，它就必须自持，独守孤贞，不媚春阳，走与群芳不同的"末路"。

"独从末路见精神"，正是要在霜打雪欺中呈一段高格，在寒凝大地之际发数朵春花。这里"末路"有两层意思：一是开花时间，二是所处环境。从时间上看，早梅寒冬蓄蕊，腊月发花，开在严寒的冰窟，不像百花可领受雨露的沐浴和东君的恩赐，可谓"末路"；从所处环境看，早梅不是开在绮春阁前，沉香亭畔，更不是开在桃花坞里，牡丹园中，而是开在"溪山深处"，千仞苍崖，亦可谓"末路"了。

"溪山深处苍崖下"一句作为转折，既为"末路"作了补充说明，且为早梅安排了一个体现它幽姿和清芬的具体场景，溪山深处的早梅，异于众芳，自标高格，不借春风，我自能开，岂但能开，且以我之开而引来浩荡的春光，让身后的姹紫嫣红们来效颦吧！

自然界的花草本无所谓感情和精神，"萋萋满别情"（白居易《古原草》）、"草木有本心"、"自有岁寒心"（张九龄《感遇》）都是诗人主观感情的表露和自我品格的歌颂。作为晚清革命文学团体南社的骨干和中坚,宁调元少年时代即以天下为己任,很早参加了中兴会和同盟会,创办《洞庭波》杂志,提倡民族民主革命。他生性鲠直,疾恶如仇。萍醴之役,义师失败,他被囚狱中,但出狱后主办《帝国日报》,"大言壮论,依旧无所顾虑",讨袁开始,他"电湘督谭延闿,劝其独立,北廷得讯,密令名捕,他泰然不稍示怯"(郑逸梅《南社丛谈》)。不久在汉口被捕,就义于武昌抱冰堂,为反对袁世凯窃国献出了自己的生命。因此,诗人本身就是在冻云暧霴、万花纷谢之际一枝报春的早梅。"独从末路"所显现的孤贞高格,正是诗人自己人格的写照。

(曹 旭)

【诗人小传】

孙景贤

(1886—1919) 字希孟。江苏常熟人。清末曾在日本长崎领事馆任职。民国后,曾官司法部。为张鸿弟子。诗学李商隐,为晚清西昆诗派名家,也是虞山派后劲。有《龙吟草甲》、《龙吟草乙》。

抵 浦 口[①]

孙景贤

车音轹辘[②]梦沉酣,过尽千程总未谙。
吴语渐多燕客少,起看山色是江南。

少年行脚[③]惯天涯,三宿空桑[④]即是家。
及此春光好归去,故园开到杜鹃花。

〔注〕 ① 浦口:地名,在南京市西北,与下关隔江相望,为南北津渡之要。 ② 轹辘(lù):象声词,车转动声,这里指火车行进的声音。 ③ 行脚:佛教语,原指僧徒云游各地。 ④ 三宿空桑:语出《后汉书·襄楷传》:"浮屠不三宿桑下。"这里反用其意,谓经常在外寄宿。

乡情是一个永恒的主题,历代都不乏名篇佳构。

孙景贤的这两首诗,之所以感人,就在于比较深沉地表现了乡情。作者是晚清西昆派作者,西昆派诗是以密织典实为其肤鞶的,然而这两首诗却没有卖弄西昆故技,写得比较自然真切。

第一首写行程。作者在清末曾任职于日本长崎中国领事馆,民国时又为官司法部。可说是少小离家,久客在外。这次有机会回到家乡常熟,其归乡情切是可以想见的。首句以沉酣的梦的意象,配上机械单调的车轮滚动的音响,非常强烈地渲染出了行程的沉闷、呆板和迟缓的气氛。坐远程火车的人大凡都有这样的体会,火车坐久了,其滋味实在是非常乏味的,尤其是夜行途中,似梦非梦,异常难熬。江弢叔《晨发鳌阳车中得绝句三首》有句云:"车中欲梦昔年事,乱石磨轮时一惊。"倒也颇能借来描写乘火车夜行的情状,尽管铁轨上并无"乱石磨轮",但每到接轨处的震动,以及到站时的嘈杂,常会弄得人心神不宁。而当年的火车其速度想必比今天的慢车还要慢许多,而且也不会像今天那样拥挤得让人无暇感受到寂寞来。一个归心似箭的游子是决不会有闲情逸致去品赏坐超慢车的乐趣的。所以,第二句道来非常自然,但切不可忽视了一个"总"字,以及这"总"字与"过尽千程"之间的关系。在似梦非梦、昏昏沉沉、令人厌倦的旅程之中,尽管已经过去了千里,但却"总"不是作者熟谙的山山水水,写到这里,尽管作者一字未提回乡之情的急切,但细心的读者却不会不从这一个"总"字当中,品味出充盈其中的归心似箭的回乡之情。驶过了一站又一站,行过了一程又一程,窗外依然是陌生的异域他乡,这对一个渴望归乡的久客游子来说,实在是难以忍受的。这二句越是把行程写得乏味,写得迟缓,也就越能把思乡之情势提得越高,把归乡之情弦拉得越紧。

终于,随着火车不断的进站和出站,南方的客人越来越多,北方的旅客则越来越少,而江北的终点站浦口就要到了。一下火车,渡过长江,对一个江南人来说,也就是回到了一个大的家乡。于是三、四两句作了一大转折。在上、下旅客的喧闹声中,作者越来越频繁地听到了在耳边阔别已久的吴侬软语,当作者从昏昏沉沉的旅程之梦中睁开眼睛,举目向车窗外眺望的时候,天色已经放亮,晨霭之中正是那熟悉的田野和河流:江南就要到了!于是作者一扫旅程中的乏味和厌倦之情,用非常简淡的笔墨写出了他心中最直接的感受,这就是诗的最后一句。语言虽然朴素无华,但因为有前二句的顿挫延宕,却具有很强的情感力度和丰富的思想内容。作者思念家乡的千情万绪、千感万慨、千言万语都汇聚在真切的寥寥数语之中,尽管这仅是一句纯客观的描写,但其感人的魅力比起直接的抒情语来可说是有过之而无不及。

第二首诗集中写久客得归的心情。与上首诗一样,在艺术表现方法上也完全采用客观叙写手段,作者尽量淡化了情感的直接显露。

一、二两句自叙久客经历。作者早年奔走四方,以四海为家,正因为如此,所以方才显得家乡的珍贵,方才显得归乡的不同寻常。一个人如果一生足不逾户,就谈不上什么乡情和乡愁。家乡只有对那些羁客,尤其是那些久客天涯海角的人来说，才有特别的价值，他们才可能有真正深沉的乡情和乡愁。所以这一、二两句不仅在内容上交代了自己作客他乡的经历，而且在艺术技巧上与第一首诗一样，也是采用顿挫延宕的蓄势手法来强调最后两句。有了对"惯天涯"和"即是家"之经历的叙写，后面二个客观句，才能"道是无情却有情"，才能于平淡之中，表现出最深厚、最浓郁的乡情。

杜牧《旅情》诗结尾有句云："匹马好归去，江头橘正香。"本诗的最后二句正是从杜牧诗中变化而出。作者归乡之日，正赶上春光烂漫之际，在他的记忆之中，这旧历三月间正是家乡盛开杜鹃花的时候。与小杜之诗相比，尽管交通工具已由"瘦马"或"跛驴"（这类意象在古诗中常与文士书生连在一起）换成了火车，而且季节也由秋天变成了春天，故而橘香也一并改作了盛开的杜鹃，但是，这万千难以言表的思乡、归乡的情意却似乎千古未移。这烂漫的春光、火红的杜鹃，与那金秋沁人的橘香一样具有难以抗衡的召唤力量。因为它们都是家乡留在他们心里最美的印象，它们生长于家乡，并且就是家乡的象征。而诗结束在这预想中的盛开的火红的杜鹃花的美好景象里，真可谓是言有尽而意无穷了。

而这两首诗虽然抒发了极其深厚、浓郁的乡情，但却没有用到一个感情字眼，也许，这正是两诗超出常人的妙处。

（马亚中）

【诗人小传】

马君武

（1882—1939）名和，以字行，一字贵公。广西桂林人。初留学日本，学工艺化学，参加同盟会；后去德国，习冶金。民国成立，任孙中山临时政府实业部次长等职。后经营工业。晚年任广西大学校长。爱好文学。其诗格律自由，并用歌行体翻译拜伦、席勒等人作品，有《马君武诗稿》。还译过达尔文的著作。

京　都　　　马君武

山深三月犹微雪，林密长宵觉峭寒。
图籍纵横忽有得，神思起伏渺无端。
百年以后谁雄长，万事当前只乐观。
欲以一身撼天下，须于平地起波澜。

[1942] 马君武　　　　　　　　　　　　　　　　　　　　　　　　　　　　京都

此诗作于光绪三十二年(1906)春。作者于光绪二十七年(1901)冬，留学日本。光绪二十九年(1903)秋，入日本西京大学习工艺化学。光绪三十一年(1905)加入同盟会，投身民主革命活动。光绪三十二年(1906)夏，即回国。京都，日本地名，日本国故都，与东京、横滨、大阪等日本城市，既是清末留日中国学生的聚集之地，亦是当时资产阶级民主革命运动在海外的活动中心。作者以"京都"作为诗题，是因为作者在京都(亦称"西京")的西京大学留学，并在此开始革命生涯，故作诗明志，以志纪念，有深意焉。

此诗当写于春夜校舍。"山深三月犹微雪，林密长宵觉峭寒。"三月，应是春暖花开的时节，但在日本的京都，犹降微雪，令人只觉阵阵袭来的寒气。峭，尖厉。雪寒已是逼人，况又是不寐的长夜，又面对这异国他乡的密林深山，更觉其夜长天寒。此两句写景，其实蕴含着作者痛切的思国之念。身处长夜严寒之中，远离祖国火热的革命斗争，怎会不引发作者强烈的思国之情？峭寒长夜，正是作者思情缠绵的不眠之夜。二句既是写景，又是写情，并对全诗的展开起到提挈与起兴的作用。

颔联两句云"图籍纵横忽有得，神思起伏渺无端。""图籍"，诗人留学西京大学所习的课业，本指图画与书籍。其课业为工艺化学，讲义中有文有图，故云。案头图籍纵横，学业繁重，但总是学有所得。可是，又不能专注神思，一心放在学业上，"神思起伏"，心烦意乱，种种心事思绪，无端袭来，茫然无绪。这种神思起伏，不安于学，"剪不断，理还乱"的情思波动，正是作者受到革命思潮的激励与鼓动所形成的一种内心激荡，是革命激情骚动于心的委婉形象的说法。

颈联两句："百年以后谁雄长，万事当前只乐观。"是对"神思起伏"的深一层描述。诗人充满信心和满怀理想地筹思着，似看到祖国将在民主革命的洗礼中强盛壮大起来，百年以后，将雄踞世界民族之林，而称雄盟首，不再如眼前般任外敌蹂躏宰割与内敌恃强施暴。清末资产阶级民主革命的理想，是以共和体制代替清朝封建专制统治，实现祖国的独立富强，自立并称雄于世界。在这种理想的鼓舞下，诗人油然而生一种乐观情绪和献身精神。"万事"，指纷繁紧张的革命事业。自己既已献身革命，事事总须不畏艰险，勇往直前，相信革命事业必胜。此两句，上句点明"神思起伏"的原由，下句表明其结果，全诗中间两联所写，诗人情感的表现，脉络分明，层层跃进，显示诗人激情的流动。"谁雄长"一语，其实是说"我们雄长"，如此正好与下句"只乐观"呼应，既然"我们雄长"，当然"只"须乐观，别无他虑。故两句一呼一应之中，更显露诗人信心百倍，豪情满怀的气派。

末联两句，诗意更进一层，情调更为高涨昂扬："欲以一身撼天下，须于平地起波澜。""一身",是说自己全副的身家性命。要献身革命、震撼天下,就必须在这黑暗沉寂的中国大地上,发动起一场轰轰烈烈的革命,此二句反映了作者要求投身革命、改变中国黑暗现状的迫切愿望与决心。果然,此诗写后仅三二个月,作者便弃学归国,投身革命事业了。全诗显示了在当年革命风云席卷神州大地之际,广大知识青年走上革命道路的决意献身的诗歌形象。

作者在《马君武诗稿自序》中,自称为诗作文意在"鼓吹新学思潮,标榜爱国主义",此诗可为显示其说的代表作。作者还曾热衷于文学翻译,译有拜伦、歌德等西方文豪之作,介绍给中国读者,又主张诗体解放,故其诗不讲究格律工巧,尽意而罢。其诗歌充满理想主义与浪漫情调,高昂激越,奔放豪爽,亦时代潮流之使然。

(王杏根)

诗人小传

苏曼殊

(1884—1918) 原名玄瑛,字子谷。后为僧,号曼殊。广东中山人。留学日本。漫游南洋各地。能诗文,善绘画,通英、法、日、梵诸文。曾任报刊翻译及学校教师。与章炳麟、柳亚子等人交游。参加南社。其诗多感伤情调。小说运用浅近文言,描写爱情故事,表现出浓厚的颓废色彩。有《断鸿零雁记》、《碎簪记》等作。还翻译过拜伦、雨果等人的作品。另撰有《梵文典》,今不传。有《苏曼殊全集》。

本事诗・春雨　　　　　　　　　　　　苏曼殊

春雨楼头尺八箫,何时归看浙江潮?
芒鞋破钵无人识,踏过樱花第几桥。

人生的经历固然可以写成一部大书,却也有人只将它浓缩在短短的诗行里——此时正当一九〇九年,日本江户,一位26岁的青年僧人正独立楼头,面对着栏外的霏霏细雨,吹奏着一管"尺八"之箫。听那流出的音韵,悲抑纡余、阴深凄恻,令驻足倾听的雨中行人,也禁不住哀哀欲泪了。看来这孤僧全不似野鹤闲云,胸际亦别有一种难言的伤怀。

这伤心人就是苏曼殊——中国近代文学史上"不可无一,不可有二"(柳亚子语)的作家、诗人兼画家。因为善于作画,作起诗来也漾曳着极凄美的画意。"春雨楼头尺八箫"之起句,正以疏淡的绿雨为底色,寥寥数笔,即活现了一位吹箫楼头的孤僧身影。与此相伴的,还有画不出的袅袅箫音,忽徐忽疾,久久交缠在一片雨丝之中。

而后从楼头传来一声长长的喟叹:"何时归看浙江潮?"——这喟叹无疑挟带着牵人心魄的浓浓客愁。它先以"浙江潮"(即钱塘江潮)所幻化的千军呐喊、万马奔腾的壮境,将诗人的思绪一下带回了遥远的祖国,带到了秋光如染的杭州。"昨秋养病武林",与好友同游西湖、共听潮声的情景,此刻"尚形梦寐间也"(见诗人同年致刘三的信)。但"何时归看"四字,则又如一声清磬,将这美好的梦寐惊醒。而今的诗人,却早已在异国、为异客,成了"远远孤飞"的"天际鹤","绝岛飘流"的"一病身"(见苏曼殊同期诗作)——听的是他乡的春雨,穿的是异邦的僧衣,吹奏的也是"状类中土洞箫"的东瀛"尺八"。透过霏霏的雨丝翘望西南,惟见茫茫一片海天:他的故乡,那片日思夜梦中的可爱故土,究竟又在哪里?何时方可归临?

没有人回答他的深长问叹。诗人茫然四顾,周围的一切都是那么陌生。在异国的缭乱春雨中,在车来人往的喧闹间,诗人愈加感受到了自己的孤独。于是他叹息着挂上竹箫,幽幽地步出城郊。"芒鞋破钵无人识,踏过樱花第几桥"——一个脚履草鞋、手持破钵的孤僧,就这样在樱花如云的岛国上踽踽独行。他仿佛在默默自问:"我是谁?"是三次剃度,悠闲得如"行云流水"的禅门佛徒?还是"日日思卿令人老"、"瘦尽朱颜只自嗟"(分见《寄调筝人》、《何处》)的多情诗人?或是那个"披发长歌览大荒",就是出了家,也会"袈裟和泪伏碑前"(见《以诗并画留别汤国顿》、《谒平户延平诞生处》)的热血青年?

——这一切,都正是他往日那不羁而又孤孑的流浪生涯的写照。"异域飘零,旧游如梦";"庸僧无状,病骨支离"(《致柳亚子书》)。虽然在痛苦、绝望中几经剃度,但天生的热血之性,又时时驱使着他关心祖国和民族的命运;异国痴情女子的青睐,也常会令他怦然心动——这就是他:一位既热情、又颓唐;既富于尘世欲求,又企求在逃禅学道中获得宁静的复杂自我。种种矛盾和痛苦,由此交织在一起,竟使他常常"无端狂笑无端哭"(《过若松町有感示仲兄》)。那隐藏在"芒鞋破钵"后面的真实面貌,不仅别人很难辨"识",就连诗人自己,怕也很少能够自剖、自"识"的吧?而今他就这样,带着几分孤傲,几分落寞,几分茫然和无奈,"踏过"一座又一座木桥,在如燃的异国樱花中,继续走他的未尽生涯……

在短短的一首绝句中,诗人展开自己那"落叶哀蝉"般的身世,以抒写茫茫人生中对故国的怀念、对世界的迷惘,而且染境如画,使自己落魄异邦的神情音容呼之欲出。这运笔实在是精妙的!所以,当杨德邻慨叹此诗"不着迹相,御风泠然"(《锦笈珠囊笔记》),于右任惊呼为"尤入神化"(《独对斋笔记》),而共推为苏曼殊之代表作时,读者想必都不会有异词吧。

(张 巍)

以诗并画留别汤国顿(二首)　　苏曼殊

蹈海鲁连不帝秦,茫茫烟水著浮身。
国民孤愤英雄泪,洒上鲛绡赠故人。

海天龙战血玄黄,披发长歌览大荒。
易水萧萧人去也,一天明月白如霜。

　　这两首诗发表于1903年10月7日的《国民日报》附张《黑暗世界》。此年四月,沙俄向清政府提出长期控制东北的七项无理要求,二十岁的苏曼殊当时在日本成城学校学习陆军,出于爱国的热情,他参加了留日学生组织的"拒俄义勇队",遭到他表哥林紫垣的反对,断其接济,迫令辍学返回原籍,在离日返国时,他遂以画和此组诗留别朋友汤国顿。

　　第一首以述志起势。公元前258年,秦兵包围赵国都城邯郸,魏安厘王派辛垣衍劝王尊秦为帝,鲁仲连往见辛垣衍说:如果不幸秦统一了天下,"则连有蹈东海而死耳,吾不忍为之民也"。这里诗人以鲁连自况,表示不甘沦为帝国主义的亡国之奴,而宁可如蹈海之鲁连,于天水茫茫之际寄托浮身,也应合其渡海归国的眼前之景。起二句表现了少年诗人的锐气与雄心以及对时局的忧患和愤懑。三、四两句更直抒胸臆,紧扣以画赠别的主旨。中华大地正面临着任人宰割的危机,诗人感时伤世,欲将举国人民对帝国主义侵略行径的愤恨与自己的一腔热泪凝聚笔端,洒上画卷,用以赠别故友。"国民孤愤英雄泪"一句正道出了诗人所担忧的正是国家与人民的前途和命运,而非个人的离愁别恨,立意高迈,表现了年青诗人的抱负。

　　第二首的起二句也十分悲壮阔大,《易·乾卦上》中说:"龙战于野,其血玄黄。"这里分明指帝国主义入侵之后所造成的时局纷乱,战争频仍。"披发长歌"语本苏轼《潮州修韩文公庙记》:"公不少留我涕滂,翩然披发下大荒。"说自己在这时世多艰的形势下长歌当哭,虽置身异域,却密切关注着祖国的命运。"易水"句说自己如当年慷慨赴秦的荆轲,辞别故友,怅然而去。一种苍凉激楚的意绪已跃然纸上。诗人分明以荆轲自比,暗喻前路茫茫,自己也将去完成艰难而悲壮的事业。最后一句忽然宕开笔去,以景语作结:明月如霜,寒意袭人,增添了凄清悲凉的气氛,"一天"极言其广漠无际,似乎令读者看到了那清冷的月色给整个画面涂上了一层洁白。同时,诗人也以此暗指自己的胸襟坦荡开阔,明净如霜,于景中寓情,颇得"象外之象"、"味外之味"的诗家三昧。

这两首诗作于曼殊少时,故未有如后来作品中缠绵悱恻的基调,然颇能熔豪壮与凄婉于一炉,显然不同于一般歌咏时事者悲壮激昂的风格。如第一首中既有蹈海鲁连的雄豪气概,也不乏泪洒鲛绡的感伤意绪;第二首中既用了天地玄黄、披发大荒的浪漫笔调,也有易水萧萧、凉月如霜的哀婉画面,正是壮美与柔美的结合,阳刚与阴柔的和谐,从而组成了曼殊爱国诗篇特有的风调。 (王镇远)

东 居 杂 诗　　苏曼殊

银烛金杯映绿纱,空持倾国对流霞。
酡颜欲语娇无力,云髻新簪白玉花。

如果你愿意的话,不妨随着这短短的诗行,来到一九一四年的东京,去追寻诗人几个逝去的然而却是十分美丽的生活片断。

当时光的镜头摇回到那遥远的岁月,遥远的地方时,正值一个夜幕初降、幽清寂静的夜晚。一间日式的小屋里透出点点烛光,窗上糊着的草色轻纱,把室中的一切映成绿的统调;屋里的银蜡金盅,在烛光的映照下,又把自己那灿灿的光投进这片绿里——这种夜烛垂泪、樽前对酌的环境,无疑是为情人而设的。所以当"银烛金杯映绿纱"一句,使你置身于那个温馨的氛围里时,流连低回之余,不禁又会好奇地想:"那两位没有露面的情人,究竟会是什么样的呢?"

第二个镜头终于出现了。借着摇曳的烛光,你可以看得见碧纱窗下的男主角,正是苏曼殊。他此时自然不会是"芒鞋破钵"(见《本事诗》)的头陀打扮,大约还是相片中西装革履、潇洒干练的模样吧,脸上似乎还带着些病中憔悴、落寞的神情。他杯中斟着的,是"流霞"(传说中仙酒名)一般的美酒。浓郁的酒香在空气中弥漫着,彩色的美酒与华丽的金杯相互映衬着,令人想起"琉璃钟,琥珀浓,小槽酒滴珍珠红"的意境。与他脉脉相对的那个女子,是位绝色的美人——这单从"倾国"二字便可看出了。不过诗人在第二句中告诉你的,也仅止于此了。它仿佛只让你在镜头中,依稀见到女主人公美丽的侧影。但谁又能不为她那"一顾倾人城,再顾倾人国"的魅力吸引,而更迫切地希望领略她的绰约风姿呢?

仿佛知道我们心思似的,镜头渐渐推近了画面中的女主人公。"酡颜欲语娇无力,云髻新簪白玉花。"——这大约是三杯两盏过后,佳人的脸上也飞起了红晕。不过这妩媚的"酡颜"(脸因饮酒而发红),究竟是酒醉还是心醉呢?这欲吐而终止的话语,是因为"无力"还是因为娇羞呢?读者就不得而知了。你且只领略这美丽的画面吧:娇柔的面庞是绯红的,宛如一朵绽开的、饱满的茶花;高耸的发髻是乌黑的,如云一般的浓密;发髻上新簪的玉制花形首饰(白玉花),洁白无瑕,和那如花的人面配在一起,正是"花面相交映"的绝妙境界。摇曳的烛光又给这红的面、黑的发、白的花,增添了一种朦胧的韵致。这样的景象怎能不叫人动心呢?难怪罗建业在《曼殊研究草稿》里称赞这两句:"虽使温(庭筠)、李(商隐)复生,亦无以过之"了。

这首诗是苏曼殊十九首《东居杂诗》中的第十首,大约写于一九一四年。此时他刚过而立之年,十几年间由学禅弄道、遁入空门而稍稍冷却下去的热血,复又被辛亥革命的枪声点燃起来。这一年他遍交孙中山、萧纫秋、陈独秀、戴季陶等人,为《中华革命党》的出版,努力甚多。却不料羸弱的病身,又迫使他中止了热血的奔波,在闭门养病的寂寞中,免不了也时或混迹花丛,一遣抑郁的情怀。"纳东居百病丛生,……回怀乌鹊桥边、滚绣房里,未尝不黯然消魂",却又"何如春申江畔斗鸡走马之快也?"——这正是他此次寄寓日本的真实心境。碧纱窗下,银烛之前,金樽里的美酒,"娇无力"的佳人,似乎都没能驱散诗人的那份百无聊赖和孤单落寞。这排遣不去的空虚和孤子,尽管点缀以烛光、酒影、佳人的富美和热烈,却终于被"空持倾国对流霞"句中的一个"空"字,透露无遗了。 (张 巍)

过 蒲 田 苏曼殊

柳阴深处马蹄骄,无际银沙逐退潮。
茅店冰旗知市近,满山红叶女郎樵。

蒲田是日本本州地名,在东京都大田内,面临东京湾,今羽田机场所在地。1909年初秋曼殊因思念义母河合仙而陪她旅行至逗子海湾。此诗即作于探母途中。

"柳阴深处马蹄骄,无际银沙逐退潮。"前二句就展现出一路海滨景色,成行的柳阴遮蔽着行道,直通海滨。上句从苏轼《西江月》"障泥未解玉骢骄"化出,但不说马骄而说"马蹄骄"则是只闻得得马蹄之声,正在柳阴深处,不必是眼之所见,然已令人感到可喜。下句才是视觉印象,海水正在退潮,白沙上留下退潮的痕迹,仿佛一步步追随着海水远去,海潮的气势比江潮更大。这句写视觉,也使人如闻潮声;与上句写听觉,却使人见玉骢一样,有通感效果。"银沙"比白沙在词采上华贵,而且能表现出沙白耀眼的光芒。

这两句虽然没有直接写人的行走,但已全是人行的感觉。沿着柳阴,他就走近海滨,而且蒲田已在眼前了。"茅店冰旗知市近,满山红叶女郎樵",读者于是看见了帘招、茅屋、满山红叶和拾叶女郎,市郊景色,清丽如画。这里异国风味的是"冰旗"二字造成的,冰旗是冷饮店的标志,而冷饮是曼殊的嗜好,"尝在日本,一日饮冰五六斤,晚上不能动,明天饮冰如故"(据郑逸梅《南社丛谈》)。中国古代认为冷食伤身,除寒食节不冷食,故无冷饮店和冰旗这玩意儿,古诗中也只有酒旗而无冰旗,写出它就暗示出一种当地风俗,引人入胜,同时也富于异国情调。而诗中最美的一句却是:"满山红叶女郎樵"。要是如实写着"满山红叶女郎拾"或"女郎拾叶作柴烧"诗意画意都完了,这里照亮全诗做活全诗的,都是那个"樵"字。本来"樵"是打柴,与树枝树干发生关系,而不关拾叶之事。而打柴("樵")又往往是男子干的活计,与女郎无关。然而,拾叶的目的在于取得燃料,称之"女郎樵"固无妨也。这是作者造语的奇趣。

"满山红叶女郎樵",还远远超出它所表现的实际生活内容,而成为一幅具有强烈美感的图画。傍海的一头枫林,红叶与女郎相互掩映,一个是秋意的所在、一个则洋溢着青春的活力。诗句将读者的注意力更多地引向那美的形式,而不是真的内容。"茅店冰旗知市近,满山红叶女郎樵"创造的意境美,一点也不比"停车坐爱枫林晚,霜叶红于二月花"(杜牧)差劲。虽然作者没有写他的停步,可知他已不觉停步;虽然作者没有形容那叶有多美,可知那叶是"红于二月花"的,人是美于二月花的。诗歌作为一种语言艺术,又不同于文。这首诗以成功的范例告诉我们,通过锤炼使诗的语言富于魅力有多重要。

(周啸天)

寄 调 筝 人[①]

苏曼殊

一

禅心一任蛾眉妒[②],佛说原来怨是亲[③]。
雨笠烟蓑归去也[④],与人无爱亦无嗔[⑤]。

二

生憎花发柳含烟,东海飘零二十年。
忏尽情丝空色相[⑥],琵琶湖畔枕经眠[⑦]。

三

偷尝天女唇中露[⑧],几度临风拭泪痕。

日日思君令人老，孤窗无那正黄昏⑨。

〔注〕 ①调筝人：一日本歌舞伎，名百助，曾与曼殊相恋，后因其为僧，遂离去。 ②蛾眉妒，蛾眉：谓女子所画之眉如蚕蛾触须一般纤长。《诗经·卫风·硕人》："螓首蛾眉。"辛弃疾《摸鱼儿》(更能消几番风雨)："蛾眉曾有人妒。" ③怨是亲：佛家语，谓对怨敌与亲友一视同仁。《大集经》："于怨亲中平等无二。"《智度论》："慈心转广，怨亲同等。"此处专指怨与亲两种对立的感情。 ④雨笠句：唐张志和《渔歌子》："青箬笠，绿蓑衣，斜风细雨不须归。"此处化用其意。 ⑤无爱亦无嗔：佛家语。《妙色王因缘经》："由爱故生忧，由爱故生怖，若离于爱者，无忧亦无怖。" ⑥空色相：佛家语。一切有形象的事物，统谓之色相。此等事物非本来实有，所以是空。《般若心经》："色不异空，空不异色。色即是空，空即是色。"此处色相专指女色。 ⑦琵琶湖：在日本。 ⑧天女：佛家语，谓欲界天之女性。《维摩经·观众生品》："时维摩诘室有一天女，见诸大人，闻所说法，便现其身。"此处借指百助。 ⑨无那：无奈。

自陆机提出"诗缘情以绮靡"之后，古诗之中最以情志为正，而以言佛称道为变。苏曼殊此组诗却独能于言佛性之中流露儿女真情，思致哀婉，耐人寻味。

起首二句"禅心一任蛾眉妒，佛说原来怨是亲。"总括以往情事，点出"情僧"感情的不平静。将"禅心"与"蛾眉"对举，如春风乍起，情波顿生，将诗所欲表达之痛苦矛盾心情，陡然托出，启人深思，震醒耳目。苏曼殊本是其父在日本经商时，纳日本下女所生，随父归国后，即倍受家人及世人歧视，因而早谙世态炎凉，十三岁时便自投佛门，后来又历经感情纠葛，其中，与调筝人百助的相恋，更使他难以忘怀，销魂良久，故有是深慨。"禅心"本应于红尘无缘，却有蛾眉相妒，这就将他置于难以摆脱的现实矛盾之中。尽管如此，"怨亲同等"的佛理，又使他本欲以"禅心"埋葬怨情的指望落空，而相互亲爱之心，油然而生。"一任"二字，示其有心佞佛，无有他求之决心。以"怨"应"妒"，因"妒"生"怨"，而依佛理，怨亦为亲，"妒"、"怨"、"亲"皆为真情流露。有情而不能相亲，蛾眉岂不怨妒。《名人传记》载苏曼殊情事，说他初识百助之时，因倾心相许，故得两情相依，当即赠诗云："袈裟点点凝樱瓣，半是脂痕半泪痕。"相别之际，百助又求其为己作画留念。他于挥毫之时，热泪迸流。此中真情，是怨是亲，一言难尽，故以佛理来论，亲怨同等，因亲见怨，因怨见亲，于亲怨之中，见出彼此一片真心。

三四两句，即进一步向"蛾眉"表白心迹，以求谅解：世态炎凉，人情冷暖，早已深谙，于滚滚红尘之中，能有何求？不如隐逸于水泽山阿，"渔樵于江渚之上，侣鱼虾而友麋鹿，驾一叶之扁舟，举匏樽以相属"(苏轼《前赤壁赋》)，一任自然，与世无争。所有"妒"、"亲"、"怨"、"爱"、"嗔"尽付与"归去"一举，消溶于烟雨之内，抛掷于蓑笠之外，而不浸入禅心之中，于佛理而言，即是达于无色界，经"空无边处"而致"识无边处"，"无所有处"，最终致于"非想非非想处"，于一切物我皆忘，无知无识，断绝尘思。看来诗人已狠心割断情丝，然而在此旷达语中，正见出感情之深挚。

前一首中，诗人尽力想表明自己禅心一点，无爱无嗔，然而，是真是假，于第二首中即透出了消息：诗人并非浑身静穆，当他独处琵琶湖畔，面对潋滟波光，空濛山水，于春花芬芳、弱柳含烟之际，便是他心潮起伏，感情不平之时。旅居日本二十年的飘泊生涯，在他心灵中留下了难以磨灭的印象，以往情事，如丝如缕，萦绕胸怀，虽云遁迹佛门，一空色相，而欲忏尽前情，岂能得已。此刻诗人萦心绕怀的，不仅有对大自然的热爱，还有对自己凄惶飘泊生涯的痛感，更有对不尽情丝的依恋和追忆。纵观苏曼殊一生，他最初倾心的是名为菊子的日本女子；回国之后，又与秦楼女金凤、素贞、花雪南等相恋；赴南洋讲学途中，更与其西班牙籍教师之女雪鸿颇多情意；重返日本时，再与猿乐町调筝人百助相爱。在诗人短暂的生命之中，情丝不断，虽僧衣芒鞋，也难脱尘缘；虽欲忏尽，而仍藕断丝连。诗云枕经而眠，实为不得已之痛苦举动，其中颇有深意。中国佛教，特别是禅宗，一向注重见性成佛，不重经卷，甚至呵佛骂祖也不以为过。诗人因凡心不死，尘缘难了，六尘不泯，色相难空，不得已而以佛经为枕，无可奈何欲以一眠了之。诗中以"生"饰"憎"，用"情丝"而不用"情思"，都是作者匠心独运，表情致深之处，宜细加玩索，不可忽视。

古代知识分子为了解脱人世间痛苦，常常借助佛理，超俗绝尘，达到"与人无爱亦无嗔"的境界。此刻曼殊大师枕经眠去，似乎真的无爱无嗔，禅心入定。但恰恰相反，眼前花光柳影虽已逝去，心底情事犹自袭来。"欲界"尚且难脱，"色界"自当难越。平时潜藏心底，深怕触及的痛处，于假寐难眠时，惨然如在目前；"偷尝天女唇中露，几度临风拭泪痕"！至此，诗人完全抛弃佛家袈裟，而呈现出一片赤子真情。由于诗人为一身披袈裟的僧人，百助又是一无依无靠的歌伎，因此，他们的交往及相爱，是处于极不合理的秘密状态下的，故而在曼殊的心里更为难受。也正是这种难以为人所理解的恋情，更增加了诗人别后销魂的深度。诗中以天女喻百助，饱含着对百助姿容的赞美；同时，以一僧人而得尝天女唇中之露，不仅表达两情相恋，又将对方置于较己为高的地位，暗示一种敬慕之情。着一"偷"字，又表达对昔日缠绵恋情的销凝，同时，也是对自己凡心不泯，再次堕入爱河的忏悔。正是这种剪不断、理还乱的情丝，使诗人历久难忘，临风洒泪。结尾二句，是本篇，也是整组诗的归结点，将心中之情伸足。以"日日"紧承"几度"，表达出诗人不仅临风有泪，且有时时相恋的难于忘怀的痛苦心情。以"思君"回应本篇前二句的诗情，以"人老"逗引本篇结句的意境，环环相扣，宛转相生，在结构上非常严密。而"孤窗黄昏"则又映现出诗人茕茕独立、形影相吊、悲凉凄苦的"无那"况味，将恋情、怨情、哀情尽付其中，读来倍觉凄凉惨淡。

这一组诗,言佛言情,语言平易晓畅,而含蕴深刻,不仅妙言佛理,而且表情深挚。依佛理来论,三首绝句表达了佛门三界:无色界、色界、欲界;依诗人感情流程来论,则是以佛掩情、触景生情、倾诉恋情。二条线索一显一隐,相互交织。诗心历经三界,终归"无那";感情奔驰,亦归"无那"。因此,要找这组诗的"诗眼","无那"便是整组诗的灵魂要害之所在。若将其看成是诗人为自己心曲所谱之奏鸣曲的话,则三首绝句也就成了奏鸣曲的呈示、展开、再现三部,十分完整地呈现了苏曼殊短暂一生的心灵历程,深刻地展示出他复杂脆弱的内心世界。

(徐培均 罗立纲)

【诗人小传】

任虞臣

字子靖,号涂山。山东掖县人。诸生。有《白石山房草》。

登 大 泽 北 峰　　　　　　任虞臣

青天人近树盘空,盈耳山声不见风。
坐爱千峰争是画,却忘身在画图中。

"大泽"即大泽山,在山东省平度市北部。这首七绝主要写作者登大泽山北峰的各种审美感受,意味隽永,耐人咀嚼。

首句写登山时的视觉审美感受:"青天人近树盘空",意即"人近青天树盘空",颠倒是出于平仄格律的限制。"人近""青天"暗寓登山之意。大泽北峰直插青天,所以愈往上攀登愈觉贴近青天,同时亦显示出大泽北峰之高峻。"树盘空",写山中树的枝干在空中盘曲交错之状。诗人不言人近山顶而言近"青天",诗境就显得更高远开阔。次句"盈耳山声不见风",转写出作者登山时的听觉审美感受,他觉得山中的各种声响充满耳内,但却看不见风从何处而来,这固然是因为"风"本是无形不可见的,更主要的是由于作者此时正专注于倾听山中大自然美妙的"天籁"般的音乐。诗后两句则写作者内心的审美感受:"坐爱千峰争是画,却忘身在画图中。""坐爱"是因为喜爱,其义正如杜牧名篇《山行》"停车坐爱枫林晚,霜叶红于二月花"中的"坐爱"一样,"争",怎么。前句写得颇为曲折,直言之就是:因为喜爱大泽山群峰美丽如画,但加一"争"字,就增添了对其美如画的惊奇和无法理解之意,这一疑问为大泽北峰之美涂上了一层神奇的色彩。后句亦颇堪寻绎,富有味外之旨,引人遐想。作者此刻正为"千峰争是画"所陶醉,故而却"忘"本身在何处,但这一句又启发读者,作者在登山时不知不觉已融进山的美景之中,与大泽北峰化为一体。作者奋力"登大泽北峰",就构成一幅积极向上的"画图"。大泽北峰固然美,而人征服高山则更美,任何人看了亦会为之动心的。此诗力求从多侧面写登山的审美感受,虚实结合,既具体又空灵。(王英志)

诗人小传

庞树柏

(1884—1916) 字檗子,号芑庵,江苏常熟人。南社发起人之一。民国后,曾任圣约翰大学教授。诗多幽秀之作,也有学习龚自珍风格者。有《庞檗子遗集》。

舟行西郭即景

庞树柏

一棹夷犹去,三桥寻梦痕。
夕阳红纤路,春水绿柴门。
樵笠歌松顶,渔榔响苇根。
野桃开又落,何处武陵村?

这是一首描写江南水乡的写景之作。西郭,即江苏常熟西城门。

"一棹夷犹去,三桥寻梦痕",首联点题明意。棹,划船的长桨,也指船,扣题目中的"舟行"二字。夷犹,从容貌。诗人荡起一叶小舟,悠闲从容地顺水而下,去三桥之畔寻找往日游览时留下的痕迹,看来诗人曾不止一次地泛舟来游。三桥,常熟西门外山前塘第三条桥,石砌拱形,为当地春日踏青胜地。"寻"乃诗中一关键词,它既承上句中的"去",又总领以下的颔联和颈联。

接着四句是写诗人寻之所得。"夕阳红纤路,春水绿柴门",写景色之秀美。落日的余辉染红了岸边的纤路,澄绿的春水映照得岸边的柴门泛着绿色。纤路,江河边拉纤的小路。江南以水为乡,以船当车,纤路随处可见。江南绿野平畴,柴门之院亦属常见。诗人选取一组极为平常的景物,以突出江南水乡的地域特征。诗中的"红"、"绿",作动词使用,既以鲜艳、明亮的色彩引人注目、启人想象,又赋予景物以个性和活力的特色,选词造境,很见功底。夕阳、纤路、春水、柴门、组成了一幅典型的江南水乡的景色图,而红绿交错,相映成趣,又该是怎样一幅和谐静美,赏心悦目的动人画面。

诗人正沉浸在夕阳下那美妙多彩的景色之中,忽然,"樵笠歌松顶,渔榔响苇根",诗人的视线和注意力为之一转。樵夫的歌声从山间飘忽过来,顺声而望,只见樵夫的草笠在翠山松林之间闪现,只闻歌声,不见人影,山之静,松之密可以想见。"棒棒"的敲击声从芦苇丛中传来,那是渔人们正忙着捕鱼。渔榔,渔人敲击船舷以惊动鱼群使之入网的长木条。句中的"歌"、"响"二字,造成强烈的声感,给人以如闻其声的感受,它扣住了樵夫、渔人的身份特征,既写出了江南人民勤劳而又充满活力的生活情景,又流露出作者的喜爱之情。

以上两联,同是写景,而各有侧重,颔联侧重写景物,颈联侧重写人物。景色优美动人,人物怡然自乐,作者把视觉、听觉的形象融为一体,精心选用了色彩鲜明、富有音响的词语,绘声绘色地勾画出了一幅夕阳下流动变幻的图画,读来使人恍如置身其间,大有耳目应接不暇之感。

结尾的"野桃开又落,何处武陵村",是作者由"寻"而发出的由衷之感。武陵村,陶潜《桃花源》中所描写的世外桃源。常熟虞山北麓有桃源涧,诗人因作此联想。野外的桃花开了又落,哪里是那位"古今隐逸诗人之宗"所向往的世外桃源呢?而诗人的家乡,地处江南,一年四季,美景如画,人们安居乐业,祥和安宁,岂不正是武陵又一村!作者把这种言外之意,寓于这尾联的问句之中,使读者去品味、去想象,正是所谓含不尽之意于言外之笔法。

作者庞树柏是南社一位重要的诗人,他才高志大,却运蹇遇厄,有才不遇,有志不能伸,诗中他对家乡旖旎风光及田园生活的赞美,从侧面反映了他寻求安逸生活,追求理想境界的思想感情。

(晋爱荣)

【诗人小传】

柳亚子

(1887—1958) 原名慰高,字安如;后名人权,字亚庐;又更名弃疾,字亚子。江苏吴江(今苏州市吴江区)人。早年受维新变法思想影响,1906年加入同盟会和光复会。1909年与陈去病、高旭组织南社,为主要实际领导者,数次当选为社长,是南社的代表诗人。辛亥革命后,曾参加反对袁世凯的斗争,并曾担任孙中山总统府秘书。中华人民共和国成立后,曾任中央人民政府委员、人大常委会委员等。其诗受龚自珍、黄遵宪影响很深,诗风平易晓畅、清新自然。有《磨剑室文集》、《磨剑室诗集》、《磨剑室词集》等。

自题磨剑室诗词后

柳亚子

剑态箫心不可羁,已教终古负初期。
能为顽石方除恨,便作词人亦大痴。
但觉高歌动神鬼,不妨入世任妍媸。
只惭洛下书生咏①,洒泪新亭又一时②。

〔注〕① 洛下书生咏:指带鼻浊音的吟咏。《世说新语·雅量》刘孝标注引宋明帝《文章志》:"(谢)安能作洛下书生咏,而少有鼻疾,语音浊,后名流多学其咏,弗能及,手掩鼻而吟焉。"② 洒泪新亭:《世说新语·言语》:"过江诸人,每至美日,辄相邀新亭,藉卉饮宴。周侯中坐而叹曰:'风景不殊,正自有山河之异。'皆相视流涕。唯王丞相愀然变色曰:'当共戮力王室,克复神州,何至作楚囚相对!'"新亭,故址在今江苏南京市江宁区南。

本篇是诗人自题诗词集之作,时在光绪三十四年(1908),诗人年甫二十二。以磨剑室作室名,盖取意于贾岛《剑客》:"十年磨一剑,霜刃未曾试。今日把示君,谁有不平事?"表现出诗人革命家的豪情壮志。柳亚子自称:"我是主张尊唐抑宋的,同时却也崇拜非唐非宋的龚定庵。"(见《柳亚子的诗和字》)此诗风格实与龚自珍为近。

诗的首句便与龚诗龚词有不解之缘。龚诗如《己亥杂诗》九六句云:"少年击剑更吹箫,剑气箫心一例消",龚词如《湘月·壬申夏泛舟西湖……》句云:"怨去吹箫,狂来说剑,两样消魂味",均剑箫并举,剑与箫已成为具有启蒙思想的龚氏亦刚亦柔、亦狂亦狷人格的象征。但柳诗的"剑态箫心",指的是奋起推翻满清王朝统治的革命之志和未能驱逐鞑虏、恢复中华的怨痛之情,较之龚诗龚词,虽面目相似,实已有本质不同。次句感慨深沉,名为自责,实为自励。诗人说:我胸中的豪气幽情不可掩抑,但至今未能实现革命理想,真感到有负当初的期望。"终古"指时间之久长,起一种加强语气的作用。

领联"能为"句意谓像我这样热血沸腾的青年恐怕只有变成没有感情的顽石才会忘却家国之恨。或以为此句暗用精卫衔石填海和女娲炼石补天之典,诗人盖以石自比,欲填恨海、补恨天;似求之过深,然亦可通。"便作"句意承上文,说:我既不能化作顽石,现在做一个诗人,痴心于舞文弄墨,于革命有何益?这样自嘲式的语言当然不是否定诗歌鼓吹革命的宣传作用,而是提醒自己牢记一个诗人直面人生的社会责任。虽然此句全从黄景仁《癸巳除夕偶成》"汝辈何知吾自悔,枉抛心力作诗人"化出,但境界自高一层,关心的不是一己的得失穷通,而是一国的兴亡衰盛。

下面,颈联紧扣颔联。"但觉"句与杜甫《醉时歌》之"但觉高歌动鬼神"仅差一字,然其豪壮激昂与老杜沉郁悲凉之别即于此"动"字上表现出来,诗人自信革命的诗歌毕竟可有鼓舞人心的感染力。"不妨"句反映出诗人投身反清革命的"行动哲学"。"任妍媸"一语,意为任人说美说丑,任人毁誉,从中可以看出诗人"以文字为血肉,笔墨为刀枪,与敌搏斗"(陈声聪《兼于阁诗话》)的坚定决心。这句或以为与陈亮《贺新郎·寄辛幼安和见怀韵》"行矣置之何足问,谁换妍皮痴骨"有渊源关系,确实,二者抒发的是同样的献身报国的激情。

尾联与首联相呼应。连用东晋典故,意在不忘远有满清入主、近有列强侵略的新仇旧恨。诗人慨道:令我惭愧的是纵能学洛下书生咏,却无谢安那种"谈笑静胡沙"的机会,只能洒泪面对美好的河山,但终有一天我和我的同志会光复神州。笔下令人感到有种潜在的力量。

全诗首联二句一扬一抑,颔联二句又是一扬一抑,颈联复扬,尾联复抑,而抑中又有扬,笔法严谨,诗情郁勃,果然"读之使人感发兴起"(毛泽东语)。

(庞　坚)

附录

元明清诗书目举要

说　明

有关辽金元明清暨近代诗歌的总集、别集及相关研究评论著作汗牛充栋,本书目仅遴选其中体量较大、流传较广、影响深远之总集合集,以及本辞典所选诗人之别集和相关诗话、研究资料著作。版本一般交待较早刻本、流行版本和现代校订的排印本。

总集　合集

中州集　金元好问编。十卷,附乐府一卷。明汲古阁刊本、《四部丛刊》本;另有排印本,中华书局上海编辑所1959年出版。

河汾诸老诗集　元房祺编。八卷。明汲古阁刊本、《四部丛刊》本。

全金诗　亦名《全金诗增补中州集》。清郭元釪编。七十四卷。清扬州书局刻本、《四库全书》本。

全金诗　薛瑞兆、郭明志编。一百六十卷,四册。南开大学出版社1995年出版。

草堂雅集　元顾瑛编。十三卷。清《四库全书》本。

皇元风雅　亦名《元风雅》。元傅习、孙存吾选编。前集十二卷、后集十二卷。清《四库全书》本、《四部丛刊》本。

皇元风雅　亦名《元风雅》。元蒋易编。三十卷。元建阳刻本。

元诗选　清顾嗣立编。三集。清顾氏秀野草堂刻本。另有排印本,中华书局1987年出版。另有补刻本《元诗选 癸集》十集,清光绪十四年刊本,中华书局据以排印,2001年出版。

乾坤清气集　明偶桓编。十四卷。清《四库全书》本。

皇明西江诗选　明韩雍、韩阳、李奎等编。十卷。明刻本。

雅颂正音　明刘仔肩编。五卷。明洪武三年原刻本、清《四库全书》本。

沧海遗珠　明沐昂编。四卷。明成化十三年刻本、清《四库全书》本。

皇明风雅　明徐泰编。四十卷。明嘉靖年间刻本。

盛明百家诗　明俞宪编。三百二十四卷。明隆庆年间刻本。

古今诗删　明李攀龙编。三十四卷。明万历年间刻本、清《四库全书》本。

皇明诗选 明陈子龙、李雯、宋徵舆选评。十三卷。明崇祯十六年刻本;另有影印本,华东师范大学出版社1991年出版。

列朝诗集 清钱谦益编。八十一卷。清顺治年间刻本;另有影印本,上海三联书店1990年出版。

明诗综 清朱彝尊编。一百卷。清康熙年间刻本、清《四库全书》本。

天启崇祯两朝遗诗 清陈济生编。十卷。清顺治年间刻本;另有影印本,中华书局上海编辑所1958年出版。

明遗民诗 原名《遗民诗》。清卓尔堪编。十六卷。清雍正年间刻本;另有排印本,中华书局1961年出版。

明文在 清薛熙编。一百卷。清光绪间刻本、《万有文库》排印本。

明诗别裁集 清沈德潜、周准编。十二卷。清乾隆四年刻本;另有排印本,上海古籍出版社1979年出版。

西陵十子诗选 清毛先舒、柴绍炳编。十六卷。清顺治年间刻本。

诗观 亦名《天下名家诗观》。清邓汉仪编。四十一卷。清康熙、乾隆年间刻本。

感旧集 清王士禛编。十六卷。清乾隆十七年刻本、民国有正书局石印本、国光书局排印本。

撷芳集 清汪启淑编。八十卷。清乾隆年间刻本。

西江风雅 清金德锳、沈澜选编。十三卷。清乾隆十八年刻本。

国朝山左诗钞 清卢见曾编。六十卷。清乾隆二十三年刻本。

清诗别裁集 原名《国朝诗别裁集》。清沈德潜编。三十二卷。清乾隆二十三年初刻本、民国《国学基本丛书》排印本;另有点校本,上海古籍出版社1984年出版。

国朝全闽诗录 清郑杰编。三十二卷。清嘉庆六年刻本。

湖海诗传 清王昶编。四十六卷。清嘉庆八年刻本、民国《国学基本丛书》排印本。

江西诗徵 清曾燠编。九十四卷。清嘉庆九年刻本。

两浙輶轩录 清阮元编。四十卷。清嘉庆六年刻本、光绪浙江书局重刻本。

国朝山左诗续钞 清张鹏展编。三十六卷。清嘉庆十八年刻本。

国朝岭海诗钞 清凌扬藻编。二十四卷。清道光元年刻本。

群雅集 清王豫编。四十卷。清嘉庆十二年刻本。

江苏诗徵 清王豫编。一百八十三卷。清道光元年刻本。

国朝畿辅诗传 清陶梁编,崔旭校订。六十卷。清道光十九年刻本。

国朝闺秀正始集 清恽珠编。二十卷。又补遗一卷、附录一卷。清道光十一年刻本。

国朝闺秀正始续集 清恽珠编。其孙女续成。十卷。又补遗一卷、附录一卷。清道光十六年刻本。

国朝闺秀正始再续集 清单士厘编。四卷。民国聚珍仿宋印书局排印本。

国朝中州诗钞 清杨淮编。三十二卷。清道光二十三年刻本。

沅湘耆旧集 清邓显鹤编。二百卷。清道光二十三年刻本。

国朝正雅集 清符葆森编。一百卷。清咸丰十六年刻本。

清诗铎 原名《国朝诗铎》。清张应昌编。二十六卷。清同治八年刻本。另有排印本,中华书局1960年出版。

国朝全蜀诗钞 清孙桐生编。六十四卷。清光绪五年刻本。另有巴蜀书社影印本,1986年出版。

两浙輶轩续录 清潘衍桐编。五十四卷。清光绪十七年刻本。

道咸同光四朝诗史 清孙雄编。十六卷。清宣统年间刻本。

戊戌六君子遗集 张元济辑。十六卷。民国六年商务印书馆排印本。

近代诗钞 陈衍辑。不分卷。民国十二年商务印书馆排印本。

晚清四十家诗钞 吴闿生编。三卷。民国十三年文学社刊本。

皖雅初集 陈诗编。四十四卷。民国十八年排印本。

晚晴簃诗汇 徐世昌编。二百卷。民国退耕堂刻本;另有点校本,中华书局1990年出版。

南社丛选 胡朴安编。二十四卷。民国十三年国学社排印本;另有点校本,解放军文艺出版社2000年出版。

诗话及资料

辽诗话 清周春编。二卷。《述古丛钞》本、《翠琅玕馆丛书》本。

辽诗纪事 陈衍编。十二卷。商务印书馆1936年铅印本。

金源纪事诗 清杨运泰编。八卷。嘉庆十八年刻本。

金诗纪事 陈衍编。十六卷。商务印书馆1936年铅印本。

元诗纪事 陈衍编。四十五卷。上海古籍出版社1987年出版点校本。

明诗评 明王世贞撰。四卷。《丛书集成初编》本。

国朝诗评 明王世贞撰。一卷。《学海类编》本、《丛书集成初编》本。

国雅品 明顾起纶撰。《历代诗话续编》本、中华书局1983年排印本。

列朝诗集小传 清钱谦益撰。八十一卷。康熙三十七年刻本。上海古籍出版社1983年排印本。

静志居诗话 清朱彝尊撰。二十四卷。嘉庆二十四年刻本。另有点校本,人民文学出版社1990年出版。

明人诗品 清杜荫堂编。二卷。《小石山房丛书》本。

明诗纪事 陈田编。一百八十七卷。光绪二十五年刻本、《万有文库》本、上海古籍出版社1993年排印本。

国朝诗人徵略 清张维屏撰。六十卷。道光十年刻本。

国朝名家诗钞小传 清郑方坤撰。四卷。清杞菊轩刻本、民国少叶山房石印本(题《清名家诗人小传》);另有标点排印本,《三百年来诗坛人物评点汇录》本,中州古籍出版社1986年出版。

嘉乾诗坛点将录 清舒位撰。不分卷。光绪十三年刻本。另有标点排印本,收入《三百年来诗坛人物评点汇录》,中州古籍出版社1986年出版。

清代闺阁诗人徵略　施淑仪撰。十卷。民国十年上海商务印书馆排印本；上海书店影印本，1999年出版。

光宣诗坛点将录　汪国垣撰。程千帆整理。不分卷。收入排印本《汪辟疆文集》，上海古籍出版社1988年出版。另收入《三百年来诗坛人物评点小传汇录》，中州古籍出版社1986年出版。

近百年诗坛点将录　钱仲联撰。不分卷。收入《梦苕庵论集》，中华书局1993年出版。

浣花诗坛点将录　钱仲联撰。不分卷。收入《梦苕庵论集》，中华书局1993年出版。

道咸诗坛点将录　钱仲联撰。不分卷。载1989年第4期《苏州大学学报》哲学社会科学版。

顺康雍诗坛点将录　钱仲联撰。不分卷。载1991年第1期《苏州大学学报》哲学社会科学版。

南社吟坛点将录　钱仲联撰。不分卷。载1994年第1期《苏州大学学报》哲学社会科学版。

清诗纪事初编　邓之诚编。八卷。中华书局1965年排印本、上海古籍出版社1984年新版重印。

清诗纪事　钱仲联主编。十二卷，二十二册。江苏古籍出版社1987年出版。

清人诗集叙录　袁行云撰。八十卷。文化艺术出版社1994年出版。

别　集

黄华集　金王庭筠撰。八卷。有《辽海丛书》本。

闲闲老人滏水文集　金赵秉文撰。二十卷。分体编纂。《四部丛刊》影印本。

元遗山先生全集　金元好问撰。四十卷。明弘治年间刻本。又有《元遗山诗集笺注》，十四卷，清道光年间刻本、人民文学出版社1958年排印本。另有《元好问全集》，山西人民出版社1990年出版。

二妙集　金段克己、段成己撰。八卷。清《四库全书》本、《石莲庵汇刻九金人集》本。

庄靖集　金李俊民撰。十卷。清《四库全书》本、《石莲庵汇刻九金人集》本。

郝文忠公陵川文集　元郝经撰。三十九卷。明正德二年(1507)刻本、清《四库全书》本。

陈刚中诗集　元陈孚撰。三卷，附录一卷。清《四库全书》本。

剡源戴先生集　元戴表元撰。三十卷。明万历刻本、《四部丛刊》影印本。

秋声集　元黄镇成撰。九卷。明洪武十一年(1378)刻本、上海古籍出版社《续修四库全书》影印本。

静修先生文集　元刘因撰。二十二卷。元至顺元年(1330)刻本、《四部丛刊》影印本。

松雪斋文集　元赵孟頫撰。十卷。外集一卷。至元五年(1268)刻本、清《四库全书》本。另有点校本《赵孟頫集》，浙江古籍出版社1986年出版。

何太虚文集　元何中撰。十卷。清道光、咸丰年间刻本。

翰林杨仲弘集　元杨载撰。八卷。明嘉靖十五年(1536)刻本、《四部丛刊》影印本。

范德机诗集 元范梈撰。七卷。元至元六年(1269)刻本、清《四库全书》本。

咏物诗 元谢宗可撰。一卷。清《四库全书》本。

道园学古录 元虞集撰。五十卷。明景泰七年(1456)刻本、清《四库全书》本。又《虞伯生诗》八卷,明末汲古阁本。

揭文安公全集 元揭傒斯撰。十四卷。附补遗一卷。《四部丛刊》本。另有点校本《揭傒斯全集》,上海古籍出版社1985年出版。

句曲外史集 元张雨撰。三卷,补遗三卷,集外诗一卷。明崇祯年间刻本、清《四库全书》本。

石田集 元马祖常撰。十五卷。元至元五年(1268)刻本、清《四库全书》本。另有点校本《石田先生文集》,中州古籍出版社1991年出版。

贯酸斋诗集 元贯云石撰。二卷。《宋元四十三家集》本。

竹斋诗集 元王冕撰。四卷。清《四库全书》本、清光绪《邵武徐氏丛书》本。

张光弼诗集 元明之际张昱撰。《四部丛刊续编》本。

铁崖先生古乐府 元杨维桢撰。十六卷。明成化五年(1469)刻本、清《四库全书》本。另有点校本《杨维桢诗集》,浙江古籍出版社1994年出版。

渊颖吴先生集 元吴莱撰。十二卷。元至正年间刻本、清《四库全书》本。

倪云林先生诗集 元倪瓒撰。六卷。附录一卷。明天顺四年(1460)刻本。《四部丛刊》本。

傅与砺诗文集 元傅若金撰。二十卷。明洪武十五年(1382)刻本、清《四库全书》本。

雁门集 元萨都剌撰。八卷。明成化十二年(1476)刻本。《萨天锡诗集》,明弘治本。另有点校本《雁门集》,上海古籍出版社1982年出版。

玉笥集 元张宪撰。十卷。清《四库全书》本、民国《丛书集成初编》排印本。

滦京杂咏 元杨允孚著。一卷。清《四库全书》本、《丛书集成初编》本。

此山先生诗集 元周权撰。十卷。民国《择是居丛书初集》影印元刻本。

梧溪集 元王逢撰。七卷。清《四库全书》本、《知不足斋丛书》本。

云丘道人集 元张简撰。一卷。《元诗选》三集辛集收录。

翠屏集 明张以宁撰。四卷。明宣德三年(1428)刻本、清《四库全书》本。

宋学士文集 明宋濂撰。七十五卷。明正德九年(1514)刻本,《四部丛刊》据此影印。另有《宋濂全集》,浙江古籍出版社1999年出版。

诚意伯文集 明刘基撰。二十卷。明成化六年(1470)刻本、隆庆六年(1572)刻本,清《四库全书》本。另有《刘基集》,浙江古籍出版社1999年出版。

陶学士集 明陶安撰。二十卷。明弘治十三年(1500)刻本、清《四库全书》本。

清江贝先生集 明贝琼撰。四十卷。明洪武年间刊本、清《四库全书》本。

李草阁诗集 明李晔撰。六卷,附拾遗一卷。清《四库全书》本、光绪二十三年(1897)刻本。

临安集 明钱宰著撰。十卷。明山阴祁氏澹生堂抄本、清《四库全书》本。

海叟集 明袁凯撰。四卷。明万历三十七年(1609)刻本、清《四库全书》本。

槎翁集 明刘崧撰。十八卷。明嘉靖元年(1522)刻本、清《四库全书》本。

眉庵集 明杨基撰。十二卷。明成化二十一年(1485)刻本、清《四库全书》本。

凤池吟稿 明汪广洋撰。十卷。明万历四十五年(1617)刻本、清《四库全书》本。

静居集 明张羽撰。六卷。明弘治四年(1491)刻本、清《四库全书》本。

北郭集 明徐贲著。十卷。明成化二十三年(1487)刻本、清《四库全书》本。

西庵集 明孙蕡撰。十卷。明弘治十六年(1503)活字本、清《四库全书》本。

高太史大全集 明高启撰。十八卷。明景泰初刻本。另有点校本《高青丘集》,上海古籍出版社 1986 年出版。

咏物诗 明瞿佑撰。一卷。《武林往哲遗箸》本。

柘轩集 明凌云翰撰。五卷。清《四库全书》本。

蓝山集 明蓝仁撰。六卷。清《四库全书》本。

浦舍人诗集 明浦源撰。四卷,附录一卷。《锡山先哲丛刊》本。

观乐生诗集 明许继撰。五卷。明成化年间刻本。

解学士先生集 解缙撰。三十一卷。明天顺初刻本。

鸣盛集 明林鸿著。四卷。明成化三年(1467)刻本、清《四库全书》本。

闽高待诏诗集 明高棅撰。五卷。明万历年间刻本、清《四库全书》本。

白云樵唱 明王恭撰。四卷。明成化年间刻本、清《四库全书》本。

逊志斋集 明方孝孺撰。四十卷。明成华十六年(1480)刻本、清《四库全书》本。另有点校本,宁波出版社 2000 年出版。

东里全集 明杨士奇撰。九十三卷。明嘉靖二十八年(1549)刻本。另有《东里文集》,中华书局 1998 年出版点校本。

运甓漫稿 明李昌祺撰。七卷。明正统年间刻本、清《四库全书》本。

两溪文集 明刘球撰。二十四卷。明成化年间刻本、清《四库全书》本。

于忠肃集 明于谦撰。十二卷。明天启年间刻本、清《四库全书》本。

武功集 明徐有贞撰。五卷。明刻本、清《四库全书》本。

重编琼台会稿 明丘濬撰。二十四卷。明天启元年(1621)刻本、清《四库全书》本。

王襄敏集 明王越撰。四卷。明万历年间刻本。

石田集 明沈周撰。九卷。明崇祯末瞿氏耕石斋刊本。

匏翁家藏稿 明吴宽撰。七十七卷。明正德年间刻本、清《四库全书》本。

定山集 明庄昶撰。十卷。明嘉靖年间刻本、清《四库全书》本。

文中丞诗集　明文森撰。一卷。《文氏家藏诗集》本。

戴学宪集　明戴冠撰。一卷。《盛明百家诗前编》收录。

东田集　明马中锡撰。六卷。明嘉靖年间刻本、清《四库全书》本、《丛书集成初编》本。

怀麓堂集　明李东阳撰。一百零二卷。明正德十一年(1516)刻本。另有今人点校本，改题《李东阳集》，岳麓书社1983年至1985年先后出版。

怀星堂集　明祝允明撰。三十卷。明万历三十九年(1611)刻本、清《四库全书》本。

唐伯虎先生集　明唐寅撰。十九卷。明万历年间刻本、上海古籍出版社《续修四库全书》本。另有辑校本《唐伯虎全集》，中国美术学院出版社2002年出版。

甫田集　明文徵明撰。三十五卷。有明嘉靖年间刻本、清《四库全书》本。另有点校本《文徵明集》，上海古籍出版社1987年出版。

空同子集　明李梦阳撰。六十六卷。明万历三十年(1602)刻本、清《四库全书》本。

王文成公全书　明王守仁撰。三十八卷。明万历年间刻本、清《四库全书》本。另有点校本《王阳明全集》，上海古籍出版社1997年出版。

王氏家藏集　明王廷相撰。六十五卷。明嘉靖年间刻本。另有点校本《王廷相集》，中华书局1989年出版。

康对山先生集　明康海撰。四十六卷。明万历十年(1582)刻本。上海古籍出版社《续修四库全书》本。

华泉集　明边贡撰。十四卷。明万历年间刻本、清《四库全书》本。

顾华玉集　明顾璘撰。四十卷。明嘉靖年间刻本、清《四库全书》本。

迪功集　明徐祯卿撰。六卷。明正德十五年(1520)刻本、清《四库全书》本。

孟有涯集　明孟洋撰。十七卷。明嘉靖十七年(1538)刻本。

南原集　明王韦撰。七卷。明刻本。

何大复先生集　明何景明撰。三十八卷。明万历五年(1577)刻本、清《四库全书》本。近有点校本《何大复集》，中州古籍出版社出版。

太史升庵文集　明杨慎撰。八十一卷。明万历十年(1582)刻本、清《四库全书》本。民国间有《升庵全集》，《万有文库》本。

杨状元妻诗集　明黄峨撰。一卷。《盛明百家诗后编》本。

薛考功集　明薛蕙撰。十卷。明嘉靖间刻本、清《四库全书》本。

敖东谷集　明敖英撰。一卷。《盛明百家诗后编》本。

四溟山人全集　明谢榛撰。二十四卷。明万历间刻本。另有《谢榛全集校笺》，江苏古籍出版社2003年出版。

王佥宪集　王问撰。一卷。《盛明百家诗前编》本。《续王佥宪集》一卷，《盛明百家诗后编》本。

皇甫司勋集　明皇甫汸撰。六十卷。明万历刻本、清《四库全书》本。

苏门集 明高叔嗣撰。八卷。明嘉靖年间刻本、清《四库全书》本。

射阳山人存稿 吴承恩撰。四卷。明万历十八年（1590）刻本。另有《吴承恩诗文集笺校》，上海古籍出版社1991年出版。

穀原诗草 明苏祐撰。明嘉靖、隆庆间刻本。另有《穀原诗草续集》一卷，亦有隆庆间刻本行世。

岩居稿 明华察撰。八卷。明嘉靖、隆庆间刻本。

黄五岳集 明黄省曾撰。《盛明百家诗前编》本。又《续黄五岳集》，一卷，《盛明百家诗后编》本。

茅鹿门先生文集 明茅坤撰。三十六卷。明万历间刻本。另有点校本《茅坤集》，浙江古籍出版社1993年出版。

沧溟集 明李攀龙撰。三十卷。明万历年间刻本。另有点校本《沧溟先生集》，上海古籍出版社1992年出版。

杨忠愍集 明杨继盛撰。三卷。清康熙年间刻本、清《四库全书》本。

甔甀洞稿 明吴国伦撰。五十四卷。明万历年间刻本、清初刻本。上海古籍出版社《续修四库全书》本。

徐文长三集 明徐渭撰。二十九卷。明万历二十八年（1600）刻本。另有点校本《徐渭集》，中华书局1983年出版。

梁国子生集 明梁辰鱼撰。一卷。《盛明百家诗前编》本。

宗子相集 明宗臣撰。十五卷。明万历年间刻本、清《四库全书》本。

弇州山人四部稿 明王世贞撰。一百八十卷。明万历五年（1577）刻本、清《四库全书》本。

李温陵集 明李贽撰。二十卷。明万历刻本。另有《焚书》六卷，《续焚书》五卷，明万历年间刻本，有合以上二种排印本，中华书局1960年出版。

止止堂集 明戚继光撰。五卷。明万历年间刻本。

伐檀斋集 明张元凯撰。十二卷。清《四库全书》本。

海樵集 明陈鹤撰。二十一卷。明隆庆年间刻本。

王百穀集 明王穉登撰。十九卷。明万历年间刻本。

玉茗堂全集 明汤显祖撰。四十六卷。明天启元年（1621）刻本。另有笺校本《汤显祖诗文集》，上海古籍出版社1982年出版。

幔亭集 明徐熥撰。二十卷。明万历四十年（1612）刻本、清《四库全书》本。

鼇峰集 明徐𤊹撰。二十八卷。天启五年（1625）刻本。上海古籍出版社《续修四库全书》影印本。

高子遗书 明高攀龙撰。十二卷。明崇祯五年（1632）刻本、清《四库全书》本。

高阳集 明孙承宗撰。二十卷。清顺治十二年（1655）刻本。上海古籍出版社《续修四库全书》影印本。

松圆浪淘集 明程嘉燧撰。十八卷。清康熙二十八年（1689）刻本。上海古籍出版社《续修四库全书》影印本。

丰对楼诗选 明沈明臣撰。四十三卷。明万历年间刻本。

小草斋集 明谢肇淛撰。三十卷。明万历年间刻本。上海古籍出版社《续修四库全书》影印本。

袁中郎全集 明袁宏道撰。四十卷。明崇祯二年(1629)刻本。另有《袁宏道集笺校》，上海古籍出版社 1981 年出版。

珂雪斋集 明袁中道撰。三十八卷。明万历四十六年(1618)自刻本。另有汇编排印本，上海古籍出版社 1989 年出版。

翏翏集 明俞安期撰。四十卷。明万历末年刻本。

隐秀轩集 明钟惺著。三十三卷。明天启二年(1622)刻本。另有点校本，四十二卷，上海古籍出版社 1992 年出版。

石仓诗集 明曹学佺撰。三十三卷。清乾隆年间刻本。

檀园集 明李流芳撰。十二卷。明崇祯刻本、清《四库全书》本。

谭友夏合集 明谭元春撰。二十三卷。明崇祯八年(1635)刻本。另有点校本《谭元春集》，上海古籍出版社 1998 年出版。

咏怀堂诗集 明阮大铖撰。六卷。明崇祯八年(1635)刻本。上海古籍出版社《续修四库全书》影印本。

鸝吹 明沈宜修撰。不分卷。明崇祯年间刻本。又收入《午梦堂集》，有点校本，中华书局 1998 年出版。

七录斋诗文合集 明张溥撰。十六卷。明崇祯九年(1636)刻本。上海古籍出版社《续修四库全书》影印本。

峤雅 明清之际邝露撰。二卷。清顺治年间刻本。另有校释本，广东高等教育出版社 1990 年出版。

安雅堂稿 明陈子龙撰。十八卷。明末刻本。清宣统元年(1909)排印本。另有点校本，辽宁教育出版社 2003 年出版。

确庵先生诗文钞 明清之际陈瑚撰。十四卷。清同治、光绪年间刻本。

返生香 明叶小鸾撰。不分卷。明崇祯年间刻本。另有点校本，收入《午梦堂集》，中华书局 1998 年出版。

张苍水全集 明张煌言撰。十二卷。清光绪三十年(1904)排印本。另有点校本，上海古籍出版社 1959 年出版。

夏内史集 明夏完淳撰。九卷。清嘉庆年间刻本。另有《夏完淳集笺校》，十卷，上海古籍出版社 1991 年出版。

南来堂诗集 明清之际读彻撰。八卷。民国二十九年(1940)上海线装铅字排印本。

初学集 清钱谦益撰。一百十卷。明崇祯十六年(1643)刻本。《四部丛刊》影印本。另有点校本，上海古籍出版社 1985 年出版。

有学集 清钱谦益撰。五十卷。清康熙年间刻本。《四部丛刊》影印本。另有点校本，上海古籍出版社 1996 年出版。

柳如是诗 清柳如是撰。一卷。清顺治十二年(1655)刻本。 另有排印本《柳如是集》，中国美术学院出版社 2002 年出版。

石臼前集 清邢昉撰。九卷。又《后集》七卷。《金陵丛书·丙集》本。

拙政园诗集 清徐灿撰。二卷。《拜经楼丛书》本。

钝吟全集 清冯班撰。二十三卷。民国《常熟二冯先生集》排印本。

四照堂 明清之际王猷定撰。十六卷。民国《豫章丛书》本。

朱舜水集 清朱之瑜撰。二十二卷。中华书局排印本,1962年出版。 又有《新订朱舜水集补遗》,台湾大学出版中心2004年出版。

霜红龛集 清傅山撰。四十卷。清宣统三年(1911)刻本。 另有《傅山全书》,山西人民出版社1991年出版。

沉吟楼诗选 清金圣叹撰。不分卷。清抄本。上海古籍出版社《清人别集丛刊》影印本,1979年出版。

梅村家藏稿 清吴伟业撰。五十八卷。清宣统三年(1911)刻本、《四部丛刊》本。 另有点校本《吴梅村全集》,1990年上海古籍出版社出版。

笠翁一家言 清李渔撰。五十二卷。清康熙十七年(1678)刻本。另有点校本,浙江古籍出版社1998年出版。

变雅堂遗集 清杜濬撰。十八卷。清光绪十八年(1892)刻本,上海古籍出版社《续修四库全书》影印本。

浮山集 清方以智撰。十五卷。清康熙年间刻本。上海古籍出版社《续修四库全书》影印本。

田间诗文集 清钱澄之撰。五十八卷。清康熙年间刻本。 另有点校本《田间诗集》,黄山书社1998年出版。

赖古堂集 清周亮工撰。二十四卷。清康熙十四年(1675)刻本。上海古籍出版社影印本,1979年出版。

玄恭文钞 清归庄撰。七卷。清道光年间刻本。 另有点校本《归庄集》,1962年中华书局上海编辑所出版。

顾见山诗集 清顾大申撰。一卷。《皇清百名家诗》本。

顾亭林诗文集 清顾炎武撰。十七卷。清康熙、光绪年间刻本。另有点校本,中华书局1959年出版,1983年重版。

海棠居诗集 明末清初姚淑撰。一卷。《求恕斋丛书》本(《天问阁文集》附)

安雅堂诗 清宋琬撰。不分卷。清顺治十七年(1660)刻本。 另有点校本《宋琬全集》,齐鲁书社2003年出版。

定山堂全集 清龚鼎孳撰。六十四卷。清康熙年间刻本。上海古籍出版社《续修四库全书》影印本。

柳花阁集 清顾媚撰。不分卷。嘉庆二十一年(1816)《江苏诗徵》本。

五湖遊稿 清余怀撰。一卷。《晨风阁丛书》(第一集)本。

陋轩诗 清吴嘉纪撰。六卷。清康熙、乾隆年间刻本。 另有《吴嘉纪诗笺校》,上海古籍出版社1980年出版。

西堂全集 清尤侗著。一百二十七卷。清康熙年间刻本、民国间石印本。

聪山集 清申涵光撰。十一卷。清康熙年间刻本。《畿辅丛书》本、《丛书集成初编本》。

施愚山先生全集 清施闰章撰。八十五卷。清乾隆年间刻本。 另有点校本《施愚山集》,黄山书社1992年出版。

薑斋诗文集 清王夫之撰。二十八卷。清道光、同治年间刻本、《四部丛刊》影印本。 另有点校本《王船山诗文集》，中华书局1962年出版。岳麓书社1988年出版《船山全书》。

思古堂十四种书 清毛先舒撰。三十八卷。清康熙年间刻本。

宗定九诗 清宗元鼎撰。一卷。《皇清百名家诗》本。

扶荔堂集 清丁澎撰。二十八卷。清康熙五十五年(1716)刻本。

南邨集 清潘高撰。二十四卷。清光绪年间活字本。

西河文集 清毛奇龄撰。二百五十七卷。清康熙、乾隆年间刻本,《万有文库》本。

魏叔子文集 清魏禧撰。三十三卷。清康熙年间刻本，另有点校本，中华书局2003年出版。

钝翁类稿 清汪琬撰。六十二卷。清康熙年间刻本、《四部丛刊》影印本。

晤书堂诗稿 清沈钦圻撰。一卷。清乾隆年间刻本。

燕峰诗钞 清费密撰。一卷。清光绪三十四年(1908)刻本。

芋香诗钞 清释宗渭撰。四卷。《赠言》一卷。清康熙四十三年(1704)刻本。

官梅集 清邓汉仪撰。二卷。清抄本。

芙蓉城四种书 清陆次云撰。七卷。清康熙年间刻本。

湖海楼全集 清陈维崧撰。五十四卷。清康熙年间刻本,《四部丛刊》本。

己畦集 清叶燮撰。三十八卷。民国二十四年(1935)长沙中国古书刊印社《郋园先生全书》本。

姜先生全集 清姜宸英撰。三十三卷。清光绪十五年(1889)刻本。

六莹堂集 清梁佩兰撰。十七卷。清康熙年间刻本。 另有点校本,中山大学出版社1992年出版。

曝书亭集 清朱彝尊撰。八十卷。清康熙年间刻本,《四部丛刊》本。

翁山诗外 清屈大均撰。十七卷。清康熙年间刻本。 另有排印本《屈大均全集》,人民文学出版社1996年出版。

松桂堂全集 清彭孙遹撰。四十三卷。《四库全书》本、清宣统三年(1911)扫叶山房石印本。

秋笳集 清吴兆骞撰。八卷。清雍正四年(1726)刻本、《粤雅堂丛书》本。另有点校本,上海古籍出版社1993年出版。

独漉堂集 清陈恭尹撰。三十卷。清康熙五十七年(1718)刻本,另有点校本,中山大学出版社1988年出版。

带经堂集 清王士禛撰。九十三卷。清康熙五十一年(1712)刻本。上海古籍出版社《续修四库全书》影印本。

渔洋山人精华录 清王士禛撰。十卷。清康熙三十九年(1700)刻本。 另有排印本《渔洋精华录集释》,上海古籍出版社1999年出版。

西陂类稿 清宋荦撰。五十卷。清康熙五十年(1711)刻本、《四库全书》本。

绀寒亭集 清赵俞撰。十四卷。清康熙年间刻本。

南洲草堂集 清徐釚撰。三十卷。清康熙年间刻本。

白溇集 清沈受宏撰。十二卷。清康熙四十四年(1705)刻本。

邵青门全集 清邵长蘅撰。三十卷。清康熙年间刻本、《常州先哲遗书》本。

聊斋全集 清蒲松龄撰。九卷。民国九年(1920)上海中华图书馆石印本,民国十五年(1926)世界书局排印本。　　另有《蒲松龄集》,中华书局上海编辑所1962年出版、1986年上海古籍出版社重印。

莲洋诗钞 清吴雯撰。十卷。《四库全书》本。

萧亭诗选 清张实居撰。六卷。《王渔洋遗书》本。

稗畦集 清洪昇撰。不分卷。又《稗畦续集》一卷。清康熙五十四年(1715)刻本。古典文学出版社1957年排印本。　　另有校笺本《洪昇集》,浙江古籍出版社1992年出版。

遂初堂集 清潘耒撰。四十卷。清康熙、雍正年间刻本,上海古籍出版社《续修四库全书》影印本。

广阳杂记 清刘献廷撰。五卷。《畿辅丛书》本、《丛书集成初编》本。

湖海集 清孔尚任撰。十三卷。清康熙年间刻本,古典文学出版社1957年排印本。　　另有点校本《孔尚任诗文集》中华书局1962年出版。

敬业堂诗集 清查慎行撰。五十卷。清康熙年间刻本、《四库全书》本、《四部丛刊》本。　　另有点校本,上海古籍出版社1986年出版。

笛渔小稿 清朱昆田撰。十卷。《四部丛刊》本。

秋影楼诗集 清汪绎撰。九卷。《铁琴铜剑楼丛书》本。

通志堂集 清纳兰性德撰。二十卷。清康熙三十年(1691)刻本。上海古籍出版社1979年出版影印本,华东师范大学出版社2008年再版。

洗桐轩文集 清顾陈垿撰。九卷。又《抱桐轩文集》三卷、《八矢注字图说》一卷、《钟律陈数》一卷。清道光年间刻本。

玉照亭诗钞 清陈大章撰。不分卷。清乾隆九年(1744)刻本。

二十四泉草堂集 清王苹撰。十二卷。清康熙五十六年(1717)刻本。

饴山堂集 清赵执信撰。三十二卷。清乾隆年间刻本,《四部备要》本。　　另有点校本《赵执信全集》,齐鲁书社1993年出版。

沈归愚诗文全集 清沈德潜撰。七十五卷。清乾隆年间刻本。上海古籍出版社《续修四库全书》取其诗集部分影印。

陈司业集 清陈祖范撰。十一卷。清乾隆二十九年(1764)刻本。

赐书堂诗稿 清翁照撰。一卷。《重思斋丛书》本。

之谿先生集 清先著撰。八卷。又《劝影堂词》三卷。清康熙年间刻本。

香草斋诗钞 清黄任著。六卷。清乾隆年间刻本。

离垢集 清华嵒撰。五卷。清道光十五年(1835)刻本、台湾文海出版社影印本。

野航诗集 清王丹林撰。二卷。清雍正二年(1724)刻本。

冬心先生集　清金农撰。四卷。清雍正十一年(1733)刻本,上海古籍出版社1979年影印本。2012年西泠印社出版点校本。

南斋集　清马曰璐撰。六卷。清乾隆二十六年(1761)刻本,《丛书集成初编》本。

寒石诗钞　清沈绍姬撰。十二卷。清康熙末刻本。

樊榭山房集　清厉鹗撰。四十卷。清光绪十年(1884)刻本。　另有点校本,上海古籍出版社1993年出版。

板桥集　清郑燮撰。七卷。清乾隆十四年(1749)刻本。　另有排印本《郑板桥集》,中华书局上海编辑所1962年出版,上海古籍出版社1979年再版;《郑板桥全集》,齐鲁书社1985年出版。

海珊诗钞　清严遂成撰。十三卷。清乾隆二十二年(1757)刻本。

弢甫集　清桑调元撰。三十卷。清乾隆二十年(1755)刻本。

海峰集　清刘大櫆撰。十六卷。清同治十三年(1874)刻本。　另有点校本《刘大櫆集》,上海古籍出版社1990年出版。

弱水集　清屈复撰。二十二卷。清乾隆七年(1742)刻本,上海古籍出版社《续修四库全书》影印本。

澄碧斋诗钞　清钱琦撰。十二卷,又《别集》二卷。清乾隆四十三年(1778)刻本。

石笥山房集　清胡天游撰。二十三卷。清咸丰二年(1852)刻本,上海古籍出版社《续修四库全书》影印本。

援鹑堂集　清姚范撰。十三卷。清嘉庆年间刻本。

丁辛老屋集　清王又曾撰。二十卷。清乾隆年间刻本。

箨石斋诗集　清钱载撰。五十卷。清乾隆年间刻本,上海古籍出版社《续修四库全书》影印本。

小仓山房集　清袁枚撰。八十二卷。清乾隆年间刻本、同治五年(1879)重刻本。　另有点校本,上海古籍出版社1988年出版。排印本《袁枚全集》,江苏古籍出版社1993年出版。

迟删集　清吕坚撰。八卷。附文一卷。清乾隆年间刻本、嘉庆年间刻本。

赐书楼诗草　清胡亦常撰。一卷。续集一卷。清嘉庆十八年(1813)刻本。

松花庵诗草　清吴镇撰。二卷。清乾隆年间刻本、嘉庆十八年(1813)刻本。

纪文达公遗集　清纪昀撰。三十二卷。清嘉庆十七年(1812)刻本。　另有排印本《纪晓岚文集》,河北教育出版社1991年出版。

忠雅堂集　清蒋士铨撰。四十三卷。清道光二十三年(1843)刻本、同治九年(1870)刻本;另有《忠雅堂集校笺》,上海古籍出版社1993年出版。

瓯北集　清赵翼撰。五十三卷。清嘉庆十七年(1812)刻本、光绪三年(1877)重刻本;另有点校本,上海古籍出版社1997年出版。

懋斋诗钞　清敦敏撰。不分卷。文学古籍刊行社据抄本影印,1955年出版,

灵岩山人诗集　清毕沅撰。四十卷。清嘉庆四年(1799)刻本、同治十一年(1872)重刊本。

梦楼诗集　清王文治撰。二十四卷。清乾隆六十年(1795)刻本。

惜抱轩集　清姚鼐撰。三十八卷。清嘉庆年间刻本、光绪三十三年(1907)重刻本;另有点校本《惜抱轩诗文集》,上海古籍出版社 1992 年出版。

复初斋诗集　清翁方纲撰。七十卷。清乾隆五十八年(1793)刻本、道光二十六年(1846)重刻本;上海古籍出版社《续修四库全书》影印本。

月小山房遗稿　清高鹗撰。不分卷。清刻本。

容甫先生遗诗　清汪中撰。六卷。清道光年间刻本、《四部丛刊》本。

洪北江诗文集　清洪亮吉撰。六十六卷。《四部丛刊》本。另有点校本《洪亮吉集》,中华书局 2001 年出版。

有正味斋集　清吴锡麒撰。七十三卷。清嘉庆年间刻本。

五百四峰堂诗钞　清黎简撰。二十五卷。清嘉庆元年(1796)刻本、同治十三年(1874)重刻本;另有点校本,中山大学出版社 2000 年出版。

两当轩全集　清黄景仁撰。二十二卷。清光绪二年(1876)刻本;另有点校本《两当轩集》,上海古籍出版社 1983 年出版。

存素堂集　清法式善撰。三十九卷。清嘉庆十二年(1807)刻本。

红杏山房诗钞　清宋湘撰。十三卷。清同治八年(1869)刻本。　另有点校本,中山大学出版社 1988 年出版。

烟霞万古楼诗选　清王昙撰。二卷。清咸丰元年(1851)刻本、《粤雅堂丛书》本、《丛书集成初编》本。

天真阁集　清孙原湘撰。五十四卷。清嘉庆年间刻本、光绪十七年(1891)重刊本。上海古籍出版社《续修四库全书》影印本。

长真阁集　清席佩兰。七卷。嘉庆年间刻本、光绪十七年(1891)重刊本,附于其夫孙原湘《天真阁集》后。

荐青集　清姚元之撰。七卷。咸丰元年(1851)刻本。

沧江红雨楼诗　清陶宗亮撰。一卷。光绪十二年(1886)刻本。

船山诗草　清张问陶撰。二十卷。清嘉庆二十年(1815)刻本、另补遗六卷,道光二十九年(1849)刻本;另有点校本,中华书局 1986 年出版。

揅经室集　清阮元撰。六十三卷。《文选楼丛书》本。　另有五十四卷本,清道光三年(1823)刻本。点校本,中华书局 1993 年出版。

瓶水斋诗集　清舒位撰。十九卷。清嘉庆二十一年(1816)刻本、《畿辅丛书》本;另有点校本,上海古籍出版社 1991 年出版。

灵芬馆集　清郭麐撰。九十二卷。清嘉庆、道光年间刻本。

碧城仙馆诗钞　清陈文述撰。八卷。清嘉庆二十四年(1819)刻本、道光十八年(1838)重刊本、《丛书集成初编》本。

听云楼诗钞 清谭敬昭撰。不分卷。清嘉庆十六年(1811)刻本、光绪十七年(1891)刻本。

张南山全集 清张维屏撰。一百四十六卷。清道光、咸丰年间刻本。另有排印本,广东高等教育出版社1993年出版。

简学斋诗存 清陈沆撰。四卷。又《简学斋诗删》四卷。咸丰二年(1852)刻本。

养一斋集 清潘德舆撰。二十五卷。清道光二十九年(1849)刻本,上海古籍出版社《续修四库全书》影印本。

程侍郎遗集 清程恩泽撰。十一卷。《粤雅堂丛书》本、《丛书集成初编》本。

云左山房诗钞 清林则徐撰。八卷。清光绪十二年(1886)刻本。另有校笺本《林则徐诗集》,海峡文艺出版社1986年出版。

凝香室诗存 清麟庆撰。不分卷。稿本。

薏苕山馆诗稿 清陆嵩撰。十六卷。光绪十八年(1892)刻本、上海古籍出版社《续修四库全书》影印本。

定盦文集 清龚自珍撰。十二卷。清同治七年(1868)刻本。另《定盦文集补编》四卷,清光绪十二年(1886)刻本。《四部丛刊》本、《四部备要》本。另有排印本《龚自珍全集》,中华书局上海编辑所1959年出版,上海古籍出版社1999年重印。

䴎翁亭集 清祁寯藻撰。四十四卷。清咸丰年间刻本,上海古籍出版社《续修四库全书》影印本。

古微堂集 清魏源撰。十卷。清光绪四年(1878)刻本。另有辑校本《魏源集》,中华书局1976年出版;《魏源全集》,岳麓书社2004年出版。

东洲草堂集 清何绍基撰。三十卷,附诗余一卷。清同治六年(1867)刻本。另有点校本《何绍基诗文集》,岳麓书社1992年出版。

思伯子堂诗集 清张际亮撰。三十二卷。清同治八年(1869)刻本。

天游阁集 清顾春撰。五卷。清宣统二年(1910)神州国光社排印线装本。

怡志堂诗文初编 清朱琦撰。十四卷。清光绪十八年(1892)刻本,上海古籍出版社《续修四库全书影印本》。

大梅山馆集 清姚燮撰。五十五卷。清咸丰五年(1855)刻本。另有点校本《复庄诗问》,上海古籍出版社1988年出版。

拙吾诗稿 清高鼎撰。四卷。又《文稿》一卷。清光绪八年(1882)刻本。

通甫诗文集 清鲁一同撰。十二卷。清咸丰九年(1859)刻本,上海古籍出版社《续修四库全书》影印本。

倚晴楼诗集 清黄燮清撰。十六卷。清咸丰、同治年间刻本。

巢经巢集 清郑珍撰。二十卷。民国四年(1915)陈夔龙刻本。另有《巢经巢诗钞笺注》,巴蜀书社1996年出版。

半行庵诗存稿 清贝青乔撰。八卷。清同治五年(1866)刻本。

陈东塾先生遗诗 清陈澧撰。一卷。民国二十年(1931)刻本。

邵亭诗钞 清莫友芝撰。六卷。清咸丰二年(1852)刻本、同治五年重修本。

另有上海古籍出版社《续修四库全书》影印本。

思益堂集 清周寿昌撰。二十卷。清光绪十四年(1888)刻本。

曾文正公诗文集 清曾国藩撰。八卷。清同治十三年(1874)刻本。 另有点校本《曾国藩诗文集》，上海古籍出版社2005年出版。

秋蟪吟馆诗钞 清金和撰。七卷。民国五年(1916)刻本；另题《来云阁诗稿》，六卷。光绪十八年(1892)刻本。

伏敔堂诗录 清江湜撰。十九卷。清同治年间刻本。

濂亭集 清张裕钊撰。十八卷。清光绪八年(1882)至宣统年间刻本。

瓶庐诗稿 清翁同龢撰。八卷。民国八年(1919)刻本。 另有点校本《翁同龢诗词集》，上海古籍出版社1998年出版；《翁同龢集》，中华书局2005年出版。

蘅华馆诗录 清王韬撰。六卷。清光绪十六年(1890)《弢园丛书》本。

白华绛跗阁诗集 又名《越缦堂诗初集》。清李慈铭撰。十卷。清光绪十六年(1890)刻本、民国二十年(1931)商务印书馆排印本。

湘绮楼诗文集 清王闿运撰。二十二卷。清光绪年间刻本。 另有点校本《湘绮楼诗文集》，岳麓书社1996年出版。

高陶堂遗集 清高心夔撰。八卷。清光绪八年(1882)刻本。

广雅堂诗集 清张之洞撰。四卷。清光绪年间刻本。 另有排印本《张之洞全集》，河北人民出版社1998年出版。

桐城吴先生文集 清吴汝纶撰。四卷。附传状一卷。清光绪三十年(1904)刻本。 另有点校本《吴汝纶全集》，黄山书社2002年出版。

蒿庵类稿 冯煦撰。三十二卷。民国二年(1913)刻本。

渐西村人初集 清袁昶撰。十三卷。清光绪十六年(1890)刻本。 另有《袁忠节公遗诗》三卷，清宣统元年(1909)排印本。

写经斋初稿 清叶大庄撰。四卷。又《续稿》二卷、《小玲珑阁词》一卷。清光绪二十一年(1895)刻本。

樊山集 清樊增祥撰。三十六卷。清光绪十九年(1893)刻本。 另有点校本《樊樊山诗集》，上海古籍出版社2004年出版。

涧于集 清张佩纶撰。十八卷。民国十五年(1926)刻本、上海古籍出版社《续修四库全书》影印本。

人境庐诗草 清黄遵宪撰。十一卷。清宣统三年(1911)、民国九年(1920)排印本。另有《人境庐诗草笺注》，民国二十五年(1936)商务印书馆出版,古典文学出版社、上海古籍出版社分别于1957年、1981年重印。

沧趣楼诗集 清陈宝琛撰。十卷。附《听水斋词》一卷。民国二十七年(1938)排印本。

海日楼诗 沈曾植撰。二卷。民国年间家刻本。 另有《沈曾植集校注》，中华书局2001年出版。

八指头陀诗文集 释敬安撰。十九卷。民国八年(1919)刻本。 另有点校

张季子诗文录 张謇撰。二十九卷。民国二十年(1931)中华书局铅印本。 另有《张謇全集》,上海辞书出版社2012年出版。

畏庐文集 林纾撰。不分卷。民国间商务印书馆排印本。 另有影印本《林琴南文集》,中国书店1985年出版。

散原精舍诗 陈三立撰。七卷。民国二十五年(1936)排印本。 另有点校本《散原精舍诗文集》,上海古籍出版社2003年出版。

后乐堂文钞诗存 陈玉树撰。二十卷。清光绪二十五年(1899)至二十七年(1901)排印本。

严几道诗文钞 严复撰。六卷。民国十一年(1922)排印本。 另有辑校本《严复集》,中华书局1986年出版。

范伯子诗文集 范当世撰。三十一卷。民国二十一年(1932)至二十二年(1933)校印本。

文道希先生遗诗 文廷式撰。不分卷。民国十八年(1929)仿宋活字本。 另有排印本《文廷式集》,中华书局1993年出版。

石遗室诗文集 陈衍撰。三十卷。民国间刻本,《石遗室丛书》本。

碧楼诗 王允晳撰。二卷。民国十四年(1925)铅印本。

说经堂诗草 清杨锐撰。一卷。光绪年间刻本。

四魂集 易顺鼎撰。四卷。又《四魂外集》四卷。光绪年间刻本,《琴志楼丛书》本。

康南海先生诗集 康有为撰。十五卷。民国二十六年(1937)写印本。 另有排印本《万木草堂诗集》,上海人民出版社1996年出版。

海藏楼诗 郑孝胥撰。十三卷。民国二十六年(1937)刊本。 另有点校本《海藏楼诗集》,上海古籍出版社2003年出版。

稚辛诗存 郑孝柽撰。民国三十三年(1944)刊本。

节庵先生遗诗 梁鼎芬撰。六卷。民国十二年(1923)刻本。

笺经室遗集 曹元忠撰。二十卷。民国三十年(1941)线装排印本。

刘光第集 刘光第撰。不分卷。中华书局1986年排印本。

雁影斋诗 李希圣撰。一卷。光绪三十一年(1942)刻本。民国七年(1918)《松邻丛书甲编》本。

岭云海日楼诗钞 丘逢甲撰。十二卷。民国二年(1913)排印本。上海古籍出版社、安徽人民出版社分别于1982年、1984年出版点校本。 另有《丘逢甲集》,岳麓书社2001年出版。

诗庐诗文钞 胡朝梁撰。一卷。民国十二年(1923)铅印本。

夏曾佑诗集校 夏曾佑撰。中国社会科学出版社1985年排印本。

蒋观云先生遗诗 蒋智由撰。一卷。民国二十二年(1933)排印本。

谭浏阳集 清谭嗣同撰。八卷。清光绪二十八年(1902)石印本。《谭浏阳全集》八卷附编一卷,民国十二年(1923)排印本。 另有《谭嗣同全

附 录

集》,三联书店1954年出版,中华书局1981年增订再版。

石陶梨烟室诗存 黄人撰。不分卷。载《明清诗文研究资料》第一、二辑,上海古籍出版社1986年出版。

香宋诗钞 赵熙撰。二卷。四川人民出版社1986年排印本。

太炎文录初编 章炳麟撰。二卷。民国六年(1917)至八年(1919)刻本、《章氏丛书》本;又《续编》七卷,民国二十七年(1938)排印本。　另有《章太炎全集》,上海人民出版社1985年出版。

苍虬阁诗 陈曾寿撰。十卷。民国二十九年(1940)刻本。　另有续集二卷,民国三十八年(1949)排印本。

瘿庵诗集 罗惇曧撰。二卷。民国十七年(1928)刊本。

饮冰室文集 梁启超撰。四十五卷。收入《饮冰室合集》,民国二十五年(1936)中华书局排印本,1989年重印。　另有《饮冰室文集点校》,云南教育出版社2001年出版。

疑庵诗 许承尧撰。十四卷。黄山书社排印本,1990年出版。

环天室诗集 曾广钧撰。六卷。清宣统年间刻本。

蒹葭楼诗 黄节撰。二卷。民国二十三年(1934)排印本。　另有《黄节诗集》,中国人民大学出版社1989年出版。

浩歌堂诗钞 陈去病撰。十卷。民国十三年(1924)《百尺楼丛书》本。

星影楼诗文集 钱振锽撰。三册。清光绪年间刻本。

天放楼诗集 金天羽撰。九卷。民国十一年(1922)排印本。　另有《天放楼诗续集》、《天放楼诗季集》,均有民国间排印本。

忍古楼诗 夏敬观撰。十五卷。民国二十六年(1937)排印本。上海古籍出版社《续修四库全书》影印本。

觚庵诗存 俞明震撰。四卷。上海聚珍版仿宋印书局排印本,民国九年(1920)出版。

晚翠轩集 林旭撰。一卷。清光绪二十八年(1939)排印本、商务印书馆《戊戌六君子遗集》排印本。

陈师曾遗诗 陈衡恪撰。二卷,《补遗》一卷。民国十九年(1930)石印线装本。

陈方恪诗词集 陈方恪撰。江西人民出版社2007年出版。

天梅遗集 高旭撰。十六卷。民国二十三年(1934)刻本。　另有辑校本《高旭集》,社会科学文献出版社2003年出版。

观堂集林 王国维撰。二十四卷。民国间排印本。　另有《王国维诗词全编校注》,中山大学出版社2000年出版。

秋瑾集 秋瑾撰。不分卷。光绪年间刻本。　另有《秋瑾全集笺注》,吉林文史出版社2003年出版。

江山万里楼诗词钞 杨圻撰。十七卷。民国十年(1921)中华书局铅印本。

于右任诗词集 于右任撰。湖南人民出版社1984年出版。

吴绶卿先生遗诗 吴禄贞撰。不分卷。民国元年(1912)铅印本。

宋教仁集 宋教仁撰。湖南人民出版社2008年出版。

太一遗书　宁调元撰。七种。《续刊》五种。民国四年(1915)铅印本。

龙吟草　孙景贤撰。一卷。民国九年(1920)校刊本。

马君武诗稿　马君武撰。民国三年(1914)文明书局出版。　另有《马君武诗稿校注》，广西师范大学出版社2016年出版。

燕子龛遗诗　苏曼殊撰。一卷。民国十六年(1927)排印本。　另有《燕子龛诗笺注》，四川人民出版社1983年出版。

庞檗子遗集　庞树柏撰。二卷。民国六年(1917)铅印本。

磨剑室诗词集　柳亚子撰。九十八卷。编入《柳亚子文集》，上海人民出版社1985年出版。

(祝振玉编)

索引一

诗人笔画索引

说 明

一、本索引收录本书中有姓名的全部诗人,诗人右边的数字表示该诗人所在正文的页码。

二、本索引按诗人姓名第一个字的笔画排列,首字画数相同的,按第一、二笔的笔形及字形结构(左右、上下、包围、整体)排列;同首字的,按词目字数多少排列;同字数的,按第二字的笔画笔顺分先后,第二字相同的,依第三字,余类推。

三、一、丨、丿、丶、一以外的笔形作如下处理:提(㇀)归入横(一),捺(㇏)归入点(丶),笔形带钩或曲折的(如㇆、㇉、乚、乛、乙、㇈)等都归入折(一)。

二 画

丁澎 ………………… 1033

三 画

于右任 ……………… 1931
于谦 ………………… 390
马曰璐 ……………… 1243
马中锡 ……………… 421
马君武 ……………… 1941
马祖常 ……………… 175
马湘兰 ……………… 709

四 画

王又曾 ……………… 1302
王士禛 ……………… 1109
王夫之 ……………… 1025
王韦 ………………… 529
王丹林 ……………… 1239
王文治 ……………… 1391
王允晢 ……………… 1800
王世贞 ……………… 676
王廷相 ……………… 505
王旬 ………………… 288
王次回 ……………… 782
王问 ………………… 603
王守仁 ……………… 500
王苹 ………………… 1207
王昙 ………………… 1483
王国维 ……………… 1910
王庭筠 ……………… 36
王闿运 ……………… 1708
王恭 ………………… 376
王逢 ………………… 248
王冕 ………………… 180
王象春 ……………… 790
王寂 ………………… 30
王越 ………………… 398
王猷定 ……………… 883
王韬 ………………… 1703
王穉登 ……………… 703
元好问 ……………… 58
尤侗 ………………… 1006
贝青乔 ……………… 1665
贝琼 ………………… 275

毛先舒 …… 1030		阮元 …… 1513
毛奇龄 …… 1036	**六 画**	孙蕡 …… 322
文廷式 …… 1796	邢昉 …… 875	孙友籛 …… 772
文森 …… 418	毕沅 …… 1390	孙中山 …… 1857
文徵明 …… 471	师拓 …… 40	孙承宗 …… 735
方以智 …… 956	吕坚 …… 1352	孙原湘 …… 1489
方孝孺 …… 380	朱之瑜 …… 884	孙景贤 …… 1939
尹耕 …… 620	朱昆田 …… 1195	纪昀 …… 1356
孔尚任 …… 1176	朱琦 …… 1634	纪映淮 …… 1143
邓汉仪 …… 1052	朱瑄 …… 1301	
	朱彝尊 …… 1064	**七 画**
五 画	先著 …… 1233	严复 …… 1790
术虎邃 …… 57	任询 …… 24	严遂成 …… 1275
厉鹗 …… 1246	任虞臣 …… 1951	严嵩 …… 532
归子慕 …… 732	华岳 …… 1237	苏祐 …… 615
归庄 …… 962	华察 …… 616	苏曼殊 …… 1943
叶大庄 …… 1734	庄㫤 …… 416	杜庠 …… 514
叶小鸾 …… 829	刘大櫆 …… 1283	杜濬 …… 952
叶燮 …… 1056	刘光第 …… 1826	李东阳 …… 423
申从漼 …… 852	刘因 …… 108	李希圣 …… 1828
申涵光 …… 1007	刘汲 …… 29	李汾 …… 55
田锡 …… 53	刘迎 …… 25	李纯甫 …… 47
史肃 …… 49	刘球 …… 386	李昌祺 …… 383
史夔 …… 1178	刘基 …… 262	李俊民 …… 93
丘逢甲 …… 1831	刘著 …… 16	李勉 …… 1320
丘濬 …… 397	刘崧 …… 299	李贽 …… 692
邝露 …… 812	刘献廷 …… 1173	李晔 …… 280
冯小青 …… 794	江湜 …… 1688	李流芳 …… 786
冯班 …… 881	汤显祖 …… 710	李梦阳 …… 482
冯煦 …… 1729	宇文虚中 …… 7	李渔 …… 950
宁调元 …… 1938	祁寯藻 …… 1614	李慈铭 …… 1705
边元鼎 …… 27	许承尧 …… 1879	李攀龙 …… 625
边贡 …… 509	许继 …… 361	杨士奇 …… 381
	阮大铖 …… 802	杨允孚 …… 245

杨圻	1922	沈明臣	740	张溥	808
杨载	129	沈受宏	1147	张謇	1766
杨继盛	642	沈周	403	陆次云	1054
杨基	302	沈宜修	805	陆娟	838
杨维桢	190	沈绍姬	1244	陆嵩	1564
杨锐	1801	沈钦圻	1046	陈三立	1772
杨慎	566	沈畯	1231	陈于王	1180
吴伟业	894	沈曾植	1754	陈大章	1205
吴兆骞	1096	沈德潜	1223	陈子龙	814
吴汝纶	1727	完颜㻋	50	陈文述	1531
吴国伦	646	完颜亮	22	陈方恪	1906
吴承恩	610	宋荦	1140	陈玉树	1788
吴莱	214	宋教仁	1936	陈去病	1887
吴宽	414	宋琬	975	陈孚	97
吴骐	833	宋湘	1471	陈沆	1541
吴雯	1156	宋濂	259	陈忱	964
吴禄贞	1934	张之洞	1722	陈宝琛	1751
吴锡麒	1415	张元凯	701	陈衍	1798
吴嘉纪	997	张以宁	253	陈宪章	412
吴镇	1355	张光启	880	陈祖范	1228
吴激	9	张问陶	1499	陈恭尹	1102
何中	127	张羽	318	陈维崧	1055
何绍基	1627	张际亮	1629	陈曾寿	1868
何振岱	1865	张雨	174	陈瑚	827
何景明	536	张佩纶	1744	陈鹤	702
余怀	993	张实居	1162	陈衡恪	1899
狄葆贤	1874	张昱	187	陈澧	1669
辛愿	54	张宪	242	邵长蘅	1149
汪广洋	316	张鸿	1863	纳兰性德	1198
汪中	1405	张维屏	1537		
汪绎	1197	张裕钊	1697	八　画	
汪琬	1040	张弼	401	耶律弘基	4
沈木	771	张简	281	范当世	1791
沈自然	832	张煌言	834	范梈	142

范澄 …………… 422	赵延寿 …………… 3	骆用卿 …………… 564
茅坤 …………… 623	赵关晓 …………… 1300	
林则徐 …………… 1557	赵㵎 …………… 32	十　画
林旭 …………… 1897	赵秉文 …………… 43	敖英 …………… 584
林纾 …………… 1769	赵孟頫 …………… 118	袁中道 …………… 767
林鸿 …………… 365	赵俞 …………… 1145	袁宏道 …………… 748
易顺鼎 …………… 1802	赵熙 …………… 1859	袁枚 …………… 1321
罗惇曧 …………… 1872	赵翼 …………… 1372	袁凯 …………… 289
金天羽 …………… 1890	郝经 …………… 95	袁昶 …………… 1731
金圣叹 …………… 887	胡天游 …………… 1291	莫友芝 …………… 1671
金农 …………… 1240	胡亦常 …………… 1354	夏完淳 …………… 839
金和 …………… 1678	胡朝梁 …………… 1838	夏敬观 …………… 1893
周权 …………… 247	查慎行 …………… 1181	夏曾佑 …………… 1843
周在 …………… 451	柳亚子 …………… 1953	顾大申 …………… 965
周寿昌 …………… 1673	柳如是 …………… 872	顾太清 …………… 1632
周昂 …………… 38	钟惺 …………… 773	顾文昱 …………… 362
周亮工 …………… 961	秋瑾 …………… 1916	顾陈垿 …………… 1204
庞树柏 …………… 1952	段成己 …………… 92	顾炎武 …………… 968
郑之升 …………… 853	段克己 …………… 87	顾媚 …………… 992
郑孝柽 …………… 1818	皇甫汸 …………… 604	顾璘 …………… 516
郑孝胥 …………… 1815	俞安期 …………… 768	党怀英 …………… 33
郑珍 …………… 1654	俞明震 …………… 1894	钱振锽 …………… 1889
郑燮 …………… 1259	施闰章 …………… 1009	钱载 …………… 1310
法式善 …………… 1469	姜宸英 …………… 1058	钱晔 …………… 387
宗元鼎 …………… 1032	洪昇 …………… 1163	钱宰 …………… 284
宗臣 …………… 674	洪亮吉 …………… 1408	钱琦 …………… 1290
屈大均 …………… 1082	祝允明 …………… 434	钱谦益 …………… 857
屈复 …………… 1289	费密 …………… 1049	钱澄之 …………… 958
孟亮揆 …………… 1160	姚元之 …………… 1496	倪瓒 …………… 216
孟洋 …………… 528	姚少娥 …………… 729	徐熥 …………… 727
贯云石 …………… 178	姚范 …………… 1299	徐兰 …………… 1202
	姚淑 …………… 973	徐有贞 …………… 395
九　画	姚鼐 …………… 1392	徐安生 …………… 793
赵执信 …………… 1209	姚燮 …………… 1636	徐灿 …………… 879

徐贲	321	黄省曾	618	傅山	886
徐釚	1146	黄峨	579	傅汝舟	561
徐祯卿	519	黄景仁	1432	傅若金	224
徐渭	649	黄镇成	107	舒位	1514
徐熥	722	黄遵宪	1745	释宗渭	1050
翁方纲	1401	黄燮清	1652	释梵琦	848
翁同龢	1699	萧观音	5	释敬安	1761
翁格	1319	萨都剌	229	鲁一同	1648
翁照	1230	曹元忠	1823	敦敏	1388
凌云翰	353	曹学佺	785	曾广钧	1880
高士谈	14	曹雪芹	1284	曾国藩	1674
高心夔	1721	戚继光	697	谢宗可	146
高旭	1908	龚自珍	1565	谢榛	587
高启	324	龚鼎孳	984	谢肇淛	744
高叔嗣	609	盛鸣世	770		
高棅	372	傻逊	851	**十三画**	
高鼎	1647	麻九畴	52	蓝仁	356
高鹗	1403	康有为	1809	蒲松龄	1152
高攀龙	731	康海	507	虞集	149
郭登	400	章炳麟	1866	路铎	41
郭麐	1530	梁辰鱼	673	解缙	364
席佩兰	1494	梁启超	1875		
唐寅	453	梁佩兰	1060	**十四画**	
宸濠翠妃	504	梁鼎芬	1820	蔡松年	11
浦源	359			蔡珪	21
读彻	850	**十二画**		蔡楠	622
陶安	273	揭傒斯	164	谭元春	797
陶宗亮	1497	彭孙遹	1095	谭贞良	811
桑调元	1282	蒋士铨	1358	谭敬昭	1532
		蒋超	1045	谭嗣同	1846
十一画		蒋智由	1844		
黄人	1854	韩洽	830	**十五画**	
黄节	1882	程恩泽	1554	樊增祥	1735
黄任	1234	程嘉燧	737	黎简	1419

滕茂实 ……………… 18	薄少君 ……………… 803	魏禧 ……………… 1038
潘耒 ……………… 1171	**十七画**	**十八画**
潘高 ……………… 1035		
潘德舆 ……………… 1553	戴表元 ……………… 104	瞿佑 ……………… 352
十六画	戴冠 ……………… 420	**廿三画**
	戴冠 ……………… 836	
薛蕙 ……………… 580	魏源 ……………… 1615	麟庆 ……………… 1563

索引二

篇目笔画索引

说 明

一、本索引收录本书中的全部篇目,篇目右边的数字表示该篇目所在正文的页码。

二、本索引按篇目第一个字的笔画排列,首字画数相同的,按第一、二笔的笔形及字形结构(左右、上下、包围、整体)排列;同首字的,按词目字数多少排列;同字数的,按第二字的笔画笔顺分先后,第二字相同的,依第三字,余类推。

三、一、丨、丿、丶、一以外的笔形作如下处理:提(㇀)归入横(一),捺(㇏)归入点(丶),笔形带钩或曲折的(如㇇、丁、乚、乁、乚、乙)等都归入折(一)。

一 画

一年歌 462
一蚊 1382
乙巳清明游青阳峡
.... 87

二 画

〔一〕

二月十三夜梦于邕
　江上 1427
二月闻雁 736
十一月十四夜发南
　昌月江舟行(四首
　选一) 1780
十八滩 1146

丁丑九月京邸大风
　感怀 1705
丁卯仲冬夜拜伯敬墓
　讫过其五弟居易家
　(四首选一) 800
七夕醉答君东二首
　(其二) 710
七里泷 1358

〔丿〕

八月二十一日之夜,仆
　卧已久,苹湘忽出寄
　拂青三绝句相质,效
　拂青体也,既复强仆
　效之。时窗外雨声
　淙淙,苦不得寐,亦
　成三首。来朝放晴,
　仆又将强漱泉也
　(选一) 1729
八月十五夜月 1912
八月十四日对酒 ... 27
八月六日过灞桥口占
　............ 1735
八月乘车夜过黄河,
　桥甫筑成,明灯绵
　亘无际,洵奇观也
　............ 1870
人日 1774
人日立春对新月忆
　故情 1712
人日有怀乔白岩侍郎
　............ 511

入洞庭 …………… 1472
九日 ……………… 418
九日从抱冰宫保至洪
　山宝通寺饯送梁节
　庵兵备 …………… 1781
九日寄子约 ………… 606
九日渡江 …………… 428
九日游留园 ………… 1910
九日登一览楼 ……… 818
九日登黄鹤楼 ……… 1542
九曲亭(其一) ……… 1726

〔丿〕
又图卉应史甥之索
　………………… 669
又寄升庵 …………… 579
又酬傅处士山次韵
　………………… 970

三　画
〔一〕
三元里 ……………… 1537
三别好诗 …………… 1599
三岔驿 ……………… 569
三峡竹枝词(其八)
　………………… 1802
三闾祠 ……………… 1181
三湘棹歌·沅湘
　………………… 1619
三湘棹歌·蒸湘
　………………… 1617
于役江乡归经板桥
　………………… 577
于忠肃墓 …………… 1160

于郡城送明卿之江西
　………………… 625
大小米滩 …………… 1189
大风渡江四首(选一)
　………………… 1119
大明湖 ……………… 792
大桥墓下 …………… 1792
大梁冬夜 …………… 593
大悲寺秋海棠 ……… 1753
与儿子雍 …………… 891
与李布政彦硕冯金宪
　景阳对饮 ………… 398

〔丨〕
上巳将过金陵 ……… 984
上太行 ……………… 393
上岳阳楼 …………… 1748
上京即事五首 ……… 235
上官婉儿 …………… 1349
上留田行 …………… 1018
上海胡家闸茶楼 …… 1897
小车行 ……………… 814
小园 ………………… 1422
小饮邢嵩夫家因次
　其韵 ……………… 13
小店 ………………… 1314
小廊 ………………… 1265
小景四首(其二) …… 550
口号三首 …………… 442
山中月夕 …………… 116
山行 ………………… 1299
山行 ………………… 1392
山行杂咏(六首选一)
　………………… 1326

山行杂诗四首(其一)
　………………… 1220
山行杂诗(选三)
　………………… 1860
山阴道 ……………… 756
山村即目 …………… 1833
山雨 ………………… 1628
山雨 ………………… 851
山房夜雨 …………… 1462
山居 ………………… 386
山家 ………………… 110
山雪 ………………… 1076

〔丿〕
千山 ………………… 1496
夕阳 ………………… 365

〔丶〕
广武 ………………… 1171
广陵吊史阁部 ……… 1652

〔一〕
己亥杂诗(一二九、
　一三〇) ………… 1590
己亥杂诗(一二三)
　………………… 1587
己亥杂诗(一二五)
　………………… 1588
己亥杂诗(二一〇)
　………………… 1592
己亥杂诗(十九)
　………………… 1582
己亥杂诗(十四)
　………………… 1581

己亥杂诗（八七）
 ………………… 1585
己亥杂诗（八三）
 ………………… 1584
己亥杂诗（五） …… 1579
己亥杂诗（四四）
 ………………… 1583
子朋属题山水小幅
 ………………… 1817
飞来船 ………… 1028
习舞 …………… 212
马上作 ………… 697
马草行 ………… 1065
马嵬（四首选一）
 ………………… 1321
乡人至夜话 …… 383

四　画

〔一〕

丰都山 ………… 1511
王氏能远楼 …… 143
王昭君（二首选一）
 ………………… 1173
天山歌 ………… 1409
天平山中 ……… 303
天台石梁雨后观瀑歌
 ………………… 1620
天竺 …………… 1895
天竺中秋 ……… 719
天津问津书院，董坞先生主讲于此八年。外舅重游其地，感欲为诗。乃约当世同用山谷《武昌松风

阁》韵 ………… 1795
元世祖庙 ……… 421
无字碑 ………… 778
无锡望惠山 …… 1178
无题 …………… 467
无题 …………… 573
无题 …………… 783
云门磴 ………… 1661
云中至日 ……… 1066
云林寺访慧朗上人
 ………………… 1418
廿八日雪 ……… 659
木棉 …………… 1540
木棉花（选一） …… 1478
木棉花盛开，邀南山先生、章冉、玉生、青皋、芑堂、研卿诸君集学海堂 …… 1669
五人墓 ………… 1282
五人墓 ………… 1360
五月十九日大雨 … 269
太平洋遇雨 …… 1875
太行歌 ………… 434
车中见西山口号
 ………………… 1631

〔丨〕

日人石井君索和即用
原韵 …………… 1918
日本杂事诗 …… 1750
日暮倚杖水边 …… 30
中元节自黄浦出吴淞
泛海 …………… 1887
中秋觅酒 ……… 7

中秋夜洞庭湖对月歌
 ………………… 1184
内人生日 ……… 1002
水上盥手 ……… 324

〔丿〕

壬辰十二月车驾东狩
后即事（其二） …… 78
壬辰十二月车驾东狩
后即事（其三） …… 80
壬辰十二月车驾东狩
后即事（其四） …… 81
长江万里图 …… 302
长安 …………… 547
长歌 …………… 845
从军行 ………… 561
从孙观察公奉差淮安
纪行十六首（选一）
 ………………… 1767
今子夜歌 ……… 1893
今别离（四首） …… 1745
月下写怀 ……… 1901
月下吟三首（其二）
 ………………… 503
月下演东坡语（二首
选一） ………… 1041
月夜泛舟 ……… 16
月夜闻纺织声（三首
选一） ………… 1531
月夜登阊门西虹桥
 ………………… 481
风雨浃旬，厨烟不继，涤砚吮笔，萧条若僧，因题绝句八首，

奉寄孙思和(其五)
　………… 457
风雨渡扬子江 …… 215
丹阳遇陈十八 …… 724
乌江项王庙 …… 1280
凤鸣亭 …………… 527

〔丶〕

六月二十四日荷花荡
　泛舟二首(其一)
　………………… 1519
文殊院(四首选一)
　………………… 1879
忆西湖 …………… 1563
忆舍弟 …………… 417
忆金陵六首杂题画扇
　(选三首) ……… 739
计甫草至寓斋 …… 1044

〔一〕

以诗并画留别汤国顿
　(二首) ………… 1945
双拜冈纪战 ……… 1686
双鸩篇 …………… 1638
书李舒章诗后 …… 833
书事 ……………… 114
书项王庙壁 ……… 790
书感 ……………… 1773

五　画
〔一〕

玉华山 …………… 299
玉带生歌 ………… 1074
玉钩斜 …………… 1042

正落花诗 ………… 1026
去岁孟秋十三夜,予
　从京师归,遇天如
　于鹿城,谈至四鼓
　而别,孰知遂成永
　诀也。今秋是夜泊
　舟禾郡,月明如昨,
　不胜怆然(二首选一)
　…………………… 826
去妇词 …………… 376
古来咏明妃杨妃者多
　失其平,戏作二绝
　(选一) ………… 1380
古树 ……………… 953
古剑 ……………… 1404
古陵 ……………… 506
古意 ……………… 600
古意 ……………… 910
古墙行 …………… 133
节妇 ……………… 667
本事诗·春雨 …… 1943
丙戌十二月二十四日
　雪中游邓尉三十二
　绝句(其二十三)
　………………… 1806
丙戌南还赠别故侯家
　妓人冬哥四绝句
　………………… 867
石门泉 …………… 712
石夫人 …………… 240
石公山 …………… 517
石灰吟 …………… 392
石将军战场歌 …… 489
石湖 ……………… 473

石潭即事(其四) …… 692
戊戌八月感事 …… 1790
龙门峡道中 ……… 1859
龙王嫁女辞 ……… 193
龙虎台应制 ……… 177
龙潭夜坐 ………… 502
平凉 ……………… 640
东阳道中 ………… 108
东阿道中晚望 …… 748
东居杂诗 ………… 1946
东湖月伤亡友范七
　………………… 1721

〔丨〕

北风吹 …………… 391
北地晓征 ………… 734
北里 ……………… 217
北固山看大江 …… 1176
归自南阳 ………… 384
归舟 ……………… 1213
归舟 ……………… 173
归舟江行望燕子矶作
　………………… 1252
甲辰八月辞故里 …… 834
甲辰五月二十日绝笔
　………………… 1702
甲寅端午拟白 …… 449
田舍夜春 ………… 346
由江山至浦城,雪后渡
　越诸岭,舆中得绝句
　九首(选一) …… 1688
由画溪经三箬入合溪
　………………… 995
叹燕 ……………… 964

四更 ………… 1423	汉武帝 ………… 1824	幼安濯足图 ……… 112
〔丿〕	记征人语(十三首选一) ……… 1200	**六 画**
生辰曲 ………… 988	〔一〕	〔一〕
失题 ………… 1755	民治学校园纪事诗后十首(其十) …… 1932	老客妇谣 ……… 213
失题 ………… 3	民谣 ………… 1086	扬州 ………… 1270
丘长孺将赴辽阳留诗别友意欲勿生壮悁之余和以送之 …… 775	出八达岭 ………… 26	扬州访汪辰初 …… 958
代父送人之新安 …… 838	出池州 ………… 1393	扬州城楼 ……… 1544
白门七夕 ………… 786	出郊 ………… 567	扬州逢李十二衍 … 293
白门感旧 ………… 1407	出居庸关 ……… 1072	过七盘岭 ……… 647
白水瀑布 ………… 1658	出居庸关 ……… 1202	过小孤山 ……… 1240
白桃花次乾斋侍读韵 ………… 1239	出栈(二首选一)… 1507	过古墓 ………… 772
白菊 ………… 1089	出都留别诸公(五首之二) ………… 1811	过江 ………… 389
白雪楼 ………… 639	出嘉峪关感赋四首(其一) ……… 1559	过许州 ………… 1224
白翎雀歌 ………… 149	出潼关渡河 …… 1849	过吴江有感 …… 901
白雁 ………… 362	边词二十六首(其八、其十三) …… 665	过驷马桥题诗 … 1804
白雁行 ………… 109	发舟寄湛用喈钟裴仙湛天石 …… 1104	过洞庭湖 ……… 973
白鹇 ………… 652	发淮安 ………… 382	过泰山下 ……… 1794
白燕 ………… 290	圣泽泉 ………… 484	过皋亭龙居湾宿永庆禅院同一濂澄心恒可诸上人步月 … 788
瓜洲夜泊 ……… 1268	对月答子浚怀诸兄弟作 ………… 607	过高邮有感 …… 316
外家南寺 ………… 83	对月感秋(其二) … 610	过黄州 ………… 1503
冬日过甘泉驿 … 1032	对客 ………… 732	过淮阴有感 …… 908
〔丶〕	对酒 ………… 1919	过湖上,风甚,不果泛舟,沿钱塘门至钱王祠望湖中桃花(三首) ……… 1308
冯头滩 ………… 716	对酒 ………… 218	过湖北山家 …… 1012
兰陵女儿行 …… 1680	台湾竹枝词 …… 1290	过蒲田 ………… 1947
汉上逢诸亲故累邀泥饮 ………… 1302	台湾竹枝词(其十五、廿二) …… 1837	过嘉兴 ………… 233
汉口 ………… 875		过歌风台 ……… 187
汉口春尽日北望有怀 ………… 1815		再过露筋祠 …… 1117
		西山 ………… 1283

| 西山 …… 1723
| 西轩睡起偶成绝句
| …… 1732
| 西苑 …… 1829
| 西郊落花歌 …… 1605
| 西城宫词 …… 689
| 西施咏 …… 1679
| 西宫怨 …… 525
| 西陵峡 …… 1492
| 西湖八绝句(之一)
| …… 872
| 西湖竹枝歌(其一)
| …… 207
| 西湖竹枝歌(其八)
| …… 210
| 西湖竹枝歌(其四)
| …… 209
| 西湖杂诗(十七首
| 选五) …… 1756
| 西湖杂诗十四首
| (其一、其二) …… 1234
| 西湖杂诗(六首选一)
| …… 1382
| 西湖杂感(选二) …… 862
| 西湖泛月共赋四绝句
| (选一) …… 1254
| 西湖漫兴(十首选一)
| …… 825
| 在武昌作 …… 520
| 百嘉村见梅花 …… 986
| 有感 …… 1541
| 有感 …… 1844
| 有感二首(选一)
| …… 1671

有赠 …… 881
至正改元辛巳寒食日
　示弟及诸子侄 …… 159

〔丿〕

师师檀板 …… 352
早发武连驿忆弟
　…… 1674
早过淇县 …… 1193
早行 …… 1930
早梅叠韵 …… 1938
同儿辈赋未开海棠
　(其一) …… 73
同季直夜坐吴氏草堂
　…… 1816
同金十一沛恩游栖霞
　寺望桂林诸山
　…… 1327
岁杪放歌 …… 636
岁暮杂感 …… 1934
岁暮到家 …… 1361
岁暮复寓吴兴姚大莲
　花庄 …… 1241
岁暮登黄鹤楼 …… 1108

〔丿〕

朱仙镇 …… 496
竹石 …… 1260
竹枝词 …… 546
竹枝词 …… 572
竹枝词(二首) …… 729
迁延 …… 1629
仲韶往若上,别时风
　雨凄人,天将暝矣。

自归,寄绝句五首,
　依韵次答,当时临
　岐之泪耳(五首选
　二) …… 805
伤春 …… 852
自毛口宿花堌 …… 1656
自叹 …… 902
自白下至檇李与诸子
　约游山阴 …… 1093
自励二首(其二)
　…… 1877
自沾益出宣威入东川
　…… 1663
自湘东驿遵陆至芦溪
　…… 1194
自题桃花杨柳图 …… 992
自题磨剑室诗词后
　…… 1954
自嘲 …… 1334
伊犁纪事诗 …… 1408
后观潮行 …… 1467
后园居诗(九首选一)
　…… 1372
后秋兴之十三(选一)
　…… 858
后彩云曲 …… 1737
舟中二绝 …… 1692
舟中见猎犬有感 …… 978
舟中立秋 …… 1014
舟中对月书情 …… 604
舟中读书 …… 981
舟发广陵 …… 1754
舟发圁水至饶阳道中
　作八首(其四) …… 1060

舟过大沽望炮台二首	江行(二首选一)	戏为塞外绝句(之六)
（选一）…… 1843	…… 1700	…… 1562
舟行西郭即景 …… 1952	江行杂诗(其五) …… 488	戏题士女图 …… 928
舟夜书所见 …… 1192	江村 …… 1226	戏题飞来峰 …… 760
杂诗,己卯自春徂夏,	江夜 …… 1417	戏题斋壁 …… 749
在京师作 …… 1593	鮀江官廨书楼漫成	观王文简所题马士英
杂感 …… 1448	…… 1353	画二首(选一首)
杂题(三十首选一)	江南乐 …… 832	…… 1313
…… 1771	江南曲 …… 619	观红叶一首 …… 1912
〔丶〕	江宿 …… 718	观夜潮 …… 1415
	江晴 …… 1262	观梅有感 …… 115
刘伯川席上作 …… 381	池上 …… 881	买醉津门雪中三首
刘季龙简讨庭上看舞	兴隆店 …… 1317	…… 1807
刀歌 …… 798	安宁道中即事 …… 1391	红豆词(四首) …… 1913
次青县题壁 …… 1158	安肃道中 …… 1279	红拂 …… 1287
次韵答王司寇阮亭先	论诗 …… 72	红桥绝句(选一)
生见赠 …… 1152	论诗十二绝句(选一)	…… 1131
次韵虞彦高游阳明洞	…… 1508	纪梦(二首) …… 1835
…… 138	论诗三十首(其十二)	
关山雪霁图 …… 353	…… 70	七 画
关将军挽歌 …… 1634	论诗三十首(其七)	〔一〕
江上 …… 1134	…… 68	远别曲 …… 596
江上二首(选一)	论诗三十首(其四)	赤城馆 …… 160
…… 1134	…… 65	赤津岭 …… 1666
江上早秋 …… 297	论诗五首(其一、其三)	赤壁 …… 1385
江上竹枝词(四首	…… 1376	赤壁 …… 514
选一) …… 1400	论诗五首(其二)	折花仕女 …… 409
江上杂诗 …… 1304	…… 1375	孝陵 …… 1931
江上阻风 …… 976	访客舟中 …… 414	孝感途中 …… 1546
江上看晚霞(三首	〔一〕	投宋于庭翔凤 …… 1594
选一) …… 1136		芙蓉曲 …… 230
江上望青山忆旧(选一)	寻胡隐君 …… 340	邯郸 …… 1660
…… 1122	戏为塞外绝句(之五)	邯郸道上 …… 1141
江天暮雪 …… 98	…… 1561	花径二首(其二) …… 397

花前 …………… 1088
花游曲 …………… 196
严先生祠 …………… 657
严陵 …………… 754
严陵钓台 …………… 257
芦花被 …………… 178
芦沟 …………… 1499
村饮 …………… 1420
村舍 …………… 1222
村居 …………… 1647
李映碧廷尉遗地图
　…………… 828
杨妃春睡图 …………… 670
杨花 …………… 1236
杨花 …………… 1517
杨柳 …………… 85
杨柳枝词 …………… 1251
医巫间 …………… 21
蠙矶灵泽夫人祠二首
　（选一） …………… 1135
来青轩 …………… 1079

〔丨〕

步月 …………… 300
吴氏草堂 …………… 1816
吴江舟中（三首选一）
　…………… 1734
吴兴杂诗 …………… 1513
吴宫词 …………… 1030
园居看微雪 …………… 1777
邮亭残花 …………… 722
听女道士卞玉京弹
　琴歌 …………… 913
听朱乐隆歌 …………… 937

听吴客作吴歌二首
　（选一） …………… 1425
听雨 …………… 162
别云间 …………… 839
别老母 …………… 1439
别武昌 …………… 167
别相钱诸友 …………… 540
别梦楼后次前韵却寄
　…………… 1396
别常宁 …………… 1347
别紫云 …………… 1055
岐阳三首（其二） …… 58
帐夜 …………… 1097

〔丿〕

乱后 …………… 54
乱后初入吴舍弟小酌
　…………… 678
住谷城之明日，谨以斗
酒牛膏，合琵琶三
十二弦，侑祭于西
楚霸王之墓（三首
之一） …………… 1484
余每作一画，必草一绝
句于其上。二年以
来作画百余帧，而
题句都不省记。强
忆得三十首，拉杂
录之（其一） …… 1769
余每作一画，必草一绝
句子其上。二年以
来作画百余帧，而
题句都不省记。强
忆得三十首，拉杂

录之（其二十四）
　…………… 1770
迎送神曲十二绝句
　（其九） …………… 865
饮太白酒楼醉后走笔
　成篇 …………… 965
系中八绝 …………… 696

〔丶〕

言怀 …………… 465
应召赴京道上有作
　…………… 380
应教题梅 …………… 185
冷泉亭 …………… 1253
庐山瀑布谣 …………… 206
辛丑重有感（八首
　选一） …………… 1649
冶春绝句（其十） … 1130
冶春绝句（其四）… 1129
闲居读书（六首选一）
　…………… 1378
泛舟 …………… 580
泛舟明湖 …………… 1008
泛海 …………… 500
汴京元夕（选一） … 498
沪渎感事诗（选一）
　…………… 1874
怀古 …………… 6
怀寄边子 …………… 541
怅怅词 …………… 455
补落花诗 …………… 1027
初入小河 …………… 1191
初入黔境，土人皆居悬
　岩峭壁间，缘梯上

下，与猿猱无异，睹
之心恻，而作是诗
　　…………………… 1183
初抵泸州寄内 …… 1668
初到杭州宿三潭，晓
　起望湖 ………… 1883
初春元美席上赠谢茂
　秦得关字 ……… 633
初春济南作 ……… 1110
初秋即事 ………… 983

〔丿〕

灵寿杖歌 ………… 431
灵泉寺 …………… 1547
灵隐寺月夜 ……… 1246
即目 ……………… 1218
即事 ……………… 1133
即事一绝 ………… 1556
即事六首（其五）… 1143
张广雅督部电召来鄂
　呈二首（选一）… 1798
陇上作 …………… 1324
陈氏秋容轩 ……… 338
阻雪 ……………… 911
鸡 ………………… 1338
纸鸢 ……………… 1342

八　画
〔一〕

奉和诸社长小园看牡
　丹枉赠之作（选一）
　　…………………… 709
奉使行高邮道中（之一）
　　…………………… 33

武林题壁 ………… 1909
青丘子歌 ………… 327
青羊庵 …………… 886
青溪口号（之一）
　　…………………… 1186
青溪口号（之二）
　　…………………… 1187
抵浦口 …………… 1939
直房小憩 ………… 1731
林良画两角鹰歌 … 485
枇杷山鸟 ………… 368
杪秋登太华绝顶
　（其二） ………… 631
松树塘万松歌 …… 1413
枫桥与送者别 …… 701
杭州 ……………… 1362
杭州半山看桃 …… 1243
杭州关纪事 ……… 1527
述行言情（其二十七）
　　…………………… 437
述怀 ……………… 1838
述怀（其一） …… 1370
枕石 ……………… 731
雨过湖州 ………… 1339
雨后慰池上芙蓉 … 321
雨伞 ……………… 237
雨余 ……………… 1690
雨夜 ……………… 539
雨夜闻箫 ………… 829
雨晴月下庆云庵观
　杏花 …………… 407
卖书祀母 ………… 998
卖花声 …………… 147
卖花词 …………… 325

到京师 …………… 136
到家作四首（其二）
　　…………………… 1311

〔丨〕

卓笔峰 …………… 1351
虎丘咏 …………… 618
虎丘题壁 ………… 1106
明月篇 …………… 555
明妃 ……………… 1156
明皇秉烛夜游图 … 334
易水行 …………… 552
易水歌 …………… 821
咏风鸢学江东体 … 1214
咏史 ……………… 1054
咏史 ……………… 1565
咏史 ……………… 1698
咏同心兰四绝句
　（选一） ………… 868
咏怀旧游十首（选一）
　　…………………… 1500
咏钱 ……………… 1322
咏笼莺 …………… 1198
咄咄吟（百二十首
　选二） ………… 1665
凯歌 ……………… 740

〔丿〕

钓台 ……………… 1170
钓台怀古 ………… 836
知非堂夜坐 ……… 128
牧牛图 …………… 53
和仇丽亭（五首选一）
　　…………………… 1447

和许殿卿春日梁园即事 …… 634	京都 …………… 1941	宝珠洞 …………… 1469
和怀古(苏子瞻)…… 955	夜小雨 ………… 1155	宗阳宫望月 ……… 129
和欧阳南阳月夜思 …… 166	夜归 …………… 773	〔一〕
和姚子敬秋怀(其三) …… 121	夜归 …………… 960	居庸关(二首选一) …… 599
和聂仪部明妃曲 …… 627	夜过邵伯湖 …… 425	居庸叠翠 ………… 101
和盛集陶落叶 …… 860	夜过借园见主人坐月下吹笛(二首选一) …… 1331	屈原庙 …………… 673
和答木庵英粹中 …… 92	夜行 …………… 1099	孤松 ……………… 275
岳阳楼 …………… 310	夜舟泊吴城 …… 1776	孤雁 ……………… 333
岳鄂王墓 ………… 118	夜坐 …………… 361	驾发上京 ………… 176
岳鄂王歌 ………… 242	夜坐向晓(四首录一) …… 1796	细林夜哭 ………… 841
侠客行 …………… 551	夜坐(其一) …… 1595	绍兴 ……………… 1259
的信 ……………… 211	夜坐(其二) …… 1598	经天姥寺 ………… 1306
金人出塞图 ……… 156	夜坐寄朱仲开张鸥江 …… 702	经友人故宅 ……… 378
金山寺 …………… 99	夜泊钱塘 ……… 623	经行塞上 ………… 493
金陵 ……………… 1564	夜泉 …………… 767	经故内 …………… 279
金陵旧院 ………… 1045	夜将半,南望书所见 …… 1419	**九 画**
金陵后观棋六首(选一) …… 857	夜起 …………… 771	〔一〕
金陵杂感 ………… 993	夜起岳阳楼见月 …… 1394	春日田家 ………… 980
金陵杂感六首(选一) …… 1211	夜雪 …………… 1162	春日早起(二首选一) …… 824
金陵晓发 ………… 1398	夜宿丘园 ……… 651	春日园林 ………… 1820
采石矶 …………… 919	郊居杂兴 ……… 802	春日我闻室作呈牧翁 …… 873
采茶词 …………… 1737	郑生至自泰山 …… 494	春日闲居 ………… 725
饲蚕词 …………… 1678	河间城外柳 …… 870	春日客感 ………… 1461
〔丶〕	泷中(十一首选一) …… 1092	春日醉卧戏效太白 …… 439
京口遇范肯堂 …… 1928	泊江州 ………… 273	春水照影 ………… 796
京东杂感十首(其一) …… 1164	泊樵舍 ………… 1011	春江花月夜二首 …… 463
	宝应舟中月夜 …… 1249	春别 ……………… 807
京师得家书 ……… 296	宝带桥(其一) …… 843	春草 ……………… 313

春闺曲 …… 1679	〔丨〕	秋怀诗(其一) …… 1207
春蚕 …… 266		秋夜 …… 1464
春雪 …… 49	临别口号遍谢弥天大	秋夜 …… 1862
春绮卒后百日往哭殡	人谬知我者 …… 892	秋夜投止山家 …… 1278
所感成三首 …… 1902	临终诗 …… 18	秋夜雨 …… 182
春雁 …… 377	临清大雪 …… 930	秋夜宿陈元孝独漉堂，
春愁 …… 1832	览镜词 …… 1037	读其先大司马遗集
春暮西园 …… 339	显灵宫集诸公以城市	感赋六首(其一)
项王庙 …… 1487	山林为韵(其二)	…… 1061
项师竹、张馥亭自麻	…… 762	秋柳 …… 348
城来访，欣然有作	昨梦李昌谷弹琴 …… 1428	秋柳四首 …… 1110
…… 1549	昭阳湖行书所见 …… 1209	秋闺曲 …… 588
城北道上 …… 1786	贵州飞云洞题壁 …… 1473	秋晓 …… 1936
城隅 …… 1316	思归 …… 51	秋晚野望 …… 1788
赴广西别甥彭云路	响屟廊 …… 1366	秋望 …… 341
…… 364	峤屿春潮 …… 372	秋望 …… 482
赴戍登程口占示家人		秋宿葛岭涵青精舍
…… 1557	〔丿〕	…… 1255
挑荠女 …… 1889	钦鹁行 …… 683	秋登越王台 …… 1812
荒年谣(五首选一)	秋千 …… 202	秋暮吟望 …… 1218
…… 1648	秋夕 …… 1460	秋暮遣怀 …… 1497
荒村 …… 220	秋日早朝待漏有感	重饯李九时毅赋得南
荒亭 …… 1231	…… 471	楼月 …… 170
故宫燕 …… 877	秋日杂感 …… 817	重悼师芳 …… 1710
南归治装，箧中得亡儿	秋日怀弟 …… 589	重游斧园 …… 822
旧函 …… 1885	秋日登石壁精舍 …… 367	重赠吴国宾 …… 510
南台酒家题壁 …… 1695	秋日登滕王阁 …… 1095	复寄石崖 …… 1424
南湖雨中 …… 1256	秋心三首(其一) …… 1600	保定途中偶成 …… 400
柯敬仲墨竹 …… 430	秋心三首(其三) …… 1602	皇帝行幸南京歌 …… 581
相思 …… 201	秋发庾岭 …… 715	追悼 …… 940
栀子花诗 …… 403	秋江词 …… 536	独秀峰 …… 1333
柳 …… 567	秋兴(四首选二) …… 594	独坐 …… 694
柳枝词 …… 1197	秋尽 …… 104	独往 …… 956
砚 …… 1204	秋怀(八首选一) …… 1834	独夜 …… 1430

独夜 …… 1821	胶西 …… 713	逆旅题壁次周伯恬
独游妙相庵,观道、咸	送䜣上人笑隐住龙	原韵 …… 1576
诸卿相刻石 …… 1708	翔寺 …… 232	洞庭酒楼 …… 812
独登杜拉山绝顶 …… 1703	送李经 …… 48	津门官舍话旧 …… 1150
狱中见茉莉花 …… 888	送杨曰补南还 …… 1046	宫人斜 …… 727
狱中赋萱 …… 37	送吴仁趾(其一) …… 1003	宫女图 …… 344
狱中题壁 …… 1852	送别 …… 422	宫词 …… 239
狱中赠邹容 …… 1867	送别袁永之 …… 609	宫词 …… 288
	送余学官归罗江 …… 577	宫词 …… 583
〔丶〕	送沈左司从汪参政分	穿山 …… 922
度大庾岭 …… 1068	省陕西汪由御史中	客中夜坐 …… 292
度枫木岭 …… 516	丞出 …… 342	客中除夕 …… 289
度岭见长城 …… 1034	送张天师归龙虎山	客发苕溪 …… 1056
彦冲画柳燕 …… 1694	…… 169	客晓 …… 1147
闺怨 …… 452	送南归者 …… 1570	客愁 …… 1165
闻都城渴雨时苦摊税	送贵客 …… 999	祖龙引 …… 1301
…… 721	送皇甫别驾往开州	
闻捣衣 …… 125	…… 629	〔一〕
闻雁 …… 831	送袁伯长扈从上京	郡斋 …… 637
闻筝 …… 507	…… 161	除夜宿太原寒甚 …… 394
闻蔡州破 …… 93	送徐子与谳狱江南	院中独坐 …… 150
闻燕二绝(选一) …… 1707	…… 643	癸巳四月二十九日
闻鹧鸪 …… 1006	送徐兴公还家 …… 744	出京 …… 75
阁试春阴诗 …… 530	送朗瓐入匡山 …… 850	癸巳除夕偶成(二首)
养马图 …… 1350	送萧若愚 …… 522	…… 1432
美人烧香图 …… 270	送梅伯言归金陵三首	绝句 …… 123
送人之荆门 …… 359	(选一) …… 1675	绝句 …… 219
送士选侍御 …… 519	送韩汝度还关中 …… 548	绝句 …… 36
送卫进士推武昌 …… 544	送谢武选少安榷师固	绝句 …… 997
送友人出塞(二首)	原因还蜀会兄葬	绝命词 …… 890
…… 932	…… 601	绝笔 …… 469
送方太夫人西还 …… 879	前㵼曲(三首选一)	
送允晖 …… 410	…… 781	十　画
送刘大甫谒赵玄冲	首夏山中行吟 …… 447	〔一〕
		秦淮竹枝词 …… 1144

秦淮杂诗(其一)…… 1120	晓入郡城 ………… 1078	(之十) ………… 1071
秦淮杂诗(其十)…… 1121	晓发万安口号 …… 989	鸳鸯湖棹歌一百首
秦淮晓渡 ………… 1035	晓过西湖 ………… 848	(之八) ………… 1070
捕虎行 …………… 1440	晓过鸳湖 ………… 1190	〔丶〕
都门秋思四首(其三)	晓行 ……………… 1291	
…………………… 1435	晓行 ……………… 260	高州杂咏 ………… 646
都门秋思四首(其四)	晓抵九江作 ……… 1783	高邮雨泊 ………… 1116
…………………… 1437	晓征 ……………… 700	病中别孚令弟 …… 934
挽文丞相 ………… 153	晓莺 ……………… 497	病中秋怀(八首选一)
挽刘道一 ………… 1857	晓登韬光绝顶 …… 1248	…………………… 575
挽红桥 …………… 369	哭子畏二首(其二)	病起 ……………… 1233
捣衣 ……………… 554	…………………… 448	唐叔良溪居 ……… 319
恭谒孝陵 ………… 662	哭犉儿五首(其一)	旅兴 ……………… 265
真州绝句五首(其三)	…………………… 1274	瓶梅 ……………… 799
…………………… 1125	哭聪娘 …………… 1346	烟 ………………… 529
真州绝句五首(其五)	圆明园词 ………… 1714	烟雨中过石湖三绝
…………………… 1127	圆圆曲 …………… 894	…………………… 221
真州绝句五首(其四)	峨眉亭 …………… 258	浙江亭观潮 ……… 24
…………………… 1125	〔丿〕	浦口逢春忆禁苑旧游
桐冈 ……………… 1655		…………………… 312
桃花 ……………… 1275	钱氏西斋粉红桃花	酒店逢李大 ……… 726
桃花谷 …………… 1162	…………………… 477	海上曲 …………… 649
《桃花扇传奇》题辞	钱塘观潮 ………… 1019	海夜 ……………… 1882
…………………… 1180	钱塘逢康元龙 …… 746	海棠叹五首(选一)
桃花庵歌 ………… 458	铁笛歌为铁崖先生赋	…………………… 1195
夏五月武昌舟中触目	…………………… 306	浮萍兔丝篇 ……… 1022
…………………… 164	秣陵 ……………… 1082	流水 ……………… 1763
夏日即事 ………… 1841	秣陵怀古 ………… 1201	读《文选》诗九首
夏谷云泉 ………… 374	留别 ……………… 853	(选一) ………… 1514
夏居漫兴 ………… 1840	留别张西盘大参 … 509	读史有感 ………… 942
烈女李三行 ……… 1292	留别金陵 ………… 785	读史杂诗 ………… 921
〔丨〕	留题秦淮丁家水阁	读《牡丹亭》绝句 …… 794
	…………………… 861	读宋史 …………… 1725
晒旧衣 …………… 1673	鸳鸯湖棹歌一百首	读《陆放翁集》(四首

| 选二）…… 1876
| 读陈胜传 …… 1087
| 读秦纪 …… 1104
| 读《桃花扇》传奇偶题
| 八绝句（选二）
| …… 1502

〔丿〕

陪段侍御登灵岩绝顶
  …… 680
能令公少年行 …… 1609

十一画

〔一〕

理安寺 …… 1865
推窗 …… 1340
掘冢歌 …… 144
黄山道中 …… 32
黄金台 …… 720
黄海舟中日人索句并
  见日俄战争地图
  …… 1916
萤火 …… 1212
萧皋别业竹枝词 …… 743
梦中 …… 1827
梦中作 …… 1573
梦中作四截句（四首
  选一） …… 1575
梦中述愿作 …… 1567
梦武昌 …… 171
梦洞庭 …… 1761
梦游西湖 …… 305
梧桐树 …… 284
梅 …… 1047

梅花 …… 1225
梅花 …… 1405
梅花 …… 1800
梅花 …… 504
梅花九首（其一）…… 336
梅花开到九分 …… 1057
梅花坞坐月 …… 1230
梅花岭吊史阁部 …… 1363
梅花岭吊史阁部 …… 1524
梅村 …… 906
梅修重有浙江之行赠
  别二首（其二）
  …… 1482
梅梁歌酬郑集之 …… 137
梅痴子乞陈师曾为白
  梅写影，属赞三首
  （选一）…… 1765
戚将军赠宝剑歌
  （其一）…… 684
戚将军赠宝剑歌
  （其二）…… 685
雪中过虎牢 …… 56
雪中阁望 …… 1015
雪中家伯愚谷先生枉
  过燕支山赋呈二首
  …… 1551
雪中望岱岳 …… 1017
雪夜杂诗十四首
  （其一）…… 1521
雪望 …… 1165

〔丨〕

晨登衡岳祝融峰 …… 1851
野步 …… 1377

野碧 …… 1431
晚次崞县 …… 1069
晚泊 …… 1167
晚香 …… 1744
晚望 …… 1654
晚望 …… 38
晚晴 …… 622
晚景 …… 1237
晚登辽海亭 …… 14
崖门谒三忠祠 …… 1102
崆峒 …… 1846
圈虎行 …… 1442

〔丿〕

铜雀台 …… 102
银河 …… 1823
银瓶娘子辞 …… 248
符离吊颍川侯傅公
  …… 1137
筲河先生偕宴太白楼
  醉中作歌 …… 1464
偶见 …… 523
偶然作 …… 1266
偶然作 …… 1289
得内子病中札 …… 1510
得郑二宣海南手札
  …… 373
得献吉江西书 …… 542
盘山绝顶 …… 698
船中曲 …… 1005
船板床 …… 488

〔丶〕

望匡庐不可见 …… 1210

望罗浮 …… 1401	寄调筝人 …… 1948	韩城行 …… 1355
望峨眉山 …… 1826	寄彭民望 …… 427	朝天峡 …… 1049
闻门即事 …… 453	寄聪娘 …… 1341	棹歌十首为豫章刘远
断肠诗哭亡姬乔氏 …… 950	寄赠吴门故人 …… 1040	公题扁舟江上图（其六）…… 869
清明呈馆中诸公 …… 347	宿许天植见山楼 …… 1277	惠山寺与施子羽话别 …… 617
清凉山赞佛诗（四首选二）…… 944	宿灵鹫山家 …… 1530	辋川谒王右丞祠 …… 585
鸿门会 …… 190	宿金沙江 …… 570	〔丨〕
淮上有怀 …… 1399	宿浦口周茂才池馆 …… 776	悲落叶 …… 977
淮西独坐 …… 294	宿浚仪公湖亭（其二）…… 131	紫荆关 …… 620
渔村夕照（二首）…… 742	宿浚仪公湖亭（其三）…… 132	遇旧友 …… 918
渔村诗话图 …… 35	谒岳王墓作十五绝句（选一）…… 1326	赋得对镜，赠汪琨随新婚（二首选一）…… 1004
渔家 …… 735		黑林 …… 1100
梁甫吟 …… 267	〔一〕	〔丿〕
梁溪曲（三首选二）…… 1906	绮怀 …… 1458	短长行 …… 441
惜行 …… 808	**十二画**	答友人 …… 1167
惜花 …… 1058	〔一〕	答李子髯（其二）…… 765
悼亡 …… 804	琵琶行 …… 924	答彦先雨夜见夹（二首选一）…… 779
悼亡（二首）…… 1228	琴河感旧（四首选一）…… 904	傲奴 …… 1677
悼亡（五首选一）…… 972	斑竹塘车中 …… 1509	焦山夜泊 …… 1485
悼亡四首 …… 225	博浪沙 …… 97	粤东杂感 …… 1554
悼亡四首（选一）…… 1029	喜友人至 …… 534	粤曲 …… 1063
悼亡姬（十二首选二）…… 1257	喜雨口号 …… 1154	粤秀峰晚望同黄香石诸子 …… 1533
寄王学士子端 …… 45	葑门口号（三首选一）…… 1310	腊月十五夜月 …… 1801
寄衣曲 …… 1494	落花 …… 1142	鲁连台 …… 1084
寄弟 …… 723	落花 …… 95	颖亭留别 …… 60
寄怀辛眉 …… 1709	落花诗（选一）…… 962	
寄陈伯玑金陵 …… 1123	韩庄闸二首 …… 1402	
寄松风上人 …… 1272		
寄洪昉思 …… 1217		
寄家人 …… 1245		

〔丶〕

就义诗 …………… 645
道旁碑 …………… 1215
湖上杂诗(二十首
　选一) …………… 1343
湖上别同方子公赋
　(其二) …………… 751
湖上梅花歌四首 …… 706
湖上晚归 …………… 1369
湖州乐 …………… 322
湖州竹枝词 …… 174
湖居后十首(其一)
　………………… 1475
湖居后十首(其三)
　………………… 1476
湖斋坐雨 …………… 1869
湖堤晓行 …………… 280
湖楼早起二首 …… 1691
湖楼题壁 …………… 1250
湘江舟行(六首选一)
　………………… 1616
湘君 …………… 1830
渡太湖登马迹山 …… 1373
渡江 …………… 402
渡汶河 …………… 745
渡易水 …………… 816
渡黄河 …………… 979
渡混同江 …………… 11
渡湖至吴城 …… 1779
游仙(选一) …… 1864
游圭峰 …………… 1354
游西山见宝竹坡题名，

因书其后 …………… 1699
游西溪归，泛舟湖上，
　晚景奇绝，和散原作
　………………… 1896
游同乐园 …………… 40
游华山寄元裕之 …… 43
游虎跑泉 …………… 758
游岳麓寺 …………… 424
游南谷天台寺(其二)
　………………… 1632
游黄华山 …………… 63
寒词 …………… 782
寒夜 …………… 168
寒夜 …………… 277
寒食得花字 …… 1177
富春至严陵山水甚佳
　(其一) …………… 1356
富春至严陵山水甚佳
　(其二) …………… 1357
寓江宁村居病起写怀
　(其十) …………… 314
窝鸡 …………… 1384

〔一〕

屡出 …………… 1768
登大泽北峰 …… 1951
登万里长城 …… 1809
登小孤山 …… 1205
登云门诸山 …… 674
登太白楼 …… 676
登白云栖绝顶 …… 1489
登华山 …………… 1330
登吴城望湖亭 …… 1149

登雨花台 …… 1038
登岳 …………… 224
登岳 …………… 534
登岳阳楼望君山 …… 304
登金山寺塔 …… 954
登金陵雨花台望大江
　………………… 330
登采石矶 …… 1724
登泰山 …………… 642
登缥缈峰 …………… 943

十三画

〔一〕

摄山秋夕 …… 1091
携眷登南岳观音岩作
　………………… 1881
塘栖道中 …… 703
榆河晓发 …… 597
酬洪昇 …………… 1081
感旧四首(其一)
　………………… 1451
感旧四首(其二)
　………………… 1452
感旧四首(其三)
　………………… 1454
感旧四首(其四)
　………………… 1455
感旧杂诗四首(其一)
　………………… 1457
感旧歌者 …… 106
感怀 …………… 460
感怀 …………… 479
感事 …………… 189

感春四首（选二）
　　………………… 1751
感秋 ………………… 309

〔｜〕

督亢陂 ……………… 1145
鉴湖柳枝词十二首
　（选一）…………… 1706
睡燕 ………………… 146
睢阳道中 …………… 57
遣兴 ………………… 1787
遣兴（二十四首选一）
　…………………… 1337
罪出 ………………… 119
蜀国弦 ……………… 262
嵩山高 ……………… 1891

〔丿〕

锦云川 ……………… 1390
稚存归索家书 ……… 1445

〔丶〕

靖公弟至 …………… 961
新仆 ………………… 1000
新月 ………………… 414
新春日 ……………… 450
新春感事 …………… 704
新雷 ………………… 1539
慈仁寺荷花池（四首
　录一）……………… 1627
漠北词 ……………… 591
溪上 ………………… 124
溪村即事 …………… 247

溪亭小景 …………… 404
滦京杂咏（录三）…… 245
漓江舟行 …………… 768
塞下曲 ……………… 615
塞下曲（二首选一）
　…………………… 971
塞上曲 ……………… 584
塞上曲 ……………… 590
塞上曲 ……………… 687
塞上曲送元美 ……… 630
福州西湖开化寺题壁
　…………………… 1818

十四画

〔一〕

嘉定舟中 …………… 1506
嘉陵江上忆家 ……… 1139
嘉靖丙寅余寓杭之玄
　妙观梦一道士长身
　美髯时已被酒牵余
　衣曰为我作醉仙词
　因信口十章觉而记
　其四 ……………… 612
暮归山中 …………… 356
暮夜醉归入寝门似闻
　亡儿病中气息，知其
　魂尚为我候门也
　（其一）…………… 1386
暮春 ………………… 1319
暮春斋居即事（其一）
　…………………… 476
暮春游西湖北山 …… 141
暮秋村居即事 ……… 690

槟榔屿督署秋风独坐
　杂作（二首选一）
　…………………… 1814
歌风台 ……………… 1491
歌风台 ……………… 444
歌节（二首选一）
　…………………… 1426
歌筵有乞书扇者 …… 1568
酹孙太初墓 ………… 681

〔｜〕

蜘蛛蝴蝶篇 ………… 1523

〔丶〕

精卫 ………………… 968
漆树叹 ……………… 1021
漂母祠 ……………… 1365
漫成（其二）………… 198
漫成（其三）………… 200
漫感 ………………… 1571
漫题豫章四贤像拓本
　（其三）…………… 1784
潍县署中画竹呈年伯
　包大中丞括 ……… 1263

〔一〕

嫦娥 ………………… 513
翠屏口七首（之二）
　…………………… 39
骡夫夜唱 …………… 1480

十五画
〔一〕

蕗珠岩 ……………… 261

横塘夜泊 …………… 1051	题河梁泣别图 …… 811	箴作诗者 ………… 1344
醉后口占 …………… 1504	题宗之家初序潇湘图	鲫鱼 ……………… 549
醉樵歌 ……………… 281	…………………… 9	〔丶〕
〔丨〕	题孟浩然骑驴吟雪图	
题王石谷画册玉簪	…………………… 345	潜山道中（十首选一）
……………………… 1365	题春江渔父图 …… 203	…………………… 1614
题长吉集 ………… 1854	题春绮遗像 …… 1899	潼关 …………… 1848
题长江霁雪图 …… 285	题柯博士敬仲竹枝	澜沧江 ………… 1381
题长薇次醉阁 …… 737	…………………… 410	澄灵涧 ………… 1637
题风雨竹 ………… 793	题柳 …………… 1520	
题风鸢图（选四首）	题闺秀雪仪画嫦娥	十六画
…………………… 664	便面 ………… 1175	〔一〕
题古木苍藤图 …… 358	题姚少师画竹 …… 420	燕山春暮 ………… 318
题西岩（其一）…… 29	题姚伯山木叶庵图	燕子矶 ………… 1009
题米元晖山水 …… 253	（其一）…… 1728	燕姬曲 …………… 229
题芭蕉美人图 …… 204	题倪云林《竹木图》	薤露歌 …………… 271
题苏李泣别图 …… 295	…………………… 350	〔丨〕
题杜集（选一） 1188	题息夫人庙 …… 1052	
题李白问月图 …… 254	题衮尘骝图 …… 155	鹦鹉洲 ………… 1481
题李俨黄菊赋 …… 4	题唐子畏雪景 … 1760	赠友 …………… 1300
题余舫 ………… 1305	题扇 …………… 524	赠当筵索诗者 … 1384
题画 …………… 1367	题渔村图 ……… 152	赠吴之山 ……… 603
题画 …………… 406	题葡萄图 ……… 654	赠钓伴 ………… 412
题画 …………… 416	题韩信庙 ……… 564	赠周岐凤 ……… 387
题画（二首选一）	题雅雨师借书图	赠相命颜生 …… 532
…………………… 1429	…………………… 1320	赠柳生 ……… 1036
题画竹 ………… 1264	题《寒江钓雪图》	赠曹雪芹 …… 1388
题画屏 …………… 23	…………………… 1762	赠歌者南归 …… 990
题雨中行人扇图 … 52	墨梅 …………… 180	〔丶〕
题罗两峰《鬼趣图》	〔丿〕	
…………………… 1872	镇江至江宁山行杂述	鹧鸪图 ………… 395
题岳阳酒家壁 …… 770	十二首（其九）	寰海十章（其二）
题郑所南兰 …… 223	…………………… 1553	…………………… 1623

寰海后十章(其八)
　　……………… 1625

〔一〕

避地日本感赋 ……… 885
避兵还舍率题壁间
　　……………… 876

十七画
〔一〕

檀青引 …………… 1922

〔丨〕

螺川早发 ………… 883

〔丿〕

黛玉葬花辞 ……… 1284

〔丶〕

襄城道中 ………… 42

廿　画
〔丶〕

灌花吟 …………… 1471

廿四画
〔丿〕

衢州杂感(其五)
　　……………… 1169

图书在版编目(CIP)数据

元明清诗鉴赏辞典 / 上海辞书出版社文学鉴赏辞典编纂中心编. —新1版. —上海：上海辞书出版社，2018.3（2024.8重印）
 ISBN 978-7-5326-5055-2

Ⅰ.①元… Ⅱ.①上… Ⅲ.①古典诗歌—鉴赏—中国—元代—清代—词典 Ⅳ.①I207.22-61

中国版本图书馆 CIP 数据核字(2018)第 006054 号

元明清诗鉴赏辞典（新一版）

上海辞书出版社文学鉴赏辞典编纂中心　编

责任编辑　吴艳萍
装帧设计　姜　明

出版发行	上海世纪出版集团 上海辞书出版社(www.cishu.com.cn)
地　　址	上海市闵行区号景路159弄B座（201101）
印　　刷	上海中华印刷有限公司
开　　本	890×1240 毫米　1/32
印　　张	64.125
字　　数	2 430 000
版　　次	2018 年 3 月第 1 版　2024 年 8 月第 6 次印刷
书　　号	ISBN 978-7-5326-5055-2 / I·389
定　　价	158.00 元

本书如有质量问题，请与承印厂联系．T：021-69213456